D0651427

REVISED EDITION

WEBSTER'S CROSSWORD PUZZLE DICTIONARY

REVISED EDITION

WEBSTER'S CROSSWORD PUZZLE DICTIONARY

CREATED IN COOPERATION WITH THE EDITORS OF MERRIAM-WEBSTER

BARNES & NOBLE
NEW YORK

Copyright © 2005 by Merriam-Webster, Incorporated

Federal Street Press is a trademark of Federal Street Press,
a division of Merriam-Webster, Incorporated.

All rights reserved. No part of this book covered by the
copyrights hereon may be reproduced or copied in any form
or by any means—graphic, electronic, or mechanical, including
photocopying, taping, or information storage and retrieval
systems—without written permission of the publisher.

This 2006 edition published by Barnes & Noble, Inc.
by arrangement with Federal Street Press,
a division of Merriam-Webster, Incorporated

2006 Barnes & Noble Books

ISBN 10 0-7607-8175-3
ISBN 13 978-07607-8175-3

Printed in the United States of America

06 07 08 09 10 5 4 3 2 1

Preface to the Second Edition

This new edition of our Crossword Puzzle Dictionary represents a significant revision of those that have preceded it. Every entry has been reconsidered, the content has been thoroughly updated, and the page design has been enhanced for legibility.

In updating the work, we have added many terms that have recently entered the general English vocabulary: the names of computer languages *(Java, Perl)*, new national currencies *(vatu, nakfa)*, contemporary slang *(slacker, schlep, hoser, chill out, go-to guy, brewski, nebbish)*, and much more. And numerous individuals and institutions that have emerged in recent years—soccer stars *(Hamm, Ronaldo)*, auto companies *(Kia, Daewoo)*, Nobel Prize winners *(Annan, Naipaul)*, actors and actresses *(Depp, Swank)*, and so on—have naturally also been added.

Drawing extensively on actual crossword puzzles, we have made a special effort to add examples of "crosswordese," words that show up unusually often in puzzle grids. Thus, you will find such distinctive words and names as those for Prince Valiant's wife *(Aleta)* and son *(Arn)*, a former newspaper columnist *(Eda)*, a sharp mountain ridge *(arête)*, a hare's tail *(scut)*, an eminent golfer *(Els)*, Peer Gynt's mother *(Ase, Aase)*, a puzzle-cube inventor *(Erno)*, and a Scottish uncle *(eme)*—many of which might have been omitted if frequency of use in everyday English had been our only criterion.

While crossword clues have gotten cleverer in recent years, crossword answer words have gotten simpler, and archaic and obscure terms have gradually been disappearing from puzzle grids. For this new edition, it seemed unnecessary to retain words that were unlikely to show up in even the most challenging modern puzzles, and consequently a number of words that have fallen out of use have been deleted. Their absence has been more than made up for by additional entries and answer words, which now total substantially over 300,000.

We hope our revised edition, with its new orientation, will prove to be the most useful dictionary of its kind for a new century of puzzle solving.

The principal editors of this dictionary's first two editions were James G. Lowe and Michael G. Belanger. Editorial work on the new edition was carried out by Mark A. Stevens and C. Roger Davis with freelance help from Jocelyn White Franklin, Mike Nichols, Francesca M. Forrest, and Doris Maxfield. Eileen M. Haraty and Dr. Thomas W. Adams made valuable vocabulary contributions, and Robert D. Copeland and Ted Atanowski provided essential electronic assistance.

Mark A. Stevens
Editor

Explanatory Notes

This dictionary is organized to make it easy to find answer words with a specific number of letters. Every answer word follows a numeral indicating the number of letters it contains. These words generally run from three to 13 letters. Two-letter words are omitted because such words almost never appear in crossword puzzles, and words longer than 13 letters are omitted because, when a puzzle calls for a longer answer, the answer is usually a phrase or part of a phrase rather than a single word or term. An exception to the 13-letter limit is made for multiword titles of works, which occasionally run as long as 25 letters. The exception allows for those frequent crossword clues that omit one or two words from a title, perhaps enough for a five- or ten-letter answer.

As in any crossword dictionary, a single list of answer words will often include words representing various parts of speech. The entry for **quiet**, for example, includes synonyms for the noun *(silence),* the adjective *(placid),* and the verb *(soothe),* all in a continuous list. Since clues are often intentionally ambiguous as to what part of speech or meaning is intended, listing all the possible synonyms together is probably ideal for the puzzle solver.

Words that share a root with their entry word have usually been omitted from the answer lists, because puzzle creators rarely choose a clue that is related in this way to its answer. Therefore, *singular* does not appear at **single**, *basal* does not appear at **basic**, and *papa* does not appear at **pop**. On the other hand, since clues do occasionally share a standard prefix or suffix (such as *re-* or *-ness*) with an answer word, we have retained many clue/answer-word pairs of this kind.

When one entry word simply adds a suffix to another entry word, as when **keenness** follows **keen**, the answer list for the suffixed entry word will generally omit all the words that merely add the same suffix to a word in the stem word's list. For example, because **keen** includes such answer words as *sharp* and *shrewd,* the list at **keenness** omits *sharpness* and *shrewdness.* When encountering a clue with a common suffix, therefore, the user will occasionally want to look at a neighboring entry to find all the possible synonyms.

When a personal name is entered as an answer term, the first name generally appears in parentheses and is ignored in the letter count. In cases where the first name is the one normally encountered—e.g., for historical figures such as Michelangelo and Raphael or fictional characters such as Tess Durbeyfield and Angel Clare—the last name is generally parenthesized instead. When a title begins with an article *(A, An,* or *The),* the article is parenthesized and omitted from the letter count. In a list of geographic entities such as mountains (lakes, gulfs, etc.), the generic word *Mount (Lake, Gulf,* etc.*)* is parenthesized and omitted from the letter count. If you find that none of the answers as listed fits the blanks for a given puzzle clue, you should naturally check to see if any of the parenthesized elements might help provide the desired answer.

Many entries are broken into subentries by means of subheadings. Subheadings often consist of a single word, which is usually to be read as either preceding or following the main entry word. Thus, in the entry for **hair**, the subheadings include **animal** (which should be read as "animal hair") and **ornament** (which should be read as "hair ornament"). The subentry **combining form** lists the kinds of word fragments, usually Greek or Latin in origin, that are commonly called *roots.*

The dictionary is best used somewhat imaginatively. If you fail to find a word at its own entry, look up a synonym; only rarely will you fail to find one. If a clue takes a form such as **Australian tree**, **garden tool**, or **Southeast Asian lake** and the dictionary provides no such entry, check at the entry for the generic term—**tree**, **tool**, **lake**, etc.—for a list, perhaps broken down by subheadings.

REVISED EDITION

WEBSTER'S CROSSWORD PUZZLE DICTIONARY

A

A1 **4** best, tops **5** prime **7** optimal, perfect **8** superior **9** excellent, first-rate, front-rank, matchless, top-drawer **10** blue-ribbon, first-class

Aaron ***brother:*** **5** Moses ***father:*** **5** Amram ***sister:*** **6** Miriam

aback **7** unaware **8** suddenly, unawares **10** by surprise **12** unexpectedly

abaft **4** back **5** after **6** astern, behind **8** rearward **9** sternward

abalone **7** mollusc, mollusk **9** gastropod

abandon **4** cede, drop, dump, ease, jilt, junk, play, quit **5** cease, chuck, ditch, leave, let go, scrap, yield **6** desert, disown, give up, laxity, maroon, reject, resign, strand, vacate **7** back out, bail out, cast off, discard, drop out, forsake, freedom, liberty, license, pull out, retreat **8** abdicate, give over, hand over, renounce, wildness, withdraw **9** looseness, repudiate, surrender, throw over **10** enthusiasm, exuberance, relinquish, wantonness **11** discontinue, leave behind, naturalness, spontaneity, unrestraint **12** carelessness, heedlessness, intemperance, recklessness, unconstraint **13** impulsiveness

abandoned **4** free, lewd, lorn, wild **5** loose **6** gave up, jilted, vacant, wanton **7** cast off, corrupt, given up, outcast, uncouth **8** cast away, depraved, derelict, deserted, desolate, forsaken, stranded **9** cast aside, debauched, destitute, discarded, dissolute, lecherous, neglected, reprobate, shameless **10** degenerate, dissipated, eliminated, friendless, lascivious, left behind, licentious, profligate, unoccupied **11** uninhibited **12** incorrigible, relinquished, uncontrolled, unrestrained

abase **5** lower, shame **6** debase, defame, demean, demote, grovel, humble, lessen, reduce **7** cheapen, degrade, devalue, put down **8** belittle **9** denigrate, discredit, disparage, downgrade, humiliate **10** depreciate, undervalue

abash **4** faze **5** mix up, shame, upset **6** dismay, puzzle, rattle **7** confuse, mortify, mystify **8** confound **9** discomfit, embarrass **10** discompose, disconcert

abashment **6** unease **7** chagrin **8** disquiet **9** confusion **12** discomfiture, discomposure **13** embarrassment

abate **3** ebb, end **4** ease, fade, fall, omit, slow, void, wane **5** allay, annul, close, let up, quash, taper **6** deduct, lessen, negate, recede, reduce, relent, weaken **7** abolish, decline, deprive, die down, dwindle, ease off, nullify, slacken, subside **8** decrease, diminish, mitigate, moderate **9** alleviate, eradicate **10** invalidate

abatement **6** ebbing, rebate, waning **8** decrease, discount **9** declining, deduction, dwindling, exemption, lessening, reduction, shrinkage **10** diminution, subsidence **11** subtraction

abattoir **8** shambles

abbey **6** friary **7** convent **8** cloister **9** monastery

abbot ***female:*** **6** abbess

abbreviate **3** cut **4** clip, trim **5** prune **6** cut out, reduce **7** abridge, curtail, cut back, shorten **8** compress, condense, contract, cut short, truncate

abbreviation **5** brief **6** digest, précis, sketch **7** acronym, cutting, outline **8** abstract, clipping, synopsis, trimming **10** abridgment, shortening **11** curtailment **12** condensation

abdicate **4** cede, drop, quit **5** evade, forgo, leave, waive, yield **6** abjure, give up, reject, resign **7** abandon, cast off, discard **8** abnegate, disclaim, hand over, renounce, withdraw **9** repudiate, surrender **10** relinquish

abdomen **3** gut, pot **5** belly, tummy **6** middle, paunch **7** midriff, stomach **8** potbelly **9** bay window **10** midsection **11** breadbasket ***depression:*** **5** navel

abduct **4** grab, take **5** seize **6** kidnap, remove, snatch **8** carry off, draw away, take away **9** carry away, steal away **10** spirit away **11** make off with

Abduction from the Seraglio composer **6** Mozart (Wolfgang Amadeus)

abecedarian **4** tyro **6** novice **7** amateur, dabbler, learner **8** beginner, initiate, neophyte **9** beginning, smatterer **10** apprentice, dilettante, elementary **11** rudimentary **12** alphabetical

Abel ***brother:*** **4** Cain, Seth ***father:*** **4** Adam ***mother:*** **3** Eve ***slayer:*** **4** Cain

Abelard *son:* **9** Astrolabe *wife:* **7** Heloise
abele **6** poplar
aberrant **3** odd **7** deviant, strange, unusual **8** abnormal, atypical, peculiar, straying **9** anomalous, deviating, different, eccentric, irregular, unnatural, untypical **11** exceptional, nonstandard
aberration **4** slip **5** quirk **6** change, oddity **7** anomaly, mistake **8** mutation, straying, **9** curiosity, deviation, exception, wandering **10** deflection, difference, distortion, divergence **11** abnormality, peculiarity **12** eccentricity, irregularity
abet **3** aid, egg **4** ally, back, help, prod, spur, urge **5** boost, egg on **6** assist, exhort, foment, incite, second, stir up **7** condone, endorse, forward, promote, support **8** advocate **9** encourage, instigate **11** countenance
abettor **4** aide, ally **6** backup, cohort, helper **7** inciter, partner **8** fomenter **9** accessory, supporter **10** accomplice, instigator **11** confederate, conspirator **12** collaborator
abeyance **4** lull, rest **5** break, lapse, pause **6** recess **7** respite, time-out, waiting **8** breather, interval **10** inactivity, quiescence, suspension **12** intermission, interruption
abeyant **7** dormant **8** deferred, inactive, recessed **9** postponed, quiescent, suspended **11** interrupted
abhor **4** hate **5** scorn **6** detest, loathe, reject, revile, vilify **7** contemn, despise, disdain, dislike **8** execrate **9** abominate, excoriate, repudiate
abhorrence **4** evil, hate **6** hatred, horror **7** disgust **8** aversion, distaste, loathing **9** repulsion, revulsion **10** repugnance **11** abomination, detestation
abhorrent **4** base, foul, vile **5** awful **6** horrid, odious **7** beastly, hateful, heinous **8** damnable, horrible, horrific **9** atrocious, execrable, invidious, loathsome, monstrous, obnoxious, repellent, repugnant, repulsive, revolting **10** abominable, deplorable, despicable, detestable, disgusting **12** contemptible **13** reprehensible
abide **4** bear, last, live, stay, wait **5** await, brook, dwell, exist, stand, tarry **6** accede, accept, comply, endure, keep on, linger, remain, reside, stay on, suffer **7** consent, hang out, inhabit, persist, sojourn, stomach, subsist, swallow, wait for **8** continue, live with, stand for, tolerate **9** put up with, withstand
abiding **4** fast, firm, sure **6** steady **7** durable, eternal, lasting, staying **8** constant, enduring, timeless **9** complying, perpetual, steadfast **10** continuing, persistent, persisting, unchanging **11** everlasting, unfaltering
abigail **4** maid
Abigail *brother:* **5** David *husband:* **5** David, Nabal *mother:* **5** Amasa *son:* **7** Chileah
ability **4** bent, gift **5** craft, flair, knack, might, savvy, skill **6** talent **7** aptness, command, faculty, know-how, mastery, prowess **8** aptitude, capacity, facility **9** adeptness, dexterity, expertise, handiness, ingenuity, potential **10** adroitness, capability, cleverness, competence, efficiency **11** proficiency, skillfulness **13** qualification
abject **3** low **4** base, mean, poor, vile **5** lowly, sorry **6** dismal, humble, shabby, sordid **7** debased, fawning, forlorn, ignoble, pitiful, servile **8** cast down, degraded, dejected, downcast, hopeless, pathetic, pitiable, rejected, resigned, wretched **9** afflicted, destitute, groveling, miserable, worthless **10** deplorable, obsequious, spiritless, submissive **11** deferential, downtrodden, subservient **12** contemptible, dishonorable, ingratiating
abjure **4** cede, deny **5** avoid, spurn **6** desert, disown, recall, recant, reject, refuse, revoke **7** abandon, disavow, decline, forsake, retract **8** disclaim, forswear, renounce, take back, withdraw **9** repudiate, surrender **10** relinquish **11** abstain from
ablaze **5** afire, aglow, fiery **6** aflame, alight, on fire **7** blazing, burning, flaming, excited, flaring, ignited, radiant
able **3** apt, fit **4** keen **5** adept, alert, sharp, smart **6** adroit, clever, expert, facile, suited **7** capable, skilled **8** skillful, talented **9** competent, effective, effectual, efficient, qualified **10** proficient **11** intelligent, resourceful **12** accomplished, enterprising
able-bodied **3** fit **4** hale **5** hardy, lusty, sound, stout **6** brawny, hearty, robust, strong, sturdy **7** capable **8** stalwart, vigorous **9** strapping
ablution **6** laving **7** bathing, washing **8** lavation **9** cleansing, immersion **12** purification
abnegate **4** cede, deny, drop **5** forgo, waive, yield **6** abjure, give up, recant, revoke, vacate **7** disavow, gainsay **8** disallow, disclaim, forswear, renounce, withdraw **9** repudiate, surrender **10** contradict, contravene, relinquish
abnegation **6** denial **9** surrender **10** absti-

nence, self-denial **12** renouncement, renunciation

Abner ***cousin:*** **4** Saul ***father:*** **3** Ner ***slayer:*** **4** Joab

abnormal **3** odd **5** freak, undue, weird **6** off-key **7** bizarre, deviant, unusual **8** aberrant, atypical, freakish, peculiar **9** anomalous, divergent, eccentric, irregular, unnatural **11** heteroclite **13** heteromorphic, preternatural

abnormality **4** flaw **6** oddity **7** anomaly **8** deviance **9** deviation, exception **10** aberration, difference **12** irregularity

abode **4** home, nest **5** house **7** address, lodging, sojourn **8** domicile, dwelling **9** residence **10** habitation

abolish **3** end **4** undo, kill, void **5** abate, annul, erase, quash **6** cancel, negate, recall, repeal, revoke, vacate **7** destroy, nullify, rescind, retract, reverse, wipe out **8** abrogate, disallow, dissolve, overturn, prohibit **9** eliminate, eradicate, terminate **10** do away with, extinguish, invalidate

abolitionist **4** Mott (Lucretia), Weld (Theodore) **5** Brown (John), Child (Lydia), Lundy (Benjamin), Smith (Gerrit), Stowe (Harriet Beecher) **6** Birney (James), Lowell (James Russell), Parker (Theodore), Tappan (Arthur), Tubman (Harriet) **7** Lincoln (Abraham) **8** Douglass (Frederick), Garrison (William Lloyd), Phillips (Wendell), Whittier (John Greenleaf)

abominable **5** awful, nasty **6** cursed, horrid, odious **7** hateful **8** horrible, shocking, terrible, wretched **9** abhorrent, loathsome, offensive, repellent, repugnant, repulsive, revolting **10** deplorable, despicable, detestable, disgusting **12** contemptible

abominable snowman **4** yeti

abominate **4** damn, hate **5** abhor, curse, scorn **6** detest, loathe, revile **7** despise **8** execrate **9** repudiate

abomination **4** evil, hate **5** scorn **6** hatred, horror, plague **7** disdain, disgust, dislike **8** anathema, aversion, contempt, distaste, loathing **9** repulsion, revulsion **10** abhorrence, repugnance, repugnancy **11** detestation

aboriginal **5** first **6** native **7** ancient, endemic, primary **8** earliest, original, primeval **9** primitive **10** indigenous, primordial **13** autochthonous

aborigine **6** native **7** ancient **8** indigene **10** autochthon

abort **4** drop, halt, stop **5** check, expel, scrap, scrub **6** arrest, cancel **7** abandon, call off **8** cut short **9** interrupt, terminate

abortive **4** vain **5** empty **6** futile, unripe **7** failing, useless **8** immature, unformed **9** fruitless, worthless **10** unavailing, unfruitful **11** ineffective, ineffectual, unavailable, undeveloped **12** unproductive, unsuccessful

abound **4** flow, teem **5** burst, crawl, crowd, flood, swarm, swell **6** be full, throng **7** bristle, jam with **8** overflow, pack with **9** crawl with **11** be plentiful

abounding **4** full, rife **5** laden **6** filled, full of, jammed, packed **7** copious, profuse, replete, stuffed, teeming **8** abundant, swarming, thronged **9** alive with, bristling, plenteous, plentiful **11** overflowing

about **4** as to, back, in re, near, nigh, over **5** again, anent, circa, round **6** almost, around, moving, nearby, nearly **7** apropos, close to, roughly, through **8** backward **9** as regards, engaged in, haphazard, in reverse, in general, regarding **10** as concerns, concerning, encircling, in regard to, more or less, on all sides, oppositely, relating to, respecting **11** any which way, dealing with, on every side, practically, referring to, relative to, surrounding **12** here and there, with regard to **13** approximately, concerned with, in reference to, with respect to

about-face **4** turn **7** reverse **8** reversal **9** turnabout, volte-face

above **3** o'er **4** over, past **5** aloft, supra **6** beyond **8** overhead **9** exceeding ***prefix:*** **4** over **5** hyper, super, supra

above all **7** chiefly **9** primarily **10** especially **11** principally **12** particularly

aboveboard **4** free, open **5** frank **6** candid, honest, openly **7** frankly, up front **8** candidly, honestly, straight **10** truthfully, forthright, scrupulous

abracadabra **5** charm, magic **6** babble, jargon **9** gibberish **10** double talk, mumbo jumbo **11** incantation **12** gobbledygook **13** mystification

abrade **3** bug, irk, rub **4** burn, fret, gall, rasp, wear **5** annoy, chafe, erode, grate, graze, upset, weary **6** bother, ruffle, scrape **7** corrode, eat away, perturb, provoke, roughen **8** irritate, wear away, wear down **9** aggravate, grind down

Abraham ***brother:*** **5** Haran, Nahor ***concubine:*** **5** Hagar ***father:*** **5** Terah ***grandfather:*** **5** Nahor ***grandson:*** **4** Esau ***nephew:*** **3** Lot ***son:*** **5** Isaac, Medan, Shuah **6** Midian, Zimran **7** Ishmael ***well:*** **9** Beer-Sheba ***wife:*** **5** Sarah **7** Keturah

abrasion **5** chafe, scuff **6** scrape **7** chafing, erosion, grating, rubbing, scratch

8 friction, grinding, scraping, scuffing **10** irritation, scratching

abrasive **5** emery, rough, sharp **6** biting, pumice **7** wearing **8** annoying **9** smoothing, polishing **10** irritating, unpleasant

abreast **6** beside, next to, versed, with-it **7** versant **8** familiar, informed, up-to-date **9** au courant **10** acquainted, conversant **13** knowledgeable

abridge **3** cut **4** pare, trim **5** limit, prune **6** lessen, narrow, reduce **7** curtail, cut back, shorten **8** boil down, compress, condense, cut short, diminish, restrict, truncate **9** summarize **10** abbreviate

abridgment **5** brief **6** digest **7** capsule, cutting, summary **8** abstract, synopsis **9** reduction, short form, **10** diminution, lessening, shortening **11** compression, contraction, curtailment, restriction **12** abbreviation, condensation

abroad **4** afar, away **5** about **6** afield, astray, widely **7** touring **8** overseas **9** elsewhere, traveling

abrogate **3** end **4** undo, void **5** abate, annul, quash **6** cancel, negate, repeal, revoke, vacate **7** abolish, blot out, nullify, rescind, reverse **8** dissolve **9** discharge **10** extinguish, invalidate, obliterate

abrupt **4** curt **5** bluff, blunt, brief, brisk, crisp, gruff, hasty, sharp, sheer, short, steep **6** cut off, snippy, sudden **7** arduous, brusque, hurried, rushing **8** headlong **9** broken off, impetuous **10** unexpected **11** precipitant, precipitate, precipitous **13** unceremonious

abruptly **5** short **6** curtly **7** quickly, steeply **8** suddenly **12** unexpectedly **13** precipitately, precipitously

abruptness **8** curtness **9** steepness **10** brusquerie **12** precipitance

Absalom ***commander:*** **5** Amasa ***father:*** **5** David ***mother:*** **7** Maachah ***sister:*** **5** Tamar ***slayer:*** **4** Joab

abscess **4** boil, sore **5** botch, ulcer **6** lesion, pimple, trauma **7** blister, pustule **8** furuncle **9** carbuncle

abscond **4** bolt, flee, quit **5** break, leave **6** decamp, escape, run off **7** run away, take off **8** slip away, sneak off **9** disappear, sneak away, steal away

absence **4** AWOL, lack, need, void, want **6** dearth, defect, vacuum **7** default, drought, failure, vacancy **9** privation **10** deficiency, inadequacy **11** absenteeism, inattention **13** insufficiency

absent **4** away, AWOL, gone, lost **6** no-show **7** bemused, faraway, lacking, missing, omitted, wanting, without **8** distrait, heedless **9** elsewhere, forgetful, wandering **10** abstracted, distracted, not present **11** inattentive, preoccupied **12** not attentive

absentminded **4** lost **7** bemused, faraway **8** distrait, dreaming, heedless, unseeing **9** forgetful, oblivious, unheeding, unmindful **10** abstracted, distracted, unnoticing **11** inattentive, inconscient, preoccupied, unconscious, unobserving **12** unperceiving

absent without leave **4** AWOL

absolute **4** full, pure, real, true **5** ideal, sheer, total, utter **6** actual, entire, simple **7** eternal, factual, genuine, perfect, supreme, unmixed **8** autarkic, complete, despotic, flawless, infinite, outright, positive, ultimate, simplest, thorough, unflawed **9** arbitrary, autarchic, boundless, downright, embodying, imperious, masterful, sovereign, unalloyed, undiluted, unlimited **10** autocratic, autonomous, consummate, impeccable, monocratic, tyrannical **11** categorical, dictatorial, domineering, fundamental, independent, unequivocal, unmitigated, unqualified **12** indefectible, indisputable, totalitarian, unrestrained, unrestricted **13** authoritarian, incontestable, unconditional

absolutely **5** fully **6** wholly **7** utterly **8** entirely **9** doubtless, perfectly **10** completely, definitely, positively, thoroughly **11** doubtlessly **13** unequivocally

absolution **6** pardon **7** amnesty, freeing, release **9** releasing, remission **10** letting off **11** exculpation, exoneration, forgiveness **12** dispensation

absolutism **9** Caesarism, despotism **12** dictatorship

absolve **4** free **5** clear, let go, remit, spare **6** acquit, excuse, exempt, let off, pardon **7** forgive, release, relieve, set free **8** dispense **9** discharge, exculpate, exonerate, vindicate

absorb **4** bear, blot **5** imbue, learn, sop up, use up **6** assume, embody, endure, engage, imbibe, infuse, ingest, soak up, sponge, suck up, take in, take up **7** acquire, consume, drink in, engross, immerse, involve, receive, sustain **8** permeate **9** preoccupy, transform **10** assimilate **11** incorporate

absorbed **4** deep, into, lost, rapt **6** intent **7** engaged, wrapped **8** caught up, immersed, involved **9** engrossed, wrapped up **10** captivated, fascinated **11** preoccupied

absorbing **9** arresting, consuming **10** engrossing, intriguing **11** captivating, fascinating, interesting **12** monopolizing, preoccupying

abstain **4** curb, deny, diet, fast, keep, pass, stop **5** avoid, forgo, spurn **6** abjure, eschew, give up, pass up, refuse, reject **7** decline, forbear, refrain **8** abnegate, forswear, hold back, keep from, renounce, swear off, teetotal, withhold **9** constrain, do without **11** deny oneself

abstemious **5** sober **6** strict **7** ascetic, austere, chaste, sparing **9** abstinent, continent, temperate **10** restrained **11** self-denying

abstinence **6** denial **7** fasting **8** chastity, sobriety **9** soberness **10** continence, self-denial, temperance **12** renunciation **13** self-restraint

abstract **5** brief, ideal **6** detach, digest, précis **7** epitome, neutral, outline, shorten, summary, utopian **8** academic, breviary, condense, detached, notional, separate, synopsis **9** disengage, summarize **10** abridgment, conceptual, conspectus, disconnect, dissociate, impersonal **11** appropriate, impractical, speculative, theoretical **12** condensation, hypothetical, transcendent **13** disinterested

abstracted **4** lost, rapt **6** absent, intent **7** bemused, faraway **8** absorbed, distrait, heedless **9** engrossed, oblivious, unheeding, unmindful, unminding, withdrawn **11** inattentive, inconscient, preoccupied, unconscious **12** absent-minded

abstruse **4** deep **5** heavy **6** knotty, occult **7** complex **8** esoteric, hermetic, involved, profound **9** difficult, intricate, recondite **11** complicated

absurd **5** balmy, comic, crazy, droll, funny, inane, loony, potty, silly, wacky **6** insane **7** asinine, fatuous, foolish, idiotic **8** farcical **9** illogical, laughable, ludicrous **10** irrational, ridiculous **11** harebrained **12** preposterous, unreasonable

absurdity **5** farce, folly **7** inanity **8** insanity, nonsense **9** craziness, dottiness, silliness **11** foolishness, incongruity, witlessness **13** irrationality, ludicrousness, senselessness

abundance **6** bounty, excess, plenty, riches, wealth **9** affluence, profusion **10** lavishness, prosperity **11** prodigality *Scottish:* **5** routh

abundant **4** full, lush, rich, rife **5** ample, thick **6** filled, lavish, plenty **7** copious, crammed, crowded, liberal, profuse, replete **8** adequate, fruitful, generous, prolific **9** abounding, bounteous, bountiful, extensive, luxuriant, plenteous, plentiful **10** sufficient

abuse **3** mar **4** harm, hurt, rail **5** anger, decry, shame, spoil, wrong **6** damage, debase, deride, impair, injure, misuse, revile, vilify **7** calumny, corrupt, cursing, exploit, obloquy, oppress, outrage, pervert, profane, pollute **8** belittle, berating, derision, derogate, discount, disgrace, ill-treat, maltreat, mistreat, reviling, swearing **9** blaspheme, contumely, desecrate, disparage, dispraise, harshness, invective, manhandle, mishandle, persecute, profanity, vehemence **10** defamation, depreciate, impose upon, malignment, revilement, scurrility **11** disapproval **12** billingsgate, condemnation, denunciation, vilification, vituperation

abusive **5** dirty, harsh **6** odious **7** corrupt **8** scurrile **9** injurious, insulting, invective, offending, offensive, truculent **10** calumnious, defamatory, scurrilous **11** blasphemous, castigating, opprobrious **12** calumniating, contumelious, sharp-tongued, vituperative, vituperatory

abut **4** join, link **5** flank, touch, verge **6** adjoin, border, butt on **8** border on, neighbor **9** lie beside **11** butt against, communicate

abutting **4** next **6** beside, joined, next to **7** joining, verging **8** adjacent, next door, touching **9** adjoining, bordering, impinging **10** connecting, contiguous, juxtaposed **11** bordering on, coextensive, coterminous, neighboring **12** conterminous

abysm see ABYSS

abysmal **4** deep, vast **7** endless **8** infinite, profound, unending, wretched **9** boundless, cavernous, plumbless, soundless, unplumbed **10** bottomless, fathomless, unmeasured **11** illimitable, measureless **12** immeasurable, unfathomable

abyss **3** pit **4** gulf, hell, hole, void **5** abysm, chasm, depth, gorge, hades, Sheol **6** Tophet **7** fissure, Gehenna, inferno **8** crevasse, deepness **9** perdition **10** underworld

academia **10** university **12** professoriat

academic **3** don **5** pupil, tutor **6** closet, fellow, master **7** bookish, learned, scholar, student **8** abstract, gownsman, lecturer, pedantic **9** professor, scholarly **10** scholastic **11** book-learned, conjectural, impractical, speculative, theoretical **12** conventional, hypothetical

academic period **4** term **7** quarter **8** semester **9** trimester

academy 6 lyceum 7 college, society 9 institute 10 prep school 12 conservatory

Academy Award winner

picture:

1927-28: 5 Wings *1928-29:* 14 Broadway Melody *1929-30:* 25 All Quiet on the Western Front *1930-31:* 8 Cimarron *1931-32:* 10 Grand Hotel *1932-33:* 9 Cavalcade *1934:* 18 It Happened One Night *1935:* 17 Mutiny on the Bounty *1936:* 16 The Great Ziegfeld *1937:* 15 Life of Emile Zola *1938:* 20 You Can't Take It with You *1939:* 15 Gone with the Wind *1940:* 7 Rebecca *1941:* 19 How Green Was My Valley *1942:* 10 Mrs. Miniver *1943:* 10 Casablanca *1944:* 10 Going My Way *1945:* 11 Lost Weekend (The) *1946:* 19 Best Years of Our Lives (The) *1947:* 19 Gentleman's Agreement *1948:* 6 Hamlet *1949:* 14 All the King's Men *1950:* 11 All About Eve *1951:* 15 American in Paris (An) *1952:* 19 Greatest Show on Earth (The) *1953:* 18 From Here to Eternity *1954:* 15 On the Waterfront *1955:* 5 Marty *1956:* 26 Around the World in Eighty Days *1957:* 20 Bridge on the River Kwai (The) *1958:* 4 Gigi *1959:* 6 Ben-Hur *1960:* 9 Apartment (The) *1961:* 13 West Side Story *1962:* 16 Lawrence of Arabia *1963:* 8 Tom Jones *1964:* 10 My Fair Lady *1965:* 12 Sound of Music (The) *1966:* 16 Man for All Seasons (A) *1967:* 19 In the Heat of the Night *1968:* 6 Oliver *1969:* 14 Midnight Cowboy *1970:* 6 Patton *1971:* 16 French Connection (The) *1972:* 9 Godfather (The) *1973:* 5 Sting (The) *1974:* 9 Godfather (Part Two)(The) *1975:* 25 One Flew over the Cuckoo's Nest *1976:* 5 Rocky *1977:* 9 Annie Hall *1978:* 10 Deer Hunter (The) *1979:* 14 Kramer vs. Kramer *1980:* 14 Ordinary People *1981:* 14 Chariots of Fire *1982:* 6 Gandhi *1983:* 17 Terms of Endearment *1984:* 7 Amadeus *1985:* 11 Out of Africa *1986:* 7 Platoon *1987:* 11 Last Emperor (The) *1988:* 7 Rain Man *1989:* 16 Driving Miss Daisy *1990:* 16 Dances with Wolves *1991:* 17 Silence of the Lambs (The) *1992:* 10 Unforgiven *1993:* 14 Schindler's List *1994:* 11 Forrest Gump *1995:* 10 Braveheart *1996:* 14 English Patient (The) *1997:* 7 Titanic *1998:* 17 Shakespeare in Love *1999:* 14 American Beauty *2000:* 9 Gladiator *2001:* 13 Beautiful Mind (A) *2002:* 7 Chicago *2003:* 14 Lord of the Rings

actor:

1927-28: 8 Jannings (Emil) *1928-29:* 6 Baxter (Warner) *1929-30:* 6 Arliss (George) *1930-31:* 9 Barrymore (Lionel) *1931-32:* 5 Beery (Wallace), March (Fredric) *1932-33:* 8 Laughton (Charles) *1934:* 5 Gable (Clark) *1935:* 8 McLaglen (Victor) *1936:* 4 Muni (Paul) *1937:* 5 Tracy (Spencer) *1938:* 5 Tracy (Spencer) *1939:* 5 Donat (Robert) *1940:* 7 Stewart (James) *1941:* 6 Cooper (Gary) *1942:* 6 Cagney (James) *1943:* 5 Lukas (Paul) *1944:* 6 Crosby (Bing) *1945:* 7 Milland (Ray) *1946:* 5 March (Fredric) *1947:* 6 Colman (Ronald) *1948:* 7 Olivier (Laurence) *1949:* 8 Crawford (Broderick) *1950:* 6 Ferrer (José) *1951:* 6 Bogart (Humphrey) *1952:* 6 Cooper (Gary) *1953:* 6 Holden (William) *1954:* 6 Brando (Marlon) *1955:* 8 Borgnine (Ernest) *1956:* 7 Brynner (Yul) *1957:* 8 Guinness (Alec) *1958:* 5 Niven (David) *1959:* 6 Heston (Charlton) *1960:* 9 Lancaster (Burt) *1961:* 6 Schell (Maximilian) *1962:* 4 Peck (Gregory) *1963:* 7 Poitier (Sidney) *1964:* 8 Harrison (Rex) *1965:* 6 Marvin (Lee) *1966:* 8 Scofield (Paul) *1967:* 7 Steiger (Rod) *1968:* 9 Robertson (Cliff) *1969:* 5 Wayne (John) *1970:* 5 Scott (George C.) *1971:* 7 Hackman (Gene) *1972:* 6 Brando (Marlon) *1973:* 6 Lemmon (Jack) *1974:* 6 Carney (Art) *1975:* 9 Nicholson (Jack) *1976:* 5 Finch (Peter) *1977:* 8 Dreyfuss (Richard) *1978:* 6 Voight (Jon) *1979:* 7 Hoffman (Dustin) *1980:* 6 De Niro (Robert) *1981:* 5 Fonda (Henry) *1982:* 8 Kingsley (Ben) *1983:* 6 Duvall (Robert) *1984:* 7 Abraham (F Murray) *1985:* 4 Hurt (William) *1986:* 6 Newman (Paul) *1987:* 7 Douglas (Michael) *1988:* 7 Hoffman (Dustin) *1989:* 8 Day-Lewis (Daniel) *1990:* 5 Irons (Jeremy) *1991:* 7 Hopkins (Anthony) *1992:* 6 Pacino (Al) *1993:* 5 Hanks (Tom) *1994:* 5 Hanks (Tom) *1995:* 4 Cage (Nicholas) *1996:* 4 Rush (Geoffrey) *1997:* 9 Nicholson (Jack) *1998:* 7 Benigni (Roberto) *1999:* 6 Spacey (Kevin) *2000:* 5 Crowe (Russell) *2001:* 10 Washington (Denzel) *2002:* 5 Brody (Adrien) *2003:* 4 Penn (Sean)

actress:

1927-28: 6 Gaynor (Janet) *1928-29:* 8 Pickford (Mary) *1929-30:* 7 Shearer (Norma) *1930-31:* 8 Dressler (Marie) *1931-32:* 5 Hayes (Helen) *1932-33:* 7 Hepburn (Katharine) *1934:* 7 Colbert (Claudette) *1935:* 5 Davis (Bette) *1936:* 6 Rainer (Luise) *1937:* 6 Rainer (Luise) *1938:* 5 Davis (Bette) *1939:* 5 Leigh (Vivien) *1940:* 6 Rogers (Ginger) *1941:*

8 Fontaine (Joan) ***1942:*** **6** Garson (Greer) ***1943:*** **5** Jones (Jennifer) ***1944:*** **7** Bergman (Ingrid) ***1945:*** **8** Crawford (Joan) ***1946:*** **11** de Havilland (Olivia) ***1947:*** **5** Young (Loretta) ***1948:*** **5** Wyman (Jane) ***1949:*** **11** de Havilland (Olivia) ***1950:*** **8** Holliday (Judy) ***1951:*** **5** Leigh (Vivien) ***1952:*** **5** Booth (Shirley) ***1953:*** **7** Hepburn (Audrey) ***1954:*** **5** Kelly (Grace) ***1955:*** **7** Magnani (Anna) ***1956:*** **7** Bergman (Ingrid) ***1957:*** **8** Woodward (Joanne) ***1958:*** **7** Hayward (Susan) ***1959:*** **8** Signoret (Simone) ***1960:*** **6** Taylor (Elizabeth) ***1961:*** **5** Loren (Sophia) ***1962:*** **8** Bancroft (Anne) ***1963:*** **4** Neal (Patricia) ***1964:*** **7** Andrews (Julie) ***1965:*** **8** Christie (Julie) ***1966:*** **6** Taylor (Elizabeth) ***1967:*** **7** Hepburn (Katharine) ***1968:*** **7** Hepburn (Katharine) **9** Streisand (Barbra) ***1969:*** **5** Smith (Maggie) ***1970:*** **7** Jackson (Glenda) ***1971:*** **5** Fonda (Jane) ***1972:*** **8** Minnelli (Liza) ***1973:*** **7** Jackson (Glenda) ***1974:*** **7** Burstyn (Ellen) ***1975:*** **8** Fletcher (Louise) ***1976:*** **7** Dunaway (Faye) ***1977:*** **6** Keaton (Diane) ***1978:*** **5** Fonda (Jane) ***1979:*** **5** Field (Sally) ***1980:*** **6** Spacek (Sissy) ***1981:*** **7** Hepburn (Katharine) ***1982:*** **6** Streep (Meryl) ***1983:*** **8** MacLaine (Shirley) ***1984:*** **5** Field (Sally) ***1985:*** **4** Page (Geraldine) ***1986:*** **6** Matlin (Marlee) ***1987:*** **4** Cher ***1988:*** **6** Foster (Jodie) ***1989:*** **5** Tandy (Jessica) ***1990:*** **5** Bates (Kathy) ***1991:*** **6** Foster (Jodie) ***1992:*** **8** Thompson (Emma) ***1993:*** **6** Hunter (Holly) ***1994:*** **5** Lange (Jessica) ***1995:*** **8** Sarandon (Susan) ***1996:*** **9** McDormand (Frances) ***1997:*** **4** Hunt (Helen) ***1998:*** **7** Paltrow (Gwyneth) ***1999:*** **5** Swank (Hilary) ***2000:*** **7** Roberts (Julia) ***2001:*** **5** Berry (Halle) ***2002:*** **6** Kidman (Nicole) ***2003:*** **6** Theron (Charlize)

accede **3** let **5** admit, agree, allow, grant, yield **6** accept, assent, comply, concur, give in, permit **7** agree to, approve, concede, consent **9** acquiesce, cooperate, subscribe

accelerando **6** faster **7** speed up **10** speeding up

accelerate **3** gun, rev **4** grow, roll **5** hurry, impel, rev up, speed **6** hasten, open up, step up **7** quicken, speed up **8** expedite, go faster, increase **9** fast track, gain speed **10** move faster, peel rubber

acceleration **7** speedup **8** hurrying, spurring **9** hastening, revving up **10** increasing, quickening, speeding up, stepping up **12** moving faster

accent **4** beat, lilt, tone **5** acute, grave, meter, pulse, throb **6** rhythm, stress, weight **7** cadence **8** emphasis **9** diacritic, pulsation **10** inflection, intonation ***Irish:*** **6** brogue ***Scottish:*** **4** burr ***Southern:*** **5** drawl

accept **3** bow, buy, see **4** bear, gain, okay, take **5** admit, adopt, agree, catch, favor, go for, grasp, yield **6** accede, admire, affirm, assent, endure, follow, take in, take on **7** agree to, approve, believe, receive, respect, swallow, welcome **8** assent to, bear with, hold with, live with, stand for, tolerate, tough out **9** acquiesce, agree with, undertake **10** capitulate, comprehend, concur with, understand **11** acknowledge, countenance, subscribe to

acceptable **4** good, okay **6** decent, worthy **7** average, welcome **8** adequate, all right, bearable, ordinary, passable, pleasing, standard, suitable **9** endurable, tolerable **10** sufficient **11** commonplace, respectable, supportable **12** satisfactory **13** unexceptional, unimpeachable

acceptably **4** well **5** amply, right **7** capably **8** properly, suitably **9** fittingly, tolerably **10** adequately, becomingly, fairly well **11** competently **12** sufficiently **13** appropriately

acceptant **4** open **8** amenable, friendly, swayable **9** favorable, receptive, recipient, welcoming **10** open-minded, responsive **11** persuadable, persuasible, susceptible **13** influenceable

acceptation **4** gist **5** point, sense **6** import **7** meaning, message, purport **9** intention **10** intendment **12** significance, significancy **13** signification, understanding

accepted **5** usual **6** common, normal, proper **7** correct, regular, routine **8** approved, everyday, expected, habitual, ordinary, orthodox, received **9** customary **10** accustomed, recognized, sanctioned **11** established, traditional **12** conventional

access **3** fit, way **4** adit, door, gust, pang, path, road, turn **5** burst, entry, get at, onset, route, sally, spell, throe **6** attack, avenue, entrée **7** contact, flare-up, ingress, passage, seizure **8** approach, entrance, eruption, increase, outburst **9** admission, explosion **10** admittance

accessible **4** near, open **5** handy **6** public, usable **8** possible **9** available, operative, reachable **10** attainable, employable, obtainable **11** practicable **12** approachable, unrestricted

accession 4 rise 5 raise 8 addition, approach, increase, outburst, taking on 9 accretion, adherence, increment, induction 10 admittance, assumption, attainment, succession 11 acquisition 12 augmentation, inauguration

accessory 3 aid 4 aide, trim 5 extra, frill 6 helper 7 abettor, adjunct, fitting, insider, partner 8 addition, adjuvant, appendix 9 accretion, adornment, ancillary, appendage, assistant, associate, auxiliary, increment, secondary, tributary 10 accomplice, coincident, collateral, concurrent, decoration, incidental, subsidiary 11 appurtenant, concomitant, confederate, conspirator, subordinate, subservient 12 appurtenance, contributory 13 accompaniment, coconspirator, supplementary

accident 3 hap, lot 4 fate, luck, odds 5 fluke 6 chance, gamble, hazard, kismet, mishap 7 bad luck, destiny, fortune, lottery 8 calamity, casualty, fortuity, incident 9 adventure, mischance 10 misfortune 12 misadventure

accidental 3 odd 5 fluky 6 casual, chance, random 7 unmeant 8 by chance, careless 9 chromatic, dependent, extempore, impromptu, unplanned, unwitting 10 coincident, contingent, fortuitous, incidental, undesigned, unexpected, unforeseen, unintended, unpurposed 11 conditional, inadvertent 12 coincidental, nonessential, uncalculated 13 unintentional

acclaim 4 hail, clap, laud 5 cheer, éclat, exalt, extol, glory, honor, kudos, roose 6 homage, praise, salute 7 applaud, approve, commend, glorify, magnify, ovation, root for 8 applause, plaudits 10 compliment

acclimate 5 adapt 6 adjust, change, harden, season 7 toughen 9 condition, habituate

accolade 4 bays, fame 5 award, badge, honor, kudos 6 praise 7 laurels, tribute 8 approval 10 decoration 11 distinction

accommodate 3 fit 4 hold, rent, suit 5 adapt, alter, board, defer, favor, house, humor, lodge, put up, yield 6 adjust, attune, bestow, billet, change, encase, harbor, modify, oblige, please, submit, tailor, take in 7 cater to, conform, contain, enclose, furnish, indulge, quarter, receive, shelter 8 accustom, allow for, domicile 9 entertain, harmonize, integrate, reconcile 11 domiciliate, make room for

accommodating 7 amiable, helpful, willing 8 gracious, obliging 9 adaptable 10 hospitable, solicitous, thoughtful 11 considerate, cooperative

accommodations 4 digs, keep, room 5 hotel, motel 7 housing, lodging, shelter 8 lodgment, quarters 9 residence 12 room and board

accompaniment 4 back, mate 6 fellow, backup 7 adjunct, comrade, consort, partner 8 addition 9 accessory, associate, attendant, colleague, companion, corollary 10 assistance, complement, enrichment, equivalent, supplement 11 concomitant, enhancement 12 augmentation

accompany 4 join 5 bring, guide, pilot 6 attend, convoy, escort, go with 7 combine, conduct, consort 8 chaperon, come with 9 associate 10 appear with, go together 11 perform with

accompanying 8 incident 9 accessory, ancillary, attendant, attending, secondary 10 associated, coincident, collateral 11 concomitant

accomplice 4 aide, ally 5 aider 6 flunky, helper, stooge 7 abettor, partner 9 accessory, assistant, associate 11 confederate, conspirator, subordinate 13 coconspirator

accomplish 3 win 4 gain 5 reach, score 6 attain, effect, fulfil, rack up 7 achieve, execute, fulfill, perfect, pull off, realize, succeed 8 bring off, carry out, complete 9 discharge 10 bring about

accomplished 4 able 5 adept 6 expert 7 skilled 8 finished, masterly, skillful, talented 9 perfected, practiced 10 proficient 11 beyond doubt

accomplishment 3 act, art 4 deed, feat 5 craft, doing, skill 6 action, effort, finish, talent 7 ability, exploit 9 adeptness, expertise 10 attainment, capability, completion, expertness 11 achievement, acquirement, acquisition, proficiency

accord 4 deal, fuse, give, jibe, pact 5 agree, award, blend, chime, fit in, grant, match, merge, tally, union 6 affirm, assent, concur, confer, treaty 7 compact, concert, concord, conform, empathy, harmony, rapport 8 affinity, coalesce, coincide, dovetail, sympathy 9 agreement, harmonize, reconcile, vouchsafe 10 attraction, conformity, consonance, correspond, solidarity 11 concordance 13 understanding

accordant 8 agreeing 9 congruous, consonant 10 conforming, harmonious 13 correspondent

accordingly 4 duly, ergo, then, thus

5 hence 9 therefore, thereupon 12 consequently

accost 3 dog 4 call, dare, face, hail 5 annoy, cross, front, hound, worry 6 bother, call to 7 affront, apply to, bespeak, outface, outrage 8 approach, confront 9 challenge 10 buttonhole 11 memorialize

accouchement 7 lying-in 8 childbed, delivery 10 childbirth 11 confinement, giving birth, parturition

account 3 tab, use 4 bill, deem, note, rate, view 5 avail, basis, favor, score, story, track, value, worth 6 assess, client, esteem, reason, reckon, record, regard, report, repute 7 analyze, explain, expound, history, invoice, justify, recital, respect, service, utility, version 8 appraise, consider, customer, estimate 9 advantage, chronicle, narrative, probe into, rationale, reckoning, relevance, statement, valuation 10 admiration, estimation, exposition, importance, reputation, usefulness 11 consequence, distinction, explain away, explanation, performance, rationalize 13 consideration, justification ***book:*** 6 ledger

accountable 6 liable 8 amenable 10 answerable 11 explainable, responsible

accounting 11 bookkeeping

accoutre 3 arm, rig 4 deck, gear 5 adorn, dress, equip, fix up, ready 6 attire, fit out, outfit, supply 7 appoint, furnish, prepare, provide, turn out 9 provision

accoutrement 3 kit 4 gear 6 outfit, tackle 7 regalia 8 tackling 9 accessory, apparatus, equipment, machinery, trappings 10 provisions 11 furnishings, habiliments 12 appointments 13 paraphernalia

accredit 3 lay 4 okay 5 refer 6 assign, attest, charge, credit, enable 7 approve, ascribe, certify, commend, empower, endorse, license, warrant 8 sanction, validate, vouch for 9 attribute, authorize, recognize, recommend 10 commission, credential

accretion 4 rise 5 raise 6 growth 7 buildup 8 addition, increase 9 accession, appendage, increment 10 attachment 11 enlargement 12 accumulation, augmentation

accrue 4 grow 5 amass 6 gather, pile up 7 build up, collect, compile 8 increase 10 accumulate, amalgamate 11 agglomerate

accumulate 4 heap, grow, mass, pile 5 add to, amass, hoard, lay by, lay in, lay up, stock, store 6 accrue, garner, gather, pile up, rack up, roll up 7 acquire, backlog, collect, compile, lay down, stack up, store up 8 assemble, increase 9 stockpile

accumulation 4 bank, heap, mass, pile 5 hoard, stock, store, trove 6 growth 7 buildup, reserve 8 increase 9 accretion, amassment 10 collection 11 aggregation, enlargement 13 agglomeration

accumulative 6 heaped 7 growing 8 additive, additory 9 summative 10 collective, increasing 11 aggregative 12 augmentative

accuracy 8 veracity 9 certainty, exactness, precision 10 definition, exactitude 11 correctness, preciseness 12 definiteness

accurate 4 just, nice, true 5 exact, right 6 actual, proper 7 certain, correct, factual, precise 8 definite, reliable, rigorous 9 authentic, error-free, errorless 10 dependable

accursed 4 vile 6 odious 7 hateful 8 damnable 9 abhorrent, execrable, loathsome, offensive, repugnant, revolting 10 abominable, despicable, detestable

accusation 3 rap 6 charge 9 complaint 10 allegation, indictment 12 denunciation ***false:*** 7 calumny

accuse 3 tax 5 blame, brand 6 allege, charge, delate, finger, impute, indict 7 arraign, ascribe, censure, impeach 8 admonish, denounce, reproach 9 criminate, criticize, inculpate, reprobate 10 denunciate 11 incriminate

accustom 3 use 4 wont 5 adapt, inure 6 adjust, harden, season 7 conform 9 habituate 11 acclimatize, familiarize

accustomed 3 set 5 usual 6 normal 7 chronic, regular, routine 8 accepted, everyday, familiar, habitual, ordinary, standard 9 customary 10 habituated 11 commonplace, established, traditional 12 conventional

ace 3 bit, jot, pip, top 4 atom, hair, iota, mite, star 5 crumb, minim, point, score, speck 6 defeat, master, winner 7 whisker 8 molecule, particle 9 first rate, hole in one 11 hairbreadth, tennis score

ace and face card 7 natural 9 blackjack

acedia 6 apathy 7 boredom

acerbate 3 vex 5 anger, annoy, peeve 6 madden 7 incense, inflame 8 embitter, irritate 9 aggravate 10 exasperate

acerbic 4 acid, sour, tart 5 acrid, harsh, rough, sharp 7 caustic, cutting, satiric 8 stinging 9 acidulous, corrosive, sarcastic 10 astringent

acerbity 7 acidity, sarcasm 8 acrimony,

asperity, sourness, tartness **9** harshness, roughness, surliness **10** bitterness, causticity

Achates' companion **6** Aeneas

ache **3** yen **4** hurt, long, pain, pang, pine, pity, sigh **5** crave, smart, throb, yearn **6** hanker, hunger, stitch, suffer, thirst, twinge **8** yearning **11** commiserate ***Scottish:*** **6** stound

Acheron **5** Hades, river

achieve **3** get, win **4** gain **5** reach, score **6** attain, effect, finish, obtain, rack up, secure **7** acquire, execute, fulfill, get done, perform, realize, succeed **8** carry out, complete, conclude **9** actualize **10** accomplish

achievement **4** deed, feat **6** finish **7** exploit, success **10** attainment, completion **11** acquisition, tour de force

Achilles ***adviser:*** **6** Nestor ***companion:*** **9** Patroclus ***father:*** **6** Peleus ***horse:*** **7** Xanthus ***lover:*** **7** Briseis ***mother:*** **6** Thetis ***slayer:*** **5** Paris ***victim:*** **6** Hector ***vulnerable part:*** **4** heel

aching **4** hurt, sore **6** in pain **7** hurtful, hurting, painful **8** yearning **9** disturbed **10** afflictive, distressed **13** compassionate

acicular **5** acute, peaky, piked, sharp **6** peaked, pointy, spiked **7** pointed

acid **4** sour, tart **5** acerb **7** acerbic, acetose, caustic **8** stinging **9** corrosive, sarcastic, vitriolic ***bleaching:*** **6** oxalic ***fatty:*** **6** capric **7** caproic, stearic **8** caprylic ***found in apples:*** **5** malic ***found in cranberries:*** **7** benzoic ***found in grapes:*** **8** tartaric ***found in lemons:*** **6** citric ***found in rhubarb:*** **6** oxalic ***found in sour milk:*** **6** lactic ***indicator:*** **6** litmus ***kind:*** **5** amino, boric, iodic, malic, oleic **6** acetic, bromic, formic, nitric, oxalic, tannic **7** nitrous, silicic **8** carbolic, carbonic, muriatic, sulfuric **9** aqua regia **12** hydrochloric ***neutralizer:*** **4** base **6** alkali ***tanning:*** **6** tannic **8** catechin ***vinegar:*** **6** acetic

acidulous **3** dry **4** sour, tart **5** acerb, harsh, sharp **6** biting **7** acerbic, acetose, cutting, piquant, pungent **9** sarcastic

Acis ***lover:*** **7** Galatea ***slayer:*** **10** Polyphemus

acknowledge **3** own **4** avow, deem, tell, view **5** admit, agree, allow, grant, let on, own up **6** accede, accept, fess up, reveal **7** concede, confess, declare, divulge, profess **8** announce, consider, disclose, proclaim **9** recognize

acknowledgment **6** assent, avowal, credit, notice **9** admission **10** confession **11** affirmation, declaration, recognition

acme **3** cap, top **4** apex, peak **6** apogee, climax, summit, tiptop, vertex, zenith **8** capstone, pinnacle, ultimate **9** high point **10** perfection **11** culmination

acorn sprouter **3** oak

acoustic **5** aural **6** audile **8** auditory **9** unplugged

acquaint **4** clue, tell, warn **6** advise, fill in, inform, notify, orient, reveal, wise up **7** apprise, divulge, present **8** accustom, disclose **9** enlighten, habituate, introduce **11** familiarize

acquaintance **4** mate **5** amigo, crony, grasp **6** friend **7** comrade, contact **9** associate, colleague, companion **10** cognizance, experience **11** familiarity

acquainted **6** versed **7** abreast, in touch **8** familiar, informed, up-to-date **9** au courant **10** conversant

acquiesce **3** bow, yes **5** agree, allow, bow to, yield **6** accede, accept, assent, comply, concur, give in, submit **7** consent, go along **9** reconcile, subscribe

acquiescence **6** assent **7** consent **8** giving in, yielding **9** deference **10** acceptance, compliance, conformity, submission **11** resignation

acquiescent **6** docile **7** passive **8** resigned, yielding **10** submissive **11** unresistant, unresisting **12** nonresistant, nonresisting

acquire **3** add, buy, get, win **4** earn, form, gain, land **5** amass, annex **6** garner, obtain, pick up, secure **7** bring in, collect, develop, procure **10** accumulate

acquirement **8** addition **9** accretion **11** acquisition

acquisition **4** gain **5** prize **7** winning **8** addition, learning, property, purchase **9** accretion

acquisitive **5** eager, itchy **6** grabby, greedy **8** covetous, desirous, grasping **10** avaricious

acquit **3** act **4** bear, free **5** carry, clear, let go **6** behave, deport, let off **7** absolve, comport, conduct, perform, release, set free **8** liberate **9** discharge, exculpate, exonerate, vindicate

acres **4** area, land **5** lands **6** estate **7** demesne, expanse, holding **8** property

acrid **4** acid, sour **5** harsh, nasty, sharp **6** biting, bitter **7** austere, burning, caustic, cutting, pungent **8** stinging **9** trenchant **10** astringent, irritating **11** acrimonious

acrimonious **3** mad **5** angry, cross, irate, sharp, testy **6** biting, bitter, cranky, ireful **7** acerbic, caustic, cutting **9** indignant, irascible, rancorous **11** belligerent, contentious, quarrelsome

acrimony **5** anger, spite **6** animus, malice, rancor **7** ill will **8** acerbity, asperity, mordancy **9** animosity, antipathy, harshness, virulence **10** bitterness **11** malevolence

Acrisius ***daughter:*** **5** Danaë ***slayer:*** **7** Perseus

acrobat **7** gymnast **9** aerialist, trapezist **11** funambulist

across **4** over **6** beyond **7** athwart **12** transversely ***prefix:*** **5** trans

act **3** law, run **4** bear, bill, deed, fake, feat, mime, play, pose, sham, work **5** bluff, feign, front, put-on, serve, stunt **6** affect, appear, behave, shtick **7** exploit, operate, perform, portray, pretend, routine, statute **8** function, pretense, simulate **9** officiate **10** masquerade **11** counterfeit, impersonate

acting **6** pro tem **7** interim, playing **9** ad interim, dramatics, imitating, portrayal, temporary **10** pro tempore **12** entertaining

action **4** case, deed, move, step, stir, suit, work **5** cause, doing **6** battle, bustle, combat **7** lawsuit, process, service **8** activity, behavior, conflict, fighting, function **9** execution, operation, procedure **10** engagement, proceeding **11** performance

action painting **7** tachism

activate **4** stir, wake **5** rally, rouse, set up, waken **6** arouse, awaken, call up, turn on **8** energize, mobilize, motivate, vitalize **9** stimulate

active **4** busy, live, spry **5** agile, alert, alive, brisk, going **6** at work, in play, lively, moving **7** driving, dynamic, flowing, running, working **8** animated, bustling, emitting, erupting, spirited, vigorous **9** effective, energetic, operating, operative, sprightly **11** functioning, industrious **12** enterprising

activity **6** action, bustle, motion **7** process, pursuit, venture **8** exercise, exertion **10** exercising, liveliness **11** undertaking

actor **4** mime, star **5** mimic **6** mummer, player **7** trouper **8** thespian **9** performer **11** participant **12** impersonator ***name:*** **3** Cox (Wally), Fox (James, Michael J.), Lee (Bruce), Lom (Herbert), Mix (Tom), Ray (Aldo) **4** Alda (Alan, Robert), Bean (Orson), Blue (Ben), Bond (Ward), Caan (James), Cage (Nicholas), Cobb (Lee J.), Coco (James), Culp (Robert), Dean (James), Depp (Johnny), Dern (Bruce), Duff (Howard), Egan (Richard), Falk (Peter), Ford (Glenn, Harrison), Foxx (Redd), Geer (Will), Gere (Richard), Grey (Joel), Hill (Arthur), Hope (Bob), Hurt (John, William), Ives (Burl), Kaye (Danny), Kean (Edmund), Keel (Howard), Ladd (Alan), Lahr (Bert), Lord (Jack), Lowe (Rob), Lunt (Alfred), Marx (Chico, Groucho, Harpo, Zeppo), Muni (Paul), Ngor (Haing S.), Peck (Gregory), Penn (Sean), Pitt (Brad), Raft (George), Roth (Tim), Ryan (Robert), Shaw (Robert), Tati (Jacques), Tone (Franchot), Torn (Rip), Tune (Tommy), Wahl (Ken), Webb (Clifton, Jack), Wynn (Ed, Keenan), York (Michael) **5** Adler (Luther), Allen (Fred, Tim, Woody), Arkin (Adam, Alan), Asner (Ed), Autry (Gene), Ayres (Lew), Bacon (Kevin), Barry (Gene), Bates (Alan), Beery (Wallace), Benny (Jack), Berle (Milton), Boone (Richard), Booth (Edwin), Boyer (Charles), Brand (Neville), Burns (George), Caine (Michael), Candy (John), Chase (Chevy), Clift (Montgomery), Cosby (Bill), Dafoe (Willem), Davis (Clifton, Ossie, Sammy Jr.), Delon (Alain), Donat (Robert), Evans (Maurice), Ewell (Tom), Finch (Peter), Firth (Colin, Peter), Flynn (Errol), Fonda (Henry, Peter), Franz (Dennis), Gabin (Jean), Gable (Clark), Gould (Elliot), Grant (Cary, Hugh), Gwenn (Edmund), Hanks (Tom), Hardy (Oliver), Hauer (Rutger), Hawke (Ethan), Hayes (Gabby), Irons (Jeremy), Jaffe (Sam), Jones (Dean, James Earl, Tommy Lee), Kazan (Elia), Keach (Stacy), Keith (Brian, David), Kelly (Gene), Kiley (Richard), Kline (Kevin), Kotto (Yaphet), Lamas (Fernando, Lorenzo), Lanza (Mario), Lewis (Jerry, Richard), Lloyd (Harold), Lorre (Peter), Lukas (Paul), Lynde (Paul), March (Fredric), Mason (James), McCoy (Tim), Mills (John), Mineo (Sal), Moore (Dudley, Roger, Victor), Neill (Sam), Nimoy (Leonard), Niven (David), Nolte (Nick), Olmos (Edward James), O'Neal (Patrick, Ryan), Payne (John), Perry (Luke, Matthew), Pesci (Joe), Power (Tyrone), Price (Vincent), Pryce (Jonathan), Quaid (Dennis, Randy), Quayle (Anthony), Quinn (Aidan, Anthony), Rains (Claude), Reeve (Christopher), Scott (Campbell, George C., Randolph), Segal (George), Sheen (Charlie, Martin), Smits (Jimmy), Stack (Robert), Stamp (Terence), Sydow (Max von), Tracy (Spencer), Wayne (John), Wilde (Cornel), Wills (Chill), Woods (James), Young (Gig, Robert) **6** Abbott (Bud),

Albert (Eddie), Ameche (Don), Arness (James), Backus (Jim), Balsam (Martin), Barker (Lex), Baxter (Warner), Beatty (Ned, Warren), Begley (Ed), Blades (Ruben), Bogart (Humphrey), Bolger (Ray), Brando (Marlon), Brooks (Albert, Mel), Burton (Richard), Caesar (Sid), Cagney (James), Cantor (Eddie), Cariou (Len), Carney (Art), Carrey (Jim), Carvey (Dana), Chaney (Lon), Cleese (John), Coburn (Charles, James), Colman (Ronald), Conrad (Robert, William), Conway (Tim, Tom), Coogan (Jackie), Cooper (Gary), Cotten (Joseph), Coward (Noël), Crabbe (Buster), Crenna (Richard), Cronyn (Hume), Crosby (Bing), Cruise (Tom), Culkin (Macaulay), Curtis (Tony), Dailey (Dan), Dalton (Timothy), Danson (Ted), Danton (Ray), Darren (James), De Niro (Robert), de Sica (Vittorio), De Vito (Danny), Dillon (Matt), Downey (Robert), Dullea (Keir), Duryea (Dan), Duvall (Robert), Ferrer (José, Mel), Fields (W.C.), Finney (Albert), Garcia (Andy), Garner (James), Gibson (Hoot, Mel), Glover (Danny), Graves (Peter), Greene (Lorne), Grodin (Charles), Harris (Ed, Richard), Harvey (Laurence), Hayden (Sterling), Heflin (Van), Heston (Charlton), Hingle (Pat), Holden (Bill), Hopper (Dennis, William), Howard (Leslie, Ron, Trevor), Hudson (Rock), Hunter (Jeffrey, Tab), Huston (John, Walter), Hutton (Jim, Timothy), Irving (Henry), Jacobi (Derek, Lou), Jagger (Dean), Keaton (Buster, Michael), Keitel (Harvey), Kilmer (Val), Knotts (Don), Landau (Martin), Landon (Michael), Laurel (Stan), Lemmon (Jack), Liotta (Ray), Lugosi (Bela), MacRae (Gordon), Malden (Karl), Martin (Dean, Steve), Marvin (Lee), Massey (Raymond), Mature (Victor), McCrea (Joel), Meeker (Ralph), Menjou (Adolphe), Mifune (Toshiro), Modine (Matthew), Morley (Robert), Mostel (Zero), Murphy (Audie, Eddie), Murray (Bill, Don), Neeson (Liam), Nelson (Ozzie), Newley (Anthony), Newman (Paul), O'Brian (Hugh), O'Brien (Edmund, Pat), Oldman (Gary), O'Toole (Peter), Pacino (Al), Parker (Fess), Poston (Tom), Powell (Dick), Reeves (Keanu, Steve), Reiner (Carl, Rob), Reiser (Paul), Rennie (Michael), Ritter (John, Tex), Rogers (Roy, Wayne, Will), Romero (Cesar), Rooney (Mickey), Rourke (Mickey), Schell (Maximilian), Seagal (Steven), Sharif (Omar), Slezak (Walter), Snipes (Wesley), Spacey (Kevin), Spader (James), Swayze (Patrick), Taylor (Robert, Rod), Thomas (Danny, Richard), Turpin (Ben), Vallee (Rudy), Vaughn (Robert), Voight (Jon), Wagner (Robert), Walker (Robert), Warden (Jack), Wayans (Damon, Keenen Ivory), Weaver (Dennis, Fritz), Welles (Orson), Werner (Oskar), Wilder (Gene), Willis (Bruce) **7** Abraham (F. Murray), Andrews (Dana), Astaire (Fred), Aykroyd (Dan), Baldwin (Alec, Daniel, Stephen, William), Bellamy (Ralph), Bogarde (Dirk), Branagh (Kenneth), Bridges (Beau, Jeff, Lloyd), Bronson (Charles), Brosnan (Pierce), Brynner (Yul), Burbage (Richard), Bushman (Francis X.), Buttons (Red), Calhern (Louis), Calhoun (Rory), Cameron (Rod), Carroll (Leo G.), Chaplin (Charlie), Clooney (George), Connery (Sean), Connors (Chuck), Conried (Hans), Costner (Kevin), Crystal (Billy), Daniels (Jeff), da Silva (Howard), DeLuise (Dom), Dennehy (Brian), Donahue (Troy), Donlevy (Brian), Douglas (Kirk, Melvyn, Michael, Paul), Dreyfuss (Richard), Durante (Jimmy), Edwards (Vince), Feldman (Marty), Fiennes (Ralph), Freeman (Morgan), Garrick (David), Gazzara (Ben), Gielgud (John), Gleason (Jackie), Goodman (John), Gossett (Lou), Grammer (Kelsey), Granger (Farley, Stewart), Guinness (Alec), Hackman (Gene), Henreid (Paul), Hoffman (Dustin), Homolka (Oscar), Hopkins (Anthony), Hoskins (Bob), Janssen (David), Johnson (Ben, Don, Van), Jourdan (Louis), Jurgens (Curt), Karloff (Boris), Kennedy (Arthur, George), Klugman (Jack), Lawford (Peter), Leonard (Robert Sean, Sheldon), Lithgow (John), MacLane (Barton), Maharis (George), Mathers (Jerry), Matthau (Walter), McCarey (Leo), McGavin (Darren), McQueen (Steve), Milland (Ray), Mitchum (Robert), Montand (Yves), Navarro (Ramon), Newhart (Bob), O'Connor (Carroll, Donald), Olivier (Laurence), Palance (Jack), Paulsen (Pat), Peppard (George), Perkins (Anthony), Pickens (Slim), Pidgeon (Walter), Poitier (Sidney), Preston (Robert), Randall (Tony), Redford (Robert), Rickman (Alan), Robards (Jason), Robbins (Tim), Robeson (Paul), Roberts (Pernell, Tony), Sanders (George), Savalas (Telly), Scourby (Alexander), Selleck (Tom),

Sellers (Peter), Shatner (William), Shepard (Sam), Silvers (Phil), Sinatra (Frank), Skelton (Red), Skinner (Otis), Steiger (Rod), Stewart (James, Patrick), Stooges (Three), Tamblyn (Russ), Ustinov (Peter), Van Dyke (Dick, Jerry), Wallach (Eli), Widmark (Richard), Wilding (Michael), Winters (Jonathan), Woolley (Monty) **8** Banderas (Antonio), Barrault (Jean-Louis), Basehart (Richard), Belmondo (Jean-Paul), Berenger (Tom), Blackmer (Sidney), Borgnine (Ernest), Buchanan (Edgar), Buchholz (Horst), Chandler (Jeff), Costello (Lou), Crawford (Broderick, Michael), Cummings (Robert), Day-Lewis (Daniel), DiCaprio (Leonardo), Eastwood (Clint), Forsythe (John), Garfield (John), Goldblum (Jeff), Griffith (Andy), Harrison (Noel, Rex), Hemmings (David), Holbrook (Hal), Holloway (Stanley), Houseman (John), Jannings (Emil), Kingsley (Ben), Langella (Frank), Laughton (Charles), Marshall (E.G., Herbert), McDowall (Roddy), McDowell (Malcolm), McLaglen (Victor), Meredith (Burgess), Rathbone (Basil), Redgrave (Michael), Reynolds (Burt), Ritchard (Cyril), Robinson (Edward G.), Sarrazin (Michael), Scofield (Paul), Seinfeld (Jerry), Stallone (Sylvester), Stroheim (Erich von), Sullivan (Barry), Travolta (John), Turturro (John), Van Damme (Jean-Claude), Von Sydow (Max), Whitmore (James), Williams (Robin) **9** Amsterdam (Morey), Barrymore (John, Lionel), Brandauer (Klaus Maria), Broderick (Matthew), Carnovsky (Morris), Carradine (David, John, Keith, Robert), Courtenay (Tom), Depardieu (Gérard), Fairbanks (Douglas), Fishburne (Larry), Franciosa (Anthony), Hardwicke (Cedric), Harrelson (Woody), Hyde-White (Wilfrid), Lancaster (Burt), MacMurray (Fred), Malkovich (John), Montalban (Ricardo), Nicholson (Jack), Pleasance (Donald), Robertson (Cliff, Dale), Strasberg (Lee), Tarantino (Quentin), Valentino (Rudolph), Zimbalist (Efrem) **10** Fitzgerald (Barry), Hasselhoff (David), Montgomery (Robert), Richardson (Ralph), Sutherland (Donald, Kiefer), Washington (Denzel) **11** Chamberlain (Richard), Greenstreet (Sydney), Mastroianni (Marcello), Trintignant (Jean-Louis) **13** Kristofferson (Kris)

actor's ***quest:*** **4** part, role ***signal:*** **3** cue

actress **3** Bow (Clara), Cox (Courtney), Day (Doris), Dee (Ruby, Sandra), Dru (Joanne), Gam (Rita), Loy (Myrna), May (Elaine), Rae (Charlotte) **4** Ball (Lucille), Bara (Theda), Barr (Roseanne), Cass (Peggy), Cher, Coca (Imogene), Cruz (Penelope), Dahl (Arlene), Daly (Tyne), Dern (Laura), Diaz (Cameron), Dors (Diana), Down (Lesley-Ann), Duke (Patty), Duse (Eleonora), Eden (Barbara), Foch (Nina), Garr (Teri), Gish (Dorothy, Lillian), Grey (Jennifer), Gwyn (Nell), Hawn (Goldie), Holm (Celeste), Hunt (Helen, Linda, Marsha), Hurt (Mary Beth), Hyer (Martha), Ivey (Judith), Kahn (Madeline), Kerr (Deborah), Lake (Veronica), Lisi (Virna), Main (Marjorie), Mayo (Virginia), Neal (Patricia), Olin (Lena), Page (Geraldine), Raye (Martha), Rigg (Diana), Ross (Diana, Katharine), Rush (Barbara), Ryan (Meg, Peggy), Shue (Elisabeth), Weld (Tuesday), West (Mae), Wood (Natalie, Peggy), Wray (Fay), York (Susannah) **5** Adams (Maude), Aimee (Anouk), Allen (Joan, Gracie, Karen, Nancy), Alley (Kirstie), Arden (Eve), Astor (Mary), Bates (Kathy), Berry (Halle), Black (Karen), Bloom (Claire), Blyth (Ann), Booth (Shirley), Brice (Fanny), Britt (May), Bruce (Virginia), Buzzi (Ruth), Caron (Leslie), Close (Glenn), Crain (Jeanne), Danes (Claire), Davis (Bette, Geena, Judy), Dench (Judi), Derek (Bo), Dunne (Irene), Eggar (Samantha), Evans (Edith), Falco (Edie), Field (Sally), Fonda (Bridget, Jane), Gabor (Eva, Zsa Zsa), Garbo (Greta), Gless (Sharon), Grant (Lee), Greer (Jane), Grier (Pam), Hagen (Uta), Hasso (Signe), Hayek (Salma), Hayes (Helen), Heche (Anne), Henie (Sonja), Howes (Sally Ann), Jones (Cherry, Jennifer, Shirley), Kazan (Lainie), Kelly (Grace, Patsy), Kurtz (Swoosie), Lahti (Christine), Lange (Hope, Jessica), Leigh (Janet, Jennifer Jason, Vivien), Lenya (Lotte), Lewis (Juliette), Loren (Sophia), Mason (Marsha, Pamela), Meara (Anne), Miles (Sarah, Vera), Moore (Demi, Julianne, Mary Tyler, Terry), North (Sheree), Novak (Kim), O'Hara (Maureen), Olson (Nancy), O'Neal (Tatum), Perez (Rosie), Picon (Molly), Pitts (Zasu), Reese (Della), Ricci (Christina), Roman (Ruth), Ruehl (Mercedes), Ryder (Winona), Saint (Eva Marie), Scott (Lizbeth, Martha), Shire (Talia), Smith (Alexis, Maggie), Stone (Sharon), Storm (Gale), Swank

(Hilary), Tandy (Jessica), Terry (Ellen), Tomei (Marisa), Tyler (Liv), Tyson (Cicely), Watts (Naomi), Welch (Raquel), Wiest (Dianne), Wyatt (Jane), Wyman (Jane), Young (Sean, Loretta) **6** Adjani (Isabelle), Angeli (Pier), Arthur (Beatrice, Jean), Ashley (Elizabeth), Bacall (Lauren), Bardot (Brigitte), Barkin (Ellen), Barrie (Wendy), Baxter (Anne), Bening (Annette), Bergen (Candice, Polly), Bisset (Jacqueline), Blaine (Vivian), Brooks (Louise), Bujold (Genevieve), Butler (Brett), Cannon (Dyan), Carter (Dixie, Lynda, Nell), Cooper (Gladys), Crouse (Lindsay), Curtin (Jane), Curtis (Jamie Lee), Danner (Blythe), Davies (Marion), Delaney (Dana), Del Rio (Dolores), Dennis (Sandy), Diller (Phyllis), Draper (Ruth), Dumont (Margaret), Duncan (Sandy), Durbin (Deanna), Duvall (Shelley), Ekberg (Anita), Ekland (Britt), Fabray (Nanette), Farmer (Frances), Farrow (Mia), Feldon (Barbara), Fisher (Carrie), Foster (Jodie), Garner (Peggy Ann), Garson (Greer), Gaynor (Mitzi), Gordon (Ruth), Grable (Betty), Grimes (Tammy), Hannah (Daryl), Harlow (Jean), Harper (Jessica, Tess, Valerie), Harris (Barbara, Julie, Rosemary), Hedren (Tippi), Hiller (Wendy), Hunter (Holly, Kim), Hussey (Ruth), Huston (Anjelica), Hutton (Betty), Irving (Amy), Keaton (Diane), Keeler (Ruby), Kidman (Nicole), Kinski (Nastassja), Knight (Shirley), Lamarr (Hedy), Lamour (Dorothy), Lasser (Louise), Laurie (Piper), Lillie (Beatrice), Louise (Tina), Lupino (Ida), MacRae (Sheila), Malone (Dorothy), Martin (Mary), Matlin (Marlee), McGraw (Ali), Merkel (Una), Merman (Ethel), Midler (Bette), Miller (Ann), Mirren (Helen), Monroe (Marilyn), Moreau (Jeanne), Moreno (Rita), Oberon (Merle), O'Brien (Margaret), Oliver (Edna May), Palmer (Lili), Paquin (Anna), Parker (Eleanor, Mary-Louise, Sarah Jessica, Suzy), Peters (Bernadette), Powers (Stephanie), Prowse (Juliet), Rainer (Luise), Rashad (Phylicia), Remick (Lee), Ritter (Thelma), Rivera (Chita), Rogers (Ginger), Scales (Prunella), Seberg (Jean), Sidney (Sylvia), Somers (Suzanne), Sommer (Elke), Spacek (Sissy), Streep (Meryl), Taylor (Elizabeth), Temple (Shirley), Theron (Charlize), Thomas (Marlo), Tiffin (Pamela), Tomlin (Lily), Turner (Kathleen, Lana), Walker (Nancy), Warren (Lesley Ann), Watson (Emily), Weaver (Sigourney), Wilson (Marie), Winger (Debra), Wright (Teresa), Wynter (Dana) **7** Allyson (June), Andress (Ursula), Andrews (Julie), Aniston (Jennifer), Bassett (Angela), Bennett (Constance, Joan), Bergman (Ingrid), Binoche (Juliette), Blethyn (Brenda), Buckley (Betty), Bullock (Sandra), Burnett (Carol), Burstyn (Ellen), Campbell (Mrs. Patrick), Colbert (Claudette), Collins (Joan, Pauline), Cornell (Katherine), Cushman (Charlotte), Darnell (Linda), DeCarlo (Yvonne), Deneuve (Catherine), Dukakis (Olympia), Dunaway (Faye), Dunnock (Mildred), Fawcett (Farrah), Fleming (Rhonda), Fricker (Brenda), Gardner (Ava), Garland (Judy), Gingold (Hermione), Goddard (Paulette), Grahame (Gloria), Grayson (Kathryn), Hayward (Susan), Heckart (Eileen), Hepburn (Audrey, Katharine), Hershey (Barbara), Jackson (Anne, Glenda, Kate), Langtry (Lillie), Learned (Michael), Lombard (Carole), MacGraw (Ali), Madonna, Magnani (Anna), Mangano (Silvana), McGuire (Dorothy), McKenna (Siobhan), McQueen (Butterfly), Meadows (Audrey, Jayne), Mimieux (Yvette), Miranda (Carmen), Mulgrew (Kate), Natwick (Mildred), Parsons (Estelle), Perlman (Rhea), Perrine (Valerie), Plummer (Amanda), Podesta (Rosanna), Portman (Natalie), Roberts (Julia), Russell (Jane, Rosalind, Theresa), Scacchi (Greta), Sevigny (Chloë), Shearer (Norma), Shields (Brooke), Siddons (Sarah), Simmons (Jean), Sorvino (Mira), Sothern (Ann), Stevens (Connie, Stella), Stritch (Elaine), Swanson (Gloria), Swinton (Tilda), Thaxter (Phyllis), Thurman (Uma), Tierney (Gene), Ullmann (Liv), Winfrey (Oprah), Winslet (Kate), Winters (Shelley), Withers (Jane), Woodard (Alfre) **8** Anderson (Judith, Loni, Melissa Sue), Arquette (Patricia, Rosanna), Ashcroft (Peggy), Bancroft (Anne), Bankhead (Tallulah), Basinger (Kim), Blondell (Joan), Byington (Spring), Caldwell (Zoe), Channing (Carol, Stockard), Charisse (Cyd), Christie (Julie), Crawford (Joan), DeMornay (Rebecca), Dewhurst (Colleen), Dietrich (Marlene), Dressler (Marie), Fletcher (Louise), Fontaine (Joan), Fontanne (Lynn), Goldberg (Whoopi), Griffith (Melanie), Hayworth (Rita), Holliday (Judy), Lansbury (Angela), Lawrence (Gertrude), Leachman (Cloris),

Leighton (Margaret), Lindfors (Viveca), Lockhart (June), Lovelace (Linda), MacLaine (Shirley), McDaniel (Hattie), Mercouri (Melina), Minnelli (Liza), Nelligan (Kate), Neuwirth (Bebe), O'Donnell (Rosie), Pfeiffer (Michelle), Pickford (Mary), Prentiss (Paula), Redgrave (Lynn, Vanessa), Reynolds (Debbie), Roseanne, Rowlands (Gena), Sarandon (Susan), Shepherd (Cybill), Signoret (Simone), Stanwyck (Barbara), Straight (Beatrice), Sullavan (Margaret), Talmadge (Norma), Thompson (Emma, Sada), Van Doren (Mamie), Williams (Esther), Woodward (Joanne) **9** Alexander (Jane), Barrymore (Drew, Ethel), Bernhardt (Sarah), Blanchett (Cate), Cardinale (Claudia), Christian (Linda), Clayburgh (Jill), Dandridge (Dorothy), DeGeneres (Ellen), Dickinson (Angie), Fairchild (Morgan), Henderson (Florence), Kellerman (Sally), Mansfield (Jayne), McDonnell (Mary), Moorehead (Agnes), O'Sullivan (Maureen), Pleshette (Suzanne), Plowright (Joan), Schneider (Romy), Singleton (Penny), Stapleton (Jean, Maureen), Strasberg (Susan), Streisand (Barbra), Struthers (Sally), Thorndike (Sybil), Vera-Ellen, Zellweger (Renée) **10** Ann-Margret, Lanchester (Elsa), Montgomery (Elizabeth), Richardson (Miranda, Natasha), Rossellini (Isabella), Rutherford (Margaret), Tushingham (Rita) **11** de Havilland (Olivia), McCambridge (Mercedes), Riefenstahl (Leni), Silverstone (Alicia), Steenburgen (Mary) **12** Bonham-Carter (Helena), Lollabrigida (Gina), Mastrantonio (Mary Elizabeth)

actual **4** hard, live, real, true **5** exact **6** extant, living **7** certain, current, factual, genuine **8** absolute, bona fide, concrete, definite, existent, existing, material, physical, positive, tangible **9** authentic, objective **10** legitimate, phenomenal, undeniable **12** indisputable

actuality **4** fact **5** being, truth **7** reality **9** existence, substance **10** embodiment **11** incarnation, materiality

actually **4** very **5** truly **6** indeed, in fact, really **7** de facto, no doubt **9** genuinely, in reality, veritably **10** absolutely

actuate **4** move, spur, stir **5** drive, impel, rouse **6** arouse, excite, propel, set off, turn on **7** provoke, trigger **8** activate, energize, mobilize, motivate, vitalize

act up **5** cut up **7** show off **9** misbehave **11** misfunction

acumen **3** wit **6** acuity, vision, wisdom **7** insight **8** keenness **9** acuteness, sharpness **10** astuteness, perception, shrewdness **11** discernment, penetration, percipience **12** perspicacity

acute **4** dire, keen **5** sharp **6** urgent **7** crucial, exigent, intense, pointed **8** critical, incisive, piercing, shooting, stabbing **9** knifelike, observant, trenchant **10** perceptive **11** penetrating, quick-witted, sharp-witted

ad ___ **3** hoc, lib, rem **7** hominem, interim, nauseam **9** infinitum

adage **3** saw **4** rule **5** axiom, maxim, motto **6** byword, saying, truism **7** proverb **8** aphorism, apothegm

adagio **4** slow **5** tempo

Adah ***husband:*** **4** Esau **6** Lamech ***son:*** **5** Jabal, Jubal **7** Eliphaz

Adam ***grandson:*** **4** Enos **5** Enoch ***rib:*** **3** Eve ***son:*** **4** Abel, Cain, Seth ***wife:*** **3** Eve **6** Lilith

Adam ___ **4** Bede **5** Smith

adamant **3** set **4** firm, hard **5** rigid, stiff, stone, tough **6** flinty **8** immobile, obdurate, resolute **9** immovable, unbending, unswaying **10** determined, inflexible, unbendable, unyielding **11** unbreakable

adapt **3** fit **4** suit **5** alter, shape, yield **6** adjust, change, modify, revise, square, tailor **7** arrange, conform, remodel **9** acclimate, habituate, reconcile **11** acclimatize, accommodate

adaptable **6** mobile, pliant, supple **7** ductile, plastic, pliable **8** flexible, moldable **9** alterable, malleable, versatile **10** adjustable, modifiable **11** conformable

adaptation **6** change **8** revision **9** reworking **10** adjustment, alteration **12** modification

ad astra per ___ **6** aspera

add **3** sum, tot **4** cast, foot, join, tote **5** affix, annex, count, tally, total, unite **6** append, attach, figure, reckon, tack on, take on **7** augment, compute, count up, enlarge, improve, include **8** compound, increase, totalize **9** build onto, calculate **10** supplement

added **3** new **4** else, more **5** extra, fresh, other **7** another, farther, further **8** appended **9** accessory, increased **10** additional **13** supplementary

addendum **5** extra, rider **8** addition **10** supplement

adder **5** snake, viper **10** calculator **12** hognose snake

addict **3** fan, nut **4** bias, buff **5** hound, lover **6** abuser, devote, junkie, zealot **7** booster, devotee, fanatic, groupie, habitué **9** habituate, surrender **10** aficionado, enthusiast

addition 4 plus, rise 5 annex, extra, raise, rider 7 accrual, adjunct 8 addendum, appendix, increase 9 accession, accessory, accretion, extension, increment 10 supplement 11 enlargement 12 appurtenance, augmentation
additional see ADDED
additionally 3 too 4 also, more, then 5 again 6 as well 7 addedly, besides, further 8 likewise, moreover 9 along with 11 furthermore
additive 5 extra 8 extender 9 summative, substance
addle 5 mix up, spoil 6 muddle, puzzle 7 confuse, fluster, nonplus, perplex 8 befuddle, bewilder, confound, distract, throw off 9 dumbfound
add-on 7 adjunct 9 accessory 11 enhancement
address 3 aim, air, set, URL 4 hail, send, tact, talk 5 apply, court, grace, greet, level, place, point, poise, remit, route, skill, speak, treat 6 call to, devote, direct, pursue, relate, salute, speech 7 bearing, consign, deliver, forward, know-how, lecture, speak to, write to 8 appeal to, approach, converse, deal with, deftness, delivery, demeanor, dispatch, identify, location, petition, position, presence, talk with, transmit 9 attention, dexterity, diplomacy, expertise 10 adroitness, competence, directions, efficiency 11 communicate, comportment, designation, proficiency, savoir faire, tactfulness
adduce 3 lay 4 cite 5 claim, offer 6 allege, submit, tender 7 advance, present, proffer, propose, refer to, suggest 8 document 9 exemplify 10 illustrate
add up 3 sum 5 count, tally, total 6 amount, reckon 7 compute 9 make sense
add up to 4 mean 5 spell 6 amount, denote, import, intend 7 compute, connote, express, signify
A Death in the Family author 4 Agee (James)
adept 3 pro 4 deft, whiz 5 crack, savvy 6 adroit, expert, master, wizard 7 skilled 8 masterly, skillful, virtuoso 9 dexterous, masterful 10 proficient 11 crackerjack 12 professional
adequacy 5 might 6 enough 7 ability 8 capacity 10 capability, competence, sufficient 11 sufficiency 13 qualification
adequate 6 common, decent, enough 8 all right, passable, pleasing, standard, suitable 9 competent, sufficing 10 acceptable, sufficient 11 comfortable 12 satisfactory 13 unexceptional, unimpeachable
adequately 4 well 5 amply, right 6 enough 8 all right, passably, properly, suitably 9 fittingly, tolerably 12 sufficiently 13 appropriately
adhere 4 glue 5 cling, paste, stick 6 attach, bind to, cement, cleave, cohere, fasten 7 stick to 8 hold fast
adherence 4 bond 5 cling 7 loyalty 8 adhesion, clinging, cohesion, fidelity, sticking 9 constancy 10 attachment 12 faithfulness
adherent 6 cohort, votary 7 devotee, sectary 8 disciple, follower, henchman, partisan, stalwart 9 satellite, supporter 10 aficionado
adhering 6 clingy, gluing, sticky 7 binding 8 clinging, sticking 9 attaching, cementing
adhesive 4 glue 5 gluey, gooey, gummy, stamp, tacky 6 cement, clingy, gummed, sticky 7 holding, stickum 8 adhering, fastener, mucilage, sticking 9 attaching
adieu 5 congé 6 bye-bye, so long 7 cheerio, good-bye, parting 8 farewell 11 leave-taking
ad interim 6 acting, pro tem 9 temporary 10 pro tempore 11 temporarily
adios 4 by-by, ciao, ta-ta 5 adieu, later 6 bye-bye, so long 7 cheerio, goodbye, toodles 8 farewell, toodle-oo 10 hasta luego
adipose 3 fat 4 oily 5 fatty 6 greasy 7 fat-like
adit 3 way 4 door 5 entry 6 access, entrée, tunnel 7 ingress, passage 8 entrance 9 mine entry 10 passageway 12 mine entrance
adjacent 4 near 5 close 6 beside, nearby, next to 8 abutting, next door, touching 9 adjoining, alongside, bordering 10 contiguous, juxtaposed, near-at-hand 11 close-at-hand, neighboring 12 conterminous
adjoin 3 add 4 abut, link, line, meet 5 annex, touch, verge 6 append, attach, border, butt on, couple 7 connect, impinge 8 neighbor 11 communicate
adjourn 4 move, rise, stay 5 defer, delay 6 hold up, put off, recess, shelve 7 hold off, suspend 8 dissolve, hold over, postpone, prorogue 9 prorogate
adjudge 4 deem, rule 5 award, grant 6 decide, settle, umpire 7 mediate, referee 9 arbitrate 10 adjudicate
adjunct 5 added, affix 6 joined 8 addendum, addition, appanage, appendix, attached 9 accessory, accretion, appendage, assistant, associate, auxiliary 10 attachment 12 appurtenance
adjure 3 beg, bid 4 urge 6 exhort

7 beseech, entreat, command, implore, require 9 importune 10 supplicate

adjust 3 fit, fix, rig 4 suit, tune 5 adapt, order, right 6 accord, attune, modify, orient, settle, square, tailor, tune up 7 arrange, conform, correct, rectify, resolve 8 modulate, regulate 9 habituate, harmonize, reconcile 11 accommodate

adjuvant 4 aide 6 aiding, helper 8 enhancer, modifier 9 accessory, ancillary, assisting, auxiliary 10 collateral, subsidiary 11 appurtenant 12 contributory

ad-lib 9 extempore, improvise, impromptu 10 improvised, off-the-cuff, unprepared 11 extemporize, spontaneous, unrehearsed

Admetus *father:* 6 Pheres *wife:* 8 Alcestis

administer 3 run 4 boss, deal, give, head 5 issue 6 direct, govern, head up, manage 7 conduct, control, deal out, deliver, dole out, execute, give out, mete out, oversee, perform, provide 8 carry out, dispense, share out 9 apportion, supervise 10 distribute, portion out

administration 6 regime 7 control 9 direction 10 governance, presidency *system of:* 11 bureaucracy

administrator 4 boss, exec, head 5 chief 7 manager, officer 8 director, official, overseer 9 executive 10 supervisor

admirable 6 august, worthy 8 laudable 9 deserving, estimable, excellent, meritable 11 commendable, meritorious, outstanding 12 praiseworthy

admiral *American:* 4 Byrd (Richard), Sims (William) 5 Dewey (George), Stark (Harold) 6 Halsey (Bull), Nimitz (Chester) 7 Zumwalt (Elmo) 8 Farragut (David), Rickover (Hyman), Spruance (Raymond) *Confederate:* 6 Semmes (Raphael) *Dutch:* 5 Tromp (Maarten) *English:* 5 Drake (Francis) 6 Nelson (Horatio), Rodney (George), Vernon (Edward) 7 Hawkins (John) 8 Beaufort (Francis), Jellicoe (John), Villiers (George) 11 Mountbatten (Louis) *French:* 10 Villeneuve (Pierre-Charles) *German:* 4 Spee (Graf Maximilian von) 6 Dönitz (Karl), Raeder (Erich) 7 Doenitz (Karl), Tirpitz (Alfred von) *Japanese:* 4 Togo (Hideki) 5 Yonai (Mitsumasa) 8 Yamamoto (Isoroku) *Spanish:* 8 Menéndez (Pedro)

admiration 5 favor 6 esteem, praise, regard 7 account, delight, respect 8 applause, approval, pleasure 9 affection 10 estimation 11 approbation 12 appreciation

admire 5 adore, honor, prize, value 6 esteem, praise, regard, relish, revere 7 adulate, applaud, approve, cherish, commend, respect 8 consider, treasure 9 delight in 10 appreciate

admirer 3 fan 4 beau, buff 7 booster, devotee, fancier 8 believer, follower, partisan 9 supporter 10 enthusiast

admission 3 way 4 door 5 entry 6 access, assent, entrée 7 ingress 8 entrance 10 admittance, concession, confession 11 affirmation

admit 3 own 4 avow, take 5 agree, allow, enter, grant, let in, let on, lodge, own up 6 accept, fess up, harbor, permit, suffer, take in 7 concede, confess, receive, shelter, welcome 9 entertain, introduce, recognize 11 acknowledge

admix 5 blend, merge 6 mingle 7 combine 8 comingle, compound, immingle 9 commingle 11 intermingle

admixture 5 alloy, blend, combo 6 fusion 7 amalgam 8 compound 9 aggregate, composite 12 amalgamation

admonish 4 warn 5 alert, chide 6 lesson, monish, rebuke, talk to 7 caution, counsel, reprove, speak to 8 call down, forewarn, reproach 9 criticize, reprimand

admonition 3 tip 6 caveat, rebuke 7 caution, chiding, reproof, warning 8 reproach 9 criticism, reprimand 11 disapproval, forewarning

ado 4 fuss, stir 5 tizzy, whirl, worry 6 bother, bustle, flurry 7 concern, problem, trouble, turmoil 9 confusion 10 difficulty

adolescence 5 youth 7 puberty 8 minority 9 greenness 10 juvenility, pubescence 12 youthfulness

adolescent 4 teen 5 minor 6 teener 7 teenage 8 immature, preadult, teenager, youthful 9 pubescent

Adonai 3 God 4 YHWH 6 Elohim, Yahweh

Adonijah *brother:* 5 Amnon 7 Absalom, Chileab *father:* 5 David *mother:* 7 Haggith *slayer:* 7 Benaiah

Adonis *lover:* 5 Venus 9 Aphrodite *mother:* 5 Myrrh 6 Myrrha *slayer:* 4 boar

adopt 4 pick, take 5 raise 6 accept, affect, assume, choose, select, take on, take up 7 care for, embrace, endorse, espouse

adoption 6 choice 7 raising, support 8 espousal, taking in 9 embracing, selection 11 embracement

adorable 4 cute, dear 7 darling, lovable, winsome 8 charming, pleasing, precious 9 appealing 10 attractive, delightful

adoration 4 love 5 ardor, honor

6 esteem, praise **7** passion, worship **8** devotion, idolatry **9** adulation, affection, reverence **10** admiration **11** idolization

adore **4** love **5** honor, prize **6** admire, dote on, esteem, revere **7** cherish, idolize, respect, worship **8** dote upon, treasure, venerate **9** affection, delight in, reverence

adorn **4** deck, trim **5** fix up, grace **6** bedeck, enrich, pretty **7** dress up, enhance, enliven, furbish, garnish, smarten **8** beautify, decorate, ornament, prettify **9** embellish

adornment **5** decor, frill **6** finery **7** garnish **8** ornament, trimming **9** accessory, caparison **10** decoration **13** embellishment

ad rem **3** apt **7** apropos, fitting, germane **8** apposite, material, relevant **9** pertinent **10** applicable, relevantly, to the point **11** applicative, applicatory

adrift **4** asea, lost **5** at sea, loose **6** afloat **7** aimless, mixed up **8** confused, floating, unmoored **10** anchorless, bewildered **11** disoriented, purposeless

adroit **3** apt **4** able, deft **5** adept, canny, handy, savvy, smart **6** astute, clever, expert, nimble, shrewd **7** cunning, skilled **8** skillful, talented **9** dexterous, ingenious **11** intelligent, quick-witted, resourceful **13** perspicacious

adroitness **3** art **4** gift **5** craft, flair, knack, savvy, skill **7** address, cunning, know-how, prowess **8** deftness **9** adeptness, dexterity, expertise, ingenuity, readiness **10** cleverness, expertness **12** intelligence

adulation **7** acclaim, baloney, blarney, fawning, tribute, worship **8** applause, flattery, soft soap **9** servility, sweet talk **10** overpraise **11** false praise **12** blandishment

adulatory **7** buttery, fawning **8** unctuous **9** kowtowing **10** flattering, obsequious, oleaginous **11** bootlicking, sycophantic

adult **4** aged, ripe **5** grown **6** mature **7** grown-up, matured, ripened **9** full-blown **10** fully grown **11** full-fledged

adulterate **3** cut **4** thin **5** alloy, dirty, taint, water **6** debase, defile, dilute, doctor, dope up, impair, weaken **7** cheapen, corrupt, defiled, degrade, devalue, diluted, falsify, pollute, tainted, thinned **8** degraded, denature, impurify, polluted, spurious **9** water down **10** tamper with **11** contaminate

adumbrate **3** dim, fog **4** bode, call, hint, mist, veil **5** augur, cloud **6** darken, shadow, sketch **7** becloud, bespeak, betoken, obscure, outline, portend, predict, presage, suggest **8** block out, disclose, forebode, forecast, foretell, indicate, intimate, prophesy **9** obfuscate, prefigure **10** foreshadow, overshadow **11** prefigurate **12** characterize

adumbration **4** hint, sign **5** shade, umbra **6** shadow **7** outline **8** penumbra **10** indication, intimation, suggestion

advance **3** aid **4** cite, help, lend, loan, move, rise **5** get on, march, money, raise, serve **6** assist, course, foster, mature, prefer, supply, uplift **7** deposit, develop, elevate, forward, furnish, further, headway, ongoing, present, proceed, promote, propose, upgrade **8** approach, get along, heighten, increase, progress **9** encourage, evolution, provision **10** accelerate, bring about **11** development, furtherance, improvement, progression **12** breakthrough

advanced **3** old **5** first **6** far out **7** forward, in front, leading, liberal, radical **8** far ahead, foremost **9** developed **10** precocious **11** broad-minded, progressive

advancement **4** gain, rise **5** boost **6** growth **7** headway **8** progress **9** elevation, promotion **10** betterment, preference **11** improvement, progression

advantage **4** boon, edge, gain, good, help, lead, odds **5** asset, avail, serve **6** better, profit **7** account, benefit, mastery **8** blessing, interest, leverage **9** allowance, head start, upper hand **10** ascendancy, domination, leadership, prosperity **11** superiority **12** running start

advantageous **4** good **6** timely, toward, useful **7** benefic, gainful, helpful **8** favoring, salutary **9** conducive, desirable, expedient, favorable, fortunate, promising **10** beneficial, profitable, propitious, worthwhile

advent **5** onset **6** coming **7** arrival **8** approach **9** beginning

adventitious **5** fluky **6** casual, chance **8** by chance **9** unplanned **10** accidental, contingent, fortuitous, incidental, unexpected

adventure **3** try **4** feat, risk, trip **5** quest, wager **6** chance, gamble, hazard **7** exploit **8** escapade **9** undertake **10** enterprise, experience

adventurous **4** bold, rash **5** brash, risky **6** daring **8** intrepid, reckless **9** audacious, dangerous, daredevil, foolhardy, hazardous, impetuous, imprudent **10** innovative **12** enterprising

adversary **3** con, foe **4** anti **5** enemy,

rival **7** opposer **8** opponent, opposing **10** antagonist, competitor

adverse **3** bad **4** anti **7** counter, harmful, hostile, hurtful, opposed **8** contrary, damaging, negative, opposing, opposite **9** injurious **11** deleterious, detrimental, obstructive, unfavorable **12** antagonistic, antipathetic

adversity **4** dole **5** trial **6** misery, mishap **7** bad luck, bad news, trouble **8** bad break, distress, hard time, hardship **9** mischance, suffering **10** difficulty, ill fortune, misfortune

advert **4** cite, note **5** refer **6** allude, notice, remark **7** bring up, mention, observe **8** indicate, point out

advertent **5** aware **7** heedful, mindful **9** attentive, intentive, observant, regardful

advertise **4** drum, hype, plug, puff, push **5** boost, pitch **6** blazon, herald, inform, notify, report **7** advance, apprise, build up, declare, promote, publish, sponsor **8** announce, ballyhoo, proclaim **9** broadcast, publicize **10** annunciate, promulgate

advertisement **4** bill, plug, sign **5** blurb, flyer, promo **6** notice, poster, want ad **7** affiche **8** circular **9** billboard, broadcast, promotion, publicity **10** commercial **11** declaration, publication **12** announcement, proclamation

advice **3** aid, tip **4** help, news, view, word **5** input **6** notice **7** caution, counsel, opinion, tidings, warning **8** guidance, teaching **10** admonition, suggestion **11** information, instruction **12** intelligence

advisable **4** wise **5** sound **6** seemly **7** politic, prudent **8** sensible, suitable, tactical **9** desirable, expedient, practical **10** worthwhile **11** recommended **12** advantageous

advise **3** tip **4** tell, tout, urge, warn **5** guide **6** clue in, confer, enjoin, fill in, inform, notify, tip off, wise up **7** apprise, caution, consult, counsel, suggest **8** acquaint, forewarn, instruct, point out **9** encourage, prescribe, recommend

Advise and Consent author **5** Drury (Allen)

advised **7** studied, weighed **8** designed, intended **10** calculated, considered, deliberate, thought out **11** intentional **12** premeditated

adviser **5** coach, guide **6** mentor **7** counsel, tipster **9** counselor **10** consultant, instructor

advisory **7** guiding, helping **9** educative **10** counseling **12** consultative **13** informational

advocacy **3** aid **6** urging **7** backing, defense, support **9** promotion

advocate **4** back, push, tout, urge **5** favor **6** backer, defend, preach, uphold **7** promote, propose, support **8** argue for, backstop, champion, exponent, plump for, side with **9** encourage, expounder, proponent, recommend, spokesman, supporter **11** countenance

Aeacus ***father:*** **4** Zeus ***mother:*** **6** Aegina ***son:*** **6** Peleus **7** Telamon

Aedon ***brother:*** **7** Amphion ***sister-in-law:*** **5** Niobe ***son (victim):*** **6** Itylus

Aeëtes ***daughter:*** **5** Medea ***father:*** **6** Helios

aegis **4** care, ward **5** armor, guard **6** charge, shield **7** backing, control, defense, support **8** auspices, guidance, security **9** influence, patronage, safeguard **10** protection **11** sponsorship

Aegisthus ***father:*** **8** Thyestes ***lover:*** **12** Clytemnestra ***mother:*** **7** Pelopia ***slayer:*** **7** Orestes ***victim:*** **6** Atreus **9** Agamemnon

Aeneas ***companion:*** **7** Achates ***father:*** **8** Anchises ***mother:*** **5** Venus **9** Aphrodite ***son:*** **5** Iulus **8** Ascanius ***wife:*** **6** Creusa **7** Lavinia

Aeneid ***author:*** **6** Vergil, Virgil ***first words:*** **16** arma virumque cano ***hero:*** **6** Aeneas

Aeolus ***daughter:*** **7** Alcyone **8** Halcyone ***father:*** **8** Poseidon

aeon **3** age **4** time **6** period **8** blue moon, duration

aerate **7** lighten, freshen, refresh **9** oxygenate, ventilate

aerial **4** high **5** lofty **6** flying, vapory **7** antenna, soaring **8** birdlike, elevated, ethereal, fanciful, towering, vaporous **9** pneumatic **10** impalpable **11** atmospheric, forward pass

aerie **4** nest **7** citadel, lookout **9** penthouse

aeronaut **4** Fogg (Phileas) **5** pilot **7** aviator **8** Zeppelin (Ferdinand, Graf von) **10** balloonist

Aerope ***husband:*** **6** Atreus ***lover:*** **8** Thyestes ***son:*** **8** Menelaus **9** Agamemnon

aery see AERIAL

Aesculapius ***daughter:*** **6** Hygeia **7** Panacea ***father:*** **6** Apollo ***slayer:*** **4** Zeus **7** Jupiter ***teacher:*** **6** Chiron ***wife:*** **6** Epione

Aeson ***brother:*** **6** Pelias ***son:*** **5** Jason

aesthete **4** buff **6** expert **7** devotee **9** authority **10** dilettante **11** appreciator, cognoscente, connoisseur

aesthetic **6** artful **8** artistic, creative, pleasing **9** beautiful, sensitive **10** attractive, harmonious

afar 5 apart 6 remote 7 distant
affable 4 kind, open, warm 6 at ease, genial, gentle, kindly, polite 7 amiable, cordial 8 friendly, gracious, obliging, pleasant, sociable 9 congenial, courteous
affair 4 case, love 5 amour, worry 6 action, matter 7 concern, liaison, palaver, romance 8 business, function, interest, intrigue, occasion 9 happening, procedure 10 proceeding 12 relationship
affect 3 act 4 fake, move, sham, stir, sway 5 adopt, alter, bluff, fancy, feign, haunt, put on, touch 6 assume, change, strike 7 act upon, disturb, impress, inspire, pretend 8 frequent, simulate 9 cultivate, influence 11 counterfeit
affectation 3 air 4 airs, pose, sham, show 6 facade 8 pretense 9 mannerism 10 pretension 13 artificiality
affected 5 false, moved, put-on 6 phoney 7 altered, assumed, changed, feigned, stilted 8 disposed, inclined, involved, mannered, precious, spurious 9 concerned, conscious, contrived, insincere, pretended, unnatural 10 artificial 11 overrefined, pretentious 13 self-conscious
affecting 3 sad 6 lively, moving 7 pitiful 8 exciting, poignant, touching 9 thrilling 10 disturbing, impressive 11 distressing, influential
affection 4 bias, love 5 trait 6 doting, liking, malady, virtue, warmth 7 ailment, concern, disease, emotion, feature, feeling, illness, leaning, passion, quality 8 devotion, disorder, fondness, interest, penchant, property, sickness, sympathy 9 attention, attribute, character, complaint, condition, sentiment 10 attachment, propensity, tenderness 12 predilection
affectionate 4 dear, fond, warm 6 caring, doting, loving, tender 7 devoted 8 friendly 11 sympathetic
affective 6 moving 7 emotive 8 stirring, touching 9 emotional
affectivity 7 emotion, feeling, passion 9 sentiment
affianced 7 engaged, pledged 8 intended, plighted, promised 9 betrothed, committed 10 contracted
affiche 4 bill, list 6 notice, poster 7 placard 8 handbill
affidavit 4 oath 9 testimony 11 affirmation, declaration
affiliate 4 ally, join 5 annex, unite 6 branch 7 combine, connect, partner 9 associate
affiliated 4 akin 5 bound 6 allied, joined, linked 7 kindred, related 9 connected, dependent 10 associated
affiliation 4 club 5 tie-in, union 6 hookup, league 7 cahoots, company, joining 8 alliance 10 connection, fellowship 11 association, combination, conjunction, partnership
affinity 6 simile 7 analogy, kinship, rapport 8 likeness, relation, sympathy 9 alikeness 10 attraction, similarity, similitude 11 resemblance 13 compatibility
affirm 3 say, yes 4 aver, avow, okay 5 state, swear, vouch 6 assent, assert, attest, depose, ratify, uphold 7 certify, confirm, declare, profess, protest, testify, witness 8 dedicate, validate 9 guarantee
affirmative 3 aye, yea, yes 4 yeah 6 assent 8 approval, positive 9 affirming, approving, asserting, assertion, endorsing, favorable, ratifying 10 confirming, supporting 11 affirmation
affix 3 add, tag 4 bind, glue, join, nail, tack 5 annex, paste, put on, rivet, stick, tag on 6 append, attach, fasten, tack on 7 impress, stick on, subjoin 8 addition 9 appendage 10 attachment
afflict 3 try, vex 4 pain, rack 5 annoy, beset, harry, press, smite, worry, wound, wring 6 bother, burden, harass, harrow, injure, martyr, pester, plague, strike, suffer 7 agonize, anguish, torment, torture, trouble 8 distress
afflicted 6 pained, rueful, woeful 7 doleful, injured, unhappy, worried 8 dolorous, stricken, troubled, wretched 9 disturbed, miserable, sorrowful, tormented 10 distressed
affliction 3 woe 4 care 5 cross, grief, trial 6 ordeal, plague, sorrow 7 anguish, illness, scourge, torment, trouble 8 distress, hardship, sickness 9 adversity, heartache, infirmity 10 misfortune 11 tribulation
afflictive 3 sad 4 dire, sore 6 aching, bitter, woeful 7 galling, hurtful, hurting, painful 8 grievous, mournful 9 sorrowful 10 calamitous, deplorable, lamentable 11 distasteful, distressing, regrettable, troublesome, unfortunate, unpalatable 13 heartbreaking
affluence 5 means, worth 6 bounty, influx, plenty, riches, wealth 8 opulence, property, richness 9 abundance, plenitude, profusion, resources 10 prosperity
affluent 4 full, rich 5 flush 6 loaded 7 copious, flowing, moneyed, opulent, wealthy, well-off 8 abundant, well-to-do

9 bountiful, plentiful, tributary, well-fixed 10 prosperous

afford 4 able, bear, give 5 allow, grant, incur, offer, spare, stand 6 bestow, confer, donate, impart, manage, supply 7 furnish, present, support, sustain

affordable 5 cheap 6 modest 7 low-cost 8 bearable 10 manageable, reasonable 11 inexpensive

affray 3 row 5 clash, fight, melee, scrap 6 fracas, rumpus 7 dispute, quarrel, ruction, scuffle 8 disorder, skirmish

affront 3 vex 4 face, meet, slap, slur 5 abuse, anger, annoy, wrong 6 injury, insult, offend, slight 7 offense, outrage, put down 8 contempt, rudeness 9 aspersion, criticize, encounter, indignity

Afghanistan ***capital:*** 5 Kabul ***city:*** 5 Herat 8 Kandahar 12 Mazar-i-Sharif ***ethnic group:*** 7 Pashtun ***language:*** 4 Dari 6 Pashto ***monetary unit:*** 7 Afghani ***neighbor:*** 4 Iran 5 China 8 Pakistan 10 Tajikistan, Uzbekistan 12 Turkmenistan

aficionado 3 fan 4 buff 5 hound, lover 6 expert 7 admirer, devotee, habitué 10 enthusiast 11 appreciator

afield 4 afar, away, awry 5 amiss, badly, wrong 6 abroad, astray 8 straying 9 elsewhere, off course

afire 3 hot 5 aglow, fiery 6 ablaze, aflame, alight, red-hot 7 blazing, burning, excited, flaming, flaring, ignited 8 inflamed, in flames 9 energized, excitable 10 passionate 11 conflagrant

afloat 4 asea 5 at sea 6 adrift, buoyed 9 supported, sustained

afraid 4 wary 5 chary, jumpy, loath, scary, sorry, timid 6 averse, scared, trepid 7 anxious, fearful, uneager, worried 8 cautious, hesitant, skittish, timorous 9 concerned, regretful, reluctant, unwilling 10 frightened 11 disinclined 12 apprehensive

afresh 3 new 4 anew, over 5 again, newly 6 de novo, encore 8 once more, repeated 9 once again

Africa ***country:*** 4 Chad, Mali, Togo 5 Benin, Congo, Egypt, Gabon, Ghana, Kenya, Libya, Niger, Sudan, Zaire 6 Angola, Gambia, Guinea, Malawi, Rwanda, Uganda, Zambia 7 Algeria, Burundi, Comoros, Eritrea, Lesotho, Liberia, Morocco, Namibia, Nigeria, Senegal, Somalia, Tunisia 8 Botswana, Cameroon, Djibouti, Ethiopia, Tanzania, Zimbabwe 9 Cape Verde, Mauritius, Swaziland 10 Ivory Coast, Madagascar, Mauritania, Mozambique, Seychelles 11 Burkina Faso, Côte d'Ivoire, Sierra Leone, South Africa 12 Guinea-Bissau ***ethnic group:*** 3 Ibo 4 Akan, Arab, Boer, Copt, Fula, Issa, Moor, Zulu 5 Bantu, Fulah, Galla, Hausa, Kongo, Mande, Pygmy, Swazi, Wolof 6 Berber, Fulani, Hamite, Herero, Kikuyu, Nubian, Somali, Tuareg, Ubangi, Yoruba 7 Ashanti, Bedouin, Bushman, Malinke, Swahili 8 Egyptian, Mandingo 9 Hottentot ***language:*** 3 Ibo 5 Bantu, Galla, Hausa 6 Arabic, Berber, Somali, Yoruba 7 Amharic, Bambara, Swahili 8 Malagasy 9 Afrikaans

aft 5 after 6 astern 8 rearmost, rearward 9 sternward

after 3 aft, for 4 back, hind, next, past, rear 5 below, later, since 6 astern, back of, behind, beyond, hinder 7 by and by, ensuing 8 hindmost, in view of 9 following, posterior, sternward 10 subsequent 12 subsequently

after all 3 yet 5 still 6 at last, though 7 finally, however 8 in the end 11 nonetheless 12 nevertheless

aftereffect 5 issue 6 result, upshot 7 fallout, outcome 11 consequence, eventuality

afterlife 6 beyond 8 eternity 9 hereafter

aftermath 4 wake 6 effect, result, upshot 12 consequences, repercussion

afterward 4 next, soon, then 5 later 6 behind 7 by and by, thereon 8 latterly 9 hereafter 10 thereafter 12 subsequently

afterword 8 epilogue

Agag ***kingdom:*** 6 Amalek ***slayer:*** 6 Samuel

again 4 also, anew, back, over 6 afresh, de novo, encore 8 once more

again and again 3 oft 4 much 5 often 8 ofttimes 10 frequently, oftentimes, repeatedly

against 6 contra, facing, versus 7 vis-à-vis 8 fronting, opposite, touching ***prefix:*** 4 anti 6 contra 7 counter

Agamemnon ***avenger:*** 7 Orestes ***brother:*** 8 Menelaus ***daughter:*** 7 Electra 9 Iphigenia ***father:*** 6 Atreus ***slayer:*** 9 Aegisthus ***son:*** 7 Orestes ***wife:*** 12 Clytemnestra

agape 4 love, open 6 amazed, gaping 7 yawning 8 wide open 9 astounded, love feast 10 astonished, confounded 11 dumbfounded, overwhelmed 13 thunderstruck

agate 3 taw 4 type 6 marble, quartz 7 shooter 8 type size

Agave ***father:*** 6 Cadmus ***husband:*** 6 Echion ***mother:*** 8 Harmonia ***sister:*** 3 Ino 6 Semele 7 Autonoë ***son:*** 8 Pentheus

age 3 eon, era 4 aeon, grow, span, time

5 epoch, ripen, stage 6 grow up, mature, mellow, period 7 develop, grow old 8 blue moon, division, interval, lifetime, long time, majority, maturate 9 become old 10 generation

aged 3 old 4 ripe, worn 5 cured, hoary, olden 6 mellow, senior 7 ancient, antique, elderly, matured, ripened 8 grown old, timeworn 9 developed, senescent, venerable 11 patriarchal 12 antediluvian

ageless 7 endless, eternal, lasting 8 dateless, enduring, immortal, timeless 9 immutable 11 everlasting

agency 4 firm 5 cause, force, means, organ, power 6 action, bureau, medium, office 7 company, channel, vehicle 8 activity, auspices, business, division, function, ministry 9 mechanism, operation 10 department, instrument 12 organization 13 establishment

agenda 6 docket, lineup 7 program 8 calendar, schedule 9 timetable ***entry:*** 4 item

Agenor ***brother:*** 5 Belus ***daughter:*** 6 Europa ***father:*** 7 Antenor, Neptune 8 Poseidon ***mother:*** 5 Libya ***son:*** 6 Cadmus

agent 3 fed, spy 4 tool 5 actor, means, organ, proxy, spook 6 deputy, factor, medium 7 channel, proctor, steward, vehicle 8 assignee, attorney, executor, minister, ministry 9 activator, go-between, middleman, operative 10 instrument, procurator

age-old 5 olden 7 ancient, antique, elderly, forever 8 timeworn 9 venerable 10 immemorial 11 time-honored, traditional

agglomerate 4 heap, mass, pile, rock 6 gather 7 cluster 9 aggregate 10 collection 11 aggregation

agglomeration 4 heap 5 hoard, trove 7 cluster 9 aggregate, amassment, gathering 10 collection, cumulation 11 aggregation

aggrandize 4 hype 5 boost 6 beef up, expand, extend, praise 7 augment, build up, enhance, enlarge, ennoble, glorify, inflate, magnify 8 heighten, increase, multiply 11 distinguish

aggravate 3 vex 4 gall 5 anger, annoy, grate, mount, peeve, pique, rouse, upset 6 burn up, deepen, nettle, worsen 7 bedevil, disturb, enhance, inflame, magnify, perturb, provoke 8 heighten, increase, irritate 9 intensify 10 exacerbate

aggravation 4 pain 5 worry 6 bother 8 increase 9 annoyance, worsening 10 irritation 11 provocation

aggregate 3 all, sum 4 body, bulk, floc 5 add up, gross, total, whole 6 amount 8 entirety, quantity, totality 9 composite 10 cumulative 11 agglomerate 12 conglomerate 13 agglomeration

aggregation 4 body, mass 5 crowd, group, hoard, total, trove 7 cluster, company 8 assembly 9 amassment, gathering 10 assemblage, collection, cumulation 11 agglomerate 12 accumulation

aggression 4 push, raid 5 fight, onset 6 attack 7 assault, offense 8 invasion 9 hostility, incursion, offensive, onslaught, pugnacity 10 assailment 12 belligerence 13 combativeness

aggressive 5 pushy 6 fierce, severe 7 hostile, scrappy, vicious, warlike 8 emphatic, forceful, militant 9 assertive, attacking, combative, energetic, intrusive, offensive 11 belligerent, contentious, domineering, hard-hitting 12 enterprising

aggrieve 4 hurt, pain 5 annoy, harry, upset, worry, wrong 6 harass, injure, plague 7 afflict, oppress, torment, trouble 8 distress 9 constrain, persecute

aghast 4 agog, awed 6 afraid, amazed, scared 7 anxious, fearful, shocked, stunned 8 appalled, dismayed, startled 9 awestruck, horrified, terrified 10 astonished, confounded, frightened 11 dumbfounded, overwhelmed 13 thunderstruck

agile 4 deft, spry 5 alert, brisk, catty, lithe, quick, zippy 6 active, adroit, limber, lively, nimble, supple 7 lissome 9 adaptable, dexterous, sprightly

agitate 4 move, rile, rock, stir, toss 5 argue, churn, peeve, shake, upset 6 arouse, bother, excite, flurry, joggle, ruffle, stir up 7 discuss, dispute, disturb, fluster, perturb, provoke, tempest, trouble, unhinge 8 disquiet, irritate 9 thrash out 10 discompose

agitation 4 flap, fuss, stir, to-do 5 clash 6 bustle, clamor, debate, flurry, lather, tumult 7 dispute, tempest, turmoil 9 commotion, confusion 10 turbulence 11 disturbance

agitator 5 rebel 6 shaker 7 inciter, stirrer 8 fomenter, inflamer 9 disrupter 10 instigator 11 provocateur

Aglaia see GRACES

Aglauros ***father:*** 7 Cecrops ***sister:*** 5 Herse 9 Pandrosos

aglow 4 warm 5 afire 6 bright, aflame, alight 7 excited, radiant, shining 8 gleaming, luminous

agnate 4 akin, like 5 alike 6 allied, joined, linked 7 cognate, connate, kindred, kinsman, related, similar **8** relation, relative **9** analogous **10** affiliated **11** consanguine **13** corresponding

agnostic **7** doubter, skeptic **8** doubting **10** questioner, undogmatic **11** uncommitted **12** noncommittal

Agnus ___ **3** Dei

ago **4** back, gone, past, yore **5** since **6** before

agog **4** avid, keen **5** eager **6** roused **7** excited, fervent **8** desirous **9** expectant, impatient **12** enthusiastic

agon **5** clash **6** battle **7** contest **8** conflict, struggle

agonize **4** fret, gall, hurt, pain, rack **5** chafe **6** harrow, squirm, suffer, writhe **7** afflict, torment, torture, trouble **8** distress, stew over, struggle **10** excruciate

agonizing **6** fierce **7** extreme, intense, painful, racking, tearing **9** harrowing, suffering, torturing, torturous **10** tormenting **12** excruciating

agony **4** pain **5** dolor, pangs **6** misery **7** anguish, passion, torment, torture **8** distress, outburst, struggle **9** suffering **10** affliction

agora **11** marketplace **12** meeting place

agrarian **5** rural **6** rustic **8** pastoral **10** campestral **12** agricultural

agree **3** buy, set, yes **4** jibe, okay, suit **5** admit, check, equal, fit in, match, tally **6** accede, accept, accord, assent, concur, settle, square **7** buy into, comport, concede, concert, concord, conform, consent **8** check out, coincide, dovetail, side with **9** acquiesce, harmonize, recognize, subscribe **10** correspond **11** acknowledge

agreeable **4** nice, open **5** ready **7** affable, welcome, willing **8** amenable, in accord, pleasant, pleasing **9** approving, congenial, congruous, consonant, favorable, receptive **10** acceptable, compatible, concurring, consenting, consistent **11** pleasurable, sympathetic

agreed **3** aye, yea, yep, yes **4** okay **6** surely **8** all right, of course **9** certainly **10** definitely, positively

agreement **4** bond, deal, pact **6** accord, assent, treaty **7** bargain, compact, concord, consent, entente, harmony **8** contract, covenant **9** concordat **10** acceptance, consonance **11** arrangement, concordance, concurrence

agree with **3** fit **4** suit **5** befit **6** assist, become **7** support **10** go together

agricultural **7** bucolic **8** agrarian, pastoral

agriculture **7** farming, tillage **8** agronomy, ranching **9** husbandry **11** cultivation, soil culture

Agrippina ***brother:*** **8** Caligula ***husband:*** **8** Claudius ***son:*** **4** Nero

aground **5** stuck **6** ashore, on land **7** beached, on shore **8** disabled, stranded

ague **3** flu **5** fever **7** malaria, shivers **9** influenza, shivering **10** blackwater

Ahab ***daughter:*** **8** Athaliah ***father:*** **4** Omri ***wife:*** **7** Jezebel

Ahasuerus ***kingdom:*** **6** Persia ***wife:*** **6** Esther, Vashti

Ahaz ***kingdom:*** **5** Judah ***son:*** **8** Hezekiah ***wife:*** **3** Abi

Ahaziah ***father:*** **4** Ahab **5** Joram **7** Jehoram ***kingdom:*** **5** Judah **6** Israel ***mother:*** **7** Jezebel **8** Athaliah ***sister:*** **9** Jehosheba **11** Jehosobeath

ahead **4** ante, fore **6** before, onward **7** earlier, forward, in front, leading, onwards **8** foremost, forwards, previous **9** in advance **10** beforehand **11** precedently

Ahinoam ***father:*** **7** Ahimaaz ***husband:*** **4** Saul **5** David ***son:*** **5** Amnon

aid **4** abet, care, hand, help, lift **6** assist, helper, relief, rescue, succor **7** backing, comfort, help out, support, sustain **9** assistant, attendant, subsidize **10** assistance, benefactor, mitigation **11** alleviation

Aida ***composer:*** **5** Verdi (Giuseppe) ***father:*** **8** Amonasro ***lover:*** **7** Radames ***rival:*** **7** Amneris

aide **6** deputy, helper, second **7** orderly **8** adjutant. **9** assistant, attendant, coadjutor **10** coadjutant, lieutenant

aikido **10** martial art

ail **4** hurt, pain **5** upset, worry **6** bother **7** afflict, disturb, trouble **8** distress

ailing **3** ill, low **4** down, sick, weak **6** in pain, poorly, sickly, unwell **8** below par, diseased **9** enfeebled **10** indisposed **11** debilitated

ailment **6** malady, unrest **7** disease, ferment, illness, turmoil **8** disorder, disquiet, sickness, syndrome **9** affection, complaint, condition, infirmity **10** inquietude, uneasiness **11** disquietude, restiveness **12** restlessness

aim **3** end, try **4** cast, goal, head, mark, mean, plan, want, wish **5** angle, essay, focus, level, point, slant, train **6** aspire, design, desire, direct, intend, object, strive, target, zero in **7** address, attempt, propose, purpose **8** ambition, endeavor **9** objective **11** contemplate

aimless **6** random **7** wayward **8** goalless **9** desultory, haphazard, hit-or-miss, irregular, pointless, unplanned **10** designless **11** purposeless

air 3 sky 4 aura, mien, mood, song, tune, vent 5 style 6 manner, melody, reveal, strain 7 bearing, divulge, express, feeling, quality 8 demeanor 9 broadcast, character, ventilate 10 atmosphere, deportment

aircraft 5 blimp, drone, plane 6 glider 7 airship, balloon, chopper 8 aerodyne, aerostat, airplane, jetliner, zeppelin 9 dirigible 10 helicopter ***carrier:*** 7 flattop ***designer:*** 6 Fokker (Anthony), Martin (Glenn) 7 Junkers (Hugo), Tupolev (Andrei) 8 Northrop (Jack), Sikorsky (Igor), Yakovlev (Alexander) 13 Messerschmitt (Willy)

airless 5 close 6 stuffy, sultry 8 stagnant, stifling 11 suffocating

airline 3 JAL, KLM, LOT, TWA 4 BOAC, El Al 5 Delta, Pan Am, USAir, Varig 6 Iberia, Qantas, United, Virgin 7 Eastern, JetBlue, Olympic 8 Aeroflot, Alitalia, American, Swissair 9 Air France, Lufthansa, Northwest, Southwest, U.S. Airways 11 Continental, Pan American

airman 5 flier, flyer, pilot 6 flyboy 7 aviator 8 aeronaut

air movement 4 gust, wind 5 draft 6 breath, breeze 7 updraft 9 downdraft

air navigation system 5 loran, navar, radar

airplane 3 jet 5 avion 6 bomber 7 fighter 8 autogiro, autogyro 9 transport ***A-bomb-dropper:*** 8 Enola Gay ***battle:*** 8 dogfight ***body:*** 8 fuselage ***engine:*** 3 jet 6 fanjet 7 propjet 8 turbofan, turbojet 9 turboprop ***engine casing:*** 7 nacelle ***engineless:*** 6 glider ***instrument:*** 5 radar, radio 7 compass 9 altimeter, gyroscope 10 tachometer 11 transponder ***maneuver:*** 4 buzz, dive, loop, roll 8 nosedive 9 chandelle 10 barrel roll ***movement:*** 3 yaw 4 bank, spin 5 pitch 8 tailspin ***part:*** 3 fin 4 flap, nose, prop, tail, wing 5 cabin, wheel 6 engine, rudder 7 aileron 8 airscrew, elevator 9 empennage, propeller 10 stabilizer ***pilotless:*** 5 drone ***shelter:*** 6 hangar ***target:*** 6 drogue ***vapor:*** 8 contrail

air plant 6 orchid 8 epiphyte 9 bromeliad, kalanchoe 11 Spanish moss 12 strangler fig

airport 5 field 7 helipad 8 heliport 9 aerodrome ***building:*** 8 terminal ***flag:*** 8 windsock ***name:*** ***Atlanta:*** 10 Hartsfield ***Boston:*** 5 Logan ***Chicago:*** 5 O'Hare 6 Midway ***Dublin:*** 7 Shannon ***London:*** 7 Gatwick 8 Heathrow ***New York:*** 3 JFK 7 Kennedy 9 La Guardia ***Paris:*** 4 Orly 8 DeGaulle 9 Le Bourget ***Rome:*** 7 Da Vinci ***Washington:*** 6 Dulles, Reagan 8 National ***part:*** 5 apron, tower 6 runway 7 taxiway

airs 4 pose, show 5 front 6 vanity 7 hauteur 8 pretense 9 loftiness, mannerism, vainglory 10 pretension 11 affectation, insincerity, ostentation 13 artificiality

airship 3 jet 5 blimp, plane 8 zeppelin 9 dirigible

airtight 4 shut 6 closed, sealed 7 certain 8 hermetic, ironclad 10 impervious 11 impermeable, irrefutable 12 indisputable, invulnerable 13 incontestable

airy 4 open, rare, thin 5 blowy, fresh, gusty, light, lofty, proud, windy 6 aerial, bouncy, breezy, dainty, unreal 7 buoyant, gaseous, soaring, tenuous 8 affected, animated, delicate, ethereal, graceful, illusory, rarefied, spirited, towering, vaporous, volatile 9 expansive, frivolous, pneumatic, resilient, sprightly, vivacious 10 diaphanous, ventilated 11 atmospheric, skyscraping 12 effervescent, high-spirited

A Is for Alibi author 7 Grafton (Sue)

Ajax 4 hero 5 Greek 7 warrior ***father:*** 6 Oileus 7 Telamon ***opponent:*** 6 Hector ***participant:*** 9 Trojan War

akin 4 like, same 5 alike 6 allied 7 kindred, related, similar, uniform 8 parallel 9 analogous, consonant 10 affiliated, comparable, compatible 11 consanguine 13 corresponding

Alabama ***capital:*** 10 Montgomery ***city:*** 5 Selma 6 Mobile 10 Birmingham, Huntsville, Tuscaloosa 12 Muscle Shoals ***college, university:*** 6 Auburn 8 Tuskegee ***mountain:*** 6 Cheaha ***nickname:*** 6 Cotton (State) 12 Heart of Dixie ***river:*** 6 Mobile 7 Alabama 9 Tombigbee ***state bird:*** 12 yellowhammer ***state flower:*** 8 camellia ***state tree:*** 12 longleaf pine

alacrity 8 dispatch 9 briskness, eagerness, quickness, readiness 10 enthusiasm, expedition, liveliness, promptness 11 promptitude, willingness 12 cheerfulness

alamo 6 poplar 10 cottonwood

a la mode 4 chic, tony 6 trendy 7 dashing, stylish 8 up-to-date 9 exclusive 11 fashionable 12 with ice cream

alarm 3 SOS 4 bell, fear, horn 5 alert, dread, panic, scare, siren, spook, upset 6 dismay, excite, fright, signal, terror, tocsin 7 anxiety, disturb, startle, terrify, unnerve, warning 8 distress, frighten 9 terrorize 11 forewarning, trepidation 12 apprehension 13 consternation

alas 3 heu, woe 4 darn, drat 5 alack, oy vey 7 woe is me

Alaska ***capital:*** 6 Juneau ***city:*** 4 Nome 5 Sitka 6 Barrow 9 Anchorage, Fairbanks 10 Prudhoe Bay ***island group:***

6 Kodiak 8 Aleutian, Pribilof ***mountain, range:*** 6 Brooks 8 McKinley, Wrangell ***nickname:*** 12 Last Frontier ***park:*** 6 Denali, Katmai ***river:*** 5 Yukon ***state bird:*** 9 ptarmigan ***state flower:*** 11 forget-me-not ***state tree:*** 11 sitka spruce

alb 4 gown 8 vestment

Albania ***capital:*** 6 Tirana, Tiranë ***city:*** 5 Korçë, Vlorë 6 Durrës 7 Shkodër ***ethnic group:*** 4 Gheg, Tosk ***monetary unit:*** 3 lek ***neighbor:*** 6 Greece, Serbia 9 Macedonia ***part of:*** 7 Balkans ***peninsula:*** 6 Balkan ***sea:*** 8 Adriatic

albatross 5 check, goony, worry 6 burden, gooney 7 anxiety, seabird 9 hindrance, millstone, restraint 11 encumbrance

Albee play 7 Sandbox (The) 8 Seascape, Zoo Story (The) 9 Tiny Alice 13 American Dream (The) 14 Three Tall Women 16 A Delicate Balance 25 Who's Afraid of Virginia Woolf?

albeit 5 still, while 6 even if, much as, though 7 despite, whereas 8 although 10 even though

Alberta ***capital:*** 8 Edmonton ***city:*** 5 Banff 7 Calgary ***lake:*** 6 Claire, Louise 9 Athabasca ***mountain, range:*** 7 Rockies 8 Columbia ***provincial flower:*** 8 wild rose ***river:*** 4 Milk 5 Peace 9 Athabasca

Albion 7 England

album 4 book 6 jacket, record 7 garland, omnibus 8 notebook, pictures, register 9 anthology, portfolio, scrapbook 10 collection, miscellany, recordings

Alcestis ***father:*** 6 Pelias ***husband:*** 7 Admetus ***rescuer:*** 8 Heracles, Hercules

alchemist 10 Paracelsus

alchemy 5 charm, magic 7 panacea, sorcery 8 wizardry 9 conjuring 10 necromancy

Alcina ***sister:*** 7 Morgana 10 Logistilla ***victim:*** 6 Rogero 8 Astolpho, Ruggiero

Alcinous ***daughter:*** 8 Nausicaa ***wife:*** 5 Arete

Alcmaeon ***father:*** 10 Amphiaraus ***mother:*** 8 Eriphyle ***wife:*** 10 Callirrhoe

Alcmene ***husband:*** 10 Amphitryon ***son:*** 8 Heracles, Hercules

alcohol 4 grog 5 booze, hooch, juice, sauce 6 hootch, liquor, red-eye, rotgut, tipple 7 spirits 8 home brew 9 aqua vitae, firewater, moonshine ***name:*** 4 amyl 5 butyl, cetyl, ethyl 6 glycol, methyl, sterol 7 butanol, ethanol, mannite, menthol 8 glycerin, glycerol, inositol, mannitol, methanol 9 isopropyl 11 cholesterol ***used in perfumes:*** 5 nerol 7 borneol 8 geraniol, linalool

alcoholic 4 hard 5 drunk 6 brewed 8 drunkard 9 distilled, fermented, inebriant, inebriate, spiritous 10 spirituous 11 dipsomaniac, inebriating 12 intoxicating

alcoholic drink see under BEVERAGE

alcove 4 nook 5 niche 6 gazebo, recess 9 belvedere 11 summerhouse ***Japanese:*** 8 tokonoma

Alcyone ***father:*** 5 Atlas 6 Aeolus ***husband:*** 4 Ceyx ***mother:*** 7 Pleione ***sisters:*** 8 Pleiades

ale 3 nog 4 beer, nogg

aleatory 4 iffy 5 dicey, risky, shaky 6 chancy 9 hazardous, uncertain 10 contingent, precarious, vulnerable 11 problematic, speculative 13 unpredictable

alehouse 3 bar, pub 6 bistro, saloon, tavern 7 taproom 8 beer hall 10 beer garden 11 rathskeller

alembic 5 still 6 filter 9 distiller

alert 3 SOS 4 keen, warn 5 alarm, quick, ready, sharp, smart 6 brainy, bright, clever, lively, notify, tip off, tocsin 7 heedful, mindful, on guard, red flag, wakeful 8 animated, forewarn, open-eyed, vigilant, watchful 9 attentive, mercurial, sprightly, wide-awake 10 perceptive 11 intelligent, quick-witted ***Scottish:*** 4 gleg 8 wakerife

Aleutian island 3 Fox 4 Adak, Atka, Attu, Near 5 Amlia, Kiska 6 Unimak 8 Unalaska 9 Andreanof ***town:*** 11 Dutch Harbor

alewife 4 fish 7 herring 8 menhaden

Alexander ***birthplace:*** 5 Pella ***conquest:*** 4 Tyre 5 Egypt, Issus 6 Greece, Persia 7 Parthia 8 Granicus ***father:*** 6 Philip ***general:*** 9 Antipater ***horse:*** 10 Bucephalus ***kingdom:*** 9 Macedonia ***mother:*** 8 Olympias ***teacher:*** 9 Aristotle ***wife:*** 6 Roxana

alfalfa 3 hay 5 plant 6 forage, legume 7 lucerne 9 perennial

alfresco 7 open-air, outdoor, outside 8 outdoors 9 out-of-door 10 out-of-doors

alga 6 desmid, diatom 7 seaweed ***blue-green:*** 6 nostoc ***brown:*** 4 kelp 5 fucus 8 rockweed ***green:*** 9 chlorella ***red:*** 4 nori

algebra term 4 root 6 factor 8 binomial, equation, monomial, variable 9 quadratic 10 polynomial

Algeria ***capital:*** 7 Algiers ***city:*** 4 Bône, Oran 6 Annaba 11 Constantine ***coast:*** 7 Barbary ***desert:*** 6 Sahara ***ethnic group:*** 4 Arab 6 Berber ***language:*** 6 Arabic, Berber ***monetary unit:*** 5 dinar ***mountain range:*** 5 Atlas 12 Saharan Atlas ***neighbor:*** 4 Mali 5 Libya, Niger 7 Morocco, Tunisia 10 Mauritania

Algren novel 17 Walk on the Wild Side (A) 19 Man with the Golden Arm (The)

Ali ***son:*** **5** Hasan **6** Husayn ***wife:*** **6** Fatima
alias **3** AKA **6** anonym, handle **7** moniker, pen name **8** nickname **9** false name, pseudonym, stage name **10** also called, nom de plume **11** nom de guerre
alibi **4** plea **5** clear, cover, proof **6** answer, excuse **7** account, cover up, defense, pretext **9** assertion, exonerate **11** explanation
alien **6** exotic **7** foreign, opposed, strange **8** estrange, outsider, stranger, transfer **9** estranged, extrinsic, foreigner, outlander **10** extraneous, outlandish **12** incompatible
alienate **4** part **5** repel **6** assign, convey, divide, offend, oppose **7** break up, turn off **8** disunify, disunite, estrange, separate, sign over, transfer **9** disaffect **10** drive apart, relinquish
alienation **5** break **6** breach **7** discord, divorce, rupture **8** division **10** conveyance, separation **11** breaking off **12** disaffection, estrangement
alight **4** land **5** fiery **6** arrive, bright, on fire, settle **7** blazing, burning, deplane, descend, detrain, flaming, flaring, get down, glowing, ignited, shining **8** dismount **9** touch down **11** conflagrant
align **4** ally, join, line, true **5** agree, array, order, range **6** adjust, follow, line up **8** regulate **9** affiliate, associate **10** straighten
alike **4** akin, same **7** similar **8** parallel **9** analogous, consonant **10** comparable **13** corresponding
alikeness **6** simile **7** analogy **8** affinity, alliance, relation **9** closeness, semblance **10** comparison, connection, similarity, similitude **11** resemblance
aliment **4** eats, fare, feed, food, grub **7** nourish, nurture, sustain **9** nutriment **10** sustenance **11** nourishment
alimentary **9** nutritive **10** nourishing, sustaining **11** nutritional
alimentary canal **7** enteron
alimony **4** keep **5** bread **6** living, upkeep **7** support **9** allowance, provision **10** livelihood, sustenance **11** maintenance, subsistence
alive **4** rife, spry **5** alert, awake, aware, brisk, fresh, quick, ready, vital **6** active, extant, living, moving, viable **7** animate, dynamic, knowing, replete, running, teeming, working, zestful **8** animated, existent, existing, sensible, sentient, swarming, thronged **9** abounding, breathing, cognizant, conscious, energetic, operative, sensitive, wide-awake **11** functioning, overflowing
alkali **4** base, salt **9** substance **11** soluble salt ***metal:*** **6** cesium, sodium **7** lithium **8** francium, rubidium **9** potassium **10** monovalent ***opposite:*** **4** acid
alkaline **5** acrid, basic, salty **6** bitter **7** antacid, caustic, soluble **8** chemical
alkaline substance **3** lye **4** lime, soda **5** borax **6** potash **7** ammonia, antacid **8** pearl ash, saltwort **11** caustic soda
alkaloid **4** base ***medicinal:*** **5** ergot **7** codeine, emetine, eserine, quinine **8** atropine, caffeine, lobeline, morphine **9** ephedrine, quinidine, reserpine **11** scopolamine ***narcotic:*** **6** heroin **7** cocaine, codeine **8** morphine ***poisonous:*** **8** atropine, nicotine, solanine **11** scopolamine
all **3** sum **4** each **5** every, gross, total, whole **6** entire, in toto, purely, wholly **7** exactly, totally, utterly **8** complete, entirety, everyone, outright, totality **9** aggregate, everybody **10** altogether, everything
all-around **7** general, overall, skilled **8** complete, sweeping, synoptic **9** adaptable, competent, many-sided, panoramic, universal, versatile **10** consummate, proficient **11** wide-ranging **12** encompassing **13** comprehensive
allay **4** balm, calm, ease, lull **5** abate, quiet, still **6** lessen, reduce, settle, soothe, subdue **7** assuage, compose, lighten, mollify, quieten, relieve **8** decrease, diminish, mitigate, moderate **9** alleviate **11** tranquilize
all but **4** most, much, nigh **5** about **6** almost, nearly **8** as much as, in effect **9** just about, virtually **11** essentially, practically **13** approximately
All Creatures Great and Small author **7** Herriot (James)
allegation **5** claim **6** charge, report **9** assertion, statement **10** contention, profession **11** declaration
allege **3** say **4** avow, cite **5** claim, offer, state **6** adduce, assert, attest, charge, submit **7** advance, contend, declare, present, profess **8** maintain **10** put forward
alleged **6** stated **7** accused, dubious, reputed, suspect **8** asserted, declared, doubtful, so-called, supposed **9** described, pretended, professed, purported, soi-disant **10** ostensible, self-styled **12** questionable
allegiance **4** duty **5** ardor, piety **6** fealty, homage **7** loyalty **8** devotion, fidelity **9** adherence, constancy, obedience **10** dedication, obligation **11** devotedness **12** faithfulness
allegiant **4** firm, true **5** liege, loyal

6 ardent, steady 7 devoted, dutiful, staunch 8 constant, faithful, resolute 9 steadfast 10 dependable

allegorical 5 moral 6 fabled 8 mythical, symbolic 9 legendary, spiritual 10 emblematic, exegetical, fictitious, figurative 12 iconographic, illustrative, metaphorical

allegory 4 myth, tale 5 fable, story 6 emblem, symbol 7 parable 8 apologue 9 symbolism 10 figuration 12 typification

allegro 5 brisk 6 bouncy, lively 8 animated, spirited 9 sprightly

allergy 5 dread 6 hatred 7 disgust, dislike 8 aversion, distaste 9 antipathy, disliking, rejection, repulsion

alleviate 4 cure, ease 5 allay 6 lessen, reduce, remedy 7 assuage, lighten, mollify, relieve 8 decrease, diminish, mitigate

alleviation 4 ease 6 relief 7 decline 8 decrease, easement 9 lessening, reduction 10 diminution, mitigation

alley 4 lane, walk 6 marble, street 7 passage 10 backstreet

all-fired 7 totally, utterly 9 extremely 10 absolutely, completely 11 excessively

alliance 3 tie 4 bond, pact 5 union 6 accord, league, treaty 7 compact, concord 8 affinity, relation 9 coalition 10 connection, federation 11 affiliation, association, combination, confederacy, conjunction, partnership, unification 12 relationship 13 confederation

allied 4 akin 5 bound 6 agnate, joined, linked, united 7 cognate, connate, kindred, related, unified 8 in league 9 connected 10 affiliated, associated, connatural 11 consanguine

alligator 11 crocodilian *relative:* 4 croc 6 caiman, cayman 9 crocodile

alligator pear 7 avocado

all in 4 dead, used, worn 5 spent, tired 6 bushed, done in, used up 7 drained, far-gone, worn-out 8 depleted 9 dead tired, exhausted, washed-out

all in all 5 in all 6 mainly 7 en masse, largely 9 generally 10 altogether, by and large, on the whole

allocate 4 give 5 allot, slice 6 assign, divide 7 dish out, divvy up, dole out, earmark, mete out 8 set apart 9 admeasure, apportion, designate 10 distribute

allocution 4 talk 5 spiel 6 sermon, speech 7 address, lecture, oration, oratory, pep talk 11 exhortation

allot 4 give 5 grant, share 6 accord, assign 7 deal out, divvy up, dole out, mete out 8 allocate, dispense, set aside 9 admeasure, apportion 10 distribute

allotment 3 cut, lot 4 bite, part 5 chunk, piece, quota, share, slice 6 ration 7 measure, portion 9 allowance, provision 13 apportionment

all-out 4 full 5 total 6 entire, utmost 7 maximum 8 absolute, complete, thorough 9 full-blown, full-scale, unlimited 12 totalitarian 13 thoroughgoing

all over 8 wherever 9 all around 10 everyplace, everywhere, far and near, far and wide, high and low, thoroughly, throughout

allow 3 let, lot, own 4 avow, give 5 admit, allot, brook, grant, leave, let on, stand 6 assign, endure, permit, suffer 7 concede, confess, consent, forbear, mete out 8 allocate, tolerate 9 apportion 11 acknowledge

allowance 3 aid, cut, lot, pay, sum 4 bite, edge, help, part 5 grant, leave, piece, quota, share, slice 6 amount, permit, ration 7 consent, handicap, measure, partage, portion, quantum, subsidy, vantage 8 handicap, pittance, quantity, sanction 9 advantage, allotment, head start, reduction 10 adjustment, allocation, assistance, concession, permission, sufferance, toleration 13 accommodation, apportionment, authorization

alloy 5 blend 6 fusion 7 amalgam, mixture 8 compound 9 admixture, composite 10 adulterant 11 interfusion 12 amalgamation, intermixture ***brass-like:*** 6 latten ***copper-sulfur:*** 6 niello ***copper-tin:*** 6 bronze ***copper-zinc:*** 5 brass 6 tombac ***gold-like:*** 6 ormolu ***gold-silver:*** 8 electrum ***iron-carbon:*** 5 steel ***iron-nickel:*** 5 invar ***mercury:*** 7 amalgam ***tin-lead:*** 5 terne 6 pewter, solder ***used in jewelry:*** 6 tombac

all-powerful 6 mighty 7 supreme 8 absolute, almighty 10 invincible, omnipotent 11 controlling

all right 3 aye, yea, yep, yes 4 good, okay, safe, well 6 agreed, decent, proper, surely 7 average 8 adequate, of course, passable, passably, pleasing, standard, very well 9 agreeable, certainly, tolerable, tolerably 10 , acceptably, adequately, definitely, positively, sufficient, well enough 12 satisfactory

all round see ALL-AROUND

All the King's Men author 6 Warren (Robert Penn)

All the Way Home author 4 Agee (James)

allude 4 hint 5 imply, point, refer 7 bring up, suggest 8 indicate, intimate

allure 4 draw, pull 5 charm, tempt 6 appeal, entice, lead on, seduce 7 attract, beguile, enchant, glamour, win over 8 charisma, inveigle, persuade

9 captivate, fascinate, magnetism, magnetize 10 attraction 11 enchantment, fascination

alluring 6 lovely 7 winning, winsome 8 charming, inviting, pleasing 9 appealing, beguiling, glamorous, seductive 10 appetizing, attractive, bewitching, enchanting 11 captivating, fascinating

ally 4 join 5 unite 6 friend, helper 7 comrade, partner 8 federate 9 accessory, affiliate, associate, auxiliary, bedfellow, colleague, supporter 10 accomplice 11 confederate 12 collaborator

almighty 4 very 6 hugely, mighty 7 awfully, godlike, supreme 8 absolute 9 extremely 10 invincible, omnipotent 11 all-powerful, exceedingly

almost 4 nigh 5 about 6 all but, nearly 8 as good as, as much as, not quite, well-nigh 9 just about, virtually 11 essentially, practically 13 approximately ***Scottish:*** 6 feckly

alms 4 gift 6 relief 7 present 8 donation, offering 10 assistance 11 benefaction, beneficence 12 contribution

aloe 9 emollient, succulent

Aloeus ***father:*** 7 Neptune 8 Poseidon ***mother:*** 6 Canace ***son:*** 4 Otus 9 Ephialtes ***wife:*** 9 Iphimedia

aloft 4 high, over 5 above 6 on high, upward 7 skyward 8 in flight, overhead

aloha 4 by-by, ciao, hail 5 hello, howdy 6 bye-bye, good-by, so long 7 good-bye, welcome 8 farewell, greeting 9 greetings ***State:*** 6 Hawaii

alone 4 only, sole, solo, stag 5 apart 6 singly, solely, unique, wholly 7 isolate, removed 8 detached, entirely, isolated, peerless, singular, solitary 9 matchless, unequaled, unmatched, unrivaled 10 nothing but, unequalled, unexampled, unexcelled 11 exclusively, unsurpassed 12 incomparable, unparalleled, unrepeatable 13 unaccompanied

aloneness 8 solitude 9 isolation, seclusion 10 uniqueness

along 3 too, yet 4 also, near, with 5 forth, there 6 as well, at hand, on hand, onward 7 besides, forward 8 likewise, moreover 11 furthermore 12 accompanying, additionally

alongside 6 beside, next to 8 touching 9 adjoining, bordering

aloof 3 shy 4 cold, cool 5 apart, proud 6 casual, chilly, frigid, offish, remote 7 distant, haughty, removed, stuck up 8 arrogant, detached, reserved, reticent, solitary 9 incurious, unbending, uncurious, withdrawn 10 disdainful, restrained, unfriendly, unsociable 11 constrained, indifferent, standoffish, unconcerned 12 uninterested 13 disinterested

alopecia 8 baldness

alp 4 peak 5 mount 8 mountain

alpaca 4 wool 5 cloth 6 mammal ***habitat:*** 4 Peru 5 Andes 7 Bolivia

alpha 4 dawn 5 first, start 6 outset 7 dawning, genesis, opening 9 beginning 12 commencement

alphabet 4 ABC's 7 letters ***Arabic:*** 3 ayn, dad, dal, gaf, jim, kaf, kha, lam, mim, nun, qaf, sad, sin, tha, waw, zay 4 alif, dhal, shin 5 ghayn ***Greek:*** 3 chi, eta, phi, psi, rho, tau 4 beta, iota, zeta 5 alpha, delta, gamma, kappa, omega, sigma, theta 6 lambda 7 epsilon, omicron, upsilon ***Hebrew:*** 3 mem, nun, sin, taw, tet, vav, waw, yod 4 alef, ayin, beth, heth, kaph, koph, qoph, resh, shin, teth 5 aleph, gimel, lamed, sadhe, tsade, zayin 6 daleth, samekh ***Old Irish:*** 4 ogam 5 ogham ***runic:*** 7 futhark

Alpheus ***beloved:*** 8 Arethusa ***father:*** 7 Oceanus ***form:*** 5 river ***mother:*** 6 Tethys

Alpine ***animal:*** 4 ibex 7 chamois ***dress:*** 6 dirndl ***house:*** 6 chalet ***lake:*** 4 Como, Iseo 5 Garda 6 Geneva 7 Lucerne 8 Bodensee, Maggiore 9 Constance, Neuchâtel ***pass:*** 3 col 5 Cenis 7 Brenner, Simplon 9 St. Bernard ***peak:*** 5 Blanc, Eiger 7 Bernina 8 Jungfrau 10 Matterhorn ***plant:*** 9 edelweiss ***primrose:*** 8 auricula ***resort:*** 5 Davos 7 Bolzano, Zermatt 8 Chamonix, Grenoble 9 Innsbruck 10 Interlaken 11 Saint Moritz ***river:*** 5 Rhine, Rhône ***snowfield:*** 4 firn, névé ***staff:*** 10 alpenstock ***state:*** 5 Tirol, Tyrol 7 Bavaria ***tunnel:*** 5 Blanc, Cenis 7 Arlberg, Simplon 10 St. Gotthard ***wind:*** 4 bora, föhn 5 foehn

already 4 even, once 5 by now, prior 6 before, by then 7 earlier, just now 8 formerly 9 before now 10 by this time, heretofore, previously

also 3 and, too 4 more, plus 5 again, along 6 as well 7 besides, further 8 likewise, moreover 9 along with, including, similarly 10 in addition 11 furthermore 12 additionally

also-ran 3 dud 5 loser 7 failure, washout 8 defeated

altar 6 shrine ***boy:*** 6 server 7 acolyte ***cloth:*** 4 pall 7 frontal ***constellation:*** 3 Ara ***hanging:*** 6 dorsal, dossal ***platform:*** 8 predella ***screen:*** 7 reredos ***shelf:*** 7 retable ***site:*** 4 apse, bema ***vessel:*** 5 cruet, paten 7 chalice 8 ciborium 10 monstrance

alter 3 fix 4 geld, spay, turn, vary 5 adapt 6 adjust, change, doctor, modify, mutate, neuter, revamp **7** remodel **8** castrate, moderate, modulate **9** refashion

alteration **4** turn **5** shift **6** change **8** mutation, revision **9** variation **10** adaptation, adjustment, changeover, conversion, remodeling, transition **12** modification

altercate **4** spat, tiff **5** argue, scrap **6** bicker, hassle **7** dispute, quarrel, wrangle **8** squabble **9** caterwaul

altercation **3** row **4** beef, flap, spat, tiff **5** brawl **6** blowup, combat, fracas, hassle **7** contest, dispute, quarrel, rhubarb, wrangle **8** argument, squabble **9** bickering **10** falling-out **11** controversy, embroilment

alternate **3** sub **5** proxy **6** backup, by turn, change, fill-in, rotate, second **7** another, relieve, stand-in **8** periodic, rotating **9** change off, fluctuate, recurrent, recurring, replacing, surrogate **10** equivalent, every other, periodical, substitute **11** every second, pinch hitter, replacement **12** intermittent

alternately **6** in lieu, rather **7** instead **10** preferably

alternative **5** other, proxy **6** backup, choice, option, second **7** another **8** atypical, druthers, election **9** different, selection, surrogate **10** preference, substitute **11** contingency, nonstandard, possibility

Althaea ***father:*** **8** Thestius ***husband:*** **6** Oeneus ***son (victim):*** **8** Meleager

although **4** when **5** still, while **6** albeit, even if, much as **7** despite, howbeit, whereas

altitude **6** height **8** eminence **9** elevation, high level

altitudinous **4** high, tall **7** eminent **8** elevated

altogether **4** nude, well **5** fully, in all, quite **6** in toto, wholly **7** all told, en masse, exactly, totally, utterly **8** all in all, entirely **9** generally, perfectly **10** absolutely, by and large, completely, on the whole, thoroughly

altruism **7** charity **8** sympathy **10** compassion, generosity **11** benevolence **12** philanthropy, selflessness **13** unselfishness

altruistic **3** big **6** humane **8** generous **9** unselfish **10** benevolent, bighearted, charitable, open-handed **11** considerate, magnanimous, noble-minded **12** humanitarian **13** philanthropic

alum **4** grad **6** emetic **7** styptic **8** graduate **10** astringent

always **4** ever **7** forever **8** evermore, for keeps **9** at any rate, endlessly, eternally **10** at all times, constantly, in any event, invariably **11** continually, forevermore, in perpetuum, perpetually, unceasingly **12** consistently, continuously

Amahl and the Night Visitors composer **7** Menotti (Gian Carlo)

amalgamate **3** mix **4** ally, fuse, meld, pool **5** admix, alloy, merge, unify, unite **6** mingle **7** combine **8** coalesce, compound, intermix **9** commingle, integrate **11** consolidate, intermingle

amalgamation **5** alloy, blend, union **6** fusion, merger **7** joining, melding, merging, mixture, uniting **8** alliance, compound **9** admixture, coalition, composite **10** commixture **12** intermixture **13** consolidation

Amalthea ***form:*** **4** goat ***horn:*** **10** cornucopia ***nursling:*** **4** Zeus

amanita **8** death cap, mushroom **9** fly agaric

amanuensis **6** scribe **7** copyist **9** scrivener, secretary **11** transcriber **12** stenographer

amass **4** bulk, heap, make, pile **5** hoard, lay up, store, uplay **6** accrue, garner, gather, pile up, roll up **7** acquire, collect, compile, round up, store up **8** assemble, cumulate **9** aggregate, stockpile **10** accumulate **12** come together

amassment **4** pile **5** clump, group, hoard, stack, stock, store, trove **7** cluster **8** assembly, quantity **9** gathering, stockpile **10** assemblage, collection, cumulation **11** aggregation **12** accumulation **13** agglomeration

amateur **4** tyro **6** layman, novice, tinker, votary **7** admirer, dabbler, devotee, learner **8** aspirant, beginner, neophyte, putterer **9** greenhorn, smatterer **10** apprentice, dilettante, enthusiast, uninitiate **11** abecedarian

amateurish **3** raw **5** green **6** simple **7** artless **8** dabbling, inexpert **9** deficient, unskilled, untutored **10** dilettante, unfinished, unpolished, unskillful **12** dilettantist, unproficient **13** inexperienced

amative see AMOROUS

amatory **6** ardent, erotic, loving, tender **7** sensual **8** romantic **9** erogenous, seductive **10** passionate **11** aphrodisiac

amaze **4** daze **5** floor **6** wonder **7** astound, perplex, startle **8** astonish, bewilder, blow away, bowl over, confound, surprise **9** dumbfound **10** admiration **11** flabbergast

amazement **3** awe **6** marvel, wonder **8** surprise **9** marveling **10** admiration, perplexity, wonderment **12** astonishment, bewilderment, confoundment

amazing **7** awesome **8** striking, stunning, wondrous **9** marvelous, startling, wonderful **10** astounding, impressive, miraculous, stupendous, surprising **11** astonishing, bewildering, spectacular **12** breathtaking

Amazon **6** parrot **7** warrior **8** giantess **12** woman warrior

ambassador **5** agent, envoy **6** legate **8** diplomat, emissary **9** messenger ***papal:*** **6** nuncio

amber **5** ocher, ochre, resin, rosin **6** orange, yellow **7** saffron

ambience **4** mood, tone **6** flavor, medium, milieu **7** climate **10** atmosphere **11** environment **12** surroundings

ambient **5** music **6** milieu **7** general, setting **8** everyday **9** prevalent **10** atmosphere, prevailing **11** atmospheric, environment, mise-en-scène **12** encompassing, surroundings **13** environmental

ambiguity **5** doubt **6** enigma, puzzle **7** evasion **9** equivoque, obscurity, vagueness **11** incertitude, uncertainty **12** doubtfulness, equivocality, equivocation **13** double meaning

ambiguous **5** vague **6** opaque, unsure **7** cryptic, dubious, inexact, obscure, unclear **8** doubtful, puzzling **9** enigmatic, equivocal, tenebrous, uncertain, unsettled **10** indefinite, inexplicit **11** problematic **12** inconclusive, questionable

ambit **4** area, room **5** field, limit, orbit, range, reach, scope, space, sweep **6** border, bounds, extent, limits, radius, sphere **7** breadth, circuit, compass, expanse, purview **8** boundary, confines **9** extension, perimeter, periphery **13** circumference

ambition **3** aim **4** goal, hope, itch, push, wish, zeal **5** ardor, dream, drive, vigor **6** desire, energy, hunger, spirit, target, thirst **7** avidity, craving, purpose **8** appetite, striving, yearning **9** eagerness, intention, objective **10** aspiration, enterprise, enthusiasm, get-up-and-go, initiative, pretension

ambitious **4** avid, bold, keen **5** eager, pushy **6** driven, hungry, intent **7** driving, zealous **8** aspiring, desirous, striving **9** energetic **10** aggressive **11** hard-working **12** enterprising, enthusiastic

ambivalent **5** mixed **6** unsure **7** warring **8** clashing, wavering **9** equivocal, uncertain, undecided, **10** unresolved **11** fluctuating, vacillating **13** contradictory

amble **4** gait, walk **5** dally, drift, mosey **6** dawdle, linger, stroll, wander **7** meander, saunter

ambrosia **6** dainty, regale **7** dessert, perfume **8** delicacy, ointment

ambrosial **5** balmy, spicy, sweet **6** savory **7** scented **8** aromatic, fragrant, heavenly, luscious, perfumed, pleasing, redolent **9** delicious **10** delectable, delightful **11** scrumptious

ambulate **4** hoof, move, pace, step, walk **5** tread, troop **6** foot it, hoof it **7** traipse

ambulatory **6** moving, on foot, roving **7** nomadic, roaming, walking **8** vagabond **9** itinerant **11** peripatetic

ambush **4** jump, lurk, trap **5** snare **6** assail, attack, entrap, lay for, waylay **7** assault, ensnare **8** surprise **9** ambuscade **11** concealment

ameliorate **3** fix **4** help, lift, mend **5** amend, raise **6** better, perk up, remedy, reform **7** elevate, enhance, improve, lighten, relieve, upgrade **8** mitigate **9** alleviate **10** convalesce, recuperate

amenable **4** open, tame **6** docile, liable, pliant, suited **7** plastic, pliable, subdued, subject, willing **8** biddable, in accord, obedient, yielding **9** adaptable, agreeable, complying, malleable, receptive, tractable **10** answerable, consenting, responsive, submissive **11** accountable, acquiescent, cooperative, responsible

amend **3** fix **4** help **5** alter, right **6** better, change, modify, reform, remedy, repair, revise, square **7** correct, improve, rectify **8** put right **9** meliorate **10** ameliorate

amendment **5** rider **6** change, remedy, reform, repair **7** codicil **8** addendum, revision **10** alteration, attachment, correction **11** enhancement, improvement reformation **12** modification **13** rectification

amends **7** redress **8** reprisal **9** indemnity, quittance **10** recompense, reparation **11** restitution **12** compensation

amenities **5** mores **6** polish **7** decorum, manners **8** civility, courtesy **9** etiquette, propriety **12** social graces

amenity **5** charm, frill **6** luxury **7** comfort, quality **8** civility, courtesy, facility **9** advantage, etiquette, geniality, pleasance **10** affability, amiability, betterment, cordiality, enrichment, pleasantry, politeness **11** convenience, enhancement, improvement, sociability **12** agreeability, graciousness, pleasantness

ament **6** catkin

amerce **3** tax **4** dock, fine, levy **5** exact, mulct **6** punish **7** hit with, make pay **8** penalize

amercement 4 fine 5 mulct 7 damages, forfeit, penalty 10 assessment, punishment, reparation

American League *Baltimore:* 7 Orioles *Boston:* 6 Red Sox *Anaheim:* 6 Angels *Chicago:* 8 White Sox *Cleveland:* 7 Indians *Detroit:* 6 Tigers *Kansas City:* 6 Royals *Milwaukee:* 7 Brewers *Minnesota:* 5 Twins *New York:* 7 Yankees *Oakland:* 9 Athletics *Seattle:* 8 Mariners *Tampa Bay:* 9 Devil Rays *Texas:* 7 Rangers *Toronto:* 8 Blue Jays

American Samoa *capital:* 8 Pago Pago *island, island group:* 4 Rose 5 Aunuu, Manua 6 Swains 7 Tutuila *language:* 6 Samoan

America, the Beautiful *music:* 4 Ward (Samuel Augustus) *words:* 5 Bates (Katherine Lee)

Amfortas *father:* 7 Titurel *opera:* 8 Parsifal

amiability 7 amenity 9 geniality, pleasance 10 cordiality 11 sociability 12 complaisance, congeniality, friendliness, pleasantness, sociableness 13 agreeableness, enjoyableness

amiable 4 kind, warm 6 genial, gentle, kindly 7 affable, cordial, likable 8 cheerful, friendly, gracious, likeable, obliging, sociable 9 agreeable, congenial, courteous 10 responsive 11 complaisant, good-humored, good-natured, warmhearted

amicable 7 cordial, pacific 8 empathic, friendly, peaceful, sociable 9 congenial, peaceable 10 harmonious, like-minded, neighborly 11 sympathetic 13 understanding

amid 4 over 5 among, midst 6 during 7 amongst, between 10 throughout

amigo 3 pal 4 chum, mate, pard 6 friend 7 comrade, partner 8 sidekick 9 companion, confidant 12 acquaintance

amino acid 4 dopa 6 leucin, lysine, serine, toluid, valine 7 cystein, cystine, glycine, leucine, proline, toluide 8 cysteine, dopamine, histidin, thyroxin, toluidin, tyrosine

Amis, Kingsley *novel:* 8 Lucky Jim *son:* 6 Martin

amiss 3 bad 4 awry, poor 5 badly, wrong 6 afield, astray, faulty, flawed 7 wrongly 8 erringly, faultily 9 defective, imperfect 10 improperly, mistakenly, out of place 11 erroneously, imperfectly, incorrectly, unfavorably 12 inaccurately 13 inappropriate

amity 5 union 6 accord, comity, unison 7 concert, concord, harmony 8 alliance, goodwill 9 agreement 10 cordiality, friendship, kindliness 11 concurrence 12 friendliness

Ammonite 6 Semite *god:* 6 Molech, Moloch

ammunition 4 shot 5 bombs 6 rounds, shells 7 charges 8 armament, grenades, missiles, ordnance 10 cartridges 11 projectiles

Amneris's rival 4 Aïda

amnesty 6 pardon 7 freeing, release 8 immunity, reprieve 9 discharge 10 absolution 11 forgiveness 12 dispensation

Amnon *father:* 5 David *half sister:* 5 Tamar *mother:* 7 Ahinoam

amoeba 4 blob 8 rhizopod 9 protozoan

Amon *father:* 8 Manasseh *son:* 6 Josiah

Amonasro's daughter 4 Aïda

among 3 mid 4 amid 5 midst 6 amidst, within 7 between *prefix:* 5 inter

amorist 4 rake, wolf 5 lover, Romeo 7 Don Juan, gallant, playboy 8 Casanova, lothario, paramour 9 womanizer 12 heartbreaker

amorous 6 ardent, erotic, in love 7 amative, amatory, lustful 8 enamored, romantic 10 infatuated, passionate 11 aphrodisiac, impassioned

amorousness 4 love, lust 5 amour, ardor 6 desire 7 passion 9 eroticism

amorphous 7 unclear 8 formless, inchoate, nebulous, unformed, unshaped 9 shapeless, undefined 10 indistinct 11 nondescript 12 disorganized 13 characterless

amortize 5 repay 6 pay off, reduce 7 pay down 8 write off

amount 4 bulk, dose 5 add up, equal, price, total 6 dosage, matter, number, upshot 7 purport, quantum 8 quantity 9 aggregate, substance *owed:* 4 debt *small:* 3 bit, jot 4 atom, drop, iota, mite, whit 5 minim, spark, speck, trace 7 modicum, smidgen 8 molecule, particle 9 scintilla

amour 4 love 5 fling, lover 6 affair 7 liaison, passion, romance 8 intimacy, intrigue 9 dalliance 10 love affair 12 entanglement, relationship

amour propre 5 pride 6 egoism, vanity 7 conceit, egotism 8 self-love, vainness 9 vainglory 10 narcissism, self-esteem, self-regard 11 self-conceit, self-respect 12 pridefulness 13 conceitedness

amphetamines 5 speed 6 dexies, hearts, uppers 7 bennies, Dexoxyn 8 greenies, pep pills, Preludin 9 Dexedrine 10 Benzedrine, Methedrine

amphibian *burrowing:* 9 caecilian *legless:* 9 caecilian *tailed:* 3 eft 4 newt 10 salamander *tailless:* 4 frog, toad 8 bullfrog, tree toad **10** batrachian ***wormlike:*** **9** caecilian ***young:*** **7** tadpole **8** polliwog

Amphion ***brother:*** **6** Zethus ***conquest:*** **6** Thebes ***father:*** **4** Zeus ***mother:*** **7** Antiope ***sister:*** **5** Aedon ***wife:*** **5** Niobe

amphitheater **4** bowl **5** arena **7** stadium **8** coliseum **10** auditorium, hippodrome

Amphitrite ***father:*** **6** Nereus ***husband:*** **7** Neptune **8** Poseidon ***mother:*** **5** Doris ***son:*** **6** Triton

Amphitryon's wife **7** Alcmene

amphora **3** jar, jug, urn **4** ewer, vase **5** crock, flask **6** carafe, flagon, vessel

ample **4** wide **5** buxom, great, large, roomy **6** lavish, plenty, portly **7** copious, liberal, profuse **8** abundant, generous, handsome, spacious **9** bounteous, bountiful, capacious, expansive, extensive, plenteous, plentiful **10** commodious, sufficient **11** substantial

amplify **5** boost, raise, swell **6** dilate, expand, extend, jack up **7** augment, develop, distend, enhance, enlarge, inflate, magnify **8** increase **9** elaborate, intensify **10** supplement

amplitude **4** size **5** range, scale, scope, space **6** amount, extent, spread **7** bigness, breadth, expanse, stretch **8** distance, fullness, wideness **9** abundance, expansion, greatness, largeness, magnitude, roominess **12** spaciousness **13** capaciousness

amulet **4** juju, luck **5** charm **6** fetish, grigri, mascot **7** periapt **8** gris-gris, talisman **10** lucky piece, phylactery **11** rabbit's-foot

amuse **4** wile **5** charm, cheer **6** appeal, divert, engage, occupy, please, regale, tickle **7** animate, beguile, delight, enchant, enliven, gladden **8** distract, interest, recreate **9** entertain, fascinate

amusement **3** fun **4** play **7** delight, pastime **8** pleasure **9** diversion, enjoyment **10** recreation **11** distraction **13** entertainment

amusing **3** fun **5** droll, funny **7** comical, risible **8** engaging, humorous, pleasing **9** diverting, enjoyable **9** laughable **12** entertaining

Amycus ***father:*** **7** Neptune **8** Poseidon ***friend:*** **8** Heracles, Hercules ***mother:*** **5** Melia

ana **5** varia **7** sayings **9** anecdotes **10** collection, miscellany **11** memorabilia, miscellanea

anabasis **5** march **7** advance, headway, retreat **8** progress **11** advancement, progression

anagogic **6** arcane, hidden, mystic, occult, secret **7** obscure **8** esoteric, mystical, telestic **9** spiritual **10** symbolical **11** allegorical

analects **5** album **6** digest **7** garland, omnibus **8** treasury **9** anthology, selection **10** compendium, miscellany **11** compilation, florilegium

analgesic **6** opiate **7** anodyne **10** anesthetic, painkiller

analogous **4** akin, like **5** alike **7** kindred, similar, related, uniform **8** parallel **9** consonant **10** comparable, equivalent, resembling

analogue **5** match **7** cognate **8** parallel **9** correlate **10** similarity **11** correlation, counterpart, equivalence **13** correspondent

analogy **6** simile **8** affinity, likeness, metaphor, parallel, relation **9** agreement, alikeness, semblance **10** comparison, similarity, similitude **11** correlation, equivalence, resemblance

analysis **5** assay, audit, proof, study **6** method, review, report, survey **7** finding, inquiry **8** division **9** breakdown, partition, statement **10** dissection, inspection, resolution, separation **11** examination **13** clarification

analytic **6** cogent, subtle **7** logical, testing **8** studious **9** organized **10** diagnostic, scientific, systematic **11** proposition, questioning **13** investigative, ratiocinative

analyze **4** part, test **5** assay, study **6** divide **7** dissect, examine, inspect, resolve **8** classify, consider, separate **9** anatomize, break down, decompose, interpret **10** decompound, scrutinize **11** deconstruct, distinguish, investigate

analyze grammatically **5** parse

Ananias **4** liar **9** falsifier **12** prevaricator ***father:*** **9** Nedebaeus ***wife (coconspirator):*** **8** Sapphira

anarchism **4** riot **6** theory **7** misrule **8** disorder **9** distemper, rebellion **11** lawlessness

anarchist **5** rebel **6** rioter **8** agitator, mutineer, provoker, revolter **9** dissident, insurgent **10** malcontent **11** provocateur **13** revolutionary

anarchy **4** riot **5** chaos **7** misrule, mob rule, turmoil **8** disarray, disorder **9** confusion, distemper, mobocracy, rebellion **10** ochlocracy, revolution **11** lawlessness **13** nongovernment

anathema **3** ban **4** bane **5** curse, enemy, odium, taboo **6** pariah **7** bugbear, censure, malison, outcast, reproof **8** loathing **9** damnation, bête noire **10** black beast, execration **11** abomination, commination, detestation, impre-

cation, malediction **12** condemnation, denunciation
anathematize **3** ban **4** damn, oust **5** curse, expel **6** banish **7** condemn **8** denounce, execrate **9** objurgate, proscribe **13** excommunicate
anatomical depression **5** fossa, fovea
anatomical tube **3** vas **4** duct **5** canal
anatomist **5** Wolff (Kaspar) **6** Harvey (William) **8** Vesalius (Andreas)
anatomize **5** cut up **7** analyze, dissect **8** separate **9** break down, decompose
anatomy **5** frame, mummy **6** makeup **8** analysis, division, skeleton **9** framework, histology, structure **10** dissection, morphology, physiology **11** examination
Anaxo ***brother:*** **10** Amphitryon ***daughter:*** **7** Alcmene ***father:*** **7** Alcaeus ***husband:*** **9** Electryon
ancestor **8** forebear, foregoer **9** ascendant, precursor, prototype **10** antecedent, antecessor, forefather, forerunner, progenitor **11** predecessor **12** primogenitor
ancestral **6** family, inborn, inbred, lineal **7** genetic **8** familial **9** inherited **10** bequeathed, hereditary **11** consanguine, patrimonial ***sequence:*** **8** pedigree **9** bloodline, genealogy
ancestry **4** line, race **5** blood, breed, stock **6** family, origin, source **7** descent, history, kindred, lineage **8** heritage, pedigree **9** parentage **10** derivation, extraction
Anchises' son **6** Aeneas
anchor **4** moor **6** secure **7** grapnel, mooring **8** mainstay ***part:*** **5** crown, fluke, shank
anchorage **4** port **5** haven, roads **6** harbor, refuge, riding **7** mooring, shelter **9** harborage, roadstead
anchorite **5** loner **6** hermit **7** recluse **8** solitary
anchors ___ **6** aweigh
ancient **3** old **4** aged **5** hoary, olden **6** age-old, primal **7** antique, archaic, elderly **8** Noachian, old-timer, primeval, timeworn **9** venerable **10** primordial **12** antediluvian
ancient capital **4** Susa **5** Aksum, Balkh, Calah, Isker, Kalhu, Ninus, Pella, Petra, Sibir **6** Angkor, Bactra, Nimrud, Sardis **7** Babylon, Knossos, Memphis, Nineveh, Samaria, Shushan **10** Persepolis
ancient city ***Asia Minor:*** **4** Nice, Teos **5** Tyana **6** Edessa, Nicaea **7** Antioch **13** Halicarnassus ***Babylonia:*** **4** Sura **5** Agade, Akkad, Eridu, Larsa **7** Ellasar ***Bengal:*** **4** Gaur **9** Lakhnauti ***Canaan:*** **5** Gezer ***Cyprus:*** **7** Salamis ***Egypt:*** **5** Tanis **6** Thebes **7** Memphis **10** Heliopolis ***Etruria:*** **4** Veii ***Euphrates River:*** **7** Babylon ***Greece:*** **5** Crisa **6** Athens, Sparta **7** Calydon **10** Lacedaemon ***Ionia:*** **4** Myus, Teos **5** Chios, Samos **6** Priene **7** Ephesus, Lebedos, Miletus, Phocaea **8** Colophon, Erythrae **10** Clazomenae ***Italy:*** **5** Locri **7** Pompeii **8** Siracusa, Syracuse **11** Herculaneum ***Latium:*** **5** Gabii **9** Alba Longa ***Mayan:*** **4** Cobá **5** Tikal, Tulum, Uxmal **8** Palenque **11** Chichén Itzá ***Nile River:*** **5** Meroë ***North Africa:*** **5** Utica **8** Carthage ***Palestine:*** **4** Gaza **5** Ekron, Endor, Sodom **6** Beroea, Bethel, Gilead, Hebron **7** Jericho, Samaria **8** Ashkelon **9** Capernaum, Jerusalem ***Peloponnesus:*** **5** Tegea **6** Sparta **7** Corinth ***Sumeria:*** **4** Kish, Uruk **5** Erech, Larsa **6** Lagash ***Turkey:*** **5** Assos, Assus **9** Byzantium
ancient country ***Adriatic coast:*** **7** Illyria ***Africa:*** **10** Mauretania ***Arabian Peninsula:*** **5** Sheba ***Asia:*** **4** Aram **5** Media, Minni, Syria **7** Armenia, Ash Sham, Bactria ***Asia Minor:*** **5** Lydia, Mysia **6** Aeolis, Pontus **7** Cilicia, Phrygia **8** Bithynia ***Balkan:*** **7** Macedon **9** Macedonia ***Black Sea:*** **7** Colchis ***Dead Sea:*** **4** Edom ***Euphrates River:*** **9** Babylonia ***Europe:*** **4** Gaul **5** Dacia **6** Gallia ***gold-rich:*** **5** Ophir ***Italy:*** **6** Latium **7** Etruria ***Nile valley:*** **4** Cush ***Peloponnesus:*** **4** Elis **7** Arcadia ***Syria:*** **9** Phoenicia
ancient empire **6** Median **7** Hittite, Persian **8** Assyrian, Athenian, Chaldean, Seleucid **9** Ptolemaic **10** Babylonian
ancient kingdom ***Anglo-Saxon:*** **6** Wessex ***Asia:*** **4** Ghor, Ghur ***Celtic:*** **7** Cumbria ***China:*** **3** Shu ***Euphrates valley:*** **4** Hira **7** Al-Hirah ***Greece:*** **8** Pergamon, Pergamum ***North Of Assyria:*** **3** Van **6** Ararat, Urartu ***Palestine:*** **5** Judah **6** Israel ***Persian Gulf:*** **4** Elam ***Portugal:*** **7** Algarve ***Spain:*** **4** Leon **6** Aragon **7** Castile, Galicia, Granada, Navarre ***Syria:*** **4** Moab ***Welsh:*** **5** Powys ***West Sahara:*** **4** Gana **5** Ghana
ancient monument **6** sphinx **7** obelisk, pyramid
ancient royal forest **4** Dean **8** Sherwood
ancient town ***Africa:*** **4** Zama ***Armenia:*** **4** Dwin, Tvin ***Asia Minor:*** **4** Soli **5** Derbe, Issus, Soloi ***Attica:*** **6** Icaria ***Black Sea:*** **5** Olbia **9** Apollonia ***Greece:*** **4** Abae, Opus **8** Marathon ***Italy:*** **4** Elea, Luna **5** Cumae, Velia ***Latium:*** **5** Ardea, Cures ***Macedonia:*** **5** Pydna, Stobi **9** Apollonia ***Peloponnesus:*** **5** Asine ***Persia:*** **6** Hormuz **8** Harmozia ***Sicily:*** **5** Hybla ***Spain:***

5 Munda ***Tatar:*** 5 Isker, Sibir ***Wendish:*** 5 Julin

ancilla 3 aid 4 aide, ally, hand, help 6 helper 9 assistant, attendant, supporter

ancillary 5 extra 8 adjuvant, incident 9 accessory, attendant, attending, auxiliary, satellite, secondary 10 additional, coincident, collateral, subsidiary, supporting 11 appurtenant, concomitant, subordinate, subservient 12 accompanying, contributory 13 supplementary

andante 4 slow 5 tempo 7 relaxed, walking 8 moderate

Anderson, Maxwell ***play:*** 7 High Tor 8 Key Largo 9 Winterset 11 Valley Forge 14 What Price Glory

Anderson, Sherwood ***book:*** 9 Poor White 12 Dark Laughter 13 Winesburg Ohio

Andes native 4 Inca

andiron 7 firedog

Andorra ***capital:*** 7 Andorra ***language:*** 7 Catalan ***liberator:*** 11 Charlemagne ***monetary unit:*** 4 euro ***mountain range:*** 8 Pyrenees ***neighbor:*** 5 Spain 6 France ***river:*** 6 Valira

Andrea ___ 5 Doria 8 del Sarto

androgynous 7 epicene 8 bisexual 9 unisexual

android 5 robot 9 automaton

Andromache ***husband:*** 6 Hector ***son:*** 8 Astyanax, Molossus

Andromeda ***father:*** 7 Cepheus ***husband:*** 7 Perseus ***mother:*** 10 Cassiopeia ***rescuer:*** 7 Perseus

___ and warp 4 weft, woof

anecdote 4 tale, yarn 5 story 7 account, episode, recital 8 relation 9 narration, narrative 12 recollection, reminiscence

anemic 3 wan 4 pale, thin, weak 5 pasty 6 feeble, pallid, sickly, watery 7 insipid 8 ischemic 9 bloodless, colorless 10 spiritless

anemone 9 buttercup 10 windflower

anent 4 as to, in re 5 about, as for 7 apropos 8 touching 9 as regards 10 concerning 13 with respect to

anesthetic 6 opiate 7 anodyne 9 analgesic 10 painkiller, palliative ***medical:*** 5 ether 6 spinal 8 morphine, procaine 9 halothane, novocaine 10 benzocaine, chloroform, tetracaine 11 scopolamine ***suffix:*** 5 caine

anesthetize 4 numb, stun 6 benumb, deaden 8 etherize, knock out 9 narcotize 11 desensitize

anesthetized 4 dead, numb 5 inert 6 asleep, torpid 10 insensible 11 insensitive, unconscious

anew 4 over 5 again 6 afresh, de novo, lately, of late 8 once more, recently

angel 6 backer, cherub, patron, seraph, surety 7 sponsor 8 backer-up, guardian 9 celestial, guarantor, supporter 10 benefactor 11 underwriter ***biblical:*** 5 Uriel 7 Gabriel, Michael, Raphael ***fallen:*** 7 Lucifer ***hierarchy:*** 6 powers 7 thrones, virtues 8 cherubim, seraphim 9 dominions ***Mormon:*** 6 Moroni ***of death:*** 6 Azrael

Angel Clare's bride 4 Tess

angelic 4 holy, pure 5 godly 6 divine 7 saintly 8 cherubic, ethereal, heavenly 9 celestial 11 beneficient

Angelica ***father:*** 9 Galaphron ***husband:*** 6 Medoro ***lover:*** 7 Orlando

Angelou work 13 Heart of a Woman (The) 25 I Know Why the Caged Bird Sings

anger 3 ire, irk, vex 4 bile, boil, burn, fume, fury, gall, huff, rage, rant, rave, rile 5 annoy, pique, storm, upset, wrath 6 blow up, choler, dander, enrage, madden, nettle, offend, seethe, stir up 7 affront, bristle, dudgeon, flare up, incense, outrage, provoke, steam up, umbrage 8 acrimony, boil over, irritate 9 aggravate, annoyance, animosity, displease, infuriate 10 antagonism, antagonize, exasperate 11 displeasure, indignation, infuriation 12 exasperation

angle 3 aim, bow 4 axil, bend, bias, fish, hand, skew, turn 5 facet, slant 6 aspect, corner, crotch, dogleg 7 flexure, outlook, turning 9 direction, viewpoint 10 standpoint

angler 6 fisher 8 monkfish 9 fisherman, goosefish

Anglo-Saxon ***assembly:*** 4 moot 5 gemot 6 gemote ***council:*** 9 heptarchy ***county:*** 5 shire ***court:*** 4 moot 5 gemot 6 gemote ***crown tax:*** 4 geld ***epic:*** 7 Beowulf ***free servant:*** 5 thane, thegn ***god:*** 3 Ing ***goddess of fate:*** 4 Wyrd ***historian:*** 4 Bede ***king:*** 3 Ine, Ini 4 Edwy 5 Edgar, Edred 6 Alfred, Edmund, Edward, Egbert 8 Ethelred ***kingdom:*** 4 Kent 5 Essex 6 Mercia, Sussex, Wessex 10 East Anglia 11 Northumbria ***king's council:*** 5 witan ***letter:*** 3 edh, eth, wen, wyn 4 wynn 5 thorn ***nobleman:*** 4 earl ***poet:*** 4 scop ***prince:*** 8 atheling ***sheriff:*** 5 reeve ***slave:*** 4 esne ***warrior:*** 5 thane, thegn

Angola ***capital:*** 6 Luanda ***city:*** 6 Huambo 7 Lubango 8 Benguela ***exclave:*** 7 Cabinda ***language:*** 10 Portuguese ***monetary unit:*** 6 kwanza ***neighbor:*** 5 Congo 6 Zambia 7 Namibia 11 South Africa ***river:*** 5 Congo

angora 3 cat 4 goat, hair, wool, yarn 6 mohair, rabbit
angry 3 hot, mad 4 sore 5 irate, riled, riley, upset, vexed, wroth 6 fuming, heated, ireful, wrathy 7 enraged, furious, riled up 8 choleric, incensed, inflamed, maddened, wrathful 9 indignant, irritated 10 aggravated, infuriated 11 acrimonious, exasperated
angst 4 fear 5 worry 6 unease 7 anxiety, concern 8 distress 10 insecurity 11 disquietude, fretfulness 12 apprehension
Anguilla ***island, island group:*** 3 Dog 4 Seal 5 Scrub 7 Leeward ***language:*** 7 English ***location:*** 10 West Indies ***territory of:*** 7 Britain
anguish 3 rue, woe 4 ache, care, dole, hurt, pain, pang 5 agony, dread, grief, throe, worry 6 misery, regret, sorrow, throes 7 anxiety, torment, torture 8 distress, hardship 9 heartache, suffering 10 affliction, heartbreak 12 wretchedness
angular 4 bony, edgy, lank, lean, thin 5 gaunt, lanky, spare, stiff 6 forked, skinny, zigzag 7 pointed, scraggy, scrawny 8 cornered, rawboned, ungainly 9 roughhewn 10 unfinished, ungraceful, unpolished 13 sharp-cornered
ani 6 cuckoo
anima 4 soul 6 psyche, spirit 9 inner self
animadversion 4 slam, slur 7 censure, obloquy 9 aspersion, criticism 10 accusation, imputation, reflection 11 insinuation 12 reprehension
animadvert 6 notice 7 observe 9 criticize
animal 5 beast, brute, feral 6 brutal, carnal, ferine 7 beastly, bestial, brutish, critter, fleshly, sensual, swinish, wilding 8 creature, wildling ***antlered:*** 3 elk 4 axis, deer 5 moose 7 caribou 8 reindeer ***aquatic:*** 3 eel 4 fish, frog, seal 5 otter, whale 6 dugong, sea cow, walrus 7 dolphin, manatee, octopus 8 bryozoan, porpoise 9 alligator, crocodile ***arboreal:*** 4 bird 5 chimp, coati, koala, lemur, sloth 6 gibbon, monkey 7 opossum, tarsier 8 kinkajou, marmoset, squirrel 9 orangutan ***burrowing:*** 4 mole 5 brock, ratel 6 badger, gopher, marmot, rabbit 7 echidna 9 armadillo, groundhog, woodchuck ***castrated:*** 5 capon, steer 6 barrow, wether 7 gelding ***draft:*** 3 yak 4 mule, oxen (plural) 5 horse 6 donkey 8 elephant ***exhibit:*** 3 zoo ***extinct:*** 3 moa 4 dodo, urus 6 quagga 7 mammoth 8 dinosaur, eohippus, mastodon 9 trilobite ***female:*** 3 cow, dam, doe, ewe, hen, pen, roe, sow 4 mare, puss 5 bitch, goose, jenny, nanny, vixen 6 jennet 7 lioness ***four-footed:*** 9 quadruped ***four-limbed:*** 8 tetrapod ***free-swimming:*** 6 nekton ***hibernating:*** 4 bear, frog, toad 5 skunk, snake 7 polecat 8 chipmunk 9 groundhog, woodchuck ***horned:*** 3 ram, yak 4 bull, goat, ibex, kudu 5 addax, bison, eland, rhino 6 cattle, koodoo 7 buffalo, gazelle, giraffe, unicorn 8 antelope ***humped:*** 3 elk, yak 4 zebu 5 bison, camel, moose ***imaginary:*** 5 snark ***insect-eating:*** 4 mole, newt 5 gecko, shrew 7 echidna 8 aardvark, anteater, hedgehog, pangolin, tamandua 10 salamander ***male:*** 3 cob, ram, tom 4 boar, buck, bull, cock, stag, stud 5 billy, steer 6 gander 7 gobbler, rooster 8 bachelor, stallion ***many-celled:*** 8 metazoan ***many-footed:*** 9 centipede, millipede ***marsupial:*** 5 koala 6 wombat 7 opossum, wallaby 8 kangaroo 9 bandicoot, phalanger ***meat-eating:*** 9 carnivore ***mythical:*** 5 Hydra 6 dragon, kraken, sphinx 7 centaur, griffin, mermaid, Pegasus, unicorn 8 basilisk, Cerberus, Minotaur ***one-celled:*** 9 protozoan ***Peruvian:*** 5 llama 6 alpaca, vicuña ***plant-eating:*** 9 herbivore ***skin disease:*** 5 mange ***snouted:*** 5 coati, tapir 8 mongoose (see also ANIMAL *INSECT-EATING*) ***spotted:*** 4 axis, paca 6 calico, jaguar, ocelot 7 cheetah, leopard, piebald 8 skewbald 9 dalmatian ***striped:*** 4 kudo 5 tiger, zebra 6 koodoo, quagga ***trail:*** 3 pug 4 foil, slot 5 spoor ***tusked:*** 6 walrus 7 warthog 8 elephant ***two-footed:*** 5 biped ***web-footed:*** 4 duck, frog, toad 5 goose, otter 6 beaver 8 duckbill, platypus ***young:*** 3 cub, kid, kit, pup 4 calf, colt, fawn, foal, joey, lamb 5 bunny, chick, kitty, poult, shoat, stirk, whelp 6 cygnet, farrow, heifer, kitten, piglet 7 bullock, gosling, lambkin 8 suckling, yeanling, yearling 9 fledgling
animal behavior ***study of:*** 8 ethology
animal fat 4 suet 6 tallow
animalism 4 lust 7 abandon 8 vitality 9 carnality 10 sensualism, sensuality 11 lustfulness, physicality, unrestraint
animalize 4 warp 6 debase 7 corrupt, deprave, pervert, vitiate 9 brutalize 10 bestialize, demoralize
animal life 5 fauna
animal sound 3 arf, baa, bay, caw, coo, low, mew, moo 4 bark, bray, buzz, crow, hiss, hoot, howl, meow, purr, roar, yelp 5 bleat, chirp, croak, drone, growl, grunt, miaow, neigh, quack 6 bellow, gibber, gobble, warble 7 screech, twitter
animate 4 fire, live, move, spur, stir,

urge **5** alert, alive, cheer, drive, exalt, impel, liven, nerve, spark, steel, vital **6** active, arouse, excite, inform, kindle, lively, living, moving, viable, vivify **7** actuate, chirk up, dynamic, enliven, hearten, inspire, quicken, refresh **8** activate, embolden, energize, inspirit, motivate, spirited, vitalize **9** breathing, encourage, energized, enhearten, make alive, stimulate **10** invigorate

animated **3** gay **4** keen **5** alert, alive, peppy, quick, vivid, vital **6** lively, living **7** dynamic, excited, vibrant, zestful **8** spirited, vigorous **9** activated, energetic, energized, exuberant, sprightly, vitalized, vivacious **12** high-spirited

animation **3** pep, vim **4** brio, dash, élan, life, zing **5** oomph, verve **6** energy, esprit, gaiety, spirit **8** dynamism, vitality, vivacity **10** liveliness

animato **5** brisk, tempo **6** lively **8** spirited **9** energetic, sprightly

animosity **4** hate **5** venom **6** animus, enmity, hatred, rancor **7** dislike, ill will **8** acrimony **9** antipathy, hostility **10** antagonism, resentment

animus **4** plan, soul **6** design, enmity, intent, pneuma, psyche, rancor, spirit **7** dislike, ill will, meaning, purpose **9** antipathy, élan vital, hostility, intention **10** antagonism, intendment, opposition, vital force **11** disposition, malevolence

Anjou **4** pear ***capital:*** **6** Angers ***native:*** **7** Angevin

ankle **6** tarsus

annals **6** record **7** account, history **8** archives, register **9** chronicle

annelid **4** worm **5** leech **9** earthworm

annex **3** add, arm, cop, ell, win **4** gain, hook, join, land, take, wing **5** add on, affix, seize, tag on **6** adjoin, append, attach, fasten, obtain, pick up, secure, tack on, take on **7** acquire, connect, preempt, procure, subjoin **8** accroach, addition, appendix, arrogate, superadd, take over **9** extension **10** attachment, commandeer, subsidiary, supplement **11** appropriate, expropriate, incorporate

Annie Oakley **4** pass **10** free ticket, markswoman

annihilate **4** do in, kill, raze, rout, ruin, undo **5** abate, annul, crush, erase, quash, quell, wrack, wreck **6** murder, negate, quench, rub out, squash, uproot, vanish **7** abolish, blot out, destroy, expunge, nullify, put down, root out, vitiate, wipe out **8** abrogate, demolish, massacre, suppress, vanquish **9** eradicate, extirpate, liquidate, slaughter **10** extinguish, invalidate, obliterate **11** exterminate

annihilation **7** killing **8** massacre **9** abolition **11** destruction, elimination, liquidation, termination **12** obliteration **13** extermination

anniversary ***hundredth:*** **9** centenary **10** centennial ***tenth:*** **9** decennial ***thousandth:*** **10** millennial

annotate **5** gloss **6** remark **7** comment, explain **8** footnote **9** elucidate, interpret **10** commentate

announce **4** call, tell **5** augur, issue, state, sound **6** attest, blazon, herald, impart, report, reveal, signal **7** bespeak, declare, divulge, forerun, give out, portend, predict, presage, present, publish, release, signify, trumpet **8** disclose, forecast, foreshow, foretell, indicate, proclaim **9** advertise, broadcast, harbinger, make known, publicize **10** give notice, make public, promulgate **11** preindicate

announcement **4** news **6** notice, report **7** message, release **8** briefing, bulletin **9** broadcast, statement **10** communiqué, disclosure **11** declaration, publication **12** proclamation, promulgation **13** advertisement, communication

announcer **5** emcee **6** deejay, herald, veejay **9** anchorman, voice-over **10** disc jockey, disk jockey, newscaster **11** anchorwoman, broadcaster, commentator **12** anchorperson, sportscaster

annoy **3** bug, irk, vex **4** bait, fret, gall, miff **5** chafe, chivy, harry, peeve, tease, upset, worry **6** badger, bother, harass, heckle, hector, needle, nettle, pester, plague, ruffle **7** agitate, bedevil, disturb, hagride, perturb, provoke, tick off **8** distress, irritate **9** beleaguer ***Scottish:*** **4** fash

annoyance **4** drag, to-do **5** trial, upset, worry **6** bother, nettle, plague, strain **7** problem, trouble **8** distress, headache, irritant, nuisance, vexation **10** affliction, harassment, irritation **11** aggravation, botheration, disturbance, indignation, provocation **12** exasperation

annoying **5** pesky **8** tiresome **9** troubling, vexatious **10** disturbing, irritating **11** aggravating, distressing, troublesome **12** exasperating

annual **5** plant **6** flower, yearly **7** almanac **8** each year, yearbook, yearlong **9** every year

annul **4** undo, void **5** abate, erase, quash **6** cancel, delete, efface, negate, revoke, vacate **7** abolish, blot out, expunge, nullify, redress, rescind, retract, reverse, vitiate, wipe out **8** abrogate, dissolve **9** cancel out, discharge, frustrate **10** annihilate, counteract, extinguish, invalidate, neutralize, obliterate **11** countermand

annunciate see ANNOUNCE

anodyne **4** balm **5** bland **6** opiate, relief, remedy **7** soother **8** narcotic, nepenthe, painless, sedative **9** analgesic, calmative, innocuous, soporific **10** anesthetic, depressant, pain-killer, palliative **11** inoffensive, unoffending **12** tranquilizer

anoint **3** rub **4** daub, laud, name **5** anele, apply, bless, honor, smear **6** choose, hallow, ordain **7** confirm, massage **8** dedicate, sanctify, set apart, venerate **9** designate **10** consecrate

anomalous **3** odd **6** off-key **7** deviant, strange, unusual **8** aberrant, abnormal, atypical, peculiar **9** deviating, deviatory, divergent, irregular, unnatural, untypical **10** unexpected **11** heteroclite, incongruous, paradoxical **12** inconsistent **13** nonconforming, preternatural

anomaly **5** freak, quirk **6** oddity **9** departure, deviation, exception **10** aberration, divergence **11** abnormality, incongruity, peculiarity **12** idiosyncrasy, irregularity **13** inconsistency

anomie **4** flux **6** unrest **7** anxiety, inertia **10** alienation, insecurity **11** disquietude, instability, uncertainty **12** disaffection, estrangement, indifference, restlessness

anon **4** soon **5** later **7** by and by, shortly **8** directly **9** presently **10** before long **11** after a while

anonym **5** alias **6** handle **7** pen name **8** nickname **9** pseudonym **10** nom de plume **11** assumed name, nom de guerre

anonymous **7** unknown, unnamed **8** nameless, not named, unsigned **9** incognito **10** innominate **11** unspecified **12** undesignated, unidentified, unrecognized

anorak **5** parka

another **3** new **4** else, more **5** added, fresh **7** farther, further, one more **9** different **10** additional **11** alternative, someone else **13** something else

anschluss **5** union **6** league **8** alliance **9** coalition **10** federation **11** confederacy **13** confederation

answer **4** fill, meet, plea **5** atone, plead, rebut, reply, serve, solve **6** come in, refute, rejoin, result, retort, return **7** conform, defense, explain, fulfill, respond, satisfy **8** antiphon, rebuttal, response, solution **9** rejoinder **10** refutation **11** recriminate **13** countercharge

answerable **5** bound **6** liable **7** obliged, subject **8** amenable **9** compelled, duty-bound, obligated **11** accountable, constrained, responsible

ant **5** emmet **9** carpenter ***relating to:*** **6** formic

Antaean **4** huge **5** giant **6** heroic **7** mammoth, titanic **8** colossal, enormous, gigantic **9** cyclopean, Herculean **10** gargantuan

Antaeus ***father:*** **7** Neptune **8** Poseidon ***mother:*** **4** Gaea ***slayer:*** **8** Heracles, Hercules

antagonism **3** con **6** animus, enmity, hatred, rancor **7** discord **8** conflict, friction **9** animosity, antipathy, hostility **10** antithesis, contention, dissension, opposition, resistance **11** contrariety **12** disagreement

antagonist **3** con, foe **4** anti **5** enemy, match **6** muscle **7** opposer **8** chemical, opponent **9** adversary, contender

antagonistic **4** anti **6** averse **7** adverse, hostile, opposed **8** clashing, contrary, inimical, opposing **9** bellicose, combative, rancorous, truculent, vitriolic **10** discordant **11** belligerent, conflicting, contentious **12** antipathetic

Antarctica sea **4** Ross **7** Weddell **8** Amundsen

ante **3** bet, pay, pot **4** cost, risk **5** level, pay up, price, put up, stake, wager **6** stakes **7** produce

anteater see ANIMAL *INSECT-EATING*

antecede **7** forerun, precede, predate **8** foredate, go before

antecedence **8** priority **10** precedence, precession, preference

antecedent **4** fore, line **5** cause, prior **6** former, reason **7** earlier **8** ancestor, anterior, forebear, foregoer, occasion, previous **9** condition, foregoing, precedent, preceding, precursor, prototype **10** forerunner, progenitor **11** determinant, predecessor

antedate **7** forerun, precede **11** anachronize **12** occur earlier

antediluvian **3** old **4** aged, fogy **5** hoary, passé **6** age-old, fogram, fossil, square **7** ancient, antique, archaic **8** mossback, Noachian, obsolete, outdated, outmoded, primeval, timeworn **9** out-of-date, primitive **10** antiquated, fuddy-duddy **12** old-fashioned **13** stick-in-the-mud

antelope **3** gnu **4** kudu, oryx **5** addax, bongo, eland, nyala, serow **6** dik-dik, duiker, impala, koodoo, lechwe **7** blesbok, chamois, gazelle, gemsbok, gerenuk, sassaby **8** bushbuck, reedbuck, steinbok **9** springbok, waterbuck **10** hartebeest ***female:*** **3** doe

male: **4** buck ***young:*** **3** kid (see also GAZELLE)

antenna **4** wire **6** aerial, device, dipole, sensor **8** monopole, receiver

antennae **4** ears **11** sensitivity **13** receptiveness

anterior **4** past **5** prior **6** former **8** previous **9** foregoing, precedent, preceding **10** antecedent

anteroom **5** entry, foyer, lobby **6** alcove **9** vestibule

Anteros ***brother:*** **4** Eros ***father:*** **4** Ares, Mars ***mother:*** **5** Venus **9** Aphrodite ***opposite:*** **4** Eros

anthem **4** hymn, song **5** chant, paean, psalm **8** canticle

anthology **3** ana **5** album **6** digest, reader **7** garland, omnibus **8** analects, treasury **9** selection **10** assortment, collection, compendium, miscellany **11** compilation, florilegium

anthropoid **3** ape **5** biped **6** monkey **7** bipedal, gorilla, manlike, primate **8** hominoid, humanoid **10** chimpanzee

anthropologist **4** Boas (Franz), Dart (Raymond), Mead (Margaret) **5** Sapir (Edward), Tylor (Edward Burnett) **6** Frazer (James George), Geertz (Clifford), Leakey (Louis), Morgan (Lewis Henry) **7** Bateson (Gregory), Kroeber (Alfred Louis) **8** Benedict (Ruth) **10** Malinowski (Bronisław) **11** Lévi-Strauss (Claude)

anti **3** con **6** averse **7** adverse, against, counter, opposed, opposer **8** contrary, opponent, opposing **9** adversary, opposed to **10** antagonist **12** antagonistic, antipathetic, in opposition

antiaircraft fire **4** flak

antibiotic **7** colicin **8** neomycin, viomycin **9** polymyxin **10** bacitracin, novobiocin, penicillin **11** bacteriocin, tyrothricin **12** streptomycin, tetracycline

antic **3** gag **4** dido, joke, lark, romp **5** caper, comic, prank, trick **6** frisky, frolic, lively **7** comical, foolish, playful **8** escapade, farcical, prankish, spirited **9** high jinks, laughable, ludicrous, sprightly **10** frolicsome, rollicking, shenanigan, tomfoolery **11** mischievous, monkeyshine **12** monkeyshines **13** practical joke

anticipate **3** see **4** wait **5** await, check **6** divine, expect **7** counter, count on, foresee, prepare, presage, prevent, wait for **8** forecast, foreknow, foretell **9** apprehend, forestall, prevision, visualize **10** prepare for

anticipation **7** inkling, outlook, promise **8** awaiting, forecast, prospect **9** awareness, foresight, foretaste **10** expectancy **11** expectation, realization **12** apprehension **13** visualization

Anticlea ***father:*** **9** Autolycus ***husband:*** **7** Laertes ***son:*** **7** Ulysses **8** Odysseus

antidote **4** cure, drug **6** remedy **7** negator **8** medicine **9** nullifier **10** corrective, counteract, preventive **11** counterstep, neutralizer **12** counteragent **13** counteractant, counteractive

Antigone ***brother:*** **9** Polynices **10** Polyneices ***father:*** **7** Oedipus ***mother:*** **7** Jocasta ***sister:*** **6** Ismene ***uncle:*** **5** Creon

Antigua and Barbuda ***capital:*** **7** St. Johns ***island:*** **7** Antigua, Barbuda, Redonda ***language:*** **7** English ***monetary unit:*** **6** dollar

Antilochus ***father:*** **6** Nestor ***friend:*** **8** Achilles ***slayer:*** **6** Memnon

Antiope ***father:*** **6** Asopus ***husband:*** **5** Lycus **7** Theseus ***queen of:*** **7** Amazons ***son:*** **6** Zethus **7** Amphion **10** Hippolytus

antipasto **9** appetizer **11** hors d'oeuvre **12** hors d'oeuvres

antipathetic **5** loath **6** averse, loathe **7** adverse, hostile, opposed **8** aversive, clashing, contrary, inimical, opposing, opposite **9** abhorrent, disliking, loathsome, repellent, repugnant, repulsive **10** discordant, unfriendly **11** conflicting, distasteful, ill-disposed, uncongenial **12** antagonistic **13** contradictory

antipathy **4** hate **6** animus, enmity, hatred, rancor **7** allergy, dislike, ill will **8** aversion, distaste, loathing **9** animosity, hostility **10** abhorrence, antagonism, opposition, repellency

antiphon **5** psalm, reply, verse **6** answer, anthem, return **7** respond **8** response

antipodal **5** polar **7** adverse, counter, opposed, reverse **8** contrary, converse, opposite **9** diametric **11** conflicting, contrasting, diametrical **12** antithetical **13** contradictory

antipode **6** contra **7** counter, reverse **8** contrary, converse, flip side, opposite **9** other side **10** antithesis **11** counterpole

antiquate **7** make old, outdate, outmode **8** obsolete **9** obsolesce **12** superannuate

antiquated **3** old **4** aged **5** dated, fusty, hoary, moldy, passé **6** old hat **7** ancient, antique, archaic **8** obsolete, old-timey, outmoded **9** out-of-date **10** oldfangled, out-of-style **11** discredited, obsolescent **12** antediluvian, old-fashioned **13** inappropriate, superannuated

antique **3** old **4** aged **5** dated, hoary, olden, passé, relic **6** age-old, bygone, rarity **7** ancient, archaic, vintage **8** artifact, heirloom, old-timey, outdated, outmoded, timeworn **9** ancestral, objet d'art, out-of-date, venerable **10** antiquated, oldfangled **12** antediluvian, old-fashioned

antiseptic **6** iodine **7** alcohol, sterile **8** hygienic, peroxide, sanitary **9** boric acid, carvacrol, germicide, merbromin **10** gramicidin, sterilized **12** carbolic acid, disinfectant ***pioneer:*** **6** Lister (Joseph)

antisocial **7** ascetic, austere, hostile **8** eremitic, solitary **9** alienated, reclusive, withdrawn **10** unfriendly **11** standoffish **12** antagonistic, misanthropic

antithesis **3** con **6** contra **7** counter, reverse **8** antipode, antipole, contrary, contrast, converse, opposite **10** antagonism, opposition **11** counterpole

antithetical **5** polar **7** counter, reverse **8** contrary, converse, opposite **9** antipodal, diametric **10** antipodean **11** diametrical **13** contradictory

antitoxin **4** sera (plural) **5** serum **11** neutralizer

antiwar **6** irenic **8** pacifist **10** nonviolent, pacifistic

Antony, Mark ***defeat:*** **6** Actium ***friend:*** **6** Caesar ***lover:*** **9** Cleopatra ***wife:*** **7** Octavia

anxiety **4** care, fear **5** doubt, dread, panic, worry **6** unease **7** concern **8** distress, mistrust, suspense **9** self-doubt, suffering **10** uneasiness **11** disquietude, uncertainty **12** apprehension

anxious **4** avid, keen **5** eager **6** afraid, ardent, scared, uneasy **7** alarmed, fearful, worried **8** agitated, desirous, troubled, worrying **9** impatient, perturbed, terrified **10** breathless, disquieted, frightened **12** apprehensive

any **3** all **4** a bit, some **5** at all, every **7** a little, several **8** whatever

anyhow **6** random **7** however **8** at random, randomly **9** hit-or-miss **10** carelessly, regardless **11** any which way, haphazardly **13** helter-skelter

anymore **3** now **5** today **8** nowadays **9** presently, these days

anyone **3** all **9** everybody

anything **5** at all

anytime **4** ever **5** at all **8** whenever

anyway **4** ever, once **5** at all **7** however **12** nevertheless

anywhere **5** at all **7** all over **10** at any point

anywise **5** at all

apace **4** fast **6** versed **7** abreast, flat-out, hastily, quickly, rapidly, swiftly **8** informed, up-to-date, speedily **9** posthaste **12** lickety-split **13** expeditiously

Apache ***chief:*** **7** Cochise **8** Geronimo ***subgroups:*** **7** Cibecue **9** Jicarilla, Mescalero **10** Chiricahua

apart **5** alone, aside **6** singly **7** asunder, removed **8** detached, isolated, one by one **9** severally **10** separately **12** individually **13** independently, unaccompanied ***prefix:*** **3** dis

apart from **3** bar, but **4** save **6** except, saving **7** barring, besides **9** except for, excepting, excluding, other than, outside of **11** exclusive of

apartheid **8** division **9** partition **10** separation, separatism **11** segregation **12** separateness

apartment **4** flat, room **5** rooms, suite **6** rental **7** chamber, housing, lodging **8** building, dwelling **9** residence **13** accommodation

apathetic **4** dull, flat, limp **5** inert **6** stolid, torpid **7** languid, passive, unmoved **8** sluggish **9** impassive, untouched **10** anesthetic, insensible, phlegmatic, spiritless **11** emotionless, indifferent, insensitive **12** unresponsive **13** disinterested

apathy **6** torpor **8** coldness, dullness, lethargy, obduracy, stoicism **9** aloofness, disregard, inertness, lassitude, passivity, stolidity, torpidity, unconcern **10** detachment, dispassion **11** callousness, disinterest, impassivity **12** heedlessness, indifference, listlessness **13** insensibility, insensitivity

ape **4** copy, mime, mock **5** mimic **6** baboon, bonobo, gibbon, monkey, parody, pongid, simian **7** copycat, emulate, gorilla, imitate, siamang, take off **8** simulate, travesty **9** burlesque, orangutan **10** anthropoid, caricature, chimpanzee **11** impersonate

aperçu **5** brief **6** digest, précis, sketch, survey **7** insight, outline **8** syllabus **10** compendium, impression

aperitif **4** whet **5** drink **8** cocktail **9** appetizer

aperture **3** gap **4** hole, vent **6** outlet **7** opening, orifice, pinhole

apery **7** mimicry **9** imitation

apex **3** cap, tip, top **4** acme, cusp, peak, roof **5** crest, crown, limit, point **6** apogee, climax, summit, vertex, zenith **8** capstone, pinnacle, ultimate **9** crescendo, sublimity **11** culmination, ne plus ultra **12** quintessence

aphorism **3** saw **4** rule **5** adage, axiom, maxim, moral **6** dictum, saying, truism **7** precept, proverb **8** apothegm

aphrodisiac **6** erotic **7** amative, amatory, amorous, lustful **8** excitant **10** passionate

Aphrodite ***Roman counterpart:*** **5** Venus ***consort:*** **4** Ares **6** Vulcan **10** Hephaestus ***father:*** **4** Zeus **7** Jupiter ***goddess of:*** **4** love ***mother:*** **5** Dione ***son:*** **4** Eros **6** Aeneas **7** Priapus
apiarist **9** beekeeper
apical **3** top **7** highest, topmost **8** loftiest **9** uppermost
apiculture **10** beekeeping
apiece **3** per **4** a pop, each **6** singly, to each **7** for each **8** one by one **9** per capita, severally **10** separately **12** individually, respectively
apish **5** phony, silly **7** slavish **8** affected **9** emulative, imitative **10** artificial
aplenty **4** full **5** ample **6** galore, indeed **7** copious, greatly **8** abundant, very much **9** extremely
aplomb **4** ease **5** poise **6** polish **8** coolness, easiness **9** assurance, certainty, certitude, composure **10** confidence, equanimity **11** nonchalance, savoir faire **12** self-reliance **13** self-assurance
apocalypse **6** augury, oracle, vision **8** disaster, prophecy **10** Armageddon, prediction, revelation
apocalyptic **4** dire **5** awful **7** baleful, baneful, fateful, fearful, ominous **8** Delphian, dreadful, oracular, terrible **9** appalling, climactic, grandiose, prophetic **10** foreboding, predicting **11** foretelling, prophetical, threatening **12** inauspicious ***book:*** **10** Revelation **11** Revelations
apocryphal **5** false, wrong **6** untrue **7** dubious **8** doubtful, spurious **9** incorrect, ungenuine **10** ficticious, inaccurate, unverified **11** unauthentic **12** questionable
apogee **4** acme, apex, peak **6** climax, summit, zenith **8** capstone, meridian, pinnacle **9** high point **11** culmination
Apollo **6** Helios **7** Phoebus ***beloved:*** **6** Cyrene, Daphne **8** Calliope ***birthplace:*** **5** Delos ***father:*** **4** Zeus **7** Jupiter ***mother:*** **4** Leto **6** Latona ***oracle:*** **6** Delphi ***sister:*** **5** Diana **7** Artemis ***son:*** **3** Ion **7** Orpheus ***temple:*** **6** Delphi
apologetic **5** sorry **6** rueful **8** contrite, penitent **9** regretful, repentant **10** remorseful **11** penitential **12** compunctious
apologia **4** plea **6** excuse, reason **7** defense **8** argument **11** elucidation, explanation **13** clarification, justification
apologize **5** atone **6** lament, regret, repent **7** confess **9** beg pardon **10** make amends
apologue **4** myth, tale **5** fable, story **7** parable **8** allegory
apology **4** plea **6** amends, excuse **7** redress, regrets **8** mea culpa **9** admission, makeshift **10** concession, confession
apostasy **7** perfidy **9** defection, desertion, disavowal, falseness, rejection **11** abandonment, repudiation **12** disaffection, renunciation
apostate **7** heretic, traitor **8** defector, deserter, recreant, renegade, turncoat **9** turnabout
apostatize **4** turn **6** defect, desert **7** abandon, forsake, sell out **8** renounce **9** repudiate
a posteriori **9** inductive
apostle **4** John, Jude, Paul **5** James, Judas, Peter, Silas, Simon **6** Andrew, Philip, Thomas **7** Matthew **8** Barnabas, disciple, follower, Matthias, preacher **9** missioner **10** colporteur, evangelist, missionary **11** Bartholomew **12** propagandist ***of Germany:*** **8** Boniface ***of Ireland:*** **7** Patrick ***of the English:*** **9** Augustine ***of the French:*** **5** Denis ***of the Gauls:*** **8** Irenaeus ***of the Gentiles:*** **4** Paul ***of the Goths:*** **7** Ulfilas ***to the Indians:*** **9** John Eliot
apothecary **7** chemist **8** druggist, pharmacy **9** drugstore **10** pharmacist
apothegm see APHORISM
apotheosis **6** height **7** epitome **8** exemplar, last word, ultimate **9** archetype, elevation **10** embodiment, exaltation **11** deification, ennoblement, idolization, lionization **12** enshrinement, quintessence **13** glorification
appall **3** awe **4** faze **5** alarm, shake, shock **6** dismay **7** horrify, outrage, overawe, perturb **8** confound, distress **10** disconcert **11** consternate
appalled **6** aghast **11** dumbfounded
appalling **5** awful **6** horrid **7** fearful **8** daunting, dreadful, horrible, horrific, shocking, terrible **9** atrocious, dismaying, frightful, loathsome **10** disgusting, formidable, horrifying
appanage **5** grant, right **7** adjunct **8** property **9** endowment, privilege **10** birthright, perquisite **11** prerogative
apparatus **4** gear, tool **5** gizmo **6** device, outfit, tackle **7** utensil **8** matériel, tackling **9** equipment, implement, machinery **10** instrument **11** contraption, habiliments **13** accouterments, accoutrements, paraphernalia
apparel **4** clad, duds, garb, gear, robe, suit, togs **5** adorn, array, dress, getup, habit **6** attire, clothe, outfit **7** clothes, costume, garment, raiment, threads **8** clothing, enclothe, glad rags, vestment **9** embellish **11** habiliments

apparent 5 clear, plain 6 patent 7 evident, obvious, seeming, visible 8 distinct, manifest, palpable 9 succedent 10 noticeable, observable 11 discernible, perceivable, unambiguous, unequivocal 12 successional

apparition 5 ghost, shade, umbra 6 shadow, spirit, vision, wraith 7 phantom, specter 8 illusion, phantasm 10 appearance, phenomenon 13 hallucination

appeal 3 ask, beg, bid 4 call, lure, plea, pray, pull, suit, urge 5 apply, brace, charm, crave, plead 6 accuse, allure, charge, excite, invoke, sue for 7 attract, beseech, entreat, glamour, implore, request 8 call upon, charisma, entreaty, interest, intrigue, petition 9 fascinate, importune, magnetism, seduction 10 allurement, attraction, supplicate 11 application, fascination, imploration 12 drawing power, solicitation, supplication

appealing 8 alluring, charming, pleading, pleasant, pleasing 9 agreeable, imploring 10 attracting, attractive, bewitching, enchanting, entreating 11 captivating, fascinating

appear 4 come, look, loom, rise, seem, show 5 arise, issue, occur, sound 6 arrive, emerge, show up 7 be clear, emanate 8 look like, resemble 9 be evident, come forth 10 be manifest 11 materialize

appearance 3 air 4 face, form, look, mien, pose, show 5 debut, dress, front, guise, image 6 advent, aspect, facade, manner 7 arrival, bearing, display, seeming 8 attitude, demeanor, illusion 9 semblance 10 impression, occurrence, simulacrum 11 countenance 13 manifestation

appease 4 calm, ease 5 allay, quiet 6 buy off, pacify, soothe 7 assuage, concede, content, gratify, mollify, placate, relieve, satisfy, sweeten 10 conciliate, propitiate

appellation 4 name 5 brand, label, nomen, style, title 7 moniker 8 cognomen 10 identifier 11 designation 12 denomination

append 3 add 5 add on, affix, annex, tag on 6 adjoin, attach, tack on 7 subjoin 10 supplement

appendage 3 arm, fin, leg, tab, tag 4 barb, flap, horn, limb, seta, tail, wing 5 extra 6 cercus, member 7 adjunct, antenna, elytron, stipule 8 pedipalp, pendicle, tentacle 9 accessory, auxiliary, extremity 10 attachment, collateral, incidental, projection, supplement 12 appurtenance, nonessential, protuberance

appendix 5 notes, rider 7 adjunct, codicil 8 addendum, addition 9 accessory, appendage 10 attachment, supplement 12 appurtenance

apperception 5 grasp 9 awareness 10 cognizance 11 realization, recognition 12 apprehension, assimilation 13 comprehension, introspection, understanding

appertain 4 bear 5 apply, refer 6 bear on, belong, relate 8 bear upon 10 be relevant 11 be connected, be pertinent

appetence 3 yen 5 taste 6 desire, hunger, relish, thirst 7 craving, longing, stomach 8 fondness

appetent 4 agog, avid, keen 5 eager 6 ardent 7 anxious, craving, lusting, thirsty 8 desirous, yearning 9 impatient 10 breathless

appetite 3 yen 4 bent, itch, lust, urge 5 taste 6 desire, hunger, liking, relish 7 craving, leaning, longing, passion, stomach 8 cupidity, fondness, gluttony, penchant, soft spot, voracity, weakness, yearning 9 hankering 10 preference, proclivity, propensity 11 inclination

appetizer 4 whet 5 snack 6 canapé, savory, tidbit 8 aperitif, cocktail, stimulus 9 antipasto 11 hors d'oeuvre

appetizing 5 tasty 6 savory 8 saporous, tempting 9 agreeable, appealing, aperitive, flavorful, palatable, relishing, toothsome 10 delectable, flavorsome 11 tantalizing 13 mouth-watering

applaud 4 clap, hail, laud, root 5 bravo, cheer, extol 6 praise, rise to 7 acclaim, approve, commend 9 recommend 10 compliment

applause 4 hand 5 round 6 bravos, cheers, praise 7 acclaim, hurrahs, ovation, rooting 8 accolade, approval, cheering, clapping, plaudits 11 acclamation 12 commendation

apple 4 crab, Fuji, Gala, pome 6 Empire, pippin, russet 7 Baldwin, costard, Duchess, Winesap 8 Braeburn, Cortland, greening, Jonagold, Jonathan, McIntosh 9 Delicious 10 Rome Beauty 11 Granny Smith, Gravenstein, Northern Spy, Transparent ***dessert:*** 5 crisp ***juice:*** 5 cider

applejack 5 cider 6 brandy, liquor 8 calvados 9 hard cider

apple knocker see R

apple-polish 4 fawn 5 toady 6 kowtow 7 cater to, flatter, honey up, truckle 8 butter up 10 curry favor, ingratiate

apple-polisher 5 toady 6 yes-man

8 bootlick, groveler, lickspit 9 flatterer, sycophant 11 lickspittle

applesauce 5 hooey 6 bunkum 7 baloney, rubbish, twaddle 8 malarkey, nonsense 9 poppycock

appliance 6 device 7 utensil 9 implement 10 instrument 11 application ***kitchen:*** 4 oven 5 mixer, range, stove 6 fridge 7 blender, toaster 9 can opener, microwave 10 dishwasher 12 refrigerator

applicability 3 use 7 account, fitness, utility 9 advantage, relevance 10 usefulness

applicable 3 apt, fit 4 just, meet 5 ad rem 6 seemly, suited, useful 7 apropos, fitting, germane 8 apposite, material, relevant, suitable 9 befitting, pertinent 10 felicitous 11 appropriate

applicant 6 seeker 7 hopeful 8 aspirant, inquirer 9 candidate, job-hunter, job-seeker

application 3 use 4 form, heed, plea, suit 5 study 6 appeal, debate, effort, letter 7 request 8 entreaty, exercise, exertion, industry, petition 9 assiduity, attention, diligence, operation, treatment 10 dedication, employment 11 requisition, utilization 12 solicitation 13 concentration, consideration

appliqué 5 decal

apply 3 dab, use 4 bend, give, turn, urge 5 press, refer 6 accost, affect, appeal, assign, bear on, bestow, devote, direct, employ, engage, handle, relate, resort, take on 7 address, beseech, concern, entreat, execute, implore, involve, pertain, utilize 8 approach, bear upon, exercise, petition, set about 9 appertain, implement, importune, undertake 10 administer, buckle down

appoint 3 arm, fix, rig, set, tap 4 gear, name 5 equip 6 assign, decide, fit out, outfit, supply 7 dress up, furbish, furnish, provide, turn out 8 accouter, accoutre, accredit, delegate, nominate 9 authorize, designate, determine, embellish, provision 10 commission

appointment 3 job 4 date, meet, post, spot 5 berth, place, tryst 6 billet, choice, office 7 meeting 8 election, position 9 equipment, selection, situation 10 assignment, connection, engagement, rendezvous 11 arrangement, assignation, designation

appointments 7 fitting 8 equipage 9 equipment, trappings 12 furnishings 13 accouterments, accoutrements

apportion 3 cut, lot 4 give, mete, part 5 allot, allow, cut up, divvy, quota, serve, share, slice, split 6 assign, bestow, divide, parcel, ration 7 deal out, dish out, divvy up, dole out, measure, mete out, prorate, split up 8 allocate, dispense, separate, share out 9 admeasure, partition 10 administer, distribute

apportionment 3 cut, lot 4 part 5 piece, quota, share, slice, split 6 ration 7 measure, quantum 9 allotment, allowance 10 allocation, assignment

apposite 3 apt 4 just 5 ad rem 6 proper, suited, timely 7 apropos, fitting, germane, right on 8 material, on target, relevant, suitable 9 pertinent 10 applicable 11 appropriate

appositeness 7 aptness, fitness 9 relevance 10 pertinence, timeliness 11 suitability

appraisal 5 stock 6 rating, survey 7 pricing 8 estimate, judgment 9 valuation 10 assessment, estimation, evaluation

appraise 3 eye, fix, set 4 rate, size 5 assay, audit, gauge, judge, price, set at, value 6 assess, figure, size up, survey 7 adjudge, examine, inspect, measure, valuate 8 estimate, evaluate, look over 9 calculate, figure out

appreciable 5 clear, plain 6 marked 7 evident, obvious 8 apparent, clear-cut, concrete, manifest, material, palpable, sensible, tangible 10 detectable, measurable, noticeable, observable 11 discernible, perceptible, substantial 12 considerable

appreciate 4 gain, go up, grow, know, like, love, rise 5 enjoy, grasp, judge, prize, savor, value 6 admire, esteem, fathom, regard, relish 7 apprize, cherish, cognize, enhance, improve, inflate, realize, respect 8 evaluate, increase, treasure 9 apprehend, delight in, recognize 10 comprehend, understand

appreciation 4 gain, rise 6 growth, regard, thanks 7 tribute 8 increase, judgment 9 awareness, gratitude, inflation 10 evaluation, perception 11 recognition, sensitivity, testimonial 12 gratefulness

apprehend 3 dig, get, nab, see 4 bust, fear, grab, know, nail, read, take, twig 5 catch, grasp, pinch, run in, seize, sense 6 absorb, accept, arrest, collar, detain, digest, divine, fathom, pick up, take in, wise up 7 capture, catch on, cognize, compass, foresee, make out, preknow, previse, realize 8 conceive 9 penetrate, recognize, visualize 10 anticipate, appreciate, understand

apprehensible 5 clear, lucid, plain 7 evident, obvious 8 distinct, explicit, knowable, luminous **9** graspable **10** fathomable

apprehension **3** ken **4** care, fear, idea **5** alarm, angst, dread, grasp, pinch, worry **6** arrest, notion, pickup, unease **7** anxiety, capture, concern, seizure, thought **8** disquiet, judgment **9** agitation, awareness, detention, knowledge, misgiving, suspicion **10** conception, foreboding, perception, solicitude, uneasiness **11** disquietude, premonition **13** comprehension, understanding

apprehensive **5** alive, awake, aware, sharp **6** afraid, astute, scared, uneasy **7** anxious, fearful, knowing, worried **8** sensible, sentient, troubled **9** cognizant, conscious, observant, sensitive **10** discerning, disquieted, insightful, perceptive

apprentice **4** bind, tyro **5** pupil, serve **6** novice, rookie **7** learner, starter, student, trainee, work for **8** beginner, freshman, neophyte, newcomer **9** novitiate **10** tenderfoot

apprenticed **5** bound **7** obliged, pledged **8** articled **9** obligated **10** indentured

apprise **4** clue, post, tell, warn **6** advise, clue in, fill in, impart, inform, notify, reveal, wise up **7** let know **8** acquaint, announce, describe, disclose **9** make known **11** communicate

apprize **5** value **6** admire, esteem, regard, relish **7** cherish **8** hold dear, treasure **10** appreciate, rate highly

approach **4** near, nigh **5** reach, rival, touch, verge **6** access, advise, amount, avenue, border, gain on **7** address, advance, apply to, attempt, consult, descent, request **8** come up to, draw near, endeavor, overture **9** come close **11** approximate

approachable **7** affable **8** friendly, sociable **9** agreeable, congenial, reachable, receptive **10** accessible, attainable

approaching **6** coming **7** nearing **8** expected, imminent, oncoming, upcoming **11** forthcoming

approbate **4** back, like **5** favor **6** accept, assent, praise **7** applaud, approve, commend, consent, endorse, support **8** sanction **9** recommend **11** countenance

approbation **3** nod **4** okay **5** favor **6** esteem, praise **7** acclaim, consent, support **8** applause, approval, sanction **10** admiration, permission **11** endorsement, recognition **12** commendation

appropriate **3** apt, cop, due, fit **4** grab, just, lift, meet, take, true **5** allot, annex, claim, exact, filch, grasp, pinch, right, seize, steal, swipe, usurp **6** assign, assume, budget, devote, pilfer, proper, snatch, snitch, timely, useful, worthy **7** apropos, desired, earmark, fitting, germane, merited, preempt, purloin **8** accroach, apposite, arrogate, deserved, eligible, entitled, relevant, rightful, set apart, set aside, suitable **9** befitting, opportune, pertinent, requisite **10** acceptable, admissible, applicable, commandeer, compatible, confiscate, convenient, felicitous, seasonable

appropriately **4** well **5** amply, aptly, right **8** properly, suitably **9** fittingly **10** acceptably, adequately, becomingly

appropriateness **3** use **5** order **7** account, aptness, fitness, service, utility **8** meetness **9** advantage, propriety, relevance, rightness **10** expediency, usefulness **13** applicability

appropriation **5** grant **7** funding, stipend, subsidy **9** allotment, allowance **10** allocation, assignment, earmarking, subvention

approval **4** okay **5** favor, leave **6** assent **7** consent, go-ahead, license, support **8** applause, blessing, sanction, suffrage **10** acceptance, compliment, green light, permission **11** approbation, benediction, concurrence, endorsement **12** commendation, ratification **13** authorization, confirmation

approve **4** okay **5** clear, favor, go for **6** accept, back up, praise, ratify, uphold **7** applaud, certify, commend, condone, confirm, endorse, initial, mandate, stand by, support, sustain **8** accredit, hold with, sanction **9** approbate, authorize, encourage **10** compliment **11** countenance

approximate **4** near **5** close, rough, touch **6** almost **7** similar, verge on **8** approach, come near **10** resembling **11** comparative

approximately **4** most, nigh **5** about, circa **6** all but, almost, nearly **7** close to **8** well-nigh **9** just about, very close **11** practically

approximation **8** likeness, nearness **9** closeness **10** similarity **11** resemblance

appurtenance **7** adjunct **8** addition, appendix, ornament **9** accessory, apparatus, appendage **10** attachment **11** furnishings **13** accompaniment

appurtenant **5** extra **8** adjuvant **9** accessory, ancillary, auxiliary **10** additional, collateral, subsidiary **11** subordinate, subservient **12** accompanying, contributory

a priori **8** provable, reasoned **9** deducible, deductive, derivable, inferable **11** inferential, presumptive

apron 5 stage 6 shield 7 garment 8 pinafore 9 extension

apropos 3 apt 4 as to, in re, meet 5 about, ad rem, anent, aptly, as for 6 proper, timely 7 fitting, germane, related 8 apposite, material, pointful, relevant, suitable, suitably, touching 9 as regards, opportune, pertinent, regarding 10 applicable, as respects, concerning, relevantly, respecting, seasonably 11 applicative, applicatory, bearing upon, in respect to, opportunely, pertinently 13 with respect to

apt 3 fit 4 just 5 alert, given, prone, quick, ready, savvy, smart 6 bright, clever, liable, likely, prompt, proper 7 apropos, fitting, germane, tending 8 apposite, disposed, inclined, relevant, suitable 9 befitting, pertinent, qualified 10 felicitous, responsive 11 appropriate, intelligent

aptitude 4 bent, gift 5 flair, knack, savvy 6 genius, liking, talent 7 ability, faculty, fitness 8 capacity, tendency 10 capability, cleverness, proclivity, propensity 11 disposition, inclination, suitability 12 predilection

aptness 4 bent, gift 5 flair, knack, skill 6 genius, talent 7 ability, faculty, fitness 8 tendency 9 propriety, readiness 10 capability, cleverness, expediency, likelihood 11 inclination, suitability 12 intelligence

aquanaut 5 diver 10 scuba diver

aqua vitae 4 grog 5 booze, drink, hooch 6 liquor, tipple 7 alcohol, spirits

aqueduct 5 canal 6 course 7 channel, conduit, passage 8 waterway 11 watercourse

aqueous 5 fluid 6 liquid, watery 9 liquefied

Aquila 13 constellation ***representation:*** 5 eagle ***star:*** 6 Altair

Aquitaine 7 Guienne ***queen:*** 7 Eleanor

aquiver 5 shaky 7 quaking, shaking, trembly 9 shivering, trembling, tremulant, tremulous

Arab ***chief:*** 4 emir 5 sheik 6 sheikh, sultan ***country:*** 4 Iraq, Oman 5 Egypt, Libya, Qatar, Sudan, Syria, Yemen 6 Jordan, Kuwait 7 Algeria, Bahrain, Lebanon, Morocco, Tunisia 11 Saudi Arabia

arable 7 fertile 8 fruitful, tillable 10 cultivable, productive

Arachne ***father:*** 5 Idmon ***form:*** 6 spider ***mother:*** 6 Cyrene ***rival:*** 6 Athena 7 Minerva

arachnid 4 mite, tick 6 acarus, spider 8 scorpion 9 arthropod, phalangid, tarantula 10 harvestman 13 daddy longlegs

arbiter 5 judge 6 expert, umpire 7 referee 8 mediator 9 authority, moderator 11 adjudicator

arbitrary 4 rash 6 chance, random 7 erratic, offhand, wayward, willful 8 fanciful, heedless 9 frivolous, impetuous, whimsical 10 capricious, subjective 10 irrational 12 unreasonable 13 discretionary

arbitrate 5 judge 6 settle, umpire 7 adjudge, mediate, referee 9 intervene 10 adjudicate 12 intermediate

arbitrator 5 judge 6 umpire 7 referee, settler 8 mediator 9 moderator 11 adjudicator

arbor 4 axle, beam 5 bower, frame, shaft 7 pergola, shelter, spindle

arc 3 bow, lob 4 arch, bend, path 5 curve, round 7 rainbow 9 curvation, curvature 11 measurement, progression

arcade 6 arches 7 gallery 10 passageway

arcadia 4 Eden, Zion 6 heaven, utopia 7 Elysium, nirvana 8 paradise 9 fairyland, Shangri-la 10 wonderland 12 promised land

arcane 6 hidden, mystic, occult, opaque, secret 7 obscure, unknown 8 esoteric 9 recondite 10 cabalistic, mysterious, unknowable 11 inscrutable 12 impenetrable 13 unaccountable

Arcas ***father:*** 4 Zeus 7 Jupiter ***mother:*** 8 Callisto

arch 3 bow, coy, sly 4 bend, hump, pert 5 curve, fresh, saucy, vault 6 camber, cheeky, impish 7 playful, roguish, waggish 8 flippant, malapert 9 curvature 10 coquettish 11 mischievous ***inner curve:*** 8 intrados ***kind:*** 4 ogee 5 ogive, round, Tudor 6 lancet 7 rampart, trefoil 9 horseshoe, primitive, segmental 10 shouldered 11 equilateral ***outer curve:*** 8 extrados ***part:*** 6 impost 8 keystone, springer, voussoir

archaeological site ***Africa:*** 8 Zimbabwe 13 Great Zimbabwe ***Britain:*** 7 Avebury 9 Skara Brae, Sutton Hoo 10 Stonehenge ***Cambodia:*** 6 Angkor 9 Angkor Wat ***Crete:*** 7 Knossos ***Egypt:*** 4 Giza 5 Luxor 6 Abydos, Karnak, Naqada, Thebes 7 Memphis 9 El-Bahnasa 11 Oxyrhynchus ***Greece:*** 6 Delphi 7 Mycenae, Olympia ***Guatemala:*** 5 Tikal ***Honduras:*** 5 Copán ***Indonesia*** 9 Borobudur ***Iran:*** 10 Persepolis ***Iraq:*** 4 Isin, Nuzi 6 Nimrud 7 Babylon, Nineveh, Samarra ***Israel:*** 7 Jericho ***Italy:*** 7 Pompeii 11 Herculaneum ***Lebanon:*** 6 Byblos 7 Baalbek ***Mexico:*** 5 Mitla, Tulum, Uxmal 8 Palenque 10 Monte

Albán **11** Chichén Itzá ***Peru:*** **11** Machu Picchu ***Syria:*** **7** Palmyra ***Tunisia:*** **8** Carthage, Kairouan ***Turkey:*** **4** Troy **6** Knidos **8** Hisarlik, Pergamon **9** Hissarlik ***Uzbekistan:*** **9** Samarkand

archaeologist **4** Dart (Raymond) **5** Evans (Arthur) **6** Carter (Howard), Childe (V. Gordon), Kidder (Alfred), Petrie (Flinders) **7** Thomsen (Christian), Woolley (Leonard), Worsaae (Jens) **8** Breasted (James Henry), Goodyear (William) **10** Schliemann (Heinrich) **11** Champollion (Jean-François), Winckelmann (Johann)

archaic **3** old **5** dated, olden, passé **6** bygone **7** ancient, antique **8** obsolete, outdated **9** out-of-date, primitive, unevolved **10** antiquated **11** undeveloped **12** old-fashioned

archangel **5** Uriel **7** Gabriel, Michael, Raphael

arched **4** bent **5** bowed, round **6** curved **7** curving, rounded

archer **4** Tell (William) **5** Cupid **6** bowman **9** Robin Hood **11** Sagittarius

archery **9** toxophily

archetypal **5** ideal, model **7** classic, perfect, typical **9** classical, exemplary **10** consummate **12** paradigmatic, prototypical

archetype **4** idea **5** ideal, model **6** mirror **7** epitome, essence, example, pattern **8** exemplar, original, paradigm, standard **9** beau ideal, prototype **10** apotheosis, embodiment, protoplast **12** quintessence

archfiend **5** demon, devil, Satan **6** diablo **7** Lucifer

Archimedes **5** Greek **8** inventor ***cry:*** **6** eureka ***discovery:*** **5** screw **8** buoyancy **9** principle **11** water raiser

archipelago ***Asian:*** **5** Malay ***Canada:*** **6** Arctic ***Japan:*** **4** Goto **9** Gotoretto ***Norway:*** **11** Spitsbergen ***Papua New Guinea:*** **8** Bismarck **9** Louisiade ***Philippines:*** **4** Sulu ***off Scotland:*** **7** Orcades, Orkneys ***United States:*** **9** Alexander

architect **5** maker **7** creator **8** designer, inventor **9** generator **10** originator ***American:*** **3** Pei (I. M.) **4** Hood (Raymond), Kahn (Louis) **5** Gehry (Frank), McKim (Charles), Meier (Richard), Roche (Kevin), Stone (Edward Durell), Weese (Harry), White (Stanford) **6** Breuer (Marcel), Fuller (Buckminster), Graves (Michael), Morgan (Julia), Neutra (Richard), Rogers (Isaiah), Soleri (Paolo), Upjohn (Richard), Walter (Thomas), Warren (William), Wright (Frank Lloyd) **7** Burnham (Daniel), Gilbert (Cass), Johnson (Philip), Latrobe (Benjamin), Olmsted (Frederick Law), Renwick (James), Sturgis (John Hubbard), Venturi (Robert) **8** Bulfinch (Charles), Saarinen (Eero, Eliel), Sullivan (Louis), Thornton (William), Yamasaki (Minoru) **10** Richardson (Henry Hobson) ***Austrian:*** **4** Loos (Adolf) **6** Wagner (Otto) ***Brazilian:*** **8** Niemeyer (Oscar) ***Canadian:*** **6** Safdie (Moshe) ***Dutch:*** **8** Rietveld (Gerrit) ***English:*** **4** Nash (John), Shaw (Richard), Wood (John), Wren (Christopher) **5** Jones (Inigo), Scott (George Gilbert), Wyatt (James) **6** Foster (Norman), Rogers (Richard), Street (George Edmund), Voysey (Charles) **7** Lutyens (Edwin) **8** Vanbrugh (John) ***Finnish:*** **5** Aalto (Alvar) **8** Saarinen (Eero, Eliel) ***French:*** **6** Perret (Auguste) **7** Garnier (Tony), L'Enfant (Pierre-Charles) **11** Le Corbusier **12** Viollet-le-Duc (Eugène) ***German:*** **8** Schinkel (Karl) **10** Mendelsohn (Erich) ***German-American:*** **7** Gropius (Walter) ***Israeli:*** **6** Safdie (Moshe) ***Italian:*** **5** Nervi (Pier Luigi) **6** Romano (Giulio), Soleri (Paolo) **7** Alberti (Leon Battista), Bernini (Gian Lorenzo), da Vinci (Leonardo), Orcagna, Peruzzi (Baldassare), Raphael, Vignola (Giacomo da) **8** Bramante (Donato), Leonardo (da Vinci), Palladio (Andrea), Sangallo (Giuliano da), Terragni (Giuseppe) **9** Borromini (Francesco), Sansovino (Jacopo) **12** Michelangelo ***Japanese:*** **5** Tange (Kenzo) ***Roman:*** **9** Vitruvius ***Scottish:*** **10** Mackintosh (Charles Rennie) ***Spanish:*** **5** Gaudí (Antonio) ***Swedish:*** **7** Asplund (Erik Gunnar)

architecture **6** design, makeup **9** formation **11** composition **12** constitution, construction ***ornament:*** **4** boss, fret **5** gutta **6** finial, volute **7** cabling, console, crocket, diglyph **8** triglyph, vignette **9** arabesque, modillion ***style:*** **5** Doric, Ionic, Tudor **6** Gothic, Norman, Rococo **7** Baroque **8** Colonial, Georgian **9** Byzantine, Victorian **10** Corinthian, Romanesque

archive **4** file **6** record **7** collect, history, library, records **8** document, register **9** chronicle **10** collection, repository

archon **10** magistrate

arctic **3** icy **4** cold **5** chill, gelid **6** chilly, frigid, frosty, wintry **7** glacial, numbing **8** freezing, hibernal **11** hyperborean ***animal:*** **3** auk, fox **4** bear, hare, seal, vole **5** sable, whale **6** ermine, marten **7** caribou, lemming **8** reindeer **9** polar bear, ptarmigan ***base:*** **4** Etah **5** Thule **6** Barrow **11** Point Barrow ***bird:*** **3** auk

cetacean: **7** narwhal ***current:*** **8** Labrador ***dog:*** **5** husky **7** Samoyed **8** malamute ***explorer:*** **4** Byrd (Richard), Cook (Frederick) **5** Bylot (Robert), Davis (John), Peary (Robert) **6** Baffin (William), Bering (Vitus), Henson (Matthew), Hudson (Henry), Nansen (Fridtjof), Nobile (Umberto) **7** Barents (Willem), Bennett (Floyd), Wilkins (George), Wrangel (Ferdinand) **8** Amundsen (Roald) **9** Ellsworth (Lincoln), Mackenzie (Alexander), MacMillan (Donald) **10** Stefansson (Vilhjalmus) ***forest:*** **5** taiga ***jacket:*** **5** parka **6** anorak ***people:*** **4** Lapp **5** Aleut, Inuit, Yakut **6** Eskimo, Tungus **7** Chukchi, Samoyed ***sea:*** **4** Kara **6** Laptev **7** Barents, Chukchi **8** Beaufort ***transport:*** **7** dogsled ***treeless plains:*** **6** tundra

ardent **3** hot **4** agog, avid, keen, true **5** eager, fiery, loyal **6** fervid, fierce, heated, intent, red-hot, strong, torrid **7** blazing, burning, devoted, earnest, fervent, flaming, glowing, intense, shining, staunch, zealous **8** constant, desirous, faithful, powerful, resolute, sizzling, vehement, white-hot **9** allegiant, impatient, impetuous, impulsive, perfervid, scorching, steadfast **10** breathless, hot-blooded, passionate **11** impassioned **12** enthusiastic

ardor **4** fire, heat, zeal, zest, zing **5** gusto, verve, vigor **6** energy, fealty, fervor, spirit, warmth **7** avidity, loyalty, passion **8** devotion, fidelity **9** eagerness, intensity, vehemence **10** allegiance, enthusiasm, excitement **12** faithfulness

arduous **4** hard **5** harsh, rough, sheer, steep, tight, tough **6** severe, taxing, tiring, trying, uphill **7** labored **8** grueling, rigorous, toilsome **9** difficult, effortful, gruelling, laborious, punishing, strenuous **10** formidable **11** precipitate, precipitous

area **4** belt, turf, zone **5** field, place, range, realm, scene, space, tract **6** domain, locale, region, sector, sphere **7** expanse, stretch **8** district, locality, province, vicinity **9** bailiwick, territory **12** neighborhood ***unit:*** **4** acre **7** hectare

arena **5** field, scene, stage **6** sphere **7** stadium, theater **8** activity, building, coliseum, province **10** hippodrome **12** amphitheater

Ares ***Roman counterpart:*** **4** Mars ***consort:*** **9** Aphrodite ***father:*** **4** Zeus ***mother:*** **4** Enyo, Hera ***sister:*** **4** Eris ***son:*** **5** Remus **7** Romulus

arête **5** crest, ridge

Arethusa **5** nymph **6** spring **9** wood nymph ***pursuer:*** **7** Alpheus

argent **6** silver **7** silvern, silvery **9** whiteness

Argentina ***capital:*** **11** Buenos Aires ***city:*** **6** Paraná **7** Córdoba, La Plata, Rosario, Santa Fe **11** Mar del Plata ***desert:*** **9** Patagonia ***language:*** **7** Spanish ***leader:*** **5** Perón (Juan) ***monetary unit:*** **4** peso ***mountain, range:*** **5** Andes **9** Aconcagua ***neighbor:*** **5** Chile **6** Brazil **7** Bolivia, Uruguay **8** Paraguay ***plain:*** **6** Pampas ***river:*** **5** Plata (Río de la) **6** Paraná **8** Colorado **12** Río de la Plata ***volcano:*** **5** Maipo **9** Tupungato

Arges **7** Cyclops ***brother:*** **7** Brontes **8** Steropes ***father:*** **6** Uranus ***mother:*** **4** Gaea

Argonaut **4** hero **10** adventurer **13** paper nautilus ***leader:*** **5** Jason

argosy **4** ship **5** fleet **6** armada, supply **8** flotilla

argot **4** cant **5** idiom, lingo, slang **6** jargon, patois, patter **7** dialect **10** vernacular

arguable **4** moot **7** dubious **8** doubtful **9** debatable, in dispute, uncertain **10** disputable **11** contestable, problematic **12** questionable

argue **5** claim, clash, prove **6** assert, attest, bicker, debate, differ, induce, object, reason **7** agitate, canvass, contend, discuss, dispute, dissent, justify, protest, quarrel, quibble, stickle, testify, witness, wrangle **8** announce, conflict, consider, disagree, indicate, maintain, persuade, polemize, squabble **9** thrash out **10** polemicize **11** expostulate, remonstrate

argument **3** row **4** case, feud, flap, fuss **5** claim, proof, set-to, theme, topic **6** debate, dustup, hassle, motive, reason, rumpus, thesis **7** defense, dispute, polemic, sorites, subject, summary, wrangle **8** abstract, evidence, rebuttal **9** amplitude, assertion, discourse **10** contention, discussion, dissension, squabbling **11** controversy, disputation, embroilment **12** disagreement

argumentation **6** debate **7** dispute, oratory **8** forensic, rhetoric **9** dialectic, reasoning **10** discussion **11** controversy, disputation

argumentative **4** moot **9** in dispute, litigious, polemical **11** contentious, quarrelsome **12** disputatious, questionable **13** controversial

Argus ***father:*** **4** Zeus ***mother:*** **5** Niobe ***slayer:*** **6** Hermes

Argus-eyed **5** alert **9** all-seeing

argyle **4** sock **6** design **7** diamond, pattern **8** Campbell

aria 3 air, lay 4 hymn, lied, solo, song, tune 5 ditty 6 melody 7 descant
Ariadne *father:* 5 Minos *husband:* 7 Theseus *island home:* 5 Naxos *mother:* 8 Pasiphaë
arid 3 dry 4 drab, dull, sere 5 dusty, vapid 6 barren, boring, desert, dreary, jejune 7 bone-dry, insipid, parched, sterile, tedious, thirsty 8 droughty, lifeless, weariful 9 dryasdust, infertile, unwatered, waterless, wearisome 10 lackluster, spiritless, unfruitful 12 moistureless 13 uninteresting
Ariel 6 spirit *master:* 8 Prospero
Aries 3 ram 13 constellation
aright 4 well 5 fitly 6 justly, nicely 8 decently, properly 9 correctly, fittingly, precisely 10 accurately, decorously
Ariosto epic 14 Orlando Furioso
arise 4 go up, lift, soar, wake 5 awake, begin, get up, issue, mount, occur, start 6 appear, ascend, aspire, come up, crop up, emerge, spring, uprear, wake up 7 emanate, proceed 8 commence 9 originate
Aristaeus *father:* 6 Apollo *mother:* 6 Cyrene *son:* 7 Actaeon *wife:* 7 Autonoe
aristocracy 5 elite, state 6 gentry, jet set 7 who's who 8 nobility, noblesse 9 beau monde, blue blood, gentility, haut monde 10 government, patricians, patriciate, upper class, upper crust
aristocrat 9 blue blood, gentleman, patrician *ancient Greek:* 8 eupatrid *Russian:* 5 boyar 6 boyard
aristocratic 5 aloof, elite, noble 6 lordly 7 courtly, elegant, genteel, haughty, refined, stately 8 highborn, well-born, well-bred 9 dignified, exclusive, patrician 10 privileged, upper-class, upper-crust 11 blue-blooded
Aristophanes play 5 Birds (The), Frogs (The), Wasps (The) 6 Clouds (The), Plutus
arithmetic 4 math 8 addition, counting, figuring 9 ciphering, reckoning 10 estimation 11 calculation, computation, mathematics
Arizona *capital:* 7 Phoenix *city:* 4 Mesa, Yuma 5 Tempe 6 Bisbee, Sedona, Tucson 8 Glendale, Prescott 9 Flagstaff 10 Scottsdale *mountain:* 9 Humphreys (Peak) *nickname:* 11 Grand Canyon (State) *park:* 15 Petrified Forest *river:* 4 Gila, Salt 8 Colorado *state bird:* 10 cactus wren *state flower:* 7 saguaro (cactus) *state tree:* 9 palo verde
ark 3 den 4 ship 5 chest, haven 6 adytum, asylum, refuge 7 convent, retreat, shelter 8 hideaway 9 safe house, sanctuary 10 repository, Torah chest *landfall:* 6 Ararat *wood:* 6 gopher 7 cypress
Arkansas *capital:* 10 Little Rock *city:* 4 Hope 9 Fort Smith, Pine Bluff 10 Hot Springs 11 Bentonville 12 Fayetteville *mountain, range:* 5 Ozark 8 Magazine *nickname:* 17 Land of Opportunity *river:* 3 Red 8 Arkansas *state bird:* 11 mockingbird *state flower:* 12 apple blossom *state tree:* 12 loblolly pine
arm 3 bay, ell, gun, rig 4 cove, gear, gulf, wing 5 annex, bayou, equip, firth, force, inlet, power 6 fit out, harbor, muscle, outfit, slough, weapon 7 appoint, furnish, turn out 8 accouter, strength 9 extension *bone:* 4 ulna 6 radius 7 humerus *combining form:* 6 brachi 7 brachio *muscle:* 6 biceps 7 triceps
armada 4 navy 5 boats, fleet, force, group, ships 7 vessels 8 flotilla, warships
armadillo *relative:* 5 sloth 8 anteater
armament 4 arms 5 armor 6 weapon 7 defense 8 ordnance, security, weaponry 9 munitions, safeguard 10 ammunition, protection
armamentarium 4 fund 5 stock, store 6 supply 9 inventory
armchair 6 remote 8 fauteuil 9 vicarious 11 theoretical
armed forces 4 army, navy 6 troops 8 air force, military 10 servicemen
Armenia *capital:* 7 Yerevan *city:* 6 Gyumri 8 Vanadzor *lake:* 5 Sevan *monetary unit:* 4 dram *mountain, range:* 7 Aragats 8 Caucasus *neighbor:* 4 Iran 6 Turkey 7 Georgia 10 Azerbaijan *river:* 5 Araks
armistice 5 truce 9 agreement, cease-fire 10 suspension
armor 4 mail 5 aegis, cover, guard 6 shield 7 buckler 8 security 9 safeguard 10 protection *arm:* 8 brassard *body:* 7 cuirass *armpit:* 8 pallette *buttocks:* 5 culet *coat:* 7 hauberk 10 brigandine *face:* 5 visor 6 beaver *flexible:* 4 mail *foot:* 8 solleret *hand:* 7 gantlet 8 gauntlet *head:* 6 helmet *horse:* 4 bard 5 barde 8 chamfron *leg:* 6 greave 7 jambeau *mail:* 4 coif 7 hauberk *suit:* 7 panoply *thigh:* 5 tasse 6 tuille *throat:* 6 gorget
armory 4 dump 5 depot, plant, range, store 7 arsenal, factory 8 magazine 10 collection, storehouse
armpit 6 axilla 8 underarm *Scottish:* 5 oxter
arms 7 ensigns, warfare 8 weaponry
army 4 host 5 flock, horde 6 legion 7 militia 9 multitude *combat arm:*

5 armor 8 infantry 9 artillery ***commission:*** 6 brevet 7 reserve ***Fort:*** 3 Dix, Lee, Ord 4 Drum, Hood, Knox, Myer, Polk, Sill 5 Bliss, Bragg, Irwin, Lewis, McCoy, Meade, Riley, Story 6 Carson, Eustis, Gillem, Gordon, Greely, McNair, Monroe, Rucker 7 Belvoir, Benning, Detrick, Jackson, Ritchie, Shafter, Stewart 8 Buchanan, Campbell, Hamilton, Holabird, Huachuca, Monmouth 9 McClellan, McPherson 10 Richardson, Sam Houston, Wainwright 11 Leavenworth ***mascot:*** 4 mule ***meal:*** 4 chow, mess ***mine layer:*** 6 sapper ***NCO:*** 8 corporal, sergeant ***officer:*** 5 major 7 captain, colonel, general, warrant 10 lieutenant ***post:*** 4 base, camp, fort ***postal abbreviation:*** 3 APO ***relating to:*** 7 martial 8 military ***school:*** 3 OCS, OTS 7 academy 9 West Point ***store:*** 10 commissary 12 post exchange ***unit:*** 5 corps, squad, troop 7 brigade, cavalry, company, platoon 8 division, regiment 9 battalion ***vehicle:*** 4 jeep, tank 6 Abrams, Humvee 7 Bradley 9 half-track

aroma 4 balm, odor 5 scent, smell, spice 6 flavor 7 bouquet, incense, perfume 9 fragrance, redolence

aromatic 5 balmy, spicy, sweet 6 savory 7 odorous, perfumy, pungent, scented 8 fragrant, perfumed, redolent 9 ambrosial

around 4 near, nigh 5 about, circa 6 nearby 7 through ***prefix:*** 4 ambi, peri 5 amphi 6 circum

around-the-clock 8 constant, unending 9 ceaseless, continual, incessant, perpetual, unceasing 10 continuous 11 unremitting 13 uninterrupted

arouse 4 fire, stir, wake, whet 5 alert, awake, pique, rally, waken 6 awaken, bestir, excite, fire up, foment, incite, kindle, work up 7 agitate, inflame 9 challenge, stimulate

arraign 3 tax, try 5 blame 6 accuse, charge, indict, summon 9 criminate, inculpate 11 incriminate

arrange 4 plan, sort 5 adapt, array, chart, order, score, unify 6 assort, codify, design, devise, lay out, line up, map out, scheme, set out, settle 7 dispose, marshal, prepare, work out 8 organize, sequence 9 blueprint, harmonize, integrate, methodize 10 bring about, categorize, instrument, symphonize, synthesize 11 choreograph, orchestrate, systematize

arrangement 5 array, order, setup 6 format, layout, lineup, series 8 grouping, ordering, sequence 9 structure 10 adaptation 11 disposition 12 distribution ***floral:*** 4 posy 7 bouquet, garland

arrant 4 rank 5 gross, total, utter 6 brassy, brazen 7 blatant, extreme, flat-out 8 absolute, complete, impudent, infernal, overbold 9 barefaced, downright, egregious, out-and-out, shameless, unabashed 10 immoderate, unblushing

arras 6 screen 7 drapery 8 curtains, tapestry

array 3 lot 4 clad, garb, pomp, show 5 adorn, batch, bunch, clump, dress, group, order 6 attire, bundle, clothe, draw up, finery, lineup, parade 7 apparel, arrange, cluster, display, dispose, garment, marshal, militia, panoply, raiment, variety 8 clothing, decorate, enclothe, organize, spectrum 9 formation 10 assortment 11 systematize

arrears 3 due 4 debt 5 claim, debit 7 deficit 9 liability 10 balance due, obligation 12 indebtedness

arrest 3 nab, tab, tag 4 bust, grab, halt, hold, jail, slow, snag, stay, stem, stop 5 block, catch, check, pinch, run in, seize, stall 6 collar, detain, haul in, lock up, pick up, pull in, retard, take in 7 capture, contain, seizure 8 imprison, obstruct, restrain 9 apprehend, detention, interrupt 11 incarcerate 12 apprehension

arresting 6 marked, signal 7 salient 8 striking 9 affective, appealing, prominent 10 attractive, compelling, enchanting, impressive, noticeable, remarkable 11 conspicuous, eye-catching, outstanding

arrival 6 advent, coming 7 landing, success 8 entrance, incoming 9 emergence 10 appearance

arrive 4 come, land, show 5 get in, get to, reach 6 appear, show up, thrive, turn up 7 prosper, succeed 8 flourish

arriviste 7 parvenu, upstart 8 roturier 12 nouveau riche

arrogance 3 ego 4 airs, gall 5 brass, cheek, pride 6 hubris 7 conceit, disdain, hauteur 8 self-love 9 loftiness 11 haughtiness

arrogant 5 cocky, proud 6 lordly, snooty 7 haughty, pompous 8 cavalier, fastuous, insolent, superior 9 egotistic 10 disdainful, high-handed, peremptory 11 domineering, magisterial, overbearing 12 supercilious 13 high-and-mighty, self-important

arrogate 4 grab, take 5 annex, claim, seize, usurp 6 assume, demand 7 ascribe, preempt 8 accroach, take over **9** sequester **10** commandeer, confiscate **11** appropriate, expropriate

arrow **4** dart **5** shaft ***poison:*** **4** inée, upas **6** curare

arrowroot **5** plant, tuber **6** starch **7** coontie

Arrowsmith's wife **5** Leora

arroyo **3** gap **4** draw **5** brook, chasm, cleft, clove, creek, gorge, gulch, gully **6** coulee, ravine **7** channel **11** watercourse

arsenal **4** dump **5** depot, stock, store **6** armory, supply **7** factory, weapons **8** magazine, ordnance **9** stockpile **10** depository, repertoire, repository, storehouse

arson **6** firing **8** torching **9** pyromania **12** incendiarism

arsonist **5** firer, torch **7** firebug **10** incendiary

art **5** craft, skill **6** métier **7** finesse, know-how **8** artifice, painting, vocation **9** dexterity, expertise, sculpture **10** handicraft ***faddish:*** **6** kitsch ***style:*** **3** pop **4** dada **6** cubist, rococo **7** fauvist, realist, surreal **8** abstract, futurist **9** classical **10** naturalist, surrealist **12** naturalistic, surrealistic **13** expressionist, impressionist

art deco **5** style **6** design ***designer:*** **4** Erté

Artemis ***Roman counterpart:*** **5** Diana ***birthplace:*** **5** Delos ***brother:*** **6** Apollo ***father:*** **4** Zeus ***mother:*** **4** Leto ***priestess:*** **9** Iphigenia

artery **3** way **4** duct, line, path, road, tube **5** aorta, track **6** avenue, course, street, vessel **7** carotid, channel, conduit, highway, passage, pathway **8** coronary **9** boulevard **12** thoroughfare

artful **3** sly **4** foxy, wily **5** adept, sharp, slick, smart, suave **6** adroit, astute, clever, crafty, shrewd, smooth, tricky **7** cunning **8** guileful, skillful **9** dexterous, ingenious **10** artificial, diplomatic

arthropod **3** bee, fly **4** crab, mite, moth, tick **6** beetle, insect, shrimp, spider **7** lobster **8** arachnid, barnacle, diplopod, myriapod, scorpion **9** butterfly, centipede, cockroach, millipede, trilobite **10** crustacean ***body segment:*** **6** somite, telson **8** metamere

Arthur see KING ARTHUR

article **3** the **4** bind, item, part **5** essay, paper, piece, point, theme, thing **6** matter, object **7** element, feature, passage, section **10** particular **11** composition, stipulation

articled **5** bound **10** indentured

articulate **3** say **4** join, link, oral, talk **5** clear, hinge, joint, lucid, shape, speak, state, utter, vocal, voice **6** couple, fluent, prolix, relate, spoken, voiced **7** connect, express, jointed **8** coherent, definite, distinct, eloquent, vocalize **9** effective, enunciate, harmonize, integrate, pronounce, verbalize **10** coordinate, expressive **11** concatenate **12** intelligible, smooth-spoken

artifact **5** curio, relic **6** legacy, rarity, trophy **7** remnant, spin-off, vestige **8** creation, heirloom **9** by-product, handcraft, handiwork **10** handicraft **11** contrivance, fabrication

artifice **4** play, ploy, ruse, wile **5** craft, feint, guile, skill, trick **6** deceit, device, gambit **7** cunning, slyness **8** facility, foxiness, trickery, wiliness **9** adeptness, canniness, chicanery, duplicity, ingenuity, stratagem **10** adroitness, artfulness, cleverness, craftiness

artificial **4** fake, faux, mock, sham **5** bogus, dummy, faked, false, phony, put-on **6** ersatz, forced, hollow, unreal **7** assumed, feigned, in vitro, labored, man-made, plastic, pretend **8** affected, mannered, spurious **9** contrived, imitation, insincere, simulated, synthetic, unnatural **10** fabricated, factitious, fictitious, substitute

artillery **4** arms **5** canon, force **6** rocket **7** battery, bazooka, gunnery, weapons **8** cannonry, howitzer, ordnance, weaponry **9** munitions

artisan **6** worker **7** builder, workman **8** producer **9** carpenter, craftsman **12** craftsperson

artist **7** painter **8** sculptor, virtuoso ***garb:*** **5** smock ***knife:*** **7** spatula ***medium:*** **3** oil **5** paint **6** pastel **7** tempera **8** charcoal **10** watercolor ***pigment board:*** **7** palette ***stand:*** **5** easel ***workshop:*** **6** studio **7** atelier (see also PAINTER)

artless **4** free, open, pure, true **5** crude, naive, plain **6** direct, honest, simple **7** genuine, natural, sincere, unaware **8** trusting **9** childlike, guileless, ingenuous, unstudied **10** aboveboard, forthright, unaffected, uncultured, unschooled **12** unartificial, unsuspicious

arty **5** showy **6** pseudo **8** affected, imposing **9** overblown **11** pretentious **12** high-sounding

Aruba ***capital:*** **10** Oranjestad ***language:*** **5** Dutch **10** Papiamento ***monetary unit:*** **6** florin ***part of:*** **11** Netherlands

as **3** for, who **4** coin, like, that, when **5** being, since, which, while **6** though **7** because **11** considering, for instance

___ as a pin **4** neat

as a rule **6** mainly, mostly **7** usually

8 commonly **9** generally **10** frequently, ordinarily

Ascanius **5** Iulus ***father:*** **6** Aeneas

ascend **4** go up, lift, rise, soar **5** arise, climb, crest, mount, scale **6** aspire, move up, occupy **7** lift off, take off **8** escalade, escalate, surmount

ascendancy **4** rule **5** power, reign **7** command, control, mastery **8** dominion **9** authority, dominance, influence, supremacy **10** domination, prepotency **11** preeminence, sovereignty **13** preponderance

ascendant **6** master, rising **7** regnant **8** ancestor, dominant, forebear, relative, superior **9** paramount, precursor, prevalent, sovereign **10** commanding, forefather, forerunner, prevailing, progenitor **11** controlling, overbearing, predecessor, predominant, predominate **12** preponderant, primogenitor

ascension **4** rise **6** rising **7** going up, scaling **8** climbing, mounting

ascent **4** ramp, rise **5** climb, grade, slope **6** rising **7** advance, incline **8** gradient, progress **9** acclivity, elevation, uplifting

ascertain **5** learn **7** catch on, find out, unearth **8** discover, make sure **9** determine, establish, figure out

ascetic **5** stoic **6** hermit, severe **7** austere, eremite, recluse **9** abstinent, anchoress, anchorite, mortified **10** abstemious, astringent, forbearing, restrained **11** disciplined, self-denying ***ancient Hebrew:*** **6** Essene ***Buddhist:*** **5** bonze ***early Christian:*** **7** stylite ***Hindu:*** **4** yogi **5** fakir, Yogin

Asclepius see AESCULAPIUS

ascribe **3** lay **4** cite **5** infer, refer **6** assign, charge, credit, impute **8** accredit **9** attribute, reference **10** conjecture

Asenath ***husband:*** **6** Joseph ***son:*** **7** Ephraim **8** Manasseh

aseptic **4** cool, flat **5** clean **7** sterile **8** germ-free, hygienic, sanitary **9** unfeeling **10** restrained, sterilized **11** emotionless, unemotional

asexual **6** agamic

as for **4** in re **5** about, anent **7** apropos **9** regarding **10** concerning, respecting **12** with regard to

as good as **4** nigh **6** all but, almost, nearly **8** in effect, well-nigh **9** basically, in essence, just about, virtually **11** essentially, practically

ash **4** soot, tree, wood **7** cinders, residue **8** clinkers

ashamed **6** abased, abject, guilty **7** abashed, humbled **8** contrite, penitent **9** chagrined, mortified, repentant **10** humiliated **11** discomfited, embarrassed

ashen **3** wan **4** gray, pale **5** faded, pasty, waxen **6** doughy, pallid, sallow, sickly **7** ghostly **8** blanched, bleached **9** bloodless, colorless **10** corpselike

Asher ***daughter:*** **5** Serah ***father:*** **5** Jacob ***mother:*** **6** Zilpah ***son:*** **4** Isui **6** Beriah, Ishuah, Jimnah

ashes **5** ruins **6** pallor **7** remains

ashy **3** wan **4** drab, pale **5** livid, waxen **6** doughy, leaden, pallid **7** ghastly, greyish **8** blanched **9** bloodless, colorless, washed-out **10** cadaverous

Asia ***country:*** **4** Laos **5** Burma, China, India, Japan, Korea, Nepal **6** Bhutan, Russia, Taiwan **7** Armenia, Georgia, Myanmar, Vietnam **8** Cambodia, Malaysia, Mongolia, Pakistan, Sri Lanka, Thailand **9** Indonesia, Kampuchea, Kazakstan, Singapore **10** Azerbaijan, Bangladesh, Kazakhstan, Kyrgyzstan, North Korea, South Korea, Tajikistan, Uzbekistan **11** Afghanistan, Philippines **12** Turkmenistan ***ethnic group:*** **3** Han, Lao, Tai **4** Arab, Kurd, Moor, Shan **5** Karen, Khmer, Malay, Tajik, Tamil, Uzbek **6** Burman, Lepcha, Manchu, Mongol, Sindhi **7** Baluchi, Bengali, Persian, Punjabi, Tibetan **8** Armenian, Assyrian, Javanese **9** Dravidian, Indo-Aryan, Sinhalese **10** Circassian, Montagnard, Singhalese ***language:*** **3** Lao **4** Urdu **5** Hindi, Malay, Tamil, Uzbek **6** Arabic, Bahasa, Korean, Nepali **7** Bengali, Burmese, Khalkha, Kurdish, Persian, Tibetan, Turkish **8** Armenian, Japanese, Javanese, Mandarin **9** Cambodian **10** Vietnamese

Asia Minor **8** Anatolia ***country:*** **6** Turkey

Asian inland sea **4** Aral

aside **4** away **5** apart **7** tangent **8** away from **9** in reserve, privately **10** digression, discursion **11** parenthesis

aside from **3** bar, but **4** save **6** bating, except **7** barring, besides **9** excepting, excluding, other than, outside of **11** exclusive of

Asimov, Isaac ***forte:*** **5** sci-fi ***work:*** **6** I Robot **9** Nightfall **10** Foundation (Trilogy) **14** Gods Themselves (The)

asinine **5** crazy, daffy, silly **6** absurd, simple **7** fatuous, foolish, idiotic, puerile, witless **8** mindless **9** brainless **10** irrational, ridiculous **11** nonsensical

ask **3** beg, bid **4** pray, quiz, seek **5** crave, exact, grill, plead, query **6** appeal, demand, desire, invite **7** beseech, call for, canvass, consult, enquire, entreat, examine, implore, inquire, request, require, solicit **8** petition, question **9** catechize, importune **10** supplicate **11** interrogate ***Scottish:*** **5** speer, speir

askance **8** sidelong, sideways **9** cynically, obliquely **10** critically, doubtfully, doubtingly, scornfully **11** skeptically **12** suspiciously **13** distrustfully, mistrustfully

asker **6** beggar, prayer, suitor **7** speaker **9** suppliant **10** petitioner, questioner, supplicant **11** supplicator

askew **4** awry **6** turned **8** cockeyed **9** crookedly

aslant **4** awry **5** askew **7** crooked **8** cockeyed, sideways, sidewise **9** obliquely

asleep **4** dead, idle, numb **5** inert **6** dozing, numbed **7** defunct, dormant, napping **8** benumbed, deadened, inactive, in repose, not alert, sluggish **9** senseless, unfeeling **10** insensible, slumbering, unanimated **11** indifferent, unconscious **12** anesthetized

as long as **3** for **5** since **6** seeing **7** because, whereas **10** inasmuch as **11** considering **12** provided that

as much as **6** all but, almost **8** well-nigh **11** essentially, practically

aspect **3** air **4** look, mien, side **5** angle, facet, phase, scene, slant **6** regard, status **7** bearing, seeming **8** exposure, position **9** direction **10** appearance **11** perspective

aspen **4** tree **6** poplar

asperity **5** rigor **8** acerbity, acrimony, grimness, hardness, hardship, mordancy, severity, tartness **9** harshness, roughness, sharpness **10** bitterness, difficulty, unevenness **12** irregularity, irritability

asperse **4** slur **5** libel, smear, sully **6** attack, defame, insult, malign, vilify **7** baptize, slander, tarnish, traduce **8** bad mouth, dishonor, sprinkle **9** denigrate, insinuate **10** calumniate

aspersion **4** muck, slam, slur **5** abuse **7** calumny, obloquy, slander **9** invective, stricture **10** defamation, detraction **11** denigration **12** vilification, vituperation **13** animadversion

asphalt **4** pave **7** bitumen, surface **8** blacktop, pavement

asphyxiate **4** kill **5** choke, drown **6** stifle **7** smother **8** strangle, throttle **9** suffocate

aspirant **6** seeker **7** hopeful, seeking **9** applicant, candidate, contender

aspiration **3** aim **4** goal, urge, wish **5** dream **6** desire, intent, object **7** craving, longing, passion, pursuit **8** ambition, striving, yearning **9** breathing, objective **10** pretension **13** ambitiousness

aspire **3** aim, try **4** long, pant, rise, seek, soar, want, wish **5** arise, mount, yearn **6** ascend, desire, hunger, strive, thirst

aspiring **7** longing, seeking, wanting, wishful **8** striving, vaulting, yearning **9** ambitious

as regards **4** in re **7** apropos **8** touching **10** concerning, respecting

ass **4** dolt, fool, jerk, moke, mule **5** burro, dunce, idiot **6** donkey, nitwit **8** bonehead, imbecile **10** nincompoop ***female:*** **5** jenny ***male:*** **4** jack ***wild Asian:*** **5** kiang **6** onager

assai **4** very

assail **4** bash, beat **5** abuse, beset, blast, pound, storm **6** attack, berate, buffet, charge, fall on, malign, oppugn, pummel, revile, strike, vilify **7** assault, bombard **8** fall upon, lambaste **9** break down

assassin **3** gun **5** bravo **6** gunman, hit man, killer **7** torpedo **8** murderer **9** cutthroat **10** hatchet man, triggerman ***of Caesar:*** **6** Brutus **7** Cassius ***of Garfield:*** **7** Guiteau (Charles Julius) ***of J. F. Kennedy:*** **6** Oswald (Lee Harvey) ***of M. L. King:*** **3** Ray (James Earl) ***of Lincoln:*** **5** Booth (John Wilkes) ***of Marat:*** **6** Corday (Charlotte) ***of McKinley:*** **8** Czolgosz (Leon) ***of R. F. Kennedy:*** **6** Sirhan (Sirhan)

assassinate **4** do in, kill, slay **6** finish, murder, rub out **7** bump off, execute, gun down, put away, take out **8** dispatch, knock off **9** eliminate, liquidate

assault **3** mug, war **4** raid **5** beset, fight, onset, set-to, storm **6** assail, attack, charge, fall on, strike, threat **7** aggress, besiege, mugging, offense **8** fall upon, invasion, storming **9** incursion, offensive, onslaught, violation **10** aggression

assay **3** try **4** rate, seek, test **5** judge, offer, prove, trial, value, weigh **6** assess, result, rating, strive, survey **7** analyze, attempt, examine, inspect, measure, valuate, venture **8** analysis, appraise, endeavor, estimate, evaluate, struggle **9** appraisal, undertake, valuation **10** assessment, evaluation, inspection, measurement **11** examination

assemblage **5** crowd, group **6** muster **7** company, turnout **8** audience **9** gathering **10** collection **11** aggregation, composition, convergence **12** congregation

assemble **4** call, form, make, mass, meet, mold **5** amass, build, clump, group, shape, unite **6** gather, muster, summon **7** cluster, collect, convene, convoke, fashion, marshal, produce, round up **8** congress, contrive **9** aggregate, forgather **10** accumulate, congregate **11** fit together, manufacture, put together **12** call together, come together **13** bring together

assembly **4** bevy **5** bunch, covey, crowd, flock, group, party, rally, set-up **6** muster, troupe **7** cluster, meeting **8** conclave **9** congeries, gathering **10** collection **11** association, fabrication, get-together, manufacture **12** congregation, construction ***American Indian:*** **6** powwow ***ancient Greek:*** **8** ecclesia ***ancient Roman:*** **7** comitia ***Anglo-Saxon:*** **4** moot **5** gemot **6** gemote **8** folkmoot, folkmote ***ecclesiastical:*** **5** synod **10** consistory ***legislative:*** **4** diet **6** senate **8** congress **10** parliament ***place:*** **4** hall, room **5** agora **10** auditorium ***Russian:*** **4** duma ***witches':*** **6** sabbat **7** sabbath

assent **3** nod, yes **4** okay **5** agree **6** accede, accord, concur, say yes **7** approve, consent, embrace **8** approval, sanction, thumbs-up **9** accession, acquiesce, admission, agreement, subscribe **10** acceptance, permission **11** affirmation, concurrence **12** acquiescence

assert **3** say **4** aver, avow **5** argue, claim, posit, state, utter, voice **6** adduce, affirm, allege, attest, avouch, defend, depose, insist, submit **7** advance, contend, declare, express, justify, profess, protest, publish, warrant **8** announce, maintain, proclaim **9** broadcast, postulate, predicate **10** promulgate

assertion **6** avowal **8** averment **9** affidavit, statement **10** allegation, avouchment, contention, deposition, disclosure, insistence, profession **11** affirmation, attestation, declaration **12** asseveration **13** pronouncement

assertive **4** firm, sure **5** pushy **6** strong **7** assured, certain, decided, pushing **8** cocksure, emphatic, forceful, positive **9** confident, energetic, insistent **10** aggressive, resounding **11** affirmative, distinctive, self-assured **13** self-confident

assess **3** fix, tax **4** deem, levy, rate **5** assay, exact, judge, put on, set at, value, weigh **6** charge, figure, impose, reckon, survey **7** account, compute, subject, valuate **8** appraise, consider, estimate, evaluate **9** determine

assessment **3** fee, tax **4** duty, levy, toll **6** charge, impost, rating, tariff **8** estimate, judgment **9** appraisal, valuation **10** estimation, evaluation **12** appraisement

asset **4** boon, good **5** merit **6** credit **7** benefit **8** blessing, resource **9** advantage **11** distinction ***opposite:*** **9** liability

assets **5** items, means, money **6** wealth **7** capital **8** bankroll, property **9** resources, valuables **11** possessions

asseverate **4** aver, avow **5** state **6** affirm, assert, attest, avouch, depose, insist **7** certify, contend, declare, profess **8** maintain, proclaim **9** pronounce

assiduous **4** busy **5** eager **6** active **7** moiling, zealous **8** diligent, sedulous, tireless **9** attentive, laborious **10** persistent, unflagging **11** hard-working, industrious **13** indefatigable

assiduously **4** hard **6** busily **9** earnestly, intensely **10** diligently, thoroughly **11** intensively **12** exhaustively, meticulously, persistently **13** painstakingly, unremittingly

assign **3** fix, lay, set **4** cede, deed, give, name **5** allot, allow, refer **6** charge, convey, credit, define, impute, remise, settle **7** appoint, ascribe, earmark, lay down, mete out, specify, station **8** accredit, allocate, delegate, make over, relegate, sign over, transfer **9** admeasure, apportion, attribute, designate, establish, prescribe **10** pigeonhole

assignation **4** date **5** tryst **7** meeting **9** allotment **10** engagement, rendezvous **11** appointment, get-together

assignee **5** agent, proxy **6** deputy, factor **7** officer **8** attorney, delegate

assignment **3** job **4** beat, duty, post, task, work **5** chore, stint **6** office **8** homework, position, transfer **9** allotment **10** allocation, delegation, obligation **11** designation

assimilate **5** adapt, adopt, grasp, learn, liken, match **6** absorb, adjust, digest, equate, imbibe, soak up, take in, take up **7** blend in, compare, conform **8** parallel **10** comprehend, understand **11** incorporate

assimilation **8** taking in **9** awareness **10** absorption, conversion **11** mindfulness, recognition **12** apperception **13** consciousness, incorporation

assist **3** aid **4** abet, back, help, lift **5** boost, do for, serve, stead **6** relief, succor **7** backing, benefit, comfort, help out, secours, service, support, work for **8** benefact, work with **9** cooperate, open doors

assistance **3** aid **4** hand, help, lift **5** boost **6** relief, succor **7** backing, benefit, comfort, secours, service, subsidy, support **8** abetment **9** upholding **10** subvention, supporting **11** cooperation

assistant **3** aid **4** aide, ally, help **5** aider **6** backer, backup, deputy, flunky, helper, second **7** acolyte, ancilla, orderly **8** adjutant, henchman **9** attendant, auxiliary, coadjutor **10** accomplice, aide-de-camp, coadjutant, lieutenant **12** right-hand man

assistive **6** aiding, useful **7** helpful **10** beneficial **11** serviceable

assize **3** law **4** rule, writ **5** canon, edict **6** decree **7** finding, inquest, precept, statute, verdict **8** standard **9** ordinance, prescript **10** regulation

associate **3** pal **4** ally, chum, join, link, mate, pair, yoke **5** blend, buddy, crony, group, match, merge, unite **6** cohort, comate, couple, fellow, friend, hobnob, relate, worker **7** bracket, combine, compeer, comrade, conjoin, connect, consort, partner **8** confrere, coworker, employee, familiar, federate, identify, intimate **9** affiliate, bedfellow, colleague, companion, copartner, secondary **10** accomplice, amalgamate, compatriot, complement **11** concomitant, confederate, correlative, counterpart, running mate, subordinate **12** acquaintance **13** accompaniment

association **3** tie **4** band, bloc, bond, clan, club, crew, hint **5** group, guild, order, tie-up, union **6** hookup, league **7** circuit, concert, linkage, linking, society **8** alliance, congress, overtone, relation, sodality, teamwork **9** coalition, undertone **10** conference, connection, federation, fellowship, fraternity, mental link, suggestion **11** affiliation, brotherhood, combination, conjunction, connotation, cooperation, implication, partnership **12** conjointment, organization, relationship, togetherness **13** collaboration

assort **5** class, group, order **6** codify, divide **7** arrange **8** classify, stratify **9** associate, designate, harmonize, methodize **10** categorize, distribute, pigeonhole **11** systematize

assorted **4** like **5** mixed **6** fitted, motley, suited, sundry, varied **7** adapted, diverse, matched, similar, various **9** different **11** diversified, conformable **12** conglomerate, multifarious **13** heterogeneous, miscellaneous

assortment **4** olio **5** array, group **6** choice, jumble, medley **7** mélange, mixture, variety **8** mishmash, mixed bag, pastiche **9** diversity, potpourri, selection **10** collection, hodgepodge, miscellany **11** gallimaufry

assuage **4** calm, cool, ease **5** allay, quiet **6** lessen, pacify, quench, reduce, soften, soothe, temper **7** appease, lighten, mollify, placate, relieve, sweeten **8** decrease, mitigate, moderate **9** alleviate **10** conciliate, propitiate

as such **5** per se **8** by itself **9** in essence, virtually **11** essentially **12** by definition **13** fundamentally, intrinsically

assumably **6** likely, surely **7** no doubt **8** probably **9** doubtless **10** most likely, presumably

assume **3** act, don **4** fake, sham, take **5** adopt, bluff, feign, put on, seize, usurp **6** affect, draw on, expect, reckon, slip on, take in, take on, take up **7** believe, imagine, preempt, premise, presume, pretend, receive, suppose, suspect **8** accroach, arrogate, shoulder, simulate, take over **9** undertake **10** commandeer, presuppose, understand **11** appropriate, counterfeit

assumed **4** fake, sham **5** bogus, false, put on, tacit **6** made-up, phoney **7** feigned **8** affected, delusory, putative, spurious, supposed **9** deceptive, pretended, simulated **10** artificial, fictitious

assumption **5** posit **6** belief, thesis **7** conceit, premise, seizure, surmise **8** takeover **9** arrogance, postulate **10** acceptance, arrogation, conjecture, pretension, usurpation **11** expectation, supposition, undertaking **13** appropriation

assurance **4** oath, word **5** nerve, troth **6** aplomb, parole, pledge, safety, surety **7** promise, support, warrant **8** audacity, boldness, safeness, security, sureness, temerity, warranty **9** assertion, brashness, certainty, certitude, cockiness, composure, guarantee, hardiness, self-trust **10** brazenness, confidence, conviction, equanimity, profession **11** affirmation, presumption

assure **4** aver **5** bet on, cinch, swear **6** affirm, attest, ensure, insure, pledge, secure, soothe **7** certify, comfort, confirm, promise, satisfy **8** convince, persuade **9** guarantee **11** make certain

assured **3** set **4** cool **5** fixed **6** secure **7** certain, decided, settled **8** clear-cut, composed, definite, positive, sanguine, **9** assertive, collected, confident, undoubted, unruffled **10** guaranteed, pronounced **11** beyond doubt, made certain, unflappable **13** imperturbable, self-confident, self-satisfied

assuredly **9** certainly, doubtless **10** positively **11** confidently, undoubtedly, without fail

assuredness **6** surety **9** certainty, certitude **10** confidence, conviction

Assyria ***capital:*** **5** Calah **7** Nineveh ***city:*** **5** Ashur, Assur ***god:*** **3** Sin **4** Nabu

5 Ashur, Nusku 6 Tammuz 7 Ninurta ***goddess:*** 6 Ishtar ***king:*** 3 Pul 6 Sargon 11 Sennacherib, Shalmaneser 12 Ashurbanipal ***language:*** 7 Aramaic ***queen:*** 9 Semiramis ***river:*** 6 Tigris ***writing:*** 9 cuneiform

asterisk 4 star 6 symbol 9 character

astern 3 aft 4 rear, tail 5 abaft 6 back of, behind 8 backward, rearmost, rearward

asteroid 5 Ceres

Asterope ***father:*** 5 Atlas ***mother:*** 7 Pleione ***sisters:*** 8 Pleiades

asthma 7 allergy 8 disorder

as to 4 in re 5 about, anent 7 apropos 9 regarding 10 concerning, respecting 11 according to

astonish 4 daze, stun 5 amaze, floor, shock 7 astound, stagger, startle, stupefy 8 blow away, bowl over, confound, dumfound, surprise 9 dumbfound, take aback 11 flabbergast

astonishing 7 amazing 8 stunning, wondrous 9 marvelous, startling, wonderful 10 astounding, miraculous, prodigious, staggering, stupendous, surprising 11 spectacular 12 breathtaking

astonishment 3 awe 5 shock 6 wonder 8 surprise 9 amazement, confusion 10 perplexity, wonderment 12 bewilderment, stupefaction 13 consternation

astound 4 daze, stun 5 amaze, shock 7 confuse 8 astonish, bewilder, confound, dumfound, surprise 9 dumbfound, overwhelm, take aback 11 flabbergast

Astraea ***father:*** 4 Zeus 7 Jupiter ***mother:*** 6 Themis

astral 6 dreamy, starry 7 exalted, highest, stellar 8 elevated, sidereal 9 celestial, top-drawer, unworldly, visionary 10 top-ranking 11 high-ranking 12 otherworldly

astray 4 awry 5 amiss, badly, wrong 6 adrift, afield 7 in error 9 off course

astride 8 bridging, spanning 10 on each side, straddling

astringent 4 acid, keen 5 acerb, acrid, harsh, sharp, stern 6 biting, bitter, severe, strict 7 acerbic, ascetic, austere, caustic, cutting, puckery, pungent, styptic 8 incisive, stinging 10 irritating 11 contracting 12 constrictive

astrolabe successor 7 sextant

astrologer 5 Dixon (Jeane), Faust 9 stargazer, Zoroaster 11 horoscopist, Nostradamus

astrological aspect 5 trine 7 sextile 8 quartile 10 opposition 11 conjunction

astronaut 4 Ride (Sally) 5 Glenn (John), White (Edward), Young (John) 6 Aldrin (Edwin), Cooper (Gordon), Lovell (James), Worden (Alfred) 7 Bluford (Guion), Collins (Michael), Gagarin (Yuri), Grissom (Gus), Jemison (Mae), Schirra (Walter), Shepard (Alan), Yegorov (Boris) 8 Stafford (Thomas) 9 Armstrong (Neil), Carpenter (Scott), McAuliffe (Christa) 10 Tereshkova (Valentina)

astronomer ***American:*** 3 See (Thomas Jefferson) 5 Sagan (Carl) 6 Hubble (Edwin), Lowell (Percival) 7 Langley (Samuel), Newcomb (Simon), Shapley (Harlow) 8 Bowditch (Nathaniel), Mitchell (Maria), Tombaugh (Clyde) 9 Pickering (Edward) 11 Schlesinger (Frank) ***Austrian:*** 13 Schwarzschild (Karl) ***Danish:*** 5 Brahe (Tycho) ***Dutch:*** 4 Oort (Jan Hendrik) 6 Sitter (Willem de) 7 Huygens (Christiaan) ***English:*** 4 Ryle (Martin), Wren (Christopher) 6 Halley (Edmond), Lovell (Bernard) 7 Lockyer (Joseph), Parsons (William) 8 Herschel (Caroline, John, William) ***French:*** 6 Picard (Jean) 7 Laplace (Pierre-Simon de), Messier (Charles) ***German:*** 4 Wolf (Maximilian) 5 Vogel (Hermann) 6 Kepler (Johannes), Müller (Johann), Struve (Otto) ***Greek:*** 12 Eratosthenes ***Italian:*** 7 Galileo (Galilei) 12 Schiaparelli (Giovanni) ***Persian:*** 11 Omar Khayyám ***Polish:*** 10 Copernicus (Nicolaus) ***Swedish:*** 7 Celsius (Anders) ***Swiss:*** 6 Zwicky (Fritz)

astute 3 sly 4 deep, foxy, keen, wily 5 cagey, canny, heady, quick, savvy, sharp 6 artful, clever, crafty, shrewd, tricky 7 cunning, knowing 8 guileful 9 insidious, sagacious 11 calculating 13 perspicacious

astuteness 3 wit 6 acumen 8 keenness, wiliness 9 canniness 10 craftiness, shrewdness 11 discernment, percipience 12 perspicacity

Astyanax ***father:*** 6 Hector ***mother:*** 10 Andromache

asunder 4 torn 5 apart, split 7 divided 9 into parts, separated

as usual 8 normally, wontedly 9 routinely 10 habitually, ordinarily 11 customarily 12 consistently

as well 3 and, too, yet 4 also, even, just, more, plus 7 besides, further 8 likewise, moreover 9 along with, including, similarly 10 in addition 11 furthermore 12 additionally

as well as 3 and 4 plus 7 besides 9 along with 11 not counting 12 in addition to, together with

as yet 5 so far, to now 7 earlier, thus far

8 hitherto, until now **10** to this time **12** to the present

asylum **4** home, port **5** cover, haven **6** covert, harbor, refuge **7** retreat, shelter **8** hospital, security **9** harborage, safe house, sanctuary **10** protection, sanatorium **11** institution

asymmetric **6** uneven **7** not even, unequal **8** lopsided **9** irregular **10** unbalanced **12** overbalanced

Atalanta ***husband:*** **8** Melanion ***suitor:*** **10** Hippomenes

at all **4** ever, once **6** anyway **7** anytime

atavism **9** reversion, throwback **10** recurrence

ataxia **5** chaos, snarl **6** huddle, muddle **7** clutter **8** disarray, disorder **9** confusion

atelier **6** studio **8** workroom, workshop

Athamas ***daughter:*** **5** Helle ***father:*** **6** Aeolus ***son:*** **7** Phrixos, Phrixus **8** Learchus ***wife:*** **3** Ino **7** Nephele

Athena ***Roman counterpart:*** **7** Minerva ***attribute:*** **3** owl **5** Aegis **7** serpent ***city:*** **6** Athens ***father:*** **4** Zeus ***names:*** **4** Nike **6** Pallas **9** Parthenos ***shield:*** **5** Aegis ***statue:*** **9** Palladium ***temple:*** **9** Parthenon

athenaeum **6** museum **7** library **8** archives **10** repository

Athens ***citadel:*** **9** Acropolis ***founder:*** **7** Cecrops ***last king:*** **6** Codrus ***marketplace:*** **5** agora ***rival:*** **6** Sparta ***senate:*** **5** boule ***temple:*** **9** Parthenon

athirst **4** avid, keen **5** eager **6** ardent **7** anxious **8** desiring, desirous, yearning **9** impatient

athlete **4** jock **5** sport **6** player **7** acrobat, gymnast, tumbler **9** sportsman **10** competitor **11** sportswoman

athlete's foot **8** ringworm **10** tinea pedis

athletic **6** brawny, robust, sinewy **8** sporting, vigorous **9** strapping, strenuous ***contest:*** **4** agon, game **5** match ***field:*** **4** oval, ring, rink **5** arena, court **7** diamond, stadium **8** gridiron ***prize:*** **3** cup **5** medal **6** trophy, wreath

athletics **5** games, races **6** events, sports **7** contest **8** exercise **9** exercises **10** gymnastics, recreation **12** calisthenics

athwart **4** over **5** cross **6** across, beyond **9** crossways, crosswise, opposed to **12** transversely

Atlanta's civic center **4** Omni

Atlas ***brother:*** **10** Prometheus ***daughter:*** **5** Hyads **6** Hyades **8** Pleiades **10** Atlantides ***father:*** **7** Iapetus ***mother:*** **7** Clymene ***race:*** **5** Titan ***wife:*** **7** Pleione

at last **7** finally

Atli ***wife (slayer):*** **6** Gudrun

atmosphere **3** air **4** aura, mood, tone **6** medium, milieu **7** ambient, climate, feeling, quality **8** ambiance, ambience **11** environment, mise-en-scène **12** surroundings ***stratum:*** **9** exosphere **10** ionosphere, mesosphere **11** chemosphere, ozonosphere, troposphere **12** stratosphere, thermosphere ***sun's:*** **12** chromosphere

atmospheric **4** airy **6** aerial **8** ethereal

atoll **6** island ***equatorial area:*** **5** Baker ***Indian Ocean:*** **4** Male ***Kiribati:*** **4** Beru ***Marshall Islands:*** **6** Bikini **8** Eniwetok ***Tuamotu:*** **4** Anaa **5** Chain ***Tuvalu:*** **8** Funafuti

atom **3** bit, jot **4** iota, mite, whit **5** minim, speck, touch, trace **6** tittle **7** modicum, smidgen **8** particle **9** scintilla ***charged:*** **3** ion **5** anion ***group:*** **7** radical

atomic particle **3** ion **4** beta, muon, pion **5** alpha, boson, meson **6** baryon, hadron, lepton, proton **7** fermion, hyperon, neutron, nucleon **8** electron, mesotron, neutrino, positron, thermion ***hypothetical:*** **5** quark **6** parton

atomize **4** nuke, ruin **5** smash, wreck **6** divide, rub out **7** break up, destroy, shatter **8** demolish, destruct, disperse, dynamite, fragment, nebulize **9** break down, devastate, pulverize **10** disconnect

at once **3** now **4** away, both **6** pronto **8** directly, first off, right now, together **9** forthwith, instantly, right away **11** immediately, straightway **12** concurrently, straightaway, without delay

atone **3** pay **6** redeem, repair, repent **7** correct, expiate, rectify, redress, satisfy **10** compensate, make amends, recompense

atoner **8** penitent

atop **4** upon

Atossa ***father:*** **5** Cyrus ***husband:*** **6** Darius **7** Smerdes **8** Cambyses ***son:*** **6** Xerxes

at random **5** about **6** anyhow **7** anywise **8** by chance **9** aimlessly, haphazard **10** carelessly **11** any which way, haphazardly **12** accidentally **13** helter-skelter

at rest **4** dead **5** still **8** inactive, lifeless, reposing, sleeping, tranquil, unmoving **9** quiescent **10** motionless, stationary, untroubled **11** trouble-free

Atreus ***brother:*** **8** Thyestes ***father:*** **6** Pelops ***mother:*** **10** Hippodamia ***slayer:*** **9** Aegisthus ***son:*** **8** Menelaus **9** Agamemnon **11** Pleisthenes ***victim:*** **11** Pleisthenes ***wife:*** **6** Aerope

atrocious **4** foul, vile **5** awful, cruel **6** brutal, horrid, odious, savage, wicked **7** heinous, noisome, obscene **8** barbaric, horrible, shocking, terrible

9 appalling, desperate, execrable, loathsome, monstrous, offensive, repulsive, revolting, sickening 10 abominable, despicable, detestable, disgusting, horrifying, outrageous, scandalous 12 contemptible

atrocity 4 evil 5 crime 6 horror, infamy 7 cruelty, outrage 8 enormity, savagery 9 barbarity, brutality 11 abomination, heinousness 13 monstrousness

atrophy 7 decline, wasting 9 decadence, waste away 10 devolution 11 declination 12 degeneration 13 deterioration

attach 3 add, fix, tie 4 bind, hook, link, take 5 affix, annex, latch, rivet, stick, unite 6 adhere, append, assign, fasten, secure 7 ascribe, connect 8 make fast 9 associate, attribute

attached 5 fixed 7 sessile

attachment 3 tie 4 bond, link, love 6 fealty 7 loyalty, seizure 8 addition, adhesion, devotion, fastener, fidelity, fondness 9 accessory, adherence, affection, connector, constancy 10 allegiance, connection 12 faithfulness

attack 4 bout, jump, raid, rush 5 beset, blitz, drive, fight, foray, onset, sally, siege, spasm, spell, storm, throe 6 access, ambush, assail, banzai, battle, charge, fall on, harass, have at, invade, irrupt, onrush, sortie, strike, tackle 7 aggress, assault, barrage, besiege, bombard, offense, seizure 8 fall upon, invasion, outbreak, paroxysm 9 beleaguer, incursion, offensive, onslaught, pugnacity 10 aggression, blitzkrieg

attain 3 get, win 4 gain 5 reach, score 6 arrive, come to, effect, make it, obtain, rack up 7 achieve, fulfill, pull off, realize, succeed 8 bring off, complete 10 accomplish

attainment 4 feat 6 finish 7 arrival 10 completion 11 achievement, acquirement, acquisition, fulfillment, realization

attempt 3 bid, try 4 seek, shot, stab 5 assay, crack, essay, offer, trial 6 attack, effort, strive, tackle 7 assault, venture 8 endeavor, striving, struggle 9 undertake 11 undertaking 12 make an effort

attend 3 aid, see 4 be at, go to, hear, heed, help, mark, mind, note 5 apply, catch, nurse, see to, serve, visit, watch 6 assist, convoy, doctor, drop in, escort, go with, listen, notice, show up, turn up, wait on 7 be there, care for, conduct, hearken, oversee, pay heed, work for 8 chaperon, stay with, wait upon 9 accompany, chaperone, companion, look after, supervise 11 concentrate

attendant 4 aide 5 valet 6 escort, helper, lackey 7 orderly, servant 9 ancillary, assistant 10 bridesmaid, coincident 11 chamberlain, concomitant 12 accompanying ***ancient Roman:*** 6 lictor ***in court:*** 7 bailiff 8 tipstaff

attendants 5 suite, train 7 cortege, retinue 9 entourage

attendee 4 goer

attention 4 care, heed, mark, note 5 study 6 notice, regard, remark 7 amenity, command, concern, respect, service, thought 8 civility, courtesy, industry, scrutiny 9 assiduity, awareness, deference, diligence, gallantry, spotlight, treatment 10 absorption, cognizance, observance, politeness 11 application, mindfulness, observation, sensibility 12 deliberation 13 concentration, consciousness, consideration

attention getter 4 ahem 5 gavel

attentive 4 kind 5 alert, awake, aware, civil 6 intent, polite 7 devoted, gallant, heedful, mindful 8 gracious, obliging, open-eyed 9 advertent, courteous, observant, regardful 10 interested, respectful, solicitous, thoughtful 11 considerate 13 concentrating

attenuate 3 sap 4 rare, slim, thin 5 abate, blunt, reedy 6 lessen, rarefy, shrink, slight, stalky, subtle, twiggy, weaken 7 cripple, deflate, disable, reduced, slender, squinny, subtile, tenuous, unbrace 8 contract, enfeeble, mitigate, rarefied, tapering, wiredraw 9 constrict, dissipate, undermine 10 become thin, become fine, become less, debilitate

attest 4 aver, show 5 argue, prove, swear, vouch 6 adjure, affirm, assert, verify 7 certify, confirm, declare, display, exhibit, point to, support, sustain, swear to, testify, warrant, witness 8 announce, indicate, manifest 9 establish 10 asseverate 11 bear witness, demonstrate 12 authenticate

attestation 5 proof 7 witness 8 evidence 9 testament, testimony 10 validation 11 declaration, testimonial 12 confirmation

attic 4 loft, room 6 garret 7 storage 8 cockloft

Attica 6 Greece ***division:*** 4 deme

at times 9 sometimes 10 now and then, on occasion 11 now and again 12 here and there, occasionally

attire 4 clad, duds, garb, gear, togs, wear 5 array, drape, dress, getup, habit, tog up 6 clothe, fit out, outfit 7 apparel, clothes, costume, garment, raiment, threads **8** clothing, garments, glad rags **11** habiliments

attitude **4** pose, view **5** angle, stand **6** manner, stance **7** bearing, mind-set, outlook, posture **8** carriage, demeanor, position, pretense **10** standpoint **11** inclination, perspective, point of view

attitudinize **4** mask, pose, sham **6** affect **7** pass for, pass off, posture, pretend, show off **10** masquerade

attorney **5** agent, proxy **6** deputy, factor, lawyer **7** counsel **8** advocate, assignee **9** barrister, counselor, solicitor **10** counsellor, legal eagle, mouthpiece

attract **4** draw, lure, wile **5** charm, court, tempt **6** allure, appeal, beckon, draw in, entice, invite, seduce **7** beguile, bewitch, enchant, solicit **8** appeal to, interest, intrigue, inveigle **9** captivate, fascinate, influence, magnetize

attraction **4** bait, call, draw, lure, pull **5** charm **6** allure, appeal, liking **8** affinity, cynosure, sympathy **9** affection, chemistry, magnetism, seduction **10** allurement **12** drawing power

attractive **4** cute, fair, sexy **5** bonny, dishy **6** comely, lovely, luring, pretty **7** Circean, likable, winsome **8** alluring, charming, engaging, enticing, fetching, handsome, inviting, magnetic, mesmeric, tempting **9** appealing, beauteous, beautiful, beckoning, glamorous, seductive **10** bewitching, enchanting **11** captivating, fascinating, good-looking, tantalizing **13** prepossessing

attractiveness **5** charm **6** appeal, beauty, glamor **7** glamour

attribute **3** lay **4** mark, sign **5** apply, facet, pin on, point, refer, trait **6** aspect, assign, charge, credit, emblem, impute, symbol, virtue **7** ascribe, connect, earmark, explain, feature, quality **8** accredit, classify, property **9** adjective, character, designate

attrition **3** rue **4** ruth, wear **6** sorrow **7** erosion, penance, remorse, rubbing, wearing **8** abrasion, friction, grinding **9** penitence, penitency, reduction, weakening **10** repentance **12** contriteness

attritional **5** sorry **6** rueful **8** contrite, penitent **9** regretful, repentant **10** apologetic, remorseful **11** penitential

attune **6** accord, adjust **7** balance, conform **9** harmonize, integrate, reconcile **10** coordinate, proportion **11** accommodate

atypical **3** odd **5** queer **7** deviant, strange, unusual **8** aberrant, abnormal, peculiar **9** anomalous, deviative, different, divergent, irregular, unnatural **11** exceptional, heteroclite, nonstandard **13** preternatural

auberge **3** inn **5** hotel, lodge **6** hostel, tavern **7** hospice **8** hostelry **9** roadhouse **11** caravansary, public house

Auber opera **10** Fra Diavolo

auburn **4** rust **5** henna **6** russet **8** chestnut **11** burnt sienna **12** reddish-brown

au courant **3** mod **4** up on **5** awake, aware, hep to, hip to, savvy **6** modern, modish, versed **7** abreast, current, in touch, knowing, stylish, versant, witting **8** familiar, informed, sentient, up-to-date **9** cognizant, conscious, plugged in **10** acquainted, conversant **11** fashionable **12** contemporary **13** up-to-the-minute

auction **4** sale, sell

audacious **4** bold, rash **5** brash, brave, cocky, risky, saucy **6** brazen, cheeky, daring **7** valiant **8** arrogant, fearless, impudent, insolent, intrepid, reckless, unafraid, uncurbed **9** daredevil, dauntless, foolhardy, shameless, undaunted, venturous **10** courageous, ungoverned, unhampered **11** adventurous, impertinent, temerarious, uninhibited, untrammeled, venturesome **12** unrestrained **13** adventuresome

audacity **4** gall **5** brass, cheek, moxie, nerve, spunk **6** mettle, spirit **7** courage **8** boldness, chutzpah, rashness, temerity **9** assurance, arrogance, brashness, cockiness, disregard, hardihood, hardiness, impudence, insolence **10** brazenness, effrontery **12** recklessness

audible **5** aural, clear, heard **8** distinct **9** auricular

audibly **5** aloud **7** aurally, clearly, out loud

audience **5** crowd, group, house **6** public **7** hearing, gallery, hearers, meeting **8** admirers, assembly, audition, devotees **9** clientele, following, gathering, interview, listeners **10** assemblage, spectators

audile see AUDITORY

audio **5** sound

audit **4** scan **5** check, probe **6** go over, report, review, survey, verify **7** analyze, balance, checkup, examine, inspect **8** analysis, scrutiny **10** inspection, scrutinize **11** examination **13** investigation

audition **4** test **5** trial **6** tryout **7** hearing, reading

auditor **8** examiner, listener **9** inspector **10** accountant, controller **11** comptroller

auditory **5** aural **8** acoustic

au fait **4** able **5** right **6** decent, proper,

versed **7** abreast, capable, correct, versant **8** becoming, decorous, familiar, informed, revelant **9** befitting, competent, qualified **10** acquainted, conforming, conversant, to the point

au fond 8 at bottom **9** basically, in essence **11** essentially **13** fundamentally

Augean 9 difficult **10** formidable **11** distasteful ***stable:*** **3** sty **4** sink **5** filth, Sodom **7** cesspit **8** cesspool

auger 3 bit **5** borer, drill, screw **6** gimlet, trepan, wimble **9** corkscrew

Auge's son 8 Telephus

aught 3 all, nil, nix, zip **4** nada, zero **5** zilch **6** cipher **7** nothing **8** anything, goose egg **10** everything

augment 3 wax **4** grow, hike, rise **5** add to, boost, build, exalt, mount, raise **6** beef up, expand, extend **7** build up, develop, enhance, enlarge, magnify **9** intensify, reinforce **8** compound, heighten, increase, multiply **10** aggrandize, supplement **11** make greater

augmentation 4 rise **5** annex, extra, raise **7** adjunct, buildup **8** addition, increase **9** accession, accretion, increment **10** complement, enrichment **11** enhancement, enlargement

augur 4 bode, seer **6** herald, oracle **7** betoken, diviner, portend, predict, presage, promise, prophet, suggest **8** forebode, forecast, foreshow, foretell, indicate, prophesy, soothsay **9** adumbrate, foretoken, harbinger, predictor, prefigure **10** forecaster, foreshadow, foreteller, prophesier, soothsayer, vaticinate **11** Nostradamus **13** prognosticate

augury 4 omen, sign **5** token **6** herald **7** auspice, portent, presage, warning **8** bodement, forecast, prophecy **9** foretoken, harbinger **10** divination, forerunner, prediction, prognostic **11** forewarning

august 5 grand, noble, regal **6** lordly **7** eminent, stately **8** baronial, imposing, majestic, princely, splendid **9** dignified, grandiose **11** magnificent

auk 5 alcid **7** seabird ***genus:*** **4** Alca

___ au lait 4 café

au naturel 3 raw **4** nude **5** naked, plain **6** unclad **8** stripped **9** unclothed, undressed **10** stark naked

aura 3 air **4** feel, glow, halo, mood, tone, vibe **5** aroma, vibes **6** nimbus **7** aureole, feeling, quality **8** ambience, mystique, radiance, stimulus **9** emanation, semblance, sensation **10** atmosphere

aural 6 audile **7** audible **8** acoustic, auditory **9** auricular

aureate 6 florid, golden **7** flowery, orotund **8** sonorous **9** bombastic, grandiose, overblown **10** euphuistic, rhetorical **11** declamatory **13** grandiloquent

aureole 4 aura, halo, ring **5** crown, light **6** circle, corona, nimbus **8** radiance

au revoir 4 by-by, ciao, ta-ta **5** adieu, adios **6** bye-bye, so long **7** good-bye **8** farewell **11** arrivederci

auricular see AURAL

Auriga star 7 Capella

aurora 4 dawn, morn **7** dawning, morning, sunrise **8** cockcrow, daybreak

Aurora ***Roman counterpart:*** **3** Eos ***goddess of:*** **4** dawn ***husband:*** **8** Tithonus ***son:*** **6** Memnon

auslander 5 alien **7** inconnu **8** outsider, stranger **9** foreigner

auspice 4 omen, sign **10** divination

auspices 5 aegis **6** charge **7** backing, support **8** guidance **9** influence, patronage **11** sponsorship, supervision

auspicious 5 lucky **6** bright, timely **7** hopeful **9** favorable, fortunate, opportune, promising, well-timed **10** prosperous **11** encouraging, propitious

Austen, Jane ***novel:*** **4** Emma **10** Persuasion **13** Mansfield Park **15** Northanger Abbey **17** Pride and Prejudice **19** Sense and Sensibility

Auster see NOTUS

austere 4 bare, cold, dour, firm, grim, hard **5** acrid, bleak, grave, harsh, plain, rigid, sharp, spare, stern **6** bitter, severe, simple, somber, strict **7** ascetic, serious, spartan **8** exacting **9** stringent, unadorned, unfeeling **10** astringent, restrained **11** self-denying

austerity 5 rigor **6** thrift **7** economy **8** acerbity, asperity, coldness, grimness, hardness, rigidity, severity **9** harshness, parsimony, privation, solemnity, spareness, sternness, stiffness **10** self-denial, simplicity, strictness, stringency **11** unadornment **13** self-restraint

Australia ***capital:*** **8** Canberra ***city:*** **5** Perth **6** Darwin, Sydney **8** Adelaide, Brisbane **9** Melbourne, Newcastle ***desert:*** **10** Great Sandy **13** Great Victoria ***ethnic group:*** **9** Aborigine ***island:*** **6** Fraser **8** Kangaroo, Melville, Tasmania ***lake:*** **4** Eyre ***monetary unit:*** **6** dollar ***mountain, range:*** **9** Ayers Rock **9** Kosciusko **13** Great Dividing ***reef:*** **12** Great Barrier ***river:*** **4** Swan **6** Murray **7** Darling **8** Flinders **11** Cooper Creek **12** Coopers Creek ***strait:*** **4** Bass **6** Torres

Austria ***capital:*** **6** Vienna ***city:*** **4** Graz, Linz **8** Salzburg **9** Innsbruck **10** Klagenfurt ***lake:*** **10** Neusiedler ***monetary unit:*** **4** euro ***mountain:*** **13** Grossglockner

mountain range: **4** Alps ***neighbor:*** **5** Italy **7** Croatia, Germany, Hungary **8** Slovakia, Slovenia **11** Switzerland **13** Czech Republic, Liechtenstein ***river:*** **3** Ems **6** Danube

autarchy see AUTOCRACY

autarkic **4** free **8** separate **9** sovereign **10** autonomous, self-ruling **11** independent, self-reliant **13** self-governing

autarky **7** freedom **8** autonomy **12** independence, self-reliance

authentic **4** real, true **5** legit, pukka, right, solid, sound, valid **6** actual, trusty **7** certain, factual, for real, genuine **8** accurate, bona fide, credible, faithful, reliable **9** undoubted, veritable **10** convincing, dependable, legitimate, sure-enough **11** indubitable, trustworthy **12** questionless

authenticate **5** prove, vouch **6** adduce, attest, verify **7** bear out, certify, confirm, justify, voucher, warrant **8** accredit, validate **11** corroborate **12** substantiate

author **5** maker **6** penman, scribe, writer **7** creator **8** inventor, novelist, prosaist **9** generator **10** originator ***American:*** **3** Bly (Robert), Fox (Paula), Nin (Anaïs), Poe (Edgar Allan), Tan (Amy) **4** Agee (James), Baum (L. Frank), Buck (Pearl S.), Cook (Robin), Dana (Richard Henry), Fast (Howard), Ford (Richard), Grey (Zane), Jong (Erica), King (Stephen), Mann (Thomas), Puzo (Mario), Rand (Ayn), Rice (Anne), Roth (Philip), Shaw (Irwin), Uris (Leon), West (Nathanael), Wouk (Herman) **5** Aiken (Conrad), Alger (Horatio), Banks (Russell), Barth (John), Benét (Stephen Vincent), Blume (Judy), Boyle (T. Coraghessan), Brown (Rita Mae), Clark (Mary Higgins), Crane (Hart, Stephen), Dunne (Dominick, John Gregory), Elkin (Stanley), Ellis (Bret Easton), Foote (Horton), Harte (Bret), Henry (O.), Jakes (John), James (Henry), Levin (Ira), Lewis (Sinclair), Lurie (Alison), Mason (Bobbie Ann), Oates (Joyce Carol), O'Hara (John), Ozick (Cynthia), Paine (Thomas), Paley (Grace), Potok (Chaim), Price (Reynolds, Richard), Steel (Danielle), Stein (Gertrude), Stone (Irving), Stout (Rex), Stowe (Harriet Beecher), Turow (Scott), Twain (Mark), Tyler (Anne), Vidal (Gore), Welty (Eudora), White (Edmund, E. B., T. H.), Wolfe (Thomas, Tom), Wylie (Elinor) **6** Alcott (Louisa May), Asimov (Isaac), Auster (Paul), Bellow (Saul), Berger (Thomas), Bierce (Ambrose), Bowles (Paul), Cabell (James Branch), Capote (Truman), Cather (Willa), Chopin (Kate), Clancy (Tom), Conroy (Pat), Cooper (James Fenimore), Dickey (James), Didion (Joan), Ellroy (James), Ferber (Edna), French (Marilyn), Gaddis (William), Gaines (Ernest J.), Gilroy (Frank), Godwin (Gail), Hailey (Arthur), Harris (Frank, Joel Chandler), Hawkes (John), Heller (Joseph), Hersey (John), Hinton (S. E.), Holmes (Oliver Wendell), Hughes (Langston), Irving (John, Washington), Jewett (Sarah Orne), Kidder (Tracy), Koontz (Dean), Krantz (Judith), L'Amour (Louis), L'Engle (Madeleine), Le Guin (Ursula K.), London (Jack), Mailer (Norman), McBain (Ed), Miller (Arthur, Henry, Joaquin, May), Morley (Christopher), Morris (Wright), Mosley (Walter), Norris (Frank), Parker (Dorothy), Piercy (Marge), Porter (Katherine Anne, William Sydney), Proulx (E. Annie), Runyon (Damon), Sarton (May), Singer (Isaac Bashevis), Smiley (Jane), Styron (William), Taylor (Peter), Updike (John), Walker (Alice), Waller (Robert James), Warren (Robert Penn), Wilder (Laura Ingalls, Thornton), Wilson (August, Edmund, Harriet, Lanford), Wister (Owen), Wright (James, Richard) **7** Baldwin (Faith, James), Beattie (Ann), Cheever (John), Clemens (Samuel Langhorne), Collins (Jackie), Connell (Evan), Cozzens (James Gould), DeLillo (Don), Dreiser (Theodore), Ellison (Ralph), Erdrich (Louise), Farrell (James T.), Francis (Dick), Franzen (Jonathan), Gardner (Erle Stanley), Garland (Hamlin), Glasgow (Ellen), Goldman (William), Grafton (Sue), Grisham (John), Hammett (Dashiell), Heyward (DuBose), Howells (William Dean), Hurston (Zora Neale), Jackson (Shirley), Jarrell (Randall), Johnson (Diane, James), Keillor (Garrison), Kennedy (William), Kerouac (Jack), Kincaid (Jamaica), Lardner (Ring), Leonard (Elmore), Malamud (Bernard), Marquis (Don), Masters (Edgar Lee), McCourt (Frank), Mumford (Lewis), Nabokov (Vladimir), O'Connor (Flannery), Pynchon (Thomas), Rexroth (Kenneth), Richter (Conrad), Roberts (Elizabeth Madox, Kenneth, Nora), Saroyan (William), Sheehan (Neil), Sheldon (Sidney), Theroux (Paul), Thoreau (Henry David), Thurber (James), Wallace (Lew), Wharton (Edith) **8** Anderson (Maxwell, Poul, Regina, Sherwood), Benchley (Peter),

Bradbury (Ray), Bradford (Barbara Taylor), Caldwell (Erskine), Chandler (Raymond), Cornwell (Patricia), Crichton (Michael), Doctorow (E. L.), Faulkner (William), Kingston (Maxine Hong), Marquand (John P.), McCarthy (Cormac, Mary), McMillan (Terry), McMurtry (Larry), Melville (Herman), Michener (James), Mitchell (Donald Grant, Margaret, S. Weir), Morrison (Toni), Remarque (Erich Maria), Rinehart (Mary Roberts), Salinger (J. D.), Sandburg (Carl), Sinclair (Upton), Spillane (Mickey), Stockton (Frank R.), Vonnegut (Kurt), Wambaugh (Joseph) **9** Burroughs (Edgar Rice, John, William S.), Dos Passos (John), Hawthorne (Nathaniel), Hemingway (Ernest), Hillerman (Tony), Isherwood (Christopher), McCullers (Carson), Steinbeck (John), Wodehouse (P. G.), Woollcott (Alexander) **10** Cunningham (Michael), Fitzgerald (F. Scott), Kingsolver (Barbara), Tarkington (Booth) **11** Auchincloss (Louis), Matthiessen (Peter) ***Argentinian:*** **6** Borges (Jorge Luis) ***Australian:*** **4** West (Morris L.) **5** Stead (Christina), White (Patrick) **6** Davies (Robertson) **7** Clavell (James) **8** Keneally (Thomas) **10** McCullough (Colleen), Richardson (Henry Handel) ***Austrian:*** **5** Kafka (Franz) **7** Jelinek (Elfriede), Suttner (Bertha) **8** Bernhard (Thomas) **10** Schnitzler (Arthur) ***Canadian:*** **3** Roy (Camille, Gabrielle) **5** Kirby (William), Moore (Brian), Munro (Alice) **6** Atwood (Margaret), Davies (Robertson) **7** Leacock (Stephen), Raddall (Thomas), Richler (Mordecai), Service (Robert), Shields (Carol) **8** Woodcock (George) **9** de la Roche (Mazo), MacLennan (Hugh) ***Chilean:*** **6** Donoso (José) **7** Allende (Isabel) ***Chinese:*** **5** Han Yu ***Colombian:*** **7** Márquez (Gabriel García) ***Czech:*** **5** Capek (Karel), Hasek (Jaroslav) **7** Kundera (Milan) ***Danish:*** **4** Rode (Helge), Wied (Gustav) **6** Jensen (Johannes Vilhelm) **7** Dinesen (Isak), Holberg (Ludwig) ***Dutch:*** **6** Vondel (Joost van den) ***Egyptian:*** **7** Mahfouz (Naguib) ***English:*** **4** Amis (Kingsley, Martin), Dahl (Roald), Ford (Ford Madox, John), Lyly (John), Saki, Snow (C. P.), Ward (Mrs. Humphry), West (Rebecca) **5** Byatt (A. S.), Defoe (Daniel), Doyle (Authur Conan), Eliot (George, Thomas Stearns), Evans (Mary Ann), Frayn (Michael), Hardy (Thomas), James (Henry, P. D.), Lewis (C. S., Monk, Wyndham), Lowry (Malcolm), Milne (A. A.), Munro (H. H.), Powys (John Cowper, Llewelyn, Theodore Francis), Reade (Charles), Spark (Muriel), Waugh (Alec, Evelyn), Wells (Charles Jeremiah, H. G.), White (T. H.), Wilde (Oscar), Woolf (Leonard, Virginia), Young (Arthur, Edward, Francis Brett) **6** Ambler (Eric), Archer (Jeffrey), Austen (Jane), Belloc (Hilaire), Brontë (Anne, Charlotte, Emily), Bunyan (John), Butler (Samuel), Clarke (Arthur C.), Conrad (Joseph), Fowles (John), Graves (Robert), Greene (Graham, Robert), Hilton (James), Hudson (W. H.), Huxley (Aldous), Malory (Thomas), McEwan (Ian), O'Brian (Patrick), Orwell (George), Potter (Beatrix), Powell (Anthony), Sayers (Dorothy L.), Sterne (Laurence), Stoker (Bram), Storey (David), Walton (Izaak) **7** Ballard (J. G.), Burgess (Anthony), Burnett (Frances Hodgson), Carroll (Lewis), Collins (Wilkie), Dickens (Charles), Dodgson (Charles), Durrell (Lawrence), Fleming (Ian), Follett (Ken), Forster (E. M.), Forsyth (Frederick), Golding (Louis, William), Kipling (Rudyard), Le Carré (John), Lessing (Doris), Lofting (Hugh), Maugham (Robin, W. Somerset), Murdoch (Iris), Naipaul (V. S.), Rendell (Ruth), Rowling (J. K.), Sassoon (Siegfried), Shelley (Mary Wollstonecraft, Percy Bysshe), Sitwell (Edith, Osbert, Sacheverell), Southey (Robert), Stewart (Mary), Surtees (Robert Smith), Tolkien (J. R. R.), Walpole (Horace, Hugh), Wyndham (John) **8** Christie (Agatha), Fielding (Henry), Forester (C. S.), Koestler (Arthur), Lawrence (D. H., T. E.), Macaulay (Rose, Thomas Babington), Meredith (George), Sillitoe (Alan), Smollett (Tobias), Strachey (Lytton), Trollope (Anthony), Zangwill (Israel) **9** De Quincey (Thomas), Du Maurier (Daphne, George), Goldsmith (Oliver), Isherwood (Christopher), Mansfield (Katherine), Masefield (John), Priestley (J. B.), Radcliffe (Ann), Stevenson (Robert Louis), Thackeray (William Makepeace), Wodehouse (P. D.) **10** Chesterton (Gilbert Keith), Galsworthy (John), Richardson (Dorothy, Samuel) **12** Quiller-Couch (Arthur Thomas) ***Finnish:*** **7** Waltari (Mika) **9** Sillanpää (Frans Eemil) ***French:*** **4** Gide (André), Hugo (Victor), Kock (Charles-Paul de), Sade (Marquis de), Sand (George), Zola (Emile) **5** Beyle (Marie Henri), Camus (Albert), Dumas

(Alexandre), Genet (Jean), Sagan (Françoise), Staël (Germaine de), Verne (Jules), Vigny (Alfred-Victor) **6** Balzac (Honoré de), Daudet (Alphonse), France (Anatole), Proust (Marcel), Sartre (Jean-Paul) **7** Cocteau (Jean), Colette, Gautier (Léon, Théophile), Malraux (André), Mauriac (Claude, François), Maurois (André), Merimée (Prosper), Rolland (Romain), Romains (Jules), Simenon (Georges) **8** Beauvoir (Simone de), Flaubert (Gustave), Marivaux (Pierre), Rabelais (François), Stendhal, Voltaire **9** Giraudoux (Jean) **10** Maupassant (Guy de), Saint-Simon (Duke de) **12** Robbe-Grillet (Alain), Saint-Exupéry (Antoine de) ***German:*** **4** Böll (Heinrich), Mann (Thomas) **5** Grass (Gunter), Hesse (Hermann), Kafka (Franz), Storm (Theodor), Tieck (Ludwig), Zweig (Stefan) **6** Goethe (Johann Wolfgang von), Toller (Ernst) **7** Fontane (Theodor), Richter (Jean Paul), Wieland (Christoph Martin) **8** Hoffmann (E. T. A., Heinrich), Remarque (Erich Maria), Schlegel (August Wilhelm von, Friedrich von, Johann Elias) **9** Hauptmann (Gerhart), Sudermann (Hermann) **10** Wassermann (Jakob) ***Greek:*** **6** Lucian **11** Kazantzakis (Nikos) ***Hungarian:*** **5** Jókai (Mór) ***Icelandic:*** **7** Laxness (Halldór) ***Indian:*** **7** Rushdie (Salman) ***Irish:*** **5** Behan (Brendan), Doyle (Roddy), Joyce (James), Moore (Brian), Wilde (Oscar) **6** O'Brien (Edna), Stoker (Bram) **7** Beckett (Samuel), O'Connor (Frank), Russell (George William) **8** O'Faolain (Julia, Sean), Stephens (James) **9** O'Flaherty (Liam) ***Italian:*** **3** Eco (Umberto) **5** Verga (Giovanni) **6** Silone (Ignazio) **7** Calvino (Italo), Manzoni (Alessandro), Moravia (Alberto) **9** Boccaccio (Giovanni), Vittorini (Elio) **10** Pirandello (Luigi), Straparola (Gianfrancesco) ***Japanese:*** **7** Mishima (Yukio) **8** Kawabata (Yasunari), Murakami (Haruki), Murasaki (Shikibu) **9** Yokomitsu (Riichi), Yoshikawa (Eiji) ***Lebanese:*** **6** Gibran (Khalil) **7** Fuentes (Carlos) ***Nigerian:*** **6** Achebe (Chinua) **7** Soyinka (Wole), Tutuola (Amos) ***Norwegian:*** **3** Lie (Jonas) **6** Hamsun (Knut), Undset (Sigrid) **7** Rolvaag (Ole) **8** Bjornson (Bjornstjerne), Kielland (Alexander) ***Peruvian:*** **11** Vargas Llosa (Mario) ***Polish:*** **7** Reymont (Wladyslaw) **8** Zeromski (Stefan) **11** Sienkiewicz (Henryk) ***Portuguese:*** **6** Pessoa (Fernando) **8** Saramago (José) ***Roman:*** **5** Pliny, Varro (Marcus Terentius) ***Russian:*** **5** Gogol (Nikolai), Gorki (Maxim), Gorky (Maxim) **7** Chekhov (Anton), Pushkin (Alexander), Tolstoy (Leo) **8** Andreyev (Leonid), Turgenev (Ivan), Zamyatin (Yevgeny) **9** Ehrenburg (Ilya), Lermontov (Mikhail), Pasternak (Boris), Sholokhov (Mikhail) **10** Dostoevsky (Fyodor) **11** Dostoyevsky (Fyodor), Yevtushenko (Yevgeny) **12** Solzhenitsyn (Alexander) ***Scottish:*** **4** Lang (Andrew) **5** Scott (Alexander, Walter) **6** Barrie (James M.), Buchan (John) **8** Urquhart (Thomas) **9** Stevenson (Robert Louis) ***South African:*** **6** Fugard (Athol) **8** Gordimer (Nadine) ***Spanish:*** **6** Baroja (Pio) **7** Alarcón (Pedro Antonio de) **9** Cervantes (Miguel de) ***Swedish:*** **7** Johnson (Eyvind), Rydberg (Viktor) **8** Lagerlöf (Selma) **10** Lagerkvist (Pär), Strindberg (August) ***Swiss:*** **4** Wyss (Johann Rudolf) **5** Spyri (Johanna) **6** Frisch (Max) **9** Spitteler (Carl) ***Trinidadian:*** **7** Naipaul (V. S.) ***Welsh:*** **4** Owen (Alun, Daniel, Goronwy, John) **5** Evans (David, Evan), Wynne (Ellis) ***Yiddish:*** **4** Asch (Sholem) **6** Singer (Isaac Bashevis) **8** Aleichem (Sholem)

authoritarian **5** harsh, rigid **6** despot, severe, strict, tyrant **8** absolute, autocrat, despotic, dictator, dogmatic **9** imperious, stringent **10** absolutist, autocratic, oppressive, totalistic, tyrannical **11** dictatorial, doctrinaire, domineering, magisterial **12** totalitarian

authoritative **4** sure, true **5** legal, legit, sound **6** lawful, proven **7** factual **8** accepted, accurate, approved, attested, dogmatic, official, orthodox, reliable, verified **9** canonical, cathedral, confirmed, imperious, trustable, validated **10** autocratic, commanding, definitive, dependable, documented, dominating, ex cathedra, legitimate, sanctioned **11** dictatorial, doctrinaire, domineering, irrefutable, magisterial, overbearing, trustworthy **12** indisputable

authority **4** rule, sway **5** clout, force, power, right, say-so **6** agency, charge, credit, expert, master, weight **7** command, control, grounds, license, mastery, warrant **8** citation, decision, dominion, prestige **9** influence, testimony **10** domination, governance, government, management **12** jurisdiction

authorization **4** okay, word **5** leave **6** permit **7** consent, go-ahead, mandate **8** approval, sanction **9** agreement, allowance, clearance **10** green light, permission, sufferance **11** approbation

authorize **3** let **4** okay, vest **5** allow **6** affirm, enable, invest, permit **7** approve, confirm, empower, endorse, entitle, license, qualify, warrant **8** accredit, sanction, vouch for **9** give leave, recognize **10** commission **11** countenance

auto see AUTOMOBILE

autobahn **7** highway **8** turnpike **10** expressway **12** superhighway

autobiography **4** life, vita **5** diary **6** memoir **7** account, journal **9** life story **11** confessions **13** reminiscences

autochthonous **6** native **7** endemic **8** original **10** aboriginal, indigenous

autocracy **7** czarism, tyranny **8** monarchy **9** despotism, monocracy **12** absolute rule, dictatorship

autocrat **4** czar, duce, emir, lord, raja, shah, tsar, tzar **5** mogul, rajah, ruler **6** caliph, despot, sultan, tyrant **7** magnate, monarch **8** dictator, oligarch, overlord **9** potentate, sovereign **10** absolutist

autocratic **7** haughty **8** absolute, arrogant, despotic **9** arbitrary, imperious, tyrannous **10** monocratic, tyrannical **11** dictatorial, domineering, overbearing

autodidactic **10** self-taught **12** self-educated

autograph **3** ink, pen **4** sign **5** write **7** endorse **8** original **9** signature, subscribe **11** endorsement, John Hancock

Autolycus ***daughter:*** **8** Anticlea ***father:*** **6** Hermes **7** Mercury

automated **7** robotic **9** by machine, motorized **10** electrical, electronic, mechanical, mechanized, programmed **12** computerized

automatic **6** reflex **8** habitual **9** impulsive, reflexive **10** mechanical, self-acting, unprompted **11** instinctive, involuntary, perfunctory, spontaneous, unmeditated ***prefix:*** **4** self

automaton **5** droid, golem, robot **7** android, machine **9** mechanism

automobile **3** bus, car **5** buggy, coupe, racer, sedan **6** jalopy, tourer, wheels **7** flivver, hardtop, machine **8** dragster, motorcar, roadster, runabout **9** hatchback, limousine **11** convertible ***American:*** **3** Reo **4** Cord, Ford, Jeep, Nash **5** Buick, Dodge, Eagle, Essex, Lexus **6** DeSoto, Hudson, Model A, Model T, Saturn, Willys **7** LaSalle, LeBaron, Lincoln, Maxwell, Mercury, Mustang, Packard, Pontiac, Rambler, Seville **8** Cadillac, Chrysler, Corvette, Eldorado, Franklin, Plymouth **9** Chevrolet, Hupmobile **10** Duesenberg, Oldsmobile, Studebaker **11** Continental, Pierce-Arrow, Thunderbird **12** Kaiser-Frazer ***British:*** **4** Mini **6** Anglia, Austin, Cooper, DeSoto, Jaguar, Morris **7** Bentley, Daimler, Hillman, Sunbeam, Triumph **8** Vauxhall **10** Range Rover, Rolls-Royce **11** Aston Martin, Land Rover **12** Austin-Healey ***French:*** **5** Simca **7** Citroën, Peugeot, Renault ***German:*** **3** BMW **4** Audi, Benz, Opel **7** Daimler, Porsche **8** Mercedes **10** Volkswagen **12** Mercedes-Benz ***Italian:*** **4** Fiat **6** Lancia **7** Bugatti, Ferrari **8** Maserati **9** Alfa-Romeo **11** Lamborghini ***Japanese:*** **5** Honda, Isuzu, Mazda **6** Datsun, Nissan, Subaru, Toyota **10** Mitsubishi ***Korean:*** **3** Kia **6** Daewoo **7** Hyundai ***Swedish:*** **4** Saab **5** Volvo

automotive pioneer **4** Benz (Carl Friedrich), Ford (Henry), Olds (Ransom), Otto (Nikolaus), Pope (Albert) **5** Evans (Oliver), Rolls (Charles), Roper (Sylvester) **6** Cugnot (Nicholas Joseph), Duryea (Charles E., J. Frank), Lenoir (Etienne), Winton (Alexander) **7** Bugatti (Ettore), Citroën (André-Gustave), Daimler (Gottlieb), Peugeot (Armand), Stanley (Francis, Freelan) **8** Morrison (William) **10** Lanchester (Frederick William)

Autonoë ***father:*** **6** Cadmus ***husband:*** **9** Aristaeus ***mother:*** **8** Harmonia ***sister:*** **5** Agave ***son:*** **7** Actaeon

autonomous **4** free **8** autarkic, separate **9** sovereign **10** self-ruling **11** independent, self-reliant **12** self-governed, uncontrolled **13** self-contained, self-governing

autonomy **7** autarky, freedom **8** home rule, self-rule **11** sovereignty **12** independence

autopsy **6** assess **7** examine **8** evaluate, necropsy **10** assessment, dissection, evaluation, postmortem **11** examination

auto racer **4** Foyt (A. J.), Hill (Graham) **5** Clark (Jim), Mears (Rick), Petty (Richard), Unser (Al, Bobby) **6** Carter (Pancho), Fangio (Juan), Vogler (Rich) **7** Brabham (Jack), Stewart (Jackie) **8** Andretti (Mario, Michael), Johncock (Gordon) **9** Earnhardt (Dale) **10** Rutherford (Johnny)

autumn **4** fall **6** season **8** maturity

auxiliary **4** aide **5** spare **6** backup, helper **7** reserve **8** adjutant, adjuvant **9** accessory, ancillary, assistant, coadjutor, secondary **10** accomplice, additional, collateral, subsidiary **11** appurtenant, subservient **12** contributory **13** complementary, supplementary ***verb:*** **3** are, can, did, had, has, may, was **4** been, does, have, must, were, will **5** could, might, ought, shall, would **6** should

avail **3** aid, use **4** gain, good, help **5** asset, serve **6** profit **7** account, benefit, fitness, satisfy, service **9** advantage, relevance **10** usefulness **13** applicability

available **5** handy, on tap, ready, valid **6** at hand, on hand, usable **7** present, willing **8** prepared **9** qualified **10** accessible, attainable, convenient, obtainable, procurable **11** purchasable

avalanche **4** mass, rush **5** drown, flood, slide **6** deluge **7** overrun, smother **8** inundate, mudslide, overflow, rockfall **9** landslide, overwhelm, rockslide, snowslide **10** inundation **12** accumulation

Avalon **8** paradise

avant-garde **7** radical **8** advanced, contempo **10** innovative, pioneering **11** cutting-edge, leading-edge, progressive **12** experimental **13** up-to-the-minute

avarice **5** greed **7** avidity **8** cupidity, rapacity, voracity **10** greediness **12** covetousness

avaricious **6** grabby, greedy, stingy **7** miserly **8** covetous, esurient, grasping, ravenous **9** mercenary, rapacious **11** acquisitive

avatar **4** type **5** image **7** epitome **8** exemplar **9** archetype **10** apotheosis, embodiment, expression **11** incarnation, reification **13** manifestation

avaunt **4** away **5** hence, leave, scram **6** beat it, depart, get out

ave **4** hail **8** farewell, greeting

avenge **5** repay, right **6** punish **7** get even, pay back, redress, requite **9** fight back, retaliate, vindicate

avenue **3** way **4** path, road **5** drive, means, route, track **6** access, artery, course, street **7** channel, parkway, pathway **8** approach **9** boulevard **10** passageway **12** thoroughfare

aver **4** avow **5** prove, state, swear **6** affirm, allege, assert, attest, avouch, depose, insist, verify **7** declare, profess, protest, testify, warrant **8** maintain **9** guarantee, predicate

average **3** par **4** fair, mean, norm **5** usual **6** common, divide, equate, figure, median, medium, middle, normal **7** balance, even out, typical **8** everyday, midpoint, moderate, ordinary **12** intermediate

averagely **4** so-so **6** enough, fairly, rather **8** passably **9** tolerably **10** moderately

averse **5** balky, loath **6** afraid **7** hostile, opposed, uneager **8** allergic, hesitant **9** reluctant, resistant, unwilling **10** indisposed **11** disinclined **12** antipathetic

aversion **4** fear, hate **5** dread **6** hatred, horror **7** allergy, disgust, dislike **8** disfavor, distaste, loathing **9** antipathy, disliking, repulsion, revulsion **10** abhorrence, antagonism, repugnance **11** abomination, detestation, displeasure **13** indisposition

aversive **8** ungenial **9** repellent, repugnant **11** uncongenial **12** antipathetic **13** unsympathetic

avert **4** foil, halt, turn, veer, ward **5** avoid, check, deter **6** thwart **7** deflect, fend off, forfend, obviate, prevent, rule out, ward off **8** go around, stave off, turn away **9** forestall, turn aside

avian **6** flying, winged **8** birdlike, ornithic

aviary **4** cage **8** birdcage, dovecote **9** birdhouse, enclosure

aviator **3** ace **4** Post (Wiley) **5** flier, pilot **6** airman, flyboy, Wright (Orville, Wilbur), Yeager (Chuck) **7** birdman, Earhart (Amelia) **8** aeronaut **9** bush pilot, Lindbergh (Charles) **10** Richthofen (Manfred von) **12** Rickenbacker (Eddie)

avid **4** agog, keen **5** eager **6** ardent, greedy, hungry **7** anxious, athirst, craving, fervent, thirsty, zealous **8** appetent, covetous, desirous, grasping **9** impatient **10** breathless, insatiable **12** enthusiastic

avidity **4** zeal **5** greed **6** fervor, thirst **7** avarice, craving **8** cupidity, keenness, rapacity **9** eagerness **10** greediness

Avis ***competitor:*** **5** Hertz

___ avis **4** rara

avocation **5** hobby **7** pastime, pursuit **8** sideline **9** amusement, diversion **10** recreation

avoid **4** bilk, duck, miss, shun, snub **5** annul, avert, dodge, elude, evade, shirk, skirt **6** bypass, divert, escape, eschew, pass up **7** abstain, prevent, refrain **8** preclude, sidestep, stay away, withdraw **9** keep clear **11** refrain from **12** keep away from

avoidance **5** dodge **6** escape **7** dodging, elusion, evasion **8** escaping, escapism, eschewal, shirking, shunning **9** runaround **10** abstinence

avouch **3** own **4** aver, avow **5** admit, claim, state, swear **6** affirm, assert, depose, insist **7** certify, confess, confirm, declare, profess, testify **9** predicate, pronounce **11** acknowledge, corroborate

avow 3 own 4 aver 5 admit, allow, grant, let on, own up, state, swear 6 affirm, assert, avouch, depose 7 concede, confess, declare, profess, protest 8 disclose, maintain, proclaim 9 predicate 11 acknowledge

avowal 6 assent 9 admission, assertion, statement 10 profession 11 affirmation, attestation, declaration

avowedly 6 openly 7 frankly 8 candidly 9 allegedly 10 apparently, ostensibly, supposedly

await 4 bide, hope, stay 5 abide 6 expect 7 count on, look for 8 watch for 10 anticipate, hang around

awake 4 stir 5 alert, alive, aware, rouse 6 active, arouse, bestir, excite, revive, roused, stir up 7 animate, aroused, excited, on guard 8 activate, sensible, sentient, vigilant, watchful 9 attentive, cognizant, conscious, observant, stimulate, stirred up

award 4 gift, give, kudo 5 allot, badge, endow, grant, honor, kudos, medal, prize 6 accord, bestow, confer, donate, trophy 7 concede, laurels, tribute 8 accolade, citation, donation 9 vouchsafe 10 blue ribbon, decoration, distribute 11 distinction ***motion picture:*** 5 Oscar 7 Academy 11 Golden Globe ***mystery novel:*** 5 Edgar ***record:*** 6 Grammy ***science-fiction:*** 4 Hugo ***television:*** 4 Emmy ***theater:*** 4 Tony

aware 4 onto 5 alert, alive, awake 7 heedful, knowing, mindful, tuned in, witting 8 informed, sensible, sentient, vigilant 9 attentive, au courant, cognizant, conscious, observant 10 conversant, perceptive 12 apprehensive 13 knowledgeable

awash 4 full 6 afloat, filled, jammed, loaded, packed 7 brimful, covered, crammed, crowded, flooded, run-over, stuffed 8 brimming, chockful 9 chockfull 11 overflowing

away 3 far, fro, now, off, out 4 afar, gone 5 along, apart, aside, forth, hence 6 abroad, absent, afield, far off 7 distant, lacking, missing, not here 9 elsewhere 11 incessantly 12 continuously

away from 6 beyond

awe 5 alarm, amaze, scare 6 wonder 7 inspire, startle 8 astonish 9 amazement, reverence 10 veneration, wonderment 11 flabbergast 12 astonishment

aweless 4 bold 5 brave 7 valiant 8 fearless, intrepid, unafraid 9 dauntless, undaunted 10 courageous

awesome 6 august 7 amazing, sublime 8 imposing, terrific, wondrous 10 formidable, impressive 11 astonishing 12 breathtaking 13 extraordinary

awful 3 bad 4 very 5 nasty 6 odious 7 hateful 8 dreadful, horrible, horrific, shocking, terrible, terrific 9 appalling, atrocious, extremely, frightful, loathsome, offensive 10 deplorable, disgusting, formidable

awfully 4 much, very 6 hugely, vastly 7 greatly 8 terribly, whopping 9 extremely, immensely 10 dreadfully, enormously 11 exceedingly

awhile 7 briefly 8 for a time 11 temporarily

awkward 5 gawky, inept, messy, nerdy, splay 6 clumsy, gauche, klutzy, wooden 7 artless, gawkish, halting, lumpish, unhandy, unhappy 8 bumbling, bungling, tactless, ungainly 9 graceless, ham-handed, ill-chosen, inelegant, lumbering, maladroit 10 blundering, ungraceful, unskillful 11 heavy-handed, unfortunate 12 embarrassing, incommodious, inconvenient, infelicitous

awl 4 tool 7 piercer

awning 6 canopy 7 marquee 8 sunshade ***ancient Roman:*** 8 velarium

awry 5 amiss, askew, wrong 6 astray 7 askance, crooked 8 cockeyed 9 cock-a-hoop, crookedly ***Scottish:*** 5 agley

ax, axe 3 can, hew 4 adze, boot, chop, fire, sack 6 bounce 7 boot out, chopper, cleaver, dismiss, hatchet, kick out 8 tomahawk 9 discharge, terminate ***blade:*** 3 bit ***handle:*** 5 helve

axiom 3 law 4 rule 5 adage, maxim, moral, truth 6 dictum, truism 7 precept, theorem 8 aphorism, apothegm 9 postulate, principle 10 principium 11 fundamental

axiomatic 5 given 7 assumed, certain, obvious 8 accepted, absolute, manifest, provable 10 aphoristic, understood 11 fundamental, indubitable, self-evident 12 unquestioned

axis 4 line, pole, stem 5 point, pivot 8 alliance 9 continuum, plant stem 11 partnership 12 straight line, turning point

axle 3 bar, pin, rod 4 beam 5 bogie, shaft 7 spindle, support

aye 3 yea, yep, yes 4 amen, okay, ever, vote 6 agreed, always 8 all right 11 affirmative, continually

Azerbaijan ***capital:*** 4 Baku ***city:*** 5 Gäncä 8 Sumqayit ***exclave:*** 8 Naxçivan 11 Nakhichevan ***monetary unit:*** 5 manat ***neighbor:*** 4 Iran 6 Russia 7 Armenia, Georgia ***river:*** 4 Kura 5 Araks ***sea:*** 7 Caspian

Azores ***capital:*** **12** Ponta Delgada ***city:*** **5** Horta ***island:*** **4** Pico **5** Corvo, Faial, Lajes **6** Flores **8** São Jorge, Terceura **9** São Miguel **10** Santa Maria ***part of:*** **8** Portugal

Aztec ***capital:*** **12** Tenochtitlán ***conqueror:*** **6** Cortés, Cortéz ***emperor:*** **9** Moctezuma, Montezuma ***god:*** **4** Xipe **6** Tlaloc **9** Xipetotec **12** Quetzalcoatl ***hero:*** **4** Nata ***language:*** **7** Nahuatl ***temple:*** **8** teocalli

azure **3** sky **4** blue **5** color **7** sky blue

B

baa **5** bleat

Babbitt **10** conformist, middlebrow, philistine ***author:*** **5** Lewis (Sinclair)

babble **3** gab, jaw, yak, yap **4** blab, chat, go on, gush, rant, rave **5** clack, prate, run on **6** burble, drivel, gibber, gossip, jabber, murmur, patter, piffle, rattle, yammer **7** blabber, blather, chatter, maunder, palaver, prattle, twaddle **8** nonsense, idle talk **9** gibberish **11** jabberwocky

babe **3** cub, tot **4** doll, girl **5** bairn, child, chick, cutie, woman **6** infant, hottie **7** bambino, papoose, neonate, newborn **8** bantling, nursling

babel **3** ado, din, row **4** to-do **5** hoo-ha **6** bedlam, clamor, hubbub, jangle, outcry, racket, ruckus, tumult, uproar **7** clangor, discord, ferment, turmoil **8** brouhaha, clangour, foofaraw **9** cacophony, commotion, confusion **10** dissonance, hullabaloo, hurly-burly, turbulence **11** pandemonium **12** vociferation

baboon **3** oaf **4** clod, dolt, goon, lout **6** chacma, galoot, simian **7** palooka **8** lunkhead, mandrill, meathead **9** hamadryas

babushka **6** granny **7** bandana **8** bandanna, kerchief

baby **3** pet, tot **4** tiny **5** bairn, sissy, spoil **6** cocker, coddle, cosset, dote on, infant, pamper **7** bambino, cater to, indulge, neonate, newborn, papoose, toddler **8** bantling, dote upon, nursling, suckling, weanling **11** mollycoddle ***ailment:*** **5** colic, croup ***bed:*** **4** crib **6** cradle **8** bassinet ***bedroom:*** **7** nursery ***breechcloth:*** **6** diaper ***cap:*** **6** biggin, bonnet ***carriage:*** **4** pram **5** buggy **8** stroller **12** perambulator ***doctor:*** **12** pediatrician ***food:*** **3** pap **4** milk **6** pablum **7** pabulum ***garment:*** **7** rompers ***Italian:*** **7** bambino ***napkin:*** **3** bib ***outfit:*** **7** layette ***powder:*** **4** talc ***shoe:*** **6** bootee ***Spanish:*** **4** bebé, nene

baby grand **5** piano

babyhood **7** infancy **10** diaper days, immaturity

babyish **5** petty **7** foolish, puerile, spoiled **8** childish, immature, juvenile **9** infantile, infantine

Babylonian **6** lavish **9** luxurious ***abode of the dead:*** **5** Aralu ***capital:*** **7** Babylon ***chaos:*** **4** Apsu ***city:*** **5** Akkad **6** Cunaxa ***crown prince:*** **10** Belshazzar ***division:*** **5** Akkad, Sumer ***earth mother:*** **6** Ishtar ***first ruler:*** **6** Nimrod ***god:*** **3** Bel **6** Marduk, Tammuz ***goddess:*** **5** Belit **6** Ishtar ***hero:*** **9** Gilgamesh ***king:*** **6** Sargon **9** Hammurabi **12** Ashurbanipal ***river:*** **6** Tigris **9** Euphrates ***sun god:*** **3** Bel **7** Shamash ***tower:*** **5** Babel **8** ziggurat ***waters:*** **4** Apsu **6** Tiamat ***winged dragon:*** **6** Tiamat

baccalaureate **6** degree **9** bachelor's **10** graduation

bacchanal **6** maenad see also BACCHANALIA

bacchanalia **4** bash, orgy **5** binge, revel, spree **6** bender, excess **7** blowout, carouse, debauch, revelry, wassail **8** carnival, festival, wingding **11** celebration, dissipation, merrymaking

bacchanalian **4** wild **7** drunken, riotous **8** frenzied **9** debauched, orgiastic **12** intoxicating ***cry*** **4** evoe **5** evohe

Bacchus **8** Dionysus ***attendant:*** **6** maenad **9** bacchante ***father:*** **4** Zeus **7** Jupiter ***lover:*** **5** Venus **9** Aphrodite ***mother:*** **6** Semele ***son:*** **7** Priapus ***staff:*** **7** thyrsus

Bach, Johann Sebastian ***birthplace:*** **8** Eisenach ***genre:*** **5** fugue, motet, suite **6** sonata **7** cantata, chorale, partita, prelude, toccata **8** concerto, fantasia, oratorio, sinfonia ***home:*** **7** Leipzig ***instrument:*** **5** organ **11** harpsichord ***musical style:*** **7** baroque ***religion:*** **8** Lutheran

back **3** aft, aid **4** abet, fund, help, hind, rear **5** abaft, about, dorsa (plural), spine, stake **6** assist, astern, dorsum, hinder, recede, uphold **7** endorse, finance, promote, retract, retreat, reverse, sponsor, support **8** advocate, bankroll, champion, rearward, side with **9** in reverse, posterior, retrocede, subsidize **10** retrograde ***ailment:*** **7** lumbago **10** rheumatism ***of an arthropod:*** **6** tergum ***of an insect:*** **5** notum ***of the neck:*** **4** nape **6** scruff ***prefix:*** **4** post **5** retro ***relating to:*** **6** dorsal

back answer **3** lip **6** retort **7** riposte **8** comeback, repartee **9** rejoinder, wisecrack **10** return, shot **11** parting shot

backbite **4** slam, slur **5** abuse, decry, knock, libel, smear, sully, taint **6** defame, defile, malign, vilify **7** asperse, put down, run down, slander, traduce **8** bad-mouth, belittle, besmirch, derogate, diminish **9** denigrate, discredit

backbiter **6** gossip **7** defamer, traitor **9** detractor, slanderer **10** talebearer

backbiting **5** abuse, smear, spite **6** gossip **7** abusing, calumny, obloquy, scandal, slander **8** libelous, smearing **9** aspersion, cattiness, gossiping, invective, maligning, traducing, vilifying **10** calumnious, defamation, defamatory, scandalous, slandering, slanderous **11** denigration **12** belittlement, depreciation, spitefulness, vituperation **13** disparagement

backbone **4** base, grit, guts, will **5** basis, moxie, nerve, spine, spunk **6** mettle, pillar, rachis **7** resolve, support **8** mainstay, tenacity **9** character, fortitude, framework, toughness, vertebrae **10** foundation, moral fiber, resolution **12** spinal column **13** determination, steadfastness

backbreaking **6** taxing, tiring **7** arduous, onerous **8** grueling, toilsome **9** fatiguing, gruelling, laborious, punishing, strenuous, torturous, wearisome **10** burdensome, exhausting

backchat **6** banter, gossip **10** persiflage

backcomb **5** tease

backcountry **4** bush **6** sticks **7** boonies, outback **8** frontier, interior **9** boondocks **10** hinterland

backcourtman **5** guard

back down **4** balk **5** admit, demur, welsh, yield **6** beg off, bow out, cry off, give in, give up, recall, recant, renege **7** concede, disavow, retract, retreat **8** take back, withdraw **9** surrender, weasel out **10** chicken out

backdrop **6** milieu **7** climate, context, scenery, setting **8** stage set **10** atmosphere, background **11** environment, mise-en-scène **12** surroundings

backer **4** ally **5** angel **6** patron, surety **7** sponsor **8** advocate, defender, exponent, follower, investor, promoter **9** auxiliary, guarantor, proponent, supporter **10** bankroller, benefactor, meal ticket

backfire **4** fail **5** blast **6** fizzle, go awry **7** go amiss, go wrong **8** miscarry, ricochet **9** boomerang, discharge, explosion **10** disappoint, spring back **11** fall through **13** counteraction

backgammon ***board section:*** **5** table ***piece:*** **5** stone ***wedge:*** **5** point

background **4** base, tone **6** milieu **7** history, scenery, setting **8** heritage, training **9** education **10** experience, supporting **13** circumstances, qualification

backhanded **7** devious, oblique **8** indirect, derisive, sneering **9** insulting, sarcastic **10** roundabout **12** disingenuous **13** condescending ***compliment:*** **6** insult, slight **7** put-down **9** aspersion

backing **3** aid **4** help **5** aegis, funds **7** harmony, support **8** auspices **9** patronage, promotion **10** assistance **11** endorsement, sponsorship **13** accompaniment, encouragement

backland see BACKCOUNTRY

backlash **5** slack **6** recoil **8** kickback, reaction, response, ricochet **11** retaliation **12** repercussion

backlog **4** pile **5** hoard, stock, store **6** pile up, supply **7** nest egg, reserve **9** inventory, reservoir, stockpile **12** accumulation

back of **5** abaft **6** behind **9** following

back off see BACK DOWN

back out **4** quit **5** leave, welsh, yield **6** beg off, desert, give up, renege **7** forsake **8** withdraw **9** surrender

backpack **4** gear, hike **5** tramp **6** duffel, ramble **8** knapsack, rucksack **9** haversack

backpedal see BACK DOWN

backset see SETBACK

backside **3** bum **4** butt, rear, rump, seat, tail, tush **5** fanny, hiney, stern **6** behind, bottom, breech, far end, heinie **8** buttocks, derriere, haunches **9** fundament, posterior **12** hindquarters

backslide **4** fall, sink, slip **5** lapse **6** return, revert **7** go wrong, regress, relapse **9** retrovert **10** degenerate, go downhill, recidivate **11** deteriorate

backstabbing **4** slur **5** smear **6** malice **7** calumny, scandal, slander **8** betrayal **9** treachery **10** defamation, detraction, traitorous **11** treacherous **12** belittlement, depreciation, vilification **13** disparagement

backstairs **6** covert, secret, sneaky, sordid **7** furtive **8** hush-hush **9** secretive **10** scandalous **11** clandestine, underhanded **13** surreptitious

backstop **5** fence **6** screen, uphold **7** bolster, support **8** advocate, champion, side with

back talk **3** lip **4** guff, sass **5** cheek, mouth, sauce **9** freshness, impudence, insolence **12** impertinence

backtrack **7** regress, retrace, retreat, reverse **8** turn tail

backward **4** dull, slow, rear **5** abaft, dense **6** averse, astern, behind, stupid **7** awkward, delayed, moronic **8** ignorant, inverted, rearward, retarded, reversed, stagnant **9** benighted, dimwitted, in reverse **10** half-witted, retrograde, slow-witted, uncultured **11** thickheaded, turned around, undeveloped **12** feebleminded, simpleminded, uncultivated **13** unprogressive

backwoods see BACKCOUNTRY

backwoodsman **4** hick, rube **5** swain, yokel **6** rustic **7** bumpkin, hayseed **9** hillbilly **10** clodhopper, country boy, provincial **11** mountaineer

bacon ***side:*** **6** flitch, gammon ***slice:*** **6** rasher

Bacon, Francis ***work:*** **12** Novum Organum

bacteria **5** cocci **7** bacilli, vibrios **8** spirilla ***culture medium:*** **4** agar ***destroyer:*** **10** antibiotic

bacterial disease **6** plague, typhus **7** anthrax, leprosy, tetanus, typhoid **8** botulism, syphilis **9** gonorrhea, infection, pneumonia **10** diphtheria, meningitis **11** shigellosis

bacteriologist ***American:*** **6** Enders (John Franklin) **7** Noguchi (Hideyo), Theiler (Max) ***British:*** **7** Fleming (Alexander) ***French:*** **5** Widal (Fernand) **7** Nicolle (Charles-Jean-Henri), Pasteur (Louis) ***German:*** **4** Cohn (Ferdinand Julius), Koch (Robert) **5** Klebs (Edwin) **7** Behring (Emil von), Löffler (Friedrich) **10** Wassermann (August von) ***Japanese:*** **8** Kitasato (Shibasaburo) ***Russian:*** **11** Metchnikoff (Elie) ***Swiss:*** **6** Yersin (Alexandre-Emile-John)

bad **3** ill, low **4** evil, foul, sour **5** amiss, awful, lousy, wrong **6** crummy, putrid, rancid, rotten, sinful, wicked **7** harmful, hateful, hurtful, immoral, naughty, noisome, noxious, spoiled, tainted, vicious **8** damaging, dreadful, inferior, perverse, terrible, wretched **9** abhorrent, defective, execrable, injurious, loathsome, obnoxious, offensive, putrefied, reprobate, repulsive, sickening **10** disgusting, iniquitous **11** deleterious, detrimental, distasteful, intolerable **12** unacceptable **13** objectionable ***comparative:*** **5** worse ***prefix:*** **3** dys, mis ***superlative:*** **5** worst

Badebec ***husband:*** **9** Gargantua ***son:*** **10** Pantagruel

Baden **3** spa **6** resort **9** hot spring

badge **3** pin **4** arms, logo, mark, seal, sign **5** award, honor, kudos, medal, token **6** button, emblem, ensign **7** laurels **8** accolade, hallmark, insignia **10** coat of arms, decoration **11** distinction, purple heart

badger **3** bug, nag **4** bait, goad, ride **5** annoy, brock, chivy, harry, hound **6** chivvy, harass, hassle, heckle, hector, needle, pester, plague **7** torment **8** bullyrag **9** importune

Badger State **9** Wisconsin

badinage **4** play **6** banter, joking **7** jesting, joshing, kidding, ribbing, teasing **8** backchat, chitchat, repartee **9** cross talk **10** persiflage

badland **4** wild **5** waste, wilds **6** barren, desert **7** outback **8** wildness **10** wilderness **11** hill country

bad mark **3** gig **7** demerit **9** poor grade

bad-tempered **4** dour, sour **5** cross, sulky, surly, testy **6** crabby, cranky, crusty, grumpy, ornery, sullen, touchy **7** grouchy, peevish **8** choleric, petulant **9** crotchety, dyspeptic, irascible, irritable, splenetic **10** ill-humored, ill-natured, unpleasant **11** quarrelsome **12** cantankerous, curmudgeonly, disagreeable, misanthropic

Baedeker **5** guide **6** manual **8** handbook **9** guidebook, vade mecum **10** compendium **11** enchiridion, travel guide

baffle **4** balk, foil **5** addle, block, floor, mix up, stump **6** bemuse, hinder, impede, muddle, puzzle, thwart **7** barrier, confuse, flummox, mystify, nonplus, perplex **8** befuddle, bewilder, confound **9** deflector, dumbfound, frustrate **10** circumvent, disappoint, disconcert

bafflement 9 confusion 10 bemusement, perplexity 12 bewilderment
bag 3 cop, nab, kit, net, sag, win 4 flop, grip, hook, kill, land, nail, poke, sack, tote, trap 5 biddy, bulge, catch, crone, forgo, pouch, purse, seize, shoot, snare, steal, udder 6 beldam, collar, duffel, duffle, give up, secure, valise 7 abandon, acquire, capture, satchel 8 backpack, knapsack, reticule, suitcase 9 apprehend, haversack 12 protuberance
bagatelle 6 trifle, whimsy 9 plaything
baggage 4 gear 5 hussy, stuff, tramp, trull, wench 6 burden, things, wanton 7 carry-on, effects, jezebel, luggage, parcels, trollop 8 obstacle, matériel, slattern, strumpet 9 equipment, hindrance 10 impediment, prostitute 11 impedimenta 13 paraphernalia
baggy 5 loose
Baghdad ***founder:*** 6 Mansur ***river:*** 6 Tigris
bagnio 4 crib, stew 7 brothel, lupanar 8 bordello, cathouse 10 bawdy house, whorehouse
bagpipe ***part:*** 5 drone 7 bourdon, chanter ***sound:*** 5 skirl
Bahamas ***capital:*** 6 Nassau ***island:*** 3 Cat 5 Abaco 6 Andros, Inagua 7 Watling 9 Eleuthera, Mayaguana 11 Grand Bahama, San Salvador 13 New Providence ***language:*** 7 English ***monetary unit:*** 6 dollar ***neighbor:*** 4 Cuba
Bahrain ***capital:*** 6 Manama ***island:*** 6 Sitrah 7 Bahrain 10 Al Muharraq ***language:*** 6 Arabic ***monetary unit:*** 5 dinar
bail 3 bar, dip 4 bond, flee, lade 5 ladle, scoop 6 handle, pledge, surety 7 release 8 guaranty, security, warranty 9 guarantee 10 collateral 12 recognizance
bailiwick 4 area, turf, zone 5 field, realm 6 domain, sphere 7 demesne, purview, terrain 8 district, dominion, province 9 champaign, specialty, territory 10 discipline 12 jurisdiction
bailout 3 aid 6 relief, rescue 7 subsidy 11 benefaction, deliverance
bairn 3 kid, tot 4 babe, baby, tyke 5 child 6 infant
bait 3 nag, try, vex 4 lure, ride, trap 5 abuse, chase, chivy, decoy, harry, hound, leger, snare, taunt, tease, tempt, worry 6 allure, badger, come-on, entice, entrap, harass, heckle, hector, lead on, molest, pester, seduce 7 beguile, torment, torture 8 bullyrag, inveigle, ridicule 9 persecute, seduction, sweetener 10 attraction, allurement, enticement, temptation ***and switch:*** 4 lure 5 trick 8 inveigle 10 substitute
bake 4 burn, char, cook, fire, kiln 5 broil, roast, toast 6 scorch 7 scallop, scollop, swelter
baked clay 7 ceramic
baker's dozen 8 thirteen
bakers' yeast 6 leaven 9 leavening
baking 3 hot 5 fiery 6 red-hot, torrid 7 burning 8 broiling, scalding, sizzling, white-hot 9 scorching ***chamber:*** 4 kiln, oven
baksheesh 3 tip 4 alms 5 bribe, favor 6 grease, reward 7 payment 8 gratuity 9 emolument 12 compensation
Balaam ***beast:*** 3 ass 6 donkey ***father:*** 4 Beor
balance 4 rest 5 level, scale, weigh 6 adjust, excess, make up, offset, set off, square, stasis 7 harmony, remains, remnant, residue 8 atone for, equalize, outweigh, residual, residuum, symmetry 9 composure, congruity, equipoise, harmonize, remainder, stability 10 compensate, counteract, difference, equanimity, neutralize, proportion, steadiness 11 consistency, countervail, equilibrium, self-control 12 counterpoise
balanced 4 fair 5 equal 6 offset, stable, steady 7 equable, weighed 9 equitable, impartial 10 evenhanded, harmonized, stabilized
balcony 6 piazza 7 catwalk, gallery 8 platform 9 mezzanine ***section:*** 4 loge
bald 4 bare, nude 5 blunt, naked, plain, stark 6 barren, severe, shaven, smooth 8 glabrous, hairless, palpable, treeless 9 depilated, unadorned, uncovered 10 deforested, forthright 11 undisguised, unvarnished
baldachin 4 silk 6 canopy, fabric
Balder, Baldur ***father:*** 4 Odin ***mother:*** 5 Frigg 6 Frigga ***slayer:*** 3 Höd 4 Hoth, Loke, Loki 5 Hoder, Hothr ***wife:*** 5 Nanna
balderdash 3 rot 4 bosh, bull, bunk 5 bilge, crock, hooey 6 blague, bunkum, drivel 7 baloney, eyewash, garbage, hogwash, palaver, rubbish, twaddle 8 buncombe, claptrap, malarkey, nonsense, tommyrot 9 poppycock 10 tomfoolery 11 foolishness 13 horsefeathers
bald-faced 4 bold 6 arrant, brazen 7 blatant, defiant 8 impudent, insolent 9 audacious, shameless, unabashed 11 impertinent
baldness 8 alopecia 12 hairlessness
baldpate 7 widgeon 8 skinhead
Baldwin, James ***essay:*** 17 Nobody Knows My Name, Notes of a Native Son ***novel:*** 12 Fire Next Time (The)

13 Giovanni's Room 14 Another Country 21 Go Tell It on the Mountain ***play:*** 21 Blues for Mister Charlie

balefire 6 beacon 9 watchfire

baleful 4 dire, evil 6 deadly, malign 7 direful, fateful, harmful, hostile, malefic, ominous 8 menacing, sinister 9 ill-boding, ill-omened, malignant 10 maleficent, malevolent, pernicious 11 apocalyptic, threatening 12 unpropitious

balk 3 bar, gag, jib, shy 4 beam, dash, foil, ruin 5 block, check, demur, plank, stall 6 baffle, boggle, desist, flinch, hinder, rafter, refuse, thwart 7 prevent, scruple, stumble 8 hang back, hesitate, obstruct 9 frustrate, hindrance 10 circumvent, disappoint

balky 5 loath 6 averse, ornery, mulish, unruly 7 froward, restive, wayward, willful 8 contrary, hesitant, perverse, stubborn 9 immovable, obstinate, reluctant 10 unreliable 11 intractable, wrongheaded 12 cross-grained, recalcitrant 13 uncooperative, unpredictable

ball 3 orb, wad 4 prom 5 dance, globe, round 6 sphere 8 spheroid ***batted high:*** 3 fly ***batted straight:*** 5 liner ***of thread or yarn:*** 4 clew ***ornamental:*** 6 pom-pom, pompon ***tiny:*** 7 globule

ballad 3 lay 4 poem, song ***singer:*** 8 minstrel 10 troubadour

ballast 4 load 5 poise 6 steady 7 balance, freight 8 balancer 9 stabilize, weigh down 10 dead weight, stabilizer 12 counterpoise 13 counterweight

ballerina 6 dancer 8 coryphée, danseuse 9 toe dancer 11 dancing girl see DANCER

ballet 4 Agon 6 Apollo, Jewels, Sylvia 7 Giselle, Orpheus 8 Bayadère (La), Coppélia, Firebird (The), Raimonda, Raymonda, Swan Lake, Sylphide (La) 9 Fancy Free, Petrushka, Sylphides (Les) 10 Don Quixote, Nutcracker (The), Petrouchka 12 Rite of Spring (The) ***costume:*** 4 tutu 6 tights 7 leotard ***dancer:*** 7 danseur 8 coryphée, danseuse 9 ballerina ***for two:*** 9 pas de deux ***handrail:*** 5 barre ***jump:*** 4 jeté 9 entrechat ***knee bend:*** 4 plié ***position:*** 6 pointe 8 attitude 9 arabesque ***step:*** 3 pas 8 glissade ***turn:*** 6 chaîné 9 pirouette

ball game see at GAME

Ballo in Maschera composer 5 Verdi (Giuseppe)

balloon sail 9 spinnaker

ball-shaped 7 globoid, globose 8 globular, spheroid 9 globulous, spherical

ball up 4 clew, daze 5 addle 6 fuddle, jumble, muddle, puzzle, tangle 7 confuse, fluster 8 befuddle, bewilder, bollix up, confound, distract, throw off 9 disorient

ballyhoo 4 hype, tout 6 blazon, herald, hoopla, hubbub, tumult 7 promote, trumpet 8 brouhaha 9 commotion, publicity 12 extravaganza

balm 4 lull 5 aroma, cream, quiet, salve, scent, spice 6 chrism, relief, remedy, solace 7 anodyne, bouquet, comfort, incense, perfume, soother, unction, unguent 8 easement, ointment 9 emollient, fragrance, redolence 10 palliative 11 consolation, restorative

balmacaan 8 overcoat

balm of Gilead 6 poplar 7 soother 8 restorer 9 balsam fir 11 restorative 12 balsam poplar

balmy 4 calm, daft, mild, nuts, soft 5 crazy, loony, nutty, potty, silly, sweet, wacky 6 gentle, insane, smooth 7 cracked, foolish, lenient, summery 8 aromatic, deranged, fragrant, perfumed, peaceful, pleasant, pleasing, redolent, soothing, tropical 9 agreeable, ambrosial, temperate

baloney 3 rot 4 bosh, bull, bunk 5 bilge, hokum, hooey 6 bunkum, humbug 7 hogwash, rubbish 8 buncombe, claptrap, nonsense 9 poppycock 10 balderdash 11 foolishness

balsam poplar 9 tacamahac 12 balm of Gilead

Balthazar's gift 5 myrrh

Baltic ***native:*** 4 Lett 7 Latvian 8 Estonian 10 Lithuanian ***state:*** 6 Latvia 7 Estonia 9 Lithuania

Baltic native 4 Lett, Sorb, Wend 7 Latvian 8 Estonian, Prussian 10 Lithuanian

balustrade 4 rail 5 fence 7 railing 8 banister, handrail

Balzac character 4 Pons (Cousin) 5 Bette (Cousin) 6 Goriot (Père), Vidocq 7 Chabert (Colonel), Eugénie (Grandet), Grandet, Vautrin 8 Rubempré (Lucien de) 9 Birotteau, Rastignac (Eugène de) 13 Henri de Marsay

Bambi author 6 Salten (Felix)

bambino 3 kid, tot 4 babe, baby, tyke 5 bairn, child 6 cherub, Christ, infant, moppet, nipper 7 toddler

bamboozle 3 con 4 bilk, dupe, fool, gull, hoax, scam 5 stump, trick 6 baffle, befool, diddle, puzzle 7 chicane, confuse, deceive, defraud, mislead, perplex, swindle 8 befuddle, confound, flimflam, hoodwink, throw off 9 frustrate 11 hornswoggle

ban 3 bar 5 curse, taboo 6 enjoin, forbid, outlaw 7 censure, exclude 8 anathema, prohibit, suppress 9 damnation, interdict, proscribe 10 injunction 11 forbiddance, malediction, prohibition, suppression **12** denunciation, interdiction, proscription

Ban ***ally:*** **6** Arthur ***son:*** **8** Lancelot

banal **4** blah, dull, flat **5** bland, corny, ho-hum, tired, trite, usual, vapid **6** common, jejune, stupid **7** clichéd, humdrum, insipid, prosaic, sapless, trivial **8** ordinary **9** hackneyed, quotidian, wearisome **10** namby-pamby, pedestrian, uninspired, wishy-washy **11** commonplace

banality **5** ennui **6** cliché, old saw, truism **7** bromide, inanity, old song **8** chestnut, monotony, prosaism **9** platitude **10** dreariness, shibboleth, triviality **11** commonplace, old chestnut, tediousness

banausic **4** blah, drab, dull, poky **6** dreary, earthy, stodgy **7** humdrum, mundane, routine, secular, sensual, tedious, worldly **8** everyday, material, plodding, temporal, workaday **9** practical, pragmatic **10** monotonous, pedestrian **11** acquisitive, utilitarian **13** materialistic, uninteresting

band **4** belt, bevy, club, crew, gang, gird, sash, tape **5** bunch, corps, covey, group, horde, party, strap, strip, troop, unite **6** concur, fillet, girdle, league, outfit, ribbon, team up, troupe **7** cluster, combine, company, coterie **8** cincture, engirdle, ensemble, symphony **9** cooperate, orchestra **10** federation ***Mexican:*** **8** mariachi ***neck:*** **6** torque ***small:*** **5** combo

bandage **4** bind **5** cover, dress, gauze, truss **6** swathe **7** plaster, swaddle **8** compress, dressing

bandanna **8** babushka, kerchief **9** headscarf **11** neckerchief

bandeau **3** bra **5** strip **6** fillet, ribbon, stripe **7** tube top **8** swimwear **9** brassiere

banderilla **4** dart

banderole **4** flag, jack **6** banner, burgee, colors, ensign, pennon, scroll **7** pennant **8** bannerol, standard, streamer

bandicoot **3** rat

bandit **6** outlaw, raider, robber, sacker **7** brigand, cateran, forager, ravager **8** marauder, pillager **9** cutthroat, desperado, holdup man, plunderer **10** freebooter, highwayman **11** bushwhacker

bandleader **7** maestro **9** conductor

bandolier **4** belt, sash

bandwagon **3** fad **4** chic, mode, rage **5** craze, style, trend, vogue **7** fashion

bandy **3** bat **4** flip, swap, toss **5** argue, bowed **6** banter **7** discuss, shuffle **8** exchange **9** bowlegged, pass about **11** interchange

bane **3** woe **4** pest, ruin **5** curse, death, venom, virus **6** blight, burden, plague, poison **7** bugaboo, bugbear, scourge, torment, undoing **8** anathema, calamity, downfall, nuisance **9** bête noire, contagion, destroyer, ruination **10** affliction, pestilence **11** destruction

baneful **4** dire, evil **5** fatal **6** deadly **7** fateful, harmful, hurtful, malefic, noxious, ominous **9** ill-boding, ill-omened, injurious, malignant, pestilent, unhealthy **10** disastrous, pernicious **11** apocalyptic, deleterious, pestiferous, threatening **12** pestilential, unpropitious

bang **3** bat, box, hit, pop, rap **4** bash, beat, belt, blow, boom, bump, clap, peal, push, rape, shot, slam, sock, wham, whop **5** blast, burst, crack, crash, noise, pound, punch, smack, smash, sound, vigor, whack **6** fringe, report, strike, thrill, wallop **7** collide, exactly, resound **8** smack-dab, squarely **9** explosion **10** detonation

banger **7** athlete, sausage

Bangkok native **4** Thai

Bangladesh ***capital:*** **5** Dacca, Dhaka ***city:*** **6** Khulna **10** Chittagong ***former name:*** **6** Bengal ***language:*** **7** Bengali ***monetary unit:*** **4** taka ***neighbor:*** **5** Burma, India **7** Myanmar ***river:*** **5** Padma **6** Ganges, Jamuna **11** Brahmaputra

bangle **4** disk **5** charm **6** anklet, bauble **7** pendant, trinket **8** bracelet, wristlet

bang-up **3** ace **4** fine **5** dandy, primo, super **6** far-out, superb **7** capital **8** champion, fabulous, five-star, splendid, top-notch **9** excellent, first-rate **10** first-class **11** spectacular

banish **3** ban **4** oust **5** debar, eject, evict, exile, expel **6** deport, dispel, put out, run out **7** cast out, dismiss, exclude, shut out, turn out **8** drive out, relegate, send away **9** discharge, ostracize, rusticate, transport **10** expatriate **13** excommunicate

banishment **5** exile **7** banning **8** eviction **9** discharge, expulsion, ostracism **10** dispelling, relegation **11** deportation, dissolution **12** displacement

banister **3** bar **4** rail **7** railing **10** balustrade

bank **3** row **4** edge, heap, hill, mass, pile, rank, save, tier, tilt **5** amass, array, beach, coast, group, hoard, levee, mound, pitch, shore, slope, stack, stash **6** coffer, dealer, invest, margin, rivage, strand **7** deposit, incline, lay away, pyramid **8** lakeside, lay aside, salt away, seafront, set aside, sock away, squirrel, treasury **9** riverside **10** repository, storehouse **11** credit union **12** squirrel away

bank on 5 trust 7 believe
bankroll 4 back, fund 5 endow, funds, stake 6 pay for 7 capital, finance, sponsor, support 9 grubstake, subsidize 10 capitalize, underwrite
bankrupt 4 bare, bust, do in, ruin 5 break, drain, empty, strip, spent, use up, wreck 6 broken, divest, failed, fold up 7 deplete, deprive, exhaust, lacking, sterile 8 depleted, indebted 9 destitute, exhausted, pauperize, penniless 10 impoverish 12 impoverished
bankruptcy 4 lack, ruin 6 penury 7 failure 9 depletion, ruination, sterility, total loss 10 barrenness, exhaustion, insolvency 11 destitution, liquidation
banned 5 taboo 6 barred 7 illegal, illicit, tabooed 8 enjoined, verboten 9 forbidden 10 contraband, disallowed, prohibited, proscribed 11 interdicted
banner 4 flag, jack 6 burgee, ensign, pennon 7 pendant, pennant 8 banderol, gonfalon, standard, streamer 9 banderole *Roman:* 7 labarum 8 vexillum
bannerol see BANDEROLE
banquet 4 feed 5 feast 6 dinner, regale, repast, spread
banquette 4 seat, sofa 5 bench, shelf 8 platform, sidewalk
Banquo 5 ghost *murderer:* 7 Macbeth
banshee 6 keener, wailer
bantam 3 wee 4 arch, fowl, mini, pert, runt, tiny 5 dwarf, saucy, small 6 cheeky, little, petite 8 insolent, malapert 9 combative, undersize 10 diminutive, undersized
banter 3 fun, kid, rag, rib, wit 4 fool, jest, jive, joke, josh, razz 5 chaff, dally, jolly, tease 7 jesting, joshing, kidding, mockery, ragging, razzing, ribbing, teasing 8 backchat, back talk, badinage, chitchat, drollery, exchange, repartee 9 challenge, small talk 10 persiflage, pleasantry 11 give-and-take
bantling 4 babe, baby 5 bairn 6 infant 7 bambino, newborn, papoose
baptize 3 dip, dub 4 call, name, soak 5 douse, title 6 anoint, drench, purify 7 asperse, cleanse, entitle, immerse 8 christen, dedicate, initiate, sprinkle 9 designate 10 consecrate, denominate, regenerate
bar 3 ban, dam, pub, rod, tap 4 curb, dive, halt, save, stop 5 block, court, estop, ingot, limit, stick, strip 6 bistro, except, impede, lounge, saloon, tavern 7 barrier, cantina, delimit, exclude, gin mill, rule out, taproom 8 alehouse, blockade, count out, obstacle, obstruct, restrict, tribunal 9 barricade, eliminate, honky-tonk, nightclub, roadhouse 11 obstruction, rathskeller 12 circumscribe, watering hole *type:* 3 raw 4 cash, fern, open, roll, tiki 6 sports
barb 3 dig 4 dart, hook 5 quill, shaft, thorn
Barbados *capital:* 10 Bridgetown *language:* 7 English *location:* 10 West Indies *monetary unit:* 6 dollar
barbarian 3 Hun 4 Goth, lout, rude, wild 5 beast, crude, brute 6 savage, Vandal 7 lowbrow, uncouth 8 Visigoth 9 foreigner, Ostrogoth, primitive 10 uncultured 11 uncivilized 12 uncultivated
barbaric 4 wild 5 crude, rough 6 brutal, coarse, savage 7 beastly, boorish, brutish, loutish, uncouth 8 churlish 9 atrocious, monstrous, primitive, unrefined 11 uncivilized
barbarism 8 malaprop, rudeness, solecism 9 vulgarism, vulgarity 10 coarseness, corruption 11 impropriety, malapropism 12 backwardness, unseemliness
barbarity 7 cruelty 8 atrocity, savagery 9 brutality, depravity 10 inhumanity, savageness 11 viciousness 12 ruthlessness 13 monstrousness
barbarous 4 base, fell, grim, rude, vile, wild 5 cruel, harsh 6 brutal, fierce, Gothic, savage, unholy, vulgar, wicked 7 brutish, Hunnish, inhuman, lowbrow, uncivil, ungodly, vicious, wolfish 8 backward, fiendish, inhumane, ruthless, sadistic 9 benighted, ferocious, graceless, heartless, merciless, monstrous, primitive, tasteless, truculent 10 abominable, outlandish, outrageous, philistine, unmerciful 11 unchristian, uncivilized 12 uncultivated
Barbary state 5 Tunis 7 Algiers, Morocco, Tripoli
barbecue 5 grill, roast 7 cookout, roaster
barber 3 bob, cut 4 clip, crop, trim 5 shave, shear 6 shaver 7 clipper, cropper 8 coiffeur 9 coiffeuse 10 beautician, haircutter 11 hairdresser, hair stylist
Barber of Seville *author:* 12 Beaumarchais (Pierre-Augustin) *character:* 6 Figaro, Rosina, Rosine 7 Bartolo, Basilio 8 Almaviva, Bartholo *composer:* 7 Rossini (Gioacchino) 9 Paisiello (Giovanni)
bard 4 muse, poet, scop 5 skald 8 jongleur, minstrel 9 balladist 10 Parnassian, troubadour
Bard of Avon 11 Shakespeare (William)
bare 4 bald, mere, nude, void 5 empty, naked, shorn, stark, strip 6 barren, denude, devoid, expose, peeled, reveal, unclad, unveil, vacant 7 denuded, dis-

robe, emptied, exposed, uncover **8** bankrupt, disclose, stripped **9** unclothed, uncovered, undressed

barefaced **4** bald, bold, open **5** blunt, naked **6** arrant, brassy, brazen **7** blatant, glaring, obvious **8** flagrant, impudent, overbold **9** audacious, beardless, shameless, unabashed **10** unblushing **11** temerarious, unconcealed

barefoot **6** unshod **8** shoeless **9** discalced

bareheaded **7** hatless

barely **4** just **6** hardly, scarce **7** faintly **8** meagerly, scarcely

bargain **3** buy **4** bond, deal, pact, swap **5** agree, steal, trade, truck, value **6** barter, confer, dicker, haggle, higgle, palter, pledge **7** chaffer, compact, savings, traffic **8** closeout, contract, covenant, exchange, giveaway, good deal, huckster, markdown, transact **9** agreement, good value, negotiate, reduction **10** compromise, convention, loss leader, pennyworth **11** arrangement, transaction **13** understanding

barge **4** scow **5** clump, stump **6** lumber **7** galumph, stumble

baritone **4** Prey (Hermann) **5** Gobbi (Tito) **6** Bailey (Norman), London (George), Milnes (Sherrill), Terfel (Bryn), Warren (Leonard) **7** Hampson (Thomas), MacNeil (Cornell), Merrill (Robert), Tibbett (Lawrence) **8** Raimondi (Ruggero), Warfield (William)

bark **3** arf, bay, yap, yip **4** snap, woof, yelp **5** snarl **6** bellow

barkeeper see BARTENDER

barker **6** hawker **8** pitchman

Barlow epic **9** Columbiad

barman see BARTENDER

Barmecidal **5** empty, false **6** unreal **7** fictive **8** apparent, illusive, illusory **9** imaginary **10** chimerical, ostensible **13** insubstantial

barn **6** stable ***area of:*** **4** loft **7** hayloft

barnacle **5** leech **7** sponger **8** hanger-on, nuisance, parasite **9** dependent, free rider **10** crustacean, freeloader

barnstorm **8** campaign

Barnum ***elephant:*** **5** Jumbo ***midget:*** **8** Tom Thumb ***partner:*** **6** Bailey

barnyard **4** foul, rude **5** crass, crude, dirty, nasty **6** coarse, earthy, filthy, ribald, smutty, vulgar **7** obscene, raunchy, uncouth **8** indecent **9** tasteless **10** indelicate **12** scatological

baron **4** lord, peer **5** mogul, noble **6** tycoon **7** kingpin, magnate **8** overlord **13** industrialist

baronial **5** ample, grand, noble **6** august, lordly **7** stately **8** imposing, majestic, princely **9** grandiose **10** commanding, impressive **11** magnificent, resplendent

baroque **6** florid, ornate, rococo **7** complex **8** dramatic **9** excessive, grotesque, irregular **10** flamboyant, ornamented **11** embellished, extravagant **12** ostentatious **13** overdecorated

Baroque ***architect:*** **4** Wren (Christopher) **7** Bernini (Gian Lorenzo), Guarini (Guarino), Maderno (Carlo) **9** Borromini (Francesco) ***composer:*** **4** Bach (Johann Sebastian) **5** Lully (Jean-Baptiste) **6** Handel (George Frideric), Rameau (Jean-Philippe), Schütz (Heinrich) **7** Corelli (Arcangelo), Purcell (Henry), Vivaldi (Antonio) **8** Albinoni (Tommaso), Couperin (François), Telemann (Georg Philipp) **9** Pachelbel (Johann), Scarlatti (Alessandro, Domenico) **10** Monteverdi (Claudio) ***painter:*** **4** Hals (Frans) **5** Steen (Jan) **6** Claude (Lorrain), Rubens (Peter Paul) **7** El Greco, Holbein (Hans), Poussin (Nicolas), Van Dyck (Anthony), Vermeer (Jan) **8** Carracci (Agostino, Annibale, Lodovico), Ter Borch (Gerard) **9** Rembrandt (van Rijn), Velázquez (Diego) **10** Caravaggio ***sculptor:*** **5** Puget (Pierre) **7** Bernini (Gian Lorenzo), Coustou (Guillaume, Nicholas), Pigalle (Jean-Baptiste) **8** Coysevox (Antoine), Girardon (François)

barrack **4** jeer, root **5** cheer, scoff, taunt **6** billet, casern, deride, hector **7** caserne **8** quarters

barrage **3** dam **4** fire, hail, mass **5** blitz, burst, salvo, storm, surge **6** deluge, shower, stream, volley **7** gunfire, torrent **8** drumfire, shelling **9** broadside, cannonade, crossfire, fusillade, onslaught **11** bombardment

barranca **4** bank **5** bluff, gully **6** arroyo

barrel **3** keg, tun, vat **4** butt, cask, drum, peck, race, rush, tear **5** hurry **6** firkin, hasten **8** hogshead ***maker:*** **6** cooper ***part:*** **4** hoop **5** stave ***stopper:*** **4** bung ***support:*** **6** gantry

barrelhouse **4** dive **5** hurry, joint **7** hangout **9** honky-tonk

barren **3** dry **4** arid, bare, poor **5** bleak, empty, stark, stony, waste **6** desert, devoid, effete, futile, fallow **7** badland, lacking, parched, sterile, wanting **8** desolate, heirless, impotent **9** childless, fruitless, infertile, unbearing, unfertile, wasteland **10** unfruitful, untillable **11** unrewarding **12** hardscrabble, unproductive, unprofitable

barricade **5** block, fence **7** barrier **8** blockade **9** roadblock ***of trees:*** **6** abatis

Barrie character 4 John, Nana 5 Peter, Tommy, Wendy 7 Michael 8 Crichton 9 Tiger Lily 10 Tinker Bell 11 Captain Hook

barrier see BARRICADE

barring 3 but 4 save 6 bating, except, saving 7 besides, without 9 aside from, excluding, excepting, outside of 11 exclusive of

barrio 4 slum, turf, ward 6 ghetto 7 quarter, section 8 district, precinct 12 neighborhood

barrister 6 lawyer 7 counsel 8 advocate, attorney 9 counselor

barroom 3 pub 6 lounge, saloon, tavern 7 gin mill, rum room, taproom 8 alehouse, beer hall, dramshop, drinkery, groggery, grogshop 9 beer joint, roadhouse 12 watering hole

bartender 7 tapster 8 boniface 10 mixologist 12 saloonkeeper

barter 4 swap 5 trade, truck 7 bargain, traffic 8 exchange

Bartered Bride composer 7 Smetana (Bedrich)

Barth novel 7 Chimera 12 Giles Goat-Boy 13 Sot-Weed Factor (The)

Baruch *father:* 6 Neriah, Zabbai *occupation:* 6 scribe

basal 5 basic, vital 6 bottom, lowest 7 minimal, primary, radical 8 simplest 9 beginning, essential, undermost 10 bottommost, elementary, primordial, underlying 11 fundamental, preliminary, rudimentary 12 foundational

base 3 bad, bed, fix, key, low 4 camp, evil, foot, foul, home, mean, poor, post, prop, rest, root, seat, site, ugly, vile 5 build, cheap, dirty, found, hinge, lousy, lowly, nadir, plant, set up, sorry, stand 6 bottom, coarse, common, depend, derive, filthy, ground, humble, menial, origin, paltry, scurvy, shoddy, sleazy, sordid, source, trashy, wicked 7 bedrock, caitiff, essence, footing, ignoble, lowborn, low-down, pitiful, servile, squalid, support 8 beggarly, buttress, cowardly, garrison, inferior, pedestal, plebeian, recreant, unwashed, unworthy, wretched 9 construct, dastardly, degrading, establish, framework, loathsome, low-minded, predicate, principle 10 abominable, despicable, foundation, groundwork, substratum, unennobled 11 disgraceful, humiliating, ignominious 12 contemptible, mean-spirited, substructure, underpinning

baseball *abbreviation:* 3 ERA, LOB, MVP, RBI *reputed founder:* 9 Doubleday (Abner) *glove:* 4 mitt *official:* 3 ump 6 umpire *pitch:* 4 drop, heat 5 curve, smoke 6 change, heater, sinker, slider, slurve 7 spitter 8 change-up, fadeaway, fastball, fork ball, knuckler, palm ball, spitball 9 brushback, screwball 11 knuckleball 12 change of pace, knuckle curve *player:* 6 batter 7 baseman, catcher, fielder, pitcher 9 infielder, shortstop 10 outfielder 11 left fielder 12 right fielder 13 center fielder *term:* 3 bag, bat, box, fan, fly, out, run, tag, tap, tip 4 balk, ball, base, bean, bunt, cage, deck, foul, hook, line, mitt, pill, pole, save, walk 5 alley, apple, bench, bloop, clout, count, drive, error, flare, fungo, glove, homer, liner, mound, pop-up, slide, swing 6 assist, clutch, double, dugout, groove, ground, inning, inside, pop fly, pop-out, powder, putout, rubber, runner, single, strike, triple, windup 7 battery, blooper, bullpen, cleanup, diamond, floater, fly ball, home run, infield, manager, outside, pickoff, rhubarb, sidearm, squeeze, stretch 8 baseline, beanball, delivery, foul ball, grounder, keystone, outfield, pinch-hit, rosin bag, southpaw 9 full count, home plate, hot corner, line drive, sacrifice, strikeout, two-bagger 10 double play, frozen rope, ground ball, scratch hit, strike zone 11 knuckleball, pinch hitter, squeeze play, three-bagger

baseballer 3 Ott (Mel) 4 Bell (George), Cobb (Ty), Cone (David), Dean (Dizzy), Fisk (Carlton), Ford (Whitey), Foxx (Jimmy), Kaat (Jim), Mays (Willie), Rice (Jim), Rose (Pete), Ruth (Babe), Ryan (Nolan), Sosa (Sammy) 5 Aaron (Henry), Anson (Cap), Banks (Ernie), Belle (Albert), Bench (Johnny), Berra (Yogi), Boggs (Wade), Bonds (Barry), Brett (George), Brock (Lou), Brown (Kevin), Carew (Rod), Clark (Will), Damon (Johnny), Davis (Mark), Green (Shawn), Grove (Lefty), Gwynn (Tony), Henke (Tom), Jeter (Derek), Kiner (Ralph), Maris (Roger), Mauer (Joe), Paige (Satchel), Perez (Tony), Perry (Gaylord), Smith (Lee), Spahn (Warren), Staub (Rusty), Tiant (Luis), Viola (Frank), Weeks (Rickie), Young (Cy), Yount (Robin) 6 Dawson (Andre), Feller (Bob), Foster (George), Franco (John), Garvey (Steve), Gehrig (Lou), Gibson (Bob, Josh, Kirk), Gooden (Dwight), Herzog (Whitey), Hunter (Catfish), Koufax (Sandy), Lajoie (Nap), Maddux (Greg), Mantle (Mickey), Morgan (Joe), Murphy (Dale), Murray (Eddie), Musial (Stan), Palmer (Jim), Piazza (Mike), Raines (Tim),

Ripken (Cal), Seaver (Tom), Sisler (George), Sutter (Bruce), Sutton (Don), Thomas (Frank), Vaughn (Mo), Wagner (Honus), Walker (Larry) **7** Bagwell (Jeff), Canseco (José), Carlton (Steve), Clemens (Roger), Coleman (Vince), Collins (Eddie), Delgado (Carlos), Fingers (Rollie), Griffey (Ken), Hornsby (Roger), Hubbell (Carl), Jackson (Joe, Reggie), Johnson (Randy, Walter), Justice (David), Leonard (Buck), McGwire (Mark), Mondesi (Raul), Puckett (Kirby), Reardon (Jeff), Schmidt (Mike), Simmons (Al), Speaker (Tris) **8** Anderson (Sparky), Blyleven (Bert), Clemente (Roberto), DiMaggio (Joe), Guerrero (Vladimir), Martinez (Pedro), Mitchell (Kevin), Righetti (Dave), Robinson (Brooks, Frank, Jackie), Williams (Bernie, Ted), Winfield (Dave) **9** Alexander (Grover), Eckersley (Dennis), Gehringer (Charlie), Greenberg (Hank), Henderson (Rickey), Hernandez (Willie), Hershiser (Orel), Killebrew (Harmon), Mathewson (Christy), Mattingly (Don), Rodriguez (Alex), Sheffield (Gary) **10** Campanella (Roy), Conigliaro (Tony), Strawberry (Darryl), Valenzuela (Fernando) **11** Garciaparra (Nomar), Yastrzemski (Carl)

baseball team see AMERICAN LEAGUE; NATIONAL LEAGUE

baseboard **7** molding **8** skirting

baseless **4** idle, thin, vain **5** empty, false, wrong **6** feeble, flimsy **9** frivolous, pointless, senseless, unfounded, untenable **10** fallacious, gratuitous, groundless, inadequate, incredible, ungrounded **11** uncalled-for, unconfirmed, unnecessary, unsupported, unsustained, unwarranted **12** indefensible, contemptible, unpersuasive **13** unjustifiable

basement **6** bottom, cellar, ground **7** bedrock **10** foundation, groundwork, substratum **12** substructure

base on balls **4** walk

bash **3** bat, hit **4** belt, blow, fete, gala, slam, whop **5** blast, crack, crash, party, pound, smack, smash, thump, whack **6** attack, pummel, soiree, strike, wallop **7** blowout, shindig **8** wingding

Bashemath ***father:*** **7** Ishmael ***husband:*** **4** Esau ***sister:*** **8** Nebaioth

bashful **3** coy, shy **5** chary, mousy, timid **6** demure, modest **7** abashed, nervous **8** blushing, reserved, retiring, timorous **9** diffident, reluctant, shrinking, unassured **11** unassertive

basic **3** key **4** main **5** chief **6** bottom **7** capital, central, element, minimum, primary, radical **8** cardinal, inherent, rudiment **9** beginning, elemental, essential, intrinsic, primitive, principal, unadorned **10** elementary, underlying **11** fundamental **12** foundational

basically **6** au fond, mainly, mostly **7** at heart, chiefly, firstly, overall **8** in effect **9** generally, in essence, primarily

basic point **4** crux, gist, pith **5** heart **6** kernel **7** essence

basilica **6** church **7** minster **9** cathedral

basin **3** dip, pan, sag **4** bowl, sink **6** cirque, hollow **7** sinkage **8** sinkhole, washbowl **9** concavity **10** depression ***liturgical:*** **5** stoup **7** piscina

basis **3** bed **4** crux, root, seat, seed **5** heart, nexus **6** bottom, ground, reason **7** bedrock, essence, footing, grounds, nucleus, premise, support, warrant **9** authority, postulate, principle **10** assumption, foundation, groundwork, substratum **11** fundamental, presumption **12** substructure, underpinning **13** justification

bask **3** sun **4** loll **5** glory, revel, relax **6** lounge, wallow, welter **7** indulge **8** sunbathe **9** luxuriate

basket **6** bushel, gabion **7** pannier ***angler's:*** **5** creel

basketball ***inventor:*** **8** Naismith (James) ***official:*** **6** umpire **7** referee ***player:*** **5** cager, guard **6** center **7** forward **8** hoopster, swingman **10** point guard ***team:*** **4** five **7** quintet ***term:*** **3** gun, jam, key **4** cage, dunk, pass **5** board, lay-up, press, shoot, tip-in **6** freeze, tap-off, tip-off, travel **7** dribble, keyhole, rebound, throw-in, time-out **8** alley-oop, jump ball, slam dunk **9** backboard, backcourt, field goal, free throw **11** ball control

basketballer **3** Bol (Manute) **4** Bird (Larry), Ming (Yao), Nash (Steve), Redd (Michael), Reed (Willis), West (Jerry, Mark) **5** Allen (Ray), Barry (Rick), Brand (Elton), Cousy (Bob), Davis (Baron), Ewing (Patrick), Mikan (George), O'Neal (Shaquille), Price (Mark) **6** Baylor (Elgin), Blount (Mark), Boozer (Carlos), Bryant (Kobe), Carter (Vince), Cowens (Dave), Duncan (Tim), Erving (Julius), Gervin (George), Jordan (Michael), Malone (Jeff, Karl, Moses), McAdoo (Bob), McHale (Kevin), Miller (Brad, Reggie), Parish (Robert), Pierce (Paul, Ricky), Pippin (Scottie), Rodman (Dennis), Skiles (Scott), Thomas (Kenny), Thorpe (Otis), Walton (Bill), Worthy (James) **7** Barkley (Charles), Billups (Chauncey), Dawkins (Darryl),

Dampier (Erick), Edwards (James), Frazier (Walt), Garnett (Kevin), Hilario (Nene), Houston (Allan), Iverson (Allen), Jackson (Lauren), Jamison (Antawn), Johnson (Magic), McGrady (Tracy), Russell (Bill), Rollins (Tree), Taurasi (Diana), Wallace (Ben), Wilkins (Dominique) **8** Auerbach (Red), Cardinal (Brian), Havlicek (John), Olajuwon (Akeem), Magloire (Jamaal), Nowitzki (Dirk), Randolph (Zach), Robinson (David), Stockton (John), Thompson (Tina), Williams (Buck) **9** Donaldson (James), Ferdinand (Marie), Holdsclaw (Chamique), Robertson (Oscar) **10** Stojakovic (Predrag), Williamson (Corliss) **11** Abdul-Jabbar (Kareem), Chamberlain (Wilt)

Basmath's father 7 Solomon

Basque 6 bodice ***cap:*** **5** beret ***game:*** **6** pelota **7** jai alai ***mountains:*** **8** Pyrenees ***province:*** **5** Alava **7** Vizcaya **9** Guipúzcoa

bass 3 low **4** deep **6** singer **8** cabrilla ***famous:*** **5** Hines (Jerome), Pinza (Ezio), Ramey (Samuel), Siepi (Cesare), Tozzi (Giorgio) **6** Hotter (Hans), London (George), Morris (James) **7** Plishka (Paul), Robeson (Paul), Talvela (Martti) **8** Flagello (Ezio), Ghiaurov (Nicolai), Raimondi (Ruggero) **9** Chaliapin (Fyodor), Christoff (Boris)

Bassanio's beloved 6 Portia

bassinet 6 cradle, basket

bastard 5 cross **6** by-blow, hybrid **7** mongrel **9** love child **12** natural child ***combining form:*** **4** noth **5** notho

bastardize 4 warp **5** taint **6** debase, defile **7** corrupt, debauch, degrade, deprave, pervert, pollute, vitiate **9** brutalize **10** adulterate, bestialize, demoralize, depreciate **11** contaminate

baste 3 sew **4** beat, drub, lash, mill, pelt, rail, tack, whip **5** paste, scold **6** batter, berate, larrup, pummel, revile, stitch, thrash, wallop **7** bawl out, belabor, chew out, clobber, moisten, tell off, trounce, upbraid **8** bless out, chastise **9** dress down **10** tongue-lash

bastille 4 jail **6** prison **9** bridewell

bastinado 3 bat, rod **4** bash, beat, blow, cane, club **5** birch, crack, pound, smack, smash, stick, whack **6** cudgel, paddle, strike, switch, thwack, wallop **8** bludgeon **9** truncheon

bastion 5 tower **7** bulwark, citadel, parapet, rampart, redoubt **8** fastness, fortress **10** breastwork, stronghold **13** fortification

bat 3 bag, bop, hag **4** belt, biff, blow, bust, club, slam, sock, swat, whop, wink **5** biddy, blink, crone, smack **6** cudgel, thwack **7** meander **8** bludgeon **9** flying fox, truncheon **10** knobkerrie, shillelagh **11** pipistrelle

batch 3 lot, set **5** array, bunch, clump, crowd, group **6** bundle, clutch, parcel **7** cluster **8** quantity, shipment **10** assemblage, assortment, collection **11** aggregation **12** accumulation

bate 3 bar **4** omit **5** check **6** deduct, except, reduce **7** cut back, exclude, suspend **8** diminish, moderate, restrain, subtract

bateau 4 boat, dory **5** craft, skiff **6** dinghy, launch **7** shallop

bath 3 spa, tub **4** soak, wash **5** hydro, wells **6** shower **7** springs **8** ablution **13** watering place

bathe 3 dip, lap, lip, sop, tub, wet **4** bask, lave, soak, soap, swim, wash **5** clean, douse, flood, rinse, flush, souse, steep **6** shower **7** cleanse, immerse, pervade, suffuse **8** irrigate

bathetic 5 mushy, soppy, stale, tired, trite **6** drippy **7** clichéd, cloying, gushing, maudlin, mawkish **9** emotional, hackneyed, schmaltzy **10** lachrymose **11** commonplace, sentimental, stereotyped, tear-jerking **13** anticlimactic, overemotional, stereotypical

bathhouse 5 sauna **6** cabana

bathing suit 6 bikini, trunks **7** bandeau, maillot

bathos 7 letdown **8** banality, comedown **9** triteness **10** anticlimax

bathroom 3 loo **4** john **5** privy **6** toilet **8** lavatory, outhouse

Bathsheba ***father:*** **5** Eliam ***husband:*** **5** David, Uriah ***son:*** **7** Solomon

bathtub gin 5 hooch **6** rotgut **7** bootleg **8** homebrew **9** moonshine **11** mountain dew

Batman creator 4 Kane (Bob)

baton 3 rod **4** club, mace, wand **5** billy, staff, stick **6** cudgel **7** war club **8** bludgeon **9** billy club, truncheon **10** nightstick

___ **Bator 4** Ulan

batrachian 4 frog, toad **9** amphibian

battalion 4 army, host, unit **5** force, horde **6** legion, throng, troops **8** squadron **10** contingent, detachment

batter 4 bash, beat, drub, hurt, maul, mush **5** baste, break, dough, paste, pound, wreck **6** bruise, buffet, bung up, hitter, mangle, pommel, pummel, thrash, wallop **7** assault, belabor, bombard, clobber, coating, contuse, cripple, lambast **8** demolish, lambaste

battery 3 lot, set **4** body, guns **5** abuse, array, batch, bunch, clump, group, suite **6** bundle, cannon, series **7** assault, beating, cluster **8** thumping **9** artillery, onslaught **10** energy cell **11** gunnery unit

battery terminal **5** anode **7** cathode

battle **4** fray **5** brush, clash, fight **6** action, assail, attack, combat, sortie **7** assault, contend, contest **8** conflict, skirmish, struggle **9** encounter, onslaught, scrimmage **10** engagement **11** hostilities

battle-ax **5** harpy, scold, shrew **6** virago **8** harridan **9** termagant, Xanthippe

Battle Born State **6** Nevada

battle cry **6** banzai

battlement **4** wall **7** barrier, bastion, bulwark, parapet, rampart **10** protection

batty **3** mad **4** daft, nuts, zany **5** barmy, crazy, kooky, loony, nutty, potty, wacky **6** crazed, cuckoo, insane, maniac, screwy, whacko **7** bananas, bonkers, cracked, idiotic, lunatic **8** deranged **9** bedlamite

bauble **3** toy **5** curio **6** gewgaw, trifle **7** bibelot, novelty, trinket, whatnot **8** gimcrack, ornament **9** objet d'art, plaything **10** knickknack

Baucis's husband **8** Philemon

Bavaria **6** Bayern ***capital:*** **6** Munich ***city:*** **8** Augsburg, Bayreuth, Würzburg **9** Nuremberg ***king:*** **6** Ludwig ***patron saint:*** **6** Rupert

bawd **4** drab, moll, tart **5** madam, tramp, whore **6** floozy, harlot, hooker **7** trollop **8** strumpet **10** prostitute **11** nightwalker **12** streetwalker

bawdy **4** blue, lewd **5** crude, dirty **6** coarse, erotic, ribald, risqué, smutty, vulgar **7** obscene **8** indecent, prurient **9** lecherous, offensive, salacious **10** lascivious, libidinous, licentious, suggestive

bawdy house **4** crib, stew **6** bagnio **7** brothel, lupanar **8** bordello

bawl **3** cry, sob **4** howl, roar, rout, wail, weep, yell, yowl **5** shout **6** bellow, berate, boohoo, clamor, holler, outcry, scream, shriek, squall **7** blubber, bluster

bawl out **3** wig **4** lash **5** baste, scold **6** berate, rebuke **7** censure, chew out, condemn, tell off, upbraid **8** bless out, castigate, denounce, tear into **9** dress down, reprimand **10** tongue-lash

bay **3** arm **4** cove, gulf, howl, nook, wail **5** award, bight, crown, firth, honor, inlet, niche **6** harbor, laurel, recess **7** garland, laurels **8** accolade **10** decoration ***Aegean Sea:*** **5** Anzac ***Africa:*** **6** Walvis ***Alaska:*** **7** Glacier ***Antarctica:*** **3** Ice **8** Amundsen ***Argentina:*** **6** Blanca ***Australia:*** **5** Anson, Shark **6** Botany, Sharks **9** Discovery ***Baltic:*** **4** Hano, Kiel **6** Danzig, Kieler **9** Pomerania **10** Pomeranian, Pommersche ***Beaufort Sea:*** **7** Prudhoe **9** Mackenzie ***Brazil:*** **9** Guanabara ***Bristol Channel:*** **10** Carmarthen ***California:*** **5** Morro **8** Monterey, San Diego ***Canada:*** **5** Fundy ***Capetown:*** **5** Table ***Caribbean Sea:*** **5** Limon **8** Chetumal ***Central America:*** **7** Fonseca ***Cuba:*** **10** Guantánamo ***East River:*** **8** Flushing ***Egypt:*** **6** Abu Qir ***Eire:*** **4** Clew **7** Brandon ***English Channel:*** **3** Tor **4** Lyme ***Europe:*** **6** Biscay ***Florida:*** **8** Biscayne ***Greenland:*** **6** Baffin **8** Melville ***Gulf of Alaska:*** **12** Resurrection ***Gulf of California:*** **5** Adair ***Gulf of Guinea:*** **5** Benin **6** Biafra ***Gulf of Mexico:*** **5** Tampa **6** Mobile **7** Aransas **8** Campeche, Sarasota **9** Matagorda, Pensacola **10** San Antonio, Terrebonne **11** Atchafalaya, Ponce de Leon **12** Apalachicola **13** Corpus Christi ***Gulf of St. Lawrence:*** **5** Bonne, Gaspé ***Hawaii:*** **5** Koloa, Lawai ***Hong Kong:*** **4** Deep ***Honshu:*** **3** Ise **5** Mutsu, Osaka, Owari, Tokyo **6** Atsuta, Sagami ***Indian Ocean:*** **6** Bengal ***Indonesia:*** **8** Humboldt ***Irish Sea:*** **4** Luce **7** Dundalk ***Jamaica:*** **4** Long ***Japan:*** **4** Tosa ***Java Sea:*** **7** Batavia **8** Djakarta ***Lake Erie:*** **8** Sandusky ***Lake Huron:*** **7** Saginaw, Thunder ***Lake Michigan:*** **5** Green **13** Grand Traverse ***Lake Ontario:*** **11** Irondequoit ***Lake Superior:*** **5** Huron **8** Keweenaw **9** Whitefish ***Long Island Sound:*** **6** Oyster ***Maine:*** **5** Casco **7** Machias **9** Penobscot ***Maryland-Virginia:*** **10** Chesapeake **12** Chincoteague ***Massachusetts:*** **6** Boston **7** Cape Cod **8** Buzzards, Plymouth ***New Brunswick:*** **13** Passamaquoddy ***Newfoundland:*** **4** Hare **5** White **7** Fortune ***New Jersey:*** **5** Great **6** Newark **7** Raritan **8** Barnegat ***New York:*** **7** Jamaica ***North Carolina:*** **6** Onslow ***Northwest Territories:*** **5** Wager **7** Repulse **8** Franklin **9** Frobisher ***Oregon:*** **4** Coos ***Puerto Rico:*** **5** Sucia ***Quebec:*** **6** Ungava ***Rhode Island:*** **12** Narragansett ***Sea of Japan:*** **13** Peter the Great ***South Carolina:*** **4** Bull, Long ***South China Sea:*** **5** Subic **7** Camranh ***Spain:*** **5** Cadiz ***Strait of Gibraltar:*** **7** Tangier ***Sydney:*** **6** Botany ***Tasmania:*** **5** Storm ***Texas:*** **7** Trinity ***Tyrrhenian Sea:*** **6** Naples **7** Paestum ***Wales:*** **10** Caernarfon, Caernarvon ***Washington:*** **5** Dabob **6** Skagit ***West Indies:*** **5** Coral

bayou **5** creek, marsh **6** slough **9** everglade, tributary ***Louisiana:*** **5** Macon **9** Barataria, Lafourche **10** Terrebonne ***Mississippi:*** **9** Chickasaw

Bay State 13 Massachusetts
bay window 3 gut, pot 5 oriel, tummy 6 paunch 8 potbelly 9 beer belly, spare tire 11 corporation, breadbasket
bazaar 4 fair, mall, mart, souk 6 market 7 benefit 8 emporium, exchange 11 marketplace
bazooka's target 4 tank
be 4 live 5 exist
beach 4 bank 5 Cocoa, coast, shore 6 Malibu, Pebble, strand, Venice 7 seaside, shingle, Waikiki 8 cast away, lakeside, littoral, seashore 9 lakeshore 10 Clearwater, Copacabana, oceanfront, run aground
___ **Beach** 3 Amy 4 Long, Palm, Vero 5 Dover, Miami, Omaha 6 Delray, Myrtle, Ormond 7 Daytona, Riviera, Waikiki 8 Imperial, Virginia
beached 6 ashore 7 aground 8 grounded, marooned, stranded 9 abandoned
beachhead 8 foothold
beachwear see BATHING SUIT
beacon 4 buoy, sign 5 flare, guide 6 pharos, signal 7 bonfire, lantern 8 balefire 9 watchfire 10 lighthouse, signal fire 11 inspiration, transmitter 12 guiding light
bead 3 dab, dot, pea 4 blob, drop 6 bubble 7 driblet, globule 8 spherule
beak 3 neb, nib 4 bill, nose 5 snoot, snout, spout 6 pecker, schnoz 7 schnozz 8 mandible 9 proboscis, schnozzle
beaker 3 cup 6 carafe, goblet, vessel 8 decanter
beaklike part 7 rostrum
be-all and end-all 3 sum 4 pith, root, soul 5 total, whole 6 bottom 7 essence 8 entirety, sum total, totality 9 aggregate, substance 10 prime cause 12 quintessence
beam 3 bar, ray 4 balk, boom, burn, glow, grin, spar 5 flare, flash, gleam, joist, plank, shaft, shine, shoot, smile, strut 6 girder, lintel, rafter, signal, streak, stream, timber 7 radiate 8 transmit 9 broadcast
beaming 6 bright, joyful, lucent 7 fulgent, lambent, radiant 8 animated, cheerful, luminous 9 brilliant, effulgent, refulgent 12 incandescent
bean 3 soy, wax 4 bush, conk, dome, head, lima, mung, navy, pate, pole, poll, snap, soya 5 baked, brain, broad, horse, jelly, pinto 6 belfry, coffee, frijol, kidney, legume, noddle, noggin, noodle, string 7 jumping 9 headpiece 10 stringless ***of India:*** 3 urd
beanery 4 café 5 diner, grill 9 hash house 10 coffee shop, restaurant 11 greasy spoon 12 luncheonette
beano 5 bingo
Bean Town 6 Boston
bear 3 lug 4 tote 5 abide, allow, beget, bring, brook, bruin, carry, stand, touch 6 accept, behave, convey, deport, endure, permit, suffer 7 comport, condone, conduct, deliver, stomach, support, sustain, swallow, undergo 8 engender, generate, shoulder, tolerate 9 procreate, propagate, reproduce, transport 10 bring forth 11 countenance ***Alaskan:*** 5 polar 6 Kodiak ***Australian:*** 5 koala ***genus:*** 5 Ursus ***kind:*** 3 sun 5 black, brown, honey, koala, polar, sloth 6 Kodiak 7 grizzly 10 spectacled ***relating to:*** 6 ursine ***young:*** 3 cub
bearable 7 livable, tenable 8 adequate, passable 9 allowable, endurable, tolerable 10 acceptable, admissible, good enough, manageable, sufferable 11 supportable, sustainable
bearcat 5 panda
beard 4 dare, defy, face, fuzz 5 brave, front 6 goatee 7 outface, stubble, Vandyke 8 confront, imperial, whiskers 9 challenge ***on grain:*** 3 awn
bearded 5 bushy, fuzzy, hairy 6 shaggy, tufted 7 bristly, goateed, hirsute, stubbly 8 unshaven 9 whiskered 11 bewhiskered
bear down 4 rout 5 crush, quell 6 burden, defeat, reduce, subdue 7 conquer, overrun, trample 8 overcome, vanquish 9 emphasize, overpower, overwhelm, subjugate
bearer 4 mule 5 envoy 6 coolie, porter, runner 7 carrier, courier 8 conveyor, emissary 9 go-between, messenger 11 internuncio
bear hug 6 clinch
bearing 3 air, set 4 look, mien, pose 5 poise 6 aspect, manner, stance 7 address, conduct, display, posture 8 attitude, behavior, carriage, delivery, demeanor, presence, relation 9 demeanour, direction 10 connection, deportment 11 comportment
bearish 4 curt 5 gruff, rough, terse, surly 6 cranky, ornery 7 anxious, dubious, prickly, uncouth 8 cautious, vinegary 9 crotchety, irascible 10 ill-humored 11 pessimistic 12 cantankerous
bearlike 6 ursine
bear out 4 show 5 prove 6 attest, uphold, verify 7 certify, confirm, justify 8 validate, vouch for 9 vindicate 11 corroborate, demonstrate 12 authenticate, substantiate

bear up 4 cope, fare, prop 5 brace, get by 6 endure, uphold 7 bolster, support, sustain 8 buttress, get along, maintain, underpin

beast 5 brute 6 animal 7 critter, monster, varmint 8 behemoth, creature

beastly 4 foul, mean, vile 5 awful, brute, feral, nasty 6 animal, brutal, odious 7 bestial, brutish, inhuman, ogreish, swinish 8 horrible, terrible 9 barbarous, revolting 10 abominable, detestable

beat 3 box, get, gyp, hit, lam, rap, tan, top 4 balk, belt, best, cane, dash, drub, drum, dump, flap, flog, foil, lash, lick, maul, pelt, rout, ruin, stir, tick, trim, whip, whop 5 baste, cheat, cozen, excel, forge, lay on, meter, outdo, paste, pound, pulse, punch, rhyme, route, scoop, scour, smear, stick, stump, swing, throb, tread, tromp, whack, whisk 6 baffle, batter, better, buffet, cudgel, defeat, diddle, exceed, forage, hammer, larrup, muss up, patrol, pummel, rhythm, rounds, strike, thrash, thresh, thwart, wallop 7 belabor, clobber, circuit, conquer, exhaust, fashion, fatigue, lambast, lay down, prevail, pulsate, ransack, rough up, shellac, surpass, swindle, triumph, trounce 8 bewilder, bludgeon, Bohemian, lambaste, outshine, outsmart, outstrip, overcome, precinct 9 exhausted, frustrate, palpitate, pulsation, transcend, vibration 10 circumvent, pistol-whip 11 oscillation

beating 4 rout 5 lumps 6 defeat, hiding, mayhem 7 assault, setback 9 hammering, pulsation, throbbing 11 palpitation, shellacking

beatitude 3 joy 5 bliss 7 delight, ecstasy, rapture 8 euphoria, gladness, rhapsody 9 happiness, transport 10 exaltation, joyfulness 11 blessedness 12 blissfulness

Beatles 4 John (Lennon), Paul (McCartney) 5 Ringo (Starr) 6 George (Harrison)

beatnik 5 rebel 6 hippie 7 radical 8 Bohemian 9 dissident 11 flower child 13 nonconformist

beat-up 6 shabby 7 rickety, worn-out 8 decrepit, tattered 9 crumbling 10 broken-down, ramshackle, tumble-down 11 dilapidated

beau 5 dandy, flame, lover, swain, wooer 6 steady, suitor 7 admirer, beloved 8 paramour, truelove, young man 9 boyfriend 10 sweetheart

Beau Brummell 3 fop 5 dandy, swell 7 coxcomb, gallant 8 macaroni 11 petit-maître 12 lounge lizard

beau ideal 5 guide, model 6 mirror 7 epitome, example, paragon, pattern 8 exemplar, paradigm, standard 9 archetype 12 quintessence

Beaumarchais hero 6 Figaro

beau monde 5 elite 6 gentry, jet set 7 society 8 smart set 10 glitterati, upper crust

beauteous see BEAUTIFUL

beautiful 4 fair 5 bonny 6 comely, lovely, pretty 7 radiant 8 glorious, gorgeous, handsome, splendid, stunning 9 exquisite 10 attractive 11 good-looking, resplendent, well-favored

beautiful people 6 jet set 8 smart set 9 haut monde 10 glitterati 11 high society

beautify 4 deck, gild, trim 5 adorn, array, fix up, grace, prank, primp 6 bedeck, doll up 7 dress up, festoon, garland, garnish, gussy up, enhance, improve 8 decorate, ornament, prettify, spruce up 9 embellish, glamorize

beauty 5 asset, belle, dream, merit, peach 6 appeal, eyeful, looker, lovely 7 charmer, dazzler, stunner 8 knockout 9 eye-opener, good looks 10 good-looker, loveliness

beaver 6 rodent ***project:*** 3 dam ***home:*** 5 lodge ***young:*** 3 kit, pup

Beaver State 6 Oregon

becalm 4 hush, lull, stop 5 allay, quiet, stall, still 6 arrest, pacify, sedate, settle, soothe, steady, subdue 7 assuage, compose, quieten 11 tranquilize

because 3 for, now 4 that 5 since 7 being as, whereas 8 being how, as long as, seeing as 10 inasmuch as

because of 4 over 5 due to 7 owing to, through 8 thanks to 10 by reason of 11 on account of

Beckett work of 4 Not I, Play, Watt 6 Molloy, Murphy 7 Endgame 9 Happy Days, Unnamable (The) 10 Eleutheria, Malone Dies 14 Krapp's Last Tape 15 Waiting for Godot

beckon 3 bid, nod 4 lure, wave 6 allure, entice, invite, motion, signal, summon 7 attract

becloud 3 dim, fog 4 blur, hide, veil 5 addle, bedim, befog, cloak, muddy 6 impair, darken, muddle, puzzle, shroud 7 confuse, eclipse, obscure, perplex 8 befuddle 9 obfuscate 10 overshadow

become 3 fit, get, wax 4 grow, suit 5 befit 6 go with 7 enhance, flatter 8 turn into

becoming 3 apt 5 right 6 decent, proper, seemly 7 correct, fitting 8 decorous, suitable, tasteful 9 befitting 10 attractive, flattering, well-chosen 11 appropriate, comme il faut

bed 3 cot 4 base, bunk, crib, sack, twin 5 basis, berth, layer 6 bottom, cradle, double, ground, Murphy, pallet 7 bedrock, stratum, trundle 8 rollaway 10 foundation, substratum ***of India:*** 7 charpoy
bedaub 4 coat 5 cover, smear 6 smudge 7 overlay, plaster
bedazzle 4 daze 5 blind
bedcover 5 duvet, quilt 6 afghan, spread 7 blanket 8 coverlet 9 comforter 11 counterpane
bedeck 4 trim 5 adorn, array, prank 6 attire, bedaub, jazz up 7 appoint, bedizen, dress up, festoon, furbish, garland, garnish, gussy up 8 accouter, accoutre, beautify, decorate, ornament, prettify 9 embellish
bedevil 5 annoy, harry, spoil, tease, worry 6 harass, needle, nettle, pester, plague 7 hagride, provoke, torment, trouble 8 bewilder 10 exasperate
bedevilment 6 bother 7 torment, trouble 8 disorder, vexation 9 annoyance, confusion 10 irritation 11 aggravation 12 bewilderment
bedfellow 4 ally 5 crony 7 comrade 9 associate, colleague 10 compatriot 11 confederate 12 collaborator
bedim 3 fog 4 blur, mask, veil 5 befog, blear, cloud, gloom, shade, 6 darken, muddle, shadow, shroud 7 becloud, confuse, eclipse, obscure 9 obfuscate
bedizen 4 deck, garb, gild 5 adorn, array, endue 6 doll up, dude up, invest, outfit, rig out 7 costume, dandify, dress up, garnish, gussy up, turn out 8 beautify, ornament 9 caparison, embellish
bedlam 3 ado 5 chaos, furor 6 asylum, clamor, furore, hubbub, tumult, uproar, welter 7 turmoil 8 foofaraw, madhouse, upheaval 9 commotion, maelstrom 10 hurly-burly 11 pandemonium
bedlamite 3 mad, nut 4 loon, nuts 5 batty, crazy, loony 6 insane, madman, maniac 7 cracked, lunatic 8 demented, deranged
bedouin 4 Arab 5 nomad
bedraggled 5 faded, seedy 6 shabby, ragtag, untidy 7 muddied, rundown, unkempt 8 decrepit, dripping, slovenly, tattered 10 disheveled, disarrayed, disordered, down-at-heel, ramshackle, threadbare 11 dilapidated
bedridden 6 laid up, shut-in 8 confined 12 hospitalized
bedrock 4 base, core, foot, root 5 axiom, basic, basis, floor, nadir 6 bottom, depths, ground 7 footing, support 10 foundation, groundwork, substratum 11 fundamental 12 substructure, underpinning
bedroom 7 boudoir, chamber
bedspread 8 coverlet 11 counterpane
bed-wetting 8 enuresis
bee ***food:*** 6 nectar ***glue:*** 8 propolis ***group:*** 5 swarm 6 colony ***house:*** 4 hive 6 apiary ***kind:*** 5 drone, mason, queen 6 mining, sewing, worker 8 quilting, spelling 9 carpenter ***nest:*** 4 hive, skep ***product:*** 3 wax 5 honey ***relating to:*** 8 apiarian ***wax cells:*** 9 honeycomb
beechnuts 4 mast
beef 4 crab, fuss, meat 5 bitch, brawn, gripe 6 grouse, muscle 7 grumble 9 bellyache, complaint, grievance ***cut:*** 3 rib 4 loin, rump, side 5 chuck, flank, plate, round, shank 7 brisket, sirloin 10 tenderloin 11 porterhouse ***grade:*** 5 prime 6 choice 7 utility 8 standard 10 commercial ***order:*** 4 rare 6 medium 8 well-done
beefeater 5 guard 6 sentry, warder, yeoman
beefy 5 bulky, burly, hefty, husky, meaty 6 brawny, fleshy, robust, stocky, sturdy 7 massive 8 muscular, thickset 9 strapping 11 substantial
Beehive State 4 Utah
beekeeper 8 apiarist 12 apiculturist
beekeeping 10 apiculture
beeline 3 fly, nip, zip 4 race, whiz 5 hurry, speed 6 bullet, hasten, hustle, rocket 7 hotfoot 8 expedite, highball 10 make tracks 12 shortest path
Beelzebub 5 devil, fiend, Satan 6 diablo 7 Evil One, Lucifer, Old Nick, serpent 8 Apollyon 9 adversary, archfiend
beer 3 ale 4 bock, brew, suds 5 draft, lager, stout, weiss 6 porter 7 brewski, cerveza, pilsner 8 pilsener ***vessel:*** 3 mug 4 toby 5 stein 6 flagon, seidel 7 tankard 8 schooner 9 blackjack ***drinking place:*** 3 bar, inn, pub 6 saloon, tavern ***ingredient:*** 4 hops, malt 5 yeast 6 barley ***maker:*** 6 brewer ***mythical inventor:*** 9 Gambrinus ***plant:*** 7 brewery ***Russian:*** 5 kvass ***Scottish:*** 10 barley-bree
beer hall 3 pub 6 saloon, tavern 7 taproom 8 alehouse 11 public house, rathskeller
Beeri ***daughter:*** 6 Judith ***son:*** 5 Hosea
beet 5 chard 6 mangel, wurzel 10 Swiss chard ***family:*** 9 goosefoot
Beethoven, Ludwig van ***birthplace:*** 4 Bonn ***opera:*** 7 Fidelio ***overture:*** 6 Egmont 7 Leonore 10 Coriolanus, Prometheus ***sonata:*** 7 Tempest 8 Kreutzer 9 Moonlight, Waldstein 10 Pathétique 12 Appassionata ***symphony:*** 6 Choral, Eroica 8 Pastoral

beetle 3 bug, jut 5 bulge 6 insect, scarab, scurry 7 project 8 overhang, protrude, stand out, stick out ***click:*** 6 elater 7 firefly ***dung:*** 6 scarab 9 tumblebug ***front wing:*** 6 elytra (plural) 7 elytron ***fruit-eating:*** 8 curculio ***insect-eating:*** 7 ladybug 8 ladybird ***kind:*** 4 bean, dung, fire, June, stag 5 click, flour, grain, tiger, water 6 carpet, chafer, ground, May bug, museum 7 blister, cadelle, carabid, firefly, goldbug, goliath, June bug, vedalia 8 ambrosia, Japanese 9 longicorn, potato bug 10 cockchafer, rhinoceros ***order:*** 10 Coleoptera ***snouted:*** 6 weevil 7 billbug 8 curculio 9 wood borer ***young:*** 4 grub 5 larva 6 larvae (plural) 8 wireworm

beet soup 6 borsch 7 borscht

befall 3 hap 5 ensue, occur 6 betide, chance, follow, happen 7 come off, develop, fall out 8 happen to 9 come about, eventuate, transpire

befit 4 meet, suit 6 become, go with 9 agree with, chime with 10 accord with, be right for 11 be proper for

befitting 3 apt 4 just, meet 5 happy, right 6 decent, proper, seemly 7 correct 8 becoming, decorous, suitable 10 conforming, felicitous 11 appropriate, comme il faut

befog 3 dim 4 blur, hide, veil 5 bedim, blear, cloak, cloud, muddy 6 darken, puzzle 7 becloud, confuse, eclipse, envelop, obscure, perplex 8 bewilder, confound 9 obfuscate, overcloud 10 overshadow

befool 4 dupe, gull, hoax, play 5 cozen, trick 6 delude 7 chicane, deceive, mislead 8 hoodwink 9 bamboozle, victimize 11 hornswoggle

before 3 ere 4 ante, once, till, up to 5 ahead, until 6 facing, sooner, up till 7 ahead of, already, earlier, prior to 8 formerly 9 in advance, in front of, preceding 10 previously 11 in advance of ***prefix:*** 3 pre, pro 4 ante, fore

befoul 3 mar, tar 4 slur, soil 5 dirty, smear, spoil, sully, taint 6 defame, defile, malign, smudge 7 blacken, pollute, profane, spatter, tarnish, traduce 8 besmirch 9 bespatter, denigrate 10 adulterate 11 contaminate

befuddle 4 daze 5 addle, mix up 6 ball up, baffle, bemuse, muddle 7 confuse, fluster, perplex, stupefy 8 bewilder, confound, distract, throw off, 9 disorient

befuddlement 3 fog 4 daze, haze, maze 5 mix-up 6 muddle, stupor 9 confusion 10 perplexity, puzzlement 11 distraction

beg 3 ask, bum, dun, nag, sue 4 pray, urge 5 apply, brace, cadge, crave, evade, hit on, mooch, plead, press, worry 6 adjure, appeal, call on, demand, invoke, pester 7 beseech, besiege, conjure, entreat, implore, request, solicit 8 petition, sidestep 9 importune, panhandle 10 supplicate

beget 4 bear, sire 5 breed, bring, cause, forge, hatch, spawn, yield 6 create, effect, father 7 produce 8 engender, generate, multiply, result in 9 procreate, propagate, reproduce 10 bring about

beggar 4 hobo, defy, ruin 5 tramp 6 bummer, cadger, fellow, pauper, prayer, sponge, suitor 7 moocher, sponger 8 bankrupt, deadbeat, vagabond 9 overwhelm, pauperize, schnorrer, suppliant 10 down-and-out, freeloader, impoverish, panhandler, petitioner, supplicant 11 bindle stiff, supplicator 12 street person

beggared 4 flat, poor 5 broke, needy 6 ruined 7 drained 8 bankrupt, dirt poor, indigent, strapped, wiped out 9 destitute, insolvent, penniless, penurious, tapped out 10 pauperized 11 impecunious, overwhelmed 12 dispossessed, impoverished

beggarly 3 low 4 base, mean, poor 5 cheap, lowly, nasty, petty, sorry 6 cheesy, meager, measly, paltry, scanty, scurvy, shabby, shoddy, trashy 7 ignoble, miserly, pitiful, squalid 8 pitiable, inferior, wretched 9 miserable, niggardly 10 despicable, despisable 11 ignominious 12 contemptible, parsimonious

Beggar's Opera ***music:*** 7 Pepusch (John) ***painting:*** 7 Hogarth (William) ***text:*** 3 Gay (John)

beggarweed 6 dodder 9 knotgrass 11 tick trefoil

beggary 4 need, want 6 penury 7 bumming, cadging, poverty 8 mooching, pleading 9 indigence, neediness, pauperism, privation 10 meagerness, mendicancy 11 destitution, panhandling

begin 4 dawn, open, rise 5 arise, cause, dig in, enter, found, mount, set to, start 6 appear, attack, be born, broach, create, effect, emerge, get off, induce, invent, launch, spring, sprout, tackle, take up, tee off 7 break in, embark on, emanate, jump off, kick off, lead off, prepare, usher in 8 activate, commence, embark on, engender, initiate 9 establish, instigate, institute, introduce, originate 10 embark upon, inaugurate, issue forth 11 break ground

beginner 4 colt, tiro, tyro 6 newbie, new kid, novice, rookie 7 recruit, starter, student, trainee 8 freshman, neophyte, newcomer 9 fledgling, greenhorn, novitiate 10 apprentice, catechumen, tenderfoot 11 abecedarian

beginning 4 dawn, font, rise, root 5 alpha, basal, birth, fount, onset, start 6 day one, origin, outset, primal, source, spring 7 dawning, genesis, infancy, initial, kickoff, nascent, opening 8 creation, exordium, outstart, prologue, rudiment, simplest 9 elemental, emergence, inception, incipient 10 appearance, elementary, incipiency, initiative, initiatory, opening gun, rudimental 11 origination, rudimentary 12 commencement, inauguration, introductory

begird 3 hem 4 belt, bind, ring 5 beset, fence, hem in, round 6 circle, corral, girdle, immure 7 confine, enclose, wreathe 8 encircle, engirdle, surround 9 encompass 12 circumscribe

beg off 5 demur, welsh 6 bow out, cop out, opt out, pass up, refuse, renege 7 back out, bail out, decline, drop out, pull out 8 back down, withdraw

begone 5 leave, scram, split 6 beat it, decamp, depart, get out 7 buzz off, get lost, skiddoo, take off, vamoose 8 clear out, hightail, shove off 9 skedaddle 10 make tracks

begrime 3 tar 4 foul, soil, spot 5 dirty, muddy, smear, spoil, sully, taint 6 defile, mess up, muck up, smirch, smooch, smudge, smutch 7 blacken, corrupt, pollute, tarnish 8 besmirch 11 contaminate

begrudge 4 envy 6 resent

beguile 3 con 4 draw, dupe, fool, hoax, lure, play, snow, wile 5 bluff, charm, fleet, trick 6 beckon, betray, delude, divert, entice, humbug, seduce, take in 7 attract, bewitch, deceive, enchant, engross, exploit, finesse, mislead 8 distract, hoodwink, intrigue, maneuver 9 captivate, fascinate, while away 10 manipulate 11 double-cross

beguiling 4 wily 5 false 6 artful, subtle 8 alluring, deluding, delusive, delusory 9 deceitful, deceiving, deceptive, insidious, seductive 10 bewitching, chimerical, enchanting, fallacious, misleading 11 enthralling

Behan's autobiography 10 Borstal Boy

behave 3 act, run 5 carry, react 6 acquit, be good, deport, direct, manage 7 comport, conduct, disport, perform 8 function

behavior 3 act, air, way 4 mien, tone, ways 6 action, aspect, custom, habits, manner 7 bearing, conduct 8 demeanor, presence, response 10 deportment 11 comportment

behead 4 head, kill 7 execute 9 decollate 10 decapitate, guillotine

beheaded noblewoman 8 Jane Grey (Lady) 9 Catherine (Howard) 10 Anne Boleyn

behemoth 5 giant, jumbo, whale 7 goliath, mammoth, monster 8 colossus 9 leviathan 11 monstrosity

behemothic 4 huge 5 jumbo 7 mammoth, massive, titanic 8 colossal, gigantic, towering 9 Herculean, monstrous 10 gargantuan 11 elephantine

behest 3 say 4 will, wish, word, writ 5 edict, order 6 charge, demand, urging 7 bidding, command, dictate, mandate, precept, request 9 direction, enjoinder, ordinance, prescript, prompting 10 injunction 11 commandment, exhortation, instruction 12 solicitation

behind 3 can 4 late, next, rump 5 after, fanny 6 back of, bottom, heinie 7 backing 8 backside, buttocks, derriere, trailing 9 following, posterior 10 supporting 12 subsequent to ***prefix:*** 4 post 5 retro

behindhand 3 lax 4 late, slow 5 slack, tardy 6 in debt, lesser, remiss 7 belated, delayed, laggard, overdue 8 backward, careless, derelict, sluggish 9 in arrears, negligent, unmindful 10 delinquent, neglectful, regardless, unpunctual 11 subordinate, undeveloped 13 unprogressive

behold 3 see 4 espy, note, view 6 descry, notice 7 discern, observe, witness ***French:*** 5 voilà ***Latin:*** 4 ecce

beholden 5 bound 7 obliged 8 grateful, indebted 9 duty-bound, obligated

beholder 4 seer 6 gawker, viewer 7 watcher, witness 8 observer, onlooker, passerby 9 bystander, spectator 10 eyewitness 12 rubbernecker

beige 3 tan 4 buff, ecru 7 vanilla

being 3 man 4 body, life, self, soul 5 human, stuff, thing 6 entity, matter, mortal, nature, object, person, spirit 7 essence 8 creature, existent, material 9 actuality, character, existence, personage, something, substance 10 individual 11 personality 12 essentiality 13 individuality

bejeweled 7 studded 8 sequined, spangled 9 encrusted 10 bespangled, gemstudded, ornamented

Bel ***Sumerian counterpart:*** 5 Enlil ***wife:*** 5 Belit 6 Beltis

Bel ___ 3 Air 5 Paese

bel ___ 5 canto 6 esprit

Bela ***father:*** **4** Beor **8** Benjamin ***son:*** **3** Ard

belabor **4** beat, drub, flog **5** baste, pound, scold **6** batter, berate, buffet, pummel, thrash, wallop **7** lambast, scourge, tell off, upbraid **8** chastise, lambaste, tear into **9** criticize, fulminate, overstate **10** flagellate **11** overexplain

Belarus ***capital:*** **5** Minsk ***city:*** **6** Homyel **7** Vitebsk **8** Mahilyow **9** Vitsyebsk ***language:*** **7** Russian **10** Belarusian **11** Belarussian ***monetary unit:*** **5** rubel, ruble ***neighbor:*** **6** Latvia, Poland, Russia **7** Ukraine **9** Lithuania ***river:*** **3** Bug **5** Neman **7** Dnieper, Pripyat

belated **4** late, slow **5** tardy **6** remiss **7** delayed, laggard, overdue **10** behindhand, behind time, unpunctual

Belau see PALAU

belch **4** burp, emit, gush, spew, vent, void **5** eject, eruct, erupt, expel, issue, spout, spurt, vomit **6** hiccup, irrupt **7** explode, extrude **8** disgorge **10** eructation **11** expectorate

beldam **3** hag **5** crone **8** old woman

beleaguer **3** bug, dog, hem, nag, vex **4** gnaw **5** annoy, beset, harry, hound, siege, storm, tease, worry **6** assail, attack, badger, bother, fall on, harass, invest, pester, plague **7** bedevil, besiege, hagride, put upon, set upon, trouble **8** blockade, fall upon

belfry **7** steeple **8** carillon **9** bell tower, campanile ***dweller:*** **3** bat

Belgium ***capital:*** **8** Brussels ***city:*** **4** Gent **5** Ghent, Liège **7** Antwerp **9** Charleroi ***ethnic group:*** **7** Fleming, Flemish, Walloon ***language:*** **5** Dutch **7** Flemish ***monetary unit:*** **4** euro ***neighbor:*** **6** France **7** Germany **10** Luxembourg **11** Netherlands ***plain:*** **8** Flanders ***port:*** **7** Antwerp **8** Oostende ***river:*** **4** Yser **5** Meuse **7** Schlede ***sea:*** **5** North

belie **4** deny, hide, warp **5** color, twist **6** expose, doctor, garble **7** conceal, confute, distort, falsify, gainsay, pervert, trump up **8** confront, denounce, disagree, disguise, disprove, miscolor, misstate, negative **9** disaffirm, gloss over, repudiate **10** contradict, contravene, controvert **11** dissimulate **12** misrepresent

belief **3** ism **4** idea, mind, view **5** axiom, credo, creed, dogma, faith, hunch, tenet, trust **6** assent, avowal, credit, surety, theory, thesis **7** concept, feeling, opinion, precept, surmise, theorem **8** credence, doctrine, firmness, religion, sureness **9** assurance, certainty, certitude, intuition, postulate, principle, sentiment **10** acceptance, assumption, confidence, contention, conviction, hypothesis, impression, persuasion **11** supposition

believable **5** solid, sound, valid **6** cogent, likely, smooth, steady, trusty **7** logical, swaying, tenable, up front **8** credible, possible, probable, rational, reliable **9** authentic, colorable, plausible **10** convincing, creditable, impressive, meaningful, persuasive, presumable, reasonable, satisfying, supposable **11** conceivable, substantial, trustworthy **12** satisfactory

believe **3** buy **4** deem, hold, know **5** lap up, think, trust **6** accept, affirm, assume, credit, expect, reckon **7** fall for, imagine, profess, suppose, suspect, swallow **8** conceive, consider **10** conjecture, presuppose, understand

belittle **3** cut, pan **5** abuse, decry, knock, scorn **6** deride, insult, jeer at, revile **7** cut down, put down, run down, sneer at **8** bad-mouth, derogate, diminish, discount, minimize, write off **9** criticize, discredit, disparage, dispraise, downgrade, underrate **10** depreciate, undervalue **13** underestimate

belittlement **5** abuse, scorn **7** calumny, jeering, scandal, slander **8** derision, ridicule **9** aspersion **10** backbiting, defamation, detraction **11** denigration **12** backstabbing, depreciation **13** disparagement

Belize ***capital:*** **8** Belmopan ***city:*** **10** Belize City ***ethnic group:*** **4** Maya **5** Mayan ***language:*** **7** English, Spanish ***monetary unit:*** **6** dollar ***mountain:*** **8** Victoria ***neighbor:*** **6** Mexico **9** Guatemala ***river:*** **5** Hondo ***sea:*** **9** Caribbean

bell **4** peal **5** chime, knell **6** tocsin

belle **5** siren **6** beauty, eyeful **7** charmer **8** knockout, ornament **11** enchantress, femme fatale

Bellerophon ***father:*** **7** Glaucus **8** Poseidon ***grandfather:*** **8** Sisyphus ***horse:*** **7** Pegasus ***victim:*** **7** Chimera

belles lettres **10** literature

belletrist **8** novelist **4** poet **6** author, writer **9** dramatist **10** playwright

bellflower **9** campanula

___ **belli** **5** casus

bellicose **6** ornery **7** hawkish, hostile, martial, scrappy, warlike **8** factious, fighting, militant **9** assertive, combative, truculent **10** aggressive, pugnacious, rebellious **11** belligerent, contentious, hot-tempered, quarrelsome **12** disputatious, gladiatorial

belligerence **5** fight **6** attack, enmity, rancor, spleen **7** ill will **9** hostility, militancy, petulance, pugnacity **10** aggression, antagonism, truculence **11** bellicosity **12** churlishness **13** combativeness

belligerent **6** ardent, fierce **7** fighter, hostile, scrappy, soldier, warlike, warring, warrior **8** battling, churlish, fighting, invading, militant, opponent, petulant **9** aggressor, attacking, bellicose, combatant, combative, disputant, splenetic, truculent **10** aggressive, antagonist, pugnacious **11** contentious, hot-tempered, quarrelsome **12** antagonistic, disputatious

Bellini ***opera:*** **5** Norma **6** Pirata (Il) **8** Puritani (I) **10** Sonnambula (La) ***sleepwalker:*** **5** Amina

bell metal **6** bronze

bellow **3** bay, cry, moo **4** bark, bawl, bray, howl, roar, rout, yowl **5** shout **6** clamor, holler **7** bluster

Bellow character **4** Rose (Billy) **5** Chick **6** Herzog (Moses E.) **7** Citrine (Charlie), Sammler (Arthur) **8** Humboldt, Fonstein (Harry) **9** Henderson **10** Ravelstein (Abe), Augie March

bell ringer **6** toller **9** Quasimodo **12** carillonneur **13** campanologist

bell ringing **11** campanology

bell-shaped **11** campanulate

bell sound **4** bong, boom, ding, dong, peal, ring, ting, toll **5** chime, clang, knell **6** tinkle

bell tower **6** belfry **7** clocher **8** carillon **9** campanile

___ **bellum** **4** ante, post

bellwether **4** dean, lead **5** doyen, guide, pilot **6** leader **7** pioneer **8** lodestar **9** harbinger **10** forerunner **11** trend setter

belly **3** gut, pot **5** tummy **6** paunch, venter **7** abdomen, midriff, stomach **9** bay window **10** front porch, midsection **11** breadbasket ***Scottish:*** **4** wame

bellyache **4** beef, carp, crab, fret, fuss, moan, yawp **5** bitch, bleat, colic, gripe, whine **6** grouse, snivel, squawk, yammer **7** grumble **8** complain **11** let off steam **12** collywobbles

bellyacher **4** crab **5** crank **6** griper, grouch, whiner **7** grouser **8** grumbler, sourpuss **10** complainer, crosspatch, malcontent **11** faultfinder

belly button **5** navel

belong **3** fit, set **4** suit, vest **5** agree, apply, befit, chime, fit in, match, tally **6** accord, attach, become, reside **7** pertain **9** correlate, harmonize **10** correspond

belongings **3** kit **4** gear **5** goods, stuff **6** assets, estate, legacy, things **7** baggage, effects **8** chattels, movables, property **9** patrimony **11** attachments, impedimenta, inheritance, possessions **13** appurtenances

beloved **3** pet **4** baby, beau, dear, idol, love **5** flame, honey, lover, swain, sweet **6** adored, steady **7** darling, dearest, dear one, doted on, sweetie **8** favorite, idolized, ladylove, old flame, precious, truelove **9** boyfriend, cherished, inamorata, treasured **10** girlfriend, heartthrob, sweetheart, sweetie pie

below **5** infra, under **7** beneath **10** underneath ***prefix:*** **3** sub **5** infra

belt **3** bat, bop **4** area, band, bash, biff, blow, gird, loop, ring, sash, slam, slug, sock, whap, whop, zone **5** smack, smash, strap, strip **6** begird, cestus, circle, engird, girdle, region, wallop **7** baldric, clobber, stretch **8** begirdle, ceinture, cincture, encircle, engirdle **9** bandoleer, bandolier, territory, waistband **10** cummerbund ***celestial:*** **6** zodiac

beltway **8** ring road

Belus ***brother:*** **6** Agenor ***daughter:*** **4** Dido ***father:*** **7** Neptune **8** Poseidon ***mother:*** **5** Libya ***son:*** **6** Danaus **7** Cepheus, Phineus **8** Aegyptus

belvedere **6** alcove, cupola, gazebo, pagoda **7** balcony, terrace **10** widow's walk **11** garden house, summerhouse, observatory

bemedaled **9** decorated **10** beribboned

bemired **4** miry, oozy **5** boggy, dirty, grimy, gummy, gunky, muddy, stuck **6** filthy, soiled, swampy **7** swamped

bemoan **3** rue **4** wail, weep **6** bewail, grieve, lament, oppose, regret **7** deplore **8** complain, object to **10** sorrow over **12** disapprove of

bemuse **4** daze **5** addle **6** absorb, muddle, puzzle **7** confuse, mystify, nonplus, perplex **8** bewilder, distract **10** disconcert

bemused **3** wry **4** lost **6** absent, remote **7** faraway **8** distrait **9** distraite **10** abstracted, distracted **11** preoccupied **12** absentminded **13** lost in thought

bench **5** court **6** settee, settle, thwart **7** counter **8** platform **9** worktable ***church:*** **3** pew ***outdoor:*** **6** exedra ***upholstered:*** **9** banquette

benchmark **4** norm **5** basis, gauge, guide, model, scale **7** measure **8** exemplar, paradigm, standard **9** criterion, guideline, milestone, yardstick **10** touchstone

bend **3** arc, bow, sag **4** arch, bank, cave, curl, flex, hang, hook, lean, mold, sway, tend, tilt, turn, veer, warp **5** angle, crook, curve, round, shape, shift, stoop, twist, yield **6** compel, corner, buckle, direct, double, fasten, kowtow, subdue, submit, zigzag **7** deflect, dispose, distort, flexure, turning **8** lean over **9** curvature, deviation, genuflect **10** compromise, predispose

bendable **5** lithe **6** limber, pliant, supple **7** elastic, plastic, pliable **8** flexible, moldable **9** malleable, tractable **11** manipulable

bender see BINGE

___ **bene** **4** nota

beneath **5** below, under ***prefix:*** **3** hyp, sub **4** hypo **5** infra

___ **Benedict** **4** eggs

benediction **4** boon, okay **5** favor, grace **6** orison, thanks **7** benefit, benison, godsend **8** approval, blessing **9** advantage **11** approbation **12** consecration, thanksgiving

benefaction **4** alms, care, fund, gift, help **5** favor, grant **6** relief **7** charity, comfort, handout, largess, service, subsidy **8** donation, largesse, oblation, offering, windfall **9** endowment, patronage **10** assistance **12** contribution, ministration

benefactor **5** angel, donor **6** backer, patron **7** grantor, sponsor **9** supporter, sustainer **11** contributor, underwriter

beneficence see BENEFACTION

beneficent **4** kind **6** benign, caring, giving **8** generous **10** altruistic, bighearted, charitable, ungrudging **11** kindhearted, magnanimous **13** compassionate, philanthropic

beneficial **4** good **5** brave, tonic **6** benign, toward, useful **7** helpful **8** favoring, salutary, valuable **9** favorable, healthful, nurturing, wholesome **10** profitable, propitious, salubrious **12** advantageous, constructive

beneficiary **4** heir **5** donee, payee **7** grantee, heiress, legatee **8** assignee **9** inheritor, recipient

beneficiate **5** treat **6** reduce **7** prepare, process

benefit **3** aid **4** boon, gain, good, help, perk, sake **5** avail, extra, favor, serve **6** assist, behalf, better, profit, relief, succor **7** account, advance, charity, further, godsend, improve, promote, relieve, welfare **8** blessing, interest **9** advantage, well-being **10** ameliorate, fund-raiser, prosperity **11** good fortune **12** contribute to

benevolence **4** boon, gift, help **5** amity, favor, grant **6** comity, relief **7** caritas, charity **8** altruism, clemency, goodness, goodwill, humanity, kindness **10** compassion, compliment, kindliness **11** magnanimity

benevolent **4** good, kind, warm **6** caring, do-good, humane, kindly **7** helpful, liberal **8** generous, tolerant **10** altruistic, beneficent, bighearted, charitable, openhanded **11** considerate, magnanimous, warmhearted **12** eleemosynary, humanitarian **13** compassionate, philanthropic, tenderhearted

Ben Hur author **7** Wallace (Lew)

benighted **6** obtuse, unread **8** backward, ignorant, untaught **9** untutored, unwitting **10** illiterate, uneducated, uninformed, unlettered, unschooled **11** know-nothing **12** uncultivated **13** unenlightened, unprogressive

benign **4** kind, mild **6** genial, gentle, humane, kindly, mellow **7** amiable, clement **8** gracious, harmless, merciful, pleasant **9** favorable, fortunate, healthful, temperate, wholesome **10** auspicious, benevolent, charitable, forbearing, propitious, remediable **11** good-hearted **12** noncancerous

Benin ***capital:*** **9** Porto-Novo ***city:*** **7** Cotonou ***coast:*** **5** Slave ***ethnic group:*** **3** Fon **6** Fulani, Yoruba ***former name:*** **7** Dahomey ***language:*** **3** Fon **6** French ***monetary unit:*** **5** franc ***neighbor:*** **4** Togo **5** Niger **7** Nigeria **11** Burkina Faso ***river:*** **5** Ouémé

benison **5** grace **8** blessing **11** benediction **12** consecration

Benjamin ***brother:*** **6** Joseph ***father:*** **5** Jacob ***mother:*** **6** Rachel

bent **3** set **4** bias, gift **5** arced, bowed, flair, knack **6** arched, curved, intent, talent **7** decided, faculty, leaning **8** aptitude, capacity, penchant, resolute, resolved, tendency **10** determined, proclivity, propensity **11** disposition, inclination **12** predilection

benumb **4** daze, dull, stun **5** blunt, chill **6** deaden, freeze **7** petrify, stupefy **8** etherize, paralyze **10** immobilize **11** desensitize

benumbed **4** cold **6** frozen **9** unfeeling **10** insensible **11** insensitive **12** anesthetized

Beowulf ***drink:*** **4** mead ***monster:*** **7** Grendel

bequeath **4** gift, will **5** endow, grant, leave **6** bestow, commit, confer, devise, hand on, impart, legate, pass on **7** furnish, present **8** hand down, make over, transmit

bequest **3** lot **4** gift **5** share, trust **6** devise, estate, legacy **7** portion **8** heritage **10** settlement **11** inheritance

berate **3** jaw **4** rail, rate **5** chide, scold **6** rebuke, revile **7** bawl out, chew out, condemn, reprove, tell off, upbraid

8 admonish, chastise, reproach **9** castigate, criticize, reprimand **10** tongue-lash, vituperate

berceuse 7 lullaby **10** cradlesong

bereave 3 rob **4** lose **5** seize, strip **6** divest, remove **7** deprive **8** take away **10** confiscate, disinherit, dispossess **11** appropriate, requisition

bereaved 8 mourning **9** sorrowful, sorrowing **10** distressed **11** heartbroken **13** grief-stricken

bereavement 3 rue, woe **4** loss **5** dolor, grief **6** misery, pining, regret, sorrow **7** anguish, despair, remorse, sadness **8** grieving, mourning **9** dejection, heartache **10** affliction, depression, desolation **11** deprivation, despondency, lamentation, tribulation

bereft 5 shorn **6** devoid, robbed **7** fleeced, forlorn, wanting **8** beggared, deprived, desolate, divested, stripped **9** destitute **10** despondent **12** disconsolate, dispossessed, impoverished

Bergen's dummy 7 Charlie (McCarthy) **8** Mortimer (Snerd)

Berger novel 12 Little Big Man

Bergman role 4 Ilsa

berm 4 path **5** ledge, mound, shelf **8** shoulder

Bermuda ***capital:*** **8** Hamilton ***territory of:*** **7** Britain

Bernice ***brother:*** **7** Agrippa ***father:*** **5** Herod ***husband:*** **6** Polemo ***lover:*** **5** Titus **9** Vespasian

berry 5 cubeb, fruit, grape **7** currant, madrona, madrone **8** allspice **9** saskatoon

berserk 3 ape **4** amok **5** amuck, crazy **6** crazed, insane **7** bonkers, lunatic **8** demented, deranged, frenzied

berth 3 bed, cot **4** dock, moor, pier, port, post, quay, slip, spot **5** cabin, jetty, levee, place, wharf **6** billet, office **8** position **9** anchorage, situation **10** connection **11** appointment, compartment **13** accommodation

beseech see BEG

beset 3 dog, hem, try, vex **4** gird, ring **5** harry, hem in, storm, worry **6** assail, attack, badger, circle, fall on, harass, infest, pester, plague, strike **7** assault, besiege, overrun, trouble, torture **8** blockade, encircle, fall upon, surround **9** beleaguer, encompass, overswarm

besetment 3 nag **4** bane, pain, pest **5** curse, trial **6** blight, bother, gadfly, pester, plague **7** torment **8** irritant, nuisance, vexation **9** annoyance **10** affliction, botherment, holy terror **11** aggravation, botheration

besetting 6 urgent **7** driving **8** dominant **9** obsessive **10** compelling, persistent **11** omnipresent **12** overwhelming

beside 4 near, nigh **6** next to

besides 3 too **4** also, else, plus, save **5** added, extra **6** and all, as well, beyond, except, to boot **7** barring, farther, further, without **8** as well as, likewise, moreover, more than **9** aside from, along with, exceeding, excluding, other than, otherwise, outside of **10** in addition **11** exclusive of, furthermore, not counting **12** additionally, together with

besiege 3 nag **4** ring, trap **5** beset, hem in, hound **6** assail, attack, circle, girdle, harass, pester, plague **7** assault, confine, environ, trouble **8** blockade, encircle, surround **9** beleaguer, encompass

besmear see SMEAR

besmirch 4 blot, foul, slur, soil **5** dirty, libel, stain, sully, taint **6** defile, damage, impugn, malign **7** asperse, slander, tarnish **8** disgrace, dishonor

besom material 5 twigs

besotted 5 dotty, drunk **7** charmed, muddled, smitten **8** enamored **9** enchanted **10** captivated, fascinated, infatuated, spellbound **11** intoxicated

bespatter see SPATTER

bespeak 3 ask **4** book, hire, show **5** imply **6** accost, attest, desire, evince, reveal **7** address, apply to, betoken, connote, lecture, portend, request, reserve, signify, solicit, suggest, testify, witness **8** announce, approach, foretell, indicate, intimate, petition **9** preengage **10** prearrange

bespoke 8 tailored **10** custom-made

best 3 gem, top **4** beat, pick, tops **5** cream, elite, excel, model, outdo, pride, prime, prize **6** choice, defeat, exceed, finest **7** conquer, leading, optimal, optimum, paragon, premium, supreme, surpass **8** exemplar, foremost, greatest, nonesuch, outshine, outstrip, overcome **9** matchless, nonpareil, number-one, paramount, transcend, unequaled **11** outstanding **12** incomparable ***combining form:*** **6** aristo

bestial 4 vile, wild **5** brute, cruel, feral **6** animal, brutal, carnal, fierce, malign, savage **7** beastly, brutish, inhuman, swinish, vicious **8** depraved, inhumane **9** ferocious **10** degenerate

bestialize 4 ruin, warp **5** abase **6** debase, defile **7** corrupt, debauch, degrade, deprave, pervert, pollute, subvert, vitiate, violate **9** brutalize **10** bastardize, demoralize

bestir 3 fly, rip 4 dash, flit, goad, race, rush, spur, stir, tear, urge, wake, whet 5 rally, rouse, scoot, waken, whirl 6 arouse, awaken, hasten, hustle, kindle 8 get going, scramble 9 challenge
bestow 4 give 5 apply, award, grant 6 confer, devote, donate, lavish 7 hand out, present 8 bequeath, give away *Scottish:* 7 propine
bestower 5 donor, giver 6 patron 7 donator 8 altruist 9 conferrer, patroness, presenter 10 benefactor 12 benefactress 13 good Samaritan
bestrew 3 dot, sow 6 pepper, shower 7 diffuse, disject, scatter, speckle, stipple 8 disperse, sprinkle 9 broadcast, interlard 10 distribute 11 disseminate
bestride 5 mount, tower 8 dominate, loom over, straddle 9 stand over
bet 3 pot 4 ante, game, play, risk, shot 5 put on, stake, wager 6 gamble, hazard, parlay, pledge 7 lay odds, venture *racing:* 6 exacta 8 perfecta, quinella, quiniela *taker:* 6 bookie
Betelgeuse 4 star *constellation:* 5 Orion
betel palm 5 areca
bête noire 4 hate, ruin 5 trial 6 animus, horror 7 bugbear, scourge, torment, undoing 8 anathema, aversion, downfall 9 ruination 10 black beast
bethink 4 cite, mind 6 call up, recall, remind, retain, review, revive 7 flash on 8 hark back, look back, remember, summon up 9 conjure up, recollect, reminisce 10 call to mind, retrospect
Bethuel *daughter:* 7 Rebekah *father:* 5 Nahor *mother:* 6 Milcah *son:* 5 Laban *uncle:* 7 Abraham
betide 4 fall 5 break, ensue, occur 6 befall, chance, happen 7 come off, develop, fall out 8 commence 9 come about, transpire
betimes 4 anon, soon 5 early 6 pronto, seldom, timely 7 too soon 8 directly, far ahead, fitfully, promptly 9 presently 10 before long, now and then, on occasion, seasonably 11 prematurely 12 occasionally, sporadically
betoken 4 bode, omen, show, warn 5 argue, augur 6 attest, denote, hint at 7 bespeak, point to, portend, presage, promise, signify, suggest, testify, witness 8 announce, forebode, evidence, foreshow, foretell, indicate, intimate, prophesy 9 prefigure 10 foreshadow 13 prognosticate
betray 4 dupe, jilt, name, sell, show, tell, trap 5 bluff, cheat, knife, rat on, snare, spill, split 6 delude, desert, entrap, evince, finger, inform, reveal, seduce, take in, tattle, tell on, turn in, unmask, unveil 7 abandon, beguile, betoken, deceive, divulge, ensnare, forsake, let down, let slip, mislead, sell out, traduce, uncover 8 blurt out, denounce, disclose, discover, evidence, give away, indicate, manifest 9 deliver up 10 apostatize, break faith, lead astray 11 demonstrate, double-cross 13 inform against
betrayal 4 leak 7 perfidy, treason 8 exposure 9 duplicity, falseness, Judas kiss, treachery 10 disclosure, infidelity, revelation 13 faithlessness
betrayer 3 rat 4 fink, nark 5 Judas 6 snitch 7 stoolie, tattler, traitor 8 apostate, defector, informer, quisling, renegade, squealer, turncoat 10 talebearer, tattletale 11 backstabber, stool pigeon
betroth 3 wed 5 marry 6 pledge 7 espouse 8 affiance
betrothal 6 pledge 8 espousal 10 engagement
betrothed 6 fiancé 7 engaged, fiancée, pledged 8 intended, plighted, promised, wife-to-be 9 affianced, bride-to-be, spoken for 10 contracted 11 husband-to-be
better 3 fix, top, win 4 beat, help, mend, more, well 5 amend, cured, elder, excel, finer, outdo 6 exceed, fitter, repair 7 advance, correct, enhance, further, greater, improve, largest, mending, rectify, success, surpass, triumph, victory 8 greatest, improved, outshine, outstrip, stronger, superior, whip hand, worthier 9 advantage, desirable, excellent, healthier, improving, meliorate, preferred, transcend, upper hand 10 ameliorate, preferable, preferably, recovering, surpassing
bettor 7 gambler, wagerer
between 4 amid 5 among, twixt 6 within 7 betwixt *prefix:* 5 inter, intra
betweentimes 11 at intervals
bevel 4 bias, cant 5 angle, grade, slant, slope 7 chamfer, incline, oblique 8 diagonal
beverage 3 ade, nog, pop, tea 4 cola, maté, milk, soda 5 cider, cocoa, drink, juice, mocha, shake 6 coffee, eggnog, frappe, malted, nectar 7 potable, soda pop 8 lemonade, libation, potation 9 drinkable, milk shake *alcoholic:* 3 ale, gin, rum 4 beer, grog, mead, wine 5 cider, julep, negus, punch, stout, toddy, vodka 6 bishop, brandy, caudle, cooler, liquor, rickey, shandy, sherry, whisky 7 liqueur, martini, sangria, tequila, whiskey 8 cocktail, highball, sillabub, syllabub, vermouth *Arab:* 4 arak 6 arrack *Australasian:* 4 kava *Balkan:* 9 slivovitz *British:* 5 perry, stout

carbonated: **4** cola, soda **6** rickey **7** soda pop **8** root beer **9** ginger ale ***central Asian:*** **6** kumiss **7** koumiss ***Dutch:*** **7** schnaps **8** schnapps ***from milk:*** **5** kefir **6** kumiss **7** koumiss ***Greek:*** **4** ouzo **7** retsina ***Irish:*** **6** poteen **10** usquebaugh ***medicinal:*** **6** elixir ***Mexican:*** **6** pulque **7** tequila ***of the gods:*** **6** nectar ***Oriental:*** **4** arak, sake, saki **6** arrack ***Russian:*** **5** kefir, kvass, vodka ***Scottish:*** **6** scotch ***South American:*** **4** maté **5** yerba **9** yerba maté ***Swedish:*** **5** glogg ***Turkish:*** **4** raki ***West Indies:*** **3** rum

bevy **3** mob **4** band, club, crew, gang, herd, knot, pack **5** bunch, covey, crowd, drove, flock, group, horde, party, swarm **6** clutch, gaggle, troupe **7** cluster, company, coterie **8** assembly **9** menagerie, multitude **10** assemblage, collection

bewail **3** rue **4** keen, moan, weep **5** mourn **6** bemoan, grieve, lament, regret **7** deplore

beware **4** heed, mark, mind, note, shun **5** avoid, watch **6** attend, notice **7** look out **8** take heed, watch out

bewhiskered **5** bushy **7** bearded, goateed, hirsute, stubbly **8** unshaven

bewilder **3** fog **4** daze, stun **5** addle, amaze, befog, mix up, stump **6** baffle, ball up, bemuse, fuddle, muddle, puzzle, rattle **7** confuse, fluster, mystify, nonplus, perplex, stumble **8** befuddle, confound, distract **9** disorient, dumbfound **10** disconcert

bewilderment **3** awe **4** daze **6** wonder **8** surprise **9** amazement, confusion **10** perplexity, puzzlement **11** distraction **12** astonishment, discomfiture, stupefaction **13** consternation

bewitch **3** hex **4** draw, pull, snow, take, wile **5** charm, spell, trick **6** allure, dazzle, seduce, voodoo **7** attract, bedevil, beguile, control, delight, enchant, possess **8** demonize, ensorcel, enthrall, entrance, intrigue, overlook **9** captivate, enrapture, ensorcell, fascinate, hypnotize, magnetize, mesmerize, spellbind

bewitching **4** foxy **5** siren **8** alluring, charming, engaging, enticing, magnetic, mesmeric **9** seductive **10** attractive **12** irresistible

bewitchment **3** hex **4** jinx **5** charm, magic, spell **6** trance **7** evil eye, sorcery **8** black art, wizardry **9** conjuring **10** necromancy **11** conjuration, enchantment, incantation, thaumaturgy

beyond **4** over, past **5** above, after **6** across, beside, yonder **7** besides, further, outside **8** as well as **9** afterlife, hereafter, otherwise **10** afterworld **12** over and above ***prefix:*** **4** meta, over, para **5** extra, hyper, super, trans, ultra **6** preter

Bhutan ***capital:*** **7** Thimphu ***ethnic group:*** **6** Bhutia **8** Assamese, Nepalese **9** Mongolian, Sharcrops ***language:*** **8** Dzongkha ***monetary unit:*** **8** ngultrum ***mountain range:*** **8** Himalaya **13** Great Himalaya ***neighbor:*** **5** China, India, Tibet ***plain:*** **5** Duars

bias **4** bend, bent, skew, sway, tilt, turn **5** angle, bevel, slant **7** beveled, bigotry, dispose, distort, incline, leaning, oblique, slanted **8** diagonal, penchant, slanting, tendency **9** crosswise, inclining, influence, prejudice, proneness, viewpoint **10** diagonally, favoritism, partiality, propensity, predispose, prepossess, proclivity, standpoint, transverse **11** disposition, inclination **12** one-sidedness, predilection **13** preconception

biased **6** racist, swayed, unfair, warped **7** bigoted, colored, partial, slanted **8** disposed, inclined, one-sided, partisan, slanting **9** jaundiced, sectarian, unneutral **10** influenced, interested, prejudiced **11** opinionated, predisposed, tendentious

bibelot **5** curio **6** bauble, gewgaw, trifle **7** memento, novelty, trinket, whatnot **8** gimcrack, ornament **9** objet d'art **10** knickknack

Bible ***abbreviation:*** **3** Col, Cor, Dan, Eph, Gal, Gen, Hab, Heb, Hos, Jas, Jer, Jon, Lam, Lev, Mal, Mic, Neh, Num, Pet, Rev, Rom, Sam, Tim, Tit **4** Deut, Ezek, Josh, Judg, Obad, Phil, Prov, Zech, Zeph **5** Chron, Thess **6** Eccles, Philem ***Apocrypha book:*** **5** Tobit **6** Baruch, Esdras, Esther, Judith **7** Susanna **8** Manasseh, Manasses **9** Maccabees ***New Testament book:*** **4** Acts, John, Jude, Luke, Mark **5** James, Peter, Titus **6** Romans **7** Hebrews, Matthew, Timothy **8** Philemon **9** Ephesians, Galatians **10** Colossians, Revelation **11** Corinthians, Philippians **13** Thessalonians ***Old Testament book:*** **3** Job **4** Amos, Ezra, Joel, Ruth **5** Hosea, Jonah, Kings, Micah, Nahum **6** Daniel, Esther, Exodus, Haggai, Isaiah, Joshua, Judges, Psalms, Samuel **7** Ezekiel, Genesis, Malachi, Numbers, Obadiah **8** Habakkuk, Jeremiah, Nehemiah, Proverbs **9** Leviticus, Zechariah, Zephaniah **10** Chronicles **11** Deuteronomy **12** Ecclesiastes, Lamentations **13** Song of Solomon ***part:*** **4** book

5 verse **7** chapter **9** testament ***translator:*** **4** Knox (Ronald Arbuthnott) **5** Eliot (John) **6** Jerome, Luther (Martin) **7** Erasmus (Desiderius), Tyndale (William), Zwingli (Huldrych) **8** Andrewes (Lancelot), Wycliffe (John) **9** Coverdale (Miles) ***version:*** **5** Douay **6** Coptic, Gothic, Syriac **7** Vulgate **9** Jerusalem, King James, Masoretic **10** New English, Septuagint

Biblical ***animal:*** **8** behemoth ***ascetic order:*** **6** Essene ***battle:*** **7** Jericho ***battle site:*** **10** Armageddon ***charioteer:*** **4** Jehu ***city, town:*** **4** Cana, Gaza, Tyre, Zoar **5** Endor, Golan, Haifa, Joppa, Sidon, Sodom **6** Asshur, Bethel, Emmaus, Gilgal, Hebron, Mizpah, Shiloh, Smyrna, Tarsus **7** Antioch, Baalbec, Bethany, Corinth, Ephesus, Ephraim, Jericho, Magdala, Nineveh, Samaria **8** Caesarea, Damascus, Gomorrah, Nazareth, Philippi, Tiberias **9** Beersheba, Bethlehem, Capernaum, Jerusalem ***coin:*** (see at HEBREW) ***desert:*** **5** Sinai ***garden:*** **4** Eden **8** Paradise ***giant:*** **7** Goliath ***giant slayer:*** **5** David ***hill:*** **4** Zion **7** Calvary ***hunter:*** **6** Nimrod ***judge:*** **3** Eli **4** Ehud **6** Gideon, Samson, Samuel **7** Deborah, Jephtha **8** Jephthah ***king:*** **3** Asa **4** Ahab, Amon, Elah, Jehu, Saul **5** David, Herod, Hiram **6** Josiah **7** Azariah, Menahem, Solomon **8** Hezekiah, Jeroboam, Manasseh, Rehoboam, Zedekiah **9** Zechariah **11** Jehoshaphat ***land:*** **3** Nod **4** Aram, Elam, Moab, Seba **5** Judah, Judea **6** Canaan, Goshen, Israel **7** Chaldea, Galilee, Samaria **9** Palestine ***land of plenty:*** **6** Goshen ***measure:*** (see at HEBREW) ***mountain:*** **5** Horeb, Sinai **6** Ararat, Carmel, Gilboa, Gilead, Hermon, Moriah, Olivet, Pisgah **7** Lebanon ***name:*** **3** Asa, Bel, Dan, Eli, Eve, Gad, Ham, Ira, Job, Lot, Uri **4** Abel, Adam, Ahab, Amon, Boaz, Cain, Elam, Enos, Esau, Jael, Jehu, Joel, John, Lael, Leah, Levi, Mark, Mary, Mica, Moab, Noah, Omar, Onan, Paul, Reba, Ruth, Sara, Saul, Seth, Shem **5** Aaron, Abner, Amram, Asher, Caleb, David, Dinah, Elias, Enoch, Ethan, Hagar, Heman, Herod, Hosea, Isaac, Jacob, James, Jared, Jesse, Jonah, Jubal, Judah, Judas, Laban, Micah, Moses, Naomi, Peter, Rufus, Sarah, Sheba, Simon, Tamar, Tubal, Uriah, Uriel, Zadok **6** Ashhur, Balaam, Baruch, Canaan, Daniel, Elijah, Elisha, Esther, Gideon, Gilead, Hannah, Hebron, Isaiah, Israel, Jeshua, Jethro, Joanna, Joseph, Joshua, Josiah, Judith, Martha, Miriam, Nathan, Nimrod, Pasach, Philip, Pilate, Rachel, Reuben, Salome, Samson, Samuel, Simeon, Thomas, Tobias ***patriarch:*** (see at HEBREW) ***people:*** **6** Kenite, Levite **7** Amorite, Edomite, Elamite, Moabite **9** Israelite ***plains:*** **6** Sharon **7** Jericho ***plotter:*** **5** Haman ***poem:*** **5** psalm ***pool:*** **8** Bethesda ***priest:*** **3** Eli **4** Levi **5** Aaron, Annas **8** Caiaphas ***Promised Land:*** **6** Canaan ***pronoun:*** **3** thy **4** thee, thou **5** thine ***prophet:*** (see PROPHET) ***Psalmist:*** **5** David ***punishment:*** **7** stoning ***queen:*** **5** Sheba **6** Esther **7** Jezebel ***river:*** **4** Nile **6** Jordan ***sacred object:*** **4** urim **7** thummin ***scribe:*** **6** Baruch ***sea:*** **3** Red **4** Dead **7** Galilee ***sea monster:*** **9** Leviathan ***spice:*** **5** aloes, myrrh **6** cassia **7** calamus **8** cinnamon **12** frankincense ***spy:*** **5** Caleb ***temptress:*** **3** Eve **7** Delilah ***thief:*** **8** Barabbas ***tree:*** **5** cedar ***valley:*** **4** Baca, Elah **6** Hinnon, Kidron, Shaveh, Siddim ***witch's home:*** **5** Endor

bibliography **4** list **7** catalog, history **8** book list **13** reference list

bibliopole **7** bookman **10** book dealer, bookseller

bibulous **6** spongy **7** thirsty **8** drinking **9** absorbent **10** absorptive

bicker **3** row **4** spar, spat, tiff **5** argue, clack, fight, scrap **6** gurgle, hassle **7** brabble, clatter, contend, dispute, fall out, flicker, quarrel, quibble, wrangle **8** squabble

bickering **3** row **4** spat **5** brawl, run-in **6** blowup, fracas, hassle, ruckus, rumpus, strife **7** discord, dispute, quarrel, rhubarb, wrangle **8** squabble **11** altercation, embroilment

bicycle **4** bike ***brake:*** **7** caliper, coaster ***for two:*** **6** tandem ***gear shift:*** **10** derailleur ***rider:*** **6** cycler **7** cyclist

bid **3** ask, say, try **4** call, tell, warn, wish **5** essay, greet, offer, order **6** amount, charge, direct, effort, enjoin, invite, render, summon, tender **7** attempt, command, proffer, request, require, venture **8** endeavor, instruct, proposal **10** invitation, submission **11** proposition

biddable **4** mild **6** docile, pliant **7** amiable, pliable, willing **8** amenable, obedient, obliging **9** tractable **10** governable, manageable **11** acquiescent, cooperative, good-natured **13** accommodating

bidding **4** call, word **5** offer, order **6** behest, charge, demand, notice, tender **7** auction, command, dictate, mandate, request, summons **9** ordinance, summoning **10** injunction, invitation **11** commandment, instruction **12** proclamation

biddy 3 bag, bat, hag, hen 4 drab, trot 5 crone, witch 6 beldam 7 chicken
bide 4 live, stay, wait 5 await, dwell, tarry 6 hang in, linger, remain, reside 7 hang out, sojourn 8 continue, sit tight, tolerate 10 hang around 11 stick around
bier 10 catafalque
biff 3 bop, box, hit, jab, zap 4 bash, belt, blow, clip, ding, nail, slam, slug, sock, swat, whop 5 blast, catch, clout, pound, slosh, smack, thump, whack 6 strike, thwack, wallop
bifurcate 3 cut 4 fork 5 halve, split 6 bisect, branch, cleave, divide 8 separate 9 branch out 11 dichotomize, dichotomous
bifurcation 4 fork 6 branch 8 division 9 dichotomy, partition, radiation 10 separation
big 3 fat 4 full, hard, huge, main, tall, vast 5 adult, ample, chief, great, grown, heavy, hefty, husky, large, lofty, major, proud, roomy 6 bumper, hugely 7 capital, copious, crammed, crowded, eminent, grown-up, hulking, leading, liberal, mammoth, massive, monster, notable, popular, replete, sizable, stuffed, swollen, weighty 8 colossal, enormous, generous, gracious, imposing, inflated, material, oversize, princely, spacious, swelling 9 capacious, chock-full, distended, extensive, heavy duty, humongous, important, momentous, overblown, paramount, ponderous, principal, prominent, unselfish 10 commodious, large-scale, preeminent, prodigious, voluminous 11 heavyweight, magnanimous, major league, overflowing, significant, substantial 12 considerable 13 comprehensive, consequential
big bang theorist 5 Gamow (George)
Big Bertha's birthplace 5 Essen
Big ___, Cal. 3 Sur
Big Dipper *constellation:* 9 Ursa Major *star:* 5 Alcor, Dubhe, Merak, Mizar
bigfoot 9 Sasquatch
biggety 4 bold, vain, wise 5 fresh, nervy, sassy 6 cheeky, snippy, snooty, uppity 7 forward, stuck-up 8 impudent, insolent, puffed up, snobbish 9 conceited 11 smart-alecky 13 self-important
bighearted 6 giving 7 liberal 8 generous 9 forgiving 10 altruistic, benevolent, charitable, munificent, openhanded 11 magnanimous 13 compassionate
big house 3 can, jug, pen 4 coop, jail 5 clink, joint 6 cooler, lockup, prison 7 slammer 8 bastille, hoosegow, stockade 9 bridewell 11 reformatory 12 penitentiary
bight 3 arm, bay 4 cove, gulf 6 harbor
bigmouthed 4 loud, rude 8 boastful 10 boisterous
bigness 4 size 5 scale, scope 6 extent, volume 9 amplitude, immensity, magnitude 10 dimensions, importance
bigot 6 racist 8 jingoist 9 extremist, racialist 10 chauvinist 11 supremacist
bigoted 6 biased, narrow, unfair 9 hidebound, illiberal, sectarian 10 brassbound, intolerant, prejudiced 11 small-minded 12 narrow-minded
bigotry 4 bias 6 racism 9 apartheid, prejudice 10 xenophobia 11 intolerance
big shot 3 VIP 4 czar 5 celeb, mogul, nabob 6 bigwig, fat cat, tycoon 7 kingpin, notable, pooh-bah 8 higher-up, luminary, top brass 9 celebrity, dignitary, personage 13 high-muck-a-muck
big-time 5 major 7 eminent, greatly, leading 8 renowned 9 high-level, important, paramount, prominent 10 large-scale 11 influential, major-league
big top 4 tent 6 circus
bigwig 3 VIP 5 heavy, mogul, nabob 6 honcho, kahuna 7 kingpin, magnate, notable 8 luminary, somebody 9 dignitary, personage 11 heavy hitter, muckety-muck 13 high-muck-a-muck
bijou 3 gem 5 jewel 8 gemstone
bijouterie 6 jewels 7 jewelry 8 trinkets 10 decoration
bike 5 cycle 7 scooter 10 motorcycle 12 motorscooter
bilge 3 rot 4 bull, bunk, guff 5 hooey, trash 6 bunkum 7 baloney, garbage, hogwash, malarky, rubbish, twaddle 8 claptrap, nonsense 9 poppycock, silliness 10 balderdash 11 foolishness
bilk 3 con, gyp 4 balk, beat, dash, duck, dupe, foil, fool, hoax, hose, kite, milk, ruin, scam, take 5 avoid, cheat, cozen, dodge, elude, evade, shake, shaft, skirt, stiff, trick 6 baffle, chisel, chouse, diddle, double, escape, eschew, fleece, rip off, sucker, thwart 7 deceive, defraud, prevent, swindle 8 flimflam, hoodwink, sidestep, stave off 9 frustrate 10 circumvent
bill 3 dun, fin, neb, nib, tab 4 beak, bone, buck, chit, list, note, skin 5 check, score, visor 6 charge, damage, dollar, notice, poster, roster 7 account, charges, invoice, placard, program, sawbuck, smacker 8 mandible 9 greenback, reckoning, smackeroo, statement
billet 3 bar, bed, gig, hut, job, rod 4 post, slab, spar, spot 5 berth, board, house,

ingot, lodge, place, put up, stick, strip **6** bestow, canton, harbor, office **7** quarter **8** domicile, position, quarters, vocation **9** entertain, situation **10** assignment, connection, employment, encampment, livelihood, profession, occupation **11** appointment

billet-doux **8** mash note **10** love letter

billfold **6** wallet

billiards term **3** cue **4** foot, head, jaws, kiss, long, peas, pool, race, rack, spot **5** break, carom, chalk, count, masse **6** bridge, cannon, corner, crotch, inning, miscue, nurses, pocket, stance, string **7** bricole, cue ball, cushion, ferrule, kitchen, pyramid, scratch, shooter, snooker **8** apex ball, balkline, bank shot, cue stick, dead ball, jump shot, rotation, triangle **9** clean bank, eight ball **10** chuck nurse, head string, object ball **12** balance point

billingsgate **5** abuse **6** tirade **7** obloquy **9** contumely, invective **10** revilement, scurrility **12** vilification, vituperation

billion ***British:*** **8** milliard ***combining form:*** **4** giga

billionth ***combining form:*** **4** nano

bill of fare **4** menu **7** program **11** carte du jour

billow **4** mass, wave **5** bulge, cloud, surge, swell **6** puff up, roller **7** balloon, upsurge

Billy Budd's captain **4** Vere

billy club **4** cane **5** baton **6** cudgel, paddle **8** bludgeon **9** bastinado, truncheon **10** knobkerrie, nightstick

bin **4** crib **5** frame, stall **6** bunker, hamper, trough **9** container **10** receptacle

binary **4** twin, dual **5** duple **6** double, duplex, paired **7** coupled, matched, twofold **9** dualistic

bind **3** tie **4** frap, gird, tape, wrap **5** chain, cinch, strap, tie up, truss **6** cement, commit, fasten, fetter, ligate, pinion **7** bandage, confine, enchain, shackle, trammel **8** enfetter, restrain **9** constrain, constrict, indenture

binder **4** file **5** cover **6** folder, jacket **7** wrapper

binding **8** required **9** mandatory, requisite **10** obligatory

bindlestiff **4** hobo

binge **3** jag **4** orgy, riot, soak, tear, time, toot **5** blast, booze, fling, party, revel, souse, spree, stint **6** bender **7** blowoff, blowout, carouse, debauch, rampage, revelry, shindig, splurge, surfeit, wassail **8** carousal, gluttony **9** bacchanal, brannigan **10** debauchery, indulgence **11** bacchanalia, celebration **12** intemperance

bingo **3** yes **5** beano **7** correct

biographer ***American:*** **5** Weems (Parson) **6** Parton (James) **7** Freeman (Douglas) **8** Bradford (Gamaliel), Sandburg (Carl) **10** McCullough (David) ***English:*** **6** Aubrey (John), Morley (John), Walton (Izaak) **8** Strachey (Lytton) ***French:*** **7** Maurois (André) ***German:*** **6** Ludwig (Emil) ***Greek:*** **8** Plutarch ***Italian:*** **6** Vasari (Giorgio) ***Roman:*** **9** Suetonius ***Scottish*** **7** Boswell (James)

biography **3** bio **4** life, obit, vita **5** diary, story **6** memoir **7** history, profile **8** obituary **11** confessions

biological category **5** class, genus, order **6** family, phylum **7** kingdom, species, variety **10** subspecies

bionomics **7** ecology

Bip's creator **7** Marceau (Marcel)

bird ***African:*** **6** barbet, bulbul, jabiru, turaco **7** courser, marabou, ostrich, touraco **8** hornbill, oxpecker, parakeet **9** broadbill, francolin ***Antarctic:*** **4** skua **7** penguin **10** sheathbill ***aquatic:*** **3** auk, mew **4** coot, duck, erne, gull, loon, skua, swan, teal, tern **5** booby, cahow, goose, grebe, murre **6** fulmar, gannet, petrel, puffin, scoter, wigeon **7** anhinga, dovekie, mallard, moorhen, pelican, penguin, skimmer, widgeon **8** baldpate, dabchick, murrelet **9** albatross, cormorant, gallinule, guillemot, kittiwake **10** shearwater, sheathbill ***arctic:*** **3** auk **4** knot, skua **5** murre **6** fulmar, jaeger **7** dovekie **9** guillemot, gyrfalcon ***Asian:*** **4** myna, ruff, smew **5** mynah, pewit **6** chukar, drongo, dunlin, hoopoe, peewit **7** courser, lapwing, peacock **8** dotterel, hornbill, parakeet, tragopan, wheatear **9** francolin ***Australian:*** **3** emu **4** lory **5** galah **6** drongo **7** bustard **8** bellbird, cockatoo, lorikeet, lyrebird, parakeet **9** cassowary ***blackbird:*** **3** ani, daw **4** crow, rook **5** merle, ousel, ouzel, raven **6** chough, magpie, thrush **7** grackle, jackdaw, redwing ***carrion-eating:*** **6** condor **7** buzzard, vulture ***Central American:*** **4** guan, ibis **5** booby, macaw **6** barbet, jabiru, toucan **7** bittern, jacamar, quetzal, tinamou **8** curassow, troupial ***chimney-nesting:*** **5** swift ***class:*** **4** Aves ***colony:*** **5** roost **7** rookery ***combining form:*** **5** ornis **6** ornith **7** ornitho **8** ornithes (plural) ***crow family:*** **3** daw, jay **4** rook **5** raven **6** chough, corbie, magpie **7** jackdaw ***diving:*** **3** auk **4** smew **5** grebe, murre **6** petrel **8** murrelet **9** guillemot, merganser ***European:*** **3** mew **4** rook, smew, wren **5** crake, egret, finch, merle, ousel, ouzel, pewit, pipit **6** cuckoo, hoopoe, linnet, martin, merlin, redleg, thrush **7** bustard, jackdaw, kestrel, lapwing, martlet, ortolan, redwing, sparrow, wagtail **8** blackcap, dabchick, nightjar, nuthatch, redstart, starling, throstle, whimbrel, woodcock **9** chaffinch, crossbill, stonechat **10** chiffchaff, goatsucker, kingfisher **11** lammergeier ***extinct:*** **3** moa **4** dodo **9** aepyornis, solitaire ***fabulous:*** **3** roc **7** phoenix ***fish-eating:*** **4** erne **6** osprey ***flightless:*** **3** emu, moa **4** dodo, kiwi, rhea **6** kakapo, ratite, takahe **7** apteryx, ostrich, penguin **9** cassowary ***game:*** **4** duck, rail, teal **5** brant, goose, quail, snipe **6** chukar, grouse, turkey **7** bustard, mallard, pintail, widgeon **8** baldpate, bobwhite, moorfowl, pheasant, shoveler, tragopan, wildfowl, woodcock **9** merganser, partridge, ptarmigan ***ground-dwelling:*** **5** quail **6** grouse, peahen, turkey **7** chicken, peacock, peafowl **8** bobwhite, moorfowl, pheasant **9** partridge, ptarmigan ***Indian:*** **6** bulbul **7** peacock **8** adjutant, tragopan ***Jamaican:*** **7** vervain ***large:*** **3** emu, moa **5** eagle **6** curlew **7** bustard, ostrich, pelican **8** curassow, shoebill ***largest:*** **7** ostrich ***Madagascar:*** **6** drongo **7** anhinga ***marsh:*** **4** coot, rail **5** crane, snipe, stilt **9** gallinule ***Mexican:*** **6** jacana ***mythical:*** **3** roc **7** phoenix ***New Zealand:*** **3** kea **4** kiwi **6** kakapo **7** apteryx ***nocturnal:*** **3** owl **5** owlet **7** oilbird **8** guacharo, nightjar **9** nighthawk **10** goatsucker ***North American:*** **3** ani, tit **4** coot, wren **5** booby, crane, egret, junco, murre, robin, swift, veery, vireo **6** dunlin, fulmar, grouse, phoebe, towhee, turkey, verdin, willet **7** anhinga, blue jay, catbird, flicker, grackle, tanager **8** bobolink, bobwhite, cardinal, killdeer, nuthatch, thrasher, titmouse **9** chickadee, crossbill, nighthawk, partridge, snakebird **10** bufflehead **12** whippoorwill ***of Arabian Nights:*** **3** roc ***of brilliant plumage:*** **4** lory **5** macaw **6** oriole, parrot, toucan, trogon **7** jacamar **8** lorikeet, parakeet, pheasant, tragopan ***of peace:*** **4** dove ***of prey:*** **3** owl **4** hawk, kite **5** buteo, eagle, harpy **6** condor, falcon, osprey, raptor **7** buzzard, goshawk, harrier, kestrel, vulture **8** caracara **9** accipiter **11** lammergeier ***passerine:*** (see SONGBIRD below) ***razorbilled:*** **3** auk ***relating to:*** **5** avian **8** ornithic ***shore:*** **3** auk **4** gull, tern **5** snipe, stilt **6** avocet, curlew, dunlin, plover, puffin, willet **7** lapwing, skimmer **8** killdeer, whimbrel, woodcock **9** phalarope, sandpiper, turnstone ***small:*** **3** tit **4** wren **5** finch, pewee, pipit, vireo **6** canary, tomtit, verdin **7** sparrow **8** titmouse **9** chickadee ***songbird:*** **3** jay, tit **4** chat, crow, lark, wren **5** finch, pipit, robin, veery, vireo **6** bulbul, canary, linnet, oriole, shrike, thrush **7** catbird, creeper, kinglet, redwing, skylark, sparrow, swallow, tanager, titlark, wagtail, warbler, waxwing **8** bobolink, brantail, cardinal, nuthatch, Philomel, redstart, starling, thrasher, woodlark **9** chickadee, stonechat **10** chiffchaff, flycatcher **11** nightingale ***South American:*** **4** guan, loro, rhea **5** egret, macaw **6** jabiru, toucan **7** jacamar, limpkin, oilbird **8** caracara, curassow, guacharo, screamer, troupial **9** trumpeter ***talking:*** **4** myna **5** mynah **6** parrot ***tropical:*** **3** ani **6** barbet, drongo, toucan, trogon **7** jacamar, quetzal, sawbill, waxbill **8** troupial ***turkey-like:*** **8** curassow ***unfledged:*** **4** eyas **5** chick **8** nestling ***wading:*** **4** ibis, rail **5** crane, egret, heron, stork **6** godwit, jabiru, jacana **7** bittern, limpkin, tattler **8** flamingo, shoebill **9** spoonbill ***web-footed:*** **3** auk **4** duck, loon, swan **5** goose, murre **6** avocet, fulmar, gannet, petrel, puffin **7** anhinga, pelican, penguin **8** shoveler **9** albatross, cormorant, guillemot, merganser, razorbill, snakebird **10** shearwater ***West Indian:*** **3** ani

birdbrain **4** dodo, goof **5** dummy, dunce, idiot, moron, ninny **6** nitwit **7** airhead, dullard, halfwit **8** dumbbell, imbecile, meathead, numskull **9** dumb bunny, ignoramus, numbskull, simpleton **10** nincompoop **11** featherhead

birdcage **6** aviary

birdlife **8** avifauna

bird pepper **9** chiltepin

birds' eggs ***study of:*** **6** oology

birth **4** dawn, stem **5** arise, issue, onset, start **6** create, outset, spring **7** emanate, genesis, lineage, opening **8** delivery, generate, geniture, nascence, nascency, nativity, pedigree **9** beginning, originate **10** extraction **11** parturition **12** commencement

birth-control leader **6** Sanger (Margaret)

birth flower ***April:*** **5** daisy ***August:*** **9** gladiolus ***December:*** **10** poinsettia ***February:*** **8** primrose ***January:*** **9** carnation ***July:*** **8** sweet pea ***June:*** **4** rose ***March:*** **6** violet ***May:*** **15** lily of the valley ***November:*** **13** chrysanthemum ***October:*** **6** dahlia ***September:*** **5** aster

birthmark **4** mole **5** nevus, point, trait **7** feature **13** discoloration

Birth of a Nation director **8** Griffith (D. W.)

birthright **3** due, lot **6** legacy **7** bequest,

portion **8** appanage, heirloom, heritage **9** patrimony **11** entitlement, inheritance

birthroot 8 trillium

birthstone ***April:*** **7** diamond **8** sapphire ***August:*** **7** peridot **8** sardonyx ***December:*** **6** zircon **9** turquoise ***February:*** **8** amethyst ***January:*** **6** garnet ***July:*** **4** ruby ***June:*** **5** agate, pearl **11** alexandrite ***March:*** **6** jasper **10** aquamarine, bloodstone ***May:*** **7** emerald ***November:*** **5** topaz ***October:*** **4** opal **10** tourmaline ***September:*** **8** sapphire **10** chrysolite

biscuit 4 rusk, snap **6** cookie **7** cracker **8** cracknel, hardtack

bishop ***district:*** **7** diocese ***headdress:*** **5** miter, mitre ***seat of office:*** **3** see ***skullcap:*** **9** zucchetto ***staff:*** **7** crosier, crozier ***throne:*** **8** cathedra

bishopric 3 see **7** diocese

bison ***European:*** **6** wisent **7** aurochs ***family:*** **7** Bovidae ***North American:*** **7** buffalo

bistered 4 dark **5** brown, dusky, swart, tawny **6** brunet, tanned **7** swarthy **8** brunette **11** dark-skinned

bistro 3 bar, pub **4** café **5** joint **6** nitery, tavern **7** barroom, cabaret, hot spot, niterie, taproom **8** snack bar **9** coffee bar, nightclub, night spot **10** coffee shop **11** rathskeller **13** watering place

bit 3 dab, dot, end, jot, tad **4** atom, dash, drop, iota, lump, mite, part, rein, tick, time, whet **5** borer, flake, grain, minim, pinch, scrap, shard, shred, slice, space, speck, spell, trace, while **6** minute, moment, morsel, rather, second **7** portion, segment, smidgen, stretch, trickle **8** fraction, fragment, molecule, mouthful, particle, somewhat

bit by bit 6 evenly **9** by degrees, gradually, piecemeal **12** continuously **13** slow and steady

bitch goddess 7 success

bite 3 cut, eat, lot, nip **4** chaw, chew, edge, etch, food, gnaw, kick, meal, pain, part, rust, snap, tapa, zest **5** champ, chomp, erode, munch, piece, quota, share, slice, snack, stink, taste, tooth **6** crunch, morsel, nibble **7** corrode, eat away, eat into, engrave, portion **8** dissolve, mouthful, piquancy **9** allotment, allowance, masticate, occlusion **10** laceration **11** refreshment

biting 3 raw **4** cold **5** bleak, crisp, harsh, nippy, sharp **6** bitter, severe **7** acerbic, caustic, cutting, mordant, satiric **8** freezing, incisive, piercing, scathing **9** sarcastic, trenchant **11** penetrating

bitter 4 acid, tart **5** acerb, acrid, harsh, sharp **6** severe **7** acerbic, caustic, galling, hostile, painful **8** grievous, ruthless, virulent **9** rancorous, vexatious, vitriolic **11** acrimonious, unpalatable **12** antagonistic

bitterness 4 gall **6** rancor **7** ill will **8** acridity, acrimony, asperity, coldness **9** animosity, antipathy **10** resentment

bittersweet 4 vine **8** poignant **10** nightshade

bitumen 3 tar **5** pitch **7** asphalt **8** blacktop

bivalve 4 clam, spat **6** cockle, mussel, oyster **7** geoduck, mollusk, piddock, scallop **9** lampshell **10** brachiopod

bivouac 4 camp, tent **6** billet, encamp, laager, maroon **7** shelter, sojourn **10** encampment

bizarre 3 odd **5** antic, queer, weird **7** curious, oddball, strange, uncanny, unusual **8** abnormal, atypical, freakish, peculiar, quixotic, singular **9** anomalous, eccentric, fantastic, grotesque, unearthly, unnatural **10** outlandish, outrageous **11** extravagant

bizarrerie 5 freak **6** oddity **7** anomaly, caprice, oddness **9** curiosity, weirdness **10** aberration

Bizet opera 6 Carmen

blab 3 gab, gas, jaw, yak **4** chat, leak, talk, tell **5** run on, spill **6** babble, betray, burble, gabble, gossip, inform, jabber, reveal, snitch, squeal, tattle, tell on, yammer **7** blather, chatter, divulge, let slip, palaver, prattle **8** blurt out, disclose, give away, go public

blabber 3 gab, rat **4** chat, fink **5** clack, drool, prate **6** babble, canary, drivel, gabber, gabble, gossip, jabber, magpie, prater, ramble **7** blather, chatter, palaver, prattle, twaddle **8** idle talk, jabberer, prattler **9** chatterer **10** chatterbox, tattletale

blabbermouth 3 rat **4** fink **6** canary, gabber, gossip, magpie, prater, snitch **7** windbag **8** busybody, jabberer, prattler **10** chatterbox, talebearer, tattletale **11** stool pigeon

black 3 jet **4** ebon, inky, noir, onyx **5** ebony, raven, sable **6** pitchy **8** charcoal, funereal **9** pitch-dark ***combining form:*** **3** mel **4** atro, mela, melo **5** melam, melan **6** melano

blackball 3 bar **4** veto, shun, snub **5** block, spurn **6** ice out, refuse, reject, strike **7** boycott, exclude, keep out, rule out **9** interdict, ostracize **11** vote against

black bass 7 sunfish

black beast see BÊTE NOIRE

Black Beauty author 6 Sewell (Anna)

blackbird see BIRD

black cohosh 7 bugbane

black crappie 7 sunfish **10** calico bass

black death 6 plague 13 bubonic plague
black diamond 4 coal 8 hematite 9 carbonado
blacken 3 dim, fog, ink 4 blot, burn, char, sear, slur, soil, soot 5 cloud, libel, shade, singe, smear, sully, taint 6 bruise, darken, defame, defile, malign, scorch, vilify 7 asperse, cloud up, eclipse, slander, traduce 8 besmirch, dishonor 10 calumniate
black eye 4 blot, onus, slur 5 stain 6 bruise, defeat, shiner, stigma 7 setback
blackfish 5 whale 6 tautog 10 pilot whale
Black Forest 11 Schwarzwald *city:* 10 Baden-Baden *peak:* 8 Feldberg *river:* 5 Rhein, Rhine 6 Danube, Neckar
black gold 3 oil 9 petroleum
blackguard 4 heel, punk 5 abuse, cheat, knave, rogue 6 rascal 7 hoodlum, lowlife, ruffian, villain 8 hooligan, scalawag 9 charlatan, miscreant, reprobate, scoundrel 10 delinquent, mountebank 11 rapscallion
blackhead 3 zit 4 spot 5 sebum 6 pimple 10 larval clam
blackjack 3 oak, sap 4 bash, club, cosh 6 coerce 7 pontoon, tankard 8 bludgeon 9 twenty-one, vingt-et-un 10 sphalerite
black lead 8 graphite
black letter 6 Gothic 10 Old English
blacklist 3 bar 4 oust 5 expel, purge, smear 6 banish, impugn 7 boycott, condemn, exclude, shut out 8 denounce 9 ostracize, proscribe 10 stigmatize
blackmail 5 bleed 6 extort, payoff 7 milking, squeeze 8 chantage, coercion 9 extortion, hush money, shake down
black out 4 edit, wipe 5 annul, erase, faint, swoon 6 cancel, censor, cut off, darken, delete, efface, excise 7 conceal, eclipse, expunge 8 collapse, make dark, sanitize, suppress 9 eradicate, expurgate 10 blue-pencil, obliterate
blackpoll 7 warbler
Black Prince 6 Edward
Black Sea *city:* 5 Yalta 6 Odessa 9 Constanta *peninsula:* 6 Crimea 7 Crimean
Blackshirt 7 fascist
blacksmith 6 forger 7 farrier, striker 10 horseshoer
blacktail 8 mule deer
blackthorn 4 plum, sloe
black widow 6 spider
bladder 3 sac 4 cyst 5 pouch 7 blister, vacuole 7 vesicle
blade 4 beau, buck, dude, edge, leaf 5 knife, sword 6 runner 9 swordsman
blah 4 bosh, dull, flat, tame 5 ho-hum, hooey, tired, vapid 6 boring, bunkum, dreary, humbug, stodgy 7 humdrum 8 banausic, lifeless, mediocre, nonsense, plodding 10 balderdash, lackluster, monotonous, pedestrian 11 indifferent, uninspiring 13 uninteresting
blamable see BLAMEWORTHY
blame 3 rap 4 onus 5 fault, guilt, knock 6 accuse, charge, finger, indict 7 censure, condemn 8 denounce, reproach 9 criticize, liability, reprehend, reprobate 10 accusation, imputation 11 culpability 12 condemnation, denunciation, reprehension *Scottish:* 4 wite, wyte 6 dirdum
blameless 4 good, pure 5 clean, moral 7 perfect, upright 8 innocent, unguilty, virtuous 9 crimeless, exemplary, faultless, guiltless, honorable, lily-white, righteous, unsullied 10 immaculate, impeccable, inculpable 13 unimpeachable
blameworthy 3 lax 5 amiss 6 guilty, liable, sinful 7 at fault 8 criminal, culpable, derelict 9 negligent 10 answerable, censurable, delinquent, indictable, punishable 11 disgraceful, inexcusable, responsible 12 dishonorable 13 reprehensible, objectionable
blanch 4 fade, pale 5 quail, scald, start 6 bleach, shrink, whiten 7 decolor, lighten, parboil 8 etiolate
blanched 3 wan 4 ashy, pale 5 ashen, faded, livid, peaky, waxen, white 6 anemic, doughy, pallid, peaked 7 ghostly 9 bloodless, colorless, washed out 10 cadaverous
Blancheflor's beloved 6 Flores, Floris
bland 4 dull, flat, blah, mild, soft 5 balmy, banal, vapid 6 boring, gentle, pablum 7 insipid, restful, sapless 8 soothing 9 calmative 10 complacent, flavorless, monotonous, namby-pamby, wishy-washy 12 ingratiating 13 nonirritating
blandish 3 con, woo 4 coax, fawn, urge 5 cozen 6 cajole, stroke 7 blarney, flatter, wheedle 8 butter up, inveigle, soft-soap 9 importune, sweet-talk 10 curry favor
blandishment 3 oil 5 honey 7 blarney, eyewash, incense, promise 8 flattery, soft soap 9 adulation, seduction, sweet talk 10 allurement, compliment, inducement, sycophancy, temptation
blank 3 gap 4 bare, dull, seal, skip, void 5 chasm, dazed, empty, space 6 stupid, vacant, virgin 7 deadpan, obscure, unfilled, vacuous 8 complete, omission, outright, spotless 9 impassive 10 empty space, interstice, obliterate 11 featureless 12 inexpressive, unexpressive
blanket 4 bury, hide 5 cover, quilt, throw

6 afghan, stroud **7** overlay **8** coverlet, mackinaw, sweeping **10** overspread

blankness **6** vacuum **7** nullity, vacancy, vacuity **9** emptiness **10** desolation

blare **4** roar **5** blast, shout **6** clamor, jangle **7** trumpet

blaring **4** loud **5** sharp **6** brassy, shrill **7** clarion, jarring, roaring **8** blinding, piercing, strident **9** deafening, dissonant **10** stentorian **11** ear-piercing, penetrating, stentorious **12** earsplitting

blarney **3** con, oil **4** coax, bunk **5** charm, honey, hooey **6** bunkum, cajole, humbug **7** baloney, incense, wheedle **8** blandish, buncombe, cajolery, flattery, inveigle, nonsense, soft soap **9** adulation, sweet-talk **11** compliments **12** blandishment, inveiglement

blasé **4** cool **5** bored, jaded, sated **6** breezy **7** knowing, offhand, unmoved, worldly **9** apathetic, incurious, surfeited, unexcited **10** world-weary **11** indifferent, unconcerned, worldly-wise **12** disenchanted, uninterested **13** disillusioned, sophisticated

blaspheme **4** cuss **5** abuse, curse, swear **6** revile **7** pollute, profane **8** denounce, execrate **9** castigate, excoriate

blasphemous **6** coarse, sinful **7** godless, impious, obscene, profane, ungodly **10** irreverent **12** sacrilegious **13** disrespectful

blasphemy **3** sin **5** abuse, error **6** heresy **7** cursing, cussing, impiety, mockery **8** swearing **9** profanity, sacrilege, violation **10** execration, heterodoxy, iconoclasm **11** desecration, imprecation, irreverence, malediction, profanation

blast **3** din **4** bang, beat, blow, boom, clap, dash, gale, gust, kill, peal, ruin, slam, toot **5** blare, burst, crack, crash, salvo, shoot, smash, wreck **6** attack, blight, blow up, damage, squall, wallop **7** destroy, lambast, shatter, shrivel, trumpet **8** dynamite, lambaste, outburst **9** explosion, castigate, discharge, overwhelm, shock wave **10** annihilate, detonation

blat **4** bray **5** blurt **6** cry out **7** exclaim **8** blurt out

blatant **4** bald, loud **5** clear, gaudy, naked, noisy, overt, saucy **6** arrant, brassy, brazen, crying, flashy, garish, patent, tawdry, vulgar **7** glaring, jarring, obvious **8** flagrant, immodest, impudent, insolent, manifest, overbold, strident **9** barefaced, clamorous, obtrusive, shameless, unabashed **10** boisterous, outrageous, scurrilous, unblushing, vociferous **11** conspicuous, loud-mouthed, transparent **12** ear-splitting, obstreperous

blather **3** gab, gas, jaw, rot, yak **4** bosh, gush, rave, stir **5** bleat, drool, hokum, prate **6** babble, bunkum, drivel, effuse, gabble, jabber, natter, yammer **7** blabber, chatter, enthuse, palaver, prattle, rubbish, twaddle **8** chitchat, claptrap, idle talk, nonsense **9** commotion **10** balderdash, double-talk, flapdoodle **12** gobbledygook

blaze **4** burn, fire **5** burst, flame, flare, glare, shine **7** flare up **8** eruption, outburst **10** incandesce **13** conflagration *Scottish:* **3** low **4** lowe

blazer **6** marker, reefer **9** sport coat **10** sports coat **12** sports jacket

blazes **4** hell **5** abyss, Hades, Sheol **6** Tophet **7** Gehenna, inferno **9** perdition **11** netherworld

blazing **4** keen **5** afire, fiery **6** aflame, alight, ardent, fervid, on fire, red-hot **7** burning, fervent, flaming, flaring, furious, glowing, ignited, intense, lighted **8** dazzling, feverish, powerful, speeding, white-hot **9** brilliant, perfervid **11** conflagrant, impassioned **12** incandescent **13** scintillating

blazon **4** deck **5** adorn, sound **7** declare, display, publish, trumpet **8** announce, proclaim **9** advertise, broadcast **10** coat of arms, promulgate **11** ostentation

bleach **3** dim **4** fade, pale **5** white **6** blanch, blench, purify, whiten **7** decolor, launder, wash out **8** etiolate, peroxide, sanitize **9** whitewash

bleak **3** raw, sad **4** bare, cold, dour, drab, grim, wild **5** chill, drear, empty, harsh, stark **6** barren, chilly, dismal, dreary, gloomy, lonely, severe, somber, wintry **7** austere, exposed, joyless **8** blighted, desolate, funereal, hopeless **9** cheerless, windswept, woebegone **10** depressing, despondent, oppressive, melancholy

blear **3** dim, fog **4** blur, dull, mist, murk, veil **5** bedim, faint, vague **6** hidden, shroud **7** becloud, obscure, shadowy, unclear **10** indistinct

bleary **3** dim **5** all in, faint, filmy, fuzzy, milky, spent, tired, vague **6** pooped, sapped, used-up, wasted **7** blurred, drained, obscure, shadowy, unclear, worn-out **8** depleted **9** enervated, exhausted, washed-out **10** indistinct

bleat **3** baa **4** blat, carp, crab, fuss, yawp **5** gripe, whine **6** bellow, grouse, squawk, yammer **7** blather, grumble, whimper **8** complain **9** bellyache

bleed **3** sap, run **4** milk, ooze, pity, seep **5** drain, exude, leech, mulct **6** extort, fleece **7** diffuse, extract **9** blackmail **10** hemorrhage

blemish **3** mar **4** blot, flaw, harm, mark, maim, mole, scar, spot, vice, wart **5** fault, nevus, spoil, stain **6** blotch, damage, deface, defect, impair, injure, pimple, stigma **7** blacken, distort, freckle, pervert, tarnish, vitiate **8** impurity, mutilate, pockmark **9** birthmark **12** imperfection **13** disfigurement

blench **3** shy **4** balk, duck, fade **5** blink, cower, quail, quake, start, wince **6** flinch, purify, recoil, shrink, whiten **7** launder, shy away, squinch, tremble **8** draw back, etiolate **9** whitewash

blend **3** fit, mix **4** brew, fuse, meld, weld **5** admix, alloy, merge, unify, union, unite **6** commix, fusion, go with, hybrid, mingle **7** amalgam, combine, mélange, mixture **8** beverage, coalesce, compound, conflate, immingle, infusion, intermix, mishmash **9** admixture, commingle, composite, harmonize, integrate **10** amalgamate, commixture, concoction, synthesize **12** adulteration, amalgamation, intermixture

blender setting **3** mix **4** whip **5** puree **7** liquefy

blesbok **8** antelope

bless **4** laud **5** exalt, extol, endow, favor, grace **6** anoint, bestow, hallow, praise, uphold **7** approve, beatify, glorify, magnify **8** enshrine, eulogize, make holy, sanctify **10** consecrate

blessed **4** holy **5** happy, lucky **6** joyous, sacred **7** saintly **8** beatific, hallowed **9** beatified, fortunate, venerated **10** inviolable, sacrosanct, sanctified **11** consecrated

blessedness **5** bliss **8** felicity, sanctity **9** beatitude, godliness, happiness **12** blissfulness

blessing **4** boon, good, okay **5** asset, favor, grace **6** assent, bounty, thanks **7** benefit, benison, consent, fortune, godsend, support **8** approval, good luck, windfall **9** advantage **10** invocation, permission **11** approbation, benediction, endorsement, good fortune, valediction **12** commendation, consecration, thanksgiving **13** encouragement

"___ **bleu!**" **5** Sacré

blight **3** mar, nip **4** dash, ruin **5** blast, decay, spoil, wreck **6** canker, wither **7** disease, scourge, shrivel **9** withering **10** pestilence **13** deterioration

blimp **7** airship **8** zeppelin **9** dirigible

blind **4** daze, dull **5** decoy, front, shade, shill **6** dazzle **7** eyeless, muddled, shutter **8** bedazzle, unseeing **9** sightless **10** visionless

blind alley **6** pocket **7** dead end, impasse **8** cul-de-sac, deadlock **9** stone wall **10** standstill **11** obstruction

blind god **4** Eros, Hodr, Hoth **5** Cupid, Hoder, Hodur, Hothr

blindworm **8** slowworm

blink **3** bat **4** wink **5** flash, yield **6** give in, squint **7** flicker, flutter, nictate, twinkle **9** nictitate **11** scintillate

blink at **4** omit **5** clear, let go **6** bypass, excuse, forget, ignore, slight **7** condone, connive, let pass, neglect **8** discount, overlook, pass over **9** disregard, exonerate, whitewash

blip **6** censor, screen **9** deviation, expurgate, radar spot **10** bowdlerize

bliss **3** joy **4** Zion **6** Canaan, heaven **7** ecstasy, elysium, nirvana, rapture **8** empyrean, euphoria, paradise **9** beatitude, happiness **10** exaltation **11** blessedness

blissful **5** happy **6** divine, elated, joyful, joyous **8** beatific, ecstatic, euphoric **9** ambrosial, delighted, entranced, rapturous **10** delightful, entrancing

blissfulness **3** joy **7** ecstasy **8** euphoria **9** beatitude, happiness **10** exaltation **11** contentment

blister **4** bleb, flay, lash **5** blain, bulla, slash **6** assail, canker, scathe, scorch **7** lambast, scarify, scourge, vesicle **8** lambaste **9** castigate, excoriate

blithe **3** gay **4** boon **5** happy, jolly, merry, sunny **6** bouncy, casual, cheery, chirpy, jaunty, jocund, jovial **7** gleeful **8** carefree, careless, cheerful, chirrupy, gladsome, heedless, mirthful **9** lightsome, sprightly, unworried, vivacious **10** untroubled **11** thoughtless **12** lighthearted

blithesome see BLITHE

blitz **4** raid, rush **7** air raid, bombard, bombing **8** shelling **9** onslaught **10** mass attack **11** bombardment

blitzkrieg **6** attack **7** assault, bombing **9** offensive, onslaught **11** bombardment

blizzard **4** gale **6** squall **8** whiteout **9** snowstorm

bloat **5** bulge, swell **6** billow, expand, fatten, puff up **7** balloon, distend, enlarge, inflate **10** distension

bloated **5** puffy **6** puffed **7** pompous, swollen **8** arrogant, enlarged, inflated **9** distended, overblown, overlarge **11** pretentious **13** self-important

bloc **4** band, ring **5** cabal, party, union **6** clique, league **7** combine, faction **8** alliance **9** coalition **10** consortium, contingent, federation **11** association, combination **13** confederation

block **3** bar **4** clog, fill, hunk, plug, slab, stop, wall, wing **5** brick, choke, chunk, close, ingot **6** cut off, hinder, impede **7** barrier, congest, occlude, stopper **8** obstacle, obstruct **9** barricade, hindrance, intercept

blockade **3** bar **4** stop, wall **5** beset, hem in, siege **6** shut in **7** barrier, besiege **8** close off, encircle, obstruct, stoppage **9** barricade, beleaguer, blank wall, hindrance, roadblock **10** impediment **11** obstruction

blockage **3** bar **4** clog, halt **7** barrier **8** obstacle, stoppage **10** impediment **11** obstruction

blockbuster **4** bomb **11** spectacular

blockhead **3** oaf **4** clod, dolt, dope, fool **5** dummy, dunce, idiot, moron, ninny **6** nitwit **7** halfwit, imbecile **8** clodpole, clodpoll, dumbbell, numskull **9** ignoramus, lamebrain, numbskull, simpleton **10** nincompoop **12** featherbrain

blockheaded **4** dull, dumb **5** dense, thick **6** obtuse, stupid **7** doltish **9** brainless, dim-witted **10** slow-witted

block out **4** mark **5** chart, close, draft, frame **6** hinder, screen, sketch **7** obscure, outline, prepare, repress, shut off **8** indicate, obstruct **9** adumbrate, formulate

block up **3** dam **4** clog, fill, plug, stop **5** choke **7** congest

bloke **3** guy, man **4** chap, gent **6** fellow **9** gentleman

blond **4** fair, gold, pale **5** light, sandy, straw, tawny **6** flaxen, golden **7** towhead **8** platinum **9** champagne, towheaded **10** fair-haired **11** sandy-haired **12** honey-colored

blood **4** gore **7** descent, kindred, kinship, lineage **8** ancestry **10** extraction ***cancer of:*** **8** leukemia ***cell:*** **3** red **5** white **8** hemocyte, monocyte, platelet **9** corpuscle, leukocyte **10** lymphocyte **11** erythrocyte, granulocyte ***clot:*** **8** thrombus ***coloring matter:*** **10** hemoglobin ***disease:*** **6** anemia **8** leukemia **10** hemophilia ***fluid part:*** **5** serum **6** plasma ***of the gods:*** **5** ichor ***particle in:*** **7** embolus ***poisoning:*** **6** pyemia **7** toxemia **10** septicemia ***pressure:*** **8** systolic **9** diastolic ***relating to:*** **5** hemic ***serum:*** **6** plasma ***study of:*** **10** hematology ***sugar:*** **7** glucose

bloodbath **7** carnage, slaying **8** butchery, massacre **9** slaughter **10** decimation **12** annihilation **13** extermination

bloodless **3** wan **4** ashy, dull, pale, weak **5** ashen, waxen **6** anemic, feeble, pallid, sallow, torpid **8** listless **9** insensate, unfeeling **10** insensible, nonviolent **11** coldhearted, passionless, unemotional

bloodletting **4** gore **7** carnage, killing **8** butchery, shambles, violence **9** slaughter **10** phlebotomy **11** venesection

bloodline **6** family, strain **7** descent, lineage **8** ancestry, pedigree **10** family tree

bloodroot **7** puccoon

bloodshed **4** gore **7** carnage **9** slaughter

bloodstained **4** gory **6** grisly **7** imbrued, wounded **8** sanguine **10** sanguinary **11** ensanguined, sanguineous

bloodstone **10** chalcedony

bloodsucker **4** tick **5** lamia, leech **6** lizard, sponge **7** sponger, vampire **8** hanger-on, parasite **10** freeloader **12** lounge lizard

bloodthirsty **5** rabid **8** ravening, sanguine **9** cutthroat, homicidal, murdering, murderous, predatory, voracious **10** sanguinary **11** sanguineous

blood vessel **4** vein **5** aorta **6** artery **7** jugular **9** capillary ***combining form:*** **3** vas **4** angi, vasi, vaso **5** angio

bloody **4** gory, grim, very **5** cruel **6** damage, damned, deadly, grisly **7** blasted, hateful, imbrued, wounded **8** accursed, infernal, sanguine **9** cutthroat, homicidal, murdering, murderous **10** detestable, sanguinary **11** ensanguined, sanguineous **12** death-dealing, slaughtering

bloom **4** blow, glow, open, posy **5** blush **6** floret, flower, thrive, unfold **7** blossom, burgeon, coating, develop, dusting, prosper **8** flourish, rosiness **10** cloudiness, effloresce **13** discoloration

blooper **4** goof, slip, trip **5** boner, break, error, fluff, gaffe, lapse **6** boo-boo, bungle, howler, slipup **7** blunder, faux pas, fly ball, misstep, mistake, offense **8** solecism **9** indecorum, false step **11** impropriety **12** indiscretion

blossom **3** bud, wax **4** blow, glow, grow, open, posy **5** bloom, blush, flush **6** expand, flower, mature, thrive, unfold **7** burgeon, develop, prosper **8** flourish, floweret, progress **10** effloresce, peak period **13** efflorescence

blot **4** blur, mark, onus, slur, smut, soil, spot **5** brand, odium, smear, speck, stain, sully **6** absorb, smudge, stigma **7** bestain, blemish, spatter, tarnish **8** black eye, discolor, disgrace **9** bespatter, moral flaw

blotch **4** mark, spot **5** stain **6** macula,

macule, mottle, smudge **7** blemish, splotch **12** imperfection

blot out **4** raze, void **5** annul, crush, erase, quash, quell, scrub **6** cancel, delete, efface, squash **7** abolish, destroy, expunge **9** eliminate, eradicate, extirpate **10** annihilate, extinguish, obliterate **11** exterminate

blotto see DRUNK

blouse **5** middy, shell, shirt, smock, tunic **6** guimpe

bloviate **4** rail, rant, rave **5** mouth, orate, spout **7** bluster, carry on, declaim, inveigh, soapbox, talk big **8** harangue, perorate, sound off, splutter **9** hold forth **10** vociferate

blow **3** bop, fan, hit, jar **4** bang, bash, belt, biff, bump, cuff, damn, fail, gasp, gust, huff, pipe, puff, slam, slug, swat, toot, whop, wind **5** boast, botch, crack, drive, erupt, leave, pound, punch, shock, slosh, smack, smash, sound, spend, waste, whack **6** buffet, depart, impact, mishap, thwack, wallop **7** assault, breathe, chagrin, consume, debacle, explode, flutter, fritter, trumpet **8** calamity, disaster, flounder, knockout, squander **9** bombshell, collision, dissipate, throw away **10** concussion, misfortune, trifle away **11** catastrophe

blow-by-blow **4** full **5** fussy **6** minute **7** careful, precise **8** detailed, itemized, thorough **10** exhaustive, meticulous, scrupulous **13** thoroughgoing

blowhard see BO

blow in **4** land **5** pop by **6** appear, arrive, drop by, show up, turn up **7** hit town **11** materialize

blowout **4** bash, fete, gala, riot, tear **5** binge, blast, break, party, split, spree **6** frolic, shindy **7** shindig, victory **8** carousal, flat tire **9** festivity

blowsy **5** dingy, ruddy **6** florid, frowsy, sloppy, untidy **7** flushed, healthy, unkempt **8** blooming, blushing **10** bedraggled

blow up **4** bomb, burn, fume, rage **5** bloat, burst, erupt, flare, go off, storm, swell **6** expand, seethe **7** bristle, distend, enlarge, explode, inflate, magnify, rupture, shatter **8** boil over, demolish, detonate, dynamite, heighten, mushroom **9** discredit, fulminate, overstate **10** aggrandize

blowy **4** airy, wild **5** fresh, gusty, windy **6** breezy, stormy **7** squally **8** blustery **9** windswept **11** tempestuous

blubber **3** cry, fat, sob **4** bawl, flab, keen, lard, pipe, wail, weep **5** flesh **6** snivel **7** carry on **8** whale fat

bludgeon **3** bat **4** club **5** baton, billy, bully **6** attack, cudgel, hector **7** bluster, war club **8** browbeat, bulldoze, bullyrag **9** bastinado, billy club, blackjack, strong-arm, truncheon **10** intimidate, nightstick ***British:*** **4** cosh

blue **3** low, sad, sea **4** down, glum, lewd, navy, racy **5** bawdy, ocean, royal, salty, spicy **6** cobalt, gloomy, risqué **7** naughty, profane, unhappy **8** dejected, downcast, indecent, off-color **9** depressed, woebegone **10** despondent, dispirited, melancholy, suggestive **11** downhearted ***combining form:*** **4** cyan **5** cyano ***dark:*** **5** perse **6** indigo ***grayish:*** **5** merle, slate ***greenish:*** **4** aqua, cyan, teal **5** beryl **6** cobalt **7** azurite **9** turquoise ***reddish:*** **5** smalt **6** marine, purple, violet **7** cyanine, gentian, lobelia ***sky:*** **5** azure **8** cerulean

___ **Blue** **3** Ben **9** Little Boy

blue blood **4** lady, lord, peer **5** elite, noble **6** aristo **7** royalty **8** nobleman **9** gentility, gentleman, patrician **10** aristocrat, noblewoman **11** gentle birth, gentlewoman

bluebonnet **4** Scot **11** Texas lupine

Blue Boy painter **12** Gainsborough (Thomas)

bluecoat **3** cop, law **4** fuzz **5** bobby **6** copper **9** constable, patrolman, policeman

Bluegrass State **8** Kentucky

Blue Grotto site **5** Capri

bluejacket **4** mate, salt, swab **5** limey **6** sailor, seaman **7** swabbie **9** sailorman

blue jeans **5** Levis **6** denims

blue moon **3** age, eon, era **4** aeon **5** epoch **7** dog's age **8** eternity, lifetime **10** generation

bluenose **4** prig **5** prude **7** puritan **9** Mrs. Grundy, nice Nelly **10** goody-goody

bluenosed **4** prim **5** rigid **6** prissy, proper, square, stuffy **7** prudish **8** overnice, priggish **9** Victorian **10** scrupulous, tight-laced **11** puritanical, straitlaced

blue-pencil **3** cut **4** edit, trim **5** emend **6** cut out, delete, excise, remove, revise **7** clean up **8** boil down, cross out **9** strike out, tighten up

bluepoint **6** oyster

blueprint **3** map **4** cast, plan, plot **5** chart, draft, frame, model, trace **6** design, devise, rubric, scheme, set out, sketch **7** arrange, diagram, outline, picture, project **8** game plan, strategy **9** delineate **10** conception, rough draft **11** description

blue-ribbon **3** top **5** prime **6** Grade A, tip-top **7** capital, premier **8** five-star, top-notch, superior **9** excellent, first-rate, top-drawer **10** first-class, top-quality, world-class **11** outstanding **12** prize-winning

blues **4** funk **5** dumps, gloom, grief **6** lament **7** sadness, trouble **8** doldrums, glumness **9** dejection, pessimism **10** depression, desolation, low spirits, melancholy, woefulness **11** despondency, melancholia, unhappiness **12** hopelessness, mournfulness

bluff **3** act, con **4** curt, fake, fool, jive, ruse, sham, show **5** blunt, cliff, feign, frank, gruff, rough, trick **6** abrupt, betray, candid, crusty, delude, direct, hearty, humbug **7** beguile, brusque, deceive, fake out, mislead, playact, pretend **8** headland, pretense **9** deception, outspoken, precipice, steep bank **10** escarpment, forthright, no-nonsense, promontory, subterfuge **11** counterfeit, double-cross, plainspoken, short-spoken **13** unceremonious

blunder **4** bull, gaff, goof, mess, muff, slip, trip **5** boner, botch, error, fluff, gaffe, gum up, lapse, lurch **6** bobble, bollix, bumble, bungle, foul up, fumble, goof up, howler, mess up, wander **7** blooper, failure, faux pas, louse up, misstep, mistake, screw up, stumble **8** disaster, flounder **12** indiscretion, misadventure

blunderbuss **3** gun **4** dolt **5** klutz **6** galoot, lummox **7** bungler, firearm **8** bonehead, numskull **9** blockhead, numbskull **10** stumblebum **13** butterfingers

blunt **4** bald, calm, curt **5** allay, bluff, brief, frank, gruff, plain, rough, terse **6** abrupt, benumb, candid, crusty, deaden, direct, lessen, obtuse **7** brusque, rounded, uncivil **8** enfeeble, not sharp, snippety **10** forthright **11** desensitize, insensitive, plainspoken, unvarnished **12** discourteous **13** unceremonious

blur **3** dim, fog **4** blot, dull, mist **5** befog, blear, cloud, muddy, smear, stain, taint **6** smudge, stigma **7** becloud, besmear, confuse, tarnish **8** besmirch, discolor ***in printing:*** **6** mackle

blurb **4** hype, plug, puff **5** press **6** notice **7** write-up **8** good word **9** promotion **12** commendation

blurry **4** hazy **5** vague **6** cloudy **7** clouded, unclear **9** undefined, unfocused **10** indistinct

blurt **4** blab, blat, bolt **5** spill **6** cry out, let out **7** divulge, exclaim, let slip, spit out **8** disclose, give away **9** ejaculate

blush **4** burn, glow, rose, view **5** bloom, color, flame, flush, rouge **6** mantle, pinken, redden **7** blossom, crimson, redness, turn red **8** mantling, rosiness

bluster **4** bawl, crow, gust, huff, rage, roar, rout **5** blast, bully, prate, storm, strut, vaunt **6** bellow, clamor, hector, lean on **7** bombast, bravado, dragoon, roister, swagger, talk big **8** boasting, browbeat, bulldoze, bullyrag, domineer **9** gasconade **10** grandstand, intimidate **11** braggadocio

blustery **4** wild **5** blowy, gusty, rough **6** drafty, raging, raving, stormy **7** furious, squally, violent **9** truculent, tumultuous, turbulent **10** boisterous **11** tempestuous

boa **5** scarf, snake

boar **3** pig **4** male **5** swine

board **4** fare, feed, food, lath, slab, slat **5** catch, get on, hop on, house, lodge, meals, panel, plank, put up, table **6** billet, embark **7** emplane, entrain, quarter **9** directors **11** directorate ***artist's:*** **7** palette

boarder **5** guest **6** lodger, renter, roomer, tenant

board game see at GAME

boarding house **6** hostel **7** hospice, lodging, pension **8** pensione

boardwalk **7** gangway **9** esplanade, promenade

boast **3** own **4** blow, brag, crow, have, puff **5** exalt, exult, glory, mouth, prate, preen, strut, vaunt **6** parade **7** bluster, bombast, bravado, contain, enlarge, exhibit, inflate, possess, show off, swagger, talk big **9** gasconade **10** exaggerate, grandstand **11** rodomontade **12** exaggeration

boaster **6** gascon **7** egotist, peacock, show-off **8** big mouth, blowhard, braggart **11** braggadocio, rodomontade

boastful **4** vain **5** cocky **6** braggy **8** arrogant, braggart, puffed-up, vaunting **9** bigheaded, conceited, egotistic **11** egotistical, pretentious, swellheaded **12** vainglorious **13** swelled-headed ***Scottish:*** **6** vaunty

boat **3** ark, hoy, tug **4** dhow, dory, junk, pram, prau, proa, punt, scow, ship, yawl **5** barge, canoe, coble, ferry, kayak, ketch, scull, shell, skiff, sloop, smack, umiak, yacht **6** bateau, bugeye, caïque, cutter, dinghy, hooker, lateen, lugger, packet, sampan, vessel, wherry **7** caravel, coracle, currach, curragh, gondola, lighter, pinnace, pirogue, pontoon, shallop, steamer, trawler, vedette, vidette **8** schooner, trimaran **9** catamaran, hydrofoil ***bottom projection:*** **4** keel ***captain:*** **5** pilot **6** master **7** skipper ***dock, basin:*** **6** marina ***front end of:*** **3** bow

4 fore, prow ***motor:*** 7 cruiser, inboard 8 outboard, runabout ***on a ship:*** 3 gig 6 launch 7 pinnace ***race:*** 7 regatta ***rear end of:*** 3 aft 5 stern ***song:*** 6 chanty, shanty 7 chantey 9 barcarole 10 barcarolle

boatman 4 mate 5 limey 6 Charon, sailor 7 mariner, oarsman, paddler 8 deckhand, water dog 9 gondolier, navigator

boat-shaped 8 scaphoid 9 navicular

Boaz's wife 4 Ruth

bob 3 jig, nod, rap, tap 4 buff, clip, crop, dock, trim 5 bunch, float 6 bounce, curtsy, jiggle, jounce, polish, trifle, wobble 7 cluster, curtsey, nosegay 8 shilling 9 genuflect

bobbery 3 ado, din, row 4 fray, riot 5 babel, noise 6 bedlam, hubbub, racket, ruckus, rumpus 7 ferment, ruction 9 commotion, confusion 10 hullabaloo, hurly-burly 11 disturbance, pandemonium

bobbin 4 pirn 5 quill, spool, wheel 7 spindle 8 cylinder

bobble 3 bob, dud 4 flub, goof, mess, muff 5 botch, error, fluff, gum up 6 ball up, bollix, bumble, bungle, flub up, fumble, goof up, muff up 7 blooper, failure, louse up, mistake

bobby 3 law 6 copper, peeler 7 officer 9 constable, patrolman, policeman

bobwhite 5 quail 9 partridge

Boccaccio ***beloved:*** 9 Fiammetta ***tales:*** 9 Decameron

bode 4 hint 5 augur 6 signal, warn of 7 betoken, portend, presage, promise, signify, suggest 8 foreshow, indicate 9 foretoken, prefigure 10 foreshadow

bodega 3 bar, pub 6 saloon 7 barroom, grocery 8 wineshop 12 general store

bodement 4 omen, sign 5 hunch 6 augury 7 portent, presage 8 prophecy 9 foretoken, harbinger 10 foreboding, intimation, prediction, prognostic 11 premonition 12 presentiment

bodiless 7 ghostly 8 ethereal, spectral 9 unfleshly 10 discarnate, immaterial, unphysical 11 disembodied, incorporeal, nonmaterial 12 apparitional 13 insubstantial

bodily 6 carnal 7 en masse, earthly, fleshly, sensual, somatic, totally 8 corporal, entirely, physical, visceral 9 corporeal 10 altogether, completely 11 unspiritual

bodkin 4 shiv 5 blade, knife, shank 6 dagger, lancet, needle 7 poniard 8 stiletto

___ **bodkins** 4 odds

body 4 bulk, core, form, hull, mass, soma 5 frame, stiff, stock, torso 6 corpse, corpus 7 anatomy, cadaver, carcass, chassis, corpora (plural), remains 8 physique 9 aggregate, substance ***combining form:*** 4 dema, soma, some, somi (plural) 5 somat, somia, somus 6 somata (plural), somato

body cavity 5 cecum, sinus 6 coelom 7 abdomen 8 hemocoel

body check 5 block

bodyguard 7 retinue 9 attendant, protector

body of water 3 bay, sea 4 cove, gulf, lake, pond, pool 5 bight, brook, creek, fiord, firth, fjord, inlet, ocean, river 6 harbor, lagoon, puddle, stream 7 channel, estuary 9 reservoir

body passage 4 duct, vein 5 canal 6 artery, meatus, ureter, vagina, venule, vessel 7 trachea, urethra 8 bronchus 9 arteriole, capillary, esophagus, intestine 10 bronchiole 13 bronchial tube, fallopian tube

body politic 5 state 6 nation 11 nation-state

boffo 3 gag, gas, hit 4 wild 5 laugh 6 scream 7 sold-out 8 smash-hit, smashing 10 successful 11 sensational

bog 3 fen 4 mire, quag 5 delay, marsh, swamp 6 impede, morass, muskeg, slough, slow up 8 quagmire 9 swampland

Bogart, Humphrey ***film:*** 6 Sahara 7 Dead End, Sabrina 8 Big Sleep (The), Key Largo 10 Casablanca, High Sierra 11 Caine Mutiny (The) 12 African Queen (The) 13 Maltese Falcon (The) 15 Petrified Forest (The) 16 To Have and Have Not 24 Treasure of the Sierra Madre (The) ***wife:*** 6 Bacall (Lauren)

bog down 4 flag, mire 5 choke, delay, stall 6 detain, falter, hang up, hinder, impede, retard, slow up 7 embroil, set back, slacken 8 encumber, keep back, obstruct, slow down 9 lose steam 10 decelerate

bogey 5 ghost, haunt, shade, spook 6 scarer, shadow, spirit, wraith 7 phantom, specter 8 phantasm, revenant 10 apparition

bogeyman 5 spook 7 bugbear, chimera, monster, phantom, specter, spectre 10 apparition

boggle 4 balk, mess, muff, stun 5 amaze, botch, fudge, gum up, shock, wreck 6 bollix, bungle, cobble, goof up, mess up, strain 7 astound, louse up, nonplus, stagger, stumble, stupefy 8 astonish, bewilder, bowl over, confound 9 dumbfound, mishandle, mismanage, overwhelm, take aback 11 flabbergast

bogus 4 fake, mock, sham 5 false,

phony, snide **6** ersatz, forged, pseudo **7** fictive, pretend **8** invented, specious, spurious **9** brummagem, concocted, imitation, pinchbeck, simulated, trumped up **10** artificial, fabricated, fraudulent, mendacious **11** counterfeit

Bohème, La ***character:*** **4** Mimi **7** Rodolfo ***composer:*** **7** Puccini (Giacomo) ***setting:*** **5** Paris

bohemian **5** artsy, gypsy, hippy **6** hippie **7** beatnik, dropout, oddball, offbeat **8** maverick, vagabond, wanderer **9** eccentric **10** avant-garde, iconoclast, unorthodox **13** nonconformist

boil **3** jet **4** bolt, brew, burn, cook, dash, foam, fume, gush, moil, race, rage, rush, spew, spot, stew, vent **5** anger, churn, erupt, fling, froth, poach, shoot, storm, swirl **6** blow up, bubble, charge, canker, coddle, pimple, seethe, simmer **7** abscess, agitate, bristle, ferment, flare up, pustule, smolder **8** furuncle **9** carbuncle, discharge **10** effervesce **11** excrescence

boil down **4** pare, trim **6** amount, reduce **7** distill **8** compress, condense, simplify, truncate **9** summarize, synopsize **10** streamline **11** concentrate, encapsulate

boiler suit **8** coverall

boiling **3** hot **5** fiery **6** baking, red-hot, sultry, torrid **7** burning, febrile **8** agitated, roasting, scalding, sizzling, tropical **9** scorching **10** blistering

boil over **4** burn, fume, rage **5** erupt **6** blow up, bridle, see red, seethe **7** bristle, flare up

boisterous **4** loud, wild **5** noisy, rowdy **6** lively, stormy, unruly **7** blatant, raucous, riotous **8** strident **9** clamorous, convivial, turbulent **10** disorderly, disruptive, rollicking, tumultuous, uproarious, vociferous **11** loud-mouthed, tempestuous **12** high-spirited, obstreperous, rambunctious, ungovernable, unrestrained

Boito opera **11** Mefistofele

bold **4** free, pert, rude **5** bluff, brave, fresh, gutsy, nervy, sassy, saucy, sheer, showy, steep **6** arrant, bright, brazen, cheeky, daring, heroic **7** doughty, forward, glaring, obvious, valiant **8** cocksure, fearless, impudent, insolent, intrepid, resolute, unafraid, valorous **9** audacious, dauntless, intrusive, prominent, shameless, undaunted **10** courageous, pronounced **11** adventurous, impertinent, smart-alecky, venturesome **12** enterprising, presumptuous

boldness **4** gall, grit **5** drive, nerve, valor **6** aplomb, mettle, spirit **8** audacity, backbone, chutzpah, temerity **9** arrogance, challenge, hardihood, impudence, insolence **10** brazenness, disrespect, effrontery **11** discourtesy **12** impertinence

Bolero composer **5** Ravel (Maurice)

Bolivia ***ancient culture:*** **4** Inca **10** Tiahuanaco ***capital:*** **5** La Paz, Sucre ***city:*** **6** El Alto **9** Santa Cruz **10** Cochabamba ***conqueror:*** **7** Pizarro (Hernando) ***Indian people:*** **6** Aymara **7** Quechua ***lake:*** **5** Poopó **8** Titicaca ***language:*** **6** Aymara **7** Quechua, Spanish ***monetary unit:*** **9** boliviano ***mountain, range:*** **5** Andes **6** Sajama ***neighbor:*** **4** Peru **5** Chile **6** Brazil **8** Paraguay **9** Argentina ***river:*** **4** Beni **5** Abuna **6** Mamoré **7** Guaporé **9** Pilcomayo

bollix **4** flub, mess, muff, ruin **5** botch, gum up, spoil, upset **6** bobble, bumble, bungle, foul up, fumble, goof up, jumble, mess up, muck up, muddle, muff up **7** confuse, louse up, screw up **8** dishevel, disorder, scramble, unsettle **9** mishandle, mismanage

bolo **5** knife **7** machete

Bolshevik **3** Red **6** commie **7** comrade **8** Leninist, tovarich, tovarish **9** communist

bolshevism **7** Marxism **8** Leninism **9** communism

bolster **3** aid **4** buoy, gird, help, prop **5** boost, brace, carry, cheer **6** assist, bear up, buoy up, pillow, upbear, uphold **7** bulwark, cushion, fortify, hearten, shore up, support, sustain **8** backstop, buttress, maintain **9** encourage, reinforce **10** strengthen **12** underpinning **13** reinforcement

bolt **3** bar, fly, rod, run **4** cram, dash, dart, flee, gulp, jump, lock, race, rush, tear, wolf **5** arrow, blurt, bound, chase, dowel, flush, rivet, scarf, scoot, shoot, skirr, slosh, start **6** charge, decamp, devour, gobble, guzzle, secure, spring **7** abscond, exclaim, hotfoot, make off, missile, rigidly, scamper, startle, take off **8** blurt out, hightail **9** skedaddle **10** make tracks, take flight **11** ingurgitate **13** thunderstroke

bomb **3** dud, hit **4** bust, dull, fail, flop, sink, zero **5** blast, blitz, lemon, loser, pound, shell **6** blow up **7** debacle, destroy, failure, home run, success, washout, wipe out **8** detonate, disaster, fall flat, long pass, long shot, spray can

bombard **4** pelt **5** blast, blitz, shell, storm **6** attack, assail, cannon, hammer, pepper, shower, strafe, strike **7** assault, barrage **8** catapult **9** cannonade

bombardment 4 hail 5 burst, salvo 6 attack, shower, volley 7 barrage, battery 8 drumfire 9 broadside, cannonade, fusillade, onslaught
bombardon 4 bass 8 bass tuba
bombast 4 rant 6 hot air 7 bluster, fustian, oration 8 rhapsody, tumidity 9 fancy talk, pomposity, turgidity 10 pretension 11 rodomontade
bombastic 5 wordy 6 prolix 7 aureate, flowery, orotund, pompous, swollen 8 inflated, puffed-up 9 overblown 10 euphuistic, rhetorical 11 declamatory, overwrought 12 magniloquent 13 grandiloquent
bombed 4 high 5 drunk, fried, stiff, tight 6 blotto, stoned, wasted 8 comatose, tanked up 9 plastered 10 inebriated 11 intoxicated
bombinate 3 hum 4 buzz, purr, whir 5 drone, strum, thrum 6 bumble, rumble 7 grumble
bombshell 4 blow, jolt 5 shock 6 marvel 8 surprise 9 curveball, sensation 10 revelation 11 thunderbolt
bona fide 4 real, sure, true 5 valid 6 actual 7 earnest, genuine, sincere 8 sterling 9 authentic, undoubted, veritable 10 legitimate, sure-enough 11 indubitable, in good faith 13 authenticated
bona fides 6 candor 7 probity 8 goodwill 9 good faith, sincerity 10 reputation 11 reliability, sincereness
bonanza 4 mine 5 catch, hoard 7 pay dirt 8 Golconda, gold mine, treasure, treasury, windfall 12 extravaganza 13 treasure trove
bonbon 5 candy, sweet 7 fondant 9 sweetmeat, sugarplum 10 confection
bond 3 tie 4 bail, fuse, knot, link, pact, yoke 5 nexus 6 cement, fetter, pledge, surety 7 bargain, compact, linkage, promise, shackle, warrant 8 adhesive, affinity, cohesion, contract, covenant, guaranty, ligament, ligature, security, vinculum, warranty 9 adherence, agreement, coherence, guarantee 10 attachment, connection, connective, obligation
bondage 4 yoke 6 chains, thrall 7 durance, fetters, helotry, peonage, serfage, serfdom, slavery 9 captivity, detention, servitude, thralldom, vassalage, villenage 10 subjection 11 enslavement, subjugation 12 imprisonment
bondsman 4 peon, serf 5 helot, slave 6 surety 7 chattel
bone ***ankle:*** 5 talus 6 tarsus ***arm:*** 4 ulna 6 radius 7 humerus ***back:*** 5 spine 8 vertebra 9 vertebrae (plural) ***breast:*** 7 sternum ***calf:*** 6 fibula ***cavity:*** 5 fossa ***change into:*** 6 ossify ***cheek:*** 5 malar 6 zygoma ***chest:*** 3 rib ***collar:*** 8 clavicle ***face:*** 5 malar, nasal 7 frontal ***finger:*** 7 phalanx 8 phalange ***foot:*** 6 tarsus 9 calcaneum, calcaneus 10 astragalus, metatarsus ***hand:*** 10 metacarpus ***head:*** 5 skull, vomer 7 cranium 8 parietal, sphenoid 9 occipital ***heel:*** 9 calcaneum, calcaneus ***hip:*** 5 ilium, pubis 6 pelvis 7 ischium ***jaw:*** 7 maxilla 8 mandible ***kneecap:*** 7 patella ***leg:*** 5 femur, tibia 6 fibula 7 patella ***lower back:*** 6 coccyx, sacrum ***middle ear:*** 5 anvil, incus 6 hammer, stapes 7 malleus, stirrup ***pelvis:*** 5 ilium ***relating to:*** 6 osteal ***shin:*** 5 tibia ***shoulder blade:*** 7 scapula ***small:*** 7 ossicle ***substance:*** 6 ossein ***thigh:*** 5 femur ***toe:*** 7 phalanx 8 phalange ***U-shaped:*** 5 hyoid ***wrist:*** 6 carpus
bonehead 4 clod 5 dunce, moron 6 cretin, dimwit, nitwit 7 halfwit 8 clodpole, clodpoll, lunkhead, numskull 9 ignoramus, lamebrain, numbskull 12 featherbrain
bonelike 7 osseous, osteoid
boner see BLOOPER
bone up 4 cram 5 study 6 review, revise 8 pore over
bong 4 bell, dong, peal, ring, toll 5 chime, knell, sound 6 hookah, strike 7 resound 9 water pipe 11 reverberate
boniface 7 barkeep 8 publican, taverner 9 barkeeper, innkeeper 12 saloonkeeper
bonkers 3 ape, mad 4 daft, loco, nuts, wild 5 batty, crazy, giddy, loony, potty 6 cuckoo, insane 7 bananas, haywire 8 demented, deranged, unhinged
bon mot 4 jest, quip 5 crack, sally 7 epigram, riposte 8 one-liner, repartee 9 witticism
bonny 4 fair, fine 6 comely, lovely, pretty 7 winsome 8 pleasing 9 beauteous, beautiful, excellent 10 attractive, delightful 11 good-looking
bon ton 4 élan 5 flair, style 6 gentry, jet set 7 fashion, society 8 elegance, smart set 9 haut monde, propriety 11 high society
bonus 4 gift, plus 6 reward 7 benefit, payment, premium 8 dividend 12 compensation 13 fringe benefit
bon vivant 7 epicure, flaneur, gourmet, trifler 8 aesthete, gourmand 10 aficionado, dilettante, gastronome 11 cognoscente, connoisseur 12 boulevardier, gastronomist, man-about-town
bony 4 lank, lean, thin 5 gaunt, lanky, spare 6 barren, skinny, twiggy 7 angular, osseous, scraggy, scrawny, starved

8 rawboned, skeletal, underfed **9** emaciated **10** cadaverous

boo **4** hiss, hoot, jeer, razz **6** bellow, deride, heckle, revile **7** catcall **9** raspberry, shout down

boob **3** oaf **4** dolt, dope, goof, goon, boor **5** chump, dunce, goose, ninny **6** breast, dumb ox **7** blunder, fathead, mistake, tomfool **8** lunkhead **9** simpleton **10** dunderhead, philistine

boo-boo see BLOOPER

booby hatch **6** asylum, bedlam **8** bughouse, loony bin, madhouse, nuthouse **9** funny farm **11** institution

booby trap **4** mine **5** snare **6** hazard **7** pitfall, springe **8** deadfall, land mine

boodle **3** wad **4** bilk, haul, heap, loot, mint, perk, take **5** booty, prize, spoil **6** bundle, packet, payola, spoils **7** fortune, plunder, present **8** kickback **9** incentive **10** bribe money, inducement

book **4** list, text, tome **5** album, bible, codex, enter, folio, novel, tract **6** charge, engage, enroll, folder, line up, manual, octavo, quarto, record, script, volume **7** catalog, edition, reserve **8** hardback, inscribe, register, schedule, softback, treatise **9** hardcover, monograph, paperback, preengage **10** compendium **11** publication ***combining form:*** **6** biblio ***of hours:*** **5** Horae ***of psalms:*** **7** psalter

bookie see BOOKMAKER

bookish **5** nerdy **6** formal **7** erudite, learned **8** academic, cerebral, literary, pedantic, studious, well-read **9** scholarly **10** longhaired **12** intellectual, professorial

bookkeeping term **4** loss **5** asset, audit, check, debit, entry, yield **6** budget, credit, equity, income, ledger, margin, profit, return **7** account, accrual, balance, expense, invoice, revenue, voucher **8** discount, dividend, interest, write off **9** inventory, liability **10** appreciate, depreciate, fiscal year **11** double entry **12** amortization, appreciation, balance sheet, depreciation, variable cost

booklet **8** brochure, opuscule, pamphlet

bookmaker **6** binder, bookie, editor **7** printer **9** bet holder, oddsmaker, publisher

book of account **6** ledger, record **7** journal **8** register

bookplate **5** label **8** ex libris

bookstall **5** kiosk **9** newsstand

boom **3** wax **4** bang, clap, grow, rise, slam, spar, wham **5** blast, boost, burst, crack, crash, sound, smash, swell **6** do well, expand, growth, rumble, thrive **7** explode, prosper, resound, thunder **8** flourish, kick hard, long beam **9** expansion **10** bull market, detonation, prosperity **11** reverberate

boomerang **6** recoil **7** rebound **8** backfire, backlash, come back, kick back, ricochet **10** bounce back

booming **4** bass, deep **6** robust **7** roaring **8** affluent, resonant, sonorous, thriving **9** deafening **10** prospering, prosperous, successful **11** flourishing

boon **3** aid, gay **4** gift, good, help **5** asset, grant, favor, jolly, merry, token **6** blithe, bounty, jocund, jovial **7** benefit, festive, gleeful, godsend, largess, present **8** blessing, largesse, mirthful, windfall **9** advantage, convivial, privilege **10** indulgence **11** benediction, benefaction

boondocks **5** wilds **6** sticks **7** outback **8** backland, frontier **9** backwater, backwoods, provinces, rural area **10** hinterland **11** backcountry, countryside **12** back of beyond

boondoggle **4** cord, hoax, scam **5** fraud, hokum **6** hustle **7** fast one, hatband, lanyard, swindle **8** flimflam **10** fool around, mess around **11** horse around

boor **3** cad, oaf **4** lout, hick, rube **5** brute, chuff, churl, clown, yahoo, yokel **6** lummox, rustic **7** buffoon, bumpkin, hayseed, peasant **9** ignoramus, vulgarian **10** clodhopper, philistine, provincial

boorish **4** rude **5** crass, crude, rough **6** coarse, common, rugged, vulgar **7** ill-bred, loutish, lowbred, lumpish, uncivil, uncouth **8** churlish, cloddish, clownish, impolite, insolent, lubberly, swainish **9** graceless, offensive, tasteless, unrefined **10** philistine, provincial, robustious, uncultured, ungracious, unmannerly, unpolished, unsociable **11** bad-mannered, clodhopping, ill-mannered, uncivilized **12** discourteous, uncultivated **13** disrespectful

boost **3** aid **4** hike, lift, jump, plug, push, rise **5** raise, steal **6** assist, beef up, expand, extend, foster, jack up **7** advance, amplify, augment, elevate, magnify, promote, support **8** heighten, increase, shoplift **9** advertise, encourage, expansion, promotion **10** assistance **11** helping hand **13** encouragement

booster **3** fan **4** hypo, shot **6** backer, patron, rocket, rooter **7** vaccine **8** champion, defender, promoter, upholder **9** amplifier, expositor, injection, proponent, supporter **10** shoplifter **11** inoculation

boot 3 can 4 bang, fire, kick, sack 5 chuck, eject, evict, expel, start 6 bounce, thrill 7 dismiss, kick out, start up 8 throw out 9 discharge, dismissal, terminate ***kind:*** 5 wader 6 arctic, chukka, gaiter, galosh, mukluk 7 jodhpur, shoepac 8 balmoral, cothurni (plural), overshoe, shoepack 9 cothurnus 10 Wellington

Boötes star 8 Arcturus

booth 4 nook 5 berth, bower, kiosk, stall, stand 6 carrel 9 enclosure 11 compartment

bootleg 3 hot, run 5 hooch 6 pirate 7 illicit, smuggle 9 irregular, moonshine 10 bathtub gin, contraband 11 black market, mountain dew 12 unauthorized

bootless 4 vain 5 empty 6 futile, hollow 7 useless 8 abortive, impotent, nugatory 9 fruitless, valueless, worthless 10 profitless, unavailing 11 ineffective, ineffectual 12 unproductive, unprofitable, unsuccessful

bootlick 4 fawn 5 cower, crawl, creep, toady 6 cringe, grovel, kowtow, stroke 7 cater to, flatter, truckle 8 blandish 9 brownnose, importune, seek favor 10 curry favor 11 apple-polish 12 bow and scrape

bootlicker 4 toad 5 toady 6 lackey, lapdog, minion, yes-man 7 doormat, spaniel 8 hanger-on 9 sycophant 11 lickspittle

booty 4 haul, lift, loot, pelf, swag, take 5 prize, spoil, yield 6 spoils 7 pillage, plunder, rear end, seizure, takings 8 buttocks

booze 4 brew, grog, swig 5 binge, drink, hooch, juice, quaff, sauce, souse, swill 6 guzzle, imbibe, liquor, rotgut, tank up, tipple 7 alcohol, carouse, put away, spirits, swizzle 8 cocktail, liquor up 9 aqua vitae, firewater, knock back, moonshine

boozehound 3 sot 4 lush, wino 5 drunk, hoser, souse 7 guzzler 8 drunkard 9 alcoholic, inebriate 11 dipsomaniac

boozer see BOOZEHOUND

bop 3 bat, box, hit, jab, pop, rap 4 bash, bean, belt, biff, boff, blow, clip, cuff, jive, slug, sock, swat, whop 5 clock, pound, smack, thump, whack 8 plant one

borax 4 junk

Bordeaux wine ***district:*** 5 Médoc 6 Graves ***grape:*** 6 Malbec, Merlot 8 Cabernet ***name:*** 5 Arsac, Ludon, Macau 6 Moulis 7 Labarde, Margaux, Pomerol 8 Cantenac, St. Julien, Pauillac 9 St. Emilion, St. Estèphe, St. Laurent ***red:*** 6 claret

bordello see BRETHEL

border 3 hem, lip, rim 4 abut, brim, edge, join, line, pale, trim 5 bound, brink, flank, frame, limit, march, skirt, touch, verge 6 adjoin, bounds, butt on, define, fringe, limbus, margin, trench 7 contour, outline, selvage 8 approach, boundary, frontier, neighbor, sideline, surround 9 marchland, perimeter, periphery 11 butt against, communicate ***inlaid:*** 8 purfling ***raised:*** 7 coaming

bordereau 4 note 6 record 7 account 10 memorandum

bordering 4 nigh 5 close 6 almost, next to 7 meeting, verging 8 abutting, adjacent, touching 9 adjoining, alongside, close upon, impinging 10 approximal, contiguous, juxtaposed 11 coterminous, neighboring, practically

borderland 5 march 6 fringe, margin 8 frontier 9 marchland

borderline 4 pale 6 almost, nearly 7 dubious, unclear 8 boundary, doubtful, marginal, unstable 9 ambiguous, debatable, dubitable, equivocal, perimeter, uncertain, undecided, unsettled 11 demarcation, problematic 12 intermediate 13 indeterminate

border state 8 Delaware, Kentucky, Maryland, Missouri, Virginia

bore 3 irk 4 drag, drip, mine, peer, pill, ream, sink, tire, yawn 5 auger, drill, drone, gouge, prick, punch 6 burrow, pierce, tunnel 7 bromide, caliber, fatigue 8 diameter, puncture 9 penetrate, perforate, soporific 10 dullsville

boreal 3 icy 4 cold, cool 5 chill, gelid, polar 6 arctic, bitter, chilly, frosty, frigid, tundra 7 glacial, wintery 8 freezing, northern 9 northerly

Boreas ***beloved:*** 8 Orithyia ***brother:*** 5 Notus 8 Hesperus, Zephyrus ***father:*** 8 Astraeus ***mother:*** 3 Eos ***son:*** 5 Zetes 6 Calais

boredom 5 blahs, ennui 6 apathy, stupor, tedium, torpor 7 fatigue 8 doldrums, dullness, flatness, monotony 9 lassitude, weariness 11 incuriosity, tediousness 12 indifference

Borgia 4 Juan 6 Alonso, Cesare 7 Alfonso, Rodrigo 8 Lucrezia

boring 3 dry 4 arid, drab, dull, flat, zero 5 ho-hum, vapid 6 dreary, stodgy, tiring 7 humdrum, tedious 8 bromidic, drudging, lifeless, tiresome 9 wearisome 10 lackluster, monotonous, pedestrian, unexciting 13 uninteresting

boring tool 5 drill, auger 6 trepan

Boris Godunov composer 10 Mussorgsky (Modest) 11 Moussorgsky (Modest)

born 3 née 6 innate, native 8 destined, inherent 9 intrinsic 10 congenital, deep-seated *combining form:* 3 gen 4 gene 6 genous 7 genetic

borne by the wind 6 aeolic, eolian 7 aeolian

Borneo *ethnic group:* 4 Dyak 5 Dayak *mountain:* 8 Kinabalu *nation:* 6 Brunei *river:* 6 Rabang

Borodin opera 10 Prince Igor

borough 4 town 5 burgh 7 village 8 township

bosh see BUNKUM

Bosnia-Herzegovina *capital:* 8 Sarajevo *language:* 7 Serbian 8 Croatian 13 Serbo-Croatian *monetary unit:* 4 mark 5 dinar *neighbor:* 6 Serbia 7 Croatia *part of:* 7 Balkans *sea:* 8 Adriatic

bosom 4 bust, core, soul, teat 5 chest, close, heart 6 breast 7 embrace 8 feelings, intimate 10 affections, conscience

bosomy 5 built, busty, buxom, curvy 6 chesty 7 shapely, stacked 9 Junoesque 11 full-figured

boss 4 head, stud 5 chief 6 direct, honcho, leader, manage, master, survey 7 command, foreman, headman, oversee 8 director, employer, overlook, overseer, superior 9 chieftain, supervise 10 supervisor, taskmaster 11 superintend *African:* 5 bwana

bossy 3 cow 4 calf 7 studded 8 despotic, imperial 9 arbitrary, assertive, imperious, masterful 10 autocratic, high-handed, imperative, oppressive, peremptory, tyrannical 11 controlling, dictatorial, domineering, magisterial, overbearing

botanist *American:* 4 Gray (Asa) 5 Sears (Paul B.) 6 Bailey (Liberty), Bessey (Charles), Carver (George Washington) 7 Bartram (John, William), Burbank (Luther) 9 Fairchild (David) *Austrian:* 6 Mendel (Gregor) *British:* 6 Sloane (Sir Hans) *Danish:* 7 Warming (Johannes) *Dutch:* 7 De Vries (Hugo) *French:* 7 Lamarck (Chevalier de) *German:* 4 Cohn (Ferdinand), Mohl (Hugo von) 5 Sachs (Julius von) *Irish:* 6 Harvey (William) *Scottish:* 5 Brown (Robert) *Swedish:* 8 Linnaeus (Carolus) *Swiss:* 6 Nägeli (Karl) 8 Candolle (Augustin)

botany branch 7 ecology 8 algology, bryology, mycology 9 phycology 10 morphology, palynology, physiology 11 hydroponics, paleobotany, pteridology, systematics 12 bacteriology

botch 4 blow, flop, flub, foul, goof, mess, muck, muff, ruin 5 fluff, gum up, mix-up, snarl, spoil 6 bobble, boggle, bollix, bumble, bungle, fiasco, fumble, goof up, mess up, muddle 7 blunder, confuse, louse up, washout 8 bugger up, disaster, disorder, dishevel, shambles 9 mishandle, mismanage, patchwork 10 discompose, hodgepodge, misconduct, mishmash

botchy 5 messy 6 blowzy, frowsy, frowzy, sloppy, untidy 7 chaotic 8 careless, confused, slapdash, slipshod, slovenly

both *combining form:* 3 bis *prefix:* 4 ambi, amph 5 amphi

bother 3 ado, bug, irk, nag, vex 4 drag, fret, fuss, gall, pest, pain 5 annoy, eat at, harry, trial, upset 6 badger, flurry, harass, needle, pester, plague, ruffle 7 afflict, agitate, anxiety, bedevil, concern, disturb, fluster, perturb, provoke, torment, trouble 8 disquiet, headache, irritant, nuisance, vexation 9 aggravate, annoyance 10 discompose, exasperate, irritation 11 aggravation, intrude upon 12 exasperation 13 inconvenience

botheration 4 damn, pain, pest 5 trial 6 plague 7 torment 8 headache, irritant, nuisance, vexation 9 annoyance 10 difficulty, irritation 11 aggravation, provocation 12 exasperation 13 inconvenience

Botswana *capital:* 8 Gaborone *city:* 11 Francistown *desert:* 8 Kalahari *former name:* 12 Bechuanaland *language:* 6 Tswana 7 English *monetary unit:* 4 pula *neighbor:* 7 Namibia 8 Zimbabwe 11 South Africa *river:* 5 Chobe 6 Molopo 7 Limpopo 8 Okavango

bottle 4 vial 5 cruet, cruse, flask, phial 6 ampule, carafe, fiasco, flacon, magnum, vessel 7 ampoule 8 decanter, jeroboam 9 container

bottle gourd 8 calabash

bottleneck 5 choke 6 hinder, impede, narrow 7 impasse 8 obstacle, obstruct, paralyze, slowdown, throttle 9 hindrance 10 choke point, congestion, traffic jam 11 obstruction

bottom 3 bum 4 base, boat, core, foot, root, pith, rump, seat, ship, sole, soul, tail, tush 5 basal, basic, basis, fanny, found, nadir 6 behind, breech, heinie, lowest, source 7 bedrock, essence, footing, primary, rear end 8 backside, buttocks, derriere, pedestal, pediment 9 establish, fundament, lowermost, posterior, predicate, principle, underbody, undermost, underside 10 foundation, nethermost, underbelly, underlying, underneath 11 fundamental, lowest point 12 undersurface

bottomless 4 deep, vast 7 abysmal, endless **8** baseless, enduring, profound, unending **9** boundless, unlimited **10** gratuitous, groundless, unfillable, ungrounded **11** everlasting, inestimable, never-ending **12** immeasurable, incalculable, unfathomable **13** inexhaustible

bottommost 4 last **5** least **6** lowest **7** deepest

bough 3 arm **4** limb **5** shoot **6** branch **8** offshoot

boulevard 4 road **6** artery, avenue, street **7** terrace **8** main drag **9** esplanade, promenade **10** high street **12** thoroughfare

boulevardier 7 flaneur, trifler **9** bon vivant **10** aficionado, dilettante **11** cognoscente, connoisseur **12** man-about-town

bounce 3 can, hop, pep, vim, zip **4** fire, jump, leap, oust, sack, zest **5** expel, vault, verve, vigor **6** energy, hurdle, spirit, spring **7** bluster, boot out, dismiss, kick out, rebound, saltate, sparkle **8** buoyancy, ricochet, vitality **9** animation, discharge, eliminate, terminate **10** ebullience, elasticity, liveliness

bounce back 5 rally **6** perk up, pick up, recoil, return, revive **7** cheer up, improve, rebound, recover **8** backfire **9** boomerang **10** recuperate, turn around

bounce off 5 carom **7** rebound **8** ricochet

bouncer 4 goon **5** guard **8** houseman, sentinel, watchman **9** muscleman

bouncy 3 gay **4** airy **5** peppy, perky **6** blithe, cheery, jaunty, jocund, lively **7** buoyant, elastic **8** animated, volatile **9** ebullient, energetic, expansive, exuberant, resilient, sprightly **10** unsinkable **12** effervescent, high-spirited **13** irrepressible

bound 3 end, hem, hop, rim **4** bolt, edge, jump, leap, term, skip **5** caper, frisk, hem in, limit, skirt, vault, verge **6** border, bounce, define, demark, driven, finite, fringe, gambol, hurdle, margin, spring, sprint **7** confine, delimit, enclose, hotfoot, limited, mark out, obliged, pledged, rebound, saltate **8** articled, beholden, confined, confines, enslaved, resolved, restrain, surround **9** compelled, demarcate, obligated **10** determined, indentured, limitation **11** apprenticed, responsible **12** circumscribe

boundary 3 hem **4** mete, pale **5** ambit, limit **6** limits, margin **7** compass, outline **8** confines, environs, purlieus **9** perimeter, precincts **10** borderline **13** circumference

bounder 3 cad, cur, dog **4** boor, worm **5** knave, louse, rogue **6** rascal, rotter

boundless 4 vast **5** great **7** endless **8** infinite **9** excessive, limitless, unbounded, unlimited **10** indefinite, unconfined, unmeasured **11** illimitable, measureless **12** immeasurable, unrestricted **13** inexhaustible, unsurpassable

bounteous 5 ample **6** benign, lavish **7** copious, liberal, profuse **8** abundant, generous, handsome, prodigal **9** bountiful, capacious, expansive, extensive, plenteous, plentiful, unsparing **10** beneficent, big-hearted, freehanded, munificent, openhanded, voluminous **11** magnanimous, overflowing

bountiful see BOUNTEOUS

bounty 5 grant, prize, yield **6** deluge, plenty, reward, wealth **7** payment, premium **8** plethora, richness **9** abundance, affluence, plenitude, profusion **10** cornucopia, generosity, inducement, liberality, luxuriance, prosperity **11** benevolence, copiousness **12** compensation

Bounty captain 5 Bligh (William)

bouquet 4 balm, kudo, odor, posy **5** aroma, kudos, scent, spice, spray **6** eulogy, medley **7** acclaim, corsage, essence, garland, incense, nosegay, perfume **8** accolade, encomium **9** fragrance, redolence **10** compliment **11** arrangement, boutonniere **12** commendation

bourgeois 7 burgher **8** ordinary **10** conformist, philistine **11** middle-class **12** conventional

bourgeoisie 11 middle class, third estate

Bourne Identity author 6 Ludlum (Robert)

bout 3 jag, run **4** game, meet, term, tour, turn **5** match, round, shift, siege, spell, spasm, spree, stint, throe, trick **6** attack **7** contest, session **8** outbreak **10** engagement

boutique 4 shop **8** emporium

bovine 3 cow, yak **4** anoa, bull, calf, gaur, neat, zebu **5** bison, steer, stirk **6** heifer, placid, torpid, wisent **7** aurochs, banteng, buffalo, bullock, cowlike **8** longhorn ***genus:* 3** Bos ***sound:* 3** low, moo

bow 3 arc, bob, dip, nod **4** arch, bend, knot, lout, prow, turn **5** angle, crook, curve, debut, defer, hunch, round, stoop, yield **6** archer, congee, curtsy, give in, kowtow, relent, salaam, salute, submit **7** concede, curtsey, flexure, incline, rainbow, succumb, turning **9** curvation, curvature, genuflect, obeisance, surrender **10** capitulate **11** buckle under **12** knuckle under

Bow, Clara **6** It girl

bowdlerize **4** blip, edit **6** censor, excise, purify, screen **7** abridge, cleanse, distort, launder **8** sanitize **9** expurgate **10** adulterate, blue-pencil

bowed **4** bent **5** arced, bandy **6** arched, curved **11** bandy-legged, curvilinear

bowel **3** gut **6** paunch **9** intestine

bower **5** arbor **6** anchor **7** enclose, pergola, retreat **9** apartment

bowery **7** skid row

bowfin **4** amia **7** mudfish

bowl **5** arena, basin, jorum, mazer, stade, tazza **6** tureen, vessel **7** stadium **8** coliseum **12** amphitheater

bowlegged **5** bandy

bowler **3** hat **5** derby **6** kegler

Bowl game **5** Super ***Abilene:*** **5** Pecan ***Anaheim:*** **7** Freedom ***Atlanta:*** **5** Peach ***Dallas:*** **6** Cotton ***El Paso:*** **3** Sun ***Fresno:*** **10** California ***Honolulu:*** **5** Aloha ***Houston:*** **10** Bluebonnet ***Jacksonville:*** **5** Gator ***Memphis:*** **7** Liberty ***Miami:*** **6** Orange **8** Carquest ***Mobile:*** **6** Senior ***New Orleans:*** **5** Sugar ***Orlando:*** **13** Florida Citrus ***Pasadena:*** **4** Rose ***San Diego:*** **7** Holiday ***Shreveport:*** **12** Independence ***Tampa:*** **10** Hall of Fame ***Tempe:*** **6** Fiesta ***Tucson:*** **6** Copper

bowling **7** kegling ***British:*** **8** skittles ***Italian:*** **5** bocce, bocci **6** boccie ***term:*** **3** pin **4** hook, lane, spot **5** curve, frame, spare, split **6** gutter, strike, string, turkey **7** duckpin **9** candlepin

bowl over **3** awe, wow **4** daze, fell, stun **5** floor, shock, throw **6** boggle, dismay **7** astound, flatten, impress, stupefy **8** blow away, surprise **9** bring down, dumbfound, knock down, overwhelm **10** disconcert

bow out **4** exit, fold, quit **5** leave, welsh **6** beg off, give up, retire **8** withdraw **9** surrender

box **3** bin **4** case, cell, chop, cuff, duke, loge, slap, sock, spar **5** booth, chest, clout, crate, fight, punch, smack, stall, trunk **6** buffet, carton, casket, coffer, coffin, encase, hopper, packet **7** confine, enclose, package **9** container, enclosure, rectangle **10** pigeonhole, receptacle **11** compartment

boxer **7** fighter, palooka **8** pugilist **9** flyweight **11** heavyweight, lightweight **12** bantamweight, middleweight, welterweight **13** featherweight ***champ:*** **3** Ali (Muhammad) **4** Bowe (Riddick) **5** Bruno (Frank), Jones (Roy), Lewis (Lennox), Louis (Joe), Moore (Archie), Tyson (Mike) **6** Hagler (Marvin), Hearns (Thomas), Holmes (Larry), McCall (Oliver), Moorer (Michael), Seldon (Bruce), Spinks (Leon, Michael), Tunney (Gene), Walker (Mickey) **7** Charles (Ezzard), Corbett (James), Dempsey (Jack), Douglas (Buster), Foreman (George), Frazier (Joe), Johnson (Jack), LaMotta (Jake), Leonard (Sugar Ray), Sharkey (Jack), Walcott (Joe) **8** Marciano (Rocky), Robinson (Sugar Ray), Sullivan (John L.) **9** Armstrong (Henry), Holyfield (Evander), Patterson (Floyd), Schmeling (Max)

boxing **8** pugilism **10** fisticuffs **13** prizefighting ***term:*** **3** jab, TKO **4** blow, bout, duck, foul, hook, ring, rope, spar **5** break, count, feint, glove, match, parry, punch, round, swing **6** bucket, canvas, corner **7** low blow, referee **8** heavy bag, knockout, uppercut **9** knockdown **11** punching bag

boy **3** lad, son, tad **5** gamin, puppy, sonny **6** laddie, nipper, shaver **9** shaveling, stripling, youngster ***combining form:*** **3** ped **4** paed, paid, pedo **5** paedo, paido ***errand:*** **5** gofer **8** lobbygow ***French:*** **6** garçon ***Latin:*** **4** puer ***mischievous:*** **6** urchin ***Spanish:*** **4** niño

boyfriend **4** beau **5** swain **6** fiancé, old man, suitor **7** main man **9** inamorato

Boy Scout ***founder:*** **11** Baden-Powell (Robert) ***gathering:*** **8** jamboree ***motto:*** **10** be prepared ***rank:*** **4** Life (Scout), Star (Scout) **5** Eagle (Scout) **10** Tenderfoot ***unit:*** **5** troop **6** patrol

Boys Town ***founder:*** **8** Flanagan (Edward) ***state:*** **8** Nebraska

bozo **3** oaf **4** boob, clod, dodo, dolt, dope, fool, goof, jerk, mutt, simp, yo-yo **5** chump, dummy, dunce, idiot, moron, ninny, noddy, stupe **6** dimwit, donkey, dum-dum, nitwit, noodle **7** airhead, dullard, pinhead **8** bonehead, clodpoll, dumbbell, dumbhead, imbecile, lunkhead, meathead, numskull **9** birdbrain, blockhead, ignoramus, lamebrain, numbskull, simpleton, thickhead **10** dunderhead, hammerhead, nincompoop **11** chowderhead, chucklehead, knucklehead

B.P.O.E. member **3** Elk

Brabantio's daughter **9** Desdemona

brabble **3** row **4** beef, feud, flap, riot, spat, tiff **5** argue, scrap, set to **6** bicker, blowup, fracas, grouse **7** dispute, fall out, palaver, quarrel, rhubarb, scuffle, wrangle **8** argument, squabble **9** altercate, bickering, brannigan, caterwaul, wrangling **10** falling-out **11** altercation, disputation, embroilment

brace **3** arm, bar, duo, tie **4** dyad, gird,

pair, prop, stay **5** clamp, ready, shore, steel, strut, truss **6** accost, bear up, column, couple, demand, splint, steady, uphold **7** bolster, bracket, enliven, fortify, freshen, prepare, refresh, shore up, support, sustain, tighten, twosome **8** buttress **9** reinforce **10** cantilever, exhilarate, invigorate, strengthen **12** underpinning **13** underpropping

bracelet **6** bangle **7** manacle **8** wristlet

bracing **4** keen **5** brisk, crisp, fresh, nippy, sharp, tonic **6** biting, chilly **7** rousing **8** stirring **9** animating **10** energizing, quickening **11** restorative, stimulating, stimulative **12** exhilarating, invigorating

bracken **4** fern **5** brake, brush, scrub **11** undergrowth

bracket **3** arm **4** join, link, omit **5** brace **6** couple, relate, remove **7** combine, compare, conjoin, connect, embrace, enclose, include, support **8** buttress, encircle, leave out, put aside, set aside **9** associate, encompass **11** parenthesis **12** strengthener

brackish **4** sour **5** acrid, briny, salty **6** saline, salted **9** repulsive, sickening **10** nauseating

bract **4** leaf **5** glume **6** paleat, spathe **8** phyllary

brad **4** nail

Bradamant ***brother:*** **7** Rinaldo ***husband:*** **6** Rogero **8** Ruggiero

Bradbury's forte **5** sci-fi **7** fantasy

brae **4** bank, hill **5** slope **8** hillside

brag **3** gas **4** blow, crow, puff **5** boast, mouth, prate, vaunt **7** show off, swagger, talk big **9** cockiness, gasconade **10** grandstand **11** rodomontade

braggadocio **6** hot air **7** boaster, bombast, bravado, conceit, puffery, swagger, windbag **8** blowhard, boasting, braggart, bragging **9** arrogance, cockiness, pomposity **10** cockalorum, pretension, swaggering **11** fanfaronade

braggart **6** blower **7** boaster, egotist, vaunter, windbag **8** big mouth, blowhard **9** big talker, know-it-all, swaggerer, vulgarian **11** braggadocio

Brahmin **8** highbrow **9** blueblood, patrician **10** aristocrat

braid **4** plat **5** plait, queue **7** galloon, pigtail **8** soutache **9** interlace **10** intertwine, interweave

brain **3** wit **4** bean, conk, mind **7** concuss **9** intellect **10** gray matter **12** intelligence ***bone:*** **5** skull **7** cranium ***clot:*** **10** thrombosis ***gland:*** **6** pineal **9** pituitary ***layer:*** **6** cortex ***lobe:*** **6** limbic, vermis **7** frontal **8** parietal, temporal **9** occipital ***membrane:*** **3** pia **4** dura **6** meninx **8** pia mater **9** arachnoid, dura mater ***part:*** **4** lobe **7** medulla **8** cerebrum, thalamus **9** sensorium, ventricle **10** cerebellum, hemisphere **12** diencephalon ***relating to:*** **8** cerebral **10** encephalic ***ridge:*** **4** gyri (plural) **5** gyrus ***vertebrate:*** **10** encephalon ***wave record:*** **3** EEG

brainchild **4** idea, opus, work **6** animus, scheme, theory **7** coinage **9** handiwork, invention **10** hypothesis, innovation **11** achievement, chef-d'oeuvre, contrivance

brainiac **4** whiz **6** genius **7** prodigy

brainless **3** dim **5** dense, silly, thick **6** simple, stupid **7** asinine, foolish, idiotic, moronic, vacuous, witless **9** dimwitted, nitwitted **10** acephalous **12** feebleminded

brainpower **3** wit **5** sense **6** smarts **8** aptitude, capacity, sagacity **9** intellect, mentality, mother wit **10** perception **11** discernment, penetration **12** intelligence **13** comprehension

brainsick **3** mad **4** daft **5** batty, crazy, manic, potty **6** crazed, insane, mental **7** cracked, haywire, lunatic **8** aberrant, demented, deranged, maniacal, unhinged **9** bedlamite, delirious, disturbed **10** disordered, incoherent, irrational, unbalanced

brainstorm **3** rap, jaw **4** idea **6** confer, huddle **7** dream up, think up **8** cogitate, discuss, mull over **9** mental fit **10** groupthink, kick around, toss around **11** inspiration, put together

brainteaser **5** poser, rebus **6** puzzle, riddle **7** stumper **9** conundrum **10** cryptogram

brainwashing **10** propaganda **11** mind control, reeducation

brainy **4** keen **5** quick, savvy, sharp, smart **6** adroit, astute, bright, clever **9** eggheaded, brilliant, sagacious **10** discerning, precocious **11** intelligent, quick-witted, ready-witted **13** knowledgeable, perspicacious

brake **4** curb, slow, stop **5** block **6** damper, hinder, impede, retard, slough **7** barrier, bracken, slacken **8** blockade, obstacle, obstruct, slow down **9** deterrent, hindrance **10** constraint, decelerate **11** bracken fern

bramble **4** burr **5** brier, furze, gorse, hedge, shrub, thorn **6** nettle **7** thistle

branch **3** arm **4** fork, limb, rami (plural), wing **5** bough, ramus **6** ramify **7** diverge, outpost **8** division **9** tributary **10** subsidiary

branched **6** ramate, ramose

brand **4** blot, blur, logo, make, mark, onus, sear, slur, sort, spot, type

5 badge, class, odium, stain, stamp, sword, taint, torch 6 accuse, charge, impute, stigma, stripe 7 species, variety 8 black eye, disgrace, insignia, logotype 9 trademark 10 stigmatize

brandish 4 wave 5 flash, shake, sport, swing, wield 6 flaunt, parade 7 display, exhibit, show off 8 flourish

brand-new 4 mint 5 fresh 6 latest, unused, virgin 8 up-to-date 9 untouched 11 cutting-edge 13 inexperienced

brandy 4 marc, ouzo, raki 5 Pisco 6 cognac, grappa, kirsch, Metaxa 7 liqueur 8 Armagnac, calvados, digestif, eau-de-vie 9 applejack, framboise, slivovitz

brannigan 3 row 4 bust, flap, spat, tiff 5 binge, fight, set-to, spree 6 bender, blowup, hassle, ruckus 7 brabble, discord, dispute, quarrel, wassail, wrangle 8 squabble 10 falling-out 11 altercation

brash 4 bold, flip, pert 5 cocky, gutsy, hasty, nervy, saucy 6 brassy, brazen, cheeky, madcap, uppish, uppity 7 brittle, forward 8 arrogant, cocksure, flippant, impudent, insolent, reckless, tactless 9 audacious, bumptious, ebullient, energetic, exuberant, hot-headed, impetuous, impolitic, maladroit, unabashed, untactful 10 ill-advised, incautious 11 overweening, thoughtless 12 high-spirited, presumptuous, undiplomatic, unrestrained 13 disrespectful, inconsiderate, irrepressible, self-assertive

brashness 4 gall, grit, guts 5 brass, cheek, crust, nerve, pluck 6 aplomb, daring, mettle, spirit 8 audacity, chutzpah, temerity 9 assurance 10 confidence, effrontery 11 presumption

brass 4 gall 5 cheek, nerve 8 audacity, chutzpah 9 brashness, impudence, insolence 10 confidence, effrontery 11 presumption 12 impertinence

brassbound 3 set 5 brash, rigid 6 brazen, narrow 7 adamant, bigoted, forward 8 obdurate 9 illiberal, presuming, obstinate, unbending 10 implacable, inflexible, intolerant, relentless, unswayable, unyielding 11 opinionated, small-minded, unrelenting 12 narrow-minded, presumptuous, single-minded 13 dyed-in-the-wool, self-asserting, self-assertive

brasserie 10 restaurant

brass hat 3 VIP 4 boss 5 elder 6 better, senior 7 big shot 8 big whell, higher-up, superior

brassica 4 kale, rape 5 colza 6 turnip 7 cabbage, mustard 8 broccoli, collards, kohlrabi, rutabaga 11 cauliflower

brass tacks 5 facts 7 details 11 nitty-gritty, particulars

brass worker 7 brazier

brassy see BRAZEN

brat 3 imp 4 punk 6 urchin 10 holy terror

bravado 5 bluff 6 hot air 7 bluster, bombast 8 audacity, boasting, boldness, bragging, defiance, vaunting 9 gasconade 10 blustering, pretension, swaggering 11 braggadocio, grandiosity 12 boastfulness

brave 4 bold, dare, defy, face, game, meet, risk 5 beard, gutsy, hardy, manly, nervy, noble, stout 6 daring, heroic, manful, plucky, spunky, take on 7 defiant, doughty, gallant, valiant, venture 8 confront, face down, fearless, intrepid, reckless, resolute, spirited, splendid, stalwart, unafraid, valorous 9 audacious, challenge, dauntless, excellent, steadfast, undaunted, withstand 10 courageous 11 boldhearted, indomitable, lionhearted, undauntable, unflinching, venturesome 12 stouthearted 13 adventuresome

Brave New World author 6 Huxley (Aldous)

bravery 4 grit, guts 5 nerve, pluck, valor 6 daring, mettle, spirit 7 courage, heroism 8 audacity, boldness, temerity 9 derring-do, fortitude, gallantry 11 intrepidity 12 fearlessness, intrepidness ***false:*** 7 bravado

bravo 3 olé 4 rave 5 cheer 6 gunman, hit man, killer 7 ovation, plaudit, villain 8 applause, assassin 9 desperado

bravura 4 bold 5 showy 6 daring, florid, ornate 8 dazzling, skillful, virtuoso 9 brilliant

brawl 3 row 4 feud, flap, fray, fuss, maul, riot, spar, spat, tiff 5 clash, broil, fight, melee, scrap, set-to 6 affray, battle, bicker, dustup, fracas, rumble, tussle 7 bobbery, brabble, contend, quarrel, rhubarb, ruction, scuffle, wrangle 8 dogfight, eruption, skirmish, slugfest, squabble, upheaval 9 fistfight, imbroglio, scrimmage 10 donnybrook, fisticuffs, free-for-all 11 altercation, disturbance 13 confrontation

brawn 4 beef, meat, thew 5 clout, flesh, might, power, sinew 6 muscle 8 strength 9 puissance 10 headcheese

brawny 5 beefy, burly, husky, lusty, tough 6 robust, sinewy, stocky, strong, sturdy 8 athletic, muscular, powerful, thickset, vigorous 9 strapping, well-built 10 able-bodied

bray 4 mill 5 crush, grind, pound 6 bellow, pestle, powder 7 atomize,

brazen 4 bold, loud 5 brash, gaudy, noisy, showy 6 arrant, brassy, cheeky 7 blatant, defiant, forward, glaring, jarring 8 flagrant, impudent, insolent 9 audacious, barefaced, obtrusive, shameless, unabashed 10 outrageous, procacious, unblushing 11 conspicuous, impertinent 12 contumelious, presumptuous 13 disrespectful

Brazil *capital:* 8 Brasília *city:* 5 Belém 6 Recife 8 Salvador, São Paulo 12 Rio de Janeiro 13 Belo Horizonte *discoverer:* 6 Cabral (Pedro) *island:* 6 Marajó 7 Caviana *language:* 10 Portuguese *monetary unit:* 4 real *neighbor:* 4 Peru 6 Guyana 7 Bolivia, Uruguay 8 Colombia, Paraguay, Suriname 9 Argentina, Venezuela 12 French Guiana *river:* 6 Amazon 8 Parnaíba 10 Alto Paraná 12 São Francisco

breach 3 gap 4 gash, hole, open, rent, rift, slit 5 break, chasm, cleft, crack, split 6 hiatus, lacuna, schism 7 break in, discord, disrupt, fissure, infract, interim, opening, rupture, violate 8 aperture, disunity, division, fracture, infringe, interval, trespass 9 disregard, severance, violation 10 alienation, contravene, infraction, separation, transgress 11 delinquency, dereliction 12 disaffection, disobedience, estrangement, infringement, interruption 13 contravention, discontinuity, noncompliance, nonobservance, transgression

bread 3 bun 4 food, pita, rusk 5 bagel, money, toast 6 living, muffin, sippet 7 biscuit, crouton, edibles, stollen 8 victuals, zwieback 9 provender 10 livelihood, provisions, sustenance 11 comestibles, maintenance, subsistence *communion:* 4 host 5 wafer 9 Eucharist *from heaven:* 5 manna *ingredient:* 4 meal 5 flour, yeast 6 leaven *Jewish:* 5 matzo 6 hallah, matzoh 7 challah *maker:* 5 baker *Scottish:* 7 bannock *spread:* 3 jam 4 oleo 5 jelly 6 butter 9 margarine *unleavened:* 5 matzo 6 matzoh

bread and butter 4 keep, work 6 basics, living 7 support 8 mainstay, victuals 10 employment, livelihood, occupation, sustenance 9 nutriment 11 maintenance, necessities, subsistence 12 alimentation

breadbasket 3 gut 5 belly, tummy 6 paunch 7 abdomen, stomach 8 potbelly 9 bay window, beer belly

breadth 4 area, size, span 5 range, reach, scope, space, sweep, width 6 extent, spread 7 compass, expanse, stretch 8 distance, fullness, latitude, vastness, wideness 9 amplitude, expansion, magnitude 10 liberality

break 3 gap 4 bust, dash, halt, leak, luck, rest, rift, ruin, tame 5 burst, clear, crack, inure, sever, solve, spell 6 breach, chance, decode, divide, escape, exceed, hiatus, impair, lacuna, refute, relief, reveal 7 destroy, divulge, fall out, interim, lighten, opening, respite, rupture, shatter, surpass, suspend, time-out, violate 8 accustom, bankrupt, breather, decipher, disclose, division, downtime, fracture, good luck, interval, moderate 9 interlude, interrupt 10 annihilate, controvert, impoverish 11 discontinue, disjunction, dislocation, opportunity, suspensions 12 intermission, interruption 13 discontinuity

breakable 4 weak 5 frail 6 flimsy 7 brittle, fragile, friable 8 delicate 9 frangible

breakaway 4 prop 7 escapee 8 offshoot, renegade, seceding

break down 4 fail, fold, sort, wilt 5 class, decay, index 6 cave in, digest, give in 7 analyze, clarify, crumble, crumple, elucidate, give out, give way, go crazy, succumb 8 classify, collapse, dissolve 9 anatomize, decompose, fall apart 12 disintegrate

breakdown 5 crash, decay, smash, study, wreck 6 mishap 7 crack-up, debacle, failure, smashup 8 analysis, collapse, taxonomy 9 cataclysm, partition 10 disruption, dissection, resolution 11 dysfunction, examination, prostration

breaker 4 wave 6 billow, comber, roller

Breakfast at Tiffany's author 6 Capote (Truman)

breakfront 7 cabinet 8 bookcase

break in 4 tame 5 train 6 breach, burgle, gentle, invade 7 intrude 8 initiate 9 condition, habituate, interfere, interpose, interrupt

breakneck 4 fast 5 fleet, hasty, quick, rapid, swift 6 racing, speedy, unsafe 8 meteoric 10 harefooted 11 precipitous

break off 3 end 4 drop, halt, kill, stop 5 abort, cease, scrub, sever 6 cancel, detach 7 curtail, scratch, suspend 8 cut short 9 terminate 11 discontinue

break out 4 bolt, flee 5 arise, erupt, flare 6 emerge, escape 7 explode 8 mushroom, separate

break through 5 burst 6 breach, emerge, pierce 7 rupture, surface 8 overcome 9 penetrate

breakthrough 4 find, gain, hike, leap, rise 5 boost 7 advance, radical, upgrade 8 advanced, increase, landmark 9 invention, milestone 10 avant-garde, innovation **11** cutting-edge, development, exceptional, progressive, quantum leap

break up **3** end **4** halt, part **6** divide, sunder **7** destroy, disband, disjoin, disrupt, rupture, scatter, shatter **8** disperse, dissever, dissolve, disunite, separate **9** decompose, dismantle, pulverize, terminate **12** disintegrate

breakup **4** rift **5** split **7** divorce, parting **8** analysis **9** dispersal **10** dissection, separation **11** dissolution

breakwater **5** jetty

breast **5** bosom, chest, heart ***animal:*** **7** brisket ***combining form:*** **3** maz **4** mast, mazo **5** masto, stern, steth **6** mastia (plural), sterno, stetho

breastbone **7** sternum

breast-feed **5** nurse **6** suckle **7** nourish

breastwork **7** barrier, bastion, bulwark, defense, parapet, rampart **9** barricade, earthwork **10** embankment **13** fortification, reinforcement

breath **4** gasp, gust, hint, puff **5** let-up, pause, trace, whiff **6** breeze **7** respite **10** exhalation, inhalation, suggestion

breathe **4** emit, sigh **5** exude, utter, voice **6** endure, exhale, expire, inhale, murmur **7** confide, express, give off, inspire, persist, radiate, respire, subsist, survive, whisper

breather **4** lull, rest, stay, vent **5** break, let-up, pause, spell **6** hiatus, recess **7** caesura, respite **8** downtime **9** remission **12** interruption

breathing ***labored:*** **7** dyspnea ***normal:*** **6** eupnea ***rapid:*** **8** polypnea

breathing apparatus **10** respirator ***underwater:*** **5** scuba

breathing orifice **4** nose **5** mouth **8** blowhole, spiracle

breathless **4** agog, avid, keen **5** eager **6** ardent **7** anxious, gasping, intense **8** gripping **9** expectant, impatient **11** short-winded **13** on tenterhooks

breathtaking **6** moving **7** awesome **8** dramatic, exciting, imposing, stunning, wondrous **9** panoramic, thrilling **10** impressive, staggering **11** astonishing, magnificent, spectacular **12** awe-inspiring, overwhelming **13** heart-stirring

Brecht play **4** Baal **13** Life of Galileo (The), Mother Courage **15** Seven Deadly Sins (The), Threepenny Opera (The) **20** Caucasian Chalk Circle (The)

breech **3** bum **4** duff, rear, rump, seat, tail **5** fanny **6** behind, bottom, heinie **7** keester, keister, rear end **8** backside, buttocks, derriere, haunches **9** fundament, posterior **12** hindquarters

breechclout **9** loincloth

breed **3** ilk **4** bear, grow, kind, make, mate, race, rear, sire, sort, type **5** beget, brand, cause, class, cross, genus, hatch, likes, raise, stock, yield **6** couple, create, father, induce, nature, strain, stripe **7** bring up, develop, educate, lineage, nurture, produce, species, variety **8** copulate, engender, generate, mate with, multiply **9** cultivate, procreate, propagate, reproduce **10** discipline, extraction, give rise to, impregnate, inseminate

breeding **4** line **5** grace, taste **6** polish **7** culture, decorum, lineage, manners **8** ancestry, civility, courtesy, pedigree **9** genealogy, gentility, propriety **10** refinement, upbringing **11** cultivation

breeding ground **6** hotbed, origin **8** hothouse **10** forcing bed, mating spot **12** forcing house

breeze **3** zip **4** flit, sail, snap, waft **5** cinch, draft, waltz **6** zephyr **8** duck soup, kid stuff **10** child's play

breezy **4** airy, cool **5** fresh, gusty, windy **6** blithe, casual, drafty **7** offhand, relaxed **8** carefree, careless, detached, informal **9** easygoing **10** insouciant, nonchalant **11** unconcerned **12** devil-may-care, lighthearted

Breton **4** Celt

___ breve **4** alla

breviary **5** brief **6** digest, précis **7** epitome, essence, outline, rundown, summary **8** abstract, boildown, synopsis **9** reduction **10** abridgment, conspectus, prayer book **11** abridgement **12** condensation, divine office

brevity **7** economy **8** laconism **9** briefness, concision, crispness, pithiness, shortness, terseness **10** transience

brew **3** ale, tea **4** beer, loom, mull, plan, plot **5** drink **6** cook up, foment, gather, impend, infuse, scheme, stir up **7** concoct, ferment **8** contrive

briar **4** burr, pipe **5** furze, gorse, shrub, thorn **6** nettle **7** bramble, thistle

Briareus **7** Aegaeon ***father:*** **6** Uranus ***mother:*** **4** Gaea

bribe **3** buy, fix, sop **6** buy off, payoff, payola, square, suborn **7** corrupt **9** incentive **10** enticement, inducement, tamper with

bric-a-brac **6** curios **8** trinkets **9** ornaments **10** knicknacks, objets d'art **11** gingerbread **13** embellishment

brick **5** block ***layer:*** **5** mason ***laying:*** **7** masonry ***material:*** **4** clay, marl ***oven:*** **4** kiln ***row:*** **6** course ***sun-dried:*** **5** adobe ***trough for carrying:*** **3** hod

bridal 7 nuptial, spousal 8 conjugal 9 connubial 11 matrimonial
bridal wreath 6 spirea
bridewell 3 can, jug, pen 4 coop, jail 5 clink, joint 6 lockup, prison 7 slammer 8 bastille 12 penitentiary
bridge 4 join, link, span 5 unite 7 connect 8 overpass, traverse ***great:*** 8 Brooklyn 10 Golden Gate ***kind:*** 4 arch, draw, rope 5 swing, truss 7 bascule, covered, natural, pontoon, trestle, viaduct 10 cantilever, suspension ***term:*** 3 bid 4 book, east, pass, ruff, slam, suit, void, west 5 bonus, dummy, north, raise, south, trick, trump 6 double, renege, rubber 7 auction, finesse, notrump, overbid 8 contract, jump call, redouble 9 grand slam, overtrick, singleton 10 little slam, undertrick, vulnerable
bridgelike game 5 whist 6 hearts
bridle 3 bit 4 curb, fume, rein, rule 5 check, flare, quell 6 govern, halter, hold in, manage, master, rein in, ruffle, seethe, subdue 7 bristle, control, flare up, inhibit, repress 8 hold back, moderate, restrain, suppress, withhold 9 constrain, deterrent, hackamore, restraint
brief 4 curt 5 pithy, short, terse 6 abrupt, digest, inform 7 brusque, concise, epitome, laconic, outline, passing, summary 8 abstract, breviary, fleeting, succinct, synopsis 9 momentary, transient 10 abridgment, conspectus 11 abridgement, compendious 12 condensation 13 short and sweet
brig 3 can, jug, pen 4 coop, jail 5 clink 6 cooler, lockup, prison 7 slammer 8 stockade 9 guardroom 10 guardhouse
brigade 4 army, unit 5 force, group 6 troops 10 contingent, detachment
brigand 6 bandit, bummer, looter, pirate, raider 7 cateran, corsair, forager, rustler 8 marauder, pillager 9 buccaneer, plunderer 10 freebooter, highwayman
brigandage 7 pillage, sacking 10 despoiling, ransacking 11 depredation
bright 4 fair, keen 5 aglow, alert, clear, light, lucid, quick, shiny, smart, sunny, vivid 6 brainy, cheery, clever, lively, lucent 7 beaming, blazing, flaming, fulgent, glowing, lambent, lighted, radiant 8 cheerful, dazzling, gleaming, luminous, lustrous, sunshiny 9 brilliant, effulgent, favorable, refulgent, sparkling 10 auspicious, glittering, precocious, propitious, shimmering 11 illuminated, intelligent, quick-witted 12 incandescent 13 scintillating
brighten 4 buoy 5 cheer, clear, shine 6 look up, perk up, polish, revive, solace 7 burnish, cheer up, clear up, enhance, enliven, furbish, gladden, hearten, improve 8 illumine 10 illuminate
brightness 5 éclat, shine 6 luster, lustre 8 radiance, splendor 10 brilliance, effulgence, luminosity ***measure of:*** 3 lux 5 lumen 6 candle 7 candela 10 footcandle
brilliance see BRIGHTNESS
brilliant 6 ablaze, brainy, genius, lucent, superb 7 beaming, fulgent, lambent, radiant, shining, stellar 8 dazzling, luminous, masterly, striking 9 effulgent, ingenious, refulgent, sparkling 10 glittering 11 exceptional 12 incandescent
brilliantine 6 pomade 9 hair cream
brim 3 hem, lip, rim 4 edge, fill, well 5 brink, skirt, verge, visor 6 border, fill up, fringe, margin 7 run over 8 overflow, well over 9 perimeter, periphery 13 circumference
brimful see BRIMMING
brimming 4 full 5 awash, flush 6 filled, jammed, loaded, packed 7 crammed, crowded, replete, stuffed, teeming, welling 8 bursting, overfull, suffused, swarming, swelling 9 chock-full, jampacked 11 chockablock, running over
brimstone 6 sulfur
brine 3 sea 4 deep, main 5 ocean 8 seawater 9 salt water
bring 3 lug 4 lead, pack, tote 5 carry, fetch, gross, yield 6 convey 7 attract, produce 9 transport
bring about 3 win 5 beget, cause 6 create, draw on, effect, secure 7 procure, produce, trigger 8 engender, generate, result in 10 accomplish, effectuate, give rise to
bring around 4 hook, sway, turn 7 convert, win over 8 convince, persuade, talk into 9 argue into, prevail on, sweet-talk 11 prevail upon
bring back 5 renew 6 recall, recoup, return, revive 7 recover, reprise, restore, salvage 8 retrieve, revivify 9 reinstate 10 repatriate 11 reestablish
bring down 3 bag, hew 4 drop, fell, raze 5 floor, level, shoot 6 defeat, depose, ground, humble, lay low, reduce 7 depress, flatten 8 demolish, overturn 9 humiliate, overthrow, prostrate, undermine
bring forth 4 bear 5 beget, yield 6 create, elicit, invent 7 deliver, produce 8 generate 9 propagate, reproduce 10 give rise to
bring forward 6 adduce, submit, tender,

unveil **7** advance, present, produce, proffer **9** introduce

bring in **3** pay, net, win **4** draw, earn, gain, sell **5** fetch, gross, yield **6** garner, return, secure **7** acquire, be worth, realize **9** introduce

bring off **6** effect, finish, rescue **7** achieve, execute, realize, succeed **8** carry out **9** discharge, implement **10** accomplish, consummate, effectuate **12** carry through

bring out **4** cull **5** educe, utter, voice **6** elicit, reveal **7** declare, enhance, explain, extract **8** disclose, showcase **9** elucidate, highlight, introduce

bring together **3** mix, wed **4** herd, join, link, yoke **5** amass, batch, blend, group, marry, merge, rally, unify, unite **6** corral, muster **7** collect, compact, compile, convene, round up **8** assemble **9** aggregate, integrate, reconcile, stockpile **10** synthesize **11** consolidate

bring up **4** moot, rear **5** breed, raise, refer, teach, train, vomit **6** advert, allude, broach, foster, school **7** advance, educate, mention, nurture, propose, suggest, touch on **8** point out, instruct **9** cultivate, introduce **10** put forward **11** regurgitate

brink **3** hem **4** bank, brim, edge **5** point, skirt, verge **6** border, fringe, margin **9** extremity, perimeter, periphery, threshold

briny **5** salty **6** saline

brio **3** pep, vim, zip **4** dash, élan, fire, life, zest, zing **5** ardor, flair, gusto, oomph, style, verve, vigor **6** bounce, esprit, fervor, spirit **7** panache, passion, sparkle **8** dynamism, vivacity **9** animation

brioche **4** roll

Briseis' lover **8** Achilles

brisk **4** busy, fast, keen, spry, yare **5** agile, fresh, nippy, quick, sharp, zippy **6** lively, nimble, snappy, speedy **7** bracing **8** animated, bustling, vigorous **9** energetic, sprightly **10** refreshing **11** stimulating **12** invigorating

bristle **4** boil, burn, fume, seta **5** anger, quill, setae (plural), spine **6** arista, chaeta, seethe **7** chaetae (plural) ***Scottish:*** **5** birse

British ***air force:*** **3** RAF ***cathedral city:*** **3** Ely **4** York **5** Ripon, Truro, Wells **6** Durham, Exeter **7** Chester, Lincoln **8** Coventry, Hereford, St. David's **9** Lichfield, Salisbury, Wakefield, Worcester **10** Canterbury, Gloucester ***Channel Island:*** **4** Sark **6** Jersey **8** Alderney, Guernsey ***coin, current:*** **5** pence (plural), penny, pound ***coin, old:*** **3** bob **5** crown, groat, noble **6** bawbee, florin, George, guinea, tanner, teston **8** farthing, shilling **9** halfcrown, halfpenny, sovereign **10** threepence ***colony, former:*** **4** Aden, Cape **5** Adana, Kenya, Malta, Natal **6** Ceylon, Cyprus, Gambia **7** Jamaica, Sarawak **9** Gold Coast, Singapore, Transvaal **10** Basutoland, New Zealand **11** Orange River, Sierra Leone **12** Bechuanaland ***county:*** **4** Avon, Kent, York **5** Derby, Devon, Essex, Gwent **6** Dorset, Durham, Oxford, Surrey, Sussex **7** Bedford, Cumbria, Norfolk, Rutland, Suffolk, Warwick **8** Cheshire, Cornwall, Hereford, Hertford, Somerset, Stafford **9** Berkshire, Cleveland, Hampshire, Lancaster, Leicester, Wiltshire, Worcester **10** Cumberland, Gloucester, Humberside, Lancashire, Merseyside, Shropshire **11** Westmorland **12** Lincolnshire ***court, local:*** **8** hustings ***court, medieval:*** **4** eyre ***forest:*** **5** Arden, weald **8** Sherwood ***king, legendary:*** **3** Lud **4** Beli, Bran **6** Arthur **7** Artegal, Belinus, Elidure **8** Brannius ***language, ancient:*** **6** Celtic, Cymric **9** Brythonic ***legislature:*** **10** Parliament ***news agency:*** **7** Reuters ***nobleman:*** **4** duke, earl, peer **5** baron **6** prince **8** marquess, viscount ***order:*** **6** Garter ***people, early:*** **5** Celts, Iceni, Jutes, Picts **6** Angles, Saxons ***political party:*** **4** Tory, Whig **6** Labour **12** Conservative ***pope:*** **8** Adrian IV ***prince:*** **5** Harry **6** Andrew, Edward **7** Charles, William ***princess:*** **4** Anne **5** Diana **8** Margaret ***prison:*** **5** Tower (of London) **7** Newgate **8** Dartmoor ***queen, ancient:*** **8** Boadicea, Boudicca ***resort:*** **4** Bath **7** Margate **8** Brighton **9** Blackpool ***royal house:*** **4** York **5** Tudor **6** Stuart **7** Hanover, Windsor **9** Lancaster **11** Plantagenet ***royal residence:*** **7** Windsor **8** Balmoral **10** Buckingham ***school:*** **4** Eton **5** Rugby **6** Harrow **10** Winchester ***school, military:*** **9** Sandhurst ***spa:*** **4** Bath **5** Epsom **6** Buxton **7** Malvern, Matlock **8** Brighton **9** Harrogate **10** Cheltenham

British Columbia ***capital:*** **8** Victoria ***city:*** **6** Surrey **7** Burnaby **8** Richmond **9** Vancouver ***mountain:*** **11** Fairweather ***provincial flower:*** **7** dogwood (Pacific)

British Honduras **6** Belize

brittle **4** curt **5** crisp, frail, stiff **6** infirm **7** crumbly, fragile, friable **9** breakable, frangible, inelastic, irritable, sensitive **10** perishable, transitory

broach **3** tap **4** moot **6** open up **7** bring up, mention, propose, suggest **8** initiate **9** introduce **10** put forward

broad **4** wide **7** general, liberal **8** extended, generous, spacious, sweeping, tolerant **9** expansive, extensive ***combining form:*** **4** eury, lati, plat **5** platy

broadcast **3** air, sow **4** beam, show **5** radio, strew **6** blazon, report, spread **7** bestrew, declare, publish, scatter **8** announce, proclaim, televise, transmit **9** advertise, publicize **10** bruit about, promulgate **11** communicate, declaration, disseminate, publication **12** announcement, proclamation, promulgation, transmission

broaden **4** open **5** swell, widen **6** dilate, expand, extend, fatten, spread **7** amplify, augment, distend, enlarge, thicken **8** increase **10** supplement

broadloom **6** carpet

broad-minded **4** open **7** liberal **8** catholic, eclectic, flexible, tolerant, unbiased **9** accepting, indulgent, unbigoted **10** forbearing, undogmatic **11** progressive **12** unjudgmental, unprejudiced

broadsheet **7** tabloid **9** newspaper

broadside **4** hail **5** burst, salvo, sheet, storm **6** shower, volley **7** barrage, torrent **8** at random **9** cannonade, fusillade, laterally, obliquely **11** bombardment

broadtail **4** hawk **5** sheep **7** karakul **8** lambskin

Brobdingnagian **4** huge **5** giant, jumbo **7** hulking, immense, mammoth, massive, titanic **8** colossal, gigantic, towering **9** cyclopean, humongous, monstrous **10** gargantuan, prodigious **11** elephantine

brochette **4** spit **6** skewer

brochure **5** flier, flyer **7** booklet **8** pamphlet

brogue **4** lilt, shoe **6** accent, oxford **7** dialect

broil **3** row **4** bake, burn, char, cook, fray, riot, sear **5** brawl, clash, fight, grill, melee, roast, run-in, toast **6** affray, fracas, scorch, tumult **7** bobbery, rhubarb, ruction, swelter, wrangle **8** disorder, squabble **10** donnybrook, free-for-all **11** disturbance

broiling **3** hot **5** fiery **6** baking, red-hot, torrid **7** blazing, burning **8** ovenlike, scalding, sizzling, white-hot **9** scorching **10** blistering, oppressive, sweltering

broke **4** poor **5** needy, spent **6** busted, ruined **7** drained **8** bankrupt, beggared, dirt poor, indigent, strapped, wiped out **9** destitute, insolvent, out of cash, penniless, penurious, played out **10** cleaned out **11** impecunious

broke-in **4** tame **5** tamed **6** docile

broken **4** shot **5** tamed **6** beaten, busted, cut off, faulty **7** crushed, haywire, humbled, subdued **8** bankrupt, defeated, violated, weakened **9** depressed, disrupted, fractured, heartsick, shattered, sorrowful **11** discouraged, demoralized, interrupted **12** disconnected, disheartened **13** discontinuous

broken-down **7** rickety **8** battered, decaying, decrepit **9** crumbling, neglected **10** threadbare, ramshackle **11** debilitated, dilapidated **12** deteriorated

brokenhearted **7** crushed, unhappy **8** dejected, dolorous, hopeless, wretched **9** depressed, heartsick, sorrowful **10** despairing, despondent **12** inconsolable **13** grief-stricken

broker **5** agent **6** factor **8** diplomat, mediator **9** financier, go-between, middleman **10** interagent, interceder, matchmaker, negotiator **11** intercessor **12** intermediary **13** intermediator

brolly **8** umbrella

bromide **4** bore, drip, lump, pill, yawn **5** drone, grind **6** cliché, old saw, truism **7** proverb **8** banality, chestnut, prosaism, sedative **9** platitude, soporific **10** shibboleth, triviality **11** commonplace, rubber stamp

bromidic **3** dry **4** arid, dull **5** banal, bland, dusty, stale, trite **6** boring **7** humdrum, insipid, tedious **8** shopworn, tiresome **9** dryasdust, moth-eaten, wearisome **10** monotonous, pedestrian, unoriginal **11** commonplace **13** unimaginative, uninteresting

bronco **5** horse **6** cayuse **7** mustang ***Australian:*** **6** brumby

Brontë ***character:*** **9** Catherine, Rochester **10** Heathcliff ***novel:*** **7** Shirley **8** Jane Eyre, Villette **16** Wuthering Heights ***sisters:*** **4** Anne **5** Emily **9** Charlotte

Bronx cheer **3** boo **4** hoot, jeer, razz **5** taunt **7** catcall **9** raspberry

brooch **3** pin **4** clip **5** clasp **8** fastener

brood **3** set, sit **4** fret, mope, muse, stew, sulk **5** cover, flock, gloom, hatch, worry **6** litter, ponder, repine **7** despond, progeny **8** children, meditate, ruminate **9** offspring

brook **4** bear, burn, gill, race, rill **5** abide, creek, stand **6** arroyo, endure, rillet, runnel, stream, suffer **7** rivulet, stomach, swallow **8** stand for, tolerate ***Scottish:*** **6** burnie

Brookner novel **10** Hotel du Lac

broom **5** besom, brush, shrub, sweep, whisk **7** heather

broth **5** stock **8** bouillon, consommé

brothel **4** crib, stew **6** bagnio **7** lupanar **8** bordello, cathouse **9** call house **10** bawdy house, whorehouse

brother 3 kin 4 monk 5 friar 7 comrade, sibling *French:* 5 frère *Italian:* 3 fra 5 frate 8 fratello *Latin:* 6 frater *relating to:* 9 fraternal *Spanish:* 7 hermano
brotherhood 4 club, gang 5 amity, guild, order, union 6 league 7 kinship, society 8 alliance, sodality 10 fellowship, fraternity, friendship 11 association, camaraderie, comradeship, confederacy 12 togetherness 13 consanguinity, secret society
brotherly 9 fraternal
Brothers Karamazov 4 Ivan 5 Mitya 6 Alexei, Alexey, Dmitri, Dmitry 7 Alyosha 10 Smerdyakov
brouhaha 3 din 4 coil, flap, fuss, riot, to-do 5 babel, broil, hoo-ha, whirl 6 bedlam, clamor, fracas, furore, hubbub, hurrah, jangle, pother, racket, ruckus, rumpus, shindy, tumult, uproar 7 ferment 8 foofaraw 9 agitation, commotion 10 excitement, hullabaloo, hurly-burly 11 pandemonium
brow 3 top 4 mien 5 front, crest, crown 8 forehead 9 gangplank 10 expression 11 countenance
browbeat 3 cow 5 beset, bully, harry, press 6 badger, carp at, coerce, harass, hector, lean on 7 bluster, dragoon 8 bludgeon, bulldoze, bullyrag, domineer, overbear, pressure 9 tyrannize 10 intimidate
brown 4 sear 5 dusky, toast 6 scorch, tanned 7 swarthy *dark:* 5 sepia, umber 9 chocolate *grayish:* 3 dun 6 bister, bistre *light:* 3 tan 4 ecru, fawn 5 beige, hazel, khaki, tawny *moderate:* 4 teak 6 sienna *reddish:* 3 bay 4 roan 5 henna 6 auburn, russet, sorrel, titian 8 chestnut *yellowish:* 6 bronze 12 butterscotch
Brown Bomber 5 Louis (Joe)
brown coal 7 lignite
brownie 3 elf, fay 5 fairy, pixie 6 sprite
Browning poem 8 Prospice, Sordello 11 Aurora Leigh, Pippa Passes 12 Rabbi Ben Ezra 13 Fra Lippo Lippi, My Last Duchess 14 How Do I Love Thee?
brown recluse 6 spider
brownshirt 4 Nazi 12 storm trooper
browse 4 crop, feed, scan, shop, skim 5 graze, munch 6 forage, nibble, peruse 7 dip into, pasture 8 glance at, look over 10 glance over 11 flip through, leaf through, look through, skim through 12 thumb through
bruin 4 bear
bruise 5 pound, wound 6 batter, damage, injure, injury 7 contuse 8 abrasion, discolor 9 contusion 13 discoloration
bruit about 6 blazon, gossip, report, spread 7 declare, publish 8 announce, proclaim 9 advertise, broadcast, circulate 10 annunciate, pass around, promulgate 11 blaze abroad
brume 3 fog 4 film, haze, mist, murk 5 vapor 6 miasma 8 haziness 11 obscuration
brummagem 4 fake, sham 5 bogus, false, gaudy, phony, showy 6 ersatz, pseudo, tinsel, tawdry 7 chintzy 8 spurious 9 imitation, pinchbeck, tasteless 10 fabricated, fictitious 11 counterfeit, make-believe
Brunei *capital:* 17 Bandar Seri Begawan *island:* 6 Borneo *language:* 5 Malay *monetary unit:* 6 dollar *neighbor:* 8 Malaysia *sea:* 10 South China
brunet 3 jet 4 dark, onyx 5 dusky, ebony, raven, sable, sooty, swart 6 swarth 7 swarthy 8 bistered, obsidian 10 dark-haired 11 brown-haired
Brunhild 5 queen 7 heroine 8 Valkyrie *husband:* 6 Gunnar 7 Gunther *lover:* 9 Siegfried
brunt 4 jolt 5 shock 6 burden, impact
brush 4 clip, kiss, skim 5 broom, clash, graze, run-in, scrap, scrub, shave, sweep, whisk 6 glance, scrape, tussle 7 contact, thicket 8 skirmish 9 encounter, shrubbery, sideswipe 11 undergrowth
brusque 4 curt, tart 5 bluff, blunt, brief, gruff, rough, short, surly, terse 6 abrupt, crusty, snippy 7 uncivil 8 impolite, snippety, succinct 10 peremptory, ungracious 11 ill-mannered 12 discourteous
brutal 4 hard 5 cruel, feral, harsh 6 rugged, savage, severe 7 beastly, bestial, callous, inhuman, swinish, vicious 8 barbaric, pitiless, ruthless, sadistic 9 barbarous, ferocious, merciless 10 relentless 11 cold-blooded, remorseless 12 bloodthirsty
brutalize 5 abuse 6 debase, harden 7 corrupt, debauch, deprave, pervert, roughen, subvert, vitiate 8 maltreat, mistreat 9 manhandle 10 bestialize
brute 4 ogre 5 beast, cruel, feral 6 animal, savage 7 beastly, bestial, inhuman, piggish, swinish, varmint 8 creature 10 troglodyte 11 instinctive
brutish 3 low 4 base, vile 5 crude, feral, gross, rough, stony 6 animal, carnal, coarse, scurvy, strong 7 beastly, bestial, boorish, inhuman, obscene, piggish, swinish, uncivil, uncouth 8 barbaric, degraded, depraved, inhumane, physical, sadistic 9 primitive, truculent, unrefined 11 animalistic, uncivilized
bryophyte 4 moss 8 hornwort 9 liverwort
Brythonic see CYMRIC
bubble 3 sac 4 blob, boil, dome, fizz, foam, moil 5 churn, froth, slosh,

spume, swash **6** burble, gurgle, seethe, simmer **7** ferment, globule, vesicle **10** effervesce

bubbly **5** alive, fizzy, foamy, jolly, perky **6** cheery, frothy, lively **7** buoyant, excited **8** animated, effusive **9** champagne, ebullient, exuberant, sparkling **10** carbonated

buccaneer **5** rover **6** cowboy, pirate, sea dog **7** corsair, sea wolf **8** picaroon, sea rover **9** sea robber **10** freebooter

buck **3** fop, guy, lad, lug **4** balk, bear, bill, chap, dude, jerk, load, move, note, oner, pack, stag, tote, trip **5** cadet, carry, dandy, ferry, fight, money, pitch, repel, stark, throw **6** combat, dollar, fellow, oppose, resist, unseat **7** coxcomb, trestle **8** antelope, bank note, sawhorse, traverse **9** greenback, withstand, workhorse **10** completely **11** Beau Brummel

bucket **3** fly, run **4** pail, rush, whiz **5** hurry, speed **6** barrel, basket, hasten, hustle, vessel **9** clamshell **10** receptacle

Buckeye State **4** Ohio

buckle **4** bend, clip, fold, hasp, kink, warp **5** catch, clamp, clasp, heave, yield **6** cave in, fasten **7** contort, crumple, harness **8** collapse **9** fastening **10** coffee cake

buckle under **3** bow **4** cave, fold, give **5** defer, yield **6** cave in, submit **7** concede, succumb **8** collapse **9** surrender **10** capitulate **11** admit defeat

Buck novel **9** Good Earth (The)

buckram **4** taut **5** stiff **6** wooden **8** starched **9** cardboard, unbending **10** inflexible **11** interlining

bucks **4** kale **5** bread, dough, money, moola **6** dinero, do-re-mi, moolah **7** lettuce **10** greenbacks

buck up **4** buoy, lift **5** cheer, rally **6** solace **7** comfort, console, gladden, improve, refresh, smarten **8** brighten **9** encourage **10** strengthen

___ buco **4** osso

bucolic **5** rural **6** rustic **7** georgic, halcyon, idyllic **8** agrarian, arcadian, pastoral **10** campestral, provincial **11** countrified, picturesque

bud **4** germ, seed **5** gemma, spark **6** sprout **7** burgeon **9** pullulate **10** primordium ***combining form:*** **5** blast **6** blasto

Buddha **7** Gautama **10** Siddhartha ***dialogues:*** **5** sutra ***disciple:*** **6** Ananda ***enemy:*** **4** Mara ***Japanese:*** **5** Amida, Amita ***mother:*** **4** Maya ***son:*** **6** Rahula ***teachings:*** **6** dharma ***wife:*** **9** Yasodhara

Buddhism **3** Son, Zen **4** Chan **5** Kegon **6** Huayan, Tendai **7** Tiantai **8** Hinayana, Mahayana, Nichiren, Pure Land **9** Theravada, Vajrayana

Buddhist ***chant:*** **6** mantra ***dialogues:*** **5** sutra ***enlightenment:*** **6** satori ***evil spirit:*** **4** Mara ***fate:*** **5** karma ***language:*** **4** Pali ***monk:*** **4** lama **5** arhat, bonze ***sacred city:*** **5** Lhasa ***saint:*** **5** arhat ***scripture:*** **5** sutra **6** sutras **9** Pali canon ***sect:*** **3** Zen ***shrine:*** **4** tope **5** stupa **7** chorten ***spell:*** **6** mantra ***spiritual leader:*** **4** guru **9** Dalai Lama ***state of happiness:*** **7** nirvana ***temple:*** **6** pagoda ***title:*** **7** mahatma ***tree of enlightenment:*** **5** bodhi, pipal

buddy **3** mac, pal **4** chum, mate **5** crony **6** comate, fellow, friend **7** compeer, comrade, partner **8** coworker, playmate, sidekick **9** associate, companion **10** accomplice **11** confederate

buddy-buddy **5** close, pally, thick, tight **6** chummy **8** intimate **10** palsy-walsy **11** inseparable

budge **4** move **5** shift, yield **7** give way

budgerigar **6** parrot **8** parakeet

budget **5** funds, means **6** amount, ration, supply **8** allocate, estimate **9** allowance, apportion, resources

Buenos ___ **5** Aires

buff **3** fan, nut, rub, tan **4** fawn, sand, wipe **5** beige, brush, fiend, freak, glaze, gloss, lover, shine **6** addict, expert, polish, votary **7** admirer, burnish, devotee, fanatic, fancier, furbish, groupie, habitué **8** follower **9** yellowish **10** aficionado, altogether, enthusiast **11** connoisseur, yellow-brown

buffalo **4** bilk, faze **5** bison, bovid, stump **6** baffle, muddle, rattle **7** carabao, confuse, defraud, flummox, fluster, nonplus, perplex, swindle **8** befuddle, bewilder, confound, hoodwink **9** bamboozle, dumbfound

buffalo grass **5** grama

buffer **6** screen, shield **7** buckler, bulwark, cushion **8** absorber, mediator, polisher **9** safeguard **10** protection **12** intermediary

buffet **3** box, hit, rap **4** beat, blip, blow, bump, chop, cuff, drub, jolt, move, poke, slap, sock **5** clout, drive, force, pound, punch, smack, spank **6** batter, hammer, pummel, thrash, wallop **7** belabor, clobber, counter, lambast **8** lambaste, salad bar **9** sideboard

buffoon **3** wag **4** dolt, fool, goof, lout, zany **5** antic, clown, comic, droll, dunce, joker, yokel **6** jester **7** bumpkin, dullard **8** bonehead **9** blockhead, harlequin **10** clodhopper **11** merry-andrew

bug **3** fad, fan, irk, nag, nut, spy, tap, vex **4** buff, flaw, fret, gall, germ, rage **5** annoy, bulge, craze, fiend, freak, mania, peeve **6** badger, bother, defect, insect, malady, needle, nettle, pester, plague, zealot **7** disease, fanatic, microbe, provoke, wiretap **8** irritate, listen in, protrude, sickness **9** eavesdrop, infection, obsession **10** enthusiast **12** imperfection **13** microorganism

bugaboo see BUGBEAR

bugbear **4** bane, bogy, fear, ogre **5** bogey, bogie, poser **6** goblin, teaser **7** bugaboo, problem, specter, spectre **8** anathema, bogeyman, phantasm **9** bête noire, boogerman, boogeyman, hobgoblin **10** black beast **11** abomination

buggy **4** cart, tram **6** go-cart, jalopy **8** carriage

bugle ***call:*** **4** mess, taps **5** drill **6** sennet, tattoo **7** fanfare, retreat, tantara **8** assembly, reveille ***relative:*** **6** cornet **7** trumpet **10** flugelhorn

build **3** wax **4** body, form, make, mode, mold, rise **5** boost, erect, forge, frame, habit, mount, put up, raise, set up, shape, swell **6** expand, figure **7** amplify, augment, compose, enlarge, fashion, magnify, produce, upsurge **8** assemble, compound, engineer, escalate, heighten, increase, multiply, physique **9** construct, establish, fabricate, institute, intensify, originate **10** accelerate, inaugurate, strengthen **11** fit together, manufacture **12** conformation, constitution

builder **5** mason **9** carpenter **10** bricklayer, contractor

builder's knot **10** clove hitch

building **3** hut **5** house **7** edifice **8** dwelling **9** structure ***addition:*** **3** ell **4** wing **5** annex ***compartment:*** **3** bay **4** room **6** office ***connector:*** **9** breezeway ***farm:*** **4** barn, crib, shed, silo ***for apartments:*** **8** tenement ***for arms:*** **7** arsenal ***for gambling:*** **6** casino ***for grain:*** **4** silo **7** granary **8** elevator ***for horses:*** **6** stable ***for manufacture:*** **4** shop **5** plant **7** factory ***for music:*** **10** auditorium ***for sports:*** **3** gym **4** bowl **5** arena **7** stadium **8** coliseum **9** gymnasium **10** hippodrome ***material:*** **4** iron, wood **5** adobe, brick, glass, steel, stone **6** cement **8** concrete ***projection:*** **3** bay, ell **4** wing **5** annex **6** dormer **7** cornice ***round:*** **7** rotunda

building kit **5** Legos **10** Erector set **11** Lincoln Logs

build up **4** hype, plug, puff **5** boost, brace, erect **6** accrue, expand, extend, praise **7** collect, develop, enhance, fortify, improve, promote **8** buttress, heighten, increase **9** advertise, construct, establish, intensify, publicize **10** accumulate, aggrandize, strengthen

buildup **4** hype, puff, to-do **6** growth, hoopla **8** increase, ballyhoo **9** accretion, expansion, promotion, publicity **10** escalation **11** development, enhancement, enlargement **12** accumulation, augmentation **13** strengthening

built-in **6** inborn, inbred, innate **8** included, inherent **9** essential, ingrained, intrinsic **10** congenital, deep-seated, indwelling **11** established, fundamental **12** constitutive, incorporated

bulb **4** leek, lily, sego **5** onion, tulip **6** allium, garlic, squill **8** daffodil, hyacinth **9** amaryllis, narcissus ***segment:*** **5** clove

bulb-like bud **4** corm **5** tuber **7** rhizome

Bulgaria ***capital:*** **5** Sofia ***city:*** **4** Ruse **5** Stara, Varna **6** Burgas, Pleven, Zagora **7** Plovdiv ***monetary unit:*** **3** lev ***mountain, range:*** **6** Balkan, Musala **7** Rhodope ***neighbor:*** **6** Greece, Serbia, Turkey **7** Romania **9** Macedonia ***part of:*** **7** Balkans ***river:*** **6** Danube **7** Maritsa ***sea:*** **5** Black

bulge **3** bag, jut, sac, sag **4** blob, bump, edge, lump, poke **5** bloat, pouch, swell **6** beetle, billow, bubble, bug out, dilate, excess, expand **7** balloon, distend, inflate, project, puff out **8** overhang, protrude, stand out, stick out, swelling **9** allowance, head start **10** distension, projection, promontory, protrusion **11** excrescence, protuberate **12** protuberance

bulk **4** body, core, loom, mass **5** fiber, swell, total **6** amount, corpus, expand, volume **7** bigness, quantum **8** majority, quantity, stand out **9** aggregate, magnitude, substance

bulky **3** fat **5** beefy, hefty, husky, large, obese, stout **7** massive **8** cumbrous, unwieldy **9** corpulent, ponderous **10** cumbersome, overweight **11** substantial

bull **4** bunk, male, slip, toro, trip **5** boner, edict, error, fluff, force, hooey, lapse **6** bovine, bungle, decree **7** baloney, blooper, blunder, hogwash, mistake **8** nonsense **9** detective ***combining form:*** **4** taur **5** tauri, tauro

bulldoze **3** cow **4** move, push, raze **5** abash, bully, clear, cream, elbow, force, level, press, scare, shove **6** coerce, hector, hustle, jostle, lean on, menace, propel, thrust **7** bluster, clobber, dragoon, flatten, oppress, trounce **8** bludgeon, browbeat, bullyrag, demolish, domineer, restrain, shoulder **9** terrorize, tyrannize **10** intimidate, obliterate

bullet **6** dumdum, tracer **9** cartridge **10** projectile ***size:*** **7** caliber, calibre

bulletin **4** news **5** flash, scoop **6** notice, report **7** account, catalog, gazette, message, missive, release **8** briefing, calendar, dispatch, magazine, register **9** catalogue, statement **10** communiqué, periodical **12** announcement

bull fiddle 10 contrabass, double bass

bullfighter 6 torero **7** matador, picador **8** toreador **11** cuadrillero **12** banderillero ***famous:*** **6** Arruza **7** Ordóñez **8** Belmonte, Joselito, Manolete **9** Dominguin **10** El Cordobés

bullfighting ***arena:*** **5** plaza ***cheer:*** **3** olé ***hero:*** **6** torero **7** matador **8** toreador ***lancer:*** **7** picador ***red cloth:*** **6** muleta ***Spanish:*** **7** corrida ***team:*** **9** cuadrilla

bullheaded 6 mulish **7** adamant, willful **8** contrary, obdurate, perverse, stubborn **9** insistent, obstinate, pigheaded **10** headstrong, refractory, self-willed, unyielding **11** intractable, stiff-necked **12** intransigent, pertinacious, strong-willed

bullish 4 rosy **6** brawny, rising, upbeat **7** booming **9** advancing, expanding, favorable **10** optimistic

bully 3 cow **4** goon, pimp, punk, thug **5** abuse, heavy, meany, tease, tough **6** harass, hector, meanie, menace, pander, pick on, rascal **7** bluster, buffalo, dragoon, harrier, oppress, ruffian, torment, torture **8** bludgeon, browbeat, bulldoze, bullyrag, harasser, threaten **9** bulldozer, persecute, victimize, tormenter, tyrannize **10** browbeater, corned beef, intimidate, persecutor **11** intimidator

bullyrag see BULLDOZE

bulrush 4 reed **5** sedge **7** cattail, papyrus

bulwark 4 wall **6** screen, shield **7** barrier, bastion, parapet, rampart, seawall **8** buttress, fortress, palisade **9** earthwork, safeguard **10** breakwater, breastwork, embankment, stronghold **13** fortification

bum 3 beg, vag **4** bust, hobo, idle, laze, lazy, loaf, loll, slug **5** binge, cadge, drunk, hit up, idler, mooch, tramp **6** bottom, dawdle, loafer, loiter, lounge, slouch, unfair **7** depress, drifter, feel low, goof off, rear end, vagrant, wheedle **8** buttocks, derelict, fainéant, slugabed, sluggard, vagabond **9** do-nothing, goldbrick, importune, lazybones, panhandle, transient

bumbershoot 8 umbrella

bumble 3 mar **4** blow, flub, muff **5** botch, fluff, gum up, lurch **6** bobble, bollix, bungle, falter, fumble, mess up, muck up, rumble, slip up, teeter, totter **7** blunder, screw up, stagger, stumble **8** flounder

bumbling 5 inept, gawky **6** clumsy, gauche, klutzy **7** awkward, halting, unhandy **8** ungainly **9** all thumbs, graceless, ham-handed, maladroit, unskilled **11** heavy-handed, incapable, incompetent **13** butterfingers, uncoordinated

bummer 3 dud **4** drag, flop, hobo **5** tramp **6** beggar, cadger, downer, sponge, too bad **7** failure, forager, moocher, sponger **8** deadbeat, vagabond **9** tough luck **10** freebooter, panhandler, rotten luck, wet blanket

bump 3 bop, hit, jar, ram, rap, wen **4** bang, bash, bust, jolt, knot, lump, oust, slam **5** break, carom, clash, crack, crash, gnarl, knock, prang, shift, shock, shove, wound **6** demote, growth, impact, injury, jostle, jounce, nodule, remove, strike, wallop **7** collide, degrade, demerit, pothole, run into **8** demotion, dislodge, displace, swelling **9** carbuncle, collision, contusion, convexity **10** concussion, projection, protrusion **12** protuberance

bumpkin 3 oaf **4** boor, hick, lout, rube **5** clown, swain, yokel **6** rustic **7** hayseed, peasant **9** chawbacon, hillbilly, simpleton **10** clodhopper, country boy, countryman, provincial

bump off 3 ice **4** do in, kill, slay **5** erase, snuff **6** murder, rub out **7** butcher, execute, take out **8** knock off **9** eliminate, liquidate **11** assassinate

Bumppo, Natty ***alias:*** **7** Hawkeye **10** Deerslayer, Pathfinder ***creator:*** **6** Cooper (James Fenimore)

bumptious 5 cocky, pushy **8** arrogant, impudent **9** audacious, obnoxious, obtrusive, officious **13** self-assertive

bumpy 5 jerky, nubby, ridgy, rough **6** bouncy, jouncy, knobby, knotty, patchy, pimply, uneven **7** jolting, nodular **9** difficult, irregular

bun 4 load, roll **6** pastry

bunch 3 lot, set, wen **4** band, bevy, bump, clot, crew, knot, lump, mass, push **5** batch, clump, covey, crowd, flock, group, party, spray, stack, swell **6** bundle, circle, clutch, gather, huddle, parcel, throng **7** bouquet, collect, cluster **8** assembly, protrude, swelling **9** gathering **10** assemblage, assortment, collection, congregate **11** aggregation **12** accumulation

bunco steerer 3 gyp **6** con man **7** cheater, diddler, grifter, sharper **8** swindler **9** defrauder, trickster **12** double-dealer **13** confidence man

bundle 3 lot, pot, set, wad **4** bale, body, heap, mint, pack, pile, wrap **5** array, batch, bunch, clump, group, sheaf, truss **6** fardel, packet, parcel **7** cluster, fortune **10** assortment

bungalow **5** cabin, lodge **6** chalet **7** cottage

bungle **4** flub, goof, mess, muff, slip, trip **5** boner, botch, error, fluff, gum up, lapse, mix up, spoil **6** bollix, bumble, fiasco, foozle, foul up, fumble, goof up, mess up, muck up, muddle **7** blooper, blunder, failure, louse up, misstep, mistake, stumble **9** mishandle, mismanage

bungler **3** oaf **4** clod, dolt, goof **5** klutz **7** screw-up, tomfool **8** bonehead, goofball, shlemiel **9** blunderer, schlemiel **10** stumblebum **11** blunderbuss, incompetent **13** butterfingers

bunglesome **6** clumsy, klutzy **7** awkward **8** bumbling **9** all thumbs **13** uncoordinated

bung up **4** beat, hurt **5** abuse, pound **6** batter, bruise, injure **7** contuse, disable **9** disfigure, manhandle

bunion **4** lump **8** swelling **10** protrusion, tumescence **11** enlargement

bunk **3** bed, cot, kip, rot **4** bosh, bull, guff, jazz **5** bilge, board, crash, hokum, hooey, house, lodge, put up **6** humbug, pallet, piffle **7** eyewash, baloney, hogwash, rubbish, twaddle **8** claptrap, domicile, flimflam, malarkey, nonsense, tommyrot **9** poppycock **10** balderdash

bunker **3** bin **6** dugout **7** bastion, chamber **10** embankment, stronghold **11** compartment

bunkum **3** rot **4** bosh, bull, guff, jazz **5** bilge, hokum, hooey **6** humbug, piffle **7** baloney, hogwash, rubbish, twaddle **8** claptrap, flimflam, malarkey, nonsense, tommyrot **9** poppycock **10** balderdash

bunting **5** flags **9** streamers

Bunyanesque **4** huge **5** giant, jumbo **7** mammoth, massive, titanic **8** behemoth, colossal, gigantic, towering **9** Herculean **10** gargantuan, prodigious

Bunyan's ox **4** Babe

buoy **4** lift, prop **5** boost, cheer, float, raise **6** assist, beacon, bear up, buck up, signal, solace, uphold, uplift **7** bolster, comfort, gladden, hearten, support, sustain **9** encourage

buoyancy **6** bounce, levity **7** jollity **8** airiness **10** ebullience, exuberance, exuberancy, liveliness, resilience **12** floatability **13** effervescence

buoyant **3** gay **4** airy **5** sunny **6** afloat, bouncy **7** elastic **8** cheerful, floating, volatile **9** expansive, floatable, resilient **10** unsinkable, weightless **12** effervescent, lighthearted

burble **3** gas, yak **4** blab, chat, gush, talk, wash **5** clack, plash, run on, slosh, swash **6** babble, bubble, gabble, gurgle, murmur, rattle, splash, yammer **7** chatter, prattle, sparkle

burden **3** tax, try **4** care, clog, core, duty, gist, haul, lade, load, onus, pile, pith, task, text **5** brunt, cargo, press, theme, weigh **6** amount, charge, chorus, cumber, hamper, lading, lumber, saddle, strain, stress, thrust, upshot, weight **7** afflict, anxiety, freight, oppress, payload, refrain, purport **8** encumber, handicap, obligate, overload **9** millstone, substance, weigh down **10** deadweight **11** encumbrance

burdensome **5** tough **6** taxing, trying **7** arduous, exigent, irksome, onerous, weighty **8** crushing, exacting, grievous **9** demanding, difficult, fatiguing, ponderous **10** exhausting, oppressive **11** troublesome **12** backbreaking, unmanageable

bureau **4** unit **5** chest **6** agency **7** dresser, section **8** ministry **10** department, chiffonier **11** writing desk

bureaucrat **8** mandarin, minister, official **11** functionary **12** civil servant, officeholder

burg **4** city, town **7** borough **8** fortress **10** metropolis, walled town **12** municipality

burgee **4** flag **6** banner, ensign, pennon **7** pendant, pennant **8** standard, streamer

burgeon **4** blow, boom, open **5** bloom, build, mount, run up **6** emerge, expand, flower, sprout, thrive, unfold **7** augment, blossom, develop, enlarge, fill out, prosper, run riot **8** flourish, heighten, increase, multiply, mushroom, snowball **9** germinate **10** burst forth, effloresce

burghal **5** civic, urban **8** citified **9** municipal **12** metropolitan

burgher **7** citizen, denizen **8** townsman

burglar **4** yegg **5** thief ***loot:*** **4** swag

burglarize see BURGLE

burglary **5** heist, theft **7** larceny

burgle **3** rob **4** lift, loot **5** heist, steal, strip **6** rip off, thieve **7** despoil, plunder, ransack **9** break into, knock over **10** housebreak

burgomaster **5** mayor **10** magistrate

Burgundy wine ***grape:*** **5** Gamay **9** Pinot Noir **10** Chardonnay ***red:*** **8** Mercurey **10** Beaujolais ***white:*** **5** Rully **6** Chagny **7** Chablis **10** Montrachet **13** Pouilly-Fuissé

burial 4 tomb 5 grave 7 funeral 9 interment, obsequies, sepulcher, sepulchre, sepulture 10 entombment, inhumation ***box:*** 6 casket, coffin ***ceremony:*** 7 funeral, obsequy 9 obsequies ***mound:*** 6 barrow 7 tumulus ***tomb:*** 9 mausoleum, sepulcher, sepulchre

burial ground 8 boot hill, cemetery 8 boneyard, God's acre 9 graveyard 10 churchyard, necropolis 12 memorial park, potter's field ***early Christian:*** 8 catacomb

Burkina Faso ***capital:*** 11 Ouagadougou ***ethnic group:*** 3 Gur 5 Mossi 7 Voltaic ***former name:*** 10 Upper Volta ***language:*** 4 Moré 5 Dyula 6 French ***monetary unit:*** 5 franc ***neighbor:*** 4 Mali, Togo 5 Benin, Ghana, Niger 10 Ivory Coast ***river:*** 5 Volta (Black, Red) 6 Nazion 7 Mouhoun, Nakanbe 8 Red Volta 10 Black Volta

burlap 5 gunny 6 fabric 7 bagging, sacking ***fiber:*** 4 hemp, jute

burlesque 3 ape 4 mock, sham 5 farce, spoof 6 parody, satire, send-up 7 lampoon, mockery, mocking, takeoff 8 pastiche, skin show, travesty 10 caricature, distortion, girlie show, lampoonery

burly 4 hale 5 beefy, hefty, husky, tough 6 brawny, robust, strong, stocky 8 athletic, heavyset, muscular, powerful, stalwart, thickset, vigorous 9 strapping

Burma see MYANMAR

burn 4 bake, char, cook, fire, fume, rage, sear 5 anger, blaze, broil, creek, flame, flare, gleam, roast, scald, singe, smart, smoke, sting, toast 6 ignite, kindle, scorch, seethe 7 bristle, combust, consume, cremate, flare up, inflame, radiate, smolder, swelter 8 smoulder 9 carbonize, cauterize 10 incinerate

burnable 8 volatile 9 flammable, ignitable 10 incendiary 11 combustible, inflammable

burned-out 4 beat, shot 5 spent, weary 6 sapped 7 drained, worn-out 8 consumed, fatigued 9 destroyed, exhausted, played-out 10 broken-down 11 debilitated 12 extinguished

burner 3 hob

burning 3 hot 5 afire, aglow, fiery 6 ablaze, aflame, alight, ardent, fervid, heated, hectic, red-hot, torrid, urgent 7 blazing, fervent, fevered, glowing, ignited, kindled, searing 8 broiling, feverish, pressing, sizzling, white-hot 9 scorching 10 imperative, passionate 11 conflagrant, impassioned 12 incandescent ***combining form:*** 4 igni ***malicious:*** 5 arson

burnish 3 rub, wax 4 buff 5 glaze, gloss, scour, sheen, shine 6 luster, patina, polish, smooth 7 furbish, varnish 8 brighten

burnished 5 shiny 6 glossy, satiny, sheeny 7 lambent, radiant, shining 8 gleaming, lustrous, polished 9 brilliant 10 glistening 11 resplendent

burnsides 8 whiskers 9 sideburns 10 sideboards 11 dundrearies, muttonchops 12 side-whiskers

burp 5 belch, eruct, expel

burro 3 ass 6 donkey 7 jackass

Burroughs hero 6 Tarzan

burrow 3 den, dig 4 hole, lair, mine, nook, snug 5 delve, gouge, lodge 6 cavity, cuddle, nestle, nuzzle, tunnel 7 snuggle 10 excavation

burst 3 pop, run 4 bang, boom, clap, gush, gust, rive, rush, slam, wham 5 blast, crack, crash, erupt, flare, go off, lunge, sally, salvo, smash, spasm, split, storm, surge 6 access, blow up, emerge, launch, plunge, shiver, spring, shower, volley 7 assault, barrage, explode, flare-up, fly open, rupture, shatter, torrent 8 detonate, drumfire, eruption, fragment, outbreak, splinter, splitter 9 broadside, cannonade, explosion, fusillade, onslaught 11 bombardment

Burundi ***capital:*** 9 Bujumbura ***ethnic group:*** 4 Hutu 5 Tutsi ***former name:*** 6 Urundi ***lake:*** 10 Tanganyika ***language:*** 5 Rundi 6 French 7 Kirundi ***monetary unit:*** 5 franc ***neighbor:*** 5 Congo 6 Rwanda 8 Tanzania

bury 4 hide, sink, stow 5 cache, cover, embed, inter, plant, stash 6 absorb, entomb, inhume, mantle, shroud 7 blanket, conceal, cover up, implant, lay away, overlay, put away, secrete 8 ensconce, submerge

bus 5 clear 7 missile, trolley, vehicle 9 hand truck 10 spacecraft

bush 4 rose 5 lilac, shrub, wahoo 6 azalea, cassis, privet 7 currant, thicket, weigela 8 backland, barberry, hazelnut 9 backwater, backwoods, forsythia, manzanita 10 gooseberry, hinterland, wilderness 11 pussy willow 12 rhododendron

bushel 3 ton 4 heap, load, pile 6 basket, hamper 7 pannier

bush-league 5 minor 6 junior, two-bit 8 inferior, mediocre, small-fry 9 small-time 10 inadequate, second-rate 11 lightweight 13 insignificant

bushranger 6 outlaw 8 woodsman 12 frontiersman

bushwhack 4 trap 6 ambush, assail, attack, entrap, waylay 7 assault 8 surprise 9 blindside

bushwhacker 6 bandit, outlaw, raider, sniper 8 guerilla, woodsman 9 guerrilla 10 highwayman
bushy 5 bosky, fuzzy, hairy, leafy 6 fluffy, woolly 7 hirsute, unkempt 9 bristling, luxuriant, overgrown 10 disordered 11 flourishing
business 3 job 4 firm, line, work 5 trade 6 affair, custom, matter, métier, office, outfit, racket 7 calling, company, concern, pursuit, traffic 8 commerce, function, industry 9 patronage 10 employment, enterprise, livelihood, occupation 11 corporation 13 establishment ***expense:*** 8 overhead ***syndicate:*** 6 cartel
businesslike 6 formal 7 orderly, serious 8 diligent, thorough 9 competent, efficient, practical, pragmatic 10 impersonal, methodical, no-nonsense, purposeful, systematic 11 disciplined, hardworking 12 professional
businessman 6 broker, dealer, trader, tycoon 7 magnate 8 investor, merchant 9 bourgeois, financier, tradesman, executive 10 capitalist, trafficker 12 entrepreneur, merchandiser 13 industrialist
busker 8 minstrel, musician 11 entertainer
buss 4 kiss, peck 5 smack 6 smooch 8 osculate
bust 3 bag, cop, dud, hit, jag, nab, net 4 bomb, bump, fail, flop, fold, raid, ruin, slug, sock, tear, tour 5 binge, bosom, break, broke, burst, catch, chest, crash, lemon, loser, punch, smash, spell, spree, stint, torso, trash 6 arrest, bender, breast, collar, demote, pick up 7 break up, carouse, degrade, demerit, destroy, exhaust, failure, rupture, wear out 8 bankrupt, demolish, fracture 9 apprehend, break down, destitute, downgrade, penniless 10 impoverish, police raid
bustle 3 ado, fly, run 4 flit, fuss, rush, stir, tear, teem, to-do 5 hurry, whirl, whisk 6 action, be busy, bestir, clamor, flurry, furore, hassle, hasten, hubbub, hustle, motion, pother, scurry, tumult, uproar 7 ferment, turmoil 8 activity, to-and-fro 9 commotion, whirlpool, whirlwind 10 hurly-burly, excitement, liveliness
bustling 4 busy, rife 5 brisk, fussy, peppy 6 active, hectic, lively 7 dynamic, festive, hopping, humming, jumping 8 animated, swarming, vigorous 9 energetic 10 tumultuous 11 hardworking, industrious
busty 5 ample, buxom, curvy 6 bosomy, chesty, zaftig 7 shapely, stacked 10 curvaceous, voluptuous 11 full-bosomed, well-rounded
busy 5 brisk, fussy 6 active, at work, lively, on duty, tied up 7 crowded, engaged, hopping, humming, swamped, teeming, working 8 bustling, diligent, employed, hustling, meddling, occupied, overdone, sedulous 9 assiduous, congested, elaborate, energetic, intrusive, obtrusive, officious 10 meddlesome, overworked 11 impertinent, industrious, interfering, unavailable
busybody 5 prier, pryer, snoop, yenta 6 butt-in, gossip, old hen 7 meddler 8 informer, kibitzer, quidnunc 9 pragmatic 10 chatterbox, newsmonger, pragmatist, talebearer, tattletale 11 nosey parker, rumormonger 12 gossipmonger, rubbernecker, troublemaker
but 3 bar, yet 4 just, only, save 5 alone 6 except, merely, saving, unless 7 barring, besides, however 8 entirely 9 aside from, excepting, excluding, outside of 13 on the contrary
butcher 4 ruin, slay 5 botch, carve, clean, spoil, wreck 6 bollix, killer, mess up, slayer 7 cut meat, destroy, meat man 8 mutilate 9 slaughter 11 slaughterer
butcher-bird 6 shrike
butcherly 5 cruel 6 bloody, clumsy, savage 7 awkward 8 sadistic 9 ferocious, merciless 10 unskillful
butchery 7 carnage 8 abattoir, genocide, massacre 9 bloodbath, bloodshed, holocaust, slaughter 10 mass murder 12 annihilation 13 extermination
buteo 4 hawk 7 buzzard
butler 5 valet 7 steward 10 manservant
Butler, Samuel ***novel:*** 7 Erewhon 13 Way of All Flesh (The) ***poem:*** 8 Hudibras
butt 3 end, keg, tip, ram, tun, vat 4 base, cask, drum, dupe, join, push, rump, stub, tail 5 chump, fanny, patsy, stump, touch, verge 6 adjoin, barrel, border, bottom, firkin, pigeon, sucker, target, thrust, victim 7 collide, fall guy, rear end, run itno 8 derriere, hogshead, neighbor 9 cigarette, fundament, lie beside, pilgarlic, posterior, remainder 11 communicate, sitting duck 12 hindquarters 13 laughingstock
butter ***artificial:*** 4 oleo 9 margarine 13 oleomargarine ***Indian:*** 4 ghee ***piece:*** 3 pat ***semifluid:*** 4 ghee ***tree:*** 4 shea
butterball 5 blimp, whale 8 dumpling, elephant 10 bufflehead
butterfish 6 gunnel
butterfly 4 blue 5 diana, satyr, zebra

6 copper, morpho 7 admiral, buckeye, monarch, satyrid, skipper, sulphur, vanessa, viceroy 8 crescent, grayling, milkweed, victoria 9 aphrodite, metalmark, nymphalid, wood nymph 10 fritillary, hairstreak 11 swallowtail ***bush:*** 8 buddleia ***fish:*** 6 blenny, chiton 7 gurnard ***larva:*** 11 caterpillar ***lily:*** 8 mariposa ***order:*** 11 Lepidoptera ***plant:*** 8 oncidium ***pupa:*** 9 chrysalis ***scientist:*** 13 lepidopterist

butter up 4 coax 5 charm 6 cajole, kowtow, praise, stroke 7 adulate, beguile, blarney, flatter, massage, wheedle 8 blandish, bootlick, soft-soap 9 brownnose, sweet-talk 10 overpraise

butt in 6 kibitz, meddle 7 intrude, obtrude 8 busybody, overstep 9 interfere, interlope, interpose, interrupt

buttinsky 7 meddler 8 busybody, kibitzer, quidnunc 9 loudmouth 10 trespasser 12 troublemaker

buttocks 4 rear, rump, seat, tail 5 fanny, nates 6 behind, bottom, breech, heinie 7 hind end, hunkers, keister, rear end, tail end 8 backside, derriere, haunches 9 fundament, posterior

buttonball 8 sycamore 9 plane tree

button-down 6 square, stuffy 8 decorous, orthodox, straight 10 restrained 11 straitlaced, traditional 12 conservative, conventional

buttonwood 8 sycamore 9 plane tree

buttress 4 pier, prop, stay 5 brace, carry, shore, strut, truss 6 back up, bear up, hold up, column, uphold 7 bolster, bulwark, fortify, shore up, support, sustain 9 reinforce, stanchion 10 strengthen 12 underpinning 13 fortification, reinforcement

buxom 5 ample, busty, curvy 6 bosomy, chesty, zaftig 7 shapely, stacked 10 curvaceous, voluptuous 11 full-bosomed, full-figured, well-rounded

buy 5 bribe 6 obtain, ransom, redeem 7 acquire, bargain, believe 8 purchase

buy back 6 ransom, recoup, redeem, regain 8 retrieve 10 repurchase

buyer 6 client, patron, vendee 7 shopper 8 consumer, customer 9 purchaser

buy off 3 fix, sop 5 bribe 6 settle 7 corrupt, silence 9 influence 10 manipulate, tamper with

buzz 3 fad, hum 4 call, fizz, high, hiss, news, purr, ring, talk, whir, whiz 5 craze, drone, hurry, rumor, strum, thrum, whirr, whish 6 bumble, fizzle, gossip, murmur, natter, report, rumble, sizzle, summon, wheeze, whoosh 7 chatter, scandal, whisper 8 sibilate 9 bombinate 11 reverberate, scuttlebutt

buzzard 5 buteo 7 vulture 13 turkey vulture

by 3 per, via 4 away, near, nigh, past 5 along, aside 6 at hand, beside, next to 7 through 9 alongside 10 incidental 11 according to 12 not later than

by and by 4 anon, soon 5 after, later 7 shortly 8 directly, latterly 9 afterward, presently 10 before long 12 subsequently

by and large 7 all told, broadly, en masse, overall, usually 8 all in all, normally 9 generally, typically 10 altogether, on the whole, ordinarily 11 principally

by dint of see BY MEANS OF

bye-bye 4 ciao, ta-ta 5 adieu, adios 6 so long 7 cheerio 8 au revoir, farewell, sayonara, toodle-oo

bygone 3 old 4 dead, late, lost, once, past 5 dated, of old, olden 6 former, fossil, of yore, remote, whilom 7 antique, archaic, belated, defunct, extinct, old-time, onetime, quondam, vintage 8 departed, sometime, obsolete, outdated, outmoded, vanished 9 erstwhile, out-of-date 10 antiquated, old-fangled 12 antediluvian, old-fashioned

by means of 3 per, via 4 with 5 using 7 through 9 employing, utilizing

byname 6 handle 7 epithet, moniker 8 cognomen 9 sobriquet 10 diminutive, hypocorism 11 appellation

bypass 4 omit 5 avoid, burke, shunt, skirt 6 detour, ignore 7 highway 8 outflank, ring road, sidestep 10 circumvent, pass around 11 deviate from

by-product 5 yield 6 effect, result 7 outcome, residue, spin-off 8 offshoot 9 outgrowth 10 derivative, descendant 11 aftereffect, consequence 12 repercussion

Byron work 4 Cain, Lara 5 Beppo 6 Giaour (The), Werner 7 Corsair (The), Don Juan, Manfred 12 Childe Harold

bystander 6 gawker, viewer 7 watcher, witness 8 beholder, observer, onlooker, passerby 9 spectator 10 eyewitness 12 rubbernecker

by stealth 5 slyly 7 sub rosa 8 covertly, in secret, secretly 9 furtively, privately 10 under cover 11 insidiously 13 clandestinely

by virtue of see BY MEANS OF

by way of see BY MEANS OF

byword 3 saw 5 adage, axiom, maxim, motto, nomen 6 dictum, phrase, saying, slogan, truism 7 epigram, epithet, precept, proverb, refrain **8** aphorism, cognomen, nickname **9** platitude, prescript, sobriquet **10** hypocorism, shibboleth **11** catchphrase, commonplace, rallying cry

Byzantine **6** daedal, knotty **7** complex, devious **8** involved **9** elaborate, intricate **10** convoluted **11** complicated **12** labyrinthine **13** sophisticated, surreptitious ***emperor:*** **3** Leo **4** Zeno **5** Basil **6** Bardas, Justin, Phocas **7** Michael, Romanus **9** Heraclius, Justinian **10** Nicephorus, Theodosius ***empress:*** **3** Zoe **5** Irene **8** Theodora

C

cab **4** hack, taxi **6** jitney **7** hackney **8** carriage

cabal **3** mob **4** clan, club, plot, ring **5** coven, group, junta, mafia **6** cartel, circle, clique **7** coterie, faction, in-group **8** intrigue **9** camarilla **10** conspiracy **11** machination

cabaletta **4** aria, song

cabalistic **6** arcane, mystic, occult **8** esoteric **9** recondite **10** mysterious **11** inscrutable **12** impenetrable

caballero **6** knight **7** paladin **8** cavalier, horseman **9** chevalier

cabana **3** hut **5** shack **7** shelter

cabaret **4** café **6** bistro, nitery **7** hot spot **9** nightclub, nightspot **10** supper club **12** watering hole

cabbage **3** nab, nip **4** cash, hook, lift, palm **5** bread, dough, filch, kraut, money, moola, pinch, steal, swipe **6** dinero, do-re-mi, moolah, pilfer **7** purloin, scratch **10** greenbacks, sauerkraut ***disease of:*** **6** mildew, mosaic **7** root rot, yellows **8** blackleg, club root ***family:*** **4** cole, kale, rape **5** colza, savoy **6** turnip **7** collard, mustard **8** broccoli, colewort, kohlrabi, rutabaga **11** cauliflower

cabbagehead see DUNCE

cabdriver **4** hack **5** cabby **6** cabbie

cabin **3** hut **4** camp, shed **5** berth, hovel, lodge, shack **6** cabana, chalet, lean-to, shanty **7** bivouac, cottage **9** stateroom

cabin cruiser **5** yacht **9** motorboat, powerboat

cabinet **4** case **6** bureau **7** armoire, chamber, commode, console, council, dresser **8** advisers, advisors, cupboard, ministry **9** presidium **10** chiffonier, collection, counselors

cabinetmaker ***American:*** **5** Eames (Charles), Phyfe (Duncan) **6** Belter (John Henry) **7** Goddard (John, Stephen, Thomas) **8** McIntire (Samuel), Townsend (Christopher, Edmund, James, Job, John) ***English:*** **4** Adam (James, Robert), Hope (Thomas), Kent (William) **8** Sheraton (Thomas) **11** Chippendale (Thomas), Hepplewhite (George) ***French:*** **6** Boulle (André-Charles) **8** Caffieri (Jacques, Jean-Jacques, Philippe), Cressent (Charles) ***German:*** **10** Weisweiler (Adam)

cable **4** rope, wire **5** braid, chain **6** stitch **8** transmit **9** telegraph

cabriolet **5** coupe **8** carriage

cache **4** bury, hide **5** cover, plant, stash, store **6** memory, wealth **7** conceal, lay away, nest egg, put away, reserve, secrete **8** ensconce, treasure **9** stockpile **10** accumulate **11** hiding place

cachet **4** rank, seal **5** motto, state **6** slogan, status **7** dignity, stature **8** approval, position, prestige, standing **11** consequence

cachinnate **4** crow, howl, roar **5** laugh, whoop **6** guffaw, shriek

cackle **3** gab, jaw **4** blab, chat, crow **5** clack, cluck **6** babble, burble, gabble, gaggle, gobble **7** blabber, blatter, chatter, prattle

cacoëthes **4** zeal **5** mania **6** desire **9** obsession

cacomistle **5** civet **7** raccoon **8** civet cat, ringtail

cacophonic **5** harsh **8** tuneless **9** dissonant, unmusical **10** discordant **11** unmelodious **12** unharmonious

cacophony **9** harshness **10** dissonance

cactus **5** nopal **6** cereus, cholla, mescal,

peyote **7** opuntia, saguaro **11** prickly pear
cad **3** cur, dog **4** boor, heel, lout, rake **5** creep, knave, louse, rogue **6** rascal, rotter **7** bounder **9** conductor, scoundrel
cadaver **4** body, mort **5** stiff **6** corpse **7** carcass, remains **8** deceased
cadaverous **5** ashen, gaunt, livid **6** pallid, wasted **7** deathly, ghastly, ghostly, shadowy **8** skeletal, spectral **9** deathlike, emaciated, ghostlike **10** corpselike
caddy **3** bin, box **4** aide **5** toter **6** casket **8** canister, tea chest
cadence **4** beat, flow, lilt **5** meter, pulse **6** rhythm **9** pulsation **10** conclusion, inflection, intonation
cadet **4** pimp **5** plebe **7** student, trainee
cadge **3** beg, bum **5** mooch **6** hustle, sponge **8** freeload, scrounge **9** panhandle
Cadmus ***daughter:*** **3** Ino **5** Agave **6** Semele **7** Autonoë ***father:*** **6** Agenor ***sister:*** **6** Europa ***victim:*** **6** dragon ***wife:*** **8** Harmonia
cadre **4** cell, core **5** frame, staff **6** cohort **7** in-group **9** framework
caducity **3** age **6** dotage, old age **8** senility **10** senescence **11** senectitude
Caesar ***assassin:*** **6** Brutus (Marcus Junius) **7** Cassius (Gaius) ***battle:*** **4** Zela **9** Pharsalus ***conquest:*** **4** Gaul **7** Britain ***eulogist:*** **6** Antony (Marc) **7** Anthony (Mark) **8** Antonius (Marcus) ***message:*** **12** Veni vidi vici ***river:*** **7** Rubicon ***utterance:*** **9** Et tu Brute ***wife:*** **7** Pompeia **8** Cornelia **9** Calpurnia
Caesarism **7** tyranny **9** authority, autocracy, despotism **10** absolutism **12** dictatorship
caesura **5** break, pause **12** interruption
café **5** diner **6** bistro, nitery **7** barroom, beanery, cabaret, hot spot **8** cookshop **9** lunchroom, nightclub, nightspot **10** coffee shop, restaurant, supper club **12** luncheonette, watering hole **13** watering place
café ___ **4** noir **6** au lait, filtre **7** society
caftan **4** gown, robe **6** muumuu **12** dressing gown
cage **3** hem, pen **4** cell, coop, jail **5** score **6** corral, immure, lock up, shut in **7** close in, enclose, impound **8** imprison **9** enclosure **11** incarcerate
cagey **3** sly **4** foxy, wary, wily **5** canny, sharp **6** astute, clever, crafty, shrewd
cahier **6** record, report, review
cahoots **6** hookup, league **8** alliance **9** collusion **10** complicity **11** partnership
caiman **9** crocodile **11** crocodilian
Cain ***brother:*** **4** Abel, Seth ***father:*** **4** Adam ***land:*** **3** Nod ***mother:*** **3** Eve ***nephew:*** **4** Enos ***son:*** **5** Enoch ***victim:*** **4** Abel
Caine Mutiny author **4** Wouk (Herman)
Cain novel **8** Serenade **13** Mildred Pierce **23** Postman Always Rings Twice (The)
cajole **3** con **4** coax, dupe **6** entice, seduce **7** beguile, blarney, deceive, wheedle **8** blandish, inveigle, maneuver, persuade, soft-soap **9** sweet-talk
cake **3** dry, set **4** coat, loaf, rime **5** cover, crust **6** harden, pastry **7** congeal, encrust, incrust **8** solidify ***almond:*** **8** macaroon ***flat:*** **5** cooky **6** cookie ***oatmeal:*** **4** farl **5** scone **7** bannock ***ring-shaped:*** **5** donut **6** jumble **8** doughnut ***rum-soaked:*** **4** baba ***Scottish:*** **4** farl **5** scone ***shell-shaped:*** **9** madeleine ***topping:*** **5** icing **8** frosting, streusel ***without flour:*** **5** torte ***without shortening:*** **6** sponge
Cakes and Ale author **7** Maugham (W. Somerset)
cakewalk **4** romp, rout, snap **5** cinch, dance, strut **6** breeze, prance **8** pushover, walkover
calaboose **3** can **4** brig, coop, jail, tank **5** clink, pokey **6** cooler, lockup, prison **7** slammer **8** hoosegow **9** jailhouse
calamitous **4** dire **5** fatal **6** woeful **7** ruinous **8** grievous **10** disastrous, lamentable **11** cataclysmic, devastating, unfortunate **12** catastrophic **13** heartbreaking
calamity **4** ruin **5** wreck **7** tragedy **8** disaster, downfall **9** cataclysm **11** catastrophe, tribulation
Calamity ___ **4** Jane
calculate **4** rely **5** assay, count, gauge, judge, solve, tally, tot up, value **6** assess, cipher, figure, intend, reckon **7** compute, measure, work out **8** appraise, estimate, evaluate, forecast **9** ascertain, determine, figure out
calculated **6** likely **7** planned **8** intended **9** worked out **10** deliberate **12** aforethought, premeditated
calculating **3** sly **4** wary, wily **5** canny, chary, sharp **6** artful, crafty, shrewd **7** careful, cunning, devious, politic **8** cautious, discreet, guileful, scheming **9** designing **11** circumspect
calculating device **6** abacus ***Peruvian:*** **5** quipu
calculation **8** analysis, counting, estimate, figuring, prudence **9** ciphering, reckoning **10** arithmetic, estimation, prediction **11** computation
Caledonia **8** Scotland
calendar **3** log **4** card, sked **6** agenda, docket **7** almanac, program **8** schedule **9** timetable ***abbreviation:*** **3** Apr, Aug,

Dec, Feb, Fri, Jan, Mar, Mon, Nov, Oct, Sat, Sep, Sun, Tue, Wed **4** Sept **5** Thurs ***ecclesiastical:*** **4** ordo

calenture **4** fire, zeal **5** ardor, fever **6** fervor **7** passion **10** enthusiasm

calf ***hide:*** **3** kip ***leather:*** **3** elk ***meat:*** **4** veal ***stray:*** **5** dogie ***unbranded:*** **8** maverick

Caliban **5** slave ***master:*** **8** Prospero ***witch-mother:*** **7** Sycorax

caliber **4** bore **5** class, gauge, grade, merit, value, worth **6** virtue **7** ability, quality, stature **8** diameter

calibrate **3** set **6** adjust, polish **7** measure **8** fine-tune, regulate **9** ascertain **11** standardize

California ***capital:*** **10** Sacramento ***city:*** **4** Napa **6** Fresno, Sonoma **7** Anaheim, Oakland, San Jose **8** San Diego, Santa Ana **9** Long Beach, Santa Cruz **10** Los Angeles **12** San Francisco ***college, university:*** **3** USC **4** UCLA **5** Mills **6** Pomona **8** Berkeley, Stanford, Whittier **9** Loma Linda **10** Golden Gate, Occidental, Pepperdine, Santa Clara ***desert:*** **6** Mohave ***fault zone:*** **10** San Andreas ***lake:*** **5** Owens, Tahoe **9** Salton Sea ***lowest spot:*** **11** Death Valley ***motto:*** **6** Eureka ***mountain, range:*** **5** Coast **6** Lassen (Peak), Shasta **7** Whitney **12** Sierra Nevada ***nickname:*** **6** Golden (State) ***park:*** **7** Sequoia **8** Yosemite **11** Kings Canyon **14** Channel Islands ***river:*** **10** Sacramento, San Joaquin ***state bird:*** **5** quail ***state flower:*** **11** golden poppy ***state tree:*** **7** redwood, sequoia ***wine region:*** **4** Napa **6** Sonoma

caliginous **3** dim **4** dark, dusk **5** dusky, foggy, misty, murky **6** gloomy **7** obscure, sunless **8** nebulous **9** lightless, tenebrous

Caligula's mother **9** Agrippina

caliph's name **3** Ali **7** Abu Bakr

Calista's seducer **8** Lothario

calisthenics **7** workout **9** exercises

call **3** bid, cry **4** buzz, hail, lure, name, page, ring, yell **5** phone, pop in, shout, visit **6** bellow, come by, drop by, drop in, holler, salute, stop by, stop in, summon **7** convene, convoke, summons **8** estimate **9** designate, telephone

calla **4** lily

call down **5** chide, scold **6** rebuke **7** censure, reprove **8** admonish, reproach **9** reprimand

called **5** named **6** chosen, picked, yclept **7** ycleped **8** selected

caller **5** guest **6** suitor **7** visitor

call for **3** ask, beg **4** seek **5** crave, plead **6** demand, entail, pick up **7** beseech, entreat, implore, involve, require **11** necessitate

call forth **5** awake, educe, evoke, rouse **6** arouse, elicit **7** conjure, provoke **9** conjure up

calligrapher **6** penman, scribe **7** copyist **9** engrosser, scrivener

calligraphy **4** hand **6** script **7** writing **8** longhand **10** penmanship **11** handwriting

call in **5** phone **6** summon **7** convene, reclaim **8** retrieve, withdraw **9** repossess, telephone

calling **3** job **4** duty, work **5** craft, trade **6** career, métier **7** mission, pursuit, yelling **8** business, lifework, shouting, vocation **10** employment, obligation, occupation, profession

call in sick **7** book off

Calliope **4** Muse ***father:*** **4** Zeus **7** Jupiter ***mother:*** **9** Mnemosyne ***son:*** **7** Orpheus

Callisto ***lover:*** **4** Zeus **7** Jupiter ***son:*** **5** Arcas

Call It Sleep author **4** Roth (Henry)

call off **4** halt **5** abort, scrub **6** cancel, divert **8** distract

Call of the Wild ***author:*** **6** London (Jack) ***dog:*** **4** Buck

call on **5** visit **6** oblige **7** require

callosity **8** hardness **9** thickness

callous **5** stony **8** hardened, obdurate, uncaring **9** heartless, indurated, unfeeling **10** hard-bitten, hard-boiled **11** cold-hearted, hardhearted, insensitive, unemotional **12** case-hardened, stony-hearted **13** unsympathetic

callow **3** raw **5** fresh, green, naive, young **7** puerile **8** immature, juvenile, youthful **9** unfledged **10** unseasoned **13** inexperienced, unexperienced

call's partner **4** beck

call up **5** draft, evoke **6** summon **8** mobilize, retrieve **9** conscript

calm **4** cool, ease, hush, lull **5** allay, peace, quiet, relax, salve, still **6** hushed, pacify, placid, poised, repose, sedate, serene, settle, smooth, soothe, stable, steady, stilly **7** appease, assuage, compose, halcyon, mollify, pacific, placate, restful, resting **8** composed, inactive, peaceful, reposing, serenity, tranquil **9** collected, composure, easygoing, impassive, possessed, quiescent, unruffled **10** phlegmatic, untroubled **11** tranquility, tranquilize, unflappable **12** even-tempered, self-composed, tranquillity **13** imperturbable, self-possessed

calmative **8** quietive, relaxing, sedative **9** soporific **12** tranquilizer

calmness **4** lull **5** quiet **6** phlegm **8** coolness, serenity **9** composure, placidity,

sangfroid **10** equanimity **11** tranquility **12** tranquillity
calumet **4** pipe **9** peace pipe
calumniate **5** libel, smear **6** defame, malign, vilify **7** asperse, slander, tarnish, traduce **8** besmirch **9** denigrate **10** scandalize
calumnious **8** libelous **9** maligning, traducing, vilifying **10** backbiting, defamatory, detracting, scandalous, slanderous
calumny **7** scandal, slander **9** aspersion **10** backbiting, defamation, detraction **11** denigration **12** backstabbing, belittlement, depreciation **13** disparagement
calvados **6** brandy **9** applejack
calvary **5** agony, cross, trial **6** misery, ordeal **7** anguish **8** distress **9** suffering **10** affliction, visitation **11** tribulation
Calypso ***beloved:*** **7** Ulysses **8** Odysseus ***island:*** **6** Ogygia
calyx part **3** cup **5** sepal
camaraderie **5** cheer **7** jollity **10** affability, fellowship **12** conviviality
camarilla **3** mob **4** camp, clan, ring **5** cabal, mafia **6** circle, clique **7** coterie, ingroup
Cambodia **9** Kampuchea ***capital:*** **9** Phnom Penh ***city:*** **10** Battambang **11** Kompong Cham ***ethnic group:*** **8** Mon-Khmer ***lake:*** **8** Tonle Sap ***language:*** **5** Khmer ***leader:*** **6** Pol Pot ***monetary unit:*** **4** riel ***neighbor:*** **4** Laos **7** Vietnam **8** Thailand ***river:*** **6** Mekong ***ruin:*** **9** Angkor Wat
camel ***one-humped:*** **9** dromedary ***two-humped:*** **8** Bactrian
camel-hair fabric **3** aba
camelopard **7** giraffe
Camelot **6** palace ***lord:*** **6** Arthur
Camembert **6** cheese
cameo **6** brooch, relief, walk-on **8** portrait
cameraman **6** photog **7** lensman **12** photographer
Cameroon ***capital:*** **7** Yaoundé ***ethnic group:*** **4** Fang **5** Duala, Pygmy **6** Fulani **8** Bamileke ***largest city:*** **6** Douala ***monetary unit:*** **5** franc ***neighbor:*** **4** Chad **5** Congo, Gabon **7** Nigeria ***river:*** **5** Nyong **6** Sanaga
Camille's creator **5** Dumas (Alexandre)
Camino ___ **4** Real
camouflage **4** mask **5** cloak **7** conceal, deceive **8** disguise **9** dissemble **11** dissimulate
camp **3** hut **4** bloc, shed **5** cabin, lodge, shack **6** clique, shanty **7** bivouac, coterie, cottage, faction **10** settlement
campaign **4** push **5** blitz, drive, fight, lobby, stump **6** attack **7** agitate, canvass, crusade **8** movement, politick **9** barnstorm, offensive **10** engagement, expedition **11** electioneer, whistle-stop
campaigner **8** activist **9** candidate
campanile **6** belfry **8** carillon **9** bell tower
campesino **6** farmer **7** peasant
campestral **5** rural **6** rustic, sylvan **7** bucolic, country, idyllic **8** agrarian, pastoral **10** provincial **11** countrified
campus see COLLEGE
Camus work **4** Fall (The) **5** Rebel (The) **6** Plague (The) **8** Caligula, Stranger (The)
can **3** may, tin **4** boot, fire, sack **5** let go, put up **7** dismiss **9** container, discharge **10** receptacle
Canaan **4** Zion **12** Promised Land ***father:*** **3** Ham ***grandfather:*** **4** Noah
Canaanite god **3** Mot **4** Baal **6** Molech, Moloch
Canada ***bay:*** **5** Fundy, James **6** Baffin, Hudson, Ungava **8** Georgian **9** Frobisher ***capital:*** **6** Ottawa ***city:*** **6** London, Oshawa, Quebec, Regina, Surrey **7** Burnaby, Calgary, Halifax, Moncton, Toronto, Windsor **8** Edmonton, Hamilton, Montreal, Moose Jaw, Victoria, Winnipeg **9** Longueuil, North York, Saskatoon, Vancouver **10** Lethbridge, Thunder Bay **11** Fredericton, Scarborough **13** Charlottetown, Mississisauga ***district:*** **6** riding ***explorer:*** **6** Hudson (Henry) **7** Cartier (Jacques) **9** Champlain (Samuel de) ***Indian people:*** **4** Cree, Inuk **5** Blood, Haida, Huron, Inuit, Métis, Niska, Slave **6** Abnaki, Beaver, Eskimo, Micmac, Mohawk, Nootka, Ojibwa, Ojibwe, Ottawa, Piegan, Seneca, Stoney **7** Kutenai, Naskapi, Ojibway, Siksika, Wyandot **8** Algonkin, Chippewa, Iroquois, Kootenai, Kootenay, Kwakiutl, Salishan, Tsattine **9** Algonkian, Algonquin, Blackfeet, Blackfoot, Chipewyan, Tsimshian **10** Algonquian, Athapascan, Gros Ventre, Montagnais **11** Assiniboine ***island, island group:*** **5** Banks, Devon **6** Baffin **7** Belcher **8** Melville, Victoria **9** Anticosti, Ellesmere, Vancouver **10** Cape Breton **11** Southampton **12** Newfoundland, Prince Edward ***lake:*** **6** Louise **7** Nipigon **8** Reindeer, Winnipeg **9** Athabasca, Champlain, Great Bear **10** Great Slave ***language:*** **6** French **7** English ***monetary unit:*** **6** dollar ***mountain, range:*** **5** Coast, Logan, Rocky **10** Laurentian ***national park:*** **5** Banff, Fundy **6** Jasper **7** Glacier, Nahanni **8** Kootenay **9** Gros Morne **10** Grasslands, Point Pelee **11** Georgian Bay, Wood Buffalo ***peninsula:*** **5** Bruce,

Gaspé **6** Ungava **8** Labrador ***prime minister:*** **4** King (W. L. Mackenzie) **5** Clark (Joe) **6** Abbott (John), Borden (Robert Laird), Bowell (Mackenzie), Martin (Paul), Tupper (Charles), Turner (John) **7** Bennett (Richard Bedford), Laurier (Wilfrid), Meighen (Arthur), Pearson (Lester), Trudeau (Pierre Elliott) **8** Campbell (Kim), Chrétien (Jean), Mulroney (Brian), Thompson (John) **9** MacDonald (John), Mackenzie (Alexander), St. Laurent (Louis) **11** Diefenbaker (John) ***province:*** **6** Quebec **7** Alberta, Nunavut, Ontario **8** Manitoba **10** Nova Scotia **12** New Brunswick, Newfoundland (and Labrador), Saskatchewan **15** British Columbia **18** Prince Edward Island ***provincial park:*** **3** Gas **7** Rondeau **9** Garibaldi ***river:*** **3** Red **5** Liard, Slave, Yukon **6** Albany, Fraser, Nelson, Ottawa, Severn **8** Columbia, Saguenay **9** Athabasca, Churchill, Mackenzie **10** St. Lawrence ***sea:*** **8** Beaufort, Labrador ***symbol:*** **9** maple leaf ***territory:*** **5** Yukon **9** Northwest

Canadian insurgent **4** Riel (Louis)

canaille **3** mob **6** masses, rabble **8** riffraff, unwashed **9** hoi polloi **11** proletarian, proletariat

canal **4** duct **6** course **7** channel, conduit **8** aqueduct **11** watercourse ***Africa:*** **4** Suez **8** Ismailia ***Belgium:*** **6** Albert ***Canada:*** **7** Welland ***Central America:*** **6** Panama ***China:*** **7** Da Yunhe ***Florida:*** **10** Saint Lucie ***Germany:*** **4** Kiel ***Greece:*** **7** Corinth ***Michigan:*** **3** Soo ***New York:*** **4** Erie **6** Oswego **9** Champlain ***Ontario:*** **6** Rideau ***Venice:*** **5** Grand

canapé **6** morsel **9** appetizer **11** hors d'oeuvre ***spread:*** **4** paté

canard **3** fib, lie **4** tale, yarn **5** fraud, rumor, spoof **6** deceit **7** falsity, untruth **8** chestnut **9** falsehood

canary **3** rat **4** fink, wine **5** finch **6** snitch **7** rat fink, stoolie **8** informer, squealer **11** stool pigeon

Canary Islands **5** Ferro, Lobos, Palma **6** Gomera, Hierro **7** Inferno **8** Graciosa, Tenerife **9** Alegranza, Lanzarote

cancel **3** end **4** drop, undo, x out **5** abort, annul, erase, scrub **6** delete, efface, negate, offset, repeal, revoke **7** blot out, call off, destroy, expunge, nullify, rescind, wipe out **8** black out, deletion **9** terminate **10** invalidate, neutralize, obliterate

cancer **5** tumor **9** carcinoma **10** malignancy ***treatment:*** **5** chemo, X-rays **9** radiation **12** chemotherapy

cancer-causing **12** carcinogenic ***substance:*** **10** carcinogen

candescent **7** glowing **8** dazzling **9** refulgent

Candia **5** Crete

candid **4** fair, just, open **5** blunt, frank, plain **6** honest **7** sincere **8** unbiased **9** equitable, guileless, impartial, objective **10** aboveboard, forthright, scrupulous, unreserved **11** openhearted, unconcealed, undisguised **12** unprejudiced **13** dispassionate

candidate **6** seeker **7** hopeful, nominee, stumper **8** aspirant **9** applicant, contender **10** campaigner, contestant

Candide ***author:*** **8** Voltaire ***lover:*** **9** Cunegonde ***tutor:*** **8** Pangloss ***valet:*** **7** Cacambo

candle **5** taper **6** bougie ***holder:*** **6** sconce **7** menorah, pricket **9** girandole **10** candelabra **11** candelabrum ***material:*** **3** wax **4** wick **6** tallow **7** beeswax, stearin **8** paraffin ***religious:*** **6** votive **7** paschal

candlefish **8** eulachon ***relative:*** **5** smelt

candlelit service **5** vigil

candlepins **7** bowling

candor **7** honesty **8** fairness, openness **9** frankness, sincerity, whiteness **11** artlessness **13** guilelessness

candy **7** sweeten **9** sugarcoat **10** confection ***kind:*** **4** rock **5** fudge, lolly, sweet, taffy **6** bonbon, comfit, dragée, jujube, nougat, toffee **7** brittle, caramel, fondant, gumdrop, penuche, praline **8** licorice, lollipop, lollypop, marzipan, sourball **9** chocolate, jelly bean, nonpareil, sweetmeat **10** confection **12** butterscotch ***medicated:*** **7** lozenge **9** cough drop

cane **3** rod **4** beat, drub, flog, lash, reed, stem, swat **5** flail, grass, spank, staff, stave, stick, weave, whale **6** batter, buffet, cudgel, larrup, paddle, rattan, thrash, wallop **7** lambast, sorghum **8** lambaste **12** walking stick

Canea's land **5** Crete

canine **3** dog **4** tyke **5** hound, pooch

caning material **5** istle

Canis Major star **6** Sirius

Canis Minor star **7** Procyon

canker **4** rust, sore **5** stain **6** debase, infect **7** corrupt, debauch, deprave, pervert, vitiate **8** necrosis **10** demoralize

cankered **8** infested, infected

canker sore **5** ulcer **6** lesion **10** ulceration

cannabis **3** pot **4** hemp **5** bhang, ganja, grass **7** hashish **9** marijuana

canned **5** drunk, fired **6** potted **11** prerecorded

Cannery Row author **9** Steinbeck (John)

canniness 7 caution, cunning, slyness 8 prudence, wiliness 9 cageyness, foresight 10 artfulness, cleverness, craftiness, discretion, precaution, providence, shrewdness 11 forethought
cannon 6 pom-pom 8 howitzer, ordnance 9 artillery *part:* 5 chase 6 breech 8 cascabel, trunnion
cannonade 4 bomb 5 blitz, burst, salvo, shell 6 shower, volley 7 barrage, bombard 8 drumfire, shelling 9 broadside, fusillade 11 bombardment
cannonball 4 dive 5 speed 7 missile
cannoneer 6 gunner
cannon fodder 6 troops 8 infantry, soldiers
canny 3 sly 4 wary, wise 5 acute, cagey, chary, quick, sharp, smart 6 adroit, clever, frugal, saving, shrewd 7 cunning, knowing, prudent, thrifty 9 ingenious, provident 10 economical 11 quick-witted, sharp-witted 12 nimble-witted
canoe 6 dugout 7 pirogue *ancient:* 7 coracle *Eskimo:* 5 kayak, umiak
canon 3 law 4 list, rule 5 dogma, edict, round, tenet 6 decree 7 precept, statute 8 doctrine, standard 9 clergyman, criterion, ordinance 10 regulation
canonical 5 sound 6 lawful 7 classic 8 accepted, approved, official, orthodox, received 10 authorized, recognized, sanctioned 13 authoritative
canonical hour 4 none, sext 5 lauds, prime, terce 6 matins, tierce 7 vespers 8 compline
canonicals 9 vestments
canoodle 3 hug, pet 5 spoon 6 caress, cuddle, fondle
can opener 9 church key
canopy 5 cover, shade 6 awning 7 marquee, shelter 8 covering, sunshade 9 baldachin 10 baldachino *canvas:* 4 tilt
cant 3 tip 4 heel, lean, list, tilt 5 angle, argot, bevel, idiom, lingo, piety, slang, slant, slope 6 humbug, jargon, patois, patter, speech 7 dialect, diction, incline, lexicon, palaver, recline 8 language, singsong 9 hypocrisy 10 dictionary, pharisaism, sanctimony, vernacular 11 inclination, insincerity 12 pecksniffery
cantaloupe 5 melon 9 muskmelon
cantankerous 4 dour, sour 5 cross, huffy, testy, waspy 6 crabby, cranky, crusty, grumpy, morose, ornery 7 bearish, crabbed, grouchy, peevish, prickly, waspish 8 cankered, liverish, petulant, snappish, stubborn, vinegary 9 crotchety, difficult, dyspeptic, irascible, irritable, obstinate 10 ill-natured, irritating, vinegarish 12 cross-grained
canter 3 bum 4 gait, hobo, lope 5 tramp 6 beggar 7 drifter, vagrant 8 derelict, vagabond 11 bindle stiff
Canterbury *Archbishop:* 3 Oda 6 Anselm, Becket (Thomas á), Parker (Matthew) 7 Cranmer (Thomas), Dunstan 9 Augustine
Canterbury Tales *author:* 7 Chaucer (Geoffrey) *character:* 8 Griselda, pardoner, summoner 10 wife of Bath *inn:* 6 Tabard
canticle 3 ode 4 hymn, song 6 Te Deum 10 Benedicite, Benedictus, Magnificat 12 Nunc Dimittis
canticles 11 Song of Songs 13 Song of Solomon
cantilever 4 beam 6 bridge 7 bracket, support
cantillate 4 sing 5 chant 6 intone, recite
cantina 3 bar, pub 6 saloon, tavern 7 barroom
canton 5 state 6 billet 7 quarter, section 8 district, division
cantor 5 hazan 6 singer 9 precentor
canvas 4 duck, sail, tarp, tent 7 tenting 8 painting 9 sailcloth, tarpaulin
canvasback 4 duck
canvass 3 con, vet 5 argue, study 6 debate, survey 7 discuss, dispute, examine, inspect, solicit 8 campaign 9 check over 10 scrutinize 11 electioneer 12 authenticate
canyon 4 Glen, Zion 5 Bryce, chasm, gorge, Grand, gulch, Hells 6 Copper, coulee, ravine, valley
cap 3 tam, top 4 best 5 beret, cover, crest, crown, limit, trump 6 beanie, exceed, top off 7 calotte 9 culminate *clergyman's:* 7 biretta 9 zucchetto *hood-like:* 4 coif *hunter's:* 7 montero *jester's:* 7 coxcomb 9 cockscomb *Jewish:* 8 yarmulke *knitted:* 5 toque, tuque 9 balaclava *military:* 4 kepi *mushroom:* 6 pileus *part:* 4 bill, brim, flap, peak 5 visor 7 earflap *Roman:* 6 pileus *Scottish:* 3 tam 8 balmoral 9 glengarry 11 tam-o'-shanter *Turkish:* 6 calpac 7 calpack
capability 5 craft, means, skill 7 ability, potency 8 adequacy, aptitude, capacity, efficacy, facility 9 potential 10 competence, efficiency 12 potentiality 13 effectiveness, qualification
capable 3 apt 4 able 5 adept 6 adroit, au fait 9 competent, efficient, qualified 10 proficient 11 susceptible
capacious 4 wide 5 ample, roomy 7 sizable 8 abundant, spacious 9 extensive 10 commodious 11 substantial
capacitance *unit of:* 5 farad

capacity 4 bent, gift, rank, role, room 5 knack, range, reach, scope, skill, space 6 output, status, talent 7 ability, caliber, faculty 8 adequacy, aptitude, facility, position, standing 10 capability, competence 11 proficiency 13 qualification ***unit of:*** 4 gill, peck, pint 5 liter, litre, minim, quart 6 bushel, gallon 10 fluid ounce, milliliter

Capaneus ***slayer:*** 4 Zeus ***wife:*** 6 Evadne

caparison 5 adorn 6 finery 7 apparel, panoply, raiment 9 adornment, trappings

cape 4 cope, ness 5 cloak, point 6 capote, mantle, tabard, tippet 7 manteau, pelisse 8 foreland, headland, mantelet, mantilla, pelerine 9 peninsula 10 promontory ***clergyman's:*** 8 mozzetta

Cape ***Africa:*** 4 Juby, Yubi 5 Blanc 6 Blanco 7 Agulhas ***Alaska:*** 3 Icy 4 Nome 11 Krusenstern ***Algeria:*** 3 Fer ***Antarctica:*** 3 Ann 4 Dart 5 Adare ***Arctic:*** 8 Nordkaap ***Asia:*** 5 Aniva ***Australia:*** 5 Byron, Otway, Sandy, Smoky 6 Arnhem 9 Van Diemen ***Baffin Island:*** 4 Dyer ***Black Sea:*** 5 Yasun ***Borneo:*** 4 Datu 6 Datoek ***Brazil:*** 4 Frio, Raso ***California:*** 9 Mendocino ***Colombia:*** 5 Aguja ***Costa Rica:*** 5 Velas ***Crete:*** 5 Plaka ***Croatia:*** 5 Ploca 6 Planka ***Cuba:*** 4 Cruz 5 Maisi ***Denmark:*** 4 Skaw 6 Skagen ***Desolación Island:*** 5 Pilar 6 Pillar ***Djibouti:*** 3 Bir ***Egypt:*** 5 Banas ***England:*** 8 Bolerium, Lands End ***Florida:*** 5 Sable 7 Kennedy 9 Canaveral ***Greece:*** 4 Busa 5 Gallo, Malea, Papas, Vouxa 6 Araxos, Maleas 7 Akritas ***Guinea:*** 5 Verga ***Gulf of California:*** 5 Lobos ***Gulf of Guinea:*** 5 Lopez ***Gulf of Mexico:*** 4 Rojo ***Hawaii:*** 5 Ka Lae 10 South Point 11 Diamond Head ***Hispaniola:*** 5 Beata ***Honshu:*** 3 Iro, Oma 5 Inubo, Kyoga, Nyudo ***Indonesia:*** 4 Vals 5 False ***Japan:*** 4 Esan, Nomo, Sata, Soya 5 Erimo, Kamui ***Libya:*** 3 Tin 4 Milh ***Long Island Sound:*** 10 Throgs Neck ***Malay Peninsula:*** 5 Bulat ***Malaysia:*** 4 Piai 5 Sirik ***Massachusetts:*** 3 Ann, Cod ***Mediterranean:*** 5 Ajdir ***Mexico:*** 4 Buey ***Morocco:*** 3 Sim 4 Guir, Rhir ***Namibia:*** 4 Fria ***Newfoundland:*** 5 Bauld ***New Jersey:*** 3 May ***New Zealand:*** 5 Brett ***North Carolina:*** 4 Fear 7 Lookout 8 Hatteras ***Northwest Territories:*** 8 Bathurst ***Nova Scotia:*** 5 Canso 6 Breton ***Oman:*** 3 Nus 4 Hadd ***Ontario:*** 4 Hurd, Rich ***Pakistan:*** 5 Monze, Muari ***Portugal:*** 4 Roca ***Puerto Rico:*** 4 Rojo ***Quebec:*** 5 Gaspé ***Red Sea:*** 5 Kasar ***Sicily:*** 4 Boeo, Faro 7 Lilibeo, Passero, Pelorus ***Solomon Islands:*** 5 Zelee ***Somalia:*** 4 Asir 5 Assir, Hafun ***South Africa:*** 8 Good Hope ***South America:*** 4 Horn ***Spain:*** 3 Nao 4 Gata 5 Creus, Penas ***Syria:*** 5 Basit ***Taiwan:*** 5 O-Iuan 7 Garam Bi ***Tierra del Fuego:*** 5 Penas ***Tunisia:*** 5 Blanc ***Turkey:*** 3 Boz 4 Baba, Ince, Kara, Krio 6 Lectum 8 Bozburun 9 Inceburun, Karaburun ***Vancouver Island:*** 5 Scott ***Virginia:*** 5 Henry ***Washington:*** 5 Alava

Căpek, Karel ***coinage:*** 5 robot ***play:*** 3 R.U.R.

caper 4 dido, lark, leap, romp 5 antic, frisk, prank, revel, shine, theft, trick 6 cavort, frolic, gambol, prance 7 roguery, rollick 8 escapade, mischief 10 shenanigan, tomfoolery 11 monkeyshine

Cape Town's famous son 5 Smuts (Jan)

Cape Verde ***capital:*** 5 Praia ***city:*** 7 Mindelo ***island:*** 3 Sal 4 Fogo, Maio 5 Brava 8 Boa Vista, São Tiago 10 São Vicente, São Nicolau, Santa Luzia, Santo Antão ***language:*** 7 Crioulo 10 Portuguese ***monetary unit:*** 6 escudo

capillary 4 tube 6 tubule 8 hairlike 11 blood vessel

capital 4 main 5 basic, chief, funds, major, prime 6 assets, lethal, wealth 8 cardinal 9 essential, excellent, financing, first-rate, principal, resources 10 first-class, investment, preeminent, underlying 11 fundamental, outstanding, predominant, wherewithal ***Afghanistan:*** 5 Kabul ***Albania:*** 6 Tirana, Tiranë ***Alberta:*** 8 Edmonton ***Algeria:*** 7 Algiers ***Angola:*** 6 Luanda ***Antigua and Barbuda:*** 7 St. John's 10 Saint John's ***Argentina:*** 11 Buenos Aires ***Armenia:*** 7 Yerevan ***Assam:*** 6 Dispur ***Australia:*** 8 Canberra ***Austria:*** 4 Wien 6 Vienna ***Azerbaijan:*** 4 Baku ***Bahamas:*** 6 Nassau ***Bahrain:*** 6 Manama ***Bangladesh:*** 5 Dhaka ***Barbados:*** 10 Bridgetown ***Belarus:*** 5 Minsk ***Belgium:*** 8 Brussels ***Belize:*** 8 Belmopan ***Benin:*** 9 Porto-Novo ***Bhutan:*** 7 Thimphu ***Bolivia:*** 5 La Paz ***Bosnia and Herzegovina:*** 8 Sarajevo ***Botswana:*** 8 Gaborone ***Brazil:*** 8 Brasília ***Bulgaria:*** 5 Sofia ***Burkina Faso:*** 11 Ouagadougou ***Burma:*** 6 Yangon 7 Rangoon ***Burundi:*** 9 Bujumbura ***Cambodia:*** 9 Phnom Penh ***Cameroon:*** 7 Yaoundé ***Canada:*** 6 Ottawa ***Cape Verde:*** 5 Praia ***Central African Republic:*** 6 Bangui ***Chad:*** 8 N'Djamena ***Chile:*** 8 Santiago ***China:*** 6 Peking 7 Beijing ***Colombia:*** 6 Bogotá ***Comoros:*** 6 Moroni ***Congo (Zaire):*** 8 Kinshasa ***Costa Rica:*** 7 San José ***Côte d'Ivoire:*** 7 Abidjan 12 Yamoussoukro ***Croatia:*** 6 Zagreb ***Cuba:*** 6 Havana ***Cyprus:*** 7 Nicosia ***Czech Republic:*** 6 Prague ***Denmark:*** 10 Copenhagen

Dominica: **6** Roseau ***Dominican Republic:*** **12** Santo Domingo ***East Timor:*** **4** Dili ***Ecuador:*** **5** Quito ***Egypt:*** **5** Cairo ***El Salvador:*** **11** San Salvador ***Equatorial Guinea:*** **6** Malabo ***Eritrea:*** **6** Asmara ***Estonia:*** **7** Tallinn ***Ethiopia:*** **10** Addis Ababa ***Faeroe Islands:*** **8** Tórshavn ***Falkland Islands:*** **7** Stanley ***Fiji:*** **4** Suva ***Finland:*** **8** Helsinki ***France:*** **5** Paris ***French Guiana:*** **7** Cayenne ***Gabon:*** **10** Libreville ***Galápagos Islands:*** **12** San Cristóbal ***Gambia:*** **6** Banjul ***Georgia, Republic of:*** **6** Tiflis **7** Tbilisi ***Germany:*** **6** Berlin ***Ghana:*** **5** Accra ***Greece:*** **6** Athens ***Greenland:*** **8** Godthaab ***Grenada:*** **9** St. George's **12** Saint George's ***Guam:*** **5** Agana ***Guinea:*** **7** Conakry ***Guyana:*** **10** Georgetown ***Haiti:*** **12** Port-au-Prince ***Honduras:*** **11** Tegucigalpa ***Hungary:*** **8** Budapest ***Iceland:*** **9** Reykjavík ***India:*** **8** New Delhi ***Indonesia:*** **7** Jakarta **8** Djakarta ***Iran:*** **6** Tehran **7** Teheran ***Iraq:*** **7** Baghdad ***Ireland:*** **6** Dublin ***Israel:*** **7** Tel-Aviv **9** Jerusalem ***Italy:*** **4** Rome ***Jamaica:*** **8** Kingston ***Japan:*** **5** Tokyo ***Jordan:*** **5** Amman ***Kazakhstan:*** **6** Astana **7** Alma-Ata ***Kenya:*** **7** Nairobi ***Kiribati:*** **6** Tarawa **11** South Tarawa ***Korea, North:*** **9** Pyongyang ***Korea, South:*** **5** Seoul ***Kuwait:*** **10** Kuwait City ***Kyrgyzstan:*** **7** Bishkek ***Laos:*** **9** Vientiane ***Latvia:*** **4** Riga ***Lebanon:*** **6** Beirut ***Lesotho:*** **6** Maseru ***Libya:*** **7** Tripoli ***Liechtenstein:*** **5** Vaduz ***Lithuania:*** **7** Vilnius ***Macedonia:*** **6** Skopje ***Madagascar:*** **12** Antananarivo ***Malawi:*** **8** Lilongwe ***Malaysia:*** **11** Kuala Lumpur ***Maldives:*** **4** Male ***Mali:*** **6** Bamako ***Malta:*** **8** Valletta ***Manitoba:*** **8** Winnipeg ***Marshall Islands:*** **6** Majuro ***Mauritania:*** **10** Nouakchott ***Mauritius:*** **9** Port Louis ***Micronesia:*** **7** Palikir ***Moldova:*** **8** Kishinev **9** Chişinaău ***Mongolia:*** **9** Ulan Bator ***Montserrat:*** **8** Plymouth ***Morocco:*** **5** Rabat ***Mozambique:*** **6** Maputo ***Myanmar:*** **6** Yangon **7** Rangoon ***Namibia:*** **8** Windhoek ***Nauru:*** **5** Yaren ***Nepal:*** **8** Katmandu **9** Kathmandu ***Netherlands:*** **9** Amsterdam ***Newfoundland:*** **10** Saint Johns ***New Zealand:*** **10** Wellington ***Nicaragua:*** **7** Managua ***Niger:*** **6** Niamey ***Nigeria:*** **5** Abuja ***Northern Ireland:*** **7** Belfast ***Northern Territory:*** **6** Darwin ***North-West Frontier Province:*** **8** Peshawar ***Northwest Territories:*** **11** Yellowknife ***Norway:*** **4** Oslo ***Nova Scotia:*** **7** Halifax ***Oman:*** **6** Muscat ***Pakistan:*** **9** Islamabad ***Palau:*** **5** Koror **10** Babelthuap ***Papua New Guinea:*** **11** Port Moresby ***Paraguay:*** **8** Asunción ***Peru:*** **4** Lima ***Philippines:*** **6** Manila ***Poland:*** **6** Warsaw ***Portugal:*** **6** Lisbon ***Prince Edward Island:*** **13** Charlottetown ***Puerto Rico:*** **7** San Juan ***Qatar:*** **4** Doha ***Queensland:*** **8** Brisbane ***Réunion:*** **7** St. Denis **10** Saint Denis ***Romania:*** **9** Bucharest ***Russia:*** **6** Moscow ***Rwanda:*** **6** Kigali ***Saint Helena:*** **9** Jamestown ***Saint Kitts and Nevis:*** **10** Basseterre ***Saint Lucia:*** **8** Castries ***Samoa:*** **4** Apia ***Saskatchewan:*** **6** Regina ***Saudi Arabia:*** **6** Riyadh ***Scotland:*** **9** Edinburgh ***Senegal:*** **5** Dakar ***Serbia and Montenegro:*** **8** Belgrade ***Seychelles:*** **8** Victoria ***Shetland:*** **7** Lerwick ***Sicily:*** **7** Palermo ***Sierra Leone:*** **8** Freetown ***Sikkim:*** **7** Gangtok ***Sind:*** **7** Karachi ***Slovakia:*** **10** Bratislava ***Slovenia:*** **9** Ljubljana ***Solomon Islands:*** **7** Honiara ***Somalia:*** **9** Mogadishu ***South Africa:*** **8** Cape Town, Pretoria **12** Bloemfontein ***South Australia:*** **8** Adelaide ***South-West Africa:*** **8** Windhoek ***Spain:*** **6** Madrid ***Sri Lanka:*** **7** Colombo ***Sudan:*** **8** Khartoum ***Suriname:*** **10** Paramaribo ***Swaziland:*** **7** Mbabane ***Sweden:*** **9** Stockholm ***Switzerland:*** **4** Bern **5** Berne ***Syria:*** **8** Damascus ***Tahiti:*** **7** Papeete ***Taiwan:*** **6** Taipei ***Tajikistan:*** **8** Dushanbe ***Tanzania:*** **6** Dodoma **11** Dar es Salaam ***Tasmania:*** **6** Hobart ***Thailand:*** **7** Bangkok ***Tibet:*** **5** Lhasa ***Tirol:*** **9** Innsbruck ***Togo:*** **4** Lomé ***Tonga:*** **9** Nuku'alofa ***Trinidad and Tobago:*** **11** Port-of-Spain ***Tunisia:*** **5** Tunis ***Turkey:*** **6** Ankara ***Turkmenistan:*** **8** Ashgabat **9** Ashkhabad ***Tuvalu:*** **8** Funafuti ***Uganda:*** **7** Kampala ***Ukraine:*** **4** Kiev ***United Arab Emirates:*** **8** Abu Dhabi ***United Kingdom:*** **6** London ***Uruguay:*** **10** Montevideo ***Uttar Pradesh:*** **7** Lucknow ***Uzbekistan:*** **8** Tashkent ***Vanuatu:*** **4** Vila ***Venezuela:*** **7** Caracas ***Victoria:*** **9** Melbourne ***Vietnam:*** **5** Hanoi ***Wales:*** **7** Cardiff ***Western Australia:*** **5** Perth ***Yemen:*** **4** Sana **5** Sanaa ***Yugoslavia:*** **8** Belgrade ***Yukon:*** **10** Whitehorse ***Zambia:*** **6** Lusaka ***Zimbabwe:*** **6** Harare

capitalist **6** backer, tycoon **7** magnate **8** investor **9** bourgeois, financier, plutocrat **12** entrepreneur

capitalistic **9** bourgeois

capitalize **4** back, fund **5** stake **6** profit **7** convert, finance, promote, sponsor, support **8** bankroll **9** grubstake, subsidize

capital sin see DEADLY SIN

capitation **3** tax **7** payment, poll tax

Capitol Hill sound **3** aye, nay

capitulate **3** bow **4** cave **5** defer, yield **6** cave in, give in, give up, relent, submit **7** concede, succumb **9** acquiesce, surrender **12** knuckle under

capitulation **9** surrender **10** submission

capo 3 bar 4 boss, head 5 chief 9 godfather
capote 4 cope 5 cloak 6 mantle, tabard 7 manteau, pelisse 8 overcoat
capper 4 lure 5 blind, decoy, shill 6 climax, finale 8 clincher
capriccio 4 whim 5 caper, fancy, prank 6 notion, vagary, whimsy 7 impulse
caprice 3 bee 4 mood, vein, whim 5 fancy, freak, humor 6 foible, maggot, megrim, notion, vagary, whimsy 7 conceit 8 crotchet
capricious 4 iffy 5 flaky, moody 6 chancy, fickle 7 erratic, flighty, wayward 8 fanciful, unstable, variable, volatile 9 arbitrary, impulsive, mercurial, uncertain, whimsical 10 changeable, inconstant 12 effervescent, incalculable 13 temperamental, unpredictable
caprid 4 goat
capriole 4 leap 5 caper
capsize 4 keel, roll, sink 5 upset 7 founder, tip over 8 collapse, overturn, turn over
capstone 4 acme, apex, peak 6 apogee, climax, coping, summit, zenith 8 pinnacle 9 high point 11 culmination
capsule 6 canned, pocket, potted 7 compact, outline 9 condensed
capsulize 6 reduce 7 enclose 8 compress, condense 9 summarize, synopsize
captain 6 master 7 skipper ***fictional:*** 4 Ahab, Nemo 5 Queeg ***historical:*** 5 Bligh (William) ***pirate:*** 4 Kidd (William)
Captains Courageous author 7 Kipling (Rudyard)
caption 5 title 6 legend, rubric 7 cutline, heading 8 subtitle 9 underline
captious 5 testy 7 carping, peevish 8 caviling, contrary, critical, exacting, petulant, snappish 9 demanding, irritable 10 censorious, nit-picking 12 faultfinding, overcritical 13 hypercritical
captivate 4 draw, grip, hold, take 5 charm 6 allure, dazzle, please, ravish, seduce 7 attract, beguile, bewitch, delight, enchant, gratify 8 enthrall 9 enrapture, fascinate, hypnotize, infatuate, magnetize, mesmerize, spellbind
captivating 8 charming, enticing, fetching, magnetic, riveting 9 appealing, glamorous, seductive 10 bewitching, engrossing, intriguing 11 enthralling, fascinating
captive 5 bound, caged, taken 6 jailed 7 hostage 8 confined, detainee, internee, prisoner 10 enthralled, hypnotized, imprisoned
captivity 7 bondage, custody, slavery 9 detention 10 internment 11 confinement 12 imprisonment
capture 3 bag, get, nab, net, win 4 nail, take, trap 5 catch, lasso, prize, seize, snare 6 arrest, collar, entrap, occupy, secure 7 conquer, ensnare 8 preserve
Capuan 4 lush 5 plush 6 deluxe 7 opulent 8 luscious, palatial 9 luxuriant, luxurious, sumptuous 11 upholstered
car 4 auto, heap 5 buggy, coach, crate, sedan, wreck 6 jalopy, junker, wheels 7 clunker, flivver 8 roadster 10 automobile (see also AUTOMOBILE)
carafe 4 ewer 5 cruet 6 bottle, flacon, flagon 8 decanter
caravan 6 convoy, safari
caravansary 3 inn 4 khan 5 hotel, lodge, serai 6 hostel, tavern 10 campground
carbohydrate 5 sugar 6 starch 7 amylose, glucose, lactose, maltose, sucrose 8 fructose, glycogen 9 cellulose, galactose
carbolic acid 6 phenol
carbon 4 coal, coke, soot 8 charcoal, graphite, plumbago 9 lampblack
carbonate 6 aerate
carbon copy 4 dupe, twin 5 clone, ditto, mimeo, repro, Xerox 7 replica 8 knockoff 9 duplicate, facsimile 10 dead ringer 11 replication 12 reproduction
carbonize 4 burn, char, sear 5 singe, toast 6 scorch
carbuncle 4 boil, sore 5 ulcer 6 garnet, pimple 7 abscess, pustule 8 cabochon
carcass 4 body, hulk, mort 5 frame, shell, stiff 6 corpse 7 cadaver, remains 8 skeleton
carcinoid 5 tumor 8 neoplasm
carcinoma 5 tumor 6 cancer 8 neoplasm
card 3 wag, wit 4 menu, sked 5 joker 6 agenda, docket 7 program 8 calendar, comedian, humorist, schedule 9 timetable ***fortune-telling:*** 5 tarot ***performer's:*** 3 cue ***spot:*** 3 pip
cardboard 5 stiff 6 unreal, wooden 7 bristol, buckram, stilted 8 lifeless 10 unlifelike 11 stereotyped, unrealistic
card-carrying 4 true 7 genuine 8 bona fide 9 authentic, certified 11 full-fledged
card game see at GAME
cardiac stimulant 7 ouabain 9 digitalis
cardinal 3 key 4 main 5 basic, chief, prime, vital 6 ruling 7 central, leading, pivotal, primary 9 essential, important, principal 10 overriding, overruling 11 fundamental 12 constitutive ***point:*** 4 east, west 5 north, south ***suffix:*** 4 teen ***virtue:*** 7 justice 8 prudence 9 fortitude 10 temperance
care 3 rue, woe 4 fear, heed, mind, tend,

ward **5** alarm, grief, nurse, pains, serve, trust, watch, worry **6** attend, charge, dismay, effort, mother, regard, regret, sorrow, strain, stress, unease, wait on **7** anguish, anxiety, concern, conduct, custody, keeping, trouble **8** disquiet, exertion, handling, interest, suspense **9** attention, curiosity, misgiving, oversight, vigilance **10** affliction, foreboding, management, solicitude, uneasiness **11** disquietude, heedfulness, maintenance, safekeeping, supervision **12** apprehension, guardianship, watchfulness **13** consciousness, consideration, consternation

careen **4** race, sway, tilt **5** lurch, pitch, speed, swing, weave **6** repair, wobble **7** stagger

career **3** job **4** race, rush, tear, work **5** chase, speed **6** charge, course **7** calling, passage **8** lifework, vocation **9** encounter **10** livelihood, profession

care for **4** like, love, mind, tend **5** nurse, treat **6** attend, foster **7** cherish, nurture **8** preserve **9** cultivate, look after

carefree **4** wild **6** blithe, breezy, jaunty **8** reckless **10** insouciant, untroubled **12** happy-go-lucky, lighthearted **13** irresponsible

careful **4** safe, wary **5** chary, exact, fussy **7** dutiful, guarded, precise, prudent, studied **8** accurate, cautious, critical, discreet, gingerly, thorough **9** attentive, provident **10** deliberate, meticulous, particular, scrupulous **11** calculating, circumspect, considerate, foresighted, painstaking, punctilious **13** conscientious

carefully **6** warily **8** gingerly **10** cautiously, discreetly **12** meticulously, scrupulously **13** painstakingly, punctiliously

careless **3** lax **5** hasty, messy, slack **6** casual, remiss, sloppy, untidy **7** cursory, offhand, unkempt **8** feckless, heedless, reckless, slapdash, slipshod, slovenly **9** forgetful, negligent, oblivious, unheeding, unmindful, unstudied **10** disheveled, inaccurate, incautious, neglectful, unthinking, untroubled **11** inadvertent, inattentive, indifferent, perfunctory, spontaneous, thoughtless, unconcerned **12** uninterested, unreflective **13** irresponsible

caress **3** pat, pet, toy **4** kiss, love **5** dally, touch **6** coddle, cosset, cuddle, dandle, fondle, nuzzle, pamper, stroke **7** cherish, indulge **8** canoodle **10** endearment

caressive **7** calming **8** soothing

caretaker **6** warden **7** curator, janitor **9** custodian

careworn **3** wan **5** drawn, faded, jaded **7** haggard, pinched, wearied **8** fatigued, troubled **9** exhausted **10** distressed

cargo **4** haul, load **6** burden, lading **7** freight, payload **8** shipload, shipment **11** consignment

caribe **7** piranha

caribou **4** deer **8** reindeer

caricature **4** mock, sham **5** farce, phony **6** parody **7** cartoon, lampoon, mockery, takeoff **8** travesty **9** burlesque **10** distortion, pasquinade **12** exaggeration

Carlsbad feature **4** cave **6** cavern

Carmen ***author:*** **7** Mérimée (Prosper) ***composer:*** **5** Bizet (Georges) ***lover:*** **7** Don José **9** Escamillo

carnage **4** gore **8** butchery, hecatomb, massacre **9** bloodbath, bloodshed, slaughter

carnal **4** lewd **6** animal, bodily, coarse, earthy, sexual, vulgar, wanton **7** earthly, fleshly, lustful, mundane, obscene, sensual, worldly **8** corporal, material, physical, sensuous, temporal **9** corporeal **10** lascivious

carnation **4** pink **5** color **6** flower

carnival **4** fair, fete **6** fiesta ***attraction:*** **4** ride **6** midway **8** sideshow **10** concession ***character:*** **5** shill **6** barker, hawker **7** grifter, spieler ***New Orleans:*** **9** Mardi Gras ***performer:*** **4** geek

carnivore **9** meat-eater **10** flesh-eater

carol **4** song **6** ballad ***Christmas:*** **4** noel

carom **6** bounce, glance **7** rebound **8** ricochet

Caron role **4** Gigi, Lili **5** Fanny

carotid's relative **5** aorta

carousal **3** bat, jag **4** bash, tear **5** binge, booze, drunk, fling, revel, spree **6** bender, frolic **7** blowout, debauch, shindig **8** wingding **9** brannigan ***Scottish:*** **6** splore

carouse **5** revel **6** cavort, frolic **7** roister ***Scottish:*** **4** birl

carp **3** nag **4** fuss **5** bream, cavil, scold **6** peck at, pester **7** henpeck **8** complain, cyprinid, sea bream **9** complaint, criticize, find fault

carpe ___ **4** diem

carpenter **3** ant, bee **6** joiner, wright **7** builder, workman **10** woodworker

carpentry **7** joinery **10** timberwork

carper **6** critic, nagger **7** caviler, knocker **9** nitpicker **10** complainer, criticizer **11** faultfinder

carpet **3** mat, rug **4** Agra **5** Herat, Heriz, Koula, Ladik, Sarok, tapis **6** Herati, Kerman, Keshan, Kirman, Sarouk, Tabriz, Wilton **8** moquette **9** Axminster, broadloom

carpet beetle **10** buffalo bug

carping 7 blaming, fussing, nagging, railing 8 captious, caviling, critical, scolding 9 pestering 10 censorious, upbraiding 11 criticizing, reproachful 12 faultfinding, overcritical
carrageen 7 seaweed 9 Irish moss
carrefour 5 plaza 6 square 10 crossroads
carriage 3 rig 4 pose 5 coach 6 stance 7 posture, transit 8 attitude 9 transport 10 conveyance, deportment ***American:*** 5 buggy 8 rockaway 9 buckboard ***attendant:*** 6 flunky 7 footman ***baby:*** 4 pram 5 buggy 8 stroller 12 perambulator ***driver:*** 4 hack 5 cabby 8 coachman ***folding top:*** 6 calash ***four-wheeled:*** 4 trap 5 buggy, coupe 6 calash, fiacre, landau, surrey 7 hackney, phaeton 8 barouche, brougham, carryall, rockaway, stanhope, victoria 9 buckboard ***Indian:*** 6 gharry ***man-drawn:*** 8 rickshaw 10 jinricksha, jinrikisha ***Russian:*** 6 troika 7 droshky ***stately:*** 7 caroche ***three-horse:*** 6 troika ***two-wheeled:*** 3 gig 4 shay, trap 5 buggy, sulky 6 chaise, hansom 7 calèche, dogcart, tilbury 9 cabriolet ***with attendants:*** 8 equipage
carriage trade 5 elite 6 gentry 7 quality 9 blue blood, gentility 10 upper class, upper crust 11 aristocracy
carrick bend 4 knot
carrier 4 mule 5 envoy 6 bearer, porter, runner, vector 7 airline, courier, shipper, vehicle 8 conveyor, emissary 9 go-between, messenger 11 internuncio, transporter
Carroll character 5 Alice, Bruno, Snark 6 Boojum, Sylvie 8 Dormouse, Red Queen 9 Mad Hatter, March Hare 10 Mock Turtle 11 White Rabbit 12 Humpty Dumpty
carrot 5 prize 6 reward 9 incentive 10 inducement
carry 3 get, lug 4 bear, haul, have, hump, keep, move, pack, send, take, tote, wear 5 bring, ferry, fetch, range, stock 6 affect, bear up, convey, uphold 7 comport, conduct, portage, possess, support, sustain 8 buttress, transfer, transmit 9 influence, transport
carrying case 7 holdall, satchel 8 carryall
carry off 4 kill 6 abduct, kidnap, remove, spirit away 7 achieve, destroy, execute, perform, realize 8 complete, conclude, dispatch, shanghai 10 accomplish
carry on 3 run 4 go on, keep, rant, rave, wage 6 direct, endure, manage, ordain 7 conduct, operate, persist, prattle, proceed 8 continue, sound off 9 persevere
carry out 6 effect, govern, render 7 achieve, execute, fulfill, oversee, perform, realize 8 bring off, complete, finalize, transact 9 discharge, prosecute 10 accomplish, administer, effectuate 12 administrate
carry over 6 deduct 7 persist 8 postpone, transfer
carry through 4 last 5 abide 6 effect, endure 7 execute, perdure, perform, persist, survive 8 bring off, complete, continue 10 accomplish, effectuate
Carson work 11 Sea Around Us (The) 12 Silent Spring
cart 3 gig 4 dray, haul 5 buggy, carry 6 barrow, convey, schlep 7 schlepp, trundle, tumbrel, tumbril 8 carriage 9 transport 11 wheelbarrow ***Indian:*** 5 tonga ***racing:*** 5 sulky
___ **carte** 3 à la
___ **Carte** 5 D'Oyly
carte blanche 3 say 5 power, right, sayso 7 freedom, license 8 free hand, free rein 9 authority 10 blank check 11 prerogative
carte du jour 4 menu
cartel 4 bloc, pool 5 trust 7 combine 9 syndicate 10 consortium 12 conglomerate
Carthaginian ***goddess of the moon:*** 5 Tanit 6 Tanith ***queen:*** 4 Dido 6 Elissa
cartilage 7 gristle
cartographer ***English:*** 5 Smith (William) ***Flemish:*** 6 Kremer (Gerhard) 8 Mercator (Gerardus), Ortelius ***German:*** 13 Waldseemüller (Martin) ***Greek:*** 7 Ptolemy
cartography 9 mapmaking
carton 3 box 4 pack
cartoonist 3 Lee (Stan) 4 Capp (Al), Kane (Bob), Nast (Thomas), Szep (Paul) 5 Adams (Scott), Booth (George), Chast (Roz), Crumb (R.), Davis (Jim), Gould (Chester), Hanna (Bill), Jones (Chuck), Kelly (Walt), Steig (William), Young (Chic) 6 Addams (Charles), Caniff (Milton), Disney (Walt), Larson (Gary), Martin (Don), Schulz (Charles), Walker (Mort) 7 Barbera (Joe), Feiffer (Jules), Ketcham (Hank), Mauldin (Bill), Thurber (James), Trudeau (Garry) 8 Goldberg (Rube), Groening (Matt), Herblock, Hokinson (Helen), MacNelly (Jeff), Oliphant (Pat) 9 Fleischer (Max) 10 Hirschfeld (Al)
cartouche 5 frame 6 shield 9 cartridge
cartridge 4 case, tube 5 shell 8 cassette, cylinder 9 cartouche, container
cartwheel 4 coin 6 dollar, tumble 10 handspring

carve 3 cut, hew 4 chip, etch, form, hack 5 shape, slice 6 chisel, cleave, incise, sculpt 7 dissect, engrave, whittle 9 sculpture
Casablanca *actor:* 5 Lorre (Peter), Rains (Claude) 6 Bogart (Humphrey) 7 Bergman (Ingrid) 11 Greenstreet (Sydney) *character:* 4 Ilsa (Lund), Rick (Blaine) 6 Laszlo (Victor) *director:* 6 Curtiz (Michael)
Casanova 4 rake, roué, wolf 5 Romeo 6 lecher, masher, tomcat 7 amorist, Don Juan, gallant, playboy, seducer 8 lothario, paramour 9 adulterer, ladies' man, libertine, womanizer 10 lady-killer, voluptuary 11 philanderer
cascade 4 fall, gush, lace, pour, spew 5 chute, falls, flood, spill 6 deluge, plunge, rapids, shower, tumble 7 Niagara, torrent 8 cataract 9 avalanche, waterfall 10 outpouring
Cascade Mountains peak 6 Lassen, Shasta 7 Rainier
case 3 box, con, vet 4 etui, hull, husk, skin, suit 5 cause, event, shell 6 action, sample, sheath 7 episode, examine, example, inspect, lawsuit 8 argument, covering, incident, instance, sampling, specimen 9 check over, condition, situation 10 occurrence, proceeding, scrutinize 11 eventuality 12 circumstance *grammatical:* 6 dative 8 ablative, genitive, vocative 9 objective 10 accusative, nominative, possessive
casebearer 5 larva 11 caterpillar
case-hardened 5 tough 7 callous 8 obdurate 9 indurated, insensate, toughened, unfeeling 11 insensitive 12 thick-skinned
casement 4 sash 6 window
Casey at the Bat poet 6 Thayer (Ernest Lawrence)
cash 4 coin, jack 5 bread, dough, money, scrip 6 dinero, redeem, wampum 7 cabbage, lettuce, scratch 8 currency 10 greenbacks, ready money 11 legal tender
cashier 3 can 4 boot, fire, oust, sack 5 clerk, eject, expel, scrap 6 banker, bounce, bursar, reject, teller 7 boot out, discard, dismiss, kick out 8 jettison, throw out 9 discharge, eliminate, terminate, throw away 10 bookkeeper 11 bean counter, comptroller
cash in 3 die 4 conk, drop 5 croak 6 expire, pop off, redeem, retire 7 kick off, succumb 8 check out, drop dead, pass away, settle up 9 liquidate
casing 4 hull, husk, pipe, rind, skin, tire 5 frame, shell, space 7 wrapper 8 membrane
casino *attendant:* 6 dealer 8 croupier *game:* 4 faro 5 craps, monte, poker 6 tierce 8 baccarat, roulette 9 blackjack
cask 3 keg, tun 4 butt, drum, pipe 6 barrel, firkin 8 hogshead
casket 3 box 5 chest 6 coffer, coffin 8 jewel box
Caspian Sea *city:* 4 Baku *feeder:* 4 Ural
Cassandra 4 seer 7 prophet, seeress 8 doomster 9 doomsayer, pessimist, worrywart 10 prophetess *brother:* 7 Helenus *father:* 5 Priam *lover:* 9 Agamemnon *mother:* 6 Hecuba *slayer:* 12 Clytemnestra
casserole 4 dish 5 crock 6 tureen
Cassiopeia 13 constellation *daughter:* 9 Andromeda *husband:* 7 Cepheus
Cassio's mistress 6 Bianca
cassock 4 robe 7 soutane 8 vestment
cast 3 add, hue, sum, tot 4 drop, face, fire, form, hurl, kind, look, mold, shed, sort, tint, tone, toss, turn, type 5 color, fling, heave, leave, pitch, range, shade, shape, strew, throw, tinge, total, touch 6 actors, design, devise, direct, figure, nature, reject, slough, troupe, visage 7 arrange, company, quality, replica, scatter 8 abdicate, disperse, jettison, sprinkle 9 character, prognosis, throw away 10 appearance, conjecture, distribute, expression, prediction, strabismus, suggestion 11 countenance *a spell on:* 3 hex 5 charm 7 beguile, bewitch 8 enthrall 9 captivate, enrapture, fascinate, hypnotize, infatuate, mesmerize, spellbind *overboard:* 7 deep-six 8 jettison
cast about 4 hunt, seek 5 grope 6 search 7 seek out 8 contrive 9 search for, search out
castaway 5 leper, tramp 6 beggar, maroon, pariah 7 Ishmael, outcast, vagrant 8 deadbeat, derelict 10 Ishmaelite
cast down see DOW
caste 5 class 6 degree, estate, status 7 station 8 division, prestige
cast head 4 bust
castigate 4 beat, flay, rail, whip 5 baste, chide, scold, slash 6 berate, pummel, punish, rebuke, scorch, thrash 7 belabor, blister, chasten, chew out, lambast, reprove, scarify, scourge, upbraid 8 chastise, lambaste, penalize 9 criticize, dress down, excoriate, reprimand 10 discipline, tongue-lash
castigation 3 rod 6 rebuke 7 reproof 8 punition, scolding 10 correction, discipline, punishment 12 chastisement
castle 5 manor, villa 7 alcazar, château, citadel, mansion 8 fortress 10 strong-

hold ***adjunct:*** **4** moat ***gate:*** **10** portcullis ***ledge:*** **7** rampart ***structure:*** **6** turret ***tower:*** **4** keep **6** donjon ***wall:*** **6** bailey **10** battlement

cast off **5** fling, flung, let go, loose, untie **6** jilted, untied **7** unhitch **8** cut loose, forsaken, rejected, unfasten, unmoored **9** discarded, unhitched **10** left behind, unfastened

Castor ***brother:*** **6** Pollux **10** Polydeuces ***constellation:*** **6** Gemini ***father:*** **4** Zeus **9** Tyndareus ***mother:*** **4** Leda ***sister:*** **5** Helen ***slayer:*** **4** Idas

castor oil **8** laxative **9** cathartic, lubricant, purgative

cast out **4** oust **5** eject, evict, exile, expel **6** banish, deport **7** discard **9** eliminate, ostracize

castrate **3** fix **4** geld, spay **5** alter, unman, unsex **6** neuter **7** unnerve **8** enervate, mutilate **9** sterilize **10** emasculate **11** desexualize

castrato singer **9** Farinelli

casual **5** light, minor **6** breezy, chance, random, remote **7** natural, offhand, relaxed, trivial, unfussy **8** detached, informal, laid-back **9** easygoing, impromptu, irregular, uncurious, unplanned, unserious **10** accidental, contingent, fortuitous, improvised, incidental, insouciant, nonchalant, occasional **11** indifferent, low-pressure, spontaneous, unconcerned, unimportant **12** uninterested **13** disinterested, insignificant

casualty **4** prey **5** death **6** mishap, victim **8** accident, calamity, disaster, fatality **9** mischance **10** misfortune **11** catastrophe **12** misadventure

casuistry **7** sophism **9** deception, sophistry **12** equivocation, speciousness **13** deceptiveness

casus ___ **5** belli

cat **4** lion, lynx, puma, puss **5** felid, kitty, liger, ounce, pussy, tiger, tigon **6** cougar, feline, jaguar, mouser, ocelot **7** caracal, cheetah, leopard, panther **12** mountain lion ***Alice's:*** **5** Dinah ***catlike animal:*** **5** civet, genet **7** linsang ***combining form:*** **5** ailur **6** ailuro ***disease:*** **9** distemper ***domestic:*** **3** Mau, Rex **4** Manx **5** tabby **6** Angora, Birman, calico, exotic, Ocicat, Somali **7** bobtail, Burmese, Persian, Ragdoll, Siamese **8** longhair, Wirehair **9** Himalayan, Maine coon, shorthair, Tonkinese **10** Abyssinian ***extinct:*** **10** saber-tooth ***fastest:*** **7** cheetah ***female:*** **5** queen **7** lioness, tigress **9** grimalkin ***genus:*** **5** Felis ***grinning:*** **8** Cheshire ***male:*** **3** gib, tom ***relating to:*** **6** feline ***ring-tailed:*** **6** serval ***sound:*** **3** mew **4** hiss, meow, purr, roar **9** caterwaul ***spotted:*** **4** pard **6** jaguar, margay, ocelot, serval **7** cheetah, leopard, panther ***striped:*** **5** tiger ***tailless:*** **4** Manx ***young:*** **6** kitten

cataclysm **5** flood **6** deluge **7** Niagara, torrent, tragedy **8** calamity, cataract, disaster, flooding **10** inundation **11** catastrophe, devastation

cataclysmic **5** fatal **7** ruinous **10** calamitous, disastrous **11** devastating **12** catastrophic

catacomb **5** crypt, vault **8** cemetery **10** necropolis, undercroft

catafalque **4** bier

catalog **4** list, roll **5** enter, index, tally **6** enroll, roster **7** itemize, program **8** classify, inscribe, register, roll call, schedule, syllabus **9** enumerate, inventory **10** prospectus ***of books:*** **11** bibliotheca ***of saints:*** **9** hagiology

catalyst **4** goad, spur **7** impetus, impulse **8** stimulus **9** incentive, stimulant **10** incitation, incitement, motivation

catamaran **4** boat, raft

catamount **4** lynx, puma **6** bobcat, cougar **7** panther, wildcat

cataract **5** falls, flood, rapid **6** deluge, rapids **7** cascade, Niagara, torrent **8** downpour **9** waterfall **10** inundation

catastrophe **3** woe **6** deluge, fiasco **7** debacle, tragedy **8** calamity, disaster, meltdown **9** cataclysm, emergency **11** devastation

catastrophic **5** fatal **6** deadly, tragic **7** ruinous **10** calamitous, disastrous **11** cataclysmic

Catawba **4** wine **5** river **6** Indian

catcall **4** hiss, hoot, jeer, razz **9** criticism, raspberry **10** Bronx cheer

catch **3** bag, get, nab, net, see, wed **4** dupe, find, fool, grab, grip, gull, haul, hoax, hook, nail, snag, sock, spot, take, trap **5** block, clasp, clout, grasp, hit on, marry, reach, round, seize, smite, snare, stick, stump, trick, watch, whack **6** accept, anchor, arrest, clutch, collar, cut off, descry, detect, engage, entrap, fasten, flurry, follow, put out, rattle, secure, snatch, strike, take in, tangle, turn up **7** capture, confuse, deceive, disturb, ensnare, grapple, hit upon, perplex, receive **8** confound, contract, entangle, flimflam, fragment, hoodwink, kick over, meet with, overhaul, overtake **9** apprehend, bamboozle, embarrass, encounter, intercept **10** comprehend, understand **12** come down with

Catch-22 author **6** Heller (Joseph)

catchall term 3 etc.
Catcher in the Rye *author:* 8 Salinger (J. D.) *character:* 9 Caulfield (Holden)
catcher's glove 4 mitt
catching 6 taking 10 contagious, infectious 12 communicable
catch on 3 see 4 hear 5 learn 7 find out 8 discover 9 ascertain, determine, figure out
catchphrase see CATCHWORD
catch up 4 hold 6 gain on 7 close in, ensnare 8 entangle, enthrall 9 fascinate, mesmerize, spellbind
catchword 5 maxim, motto 6 slogan 10 shibboleth
catchy 6 fitful, spotty, tricky 7 erratic 8 sporadic 9 appealing, desultory, irregular, memorable, spasmodic
catechist 7 teacher
catechize 3 ask 4 quiz 5 grill, query, train 7 examine, inquire 8 instruct, question 9 inculcate 11 interrogate
catechumen 6 novice 7 convert, student, trainee 8 initiate, neophyte
categorical 7 certain, decided, express 8 absolute, clear-cut, definite, emphatic, explicit, positive 9 downright 10 definitive, forthright 11 unambiguous, unequivocal, unqualified
categorize 3 peg 4 sort 5 class, group 7 put down 8 classify, identify 10 pigeonhole
category 4 rank, tier 5 class, genre, grade, group 6 league 7 section 8 division, grouping 10 pigeonhole
catenation 4 link 5 chain 6 series, string 7 linkage 10 connection, succession
catercorner 9 obliquely, slantways, slantwise 10 cornerwise, diagonally
caterpillar 5 larva 7 cutworm, webworm 8 armyworm, silkworm 10 casebearer
cater to 5 humor 6 pamper, supply 7 furnish, gratify, indulge
caterwaul 4 howl, meow, yowl 5 miaow 6 squall
catfish see FISH
catharsis 5 purge, tonic 7 purging 8 curative 9 cleansing, purgation, purgative 10 lustration 11 expurgation, restorative 12 purification
cathartic 5 purge, tonic 8 curative 9 castor oil, purgative 11 restorative, therapeutic
Cathay 5 China
cathedral 5 duomo 6 church 8 basilica *feature:* 4 apse, nave 5 altar 6 chapel 7 chancel 10 clerestory 8 buttress, transept
Cather novel 8 Lost Lady (A) 9 My Antonia, One of Ours, O Pioneers 13 Song of the Lark 15 Professor's House (The) 16 Shadows on the Rock 23 Youth and the Bright Medusa
catholic 5 broad 6 global 7 general, liberal 8 eclectic, tolerant 9 expansive, inclusive, undivided, universal, worldwide 10 ecumenical 12 cosmopolitan 13 comprehensive
catholicity 7 breadth 9 tolerance 10 liberality 11 magnanimity 12 universality
catholicon 6 elixir 7 cure-all, nostrum, panacea
catkin 5 ament
catlike 6 feline 7 furtive 8 stealthy
catnap 3 nap 4 doze 6 siesta, snooze 10 forty winks
Cato *title:* 6 aedile, censor, consul 7 praetor, tribune 8 quaestor
Cat on a ___ Tin Roof 3 Hot
cat's-paw 4 dupe, knot, pawn, tool 5 patsy 6 puppet, stooge
cattail 4 reed, rush
cattle 4 cows, kine, neat, oxen 7 bovines 9 livestock *breed:* 5 Angus, Devon, Kerry 6 Durham, Jersey, Sussex 7 Brahman, Hariana, Red Poll 8 Ayrshire, Galloway, Guernsey, Hereford, Highland, Holstein, Limousin, Longhorn 9 Charolais, Red Polled, Shorthorn, Simmental 10 Brown Swiss 11 Dutch Belted *catching rope:* 5 lasso 6 lariat *cry:* 3 low, moo *dehorn:* 4 poll *disease:* 4 loco 5 bloat 6 nagana 7 anthrax, locoism, measles, murrain 8 blackleg, lumpy jaw, mastitis, staggers 10 rinderpest, Texas fever 11 brucellosis *extinct breed:* 9 Teeswater *family:* 7 Bovidae *feed:* 6 fodder *genus:* 3 Bos *goddess:* 6 Bubona *grazing land:* 5 range 7 pasture *group:* 4 herd 5 drove *herdsman:* 6 cowboy, drover, gaucho 7 vaquero 8 wrangler 10 cowpuncher *identification:* 5 brand *pen:* 6 corral *round up:* 7 wrangle *stable:* 4 barn, byre *steal:* 6 rustle *wild flight:* 8 stampede
catty 4 mean 5 nasty 6 barbed, bitchy, feline 7 furtive, vicious 8 spiteful, stealthy 9 malicious 10 backbiting, malevolent
Caucasian *capital:* 4 Baku 6 Tiflis 7 Tbilisi, Yerevan *republic:* 7 Armenia, Georgia 10 Azerbaijan
Caucasus *peak:* 6 Elbrus *people:* 5 Osset
caucus 4 bloc, sect 5 cabal, lobby 6 parley, powwow 7 faction
caudal appendage 4 tail
caudillo 6 despot, tyrant 8 dictator 9 strongman
cauldron 3 pot 6 boiler, kettle 8 crucible
cause 4 case, make, root 5 evoke, hatch 6 compel, effect, elicit, induce, motive, origin, reason, source, spring 7 pro-

duce, provoke **8** engender, generate, movement **9** necessity, principle **10** antecedent, bring about, inducement, originator **11** determinant, precipitate **13** consideration

cause ___ 7 célèbre

causerie 4 chat **5** essay **6** column **7** article, feature **8** colloquy, dialogue **12** conversation

caustic 4 acid, keen, tart **5** acerb, acrid, sharp **6** biting, bitter, ironic **7** acerbic, cutting, mordant, pungent **8** scathing, stinging **9** corrosive, sarcastic, trenchant **10** astringent ***solution:*** **3** lye

cauterize 4 burn, numb, sear **6** deaden **11** anesthetize

caution 4 warn **6** caveat **7** warning **8** forewarn, monition, prudence **9** canniness, chariness, foresight, vigilance **10** admonition, discretion, providence **11** carefulness, forethought, forewarning **12** admonishment, discreetness

cautionary 7 warning **8** monitory **10** admonitory

cautious 4 wary **5** alert, cagey, canny, chary, leery **6** shrewd **7** careful, guarded, politic, prudent **8** discreet, gingerly, vigilant, watchful **9** judicious, provident **11** circumspect, considerate, foresighted

cavalcade 6 parade, series **7** cortege **8** sequence **10** procession, succession

cavalier 5 lofty, proud **6** casual, knight, lordly **7** gallant, haughty, offhand **8** arrogant, debonair, horseman, scornful, superior **9** caballero, gentleman **10** disdainful, dismissive, insouciant, nonchalant **12** aristocratic, supercilious

cavalryman 6 lancer **7** dragoon, trooper ***Algerian:*** **5** spahi ***horse:*** **5** waler ***Prussian:*** **5** uhlan ***Russian:*** **7** cossack ***Turkish:*** **5** spahi ***weapon:*** **5** lance, saber **7** carbine

cave 3 bow, den **4** bend, drop, give, grot, lair **5** antre, break, defer, yield **6** fold up, grotto, hollow, submit **7** crumple, knuckle, succumb **8** collapse **9** break down **10** capitulate, subterrane **11** buckle under **12** knuckle under, subterranean ***dweller:*** **3** bat **4** bear, lion **6** hermit **9** Cro-Magnon **10** troglodite **11** Neanderthal ***explorer:*** **9** spelunker ***formation:*** **10** stalactite, stalagmite ***France:*** **7** Lascaux **10** Rouffignac ***Iceland:*** **7** Singing ***Indiana:*** **9** Wyandotte ***Iraq:*** **8** Shanidar ***Kentucky:*** **7** Mammoth ***New Zealand:*** **7** Waitomo ***rock:*** **8** dolomite **9** limestone ***Scotland:*** **7** Fingal's ***South Africa:*** **5** Cango ***Spain:*** **8** Altamira ***study of:*** **10** speleology

caveat 6 notice **7** caution, warning **8** monition **10** admonition **11** explanation, forewarning

caveat ___ 6 emptor

caveman 5 brute **6** savage **9** barbarian, Cro-Magnon **10** troglodyte

cavern 6 grotto **12** subterranean ***Capri:*** **10** Blue Grotto ***Montana:*** **13** Lewis and Clark ***New Mexico:*** **8** Carlsbad ***Tennessee:*** **10** Cumberland ***Virginia:*** **5** Luray

cavernous 4 vast **6** gaping, hollow **7** yawning

caviar 3 roe **4** eggs **6** relish ***source:*** **6** beluga **8** sturgeon

cavil 4 carp **7** nitpick, quibble **9** criticize, find fault

caviler 6 carper, critic **7** knocker **8** quibbler **10** criticizer **11** faultfinder

caviling 5 fussy **7** carping, finicky, nagging **8** captious, contrary, critical, exacting, niggling **10** censorious, nitpicking **12** faultfinding **13** hairsplitting

cavity 3 pit **4** bore, hole, void **5** decay **6** caries, hollow **7** vacuity **10** interstice ***body:*** **5** antra (plural), sinus **6** antrum **8** follicle, hemocoel

cavort 4 leap, romp **5** caper, cut up, frisk, sport **6** frolic, gambol, prance **7** carry on, rollick **10** roughhouse **11** horse around

cavy 4 paca **6** rodent **9** guinea pig

caw 4 crow, yawp **6** squall, squawk

cay 3 key **4** isle, reef **5** islet **6** island

cayenne 6 pepper ***genus:*** **8** Capsicum

cayman see CAIMAN

Cayman Islands ***capital:*** **10** George Town ***discoverer:*** **8** Columbus (Christopher) ***territory of:*** **7** Britain

Cayuga chief 5 Logan (James)

cease 3 die, end **4** halt, quit, stop **5** close **6** desist, ending, finish **8** conclude, give over, knock off, leave off **9** terminate **10** conclusion **11** discontinue, termination

cease-fire 5 truce **9** armistice **10** suspension

ceaseless 7 endless, eternal, nonstop **8** constant, immortal, unending **9** continual, incessant, perennial, perpetual, sustained, unabating **10** continuing, continuous **11** everlasting, never-ending, unremitting **12** interminable **13** uninterrupted

Cecrops' daughter 5 Herse **8** Aglauros, Aglaurus **9** Pandrosos, Pandrosus

cede 4 deed **5** grant, leave, yield **6** assign, convey, give up **7** abandon, concede **8** alienate, hand over, make over, part with, renounce, sign over, transfer **9** surrender, vouchsafe **10** relinquish

ceinture 4 belt, sash 6 girdle 9 waistband
Celaeno *father:* 5 Atlas *mother:* 7 Pleione *sisters:* 8 Pleiades
celebrate 4 fete, hold, hymn, keep, laud 5 bless, cry up, exalt, extol, honor, party, revel 6 praise 7 carouse, glorify, maffick, observe, perform, rejoice 8 eulogize 9 solemnize 11 commemorate
celebrated 5 famed, great, noted 6 famous 7 eminent, notable, partied 8 caroused, rejoiced, renowned 9 prominent, well-known 11 illustrious 13 distinguished
celebration 4 bash, fete, gala 5 party 6 fiesta 7 blowout, jubilee, revelry 8 ceremony, festival, jamboree, wingding 10 observance
___ **célèbre** 5 cause
celebrity 3 VIP 4 fame, hero, lion, name, star 5 éclat, glory 6 renown, repute 7 notable 8 eminence, luminary, prestige, somebody 9 notoriety, personage, superstar 10 notability, prominence, reputation
celerity 4 pace 5 speed 8 alacrity, dispatch, rapidity, velocity 9 briskness, fleetness, quickness, swiftness 10 speediness
celestial 6 divine 7 blessed, elysian, sublime 8 beatific, empyreal, empyrean, ethereal, heavenly, Olympian, supernal 9 unearthly 12 otherworldly
celestial body 3 sun 4 moon, star 5 comet 6 meteor, nebula, planet 8 asteroid 9 satellite
Celestial Empire 5 China
celibate 5 unwed 6 chaste, single, virgin 8 virginal, virtuous 9 abstinent, continent
cell 4 room 5 cubby, zooid 6 alcove 7 chamber, cubicle 9 corpuscle, cubbyhole 11 compartment *blood:* 8 hemocyte *disease:* 6 cancer *division:* 7 meiosis, mitosis *fertilized egg:* 6 zygote *material:* 3 DNA, RNA 7 protein 9 chromatin, cytoplasm 10 protoplasm *nerve:* 6 neuron *part:* 4 gene 7 nucleus, vacuole 8 ribosome 9 centriole 10 chromosome *reproductive:* 3 egg 4 germ, ovum 5 sperm 6 gamete 8 gonidium
cellar 5 store 7 shelter 8 basement
cellist *American:* 4 Rose (Leonard) 6 Lesser (Laurence), Parnas (Leslie) 7 Nelsova (Zara), Parisot (Aldo), Starker (Janos) 8 Fournier (Pierre), Schuster (Joseph) 10 Greenhouse (Bernard) *English:* 5 du Pré (Jacqueline) *Russian:* 11 Piatigorsky (Gregor) 12 Rostropovich (Mstislav) *Spanish:* 6 Casals (Pablo)
cellophane 4 wrap 7 wrapper 8 wrapping 9 packaging
celluloid 4 film 7 plastic
Celt 4 Gael, Scot 6 Breton 8 Irishman, Welshman 10 Cornishman, Highlander
Celtic *deity:* 4 Bran 5 Epona, Lugus, Macha 6 Brigit 8 Rhiannon 9 Cernunnos *festival:* 7 Beltane, Samhain
cement 4 bind, glue, join 5 grout, unify, unite 6 mortar 8 concrete *ingredient:* 4 lime 6 silica 7 alumina 8 magnesia, pozzolan 9 iron oxide, pozzolana
cemetery 8 boneyard, boot hill 8 God's acre 9 graveyard 10 churchyard, necropolis 12 burial ground, memorial park, potter's field *underground:* 8 catacomb
cenotaph 4 tomb 6 marker 8 memorial, monument
censer 8 thurible *carrier:* 8 thurifer
censor 3 ban, cut 4 blip, edit 5 bleep, purge 6 cut out, delete, excise, purify, screen 7 clean up 8 black out, restrict, suppress, withhold 9 expurgate, red-pencil 10 blue-pencil, bowdlerize
censorious 6 severe 7 carping 8 captious, critical 10 accusatory, condemning 11 reproachful 12 condemnatory, denunciatory, disapproving, faultfinding, overcritical, reprehending 13 hypercritical
censurable 5 wrong 6 guilty, sinful 7 heinous 8 blamable, blameful, culpable, improper, wrongful 9 incorrect 10 deplorable, despicable, detestable 11 blameworthy, disgraceful, impeachable 12 unacceptable 13 discreditable, objectionable, reprehensible
censure 5 blame, scold 6 rebuke, strafe 7 condemn, reprove, upbraid 8 chastise, denounce, disallow, reproach 9 castigate, criticize, reprehend, reprimand, reprobate 10 disapprove
centaur 6 Chiron, Nessus
Centaurus star 4 Beta 5 Alpha
Centennial State 8 Colorado
center 3 hub, mid 4 axis, core, crux, mean, pith, root, seat 5 focus, heart, midst, pivot 6 inside, medial, median, middle, source 7 central, essence 8 interior, midpoint, omphalos 10 focal point 11 equidistant 12 intermediary, intermediate
centerboard 4 keel
centerfold 7 foldout 8 gatefold
central 3 hub, key, mid 4 main, mean 5 basic, chief, focal 6 medial, median, middle 7 leading, pivotal, primary, salient 8 cardinal, dominant, exchange, foremost, moderate 9 essential, paramount, principal 10 overriding 11 fun-

damental, outstanding, predominant **12** intermediate

Central African Republic ***capital:*** **6** Bangui ***former name:*** **11** Ubangi-Shari ***language:*** **5** Sango, Zande **6** French ***monetary unit:*** **5** franc ***neighbor:*** **4** Chad **5** Congo, Sudan **8** Cameroon

Central America ***country:*** **6** Panama **8** Honduras **9** Costa Rica, Guatemala, Nicaragua **10** El Salvador ***language:*** **7** Nahuatl, Spanish

centralize **5** focus, unify **11** concentrate, consolidate

centripetal **8** afferent, focusing, unifying **10** converging **11** integrative **12** centralizing **13** concentrating, consolidating

centurion **7** officer **9** commander

century plant **5** agave

cephalopod **5** squid **7** mollusc, mollusk, octopus **10** cuttlefish

Cepheus ***daughter:*** **9** Andromeda ***kingdom:*** **8** Ethiopia ***wife:*** **10** Cassiopeia

cerate **4** balm **5** cream, salve **6** chrism **7** unction, unguent **8** dressing, liniment, ointment **9** demulcent, emollient

Cerberus **5** guard **8** guardian, sentinel, watchdog ***father:*** **6** Typhon ***form:*** **3** dog ***mother:*** **7** Echidna

cereal **4** meal, mush, samp **5** gruel **6** farina **7** oatmeal **8** cornmeal, porridge ***grass:*** **3** rye **4** corn, oats, ragi, rice **5** emmer, maize, spelt, wheat **6** barley, millet **7** sorghum **9** buckwheat ***North African:*** **8** couscous ***Russian:*** **5** kasha

cerebral **6** mental **7** bookish **8** highbrow **9** scholarly **10** highbrowed **12** intellectual

cerebrate **5** think **6** reason **7** reflect **8** cogitate **9** speculate **10** deliberate

cerebration **7** thought **9** brainwork **10** cogitation, reflection **11** speculation **12** deliberation

ceremonial **6** august, formal, ritual, solemn **7** courtly, stately, studied **8** mannered, stylized **10** liturgical **11** ritualistic **12** conventional

ceremonious **6** formal, proper, seemly, solemn **7** courtly, stately **8** decorous, imposing, majestic **9** dignified, grandiose **10** impressive **11** punctilious **12** conventional

ceremony **4** form, pomp, rite **6** ritual **7** decorum, liturgy, service **8** protocol **9** formality **10** observance ***Jewish:*** **8** habdalah, havdalah **10** bar mitzvah, bat mitzvah ***university:*** **8** encaenia

Ceres ***Greek counterpart:*** **7** Demeter ***daughter:*** **10** Persephone, Proserpina, Proserpine ***father:*** **6** Cronus, Saturn ***mother:*** **3** Ops **4** Rhea

certain **3** set **4** firm, some, sure, true **5** fated, fixed **6** divers, stated, sundry **7** assured, settled, several, various **8** cocksure, credible, definite, destined, positive, provable, reliable, sanguine, specific, surefire, unerring **9** authentic, certified, confident, convinced, necessary, plausible, warranted **10** conclusive, dependable, guaranteed, inarguable, inevitable, infallible, stipulated, undeniable, verifiable **11** confirmable, indubitable, ineluctable, inescapable, trustworthy, unavoidable **12** demonstrable, indisputable, well-grounded **13** incontestable, predetermined, uncontestable

certainty **5** faith **6** surety **8** firmness, sureness **9** assurance, certitude, sure thing **10** confidence, conviction **11** assuredness, staunchness **12** absoluteness, definiteness, positiveness

certificate **7** diploma, license, voucher **8** contract, document **9** affidavit **10** credential

certifier **6** notary **7** auditor **9** registrar

certify **4** aver, avow, okay **5** state, swear, vouch **6** assert, assure, attest, verify **7** approve, confirm, endorse, license, testify, warrant, witness **8** accredit, guaranty, notarize **9** authorize, guarantee, recognize **10** commission **12** authenticate

Cervantes' hero **10** Don Quixote

cessation **3** end **4** halt, rest, stop **5** break, cease, close, letup, pause **6** ending, finish, freeze, hiatus, period, recess **7** respite **10** conclusion, suspension **11** termination **12** interruption

cesspool **3** den, pit, sty **4** sink **5** sewer, Sodom **6** cloaca, gutter, pigsty **8** Gomorrah **12** Augean stable

cetacean **5** whale **7** dolphin **8** porpoise

Cetus star **4** Mira

Ceylon **8** Sri Lanka

cgs unit **3** erg **4** dyne, gram, phot **5** gauss, poise, stilb **6** second, stokes **7** lambert, maxwell, oersted **10** centimeter

Chablis **4** wine **8** Burgundy **9** white wine

Chad ***capital:*** **8** N'Djamena ***city:*** **4** Sarh **6** Abéché **7** Moundou ***lake:*** **4** Chad ***language:*** **6** Arabic, French ***monetary unit:*** **5** franc ***neighbor:*** **5** Libya, Niger, Sudan **7** Nigeria **8** Cameroon ***river:*** **5** Chari **6** Logone

chafe **3** irk, rub, vex **4** fret, gall, peel, rage, skin, wear **5** annoy, erode **6** abrade, bother, scrape **7** provoke **8** irritate, vexation

chaff **3** kid, rag, rib **4** jest, joke, josh, razz **5** dregs, husks, tease **6** banter, debris, refuse **7** remains **8** detritus **9** sweepings

chaffer **6** barter, dicker, haggle, higgle, palter **7** bargain, chatter **8** exchange, huckster

chagrin **3** ire, irk, vex **5** abash, annoy, peeve, pique, upset **6** dismay **7** perturb **8** disquiet, distress, unsettle, vexation **9** annoyance, discomfit, displease, embarrass, humiliate, petulance **10** disappoint, discompose, disconcert, irritation **11** frustration, humiliation **12** discomfiture

chagrined **4** hurt **5** upset, vexed **6** shamed **7** ashamed **8** dismayed **9** disturbed, mortified, perturbed, unsettled **10** distressed, humiliated **11** discomposed, embarrassed **12** disappointed, disconcerted

chain **3** row **4** bind, bond, gyve **5** group, train, trust **6** cartel, catena, fetter, hobble, series, string, tether **7** combine, manacle, shackle **8** handcuff, sequence **9** syndicate **10** succession **11** concatenate, progression **12** conglomerate **13** concatenation ***adjunct:*** **8** sprocket ***collar:*** **6** torque ***gang:*** **6** coffle ***ornamental:*** **10** chatelaine ***sound:*** **5** clank

chain ___ **3** saw **4** gang, mail **5** store **6** letter **8** reaction

Chained Lady **9** Andromeda

chair **4** seat **5** stool **6** rocker, settee, settle **7** preside ***back:*** **5** splat ***bishop's:*** **8** cathedra ***designer:*** **5** Eames ***portable:*** **5** sedan ***reclining:*** **12** chaise longue, chaise lounge ***royal:*** **6** throne ***type:*** **4** club, easy **6** morris **7** rocking **8** captain's, electric **9** director's, reclining **10** Adirondack, ladder-back

chaise **4** sofa **5** chair, coach, divan **8** carriage

chalcedony **4** onyx, sard **5** agate, chert **6** jasper, quartz **9** carnelian, cornelian **10** bloodstone **11** chrysoprase

chalet **3** hut **4** camp **5** lodge **7** cottage

chalice **3** cup **5** grail **6** goblet

chalk out **5** draft **6** sketch **7** outline **8** block out, rough out **11** skeletonize **12** characterize

chalk up **3** get, win **4** gain **6** attain, credit, impute, obtain, secure **7** achieve, acquire, ascribe, procure, realize **9** attribute

challenge **3** try **4** dare, defy, face, stir, wake **5** brave, claim, demur, doubt, exact, rouse, waken **6** arouse, awaken, demand, impugn, invite, kindle **7** calling, dispute, protest, require, solicit, venture **8** confront, defiance, demurral, demurrer, question, struggle **9** objection, postulate, stimulate **10** difficulty, insistence **12** remonstrance

challenger **5** rival **8** aspirant, opponent **9** adversary, contender **10** antagonist, competitor, contestant

chamber **4** cell, hall, room **5** haven, house **7** cubicle **9** apartment, enclosure **11** compartment ***underground:*** **8** hypogeum

chambered seashell **8** nautilus

chamberlain **6** priest **7** officer, servant **9** attendant, treasurer

chameleon **6** lizard

chameleonic **6** fickle **7** protean **9** mercurial **10** changeable, inconstant

chamfer **5** bevel **6** groove

chamois **6** shammy **7** leather **8** antelope, ruminant ***habitat:*** **4** Alps ***Old Testament:*** **6** aoudad

chamois-like animal **4** goat, ibex

champ **3** gum **4** bite, chew, mash **5** gnash, munch **7** trample **8** macerate, ruminate **9** masticate

champagne **4** wine **6** bubbly ***center:*** **5** Reims **6** Rheims

Champagne ***capital:*** **6** Troyes

champaign **5** field, plain **7** expanse, terrain **11** battlefield

champignon **6** fungus **8** mushroom

champion **4** back, hero **5** first, prime **6** uphold, victor, winner **7** capital, contend, leading, paladin, premier, support, titlist **8** advocate, defender, exponent, fight for, foremost, medalist, unbeaten **9** excellent, nonpareil, number one, principal, proponent, protector, supporter **11** illustrious, outstanding, titleholder, white knight

championship **5** crown, title **6** laurel, trophy **7** contest, defense, laurels, pennant **8** advocacy **10** blue ribbon

chance **3** hap, hit, lot, odd **4** fate, luck, meet, odds, risk, shot **5** break, fluke, light, wager **6** befall, casual, gamble, happen, hazard **7** fortune, offhand, stumble, venture **8** accident, fortuity, occasion, prospect **9** advantage, transpire **10** accidental, fortuitous, incidental, likelihood **11** contingency, opportunity, possibility, probability ***even:*** **6** toss-up

chancellor **5** judge **8** minister **9** secretary ***German:*** **4** Kohl (Helmut) **6** Brandt (Willy), Erhard (Ludwig), Hitler (Adolf) **7** Schmidt (Helmut) **8** Adenauer (Konrad), Bismarck (Otto von) **9** Schroeder (Gerhard)

chancy **4** iffy **5** dicey, fluky, hairy, risky **6** touchy, tricky **8** perilous, ticklish **9** dangerous, haphazard, hazardous, uncertain **10** capricious, precarious

11 speculative, treacherous **12** incalculable **13** unpredictable

Chandler, Raymond ***character:*** **7** Marlowe (Philip) ***novel:*** **8** Big Sleep (The) **11** Long Good-Bye (The) **13** Murder My Sweet **16** Farewell My Lovely ***screenplay:*** **10** Blue Dahlia (The) **15** Double Indemnity

change **3** fix **4** swap, turn, vary **5** alter, coins, money, morph, shift, trade **6** adjust, evolve, modify, mutate, reform, remake, revamp, revert, revise, switch **7** commute, convert, novelty, replace, reverse **8** exchange, mutation, revision, transfer **9** alternate, deviation, diversify, fluctuate, refashion, transform, transmute, transpose, variation **10** alteration, conversion, divergence, innovation, substitute **11** interchange, permutation, transfigure, vicissitude **12** metamorphose, modification, transmogrify **13** metamorphosis, transmutation ***sudden:*** **8** peripety **10** peripeteia

changeable **5** fluid **6** fickle, labile, pliant, shifty **7** flighty, mutable, plastic, protean, unfixed, varying **8** restless, shifting, slippery, ticklish, unstable, unsteady, variable, volatile **9** adaptable, alterable, impulsive, mercurial, uncertain, unsettled, whimsical **10** capricious, inconstant **11** chameleonic, fluctuating, vacillating **13** kaleidoscopic, temperamental, unpredictable

change decor **4** redo **10** redecorate

changeless **5** fixed **6** steady **7** abiding, regular, uniform **8** constant, enduring, resolute **9** immutable, perpetual, steadfast, unvarying **10** invariable

change off **6** rotate **9** alternate

change of heart **8** reversal

change of life **9** menopause **11** climacteric

change of pace **5** pitch, shift **9** slow pitch

changeover **5** shift **10** alteration, conversion, transition

channel **3** way **4** band, duct, pass, path, pipe **5** agent, canal, carry **6** agency, convey, course, funnel, groove, gutter, medium, siphon, strait, trough, tunnel **7** conduct, conduit, passage, vehicle **8** aqueduct, pipeline, transmit **10** instrument **11** watercourse ***Africa-Madagascar:*** **10** Mozambique ***Atlantic-Nantucket Sound:*** **8** Muskeget ***Atlantic-North Sea:*** **7** English ***Ellesmere-Greenland:*** **7** Robeson ***Ganges:*** **5** Hugli **7** Hooghly ***Hawaii:*** **5** Kaiwi, Kauai ***Japan:*** **5** Bungo ***Northwest Territories:*** **9** M'Clintock ***Pakistan:*** **4** Nara ***Scotland:*** **5** Minch ***Tierra del Fuego:*** **6** Beagle ***Tigris-Euphrates:*** **11** Shatt al Arab ***Virginia:*** **12** Hampton Roads ***West Indies:*** **9** Old Bahama

channel bass **4** drum **7** red drum, redfish

Channel Islands ***capital:*** **8** St. Helier **11** St. Peter Port ***dependency of:*** **7** Britain ***island:*** **4** Sark **6** Jersey **8** Alderney, Guernsey

chanson **4** song

"Chanson ___" **6** Triste

chanson de ___ **5** geste

chant **4** sing, tune **5** drone **6** intone **8** vocalize **10** cantillate ***Gregorian:*** **9** plainsong **12** cantus firmus ***Jewish:*** **6** Hallel

chanteuse **6** singer **7** artiste **10** cantatrice

chanticleer **4** cock **7** rooster

chaos **6** bedlam, muddle **7** anarchy, clutter, entropy, turmoil **8** disarray, disorder **9** confusion **11** lawlessness

Chaos ***daughter:*** **3** Nox, Nyx **4** Gaea ***son:*** **6** Erebus

chaotic **7** jumbled, lawless **8** anarchic, confused, formless **9** amorphous, haphazard, scrambled **10** disordered, disorderly, topsy-turvy, tumultuous **11** harum-scarum, unorganized **12** disorganized **13** helter-skelter, unpredictable

chap **3** guy **4** gent **5** bloke **6** fellow

chaparral **5** scrub **7** thicket

chaparral cock **10** roadrunner

chapeau **3** hat **6** topper

chapel **6** bethel, church, shrine **7** chantry **9** sanctuary

chaperone **5** guide **6** attend, duenna, escort, matron **7** oversee **9** accompany, companion, supervise **11** superintend

chapfallen SEE CRESTFALLEN

chaplain **5** padre **6** pastor **8** minister, sky pilot

chaplet **5** crown **6** anadem, laurel, rosary, wreath **7** coronal, coronet, garland

chapter **4** unit **5** phase, stage **6** branch, period **7** episode, section **8** division **9** affiliate

char **4** burn **9** carbonize

character **3** ilk **4** bent, case, cast, kind, mark, mind, name, rank, role, sign, sort, type **5** state, trait **6** cipher, device, letter, makeup, nature, oddity, repute, spirit, status, stripe, symbol, temper, virtue **7** feature, oddball, persona, quality, station, variety **8** capacity, eminence, identity, position, standing **9** attribute, eccentric, rectitude, situation **10** reputation, uniqueness **11** description, disposition, personality, temperament **13** individuality ***chief:***

4 hero 11 protagonist *defect:* 8 hamartia
character assassination 5 libel 7 calumny, scandal, slander 10 backbiting, defamation 12 backstabbing
characteristic 4 mark, sign 5 badge, point, token, trait 6 aspect, innate, normal, proper 7 feature, natural, quality, special, typical 8 especial, peculiar, property, specific, tendency 9 attribute, birthmark, component, mannerism, trademark 10 diagnostic, emblematic, individual, particular 11 distinction, distinctive, peculiarity, singularity 12 idiosyncrasy 13 idiosyncratic
characterize 4 mark 5 draft 6 define, sketch, typify 7 outline, portray 8 describe, identify 10 constitute, pigeonhole 11 distinguish, individuate, personalize 12 discriminate 13 differentiate, individualize
characterless 4 flat 5 mousy 7 humdrum, insipid, vacuous 8 mediocre 9 colorless 10 namby-pamby, wishy-washy 11 nondescript
charade 4 sham 5 farce, put-on 6 parody 8 disguise, pretense, travesty 9 deception 11 make-believe
chare see CHORE
charge 3 ask, bid, fee, lay, tab, tax 4 bill, care, cost, duty, fill, heap, kick, load, onus, race, rate, rush, task, tell, toll, warn 5 choke, debit, order, place, price, refer, trust 6 accuse, assign, attack, burden, credit, direct, enjoin, exhort, impugn, impute, indict, saddle, thrill 7 arraign, ascribe, bidding, command, conduct, entrust, expense, impeach, mandate, request, solicit 8 accredit, handling, instruct, price tag, reproach, stampede 9 attribute, committal, electrify, inculpate 10 accusation, allegation, commitment, injunction, management, obligation 11 incriminate, instruction, requirement, supervision
chargeable 6 liable 7 subject 11 accountable, responsible
chargeless 4 free 6 gratis 8 costless 10 gratuitous 13 complimentary
charger 5 horse, mount, steed 6 salver 7 courser, platter 8 trencher, warhorse
chariness 7 caution 8 prudence 9 integrity 10 discretion
chariot 8 carriage *four-horse:* 8 quadriga
charioteer 6 Auriga, driver
charisma 5 charm 6 allure, appeal, duende 7 glamour 9 magnetism 10 attraction 11 fascination
charitable 6 benign, giving, humane, kindly 7 clement, lenient, liberal 8 generous, merciful, obliging, tolerant 9 forgiving, indulgent 10 altruistic, beneficent, benevolent, forbearing, thoughtful 11 considerate, kindhearted, sympathetic 12 eleemosynary, humanitarian 13 philanthropic
charity 4 alms, love 5 grace, mercy 6 lenity, relief 7 caritas 8 altruism, clemency, donation, goodwill, leniency, offering 10 generosity, humaneness, kindliness 11 benefaction, beneficence, benevolence 12 contribution
charivari 5 babel, melee 6 jangle, jumble, medley, racket, ruckus, uproar 7 farrago 8 serenade, shivaree 9 cacophony, confusion 10 hodgepodge 11 celebration
charlatan 4 sham 5 bluff, faker, fraud, quack 6 con man 8 imposter, impostor, swindler 10 mountebank 11 quacksalver 13 confidence man
Charlemagne *brother:* 8 Carloman *father:* 5 Pepin *knight:* 6 Oliver, Roland 7 Olivier, paladin 8 douzeper *nephew:* 6 Roland 7 Orlando *sword:* 7 Joyeuse *traitor:* 4 Gano 7 Ganelon
Charles's Wain 9 Big Dipper, Ursa Major
charleston 5 dance
Charley's Aunt author 6 Thomas (Brandon)
Charlie and the Chocolate Factory author 4 Dahl (Roald)
Charlie Brown creator 6 Schulz (Charles)
Charlie McCarthy 5 dummy 6 stooge *friend:* 5 Snerd (Mortimer) *voice:* 6 Bergen (Edgar)
charm 3 hex 4 juju, lure, mojo, rune, take, wile 5 grace, quark, spell 6 allure, amulet, appeal, enamor, fetish, mascot, seduce, voodoo 7 attract, beguile, bewitch, enchant, glamour 8 enthrall, entrance, talisman, witchery 9 captivate, enrapture, ensorcell, fascinate, hypnotize, magnetism, mesmerize 10 allurement, attraction, phylactery, witchcraft 11 fascination, incantation 13 agreeableness
charmed 5 lucky 7 blessed 8 enamored 9 bewitched, enchanted, entranced, fortunate 10 captivated, fascinated, infatuated
charmer 4 roué 5 magus 6 wizard 7 seducer, warlock 8 conjurer, lothario, magician, sorcerer 9 enchanter 11 spellbinder
charming 7 winsome 8 adorable, alluring, inviting, magnetic 9 appealing, glamorous, seductive 10 attractive, delightful, enchanting, entrancing 11 captivating
Charon 7 boatman 8 ferryman *father:* 6 Erebus *mother:* 3 Nox *river:* 4 Styx

Charpentier opera 6 Louise
charpoy 3 bed, cot
chart 3 map 4 plan, plat, plot 5 graph, table 6 design, lay out, map out, sketch 7 arrange, diagram, outline, project 9 blueprint 10 tabulation
charter 3 let 4 deed, hire, rent 5 grant, lease 10 conveyance 12 constitution
Chartreuse 7 liqueur
chary 4 wary 5 cagey, canny 6 frugal, stingy 7 careful, guarded, miserly, prudent, sparing, thrifty 8 cautious, discreet, gingerly, hesitant 9 provident, reluctant 10 economical, restrained, suspicious, unwasteful 11 calculating, circumspect, constrained, disinclined
Charybdis 9 whirlpool ***rock associated with:*** 6 Scylla
chase 3 run 4 bolt, dash, game, hunt, prey, race, rush, tear 5 chivy, drive, eject, evict, hound, shoot, speed, trail 6 career, charge, course, follow, hasten, pursue, quarry 7 boot out, hunting, kick out, pursuit 8 run after, throw out
chase away 4 rout, shoo
chaser 4 wolf 6 masher 7 Don Juan 8 Casanova 9 ladies' man, womanizer 10 lady-killer 11 philanderer
chasm 3 gap 4 gulf, rift 5 abyss, cleft, clove, flume, gorge, gulch, split 6 ravine 8 crevasse
chasmal 6 gaping 7 echoing, yawning 9 cavernous
chassepot 5 rifle
chaste 4 pure 5 clean, moral 6 decent, modest, proper, seemly, vestal, virgin 7 austere, prudish 8 celibate, decorous, innocent, maidenly, platonic, spotless, virginal, virtuous 9 abstinent, continent, stainless, undefiled, unsullied 10 immaculate 11 unblemished
chasten 5 abase, scold 6 humble, punish, rebuke, refine, subdue 7 correct, upbraid 8 chastise 9 castigate, humiliate, reprimand 10 discipline
chastise 4 beat, flog, whip 5 scold 6 punish, rebuke, thrash 7 belabor, censure, chasten, correct, reprove, scourge, upbraid 9 castigate 10 discipline
chastisement 3 rod 7 reproof 8 punition 10 correction, discipline, punishment 11 castigation
chastity 6 purity, virtue 7 modesty 8 celibacy 9 innocence, integrity, virginity 10 abstention, continence, maidenhood
chasuble 8 vestment
chat 3 gab, jaw, rap, yak, yap 4 blab, gush, talk 5 prate, visit 6 babble, confab, gossip, jabber, natter, parley, patter, yak-yak 7 chatter, palaver, prattle, twaddle 8 causerie, colloquy, converse, dialogue, schmooze 9 tête-à-tête, yakety-yak 11 confabulate 12 conversation, tittle-tattle 13 confabulation
château 5 manor, villa 6 castle, estate 7 mansion 8 fortress 12 country house
chateaubriand 5 steak 10 tenderloin
Chateaubriand novel 4 René 5 Atala
chatelain 6 warden 8 governor 9 castellan
chatelaine 4 hook, wife 5 clasp 8 mistress
chattel 4 serf 5 slave 7 bondman 8 bondsman, property
chatter 3 gab, jaw, yak 4 blab, bull 5 prate 6 babble, gabble, gibber, gossip, jabber, natter, patter, yak-yak, yammer 7 blabber, blather, palaver, prattle, vibrate 9 small talk, yakety-yak 12 tittle-tattle
chatterbox 6 gabber, gossip, magpie, prater 7 blabber 8 jabberer, prattler 12 blabbermouth
chatty 5 gabby 7 voluble 9 garrulous, talkative 10 loquacious
Chaucer pilgrim 4 Cook, Monk 5 Clerk, Friar, Reeve 6 Miller, Parson, Squire 8 Franklin, Manciple, Merchant, Summoner 10 Nun's Priest, Wife of Bath
chauffeur 5 drive 6 driver 9 transport
chauvinism 6 sexism 8 jingoism 10 partiality, patriotism 11 nationalism
cheap 4 mean, poor 5 junky, tight 6 cheesy, common, cruddy, flashy, measly, paltry, shabby, shoddy, sleazy, stingy, tawdry, trashy 7 chintzy, cut-rate, low-cost, reduced, thrifty 8 inferior, trifling, uncostly 9 brummagem, low-priced 10 economical 11 inexpensive 12 contemptible, meretricious
cheapen 5 decry, lower 6 debase, reduce 7 devalue 8 mark down 9 devaluate, downgrade 10 depreciate, undervalue
cheapjack 5 junky 6 hawker, cheesy, cruddy, shoddy, sleazy, tawdry, trashy 7 haggler, higgler, packman, peddler 8 huckster, inferior, rubbishy 9 worthless 13 opportunistic
cheapskate 5 miser 7 niggard, scrooge 8 tightwad 9 skinflint 11 cheeseparer
cheat 3 con, gyp 4 bilk, burn, dupe, fool, gull, hoax, milk, ream, scam 5 bunco, cozen, crook, fraud, fudge, gouge, hocus, put-on, screw, shaft, short, slick 6 chisel, chouse, con man, deceit, delude, diddle, extort, fleece, humbug, rip-off, sucker, take in 7 beguile, chicane, deceive, defraud, diddler, mislead, sharper, shyster, swindle, two-time 8 flimflam, hoodwink,

swindler, trickery **9** bamboozle, chicanery, deception, defrauder, imposture, overreach, trickster **11** double-cross **12** double-dealer **13** confidence man ***on a check:*** **4** kite

check **3** tab, try **4** bill, curb, halt, jibe, stay, stop, test, tick **5** block, brake, draft, prove, score, stall **6** accord, arrest, baffle, bridle, damage, desist, hold in, square, thwart, verify **7** compare, conform, control, examine, inhibit, repress, setback **8** dovetail, hold back, hold down, preclude, restrain, reversal, suppress **9** constrain, criterion, interrupt, restraint **10** correspond, inspection **11** examination **13** investigation

checkered **5** plaid **6** motley **7** mutable, spotted **9** patchwork, patterned **10** variegated **11** diversified

checklist **7** catalog **9** catalogue, inventory **11** enumeration

checkmate **4** beat **6** corner, defeat **7** outplay **8** vanquish **9** finish off

check out **3** die, eye **5** leave **6** assess **7** examine, inspect **8** appraise, evaluate, look over

check over **3** con, vet **4** scan **5** audit, study **6** review, survey **7** analyze, canvass, examine, inspect **10** scrutinize

checkup **4** exam **8** physical **10** inspection **11** examination

cheek **4** gall **5** brass, nerve **8** audacity, chutzpah, temerity **9** brashness, impudence, insolence **10** confidence, effrontery **11** presumption **12** impertinence

cheekbone **5** malar

cheeky **4** bold, flip, pert, wise **5** brash, cocky, fresh, nervy, sassy, saucy, smart **6** brazen **7** forward **8** flippant, impudent, insolent **11** impertinent, smart-alecky **12** presumptuous

cheep **4** peep **5** chirp, tweet **7** chirrup, chitter, twitter

cheer **3** rah **4** buoy, hail, root **5** bravo, huzza, nerve **6** buck up, gaiety, hoorah, hooray, hurrah, hurray, huzzah, solace, spirit **7** animate, applaud, comfort, console, enliven, gladden, hearten **8** embolden, inspirit **9** animation, encourage **10** strengthen ***corrida:*** **3** olé

cheerful **3** gay **4** glad, rosy **5** jolly, merry, perky, sunny **6** blithe, bouncy, bright, chirpy, hearty, jaunty, jocund, lively **7** beamish, buoyant, radiant **8** animated, carefree, chirrupy **9** vivacious **12** lighthearted

cheerio **3** bye **4** ta-ta **5** adieu **6** bye-bye, good-by, so long **7** good-bye, toodles **8** farewell, toodle-oo

cheerless **4** dour, drab, grim **5** bleak **6** dismal, dreary, gloomy, somber, sombre **7** forlorn, joyless **8** desolate, dolorous, funereal, mournful **9** dejecting **10** depressing, melancholy, oppressive, tenebrific **11** dispiriting

cheers **5** salud, skoal **6** cincin, l'chaim, prosit **7** l'chayim, sláinte **8** applause, approval, chinchin **9** bottoms up **10** jubilation **11** acclamation, approbation

cheery **5** happy, jolly, merry, sunny **6** blithe, bouncy, chirpy, lively, upbeat **7** buoyant, chipper, festive, gleeful **8** animated, carefree, gladsome **9** convivial, sparkling **12** lighthearted

cheese **3** pot **4** blue, jack **5** brick, cream **6** farmer **7** cottage, process, ricotta **9** smearcase ***American:*** **8** Longhorn **11** Liederkranz **12** Monterey Jack ***Belgian:*** **9** Limburger ***curdling agent:*** **6** rennet, rennin ***Danish:*** **7** Havarti ***dish:*** **6** fondue **7** rarebit, soufflé ***Dutch:*** **4** Edam **5** Gouda **6** Leyden ***English:*** **7** cheddar, Stilton **8** Cheshire **10** Lancashire ***French:*** **4** Brie **7** fromage, Livarot **9** Camembert, Reblochon, Roquefort **10** Neufchâtel **11** Pont l'Évêque, Port du Salut ***German:*** **6** Tilsit **7** Munster **8** Muenster, Tilsiter ***Greek:*** **4** feta ***green:*** **7** sapsago ***Italian:*** **6** Asiago, Romano **7** fontina, ricotta **8** Bel Paese, Parmesan, pecorino **9** provolone **10** Gorgonzola, mozzarella ***lover:*** **9** turophile ***main ingredient:*** **6** casein ***Norwegian:*** **9** Jarlsberg ***protein:*** **6** casein ***Scottish:*** **6** Dunlop, Orkney **7** kebbock, kebbuck ***Swiss:*** **6** Saanen **7** Gruyère, sapsago **8** Vacherin **10** Emmentaler **11** Emmenthaler ***uncured:*** **7** cottage ***Welsh:*** **10** Caerphilly

cheesecloth **5** gauze

cheeselike **6** caseic **7** caseous

cheeseparer **5** miser **7** niggard, scrooge **8** tightwad **9** skinflint **10** cheapskate, pinchpenny

cheeseparing **4** mean **5** chary, cheap, mingy, tight **6** frugal, shabby, stingy **7** chintzy, miserly, thrifty **8** grudging, skimping **9** niggardly, penurious **11** closefisted, tightfisted **12** parsimonious **13** penny-pinching

cheesy **4** poor **5** cheap **6** common, shabby, shoddy, sleazy, tawdry, trashy **7** caseous **8** rubbishy

Cheever, John ***novel:*** **8** Falconer **14** Wapshot Scandal (The) **16** Wapshot Chronicle (The) ***story:*** **7** Swimmer (The)

chef **4** cook

chef d'oeuvre **7** classic **9** showpiece **10** magnum opus, masterwork **11** masterpiece, tour de force

Chekhov, Anton ***play:*** **6** Ivanov **7** Seagull (The) **10** Uncle Vanya **12** Three Sisters **13** Cherry Orchard (The) ***story:*** **9** Black Monk (The)
chelonian **6** turtle **8** tortoise
chemical ***agent:*** **8** catalyst ***combining power:*** **7** valence ***compound:*** **4** acid, base, diol, enol, imid, oxim, salt, tepa, urea **5** amide, amine, diene, ester, imide, imine, indol, orcin, oxime, purin, pyran, salol, tolan, triol **6** alkali, benzin, benzol, diamin, emodin, guanin, halide, hydrid, indole, inulin, ionone, isatin, isolog, isomer, ketone, lactam, maltol, metepa, natron, nitril, pterin, purine, pyrone, pyrrol, quinol, retene, silane, skatol, tannin, tetryl, thiram, thymol, tolane, triene, trimer, uracil, ureide, yttria, zeatin **7** barilla, benzene, benzole, cumarin, diamide, diamine, diazine, diazole, diester, flavone, guanine, heptose, hydride, indamin, indican, indoxyl, isatine, levulin, metamer, monomer, naphtol, nitrile, orcinol, oxazine, phytane, picolin, polyene, polymer, pyrrole, quinoid, quinone, salicin, skatole, steroid, taurine, terpene, thiazin, thiazol, thymine, tolidin, triazin, urethan, uridine, vitamer, xylidin **8** cephalin, cyanamid, disulfid, elaterin, fluorene, furfural, guaiacol, hematein, hexamine, indamine, isologue, kephalin, lichenin, limonene, melamine, naloxone, naphthol, palmitin, phenazin, phosphid, phthalin, picoline, piperine, pristane, quinolin, resorcin, salicine, santonin, siloxane, sodamide, sorbitol, spermine, squalene, stilbene, strontia, tautomer, thiazine, thiazole, thiophen, thiotepa, thiourea, tolidine, triazine, triazole, triptane, tyramine, urethane, vanillin, warfarin, xanthene, xanthine, xanthone, xylidine, ytterbia, zaratite, zirconia (see at ELEMENT) ***quantity:*** **4** mole ***radical:*** **4** acyl, amyl, cyan **5** allyl, butyl, ethyl, tolyl **6** acetyl, formyl, methyl, oxalic, phenyl, propyl, toluyl **7** benzoyl ***reaction:*** **5** redox ***salt:*** **5** niter, nitre, urate, ziram **6** haloid, humate, malate, oleate, phytin **7** ferrate, formate, gallate, maleate, pectate, persalt, picrate, tannate, toluate, zincate **8** fumarate, pyruvate, racemate, selenate, silicate, stearate, tartrate, thionate, titanate, valerate, vanadate, xanthate ***suffix:*** **3** ane, ase, ate, ein, ene, ide, ile, ine, ite, ium, oic, oin, one, ose, ous, yne **4** eine, idin, itol, oate, olic, onic **5** idine, onium, oside, ylene ***warfare agent:*** **7** tear gas **8** vesicant **10** mustard gas
chemin de fer **5** train **7** railway **8** railroad
chemise **4** slip
chemist **7** analyst **8** druggist **10** apothecary, pharmacist ***American:*** **4** Urey (Harold) **6** Remsen (Ira), Sumner (James) **7** Onsager (Lars), Pauling (Linus), Seaborg (Glenn) **8** Hoffmann (Roald), Langmuir (Irving), Mulliken (Robert), Richards (Theodore), Woodward (Robert) ***Austrian:*** **4** Kuhn (Richard) **5** Pregl (Fritz) ***British:*** **4** Abel (Frederick), Davy (Humphry), Todd (Alexander) **5** Boyle (Robert), Soddy (Frederick) **6** Dalton (John), Ramsay (William) **7** Faraday (Michael) **8** Smithson (James) **9** Priestley (Joseph), Wollaston (William) **10** Williamson (Alexander) ***Dutch:*** **8** van't Hoff (Jacobus) ***French:*** **5** Curie (Irene, Marie, Pierre) **7** Moissan (Henri), Pasteur (Louis) **8** Sabatier (Paul) **9** Gay-Lussac (Joseph), Lavoisier (Antoine), Berthelot (Marcellin) ***German:*** **5** Haber (Fritz) **6** Bunsen (Robert), Liebig (Justus von), Nernst (Walther), Wittig (Georg), Wohler (Friedrich) **7** Fischer (Emil, Ernst, Hans), Hofmann (August), Ostwald (Friedrich), Wallach (Otto), Wieland (Heinrich), Windaus (Adolf), Ziegler (Karl) **9** Zsigmondy (Richard) **10** Erlenmeyer (Richard), Staudinger (Hermann) **11** Willstatter (Richard) ***Italian:*** **5** Natta (Giulio) **8** Avogadro (Amedeo) ***Russian:*** **8** Semyonov (Nikolay), Zelinsky (Nikolay) **10** Mendeleyev (Dmitry) ***Swedish:*** **8** Svedberg (The, Theodor) **9** Berzelius (J. J.) ***Swiss:*** **6** Karrer (Paul), Werner (Alfred) (see also under NOBEL PRIZE WINNER)
chemist's vessel **4** vial **5** flask, phial **6** ampule, beaker, mortar, retort **7** ampoule **8** crucible, test tube
chemoreceptor **8** taste bud
cheongsam **5** dress
Cheops **5** Khufu
cherish **4** keep, save **5** adore, guard, honor, nurse, prize, value **6** admire, cosset, defend, dote on, esteem, foster, harbor, relish, revere, shield **7** apprize, care for, nourish, nurture, shelter, worship **8** conserve, hold dear, preserve, treasure, venerate **9** cultivate, delight in, entertain, reverence, safeguard **10** appreciate
Cherokee ***chief:*** **4** Ross (John) ***historian:*** **7** Sequoia, Sequoya **8** Sequoyah
cherry ***dark:*** **4** bing ***family:*** **4** rose **8** Rosaceae ***genus:*** **6** Prunus ***hybrid:*** **4** Duke ***sour:*** **7** morello ***sweet:*** **4** bing **7** mazzard, oxheart ***wild:*** **7** mazzard **10** maraschino

cherry bomb 11 firecracker
Cherry Orchard author 7 Chekhov (Anton)
cherrystone 4 clam 6 quahog
Chersonese 9 peninsula
cherub 4 babe, baby 5 angel, child, cupid, putto 6 infant 7 bambino 8 amoretto, innocent
cherubic 4 cute, rosy 6 chubby 7 angelic 8 adorable, innocent
chess ***champion:*** 3 Tal (Mikhail) 4 Euwe (Max) 6 Karpov (Anatoly), Lasker (Emanuel) 7 Fischer (Bobby), Kramnik (Vladimir), Smyslov (Vassily), Spassky (Boris) 8 Alekhine (Alexander), Kasparov (Garry), Steinitz (Wilhelm) 9 Botvinnik (Mikhail), Petrosian (Tigran) 10 Capablanca (José) ***draw game:*** 9 stalemate ***goal:*** 4 mate 9 checkmate ***move:*** 6 castle, gambit ***opening:*** 6 gambit ***piece:*** 4 king, pawn, rook 5 queen 6 bishop, knight ***risk:*** 6 gambit ***term:*** 5 check 7 capture, endgame
chest 3 box 4 kist 5 bosom, torso, trunk 6 breast, bureau, coffer, thorax 7 cabinet 8 cupboard, treasury 9 exchequer
chesterfield 4 sofa 5 divan 8 overcoat 9 davenport
chestnut 4 tree 5 color, horse 6 cliché, marron 10 chinquapin ***extract:*** 6 tannin ***water:*** 4 ling
cheval glass 6 mirror
chevalier 5 noble 6 knight 8 horseman 9 caballero, gentleman
chevet 4 apse
chevron 6 stripe
chew 3 eat, gum 4 bite, gnaw 5 champ, chomp, munch 6 crunch, devour, nibble 7 consume 8 ruminate 9 masticate
chewing gum 6 chicle
chew out 3 jaw 5 scold 6 rebuke, revile 7 bawl out, reprove, tell off, upbraid 8 lambaste, reproach 9 castigate, criticize, reprimand 10 tongue-lash, vituperate
Chiang ___ 7 Kai-shek
chic 4 mode, rage, tony 5 smart, style, swank, swish, vogue 6 modish, trendy, with-it 7 dashing, elegant, fashion, stylish 10 dernier cri 11 fashionable
chicane 4 dupe, fool, gull, hoax, ploy, ruse, wile 5 cavil, cheat, feint, fraud, trick 6 gambit 8 artifice, flimflam, hoodwink, trickery 9 bamboozle, deception, duplicity, stratagem, victimize 10 dishonesty, hanky-panky 13 double-dealing
chicanery 4 plot, ruse 5 fraud, trick 6 gambit 8 intrigue, trickery 9 deception, duplicity 10 subterfuge 11 machination, skulduggery
chichi 4 arty 5 gaudy, showy, swank 6 dressy, frilly, la-di-da 7 splashy 8 affected, précieux, precious 10 flamboyant, preciosity 11 affectation, fashionable, overrefined, pretentious 12 ostentatious 13 ornamentation
chick 3 kid, tot 4 girl 5 child 6 moppet, nipper, pullet 7 toddler 8 juvenile, young one 9 youngster
chickadee 8 titmouse ***family:*** 7 Paridae
chicken 4 fowl, funk 5 sissy, timid 6 coward, craven 7 dastard, gutless 8 cowardly, poltroon 11 lily-livered, yellowbelly 13 pusillanimous ***breed:*** 4 Java 6 Cochin 7 Cornish, Leghorn 9 Dominique, Orpington, Wyandotte 11 Jersey Giant, Rock Cornish ***castrated:*** 5 capon ***cooking:*** 5 fryer 7 broiler, roaster ***disease:*** 8 pullorum 11 coccidiosis ***female:*** 3 hen 6 pullet ***genus:*** 6 Gallus ***male:*** 4 cock 7 rooster 8 cockerel ***pen:*** 4 coop ***small:*** 6 bantam ***sound:*** 6 cackle
chicken feed 7 peanuts 8 pittance 11 chump change
chicken pox 9 varicella
chickpea 4 gram 8 garbanzo
chickweed 4 pink 7 potherb
chicle 3 gum 10 chewing gum
chicory 6 endive 7 witloof 9 radicchio
chide 3 kid 5 scold 6 berate, rebuke 7 chew out, lecture, reprove, upbraid 8 admonish, call down, reproach 9 castigate, reprimand
chiding 6 rebuke 7 reproof 8 reproach 9 reprimand 10 admonition 12 admonishment
chief 3 key 4 arch, boss, duce, head, lion, main, star 5 first, major, prime 6 führer, honcho, leader, master, primal, ruling, sachem 7 fuehrer, headman, highest, leading, premier, primary 8 cardinal, champion, dictator, dominant, eminence, foremost 9 number-one, principal, prominent 10 preeminent 11 outstanding, predominant ***commander:*** 4 CINC ***prefix:*** 4 arch ***Spanish:*** 4 jefe
Chief Justice 3 Jay (John) 4 Taft (William Howard) 5 Chase (Salmon), Stone (Harlan Fiske), Taney (Roger), Waite (Morrison), White (Edward) 6 Burger (Warren), Fuller (Melville) Hughes (Charles Evans), Vinson (Fred), Warren (Earl) 8 Marshall (John), Rutledge (John) 9 Ellsworth (Oliver), Rehnquist (William)
chiefly 6 mainly, mostly, notably 7 largely, overall 9 generally, primarily 10 especially 11 principally 12 preeminently 13 predominantly

chiffchaff 4 bird 7 warbler
chiffonier 5 chest 6 bureau 7 armoire, dresser
chigger 4 mite 6 chigoe, red bug
chignon 3 bun 4 knot
chilblain 4 sore 8 swelling 12 inflammation
child 3 kid 4 brat 5 minor, youth 6 cherub, infant, moppet, nipper, shaver, urchin 7 bambino, toddler 8 juvenile, small fry 9 youngling, youngster ***combining form:*** 3 ped 4 paed, pedo 5 paedo ***gifted:*** 7 prodigy ***homeless:*** 4 waif ***parentless:*** 6 orphan ***Scottish:*** 5 bairn ***spoiled:*** 4 brat ***young:*** 3 tot 4 baby, tike, tyke 6 infant, kiddie 8 bantling, weanling
childish 5 naive 7 puerile 8 arrested, immature 9 infantile
childless 6 barren 7 sterile
childlike 5 naive 6 docile, filial 7 natural, puerile 8 innocent, trustful, trusting 9 ingenuous
children 4 kids, seed 5 brood, heirs, issue 6 scions 7 progeny 9 offspring, posterity 11 descendants
child's play 4 snap 5 cinch, setup 6 breeze, picnic 8 cakewalk, duck soup, kid stuff, pushover 11 piece of cake
Chile ***capital:*** 8 Santiago ***city:*** 6 Temuco 10 Concepción, Talcahuano, Valparaíso, Viña del Mar 11 Antofagasta ***conqueror:*** 7 Almagro (Diego de) 8 Valdivia (Pedro de) ***desert:*** 7 Atacama ***island:*** 6 Easter 13 Juan Fernández ***lake:*** 10 Llanquihue ***language:*** 7 Spanish ***leader:*** 7 Allende (Salvador) 8 Pinochet (Augusto) ***monetary unit:*** 4 peso ***mountain range:*** 5 Andes ***neighbor:*** 4 Peru 7 Bolivia 9 Argentina ***passage:*** 5 Drake ***river:*** 6 Bío-Bío ***strait:*** 8 Magellan
Chileab ***father:*** 5 David ***mother:*** 7 Abigail
chili con ___ 5 carne
Chilion ***father:*** 9 Elimelech ***mother:*** 5 Naomi
chill 3 icy, raw 4 ague, cold, cool, hang 5 gelid, nippy 6 arctic, formal, freeze, frigid, frosty, wintry 7 distant, glacial, hostile 8 dispirit, freezing 10 demoralize, discourage, dishearten 11 emotionless, refrigerate
chiller 7 shocker 8 thriller
chilly 3 raw 4 cold 5 algid, brisk, crisp, nippy 6 frigid 7 bracing, coldish, hostile 10 unfriendly
chilopod 9 centipede
chime 3 din 4 bell, bong, dong, peal, ring, toll, tune 5 agree, clang, knell, sound 6 accord, strike 7 concord, harmony 8 carillon 9 agreement, harmonize 10 consonance, correspond
chime in 3 say 4 tell 5 state, utter 6 inject 7 break in, declare 9 interrupt
chimera 5 dream, fancy 7 fantasy, figment, monster, specter, spectre 8 illusion, phantasy 9 nightmare, pipe dream
Chimera ***father:*** 6 Typhon ***mother:*** 7 Echidna ***slayer:*** 11 Bellerophon
chimerical 6 absurd, unreal 7 fictive, utopian 8 delusive, delusory, fabulous, fanciful, illusory, mythical, spurious 9 ambitious, beguiling, deceptive, fantastic, fictional, imaginary, visionary 10 far-fetched, fictitious, improbable, outlandish 11 extravagant, unrealistic 12 preposterous, suppositious
chiming 8 harmonic 9 consonant 10 harmonious
chimney 3 lum 4 flue, tube, vent 5 stack 10 smokestack ***corner:*** 8 fireside 9 inglenook ***output:*** 4 soot 5 fumes, smoke
chimpanzee 3 ape 7 primate 10 anthropoid ***kin:*** 6 bonobo, gibbon 7 gorilla 9 orangutan
chin 3 gab, jaw, rap, yak 4 blab, chat, talk 8 converse
china 6 dishes 7 ceramic 8 crockery 9 porcelain, tableware 11 earthenware ***maker:*** 3 Bow 5 Hizen, Imari, Spode 6 Doccia, Sèvres 7 Bristol, Chelsea, Dresden, Limoges, Meissen 8 Caughley, Haviland, Wedgwood
China ***bay:*** 8 Hangzhou ***capital:*** 7 Beijing ***city:*** 4 Sian, Xi'an 5 Wuhan 6 Canton, Harbin, Mukden 7 Nanjing, Nanking, Tianjin 8 Shanghai, Shenyang, Tientsin 9 Chongqing, Guangzhou ***desert:*** 4 Gobi 10 Taklimakan ***dynasty:*** 3 Han, Sui 4 Ch'in, Chou, Ming, Sung, Tang, Yüan 5 Ch'ing, Shang 6 Manchu ***ethnic group:*** 3 Han ***gulf:*** 5 Bo Hai ***heritage site:*** 9 Great Wall ***island:*** 6 Hainan 8 Hong Kong ***lake:*** 5 Tai Hu 8 Hongze Hu, Poyang Hu 10 Dongting Hu ***language:*** 3 Han 8 Mandarin ***leader:*** 9 Mao Zedong, Sun Yat-sen 10 Kublai Khan, Mao Tse-tung 12 Deng Xiaoping 13 Chiang Kai-shek, Teng Hsiao-p'ing ***monetary unit:*** 4 yuan ***monetary unit, former:*** 4 tael ***mountain, range:*** 6 Kunlun 8 Himalaya 9 Altai Shan, Altay Shan, Himalayan 10 Gongga Shan ***old name:*** 6 Cathay ***peninsula:*** 7 Leizhou 8 Liaodong, Shandong ***province:*** 5 Anhui, Gansu, Hevei, Henan, Hubei, Hunan, Jilin 6 Fujian, Shanxi, Yunnan 7 Guizhou, Jiangsu, Jiangxi, Qinghai, Shaanxi, Sichuan 8 Liaoning, Shandong, Szechuan, Szechwan, Zhejiang 9 Guangdong 12 Heilongjiang ***region:*** 5 Tibet 6 Xizang 10 Nei Monggol

12 Ningxia Huizu 13 Inner Mongolia, Xinjiang Uygur *river:* 4 Amur 5 Chang, Huang, Tarim 6 Mekong, Yellow, Zangbo 7 Salween, Yangtze

china clay 6 kaolin

chinchilla 3 fur 6 rodent

chine 5 crest, ridge, spine 7 hogback 8 backbone

Chinese *aromatic root:* 7 ginseng *bamboo:* 7 whangee *boat:* 4 junk 6 sampan *bow:* 6 kowtow *cabbage:* 7 bok choy, pak choi *card game:* 6 fan-tan *cauterizing agent:* 4 moxa *prefix:* 4 Sino *conveyance:* 7 pedicab 8 rickshaw 10 jinricksha, jinrikisha *date:* 6 jujube *dialect:* 4 Amoy 8 Mandarin 9 Cantonese, Pekingese *dictator:* 9 Mao Zedong 10 Mao Tse-tung 12 Deng Xiaoping 13 Teng Hsiao-p'ing *dog:* 4 chow, Peke 8 chow chow 9 Pekingese *dynasty:* 3 Ch'i, Han, Qin, Sui, Wei, Yin 4 Ch'en, Ch'in, Chou, Hsia, Ming, Qing, Song, Sung, T'ang, Tsin, Yuan 5 Ch'ing, Liang, Shang 6 Manchu, Mongol, Shu Han *fabric:* 6 pongee, tussah 8 shantung *feminine principle:* 3 yin *feudal state:* 3 Wei *food:* 6 dim sum, lo mein, mantou, subgum, wonton 8 chop suey, chow mein 9 fried rice 10 egg foo yong, egg foo yung, Peking duck 11 egg foo young *fruit:* 6 lichee, litchi, lychee, loquat 7 kumquat 8 mandarin *gambling game:* 6 fan-tan *gong:* 6 tam-tam *gruel:* 6 congee *herb:* 5 ramie 7 ginseng *idol:* 4 joss *laborer:* 6 coolie *legendary emperor:* 7 Huangdi, Huang-ti *mandarin's residence:* 5 yamen *masculine principle:* 4 yang *money, silver:* 5 sycee *musical instrument:* 4 pipa *nurse:* 4 amah *official:* 8 mandarin *official seal:* 4 chop *oil:* 4 tung *ox:* 4 zebu *porcelain:* 4 Ming 7 celadon, Nankeen 8 mandarin *pottery:* 4 Kuan, Ming 5 Chien *puzzle:* 7 tangram *race:* 9 Mongoloid *religion:* 6 Taoism 8 Buddhism 12 Confucianism *sauce:* 3 soy *secret society:* 4 tong *sheep:* 5 urial *silkworm:* 6 tussah *tea:* 5 bohea, hyson 6 congou, oolong 8 souchong *temple:* 6 pagoda *tree:* 4 tung 6 ginkgo, loquat 7 kumquat *vine:* 5 kudzu

chink 4 rift, slit 5 caulk, cleft, crack, split 6 cranny 7 crevice, fissure, opening 8 aperture

chinquapin 3 nut 8 chestnut

chintzy 4 loud 5 cheap, gaudy, showy, tacky 6 flashy, garish, stingy, tawdry, vulgar 9 tasteless 12 meretricious

chip 4 flaw, nick 5 flake, notch, shard, slice, split, wafer, wedge 6 chisel, defect, paring, sliver 7 counter

chip in 6 ante up, kick in 7 pitch in 10 contribute 11 come through

chipper 4 spry 5 alert, brisk, perky, zesty 6 bright, lively, nimble 8 animated, spirited 9 sprightly, vivacious

chirk 4 buoy 5 cheer 7 animate, enliven, hearten 8 energize, inspirit 9 encourage 10 strengthen

chirography 6 script 8 longhand 10 penmanship 11 calligraphy, handwriting

chiromancy 9 palmistry

Chiron 7 centaur *father:* 6 Cronus *mother:* 7 Philyra *pupil:* 5 Jason 8 Achilles, Heracles, Hercules 9 Asclepius 11 Aesculapius

chiropody 8 podiatry

chiropractic founder 6 Palmer (Daniel)

chirp 4 chip, peep, sing 5 cheep, trill, tweet 6 warble 7 chirrup, twitter

chirpy 3 gay 5 sunny 6 blithe, cheery, sparky 7 buoyant, sparkly 8 cheerful, sunbeamy 9 lightsome

chirrup 4 chip, peep, sing 5 cheep, tweet 6 warble 7 chipper, twitter

chisel 3 gyp, hew 4 beat, bilk, scam 5 carve, cheat, cozen, cut in, gouge, trick 6 butt in, diddle, fleece, horn in, sculpt 7 defraud, engrave, intrude, swindle

chit 3 IOU, kid 4 memo, note, slip 5 child 6 moppet 7 invoice, voucher 8 notation 9 youngster 10 memorandum

chitchat 3 gab 5 chaff 6 babble, banter, gossip 7 chatter, palaver, prattle 8 badinage 9 small talk 12 tittle-tattle

chitter 4 chip, peep, sing 5 cheep, chirp, tweet 6 warble 7 chatter, chirrup, twitter

chivalric see CHIVALROUS

chivalrous 5 lofty, manly, noble 7 courtly, gallant, valiant 8 generous, gracious, knightly 9 honorable 10 benevolent, courageous 11 considerate, gentlemanly, magnanimous

chivy, chivvy 4 bait, ride 5 annoy, tease 6 badger, heckle, hector 7 torment 8 bullyrag

Chloe 11 shepherdess *beloved:* 7 Daphnis

chlordane 11 insecticide

Chloris *father:* 7 Amphion *husband:* 6 Neleus 8 Zephyrus *mother:* 5 Niobe *son:* 6 Nestor

chloroform 7 anodyne, solvent 10 anesthetic 11 anaesthetic

chockablock 4 full 6 jammed, loaded, packed 7 brimful, crammed, crowded, stuffed 9 jam-packed

chocolate 5 brown, cacao, cocoa

Chocolate Soldier composer 6 Straus (Oscar)

chocolate tree 5 cacao
choice 3 top 4 best, pick, rare, vote 5 cream, elite, prime, prize 6 chosen, dainty, option, rating, select 7 elegant, verdict 8 decision, delicate, druthers, election, judgment, selected, superior, volition 9 exquisite, selection 9 selection 10 preference 11 alternative 13 determination ***even:*** 6 toss-up
choir 6 chorus 7 chorale ***area:*** 4 loft 7 chancel, gallery ***leader:*** 6 cantor 8 choragus 9 precentor ***member:*** 9 chorister ***section:*** 4 alto, bass 5 tenor 7 soprano ***vestment:*** 4 gown, robe 5 cotta 8 surplice
choke 3 gag 4 clog, plug, stop 5 block, close 6 stifle 7 congest, occlude, silence, smother 8 obstruct, strangle, throttle 9 constrict, suffocate 10 asphyxiate
choking 8 quashing, stifling 10 repression, smothering, squelching, strangling 11 suppression
choleric 5 angry, fiery, irate 6 fierce, heated 7 enraged 8 incensed, wrathful 9 irascible, splenetic 10 infuriated 11 hot-tempered 13 quick-tempered
cholla 6 cactus 7 opuntia
Chomolungma 7 Everest (Mt.)
chomp 4 bite, chew 5 munch 6 crunch 9 masticate
choose 3 opt 4 cull, mark, pick, take, want 5 adopt, elect, favor 6 decide, desire, opt for, prefer, select 7 embrace, pick out 8 decide on, handpick 9 single out
choosy 5 fussy, picky 7 finical, finicky 9 finicking, selective 10 fastidious, particular, pernickety 11 persnickety
chop 3 cut, hew 4 dice, fell, hack, hash, seal, veer 5 cut up, grade, mince 7 quality
chop-chop 4 fast 5 quick 6 presto, pronto 7 quickly, rapidly 8 promptly, speedily 9 posthaste 12 lickety-split
chophouse 10 restaurant
Chopin, Frédéric ***birthplace:*** 6 Poland ***instrument:*** 5 piano ***lover:*** 4 Sand (George) ***work:*** 7 mazurka 8 nocturne 9 polonaise
choppy 4 wavy 5 jerky, rough 6 ripply, stormy, uneven 7 erratic 8 variable 9 turbulent, unsettled
choral section 5 altos 6 basses, tenors 8 sopranos
chord 5 triad 6 tetrad 7 harmony ***sequence:*** 7 cadence 11 progression
chore 3 job 4 duty, task 5 stint, trial 6 devoir, effort 7 routine 10 assignment, obligation 11 tribulation
choreograph 6 devise, direct, map out 7 arrange, compose 11 orchestrate
choreographer ***American:*** 4 Feld (Elliot), Holm (Hanya), Lang (Pearl) 5 Ailey (Alvin), Fosse (Bob), Limón (José), Shawn (Ted), Tharp (Twyla) 6 Duncan (Isadora), Dunham (Katherine), Fokine (Michel), Graham (Martha), Morris (Mark), Taylor (Paul), Tetley (Glen) 7 de Mille (Agnes), Jamison (Judith), Joffrey (Robert), Martins (Peter), Massine (Leonide), Robbins (Jerome), St. Denis (Ruth), Tamiris (Helen), Weidman (Charles) 8 Champion (Gower, Marge), Humphrey (Doris), Nikolais (Alwin), Villella (Edward) 10 Balanchine (George), Cunningham (Merce) ***Australian:*** 8 Helpmann (Robert) ***Cuban:*** 6 Alonso (Alicia) ***Danish:*** 5 Bruhn (Erik) 7 Martins (Peter) 12 Bournonville (August) ***English:*** 5 Dolin (Anton), Tudor (Antony) 6 Ashton (Frederick), Weaver (John) 7 Markova (Alicia), Rambert (Marie) 8 de Valois (Ninette), Helpmann (Robert) 9 MacMillan (Kenneth) ***French:*** 5 Lifar (Serge) 6 Béjart (Maurice), Perrot (Jules), Petipa (Marius) 7 Camargo (Marie), Massine (Léonide), Noverre (Jean-Georges) ***German:*** 5 Jooss (Kurt) ***Hungarian:*** 5 Laban (Rudolf) ***Mexican:*** 5 Limón (José) ***Russian:*** 5 Lifar (Serge) 6 Fokine (Michel), Petipa (Marius) 8 Nijinska (Bronislava), Nijinsky (Vaslav)
chorography 3 map 7 mapping 8 features 9 mapmaking
chortle 5 laugh 6 giggle, guffaw, hee-haw, titter 7 chuckle, snicker
chorus 5 choir 7 refrain
chorus girl 7 chorine
chosen 4 pick 5 elect, elite, named 6 called, marked, pegged, picked, select 7 blessed 8 selected 9 appointed, delegated, exclusive
Chou ___ 5 En-lai
chouse 3 gyp 4 bilk, clip, dupe, herd 5 cheat, cozen, drive, trick 6 diddle, fleece 7 defraud, swindle 8 flimflam
chow 4 eats, feed, food, grub, meal
chowchow 6 medley, relish 7 mélange
chowderhead 4 boob, clod, dodo, dolt, dope, fool 5 chump, dunce, idiot, noddy 6 dimwit, nitwit, noodle 7 halfwit, schnook 8 dumbbell, numskull 9 lamebrain, numbskull
chowhound 7 glutton 8 gourmand
chrism 3 oil 4 balm 5 cream, salve 6 cerate 7 unction, unguent 8 ointment
christen 3 dub 4 call, name, term 5 title

7 asperse, baptize, immerse 8 dedicate, sprinkle 9 designate
christening 7 baptism
Christian *denomination:* 6 Mormon, Quaker 7 Baptist, Friends 8 Anglican, Catholic, Lutheran, Moravian, Nazarene, Reformed 9 Calvinist, Episcopal, Mennonite, Methodist, Unitarian 10 Anabaptist 11 Pentecostal 12 Episcopalian, Presbyterian, Universalist *Eastern rite:* 5 Uniat 6 Uniate *Egyptian:* 4 Copt *love feast:* 5 agape *martyr, first:* 7 Stephen *symbol:* 3 IHS 4 fish, rood 5 cross 6 Chi-Rhos 7 ichthus
Christiania 4 Oslo
Christian Science founder 4 Eddy (Mary Baker)
Christie, Agatha *character:* 6 Marple (Jane), Poirot (Hercule) *novel:* 14 Death on the Nile 24 Murder on the Orient Express *play:* 9 Mousetrap (The) 24 Witness for the Prosecution
Christina's World painter 5 Wyeth (Andrew)
Christmas 4 Noel, yule 8 Nativity, yuletide *symbol:* 7 Yule log
Christmas Carol, A *author:* 7 Dickens (Charles) *character:* 7 Scrooge (Ebenezer), Tiny Tim 8 Cratchit (Bob)
Christogram 6 Chi-Rho
Christopher Robin creator 5 Milne (A. A.)
chromatic 8 colorful 10 accidental
chromatin thread 7 spireme
chromosome component 3 DNA 4 gene 8 telomere 10 centromere, chromomere
chronic 5 usual 6 wonted 7 routine 8 constant, enduring, habitual 9 ceaseless, confirmed, continual, customary, incessant, perennial, perpetual, recurrent, recurring 10 accustomed, continuing, habituated, inveterate, persisting 11 unrelenting
chronicle 4 list 6 annals, record, relate, report 7 account, history, narrate, recital, recount 8 describe 9 narration, narrative
chronicler 8 narrator, recorder, reporter 9 historian
chronograph 5 clock, watch 9 timepiece
chronology 5 annal 6 annals, record 7 history 8 calendar, register, schedule 9 timetable
chronometer 5 clock, watch 9 timepiece
chrysalis 4 pupa 8 covering
Chryseis *captor:* 9 Agamemnon *father:* 7 Chryses
Chrysippus *father:* 6 Pelops *slayer:* 6 Atreus 8 Thyestes
chthonic 6 Hadean, nether 7 hellish, satanic 8 accursed, infernal, plutonic 9 plutonian, Tartarean 10 sulphurous
chubby 5 hefty, husky, plump, podgy, pudgy, round, tubby 6 chunky, fleshy, portly, rotund, stocky, zaftig 8 plumpish, roly-poly
chuck 3 pat, tap 4 beef. cast, hurl, junk, oust, shed, toss 5 ditch, fling, heave, nudge, pitch, scrap, throw 6 give up, reject 7 abandon, boot out, discard, dismiss, kick out 8 jettison, throw out 9 throw away
chucker 7 bouncer
chuckle 5 laugh 6 giggle, guffaw, hee-haw, titter 7 chortle, snicker
chucklehead see CHOWDERHEAD
chuff 3 oaf 4 boor, lout, rube 5 churl, clown, yahoo, yokel 7 bumpkin, hayseed 10 clodhopper
chum 3 pal 4 mate 5 buddy, crony 6 friend, salmon 7 comrade 8 sidekick 9 companion
chummy 4 cozy 5 close, pally, palsy, thick 8 familiar, intimate 10 buddy-buddy, palsy-walsy
chump 3 oaf, sap 4 boob, dolt, dope, dupe, fool, goof, goon, gull, mark 5 booby, dummy, dunce, patsy 6 pigeon, sucker, turkey 7 fall guy, fathead 8 dolthead, lunkhead
chunk 3 sum, wad 4 clod, hunk, lump, slab 5 clump 6 nugget
chunky 5 beefy, dumpy, hefty, husky, plump, pudgy, squat, stout 6 chubby, fleshy, portly, rotund, stocky, stubby, stumpy 8 heavyset, thickset
church 4 cult, fane, kirk, sect 5 creed, faith 6 temple 7 minster 8 basilica, religion 9 cathedral, communion 10 tabernacle 12 denomination *adjunct:* 6 belfry 7 steeple 9 bell tower *basin:* 4 font 5 stoup *bench:* 3 pew *bishop's:* 9 cathedral *calendar:* 4 ordo *caretaker:* 6 sexton *chapel:* 7 oratory *council:* 5 synod *court:* 4 rota 10 consistory *creed:* 6 Nicene 8 Apostles' *district:* 6 parish 7 diocese *father:* 5 Basil 6 Jerome, Justin, Origen 7 Ambrose, Clement 8 Ignatius 9 Augustine 10 Chrysostom, Tertullian, theologian *fund-raiser:* 6 bazaar *governing body:* 5 curia 7 classis 10 consistory, presbytery *head:* 4 pope 7 pontiff *law:* 5 canon *member:* 11 communicant *of a monastery:* 7 minster *officer:* 5 elder, vicar 6 beadle, deacon, sexton, verger, warden 9 presbyter, sacristan *part:* 4 apse, bema, loft, nave 5 aisle, altar, choir 6 vestry 7 chancel, gallery, narthex, steeple 8 sacristy, transept 9 baptistry, sanctuary 10 baptistery, clerestory *porch:* 6 parvis 7 galilee *reader:* 6 lector *recess:* 4 apse *revenue:* 5 tithe *room:* 6 vestry 8 sacristy *Scottish:*

4 kirk ***seats for clergy:*** 7 sedilia ***service:*** 4 mass 6 matins 7 vespers 8 evensong 9 communion ***small:*** 6 chapel ***tribunal:*** 4 rota ***vault:*** 5 crypt

Churchill, Winston ***daughter:*** 4 Mary 5 Diana, Sarah ***father:*** 8 Randolph ***mother:*** 6 Jennie ***Order:*** 6 Garter ***phrase:*** 11 Iron Curtain ***son:*** 8 Randolph ***trademark:*** 5 cigar ***wife:*** 10 Clementine

church key 9 can opener

churchman 6 bishop, cleric, divine, parson, pastor, priest 8 minister, preacher, reverend 9 clergyman 12 ecclesiastic

churl 3 oaf 4 boor, clod, lout, rube 5 chuff, clown, yahoo, yokel 6 mucker 7 bumpkin, hayseed 10 clodhopper

churlish 4 base, curt, dour, rude 5 blunt, crude, gruff, surly 6 coarse, crusty, oafish, vulgar 7 boorish, brusque, loutish, lowbred, uncivil 8 cloddish, clownish 10 unmannerly 11 clodhopping, uncivilized 12 discourteous

churn 4 boil, foam, roil, stir 5 froth, swirl 6 bubble, seethe, simmer, stir up 7 agitate, ferment, smolder

chute 4 fall, ramp 5 falls, rapid, slide, spout 6 rapids 7 cascade, channel, descent 8 cataract 9 spinnaker, waterfall

chutzpah 4 gall 5 brass, cheek, moxie, nerve, spunk 8 audacity, temerity 10 effrontery

CIA ***predecessor:*** 3 OSS

ciao 4 by-by, ta-ta 5 adieu, adios, aloha, hello, howdy 6 bye-bye, good-by, so long 7 good-bye, welcome 8 farewell 9 greetings

cicatrix 4 scar 13 scarification

Cicero ***forte:*** 7 oratory ***target:*** 8 Catiline 10 Mark Antony

cicerone 4 guru 5 coach, guide, tutor 6 docent, escort, mentor 7 adviser 9 counselor, tour guide

Cid, El (Le) 4 epic, hero, play, poem 5 opera ***composer:*** 8 Massenet (Jules) ***meaning:*** 4 lord ***name:*** 4 Díaz (Rodrigo, Ruy) 5 Bivar ***playwright:*** 9 Corneille (Pierre) ***sword:*** 6 Colada, Tizona ***wife:*** 6 Jimena, Ximena

cigar 5 stogy 6 corona, Havana, stogie 7 cheroot 8 panatela, perfecto ***case:*** 7 humidor ***color:*** 5 claro 6 maduro 8 colorado

cigarette 3 fag 4 butt 5 smoke 6 gasper 10 coffin nail

cilium 4 hair, lash 7 eyelash

Cimmerian 4 dark 5 dusky, murky 6 gloomy 7 hellish, shadowy, stygian 8 infernal, plutonic 9 plutonian

cinch 4 snap 5 girth, setup 6 assure, breeze, ensure, fasten, insure, picnic, secure, shoo-in 8 duck soup, kid stuff, pushover 9 certainty 10 child's play

cinchona bark extract 7 quinine

cincture 4 band, belt, sash 6 girdle 9 waistband

cinders 3 ash 4 coal, lava, slag 5 ashes, dross 6 embers 8 clinkers

cinema 4 film, show 5 flick, movie 6 movies 7 picture, theater, theatre 12 silver screen 13 motion picture

cinereous 4 ashy, gray, grey 5 ashen 7 ashlike

cinnabar 3 ore 7 mineral, pigment 9 vermilion ***color:*** 3 red

cinnamon bark 6 cassia

cinnamon stone 6 garnet 8 essonite

cipher 4 code, zero 5 aught, count, digit 6 figure, naught, nobody, number, reckon, symbol 7 compute, integer, numeral 8 estimate, monogram 9 calculate, nonentity 11 whole number

ciphering 8 figuring 9 computing, reckoning 10 arithmetic 11 calculation, computation

circa 4 near, nigh 5 about 6 around 7 roughly 13 approximately

circadian 5 daily 6 cyclic 7 diurnal, regular 9 quotidian

Circe 5 siren 9 sorceress ***brother:*** 6 Aeëtes ***father:*** 3 Sol 6 Helios ***home:*** 5 Aeaea ***lover:*** 7 Ulysses 8 Odysseus ***niece:*** 5 Medea ***son:*** 5 Comus 9 Telegonus

Circean 6 luring 8 alluring, enticing, fetching, tempting 10 bewitching

circinate 6 coiled 7 rounded

circle 4 belt, gyre, hoop, loop, ring 5 crowd, cycle, group, orbit, wheel, whorl 6 clique, corona, girdle, gyrate, rotary, rotate 7 compass, coterie, cronies, friends, revolve, rondure 8 surround 9 encompass 10 associates, companions, revolution ***bisector:*** 8 diameter ***colored:*** 6 areola ***combining form:*** 3 gyr 4 cycl, gyro 5 cyclo ***graph:*** 8 pie chart ***luminous:*** 4 aura, halo 6 corona, nimbus 7 aureole ***part:*** 3 arc 6 sector 8 quadrant ***small:*** 4 disk 7 annulet

circlet 4 band, ring 6 bangle, diadem 8 bracelet, headband ***for head or helmet:*** 7 coronal

circuit 3 lap, way 4 loop, tour, trip, turn 5 ambit, cycle, orbit, round, route, track 6 course, hookup, league 7 compass, journey, pathway, travels 8 district, rotation 9 perimeter, periphery, round trip 10 revolution, roundabout 11 association, circulation 13 circumference

circuitous 7 devious, oblique, winding 8 circular, indirect, tortuous 10 collat-

eral, convoluted, meandering, roundabout
circuit rider 5 judge 8 minister, preacher 9 clergyman
circular 4 bill 5 flier, flyer, round 7 annular, cycloid, discoid, handout, leaflet 8 handbill 9 throwaway ***file:*** 11 wastebasket ***motion:*** 4 eddy, gyre, spin 5 whirl 8 gyration, rotation 10 revolution ***plate:*** 4 disc, dish, disk
circularize 4 poll 6 survey 7 canvass 9 advertise, publicize
circulate 4 flow 6 rotate, spread 7 diffuse, radiate, revolve 8 disperse 9 propagate 10 distribute 11 disseminate
circulation 4 flow 6 spread 8 currency 9 diffusion 11 propagation 12 transmission 13 dissemination
circumciser 5 mohel
circumcision, Jewish 4 bris 9 Brit Milah
circumference 3 rim 5 ambit 6 border, bounds, limits, margin 7 circuit, compass 8 boundary, confines 9 perimeter, periphery
circumflex 9 diacritic
circumjacent 11 surrounding
circumlocution 8 pleonasm, verbiage 9 euphemism, loquacity, prolixity, verbosity, wordiness 10 redundancy 11 periphrasis, verboseness
circumnavigate 5 skirt 6 bypass, detour 8 sidestep
circumnavigator 4 Cook (James) 5 Drake (Francis) 8 Magellan (Ferdinand), van Noort (Olivier) 9 Cavendish (Thomas)
circumscribe 5 cramp, limit 6 fetter, hamper 7 confine, delimit, enclose, mark off, outline, trammel 8 restrict, surround 9 constrict
circumscribed 5 bound, fixed 6 finite, narrow, strait 7 bounded, cramped, limited, precise 8 confined, definite, hampered 10 restrained, restricted 11 determinate
circumscription 5 cramp, limit, stint 6 border, margin 8 boundary 9 perimeter, restraint, stricture 10 constraint, definition, limitation 11 confinement, restriction 12 ball and chain, delimitation 13 constrainment
circumspect 4 safe, wary 5 chary 7 careful, guarded, prudent 8 cautious, discreet, gingerly 11 calculating
circumstance 4 fact, item 5 event, thing 6 detail, factor 7 adjunct, element, episode, feature 8 accident, incident, occasion 9 component, condition, happening 10 occurrence, particular 11 concomitant, constituent, eventuality
circumstantial 4 full 5 close, exact 6 strict 7 precise, replete 8 accurate, complete, detailed, thorough 9 elaborate, pertinent 10 blow-by-blow, ceremonial, exhaustive, incidental, particular
circumvent 5 avoid, elude, evade, hem in, skirt 6 bypass, detour 8 outflank, sidestep
circumvolution 4 gyre, turn 5 wheel, whirl 8 gyration, rotation 10 revolution
circus 4 ring 5 arena 6 big top 9 spectacle 12 amphitheater ***animal:*** 4 bear, flea, lion, seal 5 horse, tiger 8 elephant ***attraction:*** 5 freak 8 sideshow ***owner:*** 6 Bailey (James), Barnum (P. T.) 8 Ringling (Bros.) ***performer:*** 5 clown, tamer 7 acrobat, athlete, juggler, tumbler 9 aerialist, fire eater ***worker:*** 10 roustabout
citadel 4 fort 7 redoubt 8 fastness, fortress 10 stronghold ***of Carthage:*** 5 Bursa, Byrsa ***Russian:*** 7 Kremlin
citation 5 quote 6 eulogy 7 excerpt, mention, summons, tribute 8 accolade, encomium 9 panegyric, quotation, reference 12 commendation
cite 4 name, tell 5 offer, quote 6 adduce, recall, summon 7 arraign, mention, present, refer to, specify 8 point out, remember 9 recollect
citizen 7 burgess, burgher, subject 8 civilian, national, resident, townsman 10 inhabitant
Citizen Kane director 6 Welles (Orson)
citron 4 tree 5 melon
citrus ***family:*** 3 rue 8 Rutaceae ***fruit:*** 4 lime, ugli 5 lemon 6 citron, orange, pomelo 7 kumquat, tangelo 8 bergamot, mandarin, shaddock 9 tangerine 10 grapefruit
city 4 burg 5 urban 7 burghal 9 municipal 10 metropolis ***combining form:*** 5 polis ***Eternal:*** 4 Rome ***French:*** 5 ville ***heavenly:*** 4 Sion, Zion ***Latin:*** 4 urbs ***Motor:*** 7 Detroit ***of Bells:*** 10 Strasbourg ***of Bridges:*** 6 Bruges ***of Brotherly Love:*** 12 Philadelphia ***of David:*** 9 Jerusalem ***official:*** 5 mayor 7 manager 8 alderman 10 councilman ***of God:*** 6 heaven 8 paradise ***of Gold:*** 8 Eldorado ***of Kings:*** 4 Lima ***of Lights:*** 5 Paris ***of Lilies:*** 8 Florence ***of Masts:*** 6 London ***of Rams:*** 6 Canton ***of Refuge:*** 6 Medina ***of Saints:*** 8 Montreal ***of Seven Hills:*** 4 Rome ***of the dead:*** 10 necropolis ***of Victory:*** 5 Cairo ***planner:*** 8 urbanist ***section:*** 4 slum, ward 5 block, plaza 6 barrio, ghetto, square, uptown 8 business, downtown, red-light 11 residential ***slicker:*** 4 dude ***windy:*** 7 Chicago

city-state, Greek 5 Argos, polis 6 Athens, Delphi, poleis (plural), Sparta, Thebes 7 Corinth

city, town, village (see also CAPITAL) ***Afghanistan:*** 5 Balkh, Farah, Herat, Kushk 6 Konduz 8 Kandahar, Qandahar 9 Jalalabad ***Alabama:*** 3 Opp 4 Arab, Boaz, Elba 5 Selma 6 Athens, Dothan, Mobile 7 Decatur, Florala 8 Prichard 10 Birmingham, Huntsville, Scottsboro, Tuscaloosa 12 Muscle Shoals ***Alaska:*** 4 Nome 5 Kenai, Sitka 6 Barrow, Bethel, Kodiak, Valdez 9 Anchorage, Fairbanks, Ketchikan 11 Point Barrow ***Albania:*** 4 Fier 5 Berat, Korçë, Kukës, Vlorë ***Alberta:*** 4 Olds 5 Hanna, Leduc, Taber 7 Calgary 8 Edmonton 10 Lethbridge 11 Medicine Hat ***Algeria:*** 4 Bône, Oran 5 Batna, Blida, Médéa, Saïda, Sétif 6 Annaba, Bechar 11 Constantine ***Angola:*** 6 Huambo 7 Lubango 8 Benguela ***Argentina:*** 4 Azul, Goya 5 Junin, Lanus, Lujan, Merlo, Salta, Tigre 6 Parana 7 Córdoba, La Plata, La Rioja, Mendoza, Rosario, San Juan, Santa Fe 9 Catamarca 11 Bahía Blanca, Mar del Plata ***Arizona:*** 3 Ajo 4 Eloy, Mesa, Yuma 5 Globe, Tempe 6 Tucson 7 Sun City, Winslow 8 Glendale, Prescott 9 Flagstaff, Tombstone 10 Casa Grande, Scottsdale ***Arkansas:*** 4 Mena 5 Beebe, Cabot, Earle, Ozark, Wynne 9 Fort Smith, Pine Bluff, Texarkana 10 Hot Springs ***Armenia:*** 6 Gyumri 8 Vanadzor ***Australia:*** 3 Ayr 5 Dalby, Dubbo, Perth, Unley 6 Darwin, Sydney 8 Adelaide, Brisbane, Randwick 9 Bankstown, Blacktown, Gold Coast, Melbourne, Newcastle 10 Kalgoorlie, Parramatta, Sutherland, Wollongong 12 Alice Springs ***Austria:*** 4 Enns, Graz, Linz, Wels 5 Steyr, Traun 8 Salzburg 9 Innsbruck 10 Klagenfurt ***Azerbaijan:*** 5 Gäncä 8 Sumqayit 9 Kirovabad ***Bahamas:*** 8 Freeport ***Bangladesh:*** 5 Bogra, Pabna 6 Khulna, Sylhet 7 Barisal, Comilla, Jessore, Rangpur, Saidpur 10 Chittagong ***Belarus:*** 5 Brest, Gomel, Mozyr, Pinsk 6 Grodno, Homyel', Hrodna 7 Mogilev, Vitebsk 8 Babruysk, Mahilyow 9 Vitsyebsk ***Belgium:*** 3 Ath, Hal, Huy, Mol 4 Amay, Dour, Geel, Genk, Gent, Hoei, Luik, Mons, Vise 5 Aalst, Arlon, Diest, Evere, Ghent, Halle, Ieper, Jumet, Leuze, Liège, Namur, Ronse, Theux, Wavre, Ypres 6 Bruges, Brugge 7 Antwerp, Hasselt, Louvain 8 Oostende 9 Charleroi ***Benin:*** 5 Kandi 6 Abomey 7 Parakou ***Bolivia:*** 5 Oruro, Uyuni 6 Potosí 9 Santa Cruz 10 Cochabamba ***Bosnia and Herzegovina:*** 5 Bihac, Brcko, Jajce, Tuzla 6 Mostar, Zenica 9 Banja Luka ***Botswana:*** 4 Maun 5 Kanye 11 Francistown ***Brazil:*** 4 Codo, Pará 5 Bahia, Bauru, Belém, Ceara, Natal 6 Campos, Canoas, Caxias, Ilheus, Maceio, Manaus, Olinda, Recife, Santos 7 Aracaju, Caruaru, Goiania, Jundiai, Marilia, Niteroi, Pelotas, São Luis, Uberaba, Vitória 8 Campinas, Colatina, Curitiba, Londrina, Salvador, Santarém, São Paulo, Sorocaba, Teresina 9 Caratinga, Fortaleza, Guarulhos, Rio Grande 10 Guarapuava, Joao Pessoa, Juiz de Fora, Nova Iguaçu, Pernambuco, Petropolis, Piracicaba, Pôrto Velho, Santa Maria, Santo André, São Gonçalo, Uberlândia 11 Campo Grande, Caxias do Sul, Ponta Grossa, Pôrto Alegre 12 Montes Claros, Rio de Janeiro, Teófilo Otoni, Volta Redonda 13 Belo Horizonte, Campina Grande, Duque de Caxias, Florianopolis, Mogi das Cruzes, Riberião Prêto ***British Columbia:*** 5 Comox 6 Surrey 7 Burnaby 8 Richmond 9 Vancouver ***Bulgaria:*** 3 Lom 4 Ruse 5 Varna, Vidin 6 Burgas 7 Plovdiv 11 Stara Zagora ***California:*** 4 Brea, Galt, Lodi, Ojai 5 Arvin, Azusa, Ceres, Chico, Chino, Dixon, Hemet, Indio, Norco, Ripon, Ukiah, Wasco, Yreka 6 Downey, Encino, Fresno, Oxnard, Pomona, Sonoma 7 Anaheim, Burbank, Compton, Fremont, Hayward, Modesto, Oakland, San Jose, Seaside, Soledad, Van Nuys 8 Berkeley, Glendale, Palo Alto, Pasadena, San Diego, Santa Ana, Stockton, Torrance, Yuba City 9 El Segundo, Hollywood, Long Beach, Menlo Park, Riverside, Sausalito 10 Chula Vista, Culver City, Los Angeles, San Leandro, Santa Clara 11 Bakersfield, Laguna Beach, Pebble Beach, Redwood City, San Clemente, Santa Monica 12 Beverly Hills, Mission Viejo, Redondo Beach, San Francisco, Santa Barbara 13 San Bernardino, San Luis Obispo ***Cambodia:*** 8 Siem Reap 10 Battambang 11 Kompong Cham ***Cameroon:*** 4 Buea, Edea 5 Kribi, Lomie 6 Douala 7 Bamenda, Foumban 9 Bafoussam ***Canada:*** 4 York 5 Banff 6 London, Oshawa, Ottawa, Regina, St. John 7 Brandon, Burnaby, Calgary, Halifax, Iqaluit, Red Deer, St. John's, Sudbury, Toronto, Windsor 8 Hamilton, Montreal, Moose Jaw, North Bay, Victoria, Winnipeg 9 Dartmouth, Kitchener, Longueuil, North York, Saint John, Saskatoon, Vancouver 10 Lethbridge, Saint John's, Sherbrooke, Thunder

Bay, Whitehorse **11** Fredericton, Medicine Hat, Mississauga, Scarborough, Yellowknife **12** Peterborough, Prince Albert, Prince George **13** Charlottetown, Trois-Rivières ***Central African Republic:*** **5** Bouar **7** Bambari ***Chad:*** **4** Sarh **6** Abéché ***Chile:*** **4** Lebu, Lota, Tomé **5** Ancud, Angol, Arica, Maipu, Penco, Rengo, Talca **6** Temuco **7** Copiapó, Iquique **8** Rancagua **10** Concepción, Talcahuano, Valparaíso **11** Antofagasta ***China:*** **4** Amoy, Jian, Luan, Xi'an, Yaan **5** Hefei, Jilin, Jinan, Lhasa, Qinan, Ssuan, Wuhan, Yibin, Yumen **6** Andong, Anqing, Anshan, Anshun, Anyang, Beihai, Canton, Dalian, Datong, Foshan, Fushun, Fuzhou, Guilin, Haikou, Handan, Harbin, Hohhot, Hoihao, Jilong, Luzhou, Mukden, Ningbo, Pengbu, Suzhou, Ürümqi, Xiamen, Xining, Xuzhou, Yanggu, Yichun, Yining, Zhangi, Zhaoan **7** Baoding, Changan, Chengdu, Dandong, Guiyang, Huainan, Jiamusi, Jiaxing, Kaifeng, Kunming, Lanzhou, Luoshan, Luoyang, Nanking, Nanjing, Nanning, Shantou, Tianjin, Taiyuan, Wanxian, Weifang, Yizhang, Zhuzhou **8** Changchi, Changsha, Dangshan, Hangzhou, Hanzhong, Hengyang, Huangshi, Jiangmen, Jiujiang, Kueiyang, Liaoyang, Nanchang, Shanghai, Shangrao, Shaoyang, Shenyang, Tianshui, Yinchuan, Zhenjing **9** Changchun, Chenjiang, Chongqing, Chungking, Guangzhou, Huangshih, Zhengzhou, Zhenjiang **10** Jingdezhen, Laojunmiao **11** Qinhuangdao, Zhangjiakou ***Colombia:*** **4** Buga, Cali **5** Bello, Mocoa, Neiva, Ocaña, Pasto, Tuluá, Tunja **6** Cúcuta, Ibagué **7** Ciénaga, Palmira, Pereira, Popayán **8** Medellín, Montería **9** Cartagena, Manizales **10** Santa Marta **11** Bucaramanga **12** Barranquilla ***Colorado:*** **6** Arvada, Aurora, Golden, Salida **7** Alamosa, Boulder, Durango, Greeley, La Junta **8** Brighton, Gunnison, Lakewood, Longmont, Loveland, Montrose, Thornton **9** Englewood, Estes Park, Leadville, Littleton, Rocky Ford, Telluride **10** Broomfield, Castle Rock, Fort Lupton, Fort Morgan, Monte Vista, Northglenn, Wheat Ridge **11** Fort Collins **13** Grand Junction ***Congo (Zaire):*** **4** Boma **6** Bukavu **7** Kolwezi **8** Bandundu **9** Kisangani **10** Lubumbashi **12** Stanleyville ***Congo-Brazzaville:*** **11** Pointe-Noire ***Connecticut:*** **5** Byram **6** Darien, Easton, Granby, Groton, Haddam **7** Ansonia, Bethany, Danbury, Enfield, Meriden, Milford, Newtown, Niantic, Norwalk, Norwich, Old Lyme, Pomfret, Windham **8** Branford, Cromwell, East Lyme, Guilford, New Haven, Simsbury, Stamford, Suffield, Westport **9** Greenwich, New Canaan, Newington, New London, Rocky Hill, Southbury, Waterbury, Waterford **10** Bridgeport, Brookfield, East Haddam, Farmington, Kensington, Litchfield, New Britain, New Milford, North Haven, Plainville, Ridgefield, Stonington, Torrington **11** Beacon Falls, Glastonbury, Middlefield, Old Saybrook, Southington, Wallingford, Willimantic **12** Wethersfield ***Costa Rica:*** **8** Alajuela **10** Puntarenas **11** Puerto Limón ***Croatia:*** **4** Pula **5** Sisak, Split, Zadar **6** Osijek, Rijeka, Zagreb **9** Dubrovnik ***Cuba:*** **5** Banes, Bauta **6** Bayamo **7** Holguín **8** Camagüey, Marianao, Matanzas, Santiago **10** Cienfuegos, Guantánamo **11** Pinar del Río ***Cyprus:*** **7** Kyrenia, Larnaca, Nicosia **8** Limassol **9** Famagusta ***Czech Republic:*** **4** Brno, Zlín **5** Plzen **7** Liberec, Olomouc, Ostrava **10** Bratislava ***Delaware:*** **5** Lewes **7** Seaford **10** Harrington, Wilmington, Winterthur ***Denmark:*** **5** Århus, Skive, Vejle **6** Alborg, Odense, Viborg **13** Frederiksberg ***Dominican Republic:*** **4** Azua, Bani, Moca **5** Bonao, Nagua **8** Barahona, Santiago ***Ecuador:*** **4** Loja **5** Canar, Daule, Manta, Pinas **7** Machala **8** Riobamba **9** Guayaquil ***Egypt:*** **4** Giza, Idfu, Isna, Qena **5** Aswan, Asyut, Benha, Disuq, Girga, Luxor, Minuf, Tahta, Tanta **6** Helwan **7** El Arish, Zagazig **8** Damanhur, Damietta, El Faiyum, Ismailia, Port Said **10** Alexandria ***Eire:*** **4** Athy, Birr, Cobh, Cork, Naas, Tuam **5** Ennis, Sligo **6** Carlow, Galway, Tralee **7** Dundalk, Kildare, Wexford, Wicklow **8** Drogheda, Kilkenny, Limerick, Monaghan **9** Castlebar, Killarney, Tipperary, Waterford **10** Balbriggan ***El Salvador:*** **7** La Unión **8** Santa Ana **9** Sonsonate ***England:*** **4** Bath, Eton, Hove, Ryde, York **5** Brent, Brigg, Colne, Corby, Cowes, Derby, Dover, Egham, Eling, Esher, Eston, Goole, Leeds, Leigh, Lewes, Luton, Poole, Ryton, Wigan **6** Bexley, Bolton, Dudley, Durham, Exeter, Merton, Oldham, Oxford, Torbay, Warley, Welwyn **7** Bristol, Bromley, Croydon, Hackney, Ipswich, Malvern, Norwich, Salford, Seaford, Walsall **8** Abingdon, Basildon, Bradford, Brighton, Coventry, Hastings, Hatfield, Havering, Hertford,

Kingston, Lewisham, Plymouth, Wallsend **9** Aylesbury, Blackpool, Cambridge, Islington, Leicester, Liverpool, Newcastle, Sheffield, Stratford **10** Birkenhead, Birmingham, Canterbury, Colchester, Manchester, Nottingham, Portsmouth, Sunderland **11** Bournemouth, Northampton, Southampton **12** Peterborough, Stoke-on-Trent, West Bromwich **13** Southend-on-Sea, Wolverhampton ***Estonia:*** **5** Narva, Pärnu, Tartu ***Ethiopia:*** **5** Aksum, Harer **6** Nazret **8** Dire Dawa ***Finland:*** **4** Kemi, Oulu, Pori **5** Espoo, Hango, Kotka, Lahti, Rauma, Turku, Vaasa **6** Vantaa **7** Tampere ***Florida:*** **5** Largo, Miami, Ocala, Ocoee, Oneco, Tampa **6** DeLand, Naples **7** Hialeah, Key West, Orlando, Sebring **8** Gulfport, Key Largo, Lakeland, Opa-Locka, Sarasota **9** Boca Raton, Bradenton, Fort Myers, Hollywood, Kissimmee, Palm Beach, Pensacola, Vero Beach **10** Clearwater, Cocoa Beach, Fort Pierce, Miami Beach, Punta Gorda, Titusville **11** Coral Gables, Gainesville, Key Biscayne, St. Augustine, Winter Haven **12** Apalachicola, Daytona Beach, Ft. Lauderdale, Jacksonville, Pompano Beach, St. Petersburg **13** Chattahoochee ***France:*** **3** Dax, Pau **4** Agde, Agen, Albi, Ales, Auch, Caen, Gien, Laon, Lyon, Metz, Nice, Orly, Rezé, Sens, Sète, Vire **5** Arles, Arras, Auray, Auton, Avion, Berck, Blois, Bondy, Brest, Creil, Digne, Dijon, Douai, Dreux, Flers, Gagny, Laval, Le Puy, Lille, Lunel, Lyons, Mâcon, Meaux, Melun, Muret, Nîmes, Niort, Noyon, Reims, Revin, Rodez, Rouen, Royan, Tours, Tulle, Vichy, Vitre **6** Amiens, Angers, Calais, Cannes, Dieppe, Evreux, Le Mans, Nantes, Nevers, Rennes, Rheims, Thiers, Toulon, Troyes **7** Ajaccio, Antibes, Avignon, Béthune, Bourges, Le Havre, Limoges, Lorient, Lourdes, Orléans, Roubaix **8** Beauvais, Besançon, Biarritz, Bordeaux, Chartres, Gentilly, Grenoble, Nanterre, Poitiers, Toulouse **9** Cherbourg, Dunkerque, Le Creusot, Marseille, Montreuil, Perpignan **10** Draguignan, Marseilles, Strasbourg, Versailles **11** Carcassonne, Montpellier **12** Saint-Etienne **13** Aix-en-Provence ***Gabon:*** **4** Oyem **5** Bitam **10** Port-Gentil **11** Franceville ***Gambia:*** **9** Serekunda ***Georgia:*** **4** Adel, Alma, Arco **5** Jesup, Macon, McRae **6** Albany, Athens **7** Augusta, Calhoun **8** Americus, Columbus, Marietta, Savannah, Valdosta **9** Brunswick ***Georgia, Republic of:*** **6** Batumi **7** Kutaisi, Rustavi, Sukhumi ***Germany:*** **3** Aue, Hof, Ulm **4** Bonn, Gera, Goch, Hamm, Jena, Kehl, Kiel, Köln, Marl, Suhl **5** Aalen, Ahlen, Borna, Bruhl, Calbe, Celle, Düren, Emden, Essen, Forst, Fulda, Furth, Gotha, Greiz, Hagen, Halle, Hanau, Herne, Hurth, Kleve, Lemgo, Lobau, Mainz, Neuss, Peine, Pirna, Riesa, Stade, Thale, Trier, Wesel, Zeitz **6** Aachen, Bremen, Coburg, Dachau, Dessau, Erfurt, Kassel, Lübeck, Munich, Rheydt **7** Cologne, Cottbus, Dresden, Hamburg, Hanover, Koblenz, Krefeld, Leipzig, München, Munster, Potsdam, Rostock, Zwickau **8** Augsburg, Bayreuth, Chemnitz, Cuxhaven, Dortmund, Duisburg, Freiburg, Hannover, Mannheim, Nürnberg, Würzburg **9** Bielefeld, Brunswick, Darmstadt, Frankfurt, Göttingen, Karlsruhe, Magdeburg, Nuremberg, Offenbach, Oldenburg, Osnabrück, Remscheid, Stuttgart, Wiesbaden, Wuppertal **10** Baden-Baden, Düsseldorf, Heidelberg, Oberhausen, Regensburg, Salzgitter **11** Brandenburg, Bremerhaven, Saarbrücken **12** Braunschweig **13** Gelsenkirchen ***Ghana:*** **4** Axim, Keta, Tema **5** Lawra, Yendi **6** Kumasi ***Greece:*** **3** Kos **4** Arta **5** Argos, Lamia, Nemea, Volos **6** Sparta, Thebes **7** Corinth, Khalkis, Larissa, Piraeus, Tríkala **8** Salonika **12** Thessaloniki ***Guatemala:*** **5** Cobán **13** Quezaltenango ***Guinea:*** **4** Labé **6** Kankan, Kindia ***Haiti:*** **8** Gonaïves **10** Cap Haitien ***Hawaii:*** **4** Aiea, Hilo, Laie **5** Kapaa, Lihue, Maili **6** Kailua **7** Kaneohe, Waikiki, Wailuku ***Honduras:*** **5** Danlí **7** La Ceiba **12** San Pedro Sula ***Hong Kong:*** **7** Kowloon ***Hungary:*** **3** Ozd **4** Eger, Györ, Pécs **5** Abony, Bekes **6** Szeged **7** Miskolc **8** Debrecen ***Idaho:*** **4** Buhl **5** Nampa **6** Dubois, Moscow **7** Gooding, Payette, Rexburg **8** Caldwell **9** Blackfoot, Pocatello, Sandpoint, Sun Valley, Twin Falls **11** Coeur d'Alene, Grangeville **12** Mountain Home, Saint Anthony ***Illinois:*** **6** DeKalb, Galena, Hardin, Joliet, Macomb, Moline, Paxton, Peoria, Skokie, Urbana **7** Chicago, Decatur, Glencoe, Oak Lawn, Oak Park, Tuscola, Watseka, Wheaton **8** Carthage, Evanston, Kankakee, La Grange, Monmouth, Rockford, Vandalia, Waukegan **9** Belvidere, Effingham, Galesburg, Park Ridge, Yorkville **10** Belleville, Carbondale, Carrollton, Des Plaines,

Metropolis, Northbrook, Rock Island **11** Carlinville, Jerseyville, Lindenhurst, Murphysboro, Taylorville **12** Highland Park, Mount Carroll ***India:*** **3** Mau **4** Agra, Ahwa, Bhuj, Durg, Gaya, Kota, Mhow, Pune, Puri, Rewa, Tonk, Ziro **5** Adoni, Aimer, Akola, Alwar, Arcot, Arrah, Banda, Barsi, Bidar, Bihar, Churu, Damoh, Delhi, Dewas, Eluru, Gonda, Jalna, Jammu, Karur, Miraj, Morvi, Nasik, Patan, Patna, Poona, Sagar, Satna, Sikar, Simla, Surat, Thana **6** Baroda, Bhopal, Bombay, Cochin, Guntur, Howrah, Indore, Jaipur, Jhansi, Kanpur, Madras, Meerut, Mysore, Nagpur, Raipur, Rajkot, Ranchi, Ujjain **7** Aligarh, Asansol, Belgaum, Bikaner, Burdwan, Cuttack, Gauhati, Gwalior, Jodhpur, Kurnool, Lucknow, Madurai, Mathura, Nellore, Patiala, Vellore **8** Amritsar, Bhatpara, Calcutta, Dehra Dun, Kolhapur, Ludhiana, Sholapur, Srinagar, Varanasi **9** Ahmadabad, Allahabad, Bangalore, Hyderabad **10** Ahmadnagar, Chandigarh, Trivandrum **11** Pondicherry ***Indiana:*** **4** Gary **5** Berne, Paoli, Vevay **6** Delphi, Kokomo, Marlon, Muncie, Tipton **7** Bedford, Corydon, Elkhart, La Porte, Winamac **8** Bluffton, Kentland **9** Boonville, Fort Wayne, New Albany, Rushville, South Bend, Vincennes **10** Crown Point, Evansville, Logansport, Scottsburg, Terre Haute, Valparaiso **11** Bloomington, Greencastle, Noblesville, Shelbyville **12** Connersville, Lawrenceburg, Martinsville ***Indonesia:*** **4** Pati **5** Ambon, Bogor, Garut, Kudus, Medan, Tegal, Turen **6** Batang, Kediri, Madiun, Malang, Manado, Padang **7** Bandung, Kendari **8** Semarang, Surabaja, Surabaya, Tjirebon **9** Palembang, Pontianak, Surakarta **10** Pekalongan **11** Tasikmalaja **12** Bandjarmasin ***Iowa:*** **5** Onawa, Pella **6** Eldora, Harlan, Keokuk, Le Mars, Red Oak **7** Allison, Anamosa, Carroll, Clinton, Corydon, Denison, Dubuque, Marengo, Osceola, Waverly **8** Clarinda, Ida Grove, Waterloo **9** Davenport, Fort Dodge, Indianola, Mason City, Muscatine, Oskaloosa, Sioux City, Storm Lake, West Union, Winterset **10** Emmetsburg, Rock Rapids, Spirit Lake **11** Cedar Rapids, Fort Madison **13** Council Bluffs ***Iran:*** **3** Qom, Qum **4** Amul, Arak, Khoi, Sari, Yazd, Yezd **5** Ahvaz, Ahwaz, Babol, Rasht **6** Abadan, Meshed, Shiraz, Tabriz **7** Esfahan, Hamadan, Isfahan, Mashhad **9** Bakhtaran ***Iraq:*** **3** Ana, Kut **4** Kufa **5** Al Kut, Amara, Basra, Erbil, Hilla, Mosul, Najaf, Rutba **6** Amarah, Hillah, Kirkuk, Ramadi, Rutbah **7** Falluja, Samarra **8** Fallujah, Nasiriya **9** Nasiriyah ***Ireland:*** (see *Eire*, above) ***Israel:*** **5** Afula, Haifa, Holon, Jaffa **7** Rehovot **8** Ashqelon, Nazareth, Ramat Gan **9** Beersheba ***Italy:*** **4** Acri, Alba, Asti, Bari, Enna, Este, Fano, Gela, Iesi, Lodi, Lugo, Pisa **5** Adria, Agira, Anzio, Aosta, Arola, Cantù, Capua, Carpi, Crema, Cuneo, Eboli, Fermo, Fondi, Forli, Gaeta, Genoa, Imola, Ivrea, Lecce, Lecco, Lucca, Massa, Melfi, Menfi, Milan, Monza, Padua, Parma, Prato, Siena, Turin **6** Ancona, Assisi, Foggia, Mantua, Milano, Modena, Naples, Napoli, Rimini, Torino, Venice, Verona **7** Bergamo, Bologna, Bolzano, Brescia, Catania, Firenze, Leghorn, Messina, Palermo, Perugia, Pescara, Potenza, Ravenna, Salerno, San Remo, Taranto, Trieste, Venezia **8** Brindisi, Cagliari, Florence, La Spezia, Piacenza, Siracusa, Syracuse ***Ivory Coast:*** **6** Bouaké ***Jamaica:*** **6** May Pen **10** Montego Bay ***Japan:*** **3** Ina, Ise, Ito, Ota, Tsu, Ube, Uji, Yao **4** Ageo, Anan, Gifu, Hagi, Himi, Hofu, Iida, Joyo, Kaga, Kobe, Kofu, Kure, Miki, Mito, Naha, Nara, Noda, Oita, Otsu, Saga, Saku, Soka, Tosu, Ueda, Yono **5** Akita, Atami, Beppu, Chiba, Imari, Itami, Iwaki, Iwata, Izumi, Izumo, Kiryu, Kochi, Kyoto, Minoo, Odate, Ogaki, Okawa, Okaya, Omiya, Omuta, Osaka, Otaru, Oyama, Sabae, Saiki, Sakai, Sanjo, Suita, Tenri, Urawa **6** Akashi, Aomori, Himeji, Kadoma, Kurume, Matsue, Mitaka, Nagano, Nagoya, Numazu, Sasebo, Sendai, Suzuka, Toyama, Yonago **7** Fukuoka, Hitachi, Ibaraki, Imabari, Muroran, Niigata, Niihama, Nobeoka, Obihiro, Odawara, Okayama, Okazaki, Sapporo **8** Ashikaga, Fujisawa, Fukuyama, Hirakata, Hirosaki, Ichihara, Ichikawa, Kakogawa, Kamakura, Kanazawa, Kawasaki, Miyazaki, Nagasaki, Onomichi, Shizuoka, Takasaki, Toyonaka, Wakayama, Yamagata, Yokohama, Yokosuka **9** Fukushima, Funabashi, Hiroshima, Kawaguchi, Yamaguchi, Yokkaichi ***Jordan:*** **5** Aqaba, Irbid ***Kansas:*** **4** Gove, Iola **5** Colby, Hoxie, Lakin, Leoti, Paola, Pratt **6** Atwood, Beloit, Girard, Holton, Salina **7** Abilene, Emporia, Garnett, Kinsley, Wichita **8** Cimarron, Goodland, La Crosse, Sublette **9** Coldwater, Fort Scott, Great Bend, Oskaloosa **10** Hutchinson

11 Leavenworth **12** Council Grove, Overland Park **13** Medicine Lodge ***Kazakhstan:*** **5** Semey **6** Almaty, Aqtöbe, Guryev, Uralsk **7** Alma-Ata, Zhambyl **8** Balkhash, Chimkent, Dzhambul, Kyzl Orda, Pavlodar, Shymkent **9** Karaganda **10** Aktyubinsk ***Kentucky:*** **4** Inez **5** Cadiz, Hyden, McKee **6** Elkton, Harlan **7** Ashland, Campton, Greenup, Hindman, Paducah, Stanton **8** Fort Knox, Mayfield **9** Bardstown, Covington, Cynthiana, Lexington, Maysville, Owensboro, Pikeville, Pineville, Southgate, Vanceburg **10** Booneville, Hawesville, Louisville, Whitesburg **11** Hardinsburg, Harrodsburg, Hodgenville, Leitchfield, Morganfield **12** Bowling Green ***Kenya:*** **4** Embu **5** Nyeri **6** Kisumu, Nakuru **7** Mombasa ***Kyrgyzstan:*** **3** Osh **5** Naryn ***Laos:*** **5** Pakse **11** Savannakhet ***Latvia:*** **7** Jelgava, Liepaja **9** Ventspils **10** Daugavpils ***Lebanon:*** **4** Tyre **5** Sidon, Zahlé **7** Juniyah, Tripoli ***Libya:*** **4** Homs **5** Derna, Zawia **6** Tobruk **8** Benghazi, Misratah ***Lithuania:*** **6** Kaunas **8** Klaipeda ***Louisiana:*** **4** Jena **5** Amite, Arabi, Houma, Mamou, Norco, Rayne **6** Colfax, Edgard, Gretna, Minden, Ruston **7** Arcadia, Bastrop, Marrero, Oberlin **8** Bogalusa, De Ridder, Metairie, New Roads, Oak Grove, Westwego **9** Abbeville, Chalmette, Hahnville, Leesville, New Iberia, Opelousas, Port Allen, Thibodaux, Winnfield, Winnsboro **10** New Orleans, Plaquemine, Shreveport **11** Lake Charles **12** Natchitoches ***Macedonia:*** **6** Bitola, Prilep, Tetovo ***Maine:*** **4** Saco **5** Orono **6** Auburn, Bangor, Gorham **7** Berwick, Kittery, Machias, Rumford **8** Lewiston, Portland, Rockland **9** Bar Harbor, Biddeford, Brunswick, Ellsworth, Kennebunk, Skowhegan, Wiscasset **11** Millinocket, Presque Isle **13** Kennebunkport ***Malawi:*** **5** Mzuzu, Zomba **8** Blantyre ***Malaysia:*** **4** Ipoh **5** Gemas, Klang **6** Kelang, Penang, Pinang **11** Johore Bahru ***Mali:*** **5** Kayes, Mopti, Ségou **7** Sikasso ***Malta:*** **10** Birkirkara ***Maryland:*** **5** Bowie **6** Denton, Elkton, Towson **8** Bethesda, Landover, Snow Hill **9** Baltimore, Rockville **10** Beltsville, Hagerstown **11** Chestertown, College Park, Leonardtown **12** Havre de Grace, Silver Spring ***Massachusetts:*** **4** Ayer **5** Acton, Lenox, Salem **6** Agawam, Boston, Dedham, Lowell, Malden, Monson, Natick, Saugus, Woburn **7** Amherst, Danvers, Duxbury, Holyoke, Hyannis, Medford, Methuen, Needham, Swansea, Taunton, Walpole, Waltham, Wareham **8** Brockton, Chicopee, Falmouth, Plymouth, Rockport, Scituate, Yarmouth **9** Attleboro, Braintree, Brookline, Cambridge, Edgartown, Fall River, Fitchburg, Haverhill, Lexington, Nantucket, Southwick, Wilbraham, Worcester **10** Barnstable, Framingham, Gloucester, Greenfield, Leominster, New Bedford, North Adams, Pittsfield, Somerville, Swampscott **11** Northampton, Springfield **12** Mattapoisett, Provincetown, Williamstown ***Mauritania:*** **4** Atar **5** Kaedi **6** Dakhla ***Mexico:*** **4** León **5** Ameca, Choix, Tepic **6** Cancún, Celaya, Colima, Jalapa, Juárez, Mérida, Oaxaca, Puebla, Toluca, Tuxtla **7** Durango, Guasave, Morelia, Obregón, Reynosa, Tampico, Tijuana, Tlalpán, Torreón, Uruapan, Zapopan **8** Chetumal, Coyoacán, Culiacán, Ensenada, Mazatlan, Mexicali, Saltillo, Tuxtepec **9** Chihuahua, Fresnillo, Ixtacalco, Monterrey, Querétaro, Salamanca, Tapachula, Zacatecas **10** Cuernavaca, Hermosillo, Ixtapalapa, Xochimilco **11** Guadalajara, Nuevo Laredo **13** San Luis Potosí ***Michigan:*** **4** Alma, Holt **5** Flint, Ionia, L'Anse, Niles **6** Otsego, Paw Paw, Warren **7** Allegan, Corunna, Detroit, Gladwin, Livonia, Midland, Saginaw **8** Ann Arbor, Bessemer, Dearborn, Escanaba, Grayling, Hastings, Houghton, Muskegon, Newberry, Petoskey, Sandusky **9** Cheboygan, Coldwater, Hillsdale, Kalamazoo, Menominee, Port Huron, Roscommon, Ypsilanti **10** Charlevoix, Grand Haven, West Branch, White Cloud **11** Battle Creek, Grand Rapids, Harrisville, Saint Ignace **12** Highland Park, Iron Mountain ***Minnesota:*** **3** Ely **4** Mora **5** Anoka, Edina, Osseo **6** Aitkin, Benson, Duluth, Waseca, Windom, Winona **7** Glencoe, Hibbing, Mankato, Red Wing, St. Cloud, Wabasha **8** Brainerd, Elk River, Moorhead, Shakopee **9** Caledonia, Crookston, Faribault, Pipestone, Rochester, Saint Paul, Silver Bay **10** Park Rapids, Saint Cloud, Saint James, Saint Peter, Stillwater, Two Harbors **11** Bloomington, Fergus Falls, Long Prairie, Minneapolis, Worthington **12** Breckenridge, Granite Falls, Redwood Falls ***Mississippi:*** **4** Iuka **5** Amory **6** Biloxi, Leland, McComb, Purvis, Sardis, Sumner, Tupelo, Winona **7** Belzoni, Brandon, Okolona, Quitman, Wiggins **8** Gulfport, Hernando, Meridian, Paulding, Rosedale, Walthall

9 Greenwood, Indianola, New Albany, Pittsboro, Vicksburg **10** Batesville, Booneville, Brookhaven, Clarksdale, Ellisville, Greenville, Hazlehurst, Pascagoula, Port Gibson, Starkville, Waynesboro **11** Coffeeville, Hattiesburg, Poplarville **12** Holly Springs ***Missouri:*** **3** Ava **4** Linn **5** Eldon, Hayti, Ladue, Rolla **6** Galena, Neosho, Potosi **7** Hermann, Ironton, Kennett, Linneus, Osceola, Palmyra, Sedalia, St. Louis **8** Gallatin, Hannibal **9** Boonville, Hartville, Hillsboro, Maryville, Pineville, Tuscumbia, Warrenton **10** Kansas City, Kirksville, Marble Hill, Marshfield, Perryville, Saint Louis, Springfield, Steelville, Unionville, West Plains **11** Poplar Bluff, Saint Joseph, Warrensburg **12** Independence, Saint Charles ***Moldova:*** **5** Balti **7** Tighina **8** Tiraspol ***Mongolia:*** **5** Kobdo **6** Darhan **10** Choybalsan ***Montana:*** **5** Butte, Havre, Libby **6** Hardin, Polson **7** Bozeman **8** Billings, Missoula, Red Lodge **10** Great Falls ***Montenegro:*** **8** Titograd **9** Podgorica ***Morocco:*** **3** Fès **4** Safi, Salé, Taza **5** Nador, Oujda **6** Agadir, Meknès **7** Kenitra, Tangier **9** Marrakech, Marrakesh **10** Casablanca ***Mozambique:*** **5** Beira **7** Chimoio, Nampula **9** Quelimane, Quilimane ***Myanmar:*** **3** Pyu **4** Paan **5** Akyab, Bhamo, Chauk, Katha, Magwe, Minbu, Mogok, Tavoy **7** Bassein **8** Mandalay, Moulmein ***Namibia:*** **5** Outjo **6** Tsumeb **8** Oshakati **12** Keetmanshoop ***Nebraska:*** **3** Ord **5** Cozad, Omaha, Ponca, Tryon, Wahoo **6** Elwood, Gering, McCook, Minden, Wilber **7** Burwell, Fremont, Kearney, Kimball, Osceola, Tekamah **8** Beatrice, Fairbury, Hastings, Ogallala, Red Cloud, Schuyler, Tecumseh, Thedford **9** Fullerton, Papillion **10** Springview, Stockville **11** Grand Island, Hayes Center, North Platte, Plattsmouth ***Netherlands:*** **3** Ede, Epe, Oss **4** Echt, Tiel, Uden **5** Aalst, Assen, Breda, Delft, Emmen, Hague, Soest, Vaals, Venlo, Vught, Weert, Weesp, Zeist **6** Arnhem **7** Haarlem, Tilburg, Utrecht **8** Enschede, Nijmegen, The Hague **9** Apeldoorn, Eindhoven, Groningen, Rotterdam, Zandvoort **10** Maastricht ***Nevada:*** **3** Ely **4** Elko, Reno **6** Fallon, Minden, Pioche **7** Tonopah **8** Las Vegas, Lovelock **9** Goldfield, Yerington **10** Winnemucca ***New Brunswick:*** **5** Minto **6** St. John **7** Moncton **9** Dalhousie, Saint John **10** Edmundston, Richibucto **12** Hopewell Cape, Perth Andover, Saint Andrews ***Newfoundland:*** **5** Burin **6** Wabana **10** Mount Pearl **11** Corner Brook ***New Hampshire:*** **5** Derry, Dover, Keene **6** Berlin, Exeter, Gorham, Nashua **7** Hanover, Laconia, Lebanon, Ossipee **8** Hinsdale, Seabrook **9** Littleton, Merrimack **10** Manchester, Portsmouth, Woodsville ***New Jersey:*** **4** Atco, Lodi **6** Camden, Newark, Nutley, Rahway, Rumson **7** Bayonne, Cape May, Clifton, Hoboken, Paramus, Passaic, Raritan, Teaneck **8** Freehold, Metuchen, Paterson, Vauxhall, Woodbury **9** Belvidere, Bridgeton, Elizabeth, Glassboro, Lakehurst, Maplewood, Menlo Park, Montclair, Princeton, Riverside, Toms River **10** Asbury Park, Bloomfield, Cherry Hill, East Orange, Flemington, Hackensack, Jersey City, Morristown, Mount Holly, Perth Amboy, Piscataway, Plainfield, Somerville, West Orange **11** Mays Landing, South Orange **12** Atlantic City, New Brunswick **13** Palisades Park ***New Mexico:*** **4** Taos **5** Belen, Hobbs, Raton **6** Clovis, Deming, Grants **7** Roswell, Socorro **8** Estancia, Los Lunas, Portales **9** Carrizozo, Las Cruces, Los Alamos, Lovington, Tucumcari **10** Alamogordo, Bernalillo, Fort Sumner **11** Albuquerque ***New York:*** **4** Elma, Ovid, Troy **5** Depew, Ilion, Islip, Le Roy, Nyack, Olean, Owego, Utica **6** Attica, Cohoes, Delmar, Elmira, Hudson, Ithaca, Oneida **7** Batavia, Buffalo, Corning, Geneseo, Katonah, Mineola, Penn Yan, Suffern, Yonkers **8** Bay Shore, Cortland, Herkimer, Hyde Park, Kingston, Lockport, Mayville, Ossining, Syracuse, Valhalla **9** Greenport, Hempstead, Patchogue, Riverhead, Rochester, Scarsdale, Schoharie **10** Binghamton, Glens Falls, Haverstraw, Huntington, Lackawanna, Lake George, Lake Placid, Mamaroneck, Massapequa, Mount Kisco, Plattsburg, Rensselaer, Watervliet **11** Canajoharie, Canandaigua, Cooperstown, Farmingdale, Hudson Falls, Plattsburgh, Port Chester, Saint George, Schenectady, Southampton, Watkins Glen, White Plains **12** Lake Pleasant, Poughkeepsie **13** Mechanicville, Port Jefferson ***New Zealand:*** **4** Hutt, Tawa **5** Levin, Taupo, Waihi **7** Dunedin, Manukau **8** Auckland **12** Christchurch ***Nicaragua:*** **4** León **5** Boaco, Rivas **6** Masaya **7** Granada ***Nigeria:*** **3** Aba, Ado, Ede, Ife, Ila, Iwo, Jos, Owo, Oyo **4** Kano, Ondo **5** Akure, Enugu, Gusau, Lagos, Okene, Zaria **6** Ibadan, Ilesha, Ilorin, Kaduna, Mushin, Sokoto **7** Onitsha, Oshogbo

8 Abeokuta **9** Maiduguri, Ogbomosho **12** Port Harcourt ***North Carolina:*** **4** Dunn **5** Ayden, Elkin, Erwin, Oteen, Sylva **6** Dobson, Durham, Lenoir, Manteo, Marlon, Shelby, Winton **7** Bayboro, Brevard, Edenton, Kinston, New Bern, Newland, Roxboro, Sanford, Tarboro **8** Asheboro, Beaufort, Gastonia, Hatteras, Snow Hill **9** Albemarle, Asheville, Charlotte, Currituck, High Point, Kitty Hawk, Louisburg, Lumberton, Morganton **10** Chapel Hill, Greensboro, Mocksville, Smithfield, Wilkesboro **11** Statesville, Yanceyville **12** Murfreesboro, Winston-Salem ***North Dakota:*** **4** Mott **5** Cando, Fargo, Minot, Rolla **6** Amidon, Ashley, Bowman, Formon, Lakota, Linton, Medora, Mohall **8** Wahpeton, Washburn **9** Dickinson, Williston **10** Devils Lake, Grand Forks ***Northern Ireland:*** **5** Derry, Larne, Newry, Omagh **6** Antrim, Armagh **9** Ballymena, Coleraine, Craigavon, Dungannon **10** Ballymoney **11** Ballycastle, Downpatrick, Enniskillen, Londonderry **13** Carrickfergus ***North Korea:*** **5** Haeju, Nampo **6** Wonsan **7** Hamhung, Kaesong, Sinuiju **8** Ch'ongjin, Kimchaek **9** P'yongyang ***Northwest Territories:*** **6** Dawson **10** Whitehorse **11** Yellowknife ***Norway:*** **4** Bodo **5** Hamar, Skien, Vardo **6** Bergen, Tromso **8** Kirkenes **9** Stavanger, Trondheim **10** Hammerfest **12** Kristiansand ***Nova Scotia:*** **5** Digby **6** Pictou **7** Arichat, Baddeck **8** Port Hood **9** Dartmouth, Kentville, Lunenburg, Shelburne, Westville **10** Antigonish **11** Guysborough ***Ohio:*** **4** Kent **5** Akron, Berea, Bryan, Carey, Eaton, Heath, Logan, Niles, Parma, Piqua, Solon, Xenia **6** Canton, Celina, Dayton, Elyria, Euclid, Kenton, Lorain, Marion, Medina, Sidney, Tiffin, Toledo **7** Ashland, Batavia, Bucyrus, Chardon, Findlay, Ironton, Oakwood, Pomeroy, Ravenna, Wauseon, Wooster **8** Conneaut, Marietta, Sandusky **9** Ashtabula, Cleveland, Coshocton, Mansfield **10** Cincinnati, Gallipolis, Wapakoneta, Zanesville **11** Chillicothe, Circleville, Millersburg, Mount Gilead, Painesville, Port Clinton **12** Steubenville **13** Bellefontaine, Cuyahoga Falls ***Oklahoma:*** **3** Ada **4** Alva, Enid **5** Altus, Atoka, Sayre, Tulsa **6** Durant, El Reno, Guymon, Idabel, Lawton, Okemah, Poteau, Wewoka **7** Antlers, Ardmore, Cordell, Eufaula, Newkirk, Purcell, Sapulpa, Watonga **8** Anadarko, Okmulgee, Pawhuska, Sallisaw, Stilwell **9** Chickasha, Claremore, Frederick, McAlester, Wilburton **10** Stillwater, Tishomingo **11** Pauls Valley **12** Bartlesville ***Oman:*** **3** Sur **6** Matrah **7** Salalah ***Ontario:*** **4** Ajax, Wawa, York **6** Barrie, Guelph, Kenora, London, Oshawa, Sarnia, Simcoe **7** Cobourg, Markham, Napanee, Sudbury, Windsor **8** Brampton, Cochrane, Goderich, Hamilton, North Bay, Pembroke, Prescott **9** Brantford, Etobicoke, Kitchener, L'Original, Newmarket, North York, Owen Sound, Walkerton **10** Belleville, Brockville, Burlington, Haileybury, Parry Sound, Thunder Bay **11** Bracebridge, Fort Frances, Mississauga, Scarborough **12** Peterborough, St. Catharines ***Oregon:*** **5** Canby, Nyssa **6** Eugene **8** Coquille, La Grande, Portland, Roseburg **9** Clackamas, Corvallis, Gold Beach, Pendleton, The Dalles, Tillamook **10** Grants Pass **12** Klamath Falls ***Pakistan:*** **5** Bannu, Bhera, Kasur, Kohat **6** Gujrat, Lahore, Mardan, Multan, Quetta, Sukkur **7** Karachi, Sialkot **8** Lyallpur, Peshawar, Sargodha **9** Hyderabad **10** Bahawalpur, Faisalabad, Gujranwala, Rawalpindi ***Paraguay:*** **3** Itá **4** Yuty **5** Luque, Pilar **7** Caacupé, Caazapa **9** Paraguarí **10** San Lorenzo ***Papua New Guinea:*** **3** Lae **10** Mount Hagen, Popondetta ***Pennsylvania:*** **4** Erie, York **5** Avoca, Darby, Muncy, Paoli **6** Easton **7** Altoona, Bedford, Clarion, Hanover, Hershey, Latrobe, Reading, Ridgway, Sunbury **8** Carlisle, Edinboro, Hazleton, Montrose, Scranton, Somerset **9** Allentown, Ebensburg, Honesdale, Jim Thorpe, Lancaster, Lewisburg, Lock Haven, Meadville, New Castle, Wellsboro **10** Bloomsburg, Brookville, Carbondale, Clearfield, Gettysburg, Greensburg, Huntingdon, Kittanning, McKeesport, Middleburg, Pittsburgh, Pottsville, Waynesburg **11** Stroudsburg, Valley Forge, West Chester, Wilkes-Barre **12** Philadelphia, State College, Williamsport ***Peru:*** **3** Ica, Ilo **5** Ancon, Cuzco, Jauja, Junin, Lamas, Pisco, Piura, Tacna **6** Callao **8** Arequipa, Chiclayo, Chimbote, Trujillo ***Philippines:*** **3** Iba **4** Bago, Bais, Boac, Bogo, Cebu, Daet, Jolo, Lipa, Mati **5** Basco, Bulan, Cadiz, Danao, Davao, Digos, Gapan, Gubat, Iriga, Laoag, Ormoc, Pasay, Silay, Tagum, Vigan **6** Butuan, Iloilo, Quezon **7** Angeles, Bacolod, Basilan **8** Batangas, Calbayog, Caloocan **9** Zamboanga **10** Quezon City ***Poland:*** **4** Lodz, Nysa, Pila, Zary **5** Bytom, Bytow,

Chelm, Kutno, Lomza, Luban, Lubin, Plock, Radom, Torun, Tychy **6** Elblag, Gdansk, Gdynia, Kalisz, Kielce, Krakow, Lublin, Poznan, Rybnik, Zabrze **7** Chorzow, Dabrowa, Gliwice, Rzeszow, Wroclaw **8** Gornicza, Katowice, Szczecin **9** Bialystok, Bydgoszcz, Sosnowiec, Walbrzych **11** Czestochowa ***Portugal:*** **4** Faro **5** Braga, Evora, Porto **6** Almada, Oporto, Queluz **7** Amadora **8** Barreiro, Santarém ***Prince Edward Island:*** **10** Summerside ***Puerto Rico:*** **5** Ponce **6** Caguas **7** Arecibo, Bayamón **8** Carolina, Guaynabo, Mayagüez ***Quebec:*** **4** Alma **5** Amqui, Anjou, Gaspé, Laval, Lévis, Magog, Percé, Rouyn **6** Granby, Ham Sud, Matane, Ste.-Foy, Val d'Or **7** Bedford, Lachute **8** Beauport, Cap Santé, Joliette, Lac Brome, Maniwaki, Montreal, Rimouski, Roberval, Sept-Iles, Waterloo **9** Bécancour, Cookshire, Iberville, Inverness, La Malbaie, La Prairie, Longueuil, Montmagny, Sainte-Foy, Saint Jean, Tadoussac, Vaudreuil **10** Baie-Comeau, Chicoutimi **11** Beauharnois, Louiseville, Mont-Laurier **12** Charlesbourg **13** Trois-Rivières ***Rhode Island:*** **7** Newport, Rumford, Warwick **8** Apponaug, Coventry, Cranston, Tiverton, Westerly **9** Hopkinton, Pawtucket **10** Woonsocket **12** Narragansett, West Kingston ***Romania:*** **3** Dej **4** Aiud, Arad, Cluj, Deva, Husi, Iasi **5** Anina, Bacau, Buzau, Carei, Lugoj, Sibiu, Turda **6** Braila, Brasov, Galati, Oradea **7** Craiova **8** Ploiesti **9** Constanta, Timisoara **10** Cluj-Napoca ***Russia:*** **3** Kem, Ufa **4** Inta, Luga, Okha, Omsk, Orel, Orsk, Perm, Tula, Tura, Zima **5** Aldan, Artem, Chita, Ishim, Kansk, Kazan, Lysva, Onega, Penza, Pskov, Rzhev, Salsk, Serov, Sochi, Sokol, Tomsk, Tulun, Volsk, Yurga **6** Bratsk, Grozny, Kaluga, Kovrov, Kurgan, Rostov, Ryazan, Samara, Syzran, Tambov, Tyumen, Vyborg, Yelets **7** Irkutsk, Ivanovo, Izhevsk, Kalinin, Kolomna, Lipetsk, Magadan, Norilsk, Rybinsk, Saransk, Saratov, Shakhty, Vologda, Yakutsk, Zhdanov **8** Belgorod, Kemerovo, Kostroma, Murmansk, Nakhodka, Novgorod, Orenburg, Smolensk, Taganrog, Vladimir, Volzhski, Voronezh **9** Archangel, Astrakhan, Berezniki, Krasnodar, Serpukhov, Stavropol, Ulyanovsk, Volgograd, Yaroslavl **10** Cheboksary, Dzerzhinsk **11** Arkhangel'sk, Chelyabinsk, Cheremkhovo, Cherepovets, Kaliningrad, Krasnoyarsk, Novosibirsk, St. Petersburg, Vladivostok **13** Yekaterinburg ***Saskatchewan:*** **8** Moose Jaw **9** Saskatoon **10** Assiniboia **12** Prince Albert ***Saudi Arabia:*** **4** Jauf, Taif **5** Jedda, Jidda, Mecca, Tabuk **6** Jeddah, Jiddah, Medina **8** Buraydah ***Scotland:*** **3** Ayr **4** Alva, Caol, Dyce, Oban **5** Alloa, Annan, Beith, Cowie, Cupar, Dalry, Ellon, Kelso, Kelty, Largs, Leven, Nairn, Patna, Troon **6** Dundee **7** Glasgow, Paisley **8** Aberdeen, Greenock, Hamilton **9** Inverness, Lockerbie **10** Kilmarnock **11** Dunfermline, John o'Groats ***Senegal:*** **5** Thiès **6** Kaolak **7** Kaolack **10** Saint-Louis ***Serbia:*** **3** Bor, Nis, Pec **4** Ruma **5** Becej, Cacak, Pirot, Sabac, Senta, Vrbas, Vrsac **7** Novi Sad **8** Subotica **10** Kragujevac ***Slovakia:*** **5** Nitra **6** Kosice, Presov, Zilina ***Slovenia:*** **4** Bled **5** Celje, Koper, Kranj **7** Maribor ***Somalia:*** **3** Eil **5** Afgoi, Alula, Brava, Burao, Marka, Obbia **7** Berbera, Kismayu **8** Hargeysa, Kismaayo ***South Africa:*** **5** Brits, Ceres, De Aar, Nigel, Paarl **6** Benoni, Durban, Soweto **7** Springs **8** Boksburg, Mafeking **9** Germiston, Kimberley, Ladysmith, Uitenhage **10** East London **11** Krugersdorp, Vereeniging **12** Johannesburg **13** Port Elizabeth ***South Carolina:*** **5** Aiken, Cayce, Saxon **6** Sumter **7** Gaffney, Laurens, Manning, Pickens **8** Beaufort, Newberry, Rock Hill, Walhalla **9** Abbeville, Allendale, Greenwood, Kingstree, McCormick, Winnsboro **10** Charleston, Darlington, Greenville, Hilton Head, Orangeburg, Walterboro **11** Bishopville, Myrtle Beach, Spartanburg **12** Moncks Corner ***South Dakota:*** **7** Sturgis, Yankton **8** Deadwood, Elk Point **9** Brookings, Rapid City **10** Sioux Falls ***South Korea:*** **3** Iri **4** Yosu **5** Cheju, Masan, Mokpo, Pusan, Suwon, Taegu, Ulson, Wonju **6** Chinju, Chonju, Inchon, Kunsan, Taejon **7** Kwangju ***Spain:*** **4** Adra, Baza, Elda, Jaca, Jaén, León, Loja, Lugo, Olot, Reus, Vich, Vigo **5** Albox, Alcoy, Alora, Baena, Cádiz, Ceuta, Cieza, Ecija, Eibar, Elche, Gijón, Ibiza, Jodar, Lorca, Mahon, Oliva, Osuna, Palma, Ronda, Soria, Ubeda **6** Bilbao, Burgos, Cuenca, Huelva, Lérida, Málaga, Mérida, Murcia, Oviedo, Toledo **7** Almadén, Almería, Cáceres, Córdoba, Durango, Granada, Segovia, Sevilla, Seville, Tarrasa, Vitoria **8** Albacete, Alicante, La Coruña, Pamplona, Sabadell, Valencia, Zaragoza **9** Algeciras, Barcelona, Salamanca, Santander, Saragossa, Tarragona **10** Hospitalet, Valladolid **12** San Sebastián ***Sri Lanka:*** **5** Galle, Kandy **6** Jaffna **8** Dehiwala, Moratuwa **10** Batticaloa ***Sudan:*** **4** Juba **5** Kodok, Kosti **7** El Obeid, Kassala **8** Omdurman ***Sweden:*** **4** Lund, Täby, Umea **5** Falun, Gävle, Lulea, Malmö, Växjö, Visby **6** Orebro **7** Uppsala **8** Göteborg, Halmstad **9** Jönköping, Linköping **12** Kristianstad ***Switzerland:*** **3** Zug **4** Biel, Chur, Sion, Thun **5** Aarau, Arbon, Baden, Basel, Koniz **6** Geneva, Lugano, St. Gall, Zürich **7** Lucerne, Zermatt **8** Lausanne, Montreux, St. Moritz **9** Neuchâtel, Saint Gall **11** Saint Moritz ***Syria:*** **4** Hama, Homs **5** Idlib **6** Aleppo, Tartus **7** Latakia ***Taiwan:*** **5** Chia-i **6** T'ai-nan **7** Chi-lung, Hsin-chu **8** Feng-shan, Pan-ch'iao, San-ch'ung, T'ai-chung **9** Kao-hsiung ***Tanzania:*** **5** Lindi, Mbeya, Tanga **6** Arusha, Dodoma, Kigoma, Mwanza **8** Morogoro, Zanzibar **11** Dar es Salaam ***Tennessee:*** **5** Alcoa, Erwin, Rives **6** Loudon, Ripley, Selmer **7** Memphis, Waverly **8** Gallatin, Oak Ridge, Rutledge, Tazewell, Wartburg **9** Dandridge, Dyersburg, Jacksboro, Jonesboro, Knoxville, Lewisburg, Maryville **10** Cookeville, Crossville, Somerville, Waynesboro **11** Blountville, Chattanooga, Clarksville, Greeneville, McMinnville, Rogersville, Sevierville, Shelbyville **12** Elizabethton, Lawrenceburg, Madisonville, Murfreesboro ***Texas:*** **4** Azle, Waco **5** Alvin, Anson, Baird, Bowie, Bryan, Clute, Cuero, Emory, Ennis, Freer, Hondo, Marfa, Mexia, Olney, Pampa, Pecos, Pharr, Plano, Sealy, Vidor, Wylie **6** Belton, Boerne, Bonham, Burnet, Conroe, Dallas, Del Rio, Denton, El Paso, Gilmer, Goliad, Jayton, Lamesa, Laredo, Linden, Lufkin, Odessa, Seguin, Sinton, Uvalde **7** Abilene, Anahuac, Bandera, Bastrop, Brenham, Denison, Dimmitt, Houston, Kaufman, Kountze, Lubbock, Midland, Wharton **8** Amarillo, Angleton, Beaumont, Beeville, Cleburne, Eastland, Giddings, Gonzales, Granbury, Groveton, Hemphill, La Grange, Lampasas, Longview, McKinney, Monahans, Montague, Pearsall, Rockwall, Stinnett **9** Arlington, Ballinger, Bellville, Big Spring, Brownwood, Corsicana, Crosbyton, Eagle Pass, Fort Worth, Galveston, Groesbeck, Henrietta, Hillsboro, Kerrville, Levelland, Palo Pinto, Plainview, San Angelo, San Marcos, Woodville **10** Brownfield, Coldspring, Gatesville, Jourdanton, Kingsville, Port Arthur, Port Lavaca, San Antonio, Sweetwater, Waxahachie **11** Brownsville, Floresville, Littlefield, Nacogdoches, Weatherford **12** Breckenridge, Daingerfield, Fort Stockton, New Braunfels, Raymondville, Stephenville, Wichita Falls **13** Corpus Christi, Hallettsville ***Thailand:*** **3** Nan, Tak **5** Phrae, Roi Et, Surin **8** Songkhla **9** Chiang Mai **10** Nonthaburi ***Tunisia:*** **4** Béja, Sfax **5** Gabès, Gafsa, Susah **6** Ariana **7** Bizerte, Safaqis ***Turkey:*** **5** Adana, Bursa, Izmir, Konya, Sivas **6** Edirne, Erzurm, Samsun **7** Antakya, Antalya, Antioch, Kayseri, Malatya **8** Istanbul **9** Eskisehir, Gallipoli, Gaziantep **10** Diyarbakir ***Turkmenistan:*** **8** Nebit Dag **9** Chardzhou, Dashhowuz ***Uganda:*** **5** Jinja, Mbale **7** Entebbe ***Ukraine:*** **4** Lviv, Lvov, Sumy **5** Lutsk, Rovno, Yalta **6** Odessa **7** Donetsk, Kharkiv, Kharkov, Kherson, Luhansk, Poltava **8** Mariupol, Vinnitsa, Zhitomir **9** Chernigov, Chernobyl, Krivoy Rog, Krivyy Rih, Nikolayev **10** Kirovograd, Sebastopol, Sevastopol, Simferopol, Zaporozhye ***United Arab Emirates:*** **5** Ajman, Dubai **6** Dubayy **8** Fujairah, Fujayrah ***Uruguay:*** **4** Melo **5** Minas, Pando, Rocha, Salto **6** Rivera **8** Paysandú **10** Las Piedras ***Utah:*** **3** Loa **4** Lehi, Orem **5** Manti, Ogden, Provo, Sandy **6** Dugway, Tooele **7** Parowan **8** Duchesne **9** Coalville **11** Saint George ***Uzbekistan:*** **5** Nukus **6** Kokand **7** Bukhara, Fergana **8** Andizhan, Chirchik, Namangan **9** Samarkand, Samarqand ***Venezuela:*** **4** Coro **5** Anaco, Cagua **6** Cumaná, Mérida, Petare **7** Cabimas, Guayana, Maracay **8** Valencia **9** Maracaibo **12** Barquisimeto, San Cristóbal ***Vermont:*** **5** Barre **7** Rutland **8** St. Albans **10** Bennington, Burlington, Middlebury **11** Brattleboro, Saint Albans, St. Johnsbury ***Vietnam:*** **3** Hue **4** Vinh **5** Da Lat, Hoi An, My Tho **6** Can Tho, Da Nang, Saigon **7** Bien Hoa, Nam Dinh, Qui Nhon **8** Haiphong, Nha Trang, Thanh Hoa **9** Long Xuyen ***Virginia:*** **4** Tabb **5** Luray **6** Grundy **7** Accomac, Boydton, Fairfax, Hampton, New Kent, Norfolk **8** Abingdon, Culpeper, Leesburg, Manassas, Montross, Nottoway, Poquoson, Powhatan, Rustburg, Tazewell **9** Arlington, Clintwood, Courtland, Dinwiddie, Eastville, Farmville, Fincastle, Goochland, Lunenburg, Lynchburg **10** Alexandria, Appomattox, Berryville, Front Royal, Hillsville, Jonesville, King George, Lovingston, Pearisburg, Portsmouth, Rocky Mount, Wytheville **11** Heathsville, King William, Newport News **12** Chesterfield, Prince George, Spotsylvania, Williamsburg ***Wales:*** **4** Rhyl **5** Neath, Risca, Tenby, Tywyn **7** Cardiff, Cwmbran, Denbigh, Harlech, Newport, Swansea **8** Aberdare, Bridgend **10** Caernarfon, Caernarvon, Llangollen **11** Aberystwyth ***Washington:*** **4** Omak **5** Brier, Camas, Kelso, Lacey, Pasco, Selah **6** Asotin, Colfax, Tacoma, Yakima **7** Ephrata, Everett, Prosser, Redmond, Seattle, Spokane **8** Bellevue, Chehalis, Colville, Okanogan **9** Montesano, Ritzville, Snohomish, Wenatchee **10** Bellingham, Coupeville, Ellensburg, Goldendale, Walla Walla, Waterville **11** Port Angeles, Port Orchard **12** Friday Harbor, Port Townsend ***West Virginia:*** **5** Nitro, Welch **6** Elkins, Hamlin, Hinton, Keyser, Ripley **7** Beckley, Weirton **8** Kingwood, Philippi, Wheeling **9** Pineville, Wellsburg **10** Buckhannon, Clarksburg, Huntington, Moorefield, Morgantown, Petersburg, Williamson **11** Harrisville, Martinsburg, Moundsville, Parkersburg **12** Harpers Ferry, Summersville **13** New Cumberland, Point Pleasant ***Wisconsin:*** **4** Kiel **5** Ripon, Tomah **6** Antigo, Barron, Oconto, Racine, Wausau **7** Baraboo, Chilton, Elkhorn, Hayward, Kenosha, Mauston, Merrill, Oshkosh, Shawano, Viraqua, Waupaca, Wautoma **8** Appleton, Green Bay, Kewaunee, La Crosse, Montello, Phillips, Washburn, Waukesha, West Bend **9** Eau Claire, Ellsworth, Fond du Lac, Green Lake, Ladysmith, Manitowoc, Marinette, Menomonie, Milwaukee, Sheboygan, Shell Lake, Wauwatosa, West Allis, Whitehall **10** Balsam Lake, Darlington, Dodgeville, Eagle River, Grantsburg, Janesville **11** Neillsville, Sturgeon Bay **12** Stevens Point, Whitefish Bay ***Wyoming:*** **6** Casper, Lander **7** Laramie, Rawlins **8** Gillette, Kemmerer, Sheridan **10** Green River **11** Rock Springs ***Yemen:*** **4** Aden **5** Taizz **7** Hodeida, Mukalla **8** Hudaydah ***Zambia:*** **5** Kabwe, Kitwe, Mansa, Mbala, Mongu, Ndola **6** Kasama **7** Chipata ***Zimbabwe:*** **5** Gweru **6** Hwange, Kadoma, Kwekwe, Mutare, Umtali **7** Mashava **8** Bulawayo, Masvingo

civet **3** cat ***Madagascar:*** **5** fossa ***relative:*** **5** genet

civic **5** urban **6** public, social **8** communal, national, societal **9** municipal

civil **6** polite, public, seemly, urbane **7** affable, cordial, courtly, genteel, refined **8** decorous, gracious, mannerly, national, obliging, well-bred **9** courteous, political **10** diplomatic **12** well-mannered **13** accommodating

civility **6** comity **7** amenity, decency, decorum, manners **8** courtesy **9** etiquette, gentility, propriety **10** politeness **11** correctness

civilization **7** culture

civilized **6** decent, proper, urbane **7** genteel, refined **8** decorous, mannerly, tasteful **9** courteous **10** cultivated **13** sophisticated

civil rights ***leader:*** **4** King (Martin Luther) ***organization:*** **4** ACLU, CORE **5** NAACP

Civil War ***admiral:*** **8** Buchanan (Franklin), Farragut (David) ***battle:*** **6** Shiloh **7** Bull Run **8** Antietam, Manassas **9** Mobile Bay, Nashville, Vicksburg **10** Cold Harbor, Gettysburg **11** Chattanooga, Chickamauga ***general:*** **3** Lee (Robert E.) **4** Hood (John Bell), Pope (John) **5** Bragg (Braxton), Buell (Don Carlos), Ewell (Richard Stoddart), Grant (Ulysses S.), Meade (George), Sykes (George) **6** Hooker (Joseph) **7** Forrest (Nathan Bedford), Jackson (Thomas "Stonewall"), Sherman (Thomas West, William Tecumseh) **8** Burnside (Ambrose), Johnston (Albert Sidney, Joseph Eggleston), Sheridan (Philip) **9** McClellan (George Brinton), Rosecrans (William), Schofield (John) **10** Beauregard (Pierre) ***ship:*** **7** Monitor **9** Merrimack

civil wrong **4** tort

clabber **5** curds

clack **3** gab, jaw, yak **4** blab, chat **5** prate **6** babble, cackle, gabble, gossip, jabber, rattle **7** blabber, chatter, clatter, palaver, prattle **9** yakety-yak

clad **4** face, side, skin **5** dress, faced **6** clothe, decked, garbed, outfit **7** attired, clothed, covered, dressed, overlay, sheathe **8** costumed, overlaid, sheathed **9** outfitted

claim **4** call, dibs, hold, plea, take **5** argue, exact, right, share, stake, title **6** adduce, allege, assert, defend, demand, insist **7** advance, call for, contend, declare, justify, profess, purport, require, solicit, warrant **8** interest, maintain **9** assertion, challenge, postulate, privilege **10** allegation, birthright **11** affirmation, declaration, prerogative, requisition **12** protestation

clairvoyance **3** ESP **7** insight **9** intuition, telepathy **10** sixth sense **11** penetration, second sight **12** precognition

clairvoyant **4** seer **5** sibyl **7** diviner **8** telepath **10** soothsayer

clam **4** buck **5** razor **6** dollar, quahog

7 bivalve, coquina, geoduck, mollusc, mollusk, smacker, steamer 11 cherrystone *genus:* 3 Mya

clamant 4 dire 6 crying, urgent 7 blatant, burning, exigent 8 pressing 9 insistent 10 compelling, imperative

clamber 5 climb, crawl, scale, swarm 8 scrabble, scramble, struggle

clammy 4 cool, dank, damp 5 close, moist, slimy 6 sticky

clamor 3 cry, din 4 bawl, roar, to-do 5 babel, hoo-ha, noise 6 bellow, demand, hubbub, jangle, outcry, racket, ruckus, tumult, uproar 7 agitate, dispute, ferment, protest, turmoil 8 brouhaha, shouting 9 agitation, commotion 10 hullabaloo, hurly-burly 11 pandemonium

clamorous 5 noisy, vocal 6 crying, shrill, urgent 7 blatant, exigent, raucous, voluble 8 strident, vehement 9 insistent 10 boisterous, imperative, tumultuous, vociferous 11 importunate 12 obstreperous

clamp 4 grip, hold, vise 5 clasp, grasp 6 clench, clinch, clutch, fasten, secure 7 grapple

clamshell 6 bucket 7 grapple

clan 3 mob 4 camp, folk, ring, sept 5 cabal, house, stock, tribe 6 circle, clique, family 7 coterie, kindred, lineage 9 camarilla *emblem:* 5 totem

Clancy novel 12 Patriot Games 13 Sum of All Fears (The) 17 Hunt for Red October (The) 21 Clear and Present Danger

clandestine 6 covert, secret, sneaky 7 furtive, illicit 8 hush-hush, stealthy 10 undercover, under wraps 11 underhanded 12 hugger-mugger, illegitimate 13 surreptitious, under-the-table

clang 3 cry, din 4 ding, peal, slam 6 jangle 8 ding-dong

clangor 3 din 5 noise 6 clamor, jangle, racket, rattle, tumult, uproar 7 clatter, ringing 9 stridency 13 reverberation

clangorous 5 noisy 7 booming, rackety, ringing 8 clattery, sonorous 9 deafening 12 earsplitting

clap 3 pat 4 bang, blow, boom, slam, slap 5 blast, burst, crack, crash, whack 6 strike 7 applaud 8 applause

claptrap 4 bull, bunk 5 cheap, hokum, showy, trash 6 bunkum, drivel, humbug, vulgar 7 baloney, eyewash, hogwash, twaddle 8 malarkey, nonsense 9 poppycock 10 balderdash, flapdoodle

Clara Bow 6 It girl

Clare Boothe ___ 4 Luce

claret 3 red 4 wine 8 Bordeaux

clarify 5 clean, clear 6 define, filter, purify 7 analyze, cleanse, clear up, explain, resolve 8 simplify 9 elucidate 10 illuminate 13 straighten out

clarion 5 clear 7 ringing, rousing, trumpet 8 gleaming, stirring 9 brilliant

clarity 6 purity 8 accuracy, lucidity 9 clearness, limpidity, precision 10 exactitude, simplicity 12 transparency

Clarke novel 10 Earthlight 19 Fountains of Paradise (The)

clash 4 bump, jolt 5 brawl, crash, melee, set-to, smash 6 battle, fracas, impact, jangle 7 collide 8 conflict, mismatch, skirmish 9 collision, encounter 10 engagement 11 embroilment

clasp 3 hug, pin 4 clip, grip, hold 5 clamp, grasp, press 6 brooch, buckle, clench, clinch, clutch, enfold 7 embrace, grapple, squeeze 10 chatelaine

class 3 ilk 4 hold, kind, mark, part, rank, rate, sort, tier, type 5 allot, brand, caste, gauge, genre, genus, grade, grain, group, judge, order, score, stamp, style 6 assess, assign, assort, branch, course, league, nature, reckon, regard, stripe 7 bracket, caliber, quality, section, species, variety 8 appraise, category, consider, division, evaluate, grouping, separate 10 categorize, pigeonhole 11 description 12 denomination *middle:* 11 bourgeoisie *school:* 6 junior, senior 8 freshman 9 sophomore *working:* 11 proletariat

classic 5 ideal, model, prime 7 capital, typical, vintage 8 champion, enduring, standard, superior, top-notch 9 authentic, canonical, classical, excellent, exemplary, memorable, tradition 10 magnum opus, masterwork 11 chef d'oeuvre, masterpiece, tour de force, traditional 12 paradigmatic, prototypical 13 authoritative

classical 4 pure 5 Attic, Greek, ideal, Latin, Roman 7 ancient, fitting, Grecian, perfect, typical, vintage 8 Hellenic, standard, sterling 9 canonical, exemplary 10 consummate 11 traditional 13 authoritative

classical musician 4 Böhm (Karl), Hess (Myra), Lind (Jenny), Muti (Riccardo), Pons (Lily), Shaw (Robert) 5 Arrau (Claudio), Biggs (E. Power), Borge (Victor), Boult (Adrian), Davis (Colin), du Pré (Jacqueline), Gould (Glenn), Masur (Kurt), Mehta (Zubin), Melba (Nellie), Ozawa (Seiji), Patti (Adelina), Pinza (Ezio), Price (Leontyne), Ramey (Samuel), Sills (Beverly), Stern (Isaac), Szell (George) 6 Abbado (Claudio),

Battle (Kathleen), Boulez (Pierre), Callas (Maria), Caruso (Enrico), Casals (Pablo), Galway (James), Levine (James), Maazel (Lorin), Midori, Norman (Jessye), Peters (Roberta), Previn (André), Rampal (Jean-Pierre), Rattle (Simon), Reiner (Fritz), Serkin (Peter, Rudolf), Terfel (Bryn), Tucker (Richard), Upshaw (Dawn), Walter (Bruno) **7** Bartoli (Cecilia), Beecham (Thomas), Bocelli (Andrea), Brendel (Alfred), Cliburn (Van), Corelli (Franco), Domingo (Plácido), Farrell (Eileen), Fiedler (Arthur), Fleming (Renée), Glennie (Evelyn), Haitink (Bernard), Heifetz (Jascha), Karajan (Herbert von), Menuhin (Yehudi), Nilsson (Birgit), Ormandy (Eugene), Perlman (Itzhak), Pollini (Maurizio), Sargent (Malcolm), Segovia (Andrés), Tebaldi (Renata) **8** Anderson (Marian), Argerich (Martha), Bergonzi (Carlo), Carreras (José), Flagstad (Kirsten), Horowitz (Vladimir), Kreisler (Fritz), Marriner (Neville), Oistrakh (David), Schnabel (Artur), Te Kanawa (Kiri), Zukerman (Pinchas) **9** Barenboim (Daniel), Bernstein (Leonard), Chaliapin (Feodor), Klemperer (Otto), Landowska (Wanda), Pavarotti (Luciano), Stokowski (Leopold), Toscanini (Arturo) **10** Rubinstein (Arthur), Sutherland (Joan), Tetrazzini (Luisa) **11** Furtwängler (Wilhelm), Kostelanetz (André), Schwarzkopf (Elisabeth) **12** Rostropovich (Mstislav)

classification **4** sort, type **5** genre, genus, grade, order **6** family, phylum, rating **7** sorting, species **8** category, division, grouping, ordering, taxonomy, typology **11** arrangement, cataloguing

classified **6** secret, sorted **7** divided, ordered **9** top secret **11** categorized **12** confidential

classify **4** rank, rate, sort **5** grade, group **6** assort **7** arrange **9** break down **10** categorize, pigeonhole

classy **4** chic, tony **5** swank **6** modish **7** dashing, elegant, refined, stylish **8** gracious, tasteful, well-bred **9** courteous **11** fashionable

clatter **4** to-do **6** clamor, hubbub, pother, rattle, tumult, uproar **7** turmoil **9** commotion **10** hurly-burly ***Scottish:*** **7** brattle

clattery **5** noisy **7** rackety **10** clangorous

Claudia's husband **6** Pilate

Claudio's beloved **4** Hero

Claudius ***nephew:*** **6** Hamlet ***predecessor:*** **8** Caligula ***slayer:*** **6** Hamlet **9** Agrippina ***successor:*** **4** Nero ***wife:*** **8** Gertrude **9** Agrippina

Clavell novel **6** Gai-Jin, Shogun, Tai-Pan **7** King Rat

claw **3** dig **4** nail, rake, tear **5** chela, talon, uncus **6** scrape **7** scratch

clay **3** cob **4** loam, lute, marl **5** argil, brick, earth, gault, loess, ocher, ochre **6** kaolin **10** terra-cotta ***baked:*** **4** tile **5** adobe, brick ***box:*** **6** saggar, sagger ***building:*** **5** adobe ***ceramic:*** **10** terra-cotta ***constituent:*** **6** silica **8** feldspar, silicate **9** kaolinite ***in glass:*** **4** tear ***made of:*** **7** fictile ***porcelain:*** **6** kaolin ***red:*** **8** laterite ***rock:*** **5** shale ***tobacco pipe:*** **6** dudeen ***watery mixture:*** **4** slip ***white:*** **6** kaolin

clay pigeon **6** target

clean **4** dust, fair, pure, swab, tidy, wash, wipe **5** bathe, fresh, groom, purge, scour, scrub, sweep **6** bright, chaste, decent, neaten, purify, spruce, vacuum, washed **7** clarify, launder, sinless **8** hygienic, innocent, sanitary, sanitize, spotless, unsoiled **9** blameless, faultless, sparkling, stainless, undefiled, unsullied, untainted, wholesome **10** antiseptic, immaculate **11** unblemished **12** spick-and-span

clean-cut **4** trim **7** defined, precise **8** definite, explicit, specific **9** wholesome **10** definitive **11** categorical, unambiguous, well-groomed

cleaner see CLEANSER

cleanhanded **8** innocent **9** blameless

clean-limbed **4** trim **7** shapely **8** handsome **10** statuesque

cleanse **4** wash **5** purge, rinse **6** purify, refine **7** clarify, launder **8** lustrate, sanitize **9** disinfect, expurgate, sterilize

cleanser **3** lye **4** soap **9** detergent **10** antiseptic **12** disinfectant

cleansing **7** purging **8** ablution **9** catharsis, purgation **10** lustration **11** expurgation **12** purification

clear **3** get, net, pay, rid, win **4** earn, fade, fair, fine, free, gain, leap, lose, make, pure, well **5** close, empty, exact, fully, glean, lucid, overt, pay up, plain, quite, repay, solve, stark, sunny **6** acquit, gather, hurdle, limpid, obtain, pay off, pick up, secure, settle, simple, square, vacant, vacate, vanish **7** absolve, acquire, approve, audible, clarify, clarion, cleanse, clean up, defined, evident, explain, improve, legible, obvious, precise, rule out, satisfy, utterly **8** apparent, definite, distinct, entirely, explicit, knowable, luminous, manifest, palpable, pleasant, scot-free, shake off, surmount **9** authorize, cloudless, discharge, eliminate, elucidate, evaporate, exculpate, exonerate, extricate, liquidate, meliorate, negotiate, perfectly, unblurred, unclouded, vindicate **10** ameliorate, completely, illuminate, illustrate, openhanded, see-through **11** conspicuous, disentangle, open-and-shut, perceptible, translucent, transparent, unambiguous, unequivocal **12** recognizable, unmistakable **13** uncomplicated

clearance **3** gap **4** sale **7** go-ahead, removal **8** approval **10** green light, permission **13** authorization

clear away **6** remove **7** take out

clear-cut **5** crisp, exact, plain **7** decided, precise **8** definite, distinct, explicit, manifest **10** definitive, pronounced, undisputed **11** categorical, indubitable, unambiguous, unequivocal **12** unquestioned

clear-eyed **6** astute **9** judicious, observant **10** discerning, perceptive

clearheaded **4** calm, cool **10** perceptive

clearing **3** gap **5** field, glade **7** opening **10** settlement

clear out **5** scoot, scram, split **6** beat it, begone, bug off, decamp, depart **7** buzz off, skiddoo, take off, vamoose **8** shove off **9** drive away, skedaddle **10** hightail it

clear-sightedness **6** acuity, acumen **8** keenness, sagacity **10** astuteness, shrewdness **11** discernment, penetration, percipience **12** perspicacity

clear up **5** solve **6** cipher, unfold **7** clarify, dope out, explain, resolve, unravel **8** decipher **9** elucidate, figure out **10** illuminate

clearwing **4** moth

cleat **4** bitt **5** chock **6** batten **7** bollard, dolphin

cleavage **4** rift **5** chasm, cleft, split **6** schism **7** fissure **8** crevasse **9** splitting

cleave **3** cut, hew **4** chop, join, link, rend, rive **5** carve, cling, sever, slice, split, stick, unite **6** adhere, divide, sunder **7** combine **8** dissever, separate

cleft **3** gap **4** rift **5** chasm, chink, clove, crack, gorge, gulch, split **6** clough, ravine, schism **7** crevice, fissure **8** cleavage

clemency **5** grace, mercy **6** lenity **7** caritas, charity **8** kindness, lenience, leniency, mildness **9** tolerance **10** compassion, gentleness, indulgence, sufferance, toleration **11** forbearance

clement **4** fair, kind, mild **5** balmy **6** benign, humane, kindly **7** lenient **8** merciful, tolerant **9** indulgent **10** benevolent, charitable, forbearing **13** compassionate

clench **4** grip, grit, hold **5** clamp, clasp, grasp **6** clutch **7** grapple

Cleopatra ***attendant:*** **4** Iras **8** Charmian ***brother:*** **7** Ptolemy ***husband:*** **7** Ptolemy ***killer:*** **3** asp ***lover:*** **6** Antony (Marc), Caesar (Julius) **7** Anthony (Mark) ***river:*** **4** Nile

Cleopatra's Needle **7** obelisk

clepsydra **9** timepiece **10** water clock

clerestory **7** gallery

clergy **7** canonry **8** ministry **9** churchmen, diaconate, pastorate, rabbinate **10** priesthood **11** cardinalate **13** ecclesiastics

clergyman **5** clerk, padre, vicar **6** bishop, cleric, curate, divine, father, parson, pastor, priest, rector **7** dominie, prelate **8** chaplain, clerical, minister, preacher, reverend, shepherd, sky pilot **9** churchman, pulpiteer **10** evangelist, missionary, sermonizer **12** ecclesiastic ***American:*** **4** Hale (Edward Everett), King (Martin Luther, Thomas Starr) **5** Eliot (John), Moody (Dwight), Stone (Barton Warren), Weems (Parson) **6** Dwight (Timothy), Finney (Charles), Graham (Billy), Holmes (John Haynes), Hooker (Thomas), Mather (Cotton, Increase, Richard), Merton (Thomas), Parker (Samuel, Theodore), Sunday (Billy), Taylor (Edward, Graham, Nathaniel William) **7** Beecher (Henry Ward, Lyman), Edwards (Jonathan), Harvard (John), Russell (Charles Taze) **10** Muhlenberg (Frederick Augustus, Henry Melchior, John Peter Gabriel) ***English:*** **4** Ward (Nathaniel, Seth, William George) **5** Donne (John), Paley (William), Smith (Henry "Silver-Tongued," John "The Sebaptist," Sidney) **6** Cotton (John), Fuller (Andrew, Thomas), Taylor (Jeremy, Rowland), Wesley (Charles, John) **7** Cranmer (Thomas), Parsons (Robert) **8** Kingsley (Charles) **10** Whitefield (George) ***home:*** **5** manse **6** priory **7** rectory **8** vicarage **9** monastery, parsonage ***traveling:*** **12** circuit rider

cleric see CLERGYMAN

clerisy **8** literati **10** illuminati **13** intellectuals

clerk **7** cashier **8** salesman **9** secretary **10** accountant, bookkeeper **11** salesperson **12** stenographer

clever **3** apt, sly **4** able, deft, good, keen **5** adept, alert, canny, funny, handy, quick, savvy, sharp, smart, witty **6** adroit, astute, brainy, bright, crafty, expert, shrewd, tricky **7** amusing, capable, cunning, knowing, skilled **8** fanciful, humorous, pleasing, skillful, talented **9** competent, dexterous, ingenious **10** proficient **11** intelligent, quick-witted, resourceful **12** entertaining

cliché **3** saw **6** truism **7** bromide **8** banality, buzzword, chestnut **9** platitude **10** shibboleth, stereotype **11** commonplace

clichéd **5** banal, bland, musty, stale, tired, trite, vapid **6** old-hat **7** humdrum, insipid, worn-out **8** bromidic, shopworn, timeworn **9** hackneyed **10** pedestrian, unoriginal **11** stereotyped **13** platitudinous, unimaginative

click **3** fit **4** snap, tick, work **5** agree, match **6** go over, pan out **7** come off, succeed

client **6** patron **7** patient, protégé **8** customer **9** dependent

clientele **4** fans **5** trade, train **6** custom, market, public **7** patrons, traffic **8** audience, patients, regulars, shoppers **9** customers **10** purchasers, supporters **12** constituency

cliff **4** crag **5** bluff, scarp **8** headland, palisade **9** precipice **10** escarpment

climacteric **4** apex, crux, cusp **5** acute **6** crisis **7** crucial **8** critical **9** menopause **11** culmination **12** change of life, turning point

climactic **4** peak **7** crucial, pivotal **8** critical, decisive, dramatic **9** momentous **10** definitive **11** culminating, determining

climate **6** medium, milieu **7** ambient **8** ambience **10** atmosphere **11** environment **12** surroundings

climax **3** cap **4** acme, apex, peak **5** crown **6** apogee, summit, top off **8** capstone, meridian, pinnacle **9** culminate **11** culmination

climb **4** go up, rise, soar **5** mount, scale, slope **6** ascend **7** clamber **8** escalate, increase

climbing **8** scandent

climbing iron **7** crampon

clinch **3** hug **4** grip, hold, seal **5** clamp, clasp, grasp, sew up **6** clutch, decide, ensure, lock up **7** confirm, embrace, grapple, squeeze **8** nail down

clincher **4** tire **5** proof **6** kicker **7** quietus **9** deathblow **10** smoking gun **11** affirmation, attestation, coup de grâce **12** confirmation **13** corroboration

cling **4** bond **5** stick **6** adhere, cleave, clutch, hold on, linger **8** adhesion **9** adherence

clingstone **5** peach

clink **3** can, jug, pen **4** brig, cell, coop, jail, stir **5** pokey, pound **6** cooler, jingle, lockup, prison, tingle, tinkle **7** slammer **8** hoosegow **9** calaboose

clinker **3** dud **4** bomb, bust, flop, goof, slag **5** botch, brick, error, lemon, loser **6** bummer, bungle, fiasco, howler, turkey **7** bloomer, blunder, failure, faux pas, mistake

clinkers **3** ash **4** slag **5** ashes **7** cinders

clinquant **5** gaudy **6** flashy, garish, tawdry, tinsel **8** specious **10** glittering **11** superficial

Clio see MUSE

clip **3** bob, cut, mow, pin **4** crop, hasp, pare, snip, sock, trim **5** block, clasp, prune, punch, shave, shear, slash **6** broach, brooch, fleece, reduce **7** curtail, cut back, cut down, shorten **8** magazine, truncate **10** abbreviate, overcharge

clique **3** set **4** camp, clan, club, gang, ring **5** cabal, crowd, mafia **6** circle **7** coterie, faction, in-group **9** camarilla

cloak **4** cape, mask, robe, veil, wrap **5** cover, guise **6** facade, joseph, mantle, screen, shroud, veneer **7** blanket, conceal, curtain, dress up, manteau, obscure **8** disguise **9** dissemble, semblance **10** camouflage **11** dissimulate ***ancient Greek:*** **7** chlamys ***ancient Roman:*** **7** pallium ***Arab:*** **3** aba ***fur:*** **7** pelisse ***hooded:*** **6** capote **7** burnous **8** burnoose ***liturgical:*** **4** cope ***Moroccan:*** **8** djellaba ***over armor:*** **6** tabard **7** surcoat ***Spanish:*** **5** manta

clobber **4** belt, drub, flay, lick, slam, slug, whip, whup **5** blast, brain, clout, pound, smash **6** hammer, thrash, wallop **7** shellac, trounce **8** demolish, lambaste

clochard **3** bum, vag **4** hobo **5** tramp **6** beggar, canter **7** drifter, floater, moocher, vagrant **8** deadbeat, derelict, vagabond **9** transient **10** freeloader, panhandler **11** bindle stiff

cloche **3** hat **5** cover, toque, tuque

clock **4** time **9** timepiece **11** chronometer ***water:*** **9** clepsydra

clocklike **5** exact **6** minute, prompt, strict, timely **7** precise, regular **8** accurate, punctual, reliable, thorough **9** assiduous **10** dependable, meticulous, scrupulous **11** painstaking **13** conscientious

clockmaker **10** horologist

clockwise **6** deasil **7** dextral **11** right-handed

Clockwork Orange author **7** Burgess (Anthony)

clod **3** gob, wad **4** boob, dolt, dope, hunk, lump, soil **5** chump, chunk, clump, dummy, dunce, earth **6** dimwit **8** dumbbell **9** blockhead, lamebrain

cloddish **7** boorish, ill-bred, loutish,

uncouth **8** churlish, clownish **9** unrefined **10** uncultured, unpolished **11** uncivilized

clodhopper **4** boor, boot, hick, lout **5** chuff, churl, clown, yokel **6** rustic **7** bumpkin, hayseed, redneck **9** chawbacon

clog **3** gum, jam, tax **4** fill, glut, load, plug, stop **5** block, choke, close, stuff **6** hamper, hinder **7** congest **8** encumber, obstruct, overload **10** impediment **11** encumbrance

cloister **5** abbey, court **6** arcade, garden **7** convent, retreat, seclude, shelter **9** courtyard, monastery, sequester

Cloister and the Hearth author **5** Reade (Charles)

cloistered **7** recluse **8** confined, hermetic, secluded **9** seclusive, withdrawn **11** sequestered

cloistered one **3** nun **4** monk

clone **4** copy **5** ditto **6** double, carbon **7** replica **9** duplicate, facsimile, replicate, reproduce **10** carbon copy, simulacrum **12** reproduction

Clorinda ***beloved:*** **7** Tancred ***father:*** **6** Senapo ***guardian:*** **6** Arsete ***slayer:*** **7** Tancred

close **3** end **4** near, nigh, shut, slam **5** block, cease, choke, humid, muggy, tight **6** ending, finale, finish, narrow, nearby, sticky, stuffy, sultry, windup, wrap up **7** airless, compact, crowded, stopper **8** abutting, adjacent, complete, conclude, finalize, intimate, obstruct, stifling **9** adjoining, cessation, condensed, terminate **10** conclusion, consummate, convenient, near-at-hand **11** constricted, neighboring, termination **12** confidential

closed-minded **4** deaf **6** narrow **8** obdurate **9** hidebound, obstinate, pigheaded, unbending **10** bullheaded, hardheaded **11** intractable

closefisted **5** cheap, mingy **6** frugal, stingy **7** miserly, thrifty **9** niggardly, penurious **13** penny-pinching

close in **3** hem **4** cage **5** fence, hedge **6** corral, immure **7** advance, confine, enclose, envelop, impound **8** approach, converge, encircle, enshroud, imprison, surround

close-knit **8** intimate

closely **4** hard **7** sharply **8** intently, minutely **9** carefully **11** searchingly **12** meticulously, scrupulously, thoughtfully **13** punctiliously

close match **6** toss-up

closemouthed **3** mum **4** mute **6** silent **7** laconic **8** reserved, reticent, taciturn **12** tight-mouthed

closeness **8** intimacy

close off **4** clog, plug **5** block **6** stop up **7** isolate, occlude **8** insulate **9** segregate, sequester

closet **6** covert, inside, office **7** cabinet, chamber, furtive, private **8** wardrobe **11** speculative, theoretical

closing **3** end **4** last, stop **5** final **6** ending, finish, latest, period, windup, wrap-up **7** curtain **8** eventual, terminal, ultimate **9** cessation **10** concluding **11** termination

closure **3** cap, end, lid **6** ending, finish **8** fastener **9** cessation

clot **3** gel, set **4** curd, glob, jell, lump **5** clump **6** curdle, gelate **7** congeal **8** coagulum, thrombus **9** coagulate **10** gelatinize ***combining form:*** **6** thromb **7** thrombo

cloth see FABRIC

clothe **3** tog **4** deck, do up, garb, robe **5** array, cloak, couch, drape, dress, endow, equip **6** attire, bedeck, outfit, swathe **7** apparel, costume, dress up **8** accouter

clothes **3** rig **4** duds, garb, rags, togs **5** array, dress, getup, habit **6** attire, outfit, things **7** apparel, costume, raiment, rigging, threads, toggery, vesture **8** garments, glad rags **9** vestments **11** habiliments ***basket:*** **6** hamper ***civilian:*** **5** mufti

clothes-moth genus **5** Tinea

clothespress **7** armoire **8** wardrobe

cloud **3** dim, fog, tar **4** blur, haze, mist, murk **5** addle, befog, brume, gloom, muddy, plume, smear, sully, taint **6** muddle, nebula, puzzle, shadow, smudge **7** besmear, confuse, obscure, perplex, tarnish **8** befuddle, besmirch, discolor, distract, overcast **9** obfuscate ***type:*** **6** cirrus, nimbus **7** cumulus, stratus **11** altocumulus, altostratus **12** cirrocumulus, cirrostratus, cumulonimbus, nimbostratus **13** stratocumulus

cloudburst **6** deluge, shower **7** monsoon, torrent **8** downpour, drencher, rainfall **10** outpouring

clouded **5** dusky, murky, shady **6** dreary, gloomy, somber, sombre **7** dubious, ominous, sunless, unclear **8** doubtful, overcast **9** ambiguous, equivocal, uncertain, unsettled **11** problematic

cloudless **4** fair, fine **5** clear, sunny **7** clarion **8** pleasant, rainless, sunshiny

cloud-like mass **6** nebula

cloudy **4** dull, hazy **5** dusky, foggy, heavy, misty, murky, vague **6** gloomy, opaque, somber, sombre **7** louring, obscure, tainted, unclear **8** confused, darkened, lowering, nebulous, overcast, vaporous **10** indistinct

clout 3 box, hit, rag 4 blow, cuff, poke, pull, slam, slap, slug, sock, swat, sway 5 paste, power, punch, smack, smite, whack 6 strike 9 influence
clove 4 bulb 5 spice 7 chopped, severed
clove hitch 4 knot
clover 5 lotus 6 alsike, ladino, lucern 7 alfalfa, berseem, lucerne, melilot, trefoil 8 four-leaf, shamrock 9 lespedeza ***family:*** 3 pea ***genus:*** 9 Trifolium
clown 3 wag 4 mime, zany 5 cutup, joker, Punch 6 jester, mummer 7 buffoon 8 comedian, jokester 9 harlequin, prankster 11 merry-andrew ***French:*** 7 Pierrot ***operatic:*** 5 buffo ***Spanish:*** 8 gracioso
clownish 4 rude 6 clumsy, gauche, oafish 7 awkward, boorish, ill-bred, loutish, lumpish, uncouth 8 churlish, cloddish 9 unrefined
cloy 4 fill, glut, jade, pall, sate 5 gorge 6 sicken 7 satiate, surfeit 8 overfill
cloying 4 icky 5 gushy, mushy, sappy, soppy 6 sticky, sugary 7 fulsome, gushing, maudlin, mawkish 9 excessive, schmaltzy, sickening 10 disgusting, lovey-dovey, nauseating, saccharine 11 distasteful, sentimental
club 3 bat, sap 4 beat, cosh, iron, mace 5 baton, billy, guild, lodge, order, union 6 cudgel, league 7 society 8 bludgeon, sodality, sorority 9 blackjack, truncheon 10 fellowship, fraternity, knobkerrie, nightstick 11 association, brotherhood ***Australian:*** 5 waddy ***Irish:*** 10 shillelagh
clubfoot 7 talipes
cluck 4 dodo, dolt, dope, fool 5 dunce 6 dimwit, nitwit 7 pinhead
clue 3 cue 4 hint, idea, lead, sign, tell, warn 6 advise, inform, notify, notion, tip-off 7 inkling 8 evidence, telltale 10 indication, intimation, suggestion
clump 3 gob, wad 4 clod, hunk, lump, mass, mess, plod 5 batch, bunch, chunk, group, stomp, tramp 6 bumble, bundle, lumber, parcel 7 cluster, galumph, stumble
clump of grass 4 tuft 6 tuffet 7 tussock
clumsy 5 bulky, gawky, inept, splay 6 clunky, gauche, klutzy, wooden 7 awkward, hulking, lumpish, uncouth, unhandy 8 bumbling, bungling, tactless, ungainly, unsubtle, unwieldy 9 all thumbs, graceless, ham-handed, inelegant, lumbering, maladroit 11 heavy-handed, inefficient
clumsy one 3 oaf 4 clod, goon, lout, slob 5 klutz 6 baboon, galoot, lummox 7 bumpkin, bungler, palooka 13 butterfingers
clunk 4 thud 5 clout, thump, whack 6 thwack, wallop
clunker 4 bomb, heap 5 crate, wreck 6 jalopy, junker 7 stinker 10 rattletrap
cluster 3 lot, set 4 band, bevy, crew, knot, pack 5 array, batch, bunch, clump, covey, group 6 bundle, clutch, gather 7 collect, package 8 assemble, assembly 9 aggregate, associate, gathering 10 accumulate
cluster bean 4 guar
clutch 4 grab, grip, hold, keep 5 catch, clamp, clasp, grasp, pinch, seize 6 bundle, clench, clinch, snatch 7 cluster, grapple
clutter 4 hash, mash, mess, muss, ruck 5 chaos, snarl, strew 6 jumble, litter, muddle 7 mélange, rummage 8 disarray, disorder, mishmash, shambles 9 confusion 10 hodgepodge
Clydesdale 5 horse 10 draft horse
Clymene ***father:*** 7 Oceanus ***husband:*** 7 Iapetus ***mother:*** 6 Tethys ***son:*** 5 Atlas 10 Epimetheus, Prometheus
Clytemnestra ***brother:*** 6 Castor, Pollux 10 Polydeuces ***daughter:*** 7 Electra 9 Iphigenia ***father:*** 9 Tyndareus ***husband:*** 9 Agamemnon ***lover:*** 9 Aegisthus ***mother:*** 4 Leda ***slayer:*** 7 Orestes ***son:*** 7 Orestes ***victim:*** 9 Agamemnon, Cassandra
Clytie ***beloved:*** 6 Apollo ***form:*** 9 sunflower 10 heliotrope
coach 3 bus, car 5 drill, stage, train, tutor 6 chaise, mentor 7 prepare, trainer 8 carriage, instruct 10 instructor
coadjutor 3 aid 4 aide 6 bishop, deputy 9 assistant 10 aide-de-camp, lieutenant
coagulate 3 gel, set 4 clot, jell 6 curdle 7 congeal, jellify, thicken 8 coalesce, condense, solidify 10 gelatinize, inspissate 11 concentrate, consolidate
coal ***distillate:*** 3 tar ***dust:*** 4 smut, soot 5 slack ***element:*** 6 carbon ***fused leavings:*** 4 slag 7 clinker ***glowing:*** 5 ember, gleed ***hard:*** 10 anthracite ***lump:*** 3 cob ***miner:*** 7 collier ***region:*** 4 Saar ***residue:*** 4 coke ***soft:*** 6 cannel 10 bituminous
coalesce 3 mix 4 fuse, join, link 5 blend, merge, unite 6 mingle 7 combine, conjoin 10 amalgamate
coalition 4 bloc, ring 5 party, union 6 fusion, league, merger 7 combine, melding, merging 8 alliance 9 anschluss 10 federation 11 affiliation, association, combination, confederacy, integration, unification 13 confederation, consolidation
coarse 3 raw 4 rude 5 bawdy, crass, crude, dirty, gross, rough, tacky 6 common, filthy, grainy, ribald, smutty, vul-

gar **7** boorish, obscene, raffish, raunchy, uncouth **8** granular, indecent **9** inelegant, roughneck, unrefined **10** uncultured **11** particulate **12** uncultivated

coast **4** bank **5** beach, drift, shore, slide **6** strand **7** seaside **8** littoral, seashore ***of Antarctica:*** **4** Knox

coastal **7** seaside **8** littoral, riverine

coaster **4** sled, tray **6** trader

coat **5** crust, glaze, gloss, layer, parka, plate, tunic **6** blazer, duster, finish, jacket, patina, raglan, reefer, ulster, veneer **7** cutaway **8** covering, mackinaw, tegument **9** newmarket, redingote **10** integument, mackintosh **11** windbreaker ***animal:*** **3** fur **4** hide, pelt, wool **6** pelage ***fur-lined:*** **7** pelisse ***kind:*** **3** pea, top **5** frock **6** trench ***Levantine:*** **6** caftan ***of arms:*** **5** crest **6** blazon, emblem, shield, tabard **8** blazonry **10** escutcheon ***of egg white:*** **5** glair **6** glaire ***of mail:*** **7** hauberk ***soldier's:*** **5** frock, tunic **6** capote ***waterproof:*** **7** slicker **10** mackintosh

coating **4** film, leaf, scum, skin **5** glaze, gloss, layer **6** finish, patina, veneer **7** dusting, lacquer, overlay, surface, varnish **8** covering

coax **4** lure, urge **5** cable, press, tempt **6** cajole, entice, induce **7** blarney, wheedle **8** blandish, butter up, inveigle, persuade, soft-soap **9** importune, sweet-talk

cob **3** ear **4** swan **5** adobe, horse

cobble **4** make, mend **5** patch, stone **6** repair **11** paving stone

cobbler **3** pie **5** drink **8** cocktail **9** shoemaker

cobbler's form **4** last

cobelligerent **4** ally

cobweb **3** net **4** mesh, trap **8** gossamer **9** confusion, spiderweb **12** entanglement

coccyx **8** tailbone

cochineal **3** dye **6** insect

cock **3** tap **4** boss, head, heap, hill, lord, mass, pile, rick, tilt **5** chief, mound, stack, strut, valve **6** faucet, honcho, leader, master, spigot **7** headman, hydrant, rooster, swagger **11** chanticleer

cock-a-hoop **4** awry **5** askew **7** askance, crooked **8** boastful, exultant, exulting, jubilant **9** triumphal **10** triumphant

Cockaigne **6** utopia **7** arcadia **9** Shangrila **10** wonderland

cockalorum **7** bluster, bombast, bravado **8** blowhard, boasting, braggart, leapfrog **11** braggadocio

cockamamy **5** batty, crazy, daffy, flaky, kooky, loony, nutty, wacky **6** absurd **9** ludicrous **10** incredible, ridiculous **11** harebrained

cock-and-bull story **5** crock **6** canard **7** whopper **9** fairy tale

cockcrow **4** dawn, morn **5** sunup **7** morning, sunrise **8** daybreak, daylight

cocker **4** baby **5** humor, spoil **6** coddle, cosset, pamper **7** indulge, spaniel **11** mollycoddle

cockeyed **4** awry **5** askew **8** lopsided **11** harebrained

cockle **5** shell **6** dimple, furrow, groove, pucker, ripple **7** bivalve, mollusc, mollusk, wrinkle

cockleshell **4** boat

cockscomb see COXCOMB

cocksure **5** brash **6** cheeky **9** bumptious **13** overconfident

cocktail **5** Bronx, drink **6** gibson, gimlet, mai tai, mimosa, mojito, Rob Roy, zombie **7** gin fizz, martini, sidecar, stinger **8** aperitif, daiquiri, pink lady, salty dog, sombrero **9** Cuba libre, manhattan, margarita, mint julep, rusty nail **10** Bloody Mary, Tom Collins, wallbanger **11** grasshopper, screwdriver, whiskey sour **12** black russian, cosmopolitan, old-fashioned ***fruit:*** **9** macedoine ***gasoline:*** **7** Molotov

Cocktail Party author **5** Eliot (T. S.)

cocky **4** bold, sure **5** brash, pushy, sassy, saucy **6** brassy, cheeky, jaunty **8** arrogant, impudent, insolent **9** conceited **10** swaggering **11** self-assured **12** enterprising **13** overconfident, self-confident

coconspirator **7** abettor **9** accessory **10** accomplice **11** confederate

coconut ***husk fiber:*** **4** coir ***meat:*** **5** copra

coda **5** envoi, envoy **6** ending, finale **7** summary **8** epilogue, follow-up **9** afterword **10** conclusion

coddle **4** baby **5** humor, spoil **6** cosset, pamper **7** cater to, indulge

code **6** cipher, symbol **7** encrypt **8** encipher ***kind:*** **3** zip **4** area **5** Morse, legal, penal ***message in:*** **10** cryptogram **11** cryptograph

code word see COMMUNICATIONS CODE WORD

codger **6** duffer, fellow

codicil **5** rider **8** addendum, addition, appendix **10** postscript, supplement

codswallop see NONSENSE

coefficient **6** factor **7** measure **8** constant

coelenterate **5** coral **7** anemone, hydroid **9** cnidarian, jellyfish **10** sea anemone

coerce **3** cow **5** bully, force, impel, press **6** compel, menace, oblige **8** browbeat, bulldoze, dominate, threaten **9** blackjack, constrain, strong-arm, terrorize **10** intimidate

coercion 5 force 6 duress, menace, threat 8 pressure 10 compulsion, constraint
Coeur d'___ 5 Alene
coeval see CONTEMPORARY
coexistent see CONTEMPORARY
coffee ***alkaloid:*** 8 caffeine ***bean:*** 3 nib ***cake:*** 6 kuchen ***cup:*** 9 demitasse ***French:*** 4 café ***grinder:*** 4 mill ***kind:*** 4 drip, java 5 decaf, latte, mocha 7 arabica, instant 8 espresso 9 Americano, macchiato 10 café au lait, cappuccino ***maker:*** 10 percolator ***pot:*** 3 urn
coffee shop 4 café 5 diner 8 snack bar 9 cafeteria, hash house, lunchroom 11 greasy spoon 12 luncheonette
coffer 5 chest 6 casket 8 treasury 9 exchequer, strongbox
coffin 3 box 4 kist 6 casket ***carrier:*** 6 hearse 10 pallbearer ***nail:*** 9 cigarette ***stand:*** 4 bier 10 catafalque
cogency 5 force, point, power, punch 7 potency 8 strength, validity 9 relevance 10 conviction, pertinence 13 effectiveness
cogent 5 solid, sound, valid 6 potent 7 telling, weighty 8 forceful, powerful, relevant 9 pertinent 10 compelling, convincing, meaningful, persuasive 11 influential, well-founded 12 well-grounded 13 consequential
cogitate 4 muse 5 think 6 ponder, reason 7 reflect 8 conceive, consider, meditate, mull over, ruminate 9 cerebrate, speculate 10 deliberate
cogitation 7 thought 10 meditation, reflection, rumination 11 cerebration, speculation 12 deliberation 13 consideration
cogitative 7 pensive 10 meditative, reflective, ruminative, thoughtful 11 speculative 13 contemplative
Cogito ___ sum 4 ergo
cognac 6 brandy
cognate 4 akin, like 5 alike 6 allied, common 7 kindred, related, similar 8 parallel 10 affiliated, associated
cognition 9 awareness, knowledge, sentience 10 perception
cognizance 4 heed, note 6 notice 9 attention, awareness, knowledge 12 jurisdiction
cognizant 5 aware 7 knowing, mindful 8 informed, sensible 9 conscious 13 knowledgeable
cognize 4 know 5 grasp 6 fathom 7 realize 8 perceive 9 apprehend 10 appreciate, comprehend, understand
cognomen 4 name 5 alias, title 7 epithet, moniker, surname 8 nickname 11 appellation, appellative, designation 12 denomination
cognoscente 5 judge 6 critic, expert 7 epicure 8 aesthete 9 authority 10 specialist 11 connoisseur
cognoscible 8 knowable 10 fathomable 13 apprehensible
cohere 4 fuse, join 5 agree, blend, cling, merge, stick, unite 6 accord 7 combine, comport, conform, connect 8 coalesce, dovetail 10 correspond 11 consolidate
coherence 4 bond 5 union, unity 8 adhesion, cohesion 9 agreement, congruity, integrity 10 conformity, connection, consonance, solidarity 11 consistency, integration
coherent 5 sound 7 logical, ordered, unified 8 rational 10 consistent, integrated, meaningful 11 coordinated
cohesion see COHERENCE
coho 6 salmon 12 silver salmon
cohort 3 pal 4 ally, band, chum, crew, mate 5 buddy, crony, group 6 fellow, friend 7 comrade, partner 8 adherent, confrere, disciple, follower, henchman, sidekick 9 assistant, associate, colleague, companion, supporter 10 accomplice 11 demographic 12 collaborator
coif 3 cap, cut 4 hood, perm 6 hairdo 7 haircut 8 skullcap
coiffeur 6 barber 10 haircutter 11 hairdresser, hairstylist
coiffure 6 hairdo ***aid:*** 3 net, rat 5 snood
coil 4 curl, loop, ring, turn, wind 5 helix, twine, twist 6 rotate, spiral 7 entwine, revolve, wreathe 8 curlicue 9 corkscrew
coiled 6 spiral, volute 7 helical, voluted, whorled 9 circinate
coin 4 mint 6 invent, make up, strike ***Afghanistan:*** 3 pul 7 afghani ***Albania:*** 3 lek 9 quindarka ***Algeria:*** 5 dinar 7 centime ***ancient Greek:*** 4 obol ***ancient Muslim:*** 5 dinar ***ancient Roman:*** 8 denarius ***Argentina:*** 4 peso 7 centavo ***Austria:*** 4 euro 8 groschen 9 schilling ***Bahrain:*** 4 fils 5 dinar ***Belgium:*** 4 euro 5 franc 7 centime ***Benin:*** 5 franc 7 centime ***Bhutan:*** 7 chetrum 8 ngultrum ***Bolivia:*** 7 centavo 9 boliviano ***Botswana:*** 4 pula 5 thebe ***Brazil:*** 4 real 7 centavo 8 cruzeiro ***Bulgaria:*** 3 lev 8 stotinka ***Burundi:*** 5 franc 7 centime ***Cameroon:*** 5 franc 7 centime ***Canada:*** 6 loonie, toonie, twonie ***Cape Verde Islands:*** 6 escudo 7 centavo ***Chile:*** 4 peso 7 centavo ***China:*** 3 fen 4 jiao, yuan ***Columbia:*** 4 peso 7 centavo ***Costa Rica:*** 5 colón 7 centimo ***Cuba:*** 4 peso 7 centavo ***Czech Republic:*** 5 haler 6 koruna ***defective:*** 4 fido ***Denmark:*** 3 ore 5 krone ***Dominican Republic:*** 4 peso 7 centavo ***Ecuador:***

5 sucre 7 centavo *edge:* 7 milling *Egypt:* 7 piastre *European gold:* 5 ducat *Finland:* 4 euro 5 penni 6 markka *former:* 3 ecu, mil, pie, sol, sou 4 anna, besa, doit, duit, kran, para, pice, reis (plural) 5 fanam, litas, mohur, paisa, rupia, shahi, soldo, toman 6 centas, denier, heller, macuta, pagoda, tangka 7 santims, sapeque 8 maravedi, skilling 9 rigsdaler 10 Indian head, reichsmark 13 reichspfennig *France:* 4 euro 5 franc 7 centime *Gambia:* 5 butut 6 dalasi *Germany:* 4 euro, mark 7 pfennig *Ghana:* 4 cedi 6 pesewa *Great Britain:* 3 bob 5 crown, penny 6 guinea 7 ha'penny 8 farthing, shilling, sixpence 9 halfpenny, sovereign 10 threepence *Greece:* 4 euro 6 lepton 7 drachma *Guatemala:* 7 centavo, quetzal *Guinea-Bissau:* 4 peso *Haiti:* 6 gourde 7 centime *Honduras:* 7 centavo, lempira *Hungary:* 5 pengo 6 filler, forint *Iceland:* 5 aurar (plural), eyrir, krona *India:* 5 paisa, rupee *Indonesia:* 3 sen 6 rupiah *Iran:* 4 rial 5 dinar *Iraq:* 4 fils 5 dinar *Ireland:* 4 euro 5 penny 8 farthing *Israel:* 5 agora 6 shekel *Italy:* 4 euro, lira 5 scudo *Japan:* 3 rin, sen, yen *Jordan:* 4 fils 5 dinar *Kenya:* 8 shilling *Korea, North and South:* 3 won 4 chon *Kuwait:* 4 fils 5 dinar *large:* 9 cartwheel *Lebanon:* 5 livre 7 piastre *Lesotho:* 4 loti 7 licente, lisente *Libya:* 5 dinar 6 dirham *Luxembourg:* 4 euro 5 franc *Madagascar:* 5 franc *Malawi:* 6 kwacha 7 tambala *Mauritania:* 5 khoum 7 ouguiya *Mauritius:* 5 rupee *Mexico:* 4 peso 7 centavo *Monaco:* 4 euro 5 franc *Morocco:* 6 dirham *Mozambique:* 7 metical *Nepal:* 5 paisa, rupee *Netherlands:* 4 euro 6 florin, gulden 7 guilder *Nicaragua:* 7 centavo, córdoba *Nigeria:* 4 kobo 5 naira *Norway:* 3 ore 5 krone *Oman:* 4 rial 5 baiza *Pakistan:* 5 paisa, rupee *Panama:* 6 balboa 9 centesimo *Papua New Guinea:* 4 kina, toea *Paraguay:* 7 centimo, guarani *Peru:* 3 sol 7 centimo *Philippines:* 4 piso 7 sentimo *Poland:* 5 grosz, zloty *Portugal:* 4 euro 6 escudo 7 centavo *Qatar:* 5 riyal 6 dirham *Roman:* 6 aureus, bezant 7 solidus *Romania:* 3 ban, leu *Russia:* 5 kopek, ruble 6 kopeck *San Marino:* 4 lira *Saudi Arabia:* 4 rial 6 halala *Seychelles:* 5 rupee *side of a:* 7 obverse *Slovakia:* 5 haler 6 koruna *South Africa:* 4 rand 10 Krugerrand *Spain:* 4 euro 6 peseta 7 centimo *Sri Lanka:* 5 rupee *stamping metal:* 8 planchet *Suriname:* 6 florin, gulden 7 guilder *Swaziland:* 9 lilangeni *Sweden:* 3 ore 5 krona 8 skilling *Switzerland:* 5 franc 6 rappen *Syria:* 7 piastre *Tanzania:* 8 shilling *Thailand:* 4 baht 5 tical 6 satang *Tonga:* 6 pa'anga, seniti *Tunisia:* 5 dinar *Turkey:* 4 lira 5 kurus *Uganda:* 8 shilling *United Arab Emirates:* 6 dirham *United States:* 4 dime 5 penny 6 dollar, nickel 7 quarter 10 half-dollar *Uruguay:* 4 peso 9 centesimo *Vatican City:* 4 lira *Venezuela:* 7 bolivar *Samoa:* 4 sene, tala *Zambia:* 5 ngwee 6 kwacha

coinage 7 new word 8 creation, currency 9 invention, neologism 10 brainchild 11 contrivance

coincide 4 jibe 5 agree, equal, match, tally 6 accord, concur, square 7 comport, conform 8 dovetail 9 harmonize 10 correspond

coincident 7 similar 9 consonant 10 concurrent 11 concomitant, synchronous 12 accompanying, contemporary, simultaneous

coincidentally 8 by chance, together 12 accidentally, concurrently, fortuitously

coin-shaped 8 nummular

col 4 pass 5 ridge 6 saddle

___ colada 4 piña

colander's cousin 5 sieve 6 sifter 8 strainer

cold ___ 3 war 4 call, cash, cuts, feet, fish, sore, wave 5 cream, frame, front, patch, steel, sweat, water 6 turkey 7 comfort, storage 8 shoulder

cold 3 icy, raw 4 cool, dead, iced 5 aloof, chill, crisp, frore, gelid, nippy, polar 6 arctic, biting, chilly, frigid, frosty, frozen, wintry 7 bracing, glacial, shivery 8 chilling, comatose, freezing, lifeless 11 emotionless, passionless, unconscious, unemotional 12 unresponsive *combining form:* 4 cryo, kryo *common:* 6 coryza *symptom:* 5 cough, fever 6 sneeze 7 catarrh

cold-blooded 5 cruel 6 brutal 7 callous 8 hardened, obdurate, pitiless, ruthless 9 heartless, impassive, unfeeling 10 hard-boiled, impersonal 11 emotionless, hard-hearted 12 matter-of-fact, stonyhearted 13 dispassionate, unimpassioned

cold feet 4 fear 5 alarm, doubt, dread, panic, worry 6 dismay, fright, terror 7 anxiety, jitters 8 timidity 9 cowardice 11 trepidation 12 apprehension

coldhearted see COLD-BLOODED

cold-shoulder 3 cut 4 snub 6 ignore, slight 9 ostracize

cold storage 8 abeyance, dormancy 10 quiescence, suspension 12 intermission, interruption

cole 4 kale, rape 7 cabbage 8 brassica, broccoli, kohlrabi 11 cauliflower
Coleridge poem 9 Dejection, Kubla Khan 10 Christabel
Colette character 4 Gigi 5 Cheri 8 Claudine
colewort 4 kale 7 cabbage
colic 5 gripe 9 bellyache 11 stomachache 12 collywobbles
coliseum 4 bowl 5 arena, stade 6 circus 7 stadium
collaborate 6 team up 7 collude 8 conspire 9 cooperate
collaborator 4 ally 6 helper 7 abettor, partner, traitor 8 coworker, henchman, quisling 9 accessory, assistant, associate, auxiliary, colleague 10 accomplice 11 confederate, conspirator
collapse 4 cave, drop, fail, ruin 5 break, crash, smash, wreck 6 buckle, cave in, fold up 7 breakup, crack-up, crumple, debacle, deflate, downfall, failure, founder, give out, give way, pass out, shatter, smashup, succumb 8 condense 9 breakdown, cataclysm, fall apart, ruination 10 disruption 11 catastrophe, destruction, prostration 12 disintegrate
collar 3 bag, nab 4 grab, hook, nail, take 5 catch, seize 6 arrest, secure 7 capture 9 apprehend ***armor:*** 6 gorget ***boy's:*** 4 Eton ***chain:*** 4 torc 6 torque ***jeweled:*** 8 carcanet ***lace-edged:*** 6 rebato ***metal:*** 4 torc 6 torque ***pleated:*** 4 ruff
collarbone 8 clavicle
collate 5 group, order 7 arrange, collect, compare, compile 8 assemble, contrast, organize 9 integrate
collateral 4 bond 6 allied, lineal, pledge, surety 7 cognate, kindred, oblique, related, subject 8 indirect, parallel, security 9 accessory, ancillary, attendant, auxiliary, dependent, secondary, tributary 10 coincident, coordinate, reciprocal, subsidiary 11 concomitant, subordinate, subservient 12 accompanying, confirmatory, contributory 13 complementary, corresponding, corroborative
colleague 4 aide 6 cohort, fellow, helper 7 partner 8 confrere, coworker, teammate 9 assistant, associate, companion 10 compatriot 11 confederate 12 collaborator
collect 4 draw 5 group, infer, raise 6 deduce, derive, gather, muster, prayer 7 build up, compile, compose, convene, dispose, marshal, round up 8 assemble, conclude, converge 10 accumulate, congregate, rendezvous
collected 4 calm, cool 5 quiet, still 6 poised, serene 7 assured 8 complete, composed, sanguine, tranquil 9 assembled, confident, unruffled 11 unflappable 13 imperturbable, self-possessed
collection 3 ana, kit, lot 4 band, bevy, crew, olio, ruck 5 bunch, crowd, hoard, trove 6 medley, muster 7 cluster, variety 8 assembly, caboodle 9 aggregate, anthology, congeries, gathering, stockpile 10 assemblage, assortment, cumulation, miscellany 11 aggregation 12 accumulation, congregation 13 agglomeration ***miscellaneous:*** 4 hash, olio 6 jumble, medley 7 mélange, mixture 8 mishmash, pastiche 9 potpourri 10 hodgepodge, salmagundi 11 olla podrida ***of anecdotes:*** 3 ana ***of animals:*** 3 zoo 9 menagerie ***of artistic works:*** 6 museum 7 gallery ***of clothes:*** 8 wardrobe ***of dried plants:*** 9 herbarium ***of literary pieces:*** 8 analects 9 anthology ***of reports:*** 4 file 7 dossier ***of trinkets:*** 10 bijouterie
collective 5 joint 7 commune, kibbutz, kolkhoz 11 cooperative
collector ***of bird's eggs:*** 8 oologist ***of books:*** 11 bibliophile ***of coins:*** 11 numismatist ***of fares:*** 9 conductor ***of phonograph records:*** 10 discophile ***of stamps:*** 11 philatelist
colleen 4 girl, lass 6 maiden ***country:*** 4 Eire, Erin 7 Ireland
college ***building:*** 3 gym, lab 4 dorm, hall ***campus area:*** 4 quad 10 quadrangle ***class meeting:*** 3 lab 7 lecture, seminar 8 tutorial, workshop ***degree:*** 3 BLS, DST, LLB, LLD, MBA, MEd, MFA, MLS, PhD 5 LittD ***graduate:*** 6 alumna, alumni (plural) 7 alumnae (plural), alumnus ***official:*** 4 dean 5 prexy 6 bursar, regent 7 proctor, provost 9 registrar ***oldest in U.S.:*** 7 Harvard ***oldest women's in U.S.:*** 12 Mount Holyoke ***relating to:*** 8 academic 10 collegiate ***social group:*** 4 frat 8 sorority 10 fraternity ***song:*** 9 alma mater ***student class:*** 4 soph 5 frosh 6 junior, senior 8 freshman 9 sophomore ***teacher:*** 3 don 4 prof 8 academic 9 professor ***term:*** 7 quarter, session 8 semester 9 trimester ***VIP:*** 4 BMOC ***woman:*** 4 coed
college team ***Air Force:*** 7 Falcons ***Alabama:*** 11 Crimson Tide ***Arizona:*** 8 Wildcats ***Arizona State:*** 9 Sun Devils ***Arkansas:*** 10 Razorbacks ***Arkansas State:*** 7 Indians ***Army:*** 6 Cadets ***Auburn:*** 6 Tigers ***Baylor:*** 5 Bears ***Boston College:*** 6 Eagles ***Boston University:*** 8 Terriers ***Brigham Young:*** 7 Cougars ***Brown:*** 5 Bears ***California:*** 11 Golden Bears ***Central Michigan:*** 9 Chippewas ***Cincinnati:*** 8 Bearcats ***Citadel:*** 8 Bulldogs ***Clemson:***

6 Tigers ***Colgate:*** 10 Red Raiders ***Colorado:*** 9 Buffaloes ***Colorado State:*** 4 Rams ***Columbia:*** 5 Lions ***Connecticut:*** 7 Huskies ***Cornell:*** 6 Big Red ***Dartmouth:*** 8 Big Green ***Davidson:*** 8 Wildcats ***Delaware State:*** 7 Hornets ***Drake:*** 8 Bulldogs ***Duke:*** 10 Blue Devils ***Eastern Kentucky:*** 8 Colonels ***Eastern Michigan:*** 6 Eagles ***Florida:*** 6 Gators ***Florida State:*** 9 Seminoles ***Fresno State:*** 8 Bulldogs ***Furman:*** 8 Palidans ***Georgia:*** 8 Bulldogs ***Georgia Tech:*** 13 Yellow Jackets ***Harvard:*** 7 Crimson ***Hawaii:*** 15 Rainbow Warriors ***Holy Cross:*** 9 Crusaders ***Houston:*** 7 Cougars ***Howard:*** 6 Bisons ***Idaho:*** 7 Vandals ***Idaho State:*** 7 Bengals ***Illinois:*** 14 Fighting Illini ***Illinois State:*** 8 Redbirds ***Indiana:*** 8 Hoosiers ***Indiana State:*** 9 Sycamores ***Iowa:*** 8 Hawkeyes ***Iowa State:*** 8 Cyclones ***Kansas:*** 8 Jayhawks ***Kansas State:*** 8 Wildcats ***Kent State:*** 13 Golden Flashes ***Kentucky:*** 8 Wildcats ***Lehigh:*** 9 Engineers ***Louisiana State:*** 6 Tigers ***Louisiana Tech:*** 8 Bulldogs ***Maine:*** 10 Black Bears ***Maryland:*** 5 Terps 9 Terrapins ***Massachusetts:*** 9 Minutemen ***Miami (Florida):*** 10 Hurricanes ***Miami (Ohio):*** 8 Redskins ***Michigan:*** 10 Wolverines ***Michigan State:*** 8 Spartans ***Minnesota:*** 7 Gophers ***Mississippi:*** 6 Rebels ***Mississippi State:*** 8 Bulldogs ***Missouri:*** 6 Tigers ***Montana:*** 9 Grizzlies ***Montana State:*** 7 Bobcats ***Navy:*** 10 Midshipmen ***Nebraska:*** 11 Cornhuskers ***Nevada:*** 6 Rebels 8 Wolfpack ***New Hampshire:*** 8 Wildcats ***New Mexico:*** 5 Lobos ***New Mexico State:*** 6 Aggies ***North Carolina:*** 8 Tar Heels ***North Carolina State:*** 8 Wolfpack ***Northeastern:*** 7 Huskies ***Northwestern:*** 8 Wildcats ***Notre Dame:*** 13 Fighting Irish ***Ohio State:*** 8 Buckeyes ***Ohio University:*** 7 Bobcats ***Oklahoma:*** 7 Sooners ***Oklahoma State:*** 7 Cowboys ***Oregon:*** 5 Ducks ***Oregon State:*** 7 Beavers ***Pennsylvania:*** 7 Quakers ***Pennsylvania State:*** 12 Nittany Lions ***Pittsburgh:*** 8 Panthers ***Princeton:*** 6 Tigers ***Purdue:*** 12 Boilermakers ***Rhode Island:*** 4 Rams ***Rice:*** 4 Owls ***Rutgers:*** 14 Scarlet Knights ***San Diego State:*** 6 Aztecs ***San Jose State:*** 8 Spartans ***South Carolina:*** 9 Gamecocks ***South Carolina State:*** 8 Bulldogs ***Southern California:*** 7 Trojans ***Southern Illinois:*** 7 Salukis ***Southern Methodist:*** 8 Mustangs ***Stanford:*** 9 Cardinals ***Syracuse:*** 9 Orangemen ***Temple:*** 4 Owls ***Tennessee:*** 10 Volunteers ***Tennessee State:*** 6 Tigers ***Tennessee Tech:*** 12 Golden Eagles ***Texas:*** 9 Longhorns ***Texas A&M:*** 6 Aggies ***Texas Christian:*** 11 Horned Frogs ***Texas Southern:*** 6 Tigers ***Texas Tech:*** 10 Red Raiders ***Toledo:*** 7 Rockets ***Tulane:*** 9 Green Wave ***UCLA:*** 6 Bruins ***UNLV:*** 12 Runnin' Rebels ***Utah:*** 4 Utes ***Utah State:*** 6 Aggies ***Vanderbilt:*** 10 Commodores ***Villanova:*** 8 Wildcats ***Virginia:*** 9 Cavaliers ***VMI:*** 7 Keydets ***VPI:*** 8 Gobblers ***Wake Forest:*** 12 Demon Deacons ***Washington:*** 7 Huskies ***Washington State:*** 7 Cougars ***West Virginia:*** 12 Mountaineers ***William & Mary:*** 5 Tribe ***Wisconsin:*** 7 Badgers ***Wyoming:*** 7 Cowboys ***Yale:*** 4 Elis 8 Bulldogs

collide 3 hit, ram 4 bump 5 clash, crash, smash 6 impact, strike 7 impinge 8 conflict

collision 4 bump, jolt 5 clash, crash, shock, smash, wreck 6 impact 7 crack-up, smashup 10 concussion

collocate 7 arrange 8 position 9 juxtapose

collogue 6 confer, huddle, parley, powwow 7 consult

colloid 3 gel, sol 4 agar 7 mixture 8 hydrogel, hydrosol

colloquial 6 casual, vulgar 7 demotic 8 familiar, informal 9 idiomatic 10 vernacular

colloquium 5 forum 7 palaver, seminar 9 symposium 10 conference, roundtable

colloquy 4 chat, talk 5 forum 6 debate, parley 7 palaver, seminar 8 dialogue 9 symposium 10 conference, discussion, roundtable 12 conversation 13 confabulation

collude 4 plot 6 devise, scheme 7 connive 8 conspire, contrive, intrigue 9 machinate

collusion 4 plot 8 intrigue, skin game 10 conspiracy

collywobbles 5 colic, gripe 9 bellyache 11 stomachache

Colombia ***capital:*** 6 Bogotá ***city:*** 4 Cali 6 Ibagué 8 Medellín 9 Cartagena 12 Barranquilla ***language:*** 7 Spanish ***liberator:*** 7 Bolivar (Simón) ***monetary unit:*** 4 peso ***mountain, range:*** 5 Andes, Chita 6 Puracé, Tolima 9 Cristóbal ***neighbor:*** 4 Peru 6 Brazil, Panama 7 Ecuador 9 Venezuela ***river:*** 6 Chauca 7 Orinoco 9 Magdalena ***sea:*** 9 Caribbean

Colonel Blimp 4 fogy, Tory 6 fossil 7 old fogy 8 mossback 10 fuddy-duddy 11 reactionary

colonnade 4 stoa 9 peristyle

colony 7 outpost 9 satellite 10 settlement

color 3 dun, dye, hue, red, tan 4 aqua, blue, cast, glow, gold, gray, grey, jade, lime, navy, pink, puce, rose, teal, tint, tone 5 amber, azure, beige, belie, black, blush, brown, coral, ebony, flush, green, hazel, henna, ivory, khaki, lilac, mauve, ocher, ochre, olive, paint, peach, rouge, shade, stain, taupe, tinge, umber **6** auburn, bronze, canary, copper, indigo, maroon, orange, purple, redden, salmon, sienna, silver, violet, yellow **7** crimson, emerald, magenta, pigment, saffron, scarlet **8** chestnut, dyestuff, lavender, tincture **9** embellish, embroider, turquoise, vermilion **10** aquamarine, exaggerate **12** pigmentation ***band:*** **5** facia, vitta **6** fascia ***combining form:*** **5** chrom **6** chromo **7** chromat **8** chromato ***primary:*** **3** red **4** blue **6** yellow ***relating to:*** **9** chromatic ***secondary:*** **5** green **6** orange, purple ***soft:*** **6** pastel

Colorado ***capital:*** **6** Denver ***city:*** **4** Vail **5** Aspen **6** Aurora, Pueblo **7** Boulder **8** Lakewood **11** Fort Collins ***college, university:*** **5** Regis **9** Fort Lewis ***mountain, range:*** **5** Longs (Peak), Pikes (Peak), Rocky **6** Elbert **7** Rockies ***nickname:*** **10** Centennial (State) ***park:*** **9** Mesa Verde ***river:*** **8** Arkansas, Colorado **9** Rio Grande ***state bird:*** **11** lark bunting ***state flower:*** **9** columbine ***state tree:*** **10** blue spruce

colorant **3** dye **5** stain **7** pigment **8** dyestuff, tincture

colored **6** biased, warped **8** one-sided, partisan **9** jaundiced **10** prejudiced **11** tendentious

colorful **3** gay **5** gaudy, showy, vivid **6** bright, flashy, florid, garish, motley **7** splashy

coloring **4** cast, tint **5** front, tinge **6** facade, nuance **7** pigment **8** overtone **10** camouflage, complexion **12** embroidering **13** embellishment

colorless **3** wan **4** ashy, drab, dull, flat, pale **5** ashen, pasty, prosy, waxen, white **6** albino, doughy, pallid **7** insipid, neutral, prosaic **8** abstract, blanched, bleached **10** achromatic, lackluster

Color Purple author **6** Walker (Alice)

colossal **4** huge, vast **7** immense, mammoth, massive, titanic **9** cyclopean, monstrous **10** gargantuan, stupendous **11** astonishing, elephantine

colossus **5** giant, titan **6** statue **7** goliath, mammoth, monster **8** behemoth **9** leviathan

Colossus of ___ **6** Rhodes

colporteur **10** evangelist, missionary **12** propagandist

colt **4** foal, tyro **6** novice, rookie **8** beginner, freshman, neophyte, newcomer **9** fledgling **10** tenderfoot

coltish **6** frisky, impish **7** playful **10** frolicsome

Columbine ***beloved:*** **9** Harlequin ***father:*** **9** Pantaloon

Columbus, Christopher ***birthplace:*** **5** Genoa ***patron:*** **8** Isabella **9** Ferdinand ***ship:*** **4** Niña **5** Pinta **10** Santa Maria ***son:*** **5** Diego ***starting point:*** **5** Palos

column **3** row **4** pier **5** shaft, stela **6** pillar **7** obelisk **8** pilaster ***angle:*** **5** arris ***base:*** **4** ordo **5** socle **6** plinth **9** stylobate ***bulge:*** **7** entasis ***female figure:*** **8** caryatid ***male figure:*** **5** atlas **7** telamon **8** atlantes (plural) ***style:*** **5** Doric, Ionic **10** Corinthian ***top:*** **7** capital **8** chapiter

coma **6** stupor, torpor **8** blackout, hebetude, lethargy **9** lassitude

comate **3** pal **4** chum **5** buddy, crony **7** comrade, partner **9** associate, colleague, companion

comatose **5** dopey **6** stupid, torpid **7** out cold **8** sluggish **9** lethargic **10** insensible **11** unconscious

comb **4** rake, sift, sort **5** crest, curry, probe, scour, sweep, tease **6** search, winnow **7** ransack **8** untangle **10** straighten **11** investigate

combat **3** war **4** buck, duel, fray **5** fight, repel **6** action, battle, oppose, resist, strife **7** contend, contest, dispute **8** skirmish, struggle **9** withstand **11** controversy

combatant **7** battler, fighter, soldier, warrior **8** militant, opponent **9** adversary, aggressor, assailant, contender, disputant, mercenary **10** antagonist, challenger, competitor, contestant **11** belligerent

combative **6** feisty **7** scrappy, warlike **8** militant **9** agonistic, bellicose, truculent **10** aggressive, pugnacious **11** belligerent, contentious, quarrelsome **12** disputatious, militaristic

combativeness **9** pugnacity **10** aggression, truculence **11** bellicosity **12** belligerence

combe **4** dale, dell, glen, vale **6** dingle, valley

combination **3** mix **4** bloc, pool, ring **5** blend, union **6** fusion, hookup, merger **7** melding, merging **8** alliance **9** aggregate, coalition, composite, synthesis **10** connection **11** affiliation, association, conjunction, partnership, unification **13** consolidation

combine **3** add, mix, wed **4** band, bloc, fuse, join, link, pool, ring **5** blend, chain, group, marry, merge, trust, unify, union, unite **6** cartel, league, mingle **7** bracket, conjoin, connect, faction **8** coadjute, coalesce **9** associate, coalition, commingle, cooperate, integrate, syndicate **10** amalgamate **11** consolidate, incorporate **12** conglomerate ***Japanese:*** **8** keiretsu, zaibatsu ***Korean:*** **7** chaebol, jaebeol

combined action **7** synergy **9** synergism

combo **4** band, trio **5** group **6** septet, sextet **7** quartet, quintet **8** ensemble

combust **4** burn **6** ignite, kindle **10** incinerate

combustible **4** edgy, fuel **8** burnable, volatile **9** excitable, flammable, ignitable **11** inflammable ***material:*** **3** gas, oil **4** coal, peat, wood **6** tinder

combustion **4** riot **7** burning **8** eruption, ignition, kindling **9** explosion, oxidation **13** thermogenesis

come **4** flow, hail, stem **5** arise, issue, occur **6** arrive, derive, show up, spring, turn up **7** advance, emanate, proceed **8** approach **9** originate ***a cropper:*** **4** fail, fall ***across:*** **4** find, meet **8** discover **9** encounter ***apart:*** **12** disintegrate ***at:*** **6** attack ***away:*** **5** leave **6** depart ***before:*** **7** precede ***clean:*** **7** confess ***forth:*** **5** issue **6** appear, emerge ***forward:*** **7** advance **9** volunteer ***into:*** **5** enter **7** acquire ***near:*** **5** verge **8** approach ***round:*** **5** rally **7** get well, recover ***to pass:*** **5** occur **6** happen ***up:*** **5** arise ***upon:*** **4** find, meet **8** discover **9** encounter

comeback **5** rally **6** answer, retort, return **7** rebound, revival, riposte **8** rebuttal, recovery, repartee, response **11** improvement **12** counterclaim, recuperation

come by **4** call **5** pop in, visit **6** drop in, look in **7** acquire, collect, inherit

comedian **3** wag, wit **4** card **5** clown, comic, droll, joker **6** jester **7** farceur **8** funnyman, humorist, jokester, quipster **11** entertainer

comedo **9** blackhead

comedown **4** dive, fall, ruin **5** crash **7** decline, descent, failure, setback **8** collapse **9** ruination

come down with **3** get **5** catch **7** develop **8** contract

comedy **5** farce, humor **6** levity **8** drollery, hilarity **9** drollness, wittiness

come in **5** enter, reply **6** answer **7** respond

comely **4** fair **5** bonny, sonsy **6** lovely, pretty, proper, sonsie **7** winsome **8** becoming, decorous, handsome, pleasing **9** beauteous, beautiful, befitting **10** attractive **11** good-looking

come off **4** fare, seem **5** click, occur **6** appear, go over, happen, pan out **7** develop, succeed **8** prove out **9** transpire

come-on **4** bait, lure, trap **5** decoy, snare **9** seduction **10** allurement, enticement, inducement, invitation, temptation **12** blandishment, inveiglement, solicitation

come out **4** leak **5** break, debut, end up **6** emerge **9** transpire

come out with **3** say **4** tell **5** state, utter **6** report **7** declare, deliver, publish, release **8** announce, proclaim

comestible **6** edible **7** eatable **8** esculent

comestibles **4** feed, food **6** viands **7** edibles **8** victuals **9** provender **10** provisions

come through **6** chip in, endure **7** pitch in, prevail, survive **8** transmit **10** contribute

come together **4** mass, meet **5** merge, swarm **6** gather, huddle **7** cluster, collect, combine, convene **8** assemble, converge **10** congregate

come upon **4** find **7** run into, uncover, unearth **8** bump into, discover, trip over **9** encounter, run across

comeuppance **3** due **5** lumps **7** deserts

comfort **3** aid **4** help **5** cheer **6** assist, buck up, luxury, relief, solace, soothe, succor **7** amenity, cheer up, console, relieve, support **8** reassure, sympathy **10** assistance, sympathize **11** commiserate, consolation, contentment

comfortable **4** cozy, easy, homy, snug, soft **5** ample, cushy, homey, roomy **7** content, easeful, restful, well-off **8** adequate, homelike, pleasant, pleasing, spacious, well-to-do **9** agreeable, satisfied, well-fixed **10** commodious, prosperous, sufficient, well-heeled **11** substantial **12** satisfactory

comforter **4** down, pouf, puff **5** duvet, quilt **9** eiderdown

comfy **4** cozy, homy **5** cushy, homey

comic **3** wag, wit **5** antic, droll, funny, joker **6** jester **7** risible **8** comedian, farcical, funnyman, humorist, jokester, quipster **9** laughable, ludicrous **10** ridiculous

comical **4** zany **5** droll, funny, goofy, silly **6** absurd **7** amusing, foolish, risible, waggish **8** farcical **9** laughable, ludicrous **10** ridiculous

comic strip **4** Pogo, Shoe **5** Hazel, Henry, Nancy **6** Archie, Popeye **7** Blondie, Dilbert, Far Side (The), Peanuts **8** Alley Oop, Andy Capp, Garfield, Krazy Kat, Li'l Abner, Superman **9** Betty Boop, Dick Tracy, Flash Gordon, Marmaduke, Mary Worth, Spider-Man, Yellow Kid (The) **10** Doonesbury, Joe Palooka, Little Nemo **11** Bloom County, Brenda Starr, Mutt and Jeff, Rex Morgan M.D., Steve Canyon **12** Beetle

Bailey **13** Captain Marvel, Gasoline Alley, Prince Valiant

coming **3** due **4** next **5** fated, onset **6** advent, future **7** arrival, ensuing, nearing **8** approach, expected, foreseen, imminent **9** following, impending **11** approaching ***forth:*** **7** issuant

comity **5** amity **7** concord, harmony **8** goodwill **10** friendship **11** benevolence, camaraderie **12** friendliness

comma **4** lull **5** pause **8** interval

command **3** bid **4** rule, sway **5** order **6** adjure, behest, charge, compel, direct, enjoin **7** bidding, conduct, control, dictate, mandate, mastery, precept **9** authority, direction, directive, expertise, ordinance **10** domination, injunction **11** instruction **12** jurisdiction ***to go:*** **4** mush **6** avaunt, begone **7** giddyap, giddyup ***to stop:*** **4** whoa **5** avast

commandeer **4** take **5** annex, seize, usurp **6** assume, hijack **7** preempt **8** accroach, arrogate **9** conscript, sequester **10** confiscate **11** appropriate, expropriate, requisition

commander **4** boss, head **6** honcho, leader, master **7** captain, general, headman, officer

commandment **3** law **4** fiat, rule **5** edict, order **6** decree **7** mitzvah, precept, statute

commedia dell' ___ **4** arte

comme il faut **6** decent, polite, proper, seemly **7** correct **8** becoming, decorous, suitable

commemorate **4** keep **7** observe **8** eulogize, monument **9** celebrate, solemnize **11** memorialize **13** monumentalize

commemorative **8** memorial **10** dedicatory **11** celebratory

commence **5** begin, start **6** launch, set out **7** kick off **8** embark on, initiate **10** embark upon, inaugurate

commencement **4** dawn **5** birth, onset, start **6** outset **7** dawning, genesis, opening **9** beginning, inception **10** graduation **12** inauguration

commend **4** hail, laud **5** extol **6** commit, kudize, praise, salute, tender **7** acclaim, applaud, approve, consign, entrust **8** hand over, relegate, turn over **10** compliment

commendable **6** worthy **8** laudable **9** admirable, deserving, estimable, meritable, venerable **10** creditable **11** meritorious **12** praiseworthy

commensurable see COMMENSURATE

commensurate **4** even **5** equal **10** comparable **11** coextensive **12** proportional **13** corresponding, proportionate

comment **4** note **5** opine **6** remark **7** mention, observe **8** critique, point out **9** criticism, interject **10** animadvert **11** observation **12** obiter dictum

commentary **5** gloss **6** review **8** analysis, critique, exegesis **9** editorial, narration, voice-over **10** annotation, exposition **11** explanation, observation **12** appreciation, obiter dictum

commerce **5** trade **7** contact, traffic **8** business, congress, dealings, exchange, industry **9** communion **11** interchange **13** communication

commercial **6** advert **8** economic **10** mercantile **13** advertisement

commie **3** Red **5** pinko **6** bolshy **7** bolshie **9** Bolshevik

commination **5** curse **8** anathema **10** accusation, execration **11** imprecation, malediction **12** denunciation

commingle **3** mix **4** meld **5** blend, merge, unify **8** compound, intermix **9** integrate **10** amalgamate

comminute **4** bray **5** crush, grind **9** granulate, pulverize

commiserate **4** pity **7** condole, feel for **9** empathize **10** sympathize **13** compassionate

commiseration **4** pity, ruth **7** empathy **8** sympathy **10** compassion, condolence

commission **3** bid, fee **4** name **5** board, order **6** agency, assign, charge, enable, engage, enjoin, enlist **7** appoint, command, council, empower, license, warrant **8** accredit, delegate, deputize **9** authorize, designate **10** delegation, deputation, percentage **11** certificate

commit **4** bind **5** allot, grant, refer **6** assign, convey, invest, ordain, pledge, record, reveal **7** achieve, consign, deposit, entrust, execute, perform, promise, pull off, trustee **8** allocate, carry out, hand over, obligate, relegate, turn over **10** accomplish, perpetrate

commitment **3** vow **4** bond, deal, duty **6** charge, devoir, pledge **7** promise **8** contract **9** agreement, assurance, guarantee **10** obligation **11** undertaking

committal see COMMITMENT

commixture **5** blend **6** fusion **7** amalgam, melange **8** compound, mingling **9** composite

commodious **4** wide **5** ample, roomy **8** spacious **9** capacious, expansive, luxurious **11** comfortable

commodities **5** goods, items, wares **8** articles, products **9** vendibles **11** merchandise

common **4** park **5** banal, daily, joint, plaza, trite, usual **6** mutual, normal, shared **7** general, generic, prosaic, regular, routine, typical **8** adequate, communal, conjoint, conjunct, déclassé, everyday, familiar, frequent, habitual, ordinary, standard, workaday **9** customary, prevalent, tolerable, universal **10** collective, pedestrian, prevailing, unexciting, widespread **12** conventional, run-of-the-mill, satisfactory **13** unexceptional, uninteresting

commonalty **3** mob **5** plebs **6** masses, people, plebes, public, rabble **7** commune **8** populace **9** hoi polloi, multitude, plebeians **11** proletariat, rank and file, third estate

commoners see COMMONALTY

commonplace **5** stale, tired, trite, usual **6** cliché, normal, truism **7** bromide, clichéd, humdrum, mundane, obvious, prosaic, regular, routine, typical **8** banality, bromidic, chestnut, everyday, habitual, mediocre, ordinary, well-worn, workaday **9** hackneyed, platitude, prevalent **10** pedestrian, shibboleth, stereotype, uneventful **11** stereotyped **12** conventional, run-of-the-mill, unremarkable **13** stereotypical, unexceptional, uninteresting

common sense **6** wisdom **8** judgment, prudence **10** shrewdness

Common Sense author **5** Paine (Thomas)

commotion **3** ado, din, row **4** flap, fuss, moil, riot, stew, stir, to-do **5** storm, whirl **6** bustle, clamor, dither, flurry, fracas, furore, hoopla, hubbub, hurrah, lather, outcry, pother, racket, ruckus, rumpus, shindy, tumult, uproar, upturn **7** ferment, tempest, turmoil **8** brouhaha, foofaraw **9** agitation, confusion **10** convulsion, hullabaloo, hurly-burly, turbulence **11** pandemonium

commove **5** rouse **6** excite **7** agitate, inspire, provoke **9** electrify, galvanize, stimulate

communal **5** civil, joint **6** common, mutual, public, shared **10** collective **11** socialistic

commune **10** collective ***Israeli:*** **7** kibbutz ***Russian:*** **3** mir **7** kolkhoz

communicable **8** catching **10** contagious, infectious **13** transmissible, transmittable

communicate **4** tell **6** convey, impart, inform, pass on, relate, reveal, signal **7** connect, contact, divulge **8** disclose, transmit **9** make known

communication **4** talk **7** contact, message, missive, talking **8** converse, exchange **9** directive **10** discussing, discussion **11** interchange, intercourse **12** conversation ***means:*** **3** Web **4** drum, mail, note **5** e-mail, media, phone, radio **6** letter, medium, pigeon, speech **8** Internet **9** telegraph, telephone **10** television ***system:*** **8** language

communications code word **4** Alfa, Echo, Golf, Kilo, Lima, Mike, Papa, Xray, Zulu **5** Alpha, Bravo, Delta, Hotel, India, Oscar, Romeo, Tango **6** Quebec, Sierra, Victor, Yankee **7** Charlie, Foxtrot, Juliett, Uniform, Whiskey **8** November

communicative **5** vocal **6** fluent, prolix **7** verbose, voluble **8** eloquent **9** expansive, garrulous, talkative **10** articulate, expressive, loquacious

communion **7** rapport, sharing **9** Eucharist, sacrament **10** connection, fellowship ***cloth:*** **8** corporal ***cup:*** **7** chalice ***plate:*** **5** paten

communism **7** Marxism **8** Leninism **10** bolshevism **12** collectivism

Communist **3** red **5** lefty, pinko **6** bolshy, Maoist **7** bolshie, comrade, Marxist **8** Leninist **9** Bolshevik, Stalinist **10** Bolshevist, Trotskyist

Communist leader ***Chinese:*** **3** Mao **4** Deng **5** Jiang **8** Hu Jintao **9** Mao Zedong **10** Jiang Zemin, Mao Tse-tung **12** Deng Xiaoping **13** Teng Hsiao-p'ing ***Russian:*** **5** Lenin (Vladimir Ilyich) **6** Stalin (Joseph) **7** Kosygin (Aleksey), Trotsky (Leon) **8** Andropov (Yuri), Brezhnev (Leonid) **9** Chernenko (Konstantin), Gorbachev (Mikhail) **10** Khrushchev (Nikita)

community **4** town **7** enclave, society **12** neighborhood ***ecological:*** **10** biocenosis **11** biocoenosis

commute **5** alter **6** change, make up, modify, soften, travel **7** convert, curtail, shorten, shuttle **8** decrease, exchange, mitigate, transfer **9** transform, translate, transmute, transpose **10** compensate, substitute **11** interchange

Como está ___? **5** usted

Comoros ***capital:*** **6** Moroni ***island:*** **6** Mohéli **7** Anjouan **12** Grande Comore ***language:*** **6** Arabic, French **8** Comorian ***monetary unit:*** **5** franc ***volcano:*** **8** Karthala

compact **4** bond **5** close, dense, unify **7** bargain, bunched, crowded, pressed **8** compress, condense, contract, covenant **9** agreement, concordat **10** convention **11** concentrate, consolidate, transaction

compadre **3** pal **4** chum, mate **5** amigo, buddy, crony **6** friend **7** comrade, partner **8** confrere, sidekick, intimate **9** associate, colleague, companion

companion **3** pal **4** chum, mate **5** buddy,

crony **6** cohort, escort **7** comrade, consort, partner **8** sidekick **9** associate, attendant, colleague

companionable **6** genial, social **7** affable, amiable **8** outgoing, sociable **9** agreeable, congenial, convivial **10** gregarious **11** good-natured

companionship **7** company, society **8** intimacy **10** fellowship **11** camaraderie

company **4** band, club, crew, firm, gang, team **5** corps, group, party, troop **6** circle, clique, guests, outfit, troupe **7** concern, coterie, retinue, society, visitor **8** assembly, business, ensemble, visitors **9** gathering **10** assemblage, enterprise, fellowship **11** association, camaraderie, corporation **12** congregation **13** companionship, establishment

comparable **4** akin, like **5** alike **6** agnate **7** similar, uniform **8** parallel **9** analogous **10** equivalent, homologous **12** commensurate **13** corresponding

comparative **4** near **8** relative **11** approximate

compare **5** liken, match **6** equate, relate **7** collate **8** contrast, parallel **9** correlate **10** assimilate

comparison **6** simile **7** analogy **8** affinity, contrast, likeness **9** collation, semblance **10** similarity, similitude **11** correlation, resemblance

compartment **3** bay **4** cell, nook, part, slot **5** berth, booth, niche, stall **6** alcove, carrel, locker **7** chamber, cubicle, section **8** division **9** cubbyhole **10** pigeonhole **11** subdivision

compass **3** hem **4** ring **5** ambit, field, grasp, orbit, range, reach, scope, sweep **6** bounds, circle, domain, extent, girdle, limits, radius, sphere **7** circuit, environ, purview **8** boundary, confines, environs **9** enclosure, extension, perimeter, periphery **13** circumference ***kind:*** **4** gyro **5** solar **8** magnetic ***stand:*** **8** binnacle

compassion **4** pity, ruth **5** mercy **7** charity, empathy **8** clemency, humanity, kindness, sympathy **10** condolence, humaneness **11** benevolence **13** commiseration, fellow feeling

compassionate **4** pity, warm **6** humane, tender **7** clement **8** merciful **10** benevolent, charitable, solicitous **11** commiserate, kindhearted, softhearted, sympathetic, warmhearted

compassionless **5** stony **7** callous **8** obdurate **9** heartless, unfeeling **11** coldblooded, hard-hearted, iron-hearted **12** stonyhearted

compass point **3** ENE, ESE, NNE, NNW, SSE, SSW, WNW, WSW **4** east, west **5** north, rhumb, south **7** bearing ***Scottish:*** **4** airt

compatible **6** proper **8** suitable **9** agreeable, congenial, congruous, consonant **10** consistent, harmonious, like-minded **11** appropriate, sympathetic

compatriot **8** confrere **9** associate, colleague, companion

compeer see COMPANION

compel **4** hale, urge **5** drive, force **6** coerce, impose, oblige **7** enforce **9** constrain

compelling **4** dire **5** acute **6** cogent, crying, urgent **7** clamant, exigent, telling, weighty **8** forceful, pressing **10** convincing, persuasive **11** importunate, significant **12** well-grounded **13** authoritative

compendious **5** brief, pithy, short **7** compact, concise, summary **8** succinct **9** condensed **11** abbreviated

compendium **4** list **5** brief, guide **6** aperçu, digest, manual, précis, sketch, survey **7** epitome, summary **8** abstract, Baedeker, handbook, overview, syllabus, synopsis **9** anthology, guidebook, vade mecum **10** abridgment, collection, conspectus **11** abridgement, compilation, enchiridion

compensate **3** pay **5** atone, repay **6** make up, offset, pay off, redeem, set off **7** balance, guerdon, requite, satisfy **8** outweigh **9** indemnify, reimburse **10** counteract, neutralize, recompense, remunerate **11** countervail

compensation **6** amends, reward, salary **7** damages, payment, redress **8** earnings, reprisal, requital, solatium **9** atonement, indemnity, quittance, repayment **10** recompense, reparation **11** restitution **12** remuneration

compete **3** vie **4** spar **5** fight **6** battle, strive **7** contend, contest **8** struggle

competence **5** skill **7** ability, know-how **8** adequacy, aptitude, capacity, facility **9** expertise **10** capability **11** proficiency, sufficiency **13** qualification

competent **3** fit **4** able **5** adept **6** au fait, decent, proper **7** capable, skilled **8** adequate **9** efficient, qualified **10** proficient, sufficient **12** satisfactory

competition **4** bout, game, meet, race **5** clash, fight, match, rival **6** strife **7** contest, matchup, rivalry **8** concours, conflict, striving, struggle, tug-of-war **10** antagonism, contention, tournament

competitor **5** enemy, rival **8** opponent **9** adversary **10** antagonist, contestant, opposition

compile **4** edit **5** amass **6** gather, select

7 build up, collate, collect **8** assemble **9** construct **10** accumulate **11** anthologize

complacency **5** pride **7** conceit **8** smugness **10** narcissism

complacent **4** smug **6** serene **7** assured **9** conceited, confident **11** self-assured, unconcerned **13** self-confident, self-contented, self-possessed, self-satisfied

complain **3** nag **4** beef, crab, fret, fuss, wail **5** gripe, grump, whine **6** grouch, grouse, lament, yammer **7** grizzle, grumble, protest **9** bellyache

complainer **4** crab **5** crank **6** griper, grouch **7** grouser **8** grumbler, sourpuss **10** malcontent **11** faultfinder

complaint **5** gripe **6** grouse, lament, malady **7** ailment, disease, protest **8** disorder, sickness, syndrome **9** condition, criticism, grievance, infirmity, objection **10** affliction, allegation **12** protestation

complaisant **4** easy, mild **7** amiable, lenient **8** generous, obliging **9** agreeable, compliant, easygoing, indulgent **11** deferential, good-humored, good-natured **12** good-tempered **13** accommodating

complement **4** crew, rest **9** correlate, remainder **10** supplement **11** counterpart

complete **3** end **4** done, full, halt **5** close, ended, total, utter, whole **6** entire, finish, intact, wind up, wrap up **7** achieve, fulfill, perfect, perform, plenary **8** absolute, conclude, finalize, finished, integral, round out, thorough **9** concluded, out-and-out, terminate **10** accomplish, consummate, exhaustive, unabridged **11** categorical, unmitigated **13** thoroughgoing

completed **4** done, over **5** ended **7** through **8** done with, executed, finished **9** concluded, fulfilled **10** terminated **11** consummated **12** accomplished

completion **3** end **6** finish, windup, wrap-up **8** fruition **10** conclusion

complex **6** daedal, knotty, system, varied **7** chelate, gordian, network **8** abstruse, compound, involved, syndrome, tortuous **9** aggregate, Byzantine, composite, elaborate, intricate **10** convoluted **11** complicated **12** conglomerate, labyrinthine **13** heterogeneous, sophisticated

complexion **3** hue **4** cast, tint, tone **5** color, humor, tinge **6** aspect, makeup, nature, temper **8** tincture **9** character **10** appearance, coloration **11** disposition, temperament **12** pigmentation **13** individuality

compliance **7** consent **8** docility **9** agreement, deference, obedience **10** acceptance, conformity, submission **11** amenability, flexibility, resignation **12** acquiescence, tractability

complicate **5** mix up, ravel, snarl **6** jumble, muddle, tangle **7** confuse, involve **8** confound, disorder, entangle **9** aggravate, convolute **10** disarrange, exacerbate

complicated **6** daedal, knotty **7** complex, gordian, tangled **8** abstruse, involved, tortuous **9** Byzantine, elaborate, intricate, recondite **10** convoluted **12** labyrinthine **13** heterogeneous, sophisticated

complicity **8** abetment **9** collusion **10** connivance **11** involvement

compliment **4** hail, kudo, laud **5** extol, honor, kudos **6** praise, salute **7** acclaim, applaud, bouquet, commend, regards, tribute **8** accolade, encomium **9** laudation, recommend **11** recognition **12** appreciation, commendation, congratulate

complimentary **4** free **6** gratis **8** costless **9** favorable, laudatory **10** chargeless, gratuitous **12** appreciative

comply **4** obey **5** yield **6** accede, submit **7** conform **9** acquiesce

component **4** part **5** piece **6** factor **7** element, segment **10** ingredient **11** constituent

comport **4** bear, jibe **5** agree, carry, fit in, match, tally **6** accord, acquit, behave, demean, square **7** conduct **8** coincide, dovetail **9** harmonize **10** correspond

comportment **3** air **4** mien **7** address, bearing, conduct **8** attitude, behavior, carriage, demeanor, presence

compose **4** calm, cool, form, lull, make **5** forge, quiet, relax, still, write **6** becalm, create, devise, draw up, indite, invent, make up, settle, solace, soothe **7** collect, console, contain, control **8** comprise **9** construct, fabricate, formulate, originate **10** constitute ***type:*** **3** set

composed **4** calm, cool **5** staid **6** poised, sedate, serene **9** collected, unruffled **11** unflappable **13** imperturbable, self-possessed

composer **6** scorer **8** melodist **9** balladist, songsmith, tunesmith **10** songwriter ***American:*** **3** Kay (Hershy, Ulysses) **4** Bock (Jerry), Cage (John), Hill (Edward Burlingame), Ives (Charles), Kern (Jerome), King

(Carole), Lane (Burton), Monk (Thelonious), Work (Henry Clay) **5** Adams (John), Arlen (Harold), Beach (Amy), Blake (Eubie), Bland (James A.), Bloch (Ernest), Cohan (George M.), Friml (Rudolf), Glass (Philip), Gould (Morton), Grofé (Ferde), Handy (W. C.), Loewe (Frederick), Mason (Daniel Gregory, Lowell), Moore (Douglas), Reich (Steve), Sousa (John Philip), Still (William Grant), Styne (Jule), Zappa (Frank) **6** Barber (Samuel), Berlin (Irving), Carter (Elliott), Cowell (Henry), Emmett (Daniel), Foster (Stephen), Hanson (Howard), Harris (Roy), Herman (Jerry), Joplin (Scott), Kander (John), McHugh (Jimmy), McKuen (Rod), Menken (Alan), Morton ("Jelly Roll"), Oliver ("King"), Parker (Charlie "Bird," Horatio), Piston (Walter), Porter (Cole), Previn (André), Seeger (Pete), Taylor (Deems), Varèse (Edgard), Warren (Harry) **7** Babbitt (Milton), Brubeck (Dave), Copland (Aaron), Gilbert (Henry F.), Gilmore (Patrick), Goldman (Edwin Franko), Herbert (Victor), Loesser (Frank), Mancini (Henry), Menotti (Gian Carlo), Rodgers (Richard), Romberg (Sigmund), Schuman (William), Thomson (Virgil), Tiomkin (Dimitri), Willson (Meredith), Youmans (Vincent) **8** Anderson (Leroy), Billings (William), Burleigh (Henry Thacker), Damrosch (Leopold, Walter), Gershwin (George), Hamlisch (Marvin), Herrmann (Bernard), Korngold (Erich Wolfgang), Kreisler (Fritz), Marsalis (Wynton), Schuller (Gunther), Sessions (Roger), Sondheim (Stephen), Williams (John) **9** Bacharach (Burt), Bernstein (Elmer, Leonard), Donaldson (Walter), Ellington (Duke), Hovhaness (Alan), MacDowell (Edward) **10** Blitzstein (Marc), Carmichael (Hoagy), Gottschalk (Louis Moreau) ***Argentinian:*** **9** Ginastera (Alberto) ***Australian:*** **8** Grainger (Percy) ***Austrian:*** **4** Berg (Alban), Wolf (Hugo) **5** Haydn (Franz Joseph) **6** Czerny (Karl), Mahler (Gustav), Mozart (Leopold, Wolfgang Amadeus), Straus (Oscar), Webern (Anton) **7** Strauss (Eduard, Johann, Josef) **8** Bruckner (Anton), Schubert (Franz) **10** Schoenberg (Arnold) ***Belgian:*** **5** Ysaÿe (Eugène) **6** Franck (César) ***Brazilian:*** **5** Jobim (Antonio Carlos) **10** Villa-Lobos (Heitor) ***Czech:*** **3** Suk (Josef) **6** Dvořák (Antonín) **7** Janáček (Leoš), Martinu (Bohuslav), Smetana (Bedřich) ***Danish:*** **7** Nielsen (Carl) ***Dutch:*** **9** Sweelinck (Jan Pieterszoon) ***English:*** **4** Arne (Thomas Augustine), Byrd (William) **5** Elgar (Edward), Holst (Gustav) **6** Delius (Frederick), Morley (Thomas), Tallis (Thomas), Walton (William), Wesley (Charles, Samuel) **7** Britten (Benjamin), Dowland (John), Gibbons (Orlando), Purcell (Henry), Weelkes (Thomas) **8** Sullivan (Arthur) **9** Dunstable (John) **11** Lloyd Webber (Andrew) ***Finnish:*** **8** Palmgren (Selim), Sibelius (Jean) ***Flemish:*** **5** Dufay (Guillaume), Lasso (Orlando di) **6** Lassus (Orlande de) **8** Willaert (Adriaan) ***French:*** **4** Indy (Vincent d'), Lalo (Edouard) **5** Auber (Esprit), Bizet (Georges), Dukas (Paul), Fauré (Gabriel), Ibert (Jacques), Jarre (Maurice), Lully (Jean-Baptiste), Ravel (Maurice), Satie (Erik), Widor (Charles-Marie) **6** Boulez (Pierre), Campra (André), Franck (César), Gounod (Charles), Rameau (Jean-Philippe), Thomas (Ambroise) **7** Berlioz (Hector), Debussy (Claude), Delibes (Léo), Machaut (Guillaume de), Milhaud (Darius), Poulenc (Francis) **8** Chabrier (Emmanuel), Couperin (François, Louis), Honegger (Arthur), Massenet (Jules), Messiaen (Olivier) **9** Meyerbeer (Giacomo), Offenbach (Jacques) **10** Saint-Saëns (Camille) ***German:*** **4** Bach (C. P. E., Johann Christian, Johann Sebastian, Wilhelm Friedemann), Orff (Carl) **5** Bruch (Max), Gluck (Christoph Willibald von), Reger (Max), Spohr (Louis, Ludwig), Weber (Carl Maria von), Weill (Kurt) **6** Brahms (Johannes), Handel (George Frideric), Schütz (Heinrich), Vogler (Abt), Wagner (Richard) **7** Hassler (Hans Leo), Strauss (Richard) **8** Korngold (Erich Wolfgang), Schumann (Robert), Telemann (Georg Philipp) **9** Beethoven (Ludwig van), Buxtehude (Dietrich), Hindemith (Paul), Meyerbeer (Giacomo), Pachelbel (Johann) **10** Praetorius (Michael) **11** Humperdinck (Engelbert), Mendelssohn (Felix), Stockhausen (Karlheinz) ***Hungarian:*** **5** Léhar (Franz), Liszt (Franz) **6** Bartók (Béla), Kodály (Zoltán), Ligeti (György) **8** Dohnányi (Erno) ***Italian:*** **4** Peri (Jacopo), Rota (Nino) **5** Berio (Luciano), Boito (Arrigo), Verdi (Giuseppe) **6** Busoni (Ferruccio) **7** Bellini (Vincenzo), Caccini (Giulio), Corelli (Arcangelo), Martini (Padre), Puccini (Giacomo), Rossini (Gioacchino), Salieri (Antonio), Tartini (Giuseppe), Vivaldi (Antonio) **8** Albinoni (Tomaso), Clementi (Muzio),

Gabrieli (Andrea, Giovanni), Mascagni (Pietro), Paganini (Niccolò), Respighi (Ottorino) **9** Cherubini (Luigi), Donizetti (Gaetano), Pergolesi (Giovanni Battista), Scarlatti (Alessandro, Domenico), Tommasini (Vincenzo) **10** Boccherini (Luigi), Monteverdi (Claudio), Palestrina (G. P. da), Ponchielli (Amilcare), Zingarelli (Niccolò) **11** Frescobaldi (Girolamo), Leoncavallo (Ruggero) **12** Dallapiccola (Luigi) ***Mexican:*** **6** Chávez (Carlos) ***Norwegian:*** **5** Grieg (Edvard) ***Polish:*** **6** Chopin (Frédéric) **7** Gorecki (Henryk) **10** Paderewski (Ignacy Jan), Penderecki (Krzysztof), Wieniawski (Henryk) **11** Lutoslawski (Witold), Szymanowski (Karol) ***Romanian:*** **7** Xenakis (Iannis) ***Russian:*** **6** Glinka (Mikhail) **7** Borodin (Aleksandr) **8** Glazunov (Aleksandr), Scriabin (Aleksandr) **9** Balakirev (Mily), Prokofiev (Sergey), Schnittke (Alfred) **10** Kabalevsky (Dmitri), Mussorgsky (Modest), Rubinstein (Anton), Stravinsky (Igor), Tcherepnin (Nikolay) **11** Tchaikovsky (Pyotr Ilich) **12** Khachaturian (Aram), Rachmaninoff (Sergey), Shostakovich (Dmitry) ***Spanish:*** **5** Falla (Manuel de) **7** Albéniz (Isaac), Rodrigo (Joaquin) **8** Granados (Enrique), Victoria (Tomas Luis de)

composite **3** mix **5** blend **6** fusion, hybrid **7** amalgam, complex, mixture **8** compound **11** combination **12** amalgamation

composition **4** opus **5** essay, paper, theme **6** design, layout, makeup **7** article **9** formation **11** arrangement **12** architecture, constitution, construction ***choral:*** **4** mass **5** motet **8** oratorio ***for eight:*** **5** octet ***for five:*** **7** quintet ***for four:*** **7** quartet ***for nine:*** **5** nonet ***for one:*** **4** aria, solo ***for seven:*** **6** septet ***for six:*** **6** sextet ***for three:*** **4** trio ***for two:*** **4** duet ***instrumental:*** **3** jig **4** reel **5** étude, fugue, gigue, march, rondo, suite **6** sonata **7** caprice, partita, prelude, scherzo **8** concerto, fantasia, overture, rhapsody, saraband, sinfonia, symphony, tone poem **9** allemande, capriccio, sarabande **10** intermezzo ***vocal:*** **4** aria, lied, mass, song **5** carol, chant, motet, opera, round **6** arioso, ballad, chanty **7** cantata, chanson, chantey, chorale, lullaby, requiem **8** berceuse, madrigal, oratorio **9** plainsong, spiritual

compos mentis **4** sane **5** lucid, sound **6** normal

composure **4** calm **5** poise **7** balance, dignity **8** calmness, coolness, evenness, serenity, sobriety **9** sangfroid **10** equanimity **11** equilibrium

compound **3** mix **4** join, link **5** admix, alloy, blend, union, unite **6** expand, extend, fusion, make up, mingle **7** amalgam, augment, complex, compost, enlarge, magnify, mixture **8** coalesce, comingle, heighten, increase, intermix, multiply **9** admixture, aggravate, associate, commingle, composite, intensify, synthesis **10** commixture, exacerbate **11** intermingle **12** amalgamation ***chemical:*** (see at CHEMICAL) ***medicinal:*** **8** magnesia ***protein:*** **7** peptone ***sulfur:*** **5** thiol **7** sulfide, sulfone **8** sulfonyl, sulfuryl, sulphide

comprehend **4** know **5** catch, grasp **6** absorb, accept, embody, fathom, take in **7** cognize, compass, contain, discern, embrace, include, involve, subsume **8** comprise, perceive **9** encompass **10** appreciate, understand

comprehensible **8** knowable **9** graspable **10** fathomable **12** intelligible

comprehension **3** ken **5** grasp **9** awareness, knowledge **10** cognizance, conception, perception **11** discernment **12** apperception **13** understanding

comprehensive **4** full, wide **5** broad **6** global **7** general, overall **8** catholic, complete, sweeping **9** all-around, extensive, inclusive, universal **10** exhaustive **12** all-inclusive, encyclopedic

comprehensiveness **5** range, reach, scope **7** breadth **8** fullness **9** amplitude

compress **3** jam **4** cram, push **5** crush, press **6** reduce, shrink, squash, squish, shrink **7** bandage, compact, squeeze **8** condense, contract **11** concentrate

comprise **4** form **6** make up **7** compose, contain, embrace, include, subsume **10** comprehend, constitute

compromise **4** mean, pact, risk **6** settle **7** bargain, compact **8** contract, endanger, trade off **9** agreement, middle way **10** concession, golden mean, jeopardize, settlement **12** middle ground

compulsion **4** itch, need, urge **5** drive, force **8** coercion **9** necessity **10** constraint

compulsive **7** driving **9** besetting, obsessive **12** irresistible, overwhelming

compulsory **7** binding **8** coercive, enforced, required **9** mandatory, requisite **10** imperative, obligatory

compunction **4** pang **5** demur, qualm **6** regret, unease **7** remorse, scruple **8** distress **9** hesitancy, misgiving **10** conscience, hesitation

compunctious **5** sorry **8** contrite, penitent **9** regretful, repentant **10** apologetic, remorseful **11** penitential

computation **8** figuring **9** ciphering, reckoning **10** arithmetic, estimation **11** calculation

compute **5** tally, total **6** cipher, figure, reckon **8** estimate **9** calculate, determine

computer **6** abacus, laptop **7** desktop **9** mainframe **10** calculator ***component:*** **3** CPU **4** chip **5** mouse, tower **7** monitor **8** keyboard **9** hard drive ***information:*** **4** data ***instruction:*** **5** macro ***inventor:*** **7** Babbage (Charles) ***language:*** **3** Ada, APL **4** Java, Lisp, Perl **5** ALGOL, BASIC, COBOL **6** Pascal **7** FORTRAN ***type:*** **6** analog **7** digital

comrade **3** pal **4** ally, chum, mate **5** buddy, crony **6** cohort, comate, fellow **7** consort **8** sidekick, tovarich, tovarish **9** associate, colleague, companion

con **3** gyp, vet **4** anti, bilk, coax, dupe, fool, hoax, rook, scam **5** cheat, fraud, learn, study, trick **6** cajole, fleece, gammon, inmate, survey **7** against, blarney, canvass, chicane, convict, deceive, defraud, examine, inspect, swindle, wheedle **8** blandish, flimflam, hoodwink, inveigle, jailbird, memorize, negative, opponent, persuade, prisoner, soft-soap **9** bamboozle, check over, sweet-talk **10** antithesis, manipulate, scrutinize **11** hornswoggle **12** tuberculosis

concatenate **4** join, link **5** unite **7** connect

concavity **3** dip, sag **4** bowl, dent, sink **5** basin **6** crater, hollow, trough **7** sinkage **8** sinkhole **10** depression

conceal **4** bury, hide, mask, veil **5** cache, cloak, cover, stash **6** screen **7** obscure, secrete **8** ensconce, enshroud, palliate **10** camouflage

concealed **5** privy **6** buried, covert, hidden, secret **8** obscured, shrouded, ulterior **11** clandestine

concede **3** own **4** avow, fold **5** admit, allow, award, grant, yield **6** accept, accord **7** confess **9** surrender, vouchsafe **10** capitulate, relinquish **11** acknowledge

conceit **4** idea, whim **5** fancy, pride **6** egoism, megrim, notion, vagary, vanity **7** caprice, egotism, thought **8** crotchet, metaphor, self-love, smugness, snobbery **9** self-pride, vainglory **10** narcissism, self-esteem **11** complacence, complacency, self-opinion, swelled head

conceited **4** vain **6** snobby, snooty **7** pompous, stuck-up **8** immodest, puffed up, snobbish **12** narcissistic, vainglorious

conceitedness **6** vanity **8** self-love **9** vainglory **10** narcissism

conceivable **8** possible **9** plausible, thinkable **10** imaginable, supposable

conceive **4** form **5** beget, fancy, grasp, think **6** accept, assume, devise, expect, follow, gather, ideate, ponder **7** believe, dream up, feature, imagine, realize, suppose, suspect, think up **8** cogitate, envisage, envision, meditate, ruminate **9** apprehend, formulate, originate, speculate, visualize **10** comprehend, excogitate, understand

concentrate **4** mass **5** focus **6** gather, shrink **7** collect, compact **8** assemble, compress, condense, contract, converge **10** accumulate **11** consolidate

concentrated **5** thick **6** intent, strong **7** focused, intense **8** vehement **9** intensive, undiluted, undivided **12** undistracted

concentration **5** field, major, study **9** attention **10** absorption **11** application

concept **4** idea **5** image **6** notion, theory **7** conceit, thought **10** impression, perception

conception **4** idea **5** birth, image, start **6** notion, origin, outset, theory **7** conceit, genesis, thought **9** beginning **10** impression, perception

conceptual **5** ideal **8** abstract, notional **9** imaginary, visionary **10** ideational **11** theoretical **12** hypothetical, intellectual

concern **4** care, firm, heed **5** doubt, worry **6** affair, bear on, bother, engage, gadget, matter, occupy, outfit, regard, unease **7** anxiety, company, disturb, involve, perturb, trouble **8** business, deal with, disquiet, interest, mistrust **9** attention, curiosity, misgiving, suspicion **10** enterprise, skepticism, solicitude, uneasiness **11** carefulness, contrivance, uncertainty **12** apprehension **13** consciousness, consideration, establishment

concerned **7** anxious, worried **8** affected, involved **10** implicated, interested

concerning **4** as to, in re **5** about, anent, as for **7** apropos **9** as regards, regarding **10** relating to, relative to, respecting

concert **5** agree, union **6** accord, concur, settle, soiree **7** arrange, concord, harmony, recital **8** coincide, musicale **9** agreement, cooperate, harmonize, negotiate **11** performance

concerted **5** joint **6** mutual, united **7** unified **8** combined **11** coordinated **13** collaborative

concert hall 5 arena, odeum 7 theater, theatre 10 auditorium
concession 5 favor, grant 8 giveback 9 admission, allowance, privilege 10 compromise 12 acquiescence
conch 5 shell 7 mollusc, mollusk
concierge 6 porter, warden 7 doorman, janitor 9 custodian 10 doorkeeper
conciliate 4 calm, ease 6 disarm, pacify, soothe 7 appease, assuage, mollify, placate, sweeten, win over 9 reconcile 10 propitiate
concise 5 brief, pithy, short, terse 7 compact, laconic, summary 8 abridged, succinct 9 condensed 10 compressed, contracted 11 compendious 13 short and sweet
conclave 5 synod 6 caucus, powwow 7 meeting, session 8 assembly 9 gathering 10 conference, consistory, convention 11 convocation
conclude 3 end 4 halt, stop 5 close, infer, judge 6 decide, deduce, derive, effect, figure, finish, gather, reason, settle, wind up, wrap up 7 collect, resolve 8 complete 9 determine, terminate
concluding 4 last 5 final 6 latest, latter 7 closing 8 eventual, terminal, ultimate
conclusion 3 end 4 stop 5 cease, close 6 ending, epilog, finale, finish, period, result, windup 7 closing, closure, outcome, verdict 8 decision, epilogue, judgment, sequitur 9 cessation, deduction, inference, summation 10 completion, denouement, resolution, settlement 11 culmination, termination 13 determination
conclusive 4 last 5 final 6 cogent 8 deciding, decisive, ultimate 9 clinching 10 compelling, convincing, definitive, undeniable 11 determinant, determinate, irrefutable 12 irrefragable, unanswerable 13 determinative
concoct 3 mix 4 brew, cook 5 frame, hatch 6 cook up, create, devise, invent 7 dream up 8 conceive, contrive 9 fabricate, formulate, originate
concoction 4 brew, plan 5 blend 7 mixture, project 8 compound, creation 9 invention 11 combination, contrivance, fabrication, preparation
concomitant 7 adjunct 8 adjuvant 9 accessory, ancillary, associate, attendant, attending, companion, satellite 10 coincident, collateral 12 accompanying 13 accompaniment, supplementary
concord 4 pact 5 amity, peace, unity 6 accord, comity, treaty 7 concert, entente, harmony, rapport 8 goodwill 9 agreement 10 consonance
concordant 8 agreeing 9 congruous, consonant 10 compatible, consistent, harmonious 11 appropriate
concourse 5 foyer 6 throng 7 joining, meeting 8 junction 9 gathering 10 confluence, crossroads
concrete 5 solid 6 actual 8 specific, tangible 10 particular 11 substantial *component:* 4 sand 5 water 6 gravel
concubine 7 hetaera, hetaira 8 mistress 9 courtesan, odalisque
concupiscence 4 lust 5 ardor 6 desire 7 lechery, passion 9 prurience, pruriency 11 lustfulness 13 lickerishness
concupiscent 3 hot 7 aroused, goatish, lustful 8 prurient 9 lecherous, lickerish, salacious 10 lascivious, libidinous, lubricious, passionate
concur 4 jibe 5 agree, unite 6 accord, assent 7 approve, combine, concord, consent, go along 8 coincide 9 cooperate, harmonize
concurrent 6 coeval 8 parallel 10 coexistent, coexisting, convergent, synchronic 11 synchronous 12 contemporary, simultaneous
concurrently 6 at once 8 together 12 coincidently
concuss 3 jar 4 rock, stun 5 shake, shock 7 agitate
concussion 3 jar 4 bump, jolt 5 clout, crash, shock 6 impact 7 jarring, jolting, shaking 8 pounding 9 agitation, collision
condemn 3 rap 4 damn, doom 5 blame, decry, knock, seize 7 censure, convict, deplore 8 denounce, sentence 9 criticize, deprecate, proscribe, reprehend, reprobate 10 denunciate
condensation 3 dew 5 brief 6 digest, précis 7 epitome, outline, summary 8 abstract, synopsis 9 reduction 10 abridgment, conspectus 11 abridgement
condense 5 sum up 6 digest, reduce, shrink 7 abridge, compact, shorten 8 boil down, compress, contract 9 constrict, epitomize, summarize, synopsize 10 abbreviate 11 concentrate, consolidate, precipitate
condensed 7 concise, summary 10 boiled down 11 compendious
condescend 5 deign, stoop 6 unbend
condescending 5 lofty 6 lordly, snobby, snooty, uppish, uppity 7 haughty, pompous 8 affected, arrogant, cavalier, snobbish, superior 10 disdainful 11 patronizing, pretentious 12 supercilious
condign 3 apt, due, fit 4 fair, just 5 right 6 proper 7 fitting, merited 8 deserved,

rightful, suitable **9** equitable, justified **11** appropriate

condiment **5** curry, sauce, spice **6** catsup, relish, tamari **7** chutney, ketchup, mustard **8** dressing, soy sauce **9** seasoning **10** mayonnaise

___ con Dios! **4** Vaya

condition **5** shape, state, terms **6** fettle, malady, status **7** ailment, disease, fitness, proviso **8** syndrome **9** complaint, essential, exception, necessity, provision, requisite, situation **10** limitation, sine qua non **11** requirement, reservation, stipulation **12** prerequisite **13** qualification

conditional **7** reliant **8** relative **9** dependent, provisory, qualified, tentative, uncertain **10** contingent, restricted **11** provisional

condolence **3** rue **4** pity, ruth **6** solace **7** comfort **8** sympathy **10** compassion **13** commiseration

condonable **7** tenable **9** excusable, tolerable **10** acceptable, defensible, pardonable **11** justifiable

condone **5** remit **6** excuse, pardon **7** forgive **8** overlook

conduce **4** lead, tend **7** redound **10** contribute

conducive **7** helpful, leading, tending **9** favorable **10** beneficial, salubrious **11** efficacious, serviceable, stimulating **12** advantageous, contributory, instrumental **13** accommodating

conduct **3** act, run **4** bear, head, lead, show **5** guide, pilot, steer, usher **6** attend, behave, charge, convey, demean, deport, direct, escort, handle, manage **7** arrange, bearing, comport, control, manners, operate, oversee **8** behavior, demeanor, handling, shepherd, transmit **9** accompany, oversight, supervise **10** administer, deportment, management **11** comportment, supervision

conductor **5** guide **6** escort, leader **7** maestro **8** motorman **10** bandleader ***American:*** **4** Shaw (Robert) **5** Stock (Frederick), Szell (George) **6** Levine (James), Maazel (Lorin), Previn (André), Reiner (Fritz), Thomas (Theodore, Michael Tilson), Walter (Bruno) **7** Fennell (Frederick), Fiedler (Arthur), Monteux (Pierre), Ormandy (Eugene), Schwarz (Gerard), Slatkin (Leonard) **8** Damrosch (Leopold, Walter), Williams (John) **9** Bernstein (Leonard), Leinsdorf (Erich), Rodzinski (Artur), Steinberg (William), Stokowski (Leopold) **11** Kostelanetz (André), Mitropoulos (Dimitri) ***Argentinian:*** **7** Kleiber (Carlos) **9** Barenboim (Daniel) ***Australian:*** **7** Bonynge (Richard) ***Austrian:*** **4** Böhm (Karl) **6** Mahler (Gustav) **7** Karajan (Herbert von) **11** Weingartner (Felix) ***Belgian:*** **5** Ysaÿe (Eugene) ***British:*** **5** Solti (Georg) ***Canadian:*** **6** Dutoit (Charles) **9** MacMillan (Ernest) ***Czech:*** **7** Kubelik (Jan, Rafael) ***Dutch:*** **7** Haitink (Bernard) **10** Mengelberg (Willem) ***English:*** **4** Wood (Henry) **5** Boult (Adrian), Davis (Colin) **6** Rattle (Simon) **7** Beecham (Thomas), Leppard (Raymond), Malcolm (George), Pinnock (Trevor), Sargent (Malcolm) **8** Goossens (Eugene), Marriner (Neville) **9** Mackerras (Charles) **10** Barbirolli (John) ***Finnish:*** **7** Salonen (Esa-Pekka) ***French:*** **5** Munch (Charles) **6** Boulez (Pierre), Prêtre (Georges) **7** Monteux (Pierre) ***German:*** **4** Muck (Carl, Karl) **5** Masur (Kurt) **6** Jochum (Eugen) **7** Kleiber (Erich) **9** Klemperer (Otto), Scherchen (Hermann) **10** Sawallisch (Wolfgang) **11** Furtwängler (Wilhelm), Mendelssohn (Felix) ***Greek:*** **11** Mitropoulos (Dimitri) ***Hungarian:*** **5** Seidl (Anton) **6** Doráti (Antal), Reiner (Fritz) **7** Nikisch (Arthur), Ormandy (Eugene), Richter (Hans) ***Indian:*** **5** Mehta (Zubin) ***Italian:*** **4** Muti (Riccardo) **6** Abbado (Claudio) **7** Chailly (Riccardo), Giulini (Carlo Maria) **8** Cantelli (Guido), Sinopoli (Giuseppe) **9** Toscanini (Arturo) ***Japanese:*** **5** Ozawa (Seiji) ***Polish:*** **9** Rodzinski (Artur) ***Russian:*** **7** Gergiev (Valery) **10** Temirkanov (Yuri) **12** Koussevitzky (Serge) ***Spanish:*** **6** Iturbi (José) ***Swiss:*** **8** Ansermet (Ernest) ***stick:*** **5** baton

conduit **4** duct, main, pipe **5** canal **6** course **7** channel **8** aqueduct, penstock, pipeline **11** watercourse

coney **4** pika **5** hyrax, lapin **6** rabbit **10** butterfish

confab **4** chat, talk **6** confer, huddle, parley, powwow **7** consult **8** collogue, colloquy, dialogue **10** conference, discussion **12** conversation, deliberation

confabulate see CONFAB

confabulation see CONFAB

confection see CANDY

confederacy **5** cabal, union **6** league **7** compact **8** alliance **9** coalition, syndicate **10** conspiracy, federation

confederate **3** reb **4** ally **5** rebel, unite **6** fellow **7** abettor, partner **9** accessory, associate, colleague, Johnny Reb **10** accomplice **11** conspirator **12** collaborator **13** coconspirator ***admiral:*** **6** Semmes ***capital:*** **8** Richmond ***color:***

4 gray ***general:*** 3 Lee (Robert E.) 4 Hill (Ambrose), Hood (John Bell) 5 Bragg (Braxton), Ewell (Richard Stoddart), Price (Sterling), Smith (Edmund Kirby) 6 Morgan (John Hunt), Stuart (J. E. B.) 7 Forrest (Nathan Bedford), Hampton (Wade), Jackson (Thomas Jonathan "Stonewall"), Pickett (George) 8 Johnston (Albert Sidney, Joseph Eggleston) 9 Pemberton (John Clifford) 10 Beauregard (Pierre G. T.), Longstreet (James) ***president:*** 5 Davis (Jefferson) ***soldier:*** 9 butternut ***spy:*** 4 Boyd (Belle) ***vice-president:*** 8 Stephens (Alexander)

confederation see CONFEDERACY

confer 4 give, meet, talk 5 allot, award, grant, speak 6 accord, advise, bestow, confab, donate, huddle, parley, powwow 7 consult, discuss, present 8 collogue, converse 10 deliberate 11 confabulate

conference 4 talk 5 forum, synod 6 caucus, league, parley, powwow 7 meeting, palaver, seminar 8 assembly, colloquy, congress 9 symposium 10 colloquium, discussion, round-robin, roundtable 11 association, convocation 12 consultation, deliberation 13 confabulation

confess 3 own 4 avow, sing 5 admit, allow, grant, let on, own up 6 reveal 7 concede, divulge, profess 8 disclose 9 come clean 11 acknowledge

confession 5 creed 6 avowal 7 peccavi 9 admission, statement 10 disclosure

confidant 8 familiar, intimate

confide 4 tell 5 trust 6 bestow, commit, reveal 7 commend, consign, entrust, whisper 8 hand over, relegate, turn over

confidence 5 faith, poise, stock, trust 6 aplomb, surety 8 credence, reliance, sureness 9 assurance, certainty, certitude 10 conviction, equanimity ***game:*** 4 scam 5 bunco, bunko, grift, sting 7 swindle 8 flimflam

confidence man 3 gyp 5 shark 7 diddler, grifter, scammer, sharper, sharpie 8 swindler 9 charlatan, defrauder, trickster 11 bunco artist

confident 4 bold, sure 5 brash, brave, cocky 6 secure 7 assured, certain 8 cocksure, fearless, intrepid, positive, sanguine, unafraid 9 dauntless, undaunted 10 courageous, undoubtful 11 self-assured, self-reliant 13 self-assertive, self-possessed

confidential 5 close, privy 6 hushed, inside, secret 7 private 8 familiar, hush-hush, intimate 9 auricular 10 classified

configuration 4 cast, form 5 shape 6 figure, layout, makeup 7 contour, gestalt, outline, pattern 9 structure 12 conformation

confine 3 box, mew, pen 4 cage, coop, crib, jail, term 5 bound, cramp, hem in, limit 6 immure, intern, lock up, shut in, shut up 7 delimit, enclose, impound, put away 8 encircle, imprison, localize, restrict 9 constrain 11 incarcerate 12 circumscribe

confinement 7 custody, lying-in 8 childbed 9 captivity, detention, restraint 10 constraint 12 accouchement, imprisonment 13 incarceration

confines 6 bounds, limits 7 borders, compass 8 boundary, environs, purlieus 9 precincts 10 boundaries

confirm 3 fix, set 5 check, prove, vouch 6 attest, ratify, uphold, verify 7 approve, bear out, certify, concede, endorse, justify, support 8 buttress, check out, validate 9 ascertain, reinforce 10 strengthen 11 corroborate 12 authenticate, substantiate

confirmation 5 proof 7 support, witness 8 approval, evidence 9 testimony 10 validation 11 attestation, endorsement, testimonial 12 ratification, verification 13 certification, corroboration

confirmed 3 set 5 fixed, sworn 6 proven 7 chronic, settled 8 deep-dyed, definite, habitual, hardened, ratified 10 accustomed, deep-rooted, deep-seated, entrenched, habituated, inveterate, persistent 13 bred-in-the-bone, dyed-in-the-wool

confiscate 4 grab, take 5 annex, seize, usurp 7 escheat, impound, preempt 8 arrogate 9 sequester 10 commandeer 11 appropriate, expropriate

confiture 3 jam 8 conserve, preserve 9 marmalade, preserves

conflagrant 5 afire, fiery 6 ablaze, aflame, alight 7 blazing, burning, flaming

conflagration 3 war 4 fire 5 blaze 7 inferno 8 conflict 9 holocaust

conflate 3 mix 4 fuse, join, meld, weld 5 blend, merge, mix up 6 mingle, muddle 7 combine, confuse, mistake 8 coalesce, confound 9 commingle

conflict 3 row, war 4 bout, duel, rift, vary 5 brawl, clash, fight, set-to 6 battle, combat, differ, fracas, strife 7 contend, contest, discord, dispute, rivalry, warfare 8 argument, disagree, mismatch, struggle, tug-of-war, variance 9 encounter, rencontre 10 contention, engagement 11 competition

conflicting 6 at odds 7 opposed, warring 8 clashing, contrary, opposing 9 dissonant 10 contending, discordant, discrepant **11** incongruent, incongruous, inconsonant **12** antagonistic, antipathetic, incompatible, inconsistent, inharmonious **13** contradictory

confluence **6** merger **7** joining, meeting, merging **8** junction **9** concourse, gathering **11** convergence

conform **3** fit **4** jibe, obey, suit **5** adapt, agree, fit in, match, yield **6** accord, adjust, attune, comply, follow, square, submit, tailor **8** dovetail **9** acquiesce, harmonize, reconcile **10** coordinate, correspond, proportion **11** accommodate

conformable **6** fitted, suited **7** adapted, matched **8** amenable, obedient, suitable **9** agreeable, compliant, congenial, consonant **10** submissive

conformation **4** cast, form **5** shape **6** figure **7** anatomy **9** structure **10** adaptation **11** arrangement **13** configuration

conforming **3** apt **6** decent, proper, seemly **7** correct, uniform **8** becoming, decorous, suitable **9** befitting, civilized **10** compatible, consistent **11** comme il faut

conformity **6** accord **7** decorum, harmony **9** agreement, coherence, congruity, obedience, orthodoxy **10** accordance, allegiance, compliance, consonance, observance, submission **11** consistency **12** acquiescence

confound **4** damn, faze **5** befog, mix up, stump **6** baffle, puzzle, rattle, refute **7** confuse, mistake, mystify, nonplus, perplex, stupefy **8** befuddle, bewilder, disprove **9** discomfit, dumbfound, embarrass, frustrate **10** controvert, disconcert **11** misidentify

confounded **5** utter **6** blamed, cursed, cussed, damned **7** blasted, blessed, doggone, shocked **8** absolute, accursed, dismayed, infernal, outright **9** consarned, dad-blamed, execrable, out-and-out **11** dumbfounded, overwhelmed, unmitigated **13** thunderstruck

confrere see COLLEAGUE

confront **4** defy, face, meet **5** beard, brave, cross **6** accost, breast, oppose, take on **9** challenge, encounter

Confucian way of life **3** tao

confuse **3** fog **4** blur, daze, faze **5** abash, addle, befog, cloud, dizzy, mix up, muddy, stump, upset **6** baffle, ball up, bemuse, flurry, foul up, fuddle, garble, jumble, mess up, muddle, puzzle, rattle **7** agitate, becloud, derange, disrupt, distort, flummox, fluster, mislead, mistake, mystify, nonplus, perplex, perturb, snarl up **8** bedazzle, befuddle, bewilder, confound, disorder, disquiet, distract, throw off, unsettle **9** discomfit, disorient, embarrass **10** complicate, disarrange, discompose, disconcert **11** disorganize, misidentify **12** misrepresent

confused **4** lost **5** dazed, messy, muddy, muzzy, vague **6** addled **7** at a loss, chaotic, mixed up, muddled, puzzled **9** flustered, perplexed, unsettled **10** bewildered, nonplussed, topsy-turvy **11** disoriented **12** disconcerted

confusion **3** ado, din **4** flap, mess, stew **5** babel, chaos, havoc, mix-up, snafu, snarl **6** bedlam, dither, foul-up, hubbub, huddle, jumble, lather, muddle, tumult, unease **7** anarchy, clutter, turmoil **8** disarray, disorder, shambles **9** abashment, agitation, commotion, imbroglio **10** hullabaloo, perplexity, puzzlement, turbulence, uneasiness **11** derangement, disturbance, pandemonium **12** bewilderment **13** embarrassment

confute **4** deny **5** evert, rebut **6** defeat, negate **8** confound, disprove, puncture **10** controvert, disconfirm

congé **3** bow **5** adieu **6** good-by **7** goodbye, molding, parting, sendoff **8** farewell **9** dismissal **11** leave-taking

congeal **3** dry, gel, set **4** clot, jell **5** jelly **6** curdle, harden **7** stiffen, thicken **8** solidify **9** coagulate **10** gelatinize

congener **6** agnate **7** cognate, sibling **8** relation, relative

congenial **4** nice **6** social **7** affable, amiable, cordial, kindred, welcome **8** amicable, friendly, gracious, pleasant, pleasing, sociable, suitable **9** agreeable, congruous, consonant, favorable **10** compatible, consistent, gratifying, harmonious **11** cooperative, pleasurable, sympathetic **13** companionable

congenital **6** inborn, inbred, innate, native **7** natural **8** inherent **9** essential, ingrained, intrinsic **10** deep-seated, indigenous, indwelling

conger **3** eel

congeries **5** group **7** company **8** assembly **9** gathering **10** assemblage, collection **11** aggregation **12** congregation

congest **3** jam **4** clog, fill, plug, stop **5** block, choke, close, crowd **6** plug up **7** occlude **8** obstruct

conglobate **4** ball **6** sphere **8** ensphere **9** spherical

conglomerate **4** mass, pool **5** chain, group, mixed, trust **6** cartel, motley **7** chaebol, combine **8** keiretsu, zaibatsu **9** aggregate, syndicate **11** aggregation **12** multifarious **13** heterogeneous

conglomeration 5 hoard, trove 8 mishmash 9 aggregate 10 collection, cumulation, hodgepodge, miscellany 11 agglomerate, aggregation 12 accumulation

Congo, Democratic Republic of the *capital:* 8 Kinshasa *city:* 7 Kolwezi 9 Mbuji-Mayi 10 Lubumbashi *explorer:* 7 Stanley (Henry Morton) *former name:* 5 Zaire 12 Belgian Congo *lake:* 4 Kivu 5 Mweru 6 Albert, Edward 10 Tanganyika *language:* 6 French 7 English *monetary unit:* 5 franc *neighbor:* 5 Congo, Sudan 6 Angola, Rwanda, Uganda, Zambia 7 Burundi 8 Tanzania *river:* 5 Congo

Congo, Republic of *capital:* 11 Brazzaville *city:* 11 Pointe-Noire *former name:* 11 Middle Congo *language:* 6 French *monetary unit:* 5 franc *neighbor:* 5 Congo, Gabon 6 Angola 7 Cabinda 8 Cameroon *river:* 5 Congo

congratulate 4 laud 6 salute 10 compliment, felicitate

congregate 4 meet 5 swarm 6 gather, muster 7 collect, convene 8 assemble, converge 9 forgather 10 foregather, rendezvous

congregation 4 mass 5 crowd, flock, group 7 meeting 8 assembly, audience 9 gathering 10 assemblage, collection 11 churchgoers 12 parishioners

congress 4 diet 5 synod 6 league 7 meeting, society 8 assembly, conclave 10 convention, parliament 11 association, Capitol Hill, legislature

congressman 5 solon 7 senator 8 delegate, lawmaker 10 legislator 14 representative

congruity 9 agreement, coherence 10 conformity 11 consistency

congruous 3 apt, fit 7 fitting 9 agreeable, befitting, congenial, consonant 10 compatible, concordant, consistent, harmonious 11 appropriate, sympathetic

conifer 3 fir, yew 4 pine 5 cedar, larch 6 spruce 7 cypress, hemlock, juniper 8 softwood 9 evergreen 10 arborvitae

conjectural 7 reputed 8 putative, supposed 11 speculative, theoretical 12 hypothetical, suppositious 13 suppositional

conjecture 5 guess, infer 6 assume, theory 7 presume, suppose, surmise, suspect 8 theorize 9 inference, speculate 11 hypothesize, proposition, speculation, supposition

conjoin 3 wed 4 band, link, yoke 5 unite 6 couple 7 combine, connect 8 federate 9 affiliate, associate, cooperate 11 consolidate

conjoint 6 common, mutual, public, shared, united 7 unified 8 combined, communal 9 concerted 10 collective 11 coefficient, cooperative, intermutual

conjointly 8 mutually, together

conjugal 6 wedded 7 marital, married, nuptial, spousal 8 hymeneal 9 connubial 11 matrimonial

conjugality 7 wedlock 8 marriage 9 matrimony

conjugate 4 fuse, join, link, pair, yoke 5 yoked 6 couple, joined, linked 7 bracket, combine, conjoin, connect, coupled 9 associate, connected

conjunct 5 joint 6 common, joined, mutual, shared, united

conjunction 3 and, but, for, nor, yet 4 lest, once, than, then, when 5 after, since, union, until, where, which, while 6 before, either, though, unless 7 because, however, neither, whereas, whether 8 alliance, although, moreover, whenever 9 therefore 10 connection 11 affiliation, association, combination, concurrence

conjuration 4 oath 5 charm, spell, trick 7 sorcery 10 adjuration, hocus-pocus, invocation 11 abracadabra, incantation

conjure 3 beg 4 urge 6 appeal, invoke, summon 7 beseech, entreat, imagine, implore 8 contrive 9 importune 10 supplicate

conjurer 4 mage, seer 5 magus 6 Magian, wizard 7 warlock 8 magician, sorcerer 9 enchanter, trickster 11 illusionist, necromancer

conjuring 5 magic 7 sorcery 8 wizardry 10 hocus-pocus, necromancy 11 abracadabra, legerdemain, thaumaturgy

conk 3 die, hit, rap 4 belt, swat 5 croak, faint, knock, thump, whack 8 knock out

con man see CONFIDENCE MAN

connate 4 akin 6 allied, inborn, native 7 kindred, related 8 inherent 9 congenial, elemental, essential, ingrained, inherited, intrinsic 10 affiliated, congenital, indigenous, indwelling 11 consanguine

connect 3 tie, wed 4 ally, bind, join, link, yoke 5 marry, unite 6 attach, bridge, couple, fasten, relate 7 combine, conjoin 8 transfer 9 affiliate, associate, interlock

Connecticut *capital:* 8 Hartford *city:* 4 Avon 6 Darien 8 New Haven, Stamford 9 Greenwich, New London, Waterbury 10 Bridgeport *college, university:* 4 Yale 7 Trinity 8 Wesleyan 9 Fairfield 10 Quinnipiac *nickname:* 6 Nutmeg (State) 12 Constitution

(State) ***river:*** **6** Thames **10** Housatonic **11** Connecticut ***state bird:*** **5** robin (American) ***state flower:*** **14** mountain laurel ***state tree:*** **8** white oak

connection **3** tie **4** bond, link **5** joint, nexus, tie-in, union **6** hookup **7** joining, kinship, network **8** affinity, alliance, coupling, junction, juncture **9** coherence, communion, fastening **10** attachment, catenation, continuity **11** affiliation, association, combination, conjunction, partnership **12** relationship

connective **3** and, nor, not **4** then **6** either **7** neither **8** syndetic **11** conjunction, conjunctive

conniption **3** fit **4** bout **5** furor, spasm, spate, spell, throe **6** attack, frenzy **7** seizure, tantrum **8** outburst, paroxysm **10** convulsion

connivance **8** intrigue **9** collusion **10** complicity, conspiracy

connive **4** plot, wink **5** blink **6** devise, scheme, wink at **7** blink at, collude **8** conspire, contrive, intrigue **9** machinate

connoisseur **4** buff **6** expert **7** epicure, gourmet **8** aesthete, gourmand, highbrow **9** authority, bon vivant **10** dilettante, gastronome **11** cognoscente

connotation **4** hint **7** meaning **8** overtone **9** undertone **10** intimation, suggestion **11** association, implication **13** signification

connote **4** hint, mean **5** imply, spell **6** hint at, intend **7** betoken, express, signify, suggest **8** indicate, intimate **9** insinuate

connubial **6** wedded **7** marital, married, nuptial, spousal **8** conjugal, hymeneal **11** matrimonial

connubiality **7** wedlock **8** marriage **9** matrimony **11** conjugality

conquer **4** beat, best, lick, tame, whip **5** crush **6** defeat, master, subdue **8** overcome, surmount, vanquish **9** checkmate, overpower, overthrow, overwhelm, subjugate

conquest **3** win **4** rout **7** triumph, victory **9** overthrow, seduction **11** subjugation

Conrad, Joseph ***character:*** **3** Jim **4** Axel, Lena **5** Flora, Kurtz **6** Marlow, Verloc **7** Almayer **8** MacWhirr, Nostromo ***work:*** **5** Youth **6** Chance **7** Lord Jim, Typhoon, Victory **8** Nostromo **11** Secret Agent (The) **13** Almayer's Folly **15** Heart of Darkness

Conroy novel **10** Beach Music **11** Water Is Wide (The) **12** Great Santini (The) **13** Prince of Tides (The) **17** Lords of Discipline (The)

consanguineous **4** akin **6** agnate **7** cognate, connate, kindred, related

conscience **5** demur, honor, qualm **6** ethics, virtue **7** decency, remorse, scruple **8** morality, scruples **9** integrity **10** contrition **11** compunction

conscienceless **6** amoral **7** immoral **9** unethical **12** unprincipled, unscrupulous

conscientious **4** fair, just, true **5** exact **6** honest **7** careful, dutiful, upright **8** diligent, reliable, studious **9** honorable **10** high-minded, meticulous, principled, scrupulous **11** hard-working, painstaking, punctilious

conscious **5** alive, awake, aware **7** knowing, mindful, witting **8** sensible, sentient **9** attentive, cognizant **10** deliberate, perceptive

consciousness **4** heed, mind **6** regard **7** concern **9** alertness, awareness, knowledge **10** cognizance, perception **11** realization, recognition

conscribe **5** draft, limit **6** call up, enlist, enroll, muster **7** recruit

conscript **5** draft, elect **6** called, choose, chosen, enlist, enroll, induct, select **7** drafted, dragoon, impress, recruit, soldier **8** selected

consecrate **5** bless **6** anoint, devote, hallow, ordain, pledge **8** dedicate, sanctify

consecrated **4** holy **6** sacred **7** blessed **8** hallowed **10** sanctified ***oil:*** **6** chrism

consecution see SEQUENCE

consecutive **4** next **5** later **6** serial **7** ensuing, ordered, sequent **9** following, succedent **10** sequential, subsequent, succeeding, successive **11** progressive **12** successional

consent **3** yes **4** okay **5** agree, allow, leave, yield **6** accede, accord, assent, comply, concur, permit **7** approve, go-ahead **8** approval, sanction **9** acquiesce, agreement, allowance, subscribe **10** compliance, permission **12** acquiescence **13** authorization, understanding

consequence **4** fame, note, rank **5** issue, state **6** cachet, effect, import, moment, renown, repute, result, sequel, status, upshot, weight **7** account, conceit, dignity, fallout, outcome, stature **8** eminence, interest, position, prestige, reaction, standing **9** aftermath, inference, magnitude **10** importance, reputation **11** aftereffect, weightiness **12** repercussion, significance **13** momentousness

consequent **5** later, sound **7** ensuing, logical **8** rational **9** deduction, following, resulting

consequential **3** big **5** major **7** serious, weighty **8** egoistic, indirect, material

9 conceited, egotistic, important, momentous 10 collateral, incidental, meaningful, subsidiary 11 significant, substantial 12 considerable 13 self-important

consequently 4 ergo, thus 5 hence 9 as a result, therefore, thereupon 10 inevitably 11 accordingly

conservation 4 care 7 control 9 attention, husbandry 10 management, protection 11 safekeeping 12 guardianship, preservation

conservative 4 tory 6 proper 7 diehard, old-line 8 cautious, discreet, old-guard, orthodox, rightist, standpat 9 right-wing, temperate 10 restrained 11 circumspect, reactionary, right-winger, standpatter, traditional

conservatory 6 school 7 academy, nursery 8 hothouse 10 greenhouse 11 music school

conserve 3 can, jam 4 keep, save 5 hoard, lay up, put up, skimp, store 6 keep up 7 husband, protect, support, sustain 8 maintain, set aside, withhold 9 confiture, economize, safeguard, sweetmeat

consider 3 see 4 deem, feel, mind, muse, note, rate, view 5 fancy, judge, sense, study, think, weigh 6 credit, look at, notice, ponder, reason, reckon, regard 7 account, believe, examine, imagine, inspect, reflect, respect, suppose 8 appraise, cogitate, conceive, conclude, envisage, meditate, mull over, ruminate 9 speculate, think over 10 deliberate, excogitate, scrutinize, think about 11 contemplate

considerable 3 big 5 ample, hefty, large, major 7 notable, sizable, weighty 8 material, sensible, sizeable 9 extensive, important, momentous, plentiful 10 large-scale, meaningful 11 respectable, significant, substantial 13 consequential

considerably 3 far 4 well 5 quite 6 rather 7 notably 8 somewhat 10 noticeably 11 appreciably 13 significantly, substantially

considerate 4 kind 6 kindly, polite, tender 7 amiable, careful, patient, tactful 8 discreet, generous, obliging 9 attentive 10 chivalrous, forbearing, solicitous, thoughtful 11 circumspect, complaisant, sympathetic, warmhearted 13 compassionate

consideration 3 fee 4 heed, tact 5 cause, favor, issue, study 6 esteem, factor, motive, reason, regard 7 account, concern, payment, respect, thought 8 kindness 9 attention, awareness 10 admiration, cogitation, discussion, estimation, inducement, recompense, reflection, solicitude 11 application, forbearance, mindfulness 12 deliberation 13 attentiveness, concentration

considered 7 advised, studied, weighed 8 studious 10 deliberate, thought-out 11 intentional 12 aforethought, premeditated

consign 4 give, send, ship 5 agree, allot, award, remit, yield 6 commit, convey, devote, submit 7 address, commend, confide, deliver, entrust, forward 8 dispatch, hand over, relegate, transmit, turn over 9 surrender

consist 3 lie 4 rest 5 abide, agree, dwell, exist, fit in 6 accord, inhere, reside 7 comport, conform, consort, subsist 8 dovetail 10 correspond

consistency 7 aptness, concord, density, fitness, harmony, texture 8 evenness, firmness, likeness 9 agreement, coherence, congruity, thickness, viscosity 10 conformity, consonance, similarity 11 suitability

consistent 4 even, true 6 steady 7 regular, uniform 8 constant 9 accordant, agreeable, congenial, congruous, consonant, unfailing, unvarying 10 compatible, conforming, dependable, invariable, unchanging 11 homogeneous, sympathetic, undeviating

consistently 8 wontedly 9 regularly, routinely 10 habitually, invariably 11 customarily

console 4 calm, case 5 cheer 6 buck up, solace 7 cabinet, comfort, hearten

consolidate 3 mix, set 4 fuse, join, meld, pool 5 blend, merge, unify, unite 6 firm up, secure 7 compact, fortify 8 compress, condense, federate, solidify 9 integrate 10 amalgamate, strengthen 11 concentrate

consolidation 5 union 6 merger 7 melding, merging 9 coalition 11 combination, integration, unification 12 amalgamation

consonance 6 accord 7 concord, harmony 9 agreement, congruity, resonance 10 congruence

consonant 4 akin, like 6 agnate 7 musical, similar 8 blending, harmonic, resonant 9 congruous 10 compatible, harmonious 11 conformable 13 corresponding ***kind:*** 4 stop, surd 5 nasal, velar 6 atonic, voiced 7 lateral, palatal, spirant 8 alveolar, bilabial, unvoiced 9 fricative, voiceless

consort 3 set 4 mate, wife 5 agree, group, tally, unite 6 accord, attend, fellow, spouse, square, troupe 7 company, comport, conform, husband, partner **8** assembly, chaperon, dovetail **9** accompany, associate, companion, harmonize **10** correspond

consortium **4** bloc, club, ring **5** guild, trust, union **6** cartel, league **7** combine, society **8** alliance, congress **9** coalition, syndicate **10** federation **11** association **12** conglomerate

conspectus **5** brief **6** digest, précis, sketch, survey **7** epitome, outline, summary **8** abstract, overview, synopsis **9** reduction **10** abridgment **11** abridgement **12** condensation

conspicuous **5** clear, overt, showy **6** marked, patent, signal **7** blatant, evident, glaring, notable, obvious, pointed, salient **8** apparent, distinct, flagrant, manifest, striking **9** arresting, egregious, notorious, obtrusive, prominent **10** celebrated, noticeable, pronounced, remarkable **11** eye-catching, illustrious, outstanding **12** ostentatious

conspiracy **4** plan, plot **5** cabal **6** scheme **8** intrigue **11** machination

conspirator **7** abettor, plotter, schemer **9** accessory, intriguer **10** accomplice **11** confederate

conspire **4** plot **5** cabal **6** scheme **7** collude, connive **8** intrigue **9** machinate

constable **6** deputy, lawman, warden **7** marshal, sheriff

constancy **5** faith **6** fealty **7** loyalty, resolve **8** adhesion, devotion, fidelity, firmness **9** adherence, diligence, endurance, fortitude **10** allegiance, attachment, dedication, resolution, steadiness **11** staunchness **12** faithfulness, perseverance **13** dependability, steadfastness

constant **4** even, fast, firm, true **5** fixed, loyal **6** dogged, stable, steady, trusty **7** abiding, chronic, endless, equable, lasting, nonstop, staunch, uniform **8** enduring, faithful, habitual, resolute, unending **9** ceaseless, confirmed, continual, immovable, immutable, incessant, obstinate, perpetual, steadfast, sustained, unceasing, unfailing, unmovable, unvarying **10** changeless, consistent, continuous, dependable, inflexible, invariable, inveterate, persistent, persisting, unchanging, unwavering **11** everlasting, inalterable, unalterable, unrelenting, unremitting **12** interminable, unchangeable

Constantine ***birthplace:*** **4** Nish ***mother:*** **6** Helena ***son:*** **7** Crispus ***victim:*** **6** Fausta **7** Crispus ***wife:*** **6** Fausta

constantly **4** ever **5** often **6** always **7** forever **9** eternally **10** frequently, invariably, repeatedly **11** incessantly, perpetually **12** continuously

constellation **5** group **7** pattern **10** assemblage, collection **11** arrangement ***Altar:*** **3** Ara ***Archer:*** **11** Sagittarius ***Arrow:*** **7** Sagitta ***Balance:*** **5** Libra **9** Ursa Major ***Bear, Little:*** **9** Ursa Minor ***Big Dipper:*** **9** Ursa Major ***Bird of Paradise:*** **4** Apus ***Bull:*** **6** Taurus ***Centaur:*** **9** Centaurus ***Chained Lady:*** **9** Andromeda ***Chameleon:*** **10** Chamaeleon ***Champion:*** **7** Perseus ***Charioteer:*** **6** Auriga ***Clock:*** **10** Horologium ***Colt:*** **8** Equuleus ***Crab:*** **6** Cancer ***Crane:*** **4** Grus ***Cross:*** **4** Crux ***Crow:*** **6** Corvus ***Crown:*** **6** Corona ***Cup:*** **6** Crater ***Dolphin:*** **9** Delphinus ***Dove:*** **7** Columba ***Dragon:*** **5** Draco ***Eagle:*** **6** Aquila ***Fishes:*** **6** Pisces ***Fly:*** **5** Musca ***Flying Fish:*** **6** Volans ***Furnace:*** **6** Fornax ***Graving Tool:*** **6** Caelum ***Great Bear:*** **9** Ursa Major ***Greater Dog:*** **10** Canis Major ***Hare:*** **5** Lepus ***Herdsman:*** **6** Boötes ***Horned Goat:*** **11** Capricornus ***Hunter:*** **5** Orion ***Indian:*** **5** Indus ***Keel:*** **6** Carina ***Lady in the Chair:*** **10** Cassiopeia ***Larger Bear:*** **9** Ursa Major ***Larger Dog:*** **10** Canis Major ***Lesser Dog:*** **10** Canis Minor ***Lion:*** **3** Leo ***Little Bear:*** **9** Ursa Minor ***Little Dipper:*** **9** Ursa Minor ***Little Fox:*** **9** Vulpecula ***Lizard:*** **7** Lacerta ***Lyre:*** **4** Lyra ***Mariner's Compass:*** **5** Pyxis ***Monarch:*** **7** Cepheus ***Net:*** **9** Reticulum ***Painter's Easel:*** **6** Pictor ***Pair of Compasses:*** **8** Circinus ***Peacock:*** **4** Pavo ***Pump:*** **6** Antlia ***Ram:*** **5** Aries ***Rescuer:*** **7** Perseus ***River Po:*** **8** Eridanus ***Sails:*** **4** Vela ***Scorpion:*** **8** Scorpius ***Serpent:*** **7** Serpens ***Serpent Holder:*** **9** Ophiuchus ***Sextant:*** **7** Sextans ***Shield:*** **6** Scutum ***Smaller Bear:*** **9** Ursa Minor ***Square:*** **5** Norma ***Stern:*** **6** Puppis ***Swan:*** **6** Cygnus ***Table:*** **5** Mensa ***Toucan:*** **6** Tucana ***Triangle:*** **10** Triangulum ***Twins:*** **6** Gemini ***Unicorn:*** **9** Monoceros ***Virgin:*** **5** Virgo ***Water Carrier:*** **8** Aquarius ***Water Monster:*** **5** Hydra ***Water Snake:*** **6** Hydrus ***Whale:*** **5** Cetus ***Winged Horse:*** **7** Pegasus ***Wolf:*** **5** Lupus

consternate **5** alarm, daunt, shake, shock **6** appall, dismay **7** horrify, unnerve **8** distress

consternation **4** fear **5** alarm, dread, panic, shock **6** dismay, fright, horror, terror **11** trepidation **12** bewilderment

constituent **4** part **5** piece, voter **6** factor, member **7** element, portion **8** division, fraction **9** component, elemental, principal **10** ingredient

constitute **4** form, make **5** enact, found, set up, start **6** create, embody, make up **7** appoint, compose **8** complete, comprise, organize **9** establish, institute, represent

constitution **3** law **4** code **5** build, canon **6** design, makeup, nature **7** charter **8** physique **9** formation, structure **11** composition **12** architecture, construction

constitutional **4** walk **6** inborn, inbred, innate, lawful **7** built-in, organic **8** inherent **9** essential, ingrained, intrinsic **10** congenital, deep-seated

Constitution State **11** Connecticut

Constitution, U.S.S. **12** Old Ironsides

constitutive **5** vital **8** cardinal **9** essential **11** fundamental **12** constructive

constrain **3** bar **4** curb, deny, jail **5** chain, check, crush, force, impel, limit, press **6** bridle, coerce, compel, enjoin, oblige, secure, squash, squish **7** confine, deprive, inhibit, refrain, squeeze **8** compress, hold back, hold down, imprison, restrain, restrict **11** incarcerate

constraint **4** bond **5** check, force **6** duress **8** coercion, pressure **9** captivity, detention, restraint **10** compulsion, diffidence, inhibition, limitation, repression **11** confinement, restriction, suppression **13** embarrassment

constrict **4** curb **5** cramp, limit, pinch, strap **6** hamper, narrow, shrink **7** confine, inhibit, squeeze, tighten **8** compress, condense, contract, restrain, strangle, stultify **9** constrain **12** circumscribe

constrictor **3** boa **5** snake **6** muscle **8** anaconda **9** sphincter, strangler

construct **4** form, make **5** build, erect, forge, frame, put up, raise, set up, shape **6** create, devise **7** build up, compile, fashion, produce **8** assemble, engineer **9** establish, fabricate **11** manufacture, put together

construction **6** design, makeup **7** edifice, shaping **8** assembly, building **9** formation **10** fashioning **11** arrangement, engineering, fabrication, manufacture **12** architecture, constitution

constructive **6** useful **7** helpful, implied, virtual **8** implicit, positive, valuable **9** practical **10** beneficial

construe **5** educe, gloss, parse **6** induct **7** analyze, explain, expound **9** explicate, interpret **10** paraphrase, understand

consuetude **5** habit, usage **6** custom, manner **8** practice **10** convention

consult **3** ask **6** advise, confer, huddle, parley **7** examine, refer to **8** collogue, consider **11** confabulate

consume **3** eat, use **4** down, gulp, ruin **5** drain, drink, eat up, gorge, spend, use up, waste **6** absorb, devour, expend, finish, ingest, obsess, take up **7** deplete, destroy, engross, exhaust, put away, put down, swallow **8** squander **9** dissipate, finish off, polish off **10** annihilate, extinguish, monopolize, run through

consumer **4** user **5** buyer **6** client **7** shopper, end user **8** customer **9** purchaser

consumer advocate **5** Nader (Ralph)

consuming **6** ardent **7** fervent, intense **8** gripping, riveting **9** absorbing **10** engrossing **11** enthralling **12** monopolizing

consummate **3** end **4** ripe **5** close, crown, ideal, utter **6** finish, superb, wind up, wrap up **7** achieve, perfect, supreme **8** absolute, complete, conclude, finished, flawless, peerless, ultimate **9** faultless, matchless, perfected, virtuosic **10** accomplish, impeccable, inimitable **11** superlative **12** accomplished **13** thoroughgoing

consumption **3** use **5** decay, waste **6** intake **7** wasting **8** phthisis **9** depletion, ingestion **10** absorption **11** dissipation **12** tuberculosis

contact **4** meet **5** reach, touch **8** tangency, touching **9** closeness, communion, proximity **10** connection, contiguity **11** association, contingence **13** communication

contagion **3** pox **4** bane, meme **5** taint, venom, virus **6** miasma, plague, poison **7** disease, infection, scourge **8** epidemic **9** pollution **10** corruption, pestilence **13** contamination

contagious **6** catchy **8** catching, epidemic **9** spreading **10** infectious **12** communicable, pestilential **13** transmissible, transmittable

contain **4** hold, keep **5** check, house **6** embody, take in **7** collect, control, embrace, enclose, include, receive, repress, subsume **8** comprise, restrain **9** encompass **10** comprehend **11** accommodate

container **3** bag, bin, box, can, cup, jar, keg, mug, pod, pot, tin, tub, urn, vat **4** cage, case, cask, drum, etui, ewer, pail, sack, silo, tank, vase, vial, well **5** chest, crate, cruet, flask, glass, gourd, phial, pouch **6** basket, bottle, carafe, carton, casket, coffin, cooler, goblet, hamper, hatbox, holder, inkpot, shaker **7** bandbox, capsule, chalice, inkwell, package, pitcher, thermos **8** canister, catchall, decanter, envelope, hogshead, jerrican, puncheon **10** receptacle ***liturgical:*** **3** pyx **7** chalice **8** ciborium

contaminate **4** foul, soil **5** dirty, spoil,

stain, sully, taint **6** befoul, debase, defile, infect, injure, poison **7** corrupt, deprave, pervert, pollute, profane, tarnish, vitiate **9** desecrate **10** adulterate

conte **4** tale **5** story **9** narrative

contemn **4** snub **5** abhor, scorn, spurn **6** deride **7** deplore, despise, disdain **8** ridicule **10** look down on

contemplate **4** mull, muse, view **5** study, think, weigh **6** behold, debate, gaze at, intend, look at, ponder, regard **7** examine, inspect, propose, reflect **8** consider, gaze upon, look upon, meditate, mull over, ruminate, think out **9** think over **10** deliberate, excogitate, scrutinize

contemplation **5** study **6** musing **7** thought **8** thinking **9** intention, pondering **10** cogitation, meditation, reflection, rumination **11** cerebration, expectation, speculation **12** deliberation **13** consideration

contemplative **6** musing **7** pensive **10** cogitative, meditative, reflecting, reflective, ruminative, thoughtful **11** speculative **13** introspective

contemporary **3** new **6** coeval, extant, modern, recent **7** current, present, topical **8** existent, existing, up-to-date **9** au courant **10** coexistent, coexisting, coincident, concurrent, present-day, synchronic **11** synchronous **12** simultaneous

contempt **5** scorn, shame **7** despite, disdain, mockery **8** aversion, defiance, disfavor, disgrace, dishonor, distaste, ignominy **9** antipathy, discredit, disesteem, disrepute **10** disrespect, opprobrium, repugnance **12** disobedience, stubbornness

contemptible **3** low **4** base, mean, poor, vile **5** cheap, sorry **6** abject, odious, paltry, scummy, scurvy, shabby, sordid **7** hateful, ignoble, pitiful, squalid **8** inferior, pitiable, shameful, unworthy, wretched **9** abhorrent, loathsome **10** despicable, detestable, disgusting **11** ignominious **12** dishonorable

contemptuous **7** haughty **8** arrogant, derisive, scornful **10** disdainful **12** supercilious **13** condescending, disrespectful

contend **3** vie, war **4** aver, avow, cope, face, urge **5** argue, brawl, claim, fight **6** affirm, allege, assert, battle, charge, combat, debate, defend, insist, oppose, report, strive **7** compete, contest **8** confront, maintain, struggle **9** encounter, withstand

contender **5** match, rival **6** player **8** opponent **9** adversary, candidate, combatant **10** antagonist, challenger, competitor, contestant

___ **contendere** **4** nolo

content **4** cozy, gist **5** happy **6** at ease, serene **7** appease, gratify, meaning, placate, satisfy **9** gratified, satisfied, substance **11** comfortable **12** significance

contention **3** war **4** beef, feud **6** combat, rumpus, strife, thesis **7** discord, dispute, dissent, quarrel, rivalry, wrangle **8** argument, conflict, disunity, squabble **10** difference, dissension, dissidence **11** altercation, competition, controversy ***Scottish:*** **5** sturt

contentious **5** fiery **7** carping, froward, peppery, scrappy, warlike **8** captious, caviling, contrary, militant, perverse **9** bellicose, combative, hotheaded, litigious, polemical, truculent **10** pugnacious **11** belligerent, quarrelsome **12** disputatious, faultfinding **13** argumentative, controversial

conterminous **10** coincident **11** coextensive

contest **3** vie **4** bout, duel, feud, fray, game, meet, race, tilt **5** clash, fight, match, repel, rival, trial **6** battle, combat, debate, oppose, resist, strife, strive **7** compete, dispute, rivalry, warfare **8** argument, conflict, endeavor, skirmish, struggle, tug-of-war **9** challenge, encounter, rencontre **10** engagement, tournament **11** competition

contiguity **9** adjacency, immediacy, proximity **11** propinquity

contiguous **4** next **8** abutting, adjacent, touching **9** adjoining, bordering **10** juxtaposed

continence **6** purity, virtue **8** chastity, sobriety **9** austerity **10** abnegation, abstinence, asceticism, chasteness, moderation, temperance **11** forbearance **12** renunciation **13** self-restraint

continent **4** Asia, mass **5** sober **6** Africa, chaste, Europe **8** celibate, mainland **9** abstinent, Australia, temperate **10** abstemious, Antarctica, restrained **11** abstentious **12** North America, South America ***lost:*** **8** Atlantis

contingence **5** touch **7** contact **8** tangency, touching

contingency **4** pass **5** event **6** chance, crisis **8** exigency, juncture, occasion **9** emergency **10** likelihood **11** opportunity, possibility, probability, uncertainty

contingent **3** odd **4** band **5** group, party, troop **6** casual, chance, likely **7** reliant **8** possible, probable, relative **9** dependent, empirical, entourage, uncertain **10** accidental, delegation, deputation, detachment, fortuitous, incidental, unforeseen **11** conditional **13** unanticipated, unforeseeable, unpredictable

continual **6** steady **7** abiding, endless, nonstop, regular, running **8** constant, enduring, timeless, unbroken, unending **9** ceaseless, incessant, perpetual, perennial, recurrent, recurring, unceasing, unfailing, unvarying **10** persistent, persisting, relentless, unchanging, unflagging **11** everlasting, unremitting **12** interminable **13** uninterrupted

continually **4** ever **6** always **7** forever **8** steadily, together **9** endlessly **10** constantly **11** incessantly, night and day **12** interminably, persistently, relentlessly, successively **13** consecutively

continuance **3** run **4** stay **5** delay **6** sequel **8** duration, survival **9** longevity **10** permanence **11** adjournment, persistence **12** postponement, prolongation

continuation **3** run **4** coda **6** sequel **8** appendix, duration, epilogue **9** endurance, extension **10** resumption **11** persistence, protraction **12** prolongation

continue **4** go on, last, stay **5** abide, renew, run on **6** endure, hang in, keep at, keep on, keep up, pick up, push on, remain, reopen, resume, retain, take up **7** carry on, persist, press on, proceed, prolong, restart, survive **8** maintain, postpone **9** carry over, persevere **10** recommence

continuing **5** fixed **6** steady **7** abiding, chronic, durable, eternal, lasting, ongoing **8** constant, enduring, lifelong, stubborn **9** long-lived, obstinate, perennial, prolonged, steadfast, tenacious, unabating **10** inveterate, persistent, persisting **11** long-lasting

continuity **4** flow **6** script **8** duration, scenario, sequence **9** endurance **11** persistence, progression

continuous see CONTINUAL

continuously see CONTINUALLY

contort **4** knot, warp **5** twist, wring **6** deform, wrench, writhe **7** distort, grimace, torture **9** convolute, corkscrew, disfigure

contortionist **7** acrobat

contour **4** form, line **5** curve, lines, shape **6** figure **7** outline, pattern, profile **9** lineament, lineation **10** silhouette **11** delineation

contra **6** facing, toward **7** against, counter, reverse, vis-à-vis **8** converse, fronting, opposite **10** conversely

contraband **3** hot **5** taboo **6** banned **7** bootleg, illegal, illicit, smuggle **8** unlawful **9** forbidden **10** prohibited, proscribed **11** black market, bootlegging, trafficking

contract **4** bond, hire, pact, sink **5** catch, incur, lease **6** engage, induce, lessen, reduce, shrink, treaty, weaken **7** abridge, acquire, afflict, bargain, decline, dwindle, shorten, shrivel **8** compress, condense, covenant, decrease, diminish **9** agreement, constrict, succumb to **11** concentrate, transaction **12** come down with ***part:*** **6** clause **7** article, proviso

contraction **3** he'd, he's, I'll, it's, I've, tic **4** ain't, can't, don't, flex, he'll, isn't, let's, she'd, she's, won't, you'd **5** aren't, cramp, didn't, hadn't, hasn't, she'll, spasm, they'd, wasn't, you'll, you're, you've **6** haven't, mustn't, needn't, they'll, they've, weren't **7** couldn't, elision, mightn't, wouldn't **8** shouldn't **9** reduction, shrinkage **10** abridgment **12** abbreviation ***heart's:*** **7** systole ***poetic:*** **3** e'en, e'er, o'er, 'tis **4** ne'er, 'twas **5** 'twere, 'twill

contradict **4** deny **5** belie, cross, rebut **6** impugn, negate, refute, take on **7** confute, dispute, gainsay **8** negative, traverse **9** challenge, disaffirm

contradiction **6** denial **7** paradox **8** antinomy, negation, rebuttal, variance **9** disparity **10** gainsaying, opposition, refutation **11** discrepancy, incongruity **12** disagreement, protestation **13** inconsistency

contradictory **7** counter, reverse **8** contrary, converse, negating, opposite **9** antipodal **10** antipodean, antithesis, nullifying **12** antithetical

contraption **3** rig **5** gizmo **6** device, doodad, gadget **7** machine **9** apparatus, doohickey **11** contrivance

contrariety **10** antagonism, antithesis, opposition, perversity, unlikeness

contrariwise **9** vice versa **10** conversely, oppositely

contrary **5** balky **6** averse, ornery, unruly **7** adverse, counter, froward, reverse, wayward **8** converse, opposite, perverse, stubborn **9** antipodal, diametric, dissident, obstinate, vice versa **10** conversely, discordant, headstrong, oppositely, rebellious, refractory **11** conflicting, intractable, wrongheaded **12** antagonistic, antipathetic, antithetical, contumacious, cross-grained, recalcitrant ***prefix:*** **7** counter

contrast **6** differ **7** collate, compare, diverge **8** conflict, disagree **9** disparity, diversity **10** comparison, difference, divergence **11** distinction, distinguish **13** dissimilarity

contravene 4 defy, deny 5 break, cross, fight 6 abjure, breach, disown, impugn, negate, offend, oppose, reject 7 disobey, gainsay, violate 8 disclaim, infringe, renege on 9 disaffirm, go against, repudiate 10 contradict, transgress

contravention 6 breach 7 offense 8 trespass 9 violation 10 infraction 12 infringement 13 nonobservance, transgression

contretemps 3 row 4 slip, tiff 5 clash, run-in 6 dustup, mishap, slip-up 7 dispute, quarrel 8 argument 9 mischance 10 falling-out, misfortune

contribute 3 add 4 give, help, tend 5 grant 6 chip in, donate, kick in, submit, supply 7 conduce, pitch in, redound 9 subscribe 11 come through

contribution 4 alms, gift 5 input, share 7 charity, payment, present 8 donation, offering 11 benefaction, beneficence

contributory 8 adjuvant 9 accessory, ancillary, auxiliary 10 collateral, subsidiary, supporting 11 appurtenant, subservient

contrite 5 sorry 8 penitent 9 regretful, repentant 10 apologetic, remorseful 11 penitential

contriteness see CONTRITION

contrition 3 rue 4 ruth 6 regret 7 penance, remorse 9 penitence 10 repentance 11 compunction 12 self-reproach

contrivance 4 ruse 6 device, gadget 7 gimmick 8 artifice 9 apparatus, expedient, invention, stratagem 10 brainchild 11 contraption

contrive 3 rig 4 fake, make, move, plan, plot 5 frame, hatch 6 cook up, devise, invent, make up, manage, scheme, vamp up, wangle 7 arrange, concoct, connive, develop, dream up, fashion, project, work out 8 cogitate, conspire, engineer, intrigue 9 construct, elaborate, fabricate, formulate, machinate

contrived 5 hokey 6 forced 7 labored 8 strained 9 concocted, insincere 10 artificial, fabricated, factitious

control 3 run 4 curb, rein, rule, sway 5 guide, power, steer 6 bridle, direct, govern, handle, manage, master, rein in, subdue 7 command, conduct, mastery, oversee, repress, reserve 8 dominate, dominion, regulate, restrain 9 authority, direction, restraint, supervise, supremacy 10 discipline, domination, management 11 supervision 12 jurisdiction

controlled 8 discreet, reserved 9 temperate 10 restrained

controversial 5 risky 6 touchy 7 awkward, charged, eristic 8 delicate, disputed, ticklish 9 explosive, litigious, polemical 11 contentious, problematic 12 disputatious 13 argumentative

controversy 3 row 5 clash 6 debate, rumpus, strife 7 dispute, quarrel, wrangle 8 argument, squabble 10 contention, falling-out 11 altercation, disputation, embroilment

controvert 4 deny 5 rebut 6 debate, oppose, oppugn, refute 7 confute, counter, dispute, gainsay 8 disprove, question 9 challenge, repudiate

contumacious 7 froward 8 contrary, insolent, mutinous, obdurate, perverse 9 obstinate 10 rebellious, refractory 11 disobedient, intractable 12 recalcitrant 13 insubordinate

contumacy 8 contempt, defiance 9 insolence 10 perversity 12 stubbornness 13 recalcitrance

contumelious 7 abusive 8 derisive, insolent, scornful 9 insulting, truculent 10 disdainful, scurrilous 11 opprobrious 12 vituperative

contumely 5 abuse 6 insult 7 affront, mockery, obloquy 8 contempt, ridicule, sneering 9 aspersion, invective 10 scurrility 12 vituperation

contuse 6 batter, bruise, injure 7 blacken

conundrum 5 poser 6 enigma, puzzle, riddle 7 baffler, mystery, problem, puzzler, stumper 10 puzzlement 13 Chinese puzzle

convalesce 4 heal, mend 7 improve, recover 10 recuperate

convene 4 call, meet 6 call in, gather, muster, summon 7 convoke, summons 8 assemble 9 forgather 10 congregate 12 come together

convenience 4 ease 7 amenity, benefit, comfort, leisure 8 facility 9 handiness 10 assistance 13 accessibility

convenient 3 fit 4 near 5 close, handy, ready 6 at hand, nearby, proper, useful 7 close by, helpful 8 suitable 9 available, immediate, opportune 10 accessible 11 appropriate, comfortable 12 advantageous

convent 5 abbey 6 priory 7 nunnery 8 cloister 9 monastery, sanctuary

convention 3 law 4 bond, code, pact, rule 5 canon, usage 6 accord, custom, treaty 7 compact, meeting, precept 8 assembly, congress, contract, covenant, practice, protocol 9 agreement, concordat, formality, gathering, propriety, tradition 11 convocation 13 understanding

conventional 5 trite, usual 6 formal, normal, proper, seemly, solemn, square 7 correct, regular, routine, typical 8 everyday, habitual, moderate, ordinary, orthodox, standard, straight 9 bourgeois, customary 10 button-down, conforming, prevailing, restrained, unoriginal 11 commonplace, traditional 12 conservative

conventionalize 5 adapt 7 conform, stylize

converge 4 join, meet 5 focus, merge, unite 11 concentrate 12 come together

conversant 8 familiar 9 au courant 10 acquainted 11 experienced

conversation 4 chat, talk 6 confab, debate, parley 7 palaver, talking 8 causerie, colloquy, dialogue, duologue, exchange, repartee 9 discourse, tête-à-tête 10 discussion 13 confabulation

conversation piece 5 curio 6 oddity 9 curiosity

converse 3 gab 4 chat, chin, talk 5 speak, visit 6 confer, contra, parley 7 chatter, counter, reverse 8 antipode, contrary, opposite 9 antipodal, diametric 10 antithesis 12 antithetical 13 contradictory

conversely 9 vice versa 10 oppositely 12 contrariwise

conversion 5 shift 6 change, switch 7 novelty, rebirth, turning 8 mutation, reversal 9 about-face 10 alteration, changeover 11 permutation 12 modification, regeneration 13 metamorphosis, transmutation

convert 4 sway 5 alter 6 change, modify, redeem, reform, switch 7 commute, remodel 8 persuade, renovate 9 proselyte, transform, translate, transmute, transpose 11 transfigure 12 metamorphose, transmogrify ***Christian:*** 10 catechumen

convex 5 bowed, toric 6 arched, curved 7 bulging, curving, gibbous, rounded

convey 3 lug 4 bear, cart, cede, deed, pack, send, tell, tote 5 bring, carry, ferry 6 assign, impart, pass on 7 channel, conduct, consign, deliver, express, project 8 make over, sign over, transfer, transmit 9 transport 11 communicate

conveyance 3 car 4 auto, cart, deed, sled 5 coach, sedan, stage, title, wagon 7 charter, trailer, transit, vehicle 8 carriage, carrying 9 transport 10 automobile 12 transporting ***public:*** 3 bus, cab 4 taxi, tram 5 plane, train 6 subway 7 trolley 8 airplane, monorail, railroad, rickshaw 9 streetcar 10 jinricksha, jinrikisha

convict 5 felon, lifer 6 inmate, send up 7 condemn, put away 8 criminal, jailbird, prisoner, sentence, yardbird 10 find guilty

conviction 4 view 5 creed, faith 6 belief, surety 7 opinion 8 doctrine, sentence, sureness 9 assurance, certainty, certitude, sentiment 10 confidence, persuasion 12 condemnation

convince 6 assure, induce, prompt 7 satisfy, win over 8 persuade, talk into 9 influence, prevail on 11 bring around, prevail upon

convincing 5 solid, sound, valid 6 cogent 8 credible, faithful 9 plausible 10 believable, conclusive, persuasive, satisfying 11 trustworthy

convivial 3 gay 5 jolly, merry 6 hearty, jocund, jovial, lively, social 7 festive 8 mirthful, sociable 9 fun-loving, vivacious 10 gregarious 13 companionable

convocation 5 synod 7 council, meeting 8 assembly, conclave 9 gathering 10 assemblage 12 congregation

convoke 4 call 6 gather, invite, muster, summon 7 collect, convene 8 assemble 12 call together

convoluted 6 coiled 7 complex, tangled, winding 8 involved, tortuous 9 intricate 10 circuitous 11 anfractuous, complicated 12 labyrinthine

convoy 6 attend, escort 7 conduct 9 accompany

convulse 4 rock 5 shake 7 agitate, concuss 8 tetanize

convulsion 3 fit 5 spasm 6 attack, tumult, uproar 7 quaking, rocking, seizure, shaking 8 disaster, paroxysm, upheaval 9 commotion, trembling

cook 3 fix, fry 4 bake, boil, chef, heat, melt, stew 5 broil, grill, poach, roast, sauté, steam 6 braise, doctor, simmer 7 falsify, parboil, prepare, swelter

cooked 4 done, sham 5 bogus, faked, phony 6 made-up 7 altered 8 doctored, spurious 10 fictitious

cookery 7 cuisine ***expert:*** 3 Yan (Martin) 4 Chen (Joyce), Kerr (Graham), Puck (Wolfgang), Root (Waverley) 5 Beard (James), Child (Julia), David (Elizabeth), Hines (Duncan), Smith (Jeff) 6 Bocuse (Paul), Carême (Marie-Antoine), Farmer (Fannie), Fisher (M. F K.), Franey (Pierre), Waters (Alice) 7 Crocker (Betty), Stewart (Martha) 8 Bourdain (Anthony), Rombauer (Irma) 9 Claiborne (Craig), Escoffier (Auguste), Prudhomme (Paul)

cookie 4 snap 7 biscuit, brownie 10 gingersnap

cooking ***appliance:*** 4 oven 5 mixer,

range, stove **7** blender, toaster **9** microwave **10** rotisserie ***implement:*** **3** cup, pan, pot, wok **4** olla **5** ladle, sieve, spoon, whisk **6** grater, masher, sifter, tureen **7** griddle, skillet, spatula, steamer **8** colander, teaspoon **9** egg-beater, frying pan **10** rolling pin, tablespoon **12** measuring cup ***room:*** **6** galley **7** kitchen

Cook Islands ***capital:*** **6** Avarua ***dependency of:*** **10** New Zealand ***island:*** **9** Rarotonga

cool **3** hep, hip, icy **4** calm, cold **5** abate, aloof, chill, gelid, nippy **6** arctic, chilly, frigid, frosty **7** assured, compose, control, decline, distant, dwindle, repress, subside **8** composed, decrease, detached, diminish, reserved, suppress **9** collected, confident, impassive, unruffled **10** nonchalant, phlegmatic, unsociable **11** indifferent, standoffish, unflappable **13** dispassionate, imperturbable, self-possessed

cooler **3** fan, jug, pen **4** brig, coop, jail **5** clink, pokey **6** fridge, icebox, lockup, prison **7** freezer, slammer **9** calaboose **11** refrigerant **12** refrigerator

cooling device **3** fan **6** fridge, icebox **7** freezer **12** refrigerator

coolness **5** chill, poise **6** aplomb, phlegm **7** reserve **9** composure, frigidity, sangfroid **10** dispassion, equanimity **11** nonchalance, self-control

coop **3** hem, jug, mew, pen **4** brig, cage, jail **5** cramp, fence, pokey **6** cooler, corral, lockup, prison, shut in **7** close in, confine, enclose, slammer **9** calaboose, enclosure

cooperate **5** agree, unite **6** concur, league **7** combine, conjoin, pitch in **8** coincide, conspire **11** collaborate, participate **12** work together

cooperation **8** alliance, teamwork **13** confederation

cooperative **5** joint **6** common, mutual, shared **8** coactive, conjoint, obliging **9** collegial, concerted **10** collective, synergetic **11** coordinated **13** accommodating, collaborative, uncompetitive

Cooper hero **7** Hawkeye **10** Deerslayer, Pathfinder **11** Natty Bumppo

coordinate **4** mate, mesh **5** align, equal, match, order **6** adjust, relate **7** coequal, conform **8** organize, parallel **9** companion, correlate, harmonize, integrate, reconcile **10** proportion, reciprocal **11** accommodate, correlative, counterpart

coot **4** bird, fogy **6** dotard, duffer, fellow, oddity, scoter, weirdo **7** oddball **9** character, eccentric

cootie **5** louse **9** body louse

cop **3** nab **4** lift, take **5** adopt, catch, filch, pinch, steal, swipe **6** pilfer **7** capture, officer **8** bluecoat **9** patrolman, policeman

copacetic **3** A-OK **4** fine, jake, okay **5** dandy, great, nifty **8** all right **9** excellent **12** satisfactory

cope **4** cape, hack **5** cloak, cover, get by, match, vault **6** canopy, endure, make do, manage, mantle **7** carry on, survive **8** vestment

copestone **5** crown

copious **4** lush, rich **5** ample **6** lavish, plenty **7** liberal, profuse, replete **8** abundant, generous **9** abounding, bounteous, bountiful, exuberant, luxuriant, plenteous, plentiful

Copland work **5** Rodeo **11** Billy the Kid **17** Appalachian Spring

cop-out **5** dodge **6** excuse **7** evasion, pretext, retreat

copper **4** cent, coin **5** metal, penny, token **9** butterfly, policeman ***item:*** **4** cent **5** penny **6** kettle ***sulfate:*** **7** vitriol **9** bluestone **11** blue vitriol

copperhead **5** snake, viper **8** pit viper

coppice **4** bosk, wood **5** copse, grove, woods **6** bosque, forest, growth **7** thicket **9** brushwood, underwood

copse see COPPICE

Copt **8** Egyptian

copula **4** bond, link **5** joint, union **7** coupler

copy **3** ape **4** echo, fake, mock, sham **5** clone, ditto, forge, mimic, model **6** carbon, parrot, repeat **7** emulate, forgery, imitate, replica, takeoff **8** knockoff, likeness, simulate **9** duplicate, facsimile, imitation, replicate, reproduce **10** impression, simulacrum, simulation, transcribe, transcript **11** counterfeit, counterpart, reduplicate, replication **12** reproduction

copyist **5** clerk **6** scribe **8** imitator **9** engrosser **10** plagiarist **12** transcriber

copyread **4** edit

coquet **3** toy **4** fool, vamp **5** dally, flirt, tease **6** trifle

coquette **4** vamp **5** flirt, tease

coquettish **3** coy **6** fickle **9** frivolous, kittenish **11** flirtatious

coral **3** red **4** pink, rosy **5** polyp **9** limestone

coral reef **3** cay, key **5** atoll ***off Australia:*** **5** Wreck ***world's largest:*** **12** Great Barrier

cord **3** tie **4** band, lace, pile, rope, whip, yarn **5** cable, nerve, stack **6** strand, string, tendon ***twisted:*** **7** torsade

cordage 4 rope 5 ropes 7 rigging ***fiber:*** 4 bast, hemp, jute, pita 5 sisal
Corday's victim 5 Marat (Jean-Paul)
Cordelia ***father:*** 4 Lear ***sister:*** 5 Regan 7 Goneril
cordial 4 warm 6 genial, hearty, jovial, tender 7 affable, liqueur, sincere 8 cheerful, friendly, gracious, sociable 9 congenial, convivial, heartfelt 10 hospitable 11 sympathetic, warmhearted 12 wholehearted
cordiality 6 warmth 7 amenity 9 geniality 10 amiability 12 agreeability, friendliness
cordon 4 lace, line, ring 5 braid 6 circle, ribbon 7 barrier 8 espalier ***bleu:*** 4 chef, cook 6 ribbon 10 blue ribbon, decoration, master chef
core 3 hub, nub 4 base, crux, gist, meat, pith, root 5 basis, focus, heart, midst 6 center, depths, kernel, middle, upshot 7 essence, nucleus 8 interior, midpoint 9 substance 10 foundation
corium 5 cutis 6 dermis
cork 4 bark, plug, seal, stop 5 float 6 bobber 7 stopper, stopple
corker 4 lulu 5 beaut, dandy, dilly, doozy 6 doozie, killer 8 jim-dandy, knockout 9 humdinger 11 crackerjack 12 lollapalooza
corkscrew 4 coil, wind 5 helix, twist 6 spiral
cormorant 4 bird, shag 7 glutton
corn 5 grain, maize 6 hominy 9 granulate ***bread:*** 4 pone 7 bannock ***Indian:*** 5 maize 6 mealie ***kind:*** 3 pop 5 flint, flour, sweet 6 Indian ***pest:*** 5 borer ***piece:*** 3 cob, ear 5 spike 6 kernel, nubbin
Corncracker State 8 Kentucky
corner 3 box, fix, jam, nab 4 hole, nook, trap, tree 5 angle, catch, coign, niche, seize 6 collar, cranny, dogleg, pickle, plight, recess, scrape 7 capture, dilemma, impasse, trouble 8 bottle up, monopoly 10 bring to bay 11 predicament 12 intersection ***of eye:*** 7 canthus
cornerstone 4 base 5 basis 7 support 8 rudiment 10 foundation, groundwork
cornet 4 cone, horn 7 officer, trumpet 10 instrument
Cornhusker State 8 Nebraska
cornice 3 cap 4 band, eave 5 crown 7 molding
cornmeal 4 masa, samp 5 grits 6 hominy 7 hoecake ***mush:*** 7 polenta
cornucopia 4 cone, horn 6 bounty, plenty, wealth 9 abundance, profusion 12 horn of plenty
Cornwallis, Charles ***adversary:*** 6 Greene (Nathanael) ***surrender site:*** 8 Yorktown
corny 5 banal, sappy, stale, trite 6 old hat 7 clichéd, mawkish 8 shopworn 9 hackneyed, schmaltzy 11 sentimental, stereotyped
corollary 6 effect, result, sequel, upshot 8 parallel, sequence 9 resulting 10 associated, end product, equivalent 11 aftereffect, consequence
corona 4 aura, glow, halo 5 cigar, crown, glory 6 circle, nimbus 7 aureola, aureole
coroner 8 examiner
coronet 5 crown, tiara 6 anadem, circle, diadem, wreath 7 chaplet, circlet, garland 8 headband
Coronis ***form:*** 4 crow ***son:*** 9 Asclepius 11 Aesculapius
corporal 3 NCO 6 bodily, carnal 7 fleshly, somatic 8 physical
corporate 7 unified 8 combined 9 aggregate
corporeal 6 bodily, carnal, mortal 7 fleshly, somatic 8 material, physical, tangible 9 objective 10 phenomenal 11 substantial
corps 4 band, body 5 group, party, troop 6 outfit, troupe 7 company
corpse 4 body 5 bones, stiff 7 cadaver, carcass, carrion, remains ***combining form:*** 4 necr 5 necro
corpselike 4 dead 5 gaunt 7 deathly, ghastly, macabre 8 lifeless, skeletal 10 cadaverous
corpulence 7 fatness, obesity 9 adiposity, rotundity 10 fleshiness
corpulent 3 fat 5 bulky, gross, heavy, obese, plump, stout 6 fleshy, portly, rotund 7 porcine, weighty 9 overblown 10 overweight
corpus 4 body, bulk, core, mass 6 oeuvre 9 principal, substance 10 collection 11 compilation
corpuscle 4 cell 8 hemocyte, monocyte 9 blood cell, leukocyte 10 lymphocyte 11 erythrocyte, granulocyte
corral 3 mew, pen 5 fence 6 gather, shut in 7 close in, collect, confine, enclose, round up 8 surround 9 enclosure
correct 3 fit, fix 4 edit, just, mend, true 5 amend, emend, exact, right 6 adjust, decent, proper, punish, reform, remedy, repair, revise, seemly 7 chasten, fitting, improve, perfect, precise, rectify, redress 8 accurate, becoming, chastise, decorous, flawless, set right 9 castigate, faultless 10 conforming, discipline, impeccable, legitimate, meticulous, scrupulous 11 appropriate, comme il faut, punctilious 12 conventional ***combining form:*** 4 orth 5 ortho
correction 3 rod 6 rebuke 7 reproof

8 revision **9** amendment **10** adjustment, discipline, emendation, punishment **11** castigation

corrective **4** cure **6** remedy **8** antidote, punitive, remedial **10** beneficial **11** counterstep, restorative **12** counteragent **13** counteractive

correctness **7** decorum **8** accuracy, fidelity **9** precision, propriety **10** exactitude

correlate **5** match **6** analog **7** pendant **8** analogue, coincide, dovetail, parallel **9** harmonize **10** complement, correspond **11** counterpart

correlative **3** and, nor **4** both, then **6** either **7** neither, related **10** complement, reciprocal **11** counterpart **13** complementary, corresponding

correspond **4** jibe **5** agree, equal, match, write **6** accord, concur **7** comport, conform **8** dovetail **9** harmonize **11** communicate

correspondence **4** mail **7** analogy, letters **8** symmetry **9** agreement, congruity **10** conformity, similarity **11** consistency, correlation ***mathematical:*** **7** mapping **8** function

correspondent **5** match **6** analog, pen pal, writer **7** fitting **8** analogue, parallel, reporter, suitable **9** correlate **10** conforming, journalist **11** commentator, contributor, counterpart

corresponding **4** akin, like **5** alike **6** agnate **7** related, similar **8** matching, parallel **9** analogous, consonant **10** comparable **11** correlative

correspondingly **4** also **7** equally **8** likewise **9** similarly **11** analogously

corrida **9** bullfight ***shout:*** **3** olé

corridor **4** hall, lane, path **5** aisle, route, strip **6** artery, avenue **7** hallway, passage **10** passageway

corroborate **5** prove **6** uphold, verify **7** approve, bear out, certify, confirm, endorse, justify, support **8** document, validate **9** vindicate **12** authenticate, substantiate

corroborative **9** ancillary, auxiliary **10** collateral, supporting, supportive **12** confirmatory

corrode **4** rust **7** eat away, eat into, oxidize **8** wear away **9** undermine

corrosive **5** acerb **6** biting **7** acerbic, caustic, cutting **9** sarcastic

corrosiveness **7** sarcasm **8** acerbity

corrugation **4** fold, ruck **5** plica, ridge **6** crease, furrow, groove **7** crinkle, wrinkle

corrupt **3** rot **5** bribe, decay, spoil, stain, taint, venal **6** befoul, debase, defile, molder, rotten, smirch **7** crooked, debauch, degrade, deprave, pervert, putrefy, tarnish, vitiate **8** bribable, degraded, depraved, infected, perverse **9** decompose, dishonest, miscreant, reprobate, unethical **10** bastardize, degenerate **12** unprincipled, unscrupulous **13** untrustworthy

corruptible **5** venal **7** buyable **8** bribable

corruption **4** vice **5** decay, fraud, graft **7** bribery, jobbery **9** barbarism, depravity, turpitude **10** immorality, wickedness **11** impropriety

corsair **5** rover **6** pirate **8** picaroon, sea rover **9** buccaneer, pickaroon, privateer **10** freebooter

corset **5** stays **6** bodice, girdle **7** support

cortege **5** train **6** parade **7** retinue **9** entourage **10** attendants, procession

cortex **4** bark, husk, peel, rind **6** casing **8** peridium

Cortland **5** apple

corundum **4** ruby **5** emery, topaz **7** emerald **8** abrasive, amethyst, sapphire

coruscate **5** flash, gleam, glint, shine **7** glisten, glitter, sparkle, twinkle **11** scintillate

corvid **3** jay **4** crow **5** raven **6** magpie **9** passerine

Corvino's wife **5** Celia

corybantic **3** mad **4** wild **5** rabid **6** crazed **7** frantic, furious **8** ecstatic, frenetic, frenzied **9** delirious

coryphée **6** dancer **8** danseuse **9** ballerina

Cosí Fan Tutte composer **6** Mozart (Wolfgang Amadeus)

cosmetic **4** kohl **5** blush, rouge **6** ceruse, makeup, powder **7** blusher, bronzer, mascara **8** lip gloss, lipstick **9** eye shadow **10** decorative, nail polish, ornamental **11** beautifying, superficial

cosmetologist **10** beautician

cosmic **4** huge, vast **7** immense **8** infinite **9** planetary, spiritual, unbounded, universal **12** astronomical, metaphysical

cosmopolitan **6** global, urbane **7** worldly **8** catholic, cultured, polished **9** civilized, universal, worldwide **10** cultivated, ecumenical **11** worldly-wise **13** sophisticated

cosmos **6** flower **8** creation, universe

Cossack ***army:*** **3** Don **4** Ural **5** Kuban ***land:*** **7** Ukraine ***leader:*** **5** Razin (Stenka) **6** ataman, hetman, Mazepa (Ivan) **7** Bulavin (Kondraty) **8** Pugachov (Yemelyan) ***novel:*** **10** Taras Bulba

cosset **3** pet **4** baby, lamb, love **5** humor, spoil **6** caress, cocker, coddle, cuddle, dandle, dote on, fondle, pamper **7** cater to, indulge **11** mollycoddle

cost **3** tab **4** rate, toll **5** price **6** charge, damage, outlay, tariff **7** expense, payment **8** price tag **9** sacrifice **11** expenditure **12** disbursement ***business:*** **8** overhead

Costa Rica ***bay:*** **8** Coronado ***capital:*** **7** San José ***city:*** **8** Alajuela **10** Puntarenas **11** Puerto Limón ***discoverer:*** **8** Columbus (Christopher) ***language:*** **7** Spanish ***leader:*** **5** Arias (Oscar) ***monetary unit:*** **5** colón ***neighbor:*** **6** Panama **9** Nicaragua ***peninsula:*** **3** Osa **6** Nicoya ***river:*** **7** San Juan ***volcano:*** **5** Barba, Irazú **9** Turrialba

costermonger **6** hawker **7** peddler **9** barrow boy

costive **4** mean, slow **5** bound, close, tight **6** frugal, stingy **7** miserly **9** penurious **10** hardfisted, pinchpenny **11** closefisted **12** cheeseparing, parsimonious

costless **4** free **6** gratis **10** gratuitous **13** complimentary

costly **4** dear, rich **5** fancy **6** lavish, pricey **7** opulent, premium **8** precious, splendid, valuable **9** expensive, luxurious, priceless **10** exorbitant, high-priced, invaluable **11** extravagant

costume **3** rig **4** duds, garb, mode **5** dress, getup, guise, habit, style **6** attire, outfit **7** apparel, clothes, fashion, threads, turnout, uniform **8** disguise, ensemble, garments **9** trappings

cot **3** bed, hut **4** camp **5** cabin, lodge, shack **6** shanty ***wheeled:*** **6** gurney

coterie **4** band, camp, clan, club, ring **5** cabal **6** circle, clique **7** in-group **9** camarilla

cotillion **4** ball, prom **5** dance

cottage **3** hut **4** camp **5** cabin, lodge, shack **6** shanty **8** bungalow ***Russian:*** **5** dacha ***Swiss:*** **6** chalet

cotton ***cleaner:*** **3** gin **6** linter ***cloth:*** **4** duck, jean, mull **5** baize, chino, denim, drill, khaki, scrim, terry, wigan **6** calico, canvas, chintz, dimity, muslin, oxford, sateen, velour **7** batiste, etamine, fustian, gingham, jaconet, nankeen, organdy, percale **8** corduroy, dungaree, moleskin, nainsook, tarlatan **9** grenadine, percaline, stockinet, swansdown **10** balbriggan **11** stockinette ***cloth, Indian:*** **5** surah **6** madras **7** dhurrie, khaddar ***comb:*** **4** card ***fuzz remover:*** **6** linter ***measure:*** **4** hank, pick, yard **5** count, skein ***pad:*** **7** pledget ***pod:*** **4** boll ***refuse:*** **5** flock ***seed separator:*** **3** gin ***sheet:*** **4** batt ***thread:*** **5** lisle

Cotton State **7** Alabama

cottonwood **5** alamo **6** poplar

cottony **4** soft **6** fluffy

___ Coty **4** René

couch **3** den, put **4** lair, sofa, word **5** divan, lodge **6** burrow, chaise, daybed, lounge, phrase **7** express, lie down, recline **9** davenport, formulate **12** chesterfield

couch potato **7** slacker

cougar **3** cat **4** puma **7** panther **9** catamount **12** mountain lion

cough **4** hack, hawk

cough drop **6** troche **7** lozenge

cough up **3** pay **5** spend **6** lay out, pay out **7** deliver, dole out, fork out **8** fork over, hand over, shell out

couloir **5** chasm, gorge, gulch, gully **6** ravine

council **4** diet **5** board, junta **6** powwow, senate **7** cabinet, meeting **8** assembly, conclave, congress, ministry **10** conference, federation **12** consultation ***ancient Greek:*** **5** boule ***church:*** **5** synod **10** consistory ***medieval English:*** **4** moot **5** gemot **6** gemote **8** hustings ***Muslim:*** **5** divan ***Russian:*** **4** duma **6** soviet ***secret:*** **5** cabal, junto **9** camarilla ***Spanish:*** **7** cabildo

counsel **4** urge, warn **6** advice, advise, charge, direct, enjoin, lawyer **7** consult, suggest **8** advocate, attorney **9** prescribe, recommend **10** advisement **12** deliberation ***British:*** **9** barrister, solicitor

count **3** add, sum, tot **4** bank, earl, mean, rely, tote **5** issue, score, tally, total, tot up, weigh **6** census, charge, depend, expect, figure, matter, number, reckon, result, tote up **7** compute, signify **8** estimate, militate, numerate, quantify **9** calculate, enumerate **10** allegation

countenance **3** mug **4** back, cast, face, look, mien, phiz **5** favor, go for **6** accept, visage **7** approve, commend, condone, endorse, support **8** advocate, features, hold with, sanction, tolerate **9** approbate, composure, encourage **10** expression **11** physiognomy

counter **3** pit, vie **4** anti **5** asset, check, match, polar, shelf **6** offset, oppose **7** adverse, against, hostile, obverse, opposed, reverse **8** antipode, contrary, converse, opposing, opposite **9** antipodal, diametric **10** antipodean, antithesis, contravene **12** antagonistic, antipathetic, antithetical **13** contradictory

counteract **3** fix **4** foil **5** annul **6** cancel, negate, oppose, resist, thwart **7** balance, correct, nullify, prevent, rectify, redress **8** negative **9** cancel out, frustrate **10** balance out, neutralize

counteragent **4** cure **6** remedy **8** antidote **9** antitoxin, antivenin **10** corrective

counterbalance **6** cancel, make up, offset, redeem, set off **7** ballast, correct, even out, rectify, redress **8** equalize, outweigh **10** compensate

counterblow **7** revenge **8** reprisal, requital, revanche **9** vengeance **11** retaliation, retribution

counterclockwise **4** levo **12** levorotatory

counterfeit **4** copy, fake, hoax, sham **5** bluff, bogus, dummy, false, feign, forge, fraud, mimic, phony **6** affect, assume, deceit, ersatz, forged, pseudo **7** feigned, imitate, pretend **8** delusive, delusory, knock off, simulate, spurious **9** brummagem, deception, deceptive, fabricate, imitation, imposture, insincere, pinchbeck, pretended, simulated **10** fraudulent, misleading, simulacrum ***prefix:*** **5** pseud **6** pseudo

counterpane **4** pouf, puff **5** duvet **6** spread **8** bedcover, coverlet **9** bedspread, comforter, eiderdown

counterpart **4** like, twin **5** equal, match **6** analog, double **7** vis-à-vis **8** analogue, parallel **9** correlate, duplicate **10** complement, coordinate, equivalent **11** correlative **13** correspondent

counterpoise **6** make up, offset, redeem, set off **7** balance, ballast **8** outweigh **9** stabilize **10** compensate

countersign **8** password **9** watchword

countervail **4** foil **6** cancel, offset, oppose, redeem, set off, thwart **7** balance, correct, nullify, rectify **8** outweigh **9** frustrate **10** compensate, neutralize

countless **6** legion, myriad, untold **7** umpteen **11** innumerable

Count of Monte Cristo **6** Dantès (Edmond) ***author:*** **5** Dumas (Alexandre)

count out **5** expel **6** except **7** exclude **9** disregard, eliminate

countrified **5** rural **6** rustic **7** bucolic **8** homespun, pastoral **10** campestral

country **4** home, land, soil **5** rural **6** nation, region, rustic, sticks **7** boonies, bucolic, outland **8** homeland, pastoral **9** backwoods, boondocks **10** campestral, fatherland, motherland, provincial ***dance:*** **3** jig **4** reel **10** strathspey ***home:*** **5** manor, ranch, villa **8** hacienda ***music:*** **9** bluegrass ***road:*** **4** lane, path **5** byway

coup **4** blow, feat **5** upset **6** putsch, stroke **8** takeover

couple **3** duo **4** bond, dyad, fuse, join, link, mate, pair, span, team, yoke **5** brace, hitch, marry, merge, unite **6** hook up, link up **7** bracket, combine, conjoin, connect, doublet, harness, twosome

coupler **4** link, ring **5** hitch, joint **6** hookup **7** shackle **8** ligature ***railroad:*** **7** drawbar

couplet **3** duo **4** dyad, pair **5** twins **7** distich, doublet, twosome

coupling **4** link, seam **5** joint, union **7** joining, pairing **8** junction, juncture **9** connector **10** connection

courage **4** dash, grit, guts **5** heart, moxie, nerve, pluck, spunk, valor **6** daring, mettle, spirit **7** bravery, heroism **8** audacity, backbone, boldness, firmness, temerity, tenacity, valiance, valiancy **9** assurance, fortitude, gallantry **10** resolution **11** doughtiness, intrepidity **12** fearlessness **13** dauntlessness

courageous **4** bold **5** brave, gutsy, nervy, stout **6** daring, heroic, manful, plucky, spunky, strong **7** doughty, gallant, valiant **8** fearless, intrepid, resolute, stalwart, unafraid, valorous **9** audacious, dauntless, tenacious, undaunted **11** venturesome **12** stouthearted

courier **5** envoy **6** legate, runner **8** emissary **9** go-between, messenger **11** internuncio

course **3** row, run, way **4** dart, dash, duct, flow, line, path, plan, race, road, rush, tack, tear **5** canal, chain, chase, class, hurry, orbit, order, range, route, scoot, scope, speed, surge, track, trend **6** career, design, hasten, hustle, manner, policy, polity, scheme, sequel, series, string, system **7** advance, channel, circuit, conduit, passage, pattern, program, regimen, routine, seminar **8** aqueduct, duration, progress, sequence, syllabus **9** procedure, racetrack **10** curriculum, succession **11** progression ***dinner:*** **4** soup **5** salad **6** entrée **7** dessert **9** appetizer, blue plate

courser **4** bird **5** horse **7** charger **8** huntsman, warhorse

court **3** bar, woo **4** date, quad, yard **5** charm, motel, spark, suite, tempt **6** allure, homage, invite, palace, pursue **7** address, flatter, justice, retinue, romance, solicit **8** assembly, cloister, tribunal **9** captivate, curtilage, enclosure, entourage **10** magistrate, parliament, quadrangle **11** legislature ***action:*** **4** suit **5** trial **6** appeal, assize **7** hearing, inquest, lawsuit **10** proceeding ***calendar:*** **6** docket ***call to:*** **7** summons **8** subpoena **11** arraignment ***circuit:*** **4** eyre ***crier's call:*** **4** oyez ***decision:*** **6** assize **7** finding, verdict **8** judgment ***ecclesiastical:*** **4** rota **5** Curia **10** consistory ***Indian:*** **6** durbar ***kind:*** **4** moot **5** civil **6** county, family **7** circuit, customs, federal, supreme **8** chancery, criminal, district, juvenile, kangaroo, superior **9** appellate, municipal **11** territorial ***medieval English:*** **4** eyre, moot **5** gemot **6** gemote **8** hustings ***of equity:*** **8** chancery ***officer:*** **5** clerk, crier, judge **7** bailiff, justice, marshal, sheriff **10** prosecutor ***order:*** **4** writ **5** edict **6** decree **7** summons **8** mandamus, subpoena ***panel:*** **4** jury ***relating to:*** **8** judicial **9** juridical ***session:*** **6** assize **7** sitting **8** sederunt

courteous **5** civil **6** polite **7** courtly, gallant, genteel **8** mannerly, well-bred **9** attentive **10** chivalrous, thoughtful **11** considerate **12** well-mannered

courtesy **7** amenity, decorum, manners, service **8** chivalry, civility **9** attention, etiquette, gallantry **10** cordiality, indulgence **11** courtliness **12** graciousness **13** attentiveness, consideration

court game see under GAME

courtly **5** noble **6** august, formal, urbane **7** elegant, gallant, refined, stately **8** gracious **9** dignified **10** chivalrous, flattering **11** ceremonious

courtship **4** suit **6** dating, wooing **7** romance **10** flirtation ***former custom of:*** **8** bundling

courtyard **4** quad **5** garth, patio **9** curtilage **10** quadrangle

cousin **3** kin **7** kinsman **8** relative

Cousteau, Jacques ***ship:*** **7** Calypso ***vehicle:*** **11** bathysphere

couturier **8** clothier, costumer, designer **10** dressmaker

cove **3** arm, bay **4** nook **5** bight, firth, inlet, niche **6** harbor, recess **9** concavity

covenant **3** vow **4** bond, pact **5** agree, swear **6** pledge, treaty **7** compact, promise **8** contract **9** agreement **10** convention

Covent Garden offering **5** opera

cover **3** cap, lid **4** bury, hide, hood, mask, wrap **5** alibi, cloak, front, guise, stash, track **6** enfold, enwrap, facade, hiding, insure, refuge, screen, secure, shield, shroud, travel **7** blanket, conceal, embrace, enclose, envelop, obscure, overlay, protect, secrete, shelter, write up **8** disguise, ensconce, enshroud, traverse **9** encompass, safeguard, sanctuary, superpose **10** overspread **11** concealment, superimpose ***rooflike:*** **6** awning, canopy ***the eyes:*** **9** blindfold ***the face:*** **4** mask, veil ***the mouth:*** **6** muzzle ***with asphalt:*** **4** pave ***with cloth:*** **5** drape ***with dirt:*** **7** begrime, blacken **8** besmirch ***with straw:*** **6** thatch

coverall **8** jumpsuit **10** boilersuit

covered wagon **9** Conestoga

covering ***anatomical:*** **5** theca, velum **6** tegmen **7** velamen **8** tegument **10** integument ***close-fitting:*** **6** sheath **9** sheathing ***cloth:*** **5** sheet ***flap:*** **9** operculum ***for a book:*** **4** case **6** jacket ***for a cigar:*** **7** wrapper ***for a coffin:*** **4** pall ***for a corpse:*** **6** shroud **8** cerement ***for a package:*** **7** wrapper ***for concealment:*** **10** camouflage ***for food:*** **4** cosy, cozy ***for soil:*** **5** mulch ***metal:*** **4** mail **5** armor ***of a diatom:*** **6** lorica ***of a plant ovary:*** **8** pericarp ***of a seed:*** **4** aril, case **5** testa ***of fruits:*** **4** peel, rind ***of gloom:*** **4** pall ***of grain:*** **4** hull, husk **5** chaff ***shell-like:*** **8** carapace ***thin:*** **4** film **6** patina, veneer ***waterproof:*** **4** tarp **9** tarpaulin

coverlet **4** pouf, puff **5** duvet **6** spread **8** bedcover **9** bedspread, comforter **11** counterpane

covert **4** lair **5** haven, privy **6** hidden, masked, refuge, secret, veiled **7** feather, furtive, retreat, shelter, sub-rosa, thicket **8** hush-hush, shrouded, stealthy **9** concealed, disguised, sanctuary, sheltered **10** undercover **11** camouflaged, clandestine, hiding place, underhanded **12** hugger-mugger **13** surreptitious, under-the-table

covertly **7** sub-rosa **9** by stealth **12** hugger-mugger

covet **4** want **5** crave **6** desire

covetous **4** avid, keen **5** itchy **6** grabby, greedy **7** envious **8** desirous, esurient, grasping, ravenous **9** rapacious, voracious **10** avaricious, gluttonous **11** acquisitive

covey **4** band, bevy, crew, nest **5** brood, bunch, flock, group, party, troop **6** gaggle, troupe **7** cluster, company

cow (see also CATTLE) **4** faze, kine (plural), neat **5** abash, bossy, bully, daunt **6** appall, bovine, dismay, hector, rattle **7** bluster, dragoon **8** bludgeon, browbeat, bulldoze, bullyrag **9** discomfit, embarrass, strong-arm **10** disconcert, intimidate ***cud:*** **5** rumen ***French:*** **5** vache ***hornless:*** **5** muley **7** pollard ***mammary gland:*** **5** udder ***pen:*** **6** corral ***shed:*** **4** barn, byre ***Spanish:*** **4** vaca ***young:*** **4** calf **5** stirk **6** heifer

coward **6** craven **7** caitiff, chicken, dastard, milksop, nebbish **8** poltroon, recreant **9** jellyfish **10** scaredy-cat **11** yellowbelly

___ **Coward** **4** Noël

cowardly **5** timid, wimpy **6** afraid, craven, yellow **7** caitiff, chicken, fearful, gutless **8** poltroon, recreant, timorous **9** dastardly **11** lily-livered, milk-livered, poltroonish **12** apprehensive, fainthearted, poor-spirited, white-livered **13** pusillanimous

cowboy **5** rogue, waddy **6** drover, herder, waddie **7** puncher, rancher **8** buckaroo, herdsman, maverick, wrangler **9** cattleman, ranch hand **10** cowpuncher **12** broncobuster ***contest:*** **5** rodeo ***gear:*** **5** cuffs, quirt, spurs **6** duster **7** bedroll, slicker, Stetson ***legendary:*** **9** Pecos Bill ***leggings:*** **5** chaps ***movie:*** **3** Mix (Tom) **4** Hart (William S.) **5** Autry (Gene), Wayne (John) **6** Gibson (Hoot), McCrea (Joel), Murphy (Audie), Ritter (Tex), Rogers (Roy, Will) **8** Cisco Kid, Eastwood (Clint) ***rope:*** **5** lasso, reata, riata **6** lariat ***Spanish-American:*** **6** charro, gaucho **7** vaquero

cower **5** quail, wince **6** blench, cringe, flinch, recoil, shrink

cowfish **6** dugong, sea cow **7** grampus, manatee **8** sirenian

cowl **4** cape, hood **5** cloak **6** mantle **7** capuche

cowpox **8** vaccinia

cowpuncher see COWBOY

coxcomb **3** fop **4** beau, buck, dude, fool **5** blood, dandy, swell **7** peacock **8** macaroni **9** exquisite **11** Beau Brummel **12** clotheshorse, fashion plate, lounge lizard

coy **3** shy **4** arch, cute, pert **5** saucy, timid **6** demure, modest **7** bashful, evasive, playful **8** blushing, decorous, skittish **9** diffident, kittenish **10** capricious, coquettish **11** flirtatious, mischievous **12** noncommittal

Coyote State **11** South Dakota

coypu **6** rodent ***fur:*** **6** nutria

cozen **3** gyp **4** bilk, scam **5** cheat, trick **6** diddle, fleece, take in **7** beguile, deceive, defraud, swindle, wheedle **8** flimflam **9** bamboozle **11** double-cross

cozy **4** safe, snug, soft **5** comfy, cushy, pally, tight **6** chummy, secure **8** familiar, intimate **11** comfortable

crab **3** nag **4** beef, fuss, yawp **5** gripe, sidle **6** grinch, griper, grouch, kvetch, squawk, yammer **7** decapod, grouser, growler **8** arthopod, complain, grumbler, sourpuss **9** bellyache, shellfish **10** bellyacher, complainer, crosspatch, crustacean, curmudgeon **11** faultfinder ***claw:*** **5** chela **6** nipper ***constellation:*** **6** Cancer ***genus:*** **3** Uca **6** Birgus **7** Limulus, Pagurus ***kind:*** **3** pea **4** blue, king, pine, rock **5** ghost, purse **6** hermit, spider **7** fiddler **9** Dungeness, horseshoe ***king, horseshoe:*** **7** limulus

crabbed **4** dour, glum, grim, sour **5** gruff, surly **6** crusty, gloomy, morose, sullen **9** illegible, irascible, saturnine, splenetic

crablike **8** cancroid

crabwise **8** sidelong, sideward, sideways **9** laterally

crack **3** gag, gap, rap, try **4** bang, bash, belt, blow, boom, clap, flaw, jest, joke, open, peal, quip, rift, roll, shot, slam, slap, snap, stab, wham, whop **5** adept, break, burst, chink, cleft, crash, craze, knock, smack, smash, solve, split, whack, whirl, wreck **6** breach, cranny, decode, expert, master, moment, thwack **7** break up, crevice, decrypt, destroy, fissure, instant, shatter, skilled **8** crevasse, decipher, disorder, interval, masterly, skillful, superior **9** break into, excellent, interrupt, masterful, witticism **10** percussion, proficient

crackbrain **3** nut **4** kook **5** crank, wacko **6** cuckoo **7** dingbat, lunatic **9** ding-a-ling, fruitcake, screwball

crackdown **5** purge **8** quashing **10** repression **11** suppression

cracked **3** mad **4** daft, nuts **5** balmy, batty, crazy, daffy, loony, nutty **6** broken, crazed, cuckoo, insane, screwy **7** bonkers, lunatic, smashed **8** demented, deranged

cracker **5** wafer **6** hacker, rustic **7** biscuit, saltine, snapper **8** Georgian **9** Floridian

crackerjack **3** ace **4** lulu **5** dandy, nifty, sharp **6** corker, killer **8** jim-dandy, knockout **9** humdinger **12** lollapalooza

crackle **4** snap **7** glitter, sparkle, twinkle **9** crepitate **10** effervesce **13** effervescence

crackpot **3** nut **4** case, kook, loon **5** crank, loony, wacko **6** cuckoo, madman **7** dingbat, lunatic, oddball **9** ding-a-ling, eccentric, fruitcake, harebrain, screwball

crack-up, crack up **5** crash, smash, wreck **6** fiasco **7** debacle **8** accident, collapse, disaster **9** breakdown **11** catastrophe

cradlesong **7** lullaby **8** berceuse

craft **3** art, job **5** guile, knack, skill, trade, wiles **6** career, deceit, métier **7** ability, calling, cunning, know-how, slyness **8** artifice, caginess, foxiness, vocation, wiliness **9** adeptness, canniness, dexterity, duplicity, expertise, ingenuity, technique **10** adroitness, artfulness, competence, occupation, profession, shrewdness **11** proficiency

craftiness **5** guile **7** cunning **8** artifice, subtlety

craftsman **5** smith **6** carter, carver, potter, weaver, wright **7** artisan, builder, cobbler, jeweler **9** carpenter **10** blacksmith

crafty **3** sly **4** foxy, keen, wily **5** acute, cagey, canny, sharp, slick **6** adroit, artful, astute, clever, shrewd, tricky **7** cunning, devious, fawning, vulpine **8** guileful, scheming, skillful, slippery **9** deceitful, designing, ingenious, insidious **11** calculating, duplicitous ***Scottish:*** **7** sleekit

crag 3 tor 4 hill 5 cliff
craggy 5 harsh, rocky, rough 6 jagged, rugged, uneven
cram 3 jam, ram 4 bolt, fill, gulp, heap, load, pack, wolf 5 crowd, crush, drive, force, press, shove, study, stuff, wedge 6 gobble, review, squash, thrust 7 jampack, overeat, squeeze
crammed 4 full 5 awash, flush 7 brimful 8 brimming 9 chock-full
cramp 4 kink, pain, pang 5 crick, limit, spasm 6 hamper, stitch 7 confine, inhibit, shackle 8 confined, restrain, restrict 9 restraint, stricture 10 constraint, limitation 11 confinement, restriction
cramped 5 close, tight 6 narrow 9 confining, two-by-four
crane 4 bird, boom, rail 5 heron 7 derrick, stretch ***arm:*** 3 jib ***genus:*** 4 Grus ***ship's:*** 5 davit
Crane hero 12 Henry Fleming
cranium 5 skull 9 braincase
crank 3 nut 4 crab, kook 5 fancy 6 griper, grouch, notion, rotate, turn up, vagary 7 caprice, conceit, fanatic, grouser, oddball 8 crackpot, crotchet, grumbler, sourpuss 9 eccentric, screwball 10 bellyacher, crosspatch
cranky 5 cross, testy 6 crabby, crusty, cussed, grumpy, ornery, tetchy, touchy 7 bearish, crabbed, peevish, prickly 8 contrary, petulant, tortuous, vinegary 9 crotchety, irascible, irritable, obstinate 10 bad-humored, ill-humored 12 cantankerous, disagreeable 13 unpredictable
cranny 3 gap 4 nook, slit 5 chink, crack, niche 6 corner 7 crevice
crash 3 din, jar, ram 4 bang, boom, bump, bust, clap, fail, fold, jolt, peal, slam, wham 5 blast, break, burst, crack, shock, smash, wreck 6 impact, pileup 7 collide, crack-up, debacle, decline, failure, smashup 8 accident, collapse 9 breakdown, collision 10 concussion
crass 4 rude 5 crude, gross 6 coarse, vulgar 7 boorish, loutish, uncouth 8 churlish 9 unrefined 13 materialistic
crate 3 box 4 heap 5 wreck 6 jalopy, junker 7 clunker
crater 3 pit 4 dent, hole, pock 5 crash 6 cavity, dimple, hollow, trough 7 caldera 8 collapse 10 depression ***Hawaiian:*** 7 Kilauea
cravat 3 tie 4 band 5 ascot, scarf 7 necktie
crave 3 ask, beg 4 need, want, wish 5 covet 6 demand, desire 7 call for, entreat, implore, long for, require 8 yearn for
craven 4 funk 6 abject, coward 7 caitiff, chicken, dastard, fearful, gutless, ignoble 8 cowardly, cringing, poltroon, recreant 9 dastardly 11 lily-livered, poltroonish, yellowbelly 13 pusillanimous, yellowbellied
craving 4 itch, lust, urge 6 desire, hunger, thirst 7 longing, passion 8 appetite, yearning 9 hankering
crawl 4 flow, inch, teem 5 creep, swarm 6 abound, grovel 7 slither, wriggle 9 pullulate
crawling 6 repent
craze 3 fad 4 chic, rage 5 crack, fever, furor, mania, trend, vogue 6 dement, enrage, frenzy, furore, madden 7 derange, fashion, unhinge 9 unbalance 10 dernier cri, enthusiasm
craziness 5 folly, mania 6 lunacy 8 hysteria, insanity 9 absurdity
crazy 3 fey, mad 4 daft, gaga, loco, nuts, wild 5 balmy, barmy, batty, daffy, dotty, goofy, kooky, loony, loopy, nutty, rabid, silly, wacko, wacky 6 absurd, cuckoo, fruity, insane, mental, psycho, screwy, teched, whacky 7 berserk, bonkers, cracked, foolish, frantic, lunatic, smitten, tetched, touched, unsound 8 cockeyed, crackpot, demented, deranged, frenetic, frenzied, maniacal, unhinged 9 bedlamite, delirious, eccentric, fanatical, foolhardy, ludicrous, possessed, screwball, senseless 10 crackbrain, moonstruck, ridiculous, unbalanced 11 harebrained, nonsensical 12 preposterous ***British:*** 5 potty 6 scatty ***Scottish:*** 3 wud
creak 4 rasp 5 grate, grind 6 scrape, squeak, squeal 7 grating, screech 9 squeaking
creaky 4 aged 5 rusty 7 rickety, rundown, squeaky, unsound, worn-out 8 decrepit 9 tottering 10 broken-down, ramshackle
cream 3 top 4 balm, beat, best, drub, pick, whip, whup 5 blast, elite, prime, salve 6 cerate, choice, defeat, finest, thrash 7 clobber, destroy, trounce, unguent 8 lambaste, liniment, ointment
crease 4 fold, ruck 5 graze, plica, ridge 6 furrow, groove, rumple 7 crinkle, wrinkle
create 3 dub 4 form, make, sire 5 beget, build, cause, forge, found, hatch, set up, spawn, start 6 author, design, devise, father, invent 7 compose, concoct, develop, fashion, produce 8 conceive, engender, generate, occasion 9 construct, establish, fabricate, formulate, institute, originate 10 constitute
creation 5 birth, world 6 cosmos, nature

7 genesis 8 universe 9 inception, macrocosm 10 conception 11 macrocosmos
creative 7 fertile 8 artistic, inspired, original 9 deceptive, demiurgic, ingenious, inventive 10 innovative, innovatory 11 imaginative 12 innovational
creator 3 god 6 author 8 inventor 9 architect, generator, patriarch 10 originator, progenitor
creature 3 man 5 beast, being, brute, human 6 animal, mortal, person 7 critter, varmint ***fabled:*** 3 elf, imp, orc, roc 4 ogre, puck, yeti 5 dwarf, fairy, ghost, giant, gnome, harpy, nymph, pixie, troll 6 dragon, goblin, gorgon, kraken, merman, sphinx, sprite 7 bigfoot, brownie, bugbear, centaur, chimera, gremlin, griffin, mermaid, monster, unicorn, vampire, wendigo 8 minotaur, werewolf 9 hobgoblin, manticore, sasquatch 10 cockatrice, hippogriff, leprechaun (see also MON
credence 5 faith, trust 6 belief, credit 8 reliance 9 sideboard 10 acceptance, confidence
credentials 6 papers 9 documents 10 references 12 certificates, testimonials 13 documentation
credenza 6 buffet 8 bookcase 9 sideboard
credible 5 solid, sound, valid 6 trusty 8 reliable 9 authentic, colorable, plausible 10 believable, convincing, persuasive, reasonable 11 trustworthy 12 satisfactory
credit 4 deem, feel 5 asset, faith, honor, refer, sense, think, trust 6 accept, assign, belief, charge, impute, notice, weight 7 ascribe, believe 8 consider, credence, prestige, reliance 9 attribute, authority, influence 10 confidence, reputation 11 recognition
creditable 6 worthy 8 laudable, reliable 9 colorable, deserving, estimable, plausible, reputable 10 believable 11 commendable, meritorious, respectable 12 praiseworthy
credo 5 canon, creed, dogma, tenet 6 belief, tenets 7 beliefs, precept 8 doctrine, ideology 9 catechism, principle
credulous 5 naive 6 unwary 8 gullible, trustful, trusting 9 believing 12 unsuspecting, unsuspicious 13 unquestioning
creed 4 sect 5 canon, dogma, faith, tenet 6 belief, church, tenets 7 beliefs, precept 8 doctrine, ideology, religion 9 catechism, communion, principle 12 denomination
creek 4 burn, rill 5 brook 6 arroyo, rillet, runlet, runnel, stream 7 freshet, rivulet 8 brooklet 9 streamlet
creep 4 drag, edge, inch, lurk, slip 5 crawl, glide, shirk, skulk, slide, slink, snake, sneak, steal 6 spread, tiptoe 7 gumshoe, slither, wriggle 9 pussyfoot
creeping 6 repent 7 gradual 9 prostrate
creepy 5 eerie, weird 6 spooky 7 anxious, macabre, ominous, strange, uncanny 8 ghoulish, menacing, sinister 9 unnerving 10 disturbing, unpleasant, unsettling 11 hair-raising
crème de la crème 4 best 5 elect, elite 6 finest 8 very best
Cremona family 5 Amati 8 Guarneri
Creon ***daughter:*** 6 Creusa, Glauce, Glauke ***sister:*** 7 Jocasta ***son:*** 6 Haemon ***victim:*** 8 Antigone
crescendo 4 acme, apex, peak, rise 5 crest, surge, swell 6 apogee, climax, growth, height, zenith 8 increase, pinnacle 9 high point 11 culmination
crescent-shaped 5 bowed 6 lunate, sickle 7 falcate ***body or surface:*** 8 meniscus
crest 3 cap, top 4 acme, apex, comb, noon, peak, roof, tuft 5 arête, chine, crown, plume, ridge 6 apogee, climax, summit, vertex 7 hogback 8 pinnacle, surmount 9 high point 10 coat of arms, prominence 11 culmination ***of a wave:*** 8 whitecap
crestfallen 3 low 4 blue, down 6 droopy 8 dejected, downcast, drooping 9 depressed 10 dispirited 11 discouraged, downhearted 12 disappointed, disconsolate, disheartened
Crete ***ancient city:*** 7 Cnossus, Knossos 8 Phaistos ***ancient name:*** 6 Candia ***capital:*** 5 Canea ***goddess:*** 8 Dictynna 11 Britomartis ***guard:*** 5 Talos ***king:*** 5 Minos 9 Idomeneus ***maze:*** 9 labyrinth ***monster:*** 8 Minotaur ***mountain:*** 3 Ida ***princess:*** 7 Ariadne
cretin 3 oaf 4 boob, clod, dolt, dope, fool, lout 5 dumbo, dummy, dunce, idiot, moron 6 dimwit, nitwit 7 half-wit 8 imbecile, lunkhead, numskull 9 lamebrain, numbskull, simpleton
Creusa ***father:*** 5 Priam ***husband:*** 6 Aeneas ***mother:*** 6 Hecuba ***son:*** 3 Ion 8 Ascanius
crevice 3 gap 4 seam, slit 5 chink, cleft, crack 6 cranny 7 fissure 8 cleavage 10 interstice
crew 4 band, bevy, gang, team 5 bunch, covey, group, party 6 rowers, rowing 7 company, sailors
crib 3 bed, bin, box, hut, key 4 pony, trot 5 cheat, crate, hovel, shack, stall, steal, theft 6 cradle, crèche, manger, pilfer 7 barrier, brothel 8 bassinet, bedstead, bordello 9 enclosure 10 plagiarism, plagiarize

Crichton novel 11 Terminal Man (The) 12 Jurassic Park 15 Andromeda Strain (The)
cricket *period of play:* 7 innings *team:* 6 eleven *term:* 3 leg, off, rot 4 bowl 5 pitch 6 bowler, wicket, yorker 7 batsman, striker 9 fieldsman *turn at bat:* 4 over
crime 3 sin 4 evil, tort, vice 5 caper 6 breach, delict, felony 7 misdeed, offense 8 atrocity, iniquity 9 diablerie, violation 10 corruption, illegality, infraction, wrongdoing 11 misdemeanor 13 transgression *instructor:* 5 Fagin
Crimea *city:* 5 Kerch, Yalta 10 Sebastopol, Sevastopol, Simferopol *river:* 4 Alma *sea:* 4 Azov *strait:* 5 Kerch
criminal 4 hood, thug 5 crook, felon, shady 6 outlaw 7 convict, corrupt, crooked, hoodlum, illegal, illicit, lawless, mobster 8 culpable, fugitive, gangster, jailbird, offender, scofflaw, unlawful, wrongful 9 desperado, felonious, miscreant, nefarious, racketeer, wrongdoer 10 delinquent, lawbreaker, malefactor, trespasser 12 illegitimate, transgressor *habitual:* 8 repeater 10 recidivist
criminate see INCRIMINATE
crimp 4 bend, curb, wave 5 frizz 6 crease, hamper, hold in 7 crinkle, inhibit, wrinkle 8 hold back, obstacle, restrain 9 constrain, restraint 10 impediment 11 obstruction
crimson 3 red 4 rose 5 blush, color, flush 6 redden
cringe 4 duck 5 cower, hunch, quail, wince 6 blench, flinch, recoil, shrink
crinkle 4 ruck 5 crimp, plica, ridge 6 crease, furrow, pucker, ruck up, rumple, rustle 7 crackle, crumple, scrunch, wrinkle 11 corrugation
crinkly 5 crepy 6 crepey, frizzy 7 frizzed 8 wrinkled
cripple 4 lame, maim 6 mangle 7 disable 8 mutilate, paralyze 9 hamstring, undermine 10 debilitate 12 incapacitate
crippled 4 halt, lame 6 maimed 7 gnarled, mangled 8 battered, deformed, disabled, weakened 9 enfeebled, misshapen, mutilated, paralyzed 11 debilitated, handicapped
crisis 4 crux, pass 5 pinch 6 climax, crunch, height, strait 7 impasse, straits 8 disaster, exigency, juncture, zero hour 9 emergency, extremity 10 crossroads 11 catastrophe, contingency 12 turning point
crisp 4 cold, cool, curl, deft, keen, neat, wavy 5 brisk, clean, crimp, curly, fresh, nippy, pithy, sharp, short 6 biting, chilly, lively, ripple, spruce 7 bracing, brittle, crunchy, cutting, wrinkle 8 clean-cut, clear-cut, incisive 9 trenchant 11 stimulating 12 invigorating
crisscross 3 net 4 grid, mesh 5 weave 7 network, overlap 8 reticule 9 confusion, decussate, intersect, reticular 10 reticulate
criterion 4 norm 5 canon, gauge, ideal, model, tenet 7 measure, precept 8 exemplar, paradigm, standard 9 benchmark, yardstick 10 touchstone
critic 5 judge 6 carper, pundit 7 arbiter, caviler 8 caviller, censurer, quibbler, reviewer 9 belittler, nitpicker 10 disparager, mudslinger 11 commentator, connoisseur, faultfinder
critical 4 dire 5 acute, fussy 7 carping, crucial, finicky, pivotal, weighty 8 captious, caviling, decisive 9 desperate, important, momentous 10 belittling, censorious, conclusive, precarious 11 disparaging, significant 12 faultfinding 13 consequential, determinative, hairsplitting *study:* 6 examen 8 exegesis
criticism 4 flak, slap 5 blame, cavil, swipe 6 rebuke, review 7 censure, comment, opinion, reproof 8 analysis, judgment, reproach 9 appraisal, objection 10 assessment, commentary, evaluation, nitpicking 11 examination, observation 12 faultfinding
criticize 3 pan, rap 4 bash, carp 5 blame, blast, cavil, chide, fault, judge, knock, roast, scold 6 assess, rebuke, review, scathe 7 censure, condemn, nitpick, reprove 8 appraise, badmouth, chastise, denounce, evaluate, lambaste 9 castigate, disparage, dress down, excoriate, find fault, reprehend, reprimand, reprobate
critique see CRITICISM
critter 5 beast 6 animal 7 varmint
Crius *father:* 6 Uranus *mother:* 4 Gaea *son:* 8 Astraeus
croak 3 die 6 cackle, expire, squawk 7 grumble
croaky 5 gruff, husky, raspy 6 hoarse 8 gravelly
Croatia *capital:* 6 Zagreb *city:* 5 Split 6 Osijek, Rijeka 9 Dubrovnik *monetary unit:* 4 kuna *neighbor:* 7 Hungary 8 Slovenia *part of:* 7 Balkans *region:* 8 Dalmatia, Slavonia
crock 3 jar, lie, pot 4 tale 6 tureen 7 cripple, disable, fiction 9 break down 11 fabrication
crocked 3 lit 4 high 5 drunk, lit up, oiled, tipsy 6 bashed, blotto, bombed, juiced, potted, soaked, soused, stewed, stoned, tanked, wasted, zonked

7 drunken, pickled, pie-eyed, sloshed, smashed 9 plastered 10 inebriated, liquored up 11 intoxicated

crocodile 7 reptile ***bird:*** 6 plover ***Indian:*** 6 gavial 7 gharial ***relative:*** 9 alligator ***South American:*** 6 caiman, cayman ***Southeast Asian:*** 6 mugger

Croesus' kingdom 5 Lydia

croft 4 farm 5 field

crofter 4 hind 6 farmer

Cromwell, Oliver 13 lord protector ***battle:*** 6 Naseby 11 Marston Moor ***regiment:*** 9 Ironsides ***son:*** 7 Richard

crone 3 hag 4 trot 5 biddy, witch 6 beldam 7 beldame

Cronus 5 Titan 6 Saturn ***daughter:*** 4 Hera 6 Hestia 7 Demeter ***father:*** 6 Uranus ***mother:*** 4 Gaea ***sister:*** 4 Rhea 6 Cybele, Tethys ***son:*** 4 Zeus 5 Hades 7 Jupiter, Neptune 8 Poseidon ***wife:*** 4 Rhea 6 Cybele

crony 3 pal 4 chum 5 buddy 6 cohort 7 comrade 8 sidekick 9 associate, companion 10 accomplice 11 confederate

crook 3 bow 4 bend, flex, hook, wind 5 angle, curve, staff, thief 6 bandit, robber 7 burglar, crosier, hoodlum, pothook 8 criminal

crooked 4 awry 5 askew, lying, shady, venal 6 curved, errant, jagged, shifty, skewed, zigzag 7 bending, corrupt, devious, illegal, illicit, slanted 8 cockeyed, criminal, ruthless, tortuous, twisting 9 deceitful, dishonest, nefarious, underhand, unethical 10 fraudulent, mendacious, untruthful 11 duplicitous, underhanded 12 unscrupulous 13 double-dealing

croon 4 sing 6 murmur, warble

crooner 4 Cole (Nat "King"), Como (Perry) 5 Laine (Frankie), Tormé (Mel) 6 Crosby (Bing), Martin (Dean), singer, Vallee (Rudy) 7 Astaire (Fred), Bennett (Tony), Sinatra (Frank) 8 Eckstine (Billy), vocalist, Williams (Andy)

crop 3 bob, cut, hew, lop, mow 4 chop, clip, pare, snip, trim 5 prune, shave, shear, stock, yield 6 gullet, handle, output 7 harvest, produce 8 fruitage, truncate 10 collection

croquet 5 roque

crosier 5 crook, staff

cross 3 mad 4 mule, rood, span 5 angry, surly, testy, trial 6 betray, bridge, crabby, cranky, grumpy, hybrid, negate, oppose, ordeal, tetchy, touchy 7 athwart, calvary, carping, gainsay, grouchy, mongrel, peevish 8 captious, choleric, confront, traverse 9 decussate, half blood, half-breed, hybridize, intersect, irascible, irritable, querulous, splenetic 10 affliction, contradict, contravene, interbreed, transverse 11 tribulation 12 cantankerous 13 quick-tempered ***a river:*** 4 ford ***bearer:*** 8 crucifer ***decoration:*** 4 Iron 8 Victoria ***Egyptian:*** 4 ankh ***kind:*** 3 tau 5 Greek, Latin, papal 6 Celtic, fleury, formée, moline, pommée, potent 7 avellan, botonée, Calvary, Maltese 8 crucifix, fourchée, Lorraine, quadrate 11 patriarchal 12 Saint Andrew's 13 Saint Anthony's ***section:*** 5 slice ***stroke of a letter:*** 5 serif

crossbow 8 arbalest, arbalist

crossbreed 4 mule 6 hybrid 7 bastard, mongrel 9 half blood, half-breed, hybridize 10 interbreed

cross-eye 6 squint 10 strabismus

crossing 8 junction, overpass, traverse 9 traversal, underpass 10 transverse 11 decussation, interchange, transversal 12 intersection

cross out 5 erase 6 cancel, delete, efface, excise 7 expunge

crosspatch 4 crab 5 crank, grump 6 griper, grouch 7 grouser 8 grumbler, sorehead, sourpuss 10 complainer, curmudgeon

crossroads 4 crux, pass 5 pinch 6 crisis, strait 8 exigency, juncture, zero hour 9 carrefour, emergency 11 contingency 12 intersection, turning point ***goddess:*** 6 Hecate, Hekate, Trivia

cross-shaped 8 cruciate 9 cruciform

crossways 6 aslant 7 athwart, oblique 8 diagonal 9 obliquely 10 diagonally, transverse 11 kitty-corner 12 transversely

crotchet 3 bee 4 whim 5 fancy, freak, quirk, trick 6 foible, megrim, notion, vagary 7 caprice, conceit 11 quarter note 12 eccentricity

crotchety 5 testy 6 crabby, cranky, crusty, ornery, tetchy, touchy 7 bearish, peevish, prickly 8 contrary, snappish, vinegary 9 difficult, eccentric, irascible 10 vinegarish 11 ill-tempered 12 cantankerous, cross-grained

crouch 4 bend, duck 5 cower, hunch, squat, stoop 6 cringe, huddle, shrink 10 hunker down

croup 3 bum 4 butt, hack, rear, rump, seat, tail 5 cough, edema, whoop 6 behind 7 keister, rear end, tail end 8 backside, buttocks, derriere, haunches 9 posterior

crow 4 blow, brag, puff 5 boast, exult, gloat, prate, vaunt 6 cackle 7 bluster 9 gasconade, humble pie ***colony:*** 7 rookery ***cry:*** 3 caw ***family:*** 6 corvid 8 Corvidae ***genus:*** 6 Corvus ***relating to:***

7 corvine *relative:* 3 daw, jay 4 rook 5 raven 6 chough, magpie 7 jackdaw

crowbar 3 pry 5 jimmy, lever

crowd 3 jam, mob 4 army, bear, cram, fill, herd, host, mass, pack, pile, push, rout, ruck 5 bunch, crush, drove, flock, flood, group, horde, hurry, press, serry, shove, surge, swarm, troop 6 circle, clique, gaggle, huddle, jostle, legion, rabble, squash, squish, stream, throng 7 cluster, collect, company, coterie, squeeze 8 assembly 9 gathering, multitude 10 assemblage, collection 11 aggregation 12 congregation

crowded 4 full 5 awash, close, dense, thick, tight 6 loaded 7 brimful, compact, teeming 8 brimming, populous, swarming 9 chock-full, congested, jam-packed

crow-like 7 corvoid

crown 3 cap, top 4 acme, apex, peak, roof 5 cover, crest, tiara 6 climax, diadem, laurel, summit, top off, vertex, wreath, zenith 7 chaplet, coronal, coronet, garland, overlay, perfect 8 pinnacle, round off, surmount 9 culminate, finish off 10 consummate 11 culmination

crucial 4 dire 5 acute, vital 6 urgent 7 central, pivotal 8 critical, deciding, decisive 9 desperate, essential, important, momentous, necessary 10 imperative 11 climacteric, significant

crucible 4 test 5 trial 6 ordeal 8 acid test 10 melting pot

crucifix 4 rood 5 cross

crucifixion site 7 Calvary 8 Golgotha

crucify 4 rack 6 impale, martyr 7 mortify, pillory, torment, torture 10 excruciate

crud 3 goo 4 glop, gook, gunk, junk, muck 5 dreck, filth, slime, trash 6 debris, sludge 7 deposit, garbage, rubbish 12 incrustation

crude 3 raw 4 poor 5 crass, dirty, gross, rough 6 coarse, earthy, gauche, impure, ribald, risqué, vulgar 7 boorish, ill-bred, loutish, lowbred, obscene, obvious, raunchy, uncivil, uncouth 8 backward, cloddish, homespun, ignorant, indecent, inferior 9 elemental, graceless, inelegant, makeshift, primitive, rough-hewn, unrefined 10 amateurish, unfinished, unpolished

cruel 4 fell, grim, mean 5 harsh 6 brutal, fierce, savage 7 bestial, brutish, callous, heinous, vicious 8 inhumane, ruthless, sadistic 9 atrocious, barbarous, ferocious, heartless, merciless, monstrous, truculent 12 bloodthirsty

cruise 4 roam, rove, sail, surf, tour 5 drift, jaunt 6 junket, voyage 9 excursion

cruiser 4 boat 5 yacht 7 warship 8 squad car 9 patrol car, powerboat

crumb 3 bit 4 iota 5 ounce, scrap, shred 6 morsel, sliver 7 smidgen 8 fragment, particle

crumble 5 decay 8 collapse 9 break down, decompose 11 deteriorate 12 disintegrate

crumbly 7 friable

crummy 4 poor 5 dingy, lousy, seedy, tacky 6 cruddy, flimsy, shoddy, sleazy 8 inferior

crumple 3 wad 4 cave 5 crimp 6 buckle, cave in, ruck up 7 crinkle, scrunch, wrinkle 8 collapse

crunch 4 chew 5 champ, chomp, grind, munch, sit-up 6 crisis 7 compute, process, squeeze 8 shortage, showdown

crusade 5 cause, drive 6 appeal 7 holy war 8 campaign, movement 9 offensive 10 expedition 11 undertaking

Crusader *English:* 7 Richard (Lionheart) *French:* 5 Louis (IX) 6 Philip, Robert 7 Baldwin, Charles, Godfrey, Raymond, Raymund 8 Boniface, Montfort, Philippe, Theobald *German:* 6 Conrad 9 Frederick, Friedrich 10 Barbarossa *Norman:* 7 Tancred 8 Bohemund *Preacher:* 5 Peter (the Hermit), Urban (II) 7 Adhémar, Bernard 8 Innocent (III), Pelagius

crusading 11 evangelical 12 evangelistic

crush 3 jam, mob 4 cram, mash, pulp, push, ruin 5 crowd, drove, grind, horde, pound, press, quash, quell, smash, wreck 6 bruise, burden, defeat, reduce, squash, squish, subdue, throng 7 conquer, destroy, mortify, oppress, passion, put down, repress, scrunch, squeeze, squelch, trample 8 bear down, beat down, demolish, overcome, suppress, vanquish 9 humiliate, multitude, overpower, overwhelm, pulverize, puppy love, subjugate 10 annihilate, extinguish, obliterate 11 infatuation

crust 4 cake, coat, rime, scab 7 coating, deposit 8 covering

crustacean 4 crab, flea 5 louse, prawn 6 isopod, shrimp, slater, sow bug 7 copepod, daphnia, decapod, lobster, pill bug 8 amphipod, barnacle, crawfish, crayfish, ostracod, sand flea 9 arthropod, beach flea, shellfish, water flea, wood louse 10 stomatopod, whale louse 11 branchiopod *aggregate of:* 5 krill *appendage:* 7 pleopod *body segment:* 6 somite, telson 8 metamere *claw:* 5 chela 6 pincer *covering substance:* 6 chitin *larva:* 8 nauplius

crusty 4 curt 5 bluff, blunt, gross, gruff, short, surly 6 cranky 7 brusque, crabbed, prickly 8 choleric 9 irascible, irritable, saturnine, splenetic

crux 3 nub 4 core, gist, meat, pith

5 focus, heart 6 kernel, thrust 7 essence, purport 9 substance

cry (see also EXCLAMATION) 3 sob 4 bawl, blub, call, howl, keen, mewl, moan, pule, wail, weep, yawp, yell, yowl 5 bleat, motto, mourn, shout, whine, whoop 6 boohoo, furore, holler, lament, scream, snivel, squall, squawk, squeak, squeal 7 blubber, screech, ululate, whimper 10 vociferate ***bacchanals':*** 4 evoe ***calf:*** 5 bleat ***cat:*** 3 mew 4 meow 5 miaow ***cattle:*** 3 low, moo ***chick:*** 4 peep 5 cheep ***court:*** 4 oyez ***crane:*** 5 clang ***crow:*** 3 caw ***dog:*** 3 arf 4 bark, woof ***donkey:*** 4 bray 6 hee-haw ***duck:*** 5 quack ***frog:*** 5 croak ***goat:*** 5 bleat ***goose:*** 4 honk 5 clang ***hen:*** 6 cackle ***horse:*** 5 neigh 6 nicker, whinny 7 whicker ***lion:*** 4 roar ***owl:*** 4 hoot ***pig:*** 4 oink 5 grunt ***raven:*** 5 croak ***sheep:*** 5 bleat ***songbird:*** 5 chirp, tweet ***turkey:*** 6 gobble

cry down 5 decry 6 defame, deride, malign, revile, vilify 7 condemn 8 belittle, denounce, derogate, diminish 9 denigrate, deprecate, discredit, disparage 10 calumniate, depreciate 11 detract from, opprobriate

crying 4 dire 5 acute, vital 6 urgent 7 blatant, burning, clamant, exigent, heinous 8 flagrant, pressing, shocking 9 atrocious, clamorous, desperate, monstrous, notorious 10 compelling, imperative, outrageous, scandalous 11 importunate

crypt 5 vault 7 chamber 8 catacomb 9 mausoleum 10 undercroft

cryptic 5 vague 6 arcane, occult, opaque, secret 7 Delphic, obscure, unclear 8 abstruse, Delphian, esoteric, puzzling 9 ambiguous, enigmatic, recondite, tenebrous 10 mysterious, mystifying 12 unfathomable

crystal 4 lens 5 clear, lucid 6 limpid, lucent, quartz 8 clear-cut, luminous, pellucid 9 glassware, unblurred 11 translucent, transparent 12 transpicuous ***gazer:*** 4 seer 7 psychic 11 clairvoyant

Cry, the Beloved Country author 5 Paton (Alan)

cry up 4 laud, puff 5 boost, extol 6 praise 7 acclaim

cub 3 pup 4 baby, tyro 6 novice, rookie 8 neophyte 9 offspring, youngster 10 apprentice

Cuba ***capital:*** 6 Havana ***city:*** 7 Holguín 8 Camagüey, Santiago 10 Guantánamo, Santa Clara ***discoverer:*** 8 Columbus (Christopher) ***language:*** 7 Spanish ***leader:*** 6 Castro (Fidel) 7 Batista (Fulgencio) ***monetary unit:*** 4 peso 6 dollar ***sea:*** 9 Caribbean

cubbyhole 5 niche 6 alcove, recess 7 cubicle

cube 4 dice 5 mince

Cub Scout ***rank:*** 4 Bear, Lion, Wolf 6 Bobcat 7 Webelos ***unit:*** 3 den 4 pack

Cuchulain ***father:*** 3 Lug 4 Lugh 5 Lugus ***foe:*** 4 Medb 5 Maeve ***kingdom:*** 6 Ulster ***lord:*** 9 Conchobar ***mother:*** 8 Dechtire ***son:*** 8 Conlaoch ***victim:*** 8 Conlaoch ***wife:*** 4 Emer

cuckoo 3 mad, nut 4 daft, kook, nuts 5 batty, crank, crazy, daffy, loony, loopy, nutty, potty, silly, wacko, wacky 6 crazed, fruity, insane, screwy, whacky 7 bonkers, cracked, idiotic, lunatic, nutcase 8 crackpot, demented 9 ding-a-ling, harebrain, screwball 12 crackbrained ***bird:*** 3 ani

cucumber 4 pepo 7 gherkin

cuddle 3 hug, pet 4 neck, snug 5 spoon 6 burrow, caress, clinch, cosset, dandle, fondle, nestle, nuzzle 7 embrace, snuggle, squeeze 8 canoodle

cuddlesome 7 lovable, snuggly 8 huggable 11 embraceable

cudgel 3 bat, sap 4 club, cosh, mace 5 baton, billy 7 war club 8 bludgeon 9 bastinado, billy club, blackjack, truncheon 10 knobkerrie, nightstick, shillelagh

cue 3 key, nod, rod, tip 4 clue, hint, lead, prod, sign 6 insert, notion, prompt, signal, tip-off 7 inkling, warning 8 high sign, reminder, telltale 10 indication, intimation, suggestion

cuff 3 box, hit 4 belt, blip, clip, poke, slap, sock 5 clout, fight, punch, smack, whack 6 bangle, buffet, wallop 7 clobber, scuffle 8 bracelet, wristlet

cul-de-sac 5 pouch 6 pocket 7 dead end, impasse 10 blind alley 12 diverticulum

cull 4 pick, sift, thin 5 elect, glean 6 choose, garner, gather, select, winnow 7 extract, thin out

culminate 4 peak 5 crest 6 climax

culmination 3 top 4 acme, apex, peak 6 apogee, capper, climax, height, payoff, summit, zenith 8 capstone, pinnacle 11 ne plus ultra 12 consummation

culpability 4 onus 5 blame, fault, guilt

culpable 6 guilty, liable, sinful 7 at fault 8 blamable, blameful 10 censurable, delinquent 11 blameworthy, impeachable, responsible 13 reprehensible

cult 3 fad 4 sect 5 creed, faith 6 church 8 religion 10 persuasion 12 denomination

cultivable 6 arable 8 tillable

cultivate 4 farm, grow, tend, till 5 breed, nurse, raise 6 enrich, foster, refine 7 cherish, develop, further, improve, nourish, nurture, produce, promote 9 encourage, propagate

cultivated 6 urbane 7 genteel, refined 8 cultured, polished, well-bred

cultivation 6 polish 7 culture 8 breeding 10 refinement 11 development
culture 4 grow 5 taste 6 foster 7 nurture 9 cultivate, erudition, gentility 10 refinement 11 cultivation 12 civilization 13 enlightenment
cultured 6 urbane 7 erudite, genteel, learned, refined 8 educated, highbrow, literate, polished, well-bred 9 civilized 10 cultivated 11 enlightened
culture medium 4 agar
cum ___ salis 5 grano
cumber 4 clog, lade, load 6 burden, hinder, hobble, impede, saddle 7 clutter 8 handicap 9 hindrance
cumbersome 5 bulky, heavy, hefty 6 clumsy 7 awkward 8 unwieldy 9 lumbering, ponderous 10 slow-moving
cumbrous see CUMBERSOME
cumshaw 3 fee, tip 5 bribe 6 payoff 7 present 8 gratuity, largesse 9 lagniappe, pourboire 10 perquisite
cumulate 4 heap 5 amass, hoard, lay up, store 6 garner, gather, pile up 7 collect, combine, store up 9 stockpile
cumulation 4 heap, mass, pile 5 cache, hoard, trove 9 stockpile 10 collection 11 aggregation 13 agglomeration
cumulative 8 additive, compound 9 summative 10 compounded, increasing
cunning 3 sly 4 cute, foxy, keen, wary, wily 5 acute, cagey, canny, craft, guile, savvy, sharp, skill, slick, smart 6 adroit, artful, astute, clever, crafty, deceit, shifty, tricky 7 finesse, know-how, slyness 8 artifice, deftness, facility, foxiness, guileful, slippery, subtlety, wiliness 9 adeptness, cageyness, canniness, dexterity, dexterous, duplicity, ingenious, ingenuity, insidious, sharpness, slickness 10 adroitness, artfulness, cleverness, craftiness, shiftiness, shrewdness, trickiness
cup 3 mug 4 toby 5 grail, jorum, stein 6 beaker, goblet, seidel 7 chalice, tankard 8 schooner ***handle:*** 3 ear, lug ***liturgical:*** 5 calix 7 chalice ***small:*** 6 noggin 8 cannikin, pannikin 9 demitasse ***sports:*** 5 Davis, Ryder, World 6 Curtis, Nextel 7 Stanley 8 America's, Wightman
cupbearer of the gods 4 Hebe 8 Ganymede
cupboard 5 ambry, cuddy 6 buffet, closet, larder, pantry 7 armoire, cabinet 8 credence, credenza 9 sideboard
Cupid 4 Amor, Eros 5 putto 6 cherub 8 amoretto ***beloved:*** 6 Psyche ***brother:*** 7 Anteros ***father:*** 6 Hermes 7 Mercury ***mother:*** 5 Venus 9 Aphrodite ***title:*** 3 Dan
cupidity 4 lust 5 greed 6 desire 7 avarice, avidity, craving, lechery, passion 8 rapacity, voracity 9 eagerness, esurience 10 greediness 11 infatuation 12 covetousness 13 rapaciousness
cupola 4 dome 5 vault 6 turret 7 furnace, lookout
cur 3 dog 4 mutt 7 mongrel
curate 6 cleric, priest 9 churchman, clergyman
curative 4 pill 5 tonic 6 elixir, relief, remedy 7 healing, nostrum, panacea, therapy 8 antidote, remedial, salutary, sanative, solution 9 healthful, medicinal, remedying, treatment, wholesome 10 beneficial, corrective 11 restorative, therapeutic 12 health-giving
curator 6 keeper, warden 9 caretaker, custodian 11 conservator
curb 3 bit 4 deny 5 check, frame, leash, tie up 6 border, bridle, edging, fetter, hamper, hobble, hold in, subdue 7 abstain, contain, control, inhibit, refrain, repress 8 hold back, hold down, restrain, suppress, withhold 9 constrain, entrammel, restraint ***British:*** 4 kerb
curdle 4 clot, sour, turn 5 spoil 7 clabber, congeal, thicken 9 coagulate
cure 3 age, spa 4 heal, mend 5 treat 6 elixir, kipper, physic, pickle, relief, remedy 7 rectify, relieve, restore, therapy 8 antidote, medicant, medicine, preserve, recovery, solution 10 ameliorate, corrective 12 counteragent 13 counteractive
cure-all 6 elixir 7 nostrum, panacea 10 catholicon
curio 6 oddity, whimsy 7 novelty
curiosity 5 freak 6 marvel, oddity, rarity, whimsy, wonder 7 anomaly, concern, novelty 8 interest, nonesuch
curious 3 odd 4 nosy 5 nosey, novel, queer, weird 6 exotic, prying, quaint, snoopy 7 bizarre, oddball, strange, unusual 8 meddling, peculiar, puzzling, singular 9 inquiring, intrusive 11 inquisitive, questioning
curl 4 coil, kink, wind 5 frizz, twine, twist 6 spiral 7 contort, crinkle, entwine, frizzle, ringlet, wreathe 9 corkscrew
curling ***match:*** 8 bonspiel ***period of play:*** 3 end ***team:*** 4 four ***term:*** 3 tee 4 hack, rink 5 house, stone
curly 4 wavy 5 kinky 6 frizzy
currency 4 cash, coin 5 dough, lucre, money, scrip 7 coinage 8 banknote 10 acceptance, prevalence 11 legal tender ***unit:*** (see INDIVIDUAL COUNTRY)
current 4 eddy, flow, flux, rush, tide 5 drift, flood, spate, tenor, trend 6 extant, modern, strain, stream 7 instant, ongoing, popular, present, regnant, topical 8 accepted, existent, existing, tendency, up-to-date 9 prevalent 10 present-day, prevailing, widespread

11 fashionable 12 contemporary ***air:*** 4 gale, gust, wind 5 blast, draft 6 breeze, squall, zephyr 7 cyclone, indraft, updraft 9 downdraft 10 slipstream ***ocean:*** 7 riptide 8 undertow 9 maelstrom, whirlpool ***unit:*** 3 amp 6 ampere

Currier's partner 4 Ives (James)

curry 4 beat, comb, seek, whip 5 groom 6 thrash

curse 4 bane, cuss, damn, evil, jinx, oath 5 swear 6 blight, plague, whammy 7 afflict, damning, malison, scourge, torment 8 anathema, cussword, execrate 9 bête noire, blaspheme, blasphemy, expletive, imprecate, profanity, swearword 10 affliction, execration, misfortune, pestilence 11 commination, imprecation, malediction, profanation 12 anathematize, denunciation

cursed 6 damned 7 blasted, dratted 8 damnable, infernal 9 execrable 10 confounded 13 blankety-blank

cursive 6 fluent, smooth 7 flowing, running

cursory 5 hasty, quick, rapid 6 casual 7 hurried, shallow, sketchy 8 careless 10 uncritical 11 perfunctory, superficial

curt 4 rude 5 bluff, blunt, brief, gruff, short, terse 6 abrupt, crusty 7 brusque, concise 8 succinct 10 peremptory

curtail 3 cut 4 clip, dock, trim 5 prune, slash 6 lessen, reduce 7 abridge, cut back, shorten 8 diminish, pare down, retrench, truncate 10 abbreviate

curtain 4 drop, veil 5 drape 6 screen 7 barrier ***doorway:*** 8 portiere ***holder:*** 3 rod ***Indian:*** 6 purdah ***rod concealer:*** 7 valance ***sash:*** 7 tieback ***stage:*** 4 drop 5 scrim 8 backdrop

curtains 3 end 4 ruin 5 death 6 demise, finish 7 decease 8 disaster

curtilage 4 quad, yard 5 court 8 cloister 9 courtyard, enclosure 10 quadrangle

curvaceous 5 buxom 7 rounded, shapely 9 Junoesque 10 statuesque, voluptuous 13 well-developed

curvature ***of the spine:*** 8 kyphosis, lordosis 9 scoliosis

curve 3 arc, bow 4 arch, bend, turn, veer, wind 5 crook, round, twist 6 convex, spiral, swerve 7 concave, flexure, rondure ***of an arch:*** 8 extrados, intrados ***pitcher's:*** 4 hook ***plane:*** 7 cycloid, limaçon 8 parabola, sinusoid, trochoid 9 hyperbola ***S-shaped:*** 3 ess 4 ogee 7 sigmoid

curved 4 bent 5 arced, bowed, round 6 arched 7 arcuate, bending, embowed, falcate, rounded, sigmoid, sinuous, twisted ***implement:*** 6 sickle ***molding:*** 4 ogee ***sword:*** 5 kukri, saber, sabre 7 cutlass 8 scimitar

curvilinear see CURVED

curvy see CURVACEOUS; CURVED

Cush ***father:*** 3 Ham ***son:*** 6 Nimrod

cushion 3 mat, pad 5 squab 6 absorb, buffer, pillow, soften 7 bolster, hassock, pillion 8 palliate, woolsack

cushy 4 cozy, easy, soft 11 comfortable, undemanding

cusp 3 tip 4 apex, edge, peak 5 point, verge 12 turning point

cuspid 6 canine 8 eyetooth

cuspidate 5 sharp 6 peaked, pointy 7 pointed

cuss 3 guy, man 4 chap, damn, dude, oath 5 curse, swear 6 fellow 9 expletive

cussed 4 dour 5 crude, gruff 6 crusty, cursed, grumpy, ornery 7 boorish, brusque, grouchy 8 churlish 9 obstinate 10 unyielding 11 contentious 12 antagonistic, cantankerous

cussword 4 oath 5 curse 9 expletive, swearword

custard 4 flan 7 pudding

custodian 5 super 6 keeper, porter, warden 7 curator, steward 8 guardian, overseer, watchdog, watchman 9 caretaker, concierge, protector 10 supervisor 11 conservator

custody 4 care, ward 5 guard, trust 6 charge 7 keeping 9 captivity, detention 10 caretaking, management, protection 11 confinement, safekeeping, supervision 12 guardianship

custom 3 use 4 norm 5 habit, mores (plural), trade, usage 6 groove, manner, praxis, ritual 7 folkway, precept, routine, traffic 8 business, habitude, practice 9 patronage 10 consuetude, convention

customary 5 usual 6 common, normal, wonted 7 general, regular, routine 8 accepted, everyday, familiar, frequent, habitual, ordinary, orthodox, standard 10 accustomed 11 established, traditional 12 conventional

custom-built 7 bespoke 10 tailor-made 11 made-to-order

customer 5 buyer 6 client, patron 7 shopper 8 consumer 9 purchaser ***frequent:*** 7 habitué

customized see CUSTOM-BUILT

custom-made see CUSTOM-BUILT

cut 3 bob, hew, lop, mow, saw 4 bite, chop, clip, crop, dice, dock, fell, gash, hack, nick, pare, reap, sawn, slit, snip, snub, trim 5 carve, filet, lathe, lower, mince, notch, piece, prune, quota, sawed, sever, share, shave, shear, slash, slice, split, wound 6 cleave, delete, dilute, divide, excise, fillet, incise, reduce, scythe, sickle, sunder 7 abridge, curtail, dissect, operate, portion, scissor, section, segment, shorten **8** amputate, decrease, dissever, division, mark down, separate, truncate **9** allotment, allowance, reduction **10** abbreviate **12** cold-shoulder ***of beef:*** **3** rib **4** loin, rump **5** chine, chuck, flank, roast, shank, steak, T-bone **6** saddle **7** brisket, sirloin **9** aitchbone **11** porterhouse

cut across **6** bisect **8** transect **9** transcend

cut-and-dried **5** stock **7** routine **9** formulaic **10** unoriginal **11** predictable **13** unimaginative

cutaneous **6** dermal

cutaway **4** coat, dive **5** tails

cut back **3** zag **4** clip, curb, dock, pare, trim **5** lower, prune, shave, slash **6** lessen, reduce **7** abridge, curtail, shorten **8** decrease, retrench, truncate **10** abbreviate

cut down **3** axe **4** chop, clip, fell, pare **5** lower, shave, slash **6** digest, reduce **7** abridge, shorten **10** abbreviate

cute **6** dainty, pretty **7** cunning **8** affected **10** attractive **11** impertinent, smart-alecky

cut in **7** include, intrude, obtrude **9** introduce

cutlass **5** saber, sabre, sword **7** machete **8** scimitar

cut off **3** axe, bar, end, lop **4** halt, kill, stop **5** abort, block, sever **6** disown **7** curtail, destroy, isolate, suspend **8** amputate, obstruct, renounce, separate, truncate **9** intercept, interrupt, terminate **10** disinherit **11** discontinue

cut out **3** end **4** halt **5** leave, scram, usurp **6** beat it, delete, depart, escape, excise, remove, resect **7** defraud, deprive, take off **8** displace, supplant **9** eliminate, extirpate **10** disconnect

cutpurse **5** thief **10** pickpocket

cut short **3** bob **4** clip, crop, dock, halt, poll **5** abort, check, scrub, shear **7** abridge, curtail **8** break off **9** interrupt, terminate **10** abbreviate

cuttable **7** sectile **8** scissile

cutthroat **5** bravo **6** gunman, hit man, killer **7** torpedo **8** assassin, murderer **10** hatchet man, triggerman

cutting **8** incisive, piercing **9** sarcastic, trenchant **11** penetrating ***edge:*** **5** blade ***remark:*** **3** dig **4** barb **5** taunt ***tool:*** **3** axe, hob, saw **4** adze **5** knife, lathe, mower, plane, razor **6** reaper, scythe, shears, sickle **7** hatchet **8** scissors, tomahawk

cuttlefish **7** mollusc, mollusk **10** cephalopod ***ink:*** **5** sepia ***relative:*** **5** squid **7** octopus

cut up **4** dice, hash, romp **5** caper, clown, mince, slash **6** cavort **7** carry on, show off **9** misbehave **10** roughhouse

cutup **3** wag **4** zany **5** clown, joker **6** madcap **7** buffoon, farceur **8** jokester

cyan **4** blue

Cybele **4** Rhea ***beloved:*** **5** Attis ***brother:*** **6** Cronus ***father:*** **6** Uranus ***husband:*** **6** Cronus ***mother:*** **4** Gaea ***son:*** **4** Zeus **7** Jupiter, Neptune **8** Poseidon

cyber **5** wired **10** electronic

cybernetics founder **6** Wiener (Norbert)

cycle **3** age, lap, set **4** bike, loop, ring **5** chain, orbit, recur, round, wheel **6** circle, course, period, series **7** circuit **8** rotation, sequence **9** vibration **10** revolution, succession, two-wheeler, velocipede **11** oscillation

cyclic **7** regular **8** periodic, repeated, rhythmic **9** iterative, recurring, repeating **10** isochronal **12** intermittent

cyclone **7** tornado, twister

cyclopean **4** huge **7** immense, mammoth, massive, titanic **8** colossal, enormous, gigantic **9** monstrous **10** gargantuan, tremendous **11** elephantine

Cyclops **5** Arges **7** Brontes **8** Steropes **10** Polyphemus

Cycnus ***father:*** **4** Ares, Mars ***slayer:*** **8** Heracles, Hercules

cygnet **4** swan ***dam (mother):*** **3** pen ***sire (father):*** **3** cob

Cygnus ***form:*** **4** swan ***friend:*** **7** Phaeton ***star:*** **5** Deneb

cylinder **4** drum, pipe, tube **5** spool **6** barrel, bobbin, platen, roller

cylindrical **6** terete **7** tubular **8** tubelike

Cymbeline ***daughter:*** **6** Imogen ***son:*** **9** Arviragus, Guiderius ***son-in-law:*** **9** Posthumus

Cymric **5** Welsh **6** Celtic **9** Brythonic ***bard:*** **8** Taliesin ***Elysium:*** **6** Annwfn ***god:*** **5** Lludd ***of Elysium:*** **5** Arawn ***of the dead:*** **5** Pwyll ***of the seas:*** **3** Ler **4** Llyr **5** Dylan ***of the sky:*** **7** Gwydion ***of the sun:*** **4** Lleu, Llew ***of the underworld:*** **4** Gwyn ***goddess:*** **3** Don **9** Arianrhod ***magician:*** **6** Merlin

Cymru **5** Wales

cynical **8** derisive, sardonic, scornful **12** misanthropic

Cynthia **4** Luna, moon **5** Diana **7** Artemis

cyprian **4** bawd, jade, slut, tart **5** hussy, tramp **6** floozy, harlot, hooker, wanton **7** jezebel, trollop **8** slattern, strumpet **10** prostitute

Cyprus ***capital:*** **7** Nicosia **8** Lefkosia ***city:*** **7** Larnaca **8** Limassol ***language:*** **5** Greek **7** Turkish ***monetary unit:*** **4** lira **5** pound ***mountain:*** **7** Olympus ***port:*** **9** Famagusta ***sea:*** **13** Mediterranean

Cyrano de Bergerac 4 poet 7 duelist 8 duellist *author:* 7 Rostand (Edmond) *beloved:* 6 Roxane *feature:* 4 nose *rival:* 9 Christian
Cyrus *conquest:* 5 Lydia, Media 7 Babylon *daughter:* 6 Atossa *empire:* 7 Persian *father:* 8 Cambyses *son:* 8 Cambyses
cyst 3 sac, wen 4 sore 5 pouch, spore 6 growth 7 abscess, blister, capsule, vesicle 8 swelling
Cytherea 4 isle 5 Venus 6 island 9 Aphrodite
czar 5 chief, mogul 6 despot, honcho, tycoon, tyrant 7 emperor, kingpin, magnate 8 autocrat *Russian:* 4 Ivan 5 Basil, Boris, Peter 6 Alexis, Dmitry, Feodor, Fyodor, Vasily 7 Dimitri, Michael, Romanov 8 Nicholas, Romanoff, Theodore 9 Alexander 12 Boris Godunov
czar's wife 7 czarina
Czech Republic *capital:* 6 Prague *city:* 4 Brno 7 Ostrava *monetary unit:* 6 koruna *neighbor:* 6 Poland 7 Austria, Germany 8 Slovakia *region:* 7 Bohemia, Moravia *river:* 4 Labe, Oder 5 March 6 Morava

D

dab 3 bit, pat 4 blob, blow, daub, peck, poke, spot 5 smear, touch 6 bedaub 7 besmear, plaster, splotch 8 flatfish
dabble 3 dip, dot, toy 4 fool, stud 5 fleck 6 dampen, fiddle, monkey, pepper, putter, splash, tinker 7 freckle, spatter, stipple 8 sprinkle 9 bespeckle, muck about 10 muck around
dabbler 4 duck, tyro 7 amateur 8 putterer, tinkerer 9 smatterer 10 dilettante
dabchick 5 grebe
dacha 5 villa 7 cottage 12 country house
dad 3 pop 4 papa 5 padre, pater 6 father, old man, parent
Dadaist 3 Arp (Jean), Ray (Man) 4 Ball (Hugo) 5 Ernst (Max), Grosz (George), Tzara (Tristan) 7 Duchamp (Marcel), Picabia (Francis) 10 Schwitters (Kurt)
daedal 6 knotty 7 complex 8 artistic, involved, skillful 9 elaborate, intricate 11 complicated 12 labyrinthine 13 sophisticated
Daedalus 7 builder 9 architect, artificer *construction:* 9 Labyrinth *father:* 6 Metion *son:* 6 Icarus *victim:* 5 Talos 6 Perdix
daffy see DAFT
daft 3 mad 4 loco, nuts 5 balmy, crazy, dopey, flaky, loony, nutty, potty, silly, wacko, wacky 6 absurd, crazed, cuckoo, insane, screwy 7 cracked, foolish, idiotic, lunatic, witless 8 demented 10 unbalanced 11 harebrained
Dag *father:* 7 Delling *horse:* 9 Skinfaksi *mother:* 4 Nott
Dagda *chief god of the:* 5 Gaels, Irish *daughter:* 6 Brigit *instrument:* 4 harp *son:* 6 Aengus *wife:* 5 Boann
dagger 4 dirk 5 skean, skene 6 bodkin, stylet 7 dudgeon, poniard 8 stiletto *handle:* 4 hilt *Malay:* 4 kris
___ **Dahl** 5 Roald 6 Arlene
daikon 6 radish
daily 7 diurnal 8 everyday 9 circadian, quotidian
dainty 5 goody, tasty, treat 6 choice, morsel, select, tidbit 7 elegant, fragile 8 delicacy, delicate, ethereal, graceful, kickshaw 9 exquisite, recherché 10 delightful
dairy 8 creamery
dais 5 stage 6 podium 7 rostrum 8 platform
daisy 5 oxeye 6 Shasta *British:* 10 moonflower *Scottish:* 5 gowan
Daisy Miller author 5 James (Henry)
Dakota dialect 5 Teton
Daksha's father 6 Brahma
dale 4 dell, glen, vale 6 dingle, valley
dally 3 lag, pet, toy 4 drag, idle, play 5 delay, flirt, tarry 6 coquet, dawdle, diddle, linger, loiter, trifle 8 lollygag 9 hang about, waste time 10 fool around
dam 4 weir 5 block, check 7 barrier 8 hold back, restrain *major:* 4 Oahe

6 Hoover 7 San Luis 8 Fort Peck, Garrison, Oroville 10 Bonneville, Glen Canyon 11 Grand Coulee

damage 3 mar 4 blot, harm, hurt, loss, maim, ruin 5 abuse, burst, cloud, spoil, stain, wound 6 blight, deface, impair, injure, injury, mangle, ravage, scathe 7 blemish, destroy, marring, tarnish, vitiate 8 maltreat, mischief, mistreat, mutilate, sabotage 9 devastate, vandalism 10 impairment 11 devastation

damaged 4 hurt, rent 6 broken, busted, dinged, flawed, marred 7 injured, spoiled, totaled 8 battered, impaired, ruptured 9 blemished, fractured, imperfect, shattered 10 fragmented

damaging 6 nocent 7 harmful, hurtful, nocuous 9 injurious 11 deleterious, detrimental, prejudicial

dame 4 lady 5 woman 6 gammer, matron 7 dowager 9 matriarch

Damien's island 7 Molokai

Damkina's son 6 Marduk

damn 4 cuss, darn, doom, drat 5 curse, swear 7 condemn, doggone 8 execrate, sentence 9 imprecate 10 vituperate 12 anathematize

damnable 6 blamed, cursed, cussed 7 blasted, dratted 8 accursed, infernal 9 abhorrent, execrable 10 abominable, detestable

damned 5 utter 6 blamed, cursed, cussed, darned, dashed, doomed 7 awfully, blasted, doggone, dratted, goldarn 8 accursed, infernal 9 condemned 10 confounded 13 anathematized

Damocles' ___ 5 sword

Damon's friend 7 Pythias

damp 3 wet 4 dank, dewy 5 check, choke, humid, moist, musty 6 clammy 7 bedewed 8 humidify, humidity

dampen 4 cool, curb 5 chill 6 deaden 7 depress, moisten 8 diminish

damsel 3 gal 4 girl, lass, maid, miss 5 filly, wench 6 lassie, maiden

Dan ***father:*** 5 Jacob ***mother:*** 6 Bilhah ***son:*** 6 Hushim

Danaë ***father:*** 8 Acrisius ***lover:*** 4 Zeus ***son:*** 7 Perseus

Danaus ***brother:*** 8 Aegyptus ***daughters:*** 7 Danaïds 8 Danaïdes ***father:*** 5 Belus ***founder of:*** 5 Argos ***grandfather:*** 7 Neptune 8 Poseidon

dance 3 hop, jig, tap 4 ball, flit, foot, heel, hoof, juba, leap, lope, reel, step, trip 5 bamba, brawl, galop, gigue, hover, lindy, mambo, mixer, polka, rumba, stomp, swing, tread 6 ballet, bolero, boogie, Boston, cancan, chassé, foot it, formal, frolic, German, hoof it, rhumba, shimmy 7 beguine, coranto, courant, flicker, flitter, flutter, hoedown, one-step, shuffle 8 cakewalk, flamenco, galliard, glissade, rigadoon, rigaudon 9 allemande, cotillion, jitterbug, pas de deux ***art of:*** 12 choreography ***Austrian:*** 7 ländler ***ballroom:*** 5 rumba, tango 6 cha-cha, rhumba 7 fox-trot, mazurka, two-step 8 merengue 9 cotillion 10 Charleston ***Bohemian:*** 5 polka ***Brazilian:*** 5 samba 6 maxixe 7 lambada 8 capoeira 9 bossa nova ***combining form:*** 5 chore 6 choreo, chorio ***country:*** 4 reel 8 hornpipe ***couple:*** 5 polka 9 cotillion, malaguena 11 square dance ***court:*** 6 canary, pavane 8 saraband 9 allemande, sarabande ***Cuban:*** 5 conga, mambo, rumba 6 rhumba 8 habanera ***designer:*** 13 choreographer ***English:*** 6 morris ***formal:*** 4 ball, prom 9 cotillion ***French:*** 6 cancan 7 bourrée, gavotte 9 allemande 10 carmagnole ***garment:*** 4 tutu 7 leotard ***Haitian:*** 4 juba 8 merengue ***Hungarian:*** 7 czardas ***Indian:*** 6 nautch 7 bhangra ***instrument:*** 8 castanet ***Israeli:*** 4 hora ***Italian:*** 10 saltarello, tarantella, villanella 11 passacaglia ***lively:*** 3 jig 4 reel, trot 5 galop, gigue, polka, rumba 6 rhumba 7 bourrée 8 fandango, hornpipe, rigadoon, rigaudon 9 farandole, shakedown 10 Charleston, saltarello, tarantella ***movement:*** 4 plié, step 8 capriole, glissade 9 pirouette ***Muse of:*** 11 Terpsichore ***1920's:*** 10 Charleston ***Polish:*** 5 polka 7 mazurka 9 polonaise ***Polynesian:*** 4 hula ***Scottish:*** 3 bob 4 reel 5 fling 10 strathspey 11 schottische 13 Highland fling ***shoes:*** 5 pumps 8 slippers ***slipper:*** 7 toeshoe ***slow:*** 6 adagio, minuet, pavane 8 habanera ***South American:*** 7 carioca ***Spanish:*** 4 jota 6 bolero 7 zapateo 8 cachucha, chaconne, fandango, flamenco, saraband 9 malaguena, sarabande 10 seguidilla ***springy:*** 3 jig ***square:*** 7 hoedown, lancers 9 cotillion, quadrille ***stately:*** 5 pavan 6 pavane 8 saraband 9 polonaise, sarabande ***step:*** 3 pas ***woman's:*** 6 cancan

dancer 6 hoofer 7 chorine, clogger, danseur, stepper 8 coryphée, danseuse 9 ballerina, chorus boy 10 cakewalker, chorus girl ***American:*** 4 Feld (Elliot), Holm (Hanya), Lang (Pearl), Tune (Tommy) 5 Ailey (Alvin), Fosse (Bob), Kelly (Gene), Shawn (Ted), Tharp (Twyla) 6 Castle (Irene, Vernon), Duncan (Isadora), Dunham (Katherine), Graham (Martha), Morris (Mark), Taylor (Paul), Verdon (Gwen) 7 Astaire (Fred), Bujones (Fernando), de Mille

(Agnes), Farrell (Suzanne), Gregory (Cynthia), Jamison (Judith), Joffrey (Robert), Martins (Peter), Massine (Leonide), McBride (Patricia), Robbins (Jerome), St. Denis (Ruth), Tamiris (Helen) **8** Champion (Gower, Marge), d'Amboise (Jacques), Humphrey (Doris), Kirkland (Gelsey), Mitchell (Arthur), Nikolais (Alwin), Villella (Edward) **9** Tallchief (Maria) **10** Cunningham (Merce) ***Cuban:*** **6** Alonso (Alicia) ***Danish:*** **5** Bruhn (Erik) **7** Martins (Peter) **8** Tomasson (Helgi) ***English:*** **5** Dolin (Anton), Somes (Michael), Tudor (Antony) **7** Fonteyn (Margot), Markova (Alicia), Rambert (Marie) **8** de Valois (Ninette), Helpmann (Robert) ***French:*** **5** Lifar (Serge) **6** Béjart (Maurice), Perrot (Jules), Petipa (Marius) **7** Camargo (Marie), Massine (Leonide) ***German:*** **5** Jooss (Kurt) ***Italian:*** **5** Grisi (Carlotta) ***Mexican:*** **5** Limón (José) ***Russian:*** **5** Lifar (Serge) **6** Fokine (Michel), Petipa (Marius) **7** Massine (Leonide), Nureyev (Rudolf), Pavlova (Anna), Ulanova (Galina) **8** Danilova (Aleksandra), Makarova (Natalia), Nijinska (Bronislava), Nijinsky (Vaslav), Vaganova (Agrippina) **9** Karsavina (Tamara), Semyonova (Marina) **11** Baryshnikov (Mikhail), Plisetskaya (Maya) ***Scottish:*** **7** Shearer (Moira)

dancing **6** ballet **12** choreography ***mania:*** **9** tarantism

dandle **3** pet **4** play **6** caress, cosset, cradle, cuddle, pamper

dandruff **5** scall, scurf

dandy **3** fop **4** beau, buck, dude, fine, toff **5** nifty, swell **6** peachy **7** coxcomb, foppish **8** terrific **9** excellent, first-rate, hunky-dory **11** Beau Brummel, crackerjack **12** lounge lizard

dang **4** damn, darn **6** cursed, cussed, damned, darned **7** blasted, dratted, goldarn **8** infernal **10** confounded

danger **4** risk **5** peril **6** crisis, hazard, menace, plight, threat **7** pitfall, trouble **8** distress, jeopardy **9** emergency ***signal:*** **4** bell **5** alarm, siren **6** tocsin

dangerous **5** risky **6** unsafe **7** parlous **8** insecure, menacing, perilous, unstable **9** hazardous **10** precarious **11** threatening

dangle **4** hang **5** droop, swing **6** depend **7** suspend

Daniel ___ ***pioneer:*** **5** Boone ***statesman:*** **7** Webster

Danish ***hero:*** **5** Ogier ***king:*** **9** Christian, Frederick ***queen:*** **9** Margrethe

dank **3** wet **4** damp **5** humid, moist **6** clammy **8** dripping

Dante ***beloved:*** **8** Beatrice ***birthplace:*** **8** Florence ***daughter:*** **7** Antonia ***deathplace:*** **7** Ravenna ***party:*** **6** Guelph **7** Bianchi ***patron:*** **5** Scala ***teacher:*** **6** Latini ***wife:*** **5** Gemma ***work:*** **7** Inferno **8** Commedia, Paradiso **9** Vita Nuova **10** Purgatorio **12** Divine Comedy (The)

Dantean division **5** canto

Danton's colleague **5** Marat (Jean-Paul) **11** Robespierre (Maximilien)

Danzig **6** Gdańsk

Daphne ***father:*** **5** Ladon **6** Peneus ***form:*** **6** laurel **10** laurel tree ***pursuer:*** **6** Apollo **9** Leucippus

Daphnis' lover **5** Chloe

dapper **4** neat, trim **5** doggy, natty, sassy, smart, swank **6** classy, jaunty, rakish, snazzy, spiffy, spruce, sprucy **7** bandbox, dashing, doggish, foppish, stylish **11** well-groomed

dapple **4** spot **5** fleck, patch **6** mottle **7** speckle, stipple

dappled **4** pied **6** motley **7** flecked, mottled, patched, piebald, spotted **8** brindled **10** variegated **11** varicolored

Dardanelles **10** Hellespont

Dardanus ***descendants:*** **7** Trojans ***father:*** **4** Zeus **7** Jupiter ***mother:*** **7** Electra

dare **3** try **4** defy, risk **5** beard, brave **6** hazard **7** attempt, venture **8** confront, defiance **9** challenge

daredevil see DARING

darer **4** hero **6** risker

daring **4** bold, guts, rash **5** brash, brave, gutsy, moxie, nerve, nervy, pluck, valor **6** heroic, plucky **7** bravery, courage, heroism **8** audacity, boldness, fearless, reckless **9** audacious, derring-do, fortitude, venturous **10** courageous **11** adventurous, venturesome **13** adventuresome

Darius ***battle:*** **8** Marathon ***father:*** **9** Hystaspes ***country:*** **6** Persia **7** Parthia ***son:*** **6** Xerxes ***wife:*** **6** Atossa

Darjeeling **3** tea

dark **3** dim **4** dusk, inky, murk **5** black, blind, cloud, dingy, dusky, ebony, murky, night, sable, shady, sooty, swart, umber, unlit, vague **6** brunet, cloudy, dismal, gloomy, opaque, somber, sombre, wicked **7** obscure, ominous, rayless, satanic, shadowy, stygian, subfusc, sunless, swarthy, unclear **8** bistered, brunette, infernal, sinister **9** enigmatic, lightless, secretive, tenebrous, unlighted **10** caliginous, indistinct, mysterious, mystifying, pitchblack **11** crepuscular **13** unilluminated ***poetic:*** **4** ebon

darken 3 dim 5 bedim, cloud, gloom, lower, shade, sully, umber 6 shadow 7 becloud, blacken, eclipse, obscure, tarnish 8 melanize, overcast 9 obfuscate, overcloud 10 overshadow ***Scottish:*** 5 gloam

dark-haired ***female:*** 8 brunette ***male:*** 6 brunet

darkness 4 dusk, evil, murk 5 black, gloom, night, shade 6 shadow 8 blackout 9 nightfall, obscurity

darling 3 hon, pet 4 dear, duck, love 5 angel, deary, ducky, flame, honey, loved, sugar, sweet 7 beloved, dearest, sweetie 8 adorable, charming, favorite, precious 10 sweetheart, sweetie pie

darn 4 knit, mend 5 patch 6 blamed, cursed, cussed, damned, shucks 7 blasted, doggone, dratted 8 infernal 9 embroider 10 confounded

darn it ***French:*** 3 zut

Darrow client 4 Debs (Eugene), Loeb (Richard) 6 Scopes (John) 7 Haywood (William), Leopold (Nathan)

dart 3 fly, run, zip 4 barb, bolt, buzz, dash, flit, leap, rush, sail, scud, skim, tear 5 arrow, bound, hurry, lance, pitch, scamp, scoot, shaft, shoot, skirr, spear, speed, spurt 6 glance, hasten, scurry, spring, sprint 7 javelin, missile, scamper ***barbed:*** 10 banderilla

D'Artagnan's friends 5 Athos 6 Aramis 7 Porthos 10 musketeers

Dartmouth location 5 Devon 7 Hanover 12 New Hampshire

darts term 3 leg 4 bust 5 split 6 double, flight, hockey, treble 8 bull's-eye

Darwin, Charles ***colleague:*** 7 Wallace (Alfred Russel) ***ship:*** 6 Beagle ***theory:*** 9 evolution, selection

dash 3 fly, nip, run 4 bolt, brio, cast, damn, dart, élan, foil, hurl, race, ruin, rush, slam, tear, zing 5 break, chase, flair, fling, pinch, smash, style, trace 6 esprit, hyphen, pizazz, scurry, splash, sprint, thrust, thwart 7 bravura, depress, destroy, pizzazz, shatter, smidgen, spatter 8 confound 9 animation, frustrate

dashboard reading 4 fuel 5 speed 7 mileage 8 pressure 11 temperature

dashing 4 bold 5 smart 6 dapper, jaunty, lively, modish 7 gallant, stylish 8 animated, spirited 11 adventurous, fashionable

Das Kapital author 4 Marx (Karl)

dassie 4 pika 5 coney, hyrax

dastard 6 coward, craven 7 chicken, quitter 8 poltroon, recreant 9 scoundrel

dastardly 3 low 4 base, mean 6 craven, yellow 8 cowardly, shameful, skulking 11 treacherous, underhanded 13 pusillanimous

data 4 info 5 facts, input 7 figures 9 documents 11 information

date 3 age, era, woo 5 court, epoch, tryst 6 cutoff, escort 7 take out 8 deadline 9 accompany 10 engagement, rendezvous 11 anniversary, appointment, assignation

dated 3 old 5 passé 6 démodé, old hat 7 archaic, outworn 8 obsolete, outmoded 10 antiquated 12 old-fashioned 13 unfashionable

datum 4 fact

daub 4 blob, blot, spot 5 fleck, paint, smear 6 dapple, smudge, splash 7 besmear, dribble, plaster, speckle, splotch

daughter ***Blythe Danner's:*** 7 Paltrow (Gwyneth) ***Bruce Dern's:*** 5 Laura ***Bush's:*** 5 Jenna 7 Barbara ***Carter's:*** 3 Amy ***Cash's:*** 7 Rosanne ***Cher's:*** 8 Chastity ***Clinton's:*** 7 Chelsea ***Cole's:*** 7 Natalie ***Coppola's:*** 5 Sofia ***Danny Thomas's:*** 5 Marlo ***Debbie Reynolds's:*** 6 Carrie (Fisher) ***Eddie Fisher's:*** 6 Carrie ***Elizabeth II's:*** 4 Anne ***Elvis's:*** 9 Lisa Marie ***Fonda's:*** 4 Jane ***Ford's (Gerald):*** 5 Susan ***Freud's:*** 4 Anna ***Garland's:*** 12 Liza Minnelli ***Goldie Hawn's:*** 10 Kate Hudson ***Ingrid Bergman's:*** 8 Isabella (Rossellini) ***Janet Leigh's:*** 8 Jamie Lee (Curtis) ***Joel Grey's:*** 8 Jennifer ***Johnson's (Lyndon):*** 4 Lucy 5 Linda ***Jon Voight's:*** 8 Angelina (Jolie) ***Kennedy's (John F.):*** 8 Caroline ***Klaus Kinski's:*** 9 Nastassja ***Maureen O'Sullivan's:*** 3 Mia (Farrow) ***Naomi Judd's:*** 7 Wynonna ***Nat King Cole's:*** 7 Natalie ***Nixon's:*** 5 Julie 6 Tricia ***Pat Boone's:*** 5 Debby ***Ravi Shankar's:*** 10 Norah Jones ***Reagan's:*** 5 Patti 7 Maureen ***Richard Burton's:*** 4 Kate ***Ryan O'Neal's:*** 5 Tatum ***Sinatra's:*** 5 Nancy ***Tony Curtis's:*** 8 Jamie Lee (Curtis)

Daughter of the Moon 7 Nokomis

daunt 3 cow 5 alarm, deter 6 dismay, subdue 7 terrify 8 frighten 10 disconcert, discourage, dishearten, intimidate

daunting 7 awesome 8 imposing 9 dismaying, unnerving 10 forbidding, formidable 11 dispiriting 12 discouraging, intimidating, overwhelming

dauntless 4 bold, game 5 brave 6 daring 7 gallant, valiant 8 fearless, unafraid 9 unfearful, unfearing 10 courageous 11 lionhearted 12 stouthearted

dauntlessness 4 guts 5 heart, nerve, pluck, spunk, valor 6 daring, mettle, spirit 7 bravery, cojones, courage 8 boldness 10 resolution 12 fearlessness

davenport 4 desk, sofa 5 couch, divan 6 daybed 12 chesterfield
David *commander:* 4 Joab 5 Amasa *companion:* 8 Jonathan *daughter:* 5 Tamar *father:* 5 Jesse *rebuker:* 6 Nathan *son:* 5 Amnon 7 Absalom, Solomon 8 Adoijah *wife:* 6 Michal 7 Abigail, Ahinoam 9 Bathsheba
___ **David** 4 Camp 5 Magen, Mogen 6 Star of
David Copperfield *author:* 7 Dickens (Charles) *character:* 4 Dora, Heep 5 Uriah 6 Barkis 8 Micawber, Peggotty 9 Murdstone 10 Steerforth
Da Vinci Code author 5 Brown (Dan)
davit 5 crane
dawdle 3 lag 4 idle, laze, loaf, loll 5 dally, delay, tarry 6 diddle, linger, loiter, lounge 8 lollygag 10 dillydally
dawn 4 morn 5 sunup 6 aurora 7 morning, sunrise 8 cockcrow, daybreak, daylight 9 beginning 10 first light *goddess:* 3 Eos 6 Aurora
day *abbreviation:* 3 Fri, Mon, Sat, Sun, Thu, Tue, Wed 4 Thur, Tues 5 Thurs *before:* 3 eve *church calendar:* 5 feria *French:* 4 jour *German:* 3 Tag *holy:* 5 feast *hour:* 4 noon *Latin:* 4 dies *Spanish:* 3 día
daybreak 4 dawn, morn 5 sunup 6 aurora 7 dawning, morning, sunrise 8 cockcrow, daylight
daydream 4 muse 5 fancy 6 vision 7 fantasy, reverie 8 phantasy 9 fantasize 10 woolgather 13 woolgathering
daystar 3 Sol, sun 5 Venus 7 phoebus
daze 3 fog 4 haze, stun 5 amaze, blind 6 dazzle, stupor, trance 7 astound, confuse, stupefy 8 astonish, bedazzle, befuddle, confound 9 dumbfound
dazed 5 woozy 6 groggy, punchy 7 dazzled, stunned 8 confused 9 stupefied 10 punch-drunk
___ **d'Azur** 4 Côte
dazzle 5 amaze, blind, éclat, glitz, shine 7 impress 8 astonish, bewilder, confound, outshine 9 overpower
dazzling 6 flashy, garish 7 radiant 8 splendid, stunning 9 brilliant 11 confounding, resplendent 12 overpowering
deacon 6 clergy, cleric, layman 8 reverend 9 churchman
dead 4 cold, gone, late 5 passé, slain, stiff 6 buried, fallen 7 defunct, done for, expired, extinct 8 deceased, departed, lifeless 9 senseless 10 corpselike 11 unconscious 12 extinguished
deadbeat 3 bum 5 idler 6 debtor, loafer, slouch 7 lounger, shirker, slacker 10 delinquent, malingerer
dead duck 5 goner 8 casualty, fatality
deaden 4 dull, kill, mute, numb, stun 5 blunt, quiet 6 benumb, dampen, lessen, muffle, obtund, reduce, stifle 7 smother, stupefy 8 suppress 11 anesthetize, desensitize
dead end 4 halt, stop 6 pocket, unruly 7 impasse 8 cul-de-sac, standoff 9 stalemate, terminate 10 blind alley, bottleneck, standstill
deadened 4 numb 6 asleep, dulled, killed, numbed 7 blunted 8 benumbed, impaired 12 anesthetized
deadeye 5 block 8 marksman 12 sharpshooter
deadfall 4 trap 7 springe 9 booby trap, mousetrap
deadliness 8 fatality 9 lethality, mortality
deadlock 3 tie 4 draw 7 impasse 8 standoff, stoppage 9 checkmate, stalemate 10 standstill
deadly 5 fatal, toxic 6 lethal, mortal 7 capital, killing 8 lethally, unerring 10 implacable 11 destructive 12 pestilential
deadpan 5 blank, empty 6 vacant 9 impassive 10 poker-faced 11 inscrutable 12 inexpressive, unexpressive
Dead Souls author 5 Gogol (Nikolay)
dead to rights 9 red-handed
deadweight 4 load 6 weight
deal 4 dole, sale, sell 5 allot, serve, shake, share, trade, treat 6 barter, dicker, parcel 7 bargain, deliver, dish out, dole out, mete out, package, portion, traffic, wrestle 8 contract, disburse, dispense, share out 9 agreement, apportion, negotiate 10 administer, compromise, distribute, measure out 11 arrangement, transaction 13 understanding *great:* 4 gobs, heap, lots, tons 5 heaps, horde, loads, scads 6 oodles, plenty, stacks *out:* 8 disburse, dispense 9 apportion 10 administer, distribute *with:* 5 serve, treat 6 handle, regard 7 concern, involve
dealer 5 agent 6 broker, seller, trader, vendor 8 chandler, merchant, operator 9 tradesman 10 negotiator, trafficker 11 businessman, distributer, distributor 12 merchandiser *British:* 5 coper 6 draper, jobber, mercer 7 chapman
dealings 5 trade, truck 7 affairs, matters, traffic 8 business, commerce, concerns 11 intercourse 12 interactions, transactions, undertakings
dean 4 head 5 chief, doyen, elder 6 leader
dear 3 pet 4 fond, lamb, love 5 honey, loved, sweet 6 costly, doting, loving,

prized, scarce **7** beloved, darling, devoted, lovable, machree, querida, tootsie **8** favorite, precious, valuable **9** cherished, expensive, heartfelt, treasured **10** fair-haired, honeybunch, sweetheart **12** affectionate ***French:*** **4** cher **5** chère **6** cherie

dearth **4** lack, want **6** famine **7** absence, default, paucity **8** scarcity, shortage, sparsity **9** privation, scantness **10** deficiency, meagerness, scantiness

death **3** end **4** exit **6** demise, ending, expiry **7** decease, passing, quietus **8** casualty, curtains, fatality, necrosis, thanatos **9** bloodshed, departure **10** expiration, extinction, grim reaper **11** dissolution, termination **12** annihilation ***after:*** **10** posthumous ***combining form:*** **6** thanat **7** thanato ***music:*** **5** dirge, elegy **8** threnody ***notice:*** **4** obit **8** obituary **9** necrology ***of tissue:*** **8** gangrene ***personification:*** **10** grim reaper ***put to:*** **3** gas, hit, ice, zap **4** do in, hang, kill, slay **5** drown, lynch, snuff, waste **6** murder, poison, rub out **7** bump off, butcher, execute, smother, wipe out **8** blow away, dispatch, immolate, knock off, strangle, throttle **9** slaughter, suffocate **10** asphyxiate **11** assassinate, electrocute ***rate:*** **9** mortality ***rites:*** **7** funeral **8** exequies **9** interment, obsequies

deathless **7** abiding, eternal, lasting, undying **8** enduring, immortal **11** everlasting **12** imperishable

deathlike see DEATHLY

deathly **5** fatal **6** lethal, mortal **7** macabre, stygian **12** pestilential

debacle **4** rout **6** defeat, fiasco **7** breakup, failure **8** collapse, disaster **9** breakdown, cataclysm **10** disruption

debar **3** ban **4** stop **6** forbid, outlaw **7** exclude, prevent, rule out **8** preclude, prohibit **9** interdict

debark **4** land **6** alight, get off **11** decorticate

debase **3** mar **4** harm **5** lower, stain **6** damage, defile, demean, dilute, impair, reduce, weaken **7** cheapen, corrupt, degrade, devalue, pervert, pollute, vitiate **8** dishonor **9** undermine **10** adulterate, depreciate **11** contaminate

debatable **4** iffy, moot **7** dubious **8** arguable, doubtful **9** contested, uncertain, undecided **10** disputable, unresolved **11** problematic **12** questionable

debate **4** moot **5** argue, bandy, plead **7** contend, contest, discuss, dispute, quarrel, wrangle **8** argument, consider, forensic, question **9** dialectic, thrash out **10** controvert, toss around **11** application, controversy, disputation **12** deliberation **13** argumentation ***art of:*** **9** forensics ***expert:*** **7** eristic ***place for:*** **5** forum

debauch **4** orgy, warp **6** seduce **7** corrupt, deprave, pervert, vitiate **9** bacchanal, brutalize **10** lead astray, saturnalia **11** bacchanalia

debauched **6** wanton **8** degraded, depraved, vitiated **9** corrupted, dissolute, libertine, perverted **10** degenerate, licentious

debilitate **3** sap **6** impair, weaken **7** cripple, disable **8** enfeeble **9** attenuate, undermine **10** devitalize

debilitated **4** weak **6** feeble, infirm, sapped **7** run-down, worn-out **8** weakened **9** enfeebled

debility **7** disease, malaise **8** weakness **9** infirmity **10** feebleness, infirmness, sickliness **11** decrepitude

Debir ***kingdom:*** **5** Eglon ***slayer:*** **6** Joshua

debit **4** bill, levy **6** charge **7** deficit **8** drawback **9** liability **11** encumbrance, shortcoming

debonair **5** suave **6** smooth, urbane **7** dashing, elegant **10** nonchalant **12** lighthearted

Deborah's husband **9** Lappidoth

debris **4** junk, slag **5** trash, waste **6** litter, refuse, rubble, spilth **7** garbage, rubbish **8** detritus, riffraff, wreckage ***rock:*** **5** scree, talus **8** colluvia **9** colluvium

debt **3** due, sin **6** arrear, red ink **7** arrears, default, deficit **8** mortgage, trespass **9** arrearage, liability **10** obligation **11** delinquency ***acknowledgment:*** **3** IOU **4** bill **5** check

debtless **7** solvent

debunk **6** expose, reveal, show up, unmask **7** lay bare, lay open, uncloak, uncover, undress **8** unshroud **9** demystify, discredit

Debussy's La ___ **3** Mer

debut **3** bow **5** entry **6** entree **7** come out, opening, present **8** entrance, premiere **9** beginning, coming out, introduce **12** introduction, presentation

decadence **5** decay **7** decline **10** degeneracy, regression **11** degradation **12** degeneration **13** deterioration

decadent **6** effete **7** debased **8** decaying, degraded, depraved **9** debauched, declining, dissolute **10** degenerate **13** self-indulgent

Decalogue verb **5** shalt

Decameron, The ***author:*** **9** Boccaccio (Giovanni) ***heroine:*** **8** Griselda

decamp **4** blow, bolt, exit, flee **5** leave, scram, split **6** beat it, begone, cut out, escape, get out, retire **7** abscond, make off, pull out, run away, skiddoo, take off, vamoose **8** clear out, withdraw **9** skedaddle

decant **4** pour **7** draw off, pour out **8** transfer

decanter **5** cruet, flask **6** bottle, carafe, flagon, vessel

decapitate **4** head **6** behead **9** decollate **10** guillotine

decapod **7** mollusc, mollusk **10** crustacean

decathlon champ **6** Jenner (Bruce), Morris (Glenn), O'Brien (Dan), Schenk (Christian), Sebrle (Roman), Toomey (Bill), Zmelik (Robert) **7** Doherty (Ken), Johnson (Rafer), Mathias (Bob) **8** Campbell (Milton), Thompson (Daley)

decay **3** rot **4** ruin, wane **5** spoil, waste **6** molder, wither **7** atrophy, crumble, decline, putrefy, rotting **8** putresce, spoilage **9** decompose **11** deteriorate **12** dilapidation, putrefaction **13** deterioration

decayed **6** putrid, rotted, rotten, ruined **7** carious, spoiled **8** decadent, moldered, overripe **9** putrefied **10** decomposed, degenerate

decease **3** die, end **4** fail, pass **5** death, dying, sleep **6** demise, depart, expire, finish, pass on, perish **7** passing, quietus, release, succumb **8** pass away **9** departure **10** expiration

deceased **4** body, dead, late **6** corpse **7** cadaver, carcass, expired, remains **8** departed, lifeless **9** inanimate

deceit **3** gyp **4** hoax, ruse, sham **5** fraud, guile, trick **6** humbug **7** swindle **8** artifice, flimflam, trickery **9** chicanery, deception, duplicity, imposture **10** dishonesty **13** double-dealing

deceitful **3** sly **4** wily **5** false, lying **6** crafty, sneaky, tricky **7** cunning, knavish, roguish **8** guileful, two-faced **9** deceptive, dishonest, underhand **10** mendacious **11** underhanded **13** double-dealing

deceive **3** con **4** bilk, dupe, fool, gull, hoax **5** bluff, cozen, lie to, trick **6** delude, humbug, palter, take in **7** beguile, mislead, sandbag, two-time **8** flimflam, hoodwink **9** bamboozle, four-flush **11** double-cross

deceiving **5** false **6** tricky **8** deluding, delusive, delusory, guileful, two-faced **9** beguiling, deceptive **10** fallacious, misleading **11** duplicitous, underhanded

decelerate **4** slow **5** delay **6** retard, slow up **7** slacken **8** slow down

decency **7** decorum, dignity, fitness, modesty **8** civility **9** etiquette, propriety **10** conformity, seemliness

decennium **6** decade

decent **4** fair, good **5** right **6** honest, modest, proper, seemly **7** correct, fitting, upright **8** adequate, all right **9** competent, honorable, tolerable **10** acceptable, conforming, sufficient **11** comme il faut, presentable, respectable **12** satisfactory

deception **3** gyp **4** gaff, hoax, hype, ruse, sham, wile **5** cheat, fraud, guile, put-on, trick **6** deceit, dupery, humbug, mirage **7** chicane, cunning, fallacy, fantasm, knavery, sophism **8** flimflam, illusion, intrigue, phantasm, trickery, trumpery, wiliness **9** casuistry, chicanery, duplicity, imposture, sophistry, treachery **10** artfulness, dishonesty, hanky-panky, subterfuge **11** indirection **12** speciousness, spuriousness **13** double-dealing

deceptive **5** false, phony **6** tricky **8** deluding, delusory, illusory, specious **9** beguiling, deceitful, deceiving **10** fallacious, misleading

decide **3** opt **4** rule, will **5** judge **6** settle **7** adjudge, resolve **8** conclude **9** determine **10** adjudicate

decided **3** set **4** firm **5** fixed **6** intent **7** assured, certain, obvious, settled **8** definite, resolute, resolved **10** determined, pronounced **11** established, unequivocal

decimate **4** raze, ruin **5** wreck **7** abolish, destroy, wipe out **8** demolish, massacre **9** slaughter **10** annihilate, obliterate **11** exterminate

decipher **4** read **5** break, crack, solve **6** decode, reveal **7** decrypt, resolve, unravel **8** unriddle **9** figure out, interpret, puzzle out, translate **12** cryptanalyze

decision **4** fiat **6** choice, ruling **7** finding, resolve, verdict **8** firmness, judgment, sentence **9** selection **10** conclusion, resolution, settlement **13** determination ***rabbinical:*** **9** responsum

decisive **3** set **7** crucial, settled **8** critical, resolute **10** conclusive, convincing, determined, imperative, peremptory **11** determining **12** unmistakable

deck **4** trim **5** adorn, array, dress, equip, floor, level, porch, prank **6** attire, blazon, clothe **7** apparel, appoint, furnish, garland, garnish, terrace **8** accouter, accoutre, beautify, decorate, emblazon, ornament, platform **9** embellish ***chief:*** **4** bos'n **9** boatswain ***high:*** **4** poop ***lowest:*** **5** orlop ***out:*** **5** array, fix up, slick, spiff, tog up **6** clothe, doll up **7** dress up, gussy up **8** spruce up ***part:*** **7** scupper

deckhand **3** gob **4** jack, swab **6** sailor, seaman **7** jack-tar, rouster, swabbie **10** bluejacket

declaim **4** rant **5** mouth, orate, speak **6** recite **7** deliver, lecture **8** bloviate, harangue, perorate **9** hold forth

declamatory **5** tumid, windy, wordy **6** florid, turgid **7** aureate, flowery, fustian, orotund, pompous, ranting, verbose **8** sonorous **9** bombastic, high-flown, overblown **10** euphuistic, oratorical, rhetorical **12** magniloquent **13** grandiloquent

declaration **5** edict **6** avowal, notice, report **7** promise **8** document, pleading **9** affidavit, manifesto, statement, testimony **10** confession, deposition, disclosure, expression, profession **11** affirmation, attestation **12** announcement, notification, proclamation **13** advertisement, pronouncement

declare **3** say, vow **4** aver, avow, tell, vent **5** claim, sound, state, swear, utter, voice **6** affirm, allege, assert, avouch, blazon, depone, depose, herald, insist, ordain, report, reveal **7** certify, confirm, deliver, divulge, express, profess, signify, testify **8** announce, disclose, indicate, maintain, manifest, proclaim, propound **9** advertise, broadcast, enunciate, predicate, pronounce **10** annunciate, asseverate, promulgate **11** come out with, disseminate ***a saint:*** **8** canonize ***in cards:*** **3** bid **4** meld ***invalid:*** **5** annul

declass **4** bump, bust **5** abase, lower **6** demote, reduce **7** degrade, set back **9** downgrade

déclassé **4** mean, poor **6** common, vulgar **7** ignoble, lowered **8** inferior, low-grade, mediocre, middling **10** second-rate **11** second-class

declension **5** class, slope **7** decline, descent **8** downfall **9** downgrade **10** inflection **12** dégringolade **13** deterioration

declination **3** ebb **5** slant, slide **6** ebbing **7** refusal, incline **8** downturn **9** downgrade **10** deflection **12** dégringolade, turning aside **13** deterioration

decline **3** dip, ebb, jib, rot, sag, set **4** balk, dive, drop, fade, fail, fall, flag, loss, sink, slip, wane **5** abate, avoid, demur, droop, lapse, lower, say no, slide, slope, slump, spurn **6** ebbing, go down, recede, refuse, reject, renege, waning, weaken, worsen **7** abstain, atrophy, descend, descent, devolve, dismiss, drop-off, dwindle, failure, falloff, forbear, refrain, relapse, sell-off, sinkage, subside **8** comedown, decrease, downfall, downturn, languish, lowering, turn down **9** backslide, decadence, downgrade, downslide, downswing, downtrend, reprobate, repudiate, weakening **10** degeneracy, degenerate, depression, devolution, disapprove, falling off **11** backsliding, deteriorate **12** degeneration, dégringolade **13** deterioration

declivitous **5** steep **6** sloped **7** pitched, sloping **8** inclined **9** inclining **10** descending

declivity **3** dip **4** drop, fall **5** slope **7** decline, descent **8** downturn, gradient **9** downgrade **11** inclination

decode see DECIPHER

decollate **4** head, kill **6** behead **10** decapitate, guillotine

decolor **6** blanch, bleach, blench, whiten **7** wash out **11** achromatize

decompose **3** rot **5** decay, spoil, taint **6** fester, molder **7** analyze, break up, crumble, putrefy, resolve **8** dissolve, separate **9** anatomize, break down **12** disintegrate

decor **7** setting **8** backdrop, stage set **11** furnishings **13** ornamentation

decorate **4** do up, pink, trim **5** adorn, dress, frill **6** bedeck **7** bedizen, dress up, enhance, festoon, furnish, garnish **8** appliqué, beautify, emblazon, ornament **9** embellish ***a border:*** **6** purfle

decorated **6** ornate **7** adorned, honored, wrought **9** bemedaled, decked out, garnished **10** beribboned, ornamented **11** embellished

decoration **4** bays **5** award, badge, honor, kudos, medal **6** doodad, plaque **7** garnish, laurels **8** accolade, filigree, fretting, fretwork, frippery, furbelow, ornament, trimming, vignette **11** distinction ***cutout:*** **8** appliqué ***furniture:*** **4** buhl **6** boulle

decorous **3** fit **4** meet, prim **5** right **6** au fait, comely, decent, proper, seemly **7** correct, elegant, fitting **8** becoming, mannerly, suitable, tasteful **9** befitting, civilized, de rigueur, dignified **10** conforming **11** appropriate, respectable, well-behaved

decorously **5** fitly **7** rightly **8** decently, properly, suitably **9** correctly, fittingly **11** befittingly, respectably

decorousness **7** decency **8** civility **9** propriety, rightness **10** seemliness **11** correctness, orderliness **12** correctitude

decorticate **4** bare, bark, flay, hull, husk, pare, peel, skin **5** scale, scalp, shell, shuck, strip **6** denude **7** lay bare, pull off

decorum **5** order **7** decency, dignity, fitness, modesty, protocol **9** etiquette, propriety **10** properness, seemliness **11** correctness, orderliness **12** correctitude

decoy **4** bait, fake, lure **5** plant, shill, tempt **6** allure, capper, delude, entice, lead on, pigeon, seduce **7** deceive, mislead **8** inveigle **10** red herring

decrease **3** cut, ebb **4** bate, drop, ease, fall, loss, wane **5** allay, lower **6** lessen, reduce, shrink **7** abridge, curtail, cut back, cutback, cut down, decline, die down, drop off, dwindle, fall off, lighten, shorten, slacken, subside **8** diminish, downturn, moderate, rollback, taper off **9** abatement, alleviate, reduction **10** abbreviate, depreciate, diminution, falling off

decree **4** fiat, rule **5** canon, edict, enact, judge, order, ukase **6** behest, charge, dictum, impose, ordain, ruling **7** adjudge, appoint, bidding, command, declare, dictate, lay down, mandate, precept, statute **8** judgment, proclaim, sentence **9** directive, judgement, ordinance, prescribe, prescript, pronounce **10** adjudicate, injunction, regulation **11** declaration **12** adjudication, announcement, proclamation, promulgation **13** pronouncement ***Muslim:*** **5** fatwa

decrepit **4** aged, weak, worn **5** frail, seedy, tacky **6** creaky, feeble, infirm, senile, shabby, wasted, weakly **7** fragile, run-down, worn-out **8** battered, impaired, weakened **10** bedraggled, broken-down, down-at-heel, ramshackle **11** dilapidated

decrepitude **4** ruin **5** decay **7** frailty, wasting **8** collapse, debility, weakness **9** disrepair, infirmity **10** exhaustion, feebleness, infirmness **12** dilapidation, enfeeblement **13** deterioration

decretal **4** fiat, writ **5** edict, order, ukase **6** assize, dictum, letter, ruling **7** dictate **8** decision, judgment **11** declaration **13** pronouncement

decry **3** boo **4** bash, slam, slur **5** abuse **6** berate, malign, vilify **7** asperse, censure, condemn, degrade, devalue, put down **8** bad-mouth, belittle, denounce, derogate, reproach **9** criticize, deprecate, discredit, disparage, dispraise, reprehend, reprobate **10** depreciate, disapprove **11** rail against

decrypt see DECIPHER

decumbent **4** flat **5** prone **6** supine **9** lying down, prostrate, reclining **10** horizontal

decussate **5** cross **8** crosscut **9** intersect **10** crisscross, intercross

dedicate **3** vow **5** bless **6** commit, devote, hallow, pledge **7** address **8** inscribe, restrict, set apart **10** consecrate

deduce **5** infer, judge, trace **6** derive, evolve, gather, reason, reckon **7** discern, make out, surmise **8** conclude **9** figure out

deduct **4** bate **5** abate, infer, judge **6** gather, remove **7** make out, take off, take out **8** conclude, knock off, perceive, subtract, take away

deduction **3** cut **8** discount, illation, judgment, sequitur, write-off **9** abatement, inference, reasoning **10** conclusion **11** subtraction

deductive **7** a priori **8** dogmatic, illative, provable, reasoned **9** derivable, inferable **10** consequent **11** inferential **13** ratiocinative

deed **3** act **4** cede, fact, feat, pact **5** doing, title **6** action, assign, convey, escrow, remise **7** charter, exploit **8** alienate, contract, covenant, make over, sign over, transfer **9** adventure **10** conveyance, enterprise **11** achievement, performance, tour de force ***brutal:*** **8** atrocity ***evil:*** **3** sin **11** malefaction ***good:*** **7** mitzvah

deem **4** feel, hold **5** judge, think **7** account, adjudge, believe **8** consider

de-emphasize **8** downplay, minimize, play down **9** gloss over, soft-pedal, underplay **13** underestimate

deep **3** low **4** bass, rapt, sunk **5** abyss, grave, ocean **6** occult, orphic, secret **7** abyssal, obscure **8** abstruse, esoteric, hermetic, profound **9** engrossed, recondite **10** bottomless, fathomless, mysterious ***combining form:*** **5** bathy

deepen **6** darken, worsen **7** enhance, enlarge, magnify, thicken **8** heighten **9** aggravate, intensify **10** strengthen

deepness **5** abyss **9** intensity **10** profundity

deep-seated **6** inborn, inbred, innate **7** settled **8** inherent, lifelong, profound, stubborn **9** confirmed, ingrained, intrinsic **10** congenital, entrenched, indwelling, inveterate **11** established **12** long-standing **13** bred-in-the-bone, dyed-in-the-wool, thoroughgoing

deep-six **4** dump, toss **5** chuck, scrap **6** unload **7** discard **8** jettison **9** eliminate

deep water **7** trouble **8** distress **10** difficulty

deer **3** elk, roe **4** buck, musk, stag **5** moose **6** wapiti **7** caribou, venison ***Asian:*** **4** axis **6** sambar **7** muntjac ***British:*** **4** hart ***female:*** **3** doe **4** hind ***Japanese:*** **4** sika ***male:*** **4** buck, hart, stag **7** roebuck ***meat:*** **5** jerky **7** venison ***path:***

3 run 5 trail ***red:*** 7 brocket ***relating to:*** 7 cervine ***track:*** 4 slot 5 spoor ***young:*** 3 kid 4 fawn

Deerslayer (The) ***author:*** 6 Cooper (James Fenimore) ***character:*** 5 Harry (Hurry) 6 Hutter (Thomas), Judith (Hutter) 11 Natty Bumppo 12 Chingachgook

deface 3 mar 4 harm, ruin 6 damage, deform, impair, injure 9 disfigure, vandalize

de facto 6 actual, really 8 actually, existing

defalcation 7 default, failing, failure 10 embezzling, inadequacy, negligence 12 embezzlement

defamation 5 libel, smear 7 calumny, obloquy, slander 10 backbiting 11 traducement 12 backstabbing 13 disparagement

defamatory 8 libelous 9 maligning, traducing, vilifying 10 backbiting, calumnious, slanderous 11 denigrating

defame 5 abase, libel, smear 6 malign, vilify 7 asperse, blacken, blemish, slander, traduce 8 dishonor 9 denigrate, discredit 10 calumniate

default 4 fail 5 welsh 7 absence, exclude, failure, forfeit, neglect 9 selection

defeasance 4 deed 6 defeat 9 overthrow 11 termination

defeat 3 tan 4 beat, best, down, drub, edge, foil, lick, loss, rout, sink, undo, whip, whup 5 crush, outdo, skunk, swamp, upset, waste, whomp 6 outgun, reduce, subdue, wallop 7 beating, conquer, destroy, failure, licking, mow down, nose out, nullify, outplay, overrun, setback, shellac, trounce, wipe out 8 knock out, outfight, outflank, overcome, vanquish, waterloo 9 frustrate, overpower, overthrow, overtrump, subjugate, thrashing, trouncing 10 obliterate 11 shellacking

defeatist 8 doomster 9 doomsayer, Gloomy Gus, pessimist, worrywart

defect 3 bug 4 flaw, lack, vice, want 5 botch, error, fault 6 damage, dearth, desert, foible, injury 7 blemish, default, failing 8 drawback, weakness 9 birthmark, deformity 10 apostatize, deficiency 11 shortcoming 12 imperfection, tergiversate ***timber:*** 4 knot ***visual:*** 6 myopia, squint 9 amblyopia, hyperopia 10 presbyopia, strabismus

defection 8 apostasy 9 desertion, forsaking, recreancy 10 disloyalty 11 abandonment

defective 5 amiss 6 broken, faulty, flawed 7 damaged, lacking, unsound, wanting 8 impaired 9 corrupted, deficient, imperfect 10 inaccurate, inadequate, incomplete 12 insufficient

defector 5 Judas 7 traitor 8 apostate, quisling, recreant, renegade, turncoat 9 turnabout 13 double-crosser

defend 4 back, hold, save 5 argue, cover, guard 6 screen, secure, shield, uphold 7 contend, justify, protect, support 8 advocate, champion, maintain, plead for, preserve 9 safeguard

defendable see DEFENSIBLE

defendant 7 accused, libelee 8 libellee

defender 7 paladin, tribune 8 advocate, champion, guardian 9 protector 11 white knight

defense 4 fort, ward 5 aegis, alibi, armor, guard 6 excuse, sconce, shield 7 bulwark, rampart, shelter 8 apologia, armament, fastness, fortress, muniment, security 9 safeguard 10 protection, stronghold 11 exculpation, explanation 13 justification ***organization:*** 4 NATO 5 NORAD, SEATO 10 Warsaw Pact

defenseless 4 open 7 exposed, unarmed 8 helpless, wide open 9 unguarded 10 vulnerable 11 unprotected

defensible 5 valid 7 tenable 8 passable 9 excusable, plausible 10 condonable, reasonable 11 justifiable

defer 3 bow 4 stay, wait 5 delay, remit, stall, table, yield 6 accede, hold up, put off, shelve, submit 7 hold off, lay over, put over, suspend 8 hold over, postpone, prorogue 9 acquiesce 13 procrastinate

deference 5 honor 6 esteem, homage, regard 7 respect 8 courtesy 9 obeisance 11 recognition

deferential 8 obliging 9 disarming, regardful 10 respectful 11 complaisant

defiance 4 dare 5 moxie 7 bravado 8 audacity, contempt 9 challenge, contumacy, impudence, insolence 10 brazenness, effrontery 12 contrariness, stubbornness

defiant 4 bold 5 brash, gutsy, sassy, saucy 6 brazen, cheeky, daring 8 arrogant, impudent, insolent 9 audacious, obstinate, resistant 10 refractory 12 recalcitrant

deficiency 4 flaw, lack, want 5 fault, minus 6 dearth 7 absence, blemish, demerit, failing, failure, paucity 8 scarcity, shortage, weakness 9 privation 10 inadequacy, scantiness 11 defalcation, shortcoming 12 imperfection ***mental:*** 6 idiocy 7 amentia

deficient 3 shy 5 minus, scant, short 6 faulty, flawed, meager, meagre, measly, scanty, scarce 7 failing, lacking, unsound, wanting **8** exiguous, impaired **9** defective, imperfect **10** inadequate, incomplete

deficit **4** lack, loss **6** red ink **8** shortage **10** impairment, inadequacy **12** disadvantage **13** insufficiency

defile **3** tar **4** foul, pass, rape, soil **5** dirty, gorge, march, shame, smear, spoil, stain, sully, taint **6** befoul, debase, ravish **7** besmear, corrupt, pollute, profane, tarnish, violate **8** deflower, dishonor **9** desecrate **11** contaminate

defiled **5** raped **6** impure **7** stained, unclean **8** profaned, polluted, ravished, violated **9** corrupted **10** deflowered, desecrated **12** contaminated

define **3** fix, hem, rim, set **4** edge **5** limit **6** assign, border, detail **7** clarify, delimit, lay down, mark off, mark out, outline, specify **9** delineate, demarcate, determine, establish **11** distinguish **12** characterize

definite **3** set **4** sure **5** clear, final, fixed, sharp, solid **7** certain, decided, express, precise, settled **8** clear-cut, distinct, explicit, specific **10** conclusive, pronounced **11** unambiguous, unequivocal **12** unmistakable

definiteness **8** accuracy, sureness **9** certainty, certitude, exactness, precision **10** exactitude

definitive **5** final **7** express **8** clear-cut, complete, explicit, settling, specific, ultimate **10** concluding, conclusive, exhaustive **11** categorical, determining, unambiguous **13** authoritative

deflate **4** dash **6** humble, reduce, shrink **7** devalue, put down **8** contract, ridicule **9** humiliate, shoot down

deflect **5** avert, parry **6** divert **7** deviate, diverge, hold off **9** turn aside

deflection **3** yaw **4** bend, tack, turn, veer **5** carom, curve, shift **6** double, swerve **7** bending, rebound, turning, veering **8** swerving **9** departure, deviation, diversion **10** divergence

deflower **4** rape **5** spoil **6** defile, ravish **7** despoil, violate **9** desecrate

Defoe, Daniel ***character:*** **6** Crusoe (Robinson), Friday, Roxana **12** Moll Flanders

deform **4** warp **5** spoil **6** deface **7** contort, distort **8** misshape **9** disfigure

deformed **4** awry, bent **5** askew, bowed **6** warped **7** buckled, crooked **8** crippled **9** contorted, misshapen, unshapely

deformity **4** flaw **6** defect **7** blemish **11** abnormality **12** imperfection, irregularity, malformation **13** disfigurement

___ de France **3** Île

defraud **3** con, gyp **4** bilk, dupe, rook, scam **5** cheat, cozen, mulct, trick **6** fleece, rip off **7** swindle **8** flimflam **9** bamboozle

deft **3** apt **4** able **5** adept, agile, handy **6** adroit, clever **7** skilled **8** dextrous, skillful **9** dexterous

deftness **5** knack, skill **7** address, prowess **8** facility **9** adeptness, dexterity **10** capability

defunct **4** cold, dead, late **5** kaput **7** extinct **8** deceased, departed, lifeless, vanished

defy **4** dare, face, gibe, jeer, mock **5** beard, brave, flout, stump **6** resist **7** affront, outdare, outface **8** confront **9** challenge, disregard, withstand

dégagé **6** breezy, casual **7** relaxed, unfussy **8** informal **9** easygoing **10** nonchalant, unreserved **13** unconstrained

degeneracy see DEGENERATION

degenerate **4** sink **6** rotten, sunken, worsen **7** corrupt, debased, decayed, decline, descend, immoral, pervert, vicious, vitiate **8** decadent, degraded, depraved **9** backslide, dissolute **11** deteriorate

degeneration **7** atrophy, decline **8** downfall, lowering **9** decadence, depravity, downgrade **10** debasement, perversion, regression **11** degradation **12** dégringolade **13** deterioration

degradation **4** fall **7** decline, descent **8** demotion **9** abasement, decadence, depravity, downgrade, reduction **10** corruption, debasement, degeneracy, perversion **11** downgrading **12** degeneration

degrade **4** bump, bust **5** abase, break, decry, lower **6** debase, demean, demote, impair, lessen, reduce **7** corrupt, declass, pervert, put down **8** belittle, cast down, derogate, diminish **9** decompose, discredit, disparage, downgrade, humiliate

degree **3** peg **4** heat, rank, rate, rung, step, term, tier **5** grade, honor, notch, order, pitch, point, ratio, scale, shade, stage, stair **6** amount, extent, status **7** measure, station **8** standing **9** dimension, intensity, magnitude **10** proportion ***academic:*** **3** BFA, BSc, DDS, LLB, LLD, LLM, MBA, MFA, MSc, PhD **5** MPhil **7** master's **9** bachelor's, doctorate ***highest:*** **8** cum laude **13** magna cum laude, summa cum laude ***of combining power:*** **7** valence ***of height:*** **5** grade ***of importance:*** **7** caliber, calibre ***of outward slope:*** **5** splay ***seeker:*** **9** candidate ***slight:*** **4** hair ***utmost:*** **4** acme

dégringolade see DEGENERATION

___ de guerre **3** nom

dehydrate 3 dry 4 sear 5 parch 9 desiccate, exsiccate
Deianira *brother:* 8 Meleager *father:* 6 Oeneus *husband:* 8 Heracles, Hercules *mother:* 7 Althaea *victim:* 8 Heracles, Hercules
deific 5 godly 6 divine 7 godlike
deification 8 idolatry 10 apotheosis, glorifying 13 glorification
deify 5 exalt 7 glorify, idolize, worship 8 sanctify, venerate 11 apotheosize
deign 5 stoop 7 descend 9 vouchsafe 10 condescend
Deiphobus *brother:* 5 Paris 6 Hector *father:* 5 Priam *mother:* 6 Hecuba *wife:* 5 Helen
Deirdre *beloved:* 5 Noisi *father:* 5 Felim
deity 3 god 4 Lord 7 goddess, godhead, godhood 8 Almighty, divinity 12 supreme being (see also at GREEK; HINDU; NORSE; ROMAN)
deject 5 chill, cloud, daunt 6 dampen, dismay 7 depress 8 dispirit 9 disparage 10 demoralize, discourage, dishearten
dejected 3 low, sad 4 blue, down, glum, sunk 6 gloomy, morose, somber, sombre 7 doleful, hangdog, humbled, unhappy 8 downcast, wretched 9 cheerless, depressed, woebegone 10 despondent, spiritless 11 crestfallen, downhearted 12 disconsolate, disheartened
dejection 5 dumps, gloom 7 despair, sadness 10 melancholy 11 despondency, unhappiness 12 mournfulness
Delaware *capital:* 5 Dover *city:* 10 Wilmington *nickname:* 5 First (State) 7 Diamond (State) *state bird:* 14 blue hen chicken *state flower:* 12 peach blossom *state tree:* 13 American holly
delay 3 lag 4 drag, hold, slow, stay, wait 5 dally, defer, stall, tarry, trail 6 dawdle, detain, hang up, hinder, holdup, impede, linger, loiter, put off, retard, slow up 7 bog down, hold off, respite, set back, slacken, suspend 8 hesitate, hold over, postpone, prorogue, reprieve, slow down 10 dillydally, moratorium, suspension 13 procrastinate
delaying 8 dawdling, dilatory 10 postponing, putting off
delectable 5 tasty, yummy 6 choice, savory 8 charming, heavenly, luscious, pleasing 9 ambrosial, delicious, enjoyable, exquisite, toothsome 10 delightful, enchanting 11 scrumptious 13 mouthwatering
delectation 3 fun, joy 4 zest 5 gusto 6 relish 7 delight 8 gladness, pleasure 9 enjoyment
delegate 4 name, send 5 agent, envoy, proxy 6 assign, depute, deputy, legate 7 appoint, consign, entrust 8 deputize, emissary, transfer 9 authorize, catchpole, designate, spokesman 10 commission, mouthpiece, procurator
delete 4 drop, omit, x out 5 erase, purge 6 cancel, censor, cut out, efface, excise, remove 7 blot out, destroy, expunge, take out, wipe out 8 black out, cross out 9 eliminate, eradicate, strike out 10 blue-pencil, obliterate
deleterious 3 bad 6 nocent 7 baneful, harmful, hurtful, nocuous, noxious, ruinous 8 damaging 9 injurious 10 pernicious 11 destructive, detrimental, mischievous, prejudicial
deletion 7 erasure, voiding 9 canceling 10 deficiency 11 elimination 12 cancellation
deliberate 4 chaw, cool, muse, pore, slow 5 chary, meant, study, think, weigh 6 chew on, ponder, reason 7 careful, heedful, planned, reflect, studied, willful, willing, witting 8 cautious, cogitate, consider, intended, measured, meditate, mull over, ruminate, talk over 9 cerebrate, conscious, unhurried 10 calculated, considered, purposeful, thought-out 11 circumspect, intentional 12 premeditated
deliberately 9 knowingly, on purpose, purposely, willfully, wittingly 11 consciously 12 purposefully 13 intentionally
deliberation 5 study 6 debate 7 thought 10 conference, discussion, reflection 13 consideration
Delibes, Léo *ballet:* 6 Sylvia 8 Coppélia, La Source *opera:* 5 Lakmé
delicacy 5 goody, treat 6 dainty, luxury, morsel, nicety, tidbit 7 frailty 8 kickshaw, fineness 9 fragility, precision 10 daintiness, difficulty, indulgence, stickiness 11 awkwardness 12 ticklishness
delicate 4 fine, lacy, weak 5 frail 6 choice, dainty, flimsy, petite, queasy, sickly, slight, subtle, tender, touchy, tricky 7 elegant, fragile, refined, tactful, tenuous 8 ethereal, feathery, finespun, gossamer, graceful, pleasing, ticklish 9 exquisite, sensitive, squeamish 10 precarious
delicatessen 11 charcuterie
delicious 5 tasty, yummy 6 choice, divine, savory 8 heavenly, luscious 9 ambrosial, exquisite, toothsome 10 delectable, delightful 11 scrumptious 13 mouthwatering
delight 3 joy 4 glee 5 amuse, bliss, charm, enjoy, exult, glory, mirth, revel

6 divert, please, regale, relish **7** ecstasy, enchant, gladden, gratify, jollity, rapture, rejoice **8** enravish, entrance, fruition, hilarity, pleasure **9** delectate, enjoyment, enrapture, entertain **11** delectation *in:* **4** love **5** adore, enjoy, savor **6** admire, relish **7** cherish **10** appreciate

delighted **4** glad **5** happy **6** joyful **8** ecstatic, euphoric

delightful **5** yummy **6** dreamy, lovely **8** charming, heavenly, luscious, pleasant, pleasing **9** congenial, enjoyable **10** delectable, enchanting, satisfying **11** captivating, fascinating, pleasurable, scrumptious **12** entertaining

Delilah's victim **6** Samson

DeLillo novel **5** Libra, Mao II **10** Underworld, White Noise

delimit **3** bar **5** bound, hem in **6** demark, define **7** confine, enclose **8** restrict **9** demarcate, determine **12** circumscribe

delineate **3** map **4** etch, limn **5** chart, image, trace **6** define, depict, detail, render **7** outline, picture, portray **8** describe, spell out **9** elucidate, interpret, represent **10** illustrate

delineation **5** draft, story **6** report **7** account, contour, drawing, outline, picture, profile **9** depiction, rendering **11** presentment

delinquency **4** debt **5** crime, fault, lapse **7** default, failure, misdeed, neglect, offense **8** omission **9** oversight **10** misconduct, nonpayment, wrongdoing **11** dereliction, misbehavior

delinquent **3** lax **5** slack **6** debtor **7** overdue **8** careless, offender **9** defaulter, in arrears, negligent **10** behindhand, neglectful

deliquesce **3** rot, run **4** flux, fuse, melt, thaw **5** decay **6** render, soften **7** liquefy, putrefy **8** dissolve, fluidize **9** decompose, disappear, waste away **12** disintegrate

delirious **3** mad **4** wild **5** crazy **6** crazed, insane, raving **7** frantic, lunatic **8** confused, demented, deranged, ecstatic, frenetic, frenzied, rambling **9** rapturous **10** bewildered, corybantic, distracted, irrational **11** lightheaded, overexcited, overwrought

delirium **5** furor, mania **6** fervor, frenzy **7** ecstasy, jimjams, rapture, seizure **8** dementia, hysteria **13** hallucination

delirium ___ **7** tremens

deliver **4** bear, deal, feed, find, give, hand, save, send, ship, sing, take **5** bring, serve, speak, state, throw, utter **6** convey, redeem, rescue, strike, supply **7** consign, present, produce, provide, set free, release **8** hand over, liberate, turn over **9** pronounce, surrender **10** bring forth, emancipate **11** come out with, come through

deliverance **6** rescue **7** freeing, opinion, release, verdict **8** decision **9** acquittal, discharge, salvation **10** absolution, liberation

Deliverance author **6** Dickey (James)

delivery **4** drop **5** birth, labor **6** rescue **7** address, bearing **8** birthing, shipment **9** elocution, rendition, salvation **10** childbirth, conveyance, liberation **11** consignment, parturition, transferral **12** childbearing, transmission

dell **4** dale, glen, vale **6** dingle, hollow, valley

Delphic **4** dark **5** vatic **6** arcane, hidden, mantic, mystic, occult, veiled **7** cryptic, obscure **8** auguring, divining, esoteric, mystical, oracular **9** ambiguous, enigmatic, equivocal, prophetic, recondite, sibylline, vaticinal **10** mystifying, portentous **11** prophesying, prophetical

delta **5** plain **6** letter, symbol **7** deposit **8** triangle **9** increment

delude **3** con **4** dupe, fool, gull, hoax **5** bluff, cozen, trick **6** betray, humbug, juggle, take in **7** beguile, deceive, mislead **8** flimflam, hoodwink **11** double-cross

deluge **5** drown, flood, swamp **6** drench, engulf **7** Niagara, torrent **8** cataract, downpour, drencher, flooding, inundate, overflow **9** cataclysm, overwhelm **10** cloudburst, outpouring, inundation

delusion **4** hoax, sham **5** dream, fancy, snare **6** mirage **7** chimera, fallacy, fantasy, figment, phantom, specter **8** daydream, phantasm **9** deception **10** apparition **11** ignis fatuus **13** hallucination

delusive **5** false **8** fanciful, illusory, specious **9** beguiling, deceiving, deceptive, imaginary **10** chimerical, fallacious, misleading

delusory see DELUSIVE

deluxe **4** lush, posh **5** grand, plush, ritzy, swank **6** choice, costly, swanky **7** elegant, opulent **8** luscious, splendid **9** expensive, exquisite, luxuriant, luxurious, sumptuous **10** first class

delve **3** dig, dip **4** mine **5** probe **6** dredge, fathom, hollow, quarry, search, shovel **7** inquire **8** excavate *into:* **4** sift **5** probe **7** explore **8** prospect **11** investigate

delving **6** asking **7** inquest, inquiry, probing **8** research **9** inquiring, searching

demagnetize **7** degauss

demagogue 6 leader 7 inciter 8 agitator, fomenter 9 firebrand 10 instigator 11 provocateur 12 rabble-rouser
demand 3 ask, use 4 call, need, urge, want 5 claim, crave, exact, force, order 6 compel, direct, expect, insist 7 call for, request, require 11 requirement, requisition
demanding 4 hard 5 pushy, tough 6 taxing, trying 7 exigent, onerous, weighty 8 exacting, forceful, rigorous 9 assertive, difficult, insistent, strenuous, stringent 10 aggressive, burdensome, oppressive 11 challenging
demarcate 5 bound, limit 6 define, set off 7 delimit, mark off, outline 8 separate, set apart 9 delineate, determine 11 distinguish 12 circumscribe 13 differentiate
demarcation 9 outlining 10 border line, separation 11 distinction 12 delimitation
démarche 4 plan, ploy, ruse 5 feint 6 action, device, gambit, scheme, tactic 7 protest 8 artifice, maneuver, petition 9 stratagem 10 initiative 11 contrivance, machination
demean 4 bear 5 abase, carry, decry, lower 6 acquit, behave, debase, deport, humble 7 comport, conduct, degrade, detract 8 bad-mouth, belittle 9 disparage, humiliate
demeanor 3 air 4 look, mien 6 aspect, manner 7 address, bearing, conduct 8 behavior, carriage, presence 10 deportment 11 comportment
demented 3 mad 5 crazy, loony, nutty, wacko 6 crazed, insane, psycho 7 lunatic, unsound 8 deranged, frenzied, maniacal 9 delirious 10 hysterical, unbalanced 12 psychopathic
___ **de mer** 3 mal
demerit 4 mark 5 fault, stain 6 defect 7 blemish, penalty 9 downgrade 10 deficiency, punishment 11 shortcoming 12 imperfection
demesne 5 field, realm 6 domain, estate, region, sphere 7 terrain 8 dominion, province 9 bailiwick, champaign, territory ***house:*** 5 manor
Demeter see CERES
demigod 4 diva, idol 8 superman 9 superstar
demise 3 die, end 4 drop, pass 5 death, dying, sleep 6 cash in, depart, ending, expire 7 decease, passing, quietus, release, silence, succumb 8 pass away 9 cessation, departure 10 expiration, extinction
demit 4 quit 6 bow out, give up, resign 8 abdicate, renounce, step down, withdraw
demiurgic 8 creative, original 9 formative, ingenious, inventive 10 innovative 11 originative 12 innovational
demobilize 7 break up, disband, dismiss, scatter 8 disperse, separate 9 discharge, disengage, muster out
democratic 7 popular 8 populist 10 self-ruling 11 egalitarian 13 self-governing
Democrats' symbol 6 donkey
démodé 5 dated, passé 7 antique, archaic 8 old-timey, outdated 9 out-of-date 12 old-fashioned
demoiselle 6 damsel, lassie, maiden 10 damselfish
demolish 4 raze, ruin 5 crush, level, smash, total, wrack, wreck 7 destroy, flatten, wipe out 8 decimate, tear down 9 finish off 10 annihilate, obliterate
demolition 6 razing 8 leveling, wrecking 10 bulldozing 11 destruction 12 annihilation
demolition bomb 11 blockbuster
demon 3 imp 5 devil, fiend, genie, ghoul, jinni, Satan 7 hellion, incubus 9 archfiend ***Arabic:*** 5 afrit 6 afreet ***female:*** 5 lamia 7 succuba, succubi (plural) 8 succubae (plural), succubus
demonic 6 wicked 7 satanic 8 devilish, diabolic, fiendish, infernal 9 possessed 10 diabolical
demonize 6 malign, revile, vilify 7 bedevil, censure, slander 8 denounce 9 diabolize
demonstrate 3 try 4 mark, show, test 5 prove, rally 7 confirm, display, exhibit, explain, make out, protest 8 evidence, manifest, proclaim, validate 9 determine, establish 10 illustrate 12 authenticate
demonstration 4 expo, show, test 5 march, proof, rally, trial 6 picket 7 display, protest 9 spectacle 10 exhibition, exposition, validation 12 presentation 13 corroboration, manifestation
demonstrative 4 open 8 effusive, outgoing, specific 9 emotional, expansive, exuberant, outspoken 10 outpouring, unreserved, validating 12 affectionate, unrestrained 13 unconstrained
demoralize 5 chill, daunt, shake, unman, upset 6 dampen, debase, deject, rattle, weaken 7 corrupt, debauch, deprave, unnerve, vitiate 8 dispirit, psych out 9 undermine 10 discourage, dishearten
Demosthenes 6 orator ***oration:*** 9 Philippic
demote 4 bump, bust 5 lower 6 reduce 7 declass, degrade 9 downgrade
demulcent 4 balm 5 jelly, salve

7 unguent 8 liniment, ointment, soothing 9 softening

demur 5 qualm 6 object, oppose, resist 7 dispute, protest 8 question 9 challenge, hesitancy, objection 10 hesitation, indecision, reluctance 11 compunction, remonstrate

demure 3 coy, shy 5 timid 6 modest 7 bashful 8 reserved, reticent, retiring 9 diffident 11 unassertive 12 self-effacing

demurral 7 protest 9 challenge, objection 12 remonstrance 13 remonstration

demurrer see DEMURRAL

den 4 base, cave, home, lair, nest, room 5 study 6 burrow, cavern, hollow 7 dayroom, hideout, sanctum 8 hideaway, playroom ***rabbit:*** 6 warren

denial 3 nay 6 heresy 7 refusal 8 disproof, negation, rebuttal 9 disavowal, rejection 10 abnegation, gainsaying, refutation 11 repudiation 12 renunciation

denigrate 5 decry, libel, smear, stain, sully 6 darken, defame, defile, impugn, malign, vilify 7 asperse, devalue, put down, slander, tarnish, traduce 8 belittle, dishonor, tear down 9 discredit, disparage 10 calumniate, scandalize

denims 5 jeans 8 overalls 9 blue jeans, dungarees

denizen 5 liver 6 native 7 dweller, habitué, haunter, resider 8 habitant, occupant, resident 9 indweller, inhabiter 10 frequenter, inhabitant

Denmark ***capital:*** 10 Copenhagen ***city:*** 5 Århus 6 Ålborg, Odense 11 Helsingborg 13 Frederiksberg ***island:*** 3 Fyn 7 Falster, Zealand 8 Bornholm 9 Sjaelland ***monetary unit:*** 5 krone ***neighbor:*** 6 Sweden 7 Germany ***part of:*** 11 Scandinavia ***peninsula:*** 7 Jutland ***possession:*** 9 Greenland 12 Faroe Islands 13 Faeroe Islands ***sea:*** 5 North 6 Baltic ***strait:*** 5 Lille, Store 9 Langeland

denominate 3 dub 4 call, name, term 5 label, style, title 7 baptize, entitle 8 christen 9 designate

denomination 4 cult, name, sect 5 creed, faith, style, title 6 church 8 category, cognomen, religion 9 communion 10 persuasion ***religious:*** 5 Amish 6 Mormon 7 Baptist 8 Lutheran, Moravian, Reformed 9 Adventist, Episcopal, Mennonite, Methodist, Unitarian 11 Pentecostal 12 Presbyterian, Universalist 13 Roman Catholic

denotation 4 name, sign 5 sense 6 import 7 meaning 10 indication, signifying 11 designation 13 signification, specification

denote 4 mark, mean, name, show 5 spell 6 import 7 add up to, betoken, express 8 announce, indicate 9 designate, represent

denouement 6 effect, result, upshot 7 outcome 10 conclusion 11 consequence, culmination

denounce 3 rap 4 skin 5 blame, blast, decry, knock 6 rebuke, scathe 7 censure, condemn, upbraid 8 derogate, reproach 9 castigate, criticize, dress down, excoriate, reprehend, reprobate 10 denunciate, vituperate 11 incriminate 12 anathematize

de novo 4 anew, over 5 again, newly 6 afresh 8 once more 9 over again 11 from scratch

dense 4 dull, dumb 5 close, heavy, solid, thick, tight 6 obtuse, opaque, stupid 7 compact, crammed, crowded, doltish, serried 9 fatheaded, jam-packed 10 numskulled 11 blockheaded, numbskulled, thickheaded 12 impenetrable

dent 4 bash, ding, flaw, nick 5 tooth 6 dimple, hollow 10 depression, impression

denticulate 6 ridged 7 dentate, notched, serrate, serried, toothed 8 saw-edged, sawtooth, serrated 10 saw-toothed

dentin 6 enamel

denude 4 bare 5 strip 6 divest 7 disrobe, uncover, undress 8 unclothe

denunciate see DENOUNCE

deny 5 cross, rebut 6 disown, forbid, negate, refuse, refute, reject, renege 7 disavow, gainsay 8 abnegate, disallow, disclaim, forswear, renounce, traverse, withhold 9 disaffirm 10 contradict, contravene

depart 3 die 4 exit, flee, pass, quit 5 leave, scram, split 6 begone, decamp, demise, desert, escape, expire, go away, move on, pass on, perish, skidoo 7 decease, deviate, go forth, move out, pull out, skiddoo, take off, vamoose 8 pass away, shove off, slip away, withdraw 9 skedaddle, take leave

departing 6 egress, exodus 7 good-bye 8 farewell 9 desertion 11 leave-taking, valedictory

department 5 arena 6 branch, domain, sphere 7 section 8 category, division, province 9 bailiwick, territory 11 subdivision

departure 4 exit 5 adieu, break, congé, going 6 egress, exodus, flight 7 leaving 8 farewell 9 deviation, diversion 10 aberration, decampment, deflection, divergence, embarkment, setting-out, withdrawal 11 embarkation, leave-taking ***of a ship:*** 6 sortie ***point:*** 7 outport

dependable 4 sure, true 5 loyal, solid, tried 6 secure, steady, trusty 7 certain, staunch 8 accurate, constant, faithful, reliable, surefire 9 authentic, steadfast, unfailing 11 responsible, trustworthy 12 tried and true 13 authoritative ***Scottish:*** 6 sicker

dependence 4 need 5 faith, habit, stock, trust 8 reliance 9 addiction 11 contingency, habituation

dependent 5 child 6 minion, vassal 7 reliant, relying 9 secondary 10 contingent, equivalent 11 conditional, subordinate

depend on 5 bet on, trust 6 bank on, hang on, look to, rely on, turn on 7 build on, count on, hinge on, stand on, swear by

depict 4 draw, limn, show 5 image, paint 6 relate, render, sketch 7 express, picture, portray 8 describe 9 delineate, represent 10 illustrate

depiction 5 image 6 sketch 7 drawing, picture 9 portrayal, rendering 11 delineation, portraiture, presentment 12 illustration, presentation

deplete 3 sap 4 milk 5 bleed, drain, eat up, empty, leech, use up 6 expend, lessen, reduce 7 consume, draw off, exhaust 8 decrease, diminish, draw down 9 undermine 10 run through

depleted 6 sapped, used up 7 drained, reduced 8 consumed, expended 9 exhausted, washed-out

deplorable 5 awful 6 rotten, woeful 8 dreadful, god-awful, grievous, terrible, wretched 9 execrable, miserable, sickening 10 calamitous, disastrous, lamentable 11 distressing, intolerable 12 contemptible, disreputable, heartrending 13 heartbreaking, reprehensible

deplore 3 rue 5 abhor, mourn 6 bemoan, bewail, grieve, lament, regret 7 condemn 8 denounce, object to 9 deprecate 10 disapprove

deploy 3 use 5 array 6 muster, unfold 7 arrange, display, dispose, marshal, utilize 8 position

___ de plume 3 nom

depone 5 state, swear 6 affirm, assert, attest 7 certify, confirm, declare, testify, warrant 11 corroborate 12 authenticate

deport 3 act 4 bear 5 carry, exile, expel 6 acquit, banish, behave, demean 7 conduct 8 displace, relegate 10 expatriate

deportee 5 exile 8 expellee

deportment 3 air, set 4 mien, port 6 aspect, manner 7 address, bearing, conduct, manners 8 behavior, carriage, demeanor, presence

depose 4 aver, avow, oust 5 state, swear 6 affirm, assert, avouch, remove, topple, unmake 7 declare, profess, testify, uncrown 8 dethrone, displace, throw out, unthrone 9 overthrow

deposit 3 lay 4 bank, drop, dump, fund, lees, pawn, save, stow 5 cache, chest, dregs, place, put by, stash, store 6 settle 7 consign, grounds, lay away 8 put aside, security, sediment, sock away 9 settlings 11 precipitate 13 precipitation ***alluvial:*** 5 delta ***black:*** 4 soot ***calcium carbonate:*** 10 stalactite, stalagmite ***containing gold:*** 6 placer ***eggs:*** 5 spawn ***geologic:*** 7 horizon ***glacial:*** 4 till 5 drift, esker 7 moraine ***loam:*** 5 loess ***mineral:*** 4 lode 10 concretion ***muddy:*** 6 sludge ***sand:*** 4 bank 5 beach ***sedimentary:*** 4 silt ***skeletal:*** 5 coral ***stolen goods:*** 5 fence ***stream:*** 8 alluvium, sediment ***tooth:*** 6 tartar

deposition 6 avowal 7 ousting, placing 9 affidavit, dismissal, testimony 10 testifying 11 attestation, declaration

depository 4 bank, dump, safe 5 attic, cache, depot, store, vault 7 archive, arsenal 8 magazine 9 warehouse 10 storehouse ***for bones:*** 7 ossuary

depot 4 dump 5 cache, store 6 armory, garage 7 arsenal, station 8 magazine, terminal, terminus 9 warehouse 10 depository, repository, storehouse 12 station house

deprave 4 warp 6 debase 7 corrupt, debauch, pervert, vitiate 9 brutalize 10 bastardize, bestialize, demoralize

depraved 3 bad, low 4 base, evil, ugly, vile 6 putrid, rotten, wanton, warped, wicked 7 bestial, corrupt, debased, immoral, twisted, vicious 8 degraded, perverse, vitiated 9 corrupted, debauched, miscreant, nefarious, perverted, reprobate 10 degenerate

depravity 4 vice 8 baseness 9 abasement, decadence 10 corruption, debasement, debauchery, degeneracy, immorality, perversion 12 degeneration

deprecate 7 frown on, put down 8 belittle, derogate, disfavor, object to, play down, pooh-pooh 9 disparage 10 disapprove 12 disapprove of

depreciate 4 drop, fall 5 abate, decry, erode, lower 6 lessen, reduce, slight 7 cheapen, devalue, put down 8 belittle, decrease, derogate, diminish, discount, mark down, write off 9 devaluate, disparage, downgrade, underrate 10 devalorize, undervalue 11 detract from

depreciation 8 discount 11 denigration 12 belittlement 13 disparagement
depreciative 9 slighting 10 derogatory, detracting, pejorative 11 disparaging, underrating 12 undervaluing
depredate 4 sack 5 waste 6 ravage 7 despoil, pillage, plunder 8 desolate, lay waste, prey upon, spoliate 9 desecrate, devastate, vandalize
depredation 4 sack 5 havoc 7 pillage, plunder, sacking 8 ravaging 9 marauding, ruination 10 spoliation 11 desecration, destruction, devastation 12 despoliation
depredator 6 looter, raider, vandal 7 forager, spoiler 8 marauder 9 plunderer 10 freebooter
depress 4 damp, dash, dent 5 chill, daunt, lower 6 dampen, deject, dismay, sadden 7 afflict, trouble 8 dispirit, enfeeble 9 disparage, weigh down 10 discourage, dishearten
depressed 3 low, sad 4 blue, down, glum, sunk 6 broody, gloomy, glumpy, lonely, somber 8 cast down, dejected, downcast 9 bummed out, flattened, woebegone 10 dispirited, lugubrious, melancholy, spiritless 11 crestfallen, downhearted, melancholic 12 disconsolate 13 disadvantaged
depressing 3 sad 5 bleak 6 dismal, dreary, gloomy, somber, sombre 7 joyless 8 funereal, mournful 9 saddening 10 melancholy, oppressive 11 melancholic 13 disheartening
depression 3 dip, low, pit, sag 4 bust, drop, funk, hole, sink, vale 5 basin, blues, dolor, dumps, ennui, gloom, scoop, slump 6 cavity, crater, hollow, pocket, valley 7 cyclone, decline, sadness, sinkage 8 downturn, sinkhole 9 concavity, dejection 10 desolation, melancholy 11 melancholia, unhappiness ***anatomical:*** 5 fossa, fovea 6 foveae (plural) ***geographic:*** 7 Qattara ***in ridge:*** 3 col ***in snow:*** 8 sitzmark ***small:*** 4 dent 6 dimple
depressive 4 blue, dour, glum 6 woeful 7 doleful 8 downbeat, downcast, mournful 9 miserable, woebegone 10 despondent, melancholy 11 low-spirited
deprivation 4 lack, loss 6 denial 7 forfeit, removal 10 forfeiture 11 bereavement, divestiture 13 dispossession
deprive 3 rob 5 strip 6 divest 8 disseise, disseize 10 disinherit, dispossess ***of brilliancy:*** 4 dull 6 deaden ***of courage:*** 7 unnerve ***of sensation:*** 6 benumb
depth 4 base, drop, gulf 5 abyss, chasm, gorge 7 lowness 10 profundity ***measure:*** 6 fathom ***of water:*** 5 draft 7 draught
depthless 7 cursory, shallow, sketchy 10 uncritical 11 superficial
Dept. of ___ 5 Labor, State 6 Energy 7 Defense, Justice 8 Commerce, Interior, Treasury 9 Education 11 Agriculture
deputize 4 name 6 assign 7 appoint, empower, warrant 8 delegate 9 authorize, designate 10 commission
deputy 4 aide 5 agent, proxy 6 backup, factor 8 delegate 9 assistant, catchpole, surrogate
derange 4 muss 5 craze, upset 6 madden, mess up 7 confuse, perturb, unhinge 8 confound, disarray, disorder, distract, unsettle 9 interrupt, unbalance 10 discompose 11 disorganize
deranged 3 mad 4 loco 5 crazy, wacko 6 crazed, insane, maniac 7 berserk, cracked, haywire, lunatic, unsound 8 demented, maniacal 9 disturbed 10 disordered, flipped out, unbalanced
derangement 4 mess 5 chaos, mania 6 lunacy, muddle 7 madness 8 dementia, disorder, insanity 9 confusion, unbalance 10 hodgepodge 11 distraction, disturbance, psychopathy
derby 3 hat 4 race 7 contest 9 horse race
derelict 3 bum 4 hobo, lorn 5 tramp 6 remiss, shabby 7 drifter, outcast, rundown, uncouth, vagrant 8 careless, deserted, vagabond 9 abandoned, negligent 10 neglectful 11 dilapidated 12 disregardful, undependable 13 irresponsible
dereliction 5 fault 7 default, failure, neglect 9 deviation, disregard, oversight 11 abandonment, delinquency, shortcoming
deride 3 rag, rap 4 gibe, jeer, jibe, lout, mock, quiz, razz, twit 5 fleer, rally, scoff, scout, sneer, taunt 6 dump on, insult 7 catcall 8 ridicule
de rigueur 5 right 6 au fait, decent, proper 7 correct 8 becoming, decorous, required 9 essential, mandatory, requisite 10 compulsory, obligatory, prescribed 11 comme il faut
derision 5 abuse, scorn 7 disdain, mockery, ribbing 8 contempt, raillery, ridicule, scoffing 9 contumely, invective
derisive 7 abusive, jeering, mocking 8 sardonic, scoffing, scornful, taunting 9 insulting, sarcastic 10 disdainful 12 contemptuous
derivable 7 a priori 9 deducible, deductive, traceable 10 obtainable 11 extractable 12 attributable, determinable
derivation 4 root 6 origin, source

7 descent 9 etymology 10 provenance, wellspring 11 origination, provenience

derivative 5 banal 7 spin-off 8 acquired, offshoot 9 by-product, imitative, outgrowth, secondary 10 descendant, unoriginal

derive 3 get 4 draw, flow, rise, stem, take 5 adapt, arise, educe, infer, issue, trace 6 deduce, deduct, evolve, gather, obtain 7 descend, emanate, extract, proceed, work out 8 arrive at, conclude 9 formulate, originate

dernier cri 3 fad 4 chic, rage 5 craze, vogue 8 last word

derogate 5 decry 6 berate, dump on, insult 7 put down 8 bad-mouth, belittle, diminish, minimize, write off 9 disparage, dispraise 10 depreciate 11 detract from

derogatory 5 snide 8 decrying, scornful, spiteful 9 degrading, demeaning, maligning, slighting 10 belittling, detracting, disdainful, pejorative 11 disparaging 12 contumelious, depreciative

derrick 5 hoist

derriere 3 bum 4 beam, butt, rear, rump, seat, tail 5 fanny 6 behind, bottom 7 rear end 8 backside, buttocks 9 posterior

derring-do 4 guts 5 nerve, pluck, spunk, valor 6 daring, mettle 7 bravado, bravery, bravura, courage 8 boldness 9 gallantry 12 fearlessness 13 dauntlessness

dervish 4 monk, Sufi 9 mendicant ***in Arabian Nights:*** 4 Agib ***practice:*** 7 dancing 8 whirling ***wandering:*** 5 fakir 8 calender

descant 4 sing 6 melody, remark, treble 7 comment, discuss, melisma, melodia, oration, soprano 9 discourse, expatiate 12 counterpoint

Descartes's axiom 13 cogito ergo sum

descend 4 dive, drop, fall, pass, sink 5 slide, stoop, swoop 6 alight, derive, go down, plunge, worsen 7 decline 8 come down, dismount 9 originate 10 degenerate, retrograde ***by rope:*** 6 rappel

descendant 4 heir 5 scion 7 progeny, spin-off 8 offshoot, relative 9 by-product, offspring, outgrowth 10 derivative

descendants 4 seed 5 brood, heirs, issue, spawn 6 litter 7 progeny 8 children 9 offspring, posterity 11 progeniture

descent 3 dip 4 drop, fall 5 birth, blood, slide, slope 6 origin, plunge, tumble 7 decline, drop-off, incline, lineage, sinkage 8 ancestry, comedown, gradient, pedigree 9 declivity, downgrade 10 derivation, devolution, extraction ***airplane:*** 8 approach ***parachute:*** 4 jump 7 bailout

describe 4 limn 6 denote, depict, recite, relate, render, report 7 explain, express, mark out, narrate, outline, picture, portray, recount 9 delineate, represent 10 illustrate 12 characterize

description 3 ilk 4 kind, sort, type 6 nature, report 7 account, picture, species 9 character, depiction, narrative, portrayal 10 recounting

descry 3 see 4 espy, spot 6 behold, detect, spy out, turn up 7 discern, find out, hit upon 8 discover, meet with, perceive 9 encounter, recognize

Desdemona ***father:*** 9 Brabantio ***husband:*** 7 Othello ***slanderer:*** 4 Iago ***slayer:*** 7 Othello

desecrate 4 sack 5 stain, sully, waste 6 befoul, debase, defile, ravage 7 corrupt, degrade, despoil, pillage, pollute, profane, violate 8 spoliate 9 depredate, devastate

desecration 5 abuse 7 impiety 9 blasphemy, sacrilege 10 debasement, defilement, spoliation 11 profanation 12 despoliation

desensitize 4 dull, numb 5 blunt 6 benumb, dampen, deaden, freeze, sedate 11 anesthetize

desert 4 flee, quit 5 leave, waste 6 barren, betray, decamp, defect, escape, maroon, strand 7 abandon, abscond, badland, forsake 8 renounce 9 repudiate, wasteland 10 apostatize, wilderness 12 tergiversate ***African:*** 5 Namib 6 Libyan, Sahara 7 Arabian 8 Kalahari ***Arizona:*** 7 Painted ***Asian:*** 4 Gobi, Thar 6 Syrian 7 Kara-Kum 8 Kyzyl Kum, Qizilkum 10 Great Sandy ***basin bottom:*** 5 playa ***beast:*** 5 camel 9 dromedary ***California:*** 6 Mohave, Mojave ***Chilean:*** 7 Atacama ***clay:*** 5 adobe ***dweller:*** 4 Arab 5 nomad 6 Berber, Libyan, Malian, Nubian 7 bedouin 8 Algerian, Egyptian, Maghrebi, Maghribi, Sudanese 11 Mauritanian ***Egyptian:*** 7 Arabian ***fertile area:*** 5 oases (plural), oasis ***garb:*** 3 aba ***hallucination:*** 6 mirage ***Israeli:*** 5 Negev ***region:*** 3 erg ***Saudi Arabia:*** 7 Al-Nafud, An Nafud ***Sudan:*** 6 Nubian ***travel group:*** 7 caravan ***wind:*** 7 sirocco

deserted 4 bare, lorn 6 barren, vacant 8 derelict, desolate, forsaken, solitary 9 abandoned, neglected 11 uninhabited

deserter 3 rat 4 AWOL 6 bolter 7 runaway 8 apostate, defector, fugitive, renegade, runagate, turncoat

desertion 7 perfidy 8 apostasy 9 defection, forsaking 11 abandonment, dereliction

deserts 3 due 6 reward 8 requital 9 reckoning 10 recompense 11 comeuppance

deserve 3 win 4 earn, gain, rate 5 merit 6 demand 7 justify, warrant
deserved 3 apt, due 4 just 5 right 7 fitting, merited 8 rightful, suitable 9 befitting 11 appropriate 13 rhadamanthine
deserving 3 due 6 worthy 8 laudable 9 admirable, estimable 10 creditable 11 commendable, meritorious, thankworthy 12 praiseworthy
desiccate 3 dry 5 dry up, parch, wizen 6 wither 7 shrivel 9 dehydrate 10 devitalize
desiderate 4 want, wish 5 covet, crave 6 desire 7 long for, wish for 8 yearn for
design 3 aim 4 cast, draw, form, mean, mind, plan, plot, will 5 chart, draft, frame, model, motif 6 create, device, devise, figure, intend, intent, invent, lay out, makeup, map out, motive, scheme, set out, sketch, tailor 7 arrange, diagram, drawing, execute, fashion, meaning, outline, pattern, prepare, project, propose, tracing 8 contrive, creation, game plan, intrigue, strategy, thinking 9 blueprint, construct, delineate, direction, formation, intention, invention 10 decoration, figuration 11 arrangement, composition 12 architecture, construction ***book:*** 8 vignette ***carpet:*** 3 gul 9 medallion ***incised:*** 8 intaglio ***Indonesian:*** 5 batik ***inlaid:*** 6 mosaic ***intricate:*** 9 arabesque ***of squares:*** 5 check ***openwork:*** 8 filigree ***perforated:*** 7 stencil ***raised:*** 8 repoussé ***skin:*** 6 tattoo ***textile:*** 8 polka dot ***velvety:*** 8 flocking
designate 3 dub, tap 4 call, name, pick, term 5 allot, elect, label, style, title 6 assign, choose, denote, depute, select 7 appoint, declare, earmark, reserve, signify, specify 8 allocate, christen, delegate, identify, set aside, stand for 9 apportion, stipulate 10 decide upon 11 appropriate 12 characterize
designation 4 name, sign 5 class, nomen, style, title 6 naming 8 cognomen, monicker 11 appellation
designed 7 devised, planned 8 intended, resolved 9 contrived, patterned 10 considered, deliberate, determined, thought-out 12 premeditated
designedly 9 expressly, knowingly, on purpose, purposely, willfully, wittingly 11 consciously, purposively 12 deliberately 13 intentionally
desirable 8 enviable, fetching 9 advisable, agreeable, preferred 10 attractive, beneficial 12 advantageous
desire 3 aim, yen 4 envy, eros, itch, lust, want, wish 5 covet, crave, fancy, go for, greed 6 pining, thirst 7 avarice, craving, long for, longing, passion 8 appetite, cupidity, petition, yearn for, yearning 9 eroticism, hankering, prurience, pruriency 10 aphrodisia, attraction, preference 11 inclination, lustfulness 13 concupiscence, lickerishness
desired 6 wanted 8 hoped-for 9 preferred, requested
desirous 6 greedy 7 athirst, craving, envious, longing, wishful, wishing 8 covetous, grasping 10 solicitous
desist 4 halt, quit, stop 5 cease, yield 7 forbear, hold off, refrain 8 knock off, leave off, surcease 11 discontinue
desistance 3 end 4 halt, stop 5 cease, close 6 ending, finish, period 8 stoppage, stopping 9 cessation 10 conclusion 11 termination
desk 5 booth, stand, table 7 counter, lectern, rolltop 8 lapboard 9 secretary 10 escritoire ***adjunct:*** 8 inkstand, standish ***item:*** 3 pad 7 blotter, inkwell ***library:*** 6 carrel
desolate 4 bare, lorn, sack 5 alone, bleak, drear, stark, waste 6 barren, devoid, dismal, dreary, gloomy, ravage 7 despoil, forlorn, joyless, pillage, plunder 8 dejected, derelict, deserted, desolate, downcast, forsaken, lay waste, lifeless, lonesome, solitary, spoliate 9 abandoned, cheerless, depredate, desecrate, destitute, devastate, sorrowful 10 despondent 11 dilapidated 12 inconsolable 13 disheartening
desolation 3 woe 4 ruin 5 gloom, grief, waste 6 misery, sorrow 7 anguish, despair, sadness 8 bareness 9 bleakness, dejection, wasteland 10 loneliness 11 abandonment, devastation 12 wretchedness
despair 6 give up 8 lose hope
despairing 7 anxious, doleful, forlorn 8 dejected, desolate, hopeless, wretched 9 depressed 10 despondent 11 downhearted 12 disconsolate 13 brokenhearted
desperado 6 bandit, gunman, outlaw 7 bandito, brigand, convict, ruffian 8 criminal 9 cutthroat 10 gunslinger, highwayman, lawbreaker
desperate 4 bold, dire, rash 5 acute, risky 6 daring, futile 7 crucial, forlorn, frantic, useless, violent 8 critical, headlong, hopeless, reckless, shocking 9 foolhardy, impetuous 10 despondent, frustrated, outrageous, scandalous 11 climacteric, precipitate 12 overpowering 13 irretrievable
desperation 5 agony 7 anguish, despair 8 distress 11 distraction 12 hopelessness, wretchedness

despicable 3 low 4 base, foul, grim, mean, ugly, vile 5 awful, cheap, gross, sorry 6 abject, scurvy, shabby, sordid 7 beastly, hateful, ignoble, pitiful 8 pitiable, shameful, wretched 9 degrading, loathsome 10 deplorable, detestable 11 disgraceful, ignominious 12 contemptible, disreputable 13 reprehensible

despise 4 hate, shun, snub 5 abhor, avoid, scorn, spurn 6 detest, loathe, reject 7 contemn 8 execrate 9 abominate

despised one 6 pariah 7 outcast

despisement 4 hate 5 scorn 6 hatred, malice 7 disdain, ill will 8 aversion, contempt, loathing 9 antipathy, contumely 10 abhorrence 11 detestation

despite 8 although 11 in the face of 12 regardless of

despiteful 4 evil, mean 5 catty 6 bitchy, horrid, malign, odious, wicked 7 baleful, baneful, hostile, vicious 8 vengeful 9 malicious, rancorous, repellent 10 despicable, malevolent

despoil 4 sack 5 blast, strip, waste, wreck 6 denude, devour, maraud, ravage 7 pillage, plunder 8 desolate, spoliate 9 depredate, desecrate, devastate, strip away, vandalize 10 wreak havoc

despoiler 6 looter, sacker, vandal 7 ravager, wrecker 8 marauder, pillager 9 plunderer, spoliator 10 depredator, freebooter

despond 4 fret, mope, wilt 5 brood, droop, worry 6 give up, sorrow 8 languish 9 dejection 12 hopelessness

despondency 5 blues, dumps, gloom 6 misery, sorrow 7 anguish, despair, sadness 8 glumness 9 dejection 10 depression, melancholy 11 desperation, unhappiness 12 hopelessness

despondent 3 low, sad 4 blue, down, glum 7 doleful, forlorn 8 cast down, dejected, downcast, grieving, hopeless, mourning 9 depressed, desperate, heartsick, heartsore, sorrowful, woebegone 10 dispairing, dispirited, melancholy 11 discouraged, downhearted 12 disconsolate, disheartened

despot 4 czar, duce, tsar, tzar 5 ruler 6 tyrant 7 autarch, emperor 8 autocrat, dictator 9 oppressor, strong man

despotic 8 absolute 9 arbitrary, autarchic, imperious, tyrannous 10 autocratic, monocratic, tyrannical 11 dictatorial 12 totalitarian

despotism 7 czarism, tsarism, tyranny, tzarism 8 autarchy 9 autocracy 10 absolutism, domination 12 dictatorship

desquamate 4 pare, peel 5 scale 7 peel off 8 flake off, scale off 9 exfoliate

dessert 3 ice, pie 4 cake, flan, fool, tart 5 Betty, bombe, crepe, crisp, fruit, grunt, halva, Jell-O, melba, s'more, sweet, torte 6 afters, blintz, Danish, éclair, fondue, frappe, gâteau, halvah, hermit, junket, kuchen, mousse, pastry, sorbet, sundae, trifle 7 brownie, cobbler, compote, custard, gelatin, parfait, pudding, sabayon, sherbet, soufflé, spumoni, strudel 8 ambrosia, Bismarck, crostata, flummery, ice cream, macaroon, meringue, napoleon, pandowdy, streusel, tiramisu, turnover 9 charlotte, cream puff, fruitcake, petit four, shortcake 10 blancmange, brown Betty, cheesecake, frangipane, icebox cake, zabaglione 11 baked Alaska, banana split, crème brûlée, gingerbread 12 hasty pudding, zuppa inglese ***French:*** 5 bombe 6 éclair, frappe, gâteau, mousse 7 parfait, sabayon 9 petit four 10 blancmange, frangipane ***frozen:*** 5 bombe 7 parfait, sherbet ***German:*** 6 kuchen 7 strudel ***Italian:*** 7 Fannoli, spumoni 8 tiramisu 10 zabaglione 12 zuppa inglese ***Turkish:*** 5 halva 6 halvah

destination 3 aim, end, use 6 object, target 7 purpose 8 terminus 9 objective 10 appointing

destine 4 fate 6 assign, direct, intend 8 dedicate, set aside 9 designate, determine, preordain 10 foreordain 12 predetermine

destiny 3 lot 4 doom, fate 5 karma 6 design, future, kismet, Moirai 7 fortune, portion 8 prospect 9 hereafter 12 circumstance

destitute 4 bare, poor, void 5 broke, empty, needy 6 bereft, devoid, ruined 7 drained, lacking 8 bankrupt, depleted, dirt poor, divested, indigent, strapped, stripped 9 deficient, exhausted, penurious 10 bankrupted, stonebroke 11 impecunious 12 impoverished

destitution 6 penury 7 poverty 9 indigence, privation

destroy 3 axe, zap 4 doom, down, kill, nuke, raze, ruin, sack, slay, undo 5 crush, erase, quash, quell, smash, total, trash, waste, wrack, wreck 6 finish, lay low, mangle, ravage, rubble, rub out 7 abolish, atomize, despoil, expunge, nullify, pillage, shatter, wipe out 8 decimate, demolish, dispatch, dynamite, lay waste, pull down, snuff out, stamp out, tear down 9 devastate, dismantle, eradicate, extirpate, liquidate, pulverize **10** annihilate, extinguish **11** exterminate

destroyer **4** bane, ruin **6** tin can, vandal **7** undoing, warship **8** downfall

destruction **4** loss, ruin **5** havoc **7** killing, sacking, undoing **8** downfall **9** ruination **10** extinction **11** devastation, liquidation **12** annihilation

destructive **7** baneful, harmful, ruinous **8** damaging **9** corrosive, injurious **10** shattering **11** deleterious, detrimental

desuetude **6** disuse **7** closure, neglect **9** cessation **11** abandonment

desultory **6** casual, chance, fitful, random, spotty **7** aimless, erratic, offhand, vagrant **8** shifting, slipshod, sporadic, wavering **9** haphazard, hit-or-miss, unplanned **10** capricious, digressive, disjointed **11** purposeless **12** unmethodical, unsystematic

detach **4** free, part, undo, wean **5** sever **6** cut off, remove, sunder **7** disjoin, divorce, release **8** separate, uncouple, withdraw **9** disengage **10** disconnect **12** disaffiliate

detached **5** alone, aloof, apart **6** remote **7** distant, neutral, removed, severed **8** abstract, isolated, separate, unbiased **9** incurious, withdrawn **10** impersonal **11** indifferent, unconcerned, unconnected **12** uninterested **13** disinterested, dispassionate, unaccompanied

detachment **5** squad **7** divorce, rupture **8** disunion, division **9** partition **10** neutrality, separation **11** dissolution

detail **4** item, list, part **5** point **6** assign, nicety, relate, report **7** appoint, article, element, itemize, listing, minutia, specify **8** allocate, spell out **9** enumerate, stipulate **10** assignment, particular **12** circumstance **13** particularize

detailed **4** full **6** minute **8** itemized, complete, thorough **10** blow-by-blow, exhaustive, meticulous, particular **13** thoroughgoing

detain **3** nab **4** bust, curb, hold, keep, mire, snag **5** check, delay, run in **6** arrest, collar, hang up, hinder, hold up, impede, pick up, retard, slow up **7** bog down, reserve, set back **8** hold back, keep back, restrain, slow down, withhold **9** apprehend **10** buttonhole ***in conversation:*** **10** buttonhole

detect **4** espy, find, spot **5** catch, dig up, hit on, scent **6** descry, notice, turn up **7** discern, hit upon, uncover, unearth **8** discover, meet with **9** ascertain, encounter, ferret out, track down

detectable **6** patent **7** evident, visible **8** sensible, tangible **10** noticeable, observable **11** discernible, perceptible

detection **9** discovery **10** unearthing ***system:*** **5** radar, sofar

detective **4** dick, G-man **6** shamus, sleuth **7** gumshoe **8** hawkshaw, informer, sherlock **9** inspector **10** private eye **12** investigator ***fictional:*** **4** Chan (Charlie), Gray (Cordelia), Moto (Mr.) **5** Banks (Alan), Bosch (Harry), Brown (Father), Dupin (Auguste), Lecoq, Lupin (Arsène), McGee (Travis), Morse (Inspector), Queen (Ellery), Rebus (John), Saint, Spade (Sam), Trent (Philip), Vance (Philo), Wolfe (Nero) **6** Alleyn (Roderick), Archer (Lew), Carter (Nick), Hammer (Mike), Holmes (Sherlock), Marple (Miss Jane), McCone (Sharon), Poirot (Hercule), Wimsey (Peter) **7** Campion (Albert), Charles (Nick, Nora), Maigret (Jules), Marlowe (Philip) **8** Drummond (Bulldog), Millhone (Kinsey) **9** Dalgleish (Adam) **10** Robicheaux (Dave), Warshawski (V. I.) **11** Father Brown

detective-story writer **3** Poe (Edgar Allan), Tey (Josephine) **4** Carr (John Dickson), Knox (Ronald) **5** Blake (Nicholas), Block (Lawrence), Cross (Amanda), Doyle (Arthur Conan), Green (Anna Katherine), Innes (Michael), James (P. D.), Marsh (Ngaio), Queen (Ellery), Stout (Rex) **6** Bramah (Ernest), Buchan (John), Hansen (Joseph), McBain (Ed), Mosley (Walter), Parker (Robert), Peters (Ellis), Sayers (Dorothy L.) **7** Bentley (E. C.), Biggers (Earl Derr), Collins (Wilkie), Francis (Dick), Freeman (Austin), Gardner (Erle Stanley), Grafton (Sue), Hammett (Dashiell), Hornung (E. W.), Rendell (Ruth), Simenon (Georges), Van Dine (S. S.), Wallace (Edgar) **8** Chandler (Raymond), Christie (Agatha), Gaboriau (Emile), Marquand (John), Paretsky (Sara), Rinehart (Mary Roberts), Spillane (Mickey) **9** Allingham (Margery), Hillerman (Tony), Lockridge (Frances, Richard), Macdonald (Ross) **10** Chesterton (Gilbert Keith)

detention **6** arrest **7** holding **10** internment **11** confinement **12** imprisonment

deter **5** avert, block **6** divert, hinder, impede, thwart **7** forfend, inhibit, obviate, prevent, rule out, shut out, ward off **8** dissuade, preclude, restrain, stave off **9** forestall, turn aside **10** discourage

deterge **4** wash **7** cleanse, wash off

detergent **4** soap **8** cleanser

deteriorate **3** rot **4** fade, fail, flag, sink, wear **5** decay, lapse, slide, spoil **6** weaken, worsen **7** decline, regress **8** languish **9** decompose, fall apart **10** debilitate, degenerate, depreciate, go downhill, retrograde, retrogress **12** disintegrate

deterioration **4** ruin **5** decay **6** ebbing, waning **7** atrophy, decline, erosion, failing, rotting **8** decaying, spoiling **9** crumbling, decadence, downgrade **10** debasement, degeneracy **12** degeneration, dégringolade

determinant **4** gene **5** agent, basis, cause, trait **6** factor, ground, reason **7** epitope, radical **9** attribute, influence

determinate **5** fixed **6** cymose **7** limited, precise, settled **8** constant, definite **10** definitive, restricted **11** established **13** circumscribed

determination **5** drive, spunk **6** fixing, mettle **7** finding, opinion, purpose, resolve, verdict **8** decision, firmness, judgment, tenacity **9** assurance, hardihood, impulsion, intention, resolving, willpower **10** conclusion, dedication, definition, doggedness, resolution, settlement **11** decidedness, intrepidity **12** perseverance, resoluteness, stubbornness **13** purposiveness

determine **3** fix, set **4** rule **5** bound, limit, prove **6** decide, figure, ordain, settle **7** control, delimit, find out, mark out, measure, preform, unearth **8** conclude, discover, regulate **9** ascertain, demarcate, establish, preordain, resolve on **10** delimitate, foreordain, predestine, predispose

determined **3** set **4** bent **5** fixed **6** driven, intent **7** decided, earnest, serious, settled **8** decisive, hellbent, resolute, resolved, stubborn **9** tenacious **10** persistent, purposeful, unwavering **11** established, persevering, unfaltering **12** foreordained, unhesitating

detest **4** hate **5** abhor, spurn **6** loathe **7** despise, dislike **8** execrate **9** abominate, repudiate

detestable **4** foul, vile **6** damned, horrid, odious **7** hateful, heinous **9** abhorrent, execrable, loathsome **10** abominable, despicable **12** contemptible

detestation **4** hate **6** hatred **8** anathema, aversion, loathing **9** repulsion, revulsion **10** abhorrence, execration, repugnance

dethrone **4** oust **6** depose **7** uncrown **8** displace

detonate **5** blast, burst, go off, spark **6** blow up, set off **7** explode **8** touch off

detonator **3** cap **4** fuse **9** explosive **11** blasting cap

detour **5** avoid, skirt **6** bypass **9** diversion

detract **6** divert, lessen, reduce **8** decrease, diminish, minimize **10** depreciate

detraction **9** aspersion, maligning, traducing **10** backbiting, belittling, derogation, slandering **11** denigration, deprecation, traducement **12** backstabbing, belittlement **13** disparagement

detractive **9** maligning, slighting, traducing, vilifying **10** defamatory, derogatory, pejorative **11** denigrating, disparaging **12** depreciative, depreciatory

detriment **4** harm, loss **6** damage, injury **7** marring **8** drawback **10** impairment **12** disadvantage

detrimental **3** bad, ill **7** adverse, harmful, hurtful, nocuous **8** damaging, negative **9** injurious **11** deleterious, unfavorable

detritus **4** tufa, tuff **5** scree, talus **6** debris, rubble **7** remains **11** odds and ends

Detroit ***county:*** **5** Wayne ***founder:*** **8** Cadillac (Sieur de) ***lake:*** **4** Erie **10** Saint Clair ***sobriquet:*** **6** Motown **9** Motor City

de trop **5** extra, spare **7** too much, surplus **9** excessive, redundant **10** gratuitous **11** superfluous **13** supernumerary

Deucalion ***father:*** **10** Prometheus ***kingdom:*** **6** Phthia ***mother:*** **7** Clymene ***son:*** **6** Hellen ***wife:*** **6** Pyrrha

Deutschland über ___ **5** alles

Devaki's son **7** Krishna

___ De Valera **5** Eamon

devaluate **5** abase, decry, lower **6** reduce, weaken **7** cheapen, degrade **8** mark down, write off **9** undermine, underrate, write down **10** depreciate

devaluation **7** decline **10** debasement, declension **11** declination

devalue see DEPRECIATE

devastate **4** raze, ruin, sack **5** waste **6** ravage **7** despoil, pillage, plunder **8** demolish, desolate, lay waste, overcome, spoliate **9** depredate, desecrate, overpower, overwhelm

devastation **4** loss, ruin **5** chaos, havoc, waste **6** ravage **7** pillage, plunder **8** disorder **9** confusion, ruination **10** demolition, desolation, spoliation **11** depredation

develop **3** age **4** form, grow **5** occur, reach, ripen **6** attain, dilate, evolve, expand, grow up, happen, mature, mellow, open up, thrive, unfold, unfurl **7** achieve, acquire, advance, burgeon, enlarge, expound, promote **8** flourish **9** actualize, elaborate, establish, transpire **11** come to light, materialize

development **5** phase **6** growth, result, spread **7** advance, buildup, outcome **8** ontogeny, progress, ripening **9** evolution, expansion, flowering, phylogeny, unfolding **10** maturation **11** elaboration, progression ***of life:*** **10** biogenesis

Devi **7** goddess ***consort:*** **5** Shiva ***father:*** **7** Himavat ***name:*** **3** Uma **4** Kali **5** Durga, Gauri **6** Chandi **7** Parvati

deviant **4** bent **5** kinky, queer **6** off-key **7** twisted, wayward **8** aberrant, abnormal, atypical, perverse **9** anomalous, different, divergent, irregular, unnatural **11** heteroclite

deviate **3** err, yaw **4** turn, vary, veer **5** sheer, stray **6** depart, swerve, wander **7** digress, diverge **8** aberrant **9** eccentric, turn aside

deviation **3** yaw **4** bend, tack, turn **5** error, shift **6** change **7** anomaly, turning, veering **8** variance **9** departure, diversion **10** aberration, alteration, deflection, divergence

device **4** ploy, tool **5** feint, gizmo, means, motif, motto, shift, thing, trick **6** dingus, doodad, emblem, figure, gadget, gambit, hickey, jigger, medium, motive, symbol, widget **7** gimmick, machine, utensil, whatnot, whatsit **8** artifice, creation, insignia **9** apparatus, appliance, doohickey, expedient, implement, invention, makeshift, mechanism, thingummy **10** instrument **11** contraption, contrivance, inclination, thingamabob, thingamajig, thingumajig ***automatic:*** **5** servo ***binding:*** **5** clamp ***fastening:*** **6** zipper ***grasping:*** **4** tong ***heating:*** **8** radiator ***hoisting:*** **5** crane, lewis **8** windlass ***holding:*** **4** vise **5** clamp

devil **5** beast, cloot, demon, fiend, rogue, Satan, scamp **6** Belial, diablo, dybbuk, rascal, spirit **7** Clootie, dickens, Lucifer, Old Nick, serpent, tempter, villain **8** Apollyon, Mephisto, scalawag, succubus **9** archfiend, Beelzebub, cacodemon, scoundrel, skeezicks **10** blackguard, Old Scratch **11** rapscallion

devilfish **3** ray **5** manta **7** octopus **8** manta ray **10** cephalopod

devilish **3** bad **4** evil **6** cursed, wicked **7** demonic, hellish, roguish, satanic **8** accursed, damnable, diabolic, fiendish, infernal, sinister **9** nefarious **10** diabolical, iniquitous, villainous **11** mischievous

devil-may-care **3** gay **4** rash, wild **6** rakish, sporty **7** raffish **8** carefree, rakehell, reckless **9** easygoing

devilry **7** knavery, roguery, sorcery, waggery **8** mischief **9** diablerie **10** wickedness, witchcraft **11** roguishness, waggishness **12** sportiveness

devious **3** sly **4** foxy, wily **6** artful, crafty, errant, erring, roving, shifty, sneaky, tricky **7** bending, crooked, cunning, curving, erratic, winding **8** aberrant, guileful, indirect, scheming, sneaking, twisting **9** deceptive, underhand, wandering **10** roundabout **11** out-of-the-way, underhanded

devise **4** form, plan, plot, will **5** chart, forge, frame, shape **6** cook up, create, design, invent, legacy, legate, scheme **7** arrange, bequest, concoct, connive, dope out, dream up, hatch up, project **8** bequeath, property **9** determine, formulate **11** inheritance

devitalize **3** sap **5** drain **6** deaden, weaken **7** exhaust **8** enfeeble **9** desiccate **10** eviscerate

devoid of **7** lacking, wanting **8** free from

devoir **3** job **4** duty, task, work **5** chore, stint **6** charge **9** committal **10** assignment, commitment, obligation

devolution **5** decay **7** decline, passing **8** receding, transfer **9** conferral, decadence, recession, surrender **10** conveyance, declension, degeneracy, regression, relegation, transferal **11** degradation **12** degeneration, dégringolade, retrograding, transference **13** retrogression

devolve **4** give, pass **6** pass on **8** hand down, hand over, relegate, transfer **10** degenerate

devote **5** apply **6** commit, direct, donate, hallow **7** reserve **8** dedicate, give over, sanctify **9** confirm in, habituate **10** consecrate

devoted **4** dear, fond, true **5** loyal **6** ardent, caring, doting, fervid, loving **7** dutiful, fervent, zealous **8** constant, faithful **9** dedicated **10** thoughtful **12** affectionate ***religiously:*** **6** oblate

devotee **3** fan, nut **4** buff **5** hound, lover **6** addict, votary, zealot **7** admirer, amateur, fanatic, fancier, habitué **8** follower **9** supporter **10** aficionado, enthusiast

devotion **4** love, zeal **5** ardor, piety **6** fealty, fervor, prayer **7** loyalty, passion **8** fidelity, fondness **9** adherence, adoration, reverence **10** allegiance, attachment, dedication, enthusiasm **12** faithfulness

devour **3** eat **5** eat up, enjoy **6** absorb, feed on **7** consume, destroy, feast on, pillage **8** prey upon, wolf down **9** delight in, feast upon, polish off, swallow up **10** annihilate

devouring **4** avid **6** greedy **8** esurient, ravenous **9** voracious **10** gluttonous

devout **4** holy **5** godly, loyal, pious **6** ardent **7** earnest, fervent, serious, sincere, zealous **8** faithful, reverent **9** pietistic, prayerful, religious

devoutness 4 zeal 5 ardor, piety 9 reverence 10 commitment
dew 5 sweat, tears 8 moisture 11 precipitate 12 perspiration 13 precipitation
dewy 3 wet 4 damp, pure 5 fresh, moist, naive 7 artless, natural 8 innocent, wide-eyed 9 credulous, guileless, ingenuous, unworldly
dexter 5 right
dexterity 4 ease 5 craft, grace, skill 7 ability, aptness, know-how, prowess, sleight 8 deftness, facility 9 adeptness, expertise, readiness 10 adroitness, nimbleness, smoothness 12 skillfulness
dexterous 3 apt 4 able, deft 5 adept, agile, handy 6 adroit, artful, facile, nimble, smooth 7 skilled 8 masterly, skillful 10 proficient
___ **Dhabi** 3 Abu
diablerie 7 devilry, roguery, sorcery, waggery 8 deviltry, iniquity, mischief, satanism 9 devilment 10 black magic, wickedness, witchcraft, wrongdoing 11 roguishness, waggishness 12 sportiveness
diabolical 4 evil 5 awful 6 impish, wicked 7 beastly, demonic, heinous, hellish, puckish, roguish, satanic 8 demoniac, devilish, dreadful, fiendish, god-awful, hellborn, infernal, rascally, sinister 9 execrable, malicious, monstrous, nefarious 10 degenerate, demoniacal, horrendous, iniquitous, scandalous, villainous 11 mischievous
diabolism see DIABLERIE
diacritic 5 acute, breve, grave, haček, tilde 6 macron, umlaut 7 cedilla 8 dieresis 9 diaeresis 10 circumflex ***Arabic:*** 5 hamza 6 hamzah
diadem 5 crown 6 wreath 7 chaplet, coronal, coronet 8 headband
diagnose 4 spot 5 place 8 identify, pinpoint 9 determine, interpret, recognize 11 distinguish
diagnostic 8 analytic 10 analytical, expository, indicating, indicative 11 explanatory, exploratory 12 interpretive
diagonal 4 bias 5 bevel 6 biased 7 beveled, oblique, slanted 8 inclined, slanting 9 inclining, slantways, slantwise
diagonally 9 slantways, slantwise 10 cornerwise 11 catercorner, kitty-corner
diagram 3 map 5 chart, graph 6 design, layout, sketch 7 drawing, isotype 9 represent
dial 4 call, face, knob, tune, turn 5 phone 6 rotate 7 control 10 manipulate
dialect 4 cant, jive 5 argot, idiom, koine, lingo, slang 6 creole, jargon, patois, patter, pidgin, speech, tongue 8 language, localism 10 vernacular 11 regionalism, terminology 13 provincialism ***Georgia:*** 6 Gullah ***London:*** 7 cockney
dialectic 5 logic 6 debate 8 dialogue, forensic 9 reasoning 10 discussion 11 disputation 13 argumentation, investigation
dialogue 4 chat, talk 6 confer, parley, script 8 colloquy, converse 12 conversation 13 confabulation
diameter 4 bore 5 chord, width 7 breadth, caliber 8 bisector, wideness 9 broadness
diametric 7 counter, opposed 8 contrary, converse, opposite 12 antithetical 13 contradictory
diamond 3 gem 5 field, stone ***element:*** 6 carbon ***famous:*** 4 Hope, Pitt 5 Sancy 6 Orloff, Regent 8 Braganza, Cullinan, Kohinoor 9 Excelsior 10 Great Mogul ***inferior:*** 4 bort ***oval:*** 9 briolette ***pattern:*** 6 argyle ***playing card:*** 7 lozenge ***state:*** 8 Delaware ***surface:*** 5 facet
Diana see ARTEMIS
diapason 4 peal, stop 5 range, scale, scope 7 compass, measure 8 spectrum 10 tuning fork
diaper 5 nappy 7 pattern 8 ornament
diaphanous 5 filmy, gauzy, sheer, vague 6 flimsy 8 ethereal, gossamer 11 transparent 13 insubstantial
diaphragm 4 stop 6 septum 8 membrane 9 partition
diarist 4 Gide (André) 5 Frank (Anne), Pepys (Samuel), Scott (Walter), Swift (Jonathan), Woolf (Virginia) 6 Burney (Fanny), Evelyn (John) 7 Boswell (James) 8 Robinson (Henry Crabb) 10 chronicler, journalist
diary 3 log 6 record 7 daybook, diurnal, journal, logbook 8 notebook, register 9 chronicle
diastase 6 enzyme 8 catalyst, reactant
diatribe 6 tirade 7 polemic 8 harangue, jeremiad 9 criticism, philippic 11 castigation 12 denunciation
dibs 4 gelt 5 claim, dough, money, title 6 rights 11 reservation
dice 4 cast, cube 5 bones, cubes, ivory, mince 11 devil's-bones ***game:*** 5 craps ***losing throw:*** 7 missout ***singular:*** 3 die ***throw:*** 7 boxcars 9 snake eyes
dicer 5 loser 6 risker 7 gambler
dicey 4 iffy 5 risky 6 chancy, tricky 8 ticklish 9 uncertain, whimsical 10 precarious, speculative 11 problematic 13 unpredictable
dichotomize 5 halve 7 dissect 8 hemisect 9 bifurcate

dichotomous 5 split 6 forked 7 pronged 9 bifurcate 10 bifurcated
dichotomy 7 forking 8 division 9 bisection, branching, splitting 11 bifurcation 13 contradiction
Dickens, Charles *birthplace:* 10 Portsmouth *captain:* 6 Cuttle *character:* 3 Ada (Clare), Pip, Tim 4 Dick (Mr.), Dora, Gamp (Sairey), Heep (Uriah), Nell 5 Drood (Edwin), Emily, Fagin, Lucie (Manette), Sikes (Bill) 6 Barkis, Bumble (Mr.), Carton (Sydney), Cuttle (Capt.), Darnay (Charles), Dombey (Fanny, Florence, Paul), Dorrit (Amy), Oliver (Twist) 7 Barnaby (Rudge), Dedlock (Lady), Defarge, Gargery (Joe), Manette (Dr.), Scrooge (Ebenezer), Tiny Tim 8 Cratchit (Bob), Havisham (Miss), Jarndyce (John), Magwitch (Abel), Micawber (Mr.), Nickleby (Nicholas), Peggotty (Clara, Daniel, Ham), Pickwick (Mr.) 9 Bill Sikes, Gradgrind (Mr.), Murdstone (Mr.), Pecksniff (Mr.), Uriah Heep 10 Chuzzlewit (Anthony, Jonas, Martin), Steerforth 11 Copperfield (David) *hero:* 6 Carton (Sydney) *nationality:* 7 English *pen name:* 3 Boz *villain:* 5 Fagin *work:* 9 Hard Times 10 Bleak House 11 Oliver Twist 12 Barnaby Rudge, Dombey and Son, Little Dorrit 14 Christmas Carol (A), Pickwick Papers (The) 15 Our Mutual Friend, Tale of Two Cities (A) 16 David Copperfield, Martin Chuzzlewit, Nicholas Nickleby 17 Great Expectations
dicker 4 deal, swap 5 argue, trade 6 barter, haggle, higgle, palter 7 bargain, chaffer 8 contract, huckster 9 negotiate
dickey 10 shirtfront
Dickey novel 11 Deliverance
dictate 3 set 4 lead, rule, word 5 edict, order, tenet 6 behest, decree, direct, enjoin, govern, impose, ordain, recite 7 bidding, command, control, lay down, mandate, read off, summons 9 determine, direction, directive, prescribe, principle, pronounce, verbalize 10 injunction 12 prescription
dictative 5 bossy 8 despotic, dogmatic 9 imperious 10 peremptory 11 doctrinaire, magisterial 13 authoritarian
dictator 4 czar, duce 6 caesar, despot, tyrant 8 autocrat, martinet 9 oppressor, strongman *German:* 6 Hitler (Adolf) *Italian:* 9 Mussolini (Benito) *military:* 8 caudillo *Spanish:* 6 Franco (Francisco)
dictatorial 5 bossy 8 despotic, dogmatic 9 arbitrary, imperious, masterful 10 autocratic, iron-handed, peremptory, tyrannical 11 doctrinaire, domineering, overbearing 12 totalitarian 13 authoritarian
dictatorship 7 tyranny 9 autocracy, Caesarism, despotism, supremacy 10 absolutism
diction 6 phrase, speech 7 wordage, wording 8 delivery, language, parlance, phrasing, rhetoric, verbiage 9 elocution, verbalism 11 enunciation, phraseology
dictionary 7 lexicon 8 glossary, wordbook 10 repository 13 reference book *compiler:* 7 Johnson (Samuel), Webster (Noah) 13 lexicographer *geographical:* 9 gazetteer *of synonyms:* 8 thesauri (plural) 9 thesaurus
dictum 4 fiat 5 adage, axiom, edict, maxim, moral 6 ruling 7 mandate, opinion, precept, proverb 11 declaration 13 pronouncement
didactic 5 moral 6 teachy 7 donnish, preachy 8 advisory, edifying, pedantic, sermonic, teaching 9 hortative, pedagogic, teacherly 10 moralizing 11 informative, instructive
diddle 3 con, gyp, toy 4 beat, bilk, dupe, hoax, fool, idle, laze, loaf, loll, rook, scam 5 cheat, cozen, delay, drone, trick 6 chisel, chouse, dabble, dawdle, delude, fiddle, fleece, loiter, lounge, rope in, take in 7 deceive, defraud, goof off, mislead, swindle 8 flimflam, fool with, hoodwink, lollygag 9 bamboozle, overreach, victimize, waste time 10 dilly-dally, fool around, hang around
diddler 3 gyp 4 sham 5 cheat, faker, fraud, rogue 6 con man 7 grifter, shammer, sharper 8 swindler 9 con artist, defrauder, trickster 11 flimflammer 12 double-dealer 13 confidence man
dido 4 jest, lark 5 antic, caper, curio, frill, prank 6 bauble, frolic, gewgaw, trifle, whimsy 7 bibelot, novelty, trinket 8 furbelow, gimcrack, kickshaw, mischief 9 bagatelle, plaything 10 knickknack, tomfoolery
Dido 6 Elissa *brother:* 9 Pygmalion *city founded by:* 8 Carthage *father:* 5 Belus 6 Mutton *husband:* 7 Acerbas 8 Sichaeus *lover:* 6 Aeneas
Dido and Aeneas composer 7 Purcell (Henry)
die 4 drop, fall, mold, pass, stop, wane 5 cease, croak 6 cash in, demise, expire, go west, matrix, pass on, peg out, perish, pop off 7 decease, go south, kick off, snuff it, succumb 8 cash it in, check out, drop dead, pass away 9 dis-

appear **10** buy the farm **12** join the choir **13** kick the bucket ***from hunger:*** **6** starve ***loaded:*** **6** fulham

___ die **4** sine

diehard **7** devoted, fanatic **8** true-blue **9** dogmatist **10** determined **11** bitter-ender, doctrinaire, reactionary, stand-patter **12** conservative, intransigent **13** stick-in-the-mud

___ diem **3** per **5** carpe

Dies ___ **4** Irae

diet **4** eats, fare, fast, feed, menu **6** ration, reduce, regime **7** regimen **8** assembly, victuals **10** parliament **11** legislature, nourishment

Diet of ___ **5** Worms **6** Speyer, Spires **8** Augsburg

Dieu ___ (British motto) **10** et mon droit

___-dieu **4** prie

differ **4** vary **5** demur **7** deviate **8** disagree

difference **7** discord, dispute, dissent **8** conflict, contrast, variance **9** departure, deviation, disparity, otherness, variation **10** dissension, divergence, unlikeness **11** controversy, discrepancy, distinction **12** disagreement **13** dissimilarity

different **5** other **6** divers, single, sundry, unlike **7** another, deviant, distant, diverse, several, special, unalike, unequal, unusual, various **8** discrete, distinct, peculiar, separate **9** disparate, divergent **10** dissimilar, individual, particular **11** contrasting, distinctive

differentiate **4** vary **5** adapt **6** change, modify **8** contrast, separate **9** diversify, transform **11** distinguish, individuate **12** characterize, discriminate

difficult **4** hard **5** tough **6** thorny, uphill **7** arduous, awkward, labored, obscure, operose **8** exacting, perverse, puzzling, stubborn **9** demanding, effortful, herculean, laborious, strenuous **10** refractory **11** problematic

difficulty **3** ado, fix, jam **4** beef **4** pass, snag **5** hitch, nodus, pinch, rigor, worry **6** bother, hang-up, hassle, pickle, plight, scrape, strait **7** dilemma, pitfall, problem, trouble **8** distress, hardness, hardship, hot water, obstacle, quandary, quagmire, question, squabble **9** adversity, bickering, challenge, deep water, objection **10** falling-out, impediment **11** aggravation, altercation, arduousness, controversy, obstruction, predicament, vicissitude **12** complication, disagreement **13** embarrassment, inconvenience

diffidence **7** modesty, reserve, shyness **8** distrust, meekness, timidity **9** quietness, restraint, timidness **10** hesitation **11** bashfulness

diffident **3** shy **4** meek **5** timid **7** bashful **8** hesitant, reserved, retiring, timorous **9** reluctant, unassured **11** unassertive **12** self-effacing

diffuse **5** strew, wordy **6** prolix, spread **7** scatter, verbose **8** disperse, rambling **9** broadcast, dispersed, propagate, scattered, spreading, spread out **10** distribute, long-winded, widespread **11** disseminate, distributed

diffusion **6** spread **7** osmosis **9** broadcast, dispersal, prolixity, spreading **10** dispersion, scattering **11** circulation, propagation **12** broadcasting, promulgation

dig **3** jab **4** barb, grub, hole, like, mine, poke, prod, root, site, stab **5** delve, ditch, enjoy, gouge, nudge, probe, scoop, spade, taunt **6** burrow, plunge, quarry, relish, rootle, shovel, thrust, trench, tunnel **7** explore, root out, unearth **8** excavate, prospect **10** excavation **11** investigate ***up:*** **6** exhume **7** unearth

digest **5** sum up **6** absorb, codify, précis **7** consume, stomach, summate, swallow **8** abstract, boil down, classify, compress, condense, syllabus, synopsis **9** summarize, summation, synopsize **10** abridgment **12** condensation

digger **4** plow **5** miner **6** shovel **7** soldier

digit **3** toe **5** thumb **6** cipher, figure, finger, number, pinkie **7** integer, numeral **9** character **11** whole number

dignified **4** prim **6** august, formal, proper, seemly **7** courtly, elegant, stately **8** cultured, decorous, ennobled, polished **9** distingué, patrician

dignify **5** adorn, exalt, grace, honor **7** ennoble, elevate, glorify, sublime **11** distinguish

dignitary **3** VIP **4** lion **5** chief, nabob **6** leader, worthy **7** notable **8** eminence, luminary **9** personage **10** notability **11** muckety-muck **13** high-muck-a-muck

dignity **4** rank **5** honor, merit, poise, pride, worth **6** cachet, status, virtue **7** address, decorum, gravity, hauteur, majesty, stature **8** grandeur, nobility, position, prestige, standing **9** propriety **10** augustness, seemliness **11** consequence, self-respect

digress **5** stray **6** depart, ramble, swerve, wander **7** deviate, diverge **8** divagate

digression **5** aside **7** episode, tangent **8** drifting, excursus, rambling, straying **9** deviation, wandering **10** deflection, divagation, divergence **11** parenthesis

dig up 4 find 6 expose, reveal 7 nose out, root out, uncover, unearth 8 discover 9 ferret out, run across, search out, track down
dik-dik 8 antelope
dike 3 dam 4 bank 5 ditch, drain, levee 7 barrier 8 causeway 10 embankment 11 watercourse
dilapidate 4 ruin 5 decay, wreck 7 break up, crumble, decline, neglect 9 break down, decompose, disregard 10 deliquesce 12 disintegrate
dilapidated 5 dingy, seedy 6 beat-up, ragtag, ruined, shabby 7 decayed, rundown 8 battered, crumbled, decrepit 9 crumbling 10 broken-down, down-at-heel, ramshackle 12 deteriorated
dilapidation 4 ruin 5 decay 7 atrophy 8 collapse, decaying 9 crumbling, decadence, disrepair 11 decrepitude 13 decomposition, deterioration
dilate 5 swell, widen 6 expand, extend 7 distend, enlarge, expound 9 discourse, expatiate
dilatory 4 idle, slow 5 slack, tardy 7 laggard 8 dallying, delaying, sluggish 9 leisurely, lingering, unhurried 11 time-wasting
dilemma 3 box, fix, jam 4 bind, hole, spot 6 choice, corner, pickle, plight, scrape 7 catch-22, problem 8 argument, quandary 10 difficulty 11 predicament
dilettante 4 tyro 7 amateur, dabbler 8 aesthete, putterer 9 smatterer
dilettantish see AMATEURISH
diligence 4 zeal 8 industry 9 assiduity 10 commitment 11 application, persistence 12 perseverance, sedulousness 13 assiduousness
diligent 8 sedulous 9 assiduous 10 persistent, persisting, unflagging 11 hard-working, industrious, painstaking, persevering
dilly 4 lulu 5 dandy, doozy, peach 6 corker, doozie, pippin, ripper, rouser 8 jim-dandy, knockout 9 humdinger 10 rip-snorter 11 crackerjack
dillydally see DELAY
dilute 3 cut 4 thin, weak 5 water 6 watery, weaken 8 diminish, weakened 9 attenuate, water down 11 watered-down
dim 4 dull, dumb, hazy, pale, slow 5 befog, blear, blind, cloud, dense, dusky, faint, muddy, murky, muted, thick, vague 6 bleary, gloomy, stupid 7 becloud, low beam, obscure, shadowy, subdued, unclear 9 tenebrous 10 ill-defined, indistinct, lackluster, lusterless 11 unpromising
dime novel 4 pulp 7 chiller, shocker 8 dreadful, thriller 12 bloodcurdler 13 penny dreadful
dimension 4 size 5 reach, scale, scope, width 6 aspect, extent, spread 7 compass, expanse, measure, quality 9 amplitude, magnitude
diminish 3 ebb 4 bate, wane 5 abate, peter, quell, taper 6 lessen, reduce, subdue, temper, weaken 7 curtail, dwindle, subside 8 belittle, decrease, minimize, moderate, restrain, taper off 9 attenuate, disparage, dispraise 10 depreciate 11 detract from
diminishing 6 waning 8 receding 9 declining, dwindling, lessening, subsiding, weakening 10 curtailing, decreasing 11 attenuating 12 depreciating
diminutive 3 wee 4 tiny 5 bitsy, dwarf, pygmy, small, teeny, weeny 6 bantam, little, midget, minute, peewee, petite, teensy 9 miniature, pint-sized, undersize 10 teeny-weeny 11 lilliputian 12 teensy-weensy
___ **dimittis** 4 Nunc
dimple 3 pit 4 dent, dint, fret, nick 5 notch 6 ripple 8 pockmark 10 depression 11 indentation
dimwit 3 oaf 4 clod, dodo, dolt, dope, fool, simp, yo-yo 5 booby, chump, cluck, dummy, dunce, idiot, moron, stupe 6 dum-dum 7 airhead, dullard, fathead, pinhead 8 bonehead, dumbbell, imbecile, lunkhead, meathead, numskull 9 birdbrain, blockhead, dumb bunny, dumb cluck, ignoramus, lamebrain, numbskull, simpleton 10 dunderhead, nincompoop 11 featherhead, knucklehead 12 featherbrain
dim-witted 4 dull, dumb, slow 6 stupid 7 doltish, foolish, idiotic, moronic 8 backward, imbecile, retarded 9 brainless, half-baked, imbecilic 11 birdbrained, lamebrained 12 feebleminded, simpleminded
din 3 row 4 roar 5 babel, clash, noise 6 bedlam, clamor, deafen, hubbub, racket, rattle, tumult, uproar 7 clangor, clatter, resound 8 brouhaha 9 commotion, stridency 10 hullabaloo, hurly-burly 11 pandemonium 13 clamorousness
Dinah *brother:* 4 Levi 6 Simeon *father:* 5 Jacob *mother:* 4 Leah
dine 3 eat, sup 4 feed 5 feast 6 eat out 7 banquet, nourish
diner 4 café 5 eater 6 eatery 7 canteen 8 snack bar 9 hash house 10 coffee shop, restaurant 11 greasy spoon 12 lunch counter, luncheonette, sandwich shop

ding 3 mar 4 dent, nick 5 clang 7 blemish
ding-a-ling 3 nut 4 kook, yo-yo 5 flake, loony, wacko 6 cuckoo, nitwit, weirdo 7 lunatic 8 crackpot 9 fruitcake, harebrain, lamebrain, screwball 10 crackbrain 12 scatterbrain
dinghy 5 skiff 7 rowboat, shallop 8 lifeboat, life raft, sailboat
dingle 4 dale, dell, glen, vale 6 ravine, valley
dingus 5 gizmo 6 doodad, gadget, jigger, widget 7 whatsit 9 doohickey, thingummy 11 thingamabob, thingamajig, thingumajig
dingy 4 foul, mean 5 dirty, seedy, tacky 6 filthy, grubby, grungy, scuzzy, shabby, soiled, sordid 7 run-down, squalid, sullied, unclean 8 begrimed
dinky 3 toy 4 tiny 5 small, teeny 9 undersize 10 locomotive
"Dinner ___" 7 at Eight
dinner 4 meal 5 feast 6 regale, repast, spread, supper 7 banquet 8 luncheon 9 collation 10 table d'hôte ***course:*** 4 meat, soup 5 salad 6 entrée 7 dessert 9 appetizer ***jacket:*** 3 tux 6 tuxedo
dinosaur 6 fossil 7 has-been 8 theropod 11 anachronism
dinosauric 4 huge 5 passé 6 bygone 7 extinct, mammoth 8 colossal, enormous, obsolete, outmoded 9 cyclopean, leviathan, out-of-date 10 antiquated, behemothic, fossilized, gargantuan, mastodonic, oldfangled 11 elephantine 12 antediluvian, old-fashioned, out-of-fashion 13 anachronistic
dint 4 nick 5 force, might, power 6 dimple, virtue 7 drive in, impress 10 impression 11 indentation
diocese 3 see 9 bishopric ***Eastern Orthodox:*** 7 eparchy ***subdivision:*** 6 parish
diode 9 rectifier 10 vacuum tube 12 electron tube ***component:*** 5 anode 7 cathode 9 electrode
Diomedes ***city founded by:*** 4 Arpi ***father:*** 4 Ares, Mars 6 Tydeus ***foe:*** 6 Aeneas, Hector ***slayer:*** 8 Hercules ***victim:*** 6 Rhesus
Dione 5 Titan ***cult partner:*** 4 Zeus ***daughter:*** 5 Venus 9 Aphrodite ***father:*** 7 Oceanus ***lover:*** 4 Zeus ***mother:*** 6 Tethys
Dionysus see BACCHUS
Dionyza's husband 5 Cleon
Dioscuri 5 twins 6 Castor, Gemini, Pollux ***father:*** 4 Zeus 9 Tyndareus ***mother:*** 4 Leda ***sister:*** 5 Helen
dip 3 sag 4 bail, draw, drop, duck, dunk, fall, lade, sink, skid, slip, slue, swim 5 basin, ladle, lower, pitch, sauce, scoop, slope, slump, spoon, stoop 6 go down, hollow, plunge 7 decline, descend, descent, falloff, immerse, sinkage 8 decrease, downturn, sinkhole, submerge, submerse 9 concavity, declivity, downswing, downtrend, immersion 10 depression
diphthong 7 digraph 8 ligature
diploma 6 degree 7 charter 8 document 9 sheepskin 10 credential
diplomacy 4 tact 7 address, finesse 8 delicacy 10 artfulness, discretion, statecraft 11 negotiation, savoir faire, tactfulness
diplomatic 4 deft 5 bland, suave 6 artful, astute, polite, smooth, urbane 7 courtly, politic, tactful 8 delicate, discreet 9 courteous 12 conciliating, conciliatory, paleographic 13 accommodating
diplomat's office 7 embassy, mission
diplopod 9 millipede
dipper 3 cup 4 bird 5 ladle, ouzel, scoop, stars 6 bucket 10 pickpocket, water ouzel
dippy 4 daft, zany 5 crazy, daffy, flaky, goofy, kooky, loony, nutty, silly, wacky 6 stupid 7 doltish, foolish, witless 9 half-baked 11 harebrained 12 preposterous
dipsomania 10 alcoholism
dire 4 grim 5 acute, awful 6 dismal, horrid, tragic, urgent, woeful 7 baleful, baneful, crucial, extreme, fateful, ominous, ruinous 8 alarming, critical, dreadful, grievous, horrible, horrific, menacing, shocking, sinister, terrible 9 appalling, desperate, frightful, ill-boding 10 calamitous, deplorable, depressing, foreboding, malevolent, oppressing, oppressive, pernicious 11 apocalyptic, distressing, threatening
direct 4 head, lead, show 5 apply, frank, guide, label, level, order, pilot, plain, point, route, steer, train 6 assign, charge, define, devote, divert, enjoin, escort, extend, govern, lineal, linear, manage, ordain, settle 7 address, carry on, command, conduct, control, genuine, nonstop, operate, oversee, preside, project, request 8 dispatch, instruct, regulate, shepherd, straight, unbroken, verbatim 9 determine, first-hand, immediate, prescribe 10 administer, contiguous, continuous, inevitable 11 categorical, undeviating, unequivocal, word for word ***a helmsman:*** 4 conn ***proceedings:*** 7 preside
direction 3 way 4 east, line, path, side, west 5 angle, north, point, south, trend 6 course, design 7 bearing, channel, command, purpose 8 guidance, tendency 9 clockwise, oversight, viewpoint 10 management, standpoint, trajectory

11 instruction, supervision ***blowing:*** 7 leeward 8 windward ***horizontal:*** 7 azimuth ***main line of:*** 4 axis (see also COMPASS POINT)

directive 4 fiat, memo, word, writ 5 edict, order, ukase 6 charge, decree, dictum, notice, ruling 7 bidding, command, dictate, mandate 8 deciding, managing 9 presiding 10 assignment, injunction, memorandum 11 instruction, supervising, supervisory 12 policy-making 13 communication, pronouncement

directly 3 due 4 anon, soon 5 right, spang 6 at once, pronto 7 bluntly, by and by, shortly 8 first off, in person, promptly, squarely, straight, verbatim 9 forthwith, instanter, instantly, presently, right away 10 face-to-face 11 immediately, straight off, straightway, word for word 12 contiguously, straightaway

director 4 boss, head 5 chief 6 leader, top dog 7 manager 8 overseer 9 conductor, organizer 10 head honcho, supervisor

directory 4 list 5 guide, index 6 folder 7 catalog 8 register 9 catalogue 11 compilation

dirge 6 lament 7 requiem 8 threnody 11 lamentation ***Gaelic:*** 8 coronach

dirigible 5 blimp 7 airship 8 zeppelin 9 steerable

dirk 4 stab 5 sword 6 dagger 7 poniard

dirt 3 mud 4 clay, dust, land, loam, mire, muck, porn, smut, soil, spot 5 earth, filth, fraud, grime, stain 6 gossip, ground 7 chicane, squalor 9 chicanery, excrement, indecency 10 corruption, hanky-panky 11 pornography

dirt-poor 4 bust 5 broke 8 beggared, indigent 9 destitute, flat broke, penniless, penurious 10 stone-broke 12 impoverished

dirty 3 low, tar 4 base, foul, lewd, smut, soil 5 bawdy, foggy, grimy, messy, mucky, muddy, murky, nasty, smear, sooty, stain, sully, taint 6 basely, befoul, coarse, debase, defile, filthy, grubby, impure, smudge, smutty, soiled, sordid, vulgar 7 corrupt, defiled, hateful, immoral, obscene, raunchy, smutchy, spotted, squalid, squally, sullied, tainted, tarnish, unclean, unkempt 8 begrimed, besmirch, blustery, indecent, off-color, polluted, unchaste, unwashed 9 ill-gotten, uncleanly 10 abominable, blustering, scandalous, scurrilous 11 disgraceful, distasteful, distressing, tempestuous, unlaundered 12 contaminated, contemptible, disagreeable, dishonorable, scatological

Dis see PLUTO

disability 7 ailment 8 drawback, handicap 9 detriment, hindrance, infirmity, unfitness 10 affliction, impairment, impediment, incapacity 11 restriction, shortcoming 12 disadvantage

disable 3 sap 4 maim 5 spoil 6 hobble, weaken 7 cripple 8 enfeeble, handicap, paralyze, sabotage 9 hamstring, undermine 10 debilitate, immobilize 12 incapacitate ***a racehorse:*** 6 nobble

disabled 7 hobbled 8 crippled 9 arthritic, paralyzed, rheumatic 11 handicapped 13 incapacitated

disabuse 4 free 5 emend, purge 7 correct, deliver, rectify, redress, release, relieve 8 liberate, unburden 9 enlighten, undeceive 10 illuminate 11 disencumber, disillusion

disaccharide 7 lactose, maltose, sucrose

disaccord 3 jar, war 4 vary 5 brawl, clash 6 combat, debate, differ 7 contest, contend, dispute, dissent, quarrel 8 conflict, disagree 12 disharmonize

disadvantage 3 bar 4 harm, loss 6 burden, damage, hamper 7 barrier, setback 8 drawback, handicap, obstacle 9 detriment, hindrance, liability, prejudice 10 impairment, impediment, imposition, limitation 11 deprivation, obstruction

disadvantaged 7 lacking 8 deprived 11 handicapped

disaffect 4 wean 5 alien, repel 8 alienate, disquiet, disunite, estrange 10 antagonize

disaffirm 4 deny 5 annul, belie, cross 6 abjure, impugn, negate, refute, reject 7 confute, explode, gainsay, reverse 8 disclaim, disprove, negative, traverse 9 repudiate 10 contradict, contravene

disagree 4 vary 5 argue, clash 6 bicker, differ, divide, haggle 7 contend, contest, dispute, dissent 8 conflict

disagreeable 4 ugly 7 peevish 8 annoying, petulant 9 offensive 10 unpleasant 11 disobliging, distressing, ill-tempered

disagreement 5 clash 6 debate 7 discord, dispute, quarrel, wrangle 8 argument, conflict, squabble, variance 9 disparity 10 contention, difference, dissension, divergence, unlikeness 11 altercation, controversy, discrepancy, incongruity

disallow 4 deny, veto 5 debar 6 enjoin, forbid, refuse, reject 7 disavow, dismiss, exclude, rule out, shut out 8 disclaim, prohibit 9 interdict, proscribe, repudiate

disallowance 4 veto 5 taboo 6 denial 7 refusal 9 disavowal, dismissal, exclusion, rejection **11** prohibition, repudiation **12** interdiction, proscription

___-disant **3** soi

disappear **3** die **5** clear, leave **6** depart, die out, vanish **8** evanesce, fade away, melt away, pass away, slip away **9** evaporate, sneak away, steal away **13** dematerialize

disappoint **4** dash, foil, ruin **6** baffle, defeat, thwart **7** let down **9** frustrate **10** discourage, dishearten

disappointment **4** blow **6** bummer, defeat, downer **7** failure, letdown **8** comedown **9** bringdown **11** frustration

disapproval **4** veto **6** rebuke **7** censure, dislike, obloquy, reproof **8** reproach **9** criticism, objection, rejection ***expression of:*** **3** boo **4** hiss, hoot, jeer **7** catcall **9** raspberry **10** Bronx cheer

disapprove **4** veto **6** oppose, reject **7** decline, dislike, dismiss, frown on **8** disfavor, turn down **9** dispraise

disarm **5** charm **6** allure **7** win over **8** sideline **9** captivate **10** neutralize

disarming **5** silky **6** silken **7** amiable, likable, winning, winsome **8** likeable, pleasing **9** endearing **10** convincing, persuasive, saccharine **11** deferential, insinuating **12** ingratiating

disarrange **4** mess **5** mix up, upset **6** jumble, mess up, mislay, muddle, muss up **7** confuse, disturb **8** disorder, displace, misplace, unsettle **10** discompose **11** disorganize

disarray **5** chaos **6** bedlam, jumble, mess up, muddle **7** clutter, undress **8** disorder, shambles, unsettle **9** confusion **10** discompose, dishabille

disassemble **6** detach **7** scatter **8** dismount, disperse, separate, take down, tear down **9** break down, come apart, dismantle, dismember, take apart

disassociate **5** sever, unfix **6** detach, sunder **7** back off **8** abstract, alienate, back down, disunite, liberate, separate, uncouple, withdraw **9** disengage **10** disconnect

disaster **3** woe **6** fiasco **7** debacle, failure, tragedy **8** calamity **9** cataclysm, ruination **11** catastrophe, devastation

disastrous **4** dire **5** fatal **6** tragic **7** fateful, ruinous **8** terrible **10** calamitous, horrendous **11** cataclysmic, destructive, devastating **12** catastrophic

disavow **4** deny **6** abjure, disown, impugn, negate, recant, reject **7** forsake, gainsay, retract **8** abnegate, disclaim, forswear, negative, renounce **9** repudiate

disband **3** end **4** part **5** sever **6** divide, sunder **7** break up, dissect, divorce, scatter **8** disperse, dissolve, separate

disbelieve **5** doubt, scorn, scout **6** eschew, reject **7** scoff at, suspect **8** discount, distrust, mistrust, question **9** discredit, repudiate

disbeliever **5** cynic **7** doubter, sceptic, scoffer, skeptic **9** dissenter **10** questioner **11** freethinker

disbelieving **4** wary **5** leery **6** show-me **7** cynical, dubious **8** doubting **9** quizzical, skeptical **11** incredulous, mistrustful, questioning, unconvinced

disburden **4** shed **6** unlade, unload, unship, unstow **7** off-load, relieve **8** disgorge **9** discharge

disburse **3** pay **5** allot, issue **6** lay out, pay out, supply **7** deliver, dole out, furnish, provide **8** dispense, disperse **9** apportion, partition **10** distribute, measure out

disbursement **4** cost **5** funds **6** outlay **7** expense, payment **9** allotment **11** expenditure **12** distribution

discard **4** cast, drop, dump, junk, shed, toss, waif **5** chuck, ditch, eject, let go, scrap **6** reject **7** cast off, castoff, deep-six, wash out **8** get rid of, jettison, shuck off, throw out **9** throw away, toss aside

discarnate **8** bodiless, ethereal, spectral **9** asomatous, unfleshly **10** immaterial, unembodied, unphysical, wraithlike **11** disembodied, incorporeal, nonphysical **12** otherworldly **13** insubstantial

discern **3** see **4** know, note **5** grasp, sense **6** behold, detect, divine, notice **7** observe **8** identify, perceive **9** apprehend, ascertain, recognize **10** comprehend, understand **11** distinguish **12** discriminate **13** differentiate

discernible **7** visible **8** apparent, palpable **10** detectable, noticeable, observable **11** appreciable, perceivable **12** recognizable

discerning **4** keen **5** acute, aware **6** astute **7** knowing **9** clear-eyed, insighted, observant, sagacious **10** insightful, perceptive **12** clear-sighted **13** knowledgeable, perspicacious

discernment **6** acumen **7** insight **8** keenness, sagacity **9** intuition **10** astuteness, perception, shrewdness **11** penetration, percipience, recognition **12** perspicacity **13** comprehension, sagaciousness

discharge **3** can, pay **4** drop, emit, fire, free, gush, oust, quit, sack, spew, vent, void **5** annul, clear, demob, eject, empty, expel, exude, let go, loose, pay up, quash, salvo, shoot, utter **6** bounce, excuse, exempt, let fly, let off, loosen, outlet, remove, settle, unbind, unload, vacate **7** absolve, boot out, barrage, cashier, deliver, dismiss, exclude, excrete, execute, fulfill, give off, kick out, manumit, off-load, release, relieve, removal, satisfy, unchain **8** abrogate, aquittal, dispense, displace, dissolve, ejection, emission, get rid of, liberate, separate, throw off **9** acquittal, dismissal, eliminate, explosion, expulsion, muster out, pour forth, send forth, terminate, unshackle **10** deactivate, demobilize, emancipate, inactivate, liberation, separation **11** exoneration, fulfillment ***electrical:*** **5** spark **6** leader **8** streamer **9** lightning

disciple **3** fan **6** minion **7** apostle, devotee, learner **8** adherent, follower, henchman, partisan, retainer **9** supporter **10** enthusiast

disciplinarian **8** enforcer, martinet **10** taskmaster **11** slave driver

disciplinary **8** punitive **9** punishing **10** corrective

discipline **4** curb, rule, will **5** check, drill, field, guide, order, teach, train **6** bridle, direct, method, punish, school, subdue **7** chasten, conduct, control, correct, educate **8** approach, chastise, instruct, penalize, restrain, training **9** castigate, obedience, subjugate, willpower **10** correction, punishment **11** castigation, self-control, self-mastery **12** chastisement **13** self-restraint

disclaim **4** deny **6** abjure, reject **7** disavow, gainsay, retract **8** disallow, forswear, renounce, traverse **9** repudiate **10** contradict

disclose **3** own **4** avow, tell **5** spill **6** expose, impart, relate, report, reveal, unmask, unveil **7** display, divulge, uncover **8** discover, give away, unclothe **9** make known

disclosure **6** exposé **8** exposure **10** revelation **11** declaration

discolor **3** tar **4** blot, dull, fade, smut, soil **5** smear, stain, sully, taint, tinge **6** defile, smudge **7** besmear, bestain, tarnish **8** besmirch

discoloration **4** spot **5** stain, taint **6** blotch, bruise, smudge **7** blemish **9** birthmark

discomfit **3** irk, vex **4** faze **5** abash, annoy, upset **6** baffle, bother, defeat, rattle, thwart **7** fluster, nonplus, perturb, unnerve **8** confound **9** embarrass **10** discompose, disconcert

discomfiture **5** upset **6** unease **8** disquiet **9** abashment, agitation, confusion **10** uneasiness **11** frustration **12** discomposure, perturbation **13** embarrassment, inconvenience

discomfort **3** irk, vex **4** ache, pain **5** annoy **6** bother, unease **7** malaise **8** vexation **9** annoyance **10** uneasiness **13** embarrassment

discomforting see UNCOMFORTABLE

discommend **5** decry **7** censure, frown on, put down **8** admonish, disfavor, object to **9** criticize, deprecate, disesteem, disparage, reprehend **10** disapprove

discommode **3** irk, vex **5** annoy, upset **6** bother, burden, flurry, put out **7** disturb, fluster, perturb, trouble **8** encumber **9** aggravate, disoblige **13** inconvenience

discompose **3** irk, vex **5** annoy, harry, upset, worry **6** bother, dismay, flurry, harass, pester, plague, ruffle, untune **7** agitate, disturb, fluster, perturb, unhinge **8** disarray, disorder, unsettle **9** embarrass **10** disarrange **11** disorganize

discomposure **5** upset, worry **6** bother, unease **8** vexation **9** abashment, agitation, annoyance, confusion **10** discomfort, irritation, perplexity, uneasiness **11** disquietude **12** discomfiture, perturbation **13** consternation, embarrassment

disconcert **4** faze **5** abash, upset, worry **6** bemuse, bother, puzzle, rattle, ruffle **7** confuse, disturb, nonplus, perplex, perturb, trouble **8** bewilder, confound, disquiet **9** discomfit, embarrass, frustrate

disconfirm **4** deny **5** rebut **6** refute, negate **7** gainsay **8** abnegate, confound, disclaim, disprove **10** contradict, controvert

disconnect **3** cut, gap **5** break, sever, unfix **6** cut off, detach **7** disjoin **8** separate, uncouple **9** disengage **10** dissociate

disconnected **7** muddled **8** detached, separate **10** disjointed, incoherent, unattached **11** fragmentary, unorganized **13** discontinuous

disconsolate **3** low, sad **4** blue, down **5** bleak, drear **6** abject, dreary, gloomy, woeful **7** doleful, forlorn, joyless, unhappy **8** dejected, downcast, wretched **9** cheerless, depressed, miserable, sorrowful, woebegone **10** dispirited, melancholy **11** comfortless, crestfallen, downhearted

discontent **4** envy **9** dysphoria **10** depression, inquietude, uneasiness **11** displeasure **12** disaffection, restlessness

discontented **5** upset **6** uneasy **7** annoyed, fretful, unhappy **8** restless **9** disturbed, irritated, perturbed **10** displeased **11** complaining, disgruntled, ungratified, unsatisfied **12** dissatisfied

discontinuation **3** end **4** stop **5** cease, close, pause **6** ending, finish **7** closing **8** abeyance **9** cessation **10** conclusion, desistance, moratorium, suspension **12** postponement

discontinue **3** end **4** halt, quit, stay, stop

5 cease, close, sever 6 desist, give up, wind up, wrap up 8 break off, close out, conclude, knock off, leave off, shut down, surcease 9 terminate

discontinuity 3 gap 4 hole, rent, rift 5 break, cleft, crack, split 6 breach, lacuna 7 fissure, opening, rupture

discontinuous 6 fitful 7 muddled 8 discrete, separate 9 spasmodic 10 incoherent, incohesive 11 unconnected 12 disconnected, intermittent 13 nonsequential

discord 5 clash 6 enmity, rancor, strife 7 rupture 8 conflict, contrast, disunity, division, friction, mismatch, variance 9 animosity, antipathy, hostility 10 antagonism, contention, difference, dissension, dissidence, dissonance, opposition 12 inconsonance, polarization 13 inconsistency ***goddess:*** 3 Ate 4 Eris

discordant 5 harsh 6 at odds 7 jarring 8 clashing, contrary, jangling, strident 9 dissonant 10 cacophonic, unpleasant 11 cacophonous, conflicting, disagreeing, inconsonant, quarrelsome, unmelodious 12 unharmonious

discotheque 6 bistro, nitery 7 hot spot 9 dance club, nightclub, night spot

discount 5 doubt, lower 6 deduct, ignore, reduce, slight 7 neglect, take off 8 belittle, derogate, decrease, diminish, knock off, mark down, markdown, minimize, overlook, roll back, rollback, subtract, take away 9 abatement, deduction, disregard, reduction, substract, underrate 13 underestimate

discountenance 4 faze 5 abash 6 rattle 7 frown on 8 confound, disfavor 9 deprecate, discomfit, embarrass 10 disapprove, disconcert, discourage

discourage 4 damp 5 daunt, check, chill, deter 6 dampen, deject, divert, hinder, impede 7 depress, inhibit, trouble 8 disfavor, dissuade, suppress 10 demoralize, dishearten

discouraging 5 bleak 7 unhappy 8 daunting 9 deterring, troubling 10 depressing 11 unfavorable, unpromising 12 unpropitious 13 disappointing, disheartening

discourse 4 talk 5 argue, essay, orate, speak, spiel, voice 6 sermon, speech, thesis 7 amplify, descant, enlarge, explain, expound, lecture 8 converse, harangue, perorate, rhetoric, speaking, treatise 9 expatiate, hold forth, monograph, sermonize, utterance 10 expression 11 interchange 12 conversation 13 verbalization ***art of:*** 8 rhetoric ***religious:*** 6 homily, sermon

discourteous 4 rude 6 unkind 7 boorish, brusque, ill-bred, uncivil, uncouth 8 impolite 10 ungracious, unmannerly 11 ill-mannered, impertinent 13 disrespectful

discover 4 espy, find, spot 5 learn 6 betray, detect, expose, reveal, unmask 7 divulge, find out, observe, unearth 8 come upon, perceive, proclaim, unshroud 9 ascertain, determine, encounter, make known 10 come across

discovery 4 find 5 trove 6 espial, strike 7 finding 8 locating, sighting 9 detection 10 revelation, unearthing

discredit 4 slur, ruin 5 doubt, shame 6 defame, malign, show up 7 asperse, degrade, put down, run down, slander, traduce 8 disgrace, ignominy 9 disparage, disrepute 10 disbelieve, opprobrium

discreditable 5 shady 6 shabby, shoddy 8 shameful, unworthy 9 degrading 10 inglorious 11 blameworthy, disgraceful, ignominious 12 contemptible, dishonorable, disreputable

discreet 4 wary 5 chary, muted, plain 6 modest, simple 7 careful, guarded, prudent, tactful 8 cautious, moderate 9 unadorned 10 controlled, reasonable, restrained 11 circumspect, considerate, unelaborate, unobtrusive 12 unnoticeable 13 unpretentious

discrepancy 3 gap 8 alterity, conflict, variance 9 disparity, otherness, variation 10 difference, divergence, divergency, unlikeness 12 disagreement 13 inconsistency

discrepant 6 unlike 7 diverse, varying 8 contrary 9 different, differing, disparate, divergent 11 conflicting, disagreeing 12 incompatible, inconsistent 13 contradictory

discrete 8 detached, distinct, separate 9 countable, different 12 disconnected 13 discontinuous, noncontinuous

discretion 4 care, tact 7 caution, reserve 8 delicacy, judgment, prudence, wariness 9 canniness, chariness, restraint 13 judiciousness

discriminate 5 judge 6 assess 7 compare, discern, make out 8 contrast, disfavor, evaluate, perceive, separate 9 segregate, tell apart 11 distinguish 13 differentiate

discriminating 6 choosy, select 7 finical, finicky 8 eclectic 9 judicious, selective 10 discerning 11 prejudicial

discrimination 5 taste 6 acumen 7 bigotry, insight 8 inequity, judgment 9 prejudice 10 astuteness, favoritism, partiality, perception **11** discernment, intolerance, penetration

discriminatory **6** biased **7** partial, unequal **8** partisan **9** jaundiced **10** prejudiced **11** inequitable, predisposed

discursive **5** windy, wordy **6** chatty, prolix **7** diffuse, logical, verbose **8** rambling, tortuous **9** desultory **10** analytical, circuitous, digressive, long-winded, meandering **11** wide-ranging

discuss **4** moot **5** argue, weigh **6** debate, parley **7** canvass, expound **8** consider, converse, hash over, talk over **9** elucidate, expatiate, interpret, talk about, thrash out, ventilate **10** deliberate, toss around ***business:*** **8** talk shop ***lightly:*** **5** bandy ***thoroughly:*** **7** exhaust

discussion **3** rap **4** chat, talk **6** confab, debate, parley, powwow **7** canvass, palaver **8** argument, colloquy **10** conference, rap session **11** bull session, ventilation **12** conversation, deliberation **13** confabulation

discus thrower **6** Alekna (Virgilijus), Marten (Maritza), Oerter (Al) **10** discobolus **11** Rashchupkin (Viktor)

disdain **5** abhor, scorn, scout, spurn **6** deride, refuse, reject, slight **7** contemn, despise, despite, hauteur, put down **8** aversion, belittle, contempt, disprize, misprize **9** antipathy **10** repugnance, undervalue

disdainful **5** aloof, proud **6** averse, lordly, snooty, uppity **7** haughty **8** arrogant, cavalier, derisive, insolent, scorning, spurning, superior, toplofty **11** overbearing **12** antipathetic, contemptuous, supercilious **13** high and mighty

disease **3** bug, ill **5** upset, virus **6** blight, malady **7** ailment, anthrax, illness, malaise, mycosis, purpura **8** debility, disorder, epidemic, myxedema, pandemic, sickness, syndrome, zoonoses (plural), zoonosis **9** affection, black lung, complaint, condition, contagion, ill health, infection, infirmity, sclerosis **10** affliction, alteration, blackwater, bronchitis, feebleness, impairment, infirmness, sickliness **11** decrepitude, derangement **13** unhealthiness ***animal:*** **5** mange, surra **6** rabies **7** bighead **8** enzootic, zoonosis **9** distemper, tularemia **10** rinderpest ***blood:*** **8** leukemia, leukoses (plural), leukosis ***cabbage:*** **8** clubroot ***cattle:*** **6** cowpox **7** foot rot, locoism, murrain **8** blackleg, vaccinia **9** vibriosis **10** rinderpest **11** brucellosis ***cereal grass:*** **4** bunt, smut **5** ergot ***children's:*** **5** mumps **7** measles, rubella **10** chicken pox **13** whooping cough ***citrus tree:*** **8** tristeza ***classification:*** **8** nosology ***combining form:*** **4** path **5** patho ***communicable:*** **4** mono **5** mumps, polio **6** dengue, herpes, plague, rabies **7** cholera, leprosy, malaria, measles, rubella, tetanus, typhoid **8** impetigo **9** hepatitis, influenza **10** giardiasis **12** tuberculosis ***deficiency:*** **6** scurvy **7** rickets **8** beriberi, pellagra ***disseminator:*** **6** vector **7** carrier ***eye:*** **8** glaucoma, trachoma **9** retinitis ***hair follicle:*** **7** sycoses (plural), sycosis ***heart:*** **11** cardiopathy ***horse:*** **6** nagana, spavin **7** locosim, sarcoid **8** glanders **9** strangles ***identification of:*** **9** diagnosis ***industrial:*** **10** byssinosis ***infectious:*** **4** mono, yaws **6** dengue, typhus **7** leprosy, malaria, tetanus, typhoid **9** tularemia, vibriosis **10** rinderpest **13** whooping cough ***liver:*** **9** cirrhosis, hepatitis ***livestock:*** **7** locoism **9** vibriosis **10** rinderpest ***lung:*** **8** phthisic, phthisis **9** pneumonia **10** byssinosis **12** tuberculosis ***lymph glands:*** **8** scrofula ***metabolic:*** **4** gout ***nervous system:*** **4** kuru **6** rabies **10** diphtheria ***of beets:*** **8** heartrot ***of mammals:*** **6** rabies **7** malaria **9** distemper **10** babesiosis, rinderpest ***parasitic:*** **3** rot **4** smut **5** mange **7** malaria **8** hookworm, kala-azar **9** heartworm ***plant:*** **4** rust, scab, smut, wilt **5** blast, edema, scald, scurf, stunt **6** blight, blotch, canker, mosaic, streak **7** blister, crinkle, foot rot, frogeye, red leaf, root rot **8** clubroot, curly top, fusarium, gummosis, leaf curl, leaf roll, leaf rust, leaf spot, ring spot, root knot, stem rust **9** chlorosis, crown gall, white rust **10** blackheart, leaf scorch ***poultry:*** **8** leukosis ***respiratory:*** **6** asthma, coryza **10** byssinosis ***sheep:*** **3** gid **7** scrapie **9** vibriosis **10** bluetongue ***skin:*** **4** acne, yaws **5** favus, hives, lupus, mange, pinta, tinea **6** eczema, tetter **7** leprosy, prurigo, sarcoid, scabies **8** impetigo, miliaria, pyoderma, ringworm, vitiligo **9** pemphigus, psoriasis **10** erysipelas **11** scleroderma ***syphilitic:*** **5** tabes ***throat:*** **5** croup ***thyroid:*** **6** struma ***tropical:*** **4** yaws **5** pinta, sprue, surra **6** dengue **8** kala-azar ***venereal:*** **8** syphilis **9** chancroid, gonorrhea ***viral:*** **3** flu **4** AIDS, noma **5** Ebola, mumps, polio **6** dengue, grippe, herpes, rabies, zoster **7** measles, rubella, rubeola, variola **8** morbilli, shingles, smallpox **9** hepatitis, influenza, varicella **13** poliomyelitis

diseased **3** ill **6** ailing, infirm, sickly, unwell **7** fevered, unsound **8** feverish, infected

disembark **4** land **6** alight **7** deplane, detrain **8** go ashore

disembarrass 3 rid 4 free 7 release, relieve 8 liberate, unburden, untangle 9 extricate 11 disencumber, disentangle
disembodied 7 ghostly 8 ethereal, spectral 9 asomatous, unfleshly 10 immaterial, unphysical, wraithlike 11 incorporeal, nonmaterial, nonphysical 13 insubstantial
disembogue 4 flow, gush, pour, spew 5 empty 7 pour out 9 discharge
disembowel 3 gut 10 eviscerate, exenterate
disenchanted 5 blasé, jaded 6 soured 7 cynical 9 jaundiced 10 undeceived 11 worldly-wise 12 disappointed, dissatisfied 13 disenthralled, disillusioned
disencumber 4 free 7 lighten, release, relieve, sort out 8 free from, liberate, unburden 9 alleviate, disburden, extricate
disengage 4 free, part 5 loose, unfix 6 detach, opt out, unbind 7 back out, drop out, release, unloose 8 cut loose, liberate, separate, uncouple, unfasten, unloosen, withdraw 10 disconnect
disentangle 5 untie 6 detach 7 resolve, sort out, unravel, unsnarl, untwine 8 separate 9 extricate 10 unscramble 11 disencumber 13 straighten out
disenthrall 4 free 7 manumit, release 8 liberate 10 emancipate
disfavor 7 dislike 8 aversion, distrust, mistrust 9 deprecate, disesteem, disregard, disrepute 10 disrespect 11 disapproval 12 disadvantage, unpopularity
disfigure 3 mar 4 maim, scar 6 deface, defile, deform, impair, injure, mangle 7 blemish, distort 8 mutilate
disfranchise 3 bar 7 exclude 8 take away 9 deprive of 10 disentitle
disgorge 4 barf, spew 5 belch, eject, eruct, erupt, expel, vomit 6 give up, irrupt, spit up 7 release, throw up, upchuck 9 discharge
disgrace 5 odium, shame 6 stigma 7 attaint, mortify, obloquy 8 black eye, contempt, dishonor, ignominy, reproach 9 discredit, disrepute, humiliate 10 opprobrium, stigmatize 11 degradation, humiliation
disgraceful 7 ignoble 8 shameful 9 degrading 10 deplorable, inglorious, unbecoming 11 humiliating, ignominious, reproachful 12 dishonorable, disreputable
disgruntled 5 vexed 6 cranky, put out 7 annoyed, beefing, griping 8 grousing 9 irritated 10 discontent, displeased, ill-humored, malcontent 11 ungratified 12 discontented, malcontented
disguise 4 hide, mask, sham, veil 5 belie, cloak, feign, put on 6 facade 7 conceal, falsify, obscure 8 artifice, pretense 9 deception 10 camouflage, false front, pretension 12 misrepresent
disguised 6 masked, veiled 7 cloaked, feigned 9 incognito 10 undercover 11 camouflaged
disguisement 4 mask, veil 5 cloak, front 6 facade 8 pretense 9 deception 10 false front, pretention
disgust 6 nausea, offend, revolt, sicken 8 aversion, gross out, loathing, nauseate 9 antipathy, repulsion, revulsion 10 abhorrence, repugnance 13 squeamishness
disgusted 5 fed up 8 offended, repelled, repulsed, revolted, sickened 9 nauseated, squeamish 10 grossed out
disgusting 4 foul, icky, vile 5 gross, nasty, yucky 7 noisome 9 loathsome, offensive, repellent, repugnant, repulsive, revolting, sickening 10 nauseating
dish 4 bowl, buzz, food, talk, tray 5 plate 6 course, gossip, tureen 7 chatter, hearsay, platter, scandal, slander 9 casserole, container 11 scuttlebutt ***baked:*** 7 soufflé ***baking:*** 7 cocotte, scallop 9 casserole 12 scallop shell ***cheese:*** 6 fondue 7 ramekin, rarebit 8 raclette, ramequin ***Chinese:*** 6 dim sum, lo mein, subgum, wonton 8 chop suey, chow mein 10 egg foo yong, egg foo yung 11 egg foo young ***deep:*** 9 casserole ***Hungarian:*** 7 goulash ***Italian:*** 5 penne, pesto, pizza 6 scampi 7 cannoli, lasagna, polenta, ravioli 8 calamari, linguine, linguini, osso buco, rigatoni 9 foccaccia, manicotti 10 cannelloni, scaloppine, tortellini 11 saltimbocca ***Japanese:*** 7 sashimi, tempura 8 sukiyaki ***Mexican:*** 4 taco 5 chili 6 fajita, flauta, nachos, tamale 7 burrito, chalupa 8 frijoles 9 enchilada, guacamole 10 carne asada 11 chimichanga 12 refried beans 13 chili con carne ***Middle Eastern:*** 5 halva, kebab, kibbe, kibbi 6 halvah, hummus, kibbeh 7 baklava, falafel 8 couscous, moussaka 10 shish kebab 11 baba ghanouj 12 baba ghanoush ***principal:*** 6 entrée ***rice:*** 7 risotto ***rice and meat:*** 5 pilaf ***Scottish:*** 5 brose 6 haggis ***shallow:*** 6 saucer ***Thai:*** 7 pad thai
disharmonize 3 jar, war 5 clash 6 jangle 7 discord 8 conflict, mismatch 9 disaccord
disharmony 6 strife 7 discord 8 conflict, disunion, disunity, friction, variance 9 cacophony 10 contention, difference, dissension, dissonance
dishearten 3 cow 5 chill, crush, daunt, shake 6 dampen, deject, dismay, sadden 7 depress, unnerve 8 dispirit, distress 10 demoralize, discourage, intimidate

disheartening 8 daunting 9 dismaying, saddening 10 depressing 11 dispiriting 12 demoralizing, discouraging, intimidating
dishes 4 ware *clay:* 7 pottery *porcelain:* 5 china
dishevel 5 touse 6 muss up, rumple, tousle 8 disarray, disorder 10 disarrange, discompose
disheveled 5 messy 7 ruffled, rumpled, tousled, unkempt 8 ill-kempt, mussed up, uncombed 10 disarrayed, disordered 11 discomposed
dishonest 5 false, lying, rogue, snide 6 tricky, unfair 7 corrupt, crooked, knavish 8 cheating, cozening, two-faced 9 deceitful, deceiving, deceptive, swindling 10 defrauding, fraudulent, mendacious, untruthful 13 double-dealing, untrustworthy
dishonesty 5 fraud, guile 6 deceit 7 falsity, knavery, roguery 8 flimflam, pretense, trickery 9 chicanery, deception, duplicity, falsehood, hypocrisy 10 corruption 11 crookedness 13 double-dealing
dishonor see DISGRACE
dishonorable see DISGRACEFUL
dish out 5 ladle, serve 6 pile on, supply 7 deliver, present, serve up 8 allocate, disburse, dispense 10 distribute
disillusioned see DISENCHANTED
disinclination 7 dislike 8 aversion, distaste 9 antipathy, objection 10 reluctance 13 indisposition, unwillingness
disinclined 5 loath 6 averse 7 balking, opposed 8 boggling, hesitant 9 reluctant, resistant, unwilling 10 hesitating, indisposed 12 antipathetic 13 unsympathetic
disinfect 6 purify 8 sanitize 9 autoclave, sterilize 13 decontaminate
disingenuous 3 sly 4 foxy, wily 5 false 6 artful, crafty, tricky 7 cunning, devious, feigned 8 delusive, guileful, indirect, specious 9 deceitful, deceiving, deceptive, dishonest, insidious, insincere, sophistic 10 misleading 11 calculating, casuistical, sophistical
disinherit 6 cut off 7 bereave, exclude 9 deprive of, repudiate 10 dispossess
disintegrate 3 rot 4 turn 5 break, burst, decay, spoil, taint 6 molder 7 crumble, scatter, shatter 8 splinter 9 break down, decompose, fall apart 10 deliquesce
disinter 5 dig up 6 exhume, unbury 7 unearth 8 exhumate 9 resurrect
disinterest 6 apathy 7 neglect 8 coolness, lethargy 9 aloofness, disregard, unconcern 10 detachment, dispassion, neutrality 11 impassivity, inattention, insouciance, nonchalance, objectivity 12 indifference
disinterested 4 fair, just 5 aloof 6 candid 7 neutral 8 detached, unbiased 9 impartial, impassive, incurious, objective 10 even-handed, impersonal, neglectful, nonchalant 11 inattentive, indifferent, unconcerned
disjoin 4 part 5 sever, unfix 6 detach, divide, sunder, unlink 7 break up, divorce 8 disunite, separate, uncouple, unfasten 9 disengage, take apart 10 dissociate 12 disaffiliate, disassociate
disjointed 7 jumbled, muddled 8 confused, inchoate, rambling 9 displaced 10 disordered, incoherent, incohesive 11 unconnected, unorganized 13 discontinuous
disk 4 puck 5 wafer 6 record *metal:* 4 slug *ornamental:* 6 bangle, sequin
dislike 4 hate, shun 5 abhor, scorn, spurn 6 animus, detest, loathe, oppose, reject, resent 7 deplore, despise, frown on 8 aversion, disfavor, distaste, execrate 9 animosity, antipathy 10 alienation, disapprove, repugnance 11 detestation, disapproval 13 indisposition
dislimn 3 dim 5 bedim 6 darken 7 becloud, obscure 9 obfuscate
dislocate 5 break 7 disrupt, unhinge 9 disengage 10 disconnect 13 disarticulate
dislodge 4 oust 5 eject, evict, expel 6 remove, uproot 8 displace, drive out, force out
disloyal 5 false 6 untrue 8 apostate, recreant 9 alienated, faithless 10 perfidious, traitorous, unfaithful 11 disaffected, treacherous
disloyalty 7 falsity, perfidy, treason 8 apostasy 9 falseness, recreancy, treachery 10 alienation, infidelity 12 disaffection 13 faithlessness
dismal 5 bleak 6 dreary, gloomy, horrid, somber, sombre 7 joyless 8 desolate, dreadful, funereal, lowering 9 atrocious, cheerless, depressed, tenebrous 10 depressing, depressive 11 dispiriting 12 discouraging 13 disheartening
dismantle 4 raze, undo 5 strip, unrig, wreck 6 denude, divest 7 break up, destroy 8 demolish, pull down, take down 9 break down, knock down, take apart 11 disassemble
dismay 4 faze, fear 5 abash, alarm, daunt, dread, panic, scare, shake, upset 6 appall, fright, horror, rattle 7 agitate, fluster, horrify, perturb, unnerve 8 affright, bewilder, confound, dispirit, distress, frighten 9 discomfit, dumbfound, embarrass 10 discompose, disconcert, discourage, dishearten 11 trep-

idation **12** perturbation **13** consternation

dismayed **5** upset **6** afraid, aghast, scared, shaken **7** fearful, shocked **9** disturbed

dismember **4** maim **7** disjoin **8** mutilate **9** dismantle, take apart

dismiss **3** axe, can **4** drop, fire, oust, sack, shed **5** chuck, eject, evict, let go, scorn, spurn **6** bounce, depose, deride, lay off, reject, remove, retire, shelve, unseat **7** boot out, cashier, contemn, decline, disband, kick out, kiss off, turn off **8** displace, furlough, pooh-pooh, ridicule, throw out, turn away, turn down **9** discharge, repudiate, terminate **11** send packing

dismissal **5** congé **6** firing, layoff, ouster **7** removal **8** brush-off, bum's rush **9** discharge, expulsion **10** cashiering

dismount **6** alight, debark, get off **7** deplane, detrain **9** disembark **10** alight from **11** descend from

Disney, Walt **10** cartoonist ***character:*** **4** Gyro, Huey, Lady **5** Ariel, Bambi, Daisy, Dewey, Dumbo, Goofy, Louie, Mulan, Pluto, Simba, Tramp **6** Beauty, Donald, Mickey, Minnie, Mowgli **7** Aladdin, Scrooge **9** Gladstone, Pinocchio **10** Beagle Boys, Clarabelle, Pocahontas ***classic:*** **5** Bambi, Dumbo **8** Fantasia **9** Pinocchio **10** Jungle Book (The) **15** Lady and the Tramp

disobedient **6** unruly **7** naughty, wayward, willful **8** contrary **10** headstrong, ill-behaved, rebellious, refractory, uncompliant **11** misbehaving **12** contumacious, noncompliant, obstreperous, recalcitrant **13** insubordinate

disoblige **5** annoy **6** bother, offend, put out **7** affront, disturb, trouble **9** displease, incommode **10** discommode **13** inconvenience

disorder **3** ill **4** mess, riot **5** chaos, mix up, snarl, upset **6** ataxia, hubbub, jumble, malady, mess up, muddle, muss up, ruckus, rumple, tumble, tumult, unrest, uproar **7** ailment, anarchy, clutter, confuse, disease, embroil, illness, misdeed, shuffle, turmoil **8** disarray, sickness, syndrome, unsettle, upheaval **9** affection, agitation, commotion, complaint, confusion, infirmity **10** affliction, turbulence, untidiness ***mental:*** **5** mania **8** delirium, insanity, neurosis, paranoia **9** psychosis **11** psychopathy **13** schizophrenia

disordered **6** roiled **7** jumbled, muddled **8** confused, inchoate, shuffled **9** displaced **10** disjointed, dislocated, incoherent, incohesive **11** disarranged, unconnected, unorganized **13** discontinuous

disorderly **5** rowdy **6** unruly, untidy **7** jumbled, raucous, unkempt **8** confused **9** cluttered, offensive, turbulent **10** boisterous, topsy-turvy, tumultuous **12** disorganized, rambunctious, unsystematic

disorganize **5** upset **6** jumble, mess up **7** break up, confuse, derange, disband, disrupt **8** disorder, disperse, unsettle **10** disarrange

disoriented **4** lost **7** mixed up **8** confused **9** displaced, perplexed, unsettled **10** bewildered

disown **4** deny, dump **6** desert, reject **7** cast off, disavow **8** disclaim, renounce **9** repudiate

disparage **5** decry **6** defame, slight **7** condemn, degrade, devalue, dismiss, put down, run down **8** bad-mouth, belittle, derogate, discount, downplay, minimize, pooh-pooh **9** denigrate, deprecate, discredit, dispraise, downgrade, underrate **10** demoralize, depreciate, undervalue **11** detract from

disparagement **5** scorn **7** calumny, censure, despite, scandal, slander **8** contempt, despisal, reproach **9** aspersion, discredit, stricture **10** backbiting, defamation, derogation, detraction, diminution **11** degradation **12** backstabbing, depreciation **13** animadversion

disparate **6** at odds, divers, unlike, varied **7** diverse, unalike, unequal, various, varying **8** discrete, distinct, separate **9** different, divergent, unsimilar **10** dissimilar **11** distinctive, incongruous, inconsonant **12** incompatible, inconsistent

disparity **3** gap **8** contrast **9** imbalance **10** difference, divergence, divergency, inequality **11** discrepancy **13** disproportion, dissimilarity

dispassionate **4** calm, fair, just **7** neutral **8** composed, detached, unbiased **9** equitable, impartial, objective, unruffled **10** impersonal **11** unemotional **12** unprejudiced **13** disinterested

dispatch **4** kill, send, ship, slay **5** haste, hurry, scrag, speed **6** defeat, murder **7** bump off, execute, forward, killing, message, put away **8** alacrity, get rid of, shipment, transmit **9** dispose of, eliminate, swiftness **10** expedition, put to death, speediness **11** assassinate, promptitude

dispel **6** banish **7** cast out, scatter **8** disperse **9** clear away, dissipate, drive away

dispensable **5** minor **7** trivial **8** needless,

unneeded **10** disposable, expendable, unrequired **11** superfluous, unessential, unimportant, unnecessary **12** nonessential

dispensary **6** clinic

dispensation **4** plan **5** favor, share **7** license, portion, service **8** bestowal, courtesy, kindness, ordering **9** allotment, exception, exemption, privilege, remission **10** indulgence, management **12** disbursement, distribution **13** apportionment, authorization

dispense **5** allot, apply, wield **6** assign, divide, excuse, exempt, ration, supply **7** absolve, deal out, deliver, dish out, dole out, furnish, give out, mete out, portion, provide, release **8** allocate, carry out, disburse, share out, transfer **9** apportion, discharge, partition **10** administer, distribute, measure out, portion out

disperse **3** sow **5** spray, strew **6** dispel, divide, spread, vanish **7** break up, diffuse, disband, radiate, scatter **9** broadcast, dissipate, partition, propagate **10** distribute

dispersion **6** spread **7** breakup, colloid **9** diffusion, spreading **10** scattering **11** dissipation **12** distribution **13** dissemination

dispirit **3** cow **5** chill, daunt **6** deject, dismay, sadden **7** depress, oppress **8** distress **10** demoralize, discourage, dishearten

dispirited **3** low, sad **4** blue, down, glum **5** cowed **6** morose **7** daunted **8** cast down, dejected, dismayed, downcast, saddened **9** bummed out, depressed, oppressed, woebegone **10** distressed, melancholy **11** crestfallen, demoralized, discouraged, downhearted **12** disconsolate, disheartened

dispiriting **4** blue **6** dismal, dreary, gloomy **8** daunting, dolorous, funereal **9** cheerless, dismaying, saddening **10** depressing, oppressive **12** demoralizing, disconsolate, discouraging **13** disheartening

displace **4** oust, sack **5** exile, expel, usurp **6** banish, deport, depose, remove **7** succeed **8** dethrone, supplant **9** supersede, transport **10** expatriate, substitute

display **4** pomp, show **5** array, model **6** evince, expose, flaunt, lay out, parade, reveal, spread, unfold, unfurl, unveil **7** exhibit, panoply, present, showing, show off, trot out, uncover **8** brandish, evidence, manifest, showcase **9** showiness, spectacle **10** exhibiting, exhibition **11** demonstrate, ostentation **13** demonstration, manifestation

displeasing **6** vexing **7** irksome **8** annoying **10** bothersome, unpleasant **12** disagreeable **13** objectionable

displeasure **8** aversion, disfavor, vexation **9** annoyance **10** discomfort, discontent, irritation, uneasiness **11** indignation, unhappiness **13** indisposition

disport **4** show **5** amuse **6** acquit, behave, divert, expose, flaunt, frolic, parade **7** conduct, display, exhibit, show off, trot out **9** entertain

disposal **5** order **7** removal **8** bestowal, chucking, jettison, ordering, transfer **9** clearance **10** allocation, assignment, demolition, discarding, regulation, relegation **11** arrangement, consignment, destruction, disposition **12** distribution, transference

dispose **4** bend, bias, rank **5** array, order, range **6** settle **7** arrange, incline, marshal, prepare **8** organize, regulate **9** make ready **11** systematize ***of:*** **4** dump, junk, sell **5** chuck, scrap **6** finish, handle, unload **7** deep-six, destroy, discard **8** deal with, throw out, transfer **9** eighty-six, eliminate **10** distribute

disposed **3** apt **4** fain, game **5** prone, ready **6** biased, minded **7** partial, willing **8** arranged, inclined **9** persuaded

disposition **4** bent, cast, mood, tone, type, vein **5** being, order, stamp **6** makeup, nature, temper **7** control, leaning, mind-set **8** ordering, penchant, riddance, sequence, tendency, transfer **9** character, direction **10** management, proclivity, propensity, settlement **11** arrangement, inclination, personality, temperament **12** constitution, predilection **13** individuality ***favorable:*** **8** optimism ***unfavorable:*** **9** pessimism

dispossess **3** rob **4** oust **5** eject, strip **6** divest **7** bereave, deprive

dispossession **4** loss **6** ouster **7** seizure **9** privation **10** divestment **11** deprivation, divestiture **13** expropriation

dispraise **3** pan **5** decry **6** censor, deride, dump on **7** put down, run down **8** badmouth, belittle, derogate **9** criticize, deprecate, discredit, disparage **10** depreciate, disapprove **11** detract from **12** depreciation

disproportion **8** imparity, mismatch **9** disparity **10** inequality, unevenness **12** lopsidedness

disproportionate **6** uneven **7** unequal **8** lopsided **10** unbalanced

disprove **5** belie, rebut **6** refute, negate **7** confute, explode **8** confound, overturn, puncture, traverse **9** discredit, overthrow **10** invalidate

disputable **4** iffy, moot **7** dubious

8 arguable, doubtful **9** debatable, uncertain, unsettled **10** unresolved **11** problematic **12** questionable **13** controversial

disputation **6** debate **8** argument, forensic, polemics **9** dialectic **11** controversy **13** argumentation

dispute **4** buck, duel, moot, tiff **5** argue, fight, rebut, repel **6** bicker, combat, debate, hassle, impugn, negate, oppose, refute, resist, rumpus, strife **7** confute, contend, contest, discuss, gainsay, quarrel, quibble, wrangle **8** argument, conflict, question, squabble **9** bickering, challenge, thrash out, withstand **10** contention, controvert, falling-out **11** altercation, controversy, embroilment

disputed **7** debated **8** arguable **9** contested, uncertain **12** questionable **13** controversial

disqualified **5** unfit **8** unfitted **10** ineligible, unequipped

disqualify **3** bar **5** debar **6** except **7** exclude, rule out, suspend **9** eliminate ***as judge:*** **6** recuse

disquiet **5** alarm, angst, upset, worry **6** bother, flurry, unease, unrest **7** agitate, anxiety, concern, disturb, ferment, fluster, perturb, trouble, turmoil **10** discompose, uneasiness **11** disturbance, restiveness **12** restlessness **13** Sturm und Drang

disquietude **4** care **5** worry **6** unease, unrest **7** anxiety, concern, ferment, turmoil **9** agitation, misgiving **10** foreboding, uneasiness **11** nervousness, restiveness **12** apprehension, restlessness **13** Sturm und Drang

Disraeli, Benjamin ***novel:*** **5** Sybil **7** Lothair, Tancred **8** Endymion **9** Coningsby ***opponent:*** **4** Peel (Robert) **9** Gladstone (William) ***queen:*** **8** Victoria

disregard **6** forget, ignore, slight **7** neglect, tune out **8** overlook **9** unconcern **12** heedlessness, indifference

disregardful **3** lax **5** slack **6** remiss **8** careless, derelict, heedless **9** forgetful, unheeding, negligent, unmindful **10** neglectful, regardless, unthinking **11** indifferent, unconcerned **12** absent-minded

disremember **6** forget

disreputable **4** base **5** dingy, seamy, seedy, shady **6** scurvy, shabby, shoddy, sordid **7** run-down **8** decrepit, infamous, shameful **10** inglorious **11** dilapidated, disgraceful, ignominious **12** contemptible, unprincipled **13** discreditable, unrespectable

disrepute **5** odium, shame **7** obloquy **8** disfavor, disgrace, dishonor, ignominy **9** disesteem **10** opprobrium

disrespect **6** insult **7** disdain **8** boldness, contempt, rudeness **9** disregard, flippancy, impudence, insolence **10** incivility **11** discourtesy, presumption **12** impertinence, impoliteness

disrespectful **4** flip, rude **5** sassy, saucy **7** ill-bred, uncivil **8** flippant, impolite, impudent, insolent **10** ungracious **11** ill-mannered, impertinent **12** contemptuous, discourteous

disrobe **4** bare, peel **5** strip **6** denude, divest **7** undress **8** unclothe

disrupt **5** upset **6** mess up **7** break up, rupture **8** disorder, unsettle

dissatisfaction **6** dismay **9** annoyance, complaint **10** discontent, irritation, uneasiness **11** displeasure, frustration

dissatisfied **5** irked, vexed **7** annoyed **8** bothered **10** begrudging, discontent, displeased, malcontent **11** complaining, disaffected, unfulfilled **12** disappointed, discontented, malcontented

dissect **5** probe, study **7** analyze, examine, inspect **9** anatomize, break down, take apart **10** scrutinize

dissection **7** autopsy **8** analysis, necropsy ***of animals:*** **7** zootomy

dissemble **4** hide, mask **5** cloak, feign **7** conceal, cover up, dress up, falsify **8** disguise, simulate **9** whitewash **10** camouflage **11** counterfeit

dissembler **4** fake **5** faker, fraud, phony **8** deceiver, imposter, impostor, pharisee **9** hypocrite, pretender

disseminate **3** sow **5** strew **6** blazon, spread **7** bestrew, diffuse, publish, scatter, send out **8** announce, disperse, proclaim **9** advertise, broadcast, circulate, propagate, publicize **10** promulgate

dissension **5** fight **6** strife **7** discord, dispute, faction, quarrel, wrangle **8** argument, clashing, conflict, disunity, friction, variance **9** bickering **10** contention, difference, quarreling **11** altercation, controversy **12** disagreement

dissent **5** demur **6** differ, heresy, object **8** conflict, variance **9** misbelief **10** contention, difference, heterodoxy, opposition, resistance **11** unorthodoxy **12** nonagreement **13** nonconformism, nonconformity

dissenter **7** heretic **8** apostate, defector, deserter, partisan, recreant **10** schismatic, separatist **11** misbeliever, schismatist **13** nonconformist

dissertation **6** thesis **8** tractate, treatise **9** discourse, monograph **10** commentary, exposition **11** disputation **12** disquisition **13** argumentation

disservice 4 harm 6 damage, injury, insult 8 disfavor, meanness, mischief 9 detriment 10 misfortune

dissever 3 cut, hew 4 hack, part 5 carve, slice, split 6 cleave, detach, divide, sunder 7 disjoin, divorce 8 disjoint, disunite, separate, uncouple 10 disconnect

dissidence 6 heresy, schism, strife 7 discord, dispute, dissent, faction 8 conflict, friction, variance 10 contention, disharmony, dissension, heterodoxy, opposition 11 discordance, unorthodoxy 12 disagreement 13 nonconformism, nonconformity

dissident 7 heretic 8 partisan, recusant 9 differing, dissenter, heretical, heterodox, protestor 10 schismatic, separatist, unorthodox 11 contentious, disagreeing, misbeliever, nonbeliever, quarrelsome, schismatist 12 disputatious, unharmonious 13 nonconformist

dissimilar 6 unlike 7 diverse, unalike, unequal, various 8 distinct 9 different, disparate, divergent 13 heterogeneous

dissimilarity 8 contrast, variance 9 disparity, diversity, variation 10 difference, divergence, divergency, unlikeness 11 incongruity 13 heterogeneity, inconsistency

dissimulate see DISSEMBLE

dissimulation 5 fraud, guile, lying 6 deceit 7 cunning 8 artifice, flimflam, pretense 9 deception, duplicity, hypocrisy, mendacity, sophistry 10 craftiness, pharisaism 11 beguilement, smoke screen

dissipate 4 blow 5 use up, waste 6 burn up, spread, vanish 7 break up, scatter 8 disperse, evanesce, melt away, misspend, squander 9 evaporate, throw away 11 fritter away

dissipated 6 rakish, wanton, wasted 8 depraved 9 debauched, reprobate 10 degenerate, licentious, profligate 11 intemperate

dissociate 4 part 5 unfix 6 cut off, detach 7 disband, disjoin 8 alienate, disunite, estrange, separate, uncouple 9 disengage 10 disconnect

dissolute 3 lax 4 fast, wild 5 loose, slack 6 rakish, wanton 7 raffish, wayward 8 decadent, depraved 9 abandoned, debauched, indulgent, reprobate 10 degenerate, dissipated, licentious, profligate 12 unprincipled, unrestrained

dissolution 5 death, decay, split 6 demise 7 breakup, divorce, rupture, split-up 8 division 9 dispersal, partition 10 detachment, disbanding, profligacy 11 evaporation 12 liquefaction

dissolvable 7 soluble 8 meltable

dissolve 3 end 4 flux, melt, thaw, undo, void 5 annul, quash 6 recess, vacate, vanish 7 adjourn, break up, destroy, diffuse, disband, liquefy, resolve, shatter, unravel 8 abrogate, demolish, disperse, evanesce, fade away, get rid of, melt away, prorogue, separate 9 decompose, dissipate, evaporate, prorogate, terminate, waste away 10 deliquesce, do away with 12 disintegrate

dissonance 6 strife 7 discord 8 clashing, conflict 9 cacophony, harshness 10 contention, difference, disharmony 11 incongruity 12 disagreement 13 inconsistency

dissonant 5 harsh 7 grating, jarring, raucous 8 strident 9 unmusical 10 cacophonic, discordant, inharmonic 11 cacophonous, conflicting, incongruous 12 incompatible, inharmonious

dissuade 5 deter 7 turn off 10 discourage, disincline

distaff 6 female 8 maternal

distance 4 area 5 ambit, lapse, orbit, range, reach, scope, space, sweep 6 course, degree, extent, length, radius, remove, spread 7 breadth, compass, expanse, horizon, mileage, reserve, spacing, stretch 8 coldness, interval 9 amplitude, disparity, expansion, extension 10 divergence, divergency, remoteness, separation 11 distinction, perspective 13 dissimilarity ***angular:*** 8 latitude 9 longitude ***between levels:*** 4 drop ***between rails:*** 4 gage ***between supports:*** 4 span ***from bottom to top:*** 6 height ***geometric:*** 8 altitude ***greatest perpendicular:*** 6 camber ***measuring instrument:*** 8 odometer 9 pedometer, telemeter 11 range finder ***minute:*** 4 hair ***perpendicular:*** 5 depth ***shortest:*** 7 beeline 12 straight line ***the wind blows:*** 5 fetch

distant 3 far, shy 4 afar, cold, cool 5 aloof, apart 6 absent, far-off, remote 7 faraway, haughty, obscure, removed, spacial, spatial 8 far-flung, isolated, outlying, reserved, secluded, solitary 9 separated, unsimilar, withdrawn 10 unsociable 11 out-of-the-way, sequestered, standoffish ***combining form:*** 3 tel 4 tele, telo

distaste 7 disgust, dislike 8 aversion, loathing 9 antipathy, hostility, revulsion 10 abhorrence, repugnance 13 indisposition

distasteful 8 unsavory 9 loathsome, obnoxious, offensive, repellent, repugnant, repulsive 10 abominable, unpleasant 11 displeasing, unpalatable 12 disagreeable, unappetizing **13** objectionable

distemper **6** malady **7** ailment, disease **8** disorder **9** contagion, strangles **10** affliction **11** derangement **13** panleucopenia

distend **5** bloat, bulge, swell, widen **6** dilate, expand, extend, puff up **7** amplify, augment, enlarge, inflate, stretch **8** increase, lengthen **10** stretch out

distill **6** refine **7** extract **8** boil down **11** concentrate, precipitate

distinct **4** sole **5** clear, lucid, plain **6** marked, patent, single, unique **7** audible, defined, diverse, evident, express, notable, obvious, special, unusual **8** apparent, clear-cut, definite, discrete, especial, explicit, manifest, palpable, peculiar, separate, specific **9** different, divergent **10** individual, noticeable, particular **11** categorical, unambiguous, unequivocal **12** unmistakable

distinction **4** bays, rank **5** award, badge, grade, honor, kudos **6** nicety, renown **7** laurels **8** accolade, eminence, prestige **10** difference, divergence, divergency, prominence, unlikeness **11** differentia, peculiarity, preeminence, recognition **12** significance **13** dissimilarity

distinctive **6** proper, single, unique **7** special **8** peculiar, separate, singular **10** individual **13** idiosyncratic

distingué **6** classy, urbane **7** courtly, elegant, eminent, genteel, refined **8** cultured, decorous, highbrow, mannerly, polished, well-bred **9** dignified, high-class **10** cultivated **13** sophisticated

distinguish **4** mark, note, spot, view **5** honor, place **6** descry, notice, set off **7** dignify, make out, mark off, observe, pick out **8** classify, identify, perceive, separate **9** recognize, single out **10** categorize **12** characterize, discriminate **13** differentiate, individualize

distinguished **5** famed, noted **6** famous **7** eminent, notable, stately **8** esteemed, imposing, renowned **9** dignified, prominent **10** celebrated **11** illustrious

distort **4** bend, warp, wind **5** alter, color, twist **6** deform, garble **7** contort, falsify, pervert, torture **8** misstate **11** misconstrue **12** misinterpret, misrepresent

distortion **8** twisting **9** deformity

distract **5** addle, mix up **6** ball up, bemuse, divert, puzzle **7** confuse, fluster, mislead, perplex **8** befuddle, bewilder, confound, throw off **9** sidetrack, unbalance

distracted **8** confused, deranged, maddened, troubled **9** oblivious **10** nonplussed **11** disoriented, inattentive, preoccupied **12** absentminded

distraction **5** upset **9** agitation, amusement, confusion, diversion **10** perplexity **12** interruption **13** entertainment

distrait **5** upset **7** anxious, bemused, faraway, worried **8** confused, deranged, harassed, maddened, troubled **9** tormented, withdrawn **10** abstracted, distracted, distraught **11** inattentive, preoccupied **12** absentminded, apprehensive

distraught **5** upset **6** addled, crazed **7** anxious, frantic, muddled, rattled, shook up, unglued, worried **8** agitated, confused, demented, deranged, frenzied, harassed, troubled, worked up **9** flustered, perturbed, tormented, wigged-out **10** distressed, bewildered, freaked out, nonplussed **11** overwrought

distress **3** ail, irk, mar, try, vex, woe **4** ache, care, hurt, pain, pang, rack **5** agony, annoy, cross, dolor, grief, rigor, throe, trial, upset, worry **6** bother, grieve, harass, misery, pester, plague, sorrow, strain, strait, twinge **7** afflict, anguish, anxiety, exhaust, torment, torture, trouble **8** aggrieve, calamity, exigency, hardship **9** adversity, constrain, hard times, suffering **10** affliction, difficulty, heartbreak, misfortune, visitation **11** tribulation, vicissitude ***call:*** **6** Mayday ***signal:*** **3** SOS **5** alarm

distressing **4** dire **6** woeful **8** alarming, grievous, shocking **9** offensive **10** deplorable, lamentable **11** dispiriting, regrettable, unfortunate **13** heartbreaking

distribute **4** deal, mete **5** allot, place, strew **6** assign, assort, divide, donate, parcel, ration, spread **7** deal out, deliver, diffuse, dish out, divvy up, dole out, dribble, give out, hand out, mete out, prorate, radiate, scatter, slice up **8** allocate, classify, disburse, dispense, position, separate **9** apportion, circulate, partition, propagate, spread out **10** administer, measure out **11** disseminate ***in a tournament:*** **4** seed

distribution **7** density **8** delivery, dividend, grouping, ordering, sequence **9** allotment, allotting, diffusion, dispersal, marketing, placement, spreading **10** dispersion, scattering **11** arrangement, probability, propagation **12** apportioning, dispensation **13** apportionment, dissemination

distributor **5** agent **6** broker, jobber **7** carrier **10** wholesaler **12** intermediate

district 4 area, ward 5 tract 6 barrio, locale, parcel, region, sector 7 borough, quarter, section 8 division, locality, precinct, vicinage, vicinity 11 subdivision 12 neighborhood ***ecclesiastical:*** 5 synod 6 parish 7 diocese ***Greek:*** 4 deme ***Indian:*** 6 tahsil ***judicial:*** 7 circuit ***London:*** 4 Soho 7 Chelsea, Mayfair 9 Docklands, Greenwich, Southwark 10 Kensington, Piccadilly 11 Canary Wharf, Notting Hill 13 Knightsbridge ***New York:*** 4 Soho 7 Chelsea, Tribeca ***theater:*** 6 rialto

District of Columbia ***college, university:*** 6 Howard 8 American, Catholic 9 Gallaudet 10 Georgetown ***motto:*** 13 E Pluribus Unum ***official bird:*** 10 wood thrush ***official flower:*** 18 American Beauty rose

distrust 5 doubt 7 suspect 8 question, wariness 9 disbelief, discredit, misgiving, suspicion 10 disbelieve

distrustful 4 wary 5 chary, leery 7 cynical, dubious, jealous 8 doubtful, doubting 10 suspicious 12 questionable

distrusting 4 wary 5 chary, leery 7 cynical, dubious, jealous 8 doubtful, doubting 10 suspicious

disturb 4 faze 5 alarm, daunt, rouse, upset, worry 6 bother, harass, meddle, mess up, pester, stir up 7 agitate, break up, disrupt, fluster, perplex, trouble, unnerve 8 bewilder, distress, unsettle 9 incommode, interrupt 10 discompose, disconcert, tamper with 13 inconvenience, interfere with

disturbance 4 flap, fuss, stir, to-do 5 stink 6 clamor, hubbub, rumpus, tumult, unrest, uproar 7 bobbery, turmoil 8 disorder 9 agitation, commotion, confusion 10 alteration, disruption, turbulence 11 derangement, distraction 12 interruption ***atmospheric:*** 5 storm 7 cyclone, tornado 9 hurricane ***mental:*** 6 frenzy 8 delirium, neurosis 9 psychosis ***oceanic:*** 7 tsunami

disturbed 5 upset 6 insane, shaken 7 anxious, puzzled, rattled, worried 8 bothered, demented, deranged, troubled 9 concerned, psychotic, unsettled 10 distracted, distressed 12 disconcerted

disunion 7 divorce, rupture, split-up 8 division, severing, variance 9 partition 10 detachment, difference, separation 13 disconnection

disunite 4 part 6 divide, sunder 7 break up, disjoin, divorce, split up 8 dissever, separate, uncouple 9 disengage, fall apart 10 disconnect 12 disaffiliate

disunity 6 strife, schism 7 discord 8 conflict, division, variance 10 alienation, contention, disharmony, dissension 12 disaffection, disagreement, estrangement

disused 5 passé 8 obsolete, outdated, outmoded 9 abandoned, discarded 10 antiquated, superseded

ditch 3 dig, pit 4 drop, dump, foss, junk, moat 5 chuck, fosse, leave, scrap, swale 6 reject, trench, trough 7 abandon, cashier, discard, dismiss, forsake, foxhole 8 jettison, throw out 9 crash-land, dispose of, throw away 10 excavation

dither 4 fuss, stew 5 quake, shake, tizzy, waver 6 falter, flurry, quaver, shiver 7 flutter, tremble, twitter, whiffle 8 hesitate 9 agitation, commotion, confusion, vacillate 10 excitement, turbulence 12 shilly-shally

dithyramb 4 hymn, poem 5 chant

dithyrambic 6 ardent, fervid 9 perfervid, rhapsodic 10 boisterous, passionate 11 impassioned

ditto 4 copy, same 5 clone, me too, Xerox 6 carbon, repeat 7 replica, reprint, similar 9 duplicate, facsimile, photocopy 10 carbon copy, mimeograph 11 replication 12 reproduction 13 reduplication

ditty 3 air, lay 4 song, tune 5 carol, chant 6 ballad

diurnal 5 daily 7 daytime 8 daylight 9 circadian, ephemeral, quotidian

diva 7 goddess 10 prima donna 11 leading lady

divagate 4 turn, veer 5 drift, stray 6 depart, ramble, wander 7 deviate, digress, diverge

divan 4 sofa 5 couch 6 settee 7 chamber, council 9 davenport 12 chesterfield

dive 3 bar, pub 4 dash, dump, hole, jump, leap 5 joint, lunge, pitch, sound, swoop 6 header, lounge, plunge, saloon, tavern 7 barroom, decline, descend, descent, hangout, plummet, taproom 8 submerge 9 honky-tonk, roadhouse 10 cannonball ***type:*** 4 pike, swan, tuck 6 gainer 7 cutaway 9 belly flop, jackknife

diver 4 loon

diverge 4 part, vary 5 stray 6 depart, differ, swerve 7 deflect, deviate, digress 8 disagree, separate 9 bifurcate, branch off, draw apart

divergence 7 parting 9 departure, deviation, differing 10 aberration, deflection, difference, digression, separation 11 disagreeing, discrepancy, distinction 12 disagreement

divergent 6 unlike 8 aberrant, abnormal,

atypical **9** anomalous, different, differing, disparate, irregular **10** dissimilar

divers **6** sundry **7** several, various **8** assorted **9** different, disparate **13** miscellaneous

diverse **5** mixed **6** motley, sundry, unlike, varied **7** several, unalike, unequal, various, varying **8** assorted, discrete, distinct, manifold, separate **9** different, differing, disparate, multiform, multiplex, unsimilar **10** contrasted, dissimilar **11** contrasting, contrastive **12** multifarious **13** contradictory, miscellaneous ***meanings:*** **8** polysemy

diversion **5** sport **7** pastime, turning **8** pleasure, sideshow **9** amusement, deviation, enjoyment **10** aberration, deflection, recreation, red herring **11** distraction **13** entertainment

diversity **7** variety **10** assortment, difference, unlikeness **11** variegation **12** multiformity **13** dissimilarity, heterogeneity

divert **4** turn, veer **5** amuse **6** regale, swerve **7** beguile, deflect, delight, deviate, digress **8** distract, redirect **9** entertain, turn aside

divest **3** rid, rob **4** free **5** spoil, strip **6** denude **7** bereave, deprive, despoil, disrobe, undress **8** take away **9** dismantle **10** disinherit, dispossess

divide **3** cut **4** fork, part **5** allot, cut up, sever, share **6** assign, cleave, parcel, ration, sunder **7** break up, dissect, divorce, dole out, isolate, prorate, quarter, share in, split up **8** allocate, classify, dispense, disunite, separate **9** apportion, branch out, partition, watershed **10** distribute, measure out **11** dichotomize, distinguish ***into four parts:*** **7** quarter ***into three parts:*** **7** trisect ***into two parts:*** **5** halve **6** bisect **9** bifurcate

divided **4** rent **5** riven, split **6** cloven **7** asunder, partite **8** ruptured

dividend **5** bonus, share **6** return, reward **7** benefit, guerdon, portion, premium **9** allotment **12** dispensation

divider **6** border, screen **9** partition

divination **6** augury **7** insight **8** prophecy **11** foretelling, soothsaying ***by communication with the dead:*** **10** necromancy ***by figures:*** **8** geomancy ***by lots:*** **9** sortilege ***by numbers:*** **10** numerology ***by rods:*** **7** dowsing **11** rhabdomancy ***by stars:*** **9** astrology

divine **4** holy **5** clerk, godly, infer **6** cleric, deduce, deific, intuit, parson, priest, sacred, superb **7** foresee, godlike **8** clerical, foreknow, heavenly, luscious, minister, preacher, prophesy, reverend **9** apprehend, churchman, clergyman, marvelous, religious, visualize **10** anticipate, conjecture, sanctified, superhuman, theologian **11** scrumptious **12** ecclesiastic

diviner **4** seer **5** augur, sibyl **6** oracle **7** palmist, prophet **8** haruspex **10** forecaster, prophetess, soothsayer

divinity **3** god **5** deity, fudge **7** goddess, godhead, godhood **8** theology

division **3** cut **4** part, unit **5** class, piece, slice, split **6** branch, moiety, parcel, schism, sector **7** breakup, discord, dissent, divorce, parting, portion, rupture, section, segment, split-up **8** category, conflict, district, disunion, disunity, variance **9** partition **10** detachment, difference, disharmony, dissidence, separation **11** dissolution **12** disagreement **13** apportionment ***Bible:*** **5** verse ***book:*** **7** chapter ***British territorial:*** **5** shire ***building:*** **4** wing ***cell:*** **7** meiosis, mitosis ***city:*** **4** ward **7** borough **8** precinct ***contest:*** **4** heat **6** inning, period ***corolla:*** **5** petal ***country:*** **5** state **6** canton **8** province **10** department, prefecture ***family:*** **4** side **6** branch ***geologic time:*** **3** eon, era **5** epoch **6** period ***hospital:*** **4** ward, wing ***into two:*** **9** bisection **11** bifurcation, bipartition ***meal:*** **6** course ***music:*** **3** bar **4** beat **7** measure **8** movement ***opera, play:*** **3** act **5** scena, scene ***poem:*** **5** canto, verse **6** stanza ***population:*** **7** segment, stratum ***race:*** **3** lap **4** heat ***social:*** **5** caste, class, tribe ***state:*** **6** county, parish ***term:*** **8** quotient ***time:*** **3** day, eon **4** week, year **5** month **6** decade, minute, moment, second **7** century, weekend **9** fortnight **10** millennium ***tribal:*** **4** clan ***word:*** **8** syllable ***zodiac:*** **4** sign

divisive **8** factious **11** disunifying

divorce **4** part **5** sever, split **6** divide, sunder **7** break up, breakup, disjoin, rupture **8** disjoint, dissever, disunion, disunite, separate **9** partition, severance **10** detachment, separation **11** dissolution

divot **3** sod **4** turf **5** clump

divulge **4** blab, leak, tell **5** spill **6** betray, expose, gossip, reveal, tattle **7** let slip, uncover **8** disclose, give away

Dixie composer **6** Emmett (Daniel D.)

dizziness **7** vertigo **9** giddiness

dizzy **5** addle, dazed, giddy, mix up, silly, tipsy **6** addled **7** confuse, dazzled, flighty, foolish, fuddled, muddled, puzzled, reeling **8** confused, swimming, whirling **9** befuddled, confusing **10** bewildered, confounded, distracted, exorbitant, immoderate, inordinate

11 extravagant, light-headed, vertiginous

Djibouti ***capital:*** **8** Djibouti ***language:*** **6** Arabic, French ***monetary unit:*** **5** franc ***neighbor:*** **7** Eritrea, Somalia **8** Ethiopia ***sea:*** **3** Red

DNA ***component:*** **7** adenine, guanine, thymine **8** cytosine **10** nucleotide **11** deoxyribose ***segment:*** **7** cistron

doable **8** feasible, possible, workable **9** realistic **10** achievable, attainable **11** performable

do away with **3** end, nix, zap **4** kill, slay **5** annul, erase, whack **6** cancel, finish, murder, remove, repeal, revoke, rub out **7** abolish, bump off, deep-six, destroy, discard, expunge, rescind, squelch, wipe out **8** abrogate, blow away, demolish, dispatch, dissolve, massacre, stamp out **9** dispose of, eliminate, eradicate, extirpate, finish off, liquidate, slaughter **10** extinguish, obliterate **11** discontinue, exterminate

docent **5** guide **6** leader **7** teacher **8** lecturer **10** instructor

docile **4** tame **6** pliant **7** ductile, pliable **8** amenable, biddable, obedient, yielding **9** adaptable, compliant, teachable, tractable **10** submissive **11** acquiescent

dock **3** bob, cut **4** crop, fine, pier, quay, rump, slip **5** berth, jetty, levee, tie up, wharf **6** anchor, hangar, lessen, marina, reduce **7** abridge, landing, shorten **8** cut short, platform, truncate ***worker:*** **6** lumper **9** stevedore **12** longshoreman

docket **4** card **6** agenda, lineup, record **7** program **8** abstract, calendar, caseload, register, schedule **9** timetable

doctor **3** fix, vet **4** mend **5** adapt, alter, medic, treat **6** medico, repair **7** croaker, dentist, falsify, scholar, surgeon **8** sawbones **9** clinician, internist, physician **10** adulterate, specialist **11** medicine man, recondition, reconstruct ***animal:*** **3** vet **12** veterinarian ***children's:*** **12** pediatrician ***famous:*** **4** Koop (C. Everett) **5** Galen, Spock (Benjamin) **6** Atkins (Robert), Chopra (Deepak), Ornish (Dean) **9** Kevorkian (Jack) **10** Schweitzer (Albert) **11** Hippocrates, Livingstone (David) ***foot:*** **10** podiatrist **11** chiropodist ***heart:*** **12** cardiologist ***teeth:*** **7** dentist ***women's:*** **12** gynecologist

Doctor of the Church **5** Basil **6** Jerome **7** Ambrose, Gregory **9** Augustine **10** Athanasius

Doctorow novel **7** Ragtime **9** City of God (The) **10** Waterworks, World's Fair **12** Book of Daniel (The) **13** Billy Bathgate **18** Welcome to Hard Times

doctrinaire **5** rigid **8** dogmatic **9** obstinate **10** unyielding **11** domineering, magisterial **13** authoritarian

doctrine **3** ism **5** axiom, basic, canon, credo, creed, dogma, faith, tenet **7** precept **8** teaching **9** principle **11** fundamental

document **4** deed **5** paper **6** record **8** evidence, monument **9** testimony **10** instrument **11** certificate ***travel:*** **8** passport

dodder **4** limp **5** shake **6** falter, hobble, totter **7** shamble, shuffle, stagger, tremble **12** morning glory

doddering **5** shaky **6** doting, feeble, senile **7** fragile **8** unsteady, weakened **9** faltering

dodge **4** duck, jink, ruse, slip **5** avoid, elude, evade, fence, parry, shirk, skirt, slide, trick **6** escape, scheme, weasel **7** evasion **8** sidestep **9** avoidance, deception, expedient

Dodger **5** Davis (Tommy) **6** Garvey (Steve), Karros (Eric), Koufax (Sandy), Piazza (Michael), Snider (Duke), Sutton (Don) **8** Newcombe (Don), Robinson (Jackie) **9** Hershiser (Orel) **10** Campanella (Roy) ***field:*** **7** Ebbetts ***manager:*** **6** Alston (Walter) **7** Lasorda (Tommy)

dodger **6** outlaw, screen **7** escapee **8** circular, deceiver, deserter, fugitive, handbill, runagate **9** throwaway

dodgy **4** iffy **5** fishy, vague **6** tricky **7** cryptic, obscure **8** doubtful, unproven **9** ambiguous, enigmatic, uncertain **10** indefinite, suspicious, unreliable **11** problematic **12** questionable **13** controversial

dodo **3** oaf **4** bird, boob, clod, dolt, dope, goof, yo-yo **5** chump, dummy, dunce, idiot, moron, ninny, noddy, stupe **6** dimwit, dum-dum, nitwit **7** airhead, dullard, pinhead **8** bonehead, dumbbell, imbecile, lunkhead, meathead, numskull **9** birdbrain, blockhead, ignoramus, lamebrain, numbskull, simpleton **10** dunderhead, nincompoop **11** chowderhead, chucklehead

doe **4** deer **6** female, rabbit **8** kangaroo

doff **4** shed **6** remove **7** take off

dog **3** cur, pug, pup, tag **4** bird, chow, fice, mutt, peke, puli, tail, tyke **5** Akita, boxer, feist, frank, hound, husky, lemon, pooch, puppy, spitz, trail **6** Afghan, beagle, bowwow, briard, canine, collie, detent, poodle, pursue, rascal, saluki, setter, shadow, vizsla, wiener, wretch **7** andiron, Maltese, mastiff, mongrel, pointer, Samoyed, spaniel, terrier, whippet **8** Airedale, Brittany, inferior, keeshond, papillon,

Pekinese, pinscher, spurious, wirehair **9** Chihuahua, dachshund, dalmation, Great Dane, greyhound, Pekingese, retriever, schnauzer **10** bloodhound, Pomeranian, rottweiler, Weimaraner **11** bullmastiff, frankfurter, wienerwurst **12** Newfoundland, Saint Bernard **13** cocker spaniel ***Alaskan:*** **8** malamute, malemute ***Australian:*** **5** dingo ***barkless:*** **7** basenji ***bird:*** **6** setter **7** pointer, spaniel **9** retriever ***Bush's:*** **6** Millie ***Buster Brown's:*** **4** Tige ***Charlie Brown's:*** **6** Snoopy ***command:*** **3** sit **4** heel, stay ***Dorothy's:*** **4** Toto ***Eskimo:*** **5** husky ***family:*** **7** Canidae ***FDR's:*** **4** Fala ***fictional:*** **4** Buck **5** Astro, Pluto **6** Big Red **8** McBarker **9** Marmaduke, Old Yeller, Scooby-Doo, White Fang ***"Garfield":*** **4** Odie ***genus:*** **5** Canis ***Hungarian:*** **6** vizsla ***hunting:*** **5** hound **6** beagle, borzoi, saluki, setter, Talbot, vizsla **7** harrier, pointer, redbone **8** elkhound, foxhound **9** wolfhound **10** bloodhound **11** basset hound ***Indian:*** **5** dhole ***L.B.J.'s:*** **3** Her ***long-bodied:*** **9** dachshund ***movie:*** **4** Asta, Toto **5** Benji, Tramp **6** Lassie **9** Beethoven, Old Yeller, Rin Tin Tin ***name:*** **4** Fido, Spot **5** Rover **6** Bowser ***Nixon's:*** **8** Checkers ***Odysseus's:*** **5** Argos ***of Hades:*** **8** Cerberus ***Orphan Annie's:*** **5** Sandy ***powerful:*** **11** bullmastiff ***Roy Rogers's:*** **6** Bullet ***Russian:*** **6** borzoi **7** Samoyed ***shaggy-coated:*** **8** komondor, sheepdog **9** deerhound ***short-legged:*** **5** corgi ***small:*** **3** pom, pug, pup **4** peke **8** Pekinese **9** Chihuahua, Pekingese **10** Pomeranian ***space traveler:*** **5** Laika ***Steinbeck's:*** **7** Charley ***television:*** **4** King **5** Eddie, Tramp **6** Lassie, Murray **8** Wishbone **9** Rin Tin Tin ***terrier:*** **7** Scottie ***three-headed:*** **8** Cerberus ***Tibetan:*** **9** Lhasa apso ***tiny:*** **9** Chihuahua ***tooth:*** **4** fang ***tracking:*** **10** bloodhound ***two-headed:*** **6** Orthos ***Wallace's:*** **6** Gromit ***Welsh:*** **5** corgi ***Wendy's:*** **4** Nana ***wild:*** **5** dingo ***young:*** **3** pup **5** puppy, whelp

dog days **6** August **9** canicular

dogfight **3** row **4** fray **5** brawl, broil, melee, set-to **6** fracas, ruckus **7** ruction **10** donnybrook, free-for-all

dogfish **6** bowfin, burbot **8** mud puppy

dogged **7** adamant **8** obdurate, resolute, stubborn **9** insistent, steadfast, obstinate, tenacious, unbending **10** bullheaded, hardheaded, persistent, persisting, unshakable, unyielding **11** persevering, unremitting **12** pertinacious

doggone **4** damn, dang, darn, rank **5** utter **6** cursed, damned, darned **7** blasted, blessed, dratted **8** absolute, accursed, infernal, outright **9** out-and-out **10** confounded **11** unmitigated **13** blankety-blank

dogma **4** code, rule **5** canon, credo, creed, tenet **6** belief, gospel **7** precept **8** doctrine, ideology **9** orthodoxy, postulate, teachings **10** conviction, persuasion

dogmatic **8** oracular, orthodox **9** assertive, canonical, doctrinal **11** dictatorial, doctrinaire, magisterial **13** authoritarian, authoritative

Dog of Flanders author **5** Ouida

dog-paddle **4** swim

dog's age **3** eon **4** aeon **8** blue moon, eternity

Dog Star **6** Sirius

dogwood **6** cornel, Cornus **8** red osier

do in **4** kill, ruin, slay **5** cheat, wreck **6** defeat, finish, murder, rub out **7** blot out, bump off, destroy, execute, exhaust, frazzle, take out, wear out, wipe out **8** dispatch, knock off, knock out **9** eliminate, liquidate, prostrate, run ragged, shipwreck **11** assassinate

doing **3** act **6** action **8** activity ***good:*** **10** beneficent ***evil:*** **10** maleficent

doit **3** bit, jot **4** coin, damn, dram, drop, hoot, iota, mite, whit **6** trifle **8** particle

doldrums **5** blahs, blues, dumps, ennui, gloom, slump **6** apathy, tedium, torpor **7** boredom **9** dejection **10** depression, inactivity, quiescence, stagnation **12** listlessness

doleful **3** sad **4** down **7** forlorn, ruthful **8** cast down, dejected, dolorous, downcast, grieving, mournful, mourning **9** afflicted, cheerless, depressed, miserable, plaintive, sorrowful, sorrowing, woebegone **10** dispirited, lamentable, lugubrious, melancholy **11** crestfallen, downhearted **12** disconsolate

dole out **4** deal **5** allot **6** divide, parcel, ration **7** divvy up **8** disburse, dispense, disperse **9** apportion, partition **10** administer, distribute

doll **3** Ken **6** Barbie, figure, Kewpie, puppet **10** Betsy Wetsy, Raggedy Ann **11** Raggedy Andy ***grotesque:*** **8** golliwog

dollar **3** one **4** bill, buck, clam, oner, peso **5** taler **6** single **7** ringgit, smacker **8** simoleon **9** cartwheel, greenback

dollop **4** blob, glob, lump **7** portion

Doll's House, A ***author:*** **5** Ibsen (Henrik) ***heroine:*** **4** Nora

dolly **4** cart **7** stirrer **8** platform **10** locomotive

dolomite **6** marble **9** limestone

dolor **5** agony, grief **6** misery, sorrow

7 anguish, passion 8 distress 9 suffering 10 affliction

dolorous 6 rueful, woeful 7 ruthful 8 grievous, mournful, wretched 9 afflicted, anguished, miserable, plaintive, sorrowful 10 lamentable, lugubrious, melancholy 13 heartbreaking

dolphin 5 whale 7 bollard 8 porpoise

dolt 3 ass, oaf 4 boob, clod, dodo, dork, fool, goof, goon, lout, yo-yo 5 booby, chump, dunce, idiot 6 nitwit 7 dullard, fathead, halfwit, jughead, saphead, schnook 8 bonehead, dumbbell, dummkopf, imbecile, lunkhead, meathead, numskull 9 blockhead, lamebrain, numbskull, simpleton

doltish 4 dull, dumb 5 dense, thick 6 oafish, obtuse, stupid 7 idiotic, moronic 8 ignorant, mindless 9 dimwitted, fatheaded, imbecilic

domain 4 land, rule, turf 5 field, realm 6 estate, sphere 7 kingdom, terrain 8 dominion, province 9 bailiwick, territory

dome 4 head, hill, roof 5 mound 6 cupola 7 ceiling 8 mountain

domestic 4 help, home, tame 6 family, native 7 servant 8 houseboy, internal, national 9 charwoman, household 10 indigenous 11 chambermaid

domesticate 4 tame 5 adapt, adopt, train 10 housebreak

domicile 3 pad 4 home 5 abode, house, lodge, put up 6 bestow, billet, harbor 7 quarter 8 dwelling, quarters 9 residence, residency 10 habitation

domiciliate 4 bunk, tame 5 house, lodge, put up 6 billet, harbor, reside 7 quarter

dominance 4 rule, sway 5 power 7 command, control 7 mastery 9 supremacy 10 ascendancy, prepotency 11 preeminence, sovereignty

dominant 4 main 5 chief, first, major 6 ruling 7 leading, supreme 8 foremost, powerful, reigning 9 ascendant, governing, number-one, paramount, prevalent, principal 10 commanding, preeminent, prevailing, successful, surpassing 11 controlling, outweighing, overbearing 12 preponderant

dominate 4 rule 5 reign 6 direct, govern, obsess 7 control, prevail, repress 8 bestride, hold sway, look down, loom over, overlook 9 subjugate, tower over, tyrannize 10 tower above

domination 4 rule, sway 5 might, power 7 command, control, mastery 9 authority, supremacy 10 ascendancy, prepotency, suzerainty 11 preeminence, sovereignty 13 preponderancy

dominator 4 boss, head 5 chief, ruler 6 honcho, leader, master, top dog 7 headman 8 director, hierarch, kingfish 9 chieftain, commander

domineer 5 bully 6 hector 7 swagger 8 browbeat, bulldoze 9 tyrannize 10 intimidate

domineering 5 bossy 6 lordly 8 arrogant, despotic 9 imperious, masterful 10 autocratic, high-handed, oppressive, tyrannical 11 dictatorial, magisterial, overbearing

Dominica ***capital:*** 6 Roseau ***discoverer:*** 8 Columbus (Christopher) ***language:*** 7 English ***location:*** 10 West Indies ***monetary unit:*** 6 dollar ***sea:*** 9 Caribbean

Dominican Republic ***capital:*** 12 Santo Domingo ***island:*** 10 Hispaniola ***language:*** 7 Spanish ***location:*** 10 West Indies ***monetary unit:*** 4 peso ***mountain:*** 6 Duarte ***neighbor:*** 5 Haiti ***sea:*** 9 Caribbean

dominion 3 raj 4 rule, sway, turf 5 realm, power 6 domain, empery, empire, regnum, sphere 7 demesne, kingdom, terrain 8 province 9 ascendant, ownership, supremacy, territory 10 ascendancy, possession 11 preeminence, sovereignty

domino 4 mask 5 amice, cloak, visor 6 vizard 8 disguise ***spot:*** 3 pip

don 3 sir 4 lord 5 get on, put on, tutor 6 assume, fellow, take on 9 professor, undertake

Donalbain ***brother:*** 7 Malcolm ***father:*** 6 Duncan

donate 4 give 5 grant 6 chip in, supply 7 dish out, hand out, present, provide 8 give away, shell out, transfer 10 contribute

donation 3 aid 4 alms, gift 5 grant 7 bequest, handout 8 offering 9 endowment 11 benefaction, beneficence 12 contribution, philanthropy

Don Carlos ***author:*** 8 Schiller (Friedrich von) ***composer:*** 5 Verdi (Giuseppe) ***father:*** 6 Philip

done 4 over 5 all in, ended, ready, spent 6 bushed, decent, doomed, gone by, proper, used up 7 correct, drained, dressed, far-gone, settled, through, worn-out 8 becoming, complete, depleted, finished, washed-up 9 befitting, completed, concluded, exhausted 10 terminated 12 accomplished ***poetic:*** 3 o'er

donee 7 grantee 8 receiver 9 recipient 11 beneficiary

done for 4 gone, sunk 5 kaput 6 beaten, doomed, ruined 7 wrecked 8 finished, stricken

done in 5 spent 6 effete, used up 7 far

gone, worn out **8** depleted **9** exhausted, washed out

Don Giovanni composer **6** Mozart (Wolfgang Amadeus)

Donizetti, Gaetano ***hero:*** **7** Roberto (Devereux) ***opera:*** **5** Lucia (di Lammermoor) **10** Anna Bolena, La Favorita **11** Don Pasquale **12** Maria Stuarda

Don Juan **4** rake, roué, wolf **5** Romeo **6** chaser, masher **7** amorist, gallant, playboy, seducer **8** Casanova, lothario, paramour **9** ladies' man, libertine, womanizer **10** lady-killer, profligate **11** philanderer ***drama:*** **10** Stone Guest (The) ***home:*** **7** Seville ***mother:*** **4** Inez ***poet:*** **5** Byron (Lord) **7** Pushkin (Alexander)

donkey **3** ass **4** mule **5** burro **7** jackass ***female:*** **5** jenny

donkeywork **4** moil, toil **5** grind, labor **7** travail **8** drudgery

donnybrook **3** row **4** fray **5** brawl, broil, fight, melee, set-to **6** fracas, ruckus, rumpus, tumult, uproar **7** dispute, quarrel, rhubarb, ruction **10** free-for-all **11** altercation

donor **5** giver **6** patron **7** granter, grantor **8** bestower **9** conferrer, presenter **10** benefactor **11** contributor

do-nothing **3** bum **4** slug **5** idler **6** loafer, slouch **7** goof-off, slacker **8** deadbeat, fainéant, layabout, slugabed, sluggard **9** lazybones, vegetable **11** couch potato

Don Pasquale composer **9** Donizetti (Gaetano)

Don Quixote ***author:*** **9** Cervantes (Miguel de) ***beloved:*** **8** Dulcinea ***companion (squire):*** **11** Sancho Panza ***giant:*** **8** windmill ***home:*** **8** La Mancha ***horse:*** **9** Rocinante, Rosinante, Rozinante

doodad **5** gizmo, thing **6** bauble, dingus, entity, gadget, gewgaw, jigger, widget **7** trinket, whatsit **8** gimcrack **9** doohickey, thingummy **10** attachment, decoration, knickknack **11** thingamabob, thingamajig, thingumajig

doodle **6** dabble, dawdle, fiddle, potter, putter, sketch, tinker, trifle **7** cartoon, drawing **8** scribble **10** mess around

doodlebug **7** ant lion, missile **8** buzz bomb

doohickey see DOODAD

doom **4** damn, fate, ruin **5** death **6** decree, demise, kismet **7** condemn, destiny, tragedy **8** calamity, disaster, judgment, sentence **11** catastrophe **12** annihilation, last judgment

doomful **4** dire **7** baleful, baneful, direful, fateful, malefic, ominous, unlucky **8** dreadful, ill-fated, sinister **10** foreboding, portentous **11** apocalyptic

doomsayer **7** killjoy **9** Cassandra, defeatist, Gloomy Gus, pessimist

___ Doone **5** Lorna

door **3** way **4** adit, exit **5** entry **6** access, egress, entrée, portal **7** gateway, ingress, opening **8** entrance, entryway **9** admission **10** admittance **11** entranceway ***rear:*** **7** postern

doorkeeper **6** porter

doorway **5** entry **6** portal **8** entrance, entryway **11** entranceway

doozy **3** ace, pip **5** dandy **7** paragon **8** standout **10** phenomenon **11** crackerjack

dope **3** oaf **4** clod, dodo, dolt, drug, goof, news, yo-yo **5** chump, drugs, dummy, dunce, facts, idiot, moron, ninny, noddy, stupe **6** dimwit, dumdum, heroin, nitwit, opiate, sedate, skinny **7** airhead, cocaine, details, dullard, lowdown, pinhead **8** bonehead, dumbbell, imbecile, lunkhead, meathead, narcotic, numskull **9** birdbrain, blockhead, ignoramus, lamebrain, marijuana, narcotize, numbskull, simpleton **10** dunderhead, nincompoop **11** anesthetize, chowderhead, chucklehead, information, preparation

doped **4** high **5** dazed **6** stoned, zonked **7** drugged, tuned-in **8** hopped-up, tripping, turned on, wiped out **9** spaced-out, strung out, stupefied **10** narcotized

dopey **4** dumb **5** silly **6** dulled, stupid, torpid **7** fatuous, fuddled, muddled **8** comatose, sluggish **9** lethargic, senseless, stupefied

Doris ***brother:*** **6** Nereus ***daughters:*** **7** Nereids ***father:*** **7** Oceanus ***husband:*** **6** Nereus

dormancy **5** sleep **6** repose **7** latency, slumber **8** abeyance, diapause, doldrums, downtime **9** torpidity **10** inactivity, quiescence, suspension **11** cold storage **12** intermission, interruption

dormant **5** inert **6** asleep, drowsy, fallow, latent, torpid **7** abeyant **8** comatose, inactive, sluggish **9** lethargic, potential, quiescent, suspended **10** slow-moving, slumbering

dormer **3** bay **4** nook **5** niche **6** window

dorsal **6** aboral **7** abaxial

___ d'Orsay **4** Quai

dorsum **4** back

Dorus ***brother:*** **6** Aeolus ***father:*** **6** Hellen

dory **4** bark, boat **5** craft, skiff **6** barque, bateau **7** shallop **8** lifeboat

dose **3** fix, hit **4** dram, shot, slug **7** measure, portion **8** medicate, quantity

Dos Passos trilogy 3 U.S.A.
dossier 4 file 6 folder 9 portfolio
dot 4 mark, mote, stud 5 dower, dowry, point, speck 6 bestud, pepper, period 7 freckle, speckle, stipple 8 flyspeck, sprinkle 9 bespeckle 12 decimal point
dotage 8 senility 11 decrepitude, senectitude
dote on 5 adore, enjoy, fancy, prize 7 cherish, idolize 8 treasure 9 delight in
doting 4 dear, fond 6 loving 7 adoring, devoted 12 affectionate
dotted 6 spotty 8 punctate, stippled
dotty 4 gaga 5 crazy, loony, wacky 6 absurd, insane 7 foolish, smitten 8 enamored 9 eccentric 10 captivated, enraptured, infatuated 12 preposterous
double 4 copy, dual, fold, mate, tack, twin 5 clone, duple, image, match, twice 6 bifold, binary, duplex, paired, ringer 7 dualize, enlarge, magnify, replica, twofold 8 alter ego, geminate, increase 9 companion, dualistic, duplicate, look-alike, replicate 10 dead ringer, reciprocal, simulacrum, understudy 13 spitting image
double-barreled 4 dual 5 duple 6 bifold, binary, duplex, paired 7 twofold 9 dualistic
double bass 10 bull fiddle
double-cross 3 con 4 dupe 5 cheat, trick 6 betray, delude, humbug, juggle, take in 7 beguile, deceive, sell out, two-time 8 flimflam, hoodwink 9 four-flush
double dagger 6 diesis
double-dealer 3 gyp 5 cheat, knave 6 con man 7 cozener, diddler, sharper 8 deceiver, swindler 9 defrauder 11 flimflammer 13 confidence man
double-dealing 5 fraud 6 deceit 7 chicane 8 flimflam, trickery 9 chicanery, deceitful, deception, duplicity, two-timing 10 hanky-panky 11 duplicitous
double-dome 7 egghead 8 Einstein, highbrow 10 pointy-head 12 intellectual
double-faced 9 deceitful, deceptive, equivocal, insincere 10 reversible 12 hypocritical 13 untrustworthy
doublet 3 duo 4 dyad, pair, span 5 brace 6 couple, jacket 7 twosome
double-talk 4 bosh, bunk 5 hokum, hooey 6 babble, bunkum, drivel, jabber 7 blather, hogwash, twaddle 8 flimflam, nonsense 9 gibberish, poppycock 10 balderdash 12 gobbledygook
double vision 8 diplopia
doubt 5 qualm 7 concern, dispute, dubiety, suspect 8 distrust, mistrust, question 9 challenge, disbelief, misgiving, suspicion 10 skepticism 11 dubiousness, incertitude, incredulity, uncertainty
doubtable 4 hazy, iffy, moot 7 dubious, suspect 8 arguable 9 ambiguous, debatable, equivocal, uncertain, undecided 10 disputable, borderline, indefinite 11 problematic 12 questionable
doubter 5 cynic 6 Thomas 7 skeptic 8 agnostic 10 Pyrrhonist, questioner, unbeliever 11 freethinker
doubtful 4 hazy, iffy, moot 5 fishy, shady, shaky 6 chancy, unsure 7 clouded, dubious, obscure, suspect, unclear 8 arguable, unlikely 9 ambiguous, debatable, dubitable, equivocal, uncertain, undecided, unsettled 10 borderline, disputable, improbable 11 problematic, speculative 12 questionable
doubtfulness 7 concern, dubiety 8 mistrust 9 ambiguity, misgiving, suspicion 10 indecision, skepticism, uneasiness 11 dubiousness, incertitude, uncertainty 13 indeterminacy
doubting Thomas see DOUBTER
doubtless 6 likely, surely 7 certain, clearly 8 of course, probably 10 absolutely, definitely, positively, presumably 11 indubitably 12 indisputably 13 presumptively, unequivocally
douceur 3 tip 4 gift 5 bribe 7 present 8 gratuity
dough 4 cash 5 bread, money 6 dinero, moolah 7 cabbage, lettuce, scratch 8 currency 11 legal tender ***inflator:*** 5 yeast
doughboy 7 dogface 11 infantryman
doughty 4 bold 5 brave, gutsy, manly, stout 6 daring, heroic, plucky, spunky, strong 7 gallant, valiant 8 fearless, intrepid, resolved, stalwart, unafraid, valorous 9 dauntless, undaunted 10 courageous 12 stouthearted
doughy 3 wan 4 pale 5 pasty, waxen 6 pallid 8 blanched 9 colorless
do up 3 can, fix 4 mend, wash, wrap 5 clean, patch 6 clothe, doctor, fasten, repair, revamp 7 exhaust, festoon, launder, package, prepare, rebuild, wear out 8 decorate, gift wrap, ornament, overhaul 9 embellish 11 recondition, reconstruct
dour 4 glum, grim 5 bleak, harsh, rigid, stern, surly 6 gloomy, morose, severe, strict, sullen 7 austere, crabbed, peevish 9 obstinate, saturnine, stringent 10 forbidding, unyielding
douse 3 sop 4 duck, dunk, soak 5 bathe, drown, plash, slosh, souse 6 drench, put out, quench, splash, strike 7 immerse, slacken 8 inundate, saturate, snuff out, submerge, submerse 10 extinguish

dove 6 culver, pigeon 8 pacifist *call:* 3 coo *genus:* 7 Columba
dovecote 6 aviary 9 birdhouse
dovetail 3 fit 4 jibe, mesh 5 agree, match, tally 6 accord, splice, square 7 comport, conform 8 check out 9 harmonize, interlock, intermesh 10 correspond
dovish 4 mild 6 gentle 7 antiwar, pacific 8 pacifist 9 peaceable 10 nonviolent, pacifistic 11 peace-loving 12 conciliatory
dowager 4 dame 5 widow 6 matron 9 matriarch 10 grande dame 11 grandmother
dowdy 4 drab 5 dated, frump, passé, seedy, tacky 6 blowsy, bygone, démodé, frowsy, frowzy, frumpy, old hat, shabby 7 rundown, unkempt 8 frumpish, outdated, outmoded, slattern, slovenly 9 out-of-date, unstylish 10 antiquated, bedraggled, slatternly 11 draggle-tail 12 old-fashioned 13 draggletailed
dowel 3 bar, peg, pin, rod 5 stick
dower 4 gift 5 endow, endue 6 legacy, talent 8 bequeath
dowitcher 5 snipe 9 sandpiper
do without 5 forgo, waive 6 abjure, eschew, give up, pass up 8 renounce
down 3 eat, fur, ill, low, off, sad 4 blue, fell, fuzz, lint, pile, sick 5 below, ended, floor, floss, fluff, level, lower, under 6 defeat, fallen, finish, lay low, nether 7 conquer, consume, destroy, flatten, swallow, unhappy 8 bowl over, complete, defeated, dejected, dispatch, feathers, finished, inferior, overcome, sluggish, surmount 9 completed, concluded, depressed, earthward, miserable 10 dispirited, groundward
down-and-out 5 broke, needy 6 hard-up, ruined 8 beggared, derelict, homeless 9 destitute, penniless, penurious 12 impoverished
down-and-outer 3 bum 6 beggar, pauper, wretch 7 have-not 9 mendicant 10 supplicant
down-at-heels 4 mean 5 dingy, ratty, seedy, tacky 6 ragged, ragtag, shabby, shoddy 7 ignoble, run-down, worn-out 8 decrepit, tattered 10 bedraggled, threadbare 11 dilapidated 12 deteriorated, disreputable
downbeat 3 low, sad 4 blue, glum 6 droopy, gloomy, morose 7 decline, doleful 8 dejected 9 depressed 10 dispirited, melancholy 11 discouraged, pessimistic 12 disconsolate, disheartened, heavyhearted
downcast 3 low, sad 4 blue, glum, sunk 5 moody, mopey 6 droopy, gloomy, morose 7 doleful, forlorn, unhappy 8 dejected, dismayed, listless, soul-sick, troubled 9 depressed, heartsick, heartsore, miserable, oppressed, woebegone 10 chapfallen, despondent, dispirited, distressed, melancholy, spiritless 11 crestfallen, discouraged, low-spirited 12 disconsolate, disheartened
downfall 4 bane, ruin 6 demise 7 decline, undoing 8 collapse, Waterloo 9 ruination 10 devolution 11 declination, destruction 12 degeneration, dégringolade 13 deterioration
downgrade 4 bump, bust 5 abase, lower 6 demote 7 decline, demerit, descent, devalue 8 belittle, diminish, discount, minimize, relegate 9 denigrate, deprecate, devaluate, discredit, disparage, humiliate 10 depreciate, undervalue 12 degeneration, dégringolade 13 deterioration
downhearted see DOWNCAST
down-in-the-mouth see DOWNCAST
down payment 5 token 6 pledge 7 advance, deposit, earnest
downplay 8 belittle, discount, minimize, pooh-pooh 11 de-emphasize
downpour 6 deluge 7 monsoon 8 drencher 9 drenching, rainstorm 10 cloudburst, inundation 11 gully washer
downright 5 blunt, gross, total, truly, utter 7 blatant, flat-out 8 absolute, complete, explicit, positive, thorough 9 out-and-out 10 absolutely, sure-enough 11 indubitable, unequivocal, unmitigated, unqualified 13 thoroughgoing
downslide 3 dip, sag 4 drop, slip 5 slump 7 decline, drop-off, falloff 8 decrease 9 declivity, reduction
downstairs 6 cellar 8 basement
down-to-earth 8 rational 9 practical, pragmatic, realistic 10 hard-boiled, hardheaded, no-nonsense, reasonable 11 common-sense, plain-spoken 12 matter-of-fact 13 unpretentious, unsentimental
downtrend see DOWNSLIDE
downtrodden 6 abject, abused 9 oppressed 10 maltreated, mistreated, persecuted, tyrannized
downturn see DOWNSLIDE
downward 8 dropping 9 declining 10 descending
downy 4 soft 5 fuzzy 6 fleecy, fluffy 7 velvety 8 feathery *filler:* 5 eider
dowry 4 gift 6 talent *French:* 3 dot
doxy 4 moll, tart 5 wench 6 floozy, harlot 7 trollop 8 mistress 10 prostitute
doyen 4 dean, head 5 chief, maven

6 expert, leader, master, wizard **7** maestro **8** virtuoso **9** authority, patriarch **10** past master

Doyle's detective 6 Holmes (Sherlock)

D'Oyly Carte offering 8 operetta

doze 3 nap **5** sleep **6** catnap, drowse, nod off, snooze **7** drop off, slumber **8** drift off **10** forty winks

dozy see DROWSY

DP 5 exile **6** émigré **7** evacuee, outcast, refugee **8** deportee, emigrant, fugitive **10** expatriate

drab 4 dull, flat **5** bleak, brown, dingy, faded, mousy, muddy, olive, vapid **6** dismal, dreary, mousey **7** subfusc **8** lifeless **9** cheerless, colorless **10** lackluster **11** dispiriting

draconian 5 cruel, harsh, rigid **6** severe, strict **7** callous **8** ironclad, rigorous, ruthless **9** merciless, stringent **10** inflexible, ironfisted, ironhanded

Dracula author 6 Stoker (Bram)

draft 3 tap **4** dose, haul, plan, plot, pull, pump, swig **5** check, claim, drink, frame, press, swill **6** breeze, call up, demand, design, devise, enlist, enroll, induct, potion, scheme, select, siphon, sketch **7** compose, concoct, current, outline, portion, prepare, project, recruit **8** block out, contrive, rough out, skeleton, traction **9** adumbrate, allowance, blueprint, conscribe, conscript, fabricate, formulate, muster out **11** delineation, skeletonize ***avoider:*** **6** dodger ***of a law:*** **4** bill

drag 3 lug, tow, tug **4** bore, haul, puff, pull, swig **5** dally, delay, draft, tarry, trail **6** burden, dawdle, harrow, loiter, schlep, search, sledge **7** schlepp **8** friction, straggle **9** lag behind **13** procrastinate

dragging 4 beat, long **5** all in, spent, weary **6** pooped **7** drained, lengthy, tedious **8** drawn-out, extended, fatigued, overlong, sluggish, wiped out **9** exhausted, lethargic, long-drawn, pooped out, prolonged, washed-out, wearisome **10** protracted, slow-moving **12** interminable, long-drawn-out

draggle 3 lag **4** rove **5** stray, trail **8** straggle, trail off **10** fall behind

draggle-tail 4 bawd, drab, slut **5** wench, whore **6** harlot **8** slattern **10** prostitute **11** nightwalker **12** streetwalker

draggletailed 6 blowsy, frowsy, frowzy, sordid, untidy **8** slattern, sluttish **10** slatternly

dragnet 4 trap **5** snare, trawl **7** network

drag off 4 cart, haul

dragon 5 beast **8** basilisk **10** cockatrice ***biblical:*** **5** Rahab ***Canaanite:*** **3** Yam **4** Yamm **5** Lotan ***Chinese:*** **4** lung ***French:*** **8** Tarasque ***genus:*** **5** Draco ***Greek:*** **5** Ladon **9** Eurythion ***slayer:*** **4** Baal, Enki, Zeus **5** Indra **6** Cadmus, George (St.), Marduk, Sigurd **7** Beowulf, Jupiter, Michael (St.), Ninurta, Perseus **8** Margaret (St.) ***Sumerian:*** **3** Kur ***Wagnerian:*** **6** Fafnir

dragoon 3 cow **5** bully **6** badger, coerce, harass, hector **8** bludgeon, browbeat, bulldoze, bullyrag, threaten **9** persecute, strong-arm, terrorize **10** cavalryman, intimidate

drain 3 dry, tap **4** pump, sink, sump, swig, tire, vent, wear **5** bleed, draft, drink, empty, leech, sewer, swill, use up, weary **6** burden, gutter, siphon, trench **7** conduit, culvert, deplete, dwindle, draw off, exhaust, fatigue, outflow **8** bankrupt, draw down, wear down **9** discharge **10** impoverish **11** watercourse

drain away 3 ebb **4** drop, sink, wane **5** abate **6** lessen, reduce, remove **7** draw off, dwindle, retreat, subside **8** decrease, diminish, draw back, taper off, withdraw

drained 4 beat **5** all-in, spent, weary **6** bleary, pooped, used up **7** far-gone, worn-out **8** depleted, dragging, weakened, wiped out **9** exhausted, pooped out, washed-out

drainpipe 4 duct **5** sewer, spout **7** conduit **9** downspout

dram 3 bit, dab, nip, tot **4** atom, dash, drop, iota, jolt, mite, shot, slug, spot, swig, whit **5** crumb, grain, ounce, pinch, scrap, shred, snort, speck **6** morsel, sliver **7** modicum, smidgen, snifter, snippet, soupçon **8** particle

drama 4 play **7** pageant, theater, theatre, tragedy ***award:*** **4** Tony ***former English:*** **6** masque ***Japanese:*** **3** Noh ***main part:*** **8** epitasis ***musical:*** **5** opera **8** operetta ***suspenseful:*** **11** cliff-hanger

dramatic 5 vivid **8** striking, thespian **10** histrionic, theatrical ***conflict:*** **4** agon

dramatis personae 4 cast **5** parts, roles **6** actors, troupe **7** company **10** characters

dramatist 10 playwright ***American:*** **4** Hart (Moss), Inge (William), Rabe (David), Rice (Elmer), Uhry (Alfred) **5** Albee (Edward), Barry (Philip), Foote (Horton), Guare (John), Hecht (Ben), Mamet (David), Odets (Clifford), Parks (Suzan-Lori), Payne (John Howard), Simon (Neil) **6** Ferber (Edna), Gurney (A. R.), Henley (Beth), Miller (Arthur), Norman (Marsha), O'Neill (Eugene), Thomas (Augustus), Wilder (Thornton), Wilson (August, Lanford, Robert) **7** Hellman (Lillian), Kaufman (George S.), Kushner (Tony), Shanley (John Patrick), Shepard (Sam) **8** Anderson (Maxwell, Robert), Caldwell (Erskine), Connolly (Marc), Sherwood (Robert), Williams (Tennessee) **9** Chayefsky (Paddy), Fierstein (Harvey), Hansberry (Lorraine) **11** Hammerstein (Oscar), Wasserstein (Wendy) ***Austrian:*** **10** Schnitzler (Arthur) ***Belgian:*** **11** Maeterlinck (Maurice) ***Czech:*** **5** Havel (Vaclav) ***English:*** **3** Fry (Christopher), Gay (John) **4** Hare (David), Rowe (Nicholas), Tate (Nahum) **5** Frayn (Michael), Milne (A. A.), Orton (Joe), Peele (George), Wilde (Oscar) **6** Barrie (James), Coward (Nöel), Dryden (John), Jonson (Ben), Pinero (Arthur Wing), Pinter (Harold), Steele (Richard), Storey (David) **7** Delaney (Shelagh), Marlowe (Christopher), Marston (John), Osborne (John), Shaffer (Anthony, Peter), Webster (John) **8** Congreve (William), Rattigan (Terrence), Shadwell (Thomas), Stoppard (Tom), Tourneur (Cyril), Vanbrugh (John), Zangwill (Israel) **9** Ayckbourn (Alan), Churchill (Caryl), Goldsmith (Oliver), Middleton (Thomas), Wycherley (William) **11** Shakespeare (William) ***French:*** **5** Camus (Albert), Genet (Jean) **6** Musset (Alfred de), Racine (Jean), Sardou (Victorien), Sartre (Jean-Paul), Scribe (Eugène) **7** Anouilh (Jean), Ionesco (Eugène), Labiche (Eugène), Molière, Rostand (Edmond) **8** Marivaux (Pierre) **9** Corneille (Pierre), Crébillon, Giraudoux (Jean) **12** Beaumarchais (P. A. Caron de) ***German:*** **5** Weiss (Peter) **6** Brecht (Bertolt), Goethe (Johann Wolfgang von), Kleist (Heinrich von) **8** Schiller (Friedrich von) **9** Hauptmann (Gerhart), Zuckmayer (Carl) ***Greek:*** **8** Menander **9** Aeschylus, Euripides, Sophocles **12** Aristophanes ***Hindu:*** **8** Kalidasa ***Irish:*** **4** Shaw (George Bernard) **5** Behan (Brendan), Friel (Brian), Synge (John Millington), Yeats (William Butler) **6** O'Casey (Sean) **7** Beckett (Samuel), Gregory (Lady Augusta) **8** Sheridan (Richard Brinsley) ***Italian:*** **5** Gozzi (Carlo), Verga (Giovanni) **7** Alfieri (Vittorio), Ariosto (Ludovico), Giacosa (Giuseppe), Goldoni (Carlo) **8** Trissino (Gian Giorgio) **9** D'Annunzio (Gabriele) **10** Metastasio (Pietro), Pirandello (Luigi) ***Japanese:*** **5** Zeami ***Nigerian:*** **7** Soyinka (Wole) ***Norwegian:*** **5** Ibsen (Henrik) **8** Bjornson (Bjornstjerne) ***Roman:*** **6** Seneca **7** Plautus, Terence ***Romanian:*** **7** Ionesco (Eugene) ***Russian:*** **7** Chekhov (Anton) **8** Zamyatin (Yevgeny) ***South African:*** **6** Fugard (Athol) ***Spanish:*** **4** Vega (Lope de) **5** Lorca (Federico García) **7** Alberti (Rafael), Arrabal (Fernando) **8** Quintero (Serafín, Joaquín) **9** Benavente (Jacinto) **11** García Lorca (Federico), Valle-Inclán (R. M. del) ***Swedish:*** **5** Sachs (Nelly) **10** Strindberg (August) ***Swiss:*** **6** Frisch (Max)

drape **4** fold, hang, roll **5** adorn, array, cloak, cover **6** clothe, enwrap, swathe, wrap up **7** curtain, swaddle **8** enswathe, envelope, swathe in

drapery **7** curtain, hanging **8** curtains, hangings

drastic **4** dire **5** harsh **6** severe **7** extreme, radical **9** desperate **10** exorbitant

draw **3** gut, tie, tow, tug **4** etch, haul, limn, lure, puff, pull, pump **5** draft, drain, infer, judge, trace **6** allure, appeal, deduce, depict, derive, elicit, entice, extend, gather, indite, inhale, pencil, siphon, sketch **7** attract, deplete, exhaust, extract, outline, portray, prolong, spin out, win over **8** conclude, contract, convince, dead heat, deadlock, lengthen, protract, standoff **9** delineate, formulate, represent, stalemate **10** allurement, attraction, disembowel, eviscerate, exenterate ***forth:*** **5** educe **6** elicit **7** extract ***from:*** **4** milk, pump **5** bleed ***together:*** **3** tie **4** join, lace

draw back **4** duck **5** cower, quail, wince **6** blench, flinch, recoil, shrink **7** back off, retreat, take off **9** turn aside

drawback **4** flaw, snag **5** fault, hitch **6** defect, refund **7** failing, trouble **8** weakness **9** detriment, hindrance **10** deficiency, difficulty, impediment **11** shortcoming **12** disadvantage **13** inconvenience

draw down **4** milk **5** drain, spend, use up **6** expend, reduce **7** deplete, exhaust **8** decrease, diminish **9** reduction, siphon off

drawer **9** draftsman ***for money:*** **4** till

drawers **5** pants **6** undies **8** trousers **10** underpants

draw in **6** enmesh, entice, induce, prompt **7** involve, retract, win over **8** convince, persuade, pull back **9** prevail on **11** bring around, prevail upon

drawing **6** doodle, sketch **7** cartoon, outline

drawing power **4** lure, pull **6** appeal **9** magnetism **10** attraction

drawn **4** taut, worn **6** peaked **7** fraught, haggard, pinched **8** careworn, fatigued, pictured, strained, stressed **9** attracted **10** delineated

drawn-out **4** long **7** lengthy, tedious **8** extended, overlong **9** prolonged **10** protracted

draw off **3** tap **4** pump **5** bleed, draft, drain **6** siphon

draw out **6** extend **7** prolong, stretch **8** elongate, lengthen, protract

draw up **4** balk, halt, lift, make, stop **5** array, draft, frame, order, raise, write **6** deploy, map out **7** compose, concoct, dispose, marshal, prepare, set down **8** organize, write out **9** formulate

dray **4** cart, drag **5** wagon **6** barrow, sledge **7** travois **9** stoneboat

dread **4** fear **5** alarm, panic **6** dismay, fright, horror, phobia, terror **7** anxiety **10** foreboding **11** trepidation **12** apprehension **13** consternation

dreadful **5** awful **6** tragic **7** awesome, extreme, fearful, ghastly, hideous, ominous **8** alarming, horrible, horrific, shocking, terrible **9** appalling, frightful, revolting **11** distressing, frightening

dreadfully **7** awfully **8** horribly **9** decidedly, extremely, fearfully, hideously, seriously **10** strikingly, tragically **11** appallingly, exceedingly, frightfully

dreadnought **10** battleship

dream **4** ache, long, wish **5** crave, fancy, ideal **6** bubble, desire, hanker, vision **7** chimera, fantasy, imagine, rainbow, reverie, specter, spectre **8** ambition, delusion, illusion, phantasm, phantasy **9** fantasize, nightmare **10** aspiration ***divination by:*** **11** oneiromancy ***god:*** **8** Morpheus

dreamer **7** utopian **8** idealist **9** visionary **10** Don Quixote, lotus-eater **13** castle-builder

dreamlike **5** ideal, vague **6** unreal **7** shadowy, surreal **8** fanciful, illusory, nebulous **9** imaginary, visionary **12** otherworldly

Dream of Gerontius composer **5** Elgar (Edward)

dream up **5** frame, hatch **6** cook up, create, devise, invent **7** concoct, imagine **8** conceive, contrive, envisage, envision **9** formulate, visualize

dreamy **7** pensive **9** unworldly, visionary **10** idealistic **11** impractical **12** otherworldly **13** introspective

dreary **4** blah, drab, dull **5** bleak **6** boring, dismal, gloomy, somber, sombre **7** forlorn, humdrum, joyless, tedious **8** banausic, tiresome, wretched **9** cheerless **10** depressing, depressive, monotonous, oppressive, pedestrian **11** dispiriting **12** discouraging

dreck **3** mud **4** junk, muck, slop **5** offal, swill, trash, waste **6** litter, refuse, sewage **7** garbage, rubbish **9** sweepings

dredge **3** dig **5** barge, scoop **6** deepen, dig out, gather **8** excavate, scoop out **9** hollow out, scrape out

dregs **4** lees, scum **5** trash **6** grouts **7** deposit, grounds, remains, residue **8** sediment **9** settlings **11** precipitate

drei **5** three

dreidel **3** top

Dreiser, Theodore ***character:*** **5** Clyde (Griffiths) **6** Carrie (Meeber), Eugene (Witla), Sondra (Finchley) **7** Roberta (Alden) **9** Hurstwood (George) **10** Cowperwood (Frank) ***novel:*** **5** Stoic (The), Titan (The) **6** Genius (The) **9** Financier (The) **12** Sister Carrie **14** Jennie Gerhardt **15** American Tragedy (An)

drench **3** sop **4** dunk, soak **5** douse, souse, steep, swill **6** deluge, seethe **7** immerse **8** inundate, saturate, submerge, waterlog

dress **3** gut **4** bind, clad, deck, doll, duds, garb, gown, sack, togs **5** adorn, align, array, frock, getup, guise, habit, smock, weeds **6** attire, bedeck, caftan, clothe, dirndl, enrobe, outfit, sacque **7** apparel, bandage, bedizen, chemise, clothes, costume, garment, garnish, raiment, threads, turnout, uniform **8** beautify, clothing, covering, decorate, ensemble, ornament, wardrobe **9** embellish, make ready **11** habiliments ***a wound:*** **7** bandage ***designer:*** **4** Dior (Christian), Erté, Head (Edith) **5** Blass (Bill), Bohan (Marc), Karan (Donna), Klein (Calvin), Pucci (Emilio), Quant (Mary), Worth (Charles Frederick) **6** Armani (Giorgio), Cardin (Pierre), Jacobs (Marc), Lauren (Ralph), Miyake (Issey), Poiret (Paul) **7** Balmain (Pierre), Cassini (Oleg), Halston, Lacroix (Christian), Mizrahi (Isaac), Versace (Gianni) **8** Galliano (John), Givenchy (Hubert) **9** Courrèges (André), de la Renta (Oscar), Gernreich (Rudi), Lagerfeld (Karl), Valentino **10** Balenciaga (Cristóbal) **12** Saint-Laurent (Yves), Schiaparelli (Elsa) ***finically:*** **5** primp ***hair:*** **4** coif **6** barber ***line:*** **3** hem ***mode of:*** **5** habit ***oriental:*** **9** cheongsam ***part:*** **5** skirt **6** bodice ***South Seas:*** **6** sarong ***with the beak:*** **5** preen ***with vulgarity:*** **7** bedizen

dress down **5** chide, scold **6** berate, rail at, rebuke, revile **7** bawl out, reprove, tell off, upbraid **8** admonish, chastise, reproach **9** castigate, reprimand **10** tongue-lash

dresser 5 chest 6 bureau 7 commode, highboy 10 chiffonier ***gaudy:*** 9 butterfly
dressing 5 sauce 6 catsup 7 bandage, catchup, ketchup 8 stuffing ***salad:*** 5 ranch 6 French 7 Italian, Russian 10 blue cheese 11 vinaigrette 12 green goddess
dressing room 6 vestry 8 vestiary
dressmaker 7 modiste 9 couturier 10 couturiere, seamstress
dress up 6 attire, clothe, rig out, tog out 7 apparel, deck out 8 beautify, disguise, prettify, trick out 9 embellish 10 camouflage
dressy 4 chic 5 showy, smart 6 classy, formal, frilly, ornate 7 duded up, elegant, stylish 9 rigged out
Dreyfus's defender 4 Zola (Emile)
dribble 4 drip, leak, weep 5 drool 6 bounce, drivel, slaver 7 distill, drizzle, slobber, trickle 8 salivate, sprinkle
driblet 4 drop 6 gobbet 7 globule, smidgen 8 particle, pittance
dried grape 6 raisin
dried meat 5 jerky
dried plum 5 prune
drift 3 bat, gad 4 flow, flux, gist, roam, sail, skim, tide, waft, wash 5 amble, coast, creep, float, mosey, range, slide, stray, trend 6 bummel, linger, ramble, stream, stroll, wander 7 current, maunder, meander, meaning, saunter 8 movement, penchant, sideslip, tendency 9 deviation 10 propensity 11 disposition, inclination, progression 12 predilection
drifter 3 bum, vag 4 hobo 5 gypsy, nomad, tramp 7 floater, migrant, vagrant 8 derelict, vagabond 9 transient 11 beachcomber 12 rolling stone
drill 3 bit, dig 4 bore 5 auger, borer, punch, train 6 pierce, trepan, wimble 7 routine, wildcat, workout 8 exercise, practice, practise, rehearse 9 penetrate, rehearsal 10 discipline ***command:*** 6 at ease 8 left face 9 about face, attention, right face
drink 3 ade, lap, nip, sea, sip, tea 4 belt, brew, deep, down, grog, gulp, soak, swig, tope, toss 5 booze, draft, drain, ocean, quaff, slurp, swill, toast 6 absorb, brandy, cognac, guzzle, imbibe, jigger, liquid, liquor, pledge, potion, tank up, tipple 7 consume, potable, schnaps, spirits, swallow, swizzle, toss off 8 aperitif, beverage, libation, liquor up, schnapps 9 aqua vitae ***after-dinner:*** 6 frappé 7 cordial, liqueur ***drugged:*** 6 Mickey 10 Mickey Finn ***honey:*** 4 mead ***hot:*** 5 negus, toddy ***liquor:*** 5 booze, hooch 6 red-eye 9 firewater, moonshine ***mixed:*** 3 nog 5 julep 6 Gibson, gimlet, mai tai, mimosa, mojito, rickey, Rob Roy, zombie 7 gin fizz, martini, sidecar, stinger 8 daiquiri, pink lady 9 alexander, Cuba libre, manhattan, margarita, mint julep, rusty nail 10 Bloody Mary, piña colada, Tom Collins 11 gin and tonic, grasshopper, screwdriver, whiskey sour 12 black Russian, old-fashioned ***mixer:*** 7 swirler ***noisily:*** 5 slurp ***of liquor:*** 4 dram, shot, slug 5 snort 8 highball ***of the gods:*** 6 nectar ***soft:*** 3 pop 4 cola, soda 5 tonic 7 soda pop 8 root beer 9 ginger ale 12 sarsaparilla ***stimulating:*** 6 bracer (see also BEVERAGE)
drinkable 6 liquor 7 potable 8 beverage, libation, potation
drinking 8 potation ***fountain:*** 7 bubbler ***horn:*** 6 rhyton ***spree:*** 3 jag 4 tear, toot 5 binge, spree 6 bender 7 carouse 8 carousal
drip 4 leak, plop, weep 7 dribble, droplet, trickle 8 sprinkle
dripping 3 wet 5 runny, soppy 6 soaked, soused 7 drizzly, soaking, sopping 8 drenched 9 saturated 11 wringing-wet
drippy 5 mushy, rainy, sappy, sobby, soppy, soupy, teary, weepy 6 slushy, syrupy 7 drizzly, maudlin, mawkish, soaking, sopping, tearful 9 schmaltzy 11 sentimental
drive 3 pep, ram 4 goad, herd, push, spur, taxi, trip, urge 5 chase, force, guide, impel, jaunt, lunge, motor, moxie, oomph, pilot, pound, spunk, steer, surge, vigor 6 compel, convey, exhort, hammer, outing, plunge, propel, strike, thrust 7 actuate, impetus, operate, produce 8 ambition, mobilize, momentum, navigate, shepherd, vitality 9 chauffeur, excursion, urge along 10 enterprise, get-up-and-go, initiative, motivation ***away:*** 4 shoo 5 exile 6 aroint ***back:*** 5 repel 6 defend 7 repulse ***off:*** 6 dispel ***out:*** 8 exorcise
drivel 3 rot 4 bosh, bunk 5 drool, hokum, hooey, prate 6 babble, bunkum, gabble, jabber, slaver 7 baloney, blabber, blather, dribble, hogwash, prattle, rubbish, slobber, twaddle 8 claptrap, flimflam, nonsense, salivate 9 gibberish, poppycock 10 balderdash, double-talk, flapdoodle 12 blatherskite, gobbledygook
driver 4 jehu 5 cabby 6 cabbie, cabman, hackie, mallet 7 hackman 8 coachman, motorist, muleteer, operator 9 chauffeur, dowitcher 10 taskmaster 11 tamping iron ***of an elephant:*** 6 mahout ***Roman:*** 10 charioteer ***truck:*** 8 teamster

driving 7 dynamic, powered 8 forceful, vigorous 9 energetic, inspiring 10 compelling
drizzle 4 mist, rain 7 dribble, spatter 8 droplets, sprinkle 10 sprinkling 13 precipitation
Dr. Jekyll and Mr. ___ 4 Hyde
droll 3 odd 5 comic, funny, nutty, witty 7 comical, risible 8 farcical, humorous 9 eccentric, laughable, ludicrous, whimsical
drollery 5 humor 6 comedy, joking, whimsy 7 jesting
dromedary 5 camel
drone 3 bee, hum 4 buzz, idle, laze, loaf, loll 5 idler 6 drudge, loiter, lounge, murmur 7 bagpipe 8 aircraft, parasite 9 bombinate 10 pedal point
drool 4 gush, rave 5 froth 6 dote on, drivel, saliva, slaver 7 blather, dribble, enthuse, slobber 8 salivate 10 rhapsodize
droop 3 sag 4 fall, flag, hang, loll, sink, swag, wilt 5 slump 6 dangle, slouch, weaken 7 decline, let down, subside 8 languish
droopy 4 blue, down, weak 5 baggy 6 gloomy 7 doleful, languid, sagging, slouchy, wilting 8 cast down, dejected, downcast 9 depressed 10 dispirited 11 downhearted
drop 3 dip, nip, sag, tot 4 down, drib, dump, fall, fell, jolt, lose, slip, slug, tear 5 cease, depth, lapse, lower, pitch, plump, scrub, slide, snort, speck, spend 6 cancel, cave in, demise, depart, expire, fumble, give up, go down, ground, plunge, reduce, smitch, topple, unload, vanish 7 abandon, decease, decline, deposit, descend, descent, distill, dribble, driblet, fall off, forfeit, give out, globule, pendant, plummet, trickle 8 bowl over, break off, collapse, comedown, downturn, keel over, nosedive 9 declivity, discharge, downslide, downswing, downtrend, prostrate, reduction, terminate 10 depository
drop by 4 call 5 pop in, visit 6 stop in 8 come over
droplet 4 drib, tear 7 globule
drop off 3 nap, sag 4 doze, fall, slip 5 slide, slump 6 catnap, drowse, lessen, snooze 7 decline, deliver, deposit, slacken 8 diminish, fall away, hand over 10 fall asleep
dropsical 5 puffy, tumid 6 turgid 7 swollen 8 inflated 9 edematous, tumescent
dropsy 5 edema 8 anasarca
dross 4 junk, scum, slag 5 dregs, offal, waste 6 debris, scoria 7 remains, residue, schlock 8 detritus, impurity, leavings
drossy 4 base 6 impure, scummy 7 trivial 8 inferior, unworthy 9 worthless
drought 4 lack, need, want 6 dearth 7 aridity, dryness 8 scarcity, shortage 10 deficiency
droughty 3 dry 4 arid, sere 7 bone-dry, dried up, parched, thirsty 10 desiccated
drove 3 mob 4 army, herd, host, mass, pack 5 crowd, flock, horde, troop 6 myriad, pushed, school, throng 7 phalanx 9 multitude
drover 6 cowboy 8 shepherd
drown 4 sink, soak 5 douse, flood, souse, swamp 6 deluge, drench, engulf 7 immerse, repress, smother 8 inundate, submerge 9 overpower, overwhelm, suffocate 10 asphyxiate, extinguish
drowse 3 nod 4 doze 5 sleep 6 catnap, snooze 7 doze off, drop off, shut-eye, slumber 10 forty winks
drowsy 4 dozy 5 dopey 6 droopy, sleepy, torpid 7 languid 8 indolent, sluggish 9 lethargic, somnolent, soporific 10 slumberous 13 lackadaisical
Dr. Seuss 6 Geisel (Theodor Seuss) *book:* 11 Cat in the Hat (The) 15 Green Eggs and Ham, Yertle the Turtle 19 Horton Hatches the Egg 26 How the Grinch Stole Christmas
drub 3 tan, wax, zap 4 bash, beat, club, deck, drum, flay, flog, lash, lick, mash, maul, pelt, trim, whip 5 baste, cream, crush, paste, pound, score, slash, smash, smear, spank, stamp, thump, wreck 6 batter, berate, bruise, buffet, deface, hammer, master, pummel, punish, revile, scorch, thrash, thresh, wallop 7 belabor, blister, censure, clobber, cripple, lambast, scourge, shatter, shellac, trounce 8 bulldoze, lambaste, lash into, outclass, outshine 9 castigate, excoriate, overwhelm
drubbing 4 loss, rout 6 defeat 7 setback 10 defeasance 11 shellacking
drudge 4 grub, hack, moil, peon, plod, slog 5 grind, slave 6 menial, slavey 7 grubber, plodder 8 dogsbody
drudgery 4 moil, toil 5 chore, grind 7 travail 9 grunt work 10 donkeywork 11 backbreaker
drudging 6 boring, tiring 7 irksome, tedious 8 dragging, tiresome 9 fatiguing, laborious, wearisome 10 monotonous
drug 4 dope, lull 5 sulfa 6 downer, ipecac, opiate, physic, poison, potion, remedy, statin 7 fen-phen, generic, stupefy 8 biologic, medicine, narcotic,

nepenthe, relaxant, sedative **9** ibuprofen, medicinal, methadone **10** antibiotic, medicament, medication **11** thalidomide ***addict:*** **6** junkie ***agent:*** **4** narc ***calming:*** **8** sedative ***experience:*** **4** trip ***illicit:*** **3** ice, kif, LSD, pot **4** acid, coke, dope, hash, meth, scag, snow, weed **5** crack, grass, opium, smack, speed **6** heroin, peyote **7** cocaine, crystal, hashish **8** cannabis, goofball **9** mescaline **10** methadrine, psilocybin ***seller:*** **10** pharmacist ***sleep-inducing:*** **8** hypnotic **9** soporific **11** barbiturate

drugged **4** high **5** dazed, doped, dopey **6** flying, loaded, stoned, zonked **8** benumbed, hopped-up, turned on **9** spaced-out, stupefied **10** narcotized

druggist **7** chemist **10** apothecary, pharmacist

drugstore **8** pharmacy **10** apothecary

druid **4** Celt **6** priest **7** prophet ***sacred object:*** **3** oak **9** mistletoe

drum **3** keg, vat **4** beat, cask **5** conga, tabor **6** barrel, tom-tom, tympan **7** tambour, timpani (plural), tympani (plural) **8** cylinder ***Indian:*** **5** tabla **8** mridanga ***Irish:*** **7** bodhran ***large:*** **4** bass **7** timbale ***small:*** **5** bongo, tabor **7** timbrel ***string:*** **5** snare

drumbeat **4** flam, roll, tuck **6** ruffle, tattoo **7** booming, pit-a-pat, rat-a-tat **8** rataplan

drumfire **5** salvo **6** volley **7** barrage, booming **9** broadside, cannonade, fusillade **11** bombardment

drumhead **4** skin **7** summary

drummer **4** Rich (Buddy) **5** Krupa (Gene), Roach (Max), Starr (Ringo), Watts (Charlie) **6** Blakey (Art), hawker, Puente (Tito), vendor **7** peddler **8** pitchman, salesman

drum up **6** invent **7** canvass, solicit **9** originate ***interest:*** **8** ballyhoo

drunk **3** lit, sot **4** lush, soak, wino **5** lit up, souse, tight, tipsy **6** blotto, boozer, juiced, soused, stewed, stinko, tiddly, wasted, zonked **7** crocked, guzzler, pie-eyed, sloshed, squiffy, tippler **8** squiffed **9** inebriate, plastered **10** boozehound, inebriated **11** intoxicated

drunkard **3** sot **4** lush, soak, wino **5** rummy, souse, stiff, toper **6** bibber, boozer, soaker **7** guzzler, swiller, tippler, tosspot **9** alcoholic, inebriate, juicehead **10** boozehound **11** dipsomaniac

Drusilla ***brother:*** **8** Caligula ***father:*** **5** Herod **10** Germanicus ***husband:*** **5** Felix ***mother:*** **9** Agrippina ***sister:*** **8** Berenice **9** Agrippina

dry **3** set **4** arid, brut, dull, sere, sour, tart **5** baked, dusty, parch, stale, wizen **6** barren, desert, harden, stolid, thirst, wither **7** congeal, deadpan, parched, shrivel, sterile, thirsty **8** rainless, solidify, tearless, teetotal, withered **9** anhydrous, dehydrate, desiccate, evaporate, unwatered **10** dehydrated, desiccated **11** unemotional **12** matter-of-fact **13** uninteresting ***combining form:*** **3** xer **4** xero ***goods:*** **6** linens, napery **8** clothing, textiles ***out:*** **5** sober **8** soberize ***period:*** **7** drought ***wine:*** **3** sec **4** brut

dryasdust **4** arid, dull **5** banal, inane, vapid **6** boring, stodgy **7** insipid, prosaic, tedious **9** wearisome **10** uninspired **13** uninteresting

dry measure **4** peck, pint **5** quart **6** bushel

Dryope ***form:*** **5** lotus ***husband:*** **9** Andraemon ***sister:*** **4** Iole

dry up **4** wilt **5** wizen **6** wither **7** deplete, exhaust, mummify, shrivel **9** desiccate, disappear, evaporate

dual **3** two **4** twin **5** duple **6** bifold, binary, double, duplex, paired **7** coupled, matched, twofold **8** matching **9** duplicate

dualistic **5** duple **6** bifold, binary, double, duplex, paired **7** twofold **9** Manichean **10** Manichaean

dualize **4** copy, dupe **5** clone **6** double **9** duplicate, replicate, reproduce

dub **4** call, name, term, trim **5** style, title **6** duffer **7** baptize, bungler, entitle, fumbler **8** christen, nickname, rerecord **9** blunderer, designate **10** denominate

dubiety **5** doubt **7** concern **8** mistrust **9** confusion, suspicion **10** skepticism **11** incertitude, incredulity, uncertainty **12** doubtfulness

dubious **4** iffy **5** fishy **6** unsure **7** suspect, unclear **8** doubtful, hesitant, unlikely **9** equivocal, skeptical, uncertain, undecided **10** improbable, unreliable **11** mistrustful, problematic, questioning, unconvinced, unpromising **12** questionable, undependable, undetermined

dubitable **5** fishy **7** suspect **8** doubtful, marginal **9** ambiguous, uncertain, unsettled **10** borderline **11** problematic **13** indeterminate

duce **5** ruler **6** despot, leader, tyrant **8** dictator **9** Mussolini (Benito), oppressor, strongman

duck **3** bob, bow, dip, shy **4** bend, dive, dunk, shun **5** avoid, dodge, douse, elude, evade, fence, parry, shirk, stoop **6** escape, plunge **7** back out, immerse **8** sidestep, submerge, submerse **10** canvasback ***Asian:*** **5** Pekin **8** mandarin ***dabbling:*** **7** gadwall, mallard ***diving:*** **4** smew

7 pochard 9 merganser 10 bufflehead *Eurasian:* 4 smew *European:* 8 shelduck *genus:* 4 Anas *group:* 4 team 5 brace, flock, skein 6 flight *hunter's screen:* 5 blind *male:* 5 drake *red-wattled:* 7 Muscovy *river:* 4 teal 6 wigeon 7 pintail, widgeon *scaup:* 8 bluebill *sea:* 5 eider, scaup 6 scoter

duckbill 8 platypus 9 hadrosaur, monotreme

duck soup 4 easy, snap 5 cinch 6 breeze, picnic, simple 8 kid stuff, painless, pushover 10 child's play 11 piece of cake

ducky 4 cute 5 swell 6 lovely, peachy 7 darling 9 hunky-dory 10 peachy-keen

duct 4 pipe, tube 5 canal 6 course, runway 7 channel, conduit 11 watercourse *anatomical:* 3 vas 4 vasa (plural)

ductile 6 pliant, supple 7 plastic, pliable 8 flexible, moldable 9 adaptable, compliant, malleable, tractable *metal:* 4 wire

ductless gland see ENDOCRINE GLAND

dud 3 dog 4 bomb, bust, flop 5 lemon, loser 6 bummer, misfit, turkey 7 debacle, failure, washout 8 abortion 9 valueless 11 ineffective

dude 3 fop, guy 4 beau, buck, rake 5 blood, dandy 6 fellow 7 coxcomb 8 macaroni 9 exquisite 12 Beau Brummell, lounge lizard

dudgeon 3 ire 4 fury, huff, miff, rage 5 anger, pique, wrath 7 chagrin, offense, outrage, umbrage 8 vexation 10 resentment 11 indignation 12 exasperation

duds 3 rig 4 garb, gear, rags, togs 5 dress, getup, weeds 6 attire, things 7 apparel, clothes, raiment, threads, toggery 8 clothing, garments 9 trappings, vestments 11 habiliments

due 4 debt, just, owed 5 lumps, owing, right 6 direct, earned, lawful, proper, unpaid 7 arrears, condign, deserts, exactly, merited, payable, payment, regular 8 adequate, deserved, directly, expected, rightful, suitable 9 deserving, equitable, liability, requisite, scheduled 10 ascribable, obligatory, receivable, satisfying, sufficient 11 appropriate, outstanding 12 compensation, satisfaction

duel 4 tilt 5 fight, joust 6 combat 7 contest, dispute 8 conflict

duenna 8 chaperon 9 chaperone, companion, governess

duet *dancer's:* 9 pas de deux

due to 4 over 7 owing to, through 9 because of 11 considering

duff 3 can 4 buns, butt, rear, rump, tail, tush 5 fanny, slack 6 bottom 7 keister, pudding, rear end 8 backside, buttocks, coal dust, derriere, fine coal

duffer 4 boob, clod, dolt, dope, yo-yo 5 chump, dunce, klutz 6 dimwit, dum-dum, lubber, nitwit 7 dullard, fumbler, peddler, pinhead 8 bonehead, dumbbell, lunkhead, numskull 9 blockhead, ignoramus, numbskull, simpleton 10 nincompoop, stumblebum 11 incompetent

dugout 5 canoe 6 trench 7 piragua, pirogue, shelter

duiker 8 antelope

dukedom 5 duchy 6 domain

dulcet 5 sweet 7 melodic, tuneful 8 charming, cheerful, engaging, euphonic, pleasant, pleasing, soothing 9 agreeable, melodious 10 euphonious 11 mellifluous

dulcimer 6 zither 8 psaltery *Hungarian:* 8 cimbalom *Persian:* 6 santir 7 santour

dull 3 dim, dun, mat 4 arid, blah, blur, drab, flat, numb 5 blunt, dense, dusty, faded, ho-hum, inert, matte, muddy, muted 6 benumb, blurry, boring, deadden, dreary, gloomy, leaden, obtuse, stodgy, stupid 7 blunted, humdrum, insipid, muffled, prosaic, stupefy, subdued, tarnish, tedious 8 banausic, bromidic, deadened, discolor, lifeless, listless, monotone, plodding, sluggish 9 bloodless, colorless, dim-witted, dryasdust, insensate, ponderous, wearisome 10 dispirited, indistinct, insensible, lackluster, lusterless, monotonous, pedestrian 11 commonplace, desensitize, insensitive, thickheaded, thick-witted, unsharpened 12 simpleminded 13 uninteresting

dullard 3 oaf 4 bird, boob, clod, dolt, dope, yo-yo 5 chump, dummy, dunce, idiot, moron, ninny, noddy, stupe 6 dimwit, dum-dum, nitwit 7 airhead, pinhead 8 bonehead, dumbbell, imbecile, lunkhead, meathead, numskull 9 birdbrain, blockhead, ignoramus, lamebrain, numbskull, simpleton 10 dunderhead 11 chowderhead, chucklehead

dullness 5 ennui 6 apathy, stupor, tedium, torpor 7 boredom, languor 8 hebetude, lethargy, monotony 9 bluntness, denseness, lassitude, stupidity, torpidity 12 indifference, listlessness, sluggishness

duly 8 properly, suitably 9 correctly, regularly 12 sufficiently 13 appropriately

duma 7 council 8 assembly, congress 11 legislature

Dumas character 5 Athos 6 Aramis,

Dantès (Edmond) **7** Camille, Porthos **9** D'Artagnan

dumb **3** mum **4** dull, mute **5** dense, quiet, thick **6** deaden, obtuse, silent, stupid **7** doltish, foolish, idiotic, moronic **8** duncical, ignorant, taciturn, wordless **9** dim-witted, fatheaded, voiceless **10** speechless, tongue-tied **11** blockheaded, thick-witted, tight-lipped **12** closemouthed, inarticulate, simple-minded, tight-mouthed, unresponsive

dumbbell see DULLARD

dumbfound **5** amaze **6** boggle, puzzle **7** astound, nonplus, perplex, stagger **8** astonish, bewilder, bowl over, confound, distract, surprise **9** take aback **11** flabbergast

dumbfounded **5** agape **6** amazed **7** puzzled, shocked **8** startled **9** astounded, perplexed, staggered, surprised **10** astonished, bewildered, bowled over, confounded, distracted, nonplussed, taken aback **13** thunderstruck

dummkopf **3** oaf **4** boob, clod, dodo, dolt, dope, fool, goof, jerk, mutt, simp, yo-yo **5** chump, dummy, dunce, idiot, moron, ninny, noddy, stupe **6** dimwit, donkey, dum-dum, nitwit, noodle **7** airhead, dullard, pinhead, schnook **8** bonehead, clodpoll, dumbbell, dumbhead, imbecile, lunkhead, meathead, numskull **9** birdbrain, blockhead, ignoramus, lamebrain, numbskull, simpleton, thickhead **10** dunderhead, hammerhead, nincompoop **11** chowderhead, chucklehead, knucklehead

dummy **4** boob, clod, dodo, dolt, mock, sham, yo-yo **5** chump, dunce, false, idiot, model, moron, ninny, noddy, stupe **6** dimwit, dum-dum, effigy, ersatz, layout, mock-up, nitwit, puppet, stooge **7** airhead, dullard, manikin, pinhead, stand-in **8** bonehead, dumbbell, imbecile, lunkhead, mannekin, meathead, numskull **9** birdbrain, blockhead, ignoramus, imitation, lamebrain, numbskull, simpleton, simulated **10** artificial, dunderhead, fictitious, nincompoop, substitute **11** chowderhead, chucklehead

dump **4** drop, junk **5** chuck, depot, ditch, scrap **6** armory, pigpen, pigsty, plunge **7** abandon, arsenal, deep-six, discard **8** jettison, magazine, throw out **9** stockpile, throw away **10** depository

dumpling **5** dough **8** quenelle **10** butterball

dumps **4** funk **5** blues, dolor, gloom, mopes, slump **7** sadness **8** doldrums **9** dejection **10** depression, gloominess, melancholy **11** despondency, unhappiness **12** mournfulness

dumpy **5** dingy, seedy, squat, stout **6** chubby, chunky, shabby, slummy, stocky, stubby, stumpy **7** run-down **8** heavyset, thickset **9** shapeless **10** broken-down **11** dilapidated, thick-bodied

dun **3** dim, fly **4** dull, drab, gray **5** annoy, brown, dusky, horse, murky, press **6** demand, gloomy, mayfly, needle, pester, plague, somber, sombre **9** ephemerid, importune

Duncan's slayer **7** Macbeth

dunce **3** oaf **4** boob, clod, dodo, dolt, dope, goof, mutt, simp, yo-yo **5** booby, chump, dummy, idiot, moron, ninny, noddy, stupe **6** dimwit, donkey, duffer, dum-dum, nitwit, noodle, stupid **7** airhead, dullard, fathead, pinhead **8** bonehead, clodpoll, dumbbell, imbecile, lunkhead, meathead, numskull **9** birdbrain, blockhead, ignoramus, lamebrain, numbskull, simpleton **10** dunderhead, hammerhead, nincompoop **11** chowderhead, chucklehead, knucklehead

Dunciad author **4** Pope (Alexander)

dundrearies **9** burnsides, sideburns **11** muttonchops **12** side-whiskers

dune **8** sandbank ***area:*** **3** erg

dung **4** muck **6** manure, ordure **9** excrement ***beetle:*** **6** scarab **9** tumblebug

dungeon **4** jail **5** vault **6** prison **9** black hole, oubliette

dunghill **6** midden

dunk **3** dip, sop **4** soak **5** douse, drown, souse **6** drench **7** immerse **8** saturate, submerge, submerse

dunlin **9** sandpiper

duo **4** duet, dyad, pair **5** brace **6** couple **7** doublet, twosome

dupe **3** con, kid, sap **4** butt, fool, gull, hoax, mark **5** cheat, chump, cozen, patsy, spoof, trick **6** befool, delude, double, outwit, pigeon, sucker **7** chicane, deceive, defraud, mislead **8** flimflam, hoodwink **9** bamboozle, victimize **11** double-cross, hornswoggle

dupery **3** con **4** scam, sham **5** cheat, fraud **6** deceit, humbug, hustle **7** chicane **8** cheating, flimflam, trickery **9** chicanery, deception, duplicity, imposture, swindling **10** dishonesty, hanky-panky **11** hoodwinking **13** double-dealing, sharp practice

duple **4** dual, twin **6** bifold, binary, double, duplex, paired **7** coupled, doubled, twofold **9** dualistic

duplex see DUPLE

duplicate **4** copy, fake, mate, redo, same, twin **5** clone, ditto, equal, match, mimeo, repro **6** carbon, double **7** dualize, imitate, replica **8** knockoff **9** companion, facsimile, identical, imitation, look-alike, replicate, reproduce **10** carbon copy, dead ringer, equivalent, reciprocal **11** counterfeit, counterpart, replication **12** reproduction

duplicitous 5 phony **6** shifty, sneaky **7** devious **8** delusive, guileful, scheming, sneaking, two-faced **9** deceitful, deceiving, deceptive, dishonest, underhand **10** fraudulent **11** underhanded **12** disingenuous **13** double-dealing

duplicity 5 fraud, guile **6** deceit **7** cunning, perfidy **8** scheming, trickery **9** chicanery, deception, treachery **10** dishonesty, doubleness **11** skulduggery **12** dissemblance, skullduggery **13** dissimulation, double-dealing

durability 4 wear **8** firmness **9** endurance, longevity, stability **10** permanence

durable 5 stout **6** stable, strong, sturdy **7** lasting **8** enduring **9** permanent, tenacious **10** dependable **11** long-lasting

durance 7 bondage **9** captivity, detention, restraint **11** confinement **12** enthrallment, imprisonment **13** incarceration

duration 3 run **4** term, time **6** extent, period **7** interim **8** interval **11** persistence

duress 5 force **6** menace, threat **8** bullying, coercion, menacing, pressure **9** restraint **10** compulsion, constraint **11** restriction **12** intimidation

during 4 amid **10** throughout

durra 7 sorghum **12** grain sorghum

durum 5 wheat

dusk 4 dark **7** evening **8** darkness, eventide, gloaming, twilight **9** nightfall **12** semidarkness

dusky 3 dim **4** dark **5** murky, swart **6** brunet, gloomy, opaque, twilit **7** obscure, shadowy, swarthy **8** funereal, nubilous, overcast, twilight **9** tenebrous **10** caliginous **11** dark-skinned

dust 4 grit, sand, sift, soot **5** ashes, grime **6** powder **8** sprinkle **10** besprinkle, sprinkling

dustbowl victim 4 Okie

dustup 3 row **4** spat **5** fight, melee, run-in, set-to **6** battle, fracas, hassle, tussle **7** dispute, quarrel, rhubarb, scuffle **8** argument, skirmish **9** bickering, brannigan **10** falling-out **11** altercation

dusty 3 dry **4** arid, dull **5** stale **7** parched, powdery, tedious, unswept

Dutch 7 trouble **8** hot water ***African:*** **9** Afrikaans ***ceramics:*** **5** delft ***cheese:*** **4** Edam **5** Gouda ***dog breed:*** **7** griffon **8** keeshond ***painter:*** **3** Dou (Gerrit, Gerard) **4** Cuyp (Aelbert Jacobsz), Gogh (Vincent van), Hals (Frans) **5** Bosch (Hieronymus), Hooch (Pieter de), Steen (Jan) **7** de Hooch (Pieter), Hobbema (Meindert), van Gogh (Vincent), Vermeer (Jan) **8** Mondrian (Piet), Ruysdael (Jacob van, Salomon van), Terborch (Gerard) **9** de Kooning (Willem), Honthorst (Gerrit van), Rembrandt (van Rijn) ***philosopher:*** **7** Spinoza (Benedict de) ***scholar:*** **7** Erasmus (Desiderius)

Dutch South African 4 Boer

dutiful 7 devoted **8** faithful **9** compliant **10** respectful **13** conscientious

duty 3 job, tax, use **4** levy, onus, role, task, work **5** chare, chore, stint **6** burden, charge, devoir, impost, office, tariff **7** respect, service **8** function **10** allegiance, assessment, assignment, commitment, obligation

dwarf 4 runt **5** gnome, pygmy, stunt, troll **6** midget, peewee **7** manikin **8** Tom Thumb **9** miniature **10** diminutive, homunculus **11** hop-o'-my-thumb, lilliputian ***in Snow White:*** **3** Doc **5** Dopey, Happy **6** Grumpy, Sleepy, Sneezy **7** Bashful ***Scottish:*** **7** blastie

dwarfish 5 pygmy, small **6** midget **7** minikin, stunted **8** inferior, pint-size **9** miniature, pint-sized **10** diminutive, undersized **11** lilliputian

dweeb 4 dork, drip, geek, nerd, wimp, wuss **5** loser **7** nebbish

dwell 3 lie **4** bide, live, stay **5** abide, exist **6** locate, remain, repose, reside, settle **7** hang out

dweller 7 citizen, denizen, settler **8** habitant, occupant, resident **10** inhabitant

dwelling 3 pad **4** casa, digs, home, nest **5** abode, haunt, house **7** address, habitat, lodging **8** domicile, quarters **9** residence **10** brownstone, habitation ***American Indian:*** **4** tipi **5** hogan, tepee **6** pueblo, teepee, wigwam ***clergyman's:*** **5** manse **7** rectory **8** vicarage **9** parsonage ***crude:*** **3** hut **4** camp **5** cabin, hovel, shack **6** cabana, shanty **7** barrack **8** barracks ***Eskimo:*** **5** igloo ***grand:*** **5** manor, manse, villa **6** palace **7** château, mansion ***Hindu:*** **6** ashram ***Navajo:*** **5** hogan ***Russian:*** **5** dacha ***small:*** **3** cot, hut **5** hovel **7** cottage **8** bungalow

dwindle 3 ebb **4** fade, fall, wane **5** abate, taper **6** lessen, recede, reduce, shrink, weaken, wither **7** decline, die away, die down, shrivel, slacken, subside **8** decrease, diminish, taper off **9** attenuate, drain away

dyad 3 duo, two **4** pair, yoke **5** brace, twins **6** couple **7** doublet, twosome

dye 4 tint 5 color, stain, tinge 7 pigment 8 colorant, pyronine, tincture ***blue:*** 4 woad 6 indigo 7 cyanine ***for hair:*** 5 henna ***plant:*** 4 woad 5 sumac 6 madder ***red:*** 5 eosin, henna 6 kermes, ruddle 7 cudbear, fuchsin, magenta 8 alizarin, fuchsine, amaranth, safranin 9 cochineal, rhodamine, safranine 10 erythrosin ***violet:*** 6 archil ***yellow:*** 7 flavine 8 orpiment ***yellowish red:*** 7 annatto

dyed-in-the-wool 5 loyal, sworn 7 devoted, die-hard, old-line, settled, staunch 8 faithful, hard-core, orthodox, standpat, true-blue 9 confirmed, hard-shell, steadfast 10 deep-rooted, deep-seated, entrenched, inveterate, unwavering 11 established 13 bred-in-the-bone, thoroughgoing

dyewood 6 fustic 10 brazilwood

dying 6 demise 7 done for, quietus 8 moribund 9 departure 10 extinction, in extremis 12 annihilation

dynamic 7 driving, intense 8 forceful, forcible, powerful, vigorous 9 energetic, strenuous 10 compelling, energizing

dynamite 4 raze 5 blast 6 blow up 7 destroy, explode, shatter 8 demolish 9 explosive 10 annihilate ***inventor:*** 5 Nobel (Alfred)

dynamo 8 go-getter, live wire 9 generator 10 ball of fire 11 self-starter

dysentery 4 flux 6 scours 8 diarrhea

dyslogistic 7 adverse 10 derogatory, pejorative 11 deleterious, disparaging, prejudicial, unfavorable

dyspepsia 5 gloom 6 dismay 7 chagrin, pyrosis 8 glumness 9 dejection, heartburn 10 gloominess 11 frustration, indigestion

dyspeptic 5 cross, surly 6 crabby, morose, ornery 9 irritable 10 ill-humored, ill-natured 11 disgruntled, ill-tempered

dysphoria 4 funk 5 blues, dumps, gloom, mopes 6 sorrow 7 sadness 9 dejection 10 depression, gloominess, melancholy 11 unhappiness 12 mournfulness, wretchedness 13 cheerlessness

E

each 3 all, per 4 a pop 5 every 6 apiece 8 everyone 9 per capita, everybody

eager 3 hot 4 agog, avid, keen, wild 5 antsy, hyper, itchy, pushy, ready, vital 6 ardent, fervid, gung ho, heated, hungry, intent, pining, raring 7 anxious, athirst, burning, craving, earnest, fervent, longing, restive, thirsty, wishful 8 appetent, aspiring, covetous, desirous, restless, striving, vehement, yearning 9 ambitious, energetic, hankering, impatient, voracious 10 breathless, solicitous 11 impassioned 12 enthusiastic

eagerness 4 push, urge, zeal, zest, zing 5 ardor, gusto 6 desire, fervor, hunger, spirit, thirst 7 avidity, craving, itching, longing, passion 8 alacrity, ambition, appetite, fervency, vitality, yearning 9 intensity, quickness, vehemence 10 enthusiasm, impatience, resolution

eagle 4 hawk 9 accipiter ***nest:*** 4 aery 5 aerie, eyrie ***North American:*** 4 bald 6 golden ***sea:*** 4 erne 6 osprey

eagle-eyed 8 vigilant, watchful 9 attentive, observant 10 perceptive 12 sharp-sighted

ear 6 notice 7 auricle 9 attention ***bone:*** 5 anvil, incus 6 hammer, stapes 7 malleus, stirrup ***canal:*** 5 scala ***combining form:*** 3 aur, oto 4 auri, otic ***doctor:*** 9 otologist ***inner:*** 9 labyrinth ***middle:*** 8 tympanum ***outer:*** 5 pinna ***part:*** 4 drum, lobe 5 canal 6 tragus 7 cochlea ***relating to:*** 5 aural 9 auricular ***science:*** 7 otology

eardrum 8 tympanum

___ Earhart 6 Amelia

earl 4 lord, peer 5 count, noble 8 nobleman, seigneur 9 patrician 10 aristocrat

earlier 3 ere, yet 4 once 5 as yet, so far 6 before, sooner 7 already, thus far 8 formerly, hitherto, previous 9 erstwhile, preceding 10 beforehand, heretofore, previously

earlier than 3 pre 6 before

earliest 5 first, prime 6 maiden, primal 7 initial, pioneer, primary 8 original,

primeval, pristine **10** aboriginal, primordial
earlike projection **3** lug
early **3** old **5** first, prior **6** primal, timely **7** ancient, betimes **8** original, previous, primeval, pristine, untimely **9** preceding, premature, primitive **10** antecedent, antiquated, precocious, primordial **11** prematurely ***prefix:*** **5** paleo
earn **3** bag, get, net, win **4** gain, make, rate, reap **5** amass, clear, gross, merit, score **6** attain, come by, obtain, pick up, rack up, secure, wangle **7** acquire, bring in, collect, deserve, harvest, procure, produce, realize, receive **8** pull down **9** bring home, knock down
earnest **3** vow **4** bond, busy, firm, keen, pawn, true, warm **5** grave, sober, token **6** active, ardent, intent, pledge, solemn, somber, surety **7** deposit, genuine, intense, serious, sincere, up front, warrant, zealous **8** contract, covenant, diligent, interest, security, sedulous, studious **9** assiduous, heartfelt **10** determined, no-nonsense, passionate, sobersided, thoughtful, unaffected **11** industrious **12** enthusiastic, wholehearted
earnestly **5** madly **7** for real, like mad
earnestness **6** fervor **7** gravity, honesty, passion, resolve **8** sobriety **9** sincerity **10** absorption, doggedness **11** engrossment, persistence **12** perseverance **13** concentration, determination
earnings **3** net, pay **4** gain **5** lucre, wages **6** income, profit, return, salary **7** profits **8** proceeds, take-home **9** emolument **10** bottom line
ear shell see ABALONE
earshot **5** range, sound **7** hearing
earsplitting **4** loud **6** shrill **7** blaring, grating, raucous, roaring **8** piercing, strident **9** deafening, dissonant **10** screeching, stentorian **11** full-mouthed
earth **3** orb, sod **4** dirt, land, soil, turf **5** globe, world **6** ground, planet, sphere **7** dry land, terrain **8** creation **10** terra firma ***combining form:*** **3** geo **4** geog **6** tellur **7** telluro ***core:*** **12** centrosphere ***god:*** **3** Geb, Keb, Seb **5** Dagan ***goddess:*** **4** Erda, Gaea **5** Ceres, Nintu **6** Kishar **7** Demeter, Nerthus ***relating to:*** **8** telluric **9** planetary **11** terrestrial ***satellite:*** **4** moon ***science:*** **7** geology **9** geography
earthenware **4** clay **5** china, delft **7** biscuit, faience, pottery **8** clayware, crockery, majolica **9** porcelain, stoneware **10** terra-cotta
earthlike **11** terrestrial
earthly **6** likely, mortal **7** mundane, worldly **8** feasible, material, physical, possible, probable, temporal **9** corporeal, potential, practical **10** imaginable **11** conceivable, terrestrial, unspiritual
earthquake **5** shake, shock **6** tremor **7** temblor ***measuring device:*** **11** seismograph, seismometer ***relating to:*** **7** seismic ***science:*** **10** seismology **11** seismometry
earthwork **4** bank, wall **7** bulwark, rampart **10** embankment **13** fortification
earthworm **7** annelid **12** night crawler
earthy **3** low **4** base, real **5** crude, dirty, dusty, gross, muddy, sandy **6** clayey, coarse, common, simple **7** mundane, worldly **8** temporal **9** corporeal, inelegant, practical, pragmatic, realistic, unrefined **10** hard-boiled, hardheaded, indelicate, uncultured, unpolished **11** down-to-earth, terrestrial **12** matter-of-fact **13** materialistic, unsentimental
earwax **7** cerumen
ease **3** aid **4** bate, calm, dull, free, help, rest **5** allay, loose, peace, poise, relax, slack **6** assist, deaden, loosen, relief, repose, soften **7** assuage, comfort, fluency, improve, leisure, lighten, mollify, relieve, slacken **8** calmness, deftness, diminish, dispatch, facility, idleness, mitigate, moderate, pleasure, security, serenity **9** abundance, affluence, alleviate, expertise, reduction, untighten, well-being **10** ameliorate, artfulness, efficiency, expertness, facilitate, inactivity, mitigation, moderation, prosperity, relaxation, smoothness **11** alleviation, contentment, nonchalance, spontaneity, tranquility **12** satisfaction, skillfulness, tranquillity ***off:*** **3** ebb **4** bate, fade, fall, flag, wane **5** abate, let up, loose, relax, slack **6** lessen, loosen, relent, unbend, unwind **7** die away, die down, slacken, subside **8** diminish, loosen up, moderate **9** untighten
easel **4** desk **5** frame, stand **7** support **9** workbench, worktable
easement **6** relief **7** comfort **10** mitigation, palliative **11** alleviation, consolation, restorative **13** mollification
easily **6** simply **7** handily, lightly, readily **8** facilely, smoothly **11** dexterously, efficiently **12** effortlessly
East **4** Asia **6** Levant, Orient
Easter **5** Pasch ***relating to:*** **7** paschal ***symbol:*** **3** egg **4** lamb **5** bunny **6** rabbit
eastern **8** oriental **9** Levantine ***countries:*** **6** Orient
East Indian country **8** Malaysia **9** Indonesia, Singapore
East Timor ***capital:*** **4** Dili ***monetary unit:*** **6** dollar ***neighbor:*** **9** Indonesia

easy 3 lax 4 calm, cozy, glib, mild, soft, snug 5 basic, clear, comfy, cushy, light, loose, naive, plain, suave 6 breezy, facile, fluent, kindly, placid, poised, polite, secure, serene, simple, smooth, urbane 7 amiable, courtly, cursive, evident, flowing, lenient, obvious, patient, relaxed 8 apparent, composed, familiar, graceful, gullible, in clover, informal, manifest, merciful, obliging, peaceful, pleasant, sociable, tolerant, tranquil, trusting 9 collected, credulous, forgiving, indulgent, possessed 10 charitable, diplomatic, effortless, elementary, forbearing, gregarious, permissive 11 comfortable, complaisant, good-humored, good-natured, susceptible, sympathetic, unconcerned 12 good-tempered 13 compassionate, mollycoddling, self-possessed, uncomplicated

easygoing 3 lax 4 calm, cool, lazy 5 quiet 6 breezy, casual, dégagé, folksy, placid, poised, sedate, serene 7 affable, offhand, patient, relaxed, unfussy 8 amenable, carefree, composed, down home, fainéant, flexible, indolent, informal, laid-back, slothful, together, tranquil 9 apathetic, indulgent, offhanded, unhurried 10 nonchalant, permissive, unaffected 11 comfortable, complaisant, indifferent, low-pressure, pococurante, unconcerned, unflappable, uninhibited 12 devil-may-care, even-tempered, happy-go-lucky, light-hearted 13 self-possessed, unconstrained

easy mark 3 sap 4 butt, dupe, fool, gull 5 chump, patsy, sport 6 pigeon, softie, sucker, turkey, victim 7 fall guy 8 pushover 9 soft touch 11 sitting duck

eat 3 sup, vex 4 bite, chow, dine, gnaw, meal, pick, take, wolf 5 annoy, erode, feast, gorge, graze, hound, lunch, mouth, munch, scarf, scoff, scour, snack, use up 6 bother, devour, feed on, gobble, harass, hassle, ingest, inhale, nibble, pester, pick at, pig out, plague, take in 7 banquet, consume, corrode, exhaust, gorge on, swallow, torment 8 chow down, dissolve, take food, wear away 9 breakfast, decompose, masticate, partake of, polish off 10 break bread, gormandize, nibble away

eatable 6 edible 8 esculent, harmless 9 palatable 10 comestible, digestible

eatery 4 café 5 diner, grill 10 coffee shop, restaurant 11 greasy spoon 12 luncheonette

eating place 3 pub 4 café, mess 5 diner, grill, joint 6 bistro, tavern 7 automat, beanery, canteen, dinette, tearoom 8 cookshop, messroom, pizzeria, snack bar 9 brasserie, cafeteria, chophouse, hash house, lunchroom, trattoria 10 coffee shop, restaurant, steak house 11 greasy spoon 12 luncheonette

eavesdrop 3 bug, tap 4 lurk 7 monitor 8 listen in, overhear

ebb 4 drop, fade, fall, flag, tide, wane 5 abate, droop, let up 6 lessen, recede, reduce, relent, shrink, wither 7 decline, descent, die away, die down, ease off, retreat, slacken, subside 8 decrease, diminish, languish, moderate, withdraw 10 retrograde

Eblis 5 Satan ***son:*** 3 Tir 4 Awar 5 Dasim 8 Zalambur

ebon, ebony 3 jet 4 inky 5 black, jetty, raven, sable 6 brunet 8 brunette, jet-black 9 pitch-dark 10 pitch-black

ebullience 3 vim, zip 4 brio, élan, zing 5 gusto 6 gaiety 7 abandon, elation 8 buoyancy, vitality, vivacity 9 animation 10 enthusiasm, excitement, exuberance, liveliness 11 high spirits 12 exhilaration, spiritedness 13 effervescence

ebullient 3 mad 4 gaga 5 brash, zingy, zippy 6 bouncy, bubbly, elated, frothy, geeked, pumped, raring 7 boiling, chipper, excited, gleeful, gushing, vibrant 8 hopped-up 9 sprightly, vivacious 11 exhilarated 12 enthusiastic, high-spirited 13 irrepressible

eccentric 3 odd, nut 4 coot, kook 5 crank, crazy, droll, flaky, freak, funky, funny, goofy, kooky, nutty, queer, wacky, weird 6 far out, oddity, quaint, quirky, screwy, weirdo, whacko, whacky 7 bizarre, curious, deviant, erratic, heretic, oddball, off-beat, strange, unusual 8 aberrant, abnormal, bohemian, cockeyed, crackpot, goofball, maverick, original, peculiar, singular, uncommon 9 anomalous, character, deviating, fantastic, fruitcake, grotesque, irregular, off-center, screwball, unnatural, whimsical 10 elliptical, off-balance, unbalanced, uncentered 11 exceptional 13 idiosyncratic, nonconformist

eccentricity 4 kink 5 quirk, twist 8 crotchet, quiddity 9 deviation, weirdness 10 aberration 11 strangeness 12 idiosyncrasy

ecclesiastic see CLERGYMAN

ecclesiastical 4 holy 5 papal 6 church, sacred 8 churchly, clerical, pastoral, priestly 9 apostolic, canonical, episcopal, spiritual, synagogal 10 churchlike, pontifical, rabbinical, sacerdotal

11 ministerial, patriarchal, theological **12** episcopalian, evangelistic, tabernacular

ecdysiast see STRIPTEASER

echelon 3 row **4** file, line, rank, tier **5** grade, group, level, order, queue **6** string **7** chevron **9** formation

echidna 8 anteater **9** monotreme **13** spiny anteater

Echidna ***father:*** **7** Phorcys **8** Chrysaor ***mother:*** **4** Ceto **10** Callirrhoë ***offspring:*** **5** Hydra **6** dragon, Orthus, Sphinx **7** Chimera **8** Cerberus, Chimaera

echinoderm 6 urchin **7** crinoid, sea star **8** starfish **9** coelomate, sea urchin **11** sea cucumber

echo 3 ape **4** mime, ring **5** evoke, mimic, trace **6** mirror, parrot, repeat, result, reverb, second **7** imitate, iterate, reflect, resound, revoice, vestige **8** resonate, response **9** duplicate, imitation, reiterate **10** reflection, repetition **11** reverberate **12** repercussion **13** reverberation

Echo 5 nymph, oread ***beloved:*** **9** Narcissus

echoic 7 mimetic **9** imitative **10** derivative **12** onomatopoeic **13** onomatopoetic

éclat 4 bang, dash, fame, pomp **5** glory, honor, kudos **6** luster, lustre, praise, renown, repute **7** acclaim, display, laurels, stardom, success **8** applause, eminence, prestige, standing **9** celebrity, notoriety, publicity **10** brilliance, brilliancy, exaltation, prominence, reputation **11** distinction, ostentation

eclectic 5 broad, fussy, mixed, picky **6** choosy, select, varied **7** diverse, finicky, mingled **8** assorted, catholic, elective **9** inclusive, selective **10** discerning, fastidious, particular **11** diversified **12** dilettantish, multifarious **13** heterogeneous

eclipse 3 dim **5** bedim, cloud, cover, excel, outdo, shade **6** darken, exceed, shadow **7** becloud, decline, obscure, surpass **8** downfall, outshine **9** adumbrate, obfuscate, overcloud **10** extinguish, overshadow

eclogue 3 ode **4** idyl, poem **5** idyll, lyric **8** pastoral

ecological 5 green **8** bionomic ***community:*** **5** biome

ecology 9 bionomics **11** environment

economic 6 fiscal **8** material, monetary **9** budgetary, financial, pecuniary **10** mercantile, profitable ***doctrine:*** **12** laissez-faire ***system:*** **9** communism, socialism **10** capitalism **11** syndicalism **12** mercantilism

economical 4 mean **5** canny, close, spare **6** frugal, saving, stingy **7** careful, miserly, prudent, sparing, thrifty **8** skimping **9** efficient, niggardly, penny-wise, penurious, provident, scrimping **10** unwasteful **12** cheeseparing, parsimonious **13** penny-pinching

economist ***American:*** **5** Arrow (Kenneth), Simon (Herbert, Julian), Solow (Robert), Tobin (James) **6** Becker (Gary), George (Henry), Thurow (Lester), Veblen (Thorstein), Walker (Amasa), Weaver (Robert) **7** Krugman (Paul), Kuznets (Simon), Stigler (George), Volcker (Paul) **8** Friedman (Milton), Stiglitz (Joseph) **9** Galbraith (John Kenneth), Greenspan (Alan), Samuelson (Paul) **10** Schumpeter (Joseph) ***Austrian:*** **5** Hayek (Friedrich von), Mises (Ludwig von) ***Canadian:*** **7** Leacock (Stephen) ***Dutch:*** **9** Tinbergen (Jan) ***English:*** **3** Sen (Amartya) **4** Mill (John Stuart) **5** Coase (Ronald), Hayek (Friedrich von), Pigou (Arthur) **6** Engels (Friedrich), Keynes (John Maynard) **7** Bagehot (Walter), Malthus (Thomas), Ricardo (David) ***French:*** **3** Say (Jean-Baptiste) **6** Monnet (Jean), Turgot (Anne-Robert-Jacques), Walras (Léon) **7** Quesnay (François) ***German:*** **4** Marx (Karl) **5** Weber (Max) **6** Engels (Friedrich) **7** Schacht (Hjalmar) ***Indian:*** **3** Sen (Amartya) ***Scottish:*** **4** Mill (James) **5** Smith (Adam) ***Swedish:*** **6** Myrdal (Gunnar) ***Swiss:*** **8** Sismondi (Simonde de)

economize 4 save **5** skimp, stint **6** manage, scrimp **7** husband **8** conserve **10** cut corners **12** pinch pennies

economy 6 saving, thrift **8** prudence, skimping **9** concision, frugality, husbandry, parsimony, restraint, scrimping **10** discretion, efficiency, providence, stinginess **11** carefulness, conciseness, miserliness, thriftiness **13** niggardliness

Eco novel 13 Name of the Rose (The) **17** Foucault's Pendulum

ecru see BEIGE

ecstasy 3 joy **5** bliss **6** frenzy, heaven, trance **7** delight, elation, madness, rapture **8** euphoria, paradise, rhapsody **9** beatitude, transport **10** exaltation, joyfulness **11** blessedness, derangement, enchantment, high spirits, inspiration **12** blissfulness, exhilaration, intoxication **13** seventh heaven

ecstatic 6 elated, joyful **7** gleeful **8** euphoric, exultant, jubilant, thrilled **9** delirious, delighted, entranced, overjoyed, rapturous **11** exhilarated, transported

Ecuador ***capital:*** **5** Quito ***city:*** **6** Ambato, Cuenca **7** Machala **9** Guayaquil ***Indian people:*** **7** Quechua ***island group:*** **9** Galápagos ***language:*** **7** Spanish ***monetary unit:*** **5** sucre **6** dollar ***mountain range:*** **5** Andes ***neighbor:*** **4** Peru **8** Colombia ***volcano:*** **6** Sangay **7** Cayambe **8** Cotopaxi **10** Chimborazo

ecumenical **6** cosmic, global **7** general, generic **8** catholic **9** inclusive, planetary, universal, worldwide **12** all-inclusive, cosmopolitan **13** comprehensive

ecumenical council **4** Lyon **5** Basel, Lyons, Trent **6** Nicene **7** Ephesus, Ferrara, Lateran, Vatican **8** Florence **9** Chalcedon, Constance

eczema **6** tetter

edacious see VORACIOUS

eddy **4** purl **5** swirl, twirl, whirl, whorl **6** vortex **8** backwash **9** backwater, maelstrom, whirlpool **11** counterflow

edema **5** croup, tumor **6** dropsy **8** anasarca, swelling

Eden **6** heaven, utopia **7** arcadia, elysium **8** paradise ***river:*** **5** Gihon **6** Pishon **8** Hiddekel **9** Euphrates

edentate **5** sloth **8** aardvark, anteater, pangolin **9** armadillo, toothless

Edessa's king **5** Abgar

edge **3** cut, end, hem, lip, rim **4** bank, bite, brim, cusp, draw, ease, hone, inch, lead, limb, line, pink, side, whet, worm **5** arris, bound, brink, bulge, force, ledge, picot, point, ridge, sidle, skirt, sting, strop, verge **6** border, fringe, margin, nosing **7** acidity, contour, chamfer, outline, serrate, sharpen, vantage **8** acerbity, acridity, boundary, emborder, handicap, keenness, surround, thinness **9** acuteness, advantage, extremity, harshness, head start, perimeter, periphery, sharpness, threshold, upper hand **10** causticity, shrillness, stringency **11** astringency **12** incisiveness **13** effectiveness

edge city **5** exurb **6** suburb

edged **4** acid, tart **5** acute, sharp **6** strong **7** cutting **8** incisive, piercing

edge in **6** inject **9** interject, interpose, insinuate **10** infiltrate **11** interpolate

edging **3** hem **4** lace **5** braid, frill, limit **6** border, fringe, lacing, margin, piping **7** flounce, selvage **8** rickrack, selvedge, trimming

edgy **3** hip **5** funky, nervy, sharp, tense, testy **6** daring, touchy, uneasy **7** excited, keyed up, offbeat, restive, uptight **8** Bohemian, out-there, renegade, restless, skittery, skittish, volatile **9** excitable, impatient, irascible, irritable **10** high-strung, outlandish **11** provocative

edible **8** esculent **9** palatable **10** comestible ***root:*** **3** oca, yam **4** beet, taro, yuca **6** carrot, daikon, ginger, jicama, potato, radish, turnip, wasabi **7** burdock, cassava, ginseng, malanga, parsnip, salsify **8** celeriac, galangal, kohlrabi, rutabaga **11** horseradish, sweet potato ***seed:*** **3** nut, pea **4** bean **6** peanut

edibles **4** chow, eats, feed, food, grub **6** viands **7** aliment, goodies, nurture **8** victuals **9** provender **10** provisions, sustenance **11** comestibles

edict **3** law **4** bull, fiat, rule **5** canon, order, ukase **6** decree, dictum, ruling **7** command, dictate, mandate, precept, statute **9** directive, manifesto, ordinance, prescript **10** injunction, regulation **12** proclamation **13** pronouncement ***Islamic:*** **5** fatwa ***papal:*** **4** bull **8** decretal

Edict of ___ **5** Milan, Worms **6** Nantes

edifice **4** pile **8** building, erection **9** structure

edify **5** teach **6** better, fill in, illume, inform, update, uplift **7** educate, elevate, enhance, improve **8** illumine, instruct **9** elucidate, enlighten **10** illuminate

edit **3** cut **4** cull, omit **5** adapt, alter, amend, emend, fix up **6** delete, doctor, excise, polish, redact, refine, review, revise, reword, select **7** abridge, compile, correct, rewrite **8** annotate, assemble, condense, copyread, fine-tune **9** proofread, rearrange **10** blue-pencil, bowdlerize

edition **4** copy, form **5** issue, print **7** reissue, reprint, version **8** printing, variorum **10** impression, reprinting **12** reproduction

editor **8** redactor **9** scrivener, wordsmith **10** copyreader **11** proofreader

Edomite's ancestor **4** Esau

educate **4** rear **5** brief, coach, drill, edify, nurse, teach, train, tutor **6** inform, school **7** explain, nurture **8** instruct **9** brainwash, enlighten **10** discipline **12** indoctrinate

education **7** culture, tuition **8** breeding, coaching, guidance, learning, literacy, pedagogy, teaching, training, tutelage, tutorage, tutoring **9** erudition, knowledge, schooling, tutorship **11** instruction, learnedness, scholarship **13** enlightenment

educational **11** informative, instructive **13** informational, instructional ***institu-***

tion: **6** school **7** academy, college **10** university **12** conservatory

educator **5** tutor **7** teacher **9** professor **10** instructor ***American:*** **4** Mann (Horace) **5** Dewey (John) **6** Butler (Nicholas Murray), Conant (James Bryant), Harris (William Torrey) **7** Barnard (Henry), Beecher (Catharine), Peabody (Elizabeth) **8** Hutchins (Robert Maynard), McGuffey (William) **10** Washington (Booker T.) ***Czech:*** **8** Comenius (John Amos) ***English:*** **6** Arnold (Thomas) **7** Spencer (Herbert) ***German:*** **7** Froebel (Friedrich), Herbart (Johann) ***Italian:*** **10** Montessori (Maria) ***Swiss:*** **10** Pestalozzi (Johann Heinrich)

educe **4** drag, draw, milk, pull **5** evoke, wrest, wring **6** derive, elicit, evince, evolve, extort, obtain, secure **7** distill, draw out, extract, procure **8** bring out **10** excogitate

eel **5** moray, siren **6** conger **7** hagfish, lamprey, sniggle ***young:*** **5** elver

eelpout **6** blenny, burbot **10** muttonfish

eely **5** slimy **6** slippy, wiggly **7** elusive, wriggly **8** slippery, slithery **9** wriggling

eerie **5** scary, weird **6** creepy, spooky **7** bizarre, strange, uncanny **8** chilling, spectral **9** fantastic, grotesque, unearthly **10** mysterious **11** frightening, hair-raising **12** otherworldly

efface **4** dele, x out **5** annul, erase **6** cancel, delete, rub out **7** blot out, destroy, expunge, scratch, wipe out **8** black out, wear away **9** eliminate, eradicate, extirpate **10** obliterate

effect **3** end **4** make **5** cause, enact, event, fruit **6** create, draw on, induce, intent, invoke, render, result, secure, sequel, upshot **7** achieve, bring on, enforce, execute, fulfill, outcome, perform, produce, purport, realize, turn out **8** bring off, carry out, complete, conceive, generate, sequence **9** actualize, aftermath, corollary, discharge, implement, influence, operation, outgrowth, pursuance **10** accomplish, appearance, bring about, conclusion, consummate, denouement, effectuate **11** consequence, development, eventuality, precipitate **12** carry through, ramification, repercussion

effective **4** able **5** sound, valid **6** causal, cogent, direct, potent, useful **7** capable **8** adequate **9** competent, operative **10** compelling, convincing, productive

effectiveness **5** clout, force, point, power, vigor **6** weight **7** cogency, potency **8** strength, validity **10** capability

effects **4** gear **5** goods, stuff **6** things **8** chattels, movables, property **9** equipment, moveables, trappings **10** belongings **11** impedimenta, possessions **13** accoutrements

effectual **5** sound, valid **6** potent, strong, useful **7** capable **8** decisive, powerful, workable **10** conclusive, fulfilling, productive **11** influential, practicable **13** authoritative, determinative

effectuate see EFFECT

effeminate **5** sappy, sissy **6** chichi, prissy **7** epicene, foppish **8** delicate, overnice, precious **9** sissified **10** old-maidish **11** overrefined

effervescence **5** giddy **7** fizzing, foaming, sparkle **8** bubbling, buoyancy, vivacity **9** animation **10** ebullience, ebullition, exuberance, exuberancy, liveliness **12** exhilaration

effervescent **3** gay **4** airy **5** jolly **6** bouncy, bubbly, lively **7** boiling, buoyant, excited **8** animated, mirthful, volatile **9** sparkling, sprightly, vivacious **10** carbonated **12** high-spirited **13** irrepressible

effete **4** soft, weak **5** frail, spent **6** barren **6** sickly **7** decayed, drained, sterile, worn-out **8** decadent, decaying, delicate, depleted, fatigued, pampered **9** declining, dissolute, enfeebled, exhausted, infertile, washed-out **10** degenerate, unfruitful **11** debilitated

efficacious **6** active, potent, strong **8** forceful, powerful, puissant **9** operative **10** productive **11** influential

efficacy see EFFECTIVENESS

efficiency see EFFECTIVENESS

efficient **4** able **5** adept **6** expert **7** capable, skilled **8** economic, masterly, skillful **9** competent **10** economical, productive

effigy **3** guy **4** icon, idol **5** dummy, image **6** figure **7** waxwork **8** likeness

effloresce **4** blow **5** bloom, burst **6** flower, sprout **7** blossom, burgeon **9** bear fruit

effluvium **3** air **4** odor, reek **5** smell, vapor, waste **6** miasma **7** exhaust **8** effusion, emission **9** by-product, discharge, emanation **10** exhalation

efflux see EFFLUVIUM

effort **3** job, try **4** feat, push, task, toil, work **5** chore, essay, force, labor, might, nisus, pains, sweat, while **6** energy, strain **7** attempt, travail, trouble, venture **8** endeavor, exertion, industry, struggle **11** application, elbow grease

effortful **4** hard **6** tiring, uphill **7** arduous, labored, operose **8** exacting, toilsome **9** ambitious, difficult, laborious, strenuous **11** challenging

effortless 4 easy 5 adept, light, ready 6 expert, facile, fluent, simple, smooth 8 masterly, skillful 10 proficient 11 undemanding

effrontery 4 face, gall 5 brass, cheek, nerve 8 audacity, boldness, chutzpah, temerity 9 arrogance, assurance, brashness, hardihood, impudence, insolence 10 brazenness 11 presumption 12 impertinence

effulgence 4 glow 5 blaze, glory 6 luster, lustre 8 radiance, splendor 9 splendour 10 brightness, brilliance, brilliancy, luminosity

effulgent 5 vivid 6 bright, lucent 7 beaming, glowing, lambent, radiant, shining 8 dazzling, glorious, luminous, lustrous, splendid 9 brilliant 11 resplendent 12 incandescent

effuse 4 flow, gush, pour, shed 5 exude, issue 6 stream 7 emanate, enthuse, flow out, radiate

effusive 5 gushy 6 lavish, sloppy, smarmy 7 cloying, fulsome, gushing, profuse, verbose 9 expansive, exuberant 10 loquacious, outpouring, unreserved 11 extravagant 12 enthusiastic, unrestrained 13 demonstrative, unconstrained

eft 4 newt 6 triton 10 salamander

e.g. 10 for example 13 exempli gratia

egad 6 zounds 7 criminy 8 gadzooks 11 odds bodkins

egg 3 ova (plural) 4 ovum, seed 5 ovule ***case:*** 5 shell 7 ootheca ***combining form:*** 3 ovi, ovo ***dish:*** 6 omelet 8 omelette ***fertilized:*** 6 zygote 7 oospore ***fish:*** 3 roe 6 caviar ***French:*** 4 oeuf ***immature:*** 6 oocyte ***part:*** 4 yolk 5 glair, shell, white ***shaped:*** 5 ovate, ovoid ***white:*** 5 glair 7 albumen

egghead 6 pundit 8 highbrow 10 double-dome 12 intellectual

egg on 4 goad, prod, spur, urge 5 prick, rally 6 arouse, exhort, excite, incite, prompt, stir up 7 agitate 9 instigate, stimulate

eggplant 6 purple 9 aubergine 10 nightshade

egg-shaped 4 oval 5 ovate, ovoid 7 oviform

Eglah ***husband:*** 5 David ***son:*** 7 Ithream

eglantine 7 dog rose 10 sweetbriar, sweetbrier

Eglantine ***father:*** 5 Pepin ***husband:*** 9 Valentine

Eglon ***king:*** 5 Debir ***slayer:*** 4 Ehud

ego 4 self 5 pride 6 vanity 7 conceit 10 self-esteem

egocentric 7 selfish 9 conceited 10 self-loving 11 self-seeking 12 narcissistic, self-absorbed, self-affected, self-centered, self-involved, vainglorious 13 individualist, self-conceited, self-concerned, self-indulgent

egoism 5 pride 6 vanity 7 conceit 8 self-love 9 self-glory, self-pride, vainglory 10 narcissism, self-regard 11 selfishness, self-opinion

egoistic 4 smug, vain 7 selfish 9 conceited 12 self-absorbed, self-centered 13 self-concerned, self-contented, self-satisfied

egomaniacal 12 self-exalting, vainglorious

egotism 5 pride 6 vanity 7 conceit 8 boasting, bragging, self-love, vainness, vaunting 9 arrogance, pomposity, self-glory, self-pride, vainglory 10 narcissism, self-esteem 11 megalomania, self-opinion 12 boastfulness 13 conceitedness

egotistic 4 vain 5 cocky, proud 7 selfish, stuck-up 8 arrogant, boastful, inflated, puffed-up 9 conceited 11 pretentious, self-serving 12 self-absorbed, self-centered, self-involved 13 self-concerned, self-satisfied

egregious 4 rank 5 gross, stark 6 arrant, brazen 7 blatant, glaring, heinous 8 flagrant, infamous, outright, shocking 9 atrocious, notorious, shameless 10 deplorable, outrageous 11 conspicuous

egress, egression 4 door, exit 5 issue, leave 6 depart, escape, exodus, outlet 7 doorway, exiting, opening, passage 9 departure, emergence

egret 5 heron, wader

Egypt ***ancient city:*** 6 Thebes 7 Memphis ***capital:*** 5 Cairo ***city:*** 4 Giza 8 Port Said 10 Alexandria ***dam:*** 5 Aswan ***desert:*** 6 Libyan 7 Arabian, Western ***gulf:*** 4 Suez 5 Aqaba ***lake:*** 6 Nasser ***language:*** 6 Arabic ***leader:*** 5 Sadat (Anwar el-) 6 Nasser (Gamal Abdul) 7 Mubarak (Hosni) ***monetary unit:*** 5 pound ***neighbor:*** 5 Libya, Sudan 6 Israel ***oasis:*** 4 Siwa 6 Dakhla, Kharga 7 Farafra ***peninsula:*** 5 Sinai ***river:*** 4 Nile ***sea:*** 3 Red 13 Mediterranean

Egyptian ***burial jar:*** 7 canopic ***Christian:*** 4 Copt ***cross:*** 4 ankh ***dam:*** 5 Aswan ***dynasty:*** 5 Saite, Xoite 6 Hyksos, Tanite, Theban 7 Persian, Thinite 8 Memphite 9 Bubastite, Ethiopian 10 Diospolite ***god:***

chief: 6 Amen-Ra ***crocodile-headed:*** 5 Sebek ***falcon-headed:*** 4 Ment 5 Horus, Mentu 6 Sokari 7 Sokaris ***ibis-headed:*** 5 Thoth 6 Dhouti ***jackal-headed:*** 6 Anubis ***of creation:*** 4 Ptah 5 Phtha ***of day:*** 5 Horus ***of earth:*** 3 Geb, Keb, Seb ***of evil:*** 3 Set 4 Seth

5 Sebek *of life:* 4 Amen, Amon 5 Ammon *of magic:* 5 Thoth 6 Dhouti *of Memphis:* 4 Ptah 5 Phtha 6 Sokari 7 Sokaris *of the heavens:* 5 Horus *of the morning sun:* 5 Horus 7 Khepera *of the sun:* 6 Amen-Ra *of Thebes:* 4 Amen 6 Khensu, Khonsu *of the underworld:* 6 Osiris *of war:* 4 Ment 5 Mentu *of wisdom:* 5 Thoth 6 Dhouti *ram-headed:* 4 Amen, Amon 5 Ammon, Khnum 6 Khnemu *snake:* 4 Apep 5 Apepi *goddess:* *cat-headed:* 4 Bast 5 Pakht *cow-headed:* 5 Athor 6 Hathor *lioness-headed:* 4 Bast 5 Pakht 6 Sekhet *of fertility:* 4 Isis *of love and mirth:* 5 Athor 6 Hathor *of motherhood:* 4 Apet, Isis *of Thebes:* 3 Mut *of the heavens:* 3 Nut *queen of the gods:* 4 Sati *vulture-headed:* 3 Mut 7 Nekhebt 8 Nekhebet *king:* (see KING entry) *language:* 6 Arabic, Coptic *native:* 4 Arab, Copt 5 Nilot *president:* 5 Sadat 6 Nasser 7 Mubarak *queen:* 9 Cleopatra, Nefertiti *sacred bird:* 4 ibis *solar disk:* 4 Aten *sultan:* 7 Saladin *talisman:* 6 scarab *underworld:* 4 Aaru, Duat 6 Amenti *wind:* 7 khamsin, sirocco

eider 4 down, duck 7 sea duck

eidetic 5 exact, vivid 7 perfect, precise 8 absolute, lifelike

eidolon 4 icon 5 ghost, ideal, image, model, shade 6 mirage, vision, wraith 7 epitome, fantasm, figment, paragon, phantom, specter, spectre 8 exemplar, illusion, paradigm, phantasm 9 archetype, prototype 10 apparition

eight *group of:* 5 octet 6 octave

eight bells 4 noon

eighth note 6 quaver

eighty-six 4 boot, toss 5 chuck, eject, evict, scrap 6 bounce 7 discard, kick out 8 get rid of, jettison, throw out

Einstein, Albert *birthplace:* 3 Ulm *theory:* 10 relativity

Eire see IRELAND

eject 4 boot, bump, dump, fire, oust, sack 5 chuck, evict, expel 6 banish, bounce 7 boot out, cast out, dismiss, kick out 8 disgorge, throw out 9 discharge

eke out 6 extend 7 augment, enhance, fill out, squeeze, stretch 8 increase 10 supplement

elaborate 4 busy 5 fancy, showy 6 daedal, dressy, evolve, expand, knotty, minute, ornate, refine, unfold 7 amplify, build up, careful, clarify, comment, complex, develop, discuss, elegant, enlarge, explain, expound, profuse, work out 8 detailed, involved, overdone, thorough 9 Byzantine, decorated, embellish, extensive, interpret, intricate 10 overworked 11 complicated, embellished, extravagant, painstaking 12 labyrinthine

Elaine *father:* 6 Pelles *lover:* 8 Lancelot 9 Launcelot *son:* 7 Galahad

Elam *capital:* 4 Susa 7 Shushan *father:* 4 Shem *king:* 12 Chedorlaomer

élan 3 pep, vim, zip 4 brio, dash, fire, life, zeal, zest, zing 5 ardor, flair, gusto, oomph, verve, vigor 6 energy, esprit, fervor, spirit 7 impetus 8 vivacity 9 animation, eagerness, intensity 10 enthusiasm

élan vital 4 soul 5 anima 6 animus, pneuma, psyche, spirit

elapse 4 go by, pass 6 expire, run out, slip by 8 pass away

elastic 6 bouncy, limber, pliant, rubber, supple 7 ductile, pliable, rubbery, springy 8 animated, flexible, moldable, stretchy, volatile 9 adaptable, expansive, malleable, resilient 10 extendable, extensible, rubber band, rubberlike 11 stretchable

elate 4 buoy 5 cheer, exalt, flush, set up 6 excite, perk up, uplift 7 cheer up, delight, enliven, gladden, gratify, hearten, inspire, overjoy 8 brighten, embolden, inspirit, spirit up 9 encourage 10 exhilarate, invigorate

elated 4 glad, high 5 happy 7 exalted, excited 8 ecstatic, euphoric, exultant, gladsome, jubilant 9 overjoyed 10 enraptured 11 exhilarated, intoxicated 12 high-spirited

elation 3 joy 4 glee 7 delight, ecstasy, rapture 8 buoyancy, euphoria 9 happiness, transport 10 exaltation, excitement, jubilation 12 exhilaration, intoxication

Elbe tributary 4 Eger, Iser, Ohre 5 Saale 6 Moldau, Vltava

elbow 4 push 5 joint, nudge, shove 6 hustle, jostle

eld 4 yore 6 old age 8 old times

elder 6 senior 8 old-timer 9 patriarch, presbyter 10 golden-ager

elderliness 3 age 6 old age 8 caducity 10 senescence 11 senectitude

elderly 3 old 4 aged, gray 5 aging, hoary 7 ancient 9 declining, venerable

eldritch 5 eerie, weird 7 uncanny

Eleanor's husband 7 Henry II 8 Franklin

elect 3 opt, tap 4 name, pick 5 co-opt, saved 6 choice, choose, chosen, decide, opt for, ordain, picked, vote in 7 resolve, vote for 8 destined, nominate, ordained, redeemed 9 delivered, designate, determine, exclusive, single out 10 designated, singled out

election 6 ballot, choice, voting 7 primary 8 choosing, decision 9 balloting

10 preference, referendum 11 alternative

electioneer 5 stump 7 canvass 8 campaign, politick 9 barnstorm

elective 6 chosen 8 optional 9 voluntary 11 sympathetic 13 discretionary, noncompulsory, nonobligatory

Electra ***brother:*** 7 Orestes ***father:*** 9 Agamemnon ***husband:*** 7 Pylades ***mother:*** 12 Clytemnestra ***sister:*** 9 Iphigenia ***victim:*** 9 Aegisthus 12 Clytemnestra

electric ***appliance:*** 3 fan 4 iron, oven 5 clock, drier, dryer, mixer, range, stove 6 stereo, washer 7 blender, freezer, toaster 10 dishwasher, television 12 refrigerator ***coil:*** 5 tesla 8 solenoid ***device:*** 4 coil, fuse, plug 6 dynamo, magnet, switch 7 battery 8 resistor, rheostat, varistor 9 amplifier, capacitor, condenser, generator 11 transformer ***generator:*** 6 dynamo ***particle:*** 3 ion ***unit:*** 3 amp, ohm 4 volt, watt 5 farad, henry, joule 6 ampere 7 coulomb, faraday 8 kilowatt

electric current ***kind:*** 6 direct 11 alternating ***power:*** 7 wattage ***strength:*** 8 amperage

electricity 5 juice, spark 7 current 9 galvanism, lightning ***kind:*** 6 static 7 current

electrify 3 jar 4 jolt, stun 5 amaze, power, shock 6 charge, excite, thrill 7 astound, enthuse, inflame, provoke, stagger, startle 8 astonish, energize

electrode 6 dynode ***negative:*** 7 cathode ***positive:*** 5 anode

electron 3 ion 7 polaron ***stream:*** 10 cathode ray ***tube:*** 6 triode 7 tetrode 8 dynatron, klystron

Electryon ***brother:*** 6 Mestor ***daughter:*** 7 Alcmene ***father:*** 7 Perseus ***mother:*** 9 Andromeda ***wife:*** 5 Anaxo

eleemosynary 6 humane 8 generous 10 altruistic, beneficent, benevolent, charitable, munificent, openhanded 12 humanitarian 13 philanthropic

elegance 4 chic, pomp, tone 5 charm, grace, style, taste 6 luxury, polish 7 culture, dignity 8 chicness, poshness, richness, splendor, urbanity 9 gentility, precision 10 ornateness, refinement 11 cultivation 12 magnificence, tastefulness 13 sumptuousness

elegant 4 chic, fine, posh 5 fancy, grand, noble, swank 6 choice, classy, dainty, lovely, modish, ornate, swanky, urbane 7 courtly, genteel, opulent, refined, stately, stylish 8 cultured, polished, splendid, tasteful 9 exquisite, luxurious, recherché, sumptuous 10 cultivated 11 fashionable

elegiac 7 pensive 8 dactylic 9 lamenting, sorrowful 10 melancholy

elegy 4 poem, song 5 dirge 6 lament, monody 8 threnody

___ eleison 5 Kyrie

Elektra composer 7 Strauss (Richard)

element 4 item, part 5 basic, facet, piece, point 6 aspect, detail, factor, member, sector 7 article, feature, portion, section 8 division, particle, rudiment 9 component, essential, principle 10 ingredient, particular 11 constituent, fundamental ***chemical:*** 3 tin 4 gold, iron, lead, neon, zinc 5 argon, boron, radon, xenon 6 barium, carbon, cerium, cesium, cobalt, copper, curium, erbium, helium, indium, iodine, nickel, osmium, oxygen, radium, silver, sodium 7 arsenic, bismuth, bohrium, bromine, cadmium, calcium, dubnium, fermium, gallium, hafnium, hassium, holmium, iridium, krypton, lithium, mercury, niobium, rhenium, rhodium, silicon, sulphur, terbium, thorium, thulium, uranium, yttrium 8 actinium, aluminum, antimony, astatine, chlorine, chromium, europium, fluorine, hydrogen, illinium, lutecium, masurium, nitrogen, nobelium, platinum, polonium, rubidium, samarium, scandium, selenium, tantalum, thallium, titanium, tungsten, vanadium 9 americium, berkelium, beryllium, columbium, germanium, lanthanum, magnesium, manganese, neodymium, neptunium, palladium, plutonium, potassium, ruthenium, strontium, tellurium, virginium, ytterbium, zirconium 10 dysprosium, gadolinium, lawrencium, meitnerium, molybdenum, seaborgium 11 californium, einsteinium, mendelevium, phosphorous 12 darmstadtium, praseodymium 13 rutherfordium, protoactinium

elemental 3 key 4 pure 5 basal, basic, crude, prime 6 inborn, innate, primal, simple 7 central, connate, primary, radical 8 cardinal, inherent, integral, intimate, simplest 9 beginning, essential, ingrained, intrinsic, primitive 10 deep-seated, primordial, underlying 11 fundamental 13 uncomplicated

elementary 4 easy 5 basal, basic 6 simple 7 initial 9 beginning, essential, primitive 10 rudimental, underlying 11 fundamental, preliminary, rudimentary 12 introductory

elemi 5 resin 9 oleoresin

elephant 6 tusker 9 pachyderm ***boy:*** 4 Sabu ***driver:*** 6 mahout ***enclosure:*** 5 kraal ***extinct:*** 7 mammoth 8 mastodon ***female:*** 3 cow ***group:*** 4 herd ***keeper:*** 6 mahout ***male:*** 4 bull ***maverick:*** 5 rogue ***nose:*** 5 trunk 9 proboscis ***seat:*** 6 howdah ***sound:*** **6** bellow **7** trumpet ***tooth:*** **4** tusk ***tusk:*** **5** ivory ***young:*** **4** calf

elephant-headed god **6** Ganesa **7** Ganesha

elephantine **4** huge **6** clumsy **7** awkward, hulking, mammoth, massive **8** colossal, enormous, gigantic **9** graceless, humongous, monstrous, ponderous **10** gargantuan, mastodonic, prodigious, ungraceful **11** heavy-footed

Elephant Man **7** Merrick (Joseph)

elevate **4** lift, rear, rise **5** boost, elate, erect, exalt, hoist, raise **6** buoy up, jack up, lift up, pick up, uplift **7** advance, dignify, ennoble, glorify, hearten, improve, inspire, promote, upgrade **8** heighten **10** exhilarate

elevated **4** high **5** grand, lofty, moral, noble **6** aerial, formal, superb **7** ethical, refined, soaring, stately, sublime **8** eloquent, majestic, virtuous **9** dignified, grandiose, high-flown, honorable, righteous **10** high-minded, upstanding **13** grandiloquent

elevation **4** hill, rise **5** boost **6** ascent, height, uplift **7** advance, raising **8** altitude, mountain **9** acclivity, promotion, upgrading **10** apotheosis, preference, preferment **11** advancement, ennoblement ***indication:*** **9** benchmark

elevator **4** cage, lift, silo **5** hoist ***maker:*** **4** Otis

elf **3** fay, imp **4** peri, puck **5** fairy, gnome, pixie, troll **6** goblin, sprite **7** brownie, gremlin **10** leprechaun

elfin **5** antic **6** frisky, impish **7** implike, playful, puckish **8** pixieish **11** mischievous

Elgin ___ **7** Marbles

Eli **4** Yale **5** Yalie

Eli ___ **4** Yale **5** Lilly **7** Whitney

Elia **4** Lamb (Charles)

Eliab ***brother:*** **5** David ***daughter:*** **7** Abihail ***father:*** **5** Helon, Pallu ***son:*** **6** Abiram, Dathan

Eliada ***father:*** **5** David ***son:*** **5** Rezon

Eliam's daughter **9** Bathsheba

elicit **5** educe, evoke **6** derive, evince, extort **7** extract, provoke **8** bring out **9** call forth, draw forth

elide **4** fail, omit, skip **6** excise, forget, ignore, remove, slight **7** abridge, curtail, neglect **8** condense, cross out, discount, overlook, pass over, suppress **9** disregard

eligible **3** fit **6** fitted, likely, nubile, seemly, suited, worthy **7** capable **8** entitled, suitable **9** desirable, qualified **10** acceptable **11** appropriate **12** marriageable

Elihu ___ **4** Root, Yale

Elijah **5** Elias **7** prophet **8** Tishbite ***father:*** **5** Harim **7** Jeroham

Elimelech's wife **5** Naomi

eliminate **3** bar **4** bate, drop, oust, void **5** debar, eject, erase, evict, expel, purge **6** delete, except, remove **7** discard, dismiss, exclude, expunge, obviate, rule out, take out **8** count out **9** clear away, eradicate, liquidate **11** exterminate

Eliot, George ***lover:*** **5** Lewes (George Henry) ***novel:*** **6** Romola **8** Adam Bede **11** Middlemarch, Silas Marner **13** Daniel Deronda **14** Mill on the Floss (The) ***pseudonym of:*** **5** Evans (Mary Ann)

Eliot, T.S. ***play:*** **13** Cocktail Party (The) ***poem:*** **9** Gerontion, Hollow Men (The), Waste Land (The) **12** Ash Wednesday, Four Quartets

Eliphaz ***father:*** **4** Esau ***mother:*** **4** Adah ***son:*** **5** Teman

Elisabeth ***husband:*** **9** Zacharias ***son:*** **4** John (the Baptist)

Elisha ***father:*** **7** Shaphat ***servant:*** **6** Gehazi

Elisheba ***brother:*** **7** Nahshon ***father:*** **9** Amminadab ***husband:*** **5** Aaron ***son:*** **5** Abihu, Nadab **7** Eleazar, Ithamar

elite **3** top **4** best, pick **5** cream, elect, pride, prime, prize **6** choice, flower, gentry, select **7** quality, society **9** exclusive, gentility, patrician **10** upper class, upper crust **11** aristocracy **12** aristocratic

elixir **4** balm, cure **6** potion **7** arcanum, cure-all, nostrum, panacea, philter **10** catholicon

Elizabeth I, name for **6** Oriana **8** Gloriana

elk **4** deer **5** moose **6** sambar, wapiti **7** red deer

ell **3** arm **4** wing **5** annex, elbow, joint **8** addition **9** extension

ellipse **4** oval **5** curve, orbit

elliptical **5** brief, ovate, short **6** gnomic **7** concise, cryptic, laconic, obscure, summary **9** condensed, enigmatic **11** abbreviated

elm **5** wahoo

elocution **7** diction, oratory **8** delivery, rhetoric **11** declamation, speechcraft

elongate **4** draw **6** extend **7** draw out, lengthy, spin out, stretch **8** extended, lengthen **10** lengthened

elope **4** flee **6** escape, run off **7** abscond, run away **9** steal away

eloquence **5** force, power **6** fervor, spirit **7** fluency, oratory, passion **8** rhetoric **10** expression **12** expressivity, forcefulness

eloquent **5** lofty **6** ardent, fervid, fluent, moving **7** fervent, voluble **8** elevated, forceful, powerful, stirring **9** affecting **10** articulate, expressive, impressive, meaningful, passionate, persuasive, rhetorical **11** impassioned, sententious **12** smooth-spoken **13** silver-tongued

El Salvador ***capital:*** **11** San Salvador ***city:*** **8** Santa Ana **9** San Miguel ***ethnic group:*** **5** Pipil ***lake:*** **8** Ilopango ***language:*** **7** Spanish ***monetary unit:*** **5** colón **6** dollar ***neighbor:*** **8** Honduras **9** Guatemala ***river:*** **5** Lempa

else **5** if not **7** besides, further **9** otherwise **10** additional **11** differently **12** additionally

elucidate **7** clarify, clear up, explain, expound **8** annotate, spell out **9** exemplify, explicate, interpret **10** illuminate, illustrate

elude **4** defy, duck, flee, foil **5** avert, avoid, dodge, evade **6** baffle, escape, outwit, thwart **8** confound **9** frustrate **10** circumvent

elusive **6** subtle, tricky **7** evasive, phantom **8** baffling, fleeting, fugitive, slippery **10** evanescent, intangible, mysterious **13** insubstantial

elute **7** extract

elver **3** eel

elvish see ELFIN

Elysium **5** bliss **6** heaven **7** nirvana **8** empyrean, paradise

elytron **4** wing

emaciated **4** bony, lean, thin **5** gaunt **6** skinny, wasted **7** scrawny, starved, wizened **8** skeletal, underfed **10** cadaverous

emaciation **5** tabes **7** atrophy **8** marasmus **10** starvation **11** attenuation

emanate **4** emit, flow, rise, stem **5** arise, exude, issue **6** derive, emerge, spring **7** come out, give off, give out, proceed, radiate **9** originate **10** derive from

emanation **4** aura, flow **6** efflux **8** effusion, emission **9** effluence

emancipate **4** free **5** let go, loose **6** loosen, redeem, unbind **7** manumit, release, set free, unchain **8** liberate, unfetter **9** discharge, unshackle **11** enfranchise

emancipation **7** release **10** liberation **11** deliverance

emancipator **5** Moses **7** Lincoln (Abraham) **9** deliverer, liberator

emasculate **3** fix **4** geld **5** alter, unman **6** neuter, soften, weaken **7** unnerve **8** castrate, enervate, unstring **10** debilitate, devitalize

embalm **7** mummify, perfume **8** preserve

embankment **4** berm, bund, dike, quay **5** levee, mound

embargo **3** ban, bar **5** edict, order **8** blockade, stoppage **10** impediment **11** prohibition

embark **5** board, enter, start **6** set out **7** set sail **8** commence

embarrass **4** faze **5** abash, upset **6** flurry, hamper, hinder, impede, rattle **7** confuse, flummox, fluster, mortify, nonplus, perturb **8** confound, distress **9** discomfit, humiliate **10** complicate, discomfort, discompose, disconcert

embarrassment **5** shame, upset **7** chagrin **8** distress **9** confusion **10** discomfort **11** humiliation **12** discomfiture, perturbation **13** mortification

embassy **5** envoy **7** mission **8** legation **10** ambassador, delegation, deputation

embay **4** trap **5** catch, seize **7** capture **8** encircle, surround

embed **3** fix, set **4** bury, root **5** infix, inlay, lodge **7** implant, ingrain **8** entrench

embellish **3** pad **4** deck, gild, trim **5** adorn, color **6** bedeck, blazon, emboss, enrich **7** amplify, dress up, enhance, festoon, garnish **8** beautify, decorate, ornament **9** elaborate, embroider **10** exaggerate **11** romanticize

embellishment **7** garnish, gilding, melisma, mordent **8** coloring, ornament **9** fioritura, floridity, hyperbole **10** decoration **11** elaboration **12** embroidering, exaggeration **13** ornamentation

ember **3** ash **6** cinder

embezzle **4** loot **5** filch, steal **6** pilfer **7** purloin **8** peculate **9** defalcate

embitter **4** sour **6** poison **7** envenom **9** acidulate

emblazon **4** laud **5** extol **7** glorify **8** inscribe **9** celebrate

emblem **4** arms, flag, logo, mace, seal, sign **5** badge, brand, crest, image, token **6** banner, device, symbol **7** pennant **8** colophon, hallmark, insignia, monogram, standard **9** attribute, trademark **10** coat of arms

emblematic **8** symbolic **10** figurative, indicative **11** allegorical **12** illustrative, metaphorical

embodiment **6** avatar **7** epitome **8** exemplar **9** archetype **11** incarnation **13** manifestation

embody **5** reify **6** evince, mirror, typify **7** compose, contain, exhibit, realize, subsume **8** manifest **9** actualize, encompass, epitomize, exemplify, incarnate, integrate, objectify, personify, represent, symbolize **10** constitute, illustrate **11** emblematize, externalize, hypostatize, incorporate, materialize **12** substantiate

embolden **5** steel **7** fortify, hearten, inspire **8** inspirit **9** encourage **10** strengthen

embolus **4** clog, clot

embosom **3** hug **7** embrace, enclose, envelop, shelter

embouchure 10 mouthpiece
embowel 3 gut 4 draw 10 eviscerate, exenterate
embrace 3 hug 4 hold, lock, love, wrap 5 admit, adopt, clasp, cling, press 6 accept, cradle, cuddle, embody, enfold, fondle, nuzzle, take in, take on, take up 7 cherish, contain, embosom, enclose, entwine, envelop, espouse, include, receive, snuggle, squeeze, subsume, welcome 8 comprise, encircle 9 encompass 10 comprehend 11 accommodate, incorporate 12 encirclement
embrangle see EMBROIL
embrocation 5 salve 7 unguent 8 liniment
embroider 3 pad, sew, tat 4 gild 5 color 6 expand, overdo, play up, stitch 7 amplify, build up, enhance, garnish, magnify, stretch 8 decorate, ornament 9 dramatize, elaborate, embellish 10 exaggerate 11 hyperbolize, romanticize
embroidery 6 crewel 7 cutwork, orphrey 8 bargello, couching, smocking, tapestry 10 crewelwork, needlework 11 needlepoint
embroil 4 mire 6 tangle 7 confuse, ensnare, involve 8 disorder, entangle 9 implicate
embroilment 4 tiff 6 fracas 7 dispute, quarrel, wrangle 8 squabble 9 bickering 10 falling-out 11 altercation, controversy
embryo 3 bud 4 germ, seed 5 fetus, spark 7 nucleus 8 blastula, gastrula
emend 4 edit 5 alter, right 6 polish, revise 7 correct, improve, rectify, retouch
emerald 3 gem 5 beryl, green, stone 8 gemstone
Emerald Isle 4 Eire, Erin 7 Ireland
emerge 4 flow, loom, rise, stem 5 arise, issue 6 appear, derive, evolve, spring 7 come out, develop, emanate, proceed, surface 9 originate, transpire 11 come to light, materialize
emergency 3 fix 4 hole, pass 5 pinch 6 climax, clutch, crisis, crunch, strait 7 squeeze 8 accident, exigency
emeritus 7 retired
Emerson, Ralph Waldo ***essay:*** 12 Self-Reliance ***forte:*** 5 essay ***home:*** 7 Concord ***friend:*** 7 Thoreau (Henry David)
emery 6 powder 8 abrasive, corundum
emetic 8 vomitive 9 cathartic, purgative
émeute 4 riot 6 mutiny, revolt, tumult 8 outbreak, upheaval, uprising 9 rebellion 12 insurrection
emigrant 7 pioneer, settler 8 colonist 10 expatriate
émigré 5 alien, exile, expat 7 evacuee, migrant, refugee 8 colonist 10 expatriate
Emilia ***husband:*** 4 Iago 7 Palamon ***slayer:*** 4 Iago
eminence 3 VIP 4 fame, peak, rise 5 honor, power 6 bigwig, esteem, height, leader, renown, repute 7 dignity, notable 8 altitude, big-timer, luminary, prestige, standing 9 authority, dignitary, elevation, greatness, loftiness 10 importance, projection, prominence, promontory, reputation 11 distinction, superiority
eminent 4 high 5 famed, grand, great, large, lofty, noble, noted 6 august, famous 7 exalted, notable 8 esteemed, renowned, towering 9 important, well-known 10 celebrated, noteworthy, projecting 11 conspicuous, illustrious, outstanding, prestigious 13 distinguished
eminently 4 very 6 highly 7 notably 9 extremely 10 remarkably, strikingly 11 exceedingly 12 surpassingly 13 exceptionally
emir 5 chief, ruler, sheik, title 6 sheikh 9 chieftain, commander
emissary see ENVOY
emission 4 flow 7 venting 9 discharge, effluvium, emanation, radiation
emit 4 beam, glow, ooze, pour, shed, spew, vent, void 5 eject, expel, exude, issue, loose, utter 6 exhale, let out 7 emanate, excrete, extrude, give off, give out, radiate, release, secrete, send out 8 evacuate, throw off 9 circulate, discharge
emmer 5 grain, spelt, wheat
emmet 3 ant 7 pismire
emollient 4 balm 5 salve 7 lenient 8 lenitive, liniment, sedative, soothing 9 analgesic, softening 10 mollifying
emolument 3 fee, pay 4 wage 5 wages 6 income, reward, salary 7 guerdon, stipend 8 earnings 10 recompense 11 pay envelope 12 compensation
emotion 3 ire, joy 4 fear, glee, hate, love 5 agony, ardor, grief, shame 6 affect, hatred, relief, sorrow, warmth 7 ardency, despair, disgust, ecstasy, feeling, passion, sadness 8 jealousy, surprise 9 affection, agitation, happiness, sentiment 11 affectivity, sensibility, sensitivity 12 excitability
emotional 4 warm 6 ardent, fervid, heated, moving 7 feeling, fervent, intense, soulful, zealous 8 effusive, stirring, touching, vehement 9 affecting, affective, excitable, heartfelt, impetuous, rhapsodic, sensitive 10 hysterical, passionate 11 impassioned, overwrought, rhapsodical, softhearted, susceptible, sympathetic
emotionless 3 icy 4 cold, cool 5 chill, staid, stoic, stony 6 frigid, remote, tor-

pid **7** callous, deadpan, distant, glacial **8** detached, reserved **9** apathetic, immovable, impassive, unfeeling **10** impersonal **11** cold-blooded, indifferent **12** matter-of-fact **13** dispassionate, unimpassioned

empathy **4** pity **6** lenity, warmth **7** rapport **8** affinity, sympathy **9** communion **10** compassion **12** congeniality **13** compatibility, comprehension, fellow feeling, understanding

emperor **4** czar, shah, tsar, tzar **5** ruler **6** caesar, kaiser **7** monarch **8** autocrat, dictator **9** potentate, sovereign ***French:*** **8** Napoleon (Bonaparte) **9** Bonaparte (Napoleon) **11** Charlemagne ***Indian:*** **5** Babur ***Japanese:*** **6** mikado **7** Akihito **8** Hirohito ***Mexican:*** **8** Iturbide (Agustín de) **10** Maximilian ***Roman:*** **4** Nero **5** Galba, Nerva, Titus **6** Decius, Julian, Trajan **7** Gratian, Hadrian, Severus **8** Augustus, Aurelian, Caligula, Claudius, Commodus, Domitian, Honorius, Tiberius, Valerian **9** Antoninus, Caracalla, Justinian **10** Diocletian, Elagabalus **11** Constantine

emphasis **5** focus, force **6** accent, stress, weight **9** attention, intensity **10** insistence, prominence **12** accentuation

emphasize **6** accent, play up, stress **7** feature **8** pinpoint **9** highlight, italicize, spotlight, underline **10** accentuate, underscore

emphatic **4** firm **6** marked **7** decided, earnest, pointed **8** accented, decisive, forceful, positive, stressed, vigorous **9** assertive, energetic, insistent **10** resounding, underlined **11** accentuated

empire **5** realm **6** domain **7** demesne, kingdom **8** dominion ***ancient:*** (see ANCIENT EMPIRE)

Empire State **7** New York

empirical **7** factual **9** fact-based, pragmatic **12** experiential, experimental **13** observational

emplacement **7** battery **8** position

employ **3** job, use **4** busy, hire, work **5** apply, avail **6** devote, engage, occupy, retain, secure, take on **7** exploit, utilize **8** exercise, practice **9** make use of **10** occupation

employee **4** hand, help **5** agent **6** worker **7** servant **8** factotum **9** underling ***bank:*** **5** clerk, guard **6** teller ***hotel:*** **7** bellboy, bellhop, doorman **9** concierge, desk clerk **11** chambermaid

employer **4** boss **6** master **10** supervisor

employment **3** job, use **4** line, post, task, toil, work **5** trade, usage **6** hiring, métier, office **7** calling, mission, purpose, pursuit **8** business, exercise, function, position, vocation **9** appliance, operation, situation **10** engagement, occupation **11** application, recruitment, utilization **12** exploitation

emporium **4** mall, mart, shop **5** store **6** bazaar, market **8** exchange **11** marketplace

empower **5** endow **6** charge, enable, invest **7** entitle, entrust, license **8** accredit, delegate, deputize, sanction **9** authorize, privilege **10** commission

empress **5** queen ***Byzantine:*** **3** Zoe ***French:*** **7** Eugénie **9** Josephine ***Japanese:*** **5** Suiko ***of India:*** **8** Victoria ***Mexican:*** **7** Carlota ***Roman:*** **6** Fausta ***Russian:*** **4** Anna **7** czarina, tsarina, tzarina **9** Alexandra, Catherine, Elizabeth

empressement **6** fervor, warmth **10** cordiality

emprise **4** feat, gest **5** geste **7** exploit, venture **9** adventure **11** undertaking

emptiness **4** void **5** blank **6** hunger, vacuum **7** inanity, vacancy, vacuity

emptor **5** buyer **6** vendee **8** consumer, customer **9** purchaser

___ **emptor** **6** caveat

empty **3** rid **4** bare, dump, pour, vain, void **5** blank, clear, drain **6** barren, devoid, hollow, unload, vacant, vacate **7** deplete, drained, exhaust, vacated, vacuous **8** depleted, deserted, evacuate, forsaken **9** abandoned, destitute **10** unoccupied, untenanted ***Scottish:*** **4** toom

empty-headed **6** simple, vacant **7** vacuous, witless **8** ignorant, untaught **9** benighted, brainless, frivolous **10** illiterate, uneducated, unlettered, unschooled **11** know-nothing **12** uninstructed **13** rattlebrained

empyreal **4** airy, holy **6** aerial, divine **7** sublime **8** beatific, ethereal, heavenly **9** celestial, spiritual, unearthly **12** transcendent

empyrean **3** sky **4** Zion **5** bliss, ether **6** heaven, welkin **7** Elysium, heavens, nirvana **8** paradise **9** firmament

emu **4** bird, rhea **6** ratite **9** cassowary

emulate **3** ape **4** copy **5** equal, mimic, rival **6** follow, mirror **7** compete, imitate **9** challenge

emulation **7** rivalry **8** striving, tug-of-war **9** imitation **10** contention **11** competition

emulous **5** vying **8** aspiring, striving, vaulting **9** ambitious **11** competitive

emulsifier **4** soap **5** algin

enable **3** fit, let **5** allow, ready **6** permit **7** empower, entitle, license, prepare, qualify **8** accredit, sanction **9** authorize, condition **10** commission, facilitate **12** make possible

enact **4** pass, play **6** decree, depict, effect, ordain, ratify **7** execute, perform, portray **8** proclaim **9** authorize, discourse, establish, institute, legislate, represent **10** accomplish, bring about, constitute, effectuate **11** impersonate

enactment **3** law **6** action, decree **7** statute **9** depiction, ordinance, portrayal **11** legislation, performance **12** ratification

enamel **5** glaze, gloss, japan, paint **7** lacquer

enamored **4** fond **6** loving **7** devoted, smitten **8** besotted **9** bewitched, enchanted, entranced, infatuate **10** captivated, infatuated

encamp **4** tent **6** settle **7** bivouac

encampment **6** billet, laager **7** bivouac, hutment

encase **3** box **4** pack **7** confine, enclose, envelop, sheathe

enceinte **6** gravid **8** pregnant **9** expectant, expecting **10** parturient

enchain **4** bind **6** fetter **7** manacle, shackle

enchant **3** hex **4** lure, wile **5** charm, spell, witch **6** allure, enamor, seduce, thrill, voodoo **7** attract, beguile, bewitch, delight **8** ensorcel, enthrall **9** captivate, enrapture, ensorcell, fascinate, hypnotize, magnetize, mesmerize, spellbind

enchanter **4** mage **5** magus **6** wizard **7** charmer, warlock **8** conjurer, conjuror, magician, sorcerer **11** necromancer, spellbinder

enchanting **5** siren **9** glamorous, seductive **10** attractive, delectable, delightful, intriguing

enchantment **3** hex **5** charm, magic, spell **6** allure **7** glamour, sorcery **8** witchery, wizardry **9** conjuring, seduction **10** necromancy, witchcraft **11** incantation

enchantress **3** hex **5** bruja, Circe, lamia, Medea, siren, witch **9** sorceress

enchiridion **4** text **5** guide **6** manual **8** Baedeker, handbook **9** guidebook, vade mecum

encipher **4** code

encircle **3** hem **4** band, gird, halo, hoop, ring **5** girth **6** begird, engird, enlace, girdle **7** compass, embrace, enclose, environ, wreathe **8** surround **9** encompass **12** circumscribe

enclave **6** colony, ghetto, sector **7** quarter **8** district, homeland

enclose **3** box, hem, mew, pen, rim **4** cage, coop, mure, wall, wrap **5** bound, fence, hedge, limit **6** circle, closet, corral, hold in, immure, shroud, shut in, wall in **7** compass, confine, contain, embosom, include **8** fence off, imprison, surround **9** capsulize **12** circumscribe

enclosed **6** obtect

enclosure **3** box, mew, pen, sty **4** cage, camp, cell, coop, cote, fold, jail, pale, quad, tank, trap, wall, weir, yard **5** court, fence, kraal, pound, stall **6** aviary, corral, cowpen, kennel, paling, prison **7** chamber, paddock **8** cloister, stockade **9** courtyard **10** quadrangle

encomiast **7** praiser **8** eulogist **10** panegyrist

encomiastic **9** adulatory, laudative, laudatory **10** eulogistic **11** panegyrical

encomium **4** laud **5** kudos, paean **6** eulogy, homage, praise **7** acclaim, plaudit, tribute **8** accolade, citation, plaudits **9** laudation, panegyric **10** compliment, salutation **11** acclamation **12** commendation

encompass **3** hem **4** belt, gird, ring **5** bound **6** begird, circle, girdle, take in **7** contain, embrace, enclose, include, subsume **8** encircle, surround **10** accomplish, bring about, comprehend

encore **6** recall, repeat, return **10** repetition

encounter **4** face, find, fray, meet **5** brush, clash, fight, run-in, scrap, set-to **6** battle, engage, take on **7** collide, contest, meeting, quarrel, run into **8** argument, bump into, come upon, conflict, confront, meet with, skirmish, struggle **10** contention, experience

encourage **4** abet, back, buoy, push, spur, stir, urge **5** boost, cheer, egg on, rally, rouse, serve, steel **6** assist, assure, buck up, excite, foster, incite, induce, praise **7** advance, animate, approve, bolster, cheer up, endorse, fortify, further, hearten, improve, inspire, promote, provoke, quicken, support, sustain **8** advocate, embolden, energize, inspirit, reassure, sanction **9** enhearten, galvanize, instigate, patronize, reinforce, stimulate, subsidize **10** invigorate, strengthen

encouragement **4** lift, push **5** boost **7** backing, support **8** approval **11** inspiration

encouraging **4** rosy **6** bright, likely **7** hopeful **9** favorable, promising **10** auspicious, propitious

encroach **5** poach **6** invade, meddle, trench **7** impinge, intrude **8** entrench, infringe, overstep, trespass

encrypt 4 code 6 cipher, encode 7 convert 8 disguise, encipher
encumber 4 lade, load 6 burden, charge, fetter, hamper, hinder, impede, saddle, weight 7 freight, oppress 8 handicap, obstruct, overload 9 weigh down 10 overburden 13 inconvenience
encumbrance 4 lien, load, onus 5 claim 6 burden 7 baggage 8 handicap, mortgage 9 albatross, millstone 10 impediment
encyclical 6 letter 7 general 8 circular
encyclopedic 5 broad 7 general 8 complete, thorough 9 extensive, inclusive, universal 11 compendious, wide-ranging 12 all-embracing, all-inclusive 13 comprehensive
encyclopedist 7 Diderot (Denis)
end 3 aim, tip 4 coda, doom, goal, halt, quit, stop, tail, term 5 cease, close, death, finis, limit 6 demise, expire, finale, finish, object, period, result, scotch, windup, wrap up 7 abolish, closing, closure, extreme, lineman, outcome, purpose 8 boundary, complete, conclude, confines, curtains, finality, surcease, terminal, terminus 9 cessation, extremity, objective, terminate 10 borderline, completion, conclusion, denouement, expiration, extinction, limitation 11 culmination, discontinue, termination 12 consummation
endanger 4 risk 5 peril 6 expose 7 imperil 8 threaten 10 compromise, jeopardize
endeavor 3 aim, try 4 push, seek, toil, work 5 assay, essay, labor, trial 6 effort, intend, strain, strive 7 attempt, purpose, travail, venture 8 exertion, striving, struggle 9 determine, undertake 10 enterprise 11 undertaking
ended 4 done, over, past 7 through 8 complete
endemic 5 local 6 innate, native 8 homebred, inherent, primeval 9 homegrown, prevalent 10 aboriginal, indigenous, native-born
ending 4 stop 5 close 6 finale, finish, period, windup 7 closing, closure 8 terminus 9 cessation 10 completion, conclusion, denouement 11 termination
endive 7 lettuce, witloof 8 escarole
endless 7 eternal, undying 8 constant, enduring, immortal, infinite, unending 9 ceaseless, continual, incessant, limitless, perpetual, unbounded, unceasing, unlimited 10 continuous, indefinite, unmeasured 11 everlasting, illimitable, measureless 12 immeasurable, interminable
endmost 4 last 5 final 8 farthest, furthest, ultimate 10 concluding
endocrine gland 5 gonad, ovary 6 pineal, testis, thymus 7 adrenal, thyroid 8 pancreas 9 pituitary 11 parathyroid 12 hypothalamus
endomorphic 5 beefy, heavy, husky, stout 6 portly, pyknic, rotund
endorse 4 back, okay, sign 5 bless, vouch 6 attest, ratify, second, uphold 7 approve, certify, command, confirm, stand by, support, witness 8 accredit, advocate, champion, inscribe, make over, notarize, sanction 9 autograph, recommend 10 underwrite 12 authenticate
endorsement 7 backing, support 8 approval, sanction 9 signature 12 confirmation, ratification 13 authorization
endow 4 back, fund 5 found 6 bestow, confer, enrich, supply 7 empower, enhance, finance, furnish, promote, provide, sponsor, support 8 bequeath 9 subsidize
endowment 4 fund, gift 5 award, dower, dowry, grant, power, skill 6 legacy, talent 7 ability, bequest 8 appanage, aptitude, bestowal, capacity, donation 11 benefaction
end product 5 fruit, issue 6 effect, payoff, result, upshot 7 outcome 11 consequence
endue 3 don 4 vest 5 dower, equip, imbue, put on 6 clothe, invest, outfit 7 furnish, provide 8 accouter 9 crown with, transfuse
endurance 4 grit, guts, wind 5 moxie, pluck 6 mettle 7 stamina 8 patience, strength, tenacity 9 fortitude 10 permanence, resolution 11 persistence 12 perseverance
endure 4 bear, bide, go on, last 5 abide, brook, stand 6 accept, hold on, linger, pocket, remain, suffer 7 carry on, persist, ride out, stomach, survive, sustain, swallow, undergo, weather 8 continue, submit to, tolerate, tough out 9 withstand
enduring 3 old 4 fast, firm, sure 6 steady 7 abiding, durable, eternal, lasting, staunch 8 constant, lifelong 9 long-lived, perennial, permanent, steadfast 10 continuing, inveterate, persistent 11 long-lasting, unfaltering 12 never-failing
Endymion *father:* 8 Aethlius *lover:* 5 Diana 6 Selene *author:* 5 Keats (John)
enemy 3 foe 5 rival 8 attacker, opponent 9 adversary, assailant 10 antagonist, competitor
energetic 4 spry 5 brisk, fresh, hardy, lusty, peppy, zippy 6 active, lively 7 driving, dynamic, vibrant 8 spirited,

tireless, vigorous **9** sprightly, strenuous, vivacious **13** indefatigable

energize **3** pep **4** fuel, stir **5** liven, pep up, rouse, spark **6** enable, excite, stir up, turn on **7** empower, enliven, fortify, inspire, juice up **8** activate, inspirit, vitalize **9** electrify, galvanize, stimulate **10** invigorate, strengthen

energy **3** pep, vim, zip **4** dash, life, tuck **5** drive, force, juice, moxie, pluck, power, sinew, steam, verve, vigor **6** effort, muscle, spirit **7** current, potency, stamina, voltage **8** activity, dynamism, efficacy, exertion, strength, vitality **9** animation, intensity, puissance **10** enterprise, get-up-and-go, initiative **11** application ***unit:*** **3** erg **4** dyne, volt **5** joule **7** quantum **10** horsepower

enervate **3** sap **4** jade, tire **5** weary **6** soften, weaken **7** disable, exhaust, fatigue, unnerve **8** enfeeble, unstring **10** debilitate, devitalize

enfant terrible **3** imp **5** scamp **6** urchin **9** skeezicks

enfeeble **3** sap **6** soften, weaken **7** deplete, disable, exhaust, fatigue **8** enervate **9** attenuate, undermine **10** debilitate, devitalize

enfold **3** hug **4** wrap **5** clasp, cover, press **6** shroud, swathe **7** contain, embrace, squeeze **8** surround

enforce **5** exact, impel **6** compel, effect, impose, invoke, oblige **7** execute, fulfill **8** carry out **9** constrain, discharge, implement, prosecute **10** accomplish, administer, strengthen

enfranchise **4** free **6** rescue **7** deliver, manumit, release, set free **8** liberate **10** emancipate

engage **4** bind, grip, hire, mesh **5** fight, troth **6** absorb, arrest, attack, battle, commit, employ, enlist, occupy, pledge, take on **7** assault, betroth, engross, immerse, involve, promise **8** affiance, enthrall, interact **9** captivate, encounter, fascinate, interlace, interlock, intermesh, interplay, preoccupy, undertake

engaged **4** busy, rapt **6** intent **7** working **8** absorbed, employed, immersed, intended, occupied, plighted **9** affianced, betrothed, committed, engrossed, wrapped up **10** contracted **11** preoccupied ***person:*** **6** fiancé **7** fiancée

engage in **4** wage **5** enter **6** pursue, tackle, take up **7** conduct **8** embark on, practice **9** prosecute, undertake

engagement **3** gig **4** date, fray, word **5** fight, troth, tryst **6** action, battle, combat, hiring, pledge, plight **7** booking, meeting, promise **8** espousal, skirmish **9** betrothal, encounter **10** commitment, employment, rendezvous **11** appointment, assignation

engaging **7** likable, winning, winsome **8** charming, pleasant, pleasing **9** appealing **10** attractive **13** prepossessing

engender **4** sire, stir **5** beget, breed, cause, hatch, rouse, spawn **6** arouse, create, excite, father, induce, lead to, work up **7** develop, produce, provoke **8** generate **9** originate, procreate, stimulate

engine **5** motor, turbo **7** turbine **10** locomotive ***kind:*** **3** gas, jet **5** steam **6** diesel **7** turbine **8** gasoline **9** hydraulic ***jet:*** **8** turbofan, turbojet ***part:*** **3** cam, rod **4** gear, plug, pump **5** choke **6** filter, piston, tappet **8** cylinder, manifold, throttle **9** condenser, crankcase **10** carburetor **12** transmission ***siege:*** **3** ram **6** onager **8** ballista, catapult **9** trebuchet **12** battering ram ***sound:*** **4** chug, roar **6** rattle

engineer **4** plan, plot **5** set up, swing **6** devise, driver, manage, scheme, wangle **7** arrange, finagle **8** contrive, intrigue, maneuver, motorman **9** machinate, negotiate **10** manipulate, mastermind **11** orchestrate ***kind:*** **5** civil **6** mining **8** chemical, sanitary **10** electrical, mechanical **12** aeronautical ***military:*** **6** sapper

engineers' group ***abbreviation:*** **4** IEEE

England **6** Albion **7** Britain **9** Britannia **12** Great Britain see also UNITED KINGDOM

English **7** British ***cathedral city:*** **3** Ely **4** York **5** Wells **6** Durham, Exeter **7** Lincoln, Norwich **8** Coventry, Hereford **9** Salisbury, Worcester **10** Canterbury, Winchester ***coin:*** **5** crown, groat, pence **6** florin, guinea **8** farthing, shilling, sixpence, twopence **9** fourpence, half crown, halfpenny, sovereign **10** threepence ***combining form:*** **5** Anglo ***farm:*** **5** croft ***forest:*** **5** Arden **8** Sherwood ***letter:*** **3** zed ***measure:*** **3** rod, tun **4** gill, hand, peck, span **5** chain **6** barrel, bushel, fathom, firkin **7** furlong **8** hogshead **10** barleycorn ***military college:*** **9** Sandhurst ***patron saint:*** **6** George ***person:*** **4** chap, mate **5** bloke **6** Briton ***pirate:*** **4** Kidd (Capt. William) **5** Avery (Henry), Teach (Edward) **6** Morgan (Henry) **7** Dampier (William) **10** Blackbeard ***prince:*** **5** Harry **6** Andrew, Edward, Philip **7** Charles, William ***princess:*** **4** Anne **5** Diana **8** Margaret ***professor:*** **3** don ***royal family:*** **5** Tudor **6** Stuart **7** Hanover, Windsor ***saint:***

7 Dunstan 8 Cuthbert *spa:* 4 Bath *sport:* 5 rugby 7 cricket *tavern:* 3 pub *university:* 5 Leeds 6 Oxford 9 Cambridge *weight:* 5 stone 6 firkin 7 quintal 8 quartern

English Channel swimmer 6 Ederle (Gertrude)

engrave 3 cut, fix 4 etch 5 carve, chase 6 incise, scrive 7 instill 8 inscribe

engraver 6 chaser, etcher *German:* 5 Dürer (Albrecht) 10 Schongauer (Martin) *Italian:* 8 Raimondi (Marcantonio)

engraving 7 etching, linecut, woodcut 8 drypoint, intaglio 9 xylograph

engross 4 bury, busy, copy, grip 5 apply, write 6 absorb, engage, indite, occupy, scribe 7 consume, immerse, involve 8 enthrall, inscribe 9 captivate, preoccupy 10 transcribe

engrosser 6 scribe 7 copyist 9 scrivener 12 calligrapher 13 calligraphist

engulf 4 bury 5 drown, flood, swamp, whelm 6 deluge, devour 7 immerse, overrun, swallow 8 flow over, inundate, overflow, submerge 9 overwhelm, swallow up

enhance 4 lift 5 add to, adorn, exalt, raise 6 deepen 7 amplify, augment, build up, elevate, enlarge, flatter, improve, magnify 8 beautify, heighten, increase 9 aggravate, embellish, embroider, intensify, reinforce 10 exaggerate, strengthen

enigma 4 crux, knot 5 poser, rebus 6 puzzle, riddle, sphinx, teaser 7 mystery, problem, puzzler 9 conundrum 10 closed book, perplexity, puzzlement 12 question mark 13 Chinese puzzle, mystification

enigmatic 6 mystic 7 cryptic, Delphic, obscure 8 Delphian, oracular, puzzling 9 ambiguous 10 mysterious, mystifying, perplexing 11 inscrutable

enisle 6 cut off 7 isolate 8 insulate, separate 9 segregate, sequester

enjoin 3 ban, bid 4 deny, rule, tell, urge, warn 5 order, taboo 6 adjure, charge, decree, direct, forbid, impose, outlaw 7 caution, command, counsel, dictate, inhibit 8 admonish, disallow, forewarn, instruct, prohibit 9 interdict, prescribe, proscribe

enjoy 4 like, love 5 eat up, fancy, savor 6 relish 9 delight in 10 appreciate

enjoyable 3 fun 8 pleasant, pleasing 9 agreeable 10 delightful, satisfying 11 pleasurable 12 entertaining

enjoyment 4 zest 5 gusto, savor 6 relish 7 benefit, delight 8 felicity, fruition, pleasure 9 diversion 10 indulgence, recreation, relaxation 11 delectation 12 satisfaction 13 gratification

Enki *consort:* 5 Nintu *son:* 6 Ninsar

enkindle 4 fire 5 flame, light 6 ignite 7 inflame 8 touch off 9 set fire to

enlarge 3 wax 4 grow, rise 5 add to, boost, build, mount, widen 6 beef up, dilate, expand, extend 7 amplify, augment, broaden, develop, greaten, inflate, magnify, stretch 8 heighten, increase, multiply 9 elaborate, embroider 10 exaggerate

enlargement 4 node 5 tumor 6 blowup, growth, nodule 7 buildup 8 addition, increase, swelling 9 accretion, expansion, extension 12 augmentation 13 amplification

enlighten 5 edify, guide, teach 6 advise, illume, inform, uplift 7 educate, improve 8 illumine, instruct 10 illuminate

enlist 4 join 5 draft, enter 6 employ, enroll, join up, muster, sign on, sign up 7 attract, recruit 8 register 9 volunteer 11 participate

enliven 3 pep 4 buoy, fire, warm 5 amuse, cheer, pep up, renew, rouse 6 excite, jazz up, perk up, vivify, wake up 7 animate, cheer up, inspire, quicken, refresh, restore, spice up 8 energize, recreate 9 entertain, galvanize, stimulate 10 exhilarate, invigorate, rejuvenate

en masse 5 as one 6 bodily 8 together 12 collectively

enmesh 4 hook, mire, trap 5 catch, snare 6 draw in, tangle 7 embroil, ensnarl, involve, trammel 8 drag into, entangle 9 embrangle, implicate

enmity 4 hate 6 animus, hatred, rancor, spleen 7 ill will 8 aversion, bad blood, loathing 9 animosity, antipathy, hostility 10 abhorrence, antagonism 11 detestation

ennoble 5 exalt, honor, raise 6 uplift, uprear 7 dignify, elevate, glorify, magnify, sublime 10 aggrandize 11 distinguish

ennui 6 apathy, tedium 7 boredom, fatigue, languor 8 doldrums, dullness, lethargy 9 jadedness, lassitude, tiredness, weariness 11 languidness 12 listlessness

Enoch *father:* 4 Cain *son:* 10 Methuselah

Enoch Arden author 8 Tennyson (Alfred)

enormity 6 infamy 7 outrage 8 atrocity, hugeness, rankness, savagery, vastness 9 barbarity, depravity, flagrancy, graveness, greatness, grossness, immensity, magnitude 11 abomination, heinousness, massiveness, monstrosity, seriousness, weightiness

enormous 4 huge, vast 5 great 7 immense, mammoth, massive, titanic 8 colossal, gigantic 9 humongous, monstrous 10 astronomic, gargantuan, prodigious, stupendous, tremendous 12 astronomical

Enos *father:* 4 Seth *grandfather:* 4 Adam *grandmother:* 3 Eve *uncle:* 4 Abel, Cain

enough 5 ample 6 fairly, plenty 8 adequate, decently, passably 9 competent, tolerably 10 acceptably, adequately, sufficient 11 comfortable, sufficiency 12 satisfactory, sufficiently *poetic:* 4 enow

enounce 3 say 5 state, utter 6 intone 8 proclaim, set forth 10 articulate

enrage 3 ire 4 rile 5 anger 6 madden 7 incense, inflame, steam up 9 infuriate

enrapture 5 charm, elate 6 ravish, trance 7 delight, enchant, rejoice 8 enthrall, entrance 9 captivate, transport

enraptured 6 elated 7 charmed 8 ecstatic, thrilled 9 bewitched, delighted, enchanted, entranced 10 captivated, enthralled, mesmerized, spellbound 11 transported

enrich 5 adorn, endow 6 fatten 7 enhance, improve 8 beautify, ornament 9 embellish, fertilize 10 supplement

enroll 4 book, file, join, list 5 draft, enter 6 enlist, induct, join up, muster, record, sign on, sign up, wrap up 7 catalog, engross, recruit 8 inscribe, register 9 conscript, subscribe 10 transcribe 11 matriculate

ensconce 4 bury, hide 5 cache, cover, place, plant, stash 6 hole up, locate, settle 7 conceal, install, secrete, shelter 9 establish

ensemble 3 duo 4 band, crew, suit, trio 5 choir, combo, decor, group, suite, troop, whole 6 chorus, outfit, septet, sextet, troupe 7 chorale, company, costume, en masse, quartet, quintet 8 together 9 aggregate, orchestra

enshrine 6 hallow, revere 7 cherish 8 dedicate, preserve, sanctify, treasure 10 consecrate 11 memorialize

enshroud 4 hide, veil, wrap 5 cloak 6 clothe, enfold, enwrap, invest 7 blanket, conceal, envelop, obscure

ensign 4 flag, jack, sign 5 badge, crest 6 banner, colors, emblem, pennon 7 officer, pennant 8 gonfalon, insignia, standard, streamer 9 oriflamme

enslave 4 yoke 5 chain 6 fetter, thrall 7 enchain, oppress, shackle, subject 8 dominate, enthrall 9 indenture, subjugate 12 disfranchise

enslavement 4 yoke 6 thrall 7 bondage, helotry, peonage, serfdom, slavery 9 servitude, thralldom

ensnare 3 bag, net 4 hook, lure, mesh, snag, trap 5 benet, catch, decoy 6 enmesh, entrap, tangle 7 capture 8 entangle, inveigle

ensnarl 4 mire 6 enmesh, tangle 7 embroil, perplex, trammel 8 entangle 9 embrangle

ensorcell 3 hex 5 charm, spell, witch 6 allure, voodoo 7 beguile, bewitch, enchant 8 enthrall 9 captivate, enrapture, hypnotize, magnetize, mesmerize, spellbind

ensorcellment 5 magic 7 sorcery 8 witchery, wizardry 9 conjuring 10 necromancy, witchcraft 11 bewitchment, enchantment

ensphere 4 ball 8 conglobe 10 conglobate

ensue 4 stem 5 issue 6 attend, derive, follow, result 7 emanate, proceed, succeed 9 supervene

ensuing 4 next 5 later 9 resultant 10 consequent, subsequent, succeeding

ensure 5 cinch 6 clinch, secure 7 certify, confirm, warrant 9 establish, guarantee

enswathe 4 roll, wrap 5 cloak, drape 6 bundle, enwrap, shroud, wrap up 7 envelop, swaddle

entail 5 imply 6 assign, confer, demand, impose, lead to 7 call for, involve, require 8 occasion, restrict, result in, transmit 11 necessitate

entangle 4 mesh, mire, trap 5 catch, ravel, snare, snarl, tie up, twist 6 enmesh, entrap 7 capture, catch up, embroil, ensnare, ensnarl, involve, perplex, trammel 10 complicate, intertwine, interweave

entanglement 3 web 4 knot, mesh, mess, toil 5 skein, snare 6 affair, cobweb, muddle 8 intrigue 9 confusion, imbroglio 11 embroilment, involvement 12 complication

entente 4 pact 6 league, treaty 7 compact 8 alliance, covenant 9 agreement, coalition, concordat 13 understanding

enter 4 go in, join, list, open 5 admit, begin, start 6 come in, enlist, enroll, go into, insert, join up, muster, record, sign on, sign up 7 intrude 8 come into, embark on, inscribe, register 9 introduce, penetrate 10 embark upon

enterprise 4 deed, feat, firm, push, task 5 cause, drive, pluck, vigor 6 action, daring, effort, energy, hustle, outfit, scheme 7 attempt, company, concern, courage, exploit, project, pursuit, venture 8 activity, ambition, audacity, boldness, business, campaign, endeavor, gumption, industry **9** adventure, eagerness **10** enthusiasm, get-up-and-go, initiative **11** corporation, undertaking **12** organization, self-reliance **13** establishment

enterprising **4** bold **5** eager **6** daring, hungry **7** driving, go-ahead **8** aspiring, hustling **9** ambitious, audacious, energetic **10** aggressive **11** adventurous, hardworking, industrious, up-and-coming, venturesome

entertain **4** host **5** amuse **6** divert, regale **7** delight, receive **8** consider

entertainer **4** mime **5** actor, clown, comic **6** busker, dancer, jester, singer **7** actress, artiste, diseuse, trouper **8** comedian, minstrel **10** comedienne

entertaining **6** lively **7** amusing **8** engaging **9** diverting, enjoyable

entertainment **4** fete, play, show, skit **5** revue, sport **6** circus **7** banquet, concert, pastime, ridotto **8** pleasure **9** amusement, diversion, enjoyment **10** recreation **11** distraction, performance

enthrall **4** grip **5** charm **6** absorb, subdue **7** beguile, bewitch, enchant, engross, enslave **9** fascinate, hypnotize, mesmerize, spellbind, subjugate

enthralling **8** exciting, gripping, riveting **9** absorbing, arresting **10** enchanting, engrossing, entrancing **11** captivating, charismatic, provocative **12** spellbinding

enthuse **4** gush, rave **6** excite, thrill **7** animate, delight, inspire **8** energize **10** rhapsodize

enthusiasm **4** élan, fire, zeal, zest **5** ardor, craze, fever, mania, verve **6** fervor, spirit **7** ardency, passion, rapture **9** eagerness, intensity **10** ebullience, excitement, fanaticism

enthusiast **3** bug, fan, nut **4** buff **5** fiend, freak, lover, maven **6** addict, junkie, maniac, votary, zealot **7** booster, devotee, fanatic, groupie, habitué **8** believer, partisan **9** extremist **10** aficionado

enthusiastic **4** avid, gaga, keen **5** eager, rabid **6** ardent, fervid, gung ho, hearty, hipped, raring **7** devoted, excited, fervent, intense, zealous **8** hopped-up, obsessed, spirited, vascular **9** fanatical **10** passionate

entice **4** bait, coax, draw, lure, toll, wile **5** charm, decoy, tempt **6** allure, cajole, entrap, invite, lead on, seduce **7** attract, wheedle **8** inveigle, persuade

enticement **4** bait, lure, trap **5** decoy, snare **6** come-on **9** seduction **10** allurement, attraction, seducement, temptation **12** blandishment, inveiglement

enticer **4** bait, vamp **5** Circe, decoy, siren **7** Lorelei **9** attractor, temptress **10** attraction, seductress **11** enchantress, femme fatale

enticing **5** siren **8** fetching, witching **9** seductive **10** attractive, bewitching, intriguing **11** captivating, fascinating

entire **3** all **4** full **5** gross, total, whole **6** intact **7** perfect, plenary, unified **8** complete, integral, outright **10** integrated **12** consolidated

entirely **5** fully, quite **6** wholly **7** utterly **9** perfectly **10** altogether, completely, thoroughly **11** exclusively

entirety **3** sum **5** total, whole **8** sum total, totality **9** aggregate, wholeness **10** everything **12** completeness, universality

entitle **3** dub, let **4** call, name, term **5** allow **6** enable, permit **7** baptize, empower, license, qualify **8** christen **9** authorize, designate **10** denominate

entity **3** sum **4** body, item, unit **5** being, thing, whole **6** object **7** article, integer **8** quiddity, totality **9** existence, something, substance **10** individual

entomb **4** bury **5** inter **6** inhume, shrine **7** mummify **8** enshrine **9** sepulcher, sepulchre

entombment **6** burial **7** obsequy **9** obsequies, sepulture **10** inhumation

entourage **5** staff, suite, train **6** escort, milieu **7** cortege, coterie, retinue **8** henchmen **9** courtiers, followers, following, hangers-on, retainers **10** associates, attendants **12** surroundings

entr'acte **8** interval **9** interlude **12** intermission

entrails **4** guts **5** pluck, tripe **6** bowels, tripes, vitals **7** giblets, innards, insides, viscera **8** stuffing **10** intestines

entrance **4** adit, door, gate, port **5** charm, foyer, inlet, lobby, mouth **6** access, portal, ravish **7** arrival, attract, bewitch, delight, doorway, enchant, gateway, ingress, opening **8** aperture, enthrall, open door **9** admission, captivate, enrapture, fascinate, hypnotize, mesmerize, spellbind, threshold, transport, vestibule **10** admittance, ingression **11** penetration

entrant **7** starter **10** competitor, contestant **11** participant

entrap **3** bag, net **4** bait, lure, toll **5** catch, decoy, snare, tempt **6** allure, ambush, entice, entoil, lead on, seduce, tangle **7** beguile, catch up, ensnare **8** entangle, inveigle

entre ___ **4** nous

entreat **3** ask, beg, bid **4** pray, urge **5** crave, plead, press **6** adjure, appeal

7 beseech, implore, wheedle 8 blandish 9 importune 10 supplicate
entreaty 4 plea, suit 6 appeal, orison, prayer 7 request 8 petition 11 application, importunity 12 supplication
entrechat 4 leap
entrée 6 access 7 ingress 8 main dish 9 admission 10 admittance, main course
entrench 3 fix 4 root 5 embed, lodge 6 define, furrow, ground, hole up, invade, settle 7 confirm, impinge, implant, intrude 8 encroach, ensconce, infringe, trespass 9 establish 10 strengthen
entrenched 3 set 4 firm 5 rigid, sworn 8 accepted, deep-dyed 9 hard-shell 10 deep-rooted, deep-seated, inveterate 13 bred-in-the-bone, dyed-in-the-wool
entrepôt 3 hub 4 mart 5 depot 6 bazaar, market 8 emporium, exchange 9 concourse, warehouse 10 depository, storehouse 11 marketplace
entrepreneur 10 capitalist, contractor, impresario
entresol 9 mezzanine
entropy 5 chaos, decay 7 decline 8 disorder 10 randomness 11 degradation
entrust 4 give 5 allot, leave 6 assign, charge, commit, confer, impose 7 commend, confide, consign, deliver, deposit 8 allocate, delegate, hand over, relegate, turn over
entry 3 way 4 adit, door, gate, item, port 5 debit, foyer, inlet, lobby 6 access, credit, portal, record 7 doorway, ingress, opening 8 headword 9 admission, threshold, vestibule 10 admittance, enlistment, enrollment, ingression
entryway 4 door, gate 5 foyer, lobby 6 portal 7 ingress, narthex, portico 9 vestibule
entwine 4 coil, wind 5 braid, plait, twist 6 enmesh 7 wreathe 8 entangle 9 interlace 10 interweave
enumerate 3 sum, tot 4 cite, list, tell, tote 5 add up, count, tally, total, tot up 6 detail, number, recite, reckon, tote up 7 compute, itemize, recount, specify, tick off 8 identify 9 calculate, inventory 13 particularize
enunciate 3 say 5 speak, state, utter, voice 6 affirm, intone 7 declare, express, lay down 8 announce, proclaim, propound, vocalize 9 formulate, postulate, pronounce, verbalize 10 articulate
envelop 3 hem 4 hide, roll, veil, wrap 5 cloak, cover, drape 6 cocoon, enfold, engulf, enwrap, invest, sheath, shield, shroud, swathe, wrap up 7 blanket, embrace, enclose, swaddle 8 encircle, enshroud, enswathe, surround 10 circumfuse
envenom 6 poison 8 embitter 10 exacerbate
envious 7 jealous 8 coveting, covetous, grudging 9 green-eyed, invidious, resentful 10 begrudging
environment 6 medium, milieu 7 ambient, climate, context, habitat, setting, terrain 8 ambiance, ambience, backdrop 9 situation 10 atmosphere, background 11 mise-en-scène 12 surroundings ***science:*** 7 ecology
environmentalist 4 Muir (John) 6 Brower (David), Carson (Rachel), Nelson (Gaylord), Wilson (Edward O.) 7 Ehrlich (Paul), Thoreau (Henry David) 8 Commoner (Barry), Cousteau (Jacques-Yves) 9 ecologist, Roosevelt (Theodore)
environs 6 bounds, limits 7 compass, fringes, suburbs 8 boundary, confines, locality, purlieus, vicinity 9 districts, outskirts, precincts 12 neighborhood, surroundings
envisage 4 view 5 dream, fancy, grasp, image, think 6 regard, vision 7 dream up, feature, foresee, imagine, picture, realize 8 conceive, look upon, summon up 9 conjure up, objectify, visualize
envoy 5 agent 6 bearer, consul, deputy, legate, nuncio 7 attaché, carrier, courier 8 diplomat, emissary, minister 9 messenger 10 ambassador 11 internuncio 12 intermediary
envy 5 covet 6 grudge 8 begrudge, grudging, jealousy 10 resentment 12 covetousness 13 invidiousness
enwrap 4 roll, veil 5 clasp, drape 6 enfold, invest, shroud, swathe 7 enclose, engross, envelop, sheathe, swaddle 8 enshroud, enswathe
enzyme 3 ase 5 ficin, lyase, renin, urase 6 kinase, ligase, lipase, mutase, papain, pepsin, rennin, urease, zymase 7 amidase, amylase, cyclase, enolase, guanase, hydrase, inulase, isozyme, lactase, maltase, oxidase, pectase, pepsine, plasmin, ptyalin, rennase, sucrase, trypsin, zymogen 8 aldolase, diastase, elastase, esterase, fumarase, lyzozyme, nuclease, protease, steapsin, thrombin, zymogene 9 cellulase, invertase
eon see AEON
Eos see AURORA
épée 5 sword
epergne 5 stand 11 centerpiece
ephemeral 5 brief, short 7 passing 8 episodic, fleeting, fugitive, volatile 9 fugacious, momentary, temporary,

transient **10** evanescent, short-lived, transitory **11** impermanent

Ephialtes **5** giant ***brother:*** **4** Otus ***father:*** **6** Aloeus **8** Poseidon ***mother:*** **9** Iphimedia ***slayer:*** **6** Apollo

Ephraim ***brother:*** **8** Manasseh ***father:*** **6** Joseph ***grandfather:*** **5** Jacob ***mother:*** **7** Asenath

epic **4** poem, saga **5** grand, Iliad **6** Aeneid, heroic **7** Beowulf, Odyssey **8** imposing, sweeping **9** Gilgamesh, narrative **12** Heimskringla

epicene **10** effeminate **11** intersexual **13** hermaphrodite

epicure **7** gourmet **8** aesthete, hedonist, sybarite **9** bon vivant **10** gastronome **11** connoisseur **12** gastronomist

epicurean **7** gourmet, sensual **8** aesthete, hedonist, sensuous, sybarite **9** bon vivant, luxurious **10** gastronome, voluptuous **11** connoisseur **12** gastronomist, sensualistic

epidemic **3** flu **4** rash, wave **6** plague **7** rampant, scourge **8** catching, outbreak **9** contagion, prevalent **10** contagious, pestilence

epidermis **4** skin **7** cuticle **10** integument

epigram **3** saw **4** poem **5** adage, axiom, maxim **6** bon mot, dictum, saying, truism **7** proverb **8** aphorism, apothegm

epigrammatic **5** meaty, pithy, terse, witty **6** cogent **7** compact, concise, marrowy, piquant, pointed

epigraph **5** motto **9** quotation **11** inscription

epilogue **4** coda **5** close **6** ending, finale, windup **7** closing **8** postlude **9** afterword **10** conclusion, postscript

Epimetheus ***brother:*** **10** Prometheus ***father:*** **7** Iapetus ***wife:*** **7** Pandora

epiphany **6** aperçu, vision **7** insight **9** discovery, intuition **10** appearance, disclosure, revelation **11** inspiration, realization **13** manifestation

episode **5** event, phase **7** passage **8** incident, occasion **9** happening, interlude **10** occurrence **12** circumstance

episodic **5** brief **7** passing **8** fleeting, sporadic **9** ephemeral, irregular, temporary, transient **10** evanescent, occasional, short-lived **12** intermittent

epistaxis **9** nosebleed

epistle **4** note **6** letter **7** lection, missive **13** communication

epitaph **3** R.I.P. **5** elegy **6** eulogy **8** hic jacet **11** inscription

epithet **4** name **5** label, title **7** agnomen, moniker **8** cognomen, nickname **9** sobriquet **11** appellation

epitome **3** sum **4** acme, type **5** brief, short **6** digest, précis, résumé **7** essence, example, outline, summary **8** abstract, breviary, exemplar, synopsis, ultimate **9** archetype, summation, summing-up **10** abridgment, apotheosis, conspectus, embodiment **11** abridgement **12** condensation, quintessence

epitomize **5** sum up **6** digest, embody, mirror, typify **7** abridge, outline, summate **8** abstract, boil down, condense, manifest, tabulate **9** capsulize, exemplify, incarnate, inventory, objectify, personify, represent, summarize, symbolize, synopsize **10** abbreviate, illustrate **11** concentrate, emblematize, incorporate, personalize

epoch **3** age, eon, era **4** aeon, term, time **6** period **8** interval, time span

equable **4** calm, even, just **6** serene, stable, steady **7** orderly, regular, stabile, uniform **8** composed, constant **9** immutable, temperate, unvarying **10** consistent, invariable, unchanging **12** unchangeable

equal **3** tie **4** even, fair, like, mate, peer, same, twin **5** agree, alike, match **7** uniform **8** alter ego, amount to, parallel **9** duplicate, identical, impartial, objective **10** fifty-fifty **11** counterpart, symmetrical **12** commensurate, correspond to, proportional **13** commensurable, proportionate ***combining form:*** **3** iso **4** equi, pari ***French:*** **4** égal

equality **3** par **6** equity, parity **7** balance, égalité **8** evenness, fairness, sameness **10** uniformity

Equality State **7** Wyoming

equalize **4** even **5** level **6** square **7** balance **9** harmonize

equalizer **3** gun **6** pistol **8** handicap **10** tying score

equally **10** fifty-fifty **11** impartially

equanimity **4** calm, cool **5** poise **6** aplomb, phlegm **7** balance **8** calmness, coolness, evenness, serenity **9** assurance, composure, equipoise, placidity, sangfroid **10** detachment, steadiness **11** tranquility **12** tranquillity

equate **4** even **5** liken, match, treat **6** adjust, regard, relate, square **7** compare **8** consider, equalize, parallel **10** assimilate

Equatorial Guinea ***capital:*** **6** Malabo ***island, island group:*** **5** Bioko **6** Elobey, Pagulu **7** Corisco ***language:*** **5** Bantu **6** French **7** Spanish ***mainland:*** **5** Mbini **7** Río Muni ***monetary unit:*** **5** franc ***neighbor:*** **5** Gabon **8** Cameroon

equestrian **5** rider **6** horsey **8** horseman, knightly **10** horsewoman

equidistant **3** mid **6** medial, median,

middle, midway **7** central, halfway, midmost

equilibrium **5** poise **6** aplomb, stasis **7** balance **8** evenness, symmetry **9** composure, stability **10** steadiness **12** counterpoise **13** stabilization

equine **4** colt, mare **5** filly, horse, steed **6** horsey **8** stallion **9** horselike

equip **3** arm, fit, rig **5** array, dress, endow, rig up **6** attire, fit out, outfit, rig out, supply **7** appoint, furnish, prepare, provide **8** accouter, accoutre **9** provision

equipment **3** rig **4** gear **5** traps **6** attire, outfit, tackle, things **7** baggage, panoply **8** fittings, material, matériel, ordnance, supplies, tackling **9** apparatus, endowment, machinery, trappings **10** provisions **11** accessories, attachments, habiliments, impedimenta **12** accouterment, accoutrement, provisioning **13** accouterments, accoutrements, appurtenances, paraphernalia

equitable **4** even, fair, just **5** level **6** proper, square **7** condign **8** balanced, deserved, unbiased **9** identical, impartial, objective, uncolored **10** evenhanded, impersonal **12** unprejudiced **13** dispassionate

equity **3** law **7** justice **8** equality, interest, justness

equivalence **3** par **6** parity, simile **7** analogy **8** equality, identity, likeness, sameness **10** conformity **11** correlation

equivalent **4** akin, copy, like, peer, same, twin **5** alike, match **6** agnate **7** identic, similar **8** parallel **9** analogous, duplicate, identical **10** comparable, homologous, substitute, tantamount **11** convertible, correlative, counterpart **12** commensurate **13** corresponding, proportionate

equivocal **4** hazy **5** fishy, vague **6** unsure **7** clouded, dubious, obscure, suspect, unclear **8** doubtful **9** ambiguous, debatable, enigmatic, uncertain, undecided **10** ambivalent, indecisive, indistinct, irresolute, unresolved **11** problematic **12** disreputable, inconclusive, questionable **13** indeterminate

equivocate **3** fib, lie **5** cavil, dodge, evade, fudge, hedge **6** palter, waffle, weasel **7** shuffle **8** sidestep **9** pussyfoot **11** prevaricate **12** tergiversate

equivocation **3** fib **7** evasion, fibbing, hedging, sophism **8** waffling **9** ambiguity, casuistry, duplicity, sophistry **12** speciousness

equivoque **3** pun **8** wordplay

era **3** age, day **4** date, term, time **5** epoch, stage **6** period

eradicate **4** dele, raze **5** abate, erase, purge **6** delete, efface, remove, uproot **7** abolish, blot out, destroy, expunge, root out, weed out, wipe out **8** demolish, stamp out **9** eliminate, extirpate, liquidate **10** annihilate, do away with, extinguish, obliterate **11** exterminate

erase **4** dele, void, x out **6** cancel, delete, efface, excise, remove, rub out **7** abolish, blot out, expunge, nullify, scratch, take out, wipe out **8** black out, blank out, cross off, cross out **9** eliminate, extirpate, sponge out, strike out **10** obliterate

Erato see MUSE

Erbin ***father:*** **9** Custennin ***nephew:*** **6** Arthur ***son:*** **7** Geraint

ere **6** before

Erebus ***daughter:*** **3** Day **6** Hemera ***father:*** **5** Chaos ***home:*** **5** Hades ***sister, wife:*** **3** Nox, Nyx ***son:*** **6** Aether, Charon

Erec et ___ **5** Enide

Erechteus ***daughter:*** **8** Chthonia ***father:*** **6** Vulcan **10** Hephaestus ***mother:*** **4** Gaea ***slayer:*** **4** Zeus **7** Jupiter

erect **4** form **5** build, put up, raise, set up **6** create, raised **7** build up, stand-up, upright **8** assemble, elevated, standing, straight, vertical **9** construct, establish **10** upstanding **13** perpendicular

eremite **6** hermit **7** ascetic, recluse, stylite **9** anchoress, anchorite

Erewhon **6** utopia **7** nowhere ***author:*** **6** Butler (Samuel)

ergo **4** then, thus **5** hence **9** therefore **11** accordingly **12** consequently

Erichthonius ***father:*** **8** Dardanus ***son:*** **4** Tros

Eridanus star **8** Achernar

Erin see EIRE

Erinyes **6** Alecto, Furies **7** Megaera **9** Eumenides, Tisiphone

Eris ***brother:*** **4** Ares, Mars ***daughter:*** **3** Ate ***fruit:*** **5** apple ***goddess of:*** **6** strife **7** discord ***mother:*** **3** Nox, Nyx

Eritrea ***archipelago:*** **6** Dahlak ***capital:*** **6** Asmara ***island:*** **5** Zuqar ***monetary unit:*** **5** nakfa ***neighbor:*** **5** Sudan **8** Djibouti, Ethiopia ***river:*** **6** Baraka ***sea:*** **3** Red

ermine **3** fur **5** stoat **6** weasel

erode **3** eat, rub **4** wear **5** decay, scour **6** abrade, rub off **7** consume, corrade, crumble, eat away, rub away **8** wear away **9** scrape off **10** scrape away **11** deteriorate **12** disintegrate

Eroica composer **9** Beethoven (Ludwig van)

Eros see CUPID

erose **6** jagged, uneven **9** irregular

erotic **4** lewd, racy, sexy **5** bawdy, spicy **6** carnal, earthy, ribald, risqué **7** fleshly, obscene, profane, sensual **8** off-color, prurient, sensuous **9** salacious **10** voluptuous **11** aphrodisiac, titillating

err **3** sin **4** goof, slip, trip **5** lapse, stray **6** bungle, foul up, mess up, slip up **7** blunder, deviate, screw up, stumble **8** trespass **10** transgress

errand **3** job **4** task **5** chore **7** mission **10** assignment

errand boy **4** page **5** gofer **7** bellboy, bellhop, courier **9** go-between

errant **5** stray **6** fickle, roving **7** aimless, deviant, erratic, naughty, ranging, roaming, wayward, willful **8** drifting, fallible, rambling, shifting, straying **9** deviating, itinerant, traveling, wandering **10** meandering, unreliable **11** mischievous

erratic **5** flaky **6** fitful **7** wayward **8** freakish, shifting, unstable, variable, volatile **9** arbitrary, desultory, eccentric, fluctuant, irregular, mercurial, spasmodic, uncertain, wandering, whimsical **10** capricious, changeable, inconstant, meandering **12** inconsistent **13** idiosyncratic, unpredictable

erring see ERRANT

erroneous **3** off **4** awry **5** amiss, askew, false, wrong **6** untrue **7** unsound **8** mistaken, specious, spurious **9** defective, incorrect, misguided **10** fallacious, inaccurate, misleading

error **4** flub, goof, muff, slip, trip **5** boner, botch, fault, fluff, gaffe, lapse **6** boo-boo, bungle, fumble, howler, miscue, slipup **7** blooper, blunder, fallacy, falsity, faux pas, misstep, mistake, screwup, stumble, untruth **8** delusion, illusion, screamer **9** falsehood, indecorum, oversight **10** inaccuracy, misreading **11** impropriety, misjudgment ***printing:*** **4** typo **6** errata (plural) **7** erratum

ersatz **4** copy, fake, sham **5** bogus, dummy, faked, false, phony **6** pseudo **8** spurious **9** imitation, simulated, synthetic **10** artificial, factitious, simulacrum, substitute **11** counterfeit

Erse **5** Irish **6** Celtic, Gaelic

erstwhile **3** old **4** late, once, past **5** prior **6** before, bygone, former, whilom **7** already, earlier, onetime, quondam **8** formerly, previous **10** heretofore, previously

eruct **4** burp, emit, gush, spew **5** belch, eject, expel **7** explode **8** detonate, disgorge

erudite **7** bookish, learned **8** lettered, literate, studious, well-read **9** scholarly **10** scholastic

erudition **7** culture **8** learning, literacy **9** knowledge **11** bookishness, cultivation, learnedness, scholarship **12** studiousness **13** scholarliness

erupt **3** jet **4** spew **5** belch, burst, eject, expel, go off, spout, spurt **7** explode **8** break out, burst out, detonate **9** discharge **10** break forth, burst forth

eruption **4** gust, rush **5** blast, burst, flare, sally **6** access **7** flare-up **8** outbreak, outburst **9** commotion, explosion ***skin:*** **3** zit **4** rash **6** pimple

Esau ***brother:*** **5** Jacob ***country:*** **4** Edom ***descendant:*** **7** Edomite ***father:*** **5** Isaac ***father-in-law:*** **4** Elon ***grandson:*** **6** Amalek ***mother:*** **7** Rebekah ***new name:*** **4** Edom ***son:*** **5** Korha, Reuel **7** Eliphaz ***wife:*** **4** Adah **10** Aholibamah

escalade **5** climb, mount, scale **6** ascend **7** scaling

escalate **4** grow, rise, soar **5** boost, climb, mount, widen **6** expand, extend, spread, step up **7** amplify, augment, broaden, enlarge, inflate **8** heighten, increase, multiply **9** intensify **11** proliferate

escapade **4** lark, romp **5** antic, caper, fling, folly, prank, spree, stunt **6** frolic, vagary **7** roguery, rollick **8** mischief **9** adventure

escape **3** fly, lam **4** bolt, duck, flee, shun, skip, slip **5** avoid, break, dodge, elude, evade, shake **6** bypass, depart, eschew, flight, hegira, outlet **7** abscond, duck out, evasion, get away, make off, release, run away, skip out **8** breakout **9** avoidance, desertion, disappear, steal away **10** circumvent, liberation **11** deliverance, evasiveness ***artist:*** **7** Houdini (Harry) ***narrow:*** **9** close call **10** close shave

escargot **5** snail

escarole **6** endive

escarpment **5** bluff, cliff, slope

eschar **4** scab **5** crust **6** lesion

eschew **4** shun **5** avoid, elude, evade, forgo, spurn **6** abjure, forego, pass up, refuse, reject **7** decline **8** turn down

eschewal **7** elusion, evasion, refusal **8** shunning, spurning **9** avoidance, rejection

escort **4** beau, date, lead, show **5** guard, guide, pilot, steer, usher **6** attend, convoy, direct, gigolo, squire **7** company, conduct, consort, retinue **8** cavalier, chaperon, henchman, shepherd **9** accompany, bodyguard, chaperone, companion, entourage, safeguard **13** accompaniment

escritoire **4** desk **9** secretary **11** writing desk

escrow **4** bond, deed, fund **7** deposit

esculent **6** edible **7** eatable **10** comestible, digestible

escutcheon 6 flange, shield
Eshcol *ally:* 7 Abraham *brother:* 4 Aner 5 Mamre
esker 4 kame 5 mound, ridge
Eskimo 4 Inuk 5 Aleut, Inuit *boat:* 5 kayak, umiak *boot:* 6 mukluk *dog:* 5 husky 8 malamute *dwelling:* 5 igloo *outer garment:* 5 parka 6 anorak *sledge:* 7 komatik
esophagus 6 gullet
esoteric 5 inner 6 arcane, mystic, occult, orphic, secret 7 cryptic, private 8 abstruse, hermetic, profound 9 recondite 10 cabalistic, mysterious 12 confidential
ESP 9 telepathy 10 sixth sense 12 clairvoyance, precognition
espadrille 4 shoe 6 sandal
espalier 7 lattice, railing, trellis
esparto 5 grass
especial 4 main 5 close 7 express, notable, unusual 8 dominant, intimate, peculiar, singular, specific, uncommon 9 paramount 10 individual, particular 11 exceptional
especially 7 notably 8 markedly 9 expressly, primarily, unusually 10 peculiarly, remarkably, singularly 11 principally 12 particularly, specifically 13 distinctively, exceptionally
espial 6 notice 9 detection, discovery 11 observation
espionage 6 spying 9 sleuthing 12 surveillance
espousal 5 troth, union 6 mating 7 embrace, support, wedding 8 adoption, advocacy, approval, ceremony, marriage 9 betrothal, embracing, matrimony, promotion 10 acceptance
espouse 3 wed 4 back 5 adopt, marry 6 accept, take on, take up 7 approve, embrace, support 8 advocate
esprit 3 vim, wit 4 brio, dash, élan, zest, zing 5 oomph, verve, vigor 6 fervor, gaiety, mettle, morale, spirit 7 courage, loyalty, panache, passion, sparkle 8 devotion, vibrancy, vitality 9 animation 10 brightness, enthusiasm, fellowship 11 camaraderie
esprit de corps see MORALE
espy 3 see 4 mark, spot 5 sight 6 descry, detect, notice 7 discern, make out 9 recognize
___ es Salaam 3 Dar
essay 3 try 4 seek, test 5 labor, paper, piece, study, theme, tract, trial 6 effort, strive, thesis 7 article, attempt, venture 8 endeavor, treatise 9 undertake 10 discussion, exposition 11 composition, undertaking 12 dissertation
essayist *American:* 4 Agee (James), Will (George) 5 Baker (Russell), Cooke (Alistair), Gould (Stephen Jay), White (E. B.) 6 Brooks (Cleanth), Fisher (M. F. K.), Holmes (Oliver Wendell), Lowell (James Russell), Sontag (Susan), Thomas (Lewis) 7 Buckley (William F.), Cousins (Norman), Emerson (Ralph Waldo), Mencken (Henry Louis), Thoreau (Henry David) 8 Benchley (Robert), Lippmann (Walter), Repplier (Agnes) 10 Crèvecoeur (Jean de) *English:* 4 Elia, Lamb (Charles) 5 Bacon (Francis), Cecil (Lord David), Pater (Walter), Smith (Sydney) 6 Arnold (Matthew), Cowley (Abraham), Morris (Jan), Ruskin (John), Steele (Richard) 7 Addison (Joseph), Hazlitt (William) 8 Beerbohm (Max) 9 De Quincey (Thomas) 12 Chesterfield (Lord) *French:* 9 Montaigne (Michel de) *Scottish:* 7 Carlyle (Thomas)
essence 3 nub 4 base, core, crux, gist, odor, pith, root, soul 5 basis, being, fiber, fibre, point, stuff 6 center, entity, kernel, marrow, nature, spirit 7 extract, perfume, quality 9 substance 10 distillate 12 distillation, significance
essential 4 main, must 5 basal, basic, chief, prime, vital 6 inborn, inbred, innate, primal 7 connate, crucial, element, primary 8 cardinal, foremost, inherent, required, rudiment 9 condition, elemental, intrinsic, necessary, necessity, principal, requisite, substance 10 congenital, deep-seated, elementary, idiopathic, imperative, sine qua non, underlying 11 fundamental, requirement 12 precondition, prerequisite 13 indispensable, part and parcel
essentially 6 almost, au fond, really 7 largely 8 actually, as good as, as much as, well-nigh 9 basically, virtually 11 practically 13 fundamentally, substantially
essonite 6 garnet 13 cinnamon stone
establish 3 fix, lay, put, set 4 base, form, root, show 5 build, enact, endow, erect, found, place, prove, set up, start 6 attest, create, decree, effect, ground, impose, secure, settle, verify 7 build up, certify, clarify, confirm, find out, implant, install, instill, provide, set down 8 document, ensconce, organize 9 authorize, construct, determine, formulate, institute, legislate, originate, prescribe 10 bring about, constitute, inaugurate 11 corroborate, demonstrate 12 authenticate, substantiate
establishment 4 firm 6 outfit 7 company, concern 8 business, old guard 9 insti-

tute, workplace **10** enterprise, foundation **11** institution, ruling class

estate **4** farm, land **5** manor, ranch, villa **6** domain, legacy, quinta **7** demesne **8** dominion, hacienda, property **10** plantation ***feudal:*** **4** fief **7** fiefdom ***first:*** **6** clergy ***fourth:*** **5** press ***manager:*** **7** steward **8** executor, guardian ***second:*** **6** nobles **8** nobility ***third:*** **7** commons

esteem **4** deem **5** favor, honor, prize, think, value **6** admire, liking, regard, revere **7** account, believe, cherish, idolize, respect, worship **8** approval, consider, treasure, venerate **9** valuation **10** admiration, appreciate **12** appreciation **13** consideration

ester **6** oleate **7** acetate **8** compound **9** phosphate

Esther ***cousin:*** **8** Mordecai ***enemy:*** **5** Haman ***father:*** **7** Abihail ***festival:*** **5** Purim ***Hebrew name:*** **8** Hadassah ***husband:*** **6** Xerxes **9** Ahasuerus

estimable **5** noble **6** august, valued, worthy **7** admired **8** laudable, sterling **9** admirable, deserving, honorable, reputable, respected, venerable **10** creditable **11** commendable, meritorious, respectable **12** praiseworthy

estimate **3** put **4** call, rank, rate **5** assay, gauge, guess, infer, judge, price, set at, value **6** assess, deduce, figure, rating, reckon, survey **7** imagine, opinion, project, suppose, surmise **8** appraise, conclude, discover, evaluate, forecast, judgment, round off **9** appraisal, calculate, determine, reckoning, valuation **10** assessment, conjecture, evaluation, impression, projection **11** approximate, calculation, measurement

estimation **4** fame **5** favor, honor, stock **6** esteem, regard **7** account, opinion, respect **8** figuring, judgment **9** appraisal, reckoning, valuation **10** admiration, assessment, evaluation, impression **11** calculation **13** consideration

Estonia ***capital:*** **7** Tallinn ***city:*** **5** Tartu ***gulf:*** **4** Riga **7** Finland ***island:*** **4** Muhu **6** Vormsi **7** Hiiumaa **8** Saaremaa ***lake:*** **5** Pskov **6** Peipus **9** Vorts-Jarv ***monetary unit:*** **5** kroon ***neighbor:*** **6** Latvia, Russia ***river:*** **5** Narva, Pärnu **6** Kasari ***sea:*** **6** Baltic

estop **3** bar **6** enjoin, forbid **7** prevent **8** disallow, preclude, prohibit, restrain

estrange **4** part **5** split **7** break up, divorce **8** alienate, disunite, separate **9** disaffect

estrangement **4** rift **5** split **6** breach, schism **7** breakup, cooling, divorce, rupture **8** disunity, division **10** alienation, falling-out, withdrawal **12** disaffection

estuary **5** firth, frith, mouth **10** tidal river

esurient **4** avid **6** greedy, hungry **8** covetous, grasping, ravening, ravenous **9** rapacious, voracious **10** avaricious, gluttonous **11** acquisitive

étagère **7** cabinet, whatnot

Etats-___ **4** Unis

etch **3** cut **5** carve, stamp **6** depict, incise **7** engrave, impress, imprint, portray **8** inscribe **9** delineate, represent

etcher ***American:*** **7** Pennell (Joseph) **8** Whistler (James McNeil) ***Dutch:*** **9** Rembrandt (van Rijn) ***French:*** **5** Redon (Odilon) **6** Villon (Jacques) ***Italian:*** **8** Piranesi (Giambattista) ***Spanish:*** **6** Ribera (José) ***Swiss:*** **4** Zorn (Anders)

Eteocles ***brother:*** **9** Polynices ***father:*** **7** Oedipus ***mother:*** **7** Jocasta ***slayer:*** **9** Polynices

eternal **7** abiding, ageless, endless, lasting, undying **8** constant, enduring, immortal, infinite, timeless, unending **9** ceaseless, continual, deathless, immutable, incessant, permanent, perpetual, unceasing **10** immemorial, unchanging **11** amaranthine, everlasting, illimitable, inalterable, never-ending, unalterable, unremitting **12** imperishable, interminable

Eternal City **4** Rome

eternally **3** e'er **4** ever **6** always **7** forever **8** evermore, for keeps **11** forevermore, in perpetuum **12** in perpetuity

eternity **3** age, eon **4** aeon **7** dog's age **8** blue moon, coon's age, infinity **9** afterlife **10** infinitude, perpetuity **11** endlessness, immortality **12** infiniteness, timelessness

Etesian **4** wind **6** annual

Ethan ___ **5** Allen, Brand, Frome

Ethbaal's daughter **7** Jezebel

ether **3** air, gas, sky **6** heaven **7** heavens **8** airwaves, empyrean **10** anesthetic, atmosphere

ethereal **4** aery, airy **5** filmy, light **6** aerial **7** fragile **8** delicate, empyreal, empyrean, gossamer, heavenly, rarefied, vaporous **9** celestial, spiritual, unearthly, unworldly **10** immaterial, intangible **13** unsubstantial

ethical **4** good **5** moral, noble **6** decent **7** upright, virtual **8** elevated, virtuous **9** righteous **10** principled, upstanding **11** right-minded **13** conscientious

ethics **5** mores **6** morals, values **8** morality **9** moral code, standards **10** principles

Ethiopia ***battle site:*** **5** Adowa ***biblical name:*** **4** Cush ***capital:*** **10** Addis Ababa *city:* **6** Gonder **8** Dire Dawa *desert:* **4** Haud **7** Danakil *emperor:* **7** Menelik, Menilek **8** Selassie **9** Ras Tafari **13** Haile Selassie *former name:* **9** Abyssinia *language:* **5** Oromo **7** Amharic *monetary unit:* **4** birr *mountain:* **9** Ras Dashen *neighbor:* **5** Kenya, Sudan **7** Eritrea, Somalia **8** Djibouti *region:* **5** Tigre **6** Ogaden, Tigray **7** Danakil *river:* **4** Abay **5** Awash **6** Tekeze **8** Blue Nile

ethnic **6** racial, tribal **8** minority

etiolate **4** fade, pale **6** bleach, weaken **7** lighten, wash out **8** enfeeble

etiquette **4** code, form **5** mores **7** conduct, customs, decency, decorum, manners **8** behavior, protocol **9** amenities, propriety **10** civilities, convention, deportment, seemliness **11** conventions, formalities, proprieties

Etruscan *city, town:* **4** Roma, Veii **5** Caere, Vulci **6** Arezzo **7** Clusium, Felsina, Perugia **8** Volsinii **9** Florentia, Tarquinia, Vetulonia *deity:* **3** Tin, Tiv, Uni **4** Turm, Usil **5** Tinia, Turan, Turms **6** Menfra, Menrva, Nethun, Trithn **7** Velchan **8** Sethlans, Voltumna *king:* **7** Porsena, Tarquin **10** Tarquinius **11** Lars Porsena *kingdom:* **7** Etruria

étude **5** study **8** exercise **11** composition

etui **4** case

etymology **11** word history

etymon **4** root **5** radix **6** source **8** morpheme

eucalyptus eater **5** koala

Eucharist *container:* **3** pyx *plate:* **5** paten *service:* **4** Mass **9** Communion *vessel:* **8** ciborium *wafer:* **4** host **8** viaticum

Euclid *subject:* **8** geometry *work:* **8** Elements

___ **Eulenspiegel** **4** Till, Tyll

eulogistic **9** adulatory, laudative, laudatory **11** encomiastic, panegyrical **12** commendatory **13** complimentary

eulogize **4** hymn, laud **5** cry up, exalt, extol **6** praise **7** acclaim, applaud, commend, glorify, magnify **9** celebrate **10** panegyrize

eulogy **5** paean **6** praise **7** oration, tribute **8** accolade, citation, encomium **9** laudation, panegyric **10** salutation **12** commendation **13** glorification

Eumenides see ERINYES

eunuch **7** gelding **8** castrate, castrato

euphony **7** harmony **8** lyricism **9** sweetness **10** consonance

euphoria **3** joy **4** glee **5** bliss **7** ecstasy, elation, rapture **9** transport **10** exaltation, jubilation **11** high spirits **12** exhilaration, intoxication

Euphrosyne see GRACES

euphuistic **5** fancy, tumid **6** florid, ornate, prolix, purple, turgid **7** elegant, flowery, fustian, orotund, verbose **8** colorful, elevated, inflated, sonorous **9** bombastic, elaborate, high-flown, overblown **10** figurative, flamboyant, rhetorical **11** highfalutin, overwrought **12** magniloquent **13** grandiloquent

eureka **3** aha

Euridice's husband **7** Orpheus

Euripides play **3** Ion **5** Helen, Medea **6** Hecuba **7** Bacchae (The), Cyclops, Electra, Orestes **8** Alcestis **10** Andromache, Hippolytus, Suppliants (The) **11** Trojan Women (The)

Europa *brother:* **6** Cadmus *father:* **6** Agenor **7** Phoenix *husband:* **8** Asterius *son:* **5** Minos **8** Sarpedon

Europe **9** continent *country:* **4** Eire **5** Italy, Malta, Spain **6** France, Greece, Latvia, Monaco, Norway, Poland, Russia, Sweden, Turkey **7** Albania, Andorra, Armenia, Austria, Belarus, Belgium, Croatia, Denmark, Estonia, Finland, Georgia, Germany, Hungary, Iceland, Ireland, Moldova, Romania, Rumania, Ukraine **8** Bulgaria, Portugal, Slovakia, Slovenia **9** Lithuania, Macedonia, San Marino **10** Azerbaijan, Luxembourg, Yugoslavia **11** Netherlands, Switzerland, Vatican City **13** Czech Republic, Liechtenstein, United Kingdom *ethnic group:* **4** Celt, Finn, Lapp, Lett, Pole, Serb, Sorb, Turk, Wend **5** Croat, Czech, Dutch, Greek, Gypsy, Irish, Latin, Swede, Swiss, Welsh **6** Basque, Celtic, French, German, Magyar, Polish, Scotch, Slovak **7** Bosnian, Catalan, English, Finnish, Fleming, Italian, Lettish, Maltese, Russian, Slovene, Spanish, Swedish, Walloon **8** Albanian, Andorran, Armenian, Croatian, Romanian **9** Belarusan, Bulgarian, Hungarian, Ukrainian **10** Belarusian, Macedonian, Monegasque, Phoenician **11** Belarussian **12** Byelorussian, Scandinavian *language:* **4** Lapp **5** Czech, Dutch, Greek, Irish, Latin, Welsh **6** Basque, Breton, Danish, French, Gaelic, German, Magyar, Polish, Slovak **7** Catalan, English, Finnish, Flemish, Italian, Maltese, Romansh, Russian, Serbian, Slovene, Spanish, Swedish, Turkish, Wendish **8** Albanian, Croatian, Lusatian, Romanian, Rumanian **9** Bulgarian, Hungarian, Icelandic, Norwegian **10** Macedonian, Portuguese **13** Serbo-Croatian *mountain range:* **4** Alps **8** Pyrenees **11** Carpathians

Euryale see GORGON

Eurytus *daughter:* **4** Iole *slayer:* **8** Hercules

Euterpe see MUSE
evacuate 4 exit, void 5 clear, empty, expel, leave 6 decamp, depart, remove, vacate 7 abandon, excrete, exhaust, pull out, retreat 8 clear out, pull back, withdraw 9 eliminate
evacuee 6 émigré 7 refugee 8 fugitive
evade 4 duck, flee, foil 5 avoid, dodge, elude, hedge, parry, shirk, skirt 6 baffle, bypass, escape, eschew, outwit, thwart, weasel 7 shuffle 8 sidestep, slip away 9 pussyfoot, turn aside 10 circumvent, equivocate 11 prevaricate 12 tergiversate
evaluate 4 rank, rate 5 assay, class, gauge, grade, set at, weigh 6 assess, figure, reckon, size up, survey 7 eyeball 8 appraise, classify, estimate 9 calculate, criticize
evaluation 6 rating 7 judging, opinion 8 estimate, judgment 9 appraisal 10 assessment 12 appreciation
Evander ***father:*** 6 Hermes 7 Mercury ***mother:*** 8 Carmenta 9 Carmentis ***son:*** 6 Pallas
evanesce 4 fade 5 clear 6 vanish 7 scatter 8 disperse, dissolve, melt away 9 disappear, dissipate, evaporate 13 dematerialize
evanescent 6 fading 7 elusive, melting, passing 8 fleeting, fugitive, volatile 9 ephemeral, fugacious, momentary, transient, vanishing 10 dissolving, short-lived, transitory 12 disappearing
evangelical 6 ardent, fervid 7 fanatic, fervent, zealous 8 militant 9 crusading 10 missionary 13 proselytizing
Evangeline ***author:*** 10 Longfellow (Henry Wadsworth) ***beloved:*** 7 Gabriel ***home:*** 6 Acadia
evangelist 4 John, Luke, Mark 5 Moody (Dwight) 6 Bakker (Jim, Tammy Faye), Graham (Billy, Franklin), Sunday (Billy), Wesley (John) 7 apostle, Edwards (Jonathan), Falwell (Jerry), Matthew, Roberts (Oral) 8 Schuller (Robert), Swaggart (Jimmy) 9 McPherson (Aimee Semple), missioner, Robertson (Pat) 10 colporteur, missionary, revivalist, Whitefield (George)
evangelistic 9 crusading, reforming 10 missionary, revivalist 13 proselytizing
evangelize 6 preach 7 convert 9 sermonize
evaporate 4 fade, melt 5 clear 6 vanish 8 diminish, disperse, dissolve, evanesce, melt away, vaporize 9 disappear, dissipate
evasion 5 dodge, fudge 6 escape, excuse 7 dodging, elusion, fudging 8 escaping 9 avoidance 13 circumvention
evasive 3 sly 5 cagey, dodgy, vague 6 shifty 7 elusive 8 slippery 9 ambiguous, equivocal
Eve ***home:*** 4 Eden ***husband:*** 4 Adam ***son:*** 4 Abel, Cain, Seth ***temptation:*** 5 apple, fruit
even 3 tie 4 fair, flat, just, same, tied 5 align, equal, exact, flush, grade, level, plane, still, truly 6 as well, equate, smooth, square, stable, steady 7 balance, equable, flatten, uniform 8 balanced, constant, equalize, smoothen, straight 9 equitable, expressly, identical, precisely, unvarying 10 absolutely, comparable, consistent, continuous, fifty-fifty, unchanging 13 fair and square, proportionate
evening 4 dusk 6 soiree, sunset 7 sundown 8 gloaming, twilight 9 nightfall ***French:*** 4 soir ***Italian:*** 4 sera ***service:*** 7 vespers ***star:*** 5 Venus 6 Vesper 8 Hesperus
evenness 6 equity, parity 7 balance 8 equality 9 stability 10 equanimity, uniformity 11 consistency, equilibrium
event 3 act 4 case, deed, fact, feat, meet 5 issue, match 6 action, affair, chance, effect, result, upshot 7 contest, episode, outcome, product 8 accident, function, incident, occasion 9 aftermath, happening 10 occurrence, phenomenon 11 achievement, competition, consequence, eventuality 12 circumstance, happenstance
eventful 4 busy 6 lively 9 important, momentous
eventual 4 last 5 final 6 ending 7 closing, endmost, ensuing 8 terminal, ultimate 9 resulting 10 concluding, consequent, inevitable, succeeding
eventuality 4 case 6 effect, result 7 outcome 11 consequence, contingency, possibility
eventually 6 at last, one day 7 finally, someday 8 sometime 9 hereafter 10 ultimately 13 sooner or later
eventuate 5 ensue, occur 6 befall, follow, happen, result 9 come about, take place
ever 4 once 5 at all 6 always 7 forever 9 at any time, eternally, regularly 10 constantly, invariably 11 perpetually 12 consistently, continuously
evergreen 3 fir, ivy, yew 4 ilex, pine, tree 5 cedar, holly, savin 6 laurel, myrtle, spruce 7 conifer, cypress, hemlock, juniper, lasting, redwood, sequoia, undying 8 magnolia, mangrove, timeless, unfading 9 mistletoe, perennial 10 arborvitae 12 rhododendron

Evergreen State 10 Washington
everlasting 7 abiding, endless, eternal, forever, lasting, undying 8 constant, immortal, infinite, termless, timeless, unending 9 boundless, ceaseless, continual, deathless, limitless, permanent, perpetual, unceasing 10 continuous, perdurable 11 amaranthine, never-ending, unremitting 12 imperishable
evermore 6 always 7 for good 8 for keeps 9 eternally 12 in perpetuity
every 3 all 4 each *prefix:* 3 pan
everybody 3 all 4 each
everyday 5 banal, plain, usual 6 common, normal 7 mundane, prosaic, routine 8 familiar, habitual, ordinary 9 customary, quotidian 11 commonplace 12 conventional, run-of-the-mill, unremarkable
everything 3 all *French:* 4 tout *German:* 5 alles
everywhere 7 all over, overall 8 all round, wherever 9 all around 10 far and near, far and wide, high and low, throughout
evict 3 out 4 oust 5 eject, expel 6 bounce, put out 7 boot out, dismiss, extrude, kick out 8 dislodge, force out, throw out 10 dispossess
evidence 4 clue, mark, show, sign 5 goods, proof, prove 6 attest, evince, expose, reveal 7 confirm, display, exhibit, symptom, testify, witness 8 indicate 9 testament, testimony 10 indication, smoking gun 11 attestation, demonstrate, testimonial 12 confirmation 13 documentation
evident 5 clear, overt, plain 6 marked, patent 7 obvious, visible 8 apparent, distinct, manifest, palpable, tangible 9 prominent 10 noticeable, pronounced 11 conspicuous, perceptible, unambiguous
evidently 9 outwardly, seemingly 10 officially, ostensibly
evil 3 bad, sin 4 foul, vice, vile 5 black 6 infamy, malice, sinful, wicked 7 badness, baleful, baneful, devilry, hateful, heinous, malefic, satanic, vicious 8 damnable, iniquity, satanism, villainy 9 atrocious, diablerie, diabolism, execrable, loathsome, malicious, malignant, nefarious 10 flagitious, iniquitous, maleficent, malevolent, pernicious, sinfulness, wickedness 11 maleficence *combining form:* 3 mal
evildoer 6 sinner 7 villain 8 criminal 9 miscreant 10 malefactor
evil spirit 3 imp 5 demon, devil, fiend, Satan 6 daemon
evince 4 mark, show 5 educe, evoke, prove 6 attest, betray, elicit, expose, reveal 7 bespeak, betoken, confirm, display, exhibit, signify 8 evidence, indicate, manifest, proclaim 10 illustrate 11 demonstrate
eviscerate 3 gut 4 draw 5 bowel 7 embowel 8 protrude 10 disembowel, exenterate
evocative 6 moving 8 redolent, stirring 9 affecting, emotional, nostalgic 10 expressive, meaningful, suggestive 11 stimulating
evoke 4 cite, stir 5 educe, raise, waken 6 arouse, awaken, call up, elicit, evince, excite, induce, recall 7 conjure 8 recreate, summon up 9 call forth, conjure up, stimulate 11 summon forth
evolution 6 change, growth 8 progress, upgrowth 9 flowering, phylogeny, unfolding 10 biogenesis, maturation 11 development, progression
evolve 4 grow 5 educe, ripen 6 change, derive, emerge, mature, open up, unfold 7 advance, develop, work out 8 progress 9 elaborate
ewe 5 sheep
ewer 3 jug 4 vase 7 pitcher
ex 4 from, past 5 prior 6 former 7 earlier, without 9 erstwhile
exacerbate 6 worsen 7 envenom, inflame, provoke 8 embitter, heighten 9 aggravate, intensify
exact 4 levy, true 5 claim, force, gouge, pinch, screw, wrest, wring 6 coerce, compel, dead-on, demand, extort, spot-on, strict 7 correct, extract, literal, precise, require, solicit, squeeze 8 accurate, rigorous, selfsame 9 identical, postulate, shake down 10 meticulous, scrupulous 11 painstaking, punctilious, requisition
exacting 5 fussy, rigid, stern, tough 6 severe, strict, taxing, trying 7 exigent, finicky, onerous 8 critical, rigorous 9 demanding, stringent 10 fastidious, nitpicking, particular, scrupulous 11 persnickety 13 hypercritical
exactitude 5 rigor 8 accuracy 9 precision 10 definitude 11 correctness, preciseness 12 definiteness
exactly 4 bang, just 5 quite, right, sharp, spang 6 bang on, square, to a tee, wholly 7 totally, utterly 8 entirely, smack-dab, squarely 9 on the nose, precisely 10 absolutely, accurately, altogether, completely, positively 12 specifically
exaggerate 6 overdo 7 amplify, enlarge, inflate, magnify, overact, romance 8 overdraw, overrate 9 embellish, embroider, overstate 11 hyperbolize 13 overemphasize

exaggeration 8 travesty 9 hyperbole 10 caricature, stretching 11 enlargement, overdrawing 12 embroidering 13 embellishment, overstatement

exalt 4 fete, laud, lift 5 boost, elate, extol, honor, raise 6 praise, uplift 7 acclaim, adulate, build up, dignify, elevate, enhance, ennoble, glorify, inspire, magnify, promote 8 eulogize, heighten, inspirit 9 intensify 10 aggrandize 11 apotheosize

exaltation 3 joy 5 bliss, glory 6 homage, praise 7 delight, ecstasy, elation, rapture, tribute 8 euphoria, rhapsody 9 panegyric, transport, uplifting 10 apotheosis, jubilation 11 deification 12 exhilaration, intoxication 13 glorification

exalted 4 high 5 grand, lofty, noble 6 august 7 eminent, highest, sublime 9 venerable 11 high-ranking, illustrious, outstanding, prestigious

examination 4 quiz, scan, test 5 assay, probe, trial 6 review, survey 7 canvass, checkup, hearing, inquest, inquiry, perusal, sifting, testing 8 analysis, scrutiny 9 breakdown, check-over, diagnosis 10 dissection, inspection 11 inquisition 13 catechization, investigation, perlustration ***kind:*** 4 oral 5 final 7 medical, midterm 8 physical ***of accounts:*** 5 audit ***of a corpse:*** 7 autopsy 10 postmortem

examine 3 con, vet 4 pump, quiz, scan, sift, test 5 audit, check, grill, probe, query, study 6 go over, look at, peruse, survey 7 canvass, check up, inquire, inspect, observe 8 check out, look into, look over, question 9 catechize, check over 10 scrutinize 11 interrogate, investigate

examiner 6 censor 7 auditor, coroner 9 inspector 10 inquisitor, prosecutor 12 investigator

example 4 case 5 ideal, model 7 paragon, pattern 8 instance, paradigm, specimen, standard 9 archetype, precedent, prototype 11 case history 12 illustration

exanimate 4 dead 5 inert 8 lifeless, listless, sluggish, stagnant 9 lethargic 10 spiritless

exasperate 3 irk, vex 4 gall, rile, roil 5 anger, annoy, peeve, pique, upset 6 enrage, madden, nettle, rankle 7 agitate, incense, inflame, provoke 8 irritate 9 aggravate, infuriate

exasperation 8 vexation 9 annoyance 10 irritation 11 aggravation

ex cathedra 8 official 9 ex officio 13 authoritative

excavate 3 dig 4 grub 5 scoop, spade 6 dig out, dredge, expose, hollow, quarry, shovel 7 unearth 8 gouge out, scoop out 9 hollow out, scrape out

excavation 3 dig, pit 4 hole, mine 5 ditch, stope 6 dugout, hollow, quarry, trench, trough

exceed 3 cap, top 4 beat, best, pass 5 break, excel, outdo 6 better, outrun, overdo 7 eclipse, outpace, overrun, surpass 8 go beyond, outreach, outshine, outstrip, outweigh, overstep, overtake 9 overreach, transcend

exceedingly 4 very 6 hugely, vastly 7 awfully, notably, vitally 9 extremely 10 remarkably, strikingly 12 surpassingly 13 exceptionally ***prefix:*** 5 ultra

excel 3 cap, top 4 beat, best, pass 5 outdo, shine 6 better, exceed, outrun, overdo 7 eclipse, outpace, overrun, surpass 8 go beyond, outclass, outreach, outshine, outstrip, outweigh, overstep, overtake 9 overreach, transcend

excellence 5 class, merit, value, worth 6 virtue 7 quality 8 fineness 9 greatness 10 perfection 11 distinction, superiority

excellent 3 top 4 fine 5 bully, prime 6 bang-up, banner, famous, Grade A, superb, tip-top 7 capital, premium, supreme 8 champion, five-star, splendid, stunning, superior, terrific, top-notch 9 classical, first-rate, high-class, high-grade, marvelous, number one, wonderful 10 blue-ribbon, first-class 11 exceptional, magnificent, meritorious, sensational, superlative, unsurpassed 12 incomparable

except 3 bar, but, yet 4 omit, only, save 6 beside, exempt, object, reject, unless 7 barring, besides, exclude, however, outside, rule out, suspend 8 pass over 9 apart from, aside from, eliminate, excluding, outside of 11 exclusive of

exception 5 demur 7 anomaly, dissent 8 question 9 allowance, deviation, exclusion, objection 10 aberration

exceptionable 8 unwanted 9 unwelcome 10 unsuitable 11 regrettable, undesirable 12 unacceptable 13 objectionable

exceptional 4 rare 6 scarce, unique 7 notable, special, unusual 8 abnormal, atypical, distinct, singular, superior, uncommon, unwonted 9 anomalous, excellent, marvelous, wonderful 10 infrequent, noteworthy, phenomenal, remarkable 11 outstanding, uncustomary 13 extraordinary

exceptionally 4 very 6 hugely 7 notably 9 extremely 10 especially, remarkably, strikingly 11 exceedingly 12 particularly, stupendously

excerpt 4 cite, cull, pick 5 glean, quote 6 choose, sample, select 7 extract, passage, pick out, portion, snippet 8 fragment 9 quotation
excess 3 fat 4 glut, rest 5 extra, flood, spare, waste 7 nimiety, overage, surfeit, surplus 8 leavings, leftover, overflow, overkill, overmuch 9 indulgent, overstock, redundant, remainder 10 oversupply, surplusage 11 dissipation, prodigality, superfluity, superfluous, unessential 12 extravagance, immoderation, intemperance 13 overabundance, supernumerary
excessive 4 over 5 dizzy, steep, super, undue 6 too-too 7 extreme, sky-high 8 overmuch, prodigal 10 exorbitant, immoderate, inordinate, profligate 11 extravagant, intemperate, overweening, superfluous 12 supernatural, unrestrained
excessively 3 too 6 overly, unduly 8 overmuch *prefix:* 5 hyper
exchange 4 swap, swop 5 bandy, trade, truck 6 barter, market, switch 7 bargain, commute, convert, pay back, replace, traffic 8 displace 9 transpose 10 conversion, substitute 11 reciprocate
exchequer 5 funds 8 treasury
excise 3 fee, tax 4 toll 5 elide, slash 6 cut out, delete, remove, resect 9 expurgate, extirpate, strike out, surcharge
excision 3 cut 7 removal, surgery 8 deletion 9 resection 11 extirpation
excitable 4 rash 8 volatile 9 impetuous 10 high-strung
excite 4 fire, goad, move, spur, stir 5 elate, evoke, key up, pique, prime, rouse, waken 6 appeal, arouse, elicit, fire up, induce, kindle, stir up, thrill, turn on 7 agitate, animate, commove, inflame, inspire, provoke, quicken 8 activate, charge up, energize, motivate 9 galvanize, impassion, innervate, stimulate 10 exhilarate
excited 3 hot 4 avid 5 eager 6 aflame 7 fevered 8 aflutter, worked up 10 passionate 12 enthusiastic
excitement 3 ado 4 buzz, stir, to-do 5 fever, furor 6 flurry, frenzy, furore, hubbub, thrill 7 turmoil 8 delirium, hysteria 9 agitation, commotion 10 enthusiasm, hullabaloo 11 disturbance, pandemonium 12 exhilaration
exclaim 4 blat, bolt 5 blurt 6 cry out 8 blurt out, burst out 9 ejaculate
exclamation 3 aah, aha, bah, boo, cry, eek, feh, fie, gee, hah, hey, huh, oho, ooh, pah, tsk, tut, ugh, wow 4 ahem, alas, amen, damn, dang, darn, drat, egad, gosh, heck, hell, oops, ouch, phew, pish, posh, rats, whew, yell 5 alack, bravo, faugh, golly, humph, pshaw, shout 6 clamor, hurrah, indeed, outcry, phooey, shucks 7 doggone, gee whiz, hosanna, jeepers, whoopee 9 expletive 10 hallelujah 12 interjection *of disappointment:* 4 damn, darn, rats *of disapproval:* 3 tsk 6 tsk-tsk *of disgust:* 3 bah, boo, feh, fie, ugh 4 yech, yuck 5 faugh, yecch 6 phooey *of dismay:* 4 oh no, uh-oh 5 yikes *of enthusiasm:* 4 whee 5 wahoo 7 whoopie *of fear:* 3 eek *of pain:* 4 ouch *of relief:* 4 phew *of sorrow:* 3 woe 4 alas 5 alack *of surprise:* 3 wow 4 gosh 5 golly *of triumph:* 3 aha, hah 5 yahoo 6 eureka (see also INTERJECTION)
exclude 3 ban, bar 4 oust 5 block, debar 6 banish, disbar, reject 7 keep out, lock out, obviate, prevent, rule out, shut out, suspend 8 count out, preclude, prohibit 9 blackball, blacklist, eliminate, ostracize
excluding 3 bar, but 4 less, save 6 except 7 barring, besides 9 apart from, aside from, other than, outside of
exclusion 3 bar 6 ouster 7 barring, lockout, removal 8 ejection, eviction, omission 9 blackball, expulsion, ostracism 10 banishment 12 blackballing, nonadmission
exclusive 4 lone, only, sole 5 elect, elite, prime, scoop, smart, swank, swish 6 choice, chosen, picked, select, single 7 cliquey, high-hat, stylish 8 clannish, cliquish, selected, snobbish 9 preferred, undivided 10 privileged 11 fashionable, prohibitive, restrictive 12 aristocratic, concentrated, preferential
exclusively 4 only 5 alone 6 wholly 8 entirely 10 completely 12 particularly
excogitate 6 derive, devise, invent 7 develop, think up 8 contrive, think out
excommunicate 7 cast out 8 unchurch
excoriate 4 flay, lash, skin 5 roast, slash 6 abrade, scathe, scorch 7 blister, censure, scarify, scourge 8 chastise, lambaste, lash into 9 castigate
excrement 6 ordure *of animals:* 4 dung, muck 6 manure *of sea birds:* 5 guano
excrescence 4 blot, lump, mole, wart 5 tumor 6 growth, nodule, pimple 7 blemish, process 9 by-product, outgrowth
excrete 4 emit, spew 5 eject, expel, exude 9 discharge
excruciate 4 rack 6 martyr 7 afflict, crucify, torment, torture 9 martyrize
excruciating 5 acute, sharp 6 severe 7 extreme, intense 8 piercing, shooting,

stabbing 9 agonizing, harrowing, torturous 10 unbearable 11 unendurable

exculpate 4 free 5 clear, remit 6 acquit, excuse, let off, pardon 7 absolve, amnesty, condone, forgive, justify 9 exonerate, vindicate 11 rationalize

excursion 4 ride, tour, trek, trip, walk 5 aside, drive, jaunt, paseo, sally, tramp 6 cruise, junket, outing, ramble, safari 7 day trip, journey 9 round trip 10 digression, divagation, expedition 11 parenthesis 12 pleasure trip

excusable 6 venial

excuse 3 out 4 plea 5 alibi, clear, remit 6 acquit, cop-out, defend, exempt, let off, pardon, reason, wink at 7 absolve, apology, condone, defense, forgive, justify, pretext, regrets, relieve 8 mitigate, overlook, palliate, pass over, shrug off, tolerate 9 discharge, exculpate, exonerate, extenuate, gloss over, makeshift, vindicate, whitewash 10 substitute 11 explanation, rationalize 13 justification

execrable 4 base, foul, vile 7 heinous 8 accursed, damnable, horrific, infernal, wretched 9 abhorrent, atrocious, loathsome, monstrous, repulsive, revolting 10 abominable, deplorable, despicable, detestable, horrifying

execrate 4 damn, hate 5 abhor, curse 6 detest, loathe, revile, vilify 7 censure, condemn, despise 8 denounce 9 abominate, imprecate 12 anathematize

execute 3 act 4 do in, kill, play, slay 5 cause, lynch 6 effect, finish, murder, render 7 achieve, bump off, conduct, enforce, fulfill, perform, realize 8 carry out, complete, dispatch, knock off, transact 9 discharge, eliminate, implement, liquidate 10 accomplish, administer, bring about, put through, put to death 11 assassinate 12 administrate

execution 6 murder 7 killing 11 performance

executioner 7 hangman, headman 8 headsman

executive 4 dean, suit 6 leader 7 manager 8 director, governor 9 president 10 supervisor 13 administrator

exegesis 5 gloss 8 analysis 9 construal 10 commentary, exposition 11 elucidation, explanation, explication 12 construction

exemplar 4 copy 5 ideal, model 7 epitome, paragon, pattern 8 instance, paradigm, specimen, standard 9 archetype, criterion, prototype 12 illustration

exemplary 4 pure 5 ideal, model 7 classic, typical 8 laudable, monitory, virtuous 9 admirable, blameless, classical, estimable, faultless, honorable, righteous 10 impeccable, inculpable, prototypal 11 commendable, meritorious 12 illustrative, paradigmatic, praiseworthy, prototypical

exemplify 4 copy 6 embody, mirror, typify 7 clarify 9 enlighten, epitomize, personify, represent, symbolize 10 concretize, illuminate, illustrate

exempt 4 free 5 spare 6 except, excuse, let off, spared 7 absolve, excused, relieve 8 dispense 9 discharge

exemption 7 freedom, release 8 immunity, impunity 9 discharge, exception

exenterate 3 gut 4 draw 7 embowel 10 disembowel, eviscerate

exercise 3 use, vex 4 fret, gall, hone 5 alarm, annoy, apply, drill, étude, exert, sit-up, train, upset, wield 6 chin-up, crunch, employ, pull-up, push-up 7 agitate, develop, exploit, improve, prepare, problem, provoke, utilize, work out 8 activity, maneuver, practice, rehearse 9 athletics, condition, cultivate, discharge, operation 10 employment 11 application 12 calisthenics

exert 3 use 5 apply, wield 6 employ, expend, put out, strain 8 exercise, put forth

exertion 4 toil, work 5 labor, pains 6 effort, strain 7 trouble 8 activity, exercise, striving 11 application, elbow grease

exfoliate 4 peel, shed 5 scale 7 cast off, leaf out 8 flake off 10 desquamate

exhalation 6 breath 8 emission 9 breathing, effluvium, emanation

exhale 4 blow, emit 6 expire, let out 7 breathe, respire 10 breathe out

exhaust 3 fag, sap 4 do in, tire 5 drain, eat up, empty, spend, use up, waste, weary 6 expend, finish, tucker, wash up, weaken 7 burn out, consume, deplete, fatigue, frazzle, tire out, wear out 8 draw down, enervate, squander, wear down 9 discharge, dissipate, prostrate, tucker out 10 debilitate, overextend, run through

exhausted 4 beat, limp, weak 5 all in, spent, tired 6 bushed 7 run-down, worn out 8 dog-tired

exhaustion 7 burnout, fatigue 8 collapse 9 lassitude, tiredness, weariness 11 prostration

exhaustive 8 complete, sweeping, thorough 9 full-blown, full-scale, intensive 10 scrupulous 11 painstaking 13 comprehensive, thoroughgoing

exhibit 4 fair, show 6 evince, expose, flaunt, parade, reveal 7 display, feature, show off **8** evidence, manifest, proclaim, showcase **10** exposition **11** demonstrate

exhibition **4** fair, show **7** display, pageant, showing **12** presentation **13** demonstration, manifestation

exhibitionist **3** fop **4** toff **6** hot dog **7** peacock, show-off **8** showboat **12** grandstander

exhilarate **4** buoy, lift **5** boost, cheer, elate, exalt, pep up **6** buck up, excite, thrill, uplift **7** animate, cheer up, commove, delight, enliven, gladden, inspire, refresh **8** inspirit, vitalize **9** stimulate **10** invigorate

exhilaration **3** joy **4** glee **7** ecstasy, elation **8** euphoria, gladness **10** exaltation, excitement **11** inspiration **12** vitalization, vivification **13** galvanization

exhort **4** goad, prod, spur, urge, warn **5** egg on, plead, press, prick **6** adjure, call on, incite, prompt, propel **7** beseech, entreat **8** admonish, call upon **9** stimulate

exhortation **4** plea **6** advice, urging **7** caution, warning **8** entreaty, jeremiad **10** admonition, incitement, injunction **11** inspiration **13** encouragement

exhume **5** dig up **6** redeem **7** reclaim, recover, unearth **8** disinter **9** resurrect

exigency **3** fix, jam **4** need, pass **5** pinch, rigor **6** crisis, demand, pickle, plight, strait **7** urgency **8** juncture, pressure, zero hour **9** extremity, necessity **10** compulsion, constraint, crossroads, difficulty, insistence **11** predicament, requirement

exigent **5** acute, vital **6** crying, taxing **7** burning, clamant, instant, onerous **8** exacting, grievous, pressing **9** clamorous, demanding, insistent, necessary **10** burdensome, imperative **11** importunate

exiguous **4** poor, puny, thin, tiny **5** scant, spare, token **6** meager, meagre, measly, paltry, scanty, shabby, skimpy, slight, sparse **7** minimal, scrimpy **9** miserable **10** inadequate, straitened

exile **4** oust **5** eject, expel **6** banish, deport, emigré **7** cast out, outcast, refugee **8** diaspora, displace, drive out, evacuate, expellee **9** exclusion, expulsion, extradite, migration, ostracism, ostracize **10** banishment, dispossess, expatriate, scattering **11** deportation, extradition **12** displacement, expatriation ***place of:*** **4** Elba **7** Siberia

exist **3** are, lie **4** live **5** occur

existence **4** life **5** being **7** reality **8** duration **9** actuality

existent **4** live, real **5** being, thing **6** actual, entity, extant, living **7** current, instant, present **10** present-day **12** contemporary

existentialist writer **5** Buber (Martin), Camus (Albert) **6** Marcel (Gabriel), Sartre (Jean-Paul) **7** Jaspers (Karl) **8** Beauvoir (Simone de) **9** Heidegger (Martin), Nietzsche (Friedrich) **11** Kierkegaard (Søren)

existing **5** alive, being, ontic **6** extant, living ***from birth:*** **6** innate **10** congenital ***Latin:*** **6** in esse

exit **3** die **4** door, gate, quit **5** death, going, leave, scram, split **6** depart, egress, escape, outlet, portal, retire **7** doorway, get away, off-ramp **8** withdraw **9** departure, egression **10** withdrawal

___ ex machina **4** deus

exodus **6** flight **9** migration **10** emigration

Exodus author **4** Uris (Leon)

exonerate **4** free **5** clear, remit **6** acquit, excuse, exempt, let off, pardon **7** absolve **8** reprieve **9** exculpate, vindicate

exorbitant **5** undue **7** extreme **9** excessive **10** immoderate, inordinate, outrageous **11** extravagant, unwarranted **12** preposterous

exordium **5** intro, proem **6** lead-in **7** opening, preface, prelude **8** foreword, overture, preamble, prologue **12** introduction, prolegomenon

exotic **4** rare **5** alien **7** bizarre, foreign, strange, unusual **8** alluring, enticing, imported, romantic **9** different, glamorous, nonnative **10** introduced, mysterious **11** fascinating

expand **3** wax **4** grow, open, rise **5** boost, mount, swell, widen **6** beef up, bulk up, dilate, pad out, spread, unfold **7** amplify, augment, bolster, develop, distend, enlarge, inflate, magnify, prolong, stretch **8** escalate, increase, lengthen, multiply, mushroom, protract **9** discourse, elaborate, expatiate, spread out

expanse **4** area, room **5** field, ocean, range, reach, scope, space, sweep, tract **6** domain, extent, sphere, spread **7** breadth, stretch **8** distance **9** territory

expansion **6** growth, spread **8** increase **9** unfolding **11** enlargement **12** augmentation

expansive **3** big **4** wide **5** ample, broad, large, roomy **6** lavish **7** buoyant, elastic, liberal, sizable **8** effusive, extended, generous, outgoing, spacious **9** capacious, garrulous, talkative **10** gregarious, openhanded, unreserved **11** extroverted **13** demonstrative

expatiate **6** ramble, wander **7** dissert, enlarge **8** dilate on, perorate **9** discourse, elaborate, sermonize **10** dilate upon, dissertate

expatriate **5** exile, expel **6** banish, deport, émigré **8** displace, expellee, relegate

expect **4** feel, hope, take **5** await, sense, think, trust **6** assume, divine, gather, look to **7** believe, count on, foresee, imagine, look for, predict, presume, suppose, surmise **8** forecast, foreknow **9** apprehend, count upon **10** anticipate, presuppose

expectant **5** alert **6** gravid **7** anxious, hopeful **8** enceinte, pregnant, vigilant, watchful **10** breathless, parturient **12** anticipatory, apprehensive

expectation **4** hope **5** hunch **8** prospect **9** assurance, intuition **10** assumption, likelihood **11** presumption, probability **12** anticipation, presentiment

expectorate **4** spit

expediency **5** means **6** resort, tactic **7** aptness, fitness, measure, stopgap **8** meetness, recourse, resource, strategy **9** makeshift, propriety, rightness **11** opportunism, suitability **12** appositeness, practicality, suitableness

expedient **3** fit **5** ad hoc, means, shift **6** resort, timely, useful **7** fitting, politic, prudent, stopgap **8** feasible, recourse, resource, suitable, tactical **9** advisable, judicious, makeshift, opportune, practical, pragmatic, well-timed **10** convenient **11** appropriate, practicable, utilitarian **12** advantageous

expedite **4** send **5** hurry, issue, speed **6** hasten **7** quicken, speed up **8** dispatch **10** accelerate, facilitate

expedition **4** trek, trip **5** hurry, speed **6** voyage **7** journey **8** campaign, dispatch **9** excursion, swiftness **10** efficiency, speediness **11** punctuality

expeditious **4** fast **5** brisk, quick, rapid, swift **6** prompt, speedy **9** efficient **11** efficacious

expeditiousness **5** hurry, speed **6** hustle **8** dispatch

expel **4** boot, oust, spew **5** eject, evict, exile **6** banish, bounce, deport, disbar **7** cast out, dismiss, drum out, kick out, turn out **8** disgorge, displace, throw out **9** discharge, eliminate **10** expatriate

expellee **5** exile **6** émigré **7** outcast **8** deportee, emigrant

expend **3** pay, sap **4** blow **5** drain, spend, use up, waste **6** lay out, outlay, pay out **7** consume, deplete, dig into, dole out, exhaust, fork out, utilize **8** disburse, dispense, shell out, squander **9** dissipate **10** run through

expendable **10** disposable **11** dispensable, inessential, replaceable **12** nonessential

expenditure **4** cost **6** outlay, payoff, payout **12** disbursement

expense **4** cost, loss, toll **5** debit, price **6** burden, charge, outlay **7** forfeit, payment **8** overhead **9** decrement, sacrifice **10** forfeiture **12** disbursement

expensive **4** dear, high, posh **5** fancy, ritzy, steep, stiff **6** costly, deluxe, lavish, pricey **7** upscale **8** precious, valuable, wasteful **9** big-ticket, luxurious **10** exorbitant, high-priced, overpriced **11** extravagant **12** uneconomical

experience **4** know, live **5** event, savor, skill, trial **6** ordeal, suffer, wisdom **7** episode, know-how, sustain, undergo **8** incident, practice **9** encounter, go through **10** background **11** familiarity, savoir faire ***anew:*** **6** relive

experienced **4** wise **6** mature, versed **7** old-line, veteran, worldly **8** broken in, seasoned **9** practiced, qualified **12** accomplished

experiential see EMPIRICAL

experiment **3** try **4** test **5** assay, probe, trial **6** try out **7** test out **8** research, trial run **13** trial and error

experimental **9** empirical, tentative **10** innovative **11** exploratory, preliminary, preparatory, provisional **13** developmental, trial-and-error

experimentation **4** test **5** trial **7** testing **8** research, trial run **13** trial and error

expert **3** ace, pro, wiz **4** deft, whiz **5** adept, crack, doyen, maven **6** adroit, master, wizard **7** skilled **8** masterly, skillful, virtuoso **9** authority, dexterous, masterful, virtuosic **10** past master, proficient, specialist **11** crackerjack **12** passed master, professional

expertise **5** craft, skill **7** ability, command, know-how, mastery **8** facility **10** adroitness, competence **11** proficiency **12** skillfulness

expertness see EXPERTISE

expiate **6** offset, pay for, redeem **7** redress **8** atone for

expiation **9** atonement, indemnity **10** recompense, reparation **11** restitution **12** satisfaction

expiatory **7** atoning, lustral **9** purgative **11** penitential, purgatorial **12** propitiatory

expiration **3** end **5** death **10** exhalation **11** termination

expire 3 die, end 4 pass 5 lapse 6 elapse, exhale, pass on, perish, run out 7 decease 8 pass away 9 terminate 10 breathe out

explain 5 gloss, solve 7 analyze, clarify, clear up, condone, expound, justify, resolve, unravel 8 construe, decipher, spell out, unriddle, untangle 9 break down, elucidate, interpret 10 account for, illuminate, illustrate, unscramble 11 disentangle, rationalize

explain away 6 excuse 7 justify 8 minimize 9 extenuate 10 account for 11 rationalize

explanation 3 key 5 gloss 6 excuse, motive, reason 7 account, example, grounds, meaning 8 exegesis 9 construal, rationale 11 elucidation 12 significance 13 clarification

explanatory 10 discursive, exegetical 12 enlightening, illuminating, illustrative, interpretive

expletive 4 cuss, oath 5 curse, swear 8 cussword 9 swearword 12 interjection (see also EXCLAMATION)

explicate 7 amplify, develop, explain, expound 8 construe, spell out 9 elucidate, interpret

explication 5 gloss 8 exegesis 9 construal 10 commentary 11 development

explicative 10 discursive, exegetical, scholastic 12 interpretive 13 hermeneutical

explicit 4 open, sure 5 clear, exact, frank, lucid, overt, plain 7 certain, correct, express, obvious, precise 8 clear-cut, definite, distinct, specific 10 definitive 11 categorical, perspicuous, unambiguous, unequivocal

explode 3 pop 4 fire 5 blast, burst, erupt, go off 6 blow up, debunk, negate, refute 7 burgeon, deflate 8 break out, burst out, detonate, disprove, dynamite, mushroom, puncture 9 discharge, discredit 10 burst forth 11 proliferate

exploit 3 act, use 4 coup, deed, feat, gest, play 5 abuse, geste, stunt 6 bestow, effort, employ, parlay, play on 7 emprise, utilize, venture 8 escapade, exercise 9 adventure, cultivate 10 enterprise, manipulate 11 achievement, performance, tour de force

explore 5 probe, scout 6 burrow, go into, search 7 dig into, examine 8 look into, prospect, traverse 9 delve into 11 inquire into, investigate

explorer ***African:*** 3 Cam, Cão (Diogo) 4 Park (Mungo) 5 Grant (James), Laird (Macgregor), Speke (John Hanning) 6 Akeley (Carl, Mary), Burton (Richard), Lander (John, Richard) 7 Covilhâ (Pero da), Stanley (Henry) 8 Covilhâo (Pero da) 10 Clapperton (Hugh) 11 Livingstone (David) ***American:*** 4 Byrd (Richard), Hall (Charles Francis), Kane (Elisha Kent), Pike (Zebulon) 5 Beebe (Charles William), Clark (William), Lewis (Meriwether), Peary (Robert) 6 Henson (Matthew), Powell (John Wesley), Wilkes (Charles) 7 Frémont (John Charles) ***Antarctic:*** 4 Byrd (Richard), Cook (Frederick), Ross (James Clark) 5 Fuchs (Vivian), Ronne (Finn), Scott (Robert Falcon) 6 Palmer (Nathaniel), Rymill (John Riddoch), Wilkes (Charles) 7 Weddell (James), Wilkins (George) 8 Amundsen (Roald), d'Urville (Dumont) 9 Ellsworth (Lincoln) 10 Shackleton (Ernest) ***Arctic:*** 3 Rae (John) 4 Byrd (Richard), Cook (Frederick) 5 Davis (John), Peary (Robert) 6 Baffin (William), Bering (Vitus), Henson (Matthew), Hudson (Henry), Nansen (Fridtjof), Nobile (Umberto) 7 Barents (Willem), Bennett (Floyd), Wilkins (George), Wrangel (Ferdinand von) 8 Amundsen (Roald) 9 Mackenzie (Alexander), MacMillan (Donald) 10 Stefansson (Vilhjalmur) ***Australian:*** 7 Wilkins (George) ***Austrian:*** 9 Weyprecht (Carl) ***Canadian:*** 9 Mackenzie (Alexander) 10 Stefansson (Vilhjalmur) ***Danish:*** 9 Rasmussen (Knud) ***Dutch:*** 6 Tasman (Abel Janszoon) ***English:*** 4 Cook (James) 5 Cabot (John, Sebastian), Drake (Francis), Scott (Robert Falcon), Smith (John) 6 Baffin (William), Burton (Richard), Hudson (Henry) 7 Raleigh (Walter), Stanley (Henry) 9 Vancouver (George) 10 Shackleton (Ernest) 12 Younghusband (Francis) ***French:*** 7 Cartier (Jacques), La Salle (Sieur de), Nicolet (Jean) 8 Cousteau (Jacques-Yves) 9 Champlain (Samuel de), La Perouse (Comte de), Marquette (Jacques) ***French Canadian:*** 6 Joliet (Louis) 7 Jolliet (Louis) 9 Iberville (Sieur d') ***German:*** 6 Peters (Carl) 8 Humboldt (Alexander von) ***Italian:*** 5 Cabot (John) 6 Nobile (Umberto) 8 Vespucci (Amerigo) ***New Zealand:*** 7 Hillary (Edmund) ***Norwegian:*** 6 Nansen (Fridtjof) 8 Amundsen (Roald), Sverdrup (Otto) 9 Heyerdahl (Thor) ***Portuguese:*** 4 Gama (Vasco da) 5 Cunha (Tristão da) 6 Cabral (Pedro) 8 Cabrilho (João Rodrigues), Magellan (Ferdinand) ***Scottish:*** 3 Rae (John) 4 Park (Mungo), Ross (James Clark) 7 Thomson (Joseph) 11 Livingstone (David) ***Span-***

ish: **6** Balboa (Vasco Núñez de), Cortés (Hernán, Hernando), de Soto (Hernando), Pinzón (Martín Alonso, Vicente Yáñez) **7** Mendoza (Pedro de), Pizarro (Francisco) **8** Bastidas (Rodrigo de), Coronado (Francisco de) **11** Ponce de León (Juan)

explosion **3** pop, pow **4** bang, boom, clap **5** blast, burst, crack, crash, sally, salvo, storm **6** report, volley **7** barrage, blowout, torrent **8** eruption, outburst, paroxysm **9** discharge **10** detonation

explosive **3** TNT **5** nitro, tense **6** charge, petard, powder **7** cordite, violent **8** dynamite **9** gunpowder **13** nitroglycerin ***device:*** **3** cap **4** bomb, mine **5** shell **6** petard **7** grenade **8** firework ***expert:*** **5** Maxim (Hudson), Nobel (Alfred) ***sound:*** **3** pop, pow **4** bang, boom **5** crack

exponent **6** backer **7** booster **8** advocate, champion, defender, partisan, promoter, upholder **9** supporter **12** practitioner

expose **3** air **4** bare, open, show **5** dig up, flash **6** debunk, flaunt, parade, reveal, show up, unmask, unveil **7** abandon, display, exhibit, lay open, publish, show off, subject, uncover, undress **8** brandish, disclose, discover, endanger, unclothe

exposé **10** disclosure, revelation, uncovering

exposed **4** bare, open **5** naked **6** liable **7** evident, subject, visible **8** manifest, stripped, unhidden **9** uncovered **11** susceptible, unconcealed, unprotected

exposition **4** fair, show **6** bazaar **7** display, exhibit

expostulate **5** argue **6** debate, reason **7** discuss, dispute

exposure **4** risk **5** peril **6** airing, baring, danger **8** betrayal, jeopardy, openness **9** liability, publicity **10** revelation **12** helplessness **13** vulnerability

expound **5** state **6** defend **7** clarify, comment, explain, present **8** construe, set forth, spell out **9** discourse, explicate, interpret

expounder **7** teacher **8** advocate, champion, defender, promoter **9** proponent, supporter

express **3** air, say **4** mean, tell, vent **5** couch, crush, frame, state, utter **6** broach, convey, denote, impart, intend, voiced **7** connote, declare, signify, special, uttered **8** announce, clear-cut, definite, disclose, explicit, intended, proclaim, specific **9** enunciate, formulate, high-speed, pronounce, symbolize, ventilate **10** definitive, particular **11** categorical, communicate, intentional, unambiguous ***gratitude:*** **5** thank ***regret:*** **9** apologize

expression **4** cast, face, form, look, mien, sign, vent, word **5** idiom, issue, motto, token, voice **6** symbol, visage **7** diction, gesture **8** locution **9** eloquence, statement, utterance, verbalism, vividness **10** embodiment, indication **11** countenance, enunciation, observation **13** demonstration, manifestation ***facial:*** **4** grin, phiz, pout **5** frown, scowl, smile, smirk, sneer, wince **7** grimace ***of assent:*** **3** aye, nod, yea, yes **4** okay ***of sorrow:*** **4** alas, tear ***trite:*** **6** cliché **7** bromide **8** banality ***witty:*** **4** quip **5** sally **6** bon mot

expressionless **5** blank **6** stolid, vacant, wooden **7** deadpan **9** impassive **10** poker-faced **11** inscrutable

expressive **5** vivid **7** graphic **8** eloquent **9** revealing **10** meaningful, passionate

expressly **9** precisely, purposely **10** explicitly **12** particularly, specifically **13** intentionally

expressway **4** road **7** freeway, highway, parkway **8** turnpike **12** thoroughfare

expropriate **4** take **5** annex, seize **7** impound, preempt **8** arrogate **9** sequester **10** commandeer, confiscate, dispossess

expulse see EXPEL

expulsion **5** exile, purge **6** ouster **7** ousting, removal **8** ejection, eviction **9** ostracism **10** banishment, relegation **11** deportation **12** displacement

expunge **4** dele, x out **5** annul, erase **6** cancel, delete, efface **7** blot out, destroy, exclude, wipe out **8** black out **9** eliminate, eradicate, strike out **10** annihilate, obliterate

expurgate **4** blip **5** bleep, purge **6** censor, purify, screen **7** cleanse **8** sanitize **10** bowdlerize

expurgation **8** ablution **9** catharsis, cleansing **10** lustration **12** purification

exquisite **3** fop **4** fine, keen, rare **5** acute, dandy **6** choice, dainty, select, superb **7** coxcomb, elegant, extreme, intense, refined **8** delicate, finished, flawless, macaroni **9** recherché **10** fastidious, immaculate, impeccable

exsiccate **3** dry **4** sear **5** parch

extant **4** live **5** alive **6** actual, living **7** current, present **9** surviving **10** present-day **12** contemporary

extemporaneous **5** ad-lib **6** casual **7** offhand **8** ad-libbed, informal **9** impromptu, impulsive, makeshift, unplanned **10** improvised, unprepared, unscripted **11** spontaneous, unrehearsed **12** unthought-out

extempore see EXTEMPORANEOUS
extemporize **5** ad-lib **7** dash off, toss off **8** knock off **9** improvise
extend **4** draw, span, vary **5** award, grant, offer, range, reach **6** accord, attain, bestow, spread, tender, unbend, unfold **7** advance, amplify, augment, broaden, drag out, draw out, enlarge, further, hold out, present, proceed, proffer, project, prolong, spin out, stretch **8** continue, elongate, increase, lengthen, multiply, protract **10** outstretch, stretch out
extension **3** arm, ell **4** wing **5** annex, delay, range, reach, scope, sweep **6** radius, spread **7** adjunct, compass, purview **8** addition, increase **9** appendage, magnitude **10** broadening, elongation **11** enlargement, lengthening, protraction **12** augmentation, continuation, postponement, prolongation
extensity **5** ambit, orbit, range, reach, scope, sweep **6** radius **7** compass, purview
extensive **3** big **4** long, vast, wide **5** broad, large, major **7** general, immense, lengthy, sizable **8** far-flung, sizeable, spacious, sweeping, thorough **9** wholesale **10** large-scale, widespread **11** far-reaching, wide-ranging **12** considerable
extent **4** size **5** ambit, limit, orbit, range, reach, scope, sweep, width **6** amount, degree, domain, radius **7** breadth, compass, measure, purview **8** vicinity **9** magnitude **10** dimensions, proportion
extenuate **6** dilute, excuse, lessen, soften, temper, weaken **7** explain, justify, qualify, varnish **8** diminish, enervate, mitigate, moderate, palliate **9** gloss over **11** rationalize
exterior **4** skin **5** outer, shell **6** facade **7** outmost, outside, outward, surface **8** apparent **9** outermost **11** superficial
exterminate **4** kill **6** rub out **7** destroy, wipe out **8** massacre **9** eliminate, eradicate, finish off, liquidate, slaughter **10** annihilate, extinguish, obliterate
external **3** out **4** over **5** outer **7** foreign, outside, outward, surface **9** outermost **10** peripheral **11** superficial
externalize **4** show **6** embody, evince, excuse, expose, reveal **7** exhibit, justify **8** manifest **9** extenuate, incarnate, objectify, personify **11** rationalize **12** substantiate
extinct **4** cold, dead, gone, late **5** passé **6** bygone **7** archaic, defunct **8** deceased, departed, obsolete, perished, vanished **10** superseded
extinction **3** end **4** doom **5** death **6** demise **11** destruction, eradication, liquidation **12** annihilation, obliteration **13** disappearance, extermination
extinguish **3** end **5** crush, douse, erase, quash, quell **6** put out, quench, squash, stifle **7** abolish, blot out, blow out, destroy, eclipse, expunge, nullify, put down, wipe out **8** snuff out, stamp out, suppress **9** eliminate, eradicate, extirpate **10** annihilate, obliterate
extirpate **5** erase **6** cut out, efface, excise, resect, uproot **7** abolish, blot out, destroy, expunge, kill off, root out, wipe out **8** demolish **9** eliminate, eradicate **10** annihilate, deracinate, extinguish
extol **4** hymn, laud **5** cry up, exalt **6** praise **7** acclaim, applaud, commend, glorify, magnify **8** eulogize **9** celebrate **10** panegyrize
extort **5** wrest, wring **7** extract
extortion **8** exaction **9** blackmail
extra **3** odd **4** more, over **5** added, spare **6** de trop, rarely **7** reserve, surplus **8** leftover **9** lagniappe, redundant, unusually **10** additional, especially **11** superfluous **12** particularly, supplemental **13** supernumerary, supplementary
extract **4** pull, yank **5** evoke, glean, quote, wring **6** derive, eke out, elicit, remove **7** abridge, distill, essence, excerpt, passage, pull out, squeeze, take out **8** citation, condense, infusion **9** quotation, selection **11** concentrate
extraction **5** birth, blood, stock **6** origin **7** descent, essence, lineage **8** ancestry, pedigree **9** parentage **10** derivation **12** distillation
extraneous **5** alien, outer **6** exotic **7** foreign, outside **8** external **9** unrelated **10** immaterial, inapposite, incidental, irrelevant, peripheral **11** impertinent, inessential, superfluous, unessential **12** adventitious, inapplicable, nonessential
extraordinary **3** odd **4** rare **6** unique **7** amazing, notable, special, unusual **8** abnormal, atypical, singular, terrific, uncommon, unwonted **9** wonderful **10** noteworthy, phenomenal, remarkable, stupendous, tremendous **11** exceptional, outstanding
extravagance **5** frill, waste **6** excess, luxury **9** hyperbole, profusion **10** indulgence, lavishness **11** ostentation, prodigality, superfluity **12** immoderation, wastefulness
extravagant **4** wild **5** outré, undue **6** lavish **7** bizarre, extreme, profuse **8** over-

done, prodigal, reckless, wasteful **9** elaborate, excessive, fantastic, grandiose, overblown **10** exorbitant, hyperbolic, immoderate, inordinate, profligate **11** exaggerated, implausible, intemperate, nonsensical **12** ostentatious, preposterous, unrestrained

extreme **3** top **4** apex, dire, last, peak, wild **5** crown, final, limit, ultra, undue **6** climax, excess, height, summit, utmost, zenith **7** drastic, fanatic, intense, maximal, maximum, outmost, radical, violent **8** farthest, furthest, pinnacle, remotest, ultimate **9** desperate, excessive, outermost, uttermost **10** immoderate, inordinate, outlandish, outrageous **11** culmination, furthermost, unwarranted **12** unmeasurable, unreasonable **13** revolutionary ***degree:*** **3** nth

extremely **4** very **5** ultra **6** highly, hugely, mighty, overly, plenty **7** acutely, awfully, greatly, utterly **8** severely, terribly **9** immensely, seriously, unusually **10** remarkably, strikingly **11** exceedingly **12** terrifically

extremist **5** rabid, ultra **6** zealot **7** diehard, fanatic, radical **8** militant, ultraist **9** fanatical **10** monomaniac, ultraistic **11** reactionary **13** revolutionary

extremity **3** arm, end, leg, tip **4** acme, apex, foot, hand, tail **5** limit, verge **6** apogee, vertex, zenith **8** terminal, terminus

extricate **4** free **5** loose **6** detach, redeem, rescue **7** bail out, deliver, resolve, set free, untwine **8** liberate, untangle **9** disengage **11** disencumber, disentangle, distinguish, individuate **12** discriminate, disembarrass **13** differentiate

extrinsic **5** alien, outer **6** exotic **7** foreign, outside, outward **8** exterior, external, imported **10** incidental, extraneous

extrude **4** spew **5** eject **7** push out **8** press out **10** squeeze out

exuberance **4** glee, life, zest **5** ardor **6** gaiety, spirit **7** abandon **8** buoyancy, hilarity, vivacity **9** profusion **10** ebullience, enthusiasm, friskiness, liveliness **11** flamboyance, high spirits, zestfulness **12** exhilaration **13** effervescence, sprightliness

exuberant **3** gay **4** lush, rank **5** happy **6** bouncy, elated, fecund, lavish, lively **7** buoyant, profuse, rampant, riotous, zestful **8** fruitful, prodigal, prolific, spirited **9** ebullient, luxuriant, sprightly, vivacious **10** flamboyant **11** exhilarated **12** effervescent, enthusiastic, high-spirited

exude **4** emit, leak, ooze, seep, shed **5** issue **7** diffuse, display, emanate, excrete, exhibit, give off, ooze out, radiate, secrete **9** discharge

exult **4** crow **5** cheer, gloat, glory, revel **7** delight, rejoice **8** jubilate **9** celebrate

exultant **6** elated, joyful, joyous **7** gleeful **8** ecstatic, euphoric, jubilant **9** cock-a-hoop, overjoyed, rejoicing, triumphal **10** triumphant

exultation **3** joy **4** glee **7** delight, ecstasy, elation, rapture, triumph **8** euphoria, gloating **9** jubilance, rejoicing **10** jubilation

eye **3** orb **4** lamp, ogle, scan, view **5** sight, watch **6** behold, goggle, look at, ocular, oculus, peeper, regard, size up, vision **7** inspect **8** check out, consider, gaze upon, scrutiny **9** headlight **10** scrutinize ***defect:*** **6** myopia **9** hyperopia **10** emmetropia, presbyopia **11** astigmatism ***disease:*** **8** cataract, glaucoma, trachoma ***doctor:*** **7** oculist **11** optometrist ***opening:*** **5** pupil ***part:*** **4** iris, lens, uvea **5** pupil **6** cornea, retina, sclera ***relating to:*** **5** optic **7** optical ***socket:*** **5** orbit ***Spanish:*** **3** ojo

eyeball **4** scan **5** check, study **6** go over, look at, peruse, survey **7** examine, inspect, observe **8** appraise, check out, evaluate, pore over **10** scrutinize

eye-catching **4** bold **5** gaudy, showy **6** flashy **7** salient **8** striking **9** arresting, prominent **10** noticeable, remarkable **11** conspicuous

eyeful **6** looker **7** stunner **8** knockout

eyeglass **7** monocle

eyeglasses **5** specs **6** lenses **7** lorgnon **8** bifocals, pince-nez **9** lorgnette **10** spectacles

eyelash **6** cilium **11** hairbreadth

eyelet **4** hole **7** grommet **8** loophole, peephole

eyepiece **4** lens **6** ocular

eye-popping **7** amazing **8** exciting, stirring **9** thrilling **10** astounding **11** astonishing, mind-blowing, spectacular **12** breathtaking

eyesore **4** blot, dump, mess **6** blight **7** blemish **8** atrocity **11** monstrosity

eyespot **6** blight, fungus **7** ocellus

eyetooth **6** canine

eyewash **3** rot **4** bunk **5** bilge, hooey, tripe **6** bunkum **7** baloney, garbage, hogwash, rubbish, twaddle **8** malarkey, nonsense **9** poppycock **10** balderdash **13** horsefeathers

eyewitness **8** observer, onlooker **9** bystander, spectator

eyrie see AERIE

F

Fabergé product 3 egg 9 Easter egg

Fabian 4 Shaw (George Bernard), Webb (Beatrice, Sidney) 7 politic 8 cautious, dilatory 9 socialist 11 circumspect, calculating

fable 4 myth, tale, yarn 5 story 6 legend 7 fantasy, fiction, figment, parable 8 allegory ***animal:*** 8 bestiary

fabled 5 famed 6 famous, unreal 7 storied 8 fanciful, mythical, renowned 9 fictional, imaginary, legendary, pretended 10 fictitious 11 make-believe 12 mythological

fabric 3 aba, rep, web 4 lamé, repp 5 cloth, fiber, grain 7 texture 8 building, material, shirting 9 structure ***coarse:*** 5 crash, gunny 6 burlap, linsey, ratiné 7 cheviot, hopsack 8 homespun ***corded:*** 3 rep 4 repp 5 piqué 6 calico, moreen, poplin 7 pinwale 8 corduroy, paduasoy 9 bengaline ***cotton:*** 4 jean, leno 5 baize, chino, domet, drill, scrim, wigan 6 chintz, dimity, faille, madras, muslin 7 etamine, gingham, nankeen, percale, ticking 8 chambray, dungaree, nainsook, tarlatan ***cotton and linen:*** 4 huck 7 fustian 9 huckaback ***crepe:*** 8 marocain ***dealer:*** 6 draper, mercer ***durable:*** 4 huck, jean 5 chino, denim, drill 6 frieze, moreen 7 lasting, ticking 8 cretonne, dungaree ***embroidered:*** 9 baldachin 10 baldachino ***finishing process:*** 8 lustring 9 mercerize ***flag material:*** 7 bunting ***glazed:*** 6 chintz 7 cambric, holland ***knitted:*** 6 tricot 10 balbriggan ***linen:*** 7 cambric, lockram ***looped:*** 6 bouclé ***lustrous:*** 4 silk 5 moiré, satin, surah 7 taffeta 12 brilliantine ***metallic:*** 4 lamé ***net:*** 5 tulle 8 bobbinet, illusion ***openwork:*** 4 lace 8 filigree ***ornamental:*** 4 lace 5 braid 6 ribbon 7 bunting ***pebbly-surface:*** 8 barathea ***pile-surface:*** 5 panne, plush, terry 6 velour, velvet 7 duvetyn, velours 8 chenille, moleskin 9 velveteen ***plaid:*** 6 tartan ***printed:*** 5 batik, toile 6 calico, chintz, damask 7 allover, challis 8 cretonne, jacquard 11 toile de Jouy ***puckered:*** 6 plissé ***raised pattern:*** 4 lamé 7 brocade 10 brocatelle ***satin weave:*** 5 panne ***sheer:*** 4 lawn, mull 5 gauze, ninon, voile 6 dimity 7 batiste, chiffon, organdy, organza, tiffany 8 tarlatan ***silk:*** 6 faille, pongee, samite 7 foulard, grogram 8 paduasoy, sarcenet, sarsenet, shantung 9 bombazine ***striped:*** 3 aba 7 ticking 8 bayadere ***synthetic:*** 5 ninon, nylon, Orlon, rayon 6 Dacron ***twill:*** 4 jean 5 chino, drill, serge 7 foulard, nankeen, ticking 8 dungaree, shalloon 9 bombazine 10 broadcloth ***unfinished:*** 6 greige ***waterproof:*** 7 oilskin ***wool:*** 5 baize, loden, tweed 6 alpaca, caddis, camlet, duffel, duffle, melton, merino, wadmal, wadmel, wadmol, woolen 7 woollen 8 mackinaw, prunella 9 cassimere ***wool, poor quality:*** 5 mungo 6 shoddy ***wool mixture:*** 6 saxony 7 drugget, ratteen 8 moquette, shalloon, zibeline 9 zibelline ***woven:*** 4 weft 7 textile

fabricate 4 form, make 5 build, erect, frame, set up, shape 6 cook up, create, devise, invent, make up 7 concoct, dream up, fashion, produce, think up 8 assemble, contrive 9 construct, structure 11 manufacture, put together

fabrication 3 fib, lie 4 bull, jive 6 canard, deceit 7 fiction, figment, hogwash, product, untruth 8 assembly, building, creation 9 deception, fairy tale, falsehood, invention 10 concoction, production 11 manufacture 12 construction

fabulist ***French:*** 10 La Fontaine (Jean de) ***Greek:*** 5 Aesop ***Roman:*** 8 Phaedrus ***Russian:*** 6 Krylov (Ivan)

fabulous 5 super 7 amazing 8 mythical, terrific, wondrous 9 fantastic, legendary, marvelous, wonderful 10 astounding, fictitious, incredible, outrageous, phenomenal, prodigious, remarkable, stupendous 11 astonishing, extravagant, spectacular 12 mythological ***animal:*** 6 dragon 7 centaur, unicorn ***bird:*** 3 roc ***serpent:*** 8 basilisk 10 cockatrice

facade 4 face, mask 5 color, front, guise, put-on 6 veneer 8 disguise, exterior, frontage, pretense 10 appearance, camouflage, false front

face 3 mug, pan 4 dare, defy, dial, meet, phiz, puss, show, side 5 abide, brave, front, guise, honor, image, nerve 6 endure, facade, kisser, makeup, mazard, oppose, resist, suffer, take on, visage **7** compete, contend, dignity, surface **8** confront, cope with, deal with, disguise, features, prestige, war paint **9** assurance, encounter, lineament, semblance, withstand **10** appearance, confidence, experience, expression, maquillage, reputation **11** countenance, self-respect

face-off **5** clash, set-to **13** confrontation

facet **4** edge, item, part, side **5** angle, bezel, front, phase, plane, point, trait **6** aspect, detail **7** element, feature, surface **9** attribute, component **10** appearance, particular

facetious **4** flip **5** comic, droll, smart, witty **6** blithe, joking **7** amusing, comical, jesting, jocular, joshing, kidding, risible, waggish **8** flippant, humorous **9** ludicrous, unserious, whimsical **10** irreverent, ridiculous **12** wisecracking **13** tongue-in-cheek

face-to-face **6** direct **7** contact, present, vis-à-vis **8** directly, in person, personal **10** personally

facile **4** deft, easy, glib, snap **5** light, quick, ready **6** adroit, expert, fluent, poised, simple, smooth **7** assured, cursory, offhand, shallow, voluble **8** skillful, untaxing **9** dexterous **10** effortless, simplistic **13** uncomplicated

facilitate **3** aid **4** abet, ease, help **6** assist, enable, smooth **7** advance, forward, further, promote **8** expedite, make easy, simplify

facility **3** aid, wit **4** bent, ease **5** knack, privy, skill **6** talent, toilet **7** ability, amenity, comfort, fluency, leaning **8** aptitude, bathroom, building, capacity, lavatory, washroom **9** advantage, dexterity **10** adroitness, competence, smoothness **11** convenience, institution, proficiency **12** installation **13** accommodation, establishment

facing **5** front, panel **6** contra, lining, toward, veneer **7** surface, vis-à-vis **8** covering, opposite, paneling **11** over against ***down:*** **5** prone ***up:*** **6** supine

facsimile **4** copy, dupe, fake, twin **5** clone, ditto, match, repro **6** carbon, double **7** replica **8** knockoff, likeness **9** duplicate, imitation, photocopy **10** carbon copy, dead ringer, similitude **11** counterpart, duplication, replication **12** reproduction

fact **4** dope **5** datum, event, truth **6** detail, gospel, truism, verity **7** episode, reality **8** evidence, incident **9** actuality **10** occurrence, particular, phenomenon **11** information **12** circumstance, intelligence

faction **4** band, bloc, camp, part, ring, sect, side, wing **5** cabal, group, party **6** caucus, circle, clique, sector, strife **7** combine, coterie, discord, machine, section **8** alliance, disunity, splinter **10** contingent, disharmony

factious **7** warring **8** contrary, divisive, partisan **9** dissident, insurgent, sectarian, seditious, turbulent **10** contending, malcontent **11** contentious, disaffected, dissentious, quarrelsome **12** disputatious **13** troublemaking

factitious **4** sham **5** bogus, false, phony **6** ersatz, forced, made-up, unreal **7** assumed, created, feigned, man-made, shammed **8** affected, invented, spurious **9** concocted, contrived, fashioned, pretended, simulated, synthetic, unnatural **10** artificial, fabricated **11** constructed, counterfeit **12** manufactured **13** counterfeited

___ facto **4** ipso **6** ex post

factor **4** gene, item **5** agent, cause, proxy **6** broker, lender, number, symbol **7** divisor, element, exclude, include, resolve **8** attorney, emissary, quantity **9** component, majordomo, substance **10** antecedent, ingredient, multiplier **11** determinant **12** intermediary

factory **4** mill, shop **5** plant, works **8** workshop **9** sweatshop **11** machine shop

factotum **4** grub **5** gofer **6** drudge **7** servant **9** assistant, operative **11** functionary

factual **4** real, true **5** exact, valid **6** actual **7** certain, genuine, literal **8** absolute, positive **9** authentic, undoubted **10** undisputed **12** indisputable

faculty **4** bent, body, gift **5** flair, knack, power **6** talent **7** ability, college **8** aptitude, capacity, facility, function, instinct **9** educators, lecturers **10** department, professors **11** instructors

fad **4** chic, kick, mode, rage, whim **5** craze, furor, style, trend **6** furore, latest, whimsy **7** caprice, fashion **9** bandwagon **10** dernier cri

faddish **3** hot **4** chic **5** today **6** modish, red-hot, trendy, with-it **7** stylish, voguish **8** contempo **9** au courant **11** cutting-edge, fashionable

fade **3** die, dim, ebb **4** fail, pale, wane, wilt **6** lessen, vanish, weaken, wither **7** decline, lighten, wash out **8** decrease, discolor, diminish **9** disappear, evaporate

faded **3** dim, wan **4** drab, dull, pale **6** pallid **8** bleached, vanished, withered **9** etiolated, washed-out

Faerie Queene, The ***author:*** **7** Spenser (Edmund) ***character:*** **3** Ate, Una **4** Alma **5** Guyon, Talus **6** Abessa, Amavia, Amoret, Arthur, Cambel, Duessa, Palmer **7** Artegal, Corceca, Fidessa, Maleger, Sansloy **8** Calidore, Florimel, Fradubio, Gloriana, Lucifera, Orgoglio, Satyrane **9** Archimago, Britomart **11** Britomartis

Fafnir **6** dragon ***brother:*** **5** Regin **6** Fasolt, Reginn ***father:*** **8** Hreidmar ***slayer:*** **6** Sigurd **9** Siegfried ***victim:*** **6** Fasolt **8** Hreidmar

fag **4** do in, moil, tire, toil **5** serve, smoke, stick, weary **6** drudge, overdo, tucker **7** exhaust, fatigue, servant, wear out **8** drudgery, knock out **9** cigarette

fag end **4** butt, edge, fray **7** remnant

faience **11** earthenware

fail **3** die, end **4** bomb, fade, lack, lose, miss, sink, slip, stop, wane **5** break, flunk **6** fizzle, forget, ignore, lessen, weaken **7** decline, default, founder, give out, go under, neglect **8** fall flat, languish, miscarry **9** break down, fall short **10** disappoint, go bankrupt **11** deteriorate

failing **4** flaw, vice **5** fault **6** defect **8** weakness **9** weak point **10** deficiency **11** shortcoming **12** imperfection

failure **3** bum, dud **4** bomb, bust, flop, miss **5** decay, loser **6** fiasco, fizzle, no-good, outage **7** default, washout **8** collapse, fracture, omission **9** breakdown, cessation, oversight, unconcern **10** bankruptcy, deficiency, insolvency, negligence **11** defalcation, dysfunction, miscarriage **12** interruption **13** deterioration

fain **3** apt **5** eager, prone, ready **6** gladly, minded **7** willing **8** amenable, inclined **9** agreeable

fainéant **3** bum **4** idle, lazy **5** idler, sloth **6** loafer, torpid **7** goof-off, slacker **8** deadbeat, inactive, indolent, layabout, slothful, sluggard, sluggish **9** do-nothing, lazybones, shiftless **11** couch potato, ineffectual **13** lackadaisical

faint **3** dim, low, wan **4** hazy, pale, soft, weak, wilt **5** dizzy, light, swoon, vague, woozy **6** feeble **7** conk out, obscure, pass out, shadowy, syncope, unclear **8** black out, collapse, keel over **9** undefined **10** ill-defined, indistinct

fair **3** due **4** even, expo, fine, join, just, mild, okay, open, so-so **5** ample, blond, bonny, clear, equal, fresh, light, sunny **6** bazaar, blonde, comely, decent, honest, kermis, lovely, market, pretty, square **7** cricket **8** adequate, all right, balanced, carnival, festival, mediocre, middling, pleasant, pleasing, rainless, rational, sunshiny, unbiased **9** beautiful, cloudless, equitable, favorable, fortunate, impartial, objective, tolerable, unclouded **10** aboveboard, acceptable, attractive, evenhanded, exhibition, exposition, open-minded, reasonable **11** good-looking, indifferent, nonpartisan, respectable, sportsmanly **12** satisfactory, unprejudiced **13** disinterested, dispassionate, sportsmanlike

fair food **10** candy apple, candy floss, fried dough, funnel cake **11** cotton candy, elephant ear

fair-haired **3** pet **5** blond **6** blonde **7** beloved, darling, favored **8** favorite **9** fortunate

fairly **5** quite **6** nearly, rather **7** plainly **8** passably, properly, somewhat **9** tolerably **10** acceptably, deservedly, distinctly, moderately, reasonably **11** practically

fairness **6** candor **7** honesty **8** justness **9** good faith **12** impartiality

fairy **3** elf, imp, nix **4** puck **5** elfin, nixie, nymph, pixie, sylph **6** goblin, kobold, sprite **7** brownie, gremlin **10** leprechaun ***king:*** **6** Oberon ***queen:*** **3** Mab **7** Titania **8** Gloriana ***shoemaker:*** **10** leprechaun

fairy tale ***author:*** **4** Lang (Andrew) **5** Grimm (Jacob, Wilhelm), Wilde (Oscar) **7** Kipling (Rudyard) **8** Andersen (Hans Christian), Perrault (Charles) ***character:*** **4** Jack, Puck **6** Gretel, Hansel **8** Rapunzel, Tom Thumb **9** Snow White **10** Cinderella, Goldilocks, Thumbelina

faith **4** cult, sect **5** credo, creed, stock, troth, trust **6** belief, church, credit **8** credence, reliance, religion **9** certainty, certitude, communion, credulity **10** confidence, persuasion **12** denomination ***article of:*** **5** tenet

faithful **4** fast, just, true **5** liege, loyal, pious, tried **6** steady, trusty **7** devoted, dutiful, staunch **8** constant, follower, reliable, resolute, true-blue **9** religious, steadfast **10** dependable, scrupulous, unwavering **11** truehearted, trustworthy

faithfulness **5** piety, troth **6** fealty **7** loyalty **8** devotion, fidelity **9** adherence, constancy **10** allegiance, attachment

faithless **5** false, Punic **6** fickle, untrue **8** disloyal, recreant **10** perfidious, traitorous **11** treacherous **13** untrustworthy

faithlessness **7** perfidy, treason **8** betrayal **9** falseness, treachery **10** disloyalty, infidelity

fake 3 act, gyp 4 hoax, mock, sham 5 bluff, bogus, false, feign, fraud, phony, put on, spoof 6 affect, doctor, ersatz, forged, framed, humbug, pseudo 7 falsify, pretend 8 impostor, invented, simulate, spurious 9 brummagem, charlatan, concocted, fabricate, imitation, imposture, pinchbeck, pretended, simulated 10 artificial, fabricated, fictitious, fraudulent, simulation 11 counterfeit ***combining form:*** 5 pseud 6 pseudo

faker 4 sham 5 fraud, phony, quack 6 con man, hoaxer 8 deceiver, impostor 9 charlatan, con artist, pretender 10 mountebank 11 four-flusher 12 double-dealer 13 confidence man

fakir 7 ascetic, dervish 9 mendicant

falcon 4 hawk 5 hobby, saker 6 lanner, merlin 7 kestrel 9 peregrine ***eye cover:*** 4 seel ***male:*** 4 jack 6 tercel 7 tiercel 8 lanneret ***mature:*** 7 haggard ***young:*** 4 eyas

falcon-headed god see at EGYPTIAN

falconry 7 hawking ***equipment:*** 4 bell, hood, jess, lure ***procedure:*** 3 imp 4 cope, seel

Falkland Islands ***capital:*** 7 Stanley ***colony of:*** 7 Britain

fall 3 dip, ebb, sag 4 dive, drip, drop, dump, hang, plop, sink, slip, trip, wane 5 abate, crash, lapse, slide, slump, spill 6 autumn, drowse, give up, go down, header, plunge, sprawl, tumble 7 cascade, decline, descend, descent, devolve, go under, plummet, scatter, stumble, subside 8 collapse, decrease, diminish, keel over, nose-dive 9 hairpiece 10 depreciate 11 precipitate

fallacious 6 untrue 7 invalid 8 delusive, delusory 9 deceitful, deceptive, erroneous, sophistic 10 fraudulent

fallacy 5 error 6 canard 7 falsity, sophism, untruth 8 delusion 9 falsehood 11 non sequitur 13 misconception

fall apart 6 lose it 7 crumble 9 break down, decompose 10 go to pieces 11 come unglued, deteriorate 12 disintegrate

fall back 6 recede, recoil, retire 7 retract, retreat 8 withdraw 9 disengage, retrocede 10 retrograde

fall behind 3 lag 4 drag 5 delay, tarry, trail 6 dawdle, linger, loiter

fall flat 4 bomb, fail, flop, miss 6 fizzle

fall guy 4 dupe, fool, goat, gull 5 chump, front, patsy 6 stooge, sucker 8 front man 9 scapegoat 11 whipping boy

fallible 4 iffy, weak 5 dicey, frail, human 6 errant, erring, faulty 9 imperfect 10 unreliable

falling-out 3 row 4 beef, feud, fuss, spat, tiff 5 break, run-in, words 6 bicker, fracas, hassle 7 dispute, quarrel, rhubarb, wrangle 8 argument, conflict, squabble 9 brannigan 11 altercation, controversy 12 disagreement, estrangement

falloff 3 sag 4 drop, slip 5 slump 7 decline 8 downturn 9 downslide, downswing, downtrend 13 deterioration

fall out 5 argue, break, leave, occur 6 bicker 7 brabble, quarrel, wrangle 8 disagree, squabble

fallow 4 idle 5 inert 6 unsown 7 dormant, resting 8 inactive, unseeded, untilled 9 neglected, quiescent, unplanted 12 uncultivated

false 4 fake, mock, sham 5 bogus, dummy, hokey, lying, phony, wrong 6 ersatz, forged, hollow, pseudo, untrue 7 crooked, devious, feigned, seeming, unloyal 8 apostate, apparent, deluding, delusive, delusory, disloyal, recreant, specious, spurious 9 brummagem, deceitful, deceiving, deceptive, dishonest, distorted, erroneous, faithless, illogical, imitation, incorrect, pinchbeck, simulated 10 artificial, fictitious, fraudulent, inaccurate, misleading, perfidious, traitorous, unfaithful, untruthful 11 counterfeit, treacherous ***combining form:*** 5 pseud 6 pseudo

falsehood 3 fib, lie 5 fable 6 canard 7 fallacy, untruth, whopper 8 roorback 9 mendacity 11 fabrication 12 misstatement 13 prevarication

falseness 7 fallacy, perfidy 8 apostasy 9 treachery 10 disloyalty, infidelity 11 insincerity

false teeth 8 dentures

falsify 3 fib, lie 4 cook, deny 5 belie, fudge, slant 6 doctor, refute 7 deceive, distort, mislead 8 disprove, misstate 10 contradict 11 prevaricate 12 misrepresent

falsity 3 fib, lie 4 tale, yarn 5 fable 6 canard 7 untruth, whopper 9 falsehood, mendacity 11 fabrication 13 prevarication

Falstaff ***companion:*** 3 Nym 4 Peto 6 Pistol 8 Bardolph ***composer:*** 5 Verdi (Giuseppe) ***creator:*** 11 Shakespeare (William) ***play:*** 7 Henry IV ***prince:*** 3 Hal ***tavern:*** 9 Boar's Head

Falstaffian 3 fat 6 jovial 7 roguish 8 boastful 9 convivial, dissolute

falter 4 halt, limp, reel, sway, trip 5 quail, waver 6 flinch, teeter, totter, wobble 7 give way, stagger, stammer, stumble 8 hesitate 9 vacillate 12 shilly-shally

fame 4 note 5 éclat, glory, honor, kudos 6 esteem, regard, renown, repute 7 acclaim, stardom 8 standing 9 celebrity, notoriety 10 popularity, prominence, reputation 11 acclamation, immortality, recognition

famed 5 noted 6 marked 7 eminent, notable 8 renowned 9 notorious, prominent, well-known 10 celebrated 11 illustrious 13 distinguished

familiar 4 cozy 6 common, folksy 8 domestic, everyday, frequent, informal, intimate, standard 10 accustomed 11 comfortable, commonplace 12 conventional, recognizable 13 garden-variety

familiarity 4 ease 8 intimacy 9 closeness, knowledge 11 informality 12 acquaintance

family 3 kin 4 clan, folk, home, line, race 5 brood, folks, house, issue, stirp, stock, tribe 6 ménage, strain 7 dynasty, kindred, lineage, progeny 8 pedigree 9 bloodline, household, offspring ***branch:*** 5 stirp ***lineage:*** 4 tree 6 stemma 8 pedigree 9 genealogy

famine 4 want 6 dearth, hunger 10 starvation

famished 6 hungry 7 starved 8 ravenous, starving

famous 5 famed, noble, noted 6 fabled 7 eminent, notable, popular 8 historic, renowned 9 legendary, notorious, prominent, well-known 10 celebrated 11 illustrious, prestigious, redoubtable

fan 3 bug, nut 4 blow, buff, open, wind 5 lover, rouse 6 addict, arouse, expand, extend, kindle, rooter, ruffle, spread, stir up, unfold, votary, whip up, winnow 7 admirer, devotee, habitué 8 adherent, enkindle, follower, railbird 9 stimulate 10 aficionado, enthusiast ***horseracing:*** 7 turfman ***India:*** 6 punkah ***movie:*** 7 cineast 8 cineaste

fanatic 3 bug, nut 4 buff 5 fiend, freak, rabid 6 addict, maniac, votary, zealot 7 devotee, die-hard, habitué 10 aficionado, enthusiast

fanatical 5 fiery, rabid 6 ardent, fervid 7 extreme, fervent, zealous 8 frenetic, frenzied, maniacal, obsessed 9 perfervid 10 passionate 11 impassioned

fanaticism 4 zeal 5 mania 6 frenzy 8 zealotry 9 extremism, monomania

fancier 6 grower 7 amateur, admirer, breeder, devotee

fanciful 6 absurd, unreal 7 bizarre, fictive 8 fabulous, illusory, imagined, mythical, notional, romantic 9 fantastic, fictional, grotesque, imaginary 10 chimerical, fictitious 11 fantastical 12 preposterous

fancy 3 bee 4 posh, whim 5 dream, ritzy, shine, smart, taste 6 liking, megrim, notion, relish, snazzy, swanky, vision, whimsy 7 caprice, chimera, conceit, concept, dream up, elegant, fantasy, feature, imagine, picture 8 conceive, daydream, envision, fondness, judgment, velleity 9 capriccio, elaborate, intricate, inventive, visualize, whimsical 10 decorative, ornamental, partiality, propensity 11 extravagant, highfalutin, imagination, inclination

fandango 5 dance 9 malaguena

fanfare 4 pomp, show 5 array 7 display, panoply 8 flourish ***trumpet:*** 6 tucket

fanlike 7 plicate

fanny 3 bum, can 4 buns, butt, duff, moon, rear, rump, seat, tail, tush 5 booty, nates 6 behind, bottom, breech, heinie 7 caboose, hind end, keister, rear end, tail end 8 backside, buttocks, derriere 9 fundament, posterior

fantasia 6 vision 8 daydream, illusion, rhapsody 9 fairyland 10 apparition

fantasize 4 moon 5 dream, fancy 7 imagine 8 daydream 10 woolgather

fantastic 3 odd 4 wild 6 absurd, unreal 7 bizarre, surreal 8 fanciful, singular 9 eccentric, grotesque, imaginary, marvelous, monstrous, unearthly, whimsical 10 chimerical, far-fetched, improbable, incredible, outlandish, outrageous, prodigious, stupendous, tremendous 11 implausible, nonsensical, sensational, superlative 12 preposterous, unbelievable

fantasy 4 moon, whim 5 dream, fancy, freak 6 vagary, vision, whimsy 7 caprice, chimera, fiction, reverie 8 daydream, delusion, phantasm 9 imagining, invention, pipe dream 10 bizarrerie 11 imagination 12 grotesquerie

far 4 long 6 remote 7 distant 8 outlying ***combining form:*** 3 tel 4 tele, telo

far and wide 7 all over 10 everyplace, everywhere, throughout

faraway 4 lost 5 moony 6 absent, dreamy, remote 7 distant, removed 8 outlying 9 oblivious, unheeding 10 abstracted, distracted 11 preoccupied, inattentive 12 absentminded

farce 6 comedy, satire 7 mockery 8 travesty 9 burlesque, slapstick 10 caricature

farceur 5 clown, cutup, joker 7 buffoon

farcical 5 comic 6 absurd 7 comical, foolish, risible 9 laughable, ludicrous 10 ridiculous 12 preposterous

fare 4 diet, dine, food, pass, rate, toll 5 get on, price, track 6 manage, travel 7 come off, journey, make out, proceed, succeed 8 get along, progress, victuals 9 passenger, surcharge 10 provisions 11 comestibles

farewell 3 ave, bye 4 ta-ta 5 adieu, adios, aloha, congé 6 bye-bye, pip-pip, shalom, so long 7 aloha oe, cheerio, good-bye 8 swan song 9 bon voyage, departure 11 arrivederci, leave-taking, valediction, valedictory

far-fetched 5 fishy 6 absurd 7 dubious 8 doubtful, strained, unlikely 10 improbable, incredible 11 implausible, unrealistic 12 preposterous, unbelievable

far-flung 6 remote 7 distant, removed 8 outlying 10 widespread

farinaceous 5 mealy 6 floury 7 starchy *food:* 4 meal 5 flour, grits 6 cereal, hominy 7 polenta, pudding, tapioca

farm 4 till 5 croft, ranch 6 grange, rancho 7 hennery 8 estancia, hacienda, hatchery 9 cultivate, farmstead 10 plantation *building:* 4 barn, shed, silo *Dutch:* 6 bowery *Israeli collective:* 7 kibbutz *Russian:* 7 kolkhoz, sovkhoz

farmer 6 grower, tiller, yeoman 7 granger, planter, rancher 8 ranchero, ranchman 13 agriculturist *Russian:* 5 kulak *South African:* 4 Boer *tenant:* 6 cottar, cotter 7 crofter 12 sharecropper

farming 7 tillage 8 agronomy 9 husbandry 11 agriculture, cultivation

faro 5 monte *bet:* 7 sleeper *card:* 4 case, hock, soda

far-off 6 remote 7 distant, removed 8 outlying

far-out 3 rad 4 cool 5 outré, weird 6 groovy 7 bizarre, offbeat, radical 9 eccentric 10 avant-garde, off-the-wall, outlandish

farrago 4 hash, mess, olio 5 gumbo 6 jumble, medley, muddle 7 goulash, mélange, mixture 8 mishmash, shambles 9 potpourri 10 hodgepodge, miscellany

far-reaching 5 broad 8 sweeping 9 extensive, momentous, pervasive 10 portentous, widespread 11 significant, wide-ranging 13 comprehensive, consequential

farrier 5 smith 10 blacksmith, horseshoer

farsighted 4 sage, wise 9 hyperopic, prescient, sagacious 10 discerning

farthest 6 utmost 7 apogean, extreme, outmost 8 remotest, ultimate 9 outermost, uttermost

Fasching 8 carnival

fascinate 4 draw, wile 5 charm 6 allure, enamor, entice, please 7 attract, beguile, bewitch, enchant 8 enthrall, intrigue, transfix 9 captivate, enrapture, magnetize, mesmerize, spellbind

fascination 5 charm 6 allure, appeal 7 glamour 8 charisma 9 magnetism 10 attraction, witchcraft 11 enchantment 12 enthrallment

Fascist 4 Nazi 6 despot, Hitler (Adolf), tyrant 8 autocrat 9 Falangist, Mussolini (Benito) 10 Blackshirt

fashion 3 fad, fit, ton, way 4 chic, form, mode, mold, suit, tone, vein, wear 5 craze, shape, style, trend, usage, vogue 6 create, custom, design, devise, manner, method, sculpt, tailor 7 compose, costume, pattern 8 contrive 9 bandwagon, construct, fabricate 10 dernier cri 12 haute couture

fashionable 3 hip 4 chic, cool, posh, tony 5 fresh, ritzy, sharp, smart, swank, swish 6 chichi, du jour, modish, trendy, with-it 7 à la mode, current, dashing, faddish, popular, stylish, voguish 8 up-to-date 9 au courant, exclusive, happening 12 silk-stocking

fashion designer *American:* 4 Head (Edith) 5 Beene (Geoffrey), Blass (Bill), Dache (Lilly), Ellis (Perry), Karan (Donna), Klein (Anne, Calvin) 6 Jacobs (Marc), Lauren (Ralph), Mackie (Bob) 7 Galanos (James), Halston, Mizrahi (Isaac) 8 Galliano (John), Hilfiger (Tommy) 9 Claiborne (Liz), de la Renta (Oscar), Gernreich (Rudi) *Anglo-French:* 5 Worth (Charles Frederick) *Dominican:* 9 de la Renta (Oscar) *English:* 5 Quant (Mary) 8 Westwood (Vivienne) *French:* 4 Dior (Christian) 5 Bohan (Marc) 6 Cardin (Pierre), Chanel (Coco), Poiret (Paul) 6 Ungaro (Emanuel) 7 Balmain (Pierre), Lacroix (Christian), Montana (Claude) 8 Givenchy (Hubert de) 9 Courrèges (André), Lagerfeld (Karl) 12 Saint-Laurent (Yves), Schiaparelli (Elsa) *German:* 9 Lagerfeld (Karl) *Israeli:* 7 Mizrahi (Isaac) *Italian:* 5 Pucci (Emilio), Ricci (Nina) 6 Armani (Giorgio) 7 Cassini (Oleg), Versace (Gianni) 12 Schiaparelli (Elsa) *Japanese:* 6 Miyake (Issey) *Spanish:* 10 Balenciaga (Cristóbal)

fast 3 set 4 diet, easy, firm, Lent, soon, sure, true, wild 5 fixed, fleet, hasty, hitch, loose, loyal, quick, rapid, swift 6 firmly, prompt, snappy, speedy, stable 7 abstain, hastily, hurried, lasting, quickly, rapidly, staunch, swiftly 8 chop-chop, constant, faithful, full tilt, immobile, promptly, resolute, speedily

9 breakneck, dissolute, immovable, libertine **10** abstinence, profligate, recklessly, stationary **11** expeditious, promiscuous **12** lickety-split **13** expeditiously

fasten 3 fix, peg, pin, set, sew, tie, zip **4** bind, bolt, clip, hook, join, lace, lash, link, lock, moor, nail, seal, shut, weld **5** affix, cable, catch, chain, cinch, clamp, clasp, close, cramp, dowel, girth, hitch, latch, rivet, screw, stake, stick, strap, tie up, truss **6** anchor, attach, batten, buckle, button, couple, secure, skewer, solder, staple, tether **7** connect, mortise **8** buckle up

fastener 3 nut, peg, pin, tie **4** bolt, brad, clip, cord, frog, hasp, link, lock, nail, rope, snap, stud, tack, tape **5** catch, clamp, clasp, dowel, girth, hinge, hitch, latch, rivet, screw, spike, stake, strap **6** buckle, button, cotter, skewer, staple, tether, toggle, zipper **7** grommet, padlock, netsuke, shackle **8** coupling, cuff link, handcuff, seat belt, shoelace **9** connector, cotter pin, safety pin, thumbtack **10** clothespin

fastidious 5 fussy, picky **6** choosy, dainty, queasy **7** choosey, finical, finicky, refined **8** exacting **9** demanding, squeamish **10** meticulous, particular, pernickety **11** persnickety

fastness 4 fort, hold, keep **6** bunker, castle, refuge **7** alcazar, bastion, citadel, crannog, redoubt, sanctum **8** casemate, fortress, presidio **10** stronghold, tower house **11** strongpoint

fast-talking 4 glib **5** slick **6** facile **8** slippery **13** silver-tongued

fat 3 big, oil **4** flab, lard, suet, wide **5** beefy, broad, bulky, burly, cream, dumpy, gross, heavy, husky, large, lipid, obese, plump, pudgy, round, stout, thick, tubby **6** chunky, excess, fleshy, grease, portly, rotund, stocky, stubby, tallow **7** adipose, blubber, paunchy, porcine, surfeit, surplus, weighty **8** heavyset, oversize, thickset **9** corpulent **10** full-bodied, overweight, potbellied **11** superfluity

fatal 6 deadly, lethal, mortal **7** deathly, ruinous **8** terminal **9** incurable, pestilent **10** pernicious **12** pestilential

fatality 4 doom **5** death **8** casualty **10** deadliness

fata morgana 6 mirage **8** illusion

fat cat 5 mogul, nabob **6** big gun, bigwig, tycoon **7** big shot, magnate, pooh-bah **8** big wheel **9** moneybags, plutocrat **11** muckety-muck **13** high-muck-a-muck

fate 3 end, lot **4** doom, luck, ruin **5** death, karma **6** chance, kismet, upshot **7** destiny, fortune, outcome, portion **13** inevitability

fateful 6 deadly **7** ominous, ruinous **8** decisive **9** momentous, prophetic **10** portentous

Fates see at GREEK; NORSE; ROMAN

fathead 3 ass, oaf **4** boob, clod, dodo, dope, dolt, gawk, goof, goon, jerk, lump, mutt, yo-yo **5** cluck, clunk, dummy, dunce, idiot, moron, stock, stupe, yahoo **6** cretin, dimwit, donkey, doofus, dum-dum, nitwit, noodle, schlub, turkey **7** buffoon, dullard, jackass, schnook **8** dumbbell, imbecile, numskull **9** birdbrain, ignoramus, lamebrain, numbskull, simpleton

fatheaded 4 dull, dumb **5** dense, dopey, thick **6** obtuse, simple, stupid **7** doltish, idiotic **8** gormless **9** brainless, dim-witted, imbecilic **10** numskulled **11** numbskulled, thick-witted

father 3 dad, pop **4** dada, papa, père, sire **5** beget, breed, daddy, hatch, padre, pappy, pater, poppa, spawn **6** author, create, old man, parent, priest **7** builder, creator, founder, produce **8** ancestor, engender, generate, inventor, producer **9** architect, initiator, originate, patriarch, procreate **10** originator, prime mover ***combining form:*** **4** patr **5** patri, patro

Father Brown creator 10 Chesterton (Gilbert Keith)

fatherland 4 home, soil **7** country

Father Time's implement 6 scythe

fathom 4 know **5** probe, sound **7** discern, explore, measure **9** apprehend, figure out, penetrate **10** comprehend, understand **11** investigate

fathomless 7 abysmal, abyssal **8** profound **12** immeasurable

fatidic 5 vatic **6** mantic **7** Delphic, sibylic **8** Delphian, oracular, sibyllic **9** prophetic, prescient, sibylline, vaticinal **10** divinatory, predictive

fatigue 3 fag **4** poop, tire, wear **5** drain, weary **6** tucker **7** deplete, burn out, exhaust, frazzle, wear out **8** drudgery, wear down **9** tiredness, weariness **10** enervation, exhaustion ***combat:*** **7** frazzle **10** shell shock

Fatima ***father:*** **8** Mohammed, Muhammad ***husband:*** **9** Bluebeard ***son:*** **5** Hasan **6** Husayn ***stepbrother:*** **3** Ali

fatness 7 obesity **9** adiposity **10** corpulence, overweight

fatty 4 oily, rich **6** greasy **7** adipose **8** unctuous **10** oleaginous ***combining form:*** **4** lipo **5** adipo

fatuous 4 dumb, fond **5** inane, sappy,

silly **6** jejune, simple **7** asinine, foolish, puerile, witless

faucet **3** tap **4** bung, cock, gate **5** valve **6** spigot **7** hydrant, petcock **8** stopcock

Faulkner, William ***character:*** **3** Ike (Snopes), Joe (Christmas) **4** Eula (Varner Snopes), Flem (Snopes), Mink (Snopes) **5** Benjy (Compson), Caddy (Compson), Gavin (Stevens), Henry (Sutpen), Jason (Compson), Lucas (Beauchamp) **6** Dilsey, Temple (Drake) **7** Candace (Compson), Quentin (Compson) **8** Benjamin (Compson) ***county:*** **13** Yoknapatawpha ***family:*** **6** Benbow, Snopes, Sutpen **7** Compson **8** McCaslin, Sartoris **9** Beauchamp ***novel:*** **4** Town (The) **6** Hamlet (The) **7** Mansion (The), Reivers (The) **8** Sartoris **9** Sanctuary, Wild Palms (The) **11** As I Lay Dying **13** Light in August **14** Absalom, Absalom **15** Sound and the Fury (The) **17** Intruder in the Dust

fault **3** err, nag, sin **4** flaw, rift, slip, spot, vice, want **5** blame, break, knock, error, scold **6** accuse, defect, foible, miscue **7** censure, demerit, failing, fissure, frailty, mistake, upbraid **8** fracture, weakness **9** criticize, infirmity **10** San Andreas **11** culpability, dereliction, shortcoming **12** imperfection ***line:*** **4** rift **5** split **6** breach **7** fissure **8** crevasse

faultfinder **4** crab **5** grump **6** critic, griper, grouch, nagger, whiner **7** grouser **8** grumbler **10** bellyacher, complainer, criticizer, crosspatch

faultfinding **7** carping **8** captious, critical, nitpicky **9** criticism **10** censorious, nit-picking, pernickety **11** persnickety **12** overcritical **13** hypercritical

faultless **4** pure **7** perfect **8** innocent, unerring **9** guiltless **10** immaculate, impeccable, inculpable

faulty **4** awry **5** amiss, wrong **6** flawed, marred **7** botched, damaged, defaced, inexact, unsound **8** fallible, specious **9** blemished, defective, deficient, erroneous, imperfect, incorrect **10** fallacious, inaccurate ***prefix:*** **3** dys

faun **5** satyr

fauna **7** animals

Faunus ***grandfather:*** **6** Saturn ***son:*** **4** Acis **7** Latinus

Faust ***author:*** **6** Goethe (Johann Wolfgang von) ***beloved:*** **8** Gretchen ***composer:*** **6** Gounod (Charles)

faux **4** fake, sham **5** bogus, false, phony **6** ersatz **9** imitation, pretended, simulated, synthetic **10** substitute

faux pas **4** flub, goof, slip **5** boner, error, gaffe **6** boo-boo, howler, miscue, slipup **7** blooper, blunder, misstep, mistake, stumble **8** pratfall, solecism **9** gaucherie **11** impropriety

favor **4** baby, back, bias, boon, gift, okay **5** bless, bribe, grace, mercy, token, value **6** accept, behalf, choose, oblige, pamper, prefer, regard **7** indulge, present, support, sustain **8** courtesy, goodwill, interest, keepsake, kindness, resemble, sanction, sympathy **9** attention, patronage, privilege, take after **10** admiration, facilitate, indulgence, partiality **11** approbation, benevolence, countenance

favorable **4** fair **5** lucky **6** benign, biased, golden, timely, toward, useful **7** helpful, partial **8** pleasant, pleasing, positive **9** agreeable, benignant, fortunate, promising **10** auspicious, benevolent, propitious, prosperous **11** affirmative **12** advantageous **13** complimentary

favoring **4** rosy **6** timely, toward, useful **7** helpful **9** opportune **10** auspicious, beneficial, propitious **12** advantageous ***prefix:*** **3** pro

favorite **3** pet **7** dearest, popular, special **8** precious **9** preferred, well-liked **10** fair-haired, preference **11** frontrunner, teacher's pet, white-haired

favoritism **4** bias **8** cronyism, nepotism **10** partiality **12** one-sidedness

fawn **3** kid **4** deer, ecru **5** beige, toady **6** bister, grovel, kowtow **7** flatter, truckle, wheedle **8** blandish, bootlick **9** sweet-talk **11** apple-polish

fawning **6** smarmy **8** unctuous **9** parasitic **10** obsequious **11** sycophantic

fay **3** elf **4** puck **5** elfin, fairy, pixie **6** elfish, goblin, sprite **7** brownie **10** leprechaun

faze **3** cow **5** abash, daunt, throw **6** dismay, rattle **7** confuse, disturb, nonplus, perturb **8** befuddle, bewilder, confound, unsettle **9** discomfit, dumbfound, embarrass **10** disconcert **11** flabbergast

FBI director **5** Freeh (Louis) **6** Hoover (J. Edgar) **7** Mueller (Robert)

fealty **5** faith, troth **7** loyalty **8** devotion, fidelity **9** adherence, constancy, vassalage **10** allegiance, attachment **11** devotedness **12** faithfulness

fear **3** awe **5** alarm, angst, dread, panic, qualm, scare, worry **6** dismay, fright, horror, phobia, terror **7** anxiety, jitters **8** cold feet, disquiet, timidity **9** agitation, cowardice, misgiving **10** foreboding **11** disquietude, trepidation **12** apprehension, cowardliness, perturbation, presentiment, timorousness ***of animals:*** **9** zoophobia ***of being buried***

alive: **11** taphephobia ***of cats:*** **12** ailurophobia ***of crowds:*** **11** ochlophobia ***of darkness:*** **11** nyctophobia ***of dirt:*** **10** mysophobia ***of fire:*** **10** pyrophobia ***of heights:*** **10** acrophobia ***of men:*** **11** androphobia ***of new things:*** **9** neophobia ***of open areas:*** **11** agoraphobia ***of pain:*** **10** algophobia ***of strangers:*** **10** xenophobia ***of thunder:*** **12** brontophobia ***of water:*** **11** hydrophobia ***of women:*** **10** gynophobia

fearful **5** timid **6** afraid, aghast, scared, trepid **7** alarmed, anxious, jittery, panicky **8** alarmist, paranoid, timorous **9** terrified, tremulous **12** apprehensive

fearless **4** bold **5** brave **6** daring **7** gallant, valiant **8** intrepid, unafraid **9** dauntless **10** courageous **11** lionhearted **12** greathearted, stouthearted

Fear of Flying author **4** Jong (Erica)

fearsome **3** shy **5** scary, timid **6** afraid **7** extreme, intense **8** daunting, timorous **9** frightful **10** terrifying **11** frightening **12** intimidating

feasible **6** doable, likely, viable **8** possible, suitable, workable **10** reasonable **11** practicable **12** tried-and-true

feast **3** eat **4** dine, meal **5** gorge **6** dinner, regale, repast, spread **7** banquet, indulge **8** potlatch ***Hawaiian:*** **4** luau ***Scottish:*** **3** foy

Feast of Lights **8** Hanukkah

Feast of Lots **5** Purim

Feast of Tabernacles **6** Sukkot **7** Sukkoth

feat **3** act **4** deed, gest **5** stunt, trick **6** action **7** exploit **11** achievement, performance, tour de force

feather **3** ilk **4** down, kind, sort, type **5** breed, order, pinna, plume, quill **6** fledge, fletch, pinion **7** species, variety ***kind:*** **4** down **6** covert **7** contour, plumule, rectrix **8** scapular ***part:*** **3** web **4** barb, vane **5** shaft **7** barbule, calamus **8** barbicel

featherbrained **5** dizzy, giddy, silly **7** flighty, foolish **8** heedless **9** frivolous **11** light-headed, thoughtless

feathered **7** plumose

feathers **4** down **7** plumage

feature **4** item, mark, part **5** add-on, trait **6** aspect, detail, factor **7** article, element, fixture, gimmick, quality **8** hallmark, property **9** attribute, component, lineament **10** attraction, ingredient **11** drawing card, peculiarity

febrile **3** hot **5** fiery **7** fevered, pyretic **8** feverish

feckless **4** weak **7** useless **8** carefree, impotent **11** incompetent, ineffective, ineffectual **12** undependable **13** irresponsible

fecund **4** rich **7** fertile **8** fruitful, prolific **9** inventive **10** productive

fecundity **9** abundance, fertility **11** prodigality **12** fruitfulness, productivity

Federalist writer **3** Jay (John) **7** Madison (James) **8** Hamilton (Alexander)

federation **5** union **6** league, nation **7** council **8** alliance **10** government **11** confederacy

fed up **4** sick **9** disgusted **11** exasperated

fee **3** cut, pay, tax **4** bill, cost, dues, hire, toll, wage **5** price **6** charge **7** expense, payment, rake-off, stipend, tuition **8** retainer **9** emolument **10** commission, recompense ***minting:*** **10** seignorage **11** seigniorage ***wharf:*** **7** quayage

feeble **4** puny, weak **5** frail **6** infirm, sickly, weakly **7** doddery **8** decrepit **9** doddering, unhealthy **10** inadequate

feebleminded **4** daft, dull, slow **5** dense, thick **6** stupid **7** doltish, foolish, idiotic, moronic, witless **8** imbecile, retarded **9** brainless, dim-witted, imbecilic **10** half-witted, slow-witted **11** harebrained, thickheaded

feebleness **7** frailty **8** debility **9** fragility, infirmity **10** enervation, inadequacy **11** decrepitude

feed **3** eat **4** grub, hand, meal **5** feast, gorge, graze, stuff **6** browse, devour, fatten, fodder, ingest, regale, repast, supply, viands **7** banquet, consume, deliver, dish out, edibles, furnish, nourish, nurture, provide, sustain **8** dispense, hand over, victuals **9** partake of, provender, provision, refection **10** provisions

feedback **8** critique, reaction, response **9** criticism **10** evaluation

feed the kitty **4** ante

feel **5** grope, sense, touch **6** caress, fondle, handle, stroke **7** palpate

feeler **4** palp **5** probe **6** palpus **7** antenna **8** proposal, tentacle **12** trial balloon

feeling **3** air **4** aura, mood **5** hunch, sense, touch **6** notion, temper **7** emotion, inkling, opinion, outlook, passion, sensate **8** attitude, instinct, sentient **9** affection, emotional, intuition, semblance, sensation, sentiment, suspicion **10** atmosphere, impression, persuasion **11** affectivity, palpability, sensibility, sensitivity, tangibility

feign **3** act **4** fake, play, sham **5** bluff, put on **6** affect, assume **7** pretend **8** simulate **9** dissemble **11** counterfeit, make believe

feigned **4** fake, sham **5** false, phony, put-on **7** assumed **8** imagined **9** imitation, insincere, pretended, simulated **10** fabricated, fictitious **11** counterfeit

feint **4** fake, hoax, play, ploy, ruse, sham, wile **5** trick **6** gambit **8** maneuver **9** stratagem ***hockey:*** **4** deke

feisty **6** frisky, plucky, spunky, touchy **7** bristly, fidgety **8** petulant, snappish, spirited **9** fractious, irascible **10** aggressive **11** quarrelsome

feldspar **6** albite **8** andesine **9** anorthite, moonstone **10** microcline, orthoclase **11** plagioclase ***clay:*** **6** kaolin

felicitate **6** salute **7** commend **10** compliment **12** congratulate

felicitous **3** apt, fit **4** meet **5** happy **6** proper, timely **7** apropos, fitting **8** apposite, pleasant, suitable **9** agreeable **10** delightful **11** appropriate

feline **3** cat, sly, tom **4** lion, lynx, pard, puma, puss **5** catty, felid, pussy, sleek, tiger **6** bobcat, cougar, jaguar, margay, ocelot, serval, slinky, sneaky, tomcat **7** caracal, catlike, cheetah, furtive, leonine, leopard, lioness, panther, tigress, wildcat **8** pussycat, stealthy ***hybrid:*** **5** liger, tigon **6** tiglon

fell **3** cut, hew, mow **4** down, drop, kill, raze **5** floor **6** poleax **7** cut down, flatten **8** knock off **9** bring down, knock down

Fellini film **8** Amarcord, Casanova, La Strada **9** Satyricon **10** I Vitelloni **11** La Dolce Vita **15** Nights of Cabiria **18** Juliet of the Spirits

fellow **3** bub, guy, joe, lad, man **4** buck, chap, dude, gent, mate, peer, twin **5** bloke, match **6** codger, cohort, hombre, person **7** comrade, consort, partner **8** confrere **9** associate, companion, copartner, gentleman **10** coordinate, reciprocal

fellow feeling **5** agape **7** concern, empathy, rapport **8** affinity, kindness, sympathy **9** affection **10** compassion, kindliness **11** consolation **13** understanding

fellowship **4** club **5** guild **6** league **7** coterie, society, stipend **8** sodality **9** communion, community **10** fraternity **11** association, brotherhood

felon **3** con **7** convict, whitlow **8** criminal **10** malefactor

felt **6** groped, sensed

felt hat **3** fez **5** derby, terai **6** fedora, trilby **7** homburg, stetson **8** snap-brim **9** wideawake

female **4** girl **5** woman **7** girlish, womanly **8** feminine ***suffix:*** **3** ess **4** ette, trix

Feminine Mystique author **7** Friedan (Betty)

feminist **10** suffragist

femme fatale **5** siren **7** Lorelei **8** Mata Hari **9** temptress **10** seductress **11** enchantress

femur **9** thighbone

fen **3** bog **4** mire, quag, wash **5** marsh, swamp **6** morass, muskeg, slough **9** marshland

fence **3** bar, pen **4** cage, rail, pale, weir **5** hedge, parry **6** corral, paling, picket **7** barrier, enclose, railing **8** backstop, boundary, hoarding, palisade, receiver, sidestep, stockade **9** barricade, stone wall

fencer **7** duelist, épéeist **8** foilsman **9** swordsman

fencing **9** swordplay ***attack:*** **5** lunge **6** thrust **7** reprise, riposte ***cry:*** **6** touché ***defense:*** **5** parry ***movement:*** **4** volt ***term:*** **4** jury **5** forte, lunge **6** flèche, foible, touché ***touch:*** **3** cut, hit ***weapon:*** **4** épée, foil **5** blade, guard, saber, sabre **6** pommel

fender **4** skid **5** guard **6** buffer, bumper, shield **7** cushion, railing **8** mudguard

fennec **3** fox

Fenrir ***chain:*** **8** Gleipnir ***father:*** **4** Loki ***form:*** **4** wolf ***mother:*** **9** Angerboda **10** Angerbotha ***slayer:*** **5** Vidar **6** Vithar ***victim:*** **4** Odin

Fenway Park site **6** Boston

feral **4** wild **5** brute **6** brutal, savage **7** beastly, bestial, brutish, inhuman, untamed

Ferber novel **5** Giant, So Big **8** Cimarron, Show Boat **9** Ice Palace **13** Saratoga Trunk

Ferdinand ***beloved:*** **7** Miranda ***father:*** **6** Alonso

Ferdinand, King ***conquest:*** **7** Granada ***daughter:*** **6** Joanna ***wife:*** **8** Germaine, Isabella

fermata **4** hold **5** pause

ferment **4** boil, brew, stir **5** rouse, sweat **6** clamor, enzyme, excite, incite, leaven, seethe, simmer, unrest, work up **7** smolder, turmoil **9** agitation, commotion **12** restlessness

fermentation **7** zymosis **13** bioconversion

fern **4** tree **5** brake, holly, royal **6** Boston **7** bracken **8** polypody **10** maidenhair, spleenwort ***leaf:*** **5** frond

ferocious **4** fell, grim, wild **5** brute, cruel **6** brutal, fierce, savage **7** bestial, extreme, inhuman, intense, vicious, violent **8** barbaric, inhumane, ruthless **9** barbarous, rapacious, truculent

ferret out **4** find **5** dig up, flush **6** elicit **7** unearth **8** discover **9** ascertain

ferrule **3** cap, tip **4** band, ring, virl **6** collet

ferry **5** carry **6** convey **7** shuttle **9** transport

ferryman 6 Charon 9 gondolier
fertile 4 lush, rich 6 fecund 8 abundant, creative, fruitful, pregnant, prolific 9 bountiful, ingenious, inventive, luxuriant, plenteous 10 productive 12 reproductive
fertilize 5 beget, breed 6 enrich 8 generate 9 fecundate, pollinate 10 impregnate, inseminate
fertilizer 4 dung 5 guano, mulch 6 manure 7 compost 9 plant food
ferule 3 rod 5 stick
fervent 3 hot 4 keen 5 eager, fiery 6 ardent, devout, gung-ho 7 blazing, burning, earnest, glowing, intense, zealous 8 vehement 9 heartfelt 10 hot-blooded, passionate 11 impassioned, warm-blooded 12 enthusiastic, wholehearted
fervor 4 fire, heat, zeal 5 ardor 6 warmth 7 passion 8 devotion, violence 9 vehemence 10 devoutness, enthusiasm
fescennine 7 obscene 10 scurrilous
fess up 3 own 5 admit 9 come clean
fester 3 rot 6 rankle 7 inflame, putrefy 8 ulcerate 9 suppurate
festina ___ 5 lente
festival 4 fair, fete, gala 5 feast 6 fiesta 7 jubilee 8 carnival, jamboree 11 celebration, merrymaking
festive 3 gay 4 gala 5 jolly, merry 6 joyful, joyous 7 gleeful 8 mirthful 11 celebratory
festivity 4 bash, fair, fete, gala 5 feast, party, revel 6 affair, frolic, gaiety 7 blowout, revelry, whoopee 8 carnival, jamboree 9 rejoicing, merriment 11 celebration, merrymaking
festoon 4 deck, hang 5 adorn 6 bedeck 7 garland 8 decorate, ornament 9 embellish
fetch 3 get 4 draw, earn 5 bring, yield 6 take in 7 attract, bring in, realize 8 retrieve
fetching 4 fair 6 comely, lovely, pretty 7 winsome 8 alluring, charming, enticing, engaging, handsome, pleasing 9 appealing 10 attractive
fete 4 ball, bash, fair, gala 5 feast, honor, party 6 affair, fiesta, soiree 7 banquet, jubilee, shindig 8 carnival, festival, jamboree, wingding 9 celebrate, entertain 11 celebration, commemorate 13 entertainment
fetid 4 foul, high, rank 5 funky 6 putrid, rancid, smelly, strong 8 mephitic, stinking 10 malodorous
fetish 4 idol, juju, luck 5 charm 6 amulet 7 periapt 8 fixation, gris-gris, talisman 10 phylactery
fetor 4 odor, reek 5 stink 6 stench
fetter 3 tie 4 bind, bond, gyve 5 chain, check, irons 6 hobble, hog-tie, impede 7 enchain, manacle, shackle, trammel 8 handcuff, restrain 9 restraint
fettle 5 shape 6 health 7 fitness 9 condition 12 constitution
feud 6 enmity, strife 7 dispute, quarrel 8 argument, vendetta 9 hostility 11 controversy
feudal ***estate:*** 3 fee 4 feud, fief ***jurisdiction:*** 4 soke ***laborer:*** 4 serf ***lord:*** 5 laird, liege, thane 8 suzerain ***status:*** 9 vassalage ***tax:*** 7 tallage ***tenant:*** 6 vassal 7 homager, socager, vavasor 8 vavasour ***tenure of land:*** 6 socage ***tribute:*** 6 heriot
feuilleton 5 essay
fever 4 ague, fire, heat 5 flush, Lassa 6 dengue, frenzy 7 ferment, passion, pyrexia 8 delirium 9 calenture ***recurrent:*** 7 malaria, quartan, tertian
fevered 6 crazed, heated 7 burning, febrile, flushed 8 agitated, frenetic, restless 9 delirious 10 distracted, overheated 11 overwrought
feverish 3 hot 5 fiery 6 hectic 7 burning, febrile, flushed, pyretic 8 frenetic, frenzied 10 passionate 11 overwrought
fever tree 6 acacia 7 blue gum
few 4 rare 5 scant 6 meager, meagre, scanty, scarce, sparse 7 handful, limited 8 sporadic 9 scattered 10 infrequent, occasional, scattering, smattering, spattering, sprinkling ***combining form:*** 4 olig 5 oligo
fey 4 daft 5 campy, crazy, vatic 7 touched 8 oracular, precious 9 pixilated, prophetic, sibylline, visionary 11 clairvoyant 12 otherworldly
___**-fi** 3 sci
fiasco 3 dud 4 bomb, flop 5 farce, flask 6 bottle, defeat 7 blunder, debacle, failure, washout 8 abortion, disaster 11 miscarriage 13 embarrassment
fiat 5 edict, order 6 decree 7 command, dictate, mandate, warrant 8 sanction 11 endorsement 12 proclamation 13 authorization
fib 3 lie 4 tale 5 story 7 falsify, falsity, untruth 9 falsehood, mendacity 10 taradiddle 11 fabrication, prevaricate
fiber 3 web 4 noil, pita 5 grain, istle 6 fabric, strand, thread 7 texture ***basketry:*** 5 istle ***brain:*** 4 pons ***coarse:*** 4 jute 8 piassava ***coconut husk:*** 4 coir ***rope:*** 4 bast, hemp 5 sisal 8 henequen ***silky:*** 5 kapok ***small:*** 6 fibril ***substructure:*** 7 micelle, spongin ***synthetic:*** 5 nylon, Orlon, rayon, saran, vinal 6 Dacron 7 spandex ***woody:*** 4 bast ***woollike:*** 7 lanital

fibrous 4 ropy, wiry 5 tough, woody 6 sinewy 7 stringy
fibula 4 bone 5 clasp
fichu 5 scarf
fickle 7 flighty 8 unstable, variable, volatile 9 mercurial 10 capricious, changeable, inconstant, unfaithful, unreliable 12 undependable 13 temperamental, unpredictable
fiction 4 tale, yarn 5 fable, story 7 fantasy, figment 8 pretense 9 fish story, invention, narrative 10 concoction 11 fabrication
fictional 6 made-up, unreal 8 notional 9 imaginary 11 make-believe 12 suppositious
fictitious 4 fake, mock, sham 5 bogus, faked, false, phony 6 ersatz, made-up, unreal, untrue 7 assumed, created 8 cooked-up, fanciful, illusory, imagined, invented, mythical, spurious 9 concocted, fantastic, imaginary, simulated, trumped-up 10 apocryphal, artificial, chimerical, fabricated 11 make-believe 12 suppositious
fiddle 3 toy 4 play, rack 5 alter, cheat 6 dawdle, diddle, doodle, finger, meddle, monkey, potter, putter, tamper, tinker, trifle, violin 7 swindle 9 interfere 10 fool around, manipulate, mess around
fiddle-faddle 3 rot 4 bosh, bull, bunk, nuts 5 fudge, drool, hokum, hooey 6 bunkum, drivel, hoodoo, humbug, piffle 7 baloney, blarney, hogwash, rubbish, twaddle 8 nonsense, pishposh, tommyrot 9 poppycock 10 applesauce, balderdash, flapdoodle
___ **Fideles** 6 Adeste, Semper
Fidelio ***composer:*** 9 Beethoven (Ludwig van) ***hero:*** 9 Florestan ***heroine:*** 7 Leonora
fidelity 5 ardor, piety, troth 6 fealty 7 loyalty 8 devotion 9 adherence, constancy 10 allegiance, attachment 11 staunchness 12 faithfulness 13 dependability, steadfastness
fidget 6 fantod, fiddle, jitter, squirm, twitch 7 wriggle
fidgety 5 antsy, jumpy 6 uneasy 7 jittery, nervous, restive, squirmy, twitchy 8 restless
field 3 lea 4 area, mead, turf 5 green, milpa, orbit, range 6 domain, meadow, métier, region, sphere 7 demesne, pasture, purview, terrain 8 dominion, gridiron, precinct, vocation 9 bailiwick, champaign, specialty, territory 10 department, discipline, occupation
field crop 3 hay 4 corn, oats 5 grain, wheat 6 cotton 7 alfalfa 8 soybeans
field deity 3 Pan 4 Faun 5 Fauna 6 Faunus
field glasses 10 binoculars
field hand 4 hoer 5 sower 6 picker 7 laborer, planter
Fielding novel 6 Amelia 8 Tom Jones 13 Joseph Andrews
field marshal ***Austrian:*** 8 Radetzky (Joseph) ***British:*** 6 Napier (Robert), Raglan (Baron), Wavell (Archibald), Wilson (Henry) 7 Roberts (Frederick) 8 Wolseley (Garnet) 9 Kitchener (Horatio) 10 Montgomery (Bernard) ***French:*** 4 Foch (Ferdinand) 6 Joffre (Joseph-Jacques-Césaire), Pétain (Philippe) ***German:*** 6 Keitel (Wilhelm), Paulus (Friedrich), Rommel (Erwin), Rupert (Prince) 9 Mackensen (August von), Rundstedt (Karl von), Waldersee (Alfred von) 10 Kesselring (Albert) ***Japanese:*** 8 Sugiyama (Hajime) ***Prussian:*** 6 Moltke (Helmuth von) ***Russian:*** 7 Kutuzov (Mikhail), Suvorov (Aleksandr) 8 Potemkin (Grigory)
field mouse 4 vole
field officer 5 major 7 colonel
fiend 3 bug, imp, nut 5 demon, devil, freak, Satan 6 addict, Belial, diablo, maniac, zealot 7 devotee, fanatic, habitué, Lucifer, monster, Old Nick, serpent 8 Apollyon, succubus 9 Beelzebub 10 enthusiast, Old Scratch 13 Old Gooseberry
fiendish 3 bad 4 evil 5 cruel 6 malign, savage, wicked 7 baleful, demonic, hellish, inhuman, malefic, satanic, vicious 8 demoniac, devilish, diabolic, infernal, sinister 9 barbarous, difficult, ferocious, malicious, malignant 10 diabolical
fierce 4 fell, grim, wild 5 cruel 6 brutal, savage, wicked 7 brutish, hostile, inhuman, intense, vicious, violent, wolfish 8 inhumane, pitiless, ruthless, terrible, vehement 9 barbarous, bellicose, ferocious, merciless, truculent 10 aggressive, determined
fiery 3 hot, red 5 afire 6 ablaze, aflame, ardent, fervid, fierce, heated, red-hot, torrid 7 burning, febrile, fervent, flaming, flaring, igneous, intense, peppery 8 broiling, feverish, spirited, vehement, white-hot 9 flammable, hotheaded, irritable, perfervid 10 mettlesome, passionate 11 combustible, inflammable, impassioned
fiesta 4 fete 5 party 6 frolic 8 carnival, festival, jamboree 9 merriment
fife 4 pipe 5 flute
fifth ***combining form:*** 5 quint

fig ***genus:*** **5** Ficus ***sacred:*** **5** pipal ***variety:*** **5** elemi **6** Smyrna
fight **3** row, war **4** bout, buck, duel, feud, fray, spat, tiff **5** brawl, broil, clash, joust, match, melee, repel, scrap, set-to **6** affray, attack, battle, combat, fracas, oppose, oppugn, resist, rumble, tussle **7** contend, contest, dispute, quarrel, scuffle, wrangle, wrestle **8** conflict, skirmish, slugfest, squabble, struggle, traverse **10** aggression, donnybrook, free-for-all **11** altercation
fighter **3** pug **5** boxer **7** brawler, soldier, warrior **8** champion, pugilist, scrapper **9** combatant, gladiator, man-at-arms, mercenary **11** interceptor
fighter plane **3** MiG, Roc **4** Zero **5** Sabre **6** bomber, Fokker, Hawker, Mirage, Voodoo **7** Corsair, Harrier **8** Spitfire **11** interceptor
fighting fish **5** betta
figment **5** dream, fable, fancy **7** chimera, fiction **8** daydream, illusion, phantasm **9** invention, unreality **11** contrivance, fabrication
figure **3** add, sum, tot **4** cast, form, mold, rule, tote **5** count, digit, frame, image, model, motif, shape, total **6** cipher, decide, design, device, effigy, motive, number, reckon, settle, symbol **7** compute, integer, numeral, outline, pattern, resolve **8** conclude, estimate, physique **9** calculate, character, determine, enumerate ***geometric:*** **4** cone, cube **5** rhomb **6** circle, isogon, square **7** decagon, ellipse, hexagon, nonagon, octagon, polygon, rhombus **8** pentacle, pentagon, rhomboid, tetragon, triangle **9** rectangle **10** hexahedron, octahedron **11** icosahedron **12** dodecahedron, rhombohedron ***human:*** **4** nude **5** atlas **7** telamon **8** caryatid ***ornamental:*** **6** statue **8** gargoyle
figurehead **4** pawn, tool **5** front **6** minion, puppet **7** cat's-paw **8** creature **10** instrument, mouthpiece
figure of speech **5** trope **6** aporia, simile **7** litotes **8** metaphor, metonymy **10** synecdoche
figure out **5** crack, learn, solve **6** decide, decode, fathom **7** resolve, unravel **8** decipher, discover, unriddle **9** ascertain, determine
figure skating ***jump:*** **4** axel, loop, lutz **5** split **6** rocker **7** bracket, counter, salchow **11** spreadeagle ***spin:*** **5** camel
figurine **9** statuette
Fiji ***capital:*** **4** Suva ***explorer:*** **4** Cook (Capt. James) **6** Tasman (Abel) ***island:*** **3** Gau **4** Koro **6** Ovalau **8** Viti Levu **9** Vanua Levu ***island group:*** **3** Lau **6** Yasawa ***language:*** **6** Fijian **7** English ***monetary unit:*** **6** dollar ***neighbor:*** **5** Samoa **7** Vanuatu
filch **3** cop, nip **4** crib, lift, take **5** boost, pinch, steal, swipe **6** pilfer, snitch **7** purloin
file **3** row, rub **4** line, rank, rasp, tier **5** lodge, march, place, queue **6** smooth **7** archive, arrange, corrupt, dossier **10** emery board
filial **5** sonly **7** duteous, dutiful
filibuster **5** delay, stall **10** adventurer
filigree **4** lace **6** design **7** pattern **8** fretwork, openwork, ornament **10** decoration **13** embellishment, ornamentation
fill **3** jam **4** clog, cloy, cram, glut, heap, lade, load, pack, pile, plug, sate, stop **5** block, choke, close, gorge, stock, stuff **6** charge, stodge **7** congest, engorge, inflate, occlude, pervade, satiate, satisfy, stopper, surfeit **8** permeate ***interstices:*** **4** calk **5** caulk, chink, putty
filled **5** awash, flush, sated **6** packed **7** replete **9** saturated
filler **5** squib **7** packing, padding, tobacco, wadding **8** stuffing
fillet **4** band **5** slice, snood, strip **6** ribbon, stripe **7** bandeau, banding **8** headband ***anatomical:*** **9** lemniscus ***architectural:*** **6** listel, reglet, taenia ***meat:*** **10** tenderloin
fill in **3** sub **4** clew, clue, post **6** advise, detail, insert, notify **7** apprise **8** acquaint, complete **10** substitute
fill-in **3** sub **4** temp **6** backup **7** stopgap **9** alternate, expedient, makeshift, surrogate, temporary **10** substitute **11** locum tenens, pinch hitter, replacement, succedaneum
fillip **3** tap **4** goad, kick, spur **5** boost, tonic **6** buffet, strike **7** impetus, wrinkle **8** catalyst, stimulus **9** incentive, stimulant, stimulate **10** inducement, motivation **13** embellishment
film **4** coat, scum, show, skim, skin **5** flick, glaze, layer, movie, Mylar, shoot **6** cinema, lamina, patina **7** tarnish **8** membrane, pellicle **9** celluloid, photoplay **11** picture show **13** motion picture, moving picture
filmy **4** hazy **5** gauzy, misty, sheer, wispy **6** dainty **8** delicate, gossamer **10** diaphanous **11** transparent
fils **3** son
filter **4** sift **5** clean, leach, sieve **6** purify, refine, screen, strain **7** clarify, cleanse **9** percolate
filth **4** crud, dirt, dung, muck, slop, smut **5** dreck, grime, slime, trash **6** ordure, refuse, sludge **7** squalor **9** obscenity
filthy **4** base, foul, vile **5** black, dirty,

grimy, gross, gunky, mucky, muddy, nasty **6** coarse, cruddy, grubby, ribald, scuzzy, skanky, smutty, sordid **7** obscene, raunchy, squalid, unclean **8** indecent **9** loathsome, offensive, repulsive, revolting **12** scatological

filthy lucre **4** cash, loot, pelf **5** bread, bucks, dough, money, moola **6** boodle, riches, moolah, wampum **7** cabbage, scratch **8** currency

fin **3** arm **4** bill **5** fiver, pinna **7** airfoil, flipper ***type:*** **6** caudal, dorsal **7** ventral **8** pectoral

finagle **5** cheat, trick **6** wangle **7** snaffle, swindle, wheedle **8** fast-talk, maneuver, scrounge **9** bamboozle, machinate

final **3** end **4** last **6** ending, latest **7** closing **8** hindmost, terminal, ultimate **10** concluding, conclusive, definitive **11** examination

finale **3** end **4** coda **5** close, finis **6** capper, climax, ending, payoff, windup, wrap-up **7** closing **10** conclusion, denouement **11** culmination, termination

finalize **3** end **5** close, sew up, tie up **6** decide, finish, wind up, wrap up **7** approve **8** complete, conclude, solidify **9** terminate **10** consummate

finally **6** at last, lastly **7** someday **8** at length **9** belatedly **10** at long last, eventually, ultimately **12** subsequently

finance **4** back, bank, fund **5** endow, funds, money, stake **6** credit **7** banking, promote, revenue, sponsor, support **8** bankroll **9** grubstake, patronize, subsidize **10** capitalize, investment, underwrite

financial **6** fiscal, pocket **8** business, economic, monetary **9** pecuniary **10** commercial ***plan:*** **6** budget ***statement:*** **12** balance sheet

financier ***American:*** **4** Hill (James Jerome), Ryan (Thomas Fortune), Sage (Russell) **5** Astor (John Jacob), Baker (George Fisher), Eaton (Cyrus), Field (Cyrus West), Gould (Jay), Grace (William Russell), Green (Hetty) **6** Biddle (Nicholas), Boesky (Ivan), Girard (Stephen), Mellon (Andrew), Morgan (John Pierpont, Junius Spencer), Morris (Robert), Rogers (Henry Huttleston), Yerkes (Charles Tyson) **7** Peabody (George) **10** Vanderbilt (Cornelius, William) ***British:*** **6** Baring (Alexander), Rhodes (Cecil) **7** Gresham (Thomas) ***French:*** **6** Necker (Jacques) **7** Colbert (Jean-Baptiste) ***German:*** **7** Schacht (Hjalmar) **10** Rothschild (Amschel, Jakob, Karl, Mayer, Nathan, Salomon)

finch **4** pape **5** junco, serin, zebra **6** canary, linnet, siskin, towhee **7** bunting, chewink, redpoll, sparrow **8** cardinal, grosbeak, longspur **9** crossbill, seedeater

find **3** gem **4** gain, meet, spot **5** catch, dig up, hit on, reach, sight **6** attain, detect, locate, supply, turn up **7** discern, furnish, scare up, uncover, unearth **8** bump into, come upon, discover, meet with, perceive, treasure **9** determine, discovery, encounter **10** experience **13** treasure trove

find out **4** hear **5** catch, learn **6** detect **7** catch on **8** discover, perceive **9** ascertain, determine

fine **3** end, top **4** fair, keen, levy, pure, thin **5** bonny, close, clear, dandy, mulct, sheer **6** amerce, choice, minute, ornate, punish, purify, subtle **7** clarion, damages, elegant, forfeit, penalty **8** all right, delicate, penalize, pleasant, splendid, superior **9** beautiful, enjoyable, excellent, first-rate **10** punishment, reparation

finery **5** array **6** attire **7** apparel, regalia **8** clothing, frippery, glad rags, ornament **9** caparison, full dress, trappings, trimmings **10** decoration, Sunday best

finesse **5** dodge, evade, skill, skirt **6** jockey **7** beguile, cunning, exploit **8** maneuver, subtlety **9** dexterity **10** adroitness, artfulness, manipulate

Fingal's Cave island **6** Staffa

finger **5** blame, digit, index, pinky, strum, touch **6** accuse, pinkie **7** palpate **8** identify, pinpoint ***bone:*** **7** phalanx ***combining form:*** **6** dactyl

finicky **5** fussy, picky **6** choosy, dainty, prissy **7** choosey **8** exacting **9** squeamish **10** fastidious, meticulous, particular, pernickety **11** persnickety

finis **3** end **5** close **6** finale **10** completion, conclusion

finish **3** end **4** do in, kill, slay, stop **5** cease, close, glaze, use up **6** cut off, ending, finale, murder, patina, polish, windup, wrap up **7** closing, consume, destroy, execute, exhaust, surface **8** complete, conclude, dispatch, finalize, terminus **9** cessation, liquidate, terminate **10** completion, conclusion, denouement, run through **11** termination ***dull:*** **3** mat **4** matt **5** matte ***second:*** **5** place ***third:*** **4** show

finished **4** done, over, ripe **5** ideal **7** done for, perfect, refined, through **8** achieved, complete, over with, polished, washed-up **9** perfected **10** consummate

finite **5** bound, fixed **7** bounded, limited, precise **9** definable **10** restricted **12** determinable

fink 3 rat 5 Judas 6 betray, snitch, squeal 7 traitor 8 betrayer, informer, quisling, snitcher 11 backstabber 13 strikebreaker
Finland 5 Suomi ***Arctic region:*** 7 Lapland ***capital:*** 8 Helsinki ***city:*** 5 Espoo, Turku 6 Vantaa 7 Tampere ***ethnic group:*** 4 Lapp, Sami ***gulf:*** 7 Bothnia ***invader:*** 9 Alexander ***island:*** 5 Karlö 6 Kimito 9 Vallgrund ***island group:*** 5 Åland ***lake:*** 5 Inari 6 Saimaa 7 Keitele 8 Pielinen ***language:*** 7 Finnish, Swedish ***monetary unit:*** 4 euro ***monetary unit, former:*** 6 markka ***neighbor:*** 6 Norway, Russia, Sweden
Finlandia composer 8 Sibelius (Jean)
Finnigans Wake author 5 Joyce (James)
Finnish ***bath:*** 5 sauna ***epic:*** 8 Kalevala ***god:*** 6 Jumala
fir 4 pine 6 balsam, Fraser 7 conifer, Douglas 9 evergreen ***genus:*** 5 Abies
fire 3 can, pep, vim, zip 4 bake, brio, burn, cast, dash, hurl, sack, stir, toss, zeal, zest, zing 5 ardor, blaze, drive, flame, flare, fling, glare, ingle, light, pitch, rouse, salvo, shoot, spark, throw, torch, verve, vigor 6 arouse, energy, excite, fervor, flames, ignite, kindle, spirit 7 animate, boot out, dismiss, enthuse, inferno, inflame, inspire, kick out, passion, provoke 8 enkindle 9 calenture, discharge, holocaust, terminate 10 combustion, enthusiasm, liveliness 13 conflagration ***combining form:*** 3 pyr 4 igni, pyro ***god:*** 4 Agni, Loki 6 Vulcan 10 Hephaestus
firearm see GUN
firebrand 8 agitator 10 incendiary, instigator
firebug 5 torch 8 arsonist 10 incendiary, pyromaniac
firecracker 5 squib 6 banger 9 explosive 10 cherry bomb, noisemaker
firedog 7 andiron
firedrake 6 dragon
firefly 12 lightning bug
fire opal 7 girasol
fireplace 5 grate, ingle ***equipment:*** 6 fender, screen 7 andiron ***part:*** 3 hob 6 hearth, mantel
fireplug 7 hydrant
fire up 5 anger, annoy, rouse, spark 6 excite, ignite, incite, kindle 7 enliven, inflame, inspire, provoke 8 enkindle, irritate
firework 6 petard, rocket 8 pinwheel, sparkler 11 pyrotechnic, Roman candle ***cluster:*** 9 girandole
firkin 3 keg, tun, vat 4 butt, cask, pipe 6 barrel, vessel 8 hogshead
firm 3 set 4 fast, hard, sure 5 fixed, rigid, solid, sound, stiff, tight, tough 6 harden, outfit, secure, settle, stable, steady, strong, sturdy 7 abiding, adamant, certain, company, concern, improve, settled, staunch, unmoved 8 business, constant, definite, enduring, faithful, resolute, specific, vigorous 9 steadfast, tenacious 10 determined, enterprise, inflexible, stipulated, strengthen, unwavering, unyielding 11 established, partnership, substantial, unfaltering, well-founded 13 establishment
firmament 3 sky 5 vault 6 sphere, welkin 7 expanse, heavens 8 empyrean
firmness 7 resolve 8 decision, security, solidity, strength, tenacity 9 constancy, stability 10 durability, resolution 13 determination
first 4 arch, head 5 alpha, chief, prime 6 maiden, primal 7 highest, initial, leading, lead-off, opening, pioneer, premier, primary, supreme 8 champion, dominant, earliest, foremost, headmost, original 9 inaugural, initially, paramount, principal, sovereign 10 aboriginal, preeminent, primordial ***prefix:*** 4 prot 5 proto
firstborn 4 heir 6 eldest, oldest
first-class 3 top 4 A-one, best, fine 5 prime 6 tip-top 7 capital, supreme 8 five-star, superior, top-notch 9 excellent, top-drawer
firsthand 6 direct 7 primary 9 immediate
first man in space 7 Gagarin (Yury)
first showing 5 debut 7 opening 8 premiere
First State 8 Delaware
firth 3 arm, bay 4 cove, gulf 5 inlet 6 harbor, slough 7 estuary
fiscal 8 monetary 9 budgetary, financial
fish 3 bob, net 4 cast, gill, hint 5 angle, seine, trawl, troll 7 gillnet, sniggle ***angler:*** 9 goosefish ***aquarium:*** 4 barb 5 betta, danio, guppy, platy, tetra 7 cichlid, gourami, rasbora 8 goldfish 9 angelfish ***basket:*** 5 creel ***catfish:*** 8 bullhead, hornpout ***cod:*** 4 cusk, hake, ling 6 burbot, tomcod 7 pollack, pollock ***combining form:*** 6 ichthy ***croaker:*** 4 drum 7 corbina 8 kingfish, sea trout, weakfish 10 squeteague ***eellike:*** 5 moray 6 conger 7 hagfish, lamprey ***eggs:*** 3 roe 5 spawn ***electric:*** 7 torpedo 9 stargazer ***flatfish:*** 3 dab 4 butt, dace, sole 5 bream, brill, fluke 6 plaice, turbot 7 halibut 8 flounder ***food:*** 3 cod, eel 4 bass, carp, cero, hake, ling, scup, shad, sole, tuna 5 jurel, perch, scrod, skate, smelt, trout 6 bonito, caviar, kipper, mullet, plaice, pompon, salmon, tautog, wrasse 7 alewife, catfish, cavalla, escolar,

grouper, haddock, halibut, herring, pollack, pollock, pompano, sardine, sea carp, snapper **8** brisling, crevalle, flounder, mackerel ***game:*** **4** bass, pike, tuna **5** cobia, perch, trout **6** grilse, marlin, salmon, tarpon **8** pickerel **9** swordfish ***grunt:*** **7** pigfish ***herring:*** **4** shad, sild **5** sprat **7** alewife, sardine **8** brisling, pilchard ***kind:*** **3** gar, ray **4** bass, cero, chub, dory, goby, jack, opah, pike, rudd, scup, tuna **5** bream, cisco, loach, perch, porgy, shark, skate, smelt, snook, tench, tunny, wahoo **6** blenny, bonito, dorado, marlin, minnow, mullet, permit, puffer, remora, sauger, sucker, tarpon, tautog, warsaw, wrasse **7** anchovy, buffalo, capelin, cavalla, chimera, cowfish, crappie, dolphin, grunion, haddock, hogfish, jewfish, mudfish, oarfish, piranha, pupfish, sardine, sawfish, sculpin, snapper, sunfish, tilapia, whiting **8** albacore, blowfish, bluefish, bluegill, bonefish, chimaera, filefish, gambusia, grayling, halfbeak, ladyfish, lookdown, lumpfish, lungfish, mackerel, menhaden, moonfish, pickerel, pipefish, rockfish, sailfish, seahorse, skipjack, stingray, sturgeon, tilefish, warmouth, wolffish **9** amberjack, barracuda, greenling, jacksmelt, killifish, mummichog, pilotfish, spadefish, swordfish, topminnow, trunkfish, whitebait, whitefish **10** butterfish, flying fish, needlefish, parrotfish, silverside, tripletail, yellowtail **11** muskellunge, pumpkinseed, stickleback, triggerfish **12** schoolmaster ***luminescent:*** **11** hatchetfish, lanternfish ***minnow:*** **3** koi **4** carp, chub, dace **6** shiner ***pan:*** **5** bream, perch, trout **7** crappie, sunfish **8** bluegill, rock bass **11** pumpkinseed ***porgy:*** **4** scup **7** pinfish **10** sheepshead ***relating to:*** **7** piscine ***rockfish:*** **8** bocaccio, lionfish, rosefish ***salmon:*** **3** dog **4** chum, coho **6** sebago **7** chinook, sockeye ***spear:*** **3** gig **7** harpoon, trident ***stew:*** **8** cioppino, matelote **13** bouillabaisse ***trap:*** **4** weir ***trout:*** **4** char **5** charr **7** rainbow **9** cutthroat **11** Dolly Varden ***voracious:*** **6** caribe **7** piranha ***young:*** **3** fry **4** parr **5** larva, smolt **6** alevin, grilse

fisherman **6** angler

fish hawk **6** osprey

fishhook ***adjunct:*** **5** snell ***part:*** **4** barb **5** shank

fishing line **4** trot **7** setline **8** longline, trotline ***float:*** **3** bob **5** quill ***leader:*** **5** snell

fishing lure **3** fly **4** bait **5** spoon **7** spinner

fishing net **5** seine, trawl

fishlike mammal **4** orca **5** whale **6** dugong, sea cow **7** dolphin, grampus, manatee, narwhal **8** cetacean, porpoise

fish story **3** fib, lie **4** bunk, yarn **11** fabrication **12** exaggeration **13** overstatement

fishwife **5** harpy, scold, shrew, vixen **6** virago **9** termagant, Xanthippe

fishy **7** dubious, suspect **8** doubtful, unlikely **9** ambiguous, dubitable, equivocal, uncertain **10** suspicious **11** problematic **12** questionable

fission element **7** uranium **9** plutonium

fissure **3** gap **4** gash, hole, part, rent, rift **5** break, chasm, chink, cleft, crack, split **6** breach, cleave, divide, schism **7** crevice, discord, opening, rupture **8** crevasse, fracture **10** disharmony, separation

fist **4** duke, grip, hand **5** clamp, grasp **6** clench, clinch, clutch

fit **3** apt, set **4** hale, jibe, just, sane, suit, turn **5** adapt, agree, frame, ready, sound, spasm, spell, tally, throe **6** access, accord, adjust, attack, become, belong, decent, go with, proper, seemly, square, tailor, useful **7** capable, conform, healthy, prepare, qualify, seizure, tantrum **8** assemble, decorous, dovetail, eligible, paroxysm, suitable **9** agree with, congruous, consonant, harmonize, reconcile **10** applicable, convenient, correspond, felicitous, go together **11** accommodate, appropriate

fitful **6** random, spotty **7** erratic **8** periodic, sporadic, variable **9** haphazard, hit-or-miss, irregular, spasmodic, uncertain **10** changeable, convulsive, herky-jerky, inconstant **12** intermittent

fitness **4** trim **5** order, shape **6** fettle, health, kilter, repair **7** account, decorum, service, utility **8** capacity **9** condition, propriety, relevance **11** eligibility, suitability **13** applicability

fit out **3** arm, rig **5** equip **6** outfit **7** appoint, furnish **8** accouter, accoutre

fitting **3** apt, due **4** able, just, meet, part, true **5** happy, right **6** proper, seemly **7** apropos, germane **8** apposite, relevant, suitable **9** accessory, befitting, pertinent, qualified **10** applicable, attachment, felicitous, harmonious **11** appropriate

fit together **4** hook, join, mesh **6** hook up **7** connect **8** dovetail **9** integrate

Fitzgerald novel **10** Last Tycoon (The) **11** Great Gatsby (The) **16** Tender Is the Night **17** All the Sad Young Men, Tales of the Jazz Age **18** This Side of Paradise **21** Beautiful and the Damned (The)

five ***combining form:*** **4** pent **5** penta

6 quinqu **7** quinque ***group of:*** **6** pentad **7** quintet

five-dollar bill **3** fin

fivefold **9** quintuple

Five Nations **8** Iroquois ***member:*** **7** Cayugas, Mohawks, Oneidas, Senecas **9** Onondagas

five-sided figure **8** pentagon

five-star **6** deluxe, superb **8** superior, top-notch **9** excellent, first-rate **10** first-class **11** outstanding

five-year period **6** luster, lustre **7** lustrum

fix **3** jam, rig, set **4** cook, cure, geld, mend, mess, moor, root, spay, spot, work **5** affix, alter, catch, patch, ready, renew, rivet, solve, state, stick **6** adjust, anchor, assign, attach, change, decide, doctor, fasten, neuter, pickle, plight, repair, revamp, scrape, secure, settle, square, steady **7** appoint, arrange, correct, dilemma, resolve, restore, specify, work out **8** castrate, discover, overhaul, position, renovate, solution **9** condition, establish, stabilize, sterilize **11** predicament

fixation **5** craze, mania **6** fetish **9** obsession **11** fascination, infatuation

___ **fixe** **4** idée, prix

fixed **3** pat, set **4** fast, firm, sure **6** frozen, secure, stable, stated, steady **7** abiding, certain, limited, precise, settled **8** constant, definite, enduring, immobile, resolute **9** exclusive, immovable, immutable, permanent, steadfast, tenacious **10** inflexible, invariable, restricted, stationary, stipulated, unswerving, unwavering **11** determinate, unalterable **12** concentrated, unchangeable **13** circumscribed

fizz **4** buzz, foam, hiss **5** froth **6** bubble, spirit **7** bubbles, sparkle, sputter **10** effervesce, liveliness **13** effervescence

fizzle **4** bomb, fail, flop **6** fiasco **7** failure, misfire **8** miscarry, peter out **10** effervesce **11** fall through

fjord ***Baffin Island:*** **9** Admiralty ***Denmark:*** **3** Ise, Lim **5** Lamme ***Iceland:*** **4** Axar, Eyja **5** Horna, Skaga, Vopna ***Norway:*** **3** Tys **4** Bokn, Nord, Salt, Stor, Tana, Vest **5** Lakse, Ranen, Sogne **9** Stavanger, Trondheim ***Spitsbergen:*** **3** Ice ***Svalbard:*** **4** Stor

flab **3** fat **4** bulk, lard **5** flesh **7** blubber, fatness **9** cellulite **10** corpulence **11** love handles

flabbergast **3** awe **4** stun **5** amaze, shock, throw **7** astound, nonplus **8** astonish, bowl over, surprise **9** dumbfound, overwhelm

flabby see FLACCID

flaccid **4** limp, soft, weak **6** feeble, flabby, floppy **8** flexible

flag **3** ebb, lag, sag, tag **4** fade, fail, hail, iris, jack, sign, swag, tail, tire, waft, wane, wave, wilt **5** abate, color, droop, stone **6** banner, burgee, colors, ensign, guidon, pennon, signal, weaken **7** bunting, decline, pendant, pennant **8** bannerol, gonfalon, languish, Old Glory, penalize, registry, standard, streamer, tricolor **9** banderole, blue peter, oriflamme, Union Jack **10** Jolly Roger **11** deteriorate **12** Stars and Bars

flagellate **4** beat, flog, hide, lash, whip **5** whale **6** larrup, lather, stripe, switch, thrash **7** scourge **9** horsewhip

flagitious **4** evil **6** sinful, wicked **7** corrupt, vicious **8** criminal, depraved, infamous, perverse, shameful **9** miscreant, nefarious, perverted **10** degenerate, scandalous, villainous **11** disgraceful

flagon **3** jug **4** ewer **5** stoup **6** vessel **7** tankard

flagpole **4** mast **5** staff ***rope:*** **7** halyard

flagrant **4** bold, rank **5** gross **6** wanton **7** blatant, glaring, heinous, obvious **8** striking **9** atrocious, egregious, monstrous **10** outrageous **11** conspicuous

flagstone **5** shale, slate

flag-waver **7** patriot **8** jingoist, loyalist **10** chauvinist **11** nationalist **12** superpatriot

flail **4** club, beat, flog, whip **6** strike, thrash, thresh **7** scourge **8** flounder, thresher

flair **4** bent, chic, élan, gift **5** knack, style **6** genius, talent **7** ability, aptness, faculty **8** aptitude, tendency **10** proclivity **11** inclination

flak **4** fire **5** abuse **6** shells **7** censure, vitriol **9** brickbats, criticism, hostility **10** opposition **11** disapproval **12** condemnation, fault-finding

flake **3** bit **4** chip, kook, peel **5** scale **6** lamina **7** oddball **8** crackpot, fragment **9** eccentric

flake off **4** chip, peel **5** scale **9** exfoliate **10** desquamate

flaky **3** odd **5** goofy, nutty, wacky, weird **6** fickle, screwy **7** bizarre, erratic, offbeat **9** eccentric

flambé **6** ablaze, aflame, alight **7** blazing, flaming

flamboyant **4** loud **5** gaudy, showy **6** flashy, florid, ornate, rococo **7** baroque, splashy **8** colorful, luscious **10** over-the-top **12** ostentatious

flame **4** beau, dear, fire, glow, love **5** ardor, blaze, flare, flash, honey, light, lover **7** beloved, darling, passion, sweetie **8** ladylove, truelove **9** boyfriend, inamorata, inamorato **10** brilliance, brightness, girlfriend, heartthrob, sweetheart

flamen **6** priest

flaming **5** afire, fiery **6** ablaze, alight, ardent, red-hot **7** blazing, burning, fervent, flaring, ignited, intense **10** hot-blooded, passionate **11** conflagrant, impassioned

flammable **8** burnable **9** ignitable **10** incendiary **11** combustible ***liquid:*** **3** gas, oil **7** acetone, alcohol, ethanol **8** gasoline, kerosene **9** petroleum **10** turpentine

Flanders ***capital:*** **5** Lille ***language:*** **7** Flemish

flaneur **12** boulevardier, man-about-town

flank **4** abut, side **6** adjoin, border

flap **3** tab, tap **4** beat, flog, fold, slap, stew, wave, wing **5** fling, panel **6** crisis, dither, lather, pother, tumult, uproar **7** aileron, flutter, turmoil **9** agitation, commotion, confusion

flapdoodle **3** rot **4** bosh, bull, nuts **5** drool, fudge, hokum, hooey **6** bunkum, drivel **7** baloney, blarney, hogwash, rubbish **8** malarkey, nonsense, tommyrot **9** poppycock **10** applesauce, balderdash **12** blatherskite, fiddle-faddle, fiddlesticks

flapjack **7** hotcake, pancake **11** griddle cake

flare **4** burn **5** blaze, burst, flame, flash **6** signal **7** flicker **8** outburst

flare-up **5** blaze, burst, flame, flash, surge **8** eruption, outburst **9** explosion

flaring **5** afire, fiery **6** ablaze, aflame, alight **7** blazing, burning **11** conflagrant

flash **3** ray **4** beam, rush, snap, show **5** blaze, blink, crack, flame, flare, glare, gleam, glint, jiffy, shake, shine, showy, spark, speed **6** dazzle, expose, flaunt, glance, minute, moment, second **7** display, disport, exhibit, flicker, glamour, glimmer, glisten, glitter, instant, pizzazz, shimmer, show off, spangle, sparkle, twinkle **8** brandish **9** coruscate **11** coruscation, scintillate, split second **13** scintillation

flashy **4** loud **5** gaudy, jazzy, showy **6** brazen, florid, garish, glitzy, ornate, snazzy, sporty, tawdry, tinsel **7** blatant, chintzy, glaring, insipid **9** sparkling **10** flamboyant, glittering **12** meretricious, ostentatious

flask **6** bottle, fiasco, flacon **7** ampulla, canteen, costrel, thermos

flat **3** dim, mat **4** dead, drab, dull, even **5** banal, bland, exact, fixed, flush, level, muted, plane, prone, rooms, stale, vapid **7** insipid, prosaic **8** lodgings, tenement, unsavory **9** apartment, colorless, innocuous **10** flavorless, lackluster, monotonous

flatfish see at FISH

flatland **4** mesa **5** plain **6** steppe, tundra **7** plateau **9** tableland

flat-out **8** absolute **9** downright **10** absolutely

flatten **4** deck, down, dull, even, fell, raze **5** crush, floor, level **6** smooth, squash **9** knock down, prostrate

flattened at the poles **6** oblate

flatter **4** coax, suit **5** toady **6** become, cajole, praise, stroke **7** adulate, blarney, gratify, wheedle **8** blandish, bootlick, butter up, soft-soap **9** sweet-talk

flattery **5** smarm **6** butter, praise **7** blarney **8** cajolery, soft soap, toadyism **9** adulation, sweet talk **10** sycophancy **11** compliments **12** blandishment, ingratiation, unctuousness

Flaubert, Gustave ***birthplace:*** **5** Rouen ***heroine:*** **4** Emma (Bovary) ***novel:*** **8** Salammbô **12** Madame Bovary

flaunt **4** show, wave **5** flash, flout, vaunt **6** expose, parade **7** display, disport, exhibit, show off **8** brandish, flourish

flavor **4** race, tang, zest, zing **5** smack, spice, taste, tinge **6** relish, season **7** variety, version

flavorless **4** flat **5** bland, stale **7** insipid **8** unsavory **11** unpalatable

flavorsome **5** sapid, tasty, yummy **6** savory **9** delicious, palatable **10** appetizing, delectable **11** good-tasting

flaw **3** gap, rip, sin **4** blot, chip, tear, vice **5** crack, fault **6** defect **7** blemish **8** weakness **9** deformity **12** imperfection

flawed **5** amiss **6** faulty, marred **7** damaged, spoiled **8** impaired **9** defective, imperfect

flawless **4** pure **5** ideal, model **6** intact **7** perfect **8** seamless, unmarred **9** exquisite **10** immaculate, impeccable **11** unblemished

flax **5** linen ***fiber:*** **3** tow ***prepare:*** **3** ret **4** card **5** dress **6** hackle, scutch

flaxen **4** fair **5** blond, straw **6** blonde, golden, yellow **7** towhead

flay **4** beat, lash, peel, skin **7** blister, censure, lambast, upbraid **8** lambaste **9** castigate, criticize, excoriate

flea **6** chigoe, jigger **7** chigger ***water:*** **7** daphnid

Fleance's father **6** Banquo

flèche **5** spire

fleck **3** dot **4** mark, mote, spot **5** flake, speck **6** dapple, mottle, streak, stripe **7** spatter, speckle, stipple **8** particle **9** bespeckle

Fledermaus, Die 3 bat *character:* 5 Adele, Falke, Frank 6 Alfred 9 Rosalinde 10 Eisenstein *composer:* 7 Strauss (Johann)
fledge 4 rear 7 feather
fledgling 4 colt, tyro 6 novice, rookie 8 beginner, freshman, neophyte, newcomer 10 apprentice
flee 3 fly, lam, run 4 bolt, scat, skip 5 elude, scoot, scram, skirr, steal 6 decamp, escape 7 abscond, make off, run away, scamper, vamoose 8 stampede, turn tail 9 skedaddle 10 make tracks
fleece 3 rob 4 bilk, clip, gaff, milk, rook, skin, soak, wool 5 bleed, cheat, cozen, mulct, shear, stick, sweat 6 extort, hustle, rip off 7 defraud, swindle 8 flimflam 10 overcharge
fleecy 5 downy 6 fluffy, pilose, woolly 7 hirsute 9 whiskered 10 flocculent
fleer 4 gibe, gird, jeer, jest, mock, quip 5 flout, laugh, scoff, scout, sneer, taunt
fleet 4 fast, navy, spry 5 agile, brisk, group, hasty, quick, rapid, swift 6 argosy, armada, nimble, speedy 8 flotilla 9 breakneck 10 harefooted
fleeting 5 brief 7 passing 8 fugitive, volatile 9 ephemeral, fugacious, momentary, temporary, transient 10 evanescent, short-lived, transitory
Fleming, Ian *hero:* 9 James Bond *novel:* 4 Dr. No 9 Moonraker 10 Goldfinger 11 Thunderball 12 Casino Royale 13 Live and Let Die 16 You Only Live Twice 18 From Russia with Love
flesh 4 beef, meat, skin 5 stock 7 kindred 9 offspring, relatives, substance
fleshly 5 obese 6 animal, bodily, carnal 7 lustful, profane, secular, sensual 8 corporal, physical, sensuous, temporal 9 corporeal, epicurean, luxurious, sybaritic 10 voluptuous
fleshy 3 fat 5 ample, beefy, burly, gross, heavy, hefty, husky, meaty, obese, plump, pudgy, stout, tubby 6 chubby, chunky, portly, rotund 7 porcine, weighty 9 corpulent 10 overweight, well-padded *fruit:* 4 pome 5 berry, drupe
Fletcher's partner 8 Beaumont (Francis)
fleur-de-lis 4 iris
flex 4 bend 5 tense
flexible 5 lithe, loose 6 docile, floppy, limber, pliant, supple 7 elastic, pliable, springy, willowy 8 amenable, bendable, stretchy, yielding 9 adaptable, compliant, malleable, tractable
flexion 3 bow 4 bend, fold, turn 5 angle
flexuous 5 fluid, lithe, snaky 7 sinuous, winding 8 tortuous 10 circuitous, convoluted, meandering, serpentine 11 anfractuous
flick 4 film, show 5 movie 13 motion picture, moving picture
flicker 4 bird, film, flit, hint 5 flash, gleam, glint, movie, waver 6 quiver 7 twinkle 10 woodpecker 13 motion picture, moving picture
flickering 7 lambent 8 unsteady
flier 3 ace 5 pilot 6 airman 7 aviator, birdman, handout 8 aviatrix, brochure, circular 9 throwaway
flight 3 hop, lam 4 rout, soar, slip, wing 5 flock, floor, flush, flyby, story 6 escape, flying, series 7 getaway 8 breakout
flighty 5 dizzy, giddy, silly, swift 7 foolish 8 freakish, skittish, unstable, volatile 9 frivolous, mercurial, transient 10 capricious, changeable, inconstant 11 empty-headed, harebrained 13 irresponsible
flimflam 3 con, gyp 4 bilk, dupe, fake, fool, gull, hoax, jazz, sham 5 cheat, cozen, fraud, hokum, trick 6 chouse, deceit, diddle, humbug 7 chicane, deceive, defraud, swindle 8 hoodwink, trickery 9 bamboozle, deception, moonshine 10 balderdash, double-talk 11 hornswoggle
flimflammer 3 gyp 5 cheat 6 con man 7 diddler, sharper 8 swindler 9 defrauder 11 four-flusher 12 double-dealer
flimsy 4 limp, weak 5 cheap, filmy, frail, gauzy, sheer 6 feeble, flabby, sleazy, slight, spindly 7 flaccid, fragile, rickety, tenuous, unsound 8 decrepit, delicate, gossamer 10 diaphanous, improbable 11 implausible, transparent 12 unconvincing 13 insubstantial
flinch 5 quail, start, wince 6 blench, cringe, recoil, shrink
fling 3 peg 4 cast, emit, fire, flap, hurl, plop, rush, shot, slap, stab, tear, toss 5 binge, chuck, heave, pitch, shoot, spree, throw 6 affair, charge, hurtle, launch 7 splurge 8 catapult
flip 4 glib, leaf, pert, riff, toss, wise 6 breezy, riffle, ruffle 8 turn over 10 somersault 11 impertinent, smart-alecky
flip-flop 5 U-turn, waver 6 sandal, switch, waffle 7 reverse 8 reversal 9 about-face, turnabout, vacillate, volte-face 10 turnaround 11 vacillation
flippancy 5 cheek 6 levity 8 archness, pertness 9 cockiness, freshness, frivolity 10 cheekiness, impishness 11 roguishness
flippant 4 glib, pert 5 sassy, saucy

6 breezy, cheeky 11 impertinent, smart-alecky 13 disrespectful

flirt 3 toy 4 flit, fool, minx, ogle, vamp 5 dally, tease 6 coquet, trifle, wanton 8 coquette 10 experiment, mess around

flit 3 fly, zip 4 dart, pass, rush, sail, scud, whiz, wing 5 flash, hurry, scoot, speed 7 flicker, flutter, twinkle

flitter 4 dart, flap, wing 5 hover, waver 6 quiver 7 skitter 9 fluctuate

flivver 6 jalopy 9 tin lizzie

float 3 bob, fly 4 buoy, cork, hang, raft, ride, sail, scud, swim, waft 5 drift, hover 6 wander 7 pontoon, propose 8 levitate 9 negotiate

floater 3 bum, vag 4 hobo, raft 5 tramp 7 drifter, vagrant 8 derelict, vagabond 10 roustabout

floating 5 fluid, loose 6 adrift 7 buoyant, movable 8 moveable, shifting, variable 10 adjustable 11 fluctuating

flocculent 5 flaky 6 fleecy, fluffy, woolly

flock 3 mob 4 army, bevy, herd, host, mass, pack, rout 5 brood, bunch, cloud, covey, crowd, drove, group 6 flight, gaggle, gather, legion, scores, throng 8 assemble, assembly, converge 9 multitude 11 aggregation 12 congregation

floe 3 ice 4 berg 7 glacier, iceberg 8 ice field

flog 3 tan 4 beat, cane, flap, hide, lash, slog, whip 5 birch, drive, flail, whale 6 larrup, lather, stripe, switch, thrash 7 cowhide, leather, scourge 10 flagellate

flood 4 fill, flow, flux, glut, pour, rush, tide 5 burst, drown, float, spate, swamp 6 deluge, engulf, stream 7 current, freshet, immerse, Niagara, torrent 8 alluvion, cataract, inundate, overflow, submerge 9 avalanche, cataclysm, overwhelm 10 inundation, outpouring

floor 4 base, down, drop, fell 5 amaze, level, shock, story 6 ground 7 astound, flatten 8 astonish, audience, bowl down, bowl over, surprise 9 dumbfound, knock down 11 flabbergast

flop 3 dud 4 bomb, bust, fail, fall 5 lemon, loser 6 bummer, fizzle, turkey 7 clinker, failure

floppy 4 limp 6 flimsy 7 flaccid 8 diskette, flexible

flora 6 plants 10 vegetation

flora and fauna 5 biota

Florence ***bridge:*** 12 Ponte Vecchio ***cathedral:*** 5 Duomo ***family:*** 6 Medici ***museum:*** 6 Uffizi 8 Bargello ***palace:*** 5 Pitti ***river:*** 4 Arno

florid 3 red 5 flush, gaudy, ruddy, showy 6 ornate, rococo 7 baroque, flowery, flushed, glowing 8 rubicund, sanguine, sonorous 9 bombastic, elaborate, overblown 10 euphuistic, flamboyant, rhetorical 11 declamatory 12 magniloquent 13 grandiloquent

Florida ***capital:*** 11 Tallahassee ***city:*** 5 Miami, Tampa 6 Naples, Venice 7 Hialeah, Key West, Orlando 8 Sarasota 9 Palm Beach 11 St. Augustine 12 Jacksonville, St. Petersburg ***college, university:*** 7 Rollins, Stetson ***key:*** 4 Long, Vaca, West 5 Largo 7 Big Pine 9 Matecumbe, Sugarloaf ***lake:*** 9 Kissimmee 10 Okeechobee ***nickname:*** 8 Sunshine (State) ***park:*** 10 Everglades ***river:*** 6 Indian 7 St. Johns 8 Suwannee 12 Apalachicola ***state bird:*** 11 mockingbird ***state flower:*** 13 orange blossom ***state tree:*** 9 sabal palm

florilegium 5 album 6 reader 7 garland, omnibus 8 analects 9 anthology 10 collection, miscellany

Florimel's husband 7 Marinel

floss 4 down, fuzz, lint 5 fluff 6 thread

flotilla 5 fleet 6 argosy, armada

Flotow opera 5 Indra 6 L'Ombre, Martha

flotsam 6 debris, jetsam 7 remains 8 wreckage 9 driftwood

flounce 5 frill, mince, strut, waltz 6 bounce, prance, ruffle, sashay

flounder 3 dab 5 slosh 6 fumble, muddle, splash, thrash, wallow 7 blunder, flounce 8 flatfish, struggle

flour 4 meal 6 pinole, powder ***beetle:*** 6 weevil

flourish 3 wax 4 grow, wave 5 adorn, bloom 6 flower, stroke, thrive 7 blossom, burgeon, develop, fanfare, prosper, succeed 8 brandish, curlicue, ornament 13 embellishment, ornamentation

flout 4 defy, mock 5 scorn, spurn 6 deride, insult 7 scoff at

flow 4 emit, flux, gush, ooze, pour, rill, rise, rush, stem, tide, well 5 arise, drift, flood, issue, spate, spill, surge, swarm 6 course, deluge, onrush, sluice, spring, stream 7 cascade, current, emanate, give off, outflow, proceed 8 inundate, sequence 9 discharge, originate 10 continuity, inundation, succession 11 progression 12 continuation

flower 4 best, blow, pick, posy 5 bloom, cream, elite, pride, prime, prize 6 choice, thrive 7 blossom, burgeon, develop 10 effloresce 13 inflorescence ***buttonhole:*** 11 boutonniere ***cluster:*** 4 cyme 5 spike, umbel 6 corymb, floret, raceme, spadix 7 panicle 8 spikelet 9 capitulum, dichasium, glomerule 11 monochasium 13 inflorescence ***cup:*** 5 calyx ***garden:*** 4 iris, lily, pink, rose

5 aster, canna, daisy, pansy, peony, phlox, poppy, tulip 6 azalia, cosmos, crocus, dahlia, orchid, violet 7 jonquil, petunia 8 camellia, daffodil, gardenia, geranium, gloxinia, hyacinth, larkspur, marigold, primrose 9 carnation, gladiolus, narcissus 10 delphinium, heliotrope 13 chrysanthemum ***opening:*** 8 anthesis ***part:*** 5 bract, calyx, ovary, ovule, petal, sepal, style 6 anther, pistil, spathe, stamen, stigma 7 corolla, nectary, pedicel, petiole 8 calyptra, filament, peduncle, perianth ***spike:*** 5 ament 6 catkin, spadix ***stalk:*** 7 pedicel 8 peduncle ***type:*** 3 ray 4 disk 6 annual, simple 9 composite, perennial ***wild:*** 4 flag 5 bluet, daisy, vetch 6 lupine 7 anemone, arbutus, cowslip, gentian, vervain 8 bluebell, hepatica, trillium 9 buttercup, columbine, dandelion, saxifrage 10 cinquefoil 12 lady's slipper

flower arranging 7 ikebana

flowering 6 growth 8 progress 9 evolution 11 development, florescence, progression

flowerless plant 4 fern, moss 6 lichen 9 liverwort

flowery 5 wordy 6 florid, ornate, prolix 7 aureate, diffuse, verbose 8 sonorous 9 overblown 10 euphuistic, rhetorical 11 declamatory 12 magniloquent 13 grandiloquent

Flowery Kingdom 5 China

flowing 4 easy 5 fluid 6 fluent, liquid, smooth 7 cursive, running 10 effortless ***back:*** 6 reflux 8 refluent ***in:*** 6 influx 8 influent ***together:*** 7 conflux 9 confluent

flow regulator 4 cock, gate 5 valve 8 throttle

flub 4 goof, mess, muff, slip 5 boner, botch, error, fluff, gaffe, lapse, snarl 6 bollix, bungle, foul up, goof up, mess up 7 blunder, faux pas, louse up

fluctuate 4 sway, yo-yo 5 swing, waver 6 seesaw 8 undulate 9 alternate, oscillate, vacillate

flue 4 pipe, vent 6 funnel, uptake 7 channel, chimney, outtake

fluent 4 easy, glib 5 fluid 6 facile, liquid, smooth, supple 7 cursive, flowing, voluble 8 eloquent, polished 10 articulate, effortless

fluff 4 down, flub, fuzz, goof, lint, mess, muff, slip, trip 5 boner, botch, error, floss, gaffe, lapse, whisk 6 bobble, bollix, bungle, goof up, mess up 7 blooper, blunder, faux pas, louse up, mistake

fluffy 5 downy 6 flossy 7 cursory, shallow 8 puffed up 10 flocculent 11 superficial 13 unsubstantial

fluid 4 free 5 lymph, water 6 liquid, mobile, molten, serous, watery 7 mutable, protean 8 flexible, shifting, unstable, unsteady, variable 9 adaptable, changeful, unsettled 10 changeable ***excessive:*** 5 edema

fluke 3 hap 4 lobe, worm 5 quirk 6 chance 8 flatfish, fortuity 9 trematode

fluky 3 odd 6 casual, chance, chancy, random 9 arbitrary 10 accidental, fortuitous

flume 5 chute 6 sluice, stream 7 channel 8 aqueduct 11 watercourse

flummox 5 abash, addle 6 baffle, rattle, stymie 7 confuse, fluster, perplex 8 befuddle, bewilder, confound 9 discomfit, embarrass 10 disconcert

flunk 4 fail

flunky 4 peon 5 gofer, toady 6 drudge, lackey, stooge, yes-man 7 footman, servant, steward 8 factotum, follower

flurry 3 ado, fit 4 fuss, gust, spit, stir, to-do 5 haste, whirl 6 bother, bustle, furore, pother, tumult 7 barrage, flutter, turmoil 8 snowfall 9 agitation, commotion, confusion, whirlpool, whirlwind 10 excitement, turbulence

flush 4 even, flat, glow, pink, rich, rose, wash 5 bloom, color, level, plane, raise, rinse, rouge 6 florid, filled, mantle, redden, sluice 7 cleanse, crimson, glowing, inflame, opulent, suffuse, wealthy 8 abundant, abutting, irrigate, rubicund, sanguine, squarely 9 turn color

fluster 5 addle, dizzy, shake, upset 6 ball up, bother, fuddle, muddle, rattle, ruffle 7 agitate, confuse, disturb, nonplus, perturb, unhinge 8 befuddle, bewilder, confound, disquiet, distract 10 discompose

flustered 5 upset 7 abashed, anxious, rattled 8 agitated, confused, troubled 9 chagrined, disturbed, flummoxed, perplexed, perturbed 10 bewildered, disquieted, distracted, distraught, distressed, nonplussed 11 discomposed, embarrassed 12 disconcerted

flute 4 fife, roll 5 pleat 6 goffer, groove 7 chamfer, channel, piccolo 8 recorder 9 wineglass ***Japanese:*** 10 shakuhachi ***player:*** 5 piper 7 flutist 8 flautist

flutist ***American:*** 5 Baker (Julius), Baron (Samuel) 7 Robison (Paula) 8 Zukerman (Eugenia) ***British:*** 6 Galway (James) ***French:*** 6 Rampal (Jean-Pierre)

flutter 4 beat, flap, flit 5 hover, quake, shake 6 flurry, quaver, quiver, wobble 7 flicker, flitter, pulsate, tremble, vibrate 9 agitation, commotion, confusion, palpitate, vibration 11 fluctuation

flu type 5 Asian, swine

flux 3 run 4 flow, fuse, melt, rush, thaw, tide 5 drift, flood, spate 6 change, stream 7 current, flowing, outflow 8 dissolve
fly 3 zip 4 bolt, dart, dash, flee, flit, lure, scud, skip, soar, whiz, wing 5 fleet, float, glide, hover, hurry, pilot, scoot, shoot, skirr, sweep, whish, whisk 6 aviate, escape, hasten, hustle 7 abscond, flutter ***insect:*** 4 gnat 5 midge 6 botfly, gadfly, mayfly, tsetse 7 deerfly, sandfly 8 blackfly, dipteron, horsefly, housefly, tachinid 10 bluebottle ***larva:*** 6 maggot
fly-by-night 5 shady 7 passing 9 transient 10 transitory, unreliable 12 disreputable, undependable 13 untrustworthy
flycatcher 5 pewee 6 phoebe, tyrant 8 bellbird, kingbird 9 passerine
flying 5 aloft 6 volant 8 airborne
Flying Dutchman, The ***composer:*** 6 Wagner (Richard) ***heroine:*** 5 Senta
flying fish 7 gurnard
flying fox 3 bat 8 fruit bat
flying horse 7 Pegasus 10 hippogriff
flying island 6 Laputa
flying lemur 6 colugo
flying mammal 3 bat
flying saucer 3 UFO
fly in the ointment 5 catch 8 drawback
foam 4 head, scud, scum, suds, surf 5 churn, froth, spume 6 bubble, lather, seethe 7 bubbles 10 effervesce
fob 4 seal 5 chain 6 pocket, ribbon 8 ornament
fob off 5 foist 6 put off 7 palm off, pass off
focus 3 fix, hub 4 zoom 5 heart, rivet 6 adjust, center, fixate, home in 8 converge, emphasis, meditate, polestar 9 concenter, epicenter 10 hypocenter 11 concentrate, nerve center
fodder 4 feed, food 6 forage, silage 9 provender ***crop:*** 3 hay, oat, rye 4 corn 5 maize, vetch, wheat 6 barley, clover, millet 7 alfalfa, sorghum ***storage structure:*** 4 silo ***store:*** 6 ensile
foe 5 enemy, rival 8 opponent 9 adversary 10 antagonist
fog 4 blur, daze, foam, haze, mist, murk, soup 5 brume, cloud, vapor 6 miasma, muddle 7 pea soup, pogonip
foggy 4 hazy 5 dirty, grimy, misty, murky, soupy, vague 7 brumous, muddled, obscure, tenuous 8 confused, pea soupy, vaporous
fogy 6 fossil, square 7 diehard 8 mossback 10 fuddy-duddy 12 antediluvian, conservative 11 standpatter 13 stick-in-the-mud
fogyish 7 old-line 8 outmoded, standpat 9 hidebound, out-of-date 10 antiquated, fuddy-duddy, mossbacked 11 reactionary 12 conservative, old-fashioned
foible 4 vice 5 fault 6 defect 7 failing, frailty 8 weakness 11 shortcoming 12 imperfection
foil 4 balk, beat, curb, dash, faze 5 check, sword 6 baffle, defeat, rattle, thwart 7 buffalo 8 contrast, restrain 9 discomfit, embarrass, frustrate 10 circumvent, disappoint, disconcert 11 straight man
foist 6 fob off 7 palm off, pass off
fold 3 pen, ply 4 bend, fail, tuck 5 drape, flock, pleat, plica, ridge 6 crease, double, furrow, pucker 7 flexure, plicate 9 plication 11 corrugation ***skin:*** 4 ruga 5 plica, rugae (plural) 6 dewlap, plicae (plural)
folder 4 file 6 binder 9 portfolio
foliage 6 growth, leaves 7 verdure 8 greenery, lushness 10 vegetation
folk 4 race 6 people 9 community
folklore 4 myth, tale 5 fable 6 belief, custom, legend, mythos, wisdom 9 mythology, tradition 12 superstition
folks 6 family 7 parents 9 relatives
folksinger 4 Baez (Joan), Ives (Burl) 5 Dylan (Bob), Niles (John Jacob), White (Josh) 6 Odetta, Seeger (Pete) 7 Collins (Judy), Guthrie (Arlo, Woody), Robeson (Paul) 9 Belafonte (Harry), Ledbetter (Huddie)
folksy 5 homey 6 casual, earthy, mellow, rustic, simple 7 natural 8 down-home, familiar, informal, laid-back, sociable 9 easygoing, ingenuous 10 unaffected, unpolished 13 unpretentious
folktale 4 myth 5 fable 6 legend 7 märchen
follow 3 dog, spy, tag 4 hunt, keep, obey, seek, tail, walk 5 catch, chase, ensue, grasp, hound, trace, track, trail 6 accept, comply, convoy, pursue, search, shadow, travel 7 conform, imitate, proceed, replace, succeed 8 postdate, practice, supplant 9 accompany, supersede 10 comprehend, understand
follower 3 fan 5 toady 6 addict, cohort, minion, sequel, votary 7 apostle, devotee, groupie, habitué, sectary, trailer 8 adherent, advocate, disciple, faithful, hanger-on, henchman, myrmidon, parasite, partisan, tagalong 9 dependent, satellite, supporter, sycophant 10 aficionado
following 4 next 5 after, below, later, since 6 behind, public 7 ensuing, retinue 8 audience, partisans 9 adherents, afterward, believers, disciples, entourage 10 afterwards, sequential, supporters, subsequent, succeeding,

successive **12** subsequently, subsequent to

follow-up **6** sequel

folly **4** whim **6** lunacy, vanity **7** fatuity, foolery, inanity, madness **8** insanity, nonsense **9** absurdity, craziness, dottiness, silliness, stupidity **10** indulgence **11** foolishness **12** extravagance

foment **3** sow **4** brew, goad, spur **5** rouse, set on **6** arouse, excite, foster, incite, stir up, whip up **7** agitate, nurture, provoke **9** cultivate, encourage, instigate

fond **4** dear, warm **5** silly **6** doting, loving, tender **7** devoted, fatuous, foolish, partial **8** desirous, enamored, romantic **9** indulgent **10** infatuated **11** sentimental **12** affectionate

fondle **3** paw, pet **5** grope, touch **6** caress, cosset, dandle, stroke **7** embrace **8** canoodle

fondness **4** love **5** fancy, taste **6** liking, relish **8** appetite, devotion, penchant, soft spot, weakness **9** affection, tendresse **10** attachment, partiality, preference, propensity **11** inclination **12** predilection

font **4** root, type **6** origin, source **8** fountain **10** receptacle

food **3** pap **4** chow, diet, eats, fare, grub, meal, meat **5** bread, manna **6** fodder, viands **7** aliment, cuisine, edibles, nurture, pabulum, vittles **8** delicacy, victuals **9** nutriment, provender **10** provisions, sustenance **11** comestibles, nourishment ***disorder:*** **7** bulimia **8** anorexia ***divine:*** **8** ambrosia ***element:*** **5** fiber, fibre, sugar **6** starch **7** mineral, protein, vitamin **12** carbohydrate ***from heaven:*** **5** manna ***lover:*** **7** epicure, gourmet **8** gourmand ***provision:*** **4** mess **6** ration **7** serving ***scarcity:*** **6** famine ***waste:*** **7** garbage

foofaraw **3** ado **4** fuss, stir, to-do **5** stink **6** bother, finery, frills, furore, hurrah, pother, ruckus, rumpus **8** brouhaha **9** commotion **11** disturbance

fool **3** ass, kid, oaf, rag, rib, sap, toy **4** boob, butt, clod, dolt, dope, dupe, fish, gull, hoax, jerk, jest, joke, josh, zany **5** chump, clown, comic, dally, dummy, dunce, goose, idiot, loser, moron, ninny, patsy, schmo, trick **6** banter, cretin, dawdle, delude, diddle, dimwit, doodle, galoot, gammon, jester, lead on, meddle, monkey, motley, nitwit, pigeon, schmoe, stooge, sucker, tamper, trifle, victim **7** beguile, buffoon, chicane, deceive, fake out, fall guy, fritter, half-wit, jackass, mislead, pinhead, saphead, schmuck **8** bonehead, comedian, dumbbell, flimflam, hoodwink, imbecile, lunkhead, numskull, pushover **9** bamboozle, birdbrain, blockhead, interfere, simpleton **10** nincompoop **11** hornswoggle, merry-andrew, string along **13** laughingstock ***around:*** **4** futz, idle, laze, loaf, loll **5** flirt **6** dawdle, diddle, lounge **8** lollygag, womanize **9** philander

foolhardy **4** bold, rash **6** daring, madcap **8** headlong, reckless **9** audacious, daredevil, impetuous **11** precipitate, temerarious

foolish **3** mad **4** daft, gaga, rash, zany **5** balmy, batty, crazy, dippy, dizzy, dorky, dotty, goofy, inane, inept, kooky, loony, loopy, nutty, sappy, silly, wacky **6** absurd, insane, simple, stupid, unwise **7** asinine, doltish, fatuous, idiotic, lunatic, meshuga, moronic, witless **8** clueless, reckless, trifling **9** half-baked, brainless, fantastic, frivolous, half-baked, imbecilic, insensate, laughable, ludicrous, senseless **10** cockamamie, half-cocked, half-witted, irrational, ridiculous **11** harebrained, nonsensical **12** feebleminded

foolishness **4** bull, bunk **5** folly, fudge **6** bêtise, bunkum, lunacy **7** fatuity, inanity, rubbish **8** claptrap, drollery, insanity, nonsense, tommyrot **9** absurdity, craziness, silliness, stupidity **10** imbecility, imprudence **12** fiddle-faddle **13** horsefeathers

fool's gold **6** pyrite

foot **3** paw **4** hoof ***ailment:*** **4** corn **6** bunion, callus ***animal:*** **3** pad, paw **4** hoof ***bones of:*** **5** talus, tarsi (plural) **6** cuboid, tarsal, tarsus **7** phalanx **9** calcaneus, cuneiform, navicular, phalanges (plural) **10** metatarsal ***combining form:*** **3** ped, pod **4** podo ***doctor:*** **10** podiatrist **11** chiropodist ***metric:*** **4** iamb **5** arsis **6** dactyl, thesis **7** anapest, pyrrhic, spondee, trochee ***part:*** **3** toe **4** arch, ball, claw, nail **5** ankle, digit, talon **6** hallux, instep

football **5** rugby **6** rugger, soccer **7** pigskin ***field:*** **8** gridiron ***foul:*** **7** holding, offside **8** clipping **12** interference ***official:*** **6** umpire **7** referee **8** linesman **9** back judge, line judge **10** field judge ***play:*** **4** dive, trap **5** sneak, sweep **6** option, screen **7** audible, counter, handoff, rollout, runback **8** dropback **9** crossbuck, off-tackle **10** buttonhook ***player position:*** **3** end **4** back **5** guard **6** center, safety, tackle **7** flanker, lineman, wideout **8** fullback, halfback, slotback, split end, tailback, tight end, wingback **9** noseguard **10** cornerback, linebacker, nose tackle **11** quarterback

12 defensive end, wide receiver ***scoring:*** **6** safety **9** field goal, touchdown **10** conversion ***starting play:*** **7** kickoff ***team:*** **6** eleven ***term:*** **4** down, kick, pass, punt, rush, snap **5** blitz, block, squad **6** fumble, huddle, kicker, onside, option, safety, spiral **7** end zone, handoff, kickoff, offside, pigskin, quarter, spinner, tweener, yardage **8** clipping, crossbar, goal line, goalpost, gridiron, halftime **9** backfield, defensive, field goal, intercept, offensive, placekick, scrimmage, touchback, touchdown **11** broken field **12** interception

footballer **3** end **4** half, Kemp (Jack), Long (Howie), Lott (Ronnie), Levy (Marv), Monk (Art), Moon (Warren), Reed (Andre), Rice (Jerry), wing **5** Allen (Marcus), Baugh (Sammy), Berry (Raymond), Brady (Tom), Brown (Bob, Jim), Clark (Gary), Ditka (Mike), Elway (John), Eller (Carl), Favre (Brett), Gibbs (Joe), Groza (Lou), guard, Jones (Bert, Deacon), Kelly (Jim), Kosar (Bernie), Leahy (Pat), Lomax (Neil), Muñoz (Anthony), Shula (Don), Simms (Phil), Smith (Emmitt), Starr (Bart), Stram (Hank), Swann (Lynn), Young (Steve) **6** Aikman (Troy), Blanda (George), Butkus (Dick), Carter (Chris, Ki-Jana), center, Csonka (Larry), Dawson (Len), Ellard (Henry), Graham (Otto), Grange (Red), Greene (Joe), Harris (Franco), Jaeger (Jeff), Joiner (Charlie), kicker, Lofton (James), Lowery (Nick), Marino (Dan), Murray (Eddie), Namath (Joe), Payton (Walter), player, Rypien (Mark), safety, Sayers (Gale), Slater (Jackie), tackle, Taylor (Lawrence), Thorpe (Jim), Tittle (YA.), Turner (Jim), Unitas (Johnny), Walker (Herschel) **7** Bledsoe (Drew), Dorsett (Tony), Esiason (Boomer), flanker, Gifford (Frank), Hornung (Paul), Johnson (Norm), Largent (Steve), lineman, Luckman (Sid), Manning (Peyton), Montana (Joe), Newsome (Ozzie), Riggins (John), Sanders (Barry, Deion), Simpson (O. J.), Stabler (Ken), Thurman (Thomas), tweener **8** Andersen (Morten), Anderson (Gary, Ottis), Bradshaw (Terry), defender, fullback, halfback, linesman, Nagurski (Bronko), Plunkett (Jim), receiver, scatback, split end, Staubach (Roger), tailback, tight end, wingback **9** Dickerson (Eric), Jurgensen (Sonny), Hostetler (Jeff), noseguard, Tarkenton (Fran) **10** cornerback, linebacker, Stallworth (John), Singletary (Mike), Stephenson (Dwight), Youngblood (Jack) **11** ballcarrier, placekicker, quarterback, running back, snapper-back **12** strong safety, triple threat, wide receiver

Foote play **15** Trip to Bountiful (The) **19** Young Man from Atlanta (The)

footfall **4** step **5** tread

footing **4** base, rank, seat, term **5** basis, place, state **6** bottom, ground, status **7** bedrock, seating, station, warrant **8** basement, capacity, pedestal, position, standing **9** character, situation **10** foundation, groundwork, substratum **12** underpinning

footless **4** dull, dumb **5** crass, dense, inept, unfit **6** stupid **7** foolish

foot lever **5** pedal **7** treadle

footman **7** servant **10** pedestrian **11** infantryman

footpad **5** thief **6** mugger, robber **8** criminal **10** highwayman, pickpocket

footprint **3** pug **4** sign, step **5** spoor, trace, track, tract **7** pugmark, vestige

footslog **4** plod, slop, toil **5** tramp, tromp **6** trudge

footstone **6** ledger, marker **8** monument **11** grave marker

footstool **7** cricket, hassock, ottoman

fop **3** jay **4** beau **5** blade, blood, dandy, spark, swell **7** coxcomb, gallant **8** cavalier, macaroni, popinjay **9** exquisite, ladies' man, pretty boy **10** lady-killer **11** Beau Brummel, petit-maître **12** fashion plate, lounge lizard

foppish **6** chichi **8** dandyish, peacocky **10** peacockish

for **3** pro

forage **4** beat, comb, grub, prog, raid, rake, sack **5** scour **6** browse, fodder, ravage, rustle, search **7** plunder, ransack, rummage **8** finecomb, scrounge **9** pasturage (see also FODDER)

foray **4** raid **6** inroad, sortie **8** invasion **9** incursion, irruption

forbear **4** shun **5** avoid, forgo, spare **6** endure, eschew, resist, suffer **7** abstain, decline, refrain **8** hold back, restrain, tolerate

forbearance **5** grace, mercy **6** lenity **7** charity **8** clemency, lenience, leniency, mildness, patience **9** restraint, tolerance **10** abstinence, toleration **13** consideration

forbearing **4** easy, kind, mild **6** gentle **7** clement, lenient, patient **8** merciful, tolerant **9** indulgent **10** charitable, thoughtful **11** considerate, magnanimous

Forbes hero **8** Tremaine (Johnny)

forbid **3** ban, bar, nix **4** curb, deny, halt, stop, veto **5** block, check, debar **6** enjoin, hinder, impede, outlaw, refuse

7 inhibit, prevent, rule out, shut out 8 disallow, obstruct, preclude, prohibit, restrain 9 interdict, proscribe

forbidden 5 taboo 6 banned 7 illegal, illicit 8 verboten 10 prohibited

Forbidden City 5 Lhasa 6 Gu Gong 7 Beijing

forbidding 4 grim 5 drear, harsh 6 dreary, severe 8 daunting, menacing, sinister 9 repellent 10 formidable 11 threatening

force 3 jam 4 cram, push 5 drive, foist, impel, might, power, press, vigor, wreak, wreck, wrest 6 coerce, compel, demand, duress, effort, energy, extort, impose, legion, muscle, oblige 7 command, impetus, inflict, potency, require, sandbag 8 coercion, manpower, momentum, obligate, pressure, shoehorn, strength, violence 9 constrain, intensity, puissance, strong-arm 10 compulsion, constraint ***apart:*** 5 wedge ***unit:*** 4 dyne

forced 8 strained 9 contrived, unnatural 10 artificial, compulsory 11 involuntary

forceful 5 stiff, stout 6 mighty, potent, punchy, strong, virile 7 dynamic 8 emphatic, powerful, puissant, vigorous 9 assertive 10 compelling

forceless 4 lame, weak 5 wimpy 6 feeble 8 impotent, nugatory 9 powerless 10 inadequate 11 ineffective, ineffectual

force out see EXPEL

forcible 8 coercive 9 compelled 10 compulsory, obligatory, peremptory

ford 5 cross

Ford's folly 5 Edsel

for each 3 per 6 apiece

forearm bone 4 ulna 6 radius

forebear 8 ancestor 9 precursor 10 antecedent, progenitor 11 predecessor 12 primogenitor

forebode 5 augur 7 betoken, portend, predict, presage 8 foretell, prophesy, soothsay 13 prognosticate

foreboding 4 omen, sign 5 dread 6 augury 7 anxiety, portent, presage, warning 10 prediction, prognostic 11 premonition 12 apprehension, presentiment

forecast 5 augur 6 divine 7 foresee, portend, predict, presage 8 estimate, foretell, indicate, prophecy, prophesy 9 adumbrate, calculate, prevision, prognosis 10 prediction 13 prognosticate

forecaster 4 seer 5 augur 6 oracle 7 diviner, prophet 8 haruspex 9 predictor 10 prophesier, soothsayer, weatherman 11 Nostradamus 13 meteorologist, weatherperson

foreclose 3 bar 5 debar 6 cut off, hinder 7 prevent, shut out 8 preclude

forefather see FOREBEAR

forefeel 6 divine 9 apprehend, prevision

forefinger 5 index

forefront 3 van 4 lead 8 vanguard 10 avant-garde, firing line 11 cutting edge

foregoer 6 herald 8 ancestor, forebear 9 harbinger, precursor, prototype 10 antecedent, antecessor, forerunner, progenitor 11 predecessor 12 primogenitor

foregoing 5 prior 6 former 7 earlier 8 anterior, previous 9 precedent, preceding 10 antecedent

forehanded 7 prudent, thrifty 8 well-to-do 9 provident 10 prosperous

forehead 4 brow 5 frons, front 8 sinciput 9 sincipita (plural)

foreign 5 alien 6 exotic 7 strange 8 external, offshore, overseas 9 extrinsic, nonnative 10 accidental, extraneous, immaterial, irrelevant 11 incongruous 12 adventitious, inapplicable, incompatible, inconsistent 13 inappropriate ***prefix:*** 4 xeno

foreigner 5 alien 8 outsider, stranger 9 outlander 10 tramontane

foreknow 6 divine 9 apprehend, prevision 10 anticipate

foreland 4 beak, cape, head, ness 5 point 10 promontory

forelock 5 bangs, quiff

foreman 4 boss 5 chief 6 gaffer, ganger, honcho, leader 7 captain, manager, steward 8 overseer 10 supervisor

foremost 4 arch, head, high, main 5 chief, first, front, grand 7 leading, premier, supreme 9 number one, paramount, principal 10 preeminent 11 cutting-edge, outstanding

forenoon 4 morn 7 morning 12 ante meridiem

forensic 8 judicial 9 debatable 10 rhetorical 13 argumentative

foreordain 4 doom, fate 9 determine 10 predestine 12 predetermine

forerunner 4 omen, sign 5 envoy 6 augury, herald 7 pioneer, portent, presage, symptom, warning 8 ancestor, exemplar, outrider 9 announcer, harbinger, initiator, messenger 10 antecedent, originator, prognostic 11 anticipator, predecessor

foresee 6 divine 7 predict, presage 8 perceive, prophesy 9 apprehend, prefigure, prevision 10 anticipate 13 prognosticate

foreseer 5 augur 6 auspex, oracle 7 diviner, prophet 8 haruspex 9 predictor 10 soothsayer 11 Nostradamus

foreshadow 4 bode, hint 5 augur 6 herald 7 betoken, portend, predict, presage, promise, suggest 8 forecast, intimate 9 adumbrate, prefigure 13 prognosticate

foresight 6 vision 7 caution 8 prudence, sagacity 10 discretion, perception, precaution, prescience, providence

forest 4 bosk, wood 5 copse, grove, weald, woods 6 bosque 7 coppice, thicket, woodlot 8 wildwood, woodland 10 timberland, wilderness ***deity:*** 5 dryad 6 sylvan 8 Sylvanus ***English:*** 5 Arden 8 Sherwood ***opening:*** 5 glade ***relating to:*** 6 sylvan ***subarctic:*** 5 taiga ***tropical:*** 5 selva 6 jungle

forestall 5 avert, block, deter 6 hinder 7 obviate, preempt, prevent, rule out, ward off 8 preclude, stave off 10 anticipate

Forester, C. S. ***hero:*** 10 Hornblower (Horatio) ***novel:*** 12 African Queen (The)

foretell 4 bode, warn 5 augur 6 divine 7 portend, predict, presage, promise 8 proclaim, prophesy, soothsay 9 adumbrate, apprehend, prefigure 10 anticipate, vaticinate 13 prognosticate

forethought 8 judgment, planning, prudence 10 discretion, precaution 12 deliberation 13 premeditation

foretoken 4 bode, hint, omen, sign, warn 5 augur 6 augury, herald 7 portend, portent, presage, promise, symptom, warning 8 forecast 9 harbinger, precursor 10 intimation

forever 3 aye 6 always 7 endless 8 eternity, evermore 9 endlessly, eternally 10 in aeternum 11 ad infinitum, ceaselessly, continually, everlasting, incessantly, permanently, perpetually, unceasingly 12 in perpetuity 13 everlastingly

forewarning 6 caveat, tip-off 7 caution 8 monition 11 premonition

foreword 5 intro, proem 7 preface, prelude 8 exordium, overture, preamble, prologue 12 introduction, prolegomenon

for example 6 such as

for fear that 4 lest

forfeit 4 fine, lose 5 mulct 6 give up 7 penalty 9 sacrifice 10 amercement

forfend 4 ward 5 avert, deter 6 secure 7 obviate, prevent, protect, rule out, ward off 8 preclude, preserve, stave off

forge 4 copy, fake, form, make 5 pound, shape 6 smithy 7 advance, fashion, imitate, produce, turn out 8 continue 9 construct, fabricate 11 counterfeit, manufacture

forget 4 fail, omit 6 ignore, slight 7 neglect 8 discount, overlook, pass over 9 disregard

forgetful 3 lax 5 slack 6 absent, remiss 7 amnesic 8 amnesiac, careless, heedless 9 negligent, oblivious, unwitting 10 abstracted, neglectful 11 inattentive, thoughtless 12 absentminded

forgetfulness 5 lethe 7 amnesia 8 oblivion 10 negligence 11 inattention

forgivable 6 venial 10 remissible

forgive 5 remit 6 excuse, pardon 7 absolve, condone 8 overlook

forgiveness 6 pardon 7 amnesty 9 remission 10 absolution

forgo 3 bag 5 leave, waive, yield 6 eschew, give up, resign 7 abandon 8 abnegate, jettison, renounce 9 sacrifice, surrender 10 relinquish

fork 6 bisect, branch, crotch 7 diverge, utensil 9 branch off ***prong:*** 4 tine

fork out 3 pay 5 spend 10 contribute

forlorn 5 alone 6 bereft, futile, lonely 8 desolate, forsaken, hopeless, lonesome, solitary, wretched 9 abandoned, depressed, destitute, miserable 10 despairing, despondent 12 disconsolate

form 3 way 4 body, cast, make, mode, mold 5 build, forge, found, frame, image, model, shape, style 6 create, design, devise, figure, make up, manner 7 compose, contour, develop, fashion, outline, process, produce, profile 8 comprise, organize, practice 9 construct, establish, fabricate, framework, procedure, structure, take shape 10 constitute, convention, regulation 11 materialize 13 configuration ***combining form:*** 5 morph

formal 3 set 4 prim 5 exact, legal, rigid, stiff 6 dressy, lawful, proper, seemly, solemn 7 distant, orderly, regular, stately, starchy, stilted 8 abstract, black-tie, decorous, elevated, official, reserved 10 ceremonial, methodical, systematic 11 ceremonious, syntactical 12 conventional

formality 4 form, rite 6 ritual 7 liturgy, service 8 ceremony, insignia 10 ceremonial, convention, observance

formalize 6 codify 9 establish, normalize 10 regularize 11 standardize

format 4 plan, size 5 shape, style 6 makeup, method 11 arrangement 12 organization

formation 4 rank 6 design, makeup 9 structure 11 arrangement, composition, development 12 architecture, construction

former 3 old 4 late, once, past 5 prior 6 bygone, whilom 7 earlier, onetime, quondam **8** anterior, previous, sometime **9** erstwhile, precedent, preceding **10** antecedent

formerly **4** erst, once **6** before, whilom **7** already, earlier **9** erstwhile **10** heretofore, previously

formidable **8** daunting **9** difficult **10** impressive **11** redoubtable

formless **5** vague **7** chaotic, obscure, unclear **8** inchoate, nebulous, unshaped **9** amorphous, undefined, unordered **10** immaterial, indefinite, indistinct **11** unorganized

Formosa **6** Taiwan ***capital:*** **6** Taipei

formula **4** rite, rule **5** canon, maxim, tenet **6** method, recipe, ritual **7** precept, theorem **8** equation **9** algorithm, blueprint, principle, yardstick **10** touchstone **12** prescription

formulate **5** couch, draft, frame, hatch **6** codify, devise, invent, make up, phrase **7** concoct, dream up, express, prepare, work out **8** contrive

forsake **4** quit **5** avoid, leave, spurn **6** defect, depart, desert, give up, reject, resign **7** abandon **8** abdicate, renounce **9** throw over **10** relinquish

forsaken **4** lorn **6** bereft **7** forlorn **8** derelict, deserted, desolate, solitary **9** abandoned

Forseti ***father:*** **6** Balder ***palace:*** **7** Glitnir

forswear **4** deny **5** unsay **6** abjure, recall, recant, reject **7** perjure, retract **8** renounce, take back, withdraw

fort **6** castle **7** bastion, bulwark, citadel, redoubt **8** fastness, fortress, garrison, martello, stockade **10** stronghold ***Baltimore:*** **7** McHenry ***California:*** **3** Ord ***New Jersey:*** **3** Dix ***New York:*** **7** Niagara, Stanwix **8** Schuyler **11** Ticonderoga ***Ontario:*** **9** Frontenac ***San Antonio:*** **5** Alamo ***South Carolina:*** **6** Sumter ***Spanish:*** **7** alcazar **8** presidio

forte **3** bag **4** loud **5** thing **6** métier **8** long suit, strength **9** specialty **10** strong suit **11** strong point

forthcoming **7** pending **8** imminent **9** impending, proximate **10** responsive **11** approaching

for the most part **9** generally, typically **10** on the whole

for the time being **3** now **6** pro tem **9** at present, currently, presently **10** pro tempore

forthright **4** open **5** blunt, frank, plain **6** candid, direct **7** up-front **8** straight **10** aboveboard, foursquare **11** openhearted, straight-out, undisguised, unvarnished

forthwith **3** now **6** at once **8** directly **9** instantly, right away, thereupon **11** immediately, straightway **12** straightaway

fortification **4** moat, wall **6** abatis, buffer, glacis **7** barrier, bastion, bulwark, citadel, parapet, rampart, redoubt **8** barbican, enceinte, fastness, garrison, palisade, presidio, stockade **9** barricade, earthwork **10** breastwork, stronghold ***part:*** **7** salient

fortify **3** arm **4** gird, stir **5** brace, rally, ready, renew, rouse, steel **6** enrich, secure **7** hearten, prepare, protect, refresh, restore **8** embolden, energize **9** encourage, reinforce **10** invigorate, strengthen

fortitude **4** grit, guts, pith **5** fiber, heart, nerve, pluck, spunk, valor **6** mettle, phlegm, spirit **7** bravery, courage, stamina **8** backbone, boldness, strength, tenacity **9** constancy, endurance, tolerance **10** resolution **11** intrepidity **12** fearlessness, perseverance, resoluteness, staying power **13** dauntlessness, determination

fortress see FORT

fortuitous **5** fluky, happy, lucky **6** casual, chance **10** accidental, auspicious **12** providential

fortuity **3** hap **4** luck **5** fluke **6** chance **8** accident **9** happening **10** occurrence

Fortuna **5** Tyche ***symbol:*** **5** wheel **6** rudder

fortunate **5** happy, lucky **9** favorable **10** auspicious, propitious **12** providential

Fortunate Islands **8** Canaries

fortune **3** lot, pot, wad **4** doom, fate, luck, mint, pile, ship **5** worth **6** boodle, bundle, chance, happen, hazard, packet, riches, wealth **7** destiny, success, weather **8** property **9** resources

Fortune founder **4** Luce (Henry)

fortune-teller **4** seer **5** augur, sibyl **7** diviner, palmist **9** wisewoman **10** soothsayer (see also FORESEER)

fortune-telling see DIVINATION

forty winks **3** nap **6** catnap, siesta, snooze **7** shut-eye

forum **5** court, panel **6** medium **8** congress, tribunal **9** symposium **10** colloquium, conference, roundtable **11** convocation, marketplace

forward **3** aid **4** abet, bold, send, ship **5** ahead, brash, eager, pushy, ready, relay, remit, sassy, saucy **6** cheeky, foster, onward, uphold **7** address, advance, consign, further, promote, support **8** advanced, champion, dispatch, impudent, transmit **9** encourage, in advance **11** smart-alecky **12** presumptuous **13** self-assertive ***prefix:*** **4** ante

For Whom the Bell Tolls ***author:*** **9** Hemingway (Ernest) ***character:*** **5** Maria, Pablo, Pilar **6** Jordan
Forza del Destino composer **5** Verdi (Giuseppe)
fossa **3** pit **5** fovea **6** cavity, groove **10** depression
fosse **4** dike, moat **5** canal, ditch **6** trench **7** acequia, channel
fossil **4** fogy **5** amber, relic **7** antique **8** calamite, conodont, mossback **10** antiquated, fuddy-duddy **12** antediluvian **13** stick-in-the-mud ***fuel:*** **3** gas, oil **4** coal, peat **9** petroleum **10** natural gas
foster **4** back, help, rear, tend **5** nurse **6** assist, harbor, parent **7** advance, bring up, nourish, nurture, promote, support, sustain **8** champion **9** cultivate, encourage
fou **5** crazy, drunk
foul **4** base, rank, soil, vile **5** botch, dirty, fetid, funky, muddy, nasty, yucky **6** coarse, defile, filthy, grubby, horrid, impure, odious, putrid, rotten, scuzzy, smutty, stormy, turbid, vulgar, wicked **7** abusive, noisome, obscene, pollute, profane, raunchy, squalid, tarnish, unclean **8** indecent, obstruct, polluted, stinking, wretched **9** collision, loathsome, obnoxious, offensive, repellent, repugnant, repulsive, revolting **10** abominable, detestable, disgusting, malodorous **11** contaminate, treacherous **12** dishonorable, scatological
foul play **3** hit **5** blood **6** murder **7** killing, outrage **8** homicide, violence **12** manslaughter
found **4** base, cast, rear **5** begin, erect, raise, set up, start **6** bottom, create, invent **7** fashion, support **8** commence, initiate, organize **9** establish, institute, originate, predicate
foundation **3** bed **4** base, rock **5** basis **6** bottom, corset, makeup **7** bedding, footing, support **8** pedestal **9** endowment **10** groundwork, substratum **11** institution **12** organization, substructure, underpinning
foundational **5** basic **6** bottom **7** primary **10** supportive, underlying **11** fundamental
founder **4** fail, sink **5** wreck **6** author, father, go down **7** creator **8** collapse, inventor, submerge, submerse **9** architect, generator, patriarch, shipwreck **10** originator
fountain **3** jet **4** head, root **5** spout **6** geyser, origin, source, spring **7** bubbler **8** wellhead **9** inception, reservoir **10** wellspring ***nymph:*** **6** Egeria
four **6** tetrad **7** quartet **10** quaternion ***bagger:*** **5** homer **7** home run ***combining form:*** **4** tetr **5** quadr, tetra **6** quadri, quadru, quater, tessar **7** tessara, tessera ***gills:*** **4** pint ***hundred:*** **5** elite **10** upper crust ***inches:*** **4** hand ***pecks:*** **6** bushel ***quarts:*** **6** gallon
four-flush **4** dupe **5** bluff **6** betray, delude, humbug, take in **7** beguile, deceive **11** doublecross
four-footed animal **8** tetrapod **9** quadruped
Four Horsemen **3** War **5** Death **6** Famine **8** Conquest **10** Pestilence
four-in-hand **3** tie **5** coach **7** necktie
fourpence **5** groat
four-poster **3** bed
fourscore **6** eighty
four-sided figure **5** rhomb **6** square **7** rhombus **9** rectangle **13** quadrilateral, parallelogram
foursquare **8** straight **10** forthright **13** quadrilateral
fourteen pounds **5** stone
fourth **7** quarter **8** quadrant, quartern ***combining form:*** **5** quadr, quart **6** quadri, quadru
fowl **3** hen **4** bird, cock, duck **5** chick, goose, poult **6** bantam, pullet, turkey **7** chicken, rooster (see also CHICKEN; POULTRY)
Fowles novel **5** Magus (The) **9** Collector (The) **22** French Lieutenant's Woman (The)
fox **4** fool **5** trick **6** baffle, outwit **7** confuse, reynard **8** bewilder ***African:*** **4** asse ***female:*** **5** vixen ***kind:*** **3** kit, red **5** swift **6** arctic, fennec, silver **8** bat-eared ***Scottish:*** **3** tod ***young:*** **3** cub
foxglove **9** digitalis
fox grape **9** muscadine **11** scuppernong
foxiness **4** wile **5** craft, guile **7** cunning, slyness **8** wiliness **10** artfulness, craftiness, cleverness
foxlike **7** vulpine
foxy **3** sly **4** wily **5** canny, slick **6** artful, astute, clever, crafty, shrewd, tricky **7** cunning, vulpine **8** guileful **9** insidious
foyer **5** lobby **8** anteroom, entrance **9** vestibule
fracas **3** row **4** feud, fray **5** brawl, broil, fight, melee, run-in, set-to **6** affray, hassle, shindy, uproar **7** dispute, quarrel, ruction **8** squabble **9** bickering **10** donnybrook, free-for-all **11** altercation
fraction **3** bit, cut **4** part **5** piece, scrap **6** divide, little **7** portion, section **8** fragment
fractious **4** wild **6** unruly **7** peevish, pettish, willful **8** contrary **9** bellicose, irritable **10** headstrong, pugnacious,

refractory **11** belligerent, contentious, intractable, quarrelsome **12** recalcitrant, ungovernable, unmanageable

fracture **4** rent, rift, tear **5** break, cleft, crack, split **6** breach, schism **7** rupture

Fra Diavolo composer **5** Auber (Esprit)

fragile **4** weak **5** frail **6** feeble, flimsy, infirm **7** brittle, friable, tenuous, unsound **8** decrepit, delicate **9** breakable, frangible

fragment **3** bit **4** chip, iota, part, rive **5** burst, crumb, flake, grain, piece, scrap, shard, shred, smash **6** morsel, shiver, sliver **7** break up, flinder, shatter **8** fraction, particle, splinter **9** fall apart **12** disintegrate

fragmentary **6** broken **7** partial **10** fractional, incomplete, unfinished

fragrance **4** musk, nose, odor **5** aroma, attar, scent, smell, spice **7** bouquet, cologne, incense, perfume **9** redolence **11** eau de parfum, toilet water **13** eau de toilette

fragrant **7** odorous, scented **8** aromatic, perfumed, redolent **11** odoriferous

frail **4** puny, slim, thin, weak **5** petty, reedy, wispy **6** feeble, flimsy, infirm, sickly, slight **7** brittle, fragile, slender, spindly, tenuous, unsound **8** decrepit, delicate **9** breakable, frangible

frailty **4** vice **5** fault **6** foible **7** failing **8** delicacy, weakness **9** infirmity **10** feebleness **11** tenuousness **12** imperfection

frame **4** body, form, mold, plan, sash **5** build, draft, erect, forge, mount, shape, shell **6** border, casing, cook up, devise, draw up, figure, invent, make up, sketch, system **7** arrange, chassis, concoct, fashion, imagine, prepare **8** assemble, casement, conceive, contrive, regulate, skeleton **9** cartouche, construct, fabricate, formulate, structure ***part:*** **4** sill, stud **5** joist, plate

framework **4** rack **5** shell, truss **7** trestle **8** cribbing, cribwork, scaffold, skeleton, studding, studwork, trussing **9** bare bones, structure ***of crossed strips:*** **7** lattice, trellis

France ***bay:*** **6** Biscay ***capital:*** **5** Paris ***channel:*** **6** Manche (La) **7** English ***city:*** **4** Caen, Lyon, Metz, Nice **5** Brest, Lyons **6** Amiens, Calais, Nantes, Rennes **8** Bordeaux, Grenoble, Toulouse **9** Marseille **10** Marseilles, Strasbourg, Versailles **11** Montpellier ***conqueror:*** **6** Caesar (Julius) ***emperor:*** **5** Pepin (III, the Short) **8** Napoleon (Bonaparte) **11** Charlemagne ***enclave:*** **6** Monaco ***former name:*** **4** Gaul **6** Gallia ***historic province:*** **4** Foix **5** Anjou, Aunis, Bearn, Berry, Maine **6** Alsace, Artois, Marche, Poitou, Vendée **7** Gascony, Guyenne, Picardy **8** Auvergne, Bretagne, Brittany, Burgundy, Dauphine, Flanders, Gascogne, Limousin, Lorraine, Lyonnais, Normandy, Picardie, Provence, Touraine **9** Angoumois, Bourgogne, Champagne, Languedoc, Nivernois, Orléanais, Saintonge, Venaissin **10** Roussillon **11** Bourbonnais, Île-de-France **12** Franche-Comté ***island:*** **3** Yeu **6** Hyères, Oléron, Ushant **7** Corsica **8** Belle-Île **11** Noirmoutier ***monarch:*** **5** Henri, Henry, Louis **6** Philip **7** Charles **8** Philippe ***monetary unit:*** **4** euro ***monetary unit, former:*** **3** sou **5** franc ***mountain, range:*** **4** Alps, Jura **6** Vosges **8** Auvergne, Pyrenees **9** Mont Blanc ***neighbor:*** **5** Italy, Spain **7** Andorra, Belgium, Germany **10** Luxembourg **11** Switzerland ***president:*** **8** de Gaulle (Charles) **10** Mitterrand (François) ***region:*** **5** Corse **6** Alsace, Centre **7** Corsica, Picardy **8** Auvergne, Bretagne, Brittany, Burgundy, Limousin, Normandy, Picardie **9** Aquitaine, Bourgogne, Champagne, Languedoc, Normandie **10** Rhône-Alpes **11** Île-de-France **12** Franche-Comté, Midi-Pyrénées ***river:*** **4** Aire, Aude, Oise **5** Adour, Isère, Loire, Marne, Rhone, Saône, Seine, Somme, Yonne **7** Garonne ***sea:*** **13** Mediterranean ***strait:*** **5** Dover

Francesca's lover **5** Paolo

franchise **4** vote **6** ballot **7** freedom, license **8** suffrage **9** privilege

frangible **7** brittle, fragile, friable **8** delicate **9** breakable

frank **3** dog **4** fair, free, open **5** blunt, plain **6** candid, direct, honest, hot dog, weenie, wiener, wienie **7** upright **8** man-to-man, out-front, straight **9** barefaced, outspoken **10** forthright, scrupulous, unreserved **11** openhearted, plainspoken, transparent, unconcealed, undisguised, uninhibited, unvarnished, wienerwurst **12** heart-to-heart, unmistakable

Frankenstein author **7** Shelley (Mary)

frankfurter **3** dog **6** hot dog, weenie, wiener, wienie **11** wienerwurst

Frankie's lover **6** Johnny

Frankish hero **6** Roland

Franklin, Benjamin ***birthplace:*** **6** Boston ***invention:*** **5** stove **8** bifocals ***pen name:*** **11** Poor Richard

frankness **6** candor **7** honesty

frantic **3** mad **4** wild **5** upset, wired **7** fraught, shook up, unglued **8** feverish, frenetic, frenzied, maniacal, worked up **10** distraught **11** overwrought

Franzen novel **11** Corrections (The)

frappe 7 chilled, liqueur 9 milk shake
fraternal 6 clubby 8 sociable 9 brotherly, comradely, dizygotic 10 like-minded
fraternal society 3 FOE 4 BPOE, Elks 5 Lions, Moose 6 Eagles, Masons 7 Woodmen (of the World) 8 Shriners 10 Freemasons, Hibernians, Odd Fellows
fraternity 4 club 5 guild, order, union 6 league 7 company 8 sodality 10 fellowship 11 association, brotherhood 13 brotherliness
fraud 3 gyp 4 fake, gaff, hoax, sham 5 cheat, faker, phony, quack, trick 6 deceit, dupery, humbug, hustle 7 chicane, swindle 8 cozenage, flimflam, impostor, operator, trickery 9 charlatan, chicanery, deception, imposture, pretender, shell game, trickster 10 dishonesty, mountebank, subterfuge 11 counterfeit 12 double-dealer 13 double-dealing, sharp practice
fraudulence 6 deceit 8 quackery, trickery 9 chicanery, deception, phoniness 10 dishonesty
fraudulent 4 fake 5 false, phony 7 crooked 8 cheating, guileful 9 deceitful, deceptive, dishonest 10 fallacious 11 duplicitous
fraught 4 full 5 laden, tense 6 filled, uneasy 7 charged, replete, stuffed 8 pregnant 9 stressful
fräulein 4 maid, Miss 6 maiden 9 governess 12 mademoiselle
fray 3 row 4 fret 5 brawl, broil, brush, clash, fight, melee, ravel, shred 6 combat, fracas, strain, strife 7 dispute, frazzle, ruction, scuffle 8 irritate, skirmish, struggle 9 commotion, scrimmage 10 donnybrook 11 disturbance
frayed 4 worn 6 ragged, shabby 8 tattered 9 moth-eaten 10 threadbare
frazzle 4 do in, fray, poop, tire, wear 5 upset 6 tucker 7 exhaust, fatigue, wear out
frazzled 4 beat 5 upset 6 bushed, sapped 7 drained, rattled 8 agitated, confused, fatigued, tired out 9 exhausted, fagged out, unsettled 10 distressed 11 overwrought 12 disconcerted
freak 3 bug, nut 4 buff, geek, whim 5 go ape, fancy, fiend, maven 6 addict, hippie, maniac, megrim, oddity, vagary, weirdo, whimsy, zealot 7 anomaly, caprice, chimera, conceit, deviate, fanatic, monster 8 crotchet, flimflam 9 androgyne, curiosity 10 aberration, enthusiast 11 abnormality, monstrosity 12 lusus naturae, malformation
freakish 3 odd 5 kooky, outré, weird 6 far-out, quirky 7 bizarre, erratic, oddball, strange 8 aberrant, abnormal 9 arbitrary, eccentric, grotesque, whimsical 10 capricious, outlandish
freckle 3 dot 4 mole, spot 5 fleck 7 speckle, stipple
free 3 rid 4 comp, open 5 frank, loose, untie 6 acquit, exempt, gratis, loosen, unbind, untied 7 absolve, at large, liberal, manumit, movable, release, unbound, unchain, unleash, unloose 8 detached, generous, liberate, relieved, separate, unburden, unfasten, unloosen 9 at liberty, discharge, exculpate, exonerate, extricate, sovereign, unchained, unchecked, unimpeded, unshackle, unsparing 10 autonomous, democratic, emancipate, gratuitous, unconfined, unfastened, unfettered, unhampered, unshackled, voluntary 11 disentangle, emancipated, independent, spontaneous, untrammeled 12 unrestrained, unrestricted 13 complimentary, self-directing, self-governing, unconstrained
freebie 4 gift, pass 7 present 8 giveaway
freebooter 5 rover 6 bandit, pirate, raider 7 brigand, corsair 8 marauder, picaroon, pillager, rapparee, sea rover 9 buccaneer, pickaroon, plunderer, ransacker
freedom 5 right 7 liberty, license, release 8 autonomy, immunity, latitude 9 exemption, franchise, privilege 11 prerogative 12 emancipation, independence 13 outspokenness
free-for-all 4 fray 5 brawl, broil, melee 6 affray, fracas, rumble 7 ruction 10 donnybrook
freehanded 7 liberal 8 generous 9 bounteous, bountiful 10 munificent
freeloader 3 bum 5 leech 6 sponge 7 moocher 8 barnacle, hanger-on, parasite 11 bloodsucker
Free State 8 Maryland
free ticket 4 pass 11 Annie Oakley
freeze 4 halt, stop 5 chill, stall 6 benumb 7 congeal 8 glaciate, solidify, stoppage 10 immobilize
freezing 3 icy 4 cold 5 chill, gelid, nippy, polar 6 arctic, bitter, chilly, frigid, frosty, wintry 7 glacial, shivery ***combining form:*** 4 cryo, kryo
freight 4 haul, lade, load 5 cargo 6 burden, charge, lading 7 payload 9 transport
freighter 4 scow, ship 7 carrier, shipper
Freischütz composer 5 Weber (Carl Maria von)
French ***article:*** 3 les, une ***attendant:*** 9 concierge ***back:*** 3 dos ***bed:*** 3 lit 6 couche ***boy:*** 6 garçon ***brother:*** 5 frère ***cap:*** 5 beret ***cardinal:*** 7 Mazarin (Jules) 9 Richelieu (Duc de) ***castle:*** 7 château

cathedral city: **4** Albi **5** Paris, Reims, Rouen **6** Amiens, Nantes, Rheims **8** Chartres ***clergyman:*** **4** abbé, curé, père ***coin:*** **3** ecu ***combining form:*** **5** Gallo **6** Franco ***conjunction:*** **4** mais ***daughter:*** **5** fille ***day:*** **5** jeudi, lundi, mardi **6** samedi **8** dimanche, mercredi, vendredi ***dear:*** **4** cher ***department head:*** **7** prefect ***direction:*** **3** est, sud **4** nord **5** ouest ***down with:*** **4** à bas ***dream:*** **4** rêve ***drink:*** **5** boire ***dynasty:*** **5** Capet **6** Valois **7** Bourbon ***egg:*** **4** oeuf ***emblem:*** **10** fleur-de-lis ***empress:*** **7** Eugénie **9** Joséphine ***evening:*** **4** soir ***exclamation:*** **3** zut **4** eheu, hein **9** sacrebleu ***farewell:*** **5** adieu **8** au revoir ***father:*** **4** père ***forest:*** **7** Argonne, Belleau ***friend:*** **3** ami **4** amie ***game:*** **3** jeu **4** jeux (plural) ***God:*** **4** dieu ***good:*** **3** bon **5** bonne ***hat:*** **7** chapeau ***here:*** **3** ici ***income:*** **5** rente ***king:*** **3** roi ***language:*** **9** Provençal ***month:*** **3** mai **4** août, juin, mars, mois **5** avril **7** février, janvier, juillet ***mother:*** **4** mère ***national anthem:*** **12** Marseillaise (La) ***opera:*** **5** Faust, Lakmé, Manon, Thaïs **6** Carmen, Mignon **7** Werther ***pancake:*** **5** crêpe ***pastry:*** **6** éclair **8** napoleon ***policeman:*** **4** flic **8** gendarme ***porcelain:*** **6** Sèvres **7** Limoges ***preposition:*** **3** par, sur **4** avec, dans, pour, sans, sous ***pretty:*** **4** joli **5** jolie ***prison:*** **8** Bastille ***pronoun:*** **3** eux, ils, mes, moi, toi, une **4** elle, nous, vous ***Protestant:*** **6** Calvin (John) **8** Huguenot ***pupil:*** **5** élève ***queen:*** **5** reine ***rabbit:*** **5** lapin ***railroad station:*** **4** gare ***resort:*** **3** Pau **4** Nice **5** Vichy **6** Cannes, Menton **7** Antibes **8** Biarritz ***resort area:*** **7** Riviera ***restaurant:*** **6** bistro ***revolutionist:*** **5** Marat (Jean-Paul) **6** Danton (Georges) **11** Robespierre (Maximilien) ***Revolution party:*** **7** Gironde, Jacobin **8** Mountain ***Revolution song:*** **5** Ça Ira ***saint:*** **4** Joan (of Arc) **5** Denis **6** Martin (of Tours) **7** Thérèse (of Lisieux) ***school:*** **5** école, lycée ***sea:*** **3** mer ***season:*** **3** été **5** hiver **7** automne **9** printemps ***servant:*** **5** valet ***shop:*** **8** boutique ***shrine:*** **7** Lourdes ***singer:*** **4** Piaf (Edith) **8** chanteur **9** chanteuse ***sister:*** **5** soeur ***small:*** **5** petit **6** petite ***soldier:*** **5** poilu **6** soldat, Zouave **8** chasseur ***son:*** **4** fils ***song:*** **7** chanson ***soup:*** **6** potage ***star:*** **6** étoile ***state:*** **4** état ***stock exchange:*** **6** bourse ***street:*** **3** rue ***subway:*** **5** metro ***there!:*** **5** voilà ***too much:*** **4** trop ***very:*** **4** très ***wartime capital:*** **5** Vichy ***water:*** **3** eau ***well:*** **4** bien ***wineshop:*** **6** bistro ***wood:*** **4** bois ***yesterday:*** **4** hier

French Guiana ***capital:*** **7** Cayenne ***department of:*** **6** France ***ethnic group:*** **6** Creole ***island:*** **6** Devil's ***mountain range:*** **10** Tumac-Humac ***neighbor:*** **6** Brazil **8** Suriname ***river:*** **4** Mana **6** Maroni **7** Oyapock

French Polynesia ***archipelago*** **7** Tuamotu ***capital:*** **7** Papeete ***island, island group:*** **6** Tahiti **7** Austral, Gambier, Society **9** Marquesas ***territory of:*** **6** France

frenetic **3** mad **4** loco, wild **5** crazy, wired **6** crazed, hectic **7** berserk, frantic **8** agitated, feverish, frenzied, maniacal **9** delirious, orgiastic **10** corybantic

frenzied see FRENETIC

frenzy **4** amok, fury, rage **5** amuck, craze, furor, mania **6** madden **7** derange, madness, unhinge **8** delirium, distract, hysteria, insanity, paroxysm **9** unbalance **11** derangement

frequency unit **5** hertz **7** fresnel **9** gigahertz, megahertz

frequent **5** haunt, often, usual, visit **6** common, hourly **7** regular **8** everyday, familiar, habitual **9** customary

frequenter **7** denizen, habitué, haunter

frequently **5** often **8** commonly **9** routinely **10** oftentimes, repeatedly **11** customarily, recurrently

fresh **3** new, raw **4** rude **5** green, naive, novel, sassy, saucy, smart **6** callow, cheeky, recent, unused, vernal, virgin **8** brand-new, impudent, insolent, original **9** unspoiled **11** impertinent, smart-alecky **12** invigorating **13** inexperienced

freshet **5** flood, spate **6** influx

freshman **4** tyro **5** frosh, plebe **6** novice, rookie **8** beginner, neophyte, newcomer **10** apprentice, tenderfoot **13** underclassman

fret **4** fume, fuss, stew **5** brood, chafe, worry **6** dither, pother

fretful **5** angry, cross **6** crabby, cranky **7** carping, chafing, peevish, pettish, whining **8** captious, caviling, critical, perverse, petulant, restless, snappish **9** fractious, impatient, irascible, irritable, querulous

Frey ***father:*** **5** Njörd **6** Njörth ***god of:*** **3** sun **4** rain **5** peace **9** fertility ***sister:*** **5** Freya ***wife:*** **4** Gerd **5** Gerda, Gerth

Freya ***brother:*** **4** Frey ***domain:*** **9** Folkvangr ***father:*** **5** Njörd **6** Njörth ***husband:*** **4** Odin

friable **5** mealy **7** brittle, crumbly, fragile **9** frangible

friar **7** brother **8** cenobite **9** mendicant

fribble **3** toy **5** dally, flirt **6** coquet, trifle **7** trifler **8** trifling **9** dalliance, frivolity **10** dillydally, fool around

friction **4** drag **7** discord, rubbing **8** abrasion **9** animosity, attrition **10** disharmony, dissension, resistance **12** disagreement

friction match **5** vesta **7** lucifer **8** vesuvian

Friday's rescuer 6 Crusoe (Robinson)
friend 3 pal 4 ally, chum, mate 5 buddy, crony, matey, serve 6 cohort 7 comrade, partner 8 alter ego, compadre, confrere, familiar, intimate, playmate, sidekick 9 associate, colleague, companion, confidant 10 confidante 11 cater-cousin 12 acquaintance ***French:*** 3 ami 4 amie ***Spanish:*** 5 amiga, amigo
Friend 6 Quaker ***founder:*** 3 Fox (George)
friendly 5 happy 6 amical, chummy, folksy, genial 7 affable, amiable, cordial 8 amicable, cheerful, familiar, sociable 9 congenial, favorable 10 buddy-buddy, compatible, hospitable, neighborly 12 affectionate, well-disposed 13 accommodating
Friendly Islands 5 Tonga
friends and neighbors 4 kith
friendship 5 amity 6 accord, comity 7 concord, empathy, harmony 8 affinity, alliance, goodwill
frigate bird 3 ioa, iwa 8 alcatras 11 man-o'-war bird ***genus:*** 7 Fregata
Frigga, Frigg ***husband:*** 4 Odin ***son:*** 6 Balder
fright 4 fear 5 alarm, dread, panic, scare, shock 6 dismay, horror, terror 11 trepidation
frighten 3 cow 5 alarm, bully, daunt, scare, shock, spook 6 appall, dismay 7 horrify, perturb, scarify, startle, terrify, unnerve 9 terrorize 10 intimidate
frightful 4 ugly 5 awful, scary 6 horrid 7 fearful, ghastly, hideous 8 alarming, dreadful, fearsome, horrible, horrific, shocking, terrible, terrific 9 appalling, startling 10 formidable, horrendous, terrifying
frigid 3 icy 4 cold 5 chill 6 arctic, chilly, frosty 7 glacial 8 freezing 11 emotionless, indifferent, passionless, unemotional 12 unresponsive
frijoles 5 beans
frill 4 ruff 5 jabot, ruche 6 doodad, luxury, ruffle 7 flounce, ruching 8 furbelow 11 affectation, superfluity 12 extravagance
fringe 3 hem, rim 4 brim, ruff 5 bound, brink, skirt, thrum, verge 6 border, edging, margin 7 fimbria 8 penumbra, trimming 9 perimeter, periphery 10 borderland
frippery 6 finery, frills, tawdry 7 regalia 8 foofaraw, trumpery 9 trappings 11 ostentation
frisée 6 endive 7 lettuce
frisk 4 leap, play, romp, skip 5 caper, dance 6 cavort, frolic, gambol, search 7 disport, pat down, rollick
frisky 3 gay 5 antic 6 feisty, lively 7 coltish, playful 8 animated, gamesome, sportive 9 sprightly, vivacious 10 frolicsome
fritter away 4 blow 5 spend, waste 7 consume 8 squander 9 dissipate
frivolity 3 fun 4 play 6 gaiety, levity, whimsy 8 nonsense 12 childishness
frivolous 3 gay 5 dizzy, giddy, light, silly 6 frothy, yeasty 7 flighty, playful, shallow, trivial 8 carefree, careless, heedless, trifling 11 light-headed, superficial
frizzy 5 kinky 6 coiled, curled 7 twisted
frock 4 gown 5 dress, habit 6 jersey, mantle
frog 4 toad 5 ranid 6 anuran 7 croaker 9 amphibian 10 batrachian ***family:*** 7 Ranidae ***genus:*** 4 Rana ***kind:*** 4 hyla 6 peeper 7 leopard 8 bullfrog, tree toad ***larva:*** 7 tadpole
frolic 3 fun 4 lark, play, romp 5 antic, caper, dance, frisk, party, prank, revel, sport, spree 6 cavort, didoes, gaiety, gambol, prance 7 disport, skylark 8 escapade, hilarity 9 festivity, merriment 10 shenanigan, tomfoolery
frolicsome 3 gay 5 antic 6 frisky, impish 7 coltish, jocular, playful, roguish 8 sportful, sportive 9 sprightly 10 rollicking 11 mischievous
from ***German:*** 3 von ***Scottish:*** 4 frae
From Here to Eternity author 5 Jones (James)
frondeur 5 rebel 8 mutineer, renegade 9 anarchist, dissident, insurgent 10 malcontent
front 3 bow, van 4 face, fore, lend, look, mask, prow 5 beard 6 facade, facing 7 forward 8 anterior, disguise 9 challenge, encounter 10 appearance, figurehead 11 countenance
frontier 5 bound, field, march 6 border 8 backland, backwash, boundary 9 upcountry 10 borderland, hinterland 11 backcountry
frontiersman 5 Boone (Daniel), Clark (George Rogers, William) 6 Carson (Kit) 7 pioneer, settler 8 Crockett (Davy) 10 bushranger
fronton game 7 jai alai
frontward 8 anterior
frost 4 hoar, rime 6 freeze
frostfish 5 smelt 6 tomcod
frost heave 5 pingo
frosting 5 icing 7 topping 8 trimming
Frost poem 11 Mending Wall 12 Road Not Taken (The) 18 Death of the Hired Man (The) 30 Stopping By Woods on a Snowy Evening
frosty 3 icy 4 cold, rimy 5 chill, frore, hoary, nippy 6 chilly, frigid 7 glacial 8 freezing 10 unfriendly

froth 4 foam, head, suds 5 cream, spume, yeast 6 lather 8 airiness 9 frivolity, lightness
froufrou 6 frills 8 rustling
froward 5 balky 6 mulish, ornery 7 peevish, restive 8 contrary, perverse, petulant, stubborn 9 obstinate 10 headstrong, refractory 11 disobedient
frown 4 pout, sulk 5 glare, lower, scowl 6 glower
frowsy 5 dowdy, funky, fusty, messy, musty, stale 6 shabby, smelly, sordid, untidy 7 squalid, unkempt 8 slattern, slovenly 10 disheveled, disordered, slatternly 13 draggletailed
frozen 4 cold, hard 5 fixed, frore, rigid, stiff 6 frigid, numbed 7 chilled 8 benumbed, immobile 9 congealed, petrified
frugal 4 mean 5 canny, scant, spare 6 Scotch, stingy 7 careful, prudent, scrimpy, sparing, thrifty 8 discreet, stinting 9 niggardly, penurious, provident 10 economical, unwasteful 12 cheeseparing, parsimonious 13 penny-pinching
frugality 6 thrift 7 economy 8 prudence 9 husbandry 10 providence 11 thriftiness
fruit 5 issue, young 6 result 7 outcome, progeny 9 offspring ***citrus:*** 4 lime 5 lemon 6 citron, orange, pomelo 7 kumquat, tangelo 8 bergamot, mandarin, shaddock 9 tangerine 10 calamondin, grapefruit ***dried:*** 5 prune 6 raisin ***drink:*** 3 ade 5 juice, punch ***fleshy:*** 7 syconia (plural) 8 syconium ***hard-shelled:*** 3 nut 4 seed 5 gourd 7 coconut ***residue:*** 4 marc 6 pomace ***seed:*** 3 pip ***study of:*** 8 pomology 9 carpology ***subtropical:*** 3 fig 4 date, lime 5 lemon, olive 6 citron, orange 7 avocado, kumquat 9 tangerine 10 grapefruit ***sugar:*** 7 glucose 8 fructose, levulose ***temperate-zone:*** 4 pear, plum, sloe 5 apple, grape, melon, papaw, peach, prune 6 casaba, cherry, loquat, pawpaw, quince 7 apricot, currant 8 dewberry 9 blueberry, cranberry, muskmelon, nectarine, raspberry 10 blackberry, gooseberry, loganberry, strawberry 11 boysenberry, huckleberry, pomegranate ***tropical:*** 5 guava, mango 6 banana, papaya 7 acerola 8 rambutan, tamarind 9 cherimoya, persimmon, pineapple 10 calamondin, mangosteen ***type:*** 3 nut 4 pepo, pome 5 berry, drupe 6 achene, legume, loment, samara 7 capsule, silique, utricle 11 hesperidium ***undeveloped:*** 6 nubbin
fruitful 6 fecund 7 copious, fertile 8 abundant, prolific 9 bountiful, fructuous, plenteous, plentiful 10 productive 11 proliferant
fruition 7 delight 8 pleasure 9 enjoyment 10 attainment, conclusion 11 achievement, delectation, fulfillment, realization
fruitless 4 vain 6 barren, futile 7 sterile, useless 8 abortive 10 unavailing 11 ineffective, ineffectual 12 unproductive, unsuccessful
frumpy 4 drab, dull 5 dated, dowdy, tacky 6 stodgy 8 outmoded 9 out-of-date, unstylish 12 old-fashioned
frustrate 4 balk, bilk, dash, foil, halt 5 block, check, stump 6 arrest, baffle, defeat, hinder, impede, stymie, thwart 7 inhibit, prevent 8 confound, obstruct, preclude, prohibit 9 discomfit, forestall, interrupt 10 disappoint
frustration 6 defeat, dismay 7 chagrin, letdown 8 vexation 9 annoyance, hindrance 10 impediment, irritation 11 displeasure, obstruction
fry 4 burn, sear 5 frizz, grill, sauté 6 fishes, picnic 7 frizzle 11 electrocute
frying pan 6 spider 7 griddle, skillet
fuddle 5 befog, booze 6 ball up, jumble, tipple 7 confuse, fluster, stupefy 8 bewilder 10 intoxicate
fuddy-duddy 4 fogy 6 fossil, square, stodgy 8 mossback, outdated, outmoded 12 antediluvian, Colonel Blimp, old-fashioned, stuffed shirt 13 stick-in-the-mud
fudge 3 pad 4 blur, bosh, fake 5 candy, cheat, color, dodge, hedge, hooey, welsh 6 bunkum 7 distort, falsify, hogwash, penuche 8 contrive, divinity, nonsense 9 embellish, embroider, overstate, poppycock 10 equivocate, flapdoodle 11 foolishness
fuel 3 gas, oil 4 coal, coke, fire, peat, wood 5 stoke 6 biogas, diesel, petrol 7 ethanol, gasohol, inflame, propane 8 charcoal, gasoline, kerosene 9 petroleum, stimulate 10 natural gas 13 reinforcement
fugacious 7 brittle, passing 8 fleeting, fugitive, volatile 9 ephemeral, momentary, transient 10 evanescent, short-lived, transitory
fugitive 5 exile 6 outlaw 7 escapee, lamster, nomadic, passing, refugee, runaway 8 deserter, fleeting, runagate, vagabond 9 ephemeral, fugacious, momentary, transient, wandering 10 evanescent, short-lived, transitory
fugue master 4 Bach (Johann Sebastian)
Führer, der 6 Hitler (Adolf)

fulcrum 3 hub 4 axis, prop 5 hinge, nexus, pivot 7 support
fulfill 4 meet 5 honor 6 effect, finish, redeem 7 achieve, execute, perform, satisfy 8 complete 9 discharge, implement 10 accomplish
fulgent 6 bright 7 beaming, glowing, radiant, shining 8 luminous, lustrous 9 brilliant
fuliginous 4 dark 5 dingy, dusky, grimy, murky, sooty 7 obscure
full 5 sated, total, whole 6 entire, gorged, jammed, loaded, packed, utmost 7 crammed, crowded, glutted, maximum, plenary, replete, stuffed 8 brimming, complete, satiated 9 jam-packed, plentiful, surfeited 11 chockablock
full-blooded 4 rich 5 flush, ruddy 6 ardent, florid 7 flushed, genuine, glowing 8 forceful, purebred, rubicund, sanguine 9 pedigreed, pureblood 10 compelling 12 thoroughbred
full-blown 4 lush, ripe 5 adult, total 6 all-out, mature 7 grown-up
full-bodied 4 rich 5 husky, lusty, stout 6 potent, robust, strong 9 corpulent 10 meaningful 11 significant, substantial
full dress 6 finery 7 regalia 8 frippery, glad rags 10 Sunday best
full-figured 5 ample, buxom, plump 6 zaftig 10 curvaceous, Rubenesque, statuesque, voluptuous
full-fledged 4 ripe 5 adult, grown, total 6 mature 7 genuine, grown-up 8 complete 9 full-blown
full-grown 4 ripe 5 adult 6 mature
fullness 6 plenty 7 satiety 9 abundance, amplitude, repletion 10 perfection 12 completeness
full-scale 5 total 6 all-out 8 complete, life-size 9 unlimited
full tilt 7 flat-out, rapidly, swiftly 8 pell-mell, speedily 9 posthaste 12 lickety-split
fulminate 4 boil, burn, foam, fume, rage, rave 5 curse, flare 7 bluster, explode, inveigh
fulsome 4 oily 5 plump, slick, soapy, suave 6 lavish, smarmy, smooth 7 buttery, cloying, copious, profuse 8 abundant, effusive, generous, overdone, unctuous 9 excessive 10 flattering, oleaginous 11 extravagant, pharisaical 12 ingratiating, Pecksniffian
Fulton's steamboat 8 Clermont
fumarole 4 vent
fumble 3 bob, paw 4 feel, flub, mess, muff 5 botch, grope 6 bobble, bollix, bungle, muddle 7 blunder, misplay 8 flounder
fume 3 gas 4 boil, burn, odor, rage, rant, rave, reek, snit, stew 5 smoke, vapor 6 seethe, swivet 7 sputter
fun 4 play 5 sport 6 frolic, gaiety 7 amusing, jollity, pastime, whoopee 8 hilarity, pleasant, ridicule 9 amusement, diversion, diverting, enjoyment, frivolity, horseplay, jocundity, joviality, merriment 10 pleasantry 12 entertaining 13 entertainment
function 3 act, job, run, use 4 duty, goal, mark, role, task, work 5 party, power, react, serve 6 affair, behave, object, office, target 7 concern, faculty, operate, perform, purpose, service 8 activity, behavior, business, capacity, ceremony, occasion, province 9 objective, officiate, operation, reception ***trigonometric:*** 4 sine 6 cosine, secant 7 tangent 8 cosecant 9 cotangent
functional 5 handy, utile 6 useful 7 working 9 practical 11 practicable, serviceable, utilitarian 12 occupational
functioning 6 active 7 dynamic 9 operative
fund 4 bank, pool 5 endow, stake, stock, store 6 coffer, supply 7 capital, finance, reserve 8 bankroll, treasury 9 inventory, subsidize 10 accumulate, capitalize
fundament 4 butt, rear, rump, seat 5 basis, fanny 6 behind, bottom 8 backside, buttocks, derriere 9 posterior, principle 10 foundation, groundwork
fundamental 3 key 5 axiom, basal, basic, prime, vital 6 bottom, factor, primal, simple 7 bedrock, organic, primary, radical, theorem 8 absolute, cardinal, dominant, ultimate 9 component, essential, important, necessary, paramount, primitive, principal, principle, requisite 10 deep-rooted, elementary, grassroots, primordial, rock-bottom, underlying 11 constituent, irreducible, nitty-gritty 12 constitutive, foundational
fund-raiser 8 telethon
funeral 6 burial 7 obsequy 9 obsequies ***car:*** 6 hearse ***director:*** 9 mortician 10 undertaker ***oration:*** 6 eulogy 8 encomium 9 panegyric ***procession:*** 7 cortege ***service:*** 7 requiem 9 obsequies ***song:*** 5 dirge, elegy 8 threnody
funereal 3 sad 4 dark 5 black, bleak, grave 6 dismal, dreary, gloomy, solemn, somber, sombre 7 elegiac 8 mournful 9 deathlike, sorrowful 10 depressing, depressive, lugubrious, oppressive, sepulchral
fungus 4 conk, mold, rust, smut 5 ergot, yeast 6 agaric, dry rot, mildew 7 candida, truffle 8 mushroom, puffball 9 earthstar, stinkhorn, toadstool ***combining form:*** 4 myco 5 myces, mycet

6 mycete, myceto ***part:*** **3** cap **4** gill **5** ascus, hypha, stipe, volva **7** annulus **8** basidium, conidium, mycelium

fungus disease **3** rot **4** mold, rust, scab, smut **5** ergot, tinea **6** blight, mildew, thrush **7** mycosis **8** lumpy jaw, ringworm **12** athlete's foot

funk **4** odor, reek **5** blues, dolor, dumps, ennui, gloom, smell, stink, slump **6** recoil, stench **7** sadness **9** dejection **10** depression, melancholy

funky **3** hip, odd **4** foul, rank **5** fetid, reeky **6** earthy, frowsy, grungy, quaint, quirky, smelly, stinky **7** natural, noisome, oddball, offbeat **8** down-home **10** malodorous

funnel **4** flue, pipe **5** stack **6** hopper **7** channel, conduct, tundish **8** transmit **10** smokestack

funny **3** odd **4** joke, zany **5** antic, comic, droll, fishy, queer **7** amusing, bizarre, comical, jocular, risible, strange **8** farcical, humorous, peculiar **9** facetious, fantastic, hilarious, laughable, ludicrous **10** ridiculous

Funny Girl **5** Brice (Fanny) ***composer:*** **5** Styne (Jule)

funnyman **3** wag, wit **5** clown, comic, cutup, droll, joker **6** gagman, jester **8** comedian, humorist, jokester, quipster **10** comedienne

fur **4** down, hide, pelt, pile **5** floss, fluff, stole **6** pelage, peltry ***kind:*** **3** fox **4** mink, seal **5** fitch, otter, sable **6** ermine, fisher, marten, nutria, tanuki **7** raccoon **10** chinchilla ***lamb:*** **7** caracul, karakul **9** broadtail ***medieval:*** **4** vair **7** miniver

furbelow **5** frill **7** flounce

furbish **4** buff **5** fix up, renew, shine **6** polish, revive **7** burnish, refresh, restore **8** renovate

Furies **6** Alecto **7** Erinyes, Megaera **9** Eumenides, Tisiphone

furious **3** mad **4** wild **5** angry, livid, irate, rabid, upset **6** crazed, fierce, insane, raging, stormy **7** enraged, excited, extreme, frantic, intense, violent **8** feverish, frenetic, frenzied, incensed, maddened, vehement, wrathful **9** impetuous, turbulent **10** boisterous, corybantic

furl **4** curl, fold, roll, wrap **6** take in

furlough **4** pass **5** leave **6** lay off **7** liberty **10** shore leave **13** authorization

furnace **4** kiln, oven **5** forge, stove **6** heater **7** smelter **8** tryworks **11** incinerator ***part:*** **4** port, vent **6** tuyere ***tender:*** **6** stoker

furnish **3** arm, rig **4** give, hand, lend **5** endow, endue, equip **6** fit out, outfit, supply **7** apparel, appoint, deliver, provide, turn out **8** accouter, accoutre, dispense, hand over, transfer **9** provision **10** contribute

furnishings **4** gear **5** decor **9** equipment, trappings **10** housewares **11** appointment **13** accouterments, accoutrements, paraphernalia

furniture designer ***American:*** **5** Eames (Charles, Ray), Phyfe (Duncan) **7** Goddard (John, Stephen, Thomas), Haldane (William) **8** Stickley (Gustav) ***British:*** **6** Morris (William) **7** Gibbons (Grinling), Shearer (Thomas) **8** Sheraton (Thomas) **11** Chippendale (Thomas), Hepplewhite (George) ***French:*** **5** Marot (Daniel) **6** Boulle (André-Charles) ***German:*** **6** Breuer (Marcel) ***Scottish:*** **4** Adam (James, Robert)

furniture style **4** Adam **6** Empire, Shaker **7** Bauhaus, Federal, Mission **8** Colonial, Georgian, Jacobean, Sheraton, Stickley **9** Queen Anne **11** chinoiserie, Chippendale, Duncan Phyfe, Hepplewhite **13** Arts and Crafts

furor **3** ado, cry, fad, wax **4** chic, mode, rage, stir, to-do **5** anger, craze, mania, style, vogue **6** flurry, frenzy, pother, ruckus, rumpus, uproar **7** fashion, madness **8** foofaraw **9** commotion **10** dernier cri, excitement **11** controversy

furrow **3** rut **4** ruck **5** plica, ridge, sulci (plural) **6** course, crease, groove, sulcus, trench **7** channel, crinkle, wrinkle **8** entrench **9** corrugate **11** corrugation

furrowed **5** lined **6** rugose **7** grooved, sulcate **8** wrinkled **10** corrugated

further **4** abet, also, help **5** again, fresh **6** beyond **7** advance, besides, forward, promote **8** engender, moreover **9** encourage, propagate **10** additional, in addition **12** additionally

furthermore **3** and, too **4** also **6** as well, withal **7** besides **8** likewise, moreover **9** what's more **12** additionally

furthermost **4** last **7** extreme **8** farthest, remotest, ultimate

furtive **3** sly **4** foxy, wary, wily **6** artful, covert, crafty, feline, masked, secret, shifty, sneaky, stolen, tricky **7** catlike, cunning, evasive, sub-rosa **8** guileful, hush-hush, scheming, stealthy **9** disguised, insidious **11** circumspect, clandestine **12** hugger-mugger **13** surreptitious, under-the-table ***look:*** **4** peek, peep

fur trader **8** voyageur

furuncle **4** boil **7** abscess

fury **3** ire **4** burn, rage **5** anger, furor, wrath **6** frenzy **7** madness, passion **8** violence **9** vehemence **10** fierceness

furze **4** whin **5** gorse ***genus:*** **4** Ulex **7** Genista

fuse **3** mix **4** flux, meld, melt, weld **5** blend, merge, smelt, unify, unite

6 anneal, solder 7 liquefy 8 coalesce, conflate, dissolve, intermix 9 commingle, integrate 10 amalgamate 11 consolidate, incorporate

fusillade 4 hail 5 burst, salvo 6 shower, volley 7 barrage 8 drumfire, outburst 9 broadside, cannonade 11 bombardment

fusion 5 alloy, blend, union 6 merger 7 amalgam, mixture 8 compound 9 coalition, immixture, synthesis

fuss 3 ado, nag, row 4 beef, crab, flap, fret, miff, stew, stir, to-do, wail 5 gripe, stink, upset, whine, worry 6 bother, bustle, hassle, hurrah, pother, ruckus, rumpus, squawk 7 protest, quarrel 8 complain, foofaraw, squabble 9 commotion, complaint, kerfuffle, objection 10 excitement 11 controversy 12 perturbation

fussbudget 3 hen 6 granny 8 stickler 10 fuddy-duddy 13 perfectionist

fusspot 8 stickler 9 nitpicker, worrywart

fussy 5 picky 6 cranky, dainty, ornate 7 careful, finicky, fretful 9 crotchety, irritable, querulous 10 fastidious, meticulous, particular, pernickety, scrupulous 11 painstaking, persnickety, punctilious 13 conscientious

fustian 4 rant 7 bombast, pompous 8 affected, inflated 9 high-flown 11 exaggerated, highfalutin, pretentious 13 grandiloquent

fusty 4 rank 5 close, dated, fetid, moldy, passé, stale 6 bygone, old-hat, smelly 7 archaic 8 outdated 10 antiquated, malodorous 11 reactionary 12 old-fashioned 13 superannuated

futile 4 idle, vain 5 empty 6 hollow, otiose 7 useless 8 abortive, bootless, hopeless, nugatory 9 fruitless, worthless 10 unavailing 11 ineffective, ineffectual 12 unproductive, unsuccessful

future 5 later 6 offing, to come 7 by-and-by 8 oncoming, tomorrow 9 hereafter

Futurism ***founder:*** 9 Marinetti (Filippo Tommaso) ***painter:*** 5 Balla (Giacomo), Carra (Carlo) 7 Russolo (Luigi) 8 Boccioni (Umberto), Severini (Gino) ***sculptor:*** 8 Boccioni (Umberto)

fuzz 3 cop 4 down, lint 6 police

fuzzy 3 dim 5 faint, gauzy, linty, vague, woozy 6 bleary, blurry 7 blurred, muddled, obscure, shadowy, unclear 8 confused 9 distorted, undefined 10 ill-defined, incoherent, indefinite, indistinct

fylfot 8 swastika

G

gab 3 jaw, rap, yak 4 blab, chat, talk 5 clack, drool, prate, speak 6 babble, drivel, gibber, gossip, jabber, natter, yammer 7 blabber, blather, chatter, palaver, prattle, twaddle 8 chitchat, converse, idle talk 9 gibberish, small talk

gabber 6 gossip, magpie 7 blabber 9 chatterer 10 chatterbox 12 blabbermouth, gossipmonger

gabby 4 glib 5 talky, windy 6 chatty 7 voluble 8 effusive 9 garrulous, talkative 10 long-winded, loquacious 11 loose-lipped 12 loose-tongued

gaberdine 4 coat, suit 5 cloak, cloth 6 capote, fabric 7 garment, manteau 8 material

gable 4 wall 8 pediment ***ornament:*** 6 finial

Gabon ***capital:*** 10 Libreville ***city:*** 10 Port-Gentil ***ethnic group:*** 4 Fang 5 Bantu ***language:*** 6 French ***monetary unit:*** 5 franc ***neighbor:*** 5 Congo 8 Cameroon ***river:*** 6 Ogooué

gad 3 bat 4 flit, roam, rove 5 amble, drift, mooch, range, stray, tramp 6 chisel, ramble, wander 7 maunder, meander, traipse 9 gallivant

Gad ***brother:*** 5 Asher ***father:*** 5 Jacob ***mother:*** 6 Zilpah ***son:*** 3 Eri 5 Ezbon, Haggi

Gaddis novel 12 Recognitions (The) 14 Frolic of His Own (A) 16 Carpenter's Gothic

gadfly 3 nag 4 pest, pill 6 bother, critic, insect, nudnik 8 nuisance

gadget 4 tool 5 gizmo, thing 6 device, dingus, doodad, hickey, jigger, widget 7 concern, gimmick, utensil 9 apparatus, appliance, doohickey, implement, mechanism 10 instrument 11 contrap-

tion, thingamabob, thingamajig, thingumajig
gadwall 4 bird, duck, fowl 9 waterfowl
gadzooks 4 drat, egad 6 crikey, zounds
Gaea ***husband:*** 6 Uranus ***offspring:*** 6 Furies, Giants, Titans, Typhon, Uranus 7 Erinyes 8 Cyclopes 9 Eumenides ***parent:*** 5 Chaos
Gaelic 4 Erse 5 Irish 6 Celtic 8 Scottish ***god:*** 3 Ler 5 Dagda ***hero:*** 5 Oisin 6 Ossian 11 Finn MacCool ***king:*** 9 Conchobar, Conchobor ***language:*** 4 Manx ***poet:*** 4 bard 6 Ossian ***queen:*** 4 Medb ***soldier:*** 4 kern 6 Fenian ***spirit:*** 7 banshee
gaff 3 fix, rig 4 hoax, hook, spar, spur 5 abuse, fraud, spear, trick 6 fleece, ordeal 7 deceive, gimmick 8 raillery 12 climbing iron
gaffe 4 flub, goof, muff 5 boner, error, fault, fluff, lapse 6 bollix, boo-boo, bungle, foul-up, howler, slipup 7 blooper, blunder, clinker, faux pas, misstep, mistake 8 solecism 9 gaucherie 11 impropriety, misjudgment 12 indiscretion
gag 4 balk, gasp, hoax, jape, jest, joke, quip 5 choke, crack, heave, prank, retch, trick 6 muffle, muzzle, shtick, stifle, strain 7 repress, silence, squelch 8 throttle 9 restraint, wisecrack, witticism
gaga 4 agog, wild 5 crazy, giddy, nutty, wacky 6 doting, fervid, gung ho 7 foolish, gushing, excited, smitten 8 animated, enamored, obsessed, thrilled 9 ebullient, exuberant 10 captivated, infatuated 12 enthusiastic
gage 3 vow 4 bond 5 token 6 pledge, surety 8 gauntlet, security (see also GAUGE)
gaggle 4 crew, gang, pack 5 array, bunch, flock, group 6 clutch, number 7 cluster 10 assemblage, collection 11 aggregation
Gaheris ***brother:*** 6 Gareth, Gawain ***father:*** 3 Lot ***mother:*** 8 Margawse, Morgause ***uncle:*** 6 Arthur ***victim:*** 8 Margawse, Morgause
gaiety 3 fun, joy 4 glee 5 mirth, revel 6 finery, frolic, hoopla 7 elation, jollity, revelry, whoopee 8 elegance, hilarity, reveling, vivacity 9 animation, festivity, happiness, joviality, merriment 10 ebullience, exuberance, hullabaloo, joyousness, jubilation, liveliness 11 high spirits, merrymaking 12 conviviality
gain 3 get, net, win 4 earn, land, make, reap 5 clear, cover, lucre, reach, score 6 attain, expand, obtain, pick up, profit, rack up, return, secure 7 achieve, acquire, advance, attract, augment, benefit, bring in, enlarge, procure 8 draw down, earnings, increase, overtake, persuade, proceeds, traverse, windfall 10 accomplish 11 move forward
gainful 6 paying 8 fruitful, generous 9 lucrative, rewarding 10 beneficial, productive, profitable, well-paying, worthwhile 12 advantageous, remunerative
gainsay 4 buck, defy, deny 6 impugn, negate, oppose, refute, resist 7 dispute 8 disclaim, disprove, negative, traverse 9 disaffirm, repudiate, withstand 10 contradict, contravene, controvert
Gainsborough painting 7 Blue Boy
gait 3 air, run 4 clip, dash, lope, pace, rate, step, trot, walk 5 amble, speed, strut, train, tread 6 canter, gallop, stride 7 bearing 8 demeanor
gaiter 4 boot, shoe, spat 7 legging 8 overshoe
gal 4 babe, doll 5 chick
gala 4 ball, bash, fete, prom 5 merry, party 6 lively 7 festive, jubilee, pageant, shindig 8 festival, jamboree, wingding 9 festivity, spectacle 11 celebration 13 entertainment
galago 5 lemur 8 bush baby
Galahad ***father:*** 8 Lancelot 9 Launcelot ***mother:*** 6 Elaine ***quest:*** 5 Grail 9 Holy Grail
Galatea ***father:*** 6 Nereus ***husband:*** 9 Pygmalion ***lover:*** 4 Acis ***mother:*** 5 Doris
galaxy 6 nebula 8 Milky Way, universe
Galba ***predecessor:*** 4 Nero ***successor:*** 4 Otho
gale 4 blow, gust, wind 5 blast, storm 6 squall 7 cyclone, tempest, typhoon 8 outburst 9 hurricane
galena 3 ore
Galen's forte 7 healing 8 medicine
galilee 5 porch 6 chapel
Galilee town 4 Cana 7 Gergesa 8 Nazareth, Tiberias 9 Bethsaida, Capernaum
Galileo's birthplace 4 Pisa 5 Italy 7 Tuscany
gall 3 irk, nag, rub, vex 4 bile, fray, fret, rile, roil, sore, wear 5 annoy, brass, chafe, cheek, erode, grate, graze, nerve 6 abrade, bother, burn up, harass, pester, plague, rancor, ruffle, scrape 7 conceit, disturb, frazzle, inflame, provoke, scratch, torment 8 audacity, boldness, chutzpah, irritate, temerity 9 aggravate, arrogance, brashness, impudence, insolence 10 bitterness, effrontery
gallant 3 fop 4 beau, bold, buck, dude, hero 5 blade, blood, brave, civil, dandy, lover, manly, Romeo, showy, suave,

swain, wooer **6** daring, heroic, suitor, urbane **7** courtly, coxcomb, dashing, Don Juan, stately, valiant **8** Casanova, gracious, lothario, paramour, spirited, valorous **9** attentive, courteous, dauntless, ladies' man **10** chivalrous, courageous

gallantry **5** honor, poise, valor **6** daring, mettle, spirit **7** amenity, bravery, courage, heroism, prowess, suavity **8** boldness, chivalry, courtesy, urbanity, valiance, valiancy **9** attention, manliness **10** resolution **11** courtliness **12** fearlessness

galleon **7** warship **12** square-rigger

gallery **5** patio, porch, salon **6** arcade, loggia, museum, piazza **7** balcony, passage, portico, veranda **8** audience, corridor, showroom **9** colonnade, onlookers, promenade ***ancient Greek:*** **4** stoa

galley **3** gig **4** boat, mess, ship, tray **5** cuddy, proof **6** bireme **7** canteen, kitchen, trireme, warship **8** scullery **9** cookhouse

Gallic **6** French

gallimaufry **3** mix **4** hash, mess, olio, stew **5** chaos **6** jumble, medley **7** clutter, goulash, mélange, mixture, variety **8** mishmash, pastiche **9** patchwork, potpourri **10** assortment, hodgepodge, hotchpotch, miscellany, salmagundi

gallinaceous bird **3** hen **5** quail **6** grouse, turkey **7** chicken, hoatzin, peacock **8** curassow, pheasant **9** partridge **10** guinea fowl

galling **6** bitter, vexing **8** rankling **9** upsetting, vexatious **10** afflictive, irritating, nettlesome **11** aggravating, distressing, troublesome **12** exasperating

gallivant **3** bat, bum, gad **4** flit, roam, rove **5** amble, drift, jaunt, mooch, range, stray **6** cruise, ramble, travel, wander **7** meander, traipse **8** vagabond **10** knock about

gallop **4** dash, race **6** sprint

gallows **6** gibbet ***bird:*** **7** villain **8** criminal

galore **4** full, lush, rich **5** ample, great **6** lavish **7** aplenty, copious, endless, profuse **8** abundant, generous **9** bountiful, expansive, plentiful **11** overflowing

galosh **4** boot, shoe **6** rubber **8** overshoe

Galsworthy work **7** Justice **11** Forsyte Saga (The)

galumph **4** plod **5** barge, clomp, clump, stomp, stump, tramp **6** lumber, trudge

galvanize **3** jar, zap **4** coat, fire, jolt, stir, spur, stun **5** pep up, pique, prime, react, rouse, shock **6** arouse, excite, perk up, thrill **7** animate, enliven, immerse, inspire, provoke, quicken **8** activate, astonish, energize, motivate, vitalize **9** electrify, innervate, magnetize, stimulate **10** invigorate

gam **3** leg, pin, pod, rap **4** chat, flap, limb, talk **5** visit **6** confab **9** drumstick **12** conversation

Gambia ***capital:*** **6** Banjul ***city:*** **9** Serekunda ***language:*** **7** English ***monetary unit:*** **6** dalasi ***neighbor:*** **7** Senegal

gambit **3** con, jig **4** move, play, ploy, ruse, wile **5** dodge, topic, trick **6** design, device, remark, tactic **7** gimmick **8** artifice, maneuver, trickery **9** expedient, stratagem **10** subterfuge

gamble **3** bet, lay, set **4** dare, game, play, punt, risk **5** put on, stake, wager **6** chance, hazard, plunge, raffle **7** imperil, lottery, venture **8** cast lots, long shot **9** crapshoot, speculate **10** jeopardize

gambler **5** dicer, shark, sharp **7** sharper **9** cardsharp **10** cardplayer **11** cardsharper

gambling place **3** den **4** club, dive, Reno **5** joint, Vegas **6** casino **8** Las Vegas, pool hall **9** roadhouse **10** Monte Carlo **12** Atlantic City, betting house

gambol **3** hop **4** jump, lark, leap, romp, skip **5** bound, caper, frisk, revel, sport **6** cavort, frolic, prance, spring **7** carry on, roister, rollick

Gambrinus' invention **3** ale **4** beer **5** lager

game **3** bet, fun, lay **4** bold, jest, joke, lark, play, prey, romp **5** brave, chase, eager, hardy, sport, stake, trick, wager **6** gamble, quarry, spunky **7** contest, pastime, valiant, willing **8** fearless, intrepid, resolute, unafraid, valorous **9** amusement, dauntless, diversion, undaunted **10** courageous, recreation ***ball:*** **4** golf, polo, pool **5** fives, rogue, rugby **6** hockey, pelota, soccer, squash, tennis **7** cricket, croquet, jai alai **8** baseball, football, handball, hardball, lacrosse, racquets, rounders, softball **9** billiards **10** basketball, volleyball **11** racquetball ***Basque:*** **6** pelota **7** jai alai ***bird:*** **4** duck **5** quail **6** chukar, turkey **7** bustard **8** bobwhite, pheasant **9** partridge ***board:*** **5** chess **7** pachisi **8** checkers, Scrabble **9** crokinole, Parcheesi **10** backgammon ***card:*** **3** gin, loo, Uno, war **4** faro, fish, skat, solo **5** monte, ombre, pitch, poker, rummy, whist **6** Boston, bridge, casino, écarté, euchre, fan-tan, hearts, piquet **7** auction, bezique, canasta, cooncan, old maid, primero **8** baccarat, Canfield, conquian, cribbage, gin rummy, pinochle **9** blackjack, solitaire, twenty-one, vingt-et-un **11** chemin de fer ***child's:*** **3** tag **5** jacks **7** marbles

8 leapfrog, peekaboo **9** hopscotch ***confidence:*** **4** scam **5** bunco, bunko, sting ***court:*** **5** roque **6** pelota, squash, tennis **7** jai alai **8** handball, racquets **9** badminton **10** basketball, volleyball **11** racquetball ***electric:*** **7** pinball ***English:*** **5** rugby **7** cricket **8** draughts ***Irish:*** **7** hurling ***of chance:*** **4** faro, keno **5** beano, bingo, boule, craps, lotto, rondo **6** fan-tan, hazard, policy, raffle **7** lottery, rondeau **8** roulette ***parlor:*** **8** charades ***racket:*** **6** squash, tennis **8** lacrosse, ping-pong, racquets **9** badminton **11** racquetball, table tennis ***roulette-like:*** **5** boule ***rule maker:*** **5** Hoyle (Edmond) ***string:*** **10** cat's cradle ***table:*** **4** pool **5** craps **7** mah-jong, snooker **8** dominoes, mah-jongg, ping-pong, roulette **9** bagatelle, billiards **11** table tennis ***word:*** **5** rebus **6** crambo **7** anagram, hangman **8** acrostic, charades, Scrabble **9** crossword, logogriph

game plan **6** scheme, tactic **8** scenario, strategy **9** blueprint **10** big picture

gamete **3** egg **4** ovum **5** sperm **8** germ cell

gamin **3** elf, imp, tad **4** brat, tyke, waif **5** scamp **6** monkey, rascal, urchin **11** guttersnipe **12** street urchin

gamine **3** elf, imp **4** brat, waif **5** scamp **6** hoyden, rascal, tomboy, urchin **11** guttersnipe **12** street urchin

gaming cubes **4** dice **5** bones

gammon **3** ham **4** dupe, fool, rook **5** bacon, feign **6** delude, fleece, humbug **7** deceive, pretend, swindle **8** flimflam, hoodwink **9** bamboozle **11** hornswoggle

gamut **5** range, scale, scope, sweep **6** extent, series, spread **7** compass **8** diapason, spectrum

gamy **3** off **4** foul, racy, rank, vile **5** brave, fetid, funky **6** plucky, putrid, rancid, rotten, smelly, sordid, stinky, strong **7** corrupt, decayed, noisome, noxious, reeking **10** decomposed, malodorous, scandalous **12** disagreeable, disreputable

gander **4** look, peek **5** goose **6** glance **7** glimpse **9** simpleton, waterfowl

___ Gandhi **5** Rajiv **6** Indira **7** Mahatma **8** Mohandas

gandy dancer **10** railroader, tracklayer

ganef **5** thief **6** rascal **9** scoundrel

Ganesa, Ganesh ***father:*** **4** Siva **5** Shiva ***head:*** **8** elephant ***mother:*** **7** Parvati

gang **3** lot, mob, set **4** band, clan, club, crew, pack, ring, team **5** bunch, crowd, group, horde **6** circle, clique, outfit **7** arrange, cluster, collect, combine, company, coterie **8** assemble **10** accumulate, assemblage **11** combination

gangling **4** bony, lean, slim **5** gaunt, lanky, rangy **6** meager, meagre, skinny **7** angular, scrawny, slender, spindly, stringy **8** rawboned **9** spindling

ganglion **5** tumor **7** nucleus

gangrene **3** rot **5** decay **7** mortify, putrefy **8** necrosis **9** decompose

gangster **4** goon, hood, thug **5** rough, thief, tough **6** bandit, gunman **7** hoodlum, mafioso, mobster, ruffian **8** criminal **9** cutthroat, racketeer ***girlfriend:*** **4** moll

gangway **4** hall, path **5** aisle **7** passage, walkway **8** corridor **10** passageway

ganja **3** kef, kif, pot, tea **4** hemp, herb, weed **5** grass, smoke **7** hashish **8** cannabis, Mary Jane **9** marijuana

gannet **4** bird **5** booby **7** seabird

ganoid fish **3** gar **6** beluga, bowfin **7** dogfish, garfish, teleost **8** billfish, sturgeon **10** paddlefish

Ganymede ***abductor:*** **4** Zeus **7** Jupiter ***brother:*** **4** Ilus ***father:*** **4** Tros ***function:*** **9** cupbearer

gaol **3** jug, pen **4** jail **5** clink, joint, pokey **6** cooler, lockup, prison **7** slammer **8** bastille **9** calaboose, jailhouse **12** penitentiary

gap **3** cut, pit **4** gash, gulf, hole, lull, pass, rent, rift, skip, slit, slot, tear, vent, void, yawn **5** abyss, blank, break, chasm, chink, cleft, clove, crack, gorge, gulch, gully, pause, space, split **6** arroyo, breach, canyon, cavity, cranny, divide, hiatus, hollow, lacuna, ravine, recess, schism, vacuum **7** caesura, crevice, fissure, interim, opening, orifice, rupture, vacancy, vacuity **8** aperture, cleavage, division, fracture, interval **9** disparity, interlude **10** deficiency, difference, interstice, separation **12** intermission, interruption **13** discontinuity

gape **3** eye, yaw **4** bore, gawk, gawp, gaze, glom, leer, look, ogle, open, part, peer, yawn **5** crack, glare, gloat, space, split, stare **6** glance, goggle **7** eyeball **10** rubberneck

gaping **4** huge, open, vast, wide **5** broad, great **7** chasmal **9** cavernous

gar **4** fish, pike **8** billfish **10** needlefish

garage **4** shop **7** cabinet, car park, carport, shelter

Garand **5** rifle

garb **4** clad, duds **5** array, cover, dress, getup, style **6** attire, clothe, outfit **7** apparel, clothes, garment, raiment, threads **9** trappings **10** appearance

garbage **4** junk, muck, slop **5** dreck, dregs, filth, offal, trash, waste **6** debris, litter, refuse, sewage **7** rubbish **8** detritus, riffraff ***heap:*** **6** midden

garble 4 sift, warp 5 alter, belie, color, twist 6 jumble, mangle, muddle 7 becloud, confuse, contort, distort, falsify, obscure, pervert 8 miscolor, misstate, mutilate 9 obfuscate 10 impurities 12 misrepresent
garçon 3 boy 6 waiter 7 servant
garden 4 Eden, park 7 nursery ***shelter:*** 5 arbor 6 arbour
gardener 6 grower 7 yardman 9 topiarist
garden house 6 alcove, gazebo 9 belvedere
Garden State 9 New Jersey
garden tool 3 hoe 4 claw, fork, rake 5 mower, spade 6 dibble, pruner, scythe, shears, shovel, sickle, trowel, weeder 8 clippers
Gardner character 10 Perry Mason
Gareth ***brother:*** 6 Gawain 7 Gaheris ***father:*** 3 Lot ***mother:*** 8 Margawse, Morgause ***slayer:*** 8 Lancelot 9 Launcelot ***uncle:*** 6 Arthur ***wife:*** 6 Liones
Gargamelle's son 9 Gargantua
Gargantua ***abbey:*** 7 Thélème ***author:*** 8 Rabelais (François) ***father:*** 12 Grandgousier ***first word:*** 5 drink ***mother:*** 10 Gargamelle ***son:*** 10 Pantagruel
gargantuan see GIGANTIC
Garibaldi follower 8 redshirt
garish 4 loud 5 gaudy, showy, vivid 6 brassy, brazen, flashy, tawdry, tinsel, vulgar 7 blatant, chintzy, glaring, raffish 12 meretricious
garland 3 ana, lei 5 album, crown 6 anadem, digest, laurel, wreath 7 chaplet, coronal, coronet, laurels, omnibus 8 analects 9 anthology, selection 10 collection, compendium, miscellany 11 florilegium
garlic 4 moly, ramp 5 clove 6 allium
garment 4 garb, gear 5 array, habit 6 attire 7 apparel, raiment 8 clothing, vestment 10 habiliment ***African:*** 6 kaross 7 dashiki ***Arab:*** 3 aba 4 haik ***British:*** 10 mackintosh ***clergy's:*** 3 alb 4 cope 7 cassock, soutane 8 vestment ***close-fitting:*** 6 girdle, tights 7 leotard ***for sleeping:*** 6 pajama 7 nightie 9 nightgown ***Greek:*** 5 tunic 6 chiton, peplos 7 chlamys 8 himation ***Hindu:*** 4 sari ***hooded:*** 8 djellaba ***Japanese:*** 6 kimono ***lace:*** 10 chemisette ***Malay:*** 6 sarong ***men's:*** 3 tie 4 vest 5 pants, shirt, socks 6 jacket, slacks 7 drawers 8 trousers ***outer:*** 4 cape, coat, robe, wrap 5 cloak, parka, shawl, smock, stole 6 capote, jacket, kimono, poncho, sarong, ulster, wammus 7 overall, pelisse, surtout, sweater, topcoat 8 overcoat, pinafore, pullover, scapular 9 coveralls, gaberdine, polonaise ***Polynesian:*** 5 pareo, pareu ***rain:*** 6 poncho 7 oilskin, slicker ***Roman:*** 4 toga 5 tunic ***Scottish:*** 4 jupe, kilt 7 sporran ***sleeveless:*** 3 aba 4 cape 6 mantle, tabard ***Turkish:*** 6 dolman ***women's:*** 4 gown 5 dress, skirt 6 blouse, vestee 7 blouson, nightie, partlet 8 negligee, peignoir, pelerine
garner 4 cull, earn, hive, reap 5 amass, glean, hoard, lay up, store 6 gather, pick up, roll up 7 collect, extract, harvest, store up 8 cumulate, ingather 9 stockpile 10 accumulate
garnet 5 jewel, stone 6 pyrope 8 essonite 9 hessonite ***black:*** 8 melanite ***red:*** 9 almandine, almandite
garnish 4 deck, trim 5 adorn 6 bedeck 7 dress up, enhance 8 beautify, decorate, ornament 9 embellish
garret 4 loft, room 5 attic 8 cockloft
garrison 4 camp, fort, post 6 assign, billet, occupy, troops 7 station 8 fortress 10 stronghold
garrote 5 choke 8 strangle, throttle 11 strangulate
garrulous see GABBY
garter 4 band, belt 5 strap 7 support 9 supporter
garth 4 yard 5 close 9 enclosure
gas 4 fuel, fume 5 fumes, steam, vapor 6 petrol 8 gasoline 9 petroleum ***atmospheric:*** 4 neon 5 argon, oxide, ozone, xenon 6 helium, oxygen 7 krypton, methane 8 hydrogen, nitrogen ***flammable:*** 6 butane, ethane, ethyne 7 methane, propane, propene 8 ethylene ***inert:*** 4 neon 5 argon, radon, xenon 6 helium 7 krypton ***mine:*** 8 firedamp 9 black damp ***oxygen:*** 5 ozone ***toxic:*** 5 sarin, soman, tabun 6 arsine, ketene 7 mustard 8 phosgene 9 phosphine
gasconade 4 brag 7 bravado 8 boasting, bragging 11 braggadocio
gash 3 cut, rip 4 rend, slit, tear 5 carve, cleft, gouge, slash, slice, split 6 incise 8 lacerate 10 depression, laceration
gasket 4 ring, seal 5 O-ring 6 sealer
gasoline 4 fuel 6 petrol ***rating:*** 6 octane
gasp 4 blow, huff, pant, puff 5 heave 6 wheeze 11 exclamation
Gaspar ***companion:*** 8 Melchior 9 Balthazar ***gift:*** 12 frankincense
gassy 5 windy 7 verbose 8 inflated, vaporous 9 flatulent
gastronome 7 epicure, gourmet 8 gourmand 9 bon vivant 11 connoisseur
gastropod 4 slug 5 conch, murex, snail, whelk 6 cowrie, limpet, volute 7 abalone, mollusc, mollusk, sea slug 8 pteropod, univalve 10 periwinkle
gat 3 gun 6 pistol, roscoe 7 channel, firearm, handgun, passage 8 revolver

gate 3 tap 4 cock, door, exit, port 5 entry, hatch, toril, valve 6 faucet, portal, spigot, switch, wicket 7 hydrant, opening, petcock 8 entrance, entryway, stopcock 9 turnstile 10 attendance
gâteau 4 cake
gatefold 6 insert 7 foldout
Gates of Hercules 9 Gibraltar 12 promontories
gateway 4 arch, door, exit 5 pylon, toril 6 portal 7 archway, doorway, opening 8 entrance
gather 4 brew, cull, gain, grow, heap, herd, loom, mass, meet, pick, pile, pool, reap 5 amass, bunch, flock, glean, group, horde, infer, judge, pluck, shirr, swarm 6 assume, deduce, derive, expect, garner, muster, pick up, pucker, summon, take in 7 cluster, collect, convene, extract, harvest, marshal, round up, suppose, surmise, suspect 8 assemble, conclude, converge, increase 9 aggregate, intensify 10 accumulate, congregate, understand 11 concentrate
gathering 4 bevy, crew, gang, herd, mass, ruck 5 bunch, crowd, crush, drove, flock, group, horde, party, press, rally, swarm 6 caucus, klatch, muster, throng 7 company, harvest, klatsch, meeting, reunion, turnout 8 assembly, congress, junction 9 concourse, congeries 10 assemblage, collection, conference, confluence 11 aggregation, get-together 12 congregation
Gath's giant 7 Goliath 10 Philistine
gauche 5 crude, gawky, inept 6 clumsy 7 awkward, halting, loutish, uncouth 8 bumbling, tactless 9 graceless, ham-handed, inelegant, maladroit 10 blundering
gaucho 6 cowboy 8 herdsman ***weapon:*** 4 bola 5 bolas 7 machete
gaudeamus ___ 6 igitur
gaudy 4 loud 5 showy 6 brassy, brazen, coarse, flashy, garish, tawdry, tinsel, vulgar 7 blatant, chintzy, glaring 9 brummagem, tasteless 10 outlandish 12 meretricious, ostentatious
Gaugamela ***loser:*** 6 Darius, Persia ***victor:*** 9 Alexander (the Great)
gauge 4 bore, rule, size 5 check, judge, meter, scale, weigh, width 6 assess, degree 7 compute, measure 8 diameter, estimate, evaluate, quantify, standard 9 benchmark, criterion, dimension, thickness, yardstick 10 instrument, touchstone 11 measurement
Gauguin's island 6 Tahiti
Gaul 4 Celt 6 France 9 Frenchman
Gaulish 6 French ***god:*** 4 Esus 7 Taranis ***goddess:*** 8 Belisama ***priest:*** 5 druid
gaunt 4 bare, bony, grim, lank, lean, thin 5 harsh, lanky, spare 6 barren, gangly, skinny, wasted 7 angular, scraggy, scrawny 8 gangling, rawboned, skeletal 9 emaciated 10 cadaverous
gauntlet 4 dare, test 5 glove, trial 6 attack, ordeal 9 challenge, onslaught
Gautama 6 Buddha 10 Siddhartha ***mother:*** 4 Maya 8 Mahamaya ***son:*** 6 Rahula ***wife:*** 9 Yasodhara
gauze 4 film, haze, leno, mesh, mist 5 cloth, crepe, tulle 6 fabric, tissue 7 bandage, chiffon, tiffany 8 compress, dressing 11 cheesecloth
gauzy 4 thin 5 filmy, fuzzy, sheer, vague 6 flimsy 8 delicate, pellucid 9 gossamery 10 diaphanous 11 transparent
gavel 6 hammer, mallet
gavial 7 gharial, reptile 9 crocodile
gavotte 4 tune 5 dance
Gawain ***brother:*** 6 Gareth 7 Gaheris ***father:*** 3 Lot ***mother:*** 8 Margawse, Morgause ***slayer:*** 8 Lancelot 9 Launcelot ***uncle:*** 6 Arthur ***victim:*** 6 Uwayne 7 Lamerok 9 Pellinore
gawk 3 oaf 4 bore, gape, gaze, hick, look, lout, lump, peer, rube 5 churl, glare, gloat, klutz, looby, stare, yokel 6 goggle, lubber
gawky 5 inept, splay 6 clumsy, coarse, gauche, oafish 7 awkward, loutish, lumpish, uncouth 8 bumbling, bungling, lubberly, ungainly 9 graceless, ham-handed, lumbering, maladroit
gay 4 glad, keen, wild 5 bonny, brash, happy, jolly, merry, queer, showy, sunny, vivid 6 blithe, bouncy, bright, cheery, festal, frisky, jocund, jovial, joyful, joyous, lively, rakish, sporty 7 animate, chipper, excited, festive, forward, gleeful, lesbian, playful, raffish 8 animated, cheerful, colorful, mirthful, rakehell, spirited, sportive 9 brilliant, exuberant, homophile, sparkling, sprightly, vivacious 10 blithesome, frolicsome, homoerotic, homosexual, insouciant, licentious, nonchalant 12 light-hearted
___ **Gay** 4 John 5 Enola
Gaza victor 7 Allenby (Edmund)
gaze 3 eye 4 bore, gape, gawk, leer, look, ogle, peer, pore, scan, view 5 glare, gloat, stare, watch 6 goggle 7 eyeball, observe 8 consider 10 rubberneck 11 contemplate
gazebo 6 alcove 8 pavilion 9 belvedere 11 garden house, summerhouse
gazelle 4 kudu, oryx 5 eland, nyala 7 gemsbok 8 antelope
gazette 5 paper 6 record 7 journal, pub-

lish **9** newspaper **10** periodical **11** publication **12** announcement

gazetteer **5** atlas, guide, index

Ge see GAEA

gear **3** cam, cog, rig **5** dress, goods, shift, stuff, wheel **6** adjust, tackle, things **7** apparel, harness, rigging **8** clothing, cogwheel, garments, materiel, property, sprocket, tackling, trapping **9** apparatus, equipment, machinery **10** belongings **11** accessories, habiliments, possessions **13** accouterments, accoutrements, paraphernalia

Geats ***king:*** **7** Hygelac ***prince:*** **7** Beowulf

Geb ***daughter:*** **4** Isis **8** Nephthys ***father:*** **3** Shu ***mother:*** **6** Tefnut ***sister:*** **3** Nut ***son:*** **3** Set **6** Osiris ***wife:*** **3** Nut

gecko **6** lizard **7** reptile

Gedaliah ***father:*** **6** Ahikam **7** Pashhur **8** Jeduthun ***slayer:*** **7** Ishmael

gee **3** wow **4** gosh, turn **5** golly, right **8** goodness, gracious **9** turn right

geek **4** buff, guru, nerd, whiz **5** carny, fiend, freak **6** carney, carnie, expert, pundit, weirdo **7** devotee, egghead, fanatic, oddball **9** authority, eccentric **10** enthusiast **12** intellectual

Gehenna **3** pit **4** hell **5** abyss, hades, Sheol **6** Tophet **7** inferno **8** Tartarus **9** perdition **10** underworld **11** netherworld

Geisel pseudonym **7** Dr. Seuss

geisha wear **3** obi **6** kimono

gel **3** dry, set **4** clot **6** harden, mousse **7** colloid, congeal, thicken **8** solidify **9** coagulate

gelatin **3** jam **4** agar **5** jelly **7** sericin

geld **3** cut, fix, tax **5** alter, desex, unsex **6** change, neuter **7** deprive **8** castrate, mutilate **9** sterilize **10** emasculate **11** desexualize

gelid **3** icy **4** cold **5** chill, nippy, polar **6** arctic, chilly, frigid, frosty, frozen, steely **7** glacial **8** freezing

gelt **5** money

gem **3** jet **4** jade, onyx, opal, rock, ruby, sard **5** agate, amber, beryl, bijou, coral, jewel, pearl, stone, topaz **6** amulet, garnet, jasper, scarab, sphene, spinel, zircon **7** bejewel, cat's-eye, citrine, diamond, emerald, enjewel, olivine, peridot **8** amethyst, corundum, diopside, fluorite, intaglio, lazurite, obsidian, sapphire, sardonyx, sparkler, tiger-eye **9** carnelian, moonstone, phenakite, scapolite, spodumene, tiger's-eye, turquoise **10** aquamarine, cordierite, tourmaline **11** alexandrite, chrysoberyl, chrysoprase, lapis lazuli, masterpiece ***blue:*** **6** zircon **8** sapphire **9** turquoise **10** aquamarine **11** lapis lazuli ***carved:*** **8** intaglio ***changeable:*** **9** chatoyant ***cut:*** **7** marquis **8** baguette, cabochon, marquise **9** brilliant ***face:*** **5** facet ***green:*** **4** jade **7** emerald, peridot, smaragd **10** chrysolite **11** chrysoprase ***red:*** **4** ruby, sard **6** garnet, pyrope, spinel **9** carnelian ***support:*** **7** setting ***weight:*** **5** carat ***yellow:*** **5** amber, topaz **6** sphene **7** citrine

Gemini star **6** Castor, Pollux

gemmule **3** bud

gemsbok **4** oryx **8** antelope

Gem State **5** Idaho

gemütlich see GENIAL

gendarme **3** cop **5** bobby **7** officer, soldier **8** flatfoot **9** constable, patrolman, policeman

gender **3** sex **4** kind, male, sort, type **5** class **6** female, neuter **8** feminine **9** masculine

genealogy **5** roots, stirp, stock **6** origin, stemma **7** descent, history, lineage **8** ancestry, heredity, pedigree **9** bloodline **10** family tree

general **4** wide **5** broad, usual, vague **6** common, global, normal, public **7** blanket, generic, overall, regular, routine, typical **8** catholic, everyday, sweeping **9** all-around, inclusive, prevalent, universal **10** collective, prevailing, unspecific, widespread **11** commonplace **13** comprehensive ***American:*** **3** Lee (Robert E.) **4** Haig (Alexander), Pike (Zebulon), Wood (Leonard) **5** Clark (Mark, Wesley, William), Grant (Ulysses S.), Meade (George), Scott (Charles, Hugh, Winfield), Smith (Andrew Jackson, Giles, Holland, Morgan, Samuel, Walter Bedell), Stark (John), Worth (William) **6** Abrams (Creighton), Custer (George Armstrong), Franks (Tommy), Hooker (Joseph), Kearny (Philip, Stephen), Patton (George S.), Porter (Fitz-John), Powell (Colin), Slocum (Henry), Spaatz (Carl), Taylor (Maxwell, Richard, Zachary) **7** Bradley (Omar), Frémont (John Charles), Houston (Samuel), Jackson (Andrew, Thomas "Stonewall"), Lejeune (John), Ridgway (Matthew B.), Sherman (William Tecumseh), Twining (Nathaniel), Wallace (Lewis), Wheeler (Joseph) **8** Burnside (Ambrose), Goethals (George Washington), Marshall (George), Mitchell (Billy), Pershing (John J.), Sheridan (Philip), Stilwell (Joseph) **9** MacArthur (Arthur, Douglas), McClellan (George), Rosecrans (William), Schofield (John), Wilkinson (James) **10** Beauregard (P. G. T.), Eisenhower (Dwight D.), Vandegrift

(Alexander), Wainwright (Jonathan) **11** Schwarzkopf (Norman) **12** Westmoreland (William) ***American Revolutionary:*** **4** Knox (Henry), Ward (Artemas) **5** Gates (Horatio), Wayne ("Mad Anthony") **6** de Kalb (Baron), Greene (Nathanael), Morgan (Daniel), Putnam (Israel, Rufus) **8** Moultrie (William), Sullivan (John) **10** Washington (George) ***Austrian:*** **11** Wallenstein (Albrecht von) ***British:*** **4** Gage (Thomas), Howe (William) **5** Clive (Robert), Monck (George), Wolfe (James) **6** Rupert (Prince) **7** Amherst (Jeffery), Wingate (Orde Charles, Reginald) **8** Burgoyne (John), Cromwell (Oliver) **10** Abercromby (Ralph, Robert), Cornwallis (Charles), Wellington (Duke of) ***Carthaginian:*** **8** Hamilcar, Hannibal **9** Hasdrubal ***Chinese:*** **3** Yan (Xishan), Yen (Hsi-shan) **4** Feng (Guozhang, Kuo-chang, Yü-hsiang, Yuxiang) **5** Chang (Tso-lin), Zhang (Zuolin) ***Confederate:*** **3** Lee (Robert E.) **4** Hill (Ambrose), Hood (John Bell) **5** Bragg (Braxton), Ewell (Richard Stoddart), Price (Sterling), Smith (Edmund Kirby) **6** Morgan (John Hunt), Stuart (Jeb) **7** Forrest (Nathan Bedford), Hampton (Wade), Jackson (Thomas "Stonewall"), Pickett (George) **8** Johnston (Albert Sidney, Joseph Eggleston) **9** Pemberton (John) **10** Beauregard (Pierre G. T.), Longstreet (James) ***French:*** **3** Ney (Michel) **4** Foch (Ferdinand) **6** Moreau (Victor), Pétain (Philippe) **7** Weygand (Maxime) **8** de Gaulle (Charles), Lefebvre (Pierre), Montcalm (Marquis de), Saint-Cyr (Laurent de Gouvion-) **9** Frontenac (Comte de) **10** Rochambeau (Comte de) ***German:*** **4** Jodl (Alfred) **6** Kleist (Paul Ludwig von), Rommel (Erwin) **9** Rundstedt (Gerd von) **10** Kesselring (Albert), Ludendorff (Erich) ***Greek:*** **6** Nicias **9** Miltiades **10** Alcibiades **12** Themistocles ***Japanese:*** **4** Tojo (Hideki) **5** Koiso (Kuniaki) **6** Yasuda (Yoshisada) **8** Yamagata (Aritomo) **9** Yamashita (Tomoyuki) ***Mexican:*** **9** Santa Anna (Antonio López de) ***Prussian:*** **11** Scharnhorst (Gerhard von) ***Roman:*** **5** Sulla (Lucius Cornelius) **6** Caesar (Julius), Fabius (Quintus), Marius (Gaius), Pompey (the Great), Scipio (Gnaeus Cornelius, Publius Cornelius) **7** Regulus (Marcus Atilius), Ricimer (Flavius) **8** Agricola (Gnaeus Julius), Lucullus (Lucius Licinius), Stilicho (Flavius) **9** Marcellus (Marcus Claudius), Sertorius (Quintus) **10** Theodosius (the Great) **11** Cincinnatus (Lucius Quinctius) ***Russian:*** **6** Zhukov (Georgy) **7** Kutuzov (Mikhail), Trotsky (Leon), Wrangel (Pyotr), Zhdanov (Andrey) **9** Yeremenko (Andrey) ***Spanish:*** **4** Alba (Duke of), Alva (Duke of) **6** Franco (Francisco) ***Swedish:*** **7** Wrangel (Karl Gustav)

general assembly **4** diet **6** plenum **8** congress **10** parliament **11** legislature

generalize **5** infer, widen **6** derive, extend, induce, spread **7** broaden **8** conclude **12** universalize

generally **6** mainly, mostly, widely **7** all told, as a rule, broadly, chiefly, en masse, largely, overall, usually **8** all in all, commonly, normally **9** on average, primarily, typically **10** altogether, by and large, frequently, on the whole, ordinarily **11** customarily, principally **12** almost always **13** predominantly

generate **4** bear, make, sire **5** beget, breed, cause, get up, hatch, spawn, yield **6** create, effect, father, induce, whip up, work up **7** achieve, develop, produce, provoke **8** engender, initiate, multiply, muster up **9** originate, procreate, propagate, reproduce **10** bring about, bring forth

generic **5** broad **6** common, global **7** blanket **9** inclusive, unbranded, universal **10** indistinct **12** nonexclusive

___ **generis** **3** sui

generosity **7** charity **8** altruism, kindness, largesse **9** abundance **10** liberality **11** beneficence, benevolence, magnanimity, munificence **12** philanthropy **13** unselfishness

generous **4** free, kind **5** ample **6** lavish **7** copious, helpful, liberal, profuse, willing **8** abundant **9** bounteous, bountiful, plenteous, plentiful, unselfish, unsparing **10** altruistic, benevolent, bighearted, charitable, munificent, openhanded, ungrudging, unstinting **11** considerate, kindhearted, magnanimous, overflowing **12** greathearted

genesis **4** dawn, root **5** alpha, birth, start **6** origin, outset, source **7** dawning, opening **8** creation **9** beginning, formation, inception **10** provenance **12** commencement

genetic **10** congenital, hereditary ***material:*** **3** DNA, RNA **7** cistron **9** chromatid **10** chromosome ***term:*** **8** synapsis **9** backcross

genial **4** kind, warm **5** jolly, merry **6** benign, blithe, hearty, jocund, jovial, kindly, mellow, social **7** affable, amiable, cordial **8** amicable, friendly, gracious, pleasant, sociable **9** agreeable, congenial, convivial, easygoing **10** neighborly **11** good-humored, good-natured, warmhearted

genie **3** imp **4** jinn, puck **5** afrit **6** afreet, spirit, sprite **7** servant

geniture **4** dawn **5** birth, start **6** origin **8** nativity **9** beginning, inception

genius **4** bent, gift, head, turn **5** flair, jinni, knack **6** acumen, brains, master, spirit, talent, wizard **7** aptness, faculty, prodigy **8** aptitude, capacity, penchant **9** ingenuity, intellect **10** brilliance, creativity, mastermind, propensity **12** intelligence **13** inventiveness

Genoa's liberator **5** Doria (Andrea)

genre **3** ilk **4** kind, sort, type **5** class, style **6** family, stripe **7** species, variety **8** category, division

gens **3** kin **4** clan **5** group **6** family, people **7** kinfolk **9** relations, relatives

Genseric's subjects **7** Vandals

genteel **4** nice, prim **5** civil **6** formal, ladi-da, polite, prissy, strict, stuffy, urbane **7** courtly, elegant, prudish, refined, stilted, stylish **8** affected, cultured, graceful, gracious, ladylike, mannerly, polished, precious, priggish, well-bred **9** courteous **10** artificial, cultivated **11** fashionable, gentlemanly, pretentious, straitlaced, well-behaved **12** aristocratic, well-mannered **13** distinguished

gentile **3** goy **5** pagan **7** heathen **9** Christian, non-Jewish

gentility **5** elite **6** gentry **7** decorum, manners, quality, society **8** breeding, courtesy, nobility **9** blue blood **10** aristocrat, refinement, upper class, upper crust **11** aristocracy

gentle **4** calm, easy, kind, meek, mild, soft, tame **5** balmy, bland, quiet, tamed **6** benign, docile, genial, kindly, mellow, placid, serene, smooth, tender **7** amiable, lenient **8** delicate, merciful, peaceful, pleasant, pleasing, soothing, tranquil **9** agreeable **11** softhearted, sympathetic, warmhearted **13** compassionate ***creature:*** **4** lamb

gentleman **3** sir **6** aristo, fellow, mister **8** cavalier **9** blue blood, chevalier, patrician **10** aristocrat ***English:*** **6** milord ***French:*** **8** monsieur ***Hindu:*** **4** babu ***Spanish:*** **3** don **5** señor

gentleman friend **4** beau **5** lover, swain **6** fiancé, squire, suitor **7** gallant

gentlemanly **5** civil, noble, suave **6** polite, urbane **7** elegant, gallant, genteel, refined **8** mannerly, well-bred **9** courteous, honorable **10** chivalrous, cultivated **11** considerate

gentry **5** elite, folks **7** quality, society **8** nobility **9** gentility, patrician **10** gentlefolk, patriciate, upper class, upper crust **11** aristocracy, high society, ruling class

genuflect **3** bow **4** fawn **5** kneel **6** kowtow

genuine **4** pure, real, true **5** plain, pukka, valid **6** actual, dinkum, honest, tested **7** factual, natural, sincere **8** absolute, bona fide, positive, trueborn **9** authentic, certified, unalloyed, undoubted, unfeigned, veritable **10** sure-enough, unaffected

genus **3** ilk **4** kind, mode, sort, type **5** class, group, order **6** family **7** species, variety **8** category

geode **4** rock **5** stone **6** cavity, nodule

geoduck **4** clam

geographer ***American:*** **10** Huntington (Ellsworth) ***Flemish:*** **8** Mercator (Gerardus) ***German:*** **6** Ratzel (Friedrich) ***Greek:*** **6** Strabo **7** Ptolemy ***Italian:*** **8** Vespucci (Amerigo)

geologic period **5** azoic **6** Eocene, Hadean **7** Archean, Miocene, Permian **8** Cambrian, Cenozoic, Devonian, Holocene, Jurassic, Mesozoic, Pliocene, Silurian, Triassic **9** Oligocene, Paleocene, Paleozoic **10** Cretaceous, Ordovician **11** Phanerozoic, Pleistocene, Precambrian, Proterozoic **13** Mississippian, Pennsylvanian

geometer **6** Euclid **13** mathematician

geometric ***coordinate:*** **8** abscissa, ordinate ***curve:*** **3** arc **6** spiral **7** ellipse, evolute **8** parabola ***figure:*** **5** rhomb **6** circle, oblong, square **7** ellipse, hexagon, octagon, polygon, rhombus **8** heptagon, pentagon, rhomboid, triangle **9** rectangle ***solid:*** **4** cone, cube **5** prism **6** sphere **7** pyramid **8** cylinder, spheroid, spherule ***surface:*** **5** nappe, torus **6** toroid

geometry letters **3** QED

geophagy **4** pica

Georgia ***capital:*** **7** Atlanta ***city:*** **5** Macon **6** Albany, Athens **7** Augusta **8** Columbus, Savannah ***college, university:*** **5** Clark, Emory **6** Mercer **7** Spelman **8** Valdosta **9** Morehouse ***founder:*** **10** Oglethorpe (James) ***nickname:*** **5** Peach (State) **21** Empire State of the South ***river:*** **8** Ocmulgee **13** Chattahoochee ***state bird:*** **13** brown thrasher ***state flower:*** **12** Cherokee rose ***state tree:*** **7** live oak ***swamp:*** **10** Okefenokee

Georgia, Republic of ***ancient kingdom:*** **6** Iberia **7** Colchis ***capital:*** **6** Tiflis **7** Tbilisi ***city:*** **7** Kutaisi, Rustavi ***includes:*** **6** Ajaria **8** Abkhazia, Adzharia **12** South Ossetia ***monarch:*** **6** Tamara (Queen)

monetary unit: **4** lari ***mountain range:*** **8** Caucasus ***neighbor:*** **6** Russia, Turkey **7** Armenia **10** Azerbaijan ***river:*** **4** Kura **5** Rioni ***sea:*** **5** Black

Georgics author 6 Virgil

Geraint's wife 4 Enid

Gerda's husband 4 Frey

geriatric 3 old **4** aged **5** aging **6** senior **7** elderly **8** outmoded **12** old-fashioned **13** superannuated

germ 3 bud, bug **4** seed **5** spark, spore, virus **6** embryo, origin, source **7** microbe, nucleus **8** pathogen **9** bacterium ***cell:*** **3** egg **4** ovum **5** sperm

German 3 Hun **4** Goth **6** Teuton ***article:*** **3** das, der, des, die ***bomber:*** **5** Gotha, Stuka ***child:*** **4** Kind ***coin:*** **4** Mark **5** Taler **6** Thaler **7** Pfennig ***empire:*** **5** Reich ***head:*** **4** Kopf ***highway:*** **8** Autobahn ***leader:*** **6** Führer, Kaiser ***measles:*** **7** rubella ***mister:*** **4** Herr ***no:*** **4** nein ***nobleman:*** **6** Junker ***pronoun:*** **3** ich, sie, wir ***rifle:*** **6** Mauser ***weight:*** **3** Lot **5** Pfund, Stein **8** Vierling ***woman:*** **4** Frau **8** Fräulein

germane 3 apt **5** ad rem **7** apropos, fitting, related **8** material, relevant **9** pertinent **10** applicable **11** appropriate

Germany 11 Deutschland ***capital:*** **6** Berlin ***city:*** **3** Ulm **4** Bonn, Jena, Kiel **5** Essen, Mainz **6** Bremen, Erfurt, Lübeck, Munich **7** Cologne, Dresden, Hamburg, Hanover, Leipzig, München, Potsdam **8** Augsburg, Dortmund, Duisburg, Freiburg, Hannover, Schwerin **9** Frankfurt, Nuremberg, Stuttgart, Wiesbaden **10** Baden Baden, Düsseldorf ***leader:*** **4** Kohl (Helmut) **6** Brandt (Willy), Hitler (Adolf) **7** Schmidt (Helmut), Wilhelm (Kaiser) **8** Bismarck (Otto) ***monetary unit:*** **4** euro ***monetary unit, former:*** **4** mark **5** taler **6** thaler **12** deutsche mark ***mountain, range:*** **4** Harz **7** Brocken ***neighbor:*** **6** France, Poland **7** Austria, Belgium, Denmark **10** Luxembourg **11** Netherlands, Switzerland **13** Czech Republic ***region:*** **4** Ruhr **6** Saxony **7** Bavaria **11** Black Forest ***river:*** **4** Eder, Elbe, Isar, Main, Oder, Ruhr **5** Rhein, Rhine **6** Danube **7** Moselle ***sea:*** **5** North **6** Baltic ***state:*** **5** Hesse **6** Saxony **7** Bavaria **8** Saarland **9** Thuringia **11** Brandenburg

germinate 3 bud **6** evolve, spring, sprout **7** blossom, develop **9** originate, pullulate

Gerontion poet 5 Eliot (T. S.)

Gershom, Gershon ***father:*** **4** Levi ***son:*** **5** Libni **6** Shimei

Gershwin 3 Ira **6** George ***opera:*** **12** Porgy and Bess ***piece:*** **14** Rhapsody in Blue **15** American in Paris (An) ***show:*** **5** Oh Kay **9** Funny Face, Girl Crazy **10** Lady Be Good **11** Of Thee I Sing **15** Strike Up the Band ***song:*** **10** I Got Rhythm, Summertime

Gertrude ***husband:*** **8** Claudius ***son:*** **6** Hamlet

Gervaise's daughter 4 Nana

Geryon ***dog:*** **6** Orthus ***father:*** **8** Chrysaor ***mother:*** **10** Callirrhoë ***slayer:*** **8** Hercules

gestalt 4 form **5** shape **6** figure **7** pattern **9** structure **13** configuration

Gestapo chief 7 Himmler (Heinrich)

geste 4 deed, feat **7** emprise, exploit, romance, venture **9** adventure **10** enterprise **11** undertaking

gesticulate 3 nod **4** move, wave **6** beckon, motion, signal

gesticulation 4 wave **6** motion **7** gesture **8** high sign **9** pantomime **12** body language, sign language

gesture 3 nod **4** sign, wave **5** shrug, token **6** motion, salute, signal **8** reminder **9** signalize **10** expression, indication ***graceful:*** **9** beau geste

get 3 bag **4** draw, earn, gain, land **5** catch, cause, seize **6** access, attain, become, elicit, extort, obtain, pick up, secure **7** achieve, acquire, bring in, capture, chalk up, deliver, extract, procure, receive **8** contract **10** understand **12** come down with

get around 4 roam, rove, tour, trek, walk **5** avoid, dodge, elude, evade, skirt **6** cruise, detour, escape, ramble, travel, wander **8** ambulate, outflank, sidestep **10** circumvent

get away see GET OUT

getaway 3 lam **4** exit, slip **6** escape, flight **7** retreat **8** breakout, vacation

get back 6 go home, recoup, regain, return, revert **7** recover, reclaim, revenge, revisit **8** retrieve **9** repossess, retaliate

get by 4 cope, fare **5** slide **6** eke out, endure, manage **7** carry on, survive **8** maintain

get off 4 walk **5** leave **6** alight, depart, go free, launch **7** pull out **8** dismount **9** disembark **10** beat the rap

get out 4 exit, kite, leak **5** break, issue, leave, scram, split **6** alight, beat it, begone, decamp, depart, egress, escape **7** buzz off, publish, skiddoo, take off, vamoose **8** dispatch, hightail **9** circulate, skedaddle **10** make tracks

Gettysburg general 3 Lee (Robert E.) **5** Meade (George)

get up 4 gain **5** arise, breed, cause, dress, hatch, mount, raise, stand **6** create, induce, summon **7** acquire, prepare, produce **8** engender, generate **12** rise and shine

getup **3** rig **4** duds, garb, togs **5** array, dress, guise **6** outfit **7** costume, threads

get-up-and-go **3** pep, vim, zip **4** bang, push, snap, zeal, zest **5** drive, moxie, oomph, punch, spunk, steam, verve, vigor **6** energy, spirit, starch **8** ambition **10** enterprise, initiative

gewgaw **3** toy **4** dido **5** bijou, curio **6** bangle, bauble, doodad, trifle **7** bibelot, novelty, trinket, whatnot **8** gimcrack, kickshaw **9** bagatelle, objet d'art **10** knickknack

geyser **3** jet **5** fount, spout, spurt **6** gusher, spring **8** fountain **10** wellspring **11** Old Faithful

Ghana ***capital:*** **5** Accra ***city:*** **4** Tema **6** Kumasi, Tamale ***ethnic group:*** **4** Akan **5** Mossi ***former name:*** **9** Gold Coast ***gulf:*** **6** Guinea ***lake:*** **5** Volta ***language:*** **7** English ***monetary unit:*** **4** cedi ***neighbor:*** **4** Togo **10** Ivory Coast **11** Burkina Faso ***river:*** **5** Volta

ghastly **4** grim, pale **5** awful, lurid **6** grisly, horrid, pallid **7** ghostly, hideous, macabre **8** dreadful, ghoulish, gruesome, horrible, shocking, spectral, terrible **9** appalling, deathlike, frightful, ghostlike, repulsive, sickening **10** cadaverous, corpselike, disgustful, disgusting, horrifying, nauseating, terrifying **11** frightening

ghee **3** fat **6** butter

gherkin **4** vine **6** pickle **8** cucumber

ghetto **4** slum

ghost **4** soul **5** demon, haunt, shade, spook, trace **6** kelpie, shadow, spirit, wraith, zombie **7** eidolon, phantom, specter **8** phantasm **10** apparition **11** poltergeist

ghostly **5** eerie, scary **6** spooky **7** shadowy **8** ethereal, spectral **9** deathlike, spiritual, unearthly, unworldly **10** cadaverous, corpselike, phantasmal **12** supernatural

Ghosts author **5** Ibsen (Henrik)

ghoul **4** ogre **5** fiend **7** monster **11** grave robber

GI **5** grunt **7** dogface, fighter, soldier, warrior **8** doughboy **9** man-at-arms **10** serviceman

Gianni Schicchi composer **7** Puccini (Giacomo)

giant **4** huge, hulk, ogre, Otus, vast **5** gross, Gyges, Hymir, jumbo, titan, whale **6** Cottus, Typhon **7** Aloadae (plural), Antaeus, Cyclops, Goliath, immense, mammoth, monster, titanic, whopper **8** behemoth, Briareus, colossal, colossus, enormous, gigantic, Orgoglio **9** cyclopean, Enceladus, Ephialtes, Gargantua, Herculean, humongous, leviathan, monstrous **10** gargantuan, prodigious **11** elephantine ***biblical:*** **4** Anak **7** Goliath ***cactus:*** **7** saguaro ***killer:*** **4** Jack **5** David ***one-eyed:*** **5** Arges **7** Cyclops **10** Polyphemus ***100-armed:*** **9** Enceladus ***100-eyed:*** **5** Argus ***rime-cold:*** **4** Ymer, Ymir ***sea god:*** **5** Aegir

Giant author **6** Ferber (Edna)

giaour **7** infidel **10** unbeliever **11** nonbeliever

gib **6** tomcat

gibber **3** gab, yak **4** blab **5** prate **6** babble, drivel, gabble, jabber, yammer **7** blabber, blather, chatter, palaver, prattle, twaddle

gibberish **3** gab **5** Greek, hokum **6** babble, bunkum, burble, drivel, gabble, jabber, yammer **7** blabber, blather, chatter, palaver, prattle, twaddle **8** claptrap, flimflam, nonsense **10** balderdash, double-talk, hocus-pocus, mumbo jumbo **11** abracadabra, jabberwocky **12** gobbledygook

gibbet **4** hang **5** lynch, noose, scrag **7** execute, gallows **8** string up

gibbon **3** ape **7** primate, siamang **10** anthropoid

gibbous **6** arched, convex, humped **7** bulging, rounded, swollen **10** hump-backed **11** protuberant

gibe **4** gird, jeer, jest, mock, quip, rail **5** fleer, flout, scoff, scorn, scout, sneer, taunt, tease **6** deride, insult **8** ridicule

Gibraltar ***colony of:*** **7** Britain, England ***conqueror:*** **5** Tarik, Tariq ***neighbor:*** **5** Spain ***opposite:*** **5** Ceuta

giddy **4** gaga **5** dizzy, inane, light, silly, woozy **6** elated, yeasty **7** flighty, foolish, vacuous **8** euphoric **9** frivolous, slaphappy **10** hoity-toity **11** empty-headed, harebrained, light-headed, vertiginous **12** bubbleheaded **13** rattle-brained

___ Gide **5** André

Gideon ***father:*** **5** Joash ***servant:*** **5** Purah ***son:*** **9** Abimelech

gift **3** set, tip **4** alms, bent, boon, head, turn **5** award, bonus, endow, favor, flair, forte, grant, knack **6** genius, legacy, reward, talent **7** ability, aptness, cumshaw, faculty, freebie, handout, present, subsidy **8** aptitude, bestowal, capacity, donation, gratuity, largesse, oblation, offering **9** endowment, lagniappe **11** benefaction, benevolence **12** contribution, presentation

gifted **4** able **5** smart **6** expert **7** hotshot, skilled **8** masterly, skillful, talented **9** ingenious, masterful

gig 3 jab, job, top **4** boat, fool, goad, prod, spur **5** annoy, freak, rotor, spear **6** chaise, harass **7** demerit, provoke, rowboat **8** carriage **10** engagement

gigantic 4 huge, vast **5** giant, jumbo **7** hulking, immense, mammoth, massive, titanic **8** behemoth, colossal, enormous, king-size, whopping **9** cyclopean, humongous, king-sized, monstrous, walloping **10** gargantuan, prodigious, stupendous **11** elephantine

giggle 5 laugh **6** guffaw, hee-haw, titter **7** chortle, chuckle, snicker, snigger, twitter

Gigi author 7 Colette

Gilbert and Sullivan opera 6 Mikado (The) **8** Iolanthe, Patience, Sorcerer (The) **9** Grand Duke (The), Ruddigore **10** Gondoliers (The) **11** H.M.S. Pinafore, Princess Ida, Trial by Jury

Gil Blas author 6 Lesage (Alain-René)

gild 4 coat, deck **5** adorn, cover, tinge **6** bedeck, tinsel **7** enhance, overlay **8** brighten, ornament **9** embellish, embroider

Gilda's father 9 Rigoletto

Gilead ***father:*** **6** Machir ***grandfather:*** **8** Manasseh ***son:*** **7** Jephtha **8** Jephthah

Gilgamesh 4 epic ***companion:*** **6** Eabani, Enkidu ***home:*** **4** Uruk **5** Erech ***mother:*** **6** Ninsun ***victim:*** **6** Huwawa **7** Humbaba

gill 4 race **5** brook, creek **6** runnel, stream, wattle **7** rivulet ***relating to:*** **9** branchial

gillyflower 4 pink **9** carnation, clove pink

Gilroy play 15 Subject Was Roses (The)

gilt 3 hog, pig, sow **4** bond, gold **5** swine **6** gilded, golden **10** brilliance

gimcrack 5 cheap **6** bauble, gewgaw, shoddy, trifle **7** bibelot, chintzy, trinket **8** kickshaw **10** knickknack

gimlet 4 tool **5** drill, drink **8** cocktail ***ingredient:*** **3** gin **5** vodka **9** lime juice

gimmick 3 con **4** ploy, ruse, wile **5** angle, catch, dodge, feint, gizmo, trick **6** device, gadget, gambit, jigger, scheme, widget **8** artifice, maneuver **9** stratagem **10** subterfuge

gimp 3 vim **4** cord, halt **5** braid, hitch **6** dodder, falter, hobble, spirit **7** cripple **8** lameness

gimpy 4 game, halt, lame **7** hobbled, limping **8** crippled

gin 3 net **4** sloe, trap **5** catch, rummy, snare **6** device, liquor **7** springe **8** beverage, generate, separate

ginger 3 fig, pep, vim, zip **4** herb, stir, zing **5** liven, spice, verve, vigor **6** energy, mettle, revive, spirit **7** sparkle ***cookie:*** **4** snap

gingerly 4 safe, wary **5** canny, chary **7** careful, guarded **8** cautious, delicate, discreet

gingery 4 tart **5** fiery, peppy, sharp, spicy, tangy, zesty **6** snappy, spunky **7** peppery, piquant, pungent **8** spirited **10** mettlesome **12** high-spirited

gingham 5 cloth **6** fabric **7** textile **8** material

gingiva 3 gum

gin mill 3 bar, pub **4** dive **5** joint **6** saloon, tavern **7** barroom, taproom **8** alehouse **9** roadhouse **11** public house **12** watering hole

Ginsberg poem 4 Howl **7** Kaddish

ginseng 4 herb, root

Gioconda, La 8 Mona Lisa ***composer:*** **10** Ponchielli (Amilcare) ***painter:*** **7** da Vinci (Leonardo)

giraffe 8 ruminant **9** quadruped **10** camelopard

girandole 7 earring **10** candelabra **11** candelabrum, candlestick, composition

girasol 3 gem **4** opal **5** jewel, stone **7** mineral **8** fire opal **9** artichoke

gird 3 hem **4** band, belt, bind, ring, wrap **5** brace, equip, hem in, ready, round, steel **6** circle **7** bolster, enclose, fortify, prepare, provide, shore up, wreathe **8** buttress, cincture, encircle, surround **9** encompass, reinforce **10** strengthen

girder 4 beam **5** brace **7** support **8** crossbar **9** crossbeam **10** crosspiece, transverse

girdle 4 band, belt, ring, sash **6** cestus, circle **8** ceinture, cincture, encircle, surround **9** encompass, waistband ***of Aphrodite:*** **6** cestus

girl 4 babe, bird, coed, doll, lass, maid, miss **5** chick, filly, missy, wench **6** damsel, lassie, maiden **8** daughter **10** sweetheart

girth 4 band, belt, bind, size **5** brace, cinch, strap **6** circle, fasten, girdle **7** measure **8** cincture, encircle, surround **9** thickness **10** dimensions **13** circumference

Giselle composer 4 Adam (Adolphe)

gist 3 nub, sum **4** core, meat, pith **5** sense **6** burden, ground, kernel, marrow, matter, thrust, upshot **7** essence **9** main point, substance

give 3 pay **4** deal, hand **5** allot, allow, award, grant, issue, offer, remit **6** accord, afford, assign, bestow, commit, confer, convey, devote, direct, donate, extend, market, pony up, render, supply, tender **7** deliver, dish out, display, dole out, fall out, fork out, furnish, hand out, mete out, present, produce, proffer, provide **8** allocate, bequeath, disburse, dispense, give away, hand over, shell out, turn over **9** apportion, sacrifice **10** administer, contribute, distribute

give-and-take **6** banter **8** exchange, repartee, trade-off **10** compromise **11** cooperation, reciprocity

give away **4** blab, leak **5** award, grant, spill **6** bestow, betray, confer, devote, donate, expose, reveal, tattle **7** deliver, divulge, hand out, let slip, present **8** bequeath, disclose

giveaway **4** deal, gift, leak **5** steal, value **6** tip-off **7** bargain, freebee, freebie, premium, present, sellout **8** betrayal, exposure **10** disclosure, revelation

give back **6** refund, retire, return **7** replace, restore, retreat **8** withdraw **9** reinstate

give in **4** fold, quit, stop **5** yield **6** assent, comply, desist, relent, submit **7** concede, deliver, indulge, succumb **8** back down, cry uncle **9** surrender **10** relinquish

given **5** prone **6** donnée **7** assumed, granted **8** inclined **9** presented, specified **10** particular **11** considering, susceptible

give off **4** beam, emit, flow, vent **5** exude, issue **6** effuse **7** emanate, radiate, release **9** discharge

give out **4** deal, dole, emit, fail, mete, vent **5** issue **6** cave in **7** declare, release, succumb **8** collapse, throw off **9** break down **10** distribute

giver **5** donor **7** donator, grantor

give up **4** cede, quit **5** allow, cease, forgo, waive, yield **6** abjure, devote, resign, vacate **7** abandon, despair **8** abdicate, hand over, renounce, withdraw **9** sacrifice, surrender **10** relinquish

give way **5** yield **6** buckle, cave in **7** retreat, succumb **8** collapse **9** surrender

gizmo see GADGET

glabrous **4** bald, bare **6** shaven, smooth **8** hairless **9** beardless **10** bald-headed **12** smooth-shaven

glacial **3** icy, raw **5** chill, gelid, nippy, polar **6** arctic, biting, chilly, frigid, frosty, frozen, wintry **8** freezing

glacier **3** ice **6** ice cap **8** ice field, ice sheet ***Alaska:*** **4** Muir, Taku **6** Bering **10** Mendenhall ***Antarctica:*** **9** Beardmore ***deposit:*** **4** kame **5** esker **6** placer **7** moraine ***fissure:*** **8** crevasse ***fragment:*** **4** berg **7** iceberg ***Greenland:*** **8** Humboldt ***hill:*** **7** drumlin ***Karakoram:*** **5** Biafo **7** Baltoro ***New Zealand:*** **6** Tasman ***pinnacle:*** **5** serac

glacis **5** grade, slope **7** incline **10** buffer zone **11** buffer state

glad **3** gay **4** fain **5** happy, jolly, merry **6** blithe, bright, cheery, genial, jocund, jovial, joyful, joyous **7** beaming, gleeful, pleased, radiant, tickled, willing **8** cheerful, mirthful, pleasant, rejoiced **9** delighted, gratified, overjoyed **11** exhilarated **12** lighthearted

gladden **4** buoy **5** cheer, elate **6** buck up, perk up, please, uplift **7** cheer up, delight, gratify, hearten

glade **6** meadow **8** clearing **9** open space

gladiator **7** fighter **9** combatant, Spartacus

gladly **4** fain, lief **6** freely **7** happily, readily **8** heartily **9** willingly **10** cheerfully, with relish **12** with pleasure

gladness **3** joy **4** glee **5** bliss, cheer, mirth **6** gaiety **7** delight, jollity **9** happiness, merriment

gladstone **3** bag **8** suitcase

glamorous **7** elegant **8** alluring, charming, dazzling, enticing, magnetic **9** seductive **10** attractive, bewitching, enchanting **11** captivating, fascinating **13** sophisticated

glamour **5** charm, magic, spell **6** allure, appeal **7** romance **8** charisma, witchery **9** magnetism, sex appeal **10** attraction, witchcraft **11** fascination **12** razzle-dazzle

glance **4** peek, peep, skim, skip **5** brush, carom, flash, glaze, graze, shine **6** bounce, careen **7** glimpse **8** ricochet ***lascivious:*** **4** leer

gland **5** gonad, liver, organ **6** pineal, thymus **7** adrenal, mammary, parotid, thyroid **8** exocrine, pancreas, prostate, salivary **9** endocrine, pituitary **11** parathyroid ***secretion:*** **7** hormone ***swelling:*** **4** bubo

glare **4** gaze, glow, peer **5** blaze, flame, flash, frown, gleam, light, lower, scowl, shine, stare **6** dazzle, glower **7** obtrude **8** stand out **10** garishness

glaring **4** loud, rank **5** gaudy, plain, vivid **6** brazen, flashy, garish, tawdry, tinsel **7** blatant, obvious **8** blinding, flagrant **9** audacious, egregious, obtrusive **10** noticeable **11** conspicuous, outstanding **12** ostentatious

Glasgow's patron saint **5** Mungo **9** Kentigern

glass **4** lens, pane **5** image, lense, prism **6** mirror **7** reflect **9** barometer, telescope ***combining form:*** **5** vitro ***container:*** **3** jar **6** beaker, bottle ***decorative:***

7 schmelz 8 schmelze *drinking:* 4 pony 5 flute 6 goblet, jigger, rummer, seidel 7 snifter, tumbler 8 schooner *gem:* 5 paste 6 strass *magnifying:* 5 loupe *milky:* 7 opaline *volcanic:* 7 perlite 8 obsidian

glasses 5 specs 6 shades 7 goggles 8 bifocals, pince-nez, tumblers 9 lorgnette, trifocals 10 spectacles

glass-like 5 clear 6 glazed, limpid, smooth 8 pellucid, vitreous 9 vitrified 11 translucent, transparent

glassmaker 6 Blenko (William) 7 Lalique (René), Tiffany (Louis Comfort) 9 Waterford

glassmaking tool 5 punty 6 pontil 8 blowpipe

Glass Menagerie author 8 Williams (Tennessee)

glassy 5 blank, dazed, shiny 6 glazed, smooth, vacant 7 hyaloid 8 polished, vitreous 9 burnished

glaucous 4 waxy 7 frosted, powdery

Glaucus *beloved:* 6 Scylla *father:* 5 Minos 8 Sisyphus *mother:* 6 Merope 8 Pasiphaë *son:* 11 Bellerophon

glaze 3 rub 4 buff, coat, film 5 cover, glint, gloss, sheen, shine 6 enamel, finish, luster, patina, polish 7 burnish, coating, furbish, lacquer, overlay

glazed 5 blank 6 glassy

gleam 3 ray 4 beam, burn, glow 5 flare, flash, glint, sheen, shine 6 glance 7 glimmer, glisten, glitter, radiate, shimmer, sparkle, twinkle 8 radiance 11 coruscation, scintillate 13 scintillation

gleaming 5 aglow, shiny 6 glossy, sheeny 7 beaming, burning, glowing, lambent, radiant, shining 8 flashing, luminous, lustrous, polished 9 brilliant, burnished, refulgent, sparkling, twinkling 10 glimmering, glistening, glittering, shimmering 13 scintillating

glean 4 cull, reap, sift 5 amass, learn 6 garner, gather, pick up 7 extract, find out, harvest

glebe 4 land 5 field, tract 7 acreage 8 cropland, farmland

glee 3 joy 5 mirth 6 gaiety, levity 7 delight, elation, jollity 8 gladness, hilarity, part-song 9 enjoyment, festivity, good cheer, happiness, jocundity, joviality, merriment 10 exuberance, joyfulness, jubilation 12 exhilaration

gleeful 3 gay 5 jolly, merry 6 blithe, elated, jocund, jovial, joyous 8 cheerful, exultant, jubilant, mirthful 9 exuberant 12 lighthearted

glen 4 dale, vale 5 swale 6 dingle, valley *deep:* 5 gorge 6 ravine

glengarry 3 cap 6 bonnet

glib 4 easy 5 slick 6 facile, fluent, smooth 7 offhand, shallow, voluble 8 eloquent, flippant 10 articulate, nonchalant 11 superficial

glide 3 fly 4 flow, sail, skim, slip, soar, waft 5 coast, creep, drift, float, skate, skirr, skulk, slide, slink, sneak, steal 7 descend, slither 8 glissade, volplane 10 portamento

glimmer 4 glow, hint 5 blink, flash, gleam, glint, shine, spark, trace 6 glance 7 flicker, glisten, glitter, inkling, shimmer, sparkle, twinkle 9 coruscate 10 suggestion 11 coruscation, scintillate 13 scintillation

glimpse 4 peek, peep 5 flash, glint, stime 6 glance

glint 3 ray 5 flash, glaze, gleam, sheen, shine, trace 6 glance, luster 7 glimmer, glisten, glitter, shimmer, sparkle, twinkle 9 coruscate 11 coruscation, scintillate 13 scintillation

glissade 4 skim, slip 5 glide, slide

glissando 3 run 5 slide 7 gliding, sliding

glisten 4 glow 5 flash, gleam, glint, shine 6 glance 7 flicker, glimmer, glitter, shimmer, spangle, sparkle, twinkle 9 coruscate 11 coruscation, scintillate 13 scintillation

glitch 3 bug 4 flaw, snag 5 fault 6 defect 7 failing, failure, gremlin, problem 8 obstacle 10 difficulty 11 malfunction

glitter 5 flash, gleam, glint, shine 7 glimmer, glisten, shimmer, spangle, sparkle, twinkle 9 coruscate 11 coruscation, scintillate 13 scintillation

glittering 5 gaudy, shiny, showy 6 flashy 7 fulgent 9 brilliant, clinquant, coruscant, effulgent 11 spectacular

gloaming 3 eve 4 dusk 5 gloom 7 evening 8 eventide, twilight 9 nightfall

gloat 4 crow 5 exult, revel, vaunt 6 relish 7 triumph 9 celebrate

glob 4 clot, lump 6 dollop

global 5 grand 6 cosmic 7 blanket, general, overall 8 all-round, catholic 9 inclusive, planetary, spherical, universal, worldwide 12 encyclopedic 13 comprehensive

globe 3 orb 4 ball 5 earth, round, world 6 planet, sphere 7 rondure *half:* 10 hemisphere

globule 4 ball, bead, drip, drop 6 gobbet, pellet 7 driblet, droplet 8 spherule

gloom 3 dim 4 dusk, funk, loom, murk 5 bedim, blues, cloud, dumps, frown, lower, mopes, scowl 6 darken, glower, shadow 7 becloud, despair, dimness, obscure, sadness 8 darkness, overcast, twilight 9 adumbrate, bleakness, dejection 10 blue devils, depression, melancholy, overshadow 11 despondency, unhappiness 12 mournfulness

gloomy 3 dim, dun, sad 4 cold, dark, dour, down, drab, dull, glum 5 black, bleak, drear, dusky, mopey, murky, muzzy, sulky, surly 6 dismal, dreary, morose, solemn, somber, sullen 7 forlorn, joyless, obscure, stygian, unhappy 8 dejected, desolate, downcast, funereal, mournful 9 cheerless, depressed, mirthless, oppressed, saturnine, tenebrous, woebegone 10 caliginous, chapfallen, depressing, depressive, dispirited, despondent, forbidding, lugubrious, melancholy, oppressive, tenebrific 11 dispiriting, pessimistic 12 disconsolate, discouraging

glorify 4 hymn, laud 5 bless, cry up, erect, exalt, extol, honor 6 admire, praise, revere 7 acclaim, dignify, elevate, ennoble, light up, lionize, magnify, sublime, worship 8 eulogize, venerate 9 celebrate 10 aggrandize

glorious 5 grand, great, noble, proud 6 august, divine, superb 7 eminent, exalted, radiant, sublime 8 esteemed, gorgeous, lustrous, majestic, renowned, splendid, stunning 9 beautiful, brilliant, effulgent, excellent, marvelous, ravishing, wonderful 11 illustrious, magnificent, resplendent, splendorous

glory 4 crow, fame, halo, pomp 5 exalt, exult, gloat, honor, revel 6 heaven, praise, relish, renown 7 acclaim, aureole, delight, majesty, rejoice, triumph 8 eminence, eternity, grandeur, jubilate, radiance, splendor 9 greatness, hereafter 10 effulgence, exaltation, exultation 11 distinction 12 magnificence, resplendence

gloss 4 buff 5 glaze, glint, sheen, shine 6 define, enamel, facade, finish, luster, patina, polish, veneer 7 burnish, comment, explain, furbish, varnish 8 annotate 9 interpret, sleekness, slickness, translate 10 annotation, appearance, brilliance, commentary, definition 11 elucidation, explanation, translation

glossary 7 lexicon 8 wordbook 9 wordhoard 10 dictionary, vocabulary

gloss over 4 mask 5 slant 6 veneer 7 conceal, cover up, distort, falsify, varnish 8 disguise, palliate 9 dissemble, extenuate, sugarcoat, whitewash 10 camouflage

glossy 5 shiny, sleek, slick 7 shining 8 gleaming, lustrous, polished 9 burnished 10 glistening *fabric:* 4 silk 5 satin *paint:* 6 enamel

glove 4 gage, mitt 5 catch, cover 6 mitten, sheath 8 covering, gauntlet

glow 4 burn, pink, rose 5 bloom, blush, flush, gleam, rouge, shine 6 mantle, redden 7 blossom, crimson, fox fire, glisten, glitter, radiate 8 brighten, radiance 10 brilliance, luminosity 13 incandescence

glower 5 frown, scowl, stare 11 look daggers

glowing 3 hot, red 4 avid 5 flush, ruddy, shiny 6 ardent, fervid, florid, heated, red-hot 7 beaming, burning, fervent, flushed, lambent, radiant, vibrant 8 blushing, dazzling, gleaming, luminous, lustrous, rubicund, sanguine, suffused 9 brilliant 10 candescent, hot-blooded, passionate 11 impassioned 12 enthusiastic, incandescent

Gluck opera 5 Orfeo 6 Armide 7 Alceste

glucose 5 sugar, syrup

glue 3 fix, gum 4 bind, join 5 epoxy, paste, stick 6 adhere, attach, cement, fasten 7 plaster, stickum 8 adhesive, mucilage

gluey 5 gummy, tacky 6 sticky, viscid 7 viscous 8 adhesive 12 mucilaginous

glum 3 sad 4 blue, dour, down 5 moody, sulky, surly 6 dismal, dreary, gloomy, morose, sullen, woeful 7 crabbed 8 brooding, dejected, downcast, taciturn 9 depressed, oppressed, saturnine, sorrowful, woebegone 10 despondent, dispirited, melancholy 11 downhearted, melancholic

glut 4 clog, cloy, cram, fill, pack, pall, sate 5 feast, flood, gorge, stuff 6 deluge, excess, stodge 7 satiate, surfeit, surplus, swallow 8 saturate 10 oversupply 13 overabundance

glutinous 4 ropy 5 gluey, gooey, gummy, pasty, tacky, thick 6 sticky, viscid 7 viscous 10 gelatinous 12 mucilaginous

glutton 3 hog, pig 8 gourmand 9 chowhound, wolverine 11 gormandizer

gluttonous 7 hoggish, piggish 8 edacious, ravening, ravenous 9 dissolute, indulgent, rapacious, voracious 10 insatiable 11 intemperate 13 overindulgent

gluttony 6 excess 7 edacity 8 gulosity, rapacity, voracity 11 piggishness

glyph 6 figure, groove, symbol 7 graphic 9 character

G-man 3 fed 4 narc, Ness (Eliot) 5 agent 6 Hoover (J. Edgar)

gnarl 4 bend, knot, warp 5 growl, snarl, twist 6 deform 7 contort, distort

gnash 4 bite 5 grind

gnat 3 bug, fly 4 pest 5 midge 6 insect 7 no-see-um

gnaw 3 eat, nag, vex 4 bite, chaw, chew 5 annoy, chomp, erode, munch, scour, tease, worry 6 bother, crunch, nibble, pester, plague, rankle 7 bedevil, corrode, eat away 8 irritate, wear away 9 masticate

gnome 3 elf, saw 4 rule 5 adage, axiom, dwarf, maxim, moral, troll, truth 6 dictum, goblin, saying, truism 7 proverb 8 aphorism, apothegm 10 shibboleth

gnostic 6 occult, secret 8 abstruse 10 mysterious

gnu 10 wildebeest

go ***against:*** 4 defy 5 fight 6 oppose, resist 7 counter, protest 10 contradict ***ahead:*** 4 lead 7 precede, proceed 8 continue, progress ***along:*** 5 agree, yield 6 accede, comply, concur 7 consent 9 acquiesce ***around:*** 5 avoid, skirt 6 bypass, detour 7 compass 8 outflank, sidestep 10 circumvent ***at:*** 6 assail, attack, tackle 7 assault ***away:*** 3 git 4 exit, scat, shoo 5 leave, scram, split 6 beat it, begone, cut out, depart, move on, retire 7 buzz off, get lost, pull out, take off 8 clear out, run along, shove off, withdraw 9 skedaddle ***back:*** 6 recede, return, revert 7 regress, retreat ***back on:*** 6 betray, renege 7 abandon 8 abrogate ***back over:*** 6 rehash, review, rework 7 recheck, retrace ***before:*** 4 lead 7 precede, predate 8 antedate ***beyond:*** 4 pass 5 excel, outdo 6 exceed, outrun 7 eclipse, surpass 8 outshine, outstrip, overtake 9 transcend ***forward:*** 6 move on, push on 7 advance, press on, proceed 8 continue, progress ***in:*** 5 enter 9 penetrate ***out:*** 4 exit 5 leave 6 expire ***Scottish:*** 3 gae ***through:*** 4 bear 5 audit, brave, check, spend 6 endure, suffer 7 consume, deplete, examine, exhaust, ride out, survive, sustain, undergo 8 squander 9 penetrate, withstand 10 experience ***together:*** 3 fit 4 date, jibe, suit 5 agree, match, tally 6 accord, square 7 conform 8 dovetail 9 accompany, harmonize 10 correspond ***with:*** 4 suit 5 befit, match 9 accompany

goad 3 egg, rod, sic 4 prod, push, spur, urge 5 drive, egg on, impel, prick, thorn 6 coerce, exhort, incite, motive, needle, prompt, propel 7 impetus, impulse 8 catalyst, motivate, stimulus 9 encourage, impulsion, incentive, stimulant, stimulate 10 inducement

go-ahead 4 okay 7 consent 8 spirited 9 ambitious, authority, clearance, energetic 10 green light, permission 11 progressive, up-and-coming 12 enterprising 13 authorization

goal 3 aim, end, use 4 duty, hope, mark 5 score 6 design, intent, object, target 7 mission, purpose 8 ambition, function 9 intention, objective

goat 3 kid, ram 4 lech 5 billy, letch, nanny 6 alpaca, angora, lecher, Saanen 8 cashmere 10 Toggenburg ***female:*** 3 doe 5 nanny ***genus:*** 5 Capra ***Himalayan:*** 4 tahr ***male:*** 4 buck 5 billy ***neutered:*** 6 wether ***relating to:*** 7 caprine ***wild:*** 4 ibex ***wool:*** 6 mohair 8 pashmina

goat antelope 5 serow 7 chamois

goatee 5 beard 7 Vandyke 8 imperial, whiskers

goatfish 6 mullet

goatish 3 hot 4 lewd 6 carnal 7 caprine, lustful, satyric 8 prurient 9 indulgent, lecherous, lickerish 10 lascivious, libidinous, passionate 12 concupiscent

goat-man deity 3 Pan

goat nut 6 jojoba, pignut

gob 3 wad 4 blob, clod, glob, hunk, lump, mass 5 chunk, mouth 6 nugget, sailor 7 extract

gobbet 4 drib, drip, drop, hunk, lump, mass 5 chunk, piece 7 driblet, droplet, globule, portion 8 fragment

gobble 3 eat 4 bolt, cram, grab, glut, gulp, slop, wolf 5 gorge 6 devour, guzzle 7 swallow 11 ingurgitate

gobbledygook see GIBBERISH

go-between 5 agent, envoy, proxy 6 broker, deputy, factor 7 liaison 8 emissary, mediator, procurer 9 middleman 10 arbitrator, interagent, interceder, matchmaker, negotiator, procurator 11 intercessor 12 intermediary, intermediate

goblet 3 cup 5 glass, grail 6 vessel 7 chalice

goblin 3 elf, fay, hob, imp 4 puck 5 bogey, bogle, fairy, ghost, gnome 6 sprite 7 brownie, bugbear 8 bogeyman

___ go bragh 4 Erin

gobs 4 lots, tons, wads 5 heaps, loads, lumps, piles, rafts, reams, scads 6 oodles 8 slathers 10 quantities

god 4 idol 5 deity 7 creator 8 Almighty, divinity, immortal ***combining form:*** 4 theo ***false:*** 4 baal ***French:*** 4 dieu ***Hebrew:*** 6 Elohim, Yahweh ***Latin:*** 4 deus ***Spanish:*** 4 dios (see specific entries (as GREEK; ROMAN) for names of specific gods and goddesses)

god-awful 4 foul 6 horrid, rotten 7 beastly 8 dreadful, horrible, shameful, shocking, terrible, wretched 9 appalling, atrocious, miserable 10 abominable, deplorable, despicable, detestable, disgusting, outrageous

God Bless America composer 6 Berlin (Irving)

goddess 4 idol 5 deity 8 divinity, immortal *Latin:* 3 dea (see note at GOD)
godfather 3 don 4 boss, capo 6 leader 7 sponsor
Godfather, The 8 Corleone (Don) *actor:* 6 Brando (Marlon), De Niro (Robert), Pacino (Al) *author:* 4 Puzo (Mario) *director:* 7 Coppola (Francis Ford)
God-fearing 5 pious 6 devout 8 faithful, reverent 9 pietistic, religious, righteous
godforsaken 4 bare 5 bleak 6 barren, dismal, gloomy, remote 7 pitiful 8 deserted, desolate, pitiable, wretched 9 miserable, neglected 11 unfortunate
Godiva's husband 7 Leofric
godless 5 pagan 6 unholy, wicked 7 heathen, impious, infidel, profane 8 agnostic 9 atheistic 11 irreligious, unreligious
godlike 4 holy 6 divine 7 blessed, supreme 8 almighty, immortal 10 omniscient 11 all-powerful
godliness 5 piety 6 purity 8 devotion, divinity, holiness, sanctity 9 beatitude, reverence 10 devoutness, sacredness 11 religiosity, saintliness 12 spirituality, virtuousness 13 righteousness
godly 4 holy 5 pious 6 devout, divine 7 angelic, blessed, saintly, supreme 8 almighty, hallowed, immortal, virtuous 9 pietistic, prayerful, religious 10 omniscient 11 all-powerful
go down 3 dip, set 4 drop, fall, fold, lose, sink 5 ensue, lower, occur, pitch, slide, slump 6 cave in, happen, plunge, settle, topple, tumble 7 crumple, decline, descend, founder, succumb 8 collapse, keel over, submerge, submerse 9 surrender, take place
God's acre 8 boneyard, catacomb, cemetery 9 graveyard 10 churchyard, necropolis 12 burial ground, memorial park, potter's field
godsend 4 boon, gift, good 5 manna 7 benefit 8 blessing, windfall 9 advantage 11 benevolence, serendipity
Goethe work 5 Faust 6 Egmont, Stella 7 Clavigo 10 Prometheus
gofer 4 aide, peon 5 toady 6 drudge, flunky, helper, lackey, menial 7 courier, servant 8 factotum 9 assistant, attendant
goffer 5 crimp, flute, pinch, plait, pleat
go-getter 6 dynamo 7 hustler, rustler 8 live wire 10 ball of fire, powerhouse 11 self-starter
goggle 3 eye 4 bore, gape, gawk, gaze, look, ogle, peer 5 glare, gloat, stare 10 rubberneck
goggles 5 specs 7 glasses 10 eyeglasses, spectacles
go-go 5 hyper 6 hectic 7 frantic 8 frenetic, frenzied
Gogol *novel:* 9 Dead Souls *story:* 8 Overcoat (The) 10 Taras Bulba 14 Diary of a Madman
goiter 6 struma 8 swelling
Golconda see GOLD MINE
gold 4 gilt 5 money 6 riches, wealth, yellow 7 bullion 8 treasure *bar:* 5 ingot *combining form:* 4 auri, auro 5 chrys 6 chryso *fool's:* 6 pyrite *imitation:* 6 ormolu *measure:* 5 carat, karat *Spanish:* 3 oro
goldbrick 3 bum 4 idle, laze, lazy, loaf, loll 5 cheat, dally, idler, shirk, slack 6 dawdle, loafer, loiter, lounge 7 lounger, shirker, slacker, swindle 8 lollygag, malinger, sluggard 9 lazybones 10 dillydally, malingerer
Gold Bug author 3 Poe (Edgar Allan)
gold cloth 4 lamé
gold-covered 4 gilt 6 gilded
golden 4 gilt, rich 5 auric, blond, shiny, straw 6 blonde, flaxen, gilded, mellow, superb, yellow 7 aureate, honeyed, shining 8 glorious, lustrous, resonant 9 favorable 10 auspicious, prosperous 11 flourishing
golden-ager 5 elder 6 senior 7 ancient, oldster, retiree 8 old-timer 13 senior citizen
golden-apples guardian 5 Ithun 6 Ithunn
golden bough 9 mistletoe
Golden Bough author 6 Frazer (James George)
Golden Boy playwright 5 Odets (Clifford)
golden-crowned accentor 7 warbler 8 ovenbird
goldeneye 3 bug 4 duck, fowl 6 insect 8 lacewing
Golden Fleece seeker 5 Jason 8 Argonaut
Golden Hind captain 5 Drake (Francis)
Golden Horde 6 Tatars 7 Mongols *leader:* 4 Batu
golden horse 7 Trigger 8 palomino
golden shiner 4 dace, fish
Golden State 10 California
goldfinch 4 bird 8 songbird 12 yellowhammer
gold mine 7 bonanza, pay dirt 8 El Dorado, Golconda, treasure, treasury 13 treasure trove
golem 3 oaf 4 clod, dolt, dope 5 dunce, idiot, robot 6 nitwit 7 halfwit, machine 8 imbecile 9 automaton, blockhead 10 nincompoop 11 blunderhead
golf *assistant:* 5 caddy 6 caddie *club:* 4 iron, wood 5 billy, spoon, wedge

6 driver, mashie, putter 7 niblick, pitcher 9 metal wood, sand wedge ***club part:*** 3 toe 4 face, grip, head, heel, neck, sole 5 hosel, shaft ***course:*** 5 links ***cup:*** 5 Ryder 6 Curtis, Walker ***hazard:*** 4 trap 6 bunker 8 sand trap ***mound:*** 3 tee ***score:*** 3 ace, par 5 bogey, eagle 6 birdie ***stroke:*** 4 baff, chip, draw, fade, hook, putt 5 drive, pitch, shank, slice 6 sclaff ***target:*** 3 cup, par, pin 4 flag 5 green 7 fairway ***term:*** 3 lie 4 club, fore, hole, loft 5 divot, rough, swing 6 hazard, marker, stance, stroke 8 foursome, handicap 9 backswing, downswing, flagstick

golfer 8 linksman ***man:*** 3 Els (Ernie) 4 Daly (John), Ford (Doug), Kite (Tom), Lyle (Sandy), Mize (Larry), Tway (Bob) 5 Boros (Julius), Faldo (Nick), Floyd (Ray), Grady (Wayne), Green (Hubert), Hagen (Walter), Hogan (Ben), Jones (Bobby), Irwin (Hale), North (Andy), Pavin (Corey), Peete (Calvin), Price (Nick), Shute (Denny), Singh (Vijay), Snead (Sam), Woods (Tiger) 6 Casper (Billy), Graham (David), Janzen (Lee), Langer (Bernhard), Miller (Johnny), Nelson (Byron, Larry), Norman (Greg), Ouimet (Francis), Palmer (Arnold), Player (Gary), Sluman (Jeff), Sutton (Hal), Vardon (Harry), Watson (Tom) 7 Azinger (Paul), Couples (Fred), Guldahl (Ralph), Mayfair (Billy), Sarazen (Gene), Simpson (Scott), Stewart (Payne), Strange (Curtis), Trevino (Lee), Woosnam (Ian), Zoeller (Fuzzy) 8 Crenshaw (Ben), Nicklaus (Jack), Olazabal (José), Weiskopf (Tom) 9 Rodriguez (Chi Chi), Elkington (Steve) 10 Middlecoff (Cary) 11 Ballesteros (Seve) ***woman:*** 4 Berg (Patty), King (Betsy) 5 Baker (Kathy), Lopez (Nancy), Rawls (Betsy), Stacy (Hollis), Suggs (Louise) 6 Alcott (Amy), Carner (Joanne), Daniel (Beth), Davies (Laura), Geddes (Jane), Mallon (Meg), Merten (Lauri), Wright (Mickey) 7 Bradley (Pat), Inkster (Juli), Mochrie (Dottie), Sheehan (Patty) 8 Zaharias (Babe) 9 Didrikson (Babe), Sorenstam (Annika), Whitworth (Kathy) 10 Stephenson (Jan)

Golgotha 7 Calvary

Goliath 5 giant 10 Philistine ***deathplace:*** 4 Elah ***home:*** 4 Gath ***slayer:*** 5 David

Gollum creator 7 Tolkien (J. R. R.)

gonad 5 gland, ovary 6 testis 8 testicle

gondola 3 car 4 boat 7 ski lift 11 railroad car

gone 4 away, dead, left, lost, past 5 flown 6 absent 7 defunct, extinct, lacking, missing 8 departed, vanished

gonef see GANEF

goner 8 dead duck 9 lost cause

Goneril ***father:*** 4 Lear (King) ***husband:*** 6 Albany ***sister:*** 5 Regan 8 Cordelia ***victim:*** 5 Regan

Gone with the Wind ***author:*** 8 Mitchell (Margaret) ***character:*** 5 Rhett (Butler) 6 Ashley (Wilkes) 7 Melanie (Wilkes) 8 Scarlett (O'Hara) ***plantation:*** 4 Tara

gonfalon 4 flag, jack 6 banner, ensign 7 pendant, pennant 8 banderol, standard 9 banderole

gong 6 cymbal, tam-tam

gonzo 6 far-out 7 bizarre, offbeat 9 wigged-out 10 outrageous

goo 4 crud, glop, guck, gunk, muck 5 slime

goober 6 peanut

good 4 pure 5 right, sound, whole 6 decent, humane, kindly, toward, worthy 7 benefit, healthy, upright, welfare 8 innocent, virtuous 9 admirable, advantage, blameless, exemplary, favorable, healthful, honorable, righteous, well-being, wholesome 10 altruistic, beneficent, beneficial, benevolent, charitable, worthwhile 11 respectable, well-behaved 12 humanitarian 13 philanthropic ***French:*** 3 bon 5 bonne ***German:*** 3 gut ***Spanish:*** 5 bueno

good-bye 4 ciao, ta-ta 5 adieu, congé, later 6 so long 7 cheerio, parting, send-off, toodles 8 farewell, toodle-oo 9 departing, departure 11 leave-taking, valediction, valedictory ***French:*** 5 adieu 8 au revoir 9 bon voyage ***German:*** 8 lebe wohl ***Italian:*** 11 arrivederci ***Japanese:*** 8 sayonara ***Spanish:*** 5 adios 12 hasta la vista

Good Earth author 4 Buck (Pearl S.)

good-for-nothing 3 bum 6 rascal, waster 7 inutile, rounder, useless, wastrel 8 feckless, rascally, unworthy 9 dissolute, scoundrel, valueless, worthless 10 ne'er-do-well, profligate, scapegrace 11 purposeless

good-looking 4 cute, fair, foxy 5 bonny, dishy, hunky 6 comely, lovely, pretty 8 alluring, drop-dead, fetching, handsome 9 beauteous, beautiful, bodacious, ravishing 10 attractive

goodly 4 fair, tidy 5 ample, hefty, large 7 sizable 8 generous 9 bountiful, plentiful 11 significant, substantial 12 considerable

good-natured 4 easy, kind, mild, warm 6 genial, jovial, mellow 7 affable, amiable, cordial, lenient 8 cheerful, friendly, laid-back, obliging, pleasant, pleasing, sanguine **9** agreeable, congenial, easygoing, gemütlich **10** altruistic, benevolent, charitable **11** complaisant

goodness **5** honor, merit, worth **6** purity, virtue **7** decency, honesty, probity, quality **8** morality **9** integrity, rectitude **11** benevolence

goods **4** gear **5** cargo, stock, stuff, wares **7** effects **8** chattels, movables, property **9** vendibles **10** belongings **11** commodities, merchandise, possessions **13** paraphernalia ***smuggled:*** **10** contraband ***stolen:*** **4** loot, swag **5** booty **6** boodle, spoils **7** plunder ***thrown overboard:*** **5** lagan **6** jetsam

good-tasting **5** sapid, yummy **6** delish, savory, toothy **8** luscious **9** delicious, palatable, relishing, toothsome **10** appetizing, delectable, flavorsome **11** scrumptious **13** mouthwatering

goodwill **5** amity, favor **6** comity **7** charity, rapport **8** altruism, kindness, sympathy **9** tolerance **10** compassion, friendship, generosity, kindliness **11** benevolence, helpfulness **12** friendliness

goody **5** candy, treat **6** bonbon, dainty, morsel, tidbit **8** delicacy, kickshaw

goody-goody **4** prig **5** prude **6** Grundy **7** prudish, puritan, uptight **8** bluenose, Comstock, priggish **9** Mrs. Grundy, nice-nelly **11** puritanical

gooey **5** gluey, gummy, mushy, sappy, soupy **6** cloggy, drippy, slushy, sticky, viscid **7** maudlin, viscous **8** adhesive **9** glutinous **11** sentimental **12** mucilaginous

goof **3** err, kid **4** boob, dolt, flub, fool, mess, muff **5** boner, booby, botch, chump, dunce, error, fluff, gaffe, gum up, idiot, put on **6** bobble, boggle, bollix, bumble, bungle, fumble, mess up, slip-up **7** blooper, blunder, fathead, louse up, mistake **8** dolthead, lunkhead **9** blockhead

go off **4** blow **5** blast, burst, erupt, leave, sound **6** blow up, depart **7** explode **8** detonate

goofy **5** balmy, batty, crazy, daffy, dippy, loony, nutty, potty, silly **6** simple, stupid **7** foolish, idiotic **9** ludicrous **10** ridiculous **11** harebrained

gook **4** crud, glop, gunk, muck **5** gumbo, slime **6** debris, sludge

go on **4** last, stay **5** occur **6** endure, happen, keep up **7** persist, proceed **8** continue **9** persevere

goon **3** oaf, sap **4** boob, dodo, dolt, dope, fool, hood, thug **5** dummy, idiot **6** dimwit, hit man, nitwit **7** hoodlum **8** dumbbell, enforcer **10** triggerman

gooney **7** seabird **9** albatross

goop **4** crud, gunk, muck **5** gumbo, tripe

Goops author **7** Burgess (Gelett)

goose **4** poke, spur **9** stimulate ***cry:*** **4** honk **5** clang ***flock:*** **3** vee **5** skein **6** gaggle ***genus:*** **5** Anser ***Hawaiian:*** **4** nene ***male:*** **6** gander ***wild:*** **5** brant **7** greylag **8** barnacle ***young:*** **7** gosling

gooseberry **7** currant

Goosebumps author **5** Stine (R. L.)

goose egg **3** nil, zip **4** nada, zero **5** aught, zilch **6** cipher, naught, nought **7** no score, nothing

gooseflesh **5** bumps **7** pimples

go over **4** scan, skim **5** study **6** peruse, review **7** examine, inspect

gopher **6** rodent **8** tortoise

Gopher State **9** Minnesota

Gordian knot cutter **9** Alexander

Gordius' son **5** Midas

gore **3** jab **4** stab **5** blood, slime, wound **6** gusset, pierce **7** carnage **12** gruesomeness

gorge **3** gap **4** cloy, fill, glut, jade, pall, sate **5** abyss, chasm, cleft, clove, flume, gulch, stuff **6** arroyo, canyon, clough, defile, pig out, ravine **7** couloir, overeat, satiate, surfeit **11** overindulge ***Arizona:*** **11** Grand Canyon ***Colorado:*** **5** Royal

gorgeous **5** grand, plush **6** comely, lavish, lovely, pretty, superb **7** opulent, sublime **8** alluring, dazzling, glorious, splendid **9** beautiful, brilliant, exquisite, luxurious, sumptuous **10** attractive, glittering **11** magnificent, resplendent, splendorous

gorgon **3** hag **5** crone, harpy, witch **6** Medusa, ogress, virago **8** battle-ax, fishwife, harridan, slattern **9** battle-axe, termagant ***father:*** **7** Phorcus, Phorcys ***mother:*** **4** Ceto

gorilla **3** ape **4** goon, hood, thug **5** tough **6** simian **7** primate **8** gangster **10** anthropoid

Gorky drama **11** Lower Depths (The)

gormless **4** dumb, slow **6** stupid

gorse **4** whin **5** furze, shrub **6** legume

gory **5** lurid **6** bloody, grisly **8** gruesome, sanguine **10** sanguinary **11** ensanguined, sanguineous, sensational **12** bloodstained **13** bloodcurdling

gosh **3** gee, wow **4** dang, darn, drat, egad, geez, heck **5** golly **6** crikey, cripes, shucks **7** doggone **8** goodness, gracious

gospel **5** truth **6** truism **7** message **8** doctrine **9** scripture **11** evangelical

gossamer **4** airy, film, fine, webs **5** filmy, gauzy, sheer **6** flimsy **7** cobwebs, tenuous **8** delicate **10** diaphanous **11** transparent

gossip **4** blab, buzz, chat, dirt, talk **5** clack, prate, rumor **6** babble, rumble, tattle **7** babbler, chatter, hearsay, prattle, tattler **8** bigmouth, busybody, informer, prattler, quidnunc, telltale **10** talebearer **11** rumormonger, scandalizer, scuttlebutt **12** blatherskite

gossipy **5** gabby, talky **6** chatty **8** babbling, blabbing **9** garrulous, talkative

Gotham **7** New York (City)

Gothic **4** dark, wild **5** crude **6** brutal, coarse, savage **7** uncouth **8** barbaric, Germanic, medieval, Teutonic **9** barbarian, barbarous, sans serif **11** black letter, uncivilized

Götterdämmerung composer **6** Wagner (Richard)

Gouda **6** cheese

gouge **3** dig **4** milk, ream, tool **5** cheat, exact, pinch, screw, wrest, wring **6** chisel, coerce, extort, groove, wrench **7** squeeze **8** scoop out **9** blackmail, extortion, shake down **10** overcharge

goulash **4** stew **6** jumble, medley **7** mélange **8** mishmash **9** potpourri **10** bridge hand, hodgepodge, salmagundi **11** gallimaufry

go under **4** fall, flop, fold, lose, sink **5** drown **6** plunge, submit **7** founder, immerse, succumb **8** collapse, submerge, submerse **9** surrender **10** capitulate

Gounod work **5** Faust **8** Ave Maria

gourd **4** pepo **5** fruit, melon **6** bottle, squash, vessel **7** chayote, gherkin, pumpkin **8** calabash, cucumber, cucurbit ***instrument:*** **6** maraca

gourmand see GLUTTON; GOURMET

gourmet **7** epicure **9** bon vivant **10** gastronome **11** connoisseur **12** gastronomist

gout **4** blob, clot, gush **5** spurt **6** splash **7** disease, podagra **8** eruption, swelling

govern **4** head, lead, rule **5** guide, order, reign, steer **6** direct, manage, master **7** command, conduct, control, execute, oversee **8** dominate, hold sway, regulate **9** supervise **10** administer **11** superintend

governess **5** nanny, nurse **6** duenna **8** mistress **9** nursemaid **10** babysitter **11** Mary Poppins

government **4** rule **5** power **6** polity, regime **7** regency, regimen **8** monarchy, republic, Uncle Sam **9** authority, autocracy, democracy, hierarchy, oligarchy **10** Big Brother **11** aristocracy, sovereignty ***autocratic:*** **7** czarism, fascism, tyranny **9** despotism **10** absolutism **12** dictatorship ***by a few:*** **9** oligarchy ***by one:*** **8** monarchy ***by three:*** **8** triarchy **11** triumvirate ***by women:*** **8** gynarchy ***official:*** **10** bureaucrat **11** functionary ***without:*** **7** anarchy

government agency **3** ATF, BIA, BLM, CDC, CIA, DEA, EPA, FAA, FBI, FCC, FDA, FEC, FHA, GAO, GPO, HUD, ICC, INS, IRS, NBS, NEA, NIH, NRC, TVA **4** FDIC, FEMA, FEPC, NASA, NOAA, NTSB, OSHA

governor **3** bey **4** head **5** chief, nabob, ruler **6** leader, regent **7** manager, viceroy **8** director **9** executive, regulator **10** commandant, magistrate ***Chinese:*** **6** tuchun ***of a fort:*** **7** alcaide, alcayde **9** castellan, chatelain ***Persian:*** **6** satrap

gown **4** robe, toga **5** dress, frock, habit, tunic **6** camise, kimono, kirtle, mantua **7** cassock, chemise **8** peignoir ***dressing:*** **8** bathrobe ***hospital:*** **6** johnny

goy **6** non-Jew **7** gentile

grab **3** nab **4** glom, grip, snag, take **5** catch, clasp, grasp, pluck, seize **6** clutch, collar, snatch, tackle **7** capture, grapple, seizure

grabby **6** greedy **8** covetous, desirous, grasping **9** rapacious **10** avaricious, prehensile **11** acquisitive

grace **4** ease **5** adorn, charm, favor, mercy, poise **6** allure, lenity, pardon, polish, prayer, thanks, virtue **7** charity, dignify, dignity, enhance **8** approval, blessing, clemency, easiness, elegance, goodness, kindness, leniency, petition, reprieve **9** embellish, privilege **10** indulgence, invocation, refinement **11** benediction, forbearance **12** thanksgiving

graceful **4** airy, deft, easy **5** agile, lithe **6** nimble, poised, seemly, smooth, urbane **7** elegant, flowing, genteel, refined **8** debonair, elegance, pleasing, polished

graceless **4** rude **5** crude, gawky, inept **6** clumsy, coarse, gauche, klutzy, vulgar **7** awkward, boorish, uncouth **8** barbaric, ungainly **9** barbarian, barbarous **10** outlandish, unmannered **12** infelicitous

Graces **6** Charis **8** Charites (plural) ***brilliance:*** **6** Aglaia ***bloom:*** **6** Thalia ***joy:*** **10** Euphrosyne ***mother:*** **5** Aegle

gracious **4** kind **5** suave **6** benign, genial, kindly, urbane **7** affable, amiable, cordial, courtly, gallant, stately, tactful **8** charming, generous, mannered, merciful, obliging, sociable **9** congenial, courteous **11** complaisant, good-natured **13** compassionate

grackle 5 mynah 7 jackdaw 8 starling 9 blackbird
gradation 4 rank, step 5 order, range, scale, shade, stage 6 ablaut, change, degree, nuance, series 8 ordering, position, spectrum 9 continuum, variation 10 difference, succession
grade 3 peg 4 cant, form, kind, lean, mark, rank, rate, rung, sort, step, tier, tilt 5 blend, class, group, level, notch, order, pitch, place, slant, slope, stage 6 assess, assort, degree, league, rating 7 arrange, caliber, echelon, incline, leaning, quality 8 appraise, category, classify, division, evaluate, grouping, position, standard 10 categorize 11 inclination
Grade A 3 ace, top 4 best, boss, fine, tops 5 grand, great, prime, primo, super 6 choice, tip-top 7 capital, supreme 8 five-star, superior, top-notch 9 excellent, first-rate, nonpareil, number one, top-drawer 10 first-class 11 outstanding 13 par excellence
gradient 4 lean, ramp, rise, tilt 5 angle, pitch, slant, slope 7 incline, leaning 9 acclivity, declivity 11 inclination
gradual 4 even, slow 6 Psalms, steady 7 ongoing 8 bit-by-bit, creeping 9 piecemeal, prolonged 10 continuous, developing, protracted, step-by-step 11 progressive
gradually 6 slowly 7 by steps 8 bit by bit 9 by degrees, piecemeal 10 step by step 12 deliberately 13 imperceptibly, incrementally
graduate 4 alum *female:* 6 alumna 7 alumnae (plural) *male:* 6 alumni (plural) 7 alumnus
Graeae, Graiae 4 Enyo 5 Deino 8 Pephredo *father:* 7 Phorcus, Phorcys *mother:* 4 Ceto *sisters:* 7 Gorgons
graft 4 join, mend, scam, skim 5 affix, crime, fraud, scion, unite 6 attach, boodle, fasten, payola, splice 7 implant, swindle, topwork 8 kickback 10 corruption
Grafton, Sue *character:* 8 Millhone (Kinsey) *novel:* 11 A Is for Alibi
Grahame, Kenneth *character:* 3 Rat 4 Toad, Mole 6 Badger *novel:* 16 Wind in the Willows (The)
grail 3 cup, end 4 goal 6 goblet, object, target 7 chalice 9 objective
grain 3 bit, jot, rye 4 corn, flax, iota, meal, mite, oats, rice 5 crumb, fiber, kamut, maize, speck, spelt, trace, wheat 6 barley, cereal, millet, quinoa, tittle 7 granule, smidgen, sorghum, texture 8 amaranth, molecule, particle 9 buckwheat, triticale *bundle:* 4 bale 5 sheaf *chute:* 6 hopper *ear:* 5 spike *elevator:* 4 silo *mixture:* 6 fodder *row:* 5 swath 7 windrow
grainy 5 rough 6 coarse 8 granular 10 unfinished, unpolished
grammarian *Roman:* 7 Donatus (Aelius)
grammatical case 6 dative 7 oblique 8 ablative, genitive, locative, vocative 9 objective 10 accusative, nominative, possessive, subjective
grampus 5 whale 7 dolphin 8 cetacean, porpoise, scorpion 9 blackfish 12 whip scorpion
Granada *building:* 8 Alhambra *citadel:* 8 Alcazaba *last Moorish king:* 7 Boabdil
granary 3 bin 4 silo 9 grain area 10 repository, storehouse
grand 3 fab 4 epic, fine, huge, vast 5 gaudy, lofty, noble, regal, royal, showy, super 6 august, flashy, garish, lavish, lordly, mighty, ornate, superb 7 exalted, opulent, pompous, stately, sublime 8 baronial, elevated, foremost, gorgeous, imposing, majestic, princely, splendid 9 first-rate, inclusive, luxurious, principal, sumptuous, wonderful 10 first-class, impressive, monumental, prodigious, stupendous, tremendous 11 magnificent 12 ostentatious 13 comprehensive
Grand Canyon *explorer:* 6 Powell (John Wesley) *state:* 7 Arizona
grande dame 5 queen 6 matron 7 dowager 9 matriarch
grandee 4 duke, earl, king, lord, peer 5 baron, noble, pasha 6 bashaw, prince 8 mandarin, marquess, nobleman, viscount 11 muckety-muck
grandeur 4 pomp 5 glory 7 dignity, majesty 8 nobility, opulence, splendor, vastness 9 greatness, immensity, largeness, loftiness, nobleness, sublimity 10 augustness 11 stateliness 12 magnificence
grandiloquent 5 lofty 7 aureate, bloated, fustian, pompous 8 inflated 9 bombastic, flatulent, high-flown, overblown 10 histrionic, portentous 11 declamatory, highfalutin, pretentious 12 magniloquent
grand inquisitor *Spanish:* 10 Torquemada (Tomás de)
grandiose 4 epic, vast 5 lofty, noble, regal, royal, showy 6 august, cosmic, lavish, lordly 7 pompous, stately, sublime, utopian 8 affected, imposing, majestic, princely, splendid 9 ambitious, high-flown 11 extravagant, highfalutin, magnificent, pretentious 12 ostentatious
grand mal 7 seizure 8 epilepsy

grandmother ***Russian:*** **8** babushka
grange **4** farm **9** farmhouse, farmstead
granite **3** ore **4** rock **5** stone **6** aplite **7** mineral **11** igneous rock
Granite State **12** New Hampshire
grant **3** aid **4** alms, avow, cede, dole, gift, give **5** admit, allow, award, endow, yield **6** accord, assert, assign, assume, bestow, confer, convey, donate, permit **7** charity, concede, consent, entitle, handout, present, property, subsidy, suppose **8** bequeath, donation, transfer **9** endowment, vouchsafe **10** assistance, concession, relinquish, subvention **11** acknowledge, benefaction **12** contribution **13** appropriation
granular **5** rough, sandy **6** coarse, grainy **7** powdery **8** powdered **10** unfinished, unpolished
granule **3** bit, jot **4** iota, pill, spot **5** grain **6** pellet **8** fragment, particle
grape **3** fox, uva **4** Bual **5** Gamay, Pinot, Syrah **6** Arinto, Burger, Gentil, merlot, muscat, Shiraz **7** Albillo, Aligote, Barbera, Catawba, Concord, Furmint, Niagara, sultana **8** Aleatico, Cabernet, Charbono, Delaware, Friularo, Grenache, Isabella, malvasia, muscadel, Muscadet, Nebbiolo, Riesling, Semillon, Sylvaner, Thompson, Traminer, vinifera, Viognier **9** Carmenère, Chasselas, Lambrusco, Malvoisie, muscadine, Pinot Gris, pinot noir, Sauvignon, Trebbiano, zinfandel **10** chardonnay, Grignolino, muscadelle, pinot blanc, Sangiovese, Verdicchio **11** Chenin Blanc, Petite Sirah, pinot grigio, scuppernong ***disease:*** **4** esca ***dried:*** **6** raisin ***drink:*** **4** wine ***pulp:*** **4** rape **6** pomace ***residue:*** **4** marc
grapefruit **6** pomelo
Grapes of Wrath, The ***author:*** **9** Steinbeck (John) ***family:*** **4** Joad ***people:*** **5** Okies
grapevine **4** buzz **5** rumor **6** gossip **7** hearsay **9** rumor mill **11** scuttlebutt
graph **3** map **4** plot **5** chart **6** sketch **7** diagram, outline **8** nomogram, pie chart
graphic **3** map **5** clear, lucid, photo, vivid **6** cogent, visual **7** picture, precise, telling, written **8** clear-cut, definite, detailed, explicit, incisive, striking **9** pictorial, realistic **10** compelling, photograph **11** descriptive, picturesque
graphite **4** lead **6** carbon **8** plumbago
grapnel **4** hook **6** anchor
grappa **6** brandy
grapple **3** nab **4** bind, cope, grab, grip, hold **5** catch, clamp, clasp, fight, grasp, seize **6** battle, bucket, clench, clinch, clutch, fasten, tackle, tussle **7** contest, scuffle, wrestle **8** struggle
grasp **3** dig, ken, see **4** glom, grip, hold, know, take **5** catch, clamp, clasp, seize **6** accept, clench, clinch, clutch, fathom, follow, handle, take in, tenure **7** cognize, compass, control, embrace, grapple, realize **8** envisage, perceive **9** apprehend, awareness **10** appreciate, comprehend, take hold of, understand **12** apprehension **13** comprehension, understanding
graspable **5** clear, lucid **6** lucent **8** coherent, knowable, palpable **10** fathomable **11** perspicuous **12** intelligible **13** apprehensible
grasping **4** avid **6** grabby, greedy **8** covetous, desirous **9** rapacious **10** avaricious, prehensile **11** acquisitive
grass **3** pot, sod, tea **4** lawn, reed, turf, weed **6** redtop **7** herbage, panicum, pasture **8** cannabis, Mary Jane **9** cocksfoot, marijuana ***African:*** **6** imphee ***annual:*** **6** darnel **8** teosinte ***Asian:*** **7** vetiver, whangee ***Australian:*** **8** spinifex ***beach:*** **6** marram ***cereal:*** **3** oat, rye **4** milo, teff **5** kafir, maize, proso, sorgo, wheat **6** millet **7** sorghum **8** triticum ***clump:*** **4** tuft **7** tussock ***dried:*** **3** hay **5** straw ***European:*** **7** Bermuda, timothy ***fiber:*** **4** flax ***fragrant:*** **10** citronella ***pasture:*** **5** Bahia, grama ***perennial:*** **6** fescue, quitch, zoysia **7** esparto, galleta ***prairie:*** **8** bluestem ***second growth:*** **5** rowen ***tropical:*** **5** cogon **6** bamboo
grasshopper **6** locust **7** katydid **8** cocktail
grassland **3** lea **5** field **6** meadow **7** pasture, prairie ***African:*** **4** veld **5** veldt ***flat:*** **7** savanna **8** savannah ***South American:*** **5** pampa **6** pampas
Grass novel **7** Tin Drum (The)
grate **3** irk, jar, rub, vex **4** file, fray, fret, gall, rasp, rile **5** annoy, chafe, gnash, grind, peeve, pique **6** abrade, grille, nettle, rankle, scrape **7** provoke, scratch **8** irritate **9** aggravate, fireplace
grateful **7** obliged, pleased, restful, welcome **8** beholden, indebted, pleasant, pleasing, thankful **9** agreeable, congenial, favorable **10** refreshing **11** restorative **12** appreciative
Gratiano ***brother:*** **9** Brabantio ***friend:*** **7** Antonio **8** Bassanio ***niece:*** **9** Desdemona ***wife:*** **7** Nerissa
gratify **4** baby, sate **5** favor, humor, spoil **6** coddle, oblige, pamper, pander, please **7** appease, cater to, content, delight, gladden, indulge, satisfy
gratin **5** crust
grating **3** dry **4** grid, rasp **5** grill, harsh,

rough 6 grille, hoarse 7 irksome, jarring, lattice, rasping, raucous 8 gridiron, strident 9 vexatious 10 stridulous

gratis 4 comp, free 6 comped 8 costless 10 chargeless 13 complimentary, without charge

gratitude 6 thanks 12 appreciation, gratefulness, thankfulness

gratuitous 6 wanton 8 baseless 9 unfounded, voluntary 10 groundless, reasonless, ungrounded 11 uncalled-for, unnecessary, unwarranted 12 indefensible

gratuity 3 tip 4 gift, perk 5 bonus 6 reward 7 cumshaw, douceur 8 donation, largesse, offering 9 baksheesh, lagniappe, pourboire 10 perquisite 11 benefaction 12 contribution

grave 3 pit, sad 4 dire, dour, fell, grim, tomb 5 acute, awful, crypt, fatal, heavy, major, sober, staid, vault 6 burial, deadly, gloomy, sedate, severe, solemn, somber, sombre, urgent 7 austere, ghastly, ominous, ossuary, serious, subdued, weighty 8 catacomb, critical, dreadful, perilous, pressing, terrible 9 dangerous, mausoleum, momentous, ponderous, saturnine, sepulcher, sepulchre, sepulture, unsmiling ***marker:*** 5 stela, stele 8 memorial, monument 9 footstone, headstone, tombstone 11 sarcophagus ***mound:*** 6 barrow 7 tumulus ***robber:*** 5 ghoul

gravel 4 dirt, grit, sand ***ridge:*** 5 esker

gravelly 5 raspy, rough 6 gritty, hoarse 7 rasping, grating 8 abrasive, granular, gutteral, scratchy

graven image 4 icon, idol

graver 4 tool 5 burin 8 sculptor

graveyard 8 boot hill, catacomb, cemetery, God's acre 10 necropolis 12 burial ground, memorial park, potter's field

gravid 5 heavy 8 enceinte, pregnant 9 expectant, expecting, with child 10 parturient 12 childbearing

gravity 5 force 6 weight 7 dignity, urgency 8 sobriety 9 heaviness, solemnity 10 importance, somberness 11 consequence, seriousness 12 significance

gravlax 3 lox 6 salmon

gravy 4 perk 5 bonus, bribe, graft, juice, sauce 6 payola 8 dressing, windfall ***French:*** 3 jus

gray 3 ash, old 4 aged, ashy, blah, drab, dull 5 ashen, bleak, color, hoary, slate, slaty 6 dismal, gloomy, leaden 7 elderly, grizzly, neutral 8 grizzled, gunmetal, overcast 9 cinereous, colorless ***brownish:*** 5 taupe 7 fuscous

gray duck 7 gadwall, pintail

grayfish 5 shark 7 dogfish

gray matter 3 wit 4 head, mind 5 brain 6 brains, noddle, noggin, noodle 8 cerebrum 9 intellect 10 encephalon 12 intelligence, neural tissue

graze 3 eat, rub 4 feed, gall, kiss, skim, skip, wear 5 brush, chafe, erode, shave, touch 6 abrade, browse, bruise, forage, glance, scrape 7 contuse, corrade, pasture 8 abrasion, ricochet

grazier 7 rancher

grease 3 fat, oil 4 lard 5 smear 6 smooth 7 lanolin 9 lubricant, lubricate ***combining form:*** 4 sebi, sebo

greasy 4 oily 5 fatty, slick 8 slippery, unctuous 10 lubricious, oleaginous

greasy spoon 4 café 5 diner, grill 6 eatery 7 beanery, hashery 9 chophouse, hash house, lunchroom 10 coffee shop 12 luncheonette

great 3 big, fat 4 huge, vast 5 famed, grand, jumbo, large, noble 6 famous, heroic 7 eminent, exalted, extreme, immense, mammoth, notable, sublime, supreme, titanic 8 colossal, enormous, gigantic, glorious, oversize, renowned, terrific, towering 9 excellent, fantastic, humongous, paramount, prominent, wonderful 10 celebrated, impressive, noteworthy, prodigious, remarkable, stupendous, surpassing, tremendous, voluminous 11 illustrious, magnificent, outstanding, superlative 13 distinguished ***combining form:*** 4 mega 6 megalo

Great Bear 9 Big Dipper, Ursa Major 13 constellation

Great Britain see ENGLAND

Great Commoner, the 4 Pitt (William) 5 Bryan (William Jennings) 7 Lincoln (Abraham)

Great Emancipator, the 7 Lincoln (Abraham)

greater 4 more 5 metro 6 better, bigger, higher, larger 8 superior 9 exceeding 10 surpassing 12 metropolitan

greatest 4 best, most 6 utmost 7 maximum, supreme 8 foremost

Great Expectations ***author:*** 7 Dickens (Charles) ***character:*** 3 Joe (Gargery), Pip 5 Biddy 7 Estella, Jaggers 8 Havisham (Miss), Magwitch (Abel)

greathearted 4 bold, kind 5 brave, lofty, noble 6 heroic 7 gallant 8 fearless, generous, princely 10 benevolent, chivalrous, courageous, high-minded 11 considerate, magnanimous

Great Lake 4 Erie 5 Huron 7 Ontario 8 Michigan, Superior ***acronym:*** 5 HOMES

Great Lake State 8 Michigan

greave 7 legging

grebe 4 bird, fowl 8 dabchick 10 diving bird

Greece *ancient city-state:* 5 Argos 6 Athens, Sparta, Thebes 7 Corinth *capital:* 6 Athens *city:* 6 Patras 7 Larissa, Piraeus 8 Salonika 12 Thessaloníki *conqueror:* 6 Philip (of Macedonia) 9 Alexander (the Great) *island, island group:* 5 Crete 6 Aegean, Euboea, Ionian 8 Cyclades, Sporades *monetary unit:* 4 euro *mountain, range:* 3 Ida 4 Ossa 6 Pindus 7 Olympus 9 Parnassus *neighbor:* 6 Turkey 7 Albania 8 Bulgaria, Macedonia *part of:* 7 Balkans *peninsula:* 6 Balkan 10 Chalcidice 11 Peloponnese *region:* 6 Epirus, Thrace 8 Thessaly *sea:* 6 Aegean, Ionian 13 Mediterranean

greed 6 excess, hunger 7 avarice, avidity, craving 7 edacity, longing 8 cupidity, gluttony, rapacity, voracity 12 covetousness, ravenousness

greedy 4 avid 5 itchy 6 grabby 7 hoggish, miserly, selfish 8 covetous, desirous, edacious, esurient, grasping 10 avaricious, gluttonous 11 acquisitive

Greek 6 babble, drivel, jabber 7 Achaean 8 Hellenic, nonsense 9 gibberish *assembly:* 5 agora, boule *coin:* 4 obol 6 lepton, stater *column:* 5 Doric, Ionic 10 Corinthian *contest:* 4 agon *counselor:* 6 Nestor *dictator:* 7 Metaxas (Ioannis) *dragon:* 9 Eurythion *drink:* 4 ouzo *epic:* 5 Iliad 7 Odyssey *Fates:* 6 Clotho, Moirae 7 Atropos 8 Lachesis *god:* *chief:* 4 Zeus *messenger:* 6 Hermes *of agriculture:* 6 Cronus *of death:* 8 Thanatos *of dreams:* 8 Morpheus *of fire:* 10 Hephaestus *of healing:* 9 Asclepius 11 Aesculapius *of love:* 4 Eros *of marriage:* 5 Hymen *of the sun:* 6 Apollo *of physicians:* 6 Hermes *of the sea:* 6 Nereus, Triton 7 Oceanus 8 Poseidon *of the sun:* 6 Helios *of the underworld:* 5 Pluto *of the winds:* 5 Eurus, Notus 6 Aeolus, Boreas 8 Zephyrus *of war:* 4 Ares *of wine:* 8 Dionysus *of woods:* 3 Pan *goddess:* *of agriculture:* 7 Demeter *of beauty:* 9 Aphrodite *of dawn:* 3 Eos *of discord:* 4 Eris *of fertility:* 6 Cybele *of flowers:* 7 Chloris *of harvests:* 4 Rhea *of hunting:* 7 Artemis *of justice:* 7 Astraea *of love:* 9 Aphrodite *of marriage:* 4 Hera *of night:* 3 Nyx *of peace:* 5 Irene *of retribution:* 7 Nemesis *of ruin:* 3 Ate *of the earth:* 4 Gaea, Gaia *of the hearth:* 6 Hestia *of magic:* 6 Hecate, Hekate *of the moon:* 6 Hecate, Hekate, Selena, Selene 7 Artemis, Astarte *of the rainbow:* 4 Iris *of the seasons:* 5 Horae *of the underworld:* 6 Hecate, Hekate 10 Persephone *of vengeance:* 7 Nemesis *of victory:* 4 Nike *of wisdom:* 6 Athena *of witchcraft:* 6 Hecate, Hekate *of womanhood:* 4 Hera *of youth:* 4 Hebe *hero:* 4 Aias, Ajax 5 Jason 7 Theseus 8 Achilles, Argonaut, Heracles, Hercules, Odysseus 9 Achilleus *historian:* 8 Xenophon 9 Herodotus 10 Thucydides *lawgiver:* 5 Draco, Solon *leader:* 9 Agamemnon *letter:* 3 chi, eta, phi, psi, rho, tau 4 beta, iota, zeta 5 alpha, delta, gamma, kappa, omega, sigma, theta 6 lambda 7 epsilon, omicron, upsilon *magistrate:* 6 archon *marketplace:* 5 agora *porch:* 4 stoa *sandwich:* 4 gyro *soldier:* 7 hoplite *theater:* 5 odeon, odeum *underworld:* 5 Hades *war cry:* 5 alala *warrior:* 4 Ajax 7 Ulysses 8 Achilles, Diomedes, Odysseus 9 Agamemnon, Palamedes *wine:* 7 retsina

green 3 raw 4 jade, lime, moss 5 alive, fresh, kelly, leafy, naive, virid, young 6 callow, forest, unripe 7 avocado, celadon, emerald, untried, verdant 8 immature, juvenile, unversed, youthful 9 unfledged 10 unseasoned 11 unpracticed 13 inexperienced *bluish:* 8 glaucous *combining form:* 4 verd 6 chloro *grayish:* 5 olive *yellowish:* 7 luteous 10 chartreuse

greenbacks 4 cash, jack, loot 5 bread, bucks, dough, lucre, money, moola 6 moolah, wampum 7 dollars, scratch 8 currency, smackers 11 legal tender

greenery 7 foliage, leafage 8 verdancy

green-eyed 7 envious, jealous 9 invidious *monster:* 8 jealousy

greenfly 5 aphid

greengage 4 plum

greenhead 3 fly 8 horsefly

greenheart 6 laurel 9 evergreen

greenhorn 4 babe, hick, jake, naif, rube, tyro 5 clown 6 newbie, novice, rookie 7 bumpkin, ingenue 8 beginner, newcomer 10 clodhopper, provincial

greenhouse 7 nursery 12 conservatory

Greenland *capital:* 4 Nuuk 7 Godthåb *city:* 5 Thule *ethnic group:* 5 Inuit 6 Eskimo *explorer:* 4 Eric (the Red), Erik (the Red), Leif (Eriksson) 9 Rasmussen (Knud) *language:* 6 Danish *monetary unit:* 5 krone *possession of:* 7 Denmark

green light 3 nod 4 okay 5 leave 6 assent 7 consent, go-ahead, mandate 8 approval, blessing, sanction, thumbs-up 9 authority, clearance 10 permission 11 endorsement 13 authorization

Green Mansions *author:* **6** Hudson (W. H.) *character:* **4** Rima
green monkey **6** guenon, simian, vervet
Green Mountain State **7** Vermont
greenness **5** youth **6** spring **7** puberty **8** verdancy, viridity **9** youthhood **10** immaturity, juvenility, pubescence, springtide, springtime **11** adolescence **12** inexperience
green osier **6** willow **7** dogwood
green plover **7** lapwing **9** shorebird
greenroom **6** lounge
greenstone **4** jade **7** diabase **8** nephrite **9** tremolite **10** actinolite
greet **3** bow **4** hail, meet **6** accost, call to, salaam, salute **7** address, react to, receive, welcome
greeting **3** ave, bow, nod **4** ciao, hail **5** aloha, hello, howdy **6** salaam, salute **7** address, welcome **9** handshake, reception **10** salutation
gregarious **6** clubby, genial, social **7** affable **8** outgoing, sociable **9** clubbable, congenial, convivial **11** extroverted **13** companionable
gremlin **3** bug, elf, imp **5** dwarf, gnome **6** defect, glitch **7** brownie
Grenada *capital:* **9** St. George's *discoverer:* **8** Columbus (Christopher) *former name:* **10** Concepción *language:* **7** English *location:* **10** West Indies *nickname:* **11** Isle of Spice
grenade **4** bomb **5** shell **7** missile **9** explosive, pineapple
grenadier **7** rattail, soldier
grenadine **4** pink, yarn **5** syrup **6** fabric **9** carnation
Grendel's slayer **7** Beowulf
Gretchen's lover **5** Faust
greylag **5** goose
Grey's forte **7** Western
grid **3** net **5** grate, grill **6** grille **7** grating, lattice, network, trellis
griddle **3** pan **5** grill
griddle cake **7** hotcake, pancake **8** flapjack
gridiron **3** net **5** field, grate, grill **7** grating, network
grief **3** rue, woe **4** care **5** agony, dolor, gloom, tears **6** mishap, regret, sorrow **7** anguish, chagrin, sadness, trouble **8** disaster, distress, hardship **9** adversity, heartache, suffering **10** affliction, heartbreak, misfortune **11** despondency
Grieg work **8** Peer Gynt
grievance **4** beef **5** cross, gripe, trial, wrong **6** burden, grouse, injury, squawk **8** hardship, jeremiad **9** complaint, injustice **10** affliction, allegation, unfairness **11** tribulation
grieve **3** cry **4** ache, keen, moan, wail, weep **5** mourn **6** burden, lament, sadden, sorrow, suffer **7** afflict, agonize **8** distress
grievous **3** sad **4** dire, fell, sore **5** cruel, grave, great, major **6** bitter, severe, taxing, tragic, woeful **7** galling, heinous, onerous, painful, serious, weighty **9** egregious **10** abominable, burdensome, calamitous, deplorable, lamentable, oppressive **11** distressing, regrettable, troublesome, unfortunate **12** heartrending
grift **3** con, gyp **4** bilk, rook **7** defraud, swindle **8** flimflam
grifter **3** gyp **5** cheat, crook, thief **6** con man, gouger **7** cheater, scammer, sharper, slicker **8** swindler **9** defrauder, trickster **13** confidence man
grill **3** fry, vex **4** cook, grid, pump, quiz **5** broil, grate, sauté, toast **6** eatery **7** afflict, debrief, grating, griddle, torment **8** gridiron, question **10** restaurant **11** interrogate **12** cross-examine
grilse **6** salmon
grim **3** set **4** cold, dour, fell, firm, hard **5** bleak, cruel, fixed, grave, harsh, rigid, stern **6** dismal, dogged, dreary, fierce, grisly, intent, savage, severe, somber **7** adamant, austere, inhuman, ominous **8** gruesome, inhumane, obdurate, resolute, ruthless, stubborn **9** merciless, offensive, truculent **10** determined, forbidding, implacable, inevitable, inexorable, inflexible, melancholy, relentless, unyielding, vindictive **11** unforgiving, unrelenting
grimace **3** mow, mug **4** face, moue, pout **5** frown, lower, mouth, scowl, sneer
grimalkin **3** cat **5** tabby **6** feline **9** female cat
grime **4** crud, dirt, gunk, muck, smut, soot **5** filth
grim reaper **5** death
grimy **5** dingy, dirty **6** filthy, grubby, grungy, soiled, scuzzy, smutty **10** besmirched
grin **4** beam **5** smile, smirk
grind **3** rut, vex **4** chew, grub, mill, moil, pace, plod, plug, rote, slog, toil, whet **5** crank, crush, gnash, grate, labor, slave, sweat **6** abrade, crunch, drudge, groove, harass, kibble, powder, rotate **7** oppress, routine, travail **8** drudgery, monotony, wear down **9** pulverize, treadmill **10** donkeywork
grinder **3** sub **4** gyro, hero **5** molar, tooth **6** hoagie **8** sandwich **9** submarine
grinding **5** harsh **6** severe **7** arduous, grating, wearing **9** fatiguing, strenuous *stone:* **4** mano **6** mortar, muller, pestle
griot **11** storyteller

grip 4 glom, hold, take 5 clamp, clasp, grasp, seize 6 clench, clinch, clutch, handle, tenure, valise 7 grapple 8 enthrall, suitcase 9 fascinate, mesmerize, restraint, spellbind, stagehand 10 constraint
gripe 3 bug, vex 4 beef, carp, crab, fuss, yawp 5 annoy, bitch, bleat, cavil, croak, groan, whine 6 bother, grouch, grouse, kvetch, murmur, mutter, object, squawk, yammer 7 afflict, grumble 8 complain, distress, irritate 9 bellyache, complaint, grievance, objection
griper see GRUMBLER
grippe 3 flu 9 influenza
gripper 4 clip, hand, vise 5 clamp, clasp, tongs 6 pliers
gris-gris 5 charm, spell 6 amulet, fetish 8 talisman 11 incantation
Grisham novel 4 Firm (The) 6 Broker (The), Client (The) 7 Chamber (The), Partner (The) 8 Brethren (The) 12 Pelican Brief (The)
grisly 4 gory, grim 5 awful, lurid 6 horrid 7 ghastly, hideous, macabre 8 fearsome, god-awful, gruesome, horrible, terrible, 9 frightful, repellent, repulsive, sickening 10 disgusting, horrifying, terrifying
grist 3 lot 5 grain, input, stint 6 amount, output 7 product 8 quantity
gristle 9 cartilage
grit 4 guts, sand 5 grate, grind, heart, moxie, nerve, pluck, spunk 6 gravel, mettle, powder, smooth, spirit 7 bravery, courage, granule 8 backbone, tenacity 9 fortitude 10 doggedness 13 determination
gritty 4 game 5 dirty, gutsy, rough, sandy 6 dogged, plucky, spunky 8 abrasive, gravelly, resolute, spirited 9 steadfast, tenacious 10 courageous, determined
groan 4 beef, carp, moan 5 cavil, creak, gripe 6 bemoan, grouse, lament, object, repine 7 grumble 8 complain 9 bellyache
grocery 5 store 11 supermarket ***Spanish:*** 6 bodega
grog 3 rum 5 booze, drink, hooch, juice, sauce 6 liquor, tipple 7 alcohol, spirits 9 firewater
groggy 4 dull, hazy, logy, weak 5 dazed, dopey, foggy, muzzy, tired, woozy 6 dulled, sleepy 7 muddled 8 befogged, confused, sluggish 9 befuddled, slaphappy, stupefied 10 punch-drunk
groin 4 fold 6 crotch
grok 6 intuit
grommet 6 eyelet 7 cringle
groom 4 comb, tend, tidy 5 brush, clean, curry, primp, ready, shave 6 neaten, ostler, polish 7 hostler, prepare, servant 8 benedict 9 attendant ***Indian:*** 4 syce
groove 3 rut 4 pace, rote, slot 5 canal, flute, glyph, gouge, grind, niche, score, stria 6 furrow, gutter, hollow, rabbet, rhythm 7 chamfer, channel, routine, top form 8 monotony 10 depression
groovy 3 hip 4 cool, neat 5 ducky, great, nifty, sharp, slick, super, swell 6 choice, gnarly, peachy 7 right-on 8 smashing 9 copacetic, excellent, hunky-dory, marvelous, wonderful 10 delightful, marvellous, peachy keen
grope 4 feel, grub, poke, root 6 fondle, fumble, search 7 grabble 8 scrabble
grosbeak 5 finch 8 hawfinch, songbird
gross 3 fat, raw, sum 4 earn, foul, mass, rude 5 brute, bulky, crude, obese, rough, utter, whole 6 carnal, coarse, entire, vulgar 7 blatant, boorish, capital, extreme, glaring, hulking, obscene, overall, porcine, uncouth 8 absolute, complete, flagrant, ignorant, improper, indecent, outright, sum total, tangible, totality 9 aggregate, before tax, corporeal, corpulent, downright, egregious, excessive, loathsome, offensive, out-and-out, repulsive, revolting, unrefined 10 disgusting, exorbitant, immoderate 11 twelve dozen
grotesque 6 absurd, rococo, unreal 7 baroque, bizarre, extreme 8 aberrant, abnormal, deformed, fanciful, freakish 9 distorted, fantastic, ludicrous, misshapen, monstrous 11 incongruous
grotto 4 cave, hole 5 crypt, vault 6 cavern ***Capri:*** 4 Blue
grouch 4 beef, carp, crab, kick, sulk, yawp 5 crank, croak, growl, grump, pique 6 carper, griper, grouse, grudge, kicker, kvetch, murmur, mutter, repine, squawk, whiner, yawper 7 crabber, grouser, growler, grumble 8 complain, grumbler, kvetcher, sorehead, sourpuss, squawker 9 bellyache, complaint 10 bellyacher, complainer, crosspatch, malcontent
ground 3 bed, sod 4 base, dirt, land, root, seat, soil, turf 5 basis, cause, earth, floor, proof 6 bottom, reason 7 bedrock, dry land, footing, support, sustain, terrain 8 argument, buttress, evidence 9 establish, testimony 10 foundation, terra firma
groundbreaking 10 innovative, innovatory, pioneering 11 cutting-edge, leading-edge
grounded *6* stable 7 beached 8 marooned, sensible, stranded 9 realistic 13 unpretentious

groundhog 6 marmot 9 woodchuck
grounding 8 practice, training, tutelage 11 instruction, preparation
groundless 4 idle 5 empty, false 6 hollow 8 baseless 9 causeless, unfounded 10 gratuitous 11 uncalled-for, unjustified, unwarranted
groundwork 3 bed 4 base, foot, root 5 basis 6 bottom 7 bedrock, footing, support 8 basement 10 foundation, substratum 11 cornerstone, preparation 12 substruction, substructure, underpinning
ground zero 5 focus, get-go 6 center, outset, target 8 bull's-eye 9 epicenter, square one
group 3 lot, set 4 band, bevy, body, club, crew, gang, pack, push, ruck, sect, team, tier 5 array, batch, bunch, class, clump, covey, crowd, grade, horde, squad, suite, troop 6 adjust, assort, bundle, cartel, circle, clique, clutch, gather, huddle, league, passel 7 battery, brigade, cluster, combine, company, coterie, council, dispose, echelon, platoon 8 assemble, assembly, category, classify, ensemble, organize 9 congeries, gathering, syndicate 10 assemblage, categorize, collection ***of angels:*** 4 host ***of ants:*** 6 colony ***of bees:*** 4 hive 5 swarm ***of birds:*** 6 flight ***of cats:*** 7 clowder, clutter ***of cattle:*** 5 drove ***of chicks:*** 5 brood 6 clutch ***of clams:*** 3 bed ***of crows:*** 6 murder ***of ducks:*** 5 brace ***of eight:*** 5 octet ***of elephants:*** 4 herd ***of elks:*** 4 gang ***of fish:*** 5 shoal 6 school ***of five:*** 5 quint 6 pentad 7 quintet ***of four:*** 6 tetrad 7 quartet ***of foxes:*** 5 leash, skulk ***of geese:*** 5 flock, skein 6 gaggle ***of gnats:*** 5 cloud, horde ***of goats:*** 5 tribe ***of gorillas:*** 4 band ***of greyhounds:*** 5 leash ***of grouse:*** 5 covey ***of hares:*** 4 down, husk ***of hawks:*** 4 cast ***of hounds:*** 3 cry 4 mute, pack ***of kangaroos:*** 3 mob 5 troop ***of kittens:*** 6 litter ***of larks:*** 10 exaltation ***of lions:*** 5 pride ***of locusts:*** 6 plague ***of monkeys:*** 5 troop ***of mules:*** 4 span ***of nine:*** 5 nonet ***of oysters:*** 3 bed ***of partridges:*** 5 covey ***of peacocks:*** 6 muster ***of pheasants:*** 4 nest ***of plovers:*** 4 wing 12 congregation ***of quail:*** 4 bevy 5 covey ***of seals:*** 3 pod 5 patch ***of seven:*** 6 pleiad, septet ***of sheep:*** 5 drove, flock ***of six:*** 6 sextet ***of swans:*** 4 bevy ***of teals:*** 6 spring ***of three:*** 4 trio 5 triad 7 ternary, trinity, triplet ***of vipers:*** 4 nest ***of whales:*** 3 gam, pod ***of wolves:*** 4 pack
grouper 8 rockfish
grouse 4 beef, carp 5 croak, gripe, quail, scold 6 mutter, yammer 7 grumble 8 complain, pheasant 9 bellyache, blackcock, ptarmigan 12 capercaillie ***extinct:*** 8 heath hen ***red:*** 8 moorfowl ***strut:*** 3 lek
grout 4 lees, lute 5 dregs 6 cement, filler, mortar 7 grounds, plaster 8 concrete
grove 4 holt, wood 5 copse 7 boscage, coppice, orchard, thicket
grovel 4 fawn 5 abase, cower, crawl, creep, toady 6 cajole, cringe, kowtow, snivel, wallow 7 eat dirt, truckle 8 blandish, bootlick 9 brownnose 10 curry favor, ingratiate 11 apple-polish
grow 3 age, wax 4 flow, gain, rise, tend 5 amass, breed, nurse, raise, ripen, swell 6 abound, become, expand, foster, mature, sprout, thrive 7 burgeon, care for, develop, enlarge, gestate, nurture, produce 8 escalate, flourish, increase, multiply, mushroom, spring up 9 cultivate, propagate
growl 4 beef, carp, crab, fuss, roar 5 bitch, gripe, groan, snarl 6 grouse, kvetch, mutter, repine, rumble, yammer 7 grumble 8 complain 9 bellyache
growler 3 can 4 crab, floe 5 crank, grump 6 grouch, vessel 7 ice floe, iceberg, pitcher 8 sorehead, sourpuss 9 container 10 crosspatch, malcontent 11 faultfinder
grown-up 5 adult 6 mature 8 seasoned 9 developed 11 full-fledged
grow old 3 age 4 wane 5 ripen, wizen 6 mature, mellow
growth 4 gain, rise 5 surge, swell, tumor 7 buildup 8 increase, progress, swelling 9 accretion, evolution, expansion, flowering, unfolding 11 development, enlargement, progression ***malignant:*** 6 cancer ***skin:*** 3 tag, wen 4 corn, cyst, mole, wart 5 nevus 6 bunion, callus, keloid 7 verruca
grow up 3 age 5 ripen 6 evolve, mature, mellow 7 advance, develop 8 maturate 9 come of age
grub 3 dig 4 chow, comb, eats, feed, food, hack, moil, plod, poke, rake, root, slog, toil 5 grind, larva, scour, slave, spade, stump 6 burrow, drudge, forage, menial, shovel, slavey, uproot, viands 7 edibles, ransack, rummage, unearth, vittles 8 excavate, hireling, victuals 9 provender 11 comestibles
grubby 4 foul 5 dirty, grimy, messy, seedy 6 filthy, frowsy, frowzy, grungy, scuzzy, shabby, sloppy, soiled 7 scruffy, squalid, unclean, unkempt 8 slovenly, unwashed
grubstake 3 aid 4 back, fund, help, loan 5 funds 6 assist 7 backing, capital, finance, support 8 bankroll 9 financing 10 assistance, capitalize, underwrite

grudge 4 deny, envy 5 spite 6 refuse, spleen 7 ill will 9 grievance 10 resentment 12 hard feelings, spitefulness
gruel 4 mush 5 atole, kasha 6 burgoo, congee, sowens 8 flummery, loblolly, porridge 9 stirabout
gruesome see GRISLY
gruff 4 curt, dour 5 bluff, blunt, cross, harsh, husky, stern, surly 6 abrupt, crabby, crusty, hoarse, morose, sullen 7 bearish, brusque, crabbed, grating, grouchy 8 churlish, croaking, snappish, snippety 9 saturnine 10 ill-natured 11 bad-tempered
grumble 4 beef, carp, crab, fuss, moan, yawp 5 bitch, croak, gripe, groan, growl, snarl, whine 6 bemoan, grouch, grouse, murmur, mutter, repine, squawk 8 complain 9 bellyache
grumbler 4 crab 5 crank, grump 6 grouch 8 sorehead 10 crosspatch, malcontent
grump 3 pet 4 beef, carp, crab, pout, sulk 5 crank, gripe, growl 6 griper, grouch 7 growler, grumble 8 complain, sorehead, sourpuss 9 bellyache 10 bellyacher, malcontent
grumpy 4 dour, sour 5 cross, moody, sulky, surly, testy 6 crabby, cranky, sullen 7 crabbed, peevish 8 petulant, vinegary 9 crotchety, irascible 11 bad-tempered, ill-tempered 12 cantankerous
grunion 10 silverside
grunt 5 groan, growl, snort 7 dogface, draftee, soldier
guacharo 7 oilbird
Guadeloupe ***capital:*** 10 Basse-Terre ***department of:*** 6 France ***dependency:*** 8 Désirade, St. Martin 12 Marie-Galante, St. Barthélemy ***discoverer:*** 8 Columbus (Christopher) ***island:*** 10 Basse-Terre 11 Grande-Terre ***location:*** 10 West Indies ***volcano:*** 9 Soufrière
Guam ***capital:*** 5 Agana ***ethnic group:*** 8 Chamorro ***island group:*** 7 Mariana
guanaco 5 llama 6 alpaca ***kin:*** 5 camel
guano 6 manure 9 excrement
guarantee 3 vow 4 bail, bond, oath, seal, word 5 token, vouch 6 assert, assure, ensure, insure, pledge, surety 7 certify, earnest, promise, warrant 8 security, warranty 9 agreement, assurance, insurance, undertake 11 stand behind, undertaking
guarantor 5 angel 6 backer, patron, surety 7 ensurer, insurer, sponsor 8 bondsman 11 underwriter
guard 4 fend, mind, tend, ward 5 aegis, alert, armor, cover, watch 6 convoy, defend, escort, jailer, keeper, minder, patrol, picket, police, screen, secure, sentry, shield, warden, warder 7 bulwark, defense, lookout, oversee, protect, turnkey 8 chaperon, overseer, preserve, security, sentinel, shepherd, watchdog, watchman 9 chaperone, custodian, look after, patrolman, protector, watch over 10 protection
guarded 4 safe, wary 5 cagey, chary, leery 7 careful, politic, prudent 8 cautious, discreet, gingerly, reserved 11 circumspect, considerate
guardhouse 4 brig, jail, keep 5 clink 6 lockup, prison 8 stockade
guardian 6 escort, keeper, patron, warden, warder 7 curator, trustee 8 Cerberus, defender, overseer, watchdog 9 custodian, protector 11 conservator
guardianship 4 care, keep, ward 5 aegis, trust 6 charge 7 custody, keeping 8 auspices 10 protection 11 safekeeping
Guare play 17 House of Blue Leaves (The) 22 Six Degrees of Separation
Guatemala ***capital:*** 9 Guatemala (City) ***ethnic group:*** 4 Maya 5 Mayan ***lake:*** 6 Izabal 7 Atitlán 9 Petén Itzá ***language:*** 7 Spanish ***monetary unit:*** 7 quetzal ***mountain, range:*** 6 Tacaná 9 Tajumulco 10 Acatenango, Santa María 11 Sierra Madre ***neighbor:*** 6 Belize, Mexico 8 Honduras 10 El Salvador ***peninsula:*** 7 Yucatán ***river:*** 7 Motagua 8 Polochic, Sarstoon 10 Usumacinta
guck 3 bog, goo, mud 4 clay, crud, dirt, glop, goop, mire, ooze, smut 5 filth, slime 7 stickum
gudgeon 3 pin 4 fish 5 pivot 6 socket 7 journal
Gudrun ***brother:*** 6 Gunnar 7 Gunther ***father:*** 5 Hetel ***husband:*** 4 Atli 5 Etzel 6 Sigurd 9 Siegfried
guerrilla 8 partisan 9 irregular ***Greek:*** 6 klepht
guess 4 call, shot, stab 5 fancy, hunch, infer 7 believe, predict, presume, suppose, surmise 8 estimate 9 speculate 10 conjecture, prediction 11 presumption, supposition, speculation
guest 6 caller, lodger, roomer 7 boarder, company, visitor 9 sojourner
guff 3 jaw, lip 4 bosh, sass 5 bilge, cheek, hokum, hooey, mouth, sauce, trash 6 bunkum, drivel, hot air, humbug 7 baloney, hogwash, palaver, twaddle 8 back talk, claptrap, malarkey, nonsense, tommyrot 9 poppycock 10 balderdash 13 horsefeathers
guffaw 6 cackle, hee-haw 7 chortle
guidance 6 advice 7 control, counsel 8 handling 9 direction, oversight 10 leadership, management 11 instruction, supervision

guide 4 dean, guru, help, lead, show 5 doyen, pilot, route, steer, usher 6 beacon, convoy, direct, docent, escort, handle, leader, manage, manual, mentor 7 adviser, conduct, control, marshal, oversee 8 Baedeker, chaperon, director, handbook, instruct, maneuver, navigate, shepherd, signpost 9 accompany, chaperone, conductor, vade mecum, Sacagawea 10 bellwether, compendium, instructor, pathfinder 11 enchiridion

guidebook 6 Fodor's, manual 8 Baedeker, Frommer's, handbook, Michelin 9 itinerary, vade mecum 10 compendium 11 enchiridion

guided missile 3 ABM 4 Hawk, ICBM, IRBM, Nike, Thor, Zuni 5 Atlas, drone, Snark, Titan 6 Bomarc, cruise, Exocet, Falcon, Navaho, rocket 7 Bullpup, Matador, Polaris, Regulus, Terrier 8 Redstone, Tomahawk 9 Minuteman 10 projectile, Sidewinder

Guiderius ***brother:*** 9 Arviragus ***father:*** 9 Cymbeline

guidon 4 flag 6 banner, burgee, ensign, pennon

guild 4 club 5 lodge, order, union 6 cartel, league 7 society 8 sodality 10 fellowship, fraternity 11 association, brotherhood ***medieval:*** 5 Hansa, Hanse

guile 4 wile 5 craft, fraud 6 deceit 7 cunning 8 artifice, trickery, wiliness 9 deception, duplicity, stratagem 10 cleverness 13 dissimulation

guileful 3 sly 4 foxy, wily 5 cagey, canny, slick 6 artful, astute, crafty, shifty, shrewd, sneaky, tricky 7 cunning, devious 8 indirect, slippery, sneaking 9 designing, insidious, underhand 11 calculating, duplicitous, underhanded

guileless 4 open 5 frank, naive 6 candid, direct, honest 7 genuine, natural, sincere, up-front 8 innocent, truthful 9 ingenuous 10 aboveboard, forthright

guillemot 3 auk 5 murre 7 seabird

guillotine 6 behead 9 decollate 10 decapitate

guilt 4 onus 5 blame, fault, shame 6 regret, stigma 7 offense, remorse 10 contrition 11 culpability 12 self-reproach

guiltless 4 pure 5 clean 6 chaste 8 innocent, virtuous 9 blameless, exemplary, faultless, righteous, stainless 10 immaculate, inculpable

guilty 6 liable, rueful, sinful 7 ashamed, at fault 8 blamable, contrite, culpable, indicted, penitent 9 impeached, regretful 10 answerable, remorseful 11 accountable, blameworthy, responsible

guimpe 6 blouse

Guinea ***capital:*** 7 Conakry ***city:*** 4 Labé 6 Kankan, Kindia ***ethnic group:*** 6 Fulani 7 Malinke ***island, island group:*** 3 Los 5 Tombo ***language:*** 6 French ***monetary unit:*** 5 franc ***mountain:*** 5 Nimba ***neighbor:*** 4 Mali 7 Liberia, Senegal 10 Ivory Coast 11 Sierra Leone 12 Guinea-Bissau ***river:*** 5 Niger 6 Gambia 7 Senegal

Guinea-Bissau ***archipelago:*** 7 Bijagós ***capital:*** 6 Bissau ***ethnic group:*** 6 Fulani 7 Malinke 8 Mandyako ***language:*** 10 Portuguese ***monetary unit:*** 5 franc ***neighbor:*** 6 Guinea 7 Senegal ***river:*** 4 Gêba

guinea fowl ***genus:*** 6 Numida ***young:*** 4 keet

guinea pig 4 cavy 6 rodent ***genus:*** 5 Cavia

Guinevere ***court:*** 7 Camelot ***husband:*** 6 Arthur ***lover:*** 8 Lancelot 9 Launcelot

guise 4 mask 5 cloak, cover, dress, getup 6 aspect, facade, outfit, veneer 7 costume, pretext 8 coloring, pretense 9 posturing, semblance 10 appearance, false front

guitar ***accessory:*** 4 capo ***Mexican:*** 5 tiple 6 cuatro 8 charango ***part:*** 3 nut, peg 4 fret, neck 5 brace 6 bridge, string 7 peghead ***small:*** 3 uke 7 ukulele ***tool:*** 4 pick 8 plectrum

guitarist ***American:*** 4 Byrd (Charlie), King (B. B., Freddie), Page (Jimmy), Pass (Joe) 5 Ellis (Herb), Isbin (Sharon) 6 Kessel (Barney), Kottke (Leo), Watson (Doc) 7 Burrell (Kenny), Hendrix (Jimi), Metheny (Pat), Vaughan (Stevie Ray) 9 Christian (Charlie), Parkening (Christopher) 10 Montgomery (Wes), Pizzarelli (Bucky, John) ***Australian:*** 8 Williams (John) ***British:*** 4 Beck (Jeff) 5 Bream (Julian) 8 Richards (Keith) ***French:*** 9 Reinhardt (Django) ***Italian:*** 7 Ghiglia (Oscar) ***Spanish:*** 5 Yepes (Narciso) 6 Romero (Celedonio) 7 Segovia (Andrés)

guitarlike instrument 3 uke 4 lute, vina 5 banjo, sitar 7 bandore, pandora, samisen, ukulele 8 mandolin, shamisen

gulch 3 gap 4 glen 5 gorge, gully 6 arroyo, canyon, coulee, hollow, ravine, valley 7 couloir

gules 3 red

gulf 3 bay, pit 4 cove 5 abysm, abyss, bayou, bight, chasm, firth, gorge, gulch, inlet 6 cavity, harbor, hollow, ravine, slough 8 crevasse ***Adriatic Sea:*** 6 Venice ***Aegean Sea:*** 7 Saronic 8 Salonika ***Africa:*** 6 Guinea ***Arabian Sea:***

4 Oman 7 Persian ***Australia:*** 9 Van Diemen 11 Carpentaria ***Baltic Sea:*** 4 Riga 6 Danzig, Gdansk 7 Bothnia, Finland ***Bering Sea:*** 6 Anadyr ***Canada:*** 13 Saint Lawrence ***Central America:*** 7 Fonseca ***Djibouti:*** 6 Tajura 8 Tadjoura ***Europe:*** 7 Bothnia, Gascony 8 Gascogne ***Greece:*** 7 Corinth, Lepanto ***Indian Ocean:*** 4 Aden ***Ionian Sea:*** 4 Arta 7 Taranto ***Iran:*** 7 Arabian ***Italy:*** 5 Genoa ***Mediterranean Sea:*** 5 Sidra, Tunis 8 Valencia 10 Khalij Surt 11 Syrtis Major ***New Guinea:*** 5 Papua 7 McCluer ***New Zealand:*** 7 Hauraki ***North America:*** 6 Mexico ***Northwest Territories:*** 7 Boothia 8 Amundsen 9 Queen Maud ***Philippines:*** 4 Asid 5 Davao, Leyte, Panay, Ragay ***Red Sea:*** 4 Suez 5 Aqaba 11 Aelaniticus ***Russia:*** 8 Sakhalin ***Solomon Sea:*** 4 Huon, Kula 5 Vella ***South China Sea:*** 4 Siam 6 Tonkin 8 Lingayen ***Tyrrhenian Sea:*** 7 Paestum ***Yellow Sea:*** 6 Chihli

Gulf State 5 Texas 7 Alabama, Florida 9 Louisiana 11 Mississippi

gull 3 con, mew, sap 4 bird, dupe, fool, hoax, scam 5 chump, cozen 6 fleece, pigeon, stooge, sucker, take in 7 chicane, fall guy 8 flimflam, hoodwink 9 bamboozle 11 hornswoggle

gullet 3 maw 4 crop, tube 6 dewlap, throat 7 channel 9 esophagus

gullible 4 easy 5 green, naive 8 innocent, trusting 9 believing, credulous 11 susceptible 12 unsuspecting

Gulliver's Travels ***author:*** 5 Swift (Jonathan) ***horses:*** 10 Houyhnhnms ***land:*** 6 Laputa 8 Lilliput 11 Brobdingnag ***people:*** 6 Yahoos

gully 3 gap 4 glen 5 gorge, gulch 6 arroyo, coulee, hollow, ravine, valley 7 couloir

gulp 4 bolt, chug, cram, glut, slop, swig, wolf 5 gorge, quaff, scarf, scoff, stuff, swill 6 devour, gobble, guzzle 7 swallow 8 mouthful 11 ingurgitate

gum 4 chew 5 botch 6 bobble, bollix, bungle, chicle, gluten, goof up, tupelo 7 exudate, gingiva, louse up 8 adhesive, mucilage 9 sapodilla 10 eucalyptus ***kind:*** 6 acacia, Arabic, balata, bubble 7 chewing, dextrin ***resin:*** 5 myrrh 7 gamboge 8 ammoniac, galbanum, scammony 9 asafetida 10 asafoetida 12 frankincense

gumbo 3 mud 4 okra, soil, soup 6 creole 7 mélange, mixture

gummy 5 gooey, pasty 6 cloggy, sticky, viscid 7 viscous 8 adhesive 9 glutinous 10 gelatinous 12 mucilaginous

gumption 5 drive, nerve, savvy 6 energy 8 industry 10 enterprise, get-up-and-go, initiative

gumshoe 3 cop 4 bull, dick, fuzz, G-man, heat, narc 6 copper, peeler, shamus, sleuth 7 officer 8 flatfoot, hawkshaw, Sherlock 9 detective, policeman 10 bloodhound, private eye 12 investigator

gun 3 gat, rod 4 Colt 5 rev up, rifle 6 cannon, Garand, heater, mortar, musket, pistol, weapon 7 bazooka, carbine, firearm 8 Browning, howitzer, revolver 9 derringer, Remington 10 Winchester ***antiaircraft:*** 6 ack-ack, Bofors ***Austrian:*** 5 Glock ***British:*** 4 Sten ***French:*** 8 arquebus 9 harquebus ***German:*** 5 Glock, Luger ***Italian:*** 7 Beretta ***mount:*** 6 turret ***part:*** 3 pin 4 bolt, bore, butt, lock 5 sight, stock 6 barrel, breech, hammer, muzzle, safety 7 chamber, trigger 8 cylinder, magazine 9 buttstock

gunfire 4 shot 5 blast, salvo 6 volley 7 barrage 9 broadside, discharge, fusillade

gung ho 4 avid, keen 6 ardent, fervid, raring 7 fervent, zealous 9 exuberant 11 impassioned 12 enthusiastic

Guni's father 8 Naphtali

gunk 3 goo 4 crud, glop, gook, goop, muck 5 slime

gunman 5 bravo 6 hit man, killer 7 shooter, torpedo 8 assassin, enforcer

Gunnar ***brother-in-law:*** 6 Sigurd ***father:*** 5 Hetel ***sister:*** 6 Gudrun ***wife:*** 8 Brunhild, Brynhild

gunner 6 sniper 7 shooter 8 marksman, rifleman 9 musketeer 11 infantryman 12 artilleryman

Gunther ***sister:*** 7 Gutrune 9 Kriemhild ***slayer:*** 5 Hagen ***uncle:*** 5 Hagen ***wife:*** 8 Brunhild 9 Brynhilde

gurgle 3 lap 4 flow, purl, wash 5 plash, slosh, swash 6 babble, bubble, burble, ripple

Gurkha knife 5 kukri

gurney 3 cot 9 stretcher

guru 4 sage 5 guide, swami, tutor 6 expert, leader, master, mentor 7 teacher 9 maharishi

gush 3 jet 4 emit, flow, pour, rave, roll, rush, spew, teem, well 5 burst, flood, flush, issue, spout, spurt, surge 6 babble, effuse, sluice, spring, stream 7 cascade, emanate 10 effervesce, outpouring

gushy 5 gooey, mushy, sappy, soppy 6 sloppy, slushy, sticky 7 cloying, maudlin, mawkish, tearful 8 bathetic, effusive 9 schmaltzy, sickening 10 nauseating, saccharine 11 sentimental

gusset 4 fold, gore, tuck 5 armor, plate, pleat 6 insert 7 bracket
gussy up 5 adorn 6 bedeck 7 furbish 8 decorate, renovate
gust 3 fit 4 blow, gale, rush, wind 5 blast, burst, draft, sally, surge, whiff 6 breeze, flurry, squall 7 bluster, delight, flare-up 8 eruption, outburst, paroxysm
gusto 3 vim 4 brio, élan, zeal, zest 5 ardor, heart, oomph, taste, verve 6 fervor, palate, relish, spirit 7 delight, passion 9 enjoyment 10 enthusiasm
gusty 5 blowy, windy 6 breezy 8 blustery
gut 4 draw, loot 5 belly, bowel, dress, empty, tummy 6 bowels, paunch 7 abdomen, ransack, stomach 8 clean out, entrails, visceral 9 intestine 10 disembowel, eviscerate, exenterate, intestines 11 instinctive
Gutenberg, Johannes *city:* 5 Mainz *invention:* 11 movable type *partner:* 4 Fust (Johann)
gutless 5 sissy, wimpy, wussy 6 coward, craven, yellow 7 chicken, unmanly 8 cowardly, timorous 9 spineless, spunkless, weak-kneed 11 lily-livered, poltroonish 12 fainthearted 13 pusillanimous
guts 4 grit, sand 5 bowel, heart, moxie, nerve, pluck, spunk, tripe 6 bowels, mettle, spirit 7 bravery, courage, innards, insides, stamina, viscera 8 backbone, entrails, stuffing 9 fortitude, intestine 10 intestines, resolution
gutsy 4 bold 5 brave 6 plucky, spunky 7 valiant 8 intrepid, resolute 10 courageous, determined, mettlesome
gutter 5 chase, ditch, flume, gully 6 furrow, groove, trench, trough 7 channel, conduit
guttersnipe 3 bum 4 hobo, scum, waif 5 gamin 6 beggar, gamine, urchin 7 outcast, vagrant, wastrel 8 derelict, riffraff, vagabond 10 ragamuffin
guttural 4 deep 5 gruff, harsh, husky, rough, velar 6 croaky, hoarse 7 grating, palatal, rasping, throaty 8 gravelly
guy 3 cat, lad, man 4 buck, chap, dude, male, rope, stud, wire 5 bloke, brace, chain, guide 6 effigy, fellow, steady 7 support
Guyana *capital:* 10 Georgetown *language:* 7 English *monetary unit:* 6 dollar *mountain range:* 9 Pacaraima *neighbor:* 6 Brazil 8 Suriname 9 Venezuela *river:* 9 Essequibo
Guys and Dolls *author:* 6 Runyon (Damon) *composer:* 7 Loesser (Frank)
guzzle 4 belt, gulp, slop, soak, swig, toss, tope 5 booze, drink, quaff, slosh, swill 6 imbibe, tank up, tipple 7 consume, swizzle
Gwendolen's husband 7 Locrine
gymnast 7 acrobat, athlete, tumbler *American:* 4 Hamm (Paul) 5 Rigby (Cathy) 6 Conner (Bart), Miller (Shannon), Retton (Mary Lou), Thomas (Kurt) *Romanian:* 8 Comaneci (Nadia) *Russian:* 3 Kim (Nelly) 6 Korbut (Olga)
gymnastics 5 sport 8 exercise, tumbling 9 athletics 10 acrobatics 12 calisthenics *apparatus:* 3 bar 4 bars, beam, buck, ring, rope 5 horse 11 balance beam *feat:* 3 kip 4 flip 5 vault 6 tumble 9 handstand, headstand 10 handspring, headspring, somersault
gyp 3 con 4 bilk, dupe, fake, hoax, rook, scam, sham 5 bunco, cheat, cozen, cross, fraud, spoof, trick 6 chisel, chouse, con man, diddle, fleece, humbug, rip off 7 cheater, deceive, defraud, diddler, finagle, sharper, swindle 8 chiseler, hoodwink, swindler 9 bamboozle, defrauder, imposture, trickster 10 mountebank 11 double-cross, flimflammer 12 double-dealer
gypsum 7 drywall, mineral 8 selenite 9 alabaster, wallboard
gypsy 3 Rom 5 caird, nomad, rover 6 roamer, Romany, tinker 7 drifter, tzigane 8 Bohemian, vagabond, wanderer *Spanish:* 6 gitano
gyrate 4 coil, purl, roll, spin, turn, wind 5 orbit, twirl, whirl 6 circle, rotate 7 revolve 9 oscillate, pirouette
gyration 4 coil, turn 5 cycle, orbit, twirl, wheel, whirl 6 circle 7 circuit, turning 8 rotation 10 revolution
gyre 4 coil, gird, ring, spin, wind 5 cycle, orbit, twirl, whirl 6 circle, girdle, rotate, spiral, vortex 7 circuit, revolve 8 rotation 10 revolution
gyro 8 sandwich
gyve 4 bond, iron 5 chain 6 fetter 7 shackle 8 restrain 9 restraint

H

Habakkuk 7 prophet
habeas corpus 4 writ 5 right 7 mandate
habiliments 4 gear 5 dress 6 attire, outfit 7 apparel, clothes 8 clothing 9 apparatus, equipment, trappings
habilitate 5 dress 6 clothe 7 qualify
habit 3 rut 4 bent, form, garb, mode, rote, wont 5 dress, quirk, style, usage 6 attire, clothe, custom, groove, manner, outfit 7 costume, fashion, pattern, routine 8 behavior, clothing, practice, tendency 9 addiction, mannerism 10 consuetude, convention, proclivity 11 disposition, inclination ***riding:*** 8 jodhpurs ***wearer:*** 3 nun 5 rider
habitable 7 livable
habitant 5 liver 7 denizen, dweller, resider 8 occupant, resident
habitat 4 home, site, turf 5 abode, haunt, range 6 locale, milieu 7 terrain 8 domicile 9 territory 11 environment 12 surroundings
habitation 3 pad 4 digs, flat, home, nest, seat 5 abode, haunt, haven, house, place, roost 7 housing, lodging, tenancy 8 domicile, dwelling, lodgment, quarters 9 homestead, residence, residency 10 settlement
habitual 3 set 5 fixed, usual 6 addict, inborn, native, normal, steady, wonted 7 chronic, regular, routine, settled 8 accepted, addicted, constant, familiar, frequent, inherent 9 automatic, confirmed, continual, customary, ingrained 10 accustomed, inveterate, persistent 11 established, instinctive, involuntary
habitually 8 commonly, normally, wontedly 9 generally, regularly, routinely 10 ordinarily 11 customarily 12 consistently
habituate 4 bear 5 inure, train 6 addict, adjust, endure, harden, school, season, take to 7 break in, prepare, support 8 accustom, tolerate 9 acclimate, condition 11 familiarize
habitué 3 fan 4 buff, user 5 hound, lover 6 addict, patron 7 denizen, devotee, haunter 8 adherent, customer 10 enthusiast, frequenter
hacienda 4 farm 5 manor, ranch, villa 6 estate, quinta 8 dwelling 9 residence 10 plantation
hack 3 cab, cut, hew, try, vex 4 blow, chip, chop, dull, gash, grub, jade, loaf, mean, ride, taxi 5 annoy, cabby, cough, grind, horse, petty, sever, slave, usual 6 cabbie, cliché, drudge, lackey, mangle, stroke, writer 7 clichéd, grating, machine, plodder, taxicab, trivial, vehicle 8 inferior, low grade, mediocre, tolerate 9 cabdriver, mercenary, potboiler 10 second-rate, uninspired 11 commonplace
hacker 4 geek, nerd 6 duffer
hackney 3 cab 4 taxi 5 horse 6 jitney 7 taxicab 8 carriage
hackneyed 3 old 4 dull, worn 5 banal, corny, stale, stock, tired, trite 6 cliché, common, old hat, old saw 7 archaic, clichéd, worn-out 8 everyday, obsolete, outdated, overused, outmoded, timeworn 9 out-of-date 10 antiquated, overworked, pedestrian 11 commonplace, meaningless
Hadad ***father:*** 5 Bedad 7 Ishmael ***victim:*** 6 Midian
Hades 4 Hell 5 Pluto, Sheol 6 blazes, Tophet 7 Gehenna, inferno 8 Tartarus 9 perdition 10 underworld 11 netherworld ***Babylonian:*** 5 Aralu ***god:*** 3 Dis 5 Orcus, Pluto ***goddess:*** 10 Persephone ***guard:*** 8 Cerberus ***lake:*** 7 Avernus ***river:*** 4 Styx 5 Lethe 7 Acheron, Cocytus 10 Phlegethon
haft 4 grip, hilt, knob 5 helve 6 handle
hag 3 hex 5 biddy, crone, harpy, shrew, vixen, witch 6 beldam, gorgon, virago 8 battle-ax, fishwife, harridan, slattern 9 hobgoblin
Hagar 9 concubine ***lover:*** 7 Abraham ***rival:*** 5 Sarah, Sarai ***son:*** 7 Ishmael
Hagen ***father:*** 8 Alberich ***nephew:*** 7 Gunther ***slayer:*** 9 Kriemhild ***victim:*** 9 Siegfried
haggard 3 wan 4 hawk, lank, pale, thin, weak, wild, worn 5 ashen, drawn, faded, gaunt, tired 6 fagged, pallid, skinny, wasted 7 angular, pinched, scraggy, scrawny, starved, wearied 8 careworn, fatigued, shrunken, worndown 9 emaciated, exhausted

Haggard, H. Rider ***novel:*** **3** She **17** King Solomon's Mines
Haggith ***husband:*** **5** David ***son:*** **8** Adonijah
haggle **4** deal **5** argue, cavil, trade **6** barter, bicker, dicker **7** bargain, dispute, quibble, stickle, wrangle **8** squabble **10** horse-trade
hagiography subject **5** saint
hail **3** ave **4** ahoy, call **5** greet, salvo, shout, storm **6** accost, call to, holler, praise, salute, shower, volley **7** acclaim, address, applaud, barrage, call out, commend **8** greeting **9** broadside, cannonade, fusillade, originate, recommend **10** salutation **11** acclamation, bombardment
Haile Selassie **9** Rastafari ***follower:*** **11** Rastafarian ***nation:*** **8** Ethiopia
hair **3** bit, jot **4** hint, mite, wool **5** cilia (plural), pilus, trace **6** cilium, trifle **7** eyelash, whisker **8** fraction, particle ***animal:*** **3** fur **4** mane, pelt, wool **8** vibrissa **9** vibrissae (plural) ***braid:*** **5** queue **7** pigtail ***clip:*** **8** barrette ***coarse:*** **7** bristle ***covering of:*** **3** wig ***cream:*** **6** pomade **7** pomatum **12** brilliantine ***facial:*** **5** beard, patch **6** goatee **7** Vandyke **8** mustache, whiskers **9** burnsides, handlebar, moustache, sideburns, soul patch **11** muttonchops ***fine:*** **6** lanugo ***fringe:*** **4** bang ***head of:*** **9** chevelure ***knot:*** **3** bun ***lock of:*** **4** curl **5** tress **7** cowlick ***loose roll:*** **4** pouf ***matted:*** **6** dreads **10** dreadlocks ***ornament:*** **7** topknot ***preparation:*** **3** gel **6** mousse, pomade **12** brilliantine ***root:*** **6** fibril ***set:*** **4** perm ***stiff:*** **4** seta **5** setae (plural) ***style:*** **4** flip, pomp, shag **5** butch, taper, wedge **6** Caesar, mullet **7** bowl cut, buzz cut, crew cut, flattop, pageboy **8** ducktail **9** pompadour ***tangled:*** **7** elflock ***tuft of:*** **7** fetlock ***unruly:*** **3** mop ***without:*** **4** bald
haircutter **6** barber **7** stylist **8** coiffeur **9** coiffeuse
hairdo **3** bob, bun **4** afro, flip, perm, trim **5** bangs, braid **6** Mohawk, mullet **7** beehive, bowl cut, buzz cut, chignon, crew cut, flattop, pageboy **8** brush cut, coiffure, cornrows, ducktail, pigtails, ponytail, razor cut **9** permanent, pompadour **10** dreadlocks
hairdresser see HAIRCUTTER
hair-raising **5** eerie, scary **6** spooky **7** amazing, awesome **8** exciting **9** thrilling **10** terrifying **11** astonishing, frightening
hairsplitting **7** finicky **8** exacting **9** quibbling **10** nit-picking **12** overcritical **13** hypercritical
hairstyle see HAIRDO
hairy **5** bushy, downy, furry, fuzzy, nappy, risky, rough **6** chancy, fleecy, fluffy, shaggy, tufted, woolly **7** bristly, hirsute, scraggy, unshorn, villous **8** perilous, strigose **9** dangerous, difficult, hazardous, tomentose, whiskered **11** treacherous
Haiti ***capital:*** **12** Port-au-Prince ***island:*** **7** Tortuga **10** Hispaniola ***language:*** **6** Creole, French ***leader:*** **8** Aristide (Jean-Bertrand), Duvalier (François, Jean-Claude) ***location:*** **10** West Indies ***monetary unit:*** **6** gourde ***passage:*** **8** Windward ***peninsula:*** **7** Tiburon ***river:*** **10** Artibonite
hake **4** fish, ling **7** codling, whiting ***relative:*** **3** cod
halcyon **4** calm **5** happy, lucky, quiet, still **6** golden, hushed, placid, serene **8** affluent, peaceful, tranquil **9** favorable **10** auspicious, felicitous, kingfisher, prosperous, untroubled
Halcyone ***father:*** **6** Aeolus ***husband:*** **4** Ceyx
hale **3** fit **4** sane, well **5** sound, stout **6** hearty, robust **7** healthy **8** vigorous **9** strapping, wholesome
Hale character **5** Nolan (Philip)
Haley epic **5** Roots
half **6** moiety ***prefix:*** **4** demi, hemi, semi
half-baked **8** slapdash, slipshod **9** imbecilic, senseless, underdone **11** harebrained, impractical, nonsensical, unrealistic **12** ill-conceived, shortsighted **13** irresponsible
half-cocked **4** rash **5** brash **8** reckless **9** foolhardy, imprudent, impulsive, misguided, premature **10** incautious, unprepared **11** precipitate
halfhearted **4** weak **5** tepid **6** feeble **8** lukewarm **12** uninterested
half-moon **4** arch **5** curve **6** lunule **8** crescent
halfway **3** mid **6** center, medial, median, middle **7** midmost **10** centermost **11** equidistant **12** intermediate
half-wit **4** dolt, dope, fool **5** dunce, idiot, moron **6** cretin **8** imbecile **9** blockhead, simpleton
half-witted **4** dull, slow **7** moronic **8** backward, imbecile **9** imbecilic **12** feebleminded, simpleminded
hall **4** dorm **5** foyer, lobby **6** lyceum **7** passage **8** corridor **9** dormitory **10** auditorium, passageway ***exhibition:*** **5** salon ***Salvation Army:*** **7** citadel
Halley's ___ **5** comet
hallmark **4** logo, seal, sign **5** badge, stamp, trait **6** device, emblem, symbol, virtue **7** feature, imprint, quality

8 logotype, property **9** attribute **11** distinction **13** certification

hallow **5** bless, honor **6** anoint, devote, revere **8** dedicate, make holy, sanctify, venerate **10** consecrate

hallowed **4** holy **6** sacred

hallucination **4** trip **5** ghost **6** mirage, vision, wraith **7** fantasy, phantom, specter **8** delusion, illusion, phantasm **10** apparition **11** fata morgana, ignis fatuus

hallucinogen **3** LSD **9** mescaline **10** psilocybin **11** scopolamine

halo **4** aura **5** nimbi (plural) **6** corona, nimbus **7** aureole

halogen **6** iodine **7** bromine, element **8** astatine, chlorine, fluorine

halt **3** bar, end **4** lame, limp, quit, stay, stop **5** cease, check, close, hitch, lapse, stall, waver **6** arrest, desist, dither, falter, finish, pull up **7** adjourn, bring up, stagger, suspend **8** conclude, cut short, hesitate, knock off, leave off **9** determine, interrupt, terminate, vacillate **10** standstill **11** discontinue

halter **3** bit **4** hang, rope **5** noose **6** blouse, bridle, hamper **8** restrain, trammels **9** hackamore, headstall, restraint

ham **4** hock **5** bacon, emote, thigh **7** buttock, overact **8** overplay, strutter **10** scene-eater **13** exhibitionist

Ham ***brother:*** **4** Shem **7** Japheth ***father:*** **4** Noah ***son:*** **4** Cush, Phut **6** Canaan **7** Mizraim

Haman's adversary **6** Esther

ham-handed **5** inept **6** clumsy, gauche **8** bumbling **9** all thumbs, graceless, inelegant, maladroit **10** blundering, unskillful

Hamilcar ***conquest:*** **5** Spain ***home:*** **8** Carthage ***son:*** **8** Hannibal ***surname:*** **5** Barca

hamlet **7** village ***Irish, Scottish:*** **7** clachan

Hamlet ***author:*** **11** Shakespeare (William) ***beloved:*** **7** Ophelia ***castle:*** **8** Elsinore ***country:*** **7** Denmark ***friend:*** **7** Horatio ***mother:*** **8** Gertrude ***slayer:*** **7** Laertes ***uncle:*** **8** Claudius ***victim:*** **7** Laertes **8** Claudius, Polonius

Hamlet, The ***author:*** **8** Faulkner (William) ***family:*** **6** Snopes

hammer **4** drub, maul, peen **5** forge, gavel, pound **6** batter, mallet, pummel, sledge **7** malleus **8** lambaste ***type:*** **3** air **4** claw, maul **6** sledge **8** ball-peen **9** pneumatic

hammerhead **4** dolt, dope, fool **5** dunce, idiot, shark **8** clodpoll, numskull **9** numbskull **10** thickskull

hamper **3** bin, tie **4** balk, curb, snag **5** block, check, cramp, crimp, leash, limit **6** baffle, basket, fetter, hinder, hobble, hold up, impede, retard, stymie, thwart **7** inhibit, manacle, pannier, prevent, trammel **8** encumber, handicap, obstacle, obstruct, restrain, restrict, slow down **9** frustrate

hamstring **4** lame **6** muscle, tendon **7** cripple, disable **10** immobilize **12** incapacitate

Hamutal ***father:*** **8** Jeremiah ***husband:*** **6** Josiah ***son:*** **8** Jehoahaz, Zedekiah

hand **3** aid, paw **4** fist, pass **5** manus **6** script, worker **7** deliver, dish out, laborer, workman **8** employee, transfer **10** assistance, penmanship **11** calligraphy, chirography ***clenched:*** **4** fist ***combining form:*** **4** chir **5** chiro ***counting zero:*** **8** baccarat ***covering:*** **5** glove **6** mitten ***down:*** **8** bequeath ***gesture:*** **5** mudra ***on hip:*** **6** akimbo ***part:*** **4** palm **5** thumb **6** finger ***poker:*** **5** flush **8** straight **9** full house ***protector:*** **5** glove **7** gantlet **8** gauntlet

handbag **4** grip **5** purse **6** clutch **8** reticule, suitcase **10** pocketbook

handbill **5** flier, flyer **6** poster **7** affiche, leaflet, placard **8** circular

handbook **5** guide **6** manual **8** Baedeker **9** vade mecum **10** compendium **11** enchiridion ***religious:*** **9** catechism

handcuff **6** fetter **7** manacle, shackle ***British:*** **7** darbies (plural)

hand down **4** will **6** bestow, pass on **7** deliver **8** bequeath, transmit

Handel, George Frideric ***aria:*** **5** Largo ***birthplace:*** **5** Halle **7** Germany ***opera:*** **4** Nero **5** Serse **6** Admeto, Alcina, Almira, Ottone, Xerxes **7** Arminio, Orlando, Rinaldo, Rodrigo **8** Berenice **9** Agrippina, Ariodante **12** Giulio Cesare, Julius Caesar ***oratorio:*** **4** Saul **6** Esther, Joshua, Samson, Semele **7** Athalia, Deborah, Jephtha, Messiah, Solomon **8** Theodora

handicap **4** edge, load, odds **6** burden, hamper, hinder, impede **8** drawback, encumber, restrict **9** advantage, allowance, detriment, head start, hindrance **10** disability, limitation **11** encumbrance **12** disadvantage

handicraft **5** skill **8** artefact, artifact

hand in **6** submit, tender **7** deliver, present

handkerchief **5** hanky **6** hankie **7** bandana **8** bandanna, mouchoir **9** accessory

handle **3** paw, use **4** feel, grip, haft, hilt, knob, name, test **5** crank, touch, trade, treat, wield **6** manage **7** control, moniker, operate **8** deal with, doorknob, exercise, maneuver, nickname **10** manipulate ***scythe:*** **5** snath **6** snathe

handling **4** care **6** charge **9** packaging, treatment ***partner:*** **8** shipping

hand out **4** give, mete **6** bestow, donate **7** deliver, present, provide **8** disburse, dispense, give away **10** administer, distribute

hand over **4** cede, feed, give **5** leave, yield **6** commit, donate, fork up, give up, supply **7** commend, confide, consign, deliver, entrust, present **8** dispense, give back, relegate, transfer **9** deliver up, surrender **10** relinquish

handrail **8** banister

handsome **4** buff, cute, fair **5** ample, hunky, noble **6** comely, lavish **7** dashing, liberal, sizable, stately, stylish **8** abundant, generous, gracious, majestic **9** beautiful, bounteous, bountiful **10** attractive, munificent **11** fashionable, good-looking **12** considerable

handspring **6** tumble ***lateral:*** **9** cartwheel

handwriting **6** script **8** longhand **10** autography, manuscript, penmanship **11** calligraphy, chirography ***bad:*** **10** cacography ***study of:*** **10** graphology

handy **4** able, deft, near **5** adept, close, utile **6** adroit, clever, nearby, nimble, useful **7** close-by, skilled **8** adjacent, skillful **9** adaptable, available, dexterous **10** accessible, convenient, proficient **11** practicable, within reach

handyman **6** helper **7** go-to guy **8** factotum

hang **3** jut, sag **4** hook, idle, loll **5** cling, drape, droop, float, hoist, knack, lynch, sling, swing **6** dangle, depend **7** suspend ***back:*** **3** lag **4** drag, poke **5** trail **6** dawdle, schlep **7** schlepp **8** straggle ***loosely:*** **3** sag **6** dangle

hang around **4** stay, wait **5** abide, dally, tarry **6** dawdle, linger, loiter **7** goof off **8** frequent

hangdog **3** sad **4** blue, glum **5** cowed **6** guilty **7** ashamed, pitiful, unhappy **8** dejected, sheepish **9** chagrined, depressed **11** embarrassed

hanger-on **5** leech **6** sponge, sucker **7** sponger **8** barnacle, follower, parasite **9** sycophant **10** freeloader **11** bloodsucker

hanging **5** arras, slope **7** curtain, drapery, pendant, pendent **8** covering, tapestry **9** declivity, execution, pendulous, suspended

Hanging Gardens **7** Babylon

hang on **4** grip **5** grasp **6** clutch, endure, remain **7** persist, survive **8** continue, hold fast **9** persevere

hang out **4** idle, loaf **5** chill, dally, relax **6** loiter, lounge **7** goof off

hangout **5** haunt, joint **6** resort **7** purlieu, retreat **10** rendezvous **12** watering hole

hang up **4** mire, snag **5** delay **6** detain, impede, retard **7** bog down, set back, suspend **8** slow down

hang-up **5** block **7** dilemma, problem **9** obsession **10** difficulty, inhibition

hank **4** clip, coil, loop, ring **6** bundle

hanker **3** yen **4** ache, itch, long, lust, want, wish **5** covet, crave, yearn **6** desire, hunger, thirst

hankering **3** yen **4** ache, itch, lust, urge **5** ardor **6** desire, hunger, pining, thirst **7** craving, longing, passion **8** appetite, yearning

hanky-panky **5** fraud, trick **7** chicane **8** mischief, trickery **9** chicanery, dalliance, deception **13** double-dealing, sharp practice

Hannibal ***defeat:*** **4** Zama ***father:*** **8** Hamilcar ***home:*** **8** Carthage ***surname:*** **5** Barca ***vanquisher:*** **6** Scipio ***victory:*** **6** Cannae

Hansa **5** guild **6** league

Hans Brinker author **5** Dodge (Mary Mapes)

Hanseatic League city **6** Bremen, Lübeck, Wismar **7** Cologne, Hamburg, Rostock

Hänsel und Gretel composer **11** Humperdinck (Engelbert)

Hansen's disease **7** leprosy

hansom **5** coach **8** carriage

haole **5** white

haphazard **6** casual, chance, random **7** aimless **8** at random, careless, slipshod **9** desultory, hit-or-miss, irregular, unplanned **10** accidental, willy-nilly **11** unorganized **12** unsystematic **13** helter-skelter

hapless **4** poor **6** woeful **7** unhappy, unlucky **8** ill-fated, wretched **9** miserable **10** ill-starred **11** star-crossed, unfortunate

happen **4** pass **5** occur **6** befall, betide **7** develop, fall out, turn out **8** bechance **9** transpire ***again:*** **5** recur ***together:*** **6** concur **8** coincide

happening **3** new **5** event, scene, thing **7** episode **8** incident, occasion **9** adventure **10** experience, occurrence, phenomenon **11** fashionable **12** circumstance

happen on **4** find **8** bump into, discover

happenstance **5** event **6** chance **8** incident, occasion **9** condition, situation **11** coincidence

happiness **3** joy **4** glee **5** bliss, cheer, mirth **6** gaiety **7** aptness, content, delight, elation, jollity **8** felicity, gladness, pleasure **9** enjoyment, well-being **11** contentment **12** satisfaction

happy **4** glad **5** jolly, lucky, merry **6** joyful, joyous, upbeat **7** blessed, content, pleased **8** friendly, jubilant **9** contented, favorable, satisfied **12** enthusiastic, lighthearted

happy-go-lucky **4** easy **6** blithe, breezy, casual **8** carefree, careless, cheerful, heedless, laid-back, reckless **9** easygoing, unworried **10** insouciant, nonchalant **11** unconcerned **12** devil-may-care, light-hearted

hara-kiri **7** seppuku, suicide **8** felo-de-se

Haran ***brother:*** **7** Abraham ***daughter:*** **5** Iscah **6** Milcah ***father:*** **5** Terah **6** Shimei ***son:*** **3** Lot

harangue **4** rant, rave **5** orate, spiel **6** exhort, hassle, tirade **7** declaim, lecture, oration **8** bloviate, diatribe, jeremiad **9** discourse, philippic **11** declamation, exhortation

harass **3** irk, vex **4** bait, raid, ride **5** annoy, beset, bully, chivy, harry, hound, tease, worry **6** badger, chivvy, hassle, heckle, hector, pester, plague, stress **7** bedevil, exhaust, fatigue, torment, trouble **8** bullyrag, distress **9** beleaguer, persecute

harbinger **4** omen, sign **5** augur **6** augury, herald **7** apostle, portent **9** messenger, precursor **10** forerunner, indication

harbor **3** bay **4** cove, port **5** haven, inlet, lodge, put up **6** billet, refuge, shield, take in **7** nurture, protect, seaport, shelter **9** anchorage, safeguard, sanctuary ***Hawaii:*** **5** Pearl

hard **4** firm, iron **5** cruel, harsh, solid, tough **6** brutal, knotty, packed, rugged, tiring, trying **7** arduous, callous, onerous **8** absolute, concrete, exacting, granitic, grinding, indurate, pitiless, rigorous **9** demanding, difficult, fatiguing, intensely, intensive, laborious, unfeeling **10** adamantine, exhausting, spirituous, thoroughly, vigorously **11** complicated, intensively, intractable, troublesome, unrelenting, unremitting **12** backbreaking ***to please:*** **7** finicky

hard-boiled **4** grim **5** rough, stoic, tough **6** coarse **7** callous **8** seasoned **9** impassive, pragmatic, unfeeling **11** insensitive, unemotional **12** stonyhearted, thick-skinned **13** unsympathetic

harden **3** dry, set **5** inure, steel **6** anneal, freeze, ossify, season, temper **7** calcify, compact, congeal, densify, lithify, petrify, stiffen, toughen **8** solidify **9** acclimate, fossilize, habituate **10** strengthen

hardfisted **4** mean **5** close, tight **6** stingy, strict **13** penny-pinching

hardheaded **5** sober, tough **6** mulish, shrewd **7** willful **8** obdurate, perverse, stubborn **9** obstinate, practical, pragmatic, realistic **10** determined **11** down-to-earth, intractable

hardhearted **4** cold **8** pitiless, uncaring **9** merciless, unfeeling

hard-hitting **6** strong **8** emphatic, forceful, powerful **9** effective

hardihood **3** pep **4** gall, grit, guts **5** cheek, moxie, nerve, pluck, vigor **6** daring **7** courage **8** audacity, boldness, temerity **9** assurance, brashness, cockiness, fortitude, impudence, insolence **10** brazenness, robustness

hard-line **4** firm **5** fixed, rigid, tough **8** obdurate **9** obstinate, unbending **10** inflexible, unyielding **11** stiff-necked **12** intransigent

hardness **5** rigor **7** density **8** rigidity, severity **10** difficulty, resistance

hardscrabble **6** barren **8** marginal **9** infertile, unbearing, unfertile **12** impoverished, unproductive

hardship **4** need, toil **5** rigor, trial **6** burden **7** travail **8** asperity, distress, drudgery **9** adversity, privation, suffering **10** affliction, difficulty, discomfort, misfortune **11** tribulation

Hard Times author **7** Dickens (Charles)

hard up **4** poor **5** broke, needy **6** bad off **8** beggared, bankrupt, deprived, indigent, strapped **9** desperate, destitute, penniless **10** down-and-out **11** necessitous **12** impoverished

hardy **4** bold, hale **5** brave, tough **6** daring, robust, rugged, strong **7** healthy **8** intrepid, resolute **9** audacious

Hardy, Thomas ***character:*** **3** Sue (Bridehead) **4** Alec (D'Urberville), Clym (Yeobright), Jude (Fawley), Tess (Durbeyfield) **5** Angel (Clare) **7** Gabriel (Oak) **8** Arabella (Donn), Eustacia (Vye), Henchard (Michael) **9** Bathsheba (Everdene) ***novel:*** **11** Woodlanders (The) **14** Jude the Obscure **17** Return of the Native (The) **19** Mayor of Casterbridge (The) **21** Tess of the D'Urbervilles **22** Far from the Madding Crowd ***setting:*** **6** Wessex

hare **5** lapin **6** rabbit ***female:*** **3** doe ***genus:*** **5** Lepus ***male:*** **4** buck ***tail:*** **4** scut ***young:*** **7** leveret

harebrained **5** crazy, loony, silly, wacky **6** absurd, insane, stupid **7** asinine, foolish **9** frivolous **10** ridiculous **12** preposterous

harem **5** serai **6** zenana **8** seraglio ***concubine:*** **9** odalisque

haricot **3** pod **4** bean **10** kidney bean

hark 4 hear, heed, mind, note 6 attend, listen, notice
harlequin 5 clown, joker 6 jester, mottle 7 buffoon 9 prankster
Harlequin ***beloved:*** 9 Columbine ***rival:*** 7 Pierrot
harm 3 mar 4 hurt, maim, ruin 5 abuse, spoil, wound, wrong 6 damage, ill-use, impair, injure, injury, misuse, molest 7 tarnish 8 ill-treat, maltreat, mischief, mistreat 9 undermine 10 disservice, misfortune
harmful 3 bad 4 evil 5 risky, toxic 6 malign, unsafe 7 noisome, noxious 8 damaging 9 dangerous, hazardous, injurious, malignant, unhealthy 10 pernicious 11 deleterious, detrimental, unhealthful
harmless 4 safe 6 benign 8 innocent, nontoxic 9 innocuous 11 inoffensive
Harmonia ***daughter:*** 3 Ino 5 Agave 6 Semele 7 Autonoë ***father:*** 4 Ares, Mars ***husband:*** 6 Cadmus ***mother:*** 5 Venus 9 Aphrodite ***son:*** 9 Polydorus
harmonious 5 sweet 7 chiming, chordal, musical, pacific 8 blending, friendly, in accord, peaceful, pleasing 9 agreeable, congenial, congruous, consonant, symphonic 10 compatible, concordant 11 cooperative, symmetrical, sympathetic
harmonize 3 fit 4 jibe, sing 5 agree, blend, match 6 accord, attune 7 arrange, concert, conform 8 coincide, dovetail 9 integrate 10 coordinate, correspond, synthesize 11 orchestrate
harmony 5 grace, peace, unity 6 accord 7 balance, concert, concord, oneness, rapport 8 affinity, sonority, symmetry 9 agreement, congruity, polyphony 10 accordance, concinnity, conformity, consonance, proportion 11 concordance, consistency, cooperation ***lack of:*** 7 discord 10 dissonance ***of movement:*** 8 eurythmy
harness 4 curb, gear, yoke 5 hitch, leash 6 bridle, tackle 7 utilize 11 domesticate ***part:*** 3 bit 4 rein 5 girth, trace 6 collar 7 blinder, crupper 9 bellyband, breeching, checkrein 12 breast collar ***ring:*** 6 terret
harp 4 lyre 9 harmonica ***Greek:*** 7 cithara, kithara
harpsichord 7 cembalo 8 clavecin
harpsichordist ***American:*** 6 Fuller (Albert, David), Kipnis (Igor), Newman (Anthony) 7 Marlowe (Sylvia), Pinkham (Daniel), Pinnock (Trevor), Valenti (Fernando) 11 Kirkpatrick (Ralph) ***English:*** 7 Malcolm (George) ***German:*** 7 Richter (Karl) 9 Leonhardt (Gustav) ***Italian:*** 7 Sgrizzi (Luciano) ***Polish:*** 9 Landowska (Wanda)
harpy 3 nag 5 leech, scold, shrew, vixen 6 virago 8 fishwife, harridan 9 termagant
Harpy 5 Aello 7 Celaeno, Ocypete ***father:*** 7 Thaumas ***mother:*** 7 Electra ***sister:*** 4 Iris
harridan 3 hag 4 fury 5 biddy, harpy, shrew, vixen, witch 6 dragon, gorgon, ogress, virago 7 hellcat 8 battle-ax, fishwife 9 battle-axe, termagant
harrier 3 dog 4 hawk 6 hector, runner 10 persecutor
harrow 3 try, vex 4 bait, rack 5 devil, tease 6 badger, heckle, hector, needle, pester, suffer 7 afflict, bedevil, torment, torture, trouble 8 distress, irritate 9 cultivate 10 excruciate
harry 3 dog, irk, vex 4 gnaw, raid, sack 5 annoy, tease, upset, worry 6 attack, badger, harass, hassle, pester, plague, ravage 7 assault, bedevil, despoil, perturb, pillage, plunder, torment 8 desolate, maltreat 9 beleaguer, depredate
harsh 5 cruel, gruff, rough, stern 6 biting, brutal, coarse, severe, uneven, unkind 7 austere, caustic, grating, jarring, painful, pungent, raucous, stubbly 8 exacting, grinding, jangling, scraping, scratchy, strident, unsmooth 9 dissonant, inclement 10 discordant, irritating, unpleasant
hart 4 deer, stag 7 red deer ***mate:*** 4 hind
hartebeest 8 antelope ***family:*** 7 Bovidae
Harte story 17 Luck of Roaring Camp (The) 19 Outcasts of Poker Flat (The)
Hartford ***college:*** 7 Trinity ***specialty:*** 9 insurance
Hart, Moss ***autobiography:*** 6 Act One ***collaborator:*** 7 Kaufman (George S.) ***musical:*** 13 Lady in the Dark ***play:*** 15 Once in a Lifetime 18 Man Who Came to Dinner (The) 20 You Can't Take It with You
haruspex 5 augur 7 diviner, prophet 8 foreseer 9 predictor 10 forecaster, foreteller, soothsayer
harvest 4 crop, pick, reap 5 amass, cache, glean, hoard, stash, yield 6 garner, gather 7 collect, reaping, store up, vintage 8 ingather, squirrel, stow away 9 garnering, gathering ***bug:*** 4 mite 7 chigger ***fly:*** 6 cicada ***festival:*** 6 Lammas 7 Cerelia 10 Michaelmas 12 Thanksgiving ***god, goddess:*** 3 Ops 5 Ceres 6 Consus 7 Demeter
harvester 7 gleaner ***grain:*** 6 header ***of grapes:*** 8 vintager
Harvey 5 pooka 6 rabbit ***author:*** 5 Chase (Mary) ***character:*** 6 Elwood (P. Dowd)

hash 4 chop, mess, stew 5 botch, mince, mix-up 6 jumble, medley, muddle, review 7 clutter, confuse, mélange, mixture 8 consider, shambles 9 patchwork 10 assortment, hodgepodge, miscellany
hash house 4 café 5 diner 6 bistro, eatery 7 pit stop 10 coffee shop 12 luncheonette
hashish 5 bhang, ganja 6 charas 8 cannabis, narcotic ***plant:*** 4 hemp
hash out 6 review 7 discuss 8 talk over 9 talk about
hasp 5 catch 6 fasten 8 fastener 9 fastening
hassle 3 row 4 beef, to-do 5 annoy, argue, brawl, fight, run-in 6 bicker, clamor, harass, hubbub, tumult, uproar 7 dispute, problem, quarrel, rhubarb, turmoil, wrangle 8 argument, squabble, struggle 9 commotion 11 altercation, controversy
hassock 4 pouf 7 cushion, kneeler, ottoman 9 footstool
haste 3 run 4 dash, rush 5 hurry, speed 6 barrel, bustle, flurry, hustle 7 beeline, hotfoot 8 celerity, dispatch, rapidity, velocity 9 fleetness, quickness, swiftness 10 speediness 11 hurriedness, impetuosity
hasten 3 fly, hie, run 4 rush, urge 5 hurry, press, speed 6 barrel, hustle, step up, urge on 7 hurry up, quicken, speed up 8 expedite 10 accelerate
hasty 4 fast, rash 5 brisk, eager, fleet, quick, rapid, swift 6 abrupt, rushed, speedy, sudden 7 cursory, hurried, rushing 8 careless, fleeting, headlong, heedless, reckless, slapdash 9 hotheaded, impatient, impetuous, irritable, quickened 10 ill-advised, incautious 11 expeditious, perfunctory, precipitate, precipitous, superficial, thoughtless
hat 5 derby, tuque 6 boater, cloche, fedora, panama, topper 7 bicorne, chapeau, homburg, porkpie, Stetson, tricorn 8 sombrero, tricorne 9 headpiece 11 deerstalker ***ancient Greek:*** 7 petasos, petasus ***brimless:*** 7 pillbox ***close-fitting:*** 4 kufi 5 toque, tuque 6 cloche, turban ***felt:*** 5 busby, derby 6 bowler, trilby ***fur:*** 5 busby 6 castor ***helmetlike:*** 4 topi 5 topee ***maker:*** 7 modiste 8 milliner ***Middle Eastern:*** 3 fez ***military:*** 4 kepi 5 busby, shako ***Muslim:*** 3 fez 6 turban 8 tarboosh ***sheepskin:*** 6 calpac 7 calpack ***soft:*** 5 toque ***straw:*** 6 boater, panama, sailor 7 bangkok, leghorn, skimmer 8 sombrero ***sun:*** 5 terai ***tall:*** 9 stovepipe ***waterproof:*** 9 sou'wester ***woman's:*** 4 coif 5 toque 6 bonnet 7 pillbox
hatch 4 door, plan, plot 5 breed, brood, cover, inlay, spawn 6 cook up, create, design, devise, emerge, invent, make up, work up 7 concoct, dream up, opening, produce, think up 8 contrive, engender, generate, incubate, occasion 9 floodgate, formulate, give birth, give forth, originate, procreate 11 compartment
hatchet 3 axe 8 tomahawk
hatchet man 6 killer 7 torpedo 8 assassin, enforcer, murderer 9 attack dog, cutthroat 10 eliminator
hate 5 abhor, scorn, spite 6 animus, detest, enmity, horror, loathe, malice, rancor 7 despise, disgust 8 aversion, execrate, loathing 9 abominate, animosity, antipathy, deprecate, repulsion, revulsion 10 abhorrence, repugnance 11 abomination, detestation
hateful 4 evil, foul, mean, vile 5 nasty 6 horrid, malign, odious, scurvy 7 vicious 8 accursed, damnable, infamous 9 abhorrent, execrable, malicious, obnoxious, repellent, repulsive 10 abominable, despicable, detestable, malevolent 11 blasphemous, opprobrious, unspeakable 13 reprehensible
Hatfields vs. ___ 6 McCoys
hatred 5 odium, spite 6 animus, enmity, rancor 7 dislike 8 aversion, loathing 9 animosity, antipathy, hostility, repulsion, revulsion 10 abhorrence, repugnance 11 abomination, detestation, malevolence ***of change:*** 9 misoneism ***of humankind:*** 11 misanthropy ***of marriage:*** 8 misogamy ***of men:*** 8 misandry ***of women:*** 8 misogyny
hats 9 millinery
hauberk 5 armor 9 chain mail, habergeon
haughtiness 4 airs 5 pride, scorn 7 conceit, disdain, hauteur 9 arrogance, insolence, pomposity 12 snobbishness
haughty 5 aloof, proud 6 lordly, sniffy 7 distant 8 arrogant, cavalier, scornful, snobbish, superior 9 egotistic 10 disdainful 11 overbearing 12 contemptuous, supercilious
haul 3 lug, tow, tug 4 cart, drag, draw, hump, lift, load, loot, pull, swag, take, tote 5 boost, booty, cargo, hoist, raise, truck 6 burden, lading, schlep, spoils 7 freight, payload, schlepp ***with a tackle:*** 5 bowse
haul up 5 hoise, hoist ***with a rope:*** 5 trice
haunch 3 hip 11 hindquarter
haunches 4 rump 7 hind end, rear end 8 backside, buttocks 9 posterior 12 hindquarters
haunt 4 site 5 spook 6 obsess, prey on

7 habitat, hang out, inhabit, torment, trouble 8 frequent 9 preoccupy 10 hang around, rendezvous, stay around, visit often

haunter 5 ghost 7 denizen, habitué

hautbois 4 oboe

hauteur see HAUGHTINESS

haut monde 5 elite 6 jet set 7 society, who's who 10 glitterati, upper crust 11 aristocracy, high society 13 carriage trade

have 3 own 4 hold 7 contain, include, possess

haven 4 port, roof 5 house 6 asylum, harbor, refuge 7 retreat, shelter 9 anchorage, sanctuary

haversack 3 bag 4 pack 8 backpack

havoc 4 loss, ruin, sack 5 chaos, waste 6 mayhem 8 calamity, disorder, ravaging 9 confusion, ruination 11 catastrophe, destruction, devastation, pandemonium

haw 4 left, tree 5 berry, fruit, shrub 8 turn left 10 equivocate

Hawaii ***author:*** 8 Michener (James A.) ***capital:*** 8 Honolulu ***city:*** 4 Hilo ***coast:*** 4 Kona ***discoverer:*** 4 Cook (Capt. James) ***island:*** 4 Maui, Oahu 5 Kauai, Lanai 6 Niihau 7 Molokai ***mountain:*** 7 Kilauea 8 Mauna Kea, Mauna Loa ***nickname:*** 5 Aloha (State) ***park:*** 9 Haleakala ***state bird:*** 4 nene ***state flower:*** 8 hibiscus ***state tree:*** 5 kukui 9 candlenut

Hawaiian ***dance:*** 4 hula ***feast:*** 4 luau ***food:*** 3 poi ***god:*** 4 Kane, Lono 5 Wakea 7 Kanaloa ***goddess:*** 4 Pele ***goose:*** 4 nene ***instrument:*** 3 uke 7 ukulele ***neckwear:*** 3 lei ***nonnative:*** 5 haole 8 malihini ***resident:*** 8 kamaaina ***shaman:*** 6 kahuna ***soup:*** 6 saimin ***tree:*** 3 koa

hawk 4 kite, sell, vend 5 buteo 6 falcon, monger, osprey, peddle 7 Cooper's, goshawk, haggard, harrier 8 caracara, huckster, roughleg 9 accipiter, red-tailed, warmonger 10 militarist 11 ferruginous, rough-legged ***male:*** 6 tercel 7 tiercel ***young:*** 4 eyas

hawker 6 coster, monger, seller, vendor 7 packman, peddler 8 pitchman 12 costermonger

hawkeyed 11 keen-sighted 12 sharp-sighted

Hawkeye State 4 Iowa

hawkish 7 martial, warlike 9 combative 10 aggressive 11 belligerent 12 militaristic

___ **Hawley Tariff** 5 Smoot

Hawthorne, Nathaniel ***birthplace:*** 5 Salem ***character:*** 6 Hester (Prynne) 8 Clifford (Pyncheon), Hepzibah (Pyncheon), Pyncheon (Judge) 10 Dimmesdale (Rev. Arthur) 13 Chillingworth (Roger) ***novel:*** 10 Marble Faun (The) 13 Scarlet Letter (The) 21 House of the Seven Gables (The)

hay 3 bed 4 feed 5 grass 6 fodder, reward 7 herbage ***crops:*** 6 clover 7 alfalfa, timothy

Haydn oratorio 7 Seasons (The) 8 Creation (The)

hay fever 7 allergy 10 pollenosis, pollinosis ***cause:*** 6 pollen 7 ragweed

haying machine 5 baler

haymaker 3 box 4 blow, sock 5 clout, punch 6 wallop

hayseed see HICK

haywire 4 amok, awry 5 amuck, crazy, upset 6 faulty 8 confused 10 out of order 12 out of control

hazard 3 bet, try 4 dare, game, luck, risk 5 peril, shoal, wager 6 chance, danger, gamble, menace 7 fortune, imperil, venture 8 accident, endanger, jeopardy, obstacle

hazardous 5 hairy, risky 6 chancy, unsafe 7 unsound 8 perilous 9 dangerous, unhealthy 10 precarious

haze 3 fog 4 film, mist, murk, smog 5 brume, cloud, drive, smoke, vapor 6 harass 7 dimness, obscure 8 dullness, initiate, overcast 9 mistiness, murkiness, vagueness 10 cloudiness

hazel 4 wood 5 birch, shrub 7 filbert

hazy 3 dim 5 faint, filmy, foggy, fuzzy, misty, murky, smoky, vague 6 cloudy, unsure 7 blurred, clouded, obscure, unclear 8 nebulous, vaporous 9 uncertain 10 indefinite, indistinct

head 3 nut 4 boss, john, main, pate, poll 5 brain, caput, chief, first, prime, privy, scalp, skull 6 climax, honcho, leader, master, noggin, noodle, set out, talent, toilet 7 cranium, faculty, latrine, leading, premier, proceed, supreme 8 director, foremost, lavatory, light out 9 chieftain, principal, strike out 10 promontory ***area:*** 5 crown 6 temple ***back part:*** 7 occiput ***bone:*** 5 skull 7 cranium 8 parietal ***combining form:*** 6 cranio 7 cephalo ***covering:*** 3 cap, hat 6 bonnet 8 kerchief ***monastery:*** 4 dean 5 abbot 8 superior ***nunnery:*** 6 abbess 8 superior ***of hair:*** 4 mane 6 fleece 9 chevelure ***relating to:*** 8 cephalic ***shaving of:*** 7 tonsure ***skin:*** 5 scalp ***top:*** 4 pate 5 crown

headache 4 pain 5 worry 6 bother, megrim 7 problem 8 migraine, nuisance, vexation 9 annoyance 10 irritation

headband 7 bandeau, circlet, coronal ***ancient Greek:*** 6 taenia 7 taeniae (plural)

headdress 7 topknot ***American Indian:*** 9 warbonnet ***Arab:*** 8 kaffiyeh ***bishop's:*** 5 miter, mitre ***medieval:*** 4 barb ***Eastern:*** 6 turban ***nobleman's:*** 7 coronet ***royal:*** 5 crown, tiara 6 diadem ***Spanish women's:*** 8 mantilla ***women's:*** 6 bonnet (see also HAT)

headland 4 cape 5 point 10 promontory

headline 6 banner 7 feature, promote 8 screamer 9 emphasize, publicize, spotlight 10 noteworthy

headlong 4 rash 5 hasty 6 abrupt, daring, rashly, sudden 7 hurried, rushing 8 heedless, reckless 9 foolhardy, impetuous, impulsive 10 heedlessly, recklessly 11 precipitate, precipitous

headmaster 6 leader 9 principal

head off 4 stop 5 avert, block 6 thwart 7 deflect, obviate, prevent, ward off 8 stave off, turn back 9 forestall, intercept

headquarters 3 hub 4 base, seat 6 center

head start 4 edge, jump, lead, odds 5 boost 7 advance, vantage 8 handicap 9 advantage, allowance

headstone 8 memorial, monument 11 grave marker

headstrong 6 dogged, mulish, unruly 7 willful 8 contrary, perverse, stubborn 9 obstinate 10 bullheaded, refractory, self-willed 11 intractable, stiff-necked

heads-up 5 alarm, alert 6 signal, tip-off 7 warning 8 high sign 11 resourceful

headway 4 gain 6 growth 7 advance 8 anabasis, progress 11 advancement, improvement

heady 4 rash, rich 5 giddy 6 elated, potent 7 willful 8 exciting 9 impetuous 11 exhilarated, intoxicated 12 intoxicating

heal 3 fix 4 cure, mend 5 sew up, treat 6 cement, remedy, repair 7 patch up, restore 8 make well

healer 6 doctor, shaman

healing 8 curative, remedial, salutary, sanative 9 vulnerary, wholesome 10 salubrious 11 restorative, therapeutic 12 convalescent ***goddess of:*** 3 Eir

health 7 fitness, welfare 8 haleness, vitality, wellness 9 soundness, well-being, wholeness ***club:*** 3 gym, spa

healthful 8 curative, hygienic, remedial, salutary 9 favorable, wholesome 10 beneficial, corrective, profitable, salubrious 11 restorative

healthy 3 fit 4 hale, spry, well 5 sound, tonic 6 benign, robust, strong, sturdy 7 chipper 8 blooming, hygienic, positive, salutary, thriving, vigorous 9 wholesome 10 able-bodied, beneficial, prosperous, salubrious 11 flourishing

heap 3 lot 4 cock, fill, gobs, hill, load, lump, mass, much, pack, pile, rick, scad 5 amass, bunch, clump, crate, loads, mound, shock, stack, wreck 6 barrel, charge, gather, jalopy, junker, lumber, oodles 7 clunker, collect, deposit, jillion 8 assemble, mountain, slathers 9 abundance, great deal, profusion, stockpile 10 quantities ***combustible:*** 4 pyre

hear 4 heed 5 learn 8 listen to, perceive 9 apprehend

hearing 4 test 5 trial 6 tryout 7 earshot, inquiry 8 audience, audition 9 interview 10 conference, discussion ***distance:*** 7 earshot

hearken 4 heed, mind, note 6 attend, listen, notice 7 observe

hearsay 4 buzz, news, talk 5 rumor 6 gossip, report 7 account, chatter 9 grapevine 11 scuttlebutt

heart 3 hub 4 core, crux, gist, guts, love, pith, root, seat, soul, zest 5 ardor, bosom, focus, gusto, moxie, pluck, spunk 6 breast, center, kernel, mettle, relish, spirit, ticker 7 courage, resolve 8 feelings, sympathy 9 character, fortitude 10 affections, compassion, conscience, enthusiasm ***combining form:*** 6 cardio ***contraction:*** 7 systole ***dilation:*** 8 diastole ***part:*** 5 valve 6 atrium, septum 9 ventricle

heartache 3 rue, woe 4 care, pain, pang 5 grief 6 regret, sorrow 7 anguish, sadness 8 distress 10 affliction

heartbeat 5 flash, jiffy, pulse, throb, trice 6 moment, second 9 pulsation ***irregular:*** 10 arrhythmia

heartbreak 3 rue, woe 5 agony, grief 6 misery, regret, sorrow 7 anguish, despair, torment, torture 9 suffering 10 desolation 12 wretchedness

heartbreaking 6 bitter, tragic 8 grievous 9 agonizing 10 calamitous, deplorable, lamentable 11 devastating, distressing

heartbroken 7 crushed, grieved 8 mournful, overcome, wretched 9 sorrowful 10 despairing, despondent 12 disconsolate

heartburn 7 pyrosis

hearten 4 buoy, stir 5 cheer, rally, rouse 6 arouse, buck up, buoy up, perk up 7 animate, cheer up, enliven, inspire 8 embolden, energize, inspirit 9 encourage

heartfelt 4 deep, true 6 honest 7 earnest, fervent, genuine, sincere 8 profound 9 unfeigned

hearth 4 home 5 abode 8 domicile, dwelling, fireside 9 fireplace, residence

heartily 6 wholly 9 sincerely, with gusto, zestfully 10 completely, thoroughly
heartless 4 cold, hard 5 cruel 6 unkind 7 callous 8 uncaring 9 unfeeling 10 hard-boiled 11 insensitive, unemotional 13 unsympathetic
Heart of Dixie 7 Alabama
heartsease 5 pansy, viola 6 violet 11 peace of mind, tranquility 12 johnny-jump-up, tranquillity
heart-shaped 7 cordate
heartsick 4 blue, down 8 dejected, desolate, dismayed, downcast 9 depressed 10 despondent, dispirited 11 demoralized 12 disconsolate
heartthrob 4 idol, love 5 flame, honey, sweet 7 beloved, darling, passion 10 sweetheart
heart-to-heart 4 open, talk 5 frank 6 candid, honest 7 sincere 8 truthful 12 conversation
hearty 4 hale, warm 5 ample 6 jovial, robust, sailor, strong 7 cordial, healthy, profuse, sincere 8 abundant, vehement, vigorous 9 approving, energetic, exuberant, flavorful, unfeigned 12 enthusiastic, unrestrained
heat 4 cook, rage, warm, zeal 5 ardor, fever 6 fervor, simmer, warmth 7 caloric, inflame, passion, swelter 8 pyrolyze ***combining form:*** 4 pyro 6 calori, thermo 7 thermia ***measuring device:*** 11 calorimeter, thermometer ***quantity:*** 3 BTU
heated 3 hot, mad 5 angry, fiery, irate 6 ardent, fervid, fierce, ireful, raging, steamy 7 boiling, burning, fevered, furious 8 broiling, feverish, scalding, sizzling, vehement, wrathful 9 indignant, scorching 10 passionate 11 acrimonious
heater 3 gun, rod 5 stove 6 boiler, pistol 7 furnace 8 fastball, radiator
heath 4 moor 5 shrub 9 wasteland
heathen 5 pagan 7 infidel 8 barbaric 11 irreligious, uncivilized
heat-producing 9 calorific
heave 3 lob 4 cast, draw, fire, gasp, haul, heft, huff, hurl, lift, pant, puff, pull, push, toss 5 fling, hoist, labor, pitch, raise, retch, sling, surge, throw, vomit 6 launch
heave-ho 4 boot 6 ouster 8 bum's rush 9 dismissal
heaven 3 God 4 Zion 5 bliss, glory 6 utopia 7 arcadia, delight, ecstasy, elysium, nirvana, rapture 8 empyrean, eternity, paradise 9 firmament, Shangri-la 10 wonderland 11 immortality, kingdom come 12 promised land
heavenly 4 lush 6 divine, sacred 7 blessed 8 beatific, empyreal, empyrean, ethereal 9 ambrosial, celestial, delicious 10 delectable, delightful, enchanting
heavy 3 big, fat 4 rich 5 beefy, bulky, gross, hefty, obese, stout 6 bad guy, chunky, drowsy, fleshy, gravid, leaden, portly 7 arduous, intense, labored, massive, porcine, villain, weighty 8 burdened, cumbrous, enceinte, pregnant, sluggish, unwieldy 9 corpulent, expectant, expecting, laborious, lumbering, ponderous, strenuous 10 burdensome, cumbersome, formidable, oppressive, overweight
heavy-handed 5 crude, harsh, inept 6 clumsy, gauche, klutzy 7 awkward 8 bumbling, despotic 9 maladroit 10 oppressive 11 domineering, overbearing
heavyhearted 3 sad 4 glum 5 sorry 7 unhappy 8 dejected, downcast, mournful, saddened 9 depressed, miserable, sorrowful 10 despondent, dispirited, melancholy
heavyset 5 beefy, husky, stout, thick 6 chunky, portly, stocky 11 thick-bodied
heavyweight 3 VIP 4 lion 5 boxer, chief 6 big gun, bigwig, leader 7 big shot, notable 8 big-timer
Hebe ***father:*** 4 Zeus 7 Jupiter ***husband:*** 8 Hercules ***mother:*** 4 Hera, Juno ***successor:*** 8 Ganymede
hebetude 6 stupor, torpor 7 languor 8 dullness, lethargy 9 lassitude, torpidity 10 drowsiness
hebetudinous 4 dull, logy 5 dopey 6 drowsy, stupid, torpid 8 listless, sluggish 9 lethargic
Hebrew 3 Jew 6 Jewish ***coin:*** 6 lepton, shekel ***festival:*** 5 Purim 6 Pesach, Sukkot 7 Hanukah, Sukkoth 8 Chanukah, Lag b'Omer, Passover, Shabuoth 9 Tishah-b'Ab, Yom Kippur 12 Rosh Hashanah, Simchas Torah ***God:*** 6 Adonai, Elohim, Yahweh 7 Jehovah ***judge:*** 6 Gideon ***lawgiver:*** 5 Moses ***letter:*** (see at ALPHABET) ***measure:*** 5 cubit, ephah ***month:*** 4 Adar, Elul, Iyar 5 Nisan, Sivan, Tebet 6 Kislev, Shebat, Tammuz, Tishri 6 Veadar (in leap year) 7 Heshvan ***patriarch:*** 3 Dan, Gad 4 Cain, Levi, Seth 5 Asher, David, Isaac, Jacob, Judah 6 Joseph, Reuben, Simeon 7 Abraham, Zebulun 8 Benjamin, Issachar, Naphtali ***sacred city:*** 5 Safad, Safed 6 Hebron 8 Tiberias 9 Jerusalem (see also JEWISH)
Hebrides island 4 Eigg, Rhum, Skye, Uist 5 Lewis 6 Harris
Hecate ***father:*** 6 Perses ***goddess of:***

5 night 10 underworld, witchcraft ***mother:*** 7 Asteria

hecatomb 7 killing, slaying 8 butchery 9 bloodbath, sacrifice, slaughter

heck 4 darn, drat, geez, gosh, hell, jeez 5 golly 6 shucks

heckle 3 nag 4 bait, faze, gibe, ride 5 annoy, chivy, hound, tease, worry 6 badger, bother, harass, hassle, hector, molest, needle, pester, plague, rattle 7 disrupt, disturb, torment 9 interrupt 10 disconcert

hectic 3 red 6 fervid 7 burning, excited, fevered, flushed 8 confused, exciting, feverish, frenetic, restless 9 turbulent 10 persistent

hector 3 cow, nag 4 bait, ride 5 bully, chivy, hound 6 badger, harass, lean on 7 bedevil, swagger 8 browbeat, bullyrag, domineer 10 intimidate

Hector ***brother:*** 5 Paris 7 Helenus, Troilus 9 Deiphobus, Polydorus ***father:*** 5 Priam ***mother:*** 6 Hecuba ***sister:*** 6 Creusa 8 Polyxena 9 Cassandra ***slayer:*** 8 Achilles ***victim:*** 9 Patroclus ***wife:*** 10 Andromache

Hecuba ***daughter:*** 6 Creusa 8 Polyxena 9 Cassandra ***father:*** 5 Dymas ***husband:*** 5 Priam ***son:*** 5 Paris 6 Hector 7 Helenus, Troilus 9 Deiphobus, Polydorus ***victim:*** 11 Polymnestor

hedge 4 trim 5 avoid, evade, fence, guard, hem in, limit 6 hinder 7 barrier, defense, enclose, evasion, protect 8 boundary, encircle, restrict 9 shrubbery 10 protection

hedgehog 9 porcupine 10 stronghold

hedonist 4 rake 7 epicure, gourmet 8 gourmand, sybarite 9 bon vivant, epicurean, libertine 10 sensualist, voluptuary

heebie-jeebies 5 jumps 6 creeps, nerves, shakes 7 jitters, shivers, willies 11 nervousness

heed 4 care, hark, mark, mind, note, obey 5 watch 6 attend, harken, listen, notice, regard, remark 7 be aware, concern, hearing, hearken, observe, respect 8 consider, interest 9 attention 10 observance

heedful 5 alert, aware 7 on guard 8 vigilant 9 attentive, observant, observing 10 interested, meticulous, scrupulous 13 conscientious

heedless 9 negligent, oblivious, unmindful 10 unthinking 11 inadvertent, inattentive, unobservant 12 unreflective 13 inconsiderate

heedlessness 7 neglect 9 disregard, unconcern 11 disinterest, inattention, insouciance 12 indifference

hee-haw 4 bray 5 laugh 6 guffaw 10 horse laugh

heel 3 bum, cad, tip 4 cant, hock, lean, list, tilt 5 creep, knave, louse, rogue, skunk, slope 6 rascal, rotter 7 incline, lowlife, villain 9 scoundrel ***bone:*** 8 calcanea (plural), calcanei (plural) 9 calcaneum, calcaneus

heft 4 lift, load 5 hoist, raise, weigh 6 weight 7 heave up 9 heaviness, influence 10 importance

hefty 3 big 5 beefy, burly, bulky, heavy, husky, large, major 6 brawny, mighty, rugged, strong 7 massive, sizable 8 imposing, powerful 9 extensive, goodsized, plentiful, ponderous, strapping 11 substantial

hegira 6 escape, exodus, flight 7 journey 10 emigration, evacuation 11 deliverance

Heidi ***author:*** 5 Spyri (Johanna) ***goatherd:*** 5 Peter ***setting:*** 4 Alps

heifer 4 calf

___ Heifetz 6 Jascha

height 3 top 4 acme, apex, cusp, peak, rise 6 apogee, climax, heyday, summit, vertex, zenith 7 stature 8 altitude, pinnacle 9 elevation, loftiness 10 prominence ***combining form:*** 4 acro

heighten 3 wax 5 boost, mount, raise 6 beef up, expand, extend 7 amplify, augment, build up, elevate, enhance, enlarge, improve, magnify 8 increase 9 highlight, intensify 10 aggrandize

heinie 3 bum 4 butt, rear, rump 5 fanny 6 bottom 7 rear end 8 backside

heinous 4 evil 6 odious 7 hateful 8 infamous, shocking 9 abhorrent, atrocious, execrable, monstrous 10 abominable, detestable, outrageous

heinousness 4 evil 6 horror, infamy 8 atrocity, enormity 13 monstrousness

heir 5 scion 7 grantee, heritor, legatee 9 inheritor, successor 11 beneficiary ***joint:*** 8 parcener 10 coparcener

heist 3 cop, rob 4 lift, loot 5 boost, caper, filch, pinch, steal, swipe, theft 6 holdup, rip off 7 larceny, purloin, robbery 8 burglary 9 strong-arm

Helen of Troy ***abductor:*** 5 Paris ***husband:*** 8 Menelaus

Helenus ***brother:*** 5 Paris 6 Hector 7 Troilus 9 Deiphobus, Polydorus ***father:*** 5 Priam ***mother:*** 6 Hecuba ***sister:*** 6 Creusa 8 Polyxena 9 Cassandra ***wife:*** 10 Andromache

Hel, Hela ***father:*** 4 Loki ***hall:*** 7 Niflhel 8 Niflheim ***mother:*** 9 Angerboda

helical 6 spiral

helicopter 7 chopper 9 eggbeater

10 whirlybird ***armed:*** 7 gunship ***blade:*** 5 rotor

Helios 6 Apollo ***daughter:*** 5 Circe 8 Pasiphaë ***father:*** 8 Hyperion ***mother:*** 5 Theia ***sister:*** 3 Eos 6 Aurora, Selene ***son:*** 8 Phaethon

heliotrope 4 herb 5 shrub 6 borage 10 bloodstone

hell 5 hades, Sheol 6 blazes, Tophet 7 Gehenna, inferno 9 perdition

hell-bent 6 driven, intent 8 obsessed, resolved 10 determined

Hellen ***father:*** 9 Deucalion ***mother:*** 6 Pyrrha ***son:*** 5 Dorus 6 Aeolus, Xuthus

hellhole 3 pit 8 dystopia, snake pit 9 mare's nest

hellion 3 elf, imp 4 puck, punk 5 demon, rogue, scamp 6 rascal 7 gremlin

hellish 6 horrid 7 ghastly, hideous, satanic, stygian 8 damnable, diabolic, dreadful, gruesome, horrible, infernal, terrible 9 appalling, frightful, monstrous, plutonian 10 diabolical

Hellman play 11 Little Foxes (The) 13 Children's Hour (The) 15 Watch on the Rhine

hello 3 hey 4 ciao, hail 5 aloha, howdy 7 hi there, welcome 8 greeting 9 greetings

helm 5 wheel 7 cockpit 8 controls

helmet 6 casque, sallet, tin hat 7 morrion 8 burgonet, headgear ***medieval:*** 6 sallet 7 basinet ***part:*** 7 ventail 8 aventail ***sun:*** 4 topi 5 topee

helmsman 5 pilot

Heloïse ***husband:*** 7 Abelard (Peter) ***son:*** 9 Astrolabe

helot 4 peon, serf 5 slave 6 vassal 7 laborer, peasant, servant

helotry 4 yoke 6 thrall 7 bondage, peonage, serfdom, slavery 9 servitude, thralldom 11 enslavement

help 3 aid 4 abet, back, mend 5 avail, boost, guide, serve 6 assist, relief, remedy, succor 7 advance, benefit, bolster, further, promote, relieve, secours, service, support 8 mitigate, palliate 9 alleviate, meliorate 10 ameliorate, assistance, facilitate 11 cooperation ***forward:*** 7 further ***hired:*** 5 labor

helper 4 aide 6 deputy, server 7 ancilla, servant 8 employee 9 assistant, associate, attendant, auxiliary 10 apprentice 11 subordinate

helpful 5 of use 6 usable, useful 8 salutary, valuable 9 effective, favorable, practical 10 beneficial, profitable, propitious 11 encouraging 12 advantageous, constructive

helping 4 dose 5 share 7 portion, serving 9 auxiliary

helpless 4 weak 6 feeble, futile, unable 7 forlorn 8 desolate 9 abandoned, dependent 11 unprotected

helter-skelter 6 anyhow 7 anywise, flighty, hastily, turmoil 8 at random, disorder, pell-mell, randomly 9 confusion, haphazard, hit-or-miss 11 any which way, haphazardly, in confusion, precipitate

helve 4 haft 6 handle

Helvetian 5 Swiss

hem 3 pen, rim 4 brim, edge, gird, ring, seam, shut 5 bound, brink, fence, hedge, skirt, verge 6 border, circle, corral, edging, fringe, immure, margin, stitch 7 close in, enclose, selvage, shorten 8 encircle, surround 9 encompass, perimeter, periphery ***turned-back:*** 4 cuff

Heman ***father:*** 4 Joel ***grandfather:*** 6 Samuel

hematite 3 ore 7 mineral 12 black diamond

Hemingway, Ernest ***novel:*** 9 In Our Time 12 Sun Also Rises (The) 13 Moveable Feast (A) 14 Farewell to Arms (A) 15 Old Man and the Sea (The) 16 To Have and Have Not 18 Islands in the Stream, Snows of Kilimanjaro (The) 19 For Whom the Bell Tolls ***sobriquet:*** 4 Papa

hemlock 4 drug, herb, tree, wood 6 poison

hemophiliac 7 bleeder

hemp 3 kef, kif 7 hashish 8 cannabis 9 marijuana ***fiber:*** 5 oakum ***kind:*** 4 aloe

hen 5 biddy ***broody:*** 6 sitter ***spayed:*** 8 poularde ***young:*** 6 pullet

hence 4 away, ergo, thus 5 since 9 as a result, from now on, therefore, thereupon 11 accordingly 12 consequently

henceforth 9 from now on, hereafter

henchman 6 cohort, lackey, minion, stooge 7 abettor 8 adherent, disciple, follower, partisan, retainer 9 attendant, supporter 10 accomplice

Henley poem 8 Invictus

henpeck 3 nag 4 carp, fuss 5 annoy 6 badger, carp at, harass, hector 8 domineer 9 find fault

Henry II ***adversary:*** 6 Becket (Thomas à) ***son:*** 7 Richard (Lionheart) ***surname:*** 5 Anjou 11 Plantagenet ***wife:*** 7 Eleanor

Henry IV ***surname:*** 9 Lancaster ***victim:*** 10 Richard III

Henry VIII ***archbishop:*** 7 Cranmer (Thomas) 10 Thomas More ***daughter:*** 9 Elizabeth ***son:*** 6 Edward ***surname:*** 5 Tudor ***victim:*** 4 Anne (Boleyn) 9 Catherine (Howard) 10 Thomas More ***wife:*** 4 Anne (Boleyn, of Cleves), Jane

(Seymour) **9** Catherine (Howard, of Aragon, Parr)

hepatic 9 liverwort

Hephaestus 6 Vulcan ***father:* 4** Zeus **7** Jupiter ***mother:* 4** Hera, Juno ***wife:* 5** Venus **6** Charis **9** Aphrodite

Hephzibah *husband:* 8 Hezekiah ***son:* 8** Manasseh

hepped up 5 eager **7** excited, fervent **12** enthusiastic

Hera 4 Juno ***father:* 6** Cronus, Saturn ***husband:* 4** Zeus **7** Jupiter ***messenger:* 4** Iris ***mother:* 4** Rhea

Heracles *beloved:* 4 Iole ***brother:* 8** Iphicles ***charioteer:* 6** Iolaus ***father:* 4** Zeus **7** Jupiter ***mother:* 7** Alcmene ***son:* 6** Hyllus ***victim:* 5** Hydra, Ladon **6** Geryon, Megara, Orthus **10** Nemean lion ***wife:* 4** Hebe **6** Megara **8** Deianira

herald 4 hail, tout **5** crier, greet **6** signal **7** courier, declare, portend, precede, presage, trumpet **8** announce, ballyhoo, exponent, outrider, proclaim **9** advertise, harbinger, messenger, precursor, publicize, spokesman **10** forerunner, foreshadow

heraldic *border:* 7 bordure ***cross:* 6** fleury, formée, moline, pommée **8** fourchée ***term:* 4** bend, fess, orle, pale, seme, vert **5** crest, flank, gules **6** argent, blazon, canton, charge, device, dexter, emblem, impale, manche, sejant, voided, volant **7** chevron, nombril, passant, purpure, rampant, saltire, statant **8** guardant, sinister, tincture **9** regardant **10** escutcheon

heraldry 6 armory **9** pageantry

herb 3 oca **4** dill, flax, forb, hemp, leek, mint, nard, sage, wort **5** basil, chive, tansy, thyme **6** allium, arnica, borage, catnip, endive, eryngo, fennel, garlic, hyssop, lovage, orpine, squill, yarrow **7** boneset, caraway, catmint, chervil, chicory, comfrey, episcia, ginseng, milfoil, mullein, oregano, parsley, pinesap, pussley, salsify, sanicle **8** angelica, camomile, capsicum, cardamom, centaury, cilantro, costmary, feverfew, freewort, hepatica, lungwort, mandrake, marjoram, origanum, pokeweed, purslane, rapeseed, selfheal, tarragon, turmeric, euphrasy, valerian, woodruff, wormwood **9** birthwort, bush basil, chamomile, patchouli, spikenard **10** basil thyme **12** balm of Gilead ***mythical:* 4** moly ***poisonous:* 7** aconite, dogbane, hemlock, henbane **8** veratrum **9** hellebore

herbicide 6 dioxin, diquat, diuron **7** monuron **8** picloram, simazine **11** Agent Orange

Herculean 4 huge, vast **5** giant **7** arduous, immense, mammoth, titanic **8** colossal, enormous, gigantic, powerful **10** formidable, superhuman

Hercules see HERACLES

herd 3 mob **4** bevy, lead **5** covey, crowd, drive, drove, flock, swarm **6** gather, throng **9** associate, multitude

herdsman 6 Boötes, cowboy **7** breeder **8** shepherd

here and there 6 passim **7** at times **9** sometimes **11** irregularly

hereditary 6 inborn, inbred, innate, lineal **7** genetic **9** ancestral, inherited **10** congenital **11** traditional, transmitted

heredity 7 lineage **8** ancestry **9** tradition **11** inheritance ***unit:* 4** gene

heresy 6 schism **7** dissent, fallacy, impiety **9** defection, deviation, misbelief **10** dissidence, heterodoxy, infidelity, radicalism **11** revisionism, unorthodoxy **13** nonconformism, nonconformity

heretic 7 infidel **8** apostate, defector, recusant, renegade **9** dissenter, dissident **10** iconoclast, schismatic, separatist, unbeliever **11** misbeliever, nonbeliever, revisionist **13** nonconformist

heretical 7 infidel **8** apostate **9** dissident, heterodox, miscreant, sectarian **10** dissenting, schismatic, unorthodox **11** revisionist **12** misbelieving **13** nonconformist

heritage 6 legacy **7** bequest **9** patrimony, tradition **10** birthright

Hermes 7 Mercury ***attribute:* 7** petasos, petasus **8** caduceus ***father:* 4** Zeus **7** Jupiter ***mother:* 4** Maia

hermetic 6 closed, occult, secret **7** recluse **8** abstruse, airtight, profound, secluded, solitary **9** recondite **10** cloistered, impervious **11** sequestered

Hermia *beloved:* 8 Lysander ***father:* 5** Egeus

Hermione *father:* 8 Menelaus ***husband:* 7** Orestes, Pyrrhus **11** Neoptolemus ***mother:* 5** Helen

hermit 5 loner **6** cookie **7** eremite, recluse **8** solitary **9** anchorite

hermitage 7 retreat **8** cloister, hideaway **9** monastery

hernia 6 breach **7** rupture **10** protrusion ***support:* 5** truss ***type:* 6** cystic, hiatal **7** femoral **9** umbilical **10** incisional

hero 4 idol **6** knight **7** demigod, paladin **8** champion **11** protagonist ***American:* 6** Bunyan (Paul) **8** Superman ***Armenian:* 10** Skanderbeg ***Babylonian:* 9** Gilgamesh ***Celtic-French:* 7** Tristan **8** Tristram ***Crusades:* 7** Tancred **8** Tancredi ***English:* 6** Arthur **7** Beowulf **9** Robin Hood

French: 6 Roland 11 Charlemagne *German:* 5 Etzel 8 Arminius 9 Siegfried *Greek:* 4 Ajax 5 Jason 7 Perseus, Ulysses 8 Achilles, Heracles, Hercules, Leonidas, Odysseus 11 Bellerophon *Hebrew:* 5 David 6 Daniel, Samson *Hungarian:* 5 Arpad 7 Hunyadi (János) *Irish:* 9 Cuchulain, Cuchulinn, Cuchullin *Italian:* 7 Orlando *Roman:* 7 Romulus 8 Horatius *Scandinavian:* 6 Sigurd 9 Siegfried *Scottish:* 5 Bruce (Robert) 6 Rob Roy *Spanish:* 5 El Cid *Spartan:* 8 Leonidas *Trojan:* 6 Aeneas, Hector

Herod *daughter:* 6 Salome *father:* 7 Antipas 9 Antipater *kingdom:* 5 Judea 6 Judaea *mother:* 6 Cyprus *son:* 5 Herod (Antipas) 6 Joseph 7 Pheroas 9 Phasaelus

Herodias *daughter:* 6 Salome *father:* 11 Aristobulus *husband:* 5 Herod (Antipas)

heroic 4 bold, huge 5 brave, noble 6 daring, mighty 7 drastic, extreme, radical, valiant 8 colossal, enormous, fearless, gigantic, intrepid, unafraid, valorous 9 dauntless, Herculean, undaunted 10 courageous

heroin 4 gear, skag 5 horse, smack 8 narcotic 11 diamorphine

heroism 5 valor 6 daring, spirit 7 bravery, courage, prowess 8 boldness, chivalry, nobility, valiance 9 gallantry 11 intrepidity

heron relative 5 egret 7 bittern

Hero's lover 7 Leander

herring 7 sardine 8 brisling, pilchard *smoked:* 7 bloater

Herse *father:* 7 Cecrops *sister:* 8 Aglauros *son:* 8 Cephalus

Hersey *novel:* 4 Wall (The) 12 Bell for Adano (A) *town:* 5 Adano

Hesione *brother:* 5 Priam *father:* 8 Laomedon *husband:* 7 Telamon *rescuer:* 8 Heracles, Hercules *son:* 6 Teucer

hesitant 4 slow 5 chary, loath, timid 6 afraid, averse, unsure 7 halting, uneager 9 faltering, reluctant, tentative, uncertain, unwilling 10 irresolute 11 disinclined, vacillating

hesitate 4 balk 5 delay, demur, hedge, pause, stall, stick, waver 6 dawdle, dither, falter, waffle 7 stammer, stutter 8 hang back, hold back 9 temporize, vacillate 12 shilly-shally

Hesperides 6 nymphs

Hesperus 5 Venus 11 evening star *father:* 8 Astraeus *mother:* 3 Eos

Hesse novel 6 Demian 10 Siddhartha 11 Steppenwolf 12 Magister Ludi

Hestia 5 Vesta *father:* 6 Cronus, Saturn *mother:* 4 Rhea

heterodox 9 dissident, heretical, sectarian 10 schismatic, unorthodox 13 nonconformist

heterodoxy 6 heresy, schism 7 dissent 9 misbelief 10 dissidence 13 nonconformism, nonconformity

heterogeneous 5 mixed 6 motley, sundry, varied 7 diverse, various 8 assorted 9 disparate 12 conglomerate

het up 5 irate, upset 7 excited 8 agitated

hew 3 axe, cut 4 chop, fell, form 5 shape, stick 6 adhere 7 conform, cut down

hex 4 jinx 5 charm, curse, spell, witch 6 voodoo, whammy 7 bad luck, bewitch, enchant 9 sorceress 11 enchantment, enchantress

heyday 4 acme, peak 5 prime 6 height, zenith 9 high point

Hezekiah *father:* 4 Ahaz 7 Neariah *mother:* 3 Abi *son:* 8 Manasseh *wife:* 9 Hephzibah

hiatus 3 gap 5 break, space 6 breach, lacuna 7 interim 8 aperture, downtime, interval 10 suspension 12 interruption 13 discontinuity

Hiawatha *author:* 10 Longfellow (Henry Wadsworth) *grandmother:* 7 Nokomis *mother:* 7 Wenonah *tribe:* 6 Ojibwa, Ojibwe 7 Ojibway *wife:* 9 Minnehaha

hibernal 6 wintry 8 winterly

Hibernia 4 Eire, Erin 7 Ireland

hick 4 rube 5 yokel 6 rustic 7 bumpkin, hayseed 8 cornball 10 clodhopper, provincial

hidden 5 privy 6 buried, covert, occult, secret, veiled 7 obscure 8 obscured, shrouded, ulterior 9 concealed 11 undisclosed *combining form:* 6 crypto, krypto

hide 3 fur 4 bury, lurk, mask, pelt, skin, veil 5 cache, cloak, cover, inter, shade, stash 6 harbor, lie low, screen, shroud 7 conceal, cover up, leather, obscure, seclude, secrete, shelter 8 ensconce

hideaway see HIDEOUT

hidebound 8 obdurate 9 parochial 10 inflexible, provincial 11 reactionary, straitlaced 12 conservative, narrow-minded 13 straightlaced

hideous 4 ugly 5 awful, gross, lurid, nasty 6 grisly, horrid 7 ghastly, hateful 8 gruesome, horrible, shocking, terrible 9 appalling, dismaying, frightful, loathsome, monstrous, offensive, repellent, repugnant, repulsive, revolting, sickening 10 disgusting, horrifying

hideout 3 den 4 lair 5 cache, haven 6 covert, refuge 7 retreat, shelter 9 hermitage, safe house, sanctuary

hie 3 run 4 dash, push, trot 5 hurry, scoot 6 hasten, hustle
hierarch 4 boss, head 5 chief 6 honcho, leader, master 7 headman 9 chieftain 10 high priest
hierarchy 5 group, order, ranks 6 ladder, system 7 pyramid 9 food chain, structure 11 bureaucracy 12 pecking order
hieratic 6 formal 8 priestly, stylized 10 priestlike, sacerdotal
high 4 tall 5 drunk, giddy, grand, lofty, noble, tipsy 6 elated, raised, stoned, treble, zonked 7 drugged, keyed up, soaring, supreme 8 abstruse, elevated, eloquent, euphoric, hopped-up, piercing, towering 9 climactic, delirious, prominent, spaced-out 11 extravagant, intoxicated *combining form:* 4 alti
high ___ 3 hat, tea 4 five, noon, road, sign, tech, tide, time 5 chair, heels, jinks 6 priest, roller, school
high-and-mighty 5 bossy, proud 6 lordly 7 haughty 8 arrogant, cavalier, insolent, superior 9 imperious 10 disdainful 11 domineering, overbearing 12 supercilious
highball 3 fly, run 4 dash, rush, whiz 5 hurry, speed 6 barrel, hustle, signal 7 hotfoot 8 cocktail
highboy 5 chest 6 bureau 7 dresser 9 furniture
highbrow 4 snob 7 egghead 8 cerebral, cultured, educated 9 intellect 12 intellectual
high-class 7 elegant 8 five-star, superior 9 exclusive, exquisite, first-rate, patrician 11 fashionable 12 aristocratic 13 sophisticated
highest 3 top 5 chief 6 apical, upmost 7 exalted, supreme, topmost 9 top-drawer, uppermost 10 top-ranking *point:* 4 acme, apex 5 crest 6 summit, zenith 8 pinnacle
highfalutin 5 fancy, windy 6 florid 7 aureate, flowery, fustian, orotund, pompous 8 affected 9 bombastic, grandiose, overblown, rhapsodic 10 oratorical, rhetorical 11 declamatory, pretentious
high-flown 5 showy, tumid, windy 6 turgid 7 aureate, flowery, fustian, orotund, pompous, swollen 8 elevated, inflated, sonorous 9 bombastic, grandiose, overblown 10 flamboyant 11 declamatory, pretentious 12 magniloquent, ostentatious 13 grandiloquent
high-handed 5 bossy 8 dogmatic, imperial 9 arbitrary, imperious 10 autocratic, disdainful, imperative, peremptory 11 dictatorial, domineering, magisterial, overbearing
high-hat 4 snub 6 slight, snobby, snooty 7 disdain, haughty 8 arrogant, snobbish 9 conceited, disregard 11 pretentious 12 supercilious
high jinks 3 fun 6 antics 7 fooling, revelry 9 horseplay, rowdiness, whoop-de-do
Highlander 4 Gael, Scot
highlight 4 mark 5 focus 6 accent, stress 7 feature 8 point out 9 emphasize, underline 10 accentuate, focal point
high-minded 5 lofty, moral, noble 7 ethical, upright 8 elevated 10 principled
high-muck-a-muck 3 VIP 5 nabob 6 bigwig 7 big shot, notable
high-pitched 6 shrill 7 excited 8 agitated, feverish, frenetic, piercing
high point 3 top 4 acme, peak 6 apogee, summit, zenith 8 best part, pinnacle
high-powered 6 driven, strong 7 dynamic 8 animated, forceful, vigorous 9 energetic, strenuous 10 aggressive, compelling 12 enterprising
high-pressure 8 forceful 9 insistent, stressful 10 aggressive
high roller 7 gambler, spender, wastrel 8 prodigal 10 big spender, profligate, squanderer 11 spendthrift
high sign 3 nod, tip 4 wink 5 alarm 6 signal, tipoff 7 gesture, warning
Highsmith novel 11 Ripley's Game 16 Talented Mr. Ripley (The)
high-sounding 7 pompous 8 affected, imposing, inflated, puffed-up 9 grandiose, overblown 11 pretentious
high-spirited 4 bold 5 brash, fiery, jolly, merry 6 bubbly, daring, joyful, lively, plucky, spunky 7 excited, gleeful 9 ebullient, energetic, exuberant, vivacious 12 effervescent, lighthearted
high-strung 4 edgy, taut 5 hyper, jumpy, nervy, tense, tight, wired 6 touchy 7 fidgety, jittery, keyed up, nervous, uptight 8 restless 9 excitable, sensitive
hightail it 3 run 4 bolt, dash, flee 5 scoot, scram 6 get out, run off 7 take off 8 clear out 9 skedaddle
highway 4 pike, road 5 track 6 artery 8 corridor, turnpike 10 interstate 12 thoroughfare *German:* 8 autobahn *Italian:* 10 autostrada
highwayman 5 thief 6 bandit, robber 7 brigand
hijack 5 seize, steal 6 abduct, kidnap 8 take over 10 commandeer 11 appropriate
hike 4 jump, rove, snap, trek, walk 5 boost, raise, tramp, tromp 6 jack up, rise up, travel 7 journey, traipse, upgrade 8 backpack, increase
hilarious 5 funny, merry 7 comical

8 humorous, mirthful 9 laughable, priceless 10 rollicking

hilarity 4 glee 5 cheer, mirth 6 gaiety 7 delight 8 jocosity, laughter 9 merriment 12 cheerfulness

hill 4 bank, bump, cock, dune, heap, knob, pile, rick, rise 5 bluff, butte, knoll, mound, ridge, shock, slope, stack 6 cuesta, height 7 hummock, incline 8 mountain 9 elevation, monadnock ***African veld:*** 5 kopje 6 koppie ***Boston:*** 6 Bunker ***craggy:*** 3 tor ***Cuba:*** 7 San Juan ***D.C.:*** 7 Capitol ***elongate:*** 7 drumlin ***level-topped:*** 4 mesa 5 butte ***of stratified drift:*** 4 kame ***rounded:*** 5 swell ***sand:*** 4 dune ***small:*** 5 knoll, kopje, mound 6 koppie ***surrounded by ice:*** 7 nunatak

hillbilly 4 rube 5 yokel 6 rustic 7 bumpkin, hayseed 10 clodhopper 12 backwoodsman

hillock 4 rise 5 knoll, mound

hillside 5 slope ***Scottish:*** 4 brae

hilt 4 grip, haft 6 handle 8 handgrip

Himalayan country 5 Nepal 6 Bhutan

hind 3 doe 4 back, deer, rear 5 after 7 grouper 9 posterior ***mate:*** 4 hart

hinder 4 balk, curb, mire 5 block, check, delay, deter 6 baffle, burden, fetter, hamper, hold up, impede, retard, thwart 7 inhibit, prevent, shackle, trammel 8 handicap, hold back, obstruct, restrain 9 frustrate, hamstring, interfere, interrupt

hindmost 3 end 4 back, last, rear 5 after, final 6 latter 7 closing 8 farthest, terminal, ultimate 9 posterior 10 concluding

hindquarters 8 haunches

hindrance 3 bar 4 snag 8 obstacle 9 impedance 10 impediment 11 obstruction

Hindu ***age:*** 4 yuga ***ascetic:*** 4 yogi 5 fakir, swami ***caste (varna):*** 5 Sudra 6 Vaisya 7 Brahman 9 Kshatriya ***class:*** 5 caste, varna ***community:*** 6 ashram ***demon:*** 4 Rahu 6 Ravana ***essence:*** 5 atman ***force:*** 5 karma ***garment:*** 4 sari ***gentleman:*** 4 babu ***god:*** 4 deva, Siva 5 Shiva 6 Brahma, Vishnu ***goddess:*** 4 devi ***goddess of beauty:*** 7 Lakshmi ***goddess of destruction:*** 4 Kali ***god of destruction:*** 4 Siva 5 Shiva ***god of fire:*** 4 Agni ***god of love:*** 4 Kama ***god of the heavens:*** 7 Krishna ***god of war:*** 6 Skanda 10 Karttikeya ***god of wisdom:*** 6 Ganesa, Ganesh ***hell:*** 6 Naraka ***holy man:*** 5 sadhu ***instrument:*** 5 sitar, tabla ***leader:*** 6 Gandhi (Mahatma) ***lowest caste:*** 5 Sudra ***nobleman:*** 4 raja 5 rajah ***philosophy:*** 7 Vedanta ***precept:*** 5 sutra ***prince:*** 4 raja 5 rajah 8 maharaja 9 maharajah ***queen:*** 4 rani 5 ranee 8 maharani 9 maharanee ***salvation:*** 7 nirvana ***scripture:*** 4 Veda 6 Purana 12 Bhagavad Gita ***social group:*** 5 caste, varna ***teacher:*** 4 guru 5 swami 9 maharishi ***term of respect:*** 5 sahib ***title:*** 3 sri ***treatise:*** 9 Upanishad ***twice-born:*** 6 Vaisya 7 Brahman 9 Kshatriya

hinge 4 pawl 5 joint, mount 12 turning point ***kind:*** 4 butt 5 piano 10 hook-and-eye

hint 3 cue, tip 4 clue, dash, sign, wisp 5 imply, taste, tinge, touch, trace 6 allude, notion, shadow, tipoff 7 inkling, soupçon, suggest 8 allusion, indicate, innuendo, intimate 9 insinuate, scintilla, suspicion 10 indication, intimation, suggestion 11 implication, insinuation

hinterland 4 bush 6 sticks 8 frontier, interior 9 backwater, backwoods, boondocks, up-country 10 wilderness 11 backcountry

hip 3 hot 4 chic, coxa 5 aware, savvy 6 haunch, trendy, with-it 7 tuned in 11 fashionable ***bone:*** 5 ilium, pubis 6 pelvis 7 ischium ***cattle:*** 5 thurl ***disorder:*** 8 sciatica

hippie 8 bohemian, longhair 11 flower child 13 nonconformist

Hippocratic ___ 4 oath

Hippodamia ***father:*** 8 Oenomaus ***husband:*** 6 Pelops 9 Pirithous 10 Peirithous ***son:*** 6 Atreus 8 Thyestes

Hippolytus ***father:*** 7 Theseus ***mother:*** 7 Antiope 9 Hippolyte ***stepmother:*** 7 Phaedra

hire 3 fee, pay 4 rent, wage 5 lease, wages 6 employ, engage, retain, sign on, take on 7 charter, payment, recruit 8 contract 10 employment 11 contract for

hireling 4 hack 6 worker 7 servant 8 employee 9 mercenary

Hirschfeld's daughter 4 Nina

hirsute 5 hairy 6 shaggy, woolly 9 whiskered

Hispania 6 Iberia 9 peninsula ***part:*** 5 Spain 8 Portugal

Hispaniola country 5 Haiti

hiss 3 boo 4 hoot, jeer 5 decry 6 deride, revile, sizzle, wheeze 7 catcall, whisper, whistle 8 sibilate

historian 8 annalist 10 chronicler ***American:*** 4 Webb (Charles Richard) 5 Adams (Brooks, Charles Kendall, Hannah, Henry, Herbert Baxter), Beard (Charles, Mary), Foote (Shelby) 6 Brooks (Van Wyck), Catton (Bruce), DeVoto (Bernard), Durant (Ariel, Will), Malone (Dumas), Miller (Perry), Muzzey (David), Nevins (Allen), Sarton (George Alfred), Shirer (William), Sparks (Jared), Turner (Frederick Jackson) **7** Ambrose (Stephen), Morison (Samuel Eliot), Parkman (Francis), Ridpath (John Clark), Tuchman (Barbara), Woodson (Carter G.) **8** Bancroft (George), Boorstin (Daniel), Channing (Edward), Commager (Henry Steele), Prescott (William H.), Robinson (James Harvey), Woodward (C. Vann) **10** McCullough (David) **11** Schlesinger (Arthur) ***Arab:*** **10** Ibn Khaldun ***Danish:*** **4** Saxo (Grammaticus) ***Dutch:*** **8** Huizinga (Johan) ***English:*** **4** Bede (Venerable), Stow (John), Ward (Adolphus) **5** Acton (Lord), Grote (George), Wells (Herbert George) **6** Camden (William), Gibbon (Edward), Keegan (John), Namier (Lewis Bernstein), Stubbs (William), Taylor (A. J. P.) **7** Hakluyt (Richard), Raleigh (Walter), Toynbee (Arnold), Whewell (William) **8** Geoffrey (of Monmouth), Macaulay (Thomas Babington) **9** Holinshed (Raphael), Trevelyan (George) ***French:*** **5** Bloch (Marc), Renan (Ernest), Taine (Hippolyte) **6** Guizot (François), Thiers (Louis-Adolphe), Volney (Comte de) **7** Braudel (Ferdinand) **8** Hanotaux (Gabriel), Michelet (Jules) ***German:*** **5** Ranke (Leopold von) **7** Mommsen (Theodor), Niebuhr (Barthold Georg) **8** Spengler (Oswald) ***Greek:*** **8** Plutarch, Polybius, Xenophon **9** Dionysius, Herodotus **10** Thucydides ***Italian:*** **4** Vico (Giovanni) **5** Croce (Benedetto) **9** Salvemini (Gaetano) ***Jewish:*** **8** Josephus (Flavius) ***Roman:*** **4** Livy **7** Sallust, Tacitus (Cornelius) **9** Suetonius ***Scottish:*** **7** Carlyle (Thomas) **9** Robertson (William) ***Swiss:*** **6** Müller (Johannes von) ***Welsh:*** **7** Nennius

historical period **3** age, era **5** epoch

history **4** past, saga **5** diary **6** annals, memoir, record **7** account, done for, journal **9** chronicle, narrative, treatment **10** chronology

histrionic **5** showy, stagy **6** staged **8** affected, dramatic **10** artificial, theatrical

hit **3** bop, jab, rap **4** bang, bash, bean, biff, blow, bump, bunt, butt, conk, cuff, ding, lick, slap, slug, sock, swat **5** clout, knock, paste, pound, punch, smack, smash, smite, swipe, whack **6** batter, buffet, chance, larrup, strike, stroke, thwack, wallop **7** clobber, sell-out, success **8** bludgeon, lambaste **9** collision, sensation ***baseball:*** **5** homer, liner **6** double, single, triple **7** home run **9** line drive ***golf ball:*** **5** shank

hitch **4** jerk, join, halt, hook, knot, lift, limp, snag, yoke **5** delay, thumb, unite **6** attach, couple, fasten, hobble, tether **7** connect, harness **8** make fast, stoppage **10** connection, difficulty, impediment **11** obstruction **12** entanglement

Hitchcock, Alfred ***film:*** **4** Rope **5** Birds (The), Topaz **6** Frenzy, Marnie, Psycho **7** Rebecca, Vertigo **8** Lifeboat, Sabotage **9** Notorious, Suspicion **10** Rear Window, Spellbound **12** Lady Vanishes (The) **13** To Catch a Thief **14** Shadow of a Doubt **16** North by Northwest ***forte:*** **8** suspense

hitchhike **5** thumb

hither **4** here **6** nearer **11** to this place

hitherto **5** as yet, so far **7** earlier, thus far, till now **8** formerly, until now **10** previously

Hitler, Adolf ***follower:*** **4** Nazi ***title:*** **6** Führer **7** Fuehrer ***wife:*** **5** Braun (Eva)

hit man **5** bravo **6** killer **7** torpedo **8** assassin, enforcer, murderer **9** cutthroat

hit-or-miss **6** casual, chance, random **7** aimless, erratic **8** careless **9** desultory, haphazard, irregular, unplanned

hive **6** apiary, colony **7** cluster **9** stockpile

HMS Pinafore ***composer:*** **8** Sullivan (Arthur) ***librettist:*** **7** Gilbert (W. S.)

hoagie **3** sub **4** hero **5** po'boy **7** grinder, torpedo **8** sandwich **9** submarine

hoar **4** rime **5** frost

hoard **4** save **5** amass, cache, lay by, lay up, stash, stock, store, trove **6** supply **7** collect, lay away, nest egg, reserve **8** squirrel, treasure **9** stockpile **10** accumulate, collection, cumulation **11** aggregation **12** accumulation

hoarder **5** miser **7** scrooge

hoarse **5** gruff, husky, rough, thick **6** croaky **7** grating, rasping, raucous, throaty **8** croaking, gravelly, guttural

hoary **3** old **4** aged **5** stale **6** age-old **7** ancient, antique **8** timeworn **9** venerable

hoax **3** con **4** dupe, fake, fool, gull, sham **5** fraud, phony, trick **6** befool, delude, humbug, take in **7** deceive, mislead **8** flimflam, hoodwink, trickery **9** bamboozle, deception, imposture

Hobbit creator **7** Tolkien (J. R. R.)

hobble **4** lame, limp **6** fetter, hamper, hinder, hog-tie, impede **7** cripple, trammel **8** handicap

hobby **6** falcon **7** pastime, pursuit **8** activity, sideline **9** avocation, diversion

hobgoblin **5** bogey **7** bugaboo

hobnob **3** mix **6** mingle **7** consort **9** associate, rub elbows, socialize **10** fraternize **11** get together

hobo **3** bum **5** gypsy, tramp **7** drifter, floater, swagman, vagrant **8** derelict, vagabond

hock **4** debt, pawn **5** ankle **6** prison

hockey **6** shinny ***arena:*** **4** rink ***cup:*** **7** Stanley ***implement:*** **4** puck **5** stick ***official:*** **7** referee **8** linesman ***player:*** **3** Orr (Bobby), Roy (Patrick) **4** Bure (Pavel), Fuhr (Grant), Howe (Gordie), Hull (Bobby, Brett), Jagr (Jaromir), wing **5** Bossy (Mike), Bucyk (John), Hasek (Dominik), Kurri (Jari), Maruk (Dennis), Sakic (Joe), Shore (Eddie), Shutt (Steve) **6** center, Clarke (Bobby), Coffey (Paul), Dionne (Marcel), Dryden (Ken), goalie, Harvey (Doug), Juneau (Joe), Kariya (Paul), Leetch (Brian), Mikita (Stan), Morenz (Howie), Parent (Bernie), Potvin (Denis), Recchi (Mark), Savard (Denis), Sundin (Mats) **7** Belfour (Ed), Bourque (Ray), Brodeur (Martin), Chelios (Chris), Fedorov (Sergei), forward, Francis (Ron), Gretzky (Wayne), Lafleur (Guy), Lemieux (Claude, Mario), Lindros (Eric), Messier (Mark), Mogilny (Alexander), Richard (Maurice), Richter (Mike), Selanne (Teemu), Stastny (Peter), Yzerman (Steve) **8** Beliveau (Jean), Esposito (Phil, Tony), Forsberg (Peter), Nicholls (Bernie), pointman, Shanahan (Brendan), Trottier (Bryan), Ysebaert (Paul) **9** Hawerchuk (Dale) **10** Carbonneau (Guy), defenseman, goalkeeper ***team:*** **4** Jets **5** Blues, Kings, Stars **6** Bruins, Devils, Flames, Flyers, Oilers, Sabres, Sharks **7** Canucks, Rangers, Whalers **8** Capitals, Panthers, Penguins, Red Wings, Senators **9** Canadiens, Islanders, Lightning, Nordiques **10** Black Hawks, Maple Leafs, North Stars **11** Mighty Ducks ***term:*** **3** box **4** cage, goal, puck, rink **5** bandy, bench, check, icing, stick **6** charge, crease, shinny **7** face-off, offside **8** blue line **9** back-check, body-check **10** center line, penalty box ***variation of:*** **9** broomball

hocus-pocus **4** sham **8** artifice, nonsense, trickery **9** conjuring, deception, imposture **10** mumbo jumbo **11** abracadabra, incantation, legerdemain **13** sleight of hand

hod **4** tray **6** trough **7** scuttle **11** coal scuttle

Hoder, Hoth ***brother:*** **6** Balder ***slayer:*** **4** Vali ***victim:*** **6** Balder

hodgepodge **4** hash **6** jumble, medley **7** mélange, mixture **8** mishmash, mixed bag **9** patchwork, potpourri **10** assortment, miscellany **11** gallimaufry

hoe **4** till, weed **6** tiller, weeder **9** cultivate

hoedown **9** barn dance **11** contra dance, square dance

hog **3** pig, sow **4** boar **5** swine ***family:*** **6** Suidae ***female:*** **3** sow **4** gilt ***genus:*** **3** Sus ***red:*** **5** duroc ***young:*** **5** shoat

hogback **5** crest, ridge

hogshead **3** keg, tun **4** butt, cask **6** barrel **9** container

hog-tie **4** bind **6** fetter **7** shackle, trammel

hogwash **3** rot **4** bunk, slop **5** bilge, hokum, hooey, swill **6** piffle **7** baloney, garbage, rubbish **8** nonsense **9** moonshine, poppycock **10** applesauce, balderdash, flapdoodle, taradiddle **12** gobbledygook

hog wild **5** crazy **6** crazed, madcap **7** berserk

ho-hum **4** dull **5** bored **6** boring **7** tedious **8** tiresome **10** unexciting **11** indifferent

hoi polloi **3** mob **5** horde **6** masses **8** populace **9** multitude **10** lower class **11** proletariat

hoist **4** lift **5** drink, raise, winch **6** lift up, pick up, take up **7** derrick, elevate **8** windlass

hoity-toity **4** smug **5** dizzy, giddy, silly **7** flighty, pompous **9** conceited, frivolous **11** highfalutin

hokey **4** fake, mock, sham **5** banal, bogus, corny, hammy, phony, stale, stagy, trite **6** ersatz, pseudo **7** clichéd **8** cornball, outdated **9** contrived, hackneyed **12** melodramatic

hokum **4** bosh **5** hooey **7** baloney, hogwash **8** malarkey, nonsense **9** moonshine, poppycock **10** applesauce, balderdash, flapdoodle, taradiddle **11** foolishness **12** gobbledygook

hold **3** own **4** bear, deem, grab, grip, keep **5** carry, clamp, clasp, cling, grasp, gripe, judge, sense, think, value **6** arrest, clench, clinch, clutch, detain, harbor, regard, retain **7** contain, convene, convoke, fermata, grapple, keep out, possess, reserve, support, sustain **8** keep back, maintain, preserve, restrict ***close:*** **6** cuddle ***dear:*** **7** cherish ***in check:*** **7** repress ***in common:*** **5** share ***out:*** **4** last **6** endure ***together:*** **4** bond **5** clamp **6** fasten ***wrestling:*** **6** nelson **8** headlock, scissors **10** full nelson, half nelson

hold back **4** curb, keep, stop **5** check, delay **6** bridle, detain, impede, retain **7** inhibit, keep out, prevent, refrain, reserve **8** restrain, suppress, withhold **9** constrain

hold forth 4 rant 5 orate, speak, spout 7 declaim, expound, lecture 8 harangue, proclaim 9 expatiate 10 dilate upon
hold off 4 stay, wait 5 defer, delay, pause, repel 6 rebuff, resist 7 abstain, adjourn, repulse, suspend 8 hesitate, postpone, prorogue 9 withstand 11 discontinue
hold up 3 rob 4 halt, lift, stay 5 check, defer, delay, raise 6 hinder, impede, put off, retard 7 support, suspend 8 postpone, prorogue, slow down
hole 3 den, gap, jam, pit 4 cave, flaw, lair, rent, spot, void 5 fault, niche 6 breach, burrow, cavity, cranny, defect, eyelet, lacuna, outlet 7 dilemma, opening, orifice 8 aperture, weakness 9 perforate 10 excavation, interstice 11 perforation, predicament
hole in one 3 ace
holiday 5 leave 6 May Day 7 Flag Day 8 Labor Day, New Year's, vacation 9 Christmas, Halloween 10 Father's Day, Mother's Day 11 Memorial Day, Veterans Day 12 All Saints' Day, Groundhog Day, Thanksgiving 13 Presidents' Day, St. Patrick's Day, Valentine's Day ***British:*** 9 Boxing Day ***Canadian:*** 11 Dominion Day, Victoria Day ***Jewish:*** 8 Passover
holiness 5 piety 6 purity 8 devotion, divinity, sanctity 9 beatitude 11 religiosity 12 consecration, spirituality
Holland see NETHERLANDS
holler 3 cry 4 call, yell 5 shout 6 bellow, clamor, cry out, outcry 7 call out 8 complain 9 complaint
hollow 3 dip, sag 4 void 5 basin, empty, false 6 cavity, ravine, sunken, vacant 7 concave, echoing, sinkage 8 sinkhole, thorough 9 cavernous, concavity 10 depression, sepulchral ***out:*** 3 dig, gut 4 mine 5 gouge 8 excavate
holly 4 tree 5 shrub ***genus:*** 4 Ilex
holocaust 4 fire 7 inferno 8 genocide 9 sacrifice 10 mass murder 11 destruction 13 conflagration
Holofernes' slayer 6 Judith
holy 6 adored, divine, sacred 7 angelic, blessed, revered, sainted, saintly, sublime 8 hallowed 9 glorified, religious, spiritual, venerated, worshiped 10 reverenced, sacrosanct, sanctified 11 consecrated ***combining form:*** 5 hagio, hiero ***communion:*** 9 Eucharist ***oil:*** 6 chrism ***person:*** 5 saint 6 zaddik 7 tzaddik ***Spirit:*** 9 Paraclete ***vessel:*** 5 grail 7 chalice 8 ciborium
holy place 6 church, shrine, temple 7 sanctum 9 sanctuary
Holy Roman Emperor 4 Karl, Otto 5 Adolf, Franz, Henry, Louis 6 Albert, Arnulf, Conrad, Joseph, Lothar, Ludwig, Philip, Rudolf, Rupert, Wenzel 7 Charles, Francis, Leopold, Lothair 8 Heinrich 9 Ferdinand, Frederick, Friedrich, Sigismund 10 Maximilian 11 Charlemagne
Holy Thursday 6 Maundy (Thursday) 9 Ascension (Day)
holy writ 5 Bible 9 Scripture
homage 5 honor 6 praise 7 respect, tribute 9 deference, obeisance, reverence
hombre 3 cat, guy, lad, man 4 buck, chap, dude, gent, stud 6 fellow, honcho 7 comrade
home 4 digs, land, site 5 abode, haunt, house, range 6 family, hearth 7 country, habitat, housing 8 domicile, dwelling, locality 9 household, residence 10 fatherland, habitation, motherland 12 headquarters ***country:*** 5 cabin 7 cottage 8 bungalow
homeless 5 stray 6 exiled 7 outcast, vagrant 8 derelict 9 abandoned, displaced, wandering 12 dispossessed
homely 4 cozy 5 plain 6 direct, modest, simple 7 natural 8 familiar, ordinary 11 comfortable, commonplace 12 unattractive 13 unpretentious
Homer epic 5 Iliad 7 Odyssey
homesickness 7 longing 9 nostalgia
homespun 5 plain 6 fabric, folksy, simple 8 ordinary 9 practical 13 unpretentious
Home, Sweet Home ***music:*** 6 Bishop (Henry) ***words:*** 5 Payne (John Howard)
homicidal 6 bloody 8 sanguine 9 murdering, murderous 10 sanguinary 11 sanguineous 12 bloodthirsty
homicide 5 blood 6 killer, murder, slayer 7 killing 8 foul play, murderer 9 manslayer 12 manslaughter
homily 6 sermon 7 lecture 9 discourse
homogeneous 7 uniform 10 consistent
Homo sapiens 3 man 7 mankind 8 humanity 9 humankind, human race
homunculus 5 dwarf, pygmy 6 midget, peewee 7 manikin 8 Tom Thumb
honcho 4 boss, head 5 chief 6 leader, master 7 big shot, foreman, headman 8 hierarch, overseer 9 chieftain
Honduras ***capital:*** 11 Tegucigalpa ***city:*** 7 La Ceiba 9 Choluteca 10 El Progreso 12 San Pedro Sula ***coast:*** 8 Mosquito ***discoverer:*** 8 Columbus (Christopher) ***Indian people:*** 4 Maya 5 Mayan ***language:*** 7 Spanish ***monetary unit:*** 7 lempira ***neighbor:*** 9 Guatemala, Nicaragua 10 El Salvador ***river:*** 4 Coco, Ulúa 5 Aguán 6 Patuca ***sea:*** 9 Caribbean
hone 4 edge, whet 6 finish, polish,

refine, smooth **7** perfect, sharpen **9** whetstone

honest **4** fair, just, open, real, true **5** frank, plain **6** candid, simple **7** genuine, sincere, upright **8** innocent, reliable, truthful **9** objective, reputable, unfeigned, veracious **10** creditable, forthright, legitimate, scrupulous **11** respectable **12** praiseworthy **13** conscientious, dispassionate, unimpeachable

honesty **4** herb **5** honor **6** candor, virtue **7** probity **8** fairness, goodness, justness, veracity **9** integrity, rectitude, sincerity **11** uprightness **12** truthfulness

honey ***combining form:*** **4** meli, mell **5** melli ***drink:*** **4** mead

honeybee genus **4** Apis

honeycomb **3** pit **4** fill, fret **5** cells **6** impair, infest, riddle, weaken **7** subvert **9** perforate

honeydew **5** melon

honeyed **5** sweet **6** golden, liquid, mellow **9** sweetened **10** flattering **11** mellifluous

honeysuckle **6** azalea **9** columbine **13** pinxter flower

honk **4** blow, toot **5** blare, blast **7** trumpet

honky-tonk **4** dive **5** joint **7** hangout **9** juke joint, roadhouse **11** barrelhouse

honor **4** fete, laud **5** adorn, asset, award, badge, exalt, glory, kudos, medal **6** credit, esteem, homage, praise, purity, regard, trophy **7** commend, dignify, ennoble, fulfill, glorify, laurels, respect **8** accolade, approval, carry out, chastity, decorate, devotion, good name **9** adulation, deference, integrity, privilege, recognize, reverence **10** admiration, decoration, reputation, veneration **11** distinction, distinguish, recognition **12** commendation

honorable **4** just, true **5** moral, right **6** honest, worthy **7** ethical, upright **8** laudable **9** dignified **10** creditable, scrupulous **11** illustrious **13** conscientious

honorarium **7** payment **8** gratuity **10** recompense **12** compensation **13** consideration

hooch **6** liquor, rotgut **7** bootleg **8** dwelling, home brew **9** firewater, moonshine **10** bathtub gin

hood **4** cowl, thug **5** tough **6** bonnet, helmet **7** capuche **8** covering, gangster, hooligan **10** delinquent

hoodlum **4** punk, thug **5** bully **7** mobster, ruffian **8** criminal, gangster, hooligan **10** delinquent

hoodoo **3** hex **4** jinx, juju, rock **5** curse, haunt, hokum, magic, spell, spook **6** harass, voodoo, whammy **7** bewitch, evil eye, sorcery, terrify, torment **8** nonsense **9** conjuring **10** black magic, hocus-pocus, mumbo jumbo, witchcraft

hoodwink **3** con **4** dupe, fool, gull, hoax **5** trick **6** befool **7** deceive, mislead **8** flimflam **9** bamboozle

hooey **3** rot **4** bunk **5** bilge **6** bunkum **7** baloney, hogwash **8** claptrap, malarkey, nonsense

hoof **4** foot, walk **5** troop **7** traipse **8** ambulate ***cloven:*** **5** cloot

hoofer **6** dancer **7** danseur **8** coryphée, danseuse **9** ballerina, tap dancer

hooflike **6** ungual

hook **3** nab, nip **4** gore, hasp **5** catch, curve, hitch, pinch, steal **6** anchor, fasten, pilfer **7** hamulus **8** crotchet ***a fish:*** **4** gaff, snag ***for keys:*** **10** chatelaine

hooklike **7** falcate **8** unciform, uncinate ***part:*** **5** uncus **7** hamulus

hookup **7** circuit, linkage **8** alliance **10** assemblage, connection **11** affiliation, association, combination, conjunction, partnership

hooky **6** truant **7** truancy **8** truantry

hooligan see HOODLUM

hoop **4** band, ring **6** circle **7** circlet

hoopla **4** bash, fuss, stir, to-do **6** bustle, frolic **7** revelry, shindig, whoopee **8** ballyhoo, wingding **9** commotion, festivity, merriment, promotion **13** entertainment

hoops **5** b-ball **10** basketball

hooray **3** rah, yay **5** cheer, huzza **6** huzzah, yippee **7** acclaim **10** hallelujah

hoosegow **3** jug, pen **4** brig, cage, coop, jail, keep, stir **5** clink, pokey **6** cooler, lockup, prison **7** slammer **8** bastille, big house **9** calaboose, jailhouse **12** penitentiary

Hoosier State **7** Indiana

hoot **3** bit, boo, jot **4** hiss, iota, jeer, whit **5** laugh, scrap, shout, whoop **6** assail, deride, heckle **7** catcall, modicum **8** particle

hooter **3** owl **5** owlet

Hoover Dam lake **4** Mead

hop **4** jump, leap, trip, vine **5** bound, dance **6** bounce, spring, wait on **7** rebound **8** jump over

hope **4** goal, wish **5** await, dream, faith, trust **6** aspire, desire, expect **7** count on, longing, promise **8** ambition, optimism, prospect **9** count upon **10** anticipate, aspiration, confidence ***loss of:*** **7** despair

hopeful **4** rosy **5** eager, sunny **6** bright, cheery, golden, seeker, upbeat

7 assured 8 aspirant, aspiring 9 candidate, confident, expectant, promising 10 auspicious, contestant, optimistic, propitious 11 encouraging 12 advantageous

hopeless 4 glum, lost, vain 6 futile, gloomy, morose 7 forlorn 8 downcast 9 desperate, incurable, insoluble 10 despairing, despondent, impossible 11 ineffectual, irreparable, pessimistic 12 incorrigible, irredeemable, irremediable

hoper 7 truster 8 optimist 9 expectant, Pollyanna

hopped-up 4 high 5 giddy 6 stoned, zonked 7 drugged, excited 9 delirious 12 enthusiastic

hopper 3 box, mix 4 frog, hare, tank, toad 5 bunny, chute 6 rabbit 7 cricket 10 freight car, receptacle

___ **Hopper** 5 Grace (Murray), Hedda 6 Edward

hopping 4 busy 5 irate, livid 6 lively 7 furious 9 extremely, violently 10 infuriated

Horae 4 Dike 6 Eirene 7 Eunomia, seasons

Horam ***kingdom:*** 5 Gezer ***slayer:*** 6 Joshua

horde 3 mob 4 army 5 crowd, crush, drove, press, swarm 6 throng 9 multitude

horizon 4 goal 5 limit, range, reach, scope, vista 6 extent 7 purview, skyline 8 prospect 11 perspective

horizontal 4 flat 5 level 8 parallel

hormone 4 ACTH 5 kinin 6 estrin 7 estriol, estrone, gastrin, insulin, relaxin 8 autacoid, estrogen, glucagon, kallidin, secretin ***female:*** 8 estrogen ***insect:*** 8 ecdysone ***pituitary:*** 8 oxytocin

horn 4 toot 5 cornu 6 antler, klaxon, shofar 7 trumpet 10 cornucopia, projection ***ancient Greek:*** 5 rhyta (plural) 6 rhyton ***animal:*** 6 antler

___ **Hornblower** 7 Horatio

horn in 6 meddle 7 intrude, obtrude 9 insinuate, interfere, interlope, interrupt

hornlike 8 corneous 10 keratinous

hornswoggle 3 con 4 dupe, fool, gull, hoax 5 trick 7 deceive 8 flimflam, hoodwink 9 bamboozle

horrendous 5 awful 7 fearful, ghastly, heinous, hideous 8 alarming, dreadful, gruesome, horrible, horrific, shocking, terrible 9 abhorrent, appalling, execrable, frightful, repugnant, revolting 11 distressing, unspeakable

horrible 4 grim 5 awful, lurid 6 grisly 7 fearful, ghastly, hateful, hellish, hideous 8 dreadful, gruesome, shocking 9 abhorrent, appalling, frightful, loathsome, repellent, repugnant, repulsive, revolting 10 abominable, disgusting, terrifying

horrid 5 nasty 7 noisome 8 shocking 9 loathsome, offensive, repulsive, sickening 10 detestable, disgusting

horrific 5 awful 7 fearful 8 dreadful, shocking, terrible 9 appalling, dismaying, frightful, harrowing

horrify 5 daunt, shock 6 appall, dismay 7 disgust

horrifying 4 grim 5 awful, lurid 6 grisly 7 ghastly, hideous 8 gruesome, terrible 9 appalling, atrocious

horror 4 fear, hate, pain 5 alarm, dread, panic, shock 6 dismay, fright, hatred, terror 7 disgust 8 aversion, loathing 9 repulsion, revulsion 10 abhorrence, repugnance 11 abomination, detestation, trepidation

hors d'oeuvre 4 whet 6 canape 7 crudité 9 antipasto, appetizer

horse 4 buck, roan 5 bronc, pacer, steed 6 bronco, brumby, equine 7 cavalry, palfrey, sawbuck, trestle, trotter 8 footrope, jackstay, palomino, skewbald, stallion, traveler ***Australian-bred:*** 5 waler ***battle:*** 7 charger ***breed:*** 5 pinto 6 Morgan 7 Arabian, Belgian, Iceland 8 Palomino, Shetland 9 Appaloosa, Percheron 10 Lippizaner 12 standardbred, Thoroughbred ***champion:*** 7 Man o' War 8 Affirmed, Citation 10 Seabiscuit 11 Seattle Slew, Secretariat, Smarty Jones ***collar part:*** 4 hame ***color:*** 3 bay 6 sorrel 8 chestnut ***combining form:*** 4 hipp 5 hippo ***covering:*** 8 trapping ***draft:*** 10 Clydesdale ***extinct:*** 8 eohippus ***farm:*** 6 dobbin ***female:*** 4 mare 5 filly ***foot part:*** 7 pastern ***gait:*** 4 trot 6 canter, gallop ***gear:*** 3 bit 4 rein 6 saddle 7 harness 9 checkrein ***leg joint:*** 7 fetlock ***leg part:*** 6 gaskin 7 gambrel ***male:*** 4 colt 8 stallion ***mark:*** 5 blaze ***of the movies:*** 4 Fury 6 Flicka, Silver 7 Trigger 8 Champion 11 Black Beauty ***race:*** 5 Ascot, derby 7 Belmont 9 Preakness ***rump:*** 7 crupper ***small:*** 4 pony 6 garron, jennet ***spotted:*** 5 pinto 7 piebald ***tan:*** 8 palomino ***thoroughbred:*** 8 hotblood ***war:*** 8 destrier ***wild:*** 7 mustang

horsefeathers 3 rot 4 bull, bunk 5 bilge, hokum, hooey, trash 6 bunkum, drivel, piffle 7 baloney, garbage, hogwash, rubbish, twaddle 8 claptrap, flimflam, nonsense, tommyrot 9 poppycock 10 applesauce, balderdash

horseman 5 rider 6 cowboy 7 vaquero 8 cavalier 9 caballero, chevalier 10 equestrian

horsemanship 6 manège 10 equitation
horse opera 5 oater 7 western
horseplay 7 fooling 8 clowning, rowdyism 9 high jinks, rowdiness 10 buffoonery, roughhouse 11 shenanigans 12 roughhousing
horseshoer 6 smithy 10 blacksmith
hortative 8 advisory 9 exhorting, homiletic
horticulturist 7 Burbank (Luther)
Horus *brother:* 6 Anubis *father:* 6 Osiris *mother:* 4 Isis *victim:* 3 Set 4 Seth
hose 4 sock, tube, wash 5 cheat, spray, trick, water 6 tights 8 stocking
hoser 6 barfly, boozer 7 redneck
hospice see HOSTEL
hospitable 4 kind, open 6 social 7 cordial 8 friendly, generous, gracious 9 convivial, receptive, welcoming 10 gregarious
hospital 6 clinic 7 lazaret 9 infirmary, lazaretto *attendant:* 7 orderly *ship's:* 7 sickbay
Hospitallers' island 5 Malta 6 Rhodes
host 4 army 5 array, cloud, crowd, emcee, flock, horde 6 angels, legion, myriad, scores, server 7 present, receive 8 assemble 9 innkeeper, introduce, moderator, multitude, presenter
hostage 4 pawn 5 token 6 pledge, surety 7 captive, earnest 8 guaranty, prisoner, security 9 guarantee
hostel 3 inn 4 stay 5 lodge 6 tavern, travel 7 auberge, lodging 11 caravansary, public house
hostile 4 anti, mean 5 enemy 6 bitter, fierce 7 adverse, opposed, warlike 8 contrary, inimical, opposite 9 bellicose, combative, resistant, resisting 10 malevolent, pugnacious, unfriendly 11 belligerent, contentious 12 antagonistic 13 argumentative
hostility 3 war 6 animus, enmity, hatred, rancor 7 ill will 8 conflict 9 antipathy 10 aggression, antagonism, opposition, resistance 12 belligerence
hot 3 new 4 fast, heat, sexy 5 angry, close, eager, fiery, lucky, spicy 6 ardent, baking, banned, heated, hectic, on fire, raging, stolen, sultry, torrid, urgent 7 boiling, burning, excited, fevered, illicit, lustful, peppery, popular, pungent, zealous 8 broiling, feverish, in demand, scalding, sizzling, tropical, vehement 9 energized, lecherous, scorching 10 blistering, contraband, passionate, sweltering 11 radioactive
hot air 4 bosh 6 bunkum 7 blather, prattle, twaddle 8 malarkey, nonsense 9 empty talk, poppycock 10 double-talk
hotbed 3 hub 4 core, seat 5 heart 6 center 7 nucleus 10 focal point 11 nerve center
hot-blooded 5 fiery 6 ardent 7 burning, fervent, flaming 9 excitable, impetuous, impulsive 10 passionate 11 impassioned 12 high-spirited
hotchpotch see HODGEPODGE
hot dog 5 frank 6 weenie, wiener, wienie 7 sausage, show-off 11 frankfurter, wienerwurst
hotel 3 inn 5 lodge 6 tavern 7 auberge, hospice, pension 8 motor inn 11 public house 12 lodging house, rooming house 13 boardinghouse *chain:* 5 Hyatt 6 Hilton, Ramada, Westin 7 Days Inn 8 Marriott, Radisson, Sheraton, Stouffer 10 Holiday Inn 11 Best Western, Four Seasons *inferior:* 7 fleabag 9 flophouse
hothead 5 rebel 7 fanatic, inciter, radical 8 agitator 9 demagogue, firebrand 10 incendiary 12 rabble-rouser, troublemaker 13 revolutionary
hotheaded 4 rash 5 brash, fiery, hasty 6 madcap 8 reckless 9 excitable, impetuous, imprudent, impulsive, irritable
hotshot 3 ace 4 star, whiz 5 comer 6 expert, master, wizard 8 virtuoso 10 powerhouse 11 heavyweight
hot-tempered see QUICK-TEMPERED
hot water 3 box, fix, jam 4 bind, hole 6 corner, pickle 7 dilemma, problem, trouble 9 tight spot 10 difficulty 11 predicament
___ **Houdini** 5 Harry
hound 3 dog, fan 4 bait, buff, ride 5 chivy 6 badger, basset, beagle, bowwow, canine, harass, hassle, heckle, hector, pester, pursue, Talbot 7 devotee 8 bullyrag 9 dachshund, persecute 10 aficionado *Russian:* 6 borzoi
hourglass 5 timer
house 3 cot, hut, ken 4 home, shed 5 abode, board, cabin, dwell, hovel, lodge, put up, shack 6 billet, chalet, harbor, shanty 7 contain, cottage, enclose, mansion, quarter, saltbox, shelter, theater 8 audience, bungalow, domicile, dwelling, quarters 9 residence *clergyman's:* 5 manse 7 rectory 9 parsonage *country:* 5 manor 7 cottage 8 bungalow *dog:* 6 kennel *earth:* 5 adobe *Eskimo:* 5 igloo *mean:* 5 hovel, shack *of prostitution:* 4 crib 6 bagnio 7 brothel 8 bordello *religious:* 5 abbey 6 priory 7 convent, nunnery 9 monastery *rooming:* 5 lodge *Russian:* 5 dacha *small:* 4 camp 5 cabin, shack 6 shanty 7 cottage 8 bungalow *Spanish:* 4 casa

housebreaker 4 yegg 5 thief 7 burglar, prowler 8 picklock
household 4 home 5 folks 6 family, ménage 8 domestic, familiar ***gods (Roman):*** 5 lares 7 penates
house of worship 6 bethel, chapel, church, mosque, pagoda, shrine, temple 7 chantry, minster, oratory 8 basilica 9 cathedral, sanctuary, synagogue 10 tabernacle 11 conventicle
housing 4 case, room 7 shelter 8 barracks, quarters 9 enclosure
hovel 3 hut, sty 4 dump, shed 5 hutch, shack 6 burrow, pigpen, pigsty, shanty 7 shelter
hover 4 flit, hang 5 dance, drift, float, poise, waver 7 flitter, flutter, suspend 9 fluctuate, hang about
howbeit 3 yet 4 when 5 still, while 6 even if, much as, though 7 whereas 8 after all, although 11 nonetheless 12 nevertheless
however 3 but, yet 4 only 5 still 6 except, though 8 after all 11 nonetheless
howl 3 bay, cry 4 bark, keen, wail, yell, yelp 6 cry out 9 caterwaul
howler 4 flub, gaff, goof 5 boner, fluff, gaffe 6 boo-boo 7 blooper, blunder
huarache 6 sandal
hub 4 axis, core 5 focus, heart, pivot 6 center 8 polestar 10 focal point 11 nerve center ***opposite:*** 3 rim
hubbub 3 din 4 fuss, stir, to-do 5 babel, furor, hoo-ha, noise 6 clamor, furore, hassle, jangle, pother, racket, rumpus, tumult, uproar 7 turmoil 8 brouhaha, foofaraw 9 commotion, confusion 10 hullabaloo, hurly-burly 11 disturbance, pandemonium
hubris 3 ego 4 gall 5 brass, cheek, nerve, pride 7 conceit, hauteur, swagger 8 audacity, chutzpah 9 arrogance, cockiness, vainglory 11 braggadocio
hubristic 4 vain 5 cocky, proud 7 haughty 8 arrogant, insolent, superior 11 overbearing, overweening 13 overconfident
Huckleberry Finn ***author:*** 5 Twain (Mark) 7 Clemens (Samuel) ***character:*** 3 Jim, Tom (Sawyer) 4 Duke, King ***river:*** 11 Mississippi
huckster 4 hawk, plug, vend 5 pitch 6 dicker, haggle, hawker, peddle, vendor 7 bargain, chaffer, haggler, packman, peddler, promote 8 pitchman
huddle 4 lump, mass 5 bunch, crowd, group, hunch 6 confab, confer, crouch, curl up, gather, parley, powwow 7 cluster, consult, meeting 8 assemble 10 conference, discussion
Hudson's ship 8 Half Moon
hue 4 cast, tint, tone 5 color, shade, shape, tinge, value 6 aspect, manner 8 coloring, tincture 10 coloration, complexion
huff 3 pet 4 blow, gasp, pant, rile, roil, snap, snit, tiff 5 annoy, grate, heave, peeve, pique, storm 6 nettle, put out 7 bluster, inflate 8 irritate
huffy 5 angry, proud, testy 6 piqued, touchy 7 annoyed, fretful, haughty, peevish, prickly, waspish 8 arrogant, petulant, snappish 9 irritable, irritated, querulous
hug 4 hold 5 clasp, press, prize, value 6 clinch, clutch, cuddle, enfold 7 cherish, embrace, envelop, squeeze 8 hold fast, hold onto 12 congratulate
huge 4 vast, wide 5 bulky, giant, grand, great, jumbo 6 heroic, mighty, untold 7 immense, mammoth, massive, titanic 8 colossal, enormous, gigantic, whopping 9 extensive, monstrous 10 monumental, prodigious, stupendous, tremendous 11 magnificent, mountainous
hugeness 8 enormity 9 immensity, magnitude
hugger-mugger 4 hash 6 jumble, muddle, secret, tangle 7 clutter, furtive, jumbled, secrecy 8 confused, covertly, disorder, secretly 9 by stealth, confusion, furtively 10 disordered, disorderly, stealthily, undercover 11 clandestine 13 clandestinely
Hugo, Victor ***character:*** 6 Javert (Inspector) 7 Cosette, Fantine, Valjean (Jean) 9 Esmeralda, Quasimodo ***novel:*** 13 Les Misérables 20 Hunchback of Notre Dame (The)
Huguenot 10 Protestant ***leader:*** 5 Condé (Prince de), Rohan (Henri) 6 Mornay (Philippe) 7 Coligny (Gaspard II de)
Huguenots composer 9 Meyerbeer (Giacomo)
hulk 4 body, loom, ship 5 shell, wreck 8 skeleton 9 shipwreck
hulking 4 huge 5 beefy, bulky, burly, husky 7 immense, mammoth, massive 8 colossal, enormous, gigantic, oversize 9 humongous, lumbering, monstrous, ponderous, strapping 11 heavyweight
hull 3 pod 4 bark, body, case, husk, peel, rind, skin 5 chaff, frame, shell, shuck 6 casing 8 covering 11 decorticate
hullabaloo 3 din 4 to-do 5 hoo-ha, noise 6 clamor, hubbub, jangle, pother, racket, tumult, uproar 8 ballyhoo, foofaraw 9 commotion, hue and cry 11 pandemonium
hum 4 buzz, purr, sing, zing 5 drone 6 murmur 7 vibrate

human 5 being, party 6 mortal, person 7 hominid 8 hominoid 10 individual *race:* 7 mankind

Human Comedy author 6 Balzac (Honoré de) 7 Saroyan (William)

humane 4 kind 6 gentle, kindly, tender 8 merciful 10 altruistic, benevolent, charitable 11 considerate, kindhearted, soft-hearted, sympathetic, warmhearted 13 compassionate, philanthropic

humanitarian 5 giver 8 generous 10 altruistic, benefactor, beneficent, benevolent, charitable 13 compassionate, philanthropic

humanity 6 people 7 mankind 8 kindness, sympathy 10 compassion, generosity 11 benevolence, Homo sapiens

humble 3 low 4 meek 5 abash, crush, lowly, quiet 6 demean, modest, simple 7 chagrin, deflate, degrade, subdued 8 cast down, disgrace, ordinary 9 compliant, diffident, discomfit, embarrass, humiliate 10 submissive, unassuming 11 acquiescent, deferential 13 insignificant, unpretentious

humbug 3 con, rot 4 fake, fool, hoax, sham 5 faker, fraud, hokum, phony, spoof, trick 6 bunkum, delude, drivel, take in 7 beguile, deceive, mislead 8 flimflam, impostor, malarkey, nonsense, pretense, quackery 9 deception, hypocrite, imposture, pretender, trickster 10 balderdash

humdinger 3 gem 5 beaut, dandy, dilly, doozy, jewel, prize 6 doozie 8 jimdandy 11 crackerjack

humdrum 4 blah, dull, flat 6 boring, dreary, stodgy 7 prosaic, tedious 8 monotone, monotony, plodding, unvaried, workaday 10 monotonous, uneventful 13 uninteresting

humid 3 wet 4 damp, dank 5 close, moist, muggy, soggy 6 clammy, sodden, steamy, sticky, stuffy 10 oppressive

humidify 6 dampen 7 moisten

humiliate 5 abase, crush, lower, shame 6 bemean, debase, demean, humble 7 chagrin, degrade, mortify 8 belittle, cast down, disgrace 9 embarrass

humiliation 5 shame 7 chagrin, put-down 8 disgrace, ignominy, reproach 9 abasement, disrepute, indignity 11 degradation 13 embarrassment, mortification

humility 7 modesty, shyness 8 meekness 9 abasement, lowliness 10 diffidence, submission 12 subservience 13 self-abasement

humming 4 busy 5 brisk 6 active, lively 8 bustling, hustling 9 energetic

hummock 4 hump 5 couch, knoll, mound 7 hillock

humongous 4 huge, vast 5 giant, jumbo 7 immense, mammoth, massive, titanic 8 colossal, enormous, gigantic 9 monstrous 10 gargantuan, prodigious, tremendous

humor 3 wit 4 baby, bent, mind, mood, tone, vein, whim 5 fancy, fluid, spoil, yield 6 banter, coddle, comedy, cosset, esprit, joking, levity, nature, pamper, temper 7 caprice, cater to, conceit, gratify, indulge, jesting, kidding 8 crotchet, drollery, jocosity, repartee 9 character, drollness, flippancy, funniness, witticism, wittiness 10 complexion, jocularity, pleasantry 11 disposition, temperament

humorist 3 Ade (George), wag, wit 4 card, Nash (Ogden), Shaw (Henry Wheeler), Ward (Artemus, Edward) 5 Adams (Franklin Pierce), Allen (Fred), Barry (Dave), clown, comic, cutup, droll, Dunne (Finley Peter), joker, Twain (Mark), White (E. B.) 6 Blount (Roy), Browne (Charles Farrar), Diller (Phyllis), gagman, jester, kidder, Parker (Dorothy), Rogers (Will), Rourke (P. J.), Runyon (Damon), Thorpe (Thomas Bangs) 7 buffoon, Bombeck (Erma), Burgess (Gelett), Clemens (Samuel Langhorne), gagster, Hubbard (Kin), Keillor (Garrison), Marquis (Don), punster, Sedaris (David), Thurber (James), Trillin (Calvin) 8 Aleichem (Shalom), Benchley (Robert), comedian, funnyman, jokester, Perelman (S. J.), quipster 9 jokesmith, prankster, Wodehouse (P. G.) *Canadian:* 7 Leacock (Stephen)

humorous 5 comic, droll, funny, jokey, merry, witty 6 jocose 7 amusing, comical, jocular, risible, waggish 8 mirthful 9 facetious, laughable, whimsical

hump 3 lug 4 bump, race, tote 5 bulge, carry, hunch, mound, range 6 hustle, schlep 7 hummock, schlepp 8 mountain, obstacle, swelling 9 transport 10 protrusion

humpback 5 whale 8 kyphosis 10 pink salmon

humpbacked 6 convex, curved 7 gibbous

Humperdinck opera 15 Hansel and Gretel

humus 3 mor 4 mull, soil 7 compost 8 material

hunch 4 arch, clod, idea, lump, hump, push 5 chunk, clump, crook, squat, stoop 6 crouch, curl up, huddle, jostle, notion, nugget 7 feeling, inkling 9 intuition

Hunchback of Notre Dame *author:* 4 Hugo (Victor) *character:* 9 Esmeralda, Quasimodo

hundred *combining form:* **5** centi, hecto
Hungary *capital:* **8** Budapest *city:* **4** Pécs **6** Szeged **7** Miskolc **8** Debrecen *ethnic group:* **6** Magyar *lake:* **7** Balaton *monetary unit:* **6** forint *mountain range:* **10** Carpathian *national hero:* **5** Árpád *neighbor:* **6** Serbia **7** Austria, Croatia, Romania, Ukraine **8** Slovakia, Slovenia *plain:* **11** Great Alföld *river:* **5** Tisza **6** Danube
hunger **3** yen **4** ache, itch, long, lust, need, pine, want **5** crave, greed, yearn **6** desire, hanker, thirst **7** craving, longing
hungry **4** avid, keen, poor **5** eager **6** barren **7** craving, starved, thirsty **8** desirous, famished, ravenous, starving, underfed, yearning **9** hankering, motivated
hunk **3** gob, wad **4** clod, lump **5** chunk, clump, piece, wedge **6** nugget **7** portion
hunker down **5** dig in, squat **6** crouch **8** settle in
hunky **4** buff **5** burly **6** buffed **8** athletic, muscular **9** strapping, well-built
hunky-dory **4** fine, okay **5** dandy, ducky, nifty, swell **6** peachy **10** peachy keen **12** satisfactory
Hunnish **4** rude, wild **6** savage **7** fearful, uncivil **9** barbarian, barbarous, ferocious **11** uncivilized
hunt **3** dog, run **4** hawk, seek **5** chase, hound, prowl, quest, shoot, snare, stalk, track, trail **6** battue, course, dig out, prey on, pursue, safari, search **7** explore, pursuit, rummage **9** ferret out, search for, search out *birds:* **4** fowl *illegally:* **5** poach
hunter **6** jaeger, nimrod **8** predator *biblical:* **6** Nimrod *cap:* **7** montero *constellation:* **5** Orion *mythological:* **5** Orion **7** Actaeon
hunting **5** chase **6** venery **7** gunning, hawking **8** coursing, falconry **9** predatory **10** predacious *bird:* **6** falcon *call:* **7** recheat *cry:* **6** yoicks **7** tallyho **10** view halloo *dog:* **5** hound **6** basset, beagle, borzoi, saluki, setter, vizsla **7** harrier, pointer, spaniel **9** ridgeback, wolfhound **10** bloodhound *expedition:* **6** safari *horn:* **5** bugle
huntress **5** Diana **7** Artemis **8** Atalanta
hurdle **3** bar **4** leap, snag **5** bound, clear, vault **6** hamper, spring **7** barrier **8** leap over, obstacle, overcome, overleap, surmount, traverse **9** negotiate **10** difficulty, impediment **11** obstruction
hurl **4** cast, fire **5** chuck, fling, heave, pitch, sling, throw, vomit **6** launch, thrust **8** catapult
hurly-burly **3** din **4** riot, to-do **5** melee **6** clamor, furore, hassle, hubbub, racket, rumpus, tumult, uproar **7** turmoil **8** confused **9** commotion, confusion
hurrah **4** fuss, to-do, zeal **5** cheer **6** fervor, rumpus **7** fanfare, ovation **8** approval **9** commotion **10** enthusiasm **11** acclamation
hurricane **7** typhoon
hurried **4** fast, sped **5** hasty, quick, swift **6** abrupt, rushed, sudden **7** cursory, rushing **8** headlong **9** impetuous **11** precipitant, precipitate
hurry **3** fly, hie, jog, run, zip **4** post, prod, push, rush **5** fleet, haste, scoot, speed, whirl, whish, whisk **6** barrel, breeze, bullet, bustle, hasten, hustle, rocket, rustle, step up, tumult **7** beeline, hotfoot, quicken, shake up, skelter, speed up, swiften **8** celerity, dispatch, expedite, highball, make time **9** commotion, make haste, swiftness **10** accelerate, speediness
hurt **3** mar **4** ache, blow, harm, pain **5** wound, wrong **6** damage, grieve, hamper, harmed, impair, injure, injury, in pain, misuse, offend, pained, suffer **7** afflict, anguish, blemish, damaged, wounded **8** aggrieve, distress, mischief, mistreat **9** constrain, detriment, prejudice, resentful, suffering **10** resentment
hurtful **4** mean, sore **6** aching, unkind **7** harmful, painful **8** damaging, wounding **9** injurious **11** deleterious, destructive, detrimental, distressing, prejudicial
hurtle **3** fly **4** race, rush, tear **5** fling, shoot, speed, throw **6** charge, plunge, rocket
husband **3** man **4** mate, save **6** manage, mister, spouse **7** consort, partner **8** conserve, helpmate, helpmeet **9** economize, other half **10** bridegroom
husbandry **6** thrift **7** control, economy, farming **8** prudence **9** frugality **10** management **11** agriculture, thriftiness **12** conservation, preservation
hush **4** calm **5** quell, quiet **6** shut up, stifle **7** cover up, mollify, secrecy, silence **8** choke off, suppress **9** cessation, quietness, stillness
hush-hush **6** covert, secret **7** private, sub-rosa **9** top secret **11** clandestine **12** confidential **13** surreptitious, under-the-table
husk **3** pod **4** case, peel, rind, skin **5** shell, shuck, strip **6** casing
husky **3** big, dog **5** beefy, burly, great, hefty, large, rough, stout **6** brawny, croaky, hoarse, mighty, robust, strong, sturdy **7** throaty **8** muscular, oversize, stalwart, thickset **9** strapping

hustings 5 stump
hustle 3 fly, rob, run 4 earn, move, push, rush, sell, urge, work 5 cheat, elbow, fraud, haste, hurry, press, shove, speed 6 hasten 7 hotfoot, promote, solicit, swindle 8 bulldoze, deception, dispatch 9 swiftness
hustler 4 doer 6 dynamo, vendor 8 go-getter, live wire 10 powerhouse
hustling 4 busy 5 eager 6 active, lively, speedy 7 hopping, humming 9 energetic 10 aggressive
hut 3 cot 4 camp, crib, shed 5 cabin, dacha, hooch, hovel, hutch, jacal, lodge, roost, shack 6 cabana, chalet, lean-to, shanty 7 cottage 8 bungalow ***American Indian:*** 6 wigwam 7 wickiup ***Scottish:*** 5 bothy, shiel 8 shieling
hutch 3 bin, pen 4 cage, coop 5 chest, shack 6 locker, shanty 8 cupboard 9 enclosure
Huxley novel 8 Antic Hay 11 Crome Yellow 13 Brave New World, Eyeless in Gaza
Hyacinthus ***father:*** 7 Amyclas ***slayer:*** 6 Apollo
hybrid 5 blend, cross, mixed 7 amalgam, mixture 8 combined, compound 9 composite, crossbred 10 crossbreed 11 combination
hybridize 4 join 5 blend, cross 7 combine 10 crossbreed, interbreed, intercross
Hydra 5 polyp 6 plague 7 monster, serpent 13 constellation ***father:*** 6 Typhon ***mother:*** 7 Echidna ***slayer:*** 8 Heracles, Hercules
hydrant 3 tap 4 pipe 5 valve 6 faucet, spigot 7 petcock 8 fireplug
hydraulic device 3 ram 4 jack, lift, pump 5 brake, press 8 elevator
hydrocarbon 5 xylol 6 dioxin, ethane, xylene 7 benzene, methane, styrene, toluene 8 biphenyl, butylene, ethylene ***liquid:*** 6 octane 7 retinol, styrene 8 menthene
hydroid 5 polyp 6 medusa, obelia 9 jellyfish
hydrometer scale 4 Brix 5 Baumé
hydrophobia 5 lyssa 6 rabies
hyena 5 dingo 6 jackal 9 scavenger
Hygeia 5 Salus ***father:*** 9 Asclepius 11 Aesculapius ***goddess of:*** 6 health
hygiene 6 health 10 sanitation 11 cleanliness
hygienic 5 clean 7 aseptic, healthy, sterile 8 sanitary 9 healthful 10 antiseptic, unpolluted
Hyllus' father 8 Heracles, Hercules
hymeneal 6 bridal, wedded 7 marital, married, nuptial, spousal 8 conjugal 9 connubial 11 matrimonial
hymn 4 laud, song 5 bless, carol, chant, extol, paean, psalm 6 anthem, choral, praise 7 chorale, glorify 8 canticle, doxology, eulogize
hype 4 plug, tout 5 boost, thump 7 acclaim, enliven, glorify, promote, puffery, trumpet 8 ballyhoo, increase 9 advertise, excellent, publicity, publicize, stimulate 11 advertising
hyper 4 edgy 5 antsy, jumpy, wired 6 on edge 7 anxious, frantic 8 agitated, frenetic, hopped-up 9 excitable 10 high-strung, overactive 11 overwrought
hyperbole 6 excess 12 embroidering, exaggeration 13 embellishment, overstatement
hypercritical 6 severe 7 carping 8 captious, exacting 10 censorious, nit-picking 12 faultfinding
Hyperion ***daughter:*** 3 Eos 6 Aurora, Selene ***father:*** 6 Uranus ***mother:*** 4 Gaea ***son:*** 6 Helios ***wife:*** 5 Theia
hypnotic 6 opiate, sleepy 8 mesmeric, narcotic, sedative 9 somnolent, soporific 11 mesmerizing, somniferous 12 somnifacient, spellbinding
hypnotize 4 drug 5 charm 6 dazzle, trance 8 enthrall, entrance, overcome 9 captivate, mesmerize, overpower, spellbind
hypocorism 7 pet name 8 nickname 9 sobriquet
hypocrisy 4 cant, sham 6 deceit, humbug 7 falsity, pietism 8 quackery 9 deception, duplicity, phoniness 10 sanctimony 11 insincerity, religiosity
hypocrite 4 fake, sham 5 actor, faker, fraud, phony, poser 6 humbug, poseur 7 bluffer, pietist 8 deceiver, impostor, pharisee 9 charlatan, pretender 10 dissembler 11 masquerader 12 dissimulator
hypocritical 5 false 7 canting 8 affected, specious, two-faced 9 deceitful, insincere, pietistic 10 Janus-faced 11 dissembling, double-faced, duplicitous 12 mealymouthed, xpecksniffian 13 sanctimonious
hypothesis 6 belief, theory 7 premise 8 position, supposal 9 condition, inference 10 antecedent, assumption, conjecture 11 explanation, speculation, supposition
hypothetical 7 assumed 8 abstract, academic, supposed 10 assumptive 11 conditional, conjectural, suppositous, theoretical 12 suppositious 13 suppositional
hyrax 4 cony 5 coney 6 dassie, mammal 8 ungulate

hysteria 4 fear 5 craze, furor, mania, panic 6 excess, frenzy 7 madness 8 delirium
hysterical 5 rabid 6 crazed, madcap, raving 7 berserk, frantic 8 agitated, frenzied, neurotic 9 delirious, disturbed, hilarious, impetuous 10 convulsive, distraught, uproarious 11 impassioned, overexcited, overwrought 13 side-splitting

I

Iago *general:* 7 Othello *victim:* 6 Cassio, Emilia 7 Othello 9 Desdemona *wife:* 6 Emilia
Iapetus *father:* 6 Uranus *mother:* 4 Gaea *son:* 5 Atlas 9 Menoetius 10 Epimetheus, Prometheus *wife:* 7 Clymene
Iasion *brother:* 8 Dardanus *father:* 4 Zeus 7 Jupiter *lover:* 5 Ceres 7 Demeter *mother:* 7 Electra *son:* 6 Plutus
ibex 4 tahr 8 wild goat *family:* 7 Bovidae *genus:* 5 Capra
Ibhar's father 5 David
ibis-headed god 5 Thoth
ibis relative 5 heron, stork
Ibsen, Henrik *character:* 3 Ase 4 Nora (Helmer) 5 Brack (Judge), Brand, Hedda (Gabler), Helen (Alving), Werle (Gergers) 6 Ejlert (Lovberg), Hedvig (Ekdal), Jorgen (Tesman), Oswald (Alving) 7 Solness (Halvard), Solveig, Torvald (Helmer) 8 Peer Gynt 9 Stockmann (Thomas) *country:* 6 Norway *play:* 6 Ghosts 8 Peer Gynt, Wild Duck (The) 10 Doll's House (A) 11 Hedda Gabler, Little Eyolf, Rosmersholm 13 Master Builder (The) 16 Enemy of the People (An)
Icarus' father 8 Daedalus
ice *area:* 4 rink *dessert:* 6 sorbet 7 sherbet *floating:* 4 berg, floe *hanging:* 6 icicle *pinnacle:* 5 serac
icebox 6 cooler, fridge 12 refrigerator
ice cream 7 spumoni, tortoni *dish:* 6 sundae 11 baked Alaska *drink:* 4 soda 6 frappe
iced 5 glacé 6 glazed 7 chilled
ice field 4 floe 7 glacier
ice game 6 hockey 7 curling
ice house 5 igloo
Iceland *capital:* 9 Reykjavik *monetary unit:* 5 krona *sea:* 9 Norwegian *snowfield:* 11 Vatnajökull *strait:* 7 Denmark *volcano:* 5 Hekla
Icelandic *epic:* 4 Edda, saga *hero:* 5 Njáll 6 Gunnar 7 Grettir
Ichabod Crane's beloved 7 Katrina
icing 7 topping 8 frosting
icky 4 vile 5 awful, gross, nasty 9 loathsome, offensive, repellent, repulsive, revolting, sickening 10 disgusting 11 distasteful
icon 4 idol, sign 5 image 6 emblem, symbol
iconoclastic 9 dissident, heretical 10 rebellious, unorthodox 13 nonconformist
icy 4 cold 5 gelid, polar 6 arctic, chilly, frigid, frosty, steely 7 glacial 8 freezing 11 emotionless, unemotional
Idaho *capital:* 5 Boise *city:* 6 Moscow 9 Pocatello, Twin Falls 10 Idaho Falls 11 Coeur d'Alene *mountain:* 5 Borah (Peak) *nickname:* 3 Gem (State) *river:* 5 Snake 6 Salmon *state bird:* 8 bluebird *state flower:* 7 syringa *state tree:* 9 white pine
Idas *brother:* 7 Lynceus *father:* 8 Aphareus *slayer:* 4 Zeus *victim:* 6 Castor *wife:* 8 Marpessa
idea 4 whim 5 fancy, guess, motif 6 belief, notion, theory, thesis, vagary 7 caprice, conceit, concept, inkling, meaning, opinion, subject, surmise, thought 8 estimate 9 sentiment, suspicion 10 assumption, brainstorm, conception, conclusion, conjecture, conviction, estimation, hypothesis, impression, perception, reflection 11 abstraction, formulation, supposition
ideal 4 best, goal 5 model 7 chimera, classic, epitome, paragon, perfect, utopian 8 absolute, ensample, exem-

plar, flawless, nonesuch, paradigm, standard, ultimate **9** archetype, classical, exemplary, nonpareil **10** archetypal, conceptual, consummate **11** theoretical

idealist **7** dreamer, quixote, utopian **9** ideologue, visionary

idealistic **6** dreamy **7** utopian **8** poetical, quixotic, romantic **9** visionary **10** starry-eyed **11** impractical, unrealistic

idealize **5** deify, exalt, extol **7** elevate, ennoble, glorify, worship **8** venerate

ideate **5** think **7** imagine **8** conceive, envisage, envision

idée fixe **5** mania **6** fetish, phobia **7** complex **8** fixation **9** obsession **13** preoccupation

identical **3** one **4** like, same, very **5** alike, equal, exact **8** selfsame **9** duplicate **10** equivalent, synonymous

identification mark **4** logo **5** badge, brand, label **6** emblem

identify **3** tag **4** mark, name, spot **5** brand, place **6** finger, select **7** make out, pick out **8** pinpoint **9** determine, recognize **11** distinguish

identity **4** name, self **7** oneness **8** sameness, selfhood **9** character **10** congruence, uniformity, uniqueness **11** personality, singularity **13** individuality, particularity

ideological **8** notional **10** conceptual, ideational **11** speculative **13** philosophical

ideologue **8** believer, idealist, partisan, theorist

ideology **3** ism **5** credo, creed **7** beliefs **8** doctrine **10** philosophy, principles

idiocy **7** fatuity **9** cretinism, stupidity **10** imbecility **11** foolishness

idiomatic **7** demotic **8** peculiar **9** dialectal **10** colloquial, vernacular

idiosyncrasy **5** quirk **6** oddity **7** anomaly **11** peculiarity, singularity **12** eccentricity

idiosyncratic **3** odd **5** kooky, queer, weird **6** quirky **7** erratic, oddball, offbeat, unusual **8** peculiar, singular **9** eccentric **11** distinctive

idiot **3** ass **4** dolt, fool, jerk, simp **5** dummy, dunce, moron, ninny **6** cretin, nitwit, stupid **7** airhead, dullard, half-wit, jackass, natural, tomfool **8** dumbbell, imbecile, numskull **9** ignoramus, numbskull, simpleton **10** nincompoop

idiotic **5** dopey **6** stupid **7** foolish, moronic **8** ignorant **9** brainless, imbecilic, senseless

idle **3** bum **4** laze, lazy, loaf, loll, rest, vain **5** dally, drone, empty, inert, slack, tarry **6** asleep, dawdle, diddle, fallow, futile, linger, loiter, lounge, otiose, unused, vacant **7** aimless, dormant, passive **8** inactive, indolent, slothful **9** shiftless **10** unoccupied

idleness **4** ease **5** sloth **6** vanity **7** leisure, loafing **8** lethargy **9** indolence **10** inactivity

idler **3** bum **4** slug **5** drone **6** loafer, slouch **7** dawdler **8** deadbeat, fainéant, loiterer, slugabed, sluggard **9** do-nothing, lazybones **11** couch potato

Idmon ***daughter:*** **7** Arachne ***father:*** **6** Apollo ***mother:*** **6** Cyrene

idol **3** god **4** hero, icon, star **5** deity, image, totem **6** fetish, minion, symbol **8** likeness ***Chinese:*** **4** joss

idolatry **7** worship **8** devotion **9** adoration **10** exaltation, veneration **11** deification **13** glorification

idolize **5** adore, deify, exalt **6** revere **7** glorify, worship **8** venerate

Idomeneo composer **6** Mozart (Wolfgang Amadeus)

idyllic **5** ideal **6** rustic **7** bucolic, halcyon, perfect, utopian **8** arcadian, heavenly, pastoral, peaceful, romantic **9** idealized, unspoiled **11** picturesque, sentimental

Idylls of the King ***author:*** **8** Tennyson (Alfred) ***character:*** **4** Enid **6** Arthur, Elaine, Gareth, Merlin, Vivien **7** Geraint, Lynette **8** Lancelot

iffy **5** dicey, risky **6** chancy, unsure **7** dubious, erratic **8** doubtful **9** uncertain **10** unreliable **12** inconsistent **13** unpredictable

igneous rock **4** lava **5** magma **6** basalt, gabbro **7** diabase, granite **8** porphyry

ignis fatuus **6** mirage **7** chimera **8** delusion, illusion, phantasm **9** pipe dream **12** will-o'-the-wisp **13** hallucination

ignitable **8** burnable **9** excitable, flammable **10** incendiary **11** combustible, inflammable

ignite **4** fire **5** light, spark **6** excite, kindle **7** inflame **8** enkindle, touch off

ignited **3** lit **5** afire, fiery **6** ablaze, aflame, alight **7** blazing, burning, flaming, flaring **11** conflagrant

ignoble **3** low **4** base, mean, poor, vile **5** lowly **6** abject, coarse, common, scurvy, sordid, vulgar **7** lowborn, servile **8** baseborn, indecent, inferior, plebeian, shameful, unwashed, wretched **10** despicable, inglorious **11** disgraceful **12** contemptible, dishonorable

ignominious **6** odious **8** infamous, shameful **9** degrading **10** despicable, inglorious **11** disgraceful, humiliating, opprobrious **12** contemptible, dishonorable, disreputable **13** discreditable, unrespectable

ignominy **5** odium, shame **6** infamy **7** obloquy, scandal **8** disgrace, dishonor **9** discredit, disesteem, disrepute **10** opprobrium **11** humiliation **13** mortification

ignoramus **4** dolt **5** dummy, dunce, idiot, moron **6** dimwit, nitwit, stupid **7** airhead, dullard, half-wit **8** dumbbell, imbecile, numskull **9** numbskull, simpleton

ignorance **7** naiveté **9** innocence, nescience, stupidity **10** illiteracy, simpleness, simplicity **11** unawareness **12** incognizance

ignorant **5** naive **6** simple **7** unaware **8** nescient, untaught **9** benighted, ingenuous, oblivious, unknowing, unlearned, untutored, unwitting **10** illiterate, uncultured, uneducated, uninformed, unlettered, unschooled **11** incognizant, know-nothing **12** uninstructed **13** unenlightened

ignore **4** omit, snub **5** avoid **6** forget, reject, slight **7** neglect **8** overlook **9** disregard

Igraine ***husband:*** **5** Uther **7** Gorlois ***son:*** **6** Arthur

iguana **5** anole **6** lizard **8** basilisk **10** chuckwalla

ilex **4** maté **5** holly **6** yaupon **7** holm oak **8** inkberry

Iliad **4** epic ***author:*** **5** Homer ***character:*** **4** Ajax **5** Helen, Paris, Priam **6** Aeneas, Hector **8** Achilles, Diomedes, Odysseus **9** Agamemnon, Patroclus ***city:*** **4** Troy

Ilium **4** Troy

ilk **4** kind, sort, type **5** breed, class, genre **6** family, kidney, nature, stripe **7** variety

ill **4** sick **6** ailing, infirm, laid up, malady, peaked, queasy, unwell **7** ailment, disease, trouble, unlucky **8** diseased, disorder, distress, feverish, nauseous, scarcely, sickness, syndrome **9** afflicted, infirmity, nauseated, unhealthy **10** misfortune

ill-adapted **8** unfitted, unsuited **10** unsuitable

ill-advised **4** rash **5** brash, hasty **6** madcap, unwise **7** foolish **8** careless, heedless, reckless **9** foolhardy, impolitic, imprudent **10** incautious, indiscreet, unthinking **11** inexpedient, injudicious, thoughtless

ill at ease **3** shy **4** edgy **6** on edge **7** anxious, awkward, fidgety, nervous **8** insecure, restless **9** unsettled **11** discomfited **12** apprehensive **13** self-conscious, uncomfortable

ill-boding **4** dire **7** baleful, doomful, fateful, ominous, unlucky **8** sinister **10** portentous **11** apocalyptic **12** inauspicious, unpropitious

ill-bred **4** rude **5** crude **7** boorish, loutish, uncivil, uncouth **8** impolite **9** unrefined **10** uncultured, ungracious, unmannered, unmannerly, unpolished **11** uncivilized **12** discourteous

ill-defined **5** faint, fuzzy, vague **7** shadowy **10** indistinct

illegal **3** hot **6** banned **7** bootleg, illicit, lawless **8** criminal, outlawed, unlawful, wrongful **9** felonious, forbidden **10** actionable, prohibited, proscribed, unlicensed **12** illegitimate ***act:*** **5** crime **6** felony ***scheme:*** **4** scam

illegible **8** scrawled **10** unreadable **11** inscrutable

illegitimacy **8** bastardy **11** bar sinister **12** unlawfulness

illegitimate **7** bastard, bootleg, erratic, invalid, lawless, natural **8** criminal, improper, spurious, unlawful **11** misbegotten **12** unauthorized

ill-fated **6** cursed, doomed **7** unhappy, unlucky **8** accursed, luckless, untoward **10** disastrous **11** star-crossed, unfortunate

ill-favored **4** ugly **5** plain **6** homely **12** unattractive

ill-humored **4** dour, sour **5** cross, surly, testy **6** crabby, cranky, crusty, grumpy, morose, ornery, sullen, tetchy, touchy **7** crabbed, grouchy, peevish, prickly **8** choleric, churlish, snappish **9** dyspeptic, irascible, irritable, saturnine, splenetic **12** cantankerous, disagreeable, misanthropic

illiberal **6** biased, narrow **7** bigoted, insular **9** hidebound, parochial, penurious **10** intolerant, prejudiced, provincial **11** reactionary, small-minded **12** conservative, narrow-minded, uncharitable

illicit **7** bootleg, crooked, lawless **8** criminal, unlawful **9** forbidden **10** contraband, prohibited **11** black-market, clandestine **12** unauthorized

illimitable **7** endless **8** infinite, unending **9** boundless **11** measureless

Illinois ***capital:*** **11** Springfield ***city:*** **6** Aurora, Cicero, Joliet, Peoria **7** Chicago **8** Rockford ***college, university:*** **4** Knox **6** DePaul **7** Wheaton **12** Northwestern ***nickname:*** **7** Prairie (State) ***river:*** **6** Wabash ***state bird:*** **8** cardinal ***state flower:*** **6** violet ***state tree:*** **8** white oak

illiterate **6** unread **8** untaught **9** untutored **10** uneducated, unlettered, unschooled

ill-mannered 4 rude 6 coarse 7 boorish, loutish, uncivil, uncouth 8 churlish, impolite 10 ungracious 12 discourteous
ill-natured 4 sour 5 cross, huffy, surly, testy 6 bitchy, crabby, grumpy, ornery, tetchy 7 grouchy, peevish, waspish 8 choleric, churlish, snappish, spiteful 9 dyspeptic, fractious, irascible, irritable 10 malevolent 11 belligerent, contentious, quarrelsome 12 cantankerous, disagreeable
illness 6 malady 7 ailment, disease, malaise 8 cachexia, disorder, sickness 9 infirmity 10 affliction 13 indisposition
illogical 6 absurd 7 invalid, unsound 8 specious 9 plausible, senseless, sophistic 10 fallacious, irrational, unreasoned 11 nonrational 12 preposterous, unreasonable
ill-starred 6 cursed, doomed, malign 7 fateful, ominous, unhappy, unlucky 8 luckless, untoward 10 disastrous, foreboding, portentous 11 unfavorable, unfortunate, unpromising 12 inauspicious, unpropitious
ill-tempered 4 sour 5 cross, huffy, surly 6 crabby, bitchy, grumpy, ornery, snippy 7 grouchy, peevish, waspish 8 choleric, churlish, petulant, shrewish, snappish, spiteful 9 dyspeptic, fractious, irascible, irritable 11 belligerent, contentious, quarrelsome 12 cantankerous, disagreeable
ill-timed 11 inopportune 12 unseasonable
ill-treat 4 harm, hurt 5 abuse 6 injure, misuse, molest 7 torment 8 aggrieve 10 traumatize
illuminate 5 clear, edify, exalt, gloss, light 6 uplift 7 clarify, clear up, explain, lighten 8 brighten, decorate 9 elucidate, embellish, enlighten, highlight, irradiate, spotlight
illuminati 5 elite 7 clerisy, scholar 8 academic 11 academician 13 intellectuals
illumination 8 lighting ***unit of:*** 3 lux 4 phot 5 lumen 6 candle 7 candela 10 footcandle
illusion 4 myth 5 dream, fancy, ghost 6 facade, mirage 7 chimera, fantasy 8 phantasm, phantasy 9 invention, pipe dream, semblance 11 ignis fatuus 12 will-o'-the-wisp 13 hallucination
illusionist 8 conjurer, magician 9 trickster
illusive see ILLUSORY
illusory 4 sham 6 unreal 7 seeming 8 apparent, fanciful 9 deceptive, fictional, imaginary, visionary 10 chimerical, fallacious, fictitious, misleading, ostensible
illustrate 4 mark, show 6 depict, evince, expose, reveal 7 clarify, display, exhibit, explain, picture, portray 8 decorate, describe, evidence, instance, manifest 9 elucidate, epitomize, exemplify 11 demonstrate
illustration 4 case 6 sample 7 diagram, drawing, example, picture, problem 8 instance
illustrative 7 graphic 9 pictorial 10 clarifying 11 descriptive 12 iconographic
illustrator ***American:*** 4 Kent (Rockwell), Pyle (Howard) 5 Abbey (Edwin Austin), Flagg (James Montgomery), Smith (Jessie Willcox), Wyeth (Newell Convers) 6 Gibson (Charles Dana) 7 Burgess (Gelett), Parrish (Maxwell) 8 Rockwell (Norman) 9 Remington (Frederic) ***English:*** 5 Crane (Walter) 6 Morris (William), Potter (Beatrix) 7 Nielsen (Kay), Rackham (Arthur), Tenniel (John) 9 Beardsley (Aubrey), Caldecott (Randolph), du Maurier (George), Greenaway (Kate) ***French:*** 4 Doré (Gustave) 5 Dulac (Edmund) ***German:*** 5 Dürer (Albrecht)
illustrious 5 famed, great, lofty, noted 6 famous 7 eminent, exalted, notable, sublime 8 glorious, renowned, splendid 9 acclaimed, prominent 10 celebrated, preeminent 11 outstanding, prestigious 13 distinguished
illustriousness 4 fame 5 glory 6 renown 8 eminence, prestige 9 celebrity 10 prominence 11 distinction, preeminence
ill will 5 spite, venom 6 animus, enmity, malice, rancor, spleen 7 despite, dislike 8 acrimony, aversion, bad blood 9 animosity, antipathy, hostility, malignity 10 resentment 11 malevolence 12 spitefulness 13 maliciousness
Ilus ***father:*** 4 Tros ***grandson:*** 5 Priam ***mother:*** 10 Callirrhoë ***son:*** 8 Laomedon
image 4 copy, form, icon, idea, idol 5 equal, match 6 double, effigy, figure, mirror, notion, ringer, vision 7 concept, fantasm, feature, picture 8 likeness, phantasm, portrait 9 facsimile, semblance 10 conception, equivalent, impression, reflection, simulacrum 12 illustration ***Polynesian:*** 4 tiki ***Semitic:*** 6 teraph 8 teraphim (plural)
imaginary 5 ideal 6 made-up, unreal 7 fancied, fictive 8 abstract, fabulous, fanciful, illusive, illusory, notional, quixotic 9 dreamlike, fantastic, fictional, legendary, visionary 10 apocryphal, chimerical, fictitious, phantasmal 11 make-believe 12 hypothetical, suppositious
imagination 5 fancy 7 fantasy 8 phantasy

9 invention 10 creativity 11 inspiration 13 inventiveness

imaginative 5 false 7 blue-sky, fictive 8 artistic, creative, fanciful, original, poetical 9 ingenious, inventive, visionary, whimsical 11 resourceful 12 enterprising

imagine 5 dream, fancy 6 assume, invent, make up 7 dream up, feature, picture, suspect 8 conceive, envisage, envision 9 fabricate, visualize 10 conjecture

imbecile 4 dodo, dolt, dull, fool, jerk 5 dunce, idiot, moron, ninny 6 cretin, dimwit, nitwit 7 half-wit, jackass, moronic, pinhead, tomfool 8 numskull 9 birdbrain, blockhead, numbskull 10 dunderhead, nincompoop

imbibe 3 sip, sup 4 chug, soak, swig, toss 5 booze, drink, quaff, swill 6 absorb, guzzle, tipple 7 consume, swallow, swizzle 10 assimilate

imbricate 3 lap 7 overlap, shingle 11 overlapping

imbroglio 3 row 4 maze, mess, spat, to-do 5 brawl, mix-up 6 fracas, muddle, tangle 7 dispute, quarrel, rhubarb, scandal, wrangle 8 argument, disorder, squabble 9 confusion, intricacy 10 falling-out 11 altercation, predicament 12 complication, entanglement

imbrue 4 soil 5 stain 8 discolor

imbue 3 dye 4 soak 5 bathe, endow, steep, tinge 6 infuse, invest, leaven 7 ingrain, instill, pervade, suffuse 8 permeate, saturate 9 influence, inoculate

imitate 3 ape 4 copy, echo, mime, mock 5 forge, mimic, spoof 6 parody 7 emulate, take off 8 resemble, simulate, travesty 9 burlesque, duplicate, replicate, reproduce 11 counterfeit, impersonate

imitation 4 copy, fake, mock, sham 5 clone, ditto, dummy, false, match, phony 6 ersatz, parody, ringer 7 forgery, replica 8 likeness, parallel, spurious, travesty 9 duplicate, semblance, simulated 10 artificial, simulacrum, simulation, substitute 11 counterfeit, counterpart 12 reproduction, substitution

imitative 4 mock 5 apish 6 echoic 7 copycat, mimetic, parodic, slavish 11 counterfeit 12 onomatopoeic 13 onomatopoetic

immaculate 4 pure 5 clean 6 chaste, virgin 7 cleanly, perfect, sinless 8 flawless, spotless, unsoiled, virtuous 9 stainless, undefiled, unsullied 11 spic-and-span, unblemished 12 spick-and-span

immaterial 7 trivial 8 bodiless, ethereal 10 extraneous, inapposite, intangible, irrelevant 11 disembodied, incorporeal, nonphysical, unimportant 12 inapplicable 13 insignificant, insubstantial, unsubstantial

immature 3 raw 5 crude, green, young 6 callow, infant, unripe 7 puerile 8 childish, juvenile, youthful 9 infantile, primitive, unfledged 10 unfinished 11 undeveloped

immaturity 6 nonage 7 infancy 8 minority 9 childhood, salad days 11 adolescence 12 juvenescence

immeasurable 4 vast 6 untold 7 endless 8 infinite 9 boundless, extensive, limitless, unbounded, unlimited 11 illimitable, inestimable, uncountable 12 incalculable, unfathomable

immediate 4 next, nigh 5 close 6 at hand, direct, nearby, urgent 7 current, instant, ongoing, primary 9 firsthand, proximate 10 unmediated 12 straightaway 13 instantaneous

immediately 3 now, PDQ 4 anon, stat 6 at once, presto, pronto 8 directly, promptly 9 forthwith, instanter, instantly, right away 11 straightway 12 straightaway

immense 4 huge, vast 5 great, large 6 mighty 7 mammoth, massive, titanic 8 colossal, enormous, gigantic 9 humongous, monstrous 10 gargantuan, monumental, prodigious, tremendous 11 elephantine

immensely 4 a lot 8 terribly 9 extremely 11 exceedingly 12 inordinately

immensity 8 enormity, hugeness, vastness 9 greatness 12 enormousness

immerse 3 dip 4 duck, dunk, sink, soak 5 bathe, douse 6 drench, engage, plunge 7 baptize, engross, involve 8 saturate, submerge

immigrant 5 alien 7 settler 8 newcomer 10 transplant *Japanese:* 5 issei

imminent 6 at hand 6 coming 7 brewing, nearing, ominous, pending 8 upcoming 9 gathering, proximate 11 approaching, overhanging

immobile 3 set 5 fixed, inert, still 6 frozen, stable, static 9 unmovable 10 motionless, stationary

immobilize 5 still 7 cripple, disable 8 paralyze 9 hamstring 12 incapacitate

immoderate 5 undue 7 extreme 9 excessive 10 exorbitant, inordinate, untempered 11 extravagant, intemperate 12 unreasonable, unrestrained 13 extraordinary, overindulgent

immoderation 6 excess 11 exorbitance, prodigality 12 extravagance, intemperance

immodest 4 lewd, vain 7 stuck-up

8 arrogant, boastful, indecent, puffed-up, unchaste **9** conceited, egotistic **11** pretentious

immolate **4** burn, kill **7** destroy **9** sacrifice

immoral **4** evil, vile **5** dirty, wrong **6** sinful, wanton, wicked **7** corrupt, unclean, vicious **8** depraved, indecent, unchaste **9** dissolute, reprobate, uncleanly **10** degenerate, iniquitous, licentious

immorality **3** sin **4** vice **8** iniquity **9** depravity **10** corruption, unchastity, wickedness

immortal **7** endless, eternal, godlike, undying **8** timeless, unending **9** ceaseless, deathless, perpetual **11** amaranthine, everlasting, sempiternal

immotile **5** fixed, inert **6** rooted, static **9** paralyzed **10** stationary

immovable **3** pat, set **4** fast, firm **5** fixed, rigid **6** rooted, stable **7** adamant **8** constant, obdurate, stubborn **9** steadfast **10** inflexible, invariable, stationary, unyielding

immune **4** free, safe **6** exempt, secure **9** protected **10** impervious **12** invulnerable, unassailable

immunity **7** defense, freedom **9** exemption, privilege **10** protection

immure **3** pen **4** cage, coop, jail, wall **6** entomb, intern, shut in **7** confine, enclose **8** imprison **11** incarcerate

immutable **4** firm **5** fixed **8** constant **9** permanent, steadfast **10** changeless, inflexible, invariable, unchanging **11** inalterable, unalterable **12** unchangeable

Imogen ***father:*** **9** Cymbeline ***husband:*** **9** Posthumus

imp **3** elf **4** brat, puck **5** demon, devil, fiend, gamin, gnome, pixie, scamp **6** goblin, kobold, sprite, urchin **7** gremlin **9** hobgoblin

impact **3** hit, jar, rap **4** blow, bump, jolt, rock, slam, slap **5** brunt, embed, pound, punch, shock, smash, smite **6** affect, buffet, strike, wallop **9** collision, influence **10** concussion, percussion

impair **3** mar, sap **4** harm, hurt **5** spoil **6** damage, injure, lessen, weaken, worsen **7** cripple, tarnish, vitiate **8** enfeeble **9** prejudice, undermine **10** debilitate

impala **8** antelope

impale **4** gore, spit, stab **5** lance, prick, spear, spike, stick **6** pierce, skewer **8** puncture, transfix **11** transpierce

impalpable **4** fine **7** powdery **8** ethereal **10** intangible **11** disembodied, incorporeal **12** imponderable **13** imperceptible, indiscernible

impart **4** cede, give, lend, tell **5** grant, share, yield **6** afford, bestow, confer, convey, pass on, relate, render **8** disclose, transmit **11** communicate ***knowledge:*** **5** teach **6** inform **7** educate **8** instruct

impartial **4** even, fair, just **5** equal **7** neutral **8** detached, unbiased **9** equitable, objective, uncolored **10** evenhanded **12** unprejudiced **13** disinterested, dispassionate

impassable **6** closed **7** blocked **10** obstructed **12** impenetrable

impasse **3** box, fix, jam **6** aporia, corner, logjam, pickle, pocket **7** catch-22, dead end, dilemma **8** cul-de-sac, deadlock, standoff **9** stalemate **10** blind alley, bottleneck

impassioned **3** hot **5** fiery **6** ardent, fervid, fierce, heated, red-hot, torrid **7** blazing, burning, fervent, flaming, intense, violent, zealous **8** feverish, romantic, vehement, white-hot **9** emotional, perfervid **10** hot-blooded, overheated **11** dithyrambic **12** melodramatic **13** overemotional

impassive **4** calm, cold, cool **5** stoic **6** stolid, vacant **7** deadpan **8** composed, hardened, reserved, reticent, taciturn **9** heartless **10** insensible, insentient, phlegmatic, poker-faced **11** cold-blooded, emotionless, insensitive, passionless, unconcerned, unemotional, unexcitable, unflappable **12** inexpressive, unexpressive, unresponsive **13** dispassionate, self-possessed, unsusceptible

impassivity **6** apathy, phlegm **8** stoicism **9** stolidity **12** indifference **13** insensibility

impatient **4** edgy **5** antsy, eager, hasty **7** anxious, fretful, restive **8** restless **9** irascible, irritable **10** intolerant

impeach **5** blame, doubt **6** accuse, charge, indict **7** censure **9** inculpate, reprehend **11** incriminate

impeccable **4** pure **5** exact **7** perfect, precise **8** absolute, accurate, flawless, unerring **9** blameless, errorless, faultless, guiltless **10** infallible **11** unblemished

impecunious **4** poor **5** broke, needy **7** pinched **8** bankrupt, beggarly, indigent **9** destitute, insolvent, penniless, penurious **10** down-and-out **11** necessitous

impecuniousness **4** need, want **6** penury **7** poverty **9** indigence, neediness, pauperism, privation **11** destitution

impedance **3** bar **4** clog **5** block **8** blockage, obstacle **9** hindrance **10** opposition **11** obstruction

impede 3 bar, dam 4 clog, slow 5 block, check, debar, delay, deter, stall 6 hinder, hang up, hold up, stymie, thwart 7 bog down 8 encumber, obstruct 9 embarrass, interfere, stonewall
impediment 3 bar 4 clog, snag 5 block, hitch 6 hurdle 7 barrier 8 obstacle 9 barricade, hindrance, roadblock 10 difficulty 11 encumbrance, obstruction
impel 4 goad, prod, push, spur, urge 5 drive, force, rouse 6 excite, incite, prompt 7 actuate, inspire 8 mobilize, motivate 9 instigate, stimulate
impend 4 loom, near 6 menace 8 approach, overhang, threaten
impenetrable 5 dense 6 arcane 7 obscure 9 enigmatic, recondite 10 impervious, invincible, mysterious, unknowable 11 impermeable, bulletproof, inscrutable, ungraspable 12 unfathomable
imperative 4 duty, need, rule, writ 5 acute, vital 6 crying, urgent 7 burning, clamant, command, crucial, exigent 8 critical, pressing, required 9 clamorous, essential, insistent, mandatory, necessary, necessity, requisite 10 compulsory, obligation, obligatory 11 fundamental, necessitous 12 prerequisite
imperceptible 3 dim 5 faint, vague 6 slight, subtle 7 gradual 9 invisible 10 impalpable, indistinct, insensible, intangible, unapparent 12 undetectable, unnoticeable, unobservable 13 inappreciable, inconspicuous, indiscernible
imperceptive 4 dull 7 shallow, unaware 11 inattentive, insensitive
imperfect 6 faulty, flawed 9 defective, deficient, irregular 10 defeasible, inadequate
imperfection 3 sin 4 flaw, wart 5 fault 6 defect, foible 7 blemish, demerit, failing, frailty 8 weakness 10 deficiency 11 shortcoming
imperial 5 regal, royal 6 kingly, lordly 7 haughty 8 absolute, majestic 9 masterful, sovereign 10 high-handed, peremptory 11 domineering, magisterial, monarchical
imperil 4 risk 6 hazard, menace 7 venture 8 endanger, threaten 10 jeopardize
imperious 5 bossy 6 urgent 7 haughty 8 absolute, arrogant, despotic, dominant 9 arbitrary, masterful 10 autocratic, commanding, high-handed, oppressive, peremptory, tyrannical 11 dictatorial, domineering, heavy-handed, magisterial, overbearing
impermanent 7 passing 8 fleeting, fugitive 9 ephemeral, fugacious, momentary, temporary, transient 10 evanescent, short-lived, transitory
impersonal 4 cold 5 aloof 8 abstract, detached 11 cold-blooded, emotionless 13 dispassionate, unimpassioned
impersonate 3 ape 4 play 5 mimic 6 act out 7 imitate, playact, portray 9 represent 11 counterfeit
impersonator 4 mime 5 actor, mimic 6 mummer, player, ringer 7 actress, copycat 8 thespian
impertinence 3 lip 4 gall, guff, sass 5 brass, cheek 8 audacity, boldness, chutzpah, rudeness, temerity 9 brashness, impudence, insolence 10 brazenness, effrontery, incivility 11 discourtesy, irrelevance
impertinent 4 bold, busy, rude 5 brash, fresh, sassy, saucy 6 brazen, cheeky 7 uncivil 8 insolent, meddling 9 audacious, intrusive, obtrusive, officious 10 inapposite, irrelative, irrelevant, meddlesome 11 ill-mannered 12 discourteous, inapplicable, presumptuous
imperturbability 5 poise 6 aplomb, phlegm 8 calmness, coolness, serenity, stoicism 9 composure, placidity, sangfroid 10 dispassion, equanimity 11 equilibrium, nonchalance 12 tranquillity
imperturbable 4 calm, cool 5 stoic 6 placid, poised, serene, smooth, steady, stolid 7 unmoved 8 composed, tranquil 9 collected, unruffled 10 nonchalant, phlegmatic, unaffected 11 unflappable
impervious 4 safe 6 immune 8 hardened 10 inviolable 12 inaccessible, invulnerable
impetuous 3 hot 4 rash, wild 5 fiery, hasty 6 ardent, fervid, madcap, sudden 8 headlong, vehement, volatile 9 hot-headed, mercurial 10 irrational, passionate 11 precipitant, precipitate, precipitous, spontaneous 13 temperamental
impetus 4 goad, push, spur 5 force 6 motive 8 catalyst, momentum, stimulus 9 incentive, stimulant 10 incitement, motivation 13 encouragement
impinge 5 press 6 border 7 intrude, obtrude 8 encroach
impious 6 sinful, unholy, wicked 7 godless, infidel, profane, secular, ungodly 8 agnostic, apostate 9 atheistic 10 irreverent, unfaithful, unhallowed 11 blasphemous, irreligious, unrighteous 12 iconoclastic, sacrilegious 13 unconsecrated
impish 4 arch 5 elfin 6 elvish 7 playful,

puckish, roguish, waggish **11** mischievous

impishness **7** devilry, roguery, waggery **8** deviltry, mischief **9** devilment **11** roguishness, waggishness

implacable **4** grim **8** ruthless **9** merciless **10** inexorable, unyielding **11** intractable **12** unappeasable

implant **3** fix **4** root **5** embed, graft, infix **6** enroot, infuse, insert **7** ingrain, inspire, instill **9** establish, inculcate, inoculate, introduce **10** inseminate **12** augmentation

implausible **5** fishy **6** flimsy **7** dubious, suspect **8** doubtful, fanciful, unlikely **10** far-fetched, incredible **12** questionable, unbelievable, unconvincing

implement **4** tool **6** device, effect, enable, gadget **7** enforce, execute, fulfill, perform, realize, utensil **8** carry out, complete, make good **9** actualize, apparatus, appliance **10** accomplish, instrument, supplement **11** contraption, contrivance ***carpentry:*** **3** die, saw **4** file **5** brace, clamp, drill, punch, tongs **6** chisel, hammer, pliers, reamer, sander, wrench **7** hacksaw, scraper **9** blowtorch **11** screwdriver ***cleaning:*** **3** mop **5** broom, brush, whisk **6** duster, vacuum **7** sweeper **10** whiskbroom ***cutting:*** **5** knife, mower, razor **6** scythe, shears, sickle **8** scissors ***digging:*** **5** spade **6** dibber, dibble, shovel ***drawing:*** **3** pen **6** eraser, pencil **7** compass **8** template ***eating:*** **4** fork **5** knife, spoon ***engraving:*** **5** burin **6** graver ***farm:*** **4** plow **6** binder, harrow, plough, scythe, seeder, sickle **8** gangplow, reaphook, spreader, thresher **9** pitchfork **10** cultivator ***fireplace:*** **5** poker, tongs **7** andiron ***fishing:*** **3** rod **4** hook, lure, reel **6** sinker **7** harpoon, trident ***garden:*** **3** hoe **4** rake **5** spade **6** dibber, dibble, digger, tiller, trowel **7** mattock **11** wheelbarrow ***grooming:*** **4** comb, file **5** brush, razor **7** clipper **8** clippers, nail file, tweezers **10** toothbrush ***kitchen:*** **3** pan, pot **4** mold **5** mixer, whisk **6** grater, kettle, mortar, pestle **7** blender, skillet, spatula **8** colander, saucepan, stockpot ***logging:*** **5** peavy **6** peavey **8** cant hook ***measuring:*** **3** cup **4** gage, rule **5** gauge, ruler, scale **7** caliper, divider, trammel, T-square **10** micrometer, protractor ***stone:*** **5** burin **7** neolith **9** paleolith

implicate **4** link, mire **5** blame **6** tangle **7** concern, embroil, entwine, include, involve **8** entangle, intimate **11** incriminate

implication **4** hint **8** allusion, overtone **9** inference, undertone **10** connection, intimation, suggestion **11** association, connotation **12** significance

implicit **5** tacit **6** unsaid **8** inherent, unspoken **9** doubtless, potential, unuttered **10** undeclared, understood **11** unexpressed **13** unquestioning

implied **5** tacit **6** unsaid **8** unspoken **9** suggested **10** undeclared, understood **11** unexpressed

implore **3** ask, beg **4** coax, pray **5** crave, plead **6** adjure, appeal **7** beseech, entreat, solicit **10** supplicate

imply **4** hint, mean **7** connote, include, involve, signify, suggest **8** indicate, intimate **9** insinuate

impolite **4** rude **5** crude **7** ill-bred, uncivil, uncouth **10** ungracious, unladylike, unmannered, unmannerly **11** ill-mannered **12** discourteous **13** ungentlemanly

impolitic **5** brash **6** unwise **8** tactless **9** imprudent, maladroit, untactful **10** ill-advised, indiscreet **11** inadvisable, inexpedient, injudicious **12** shortsighted, undiplomatic

import **4** bear, gist, mean, pith **5** sense, value, worth **6** convey, denote, intend, intent, matter, moment, stress, thrust, weight **7** concern, connote, express, meaning, message, purpose, signify **8** emphasis, indicate, transfer **9** magnitude, substance **10** intendment **11** acceptation, consequence **12** significance **13** signification

importance **4** mark, note, pith **5** value, worth **6** moment, weight **7** account, gravity **8** eminence, priority, salience, standing **9** greatness, magnitude, substance **10** prominence, worthiness **11** consequence, distinction, seriousness, weightiness **12** significance

important **3** big **5** chief, grave, great, heavy, major, noted, vital **6** famous, marked, potent, urgent, worthy **7** big-time, capital, crucial, eminent, fateful, notable, salient, serious, telling, weighty **8** critical, eventful, foremost, material, powerful, pressing, valuable **9** essential, estimable, imperious, memorable, momentous, prominent **10** meaningful, noteworthy, preeminent, worthwhile **11** outstanding, significant, substantial **12** considerable **13** consequential, distinguished, indispensable

importune **3** beg **4** pray, urge **5** annoy, plead, worry **6** appeal, invoke, plague **7** beseech, besiege, entreat, solicit, trouble **8** petition

impose **3** fob **4** lade, levy **5** abuse, enact, exact, foist, force, order, place, put on, visit, wreak **6** assess, burden, charge, compel, decree, demand, enjoin, fob off, ordain, saddle **7** command, dictate, exploit, inflict, intrude, lay down, obtrude, palm off, pass off, require **8** encroach, encumber, infringe, trespass **9** authorize, constrain, establish

imposing **4** huge **5** grand, noble, regal, royal **6** august **7** awesome, massive, pompous, stately **8** baronial, majestic, towering **9** dignified **10** commanding, monumental **11** magnificent, outstanding **12** high-sounding **13** distinguished

imposition **3** tax **4** duty, fine, levy **6** burden, demand **7** penalty **9** deception **13** inconvenience

impossible **6** absurd **8** hopeless **10** infeasible, unfeasible, unworkable **11** unthinkable **12** preposterous, unacceptable, unattainable, unbelievable, unimaginable, unrealizable, unreasonable **13** inconceivable

impost **3** fee, tax **4** duty, levy, toll **6** charge, tariff **7** tribute **9** surcharge **10** assessment

impostor **4** fake, sham **5** actor, cheat, faker, fraud, mimic, phony, poser, quack **6** humbug, poseur **8** deceiver **9** charlatan, con artist, hypocrite, pretender **10** dissembler, mountebank **11** masquerader **12** impersonator

imposture **4** fake, hoax, sell, sham, wile **5** cheat, fraud **6** deceit, humbug **8** flimflam **9** deception, mare's nest, stratagem **11** counterfeit

impotence **8** weakness **9** sterility **10** inadequacy **12** helplessness **13** powerlessness

impotent **4** lame, weak **6** effete, feeble **7** sterile **8** helpless **9** forceless, incapable, powerless **11** ineffective, ineffectual **12** invertebrate

impound **5** seize **6** immure, lock up **7** confine, enclose, put away **8** imprison **10** confiscate

impoverish **4** bust, ruin **5** break **6** beggar **8** bankrupt **9** pauperize

impoverished **4** poor **5** broke, needy **8** bankrupt, indigent **9** destitute, penniless, penurious

impoverishment **4** need, want **6** penury **9** indigence, neediness, privation **11** destitution

impracticable **8** unusable **10** infeasible, unfeasible, unworkable **11** insuperable, unrealistic **12** inaccessible, unattainable

impractical **7** utopian **8** quixotic, romantic, unusable **9** visionary **10** idealistic, infeasible, ivory-tower, starry-eyed, unfeasible, unworkable **11** theoretical, unrealistic

imprecation **3** hex **4** cuss **5** curse **7** malison **8** anathema **11** malediction

imprecise **5** rough, vague **7** inexact **9** estimated **10** indefinite **11** approximate, unspecified

impregnable **4** safe **6** immune, secure **9** protected **10** invincible, inviolable, unbeatable **11** indomitable, insuperable **12** unassailable **13** unconquerable

impregnate **3** sop **4** fill, soak **5** imbue, souse, steep **6** drench, infuse **7** pervade **8** conceive, permeate, saturate **9** fecundate, fertilize, penetrate, transfuse **10** inseminate

impresario **4** Bing (Rudolf) **5** Carte (Richard D'Oyly), Hurok (Sol) **6** Pastor (Tony) **7** manager **8** director, Kirstein (Lincoln), producer, promoter **9** Diaghilev (Sergei) **10** D'Oyly Carte (Richard)

impress **3** fix, set **4** dent, etch, mark, move, seal, sway **5** brand, carry, drive, exert, force, grave, infix, print, stamp, touch **6** affect, effect, excite, strike **7** engrave, ingrain, inspire **8** inscribe, transfer, transmit **9** establish, influence, stimulate

impressible **8** gullible, immature, moldable **9** malleable, receptive, sensitive **10** affectable, susceptive, vulnerable **11** persuadable, suggestible, susceptible

impression **4** dent, idea, mark, sign **5** image, print, stamp, trace, track **6** effect, hollow, notion **7** concept, edition, feeling, reissue, thought, vestige **8** printing, reaction **9** influence

impressionable **8** sensible, sentient **9** malleable, receptive, sensitive **10** responsive **11** suggestible, susceptible

impressionist ***composer:*** **5** Ravel (Maurice) **7** Debussy (Claude) ***mimic:*** **6** Carvey (Dana), Little (Rich) ***painter:*** **5** Degas (Edgar), Manet (Edouard), Monet (Claude) **6** Renoir (Auguste), Sisley (Alfred) **7** Cassatt (Mary), Morisot (Berthe) **8** Pissarro (Camille) (see also POSTIMPRESSIONIST)

impressive **5** grand, noble **6** moving, superb **7** amazing, awesome, notable, stately, sublime **8** dazzling, dramatic, gorgeous, majestic, powerful, splendid, stirring, striking, touching **9** admirable, affecting, arresting, inspiring **11** magnificent

imprimatur **6** permit **7** license **8** approval, sanction **10** permission **13** authorization

imprint **3** fix **4** dent, etch, mark **5** grave, press, stamp **6** dimple, effect **7** engrave **8** inscribe **9** engraving, influence

10 depression 11 indentation, inscription

imprison 3 jug 4 cage, jail 6 coop up, detain, immure, intern, send up 7 confine, enclose 8 restrain, restrict, stockade 9 constrain 11 incarcerate

improbable 5 fishy 7 dubious 8 doubtful, fanciful, unlikely 10 far-fetched 11 implausible

impromptu 5 ad-lib 7 offhand 9 extempore, makeshift, unplanned, unstudied 10 off-the-cuff, unprepared, unscripted 11 extemporary, spontaneous, unrehearsed

improper 5 inapt, inept, outré, undue, wrong 6 gauche, risqué 7 illicit, naughty 8 ill-timed, indecent, tactless, unseemly, untimely, untoward 9 incorrect, unethical, unfitting 10 inaccurate, inapposite, indecorous, indelicate, malapropos, unbecoming, undecorous, unsuitable 11 impertinent, unbefitting 12 illegitimate, inadmissible, inapplicable, infelicitous, unseasonable 13 inappropriate

impropriety 5 gaffe 7 blooper, blunder, faux pas 8 solecism 9 barbarism, gaucherie, indecorum, vulgarism 12 unseemliness 13 incorrectness

improve 4 edit, help, mend 5 amend, boost, edify, emend, raise 6 better, enrich, look up, perk up, refine, reform, remedy, revise, revive, uplift 7 advance, amplify, augment, build up, correct, develop, enhance, enlarge, further, perfect, recover, rectify, upgrade 8 increase, progress 9 cultivate, intensify, meliorate 10 aggrandize, ameliorate, recuperate, strengthen

improvident 4 rash 6 lavish 8 careless, feckless, heedless, prodigal, reckless, wasteful 9 impetuous, negligent, unthrifty 10 profligate 11 extravagant, spendthrift 12 shortsighted, uneconomical

improvise 5 ad-lib 6 cook up, invent, make up 7 concoct 8 contrive 9 fabricate 11 extemporize

improvised 7 offhand 9 extempore, unstudied 10 off-the-cuff, unprepared, unscripted 11 extemporary, unrehearsed

imprudent 4 rash 6 unwise 7 foolish 8 reckless 9 foolhardy 10 ill-advised, incautious, indiscreet 11 inadvisable, inexpedient, injudicious 12 shortsighted

impudence 4 gall 5 brass, cheek, nerve 8 audacity, boldness, chutzpah, temerity 9 brashness, cockiness, hardihood, insolence, nerviness 10 disrespect, effrontery 11 presumption

impudent 4 bold, flip, pert, wise 5 brash, cocky, fresh, nervy, sassy, saucy, smart 6 brassy, brazen, cheeky 7 blatant, forward 8 flippant, insolent, overbold 9 audacious, barefaced, bold-faced 11 brazen-faced, smart-alecky 12 contumelious 13 disrespectful

impugn 5 cross 6 assail, attack, defame, malign, oppose, vilify 7 asperse, gainsay, impeach 8 chastise, reproach, traverse 9 castigate, denigrate, deprecate, disparage, reprehend 9 criticize, denigrate

impugnable 5 fishy, shady 6 guilty 7 suspect 8 doubtful 9 equivocal, uncertain 10 assailable, suspicious 11 problematic 12 disreputable

impulse 4 goad, push, spur, urge, whim 5 drive, force 6 motive, thrust, whimsy 7 caprice, passion 8 catalyst, excitant, stimulus 9 actuation, incentive, stimulant 10 incitation, incitement, motivation 11 inspiration, instigation

impulsive 4 rash 5 hasty 6 abrupt, fickle, sudden 7 erratic, flighty, offhand 8 headlong, volatile 9 automatic, extempore, mercurial, unplanned, whimsical 10 capricious 11 instinctive, involuntary, precipitate, spontaneous

impunity 7 freedom, liberty, license 8 immunity 9 exception, exemption, indemnity, privilege 10 absolution, protection 12 dispensation

impure 3 raw 5 mixed 6 soiled, sordid, unholy 7 alloyed, defiled, profane, sullied, unclean 8 indecent, polluted, unchaste 9 uncleanly, unrefined 10 desecrated, unhallowed 11 adulterated

impute 3 lay 4 cite 5 blame, refer 6 accuse, adduce, assign, charge, credit, indict 7 ascribe 8 accredit 9 attribute, implicate

inaccessible 5 aloof 6 arcane, closed, far-off, remote 7 cryptic, distant, faraway, obscure 8 abstruse, esoteric, hermetic 9 recondite 11 unavailable, unreachable 12 unattainable, unobtainable

inaccurate 5 false, wrong 6 all wet, faulty, untrue 7 unsound 8 specious 9 distorted, erroneous 10 fictitious

inaction 6 repose 7 latency 8 dormancy, idleness, lethargy 9 indolence, passivity, slackness, torpidity 10 quiescence 12 slothfulness

inactive 4 idle, lazy 5 inert, quiet, slack, still 6 asleep, latent, sleepy, static, torpid 7 abeyant, dormant, passive, resting 8 slothful, sluggish 9 do-nothing, lethargic, quiescent, sedentary

in addition 4 also 6 as well, to boot,

withal **7** besides, further **8** moreover **11** furthermore

inadequacy **4** lack, want **6** dearth **7** deficit, failure, paucity **8** shortage, weakness **9** impotence **10** deficiency, scantiness **11** shortcoming

inadequate **3** shy **5** scant, short **6** meager, scanty, scarce, skimpy **7** lacking, scrimpy, wanting **8** impotent **9** defective, deficient **10** emasculate

inadmissible **5** unapt, unfit **8** unusable, unworthy **9** unwelcome **10** unsuitable **11** unqualified **12** unacceptable

inadvertent **8** careless, heedless **9** negligent, unmindful, unplanned, unwitting **10** accidental, unintended, unthinking **13** unintentional

inadvisable **4** rash **6** unwise **7** foolish **8** careless, reckless **9** foolhardy, impolitic, imprudent, pointless **10** ill-advised **11** harebrained

inalterable **5** fixed **6** stable **8** constant **9** immovable, immutable, steadfast, unmovable, unvarying **12** unchangeable

inamorata, inamorato **4** beau, dear **5** flame, honey, lover **6** steady **7** beloved, darling, squeeze, sweetie **8** ladylove, mistress, paramour, true-love **9** boyfriend **10** girlfriend, heartthrob, sweetheart

inane **4** flat, idle, vain **5** blank, dotty, empty, silly, vapid **6** absurd, hollow, jejune, vacant **7** asinine, fatuous, foolish, idiotic, insipid, lunatic, trivial, vacuous, witless **8** mindless **9** frivolous, pointless, senseless

inanimate **4** dead, dull **5** inert **5** still **6** asleep, torpid **7** dormant **8** immotile, lifeless **9** quiescent **10** motionless **11** unconscious

inanity **5** folly **6** idiocy, lunacy **7** fatuity, vacuity **8** vapidity **9** absurdity, dottiness, emptiness, silliness **10** hollowness **11** foolishness, vacuousness, witlessness **13** senselessness

inappreciable **6** meager, scanty, skimpy, slight **10** impalpable, unapparent **13** imperceptible

inappropriate **5** amiss, undue, unfit **6** unmeet **8** improper, unseemly, untimely, untoward **9** ill-suited **10** malapropos, unsuitable **11** impertinent

inapt **5** unfit **6** clumsy, gauche, jejune, unmeet **7** awkward, unhandy **8** improper, unfitted, unsuited, untimely **9** maladroit, unfitting, unskilled **10** amateurish, irrelevant, malapropos, unskillful, unsuitable

inarticulate **4** dumb, mute **5** tacit **6** silent **7** halting, unvocal **8** mumbling, unspoken, wordless **9** voiceless **10** maundering, speechless, tongue-tied, undeclared **11** unexpressed

inasmuch as **5** since **7** because, whereas **11** considering

inattentive **6** absent, remiss **8** distrait, heedless **9** forgetful, negligent, unheeding, unmindful **10** abstracted, distracted, unthinking **12** absentminded

inaugural **5** first **6** maiden, speech **7** address, initial, leading, opening, premier **8** foremost **9** beginning

inaugurate **5** begin, set up, start **6** launch **7** kick off **8** commence, dedicate, initiate **9** establish, institute, originate **10** consecrate

inauspicious **4** dire **7** adverse, baleful, direful, fateful, ominous, unlucky **8** sinister **9** ill-boding **11** threatening, unfavorable, unpromising **12** unpropitious

inborn **6** innate, native **7** connate, natural **8** inherent **9** intrinsic **10** congenital, connatural, hereditary, unacquired

inbred **7** connate, genetic, natural **8** inherent **9** intrinsic **10** congenital, connatural, deep-seated, hereditary

Inca ***capital:*** **5** Cuzco ***conqueror:*** **7** Pizarro (Francisco) ***god:*** **4** Inti **9** Viracocha **10** Pachacamac ***language:*** **7** Quechua ***record:*** **5** quipu ***ruler:*** **9** Atahualpa, Pachacuti **10** Atahuallpa

incalculable **4** huge, iffy, vast **6** untold **8** enormous **9** boundless, countless, limitless, uncertain **10** tremendous, unnumbered **11** illimitable, measureless, uncountable **12** immeasurable, unmeasurable **13** unpredictable

in camera **7** privily, sub rosa **8** covertly, secretly **9** furtively, privately **10** stealthily **13** clandestinely

incandescent **3** hot **5** lucid **6** ardent, bright, lucent **7** beaming, fulgent, glowing, intense, lambent, radiant **8** dazzling, luminous **9** brilliant, effulgent, refulgent **11** resplendent

incantation **3** hex **4** rune **5** chant, charm, magic, spell **10** hocus-pocus, mumbo-jumbo, necromancy **11** abracadabra, conjuration, enchantment ***Buddhist, Hindu:*** **6** mantra

incapable **5** unfit **6** unable **8** impotent, unexpert, unfitted **9** powerless, unskilled **10** unequipped, unskillful **11** unqualified **12** disqualified

incapacitate **6** disarm **7** cripple, disable **8** paralyze **10** debilitate, devitalize, disqualify, immobilize

incapacity **9** impotence, unfitness **10** impairment **11** disablement **12** fecklessness

incarcerate 3 jug 4 jail 6 coop up, immure, intern, send up 7 confine, enclose, impound 8 imprison
incarnadine 3 red 4 rosy 5 ruddy 6 redden 7 pinkish 8 bloodred
incarnate 5 human, reify 6 embody 7 realize 8 embodied, manifest 9 actualize, corporeal, personify 11 materialize, personalize 12 substantiate
incarnation 6 avatar 10 embodiment 11 reification *of Christ:* 7 kenosis
incautious 4 rash 5 brash, hasty 6 daring, madcap, unwary 8 careless, heedless, reckless 9 daredevil, foolhardy, impetuous, imprudent, negligent, unmindful 10 ill-advised, neglectful, regardless 11 precipitate, thoughtless
incendiary 5 fiery, torch 7 firebug 8 agitator, arsonist, arsonous 9 explosive, firebrand, ignitable 10 pyromaniac 12 pyromaniacal
incense 3 ire, mad, oil 4 balm, burn, rile 5 anger, aroma, scent, spice 6 arouse, enrage, homage, incite, madden 7 inflame, provoke 8 irritate 9 infuriate *vessel:* 6 censer 8 thurible
incentive 4 goad, spur 5 spark 6 motive 7 impetus, impulse 8 catalyst, stimulus 9 stimulant 10 inducement, motivation 11 provocation 13 encouragement
inception 4 root 5 birth, start 6 origin, outset, source 7 genesis, kickoff, opening 9 beginning 10 derivation, provenance 11 provenience 12 commencement
inceptive 7 initial, leadoff, nascent 9 beginning 10 initiatory
incertitude 5 doubt 7 dubiety 8 mistrust 9 suspicion 10 skepticism 11 dubiousness, uncertainty, vacillation 12 irresolution
incessant 6 steady 7 endless, eternal, nonstop 8 constant 9 ceaseless, continual, perpetual, unceasing 10 continuous 11 everlasting, unremitting 12 interminable 13 uninterrupted
inch 3 bit 5 crawl, creep 7 modicum
inchoate 8 formless, immature, unformed, unshaped 9 amorphous, embryonic, incipient, potential, shapeless 10 disjointed, incoherent 11 rudimentary, unorganized 12 disconnected
incident 5 event 6 moment 7 episode 8 occasion 9 ancillary, attendant, happening, satellite 10 affiliated, collateral, consequent, occurrence 11 concomitant, subordinate 12 circumstance
incidental 5 fluky, minor 6 casual, chance 9 accessory 10 contingent, fortuitous 11 subordinate 12 nonessential
incidentally 7 by the by 8 by the bye, by the way, casually 12 fortuitously
incinerate 4 burn 7 cremate
incipient 7 nascent 9 beginning, embryonic 10 commencing
incipit 5 start 7 opening 9 beginning
incise 3 cut 4 etch, gash, kerf, slit 5 carve, slash, slice 6 chisel, pierce 7 engrave
incision 3 cut 4 gash, slit 5 blaze, notch 10 laceration
incisive 4 keen 5 acute, crisp, sharp, terse 6 direct 7 cutting, mordant 8 clear-cut, piercing, slashing, succinct 9 trenchant 11 penetrating 13 perspicacious
incite 3 egg 4 abet, goad, prod, spur, urge 5 egg on, raise, rouse, set on 6 arouse, exhort, foment, kindle, set off, spur on, stir up, whip up 7 actuate, agitate, provoke, trigger 8 motivate 9 instigate, stimulate
incitement see INCENTIVE
inclement 3 raw 5 harsh, rough 6 bitter, brutal, severe, stormy 8 rigorous
inclination 3 bow, nod 4 bent, bias, lean, tilt, will 5 fancy, grade, pitch, slant, slope, taste, trend 6 ascent, liking 7 descent, incline, leaning 8 affinity, appetite, fondness, gradient, penchant, soft spot, tendency, velleity, weakness 9 affection 10 attachment, partiality, proclivity, propensity 11 disposition 12 predilection
incline 3 tip 4 bend, bias, cant, cast, heel, lean, list, sway, tend, tilt, turn 5 grade, impel, slant, slide, slope 6 affect, induce 7 dispose, leaning 8 gradient, persuade 9 influence, prejudice
inclined 3 apt 5 given, prone, raked 6 liable, likely, minded 7 dipping, leaning, oblique, sloping, tilting, willing 8 diagonal, pitching 11 predisposed *way:* 4 ramp
include 5 admit, bound, cover 6 enfold, number, take in 7 confine, contain, embrace, enclose, receive, subsume 8 comprise, encircle 9 encompass 10 comprehend 11 accommodate
inclusive 5 broad 6 global 7 general, overall 8 complete, sweeping 9 all-around, embracive 11 compendious 12 encompassing, encyclopedic 13 comprehensive
incognito 6 veiled 7 cloaked 9 anonymous, disguised 11 camouflaged
incognizant 7 unaware 8 ignorant 9 oblivious, unknowing, unmindful, unwitting 10 unfamiliar, uninformed 11 unconscious 12 unacquainted
incoherent 5 loose 6 broken, raving

7 muddled, unclear 8 confused 9 illogical 10 disjointed, disordered, irrational, maundering, tongue-tied 11 unconnected, unorganized 12 disconnected, disorganized 13 discontinuous

incombustible 9 fireproof 10 unburnable 12 nonflammable

income 4 gain, take 5 wages 6 profit 7 revenue 8 entrance, proceeds, receipts 9 emolument

incommode 3 irk, vex 5 annoy, upset 6 bother, burden, hinder, plague, put out 7 disturb, perturb, trouble 8 disquiet, distress, irritate 9 disoblige 10 disconcert

incommodious 7 awkward, cramped, crowded 8 confined 9 congested

incommunicable 8 reserved, taciturn 9 ineffable, withdrawn 11 unspeakable, unutterable 13 undescribable, unexpressible

incomparable 6 unique 7 supreme 8 peerless, singular, ultimate 9 matchless, nonpareil, paramount, unequaled, unmatched, unrivaled 10 preeminent, surpassing, unequalled, unrivalled 11 outstanding, superlative, unequalable, unmatchable 12 transcendent, unparalleled 13 unsurpassable

incompatible 7 adverse, counter 8 contrary, opposite 9 dissonant, unmixable 10 discordant, discrepant 11 conflicting, disagreeing, uncongenial, unfavorable 12 antagonistic, antithetical 13 contradictory, unsympathetic

incompetence 9 unfitness 10 disability, ineptitude 12 fecklessness

incompetent 5 inept, unfit 6 clumsy 8 helpless, inexpert, unfitted 9 incapable, maladroit, unskilled 10 unequipped 11 inefficient, unqualified

incomplete 4 part 5 short 6 broken, undone 7 partial, sketchy 8 abridged, immature 9 truncated 10 unfinished 11 fragmentary

incompliant 5 rigid, stiff 6 mulish 7 defiant 8 perverse, stubborn 9 obstinate, pigheaded, resistant, unbending 10 bullheaded, headstrong, inflexible, self-willed, unyielding 11 intractable 12 pertinacious, recalcitrant

incomprehensible 7 cryptic, obscure, unclear 8 abstruse, baffling, esoteric 9 fantastic 10 fathomless, mysterious, mystifying, unknowable 11 ungraspable 12 impenetrable, unfathomable, unimaginable

inconceivable 10 improbable, unknowable 11 implausible, unthinkable 12 unbelievable, unconvincing, unimaginable

in conclusion 6 lastly 7 finally

inconclusive 4 open 9 equivocal, uncertain, undecided, unsettled 10 unfinished

incongruous 5 alien 6 absurd 7 foreign, variant 9 anomalous, dissonant 10 discordant, discrepant, unsuitable 11 conflicting, disagreeing 12 disconsonant

inconsequential 5 petty, small 6 measly, paltry 7 trivial 8 picayune, trifling 9 illogical, small-time 10 immaterial, irrelevant, negligible 11 impertinent, superficial, unimportant

inconsiderable 4 puny 5 minor, petty 6 meager, meagre, paltry, scanty, skimpy, slight 7 scrimpy, trivial 8 picayune, trifling 9 frivolous, small-beer 10 negligible 11 unimportant

inconsiderate 4 rash 5 brash, hasty 6 unkind 8 careless, heedless, impolite, reckless 9 hotheaded, impulsive 10 ill-advised, ungracious 11 precipitate, thoughtless 12 discourteous, uncharitable

inconsistent 6 fickle 8 contrary 9 dissonant, illogical, mercurial 10 capricious, changeable, discordant, discrepant 11 conflicting 13 contradictory

inconsolable 7 forlorn 8 desolate 9 heartsick 11 comfortless, heartbroken

inconspicuous 6 hidden, subtle 7 obscure 9 concealed 11 unobtrusive 12 unnoticeable

inconstant 6 fickle, untrue 7 erratic, mutable, protean, vagrant 8 unstable, unsteady, variable, volatile, wavering 9 changeful, faithless, fluctuant, irregular, mercurial, uncertain, unsettled 10 capricious, changeable, irresolute, perfidious, unfaithful 11 chameleonic, vacillating 13 temperamental

incontestable 4 sure 7 certain 8 absolute, clear-cut, ironclad, positive 9 apodictic, undoubted 10 conclusive, inarguable, undeniable 11 irrefutable, unequivocal 12 unassailable, undisputable 13 unimpeachable

incontinent 5 loose 6 wanton 9 dissolute 10 licentious, profligate 12 unrestrained

incontrovertible 4 sure 7 certain 8 absolute, clear-cut, definite, positive 10 conclusive, undeniable 11 irrefutable, unequivocal 12 undisputable

inconvenience 3 irk, vex 5 annoy 6 bother, meddle, put out 7 disrupt, disturb, trouble 8 handicap, vexation 9 aggravate, annoyance, disoblige 10 discomfort, discommode, disruption, exasperate 11 aggravation, awkwardness 12 disadvantage, discomfiture, exasperation 13 embarrassment

inconvenient 7 awkward, unhandy 8 annoying 10 bothersome, unsuitable 11 pestiferous, troublesome

incorporate 3 mix 4 form, fuse, join 5 blend, merge, unite 6 absorb, embody, imbibe, mingle 7 combine 8 organize 9 establish 10 amalgamate, assimilate

incorporeal 8 bodiless, formless 9 spiritual 10 discarnate, immaterial, unphysical 11 disembodied, nonmaterial, nonphysical 12 metaphysical 13 unsubstantial

incorrect 5 false, wrong 6 faulty, untrue 7 unsound 8 improper, specious 9 erroneous, imprecise 10 fallacious, inaccurate, unbecoming

incorrigible 6 unruly 8 depraved 9 incurable 10 delinquent, inveterate 11 unalterable 12 irredeemable

increase 3 add, eke, wax 4 gain, grow, hike, jump, plus, push, rise, teem 5 boost, build, mount, put up, raise, run up, surge, swarm, swell 6 accrue, amount, beef up, dilate, expand, extend, gather, growth, jack up, markup 7 accrual, advance, amplify, augment, burgeon, distend, enhance, enlarge, inflate, magnify, prolong, upsurge 8 addition, compound, escalate, flourish, heighten, lengthen, manifold, multiply, protract, snowball 9 accession, accretion, aggravate, expansion, extension, increment, inflation, intensify, pullulate, reinforce 10 accelerate, accumulate, aggrandize, appreciate, strengthen 11 enlargement 12 augmentation, breakthrough 13 amplification

incredible 7 amazing, awesome 8 unlikely 9 cockamamy, fantastic 10 astounding, cockamamie, far-fetched, impossible, improbable, outlandish, phenomenal, remarkable 11 astonishing, implausible 12 preposterous, unbelievable, unconvincing, unimaginable 13 extraordinary

incredulity 7 unfaith 8 distrust, mistrust, unbelief 9 disbelief, nonbelief, suspicion 10 skepticism

incredulous 6 show-me 7 dubious 8 doubting 9 quizzical, skeptical 10 suspicious 11 distrustful, mistrustful, questioning, unbelieving, unconvinced 12 disbelieving

increment 4 gain, hike, rise, step 5 raise 6 degree, growth 7 quantum 8 addition 9 accession, accretion 11 enlargement 12 augmentation

incriminate 6 accuse, charge 7 arraign, impeach 9 implicate

incrustation 4 film, rime, scab 5 scale 6 tartar 7 coating

incubus 5 demon, fiend 9 nightmare

inculcate 5 teach, train 6 impart 7 educate, implant, impress, instill

inculpable 4 pure 5 clean 8 innocent, spotless, virtuous 9 blameless, guiltless, righteous 10 impeccable

incumbent 7 leaning, resting 8 occupant, required 9 overlying 10 obligatory 12 officeholder

incur 7 acquire, bring on 8 contract

incurable 5 fatal 6 deadly, lethal 8 hopeless, terminal 9 immutable 11 immedicable, irreparable 12 irremediable, unchangeable 13 uncorrectable

incursion 4 raid 5 blitz, foray, sally 6 attack, sortie 7 assault 9 irruption

incus 4 bone 5 anvil

indebted 5 bound 7 obliged 8 beholden 9 obligated

indebtedness 3 due, IOU 7 arrears 9 arrearage, gratitude, liability 10 obligation 11 delinquency 12 thankfulness

indecent 4 blue, foul, lewd, racy 5 bawdy, dirty, gross, nasty 6 coarse, filthy, impure, risqué, smutty, vulgar 7 obscene, profane, raunchy 8 immodest, improper, off-color, unseemly, untoward 9 offensive 10 malodorous, scurrilous 12 scatological 13 objectionable

indecision 5 doubt 8 wavering 9 hesitancy 11 ambivalence, uncertainty, vacillation 12 equivocation, irresolution, shilly-shally

indecisive 5 vague 6 unsure 7 dubious, unclear 8 wavering 9 equivocal, tentative, uncertain, undecided, unsettled 10 irresolute 11 problematic, vacillating

indecorous 4 rude 5 gross, rough 6 coarse, vulgar 7 uncivil 8 impolite, improper, unseemly, untoward 9 graceless, irregular, offensive, tasteless, unrefined 10 unbecoming 11 ill-mannered, undignified 12 discourteous

indecorum 5 gaffe 6 breach 7 blooper, blunder, faux pas, offense 8 solecism 11 impropriety

indeed 4 amen 5 truly 6 really, surely, verily 8 forsooth, honestly 9 assuredly, certainly 10 positively, undeniably 11 doubtlessly, undoubtedly 13 unequivocally

indefatigable 6 dogged 8 tireless, untiring, vigorous 9 energetic, tenacious 10 persistent, relentless, unflagging, unwearying 11 unrelenting

indefensible 9 unguarded, untenable 10 assailable, vulnerable 11 unprotected **12** unforgivable, unpardonable **13** unjustifiable

indefinable **5** vague **7** elusive **9** uncertain **11** unspeakable, unutterable **13** undescribable

indefinite **4** wide **5** broad, loose, vague **7** endless, general, inexact, obscure, unclear, unfixed **8** infinite **9** ambiguous, boundless, imprecise, limitless, unbounded, uncertain, undefined, unlimited **10** indistinct, inexplicit, unmeasured, unspecific **12** inconclusive **13** indeterminate ***pronoun:*** **3** all, any, few **4** each, many, most, none, some **6** anyone, nobody **7** anybody, several, someone **8** everyone, somebody **9** everybody

indehiscent fruit **3** key, nut **4** pepo **5** berry, grain, grape, melon **6** achene, loment, samara, squash **7** pumpkin **8** cucumber **9** caryopsis **10** schizocarp

indelible **4** fast **5** fixed **7** lasting **8** enduring **9** memorable, permanent **13** unforgettable

indelicate **3** raw **4** lewd, rude **5** crude, gross, rough **6** coarse, vulgar **7** uncouth **8** impolite, improper, tactless, unseemly, untoward **9** unrefined **10** unbecoming

indemnify **5** repay **6** secure **7** redress, requite **9** reimburse **10** compensate, recompense, remunerate

indemnity **6** amends **7** redress **8** requital, security **9** exemption, quittance, reprisals **10** protection, recompense, reparation **11** restitution **12** compensation, remuneration **13** fee-for-service

indentation **4** dent, nick **5** notch **6** dimple, recess **10** depression

indenture **4** nick **5** notch **8** contract **9** agreement **11** certificate

indentured **5** bound **10** controlled **11** apprenticed

independent **4** free **8** absolute, autarkic, separate **9** autarchic, sovereign **10** autonomous **11** self-reliant **13** self-contained

indescribable **11** unspeakable, unutterable **13** unexplainable

indestructible **7** lasting **8** enduring, immortal **9** permanent **12** imperishable, irrefragable, unperishable

indeterminate **5** vague **9** imprecise, uncertain, unlimited

index **4** list, mark, sign **5** ratio, table **7** catalog, symptom **8** classify, evidence, regulate **9** catalogue **11** systematize

India ***bay:*** **6** Bengal ***capital:*** **8** New Delhi ***city:*** **5** Delhi **6** Bombay, Kanpur, Madras, Mumbai, Nagpur **7** Chennai, Kolkata, Lucknow **8** Calcutta **9** Ahmadabad, Bangalore, Hyderabad ***coast:*** **7** Malabar **10** Coromandel ***European discoverer:*** **4** Gama (Vasco da) ***language:*** **5** Hindi ***leader:*** **5** Nehru (Jawaharlal) **6** Gandhi (Indira, Mohandas, Rajiv) ***monetary unit:*** **5** rupee ***mountain range:*** **7** Vindhya **9** Himalayas ***neighbor:*** **5** Burma, China, Nepal **6** Bhutan **7** Myanmar **8** Pakistan **10** Bangladesh ***pass:*** **5** Bolan, Gumal **6** Khyber ***plateau:*** **6** Deccan ***river:*** **5** Indus **6** Ganges, Yamuna **7** Krishna **11** Brahmaputra ***sea:*** **7** Arabian

Indian ***bread:*** **3** nan **4** naan **7** chapati ***butter:*** **3** ghi **4** ghee ***caste:*** **5** Sudra **6** Vaisya **7** Brahman **9** Kshatriya ***female dancer:*** **8** bayadere ***groom:*** **4** syce ***harem:*** **6** zenana ***instrument:*** **4** vina **5** sarod, sitar, tabla **7** tambura ***lady:*** **4** bibi **5** begum **8** memsahib ***nurse:*** **4** amah, ayah ***outcast:*** **6** pariah ***prince:*** **4** raja, rana **5** rajah **8** maharaja **9** maharajah ***princess:*** **4** rani **5** begum, ranee ***scholar:*** **6** pandit, pundit ***screen:*** **6** purdah ***seal, stamp:*** **4** chop ***soldier:*** **4** peon **5** sepoy ***teacher:*** **4** guru ***viceroy:*** **5** nabob, nawab ***weight unit:*** **3** ser **4** cash, dhan, pank, pice, powe, rati, tank, tola **5** adpao, fanam, hubba, masha, maund, pally, pouah, ratti **6** dhurra, pagoda, pollam **7** chinnam, chittak

Indiana ***capital:*** **12** Indianapolis ***city:*** **4** Gary **6** Muncie **9** Fort Wayne, South Bend **10** Evansville, Terre Haute **11** Bloomington ***college, university:*** **6** DePauw, Purdue **9** Ball State, Notre Dame ***nickname:*** **7** Hoosier (State) ***river:*** **5** White **6** Wabash ***state bird:*** **8** cardinal ***state flower:*** **5** peony ***state tree:*** **5** tulip

Indian, American ***baby:*** **7** papoose ***ball game:*** **8** lacrosse ***carrier:*** **7** travois ***Central and South American:*** **3** Ona **4** Cuna, Inca, Maya **5** Arara, Aztec, Carib, Huave, Olmec, Yagua **6** Arawak, Aymara, Jivaro, Omagua, Toltec, Yahgan **7** Chibcha, Quechua, Zapotec **8** Tarascan, Yanomamo **10** Araucanian **11** Tupi-Guaraní ***food:*** **4** samp **5** maize **8** pemmican ***home:*** **5** hogan, lodge, tepee **6** pueblo, teepee, wigwam **7** wickiup ***leader:*** **4** Popé **6** Wovoka **7** Cochise, Osceola, Pontiac, Sequoia, Sequoya **8** Geronimo, Hiawatha, Powhatan, Sequoyah, Tecumseh **9** Black Hawk, Massasoit **10** Crazy Horse **11** Cornplanter, Sitting Bull ***money:*** **6** wampum ***North American:*** **3** Fox, Oto, Sac, Ute **4** Cree, Crow, Erie, Hopi, Hupa, Iowa, Otoe, Pima, Pomo, Sauk, Taos, Yuma, Zuni **5** Aleut, Caddo, Creek, Haida, Huron, Kansa, Kiowa, Maidu, Miami, Modoc, Omaha, Osage, Sioux, Uinta

6 Apache, Cayuga, Dakota, Lenape, Mandan, Micmac, Mohawk, Munsee, Navaho, Navajo, Nootka, Oglala, Ojibwa, Oneida, Paiute, Pawnee, Pueblo, Quapaw, Salish, Santee, Seneca, Siwash 7 Anasazi, Arapaho, Arikara, Bannock, Chilkat, Chinook, Choctaw, Dakotah, Esselen, Klamath, Kutenai, Mohican, Naskapi, Natchez, Ojibway, Pontiac, Shawnee, Tlingit 8 Cherokee, Cheyenne, Chippewa, Comanche, Delaware, Illinois, Iroquois, Kickapoo, Kwakiutl, Nez Percé, Onondaga, Powhatan, Seminole, Shoshoni 9 Blackfoot, Chickasaw, Menominee, Tsimshian, Tuscarora, Wampanoag, Winnebago 10 Assiniboin, Chiricahua, Gros Ventre, Potawatomi 11 Massachuset, Narraganset ***pipe:*** 7 calumet ***spirit:*** 5 totem 6 manitu 7 kachina, manitou

Indian paintbrush 8 hawkweed 10 painted cup

indicate 4 bode, hint, mark, mean, show 5 augur, imply, point, prove 6 attest, convey, denote, evince, import, reveal 7 bespeak, betoken, connote, display, exhibit, express, presage, signify, suggest 8 disclose, evidence, foretell, manifest, register 9 designate 10 foreshadow, illustrate 11 demonstrate

indication 3 cue 4 clue, hint, mark, sign 5 proof, token, trace 6 augury, signal 7 gesture, inkling, portent, symptom 8 evidence, reminder, telltale 9 testimony 10 expression, suggestion 13 foreshadowing, manifestation

indicative 10 expressive, suggestive 11 evidentiary, symptomatic 12 illustrative 13 demonstrative

indicia 5 marks, signs 8 imprints, markings

indict 5 blame 6 accuse, charge 7 arraign, censure, impeach 9 criticize

indifference 6 apathy 9 aloofness, unconcern 10 detachment, dispassion 11 disinterest 12 carelessness, impartiality

indifferent 4 cold, cool, numb, so-so 5 aloof, blasé, stoic 6 casual, remote 7 average, neutral 8 careless, detached, mediocre, middling, moderate, ordinary, passable, unbiased, uncaring 9 apathetic, impartial, impassive, objective 10 nonchalant, unaffected 11 unconcerned, unemotional 12 uninterested, unprejudiced 13 disinterested, dispassionate

indigence 4 need, want 6 penury 7 poverty 9 neediness, pauperism, privation 11 deprivation, destitution

indigene 6 native 9 aborigine 10 aboriginal

indigenous 6 native 7 endemic, natural 10 aboriginal, congenital, connatural, unacquired 13 autochthonous

indigent 4 poor 5 broke, needy 9 destitute, penniless 11 impecunious, necessitous 12 impoverished

indigestion 9 dyspepsia, heartburn

indignant 3 mad 5 irate, riled, upset, vexed 6 galled, heated 7 annoyed 8 offended, outraged, provoked 9 affronted, irritated, resentful

indignation 5 pique 7 dudgeon 10 irritation, resentment

indignity 3 cut 4 slap 6 injury, insult, slight 7 affront, outrage 9 contumely, grievance 10 disrespect 11 humiliation 13 disparagement, embarrassment

indigo 4 blue 8 deep blue

indigo bird 5 finch 7 bunting

Indira's father 5 Nehru (Jawaharlal)

indirect 7 devious, oblique, vagrant, winding 8 circular, sidelong, tortuous 9 deceitful, underhand, wandering 10 backhanded, circuitous, collateral, meandering, roundabout 11 duplicitous, underhanded

indiscreet 5 gabby 6 unwise 7 foolish, gossipy 8 tactless 9 impolitic, imprudent, untactful 10 ill-advised 11 loose-lipped

indiscretion 4 slip 5 folly, gaffe, lapse 7 blunder, faux pas, mistake, misstep 8 solecism 10 imprudence 11 impropriety

indiscriminate 5 mixed 6 hybrid, motley, random, varied 7 aimless, jumbled, vagrant 8 assorted, careless 9 arbitrary, desultory, haphazard, hit-or-miss, unplanned, wholesale 10 uncritical 11 promiscuous 12 conglomerate, multifarious, unrestrained 13 heterogeneous, miscellaneous

indispensable 5 basic, vital 6 needed 7 crucial, needful, pivotal 8 cardinal, critical 9 essential, necessary, requisite 10 imperative, obligatory 11 fundamental

indisposed 3 ill 4 down, sick 5 loath 6 ailing, averse, poorly, sickly, unwell 7 uneager 8 hesitant 9 reluctant, resistant, unwilling 11 disinclined

indisposition 6 malady 7 ailment, dislike, illness, malaise 8 aversion, disfavor, distaste, sickness, unhealth 10 affliction, reluctance

indisputable 4 sure, true 7 certain, evident, obvious 8 absolute, ironclad, positive 9 apodictic 10 undeniable 11 irrefutable, unequivocal 12 irrefragable, unassailable

indistinct 3 dim 4 hazy 5 faint, foggy,

misty, murky, vague **6** bleary, blurry, cloudy **7** blurred, obscure, shadowy, unclear **8** confused **9** uncertain, undefined **12** undetermined

indistinguishable **4** same **5** alike, equal, vague **7** unclear **9** duplicate, identical **10** equivalent

indite **3** pen **5** write **6** record, scribe **7** compose, engross **10** transcribe

individual **3** one **4** body, lone, self, sole, soul, unit **5** being, human, party, thing **6** entity, mortal, person, proper, single **7** special **8** creature, discrete, distinct, peculiar, personal, separate, singular, solitary, specific **10** particular, respective **11** distinctive **13** idiosyncratic ***combining form:*** **4** idio

individualist **5** loner **6** hermit **8** lone wolf, maverick **13** nonconformist

individuality **4** self **7** essence, oneness **8** identity, selfhood **9** character **10** uniqueness **11** personality, singularity **12** idiosyncrasy, separateness

individualize **4** mark **7** specify **9** customize **10** specialize **11** distinguish, personalize, singularize **12** characterize **13** differentiate, particularize

Indochinese country **4** Laos **5** Burma **7** Myanmar, Vietnam **8** Cambodia, Thailand **9** Kampuchea

indoctrinate **5** teach, tutor **7** educate, program **8** convince, persuade **9** brainwash, inculcate

indolence **4** laze **5** sloth **7** inertia, languor **8** idleness, laziness, lethargy **9** torpidity **12** slothfulness, sluggishness **13** shiftlessness

indolent **4** idle, lazy **6** torpid **8** fainéant, slothful, sluggish **9** lethargic, shiftless

indomitable **7** staunch **9** steadfast **10** invincible, unbeatable **11** impregnable **13** unconquerable

Indonesia ***archipelago:*** **5** Malay ***capital:*** **7** Jakarta **8** Djakarta ***city:*** **5** Medan **7** Bandung, Cilacap **8** Semarang, Surabaja, Surabaya **9** Palembang ***island group:*** **5** Sunda **8** Moluccas ***language:*** **6** Bahasa ***leader:*** **7** Suharto, Sukarno ***monetary unit:*** **6** rupiah ***regions:*** **4** Bali, Java **5** Ceram, Timor **6** Bangka, Borneo, Flores, Lombok, Madura **7** Celebes, Sumatra **8** Sulawesi **9** Irian Jaya ***volcano:*** **8** Krakatau, Krakatoa

indubitable **4** sure **6** patent **7** certain, evident, obvious **8** definite, ironclad, positive **9** apodictic, veritable **10** undeniable **11** irrefutable, self-evident, unequivocal **12** irrefragable

induce **5** cause **6** effect, elicit, prompt **7** actuate, procure **8** convince, engender, generate, motivate, occasion, persuade **9** encourage

inducement **4** bait, lure **6** come-on, motive **10** attraction, motivation **13** consideration

induct **4** lead **5** admit **6** enlist, enroll **7** appoint, install

inductance unit **5** henry

induction **8** entrance **9** accession, reasoning **10** enlistment **11** appointment **13** ratiocination

inductive **7** logical **9** prefatory, prelusive **11** a posteriori

indulge **3** pet **4** baby, bask **5** allow, favor, humor, spoil **6** cocker, coddle, cosset, oblige, pamper, permit, please, wallow **7** cater to, delight, gratify, satisfy **9** luxuriate **11** mollycoddle

indulgence **5** favor, mercy, treat **6** luxury **7** charity **8** clemency, courtesy, kindness, lenience, leniency **9** allowance, remission, tolerance **10** compassion, kindliness, permission, toleration **11** forbearance, forgiveness **12** dispensation, mercifulness **13** gratification

indulgence seller **5** Tezel (Johann) **6** Tetzel (Johann)

indulgent **4** easy, kind **7** clement, lenient **8** generous, merciful, tolerant **9** forgiving **10** charitable, permissive

indurate **6** harden **7** callous, confirm, congeal **8** hardened, solidify, stubborn **9** unfeeling **11** hard-hearted

industrialist **6** tycoon **7** magnate **12** manufacturer

industrious **4** busy **8** diligent, sedulous **9** assiduous, laborious

industry **4** work **5** labor **8** business, commerce **9** assiduity, diligence **10** enterprise

inebriant see INTOXICANT

inebriate **3** sot **4** lush, soak **5** drunk, souse, tight, tipsy, toper **6** bibber, boozer **7** stupefy, tippler, tosspot **8** drunkard **10** intoxicate

inebriated **3** lit **5** drunk, lit up, oiled, stiff, tight, tipsy **6** blotto, juiced, loaded, plowed, potted, soused, stewed, tanked, wasted **7** crocked, pickled, pie-eyed, sloshed, smashed **8** polluted **9** plastered

inedible **9** poisonous **12** unappetizing

ineffable **5** taboo **9** forbidden **11** unspeakable, unutterable **13** undescribable

ineffaceable **7** lasting **8** enduring **9** indelible, permanent

ineffective **4** vain, weak **6** futile **7** useless **8** abortive, bootless, feckless, impotent **9** fruitless, powerless **10** emasculate, unavailing **12** unproductive, unsuccessful

ineffectiveness **8** futility **9** impotence

ineffectual see INEFFECTIVE

inefficient **5** slack **6** clumsy **8** careless, slipshod, wasteful **9** negligent

inelastic **5** rigid, stiff **7** brittle **9** unbending **10** unyielding

inelegant **5** crass, crude, gross, rough **6** coarse, gauche, vulgar **7** awkward, uncouth **9** graceless, unrefined **10** uncultured, ungraceful **12** uncultivated

ineligible **5** unfit **8** unfitted, unworthy **10** unequipped, unsuitable **11** unqualified **12** disqualified

ineluctable **4** sure **5** bound, fated **6** doomed **7** certain **8** destined **9** necessary **10** inevitable, unevadable **11** unavoidable, unescapable **13** unpreventable

inept **5** unfit **6** clumsy, gauche, klutzy **7** artless, awkward, foolish, halting, unhandy **8** bumbling, bungling **9** all thumbs, ham-handed, maladroit, unskilled **10** malapropos, unskillful, unsuitable **11** heavy-handed, undexterous, unfortunate

inequality **8** imparity **9** disparity **10** unevenness **12** irregularity, variableness **13** disproportion, heterogeneity

inequitable **6** biased, unfair, unjust **7** partial **10** prejudiced **11** unjustified, unrighteous

inequity **4** bias **5** wrong **9** prejudice **10** unfairness, unjustness

ineradicable **6** innate **7** chronic **8** constant, inherent, stubborn **9** ingrained **10** deep-rooted, deep-seated, entrenched, inveterate **11** established, ever-present, never-ending

inert **4** calm, dead, idle **5** quiet, still **6** asleep, sleepy **7** dormant, passive **8** immobile, lifeless, sluggish **9** apathetic, lethargic **10** motionless

inert gas **4** neon **5** argon, radon, xenon **6** helium **7** krypton

inertia **5** sloth **6** apathy, stupor, torpor **7** languor **8** idleness, laziness, lethargy **9** indolence, inertness, lassitude, passivity, torpidity **10** immobility, inactivity **11** disinterest **12** listlessness, sluggishness

inescapable see INEVITABLE

inessential see UNESSENTIAL

inestimable **9** priceless **11** measureless **12** immeasurable, unmeasurable, unfathomable

inevitable **4** sure **5** bound, fated **6** doomed **7** certain **8** destined **9** necessary **11** unavoidable, unescapable **12** foreordained **13** unpreventable

inevitably **8** perforce **10** willy-nilly **11** like it or not, unavoidably

inexcusable **6** guilty **8** blamable, culpable **9** untenable **10** censurable **11** blameworthy, condemnable **12** criticizable, unforgivable, unpardonable **13** reprehensible, unjustifiable

inexhaustible **8** tireless, untiring **9** unfailing, weariless **10** bottomless, unflagging **13** indefatigable

inexorable **5** rigid **6** strict **7** adamant **8** immobile, obdurate, stubborn **9** immovable, unbending **10** relentless, unyielding **11** unrelenting

inexpensive **3** low **5** cheap **7** cut-rate **8** moderate **10** reasonable

inexperience **7** naïveté, rawness **8** verdancy **9** freshness, greenness **10** callowness

inexperienced **3** raw **5** fresh, green, naive, young **6** callow **7** untried **8** unversed **9** unskilled, untrained, unworldly **10** amateurish, unseasoned

inexpert **9** maladroit, unskilled, untrained **10** amateurish

inexplicable **6** arcane, obtuse, opaque **7** cryptic **9** enigmatic **10** mysterious, mystifying, unsolvable **11** undefinable **12** impenetrable, unfathomable **13** unaccountable, unexplainable

inexpressible **8** nameless **11** unspeakable, unutterable **13** undescribable, unexplainable

inexpressive **5** blank, stoic **6** stolid, vacant, wooden **7** deadpan **9** impassive **10** poker-faced **13** straight-faced

inextricable **9** insoluble **10** unsolvable

infallible **4** sure **5** exact **6** trusty **7** certain, correct, perfect **8** absolute, accurate, flawless, surefire, unerring **9** errorless, unfailing **10** dependable, impeccable **11** trustworthy **12** tried-and-true **13** unimpeachable

infamous **4** evil, vile **6** odious **7** hateful, heinous **8** flagrant, shameful **9** abhorrent, miscreant, nefarious, notorious **10** abominable, despicable, detestable, flagitious, scandalous, villainous **11** disgraceful, ignominious, opprobrious **12** contemptible, disreputable

infamy **5** odium, shame **7** obloquy **8** disgrace, dishonor, ignominy **9** disrepute, notoriety **10** opprobrium

infancy **8** babyhood **9** childhood

infant **4** babe, baby **5** bairn, child, green **7** bambino, neonate, newborn, papoose, toddler **8** bantling, immature, nursling **9** unfledged ***bed:*** **4** crib **6** cradle **8** bassinet ***food:*** **3** pap **4** milk **7** pabulum ***room:*** **7** nursery

infanta **8** princess

infantile 7 babyish, puerile 8 childish, immature
infantryman 7 dogface 8 doughboy 11 foot soldier ***Algerian:*** 6 Zouave
infatuated 5 dotty, silly 7 foolish 8 besotted, enamored, obsessed 9 bewitched, rapturous 10 captivated, passionate
infatuation 4 rage 5 ardor, craze, crush, folly 7 passion, rapture 8 devotion 9 obsession, puppy love 11 fascination
infect 5 taint 6 defile, poison 7 corrupt, pollute 11 contaminate
infection 3 bug 6 sepses (plural), sepsis ***fungous:*** 8 mycetoma
infectious 8 catching, epidemic, virulent 9 pestilent 10 contagious, corrupting 12 communicable 13 contaminating, transmittable
infelicitous 5 unapt, unfit 6 unmeet 7 awkward, unhappy 8 improper 9 imperfect 10 malapropos, unsuitable 11 regrettable, unfortunate
infer 5 judge 6 deduce, deduct, derive, gather, reason 7 collect, make out, suppose, surmise 8 conclude, construe 10 conjecture 11 hypothesize
inference 7 surmise 8 illation, sequitur 9 deduction 10 assumption, conclusion, conjecture, derivation 11 presumption, supposition
inferior 3 low 4 base, fair, hack, mean, poor, puny 5 cheap, lousy, lower, minor, petty, scrub, sorry, under, worse 6 common, deputy, feeble, impure, junior, lesser, nether, no-good, paltry, satrap, shoddy, sleazy, tawdry, tinpot, vassal 7 average, subject, unequal 8 declassé, low-grade, mediocre, middling, ordinary, unworthy, wretched 9 attendant, auxiliary, no-account, satellite, secondary, subaltern, subjacent, underling, worthless 10 inadequate, second-rate 11 substandard ***prefix:*** 3 sub 4 demi 5 infra
infernal 6 Hadean 7 hellish, satanic 8 chthonic, damnable, demoniac, devilish, diabolic, plutonic 9 chthonian, plutonian, Tartarean 10 diabolical, sulphurous
inferno 3 pit 4 fire, hell 5 Hades, Sheol 6 blazes, Tophet 7 Gehenna 9 holocaust, perdition 10 underworld 11 netherworld 13 conflagration
Inferno ***division:*** 5 canto ***poet:*** 5 Dante (Alighieri) ***verse form:*** 9 terza rima
infertile 6 barren, effete 7 sterile 8 impotent 10 unfruitful 12 hardscrabble, unproductive
infest 4 teem 5 beset, swarm 6 plague 7 overrun 10 parasitize
infidel 5 pagan 7 atheist, heathen, heretic, skeptic 8 agnostic 10 unbeliever
infidelity 7 perfidy, treason 8 adultery, betrayal, cheating 9 disbelief, treachery 10 disloyalty 13 faithlessness
infinite 4 vast 7 endless, eternal, immense 8 unending 9 boundless, countless, limitless, perpetual, unlimited 11 everlasting, illimitable, measureless, sempiternal 12 immeasurable
infinity 8 eternity 10 perpetuity 11 endlessness 12 sempiternity 13 boundlessness, limitlessness
infirm 4 lame, sick, weak 5 frail 6 ailing, feeble, sickly 7 failing, fragile, unsound 8 decrepit, unstable 9 doddering 11 debilitated
infirmity 3 ill 4 flaw 5 decay 6 malady 7 ailment, disease, frailty, illness, malaise 8 debility, disorder, sickness, syndrome, weakness 9 complaint, condition 10 affliction, feebleness, sickliness 11 decrepitude 12 debilitation, enfeeblement
infix 4 root 5 embed, lodge 6 fasten, pierce 7 engrave, implant, impress
inflame 4 fire, gall, goad, rile, roil 5 anger, light, rouse 6 arouse, enrage, excite, foment, ignite, kindle, madden, redden, stir up 7 provoke 8 enkindle, irritate 9 aggravate 10 exacerbate, exasperate
inflammable 5 fiery 6 ardent 8 burnable, volatile 9 excitable, ignitable, irascible 11 combustible
inflammation 4 gout, sore 6 otitis, quinsy 7 catarrh, colitis 8 adenitis, bursitis, cystitis, neuritis, pleurisy, rachitis, swelling 9 arthritis, chilblain, gastritis, nephritis, phlebitis 10 bronchitis, cellulitis, combustion, dermatitis, gingivitis, laryngitis, tendinitis 12 encephalitis 13 poliomyelitis ***eye:*** 6 iritis 7 pinkeye 9 keratitis ***horse:*** 7 fistula, quittor ***intestines:*** 7 ileitis 9 enteritis ***suffix:*** 4 itis
inflammatory 8 exciting 9 explosive, seditious 11 provocative 13 rabble-rousing, revolutionary
inflate 4 fill 5 bloat, elate, swell 6 expand 7 amplify, distend 10 aggrandize
inflated 5 tumid, windy 6 turgid 7 bloated, swollen, verbose 9 bombastic, distended, dropsical, flatulent, overblown 10 heightened 11 exaggerated, pretentious
inflection 4 bend, tone 5 curve, pitch 6 accent, change, stress, timbre 8 emphasis, tonality 9 accidence 10 modulation
inflexible 3 set 4 grim, hard, iron 5 fixed, rigid, stiff 6 strict 7 adamant, die-hard

8 granitic, hard-line, immobile, iron-clad, obdurate, stubborn **9** immovable, immutable, obstinate, steadfast, unbending **10** adamantine, brassbound, implacable, rock-ribbed, unbendable, unyielding **11** unalterable, unrelenting **12** unchangeable **13** dyed-in-the-wool

inflict **5** visit, wreak **7** mete out, subject **8** dispense **10** administer

inflow **4** rush **7** arrival

influence **4** move, pull, sway **5** alter, bribe, clout, force, impel, lobby, touch **6** affect, compel, impact, modify, moment, strike, weight **7** command, control, impress, mastery **8** dominate, militate, persuade, prestige **9** authority, dominance

influenceable **8** gullible **9** malleable, receptive, tractable **11** persuadable, persuasible, suggestible

influential **6** potent **8** forceful, powerful **9** effective **10** persuasive **13** authoritative

influx **7** arrival **8** entrance, invasion **9** accession

inform **3** rat **4** blab, clue, leak, post, tell, warn **5** brief, edify, endow, endue, imbue, teach **6** advise, betray, fill in, impart, leaven, notify, reveal, snitch, squeal, tattle, turn in, update **7** animate, apprise, caution, educate **8** acquaint, disclose, forewarn **9** advertise, enlighten **10** illuminate **11** familiarize

informal **6** casual, dégagé, folksy **7** natural, offhand, relaxed **8** down-home, familiar, laid-back **9** easygoing **10** colloquial, unofficial **13** unceremonious

information **4** data, fact, lore, news, poop, word **5** scoop **6** advice, notice, skinny, wisdom **7** lowdown, tidings **9** knowledge **12** intelligence ***second-hand:*** **7** hearsay

information bureau ***abbreviation:*** **4** USIA, USIS

informative **8** edifying, exegetic **10** exegetical **11** educational, elucidative, explanatory **12** enlightening, illuminating

informed **4** wise **5** aware **6** au fait, versed **7** abreast, knowing **8** apprised, educated **9** au courant, cognizant **10** acquainted, conversant **11** enlightened **13** knowledgeable

informer **3** rat, spy **4** fink, mole **5** stool **6** canary, gossip, snitch **7** rat fink, stoolie, tattler, tipster **8** squealer, telltale **10** deep throat, talebearer, tattletale **11** stool pigeon **13** whistle-blower

infra **5** after, below, later, under **7** beneath

infract **3** sin **6** breach, offend **7** violate **8** trespass **10** contravene, transgress

infraction **3** sin **4** foul **5** crime, error **6** breach **7** faux pas, misdeed, offense **8** trespass **9** violation **12** encroachment **13** contravention, transgression

infrastructure **4** base **5** basis **9** framework **10** foundation, groundwork, substratum **12** underpinning

infrequent **3** odd **4** rare **6** scarce, seldom **7** unusual **8** isolated, sporadic, uncommon, unwonted **10** occasional **11** exceptional

infringe **6** breach, impose, meddle, offend **7** disturb, obtrude, violate **8** encroach, entrench, trespass **10** transgress

infuriate **3** ire, mad **4** rile **5** anger, pique **6** enrage, madden, rankle **7** incense, inflame, outrage, provoke, steam up

infuse **4** fill, soak **5** imbue, steep **6** leaven **7** animate, implant, pervade, suffuse **8** permeate, saturate **10** impregnate

ingenious **5** acute, canny, sharp, smart **6** adroit, clever, crafty **7** cunning, fertile **8** creative, original **11** imaginative, resourceful

ingenuity **5** knack, savvy, skill **6** acumen, smarts, talent **7** know-how, mastery **8** deftness, keenness **9** adeptness, handiness **10** adroitness, capability, cleverness, perception, shrewdness **11** proficiency **12** intelligence, skillfulness **13** inventiveness

ingenuous **4** open **5** naive **6** simple **7** artless, natural **8** innocent **9** childlike, guileless, unstudied **10** unaffected

ingest **3** eat **4** feed **6** devour **7** consume, partake, swallow

Inge work **6** Picnic **7** Bus Stop **18** Splendor in the Grass **19** Come Back Little Sheba

inglorious **8** shameful **11** disgraceful, ignominious, opprobrious **12** dishonorable, disreputable **13** discreditable, unrespectable

ingot **3** bar, rod **4** mold **6** billet

ingrained **6** innate **8** inherent **9** essential **10** congenital, deep-rooted, deep-seated

ingratiating **5** silky **6** silken, smarmy **7** fawning **8** pleasing, unctuous **9** adulatory **10** flattering **11** sycophantic

ingredient **4** part **5** piece **6** factor **7** element **9** component **11** constituent

ingress **4** door **5** entry **6** access, entrée, portal **7** doorway, passage **8** entrance, entryway **9** admission, vestibule **10** admittance **11** entranceway

ingurgitate **4** bolt, cram, gulp, slop, wolf **5** gorge, scarf, stuff, swill **6** devour, gobble, guzzle **7** swallow

inhabit 4 live 5 dwell, haunt 6 occupy, people, settle, tenant 8 populate
inhabitant 5 liver 6 inmate, native 7 citizen, denizen, dweller, resider 8 indigene, resident 9 aborigine 10 autochthon *foreign:* 5 alien *indigenous:* 6 native 9 aborigine
inhale 7 breathe, consume, respire, swallow
inharmonious 6 atonal 7 jarring 9 dissonant, unmusical 10 discordant 11 cacophonous, conflicting, conflictive, disagreeing, quarrelsome, uncongenial 12 antagonistic
inhere 3 lie 5 dwell 6 belong, reside
inherent 4 born 5 basic 6 native 7 built-in, connate, natural 8 immanent 9 elemental, essential 10 congenital, deep-seated 11 fundamental
inherit 7 acquire, receive, succeed
inheritance 3 DNA 4 gene, gift 6 devise, estate, legacy 7 bequest 8 heirloom, heritage 9 patrimony, tradition 10 birthright 13 primogeniture
inherited 6 native 7 connate, genetic, natural 10 bequeathed, congenital, connatural, handed-down, hand-me-down
inheritor 4 heir 7 heiress, legatee 11 beneficiary
inhibit 4 curb, slow 5 check 6 arrest, bridle, enjoin, fetter, hamper, hinder, hobble, impede 7 prevent, repress, trammel 8 hold back, obstruct, restrain, suppress, withhold 9 constrain 10 discourage
inhibition 4 curb 5 taboo 6 hang-up 7 barrier 9 hindrance, restraint, stricture 10 impediment, repression 11 suppression
inhuman 5 cruel, feral 6 brutal, savage 7 beastly, bestial, brutish 8 fiendish 9 barbarous, monstrous 10 diabolical
inhumane 4 fell, grim 5 cruel 6 brutal, fierce, malign, savage 8 ruthless, sadistic 9 barbarous, ferocious, heartless, merciless, truculent
inhumation 6 burial 9 interment, sepulture 10 entombment
inhume 4 bury 5 plant 6 entomb 7 put away 9 lay to rest
inimical 7 adverse, harmful, hostile 10 malevolent, unfriendly 11 belligerent, contentious 12 antagonistic, antipathetic
iniquitous 3 bad 4 base, evil, vile 5 wrong 6 sinful, unjust, wicked 7 immoral, vicious 9 nefarious
iniquity 3 sin 4 evil 5 crime, wrong 7 offense 9 turpitude 8 trespass 10 immorality, wickedness, wrongdoing 13 transgression
initial 5 first, prime 6 anlage, letter, maiden 7 approve, engrave, leading, opening, primary 8 earliest, foremost, monogram, original 9 beginning
initiate 4 open 5 begin, enter, set up, start 6 enroll, get off, induct, invest, launch, take up 7 install, kick off, usher in 8 commence 9 originate 10 inaugurate
initiation 5 debut 7 baptism 9 admission, beginning, induction 10 admittance 11 investiture, origination 12 commencement, introduction
initiative 4 push 5 drive, spunk 6 energy 8 ambition, aptitude, gumption 9 beginning 10 enterprise, get-up-and-go
inject 3 add 6 insert 7 implant, instill 9 inoculate, introduce, vaccinate
injection 3 fix 4 hypo, shot 5 serum 7 booster, vaccine 10 hypodermic 11 inoculation, vaccination
injudicious 4 rash 5 hasty 6 unwise 8 heedless, reckless 9 ill-judged, impolitic, imprudent 10 ill-advised, indiscreet 11 inexpedient 12 short-sighted
injunction 3 ban, bar 4 writ 5 order 6 behest, charge 7 bidding, command, dictate, mandate 9 direction 11 prohibition
injure 3 mar 4 foul, harm, hurt, maim, pain 5 spoil, wound, wrong 6 blight, bruise, damage, deface, deform, foul up, impair, mangle 7 afflict, contort, cripple, disable, torture 8 distress, maltreat, mutilate 9 disfigure 12 incapacitate
injurious 6 nocent 7 abusive, adverse, harmful, hurtful 8 damaging 9 offensive 10 defamatory 11 detrimental
injury 3 ill 4 harm, hurt 5 wound, wrong 6 bruise, damage, trauma 8 distress 9 detriment
injustice 4 tort 5 crime, wrong 6 breach, damage 7 outrage 8 inequity, trespass 9 grievance, violation 10 favoritism, wrongdoing
ink 3 dye, pen 4 sign 8 inscribe 9 autograph, signature, subscribe
inkling 3 cue, tip 4 clue, hint, idea, lead, wind 5 hunch 6 notion, tip-off 8 telltale 9 suspicion 10 indication, intimation, suggestion
inky 3 jet 4 ebon 5 black, ebony, jetty, raven, sable 9 Cimmerian, pitch-dark 10 pitch-black
inlaid 5 piqué 6 boolle 7 hatched 8 enchased, nielloed 9 damascene, incrusted
Inland Empire 8 Illinois
inlet 3 arm, bay 4 cove, gulf 5 bayou,

bight, creek, fiord, firth, fjord, sound **6** harbor, slough, strait **7** estuary ***Admiralties:*** **4** Kali ***Adriatic Sea:*** **5** Vlorë ***Aegean Sea:*** **7** Saronic ***Africa:*** **6** Walvis ***Alaska:*** **4** Cook **5** Cross, Taiya **7** Glacier **8** Chilkoot ***Aleutians:*** **5** Holtz, Nazan ***Angola:*** **5** Bengo, Tiger **6** Tigres ***Antarctica:*** **3** Ice **7** McMurdo **8** Amundsen **10** Shackleton ***Arabian Sea:*** **4** Qamr **5** Kamar ***Australia:*** **4** King **6** Botany **9** Discovery **10** Broad Sound ***Baffin Bay:*** **8** Melville ***Baffin Island:*** **9** Admiralty ***Baltic Sea:*** **4** Hano **6** Danzig, Gdansk **9** Pomerania **10** Pomeranian ***Barents Sea:*** **4** Kola **7** Pechora ***Beaufort Sea:*** **7** Prudhoe **9** Mackenzie ***Bismarck Sea:*** **5** Kimbe ***Brazil:*** **9** Guanabara ***Bristol Channal:*** **10** Carmarthen ***California:*** **5** Morro **8** Monterey ***Canada:*** **5** Fundy **9** Howe Sound ***Cape Breton Island:*** **4** Mira ***Caribbean Sea:*** **5** Limón ***Central America:*** **7** Fonseca ***Chile:*** **5** Otway ***Crete:*** **4** Suda **5** Canea ***Denmark:*** **3** Ise ***Djibouti:*** **6** Tajura **8** Tadjoura ***East River:*** **8** Flushing ***Ecuador:*** **5** Manta ***Eire:*** **4** Clew **7** Brandon ***English Channel:*** **3** Tor ***Florida:*** **8** Biscayne **10** Saint Lucie ***Georgia:*** **8** Altamaha ***Greenland:*** **6** Baffin ***Gulf of Alaska:*** **3** Icy **5** Woman **12** Resurrection ***Gulf of Mexico:*** **7** Aransas **8** Suwannee **9** Matagorda, Pensacola **10** Terrebonne **11** Atchafalaya **12** Apalachicola ***Gulf of St. Lawrence:*** **5** Bonne ***Hawaii:*** **11** Pearl Harbor ***Honshu:*** **3** Ise **5** Owari **6** Atsuta ***Hudson Bay:*** **7** Repulse ***Iceland:*** **4** Axar, Eyja, Huna **5** Horna, Skaga, Vopna **8** Hunafloi ***Indonesia:*** **4** Bima **5** Saleh ***Ionian Sea:*** **7** Taranto ***Irish Sea:*** **4** Luce **7** Dundalk ***Japan:*** **4** Tosa ***Java:*** **4** Lada **5** Peper ***Java Sea:*** **7** Batavia ***Kara Sea:*** **6** Enisei **7** Yenisei ***Labrador:*** **8** Hamilton ***Lake Erie:*** **8** Put-in-Bay, Sandusky ***Lake Huron:*** **7** Saginaw, Thunder ***Lake Ontario:*** **11** Irondequoit ***Lake Superior:*** **5** Huron **8** Keweenaw **9** Whitefish ***Long Island:*** **8** Rockaway ***Long Island Sound:*** **6** Oyster ***Madagascar:*** **8** Antongil ***Maine:*** **5** Casco **7** Machias ***Maryland-Virginia:*** **10** Chesapeake ***Massachusetts:*** **8** Buzzards, Plymouth **9** Annisquam ***Massachusetts Bay:*** **10** Lynn Harbor ***Mediterranean Sea:*** **8** Valencia **9** Famagusta **10** Khalij Surt **11** Syrtis Major ***Mozambique:*** **5** Memba, Pemba ***Nantucket Sound:*** **5** Lewis ***Newfoundland:*** **4** Hare **5** White **7** Fortune ***New Guinea:*** **3** Oro **5** Berau, Hansa **11** McCluer Gulf ***New Jersey:*** **7** Raritan **8** Barnegat **9** Little Egg ***New Zealand:*** **5** Hawke **6** Tasman ***North Carolina:*** **9** Albemarle ***Northern Ireland:*** **12** Belfast Lough ***North Sea:*** **4** Lyse **9** Hardanger ***Northwest Territories:*** **5** Wager **8** Bathurst, Franklin **9** Frobisher **12** Prince Albert ***Norway:*** **3** Tys **4** Bokn, Tana **5** Lakse, Sogne ***Norwegian Sea:*** **4** Nord, Salt, Stor, Vest **5** Ranen **8** Scoresby **9** Trondheim ***Ontario:*** **4** Owen ***Oregon:*** **4** Coos ***Philippines:*** **5** Baler, Pilar, Sogod **6** Butuan **9** Davao Gulf, Leyte Gulf, Panay Gulf ***Puget Sound:*** **4** Carr, Case ***Quebec:*** **6** Ungava ***Red Sea:*** **4** Foul ***Rhode Island:*** **12** Narragansett ***Russia:*** **5** Chaun **8** Sakhalin ***Santo Cruz Islands:*** **8** Basilisk ***Solomon Islands:*** **4** Deep **8** Huon Gulf ***South Africa:*** **5** Table ***South Carolina:*** **4** Bull ***South China Sea:*** **4** Bias, Datu, Siam, Taya **5** Dasol, Subic, Subig **6** Brunei, Paluan **7** Camranh **8** Lingayen ***Spain:*** **5** Cádiz ***Spitsbergen:*** **3** Ice **4** Bell **5** Kings ***Sumatra:*** **5** Bajur **10** Koninginne ***Tyrrhenian Sea:*** **6** Naples **7** Paestum ***Wales:*** **5** Burry ***Washington:*** **5** Dabob **6** Skagit **11** Grays Harbor

inmate **7** convict **8** occupant, prisoner, resident **10** inhabitant

inmost part **4** core, pith **5** heart **6** center, depths, kernel, marrow **7** nucleus

inn **5** hotel, lodge, motel, serai **6** hostel, tavern **7** auberge, hospice, pension **8** hostelry **9** roadhouse **11** caravansary, public house **12** caravansarai **13** boardinghouse ***German:*** **7** Gasthof **8** Gasthaus ***Spanish:*** **5** fonda **6** posada **7** parador ***Turkish:*** **6** imaret

innards **4** guts **5** belly **6** bowels, tripes **7** viscera **8** entrails, stuffing **10** intestines

innate see INHERENT

inner **3** gut **5** focal **6** hidden, middle, secret **7** central, nuclear, private **8** familiar, interior, internal, personal, visceral **9** concealed, essential

innervate **4** jolt, move **5** pique, rouse **6** excite **7** animate, provoke, quicken **8** motivate, vitalize **9** electrify, galvanize, stimulate

Innisfail **4** Eire, Erin **7** Ireland

innkeeper **4** host **8** boniface, hosteler, hotelier, landlord, publican

innocence **6** purity **7** naiveté **8** chastity **10** simplicity **11** artlessness, sinlessness

innocent **4** good, lamb, naïf, pure, void **5** clean, legal, licit, naive **6** chaste, devoid, lawful **7** artless, natural, unaware **8** harmless, ignorant, virtuous **9** blameless, childlike, exemplary, faultless, guileless, guiltless, ingenuous, innocuous, righteous, stainless, unstained, unsullied, untainted

10 inculpable, legitimate 12 unsuspecting
innocuous 5 banal, bland 6 pallid 7 insipid 8 harmless 11 inoffensive, unoffending 13 insignificant
innovation 6 change 7 novelty
innovative 3 new 5 novel 8 creative, original 9 inventive 10 newfangled 11 cutting-edge, leading-edge 12 trailblazing
innovator 9 architect, developer 10 originator 11 trailblazer 13 revolutionary
innuendo 4 clue, hint, slur 7 calumny 8 allusion 9 aspersion 10 backbiting, intimation 11 implication, insinuation
innumerable 4 many 6 legion, myriad, untold 7 umpteen 9 countless, uncounted 10 numberless 13 multitudinous
Ino ***brother:*** 9 Polydorus ***father:*** 6 Cadmus ***grandfather:*** 6 Agenor ***husband:*** 7 Athamas ***mother:*** 8 Harmonia ***sister:*** 5 Agave 6 Semele 7 Autonoë ***son:*** 8 Learchus, Palaemon 10 Melicertes
inobtrusive 5 muted, quiet 6 modest 7 subdued 8 discreet, tasteful 10 restrained
inoculate 5 imbue, shoot, steep 6 infuse 7 implant, suffuse 9 vaccinate
inoffensive 5 bland 7 neutral 8 harmless 9 innocuous, peaceable
inopportune 8 ill-timed, mistimed, untimely 12 unseasonable
inordinate 5 undue 6 wanton 7 extreme 8 overmuch 9 excessive 10 exorbitant, gratuitous, immoderate, irrational 11 extravagant, intemperate, superfluous, uncalled-for 12 unreasonable 13 extraordinary
inorganic 7 mineral 10 artificial
in passing 5 aside 6 obiter 7 by the by 8 by the bye, by the way 12 incidentally
in perpetuum 4 ever 6 always 7 forever, for good 8 evermore, for keeps 9 eternally 10 enduringly 11 forevermore
input 4 data 6 advice, energy 7 comment, counsel, opinion 8 feedback, guidance, material, stimulus 11 information
inquest 5 probe 7 hearing, inquiry 11 examination 13 investigation
inquietude 5 angst 6 unease, unrest 7 anxiety, ferment, turmoil 8 distress 10 uneasiness 11 restiveness 12 restlessness 13 Sturm und Drang
inquire 3 ask, pry 4 seek 5 probe, query 7 examine 8 question 9 catechize 11 interrogate, investigate
inquiry 5 audit, probe, query 7 hearing 8 grilling, question, research, scrutiny 11 examination, questioning 13 investigation
inquisition 4 hunt 5 probe, quest, trial 6 search 7 inquiry 8 grilling, research 11 examination 13 interrogation, investigation
inquisitive 4 nosy 6 prying, snoopy 7 curious 8 meddling, snooping 9 intrusive 10 meddlesome 11 questioning
inquisitor 10 Torquemada (Tomás de)
in re 4 as to 5 about, as for 7 apropos 9 as regards, regarding 10 as respects, concerning, respecting 12 with regard to 13 with respect to
in respect to see IN RE
inroad 4 raid 5 foray 7 advance 8 invasion 9 incursion 12 encroachment
ins and outs 5 ropes 6 quirks 7 details 8 minutiae, oddities 11 incidentals, particulars 12 lay of the land 13 peculiarities, ramifications
insane 3 mad, off 4 daft, nuts 5 batty, crazy, daffy, dotty, loony, manic, nutsy, nutty, rabid, silly, wacky 6 absurd, crazed, cuckoo, maniac, raving, schizo, screwy, teched 7 berserk, bonkers, cracked, haywire, lunatic, tetched, touched, unsound 8 demented, deranged, unhinged 9 eccentric, psychotic 10 disordered, irrational, moonstruck, unbalanced 11 harebrained 12 crackbrained, preposterous, unreasonable
insane asylum 6 bedlam 8 loony bin, madhouse, nuthouse, snake pit 10 sanatorium, sanitarium
insanity 5 folly, mania 6 frenzy, lunacy 7 madness 8 delirium, delusion, dementia, hysteria, illusion 9 craziness, dottiness, psychosis 11 derangement, psychopathy
insatiable 6 crying, greedy, urgent 7 exigent 8 pressing, ravenous 9 clamorous, demanding, voracious 10 quenchless 11 importunate 12 unappeasable, unquenchable
inscribe 4 etch, list 5 carve, enter, print, write 6 enroll, record 7 engrave, engross, impress, imprint 8 dedicate, enscroll, register
inscription 5 title 6 legend 7 epigram, epitaph, heading 8 epigraph 10 dedication
inscrutable 6 arcane 7 deadpan 10 mysterious, poker-faced, sphinxlike, unknowable, unreadable 12 impenetrable, unfathomable
insect 3 bee, bug, fly 6 beetle ***adult:*** 5 imago ***antenna:*** 4 palp 6 feeler, palpus ***combining form:*** 5 entom 6 entomo ***covering:*** 6 chitin ***immature:*** 4 grub, pupa 5 larva, nymph 6 larvae (plural), maggot 8 wriggler 9 chrysalis 11 caterpillar

kind: **3** ant, bee **4** flea, moth, wasp **5** aphid, scale **6** bedbug, beefly, beetle, cicada, earwig, hornet, mantid, mantis, mayfly **7** ant lion, cricket, firefly, June bug, katydid, ladybug, termite **8** honeybee, horsefly, housefly, lacewing, mosquito, stinkbug **9** bumblebee, butterfly, damselfly, dragonfly **10** silverfish, springtail **11** grasshopper **12** walking-stick ***luminous:*** **7** firefly **8** glowworm ***molt:*** **7** ecdysis ***moth:*** **4** luna **5** gypsy **6** miller, sphinx **7** noctuid, pyralid, tortrix, tussock **8** cecropia, cinnabar, forester, sphingid **9** clearwing, geometrid, saturniid, tortricid **10** Polyphemus ***multi-legged:*** **8** diplopod **9** centipede, millipede ***part:*** **4** palp **5** cerci (plural) **6** cercus, labium, labrum, ocelli (plural), palpus, thorax **7** antenna, maxilla, ocellus **8** antennae (plural), mandible, maxillae (plural) **9** proboscis, spiracles **10** ovipositor **11** exoskeleton ***pest:*** **4** flea, lice (plural), mite **5** louse, midge, scale **7** blowfly, termite **8** horsefly, housefly, mealybug **9** cockroach, gypsy moth **10** boll weevil, Hessian fly, silverfish ***science:*** **10** entomology ***winged:*** **5** alate ***wingless:*** **4** flea, lice (plural) **5** louse **8** firebrat **10** silverfish, springtail **11** bristletail

insecticide **3** DDT **5** mirex, naled **6** aldrin, endrin **7** lindane, phorate **8** carbaryl, dieldrin, rotenone **9** chlordane, malathion, parathion **10** permethrin

insecure **5** shaky **6** unsafe, unsure, wobbly **7** anxious **8** unstable **9** uncertain **10** precarious **11** unconfident **12** apprehensive

inseminate **7** implant, instill **9** fertilize, pollinate **10** impregnate

insensate **4** dull, hard, numb **5** stony **6** brutal, numbed **7** callous **8** comatose **9** bloodless, heartless, impassive, unfeeling

insensibility **4** coma **6** apathy, torpor **8** lethargy, stoicism **12** indifference

insensible **4** cold, dead, dull, hard, numb, rapt **5** stoic **6** asleep, intent, numbed, obtuse, stolid **7** callous **8** absorbed, comatose, deadened, hardened, obdurate **9** apathetic, bloodless, engrossed, impassive, unfeeling **11** unconscious **12** anesthetized

insensitive **4** dull, hard, numb, rude **5** crass **6** numbed, obtuse, unkind **7** callous **8** benumbed, deadened, hardened, tactless, uncaring **9** bloodless, heartless, unfeeling **10** anesthetic, impossible **11** indifferent, unconcerned **12** anesthetized, unresponsive

insert **5** enter **7** implant, obtrude **9** interpose **10** interleave **11** intercalate, interpolate

insertion **8** addendum, addition **13** interpolation

in short **7** briefly, tersely **9** concisely **10** succinctly

inside **6** closet, secret, within **7** private **8** hush-hush, interior **12** confidential ***combining form:*** **4** endo

insidious **3** sly **4** foxy, wily **6** artful, crafty, subtle, tricky **7** cunning, gradual **8** creeping, guileful **9** deceitful **13** surreptitious

insight **6** acumen, aperçu, wisdom **8** sagacity, sapience **9** intuition **11** discernment, penetration **13** understanding

insightful **4** keen, sage, wise **7** gnostic, knowing **9** intuitive, sagacious **10** discerning, perceptive **11** penetrating

insignia **4** mark, sign **5** badge **6** emblem **8** brassard **10** decoration

insignificant **4** puny **5** dinky, minor, petty, small **6** casual, little, minute, paltry **7** minimal, trivial **8** nugatory, trifling **9** secondary, small-time **10** negligible **11** minor-league, unimportant

insincere **5** false, lying, phony **6** double, forced, hollow, shifty, tricky **7** feigned **8** mala fide, slippery, spurious **9** deceitful, deceptive, dishonest, pretended, simulated **10** left-handed, mendacious, untruthful **11** dissembling, double-faced **12** hypocritical

insinuate **4** hint **5** imply **6** inject, insert, work in, worm in **7** implant, instill, suggest **9** introduce

insipid **3** dry **4** arid, dull, flat, mild, pale, thin, weak **5** banal, bland, vapid **6** jejune, watery **7** mundane, prosaic, subdued, tedious **8** bromidic, lifeless, ordinary **9** innocuous, tasteless **10** flavorless, monotonous, namby-pamby, wishy-washy **11** commonplace

insist **4** hold **5** argue, claim, swear **6** affirm, assert, demand, stress **7** certify, contend, declare, require, testify **8** maintain

insistent **6** crying, dogged, urgent **7** adamant, burning, clamant, exigent **8** emphatic, forceful, pressing, resolute **9** assertive, clamorous, obtrusive **10** determined, imperative, relentless **11** persevering

insolence **4** gall, guff, sass **5** brass, cheek, nerve **8** audacity, boldness, chutzpah, contempt, rudeness **9** arrogance, impudence **10** brazenness, disrespect, effrontery **11** haughtiness, presumption **12** impertinence

insolent 4 bold, flip, pert, rude 5 cocky, lofty, sassy, saucy 6 brazen, cheeky 7 haughty, uncivil 8 arrogant, cavalier, flippant, impolite, impudent, superior 9 audacious, barefaced, bold-faced 10 disdainful, peremptory 11 impertinent, overbearing 12 contumelious, discourteous, supercilious 13 high-and-mighty

insouciance 6 aplomb 9 disregard, unconcern 10 breeziness 11 disinterest, nonchalance 12 carelessness, heedlessness, indifference

insouciant 4 airy, flip 6 blithe, breezy, casual, jaunty 8 carefree, flippant, heedless 9 easygoing 10 nonchalant, untroubled 11 indifferent, thoughtless, unconcerned 12 devil-may-care, happy-go-lucky, lighthearted

inspect 3 con, vet 4 scan, view 5 audit, check, probe, study 6 review, size up, survey 7 canvass, examine, observe 8 appraise, check out, look over, question 9 check over 10 scrutinize 11 investigate

inspiration 4 muse 6 animus, genius, vision 7 insight 8 afflatus 9 brainwave, influence 10 brainchild, brainstorm, creativity 13 enlightenment

inspire 4 fire, stir 5 elate, exalt, imbue, rouse 6 arouse, excite, foment, incite, prompt, strike 7 animate, enliven, impress, instill, quicken 8 motivate 9 encourage, galvanize, influence, stimulate 10 exhilarate

inspiring 6 moving 7 awesome, rousing 8 exalting, stirring 9 animating, uplifting 10 vitalizing

inspirit 4 fire, lift, spur, stir 5 cheer, exalt, liven, rally, rouse, spark, steel 6 arouse, excite, incite, kindle, revive, uplift, vivify 7 animate, comfort, console, delight, enliven, gladden, hearten, nourish, quicken, refresh, restore 8 activate, embolden, energize, revivify, vitalize 9 encourage, stimulate 10 invigorate, strengthen

instability 8 fluidity 9 shakiness 10 insecurity, volatility 11 inconstancy 12 unsteadiness

install 4 seat, vest 5 put in, set up 6 induct, invest 8 ensconce, enthrone, entrench 9 establish

instance 4 case, cite, item 6 detail, ground, reason, sample 7 example 8 specimen 10 particular 12 illustration

instant 3 sec 4 wink 5 flash, jiffy, point, shake, trice 6 moment, second, urgent 7 current, exigent, present 8 existent, occasion, pressing 9 heartbeat, immediate, insistent, twinkling 10 imperative, present-day

instantaneous 4 fast 5 quick, rapid 9 immediate, ligntning, momentary 11 hair-trigger, split-second

instanter 3 now 6 at once 8 directly 9 forthwith, right away 11 immediately

instantly 3 now 6 at once 8 directly 9 forthwith, right away 11 immediately

instead 4 else 6 in lieu, rather 11 alternately 13 alternatively

instigate 4 abet, fire, goad, plan, plot, prod, spur, urge 5 egg on, impel, raise 6 excite, foment, incite, stir up, whip up 7 provoke, suggest 8 motivate 9 stimulate 10 bring about

instill 5 imbue 6 impart, infuse, inject 7 implant, suffuse 8 engender 9 inculcate, introduce

instinct 4 nose 5 hunch, sense 7 feeling, impulse 8 aptitude, behavior 9 intuition 10 proclivity, sixth sense 11 gut reaction

instinctive 3 gut 6 inborn, innate, normal 7 natural 8 habitual, inherent, visceral 9 automatic, ingrained, intrinsic, intuitive, reflexive, unlearned 10 congenital, unprompted 11 involuntary, spontaneous, unmeditated

instinctual 6 reflex 7 natural, routine 8 habitual, knee-jerk, untaught 9 automatic, impulsive, intuitive, reflexive 10 mechanical, unthinking 11 involuntary, spontaneous, unconscious

institute 5 begin, found, set up, start 6 decree, launch, ordain 7 academy, pioneer, usher in 8 initiate, organize 9 establish, introduce, originate 10 inaugurate 12 organization

institution 4 firm, rite 5 habit 6 custom 9 enactment 10 foundation 13 establishment ***kind:*** 6 asylum, school 7 academy, college 8 hospital 10 sanatorium, sanitarium, sanitorium, university

instruct 4 show 5 coach, drill, guide, order, steer, teach, train, tutor 6 direct, enjoin, inform, school 7 apprise, command, counsel, educate, lecture 9 enlighten, prescribe

instruction 5 drill 6 advice, lesson 7 precept 8 coaching, guidance, teaching, training, tutelage 9 catechism, education, schooling 10 directions ***place of:*** 6 school 7 academe, academy, college 10 university

instructive 8 didactic, edifying, pedantic 9 pedagogic 11 educational, explanatory, explicative, informative 12 enlightening

instructor 3 don 4 guru 5 coach, guide, swami, tutor 6 mentor 7 teacher, trainer **8** educator, lecturer **9** pedagogue, preceptor

instrument **4** deed, gear, mean, tool **5** agent, means, organ **6** agency, device, gadget, medium **7** utensil, vehicle **9** apparatus, appliance, machinery, mechanism **11** contraption, contrivance **13** paraphernalia ***aircraft:*** **5** radar, radio **7** compass **9** altimeter, gyroscope **10** altazimuth, tachometer **11** transponder ***calculating:*** **6** abacus **8** computer **9** slide rule ***graphic:*** **6** camera **8** otoscope **9** telescope **10** binoculars, microscope **11** fluoroscope, stethoscope, stroboscope **12** bronchoscope, oscilloscope, spectrograph, spectroscope ***measuring:*** **4** gage **5** clock, gauge, radar, scale, sonar **7** alidade, ammeter, balance, caliper, sextant, transit **8** quadrant **9** altimeter, astrolabe, barometer, bolometer, manometer, pedometer, sonometer, voltmeter **10** anemometer, Fathometer, hydrometer, hygrometer, micrometer, radiometer, radiosonde, spirometer, tachometer, theodolite **11** chronometer, lie detector, range finder, seismograph, speedometer, thermometer **12** electroscope, galvanometer, oscillograph, oscilloscope **13** Geiger counter, potentiometer ***medical:*** **6** lancet, trocar **7** curette, forceps, specula (plural) **8** tenacula (plural) **9** tenaculum ***radiation-producing:*** **5** laser, maser (see also IMPLEMENT; MUSICAL INSTRUMENT; TOOL)

instrumental **5** vital **6** useful **7** crucial, helpful **9** conducive, essential, necessary, requisite **10** imperative **13** indispensable

instrumentality **5** agent, force, means, organ **6** agency, energy, medium **7** channel, vehicle **8** ministry **9** mechanism

insubordinate **6** unruly **8** factious, mutinous **9** fractious, seditious **10** headstrong, rebellious, refractory **11** disobedient, intractable, uncompliant **12** contumacious, recalcitrant, ungovernable

insubstantial **4** airy, weak **5** frail **6** feeble, flimsy **7** fragile, tenuous **8** bodiless, ethereal **9** imaginary, unfleshly **10** intangible **11** disembodied **12** apparitional

insufferable **10** unbearable **11** intolerable, unendurable **13** insupportable

insufficiency **4** lack **6** dearth **7** paucity, poverty **8** scarcity, shortage **10** deficiency, inadequacy, scantiness, scarceness **11** defalcation

insufficient **5** scant **6** scanty, scarce, skimpy **7** lacking, wanting **10** inadequate, incomplete

insular **5** local **6** narrow **7** bigoted, limited **8** confined, isolated, secluded **9** illiberal, parochial, sectarian, small-town **10** prejudiced, provincial, restricted

insulate **6** cut off, enisle **7** isolate **8** close off **9** segregate, sequester

insult **4** gibe, jeer, mock, slap, slur **5** abuse, fleer, scoff, scorn, shame, sneer, taunt **6** debase, deride, offend, revile **7** affront, disdain, obloquy, offense, outrage **8** derision, disgrace, ignominy, ridicule **9** contumely, humiliate **10** opprobrium **12** vituperation

insurance **8** guaranty, warranty **10** protection ***agency:*** **7** actuary **8** adjuster **11** underwriter ***term:*** **6** policy **7** annuity **8** coverage **9** bordereau **11** beneficiary

insure **5** cinch, guard **6** shield **7** confirm, protect **9** guarantee, safeguard **10** underwrite

insurgent **5** rebel **6** anarch **8** factious, frondeur, mutineer, mutinous, revolter **9** anarchist, seditious **10** incendiary, rebellious **12** contumacious **13** insubordinate, revolutionary

insurrection **4** coup **6** mutiny, putsch, revolt, rising **8** uprising **9** rebellion

insurrectionist **5** rebel **6** anarch **8** frondeur, mutineer, revolter **10** malcontent

insusceptible **6** exempt, immune **9** resistant **10** impervious **11** unreceptive

intact **5** sound, whole **6** entire, unhurt, virgin **7** perfect **8** complete, unbroken, unmarred, virginal **9** undamaged, uninjured, untouched **10** unimpaired

intangible **4** airy **5** vague **7** elusive, ghostly **8** ethereal **10** evanescent, immaterial, impalpable **11** incorporeal

integer **4** unit **5** digit **6** entity, figure, number **7** numeral **11** whole number

integral **4** full **5** whole **6** entire **7** perfect **8** complete, inherent **9** composite, elemental, essential, necessary, requisite **11** constituent **13** indispensable

integrate **3** mix **4** fuse, join, link **5** blend, merge, unify, unite **6** embody, mingle **7** combine, conjoin **8** coalesce **9** harmonize, reconcile **10** amalgamate, assimilate, coordinate, synthesize **11** consolidate, desegregate

integrity **5** honor **6** virtue **7** honesty, probity **8** cohesion **9** coherence, constancy, rectitude, soundness, wholeness **12** completeness

integument **4** coat **5** testa **7** coating, cuticle **8** covering, envelope

intellect **3** wit **4** mind **5** brain **6** acumen, brains, genius, reason, smarts **9** intuition, mentality **12** intelligence **13** comprehension, understanding

intellectual **5** brain **6** brainy, mental, pundit **7** bookish, egghead, erudite, psychic, thinker **8** academic, cerebral, highbrow, longhair **9** scholarly

intelligence **3** wit **4** dope, info, mind, news, word **5** brain, savvy, sense **6** acuity, acumen, brains, notice, reason, smarts, wisdom **7** hearsay, tidings **8** aptitude, judgment, learning, sagacity **9** knowledge, mentality, mother wit **10** brainpower, shrewdness

intelligent **4** keen, wise **5** acute, alert, aware, quick, sharp, smart, sound **6** adroit, astute, brainy, bright, clever, shrewd **7** cunning, knowing, logical **8** rational, sensible **9** brilliant, ingenious, sagacious **10** reasonable **11** quick-witted, ready-witted **13** perspicacious

intelligentsia **7** clerisy **8** literati, vanguard **10** avant-garde, illuminati

intelligible **5** clear, lucid, plain

intemperance **6** excess **7** license **9** depravity **10** debauchery, profligacy **11** dissipation, drunkenness **12** immoderation, incontinence

intemperate **5** harsh **6** bitter, brutal, severe **7** drunken, extreme, violent **8** bibulous **9** crapulous, dissolute, excessive **10** dissipated, exorbitant, gluttonous, immoderate, inordinate, profligate **12** unrestrained **13** overindulgent

intend **3** aim, try **4** mean, plan **5** essay, spell **6** assign, denote, design, scheme, strive **7** attempt, connote, propose, purpose, signify **8** endeavor **9** designate

intended **6** fiancé **7** engaged, fiancée **8** destined, plighted, promised, proposed **9** affianced, betrothed **10** calculated, deliberate

intense **4** keen **5** acute, vivid **6** ardent, fervid, fierce, severe, strong **7** extreme, fervent, furious, violent, zealous **8** powerful, vehement **9** assiduous, excessive, exquisite **10** heightened **12** concentrated

intensify **4** rise **5** mount, rouse **6** accent, heat up, stress **7** enhance, sharpen **8** escalate, heighten, increase, redouble **9** aggravate, emphasize **10** accentuate, aggrandize, exacerbate **11** concentrate

intensity **6** energy, fervor **7** passion **8** emphasis, ferocity, fervency, loudness **9** vehemence

intensive **6** all-out **7** zealous **8** sweeping, thorough **10** exhaustive **12** concentrated ***pronoun:*** **6** itself, myself **7** herself, himself **8** yourself **9** ourselves **10** themselves, yourselves

intent **3** aim, set **4** goal, plan, rapt, will **5** eager, fixed **6** design, import, object **7** decided, earnest, engaged, meaning, purport, purpose, riveted, wrapped **8** absorbed, conation, decisive, diligent, immersed, resolute, resolved, sedulous, volition **9** engrossed, objective, wrapped up **10** determined

intention **3** aim, end **4** goal, hope, plan, wish **6** design, desire, object **7** meaning, purpose **8** ambition **9** objective **10** aspiration

intentional **5** meant **7** advised, studied, willful, willing, witting **8** designed, proposed **9** voluntary **10** considered, deliberate **12** premeditated

intentionally **9** on purpose, purposely

inter **4** bury **5** plant **6** entomb, inhume **9** lay to rest

interact **9** cooperate **11** collaborate

interbreed **5** cross **9** hybridize **10** mongrelize

intercede **6** step in **7** mediate **9** arbitrate

intercept **4** grab **5** catch, seize, steal **6** cut off, hijack

intercessor **5** agent **6** broker **8** advocate, mediator **9** go-between, middleman

interconnect **4** join, link **5** unite **6** couple, hook up, link up

intercourse **3** sex **5** trade, truck **7** contact, dealing, traffic **8** business, commerce, dealings **9** communion **10** connection, networking **11** give-and-take **12** conversation **13** communication

intercross **9** hybridize **10** mongrelize

interdict **3** ban, bar **4** veto **5** block, taboo **6** cut off, enjoin, forbid, outlaw **7** censure, condemn, embargo **8** disallow, prohibit, sanction **9** proscribe **11** prohibition

interest **4** gain, grab, hook, lure, pull **5** pique, stake, tempt **6** appeal, arouse, behalf, engage, profit, regard **7** attract, concern, engross, involve, welfare **8** appeal to, intrigue **9** attention, curiosity, fascinate, tantalize, well-being **10** prosperity

interested **4** rapt **5** drawn **7** curious, partial **8** invested, partisan **9** attentive

interface **3** GUI **6** border **8** boundary **9** cooperate **11** communicate

interfere **6** butt in, horn in, meddle, step in **7** barge in, intrude

interim **3** gap **5** break, pause **6** acting, breach, hiatus, lacuna, pro tem **7** stopgap, time-out **8** downtime, meantime **9** makeshift, temporary **10** pro tempore **11** provisional

interior **3** gut **4** pith **5** belly, bosom, heart, inner **6** center, inland, inside, inward, marrow **8** visceral **9** heartland **10** hinterland

interject 3 add 6 fill in, insert 7 throw in
interjection ***agreement:*** 4 amen 5 roger 6 righto 7 right on ***attention-getter:*** 3 hey 4 ahem, ahoy, psst 6 yoo-hoo ***calling pigs:*** 5 sooey ***cheer:*** 3 rah 5 wahoo 6 hooray, hurrah, hurray ***contempt:*** 4 pooh 5 pshaw ***disappointment:*** 4 rats 5 shoot 6 shucks ***disapproval:*** 3 boo, fie ***disbelief:*** 3 huh ***disgust:*** 3 bah, boo, pah, ugh 4 rats, yuck 5 faugh, yecch 6 phooey ***dismay:*** 4 oh no, uh-oh ***dismissal:*** 3 git 4 shoo ***farewell:*** 3 bye 4 ciao 5 adios 6 bye-bye, so long 7 cheerio ***greeting:*** 4 ciao 5 aloha, hello, howdy ***in golf:*** 4 fore ***in hunting:*** 6 yoicks ***in marching:*** 3 hup, hut ***joy:*** 4 whee 6 hooray, hurrah, hurray, yippee 7 hosanna, whoopee 8 alleluia 10 hallelujah ***mild apology:*** 4 oops 6 whoops ***mild oath:*** 3 gad 4 darn, drat, egad, geez, gosh, heck, jeez 5 egads, golly, zooks 6 jiminy, zounds 7 begorra, gee whiz, jeepers 8 gadzooks 13 gee whillikers ***O.K.:*** 5 roger, wilco ***pain:*** 4 ouch ***peace:*** 6 shalom ***regret:*** 3 woe 4 alas 5 alack 8 lackaday ***relief:*** 4 phew ***request:*** 7 prithee ***silence:*** 3 shh ***sneeze:*** 5 achoo 6 atchoo 7 kerchoo ***sorrow:*** 4 alas 5 alack 8 lackaday ***stop:*** 4 whoa ***surprise:*** 3 aha, huh, oho, wow 4 gosh, oops 5 blimy, yikes, yipes, zowie 6 blimey ***to a horse:*** 4 whoa 7 giddyap ***toast:*** 5 salud, skoal 6 cheers, prosit, l'chaim 7 l'chayim ***triumph:*** 3 aha, hah 6 eureka (see also EXCLAMATION)
interlace 3 mix 5 braid, plait, twine, weave 7 entwine 9 alternate
interlard 3 mix 6 mingle
interlocuter 4 host 5 emcee
interlope 6 butt in, horn in, meddle 7 intrude 8 encroach, infringe 9 interfere
interlude 4 halt, lull, rest 5 break, idyll, letup, pause, spell 6 recess 7 episode, respite 8 breather, entr'acte, meantime, stoppage 9 meanwhile 10 suspension
intermediary 3 mid 4 mean 5 agent, envoy, organ 6 agency, broker, center, medium, middle, midway 7 central, channel, vehicle 8 delegate, emissary, mediator, ministry 9 go-between, middleman
intermediate 3 mid 4 fair, mean, so-so 6 broker, center, medium, middle, midway, step in 7 average, between, central 8 middling 9 arbitrate, go-between, middleman
intermediator 6 broker 7 liaison, referee 9 go-between, middleman
interment 6 burial 9 sepulture 10 inhumation
intermesh 4 lock 6 engage 8 dovetail
interminable 7 endless, eternal, lasting 8 constant, infinite, unending 9 boundless, ceaseless, continual, limitless, permanent, perpetual, unceasing 10 protracted 11 everlasting, never-ending
intermission 4 lull, rest, stop 5 break, pause, spell 6 recess 7 latency, respite, time-out 8 abeyance, dormancy, interval 10 quiescence, suspension 11 parenthesis
intermit 4 halt, stay 5 break, defer, delay 6 arrest, hold up, put off 7 suspend 8 postpone, prorogue 9 interrupt 11 discontinue
intermittent 6 broken, cyclic, fitful, serial 8 cyclical, metrical, periodic, seasonal, sporadic 9 irregular, recurrent, recurring, spasmodic, stop-and-go 10 occasional
intermix 4 meld 5 blend 6 mingle 8 comingle, compound 9 commingle, integrate 10 amalgamate 11 intermingle
intermixture 4 brew 5 blend 7 amalgam 8 compound 9 composite, synthesis 12 amalgamation 13 miscegenation
intern 4 jail 6 immure 7 confine, impound, put away, trainee 8 imprison 11 incarcerate
internal 6 native 7 private 8 visceral 10 subjective ***prefix:*** 5 intra
internal organs 4 guts 6 bowels, vitals 7 innards, viscera 8 entrails 10 intestines, penetralia
international organization 3 FAO, IAM, ICJ, IFC, ILO, ITO, ITU, OAS, WHO, WMO, WTO 4 IAAF, IABA, IAEA, IARU, IATA, ICAO, IFIP, IMCO, NATO 5 ICFTU, SEATO 6 UNESCO, UNICEF
internuncio 5 envoy 6 bearer, legate 7 carrier, courier 8 delegate, emissary 9 go-between, messenger, middleman
interpolate 3 add 5 admit, annex, enter 6 append, fill in, inject, insert 7 throw in 9 introduce
interpose 6 butt in, fill in, insert, meddle, step in 7 intrude, mediate, obtrude, throw in 8 moderate 9 arbitrate, insinuate, introduce, negotiate 11 come between
interpret 5 gloss 6 decode 7 explain, expound 8 annotate, construe 9 elucidate, explicate 10 paraphrase
interpretation 5 gloss 7 meaning, reading, version 8 exegesis 9 construal, rendering 11 explanation, translation
interpretive 8 exegetic 10 diagnostic, exegetical, expository 11 explanatory, explicatory
interregnum 5 break, lapse, pause 6 hiatus 7 time-out

interrogate 3 ask 4 pump, quiz 5 grill, query 7 examine 8 question 9 catechize 12 cross-examine
interrupt 4 halt, stay, stop 5 abort, break, cut in 7 break in, chime in, suspend 8 cut short
interruption 3 gap 4 halt 5 break, pause, split 6 breach, cutoff, hiatus, lacuna, recess 7 caesura 8 stoppage
intersect 4 meet 5 cross 9 decussate 10 crisscross
intersection 8 crossing, junction 10 crossroads
intersperse 7 diffuse, scatter 8 sprinkle
interstice 3 gap 4 slit, slot, vent 5 chink, cleft, crack, space 6 breach, cavity, cranny 7 crevice, fissure, opening, orifice 8 aperture
intertwine 4 mesh 5 braid, plait, twist, weave 7 network 9 convolute 10 crisscross
interval 3 gap 4 lull, wait 5 break, comma, delay, letup, pause, space 6 breach, hiatus, lacuna 7 caesura, interim, respite, time-out 8 downtime 9 pausation 11 parenthesis *music:* 4 rest
intervene 6 butt in, meddle, step in 7 intrude, mediate, obtrude
interweave 3 mix 4 fuse, join, knit, link, mesh 5 blend, plait, twine 6 enmesh 7 entwine, wreathe
intestinal fortitude 4 grit, guts 5 nerve, pluck, spunk 6 mettle, spirit 7 courage 8 backbone 10 resolution
intestine 3 gut 4 tube 5 bowel, canal 7 viscera (plural) *combining form:* 4 coli, colo 6 entero *part:* 5 cecum, colon, ileum 7 jejunum 8 duodenum
in the same place 6 ibidem
intimacy 9 closeness 11 familiarity 12 acquaintance
intimate 3 gut 4 cozy, dear, fond, hint 5 amigo, close, crony, imply, inner, privy 6 attest, friend, impart, loving, secret 7 comrade, connote, devoted, nearest, suggest 8 familiar, inherent 9 close-knit, companion, confidant, ingrained, insinuate, intrinsic 12 confidential
intimation 3 cue 4 clue, hint 5 shade, tinge, trace 6 breath 7 inkling 8 telltale 10 suggestion
intimidate 3 awe, cow 4 bait 5 bully, chivy, daunt, scare 6 badger, coerce, hector 7 buffalo, overawe 8 browbeat, bulldoze, bullyrag 9 strong-arm, terrorize
intolerable 10 unbearable 11 unendurable 12 insufferable 13 insupportable
intolerant 6 narrow 7 bigoted 8 dogmatic 9 hidebound, illiberal 10 inflexible, prejudiced 11 small-minded 12 narrow-minded
intonation 5 chant, pitch 6 accent, timbre 7 cadence 8 chanting 10 inflection, modulation, recitation
intone 5 chant, croon, drone 10 cantillate
in toto 3 all 6 wholly 7 all told, en masse 10 altogether
intoxicant 5 booze, drink, hooch, sauce 6 hootch, liquor, rotgut 7 alcohol, spirits 9 aqua vitae, firewater, moonshine
intoxicated 3 lit, wet 4 high 5 blind, drunk, fried, giddy, lit up, oiled, stiff, tight, tipsy 6 blotto, bombed, canned, elated, juiced, loaded, looped, potted, sodden, soused, stewed, stoned, tanked, tiddly, zonked 7 blitzed, crocked, drunken, excited, maudlin, muddled, pickled, pie-eyed, sloshed, smashed, sozzled 8 cockeyed, polluted, squiffed 9 crapulous, plastered 11 exhilarated
intoxication 3 joy 5 bliss 6 frenzy 7 ecstasy, elation, rapture 8 delirium, euphoria 9 transport 10 exaltation 11 drunkenness, inebriation
intractable 4 wild 5 balky 6 mulish, ornery, unruly 7 froward, willful 8 mutinous, obdurate, perverse, stubborn 9 fractious, obstinate, pigheaded, unbending 10 bullheaded, headstrong, inflexible, rebellious, refractory, unyielding 12 pertinacious, recalcitrant, ungovernable 13 undisciplined
intransigent 5 rigid, tough 7 willful 8 obdurate, resolute, stubborn 9 obstinate, unbending, unpliable 10 refractory, self-willed, unyielding 12 contumacious, pertinacious
intrepid 4 bold, game 5 brave, gutsy, hardy 6 daring, heroic 7 doughty, gallant, valiant 8 fearless, resolute, stalwart, unafraid, valorous 9 audacious, dauntless, undaunted 10 courageous 11 adventurous, temerarious
intricate 4 mazy 6 daedal, knotty 7 complex, gordian, tangled 8 abstruse, involved, tortuous 9 Byzantine, elaborate 10 circuitous, convoluted 11 complicated 12 labyrinthine 13 sophisticated
intrigue 4 plot, wile 5 amour, cabal, cheat, pique, trick 6 affair, appeal, excite, scheme 7 attract, beguile, collude, connive, liaison, romance 8 cogitate, conspire, contrive, interest 9 machinate 10 conspiracy 11 machination
intriguing 8 enticing 9 absorbing, beguiling 10 engrossing, entrancing 11 captivating, fascinating, stimulating

intrinsic see INHERENT
intrinsically 5 per se 6 as such 7 at heart 10 inherently
introduce 5 begin, enter, found, set up 6 broach, fill in, insert, launch, unveil, work in 7 bring up, implant, install, instill, pioneer, precede, preface, present, throw in, usher in 8 initiate, innovate, organize 9 establish, insinuate, institute, interject, interpose, originate
introduction 5 debut, proem 6 lead-in 7 introit, opening, preface, prelude 8 entrance, exordium, foreword, overture, preamble, prologue, protases (plural), protasis 12 prolegomenon
introductory 5 basic 7 initial, nascent, opening 8 proemial 9 beginning, prefatory 10 elementary 11 preliminary, preparatory
intrude 5 cut in 6 butt in, horn in, impose, invade, meddle 7 barge in, burst in, presume 8 encroach, infringe, trespass 9 interfere, interlope, interrupt
intrusive 4 busy, nosy 5 nosey 6 prying, snoopy 7 curious 8 meddling, snooping 9 officious 10 meddlesome 11 impertinent
in truth 6 indeed, really, verily 8 actually, candidly 9 veritably
intuit 5 infer, sense 6 deduce, divine 7 surmise
intuition 5 hunch 7 feeling, inkling, insight 8 instinct 10 sixth sense 11 second sight 12 presentiment
intuitive 6 innate 7 natural 8 unwilled, visceral 10 unthinking 11 instinctive, instinctual, involuntary, spontaneous, unconscious
Inuit 6 Eskimo
inundate 4 glut 5 drown, flood, swamp, whelm 6 deluge, engulf 7 overrun 8 overflow, submerge 9 overwhelm
inundation 5 flood, spate 6 deluge 7 Niagara, torrent 8 cataract, flooding, overflow 9 avalanche, cataclysm, landslide 10 cloudburst
inure 5 steel, train 6 harden, season 7 prepare, toughen 8 accustom 9 acclimate, habituate 10 discipline 11 familiarize
inutile 6 no-good 7 useless 8 unusable 9 valueless, worthless
invade 4 loot, raid 6 breach, occupy, ravage 7 overrun, pillage, plunder 8 encroach, infringe, trespass 9 penetrate
invader 8 intruder 10 encroacher, interloper, trespasser 11 infiltrator
invalid 3 bad 4 null, sick, void 5 false 6 ailing, infirm, shut-in, sickly 7 unsound 8 baseless, disabled 9 bedridden, illogical, sophistic 10 fallacious, irrational 11 null and void 12 convalescent
invalidate 4 undo, void 5 annul, quash 6 cancel, offset, vacate 7 abolish, nullify 9 discredit, repudiate 10 counteract, disqualify, neutralize
invaluable 7 crucial 8 precious 9 essential, priceless 11 beyond price, inestimable 13 irreplaceable
invariable 4 same 5 fixed 6 static, steady 7 uniform 8 constant 9 continual, immovable, immutable, unfailing, unvarying 10 changeless, consistent, unchanging 11 inalterable, unalterable 12 unchangeable
invariably 4 ever 6 always 7 forever
invasion 4 raid 5 foray 6 attack, inroad 7 assault, offense 8 trespass 9 incursion, intrusion, offensive, onslaught 12 encroachment
invective 5 abuse 6 tirade 7 abusive, obloquy 8 diatribe, jeremiad 9 contumely, philippic, truculent 10 opprobrium, scurrility, scurrilous 11 opprobrious 12 billingsgate, contumelious, vituperation, vituperative
inveigh 4 kick, rail, rant 6 object 7 protest 8 complain 9 fulminate 11 expostulate, remonstrate
inveigle 4 coax, lure 5 decoy, snare, tempt 6 allure, cajole, entice, entrap, lead on, rope in, seduce, wangle 7 blarney, win over 8 blandish, butter up, maneuver, persuade
invent 4 coin, mint 6 cook up, create, design, devise, make up, patent, vamp up 7 concoct, dream up, fashion, hatch up, pioneer, think up 8 conceive, contrive, discover, engineer, envision 9 fabricate, formulate, originate
invention 7 coinage, fiction 8 creation 10 brainchild, innovation 11 contrivance
inventive 7 fertile, teeming 8 creative, fruitful, original 9 demiurgic, ingenious 10 innovative, innovatory 11 imaginative
inventor 5 maker 6 author, father, mother 7 creator, founder 8 engineer 9 architect, generator, innovator 10 discoverer, introducer, originator ***air brake:*** 12 Westinghouse (George) ***air conditioning:*** 7 Carrier (Willis) ***automobile:*** 7 Daimler (Gottlieb) ***ballpoint pen:*** 4 Loud (John) ***barbed wire:*** 7 Glidden (Joseph Farwell) ***barometer:*** 10 Torricelli (Evangelista) ***bifocal lens:*** 8 Franklin (Benjamin) ***camera:*** 7 Eastman (George) ***cash register:*** 5 Ritty (James) ***cotton gin:*** 7 Whitney (Eli) ***cylinder lock:*** 4 Yale

(Linus) ***dirigible:*** **8** Zeppelin (Ferdinand von) ***dynamite:*** **5** Nobel (Alfred) ***electric battery:*** **5** Volta (Alessandro) ***electric fan:*** **7** Wheeler (George) ***electric organ:*** **7** Hammond (Laurens) ***electric razor:*** **6** Schick (Jacob) ***electric stove:*** **7** Hadaway (W. S.) ***elevator:*** **4** Otis (Elisha) ***fountain pen:*** **8** Waterman (Lewis) ***friction match:*** **6** Walker (John) ***gyrocompass:*** **6** Sperry (Elmer) ***helicopter:*** **8** Sikorsky (Igor) ***hot-air balloon:*** **11** Montgolfier (Jacques, Joseph) ***incandescent lamp:*** **6** Edison (Thomas Alva) ***induction motor:*** **5** Tesla (Nikola) ***lawn mower:*** **5** Hills (Amariah) ***Linotype:*** **12** Mergenthaler (Ottmar) ***logarithm:*** **6** Napier (John) ***machine gun:*** **7** Gatling (Richard) ***microphone:*** **8** Berliner (Emile) ***microwave oven:*** **7** Spencer (Percy) ***movable type:*** **9** Gutenberg (Johannes) ***parachute:*** **9** Blanchard (Jean-Pierre) ***pendulum clock:*** **7** Huygens (Christiaan) ***phonograph:*** **6** Edison (Thomas Alva) ***photography:*** **6** Niepce (Nicéphore), Talbot (W. H. Fox) **8** Daguerre (Louis) ***piano:*** **10** Cristofori (Bartolomeo) ***radio:*** **7** Marconi (Guglielmo) ***reaper:*** **9** McCormick (Cyrus) ***revolver:*** **4** Colt (Samuel) ***rocket engine:*** **7** Goddard (Robert) ***safety pin:*** **4** Hunt (Walter) ***safety razor:*** **8** Gillette (King) ***sewing machine:*** **4** Howe (Elias) ***sleeping car:*** **7** Pullman (George) ***spinning jenny:*** **10** Hargreaves (James) ***steamboat:*** **5** Fitch (John) **6** Fulton (Robert), Miller (Patrick), Rumsey (James) **8** Jouffroy (Claude de) ***steam engine:*** **4** Watt (James) ***steam locomotive:*** **10** Stephenson (George) ***stethoscope:*** **7** Laënnec (René) ***submarine:*** **7** Holland (John Philip) ***synthesizer:*** **4** Moog (Robert) ***tank:*** **7** Swinton (Ernest) ***telegraph:*** **5** Morse (Samuel F. B.) ***telephone:*** **4** Bell (Alexander Graham) ***telescope:*** **10** Lippershey (Hans) ***television:*** **5** Baird (John) **6** Nipkow (Paul) **8** Zworykin (Vladimir) **10** Farnsworth (Philo) ***thermometer:*** **7** Galileo (Galilei) ***torpedo:*** **9** Whitehead (Robert) ***tractor:*** **5** Deere (John) ***transistor:*** **7** Bardeen (John) **8** Brattain (Walter), Shockley (William) ***vulcanized rubber:*** **8** Goodyear (Charles) ***writing for the blind:*** **7** Braille (Louis) ***zipper:*** **6** Judson (Whitcomb)

inventory **3** sum **4** fund, list **5** hoard, stock, store, tally **6** assets, digest, record, supply, survey **7** account, backlog, catalog, itemize, reserve, specify, summary **8** register, tabulate **9** catalogue, checklist, enumerate, reservoir, stockpile, summarize, synopsize

inverse **8** contrary, opposite

inversion **7** reverse **8** flipping, reversal, upending **9** about-face, turnabout, volte-face

invert **4** flip **5** upend **7** reverse **8** overturn, turn over **9** transpose

invertebrate **4** weak **5** timid **7** chicken, doormat, milksop **8** boneless, impotent, weakling **9** jellyfish, spineless **10** namby-pamby **11** ineffectual, milquetoast ***kind:*** **4** worm **6** insect, sponge **7** mollusc, mollusk **8** arachnid **9** arthropod **12** coelenterate

invest **4** gird, veil, wrap **5** adorn, array, dress, endow, imbue **6** clothe, confer, enfold, induct, infuse, ordain **7** empower, enclose, envelop, ingrain, install, suffuse

investigate **3** pry **4** sift **5** audit, probe, study **6** go into, search **7** dig into, examine, explore, inquire, inspect **8** check out, look into, muckrake, prospect, research **9** delve into **10** scrutinize **11** inquire into

investigation **5** audit, probe **6** survey **7** inquest, inquiry **8** research, scrutiny **11** fact-finding, inquisition

investigator **3** spy **4** dick **5** hound **6** shamus, sleuth **7** gumshoe **8** hawkshaw, sherlock **9** detective

investiture **9** inaugural, induction **10** initiation, ordination **12** inauguration, installation, ratification

inveterate **3** old, set **5** fixed, sworn **6** rooted **7** abiding, chronic, settled **8** deep-dyed, enduring, habitual, hardcore, hardened, lifelong **9** confirmed, ingrained, perennial **10** continuing, deep-rooted, deep-seated, entrenched, habituated, persistent, persisting **11** established **12** incorrigible **13** dyed-in-the-wool

Invictus author **6** Henley (William Ernest)

invidious **7** envious, envying, jealous **9** green-eyed, obnoxious, resentful

invigorate **4** stir **5** brace, pep up, rally, renew, rouse **6** perk up, vivify **7** animate, brace up, enliven, fortify, juice up, refresh, restore **8** energize, vitalize **9** reinforce, stimulate **10** rejuvenate, revitalize, strengthen

invincible **10** inviolable, unbeatable **11** impregnable, indomitable, insuperable **12** invulnerable, unassailable, undefeatable **13** unconquerable

in vino ___ **7** veritas

inviolable **4** safe **6** secure **10** impervious, sacrosanct **11** consecrated, impregnable **12** unassailable **13** incorruptible

invisible 6 hidden 9 concealed 10 intangible 12 unnoticeable 13 imperceptible
Invisible Man *author:* 5 Wells (H. G.) 7 Ellison (Ralph) *character:* 7 Griffin
Invisible Man, The *author:* 5 Wells (Herbert George) *character:* 7 Griffin (Herbert)
invitation 4 call, lure 6 come-on 7 bidding, proffer 8 entreaty, proposal 10 enticement 11 proposition 12 solicitation
invite 3 ask, bid 4 call, lure 5 tempt 6 allure, call in, entice, summon 7 propose, request, solicit
inviting 8 engaging, enticing, tempting 9 appealing, beguiling, seductive 10 attractive, intriguing
invocation 6 appeal, prayer 8 entreaty, petition 11 conjuration, incantation 12 supplication
invoice 3 tab 4 bill, list 5 score 7 account 8 manifest 9 reckoning, statement 11 consignment
invoke 3 beg 4 pray 5 crave, plead 6 appeal, call on, effect 7 beseech, conjure, enforce, entreat, implore, solicit 8 call upon, petition 9 call forth, conjure up, implement, importune 10 supplicate
involuntary 6 forced, reflex 8 knee-jerk 9 automatic, impulsive, reflexive, unwitting 10 compulsory, unintended, unprompted 11 instinctive, spontaneous, unconscious, unmeditated 13 unintentional
involve 4 mire 6 affect, embody, engage, entail, take in 7 call for, concern, contain, embrace, embroil, include, require, subsume 8 comprise, entangle 9 encompass, implicate 10 complicate, comprehend 11 necessitate
involved 6 daedal, knotty 7 complex, gordian 8 confused 9 Byzantine, elaborate, intricate 10 convoluted 11 complicated 12 labyrinthine
invulnerable 6 immune, secure 10 impervious, invincible, unbeatable 11 impregnable, indomitable 12 unassailable
Io *father:* 7 Inachus *guard:* 5 Argus *son:* 7 Epaphus
iodine source 4 kelp
Iolanthe *composer:* 8 Sullivan (Arthur) *librettist:* 7 Gilbert (W. S.)
Iolcus king 5 Aeson 6 Pelias
Iole *captor:* 8 Heracles, Hercules *father:* 7 Eurytus *husband:* 6 Hyllus
ion 6 ligand *kind:* 5 anion 6 cation 8 thermion
Ion *father:* 6 Apollo *mother:* 6 Creusa *stepfather:* 6 Xuthus
Ionesco, Eugène *play:* 6 Chairs (The), Lesson (The) 10 Rhinoceros 11 Bald Soprano (The)
iota 3 bit, jot, ray 4 atom, hint, mite, whit 5 crumb, grain, ounce, scrap, shred, speck, trace 6 tittle 7 smidgen 8 molecule, particle 9 scintilla
IOU 4 chit, debt *part:* 3 owe, you
Iowa *capital:* 9 Des Moines *city:* 4 Ames 7 Dubuque 8 Waterloo 9 Davenport, Sioux City 11 Cedar Rapids 13 Council Bluffs *college, university:* 5 Drake 8 Grinnell *nickname:* 7 Hawkeye (State) *river:* 9 Des Moines *state bird:* 9 goldfinch *state flower:* 15 wild prairie rose *state tree:* 3 oak
Iphicles *brother:* 8 Heracles, Hercules *mother:* 7 Alcmene *son:* 6 Iolaus
Iphigenia *avenger:* 12 Clytemnestra *brother:* 7 Orestes *father:* 9 Agamemnon *mother:* 12 Clytemnestra *sister:* 7 Electra
Iran *ancient civilization:* 4 Elam 5 Medes, Media 6 Persia *capital:* 6 Tehran 7 Teheran *city:* 3 Qom, Qum 6 Shiraz, Tabriz 7 Esfahan, Isfahan, Mashhad *conqueror:* 9 Alexander (the Great) *gulf:* 4 Oman 7 Persian *island:* 5 Qeshm *language:* 5 Farsi 7 Persian *leader:* 7 Pahlavi (Mohammad Reza, Reza Shah) 8 Khomeini (Ayatollah Ruholla) *monetary unit:* 4 rial *mountain, range:* 6 Elburz, Zagros 8 Damavand 9 Hindu Kush *neighbor:* 4 Iraq 6 Turkey 7 Armenia 8 Pakistan 10 Azerbaijan 11 Afghanistan 12 Turkmenistan *river:* 5 Atrek, Karun, Safid 7 Karkheh *sea:* 7 Caspian *strait:* 6 Hormuz
Iranian 7 Persian *parliament:* 6 Majlis *religious movement:* 5 Baha'i *sect:* 4 Shia *sect member:* 6 Shiite
Iraq *ancient civilization:* 5 Akkad, Sumer 8 Akkadian, Sumerian 9 Babylonia 10 Babylonian *ancient name:* 11 Mesopotamia *capital:* 7 Baghdad *city:* 5 Basra, Mosul, Najaf 6 Kirkuk 7 Falluja, Karbala 8 Fallujah *conqueror:* 9 Alexander (the Great) *desert:* 6 Syrian *gulf:* 7 Persian *leader:* 6 Faisal 7 Hussein (Saddam) *monetary unit:* 5 dinar *neighbor:* 4 Iran 5 Syria 6 Jordan, Kuwait, Turkey 11 Saudi Arabia *river:* 6 Tigris 9 Euphrates
irascible 4 tart 5 huffy, surly, testy 6 crabby, cranky, feisty, tetchy, touchy 7 bristly, grouchy, peevish, peppery, prickly 8 choleric, petulant, snappish 9 crotchety, fractious, irritable, querulous, splenetic 11 hot-tempered 12 cantankerous 13 quick-tempered
irate 3 mad 5 angry, livid, riled, vexed,

wroth **6** fuming **7** enraged, furious, steamed **8** choleric, incensed, provoked, wrathful **9** indignant **10** infuriated

ire **4** fury, rage, rile **5** anger, wrath **6** choler, enrage, madden, temper **7** incense, steam up, umbrage **9** infuriate **10** exasperate **11** indignation **12** exasperation

Ireland **4** Eire, Erin **8** Hibernia ***capital:*** **6** Dublin ***city:*** **4** Cork **5** Kerry, Louth, Meath, Sligo **6** Galway **7** Donegal, Kildare, Wexford, Wicklow **8** Kilkenny, Limerick **9** Waterford **12** Dun Laoghaire ***county:*** **4** Mayo **5** Clare **6** Galway **8** Limerick ***island group:*** **4** Aran **8** Hibernia ***lake:*** **3** Ree (Lough) **4** Derg (Lough) **5** Neagh (Lough) **6** Corrib (Lough) ***language:*** **5** Irish **6** Gaelic **7** English ***monetary unit:*** **4** euro ***monetary unit, former:*** **5** pound ***nickname:*** **11** Emerald Isle ***river:*** **6** Barrow, Liffey **7** Shannon

Irene **3** Pax ***father:*** **4** Zeus **7** Jupiter ***mother:*** **6** Themis

irenic **4** calm **7** pacific **8** pacifist **9** peaceable, placative, placatory **10** nonviolent **12** conciliatory, propitiatory

Iris ***father:*** **7** Thaumas ***mother:*** **7** Electra

Irish **4** Erse **6** Celtic, Gaelic ***accent:*** **6** brogue ***cattle:*** **5** Kerry ***clan:*** **4** sept ***combining form:*** **7** Hiberno ***coronation stone:*** **7** Lia Fail ***cudgel:*** **10** shillelagh ***death spirit:*** **7** banshee ***dog:*** **6** setter **7** terrier ***elf:*** **10** leprechaun ***flag color:*** **5** green, white **6** orange ***flower:*** **8** shamrock ***girl:*** **4** lass **6** lassie **7** colleen ***god:*** **3** Ler **5** Dagda **6** Aengus ***goddess:*** **4** Badb, Bodb **6** Brigit **8** Morrigan ***hero:*** **9** Cuchulain **10** Cú Chulainn ***heroine:*** **7** Deirdre ***king:*** **9** Brian Boru ***lake:*** **5** lough ***language:*** **6** Gaelic ***legislature:*** **4** Dail ***militant force:*** **3** IRA ***nationalist:*** **4** Tone (Wolfe) **6** Pearse (Padraig) **7** Collins (Michael), Parnell (Charles) **8** De Valera (Eamon), O'Connell (Daniel) **9** Sarsfield (Patrick) ***nationalist society:*** **8** Sinn Fein ***patron saint:*** **7** Patrick ***theater:*** **5** Abbey ***writing system:*** **4** ogam **5** ogham (see also GAELIC; CELTIC)

Irish moss **7** seaweed **9** carrageen

irk **3** try, vex **4** fret, gall, pain, rile **5** annoy, peeve, pique, upset **6** abrade, bother, harass, nettle, ruffle, strain, stress **7** provoke, trouble **8** exercise, irritate **10** exasperate

irksome **6** vexing **7** tedious **8** annoying, rankling **9** provoking, upsetting, vexatious **10** bothersome, irritating, nettlesome, unpleasant **11** aggravating, troublesome, unpalatable

iron **4** firm, gyve, hard **5** press, rigid **6** fetter, strong **7** adamant, manacle, shackle **8** handcuff, obdurate **9** unbending **10** inexorable, inflexible, ***combining form:*** **5** ferro **6** sidero ***German:*** **5** Eisen ***relating to:*** **6** ferric **7** ferrous

ironbound **5** harsh, rocky, rough, stern **6** craggy, jagged, rugged, severe, strict, uneven **7** scraggy **8** asperous, exacting, rigorous, scabrous **9** stringent **10** inflexible

Iron City **10** Pittsburgh

ironclad **5** fixed **7** binding **8** constant **9** immovable, immutable **10** inflexible, invariable **11** inalterable, irrefutable, unalterable **12** indisputable, irrefragable, unchangeable **13** unimpeachable

ironfisted **4** grim, hard, mean **5** harsh **6** brutal, severe, stingy **7** callous, miserly **8** pitiless, ruthless **9** penurious **10** implacable, unmerciful **11** hardhearted, intractable, remorseless **12** unappeasable

ironhanded **5** harsh, rigid **6** severe, strict **8** despotic, rigorous **9** draconian, stringent **10** tyrannical **12** unpermissive

ironhearted **5** stony **7** callous **8** hardened, obdurate, ruthless **9** merciless, unfeeling **10** hard-boiled **11** cold-blooded **13** unsympathetic

iron horse **10** locomotive

ironic **3** wry **6** biting **7** caustic, cutting, cynical, mordant, satiric **8** sardonic **9** sarcastic, trenchant

iron ore **8** goethite, hematite, limonite, siderite, taconite **9** magnetite

Iron Pants **6** Patton (George)

irons **5** bonds, gyves **6** chains **7** bilboes, darbies, fetters **8** manacles, shackles

Iroquois tribe **6** Cayuga, Mohawk, Oneida, Seneca **8** Onondaga **9** Tuscarora

irradiate **4** beam, glow **5** edify, light, shine **6** uplift **7** light up **8** illumine **9** enlighten **10** illuminate

irrational **3** mad **5** crazy **6** absurd, insane **7** invalid **8** demented **9** illogical, senseless, sophistic **10** cockamamie, fallacious, ridiculous **12** preposterous, unreasonable

irrefutable **4** sure **6** proven **7** certain **8** airtight, ironclad, positive **9** apodictic, veracious **10** conclusive, inarguable **11** indubitable **12** indisputable **13** incontestable

irregular **3** odd **5** queer **6** fitful, patchy, random, spotty, uneven **7** aimless, erratic, unequal **8** aberrant, abnormal, atypical, informal, lopsided, peculiar, singular, sporadic, unstable, unsteady, variable **9** anomalous, desultory, divergent, eccentric, guerrilla, haphazard, hit-or-miss, spasmodic, unregular, unsettled **10** asymmetric, capricious, changeable, inconstant, off-balance, unbalanced, unofficial **11** exceptional, fluctuating **12** intermittent, unsystematic

irregularity **5** freak, quirk **6** oddity **7** anomaly **8** deviance **9** deviation, roughness **10** aberration, inequality, unevenness **11** abnormality

irrelevant **5** inapt **9** unrelated **10** extraneous, immaterial, inapposite, peripheral **11** inessential, unessential, unimportant **12** inapplicable **13** insignificant

irreligious **6** unholy **7** godless, impious, profane, ungodly **11** blasphemous

irreparable **8** cureless, hopeless **9** incurable **11** immedicable **12** irredeemable, irremediable **13** irretrievable, unrecoverable

irreproachable **4** pure **8** flawless, innocent, spotless, virtuous **9** blameless, errorless, exemplary, faultless, guiltless, righteous **10** immaculate, impeccable, inculpable, unblamable

irresolute **5** shaky **6** fickle, unsure, wobbly **7** halting **8** doubtful, hesitant, unstable, waffling, wavering **9** equivocal, faltering, tentative, uncertain, undecided **10** ambivalent, changeable, inconstant, wishy-washy **11** fluctuating, half-hearted, vacillating

irresponsible **4** rash, wild **8** carefree, careless, feckless, reckless **10** incautious, unreliable **12** undependable **13** unaccountable, untrustworthy

irreverent **4** flip **7** impious, profane, ungodly **8** flippant **9** satirical **11** blasphemous **12** sacrilegious

irrevocable **4** firm **5** final **9** immutable **11** unalterable **12** irreversible, unchangeable **13** nonreversible

irrigation ditch **5** flume **6** sluice **7** acequia

irritability **5** pique **6** choler **8** edginess **9** petulance **10** crabbiness, impatience **11** fretfulness, peevishness ***abnormal:*** **8** erethism

irritable **4** edgy, sour **5** cross, huffy, testy, waspy, whiny **6** crabby, cranky, crusty, grumpy, ornery, snappy, tetchy, touchy **7** fretful, grouchy, peevish, pettish, prickly, waspish **8** captious, choleric, petulant, snappish **9** crotchety, fractious, impatient, irascible, querulous, splenetic **12** cantankerous, disagreeable

irritant **4** itch, pest **5** nudge **6** bother, gadfly, noodge, nudnik, pester, plague **8** headache, nuisance, vexation **9** annoyance **11** botheration

irritate **3** bug, irk, rub, vex **4** fret, gall, goad, rile, roil **5** anger, annoy, chafe, grate, peeve, pique, spite **6** abrade, badger, bother, burn up, harass, hector, madden, needle, nettle, offend, ruffle **7** inflame, provoke **9** aggravate, stimulate **10** exacerbate, exasperate

irritated **5** irate, testy **7** fretful, peevish **8** choleric **9** impatient, irascible

irritation **4** itch, pest, rash, sore **6** bother, plague **7** chagrin **8** nuisance, vexation **9** annoyance

irrupt **5** belch, eruct, surge **6** invade **7** intrude

irruption **4** raid **5** foray **6** inroad **7** upsurge **8** invasion **9** incursion, intrusion

I.R.S. employee **7** auditor **10** accountant

Irving novel **15** Cider House Rules (The) **17** Hotel New Hampshire (The) **20** World According to Garp (The)

Isaac ***father:*** **7** Abraham ***mother:*** **5** Sarah ***son:*** **4** Esau **5** Jacob ***wife:*** **7** Rebekah

Isabella I ***country:*** **5** Spain ***home:*** **7** Castile ***husband:*** **9** Ferdinand

Isaiah **7** prophet ***father:*** **4** Amoz

Iscah ***brother:*** **3** Lot ***father:*** **5** Haran ***sister:*** **6** Milcah

Iseult, Isolde ***beloved:*** **7** Tristan **8** Tristram ***husband:*** **4** Mark

Ishbak ***father:*** **7** Abraham ***mother:*** **7** Keturah

Ishbosheth's father **4** Saul

Ishmael **6** pariah **7** outcast **8** castaway, outsider **11** untouchable ***father:*** **7** Abraham ***mother:*** **5** Hagar

Ishtar ***brother:*** **7** Shamash ***father:*** **3** Anu, Sin ***lover:*** **6** Tammuz

Ishui's father **4** Saul **5** Asher

Isis ***brother:*** **6** Osiris ***father:*** **3** Geb ***husband:*** **6** Osiris ***mother:*** **3** Nut ***son:*** **4** Sept **5** Horus

Islam ***adherent:*** **6** Moslem, Muslim ***founder:*** **8** Mohammed, Muhammad ***god:*** **5** Allah ***holy city:*** **5** Mecca ***holy month:*** **7** Ramadan ***law:*** **6** Sharia ***place of worship:*** **6** mosque ***priest:*** **4** imam ***scriptures:*** **5** Koran, Quran ***sect:*** **4** Shia, Sufi **5** Sunni **6** Shiite, Sufism **7** Ismaili, Wahhabi (see also MUSLIM)

island **3** ait, cay, key **4** holm **5** atoll, oasis **6** skerry **7** crannog ***Admiralty group:*** **5** Manus ***Adriatic Sea:*** **3** Vis **4** Brac, Cres, Hvar **5** Brach, Ciovo, Mljet, Solta **6** Lesina, Pharus ***Aegean Sea:*** **4** Scio **5** Chios, Khios, Samos, Thira **6** Ikaria, Lemnos, Lesbos, Limnos **7** Nikaria **8** Mitilini, Mytilene, Santorin **10** Sakis-Adasi, Susam-Adasi ***Alaska:*** **4** Adak,

Atka, Attu, Kuiu **8** Wrangell ***Aleutian group:*** **3** Rat **4** Adak, Akun, Attu **5** Amlia, Kiska, Umnak **6** Kanaga, Tanaga, Unimak **8** Amchitka, Unalaska ***American Samoa:*** **3** Ofu, Tau **4** Rose **6** Swains ***Andaman Sea:*** **4** Mali **5** Tavoy ***Antarctica:*** **5** Scott, Young ***Apostle group:*** **3** Oak **4** Long, Sand **5** Outer **8** Madeline, Michigan, Stockton ***Arafura Sea:*** **5** Dolak ***Arctic Archipelago:*** **6** Baffin **8** Victoria ***Arctic Ocean:*** **5** Senja ***Australian:*** **5** Cocos **8** Tasmania ***Azores:*** **4** Pico **5** Corvo, Faial ***Bahamas:*** **3** Cat, Rum **4** Long **5** Abaco, Exuma **6** Andros, Inagua **7** Acklins, Crooked **8** Watlings **9** Eleuthera, Mayaguana **11** San Salvador ***Bahrain:*** **5** Sitra **8** Muharraq ***Balearic group:*** **5** Ibiza **7** Majorca, Menorca, Minorca **8** Mallorca ***Baltic Sea:*** **4** Moon, Muhu **5** Faron, Mukhu, Rugen, Worms **6** Vormsi **7** Gotland **8** Bornholm, Gothland, Gottland ***Barents Sea:*** **4** Bear ***Bay of Naples:*** **5** Capri ***Bay of Panama:*** **4** Naos ***Bering Sea:*** **5** Medny **7** Nunivak **10** Big Diomede **13** Little Diomede ***Bismarck Archipelago:*** **5** Lihir **10** New Britain ***Bristol Channel:*** **5** Lundy ***Buzzards Bay:*** **9** Cuttyhunk ***Canadian:*** **5** Banks, Devon **6** Baffin **8** Bathurst, Melville, Somerset, Victoria **9** Anticosti, Ellesmere **10** Cape Breton **11** Axel Heiberg, Southampton **12** Newfoundland, Prince Edward ***Canaries:*** **6** Gomera **7** La Palma **8** Tenerife **9** Lanzarote ***Cape Verde:*** **4** Fogo, Maio, Mayo **5** Brava, Rombo ***Caribbean Sea:*** **4** Cuba **5** Aruba, Utila, Vache **6** Tobago **7** Antigua, Curaçao, Jamaica **8** Barbados, Dominica, Trinidad **10** Guadeloupe, Martinique, Puerto Rico (see also VIRGIN GROUP) ***Carolines:*** **5** Sorol **6** Ponape **9** Ascension ***Chagos Archipelago:*** **11** Diego Garcia ***Channel group:*** **4** Herm, Sark **5** Lihou, Sercq **6** Jersey **8** Guernsey ***Chesapeake Bay:*** **4** Deal, Kent **5** Smith, Watts ***Chukchi Sea:*** **6** Herald ***Comoro group:*** **7** Mayotte ***Congo River:*** **4** Bamu ***Cook group:*** **4** Atiu **5** Mauke ***Croatia:*** **3** Krk, Pag, Rab **5** Susak, Unije ***Cyclades:*** **3** Ios, Kea, Nio **4** Ceos, Keos, Milo **5** Delos, Melos, Milos, Naxos, Paros, Siros, Syros **6** Andros, Dhilos **7** Amorgos, Cythnos, Kithnos, Kythnos, Mykonos ***Denmark:*** **3** Als, Fyn, Mon **4** Aero, Fano, Moen, Mors **5** Alsen, Funen, Moers, Samso **8** Bornholm **13** Fanum Fortunae ***D'Entrecasteaux group:*** **8** Kaluwawa **9** Fergusson ***Dodecanese group:*** **3** Coo, Cos, Kos **4** Caso, Lero, Simi, Syme **5** Kasos, Leros, Lipso, Lisso, Patmo, Telos **6** Calino, Lipsos, Nisiro, Patmos **7** Calimno, Nisiros, Nisyros **8** Kalymnos ***East River:*** **5** Ward's **7** Welfare **9** Roosevelt ***England's:*** **7** Britain **9** Britannia **12** Great Britain ***English Channel:*** **5** Wight ***Faeroes:*** **4** Vago **5** Bordo, Sando ***Fiji:*** **4** Koro **5** Mango, Vatoa ***Florida Keys:*** **4** Long, Vaca, West **5** Largo **7** Big Pine **9** Matecumbe, Sugarloaf ***Fox group:*** **5** Umnak **6** Akutan, Unimak **8** Unalaska ***French:*** **7** Corsica **12** New Caledonia ***French Polynesia:*** **4** Rapa, Reao, Ua Pu **5** Ua Pau ***Frisian group:*** **3** Rom **4** Föhr, Sylt **5** Amrum, Juist, Mando, Texel **6** Borkum **7** Ameland **8** Langeoog, Pellworm, Vlieland **9** Helgoland, Norderney ***Futunas:*** **5** Alofi ***Galápagos:*** **5** Pinta **7** Chatham, Isabela **8** Abingdon **10** Albermarle ***Georgia:*** **5** Tybee ***Germany:*** **4** Fohr **7** Fehmarn **9** Helgoland **10** Heligoland ***Greater Antilles:*** **4** Cuba **7** Jamaica **10** Hispaniola, Puerto Rico ***Greece:*** **4** Milo, Rodi **5** Creta, Crete, Hydra, Idhra, Kriti, Rodos, Tenos, Tinos **6** Euboea, Evvoia, Hydrea, Lesbos, Rhodes, Rhodus **9** Negropont **10** Negroponte ***Grenadines:*** **5** Union ***Gulf of Alaska:*** **6** Kodiak ***Gulf of Bothnia:*** **5** Karlö ***Gulf of Carpentaria:*** **5** Maria **6** Groote **7** Eylandt ***Gulf of Guinea:*** **7** Sao Tomé **8** Príncipe, Sao Thomé **11** Saint Thomas ***Gulf of Mexico:*** **3** Cat **5** Lobos ***Gulf of Panama:*** **3** Rey ***Gulf of St. Lawrence:*** **5** Brion ***Gulf of Thailand:*** **3** Kut **5** Samui ***Haiti:*** **6** Gonâve ***Hawaii:*** **4** Maui, Oahu **5** Kauai, Lanai **6** Niihau **7** Molokai **9** Kahoolawe ***Hudson Bay:*** **5** Coats ***Indian Ocean:*** **4** Mahé, Nias **5** Heard, Pemba **7** La Dique, Praslin, Réunion **8** Sri Lanka, Zanzibar **9** Mauritius **10** Madagascar ***Indonesia:*** **4** Bali, Biak, Java, Maja, Muna, Nias, Rhio, Riau, Roma, Roti, Savu, Sawu **5** Batam, Boano, Buton, Djawa, Japen, Lakor, Moena, Riouw, Rotti, Rupat, Sawoe, Solor, Sumba, Wetar, Wokam **6** Butung, Flores, Jappen, Lombok, Madura, Padang, Roepat, Romang, Soemba **7** Celebes, Madoera, Sumatra, Sumbawa **8** Boetoeng, Soembawa, Sulawesi **10** Bandanaira, Banda Neira, Sandalwood ***Inner Hebrides:*** **4** Coll, Eigg, Iona, Jura, Muck, Mull, Skye **5** Canna, Gigha, Islay, Tiree, Tyree ***Ionian group:*** **5** Corfu, Paxos, Zante **6** Cerigo, Ithaca, Leukas, Levkas **10** Santa Maura ***Iran:*** **5** Shahi ***Ireland:*** **4** Aran ***Irish Sea:*** **3** Man ***Italy:*** **4** Elba **6** Sicily **8** Sardinia ***Japan:*** **3** Iki, Uku **4** Naru, Yezo

5 Awaji, Fukae, Fukue, Hondo, Shodo **6** Honshu, Kyushu **7** Shikoku **8** Hokkaido **10** Shodoshima ***Java Sea:*** **4** Laut ***Kiribati:*** **6** Tarawa ***Kuril group:*** **4** Urup **5** Ketoi, Matua **6** Iturup **7** Etorofu, Matsuwa **8** Kunashir **9** Kunashiri ***Lake Champlain:*** **5** Grand ***Lake Erie:*** **9** North Bass, South Bass **10** Middle Bass ***Lake Huron:*** **8** Drummond **10** Manitoulin ***Lake Michigan:*** **3** Hog **4** High **6** Beaver ***Lake Ontario:*** **5** Wolfe ***Lake Superior:*** **4** Sand **6** Royale **7** Manitou ***Lake Winnipeg:*** **5** Hecla ***largest:*** **9** Greenland ***Leeward group:*** **5** Nevis **7** Antigua, Barbuda, Redonda **8** Anguilla, Sombrero **10** Montserrat, Saint Kitts **13** St. Christopher ***legendary:*** **7** Cipango ***Lesser Sundas:*** **4** Alor **5** Ombai ***Leti group:*** **3** Moa **5** Lakor ***Line group:*** **5** Flint **6** Malden, Vostok **7** Fanning, Palmyra **8** Starbuck **9** Christmas ***Long Island Sound:*** **4** City, Hart **5** Goose, Harts ***Loyalty group:*** **3** Uea **4** Lifu, Maré, Uvea **5** Lifou ***Malay Archipelago:*** **5** Kisar, Larat, Timor **6** Borneo **9** New Guinea ***Malaysia:*** **6** Penang, Pinang **13** Prince of Wales ***Malta:*** **4** Gozo ***Marianas:*** **4** Maug, Rota **5** Pagan **6** Saipan ***Marquesas group:*** **4** Eiào, Ua Pu **6** Hatutu, Hiva Oa, Ua Huka **7** Tahuata **8** Fatu Hiva, Nuku Hiva ***Marshall group:*** **5** Wotho, Wotje **8** Eniwetok **9** Kwajalein ***Massachusetts:*** **9** Nantucket ***Mediterranean Sea:*** **4** Elba **5** Corfu, Crete, Malta **6** Cyprus, Euboea, Rhodes, Sicily **7** Corsica **8** Sardinia ***Midway group:*** **4** Sand **7** Eastern ***Moluccas:*** **4** Buru **5** Ambon, Ceram, Seram **6** Boeroe ***Mozambique channel:*** **10** Juan de Nova ***Myanmar:*** **5** Daung, Kadan, Lanbi ***Narragansett Bay:*** **5** Rhode **8** Prudence **9** Aquidneck, Conanicut ***Netherlands:*** **5** Texel **7** Ameland **8** Vlieland ***Netherlands Antilles:*** **7** Curaçao ***New York:*** **4** Fire, Long **9** Gardiners, Roosevelt ***New York Bay:*** **5** Ellis **6** Staten **7** Liberty **9** Governors, Manhattan ***New Zealand:*** **5** South, White **7** Chatham, Stewart **8** D'Urville ***Niagara River:*** **4** Goat ***Nile River:*** **4** Argo, Roda, Ruda **5** Rhoda **6** Rawdah **11** Elephantine ***North Channel:*** **3** Mew ***Northern Cook group:*** **7** Penrhyn **8** Manihiki **9** Tongareva ***North Pacific:*** **4** Wake ***Northwest Territories:*** **5** Banks, Bylot, Devon **8** Bathurst, Melville **9** Ellesmere **10** Cornwallis, Resolution **13** Prince of Wales ***Norwegian:*** **8** Jan Mayen ***Norwegian Sea:*** **5** Donna, Smola, Vikna ***Nova Scotia:*** **5** Sable **10** Cape Breton ***off Alaska:*** **4** Dall **5** Kayak ***off Albania:*** **5** Sazan **6** Saseno ***off Australia:*** **4** Dunk ***off Belize:*** **9** Ambergris ***off Brazil:*** **4** Apeu **5** Rocas ***off British Columbia:*** **4** King, Pitt **9** Vancouver ***off Cape Cod:*** **8** Muskeget **9** Nantucket ***off Chile:*** **5** Guafo, Mocha ***off China:*** **4** Amoy **5** Ma-tsu **6** Hainan, Quemoy, Taiwan ***off Crete:*** **3** Dia ***off Ecuador:*** **4** Puna ***off England:*** **3** Man **5** Wight **6** Walney ***off Florida:*** **3** Dog **4** Pine **6** Amelia **7** Pelican, Sanibel **9** Anastasia ***off French Guiana:*** **6** Devil's ***off Georgia:*** **10** Cumberland **11** Saint Simons ***off Germany:*** **4** Sylt ***off Greenland:*** **5** Disko ***off Guinea:*** **5** Tombo ***off Hispaniola:*** **5** Beata ***off Honduras:*** **5** Tigre ***off Iceland:*** **7** Surtsey ***off India:*** **5** Sagar ***off Ireland:*** **4** Tory **5** Clare, Clear ***off Kenya:*** **4** Lamu ***off Long Island:*** **7** Fishers ***off Louisiana:*** **5** Marsh ***off Maine:*** **4** Deer, Orrs **5** Swans **8** Monhegan **11** Mount Desert ***off Malay Peninsula:*** **6** Phuket **9** Singapore ***off Maryland:*** **10** Assateague ***off Massachusetts:*** **4** Plum **7** Naushon ***off Mexico:*** **7** Cozumel ***off Mississippi:*** **4** Horn, Ship ***off Mozambique:*** **3** Ibo ***off New Brunswick:*** **10** Campobello ***off Newfoundland:*** **4** Bell ***off Nigeria:*** **5** Lagos ***off North Carolina:*** **5** Bodie ***off Norway:*** **5** Bomlo, Froya, Hitra, Sotra, Stord, Vardo **8** Hitteren ***off Panama:*** **5** Coiba **6** Parida ***off Poland:*** **5** Wolin **6** Wollin ***off Puerto Rico:*** **4** Crab **7** Culebra, Vieques ***off Rhode Island:*** **5** Block ***off Scotland:*** **4** Bute **5** Arran ***off South Carolina:*** **5** North **6** Parris **10** Hilton Head ***off Sri Lanka:*** **5** Delft ***off Staten Island:*** **7** Hoffman ***off Sumatra:*** **3** Weh ***off Sweden:*** **5** Graso, Oland, Vaddo ***off Syria:*** **5** Arvad, Arwad, Rouad **6** Aradus ***off Tanzania:*** **5** Mafia, Pemba ***off Tasmania:*** **5** Bruni, Bruny ***off Tunisia:*** **5** Jerba **6** Djerba, Meninx ***off Venezuela:*** **5** Aruba **7** Bonaire **8** Buen Aire ***off Virginia:*** **5** Wreck ***off Wales:*** **5** Caldy **6** Caldey ***Okinawa group:*** **4** Kume ***Orkneys:*** **3** Hoy ***Outer Hebrides:*** **5** Barra, Scarp ***Palmer Archipelago:*** **6** Anvers **7** Antwerp, Brabant ***Pearl Harbor:*** **4** Ford ***Persian Gulf:*** **4** Qeys **5** Kharg, Khark ***Philippines:*** **4** Buad, Cebu, Fuga, Ilin, Poro, Sulu **5** Balut, Batan, Bohol, Coron, Daram, Leyte, Luzon, Panay, Samal, Samar, Sugbu, Talim, Ticao, Verde **6** Negros **7** Masbate, Mindoro, Palawan, Paragua **8** Limasawa, Mindanao **10** Corregidor ***Phoenix group:*** **4** Hull, Mary **6** Birnie, Canton **9** Enderbury ***Puerto Rico:*** **4** Mona ***Quebec:*** **4** Alma ***Queen Charlotte group:*** **7** Moresby ***Red Sea:*** **5** Tiran, Zugur, Zuqar ***Russia:*** **7** Wrangel ***Ryukyu group:*** **7** Okinawa ***St. Lawrence River:*** **4** Hare **5** Jesus

8 Montreal ***San Francisco Bay:*** **5** Angel ***Santa Cruz:*** **5** Anuda, Ndeni **6** Cherry ***Sea of Japan:*** **4** Sado **5** Rebun ***Sea of Marmara:*** **4** Avsa ***second largest:*** **9** New Guinea ***Senegal:*** **5** Gorée ***Seychelles:*** **4** Mahé **7** La Digue, Praslin ***Shetland archipelago:*** **4** Unst, Yell **5** Foula ***Shumagin group:*** **4** Unga ***Sierra Leone:*** **5** Tasso ***Society group:*** **5** Eimeo, Tahaa, Tahao, Taiti **6** Moorea, Tahiti **8** Otaheite ***Solomon group:*** **4** Buka, Gizo, Savo **7** Malaita **11** Guadalcanal **12** Bougainville ***South Atlantic:*** **5** Gough **6** Gough's **11** Saint Helena ***South Korea:*** **5** Cheju ***South of Tokyo:*** **3** Iwo **7** Iwo Jima, Naka Iwo ***South Orkneys:*** **10** Coronation ***South Pacific:*** **3** Hiu **4** Niue **5** Raoul **6** Savage, Sunday **7** Norfolk **8** Pitcairn ***Spitsbergen archipelago:*** **4** Edge ***Strait of Hormuz:*** **5** Qeshm, Qishm ***Sulu Archipelago:*** **4** Jolo **5** Lapac ***Svalbard:*** **4** Hope ***Sverdrup:*** **11** Axel Heiberg **12** Amund Ringnes ***Swedish:*** **3** Ven **4** Hven **5** Hveen, Orust ***Tanzania:*** **8** Zanzibar ***Texas:*** **5** Padre ***Thames River:*** **7** Sheppey ***third largest:*** **6** Borneo ***Tierra del Fuego:*** **5** Hoste ***Tonga:*** **3** Eua, Foa **4** Uiha **5** Haano ***Treasury group:*** **4** Mono ***Truk group:*** **3** Tol **4** Haru, Moen, Udot, Uman **5** Fefan ***Tuamotu Archipelago:*** **4** Anaa **5** Chain ***Turkish:*** **5** Imroz **6** Imbros ***Tuvalu:*** **7** Nanumea **9** Nukufetau ***Tyrrhenian Sea:*** **6** Ischia **11** Montecristo ***Vanuatu:*** **3** Api, Epi, Oba **4** Aoba, Gaua, Tana, Vate **5** Efate, Maewo, Tanna ***Venezuelan:*** **5** Patos **9** La Tortuga ***Virgin group, American:*** **9** Saint John **10** Saint Croix **11** Saint Thomas ***Virgin group, British:*** **5** Peter **6** Norman **7** Anegada, Tortola **11** Jost Van Dyke ***volcanic:*** **5** Tofua **7** Iwo Jima ***Wales:*** **8** Anglesea, Anglesey, Holyhead ***Weddell Sea:*** **4** Ross **6** Hearst ***Western Samoa:*** **5** Upolu **6** Savaii ***West Indies:*** **4** Mona, Saba, Salt **5** Nevis, Peter, Saona **6** Tobago, Tortue **7** Grenada, Tortuga **8** Trinidad **9** Santa Cruz **10** Concepción, Hispaniola, Montserrat, Saint Croix (see also BAHAMAS; GREATER ANTILLES; LEEWARD GROUP; VIRGIN GROUP; WINDWARD GROUP) ***West of England:*** **7** Ireland ***West Pacific:*** **5** Dyaul, Fauro, Ocean **6** Banaba, Marcus **7** Iwo Jima, Kita Iwo **9** Minami Iwo ***Windward group:*** **10** Martinique ***with former penitentiary:*** **8** Alcatraz

island group ***Alaska:*** **3** Rat **8** Aleutian, Pribilof **9** Andreanof, Catherine ***Aleutians:*** **4** Near ***American Samoa:*** **5** Manua ***Arabian Sea:*** **9** Laccadive ***Arctic Archipelago:*** **8** Sverdrup ***Arctic Ocean:*** **8** Svalbard **12** Novaya Zemlya ***Bahamas:*** **5** Berry, Exuma **6** Bimini ***Banda Sea:*** **5** Damar ***Bangladesh:*** **5** Hatia, Hatya ***Bay of Bengal:*** **7** Andaman, Nicobar ***between England and France:*** **7** Channel ***Bismarck Archipelago:*** **4** Feni **5** Tabar, Tanga ***Bismarck Sea:*** **4** Vitu ***British:*** **7** Bermuda ***Caribbean Sea:*** **4** Swan **5** Pearl **6** Cayman, Perlas, Pigeon **8** Pichones **10** Grenadines, West Indies ***Carolines:*** **3** Uap, Yap **4** Truk **5** Nomoi **7** Hogoleu ***Central Pacific Ocean:*** **4** Line **5** Samoa, Union **6** Danger, Midway **7** Phoenix, Tokelau **8** Manihiki **9** Polynesia **12** Northern Cook ***Coral Sea:*** **4** Huon ***Cuba:*** **8** Camagüey ***east of Philippines:*** **10** Micronesia ***East Siberian Sea:*** **4** Bear **8** Medvezhi ***Ecuador:*** **5** Colón **9** Galápagos ***England:*** **5** Farne ***Fiji:*** **3** Lau **7** Eastern ***Formosa Strait:*** **4** Hoko **6** Peng hu **10** Pescadores ***French:*** **5** Salut **6** Safety **9** Kerguelen ***French Polynesia:*** **3** Low **6** Tubuai **7** Austral, Paumotu, Société, Society, Tuamotu **9** Marquesas, Touamotou ***Germany:*** **8** Halligen ***Greece:*** **6** Aegean, Ionian **8** Cyclades **10** Dodecanese **11** Dodecanesus ***Hudson Bay:*** **7** Belcher ***Indian Ocean:*** **7** Aldabra ***Indonesia:*** **4** Asia, Batu, Pagi, Sula **5** Babar, Batoe, Pagai, Pageh, Penju, Spice, Wakde **6** Maluku ***Ireland:*** **4** Aran ***Japan:*** **5** Osumi ***largest:*** **5** Malay **8** Malaysia ***Lesser Antilles:*** **8** Windward ***Malay Archipelago:*** **5** Sunda **6** Soenda ***Mediterranean Sea:*** **8** Baleares, Balearic ***Moluccas:*** **3** Kai, Kei, Obi **4** Leti **5** Banda, Letti **8** Tanimbar **9** Timorlaut ***New Caledonia:*** **7** Loyalty **9** Loyalties ***north of Australia:*** **9** Melanesia ***north of British Isles:*** **5** Faroe **7** Faeroes ***north off Fiji:*** **5** Hoorn **6** Futuna ***north of Madagascar:*** **7** Aldabra **8** Farquhar ***north of New Caledonia:*** **5** Belep ***north of New Guinea:*** **8** Bismarck **9** Admiralty **11** Admiralties ***Northwest Territories:*** **5** Parry ***off Alaska:*** **3** Fox ***off Alaska Peninsula:*** **8** Shumagin ***off Cape Cod:*** **9** Elizabeth ***off eastern Asia:*** **5** Kuril **6** Kurile ***off England:*** **6** Scilly ***off Florida:*** **11** Dry Tortugas ***off Guinea:*** **3** Los **4** Loos ***off Honduras:*** **5** Bahia ***off Morocco:*** **7** Madeira ***off New Guinea:*** **3** Aru **4** Aroe ***off Nicaragua:*** **4** Corn ***off northern Africa:*** **6** Canary **8** Canaries ***off northern Australia:*** **6** Wessel **7** Dampier ***off Sicily:*** **5** Egadi **8** Aegadian ***Outer Hebrides:*** **4** Uist ***Papua New Guinea:*** **5** Green ***Persian Gulf:*** **4** Tunb ***Philippines:*** **4** Cuyo **5** Tapul **6** Lubang **7** Basilan, Bisayas, Visayan ***Portuguese:*** **6** Azores

Quebec: 8 Magdalen 9 Madeleine *Ryukyus:* 5 Amami *St. Lawrence River:* 8 Thousand *Sea of Japan:* 3 Oki *Sea of Marmara:* 5 Kizil 7 Princes 11 Kizil Adalar *South Atlantic Ocean:* 8 Falkland, Malvinas *South China Sea:* 6 Hirata 7 Paracel, Spratly *south of New Zealand:* 8 Auckland *South Pacific:* 11 Austronesia *Sulu Sea:* 7 Cagayan 9 Cagayanes *Tonga:* 5 Vavau *Tyrrhenian Sea:* 5 Ponza *Venezuelan:* 4 Aves, Bird 9 Los Roques *West Europe:* 12 British Isles *West Indies:* 6 Virgin 10 Guadeloupe *west of French Polynesia:* 4 Cook *west of Scotland:* 7 Western 8 Hebrides *west Pacific Ocean:* 4 Duff 5 Bonin, Mapia, Palau, Pelew 7 Ladrone, Mariana, Solomon, Vanuatu 8 Marshall, Treasury 9 Ogasawara 10 Saint David

island nation *Atlantic Ocean:* 9 Cape Verde *Indian Ocean:* 8 Malagasy, Malgache, Sri Lanka 9 Mauritius 10 Madagascar, Seychelles *Mediterranean Sea:* 6 Cyprus *Mozambique Channel:* 6 Comoro 7 Comores *off southern China:* 6 Taiwan *south of Greenland:* 7 Iceland *West Indies:* 4 Cuba 7 Jamaica 8 Barbados 10 Saint Lucia *West Pacific Ocean:* 5 Nauru *Windward group:* 8 Dominica

island province 12 Prince Edward

island state 6 Hawaii

isle see ISLAND

Ismene *brother:* 9 Polynices *father:* 7 Oedipus *mother:* 7 Jocasta *sister:* 8 Antigone *uncle:* 5 Creon

isochronous 7 regular 8 cyclical, periodic, rhythmic 9 recurrent, recurring 10 periodical 12 intermittent

isolate 6 cut off, detach, enisle 7 seclude 8 close off, insulate, pinpoint, separate, set apart 9 segregate, sequester 10 quarantine

isolated 5 alone 6 random, remote, unique 7 unusual 8 solitary, sporadic 9 separated, withdrawn 11 exceptional, quarantined

Isolde see ISEULT

Israel *ancient name:* 4 Zion 5 Judea 6 Canaan, Judaea 9 Palestine *capital:* 9 Jerusalem *city:* 4 Acre 5 Haifa, Jaffa 7 Tel Aviv 9 Beersheba *desert:* 5 Negeb, Negev *gulf:* 5 Aqaba *lake:* 8 Tiberias 12 Sea of Galilee *language:* 6 Arabic, Hebrew *monetary unit:* 6 shekel *neighbor:* 5 Egypt, Syria 6 Jordan 7 Lebanon *plain:* 9 Esdraelon *river:* 6 Jordan *sea:* 4 Dead 13 Mediterranean

Israeli 5 Sabra

Israelite see HEBREW; JEWISH

Issachar *father:* 5 Jacob *mother:* 4 Leah

issue 4 emit, flow, gush, pour, rise, seed, stem, vent 5 arise, birth, brood, child, fruit, scion, topic 6 affair, appear, effect, emerge, get out, matter, put out, result, scions, sequel, source, spring, upshot 7 concern, descent, edition, emanate, give off, give out, outcome, problem, proceed, progeny, publish, release, subject 8 bulletin, children, question, throw off 9 come forth, offspring, originate, posterity 10 derive from, distribute, end product, promulgate 11 consequence, descendants, progeniture, publication

Istanbul *ancient name:* 9 Byzantium *business section:* 6 Galata *country:* 6 Turkey *foreign quarter:* 4 Pera 7 Beyoglu *park:* 8 Seraglio *residential section:* 7 Uskudar

isthmus *Africa-Asia:* 4 Suez *Greece:* 7 Corinth *America:* 6 Panama *Malay Peninsula:* 3 Kra

Italian *automobile:* 4 Fiat 6 Lancia 7 Ferrari 8 Maserati 9 Alfa Romeo 11 Lamborghini *cathedral:* 5 duomo *dialect:* 6 Tuscan 8 Sicilian *dictator:* 9 Mussolini (Benito) *family:* 4 Este 5 Cenci, Savoy 6 Borgia, Medici, Orsini, Pepoli, Savoia, Sforza 7 Colonna, Gonzaga, Spinola 8 Visconti *fascist:* 10 Blackshirt *game:* 5 bocce, bocci 6 boccie *gentleman:* 6 signor 7 signore *highway:* 10 autostrada *lady:* 5 donna 7 signora 9 signorina *magistrate:* 7 podestà *meat:* 6 salami 8 pancetta 9 pepperoni, salsiccia 10 mortadella, prosciutto *opera house:* 7 La Scala *patriot:* 6 Cavour (Conte di), Rienzo (Cola di) 7 Mazzini (Giuseppe) 9 Garibaldi (Giuseppe) *religious reformer:* 10 Savonarola (Girolamo) *resort:* 4 Lido 5 Abano, Capri 8 Sorrento, Taormina *road:* 6 strada *soup:* 10 minestrone *square:* 6 piazza *street:* 3 via 5 corso *weight:* 5 libra, oncia

Italy *bay:* 6 Naples *capital:* 4 Rome *city:* 4 Asti, Bari, Pisa 5 Aosta, Genoa, Milan, Padua, Parma, Siena, Turin 6 Genova, Mantua, Milano, Modena, Naples, Napoli, Padova, Torino, Venice, Verona 7 Bergamo, Bologna, Bolzano, Catania, Cremona, Firenze, Leghorn, Livorno, Mantova, Palermo, Perugia, Ravenna, Salerno, Taranto, Trieste, Venezia 8 Florence, Siracusa, Syracuse *enclave:* 9 San Marino 11 Vatican City *gulf:* 5 Gaeta 7 Salerno, Taranto 11 Sant' Eufemia *island, island group:* 4 Elba 5 Capri 6 Ischia, Lipari, Sicily 7 Aeolian, Capraia 8 Sardinia *lake:* 4 Como 5 Garda 7 Bolsena 8 Maggiore 9 Bracciano *leader:* 9 Mussolini (Benito)

monetary unit: **4** euro ***monetary unit, former:*** **4** lira ***mountain, range:*** **4** Alps, Etna **9** Apennines, Mont Blanc, Monte Rosa **10** Monte Corno ***neighbor:*** **6** France **7** Austria **8** Slovenia **11** Switzerland ***peninsula:*** **9** Salentina ***river:*** **4** Arno, Liri **5** Adige, Piave, Tiber **6** Isonzo, Tevere **8** Volturno ***sea:*** **6** Ionian **8** Adriatic, Ligurian **10** Tyrrhenian **13** Mediterranean ***strait:*** **7** Messina, Otranto ***volcano:*** **4** Etna **8** Vesuvius ***wine region:*** **4** Asti

itch **3** yen **4** ache, long, lust, pine **5** crave, yearn **6** desire, hanker, hunger, thirst **7** craving, longing **8** appetite, pruritus, yearning **9** hankering

itchy **4** avid, edgy, keen **5** antsy, eager, jumpy **7** fidgety, restive **8** prurient, pruritic, restless **9** impatient

item **3** bit **5** entry, point, scrap, story, thing, topic **6** detail, matter **7** account, article, element, feature, product **8** clipping **9** commodity **10** particular

itemize **4** list **5** count, tally **6** number **7** catalog, run down, specify, tick off **8** document, spell out **9** catalogue, enumerate, inventory

iterate **5** drill, recap, renew **6** rehash, repeat, replay, retell **7** reprise, restate **12** recapitulate

Ithaca king **8** Odysseus

Ithamar's father **5** Aaron

itinerant **5** gypsy, nomad **6** roving **7** migrant, nomadic, roaming, vagrant **8** drifting, rambling, traveler, vagabond, wanderer **9** migratory, transient, unsettled, wandering, wayfaring **11** peripatetic

itty-bitty **3** wee **4** tiny **5** teeny, weeny **6** teensy **10** teeny-weeny **12** teensy-weensy

Ivanhoe ***author:*** **5** Scott (Walter) ***character:*** **5** Isaac **6** Cedric, Rowena, Ulrica **7** Rebecca, Wilfred **9** Robin Hood

Ivory Coast **11** Côte d'Ivoire ***capital:*** **7** Abidjan **12** Yamoussoukro ***city:*** **6** Bouaké ***language:*** **6** French ***monetary unit:*** **5** franc ***mountain:*** **5** Nimba ***neighbor:*** **4** Mali **5** Ghana **6** Guinea **7** Liberia **11** Burkina Faso ***river:*** **7** Bandama **9** Sassandra

ivory-tower **8** academic **11** conjectural, impractical, theoretical, unrealistic

J

jab **3** hit **4** blow, poke, prod, sock, stab **5** nudge, prick, punch **6** pierce, strike, thrust **8** puncture

jabber **3** gab, jaw, yak **6** babble, drivel, gabble **7** blather, chatter, prattle **8** nonsense **9** gibberish

jabberer **6** gabber, magpie **7** babbler, blabber, gabbler **8** prattler **9** chatterer **10** chatterbox

Jabberwocky author **7** Carroll (Lewis)

jabot **4** fall **5** frill **6** ruffle

___ jacet **3** hic

jack **3** tar **4** bird, card, fish, flag, hike, lift, move, salt **5** boost, brace, bread, dough, knave, knife, money, put up, raise **6** brandy, cheese, device, donkey, rabbit, sailor, seaman **7** laborer, mariner, servant **8** increase, standard **9** criticize, mechanism **10** take to task

jackal **4** dupe, pawn **5** agent, canid, patsy **6** canine, flunky, lackey, minion, stooge **7** cat's-paw **9** accessory, auxiliary **10** accomplice **11** stool pigeon ***god:*** **4** Anpu **6** Anubis

jackanapes **3** ape **4** brat, fool **6** monkey

jackass **4** dolt, dope, fool, jerk **5** burro, dunce, idiot, schmo **6** donkey, nitwit **7** nebbish **8** bonehead, imbecile, numskull **9** blockhead, numbskull **10** nincompoop ***deer:*** **3** kob **8** antelope

jackdaw **7** grackle **9** blackbird

jacket **4** Eton **5** parka, tunic **6** anorak, blazer, bolero, jerkin, reefer, sacque, tuxedo **7** doublet, Norfolk, peacoat, spencer **8** camisole **10** roundabout ***armored:*** **7** hauberk **9** habergeon ***sleeveless:*** **4** vest **6** bolero, jerkin **9** waistcoat

jackhammer **5** drill **9** rock drill

jackknife **4** dive **6** barlow ***game:*** **11** mumblety-peg

jackleg **6** make-do, novice **7** amateur,

shyster, stopgap **9** dishonest, greenhorn, makeshift, temporary, unskilled **10** substitute **11** pettifogger **12** unscrupulous

jack-of-all-trades **6** tinker **7** go-to guy **8** factotum, handyman

jack-o'-lantern **6** fungus **7** pumpkin

jackpot **3** sum **4** pool **5** award, kitty, prize **6** reward, stakes **7** bonanza, success **8** windfall

jackrabbit **4** hare

jackstay **3** bar, rod **4** rope **7** rigging, support

Jacob ***brother:*** **4** Esau ***daughter:*** **5** Dinah ***father:*** **5** Isaac ***father-in-law:*** **5** Laban ***mother:*** **7** Rebekah ***new name:*** **6** Israel ***son:*** **3** Dan, Gad **4** Levi **5** Asher, Judah **6** Joseph, Reuben, Simeon **7** Zebulun **8** Benjamin, Issachar, Naphtali ***variant:*** **5** James ***wife:*** **4** Leah **6** Rachel

Jacobin **7** radical **9** Dominican, extremist

Jacob's ladder **4** herb **5** phlox **9** perennial

jade **3** gem, nag **4** bore, cloy, dull, minx, pall, tire, wear **5** color, drain, flirt, green, hussy, jewel, stone, tramp, weary, wench **6** wanton **7** fatigue, jezebel, mineral, trollop, wear out **8** gemstone, nephrite, strumpet, wear down

jaded **4** worn **5** blasé, bored, sated, tired, weary **6** dulled **7** cynical, wearied, worn-out **8** fatigued, satiated, worn down **9** apathetic, exhausted, surfeited **10** overworked

jaeger **4** skua **6** hunter **8** huntsman

Jael ***husband:*** **5** Heber ***victim:*** **6** Sisera

jag **3** cut **4** barb, jerk, load, pink, tear **5** binge, notch, prick, spell, spree **6** bender, indent, thrill, thrust **7** serrate

jagged **5** harsh, rough, sharp **6** broken, craggy, rugged, spiked, uneven **7** scraggy **8** serrated, unsmooth **9** irregular

___ Jagger **4** Mick

jai alai **6** pelota ***basket:*** **5** cesta ***court:*** **6** cancha **7** fronton

jail **3** can, jug, pen **4** coop, gaol, poky **5** clink, pokey **6** cooler, lockup, prison **7** confine, freezer, slammer **8** hoosegow, imprison, stockade **9** constrain **11** confinement, incarcerate

jailbird **3** con **5** felon, loser **7** convict **8** criminal, prisoner, repeater **10** recidivist

jailer **5** guard, screw **6** keeper, warden **7** turnkey **8** overseer

jakes **5** privy **8** outhouse **9** backhouse

jalopy **3** car **4** auto, heap **5** crate, wreck **6** beater, junker **7** clunker, vehicle **10** automobile, rattletrap

jalousie **5** blind **6** window **7** shutter

jam **3** box, fix **4** bind, clog, cram, dunk, pack, push **5** block, crowd, crush, force, jelly, press, stuff, wedge **6** bruise, impede, plight, scrape, squash, squish **7** dilemma, squeeze **8** compress, conserve, obstacle, preserve **9** confiture, preserves **10** difficulty **11** predicament

Jamaica ***capital:*** **8** Kingston ***cay:*** **5** Pedro **6** Morant ***city:*** **10** Montego Bay **11** Spanish Town ***discoverer:*** **8** Columbus (Christopher) ***language:*** **7** English ***location:*** **10** West Indies ***mountain range:*** **4** Blue **10** Dry Harbour ***sea:*** **9** Caribbean

Jamaican ***export:*** **3** rum **5** sugar ***hair style:*** **10** dreadlocks ***music:*** **3** dub, ska **6** reggae ***musician:*** **5** Cliff (Jimmy) **6** Marley (Bob, Ziggy) **7** Wailers ***nationalist:*** **6** Garvey (Marcus)

jambalaya **4** olio **5** gumbo **7** mélange, mixture **8** mishmash

jamboree **4** gala **5** revel **6** fiesta, frolic **7** carouse, shindig **8** carnival, festival, wingding **9** merriment **11** celebration **13** entertainment

James ***brother:*** **4** John **5** Jesus, Joses ***cousin:*** **5** Jesus ***father:*** **7** Zebedee **8** Alphaeus ***mother:*** **4** Mary **6** Salome

James novel **8** American (The) **9** Europeans (The) **10** Bostonians (The), Confidence, Golden Bowl (The), Tragic Muse (The) **11** Ambassadors (The), Daisy Miller **14** Turn of the Screw (The), Wings of the Dove (The) **15** Portrait of a Lady (The) **16** Washington Square

Jammu and ___ **7** Kashmir

Jane Eyre ***author:*** **6** Brontë (Charlotte) ***lover:*** **9** Rochester

jangle **3** jar **4** ring **5** babel, clash **6** clamor, excite, hubbub **7** discord, quarrel **8** conflict **11** discordance, discordancy **12** disharmonize

jangling **5** harsh, noisy, tense **7** grating **9** dissonant **10** discordant, quarreling

janitor **5** super **6** porter **7** cleaner **9** caretaker, concierge, custodian **10** doorkeeper

japan **4** coat **7** coating, varnish **11** lacquerware

Japan **5** Nihon **6** Nippon ***capital:*** **3** Edo **5** Tokyo ***city:*** **4** Kobe **5** Kyoto, Osaka, Otaru **6** Nagoya **7** Fukuoka, Okinawa, Sapporo **8** Kawasaki, Nagasaki, Yokohama **9** Hiroshima ***island:*** **6** Honshu, Kyushu **7** Shikoku **8** Hokkaido ***lake:*** **4** Biwa **8** Chuzenji ***monetary unit:*** **3** yen ***mountain:*** **4** Fuji **8** Fujiyama

Japanese ***aborigine:*** **4** Ainu ***art:*** **6** bonsai **6** ukiyo-e ***baron:*** **6** daimyo ***battle cry:***

6 banzai ***Buddha:*** **5** Amida, Amita ***cartoons:*** **5** anime ***comics:*** **5** manga ***dancing girl:*** **6** geisha ***dish:*** **4** miso, soba **5** gyoza, katsu, kombu, sushi **7** sashimi, tempura **8** sukiyaki, teriyaki ***drama:*** **3** Noh **6** Bugaku, Kabuki **7** Bunraku ***drink:*** **4** sake, saki ***emperor:*** **6** Mikado **7** Akihito **8** Hirohito ***fencing:*** **5** kendo ***festival:*** **3** Bon ***fish:*** **4** fugu ***flower arrangement:*** **7** ikebana ***garment:*** **6** kimono ***gateway:*** **5** torii ***god:*** **5** Ebisu, Hotei **7** Daikoku, Jurojin **8** Bishamon ***goddess:*** **6** Benten **9** Amaterasu ***governor:*** **6** shogun ***grill:*** **7** hibachi ***immigrant:*** **5** issei ***instrument:*** **4** biwa, koto **7** samisen **8** shamisen **10** shakuhachi ***martial art:*** **4** judo **5** kendo **6** aikido, karate **7** jujitsu ***martial artist:*** **5** ninja ***money:*** **3** sen, yen ***plum:*** **6** loquat ***poem:*** **5** haiku, tanka ***porcelain:*** **5** imari ***pottery:*** **4** raku **7** satsuma ***radish:*** **6** daikon ***religion:*** **6** Shinto **8** Buddhism **9** Shintoism ***rice wine:*** **4** sake, saki ***robe:*** **6** kimono ***samurai clan:*** **5** Taira **8** Minamoto ***sash:*** **3** obi ***song:*** **3** uta ***suicide:*** **7** seppuku **8** harakiri, kamikaze ***theater:*** **3** Noh **6** Bugaku, Kabuki **7** Bunraku ***tidal wave:*** **7** tsunami ***vehicle:*** **8** rickshaw ***warrior:*** **7** samurai ***warrior code:*** **7** bushido ***wrestling:*** **4** sumo ***writing:*** **4** kana **8** hiragana, katakana ***zither:*** **4** koto

Japanese-American **5** Issei, Nisei ***second-generation:*** **6** Sansei

jape **3** gag, kid, rib **4** gibe, jest, jibe, joke, mock, quip **5** crack, laugh, prank, tease **7** waggery **8** drollery **9** wisecrack, witticism

Japheth ***brother:*** **3** Ham **4** Shem ***father:*** **4** Noah ***son:*** **5** Gomer, Javan, Madai, Magog, Tiras, Tubal **7** Meshech

jar **4** bump, jolt, olla **5** cruse, quake, shake, shock, upset **6** jangle, jounce **7** tremble, vibrate **8** mismatch **9** container ***ancient:*** **6** krater **7** amphora ***Egyptian:*** **7** canopic

jardiniere **5** stand **6** holder **7** garnish

jargon **4** cant **5** argot, idiom, lingo, slang **6** patois, pidgin **7** dialect, lexicon, palaver **8** language **9** gibberish **10** mumbo-jumbo, vernacular, vocabulary **11** terminology ***lawyer's:*** **8** legalese

jarl **4** earl **5** noble **8** nobleman **12** Scandinavian

jarring **5** harsh, rough **6** hoarse, jangly **7** grating, rasping, raucous **8** strident **9** dissonant **10** discordant, unsettling

jasmine **3** tea **4** vine **5** shrub **6** flower, yellow **7** perfume

Jason ***father:*** **5** Aeson ***helper:*** **5** Medea ***lover:*** **6** Creusa, Glauce, Glauke ***quest:*** **6** Fleece **12** Golden Fleece ***ship:*** **4** Argo ***shipmate:*** **8** Argonaut ***teacher:*** **6** Chiron **7** Cheiron ***uncle:*** **6** Pelias ***wife:*** **5** Medea

jasper **6** morlop, quartz **9** stoneware **10** chalcedony

jaundice **4** bias **7** disease, icterus **9** prejudice

jaundiced **6** biased, warped, yellow **7** colored, cynical, envious, hostile, jealous **9** distorted **10** suspicious

jaunt **4** ride, trip **5** drive, sally **6** junket, outing, ramble **7** journey **9** excursion

jaunty **4** airy, pert **5** fresh, light, peppy, perky **6** breezy, lively **7** buoyant **8** debonair **9** sprightly **10** nonchalant

java **6** coffee

Java ***almond:*** **7** talisay ***cotton:*** **5** kapok ***jute:*** **5** kenaf ***plum:*** **5** jaman **6** jambul **7** jambool

Javanese ***civet:*** **5** rasse ***orchestra:*** **7** gamelan ***tree:*** **4** upas

Javan squirrel **8** jelerang

javelin **5** lance, shaft, spear **6** weapon **7** assagai, assegai, harpoon

Javert's prey **7** Valjean (Jean)

jaw **3** gab, yak **4** chat, rail, talk **5** clack, prate **6** babble, gabble **7** chatter, prattle **9** yakety-yak

jawbone **7** maxilla **8** arm-twist, mandible, persuade, talk into

jawbreaker **9** hard candy

jay **4** bird, blue, hick, rube **5** dandy **6** rustic **7** bumpkin, hayseed **9** chatterer, greenhorn

Jayhawker **9** guerrilla ***State:*** **6** Kansas **8** Missouri

jazz **3** bop **4** guff, jive **5** bebop, stuff, swing **6** boogie **7** ragtime **8** malarkey, nonsense ***up:*** **5** rouse **6** vivify **7** animate, enliven **9** stimulate

jazz musician **4** Cole (Nat "King"), Getz (Stan), Hirt (Al), Monk (Thelonious), O'Day (Anita), Rich (Buddy), Shaw (Artie) **5** Baker (Chet), Basie (Count), Brown (Clifford), Corea (Chick), Davis (Miles), Evans (Bill, Gil), Hines (Earl "Fatha"), Jones (Hank), Krall (Diana), Krupa (Gene), McRae (Carmen), Roach (Max), Smith (Jimmy), Sun Ra, Tatum (Art), Tormé (Mel), Young (Lester) **6** Bechet (Sidney), Blakey (Art), Burton (Gary), Carter (Benny), Dorsey (Jimmy, Tommy), Farmer (Art), Garner (Erroll), Gordon (Dexter), Herman (Woody), Jordan (Louis), Kenton (Stan), Mingus (Charles), Morton (Jelly Roll), Oliver (King), Parker (Charlie), Pepper (Art), Powell (Bud), Puente (Tito), Silver (Horace), Waller (Fats) **7** Brubeck (Dave), Coleman (Ornette), Connick (Harry), Goodman (Benny), Hampton (Lionel), Hancock (Herbie),

Hawkins (Coleman), Holiday (Billie), Jarrett (Keith), Metheny (Pat), Rollins (Sonny), Rushing (Jimmy), Shorter (Wayne), Vaughan (Sarah), Webster (Ben) **8** Adderley (Cannonball), Calloway (Cab), Coltrane (John), Eldridge (Roy), Marsalis (Wynton), Mulligan (Gerry), Peterson (Oscar), Williams (Mary Lou) **9** Armstrong (Louis), Ellington (Duke), Gillespie (Dizzy), Reinhardt (Django) **10** Fitzgerald (Ella), Montgomery (Wes), Washington (Dinah) **11** Beiderbecke (Bix)

jazzy 5 gaudy **6** brassy, flashy, glitzy, lively, rakish **7** raffish, splashy **8** animated, colorful, exciting, spirited **9** vivacious **10** flamboyant

jealous 5 green **7** envious, hostile **8** doubting, vigilant **9** demanding, green-eyed, invidious, resentful **10** intolerant, possessive, suspicious **11** distrustful, mistrustful

jeer 4 gibe, jibe, mock **5** fleer, flout, scoff, scorn, sneer, taunt **6** deride, heckle, hector, insult **7** contemn, laugh at, mockery **8** derision, ridicule

Jeeves ***creator:*** **9** Wodehouse (P. G.) ***employer:*** **7** Wooster (Bertie) ***position:*** **5** valet **6** butler

jeez 4 gosh, heck **5** golly, shoot **6** shucks **7** jeepers

jefe 4 boss, head, lord **5** chief, ruler **6** honcho, leader **9** chieftain, commander

Jefferson, Thomas ***home:*** **10** Monticello ***lover:*** **5** Sally (Hemings) ***state:*** **8** Virginia

Jehoram ***brother:*** **7** Ahaziah ***father:*** **4** Ahab **11** Jehoshaphat ***kingdom:*** **5** Judah ***slayer:*** **4** Jehu ***wife:*** **8** Athaliah

Jehoshaphat ***father:*** **3** Asa **6** Ahilud, Nimshi, Paruah ***father-in-law:*** **4** Ahab ***son:*** **4** Jehu **7** Jehoram ***wife:*** **8** Athaliah

Jehovah 3 God **6** Adonai, Elohim, Yahweh

Jehu 6 driver ***father:*** **6** Hanani **11** Jehoshaphat ***grandfather:*** **6** Nimshi ***son:*** **8** Jehoahaz ***victim:*** **5** Joram **7** Jehoram

jejune 4 dull, flat **5** banal, bland, empty, inane, silly, trite, vapid **7** insipid, puerile **8** childish, juvenile, lifeless **9** colorless, innocuous **10** spiritless **13** uninteresting

Jekyll's alter ego 4 Hyde (Mr.)

jell 3 set **4** form **6** cohere, gelate **7** congeal, thicken **8** coalesce **9** coagulate, take shape

jelly 3 set **4** mass **5** aspic **6** spread **7** congeal, thicken **9** coagulate

jellyfish 6 coward, medusa **7** doormat, medusan **8** medusoid, pushover, weakling **10** ctenophore **12** coelenterate, invertebrate, siphonophore

je ne ___ quoi 4 sais

jennet 3 ass **5** hinny, horse **6** donkey

jenny 4 bird **6** donkey (female) **7** machine

jeopardize 4 risk **5** peril **6** chance, expose, hazard **7** imperil **8** endanger

jeopardy 4 risk **5** peril **6** danger, hazard, menace **8** exposure **9** liability **12** endangerment

jeremiad 6 lament, tirade **7** lecture **8** diatribe, harangue **9** complaint, philippic **11** declamation, lamentation

Jeremiah ***scribe:*** **6** Baruch

Jericho's conqueror 6 Joshua

jerk 3 ass, lug, tic, tug **4** dolt, dope, fool, jolt, pull, push, snap, twit, yank **5** brute, idiot, lurch, ninny, spasm, twist, wrest **6** bounce, nitwit, thrust, twitch, wrench **7** jackass **8** preserve **10** nincompoop

jerkin 6 jacket

jerky 4 meat **5** inane **6** abrupt, stupid, sudden **7** foolish, idiotic, jolting **8** saccadic **9** senseless

Jerome's Bible 7 Vulgate

jersey 3 cow **6** fabric **7** garment, sweater **8** pullover

Jerusalem 4 Sion, Zion **5** Salem **8** Holy City ***hill:*** **4** Sion, Zion **6** Moriah ***mosque:*** **4** Omar **6** Al-Aqsa **13** Dome of the Rock ***pool:*** **6** Siloam **8** Bethesda

Jerusalem artichoke 5 tuber **8** girasole **9** sunflower

Jerusalem thorn 5 shrub **9** horsebean

jess 5 strap

Jesse ***daughter:*** **7** Abigail, Zeruiah ***father:*** **4** Obed ***grandfather:*** **4** Boaz ***son:*** **4** Ozem **5** David, Eliab, Elihu **6** Raddai **7** Shammah **8** Abinadab, Nethanel ***youngest son:*** **5** David

Jessica ***father:*** **7** Shylock ***husband:*** **7** Lorenzo

jest 3 fun, gag, kid, rag, rib **4** butt, game, gibe, jape, jeer, joke, josh, mock, quip, razz **5** crack, fleer, flout, humor, prank, scoff, sneer, spoof, sport, tease **6** banter, gaiety **7** mockery, waggery **8** derision, drollery, ridicule **9** merriment, wisecrack, witticism

jester 3 wag, wit **4** fool **5** actor, clown, comic, joker **7** buffoon **8** comedian, funnyman, humorist, jokester, quipster **9** prankster **11** entertainer

Jesuit ***founder:*** **6** Loyola (Ignatius) ***leader:*** **6** Xavier (St. Francis)

jet 4 coal, ebon, emit, gush, inky, rush, spew **5** black, ebony, plane, spout, spurt **6** engine, nozzle, squirt, stream, travel **7** current, jewelry **8** airplane **9** pitch-dark **10** pitch-black

Jethro *daughter:* **8** Zipporah *son-in-law:* **5** Moses

jetsam **7** flotsam **8** wreckage **9** driftwood

jet set **5** A-list, elite **9** beau monde, haut monde **10** glitterati

jettison **4** drop, dump, junk, omit **5** eject, forgo, scrap **6** reject, remove **7** deep-six, discard **8** disposal, get rid of, throw out **9** sacrifice, throw away

jetty **4** dock, ebon, inky, pier, quay **5** black, ebony, groin, wharf **7** project **9** pitch-dark **10** pitch-black

Jew **6** Essene, Hebrew, Semite **7** Israeli, Judaist **9** Israelite

jewel **3** gem **4** rock **5** adorn, bijou, ideal, prize, stone **7** bearing **8** gemstone, ornament, treasure **9** embellish

jeweler **8** lapidary *famous:* **7** Tiffany (Charles Lewis)

jewelry **10** bijouterie *artificial:* **5** glass, paste **6** strass **7** costume *piece:* **3** pin **4** ring **6** brooch **7** earring **8** bracelet, cufflink, necklace, tieclasp **9** lavaliere *set:* **6** parure

Jewish *bread:* **5** matzo **6** matzoh *ceremony:* **4** bris **8** havdalah **10** bar mitzvah, bas mitzvah *combining form:* **5** Judeo **6** Judaeo *credo:* **5** shema *doctrine:* **6** Mishna **7** Mishnah *New Year:* **12** Rosh Hashanah *organization:* **8** Hadassah **9** B'nai B'rith *prayer:* **7** kaddish, kiddush *prayer book:* **6** siddur *sabbath:* **8** Saturday *scripture:* **5** Torah **6** Talmud *synagogue:* **4** shul *teacher:* **5** rabbi, rebbe **6** Hillel *village:* **6** shtetl (see also HEBREW)

Jezebel **4** slut **5** hussy, tramp, trull, wench **6** wanton **7** trollop **8** slattern, strumpet *father:* **7** Ethbaal *home:* **5** Sidon *husband:* **4** Ahab *slayer:* **4** Jehu *victim:* **6** Naboth

jib **3** arm, shy **4** balk, boom, sail, stop **5** demur **6** refuse **9** stop short

jibe **5** agree, fit in, match, shift, tally **6** accord, concur, square **7** conform **8** dovetail **9** harmonize **10** correspond, go together **12** change course

jiffy **3** sec **4** tick, wink **5** flash, hurry, shake, trice **6** minute, moment, second **7** instant **11** split second

jig **4** fish, game, hoax, hook, jerk, play, ploy, ruse, sham, wile **5** catch, dance, feint, trick **6** device, gambit **7** gimmick **9** deception

jigger **4** jerk, mold, sail **5** alter, gizmo **6** device, dingus, doodad, gadget, widget **7** gimmick, machine, measure **9** doohickey, rearrange, shot glass, thingummy **10** manipulate

jiggle **4** jerk **5** shake **7** agitate **9** oscillate

jigsaw **3** cut **4** tool **6** puzzle **7** arrange, machine

jihad **3** war **6** strife **7** crusade, holy war **8** campaign, struggle

jilt **4** drop **5** ditch, leave **6** desert, reject **7** abandon, cast off, discard

jim-dandy **5** great, ideal, nifty, super **7** perfect **8** knockout **9** excellent, first-rate, humdinger **11** outstanding

jimmy **3** bar, pry **4** open **5** crack, force, lever **7** crowbar **9** break open, force open

jimsonweed **6** datura **10** thorn apple

jingle **4** call, ring, song **5** clink, rhyme, sound, verse **6** tinkle

jingoistic **7** hawkish **11** belligerent **12** chauvinistic, militaristic **13** nationalistic

jinn **5** afrit, genie **6** afreet, spirit

jinx **3** hex **5** charm, curse, spell **6** plague, whammy **7** bad luck, evil eye **8** foredoom **10** affliction, misfortune

jitters **5** jumps, panic **6** nerves, shakes **7** anxiety, shivers, willies **9** whimwhams **11** nervousness, stage fright **13** heebie-jeebies

jittery **5** jumpy, nervy **6** goosey, spooky **7** anxious, fearful, fidgety, nervous, panicky **10** high-strung

jive **3** kid **4** fool, jazz, talk **5** dance, music, swing, tease **6** cajole, hot air, jargon

Joab *brother:* **6** Asahel **7** Abishai *father:* **7** Seraiah, Zeruiah *slayer:* **7** Benaiah *uncle:* **5** David *victim:* **5** Abner, Amasa

Joan of Arc *birthplace:* **7** Domremy *epithet:* **7** Pucelle (La) **13** Maid of Orléans *king:* **10** Charles VII *victory:* **7** Orléans

Joan's husband **5** Darby

Joash *father:* **4** Ahab **7** Ahaziah **8** Jehoahaz *son:* **6** Gideon **7** Amaziah **8** Jeroboam *victim:* **9** Zechariah

job **4** duty, hire, item, post, role, spot, task, work **5** chore, stint, trade **6** effort, office **7** calling, deprive, posting, pursuit, robbery **8** business, function, penalize, position, vocation **9** situation, speculate, victimize **10** assignment, difficulty, employment, engagement, livelihood, occupation, profession **11** undertaking

Job *daughter:* **6** Keziah **7** Jemimah *father:* **8** Issachar *friend:* **6** Bildad, Zophar **7** Eliphaz

jobber **6** broker, dealer, seller, trader **8** merchant **10** contractor, wholesaler

job-safety agency **4** OSHA

job-training program **4** JTPA

Jocasta *daughter:* **6** Ismene **8** Antigone

husband: **5** Laius **7** Oedipus ***son:*** **7** Oedipus **8** Eteocles **9** Polynices
jock **5** pilot **7** athlete
jockey **4** play **5** rider, trick **7** beguile, exploit, finesse **8** maneuver **10** manipulate ***famous:*** **5** Baeza (Braulio) **6** Arcaro (Eddie), Bailey (Jerry), Murphy (Isaac), Pincay (Laffit) **7** Cauthen (Steve), Cordero (Angel), Hartack (Bill), Longden (Johnny), Stevens (Gary) **8** McCarron (Chris), McHargue (Darrel), Turcotte (Ron) **9** Shoemaker (Willie)
jocular **5** comic, funny, jolly, merry, witty **6** jocose, jocund, jovial, lively **7** amusing, comical, jesting, playful **8** cheerful, humorous **9** facetious
jocularity **3** fun, wit **4** glee **5** humor, mirth **6** gaiety **7** jollity **8** hilarity **9** jocundity, joviality, merriment **11** high spirits, playfulness
jocund **3** gay **5** happy, jolly, merry **6** elated, jovial, lively **7** festive, gleeful, playful **8** mirthful **12** lighthearted
joe **3** guy **4** java **6** coffee, fellow
jog **3** dig, jab, run **4** lope, move, pace, poke, prod, push, ride, stir, trot **5** nudge, punch, rouse, shake **6** bounce, change, jounce, prompt, remind
joggle **4** join, trot **5** dowel, joint, notch, shake, tooth **6** jostle
john **4** head **5** privy **6** toilet **7** latrine **8** bathroom, lavatory **11** water closet
John Hancock **9** autograph, signature
Johnson, Samuel ***biographer:*** **7** Boswell (James) ***work:*** **8** Rasselas **10** dictionary
John the Baptist ***father:*** **9** Zacharias ***mother:*** **9** Elisabeth
John the Evangelist ***brother:*** **5** James ***father:*** **7** Zebedee ***mother:*** **6** Salome
join **3** tie, wed **4** abut, ally, bind, bond, fuse, line, link, mate, yoke **5** affix, align, blend, marry, merge, piece, touch, unify, union, unite **6** attach, border, couple, engage, enlist, enroll, sign on, sign up, splice **7** combine, connect **8** compound, side with **9** affiliate, associate, integrate **12** come together
joint **3** bar, ell, hip, tie **4** butt, crux, dive, knee, link, node, seam **5** ankle, elbow, hinge, nexus, union, wrist **6** common, mutual, public, shared, suture, united **7** hangout, knuckle, shiplap **8** abutment, combined, communal, conjunct, coupling, junction, juncture, shoulder **9** concerted, honky-tonk **10** collective, connection **11** cooperative **12** articulation ***combining form:*** **5** arthr **6** arthro, condyl **7** condylo ***disease:*** **9** arthritis **10** rheumatism
joist **4** beam **6** rafter, timber **7** support
joke **3** gag, kid, pun, rag, rib, yak **4** fool, jape, jest, josh, quip, razz **5** crack, humor, prank, sally **6** banter, corker, parody **7** mockery, sarcasm, waggery **8** drollery, one-liner **9** burlesque, wisecrack, witticism **11** monkeyshine ***stale:*** **8** chestnut
joker **3** guy, wag, wit **4** card, fool **5** catch, clown, comic, cutup **6** fellow, jester, kicker **7** proviso **8** comedian, humorist **9** condition **10** limitation **11** stipulation
jollity **3** fun, joy **4** glee **5** cheer, mirth **6** gaiety, revels **7** revelry, whoopee **8** hilarity **9** festivity, jocundity, joviality, merriment **10** ebullience, jocularity, liveliness **11** high spirits, merrymaking **12** cheerfulness, conviviality
jolly **3** fun, gay, kid **4** glad, jest, josh, very **5** humor, merry **6** banter, blithe, jocund, jovial, joyful, joyous **7** festive, gleeful, jocular, playful, roguish, waggish **8** cheerful, mirthful, splendid **9** convivial **10** frolicsome **12** lighthearted
Jolly Roger **4** flag **6** ensign ***user:*** **6** pirate
jolt **3** hit, jar **4** blow, bump, jerk, shot, slug, stun **5** check, clash, crash, knock, lurch, shake, shock, snort, upset **6** impact, jounce, rattle **7** disturb, reverse, shake up, startle **8** astonish, surprise **9** collision
Jonah **7** prophet ***swallower:*** **4** fish **5** whale
Jonathan ***brother:*** **7** Johanan ***father:*** **4** Saul ***friend:*** **5** David
Jones, John Paul ***ship:*** **15** Bonhomme Richard ***victim:*** **7** Serapis
Jones novel **11** Thin Red Line (The) **15** Some Came Running **18** From Here to Eternity
jongleur **4** bard **6** singer **7** juggler **8** minstrel **10** troubadour **11** entertainer
jonquil **8** daffodil **9** narcissus, perennial
Jonson play **7** Volpone **9** Alchemist (The) **15** Bartholomew Fair
Joplin creation **3** rag **7** ragtime
Joram ***brother:*** **7** Ahaziah ***father:*** **3** Toi **4** Ahab **11** Jehoshaphat ***slayer:*** **4** Jehu ***son:*** **7** Ahaziah
Jordan ***capital:*** **5** Amman ***city:*** **5** Irbid, Zarqa ***gulf:*** **5** Aqaba ***language:*** **6** Arabic ***monarch:*** **7** Hussein ***monetary unit:*** **5** dinar ***mountain:*** **4** Ramm ***neighbor:*** **4** Iraq **5** Syria **6** Israel **11** Saudi Arabia ***river:*** **6** Jordan ***sea:*** **4** Dead
jorum **3** cup, jug **6** vessel
Joseph ***brother:*** (see JACOB son) ***buyer:*** **8** Potiphar ***father:*** **5** Asaph, Jacob **9** Zacharias **10** Mattathias ***mother:*** **6** Rachel ***son:*** **5** Jesus **7** Ephraim **8** Manasseh ***wife:*** **4** Mary **7** Asenath

josh 3 kid, rag, rib 4 jest, joke, razz 5 chaff, jolly, tease 6 banter
Joshua's victory 7 Jericho
Joshua tree 5 yucca
joss 4 idol 5 image
Jo's sister 3 Amy, Meg 4 Beth
jostle 3 jar, jog 4 bump, push 5 crowd, elbow, nudge, press, shove 7 agitate, collide, compete, contend, vie with 8 shoulder
jot 3 bit 4 atom, iota, note, whit 5 grain, minim, speck, write 6 tittle 7 smidgen 8 particle
joule component 3 erg
jounce 3 bob, jar, jog 4 bump, jolt 5 shake, shock, thump 6 impact
journal 3 log 5 diary, organ, paper 6 ledger, record, review 7 account, gazette, minutes 8 magazine, register 9 chronicle, newspaper 10 periodical
journalist 3 Bly (Nellie) 4 Dowd (Maureen), Drew (Elizabeth), King (Larry), Pyle (Ernie), Reed (John), Rose (Charlie), Will (George F), Zahn (Paula) 5 Baker (Russell), Brown (George), Cooke (Alistair), Dunne (Finley Peter), Evans (Rowland), Hersh (Seymour), Novak (Robert), Rowan (Carl), Royko (Mike), Safer (Morley), Smith (Hedrick), Stahl (Lesley), Stone (I. F), Szulc (Tad), White (William Allen), Wolfe (Tom) 6 Arnett (Peter), Bierce (Ambrose), Broder (David), Brokaw (Tom), Ephron (Nora), Koppel (Ted), Kuralt (Charles), Lehrer (Jim), Moyers (Bill), Murrow (Edward R.), Osgood (Charles), Rather (Dan), Reston (James), Reuter (Paul Julius), Rivera (Geraldo), Runyon (Damon), Safire (William), Shirer (William L.), Thomas (Helen, Lowell), Zenger (John Peter) 7 Blitzer (Wolf), Bradlee (Benjamin), Breslin (Jimmy), Cousins (Norman), Greeley (Horace), Gunther (John), Huntley (Chet), Kempton (Murray), McGrory (Mary), Mencken (H. L.), Pearson (Drew), Royster (Vermont), Russert (Tim), Tarbell (Ida), Trillin (Calvin), Wallace (Chris, Mike), Walters (Barbara) 8 Amanpour (Christiane), Anderson (Jack, Terry), Atkinson (Brooks), Brinkley (David), Cronkite (Walter), Garrison (William Lloyd), Jennings (Peter), Lippmann (Walter), Pulitzer (Joseph), Salinger (Pierre), Sevareid (Eric), Steffens (Lincoln), Thompson (Dorothy, Hunter), Winchell (Walter), Woodward (Bob) 9 Bernstein (Carl), Donaldson (Sam), Frederick (Pauline), Salisbury (Harrison), Schieffer (Bob)
journey 3 hie 4 hike, roam, tour, trek, trip 5 jaunt, quest 6 cruise, junket, push on, safari, travel, voyage 7 caravan, odyssey, proceed, travels 8 progress 9 excursion 10 expedition, pilgrimage ***route:*** 9 itinerary ***stage:*** 3 leg
joust 4 duel, feud, spar, tilt 5 clash, fight 6 combat 7 contest 8 conflict 10 tournament ***arena:*** 5 lists 8 tiltyard
Jove see JUPITER
jovial 5 happy, jolly, merry 6 cheery 7 amiable 8 cheerful 9 convivial 11 good-humored, good-natured
jowl 3 jaw 5 cheek 6 dewlap, wattle 8 mandible
joy 4 glee 5 bliss, mirth 6 gaiety 7 delight, elation 8 felicity, fruition, gladness, pleasure 9 enjoyment, happiness, merriment 11 delectation
Joyce, James ***birthplace:*** 6 Dublin ***character:*** 5 Bloom (Leopold), Bloom (Molly) 7 Dedalus (Stephen) ***work:*** 6 Exiles 7 Ulysses 9 Dubliners 13 Finnegans Wake
joyful 3 gay 4 glad 5 happy, jolly, merry 6 elated, jocund 7 buoyant, festive, gleeful, pleased 8 ecstatic, jubilant, mirthful 9 delighted, rapturous 12 lighthearted
jubilant 5 happy 6 elated, joyful, joyous 8 euphoric, exultant, exulting 9 cock-a-hoop, delighted, overjoyed, triumphal 10 triumphant
jubilate 5 exult, glory 7 delight, rejoice 9 celebrate
jubilation 3 joy 4 glee 7 ecstasy, rapture 8 euphoria, rhapsody 9 rejoicing, transport 10 exaltation, exultation, joyfulness, joyousness 11 celebration 12 exhilaration
jubilee 6 flambé 8 festival 9 festivity 10 indulgence 11 anniversary, celebration 13 commemoration
Judah ***brother:*** (see JACOB son) ***father:*** 5 Jacob ***king:*** 3 Asa 4 Ahaz, Amon 5 Joash 6 Abijam, Josiah, Jotham, Uzziah 7 Ahaziah, Amaziah, Jehoram 8 Hezekiah, Jehoahaz, Manasseh, Rehoboam, Zedekiah 9 Jehoiakim 10 Jehoiachin 11 Jehoshaphat ***mother:*** 4 Leah ***son:*** 4 Onan 6 Shelah
Judas 7 traitor 8 informer, turncoat ***father:*** 5 Simon 7 Chalphi 10 Mattathias ***replacement:*** 8 Matthias ***suicide place:*** 8 Aceldama, Akeldama
judge 3 ref, try, ump 4 call, deem, rule, test 5 infer 6 critic, decide, deduce, jurist, reckon, settle, umpire 7 arbiter, justice, mediate, referee 8 assessor, critique, estimate, mediator 9 arbitrate, criticize, determine, moderator

10 adjudicate, arbitrator, chancellor, magistrate, negotiator 11 conciliator 12 intermediary ***bench:*** 4 banc ***chamber:*** 6 camera ***in Hades:*** 5 Minos 6 Aeacus 12 Rhadamanthus ***mallet:*** 5 gavel ***Muslim:*** 5 mufti

judgment 5 award, sense 6 acumen, decree, ruling, result, wisdom 7 finding, insight, opinion, verdict 8 decision, sagacity, sentence 9 appraisal, deduction, good sense, inference 10 assessment, conclusion, discretion, estimation, evaluation, horse sense, punishment 11 common sense, discernment 13 determination

judgmental 7 carping 8 captious, critical 10 belittling, censorious, derogatory 11 disparaging, reproachful 12 disapproving, faultfinding 13 hypercritical

Judgment Day 8 doomsday

___ judicata 3 res

judicial ***assembly:*** 5 court ***document:*** 4 writ

judicious 3 apt 4 fair, just, sage, sane, wise 5 right, sound 6 astute 7 careful, prudent, sapient 8 accurate, discreet, rational, sensible 9 equitable, objective, sagacious 10 discerning, reasonable

Judith ***father:*** 5 Beeri ***home:*** 8 Bethulia ***husband:*** 4 Esau ***victim:*** 10 Holofernes

judo 10 martial art ***teacher:*** 6 sensei

Judy's husband 5 Punch

jug 3 jar, pen 4 coop, ewer, gaol, jail, stew, stir, toby 5 pokey 6 cooler, flagon, immure, intern, lockup, prison, vessel 7 confine, pitcher, slammer 8 demijohn, imprison 9 constrain, container 11 incarcerate

jug-band instrument 5 kazoo 6 bottle 7 washtub 9 stovepipe, washboard

juggernaut 11 steamroller

juggle 3 fix 4 fool, toss 5 bluff, trick 6 change, delude, doctor, handle, humbug, take in 7 balance, beguile, deceive, mislead, shuffle 9 rearrange 10 manipulate

juice 3 sap 4 fuel, must 5 fluid 7 current, essence 8 vitality 10 succulence 11 electricity ***fermented:*** 4 wine 5 cider, perry

juicy 3 fat 4 racy, rich 5 lusty, vital 7 piquant 8 colorful, dripping, exciting 9 delicious, rewarding, succulent 10 profitable 11 fascinating, sensational

juju 4 luck 5 charm, magic 6 amulet, fetish, mascot 8 talisman 10 lucky charm

jujube 4 tree 5 fruit 7 gumdrop, lozenge

julep 5 drink

Juliet ***betrothed:*** 5 Paris ***father:*** 7 Capulet ***lover:*** 5 Romeo

July 14 11 Bastille Day

jumble 3 mix 4 cake, hash, mess, olio 5 chaos, mix up, shake 6 cookie, medley, mess up, muddle, muss up 7 clutter, confuse, disturb, mélange, rummage, shuffle 8 disarray, disorder, mishmash, pastiche, scramble 9 confusion, patchwork, potpourri 10 assortment, hodgepodge, hotchpotch, miscellany

jumbo 4 huge, vast 5 giant 6 mighty 7 immense, mammoth, massive 8 colossal, enormous, gigantic, oversize 9 oversized 10 prodigious 11 elephantine

jump 3 hop 4 bolt, hike, leap, move, trip 5 avoid, begin, boost, bound, clear, flush, hurry, leave, put up, raise, shift, start, vault 6 attack, bounce, bustle, change, hurdle, hustle, jack up, pounce, spring 7 bail out, elevate, startle 8 increase, leap over 9 advantage

jumper 4 sled 5 dress, horse, smock 6 blouse, jacket

jumping-frog county 9 Calaveras

jumpy 6 on edge 7 anxious, jittery, nervous 9 excitable 10 high-strung

junction 4 seam 5 joint, union 7 joining, meeting 8 coupling 9 interface 10 confluence, connection, crossroads 12 intersection

juncture 4 seam 5 joint, point, union 6 crisis, moment 7 instant, joining 8 coupling 10 connection, crossroads 11 concurrence, convergence 12 turning point

jungle 3 web, zoo 4 hash, mash, maze 5 snarl 6 jumble, morass, muddle, tangle 7 clutter, thicket 8 mishmash 9 labyrinth

Jungle Books, The ***author:*** 7 Kipling (Rudyard) ***bear:*** 5 Baloo ***boy:*** 6 Mowgli ***panther:*** 8 Bagheera ***python:*** 3 Kaa ***tiger:*** 9 Shere Khan ***wolf:*** 5 Akela

Jungle, The ***author:*** 8 Sinclair (Upton) ***locale:*** 7 Chicago 10 stockyards

junior 3 son 5 lower, minor, sonny, youth 6 lesser 7 student, younger 8 inferior, young man, youthful 9 secondary, youngster 11 subordinate

juniper 4 cone 5 cedar, fruit, savin, shrub 7 conifer 9 evergreen

junk 4 boat, dope, drug, ship 5 scrap, trash, waste 6 debris, heroin, litter, refuse, reject 7 cashier, clutter, discard, rubbish, rummage 8 get rid of, jettison, throw out 9 narcotics, throw away

junker 4 heap 5 crate, wreck 6 jalopy

junket 4 trip 5 feast, jaunt, spree 6 outing, picnic 7 banquet, dessert, journey 9 excursion

junk mail 4 spam

Juno *bird:* **7** peacock *epithet:* **6** Moneta *Greek equivalent:* **4** Hera *husband:* **7** Jupiter (see also HERA)
Junoesque **7** stately **10** curvaceous, statuesque
junta **5** cabal, group **7** council, faction **9** committee
Jupiter **4** Jove, Zeus *angel:* **7** Zadkiel *cupbearer:* **8** Ganymede *daughter:* **5** Venus **7** Minerva *epithet:* **6** Fidius, Fulgur, Stator, Tonans **7** Pluvius *father:* **6** Saturn *lover:* **6** Europa **8** Callisto *mother:* **3** Ops *satellite:* **6** Europa **8** Callisto, Ganymede *son:* **5** Arcas **6** Castor, Pollux *temple:* **7** Capitol *wife:* **4** Juno
Jurgen *author:* **6** Cabell (James Branch) *trade:* **10** pawnbroker
juridical **5** legal **6** lawful **8** juristic **10** legalistic
jurisdiction **3** law, see **4** sway, zone **5** might, orbit, power, range, reach, scope, venue **6** county, domain, parish, sphere **7** circuit, command, compass, control, diocese, mastery, purview **8** dominion, hegemony, province **9** authority, bailiwick, territory **10** domination **11** supervision
jurisprudence **3** law
jurist **5** judge
jury **5** panel *decision:* **7** verdict
jury-rigged **6** make-do **7** stopgap **9** makeshift, temporary **10** improvised
just **3** apt, due, fit **4** even, fair, good, meet, only, true, very **5** equal, legal, quite, right **6** barely, hardly, honest, lawful, nearly, proper, simply, square **7** correct, ethical, exactly, fitting, merited, perhaps, precise, totally, upright **8** accurate, deserved, directly, possibly, recently, rightful, scarcely, squarely, suitable, unbiased **9** equitable, expressly, honorable, impartial, justified, objective, precisely, requisite, righteous **10** accurately, completely, legitimate, reasonable, scrupulous **11** appropriate, immediately, well-founded **12** unprejudiced **13** conscientious
justice **3** law **5** court, judge, right **6** equity **7** honesty **8** evenness, fairness, fair play **10** lawfulness, magistrate **11** correctness **12** impartiality
justification **6** excuse, reason **7** account, apology, defense, grounds **8** apologia **9** rationale **10** validation **11** explanation, vindication
justify **5** argue, claim, prove **6** assert, defend, uphold, verify **7** account, bear out, confirm, contend, explain, support, warrant **8** maintain, make even, validate **9** vindicate **10** legitimate, legitimize **11** corroborate, rationalize **12** authenticate, legitimatize, substantiate
jut **4** hang, poke **5** bulge, pouch **6** beetle, thrust **7** project **8** extend up, overhang, protrude, stand out, stick out **9** extend out, extension **10** projection, protrusion **12** protuberance
jute **5** gunny **6** burlap **7** sacking
Juvenal **4** poet **5** Roman *forte:* **6** satire
juvenile **3** kid **5** actor, child, green, young, youth **6** callow, jejune, junior, moppet **7** preteen, puerile **8** childish, immature, youthful **9** childlike, fledgling, youngling, youngster **11** undeveloped
juvenility **5** youth **9** childhood, greenness **10** immaturity, springtide, springtime **12** youthfulness
juxtaposed **4** next **8** abutting, adjacent, neighbor, proximal, touching **9** adjoining, bordering **10** appositive, contiguous, side-by-side **11** coterminous, neighboring **12** conterminous

K

kabob see KEBAB
kachina **4** doll **6** spirit **12** impersonator
kaddish **6** prayer
Kafka, Franz *character:* **4** Olga **6** Gregor (Samsa), Joseph (K.) *novel:* **5** Trial (The) **6** Castle (The) **7** Amerika *story:* **8** Judgment (The) **12** Hunger Artist (A) **13** Metamorphosis (The)
kaiser **5** ruler **7** emperor, monarch **8** autocrat **9** sovereign

kaka 6 parrot
kale 4 cash, cole 5 bucks, money, moola 6 moolah 7 cabbage 8 colewort
kaleidoscopic 8 changing, colorful 10 variegated
Kali *aspect:* 5 Durga 7 Parvati *husband:* 4 Siva 5 Shiva
Kama *god of:* 4 love *mount:* 6 parrot 7 sparrow *wife:* 4 Rati
kamikaze 7 suicide 8 suicidal
kampong 6 hamlet 7 village
Kampuchea see CAMBODIA
kangaroo 6 leaper 7 wallaby 8 wallaroo 9 marsupial *herd:* 3 mob *young:* 4 joey
Kansas *capital:* 6 Topeka *city:* 6 Olathe, Salina, Topeka 7 Abilene, Emporia, Shawnee, Wichita 8 Lawrence *nickname:* 9 Jayhawker (State), Sunflower (State) *prison:* 11 Leavenworth *river:* 8 Arkansas *state bird:* 10 meadowlark *state flower:* 9 sunflower *state tree:* 10 cottonwood
kaolin 4 clay
kaput 5 spent 6 ruined 7 done for, useless 8 defeated, finished, outmoded 9 destroyed
karakul 5 sheep 9 broadtail
karma 4 fate 9 emanation
kaross 3 rug 7 garment
kasha 5 grain 8 porridge 9 buckwheat
Katharina *father:* 8 Baptista *suitor:* 9 Petruchio
Katrina's suitor 9 Brom Bones 12 Ichabod Crane
katydid 3 bug 6 insect 11 grasshopper
katzenjammer 3 din 5 noise 6 clamor, hubbub, racket 8 distress, hangover, headache 9 commotion
kava 5 shrub 6 pepper 8 beverage
kayo 6 defeat, finish 8 knockout 9 finish off 11 coup de grace
Kazakhstan *capital:* 6 Akmola, Astana *city:* 5 Semey 8 Pavlodar, Shymkent *lake:* 6 Tengiz 8 Balkhash *language:* 6 Kazakh 7 Russian *monetary unit:* 5 tenge *mountain:* 10 Khan-Tengri *neighbor:* 5 China 6 Russia 10 Kyrgyzstan, Uzbekistan 12 Turkmenistan *river:* 4 Ural 6 Irtysh 8 Syr Dar'ya *sea:* 4 Aral 7 Caspian
Kazantzakis hero 5 Zorba (Alexis)
kea 6 parrot
Keats poem 5 Lamia 8 Endymion, Hyperion, Isabella, To Autumn 11 Ode to Psyche 12 Eve of St. Agnes (The) 16 Ode on a Grecian Urn 17 Ode to a Nightingale
kebab 8 shashlik
kedge 6 anchor
keel 4 boat, lean, ship 5 barge, pitch, ridge, slump 6 carina 7 capsize 8 overturn 11 centerboard
keen 4 avid, fine, wail, yowl 5 acute, alert, eager, honed, mourn, sharp, smart 6 ardent, astute, bewail, bright, clever, gung ho, intent, lament, shrewd 7 anxious, fervent, intense, whetted, zealous 8 animated, spirited 9 fine-edged, impatient, sensitive, wonderful 10 perceptive, razor-sharp 11 lamentation, penetrating, quick-witted, sharp-witted 12 enthusiastic, sharp-sighted
keenness 3 wit 4 edge, zeal 6 acuity, acumen 10 enthusiasm 11 discernment, penetration 12 incisiveness, perspicacity
keep 3 own 4 hold, jail, mind, obey, save, stay, tend 5 lodge, stock 6 castle, comply, detain, living, lockup, manage, prison, retain 7 abstain, conduct, confine, forbear, fulfill, possess, refrain, reserve 8 conserve, fortress, maintain, preserve, withhold 9 constrain 10 livelihood, sustenance 11 maintenance, subsistence
keep back 3 bar, dam 4 curb, hold, save, stay 6 detain, retain, retard, stifle 7 contain, inhibit, repress, reserve 8 restrain, restrict, suppress, withhold
keeper 5 guard 6 warden 7 big fish, curator 8 Cerberus, guardian, watchdog 9 custodian, protector
keeping 4 care, ward 5 aegis, trust 6 charge 7 custody, support 8 wardship 9 provision 10 caretaking, conformity, observance 11 maintenance 12 conservation, guardianship
keep on 4 last 5 abide 6 endure 7 persist 8 continue 9 hang tough, persevere
keep out 3 ban, bar 4 hold, stop 5 block, check, debar 6 forbid 7 embargo, exclude 8 prohibit, turn back 9 blackball
keepsake 5 token 6 trophy 7 memento 8 memorial, reminder, souvenir 11 remembrance
keep up 7 persist, prolong, sustain 8 continue, maintain, preserve 9 persevere
kef 4 hash, hemp 7 hashish 10 dreaminess 12 tranquillity
keg 3 tun 4 butt, cask, pipe 6 barrel, firkin, vessel 8 hogshead 9 container
kegler 6 bowler
keister 3 bum, end 4 buns, duff, rear, rump, seat, tail, tush 5 fanny 6 behind, bottom 8 backside, buttocks, derriere 9 posterior
keloid 4 scar
kelp 4 alga 7 seaweed
kelpie 3 dog 5 naiad, nixie 6 sprite
ken 4 view 5 grasp, range, reach, scope,

sight 7 horizon, purview 9 knowledge 10 perception 13 comprehension, understanding
kenaf 5 fiber, plant 8 hibiscus
Kenilworth author 5 Scott (Walter)
Kennedy novel 8 Ironweed
kennel 4 pack 5 board 6 gutter 7 shelter 9 enclosure
keno 4 game ***similar to:*** 5 beano, bingo, lotto
Kentucky ***capital:*** 9 Frankfort ***city:*** 9 Lexington 10 Louisville 12 Bowling Green ***nickname:*** 9 Bluegrass (State) ***park:*** 11 Mammoth Cave ***racecourse:*** 14 Churchill Downs ***river:*** 4 Ohio ***state bird:*** 8 cardinal ***state flower:*** 9 goldenrod ***state tree:*** 11 tulip poplar
Kentucky bluegrass 3 Poa
Kenya ***capital:*** 7 Nairobi ***city:*** 6 Kisumu, Nakuru 7 Mombasa ***lake:*** 7 Turkana 8 Victoria ***language:*** 7 English, Swahili ***monetary unit:*** 8 shilling ***mountain:*** 5 Elgon, Kenya ***neighbor:*** 5 Sudan 6 Uganda 7 Somalia 8 Ethiopia, Tanzania ***river:*** 4 Tana
kepi 3 cap
kerchief 6 hankie 7 bandana 8 babushka, bandanna, kaffiyeh ***Scottish:*** 5 curch
kerf 3 cut 4 nick, slit 5 cleft, notch 6 groove
kerfuffle 3 ado, row 4 flap, fuss, stir, to-do 5 hoo-ha 6 dust-up, ruckus, rumpus 7 turmoil 8 foofaraw 11 disturbance
kermis 4 fair 8 carnival, festival
kernel 3 nub, nut 4 core, crux, gist, meat, pith, seed 5 grain 6 nubbin, upshot 7 essence, nucleus 9 substance
Kerouac novel 6 Big Sur 9 On the Road 10 Dharma Bums (The) 13 Subterraneans (The)
Kesey novel 21 Sometimes a Great Notion 25 One Flew over the Cuckoo's Nest
kestrel 4 bird, hawk 6 falcon 9 windhover
ketch 4 boat 6 vessel 8 sailboat 10 watercraft
ketone 7 acetone, camphor
kettle 3 pot 6 hollow, vessel 7 caldron, marmite, pothole 8 cauldron
kettledrum 5 naker 7 timpani (plural), timpano
key 4 clue, isle, reef 5 basic, islet, vital 6 cotter, island, legend, master, opener, samara, spline, ticket, tip-off 7 central, crucial, digital, pivotal 8 critical, passport, password, skeleton, solution, tonality 9 essential, important 10 open sesame 11 fundamental ***combining form:*** 5 clavi, clavo ***notch:*** 4 ward
keyboard 6 manual 7 clavier
key fruit 6 samara
key man 5 chief 7 kingpin 9 locksmith
keynote 4 core, crux, gist, pith, tone 5 theme, tonic
keynoter 6 orator 7 speaker
Keystone State 12 Pennsylvania
khaki 3 tan 5 brown, cloth, color 7 garment, uniform
khamsin 4 wind
khan 5 chief, ruler 9 chieftain, sovereign 11 caravansary
khedive 5 ruler 7 viceroy
Khomeini 4 imam 9 ayatollah
Ki ***mother:*** 5 Nammu ***son:*** 5 Enlil
kiang 3 ass
kibble 4 meal 5 grain, grind 9 pulverize
kibbutz 4 co-op, farm 7 commune 10 collective, settlement 11 cooperative
kibe 4 heel, sore 8 swelling 9 chilblain
kibitz 4 chat 6 banter, butt in, meddle 7 comment, intrude, obtrude 9 interfere
kibitzer 7 meddler 8 busybody, observer 9 buttinsky, spectator 10 rubberneck
kibosh 3 hex 4 jinx, stop 5 check, curse
kick 4 bang, boot, carp, fuss, punt, wail 5 gripe, rebel, whine 6 object, recoil, repine, resist, thrill, wallop 7 grumble, protest 8 complain
kicker 5 catch 6 clause, punter 9 condition, fine print
kick in 3 die, pay 4 give 5 begin, put up, start 6 donate, pony up 7 cough up, fork out 8 fork over, hand over 10 contribute
kick off 3 die 4 open 5 begin, croak, start 6 launch 8 commence, drop dead, embark on, initiate 10 inaugurate
kick out 3 axe, can 4 fire, oust, sack 5 eject, evict 6 bounce 7 boot out, cashier, dismiss 8 throw out 9 discharge
kickshaw 5 goody, treat 6 bauble, dainty, gewgaw, morsel, tidbit, trifle 7 bibelot, trinket 8 delicacy 9 bagatelle
kid 3 guy, rag, rib 4 dupe, fool, gull, hoax, jest, joke, josh, razz 5 child, jolly, trick, youth 6 banter, befool, moppet, nipper 7 deceive, younger 8 flimflam, hoodwink, juvenile 9 bamboozle, youngling, youngster
kidnap 6 abduct, snatch 8 shanghai
kidney 5 gland, organ ***combining form:*** 4 reni, reno 5 nephr 6 nephro
kidney-shaped 8 reniform
kielbasa 7 sausage
kilderkin 3 keg 4 cask 6 barrel 9 container
kilim 3 mat, rug 6 carpet
kill 3 end, off, zap 4 do in, prey, slay, stop, veto 5 creek, croak, scrag, snuff, waste 6 defeat, delete, finish, murder, quarry, stifle 7 bump off, butcher,

channel, destroy, execute **8** blow away, carry off, dispatch, knock off, massacre **9** sacrifice, slaughter **10** annihilate **11** assassinate, exterminate

killer 6 gunman, hit man **7** butcher, torpedo **8** assassin, homicide ***combining form:*** 4 cide

Killer Angels author 6 Shaara (Michael)

killer whale 4 orca **8** cetacean

killing 5 blood, fatal **6** deadly, lethal, mortal, murder **7** carnage **8** butchery, foul play, homicide **9** bloodbath, bloodshed, slaughter **12** manslaughter ***of a race:*** **8** genocide ***of bacteria:*** **11** bactericide ***of a brother:*** **10** fratricide ***of a father:*** **9** patricide ***of a king:*** **8** regicide ***of a mother:*** **9** matricide ***of a relative:*** **9** parricide ***of a sister:*** **10** sororicide ***of oneself:*** **7** suicide ***of plants:*** **9** herbicide

killjoy 6 downer, grinch, grouch **7** spoiler **8** doomster, sourpuss **9** Cassandra, defeatist, doomsayer, gloomy Gus, pessimist, worrywart **10** spoilsport, wet blanket

Kilmer poem 5 Trees

kiln 4 oast, oven **7** furnace

kilt 5 skirt ***accessory:*** **7** sporran ***fabric:*** **5** plaid **6** tartan

kilter 4 trim **5** order, shape **6** fettle, repair **7** fitness **9** condition

kimono 4 gown, robe ***sash:*** **3** obi

kin 3 sib **4** clan, folk, sept **5** blood, flesh, house, stock, tribe **6** family **7** lineage, related **8** relation, relative

kind 3 ilk **4** good, like, sort, type, warm **5** breed, class, genre **6** benign, genial, gentle, humane, loving, nature, stripe, tender **7** affable, amiable, clement, essence, feather, helpful, lenient, quality, species, variety **8** category, merciful, tolerant **9** character **10** altruistic, benevolent, charitable, forbearing, responsive **11** considerate, description, good-hearted, good-humored, good-natured, openhearted, softhearted, sympathetic, warmhearted **12** affectionate, good-tempered, humanitarian **13** compassionate, philanthropic

kindle 4 bear, fire, stir, wake, whet **5** light, rally, rouse, spark, start, waken **6** arouse, awaken, bestir, excite, foment, ignite, incite **7** inflame, provoke **8** activate **9** instigate, stimulate **10** illuminate

kindliness 8 goodwill, sympathy **9** affection **10** solicitude **11** benevolence

kindly 6 benign, gentle **7** benefic **8** friendly, generous, gracious, pleasant **9** agreeable, attentive, benignant **10** beneficent, beneficial, neighborly **11** considerate, good-hearted, sympathetic

kindness 5 favor, mercy **7** service **8** clemency, courtesy, goodwill, sympathy **10** compassion, generosity, indulgence **11** benevolence **13** consideration

kind of 5 quite **6** fairly, pretty, rather **8** passably, somewhat **9** tolerably **10** more or less, reasonably, relatively

kindred 3 sib **4** clan, folk, like, sept **5** alike, blood, flesh, house, stock, tribe **6** agnate, allied, family **7** cognate, connate, lineage, related, similar **9** relatives **10** affiliated, connatural **11** consanguine

king 3 rex **4** czar, tsar **5** mogul, ruler **6** tycoon **7** magnate, monarch **9** sovereign ***Albanian:*** **3** Zog **7** William ***Assyrian:*** **6** Sargon **11** Sennacherib, Shalmaneser ***Babylonian:*** **6** Sargon **9** Hammurabi **10** Belshazzar ***Belgian:*** **6** Albert **7** Leopold **8** Baudouin ***Bohemian:*** **9** Wenceslas **10** Wenceslaus ***Bulgarian:*** **5** Boris **6** Simeon ***Damascus:*** **8** Benhadad ***Danish:*** **4** Abel, Eric, Gorm, Hans, John, Olaf **5** Sweyn **6** Canute, Harold, Magnus **8** Nicholas, Waldemar **9** Christian, Frederick **11** Christopher ***Dutch:*** **7** William ***Egyptian:*** **3** Tut **4** Pepi, Seti **5** Khufu, Menes, Necho **6** Cheops, Ramses **7** Harmhab, Osorkon, Psamtik, Ptolemy **8** Ikhnaton, Thothmes, Thutmose **9** Amenhotep, Sesostris **11** Tutankhamen ***English:*** **4** John **5** Henry, James **6** Alfred, Canute, Edmund, Edward, Egbert, George, Harold **7** Charles, Richard, Stephen, William **8** Ethelred **9** Athelstan, Ethelbald, Ethelbert ***French:*** **3** Odo, roi **4** Jean, John **5** Henri, Henry, Louis, Pepin, Raoul **6** Philip, Robert, Rudolf **7** Charles, Francis, Lothair **8** François **9** Hugh Capet **11** Charlemagne ***German:*** **4** Carl, Karl **5** König, Louis **6** Lothar, Ludwig **7** Charles, Lothair ***Greek (modern):*** **4** Paul **6** George **9** Alexander **11** Constantine ***Hawaiian:*** **10** Kamehameha ***Hungarian:*** **6** Attila ***Indian:*** **4** raja **5** rajah ***Irish:*** **9** Brian Boru ***Italian:*** **7** Humbert, Umberto ***Jordanian:*** **5** Talal **7** Hussein **8** Abdullah ***Judah:*** (see at JUDAH) ***Judean:*** **5** Herod ***Lydian:*** **5** Gyges **7** Croesus **8** Alyattes ***Norwegian:*** **4** Eric, Erik, Inge, Olaf **5** Sweyn **6** Haakon, Harald, Harold, Magnus, Sigurd, Sverre ***Ostrogothic:*** **9** Theodoric ***Persian:*** **5** Cyrus **6** Darius, Xerxes ***Portuguese:*** **4** John **5** Henry, Louis, Peter **6** Carlos, Edward, Manuel, Sancho **7** Alfonso **9** Ferdinand, Sebastian ***Prussian:*** **7** Wilhelm, William **9** Frederick, Friedrich ***relating to:*** **5** regal, royal

Saudi Arabian: **4** Saud **6** Faisal **9** Abdul-Aziz ***Scottish:*** **4** John **5** David, Edgar, James **6** Duncan **7** Macbeth, Malcolm, William **9** Alexander, Donalbane **10** David Bruce **11** Robert Bruce ***Spanish:*** **3** rey **5** Louis **6** Philip **7** Alfonso, Amadeus, Charles **9** Ferdinand **10** Juan Carlos ***Spartan:*** **8** Leonidas ***Swedish:*** **4** Eric, John **5** Oscar **6** Birger, Gustav, Haakon, Magnus **7** Charles **8** Gustavus, Waldemar **9** Frederick, Sigismund, Sten Sture ***Visigothic:*** **6** Alaric

King Arthur ***birthplace:*** **8** Tintagel ***chronicler:*** **8** Geoffrey (of Monmouth) ***court site:*** **7** Camelot **8** Caerleon ***deathplace:*** **6** Camlan ***father:*** **5** Uther ***father-in-law:*** **9** Laodogant, Leodegran **11** Leodegrance ***foster father:*** **5** Ector ***jester:*** **7** Dagonet ***knight:*** **3** Kay **4** Bors **5** Balan, Balin **6** Gareth, Gawain, Modred **7** Galahad, Geraint, Lamerok, Mordred, Tristan **8** Bedivere, Lancelot, Parsifal, Percival, Tristram **9** Launcelot ***lance:*** **3** Ron ***last abode:*** **6** Avalon ***last name:*** **9** Pendragon ***magician:*** **6** Merlin ***mother:*** **6** Ygerne **7** Igraine ***nephew:*** **6** Gareth, Modred **7** Mordred ***queen:*** **9** Guinevere ***shield:*** **7** Pridwin ***sister:*** **7** Morgain **11** Morgan le Fay ***slayer:*** **6** Modred **7** Mordred ***son:*** **6** Modred **7** Mordred ***steward:*** **3** Kay ***sword:*** **9** Excalibur ***victim:*** **6** Modred **7** Mordred ***wife:*** **9** Guinevere

king crab **7** limulus

kingdom **5** realm **6** domain, empire **7** demesne **8** monarchy

kingdom come **4** Zion **6** heaven **8** paradise **9** hereafter **10** afterworld

kingfish **4** boss **6** bigwig, honcho, master **7** big shot, croaker **8** mackerel

kingfisher **7** halcyon **10** kookaburra

kingly **5** regal, royal **6** august, lordly, regnal **7** exalted **8** imperial, majestic **9** imperious, masterful, monarchal, sovereign **10** monarchial **11** monarchical

King novel **6** Carrie **7** Shining (The) **8** Dead Zone (The) **9** Dark Tower (The), Green Mile (The), Salem's Lot **11** Firestarter, Pet Sematary

King Philip **9** Metacomet

kingpin **4** boss, guru, head **5** chief, mogul **6** bigwig, top dog **7** magnate **9** top banana **10** mastermind

Kings Peak range **5** Uinta

Kingu ***consort:*** **6** Tiamat ***slayer:*** **6** Marduk

kink **4** bend, curl, knot, whim **5** cramp, crick, quirk, snarl, spasm, twist **6** tangle **11** peculiarity **12** eccentricity, imperfection

kinky **3** odd **4** bent **5** curly, outré, ultra, weird **6** curled, far-out, frizzy, quirky **7** bizarre, deviant, knotted, strange, twisted **9** eccentric **10** outlandish

kiosk **5** booth **8** pavilion **9** newsstand **11** summerhouse

kip **3** bed, nap **4** hide, pelt, skin **5** sleep

Kipling, Rudyard ***work:*** **3** Kim **6** L'Envoi **8** Gunga Din, Mandalay **10** Fuzzy Wuzzy **11** Jungle Books (The), Recessional **13** Just So Stories, Soldiers Three **15** Light That Failed (The), Puck of Pook's Hill **18** Captains Courageous

Kiribati ***capital:*** **6** Tarawa ***island, island group:*** **4** Line **6** Banaba **7** Gilbert, Phoenix ***language:*** **7** English ***location:*** **7** Oceania ***monetary unit:*** **6** dollar

kirk **6** church

kirsch **6** brandy, liquor

kirtle **4** coat, gown **5** dress, tunic **7** garment

Kish ***father:*** **3** Ner **4** Abdi **5** Abiel, Jeiel **6** Jehiel ***son:*** **4** Saul

kismet **3** lot **4** doom, fate, luck **5** weird **6** Moirai **7** destiny, fortune

kiss **4** buss, neck, peck **5** graze, smack **6** cookie, glance, smooch **7** lip-lock **8** osculate, pucker up **10** osculation

kisser **3** mug **4** face, lips **5** mouth

Kiss sculptor **5** Rodin (Auguste)

kit **3** set **4** gear, pelt **5** group **6** outfit, tackle, violin **7** package **8** caboodle **9** container **10** collection

kitchen **4** mess **6** galley **7** cuisine **8** scullery ***appliance:*** (see at APPLIANCE) ***boss:*** **4** chef (see also COOKING)

kite **4** hawk, sail, soar **5** check, glede, hurry, mosey **7** saunter, take off **8** clear out, hightail, predator **9** spinnaker

kith **3** kin, sib **4** clan, folk **6** family **7** friends, kindred, kinfolk **9** neighbors, relatives

kitsch **4** camp, junk **9** vulgarity

kittenish **3** coy **6** elvish, frisky, impish **7** coltish, playful **10** frolicsome **11** mischievous

kitty **3** cat, pot **4** fund, pool, puss **5** pussy **6** feline, stakes **7** jackpot

kiwi **4** bird **5** fruit **7** Apteryx **12** New Zealander

klatch **5** bunch, group **7** meeting **9** gathering **11** get-together

kleptomaniac **5** thief **7** booster **10** shoplifter

klutz **3** oaf **4** boob, clod, gawk, lout, lump **5** looby **6** lubber, lummox **7** bungler, palooka **8** shlemiel **9** schlemiel **10** stumblebum

klutzy **5** inept **6** clumsy **7** awkward **9** all thumbs, maladroit **10** blundering

knack **4** bent, gift, head **5** flair, forte, skill, trick **6** genius, talent **7** ability, aptness, command, faculty, know-how, mastery **8** aptitude, capacity, facility **9** dexterity, expertise, stratagem **10** expertness

knapsack **4** pack **8** backpack

knave **4** heel, jack **5** fraud, rogue, scamp **6** rascal, varlet **7** lowlife, villain **8** scalawag, swindler **9** scoundrel **10** blackguard **11** rapscallion

knavery **5** fraud **6** deceit **8** mischief, trickery, villainy **9** chicanery, deception, rascality **10** dishonesty

knavish **5** lying **6** shifty, tricky **7** devious, roguish **8** rascally **9** deceitful, deceptive, dishonest **10** mendacious **12** unscrupulous

knead **4** form, mold, work **5** press, shape **7** massage **10** manipulate

knee **5** joint ***bend:*** **9** genuflect **12** genuflection ***bone:*** **7** patella

kneeler **5** stool **7** cushion **8** prie-dieu **9** footstool

knell **4** bong, peal, ring, toll **5** chime **6** summon **7** warning **8** announce, proclaim

knickknack **3** toy **4** dido **5** curio **6** bauble, gadget, gewgaw, trifle **7** bibelot, novelty, trinket, whatnot, whatsit **8** gimcrack, ornament, souvenir **9** bagatelle, bric-a-brac, objet d'art

knife **4** bolo, shiv, snee **5** blade, bowie, panga, shank, sword **6** barong, cutter, dagger, parang, sickle **7** cleaver, machete, scalpel **8** stiletto, yataghan **11** switchblade ***case:*** **6** sheath ***handle:*** **4** haft, hilt ***maker:*** **6** cutler **7** grinder

knifelike **4** keen **5** acute, sharp **7** cutting **8** piercing, stabbing **11** penetrating

knight **3** dub, sir **5** eques **8** cavalier, chessman, horseman **9** caballero, chevalier ***code:*** **8** chivalry ***competition:*** **7** listing, tilting **8** jousting **10** tournament ***German:*** **6** Ritter ***servant:*** **4** page **5** valet **6** squire ***title:*** **3** sir ***wife:*** **4** lady

knighthood **8** chivalry

knightly **4** bold **5** brave, noble **6** heroic **7** gallant, valiant **10** chivalrous

Knight of the Round Table see KING ARTHUR

Knight of the Rueful Countenance **10** Don Quixote

knit **4** bind, heal, join, link, mend, purl **5** plait, unite, weave **6** fabric, stitch **7** conjoin, crochet **8** contract **9** interlace **10** intertwine

knitting ***material:*** **4** yarn ***stitch:*** **3** rib **4** purl **6** garter ***tool:*** **6** needle

knob **3** bun, bur, nub **4** bump, burl, burr, dial, hill, hump, lump, node, umbo **5** bulge, gnarl, knoll, mound **6** button, finial, handle, nubble, pommel **7** hillock **12** protuberance

knobkerrie **3** bat **4** club, mace **5** billy **6** cudgel, weapon **7** war club **8** bludgeon **9** billy club, truncheon

knock **3** bob, hit, rap, tap **4** bash, blow, bump, cuff, lick, swat **5** blame, clout, fault, pound, swipe, thump **6** strike **7** censure, condemn, setback **8** denounce, reversal **9** criticize **10** denunciate

knock down **4** drop, earn, fell, gain, raze **5** floor, level, lower **6** lay low, reduce **7** acquire, bring in, flatten **9** dismantle **11** disassemble

knocker **6** carper, critic **7** caviler **8** quibbler **10** complainer, criticizer **11** faultfinder

knock off **3** rob **4** copy, do in, halt, kill, quit, slay, stop **5** cease **6** deduct, defeat, desist, finish, murder **7** execute, imitate, take out **8** discount, overcome, subtract **9** liquidate **11** assassinate, call it quits, counterfeit

knockout **4** kayo **5** dandy, final **6** beauty, eyeful, looker, lovely **7** stunner **8** decisive, jim-dandy, striking, stunning **9** deathblow, finishing, humdinger **10** attractive **11** coup de grace, crackerjack

knock over **3** rob **4** down, drop, fell **5** amaze, floor, steal, upset **6** boggle, hijack, hold up, lay low, topple **7** flatten, stick up **9** bring down, eliminate, overpower, overthrow, overwhelm, prostrate

knoll **4** hill, knob **5** mound **7** hillock

knot **3** bow, tie **4** bond, burr, link, loop, lump, node **5** bunch, gnarl, hitch, nexus **6** jungle, tangle **8** ligament, ligature, vinculum ***in fiber:*** **3** nep ***kind:*** **4** bend, loop, slip **5** hitch **6** granny, splice, square **7** bowline **9** sheet bend **10** clove hitch, sheepshank

knotty **4** hard **6** sticky **7** complex, gnarled, Gordian **8** involved **9** byzantine, difficult, elaborate, intricate **10** formidable **11** complicated, problematic

knout **4** flog, lash, whip **7** scourge

know **3** wot **5** grasp **6** fathom, intuit **7** discern, realize **9** apprehend, recognize **10** appreciate, comprehend, experience, understand ***Scottish:*** **3** ken

knowable **9** graspable **10** cognizable, fathomable **12** intelligible **13** apprehensible

know-how **5** craft, knack, skill **6** talent **7** ability, cunning, faculty, mastery **8** aptitude **9** dexterity, expertise **10** adroitness, expertness **11** proficiency

knowing 3 hep, hip 4 sage, wise 5 aware, blasé, canny, smart 6 bright, clever 7 witting, worldly 8 sentient 9 cognizant, conscious, sagacious 10 conversant, discerning, insightful, perceptive 11 worldly-wise 13 sophisticated
know-it-all 6 smarty 7 wise guy 8 wiseacre 10 smart aleck 11 smartypants, wisenheimer
knowledge 3 ken 4 lore, news 5 facts 6 wisdom 7 science 8 learning 9 cognition, education, erudition 10 cognizance 11 information, scholarship 12 intelligence 13 enlightenment *lack of:* 9 ignorance *mystical:* 6 gnosis
knowledgeable 5 savvy 8 educated, informed
know-nothing 4 dolt, dope, fool 5 dummy, dunce, idiot, yahoo 6 dimwit 7 pinhead 8 agnostic, ignorant, numskull 9 benighted, blockhead, brainless, ignoramus, lamebrain, numbskull 10 illiterate, uneducated 11 empty-headed
knuckle 5 joint *combining form:* 6 condyl 7 condylo
knucklehead 4 dolt, dope, fool 5 dummy, dunce, idiot, yahoo 6 dimwit 8 clodpole, numskull 9 ignoramus, lamebrain, numbskull
knuckle under 3 bow 4 cave 5 yield 6 cave in, give in, submit 7 succumb 8 say uncle 9 surrender 10 capitulate
knurl 3 nub 4 bead, knob 5 ridge 12 protuberance
KO 4 kayo 8 knockout
koan 7 paradox
kobold 5 dwarf, gnome 6 goblin, spirit, sprite
Kohinoor 3 gem 7 diamond
kohlrabi 7 cabbage
kola 3 nut 4 tree
komatik 4 sled 6 sledge
kook 3 nut 5 crank, loony, wacko 6 cuckoo, weirdo 7 dingbat, lunatic, oddball 8 crackpot 9 ding-a-ling, fruitcake, screwball 10 crackbrain
kooky 4 daft, nuts 5 batty, crazy, daffy, dotty, flaky, loony, nutty, silly, wacky, weird 6 freaky, fruity, insane, screwy 7 bizarre, idiotic, lunatic, offbeat, touched 8 demented 9 eccentric, fantastic 10 flipped out, freaked-out, off-the-wall, outlandish
kopeck 4 coin *one hundred:* 5 ruble
Koran *chapter:* 4 sura *revealer of:* 7 Gabriel *scholar:* 5 ulama, ulema
Korea see *Korea, North; Korea, South*
Korean *dynasty:* 5 Silla 7 Koguryo *national dish:* 6 kimchi
Korea, North *capital:* 9 P'yongyang *city:* 7 Hamhung 8 Ch'ongjin *leader:* 9 Kim Il-sung, Kim Jong Il 10 Kim Chong-Il *monetary unit:* 3 won *mountain:* 6 Paektu *neighbor:* 5 China 6 Russia 10 South Korea *sea:* 6 Yellow
Korea, South *captial:* 5 Seoul *city:* 5 Pusan, Taegu 6 Inch'on, Taejon 7 Kwangju *island:* 5 Cheju *monetary unit:* 3 won *neighbor:* 10 North Korea *river:* 3 Han 7 Naktong *sea:* 5 Japan 6 Yellow
kosher 3 fit 4 pure 5 clean 6 proper 10 acceptable, legitimate, sanctioned 12 satisfactory
Kosinski novel 5 Steps 10 Being There 11 Painted Bird (The)
Koussevitzky 5 Serge 6 Sergei 9 conductor
kowtow 3 bow 4 fawn 5 cower, defer, kneel, toady 6 cringe, grovel 7 honey up, truckle 8 bootlick 11 apple-polish
kraal 3 pen 6 corral 7 village 9 enclosure
kraken 5 squid 9 leviathan 10 giant squid, sea monster
krater 3 jar 4 vase 6 vessel
Kriemhild *brother:* 7 Gunther *husband:* 5 Etzel 6 Attila 9 Siegfried *slayer:* 10 Hildebrand *victim:* 5 Hagen
kris 6 dagger
Krishna *avatar of:* 6 Vishnu *brother:* 8 Balarama *father:* 8 Vasudeva *mother:* 6 Devaki *uncle:* 5 Kansa *victim:* 5 Kansa
Krupp works site 5 Essen
kudos 4 bays, fame 5 award, glory, honor 6 honors, praise, renown 7 acclaim, bouquet, laurels 8 accolade, bouquets 10 compliment 11 distinction, recognition
kudu 8 antelope
kukri 5 sword
kumquat 5 fruit *kin:* 6 orange
Kushner play 15 Angels in America
Kuwait *capital:* 6 Kuwait *gulf:* 7 Persian *island:* 7 Bubiyan 8 Faylakah *language:* 6 Arabic 7 Persian *monetary unit:* 5 dinar *neighbor:* 4 Iraq 11 Saudi Arabia *oasis:* 8 Al-Jahrah
kvass 4 beer
kvetch 4 beef, crab, fret, fuss 5 gripe, whine 6 grouch, grouse 7 grumble 8 complain 9 bellyache
___ kwon do 3 tae
kyphosis 8 humpback 9 curvature, hunchback
Kyrgyzstan *capital:* 7 Bishkek *city:* 3 Osh *conqueror:* 9 Jöchi Khan *lake:* 8 Issyk-Kul *language:* 6 Kyrgyz 7 Russian *monetary unit:* 3 som *mountain, range:* 4 Alai 6 Pobedy 7 Victory 8 Tian Shan 10 Khan-Tengri 11 Kok Shaal-Tau *neighbor:* 5 China 10 Kazakhstan, Tajikistan, Uzbekistan *river:* 5 Naryn

L

Laadah ***father:*** **6** Shelah ***grandfather:*** **5** Judah
laager **4** camp **6** encamp **7** bivouac
lab **13** proving ground
Laban ***daughter:*** **4** Leah **6** Rachel ***father:*** **7** Bethuel ***grandfather:*** **5** Nahor ***sister:*** **7** Rebekah
label **3** tag **4** band, mark **6** marker, ticket **7** epithet, hallmark, sticker **8** classify, identify, insignia
labium **3** lip
labor **4** moil, task, toil, work **5** chore, grind, sweat **6** drudge, effort, strain, strive **7** slavery, travail **8** drudgery, endeavor, exertion, struggle **10** birth pangs, childbirth, donkeywork **12** childbearing ***group:*** **3** AFL, CIO **5** ILGWU, union **6** AFL-CIO ***leader:*** **5** Hoffa (James, Jimmy), Lewis (John L.), Meany (George) **6** Chavez (Cesar) **7** Gompers (Samuel), Reuther (Walter), Sweeney (John J.) **8** Kirkland (Lane), Randolph (A. Philip)
laboratory ***device:*** **5** flask **6** beaker, mortar, pestle, retort **7** burette, pipette **8** crucible, test tube **12** Bunsen burner
labored **4** hard **6** forced, taxing, tiring **7** arduous **8** strained **9** difficult, effortful, fatiguing, strenuous
laborer **4** hack, hand, peon **5** grind, navvy **6** coolie, menial **7** workman **10** roustabout, workingman ***Mexican:*** **7** bracero
laborious **4** hard **6** tiring, uphill **7** arduous, onerous, operose **8** diligent, grueling, sedulous, toilsome **9** assiduous, difficult, effortful, strenuous **10** burdensome, unflagging **11** hardworking, industrious, persevering **12** backbreaking
La Brea **4** pits **7** tar pits ***fossil:*** **7** mammoth **8** mastodon **10** saber-tooth
labyrinth **3** web **4** coil, knot, maze, mesh **5** skein, snarl **6** jungle, morass, tangle ***builder:*** **8** Daedalus ***hero:*** **7** Theseus ***monster:*** **8** Minotaur
labyrinthine **4** mazy **6** daedal, knotty **7** complex, gordian **8** involved, mazelike, tortuous **9** Byzantine, elaborate, intricate **10** convoluted, perplexing **11** bewildering, complicated
lace **3** net, tat, tie **4** cord, trim **5** adorn, braid, frill, plait, twine **6** fasten, string **7** entwine, netting, tatting **8** filigree, openwork **9** embroider **10** embroidery, intertwine **11** needlepoint ***edge:*** **5** picot ***ground:*** **6** reseau ***into:*** **5** abuse **6** attack **7** condemn ***kind:*** **6** bobbin **7** Alençon, guipure, macramé, Maltese, Mechlin, torchon **8** Brussels, Venetian **9** Chantilly **11** needlepoint **12** Valenciennes ***make:*** **3** tat ***pattern:*** **5** toilé
Lacedaemon **6** Sparta
lacerate **3** cut, rip **4** gash, rend, tear **5** slash, wound **6** mangle, pierce **7** afflict, mangled, torment **8** distress
lachrymose **3** sad **5** teary, weepy **7** doleful, tearful, weeping **8** dolorous, mournful **11** tear-jerking
lack **4** need, want **6** dearth, defect **7** absence, default, deficit, failure, paucity, poverty, require **8** scarcity, shortage **9** privation **10** deficiency, inadequacy, scantiness **13** insufficiency
lackadaisical **4** idle, lazy, limp, slow **5** moony **6** dreamy **7** languid, passive **8** fainéant, indolent, listless, slothful **9** apathetic, enervated **10** languorous, spiritless **11** daydreaming, halfhearted, languishing
lackey **5** toady **6** fawner, flunky, minion, vassal **7** footman, servant **8** truckler **9** attendant, sycophant
lacking **3** shy **4** sans **5** minus, short **6** absent, flawed, needed **7** missing, needing, omitted, wanting, without **8** devoid of, impaired **9** defective, deficient **10** deprived of, inadequate, incomplete **11** halfhearted **12** insufficient
lackluster **3** dim **4** arid, blah, drab, dull, flat **5** blind, ho-hum, matte, muted, prosy, rusty, vapid **6** boring, leaden **7** prosaic **8** lifeless, mediocre **9** colorless, tarnished, wearisome **10** uninspired **13** unimaginative
Laconian **7** Spartan ***king:*** **5** Lelex, Myles **8** Menelaus
laconic **4** curt **5** bluff, blunt, brief, pithy, short, terse **7** brusque, concise **8** succinct
lacquer **5** glaze, gloss **6** enamel, finish **7** shellac, varnish
lacrosse ***related game:*** **7** jai alai ***term:***

5 clamp 6 crease, crosse, pocket 7 face-off *team:* 3 ten
lactate 4 salt 5 ester, nurse 6 suckle 7 secrete 8 wet-nurse 10 breast-feed
lacteal 5 milky 6 cloudy, pearly
lacuna 3 gap, pit 4 void 5 blank, break, space 6 breach, cavity, hiatus 7 caesura 10 deficiency 12 interruption 13 discontinuity
lacy 5 meshy 6 dainty 7 netlike 8 delicate, gossamer 9 filigreed
lad 3 boy, son, tad 5 youth 6 shaver 9 shaveling, stripling *Irish:* 4 boyo 5 bucko *Scottish:* 5 chiel 7 callant
ladder 3 run 5 ranks, scale 6 series 7 ranking 9 hierarchy *adjunct:* 4 rung 6 rundle
ladderlike 6 scalar, scaled 7 stepped 11 scalariform
lade 3 dip, tax 4 bail, load, pack, ship, stow 5 ladle, scoop 6 burden, saddle, weight 8 encumber
la-di-dah 6 too-too 7 elegant, genteel, stuck-up 8 affected, snobbish 9 conceited, grandiose, high-flown 10 hoity-toity 11 pretentious
lading 4 haul, load 5 cargo, goods 6 burden 7 bailing, dipping, freight, loading, payload 8 shipment 11 consignment
ladle 3 dip 4 bail 5 scoop, spoon 6 dipper
Ladon 6 dragon *father:* 7 Phorcus, Phorcys *mother:* 4 Ceto *slayer:* 8 Heracles, Hercules
lady 4 dame 5 madam, woman 6 female, matron *French:* 4 dame *German:* 4 Frau *Italian:* 5 donna 7 signora *Muslim:* 5 begum *Spanish:* 4 doña 6 señora
lady ___ 4 luck 5 apple 6 beetle, chapel
ladybug 6 beetle *Australian:* 7 vedalia
Lady Chatterley's Lover *author:* 8 Lawrence (David Herbert) *character:* 6 Connie 7 Mellors (Oliver) 9 Constance
lady-killer 4 dude, hunk, roué, stud 7 playboy, seducer 8 Casanova, lothario 12 heartbreaker
Lady of the Lake, The 5 Ellen (Douglas), Nimue 6 Vivien *author:* 5 Scott (Walter)
Lady Windermere's Fan *author:* 5 Wilde (Oscar)
Laertes *father:* 8 Acrisius, Polonius *sister:* 7 Ophelia *son:* 7 Ulysses 8 Odysseus *victim:* 6 Hamlet *wife:* 8 Anticlea
La Fontaine's forte 5 fable
lag 4 drag, flag, last, poke, slow, tire 5 dally, delay, tarry, trail 6 dawdle, linger, loiter 7 slacken 8 hang back, hindmost, interval 10 dillydally 13 procrastinate
lager 4 beer, brew, malt, suds 7 brewski
laggard 3 lax 4 slow 5 tardy 6 loafer 7 dawdler 8 dallying, dawdling, delaying, dilatory, flagging, lingerer, loiterer, slowpoke, sluggish, tarrying 9 apathetic, lazybones, lethargic, loitering, straggler 10 behindhand
La Gioconda 8 Mona Lisa *composer:* 10 Ponchielli (Amilcare) *painter:* 7 da Vinci (Leonardo) 8 Leonardo (da Vinci)
lagniappe 3 tip 4 gift, perk 5 bonus 7 cumshaw, largess 8 dividend, gratuity 9 baksheesh, pourboire 10 perquisite
lagomorph 4 hare, pika 6 rabbit
lagoon 4 pond, pool 5 bayou, sound 6 strait 7 channel, narrows
___ La Guardia 8 Fiorello
Lahmi *brother:* 7 Goliath *slayer:* 7 Elhanan
laid-back 4 cool 6 breezy, casual 7 relaxed 8 carefree, informal 9 easygoing, hang-loose 10 nonchalant
lair 3 den 4 cave 5 haunt, lodge 6 burrow, refuge 7 hideout, retreat 8 hideaway 9 sanctuary
Laius *father:* 8 Labdacus *slayer, son:* 7 Oedipus *wife:* 7 Jocasta
lake 4 loch, mere, pond, pool, tarn 5 lough 6 lagoon *Adriatic:* 6 Varano *Alberta:* 6 Louise *Algeria:* 5 Hodna *Alps:* 6 Annecy *Arizona-Nevada:* 4 Mead *Armenia:* 5 Sevan 6 Gokcha, Sevang 9 Lychnitis *Aswan's:* 6 Nasser *Australia:* 4 Eyre 5 Carey, Cowan, Frome, Wells 6 Barlee 7 Amadeus, Everard, Torrens 8 Gairdner *Austria:* 5 Atter, Traun 6 Kammer 8 Attersee 9 Kammersee *Bolivia:* 5 Poopó *Botswana:* 5 Ngami *British Columbia:* 4 Pitt 5 Atlin *California:* 4 Mono, Tule 5 Clear, Eagle, Honey *Cambodia:* 8 Tonle Sap *Canada:* 4 Dyke 8 Manitoba *central Africa:* 4 Kivu 5 Mweru 6 Albert *Central America:* 5 Guija *central Europe:* 5 Leman 6 Geneva, Lugano 7 Ceresio 8 Bodensee 9 Constance *central North America:* 5 Rainy *Chile:* 4 Laja 5 Ranco *China:* 6 Poyang 8 Dongting *Colorado:* 5 Grand *Denmark:* 5 Esrum *east Africa:* 6 Rudolf 7 Turkana *east Asia:* 6 Khanka 7 Xingkai 8 Hsingkai *east central Africa:* 8 Victoria 10 Tanganyika *east China:* 3 Tai 5 Dalai, Hulun *Ethiopia:* 4 Tana, Zwai 5 Abaya, Shala, Shamo, Tsana 8 Stefanie 9 Chew Bahir *Finland:* 5 Inari *Florida:* 5 Worth 10 Okeechobee *Germany:* 5 Ammer, Chiem 8 Ammersee, Chiemsee *Ghana:* 5 Volta *Great:* 4 Erie 5 Huron 7 Ontario 8 Michigan, Superior *Greece:* 5 Bolbe, Volvi *Guatemala:* 7 Atitlán *Honduras:* 5 Yojoa *Honshu:* 3 Omi 4 Biwa, Suwa, Yodo *Hungary:* 7 Balaton 10 Plattensee *Idaho:* 4 Waha

5 Grays 6 Priest 11 Coeur d'Alene, Pend Oreille ***India:*** 3 Dal 5 Wular 6 Chilka ***Indonesia:*** 4 Poso, Toba 5 Ranau ***Iowa:*** 5 Storm ***Iran:*** 5 Niriz, Shahi, Urmia 8 Matianus, Urumiyeh 9 Bakhtigan ***Ireland:*** 3 Gur, Ree 4 Conn, Derg, Mask 5 Allen, Arrow, Leane ***Israel:*** 12 Bahr Tabariya, Sea of Galilee ***Israel-Jordan:*** 7 Dead Sea ***Italy:*** 4 Como, Iseo, Nemi 5 Garda 6 Albano 7 Bolsena, Perugia 8 Maggiore 9 Trasimene ***Japan:*** 4 Imba 8 Imbanuma ***Kazakhstan:*** 7 Balqash 8 Balkhash ***Louisiana:*** 4 Soda 9 Catahoula 13 Pontchartrain ***Maine:*** 6 Sebago 9 Moosehead ***Mali:*** 4 Debo ***Manitoba:*** 4 Gods 5 Cedar, Moose 8 Winnipeg ***Mexico:*** 7 Chapala ***Michigan:*** 4 Burt ***Minnesota:*** 3 Red 4 Cass, Gull, Swan 5 Leech 6 Itasca 9 Mille Lacs 10 Minnetonka, of the Woods 11 Lac qui Parle ***Minnesota-Wisconsin:*** 5 Pepin ***Mongolian:*** 3 Har 5 Har Us, Khara 8 Khara Usu ***Montana:*** 8 Medicine ***mountain:*** 4 tarn ***Myanmar:*** 4 Inle ***Nevada:*** 4 Ruby 7 Pyramid ***New Hampshire:*** 5 Squam 13 Winnipesaukee ***New Jersey:*** 5 Union ***New York:*** 4 Long 5 Chazy, Keuka 6 Cayuga, George, Oneida, Otsego, Owasco, Placid, Seneca 7 Crooked, Saranac 8 Onondaga, Saratoga 10 Chautauqua 11 Canandaigua, Skaneateles ***New Zealand:*** 4 Ohau 5 Hawea, Taupo 6 Pukaki, Wanaka 8 Wakatipu ***Nicaragua:*** 7 Managua ***North Africa:*** 4 Chad ***Northern Ireland:*** 5 Neagh ***Northwest Territories:*** 4 Gras 5 Baker, Garry, Pelly 9 Great Bear 10 Great Slave ***Norway:*** 5 Mjosa ***Nova Scotia:*** 7 Bras d'Or ***Ontario:*** 4 Rice, Seul 5 Trout ***Oregon:*** 5 Abert 6 Crater 7 Malheur, Wallowa ***Paraguay:*** 4 Ypoá ***Peru:*** 5 Junín 13 Chinchaycocha ***Philippines:*** 4 Bato, Taal 5 Lanao 6 Bombon ***Poland:*** 5 Mamry, Mauer ***Quebec:*** 5 Minto, Payne ***Russia:*** 3 Seg 5 Chany, Ilmen, Lacha, Onega 6 Baikal, Ladoga 7 Rybinsk 10 Eltonskoye 11 Ladozhskoye ***Saskatchewan:*** 4 Cree 5 Ronge ***Scotland:*** 3 Ard, Awe 4 Doon, Earn, Ness, Oich, Shin, Sloy 5 Leven, Lochy, Maree, Morar, Shiel 6 Lomond ***Siberia:*** 6 Baikal, Baykal ***South Africa:*** 4 Kosi ***South America:*** 5 Merin, Mirim 8 Titicaca ***South Carolina:*** 7 Wateree ***South Dakota:*** 5 Andes ***southeast Africa:*** 5 Nyasa 6 Nyassa ***southwest Europe:*** 5 Ohrid 7 Okhrida ***Sweden:*** 5 Asnen, Roxen 6 Siljan, Vänern, Vetter 7 Malaren, Vattern ***Switzerland:*** 3 Zug 4 Biel, Joux 5 Zuger 6 Bieler, Bienne, Brienz, Sarnen, Sarner, Zurich 7 Lucerne, Lungern 8 Brienzer, Zürichsee ***Tajikistan:*** 7 Karakul ***Tanzania:*** 5 Rukwa ***Texas-Louisiana:*** 5 Caddo ***Tibet:*** 4 Na-mu 6 Nam Tso, Tengri ***Turkey:*** 3 Tuz, Van 4 Bafa, Nice 5 Iznik, Sugla 6 Nicaea ***Uganda:*** 5 Kyoga ***Utah:*** 6 Powell, Sevier 9 Great Salt ***Wales:*** 4 Bala ***Washington:*** 4 Omak 5 Moses 6 Chelan 9 Wenatchee ***western China:*** 4 Ai-pi 6 Ebinur ***western United States:*** 4 Bear 5 Tahoe ***Wisconsin:*** 5 Green 9 Winnebago ***Yellowstone National Park:*** 5 Heart, Lewis 8 Shoshone ***Zaire:*** 5 Tumba ***Zambia:*** 9 Bangweolo, Bangweulu

lake group ***central North America:*** 5 Great ***Connecticut:*** 4 Twin ***Egypt:*** 5 Balah ***Maine:*** 8 Rangeley ***New Hampshire:*** 11 Connecticut ***New York:*** 6 Finger ***Saskatchewan:*** 5 Quill ***Twin:*** 8 Washinee 9 Washining ***Wisconsin:*** 4 Four

lake herring 5 cisco

Lake poet 7 Southey (Robert) 9 Coleridge (Samuel Taylor) 10 Wordsworth (William)

Lake Wobegon Days author 7 Keillor (Garrison)

Lakmé ***aria:*** 8 Bell Song ***composer:*** 7 Delibes (Léo)

Lakshmi ***husband:*** 6 Vishnu ***son:*** 4 Kama

lam 3 hit 4 beat, blow, bolt, drub, flay, flee, flog, pelt, skip, whip 5 baste, paste, pound, scram, smack, split, whale 6 batter, beat it, buffet, cut out, decamp, escape, flight, hammer, pummel, strike, thrash, wallop 7 getaway, take off, vamoose 8 breakout, escaping 9 skedaddle

La Mancha's knight 10 Don Quixote

lamb 4 cade 5 sheep 6 cosset 8 yeanling ***leg of:*** 5 gigot

lambaste 3 pan 4 beat, drub, flay, flog, lash, lick, pelt, slam, slap, trim, whip 5 paste, pound, roast, scold, score, slash, smear 6 assail, attack, berate, cudgel, hammer, pummel, scathe, scorch, thrash, wallop 7 assault, blister, censure, clobber, reprove, scourge, shellac, upbraid 8 bludgeon, denounce, harangue, lash into 9 castigate, criticize, excoriate 10 tongue-lash

lambent 5 aglow 6 ardent, bright, lucent 7 beaming, glowing, radiant, shining 8 gleaming, luminous, lustrous 9 brilliant, effulgent, refulgent, twinkling 10 flickering, glittering, shimmering 12 incandescent

lamblike 4 meek 6 docile

lamb of God 5 Jesus 6 Christ 8 Agnus Dei

Lamb's pseudonym 4 Elia

lame 4 gimp, halt, limp 5 gimpy, stiff

6 feeble, flimsy 7 cripple, disable, halting, limping 8 crippled, disabled, hobbling, inferior 10 inadequate 11 ineffectual 12 contemptible, unconvincing 13 incapacitated

lamebrain 3 oaf 4 dolt, dope, goof, mutt, simp, yo-yo 5 chump, dummy, dunce, idiot, moron, ninny, noddy, stupe 6 dimwit, donkey, dum-dum, nitwit, noodle 7 airhead, dullard, pinhead, schnook 8 bonehead, clodpoll, dumbbell, dumbhead, imbecile, lunkhead, meathead, numskull 9 blockhead, ignoramus, numbskull, simpleton, thickhead 10 dunderhead, hammerhead, nincompoop 11 chowderhead, chucklehead, knucklehead

Lamech *daughter:* 6 Naamah *father:* 10 Methuselah *son:* 4 Noah 5 Jabal, Jubal 9 Tubalcain *wife:* 4 Adah 6 Zillah

lament 3 cry, rue 4 keen, moan, pine, wail, weep 5 dirge, elegy, mourn 6 bemoan, bewail, grieve, plaint, regret, repent, sorrow 7 deplore, elegize, wailing 8 jeremiad, threnody 9 complaint, ululation

lamentable 6 rueful, woeful 7 doleful, pitiful 8 dolorous, grievous, mournful 9 plaintive, sorrowful 10 afflictive, deplorable, lugubrious, melancholy 11 distressing, regrettable, unfortunate 13 heartbreaking

lamentation 5 elegy, grief 7 anguish, remorse, wailing 8 grieving, mourning, threnody 9 sorrowing, ululation 13 mortification

Lamerok *father:* 9 Pellinore *lover:* 8 Margawse *slayer:* 6 Gawain

lamia 3 hag, hex 5 witch 7 hellcat, vampire 9 sorceress 11 enchantress, necromancer

Lamia *country:* 5 Libya *form:* 7 serpent *lover:* 4 Zeus

lamina 5 blade, flake, layer, plate, scale

lamp 3 arc 4 bulb 5 klieg, light, torch 7 lantern 10 candelabra 11 candelabrum *floor:* 8 torchère 9 torchiere *hanging:* 10 chandelier

lampblack 4 soot 6 carbon

Lampetia *father:* 6 Apollo, Helios *husband:* 9 Asclepius *mother:* 6 Neaera *sister:* 9 Phaethusa

lampoon 4 mock 5 roast, spoof, squib 6 parody, satire, send-up 7 take off 8 ridicule, satirize 9 burlesque 10 caricature, pasquinade

lamprey 3 eel

lanai 5 patio, porch 6 piazza 7 terrace, veranda

lance 4 gash, hurl 5 slash, spear 6 impale, pierce, skewer 7 javelin 8 transfix

Lancelot, Launcelot *father:* 3 Ban *lover:* 6 Elaine 9 Guinevere *son:* 7 Galahad *victim:* 6 Gawain

lancer 10 cavalryman *Prussian:* 5 uhlan

lancet 4 arch 5 blade, knife 6 cutter, window 7 scalpel

land 4 dirt, dock, gain, soil 5 acres, berth, earth, light, manor, shore, terra, tract 6 alight, estate, ground, obtain, pick up, secure 7 acquire, acreage, country, expanse, grounds, procure, set down, terrain, terrene 9 touch down 10 terra firma *alluvial:* 5 delta *barren:* 5 waste 6 desert *cultivated:* 4 farm 5 tilth 7 tillage *for grazing:* 3 lea, ley 5 range 6 meadow 7 pasture *high:* 4 hill, mesa 7 plateau 8 mountain *level:* 4 mesa 5 plain 7 plateau *low:* 4 vale 6 valley 9 intervale *measure:* 3 rod 4 acre *open:* 3 lea 5 field, green, plain 6 meadow 7 pasture *piece:* 3 lot 4 plot 5 tract 6 estate, parcel *reclaimed:* 6 polder *sloping:* 6 cuesta *strip:* 7 isthmus *wet:* 3 bog, fen 5 marsh, swamp 6 marish

land east of Eden 3 Nod

landed 4 alit

landlord 6 lessor, squire 9 innkeeper 10 freeholder

landmark 5 cairn, guide 9 benchmark, milestone, watershed 11 achievement 12 breakthrough, turning point

Land of Enchantment 9 New Mexico

Land of Lakes 8 Michigan

Land of Opportunity 3 USA 8 Arkansas 12 United States

Land of the Midnight Sun 6 Norway

landowner 6 squire, yeoman *Anglo-Saxon:* 5 thane, thegn *Dutch:* 7 patroon *Scottish:* 5 laird

landscape 5 scene, vista 7 scenery, setting, terrain 8 backdrop, prospect

lane 3 way 4 path, road 5 aisle, alley, byway, track 6 street 7 pathway, roadway 8 footpath 10 passageway

lang syne 4 past, yore 10 yesteryear

language 4 cant 5 argot, idiom, lingo, prose, slang 6 jargon, patois, speech, tongue 7 dialect, lexicon, palaver 10 vernacular, vocabulary 11 terminology *ambiguous:* 8 newspeak 10 double-talk *ancient:* 5 Greek, Latin 6 Hebrew 8 Etruscan, Sanskrit *artificial:* 3 Ido 7 Volapük 9 Esperanto *classical:* 5 Greek, Latin *combining form:* 5 gloss, glott 6 glosso, glotto *expert:* 8 linguist *informal:* 4 jive 5 lingo, slang *meaningless:* 6 babble, jabber 7 blather 9 gibberish 10 mumbo-jumbo *mixed:* 6 creole, pidgin *pretentious:* 7 bombast, fustian 8 claptrap *regional:* 7 dialect

relating to: **10** linguistic ***Romance:*** **6** French **7** Catalan, Italian, Spanish **8** Romanian, Rumanian **10** Portuguese ***secret:*** **4** cant, code **5** argot ***structure:*** **6** syntax **7** grammar ***suffix:*** **3** ese ***written:*** **5** prose

languid **4** lazy, limp **5** inert **6** draggy, supine, torpid **8** drooping, flagging, inactive, listless, slothful, sluggish **9** apathetic, enervated, impassive, lethargic **10** languorous, phlegmatic, spiritless **13** lackadaisical

languish **4** fade, fail, pine, tire, wilt **5** brood, droop **6** weaken **7** decline **9** waste away

languishing **4** limp, weak **6** feeble, pining **7** languid **8** fainéant, indolent, listless, weakened **9** depressed, enervated, enfeebled **10** dispirited, languorous, spiritless **11** debilitated, devitalized **13** lackadaisical

languor **3** kef, kif **5** ennui **6** stupor, tedium, torpor **7** fatigue **8** doldrums, dullness, hebetude, lethargy **9** heaviness, inertness, lassitude, torpidity, weariness **10** exhaustion

languorous **4** lazy, limp **5** inert **6** draggy, supine, torpid **7** laggard, languid, passive, relaxed **8** dilatory, drooping, fainéant, flagging, inactive, indolent, indulged, listless, pampered, slothful, sluggard **9** apathetic, enervated, impassive, lethargic **10** phlegmatic, spiritless **11** languishing **13** lackadaisical

lank **4** bony, lean, thin **5** rangy, spare **6** gangly **7** angular, scraggy, slender **8** gangling **10** attenuated

lanky **4** lean, thin **5** gaunt, spare **6** gangly **7** scrawny **8** gangling, rawboned

lanyard **4** cord, line, rope **7** cordage

Laocoön ***city:*** **4** Troy ***killer:*** **8** serpents

Laodamia ***father:*** **7** Acastus ***husband:*** **11** Protesilaus

Laomedon ***daughter:*** **7** Hesione ***father:*** **4** Ilus ***kingdom:*** **4** Troy ***mother:*** **8** Eurydice ***slayer:*** **8** Heracles, Hercules ***son:*** **5** Priam **8** Tithonus

Laos ***capital:*** **9** Vientiane ***city:*** **11** Savannakhet ***ethnic group:*** **5** Hmong ***monetary unit:*** **3** kip ***neighbor:*** **5** Burma, China **7** Myanmar, Vietnam **8** Cambodia, Thailand **9** Kampuchea ***river:*** **6** Mekong

lap **3** sip **4** fold, join, wind **6** cuddle, splash, swathe **7** circuit, control, custody, shingle **9** imbricate

lapidary **6** cutter **7** elegant, jeweler **8** engraver, polisher

lapillus **4** lava **6** cinder

lapin **6** rabbit

Lapiths ***foes:*** **8** centaurs ***king:*** **5** Ixion

lappet **4** flap, fold **5** lapel

Lapsang **3** tea **6** Fujian

lapse **3** err, gap, sin **4** fall, flub, goof, sink, slip, vice **5** boner, cease, error, fluff, gaffe, slide **6** breach, bungle, expire, foible, miscue **7** blooper, blunder, decline, descend, failing, failure, faux pas, forfeit, frailty, mistake, screwup, subside **8** apostasy, interval, trespass **9** backslide, deviation, oversight, violation **10** apostatize **11** backsliding, impropriety **12** indiscretion, interruption **13** retrogression, transgression

lapsed **4** sunk **5** ended **6** ceased **7** expired **8** obsolete **9** forfeited

Laputan **6** absurd **9** visionary

Lar **3** god **6** spirit

larboard **4** left, port **8** leftward

larcenist **5** thief **6** bandit, robber **7** burglar, filcher, stealer **8** pilferer **9** embezzler, plunderer, purloiner **10** pickpocket, shoplifter

larcenous **7** robbing **8** thieving **9** pilfering **10** plunderous **13** light-fingered

larceny **5** theft **7** looting, robbery **8** burglary, stealing, thievery, thieving ***kind:*** **5** grand, petty

lard **3** fat **6** fatten, grease **10** shortening

larder **6** pantry

large **3** big, fat **4** bull, huge, vast **5** ample, bulky, giant, grand, great, gross, hefty, husky, jumbo, major **6** goodly **7** copious, extreme, immense, mammoth, massive, outsize, sizable **8** colossal, enormous, gigantic, king-size, oversize, spacious, whopping **9** capacious, excessive, extensive, humongous, monstrous **10** exorbitant, immoderate, inordinate, large-scale, monumental, prodigious, stupendous, tremendous, voluminous **11** extravagant, substantial ***combining form:*** **4** macr, mega **5** macro **6** megalo

largesse **4** alms, gift **6** bounty **7** bequest, charity, cumshaw, gifting, present **8** donation, gratuity **9** endowment, pourboire **10** almsgiving, generosity, liberality **11** benefaction, benevolence, benificence, magnanimity, munificence **12** philanthropy

largo **4** slow **5** broad, tempo

lariat **4** rope **5** lasso, noose, reata, riata ***user:*** **6** cowboy, drover **10** cowpuncher

lark **4** bird, dido, romp **5** antic, caper, prank, shine, stunt, trick **6** frolic **7** rollick **8** escapade, songbird **9** diversion **10** tomfoolery **11** distraction, shenanigans **12** monkeyshines

larrup **3** tan **4** beat, cane, drub, dust, flay, flog, hide, lash, lick, whip, whup **5** pound, spank, whale **6** cudgel, lather, paddle, thrash, wallop **7** clobber, scourge, shellac, trounce **8** lambaste **10** flagellate

larva **3** bot **4** grub, worm **6** dobson, maggot **8** cercaria, hornworm, mealworm **10** casebearer **11** caterpillar **12** hellgrammite ***amphibian:*** **7** tadpole ***crustacean:*** **4** zoea ***flatworm:*** **5** redia ***free-swimming:*** **7** planula ***mollusk:*** **7** veliger ***moth:*** **8** leafworm ***tapeworm:*** **6** measle

larynx **7** trachea **8** voice box

lasagna **5** pasta **7** noodles

lascivious **4** lewd **5** bawdy, loose, randy **6** carnal, coarse, rakish, wanton **7** fleshly, goatish, immoral, lustful, satyric **8** depraved, prurient **9** lecherous, libertine, lickerish, salacious **10** libidinous, licentious, lubricious, profligate **12** concupiscent

lash **4** beat, bind, dash, flay, flog, hide, whip **5** baste, birch, fling, pound, scold, slash, whale **6** assail, berate, buffet, pummel, scathe, strike, stripe, switch, thrash **7** blister, scarify, scourge, upbraid **8** lambaste **9** castigate, excoriate, horsewhip **10** flagellate

lass **3** gal **4** girl, maid **5** wench **6** damsel, maiden **7** colleen

lassitude **5** ennui, sloth **6** apathy, stupor, tedium, torpor **7** fatigue, languor **8** debility, doldrums, dullness, hebetude, laziness, lethargy **9** indolence, tiredness, torpidity, weariness **10** exhaustion **11** disinterest, insouciance **12** heedlessness, indifference, listlessness, sluggishness

lasso see LARIAT

last **3** end, lag **5** abide, final **6** endure, latest, latter, utmost **7** closing, extreme, perdure, persist **8** continue, crowning, eventual, farthest, furthest, hindmost, rearmost, remotest, terminal, ultimate **9** umpteenth, uttermost **10** concluding, conclusive **11** terminating ***French:*** **7** dernier ***next to:*** **6** penult **11** penultimate

last-ditch **5** final **7** defiant **8** ultimate **9** desperate **10** concluding

lasting **6** stable **7** abiding, durable, undying **8** enduring, lifelong, long-term, longtime **9** continual, indelible, perennial, permanent, unceasing **10** continuing, continuous, perdurable, persisting **12** indissoluble, long-standing

Last of the Mohicans, The **5** Uncas ***author:*** **6** Cooper (James Fenimore) ***character:*** **4** Cora **5** Alice, Magua, Uncas **11** Natty Bumppo **12** Chingachgook

Last Supper, The ***painter:*** **7** da Vinci (Leonardo)

latch **4** bolt, hasp, hook **5** catch **6** fasten, secure **8** fastener ***British:*** **5** sneck

latchet **4** band, cord, lace **5** strap, thong **8** shoelace

late **4** dead, past, slow **5** tardy **6** former, recent, whilom **7** defunct, delayed, one-time, overdue, quondam **8** deceased, departed, sometime **9** preceding

Late George Apley, The ***author:*** **8** Marquand (John P.)

latent **4** idle **5** inert **6** covert, fallow, hidden, innate, unripe **7** abeyant, dormant, lurking **8** immature, inactive, inherent **9** concealed, intrinsic, potential, quiescent

later **4** anon, soon **5** after, infra **6** behind **7** by and by, ensuing **9** afterward, following, posterior **10** subsequent, succeeding **12** subsequently

lateral **4** pass, side **6** branch **8** crabwise, flanking, sidelong, sideward, sideways, sidewise

laterally **8** crabwise, sideward, sideways, sidewise

latest **6** newest, red-hot **7** current **8** contempo **9** au courant **10** dernier cri **13** up-to-the-minute

latex **6** balata **8** emulsion ***product:*** **5** paint **6** chicle, rubber

lath **4** slat **5** board, frame, stave, stick, strip

lather **4** flap, flog, foam, hide, lash, soap, stew, suds, whip **5** froth, spume, tizzy, yeast **6** dither, hoopla, pother, thrash, welter **7** scourge, turmoil **8** soapsuds

Latin **5** Roman **7** Italian **8** Hispanic ***after:*** **4** post ***always:*** **6** semper ***before:*** **4** ante, prae ***book:*** **5** liber ***boy:*** **4** puer ***brother:*** **6** frater ***but:*** **3** sed ***day:*** **4** dies ***dog:*** **5** canis ***foot:*** **3** pes ***friend:*** **6** amicus ***god:*** **4** deus ***goddess:*** **3** dea ***grammarian:*** **7** Donatus (Aelius) ***hand:*** **5** manus ***is:*** **3** est ***law:*** **3** ius, jus, lex ***light:*** **3** lux ***love:*** **3** amo **4** amas, amat, amor ***peace:*** **3** pax ***pronoun:*** **3** ego, nos, vos ***road:*** **3** via ***see:*** **4** vide ***that is:*** **5** id est ***thing:*** **3** res ***this:*** **3** hic, hoc **4** haec ***thus:*** **3** sic ***war:*** **6** bellum ***wife:*** **4** uxor ***woman:*** **6** femina ***year:*** **5** annus

Latin American ***country:*** **4** Cuba, Peru **5** Chile **6** Belize, Brazil, Guyana, Mexico, Panama **7** Bolivia, Ecuador, Uruguay **8** Colombia, Honduras, Paraguay, Suriname **9** Argentina, Costa Rica, Guatemala, Nicaragua, Venezuela **10** El Salvador ***revolutionary:*** **6** Castro (Fidel) **7** Bolívar (Simón), Guevara (Ché), Hidalgo (Father Miguel) **8** O'Higgins (Bernardo) **9** San Martín (José de)

Latinus ***daughter:*** **7** Lavinia ***father:*** **6** Faunus **8** Odysseus ***son-in-law:*** **6** Aeneas ***wife:*** **5** Amata

latitude 4 play, room 5 range, scope, space, width 6 leeway, margin 7 breadth, compass, freedom, liberty, license 9 elbowroom 10 discretion 12 independence
latke 7 pancake 13 potato pancake
Latona 4 Leto ***daughter:*** 5 Diana 7 Artemis ***father:*** 5 Coeus ***mother:*** 6 Phoebe ***son:*** 6 Apollo
Latter-day Saint 6 Mormon
lattice 4 grid, mesh 5 grate, grill 7 grating, network, trellis 12 reticulation
Latvia ***capital:*** 4 Riga ***city:*** 7 Liepaja 10 Daugavpils ***gulf:*** 4 Riga ***monetary unit:*** 3 lat ***neighbor:*** 6 Russia 7 Belarus, Estonia 9 Lithuania ***river:*** 7 Daugava 12 Western Dvina ***sea:*** 6 Baltic
Latvian 4 Lett 7 Lettish
laud 5 adore, bless, cry up, extol, glory, honor 6 admire, praise, revere 7 acclaim, flatter, glorify, magnify, worship 8 eulogize, venerate 9 celebrate, reverence
laudable 6 worthy 9 admirable, deserving, estimable 11 commendable, meritorious, thankworthy 12 praiseworthy
laudatory 7 glowing 9 adulatory, approving 10 eulogistic, flattering 11 approbative, encomiastic, panegyrical 12 commendatory 13 complimentary
laugh 3 yuk 4 ha-ha, roar, yuck 5 tehee, whoop 6 cackle, giggle, guffaw, hee-haw, titter 7 chortle, chuckle, snicker 10 cachinnate
laughable 4 rich 5 comic, droll, funny, goofy, witty 6 absurd, jocose 7 amusing, comical, jocular, mocking, risible 8 derisive, derisory, farcical, humorous 9 ludicrous 10 ridiculous
laughing 5 merry, riant 6 blithe 8 mirthful 9 sparkling
laughingstock 4 butt, dupe, fool, jest, joke, mark, mock 5 sport 6 target 7 mockery 8 derision
launch 4 boat, cast, fire, hurl 5 begin, debut, fling, heave, pitch, sling, start, throw 6 get off 7 jump off, kick off, lift off, release, take off, usher in 8 blast off, catapult, commence, embark on, initiate 9 inception, institute, introduce, motorboat, set afloat 10 inaugurate, initiation 12 inauguration
launder 4 wash 5 clean 6 trough 7 cleanse 8 sanitize, transfer
Laura's lover 8 Petrarch
laurels 4 bays, fame 5 award, honor, kudos, prize 6 awards, badges, honors, prizes, renown 7 acclaim 8 accolade, citation 9 accolades, citations 10 decoration, reputation 11 decorations, distinction 12 achievements, distinctions
laurel-tree nymph 6 Daphne
lava 4 slag 5 magma 6 scoria 8 andesite, trachyte ***fragment:*** 8 lapillus ***stream:*** 4 flow 6 coulee
lavalava 5 cloth, skirt
lavaliere 7 pendant 8 necklace
lavatory 4 head, john 5 basin, potty, privy 6 johnny, toilet 7 latrine 8 bathroom, restroom, washroom 11 water closet
lave 4 pour, wash 5 bathe
Lavinia ***father:*** 7 Latinus ***husband:*** 6 Aeneas ***mother:*** 5 Amata
Lavinium's founder 6 Aeneas
lavish 4 lush, pour 5 plush, spend, waste 6 swanky 7 liberal, opulent, profuse 8 effusive, prodigal, splendid, squander 9 bountiful, excessive, exuberant, luxuriant, luxurious, sumptuous 10 immoderate, inordinate, munificent 11 extravagant
law 3 act, lex 4 bill, code, rule 5 axiom, canon, edict, Torah 6 assize, decree, equity 7 dictate, justice, mandate, precept, statute, theorem 8 exigency 9 enactment, ordinance, principle 10 principium, regulation 11 commandment, fundamental 12 prescription ***body of:*** 4 code 7 pandect 12 constitution ***degree:*** 3 LLB, LLD ***expert:*** 5 judge 6 jurist 7 justice ***practitioner:*** 6 lawyer 7 counsel 8 attorney 9 barrister, solicitor ***relating to:*** 5 jural, legal 7 canonic 8 forensic, juristic 9 judiciary ***violation of:*** 4 tort 5 crime 6 felony 11 misdemeanor
law-abiding 6 decent 7 duteous, dutiful, orderly, upright 8 obedient, obliging, straight 9 compliant, peaceable 10 forthright, respectful 11 respectable, well-behaved
lawbreaker 3 con 4 hood, thug 5 crook, felon 6 outlaw, sinner 7 convict, hoodlum, mobster 8 criminal, gangster, hooligan, jailbird, offender, scofflaw, violator 9 desperado, wrongdoer 10 malefactor, trespasser 12 transgressor
lawful 3 due 4 just 5 legal, legit, licit, valid 6 kosher 7 condign 8 bona fide, innocent, mandated, ordained 9 allowable, canonical, juridical, legalized 10 authorized, legitimate 11 permissible
lawgiver 5 Draco, Moses, solon 7 senator 8 alderman 10 councilman, legislator 11 congressman
lawlessness 5 chaos 6 strife 7 anarchy, discord, misrule, turmoil 8 conflict, disorder 9 mobocracy 10 illegality, misconduct, ochlocracy, unruliness,

wrongdoing **11** criminality, pandemonium

lawman 7 marshal, officer, sheriff **9** policeman

Lawrence novel 7 Rainbow (The) **8** Kangaroo, Lost Girl (The) **9** Aaron's Rod **11** Women in Love **13** Sons and Lovers

lawsuit 4 case **5** cause, claim **6** action **8** replevin **9** assumpsit **10** litigation, proceeding **11** presentment, prosecution

lawyer 6 jurist, legist **7** counsel, pleader **8** advocate, attorney **9** barrister, counselor, solicitor ***dishonest:*** **7** shyster **11** pettifogger ***fictional:*** **7** Matlock (Ben) **10** Perry Mason ***French:*** **6** avocat

lax 5 loose, slack **6** casual, remiss, sloppy **7** lenient **8** careless, derelict, lacrosse **9** deficient, forgetful, negligent **10** neglectful **11** inattentive

lay 3 bet, put, set **5** apply, hatch, place, wager **6** assert, assign, ballad, charge, credit, devise, impute, settle, spread **7** amateur, arrange, ascribe, concoct, deposit, prepare, present **11** nonclerical

lay by 4 keep, save **5** amass, hoard, store **7** deposit, discard, store up **8** preserve, salt away, set aside **10** accumulate

lay down 3 set **4** rule **5** order, store, yield **6** assert, decree, define, give up, impose, ordain, record, resign **7** abandon, command, dictate, specify **8** hand over, preserve, proclaim **9** establish, prescribe, surrender **10** relinquish

layer 3 hen, ply **4** coat, film, seam, tier **5** paver, sheet **6** folium, lamina, veneer **7** coating, stratum **8** covering, laminate, membrane, sandwich, stratify ***inner:*** **6** lining ***of skin:*** **6** dermis **9** epidermis ***outer:*** **4** skin **6** veneer

lay for 6 ambush **8** surprise

lay in see LAY BY

layman 6 novice **7** amateur, secular **11** parishioner

lay off 4 halt, quit, stop **5** avoid, cease, let go, lie by **6** desist **7** dismiss, measure, release **9** discharge, terminate **10** inactivity **11** discontinue

lay out 3 pay **4** give, plan **5** chart, dummy, place, spend **6** design, expend **7** arrange, display, exhibit, prepare **8** disburse

lay waste 4 ruin **6** ravage **7** destroy **8** desolate **9** devastate

lazar 5 leper

Lazarus' sister 4 Mary **6** Martha

laze 3 bum, lag **4** bask, hang, idle, loaf, loll **5** chill **6** dawdle, loiter, lounge, slouch **7** goof off, hang out **8** chill out **9** goldbrick **10** hang around

laziness 5 sloth **6** torpor **7** inertia, languor, laxness, loafing **8** idleness, lethargy, otiosity **9** indolence, lassitude, loitering, slackness **10** inactivity **11** languidness **12** listlessness

lazy 3 lax **4** idle **5** inert, slack **6** droopy, remiss, supine, torpid **7** languid, loafing, passive **8** fainéant, inactive, indolent, listless, slothful, sluggish **9** lethargic, negligent, shiftless, slowgoing **10** languorous

lazy Susan 4 tray **9** turntable

leach 4 drip, leak, ooze, perk, seep, suck, weep **5** bleed, drain, exude, issue **7** draw out, dribble, trickle **8** filtrate, perspire **9** discharge, lixiviate, percolate

lead 3 tip **4** head, hint, show, star **5** guide, metal, plumb, route, steer, trace, usher **6** bullet, ceruse, direct, escort, leader **7** captain, conduct, precede, preface **8** graphite, persuade, shepherd **10** bellwether ***combining form:*** **5** plumb **6** plumbo ***ore:*** **6** galena **9** anglesite ***oxide:*** **6** sinter ***sounding:*** **5** plumb **7** plummet

lead astray 6 seduce **7** corrupt

leaden 4 drab, dull, flat, gray **5** heavy, inert **6** gloomy, somber **7** languid, weighty **8** dragging, lifeless, sluggish **9** ponderous

leader 4 boss, dean, duce, guru, head, jefe, lord **5** chief, guide, pilot **6** despot, honcho, rector **7** captain, foreman, general, headman, manager, warlord **8** chairman, director, hierarch, superior **9** chieftain, commander, conductor, demagogue, harbinger, precursor, president, principal, straw boss **10** bellwether, forerunner, pacesetter ***authoritarian:*** **10** Big Brother ***Cossack:*** **6** ataman, hetman ***German:*** **6** führer **7** fuehrer ***Japanese:*** **6** shogun ***military:*** **7** admiral, general, warlord **9** commander **12** field marshal ***Muslim:*** **3** aga **4** agha, emir **6** caliph, mullah ***national:*** **7** premier **9** president **12** chief of state

leading 4 arch, head, main **5** chief, first, major **6** famous, master **7** premier, primary **8** champion, foremost, headmost, peerless **9** paramount, principal, prominent, well-known **10** preeminent

lead on 3 con **4** bait, dupe, fool, gull, hoax, lure, scam, tole, toll, wile **5** cozen, flirt, tempt **6** allure, betray, cajole, coquet, delude, entice, entrap, humbug, seduce, suck in, take in, trifle **7** beguile, deceive, toy with **8** coquette, hoodwink, inveigle **9** bamboozle **11** string along

leaf 4 flip, foil, page, riff, scan, skim **5** blade, bract, folio, frond, petal, scale, sepal, thumb **6** browse, glance, riffle, spathe ***aperture:*** **5** stoma ***axis:*** **6** rachis ***combining form:*** **5** phyll **6** phyllo **7** phyllum ***edge:*** **9** crenation ***lily:*** **3** pad ***part:*** **4** lobe, vein **5** blade, costa, stoma **7** petiole, stipule, tendril ***pine:*** **6** needle ***vein:*** **5** costa

leafage **7** foliage, umbrage, verdure

leaflet **5** flier, flyer, pinna, sheet, tract **6** folder **7** handout **8** circular, handbill, pamphlet

leafy **4** lush **5** green, shady **6** shaded, wooded **7** foliate, verdant **8** foliated, laminate **9** verdurous

league **4** band, bond, club, crew **5** class, grade, group, guild, order, union, unite **6** circle **7** circuit, combine, society **8** alliance, category, division, grouping, sodality **9** coalition **10** conference, consortium, federation, fellowship, fraternity **11** association, brotherhood, confederacy **13** confederation

Leah ***daughter:*** **5** Dinah ***father:*** **5** Laban ***husband:*** **5** Jacob ***sister:*** **6** Rachel ***son:*** **4** Levi **5** Judah **6** Reuben, Simeon **7** Zebulun **8** Issachar

leak **4** drip, ooze, seep **5** break, crack, spill **6** escape, get out, reveal, source **7** come out, divulge, seepage **8** disclose **9** discharge **10** make public

leaky **6** broken, faulty, porous **7** cracked, damaged

lea, ley **4** veld **5** field, veldt **6** fallow, meadow **7** pasture **9** grassland, pasturage

lean **3** sag, tip **4** bend, bony, cant, heel, lank, list, slim, thin, tilt **5** gaunt, lanky, shift, slant, slope, spare **6** meager, meagre, skinny, slight, wasted **7** angular, deviate, haggard, incline, pinched, scraggy, scrawny, slender, stringy, wizened **8** gradient, rawboned **9** deficient **11** inclination

Leander's beloved **4** Hero

Leaning Tower site **4** Pisa

lean-to **3** hut **4** shed **5** shack **6** shanty **7** bivouac, shelter

leap **3** hop **4** buck, jump, loup, rise, soar **5** bound, caper, clear, mount, vault **6** ascend, gambol, hurdle, spring **7** saltate **8** capriole, surmount ***ballet:*** **4** jeté **9** entrechat ***by a horse:*** **7** gambado

Lear, King ***daughter:*** **5** Regan **7** Goneril **8** Cordelia ***servant:*** **4** Kent

learn **3** con **4** hear **5** grasp, study **6** attain, detect, master, pick up **7** acquire, catch on, discern, find out, realize, uncover, unearth **8** discover, memorize **9** ascertain, determine **10** comprehend, understand **11** stumble onto

learned **4** sage, wise **6** expert, versed **7** bookish, erudite, sapient, studied **8** abstruse, academic, cultured, educated, esoteric, highbrow, lettered, pedantic, well-read **9** recondite, scholarly **10** cultivated, scholastic **12** intellectual

learner **4** tyro **5** pupil **6** novice, rookie **7** student, trainee **8** beginner, disciple, initiate, neophyte **9** greenhorn, postulant **10** apprentice, catechumen **11** abecedarian

learning **4** lore **6** wisdom **7** science, tuition **8** booklore, pedantry **9** education, erudition, knowledge **11** scholarship ***person of:*** **7** egghead, scholar **9** professor **12** intellectual

lease **3** let **4** hire, rent **6** sublet **7** charter, compact **8** contract, covenant, document **11** continuance

leash **3** tie **4** bind, cord, curb, rein, rope **5** strap **6** bridle, fetter, hamper, tether **7** shackle, trammel **8** restrain **9** entrammel

least **6** fewest **7** minimal, minimum **8** smallest

leather **3** tan **4** hide, skin, whip **6** thrash ***kind:*** **3** kid, kip, oak **4** bock, buff, calf, roan **5** crown, grain, mocha, strap, suede, whang **6** castor, latigo, oxhide, patent, roller, saddle, skiver **7** buffalo, chamois, morocco, ostrich, peccary **8** capeskin, cordovan, cordwain, shagreen ***maker:*** **5** tawer **6** tanner **7** tannery ***piece:*** **4** welt **5** strap, thong ***prepare:*** **3** tan, taw **5** curry ***soft:*** **5** mocha, suede **8** cabretta

leatherneck **6** marine

Leatherstocking Tales, The ***author:*** **6** Cooper (James Fenimore) ***hero:*** **5** Natty (Bumppo) ***title:*** **7** Prairie (The) **8** Pioneers (The) **10** Deerslayer (The), Pathfinder (The) **17** Last of the Mohicans (The)

leave **3** fly, let **4** blow, cede, exit, flee, move, part, quit, will **5** allow, scram, split **6** assent, assign, beat it, commit, cut out, decamp, depart, desert, devise, escape, get off, legate, permit, resign, retire, set out, vacate **7** abandon, abscond, absence, consent, consign, entrust, forsake, get away, liberty, pull out, take off, vamoose **8** bequeath, clear out, farewell, furlough, hand down, transmit, vacation, withdraw **9** departure, disappear, surrender, terminate **10** permission, relinquish, sabbatical **13** authorization

leaved **5** green **7** foliate, verdant **8** foliated

leaven **5** imbue, steep, yeast **6** infuse, invest, modify, temper, vivify **7** enliven, ingrain, lighten, suffuse **8** moderate **9** alleviate, inoculate, sourdough **12** baking powder

leave of absence **8** furlough

leave off **3** end **4** halt, quit, stop **5** cease **6** desist, give up **7** abstain **8** give over, surcease **9** terminate **11** discontinue

leave out **4** omit, skip **5** elide **7** exclude

Leaves of Grass author **7** Whitman (Walt)

leavings **4** lees, orts, rest **5** dregs, scrap **6** debris, grouts **7** balance, remains, remnant, residue, rubbish **8** discards, oddments, remnants, residual, residuum **9** fragments, leftovers, remainder

Lebanon ***capital:*** **6** Beirut ***city:*** **4** Tyre **5** Sidon **6** Zahlah **7** Tripoli ***language:*** **6** Arabic, French ***monetary unit:*** **5** pound ***mountain:*** **6** Hermon ***neighbor:*** **5** Syria **6** Israel ***river:*** **6** Litani **7** Orontes ***sea:*** **13** Mediterranean ***valley:*** **5** Bekáa

Le Carré, John ***character:*** **6** Smiley (George) ***novel:*** **11** Russia House (The) **17** Little Drummer Girl (The) **22** Tinker, Tailor, Soldier, Spy **23** Spy Who Came in from the Cold (The)

lecher **4** rake, roué, wolf **7** Don Juan, seducer **8** Casanova, lothario **9** debauchee, reprobate, libertine, womanizer **10** degenerate, profligate, voluptuary **11** philanderer

lecherous **4** lewd **5** bawdy, loose, randy **6** carnal, coarse, rakish, wanton **7** fleshly, goatish, immoral, lustful, satyric **8** depraved, prurient, scabrous **9** debauched, libertine, lickerish, salacious **10** lascivious, libidinous, licentious, lubricious, profligate **11** promiscuous **12** concupiscent

lectern **4** desk **5** stand **6** podium

lecture **4** talk **5** chide, scold, speak **6** berate, preach, rebuke, sermon, speech **7** address, declaim, expound, oration, reproof, reprove, upbraid **8** admonish, briefing, harangue, scolding **9** chalk talk, criticism, criticize, discourse, hold forth, reprimand, talking-to **10** allocution **12** disquisition, dressing-down

lecturer **3** don **6** docent, fellow, master, orator, reader **7** scholar, speaker, teacher, trainer **9** pedagogue, preceptor, professor **10** instructor **11** academician

Leda ***daughter:*** **5** Helen **12** Clytemnestra ***father:*** **8** Thestius ***husband:*** **9** Tyndareus ***lover:*** **4** swan, Zeus ***son:*** **6** Castor, Pollux

ledge **3** bar, rim **4** berm, lode, reef, sill, vein **5** bench, ridge, shelf **6** mantle **7** bedrock, molding **10** projection

ledger **4** book **5** tally **6** record **7** account, balance **8** register **9** reckoning

lee **5** haven **7** shelter **9** protected, sheltered

leech **4** milk, worm **5** bleed, drain **6** sponge, sucker **7** exhaust, sponger **8** barnacle, hanger-on, parasite **10** freeloader **11** bloodsucker **12** lounge lizard

leer **3** eye **4** ogle **5** fleer, gloat, smirk, sneer, stare **6** glance, goggle, squint **7** grimace

leery **4** wary **5** chary **6** unsure **7** dubious, guarded **8** cautious, doubtful, doubting **10** suspicious **11** circumspect, distrustful, mistrustful

lees **5** dregs **6** grouts, refuse **7** deposit, grounds, residue **8** leavings, residual, residuum, sediment **9** settlings **11** precipitate

leeward **8** downwind ***opposite:*** **8** windward

leeway **4** play, room **5** scope, space **6** margin **7** breadth, compass, freedom, liberty **8** latitude **9** elbowroom, tolerance

left **4** port **7** liberal, radical **8** departed, deserted, larboard, residual, sinister **9** abandoned, discarded, remaining, sinistral

left-handed **5** inept **6** clumsy, gauche **7** awkward, dubious **8** fumbling, southpaw **9** ambiguous, equivocal, insincere, maladroit **10** morganatic

left-hand page **5** verso

leftover **5** extra, spare **6** excess, unused **7** remnant, reserve, residue, surplus, uneaten, vestige **8** residual, unneeded **9** redundant, remainder, remaining **10** unconsumed **11** superfluous

leftovers see LEAVINGS

leftward **4** levo **5** aport ***go:*** **3** haw

leg **3** gam **4** limb **5** shank **7** support, upright **8** cabriole **9** appendage, drumstick ***bone:*** **4** shin **5** femur, tibia **6** fibula **7** patella ***part:*** **4** calf, crus, foot, knee, shin **5** ankle, thigh

legacy **4** gift **5** trust **6** devise, estate **7** bequest **8** heirloom, heritage **9** endowment, patrimony, tradition **10** birthright **11** benefaction, inheritance

legal **5** legit, licit **6** lawful **7** allowed **8** innocent **9** juridical, statutory **10** legitimate, sanctioned ***matter:*** **3** res **4** case, suit ***order:*** **4** writ **7** summons **8** subpoena ***party:*** **6** suitor **8** litigant **9** defendant, plaintiff ***restraint:*** **8** estoppel

legal tender **3** wad **4** cash **5** bread, dough, money, moola, notes **6** moolah, specie **7** coinage **8** banknote, currency **9** long green

legate 4 will 5 endow, envoy, grant, leave 6 bestow, commit, devise, deputy, devise, pass on 7 entrust, leave to 8 bequeath, delegate, emissary, hand down, transmit 10 ambassador
legatee 4 heir 7 devisee 9 inheritor
legato 5 fluid 6 smooth 7 flowing
legend 3 key 4 lore, myth, saga, tale, yarn 5 fable, motto, story 6 mythos 7 caption, fiction 8 epigraph, folklore, folktale 9 mythology, tradition 11 inscription
legendary 5 famed 6 fabled, famous, mythic 7 fabular, fancied, fictive, storied 8 fabulous, mythical, renowned, supposed 9 well-known 10 apocryphal, celebrated 11 illustrious, traditional 12 mythological
legerdemain 5 magic 8 trickery 9 chicanery, conjuring, deception 13 sleight of hand
leggings 5 chaps 7 puttees 9 gambadoes
leghorn 3 hat 4 fowl 5 straw 7 chicken
legible 5 clear 8 distinct, readable 12 decipherable, intelligible
legion 4 army, host, many, mass, rout 5 cloud, crowd, drove, flock, horde 6 myriad, scores, sundry, throng 7 phalanx, various 8 numerous, populous 9 countless, multitude 10 numberless
legislate 5 enact, order 6 codify, decree, ordain, permit, ratify 7 empower, mandate 8 legalize, regulate, sanction 9 establish
legislation 3 act, law 4 acts, bill, code, laws 5 bills, codes, rules 6 edicts 7 statute 8 charters, dictates, statutes 9 enactment, lawmaking 10 enactments, ordinances, regulation 11 regulations 12 codification
legislator 5 solon 7 senator 8 alderman, lawgiver, lawmaker 10 councilman 11 assemblyman, congressman
legislature 4 diet 5 house, junta 6 senate 7 council 8 assembly, congress 10 parliament ***Communist:*** 6 soviet 9 politburo, presidium ***czarist Russian:*** 4 duma ***Danish:*** 9 Folketing ***Finnish:*** 9 Eduskunta ***German:*** 9 Bundesrat, Bundestag ***Iceland:*** 7 Althing ***Israel:*** 7 Knesset ***Norway:*** 8 Storting ***one-house:*** 10 unicameral ***Poland:*** 4 Sejm ***Spain:*** 6 Cortes ***Sweden:*** 7 Riksdag ***two-house:*** 9 bicameral
legitimate 4 fair, just, true 5 legal, licit, sound, usual, valid 6 kosher, lawful, normal, proper 7 genuine, regular, typical 8 accepted, innocent, orthodox, rightful 9 allowable, authentic, canonical, customary 10 admissable, authorized, reasonable, recognized 11 justifiable, well-founded
Le Guin novel 7 Telling (The) 18 Left Hand of Darkness (The)
legume 3 pea, pod 4 bean, guar, seed 5 pulse 6 clover, lentil 7 soybean
leg up 3 aid 4 edge, lift 5 boost 6 assist 9 advantage, head start
lei 6 wreath 7 garland 8 necklace
Leibniz's invention 8 calculus
Leif Eriksson ***discovery:*** 7 Vinland ***father:*** 4 Eric, Erik (the Red)
leisure 4 ease, rest, time 6 casual, chance, repose 7 freedom, liberty 10 relaxation 11 opportunity
leisurely 4 easy, slow 6 lazily, slowly 7 relaxed, restful 8 laid-back 9 unhurried
leitmotiv 4 idea 5 theme, topic 6 burden, motive, thesis 7 subject
lemma 5 bract, theme 7 heading, premise, theorem 8 argument 11 proposition
lemon 3 dud 4 bomb, bust, flop 5 fruit, loser, scent 6 flavor, yellow 7 failure
lemur 5 indri, loris, potto 6 aye-aye, colugo, galago 7 tarsier 8 bush baby
lend 4 give, loan 5 allow, grant 6 afford, oblige, supply 7 advance, furnish, provide 11 accommodate
length 4 span 5 ambit, range, reach, realm, scope 6 extent, radius 7 compass, expanse, measure, purview, section, stretch, yardage 8 distance, duration
lengthen 6 expand, extend, let out 7 draw out, prolong, spin out, stretch 8 elongate, increase, protract 9 string out ***Scottish:*** 3 eke
lengthy 4 long 8 dragging, drawn-out, extended, overlong 9 elongated, prolonged 10 long-winded, protracted, voluminous 12 interminable
leniency 5 mercy 7 quarter 8 clemency 9 tolerance 10 indulgence, toleration 11 forbearance
lenient 4 easy, kind, mild, soft 6 benign, gentle, kindly 7 amiable, clement 8 merciful, obliging, tolerant 9 benignant, forgiving, indulgent 10 forbearing, permissive
lenity 5 mercy 7 quarter 8 clemency 9 tolerance 10 humaneness, indulgence 11 forbearance
lens 5 glass 6 lentil 8 meniscus ***kind:*** 5 toric 6 convex 7 bifocal, concave 8 trifocal
lento 4 slow 5 tempo
Leofric's wife 6 Godiva
Leoncavallo opera 9 Pagliacci (I) 10 Chatterton
leonine 8 lionlike

Leonora 7 heroine *alias:* 7 Fidelio *husband:* 9 Florestan
leopard 3 cat 4 pard 5 ounce 7 panther
leper 6 pariah 7 Ishmael, outcast 8 castaway, derelict 9 incurable 10 Ishmaelite 11 untouchable
Leper Priest 6 Damien (Father)
lepers' hospital 9 lazaretto
lepers' island 7 Molokai
lepidoptera 5 moths 8 skippers 11 butterflies 12 caterpillars
Leporello's master 11 Don Giovanni
leprechaun 3 elf 5 dwarf, fairy 6 sprite 7 brownie *trade:* 8 cobbling
Lesage hero 7 Gil Blas
Lesbos poet 6 Sappho 7 Alcaeus
___ **LeShan** 3 Eda
lesion 3 cut 4 boil, flaw, harm, sore 5 ulcer, wound 6 injury 7 blister
Lesotho *capital:* 6 Maseru *ethnic group:* 5 Sotho *former name:* 10 Basutoland *language:* 5 Sotho *monetary unit:* 4 loti *mountain:* 9 Ntlenyana *neighbor:* 11 South Africa *river:* 6 Orange 7 Caledon
lessen 3 cut 4 clip, crop, ease, thin, wane 5 abate, erode, lower, taper 6 dilute, impair, minify, recede, reduce, shrink, weaken 7 abridge, assuage, curtail, degrade, dwindle, lighten, relieve, subside 8 decrease, diminish, minimize, mitigate, taper off 9 attenuate
lessening 4 drop, fall 5 letup 8 decrease, slowdown 9 abatement, reduction 10 curtailing, diminution 11 degradation
lesser 5 lower, minor 7 smaller 8 inferior 9 secondary, small-time, subjacent 11 minor-league, subordinate 13 insignificant
lesson 4 text 5 chide, moral, study 6 rebuke 7 example, lecture, reading, reprove, warning 8 admonish, exercise, homework, reproach 9 reprimand 10 admonition, assignment 11 instruction
lessor 8 landlady, landlord 9 landowner 10 freeholder
let 4 make, rent 5 allow, grant, lease, leave 6 assign, permit, suffer 9 authorize 11 obstruction
letdown 5 slump 7 decline, descent, failure, reverse, setback 10 anticlimax, depression, misfortune 11 frustration
let go 3 can 4 boot, fire, free, sack 5 remit 6 unhand 7 dismiss, neglect, release, set free 8 liberate 9 discharge, terminate
lethal 4 fell 5 fatal 6 deadly, mortal, poison 7 baleful, deathly 8 poisoned, virulent 9 murderous, poisonous 11 destructive, devastating
lethargic 4 dull, idle, slow 5 dopey, heavy, inert 6 draggy, supine, torpid 7 dormant, laggard, languid, passive 8 comatose, dilatory, inactive, listless, slothful, sluggish 9 apathetic, impassive 10 languorous, phlegmatic, spiritless 11 indifferent 12 hebetudinous 13 lackadaisical
lethargy 5 sloth 6 apathy, phlegm, stupor, torpor 7 inertia, languor, slumber 8 dullness, hebetude, idleness, laziness 9 disregard, inanition, indolence, inertness, lassitude, torpidity 10 inactivity, supineness 11 impassivity, passiveness 12 listlessness
lethe 7 amnesia 8 oblivion 13 forgetfulness
Leto see LATONA
let off 5 spare 6 excuse, exempt 7 absolve, relieve 8 dispense 9 discharge
let on 3 own 5 admit, allow, grant, own up, spill 6 betray, fess up, reveal 7 concede, confess, confirm, divulge, pretend 8 disclose, give away
let out 5 blurt, loose 6 exhale 7 release, set free, unloose 8 lengthen, liberate, set loose 9 discharge, turn loose
letter 3 bee, cee, cue, dee, ess, gee, jay, kay, pee, tee, vee, wye, zed, zee 4 line, mail, memo, note, rune 5 aitch, print, vowel 6 report, screed, symbol 7 epistle, message, missive 8 dispatch, inscribe 9 consonant *airmail:* 8 aerogram *Anglo-Saxon:* (see ANGLO-SAXON) *Arabic:* (see ALPHABET) *Greek:* (see ALPHABET) *Hebrew:* (see ALPHABET) *kind:* 5 chain, roman 6 italic, uncial 8 Dear John *large:* 7 capital 9 majuscule, uppercase *small:* 9 lowercase, minuscule
lettuce 3 cos 4 Bibb, head 6 Boston 7 iceberg, romaine, Simpson 10 butterweed
let up 3 ebb 4 fall, stop, wane 5 abate, cease 6 lessen, relent 7 die away, die down, ease off, slacken, subside 8 decrease, diminish, moderate, taper off
letup 4 lull 5 break, pause 7 respite 9 abatement, cessation, lessening, reduction 10 slackening
levee 4 dike, dock, pier, quay 5 jetty, ridge, wharf 7 seawall 8 assembly, function 9 reception 10 breakwater, embankment, riverfront
level 3 aim, lay, par 4 calm, even, flat, raze, same, tier 5 equal, floor, flush, grade, plane 6 direct, ground, smooth, status, steady 7 aligned, flatten, mow down 8 balanced, bulldoze, demolish,

equalize, parallel, smoothen, standing **9** bring down, intensity, knock down, magnitude **10** equivalent, horizontal, reasonable **11** equilibrium

lever **3** bar, pry **4** jack, tool **5** jimmy, peavy, prize **6** peavey, tappet **7** crowbar

leverage **5** clout, power **7** exploit **9** advantage, dominance, influence **11** superiority **13** effectiveness

leveret **4** hare

Levi ***father:*** **5** Jacob ***mother:*** **4** Leah ***son:*** **6** Kohath, Merari **7** Gershon

leviathan **4** huge **5** giant, jumbo, large, titan, whale **7** Goliath, immense, mammoth, massive, monster, titanic **8** behemoth, colossal, colossus, enormous, gigantic **9** cyclopean, monstrous **10** formidable, gargantuan **11** elephantine, monstrosity

Leviathan author **6** Hobbes (Thomas)

levitate **4** lift, rise **5** float, raise **7** elevate, suspend

levity **5** folly, humor **8** buoyancy **9** absurdity, flippancy, frivolity, giddiness, lightness, silliness **10** jocularity, volatility

levy **3** tax **4** duty, toll, wage **5** exact, lay on **6** assess, charge, custom, enlist, impose, impost, tariff **7** carry on, collect **9** conscript **10** assessment, enlistment **12** conscription

lewd **5** bawdy, gross **6** coarse, ribald, smutty, vulgar **7** fleshly, goatish, lustful, obscene, satyric **8** depraved, improper, indecent, prurient, unchaste **9** debauched, lecherous, libertine, lickerish, salacious **10** indelicate, lascivious, libidinous, licentious, lubricious

Lewis and Clark interpreter **9** Sacagawea

Lewis novel **7** Babbitt **9** Dodsworth **10** Arrowsmith, Main Street **11** Elmer Gantry

Lewis work **18** Chronicles of Narnia (The)

lexicographer **8** compiler ***American:*** **6** Porter (Noah) **7** Webster (Noah) **9** Worcester (Joseph) ***English:*** **4** Wyld (Henry) **6** Fowler (Francis, Henry), Murray (James), Onions (Charles) **7** Craigie (William), Johnson (Samuel) **9** Partridge (Eric) ***French:*** **6** Littré (Paul-Emile) **8** Larousse (Pierre) ***German:*** **5** Grimm (Jakob, Wilhelm)

lexicon **4** cant **6** jargon **8** glossary, language, wordbook **9** inventory, wordhoard **10** dictionary, repertoire, vocabulary **11** terminology

liable **3** apt **4** open **5** given, prone **6** likely **7** exposed, subject **8** inclined **9** sensitive **10** answerable, assailable, vulnerable **11** accountable, responsible, susceptible

liaison **4** bond, link **5** amour, fixer **6** affair, broker, hookup **7** contact, romance **8** intrigue **9** go-between **10** connection **12** entanglement, intermediary, relationship **13** communication

liana **4** vine

liar **6** fibber **7** Ananias **8** fabulist, perjurer **9** falsifier **12** prevaricator ***female:*** **8** Sapphira

libation **5** drink **6** liquid, liquor **7** potable **8** beverage, oblation, offering, potation

libel **4** slur **5** smear **6** defame, malign, vilify **7** asperse, calumny, obloquy, slander, traduce **8** bad-mouth, tear down **9** aspersion, denigrate **10** calumniate, defamation, scandalize **11** denigration

libelous **6** untrue **9** injurious, invidious, maligning, traducing, vilifying **10** backbiting, calumnious, defamatory, derogative, derogatory, detracting, detractive, malevolent, pejorative, scandalous, slanderous

liberal **4** full, open **5** ample, broad, loose **6** lavish **7** copious, profuse, radical **8** abundant, generous, prodigal, tolerant **9** bounteous, bountiful, indulgent, plentiful, unsparing **10** benevolent, bighearted, charitable, freehanded, munificent, openhanded, permissive, unorthodox **11** broad-minded

liberate **4** free **5** loose **7** manumit, release, unchain **9** discharge, unshackle **10** commandeer, emancipate **11** appropriate, expropriate

liberator **6** savior **7** messiah **9** deliverer ***of Argentina:*** **9** San Martín (José de) ***of Chile:*** **8** O'Higgins (Bernardo) ***of Ecuador:*** **5** Sucre (Antonio José de) ***of Scotland:*** **5** Bruce (Robert the) ***of South America:*** **7** Bolívar (Simón)

Liberia ***capital:*** **8** Monrovia ***coast:*** **3** Kru **5** Grain ***language:*** **7** English ***neighbor:*** **6** Guinea **10** Ivory Coast **11** Sierra Leone

Liberian ***language:*** **3** Kwa ***native:*** **3** Kru, Vai **4** Gola, Toma **5** Bassa, Grebo **6** Kruman

libertine **4** lewd, rake, roué **5** bawdy, loose, randy **6** carnal, rakish, wanton **7** lustful, raffish, satyric **9** debauched, debauchee, dissolute, lecherous, salacious **10** degenerate, dissipated, lascivious, libidinous, licentious, profligate **11** promiscuous

liberty **4** risk **5** leave **6** chance **7** freedom, license **8** autonomy **9** franchise, privilege **10** permission **11** familiarity **12** emancipation, independence

libidinous **4** lewd **5** bawdy, loose, randy

6 carnal, rakish, wanton 7 fleshly, goatish, lustful, satyric 8 depraved, prurient 9 debauched, lecherous, libertine, lickerish, salacious 10 lascivious, licentious, lubricious, profligate 11 promiscuous 12 concupiscent

librarian 5 Dewey (Melvil)

library 7 archive 8 atheneum 9 athenaeum 11 bibliotheca ***desk:*** 6 carrel

Libya ***capital:*** 7 Tripoli ***city:*** 8 Benghazi ***desert:*** 6 Sahara ***gulf:*** 5 Sidra ***language:*** 6 Arabic 7 Hamitic ***leader:*** 7 Gadhafi, Qaddafi (Mu'ammar) ***monetary unit:*** 5 dinar ***neighbor:*** 4 Chad 5 Egypt, Niger, Sudan 7 Algeria, Tunisia ***sea:*** 13 Mediterranean

lice 7 cooties

license 3 let, tag 5 allow, grant, leave 6 enable, laxity, permit, suffer, ticket 7 certify, empower, freedom, go-ahead, liberty 8 accredit, document, sanction, variance 9 authority, authorize, slackness 10 permission, profligacy 11 certificate, impropriety 12 carte blanche 13 authorization

licentious 4 lewd 5 bawdy, loose, randy 6 amoral, carnal, rakish, wanton 7 fleshly, goatish, immoral, lustful, satyric 8 depraved, prurient, scabrous 9 abandoned, debauched, dissolute, lecherous, libertine, salacious 10 lascivious, libidinous, lubricious, profligate 11 promiscuous 12 concupiscent

lichen 4 moss 6 archil, litmus 7 oakmoss ***genus:*** 5 Usnea

licit 4 okay 5 legal 6 lawful 7 allowed 8 approved, innocent, licensed 9 allowable, permitted 10 admissible, authorized, legitimate, sanctioned 11 permissible

lick 3 bit, dab, dig, hit, lap, rap, tan 4 beat, dash, deck, down, drub, hint, swat, whip, wipe 5 cream, pinch, pound, smack, smear, spank, taste, touch, trace, whiff 6 defeat, master, punish, thrash, tongue, wallop 7 clobber, conquer, shellac, trounce 8 lambaste, outstrip, overcome, surmount 9 overwhelm

lickerish see LIBIDINOUS

lickety-split 4 fast 5 apace 6 presto, pronto 7 flat out, hastily, quickly, rapidly, swiftly 8 chop-chop, full tilt, headlong, pell-mell, speedily 9 posthaste 13 expeditiously, precipitately

licorice 4 root 5 candy ***pill:*** 6 cachou

lid 3 cap, top 5 cover 8 covering ***moss:*** 9 operculum

lie 3 fib 4 rest, tale 5 exist, fable, libel 6 belong, canard, covert, delude, extend, inhere, remain, repose, reside 7 consist, falsify, falsity, perjure, recline, untruth 8 misspeak, misstate 9 dissemble, falsehood, fish story, mendacity 10 inaccuracy, taradiddle 11 prevaricate 12 misstatement

Liechtenstein ***capital:*** 5 Vaduz ***language:*** 6 German ***monetary unit:*** 4 euro ***mountain range:*** 4 Alps ***neighbor:*** 7 Austria 11 Switzerland ***river:*** 5 Rhein, Rhine

lied 4 song 7 art song

lief 4 fain, soon 6 freely, gladly 7 happily, readily 9 willingly 11 contentedly

liege 4 lord, true 5 loyal 6 ardent, master, vassal 7 abiding, staunch 8 constant, enduring, faithful, reliable, resolute, stalwart 9 dedicated, steadfast 10 dependable

lien 5 claim 6 charge, demand 8 interest, mortgage 10 imposition

lieu 5 place, stead

lieutenant 4 aide 6 backup, deputy 7 officer 9 assistant, coadjutor 10 aide-de-camp, coadjutant 11 subordinate

life 3 vim 4 brio, dash, élan, soul 5 verve 6 energy, esprit, spirit 8 vitality 9 animation, existence ***animal:*** 5 fauna ***animal and plant:*** 5 biota ***combining form:*** 3 bio ***plant:*** 5 flora ***relating to:*** 5 vital 8 biologic 10 biological ***science:*** 7 biology

life jacket 7 Mae West

lifeless 4 dead, drab, dull 5 inert 6 asleep, barren, torpid, wasted 7 defunct, extinct 8 comatose, deceased, departed 9 inanimate, inorganic, insensate 10 lackluster

lifelike 5 exact 7 natural, precise 8 accurate, faithful, veristic 9 realistic

life of ___ 5 Riley 8 the party

Life with Father author 3 Day (Clarence)

lift 4 heft, hike, jack, load, rear, rise 5 boost, exalt, filch, heave, hoist, pinch, raise, steal, swipe, theft 6 assist, pick up, pilfer, repeal, revoke, snitch, take up 7 elevate, purloin, rescind, reverse, support 8 levitate, stealing, thievery 10 plagiarize

lift-off 6 ascent, launch 7 takeoff 9 launching

ligament 3 tie 4 band, bond, link, yoke 5 nexus 8 ligature, vinculum 10 connection

ligature see LIGAMENT

Ligeia author 3 Poe (Edgar Allan)

light 4 airy, dawn, deft, easy, fair, fire, lamp, land, luck, neon 5 blond, flash, minor, perch, roost, sunny, torch 6 beacon, blithe, bright, candle, casual, facile, flimsy, fluffy, ignite, kindle, settle, simple, slight, strobe 7 lantern, sunrise, trivial **8** cheerful, daybreak, enkindle, illumine, luminous, trifling **9** frivolous, touch down **10** chandelier, effortless, illuminate ***combining form:*** **4** luci, phos, phot **5** lumin, photo **6** lumini, lumino ***measure:*** **3** lux **4** phot **5** lumen **6** candle **7** candela ***refractor:*** **5** prism ***relating to:*** **6** photic ***ring:*** **4** halo **6** corona **7** aureola, aureole ***science:*** **6** optics ***source:*** **3** sun **4** lamp

light-emitting **6** lucent **7** fulgent, lambent, shining **8** luminous **9** effulgent, refulgent

lighten **4** dawn, ease, fade **5** allay, cheer **6** bleach, lessen, reduce **7** assuage, gladden, hearten, mollify, relieve **8** decrease, mitigate, unburden **9** alleviate, attenuate, extenuate **11** disencumber

light-headed **5** dizzy, faint, giddy, silly **6** swimmy **7** flighty **9** frivolous, slaphappy **10** unbalanced **11** disoriented, vertiginous

lighthearted **3** gay **4** glad **5** happy, jolly, merry, sunny **6** blithe, jocund, jovial, joyful, joyous, lively, upbeat **7** buoyant, festive, gleeful, playful, winsome **8** carefree, cheerful, mirthful, spirited, volatile **9** easygoing, expansive, resilient, sprightly, vivacious **10** blithesome, insouciant **12** effervescent, happy-go-lucky, high-spirited

lighthouse **6** beacon **7** warning

lightless **4** dark **5** unlit **7** aphotic, stygian **9** tenebrous, pitch-dark **10** caliginous, pitch-black **11** unillumined

lightness **6** bounce, gaiety, levity **8** buoyancy, vivacity **9** animation, frivolity **10** cheeriness, liveliness, resiliency, volatility **12** cheerfulness **13** effervescence

lightning bug **7** firefly

lignite **4** coal **9** brown coal

likable **4** nice **6** genial **7** affable, amiable, popular, winning, winsome **8** charming, engaging, friendly, pleasant, pleasing **9** agreeable, appealing, congenial **10** attractive, personable **11** good-natured

like **3** à la, dig **4** akin, same, such **5** close, enjoy, equal, match **6** admire, agnate, allied, prefer, relish **7** approve, cognate, kindred, related, similar, uniform **8** parallel, selfsame **9** analogous, consonant, identical **10** appreciate, comparable, comprehend, equivalent, resembling

likelihood **6** chance **8** prospect **11** eventuality, possibility, presumption, probability

likely **3** apt **5** given, prone **6** liable, odds-on **7** assumed **8** credible, inclined, possible, presumed, probable, probably, reliable, suitable **9** doubtless, plausible, promising **10** achievable, attractive, believable, presumably

liken **5** match **6** equate **7** compare **8** parallel **10** assimilate

likeness **4** copy, twin **5** clone, image **6** double, effigy **7** analogy, picture, replica **8** affinity, portrait, sameness **9** depiction, facsimile, look-alike, semblance **10** appearance, photograph, similarity, similitude, uniformity **11** resemblance

likewise **3** and, too **4** also **6** as well, withal **7** besides **8** moreover **9** similarly **10** in addition **11** furthermore

liking **4** bent **5** fancy, taste **6** desire **8** affinity, appetite, fondness, penchant, pleasure, soft spot, weakness **9** affection **10** attraction, partiality **11** inclination **12** appreciation, predilection

Lilith ***husband:*** **4** Adam ***successor:*** **3** Eve

lilliputian **3** wee **4** runt, tiny **5** dwarf, petty, pygmy, small **6** bantam, little, midget, peanut, peewee, shrimp **7** manikin **8** pint-size, Tom Thumb **9** miniature, pint-sized, undersize **10** diminutive, homunculus

lilt **3** air **4** flow, purl, sing, song, tune **5** carol, pulse, swing, tempo **6** melody, rhythm **7** cadence **8** buoyancy

lily **3** pad **4** aloe, sego **5** calla, tiger, yucca **6** flower **7** leopard **8** mariposa

lily-livered **5** sissy, wimpy **6** craven, yellow **7** caitiff, chicken, fearful, gutless **8** cowardly, cowering, poltroon, recreant, timorous **9** spineless, spunkless, weak-kneed **12** fainthearted, poor-spirited **13** pusillanimous

lily-white **4** pure **7** upright **8** innocent, virtuous **9** blameless, estimable, exclusive, exemplary, guiltless, righteous, untainted **10** inculpable **11** uncorrupted

limb **3** arm, fin, gam, leg **4** lobe, twig, wing **5** bough, shoot, spray, sprig **6** branch, member, pinion **7** flipper **8** offshoot **9** appendage, dismember, extremity

limber **4** spry **5** agile, lithe, loose **6** nimble, pliant, supple **7** elastic, lissome, pliable, springy **8** flexible **9** lithesome, resilient

limbo **5** dance **7** neglect **8** oblivion **9** detention, purgatory **11** confinement, uncertainty

lime **4** tree **5** color, fruit, green **6** citrus, linden **7** calcium

limen **8** doorsill, doorstep **9** threshold

limerick **4** poem **5** verse ***writer:*** **4** Lear (Edward)

limestone 4 tufa, tuff 5 chalk 6 marble, oolite 7 coquina 10 travertine
lime tree 6 linden
limit 3 bar, cap, end, fix, set 4 curb 5 check, quota 6 border, bounds, curfew, define, extent, hinder, lessen 7 confine, curtail, enclose, extreme, mark out, measure 8 boundary, deadline, restrain, restrict 9 constrict, demarcate, determine, extremity, prescribe 12 circumscribe
limitless 4 vast 7 endless 8 infinite, wide-open 9 boundless, unbounded 10 indefinite 11 illimitable, innumerable, measureless 12 immeasurable, incalculable 13 inexhaustible
limn 4 draw 5 image, paint 6 depict, render, sketch 7 outline, picture, portray 8 describe 9 delineate, interpret, represent
Limoges product 9 porcelain
limp 3 lax 4 bent, halt, lame, wilt 5 hitch, loose, slack, spent, weary 6 dodder, droopy, falter, hobble 7 flaccid, languid, shamble, shuffle, slumped 8 drooping 9 enervated, exhausted 10 spiritless
limpid 4 pure 5 clear, lucid 6 glassy, serene 8 pellucid 10 see-through, untroubled 11 crystalline, translucent, transparent, unambiguous 12 crystal clear
limping 4 halt, lame 5 gimpy 7 halting 8 hobbling, lameness 9 faltering 12 claudication
linchpin 8 backbone, mainstay
Lincoln ***assassin:*** 5 Booth (John Wilkes) ***biographer:*** 8 Sandburg (Carl) ***debater:*** 7 Douglas (Stephen) ***law partner:*** 7 Herndon (William) ***mother:*** 5 Nancy (Hanks) ***nickname:*** 9 Honest Abe 12 Railsplitter ***photographer:*** 5 Brady (Mathew) ***secretary of state:*** 6 Seward (William) ***secretary of war:*** 7 Stanton (Edwin) ***wife:*** 8 Mary Todd
line 3 row 4 file, rank, rope 5 array, goods, queue, route 6 border, column, series, strain, string 7 contour, descent 8 business, pedigree, sequence 10 employment, occupation, succession ***curved:*** 3 arc ***mathematical:*** 6 vector ***metrical:*** 5 verse 6 verset 8 versicle ***weather map:*** 6 isobar
lineage 3 kin 4 clan, folk, race 5 birth, blood, breed, house, stirp, stock, tribe 6 family, origin, strain 7 descent, kindred 8 ancestry, breeding, pedigree 9 forebears, genealogy 10 derivation, extraction, succession 11 forefathers, progenitors
lineal 6 direct 8 familial 9 ancestral, inherited 10 bequeathed, hereditary
lineament 4 form 6 figure, relief 7 contour, feature, outline, profile 10 figuration, silhouette
lined 5 drawn, ruled 7 aligned, striate, striped 8 streaked, wrinkled
linen 4 lawn 5 cloth, toile 6 byssus, damask, fabric, napery, sheets 7 batiste, bedding, cambric, taffeta 8 cretonne, lingerie ***fiber:*** 3 tow ***source:*** 4 flax
linger 3 lag 4 bide, drag, loll, mope, poke, stay, wait 5 abide, dally, delay, mosey, tarry 6 dawdle, loiter, put off, remain 7 saunter 10 dillydally 11 stick around 13 procrastinate
lingerie 8 negligee
lingo 4 cant 5 argot, idiom, slang 6 jargon, patois, patter, speech, tongue 7 dialect 10 vernacular, vocabulary
linguist 8 polyglot 11 philologist
linguistics 9 philology
liniment 3 oil 4 aloe, balm 5 salve 6 lotion 7 anodyne, unction, unguent 8 aloe vera, lenitive, ointment 9 demulcent 11 embrocation
lining 6 facing, insert 8 wainscot
link 3 tie 4 bind, bond, join, knot, ring, yoke 5 hitch, nexus, unite 6 attach, copula, couple, hookup, relate, splice 7 bracket, combine, conjoin, connect, contact, joining 8 catenate, division, vinculum 9 associate, conjugate 10 attachment, connection 11 association 12 relationship
linksman 6 golfer
linnet 5 finch
lint 3 fur, nap 4 down, fuzz, pile 5 floss, fluff 9 ravelings
lion 3 cat 4 puma 6 cougar 7 notable 8 eminence, luminary 9 carnivore, personage ***group:*** 5 pride ***young:*** 3 cub
lionhearted 4 bold 5 brave 6 heroic 7 valiant 8 fearless, intrepid, stalwart, unafraid, valorous 9 dauntless 10 courageous
lionize 4 fete 5 exalt, extol, honor 7 glorify 8 venerate 9 celebrate
lion monkey 7 tamarin 8 marmoset
Lion of Judah 8 Selassie (Haile)
lip 3 rim 4 brim, edge, guff, sass 6 labium, labrum, margin 8 back talk ***relating to:*** 6 labial
lipid 3 fat, wax
lipped 7 labiate 9 bilabiate
liquefy 3 run 4 flux, melt, thaw 5 smelt 6 render 8 dissolve 10 deliquesce
liqueur 4 arak, ouzo, raki 5 crème 6 brandy, Kahlua, kirsch, kummel, pastis, Pernod 7 cordial, curaçao,

ratafia, sambuca, sloe gin **8** absinthe, amaretto, anisette, Drambuie, Galliano **10** Chartreuse, pousse-café

liquid **5** drink, fluid, sauce, water **6** watery **7** flowing **8** beverage, emulsion **11** mellifluous ***container:*** **3** cup, jug, keg, mug **4** vial **5** glass **6** bottle, goblet **7** pitcher, tumbler ***flammable:*** **3** gas, oil **5** ether, furan **6** butane, toluol **7** alcohol, toluene **8** gasoline, pyridine ***measure:*** **3** cup, gal **4** pint **5** liter, ounce, quart **6** gallon ***thick:*** **5** syrup **8** molasses

liquidate **3** pay **4** do in, kill **5** pay up, purge **6** murder, remove, rub out, settle, square **7** bump off, convert, gun down, satisfy **8** amortize, dispatch, dissolve, knock off **9** eliminate, terminate **10** annihilate **11** assassinate

liquor **5** booze, drink, hooch **7** alcohol, potable, spirits **8** potation **9** firewater, inebriant **10** intoxicant ***add:*** **4** lace **5** spike ***Asian:*** **4** arak **6** arrack ***homemade:*** **9** moonshine **10** bathtub gin ***inferior:*** **5** hooch **6** red-eye, rotgut ***Japanese:*** **4** sake, saki ***kind:*** **3** gin, rum, rye **5** vodka **6** brandy, geneva, scotch **7** aquavit, bourbon, schnaps, whiskey **8** schnapps, vermouth **9** aqua vitae **10** barley-bree ***malt:*** **3** ale **4** beer **5** nappy, stout **6** porter ***measure:*** **4** dram, shot **6** jigger **7** shooter ***Mexican:*** **5** sotol **6** mescal **7** tequila

lissome **5** agile, lithe **6** limber, nimble, supple, svelte **7** slender **8** flexible, graceful

list **3** tip **4** book, cant, file, heel, lean, menu, note, post, roll, tilt **5** arena, count, index, slant, slate, slope, tally **6** agenda, census, docket, lineup, record, roster **7** catalog, incline, itemize, specify **8** calendar, glossary, manifest, register, roll call, schedule, tabulate **9** chronicle, enumerate, inventory **13** particularize

listen **4** hark, hear, heed, note **5** audit **6** attend, harken **7** hearken, monitor **8** overhear **9** eavesdrop

listeners **8** audience

listless **4** dull, limp, weak **5** inert, slack **6** torpid, vacant **7** languid **8** indolent, sluggish **9** apathetic, enervated, lethargic, lymphatic **10** languorous, phlegmatic, spiritless **11** indifferent, languishing **13** lackadaisical

listlessness **6** apathy, stupor, torpor **7** fatigue, inertia, languor **8** doldrums, lethargy **9** indolence, lassitude, torpidity **10** enervation

litany **4** list **5** chant **6** prayer **7** account, listing, recital, refrain **8** petition, rogation **9** catalogue **10** invocation, recitation **11** enumeration **12** supplication

literal **4** bald, bare **5** blunt, exact, stark **6** actual, simple, strict **7** precise **8** accurate, bona fide, faithful, verbatim **9** authentic **11** unvarnished, word-for-word **13** unembellished

literally **5** truly **6** direct, indeed, openly, simply **7** plainly, totally, utterly **8** candidly, directly, verbatim **9** genuinely, virtually **11** word for word

literary **7** bookish, erudite, learned **8** lettered, well-read **9** authorial, scholarly **12** belletristic

literary work **4** book, opus, play, poem **5** drama, essay, novel **10** short story

literature **5** prose **6** poetry **7** fiction **13** belles-lettres

lithe **4** lean, slim **5** agile, spare **6** limber, supple, svelte **7** lissome, pliable, slender **8** flexible, graceful

lithographer **4** Ives (James Merritt) **7** Currier (Nathaniel)

Lithuania ***capital:*** **7** Vilnius ***city:*** **6** Kaunas **8** Klaipeda ***monetary unit:*** **5** litas ***neighbor:*** **6** Latvia, Poland, Russia **7** Belarus ***river:*** **5** Neman, Venta **7** Lielupe ***sea:*** **6** Baltic

litigant **4** suer **6** suitor **9** defendant, disputant, plaintiff

litigate **3** sue **6** indict **7** arraign, contest, dispute **9** prosecute

litigation **4** case, suit **7** lawsuit **11** prosecution, proceedings

litter **3** bed **4** cubs, junk **5** brood, couch, issue, strew, trash, waste, young **6** clutch, debris, refuse **7** bedding, clutter, garbage, kittens, piglets, progeny, puppies, rubbish, scatter **8** detritus **9** offspring, stretcher **10** scattering

little **3** bit, dab, toy, wee **4** dash, hint, mean, puny, tiny **5** brief, dinky, minor, petty, pinch, short, small, taste, trace, young **6** bantam, meager, meagre, minute, narrow, paltry, petite, skimpy **7** limited, trivial **8** dwarfish, slightly, smallish, trifling **9** miniature, small-beer **10** diminutive, short-lived, undersized **11** microscopic, unimportant

Little Bighorn ***state:*** **7** Montana ***victim:*** **6** Custer (George Armstrong) ***victor:*** **11** Sitting Bull

little by little **6** slowly **8** inchmeal, steadily **9** gradually, piecemeal

Little Dipper ***constellation:*** **9** Ursa Minor ***star:*** **5** North **7** Polaris

Little Women ***author:*** **6** Alcott (Louisa May) ***character:*** **3** Amy, Meg **4** Beth **6** Laurie, Marmee ***surname:*** **5** March

littoral **5** beach, coast, shore **6** strand

7 coastal, seaside 8 seaboard, sea front, seashore 9 shoreline 10 oceanfront

liturgy 4 rite 6 ritual 7 service 8 ceremony 9 sacrament 10 ceremonial, observance, repertoire

livable 6 viable 8 adequate, bearable, passable 9 endurable, habitable, tolerable 11 inhabitable, supportable

live 4 fare, stay 5 abide, dwell, exist, vital, vivid 6 actual, reside, thrive 7 breathe, current, subsist, survive

livelihood 3 job 4 game, keep, work 5 craft, trade 7 support 8 business, vocation 10 employment, handicraft, occupation, profession, sustenance 11 subsistence

liveliness 3 pep, zip 4 brio, élan, zing 5 verve, vigor 6 energy, hustle, spirit 8 dispatch, vibrance, vibrancy, vitality, vivacity 9 animation

lively 3 gay 4 busy, keen, pert, spry, yare 5 agile, alert, brisk, fresh, jazzy, jolly, merry, peppy, zippy 6 active, bouncy, bright, chirpy, frisky, jocund, nimble 7 animate, buoyant, chipper, intense, rousing 8 animated, bustling, hustling, spirited, vigorous, volatile 9 energetic, resilient, sparkling, sprightly, vivacious 11 stimulating

liven 5 pep up 6 jazz up, vivify 7 animate, freshen, quicken 8 energize, inspirit, vitalize 10 invigorate

liver 7 denizen 8 habitant, occupant, resident 10 inhabitant ***combining form:*** 5 hepat 6 hepato ***disease:*** 9 cirrhosis, hepatitis ***French:*** 4 foie ***lobster's:*** 8 tomalley

liverwort 8 hepatica 9 bryophyte

livestock 4 cows, hogs, pigs 5 bulls, goats, sheep 6 beasts, calves, cattle 7 animals ***feed:*** 6 silage 8 ensilage

live wire 6 dynamo 7 hustler, rustler 8 go-getter, promoter 9 energizer, generator 11 self-starter

livid 3 hot, mad, wan 4 ashy, pale 5 ashen, lurid, waxen 6 fuming, leaden, pallid, sultry 7 boiling, bruised, enraged, furious, reddish 8 blanched, contused, incensed 9 colorless 10 discolored, infuriated 12 black-and-blue 13 beside oneself

living 5 means, vital 6 extant, income 8 animated, existent 10 livelihood, sustenance

living room 6 parlor 10 lebensraum

lizard 3 eft 4 gila, newt 5 anole, gecko, skink, teiid 6 dragon, goanna, iguana 7 monitor, reptile, saurian 8 basilisk, mosasaur, slowworm, squamate, whiptail 9 alligator, blindworm, chameleon, crocodile 10 chuckwalla, salamander ***combining form:*** 4 saur 5 saura, sauro

llama 6 alpaca, vicuña 7 camelid, guanaco ***country:*** 4 Peru ***habitat:*** 5 Andes

Lloyd's business 9 insurance

lo 4 hark, heed, look, mark, mind 6 attend 7 observe

load 3 tax 4 bias, copy, fill, haul, heap, lade, onus, pack, pile, task 5 cargo, laden, swamp, weigh 6 burden, debase, doctor, dope up, eyeful, lading, saddle, weight 7 freight 8 encumber, shipment, transfer 9 liability, millstone, transport 11 consignment, encumbrance

loaded 4 full, high, rich 5 awash, doped 6 aboard, biased, filled, packed, stoned 7 boarded, brimful, crowded, wealthy 8 affluent, brimming, chockful, tripping, turned on 9 chock-full

loaf 3 bum, bun 4 idle, laze, lazy, loll 5 bread, dough 6 dawdle, lounge 7 goof off 8 lollygag 9 bum around, goldbrick 10 fool around

loafer 3 bum 4 shoe, slug 5 idler 6 slouch 7 goof-off, lounger 8 deadbeat, dolittle, fainéant, slugabed, sluggard 9 do-nothing, goldbrick, lazybones 11 beachcomber, lollygagger

loam 4 clay, dirt, sand, silt, soil 7 topsoil ***deposit:*** 5 loess

loan 3 pay 4 lend 6 credit 7 advance, imprest 9 grubstake

loan shark 6 lender, usurer 7 Shylock 10 pawnbroker 11 moneylender

loath 6 afraid, averse 8 hesitant 9 reluctant, unwilling 10 indisposed 11 disinclined 12 antipathetic

loathe 4 hate 5 abhor, scorn, spurn 6 detest, refuse, reject 7 despise 8 execrate 9 abominate

loathsome 4 foul, ugly, vile 5 gross, nasty 6 odious 7 beastly, hateful, hideous 8 horrible 9 abhorrent, execrable, obnoxious, offensive, repellent, repugnant, repulsive, revolting 10 abominable, deplorable, detestable, disgusting, nauseating

lob 4 loft, toss 5 chuck, fling, heave, pitch, sling, throw 6 propel

lobby 4 hall 5 foyer 7 promote 8 anteroom, corridor 9 influence, vestibule 10 passageway 11 waiting room

lobe 4 flap 7 pendant

lobo 4 wolf 8 gray wolf 10 timber wolf

lobster 8 crawfish 10 crustacean ***claw:*** 5 chela 6 pincer ***female:*** 3 hen ***male:*** 4 cock ***trap:*** 3 pot 5 creel

local 6 native 7 endemic, insular, topical 9 parochial 10 provincial

locale 4 area, belt, site, turf, ward 5 place, scene, venue 6 milieu, parish, region, sector **7** commune, quarter, setting **8** district, precinct, vicinage, vicinity **9** community, territory **11** mise-en-scène **12** neighborhood

locality **4** area, belt, city, site, turf, zone **5** block, field, haunt, place, tract **6** county, domain, hamlet, region, sector, sphere, square **7** habitat, section **8** district, environs, precinct, province, purlieus, township, vicinage, vicinity **9** bailiwick, situation, territory **12** neighborhood

localize **4** mass **5** amass, focus **7** cluster, collect **8** coalesce, pinpoint **10** accumulate **11** concentrate, consolidate **12** conglomerate

locate **3** fix, spy **4** espy, find, site, spot **5** dwell, place, trace **6** detect, reside, settle **7** nose out, situate, station, uncover **8** come upon, discover, pinpoint, position **9** establish, ferret out, search out **10** come across

location **4** area, site, post, spot **5** locus, place, point, scene, venue, where **7** bearing, habitat, setting **8** position **9** situation **11** mise-en-scène, whereabouts

loch **3** bay **4** lake

lock **4** bolt, curl, hank, hold, tuft **5** latch, tress **6** fasten, secure **7** ringlet **8** fastener **9** enclosure, fastening

lockjaw **7** tetanus, trismus

lockup **3** jug, pen **4** brig, cell, coop, jail, stir, tank **5** clink, pokey, pound **6** cooler, prison **7** slammer **8** bastille

loco **3** ape, mad **4** nuts **5** balmy, batty, crazy, kooky, loony, nutty **6** crazed, insane, screwy **7** bananas, berserk, bonkers, cracked, flipped, lunatic **8** demented, deranged, frenzied, unhinged **10** flipped out

locomotive **5** cheer, dolly, train **6** engine ***small:*** **5** dinky **6** dinkey ***type:*** **5** steam **6** diesel **8** electric

locum tenens **3** sub **5** proxy **6** backup, fill-in, supply **7** stand-in **9** alternate, auxiliary, surrogate **10** substitute **11** pinch hitter, replacement, succedaneum

locus **3** hub **4** seat, site **5** focus, heart, stage **6** center **7** setting **8** cynosure, location, polestar **10** focal point **11** nerve center **12** headquarters

locust **4** tree, wood **5** carob **6** cicada, insect **11** grasshopper

locution **4** word **5** argot, idiom, lingo **6** jargon, patois, phrase **7** dialect **8** parlance, phrasing **9** utterance **10** expression **11** phraseology

lode **4** seam, vein **5** store **6** source, supply **7** deposit

lodestar **4** guru **5** gauge, guide, ideal, model **6** beacon, leader, mentor **7** epitome **8** exemplar, paradigm **9** archetype, guidepost **11** inspiration

lodestone **6** magnet **9** magnetite

lodge **3** den, fix, inn **4** bunk, camp, club, file, lair, nest, root, stay **5** abide, abode, board, cabin, couch, dwell, embed, guild, hotel, house, motel, order, put up **6** billet, burrow, hostel, league, remain, shanty, tavern, wigwam **7** auberge, contain, cottage, deposit, hospice, quarter, receive, shelter **8** domicile, hostelry, sodality **9** gatehouse **10** fellowship **11** accommodate, brotherhood, caravansary, public house

lodger **5** guest **6** renter, roomer, tenant **7** boarder, resider

lodging **3** inn, pad **4** dorm, room **5** abode, hotel, motel, place **7** shelter **8** chambers, diggings, domicile, dwelling, quarters **9** apartment, residence **10** pied-à-terre **13** accommodation

loess **4** clay, loam, marl **7** deposit

loft **4** rise **5** attic, raise **6** dormer, garret, propel **7** gallery

loftiness **5** pride **6** height **7** disdain, hauteur, stature **8** altitude, eminence **9** aloofness, arrogance, elevation, pomposity, sublimity **11** haughtiness, superiority **13** condescension

lofty **4** airy, epic, high, tall **5** grand, noble, proud **6** aerial, august, raised, remote, superb **7** exalted, haughty, soaring, stately, sublime, utopian **8** arrogant, cavalier, elevated, eloquent, imposing, insolent, majestic, superior, towering **9** ambitious, grandiose, visionary **10** disdainful **11** overbearing, pretentious, skyscraping **12** supercilious

log **5** diary, tally **6** record, timber **7** journal **8** register ***mover:*** **5** peavy **6** peavey **7** cant dog

loge **3** box **5** booth, stall **7** balcony **9** mezzanine

logger **9** lumberman **10** lumberjack, woodcutter ***legendary:*** **10** Paul Bunyan

loggerhead **6** shrike, turtle

loggia **6** arcade **7** balcony, gallery, veranda

logic **6** reason **9** reasoning **10** syntactics ***specious:*** **7** sophism **9** sophistry

logical **5** sound, valid **6** cogent **8** analytic, sensible **9** deducible, deductive, plausible **10** analytical, compelling, convincing, diagnostic, reasonable, scientific, systematic

logjam **5** crowd **7** impasse **8** blockage, deadlock, stoppage **11** obstruction

logo 5 badge, brand, motto 6 cipher, device, emblem, symbol 8 colophon, hallmark, monogram 9 trademark
logogriph 6 puzzle 7 anagram
logroll 4 birl
logy 4 dull, slow 5 dopey, heavy 6 drowsy, groggy, torpid 8 listless, sluggish
Lohengrin *composer:* 6 Wagner (Richard) *father:* 8 Parsifal, Parzival *wife:* 4 Elsa
loincloth 5 dhoti 11 breechcloth, breechclout
Loire city 5 Blois, Tours 6 Nantes 7 Orléans
loiter 3 bum, lag 4 drag, idle, laze, lazy, loaf, loll, poke 5 dally, delay, tarry, trail 6 dawdle, diddle, linger, lounge, put off, putter 8 lollygag 10 dillydally, fool around, hang around 11 screw around 13 procrastinate
Loki *father:* 8 Farbauti *mother:* 3 Nal 6 Laufey *offspring:* 3 Hel 4 Hela 6 Fenris 7 Midgard *slayer:* 8 Heimdall *victim:* 6 Balder *wife:* 5 Sigyn 9 Angurboda
Lolita author 7 Nabokov (Vladimir)
loll 3 bum, lag 4 drag, idle, laze, lazy, loaf, poke 5 chill, dally, delay, droop, slump, tarry, trail 6 dawdle, diddle, linger, lounge, putter, slouch 8 chill out 10 dillydally, fool around, hang around 13 procrastinate
Lollards' leader 8 Wycliffe (John)
lollygag 4 idle, loaf, loll, poke, drag 6 dawdle, diddle, loiter, piddle, putter 10 dilly-dally, fool around 11 horse around 12 monkey around
Lombard 6 banker 11 moneylender *king:* 5 Cleph 6 Alboin, Audoin 7 Aistulf, Aripert, Authari 9 Liudprand
London *borough:* 5 Brent 6 Barnet, Bexley, Ealing, Harrow, Sutton 7 Barking, Bromley, Chelsea, Croydon, Enfield, Hackney, Lambeth 8 Haringey, Havering, Hounslow, Lewisham 9 Greenwich, Islington, Redbridge 10 Kensington 11 Westminster *cathedral:* 7 St. Paul's *clock:* 6 Big Ben *district:* 4 Soho 5 Acton 7 Chelsea, Mayfair 9 Belgravia, Southwark *gallery:* 4 Tate *policeman:* 5 bobby *prison:* 7 Newgate *river:* 6 Thames *square:* 9 Leicester, Trafalgar *street:* 4 Bond 5 Fleet 6 Strand 7 Downing 9 Whitehall 10 Piccadilly *subway:* 4 tube
London novel 7 Sea Wolf (The) 8 Iron Heel (The) 9 White Fang 10 Martin Eden 13 Call of the Wild (The)
lone 4 only, sole, solo 5 alone 6 single, unique 8 deserted, forsaken, isolated, secluded, separate, singular, solitary 13 unaccompanied
lonely 4 left, lorn 5 alone 7 forlorn 8 deserted, forsaken, homesick, lonesome, rejected, solitary 9 abandoned
loneness 8 solitude 9 isolation 10 detachment 12 separateness, solitariness
loner 6 hermit 7 isolate, outcast, recluse 8 outsider, solitary 13 individualist
Lone Ranger, The *creator:* 7 Striker (Fran) *companion:* 5 Tonto *horse:* 6 Silver *trademark:* 4 mask 12 silver bullet
Lone Star State 5 Texas
long 3 far, yen 4 ache, itch, lust, pine, sigh, tall 5 large, wordy, yearn 6 hanker, hunger, prolix, strong, thirst 7 endless, lengthy, tedious 8 dragging, drawn-out, extended, unending 9 extensive 10 full-length, protracted
long-drawn-out 7 endless, lengthy 8 dragging, unending 10 protracted 12 interminable
Longfellow poem 8 Christus, Hiawatha, Hyperion, Kavanagh 10 Evangeline 11 My Lost Youth, Psalm of Life (A)
long for 4 want 5 covet, crave, mourn 6 desire 8 aspire to
longing 3 yen 4 itch, lust, urge, wish 5 greed 6 desire, hunger, thirst 7 avidity, craving, passion 8 appetite
longshoreman 9 stevedore 10 roustabout
long-suffering 7 patient, stoical 8 enduring, resigned 9 compliant 10 forbearing, submissive 13 accommodating, uncomplaining
long suit 3 bag 4 gift 5 forte, thing 6 métier, talent 8 strength 9 specialty
long-winded 5 wordy 6 prolix 7 diffuse, lengthy, verbose 8 rambling 9 garrulous, redundant 10 loquacious
look 3 air, eye 4 gape, gawk, leer, mien, ogle, peek, peep, peer, seem, view 5 glare, stare, watch 6 admire, appear, aspect, behold, expect, eyeful, glance, glower, goggle, regard, squint, survey, visage 7 bearing, examine, eyeball, glimpse, observe 8 demeanor, once-over 10 appearance, expression, rubberneck 11 countenance, physiognomy
look after 4 mind, tend 5 nurse, serve, watch 6 attend, wait on 7 care for, husband 8 wait upon 9 watch over 10 provide for
look-alike 4 twin 5 clone 6 double 7 similar 8 matching 9 duplicate
look at 3 eye, see 4 face, ogle, scan, view 5 check 6 behold, ponder 7 examine, inspect 8 confront, consider 11 investigate
look back 6 recall, review 7 reflect 8 remember 9 reminisce
look down on 5 abhor, scorn, scout,

spurn **7** contemn, despise, disdain **8** dominate **9** tower over **10** tower above

looker **6** beauty, eyeful, lovely, vision **7** stunner, witness **8** knockout, ornament **9** bystander, sightseer, spectator **10** eyewitness

looker-on **5** gaper **6** viewer **7** watcher, witness **8** beholder, observer **9** bystander, spectator **10** eyewitness **12** rubbernecker

look for **4** seek **5** await **6** expect, plan on **9** search out **10** anticipate

looking glass **6** mirror **9** reflector

look into **5** check, probe, study **6** pursue, survey **7** examine, explore, inspect **8** check out, question, research **10** scrutinize **11** investigate

look out **4** mind **6** beware

lookout **4** view **5** guard, scout, tower, vista, watch **6** affair, cupola, picket, sentry **7** spotter **8** panorama, prospect, sentinel, watchman **9** belvedere, crow's nest, firetower **10** watchtower, widow's walk **11** observatory, perspective

look over **3** vet **4** read **5** check **6** review, size up **7** examine, inspect **8** appraise, evaluate

loom **4** brew, bulk, near, rear **5** hover, mount, tower **6** appear, come on, emerge, gather, impend **7** portend **8** approach, overhang, stand out, threaten **9** take shape ***part:*** **6** heddle **7** harness, shuttle, treadle, trundle

loon **3** nut, oaf **4** bird, clod, dodo, dolt, goof, lout, yo-yo **5** chump, dummy, dunce, ninny, noddy, stupe, yokel **6** dimwit, dum-dum, nitwit **7** airhead, buffoon, dullard, pinhead **8** bonehead, dumbbell, crackpot, imbecile, lunkhead, meathead, numskull **9** birdbrain, blockhead, ignoramus, lamebrain, numbskull, simpleton **10** dunderhead, nincompoop **11** chowderhead, chucklehead

loony **3** nut **5** balmy, batty, crazy, daffy, dippy, goofy, inane, nutty, silly, wacky **6** absurd, insane, madman, maniac, screwy **7** fatuous, foolish, idiotic, lunatic **8** demented, reckless **9** bedlamite, half-baked, ludicrous, senseless **10** ridiculous **11** harebrained **12** preposterous

loony bin **6** asylum, bedlam **8** bughouse, madhouse, nuthouse **9** funny farm **10** booby hatch, crazy house

loop **3** arc, eye **4** ring **5** curve, noose, picot **6** circle, eyelet, league, staple **7** circlet, circuit **13** circumference

looped **4** high **5** bowed, drunk, stiff **6** blotto, bombed, curved, juiced, loaded, potted, stewed, tanked, zonked **7** crocked, pickled, pie-eyed, sloshed, smashed **9** plastered **10** inebriated **11** curvilinear, intoxicated

loophole **3** out **6** escape, outlet **7** opening

loopy **4** daft, nuts, wavy **5** arced, batty, bowed, crazy, daffy, dotty, flaky, nutty, silly, snaky, wacky **6** arched, curved, freaky, fruity, screwy, swirly **7** bizarre, idiotic, lunatic, offbeat, sinuous, touched **8** demented **9** eccentric **10** flipped out, off-the-wall, outlandish

loose **3** lax **4** easy, fast, free, lewd, limp **5** baggy, slack, vague **6** flabby, wanton **7** flaccid, relaxed **8** flexible **9** debauched, desultory, dissolute, imprecise **10** disjointed, dissipated, ill-defined, licentious, unattached, unconfined **12** disconnected, unrestrained

loose end **6** detail **8** fragment

loose-lipped see LOQUACIOUS

loosen **4** ease, free, undo **5** relax, slack, untie **6** unbind **7** ease off, manumit, release, slacken, unchain **8** liberate, unbuckle, unfasten **10** emancipate

loosen up **5** relax **6** unbend, unwind **7** ease off, stretch

loot **3** rob **4** haul, lift, pelf, raid, sack, swag **5** boost, booty, dough, lucre, money, moola, reave, rifle, spoil **6** boodle, moolah, ravish, spoils **7** despoil, pillage, plunder, ransack, stick up **9** knock over

looter **5** thief **7** brigand **8** marauder

lop **3** cut **4** chop, clip, crop, trim **5** prune, sever **6** excise **8** amputate, truncate **9** dismember **10** guillotine

lope **3** jog, run **4** gait, romp, trot **5** amble **6** canter

lopsided **4** awry **5** askew **6** uneven **7** crooked, leaning, tilting **8** top-heavy **10** asymmetric, off-balance, unbalanced **12** asymmetrical **13** unsymmetrical

loquacious **5** gabby, talky, wordy **6** chatty, mouthy, prolix **7** verbose, voluble, yakking **8** babbling **9** garrulous, jabbering, talkative **10** blathering, chattering, long-winded **11** loose-lipped **12** motormouthed

lord **3** sir **4** boss, duke, earl, peer **5** noble, ruler **6** master **7** marquis **8** governor, marquess, nobleman, viscount **9** sovereign, tyrannize ***feudal:*** **5** liege **8** seigneur, suzerain ***Muslim:*** **6** sayyid

Lord High Executioner **4** Koko

Lord Jim author **6** Conrad (Joseph)

lordly **5** grand, lofty, noble, proud **6** august, uppity **7** exalted, haughty, pompous, stately, swollen **8** affected, arrogant, cavalier, gracious, imposing, insolent, majestic, princely, snobbish, superior **9** dignified, egotistic, grandiose **10** disdainful, high-handed **11** dictatorial, magisterial, magnificent, overbearing, patronizing **12** aristocratic, supercilious **13** authoritarian, high-and-mighty

Lord of the Flies ***author:*** **7** Golding (William) ***character:*** **4** Jack **5** Piggy, Ralph

Lord's Prayer **9** Our Father **11** Paternoster

lore **6** mythos, wisdom **7** history **8** folkways, learning **9** knowledge, mythology, tradition **11** information **12** superstition

Lorelei **5** siren **9** temptress **10** seductress **11** femme fatale ***poet:*** **5** Heine (Heinrich) ***river:*** **5** Rhein, Rhine ***victim:*** **6** sailor **7** mariner

lorgnette **10** eyeglasses, spectacles **12** opera glasses

Lorna Doone ***author:*** **9** Blackmore (Richard) ***hero:*** **4** Ridd (John)

___ **Lorraine** **6** Alsace

lorry **3** rig, van **4** semi **5** truck

lose **4** miss **5** evade, shake, waste, yield **6** escape, give up, mislay **7** destroy, forfeit, succumb **8** misplace, shake off, throw off **9** sacrifice, surrender

lose it **7** crack up, flip out, go crazy **8** freak out

loser **3** dud **4** bomb, bust, flop **5** lemon **6** bummer, fiasco, misfit, turkey **7** alsoran, debacle, failure, washout **8** deadbeat **11** incompetent

loss **4** harm, ruin **5** waste **6** damage, defeat, injury **7** deficit, failure, forfeit **8** casualty, decrease, fatality **9** depletion, privation, sacrifice, shrinkage **10** divestment, forfeiture, misfortune, misplacing **11** bereavement, deprivation, destruction **13** disappearance

lost **4** dead, gone, rapt **6** absent, astray, bygone, damned, doomed, futile, hidden, wasted **7** defunct, faraway, lacking, mislaid, missing **8** absorbed, departed, distrait, helpless, hopeless, vanished **9** condemned, desperate, destroyed **10** abstracted, insensible, overlooked **11** irrevocable, preoccupied **12** irredeemable, unregenerate

Lost Horizon ***author:*** **6** Hilton (James) ***character:*** **6** Conway (Hugh) ***land:*** **9** Shangri-La

lot **3** cut, ilk, set **4** doom, fate, give, heap, kind, mass, part, plat, sort, type, yard **5** allow, batch, block, bunch, field, group, moira, patch, quota, share, slice, tract, weird **6** assign, barrel, bundle, clutch, kismet, parcel, stripe **7** acreage, cluster, destiny, fortune, mete out, portion, species **8** allocate, clearing, frontage **9** aggregate, allowance, apportion

Lot ***father:*** **5** Haran ***sister:*** **5** Iscah **6** Milcah ***son:*** **4** Moab **5** Ammon ***uncle:*** **7** Abraham

lothario **4** stud, wolf **5** letch, Romeo **6** lecher, tomcat **7** amorist, Don Juan, gallant, seducer **8** Casanova, paramour **9** debaucher, womanizer **10** lady-killer **11** philanderer

lotion **3** oil **4** balm **5** cream, salve **6** cerate **7** unguent **8** ablution, cosmetic, lenitive, liniment, ointment **9** demulcent **11** embrocation

lottery **6** raffle **7** drawing **11** sweepstakes

lotus-eater **7** dreamer **8** escapist, romantic **10** daydreamer **13** castle-builder

loud **5** forte, gaudy, noisy, showy **6** brassy, brazen, flashy, garish, glitzy, tawdry, vulgar **7** blaring, blatant, booming, chintzy, glaring, pealing, raucous, roaring **8** piercing, resonant, sonorous, strident **9** clamorous, deafening, obnoxious, obtrusive, offensive, tasteless **10** bigmouthed, boisterous, flamboyant, resounding, stentorian, thunderous, vociferous **12** earsplitting

loudmouth **6** ranter **7** stentor **8** blowhard, braggart **9** blusterer

loudspeaker **6** woofer **7** tweeter **9** amplifier

Louisiana ***capital:*** **10** Baton Rouge ***city:*** **10** New Orleans, Shreveport ***college, university:*** **6** Tulane ***county:*** **6** parish ***lake:*** **13** Pontchartrain ***nickname:*** **7** Pelican (State) ***river:*** **11** Mississippi ***state bird:*** **12** brown pelican ***state flower:*** **8** magnolia ***state tree:*** **11** bald cypress

lounge **3** bar, bum, lie, pub, tap **4** idle, laze, loaf, loll, sofa **5** couch, dally, drift, lobby, relax **6** dawdle, loiter, parlor, repose, saloon **7** barroom, goof off, lie down, recline, taproom **8** restroom, kill time **10** living room

lounge lizard **3** fop **4** rake, toff **5** blade, dandy, leech **6** gigolo, sponge **9** ladies' man

Lourdes saint **10** Bernadette

louse **3** cur, dog, rat **4** toad **5** aphid, creep, skunk, snake **6** cootie, psylla, rotter, slater, wretch **7** stinker ***egg:*** **3** nit

louse up **4** blow, flub, muff, ruin **5** botch, spoil, wreck **6** bobble, bollix, bumble, bungle, fumble

lousy **3** ill **4** poor, rife **5** awful **6** shoddy, rotten **7** replete, teeming **8** crawling, horrible, inferior, infested, terrible **9** miserable, repulsive **10** despicable **12** contemptible

lout 3 oaf 4 boob, boor, dolt, gawk, hick, rube 5 brute, chuff, churl, klutz, looby, scorn, yokel 6 galoot, lubber, lummox, rustic 7 bumpkin, hayseed, palooka 9 simpleton 10 clodhopper

Louvre masterpiece 8 Mona Lisa 11 Venus de Milo

lovable 4 dear 5 sweet 6 cuddly 7 winning, winsome 8 adorable 9 appealing, endearing 11 embraceable

love 4 zeal 5 adore, ardor, crush, Cupid, exalt, prize, value 6 desire, dote on, fervor, revere 7 adulate, cherish, idolize, passion, romance, worship 8 devotion, fondness, idolatry, treasure, venerate, yearning 9 adoration, adulation, affection, delight in, sentiment 10 allegiance, appreciate, attachment, enthusiasm 11 amorousness, infatuation ***combining form:*** 5 phily 6 philia ***French:*** 5 amour ***Italian:*** 5 amore

love apple 6 tomato

lovebird 6 budgie, parrot 10 budgerigar

love feast 5 agape

love god 4 Amor, Eros, Kama 5 Bhaga, Cupid

love goddess 5 Athor, Freya, Venus 6 Hathor, Inanna, Ishtar 7 Astarte 9 Aphrodite, Ashtoreth

love letter 8 mash note 9 valentine 10 billet-doux

lovely 4 fair 5 sweet, swell 6 comely, dainty, pretty 7 elegant 8 adorable, alluring, charming, delicate, engaging, graceful, knockout 9 beauteous, beautiful, exquisite 10 attractive, delightful, enchanting, entrancing 11 captivating, good-looking

love potion 7 philter, philtre 11 aphrodisiac

lover 3 fan 4 beau, buff 5 flame, leman, Romeo, swain 6 addict, steady, suitor, votary 7 amorist, darling, devotee, Don Juan, gallant, habitué, squeeze 8 fancy man, lothario, mistress, paramour 9 boyfriend, inamorata, inamorato 10 aficionado, girlfriend, sweetheart

lovey-dovey 5 mushy 6 doting 7 amorous 12 affectionate

loving 4 dear, fond 6 ardent, erotic, tender 7 amatory, amorous, cordial, devoted, fervent 8 attached, enamored, faithful 10 benevolent, infatuated, passionate, solicitous 11 impassioned 12 affectionate

low 3 moo 4 base, blue, dead, deep, down, flat, mean, neap, poor, weak 5 cheap, short 6 abject, ailing, humble, hushed, lesser, nether, poorly, sickly, sordid, sparse, unwell 7 cut-rate, reduced, scrubby 8 cast down, dejected, depleted, downcast, inferior, mediocre, wretched 9 declining, depressed, miserable, subnormal, woebegone 10 economical, inadequate, indisposed, marked down, spiritless 11 crestfallen, downhearted, substandard, unfavorable

lowbred 4 base, rude 6 coarse, oafish, vulgar 7 boorish, brutish, loutish, uncouth 8 churlish, cloddish, lubberly 11 uncivilized

low-cost 5 cheap 6 budget, cheapo 7 bargain, cut-rate 10 affordable, reasonable 11 inexpensive

low-down 4 base, mean, ugly, vile 6 odious, scurvy 7 ignoble 8 shameful, wretched 9 abhorrent, worthless 10 despicable, disgusting 11 ignominious 12 contemptible

lowdown 4 dope, info 5 facts, scoop, specs 6 skinny 8 briefing 11 information

lower 3 cut 4 clip, drop, fall, sink 5 frown, gloom, scowl, shave, slash, under 6 debase, demean, demote, humble, lesser, menace, nether, reduce 7 cut down, deflate, degrade, demerit, depress, descend, devalue, let down 8 inferior, mark down, overcast, submerge, threaten 9 devaluate, downgrade ***prefix:*** 5 infra

Lower Depths author 5 Gorki, Gorky (Maksim, Maxim)

lowest point 5 nadir ***in the U.S.:*** 11 Death Valley ***on earth:*** 7 Dead Sea

low-grade 4 hack 5 junky, lousy 6 cheesy, cruddy, shabby, shoddy, sleazy, tawdry 8 below par, déclassé, inferior, mediocre 9 deficient 10 second-rate 11 second-class, substandard 12 second-drawer

low-key 4 soft 5 muted, quiet 7 relaxed, subdued 8 laid-back, softened, tasteful 9 easygoing, minimized, temperate, toned down 10 played down, restrained 11 understated

lowland 4 flat, sump, vale 5 basin 6 bottom, slough, valley 7 bottoms ***Scottish:*** 6 lallan 7 lalland

lowlife 4 fink, heel 5 knave, rogue 6 no-good, outlaw, rascal, wretch 7 hoodlum, ruffian, villain 9 miscreant, reprobate, scoundrel 10 blackguard, black sheep, sleazeball 11 rapscallion, slime-bucket 12 bottom-feeder

lowly 4 base, mean, meek 6 abject, humble, menial, modest 7 ignoble, mundane, obscure, prosaic, servile 8 base-born, plebeian, unwashed

low-pressure 4 calm 6 casual, dégagé, folksy, mellow 7 relaxed 8 flexible, informal, laid-back **9** easygoing **10** nonchalant

low-spirited **3** sad **4** blue, down, glum **6** abject, droopy, gloomy, morose **7** doleful **8** cast down, dejected, downcast, saddened **9** bummed out, cheerless, depressed, woebegone **10** dispirited, melancholy **11** discouraged, downhearted **12** disheartened, heavyhearted

low tide **3** ebb **4** neap

loyal **4** firm, true **5** liege **6** ardent, trusty **7** devoted, dutiful, staunch **8** constant, faithful, resolute, true-blue **9** allegiant, steadfast, unfailing **10** dependable **11** trustworthy

loyalist **4** Tory **7** patriot **8** partisan **10** countryman **11** nationalist

loyalty **6** fealty **8** adhesion, devotion, fidelity **9** adherence, constancy **10** allegiance, attachment, dedication **11** staunchness **12** faithfulness **13** dependability, steadfastness

lozenge **4** pill **6** troche **7** diamond, rhombus **8** pastille

LSD **4** acid ***user:*** **8** acidhead

lubricate **3** oil **6** grease, smooth **7** moisten

lubricious **4** lewd, oily **5** slick **6** carnal, greasy, slippy, wanton **8** prurient, slippery, slithery, ticklish **9** lecherous, salacious **10** lascivious, libidinous **12** concupiscent

lucent **5** clear **6** bright, limpid **7** beaming, crystal, glowing, lambent, radiant, shining **8** clear-cut, luminous, pellucid **9** brilliant, effulgent, refulgent **11** unambiguous

Lucia di Lammermoor ***character:*** **7** Edgardo ***composer:*** **9** Donizetti (Gaetano) ***novelist:*** **5** Scott (Walter)

lucid **4** sane **5** clear **6** bright, limpid **7** crystal, lambent, radiant **8** clear-cut, knowable, luminous **9** brilliant, effulgent, graspable, refulgent, unblurred **10** articulate, fathomable **11** translucent, transparent, unambiguous **12** compos mentis, incandescent, intelligible, transpicuous **13** apprehensible

lucidity **6** acumen, sanity **7** clarity **8** sagacity, saneness **9** clearness, plainness, soundness **10** cognizance, perception **12** clairvoyance

Lucifer **5** devil, fiend, Satan, Venus **7** Old Nick **8** Apollyon **9** archfiend, Beelzebub **10** Old Scratch **13** Old Gooseberry

Lucinde ***beloved:*** **7** Leandre **9** Clitandre ***father:*** **7** Geronte **10** Sganarelle

luck **3** hap, hit **4** juju, meet **5** fluke, light **6** chance, happen, hazard, kismet **7** fortune, godsend, stumble **8** fortuity, occasion, windfall **9** advantage **11** opportunity ***token:*** **5** charm **6** amulet, clover, fetish, mascot **8** talisman **9** horseshoe **11** rabbit's foot

luckless **7** adverse, hapless, unhappy **8** ill-fated, untoward, wretched **9** miserable **10** ill-starred **11** star-crossed, unfavorable, unfortunate **12** misfortunate, unpropitious

lucky **6** golden, timely **7** favored **9** favorable, fortunate **10** auspicious, beneficial, felicitous, fortuitous, propitious **12** advantageous, providential **13** serendipitous ***Scottish:*** **5** canny

Lucky Jim author **4** Amis (Kingsley)

lucrative **6** paying **7** gainful **8** fruitful **10** high-income, productive, profitable, well-paying, worthwhile **11** moneymaking **12** advantageous, remunerative

lucre **3** pay **4** cash, gain, jack, loot **5** dough, green, money, moola **6** dinero, do-re-mi, moolah, profit, wampum **7** cabbage, revenue **9** long green **10** greenbacks

Lucrezia ___ **6** Borgia

ludicrous **4** zany **5** antic, comic, droll, funny, goofy, nutty, silly **6** absurd **7** amusing, bizarre, comical, foolish, risible **8** farcical **9** fantastic, grotesque, laughable **10** off-the-wall, outlandish, ridiculous **11** incongruous **12** preposterous

Ludlum novel **14** Bourne Identity (The) **15** Bourne Supremacy (The) **16** Holcroft Covenant (The) **19** Prometheus Deception (The)

lug **3** nut, oaf, tow, tug **4** bear, buck, drag, draw, haul, hump, jerk, pull, tote **5** carry, ferry, shlep **6** convey, schlep **9** transport

luggage **4** bags, gear **7** baggage

lugubrious **3** sad **4** blue, dour, down, glum **5** bleak **6** dismal, dreary, gloomy, morose, rueful, somber, sullen, woeful **7** doleful, joyless **8** cast down, dejected, dolesome, downcast, mournful **9** cheerless, depressed, plaintive, saturnine, sorrowful, woebegone **10** depressing, despondent, lamentable, melancholy, oppressive **11** discouraged, dispiriting, downhearted **12** disconsolate

lukewarm **5** blasé, tepid **7** dubious, offhand **8** hesitant **9** uncertain, undecided **10** wishy-washy **11** halfhearted, indifferent

lull **3** ebb **4** balm, calm, hush, wane **5** letup, pause, quiet, still **6** becalm, pacify, soothe, temper **7** compose, decline, ease off, slacken **8** abeyance, interval **9** stillness **10** quiescence **11** tranquilize

lullaby **8** berceuse **10** cradlesong

lulu 3 ace 5 dandy, doozy, dream 6 doozie, wonder 7 delight 8 knockout 9 sensation
lumber 3 tax 4 clog, lade, load, logs, plod, slog, wood 5 barge, clump, stump, weigh 6 burden, charge, rumble, saddle, timber, trudge 8 encumber
lumberjack see LOGGER
luminance 10 brightness
luminary 3 sun, VIP 4 lion, name, star 5 celeb, light, nabob 6 leader, worthy 7 big name, notable 8 big-timer, eminence, somebody 9 celebrity, dignitary, superstar 10 notability 12 leading light
luminous 5 clear, lucid 6 bright, lucent 7 beaming, crystal, fulgent, lambent, radiant, shining 8 clear-cut, lustrous, pellucid 9 brilliant, effulgent, refulgent 11 illustrious, translucent, transparent 12 enlightening, incandescent
lummox 3 oaf 4 boor, clod, gawk, lout 5 klutz, looby 6 lubber 7 palooka
lump 3 gob, lot, oaf, wad 4 blob, bulk, chip, clod, gawk, glob, heap, hunk, lout, mass, pile, welt 5 abide, batch, block, brook, bulge, bunch, chunk, hunch, klutz, knurl, looby, piece, scrap, stand, tumor 6 digest, endure, entire, lubber, morsel, nugget 7 handful, palooka, portion, stomach, swallow 8 swelling, totality 9 aggregate 10 protrusion, tumescence 12 protuberance
lumpy 5 crude, gawky, rough 6 choppy, clumsy, coarse, oafish 8 clumpish, unformed 9 roughhewn
lunacy 5 folly, mania 6 idiocy 7 fatuity, foolery, inanity, madness 8 delirium, dementia, insanity 9 absurdity, craziness, silliness, stupidity 10 imbecility 11 derangement, foolishness 13 senselessness
lunar *dark area:* 4 mare 5 maria (plural) *valley:* 4 rill 5 rille
lunatic 3 mad, nut 4 daft, kook, loco, yo-yo, zany 5 balmy, batty, crank, crazy, nutty, raver, wacko, wacky 6 absurd, crazed, cuckoo, insane, madman, maniac, nitwit, psycho, screwy 7 bonkers, cracked, foolish 8 crackpot, demented, demoniac, deranged, frenzied, maniacal, paranoid, schizoid, unhinged 9 bedlamite, ding-a-ling, fruitcake, harebrain, screwball 10 crackbrain 11 nonsensical
lunch 3 eat 4 meal, nosh 5 snack
luncheonette 4 café 5 diner 6 bistro, eatery 7 beanery, canteen, tearoom 8 snack bar 9 cafeteria 10 coffee shop, restaurant 11 greasy spoon
lune 3 bow 5 curve 6 sickle 8 crescent, meniscus
lung *combining form:* 5 pneum, pulmo 6 pneumo, pulmon *disease:* 9 emphysema, pneumonia 10 byssinosis 12 tuberculosis
lunge 3 jab 4 dash, dive, stab 5 bound, drive, pitch, surge 6 charge, plunge, pounce, thrust
lunkhead 3 oaf 4 boob, clod, dodo, dolt, goof, yo-yo 5 booby, chump, dummy, dunce, idiot, moron, ninny, noddy, stupe 6 dimwit, dum-dum, nitwit 7 dullard 8 dumbbell, imbecile, numskull 9 birdbrain, ignoramus, lamebrain, numbskull, simpleton 10 nincompoop
lupine 5 feral 6 brutal, fierce 7 wolfish 8 ravening 9 predatory, rapacious 10 bluebonnet, sanguinary
lurch 3 bob, yaw 4 jerk, lean, list, reel, rock, roll, sway, tilt, toss 5 heave, pitch, slide, swing 6 bumble, careen, falter, plunge, seesaw, swerve, teeter, totter 7 blunder, stagger, stumble 8 flounder
lure 3 bag 4 bait, call, draw, fake, hook, pull, rope, toll, trap, wile 5 blind, catch, charm, decoy, snare, tempt, trick 6 appeal, cajole, come-on, draw in, draw on, entice, entrap, invite, lead on, seduce 7 attract, beguile, bewitch, capture, con game, enchant, ensnare, gimmick, wheedle 8 blandish, delusion, illusion, inveigle 9 captivate, fascinate, incentive, seduction, siren song 10 attraction, camouflage, enticement, inducement, seducement, temptation *fishing:* 3 fly 4 worm 5 spoon 6 minnow 8 bucktail
lurid 3 wan 4 ashy, gory, gray, grim, pale 5 ashen, fiery, gross, livid, waxen 6 doughy, grisly, malign, sultry, yellow 7 baleful, ghastly, graphic, hideous, macabre, malefic, tabloid 8 blanched, gruesome, horrible, shocking, sinister, terrible 9 colorless 10 horrifying, maleficent, terrifying 11 sensational 12 melodramatic
Lurie novel 14 Foreign Affairs 18 War Between the Tates (The)
lurk 4 hide, slip 5 creep, prowl, skulk, slide, slink, sneak, snoop, steal 9 pussyfoot
luscious 4 rich, sexy 5 sapid, sweet, tasty, yummy 6 delish, divine, ornate, savory 7 opulent, piquant, sensual 8 sensuous 9 ambrosial, epicurean, exquisite, flavorful, luxurious, seductive, sumptuous, toothsome 10 delectable, delightful, flamboyant, flavorsome, voluptuous 11 scrumptious 13 mouth-watering

lush 3 sot 4 rank, rich, wino 5 dense, drink, drunk, yummy 6 bibber, boozer, deluxe, lavish, savory 7 fertile, opulent, profuse, sensual, teeming, tippler 8 abundant, drunkard, palatial, prodigal, sensuous, thriving 9 ambrosial, delicious, epicurean, exuberant, inebriate, luxuriant, luxurious, plentiful, sumptuous, toothsome 10 boozehound, delectable, delightful, profitable, prosperous, voluptuous 11 extravagant, flourishing

Lusitania 8 Portugal

lust 3 rut, yen 4 ache, itch, pine, urge, wish, zeal, zest 5 ardor, crave, drive, greed, letch, yearn 6 desire, fervor, hanker, hunger, libido 7 avidity, craving, lechery, longing, passion 8 appetite, coveting, cupidity, lewdness, priapism, salacity, satyrism, yearning 9 carnality, eagerness, eroticism, lubricity, prurience, pruriency 10 enthusiasm, excitement, satyriasis, wantonness 11 nymphomania 13 concupiscence, lecherousness, salaciousness

luster 4 glow 5 glaze, gleam, glint, gloss, sheen, shine 6 polish 7 burnish, shimmer 8 lambency, radiance 9 afterglow 10 brightness, brilliance, brilliancy, effulgence, luminosity, refulgence 11 candescence, iridescence

lusterless 3 dim, wan 4 blah, drab, dull, flat, gray, matt 5 brown, dingy, dusky, faded, matte, muddy, muted, vapid 6 boring 10 uninspired

lustful 3 hot 4 lewd 5 bawdy, horny 6 carnal, erotic, wanton 7 burning, goatish, itching, ruttish, satyric 8 prurient 9 debauched, lecherous, libertine, lickerish, salacious 10 hot-blooded, lascivious, libidinous, licentious, lubricious, passionate 12 concupiscent

lustrate 5 purge 6 purify 7 cleanse

lustration 6 ritual 8 ablution 9 catharsis, cleansing, purgation 10 sprinkling 12 purification

lustrous 5 nitid, shiny 6 bright, gleamy, glossy, sheeny 7 fulgent, glowing, lambent, radiant, shining 8 gleaming, luminous, polished, splendid 9 brilliant, burnished, effulgent, refulgent 10 glimmering, glistening 11 resplendent 12 incandescent

lusty 4 hale 5 hardy, vital 6 brawny, hearty, mighty, potent, robust, strong, virile 7 dynamic, healthy, rousing 8 vigorous 9 energetic, strapping, strenuous 10 prodigious, red-blooded 12 enthusiastic

lute 4 clay, seal 5 grout 6 cement 7 bandora 8 mandolin 10 chitarrone, instrument ***Arabic:*** 3 oud ***two-necked:*** 7 theorbo

lutenist 5 Bream (Julian) 7 Dowland (John) 8 Gaultier (Denis)

Lutetia 5 Paris

Luxembourg ***capital:*** 10 Luxembourg ***monetary unit:*** 4 euro ***mountain range:*** 8 Ardennes ***neighbor:*** 6 France 7 Belgium, Germany ***river:*** 4 Sûre 7 Alzette

luxuriant 4 lush, rank, rich 5 dense 6 fecund, lavish 7 copious, fertile, opulent, profuse, rampant, riotous, teeming 8 abundant, fruitful, luscious, prodigal, prolific 9 excessive, exuberant, sumptuous

luxuriate 4 bask 5 bloom, enjoy, feast, revel 6 abound, relish, thrive, wallow 7 delight, indulge 8 flourish

luxurious 4 lush, posh, rich 5 fancy, grand, plush, ritzy, showy 6 costly, deluxe, lavish, plushy 7 opulent, sensual, stately 8 imposing, majestic, palatial, splendid 9 elaborate, epicurean, expensive, grandiose, sumptuous 10 impressive 11 extravagant, magnificent ***situation:*** 7 fat city 10 bed of roses, easy street

luxury 5 frill, treat 6 dainty 7 amenity, comfort 8 delicacy, opulence 9 abundance, affluence 10 indulgence 11 superfluity 12 extravagance

lycée 6 school 10 high school

lyceum 4 hall 6 school 7 academy, chamber 9 institute

Lycidas author 6 Milton (John)

Lycomedes ***daughter:*** 8 Deidamia ***victim:*** 7 Theseus

Lycus ***brother:*** 7 Nycteus ***father:*** 7 Pandion ***slayer:*** 6 Zethus 7 Amphion ***wife:*** 5 Dirce

Lydian ***king:*** 5 Gyges 7 Croesus 8 Alyattes ***queen:*** 7 Omphale

lye 7 caustic 9 hydroxide

lynch 4 hang 5 scrag 6 gibbet, murder 7 execute 8 string up

Lynette see LINE

lynx 4 puma 6 bobcat, cougar 7 caracal, wildcat 9 catamount

Lyra star 4 Vega

lyre 4 harp

lyric 3 ode 4 odic, poem 5 melic, verse 6 poetic 7 melodic, musical 8 operatic 9 exuberant, rhapsodic

lyrical 7 lilting, melodic, musical, songful, tuneful 8 operatic

lyricist 4 poet 10 librettist

Lysander's beloved 6 Hermia

M

Maacah ***father:*** **5** Nahor **6** Talmai **7** Absalom ***husband:*** **5** David **6** Jehiel, Machir **8** Rehoboam ***son:*** **5** Hanan **6** Abijam, Achish **7** Absalom **10** Shephatiah
macabre **4** grim **5** lurid **6** grisly, horrid, morbid **7** deathly, ghastly, hideous **8** ghoulish, gruesome, horrible **9** deathlike **10** horrifying
macadam **3** tar **7** asphalt, roadway **8** pavement
macaque **6** monkey, rhesus
macaroni **3** fop **4** beau, buck, dude, toff **5** dandy, pasta, swell **7** coxcomb, gallant
macaw **6** parrot
Macbeth ***character:*** **4** Ross **5** Angus **6** Hecate, Lennox **7** Fleance ***slayer:*** **7** Macduff ***successor:*** **7** Malcolm ***title:*** **5** thane ***victim:*** **6** Banquo, Duncan
mace **4** club **5** baton, staff **6** cudgel, nutmeg **8** bludgeon
Macedonia ***capital:*** **6** Skopje ***city:*** **6** Tetovo ***monetary unit:*** **5** denar ***neighbor:*** **6** Greece, Serbia **7** Albania **8** Bulgaria ***part of:*** **7** Balkans ***peninsula:*** **6** Balkan
macerate **4** soak **5** steep **6** drench, soften **7** immerse, suffuse **8** saturate
machete **4** bolo **5** knife **6** scythe
Machiavellian **4** wily **6** shrewd **7** cunning, devious **8** guileful, scheming **9** conniving, deceitful, insidious **10** conspiring **11** duplicitous, treacherous **12** unscrupulous
Machiavelli work **6** Prince (The) **8** Mandrake (The) **10** Mandragola (La)
machinate **4** plot **6** scheme **7** connive, finagle **8** conspire, intrigue, maneuver
machination **4** plot, ploy, ruse **5** cabal, dodge **6** gambit, scheme **8** artifice, intrigue, maneuver, scheming, trickery **9** chicanery, collusion, deception, dirty work, expedient, stratagem **10** hanky-panky, subterfuge **11** contrivance, skulduggery **12** gamesmanship, skullduggery
machine **6** device, engine, gadget **9** apparatus, appliance, automaton **11** contraption
machine-gun **4** rake **6** strafe **8** enfilade **9** rapid-fire
machine-gun inventor **7** Gatling (Richard)
machinery **5** works **9** apparatus, equipment, mechanism
machismo **7** swagger **8** virility **9** manliness **11** masculinity
macho **5** manly **6** virile **9** masculine
Machu Picchu resident **4** Inca
mackinaw **4** coat **5** cover, trout **7** blanket
mackintosh **7** slicker **8** raincoat
macrocosm **5** world **6** cosmos **8** creation, universe
mad **4** daft, nuts, rash, sore, wild **5** angry, crazy, irate, irked, kooky, livid, loony, nutty, rabid, wacky **6** absurd, crazed, cuckoo, heated, insane, ireful, screwy **7** berserk, bonkers, cracked, enraged, foolish, frantic, furious, lunatic **8** choleric, demented, deranged, frenetic, frenzied, incensed, offended, outraged, unhinged, worked up, wrathful **9** delirious, fanatical, fantastic, hilarious, illogical, senseless **10** distracted, infuriated, irrational, unbalanced
Madagascar ***capital:*** **12** Antananarivo ***channel:*** **10** Mozambique ***city:*** **9** Mahajanga, Toamasina ***language:*** **6** French **8** Malagasy ***monetary unit:*** **5** franc ***mountain range:*** **9** Ankaratra
madame **3** Mrs. **4** wife **6** milady, missus
Madame Bovary ***author:*** **8** Flaubert (Gustave) ***character:*** **4** Emma (Bovary) **7** Charles (Bovary) **8** Rodolphe
Madame Butterfly ***character:*** **9** Cho-Cho-San, Cio-Cio-San, Pinkerton, Sharpless ***composer:*** **7** Puccini (Giacomo)
madcap **4** rash, wild **5** antic **7** foolish **8** reckless **9** frivolous, hotheaded **10** capricious, incautious
Mad Cavalier **6** Rupert (Prince)
madden **3** ire, vex **4** goad **5** anger, craze **6** enrage **7** derange, incense, inflame, outrage, possess, steam up, unhinge **9** infuriate, unbalance
Madeira Islands ***capital:*** **7** Funchal ***export:*** **4** wine ***part of:*** **8** Portugal
mademoiselle **4** girl, Miss **6** maiden **9** governess **10** yellowtail **11** silver perch
made-to-order **6** custom **7** bespoke **10** customized **11** custom-built
made-up **5** bogus, false **7** painted **8** invented, mythical, specious **9** fictional, imaginary, pretended, trumped-up **10** fabricated, fictitious **11** make-believe **12** cosmeticized

madhouse 6 asylum, bedlam 8 loony bin 9 funny farm 10 booby hatch
madman 3 nut 4 kook, loon 5 loony, raver 6 cuckoo, maniac, psycho 7 lunatic, nutcase 9 bedlamite, psychotic, fruitcake
madness 4 rage 5 folly 6 lunacy 8 insanity 9 psychosis 11 derangement
Madonna initials 3 BVM
Madras 9 Tamil Nadu ***founder:*** 3 Day (Francis)
Madrid museum 5 Prado
madrigal 4 glee, poem, song 8 part-song
madrigalist ***English:*** 4 Byrd (William) 6 Morley (Thomas), Wilbye (John) 7 Tomkins (Thomas), Weelkes (Thomas) ***Flemish:*** 8 Willaert (Adriaan) ***Italian:*** 8 Marenzio (Luca) 10 Monteverdi (Claudio)
maelstrom 4 eddy 5 whirl 6 vortex 7 turmoil 9 whirlpool
maenad 9 bacchante, priestess
maestro see CONDUCTOR
Mafia 3 mob 4 ring 6 clique 7 rackets 8 gangland 9 Black Hand, syndicate 10 Cosa Nostra, underworld
mafioso 4 goon 6 hit man 7 mobster 8 gangster 9 racketeer
magazine 4 dump 5 cache, depot, organ, store 6 armory, digest, review, weekly 7 arsenal, gazette, journal, monthly 8 biweekly 9 bimonthly, quarterly, warehouse 10 depository, periodical, repository, storehouse 11 publication
mage 6 priest 8 magician, sorcerer
maggot 4 grub, whim 5 fancy, larva 6 vagary 7 caprice, conceit
Magi 6 Caspar, Gaspar 8 Melchior 9 Balthasar, Balthazar ***gift:*** 4 gold 5 myrrh 7 incense 12 frankincense
Magian see MAGUS
magic 4 juju 5 wicca 6 hoodoo, voodoo 7 alchemy, devilry, sorcery 8 satanism, witchery, witching, wizardry 9 conjuring, diablerie, diabolism, occultism, sortilege 10 hocus-pocus, mumbo jumbo, necromancy, witchcraft 11 abracadabra, bewitchment, enchantment, legerdemain, thaumaturgy
magical 6 occult 8 wizardly 10 bewitching, entrancing 11 necromantic 12 thaumaturgic
Magic Flute composer 6 Mozart (Wolfgang Amadeus)
magician 5 brujo, witch 6 shaman, wizard 7 Houdini, warlock 8 conjurer, satanist, sorcerer 9 diabolist, enchanter, trickster, voodooist 11 medicine man, necromancer, thaumaturge ***Arthurian:*** 6 Merlin ***Shakespearean:*** 8 Prospero ***stage:*** 5 Randi (James) 11 Copperfield (David), illusionist ***Tolkien's:*** 7 Gandalf
Magic Mountain, The ***author:*** 4 Mann (Thomas) ***character:*** 7 Castorp (Hans)
magisterial 6 lordly 7 pompous 8 dogmatic 9 imperious, masterful 10 high-handed 11 doctrinaire, domineering, overbearing 13 authoritative, self-important
Magister Ludi author 5 Hesse (Hermann)
magistrate 5 court, judge 7 bencher, justice 8 official ***ancient Greek:*** 5 ephor 6 archon ***ancient Roman:*** 6 aedile 7 duumvir, praetor, questor 8 quaestor ***Italian:*** 7 podesta ***Scottish:*** 6 bailie
Magna Carta ***king:*** 4 John ***place signed:*** 9 Runnymede
magnanimous 5 noble 7 liberal 8 generous, princely 9 forgiving, unselfish 10 benevolent, bighearted, charitable, chivalrous, high-minded, munificent
magnate 5 baron, mogul, nabob 6 fat cat, prince, tycoon 9 personage, plutocrat
magnet 9 lodestone 10 attraction
magnetic 8 alluring 9 appealing, seductive 10 attractive 11 captivating, charismatic, fascinating 12 irresistible ***substance:*** 4 iron 7 ferrite
magnetism 4 draw, lure, pull 5 charm 6 allure, appeal 7 glamour 8 charisma 10 attraction 11 fascination
magnetize 4 draw, lure, wile 5 charm 7 attract, bewitch, enchant 9 captivate, fascinate
magnification unit 8 diameter
magnificence 4 pomp 7 majesty 8 grandeur, splendor 9 pageantry 13 sumptuousness
magnificent 5 grand, noble, regal, royal 6 august, lavish, lordly, superb 7 exalted, opulent, stately, sublime 8 glorious, imposing, majestic, palatial, princely, splendid 9 brilliant, grandiose, luxurious, sumptuous 11 extravagant, resplendent, splendorous 13 splendiferous
magnifier 4 lens 9 telescope ***jeweler's:*** 5 loupe
magnify 4 hymn, laud 5 add to, boost, cry up, exalt, extol, honor, swell 6 expand, extend, praise 7 amplify, augment, enhance, enlarge, ennoble, glorify, inflate 8 eulogize, heighten, increase, maximize, multiply, overplay 9 aggravate, celebrate, embellish, embroider, intensify, overstate 10 aggrandize, exaggerate, panegyrize 13 overemphasize
magniloquent 5 tumid, windy 6 florid, turgid 7 aureate, flowery, fustian, oro-

tund, pompous, swollen **8** sonorous **9** bombastic, high-flown, overblown, rhapsodic **10** euphuistic, rhetorical **11** declamatory

magnitude **4** size **5** order, range **6** extent, import, number, volume **7** bigness, caliber, measure, quality **8** enormity, hugeness, quantity, vastness **9** greatness, immensity, largeness **10** dimensions, importance, proportion **11** consequence

Magnolia State **11** Mississippi

magnum opus **7** classic **10** masterwork **11** chef d'oeuvre, masterpiece, tour de force

Magog's king **3** Gog

magpie **3** jay **4** bird **6** gabber, prater **7** blabber, hoarder **8** jabberer, prattler **9** chatterer, collector **10** chatterbox **12** blabbermouth

maguey **5** agave, fiber **7** cantala ***relative:*** **4** aloe

magus **6** wizard **7** diviner, warlock **8** conjurer, sorcerer **9** enchanter **10** astrologer **11** necromancer

Magyar **9** Hungarian

Mahalath ***father:*** **7** Ishmael **8** Jerimoth ***husband:*** **4** Esau **8** Rehoboam

mah-jongg piece **4** tile

Mahlon ***father:*** **9** Elimelech ***mother:*** **5** Naomi ***wife:*** **4** Ruth

Maia ***father:*** **5** Atlas ***mother:*** **7** Pleione ***sisters:*** **8** Pleiades ***son:*** **6** Hermes **7** Mercury

maid **4** amah, girl, lass, miss **5** biddy, bonne, wench **6** au pair, damsel, lassie, live-in, virgin **7** servant **8** domestic **9** charwoman, hired girl **10** au pair girl ***Indian:*** **4** ayah ***lady's:*** **7** abigail ***stage:*** **9** soubrette

maiden **3** gal **4** girl, lass, miss **5** first, fresh, missy, prime, wench **6** damsel, lassie, unused, virgin **7** initial, pioneer, primary **8** earliest, original, spinster, virginal **10** spinsterly ***Norse mythological:*** **8** valkyrie

maidenhair tree **6** ginkgo

maidenhead **5** hymen **6** purity **9** virginity

maidenhood **9** virginity

Maid of Astolat **6** Elaine

Maid of Orleans, The **4** Joan (of Arc) **7** Pucelle (La) ***author:*** **8** Schiller (Friedrich von)

mail **4** post **5** armor **7** hauberk, letters **8** messages

___ mail **3** air **4** junk **5** chain

maim **4** maul **6** mangle **7** cripple, disable **8** mutilate, paralyze **9** disfigure

main **3** sea **5** chief, great, major, ocean, prime, trunk, vital **7** central, high sea, leading, premier, primary **8** cardinal, foremost, high seas **9** essential, paramount, principal **10** preeminent, prevailing **11** fundamental, outstanding, predominant

Maine ***capital:*** **7** Augusta ***city:*** **6** Bangor **8** Lewiston, Portland ***college, university:*** **5** Bates, Colby **7** Bowdoin ***lake:*** **6** Sebago ***motto:*** **6** Dirigo ***mountain:*** **8** Cadillac, Katahdin ***nickname:*** **8** Pine Tree (State) ***park:*** **6** Acadia ***river:*** **8** Kennebec **9** Penobscot ***state bird:*** **9** chickadee ***state flower:*** **22** white pine cone and tassel ***state tree:*** **9** white pine

mainly **6** mostly **7** chiefly, largely **8** above all **9** primarily **10** especially **11** principally **13** predominantly

mainstay **4** prop **5** brace **6** pillar **7** bulwark, standby, support **8** backbone, buttress **9** supporter, sustainer

Main Street author **5** Lewis (Sinclair)

maintain **4** aver, avow **5** argue, claim **6** affirm, allege, assert, back up, defend, insist, keep up, manage, stress, uphold **7** care for, carry on, contend, declare, justify, persist, profess, support, sustain, warrant **8** continue, preserve **9** cultivate, emphasize, look after **10** provide for

maintenance **4** care, keep **6** living, upkeep **7** alimony, support **10** livelihood **11** subsistence **12** alimentation ***worker:*** **7** janitor **9** custodian

maize **4** corn, milo **10** Indian corn

majestic **5** grand, noble, regal, royal **6** august, kingly, lordly, superb **7** exalted, stately **8** elevated, imperial, imposing, princely, splendid **9** dignified, grandiose, sumptuous **11** ceremonious, magnificent

majesty **4** pomp **5** glory **8** eminence, grandeur, splendor **9** greatness, loftiness **11** stateliness **12** magnificence

major **3** big **4** main, star **5** chief, grave, large **6** higher, larger **7** capital, greater, notable, primary, serious, sizable **8** sizeable, superior **9** principal, prominent **10** large-scale, preeminent **11** outstanding, predominant, significant **12** considerable

Major Barbara author **4** Shaw (George Bernard)

majority **4** bulk, edge **6** margin **13** preponderance

make **3** act, net, set **4** earn, form, gain, mold **5** build, cause, erect, forge, frame, hatch, shape, spawn **6** compel, create, derive, draw up, effect, output, parent **7** achieve, bring in, compose, fashion, prepare, produce **8** comprise, conclude, draw down, generate **9** construct, establish, fabricate, originate **10** constitute **11** manufacture, put together ***amends:*** **5** atone ***believe:*** **7** pretend ***certain:*** **6** assure **8** convince ***fast:*** **3** fix **4** gird

6 secure ***good:*** 7 succeed 9 indemnify ***known:*** 3 air 6 expose, reveal, spread 7 declare, divulge, uncover 8 announce, disclose, proclaim ***use of:*** 6 employ

make-believe 4 mock, sham 7 charade, feigned, fiction 8 disguise, pretense 9 fictional, imaginary, insincere, pretended, simulated 10 fictitious

make do 4 cope 5 get by, get on, shift 6 endure, fake it, manage, wing it 7 survive 8 get along 9 improvise 11 extemporize 13 muddle through

make off 3 fly, run 4 flee, skip 5 leave, scoot, scram 6 decamp, depart, escape 7 abscond, run away 9 skedaddle

make out 3 see 4 fare, neck 5 grasp, infer 6 accept, deduce, derive, follow, gather, manage, take in, thrive 7 discern, prosper, succeed 8 conclude, flourish, get along, perceive 9 apprehend, determine, establish, interpret 10 comprehend, understand

make over 4 cede, deed 6 assign, convey, reform 7 remodel, reshape 8 renovate, transfer

maker 7 builder, creator 8 borrower, designer, inventor, producer 10 originator 11 constructor 12 manufacturer

makeshift 6 resort 7 stopgap 8 recourse, resource 9 expedient, temporary 10 expediency, substitute 11 provisional 13 quick-and-dirty, rough-and-ready

make up 4 form 5 atone 6 devise, invent 7 arrange, compile, compose, concoct, fashion, prepare 8 comprise, contrive 9 apologize, construct, fabricate, formulate, improvise, reconcile 10 compensate

makeup 4 cast, form, kohl, mold 5 blush, fiber, gloss, grain, paint, rouge, shape, stamp, style 6 design, nature, powder, stripe, temper 7 blusher, mascara 8 lip gloss, war paint 9 character, formation 10 complexion, maquillage 11 arrangement, composition, disposition, greasepaint, personality, temperament 12 architecture, constitution, construction, organization

maladroit 5 inept 6 clumsy, gauche, klutzy 7 awkward, unhandy 8 bumbling, bungling, tactless 9 ham-handed, impolitic 10 blundering, ungraceful 11 heavy-handed 12 undiplomatic

malady 3 ill 7 ailment, disease, illness 8 disorder, sickness, syndrome 9 complaint, condition, infirmity 10 affliction

malaise 4 funk 5 dumps, ennui 8 debility, doldrums 10 enervation

Malamud, Bernard ***novel:*** 5 Fixer (The) 7 Natural (The) 9 Assistant (The) ***story:*** 11 Magic Barrel (The)

malapert 4 rude 5 brash, fresh, nervy, sassy, saucy, smart 6 brassy, brazen, cheeky 7 forward 8 impudent, insolent 12 presumptuous

Malaprop creator 8 Sheridan (Richard Brinsley)

malapropos 5 inapt, undue 8 improper, unseemly, untimely 10 unsuitable 11 inopportune 13 inappropriate, inopportunely

malaria 4 ague 6 miasma ***medicine:*** 7 quinine 8 cinchona ***mosquito:*** 9 anopheles

malarkey 4 guff 5 bilge, hokum, hooey, tripe 6 bunkum, drivel 7 hogwash, rubbish, twaddle 8 nonsense 9 poppycock 10 balderdash 12 blatherskite

Malawi ***capital:*** 8 Lilongwe ***city:*** 8 Blantyre ***explorer:*** 11 Livingstone (David) ***former name:*** 9 Nyasaland ***lake:*** 5 Nyasa 6 Malawi ***language:*** 7 English 8 Chichewa ***monetary unit:*** 6 kwacha ***neighbor:*** 6 Zambia 8 Tanzania 10 Mozambique ***river:*** 5 Shire

Malaysia ***capital:*** 11 Kuala Lumpur ***city:*** 4 Ipoh 6 Penang 11 Johor Baharu ***island:*** 6 Borneo ***monetary unit:*** 7 ringgit ***neighbor:*** 8 Thailand 9 Indonesia ***peninsula:*** 5 Malay ***sea:*** 10 South China ***strait:*** 7 Malacca

malcontent 5 rebel 6 griper, grouch, unruly 8 agitator, factious, frondeur, grumbler, mutinous, restless 9 alienated 10 bellyacher, complainer, rebellious 11 disaffected, disgruntled, disobedient, ungratified 12 contumacious, dissatisfied

mal de mer 6 nausea 8 vomiting 10 queasiness 11 seasickness

Maldives ***capital:*** 4 Male ***language:*** 6 Divehi ***monetary unit:*** 7 rufiyaa

male 3 guy, tom 4 gent 5 macho, manly 6 manful, virile 7 manlike 9 masculine, staminate

malediction 4 jinx, oath 5 curse 7 malison 8 anathema 10 execration 11 imprecation

malefactor 5 felon, knave, rogue 6 sinner 8 criminal, evildoer, offender 9 miscreant, reprobate, scoundrel, wrongdoer 10 blackguard, lawbreaker

maleficent 4 evil, vile 5 toxic 6 malign, sinful, wicked 7 baleful, baneful, beastly, harmful, noxious, vicious 8 damnable, sinister, virulent 9 execrable, injurious, nefarious, repugnant 10 pernicious, villainous 11 destructive

malevolence 4 evil 5 spite 6 grudge, malice, spleen 7 ill will 9 hostility, malignity 12 spitefulness 13 maliciousness

malevolent 4 evil 6 malign, wicked 7 baleful, hateful, hurtful, vicious 8 sinister, spiteful, venomous 9 injurious, malicious, malignant, poisonous

malfunction 6 glitch 7 misfire

Mali *capital:* 6 Bamako *city:* 5 Mopti, Ségou 7 Sikasso 8 Timbuktu 10 Tombouctou *desert:* 6 Sahara *former name:* 11 French Sudan *language:* 6 French *monetary unit:* 5 franc *neighbor:* 5 Niger 6 Guinea 7 Algeria, Senegal 10 Ivory Coast, Mauritania 11 Burkina Faso *river:* 5 Niger

malice 4 bile, hate 5 spite, venom 6 animus, enmity, grudge, hatred, poison, spleen 7 ill will 8 meanness 9 animosity, antipathy 10 bitterness, resentment 11 hatefulness, malevolence 12 spitefulness 13 invidiousness

malicious 4 evil, mean 5 nasty, petty 6 wicked 7 baneful, hateful, heinous, jealous 8 spiteful, vengeful, venomous, virulent 9 poisonous, poison-pen, rancorous 10 malevolent

maliciousness see MALEVOLENCE

malign 4 evil, soil 5 abuse, decry, libel, smear, stain, sully, taint 6 befoul, defame, defile, revile, smirch, vilify, wicked 7 asperse, baleful, baneful, blacken, detract, hateful, hostile, noxious, slander, tarnish, traduce, vicious 8 besmirch, derogate, inimical, sinister, spiteful, tear down, virulent 9 denigrate, disparage, injurious, rancorous 10 calumniate, depreciate, maleficent, malevolent, pernicious, scandalize, vituperate 11 deleterious, opprobriate 12 antagonistic, antipathetic

malignant 4 evil 5 fatal 6 deadly, lethal, wicked 7 baleful, hateful, vicious 8 devilish, fiendish, spiteful 9 injurious, rancorous 10 diabolical, malevolent

malison 5 curse 8 anathema 11 commination, imprecation, malediction

mall 4 lane 5 alley, plaza, strip 7 passage 9 concourse, esplanade, promenade 10 passageway 11 median strip

malleable 6 pliant, supple 7 ductile, plastic, pliable 8 flexible 9 adaptable

mallet 6 hammer

malodorous 4 foul, gamy, rank 5 fetid, fuggy, funky, fusty, musty, stale 6 frowsy, putrid, rancid, rotten, smelly, stinky 7 noisome, noxious, reeking, spoiled 8 mephitic, stinking 9 offensive 10 nauseating 11 ill-smelling 12 pestilential

Malta *capital:* 8 Valletta *city:* 5 Qormi 10 Birkirkara *island:* 4 Gozo 6 Comino *language:* 6 French 7 Maltese *monetary unit:* 4 lira *sea:* 13 Mediterranean

Maltese Falcon, The *actor:* 5 Astor (Mary), Lorre (Peter) 6 Bogart (Humphrey) 11 Greenstreet (Sydney) *author:* 7 Hammett (Dashiell) *detective:* 5 Spade (Sam) *director:* 6 Huston (John)

maltreat 5 abuse 6 ill-use, misuse, molest

mama 4 dame, doll, wife 5 broad, femme, hussy, madam, woman 6 matron, mother

Mamet play 7 Oleanna 14 Boston Marriage 15 American Buffalo 17 Glengarry Glen Ross

mammal 3 ass 5 camel, hippo, hyrax 6 alpaca, colugo, dassie, rabbit 7 primate 8 elephant 12 hippopotamus *African:* 5 okapi, zebra 8 aardvark, aardwolf *aquatic:* 6 dugong, sea cow 7 cowfish, manatee, narwhal, platypi (plural) 8 cetacean, platypus, porpoise, sirenian *arboreal:* 5 lemur 6 sifaka 7 opossum 8 kinkajou *Australian:* 5 koala 8 kangaroo *burrowing:* 8 starnose *carnivorous:* 3 cat, dog, fox 4 bear, lion, mink, seal, wolf 5 genet, hyena, otter, panda, ratel, sable, tiger 6 badger, grison, marten, racoon, walrus 7 linsang, polecat, raccoon 8 mongoose *catlike:* 5 civet *doglike:* 6 jackal *extinct:* 6 quagga 8 mastodon, stegodon *feline:* 4 lion 5 tiger, tigon 6 ocelot, tiglon 7 leopard, lioness, tigress *flying:* 3 bat *gnawing:* 3 rat 6 beaver, rodent 8 squirrel *goatlike:* 4 tahr 5 takin *harelike:* 5 hyrax 7 hyraces (plural) *hoofed:* 3 cow, pig 4 deer, goat, oxen (plural) 5 camel, sheep, tapir 6 alpaca 7 peccary 8 ruminant, ungulate 12 hippopotamus *horned:* 4 goat *insect-eating:* 4 mole 5 shrew 6 tenrec 8 hedgehog *long-necked:* 7 giraffe *marine:* 4 orca, seal 6 walrus 7 dolphin, grampus *marsupial:* 9 bandicoot *nocturnal:* 6 wombat *raccoon-like:* 10 cacomistle *ruminant:* 4 deer 5 llama, moose, sheep 6 vicuña *small:* 4 pika 8 hedgehog, hedgepig *South American:* 7 guanaco *toothless:* 5 sloth 8 edentate, pangolin 9 armadillo *tropical:* 5 coati *unweaned:* 8 suckling *with flippers:* 8 pinniped *wolflike:* 5 hyena

mammon 4 pelf 5 lucre 6 riches, wealth 8 treasure 9 abundance, affluence 10 prosperity 11 possessions

mammoth 4 huge, vast 5 giant, jumbo 6 mighty 7 immense, massive, monster, titanic 8 colossal, enormous, gigantic 9 leviathan, monstrous 10 gargantuan, mastodonic, monumental 11 elephantine

man 3 guy 4 buck, chap, cuss, dude, gent 5 being, bloke 6 fellow, mister, mortal, person 7 husband 8 creature, paramour 9 boyfriend, mortality, personage 10 individual 11 Homo sapiens *castrated:* 6 eunuch *combining form:*

4 andr 5 andro, homin 6 homini ***French:*** 5 homme ***Italian:*** 4 uomo ***Latin:*** 3 vir 4 homo ***old:*** 6 codger, geezer ***Spanish:*** 6 hombre ***Yiddish:*** 6 mensch ***young:*** 3 boy, lad 6 shaver 9 stripling

manage 3 run 4 cope, fare, head, keep 5 get by, get on, guide, shift 6 afford, direct, effect, govern, handle 7 achieve, carry on, conduct, control, execute, finagle, operate, oversee, succeed 8 carry out, contrive, cope with, deal with, dominate, engineer, get along, maintain 9 cultivate, supervise 10 accomplish, administer, bring about 11 superintend

manageable 6 docile 8 amenable, bearable, biddable, passable 9 agreeable, compliant, endurable, tractable 10 responsive 11 cooperative, supportable, sustainable 13 accommodating

management 4 care 5 brass 6 charge 7 conduct, control, running 8 guidance, handling 9 direction, oversight 10 conducting 11 front office, supervising, supervision

manager 4 boss, exec 6 gerent 7 handler, officer 8 director, official, overseer, producer 9 conductor, executive 10 impresario, supervisor 13 administrator ***museum:*** 7 curator

mañana 7 someday 8 sometime, tomorrow

Man and Superman author 4 Shaw (George Bernard)

Manassas battle 7 Bull Run

Manasseh, Manasses ***brother:*** 7 Ephraim ***father:*** 6 Hashum, Joseph 8 Hezekiah 10 Pahathmoab ***grandfather:*** 5 Jacob ***grandson:*** 6 Gilead ***mother:*** 7 Asenath ***son:*** 6 Machir

man-at-arms 7 fighter, soldier, warrior 10 serviceman

Mandalay author 7 Kipling (Rudyard)

mandarin 5 elder 6 orange 8 official 9 tangerine 10 bureaucrat, panjandrum

mandate 4 fiat, word 5 edict, order, ukase 6 behest, charge, decree 7 bidding, command, dictate 9 authority, directive 10 imperative, injunction 13 authorization

mandatory 6 forced 7 binding 8 required 9 de rigueur, necessary, requisite 10 compulsory, imperative, obligatory 11 involuntary

mandible 3 jaw 8 lower jaw

man-eater 4 lion, ogre 5 shark, tiger 8 cannibal 13 mackerel shark

Manette's daughter 5 Lucie

maneuver 3 ply 4 move, plan, plot, ploy, step 5 feint, trick, wield 6 design, device, gambit, handle, jockey, scheme, tactic, wangle 7 exploit, finagle, finesse 8 artifice, démarche, engineer, exercise, intrigue, movement, navigate 9 machinate, procedure, stratagem 10 manipulate, proceeding, subterfuge 11 contrivance, machination 12 manipulation

maneuvering room 8 latitude

Man for All Seasons, A ***author:*** 4 Bolt (Robert) ***subject:*** 4 More (Thomas)

manganese ***ore:*** 10 pyrolusite

manger 4 rack 6 cratch, feeder, trough

mangle 3 mar 4 iron, maim, maul 5 press 6 damage, deface, deform, impair, injure 7 butcher, contort, distort 8 lacerate, mutilate 9 disfigure

mangy 5 seedy 6 ragtag, shabby 7 scruffy, squalid 8 decrepit, tattered 9 moth-eaten 10 down-at-heel, threadbare

manhandle 5 abuse 6 batter 7 rough up 8 maltreat, mistreat 10 push around, slap around

Manhattan ***building:*** 11 Empire State ***district:*** 4 Soho 6 Harlem 7 Chelsea, Tribeca ***entertainment district:*** 11 Times Square ***financial district:*** 10 Wall Street ***museum:*** 7 Whitney 10 Guggenheim 12 Metropolitan ***opera house:*** 12 Metropolitan ***purchaser:*** 6 Minuit (Peter) ***river:*** 4 East 6 Hudson ***school:*** 3 NYU 8 Columbia 9 Juilliard

mania 4 rage, zeal 5 craze, fancy 6 frenzy, lunacy 7 madness, passion 8 fixation, idée fixe, insanity 9 cacoëthes, obsession 10 compulsion, enthusiasm 11 infatuation

maniac 3 bug, nut 4 loon 5 fiend, freak 6 madman, psycho, zealot 7 fanatic, lunatic, nutcase 8 crackpot 9 bedlamite 10 enthusiast

manifest 4 show 5 clear, overt, plain, shown, utter, voice 6 appear, embody, evince, expose, patent, reveal 7 display, evident, evinced, exhibit, express, invoice, obvious, visible 8 apparent, distinct, evidence, palpable, proclaim, revealed 9 evidenced, incarnate, objectify, prominent 10 illustrate, noticeable, observable 11 demonstrate, exteriorize, externalize, perceptible, unambiguous

manifestation 4 show, sign 5 proof 7 display, symptom 8 epiphany 10 appearance, revelation

manifesto 4 fiat, rule, writ 5 credo, creed, edict, ukase 6 decree, dictum, gospel, notice, policy, ruling 7 mandate, statute 8 doctrine, document, platform 9 affidavit, directive, statement, testament, testimony, ultimatum 10 deposition, indictment, injunction, regulation, resolution 11 declaration

12 announcement, denunciation, notification, proclamation 13 pronouncement

manifold 7 diverse, various 8 compound, multiple, multiply, numerous 9 multiform, multiplex 10 multiphase 12 multifarious

manikin 4 runt 5 dummy, dwarf, gnome, model, pygmy 6 midget, peewee 8 Tom Thumb 10 homunculus

Manila ***founder:*** 7 Legazpi (Miguel López de) ***site:*** 11 Phillipines ***victor:*** 5 Dewey (George)

manipulate 3 ply, rig 4 play 5 steer, swing, wield 6 direct, doctor, handle, jockey, juggle, manage 7 beguile, conduct, control, exploit, finagle, finesse, massage 8 engineer, maneuver 9 machinate 10 tamper with

Man, Isle of ***capital:*** 7 Douglas ***cat:*** 4 Manx ***possession of:*** 7 Britain ***sea:*** 5 Irish

Manitoba ***capital:*** 8 Winnipeg ***lake:*** 8 Winnipeg 12 Winnipegosis ***mountain:*** 5 Baldy ***provincial flower:*** 13 prairie crocus ***river:*** 6 Nelson 9 Churchill

mankind 6 humans, people 8 humanity 11 Homo sapiens

manlike 4 male 6 virile 8 hominoid, humanoid 9 masculine 10 anthropoid

manly 4 male 5 macho 6 virile 9 masculine

man-made 9 synthetic 10 artificial, factitious ***object:*** 8 artefact, artifact

Mann character 6 Joseph 10 Aschenbach (Gustav von), Felix Krull 11 Hans Castorp, Tonio Kröger

manner 3 air, use, way 4 form, kind, look, mien, mode, sort, vein, wont 5 habit, modus, style, usage 6 aspect, custom, method 7 bearing, conduct, fashion, p's and q's 8 behavior, demeanor, habitude, practice, presence 9 demeanour, etiquette, technique 10 consuetude, deportment 11 affectation, comportment, peculiarity 12 idiosyncrasy

mannered 7 stilted 8 affected 10 artificial 13 self-conscious

mannerism 3 tic 4 pose 5 quirk 10 preciosity 11 affectation, peculiarity, singularity 12 eccentricity, idiosyncrasy 13 artificiality

mannerless 4 rude 6 coarse 7 boorish, ill-bred, uncivil, uncouth 8 impolite 12 discourteous

mannerly 5 civil 6 polite 7 genteel, refined 8 decorous, gracious, well-bred 9 civilized, courteous 10 respectful

Manon composer 8 Massenet (Jules)

Manon Lescaut ***author:*** 7 Prévost (Abbé) ***composer:*** 7 Puccini (Giacomo) 8 Massenet (Jules) ***lover:*** 9 des Grieux

manor 5 villa 6 estate, quinta 7 château, demesne 12 landed estate

manservant 5 valet 6 butler

mansion 4 hall 5 villa 6 palace 7 château

manslayer 6 killer 8 homicide, murderer

manta 3 ray 5 cloak, cloth, shawl 7 blanket

manteau 4 coat, robe, wrap 5 cloak 6 capote, mantle, tabard

mantic 5 vatic 7 Delphic, fatidic 8 Delphian, oracular 9 prophetic, sibylline, vaticinal 10 divinatory

mantilla 4 cape, wrap 5 cloak, fichu, scarf, shawl

mantle 4 cope, glow, pink, robe, rose 5 blush, cloak, color, cover, flush, rouge 6 capote, casing, pinken, redden 7 crimson

man-to-man 4 open 5 frank, plain 6 candid, direct, honest 10 forthright, unreserved 11 openhearted

mantra 5 chant, motto 6 prayer, slogan 9 watchword 10 invocation 11 incantation

manual 4 text 5 guide 6 primer 8 Baedeker, handbook, hornbook, textbook 9 guidebook, vade mecum 10 compendium 11 abecedarium, enchiridion ***religious:*** 9 catechism ***worker:*** 6 menial 7 laborer

manufacture 4 form, make 6 create, invent 7 fashion, produce 8 assemble 9 fabricate 11 put together

manumit 4 free 6 unbind 7 release, set free, unchain 8 liberate 9 unshackle 10 emancipate

manure 4 dung 6 ordure 7 excreta 9 excrement 10 fertilizer

manuscript 4 hand 6 scrawl 8 longhand 9 autograph 10 penmanship 11 calligraphy, handwriting ***ancient:*** 5 codex 6 scroll 7 codices (plural) ***red part:*** 6 rubric

Man Without a Country, The ***author:*** 4 Hale (Edward Everett) ***character:*** 5 Nolan

many 5 scads 6 divers, legion, myriad, sundry 7 copious, diverse, umpteen, various 8 abundant, manifold, multiple, numerous 9 abounding, bounteous, bountiful, countless, multitude, plentiful 12 multifarious 13 multitudinous ***combining form:*** 4 poly 5 multi, pluri

many-sided 7 diverse 8 all-round, talented 9 all-around, versatile 10 variegated 11 diversified 12 multifaceted, multifarious 13 comprehensive

Mao's successor 3 Hua (Guofeng, Kuo-

feng) 4 Deng (Xiaoping), Teng (Hsiao-p'ing)
map 4 plan, plat 5 chart, draft, globe, graph 6 design, lay out, set out, sketch, survey 7 arrange, diagram, drawing, outline, tracing 9 delineate ***collection:*** 5 atlas ***line:*** 6 isobar 7 contour, isogram, isohyet 8 isogloss, isogonic, isopleth, isotherm ***maker:*** 12 cartographer ***making:*** 11 cartography
maple ***genus:*** 4 Acer ***product:*** 5 syrup ***type:*** 3 red 5 sugar 8 box elder
map projection 5 conic 8 Mercator 9 polyconic 10 sinusoidal 12 orthographic 13 stereographic
maquillage 6 makeup
mar 4 ding, harm, hurt, scar, warp 5 spoil, stain 6 bruise, damage, deface, deform, impair, injure 7 blemish, scratch, tarnish, vitiate 9 disfigure
marabou 5 stork
Marat/Sade author 5 Weiss (Peter)
Marat, Jean-Paul ***colleague:*** 6 Danton (Georges) 11 Robespierre (Maximilien) ***slayer:*** 6 Corday (Charlotte)
maraud 4 loot, raid, sack 5 foray, harry 6 harass, ravage, ravish 7 despoil, pillage, plunder, ransack
marauder 6 bandit, pirate 7 brigand, spoiler, wrecker 9 buccaneer, desperado 10 freebooter
marble 3 mib, mig, taw 4 immy, migg 5 agate, aggie, alley, rance 6 blotch, miggle, mottle, streak 7 cipolin, glassie, steelie 9 limestone
marbled 6 veined 7 dappled, flecked, mottled 8 speckled, streaked
Marble Faun, The ***author:*** 9 Hawthorne (Nathaniel) ***character:*** 5 Hilda 6 Kenyon, Miriam 9 Donatello ***setting:*** 4 Rome
marcel 4 wave
march 3 hem, rim 4 abut, file, line 5 skirt 6 adjoin, border, parade 7 advance, headway, proceed 8 anabasis, boundary, frontier, outlands, progress, traverse 9 periphery 10 borderland
March ***date:*** 4 ides ***mother:*** 6 Marmee ***sisters:*** 3 Amy, Meg 4 Beth
March Hare creator 7 Carroll (Lewis)
March King 5 Sousa (John Philip)
Mardi Gras 8 carnival 10 Fat Tuesday ***city:*** 10 New Orleans
Marduk ***city:*** 7 Babylon ***consort:*** 8 Zarbanit, Zarpanit ***victim:*** 5 Kingu 6 Tiamat
mare 3 sea 5 horse 6 equine
mare's nest 3 con, din 4 hoax, scam 5 babel, cheat, fraud, put-on, spoof 6 bedlam, clamor, hubbub, humbug, racket, ruckus, tumult, uproar 7 swindle, turmoil 8 brouhaha, flimflam, illusion 9 confusion, imposture 10 hullabaloo 11 pandemonium
margarine 4 oleo
margin 3 hem, rim 4 brim, edge, join, line, play, room, side 5 bound, brink, frame, scope, shore, skirt, verge 6 border, fringe, leeway 7 minimum, outline, selvage 8 boundary, latitude, selvedge, surround, trimming 9 elbowroom, perimeter, periphery 13 circumference ***tiny:*** 4 hair
marginal 5 minor 7 limited, minimal 9 bordering 10 borderline, negligible, peripheral, subsidiary 13 insignificant
Marguerite's lover 5 Faust
Maria ___ 5 Elena 7 Stuarda
Marianas ***discoverer:*** 8 Magellan (Ferdinand) ***island:*** 4 Guam, Rota 5 Pagan 6 Guguan, Saipan, Tinian 7 Agrihan, Aguijan
marijuana 3 pot 4 hash, hemp, weed 5 bhang, grass 6 reefer 7 hashish 8 cannabis
marina 4 dock, pier, quay 5 basin, berth, wharf 8 boatyard
marinate 4 soak 5 steep 6 drench, pickle 7 immerse 8 macerate
marine 5 naval 7 abyssal, aquatic, deep-sea, oceanic, pelagic 8 nautical, seagoing 9 seafaring, thalassic 10 oceangoing 12 hydrographic 13 oceanographic ***crustacean:*** 6 shrimp 7 lobster 8 barnacle ***deposit:*** 5 coral ***plant:*** 4 kelp, nori 5 dulse 6 wakame 7 seaweed
mariner 3 gob, tar 4 jack, salt, swab 5 limey 6 hearty, rating, sailor, sea dog, seaman 7 jack-tar, old salt, swabbie 8 seafarer 9 sailorman, shellback, tarpaulin 10 bluejacket
marital 6 wedded 7 married, nuptial, spousal 8 conjugal, hymeneal 9 connubial
maritime 7 oceanic, pelagic 8 nautical 9 thalassic 12 navigational
mark 3 aim, jot, sap 4 butt, dupe, fool, goal, gull, heed, look, nick, note, pick, show, sign, view 5 blaze, bound, brand, chart, chump, elect, grade, label, notch, stamp, token, trait 6 behold, choose, denote, evince, lay off, notice, object, opt for, rating, record, select, sucker, target, victim, virtue 7 betoken, delimit, discern, exhibit, fall guy, feature, gudgeon, indicia, initial, measure, observe, qualify, scratch, signify, symptom 8 function, indicate, perceive, register 9 attribute, character, designate, objective, single out 10 indication 11 differentia, distinction, distinguish 12 characterize ***distinctive:*** 7 indicia 8 indicium

identifying: **4** logo, seal **6** emblem, signet, symbol **8** colophon, logotype ***of insertion:*** **5** caret ***of omission:*** **8** ellipsis **10** apostrophe ***over a vowel:*** **5** breve **6** accent, macron ***over n:*** **5** tilde ***punctuation:*** **4** dash **5** brace, colon, comma, slant, slash **6** hyphen, period **7** bracket, solidus **9** backslash, guillemet, semicolon **10** apostrophe ***under a letter:*** **7** cedilla

Mark **6** Gospel ***cousin:*** **8** Barnabas ***mother:*** **4** Mary

mark down **3** cut **4** pare **5** shave, slash **6** reduce **7** devalue **8** discount **9** devaluate **10** depreciate, undervalue

marked **5** noted **6** patent, signal **7** evident, notable, obvious, pointed, salient **8** distinct, manifest, striking **9** arresting, prominent **10** noticeable, remarkable **11** conspicuous, outstanding **12** considerable **13** distinguished ***man:*** **4** Cain

market **4** fair, mall, sell, shop, vend **5** store **6** bazaar, outlet, retail **8** emporium, exchange, showroom **9** advertise, traffic in, wholesale **11** merchandise ***kind:*** **4** flea **5** money, stock

marketable **5** sound **7** salable **8** vendible **10** commercial

marketplace **4** mall, souk **5** agora **6** bazaar, rialto **8** emporium

marksman **4** shot **7** deadeye, shooter **12** sharpshooter

marl **4** clay, silt

marlin **8** billfish **9** spearfish

Marlowe play **8** Edward II **9** Dr. Faustus **10** Jew of Malta (The) **11** Tamburlaine **13** Doctor Faustus

marmot **6** rodent **9** woodchuck **10** prairie dog

maroon **3** red **6** claret, desert, strand **7** abandon, crimson, forsake, isolate, outcast **8** burgundy, castaway

Marquand character **4** Gray (Charles), Moto (Mr.) **5** Apley (George), Wayde (Willis) **6** Pulham (H.M.) **7** Goodwin (Melville)

Marquis, Don ***cat:*** **9** Mehitabel ***cockroach:*** **5** Archy

marriage **5** match, union **6** bridal **7** nuptial, spousal, wedding, wedlock **8** coupling, espousal, monogamy, nuptials, polygamy **9** matrimony **11** conjugality **12** connubiality ***combining form:*** **4** gamy **6** gamous ***notice:*** **5** banns ***outside a group:*** **7** exogamy ***within a group:*** **8** endogamy

marriageable **6** nubile **8** eligible

marriage broker **9** go-between **10** matchmaker

Marriage of Figaro composer **6** Mozart (Wolfgang Amadeus)

marrow **4** core, meat, pith, soul **5** heart, stuff **6** kernel **7** essence **12** quintessence

marry **3** tie, wed **4** join, link, mate, wive, yoke **5** hitch, merge, unite **6** couple, splice, spouse **7** combine, conjoin, espouse **9** conjugate

Mars **4** Ares **6** planet ***lover:*** **5** Venus ***mission:*** **6** Viking **7** Mariner **10** Pathfinder ***moon:*** **6** Deimos, Phobos ***relating to:*** **7** martian (see also ARES)

Marseillaise composer **13** Rouget de Lisle (Claude-Joseph)

marsh **3** bog, fen **4** mire, ooze, quag **5** bayou, glade, swale, swamp **6** morass, muskeg, slough **7** wetland **8** quagmire **9** swampland

marshal **5** align, array, guide, order, rally, usher **6** deploy, direct, escort, muster **7** arrange, officer, round up **8** assemble, mobilize, organize, shepherd **9** methodize, systemize

Marshall Islands ***atoll:*** **6** Bikini **8** Enewetak **9** Kwajalein ***capital:*** **6** Majuro ***ethnic group:*** **11** Micronesian ***island chain:*** **5** Ralik, Ratak **6** Sunset **7** Sunrise ***language:*** **7** English **11** Marshallese ***monetary unit:*** **6** dollar

marsupial **5** koala **6** possum, wombat **7** opossum **8** kangaroo **9** bandicoot

marten **6** fisher, weasel

Martha ***brother:*** **7** Lazarus ***sister:*** **4** Mary

martial **7** warlike **8** militant, military, spirited **9** bellicose, combative, soldierly **11** belligerent **12** militaristic

martial art **4** judo **5** kendo **6** aikido, karate, kung fu, tai chi **7** shaolin **8** capoeira, jiujitsu **9** tae kwon do **11** tai chi chuan ***school:*** **4** dojo

Martial's forte **7** epigram

Martin Chuzzlewit author **7** Dickens (Charles)

Martinique ***capital:*** **12** Fort-de-France ***department of:*** **6** France ***discoverer:*** **8** Columbus (Christopher) ***island group:*** **8** Windward ***location:*** **10** West Indies ***neighbor:*** **8** Dominica **10** Saint Lucia ***volcano:*** **5** Pelée

martyr **4** Paul, rack **5** Agnes, Alban, James, Peter, saint, wring **6** George, harrow, Justin **7** afflict, agonize, Clement, crucify, Cyprian, Stephen, torment, torture **8** Ignatius, Lawrence, Polycarp, sufferer **9** Joan of Arc, Sebastian **10** excruciate, Thomas More ***Protestant:*** **6** Ridley (Nicholas) **7** Cranmer (Thomas), Latimer (Hugh)

marvel **4** gape **6** wonder **7** miracle, portent, prodigy, stunner **9** curiosity, sensation **10** phenomenon **12** astonishment

marvelous **5** super, swell **6** divine **7** amazing, awesome, ripping **8** glorious, striking, stunning, superior, terrific, wondrous **9** excellent, wonderful **10** astounding, incredible, miraculous, phenomenal, prodigious, remarkable, staggering, stupendous, surprising **11** astonishing, exceptional, sensational, spectacular **12** awe-inspiring, supernatural **13** extraordinary

Marx brother **5** Chico, Harpo, Zeppo **7** Groucho

Marxist **9** socialist **9** communist

Marx, Karl ***book:*** **7** Kapital (Das) ***collaborator:*** **6** Engels (Friedrich)

Mary ***husband:*** **6** Clopas, Joseph **8** Alphaeus ***kinswoman:*** **9** Elisabeth ***son:*** **4** Mark **5** James, Jesus

Maryland ***bay:*** **10** Chesapeake ***capital:*** **9** Annapolis ***city:*** **9** Baltimore, Frederick ***college, university:*** **6** Towson **7** Goucher **9** Annapolis **12** Johns Hopkins **12** Naval Academy (U.S.) ***fort:*** **7** McHenry ***nickname:*** **7** Old Line (State) ***river:*** **7** Potomac **8** Patuxent ***state bird:*** **15** Baltimore oriole ***state flower:*** **14** black-eyed Susan ***state tree:*** **8** white oak

mascot **4** juju **5** charm **6** amulet, fetish, symbol **8** talisman

masculine **4** male **5** macho, manly **6** manful, virile **7** manlike

masculinity **8** machismo, virility **9** manliness

mash **4** pulp **5** crush, smash **6** squish **8** macerate **9** pulverize

masher **4** wolf **5** flirt **6** chaser **7** Don Juan, seducer **8** Casanova **9** ladies' man, womanizer **10** lady-killer **11** philanderer

mash note **10** billet-doux, love letter

mask **4** hide, pose, sham, veil **5** cover, front, guard, guise, visor **6** facade, screen, vizard **7** dress up, frisket, pretext **8** coloring, disguise, pretense **9** dissemble, semblance **10** appearance, camouflage, false front, simulation **11** dissimulate **13** dissimulation

masonry **9** brickwork, stonework ***in a frame:*** **7** nogging

masquerade **4** pose **6** facade **7** costume, posture **8** carnival, disguise **10** camouflage, masked ball **11** costume ball

mass **3** lot, sum, wad **4** bank, body, bulk, clot, core, glob, heap, hill, lump, pack, peck, pile **5** clump, group, mound **6** corpus, volume **7** expanse, globule, wadding **8** assemble **9** aggregate, great deal, stockpile, substance **11** aggregation **12** conglomerate ***for the dead:*** **7** requiem ***of individuals:*** **3** mob **4** host **5** crowd, crush, flock, horde, swarm **6** throng **12** congregation **13** agglomeration ***part:*** **6** proper **8** ordinary

Massachusetts ***cape:*** **3** Ann, Cod ***capital:*** **6** Boston ***city:*** **6** Lowell, Quincy **9** Cambridge, Worcester **10** New Bedford **11** Springfield ***college, university:*** **3** MIT **5** Clark, Smith, Tufts **6** Boston **7** Amherst, Berklee, Harvard **8** Brandeis, Williams **9** Hampshire, Radcliffe, Wellesley **12** Mount Holyoke, Northeastern ***island:*** **9** Nantucket **15** Martha's Vineyard ***mountain, range:*** **8** Greylock **9** Berkshire ***nickname:*** **3** Bay (State) **9** Old Colony (State) ***river:*** **11** Connecticut ***state bird:*** **9** chickadee ***state flower:*** **9** mayflower ***state tree:*** **3** elm (American)

massacre **4** kill **6** mangle, murder, pogrom **7** butcher, carnage **8** butchery, decimate, genocide, mangling, mutilate **9** bloodbath, bloodshed, slaughter **10** annihilate, blood purge, decimation, mutilation **11** exterminate **12** annihilation

massage **3** rub **5** knead **7** flatter, rubdown **8** blandish **10** manipulate

Massenet opera **5** Le Cid, Manon, Sapho, Thaïs **7** Werther

massive **4** huge, vast **5** bulky, giant, jumbo, solid **6** mighty **7** hulking, immense, mammoth, weighty **8** colossal, cumbrous, enormous, gigantic, towering **9** humongous, monstrous **10** gargantuan, monumental, prodigious, stupendous, tremendous **11** elephantine, mountainous

master **4** best, boss, guru, head, lick, rule, tame **5** adept, bwana, chief, crack, learn, ruler, sahib, tutor **6** artist, expert, genius, honcho, leader, subdue, victor **7** captain, conquer, headman, maestro, padrone, prevail, skilled, triumph **8** dominant, dominate, employer, governor, overcome, overlord, overseer, regulate, skeleton, skillful, superior, surmount, virtuoso **9** authority, chieftain, conqueror, dominator, paramount, principal, sovereign **10** proficient **11** predominant

masterful **4** deft **5** adept, bossy **6** adroit, expert **7** skilled **8** despotic, skillful **9** imperious **10** autocratic, high-handed, proficient, tyrannical **11** dictatorial, domineering, magisterial, overbearing **13** authoritarian, authoritative, high-and-mighty

masterly **5** adept, crack **6** adroit, expert **7** skilled **8** skillful **9** dexterous **10** proficient **11** crackerjack **12** accomplished

Master of Ballantrae, The **6** Durrie ***author:*** **9** Stevenson (Robert Louis)

masterpiece **7** classic **10** magnum opus **11** chef d'oeuvre, tour de force

mastery **5** knack, skill **7** ability, command, control, know-how, prowess **8** dominion **9** authority, expertise **10** ascendancy, domination, expertness, virtuosity **11** proficiency, superiority

masticate **4** chaw, chew, pulp **5** champ, chomp, crush, munch **6** crunch **7** scrunch **8** macerate, ruminate **9** break down

mat **3** rug **4** felt **6** border, carpet

matador **6** torero **8** toreador **11** bullfighter ***adjunct:*** **6** muleta ***move:*** **4** pase **5** faena **8** veronica

Mata Hari **3** spy

match **3** pit **4** bout, game, like, meet, peer, suit, twin **5** array, equal, liken, rival, touch, union **6** double, equate, oppose **7** compare, compeer, contest, counter, opposer, paragon, play off **8** alliance, analogue, marriage, opponent, parallel **9** adversary, correlate, duplicate, encounter, measure up, partake of **10** antagonist, complement, coordinate, engagement, equivalent, reciprocal, supplement, tournament **11** counterpart **12** correspond to **13** correspondent, harmonize with ***a bet:*** **3** see ***friction:*** **7** lucifer

matchless **6** unique **7** supreme **8** peerless, singular **9** nonpareil, unequaled, unrivaled **10** inimitable **12** incomparable, unparalleled

matchmaker see MARRIAGE BROKER

mate **3** pal, tie, wed **4** chum, pair, twin **5** amigo, breed, buddy, crony, equal, hitch, marry **6** cohort, couple, double, fellow, friend, helper, splice, spouse **7** compeer, comrade, consort, partner **8** confrere, sidekick **9** associate, companion, copartner, duplicate, procreate **10** complement, equivalent, reciprocal **11** concomitant

maté **3** tea **5** holly **8** beverage

mater **3** mom, mum **6** mother **9** matriarch

___ **mater** **4** alma

material **4** real, true **5** cloth, stuff **6** actual, fabric, matter, object **7** earthly, element, germane, worldly **8** apposite, palpable, physical, relevant, sensible, tangible **9** component, corporeal, equipment, essential, important, objective, pertinent, substance **10** applicable, individual, ingredient, meaningful, phenomenal **11** appreciable, constituent, fundamental, perceptible, significant, substantial **12** considerable **13** consequential ***building:*** **5** adobe, brick **6** stucco **7** lagging, plaster, plywood, shingle **8** concrete

materialistic **7** secular, worldly **11** acquisitive

materialize **4** loom, rise **5** arise, issue, reify **6** appear, embody, emerge, evolve, show up, typify **7** develop, surface **8** manifest **9** come about, incarnate, objectify, take shape **11** exteriorize **12** substantiate

matériel **4** gear **5** stock **8** supplies **9** apparatus, equipment, machinery **10** provisions **13** accouterments, accoutrements, paraphernalia

maternal **8** motherly

matey **5** pally, tight **6** clubby **7** affable **8** amicable, familiar, friendly, intimate, sociable **9** congenial

mathematician ***American:*** **5** Wiles (Andrew) **6** Peirce (Charles S.), Veblen (Oswald), Wiener (Norbert) ***Austrian:*** **5** Gödel (Kurt) ***British:*** **6** Stokes (George) ***Dutch:*** **7** Huygens (Christiaan) ***English:*** **6** Newton (Isaac), Taylor (Brook), Turing (Alan), Wallis (John) **7** Pearson (Karl), Russell (Bertrand) **8** Hamilton (James Rowan) **9** Sylvester (James Joseph), Whitehead (Alfred North, Henry) ***French:*** **5** Borel (Emile), Comte (Auguste), Viète (François) **6** Galois (Evariste), Pascal (Blaise), Picard (Charles-Emile) **7** Fourier (Jean-Baptiste), Laplace (Marquis de), Vernier (Pierre) **8** Painlevé (Paul), Poincaré (Jules-Henri) **9** Descartes (René) ***German:*** **5** Gauss (Carl), Wolff (Freiherr von) **6** Staudt (Karl von) **7** Leibniz (Gottfried Wilhelm), Riemann (Georg) **11** Weierstrass (Karl) ***Greek:*** **6** Euclid **10** Archimedes, Pythagoras ***Hungarian:*** **5** Erdos (Paul) ***Italian:*** **8** Volterra (Vito) **10** Torricelli (Evangelista) ***Norwegian:*** **7** Stormer (Fredrik) ***Russian:*** **11** Lobachevsky (Nikolay) ***Scottish:*** **4** Tait (Peter) **6** Napier (John) **8** Stirling (James) ***Swiss:*** **5** Euler (Leonhard), Sturm (Jacques) **7** Steiner (Jakob)

mathematics ***branch:*** **4** trig **7** algebra **8** calculus, geometry, topology **10** arithmetic, statistics **12** trigonometry ***proven statement in:*** **7** theorem

___ **Mather** **6** Cotton **7** Richard **8** Increase

matriarch **4** dame **6** mother **7** dowager **10** grande dame

matriculate **4** join **5** enter **6** enroll, sign on **8** register

matrimonial **6** bridal, wedded **7** marital, married, nuptial, spousal **8** conjugal, hymeneal **9** connubial **11** epithalamic

matrimony **7** wedlock **8** marriage **11** conjugality **12** connubiality

matrix **3** die, net, web **4** grid, mesh **5** array **6** cradle, gangue **7** complex, network **10** groundmass, truth table

matron 4 dame 7 dowager 8 chaperon 9 chaperone 10 grande dame

Mattathias *father:* 5 Simon 6 Ananos 7 Absalom, Boethus 10 Theophilus *son:* 8 Josephus

matter 4 body, core, gist, meat, pith, text 5 being, cause, order, point, sense, stuff, theme, thing, topic, value, weigh 6 affair, amount, burden, entity, import, object 7 concern, signify, subject 8 argument, material 9 grievance, magnitude, substance 11 constituent 12 circumstance

matter-of-fact 3 dry 5 plain, prose, prosy, sober, stoic 6 stolid 7 prosaic 9 impassive, objective, practical, pragmatic, realistic 10 hard-boiled, hardheaded, impersonal, phlegmatic, unaffected 11 cold-blooded, down-to-earth, emotionless 13 unimpassioned, unsentimental

mattress 3 pad 4 sack *case:* 4 tick *fabric:* 7 ticking *straw:* 6 pallet

mature 3 age, due 4 grow, ripe 5 adult, grown, owing, ready, ripen 6 flower, grow up, mellow, season, unpaid 7 advance, blossom, decline, develop, grown-up, overdue, payable, ripened 8 progress 9 developed, full-blown, full-grown 11 full-fledged

maudlin 5 gushy, mushy, silly, sappy, soppy 6 slushy, sticky 7 cloying, gushing, mawkish 8 bathetic 11 sentimental, tear-jerking

Maugham character 4 Kear, Liza 5 Carey, Rosie, Sadie 7 Mildred 8 Ashenden, Craddock 10 Strickland

maul 4 bang, bash, beat, club, drub, flog, whip 5 abuse, flail, pound 6 batter, bruise, buffet, cudgel, hammer, injure, mangle, molest, pummel, sledge, thrash 7 clobber, rough up 8 bludgeon, lambaste, maltreat 9 manhandle

Mauna ___ 3 Kea, Loa

maunder 3 bat, gad 4 rove 5 drift, mooch, range 6 mumble, mutter, ramble, wander 7 blather, digress, traipse 8 divagate

Mauritania *capital:* 10 Nouakchott *desert:* 6 Sahara *language:* 5 Wolof 6 Arabic, Fulani 7 Soninke *monetary unit:* 7 ouguiya *neighbor:* 4 Mali 6 Guinea 7 Senegal 7 Algeria 13 Western Sahara *river:* 7 Senegal

Mauritius *capital:* 9 Port Louis *island group:* 9 Mascarene *language:* 6 Creole 7 English *monetary unit:* 5 rupee

Maurois biographee 4 Hugo (Victor), Sand (George) 5 Byron (Lord), Dumas (Alexandre) 6 Balzac (Honoré de), Proust (Marcel) 7 Shelley (Percy Bysshe) 8 Disraeli (Benjamin)

mauve 5 lilac 6 purple, violet

maven 3 ace 4 buff, whiz 5 adept, freak, shark 6 addict, expert, master, savant 7 devotee, fanatic, hotshot 8 virtuoso 9 authority 10 enthusiast 11 connoisseur

maverick 5 stray 7 heretic 8 unmarked 9 dissident, unbranded 10 iconoclast 11 independent 13 nonconformist

maw 4 crop 5 chasm, mouth 6 cavity, gullet 7 stomach

mawkish 5 gushy, mushy, sappy, soppy 6 sloppy, slushy, sticky, syrupy 7 cloying, gushing, insipid, maudlin 8 bathetic, romantic 9 schmaltzy, sickening 10 lovey-dovey, nauseating 11 sentimental, tear-jerking

maxilla 3 jaw 4 bone

maxim 3 law, saw 4 rule 5 adage, axiom, gnome, moral, motto, tenet, truth 6 byword, dictum, saying, truism 7 precept, proverb, theorem 8 aphorism, apothegm 9 platitude, prescript, principle 11 commonplace

maximal 3 top 6 utmost 7 highest, largest, supreme, topmost 8 complete, greatest, ultimate 9 paramount

maximum 3 top 6 utmost 7 highest, largest, supreme, topmost 8 extremum, greatest, ultimate 9 paramount

may 5 might, shrub 6 spirea 8 hawthorn

maybe 7 perhaps 8 possibly 9 perchance 11 conceivably, uncertainty

Mayflower *document:* 7 Compact *passengers:* 8 Pilgrims

mayhem 4 maim, riot 5 chaos, havoc 7 cripple, dislimb 8 mutilate 9 dismember 10 mutilation

mayor 11 burgomaster *Chicago (former):* 5 Daley (Richard) *New York (former):* 4 Koch (Edward) 6 Walker (Jimmy) 7 Lindsay (John) 8 Giuliani (Rudolph) 9 La Guardia (Fiorello) *Spanish:* 7 alcalde

Mayor of Casterbridge, The *author:* 5 Hardy (Thomas) *character:* 8 Henchard (Michael)

maze 3 web 4 knot, mesh 5 skein, snarl 6 jungle, morass, tangle 7 confuse, network, perplex 8 bewilder, mishmash 9 labyrinth

Mazel ___! 3 tov

McCarthy novel 8 Crossing (The) 16 Cities of the Plain 18 All the Pretty Horses

McCullers, Carson *novel:* 18 Ballad of the Sad Cafe (The) 18 Member of the Wedding (The) 20 Heart Is a Lonely Hunter (The) 23 Reflections in a Golden Eye

McCullough novel 10 Thorn Birds (The)
McMurtry novel 12 Buffalo Girls, Lonesome Dove 14 Horseman Pass By 15 Last Picture Show (The) 17 Terms of Endearment
McTeague author 6 Norris (Frank)
MD 3 doc 6 doctor, medico 8 sawbones 9 physician
mea culpa 5 error, fault 7 apology 9 admission 10 concession, confession
meadow 3 lea, ley 5 green 7 pasture 9 grassland ***historic:*** 9 Runnymede ***low-lying:*** 5 haugh
meadow mushroom 6 agaric
meager 4 bare, bony, lean, mere, thin 5 gaunt, lanky, scant, short, spare 6 paltry, scanty, shabby, skimpy, skinny, slight, sparse 7 angular, minimum, scraggy, scrawny, scrimpy 8 exiguous, rawboned 9 deficient, miserable 10 inadequate 12 insufficient
meal 4 chow, fare, feed, grub 5 board, feast, lunch, snack 6 brunch, dinner, farina, picnic, repast, spread, supper 7 high tea, nooning 8 victuals 9 breakfast, collation, refection ***army:*** 4 mess
mealy 6 spotty, uneven 11 farinaceous
mean 3 low, mid, par 4 base, fair, hint, norm, poor, want, wish 5 cheap, cruel, imply, lousy, lowly, mingy, petty, rough, small, snide, spell, tight, weigh 6 attest, center, common, denote, design, humble, intend, matter, medial, medium, middle, paltry, scummy, scurvy, shabby, shoddy, sleazy, stingy, unwell 7 average, betoken, connote, express, lowborn, miserly, pitiful, portend, propose, purport, signify, suggest, vicious 8 déclassé, indicate, inferior, mediocre, middling, midpoint, moderate, ordinary, pitiable, plebeian, stand for 9 designate, penurious, represent, symbolize 10 despicable, second-rate 11 closefisted, tightfisted 12 contemptible, intermediary, intermediate
meander 4 roam, rove, turn, wind 5 amble, drift, range, snake, stray, twist 6 ramble, wander 7 traipse, winding 8 vagabond 9 gallivant, labyrinth
meandering 5 snaky 7 sinuous 8 flexuous, tortuous 10 convoluted, serpentine 11 anfractuous
meaning 3 aim 4 gist, pith 5 drift, force, point, sense 6 effect, import, intent 7 essence, message, purport 9 intention, substance 10 definition, denotation, intimation 11 connotation, implication 12 significance 13 signification
meaningful 5 valid 7 pointed, serious, weighty 8 eloquent, material 9 important, momentous 10 expressive 11 sententious, significant, substantial 13 consequential
meaningless 5 empty, inane 6 absurd, futile, hollow 7 trivial 8 nugatory 11 nonsensical 13 insignificant
meanings ***diverse:*** 8 polysemy ***study of:*** 9 semantics
means 5 funds, money 6 agency, assets, avenue, income 7 backing, capital 8 finances, holdings, property, reserves 9 apparatus, equipment, resources, substance 10 instrument 11 wherewithal
meantime 7 interim 8 interval
measly 4 poor, puny 5 petty, scant 6 meager, meagre, paltry, scanty 7 pitiful, trivial 8 niggling, pathetic, picayune, piddling, trifling 9 miserable 10 picayunish 13 insignificant
measure 3 bar 4 bill, size, step, test 5 bound, gauge, index, quota, scale, share, shift, weigh 6 amount, bounds, degree, effort, extent, figure, ration, reckon, resort, size up, survey 7 caliper, compute, delimit, mark out, portion, stopgap 8 calliper, estimate, regulate, resource, standard 9 allotment, benchmark, calculate, calibrate, criterion, demarcate, determine, expedient, magnitude, yardstick 10 dimensions, indication, proceeding, proportion, touchstone 11 proposition 13 apportionment ***area:*** 4 acre 7 hectare ***capacity:*** 4 gill, peck, pint 5 liter, minim, quart 6 bushel, gallon 8 fluidram 9 fluid dram 10 fluid ounce, milliliter ***cloth:*** 3 ell ***combining form:*** 6 metric 8 metrical ***depth:*** 5 plumb, sound ***dry:*** 4 peck 6 bushel ***electrical:*** 3 amp 4 watt 6 ampere 7 coulomb ***horse height:*** 4 hand ***interstellar space:*** 6 parsec ***length:*** 3 rod 4 foot, inch, link, mile, yard 5 chain, cubit, meter 6 league 7 furlong 9 kilometer 10 centimeter ***liquid:*** 4 gill, pint 5 minim, quart 6 gallon ***mixed drinks:*** 6 jigger ***of comparison:*** 8 standard ***paper:*** 4 ream ***printer's:*** 4 pica 5 point ***radioactive decay:*** 8 halflife ***rotation:*** 5 angle ***strength of solution:*** 7 titrate ***surface:*** 3 are ***thermodynamic:*** 7 entropy 8 enthalpy
measured 7 regular, stately 8 metrical 9 regulated, temperate, unhurried 10 calculated, controlled, deliberate, restrained 13 proportionate
Measure for Measure ***character:*** 6 Angelo, Juliet 7 Claudio, Mariana 8 Isabella 9 Vincentio ***setting:*** 6 Vienna
measurement 4 area 6 degree 8 capacity, quantity 9 dimension, magnitude 11 calibration, mensuration

measure up to 3 tie 4 meet 5 equal, match, rival, touch 7 emulate 10 qualify for
measuring device 4 gage 5 buret, gauge, scale 7 burette, caliper, sextant, venturi 8 calipers 8 dipstick 9 altimeter, barometer, dosimeter, pedometer 11 tensiometer, velocimeter
meat 4 core, food, gist, pith, pork, veal 5 flesh, jerky, steak 6 thrust, upshot 7 edibles 8 victuals 9 foodstuff, provender, substance 10 provisions 11 comestibles ***broth:*** 8 bouillon ***cake:*** 6 burger 9 hamburger ***cured:*** 7 biltong ***cut:*** 3 rib 4 loin, rump 5 chuck, flank, plate, round, shank 7 brisket, sirloin 8 rib roast 9 club steak, rump roast, short loin, short ribs 10 blade roast, flank steak, round steak, T-bone steak 12 boneless neck, pinbone steak, sirloin steak 13 blade rib roast, crosscut shank ***dealer:*** 7 butcher ***deer:*** 7 venison ***dried:*** 5 jerky ***fastening pin:*** 6 skewer ***holding rod:*** 4 spit 10 rotisserie ***juices:*** 5 gravy ***packer:*** 5 Swift 6 Armour ***raw:*** 6 gobbet ***roasted:*** 8 barbecue ***roasting shop:*** 10 rotisserie ***seasoned:*** 7 sausage 8 pastrami, scrapple ***sheep:*** 6 mutton ***side:*** 8 sowbelly ***skewered:*** 5 kebab, kebob ***slice:*** 6 cutlet, rasher ***small portion:*** 6 collop ***tough part:*** 7 gristle
meat-eating 11 carnivorous
meathead 3 lug, oaf 4 clod, dodo, dolt, gawk, goon, lout 5 chump, klutz, looby 6 dimwit, lubber 7 bungler, palooka 8 dumbbell, numskull 9 birdbrain, ignoramus, lamebrain, numbskull 10 nincompoop
Mebd ***husband:*** 6 Ailill ***victim:*** 10 Cuchulainn
Mecca 4 goal ***country:*** 11 Saudi Arabia ***pilgrimage:*** 4 hadj, hajj ***port:*** 5 Jedda, Jidda 6 Jeddah, Jiddah ***shrine:*** 5 Kaaba
mechanic 7 artisan 9 machinist
mechanical 4 cold 7 cursory, robotic 8 lifeless 9 automated, automatic, unfeeling 10 impersonal 11 emotionless, instinctive, involuntary, perfunctory, unemotional
mechanism 4 gear 5 gizmo, means, works 6 agency, doodad, jigger, medium, widget 7 whatsit 8 dohickey 9 apparatus, appliance, procedure, technique, thingummy 10 instrument 11 contraption, contrivance, thingamabob, thingamajig, thingumajig
medal 5 badge, honor, prize 6 reward 7 laurels 8 accolade 10 decoration 13 commemoration
meddle 3 pry 4 fool, nose 5 snoop 6 butt in, dabble, horn in, kibitz, monkey, putter, tamper, tinker 7 intrude, obtrude 8 trespass 9 interfere, interlope, intervene 10 mess around
meddler 5 snoop, yenta 7 snooper 8 busybody, intruder, kibitzer 9 buttinsky 12 troublemaker
meddlesome 4 busy, nosy 6 prying 9 intrusive, obtrusive, officious 11 impertinent, interfering
Medea 5 witch 9 sorceress 11 enchantress ***aunt:*** 5 Circe ***brother:*** 8 Absyrtus ***father:*** 6 Aeëtes ***husband:*** 5 Jason 6 Aegeus ***sister:*** 5 Circe ***son:*** 6 Medeus ***victim:*** 6 Creusa, Glauce, Glauke
medial 3 mid 4 mean 6 center, middle 7 average, central, halfway, midmost 8 middling, moderate 10 centermost, middlemost 11 equidistant 12 intermediary, intermediate
median see MEDIAL
mediate 5 judge 6 broker, convey, liaise, settle, step in, umpire 7 adjudge, referee, resolve 8 moderate, transmit 9 arbitrate, intercede, interfere, interpose, intervene, negotiate 10 conciliate
mediator 5 judge 6 broker, umpire 7 arbiter, liaison, referee 9 go-between, middleman 10 interceder, negotiator, peacemaker 11 intercessor
medical instrument 6 needle 7 forceps, scalpel, scanner, syringe 8 otoscope 9 endoscope, speculum 11 cardiograph, stethoscope
medical practitioner 3 doc 5 nurse 6 doctor, intern 7 surgeon 9 physician
medicament 4 cure, pill 6 elixir, physic, remedy 7 nostrum 8 antidote, curative 10 palliative ***inert:*** 7 placebo
medicate 4 cure, dose, drug, heal 5 treat
medicinal 8 curative, remedial, salutary, sanative 9 healthful 12 health-giving, pharmaceutic
medicine 4 cure, pill 5 bromo 6 physic, remedy 7 anodyne, nostrum 8 busulfan, poultice 11 antipyretic ***bottle:*** 4 vial ***branch:*** 7 surgery 8 oncology 9 neurology, pathology 10 bariatrics, cardiology, geriatrics, gynecology, nephrology, obstetrics, pediatrics, psychiatry ***cathartic:*** 8 evacuant 9 purgative ***combining form:*** 5 iatro 8 pharmaco ***quantity of:*** 4 dose 6 dosage ***shell:*** 7 capsule ***soothing:*** 7 anodyne 8 lenitive, narcotic, sedative 9 calmative, soporific
medicine man 6 doctor, kahuna, shaman 9 curandero
medieval study 5 logic 7 grammar, trivium 8 rhetoric 10 quadrivium
mediocre 4 dull, fair, hack, so-so 6 common 7 average, fairish 8 inferior, mid-

dling, moderate, ordinary, passable **9** tolerable **10** pedestrian, uninspired **11** commonplace, indifferent **12** run-of-the-mill **13** unexceptional

meditate **4** mull, muse **5** weigh **6** intend, ponder **7** purpose, reflect, revolve **8** cogitate, consider, mull over, ruminate, turn over **9** reflect on **10** deliberate **11** contemplate

meditative **6** broody **7** pensive **8** brooding **10** reflective, ruminative, thoughtful

meditator **4** yogi

Mediterranean **11** Mare Nostrum **12** Mare Internum ***coastal region:*** **7** Riviera ***eastern shores:*** **6** Levant ***island:*** (see at ISLAND) ***wind:*** **7** mistral, sirocco

medium **3** par **4** fair, mean, so-so **5** agent, organ **6** agency, métier, milieu, normal **7** ambient, average, channel, climate, culture, neutral, vehicle **8** ambience, middling, moderate, passable, standard **9** tolerable **10** atmosphere **11** clairvoyant, environment **12** run-of-the-mill ***of exchange:*** **5** money **8** currency **11** legal tender

medley **4** brew, olio **5** combo, gumbo **6** jumble, ragout **7** farrago, mélange, mixture **8** mishmash, pastiche **9** pasticcio, patchwork, potpourri **10** assortment, hodgepodge, miscellany, salmagundi **11** gallimaufry

Medusa **6** Gorgon ***father:*** **7** Phorcus, Phorcys ***hair:*** **6** snakes ***mother:*** **4** Ceto ***offspring:*** **7** Pegasus **8** Chrysaor ***sister:*** **6** Stheno **7** Euryale ***slayer:*** **7** Perseus

medusa **9** jellyfish

meed **3** due **4** part **5** quota, share **6** amount, desert, ration, return, reward **7** guerdon, measure, portion **8** dividend **9** allotment, allowance **10** recompense **13** apportionment

meek **3** shy **4** mild, tame **5** lowly, timid **6** docile, gentle, humble, modest **7** patient **8** tolerant **10** submissive, unassuming **11** deferential **13** long-suffering

meerschaum **4** pipe **9** sepiolite

meet **3** apt, fit **4** face, fair, fill, find, join, just, open, spot **5** cross, event, hit on, match, right, touch, unite **6** answer, chance, engage, oppose, proper, settle, take on, useful **7** contest, convene, fitting, fulfill, hit upon, satisfy, stumble, undergo **8** approach, assemble, come upon, concours, conflict, confront, converge, suitable **9** encounter, impinge on, measure up **10** congregate, provide for **11** appropriate, competition ***a bet:*** **3** see ***a need:*** **7** suffice ***athletic:*** **8** gymkhana **10** tournament ***by appointment:*** **10** rendezvous

meeting **4** moot, talk **5** tryst **6** huddle, parley, powwow **7** session **8** assembly, conclave, concours, congress, junction **9** concourse, encounter, gathering, rencontre **10** conference, confluence, convention, rendezvous **11** competition, convocation, get-together **12** intersection ***Anglo-Saxon:*** **5** gemot **6** gemote ***place:*** **5** forum ***spiritual:*** **6** séance

Mefistofele composer **5** Boito (Arrigo)

Megaera see ERINYES

megaphone **8** bullhorn **10** mouthpiece

Megara ***father:*** **5** Creon ***husband:*** **8** Heracles, Hercules ***king:*** **5** Nisus

megillah **5** story **7** account

megrim **4** urge, whim **5** fancy, freak, humor **6** notion, vagary, whimsy **7** caprice, conceit, impulse, vertigo **8** crotchet, migraine **9** dizziness

Mehitabel **3** cat ***creator:*** **7** Marquis (Don) ***friend:*** **5** Archy

Mein Kampf author **6** Hitler (Adolf)

meiosis **7** litotes **12** cell division

Meissen **5** china **8** ceramics **9** porcelain

Meistersinger **5** Sachs (Hans) **9** Frauenlob

Meistersinger, Die ***beloved:*** **3** Eva ***composer:*** **6** Wagner (Richard) ***hero:*** **6** Walter ***mentor:*** **5** Sachs (Hans)

melancholia **5** gloom **6** sorrow **7** despair, sadness **9** dejection, morbidity **10** depression, desolation, gloominess **11** despondency, dolefulness

melancholic **3** low, sad **4** blue, glum **6** gloomy, morose, triste **7** joyless **8** dejected, downcast, mournful **9** depressed, saddening **10** depressing, despondent, dispirited

melancholy **3** low, sad **4** blue, funk, glum **5** blues, dumps, ennui, gloom **6** dismal, dreary, gloomy, misery, morose, rueful, somber, tedium, triste, woeful **7** boredom, despair, doleful, joyless, pensive, sadness, unhappy **8** dejected, dolorous, downcast, funereal, mournful, saddened **9** black bile, dejection, depressed, plaintive, saddening, sorrowful **10** depressing, depression, despondent, dispirited, lachrymose, lamentable, lugubrious, reflective, thoughtful **11** despondency, unhappiness **12** heavyhearted, wretchedness

mélange see MEDLEY

Melanippus ***father:*** **7** Theseus ***slayer:*** **10** Amphiaraus ***victim:*** **6** Tydeus

Melchior ***companion:*** **6** Caspar, Gaspar **9** Balthasar, Balthazar ***gift:*** **4** gold

Melchizedek's kingdom **5** Salem

meld **3** mix **4** fuse **5** blend, merge **6** mingle **7** combine, mixture **8** compound

9 commingle, interfuse 10 amalgamate 11 intermingle

Meleager *beloved:* 8 Atalanta *father:* 6 Oeneus *mother:* 7 Althaea *victim:* 4 boar

melee 3 row 4 fray, riot 5 brawl, broil, clash, fight 6 affray, fracas, ruckus, rumpus 7 scuffle 8 skirmish 9 scrimmage 10 donnybrook, free-for-all

meliorate 4 help 5 amend 6 better, soften 7 improve 8 mitigate, palliate

Mélisande's lover 7 Pelléas

melisma 7 cadenza, descant

mellifluous 5 sweet 6 dulcet, fluent, golden, liquid, smooth 7 flowing, honeyed, silvery 8 euphonic, soothing 10 euphonious 13 silver-tongued

mellow 3 age 4 aged, ripe 5 ripen 6 genial, golden, grow up, mature, season, smooth 7 honeyed, matured, ripened 8 laid-back, pleasant, seasoned 9 agreeable

melodic 5 sweet 6 dulcet 7 musical, songful, tuneful 8 canorous, euphonic 10 euphonious

melodious 5 lyric, sweet 6 dulcet 7 musical, songful, tuneful 8 euphonic 9 cantabile 10 euphonious

melody 3 air, lay 4 aria, song, tune 5 canto, music, theme 6 chorus, strain, warble 7 descant, refrain 11 tunefulness

melon 4 pepo 5 gourd 6 casaba, profit 8 crenshaw, honeydew, windfall 10 cantaloupe

Melpomene see MUSE

melt 3 run 4 flux, fuse, thaw 6 relent, soften 7 liquefy 8 dissolve, liquesce, unfreeze 9 disappear 10 deliquesce *down:* 6 render *together:* 4 fuse

Melville, Herman *character:* 3 Pip 4 Ahab, Toby 5 Bembo, Chase 6 Cereno (Benito), Jermin, Pierre 7 Fayaway, Ishmael 8 Bartleby, Queequeg, Starbuck *work:* 4 Omoo 5 Mardi, Typee 6 Pierre 7 Redburn 8 Moby Dick 11 White-Jacket 12 Benito Cereno 13 Confidence-Man (The)

member 3 cut 4 part 5 piece 6 clause, parcel 7 portion, section, segment 8 division 9 appendage, component 10 ingredient *political party:* 4 Tory, Whig 7 Liberal 8 Democrat, Laborite 9 Labourite 10 Republican 12 Conservative *service club:* 4 Lion 8 Kiwanian, Rotarian

membrane 4 film 6 pleura 7 pleurae (plural) *bodily:* 6 serosa *brain:* 3 pia *diffusion through:* 7 osmosis *dividing:* 5 septa (plural) 6 septum *ear:* 8 tympanum *enclosing:* 8 indusium *thin:* 6 lamina 7 lamella, laminae (plural) 8 lamellae (plural) *wing:* 8 patagium

memento 5 relic, token, trace 6 trophy 7 vestige 8 keepsake, reminder, souvenir 11 remembrance

Memnon *father:* 8 Tithonus *mother:* 3 Eos 6 Aurora *slayer:* 8 Achilles

memoir 3 bio 4 life 5 diary 6 record, report, thesis 7 account, journal 8 anecdote 9 biography 11 confessions 12 recollection, reminiscence 13 autobiography

memoirist 7 Boswell, diarist 10 biographer

memorable 7 lasting, notable 8 historic 9 deathless, indelible, momentous, red-letter 10 noteworthy 11 significant 13 distinguished

memorandum 4 chit, note 6 minute, notice, record 7 tickler 8 notation, reminder 12 announcement

memorial 4 note 5 relic, token, trace 6 record, trophy 7 relique 8 keepsake, monument, reminder, souvenir 10 dedicatory 11 celebrative, remembrance 12 consecrative, remembrancer 13 commemoration, commemorative *mound:* 5 cairn

memorial park see CEMETERY

memorize 3 con, get 6 retain 8 remember

memory 6 recall 8 mind's eye, souvenir 9 anamnesis, awareness, flashback, retention 10 reflection 11 remembrance 12 recollection, reminiscence 13 retentiveness, retrospection *assisting:* 8 mnemonic *loss:* 7 amnesia

menace 4 risk 5 alarm, peril, scare 6 danger, hazard, threat 7 imperil, jeopard, torment 8 endanger, frighten, jeopardy, threaten 9 terrorize 10 intimidate, jeopardize

ménage 4 clan 5 house 6 family 8 quarters 9 household 12 housekeeping

menagerie 3 zoo 7 mixture

mend 3 fix, sew 4 cure, darn, heal 5 patch, renew 6 cobble, doctor, look up, perk up, reform, remedy, repair, revamp 7 correct, improve, patch up, rebuild, rectify, redress, restore 8 overhaul, renovate 9 condition, refurbish 10 ameliorate, convalesce, recuperate 11 recondition, reconstruct

mendacious 5 false, lying 6 shifty 7 fibbing 9 deceitful, deceptive, dishonest, paltering 10 untruthful 11 dissembling 13 prevaricating

mendacity 3 lie 6 deceit 9 deception, duplicity, falsehood 10 dishonesty 12 equivocation 13 truthlessness

mendicancy 7 beggary, begging, bum-

ming, cadging **8** mooching, sponging **11** panhandling
mendicant **5** friar **6** beggar **7** begging
Mending Wall author **5** Frost (Robert)
Menelaus ***brother:*** **9** Agamemnon ***father:*** **6** Atreus ***kingdom:*** **6** Sparta ***mother:*** **6** Aerope ***wife:*** **5** Helen
menial **4** dull **5** lowly **6** humble **7** servant, servile, slavish **8** obeisant, retainer **9** unskilled **10** obsequious **11** subservient, undignified
meniscus **4** lens **9** cartilage
Menlo Park inventor **6** Edison (Thomas Alva)
menopause **11** climacteric **12** change of life
menorah **10** candelabra
Menotti, Gian Carlo ***character:*** **5** Amahl ***opera:*** **6** Consul (The), Medium (The) **9** Telephone (The)
men's store **12** haberdashery
mental **5** inner **7** psychic **8** cerebral, rational, thinking **9** reasoning, spiritual **10** immaterial, telepathic **11** intelligent **12** intellective, intellectual **13** psychological ***faculty:*** **6** memory
mentality **3** wit **5** sense **6** brains **7** mindset, outlook **9** intellect, mother wit **10** brainpower **12** intelligence
mention **4** cite, name, note **7** refer to, specify **8** advert to, allude to, citation, instance **9** reference
mentor **4** guru **5** coach, guide, tutor **7** teacher **9** counselor **10** counsellor
Mentor's pupil **10** Telemachus
menu **4** card, diet **5** carte **10** bill of fare **11** carte du jour ***item:*** **4** soup **5** salad **6** entrée **7** dessert **9** appetizer
Mephibosheth ***father:*** **4** Saul **8** Jonathan ***mother:*** **6** Rizpah
Mephistophelian **7** satanic **8** devilish, diabolic **10** diabolical
mephitic **4** rank **5** fetid, funky, musty **6** putrid, smelly **7** noisome, noxious, reeking **8** stinking **9** poisonous **10** malodorous
Merab ***father:*** **4** Saul ***husband:*** **6** Adriel
mercenary **4** hack **5** venal **6** greedy **7** corrupt, soldier **8** hireling
merchandise **4** line, sell **5** cargo, goods, stock, trade, wares **6** deal in, job lot, market, retail **7** effects, promote, staples, traffic **8** products **9** publicize, vendibles **11** commodities
merchandiser **6** dealer, trader, vendor **8** retailer **9** tradesman **10** wholesaler **11** businessman **13** businesswoman
merchant **5** buyer **6** dealer, jobber, seller, trader, vendor **7** peddler **8** purveyor, retailer **9** tradesman **10** trafficker, wholesaler **11** businessman, storekeeper ***guild:*** **5** Hansa, Hanse ***League:*** **9** Hanseatic ***ship:*** **5** oiler **6** argosy, coaler, galiot, packet, tanker, trader **7** collier, galliot, steamer **8** Indiaman **9** freighter ***wine:*** **7** vintner
Merchant of Venice, The **7** Antonio ***character:*** **6** Portia **7** Jessica, Lorenzo, Nerissa, Shylock **8** Bassanio
merciful **4** kind **6** benign, humane, kindly **7** clement, lenient **8** tolerant **9** forgiving, indulgent **10** charitable, forbearing **11** softhearted **13** compassionate
merciless **4** grim **5** cruel, harsh **6** brutal, savage, wanton **9** cutthroat, ferocious, unfeeling **10** gratuitous, implacable, ironfisted, unyielding **11** hardhearted, unrelenting **12** unappeasable
mercurial **5** flaky **6** fickle, mobile **7** erratic **8** unstable, variable, volatile **9** impulsive **10** capricious, changeable, inconstant **13** temperamental, unpredictable
mercury **5** azoth **11** quicksilver ***ore:*** **8** cinnabar
Mercury **6** planet (see also HERMES)
Mercutio ***friend:*** **5** Romeo ***slayer:*** **6** Tybalt
mercy **4** pity, ruth **5** grace **6** lenity **7** caritas, charity **8** clemency, goodwill, kindness, leniency **9** benignity, tolerance **10** compassion, generosity, kindliness **11** benevolence, forbearance **13** commiseration ***petition for:*** **5** kyrie **8** miserere
mere **4** bare, lake, pool, pure **8** boundary, landmark **9** undiluted
merely **4** just, only **6** simply, solely, wholly
meretricious **4** loud, sham **5** gaudy, phony, showy **6** flashy, garish, glitzy, sleazy, tawdry, tinsel, trashy **7** chintzy **8** delusive, delusory, illusory **9** contrived, deceptive **10** misleading **11** counterfeit, pretentious
merganser **4** duck, smew
merge **3** mix **4** fuse, join **5** blend, unify, unite **6** mingle **7** combine **8** coalesce, compound **9** commingle, interfuse **10** amalgamate, assimilate **11** consolidate, intermingle
merger **5** union **6** fusion **7** melding **8** alliance, takeover **9** coalition **10** absorption **11** combination, unification **12** amalgamation **13** consolidation
meridian **4** acme, apex, peak **6** apogee, climax, summit, zenith **8** pinnacle
merit **3** due **4** earn, rate **5** arete, value, worth **6** virtue **7** caliber, deserts, deserve, entitle, justify, quality, stature, warrant **10** excellence, perfection, recompense **11** achievement
merited **3** due **4** fair, just **5** right

7 condign, fitting 8 deserved, rightful, suitable 9 justified, requisite 11 appropriate

meritorious 6 worthy 8 laudable 9 admirable, deserving, estimable, honorable 10 creditable 11 commendable, thankworthy 12 praiseworthy

Merlin 4 seer 5 augur, magus 6 shaman, wizard 7 prophet 8 magician 10 soothsayer 11 necromancer, thaumaturge

merlin 6 falcon 10 pigeon hawk

mermaid 3 nix 5 Ariel, nixie 7 manatee 8 sirenian 10 water nymph 11 water sprite

Merope *father:* 5 Atlas 8 Oenopion *husband:* 7 Polybus 8 Sisyphus 11 Cresphontes *lover:* 5 Orion *mother:* 7 Pleione *sisters:* 8 Pleiades *son:* 7 Aepytus, Glaucus

merriment 4 glee 5 mirth, revel 6 gaiety 7 jollity, revelry, whoopee 8 hilarity, reveling 9 festivity, jocundity, joviality 10 jocularity, jubilation 13 entertainment

merry 3 gay 4 glad 5 happy, jolly 6 blithe, jocund, jovial, joyful, joyous, lively 7 festive, gleeful 8 animated, cheerful, mirthful 9 hilarious, sprightly, vivacious 12 high-spirited, lighthearted

merry-andrew 4 fool, zany 5 clown, joker 6 jester, madcap 7 buffoon 9 harlequin 10 mountebank

merrymaker 7 partyer, reveler 8 carouser

merrymaking 5 party, revel 6 frolic, gaiety 7 jollity, revelry, whoopee 8 hilarity 9 festivity 12 conviviality

Merry Widow composer 5 Lehár (Franz)

Merry Wives of Windsor, The *character:* 3 Nym 4 Ford, Page 5 Caius 6 Fenton, Pistol 7 Slender 8 Falstaff

mesa 5 bench, butte 7 plateau 9 tableland

mescal 5 agave 6 cactus, liquor, maguey, peyote

mesh 3 net, web 4 jibe, maze 5 skein, snare, snarl 6 engage, morass, tangle 7 netting, network 8 dovetail, entangle 9 harmonize, interlock, labyrinth 10 coordinate 12 reticulation

meshuga 3 mad 4 nuts 5 crazy, goofy, kooky, loony, nutty, wacky 6 insane, screwy 7 foolish

mesmeric 8 alluring, hypnotic 9 glamorous 10 bewitching, enchanting 11 captivating

mesmerize 4 vamp 6 dazzle, seduce 7 bewitch 8 ensorcel, enthrall, entrance 9 captivate, ensorcell, fascinate, hypnotize, spellbind

Mesopotamia 4 Iraq *civilization:* 4 Elam 5 Akkad, Sumer 7 Assyria, Elamite 8 Akkadian, Assyrian, Sumerian 9 Babylonia 10 Babylonian *river:* 6 Tigris 9 Euphrates

mess 4 hash 5 botch, snafu 6 fright, jumble, muddle 7 eyesore 8 botchery, disarray, disorder, shambles, wreckage 9 confusion 10 hodgepodge, miscellany *around:* 4 idle 5 chill, dally 6 dawdle, doodle, fiddle, potter, putter 7 goof off, hang out 8 chill out, lollygag 10 dillydally *up:* 4 blow, flub, muff, ruin 5 botch, fluff, fudge, spoil, touse 6 bungle, fumble, tousle 7 butcher

message 4 note 5 sense, theme 6 letter, report 7 epistle, meaning, mission, missive, purport 8 bulletin, dispatch, telegram 9 directive, telegraph 10 communiqué 12 significance 13 communication, signification

Messalina's husband 8 Claudius

mess around 4 fool, idle 5 flirt 6 dabble, dawdle, fiddle, meddle, monkey, potter, putter, tamper, tinker 8 womanize 9 associate, interfere, interlope, philander

messenger 4 post 5 envoy 6 herald, runner 7 apostle, courier 8 emissary 9 go-between, harbinger 10 ambassador 11 internuncio 12 intermediary *God's:* 5 angel *of the gods:* 6 Hermes 7 Mercury *Turkish:* 6 chiaus

messiah 6 savior 7 saviour 8 defender 9 deliverer, liberator

Messiah composer 6 Handel (George Frideric)

messy 6 frowsy, frowzy, sloppy, unneat, untidy 7 chaotic, rumpled, unkempt 8 careless, confused, ill-kempt, slapdash, slipshod, slovenly 10 disheveled, disorderly 11 dishevelled *abode:* 3 sty 6 pigpen, pigsty

mestizo 5 métis 6 ladino 10 mixed-blood

Mestor *father:* 7 Perseus *mother:* 9 Andromeda

metal 4 gold, iron 5 steel 6 bronze *alloy:* (see ALLOY) *casting mold:* 5 ingot *corrosion:* 4 rust *fuse:* 6 solder *in mass:* 7 bullion *layer:* 7 plating *lump:* 6 nugget *magnetic:* 4 iron *refuse:* 4 slag 5 dross 6 scoria *sheath:* 5 armor *thin:* 4 foil, leaf 5 plate *worker:* 5 smith 10 blacksmith

metallic element 3 tin 4 gold, iron, lead, zinc 6 barium, cobalt, copper, nickel, radium, silver, sodium 7 arsenic, bismuth, cadmium, calcium, lithium, mercury, uranium 8 aluminum, chromium, platinum, titanium, tungsten, vanadium 9 magnesium, manganese, potassium, strontium 10 molybdenum

metamere 6 somite 7 segment
metamorphic rock 5 slate 6 gneiss, marble, schist 9 quartzite, soapstone
metamorphose 6 change, mutate 7 convert, develop 9 transform, translate, transmute 11 transfigure 12 transmogrify
metamorphosis 6 change 8 changing, mutation 9 evolution, sea change 10 changeover 13 transmutation
Metamorphosis author 5 Kafka (Franz)
___ me tangere 4 noli
metaphor 5 trope 6 simile, symbol 7 analogy 8 allegory 10 comparison, similitude
metaphorical compound 7 kenning
metaphysical 8 bodiless, numinous 9 unearthly, unfleshly 10 immaterial, suprahuman 12 supermundane, supramundane, supranatural, transcendent 13 preternatural ***poet:*** 5 Donne (John) 6 Cowley (Abraham) 7 Crashaw (Richard), Herbert (George), Marvell (Andrew), Vaughan (Henry) 9 Cleveland (John)
mete 4 deal, dole, give 5 allot, bound 6 border, parcel, ration 7 portion 8 allocate, boundary, disburse, dispense 9 apportion 10 distribute
meteor 8 fireball 12 shooting star ***exploding:*** 6 bolide ***shower:*** 5 Lyrid 6 Leonid, Taurid 7 Aquarid, Geminid, Orionid, Perseid 10 Quadrantid
meteorite 8 aerolite 10 siderolite
meter 4 beat, scan 6 rhythm 7 cadence, measure, pattern
metheglin 4 mead 8 beverage ***ingredient:*** 5 honey
method 3 way 4 mode, modi (plural), plan 5 means, modus, order, style 6 course, design, manner, schema, scheme, system 7 fashion, formula, pattern, process, routine, wrinkle 8 practice 9 procedure, technique 11 orderliness 13 modus operandi ***careful:*** 8 strategy ***of employing troops:*** 6 tactic 7 tactics ***of procedure:*** 4 game
methodical 5 exact 7 careful, logical, orderly, precise, regular 9 efficient, organized 10 deliberate, scrupulous, systematic, systemized 12 systematized
Methuselah ***father:*** 5 Enoch ***grandson:*** 4 Noah ***son:*** 6 Lamech
meticulous 5 exact, fussy, picky 6 strict 7 careful, finicky, precise 8 detailed, thorough 10 fastidious, nitpicking, pernickety, scrupulous 11 microscopic, painstaking, persnickety, punctilious 13 conscientious
métier 4 work 5 craft, field, forte, trade 7 calling, pursuit 8 business, strength, vocation 9 specialty 10 employment, occupation, profession
metrical foot 4 iamb 5 ionic, paeon 6 cretic, dactyl, iambic, iambus 7 anapest, pyrrhic, pyrrhus, spondee, triseme, trochee 8 bacchius, choriamb, dactylic, spondaic, tribrach, trochaic 9 anapestic 10 tribrachic
metric unit ***area:*** 3 are 7 hectare ***capacity:*** 5 liter, litre 9 decaliter, deciliter, kiloliter 10 centiliter, hectoliter, milliliter ***length:*** 5 meter 9 decameter, decimeter, dekameter, kilometer 10 centimeter, hectometer, millimeter ***mass and weight:*** 4 gram 7 quintal 8 decagram, decigram, dekagram, kilogram 9 centigram, hectogram, metric ton, milligram
metro 4 tube 6 subway 11 underground
metropolis 4 city 7 capital
metropolitan 5 urban 6 urbane 7 primate 9 municipal 10 archbishop
mettle 4 fire, grit, guts 5 heart, moxie, nerve, pluck, spunk, steel, valor, vigor 6 daring, spirit, starch, temper 7 cojones, courage, resolve, stamina 8 backbone, boldness, tenacity, vitality 9 fortitude 10 resolution
mettlesome 4 bold, game 5 brave, fiery, gutsy 6 plucky, spunky 7 staunch, valiant 8 intrepid, resolute, spirited, vigorous 9 tenacious 10 courageous, determined
mew 3 hem, pen 4 cage, coop, gull 5 alley, fence 6 corral, immure, shut in, stable 7 enclose 8 hideaway
mewl 4 moan, pule 5 whine 6 snivel 7 whimper
Mexican ***crop:*** 5 sisal ***estate:*** 8 hacienda ***food:*** 4 masa, taco 5 chili, salsa 6 tamale 7 burrito, panocha, penuche, tostada 8 frijoles, tortilla 9 enchilada, guacamole 10 quesadilla 11 chimichanga ***house:*** 5 jacal ***liquor:*** 7 tequila
Mexico ***ancient city:*** 12 Tenochtitlán ***ancient culture:*** 4 Maya 5 Aztec, Mayan, Olmec 6 Toltec ***bay:*** 8 Campeche ***capital:*** 10 Mexico City ***city:*** 4 León 6 Juárez, Mérida, Oaxaca, Puebla 7 Nogales, Tijuana 8 Acapulco, Mexicali, Saltillo 9 Chihuahua, Matamoros, Monterrey 10 Cuernavaca 11 Guadalajara 12 Ciudad Juárez ***conqueror:*** 6 Cortés (Hernán, Hernando) ***discoverer:*** 7 Córdoba (Fernández de) ***emperor:*** 10 Maximilian ***gulf:*** 10 California ***island:*** 7 Cozumel ***island group:*** 13 Revillagigedo ***lake:*** 7 Chapala, Cuitzeo, Texcoco 9 Pátzcuaro ***language:*** 7 Spanish ***leader:*** 4 Díaz (Porfirio) 6 Juárez (Benito) 8 Carranza (Venus-

tiano) ***monetary unit:*** **4** peso ***mountain, range:*** **8** Malinche **11** Sierra Madre ***neighbor:*** **6** Belize **9** Guatemala ***peninsula:*** **4** Baja **7** Yucatán ***port:*** **7** Tampico **8** Ensenada, Mazatlán, Veracruz ***resort:*** **6** Cancún **8** Acapulco ***revolutionist:*** **5** Villa (Pancho) **6** Zapata (Emiliano) **7** Hidalgo (Padre Miguel) ***river:*** **4** Mayo **5** Bravo, Yaquí **6** Balsas, Grande, Pánuco **7** Conchos **8** Grijalva, Río Bravo, Santiago **9** Rio Grande **10** Usumacinta ***ruined city:*** **5** Uxmal **7** Mayapán **8** Palenque **11** Chichén Itzá ***sea:*** **9** Caribbean ***volcano:*** **6** Colima **9** Paricutín **11** Ixtacihuatl **12** Citlaltépetl, Ixtaccíhuatl, Popocatépetl

mezzanine **5** story **7** balcony **8** entresol

mezzo **4** half **6** singer **7** soprano

mezzo-soprano ***American:*** **5** Elias (Rosalind), Horne (Marilyn), Jones (Sissieretta) **6** Bumbry (Grace), Graves (Denyce) **7** Stevens (Risë), Verrett (Shirley) **8** Troyanos (Tatiana), von Stade (Frederica) ***Austrian:*** **6** Ludwig (Christa) ***English:*** **5** Baker (Janet) ***Italian:*** **7** Bartoli (Cecilia) **8** Cossotto (Fiorenza)

Miami ***bowl:*** **6** Orange ***chief:*** **12** Little Turtle ***county:*** **4** Dade ***stadium:*** **9** Joe Robbie ***team:*** **4** Heat **7** Marlins **8** Dolphins, Panthers

miasma **3** fog **4** haze, mist, murk, smog **5** brume, vapor **9** effluvium

mica **7** biotite **8** silicate **9** isinglass, muscovite

Michelangelo Buonarotti ***painting:*** **10** Holy Family (The) **12** Last Judgment (The) ***statue:*** **5** David, Moses, Pietà **7** Bacchus

Michener novel **5** Space, Texas **6** Hawaii, Poland, Source (The) **8** Caravans, Covenant (The), Drifters (The), Sayonara **10** Centennial, Chesapeake **13** Fires of Spring (The) **15** Bridges at Toko-Ri (The)

Michigan ***capital:*** **7** Lansing ***city:*** **5** Flint **7** Detroit, Lansing, Pontiac **8** Ann Arbor, Dearborn **9** Kalamazoo **11** Grand Rapids **13** Sault Ste. Marie **16** Sault Sainte Marie ***college, university:*** **6** Calvin **9** Kalamazoo **10** Wayne State ***lake:*** **4** Erie **5** Huron **8** Michigan, Superior ***nickname:*** **9** Wolverine (State) **10** Great Lakes (State) ***state bird:*** **5** robin ***state flower:*** **12** apple blossom ***state tree:*** **9** white pine

mickey **5** flask, split

microbe **3** bug **4** germ **5** virus **8** bacillus, pathogen **9** bacterium **13** microorganism

microfilm sheet **5** fiche

Micronesia ***capital:*** **7** Palikir ***island, island group:*** **3** Yap **5** Chuuk **6** Kosrae **7** Pohnpei **8** Caroline ***language:*** **7** English

microorganism **4** germ **5** virus **6** aerobe **7** bacilli (plural), microbe, protist **8** bacillus, bacteria (plural), pathogen, protozoa (plural) **9** bacterium, protozoan, protozoon

microphone **3** bug **4** mike ***shield:*** **4** gobo

microscope **9** magnifier ***inventor:*** **11** Leeuwenhoek (Antoni van) ***part:*** **5** stage **6** mirror **8** eyepiece **9** objective

microscopic **4** tiny **5** small **6** minute

Mid-Atlantic state **7** New York **8** Delaware, Maryland, Virginia **9** New Jersey **12** Pennsylvania, West Virginia

midday **4** noon, sext **8** high noon, noontide, noontime

middle **4** core, mean **5** mesne, waist **6** center, medial, median **7** average, central, halfway **8** interior **10** centermost **11** equidistant, intervening **12** intermediary, intermediate

Middle American country **4** Cuba **5** Haiti **6** Belize, Mexico, Panama **7** Bahamas, Grenada, Jamaica **8** Barbados, Dominica, Honduras **9** Costa Rica, Guatemala, Nicaragua **10** El Salvador

middlebrow **7** Babbitt

middle class **11** bourgeoisie

middle-class **9** bourgeois

middle ear ***bone:*** **5** incus **6** stapes **7** malleus ***membrane:*** **7** eardrum **8** tympanum

Middle Eastern country **4** Iran, Iraq, Oman **5** Egypt, Qatar, Sudan, Syria, Yemen **6** Cyprus, Israel, Jordan, Kuwait, Turkey **7** Bahrain, Lebanon **11** Saudi Arabia

Middle Kingdom **5** China

middleman **5** agent **6** broker **8** mediator **9** go-between **11** intercessor **12** intermediary, intermediate

Middlemarch author **5** Eliot (George), Evans (Mary Ann)

middle-of-the-road **7** neutral **8** moderate **9** impartial **11** nonpartisan

middling **4** fair, okay, so-so **6** fairly, medium, rather **7** average, fairish, typical **8** adequate, mediocre, moderate, ordinary, passable **9** tolerable **10** moderately, second-rate **11** indifferent **12** intermediate, run-of-the-mill

midge **3** fly **6** punkie **7** no-see-um **8** dipteran **10** chironomid ***larva:*** **9** bloodworm

midget **4** runt **5** dwarf, pygmy **6** bantam, peewee **7** manikin **8** Tom Thumb **10** homunculus **11** hop-o'-my-thumb, Lilliputian

Midian ***father:*** 7 Abraham ***mother:*** 7 Keturah
midpoint 3 par 4 mean, norm 6 center, median, middle 7 average, centrum, halfway 8 bull's-eye, standard
midwife 6 granny, Lucina 10 accoucheur
mien 3 air, set 4 look 6 aspect, manner 7 address, bearing 8 carriage, demeanor, presence 9 mannerism 10 appearance, deportment, expression 11 comportment
miff 3 fit, irk, vex 4 beef, flap, spat 5 annoy, pique, run-in, upset 6 bother, fracas, nettle, offend, put out 7 dispute, provoke, quarrel, rhubarb 8 irritate, squabble 10 conniption, falling-out 11 altercation
might 3 may 4 sway 5 brawn, clout, force, means, power 6 energy, muscle 7 ability, command, control, mastery, potency 8 capacity, strength 9 authority, resources 12 forcefulness
mighty 4 huge, very 5 grand, great 6 heroic, potent, strong 7 eminent, immense, massive, titanic 8 enormous, forceful, gigantic, imposing, powerful, puissant 10 impressive, monumental, prodigious, stupendous, tremendous 11 illustrious 13 extraordinary
Mignon composer 6 Thomas (Ambroise)
mignonette 4 herb 5 sauce 6 annual 6 reseda
migrant 5 exile, mover, nomad 7 drifter, nomadic, refugee 8 traveler, wanderer 9 itinerant, transient 10 expatriate
migrate 4 move, trek 5 drift, range, shift 6 wander 8 transfer
migration 6 exodus 8 diaspora ***of professionals:*** 10 brain drain
migratory 5 nomad 6 errant, mobile, moving, roving 7 nomadic, ranging 9 wandering
Mikado, The ***composer:*** 8 Sullivan (Arthur) ***librettist:*** 7 Gilbert (W. S.)
milady 6 madame 10 noblewoman 11 gentlewoman
Milan ***family:*** 6 Sforza 8 Visconti ***opera house:*** 7 La Scala
Milcah ***brother:*** 3 Lot ***father:*** 5 Haran 10 Zelophehad ***husband:*** 5 Nahor ***son:*** 7 Bethuel
mild 4 calm, easy, meek, soft, tame 5 balmy, bland, faint, tepid 6 benign, docile, gentle, placid, serene, smooth, tender 7 amiable, clement, equable, insipid, lenient, patient, subdued 8 moderate, obliging 9 benignant, temperate 10 forbearing, submissive
mildew 4 mold, rust 6 fungus, growth
___ mile 7 statute 8 nautical
mileage recorder 8 odometer
milestone 5 event 6 marker 8 landmark, occasion
milieu 5 scene 6 medium, sphere 7 ambient, climate, setting 8 ambience 10 atmosphere, background 11 environment, mise-en-scène 12 surroundings
militant 7 fighter, martial, warlike, warrior 8 activist, fighting 9 assertive, bellicose, combatant, combative, truculent 10 aggressive, pugnacious 11 belligerent, contentious, quarrelsome 12 gladiatorial
military 5 troop 6 forces, troops 7 martial, warlike 8 soldiery 9 soldierly 10 servicemen 11 armed forces, soldier-like ***alliance:*** 4 NATO ***base:*** 4 camp, fort, post 5 depot, field 6 billet 8 barracks, garrison, quarters 10 encampment ***officer:*** 5 major 7 captain, colonel, general 9 brigadier 10 lieutenant ***prisoner:*** 3 POW ***school:*** 3 OCS, OTS 4 ROTC, USMA 9 Annapolis, West Point ***sector:*** 10 combat zone, front lines 11 battlefront ***store:*** 10 commissary ***storehouse:*** 5 depot 6 armory 7 arsenal ***supplies:*** 8 matériel, ordnance ***unit:*** 5 corps, squad, troop 7 company, platoon 8 division, regiment 9 battalion 11 battle group ***vehicle:*** 4 jeep, tank 6 Abrams, Humvee 7 Bradley 9 Blackhawk, half-track
militate 4 tell 5 count, weigh 6 matter 11 carry weight
militia 7 reserve
milk 4 pump, rook, suck 5 drain, educe, empty, evoke, exact, mulct, nurse, wring 6 elicit, extort, fleece 7 exhaust, exploit, extract ***coagulated:*** 4 curd ***combining form:*** 4 lact 5 lacti, lacto ***curdled:*** 7 clabber ***fermented:*** 5 kefir 6 kumiss, yogurt 7 koumiss, yoghurt ***liquid part:*** 4 whey ***store:*** 5 dairy ***sugar:*** 7 lactose
milk shake 6 frappe 7 frosted
milky 4 fair, meek, mild, pale, tame 5 white 6 chalky, cloudy, gentle 7 lacteal, whitish 8 timorous
mill 5 grind, plant, shape, works 7 factory, machine 9 circulate, pulverize 11 manufactory
millenary 8 thousand
Miller, Arthur ***film:*** 7 Misfits (The) ***play:*** 5 Price (The) 9 All My Sons 8 Crucible (The) 12 After the Fall 16 Death of a Salesman 17 View from the Bridge (A) ***salesman:*** 5 Loman (Willy)
milliner 6 hatter
million ***combining form:*** 3 meg 4 mega
millionth ***combining form:*** 4 micr 5 micro
Mill on the Floss author 5 Eliot (George), Evans (Mary Ann)
millstone 4 duty, load, onus 6 burden,

charge, weight **9** albatross **10** affliction, deadweight

Milne bear **4** Pooh

milord **8** nobleman **9** gentleman, patrician **10** aristocrat **12** silk stocking

Milquetoast, Caspar ***creator:*** **7** Webster (Harold Tucker) (see also MILKSOP)

Miltiades' victory **8** Marathon

Milton work **5** Comus **7** Lycidas **8** L'Allegro **12** Areopagitica, Paradise Lost

mime **3** act **5** actor **6** act out **7** Marceau (Marcel) **9** performer, represent **11** impersonate **12** impersonator

mimic **3** act, ape **4** copy, mock, play **5** actor, enact **6** mummer, parody, parrot, player **7** copycat, imitate **8** resemble, simulate, travesty **9** burlesque, pantomime **11** impersonate **12** impersonator

mimicry **4** echo **6** parody **8** travesty **9** imitation, parroting **10** caricature **13** impersonation

minatory **4** dire, grim **7** baleful, baneful, direful, hostile, malefic, ominous **8** menacing, sinister **9** ill-boding **10** forbidding, foreboding, maleficent **11** frightening, threatening **12** intimidating

mince **4** chop, dice, hash **5** cut up, strut **6** prance, sashay, soften **8** moderate, restrain, tone down **9** euphemize

mincing **5** fussy **6** dainty, la-di-da, toot-too **7** finical, finicky, stilted **8** affected, delicate **10** fastidious, pernickety **11** persnickety

mind **3** wit **4** mood, obey, soul, tend, will, wits **5** brain, fancy, watch, weigh **6** attend, belief, beware, brains, follow, memory, notice, psyche, reason, senses, spirit **7** care for, discern, dislike, feeling, observe, oversee, purpose **8** consider **9** intellect, intention, mentality, supervise **10** brainpower, gray matter **11** disposition, temperament **12** intelligence **13** consciousness ***combining form:*** **5** psych **6** psycho

mindful **5** alert, awake, aware **7** knowing **8** sensible, vigilant **9** attentive, cognizant, conscious, observant **10** conversant **13** conscientious

mindless **4** rash **5** silly **6** simple, stupid **7** asinine, foolish, unaware, vacuous **9** nitwitted, oblivious **10** irrational, unthinking **13** unintelligent

mine **3** dig, pit, sap **4** fund, lode, vein, well **5** delve, drill, hoard, stock, store **6** burrow, quarry, spring **7** bonanza, deposit, extract **8** eldorado, excavate, Golconda **10** excavation, wellspring **13** treasure trove ***coal:*** **8** colliery ***entrance:*** **4** adit

miner **6** pitman **7** collier

mineral **5** beryl, topaz, trona **6** augite, barite, garnet, iolite, pinite, rutile, sphene, spinel, sulfur, zircon **7** apatite, azurite, bornite, calcite, citrine, coesite, cyanite, jadeite, kernite, kunzite, olivine, zeolite **8** boracite, cinnabar, dolomite, epsomite, fayalite, feldspar, fluorite, hematite, lazulite, lazurite, siderite, sodalite, stibnite, triplite, wellsite **9** aragonite, celestite, cerussite, danburite, fosterite, kaolinite, lawsonite, magnetite, malachite, muscovite, phenakite, scapolite, tridymite, turquoise, wulfenite **10** chalcedony, orthoclase, pyrrhotite, tourmaline **11** alexandrite, chrysoberyl, melanterite **12** brazilianite, chalcopyrite, tincalconite **13** rhodochrosite ***flaky:*** **4** mica ***greasy:*** **4** talc **10** serpentine ***hard:*** **6** spinel **7** diamond **8** corundum ***iridescent:*** **4** opal ***nonmetallic:*** **5** boron **6** gypsum, halite **8** asbestos, graphite ***shiny:*** **4** gold **6** galena, pyrite, silver ***soft:*** **4** talc **6** gypsum **8** graphite ***transparent:*** **6** quartz

mineral water **7** seltzer **8** club soda

Minerva see ATHENA

mingle **3** mix **4** meld **5** blend, merge **6** commix **7** combine **8** intermix **9** associate, socialize

mingy **4** mean **5** cheap, tight **6** stingy **7** chintzy, miserly, scrimpy **8** grudging, ungiving **9** niggardly, penurious **10** pinchpenny **11** closefisted, tightfisted

miniature **3** wee **4** tiny **5** small, teeny, weeny **6** little, minute, petite, teensy **9** itsy-bitsy, itty-bitty **10** diminutive, small-scale, teeny-weeny **11** Lilliputian **12** illumination

minify **4** trim **6** lessen, shrink **7** abridge, curtail **8** decrease, diminish **10** abbreviate

minim **3** bit, jot **4** atom, iota **5** grain, speck **7** modicum, smidgen **8** particle ***music:*** **8** half note

minimal **5** basic, least, token **6** lowest **7** nominal **8** littlest, smallest **9** slightest

minimize **5** decry **6** reduce **7** run down **8** belittle, derogate, discount, downplay, play down **9** disparage, soft-pedal, underrate **10** depreciate **13** underestimate

minimum **3** dab, jot **4** iota, whit **5** least, speck **6** lowest, margin **7** smidgen **8** particle, pittance, smallest

minion **4** idol **5** toady **6** flunky, lackey, vassal, yes-man **7** darling, devotee, spaniel **8** creature, favorite, follower, parasite, truckler **9** sycophant, toadeater, underling **10** bootlicker **11** lick-spittle, subordinate

minister **4** tend **5** agent, clerk, serve **6** cleric, curate, divine, parson **8** clerical, preacher, reverend **9** churchman, clergyman **10** ambassador **12** ecclesiastic ***of state:*** **10** chancellor ***plenipotentiary:*** **5** envoy **6** consul **8** diplomat, emissary

ministry **5** agent, organ **6** agency, clergy, medium **7** cabinet **10** department, instrument **11** bureaucracy

Minnehaha's husband **8** Hiawatha

Minnesota ***capital:*** **6** St. Paul ***city:*** **5** Edina **6** Duluth **9** Rochester **11** Minneapolis ***college, university:*** **8** Carleton **9** Saint Olaf **10** Macalester ***nickname:*** **6** Gopher (State) **9** North Star (State) ***park:*** **9** Voyageurs ***river:*** **7** St. Croix **9** Minnesota **11** Mississippi ***state bird:*** **4** loon (common) ***state flower:*** **12** lady's slipper ***state tree:*** **7** red pine

minor **5** lower, petty, small, youth **6** casual, lesser, little, paltry, slight **7** trivial **8** inferior, mediocre, piddling, small-fry, trifling, underage **9** dependent, secondary, small-beer, small-time **10** bush-league, second-rate, shoestring **11** indifferent, unimportant **13** insignificant

minority **5** youth **6** nonage **7** infancy **9** childhood **10** immaturity

minor-league **5** small **6** lesser **9** secondary, small-time **11** unimportant

Minos ***daughter:*** **7** Ariadne, Phaedra ***father:*** **4** Zeus **7** Jupiter ***kingdom:*** **5** Crete ***monster:*** **8** Minotaur ***mother:*** **6** Europa ***son:*** **9** Androgeos ***wife:*** **8** Pasiphaë

Minotaur ***father:*** **4** bull ***home:*** **9** labyrinth ***mother:*** **8** Pasiphaë ***slayer:*** **7** Theseus

minstrel **4** bard, wait **6** harper, singer **7** gleeman **8** jongleur **9** balladist **10** troubadour ***end man:*** **5** Bones (Mr.), Tambo (Mr.) ***instrument:*** **4** lute, lyre **5** rebec, shawm, tabor **8** crumhorn, psaltery **9** krummhorn **10** tambourine

mint **3** pot **4** cast, coin, heap, pile, sage **5** basil, bugle, forge, issue, stamp, trove **6** boodle, bundle, create, intact, packet, savory, strike, unused **7** fortune, like-new, menthol, perfect, produce **8** brand-new, lavender, marjoram, original **9** blue curls, bugleweed, undamaged

Minuit's purchase **9** Manhattan

minus **4** flaw, lack, less, sans **6** absent, defect **7** lacking, missing, wanting, without **8** drawback, negative, subtract **10** deficiency

minuscule **4** tiny **5** small **6** letter, little, minute **7** trivial **9** lowercase, miniature **10** negligible, small-scale **11** meaningless, microscopic **13** imperceptible, inappreciable, insignificant

minute **3** wee **4** jiff, memo, note, tiny **5** draft, flash, jiffy, small, teeny, weeny **6** little, moment, record, teensy **7** careful, instant, precise, trivial **8** detailed, itemized, thorough, trifling **9** itsy-bitsy, itty-bitty, miniature, minuscule **10** diminutive, memorandum, meticulous, scrupulous, teeny-weeny **11** Lilliputian, punctilious **13** infinitesimal

minutes **3** log **6** annals, record **7** summary **10** transcript **11** proceedings

minutiae **6** trivia **7** details **10** fine points, triviality **11** particulars

minx **4** bawd, moll, slut, tart **5** bimbo, tramp, wench, whore **6** floozy, harlot, hooker **7** hustler, trollop **8** strumpet **10** prostitute

miracle **4** boon, feat **6** marvel, wonder **7** godsend, portent, prodigy, stunner **8** windfall **9** sensation **10** phenomenon

miraculous **7** amazing **8** wondrous **9** marvelous, unearthly, wonderful **10** astounding, prodigious, superhuman **11** astonishing, spectacular **12** inexplicable, supernatural **13** preternatural

mirage **6** vision, wraith **8** delusion, illusion, phantasm **11** fata morgana, ignis fatuus **13** hallucination

Miranda ***father:*** **8** Prospero ***lover:*** **9** Ferdinand

mire **3** bog, fen, mud **4** muck, ooze, sink, trap **5** delay, marsh, slush, swamp **6** detain, enmesh, entrap, hang up, morass, slough, tangle **7** bog down, embroil, ensnare, involve, set back **8** entangle **9** imbroglio, implicate, quicksand

Miriam's brother **5** Aaron, Moses

mirror **5** glass **6** embody, typify **7** reflect **8** speculum **9** exemplify, personify, reflector, represent **10** illustrate **11** cheval glass **12** looking glass ***signaling:*** **10** heliograph

mirth **3** fun, joy **4** glee **5** cheer **6** gaiety, levity **7** jollity, revelry **8** gladness, hilarity **9** festivity, frivolity, happiness, jocundity, joviality, merriment **10** jocularity **11** merrymaking **12** cheerfulness

mirthful **3** gay **5** jolly, merry, riant **6** jocund, jovial **7** festive **9** exuberant, hilarious **12** lighthearted

miry **4** oozy **5** boggy, mucky, muddy **6** marshy, slushy, swampy

misadventure **4** slip **5** boner, error, lapse **6** howler, mishap **7** blunder, faux pas **8** accident, calamity, casualty, disaster **9** cataclysm **10** misfortune **11** catastrophe

misanthrope 5 cynic, grump, loner 6 grinch 7 killjoy, recluse, scoffer 10 curmudgeon
misanthropic 7 cynical 10 antisocial
misappropriate 5 filch, steal 6 pilfer 7 purloin 8 embezzle, peculate 9 defalcate
misbegotten 7 bastard, illicit, natural 8 baseborn, deformed, spurious 10 fatherless, unfathered 12 contemptible, disreputable, ill-conceived, illegitimate
misbehave 5 act up, cut up, lapse, rebel, stray 6 act out, offend 7 carry on, disobey 8 trespass 10 roughhouse, transgress
misbehavior 7 misdeed 8 rudeness 9 high jinks 10 misconduct, wrongdoing 11 delinquency, dereliction, naughtiness 13 transgression
miscalculate 3 err 8 miscount, misgauge
miscarry 4 fail, flop 5 abort 6 fizzle 7 go wrong
miscellaneous 3 odd 5 mixed 6 motley, sundry, varied 7 diverse 8 assorted 9 different, disparate, scrambled 13 heterogeneous
miscellany 3 ana 4 hash, olio, stew 5 salad 6 jumble, medley, motley, muddle 7 farrago, mélange, mixture, omnibus 8 mixed bag, pastiche 9 anthology, congeries, pasticcio, patchwork, potpourri 10 assortment, hodgepodge, hotchpotch, salmagundi 11 aggregation, gallimaufry, odds and ends, olla podrida, smorgasbord
mischance 6 mishap 7 bad luck, tragedy 8 accident, casualty 9 adversity 10 misfortune 11 contretemps
mischief 3 ill 4 evil, harm 5 prank 6 damage, strife 7 devilry, roguery, trouble, waggery 8 deviltry, sabotage 9 devilment, diablerie, vandalism 10 wrongdoing 11 naughtiness, shenanigans 12 monkeyshines
mischief-maker 3 imp 4 puck 5 devil, knave, rogue, scamp 6 rascal 7 villain 8 agitator, scalawag 9 prankster, trickster 11 rapscallion 12 rabble-rouser
mischievous 3 sly 4 arch, foxy 5 antic, saucy 6 artful, bratty, impish, tricky, vexing 7 harmful, irksome, larkish, naughty, playful, puckish, roguish, tricksy, waggish 8 annoying, damaging, perverse, prankish, rascally, sportive 9 injurious, malicious 10 bothersome, frolicsome, ill-behaved
misconception 5 error 7 fallacy, mistake 8 delusion, illusion
misconduct 8 adultery 10 wrongdoing 11 dereliction, impropriety, malfeasance, malpractice, misbehavior 12 malversation 13 transgression
miscreant 4 heel 5 felon, knave, rogue 6 outlaw, rascal, sinner, wretch 7 corrupt, culprit, heretic, hoodlum, infidel, lowlife, vicious, villain 8 apostate, criminal, depraved, infamous, perverse 9 heretical, nefarious, scoundrel, unhealthy, wrongdoer 10 blackguard, degenerate, delinquent, unbeliever, villainous
miscue 4 goof, miss, slip, trip 5 error, fluff, lapse 6 slipup 7 blooper, blunder, mistake
misdeed 3 sin 5 crime, wrong 6 breach 7 offense 9 violation 10 infraction 13 transgression
misdoubt 4 fear 5 dread 7 suspect
mise-en-scène 3 set 4 site 6 locale, medium, milieu 7 ambient, climate, context, scenery, setting 8 ambience, stage set 10 atmosphere, background 11 environment 12 stage setting, surroundings
miser 5 piker 7 hoarder, niggard, scrooge 8 tightwad 9 skinflint 10 cheapskate, pinchpenny
miserable 6 gloomy, meager, meagre, paltry, rueful, sordid, woeful 7 doleful, forlorn, piteous, pitiful, squalid 8 desolate, dolorous, downcast, hopeless, shameful, tortured, wretched 9 afflicted, destitute, sorrowful, worthless 10 despairing, despondent, melancholy 12 contemptible
Miserables, Les *author:* 4 Hugo (Victor) *character:* 6 Javert (Inspector) 7 Cosette, Fantine, Valjean (Jean)
miserly 4 mean 5 close, tight 6 greedy, stingy 7 scrimpy 8 covetous, grasping 9 niggardly, penurious, scrimping 10 avaricious 11 closefisted, tightfisted 12 cheeseparing, parsimonious 13 penny-pinching
misery 3 woe 5 agony, dolor, grief 6 sorrow 7 anguish, squalor 8 calamity, distress 9 adversity, dejection, suffering 10 affliction, depression, desolation 11 despondency 12 wretchedness
misfit 6 oddity, weirdo, zombie 7 oddball 8 maverick 9 eccentric, screwball
misfortune 3 woe 4 blow, harm, loss 5 cross, trial 7 reverse, setback, tragedy, trouble 8 accident, calamity, casualty, disaster, hardship 9 adversity, cataclysm 10 affliction, visitation 11 catastrophe, contretemps, tribulation
misgiving 4 fear 5 doubt, dread, qualm 6 unease 7 anxiety 8 distrust 9 suspicion 10 foreboding 11 premonition, trepidation 12 apprehension, presentiment

misguided 5 wrong 9 erroneous 10 ill-advised 11 injudicious 12 short-sighted
mishandle 4 flub 5 abuse, botch 6 bungle, fumble, mess up 7 rough up 8 maltreat 10 knock about, slap around
mishap 7 bad luck, tragedy 8 accident, casualty 9 adversity 11 contretemps
mishmash 6 jumble, litter, medley, muddle 7 clutter, mélange, mixture, rummage 8 pastiche, scramble 9 pasticcio, patchwork, potpourri 10 hodgepodge, hotchpotch
misidentify 5 mix up 7 confuse 8 confound
misinterpret 7 confuse, misread
mislay 4 lose
mislead 4 dupe, fool, gull, lure 5 bluff, cheat 6 betray, delude, entice, seduce, take in 7 beguile, deceive 8 hoodwink, inveigle 11 double-cross
misleading 5 false, wrong 8 delusive, delusory, specious 9 deceitful, deceptive 10 fallacious, inaccurate 11 casuistical, sophistical
mismatch 3 jar 5 clash 6 jangle 7 discord 8 conflict
misplace 4 lose
misprint 4 typo
misprision 5 scorn 7 despite, disdain, neglect 8 contempt, sedition 9 contumely, disregard 10 misconduct, negligence 11 concealment, dereliction, impropriety, malpractice
misrepresent 4 warp 5 twist 6 garble 7 distort, falsify, varnish 8 disguise 9 embellish, embroider 10 camouflage 11 counterfeit
misrepresentation 3 fib, lie 4 tale 5 story 6 canard 7 falsity, untruth 9 falsehood 10 distortion
miss 3 err, gal 4 fail, girl, lass, maid, omit, skip 5 avoid 6 damsel, escape, forget, ignore, lassie, maiden 7 failure, misfire, neglect 8 discount, leave out, overlook 9 disregard
Missa Solemnis composer 9 Beethoven (Ludwig van)
misshape 4 warp 6 deform 7 contort, distort, torture 9 disfigure
missile 4 bolt, dart 5 arrow, shell, spear 6 bullet, rocket 10 cannonball, projectile ***underwater:*** 7 torpedo (see also GUIDED MISSILE)
missing 4 AWOL 6 absent
mission 3 aim, job 4 duty, goal, task 5 quest 6 charge, errand, object 7 calling, embassy, purpose 8 legation, lifework, ministry, vocation 9 objective 10 assignment
missionary 7 apostle 8 emissary 10 evangelist, revivalist 12 propagandist, proselytizer
Mississippi ***capital:*** 7 Jackson ***city:*** 6 Biloxi 8 Gulfport 10 Greenville ***college, university:*** 12 Jackson State 8 Millsaps ***nickname:*** 8 Magnolia (State) ***river:*** 5 Pearl 11 Mississippi ***state bird:*** 11 mockingbird ***state flower:*** 8 magnolia ***state tree:*** 8 magnolia
missive 4 memo, note 6 letter, report 7 epistle, message 8 dispatch
Miss Julie author 10 Strindberg (August)
Miss Lonelyhearts author 4 West (Nathanael)
Missouri ***capital:*** 13 Jefferson City ***city:*** 7 St. Louis 10 Kansas City 11 Springfield 12 Independence ***college, university:*** 10 Washington ***lake:*** 15 Lake of the Ozarks ***nickname:*** 6 Show Me (State) ***river:*** 8 Missouri 11 Mississippi ***state bird:*** 8 bluebird ***state flower:*** 8 hawthorn ***state tree:*** 7 dogwood
misstate 4 warp 5 color, twist 6 garble 7 distort, falsify
misstatement 3 fib, lie 4 tale 7 falsity, untruth 9 falsehood 13 prevarication
misstep 4 flub, goof, slip 5 boner, error, fluff, gaffe, lapse 6 slipup 7 blooper, blunder, faux pas
mist 3 dim, fog 4 blur, film, haze, murk 5 befog, brume, cloud 7 becloud, obscure
mistake 4 flub, slip 5 boner, error, fluff, folly, gaffe, lapse 6 boo-boo, bungle, howler, slipup 7 blooper, blunder, confuse, faux pas, take for 8 confound 10 inaccuracy
mistaken 5 false, wrong 6 all wet, faulty, flawed, untrue 7 invalid 8 specious 9 defective, incorrect, misguided, unfounded 10 fallacious, fraudulent, inaccurate 11 misinformed
mister 3 sir 7 husband ***French:*** 8 monsieur ***German:*** 4 Herr ***Italian:*** 6 signor ***Spanish:*** 5 señor
Mister Roberts author 6 Heggen (Thomas)
mistreat 5 abuse 6 ill-use, molest 7 rough up 9 brutalize, manhandle
mistress 4 doxy, moll 5 lover, woman 7 hetaira 8 dulcinea, ladylove, paramour 9 concubine, courtesan, inamorata, kept woman 10 chatelaine, girl friend ***of Charles II:*** 4 Gwyn (Nell) 8 Villiers (Barbara) ***of Edward III:*** 7 Perrers (Alice) ***of Henry II (England):*** 8 Clifford (Rosamund) ***of Henry II (France):*** 9 de Poiters (Diane) ***of Louis XV:*** 9 Pompadour (Madame de)
mistrust 5 doubt 7 concern, dispute, dubiety, surmise, suspect 8 wariness

9 apprehend, misgiving, suspicion 10 foreboding, skepticism 11 incertitude, uncertainty 12 apprehension

mistrustful 4 wary 5 leery 6 uneasy 7 dubious, jealous 8 doubting 9 skeptical 10 disquieted, suspicious 12 apprehensive

misty 3 dim 4 hazy 5 foggy, vague 6 cloudy, vapory 7 blurred, obscure, tearful, unclear 8 confused, nebulous, vaporous 10 indistinct

misunderstanding 4 rift, spat, tiff 5 mix-up 6 breach 7 dispute, quarrel, rupture 8 squabble 10 falling-out 12 disagreement

misuse 5 waste *of a word:* 8 malaprop 11 malapropism

mite 3 bit, jot 4 atom, iota 5 grain, minim, ounce, speck 6 acarid, tittle 7 chigger, modicum, smidgen 8 molecule, particle *family:* 8 oribatid

miter 5 crown, joint 9 headdress

mitigate 4 ease 5 abate, allay, relax, slake 6 lessen, soften, subdue, temper 7 assuage, lighten, mollify, relieve 8 palliate, moderate, tone down 9 alleviate, extenuate, meliorate

mitigation 4 ease 6 relief 8 easement

mitosis 12 cell division, karyokinesis *stage:* 8 anaphase, prophase 9 metaphase, telophase

mix 4 fuse, link, lump, meld, stir 5 blend, merge, unite 6 fusion, jumble, mingle, tangle, work in 7 amalgam, combine, concoct, confuse, conjoin 8 coalesce, compound, confound 9 associate, commingle, interfuse 10 amalgamate, crossbreed 11 intermingle 12 amalgamation

mixed 6 hybrid, impure, motley, sundry, varied 7 diluted, diverse, mongrel 8 assorted, compound 9 composite, interbred, irregular 12 multifarious 13 heterogeneous, miscellaneous

mixed bag 4 olio 5 salad 6 jumble, medley 7 mélange 8 mishmash, pastiche 9 potpourri 10 assortment, hodgepodge, miscellany 11 gallimaufry

mixed-up 5 fazed 7 jumbled 8 confused 9 flustered, perplexed 10 bewildered, disjointed, distracted, incoherent, nonplussed 12 disconcerted

mixologist 6 barman 7 tapster 9 barkeeper, bartender

mixture 4 brew, hash, olio, stew 5 alloy, blend 6 fusion, hybrid, jumble, medley 7 amalgam, farrago, mélange 8 compound, mishmash, solution 9 composite, potpourri 10 concoction, confection, miscellany, salmagundi 11 combination 12 amalgamation

mix up 5 addle 6 fuddle, jumble, muddle 7 confuse, fluster, mistake 8 befuddle, bewilder, confound 10 disarrange, discompose 11 disorganize, misidentify

mix-up 4 hash, mess, muss 5 botch, chaos, error, melee 6 muddle, tangle 7 mistake 8 shambles 9 commotion, confusion

mks unit 3 lux, ohm 4 mole, volt, watt 5 farad, henry, hertz, joule, lumen, meter, metre, tesla, weber 6 ampere, kelvin, newton, pascal, second 7 candela, coulomb, siemens 8 kilogram

Mnemosyne 6 Memory *daughters:* 5 Muses *father:* 6 Uranus *lover:* 4 Zeus *mother:* 4 Gaea

Moabite *city:* 3 Kir *god:* 7 Chemosh *king:* 5 Eglon, Mesha

Moab's father 3 Lot

moan 4 wail, weep 5 gripe, groan, whine 6 bewail, grieve, grouse, lament 7 deplore 8 complain

mob 3 jam 4 clan, gang, herd, pack, push, ring, riot 5 crowd, crush, horde, mafia, press, swarm 6 jostle, masses, rabble, throng 8 canaille, riffraff 9 hoi polloi, multitude 11 proletariat

mobile 5 fluid 6 moving 7 migrant, movable, protean 8 cellular, moveable, unstable, unsteady, variable 9 adaptable, changeful, itinerant, mercurial, migratory, unsettled, versatile 10 ambulatory, capricious, changeable, inconstant 11 peripatetic

mobile home 6 camper 7 trailer 9 Airstream

mobile-phone area 4 cell

mobilize 5 drive, impel, rally, ready, rouse 6 arouse, call up, muster, prompt, propel 7 actuate, animate, marshal 8 activate, assemble, organize 9 circulate

mobster 4 goon, thug 6 hit man 7 mafioso 8 criminal, gangster 9 godfather, racketeer

Moby Dick 5 whale 10 white whale *author:* 8 Melville (Herman) *character:* 3 Pip 6 Daggoo, Parsee 7 Ishmael 8 Queequeg, Starbuck, Tashtego *pursuer:* 4 Ahab *ship:* 6 Pequod

moccasin 6 loafer 7 slipper 8 larrigan

mock 3 ape 4 defy, fake, gibe, jape, jeer, razz, twit 5 bogus, chaff, dummy, false, feign, mimic, phony, quasi, sneer, taunt, tease 6 deride, ersatz, parody, pseudo, send up 7 deceive, feigned, imitate, lampoon, mislead 8 ridicule, satirize, so-called, spurious 9 imitation, simulated 10 artificial 11 counterfeit

mockery 4 sham 5 farce, scorn, sport 6 japery, parody, satire 7 take-off 8 contempt, derision, raillery, ridicule, travesty **9** burlesque, imitation **10** caricature **13** laughingstock

mocking **8** derisive, sardonic, scornful **9** sarcastic

mode **3** fad, way **4** chic, rage **5** state, style, vogue **6** custom, manner, method, status, system **7** fashion **9** condition, procedure, situation, technique **10** convention, dernier cri

model **4** copy, type **5** dummy, ideal, shape **6** design, effigy, mirror, mockup, symbol **7** classic, epitome, example, imitate, manikin, paragon, pattern, perfect, replica, typical **8** ensample, exemplar, flawless, mannikin, maquette, nonesuch, paradigm, standard **9** archetype, beau ideal, blueprint, classical, criterion, exemplary, miniature, nonpareil **10** apotheosis, embodiment, prototypal, touchstone **12** paradigmatic, prototypical, reproduction

moderate **3** ebb **4** calm, cool, curb, even, fair, mild, slow, so-so, wane **5** abate, bland, let up, sober **6** gentle, lessen, medium, paltry, reduce, relent, slight, soften, steady, subdue, temper **7** average, chasten, control, cushion, die away, die down, ease off, equable, lighten, limited, neutral, relieve, slacken, subside, trivial **8** centrist, constant, decrease, diminish, discreet, mediocre, middling, mitigate, restrain **9** alleviate, constrain, temperate **10** abstemious, controlled, reasonable, restrained **11** indifferent **12** conservative

moderation **7** control, measure **9** restraint **10** abstinence, constraint, limitation, temperance **13** temperateness

moderator **5** judge **7** arbiter **8** chairman, examiner, governor, mediator **10** peacemaker **11** chairperson

modern **3** new **5** fresh, novel **6** recent **7** current **8** neoteric, up-to-date **10** newfangled, present-day **12** contemporary

modernize **5** renew **6** update **8** renovate **9** refurbish **10** rejuvenate

modest **3** coy, shy **4** meek, prim **5** lowly, plain, timid **6** decent, demure, humble, prissy, proper, seemly, simple **7** bashful, prudish **8** decorous, discreet, moderate, priggish, reserved, reticent, retiring **9** diffident **10** unassuming **11** puritanical, straitlaced, unassertive, unelaborate **12** self-effacing, unornamented **13** unembellished, unembroidered, unpretentious

Modest Proposal author **5** Swift (Jonathan)

modesty **7** decency, reserve **8** chastity, humility, timidity **9** propriety, reticence **10** diffidence

modicum **3** bit, jot **4** atom, iota, mite, whit **5** grain, minim, ounce, pinch, scrap, speck, trace **7** smidgen, soupçon **8** particle

modify **4** vary **5** adapt, alter, amend, limit, tweak **6** adjust, change, mutate, revise, rework, temper **7** qualify **8** mitigate, moderate, restrain **9** refashion

modish **4** chic **5** smart, swank **6** chichi, trendy, with-it **7** dashing, stylish **11** fashionable

Modred ***father:*** **6** Arthur ***mother:*** **8** Margawse ***slayer, victim:*** **6** Arthur

modulate **4** vary **5** tweak **6** adjust, attune, temper **8** fine-tune, regulate, restrain

modus ___ **7** vivendi **8** operandi

modus operandi **5** style **6** custom, manner, method, system **7** process, program, routine **8** approach, practice, strategy **9** procedure, technique

mogul **4** czar, king, lord **5** baron, nabob, ruler **6** bigwig, prince, sachem, tycoon **7** kingpin, magnate **9** plutocrat, potentate

Mohammed see MUHAMMAD

Mohawk chief **5** Brant (Joseph) **8** Hiawatha

Mohican chief **5** Uncas

moiety **3** cut **4** half, part **5** piece **7** element, portion, section, segment **8** division **9** component

moil **3** tug, wet **4** grub, to-do, work **5** churn, dirty, drive, grind, labor, swirl **6** bustle, clamor, drudge, hubbub, lather, seethe, strain, strive, uproar **7** ferment, travail, trouble, wrangle **8** drudgery **9** agitation, commotion, confusion **10** hurly-burly, turbulence

moist **3** wet **4** damp, dank, dewy **5** humid **6** clammy, steamy, sticky **7** dampish, maudlin, tearful, wettish

moisten **3** wet **6** dampen **8** humidify, saturate

moisture **4** damp **5** vapor **7** wetness **8** humidity **13** precipitation

mojo **3** hex **4** jinx **5** charm, magic, power, spell **6** hoodoo, whammy

molar **5** tooth **7** grinder ***neighbor:*** **6** canine

molasses **7** treacle **10** blackstrap

mold **3** die **4** cast, form, sort, type **5** forge, knead, shape, stamp **6** design, fungus **7** fashion, pattern **8** template **9** construct **11** description

moldable **6** pliant, supple **7** ductile, plastic, pliable **9** adaptable, malleable

molder **3** rot **5** decay, waste **7** crumble

9 break down, decompose **11** deteriorate **12** disintegrate

molding **4** bead, ogee **5** congé, ogive, talon, torus **6** reglet **7** annulet, beading, cavetto, cornice, reeding **8** cincture **9** baseboard ***compound:*** **4** beak, cyma, ogie **10** serpentine ***edge:*** **5** arris ***flat:*** **5** bevel, splay **6** fascia, fillet, listel, regula **7** chamfer ***simple curve:*** **4** roll **5** flute, ovolo, torus **6** scotia **8** astragal

Moldova ***capital:*** **8** Chisinau, Kishinev ***former name:*** **8** Moldavia ***language:*** **8** Romanian ***monetary unit:*** **3** leu ***neighbor:*** **7** Romania, Ukraine ***river:*** **8** Dniester

moldy **5** dated, fusty, musty, passé **6** bygone, old hat **7** ancient, antique, archaic, outworn **8** mildewed, outdated **9** crumbling, moth-eaten **10** antiquated **12** old-fashioned

mole **3** spy **4** pier, quay **5** jetty, nevus **6** burrow, tunnel **9** birthmark **10** breakwater

molecule **3** bit, jot **4** iota **5** minim, speck **7** modicum **8** particle

molest **3** vex **4** bait **5** abuse, annoy, harry, tease **6** badger, bother, harass, heckle, hector, pester, plague **7** disturb, torment, trouble **9** persecute

Moll Flanders author **5** Defoe (Daniel)

mollify **4** calm, ease **5** allay **6** pacify, soften, soothe, temper **7** appease, assuage, lighten, placate, relieve, sweeten **8** mitigate **9** alleviate **10** ameliorate, conciliate, propitiate

mollusk **6** chiton ***bivalve:*** **4** clam **6** cockle, mussel, oyster, teredo **7** geoduck, scallop **8** shipworm ***cephalopod:*** **5** squid **7** octopus **8** argonaut, nautilus **10** cuttlefish ***part:*** **6** mantle, radula, siphon ***tooth shell:*** **9** dentalium ***univalve:*** **4** slug **5** conch, cowry, murex, snail, whelk **6** cowrie, limpet, triton **7** abalone **10** nudibranch, periwinkle

Molly ___ **7** Maguire, Pitcher

mollycoddle **3** pet **4** baby **5** humor, spoil **6** cocker, cosset, dandle, pamper **7** cater to, indulge

Moloch's pit **6** Tophet

molt **4** cast, shed, slip **6** change, slough **7** cast off, discard, ecdysis **9** slough off

molted skins **7** exuviae

molten **6** melted **7** glowing **9** liquefied

molten rock **4** lava **5** magma

moment **5** flash, jiffy, point, shake, trice **6** import, minute, second **7** instant **8** juncture, occasion **9** magnitude **10** importance **11** consequence, split second **12** significance

momentary **5** brief, quick **8** fleeting, fugitive **9** ephemeral, fugacious, transient **10** evanescent, short-lived, transitory

momentous **5** grave **7** epochal, fateful, serious, weighty **9** important **10** meaningful **11** significant, substantial **12** considerable **13** consequential

momentousness **6** import, weight **9** magnitude **10** importance **11** consequence, weightiness **12** significance

momentum **5** drive **6** energy, thrust **7** impetus, impulse **10** propulsion

Momo author **4** Ende (Michael)

momus **6** carper, critic, mocker **7** caviler **8** caviller **9** detractor **11** faultfinder

Monaco ***commune:*** **10** Monte Carlo ***language:*** **6** French ***monetary unit:*** **4** euro ***neighbor:*** **6** France ***prince:*** **6** Albert **7** Rainier ***princess:*** **5** Grace

monad **3** one **4** atom, unit **8** zoospore **9** protozoan

Mona Lisa **10** La Gioconda ***painter:*** **7** da Vinci (Leonardo) **8** Leonardo (da Vinci)

monarch **4** czar, king, raja, tsar, tzar **5** queen, rajah, ruler **6** kaiser, prince **7** emperor, empress, majesty **9** butterfly, potentate, sovereign

monarchical **5** regal, royal **6** kingly **8** imperial, kinglike, majestic **9** sovereign

monarch's daughter **8** princess ***Portuguese, Spanish:*** **7** infanta

monarch's son **6** prince ***French:*** **7** dauphin ***Portuguese, Spanish:*** **7** infante

monarchy **4** rule **5** realm, reign **7** kingdom **8** kingship **9** autocracy, monocracy **11** sovereignty

monastery **5** abbey **6** friary, priory **7** convent, nunnery **8** cloister ***Buddhist:*** **8** lamasery ***Eastern Orthodox:*** **5** laura ***head:*** **5** abbot, prior

monastic **4** abbé, monk **7** ascetic, brother **8** isolated, secluded **9** reclusive **10** cloistered **11** sequestered

___ Mondrian **4** Piet

monetary **6** fiscal **9** financial, pecuniary **10** numismatic

monetary rate **7** millage

monetary unit see at individual countries

money **4** cash, coin, gelt, jack, kale, loot, pelf, swag **5** bread, chips, dough, funds, lucre, moola, rhino **6** boodle, change, dinero, do-re-mi, mammon, moolah, riches, specie, wampum, wealth **7** cabbage, capital, coinage, lettuce, needful, scratch, stipend **8** bankroll, currency, finances, treasure **9** resources **10** greenbacks **11** filthy lucre, legal tender

moneyed **4** rich **5** flush **6** loaded **7** opulent, wealthy, well-off **8** affluent, well-to-do **10** prosperous, well-heeled

money-grubber 5 miser 7 hoarder, niggard, scrooge 8 tightwad 9 skinflint 10 cheapskate 12 penny-pincher
moneymaking 6 paying 7 gainful 9 lucrative 10 profitable, well-paying, worthwhile 12 advantageous, remunerative
monger 4 hawk, sell, vend 6 broker, dealer, hawker, peddle, trader, vendor 7 higgler, packman, peddler 8 huckster
Mongol conqueror 9 Tamerlane 10 Kublai Khan 11 Genghis Khan, Tamburlaine
Mongolia ***capital:*** 9 Ulan Bator 11 Ulaanbaatar ***conqueror:*** 6 Ögödei 11 Genghis Khan ***desert:*** 4 Gobi ***lake:*** 6 Baikal ***monetary unit:*** 6 tugrik ***mountain range:*** 5 Altai, Altay 6 Kentai 7 Hentiyn 9 Altai Shan, Altay Shan ***neighbor:*** 5 China 6 Russia ***river:*** 5 Orhun 7 Selenga
mongrel 3 cur 4 mule, mutt 5 cross 6 hybrid 7 bastard, mixture 8 half-bred 9 crossbred, half blood, half-breed 10 crossbreed
moniker 3 tag 4 name 6 handle 8 cognomen, nickname 9 sobriquet 11 appellation, designation
monish 4 warn
monition 6 caveat 7 caution, portent, warning 11 forewarning
monitor 4 test 5 check, watch 6 screen 7 adviser, observe, oversee 8 watchdog 11 keep track of
Monitor ***designer:*** 8 Ericsson (John) ***opponent:*** 8 Virginia 9 Merrimack
monitory 7 warning 8 advisory 10 cautionary
monk 4 abbé 5 friar 7 brother 8 cenobite, monastic 9 anchorite ***Buddhist:*** 4 lama 5 bonze ***Hindu:*** 8 sannyasi ***Roman Catholic:*** 8 Capuchin, Salesian, Trappist 9 Carmelite, Dominican 10 Carthusian, Cistercian, Franciscan 11 Augustinian ***room:*** 4 cell ***shaven crown:*** 7 tonsure ***title:*** 3 Dom, Fra 5 Padre
monkey 3 imp 4 mess 5 gamin 6 meddle, simian, tamper, urchin 8 busybody 9 interfere, interlope ***New World:*** 4 titi 6 howler, spider, uakari, woolly 7 sapajou, tamarin 8 capuchin, marmoset, squirrel 11 douroucouli ***Old World:*** 5 Diana, drill 6 guenon, langur, rhesus, vervet 7 colobus, hanuman, macaque 8 mandrill, mangabey 9 proboscis 10 Barbary ape
monkeyshine 3 gag 4 dido, jape, lark 5 antic, caper, prank, stunt, trick 6 frolic 10 shenanigan, tomfoolery
monocratic 8 absolute, despotic 9 arbitrary, autarchic, tyrannous 10 autocratic, tyrannical
monogram 8 initials
monograph 5 study 6 thesis 8 tractate, treatise 9 discourse 12 disquisition, dissertation
monopolize 3 hog 5 sew up 6 absorb, corner 7 control, engross 8 dominate, take over
monopoly 5 trust 6 cartel, corner 7 control 9 ownership, syndicate 10 consortium, domination 11 exclusivity
monotone 5 drone
monotonous 4 blah, dull 6 boring, dreary 7 droning, humdrum, one-note, uniform 8 singsong, unvaried 9 unvarying 10 pedestrian, repetitive 11 repetitious
monotony 6 tedium 7 humdrum 8 flatness, sameness 10 uniformity
monsoon 6 deluge 8 downpour 9 rainstorm 10 cloudburst
monster 4 ogre 5 beast, freak, giant, whale 6 mutant, ogress 8 behemoth, bogeyman, colossus, giantess 9 hellhound, leviathan, manticore ***biblical:*** 5 Rehab 8 Behemoth 9 Leviathan ***female:*** 6 Gorgon, Medusa, Scylla ***fire-breathing:*** 6 dragon, Typhon 7 Chimera 8 Chimaera ***fowl-dragon:*** 10 cockatrice ***French:*** 8 Tarasque ***horse-fish:*** 11 hippocampus ***hundred-armed:*** 9 Enceladus ***hundred-eyed:*** 5 Argus ***hundred-handed:*** 8 Briareus ***lion-eagle:*** 7 griffin ***serpent-headed:*** 6 gorgon ***study of:*** 10 teratology ***three-bodied:*** 6 Geryon ***three-headed dog:*** 8 Cerberus ***two-headed dog:*** 6 Orthos ***water:*** 6 kraken ***woman-bird:*** 5 Harpy ***woman-lion:*** 6 Sphinx ***woman-serpent:*** 7 Echidna (see also DRAGON)
___ **monster** 4 Gila
monstrosity 4 mess 5 freak 6 fright, horror 7 eyesore, outrage, prodigy 8 atrocity, enormity 11 abomination 12 malformation
monstrous 4 huge, vast 5 awful, giant, large 7 glaring, heinous, hellish, hideous, immense, mammoth, massive, titanic 8 aberrant, abnormal, colossal, deformed, dreadful, enormous, fiendish, freakish, gigantic, god-awful, gruesome, horrible, infamous, shocking, towering 9 atrocious, egregious, fantastic, frightful, grotesque, loathsome, malformed, unnatural 10 diabolical, flagitious, gargantuan, horrendous, impressive, monumental, outrageous, prodigious, scandalous, stupendous, tremendous 11 elephantine
montage 6 jumble, medley 7 mélange, mixture 9 composite, patchwork, potpourri 10 assortment, miscellany 12 conglomerate
Montagues' enemies 8 Capulets

Montaigne's forte 5 essay
Montana ***capital:*** 6 Helena ***city:*** 5 Butte 7 Bozeman 8 Billings, Missoula 10 Great Falls ***lake:*** 8 Flathead ***motto:*** 9 Oro y plata ***mountain:*** 7 Granite (Peak) ***nickname:*** 8 Treasure (State) ***park:*** 7 Glacier ***river:*** 8 Missouri 11 Yellowstone ***state bird:*** 10 meadowlark ***state flower:*** 10 bitterroot ***state tree:*** 13 ponderosa pine
Monteverdi opera 5 Orfeo 7 Arianna
Montezuma ***capital:*** 12 Tenochtitlán ***conqueror:*** 6 Cortés, Cortéz (Hernán, Hernando) ***people:*** 6 Aztecs ***revenge:*** 8 diarrhea
month ***Hindu:*** 3 Pus 4 Asin, Jeth, Magh 5 Aghan, Chait, Sawan 6 Asargh, Bhadon, Kartik, Phagun 7 Baisakh ***Jewish:*** 4 Adar, Elul, Iyar 5 Nisan, Sivan, Tebet 6 Kislev, Shebat, Tammuz, Tishri 7 Heshvan ***Muslim:*** 4 Rabi 5 Rajab, Safar 6 Jumada, Sha'ban 7 Ramadan, Shawwal 8 Muharram 9 Dhu'l-Hijja, Dhu'l-Qa'dah
Montmartre church 10 Sacré Coeur
Montserrat ***capital:*** 8 Plymouth ***discoverer:*** 8 Columbus (Christopher) ***location:*** 10 West Indies ***territory of:*** 7 Britain ***volcano:*** 9 Soufrière
monument 5 cairn, stela, stupa 7 memento, tribute 8 archives, cenotaph, document, memorial 9 footstone, headstone, tombstone 10 gravestone 11 grave marker, testimonial ***prehistoric:*** 6 dolmen, menhir 8 cromlech, megalith
monumental 4 huge, vast 6 mighty, mortal 7 awesome, immense, mammoth, massive 8 enormous, gigantic, historic, majestic, towering 9 monstrous 10 prodigious, stupendous, tremendous 11 mountainous, outstanding 12 overwhelming
mooch 3 bat, beg, bum 4 grub, roam, rove 5 amble, cadge, drift, range, slink, sneak, steal, stray 6 ramble, sponge, wander 7 maunder, meander, saunter 8 freeload, scrounge 9 panhandle
mooching 7 beggary 9 mendicity 10 mendicancy
mood 3 air 4 aura, feel, tone, whim 5 fancy, humor 6 spirit, temper, vagary 7 caprice, emotion, feeling, mind-set 8 ambiance, ambience 9 character, semblance 10 atmosphere 11 disposition, personality, temperament
moody 4 glum 5 mopey 6 fickle, gloomy 7 pensive 8 unstable 9 mercurial, whimsical 10 capricious, changeable, depressive, inconstant, melancholy 13 temperamental
moola 4 cash, coin, pelf, swag 5 bread, dough, money 6 dinero, specie, wampum 7 cabbage, scratch 9 long green
moon 4 gape, mope 5 dream 6 dawdle 8 languish 9 satellite ***dark area:*** 4 mare 5 maria (plural) 7 farside ***god:*** 3 Sin 5 Nanna 6 Meztli ***goddess:*** 4 Luna 5 Diana, Tanit 6 Hecate, Hekate, Selena, Selene, Tanith 7 Artemis, Astarte ***valley:*** 4 rill ***vehicle:*** 3 LEM (see also SATELLITE)
Moon and Sixpence author 7 Maugham (W. Somerset)
mooncalf 4 dolt, fool 5 dunce, ninny 7 jackass, tomfool 9 simpleton
Moon River composer 7 Mancini (Henry)
moonshine 4 bosh, jake 5 hokum 6 bunkum, humbug 7 bootleg, eyewash, hogwash 8 homebrew, malarkey, nonsense, tommyrot 9 poppycock 10 balderdash, bathtub gin, contraband, flapdoodle 11 mountain dew 12 blatherskite
Moonstone, The ***author:*** 7 Collins (Wilkie) ***detective:*** 4 Cuff
moonstruck 4 daft, nuts 5 batty, corny, flaky, kooky, mushy, nutty, sappy, wacko, wacky 6 crazed, cuckoo, fruity, insane, screwy 7 berserk, bonkers, lunatic, maudlin, touched 8 romantic 9 nostalgic, schmaltzy 10 lovey-dovey, saccharine, unbalanced 11 sentimental
moor 3 bog, fen 4 dock, fell 5 berth, catch, tie up 6 anchor, Berber, fasten, Muslim, secure, tether 7 peat bog 8 make fast, Moroccan ***fictional:*** 7 Othello
moose 6 cervid ***female:*** 3 cow ***male:*** 4 bull ***relative:*** 3 elk 4 deer
moot 5 argue, plead 6 broach, debate 7 agitate, bring up, canvass, discuss, dispute, dubious, suggest, suspect 8 abstract, academic, arguable, disputed, doubtful 9 debatable, introduce, thrash out, uncertain, unsettled, ventilate 10 disputable, unresolved 11 problematic 12 questionable 13 controversial
mop 4 swab, wipe
mope 4 fret, idle, moon, pine, pout, sigh, stew, sulk 5 brood, drift, mosey 6 dawdle, linger 7 maunder, meander, saunter 8 languish
mopes 4 funk 5 blues, dumps, ennui, slump 7 dismals, malaise, sadness 8 dolefuls 10 depression, melancholy 11 unhappiness
mopey 3 low 4 blue, down, glum 6 broody, droopy, morose 7 doleful

8 cast down, dejected, downcast **9** depressed **10** dispirited, melancholy, spiritless

moppet **3** kid, tot **4** tyke **5** chick, child **7** toddler **8** juvenile **9** youngster

mop up **4** beat, drub, dust, lick, whip **6** absorb, garner, gather **7** shellac, trounce **8** complete, lambaste **9** overwhelm

moral **3** saw **4** good, just, pure, rule **5** adage, axiom, gnome, maxim, noble, right **6** chaste, decent, dictum, honest, lesson, proper, saying, truism **7** epigram, ethical, preachy, precept, proverb, upright, virtual **8** aphorism, apothegm, didactic, elevated, sermonic, virtuous **9** honorable, righteous **10** high-minded, principled, scrupulous, upstanding **11** right-minded **13** conscientious

morale **4** mood **5** heart **6** esprit, mettle, spirit, temper **7** resolve **10** confidence **13** esprit de corps

moralistic **5** noble, pious **7** canting, ethical **8** didactic, virtuous **9** righteous **10** principled **11** pharisaical, right-minded **13** sanctimonious

morality **5** ethic, honor, mores **6** purity, virtue **7** decency, probity **8** goodness **9** integrity, rectitude, rightness **11** saintliness, uprightness **13** righteousness

moralize **6** preach **7** lecture **9** preachify, sermonize **11** pontificate

morals **5** mores **6** ethics, ideals **8** scruples **9** integrity, standards **10** principles

morass **3** bog, fen, web **4** knot, maze, mesh, mire, quag, trap **5** marsh, skein, snarl, swamp **6** jungle, muddle, tangle **8** quagmire **9** imbroglio

moratorium **3** ban **5** delay **8** interval **10** suspension

moray **3** eel

morbid **4** dark, sick **5** moody **6** gloomy, grisly, morose, sickly, sullen **7** unsound **8** diseased, gruesome **9** saturnine, unhealthy **11** melancholic, unwholesome **12** pathological

mordancy **7** acidity **8** acerbity, acridity, acrimony, asperity, pungency **9** harshness, sharpness **10** causticity, trenchancy **11** astringency, sardonicism **12** incisiveness

mordant **4** keen **5** acrid, salty, sharp **6** biting **7** burning, caustic, cutting, pungent **8** incisive, sardonic, scathing **9** sarcastic, trenchant

Mordecai ***cousin:*** **6** Esther ***father:*** **4** Jair ***mother:*** **6** Esther

more **3** new, too **4** also, else, plus **5** added, again, along, extra, fresh, older, other, spare **6** as well, better, nearer, withal **7** another, besides, farther, further, greater **8** likewise, moreover **9** increased **10** additional

More book **6** Utopia

more or less **5** about **7** roughly **13** approximately

moreover **3** and, too **4** also **6** as well, withal **7** besides, further **8** likewise **10** in addition **11** furthermore **12** additionally

mores **6** ethics, habits, values **7** beliefs, customs, manners **8** folkways **9** amenities, etiquette **10** civilities **11** proprieties

Morgana's brother **6** Arthur

Morgan le Fay **9** sorceress ***brother:*** **6** Arthur (King)

moribund **5** dying **6** ebbing, fading **7** dormant, outworn **8** decaying, expiring, inactive **9** declining **11** obsolescent **13** deteriorating

Mormon Church ***administrative unit:*** **4** ward **5** stake ***founder:*** **5** Smith (Joseph) ***leader:*** **5** Young (Brigham) ***priest:*** **5** elder

Mormon State **4** Utah

morning **4** dawn **5** sunup **6** aurora **7** dawning, sunrise **8** cockcrow, daybreak, daylight, forenoon ***moisture:*** **3** dew **8** dewdrops ***song:*** **6** aubade

Morocco ***capital:*** **5** Rabat ***city:*** **3** Fès **6** Meknès **9** Marrakech, Marrakesh **10** Casablanca ***coast:*** **7** Barbary ***language:*** **6** Arabic, Berber ***monetary unit:*** **6** dirham ***mountain:*** **7** Toubkal ***mountain range:*** **3** Rif **5** Atlas ***neighbor:*** **5** Spain **7** Algeria **13** Western Sahara ***sea:*** **13** Mediterranean

moron **4** dodo, dolt, dope, fool **5** dummy, dunce, idiot **6** cretin, dimwit, stupid **7** dullard, half-wit **8** dumbbell, imbecile, numskull **9** ignoramus, lamebrain, numbskull, simpleton

moronic **4** dull, dumb **6** simple, stupid **8** backward, retarded **9** brainless, dimwitted, imbecilic **10** half-witted, slow-witted **12** feebleminded, simpleminded

morose **4** dour, glum, sour **5** moody, sulky **6** cranky, crusty, gloomy, morbid, sullen **7** crabbed, unhappy **9** depressed, saturnine **10** depressive, ill-humored, melancholy

morph **6** change, mutate **7** convert **9** transform, transmute **12** metamorphose, transmogrify

Morpheus ***father:*** **6** Hypnos ***god of:*** **5** sleep

Morrison novel **4** Jazz, Love, Sula **7** Beloved **9** Bluest Eye (The) **13** Song of Solomon

Morse code ***dash:*** **3** dah ***dot:*** **3** dit

morsel **3** bit **4** bite **5** crumb, goody,

piece, scrap, snack, taste, treat **6** dainty, nibble, tidbit **7** soupçon **8** delicacy, fragment, kickshaw, mouthful

mortal **3** man **5** awful, being, fatal, frail, human, party **6** deadly, lethal, person **7** deathly, earthly, extreme, fleshly, tedious, worldly **8** creature, ruthless, temporal **9** merciless, personage **10** implacable, individual, perishable **11** conceivable

mortality **5** flesh **7** mankind **8** fatality, humanity **9** death rate, humankind, lethality **10** deadliness

mortar **5** grout **6** binder, cannon, cement, vessel **7** plaster, sealant **8** howitzer, ordnance

Morte d'Arthur author **6** Malory (Thomas)

mortgage **4** hock, lien, pawn **6** pledge **10** obligation

mortician **8** embalmer **10** undertaker

mortified **6** shamed **7** ascetic, ashamed, austere **8** red-faced **9** chagrined **10** humiliated, shamefaced **11** embarrassed

mortify **5** abash, shame **6** dismay **7** chagrin, perturb **8** disgrace **9** discomfit, embarrass, humiliate

mortuary **8** funereal **10** sepulchral **11** funeral home

mosaic **5** inlay **7** chimera **8** terrazzo **9** composite, patchwork **12** tessellation ***piece:*** **6** smalto **7** tessera **8** tesserae (plural)

Moscow ***cathedral:*** **11** Saint Basil's ***citadel:*** **7** Kremlin ***resident:*** **9** Muscovite

Moses ***brother:*** **5** Aaron ***brother-in-law:*** **5** Hobab ***deathplace:*** **4** Nebo ***father-in-law:*** **6** Jethro ***sister:*** **6** Miriam ***son:*** **7** Eliezer, Gershom ***spy:*** **5** Caleb ***successor:*** **6** Joshua ***wife:*** **8** Zipporah

mosey **4** mope **5** amble, drift **6** dawdle, linger, ramble, stroll, wander **7** maunder, meander, saunter

mosh **4** slam **9** slam-dance

Moslem see MUSLIM

mosque **6** masjid ***niche:*** **6** mihrab ***prayer caller:*** **7** muezzin ***turret:*** **7** minaret

mosquito **5** culex ***genus:*** **5** Aëdes, Culex **9** Anopheles

moss **9** bryophyte ***kind:*** **4** peat **8** sphagnum ***part:*** **4** seta **7** capsule, rhizoid ***study of:*** **8** bryology

mossback **4** fogy **6** fossil **10** fuddy-duddy **11** reactionary **12** antediluvian, conservative **13** stick-in-the-mud

mostly **6** mainly **7** chiefly, largely, overall, usually **9** generally, primarily **11** principally **13** predominantly

mote **3** bit, dot, jot **4** iota, whit **5** grain, point, speck, trace **8** flyspeck, particle

moth ***immature:*** **5** larva **6** larvae (plural) **11** caterpillar ***kind:*** **4** luna **7** codling, tussock **8** Cecropia, silkworm **9** brown-tail ***order:*** **11** Lepidoptera

moth-eaten **4** worn **5** dated, dingy, faded, mangy, moldy, musty, passé, ratty, seedy **6** bygone, old hat, patchy, shabby **7** antique, archaic, raggedy, run-down, unkempt **8** decrepit, outdated, outmoded, tattered, timeworn **10** antiquated, down-at-heel, threadbare **11** dilapidated

mother **3** dam, mom **4** mama, root **5** fount, mammy, mater, momma, mommy, mummy, nurse **6** origin, source **7** care for, nurture **9** prototype, rootstock **10** provenance, wellspring ***combining form:*** **4** matr **5** matri, matro

mother country **8** homeland **10** fatherland

Mother Courage author **6** Brecht (Bertolt)

motherly **8** maternal **9** nurturing **10** protective

mother-of-pearl **5** nacre

Mother of Presidents **8** Virginia

Mother of the Gods **3** Ops **4** Rhea **6** Cybele

motif **4** idea, text **5** point, theme, topic **6** design, device, figure, matter **7** pattern, subject **13** subject matter

motion **4** stir, sway **6** signal **7** gesture **8** movement, proposal, stirring **9** agitation

motionless **5** fixed, inert, still **6** frozen, static **7** stalled **8** becalmed, immobile, stagnant, unmoving **9** immovable, steadfast **10** stationary, stock-still

motion picture see MOVIE

motivate **4** fire, goad, move, spur **5** impel, pique, rouse **6** arouse, excite, incite, induce, prompt **7** actuate, inspire, provoke, quicken, trigger **8** inspirit, persuade **9** galvanize, influence, stimulate

motivation **4** spur **5** drive **7** impetus, impulse **8** ambition, catalyst, stimulus **9** impulsion, incentive, stimulant **10** incitation, incitement **11** inspiration, instigation, provocation

motive **3** aim, end **4** spur **5** cause, point, theme, topic **6** design, device, figure, intent, matter, object, reason, spring **7** impulse, pattern, purpose, subject **8** stimulus **9** incentive, intention, rationale **10** incitement, inducement **11** inspiration

motley **5** mixed, salad **6** jumble, medley, varied **7** dappled, diverse, piebald **8** assorted, pastiche **9** disparate, multihued **10** assortment, hodgepodge, miscellany, multicolor, variegated **11** gallimaufry, varicolored **12** conglomerate, multicolored, multifarious, parti-colored **13** heterogeneous, miscellaneous, polychromatic

motor **3** car **4** auto, ride **5** buggy, drive **6** cruise, engine **7** machine **10** automobile

motorboat **6** launch **7** cruiser, inboard **8** outboard, runabout **12** cabin cruiser

motorcycle **7** chopper **8** minibike **9** trail bike ***adjunct:*** **7** sidecar

Motown **7** Detroit

mottle **4** spot **5** fleck **6** blotch, dapple, marble **7** spatter, speckle, stipple, splotch

mottled **5** tabby **7** blotchy, dappled, flecked, spotted **8** blotched, brindled, speckled **9** checkered **10** variegated

motto **3** cry **5** adage, axiom, maxim **6** byword, saying, slogan, war cry **7** precept, proverb **8** aphorism **9** battle cry, catchword, watchword **10** shibboleth **11** catchphrase

moue **3** mow, mug **4** face, pout **7** grimace

mound **4** bank, cock, heap, hill, hump, mass, pile **5** cairn, drift, knoll, shock, stack **6** barrow, tumuli (plural) **7** bulwark, hillock, rampart, tumulus **9** elevation **10** embankment ***Buddhist:*** **5** stupa ***burial, Eastern Europe:*** **6** kurgan ***of detritus:*** **4** kame ***of sand:*** **4** dune ***of stones:*** **5** cairn

mount **3** alp, wax **4** lift, peak, rise, show, soar **5** arise, build, climb, frame, horse, put on, raise, rouse, scale, set up, stage, steed, swell **6** ascend, aspire, deepen, expand, launch, uprear **7** advance, augment, display, enhance, enlarge, install, magnify, produce, support, upsurge **8** bestride, escalade, escalate, heighten, increase, multiply, redouble **9** aggravate, intensify **10** promontory

mountain **3** alp, lot **4** bank, crag, dome, heap, hill, hulk, lump, mass, mesa, much, peak, pile, slew **5** bluff, butte, drift, mound, shock, stack **6** height ***Alaska:*** **4** Bona **6** Denali **7** Foraker, Sanford **8** McKinley, Wrangell ***Alberta:*** **6** Castle **10** Eisenhower ***Alps:*** **4** Rosa (Monte) **5** Blanc, Eiger **8** Jungfrau **10** Matterhorn ***Angola:*** **4** Moco ***Antarctica:*** **4** Mohl **6** Vinson (Massif) **7** Gardner **9** Elizabeth ***Appalachians:*** **8** Mitchell **10** Kittatinny **10** Washington **13** Clingmans Dome ***Argentina:*** **9** Aconcagua ***Australia:*** **4** Ziel **5** Bruce **6** Cradle **9** Kosciusko ***biblical:*** **5** Horeb, Tabor **6** Hermon **8** Har Tavor ***Black Hills:*** **6** Harney (Peak) ***Bolivia:*** **6** Sorata **8** Illimani ***Borneo:*** **8** Kinabalu, Kinabulu ***California:*** **5** Guyot **6** Shasta, Sonora (Peak) **7** Palomar, Whitney **8** Tuolumne **10** Buena Vista, Stanislaus ***Canada:*** **5** Logan ***China:*** **4** Emei, Song ***Colorado:*** **5** Pikes (Peak) **9** Purgatory (Peak) ***Costa Rica:*** **6** Blanco **14** Chirripó Grande ***Cyprus:*** **7** Olympus, Troodos ***depression:*** **3** col ***Dominican Republic:*** **6** Duarte **8** Trujillo ***Egypt:*** **4** Musa **5** Sinai ***Fiji:*** **8** Victoria **9** Tomaniivi ***foot:*** **8** piedmont ***France:*** **5** Blanc (Mont) ***Gabon:*** **8** Iboundji ***Georgia:*** **8** Springer **10** Oglethorpe ***Germany:*** **7** Zollern **9** Zugspitze **11** Fichtelberg ***Greece:*** **3** Ida **5** Athos, Levka **7** Helicon, Olympus **9** Parnassus, Psiloriti **10** Pendelikon, Pentelicus ***Greenland:*** **9** Gunnbjorn ***Himalayas:*** **6** Lhotse **7** Everest **9** Annapurna ***India:*** **5** Japvo ***Indonesia:*** **4** Lawu **5** Kwoka, Lawoe, Raung **6** Raoeng, Semeru **7** Kerinci ***Israel:*** **5** Meron **6** Carmel ***Ivory Coast:*** **5** Nimba ***Japan:*** **4** Fuji **5** Iwate **7** Fujisan **8** Fujiyama ***Java:*** **5** Liman ***Jordan:*** **3** Hor **5** Hārūn ***Maine:*** **8** Katahdin ***Malaysia:*** **5** Ophir, Tahan **6** Ledang ***Mediterranean entrance:*** **5** Calpe **9** Gibraltar ***Mexico:*** **7** Orizaba (Pico de) ***New York:*** **4** Bear **5** Marcy ***North America's highest:*** **6** Denali **8** McKinley ***North Carolina:*** **8** Mitchell ***Oman:*** **4** Sham ***Oregon:*** **4** Hood ***Pakistan:*** **9** Tirich Mir ***Papua New Guinea:*** **7** Wilhelm ***Pennine Alps:*** **4** Rosa (Monte) ***Philippines:*** **3** Apo, Iba **4** Labo **5** Silay ***ridge:*** **4** spur **5** arête, crest **7** sawbuck ***Romania:*** **11** Moldoveanul ***South America:*** **7** Roraima **9** Aconcagua ***South Dakota:*** **6** Custer (Peak) ***Switzerland:*** **3** Dom **4** Rosa (Monte) **5** Eiger **8** Jungfrau **10** Matterhorn ***Syria:*** **4** Druz **5** Duruz ***Tanzania:*** **11** Kilimanjaro ***Tasmania:*** **4** Ossa ***Tennessee:*** **13** Clingmans Dome ***Togo:*** **4** Agou ***Utah:*** **5** Kings ***Vermont:*** **9** Mansfield ***Vietnam:*** **8** Ngoo Linh ***Virginia:*** **6** Rogers ***Western Hemisphere's highest:*** **9** Aconcagua ***world's highest:*** **7** Everest ***Wyoming:*** **5** Cloud **7** Gannett (Peak) (see also PEAK)

mountain climbing ***equipment:*** **3** axe, nut **5** piton **7** crampon **9** carabiner ***maneuver:*** **6** rappel **10** rappelling

mountain dew see MOONSHINE

mountain formation **7** orogeny **10** orogenesis

mountainous **4** huge, vast **6** alpine, mighty **7** immense, mammoth, massive **8** enormous, gigantic, towering **10** monumental, prodigious

mountain pass **3** col ***Afghanistan-Pakistan:*** **6** Khyber ***Alps:*** **5** Gries ***Califor-***

nia: 4 Muir 6 Sonora *China-Myanmar:* 5 Namni *Colorado:* 3 Ute 5 Mosca, Muddy, Music, Raton *Europe:* 8 Moravian *Greece:* 5 Rupel *Hindu Kush Mts.:* 5 Dorah, Durah *Pakistan:* 5 Bolan, Gomal, Gumal *Sierra Nevada:* 4 Mono *Switzerland:* 5 Furka, Gemmi 7 Grimsel 8 Lötschen *Tunisia:* 4 Faïd *Ukrainian:* 5 Uzhok *Wyoming:* 5 Union

mountain range *Asia:* 5 Altai, Altay 8 Himalaya, Tien Shan 9 Altai Shan, Altay Shan, Himalayan, Himalayas, Hindu Kush *Australia:* 8 Flinders *Europe:* 4 Alps 10 Carpathian *Germany:* 4 Harz 5 Hartz *Greece:* 4 Oeta *India:* 5 Ghats *Iran:* 6 Zagros *Italy:* 9 Apennines *Mexico:* 11 Sierra Madre *North Africa:* 5 Atlas *North America:* 5 Rocky 7 Rockies 11 Appalachian *Russia:* 4 Ural *Scotland:* 9 Grampians *Sinai:* 9 Gebel Musa *Slovakia:* 5 Tatra, Tatry 9 High Tatra *South America:* 5 Andes *Turkey:* 6 Taurus *United States:* 5 Rocky, White 6 Brooks 7 Cascade, Olympic, Rockies, Sawatch, Wasatch 8 Absaroka, Aleutian, Catskill, Wrangell 9 Blue Ridge, Wind River 10 Adirondack, Bitterroot, Black Hills, Clearwater, Grand Teton *Zimbabwe:* 6 Matopo (Hills) 7 Matoppo (Hills)

Mountain State 7 Montana 12 West Virginia

mountebank 5 quack 6 con man 8 swindler 9 charlatan 11 flimflammer, quacksalver 13 confidence man

Mount St. Helens 7 volcano

mourn 3 rue 6 bemoan, bewail, grieve, lament, sorrow 7 deplore, protest

mournful 3 sad 6 dismal, gloomy, rueful, somber, triste, woeful 7 doleful, forlorn, joyless, unhappy 8 dejected, desolate, dolorous, funereal, grievous, wretched 9 dirgelike, plaintive 10 depressing, despondent, dispirited, lugubrious, melancholy 11 distressing, melancholic, regrettable, unfortunate 12 heavyhearted

mournfulness 5 blues, dumps, gloom 7 dismals, sadness 9 dejection 10 depression, melancholy

mourning 5 grief 7 keening, remorse, wailing, weeping 8 grieving 9 lamenting, morbidity, sorrowing, ululation 10 heartbreak 11 bereavement, lamentation

Mourning Becomes Electra *author:* 6 O'Neill (Eugene)

mourning period, Jewish 5 shiva 6 shivah

mourning symbol 7 armband

mouse 6 rodent, shiner 8 black eye

mousy 3 shy 4 drab, dull 5 plain, quiet, timid 7 bashful 8 retiring, timorous 9 colorless, diffident, shrinking 11 unassertive 12 self-effacing

mouth 3 gob 4 trap 5 chops 6 kisser 8 entrance 10 embouchure

mouthlike opening 5 stoma 7 stomata (plural)

mouthpiece 5 organ 6 puppet 7 speaker 8 front man 9 spokesman 10 figurehead 11 spokeswoman 12 spokesperson

mouthwatering 5 sapid, tasty, yummy 6 savory, toothy 8 tasteful 9 delicious, palatable, succulent, toothsome 10 appetizing, delectable 11 good-tasting

mouthy 4 glib 5 gabby, talky, windy 7 verbose, voluble 8 effusive 9 bombastic, garrulous, talkative

movable 5 loose 6 mobile, motile, roving 8 portable 10 changeable

movables 5 goods 7 effects 8 chattels 10 belongings 11 furnishings

move 3 act 4 lead, spur, stir, sway 5 bring, budge, carry, drive, impel, leave, march, rouse, shift, start, touch 6 affect, convey, depart, excite, incite, induce, kindle, prompt, propel 7 actuate, advance, animate, conduct, impress, inspire, migrate, proceed, propose, provoke, request, suggest 8 activate, dislodge, displace, evacuate, get along, maneuver, motivate, persuade, progress, relocate, resettle, transfer, withdraw 9 dislocate, galvanize, influence, instigate, stimulate, transport

movement 4 flow, stir 5 tempo, trend 6 action, motion 7 crusade 8 activity, campaign, dynamism, maneuver, progress, stirring, tendency, velocity 9 migration *music:* 4 moto *reflex:* 5 taxis *stimulated:* 7 kinesis

movie 4 cine, film, show 5 flick 6 cinema, talkie 7 picture 9 photoplay 11 picture show 13 motion picture *cowboy:* 5 oater 7 western *short:* 4 clip 8 newsreel

movie director *American:* 3 Lee (Spike), Ray (Nicholas) 4 Coen (Joel), Ford (John), Hill (George Roy), Mann (Anthony), Penn (Arthur), Ritt (Martin), Ross (Herbert), Sirk (Douglas), Wise (Robert) 5 Allen (Woody), Ashby (Hal), Brown (Clarence), Capra (Frank), Cukor (George), Demme (Jonathan), Donen (Stanley), Fosse (Bob), Hawks (Howard), Ivory (James), Jonze (Spike), Kazan (Elia), LeRoy (Mervyn), Logan (Joshua), Lucas (George), Lumet (Sidney), Lynch (David), Moore (Michael), Roach (Hal), Stone (Oliver), Vidor (King),

Walsh (Raoul), Whale (James), Wyler (William), Zwick (Ed) **6** Altman (Robert), Beatty (Warren), Benton (Robert), Brooks (Richard), Burton (Tim), Cimino (Michael), Curtiz (Michael), Fuller (Samuel), Gibson (Mel), Hanson (Curtis), Howard (Ron), Huston (John), Kramer (Stanley), Malick (Terrence), Pakula (Alan), Parker (Alan), Welles (Orson), Wilder (Billy) **7** Borzage (Frank), Cameron (James), Chaplin (Charlie), Coppola (Francis Ford, Sofia), Costner (Kevin), De Mille (Cecil B.), De Palma (Brian), Fleming (Victor), Gilliam (Terry), Jewison (Norman), Kubrick (Stanley), McCarey (Leo), Nichols (Mike), Pollack (Sydney), Redford (Robert), Siodmak (Robert), Stevens (George), Sturges (Preston), Van Sant (Gus), Wellman (William) **8** Avildsen (John), Eastwood (Clint), Flaherty (Robert), Friedkin (William), Griffith (David Wark), Jarmusch (Jim), Levinson (Barry), Lubitsch (Ernst), Marshall (Penny), Minnelli (Vincente), Mulligan (Robert), Scorsese (Martin), Zemeckis (Robert) **9** Carpenter (John), Hitchcock (Alfred), Milestone (Lewis), Peckinpah (Sam), Preminger (Otto), Spielberg (Steven), Sternberg (Josef von), Streisand (Barbra), Tarantino (Quentin), Zinnemann (Fred) **10** Cassavetes (John), Heckerling (Amy), Mankiewicz (Joseph), Soderbergh (Steven) **11** Bogdanovich (Peter) **13** Frankenheimer (John) ***Australian:*** **4** Weir (Peter) **6** Noonan (Chris) **9** Armstrong (Gillian), Beresford (Bruce) ***Austrian:*** **4** Lang (Fritz) **8** Stroheim (Erich von) **9** Sternberg (Josef von) ***British:*** **4** Lean (David), Reed (Carol) **5** Leigh (Mike), Losey (Joseph), Reisz (Karel), Scott (Ridley) **6** Figgis (Mike), Frears (Stephen), Jordan (Neil), Newell (Mike), Parker (Alan), Powell (Michael) **7** Boorman (John), Branagh (Kenneth), Forsyth (Bill) **8** Anderson (Lindsay) **9** Hitchcock (Alfred) **10** Richardson (Tony) **11** Schlesinger (John) ***Chinese:*** **3** Lee (Ang) **4** Chen (Kaige) **5** Zhang (Yimou) ***French:*** **4** Demy (Jacques), Tati (Jacques), Vigo (Jean) **5** Malle (Louis) **6** Godard (Jean-Luc), Ophüls (Marcel), Renoir (Jean), Rohmer (Eric) **7** Bresson (Robert), Chabrol (Claude), Cocteau (Jean), Resnais (Alain), Rivette (Jacques) **8** Truffaut (François) ***German:*** **6** Herzog (Werner), Ophüls (Max) **7** Winders (Wim) **8** Petersen (Wolfgang) **10** Fassbinder (Rainer Werner) **11** Riefenstahl (Leni), Schlöndorff (Volker) ***Italian:*** **5** Leone (Sergio) **6** De Sica (Vittorio) **7** Fellini (Federico) **8** Pasolini (Pier Paolo), Visconti (Luchino) **9** Antonioni (Michelangelo) **10** Bertolucci (Bernardo), Rossellini (Roberto), Wertmüller (Lina), Zeffirelli (Franco) ***Japanese:*** **3** Ozu (Yasujiru) **5** Itami (Juzo) **8** Kurosawa (Akira), Miyazaki (Hayao) **9** Mizoguchi (Kenji) ***New Zealand:*** **7** Campion (Jane) ***Polish*** **5** Wajda (Ardrzej) **7** Holland (Agnieszka) **8** Polanski (Roman) ***Russian:*** **9** Tarkovsky (Andrei) **10** Eisenstein (Sergei) ***Spanish:*** **6** Buñuel (Luis) **9** Almodóvar (Pedro) ***Swedish:*** **7** Bergman (Ingmar) **10** Zetterling (Mai)

movie producer ***American:*** **3** Fox (William) **4** Cohn (Jack) **5** Lasky (Jesse), Mayer (Louis B.), Zukor (Adolph) **6** Warner (Jack L.), Zanuck (Darryl, Richard) **7** Goldwyn (Samuel), Laemmle (Carl) **8** Selznick (David O.) ***Austrian:*** **9** Reinhardt (Max)

moving **5** astir **6** mobile **7** emotive, rousing **8** arousing, exciting, gripping, pathetic, poignant, stirring, touching **9** affecting, emotional, inspiring, transient **11** stimulating

moving stairs **9** escalator

mow **3** cut **4** clip, crop, fell, heap, moue, pile, raze, rick **5** level, shave, shear, stack **7** grimace **9** knock down

moxie **3** pep, vim, zip **4** grit, guts **5** brass, heart, nerve, oomph, pluck, savvy, spunk, vigor **6** energy, mettle, spirit, starch **7** cojones, courage, know-how **8** backbone **9** fortitude **10** get-up-and-go, resolution **13** determination

Mozambique ***capital:*** **6** Maputo ***language:*** **5** Bantu **7** Swahili **10** Portuguese ***monetary unit:*** **7** metical ***neighbor:*** **6** Malawi, Zambia **8** Tanzania, Zimbabwe **9** Swaziland **11** South Africa ***river:*** **6** Ruvuma **7** Limpopo, Zambezi

Mozart, Wolfgang Amadeus ***birthplace:*** **8** Salzburg ***cataloger:*** **6** Köchel (Ludwig) ***deathplace:*** **6** Vienna ***opera:*** **8** Idomeneo **10** Magic Flute (The) **11** Don Giovanni, Il Rè Pastore **12** Cosí Fan Tutte **16** Marriage of Figaro (The)

MP's prey **4** AWOL **8** deserter

Mr. Moto star **5** Lorre (Peter)

Mrs. Grundy **4** prig **5** prude **7** puritan **8** bluenose

much **3** oft **4** long, many, most **5** often **6** highly, hugely, plenty **7** greatly, notably **8** abundant **9** eminently, extremely, great deal **10** frequently, oftentimes, repeatedly ***combining form:*** **4** poly **5** multi

Much Ado About Nothing ***character:*** **4** Hero **7** Claudio, Don John **8** Beatrice, Benedick, Dogberry

muck **3** goo, mud **4** crap, crud, dirt, dung, gook, goop, grub, gunk, junk, mess, mire, murk, plod, slog, slop, soil, toil **5** dirty, dreck, filth, grime, gumbo, slave, slime, swill, trash, waste **6** drudge, litter, manure, meddle, putter, sleaze, sludge, smirch, tinker **7** garbage, rubbish **8** nonsense **9** interfere

muckety-muck **3** VIP **5** nabob **6** bigwig, fat cat **7** big shot, kingpin, notable **8** kingfish, somebody **9** dignitary

mucky **4** foul **5** dirty, grimy, muddy, muggy, murky, nasty, soggy **6** cruddy, filthy, grubby, grungy **7** squalid, unclean

mucous **5** slimy **6** viscid

mud **4** dirt, mire, muck, ooze **5** dregs, slime **6** depths, sludge

muddle **3** mix **4** hash, mess, muck, rile, roil **5** addle, botch, mix up, snarl **6** ataxia, bungle, drivel, foul up, fumble, jumble, jungle, litter, mess up, tangle, tumble **7** clutter, confuse, fluster, perplex, rummage, shuffle, snarl up, stumble, stupefy **8** befuddle, bewilder, confound, disarray, disorder, distract, entangle, mishmash, scramble, shambles, throw off, unsettle **9** confusion, throw away **10** complicate, disarrange, discompose **11** disorganize

muddled **5** drunk, tight, tipsy, vague **7** mixed-up **8** inchoate **10** disjointed, disordered, incoherent, inebriated **11** intoxicated, unorganized

muddle through **4** cope, fare **5** get by, get on **6** manage **7** carry on, make out **8** get along

muddy **3** dim, fog **4** base, blur, drab, dull, fade, foul, hazy, oozy, roil, soil **5** befog, cloud, dingy, dirty, grime, grimy, murky **6** cloudy, gloomy, grubby, sordid, turbid **7** becloud, begrime, confuse, obscure, squalid, tarnish, unclean, unclear **8** confused

muff **4** blow, flub **5** botch, fluff **6** bobble, bollix, bungle, fumble, goof up, mess up **7** louse up, misplay, screw up **9** mishandle

muffle **4** dull, mute, veil **5** shush **6** dampen, deaden, lessen, shroud, soften, stifle, subdue, wrap up **7** envelop, repress, silence, smother, squelch **8** bundle up, suppress, tone down

muffled **5** muted **6** dulled **7** stifled, subdued **8** deadened, obscured, silenced **9** distorted, enveloped **10** indistinct, suppressed

muffler **4** mask, veil **5** cloak, scarf

mug **3** cup, ham, mop, mow, rob **4** boob, dolt, dope, face, fool, moue, phiz, punk, puss, thug **5** dunce, idiot, mouth, rowdy, stein, tough **6** ambush, dimwit **7** assault, grimace, tankard **8** bullyboy, dumbbell, features, numskull **9** blockhead, bushwhack, ignoramus, roughneck

mugger **4** thug **6** robber **9** assailant, crocodile

muggy **4** damp **5** humid, moist **6** sticky, sultry **7** dampish

Muhammad ***adopted son:*** **3** Ali ***birthplace:*** **5** Mecca ***camel:*** **5** Kaswa ***daughter:*** **6** Fatima ***deathplace:*** **6** Medina ***deity:*** **5** Allah ***father:*** **8** Abdallah, Abdullah ***father-in-law:*** **7** Abu Bakr ***flight:*** **6** hegira, hejira ***follower:*** **6** Moslem, Muslim ***horse:*** **5** Buraq **7** Alborak ***religion:*** **5** Islam ***son:*** **7** Ibrahim ***son-in-law:*** **3** Ali ***successor:*** **6** caliph **7** Abu Bakr ***tribe:*** **7** Koreish, Quraysh ***uncle:*** **8** Abu Talib ***wife:*** **5** Aisha **6** Ayesha **7** Khadija

mulatto **5** métis, mixed **7** mestizo **9** half-breed, half-caste **10** crossbreed

mulberry **3** fig **10** breadfruit ***type:*** **6** banyan **11** India rubber, osage orange

mulct **4** fine, milk, rook **5** bleed, cheat, gouge **6** extort, fleece **7** deceive, defraud, forfeit, penalty, swindle **8** penalize **9** blackmail

mule **5** cross, scuff **6** bagman, hybrid **7** bastard, courier, mongrel **8** smuggler **9** crossbred, half blood, half-breed **10** crossbreed

mulish **8** contrary, perverse, stubborn **9** obstinate, pigheaded **10** bullheaded, headstrong, inflexible, refractory, unyielding **11** stiff-necked

mull **4** hash, muse **5** brood, think, weigh **6** ponder **7** reflect **8** cogitate, consider, meditate, ruminate, turn over **9** pulverize **10** deliberate **11** contemplate

multicolored **4** pied **6** motley **7** dappled **9** prismatic **10** variegated **13** polychromatic

multifarious **5** mixed **6** motley, sundry, varied **7** diverse, various **8** assorted, manifold **13** heterogeneous, miscellaneous

multiform **6** sundry, varied **7** diverse, various **8** assorted, manifold **9** disparate **12** multifarious

multilateral **9** many-sided

multiple **4** many **6** shared, sundry **7** diverse, several, various **8** assorted, manifold, numerous **9** composite

multiplicity **3** lot **4** heap, load, mass,

peck **5** flood, hoard, horde **6** barrel **7** variety **8** mountain, plethora **9** diversity, great deal, profusion

multiply **3** wax **4** rise **5** boost, breed, build, mount **6** expand, extend, spread **7** amplify, augment, enlarge, magnify **8** generate, heighten, increase **9** procreate, propagate, reproduce **10** aggrandize **11** proliferate

multitude **3** mob **4** army, herd, host, mass, slew **5** crowd, crush, drove, flock, horde, swarm **6** legion, myriad, public, throng **8** populace

multitudinous **4** many **6** legion, myriad, sundry **7** copious, various **8** abundant, manifold, numerous, populous **9** countless **10** numberless, voluminous **11** innumerable

mum **4** dumb, mute **5** quiet **6** silent **8** wordless **10** speechless, tongue-tied

mumble **6** murmur, mutter **7** maunder

mumbo jumbo **4** juju **6** fetish **9** gibberish **10** hocus-pocus **11** abracadabra **12** gobbledygook, superstition

mummer **4** mime **5** actor, mimic **12** impersonator

mummify **5** dry up, wizen **6** embalm, wither **7** shrivel **9** desiccate

munch **3** eat **4** chaw, chew **5** champ, chomp, snack **6** crunch **9** masticate

mundane **5** lowly **6** earthy, normal **7** earthly, humdrum, prosaic, routine, terrene, worldly **8** banausic, day-to-day, everyday, familiar, ordinary, telluric, workaday **9** practical, sublunary, tellurian **11** commonplace, terrestrial, uncelestial **13** materialistic

municipal **5** civic, local, urban **12** metropolitan

munificent **6** lavish **7** liberal **8** generous, handsome **9** bounteous, bountiful **10** benevolent, freehanded, openhanded **11** magnanimous **13** philanthropic

munitions maker **5** Krupp

muralist **4** Sert (José María) **6** Benton (Thomas Hart), Giotto, Orozco (José Clemente), Rivera (Diego) **7** La Farge (John) **9** Siqueiros (David Alfaro) **12** Michelangelo (Buonarotti)

murder **3** hit, off **4** do in, kill, slay **5** blood, lynch, scrag, snuff, waste **6** rub out **7** bump off, execute, garrote, killing, smother, take out **8** foul play, homicide, knock off, strangle **9** eradicate, liquidate, slaughter **10** annihilate, asphyxiate, decapitate, extinguish **11** assassinate, electrocute, exterminate **12** manslaughter ***brother:*** **10** fratricide ***father:*** **9** patricide ***king:*** **8** regicide ***mother:*** **9** matricide ***parent:*** **9** parricide ***sister:*** **10** sororicide

murderer **6** hit man, killer, slayer **7** butcher **8** assassin, homicide **9** cutthroat, manslayer **11** slaughterer

Murder in the Cathedral ***author:*** **5** Eliot (Thomas Stearns) ***character:*** **5** Henry (II) **6** Becket (Thomas à)

murderous **6** deadly, lethal **10** sanguinary **12** bloodthirsty

murk **3** fog **4** haze, mist **5** brume, gloom **6** miasma **8** darkness **9** obscurity

murky **3** dim **4** dark, dull, foul, gray **5** dirty, dusky, foggy, misty, muddy, roily, vague **6** cloudy, gloomy, opaque, somber, turbid **7** obscure **8** nebulous **9** ambiguous, equivocal, tenebrous **10** caliginous

murmur **3** hum **4** buzz, purr **5** drone, rumor **6** grouch, grouse, mumble, mutter, rumble **7** grumble, whisper **8** complain **9** grumbling, undertone **11** scuttlebutt, susurration

Muscat sultanate **4** Oman

muscle **4** beef, thew **5** brawn, force, might, power, sinew **6** energy **7** potency **8** strength **9** strong arm ***abdomen:*** **7** abdomen ***arm:*** **6** biceps **7** triceps ***back:*** **9** trapezius ***calf:*** **6** soleus ***chest:*** **10** pectoralis ***jaw:*** **8** masseter ***kind:*** **6** flexor, tensor **7** dilator, evertor, levator, rotator **8** abductor, adductor, extensor ***loin:*** **5** psoas ***neck:*** **8** platysma ***shoulder:*** **7** deltoid **10** deltoideus ***study of:*** **7** myology ***thigh:*** **8** gracilis **9** sartorius

muscle-bound **5** rigid, stiff **6** wooden

muscular **4** ropy **5** beefy, burly, husky **6** brawny, mighty, robust, sinewy, strong, sturdy **8** athletic, forceful, powerful, resolute, stalwart, vigorous **9** Herculean, strapping, well-built

muse **5** angel, brood, guide, think **6** genius, ponder, trance **7** reflect, reverie **8** cogitate, meditate, mull over, ruminate, turn over **10** deliberate **11** contemplate

Muse ***father:*** **4** Zeus **7** Jupiter ***mother:*** **9** Mnemosyne ***of astronomy:*** **6** Urania ***of choral song:*** **11** Terpsichore ***of comedy:*** **6** Thalia ***of dancing:*** **11** Terpsichore ***of epic poetry:*** **8** Calliope ***of history:*** **4** Clio ***of love poetry:*** **5** Erato ***of lyric poetry:*** **5** Erato ***of music:*** **7** Euterpe ***of pastoral poetry:*** **6** Thalia ***of sacred poetry:*** **8** Polymnia **10** Polyhymnia ***of tragedy:*** **9** Melpomene

museum **5** salon **7** archive, exhibit, gallery **8** atheneum **10** collection, repository

mush **4** slop **5** grits, gruel, hokum **6** bathos, drivel, hominy **8** porridge, schmaltz

mushroom **4** grow **6** expand, spread

7 burgeon, explode, inflate 8 snowball 11 proliferate *combining form:* 3 myc 4 myco 5 mycet 6 myceto *edible:* 5 enoki, morel 6 bolete 7 cremini, crimini, porcini 8 shiitake 9 mousseron 10 champignon, portabella, portabello, portobello 11 chanterelle *kind:* 6 agaric, bolete 7 inky cap, russula *part:* 3 cap 4 gill, ring 5 stipe, volva 6 pileus 7 annulus 8 mycelium *poisonous:* 7 amanita 8 death cap 9 fly agaric, toadstool

mushy 4 soft 5 pulpy, soppy, vague 6 quaggy, spongy 7 amorous, maudlin, mawkish, squashy, squishy 8 bathetic, effusive, romantic, squooshy 9 schmaltzy 10 lovey-dovey, saccharine 11 sentimental

music *abbreviation:* 3 fff, ppp, sfz 5 cresc *bass staff lines:* 5 GBDFA *bass staff spaces:* 4 ACEG *characteristic phrase:* 9 leitmotif, leitmotiv *chord:* 5 major, minor, tonic 7 harmony 8 dominant 9 augmented 10 diminished *embellishment:* 3 run 4 turn 5 trill 7 cadenza, mordent, roulade 8 arpeggio, flourish 9 grace note *for eight:* 5 octet *for five:* 7 quintet *for four:* 7 quartet *for nine:* 5 nonet *for one:* 4 solo *for seven:* 6 septet *for six:* 6 sextet *for three:* 4 trio *for two:* 3 duo 4 duet *god:* 6 Apollo *hall:* 7 cabaret, theater *instrumental form:* 3 jig 4 jazz, reel 5 étude, fugue, gigue, march, polka, rondo, suite, swing, waltz 6 minuet, pavane, sonata 7 bourrée, gavotte, mazurka, prelude, ragtime, toccata 8 chaconne, concerto, courante, fantasia, galliard, nocturne, overture, rhapsody, ricercar, saraband, serenade, symphony, tone poem 9 allemande, polonaise 11 rock and roll *medley:* 4 olio *morning:* 6 aubade *Muse:* 7 Euterpe *night:* 8 nocturne, serenade *note:* 4 half 5 breve, minim, neume, whole 6 eighth, quaver 7 quarter 8 crotchet 9 sixteenth 10 semiquaver *patron saint:* 7 Cecilia *period:* 6 Modern, Rococo 7 Baroque 8 Medieval, Romantic 9 Classical *symbol:* 3 bar, key 4 clef, flat, note, rest, slur, turn 5 sharp, staff 7 fermata, mordent 9 alla breve 10 accidental *treble staff lines:* 5 EGBDF *treble staff spaces:* 4 FACE *vocal form:* 3 air 4 aria, hymn, lied, mass, song 5 chant, motet, opera, round 6 anthem, ballad 7 cantata, chanson, chorale 8 cavatina, madrigal, operetta, oratorio, serenade 9 cabaletta

musical 4 show 5 revue 6 choral 7 lyrical, melodic, songful, tuneful 8 harmonic, operetta, zarzuela 9 melodious, symphonic 10 euphonious, harmonious

musical composition 4 aria, hymn, lied, opus, song, trio 5 chant, canon, carol, étude, fugue, march, motet, opera, rondo, suite 6 anthem, ballad, sextet, sonata 7 cantata, chanson, chorale, prelude, quartet, quintet, requiem, scherzo, toccata 8 concerto, fantasia, madrigal, nocturne, operetta, oratorio, overture, postlude, serenade, sonatina, symphony 9 bagatelle, cabaletta, interlude 10 intermezzo, recitative

musical direction *accented:* 7 marcato 8 sforzato 9 sforzando *all:* 5 tutti *brisk:* 4 vivo 6 vivace 7 allegro, animato *connected:* 6 legato *detached:* 8 spiccato, staccato *dignified:* 8 maestoso *disconnected:* 8 staccato *emotional:* 12 appassionato *emphatic:* 7 marcato *excited:* 7 agitato *fast:* 4 vite, vivo 6 presto, veloce, vivace 7 allegro *faster:* 7 stretto 11 accelerando *fluctuating tempo:* 6 rubato *forcefully:* 7 furioso *freely:* 9 ad libitum *gay:* 7 giocoso *gentle:* 5 dolce 7 amabile, amoroso 10 affettuoso *graceful:* 8 grazioso *half:* 5 mezzo *heavy:* 7 pesante *held firmly:* 6 tenuto *less:* 4 meno *little:* 4 poco *little by little:* 9 poco a poco *lively:* 4 vite 6 vivace 7 allegro, animato, giocoso *loud:* 5 forte *louder:* 9 crescendo *majestic:* 8 maestoso *moderate:* 7 andante 8 moderato *moderately loud:* 10 mezzo forte *moderately soft:* 10 mezzo piano *playful:* 10 scherzando *plucked:* 9 pizzicato *quick:* 4 vite, vivo 6 presto, veloce, vivace 7 allegro *quickening:* 11 affrettando *repeat:* 3 bis 6 da capo *run:* 8 arpeggio 9 glissando *sad:* 7 dolente 8 doloroso *separate:* 6 divisi *silent:* 5 tacet *singing:* 9 cantabile *sliding:* 9 glissando *slow:* 5 grave, largo 6 adagio 7 andante 9 larghetto *slowing:* 3 rit 6 ritard 10 ritardando 11 rallentando *smooth:* 6 legato *soft:* 5 dolce, piano *softening:* 10 diminuendo 11 decrescendo *solemn:* 5 grave *spirited:* 4 vivo 6 vivace 7 animato 9 spiritoso *stately:* 7 pomposo 8 maestoso *sustained:* 6 tenuto 9 sostenuto *sweet:* 5 dolce *tender:* 7 amabile, amoroso 10 affettuoso *together:* 4 a due 5 tutti *very:* 5 assai *very fast:* 11 prestissimo *very loud:* 10 fortissimo *very soft:* 10 pianissimo

musical drama 5 opera 8 operetta, zarzuela 9 singspiel

musical group 4 band, trio 5 choir, combo 6 chorus, sextet 7 quartet, quintet 8 ensemble, glee club 9 orchestra

musical instrument *African:* 5 mbira

7 kalimba ***ancient:*** 4 lyre, rote 5 crwth 6 syrinx 7 cithara, kithara, panpipe, sistrum ***Arabic:*** 3 oud ***bagpipe:*** 7 musette, pibroch ***biblical:*** 6 cymbal 7 timbrel 8 psaltery ***brass:*** 4 horn, tuba 5 bugle 6 cornet 7 althorn, clarion, helicon, saxhorn, trumpet 8 trombone 10 French horn ***Indian:*** 4 vina 5 sarod, sitar, tabla ***Japanese:*** 4 biwa, koto 7 samisen 8 shamisen 10 shakuhachi ***keyboard:*** 5 organ, piano 6 spinet 7 celesta, cembalo, clavier 8 calliope, melodeon, virginal 9 accordion 10 clavichord, concertina, pianoforte 11 harpsichord ***medieval:*** 4 lute 5 naker, rebab, rebec, shawm, tabor 7 gittern, mandola, panpipe 8 cornetto, dulcimer, gemshorn, hornpipe, Jew's harp, oliphant, recorder 9 monochord 10 clavichord, hurdy-gurdy ***percussion:*** 4 bell, drum 5 anvil, güiro, piano 6 cymbal, maraca 7 marimba, timbrel, timpani, tympani 8 bass drum, castanet, triangle 9 snare drum, xylophone 10 kettledrum, tambourine, vibraphone ***Persian:*** 6 santir ***pipe:*** 6 syrinx 7 bagpipe, musette, panpipe ***reed:*** 4 oboe 7 bassoon 8 clarinet 9 harmonica, saxophone 11 English horn ***Renaissance:*** 4 viol 5 regal, shawm 6 curtal, spinet 7 bagpipe, bandora, cittern, rackett, sackbut, serpent, theorbo, vihuela, violone 8 crumhorn, recorder, virginal 10 chitarrone, colascione 11 harpsichord ***Russian:*** 9 balalaika ***stringed:*** 3 oud 4 harp, lute, lyre, vina, viol 5 banjo, cello, piano, rebec, sitar, viola 6 fiddle, guitar, violin, zither 7 bandora, cittern, gittern, kantele, pandura, ukulele 8 autoharp, dulcimer, mandolin 10 contrabass, double bass 11 harpsichord, violoncello ***toy:*** 5 kazoo 7 ocarina ***two-necked:*** 7 theorbo ***woodwind:*** 4 oboe 5 flute 7 bassoon, piccolo 9 flageolet, saxophone 11 English horn

musical interval 5 fifth, major, minor, sixth, third 6 fourth, octave, second 7 perfect, seventh, tritone

musical syllable 3 sol

musician 4 bard 5 piper 6 player 7 jazzman, maestro 8 minstrel, virtuoso 9 performer 10 troubadour

muskeg 3 bog, fen 4 mire, quag 5 marsh, swamp 6 morass, slough 8 quagmire

musket 5 fusil 9 flintlock, matchlock 12 muzzleloader

Musketeer 5 Athos 6 Aramis 7 Porthos ***author:*** 5 Dumas (Alexandre) ***friend:*** 9 d'Artagnan

muskmelon 10 cantaloupe

Muslim ***ascetic:*** 4 Sufi 5 fakir 7 dervish 8 marabout ***body of scholars:*** 5 ulama, ulema ***branch:*** 4 Shia 5 Sunni 6 Shiite ***caller to prayer:*** 7 muezzin ***decree:*** 5 fatwa, irade ***devil:*** 5 Iblis ***garment:*** 6 chador ***god:*** 5 Allah ***holy city:*** 5 Mecca 6 Medina ***holy war:*** 5 jihad ***judge:*** 5 mufti ***leader:*** 3 aga 4 agha, amir, emir 5 ameer ***mendicant:*** 5 fakir ***messiah:*** 5 Mahdi ***month:*** (see at MONTH) ***month of fasting:*** 7 Ramadan ***mosque:*** 6 masjid ***mystic:*** 4 Sufi ***pilgrim:*** 5 hajji ***pilgrimage:*** 4 hajj ***prayer:*** 5 salat ***priest:*** 4 imam ***prophet:*** 8 Mohammed, Muhammad ***religion:*** 5 Islam ***scripture:*** 5 Koran, Quran ***shrine:*** 5 Kaaba ***temple:*** 6 mosque ***title:*** 3 aga 4 emir 6 caliph ***tradition:*** 5 sunna (see also MOSQUE; MUHAMMAD)

muss 3 row 4 mess 5 botch, chaos, mix-up, upset 6 jumble, mess-up, muddle, rumple, tousle 7 disrupt, rummage 8 disarray, dishevel, disorder, shambles 9 confusion 10 disarrange 11 disorganize

mussel 5 naiad ***genus:*** 4 Unio 7 Mytilus 8 Anodonta ***larva:*** 9 blackhead

Mussolini, Benito 4 Duce (Il) ***son-in-law:*** 5 Ciano (Galeazzo)

mussy 6 sloppy, untidy 7 tousled, unkempt 8 slovenly 9 cluttered 10 disheveled

must 4 duty, mold, need, want 5 juice, ought 6 devoir, should 9 condition, essential, necessity, requisite 10 obligation, sine qua non 11 requirement 12 precondition, prerequisite

muster 4 call, roll 5 crowd, group, raise, rally, rouse 6 enlist, enroll, gather, induce, invoke, join up, roster, sample, sign on, sign up, summon, work up 7 collect, convene, develop, include, marshal, produce 8 assemble, assembly, comprise, congress, generate, mobilize, organize, roll call, specimen 9 gathering, inventory, nose count 10 accumulate, assemblage, collection, congregate, rendezvous 12 accumulation, congregation

muster out 5 demob, let go 9 discharge 10 demobilize

musty 4 dank, dull, sour 5 funky, moldy, stale, tired, trite 6 frowsy, frowzy, old hat, smelly 7 airless, antique, mildewy, squalid 8 shopworn, timeworn 10 antiquated, malodorous, threadbare

Mut ***husband:*** 4 Amen, Amon ***son:*** 5 Chons 6 Chonsu, Khonsu

mutable 5 fluid 6 fickle, mobile, shifty 7 erratic, protean 8 slippery, unstable, unsteady, variable, volatile, wavering 9 changeful, mercurial, unsettled

10 capricious, changeable, inconstant **11** fluctuating, vacillating **12** inconsistent

mutate **4** vary **5** alter, morph **6** change, modify **9** refashion, transform, transmute **11** transfigure **12** metamorphose, transmogrify

mutation **5** sport **6** change **7** novelty **9** deviation, variation **10** alteration **11** vicissitude **12** modification **13** metamorphosis

mute **3** mum **4** dumb **5** quiet **6** dampen, deaden, muffle, muzzle, reduce, silent, soften, stifle, subdue **7** silence **8** silencer, wordless **9** voiceless **10** speechless, tongue-tied

muted **3** dim, mat **4** dull **6** low-key, silent **10** speechless

mutilate **3** mar **4** maim **6** damage, deface, injure, mangle **7** cripple **9** disfigure, dismember

mutineer **5** rebel

mutinous **6** unruly **8** factious **9** insurgent, seditious, turbulent **10** rebellious **12** contumacious **13** insubordinate

mutiny **5** rebel **6** revolt, rise up **8** uprising **9** rebellion **12** insurrection

mutt **3** cur, dog **4** mule **5** cross **6** hybrid **7** mixture, mongrel **9** half blood, half-breed **10** crossbreed

Mutt and ___ **4** Jeff

mutter **5** growl **6** grouch, grouse, mumble, murmur **7** grumble **9** undertone

muttonchops **9** burnsides, sideburns **10** sideboards **11** dundrearies **12** sidewhiskers

mutual **5** joint **6** common, public, shared, united **7** related **8** communal, conjoint, conjunct **9** bilateral, connected **10** associated, reciprocal, respective ***prefix:*** **5** inter

muumuu **6** caftan

muzzle **3** gag **4** hush, mute, nose, phiz **5** snout **7** silence, squelch

muzzy **3** dim **4** dull, hazy **5** faint, vague **6** blurry, gloomy **7** blurred, muddled, unclear **8** confused, nebulous **9** imprecise

myalgia **4** ache, pain **5** cramp **6** strain **8** soreness

Myanmar **5** Burma ***bay:*** **6** Bengal ***capital:*** **6** Yangon **7** Rangoon ***monetary unit:*** **4** kyat ***neighbor:*** **4** Laos **5** China, India **8** Thailand **10** Bangladesh ***peninsula:*** **9** Indochina ***river:*** **7** Salween **9** Irrawaddy ***sea:*** **7** Andaman

My Antonia author **6** Cather (Willa)

My Last Duchess author **8** Browning (Robert)

My Lost Youth author **10** Longfellow (Henry Wadsworth)

Myra Breckenridge author **5** Vidal (Gore)

myriad **3** lot **4** heap, host, raft, slew **5** flood, horde, swarm **6** throng **9** countless, multitude **10** infinitude, numberless **11** innumerable **12** incalculable **13** multitudinous

myrmecology subject **3** ant **4** ants

myrmidon **6** minion **8** follower, retainer **9** attendant, underling **11** subordinate

Myron's statue **10** Discobolos, Discobolus **13** Discus Thrower (The)

Myrrha's son **6** Adonis

mysterious **6** arcane, mystic, occult, secret **7** cryptic, obscure, strange **8** abstruse, esoteric, numinous **9** ambiguous, enigmatic, equivocal, recondite **10** cabalistic, unknowable **11** inscrutable **12** impenetrable, inexplicable, unfathomable **13** unaccountable

mystery **5** poser **6** enigma, puzzle, riddle, secret **7** arcanum, problem, stumper **8** whodunit **9** conundrum **10** closed book, perplexity, puzzlement **13** Chinese puzzle

mystic **4** seer **6** arcane, medium, occult, oracle, secret **7** obscure **8** anagogic, esoteric, hermetic, numinous **9** enigmatic, visionary **10** cabalistic, unknowable **11** inscrutable, necromantic **12** impenetrable, thaumaturgic **13** unaccountable

mystical **4** holy **6** arcane, covert, divine, occult, orphic, sacred, secret **7** cryptic, sub-rosa **8** anagogic, esoteric, hermetic, oracular, profound **9** recondite, spiritual **10** miraculous, symbolical **11** clandestine **12** supernatural, supranatural

mysticism **7** Orphism **8** cabalism, quietism **11** hermeticism

mystify **6** baffle, puzzle **7** confuse, obscure, perplex **8** befuddle, bewilder, confound **9** obfuscate

mystifying **7** cryptic, delphic **8** Delphian **9** enigmatic

mystique **5** charm, magic **7** glamour **8** charisma **9** magnetism

myth **4** lore, saga, tale **5** fable, story **6** legend **7** fiction, figment, parable **8** allegory, folklore **9** tradition **11** fabrication

mythical **6** fabled, made-up, unreal **7** created, fictive **8** fabulous, fanciful, invented **9** fantastic, fictional, imaginary, legendary **10** apocryphal, fictitious

mythologist **4** Jung (Carl Gustav), Ovid **5** Tylor (Edward Burnett) **6** Eliade (Mircea), Frazer (James George), Müller (Friedrich Max) **8** Campbell (Joseph) **9** Euhemerus **10** Malinowski (Bronislaw)

mythology see MYTH

N

Naamah ***brother:*** **9** Tubalcain ***father:*** **6** Lamech ***husband:*** **7** Solomon ***mother:*** **6** Zillah ***son:*** **8** Rehoboam
nab 4 grab **5** catch, pinch, run in, seize **6** arrest, clutch, collar, pick up, pull in, snatch **7** capture **9** apprehend
nabob 3 VIP **5** mogul, noble **6** bigwig, fat cat, tycoon **7** big shot, magnate, notable **8** big chief, eminence, governor **9** big cheese, dignitary, personage **10** notability
Nabokov novel 3 Ada **4** Gift (The), Pnin **6** Lolita **7** Defense (The), Despair **8** Pale Fire **14** King Queen Knave
nacre 13 mother-of-pearl
nada 3 nil, zip **5** zilch **6** naught **7** nothing, nullity **11** nothingness
nadir 4 base, foot **5** depth **6** bottom **8** low point ***opposite:*** **6** zenith
nag 3 irk, vex **4** bait, carp, goad, ride **5** annoy, chivy, harry, horse, hound, worry **6** badger, bother, carp at, harass, heckle, hector, needle, peck at, pester, plague **7** henpeck, torment **8** complain, harangue, irritate
naiad 5 nymph
naïf 7 ingenue
nail 3 bag, get, nab **4** brad, grab, stud, tack, trap **5** catch, clone, spike, sprig **6** arrest, collar, secure **7** capture **9** apprehend
naive 6 simple **7** artless, natural **8** gullible, innocent, wide-eyed **9** childlike, credulous, guileless, ingenuous, unstudied **10** self-taught, unaffected, unschooled **11** susceptible
naked 3 raw **4** bald, bare, mere, nude, pure **5** clear, sheer **6** peeled, scanty, simple, unclad **7** denuded, evident, exposed, obvious **8** revealed, stripped **9** au naturel, disclosed, unclothed, uncovered, undressed ***combining form:*** **4** gymn **5** gymno
Naked and the Dead author 6 Mailer (Norman)
namby-pamby 4 weak **5** banal, bland, inane, sissy, vapid **6** effete, jejune **7** insipid **8** nebbishy, weakling **9** spineless **10** effeminate, indecisive, pantywaist, wishy-washy **12** milk-and-water **13** characterless
name 3 dub, nom, tab, tag, tap **4** call, cite, race, term **5** alias, label, nomen, quote, state, style, title **6** byword, finger, handle, report, repute, rubric **7** appoint, baptize, declare, entitle, epithet, mention, moniker, publish, specify **8** announce, christen, identify, instance, nominate **9** advertise, character, designate, incognito, recognize, sobriquet, stipulate **10** denominate, reputation **11** appellation, appellative, designation ***ancient Rome:*** **7** agnomen **8** prenomen ***assumed:*** **5** alias **9** sobriquet ***family:*** **8** cognomen ***fictitious:*** **9** pseudonym ***giver:*** **6** eponym
nameless 6 unsung **7** obscure, unknown **9** anonymous **11** indefinable, unutterable **12** uncelebrated, unidentified
namely 3 viz. **5** to wit **6** that is **8** scilicet **9** expressly, specially, videlicet **10** especially **12** particularly, specifically
Namibia ***capital:*** **8** Windhoek ***city:*** **8** Oshakati, Rehoboth ***desert:*** **5** Namib **8** Kalahari ***language:*** **5** Bantu **6** German **9** Afrikaans ***neighbor:*** **6** Angola **8** Botswana **11** South Africa ***river:*** **6** Cunene, Orange **8** Okavango
nana 7 grandma **11** grandmother
Nana ***author:*** **4** Zola (Emile) ***mother:*** **8** Gervaise
Nanna ***brother:*** **6** Nergal, Ninazu ***father:*** **5** Enlil ***husband:*** **6** Balder ***mother:*** **6** Ninlil ***son:*** **3** Utu ***wife:*** **6** Ningal
nanny 5 nurse **9** caregiver, governess, nursemaid
Naomi 4 Mara ***daughter-in-law:*** **4** Ruth **5** Orpah ***husband:*** **9** Elimelech ***son:*** **6** Mahlon **7** Chilion
nap 4 doze, pile, rest, shag, wale, warp, weft, woof **5** sleep, weave **6** drowse, nod off, siesta, snooze **7** drop off, surface **10** forty winks
nape 6 scruff
Naphtali ***brother:*** **3** Dan ***father:*** **5** Jacob ***mother:*** **6** Bilhah ***son:*** **4** Guni **5** Jezer **7** Jahzeel, Jahziel, Shallum
naphtha 7 solvent **9** petroleum
napkin 5 cloth, doily, towel **9** serviette
napoleon 4 boot **6** pastry **8** card game **9** solitaire ***bid:*** **7** blucher **10** wellington
Napoleon ***adversary:*** **6** Nelson (Horatio) **7** Kutuzov (Mikhail) **10** Wellington (Duke of) ***birthplace:*** **7** Ajaccio, Corsica

brother: **5** Louis **6** Jérome, Joseph, Lucien ***brother-in-law:*** **5** Murat (Joachim) ***deathplace:*** **8** St. Helena ***defeat:*** **7** Leipzig **8** Waterloo **9** Trafalgar ***father:*** **5** Carlo ***island of exile:*** **4** Elba **8** St. Helena ***marshal:*** **3** Ney (Michel) **5** Murat (Joachim), Soult (Nicolas-Jean) **6** Suchet (Louis-Gabriel) ***sister:*** **5** Maria **8** Carlotta, Carolina ***victory:*** **3** Ulm **4** Jena, Lodi **5** Ligny **6** Abukir, Abu Qir, Arcole, Wagram **7** Bautzen, Dresden, Marengo **8** Borodino **10** Austerlitz ***wife:*** **9** Josephine **11** Marie Louise

narcissism **6** egoism, vanity **7** conceit, egotism **8** self-love, vainness **9** vainglory **11** egocentrism, self-conceit **13** conceitedness

narcissistic **4** vain **7** stuck-up **9** conceited, egotistic **10** self-loving **11** egotistical **12** self-absorbed, self-admiring, self-centered, vainglorious

Narcissus ***admirer:*** **4** Echo ***father:*** **9** Cephissus ***mother:*** **7** Liriope

narcotic **3** hop **4** dope, drug, junk **5** opium **6** heroin, opiate **7** anodyne, cocaine, hashish **8** hypnotic, morphine, nepenthe **9** somnolent, soporific **10** somnorific **11** somniferous ***peddler:*** **6** dealer, pusher

narrate **4** tell **5** state **6** depict, detail, recite, relate, report **7** express, outline, portray, recount **8** describe, rehearse **9** chronicle, delineate

narrative **4** epic, myth, saga, tale, yarn **5** fable, story **6** legend, report **7** account, history, recital, version **8** anecdote **9** chronicle ***medieval French:*** **5** roman **7** romance ***prose:*** **5** novel **7** novella

narrator **6** teller **7** reciter **8** reporter **9** describer, performer **10** chronicler

narrow **5** close, small, taper **6** lessen, strait **7** bigoted, limited, precise, slender **8** contract, decrease, straiten **9** confining, constrict, hidebound, illiberal **10** brassbound, inflexible, intolerant, prejudiced, restricted

narrowly **6** barely **7** closely **8** scarcely, strictly

narrow-minded **5** petty **7** bigoted, insular **9** hidebound, illiberal **10** brassbound, intolerant, prejudiced, provincial

nasal **6** rhinal, twangy **9** nosepiece ***combining form:*** **4** rhin **5** rhino

nascency **5** birth **6** origin **7** genesis **8** birthing, creation, nativity **9** inception **11** parturition

nascent **7** budding, growing, newborn **8** emergent **9** beginning, embryonic, fledgling, incipient, sprouting **10** blossoming, burgeoning, initiative, initiatory

Naseby victor **7** Fairfax (Thomas) **8** Cromwell (Oliver)

___ Nastase **4** Ilie

nasty **4** evil, foul, icky, mean, vile **5** awful, dirty, gross, snide **6** coarse, filthy, grubby, horrid, malign, odious, wicked **7** beastly, harmful, hateful, ill-bred, painful, raunchy, squalid, vicious **8** god-awful, improper, indecent, spiteful **9** hazardous, loathsome, malicious, malignant, obnoxious, offensive, repugnant, repulsive, vexatious **10** disgusting, malevolent **11** distasteful **12** disagreeable

natant **8** floating, swimming

Nathan ***father:*** **4** Bani **5** Attai, David ***son:*** **5** Zabad

nation **4** race **5** realm, state, tribe **6** domain, people, polity **7** country, kingdom, society **8** dominion, populace, republic **11** sovereignty **12** commonwealth, principality

national **6** native **7** citizen, federal, subject **8** resident **10** countryman **11** countrywide

National Basketball Association ***Atlanta:*** **5** Hawks ***Boston:*** **7** Celtics ***Charlotte:*** **7** Hornets ***Chicago:*** **5** Bulls ***Cleveland:*** **9** Cavaliers ***Dallas:*** **9** Mavericks ***Denver:*** **7** Nuggets ***Detroit:*** **7** Pistons ***Golden State:*** **8** Warriors ***Houston:*** **7** Rockets ***Indiana:*** **6** Pacers ***Los Angeles:*** **6** Lakers **8** Clippers ***Miami:*** **4** Heat ***Milwaukee:*** **5** Bucks ***Minnesota:*** **12** Timberwolves ***New Jersey:*** **4** Nets ***New York:*** **6** Knicks ***Orlando:*** **5** Magic ***Phoenix:*** **4** Suns ***Portland:*** **12** Trail Blazers ***Sacramento:*** **5** Kings ***San Antonio:*** **5** Spurs ***Seattle:*** **11** SuperSonics ***Toronto:*** **7** Raptors ***Utah:*** **4** Jazz ***Vancouver:*** **9** Grizzlies ***Washington:*** **7** Bullets

National Football League ***Arizona:*** **9** Cardinals ***Atlanta:*** **7** Falcons ***Baltimore:*** **6** Ravens ***Buffalo:*** **5** Bills ***Carolina:*** **8** Panthers ***Chicago:*** **5** Bears ***Cincinnati:*** **7** Bengals ***Cleveland:*** **6** Browns ***Dallas:*** **7** Cowboys ***Denver:*** **7** Broncos ***Detroit:*** **5** Lions ***Green Bay:*** **7** Packers ***Houston:*** **6** Oilers ***Indianapolis:*** **5** Colts ***Jacksonville:*** **7** Jaguars ***Kansas City:*** **6** Chiefs ***Miami:*** **8** Dolphins ***Minnesota:*** **7** Vikings ***New England:*** **8** Patriots ***New Orleans:*** **6** Saints ***New York:*** **4** Jets **6** Giants ***Oakland:*** **7** Raiders ***Philadelphia:*** **6** Eagles ***Pittsburgh:*** **8** Steelers ***St. Louis:*** **4** Rams ***San Diego:*** **8** Chargers ***Seattle:*** **8** Seahawks ***Tampa Bay:*** **4** Bucs **10** Buccaneers ***Tennessee:*** **6** Oilers ***Washington:*** **8** Redskins

national historical park ***Alaska:*** **5** Sitka

Idaho: 8 Nez Percé *Kentucky-Tennessee:* 13 Cumberland Gap *Maryland-West Virginia:* 12 Harpers Ferry *Massachusetts:* 9 Minute Man *New York:* 8 Saratoga

National Hockey League *Anaheim:* 11 Mighty Ducks *Atlanta:* 9 Thrashers *Boston:* 6 Bruins *Buffalo:* 6 Sabres *Calgary:* 6 Flames *Carolina:* 10 Hurricanes *Chicago:* 10 Blackhawks *Colorado:* 9 Avalanche *Columbus:* 11 Blue Jackets *Dallas:* 5 Stars *Detroit:* 8 Red Wings *Edmonton:* 6 Oilers *Florida:* 8 Panthers *Los Angeles:* 5 Kings *Minnesota:* 4 Wild *Montreal:* 9 Canadiens *Nashville:* 9 Predators *New Jersey:* 6 Devils *New York:* 7 Rangers 9 Islanders *Ottawa:* 8 Senators *Philadelphia:* 6 Flyers *Phoenix:* 7 Coyotes *St. Louis:* 5 Blues *San Jose:* 6 Sharks *Tampa Bay:* 9 Lightning *Toronto:* 10 Maple Leafs *Vancouver:* 7 Canucks *Washington:* 8 Capitals

nationalism 8 jingoism 10 chauvinism, patriotism

National League *Arizona:* 12 Diamondbacks *Atlanta:* 6 Braves *Chicago:* 4 Cubs *Cincinnati:* 4 Reds *Colorado:* 7 Rockies *Florida:* 7 Marlins *Houston:* 6 Astros *Los Angeles:* 7 Dodgers *Milwaukee:* 7 Brewers *New York:* 4 Mets *Philadelphia:* 8 Phillies *Pittsburgh:* 7 Pirates *St. Louis:* 9 Cardinals *San Diego:* 6 Padres *San Francisco:* 6 Giants *Washington:* 9 Nationals

national military park *Alabama:* 13 Horseshoe Bend *Arkansas:* 8 Pea Ridge *Mississippi:* 9 Vicksburg *Pennsylvania:* 10 Gettysburg *South Carolina:* 13 Kings Mountain *Tennessee:* 6 Shiloh

national monument *Alabama:* 11 Russell Cave *Alaska:* 9 Aniakchak *Arizona:* 5 Tonto 6 Navajo 7 Saguaro, Wupatki 8 Tuzigoot 10 Chiricahua, Pipe Spring, Tumacacori 11 Hohokam Pima 12 Sunset Crater, Walnut Canyon *California:* 8 Cabrillo, Lava Beds 9 Muir Woods, Pinnacles 10 Joshua Tree 11 Death Valley *Colorado:* 10 Yucca House *Colorado-Utah:* 8 Dinosaur 9 Hovenweep *Florida:* 12 Fort Matanzas 13 Fort Jefferson *Georgia:* 8 Ocmulgee 11 Fort Pulaski 13 Fort Frederica *Iowa:* 12 Effigy Mounds *Louisiana:* 12 Poverty Point *Maryland:* 11 Fort McHenry *Minnesota:* 9 Pipestone 12 Grand Portage *Nebraska:* 9 Homestead 11 Scotts Bluff *New Mexico:* 5 Pecos 7 El Morro 9 Bandelier, El Malpais, Fort Union 10 Aztec Ruins, White Sands *New York:* 11 Fort Stanwix 13 Castle Clinton *South Carolina:* 10 Fort Sumter 13 Congaree Swamp *South Dakota:* 9 Jewel Cave *Utah:* 11 Cedar Breaks 13 Rainbow Bridge *Wyoming:* 11 Devils Tower, Fossil Butte

national park *Alaska:* 6 Denali, Katmai 9 Lake Clark 10 Glacier Bay 11 Kenai Fjords, Kobuk Valley *Angola:* 4 Iona, Mupa *Arizona:* 11 Grand Canyon *Arkansas:* 10 Hot Springs *Botswana:* 5 Chobe *California:* 7 Redwood, Sequoia 8 Yosemite 11 King's Canyon *Chad:* 5 Manda *Colombia:* 5 Uraba *Colorado:* 9 Mesa Verde 13 Rocky Mountain *eastern Africa:* 10 Mount Kenya *Florida:* 8 Biscayne 10 Everglades *Hawaii:* 9 Haleakala *India:* 5 Kanha *Japan:* 5 Nikko *Kentucky:* 11 Mammoth Cave *Kenya:* 4 Meru 5 Tsavo 10 Royal Tsavo *Lake Superior:* 10 Isle Royale *Maine:* 6 Acadia *Malaysia:* 8 Kinabalu *Minnesota:* 9 Voyageurs *Montana:* 7 Glacier *Nevada:* 10 Great Basin *Oregon:* 10 Crater Lake *Poland:* 5 Ojcow, Tatra *South Africa:* 6 Kruger *South Dakota:* 8 Badlands, Wind Cave *Sri Lanka:* 4 Yala *Sweden:* 5 Sarek *Tanzania:* 5 Ruaha 9 Serengeti *Texas:* 7 Big Bend *Utah:* 4 Zion 6 Arches 11 Bryce Canyon, Canyonlands, Capitol Reef *Virginia:* 10 Shenandoah *Washington:* 7 Olympic 12 Mount Rainier 13 North Cascades *Wyoming:* 10 Grand Teton *Wyoming-Idaho-Montana:* 11 Yellowstone *Zambia:* 5 Kafue *Zimbabwe:* 13 Rhodes Inyanga, Victoria Falls

native 3 raw 4 wild 5 local 6 inborn, innate 7 connate, endemic, natural 8 domestic, indigene, inherent, internal, national 9 inherited 10 aboriginal, congenital, connatural, indigenous, unacquired *Acadian Louisiana:* 5 Cajun *China:* 3 Han 9 Celestial *India:* 5 sepoy *Japan:* 9 Nipponese *London:* 7 Cockney *New England:* 4 Yank 6 Yankee *New York:* 13 Knickerbocker

Native Son author 6 Wright (Richard)

Nativity 4 Noel, Xmas, yule 8 yuletide 9 Christmas

nativity 5 birth, start 6 origin, outset 7 genesis 8 delivery 9 beginning, horoscope, inception 11 parturition

natter 3 gab, jaw, yak, yap 4 blab, buzz, chat, go on 5 prate, run on 6 babble, gabble, gossip, tattle 7 chatter, prattle, twaddle 8 chitchat, converse

natty 4 neat, tidy, trim 5 doggy, sassy, smart, swank 6 classy, dapper, jaunty, snazzy, spiffy, spruce, sprucy, swanky 7 bandbox, doggish, stylish 9 turned out 11 well-groomed

natural 4 pure, wild 5 naive, usual 6 candid, inborn, innate, native, normal, simple 7 artless, connate, organic

8 homespun, inherent, innocent **9** childlike, ingenuous, ingrained, primitive **10** congenital, indigenous, legitimate, unaffected **11** commonplace, instinctive, spontaneous

naturalist ***American:*** **4** Muir (John) **5** Hyatt (Alpheus) **7** Audubon (John James), Verrill (Addison, Alpheus) ***English:*** **3** Ray (John) **5** White (Gilbert) **6** Darwin (Charles) **7** Wallace (Alfred) **10** Williamson (William) ***French:*** **5** Fabre (Jean-Henri) **7** Lamarck (Chevalier de), Réaumur (René-Antoine) ***Scottish:*** **6** Wilson (Alexander) **10** Richardson (John)

nature **3** ilk, way **4** kind, sort, type **6** makeup, manner, stripe, temper **7** essence, scenery **8** creation, tendency, universe **9** character, landscape **10** complexion **11** description, disposition, personality, temperament **12** constitution

naught **3** nil, zip **4** love, nada, zero **5** zilch **6** cipher **7** nothing, nullity **8** goose egg **11** nothingness

naughty **3** bad **4** lewd **5** bawdy **6** unruly, ribald, risqué, smutty, vulgar **7** froward, obscene, raunchy, wayward, willful **8** contrary, improper, perverse, rascally **10** ill-behaved **11** disobedient, mischievous **12** obstreperous, recalcitrant

Nauru ***capital:*** **5** Yaren ***former name:*** **8** Pleasant (Island) ***monetary unit:*** **6** dollar

nauseate **5** repel **6** offend, sicken **7** disgust, repulse

nauseated **6** queasy **7** carsick **8** qualmish **9** disgusted, squeamish **10** grossed out

nauseating **6** putrid **7** noisome **9** loathsome, offensive, repellant, repugnant, repulsive, revolting, sickening **10** disgusting

Nausicaa ***father:*** **8** Alcinous ***mother:*** **5** Arete

nautical **5** naval **6** marine **7** oceanic **8** maritime **12** navigational ***instrument:*** **3** aba **7** compass, pelorus, sextant

Navajo dwelling **5** hogan

naval hero **5** Jones (John Paul), Perry (Matthew, Oliver Hazard) **8** Farragut (David, George), Lawrence (James)

navel **6** middle **7** nombril **9** umbilicus **11** belly button ***combining form:*** **6** omphal **7** omphalo

navigate **4** helm, plot, sail **5** guide, pilot, steer **6** cruise **8** maneuver, traverse

navigation **8** piloting **10** seamanship **12** helmsmanship

navigational system **5** loran

navigator **5** flyer, pilot **6** airman **7** copilot ***Danish:*** **6** Bering (Vitus) ***Dutch:*** **6** Tasman (Abel) **7** Barents (Willem) ***English:*** **4** Cook (Captain James) **5** Cabot (John, Sebastian), Drake (Francis) **6** Hudson (Henry) **7** Gilbert (Humphrey), Raleigh (Walter) **9** Vancouver (George) ***French:*** **7** Cartier (Jacques) **9** La Perouse (Comte de) ***Italian:*** **6** Caboto (Giovanni) **8** Columbus (Christopher), Vespucci (Amerigo) **9** Verrazano (Giovanni) **10** Verrazzano (Giovanni) ***Norwegian:*** **4** Eric (the Red) **8** Ericsson (Leif) **12** Leif Ericsson, Leif Eriksson ***Portuguese:*** **4** Dias (Bartolomeu, Dinis) **6** Cabral (Pedro Alvares), da Gama (Vasco) **8** Magellan (Ferdinand) ***Spanish:*** **9** Fernández (Juan)

navy **4** blue **5** fleet **6** argosy, armada **8** flotilla

Nazi **9** Hitlerite **10** brownshirt ***admiral:*** **6** Dönitz (Karl), Raeder (Erich) **7** Doenitz (Karl) ***air force:*** **9** Luftwaffe ***armed forces:*** **9** Wehrmacht ***collaborator:*** **5** Laval (Pierre) **8** Quisling (Vidkun) ***concentration camp:*** **6** Belsen, Dachau **9** Auschwitz, Treblinka **10** Buchenwald, Nordhausen ***field marshal:*** **5** Model (Walter) **6** Keitel (Wilhelm), Paulus (Friedrich), Rommel (Erwin) **9** Rundstedt (Karl von) **10** Kesselring (Albert) ***greeting:*** **4** heil ***leader:*** **3** Ley (Robert) **4** Hess (Rudolf), Röhm (Ernst) **5** Roehm (Ernst) **6** Führer, Göring (Hermann), Hitler (Adolf) **7** Fuehrer, Goering (Hermann), Himmler (Heinrich) **8** Goebbels (Joseph), Heydrich (Reinhard) **9** Rosenberg (Alfred) ***police:*** **7** Gestapo ***propagandist:*** **8** Goebbels (Joseph) ***submarine:*** **5** U-boat ***surrender signer:*** **4** Jodl (Alfred) **6** Keitel (Wilhelm) ***symbol:*** **6** fylfot **8** swastika ***tactic:*** **10** blitzkrieg ***tank:*** **6** Panzer

NCO **3** cpl, sgt **8** corporal, sergeant

neap **3** low **4** tide

near **4** nigh **5** about, circa, close, round **6** almost, around **7** close by, close on **8** adjacent, approach **9** immediate, proximate **11** approximate

nearby **4** nigh **5** about, aside, close, handy **6** around, beside **8** adjacent **9** adjoining, proximate **10** contiguous, convenient **11** neighboring

nearest **4** next **7** closest **8** adjacent, proximal **9** proximate **10** contiguous

nearsighted **6** myopic

neat **4** deft, nice, prim, snug, tidy, trig, trim **5** clean, clear, kempt **6** clever, smooth, spruce **7** orderly, precise, unmixed **8** straight, well-kept **9** shipshape, undiluted **10** methodical, systematic **11** spic-and-span, uncluttered, well-groomed **12** spick-and-span **13** unadulterated

neb **3** tip **4** beak, bill, nose, prow **5** snoot, snout **9** proboscis

Nebraska ***capital:*** **7** Lincoln ***city:*** **5** Omaha ***college, university:*** **9** Creighton ***nickname:*** **10** Cornhusker (State) ***river:*** **6** Platte **8** Missouri ***state bird:*** **10** meadowlark ***state flower:*** **9** goldenrod ***state tree:*** **10** cottonwood

nebula **6** galaxy

nebulous **4** hazy **5** vague **6** cloudy, turbid **7** clouded, obscure, unclear **9** ambiguous, amorphous, uncertain **10** indefinite, indistinct **13** indeterminate

necessary **5** basic, vital **6** needed **7** crucial, needful **8** cardinal, integral, required **9** de rigueur, essential, mandatory, requisite **10** compulsory, imperative, inevitable, obligatory, undeniable **11** fundamental, ineluctable, inescapable, unavoidable **12** all-important, prerequisite **13** indispensable

necessitate **5** cause, exact, force **6** compel, demand, entail **7** call for, involve, require **8** occasion

necessity **4** must, need **6** crisis, duress **7** poverty **8** exigency **9** essential, privation, requisite **10** compulsion, imperative, obligation, sine qua non **11** dire straits, needfulness, requirement **12** precondition, prerequisite

neck **3** pet **4** kiss **6** fondle, smooch ***back of:*** **4** nape **5** nucha **6** scruff ***ornament:*** **6** gorget, torque

necklace **5** chain **6** choker **7** rivière **8** carcanet

necktie **5** ascot **6** cravat **10** four-in-hand

necrology **4** obit **8** obituary

necromancy **4** juju **5** magic, vodun **6** hoodoo, voodoo **7** devilry, sorcery **8** witchery, wizardry **9** conjuring, diabolism, magicking **10** black magic, witchcraft **11** bewitchment, conjuration, enchantment, incantation, thaumaturgy

necropolis **8** boneyard, boot hill, cemetery, God's acre **9** graveyard **10** churchyard **12** memorial park, potter's field

necropsy **7** anatomy, autopsy **10** dissection, postmortem

née **4** born **10** originally

need **3** use **4** call, duty, lack, must, want **5** crave **6** demand, devoir, hunger, penury, thirst **7** poverty, require **8** distress, exigency, occasion, shortage **9** indigence, necessity, privation, requisite **10** compulsion, deficiency, obligation **11** deprivation, destitution, requirement

neediness **4** want **6** penury **7** poverty **9** indigence, privation **11** deprivation, destitution **13** insufficiency

needle **3** rib **5** annoy, tease **6** harass, pester, plague **7** bedevil, hagride, obelisk, pricker, syringe **10** hypodermic ***case:*** **4** etui ***hole:*** **3** eye

needlefish **3** gar **8** pipefish

needlelike **7** styloid **8** belonoid ***part:*** **7** acicula

needlepoint **4** lace **7** alençon, crochet, tatting **8** bargello **10** embroidery **11** cross-stitch

needlework **4** lace **6** sewing **7** alençon, crochet, sampler, tatting **8** bargello, knitting **9** stitching **10** crocheting, embroidery **11** cross-stitch

needy **4** poor **5** broke **6** hard up **8** beggared, dirt-poor, indigent, strapped **9** destitute, penniless, penurious **10** down-and-out **11** impecunious, necessitous **12** impoverished

ne'er-do-well **3** bum, dud **5** loser **6** loafer, no-good **7** failure, wastrel **8** derelict **9** shiftless **10** profligate, scapegrace

nefarious **4** evil, vile **6** savage, wicked **7** heinous, impious, noxious **8** depraved, dreadful, flagrant, infamous, perverse **9** execrable, miscreant, monstrous, offensive **10** abominable, degenerate, detestable, iniquitous, outrageous, villainous **11** opprobrious **13** reprehensible

negate **4** deny, undo, void **5** annul, quash, rebut **6** cancel, impugn, refute, vacate **7** abolish, gainsay, nullify, redress, vitiate **8** abrogate, disallow, disprove, overturn, traverse **9** cancel out, disaffirm, repudiate **10** contradict, contravene, counteract, invalidate, neutralize **12** countercheck

negative **3** nix **4** deny, kill, veto **5** annul, cross, minus **6** impugn **7** adverse, gainsay, nullify, redress, refusal **8** abrogate, disprove, traverse **9** cancel out, frustrate **10** contradict, contravene, counteract, invalidate, neutralize **11** detrimental, unfavorable ***battery terminal:*** **5** anode ***ion:*** **5** anion ***Scottish:*** **3** nae ***sign:*** **5** minus

neglect **4** fail, omit **5** let go, shirk **6** forget, ignore, laxity, slight **7** failure, laxness **8** omission, overlook, overpass, pass over **9** avoidance, disregard, oversight, pretermit **10** negligence **11** dereliction, inattention **12** carelessness **13** pretermission

neglectful see NEGLIGENT

negligee **4** gown **5** teddy **7** chemise, nightie **8** camisole, peignoir **9** nightgown

negligent 3 lax 5 slack 6 remiss 8 careless, derelict, heedless 9 forgetful, imprudent 10 delinquent, neglectful, nonchalant, regardless, unthinking 11 inattentive, pococurante, unconcerned 12 disregardful 13 irresponsible, lackadaisical

negligible 4 puny, slim 5 minor, petty, small 6 meager, meagre, minute, remote, paltry, skimpy, slight 7 minimal, slender, trivial 8 nugatory, picayune, trifling 9 minuscule 11 meaningless, unimportant 13 imperceptible, insignificant

negotiable 8 passable 11 convertible 12 transferable

negotiate 4 cash 6 confer, dicker, hurdle, manage, parley, settle 7 arrange, bargain, develop, mediate, work out, wrangle 8 contract, covenant, moderate, surmount, transact, transfer 9 arbitrate 10 horse-trade

neigh 6 nicker, whinny

neighbor 4 abut 5 flank, frame, skirt 6 adjoin, border 7 abutter 8 border on

neighborhood 4 area, turf, ward 5 block, range 6 parish 8 district, locality, precinct, purlieus, vicinage, vicinity 9 community, proximity

neighborly 6 genial 7 amiable, cordial, helpful 8 amicable, friendly, obliging, sociable 9 congenial 10 gregarious, hospitable 11 considerate, cooperative, good-natured 13 accommodating

nematode 4 worm 7 eelworm 9 roundworm

Nemean predator 4 lion

nemesis 4 bane, doom 5 curse, enemy, rival 8 opponent 9 bête noire 11 retribution

neologism 7 coinage, new word

neophyte see NEWCOMER

Neoptolemus 7 Pyrrhus ***father:*** 8 Achilles ***slayer:*** 7 Orestes ***victim:*** 5 Priam ***wife:*** 8 Hermione

neoteric 6 modern, recent

Nepal ***capital:*** 8 Katmandu 9 Kathmandu ***city:*** 7 Pokhara 8 Lalitpur ***monetary unit:*** 5 rupee ***mountain, range:*** 7 Everest 8 Himalaya 9 Himalayan, Himalayas 10 Dhaulagiri 11 Gauri Sankar 12 Kanchenjunga ***neighbor:*** 5 China, India ***river:*** 6 Ganges

nepenthe 6 opiate, potion 7 anodyne 8 lenitive, narcotic 9 analgesic 10 anesthetic, painkiller

Nephthys ***brother, husband:*** 3 Set 4 Seth

nepotism 10 favoritism, partiality

Neptune 6 planet ***satellite:*** 6 Nereid, Triton (see also POSEIDON)

nerd 4 drip, geek 6 misfit 7 egghead, nebbish, oddball 10 pointy-head

Nereid 6 Thetis 7 Galatea 10 Amphitrite ***father:*** 6 Nereus ***mother:*** 5 Doris

Nereus ***daughters:*** 8 Nereides ***emblem:*** 7 trident ***father:*** 6 Pontus ***mother:*** 4 Gaea ***wife:*** 5 Doris

Nergal ***brother:*** 5 Nanna 6 Ninazu ***father:*** 5 Enlil ***mother:*** 6 Ninlil

Nero ***birthplace:*** 4 Rome ***mother:*** 9 Agrippina ***successor:*** 5 Galba ***tutor:*** 6 Seneca ***victim:*** 5 Lucan 6 Seneca 7 Octavia, Poppaea 9 Agrippina ***wife:*** 7 Octavia, Poppaea

Nero Wolfe creator 5 Stout (Rex)

nerve 4 face, gall, grit, guts 5 brass, cheek, crust, heart, moxie, spunk 6 daring 7 sciatic 8 audacity, backbone, boldness, chutzpah, temerity 9 assurance, brashness, fortitude, hardihood, hardiness 10 confidence, effrontery 11 presumption ***cell:*** 6 neuron ***cell group:*** 7 ganglia (plural) 8 ganglion ***combining form:*** 4 neur 5 neura, neuro ***cranial:*** 4 vagi (plural) 5 optic, vagus 8 abducens ***ending:*** 8 receptor ***lesion:*** 8 neuritis

nerve center 3 hub 4 core, seat 5 focus, heart, locus 7 capital 8 cynosure, polestar 10 crossroads, focal point 12 headquarters

nerve gas 5 sarin, soman, tabun

nervous 4 edgy 5 jerky, jumpy, tense, timid 6 fitful, goosey, on edge, spooky, uneasy 7 erratic, fidgety, fretful, jittery, restive, twitchy, uptight 8 aflutter, agitated, forcible, skittery, skittish, spirited, twittery, unsteady, vigorous, volatile 9 excitable, irregular, irritable 10 high-strung 12 apprehensive

nervy 4 bold, edgy, pert 5 brash, cocky, fresh, jerky, jumpy, sassy, tense 6 brassy, cheeky, goosey, plucky, spooky, uneasy 7 fidgety, forward, jittery, restive, twitchy, uptight 8 impudent, intrepid, twittery 9 excitable 10 high-strung 11 smart-alecky

ness 4 cape 8 foreland, headland 9 peninsula 10 promontory

Nessus' victim 8 Heracles, Hercules

nest 3 den 4 aery, home, lair, nidi (plural) 5 aerie, eyrie, nidus 7 hangout, shelter 11 aggregation ***eagle's:*** 4 aery 5 aerie, eyrie ***wasp's:*** 8 vespiary

nest egg 5 cache, funds, hoard, kitty, stash 6 assets 7 reserve

nestle 4 snug 6 bundle, burrow, cuddle, huddle, nuzzle 7 snuggle

Nestor ***father:*** 6 Neleus ***kingdom:*** 5 Pylos

net 4 gain, gist, mesh 5 basic, catch, clear, seine, tulle, yield 6 maline 7 clean up, essence, malines ***conical:*** **5** trawl ***fishing:*** **5** seine ***hair:*** **5** snood

Nethanel ***brother:*** **5** David ***father:*** **5** Jesse **7** Pashhur **8** Obededom ***son:*** **8** Shemaiah

nether **3** low **4** down **5** below, lower, under **6** lesser **8** chthonic, inferior **9** subjacent **10** underworld **11** underground **12** subterranean

Netherlands **7** Holland ***capital:*** **9** Amsterdam ***city:*** **5** Hague (The) **7** Utrecht **8** The Hague **9** Rotterdam ***former inlet:*** **9** Zuider Zee ***island group:*** **11** West Frisian ***lake:*** **10** IJsselmeer ***language:*** **5** Dutch ***monetary unit:*** **4** euro ***monetary unit, former:*** **7** guilder ***neighbor:*** **7** Belgium, Germany ***river:*** **4** Maas **5** Meuse, Rhein, Rhine **7** Scheldt ***sea:*** **5** North

Netherlands Antilles ***capital:*** **10** Willemstad ***discoverer:*** **8** Columbus (Christopher) ***former name:*** **7** Curaçao ***island:*** **4** Saba **7** Bonaire **7** Curaçao ***location:*** **10** West Indies ***part of:*** **11** Netherlands

netherworld **3** pit **4** hell **5** abyss, hades, Sheol **6** blazes, Tophet **7** Gehenna, inferno **8** hellfire **9** perdition **10** no-man's-land, underworld **11** underground

netlike **9** reticular **10** reticulate

nettle **3** nag, vex **4** gall, huff, rile, roil **5** annoy, chafe, peeve, pique, upset **6** abrade, badger, harass, incite, put out, pester, ruffle, stir up **7** agitate, disturb, perturb, provoke **8** irritate **10** exasperate

nettle rash **5** hives **9** urticaria

nettlesome **5** pesky **6** vexing **7** galling, irksome, prickly **8** annoying, rankling **9** irritable, upsetting, vexatious **10** irritating

network **3** web **4** mesh **8** gridiron **9** reticulum ***anatomical:*** **4** rete **5** retia (plural)

neurotic **6** phobic, touchy **7** anxious **8** abnormal, unstable **9** disturbed, obsessive **10** compulsive, disordered

neuter **3** fix **4** geld, spay **5** alter, unsex **7** sexless **8** castrate, mutilate **9** sterilize **11** desexualize **12** intransitive

neutral **7** hueless **8** detached, middling, unbiased **9** colorless, impartial, unaligned **10** achromatic, disengaged, even-handed, impersonal, nonaligned, pokerfaced **11** indifferent, nonpartisan **13** disinterested, dispassionate

neutralize **4** undo **5** annul **6** negate, offset **7** balance, nullify, redress, reverse **9** cancel out **10** counteract, invalidate **11** countervail **12** countercheck, counterpoise

Nevada ***capital:*** **10** Carson City ***city:*** **4** Elko, Reno **8** Las Vegas ***dam:*** **6** Hoover **7** Boulder ***lake:*** **4** Mead **5** Tahoe ***mountain:*** **8** Boundary (Peak) ***nickname:*** **6** Silver (State) ***river:*** **8** Humboldt ***state bird:*** **8** bluebird (mountain) ***state flower:*** **9** sagebrush ***state tree:*** **5** piñon **6** pinyon **15** bristlecone pine

névé **4** firn, snow

never-ending **7** eternal **8** immortal **9** ceaseless **11** everlasting

Never-Ending Story author **4** Ende (Michael)

nevertheless **3** but, yet **5** still **6** anyhow, anyway, though, withal **7** howbeit, however **8** after all **10** regardless **11** nonetheless, still and all

nevus **4** mole **9** birthmark

new **5** fresh, novel **6** modern, recent **7** another, revived **8** neoteric, pristine **10** additional, unfamiliar **11** modernistic **12** contemporary ***combining form:*** **3** neo, nov **4** novo ***word:*** **7** coinage **9** neologism

New Brunswick ***capital:*** **11** Fredericton ***city:*** **6** St. John **7** Moncton ***mountain:*** **8** Carleton ***provincial flower:*** **12** purple violet ***river:*** **9** Miramichi, Saint John **10** Nepisiguit **11** Restigouche

New Caledonia ***capital:*** **6** Nouméa ***department of:*** **6** France ***discoverer:*** **4** Cook (Capt. James) ***island:*** **7** Loyalty, Walpole **11** Isle of Pines

newcomer **4** colt, tyro **6** novice, rookie **8** beginner, freshman, initiate, neophyte **9** greenhorn, immigrant, novitiate **10** apprentice, tenderfoot

New Deal agency **3** CCC, NRA, SEC, TVA, WPA **4** FDIC, NLRB

Newfoundland and Labrador ***capital:*** **7** St. John's ***mountain:*** **8** Caubvick ***provincial flower:*** **12** pitcher plant ***river:*** **6** Gander **8** Exploits **9** Churchill

New Hampshire ***capital:*** **7** Concord ***city:*** **6** Nashua **10** Manchester, Portsmouth ***college, university:*** **9** Dartmouth ***motto:*** **13** Live Free or Die ***mountain, range:*** **5** White **10** Washington ***nickname:*** **7** Granite (State) ***river:*** **9** Merrimack **11** Connecticut ***state bird:*** **11** purple finch ***state flower:*** **11** purple lilac ***state tree:*** **10** white birch

New Jersey ***capital:*** **7** Trenton ***city:*** **6** Camden, Newark **7** Cape May **8** Paterson **9** Elizabeth **10** Jersey City ***college, university:*** **4** Drew **7** Rutgers **9** Princeton, Seton Hall **18** Fairleigh Dickinson ***nickname:*** **6** Garden (State) ***river:*** **6** Hudson **7** Raritan **8** Delaware ***state bird:*** **9** goldfinch ***state flower:*** **6** violet ***state tree:*** **6** red oak

New Mexico ***capital:*** **7** Santa Fe ***caverns:*** **8** Carlsbad ***city:*** **4** Taos **7** Roswell **9** Las

Cruces, Los Alamos **10** Farmington **11** Albuquerque ***mountain, range:*** **7** Wheeler (Peak) **14** Sangre de Cristo ***nickname:*** **17** Land of Enchantment ***river:*** **5** Pecos **9** Rio Grande ***state bird:*** **10** roadrunner ***state flower:*** **5** yucca ***state tree:*** **5** piñon **6** pinyon

news **4** dope, poop, word **5** rumor **6** advice, gossip, report, tattle **7** lowdown, tidings **9** knowledge, speerings **11** information, scuttlebutt **12** announcement, intelligence **4** TASS **7** Reuters **8** ITAR-TASS

newspaper **5** daily, organ **6** review **7** journal, tabloid **8** magazine **10** periodical ***publisher:*** **6** Hearst (William Randolph) **7** Murdoch (Rupert) **11** Beaverbrook (Lord)

newt **3** eft **6** triton ***green:*** **5** ebbet

New Testament see at BIBLE

New York ***capital:*** **6** Albany ***city:*** **4** Rome, Troy **5** Utica **6** Elmira, Ithaca **7** Buffalo, Yonkers **8** Saratoga, Syracuse **9** Rochester **11** New York City ***college, university:*** **3** RPI **4** Pace, CUNY, SUNY **5** Pratt, Siena **6** CW Post, Hunter, Vassar **7** Adelphi, Barnard, Colgate, Cornell, Fordham, Hofstra, St. Johns, Yeshiva **8** Columbia, Skidmore, Syracuse **9** Juilliard, West Point **13** Sarah Lawrence ***island:*** **4** Long, Fire ***lake, lake group:*** **4** Erie **6** Cayuga, Finger, Oneida **7** Saranac **9** Champlain ***motto:*** **9** Excelsior ***mountain, range:*** **5** Marcy **8** Catskill **10** Adirondack ***nickname:*** **6** Empire (State) ***river:*** **6** Hudson **7** Niagara **10** St. Lawrence ***state bird:*** **8** bluebird ***state flower:*** **4** rose ***state tree:*** **10** sugar maple

New York City **6** Gotham **8** Big Apple ***borough:*** **5** Bronx **6** Queens **8** Brooklyn, Richmond **9** Manhattan **12** Staten Island

New Zealand ***capital:*** **10** Wellington ***city:*** **8** Auckland **12** Christchurch ***ethnic group:*** **5** Maori ***explorer:*** **4** Cook (Capt. James) **6** Tasman (Abel) ***island:*** **5** North, South **7** Chatham, Stewart ***island group:*** **4** Cook **8** Manihiki **12** Northern Cook ***lake:*** **5** Taupo ***language:*** **5** Maori **7** English ***monetary unit:*** **6** dollar ***mountain, range:*** **4** Cook **6** Egmont **12** Southern Alps ***native:*** **4** Kiwi ***strait:*** **4** Cook ***volcano:*** **7** Ruapehu **9** Ngauruhoe

next **4** then **5** after, later **6** behind, beside, second **7** closest, ensuing, nearest **8** abutting, adjacent, touching **9** adjoining, afterward, alongside, following, proximate **10** contiguous, subsequent, succeeding **11** neighboring

next to **4** near **6** almost, beside **7** abreast, close by **8** abutting, adjacent, opposite, touching **9** adjoining, alongside, bordering **11** neighboring

nexus **3** tie **4** bond, knot, link, yoke **5** focus **6** center **8** ligament, ligature, vinculum **10** connection

Nez Percé chief **6** Joseph

Niagara **5** flood, spate **6** deluge **7** torrent **8** alluvion, cataract, flooding, overflow **9** cataclysm, waterfall **10** inundation

nib **3** neb, tip **4** beak, bill, nose, prow **5** prong, snoot, snout, tooth **8** pen point **9** proboscis

nibble **3** eat, nip **4** bite, chew, crop, gnaw, nosh, peck, pick **5** graze, munch, snack, taste **6** morsel, tidbit

Nicaragua ***capital:*** **7** Managua ***city:*** **4** León **6** Masaya ***coast:*** **8** Mosquito ***ethnic group:*** **4** Maya **5** Mayan ***discoverer:*** **8** Columbus (Christopher) ***language:*** **7** Spanish ***monetary unit:*** **7** córdoba ***neighbor:*** **8** Honduras **9** Costa Rica ***sea:*** **9** Caribbean

nice **4** fine, good, kind, mild, neat **5** right **6** benign, comely, dainty, decent, polite, proper, seemly **7** affable, clement, cordial, correct, fitting, refined **8** becoming, charming, decorous, obliging, pleasant, pleasing, suitable, virtuous, well-bred **9** admirable, agreeable, courteous, congenial, enjoyable, favorable, judicious **10** attractive, personable **11** appropriate, respectable

niche **4** nook **6** alcove, corner, cranny, recess **7** calling **8** vocation **9** cubbyhole **11** compartment

Nicholas Nickleby author **7** Dickens (Charles)

nick **3** cut **4** chip, gash **5** cheat, notch, score **6** groove, record **10** overcharge **11** indentation

nickname **3** tag **5** label **6** byword, handle **7** agnomen, epithet, moniker **8** cognomen **9** sobriquet **10** diminutive, hypocorism

Nicomede ***conquest:*** **10** Cappodocia ***dramatist:*** **9** Corneille (Pierre) ***half-brother:*** **6** Attale ***stepmother:*** **7** Arsinoë

nictitate **3** bat **4** wink **5** blink **7** flutter, twinkle

nifty **4** cool, keen, neat **5** dandy, ducky, super, swell **6** clever, groovy, peachy **7** stylish **8** jim-dandy, splendid, terrific **9** ingenious

Niger ***capital:*** **6** Niamey ***city:*** **6** Maradi, Zinder ***desert:*** **5** Sahel **6** Sahara ***ethnic group:*** **5** Hausa ***language:*** **5** Hausa **6** Arabic, French ***monetary unit:*** **5** franc ***neighbor:*** **4** Chad, Mali **5** Benin, Libya **7** Algeria, Nigeria **11** Burkina Faso ***river:*** **5** Niger

Nigeria ***capital:*** **5** Abuja, Lagos ***city:***

4 Kano 6 Ibadan, Ilorin 7 Oshogbo 9 Ogbomosho ***ethnic group:*** 4 Igbo 5 Hausa 6 Fulani, Yoruba ***gulf:*** 6 Guinea ***lake:*** 4 Chad ***language:*** 5 Hausa 7 English ***monetary unit:*** 5 naira ***neighbor:*** 4 Chad 5 Benin, Niger 8 Cameroon ***river:*** 5 Benue, Niger 6 Kaduna

niggard 5 churl, miser, piker, screw 7 hoarder, scrooge 8 tightwad 9 skinflint 10 cheapskate, curmudgeon 12 money-grubber, penny-pincher

niggardly 5 tight 6 scanty, stingy 7 chintzy, miserly 9 penurious 10 begrudging 11 closefisted, tightfisted 12 cheeseparing, parsimonious 13 penny-pinching

niggling 5 minor, petty 6 measly, paltry, two-bit 7 trivial 8 picayune, piddling, tiresome, trifling 9 small-time 10 bothersome, picayunish 11 small-minded

nigh 4 near 5 about, close, round 6 all but, almost, around, beside, nearby, nearly 7 close to 8 approach 9 immediate, just about, proximate, virtually 10 near at hand, pretty much 11 practically

night blindness 10 nyctalopia

nightclub 5 disco 6 bistro, casino 7 cabaret 9 honky-tonk, speakeasy 11 discotheque

nightfall 3 eve 4 dusk, even 6 sunset 7 evening, sundown 8 eventide, gloaming, twilight

nighthawk 6 petrel 7 bullbat 10 goatsucker

nightjar 9 nighthawk 10 goatsucker 12 whip-poor-will

nightly 9 nocturnal

nightmare 5 dream, fancy, worry 6 fright, horror, ordeal, vision 7 bugbear, fantasy, incubus, torment 8 phantasm, phantasy, succubus 12 apprehension 13 hallucination

nightshade 6 tomato 7 henbane 10 belladonna 11 bittersweet

nightstick 3 bat 4 club, mace 5 baton, billy, staff 6 cudgel 8 bludgeon 9 billy club, blackjack, truncheon 10 shillelagh

Nike ***father:*** 6 Pallas ***goddess of:*** 7 victory ***mother:*** 4 Styx

nil 3 nix, zip 4 love, wind, zero 5 zilch 6 naught 7 nothing

Nile 6 Al-Bahr ***dam:*** 5 Aswan 6 Makwar 10 Gebel Aulia ***explorer:*** 5 Baker (Sir Samuel), Bruce (James), Grant (James Augustus), Speke (John Hanning) ***queen:*** 4 Cleo 9 Cleopatra ***section:*** 4 Abay 5 Abbai

nilgai 8 antelope

nimble 4 deft, spry, yare 5 agile, alert, fleet, handy, light, quick, zippy 6 adroit, limber, lively 7 lissome 9 dexterous, sprightly 10 responsive 11 quick-witted

Nimrod 6 hunter ***father:*** 4 Cush

Ninazu ***brother:*** 5 Nanna 6 Nergal ***father:*** 5 Enlil ***mother:*** 6 Ninlil

nincompoop 3 oaf 4 boob, clod, dodo, fool, goof, mutt, simp, yo-yo 5 chump, dummy, dunce, idiot, moron, ninny, noddy, stupe 6 dimwit, donkey, dumdum, nitwit 7 airhead, dullard, pinhead, schnook, tomfool 8 bonehead, clodpoll, dumbbell, dumbhead, imbecile, lunkhead, meathead, numskull 9 birdbrain, blockhead, ignoramus, lamebrain, numbskull, simpleton, thickhead 10 dunderhead, hammerhead 11 chowderhead, chucklehead, knucklehead

nine 12 baseball team ***combining form:*** 3 non 4 nona ***goddesses:*** 5 Muses ***group:*** 6 ennead ***inches:*** 4 span ***instruments:*** 5 nonet

Nine Worlds 3 Hel 6 Asgard 7 Alfheim, Midgard 8 Niflheim, Vanaheim 10 Jotunnheim 12 Muspellsheim 13 Svartalfaheim

ninny see NINCOMPOOP

Ninsum's son 9 Gilgamesh

Nintu ***consort:*** 4 Enki ***son:*** 6 Ninsar

Ninurta ***father:*** 5 Enlil ***victim:*** 3 Kur

Ninus ***father:*** 5 Belus ***wife:*** 9 Semiramis

Niobe ***brother:*** 6 Pelops ***father:*** 8 Tantalus ***husband:*** 7 Amphion ***sister-in-law:*** 5 Aedon

nip 3 bit, nab, sip 4 bite, dart, dash, dram, drop, jolt, peck, shot, slug, swig 5 chill, clamp, hurry, pinch, sever, snort, steal 6 imbibe, snatch, thwart, tipple 7 cabbage, snifter, swallow 9 frustrate

nipper 3 kid 4 tyke 5 child 6 moppet, shaver 7 pincers 8 young one 9 youngling, youngster

nipple 3 pap 4 teat

Nippon 5 Japan

nippy 3 icy, raw 4 cold, cool 5 algid, chill, crisp, sharp 6 arctic, biting, bitter, chilly, frosty, wintry 7 caustic, glacial, numbing, shivery 8 chilling, freezing

nirvana 5 bliss, dream 6 heaven 7 Elysium 8 empyrean, oblivion, paradise 9 Shangri-la

Nisus ***betrayer, daughter:*** 6 Scylla ***father:*** 7 Pandion

nitid 6 bright, glossy, lucent 7 fulgent, glowing, shining 8 gleaming, glinting, luminous, lustrous, polished 9 burnished

nitpick 4 carp 5 cavil 7 quibble 10 split hairs

nitrogen 5 azote *combining form:* 3 azo
nitwit 3 oaf 4 boob, clod, dodo, dolt, dope, goof, mutt, simp 5 chump, cluck, dummy, dunce, idiot, moron, ninny, noddy, stupe 6 donkey, dum-dum 7 airhead, dullard, pinhead, schnook 8 bonehead, clodpoll, dumbbell, imbecile, lunkhead, meathead, numskull 9 birdbrain, blockhead, ignoramus, lamebrain, numbskull, simpleton, thickhead 10 dunderhead, hammerhead, nincompoop 11 chowderhead, chucklehead, knucklehead
nix 3 nay, zap 4 kill, nope, veto 5 quash 6 cancel, naught, reject, scotch, sprite 7 call off, nothing, nullify
Njord, Njorth *daughter:* 5 Freya *son:* 4 Frey *wife:* 6 Skadhi, Skathi
no 3 nay, nix 6 denial 7 refusal 8 negative 10 thumbs-down *German:* 4 nein
no-account see NO-GOOD
Noachian 3 old 4 aged 5 fusty, hoary 6 age-old 7 ancient, antique, archaic 8 timeworn 9 venerable 10 antiquated, oldfangled 12 antediluvian, old-fashioned 13 superannuated
Noah *father:* 6 Lamech 10 Zelophehad *grandson:* 4 Aram 6 Canaan *great-grandson:* 3 Hul *landing place:* 6 Ararat *son:* 3 Ham 4 Shem 6 Canaan 7 Japheth
Nobel Prize winner
chemistry:
1901: 8 van't Hoff (Jacobus) *1902:* 7 Fischer (Emil) *1903:* 9 Arrhenius (Svante) *1904:* 6 Ramsay (William) *1905:* 9 von Baeyer (Adolf) *1906:* 7 Moissan (Henri) *1907:* 7 Buchner (Eduard) *1908:* 10 Rutherford (Ernest) *1909:* 7 Ostwald (Wilhelm) *1910:* 7 Wallach (Otto) *1911:* 5 Curie (Marie) *1912:* 8 Grignard (François), Sabatier (Paul) *1913:* 6 Werner (Alfred) *1914:* 8 Richards (Theodore) *1915:* 11 Willstatter (Richard) *1918:* 5 Haber (Fritz) *1920:* 6 Nernst (Walther) *1921:* 5 Soddy (Frederick) *1922:* 5 Aston (Francis) *1923:* 5 Pregl (Fritz) *1925:* 9 Zsigmondy (Richard) *1926:* 8 Svedberg (Theodor) *1927:* 7 Wieland (Heinrich) *1928:* 7 Windaus (Adolf) *1929:* 6 Harden (Arthur) 12 Euler-Chelpin (Hans von) *1930:* 7 Fischer (Hans) *1931:* 5 Bosch (Karl) 7 Bergius (Friedrich) *1932:* 8 Langmuir (Irving) *1934:* 4 Urey (Harold) *1935:* 11 Joliot-Curie (Frédéric, Irene) *1936:* 5 Debye (Peter) *1937:* 6 Karrer (Paul) 7 Haworth (Walter) *1938:* 4 Kuhn (Richard) *1939:* 7 Ruzicka (Leopold) 9 Butenandt (Adolf) *1943:* 6 Hevesy (Georg de) *1944:* 4 Hahn (Otto) *1945:* 8 Virtanen (Artturi) *1946:* 6 Sumner (James) 7 Stanley (Wendell) 8 Northrop (John Howard) *1947:* 8 Robinson (Robert) *1948:* 8 Tiselius (Arne) *1949:* 7 Giauque (William) *1950:* 5 Alder (Kurt), Diels (Otto) *1951:* 7 Seaborg (Glenn) 8 McMillan (Edwin) *1952:* 5 Synge (Richard) 6 Martin (Archer) *1953:* 10 Staudinger (Hermann) *1954:* 7 Pauling (Linus) *1955:* 10 du Vigneaud (Vincent) *1956:* 7 Semenov (Nikolay) 11 Hinshelwood (Cyril) *1957:* 4 Todd (Alexander) *1958:* 6 Sanger (Frederick) *1959:* 9 Heyrovsky (Jaroslav) *1960:* 5 Libby (Willard) *1961:* 6 Calvin (Melvin) *1962:* 6 Perutz (Max) 7 Kendrew (John) *1963:* 5 Natta (Giulio) 7 Ziegler (Karl) *1964:* 7 Hodgkin (Dorothy) 8 Woodward (Robert) *1966:* 8 Mulliken (Robert) *1967:* 5 Eigen (Manfred) 6 Porter (George) 7 Norrish (Ronald) *1968:* 7 Onsager (Lars) *1969:* 6 Barton (Derek), Hassel (Odd) *1970:* 6 Leloir (Luis) *1971:* 8 Herzberg (Gerhard) *1972:* 5 Moore (Stanford), Stein (William) 8 Anfinsen (Christian) *1973:* 7 Fischer (Ernst) 9 Wilkinson (Geoffrey) *1974:* 5 Flory (Paul) *1975:* 6 Prelog (Vladimir) 9 Cornforth (John) *1976:* 8 Lipscomb (William) *1977:* 9 Prigogine (Ilya) *1978:* 8 Mitchell (Peter) *1979:* 5 Brown (Herbert) 6 Wittig (Georg) *1980:* 4 Berg (Paul) 6 Sanger (Frederick) 7 Gilbert (Walter) *1981:* 5 Fukui (Kenichi) 8 Hoffmann (Roald) *1982:* 4 Klug (Aaron) *1983:* 5 Taube (Henry) *1984:* 10 Merrifield (R. Bruce) *1985:* 5 Karle (Jerome) 8 Hauptman (Herbert) *1986:* 3 Lee (Yuan) 7 Polanyi (John) 10 Herschbach (Dudley) *1987:* 4 Cram (Donald), Lehn (Jean-Marie) 8 Pedersen (Charles) *1988:* 5 Huber (Robert) 6 Michel (Hartmut) 11 Deisenhofer (Johann) *1989:* 4 Cech (Thomas) 6 Altman (Sidney) *1990:* 5 Corey (Elias) *1991:* 5 Ernst (Richard) *1992:* 6 Marcus (Rudolph) *1993:* 5 Smith (Michael) 6 Mullis (Kary) *1994:* 4 Olah (George) *1995:* 6 Molina (Mario) 7 Crutzen (Paul), Rowland (F. Sherwood) *1996:* 4 Curl (Robert) 5 Kroto (Harold) 7 Smalley (Richard) *1997* 4 Skou (Jens) 5 Boyer (Paul) 6 Walker (John) *1998:* 4 Kohn (Walter) 5 Pople (John) *1999:* 6 Zewail (Ahmed) *2000:* 6 Heeger (Alan) 9 Shirakawa (Hideki) 10 MacDiarmid (Alan) *2001:* 6 Noyori (Ryoji) 7 Knowles (William) 9 Sharpless (K. Barry) *2002:* 4 Fenn (John) 6 Tanaka

(Koichi) 8 Wüthrich (Kurt) *2003:* 4 Agre (Peter) 9 MacKinnon (Roderick) *2004:* 4 Rose (Irwin) 7 Hershko (Avram) 11 Ciechanover (Aaron)

economics:

1969: 6 Frisch (Ragnar) 9 Tinbergen (Jan) *1970:* 9 Samuelson (Paul) *1971:* 7 Kuznets (Simon) *1972:* 5 Arrow (Kenneth), Hicks (John) *1973:* 8 Leontief (Wassily) *1974:* 5 Hayek (Friedrich von) 6 Myrdal (Gunnar) *1975:* 8 Koopmans (Tjalling) 11 Kantorovich (Leonid) *1976:* 8 Friedman (Milton) *1977:* 5 Meade (James), Ohlin (Bertil) *1978:* 5 Simon (Herbert) *1979:* 5 Lewis (Arthur) 7 Schultz (Theodore) *1980:* 5 Klein (Lawrence) *1981:* 5 Tobin (James) *1982:* 7 Stigler (George) *1983:* 6 Debreu (Gerard) *1984:* 5 Stone (Richard) *1985:* 10 Modigliani (Franco) *1986:* 8 Buchanan (James) *1987:* 5 Solow (Robert) *1988:* 6 Allais (Maurice) *1989:* 8 Haavelmo (Trygve) *1990:* 6 Miller (Merton), Sharpe (William) 9 Markowitz (Harry) *1991:* 5 Coase (Ronald) *1992:* 6 Becker (Gary) *1993:* 5 Fogel (Robert), North (Douglass) *1994:* 4 Nash (John) 6 Selten (Reinhard) 8 Harsanyi (John) *1995:* 5 Lucas (Robert) *1996:* 7 Vickrey (William) 8 Mirrlees (James) *1998:* 3 Sen (Amartya) *1999:* 7 Mundell (Robert) *2000:* 7 Heckman (James) 8 McFadden (Daniel) *2001:* 6 Spence (Michael) 7 Akerlof (George) 8 Stiglitz (Joseph) *2002:* 5 Smith (Vernon) 8 Kahneman (Daniel) *2003:* 5 Engle (Robert) 7 Granger (Clive) *2004:* 7 Kydland (Finn) 8 Prescott (Edward)

literature:

1901: 9 Prudhomme (Sully) *1902:* 7 Mommsen (Theodor) *1903:* 8 Bjornson (Bjornstjerne) *1904:* 7 Mistral (Frédéric) 9 Echegaray (José) *1905:* 11 Sienkiewicz (Henryk) *1906:* 8 Carducci (Giosue) *1907:* 7 Kipling (Rudyard) *1908:* 6 Eucken (Rudolf) *1909:* 8 Lagerlof (Selma) *1910:* 5 Heyse (Paul) *1911:* 11 Maeterlinck (Maurice) *1912:* 9 Hauptmann (Gerhart) *1913:* 6 Tagore (Rabindranath) *1915:* 7 Rolland (Romain) *1916:* 10 Heidenstam (Verner von) *1917:* 9 Gjellerup (Karl) 11 Pontoppidan (Henrik) *1919:* 9 Spitteler (Carl) *1920:* 6 Hamsun (Knut) *1921:* 6 France (Anatole) *1922:* 9 Benavente (Jacinto) *1923:* 5 Yeats (William Butler) *1924:* 7 Reymont (Wladyslaw) *1925:* 4 Shaw (George Bernard) *1926:* 7 Deledda (Grazia) *1927:* 7 Bergson (Henri) *1928:* 6 Undset (Sigrid) *1929:* 4 Mann (Thomas) *1930:* 5 Lewis (Sinclair) *1931:* 9 Karlfeldt (Erik Axel) *1932:* 10 Galsworthy (John) *1933:* 5 Bunin (Ivan) *1934:* 10 Pirandello (Luigi) *1936:* 6 O'Neill (Eugene) *1937:* 12 Martin du Gard (Roger) *1938:* 4 Buck (Pearl) *1939:* 9 Sillanpää (Frans Eemil) *1944:* 6 Jensen (Johannes) *1945:* 7 Mistral (Gabriela) *1946:* 5 Hesse (Hermann) *1947:* 4 Gide (André) *1948:* 5 Eliot (Thomas Stearns) *1949:* 8 Faulkner (William) *1950:* 7 Russell (Bertrand) *1951:* 10 Lagerkvist (Pär) *1952:* 7 Mauriac (François) *1953:* 9 Churchill (Winston) *1954:* 9 Hemingway (Ernest) *1955:* 7 Laxness (Halldór) *1956:* 7 Jiménez (Juan Ramón) *1957:* 5 Camus (Albert) *1958:* 9 Pasternak (Boris) *1959:* 9 Quasimodo (Salvatore) *1960:* 5 Perse (Saint-John) *1961:* 6 Andric (Ivo) *1962:* 9 Steinbeck (John) *1963:* 7 Seferis (George) *1964:* 6 Sartre (Jean-Paul) *1965:* 9 Sholokhov (Mikhail) *1966:* 5 Agnon (Shmuel Yosef), Sachs (Nelly) *1967:* 8 Asturias (Miguel Angel) *1968:* 8 Kawabata (Yasunari) *1969:* 7 Beckett (Samuel) *1970:* 12 Solzhenitsyn (Alexander) *1971:* 6 Neruda (Pablo) *1972:* 4 Böll (Heinrich) *1973:* 5 White (Patrick) *1974:* 7 Johnson (Eyvind) 9 Martinson (Edmund) *1975:* 7 Montale (Eugenio) *1976:* 6 Bellow (Saul) *1977:* 10 Aleixandre (Vicente) *1978:* 6 Singer (Isaac Bashevis) *1979:* 6 Elytis (Odysseus) *1980:* 6 Milosz (Czeslaw) *1981:* 7 Canetti (Elias) *1982:* 13 García Márquez (Gabriel) *1983:* 7 Golding (William) *1984:* 7 Seifert (Jaroslav) *1985:* 5 Simon (Claude) *1986:* 7 Soyinka (Wole) *1987:* 7 Brodsky (Joseph) *1988:* 7 Mahfouz (Naguib) *1989:* 4 Cela (Camilo José) *1990:* 3 Paz (Octavio) *1991:* 8 Gordimer (Nadine) *1992:* 7 Walcott (Derek) *1993:* 8 Morrison (Toni) *1994:* 2 Oe (Kenzaburo) *1995:* 6 Heaney (Seamus) *1996:* 10 Szymborska (Wislawa) *1997:* 2 Fo (Dario) *1998:* 8 Saramago (José) *1999:* 5 Grass (Günter) *2000:* 3 Gao (Xingjian) 11 Gao Xingjian *2001:* 7 Naipaul (V. S.) *2002:* 7 Kertész (Imre) *2003:* 7 Coetzee (J. M.) *2004:* 7 Jelinek (Elfriede)

peace:

1901: 5 Passy (Frédéric) 6 Dunant (Jean-Henri) *1902:* 5 Gobat (Charles Albert) 8 Ducommun (Elie) *1903:* 6 Cremer (William) *1905:* 7 Suttner (Bertha von) *1906:* 9 Roosevelt (Theodore) *1907:* 6 Moneta (Ernesto)

7 Renault (Louis) *1908:* 5 Bajer (Fredrik) 9 Arnoldson (Klas Pontus) *1909:* 9 Beernaert (Auguste) 13 d'Estournelles (Paul) *1911:* 5 Asser (Tobias), Fried (Alfred) *1912:* 4 Root (Elihu) *1913:* 10 La Fontaine (Henri) *1919:* 6 Wilson (Woodrow) *1920:* 9 Bourgeois (Léon) *1921:* 5 Lange (Christian Louis) 8 Branting (Karl Hjalmar) *1922:* 6 Nansen (Fridtjof) *1925:* 5 Dawes (Charles) 11 Chamberlain (Austen) *1926:* 6 Briand (Aristide) 10 Stresemann (Gustav) *1927:* 6 Quidde (Ludwig) 7 Buisson (Ferdinand) *1929:* 7 Kellogg (Frank) *1930:* 9 Soderblom (Nathan) *1931:* 6 Addams (Jane), Butler (Nicholas Murray) *1933:* 6 Angell (Norman) *1934:* 9 Henderson (Arthur) *1935:* 9 Ossietzky (Carl von) *1936:* 13 Saavedra Lamas (Carlos de) *1937:* 5 Cecil (Robert) *1945:* 4 Hull (Cordell) *1946:* 4 Mott (John) 5 Balch (Emily Greene) *1949:* 3 Orr (John Boyd) *1950:* 6 Bunche (Ralph) *1951:* 7 Jouhaux (Léon) *1952:* 10 Schweitzer (Albert) *1953:* 8 Marshall (George) *1957:* 7 Pearson (Lester) *1958:* 4 Pire (Dominique Georges) *1959:* 9 Noel-Baker (Philip) *1960:* 7 Luthuli (Albert John) *1961:* 12 Hammarskjold (Dag) *1962:* 7 Pauling (Linus) *1964:* 4 King (Martin Luther) *1968:* 6 Cassin (René) *1970:* 7 Borlaug (Norman) *1971:* 6 Brandt (Willy) *1973:* 8 Le Duc Tho 9 Kissinger (Henry) *1974:* 4 Sato (Eisaku) 8 MacBride (Sean) *1975:* 8 Sakharov (Andrey) *1976:* 8 Corrigan (Mairead), Williams (Betty) *1978:* 5 Begin (Menachem), Sadat (Anwar el-) *1979:* 12 Mother Teresa *1980:* 8 Esquivel (Adolfo Pérez) *1982:* 6 Myrdal (Alva) 12 García Robles (Alfonso) *1983:* 6 Walesa (Lech) *1984:* 4 Tutu (Desmond) *1986:* 6 Wiesel (Elie) *1987:* 12 Arias Sánchez (Oscar) *1989:* 9 Dalai Lama *1990:* 9 Gorbachev (Mikhail) *1991:* 13 Aung San Suu Kyi *1992:* 6 Menchú (Rigoberta) *1993:* 7 de Klerk (F. W.), Mandela (Nelson) *1994:* 5 Peres (Shimon), Rabin (Yitzhak) 6 Arafat (Yasir) *1995:* 7 Rotblat (Joseph) *1996:* 10 Ramos-Horta (José) 11 Ximenes Belo (Carlos Felipe) *1997:* 8 Williams (Jody) *1998:* 4 Hume (John) 7 Trimble (David) *2000:* 3 Kim (Dae-jung) 10 Kim Dae-jung *2001:* 5 Annan (Kofi) *2002:* 6 Carter (Jimmy) *2003:* 5 Ebadi (Shirin) *2004:* 7 Maathai (Wangari)

physics:

1901: 8 Roentgen (Wilhelm) *1902:* 6 Zeeman (Pieter) 7 Lorentz (Hendrik Antoon) *1903:* 5 Curie (Marie, Pierre) 9 Becquerel (Antoine-Henri) *1904:* 6 Strutt (John) 8 Rayleigh (Lord) *1905:* 6 Lenard (Philipp von) *1906:* 7 Thomson (Joseph) *1907:* 9 Michelson (Albert) *1908:* 8 Lippmann (Gabriel) *1909:* 5 Braun (Karl) 7 Marconi (Guglielmo) *1910:* 11 van der Waals (Johannes) *1911:* 4 Wien (Wilhelm) *1912:* 5 Dalen (Nils) *1914:* 4 Laue (Max von) *1915:* 5 Bragg (William) *1917:* 6 Barkla (Charles) *1918:* 6 Planck (Max) *1919:* 5 Stark (Johannes) *1920:* 9 Guillaume (Charles) *1921:* 8 Einstein (Albert) *1922:* 4 Bohr (Niels) *1923:* 8 Millikan (Robert) *1924:* 8 Siegbahn (Karl) *1925:* 5 Hertz (Gustav) 6 Franck (James) *1926:* 6 Perrin (Jean-Baptiste) *1927:* 6 Wilson (Charles) 7 Compton (Arthur) *1928:* 10 Richardson (Owen) *1929:* 7 Broglie (Louis-Victor de) *1930:* 5 Raman (Chandrasekhara) *1932:* 10 Heisenberg (Werner) *1933:* 5 Dirac (Paul) 11 Schrödinger (Erwin) *1935:* 8 Chadwick (James) *1936:* 4 Hess (Victor) 8 Anderson (Carl) *1937:* 7 Thomson (George) 8 Davisson (Clinton) *1938:* 5 Fermi (Enrico) *1939:* 8 Lawrence (Ernest) *1943:* 5 Stern (Otto) *1944:* 4 Rabi (Isidor Isaac) *1945:* 5 Pauli (Wolfgang) *1946:* 8 Bridgman (Percy) *1947:* 8 Appleton (Edward) *1948:* 8 Blackett (Patrick) *1949:* 6 Yukawa (Hideki) *1950:* 6 Powell (Cecil) *1951:* 6 Walton (Ernest) 9 Cockcroft (John) *1952:* 5 Bloch (Felix) 7 Purcell (Edward) *1953:* 7 Zernike (Frits) *1954:* 4 Born (Max) 5 Bothe (Walther) *1955:* 4 Lamb (Willis) 5 Kusch (Polykarp) *1956:* 7 Bardeen (John) 8 Brattain (Walter), Shockley (William) *1957:* 3 Lee (Tsung Dao) 4 Yang (Chen Ning) *1958:* 4 Tamm (Igor) 5 Frank (Ilya) 9 Cherenkov (Pavel) *1959:* 5 Segrè (Emilio) 11 Chamberlain (Owen) *1960:* 6 Glaser (Donald) *1961:* 9 Mossbauer (Rudolf) 10 Hofstadter (Robert) *1962:* 6 Landau (Lev) *1963:* 5 Mayer (Maria) 6 Jensen (J. Hans), Wigner (Eugene) *1964:* 5 Basov (Nikolay) 6 Townes (Charles) 9 Prochorov (Alexander) *1965:* 7 Feynman (Richard) 8 Tomonaga (Shinichiro) 9 Schwinger (Julian) *1966:* 7 Kastler (Alfred) *1967:* 5 Bethe (Hans) *1968:* 7 Alvarez (Luis) *1969:* 8 Gell-Mann (Murray) *1970:* 4 Néel (Louis) 6 Alfven (Hannes) *1971:* 5 Gabor (Dennis) *1972:* 6 Cooper (Leon) 7 Bardeen (John) 10 Schrieffer

(John) *1973:* 5 Esaki (Leo) 7 Giaever (Ivar) 9 Josephson (Brian) *1974:* 4 Ryle (Martin) 6 Hewish (Antony) *1975:* 4 Bohr (Aage) 9 Mottelson (Ben), Rainwater (L. James) *1976:* 4 Ting (Samuel) 7 Richter (Burton) *1977:* 4 Mott (Nevill) 8 Anderson (Philip), Van Vleck (John) *1978:* 6 Wilson (Robert) 7 Kapitsa (Pyotr), Penzias (Arno) *1979:* 5 Salam (Abdus) 7 Glashow (Sheldon) 8 Weinberg (Steven) *1980:* 5 Fitch (Val) 6 Cronin (James) *1981:* 8 Schawlow (Arthur), Siegbahn (Kai) 11 Bloembergen (Nicholaas) *1982:* 6 Wilson (Kenneth) *1983:* 6 Fowler (William) 13 Chandrasekhar (Subrahmanyan) *1984:* 6 Rubbia (Carlo) 11 van der Meere (Simon) *1985:* 8 Klitzing (Klaus von) *1986:* 5 Ruska (Ernst) 6 Binnig (Gerd), Rohrer (Heinrich) *1987:* 6 Müller (K. Alex) 7 Bednorz (J. Georg) *1988:* 8 Lederman (Leon), Schwartz (Melvin) 11 Steinberger (Jack) *1989:* 4 Paul (Wolfgang) 6 Ramsey (Norman) 7 Dehmelt (Hans) *1990:* 6 Taylor (Richard) 7 Kendall (Henry) 8 Friedman (Jerome) *1991:* 8 De Gennes (Pierre-Gilles) *1992:* 7 Charpak (Georges) *1993:* 5 Hulse (Russell) 6 Taylor (Joseph) *1994:* 5 Shull (Clifford) 10 Brockhouse (Bertram) *1995:* 4 Perl (Martin) 6 Reines (Frederick) *1996:* 3 Lee (David) 8 Osheroff (Douglas) 10 Richardson (Robert) 3 Chu (Steven) 8 Phillips (William) 14 Cohen-Tannoudji (Claude) *1998:* 4 Tsui (Daniel) 7 Störmer (Horst) 8 Laughlin (Robert) *1999:* 6 't Hooft (Gerardus) 7 Veltman (Martinus) *2000:* 5 Kilby (Jack) 7 Alferev (Zhores), Kroemer (Herbert) *2001:* 6 Wieman (Carl) 7 Cornell (Eric) 8 Ketterle (Wolfgang) *2002:* 5 Davis (Raymond) 7 Koshiba (Masatoshi) 8 Giacconi (Riccardo) *2003:* 7 Leggett (Anthony) 8 Ginzburg (Vitaly) 9 Abrikosov (Alexei) *2004:* 5 Gross (David) 7 Wilczek (Frank) 8 Politzer (David)

physiology or medicine:
1901: 7 Behring (Emil von) *1902:* 4 Ross (Ronald) *1903:* 6 Finsen (Niels Ryberg) *1904:* 6 Pavlov (Ivan) *1905:* 4 Koch (Robert) *1906:* 5 Golgi (Camillo) 11 Ramón y Cajal (Santiago) *1907:* 7 Laveran (Alphonse) *1908:* 7 Ehrlich (Paul) 11 Metchnikoff (Elie) *1909:* 6 Kocher (Emil) *1910:* 6 Kossel (Albrecht) *1911:* 10 Gullstrand (Allvar) *1912:* 6 Carrel (Alexis) *1913:* 6 Richet (Charles) *1914:* 6 Barany (Robert) *1919:* 6 Bordet (Jules) *1920:* 5 Krogh (August) *1922:* 4 Hill (Archibald) 8 Meyerhof (Otto) *1923:* 7 Banting (Frederick), Macleod (John) *1924:* 9 Einthoven (Willem) *1926:* 7 Fibiger (Johannes) *1927:* 13 Wagner-Jauregg (Julius) *1928:* 7 Nicolle (Charles) *1929:* 7 Eijkman (Christiaan), Hopkins (Frederick) *1930:* 11 Landsteiner (Karl) *1931:* 7 Warburg (Otto) *1932:* 6 Adrian (Edgar) 11 Sherrington (Charles) *1933:* 6 Morgan (Thomas) *1934:* 5 Minot (George) 6 Murphy (William) 7 Whipple (George) *1935:* 7 Spemann (Hans) *1936:* 4 Dale (Henry) 5 Loewi (Otto) *1937:* 12 Szent-Györgyi (Albert) *1938:* 7 Heymans (Corneille) *1939:* 6 Domagk (Gerhard) *1943:* 3 Dam (Henrik) 5 Doisy (Edward) *1944:* 6 Gasser (Herbert) 8 Erlanger (Joseph) *1945:* 5 Chain (Ernst) 6 Florey (Howard) 7 Fleming (Alexander) *1946:* 6 Muller (Hermann) *1947:* 4 Cori (Carl, Gerty) 7 Houssay (Bernardo) *1948:* 7 Mueller (Paul) *1949:* 4 Hess (Walter) 5 Moniz (Antonio) *1950:* 5 Hench (Philip) 7 Kendall (Edward) 10 Reichstein (Tadeus) *1951:* 7 Theiler (Max) *1952:* 7 Waksman (Selman) *1953:* 5 Krebs (Hans) 7 Lipmann (Fritz) *1954:* 6 Enders (John), Weller (Thomas) 7 Robbins (Frederick) *1955:* 8 Theorell (Hugo) *1956:* 8 Cournand (André), Richards (Dickinson) 9 Forssmann (Werner) *1957:* 5 Bovet (Daniel) *1958:* 5 Tatum (Edward) 6 Beadle (George) 9 Lederberg (Joshua) *1959:* 5 Ochoa (Severo) 8 Kornberg (Arthur) *1960:* 6 Burnet (Macfarlane) 7 Medawar (Peter) *1961:* 6 Bekesy (Georg von) *1962:* 5 Crick (Francis) 6 Watson (James) 7 Wilkins (Maurice) *1963:* 6 Eccles (John), Huxley (Andrew) 7 Hodgkin (Alan) *1964:* 5 Bloch (Konrad), Lynen (Feodor) *1965:* 5 Jacob (Francois), Monod (Jacques) 5 Lwoff (André) *1966:* 4 Rous (Francis) 7 Huggins (Charles) *1967:* 4 Wald (George) 6 Granit (Ragnar) 8 Hartline (H. Keffer) *1968:* 6 Holley (Robert) 7 Khorana (H. Gobind) 9 Nirenberg (Marshall) *1969:* 5 Luria (Salvador) 7 Hershey (Alfred) 8 Delbruck (Max) *1970:* 4 Katz (Bernard) 5 Euler (Ulf von) 7 Axelrod (Julius) *1971:* 10 Sutherland (Earl) *1972:* 6 Porter (Rodney) 7 Edelman (Gerald) *1973:* 6 Frisch (Karl von), Lorenz (Konrad) 9 Tinbergen (Nikolaas) *1974:* 4 Duve (Christian)

6 Claude (Albert), Palade (George) *1975:* 5 Temin (Howard) 8 Dulbecco (Renato) 9 Baltimore (David) *1976:* 8 Blumberg (Baruch), Gajdusek (D. Carleton) *1977:* 5 Yalow (Rosalyn) 7 Schally (Andrew) 9 Guillemin (Roger) *1978:* 5 Arber (Werner), Smith (Hamilton) 7 Nathans (Daniel) *1979:* 7 Cormack (Allan) 10 Hounsfield (Godfrey) *1980:* 5 Snell (George) 7 Dausset (Jean) 10 Benacerraf (Baruj) *1981:* 5 Hubel (David) 6 Sperry (Roger), Wiesel (Torsten) *1982:* 4 Vane (John) 9 Bergstrom (Sune) 10 Samuelsson (Bengt) *1983:* 10 McClintock (Barbara) *1984:* 5 Jerne (Niels) 7 Koehler (Georges) 8 Milstein (Cesar) *1985:* 5 Brown (Michael) 9 Goldstein (Joseph) *1986:* 5 Cohen (Stanley) 14 Levi-Montalcini (Rita) *1987:* 8 Tonegawa (Susumu) *1988:* 5 Black (James), Elion (Gertrude) 9 Hitchings (George) *1989:* 6 Bishop (J. Michael), Varmus (Harold) *1990:* 6 Murray (Joseph), Thomas (E. Donnall) *1991:* 5 Neher (Erwin) 7 Sakmann (Bert) *1992:* 5 Krebs (Edwin) 7 Fischer (Edmond) *1993:* 5 Sharp (Phillip) 7 Roberts (Richard) *1994:* 6 Gilman (Alfred) 7 Rodbell (Martin) *1995:* 5 Lewis (Edward) 9 Wieschaus (Eric) 15 Nüsslein-Volhard (Christiane) *1996:* 7 Doherty (Peter) 11 Zinkernagel (Rolf) *1997:* 8 Prusiner (Stanley) *1998:* 5 Murad (Ferid) 7 Ignarro (Louis) 9 Furchgott (Robert) *1999:* 6 Blobel (Günter) *2000:* 6 Kandel (Eric) 8 Carlsson (Arvid) 9 Greengard (Paul) *2001:* 4 Hunt (Tim) 5 Nurse (Paul) 8 Hartwell (Leland) *2002:* 7 Brenner (Sydney), Horvitz (Robert), Sulston (John) *2003:* 9 Lauterbur (Paul), Mansfield (Peter) 4 Axel (Richard), Buck (Linda)

Nobel's invention 8 dynamite

nobility 6 virtue 7 dignity, peerage, royalty 8 eminence, noblesse 9 loftiness 10 exaltation, excellence, worthiness 11 aristocracy, superiority, uprightness

noble 4 peer 5 grand, lofty, moral 6 august, lordly, titled, worthy 7 courtly, eminent, exalted, notable, stately, sublime, upright 8 baronial, elevated, generous, gracious, heroical, highborn, highbred, imposing, magnific, majestic, princely, sterling, virtuous, wellborn 9 dignified, estimable, excellent, grandiose, honorable, righteous 10 high-minded, impressive, principled 11 illustrious, magnanimous, magnificent, outstanding, right-minded 12 aristocratic

nobleman 4 duke, earl, peer 5 baron, count 6 prince 7 baronet, marquis 8 marquess, viscount *French:* 5 comte 7 vicomte *German:* 4 Graf 8 margrave 9 landgrave *Indian:* 6 sardar, sirdar 8 maharaja 9 maharajah *Italian:* 8 marchese *Japanese (former):* 6 daimyo *Scandinavian:* 4 jarl *Spanish:* 7 hidalgo

noblewoman 4 lady 7 baronne, duchess, peeress 8 baroness, countess, princess 11 marchioness, viscountess *French:* 8 marquise *Italian:* 8 marchesa

nobody 4 zero 6 cipher 7 nothing, nullity, upstart 9 nonentity 11 lightweight, small potato

nocturnal 7 nightly 9 nighttime

nocuous 3 bad 6 nocent 7 harmful, hurtful 8 damaging 9 injurious 11 deleterious, destructive, detrimental, mischievous

nod 3 bob, err 4 doze, okay 5 agree, droop, slump 6 assent, invite, signal 7 approve 8 approval 10 acceptance

nodding 6 casual, slight 7 passing 8 drooping 9 pendulous 11 superficial

noddle 3 nob, nut 4 bean, head, pate, poll 6 noggin

noddy 3 oaf 4 boob, clod, dodo, dolt, dope, fool, goof, mutt, simp, yo-yo 5 chump, dummy, dunce, moron, ninny, stupe 6 dimwit, donkey, dumdum 7 airhead, dullard, pinhead, schnook 8 bonehead, clodpoll, dumbbell, dumbhead, imbecile, lunkhead, meathead, numskull 9 birdbrain, blockhead, ignoramus, lamebrain, numbskull, simpleton, thickhead 10 dunderhead, hammerhead, nincompoop 11 chowderhead, chucklehead, knucklehead

node 4 bump, burl, knob, knot, lump, mass 5 bulge, point 6 growth, vertex 8 swelling 11 enlargement, predicament 12 entanglement, protuberance

Noel 4 Xmas 5 carol 9 Christmas

nog 3 ale 4 beer, brew, malt, suds 5 lager, stout

noggin 3 cup, mug, nip, nob, nut 4 bean, gill, head, pate, poll 6 noddle, noodle

no-good 3 bum, dud 4 base, vile, worm 5 loser 6 scurvy, wretch 7 dirtbag, inutile, lowlife, rounder, wastrel 8 deadbeat, shameful, unworthy, wretched 9 no-account, valueless, worthless 10 ne'er-do-well, profligate, scapegrace 11 ignominious 12 contemptible, disreputable 13 reprehensible

noise 3 din 4 blab, talk 5 babel, rumor,

sound **6** clamor, gossip, hubbub, racket, ruckus, rumpus, tattle, uproar **7** ruction, sonance, stridor **8** resonant **11** pandemonium

noiseless **4** hush, mute **5** muted, quiet, still, whist **6** hushed, silent, stilly **9** soundless

noisemaker **4** horn **6** rattle **7** clapper

noisome **4** foul, rank, vile **5** fetid, funky, fusty, musty, nasty **6** filthy, horrid, putrid, rancid, smelly **7** harmful, noxious, squalid **8** stinking **9** obnoxious, offensive, repulsive, revolting, sickening **10** disgusting, malodorous, nauseating

noisy **4** loud **5** rowdy **7** blatant, booming, clamant, rackety, raucous, squeaky **8** clattery, strident **9** clamorous, deafening, turbulent **10** boisterous, chattering, clangorous, tumultuous, uproarious, vociferous **11** conspicuous **12** earsplitting, obstreperous

nomad **5** gypsy, rover **7** migrant, rambler **8** vagabond, wanderer ***Arabic:*** **7** bedouin

nomadic **5** gypsy **6** roving **7** roaming, vagrant **8** drifting, vagabond **9** itinerant, migratory, wandering, wayfaring **11** peripatetic **13** perambulatory

nom de plume see PEN NAME

nomen **4** name **7** moniker **11** appellation, designation

nomenclature **4** list, name **7** catalog **8** glossary, taxonomy **11** appellation, designation, phraseology, terminology **12** codification

nominal **3** low **5** given, named, rated, small **6** formal, puppet **7** alleged, minimal, seeming, titular **8** apparent, so-called, trifling **9** pretended, professed **10** ostensible **11** approximate, inexpensive **12** satisfactory, substantival **13** insignificant

nominate **3** tap **4** call, name **5** offer, put up **7** appoint, propose, suggest **9** designate, recommend

nominee **6** choice **8** aspirant **9** candidate, contender **10** contestant

nonage **5** youth **7** infancy **8** minority **9** childhood **10** immaturity, juvenility

nonchalant **4** cool, easy **5** blase **6** casual, mellow, serene **7** offhand **8** carefree, careless, cheerful, composed, laid-back **9** collected, easygoing, incurious, unruffled **10** effortless, insouciant, untroubled **11** indifferent, unconcerned, unflappable, unperturbed **12** lighthearted **13** dispassionate, imperturbable, lackadaisical

noncommittal **7** neutral **8** reserved **9** impassive **10** disengaged

nonconformist **5** rebel **7** beatnik, heretic, oddball, offbeat, radical **8** bohemian, maverick **9** dissenter, dissident, eccentric, heretical, heterodox, protester, sectarian **10** schismatic, separatist, unorthodox **11** misbeliever, schismatist

nonconformity **6** heresy, schism **7** dissent **9** misbelief, recusancy **10** dissidence, heterodoxy, opposition **11** unorthodoxy **12** disaffection **13** individualism, noncompliance

nonentity **4** zero **5** aught, zilch **6** cipher, nobody **7** nothing, nullity, whiffet **8** unperson **10** figurehead, mouthpiece

nonesuch **5** ideal **7** epitome, paragon, pattern **8** exemplar, paradigm, standard **9** archetype, matchless, nonpareil, unequaled, unrivaled

nonetheless **3** yet **5** still **6** anyway, though, withal **7** howbeit, however **8** although, after all **10** regardless **11** still and all

nonexistence **4** nada, void **7** nullity, vacuity **11** nothingness

nonflammable **9** fireproof **10** unburnable **13** incombustible

non-Hawaiian **5** haole

non-Jewish **3** goy **6** goyish **7** gentile

non-Muslim **6** giaour

no-nonsense **5** grave, sober **6** solemn **7** earnest, serious **8** resolute **9** pragmatic, realistic **10** determined, hardheaded, sobersided **11** plainspoken **12** businesslike **13** unsentimental

nonpareil see NONESUCH

nonpartisan **7** neutral **8** unbiased **9** equitable, impartial, objective, uncolored **10** nonaligned **11** independent **12** unprejudiced

nonplus **4** faze **5** stump **6** baffle, boggle, muddle, puzzle, rattle, stymie **7** buffalo, confuse, dilemma, flummox, fluster, mystify, perplex, stagger **8** bewilder, confound, distract, overcome, paralyze, quandary **9** discomfit, dumbfound, frustrate **10** disconcert

nonresistant **6** docile, pliant **7** passive, pliable **8** resigned, yielding **9** complying, tractable **10** conforming, submissive **11** acquiescent, conformable **13** accommodating

nonsense **3** rot **4** blah, bosh, bull, bunk, crap, gook, guff, jazz, punk, tosh **5** bilge, crock, drool, folly, fudge, Greek, hokum, hooey, trash **6** babble, blague, bunkum, drivel, hot air, humbug, jabber, piffle **7** baloney, blather, eyewash, flubdub, foolery, fooling, hogwash, inanity, rubbish, trifles, twaddle **8** buncombe, claptrap, falderal, folderol, flimflam, malarkey, pishposh, slipslop, tommyrot, trumpery **9** gibberish, moonshine, poppycock **10** applesauce, balderdash, double-talk, flapdoodle, tomfoolery **11** jabberwocky **12** blatherskite, fiddle-faddle, fiddlesticks **13** horsefeathers ***British:*** **10** codswallop

nonsensical **5** crazy, daffy, flaky, goofy, inane, kooky, loony, nutty, silly, wacky **6** absurd, screwy **7** foolish, idiotic, risible **9** illogical, laughable, ludicrous, senseless **10** irrational **12** preposterous, unreasonable

nonviolent **6** irenic **7** pacific **8** pacifist **9** peaceable **10** pacifistic

noodle **3** oaf **4** bean, boob, clod, dodo, dope, goof, head, mutt, poll, simp, yo-yo **5** chump, dummy, dunce, idiot, moron, ninny, noddy, stupe **6** dimwit, donkey, dum-dum, nitwit, noggin **7** airhead, dullard, pinhead, schnook **8** bonehead, clodpoll, dumbbell, dumbhead, imbecile, lunkhead, meathead, numskull **9** birdbrain, blockhead, ignoramus, lamebrain, numbskull, simpleton **10** dunderhead, hammerhead, nincompoop **11** chowderhead, chucklehead, knucklehead

nook **3** bay **4** cove **5** hutch, niche **6** alcove, cavity, corner, cranny, recess **9** cubbyhole **11** compartment

noose **3** tie **4** bait, bind, hang, loop, lure, trap **5** lasso, snare **6** entrap, secure

norm **3** par **4** mean, rule, type **5** gauge, maxim, model **6** median **7** average, measure, pattern **8** paradigm, standard **9** benchmark, criterion **10** touchstone

Norma ***composer:*** **7** Bellini (Vincenzo) ***librettist:*** **6** Romani (Felice)

normal **4** sane **5** usual **6** common **7** average, general, natural, regular, typical **8** ordinary, standard **9** customary, prevalent **11** commonplace, traditional **12** conventional **13** perpendicular

Normandy's capital **5** Rouen

Norns **5** fates, Skuld, Urdur **9** Verthandi

Norris novel **3** Pit (The) **4** Blix **7** Octopus (The) **8** McTeague

Norse ***abode of the dead:*** **8** Niflheim ***alphabet:*** **5** Runic ***archer:*** **4** Egil ***bard:*** **5** scald, skald ***chieftain:*** **4** jarl, Rolf **5** Rollo ***demon:*** **4** Mara, Surt **5** Surtr ***dragon:*** **6** Fafnir **8** Nithhogg ***epic:*** **4** Edda ***explorer:*** **4** Erik, Leif **8** Ericsson (Leif), Eriksson (Leif) ***first man:*** **3** Ask **4** Askr ***first woman:*** **5** Embla ***giant:*** **4** Egil, Wade, Wate, Ymer, Ymir **5** Aegir, Egill, Hymir, Jotun, Mimir **6** Fafnir, Jotunn ***giantess:*** **4** Egia, Norn, Nott ***god:*** **3** Asa, Ass **4** Surt, Vali, Vili **5** Aesir (plural), Surtr, Vanir (plural) **6** Hoenir, Vithar **7** Vitharr ***blind:*** **4** Hoth **5** Hoder, Hodur, Hothr ***chief:*** **4** Odin **5** Othin, Wodan, Woden, Wotan ***guardian:*** **7** Heimdal **8** Heimdall **9** Heimdallr ***messenger:*** **6** Hermod **7** Hermodr ***of beauty:*** **5** Baldr **6** Balder, Baldur ***of evil:*** **4** Loke, Loki ***of fertility:*** **4** Frey **5** Freyr ***of justice:*** **7** Forsete, Forseti ***of light:*** **3** Dag ***of peace:*** **5** Baldr **6** Balder, Baldur ***of poetry:*** **5** Brage, Bragi ***of the hunt:*** **3** Ull **4** Ullr ***of the seas:*** **5** Njord **6** Njoerd, Njorth **4** Hler **5** Aegir, Gymir ***of the sky:*** **4** Odin **5** Othin ***of thunder:*** **4** Thor **5** Donar ***of war:*** **3** Tiu, Tiw, Tyr, Zio, Ziu ***wolf:*** **6** Fenrir ***goddess:*** **3** dis **4** Saga **5** disir (plural) **7** Asynjur ***of fate:*** **3** Urd **4** Norn, Urth, Wyrd **5** Skuld **9** Verthandi ***of healing:*** **3** Eir ***of love:*** **5** Freya ***of marriage:*** **5** Frigg **6** Frigga ***of night:*** **4** Natt, Nott ***of storms:*** **3** Ran ***of the earth:*** **5** Joerd, Jorth ***of the moon:*** **5** Nanna ***of the sea:*** **3** Ran ***of the sky:*** **5** Frigg **6** Frigga ***of the underworld:*** **3** Hel **4** Hela ***of youth:*** **4** Idun **5** Ithun **6** Ithunn ***gods' abode:*** **6** Asgard ***hall of heroes:*** **8** Valhalla ***king:*** **4** Atli, Olaf ***nobleman:*** **4** jarl ***patron saint:*** **4** Olaf ***poem:*** **4** rune ***poet:*** **5** scald, skald ***rainbow bridge:*** **7** Bifrost ***sea serpent:*** **4** Wade, Wate **6** kraken **7** Midgard ***smith:*** **6** Völund ***tale:*** **4** saga ***toast:*** **5** skoal ***watchdog:*** **4** Garm **5** Garmr ***world's destruction:*** **8** Ragnarok ***world tree:*** **8** Ygdrasil **10** Yggdrasill

north ***combining form:*** **4** arct **5** arcto

North African ***country:*** **5** Egypt, Libya **7** Algeria, Morocco, Tunisia ***fruit:*** **3** fig **4** date ***garment:*** **4** haik ***grass:*** **4** alfa **7** esparto ***jackal:*** **4** dieb ***language:*** **6** Arabic, Berber ***Muslim sect:*** **6** Sanusi **7** Senussi ***people:*** **6** Berber, Hamite **7** bedouin ***seaport:*** **4** Oran, Sfax **6** Annaba **7** Tangier **10** Casablanca

North America ***country:*** **6** Canada, Mexico, Panama **8** Honduras **9** Costa Rica, Guatemala, Nicaragua **10** El Salvador **12** United States

North Carolina ***capital:*** **7** Raleigh ***city:*** **6** Durham **9** Asheville, Charlotte **10** Greensboro **12** Winston-Salem ***college, university:*** **4** Duke, Elon **10** Wake Forest ***mountain, range:*** **8** Mitchell **9** Blue Ridge **10** Great Smoky ***nickname:*** **7** Tar Heel (State) ***state bird:*** **8** cardinal ***state flower:*** **7** dogwood ***state tree:*** **4** pine

North Dakota ***capital:*** **8** Bismarck ***city:*** **5** Fargo, Minot **10** Grand Forks ***nickname:*** **5** Sioux (State) **11** Flickertail (State) ***river:*** **3** Red **8** Missouri ***state bird:***

10 meadowlark ***state flower:*** 11 prairie rose ***state tree:*** 3 elm (American)

northern 4 pike 6 boreal 11 hyperborean

Northern Mariana Islands ***commonwealth of:*** 12 United States ***discoverer:*** 8 Magellan (Ferdinand) ***island:*** 4 Rota 6 Saipan, Tinian

North Star State 9 Minnesota

Northwest Passage author 7 Roberts (Kenneth)

Northwest Territories ***capital:*** 11 Yellowknife ***gulf:*** 8 Amundsen ***island:*** 5 Banks 8 Victoria ***lake:*** 9 Great Bear 10 Great Slave ***river:*** 9 Mackenzie ***sea:*** 8 Beaufort

north wind see at WIND

Norway ***Arctic region:*** 7 Lapland ***cape:*** 7 Nordkyn ***capital:*** 4 Oslo ***city:*** 6 Bergen 9 Stavanger, Trondheim ***inlet:*** 9 Skagerrak ***island:*** 5 Senja 6 Sørøya 8 Magerøya, Steinsøy 10 Nord-Kvaløy, Ringvassøy ***island group:*** 7 Lofoten 10 Vesterålen ***lake:*** 5 Mjøsa ***monetary unit:*** 5 krone ***mountain range:*** 6 Kjølen 11 Jotunheimen ***neighbor:*** 6 Russia, Sweden 7 Finland ***part of:*** 11 Scandinavia ***port:*** 5 Vardø 6 Tromsø 8 Kirkenes 10 Hammerfest ***river:*** 4 Tana 5 Glåma, Lågen 9 Dramselva ***sea:*** 5 North

Norwegian ***goblin:*** 5 nisse ***language:*** 5 Norse 6 Bokmal 7 Bokmaal, Nynorsk, Riksmal 8 Landsmal, Riksmaal 9 Landsmaal

nose 3 pry 4 beak, bent, bump, gift, head, poke 5 aroma, flair, knack, scent, smell, sniff, snift, snoop, snoot, snout, snuff 6 genius, muzzle, nuzzle, talent 7 aptness, faculty, smeller, sneezer 8 smell out 9 olfaction, proboscis, schnozzle ***French:*** 3 nez ***kind:*** 3 pug 5 Roman 8 aquiline ***lengthener:*** 3 lie ***opening:*** 7 nostril

nosebleed 9 epistaxis

nosedive 4 drop, fall 6 header, plunge 7 plummet

nosegay 4 posy 6 flower 7 bouquet, corsage 11 boutonniere

nosh 4 bite 5 graze, munch, snack 6 nibble

Nostradamus 7 prophet

Nostromo author 6 Conrad (Joseph)

nostrum 4 cure 6 elixir, remedy 7 cure-all, panacea 8 antidote, medicine 10 catholicon, corrective 11 restorative

nosy 6 prying, snoopy 7 curious, peeping 8 snooping 9 intrusive 11 inquisitive, inquisitory

notability 3 VIP 4 lion, star 5 celeb, chief 6 leader, worthy 7 big name, big shot 8 big-timer, eminence, luminary, presence, somebody 9 celebrity, chieftain, dignitary, personage, superstar 11 personality

notable 3 VIP 4 star 5 celeb, chief, famed, mogul, nabob, power 6 big boy, biggie, big gun, bigwig, famous, fat cat, leader, prince 7 big name, big shot, eminent, magnate, pooh-bah 8 big chief, big-timer, big wheel, eminence, luminary, renowned, somebody, striking 9 big cheese, celebrity, character, dignitary, distingué, personage, prominent, superstar 10 celebrated, celebrious, noteworthy, remarkable 11 conspicuous, heavyweight, illustrious, muckety-muck, personality 13 distinguished, high-muck-a-muck

notarize 7 certify, endorse 8 validate 12 authenticate

notch 3 cut, gap, jag 4 gash, mark, nick, nock, rung, slit, step 5 cleft, grade, score, stage 6 degree, groove, indent, rabbet, record 7 achieve, scratch 8 incision, undercut 11 indentation

note 3 jot 4 bond, chit, heed, mark, memo, show, sign, tone 5 catch, sound, token 6 letter, notice, record, regard 7 comment, discern, jotting, missive, observe, promise, set down 8 eminence, indicate, perceive, reminder 9 attention, knowledge 10 cognizance, commentary, memorandum, observance, reputation 11 distinction, distinguish, observation

notebook 3 log 5 diary 7 journal

noted 6 famous 7 eminent, leading, popular 8 esteemed, renowned, striking 9 acclaimed, prominent, well-known 10 celebrated, recognized, remarkable 11 illustrious 13 distinguished

noteworthy 7 salient 8 singular, striking 9 arresting, bodacious, memorable, prominent, red-letter 10 impressive, meaningful, remarkable 11 conspicuous, exceptional, high-profile, major-league, outstanding, significant 12 considerable 13 extraordinary

nothing 3 nil, nix 4 zero 5 aught, nihil, zilch 6 cipher, naught, nobody, nought, trifle 7 nullity, whiffet 8 goose egg, whipster 9 no-account, nonentity ***French:*** 4 rien ***German:*** 6 nichts ***Latin:*** 5 nihil ***Spanish:*** 4 nada

nothingness 4 nada, void 5 death 6 vacuum 7 nullity, vacuity 9 emptiness 12 nonexistence

notice 3 see 4 espy, heed, mark, memo 5 catch, sight 6 descry, regard, review 7 discern, observe, respect 8 handbill, perceive 9 attention, directive, recognize 10 cognizance, evaluation 11 declaration, information, observation **12** announcement, proclamation **13** communication

noticeable 6 marked, patent, signal **7** evident, obvious, pointed, salient **8** apparent, manifest, striking **9** arresting, prominent **10** noteworthy, observable, remarkable **11** appreciable, conspicuous, eye-catching, outstanding, perceptible, significant **12** unmistakable

notify 3 cue **4** tell, warn **5** alert, brief **6** advise, clue in, fill in, inform **7** apprise **8** acquaint **9** enlighten

notion 4 clue, hint, idea, whim **5** fancy **6** belief, maggot, theory, vagary **7** caprice, conceit, concept, inkling, thought **8** crotchet **10** conception, impression, intimation, perception **11** inclination

notional 5 ideal **6** unreal **7** fancied, fictive **8** fanciful, illusory, imagined **9** imaginary, visionary, whimsical **10** capricious, conceptual **11** speculative, theoretical **12** hypothetical

notoriety 4 fame **6** infamy, renown **7** obloquy **9** disrepute **10** opprobrium, prominence **11** recognition

notorious 5 noted **6** famous **8** ill-famed, infamous **9** prominent, well-known **10** outrageous, scandalous **12** disreputable

Notus 6 Auster ***brother:*** **5** Eurus **6** Boreas **8** Zephyrus ***father:*** **6** Aeolus **8** Astraeus ***mother:*** **3** Eos

noun 4 name **7** nominal **11** substantive ***inflectional form:*** **4** case ***verbal:*** **6** gerund

nourish 4 feed, rear **5** nurse, raise **6** foster **7** bring up, build up, nurture, promote, support **8** maintain **9** cultivate, encourage **10** provide for, strengthen

nourishment 3 pap **4** diet, eats, feed, food, grub **6** viands **7** aliment, pabulum, vittles **8** victuals **9** nutriment, provender **10** sustenance

___ **nous 5** entre

nouveau riche 7 parvenu, upstart **9** arriviste

Nova Scotia ***capital:*** **7** Halifax ***city:*** **9** Dartmouth ***island:*** **10** Cape Breton ***lake:*** **7** Bras D'Or ***provincial flower:*** **9** mayflower

novel 3 new, odd **5** fresh **6** unique **7** offbeat, unusual **8** atypical, original, peculiar, singular, uncommon **9** different, narrative **10** avant-garde, innovative, newfangled

novelist see AUTHOR

novelty 5 curio **6** bauble, gewgaw, oddity, trifle **7** bibelot, gimmick, newness, trinket, whatnot **8** gimcrack, souvenir **9** bagatelle, curiosity, objet d'art **10** innovation, knickknack

novice 3 cub **4** colt, punk, tyro **6** rookie **7** amateur, learner, recruit, student, trainee **8** aspirant, beginner, freshman, neophyte, newcomer, prentice **9** fledgling, greenhorn, novitiate, postulant **10** apprentice, tenderfoot **11** probationer

Novum Organum author 5 Bacon (Francis)

now 3 PDQ **4** soon **5** today **6** at once, pronto **7** anymore, present **8** directly, first off, promptly **9** forthwith, instanter, instantly, presently, right away, sometimes **11** immediately, straightway **12** straightaway

now and then 7 at times, betimes **9** sometimes **12** infrequently, occasionally, periodically, sporadically

Nox ***brother:*** **6** Erebus ***daughter:*** **3** Day **4** Eris **5** Light ***father:*** **5** Chaos ***husband:*** **6** Erebus ***son:*** **6** Charon, Hypnos **8** Thanatos

noxious 4 foul **5** fetid, toxic **6** deadly, putrid **7** baneful, harmful, noisome **8** stinking **9** dangerous, pestilent, poisonous, unhealthy **10** corrupting, pernicious **11** deleterious, destructive, detrimental, pestiferous **12** disagreeable, pestilential

nozzle 4 nose, vent **5** spout **7** channel

nuance 4 hint **5** shade, tinge, touch, trace **6** nicety **7** shading, soupçon **8** overtone, subtlety **9** gradation, suspicion **10** refinement, suggestion **11** distinction

nub 4 core, crux, gist, knob, knot, lump, meat, node, pith **5** bulge, point, short **6** kernel, upshot **8** swelling **9** substance **10** projection **12** protuberance

Nubian 5 Mahas **6** Birked, Kenuzi, Midobi **7** Dongola **8** Cushitic **9** Chari-Nile

nubile 4 ripe **10** attractive **12** marriageable

nuchal 4 nape

nuclear agency 3 AEC, NRC

nuclear particle 5 meson **6** proton **7** neutron

nucleus 3 bud **4** core, germ, head, kern, ring, seed **5** focus, spark **6** embryo ***material:*** **8** karyotin

nude 3 raw **4** bald, bare **5** naked, stark **6** barren, peeled, unclad **8** disrobed, stripped **9** au naturel, buck naked, unattired, unclothed, uncovered, undressed **10** stark naked

nudge 3 dig, jab, jog **4** near, poke, prod, push **5** elbow, punch, shove **8** approach

nudnik 4 bore, drip, pill, twit **8** nuisance

nugatory 4 idle, vain 5 empty, inane, vapid 6 futile, hollow, otiose 7 invalid, vacuous 8 trifling 9 fruitless, worthless 11 inoperative, meaningless
nugget 3 gob, wad 4 hunk, lump, plum 5 chunk 6 tidbit
nuisance 4 pain, pest, pill 6 bother, nudnik 8 headache, irritant, pesterer, vexation 11 botheration
nuke 4 bomb 5 crush, smash 6 attack 7 destroy 8 demolish 9 eradicate, microwave 10 annihilate 11 exterminate
null 4 void, zero 5 annul, empty 6 futile 7 invalid, useless 8 nugatory 9 worthless 10 invalidate, obliterate, unavailing 11 ineffective, ineffectual, inoperative
nullify 3 zap 4 undo, veto, void 5 abate, annul, limit, quash, scrub, trash 6 cancel, efface, negate, offset, repeal, revoke, squash 7 abolish, rescind, scratch, take out, wipe out 8 abrogate 10 annihilate, compensate, counteract, invalidate, neutralize 11 countervail
nullity 4 nada, zero 5 zilch 6 cipher, nobody 7 nothing, vacuity, whiffet 9 annulment, nonentity 11 nothingness 12 nonexistence
numb 5 chill, dazed 6 deaden, freeze 7 callous 8 deadened, detached 9 insensate, paralyzed, stupefied, unfeeling 10 insensible, insentient 11 desensitize, indifferent 12 anesthetized, desensitized
number 5 add up, count, digit, run to, sum to, tally, total 6 amount, cipher, come to, figure 7 chiffer, include, integer, numeral, ordinal, run into, several, sum into 8 cardinal, numerate, paginate 9 aggregate, enumerate ***added to another:*** 6 augend ***resulting from division:*** 8 quotient ***resulting from multiplication:*** 7 product ***resulting from subtraction:*** 10 difference ***science:*** 11 mathematics
number one 4 best, main 5 chief, major 6 finest, Grade A, top dog 7 capital, highest, leading, primary, stellar 8 dominant, five-star, foremost, superior 9 excellent, first-rate, front-rank, numero uno, principal, top-drawer 10 blue-ribbon, first-class, preeminent 11 first-string, outstanding, predominant
numbness 5 shock 6 stupor 10 anesthesia 12 stupefaction ***combining form:*** 4 narc 5 narco
numeral 5 digit 6 cipher, figure, number 7 integer 11 whole number
numerate 4 list 5 count, tally 6 number 7 compute, itemize, tick off 8 tabulate 9 calculate
numerous 4 many 6 legion 7 profuse, umpteen 8 abundant, populous 9 plentiful 10 voluminous 13 multitudinous
Numitor ***brother:*** 7 Amulius ***daughter:*** 9 Rea Silvia 10 Rhea Silvia ***grandson:*** 5 Remus 7 Romulus
numskull 3 oaf 4 boob, clod, dodo, dolt, dope, goof, mutt, simp 5 chump, dummy, dunce, idiot, moron, ninny, noddy, stupe 6 dimwit, donkey, dumdum, nitwit 7 airhead, dullard, pinhead, schnook 8 bonehead, clodpate, clodpoll, dumbbell, dumbhead, imbecile, lunkhead, meathead 9 birdbrain, blockhead, ignoramus, lamebrain, simpleton, thickhead 10 dunderhead, hammerhead, nincompoop 11 chowderhead, chucklehead, knucklehead
nun 6 sister ***headcloth:*** 6 wimple
Nunavut ***capital:*** 7 Iqaluit ***island:*** 5 Devon 6 Baffin 9 Ellesmere 11 Southampton ***mountain:*** 7 Barbeau (Peak) ***peninsula:*** 7 Boothia 8 Melville ***provincial flower:*** 11 Arctic poppy
nunnery 7 convent 10 sisterhood ***head:*** 8 superior
nuptial 6 bridal, wedded 7 marital, married, spousal, wedding 8 conjugal, espousal, hymeneal, marriage 9 connubial 11 matrimonial
nurse 4 feed, nana, rear, suck 5 nanny, serve 6 attend, foster, pamper, suckle 7 care for, cherish, nourish, nurture 9 cultivate 10 minister to ***children's:*** 5 nanny ***English:*** 11 Nightingale (Florence) ***Indian:*** 4 ayah ***Chinese:*** 4 amah
nursemaid 4 nana 5 nanny 6 minder, sitter 9 governess 10 babysitter ***Indian:*** 4 ayah ***Chinese:*** 4 amah
nursery 6 crèche 7 brooder 8 hothouse 9 fosterage 10 greenhouse 12 conservatory
nurture 4 care, feed, rear, tend 5 nurse, raise, train 6 cradle, foster 7 bring up, care for, develop, educate, nourish, rearing 8 breeding, instruct, training, tutelage 9 cultivate 10 upbringing
nut 3 bug 4 kook, loon 5 acorn, crank, fiend, freak, loony, pecan 6 almond, cashew, cuckoo, madman, maniac, zealot 7 fanatic, filbert, hickory, lunatic 8 crackpot 9 bedlamite, ding-a-ling, macadamia, pistachio, screwball 10 enthusiast, Tom o' Bedlam ***of a violin bow:*** 4 frog, heel
Nut ***consort:*** 3 Geb, Keb ***daughter:*** 4 Isis 8 Nephthys ***son:*** 6 Osiris
nuthouse 6 asylum, bedlam 8 loony bin 9 funny farm 10 booby hatch 11 institution 12 insane asylum
Nutmeg State 11 Connecticut
nutria 5 coypu

nutriment 4 diet, fare, food, grub, keep 6 viands 7 aliment, pabulum 8 victuals 9 provender 10 provisions, sustenance 11 comestibles, nourishment, subsistence
nutrition 4 diet 7 vittles 8 victuals 10 sustenance 11 nourishment
nutritious 9 healthful, wholesome 10 alimentary, nourishing
nuts 3 mad 4 daft, keen, wild 5 batty, crazy, kooky, loony, rabid, wacky 6 absurd, cuckoo, insane, screwy 7 bonkers, cracked, excited, foolish, idiotic 8 animated, demented, deranged 9 exuberant, fanatical, screwball 10 passionate, unbalanced 12 enthusiastic
nutty see NUTS
nuzzle 3 rub 4 root, snug 5 nudge 6 burrow, cuddle, nestle 7 snuggle
Nycteus *brother:* 5 Lycus *daughter:* 7 Antiope
nymph 3 nix 5 dryad, larva, naiad, nixie, sylph 6 kelpie, maiden, sprite 7 mermaid *changed into a bear:* 8 Callisto *changed into a laurel:* 6 Daphne *changed into a rock:* 4 Echo *mountain:* 5 oread *sea:* 6 Nereid 7 Calypso *water:* 5 naiad 6 undine *wood:* 5 dryad
Nyx see NOX

O

oaf 4 boob, boor, bull, clod, dodo, dolt, goof, goon, hulk, lout, lump, slob 5 booby, chump, clown, dummy, dunce, klutz 6 dum-dum, galoot, lubber, lummox 7 fathead, palooka 8 bonehead, lunkhead, meathead 9 blockhead, blunderer, lamebrain, simpleton
oafish 5 dense 6 clumsy, klutzy, rustic 7 boorish, doltish, loutish 8 bungling, churlish, clownish, lubberly
oak *African:* 7 turtosa *fruit:* 5 acorn *genus:* 7 Quercus *kind:* 3 bur, pin, red 4 bear, cork, holm, ilex, live 5 black, holly, roble, white 6 barren, cerris, encina 7 durmast, English, moss-cup, valonia 9 blackjack *Mexican:* 8 chaparro *young:* 8 flittern
oar 3 row 4 pole, pull 5 rower, scull 6 paddle 7 paddler *part:* 4 loom, palm 5 blade, shaft 6 button, collar *pin:* 5 thole
oarsman 3 bow 5 rower 6 stroke 7 sculler *director:* 3 cox 8 coxswain
oasis 3 spa 4 wadi 6 refuge, relief *ancient:* 4 Merv *Egypt:* 4 Siwa 5 Gafsa 6 Dakhla 7 Farafra 8 Ammonium *Libya:* 5 Mizda, Sebha 6 Sabhah 7 Gadames 8 Ghudamis *Niger:* 5 Bilma *Saudi Arabia:* 5 Hofuf, Taima 7 Al-Hufuf
oast 4 kiln, oven
oat 5 grain, grass 6 cereal *genus:* 5 Avena *Scottish:* 3 ait
oater 7 western 10 horse opera
oath 3 vow 4 cuss 5 curse, swear 6 pledge 7 promise 8 cussword 9 expletive, profanity, swearword *mild:* 3 gee 4 darn, drat, egad, geez, gosh, jeez 5 golly 6 jiminy 7 gee whiz
oatmeal 5 gruel 6 burgoo 8 porridge *Scottish:* 8 drammock
obdurate 3 set 4 firm, hard 5 harsh, rigid, stony 6 dogged, mulish 7 adamant, callous 8 stubborn 9 heartless, immovable, unbending, unfeeling 10 hard-boiled, inflexible, unshakable, unyielding 11 coldhearted, hardhearted, insensitive, unemotional 12 intransigent, stonyhearted 13 unsympathetic
obeah 5 charm, magic
Obed *father:* 4 Boaz 6 Ephlal 8 Shemaiah *mother:* 4 Ruth *son:* 5 Jesse 7 Azariah
obedient 5 loyal 6 docile 7 devoted, duteous, dutiful, willing 8 amenable, biddable, obliging, yielding 9 compliant, tractable 10 law-abiding, manageable, respectful, submissive 11 acquiescent, cooperative, deferential, subservient
obeisance 3 bow 5 honor 6 curtsy, esteem, fealty, homage, kowtow, salaam 7 gesture, loyalty, respect 9 deference, reverence 10 allegiance, submission
obelisk 6 dagger, pillar, symbol

Oberon *messenger:* **4** Puck *wife:* **7** Titania
Oberto composer 5 Verdi (Giuseppe)
obese 3 fat **5** bulky, gross, heavy, tubby **6** fleshy **7** adipose, outsize, porcine **9** corpulent **10** overweight
obey 3 bow **4** heed, keep, mind **5** agree, defer, serve, yield **6** accede, accept, assent, comply, follow, regard, submit **7** abide by, conform, execute, fulfill, observe, satisfy **8** adhere to, carry out **9** acquiesce
obfuscate 4 blur **5** cloud, muddy **6** darken **7** becloud, conceal, confuse, cover up, obscure **9** adumbrate
obi 4 sash
obiter dictum 4 note **6** remark **7** comment, opinion **10** commentary, incidental **11** observation
obituary 9 necrology **11** death notice
object 3 aim, end, use **4** goal, idea, item, kick, view, wish **5** being, cause, demur, focus, frown, point, thing **6** design, entity, except, intent, matter, motive, oppose, target **7** article, dissent, protest, purpose **8** complain, disagree, function, material **9** criticize, intention, something **10** disapprove
objection 5 demur **7** protest **8** argument, demurral, demurrer, question **9** challenge, complaint, exception **10** difficulty, opposition **11** disapproval **12** disagreement, remonstrance **13** remonstration
objectionable 5 unfit **8** unwanted **9** abhorrent, invidious, loathsome, obnoxious, offensive, repellent, repugnant, repulsive, revolting, unwelcome **10** ill-favored, unpleasant **11** displeasing, distasteful, undesirable **12** disagreeable
objective 3 aim, end **4** fair, goal, just, lens, mark **6** actual, design, intent, target **7** mission, purpose **8** ambition, function, material, physical, sensible, unbiased **9** corporeal, equitable, impartial, intention **10** impersonal **11** independent, substantial **12** unprejudiced **13** dispassionate
objet d'art 5 curio, virtu (plural) **7** bibelot, novelty **10** knickknack
objurgate 5 chide, decry, scold **6** rebuke **7** censure, reprove, upbraid **8** admonish, reproach **9** castigate, reprimand
oblate 7 lay monk **9** flattened, religious
oblation 4 gift **6** corban **8** holy gift, offering **9** sacrifice **12** presentation
obligate 4 bind **7** require **8** encumber, restrict **9** constrain
obligated 5 bound, owing **6** liable **8** beholden, indebted **11** accountable, responsible
obligation 3 IOU, vow **4** bond, call, debt, dues, duty, need, oath **5** cause **6** burden, charge, pledge **7** promise **8** business, contract **9** committal, liability, necessity, restraint **10** commitment, compulsion, constraint **11** requirement **12** indebtedness
obligatory 7 binding **8** required **9** essential, mandatory, necessary, requisite **10** compulsory, imperative **11** unavoidable
oblige 3 aid **4** bind, help, make **5** avail, favor, force **6** assist, coerce, compel, please, profit **7** benefit, command, gratify, require **9** constrain **10** contribute **11** accommodate, necessitate
obliged 4 made **5** bound **6** forced **8** beholden, grateful, indebted, thankful **11** constrained **12** appreciative
obliging 4 kind **5** civil **7** amiable, helpful, willing **8** friendly, pleasant **11** complaisant, considerate, cooperative, good-humored, good-natured **12** good-tempered
oblique 6 sloped, tilted **7** devious, leaning, obscure, sloping, tilting **8** inclined, indirect **9** inclining **10** roundabout
obliterate 4 raze, x out **5** erase **6** cancel, delete, efface, remove, rub out **7** blot out, destroy, expunge, wipe out **8** black out, cross out **10** annihilate
oblivion 5 lethe, limbo **7** amnesia, nirvana, nowhere **9** emptiness **11** nothingness **13** forgetfulness, insensibility
oblivious 4 lost **5** blind **7** unaware **8** absorbed, heedless, ignorant **9** forgetful, unknowing, unmindful, unwitting **10** unfamiliar, uninformed **11** inattentive, incognizant, unconscious
oblong 4 oval **5** ovate **7** ellipse **8** elongate **9** elongated, rectangle **11** rectangular
obloquy 4 slam, slur **5** abuse, odium, shame **6** infamy, rebuke **7** calumny, censure **8** disgrace, dishonor, ignominy **9** aspersion, contumely, discredit, disrepute, invective, stricture **10** defamation, opprobrium, scurrility **11** disapproval **12** billingsgate, condemnation, vituperation
obnoxious 4 vile **5** awful **6** odious, rotten **7** hateful **9** abhorrent, invidious, loathsome, offensive, repellent, repugnant, revulsive, sickening **10** abominable, detestable, disgusting
oboe 4 reed **7** hautboy **8** hautbois, woodwind **10** double reed *early:* **5** shawm *relative:* **7** bassoon **11** English horn
O'Brian character 6 Aubrey (Jack) **7** Maturin (Stephen)
obscene 4 foul, lewd, rank, vile

5 bawdy, crass, crude, dirty, gross, lurid, taboo 6 coarse, filthy, impure, ribald, risqué, smutty, vulgar 7 immoral, noisome, profane, raunchy 8 indecent, scabrous 9 abhorrent, appalling, excessive, offensive, repellent, repugnant, repulsive, salacious 10 disgusting, lascivious, scurrilous 11 foulmouthed, unprintable 12 pornographic, scatological

obscure 3 dim 4 blur, hide, mask, veil 5 blind, cloak, cloud, cover, dusky, faint, minor, murky, shade, shady, vague 6 cloudy, darken, hidden, opaque, remote, screen, secret, shadow, shroud, veiled 7 clouded, conceal, cryptic, eclipse, removed, shadowy, unclear, unknown, unnoted 8 disguise, nameless, overcast, puzzling, secluded, shrouded 9 ambiguous, enigmatic, tenebrous, uncertain, undefined 10 camouflage, ill-defined, indefinite, indistinct, mysterious, overshadow 11 out-of-the-way, unimportant 12 inaccessible, unnoticeable 13 inconspicuous

obscurity 3 fog 4 haze, mist, murk 5 gloom 6 enigma, miasma, puzzle 7 dimness, mystery, shadows 8 darkness 9 ambiguity

obsequies 4 rite 5 rites 7 funeral 10 burial rite

obsequious 4 oily 6 abject 7 fawning, servile, slavish 8 obedient, obeisant, toadying, unctuous 9 parasitic 10 flattering, submissive 11 deferential, subservient, sycophantic

observance 4 rite, rule 6 custom, notice, regard, ritual 7 liturgy, service 8 ceremony, practice 9 adherence, attention, formality 10 ceremonial

observant 4 keen 5 alert, awake, aware, sharp 7 heedful, mindful 8 watchful 9 advertent, attentive 10 perceptive

observation 4 note 6 notice, record, regard, remark 7 comment, finding, opinion 8 judgment, notation 9 attention, inference 10 commentary 12 obiter dictum

observatory 5 tower 7 lookout, outlook 8 overlook ***famous:*** 4 Lick 6 Wilson, Yerkes 7 Palomar ***instrument:*** 9 telescope

observe 3 see 4 espy, keep, look, mark, mind, note, obey, twig, view 5 honor, opine, sight, state, study, watch 6 behold, comply, follow, look at, notice, remark 7 abide by, comment, conform, discern, respect 8 perceive 9 celebrate, solemnize 10 comply with 11 commemorate

obsess 5 beset, haunt, hound, rivet 6 absorb, plague 7 consume, possess 9 captivate, preoccupy

obsessed 6 dogged, driven, hipped, hooked 7 gripped, haunted, plagued 8 overcome, troubled 9 dominated, possessed 11 preoccupied 12 prepossessed

obsession 5 craze, mania 6 fetish, hang-up 8 fixation, idée fixe 11 infatuation 13 preoccupation

obsessive 5 rabid 8 frenetic, maniacal, neurotic 9 fanatical, possessed 10 passionate 11 preoccupied

obsolete 3 old 5 dated, passé, stale 6 old hat 7 disused, worn-out 8 outmoded, time-worn 9 out-of-date 10 antiquated, superseded 12 antediluvian, old-fashioned

obstacle 3 bar 4 bump, clog, snag 5 block, catch, check, crimp, hitch 6 hurdle 7 barrier 8 handicap, hardship 9 hindrance, impedance, roadblock 10 difficulty, impediment 11 encumbrance, vicissitude 12 interference

obstinate 4 deaf, firm 5 balky, fixed 6 dogged, mulish 7 staunch, willful 8 obdurate, perverse, resolute, stubborn 9 pigheaded, resistant, unbudging, immovable 10 hardheaded, headstrong, inflexible, persistent, refractory, unyielding 11 intractable, opinionated, stiff-necked, wrongheaded 12 intransigent, pertinacious, recalcitrant

obstreperous 4 loud 5 noisy, rowdy 6 unruly 7 blatant, raucous 8 strident 9 clamorous, insistent 10 boisterous, disorderly, vociferant, vociferous 11 disobedient, loudmouthed 12 rambunctious

obstruct 3 bar, dam 4 clog, hide, plug, stop 5 block, check, choke, close 6 cut off, hamper, hinder, impede, stymie, thwart 7 congest, occlude, prevent, shut off, shut out, trammel 9 interfere

obstruction 3 bar 4 snag 5 hitch 6 hamper, hurdle 7 barrier 8 blockage, obstacle, stoppage 9 hindrance, impedance 10 impediment

obtain 3 buy, get, win 4 earn, gain, have, reap 5 annex, reach 6 pick up, secure 7 achieve, acquire, chalk up, procure 8 purchase

obtrude 5 cut in 6 butt in, horn in, impose, meddle 7 presume, push out 8 chisel in, infringe 9 interfere, thrust out

obtrusive 4 nosy 5 pushy 6 prying 7 forward 8 meddling 9 bumptious, officious 10 meddlesome, protruding 11 impertinent, interfering

obtuse 4 dull, dumb, slow 5 blunt,

dense, thick **6** stupid **7** rounded, unclear **11** insensitive

obverse **4** face, side **5** front **8** opposite **9** other side **10** complement **11** counterpart

obviate **4** ward **5** avert, deter, block **7** forfend, prevent, rule out **8** preclude, stave off **9** forestall, interfere, interpose, intervene **10** anticipate

obvious **5** clear, overt, plain **6** patent, simple **7** blatant, evident, glaring **8** apparent, clear-cut, distinct, manifest, palpable **10** undeniable **11** conspicuous, self-evident, transparent, unambiguous, unequivocal

oca **5** tuber **6** sorrel

O'Casey, Sean **9** dramatist **10** playwright ***plays:*** **17** Juno and the Paycock, Plough and the Stars (The)

occasion **4** call, need, shot, show, time **5** basis, break, cause, event **6** chance, demand, effect, excuse, ground, lead to, moment, reason **7** episode, instant, opening, produce **8** ceremony, incident, instance **9** condition, happening, necessity **10** bring about, foundation, obligation, occurrence **11** celebration, determinant, opportunity **12** circumstance **13** justification

occasional **3** few, odd **4** rare **6** casual, random, scarce, seldom **7** special, unusual **8** specific, sporadic, uncommon **9** irregular **10** incidental, infrequent

Occidental **7** Western **8** European **9** Westerner

occlude **4** clog, fill, hide, plug, stop **5** block, choke, close, cover **6** screen, stop up **7** close up, conceal, congest, **8** block off, obstruct

occult **5** eerie, magic **6** arcane, orphic, secret **8** abstruse, esoteric, hermetic, mystical **9** recondite, unearthly **10** cabalistic, mysterious **12** supernatural

occupant **5** liver **6** inmate, tenant **7** denizen, dweller, resider **8** habitant, resident **10** inhabitant

occupation **3** job, use **4** line, work **5** trade **6** career, métier, office **7** calling, control, pursuit, seizure **8** activity, business, position, vocation **9** occupancy, residence **10** employment, habitation, possession, settlement

occupy **3** use **4** busy, fill, hold, take **5** seize, tie up **6** absorb, employ, engage, live in, people, take up, tenant **7** control, engross, immerse, inhabit, involve, possess **8** populate, reside in, take over

occur **3** hap **4** pass **5** arise, ensue, pop up **6** appear, befall, betide, chance, dawn on, happen, result, strike **7** come off, develop **9** take place, transpire

occurrence **3** hap **4** pass **5** event, state **7** episode **8** exigency, incident, juncture, occasion **9** adventure, condition, emergency, happening, situation

ocean **3** sea **4** blue, deep, main **5** brine, drink **6** Arctic, Indian **7** Pacific **8** Atlantic **9** Antarctic ***movement:*** **4** tide, wave

Oceania ***country:*** **4** Fiji **5** Belau, Nauru, Palau, Samoa, Tonga **6** Tuvalu **7** Vanuatu **8** Kiribati **9** Australia **10** New Zealand ***territory:*** **7** Tokelau **12** New Caledonia **13** American Samoa ***ethnic group:*** **6** Fijian, Papuan, Samoan **10** Melanesian, Polynesian **11** Micronesian ***language:*** **5** Maori **6** Fijian, Papuan, Pidgin, Samoan **10** Melanesian

oceanic **4** huge, vast **5** great **6** marine **7** immense, pelagic **8** enormous, maritime **9** saltwater, thalassic

Ocean State **11** Rhode Island

Oceanus ***daughter:*** **5** Doris **7** Oceanid **8** Eurynome ***father:*** **6** Uranus ***mother:*** **4** Gaea ***sister:*** **6** Tethys ***son:*** **6** Peneus **7** Alpheus ***wife:*** **6** Tethys

ocellus **3** eye **7** eyespot

ocelot **3** cat **7** wildcat

octave **5** eight, scale **6** eighth, stanza **8** interval

Octavia ***brother:*** **8** Augustus ***grandson:*** **8** Caligula ***husband:*** **4** Nero **6** Antony

octopus **7** mollusc, mollusk **9** devilfish **10** cephalopod ***arm:*** **8** tentacle ***genus:*** **7** Polypus ***kin:*** **5** squid **10** cuttlefish

ocular **4** seen **5** optic **6** visual **7** eyelike, optical, visible **8** eyepiece, viewable **9** perceived

Odalisque painter **6** Ingres (Jean-Auguste-Dominique) **7** Matisse (Henri)

odd **4** lone, rare **5** extra, fluky, queer, rummy, weird **6** casual, chance, single, uneven **7** curious, erratic, strange, unusual **8** peculiar, singular **9** eccentric, unmatched **13** idiosyncratic

oddball **4** kook **5** kooky, weird **6** weirdo **7** bizarre, curious, offbeat, strange, unusual **8** original, peculiar **9** character, eccentric **10** outlandish **13** idiosyncratic

oddity **5** freak, quirk **6** weirdo **7** anomaly **9** character, curiosity, departure, deviation, eccentric, weirdness **10** aberration, difference **11** abnormality, peculiarity, strangeness **12** eccentricity, idiosyncrasy, irregularity

odds **4** edge **5** favor, ratio **7** benefit, chances **8** handicap, variance **9** advantage, allowance, disparity **10** difference, likelihood, partiality **11** probability **12** disagreement

odds and ends 4 bits, olio 6 jumble, medley, motley, scraps 7 mélange, mixture 8 remnants, sundries 9 etceteras, leftovers, potpourri 10 assortment, hodgepodge, miscellany 13 paraphernalia

ode 4 hymn, poem 5 lyric, psalm, verse *part:* 5 epode 7 strophe 11 antistrophe

Odets play 9 Golden Boy 11 Country Girl (The) 12 Awake and Sing 15 Waiting for Lefty

odeum 4 hall 7 theater 11 concert hall

Odin *brother:* 4 Vili *daughter-in-law:* 5 Nanna *father:* 3 Bor *hall:* 8 Valhalla *horse:* 8 Sleipnir *maiden:* 8 Valkyrie *mansion:* 9 Gladsheim *mother:* 6 Bestla *raven:* 5 Hugin, Munin *ring:* 8 Draupnir *son:* 3 Tyr 4 Thor, Vali 6 Balder *spear:* 7 Gungnir *sword:* 4 Gram *wife:* 4 Fria, Rind 5 Frigg 6 Frigga *wolf:* 4 Geri 5 Freki

odious 4 foul, vile 6 horrid 7 hateful 8 horrible 9 abhorrent, execrable, invidious, loathsome, malicious, repellent, repugnant 10 abominable, despicable, detestable

odium 4 hate, onus 5 shame 6 hatred, infamy, stigma 7 censure, obloquy 8 contempt, disgrace, dishonor, ignominy, loathing 9 disrepute 10 abhorrence, opprobrium 11 detestation 12 condemnation

odor 4 funk 5 aroma, scent, smell, stink, whiff 6 stench 7 bouquet, perfume 9 fragrance, redolence

odorous 5 heady, sweet 6 smelly, strong 7 pungent, scented 8 aromatic, fragrant, perfumed, redolent, unsavory 9 offensive

Odysseus 7 Ulysses *dog:* 5 Argos *enchantress:* 5 Circe *father:* 7 Laertes *friend:* 6 Mentor *harasser:* 8 Poseidon *herb:* 4 moly *kingdom:* 6 Ithaca *mother:* 8 Anticlea *son:* 9 Telegonus 10 Telemachus *swineherd:* 7 Eumaeus *voyage:* 7 odyssey *wife:* 8 Penelope

odyssey 4 trek 5 quest 6 voyage 7 journey 9 wandering 13 peregrination

Odyssey author 5 Homer

Oedipus *brother-in-law:* 5 Creon *daughter:* 6 Ismene 8 Antigone *father:* 5 Laius *foster father:* 7 Polybus *foster mother:* 8 Periboea *kingdom:* 6 Thebes *mother:* 7 Jocasta *son:* 8 Eteocles 9 Polynices 10 Polyneices *victim:* 5 Laius *wife:* 7 Jocasta

Oeneus *kingdom:* 7 Calydon *son:* 8 Meleager *wife:* 7 Althaea

Oenomaus *charioteer:* 8 Myrtilus *daughter:* 10 Hippodamia *kingdom:* 4 Pisa *slayer:* 6 Pelops

Oenone *husband:* 5 Paris *rival:* 5 Helen

oeuvre 4 work 6 corpus, output 8 lifework 10 collection 11 compilation

of *German:* 3 aus, von *Italian:* 5 degli, della, delle

off 4 away, kill 5 aside 6 depart, murder, remote, slight 7 seaward, spoiled 9 eccentric, incorrect

offal 4 guts 4 junk 5 gurry, trash, waste 6 debris, litter, refuse, spilth 7 carrion, garbage, innards, rubbish, viscera 8 entrails 9 sweepings 10 intestines

offbeat 3 odd 5 fresh, outré, weird 6 way out 7 bizarre, oddball, strange, unusual 8 bohemian, peculiar, singular, uncommon 9 different, eccentric, whimsical 10 outlandish, unorthodox 11 distinctive 13 idiosyncratic

off-color 3 ill, low 4 blue, racy 5 bawdy, broad, salty, shady 6 ailing, peaked, poorly, risqué, sickly, unwell 7 dubious, naughty 8 improper, indecent 10 indisposed, suggestive

offend 3 sin, vex 4 gall, hurt, miff, pain 5 anger, annoy, pique, repel, shock, upset 6 appall, breach, insult, nettle 7 affront, disturb, provoke, violate 8 aggrieve, distress, irritate 9 displease 10 antagonize, transgress

offender 5 felon 6 sinner 7 culprit 8 criminal, violator 9 wrongdoer 10 lawbreaker, malefactor 12 transgressor

offense 3 sin 4 huff, hurt, miff, tort, vice 5 crime, fault, pique, wrong 6 attack, breach, felony, injury, insult 7 affront, assault, dudgeon, misdeed, mistake, outrage, umbrage 9 indignity, onslaught, violation 10 aggression, infraction, resentment 11 displeasure, indignation, misdemeanor

offensive 3 bad 4 foul, rank, vile 5 drive, onset 6 attack, odious 7 assault, noisome, obscene, painful 8 nauseous, unsavory 9 loathsome, obnoxious, onslaught, repellent, repugnant, repulsive, sickening 10 aggression, aggressive, disgusting, nauseating, unpleasant 11 uncongenial, unpalatable, unwholesome 12 disagreeable, unappetizing 13 objectionable

offer 3 bid, try 4 seek, show 5 assay, essay, pitch, put up 6 afford, extend, submit, tender 7 advance, attempt, display, exhibit, hold out, present, propose, provide, suggest 8 endeavor, proposal, threaten 9 sacrifice 10 submission 11 proposition

offering 4 alms, gift 5 grant 6 course, corban 7 charity, present 8 donation, oblation 9 sacrifice 11 benefaction, beneficence 12 contribution

offhand 5 ad-lib 6 blithe, breezy, casual 8 informal 9 extempore, impromptu, unstudied 10 improvised, nonchalant, unprepared 11 extemporary, spontaneous, unrehearsed

office 3 job 4 duty 5 berth, suite 6 agency, billet, bureau 7 station 8 business, cube farm, function, province 9 situation, workplace 10 department ***head:*** 4 boss 7 manager ***machine:*** 3 fax 6 copier 7 printer 8 computer 10 calculator, fax machine 11 photocopier ***seeker:*** 9 candidate 10 politician ***worker:*** 5 clerk 6 typist 9 file clerk, secretary 10 bookkeeper

officer 3 cop 4 exec 6 noncom, police 7 John Law, manager 8 official 9 executive ***abbreviation:*** 3 Adm., Col., Ens., Gen., Maj. 4 Capt., Cmdr. 5 Comdr., Lieut. ***army:*** 5 major 7 captain, colonel, general 10 lieutenant ***British:*** 9 brigadier ***court:*** 7 bailiff ***king's:*** 11 chamberlain ***law-enforcement:*** 3 cop 6 deputy, police 7 marshal, sheriff 9 constable, patrolman, policeman ***naval:*** 4 mate 6 ensign 7 admiral, captain 9 commander, commodore 10 lieutenant ***noncommissioned:*** 5 sarge 8 corporal, sergeant ***petty:*** 5 bosun 6 yeoman 9 boatswain ***prison:*** 5 guard 6 warden

official 4 exec 7 cleared, manager 8 approved, bona fide, endorsed 9 authentic, canonical, cathedral, certified, executive 10 accredited, authorized, ex cathedra, magistrate, sanctioned 13 administrator, authoritative ***city or town:*** 5 mayor 8 alderman 9 councilor, selectman 10 councillor ***diplomatic:*** 5 envoy 6 consul 7 attaché 10 ambassador ***governmental:*** 6 syndic ***parish:*** 6 beadle ***sports:*** 3 ref, ump 6 umpire 7 referee 8 linesman ***university:*** 4 dean 6 bursar 7 provost 9 registrar 10 chancellor

officiate 5 chair, serve 6 direct, umpire 7 conduct, oversee, preside, referee 9 supervise 11 superintend

officious 4 busy, nosy 5 pushy 7 forward 8 meddling 9 assertive, intrusive, obtrusive 10 meddlesome 11 impertinent 13 self-important

offing 6 future 7 by-and-by 9 aftertime, hereafter 10 near future

off-key 3 odd 4 sour 7 jarring 9 anomalous, dissonant, unnatural 10 discordant 12 inharmonious

off-putting 8 daunting 9 dismaying, offensive, repellent 10 forbidding, foreboding 11 distasteful 12 disagreeable, discouraging 13 disconcerting, disheartening, objectionable

offscouring 5 trash 6 pariah, refuse, reject 7 outcast 8 castaway, derelict 11 untouchable

offset 6 square 7 balance 8 equalize 10 balance out, compensate, neutralize 11 counterpose, countervail 12 counterpoise, displacement

offshoot 4 twig 5 scion 6 branch 7 product, spin-off 9 affiliate, by-product, outgrowth 10 derivative, descendant

offspring 3 kid 4 kids, seed 5 brood, child, hatch, issue, scion, spawn, swarm, young 7 produce, product, progeny 8 children 9 posterity 10 descendant 11 progeniture

off-the-wall 3 odd 5 kooky, weird 6 far-out, way-out 7 bizarre, oddball, unusual 8 freakish 9 eccentric, fantastic, grotesque 10 outlandish

off-white 4 bone 5 cream, ivory 6 oyster, vellum 9 parchment

Of Human Bondage author 7 Maugham (W. Somerset)

Of Mice and Men ***author:*** 9 Steinbeck (John) ***character:*** 6 George (Milton), Lennie (Small)

often 9 generally 10 frequently, habitually, repeatedly 11 recurrently

ogee 3 ess 4 arch 5 curve 7 molding

Ogier the ___ 4 Dane

ogive 3 rib 4 arch 5 graph

ogle 3 eye 4 gape, gaze, leer, look 5 stare 6 goggle 10 rubberneck

ogre 5 bogey, giant 7 bugbear, monster 8 bogeyman 9 boogeyman ***Algonquian:*** 7 windigo

ogress 5 harpy, scold, shrew, vixen 6 amazon, virago 8 fishwife 9 termagant, Xanthippe

O'Hara novel 7 Pal Joey 12 Butterfield 8 17 Ten North Frederick

Ohio ***capital:*** 8 Columbus ***city:*** 5 Akron, Xenia 6 Canton, Dayton, Toledo 9 Cleveland 10 Cincinnati ***college, university:*** 5 Miami 6 Kenyon 7 Antioch, Denison, Oberlin 9 Kent State 12 Bowling Green ***nickname:*** 7 Buckeye (State) ***river:*** 4 Ohio 6 Maumee 8 Sandusky ***state bird:*** 8 cardinal ***state flower:*** 16 scarlet carnation ***state tree:*** 7 buckeye

Oholibamah ***father:*** 4 Anah ***husband:*** 4 Esau

oil 3 fat, gas 4 balm, fuel, lube, oleo 5 oleum, slick 6 anoint, grease, pomade 7 blarney, incense, lanolin 8 flattery, soft soap 9 adulation, lubricant, lubricate, petroleum ***combining form:*** 3 ole 4 olei, oleo ***consecrated:*** 6 chrism ***fra-***

grant: 5 attar 6 neroli *fuel:* 3 gas 6 petrol 8 gasoline, kerosene *relating to:* 5 oleic *ship:* 6 tanker *source:* 5 olive, shale *well:* 6 gusher
Oil! author 8 Sinclair (Upton)
oilbird 8 guacharo
oily 5 fatty, slick, soapy, suave 6 greasy, smarmy, smooth 7 fulsome 8 slippery, unctuous 10 lubricious, obsequious, oleaginous
ointment 4 balm 5 cream, salve 6 lotion 7 unction, unguent 8 calamine, liniment 9 emollient 11 embrocation
Okinawa capital 4 Naha
Oklahoma *capital:* 12 Oklahoma City *city:* 3 Ada 4 Enid 5 Tulsa 6 Norman *college, university:* 11 Oral Roberts *mountain:* 9 Black Mesa *nickname:* 6 Sooner (State) *river:* 3 Red 8 Arkansas, Canadian *state bird:* 10 flycatcher *state flower:* 9 mistletoe *state tree:* 6 redbud
OK, okay 3 aye, yea, yes 4 fine, good, safe, well 5 agree, allow, favor 6 agreed, assent, decent, permit 7 approve, certify, endorse, support 8 accredit, adequate, all right, approval, blessing, high sign, passable, sanction, thumbs-up 9 authorize, hunky-dory 10 acceptable, permission 11 endorsement 12 satisfactory
okra 4 herb, soup 5 gumbo 6 mallow
old 4 aged, gray, late, past 5 dated, hoary, passé, stale 6 bygone, démodé, former, mature, senior, whilom 7 ancient, antique, archaic, elderly, lasting, one-time, overage, quondam, veteran 8 enduring, lifelong, Noachian, outmoded, timeworn 9 erstwhile, geriatric, long-lived, perennial, perpetual, primitive, venerable 10 antiquated, inveterate 13 superannuated *Scottish:* 4 auld
old age 6 dotage 8 caducity 10 senescence 11 decrepitude, elderliness, senectitude
Old Bailey 5 court
Old Colony State 13 Massachusetts
Old Curiosity Shop author 7 Dickens (Charles)
Old Dominion State 8 Virginia
Old Faithful 6 geyser
old-fashioned 4 aged 5 dated, dowdy, fusty, moldy, passé, stale, tired 6 bygone, démodé, quaint, stodgy 7 ancient, antique, archaic, outworn, vintage 8 cocktail, obsolete, outdated, outmoded 9 out-of-date, unstylish 10 antiquated
old hand 3 pro, vet 6 expert, master 7 veteran 9 authority 10 past master, specialist
old hat 5 dated, passé, stale, tired, trite 6 démodé 7 antique, clichéd, vintage 8 outmoded, timeworn, well-worn 9 hackneyed, out-of-date 10 antiquated
Old Ironsides 12 Constitution (U.S.S.) *poet:* 6 Holmes (Oliver Wendell)
Old Line State 8 Maryland
old maid 6 fusser 7 fusspot 8 card game, spinster 10 fussbudget
Old North State 13 North Carolina
Old Rough and Ready 6 Taylor (Zachary)
Olds' car 3 Reo
old-time 5 dated 6 bygone 7 antique, vintage 10 antiquated 12 long-standing
old-timer 3 vet 5 elder 6 senior 7 ancient, antique, veteran
Old World 6 Europe
oleaginous see OILY
oleaster 5 shrub 12 Russian olive
olecranon 9 funny bone
oleo 9 margarine
oleoresin 10 turpentine
oleum 3 oil
olfaction 5 sense, smell 8 smelling
olid 4 rank 5 fetid 6 putrid, rancid, rotten 7 stenchy 8 stinking 9 offensive 10 malodorous
olio 3 mix 4 stew 5 umble 6 medley 7 mélange, mixture 8 mishmash, mixed bag 9 potpourri 10 assortment, collection, hodgepodge, miscellany
Oliver Twist *author:* 7 Dickens (Charles) *character:* 5 Fagin, Nancy, Sikes (Bill) 6 Bumble (Mr.) 12 Artful Dodger
Ollie's partner 4 Stan
Olympian 3 god 5 lofty, noble 6 lordly 7 athlete, exalted, godlike 8 majestic, superior 10 competitor
Olympics 5 games 6 sports 9 athletics *place of origin:* 6 Greece *symbol:* 5 flame, torch
Oman *capital:* 6 Masqat, Muscat *language:* 6 Arabic 7 Baluchi *monetary unit:* 4 rial *mountain range:* 7 Al-Hajar *neighbor:* 5 Yemen 11 Saudi Arabia *peninsula:* 7 Arabian *sea:* 7 Arabian
Omar 4 poet 7 Khayyám *country:* 6 Persia *father:* 7 Eliphaz *poem:* 8 Rubaiyat
omega 3 end 6 ending, finale, letter *kin:* 3 zed, zee
omen 4 sign 5 augur, token 6 augury, boding 7 auspice, portent, presage, warning 8 bodement, prophecy 9 foretoken 10 foreboding, prediction, prognostic
ominous 4 dark, dire, grim 6 dismal 7 baleful, direful, doomful, fateful 8 alarming, lowering, menacing, sinister 9 ill-boding, prophetic 10 forbidding, foreboding, portentous 11 fright-

ening, threatening **12** inauspicious, unpropitious

omission **3** cut, gap **4** lack, skip, slip **5** blank, break, chasm, error, lapse **6** hiatus, lacuna **7** elision, failure **8** eclipsis, ellipsis, overlook **9** exclusion ***mark:*** **5** caret **8** ellipsis **10** apostrophe

omit **4** drop, fail, skip **5** elide **6** except, forget, ignore, slight **7** exclude, neglect **8** leave out, overlook, pass over **11** leave undone

omnibus **3** ana **4** posy **5** album **7** garland **8** analects, treasury **9** anthology **10** miscellany **11** florilegium

omnipotent **6** divine **7** godlike, supreme **8** almighty **9** unlimited **11** all-powerful

omnipresent **7** allover, endless **8** infinite, unending **9** boundless, limitless, universal **10** ubiquitous

omniscient **4** wise **7** learned **9** know-it-all **10** all-knowing

omnium-gatherum see OLIO

Omphale ***domain:*** **5** Lydia ***slave:*** **8** Heracles, Hercules

omphalos **3** hub **5** navel **9** umbilicus **10** focal point

on **4** atop, over **5** above, along **7** working **9** operating **11** functioning

onager **3** ass **5** kiang **8** catapult

Onan's father **5** Judah

once **4** ever, late, past **5** at all **6** before, bygone, former, whilom **7** already, earlier, long ago, onetime, quondam **8** formerly, sometime

once-over **4** look **5** check **6** gander, glance, survey **10** inspection **11** examination

one **4** lone, only, sole, unit **5** monad **6** single, unique **7** numeral **8** separate, singular, solitary **9** undivided **10** individual, particular ***combining form:*** **4** mono ***French:*** **3** une ***German:*** **3** ein **4** eine ***prefix:*** **3** uni ***Scottish:*** **3** ane ***Spanish:*** **3** una, uno

one and a half ***combining form:*** **6** sesqui

one-eyed giant **7** Cyclops **10** Polyphemus

one-handed god **3** Tiu, Tyr

one-horse town **4** burg **6** hamlet, Podunk **11** whistle-stop

one hundred **6** centum ***years:*** **7** century

O'Neill, Eugene ***heroine:*** **4** Anna, Nina ***play:*** **3** Ile **4** Gold **8** Hairy Ape (The) **12** Ah Wilderness, Anna Christie, Emperor Jones, Iceman Cometh (The) **13** Great God Brown (The), Marco Millions **16** Strange Interlude **18** Desire Under the Elms **22** Mourning Becomes Electra **24** Long Day's Journey into Night

oneiric **6** dreamy **8** anagogic **9** dreamlike

oneness **3** all **5** union, unity, whole **7** harmony **8** entirety, identity, sameness, totality **9** integrity, unanimity **10** singleness, uniformity **11** singularity, unification **13** individuality

onerous **4** hard **5** heavy, tough **6** taxing, trying **7** arduous, exigent, wearing, weighty **8** exacting, grievous, imposing, pressing, toilsome **9** demanding, difficult, laborious **10** burdensome, cumbersome, oppressive **11** troublesome

one-sided **6** biased, uneven **7** colored, partial, unequal **8** inclined, partisan, weighted **10** prejudiced, unbalanced, unilateral

onetime **3** old **4** once, past **6** bygone, former, whilom **7** quondam **8** previous **9** erstwhile

ongoing **7** current, growing **8** evolving **9** advancing, in process **10** continuing, continuous, developing, in progress, unfinished **11** progressing

on hand **4** here **5** ready **6** nearby **7** pending, present **9** available

onion **4** bulb **7** shallot ***bulb:*** **3** set ***genus:*** **6** Allium ***kin:*** **4** leek **6** garlic ***kind:*** **7** Bermuda, Danvers, Spanish ***roll:*** **5** bialy ***young:*** **8** scallion

online **5** wired **9** connected ***business:*** **5** e-tail ***guffaw:*** **3** LOL ***system:*** **3** Web **8** Internet

onlooker **6** viewer **7** watcher, witness **8** beholder, kibitzer, observer **9** bystander, spectator **10** eyewitness **12** rubbernecker

only **3** but, few, one, yet **4** just, lone, mere, save, sole, solo **5** alone **6** and yet, at most, except, merely, simply, single, solely, unique **7** however, utterly **8** entirely, singular, solitary **11** exclusively

onomasticon **7** lexicon **8** wordbook

onomatopoeic **5** mimic **6** echoic **7** mimetic **9** emulative, imitative **10** simulative

onset **4** dawn, rush **5** birth, start **6** attack, coming, origin **7** arrival, assault, dawning, offense, opening **8** invasion **9** beginning, inception, offensive **10** aggression **12** commencement

onslaught **5** blitz **6** attack, charge, deluge **7** assault, barrage, offense, torrent **8** invasion **9** offensive **10** aggression

on-target **5** exact, right **7** correct, perfect, precise **8** accurate **11** appropriate

Ontario ***bay:*** **8** Georgian ***capital:*** **7** Toronto ***city:*** **4** York **6** London, Ottawa **7** Markham, Windsor **8** Hamilton **9** Etobicoke, Kitchener, North York **10** Thunder Bay **11** Mississauga, Scarborough **13** Sault Ste. Marie ***lake:*** **4** Erie

5 Huron 7 Nipigon, Ontario 8 Superior *provincial flower:* 13 white trillium *river:* 5 Moose 6 Albany, Severn, Winisk

on the house 4 free 6 gratis 13 complimentary

on the nose 5 bingo 6 dead-on, spot-on 7 exactly 8 accurate 9 precisely 10 accurately

on the other hand 3 but 7 however

on the rocks 4 iced 7 with ice, wrecked

on the whole 6 mainly, mostly 7 usually 8 all in all 9 generally, in general, typically 10 altogether, by and large

onus 3 tax 4 duty, load, task 5 blame, brand, fault, guilt, odium, stain 6 burden, charge, stigma, weight 8 black eye 9 liability 10 obligation, oppression

onward 5 ahead, along, forth 7 forward 9 advancing

onyx 5 agate 10 chalcedony

oodles 4 gobs, lots, tons 5 heaps, loads, rafts, scads 6 plenty

oolong 3 tea

oomph 3 pep, vim, zip 4 brio, dash, élan, life, push, zest, zing 5 charm, drive, punch, verve, vigor 6 esprit, pizazz, spirit 7 glamour, pizzazz 8 strength, vitality 9 magnetism, sex appeal

ooze 3 goo, mud 4 emit, goop, leak, seep, weep 5 bleed, exude, issue, marsh, slime, sweat 7 secrete, seepage 8 transude

opacity 8 dullness 9 murkiness, obscurity 10 obtuseness

opal 3 gem 5 jewel, stone 6 silica 7 girasol, hyalite, mineral 8 gemstone

opaque 3 dim 4 dull, hazy 5 dense, filmy, murky, vague 6 cloudy 7 clouded, obscure, unclear 8 abstruse

OPEC nation 3 UAE 4 Iran, Iraq 5 Libya, Qatar 6 Kuwait 7 Algeria, Nigeria 9 Indonesia, Venezuela 11 Saudi Arabia

open 4 ajar, bare, free, wide 5 frank, naked, overt 6 broach, candid, expand, expose, public, reveal, spread, unfold, unlock, unseal, unveil 7 convene, outdoor, uncover, unlatch 8 disclose, outdoors, stripped, unclothe, unlocked, unsealed 9 available, uncovered 10 out-of-doors, unfastened 11 susceptible, unconcealed, undisguised 12 unrestricted

open-air 7 outdoor, outside 8 alfresco, outdoors 9 out-of-door 10 out-of-doors

open-and-shut 4 easy 5 clear, plain 6 patent, simple 7 evident, obvious

openhanded 6 giving, lavish 7 liberal 8 generous 9 bounteous, bountiful, unselfish, unsparing 10 beneficent, bighearted, charitable, munificent 11 magnanimous

openhearted 4 kind, warm 5 frank, plain 6 candid, honest 8 generous 10 responsive 11 sympathetic

opening 3 gap 4 dawn, door, gate, hole, pass, pore, slit, slot, vent 5 break, chasm, chink, cleft, crack, debut, mouth, onset, start, stoma 6 breach, chance, lacuna, outlet, outset 7 crevice, dawning, fissure, orifice, pinhole 8 aperture, overture 9 beginning 11 opportunity *ship's:* 5 hatch 8 hatchway, porthole

open-minded 7 liberal 8 tolerant, unbiased 9 receptive 12 freethinking, unprejudiced

openmouthed 4 agog, awed, rapt 5 agape 6 amazed, gaping 7 stunned 9 astounded, surprised 10 astonished, speechless

open sesame 3 key 5 charm 6 ticket 8 passport, password

open up 4 fire, talk 5 shoot 6 reveal 7 cut into, divulge 8 disclose 9 make plain, spread out 11 communicate

opera *comic:* 5 buffa 6 bouffe *glasses:* 9 lorgnette *kind:* 4 soap 5 comic, grand, horse, space *part:* 3 act 4 aria 5 scena *solo:* 4 aria *star:* 4 diva 10 prima donna *text:* 8 libretto (see also individual titles and composers)

operant 8 behavior 9 effective 10 measurable, observable, productive 12 conditioning

operate 3 act, cut, run, use 4 work 5 drive, exert, steer 6 behave, direct, effect, handle, manage 7 carry on, conduct, control, perform, produce 8 function, maneuver 9 influence 10 bring about, manipulate

operation 3 use 4 step 6 action 7 concern, mission, process, surgery 8 activity, business, exercise, exertion, function, maneuver 9 procedure 10 employment, engagement, enterprise 11 performance, transaction

operative 3 key 4 hand, live, open 5 agent, alive 6 active, artisan, moving, usable, worker 7 dynamic, in force, laborer, running, working, workman 8 mechanic, relevant 9 effective, essential, important 10 functional 11 efficacious, influential, secret agent, significant

operator 5 agent, fixer, pilot 6 doctor, driver 7 schemer, surgeon 9 conductor

operculum 3 lid 4 flap 8 covering

operetta composer 5 Friml (Rudolf), Lehár (Franz), Suppé (Franz von) 6 Straus (Oscar) 7 Gilbert (William S.), Herbert (Victor), Romberg (Sigmund),

Strauss (Johann) **8** Sullivan (Arthur) **9** Offenbach (Jacques)

operose **4** dull **6** boring, tiring **7** tedious **8** tiresome, toilsome, weariful **9** difficult, laborious, wearisome

Ophelia ***beloved:*** **6** Hamlet ***brother:*** **7** Laertes ***father:*** **8** Polonius

ophidian **5** snake **9** snakelike

opiate **4** dope, drug **7** anodyne **8** hypnotic, narcotic, nepenthe, sedative **9** analgesic, soporific **10** anesthetic, painkiller **11** somniferous **12** somnifacient, tranquilizer ***type:*** **7** codeine **8** morphine

opine **4** deem, hold, view **5** judge, state, think **6** advise, assert **7** believe, express, suppose **8** point out **9** recommend

opinion **4** idea, view **5** tenet **6** belief, notion, theory **7** feeling, thought **8** attitude, estimate, judgment, reaction **9** sentiment **10** assumption, conclusion, conjecture, conviction, estimation, hypothesis, persuasion **11** speculation, supposition ***express an:*** **4** vote **5** judge **9** criticize

opium **4** dope, drug **8** narcotic ***derivative:*** **6** heroin **7** codeine **8** laudanum, morphine **9** paregoric ***source:*** **5** poppy

opossum **9** marsupial ***kin:*** **8** kangaroo

opponent **3** con, foe **4** anti **5** enemy, rival **6** muscle **7** nemesis **9** adversary, assailant, combatant **10** antagonist, challenger, competitor **12** counteragent

opportune **3** apt, fit **6** timely **8** suitable **9** favorable, well-timed **10** auspicious, convenient, felicitous, propitious **11** appropriate

opportunity **4** turn **5** break, space, spell **6** chance **7** opening **8** juncture, occasion, prospect **12** circumstance

oppose **4** buck, defy, deny, duel **5** cross, fight, repel **6** attack, combat, debate, differ, object, refute, resist **7** assault, contest, counter, dispute, prevent, protest **8** confront, contrast, disagree, obstruct **9** withstand **10** contradict, contravene, controvert, disapprove

opposite **4** foil **5** polar **6** contra, facing **7** antonym, counter, inverse, obverse, opposed, reverse **8** antipode, antipole, contrary, contrast, converse **9** antipodal, diametric **10** antipodean, antithesis **11** contrasting, counterpole **12** antithetical, counterpoint **13** contradictory ***prefix:*** **3** dis **5** retro **6** contra **7** counter

opposition **3** con, foe **5** enemy **7** rivalry **8** conflict, defiance **9** adversary, animosity, hostility, other side **10** antagonism, antithesis, resistance **11** contrariety, disapproval

oppress **5** abuse, crush, wrong **6** burden, injure, sadden, subdue **7** afflict, torment, torture, trouble **8** aggrieve, distress, overload **9** persecute, subjugate, weigh down

oppressive **5** harsh, heavy **6** brutal, dismal, gloomy, severe, somber, sombre, taxing **7** exigent, onerous, weighty **8** crushing, exacting, grievous, stifling **9** demanding **10** burdensome, depressing, tyrannical **11** dispiriting, overbearing, suffocating **12** discouraging, overwhelming

oppressive force **4** onus, yoke **6** burden, weight

oppressor **5** bully **6** despot, tyrant **8** autocrat, dictator **9** strongman

opprobrious **4** evil, vile **6** odious, vulgar **7** abusive, hateful **8** infamous **9** notorious, truculent **10** despicable, scurrilous **11** disgraceful, ignominious **12** contemptible, contumelious, vituperative

opprobrium **5** abuse, blame, odium, scorn, shame **6** infamy **7** obloquy **8** contempt, disgrace, dishonor, ignominy, reproach **9** discredit, disesteem, disrepute **10** scurrility **12** vituperation

oppugn **5** argue, fight **6** battle, combat **7** contend, contest, dispute **8** question

Ops **4** Rhea ***consort:*** **6** Cronus, Saturn ***daughter:*** **5** Ceres **7** Demeter

opt **3** tap **4** pick **5** elect, favor **6** choose, decide, prefer, select

optical **6** ocular, visual **8** visional ***instrument:*** **4** lens **5** scope **7** transit **9** magnifier, periscope, telescope **10** microscope

optimal **4** best **5** ideal **6** choice, finest **7** perfect **8** choicest, superior

optimist **5** hoper **7** dreamer **8** idealist, Micawber **9** Pollyanna **10** positivist

optimistic **4** rosy **5** happy, merry, sunny **6** bright, hoping, upbeat **7** assured, buoyant, hopeful **8** cheerful, positive, sanguine, trusting **9** confident, promising **11** rose-colored **12** Pollyannaish

option **4** pick **5** claim, extra, grant, right **6** choice **7** license **8** contract, election **9** accessory, privilege, selection **10** preference **11** alternative, prerogative

optional **4** free **5** extra **8** elective **9** voluntary **11** alternative **13** discretionary ***item:*** **5** add-on, extra

opulence **6** bounty, luxury, plenty, riches, wealth **7** fortune **9** abundance, affluence, plenitude, profusion

opulent **4** lush, rich **5** plush, showy, swank **6** deluxe, lavish **7** moneyed, profuse, wealthy **8** affluent, palatial **9** luxuriant, luxurious, plentiful, sumptuous **11** extravagant **12** ostentatious

opuntia **6** cactus

opus **4** work **5** piece **6** oeuvre **7** product **8** creation **11** composition

or 4 else, gold 6 golden, yellow 9 otherwise
oracle 4 sage, seer 5 augur, sibyl 6 augury, medium, Pythia, vision 7 prophet 8 haruspex, prophecy 10 apocalypse, revelation, soothsayer ***site:*** 6 Claros, Delphi, Didyma, Dodona 7 Olympia 9 Epidaurus
oracular 5 vatic 6 mantic, orphic 7 cryptic, Delphic, fatidic, obscure 8 Delphian, dogmatic 9 ambiguous, arbitrary, prophetic, sibylline, vaticinal
oral 4 exam 5 vocal 6 spoken, verbal, voiced 8 narrated, viva voce 9 unwritten 11 examination
orange 6 citrus ***brownish:*** 6 Titian ***deep:*** 11 bittersweet ***genus:*** 6 Citrus ***kin:*** 4 lime 5 lemon 7 kumquat, satsuma 8 mandarin 9 tangerine 10 grapefruit ***kind:*** 4 sour 5 blood, chino, navel, Osage, sweet 7 Seville 8 bergamot, mandarin, Valencia ***oil:*** 6 neroli ***seed:*** 3 pip ***skin:*** 4 rind
orangutan 3 ape 6 pongid 7 primate 10 anthropoid
orate 4 rant 5 mouth, speak, spiel 6 preach 7 address, declaim, lecture 8 bloviate, harangue, perorate 9 discourse, sermonize, speechify 11 pontificate
oration 6 homily, sermon, speech 7 address, lecture 9 discourse ***funeral:*** 6 eulogy
orator 7 speaker ***American:*** 4 Clay (Henry) 5 Bryan (William Jennings), Henry (Patrick) 7 Calhoun (John C.), Douglas (Stephen), Webster (Daniel) ***British:*** 5 Burke (Edmund) 8 Disraeli (Benjamin) 9 Churchill (Winston), Gladstone (William) ***French:*** 8 Mirabeau (Comte de) ***Greek:*** 5 Corax 8 Pericles 11 Demosthenes ***Roman:*** 6 Cicero
oratory 6 chapel, speech 7 bombast 8 rhetoric 9 discourse, elocution, eloquence 10 expression 11 exhortation, speechcraft
orb 3 eye 4 ball 5 globe, round 6 circle, sphere
orbit 4 path 5 ambit, range, reach, scope, sweep, track 6 extent, radius 7 ellipse ***farthest point:*** 5 apsis 6 apogee 8 aphelion ***nearest point:*** 5 apsis 7 perigee 10 perihelion
orchard 5 trees 10 plantation
orchestra 4 band 7 gamelan 8 ensemble, symphony 12 philharmonic ***leader:*** 9 conductor ***section:*** 5 brass 6 string 7 brasses, strings 8 woodwind 9 woodwinds 10 percussion
orchestrate 5 blend, score, unify 6 manage 7 arrange, compose 8 organize 9 harmonize, integrate 10 coordinate
orchid ***kind:*** 7 calypso, pogonia 8 cattleya, oncidium 9 cymbidium 11 cypripedium ***petal:*** 3 lip 8 labellum ***product:*** 5 salep ***tuber:*** 5 salep
ordain 4 will 5 enact, order 6 decree, direct, impose, invest 7 appoint, command, conduct, destine, dictate, install, lay down 9 establish, prescribe, pronounce 10 predestine
ordeal 4 test 5 agony, cross, trial 7 calvary, torment, trouble 8 crucible 9 suffering 10 affliction, difficulty, visitation 11 tribulation
order 4 book, rank 5 array, caste, class, genre, range 6 decree, lineup, method, scheme, series, system 7 command, harmony, mandate, marshal, pattern, reserve 8 classify, neatness, position, shipment, tidiness 9 directive, hierarchy, procedure, structure 10 injunction, regularity 11 progression ***lack of:*** 5 chaos 6 ataxia 7 anarchy, clutter 9 confusion 11 pandemonium ***of business:*** 6 agenda, docket ***of preference:*** 8 priority
orderly 4 aide, calm, neat, tidy, trim 6 batman 7 correct, precise, regular, soldier, uniform 8 methodic, peaceful 9 attendant, organized, peaceable, regulated, shipshape 10 methodical, systematic 11 uncluttered, well-behaved 12 businesslike
ordinance 3 law 4 code, rule 5 edict 6 decree 7 precept, statute 9 direction, prescript 10 regulation
ordinary 4 so-so 5 banal, cheap, judge, plain, trite, usual 6 common, normal 7 average, humdrum, mundane, natural, popular, prelate, prosaic, regular, routine, typical 8 everyday, familiar, inferior, mediocre, workaday 9 clergyman, customary, quotidian 10 uneventful, unoriginal 11 commonplace 12 unnoteworthy
ordnance 4 arms, guns 6 cannon 7 weapons 8 armament, supplies, weaponry 9 artillery, munitions 10 ammunition
ore 4 gold, rock 5 metal 6 copper, silver 7 mineral 8 platinum ***analysis:*** 5 assay ***deposit:*** 4 lode, vein ***excavation:*** 5 stope ***iron:*** 5 ocher, ochre 8 goethite, hematite, limonite ***lead:*** 6 galena ***process:*** 8 leaching, smelting ***refuse:*** 4 slag 5 dross, matte 6 scoria ***smelted:*** 7 regulus
oread 5 nymph
Oregon ***capital:*** 5 Salem ***city:*** 4 Bend 6 Eugene 7 Coos Bay, Medford 8 Portland ***college, university:*** 4 Reed ***lake:***

6 Crater ***mountain, range:*** 4 Hood 7 Cascade ***nickname:*** 6 Beaver (State) ***river:*** 5 Snake 8 Columbia ***state bird:*** 10 meadowlark ***state flower:*** 11 Oregon grape ***state tree:*** 10 Douglas fir

Orestes ***father:*** 9 Agamemnon ***friend:*** 7 Pylades ***mother:*** 12 Clytemnestra ***sister:*** 7 Electra 9 Iphigenia ***victim:*** 9 Aegisthus 12 Clytemnestra ***wife:*** 8 Hermione

organ 5 agent, means 6 agency, medium, review 7 channel, journal, vehicle 8 magazine, ministry 9 newspaper 10 instrument, periodical ***ancient:*** 9 hydraulus ***barrel:*** 10 hurdy-gurdy ***bodily:*** 3 ear, eye 4 lung, nose, skin 5 gland, heart, liver 6 kidney, larynx, spleen, tongue, tonsil, viscus 9 intestine ***mouth:*** 9 harmonica ***part:*** 4 pipe, reed, stop 5 pedal, valve 6 blower 7 console, tremolo 8 keyboard 9 wind chest ***reed:*** 8 melodeon 9 harmonium ***stop:*** 4 oboe, sext 5 gamba, quint, viola 6 dulcet 7 bassoon, celesta, melodia, subbass, tertian 8 carillon, diapason, dulciana, gemshorn ***tactile:*** 6 feeler 8 tentacle

organ cactus 7 saguaro

organic 5 basic 6 innate 7 natural, primary 8 inherent, integral 9 essential 10 structural 11 fundamental

organism 5 being, plant 6 animal ***disease-producing:*** 4 germ 5 virus 8 pathogen 9 bacterium ***single-celled:*** 5 monad 6 amoeba 9 protozoan

organist ***American:*** 3 Fox (Virgil) 5 Biggs (E. Power) 6 Newman (Anthony) ***Dutch:*** 9 Sweelinck (Jan) ***English:*** 6 Wesley (Samuel) 7 Gibbons (Christopher, Edward, Ellis, Orlando) ***French:*** 5 Alain (Marie-Claire), Widor (Charles) 6 Franck (César) 8 Messiaen (Olivier) 10 Schweitzer (Albert) ***German:*** 4 Bach (Johann Sebastian) 6 Handel (George Frideric), Walcha (Helmut) 7 Richter (Anton, Ernst, Ferdinand, Johann, Karl) ***Swiss:*** 4 Rogg (Lionel)

organization 4 body, club, unit 5 group, guild, setup 6 agency, system 7 pattern 9 framework, structure 11 arrangement, association, corporation, institution 13 establishment ***college:*** 4 frat 8 sorority 10 fraternity ***criminal:*** 4 gang 5 Mafia ***fraternal:*** (see FRATERNAL SOCIETY) ***government:*** (see GOVERNMENT AGENCY) ***lack of:*** 5 chaos ***political:*** 4 bloc 5 party 7 apparat, machine

organize 4 form 5 array, group, order, rally, set up, start 6 create, line up 7 arrange 8 classify, unionize 9 construct, establish, institute, integrate 10 constitute, coordinate 11 put together

orgulous 5 proud

orgy 4 rite 5 binge, revel, spree 7 blowout, carouse, debauch, rampage, revelry, splurge 8 carousal 9 bacchanal 10 indulgence, saturnalia 11 bacchanalia

oriel 3 bay 6 window

orient 3 set 4 face 5 adapt, align, pearl, sheen 6 adjust, direct, inform, locate, luster 7 arrange 8 acquaint, lustrous 9 sparkling 11 accommodate, familiarize

Orient 4 Asia, East 7 Far East

Oriental 3 rug 5 Asian 6 carpet 7 Eastern 10 Far Eastern

orientation 7 bearing 8 location, position 9 alignment, direction 10 adjustment 11 arrangement

orifice see OPENING

oriflamme 4 flag 5 ideal 6 banner, pennon, symbol 7 pendant, pennant 8 standard, streamer

origami 12 paper folding ***bird:*** 5 crane

origin 4 root, seed, well 5 birth, blood, start 6 source 7 descent, genesis, lineage 8 ancestry, fountain, pedigree 9 beginning, inception, maternity, parentage, paternity 10 derivation, extraction, provenance, wellspring

original 3 new 5 first, model, novel, prime 6 native, unique 7 initial, pattern, pioneer, primary 8 creative, earliest 9 archetype, ingenious, innovator, inventive, precursor, primitive, prototype 10 archetypal, forerunner, innovative

originally 5 first 7 at first 8 formerly 9 initially, primarily

originate 4 coin, flow, hail, make, rise, stem 5 arise, begin, found, hatch, issue, set up, start 6 create, derive, invent, launch, spring 7 emanate, proceed, produce, think up 8 commence, generate, initiate, innovate 9 institute, introduce

originator 5 maker 6 author 7 creator, founder, planner 8 inventor, producer 9 initiator, innovator 10 institutor, introducer

oriole 4 bird 8 troupial ***European:*** 6 loriot ***genus:*** 7 Icterus ***golden:*** 6 loriot ***kind:*** 6 golden 7 orchard 8 Bullock's 9 Baltimore

Orion 6 hunter 13 constellation ***beloved:*** 3 Eos ***belt:*** 7 Ellwand ***father:*** 7 Hyrieus 8 Poseidon ***slayer:*** 5 Diana 7 Artemis ***star:*** 5 Rigel 9 Bellatrix 10 Betelgeuse

orison 6 prayer 8 entreaty, petition 12 supplication

Orithyia ***lover:*** 6 Boreas ***son:*** 5 Zetes 6 Calais

Orlando author 5 Woolf (Virginia)
Orlando Furioso author 7 Ariosto (Ludovico)
Orléans heroine 9 Joan of Arc
orlop 4 deck
ormolu 5 brass 6 bronze
ornament 3 gem 4 bead, deck, trim 5 adorn, jewel 6 bedeck, finial, tassel 7 dress up, garnish, jewelry, pendant, whatnot 8 beautify, decorate, filigree 9 embellish, embroider, lavaliere ***Christmas tree:*** 4 bulb 5 angel 6 tinsel ***lip:*** 6 labret ***shoulder:*** 7 epaulet
ornamental case 4 etui
ornate 4 lush, rich 5 fancy, gaudy, showy 6 florid, frilly, gilded, glitzy, rococo 7 baroque, flowery, opulent 8 overdone 9 elaborate, luxuriant, sumptuous 10 flamboyant
ornery 5 balky, cross, testy 6 crabby, cranky, crusty, grumpy 7 bearish, froward, grouchy 8 contrary, perverse, stubborn, vinegary 9 crotchety, difficult, irascible, irritable 10 inflexible, vinegarish 12 cantankerous
ornithic 5 avian 8 birdlike
ornithologist ***American:*** 4 Bond (James) 7 Audubon (John James), Bartram (William) 8 Peterson (Roger Tory) ***English:*** 5 Gould (John) ***Scottish:*** 6 Wilson (Alexander)
orotund 4 full, loud 5 round 7 flowery, pompous, ringing 8 resonant, sonorous 9 bombastic, high-flown, overblown 10 euphuistic, oratorical, resounding, rhetorical, stentorian 11 declamatory 12 magniloquent 13 grandiloquent
Orpah ***husband:*** 7 Chilion ***sister-in-law:*** 4 Ruth
orphan 4 waif 5 Annie, gamin, stray 6 bereft, gamine, urchin 7 cast-off, ignored 8 forsaken, homeless 9 abandoned, foundling, neglected 10 motherless, parentless
Orpheus ***father:*** 6 Apollo 7 Oeagrus ***home:*** 6 Thrace ***instrument:*** 4 lyre ***mother:*** 8 Calliope ***wife:*** 8 Euridice
orphic 6 arcane, mystic, occult 7 cryptic, Delphic, obscure 8 abstruse, Delphian, esoteric, hermetic, mystical, oracular, profound 9 enigmatic, recondite
ort 3 bit 4 bite 5 crumb, piece, scrap 6 morsel 7 remnant 8 leftover
orthodox 6 proper 8 accepted, approved, official, received, standard 9 canonical, customary 10 conformist, recognized, sanctioned 11 established, traditional 12 acknowledged, conservative, conventional 13 authoritative
orthography 7 writing 8 spelling
ortolan 7 bunting
Orwell novel 10 Animal Farm 18 Nineteen Eighty-four
oryx 7 gemsbok 8 antelope
os 3 ora (plural) 4 bone, ossa (plural) 5 mouth 7 orifice
Osborne play 15 Look Back in Anger
oscillate 4 sway, vary 5 swing, waver 6 change, seesaw 7 vibrate 9 alternate, fluctuate
oscillation 4 sway 5 swing 9 variation, vibration 10 undulation 11 fluctuation, periodicity
osculate 3 lip 4 buss, kiss, peck 5 smack 6 smooch
osier 3 rod 6 willow 7 dogwood
Osiris ***brother:*** 3 Set 4 Seth ***father:*** 3 Geb, Keb, Seb ***mother:*** 3 Nut ***scribe:*** 5 Thoth ***sister:*** 4 Isis ***slayer:*** 3 Set 4 Seth ***son:*** 5 Horus 6 Anubis ***wife:*** 4 Isis
osmosis 4 flow 8 transfer 9 diffusion 10 absorption 12 assimilation 13 incorporation
osprey 4 hawk 8 fish hawk
osseous 4 bony 8 bonelike
ossicle 4 bone 5 incus 6 stapes 7 malleus
ossify 3 set 6 harden 7 stiffen 8 solidify 9 fossilize
osso ___ 4 buco
ossuary 4 tomb 5 vault 8 boneyard, cemetery 9 sepulcher, sepulchre
ostensible 6 stated 7 alleged, seeming 8 apparent, asserted, illusive, illusory, so-called, supposed 9 pretended, professed, purported, semblable 11 superficial
ostentation 4 show 5 flash, swank 7 display 9 pomposity, showiness, vainglory 10 flashiness, pretension 11 flamboyance
ostentatious 4 loud 5 gaudy, showy, swank 6 flashy, garish, swanky 7 pompous, splashy 8 overdone, peacocky 10 flamboyant, peacockish 11 pretentious 12 vainglorious
ostiole 4 pore 7 orifice 8 aperture
ostracism 5 exile 7 removal 9 exclusion 10 banishment, relegation 11 deportation
ostracize 3 bar, cut 4 shun, snub 5 exile 6 banish, deport 7 exclude, keep out, shut out 8 throw out 9 blackball 10 expatriate 12 cold-shoulder
ostrich 6 ratite
Ostrogoth king 9 Theodoric
otalgia 7 earache
Otello composer 5 Verdi (Giuseppe) 7 Rossini (Gioacchino)
O tempora! O ___! 5 mores
Othello ***author:*** 11 Shakespeare (William) ***ensign:*** 4 Iago ***lieutenant:*** 6 Cassio ***maid:*** 6 Emilia ***victim, wife:*** 9 Desdemona

others 4 rest 9 remainder ***and:*** 4 et al 6 et alia, et alii 7 et aliae
other than 3 but 4 save 6 except 7 besides 9 apart from, aside from, except for, excepting, excluding
otherwise 3 not 5 if not 6 or else 7 changed 9 different 11 differently 12 anything else 13 alternatively
otic 5 aural 8 auditory 9 auricular
otiose 4 idle, vain 5 empty 6 futile, hollow 7 surplus, useless 8 nugatory 9 fruitless, pointless, worthless 11 ineffective, purposeless, superfluous 12 functionless 13 supernumerary
Ottawa chief 7 Pontiac
ottoman 4 seat 5 couch 6 fabric 9 footstool
Ottoman 4 Turk 7 Turkish ***ruler:*** 5 Osman, Selim 8 Suleiman, Süleyman
Otus 5 giant ***brother:*** 9 Ephialtes ***father:*** 6 Aloeus 8 Poseidon ***mother:*** 9 Iphimedia ***slayer:*** 6 Apollo
ouch 3 cry 5 bezel, jewel 6 brooch, buckle 7 setting 8 ornament 11 exclamation
ounce 3 bit, cat 4 dram 5 pinch, scrap, shred 6 amount, splash, weight 7 measure, modicum, smidgen 8 fraction, particle 11 snow leopard
our ***French:*** 5 notre ***Italian:*** 6 nostra
Our Town author 6 Wilder (Thornton)
oust 4 fire, sack 5 eject, evict, expel 6 banish, deport, remove, topple, unseat 7 boot out, cast out, deprive, dismiss, kick out 8 displace, drive out, force out, relegate, supplant, take away, throw out 10 dispossess
ouster 7 removal 8 ejection, eviction 9 discharge, dismissal, expulsion 10 banishment
out 4 away, exit 5 forth, loose 6 absent, excuse ***of control:*** 4 wild 7 chaotic ***of gas:*** 5 tired 7 drained 9 exhausted ***of line:*** 4 awry, rude 5 askew, fresh ***of place:*** 13 inappropriate ***of sorts:*** 5 cross 7 grouchy, peevish 9 irritable ***of the ordinary:*** 3 odd 7 bizarre, strange, unusual
outage 4 loss 5 break 7 failure 8 blackout 12 interruption
out-and-out 5 gross, sheer, total, utter 7 perfect 8 absolute, complete, positive 9 downright 10 consummate 11 unmitigated, unqualified 13 thoroughgoing
outback 4 bush 6 sticks 7 boonies 9 boondocks 10 hinterland, wilderness
outboard 4 boat 5 motor 6 engine
outbreak 4 rash, rise, rush 5 burst, flare, spike, surge 6 attack, blowup, plague, revolt 7 flare-up 8 epidemic, eruption, increase, uprising 9 rebellion 12 insurrection
outburst 3 fit 4 gush, gust 5 flare, sally, scene, spasm, storm, surge 6 frenzy, tirade 7 flare-up, tantrum, torrent 8 eruption, paroxysm, upheaval 9 explosion
outcast 4 hobo 5 exile, leper, tramp 6 pariah 7 Ishmael, vagrant 8 castaway, derelict, vagabond 9 reprobate 10 expatriate, Ishmaelite 11 offscouring, untouchable
outclass 3 top 4 best 5 excel 6 exceed 7 surpass
outcome 3 end 5 event, fruit, issue 6 effect, result, sequel, upshot 9 aftermath 10 conclusion 11 aftereffect, consequence, development
outcrop 4 rock 5 ledge 6 appear 7 project 8 protrude 10 projection, protrusion 12 protuberance
outcry 4 yell 5 noise, shout 6 clamor, tumult, uproar 7 auction, ferment, protest 8 upheaval 9 commotion, objection 11 exclamation
outdated 3 old 5 passé 6 démodé, old hat 7 antique 12 old-fashioned
outdistance 3 top 4 beat, best, pass 5 trump 6 better 7 eclipse, surpass
outdo 3 top 4 beat, best 5 excel, trump 6 better, defeat, exceed 7 eclipse, surpass, triumph 8 overcome 9 transcend
outdoor 7 open-air 8 alfresco
outer 6 remote 7 surface 8 exoteric, exterior, external 9 extrinsic 10 extraneous 11 superficial
outermost 4 last 5 final 6 far-off 7 distant, extreme 8 farthest, furthest, remotest
outfit 3 kit, rig, set 4 band, firm, gear, suit, team, togs, unit 5 corps, dress, equip, getup, group, squad, troop 6 clothe, supply, tackle, troupe 7 appoint, company, concern, costume, furnish 8 accouter, accoutre, business, clothing, ensemble, matériel, tackling 9 equipment, provision 10 enterprise 12 organization 13 accouterments, accoutrements, establishment
outflank 5 evade 6 bypass 9 get around 10 circumvent
outflow 6 efflux 8 drainage, effluent 9 effluence
out-front 4 open 5 frank 6 candid, honest 10 forthright
outgoing 4 open 7 affable 8 friendly, sociable 9 departing, expansive 10 gregarious, responsive 11 extroverted
outgrowth 6 effect, result 7 product, spin-off 8 offshoot 9 by-product, offspring 10 derivative 11 aftereffect, consequence
outhouse 5 jakes, privy 7 latrine

outing 4 spin, trip 5 drive, jaunt, sally 6 junket, picnic 9 excursion 10 appearance, disclosure
outlandish 3 odd 4 wild 5 alien, outré, ultra, weird 6 exotic, quaint, remote, vulgar 7 bizarre, curious, extreme, foreign, offbeat, strange, uncouth, unusual 8 peculiar, singular 9 eccentric, fantastic, tasteless 10 ridiculous, unorthodox 11 extravagant
outlast 6 endure 7 survive, weather 9 withstand
outlaw 3 ban, con 4 wild 5 crook 6 bandit, banned, enjoin, forbid 7 exclude, illegal 8 criminal, disallow, fugitive, prohibit, renegade, restrict 9 desperado, illegalize, interdict, proscribe 10 rebellious
outlay 3 pay, tab 4 cost, give 5 spend 6 amount, expend 7 expense, payment 8 disburse 11 expenditure 12 disbursement
outlet 4 exit, hole, mart, shop, vent 5 issue, store 6 avenue, egress, escape, market 7 channel, opening, passage, release 8 aperture 10 discounter, receptacle
outline 4 edge, form, limn, plan 5 brief, draft, shape, trace 6 bounds, border, précis, schema, sketch 7 contour, profile, summary 8 abstract, boundary, skeleton, syllabus, synopsis 9 delineate, summarize 10 figuration, silhouette 11 skeletonize
outlive 7 survive, weather
outlook 4 side, view 5 angle, scope, sight, slant, vista 6 aspect, future 7 promise 8 attitude, forecast, position, prospect 9 direction, viewpoint 10 standpoint 11 expectation, observatory, perspective, point of view
outlying 3 far 6 far-off, remote 7 distant, faraway, removed 8 far-flung
outmoded 4 dead 5 dated, passé, tired 8 obsolete 9 moth-eaten, unstylish 10 oldfangled 11 obsolescent 12 old-fashioned
Out of Africa author 7 Dinesen (Isak)
out-of-date 3 old 4 past 5 passé, stale 6 démodé, old hat, square 7 antique, archaic, old-time, vintage 8 obsolete 9 unstylish 10 antiquated 12 old-fashioned
out of it 4 lost 5 dazed 7 muddled 8 confused 10 bewildered
out-of-the-way 4 rare 6 remote 7 distant, obscure, removed, unusual 8 secluded, uncommon
outpost 4 base 6 branch, colony 8 foothold 10 detachment, settlement
outpouring 4 flow, gush, rush 5 burst, flood, spate, spurt 6 deluge, stream 7 torrent 8 effusion
output 4 crop, gain, take 5 power, yield 6 amount, profit 7 harvest, produce, product 10 production 11 achievement, information
outrage 4 fury, rape 5 abuse, shock, wrong 6 injury, insult, offend 7 affront, incense, violate 8 aggrieve, atrocity, ill-treat, mischief, violence 9 brutality, infuriate 10 resentment, scandalize
outrageous 5 awful, gross 6 horrid, insane, odious, unholy, wicked 7 beastly, ghastly, heinous, ignoble, obscene 8 dreadful, flagrant, horrible, shocking, terrible 9 atrocious, egregious, excessive, fantastic 10 abominable, inordinate, scandalous 11 intolerable
outré 3 odd 5 ultra 6 far-out 7 bizarre, extreme, off-beat, strange 8 peculiar 9 eccentric
outrigger 4 beam, boat, prau, proa, spar
outright 4 pure 5 total, utter, whole 6 entire 7 perfect 8 absolute, complete, entirely, positive 9 on the spot 10 completely, consummate 11 unequivocal, unmitigated, unqualified 13 thoroughgoing
outrun 3 top 4 beat, pass 6 exceed 7 surpass
outset 4 dawn 5 birth, start 7 opening 9 beginning, inception 12 commencement
outshine 3 top 4 beat, best 5 excel 6 exceed 7 surpass
outside 5 alien 7 foreign, open-air 8 alfresco, exterior, external
outsider 5 alien 7 inconnu 8 newcomer, stranger 9 foreigner
outsmart see OUTWIT
outspoken 4 free, open 5 blunt, frank, plain, vocal 6 candid, direct, honest 7 up front 8 explicit 10 forthright, point-blank, unreserved 11 unequivocal
outstanding 3 due 4 star 5 noted, owing 6 signal, superb, unpaid 7 capital, eminent, notable, salient, stellar 8 dominant, striking, superior 9 arresting, excellent, prominent, unsettled 10 noticeable, preeminent, remarkable, unresolved 11 conspicuous, distinctive, exceptional, magnificent, superlative, uncollected 13 extraordinary
outstrip 3 top 4 beat, best, pass 5 excel 6 better, exceed 7 surpass 8 distance, go beyond, overtake 9 transcend 11 leave behind
outward 5 overt 7 evident, visible 8 apparent, exterior, external 10 noticeable, ostensible 11 superficial

outweigh 6 exceed 8 overbear 10 overshadow 11 overbalance 12 preponderate
outworn see OUTMODED
ouzel 6 dipper, thrush 9 blackbird
oval 5 track 6 oblong 7 ellipse 8 elliptic 9 egg-shaped, racetrack 10 elliptical 11 ellipsoidal
ovation 5 kudos 6 homage, praise 7 acclaim, tribute 8 applause, approval, cheering, clapping, plaudits 11 acclamation
oven 4 kiln, oast 5 range, stove
over 4 anew, atop, done, past, upon 5 above, again, aloft, ended 6 across, beyond 8 finished, once more ***French:*** 3 sur ***German:*** 4 über ***prefix:*** 3 epi, sur 5 extra, hyper, super, supra ***Spanish:*** 5 sobre
overabundance 4 glut 6 excess 7 surfeit, surplus 8 plethora 10 surplusage 11 superfluity
overact 3 ham, mug 4 rant 5 emote 10 exaggerate
overage 6 excess 7 surplus
overall 5 smock, total 6 global, mainly, mostly 7 chiefly, general, largely 8 as a whole, sweeping 9 generally, inclusive, in general, primarily 10 far and wide 11 principally 13 comprehensive, predominantly
overalls 5 pants 8 trousers
over and above 4 also 6 as well, beyond 7 besides 8 as well as 10 in addition
over and over 3 oft 5 often 8 ofttimes 10 frequently, oftentimes, repeatedly 11 continually, recurrently
overbearing 5 bossy 6 lordly 7 haughty, pompous 8 absolute, arrogant, despotic, dogmatic, dominant, imperial, insolent, scornful, superior 9 imperious, tyrannous 10 autocratic, disdainful, dominating, high-handed, oppressive, peremptory, tyrannical 11 dictatorial, domineering, magisterial 12 supercilious 13 high-and-mighty
overblown 6 turgid 7 flowery, hyped up, orotund, pompous 8 inflated 9 bombastic, excessive, high-flown 10 euphuistic, oratorical, rhetorical 11 declamatory, exaggerated, pretentious 12 magniloquent 13 grandiloquent
overcast 3 sew 4 dull, gray, hazy 5 cloud, cover 6 cloudy, darken, shadow 7 becloud, blanket, clouded, obscure 8 covering, lowering 9 adumbrate
overcharge 3 pad 4 bilk, clip, skin, soak 5 cheat, stick 6 fleece 7 inflate
overcoat 5 paint 6 capote, raglan, ulster 7 surtout 9 balmacaan, outerwear 12 chesterfield
overcome 4 beat, best, lick 5 drown, throw 6 defeat, hurdle, master 7 conquer, prevail, triumph 8 surmount 9 prostrate
overconfident 4 rash 5 brash, cocky, pushy 8 arrogant, cocksure, reckless 9 hubristic, presuming 12 presumptuous
overdo 7 exhaust, fatigue, wear out 9 embellish 10 exaggerate
overdue 4 late 5 owing, tardy 6 behind, unpaid 7 belated, delayed, payable 8 dilatory 9 unsettled 10 behindhand, delinquent, unpunctual 11 outstanding
overemphasize 7 magnify 8 heighten 9 dramatize, embellish 10 exaggerate
overflow 4 pour 5 cover, drown, flood, slosh, spate, spill, swamp 6 deluge, engulf, excess, outlet 7 surfeit, surplus, torrent 8 flooding, inundate, spillage, submerge 10 inundation, surplusage 11 superfluity
overgrown 4 lush 5 dense, thick 6 brushy 7 hulking 8 ungainly 9 excessive, ponderous 10 junglelike
overhang 3 jut 4 loom 5 bulge 6 beetle, extend, impend 7 project 8 protrude, stick out, threaten 10 projection
overhaul 3 fix 4 mend, redo 5 patch, renew 6 doctor, remake, repair, revamp, revise 7 rebuild, restore 8 renovate 11 recondition, reconstruct
overhead 4 atop 5 above, aloft, smash 7 ceiling, expense 8 expenses
overheated 5 fiery 7 fervent 8 inflated 9 perfervid 11 impassioned
overindulgence 6 excess 7 surfeit 8 gluttony 11 dissipation 12 immoderation, intemperance
overjoyed 6 elated 7 gleeful 8 ecstatic, euphoric, exultant, jubilant, thrilled 9 rapturous 11 transported
overkill 4 glut 6 excess 7 surfeit, surplus, too much 8 plethora 10 obliterate, redundancy, surplusage 11 superfluity
overlap 7 shingle 9 imbricate
overlay 3 cap 4 coat 5 cover, glaze 6 finish, veneer 7 blanket, coating, lacquer, varnish 8 covering 11 superimpose 12 transparency
overload 4 glut 5 stuff 6 burden, excess, pile on, strain 7 surfeit
overlook 4 fail, miss, omit, skip 5 check, let go 6 excuse, forget, ignore, pass by, slight, slip up, survey, wink at 7 blink at, condone, forgive, inspect, let pass, neglect 8 discount, dominate, surmount 9 disregard, supervise 11 superintend
overlord 4 czar, tsar, tzar 5 chief, mogul, ruler 6 tycoon 7 magnate 8 suzerain 9 potentate, sovereign

overly 3 too 6 unduly 11 exceedingly, excessively 12 immoderately, inordinately
overpass 5 cross 6 bridge 8 crossing, traverse 9 traversal 11 interchange
overplay 4 hype 6 expand 7 enlarge, inflate, magnify, point up, stretch 8 maximize 9 dramatize 10 exaggerate 11 hyperbolize
overpower 4 rout 5 crush, swamp, whelm 6 defeat, master, subdue 7 conquer 8 vanquish 9 prostrate, subjugate
overreach 3 con 4 beat, bilk 5 cheat, outdo 6 defeat, outfox, outwit 7 defraud 8 flimflam, outsmart 10 exaggerate 11 outmaneuver
override 4 veto 5 annul 6 cancel 7 nullify 10 counteract, neutralize
overriding 3 key 4 main 5 chief, major, prime, vital 7 central, crucial, pivotal, primary, supreme 8 cardinal, dominant, foremost 9 paramount, principal
overrule 4 undo, veto 5 upset 6 negate, revoke 7 reverse 8 set aside 11 countermand
overrun 4 beat, raid, teem, whip 5 swamp, swarm 6 defeat, excess, infest, invade, occupy, ravage, spread, thrash 7 clobber, conquer
overseas 6 abroad 11 transmarine, ultramarine 12 transoceanic
oversee 3 run 4 boss 5 watch 6 direct, manage, survey 7 command, examine, inspect 9 supervise 11 superintend
overseer 4 boss, exec, head 5 chief 7 foreman, manager 8 director 9 executive 10 supervisor 13 administrator
overshadow 4 veil 5 cloud, dwarf, shade 6 darken, exceed 7 becloud, eclipse, obscure, surpass 8 dominate, outshine, outweigh 9 adumbrate
overshoe 4 boot 6 arctic, galosh, patten, rubber
oversight 4 care, slip 5 aegis, check, error, lapse 6 charge, slip-up 7 control, failure, mistake, neglect 8 omission 10 intendance, management 11 supervision
overspread 3 cap 5 beset, cover, flood, swarm 6 infest, invade 7 blanket, obscure, pervade 8 permeate
overstate 3 pad 7 amplify, enlarge, magnify 9 embellish, embroider 10 exaggerate
overstep 6 exceed, offend 7 surpass, violate 8 infringe, trespass 10 transgress
overstock 4 glut 5 extra 6 excess 7 surplus 9 remainder 10 surplusage
overstress 7 magnify 8 maximize 10 exaggerate
overt 4 open 5 clear 6 patent 7 evident, obvious, outward, visible 8 apparent, manifest 10 observable
overtake 4 pass 5 catch 6 pass by 7 outpace, surpass 8 come upon, outstrip 11 outdistance
Over the Rainbow *composer:* 5 Arlen (Harold) 7 Harburg (E. Y.) *singer:* 7 Garland (Judy)
over there 3 yon 6 yonder
over-the-top 7 extreme 8 reckless 9 egregious, excessive 10 exorbitant, flamboyant, outrageous 11 extravagant
overthrow 4 fell, oust, rout 5 purge, upset 6 defeat, depose, remove, topple, unseat 7 conquer 8 dethrone, downfall 9 bring down
overtone 4 hint 5 sense 8 coloring, harmonic 9 inference 10 suggestion 11 association, connotation, implication 12 undercurrent
overture 3 bid 5 proem 7 advance, preface, prelude, present 8 approach, foreword, preamble, prologue, proposal 9 prelusion 10 initiative 11 proposition 12 introduction, presentation
overturn 3 tip 4 flip, void 5 upend, upset 6 topple, tumble 7 capsize, nullify, reverse 8 set aside 10 invalidate
overused 5 stale, tired, trite 7 clichéd, worn-out 9 hackneyed
overview 6 aperçu, précis, survey 7 epitome, summary 10 conspectus
overweening 5 brash, pushy 6 lordly, uppish, uppity 7 forward 8 arrogant 9 conceited, presuming 10 immoderate 11 exaggerated 12 presumptuous
overweight 3 fat 5 beefy, burly, dumpy, gross, heavy, husky, obese, plump, pudgy, stout 6 chubby, chunky, flabby, fleshy, portly, rotund 7 outsize 8 heavyset, thickset 9 corpulent
overwhelm 4 beat, bury, rout, ruin, sink, whip 5 crush, drown, flood, swamp, upset, wreck 6 defeat, deluge, engulf, thrash 7 conquer, destroy, oppress, shatter, shellac, smother 8 inundate, submerge 9 devastate, prostrate 10 demoralize 11 subordinate
overwhelmed 6 aghast, 7 shocked, stunned, touched 8 defeated, helpless 10 distressed 13 thunderstruck
overwhelming 4 huge 5 great 7 extreme 8 numerous
overwrought 5 hyper, upset 7 anxious, frantic, wound up 8 agitated, frenetic, stressed, troubled 9 disturbed, emotional 10 distracted, freaked out, high-strung, hysterical 11 discomposed
Ovid work 5 Fasti 6 Amores 7 Tristia 8 Heroides 13 Metamorphoses
ovine 5 sheep 9 sheeplike

ovoid 4 oval 5 ovate 9 egg-shaped
ovule 3 egg ***fertilized:*** 4 seed
ovum 3 egg 6 gamete 7 egg cell 11 macrogamete
owing 3 due 6 in debt, mature, unpaid 7 overdue, payable 9 unsettled 11 outstanding
owing to 4 over 7 through 9 because of 10 by reason of 11 on account of
owl ***cry:*** 4 hoot ***genus:*** 4 Otus ***kind:*** 3 elf 4 barn, gray, lulu 5 eagle, gnome, madge, pygmy, snowy 6 barred, horned 7 saw-whet, screech 9 long-eared 10 short-eared 11 great horned
Owl and the Pussycat author 4 Lear (Edward)
own 4 avow, have, hold 5 admit, allow, enjoy, grant, let on 6 accept, fess up, retain 7 concede, confess, possess 8 disclose 9 recognize 11 acknowledge
owner 6 holder 8 landlady, landlord 9 possessor, purchaser 10 proprietor
ownership 4 hand 5 title 8 dominion, property 10 possession 11 proprietary ***perpetual:*** 8 mortmain
ox 3 yak 4 anoa, gaur, musk, zebu 5 bison, steer 6 bovine 7 banteng, buffalo ***Asian:*** 4 zebu ***attachment:*** 4 yoke ***extinct:*** 4 urus 7 aurochs ***family:*** 7 Bovidae ***relating to:*** 6 bovine ***wild:*** 4 anoa, gaur 7 banteng
oxeye 5 daisy 6 flower
oxford 4 shoe 5 cloth, sheep 6 cotton, fabric
oxide ***calcium:*** 4 lime 9 quicklime ***ferric:*** 4 rust ***sodium:*** 4 soda
oxidize 4 rust
oxygen 3 air, gas 5 ozone 7 element ***discoverer:*** 9 Lavoisier (Antoine) ***form:*** 5 ozone ***liquid:*** 3 lox
oyster 7 bivalve, mollusc, mollusk ***bed:*** 4 park 6 claire, cultch ***eggs:*** 5 spawn ***genus:*** 6 Ostrea ***Long Island:*** 9 bluepoint ***product:*** 5 pearl ***shell:*** 4 test 5 shuck ***young:*** 4 spat
oyster plant 7 salsify
Oz ***creator:*** 4 Baum (L. Frank) ***inhabitant:*** 8 Munchkin ***princess:*** 4 Ozma
Ozark State 8 Missouri
Ozem ***brother:*** 5 David ***father:*** 5 Jesse 9 Jerahmeel
Ozymandias author 7 Shelley (Percy Bysshe)

P

pabulum 3 pap 4 food 7 aliment 8 nutrient 9 blandness, nutriment 10 insipidity, sustenance 11 nourishment
paca 4 cavy
pace 3 set 4 beat, clip, gait, lead, rate, step, time, walk 5 speed, tempo, tread, troop 6 motion, stride, timing 7 example, fluency, measure, precede, proceed, routine, step off 8 ambulate, antecede, movement, progress, regulate
pachyderm 8 elephant
pacific 4 calm, mild 6 gentle, irenic, placid, serene 8 dovelike, peaceful, soothing, tranquil 9 peaceable, temperate 12 conciliatory
Pacificator, Great 4 Clay (Henry)
Pacific nation 5 Belau, Japan, Nauru, Palau, Tonga 6 Tuvalu 7 Vanuatu 8 Kiribati
Pacific Ocean discoverer 6 Balboa (Vasco Núñez de)
pacifist 4 dove 6 irenic 8 appeaser, peaceful, peacenik 9 peaceable 10 nonviolent 11 peacemonger
pacify 4 calm, cool, ease, lull 5 allay, quell, quiet, still 6 disarm, settle, soften, soothe, subdue, temper 7 appease, assuage, mollify, placate 9 subjugate 10 conciliate, propitiate
pack 3 jam, kit, lot, lug, ram, set, wad 4 band, bear, cram, deck, fill, gang, heap, load, lump, mass, pile, stow, tamp, tote, unit 5 bunch, carry, cover, crowd, ferry, group, store, stuff, troop 6 bundle, charge, clique, convey, depart, gather 7 possess 8 assemble, compress, knapsack 9 container, equipment, influence, transport 10 collection, congregate

package 3 box 4 deal, unit, wrap 5 array, combo, whole 6 bundle, parcel 7 enclose, present, wrapper 8 shipment 9 container 10 collection 11 combination

pack animal 3 ass 4 mule 5 burro, camel, horse, llama 6 donkey 7 jackass 13 beast of burden

packed 4 full 5 awash, dense, flush 6 filled, jammed 7 brimful, crowded, stuffed 8 brimming 9 chock-full 10 compressed

packet 3 wad 4 boat, mass, pile 5 group 6 bundle, parcel 7 cluster

pact 4 bond, deal 6 accord, treaty 7 bargain, concord 8 alliance, contract, covenant 9 agreement

pad 3 bed, mat, wad 4 foot, mute 5 fudge, guard, paper, stuff 6 buffer, expand, muffle, shield, tablet 7 augment, bolster, cushion, stretch 8 dressing, increase 9 embellish, embroider, overstate 10 exaggerate, overcharge

paddle 3 oar, row 4 beat, stir 5 spank 6 propel, thrash

paddock 5 field 7 pasture 9 enclosure

paddy wagon 10 Black Maria

padre 3 Fra 6 father, priest 8 chaplain, minister 9 clergyman, confessor

paean 4 hymn, song 6 anthem, eulogy, praise 7 tribute 8 accolade, encomium 9 panegyric

page 4 book, call, leaf 5 folio, sheet 6 locate, summon 7 bellhop, equerry *left-hand:* 5 verso *right-hand:* 5 recto

pageant 4 sham, show 7 charade, display, tableau 8 pretense 9 spectacle 10 exhibition

pageantry 4 pomp, show 7 display, panoply 8 flourish, splendor 9 spectacle 10 exhibition 11 flamboyance, ostentation 12 magnificence

Pagliacci, I *character:* 5 Canio, Nedda, Tonio 6 Silvio *composer:* 11 Leoncavallo (Ruggero)

pagoda 6 temple

pail 6 bucket, piggin, vessel

pain 3 irk 4 ache, care, hurt, pang 5 agony, cramp, grief, throe, upset 6 grieve, harass, stitch, twinge 7 afflict, anguish, torture, travail, trouble 8 aggrieve, distress 9 suffering 10 affliction, discomfort *back:* 7 lumbago *muscular:* 7 myalgia

painful 3 raw 4 hard, sore 5 acute, sharp 6 aching, trying 7 arduous, irksome 8 annoying, piercing, stinging 9 agonizing, difficult, laborious, torturous, upsetting, vexatious 10 afflictive, tormenting

painkiller 4 drug 6 opiate 7 anodyne, codeine 8 morphine, narcotic 9 analgesic 10 anesthetic

painstaking 5 exact 7 careful, heedful 8 diligent, exacting, thorough 9 assiduous, diligence, laborious 10 meticulous, scrupulous 11 punctilious

paint 4 coat, daub, limn, swab, tint 5 adorn, brush, color, cover, horse, pinto, rouge, stain 6 depict, makeup 7 coating, pigment, portray, produce, touch up 8 cosmetic, decorate 9 delineate, represent 10 maquillage

painter 6 artist *American:* 4 Cole (Thomas), Haas (Richard), West (Benjamin), Wood (Grant) 5 Abbey (Edwin Austin), Davis (Stuart), Gorky (Arshile), Grosz (George), Henri (Robert), Hicks (Edward), Homer (Winslow), Johns (Jasper), Kline (Franz), Kroll (Leon), Marin (John), Marsh (Reginald), Moses (Grandma), Peale (Anna, Charles Willson, James, Raphaelle, Rembrandt, Sarah, Titian), Ryder (Albert Pinkham), Shahn (Ben), Sloan (Eric, John), Weber (Max), Wyeth (Andrew, Jamie, Newell Convers) 6 Albers (Josef), Benton (Thomas Hart), Catlin (George), Church (Frederick Edwin), Coburn (Alvin Langdon), Copley (John Singleton), Durand (Asher), Eakins (Thomas), Hassam (Childe), Hopper (Edward), Inness (George), Leutze (Emanuel), Martin (Agnes, Homer), Newman (Barnett), Rivers (Larry), Rothko (Mark), Stella (Frank), Stuart (Gilbert), Tanguy (Yves), Thorpe (Thomas), Warhol (Andy) 7 Allston (Washington), Bearden (Romare), Bellows (George), Bingham (George Caleb), Cassatt (Mary), Duchamp (Marcel), Harnett (William), Hartley (Marsden), Kinkade (Thomas), La Farge (John), O'Keeffe (Georgia), Parrish (Maxfield), Pollock (Jackson), Sargent (John Singer), Sheeler (Charles), Tiffany (Louis Comfort), Tworkov (Jack), Wiggins (Carleton) 8 Melchers (Gari), Rockwell (Norman), Sullivan (Patrick), Trumbull (John), Whistler (James McNeill) 9 Bierstadt (Albert), de Kooning (Willem), Feininger (Lyonel), Reinhardt (Ad), Remington (Frederic), Twachtman (John Henry), Vanderlyn (John) 10 Motherwell (Robert), Whittredge (Thomas) 12 Lichtenstein (Roy), Rauschenberg (Robert) *Austrian:* 5 Klimt (Gustav) 9 Kokoschka (Oskar) *Belgian:* 5 Ensor (James) 6 Campin (Robert) 8 Magritte (René) *Canadian:* 4 Kane (Paul) 6 Harris (Lawren), Watson (Homer) **7** Jackson (Alexander Young), Thomson (Tom) **9** MacDonald (James Edward Hervey) ***Chinese:*** **4** Wu Li **6** Ma Yüan **7** Wang Wei **8** Yen Li-pen ***Dutch:*** **3** Dou (Gerrit) **4** Hals (Frans), Lely (Peter), Maas (Nicolas) **5** Bosch (Hieronymus), Hooch (Pieter de), Steen (Jan) **6** Potter (Paul) **7** de Hooch (Pieter), de Witte (Emanuel), Hobbema (Meindert), van Gogh (Vincent), Vermeer (Jan) **8** Mondrian (Piet), Ruisdael (Jacob van, Salomon), Ruysdael (Salomon), Terborch (Gerard) **9** de Kooning (Willem), Rembrandt (van Rijn), Wouwerman (Philips) **11** Terbrugghen (Hendrik) ***English:*** **4** John (Augustus), Lear (Edward) **5** Bacon (Francis), Blake (William), Brown (Ford Madox), Lewis (Wyndham), Watts (George Frederick) **6** Romney (George), Turner (Joseph Mallord William), Wilson (Richard) **7** Hogarth (William), Kneller (Godfrey), Millais (John) **8** Lawrence (Thomas), Reynolds (Joshua), Rossetti (Dante Gabriel) **9** Constable (John), Nicholson (Ben, William) **12** Gainsborough (Thomas) ***Finnish:*** **9** Järnefelt (Edvard) ***Flemish:*** **4** Eyck (Hubert van, Jan van), Goes (Hugo van der) **6** Rubens (Peter Paul), Weyden (Rogier van der) **7** Memling (Hams), Teniers (David), Van Dyck (Anthony), van Eyck (Hubert, Jan) **8** Breughel, Brueghel (Abraham, Ambrose, Jan, Pieter) ***French:*** **4** Doré (Gustave), Dufy (Raoul), Erté **5** Corot (Camille), David (Jacques-Louis), Degas (Edgar), Léger (Fernand), Manet (Edouard), Monet (Claude), Redon (Odilon), Vouet (Simon) **6** Braque (Georges), Breton (André), Claude (of Lorrain), Clouet (François, Jean), Gérôme (Jean-Léon), Greuze (Jean-Baptiste), Ingres (Jean-Auguste-Dominique), Le Brun (Charles), Le Nain (Antoine, Louis, Mathieu), Millet (Jean-François), Renoir (Pierre-Auguste), Seurat (Georges), Sisley (Alfred), Tanguy (Yves), Vernet (Carle, Horace, Joseph) **7** Balthus, Bonheur (Rosa), Bonnard (Pierre), Boucher (François), Cézanne (Paul), Chardin (Jean-Baptiste), Courbet (Gustave), Daumier (Honoré), Duchamp (Gaston, Marcel), Gauguin (Paul), Matisse (Henri), Morisot (Berthe), Poussin (Nicolas), Rouault (Georges), Utrillo (Maurice), Watteau (Antoine) **8** Dubuffet (Jean), Magritte (René), Pissarro (Camille), Rousseau (Henri, Théodore), Vlaminck (Maurice de), Vuillard (Edouard) **9** Delacroix (Eugène), Fragonard (Jean-Honoré), Géricault (Théodore), Laurencin (Marie) **10** Bouguereau (William), Meissonier (Jean-Louis) **11** Caillebotte (Gustave) **13** Claude Lorrain ***German:*** **5** Dürer (Albrecht), Ernst (Max), Grosz (George), Nolde (Emil) **6** Albers (Josef), Müller (Friedrich "Maler") **7** Cranach (Lucas), Holbein (Hans), Lochner (Stefan), Schwind (Moritz von), Zoffany (Johann) **8** Kirchner (Ernst), Kollwitz (Käthe) **9** Grünewald (Matthias), Kandinsky (Wassily) **10** Schongauer (Martin), Wohlgemuth (Michael) ***Greek:*** **6** Zeuxis **7** Apelles **10** Polygnotus ***Irish:*** **5** Yeats (Jack, John Butler) ***Italian:*** **4** Reni (Guido), Rosa (Salvator), Tura (Cosme) **5** Campi (Antonio, Bernardino, Giulio, Vincenzo), Lippi (Fra Filippo, Filippino, Lorenzo), Piero (della Francesca, di Cosimo), Sarto (Andrea del) **6** Andrea (del Sarto), Cosimo (Agnolo di, Piero di), Giotto, Romano (Giulio), Sodoma (Il), Titian, Vasari (Giorgio) **7** Bellini (Gentile, Giovanni, Jacopo), Chirico (Giorgio De), Cimabue, da Vinci (Leonardo), Fiesole (Giovanni da), Martini (Simone), Orcagna, Peruzzi (Baldassare), Raphael, Tiepolo (Giovanni), Uccello (Paolo), Zuccari (Taddeo) **8** del Sarto (Andrea), Fabriano (Gentile da), Giordano (Luca), Leonardo (da Vinci), Mantegna (Andrea), Masaccio, Montagna (Bartolommeo), Perugino, Pontorno (Jacopo da), Severini (Gino), Veronese (Paolo), Vivarini (Alvise, Antonio, Bartolomeo) **9** Carpaccio (Vittore), Correggio, Francesca (Piero della) **10** Caravaggio, Modigliani (Amedeo), Signorelli (Luca), Tintoretto, Verrocchio (Andrea del), Zuccarelli (Francesco) **11** Ghirlandaio (Domenico), Ghirlandajo (Domenico) **12** Michelangelo (Buonarotti), Parmigianino ***Japanese:*** **5** Korin **6** Sesshu ***Lithuanian:*** **7** Soutine (Chaim) ***Mexican:*** **6** Orozco (José), Rivera (Diego), Tamayo (Rufino) **9** Siqueiros (David) ***Norwegian:*** **5** Munch (Edvard) ***Russian:*** **7** Chagall (Marc), Roerich (Nikolay) **9** Kandinsky (Wassily) ***Scottish:*** **6** Ramsay (Allan) **7** Nasmyth (Alexander), Raeburn (Henry) ***Spanish:*** **4** Dalí (Salvador), Goya (Francisco), Gris (Juan), Miró (Joan), Sert (José Maria) **6** Ribera (José), Rincón (Antonio del), Tapiés (Antonio) **7** El Greco, Herrera (Francisco de), Murillo (Bartolomé Esteban), Picasso (Pablo), Zuloaga (Ignacio) **8** Zurbarán (Francisco de) **9** Velázquez (Diego) ***Swedish:*** **4** Zorn (Anders) **6** Roslin (Alexander) ***Swiss:*** **4** Klee (Paul), Witz (Konrad)

painting **3** oil **7** acrylic, picture **10** watercolor ***circular:*** **5** tondo ***one-color:*** **8** monotint **10** monochrome ***plaster:*** **5** secco **6** fresco ***style:*** **4** Dada **5** fauve **6** cubism, cubist, Gothic, pop art, rococo **7** baroque, Bauhaus, dadaism, fauvism, fauvist, realism, realist **8** Barbizon, futurism, futurist, romantic **9** Byzantine, geometric, mannerism, mannerist **10** classicism, classicist, surrealism, surrealist **11** romanticism **13** expressionism, expressionist, impressionism, impressionist ***technique:*** **3** oil **6** fresco, pastel **7** gouache, polymer, tempera **9** encaustic **10** watercolor ***tool:*** **5** brush, easel, knife, paint **6** canvas **7** palette ***wall:*** **5** mural

pair **3** duo, two **4** dyad, join, mate, span, team, twin, yoke **5** brace, match, twins, unite **6** couple **7** doublet, twosome **8** geminate

Pakistan ***capital:*** **9** Islamabad ***city:*** **6** Lahore, Multan **7** Karachi **9** Hyderabad **10** Faisalabad, Rawalpindi ***language:*** **4** Urdu ***leader:*** **6** Bhutto (Benazir) ***monetary unit:*** **5** rupee ***mountain, range:*** **8** Himalaya **9** Himalayan, Himalayas **11** Nanga Parbat ***neighbor:*** **4** Iran **5** China, India **11** Afghanistan ***sea:*** **7** Arabian

pal **4** chum, mate **5** amigo, buddy, crony **6** comate, friend **7** comrade, partner **9** companion

palace **5** court, manor, manse **6** castle **7** alcazar, château, mansion

paladin **6** leader **8** advocate, champion, defender, official

Palamedes ***brother:*** **6** Sforza **8** Achilles ***father:*** **8** Nauplius ***slayer:*** **7** Corinda, Ulysses **8** Odysseus

palatable **5** sapid, tasty **6** savory **8** pleasing, savorous, tasteful **9** agreeable, appealing, delicious, toothsome **10** acceptable, appetizing **12** satisfactory

palate **5** taste **6** liking **6** relish

palatial **4** rich **5** grand, large, noble, plush, regal **6** deluxe, ornate **7** opulent, stately **8** imposing, majestic, splendid **9** grandiose, luxuriant, luxurious, sumptuous **10** impressive **11** magnificent

Palau ***capital:*** **5** Koror ***former name:*** **5** Pelew ***island:*** **5** Koror **6** Angaur **7** Eli Malk **10** Babelthuap, Urukthapel ***language:*** **7** English, Palauan

palaver **3** gas, yak **4** blab, cant, chat, guff, talk **6** babble, cajole, hot air, jargon, parley, powwow, speech **7** chatter, prattle **8** colloquy, converse, dialogue **10** conference, discussion, rap session **12** conversation

pale **3** dim, wan **4** area, ashy, dull, fade, sick, weak **5** ashen, faded, faint, fence, field, light, livid, pasty, stake, waxen **6** anemic, blanch, chalky, doughy, feeble, pallid, picket, sallow, sickly, weaken, whiten **7** enclose, ghastly, insipid **8** blanched, district, encircle **9** bloodless, colorless, enclosure

palinode **10** retraction **11** recantation

pall **4** bore, cloy, damp, jade, sate, tire **5** cloak, cloth, cloud, drape, ennui, gloom, weary **6** coffin, damper, mantle, shadow **7** dwindle, satiate, surfeit **8** covering

palladium **9** safeguard

Pallas **6** Athena ***brother:*** **6** Aegeus ***father:*** **7** Pandion ***slayer:*** **7** Theseus ***wife:*** **4** Styx (see also ATHENA)

palliate **4** ease, help **5** cover, salve **6** excuse, lessen, reduce, soften, soothe, temper **7** assuage, cover up, lighten **8** mitigate, moderate **9** alleviate, sugarcoat, whitewash **10** ameliorate

pallid **3** wan **4** ashy, dull, pale, weak **5** ashen, pasty, waxen **6** anemic, doughy, sickly **8** blanched, lifeless **9** bloodless, colorless

pallor **8** lividity, paleness **9** pastiness, whiteness **10** etiolation **12** glaucousness

pally **4** cozy **5** close, matey **6** chummy **7** devoted **8** familiar, friendly, intimate

palm **5** prize, steal, swipe **6** trophy **7** conceal, triumph, victory ***beverage:*** **4** nipa ***fiber:*** **4** bass, bast **8** piassava ***fruit:*** **4** date **7** coconut **11** coquilla nut ***kind:*** **3** fan, wax **4** coco, date, doom, hemp, nipa, sago **5** areca, betel, ivory, royal **6** raffia, rattan **7** cabbage, feather, palmyra **8** carnauba, palmetto, piassava **12** Washingtonia ***leaf:*** **4** olla **5** frond ***starch:*** **4** sago ***vine:*** **6** rattan

palmer **7** pilgrim

Palmetto State **13** South Carolina

palmistry **6** augury **8** prophecy **10** divination **11** soothsaying

palm off **5** foist **7** deceive, pretend **8** disguise

palmy **6** golden **7** booming, halcyon, opulent **8** affluent, thriving **10** prospering, prosperous **11** flourishing

Palmyra's queen **7** Zenobia

palooka **3** oaf **4** boob, dolt, goon, lout, lump **5** boxer, klutz **6** baboon, galoot, lummox **7** bruiser

palpable **4** real, sure **5** clear, plain **6** patent **7** certain, concrete, evident, obvious, tactile **8** apparent, definite, distinct, manifest, material, positive, tangible **10** noticeable **11** discernible, perceptible, unequivocal

palpate **4** feel **5** touch **6** finger **7** examine

palpitate **4** beat **5** pulse, throb **6** quiver **7** flutter, pulsate **12** pitter-patter

palsy-walsy **4** cozy **5** close, thick, tight **6** chummy **8** intimate **10** buddy-buddy

palter **3** fib, lie **5** evade **6** dicker, haggle **7** bargain, chaffer, deceive, falsify, wrangle **10** equivocate **11** prevaricate **12** misrepresent

paltry **3** low **4** base, mean, poor, puny, vile **5** cheap, petty, tatty **6** meager, measly, narrow, shabby, shoddy, sleazy, trashy **7** low-down, pitiful, trivial **8** beggarly, inferior, picayune, piddling, rubbishy, trifling **9** worthless **10** despicable, picayunish **11** unimportant **12** contemptible **13** insignificant

paludal place **3** fen **5** marsh

Pamela author **10** Richardson (Samuel)

pampa **5** plain **7** prairie **9** grassland

pamper **3** pet **4** baby **5** humor, spoil **6** caress, cocker, coddle, cosset, cuddle, dandle, fondle **7** cater to, cherish, gratify, indulge **9** spoon-feed **11** mollycoddle

pamphlet **5** flier, flyer, tract **6** folder **7** leaflet **8** brochure, circular **9** throwaway **10** broadsheet

pan **3** pot, rap **4** slam, wash **5** basin, knock, roast, trash **6** attack, vessel **7** censure, condemn, skillet **8** denounce, ridicule **9** betel leaf, container, criticism, criticize **10** receptacle

Pan **5** Inuus **6** Faunus ***father:*** **6** Hermes ***invention:*** **6** syrinx ***lower part:*** **4** goat ***mother:*** **8** Penelope ***pipe:*** **6** syrinx ***seat of worship:*** **7** Arcadia ***son:*** **7** Silenus

panacea **4** cure **6** remedy **7** cure-all, nostrum **10** catholicon

Panacea's father **9** Asclepius **11** Aesculapius

panache **4** brio, dash, élan, tuft, zest **5** ardor, crest, flair, style, verve, vigor **6** esprit, polish, spirit **8** aigrette, flourish, vivacity **11** flamboyance

panama **3** hat

Panama ***capital:*** **10** Panama City ***discoverer:*** **6** Balboa (Vasco Núñez de) **8** Columbus (Christopher) ***gulf:*** **7** San Blas **8** Mosquito ***language:*** **7** Spanish ***leader:*** **7** Noriega (Manuel) ***monetary unit:*** **6** balboa ***neighbor:*** **8** Colombia **9** Costa Rica ***peninsula:*** **6** Azuero ***sea:*** **9** Caribbean ***volcano:*** **8** Chiriquí

pancake **8** flapjack, slapjack ***French:*** **5** crepe ***Jewish:*** **5** latke **6** blintz **7** blintze ***Russian:*** **5** blini

Pandarus **6** archer **8** procuror ***father:*** **6** Lycaon ***slayer:*** **8** Diomedes

pandect **4** code, laws **8** treatise **10** compendium **11** compilation

pandemic **4** rife **7** general, rampant **9** contagion, extensive, prevalent **10** contagious, widespread **11** wide-ranging

pandemonium **3** din **5** babel, chaos, furor **6** bedlam, clamor, hubbub, tumult, uproar **7** anarchy, discord, inferno, misrule, turmoil **8** disorder **9** confusion **10** hullabaloo

pander **4** pimp **5** cater **9** exploiter, go-between

Pandion ***daughter:*** **6** Procne **9** Philomela ***son:*** **6** Pallas

Pandora ***creator:*** **10** Hephaestus ***husband:*** **10** Epimetheus

pane **4** side **5** sheet **7** section

panegyric **6** eulogy, praise **7** tribute **8** citation, encomium **9** laudation **10** compliment **12** commendation

panegyrical **8** praising **9** laudative, laudatory **10** eulogistic **11** encomiastic **12** commendatory **13** complimentary

panel **4** jury **5** board, frame **6** hurdle **7** section **9** dashboard

panfry **5** sauté

pang **4** ache, pain, stab **5** agony, prick, spasm, throe **6** stitch, twinge **7** anguish, torment **8** distress

Pangloss's pupil **7** Candide

panhandle **3** beg, bum, tap **5** cadge, hit up, touch **6** hustle **7** solicit

panhandler **6** beggar

panic **4** fear, riot, rush **5** alarm, scare **6** dismay, frenzy, fright, horror, terror **7** anxiety, terrify **8** frighten, hysteria, stampede

pannier **4** hoop, pack **6** basket, hamper **9** overskirt

panoply **4** pomp, show **5** armor, array **6** attire **7** display, fanfare **9** trappings

panorama **4** view **5** range, reach, scene, scope, sweep, vista **7** display, expanse, picture, purview **12** presentation

panoramic **8** sweeping, synoptic **12** all-inclusive, unobstructed **13** comprehensive

pan out **4** work **5** click, prove, score **7** come off, succeed

pant **4** blow, gasp, gulp, huff, puff **5** chuff, heave **6** wheeze

Pantagruel **5** giant ***companion:*** **7** Panurge ***father:*** **9** Gargantua ***mother:*** **7** Badebec

pantaloon **7** buffoon, trouser

Pantaloon's daughter **9** Columbine

pantheon **4** gods **5** Aesir **6** temple **9** hierarchy **10** hall of fame

panther 4 pard, puma 6 cougar, jaguar 7 leopard 12 mountain lion
pantomime 5 drama, mimic 6 act out, ballet, dancer 7 charade 12 harlequinade *clown:* 7 Pierrot
pantry 6 closet, larder 7 buttery 9 storeroom
pants 5 jeans 6 slacks 7 drawers, garment 8 breeches, britches, knickers, trousers
Panurge's companion 10 Pantagruel
Paolo's lover 9 Francesca
pap 4 food, mash, mush 7 aliment, pabulum 8 soft food 9 blandness, nutriment 10 sustenance 11 nourishment
papal 8 pontific 9 apostolic 10 pontifical *court:* 5 Curia *decree:* 8 decretal *envoy:* 6 nuncio *letter:* 4 bull 10 encyclical
paper 5 essay, sheet, theme 6 letter, report 7 article 8 document 9 monograph, newsprint 10 memorandum 11 composition, publication 12 dissertation *measure:* 4 ream 5 quire *roll:* 6 scroll *scrap:* 4 chad *size:* 3 cap 5 atlas, crown, folio, legal, royal, sexto, sixmo 6 octavo, quarto 7 emperor 8 elephant, foolscap, imperial *stiff:* 7 bristol 9 cardboard 12 bristol board *strong:* 5 kraft 6 manila *thin:* 6 tissue 9 onionskin *transparent:* 8 glassine *writing:* 3 rag 6 vellum 9 parchment
paper folding 7 origami
paperwork 7 red tape
papillon 7 spaniel 9 butterfly
Papua New Guinea *archipelago:* 8 Bismarck *capital:* 11 Port Moresby *city:* 3 Lae *island:* 12 Bougainville *language:* 4 Motu 8 Tok Pisin *monetary unit:* 4 kina *neighbor:* 9 Indonesia, Irian Jaya
par 4 mean, norm 5 equal, score, usual 6 median, normal 7 average, typical 8 equality, standard
parable 4 myth, tale 5 fable, moral, story 7 example 8 allegory
parachute 7 bailout, skydive *part:* 5 riser 6 canopy 7 harness, ripcord
Paraclete 9 Holy Ghost 10 Holy Spirit
parade 4 brag, pomp, show 5 array, boast, flash, march, shine, strut 6 expose, flaunt, ground, reveal, review 7 display, disport, exhibit, fanfare, marshal, panoply, show off, trot out 8 brandish, ceremony, movement, proclaim 9 advertise, cavalcade, pageantry, promenade 10 exhibition, masquerade, procession 11 demonstrate
paradigm 5 ideal, model 6 mirror 7 example, pattern 8 exemplar, standard 9 archetype, beau ideal, framework, prototype
paradise 4 Eden, Zion 5 bliss 6 heaven, utopia 7 arcadia, elysium, nirvana 8 empyrean 9 Shangri-la 10 wonderland 12 New Jerusalem, promised land
Paradise Lost author 6 Milton (John)
paragon 3 gem 4 tops 5 champ, cream, ideal, jewel, match, model, peach, saint 6 beauty 7 compare, epitome 8 champion, exemplar, last word, nonesuch, parallel, ultimate 9 archetype, beau ideal, nonpareil 10 apotheosis
Paraguay *capital:* 8 Asunción *lake:* 4 Ypoá *language:* 7 Guarani, Spanish *monetary unit:* 7 guarani *neighbor:* 6 Brazil 7 Bolivia 9 Argentina *river:* 9 Pilcomayo
parallel 4 akin, copy, even, like 5 agree, align, alike, along, equal, liken, match 6 double, equate, line up 7 aligned, compare, similar 8 analogue 9 alongside, analogous, companion, consonant, corollary, correlate, duplicate 10 comparable, comparison, correspond, equivalent, similarity 11 coextensive, counterpart, duplication, resemblance 13 correspondent, corresponding
parallelogram 5 rhomb 6 oblong, square 7 rhombus 8 rhomboid 9 rectangle 13 quadrilateral
paralysis 5 palsy 7 inertia 9 impotence
paralyze 3 awe 4 daze, numb, stun 6 benumb, deaden, dismay 7 cripple, disable, nonplus, petrify, stupefy 8 shut down 10 immobilize 12 incapacitate
paramount 5 chief, ruler 6 master 7 capital, leading, primary, regnant, supreme 8 cardinal, crowning, dominant, foremost, headmost, superior 9 principal, sovereign, uppermost 10 commanding, preeminent 11 predominant
paramour 5 lover, Romeo 7 Don Juan, gallant 8 Casanova, lothario, mistress 9 courtesan, inamorata, inamorato
parapet 4 wall 7 bastion, bulwark, rampart 10 battlement, breastwork *part:* 6 merlon 12 crenellation
paraphernalia 4 gear 5 items 6 outfit, tackle 7 effects 8 property 9 equipment, trappings 10 belongings 11 accessories, furnishings 13 accouterments, accoutrements, appurtenances
paraphrase 6 reword 7 restate, version 9 interpret, rendering, translate 11 restatement, translation
parasite 5 leech, toady 6 sponge, sucker 7 sponger 8 barnacle, deadbeat, hanger-on 9 dependent, exploiter, sycophant 10 freeloader, self-seeker 11 bloodsucker
parasitic 8 sponging, toadying 9 leech-

like **11** freeloading, sycophantic **12** bloodsucking

parasol 8 umbrella

___ paratus 6 semper

Parcae 5 Fates, Norns **6** Moirai ***name:*** **4** Nona **5** Morta **6** Decuma

parcel 3 box, cut, lot **4** body, deal, land, mete, pack, part, plot, wrap **5** allot, array, batch, bunch, group, piece, share, tract **6** assign, bundle, divide, packet, ration **7** package, partial, portion, prorate, section, segment **8** allocate, disburse, disperse, division, part-time **9** apportion, partition **10** distribute

parch 3 dry **4** burn, sear **5** dry up, roast, toast **6** dry out, scorch **7** shrivel **9** dehydrate, desiccate

parched 3 dry **4** arid, sere **5** dusty **7** bone-dry, thirsty **8** scorched, withered **9** shriveled, waterless **10** dehydrated

parchment 4 skin **5** paper **6** vellum **7** diploma **8** document

pardon 4 free **5** remit, spare **6** excuse, let off **7** absolve, amnesty, condone, forgive, release **8** liberate, reprieve, tolerate **9** acquittal, exculpate, indemnity, remission **10** absolution, indulgence **11** exculpation, exoneration, forgiveness

pardonable 6 venial **9** allowable, excusable **11** permissible

pare 3 cut **4** clip, crop, peel, trim **5** lower, prune, shave **6** reduce, remove **7** curtail, cut back, cut down, trim off, whittle **8** diminish

parent 4 make, rear **5** beget, cause, hatch, raise, spawn **6** author, create, father, mother, origin **7** bring up, care for, produce **8** begetter, generate **9** originate, procreate **10** progenitor

parenthetically 7 by the by **8** by the bye, by the way **9** in passing **12** incidentally

parentless 6 orphan **8** orphaned

par excellence 3 top **5** prime **7** premier, supreme **8** foremost, peerless, superior **9** number one, unmatched **10** first-class, preeminent **11** outstanding

pariah 5 leper **7** Ishmael, outcast **8** castaway **10** Ishmaelite **11** offscouring, untouchable ***Japanese:*** **3** eta

Paris ***ancient name:*** **7** Lutetia ***avenue:*** **13** Champs-Elysées ***basilica:*** **10** Sacré Coeur ***cathedral:*** **9** Notre Dame ***city hall:*** **12** Hôtel de Ville ***college:*** **8** Sorbonne ***garden:*** **9** Tuileries **10** Luxembourg ***island:*** **11** Île de la Cité ***museum:*** **5** Cluny **6** Louvre ***palace:*** **6** Louvre **7** Bourbon ***patron saint:*** **9** Geneviève ***racecourse:*** **7** Auteuil ***river:*** **5** Seine ***section:*** **8** Left Bank **9** Right Bank **10** Montmartre **12** Latin Quarter ***stock exchange:*** **6** Bourse ***subway:*** **5** Métro ***tower:*** **6** Eiffel

Paris ***beloved:*** **5** Helen ***betrothed:*** **6** Juliet ***father:*** **5** Priam ***mother:*** **6** Hecuba ***slayer:*** **11** Philoctetes ***wife:*** **6** Oenone

parish 6 county **8** district **9** community **12** congregation, neighborhood

Parisina ***author:*** **5** Byron (Lord) ***husband:*** **3** Azo ***lover:*** **4** Hugo ***slayer:*** **3** Azo

parity 8 equality, sameness, symmetry **10** similarity, similitude **11** equivalence, equivalency, parallelism

park 4 stop **5** green, plaza **7** deposit, fun-fair, reserve **8** carnival, preserve **9** esplanade **11** reservation

parka 6 anorak, jacket **7** garment **8** pullover **9** outerwear

park designer 4 Vaux (Calvert) **6** Paxton (Joseph) **7** Alphand (Jean), Le Nôtre (André), Olmsted (Frederick Law)

parlance 4 talk **5** idiom, style, usage **6** phrase, speech **7** wording **8** language, locution, phrasing **9** verbalism **11** phraseology

parlay 3 bet **4** risk **5** bid up, boost, stake, wager **6** expand, extend, hazard **7** build up, enhance, enlarge, exploit, venture **8** increase, leverage **9** transform

parley 4 talk **5** speak **6** confab, confer, huddle, powwow **7** discuss, meeting **8** colloquy, converse, dialogue **9** discourse, negotiate **10** conference, discussion **11** confabulate **12** conversation **13** confabulation

parliament see LEGISLATURE

parlor 4 room **5** salon **11** drawing room **13** reception room

parlous 5 hairy, risky **6** chancy, unsafe **8** critical **9** dangerous, hazardous **10** precarious

Parnassian 4 poet **6** poetic

parochial 5 local **6** narrow **7** insular, limited **9** sectarian, small-town **10** provincial, restricted

parody 3 rib **4** mock **5** mimic, spoof **6** satire **7** imitate, lampoon, mockery, takeoff **8** ridicule, travesty **9** burlesque, imitation **10** caricature

parole 4 free, word **6** let out, pledge **7** promise, release **9** discharge, probation, watchword **11** performance

paronomasia 3 pun **11** play on words

paroxysm 3 fit **4** bout **5** spasm, throe **6** attack, frenzy **7** flare-up, seizure **8** eruption, outbreak, outburst **9** explosion **10** conniption, convulsion

parrot 3 ape **4** aper, copy, echo **5** mimic **6** repeat **7** chatter, copycat, imitate ***kind:*** **3** ara, kea **4** kaka, lory **5** macaw **6** Amazon, budgie, kakapo **8** cockatoo, lorikeet, lovebird, parakeet **9** cockatiel **10** budgerigar

parrot fever 11 psittacosis

parry 4 duck, fend **5** avert, avoid, block, dodge, elude, evade **7** counter, deflect, evasion, fend off, prevent, respond, ward off **8** sidestep, stave off **9** turn aside **10** circumvent

parse 4 scan **7** analyze, dissect, examine, resolve **8** construe **9** anatomize, explicate, interpret

Parsi 11 Zoroastrian

Parsifal ***composer:*** **6** Wagner (Richard) ***magician:*** **8** Klingsor ***quest:*** **5** Grail ***son:*** **9** Lohengrin ***temptress:*** **6** Kundry

parsimonious 4 mean **5** cheap, close, tight **6** frugal, stingy **7** chintzy, miserly, sparing, thrifty **9** penurious **10** restrained **11** closefisted, tightfisted **13** penny-pinching

parsley 4 herb **7** garnish ***family:*** **6** carrot ***piece:*** **5** sprig

parson 6 cleric, pastor, rector **8** clerical, minister, preacher, reverend **9** clergyman **12** ecclesiastic

parsonage 5 manse **7** rectory

part 3 bit, cut **4** chip, unit **5** chunk, piece, quota, scrap, sever, share, slice **6** detail, divide, member, moiety, ration, sector **7** element, measure, portion, quantum, quarter, section, segment **8** division, fraction, fragment, function, separate **9** component

partake 3 eat **5** savor, share **6** accept, sample **7** acquire, consume, receive **9** enter into **11** participate

Parthenon ***sculptor:*** **7** Phidias **8** Pheidias ***sculpture:*** **6** frieze ***site:*** **9** Acropolis

partial 6 biased, unfair, warped **7** colored, half-way **8** inclined, one-sided **9** jaundiced **10** fractional, incomplete, prejudiced **11** fragmentary, predisposed

partiality 4 bent, bias **5** favor, taste **6** liking **7** leaning **8** affinity, fondness, tendency **10** favoritism, preference **11** inclination **12** one-sidedness, predilection

participant 5 party **6** fellow, member, player, sharer **7** partner, sharing **11** contributor, shareholder

participate 4 join, play **5** share **6** engage, join in **7** partake **8** take part

particle 3 ace, bit, dot, jot, tad **4** atom, doit, dram, drop, hint, hoot, iota, mite, mote, spot, whit **5** atomy, crumb, fleck, grain, minim, ounce, scrap, shred, speck **6** morsel, tittle **7** granule, modicum, smidgen, soupçon **8** fragment **9** scintilla ***atomic:*** **3** ion **5** anion **6** cation ***elementary:*** **3** psi, tau **4** kaon, muon, pion **5** boson, meson **6** baryon, hadron, lambda, lepton, photon, proton **7** fermion, hyperon, neutron, nucleon, upsilon **8** electron, mesotron, neutrino, positron ***hypothetical:*** **5** gluon, quark **6** parton **8** graviton ***virus:*** **6** virion ***with negative charge:*** **8** electron ***with positive charge:*** **6** proton **8** positron

particular 3 one **4** fact, full, item, lone **5** exact, fussy, picky, point, thing **6** detail, marked, minute, single, unique **7** careful, correct, element, feature, finicky, notable, precise, several, special, unusual **8** accurate, concrete, detailed, distinct, especial, exacting, itemized, separate, solitary, specific, uncommon **10** blow-by-blow, fastidious, individual, meticulous, pernickety, scrupulous **11** distinctive, exceptional, persnickety, punctilious **12** circumstance

particularize 4 list **6** detail **7** catalog, itemize, specify **8** spell out **9** enumerate, inventory **13** individualize

parting 4 last **5** adieu, break, congé, final **6** good-by **7** good-bye **8** division, farewell **10** divergence, separation **11** leave-taking, valedictory

partisan 6 backer, biased, warped **7** devotee, die-hard, fanatic, patriot, sectary **8** adherent, advocate, disciple, follower, one-sided, stalwart, upholder **9** factional, guerrilla, irregular, satellite, sectarian, supporter

partition 4 wall **6** divide, screen **7** divider, section, wall off **8** disunion, division, fence off, separate **10** separation

partner 4 ally, chum, mate **5** buddy, crony **6** cohort, fellow **7** comrade **8** confrere, sidekick **9** assistant, associate, colleague, companion **10** accomplice **11** confederate

partnership 4 firm **5** union **7** cahoots, company, sharing **8** alliance, business, marriage, relation **11** affiliation, association, combination **12** consociation, togetherness **13** participation

parturient 6 gravid, parous **8** enceinte, pregnant **9** expecting

parturition 5 birth **8** delivery **10** childbirth **12** childbearing

party 4 ball, band, bash, bevy, bloc, crew, fete, gala, orgy, side **5** actor, corps, covey, feast, group, revel, troop **6** fiesta, frolic, kegger, mortal, person, social, soiree, troupe **7** blowout, carouse, faction, roister, shindig **8** carousal, litigant, wingding **9** bacchanal, gathering, make merry, raise hell **10** detachment, individual, saturnalia **11** bacchanalia, celebration, participant

parvenu 7 upstart 9 arriviste 12 nouveau riche
Pascal essay 6 Pensée
Pasiphaë ***daughter:*** 7 Ariadne, Phaedra ***husband:*** 5 Minos ***son:*** 8 Minotaur
pass 3 die, end 4 fare, hand 5 cease, lapse, occur, relay, spend, while 6 crisis, depart, elapse, exceed, expire, hand on, happen, permit, push on, slight, slip by, strait 7 come off, develop, journey, proceed, succumb 8 bequeath, fork over, hand down, juncture, outshine, outstrip, transmit 9 while away ***Afghanistan:*** 5 Murgh ***Afghanistan-Pakistan:*** 6 Khyber ***Alaska:*** 5 White ***Alps:*** 3 col 5 Cenis, Loibl 7 Brenner, Ljubelj, Simplon 9 St. Bernard ***California:*** 5 Cajon ***China-India:*** 9 Karakoram ***Colorado:*** 3 Ute ***Pakistan:*** 5 Kilik ***Russian:*** 12 Caspian Gates ***Tennessee:*** 10 Cumberland ***Turkey:*** 13 Cilician Gates
passable 4 okay, open, so-so 6 decent 8 adequate, all right 9 tolerable, unblocked 10 accessible, good enough 12 satisfactory
passably 6 enough 8 all right, somewhat 10 moderately
passage 3 way 4 exit, fare, hall, path, text 5 route, shift 6 access, arcade, avenue, course, egress, strait, travel, tunnel, voyage 7 channel, excerpt, hallway, journey, transit 8 corridor, transfer, traverse 9 enactment, quotation 10 transition 11 transmittal 12 transference, transmission ***air:*** 7 windway ***arched:*** 6 arcade ***Atlantic-Pacific:*** 9 Northwest ***roofed:*** 6 arcade 9 breezeway
Passage to India author 7 Forster (E. M.)
pass away 3 die, end 6 demise, depart, elapse, expire, perish 7 decease, succumb 9 disappear
pass by 4 miss, omit 6 forget, ignore 7 neglect 8 overlook 9 disregard
passé 4 dead 5 dated, stale 6 démodé, old hat 7 demoded, disused, extinct, outworn 8 obsolete, outdated, outmoded 9 out-of-date 10 antiquated, superseded 12 old-fashioned
passel 3 lot 4 heap, pack 5 bunch 6 bundle 9 multitude
passing 5 brief, death, quick 6 demise, highly 7 cursory, decease 8 fleeting 9 ephemeral, fugacious, extremely, momentary, transient 10 evanescent, short-lived, transitory 11 exceedingly, superficial 12 satisfactory
passion 4 fire, fury, heat, itch, love, lust, rage, urge, zeal 5 agony, amour, anger, ardor, craze, crush, drive 6 desire, fervor, hunger 7 avidity, craving, ecstasy, emotion, feeling, rapture 8 appetite, devotion, outburst, yearning 9 affection, eagerness, suffering, transport 10 enthusiasm, excitement, heartthrob 11 amorousness, infatuation
passionate 3 hot 5 angry, fiery 6 ardent, fervid, heated 7 amorous, aroused, blazing, burning, excited, fervent, furious, intense 8 incensed, vehement 9 impetuous, steamed up 10 hot-blooded, stimulated 11 hot-tempered 12 enthusiastic 13 quick-tempered
passive 4 idle 5 inert 6 docile, latent 8 enduring, immobile, inactive, listless, resigned, yielding 9 apathetic, compliant, lethargic, quiescent 10 motionless, nonviolent, phlegmatic, submissive 11 acquiescent, complaisant, indifferent, unresistant
pass out 3 die 5 faint, swoon 7 divvy up 8 disburse, keel over 10 distribute
pass over 4 miss, omit, skip 6 forget, ignore 7 dismiss, neglect 8 discount, leave out 9 disregard
Passover 5 Pasch 6 Pesach ***bread:*** 5 matzo 6 matzoh ***meal:*** 5 seder
pass up 5 forgo 6 refuse, reject 7 decline
past 3 ago, old 4 gone, late, once, yore 5 above, after, prior 6 beyond, bygone, former, whilom 7 onetime, quondam 8 anterior, foretime, lang syne, previous, sometime 9 antiquity, erstwhile, foregoing, precedent, preceding, yesterday 10 antecedent, yesteryear
pasta 5 dough ***kind:*** 4 ziti 7 gnocchi, lasagna, ravioli 8 linguine, linguini, macaroni, rigatoni 9 canneloni, fettucine, fettucini, manicotti, spaghetti 10 cannelloni, fettuccine, fettuccini, tortellini, vermicelli 11 cappelletti
paste 3 fix, hit 4 beat, clay, drub, food, glue, sock 5 affix, dough, pound, stick, stuff 6 adhere, attach, cement, defeat, fasten, thrash, wallop 7 trounce 8 adhesive, material
Pasternak hero 7 Zhivago (Dr.)
pastiche 4 olio 6 jumble, medley 7 farrago, mélange, mixture 8 mishmash 9 potpourri 10 assortment, hodgepodge, hotchpotch, miscellany, salmagundi 11 gallimaufry
pastime 4 game 5 hobby, sport 9 amusement, diversion 10 recreation 13 entertainment
past master 4 whiz 5 adept, maven 6 expert, wizard 9 authority
pastor 5 padre 6 cleric, parson 8 minister, preacher, reverend, sky pilot 9 clergyman
pastoral 5 idyll, rural 6 rustic 7 bucolic,

country, crosier, idyllic **8** agrarian, clerical, innocent, peaceful **10** campestral
pastor's assistant **6** curate
pastry **3** bun, pie **4** baba, cake, flan, tart **5** torte **6** cornet, Danish, éclair, gâteau, pirogi **7** baklava, beignet, bouchée, dariole, fritter, gâteaux (plural), palmier, savarin, strudel, tartlet **8** napoleon, papillon, piroshki, pirozhki, turnover **9** barquette, cream puff, madeleine, petit four, vol-au-vent **10** cheesecake **11** profiterole **12** millefeuille ***kind:*** **4** filo, puff **5** flaky **6** phyllo ***shell:*** **7** timbale **8** meringue
pasture **3** lea, ley **4** feed, land **5** field, grass, graze **6** browse, meadow **9** grassland
pasty **3** wan **4** pale **6** doughy, pallid, sickly **7** meat pie **8** turnover **9** unhealthy
pat **3** apt, dab, set **4** firm **5** fixed, slice, stiff, trite **6** dead-on **7** apropos, fitting **8** apposite, standard, suitable **9** contrived, pertinent, rehearsed
patch **3** bit, fix **4** area, fill, mend, plot **5** cover, piece, scrap, spell **6** doctor, emblem, fill up, repair, shield **7** connect, plaster **8** material **10** connection
patchwork **4** olio **5** quilt **6** jumble **7** mixture **8** covering, mishmash, mixed bag **10** assortment, hodgepodge, hotchpotch, miscellany, salmagundi
patchy **6** fitful, random, spotty, uneven **7** erratic **8** sporadic **9** haphazard, hit-or-miss, irregular **12** intermittent
pate **4** bean, dome, head, poll **5** brain, crown **6** noddle, noggin, noodle
pâté de ___ **8** foie gras
patella **7** kneecap, kneepan
patent **4** open **5** clear, plain, right **6** secure **7** evident, license, obvious, visible **8** apparent, distinct, manifest, unclosed **9** exclusive, privilege, prominent, protected **11** proprietary **12** intelligible, unobstructed
paternal **8** fatherly ***relative:*** **6** agnate
paternity **7** lineage **8** ancestry **10** fatherhood, provenance **11** progenitors
Pater Noster **9** Our Father
path **3** way **4** lane, line, road, tack, walk **5** byway, orbit, route, track, trail **6** avenue, bridle, course **7** passage, walkway **9** direction **10** trajectory
pathetic **3** sad **4** poor **5** sorry **6** absurd, moving, paltry, rueful **7** piteous, pitiful, risible, useless **8** inferior, pitiable, poignant, touching **9** affecting, laughable, miserable **10** inadequate, lamentable, ridiculous
Pathfinder ***author:*** **6** Cooper (James Fenimore) ***hero:*** **6** Bumppo (Natty)
pathogen **4** germ **5** virus **9** bacterium
pathological **7** deviant **8** aberrant, abnormal, diseased, maniacal, schizoid **9** psychotic
pathos **4** pity **7** emotion **8** sympathy **9** poignance, poignancy
pathway **4** line, walk **5** route, track, trail **6** course **7** channel, conduit, network, passage
patience **4** cool **8** calmness, stoicism **9** composure, endurance **10** equanimity, sufferance **11** forbearance, resignation, self-control
Patience ***composer:*** **8** Sullivan (Arthur) ***librettist:*** **7** Gilbert (W. S.)
patient **4** case, meek **8** enduring **9** easy-going **10** persistent **11** susceptible **13** long-suffering ***man:*** **3** Job
patina **4** aura, coat, film **6** finish, polish **7** coating **8** covering **10** appearance, coloration
patio **5** court **6** atrium **7** terrace **9** courtyard
patois **4** cant **5** argot, lingo, slang **6** jargon **7** dialect **10** colloquial, vernacular
patriarch **4** sire **6** father **7** creator, founder **9** architect, graybeard ***biblical:*** **5** David, Isaac, Jacob **7** Abraham
patrician **5** noble **6** aristo **9** blue blood, gentleman **10** aristocrat, upper-class
patriciate **5** elite **6** gentry **9** blue blood, gentility **10** upper crust **11** aristocracy
patrimony **6** estate, legacy **8** heritage **9** endowment **10** birthright **11** inheritance
patriot **5** jingo **8** jingoist, loyalist **9** flag-waver **10** chauvinist **11** nationalist
patriotism **8** jingoism **10** chauvinism **11** nationalism
Patroclus ***friend:*** **8** Achilles ***slayer:*** **6** Hector
patrol **5** guard, round, scout, troop, watch **7** protect **8** sentinel **9** keep watch
patrolman **3** cop **5** guard **6** police **7** officer
patrol wagon see PADDY WAGON
patron **5** angel **6** backer, client **7** sponsor **8** customer, guardian **9** protector, supporter **10** benefactor
patronage **4** help **5** aegis, trade **6** custom **7** backing, subsidy, support, traffic **8** activity, advocacy, auspices, business, cronyism **9** clientage, clientele, influence **10** pork barrel, protection **11** benefaction, sponsorship **12** guardianship
patronize **3** aid, use **4** back **5** deign, favor **6** assist, shop at **7** protect, support **8** frequent **10** condescend
patron saint ***of beggars, cripples:*** **5** Giles ***of children:*** **8** Nicholas ***of England:***

6 George *of fishermen:* 5 Peter *of France:* 5 Denis *of Ireland:* 7 Patrick *of lawyers:* 4 Ives *of musicians:* 7 Cecilia *of Norway:* 4 Olaf *of physicians:* 4 Luke *of sailors:* 4 Elmo 8 Nicholas *of Scotland:* 6 Andrew *of shoemakers:* 7 Crispin *of Spain:* 5 James 8 Santiago *of Wales:* 5 David *of winegrowers:* 7 Vincent *of workers:* 6 Joseph

patsy 3 sap 4 dupe, fool, mark 5 chump 6 pigeon, sucker, victim 8 easy mark, pushover

patter 4 cant 5 argot, lingo, slang, spiel 6 babble, jargon, patois 7 chatter, prattle

pattern 4 copy, form, plan 5 guide, ideal, model, motif, order, shape 6 design, figure, follow, method, mirror, system 7 diagram, emulate, example, imitate 8 exemplar, grouping, paradigm, standard, template 9 archetype, incidence, prototype 10 flight path 11 arrangement, orderliness 12 distribution 13 configuration

paucity 4 lack, want 6 dearth 7 poverty 8 scarcity, shortage 9 scantness, smallness 10 deficiency, meagerness, meagreness 13 insufficiency

___ Paulo 3 São

Paul the Apostle *birthplace:* 6 Tarsus *companion:* 5 Silas, Titus 7 Artemas, Timothy 8 Barnabas *original name:* 4 Saul *place of conversion:* 8 Damascus *prosecutor:* 9 Tertullus *teacher:* 8 Gamaliel *tribe:* 8 Benjamin

paunch 3 gut, pot 5 belly, tummy 7 abdomen, stomach 8 potbelly 9 bay window, beer belly 11 breadbasket

paunchy 3 fat 5 beefy, plump, tubby 6 chunky, portly, rotund 8 thickset 10 overweight, potbellied

pauper 6 beggar 7 have-not 8 bankrupt, indigent 9 mendicant

pauperism 4 need, ruin, want 6 penury 7 beggary, poverty 9 indigence, neediness, privation 11 destitution

pause 3 gap 4 halt, hush, lull, rest, stop, wait 5 break, comma, delay, lapse, letup 6 hiatus, linger, recess 7 caesura, respite, time out 8 breather, hesitate, inaction, interval, take five 9 cessation, interlude 10 hesitation, suspension 12 intermission, interruption

pave 3 lay, tar 5 cover 7 asphalt, surface 8 blacktop, concrete

pavement 6 tarmac 7 asphalt, macadam, surface 8 concrete, sidewalk

pavilion 4 tent 5 kiosk 6 canopy, gazebo 9 belvedere 11 summerhouse

paw 4 feel, foot, grab, hand 5 grope, touch 6 fondle, handle, molest, scrape

pawn 4 hock, tool 6 pledge, puppet, stooge, victim 7 deposit, hostage, warrant 8 guaranty, security 9 guarantee 10 chess piece, instrument

pax 5 peace 6 tablet

Pax ___ 3 Dei 6 Romana 10 Britannica

pay 3 fee 4 wage 5 clear, offer, remit, serve, spend 6 answer, defray, employ, expend, kick in, lay out, pony up, profit, render, return, salary, settle, square, tender, reward 7 benefit, bring in, cough up, forfeit, fork out, requite, satisfy, stipend 8 defrayal, disburse, earnings, shell out 9 discharge, emolument, indemnify, liquidate, reimburse 10 compensate, recompense, remunerate 12 compensation, remuneration

payable 3 due 4 owed 5 owing 6 mature, unpaid 7 overdue 9 unsettled 10 obligatory 11 outstanding, uncollected

paycheck 5 wages 6 salary

payload 4 haul 5 cargo, goods 6 burden, lading, weight 7 freight, tonnage 8 shipment

payment 3 fee 4 dues 5 award, money 6 amends, outlay, return, reward 7 penance 8 defrayal, requital 11 restitution 12 compensation, remuneration, satisfaction

payoff 3 fix 5 bribe 6 climax, profit, result, reward, upshot 7 outcome 8 clincher, decisive 10 conclusion, conclusive, denouement 11 retribution

payola 5 bribe

PDQ 4 ASAP 6 at once, pronto 8 directly, right now, right off 9 forthwith, instanter, instantly, right away 11 immediately, straightway 12 straightaway

peace 3 pax 4 calm, ease, pact 5 amity, order, quiet 6 accord, repose 7 concord, harmony, silence 8 serenity 11 tranquility 12 tranquillity

peaceable 6 dovish, irenic 7 amiable, pacific 8 amicable, friendly, pacifist, tranquil 10 nonviolent 11 complaisant 12 conciliatory

peaceful 4 calm 5 still, quiet 6 irenic, placid, serene 7 equable, pacific 8 composed, tranquil 9 unruffled 10 harmonious, nonviolent, untroubled

peacemaker 7 arbiter 8 mediator, pacifier, placater 10 arbitrator, negotiator 11 conciliator, pacificator

peace officer 3 cop 6 police 9 policeman 11 policewoman

peach 3 rat 4 blab, tree 5 fruit 6 betray, inform, reveal, snitch, squeal 9 freestone, humdinger, nectarine 10 clingstone 11 crackerjack *family:* 4 rose

Peach State 7 Georgia

peachy 4 fine, good, nice 5 dandy, nifty,

super, swell **8** pleasant, pleasing **9** excellent, hunky-dory, marvelous, wonderful

peacockish **5** showy, swank **6** chichi, flashy, swanky **7** splashy **8** show-offy **10** flamboyant **11** pretentious **12** ostentatious

peak **3** alp, top, tor **4** acme, apex, bill, crag, roof **5** crest, crown, mount, visor **6** apogee, summit, vertex, zenith **8** capsheaf, capstone, meridian, mountain, pinnacle ***Adirondack:*** **9** Whiteface ***Africa's highest:*** **4** Kibo ***Alaska-Canada:*** **12** Mt. Saint Elias ***Andes:*** **4** Ruiz **5** Torrá ***Apennines:*** **5** Amaro ***Argentina:*** **4** Azul **5** Negra, Payún ***Bavaria:*** **5** Arber ***Berkshires:*** **8** Greylock ***Black Hills:*** **8** Rushmore ***Bolivia:*** **5** Cuzco, Tahua, Ubina **6** Sajama ***Borneo:*** **4** Raja ***California:*** **6** Shasta, Sonora **7** Palomar, Whitney **8** Half Dome **9** Excelsior ***Canada:*** **5** Keele ***Canaries:*** **5** Teide **8** Tenerife ***Carpathian:*** **4** Rysy ***Cascades:*** **7** Rainier ***Catskill:*** **6** Pisgah ***Caucasus:*** **5** Ushba **6** Elbrus ***Chile:*** **4** Mayo, Pili **5** Paine, Pular ***Colombia:*** **4** Tama **5** Neiva ***Colorado:*** **3** Ute **5** Pikes **9** Purgatory ***Cuba:*** **8** Turquino ***Ecuador:*** **10** Chimborazo ***England:*** **11** Scafell Pike ***Ethiopia:*** **4** Guna **5** Holla ***France:*** **5** Pilat ***French Guiana:*** **5** Amana ***Georgia:*** **8** Springer ***Glacier National Park:*** **8** Kootenai ***Greece:*** **4** Ossa **6** Pelion ***Himalayas:*** **3** Api **5** Kamet **6** Lhotse **10** Gasherbrum ***Honshū:*** **4** Yari **10** Yarigatake ***Idaho:*** **11** Pend Oreille ***Iran:*** **8** Damavand ***Italy:*** **4** Etna **8** Vesuvius ***Japan:*** **4** Sobo **5** Oyama **7** Sobozan ***Java:*** **6** Slamet ***Jordan:*** **6** Gilead ***Karakoram Range:*** **7** Dapsang **10** Masherbrum **12** Godwin Austen ***Maine:*** **8** Katahdin **10** Saddleback ***Montana:*** **8** Gallatin ***Nevada:*** **3** Ely ***Newfoundland:*** **9** Gros Morne ***New Hampshire:*** **9** Monadnock ***New Zealand:*** **3** Una **4** Cook **7** Aorangi **8** Aspiring ***Oahu:*** **5** Kaala ***Oregon:*** **4** Hood ***Papua New Guinea:*** **8** Victoria ***Pennine Alps:*** **10** Matterhorn, Mont Cervin ***Philippines:*** **4** High ***Pyrenees:*** **11** de Vignemale ***Russia's highest:*** **6** Elbrus ***Scotland:*** **8** Ben Nevis ***Sicily:*** **4** Etna ***Spain:*** **5** Yelmo **8** Mulhacén ***Switzerland:*** **3** Dom **4** Dôle, Tödi **5** Eiger, Mönch **6** La Dôle, Rusein **7** Pilatus **8** Jungfrau ***Tanzania:*** **11** Kilimanjaro ***Utah:*** **5** Kings ***Venezuela:*** **5** Icutú ***Vermont:*** **8** Haystack, Stratton **8** Ascutney **9** Mansfield ***Washington:*** **7** Olympus, Rainier **11** Saint Helens ***White Mts.:*** **10** Washington ***Wyoming:*** **3** Elk **10** Grand Teton ***Yukon:*** **4** King **5** Logan

peaked **3** ill, wan **4** ashy, pale, sick **5** acute, ashen, drawn, sharp **6** ailing, pallid, sickly **7** pointed **9** emaciated

peal **4** bell, bong, ring, toll **5** chime, knell, sound **7** ringing **8** ding-dong

peanut **6** goober, legume **10** foam pellet

pear **4** Bosc **5** Anjou, Hardy **6** Comice, Garber, Seckel **7** Kieffer, LeConte **8** Bartlett ***cider:*** **5** perry

pearl **3** gem **4** dear **5** jewel **7** paragon **8** treasure

Pearl Mosque site **4** Agra

pearly **8** lustrous, nacreous, precious **10** iridescent, opalescent

pear-shaped **8** pyriform

peasant **4** carl, kern, peon, serf **5** churl **6** rustic **7** bumpkin, hayseed, villein ***Arab:*** **6** fellah ***Latin-American:*** **9** campesino ***Russian:*** **6** muzhik

peccary **8** javelina ***genus:*** **7** Tayassu

peck **3** lot, nag **4** buss, carp, fuss, heap, kiss, load, mess, pile, poke **6** carp at, nibble, pick at, pick up, pierce, strike **8** quantity

pecking order **6** ladder **7** pyramid **9** food chain, hierarchy

peculate **5** steal **8** embezzle **9** defalcate **11** appropriate

peculiar **3** odd **4** rare **5** queer, weird **6** unique **7** bizarre, curious, oddball, offbeat, special, strange, unusual **8** abnormal, singular, specific, uncommon **9** eccentric **10** individual, particular **11** distinctive

peculiarity **4** mark **5** quirk, trait **6** oddity **7** feature, quality **8** property **9** attribute, character, mannerism **12** eccentricity, idiosyncrasy

pecuniary **6** fiscal **8** economic, monetary **9** financial

pedagogue **5** tutor **6** pedant **7** teacher **8** educator **12** schoolmaster

pedagogy **8** teaching **9** education

pedal **5** lever **7** bicycle, treadle ***digit:*** **3** toe

pedant **7** teacher **9** formalist **10** schoolmarm **12** precisionist

pedantic **3** dry **4** arid, dull **6** stodgy **7** bookish, donnish, erudite, learned, tedious **8** academic, didactic, priggish **9** ponderous **10** pedestrian, scholastic **11** pedagogical **13** unimaginative

peddle **4** hawk, push, sell, vend **5** pitch **6** monger **8** huckster

peddler **6** coster, dealer, hawker, monger, vendor **8** huckster, merchant, promoter **9** tradesman **12** costermonger

pedestal **4** base, foot **5** stand **7** footing, support **10** foundation **12** underpinning ***part:*** **4** dado **6** plinth **7** subbase

pedestrian **4** blah, dull **5** banal **6** dreary,

stodgy, walker **7** humdrum, mundane, prosaic **8** everyday, ordinary **11** commonplace **13** unimaginative

pedigree **6** origin, purity **7** descent, history, lineage **8** ancestry, purebred **9** bloodline, genealogy **10** background, extraction, family tree

peduncle **4** stem **5** stalk **7** pedicel

peek **3** spy **4** look **6** glance **7** glimpse

peel **4** bark, pare, rind, skin **5** flake, scale, strip **7** take off **8** flake off **9** break away, exfoliate

peeled **4** bare, open **5** naked **7** denuded, exposed **8** stripped **9** uncovered

peep **3** see, spy **4** look **5** chirp, tweet, watch **6** glance, squeak **7** glimpse, twitter **9** sandpiper

Peeping Tom **5** snoop **6** voyeur **7** prowler, snooper

peer **3** pry **4** gaze, lord **5** equal, glare, noble, stare **6** goggle, squint **9** associate ***British:*** **4** duke, earl **5** baron **7** marquis **8** marquess, viscount

Peer Gynt ***author:*** **5** Ibsen (Henrik) ***beloved:*** **7** Solveig ***composer:*** **5** Grieg (Edvard) ***mother:*** **3** Ase **4** Aase

peerless **4** best **6** unique **7** perfect, supreme **8** superior **9** matchless, nonpareil, paramount, unequaled, unmatched, unrivaled **12** incomparable, unparalleled

peeve **3** bug, irk, vex **4** miff, rile **5** anger, annoy, pique **6** bother, nettle, put out **7** disturb, provoke **8** irritate, nuisance, vexation **9** aggravate, annoyance, grievance **10** exasperate **11** aggravation

peevish **4** sour **5** cross, testy **6** cranky, grumpy, ornery **7** fretful, whining **8** petulant **9** fractious, irritable, obstinate, querulous **11** ill-tempered

peewee **4** runt, tyke **5** dwarf, pygmy, small **6** midget, shaver, shrimp, squirt **9** miniature **10** diminutive, flycatcher **11** lilliputian

Peewee ___ **5** Reese

peg **3** fix, pin **4** hold, mark, plod, plug, step, work **5** dowel, place, prong, stake, throw **6** attach, degree, fasten, hustle, marker, reason **7** pin down, pretext, support **8** identify, restrict

Pegasus **5** horse, steed ***rider:*** **11** Bellerophon

pejorative **7** adverse **8** critical, debasing **9** slighting **10** belittling, derogatory, detractive **11** denigrating, deprecatory, disparaging, opprobrious, unfavorable **12** depreciatory

pelagic **6** marine **7** oceanic **8** maritime

Peleus ***brother:*** **7** Telamon ***father:*** **6** Aeacus ***half brother:*** **6** Phocus ***son:*** **8** Achilles ***victim:*** **8** Eurytion ***wife:*** **6** Thetis

pelf **4** loot, swag **5** booty, money, moola **6** boodle, moolah, riches, spoils **7** plunder

Pelias ***country:*** **6** Iolcus ***father:*** **8** Poseidon ***half brother:*** **5** Aeson ***son:*** **7** Acastus

Pelican State **9** Louisiana

Pelléas ***beloved:*** **9** Mélisande ***brother, slayer:*** **6** Golaud

Pelles ***daughter:*** **6** Elaine ***grandson:*** **7** Galahad

pellet **3** wad **4** ball, shot **6** sphere **10** projectile

Pellinore ***slayer:*** **6** Gawain ***son:*** **5** Torre **6** Dornar **7** Lamerok **8** Percival **9** Agglovale

pell-mell **5** chaos, snarl **6** muddle, rashly **7** chaotic, clutter, hastily **8** confused, disarray, disorder, headlong, reckless **9** confusion, haphazard, hurriedly **10** carelessly, heedlessly **11** hurry-scurry **13** helter-skelter

pellucid **5** clear, plain, sheer **6** limpid **7** crystal, evident, obvious **8** clear-cut, luminous **9** unblurred **10** see-through **11** crystalline, transparent

Pelops ***father:*** **8** Tantalus ***son:*** **6** Atreus **8** Pittheus, Thyestes ***wife:*** **10** Hippodamia

pelota **4** ball **7** jai alai

pelt **3** fur, run **4** beat, blow, dash, drub, hide, hurl, rush, skin, whop **5** hurry, pound, scoot, speed, strip, throw, whack **6** assail, batter, pepper, pummel, strike, wallop **7** bombard, hotfoot

pen **3** sty **4** cage, coop, jail, swan **5** pound, quill, write **6** cooler, corral, indite, prison, shut in, stylus, writer **7** close in, confine, enclose, fence in **9** ballpoint, enclosure

penal **8** punitive **12** correctional, disciplinary

penalize **4** dock, fine **5** mulct **6** punish **7** deprive **8** handicap **10** discipline **12** disadvantage

penalty **4** fine, loss **5** mulct **7** damages, forfeit **8** hardship **10** amercement, forfeiture, punishment **12** disadvantage

penance **4** rite **7** penalty **8** hardship **9** atonement **10** punishment

penchant **4** bent **5** taste **6** liking **7** leaning **8** affinity, fondness, tendency **9** inclining **10** partiality, proclivity, propensity **11** inclination **12** predilection

pendant **4** flag, jack, rope **7** fixture **8** ornament **10** supplement

pendent **7** hanging **9** suspended, undecided, unsettled **11** overhanging **12** undetermined

pending **6** during **8** awaiting, imminent **9** undecided, unsettled **12** undetermined

___ **Pendragon** 5 Uther

pendulous 7 hanging 8 dangling, drooping, wavering 9 faltering, suspended, tentative, uncertain 10 hesitating, indecisive 11 vacillating

Penelope ***father:*** 7 Icarius ***father-in-law:*** 7 Laertes ***husband:*** 7 Ulysses 8 Odysseus ***mother:*** 8 Periboea ***son:*** 10 Telemachus ***suitor:*** 7 Agelaus

penetrable 6 porous 8 pervious 9 permeable

penetrate 3 jab 4 bore, go in, stab 5 break, drive, enter, probe, touch 6 affect, charge, invade, pierce 7 pervade 8 discover, encroach, perceive, permeate, puncture, saturate 9 percolate, perforate 10 understand

penetrating 4 keen 5 acute, sharp 6 astute, shrewd 8 incisive, piercing 9 trenchant 10 discerning, insightful, perceptive 11 quick-witted, sharp-witted 12 sharp-sighted

Peneus ***daughter:*** 6 Daphne ***father:*** 7 Oceanus ***mother:*** 6 Tethys

penguin type 6 Adélie

___ **Penh** 5 Phnom

peninsula 4 neck 10 chersonese ***Alaska:*** 5 Kenai 6 Seward ***Australia:*** 6 Tasman ***Barents Sea:*** 5 Kanin ***British colony:*** 9 Gibraltar ***Canada:*** 8 Labrador ***Chile:*** 5 Swett ***Costa Rica:*** 3 Osa ***Croatia:*** 6 Istria ***Denmark:*** 7 Jutland ***eastern United States:*** 8 Delmarva ***Estonia:*** 5 Sorve ***Florida:*** 8 Pinellas 9 Canaveral ***France:*** 5 Giens ***Greece:*** 4 Acte 10 Chalcidice 11 Peloponnese 12 Peloponnesus ***Guam:*** 5 Orote ***Hong Kong:*** 7 Kowloon ***Honshu:*** 3 Izu 5 Miura ***Massachusetts:*** 7 Cape Ann, Cape Cod ***Mexico:*** 7 Yucatan 14 Baja California ***Michigan:*** 8 Keweenaw ***Middle East:*** 5 Sinai ***New Guinea:*** 4 Huon ***New Jersey:*** 9 Sandy Hook ***New Zealand:*** 5 Banks, Mahia ***Nunavut:*** 7 Boothia 8 Melville ***Ontario:*** 5 Bruce ***Persian Gulf:*** 9 Ras Tanura ***Quebec:*** 5 Gaspé ***Russia:*** 4 Kola 5 Taman, Yamal 6 Kolski, Taimyr 9 Kamchatka ***Scotland:*** 7 Kintyre ***South Australia:*** 4 Eyre 5 Yorke ***Southeast Asia:*** 5 Malay 9 Indochina ***southeastern Europe:*** 6 Balkan ***southwestern Asia:*** 6 Arabia 7 Arabian ***southwestern Europe:*** 7 Iberian ***Texas:*** 9 Matagorda ***Tierra del Fuego:*** 5 Mitre ***Turkey:*** 8 Anatolia 9 Asia Minor ***Ukraine:*** 5 Kerch ***Wales:*** 5 Gower, Lleyn ***Washington:*** 7 Olympic ***Wisconsin:*** 4 Door

Peninsular State 7 Florida

penitence 3 rue 4 ruth 6 regret, sorrow 7 anguish, remorse 8 distress, humbling 10 contrition, repentance 11 compunction, self-reproof 12 self-reproach

penitent 5 sorry 6 rueful 8 contrite 9 regretful, repentant 10 apologetic, remorseful

penitentiary see PRISON

penman 5 clerk 6 author, scribe, writer 7 copyist 9 scrivener 12 calligrapher

penmanship 4 hand 5 style 6 script 7 writing 11 calligraphy, chirography, handwriting

pen name 6 anonym 9 pseudonym 10 nom de plume ***Addison, Joseph:*** 4 Clio ***Arouet, François-Marie:*** 8 Voltaire ***Beyle, Marie-Henri:*** 8 Stendhal ***Blair, Eric:*** 12 George Orwell ***Brontë, Anne:*** 9 Acton Bell ***Brontë, Charlotte:*** 10 Currer Bell ***Brontë, Emily:*** 9 Ellis Bell ***Clemens, Samuel:*** 9 Mark Twain ***Dickens, Charles:*** 3 Boz ***Dodgson, Charles Lutwidge:*** 12 Lewis Carroll ***Dupin, Amandine-Aurore:*** 10 George Sand ***Evans, Mary Ann:*** 11 George Eliot ***Faust, Frederick:*** 8 Max Brand ***Franklin, Benjamin:*** 11 Poor Richard ***Geisel, Theodore:*** 7 Dr. Seuss ***Glidden, Frederick:*** 9 Luke Short ***Lamb, Charles:*** 4 Elia ***Munro, Hector Hugh:*** 4 Saki ***Poquelin, Jean-Baptiste:*** 7 Molière ***Porter, William Sidney:*** 6 O. Henry ***Ramé, Maria Louise:*** 5 Ouida ***Thibault, Jacques-Anatole-François:*** 13 Anatole France ***Viaud, Louis-Marie-Julien:*** 10 Pierre Loti

pennant 4 flag, jack 5 color 6 banner, ensign 8 standard, streamer 9 banderole 12 championship

penniless 4 poor 5 broke, needy 8 bankrupt, indigent 9 destitute, insolvent 11 impecunious

pennon 4 flag, jack, wing 5 color 6 banner, ensign 8 bannerol, gonfalon, streamer 9 banderole, oriflamme

Pennsylvania ***capital:*** 10 Harrisburg ***city:*** 4 Erie 7 Reading 8 Scranton 9 Allentown 10 Pittsburgh 12 Philadelphia ***college, university:*** 6 Drexel, Lehigh, Temple 7 LaSalle 8 Bryn Mawr, Bucknell 9 Dickinson, Lafayette, Penn State, Villanova 10 Swarthmore 14 Carnegie Mellon ***mountain range:*** 6 Pocono ***nickname:*** 8 Keystone (State) ***river:*** 9 Allegheny 10 Schuylkill 11 Monongahela, Susquehanna ***state bird:*** 12 ruffed grouse ***state flower:*** 14 mountain laurel ***state tree:*** 7 hemlock

penny-pincher 5 miser 7 niggard, scrooge 8 tightwad 9 skinflint 10 cheapskate

penny-pinching 4 mean 6 frugal, stingy, thrift 7 miserly, thrifty 9 frugality, niggardly, parsimony, penurious 11 tight-fisted 12 cheeseparing, parsimonious

penny-wise 5 canny, tight 6 frugal, stingy 7 prudent, sparing, thrifty 9 provident 10 economical 12 parsimonious
pen point 3 neb, nib
pension 3 inn 5 hotel, lodge 6 hostel, reward 7 annuity, auberge, payment, stipend 8 gratuity 9 allowance 12 room and board, roominghouse 13 boardinghouse
pensioner 7 retiree
pensive 3 sad 6 dreamy, musing 7 wistful 10 meditative, melancholy, reflective, ruminative, thoughtful 11 preoccupied 13 contemplative
Pentateuch 5 Torah ***books:*** 6 Exodus 7 Genesis, Numbers 9 Leviticus 11 Deuteronomy
Penthesilea ***queen of:*** 7 Amazons ***slayer:*** 8 Achilles
Pentheus ***grandfather:*** 6 Cadmus ***king of:*** 6 Thebes ***mother:*** 5 Agave
penumbra 4 veil 5 cover, shade 6 fringe, screen, shadow, shroud 7 curtain
penurious 4 mean, poor 5 needy, tight 6 frugal, stingy 7 miserly 8 indigent, stinting 9 destitute, niggardly 11 impecunious, tightfisted 12 impoverished, parsimonious 13 penny-pinching
penury 4 need, want 7 beggary, poverty 8 distress 9 indigence, privation, pauperism 11 destitution, needfulness
peon 4 serf 5 slave 6 drudge, toiler 7 laborer, peasant 11 galley slave ***Anglo-Saxon:*** 4 esne
peonage 4 yoke 6 thrall 7 bondage, helotry, serfdom, slavery 9 servitude, thralldom, villenage 11 enslavement
people 3 kin 4 folk 5 plebs 6 public 7 society 8 populace 9 commoners, community, plebeians 10 commonalty 11 inhabitants, rank and file, third estate
pep 3 vim 4 brio, dash 5 moxie, punch, verve, vigor 6 energy 7 sparkle 8 vitality, vivacity 10 get-up-and-go, liveliness 11 high spirits
pepo 5 gourd, melon 6 squash 7 pumpkin 8 cucumber
pepper 4 pelt 5 chili 6 season, shower 7 cayenne, paprika, pimento, tabasco 8 capsicum, cascabel, chipotle, habanero, jalapeño, pimiento, sprinkle 9 condiment, seasoning 12 Scotch bonnet
peppery 3 hot 5 cross, fiery, sharp, spicy, testy, zesty 6 biting, lively, snappy, touchy 7 piquant, pungent 8 choleric, poignant, seasoned, stinging 9 irascible, irritable 11 hot-tempered 13 quick-tempered
peppy 5 alert, perky 6 active, bright, lively 7 vibrant 8 animated, spirited, vigorous 9 energetic, sprightly, vivacious
___ **Pepys** 6 Samuel
Pequod ***cabin boy:*** 3 Pip ***captain:*** 4 Ahab ***harpooner:*** 6 Daggoo 8 Queequeg, Tashtego ***mate:*** 8 Starbuck
per 3 via 4 a pop, each, with 6 apiece 7 by way of, for each, through 9 by means of 12 individually
perambulate 4 walk 6 ramble, stroll 8 traverse 9 promenade
per capita 4 each 6 apiece, by each 7 equally, for each
perceive 3 see 4 espy, feel, know, mark, note 5 grasp, seize, sense 6 detect, notice, remark 7 discern, observe, realize 8 identify 9 apprehend, recognize 10 comprehend, understand
percentage 3 cut 4 part 5 piece, share, slice 6 profit 7 portion 9 advantage 10 commission, proportion 11 probability
perceptible 5 clear 6 marked 7 visible 8 apparent, definite, distinct, palpable, sensible, tangible 10 detectable, noticeable, observable 11 appreciable, discernible 12 recognizable
perception 4 idea 5 grasp, image 6 acumen, notion 7 concept, feeling, insight, thought 9 awareness, cognition 10 impression 11 discernment, observation 12 appreciation 13 understanding
perceptive 4 keen, sage, wise 5 acute, alert, aware, sharp 7 knowing 9 intuitive, observant, sagacious, sensitive 10 discerning, insightful, responsive 13 understanding
perch 3 bar, peg, set 4 fish, land, rest, seat 5 light, roost, sit on 6 alight, settle 7 set down, sit atop, sit down
perchance 5 maybe 7 perhaps 8 possibly 11 conceivably
percipience 6 acumen 8 keenness 9 cognition, intuition 10 astuteness 11 discernment 12 appreciation, perspicacity 13 comprehension
percolate 4 drip, ooze, seep 5 exude 6 charge, filter, simmer, spread 7 pervade, trickle 9 penetrate
percussion 3 jar 4 bump, jolt 5 clash, crash, shock 6 impact 9 collision 10 concussion ***instrument:*** (see at MUSICAL INSTRUMENT)
Perdita ***father:*** 7 Leontes ***mother:*** 8 Hermione
perdition 4 hell 5 hades 7 inferno 9 damnation 10 underworld 11 netherworld
Père Goriot author 6 Balzac (Honoré de)

peregrination 4 trek, trip, walk 7 journey, travels 9 traversal 10 expedition
peremptory 5 bossy, final 7 haughty 8 absolute, arrogant, decisive, dogmatic, imperial 9 imperious, masterful 10 autocratic, commanding, disdainful, high-handed, imperative 11 dictatorial, domineering, magisterial, overbearing
perennial 7 durable 8 constant, enduring, lifelong 9 continual, long-lived, permanent, perpetual, recurrent, unceasing 10 continuing, persistent, persisting, unchanging 11 long-lasting
Perez *brother:* 5 Zerah *father:* 5 Judah *mother:* 5 Tamar
perfect 4 full, pure 5 exact, ideal, model, right, sound, total, utter, whole 6 entire, expert, intact, polish, proper, refine 7 correct, improve, precise 8 absolute, accurate, complete, finished, flawless, outright, peerless, spotless, unbroken, unflawed 9 downright, excellent, faultless, matchless, stainless, unalloyed, undamaged, undiluted 10 consummate, impeccable, proficient 11 unequivocal, unmitigated, unqualified
perfection 4 acme 5 ideal 6 purity, virtue 7 paragon 9 integrity, wholeness 10 excellence, excellency 11 saintliness 12 completeness, flawlessness, transcendence 13 faultlessness
perfectly 5 fully, quite 6 wholly 7 to a turn, utterly 8 entirely 10 altogether, completely, thoroughly
perfidious 5 false 6 untrue 8 disloyal 9 deceitful, dishonest, faithless 10 treasonous, traitorous, unfaithful, unreliable 11 treacherous
perfidy 6 deceit 7 falsity, sellout, treason 8 betrayal 9 falseness, treachery 10 disloyalty, infidelity 13 faithlessness
perforate 3 pit 4 bore 5 drill, prick, punch 6 pierce 8 puncture 9 penetrate
perform 3 act 4 play, work 5 enact 6 behave, comply, effect 7 achieve, execute, fulfill, operate, playact, present, satisfy 8 bring off, carry out, complete, function 9 discharge, entertain, implement 10 accomplish
performance 3 act 4 deed, feat, show, work 6 acting, action 7 conduct, display 8 behavior, efficacy, exercise 9 discharge, execution, operation 10 efficiency, exhibition 11 achievement, fulfillment 12 presentation
performer 4 doer, mime 5 actor, mimic 6 mummer, player 7 actress, artiste, trouper 8 thespian 9 playactor 12 impersonator
perfume 4 balm 5 aroma, cense, scent, smell, spice 6 sachet 7 bouquet, incense, odorize 9 aromatize, fragrance, redolence *source:* 4 musk 5 attar, myrrh, orris 8 bergamot
perfumer 6 Chanel (Coco)
perfunctory 7 cursory, routine 8 careless 9 automatic 10 impersonal, mechanical 11 superficial
pergola 5 arbor, bower 7 trellis
perhaps 5 maybe 8 feasibly, possibly 9 perchance 11 conceivably
periapt see AMULET
Pericles *father:* 10 Xanthippus *mistress:* 7 Aspasia *mother:* 8 Agariste
peril 4 risk 6 danger, hazard, menace 8 exposure, jeopardy 9 liability 12 endangerment
perilous 5 hairy, risky 6 chancy, unsafe 7 unsound 9 dangerous, desperate, hazardous, uncertain 11 treacherous
___ **Perilous** 5 Siege
perimeter 4 edge 5 limit, verge 6 border, bounds, margin 8 boundary
period 3 age, end, era 4 span, stop, term, time 5 cycle, phase, point, spell, stage 6 extent 8 division, duration, interval, sentence
periodic 6 cyclic, fitful 7 regular 8 cyclical, repeated, sporadic 9 recurrent, recurring 10 occasional 11 fluctuating 12 intermittent
periodical 5 organ 6 cyclic, review 7 journal 8 cyclical, magazine 9 alternate, newspaper, recurrent, recurring 10 isochronal 11 isochronous, publication 12 intermittent
peripatetic 6 moving, roving 7 nomadic, walking 8 ambulant, vagabond 9 itinerant, traveling, wayfaring 10 ambulatory, pedestrian, travelling 13 perambulatory
peripheral 6 remote 7 lateral, surface 8 far-flung, marginal, outlying 9 auxiliary, secondary 10 borderline, tangential 11 out-of-the-way 13 supplementary
perish 3 die, end 4 pass 5 cease 6 be lost, demise, depart, expire, vanish 7 decease, decline, go under, succumb 8 collapse, pass away 9 disappear
perjure 3 lie 6 delude 7 deceive, distort, falsify, mislead 8 forswear 9 misinform 10 equivocate 11 prevaricate
perk 4 gain, mend, plus 5 cheer, extra 7 benefit, freshen, improve, refresh, smarten 8 brighten
perky 5 alert, cocky, happy 6 bouncy, bubbly, cheery, chirpy, frisky, jaunty, lively, upbeat 7 buoyant, chipper 8 animated, cheerful, spirited, sportive 9 energetic, sparkling, sprightly, vivacious 12 effervescent, high-spirited

permanent 5 fixed 6 stable 7 abiding, durable, lasting 8 constant, enduring, hair wave 9 continual, perennial 10 changeless, invariable, unchanging 11 established, everlasting 12 imperishable

permeable 6 porous, spongy 8 pervious 9 diffusive 10 penetrable

permeate 5 imbue 6 drench, infuse, spread 7 diffuse, pervade, suffuse 8 saturate 9 penetrate, percolate 10 impregnate, infiltrate 11 pass through

permissible 4 okay 5 legal 7 allowed 8 approved 9 allowable, tolerable, tolerated 10 acceptable, authorized, sanctioned

permission 5 leave 6 assent, permit 7 consent, license 8 approval, sanction 9 agreement, allowance 11 approbation, endorsement 12 acquiescence 13 authorization

permissive 3 lax 4 open 7 lenient, liberal 8 tolerant 9 easygoing, forgiving, indulgent 10 forbearing 11 acquiescent, complaisant

permit 3 let 4 okay, pass 5 agree, allow, grant, leave 6 accede, enable, say yes, suffer 7 consent, license, warrant 8 sanction, tolerate 9 allowance, authorize, give leave 10 permission 13 authorization

permutation 6 change 7 variety, version 9 variation 10 alteration, innovation 11 arrangement, vicissitude 12 modification

pernicious 4 evil 5 fatal, toxic 6 deadly, lethal, malign, wicked 7 baleful, baneful, harmful, hurtful, killing, malefic, noxious, ruinous 8 damaging, sinister, virulent 9 injurious, malignant, offensive, poisonous 10 maleficent 11 deleterious, destructive, detrimental, devastating

Pernod flavor 5 anise 8 licorice

perorate 5 speak 7 declaim, lecture 8 bloviate, harangue, proclaim 9 hold forth

perpend 5 study, weigh 6 ponder 7 examine, reflect 8 consider, think out 9 reflect on, think over 10 excogitate, think about 11 contemplate

perpendicular 5 plumb, sheer, steep 7 upright 8 straight, vertical 11 precipitate, precipitous

perpetrate 6 commit, effect 7 inflict, execute, perform 8 carry out 10 bring about

perpetual 7 endless, eternal, undying 8 constant, unending 9 ceaseless, continual, incessant, perennial, recurrent, unceasing 10 continuous 11 everlasting, unremitting

perpetuate 7 sustain 8 conserve, continue, eternize, maintain, preserve 9 keep alive 10 eternalize 11 immortalize

perplex 5 befog, mix up, stump 6 baffle, bemuse, muddle, puzzle 7 buffalo, confuse, mystify, nonplus, perturb 8 befuddle, bewilder, confound, distract, entangle 9 dumbfound 10 discompose

perquisite 3 tip 4 gain 5 right 6 profit 7 benefit, payment 8 gratuity 9 privilege

per se 6 as such, solely 8 in itself 11 essentially 13 intrinsically

persecute 4 bait, ride 5 annoy, harry, hound, worry, wrong 6 badger, harass, hector, injure, molest, pester, pick on, plague, punish, pursue 7 afflict, oppress, torment, torture 8 aggrieve

Persephone 4 Kore 10 Proserpina ***father:*** 4 Zeus 7 Jupiter ***husband:*** 5 Hades, Pluto ***mother:*** 5 Ceres 7 Demeter

Perseus ***father:*** 4 Zeus 7 Jupiter ***grandfather:*** 8 Acrisius ***mother:*** 5 Danaë ***victim:*** 6 Medusa 8 Acrisius ***wife:*** 9 Andromeda

perseverance 8 tenacity 9 diligence, endurance 10 dedication 11 persistence 13 steadfastness

persevere see PERSIST

Persia 4 Iran

Persian ***ancient:*** 4 Mede ***fairy:*** 4 peri ***governor:*** 6 satrap ***language:*** 5 Farsi, Parsi ***mystic:*** 4 sufi ***poet:*** 5 Hafez, Hafiz 7 Firdusi 8 Ferdowsi, Firdausi, Firdawsi, Firdousi 11 Omar Khayyám ***prophet:*** 9 Zoroaster ***robe:*** 6 caftan ***sacred books:*** 6 Avesta ***sun-god:*** 7 Mithras ***title:*** 4 shah ***writing:*** 9 cuneiform

persiflage 6 banter, joking 7 jesting, kidding, ribbing 8 badinage, raillery, repartee

persist 4 go on, last 5 abide 6 endure, hang on, keep on, linger 7 carry on, prevail 8 continue 9 persevere

persistence 8 duration 9 endurance 10 continuity 11 continuance 12 continuation

persistent 6 dogged 7 lasting 8 enduring, obdurate, stubborn 9 continual, steadfast, tenacious 10 continuing, determined, relentless, unshakable 11 persevering, unremitting

persnickety 5 fussy, picky 6 choosy 7 finicky 8 exacting 10 fastidious, particular

person 3 guy 4 self, soul 5 being, human 6 entity, mensch, mortal 8 creature, specimen 10 individual

personable 4 nice 6 genial 7 affable, amiable 8 charming, friendly, pleasant, pleasing **9** appealing, congenial **10** attractive

personage **3** VIP **5** human **6** bigwig, figure **7** big shot, notable **8** creature, luminary, somebody **9** celebrity, character, dignitary **10** individual

personal **3** own **5** privy **7** private, special **8** peculiar **10** individual, particular

personal effects **5** stuff **10** belongings **11** possessions

personality **3** ego, VIP **4** self **6** makeup, nature, temper, traits **7** notable **8** identity, selfhood, selfness **9** celebrity, character, dignitary, qualities **10** complexion **11** disposition, singularity, temperament **13** individualism, individuality

personate **3** act **4** play **5** enact **6** embody, typify **7** perform **9** epitomize, exemplify, represent **10** illustrate

personify **6** embody, typify **8** stand for **9** actualize, epitomize, exemplify, incarnate, represent, symbolize **11** emblematize

perspective **4** view **5** angle, scene, slant, vista **7** outlook **8** position, prospect **9** viewpoint **10** standpoint **11** point of view

perspicacious **4** keen **5** acute, quick, savvy, sharp **6** astute, clever, shrewd **9** observant, sagacious **10** discerning, insightful, perceptive **11** penetrating

perspicacity **6** acumen **7** insight **8** keenness **10** astuteness, shrewdness **11** discernment, penetration, percipience

perspicuous **5** clear, lucid, plain **6** lucent, simple **7** crystal, precise **8** clear-cut, pellucid **11** unambiguous

perspiration **5** sweat

perspire see SWEAT

persuadable **4** open **7** willing **9** receptive **11** suggestible, susceptible

persuade **3** win **4** coax, lead, sell, sway, urge **5** argue **6** entice, induce, prompt **7** convert, impress, win over **8** convince **9** influence, prevail on **11** bring around

persuasion **4** kind, mind, sort, type, view **5** group **6** belief, school **7** faction, opinion **8** argument **9** character, prejudice, sentiment **10** connection, conviction **11** affiliation, description

Persuasion author **6** Austen (Jane)

persuasive **6** cogent **7** telling, winning **8** credible **10** compelling, convincing **11** influential

pert **4** bold, chic, flip, trim **5** alert, cocky, fresh, sassy, saucy, smart **6** brazen, bright, cheeky, jaunty, lively **7** forward **8** animated, flippant, spirited **9** audacious, sprightly, vivacious

pertain **5** apply, refer **6** affect, bear on, belong, regard, relate **7** concern **8** bear upon **9** touch upon

pertinacious **4** firm **5** fixed **6** dogged, mulish **7** willful **8** resolute, stubborn **9** obstinate, tenacious **10** inflexible, persistent, unshakable, unyielding

pertinent **3** apt, fit **5** ad rem **7** apropos, fitting, germane **8** apposite, material, relevant **10** applicable **11** appropriate

perturb **5** upset, worry **6** bother **7** agitate, disturb, fluster, trouble **8** disorder, disquiet, unsettle **10** discompose, disconcert

Peru ***ancient civilization:*** **4** Inca ***capital:*** **4** Lima ***city:*** **5** Cusco, Cuzco **6** Callao **8** Arequipa, Trujillo ***conqueror:*** **7** Pizarro (Francisco) ***ethnic group:*** **7** Quechua ***lake:*** **8** Titicaca ***language:*** **6** Aymara **7** Quechua, Spanish ***leader:*** **8** Fujimori (Alberto) ***monetary unit:*** **3** sol ***mountain, range:*** **5** Andes **9** Huascarán ***neighbor:*** **5** Chile **6** Brazil **7** Bolivia, Ecuador **8** Colombia ***river:*** **6** Amazon **7** Marañón ***volcano:*** **5** Misti **7** El Misti **8** Yucamani

peruse **4** read, scan **5** study **6** survey **7** examine **8** consider, look over, pore over

pervade **5** imbue **6** spread **7** diffuse **8** permeate, saturate **9** penetrate, percolate, transfuse **10** impregnate

perverse **5** balky **6** cranky, mulish, ornery **7** corrupt, deviant, froward, peevish, wayward, willful **8** contrary, depraved, improper, stubborn **9** incorrect, irritable, obstinate **10** degenerate, headstrong, refractory **11** stiff-necked, wrongheaded **12** cross-grained, unreasonable

pervert **4** ruin, skew, warp **5** abuse, twist **6** debase, divert, garble, misuse **7** corrupt, debauch, deprave, distort, deviant, falsify, vitiate **8** misstate, mistreat **9** misdirect **11** misconstrue **12** misinterpret, misrepresent

pervious **4** open **6** porous **9** permeable **10** accessible, penetrable

pesky **6** vexing **7** irksome **8** annoying **9** vexatious **10** bothersome **11** troublesome

pessimist **5** cynic **9** Cassandra, defeatist, doomsayer, worrywart **11** misanthrope

pessimistic **6** gloomy, morose **7** cynical **10** despairing **11** distrustful **12** misanthropic

pest **4** bane **5** trial, worry **6** bother, plague, vermin **7** nudnick, trouble **8** irritant, nuisance, vexation **9** annoyance, tormentor

pester **3** bug, irk, nag **4** ride **5** annoy, harry, tease, worry **6** badger, bother, harass, hassle, plague **7** bedevil, disturb, torment **8** irritate

pestiferous **7** baneful, noxious **8** annoying, infected **9** infective, pestilent **10** pernicious **11** troublesome **12** pestilential

pestilence **5** curse **6** plague **7** scourge

pestilential **5** fatal **6** deadly, lethal, vexing **7** baneful, deathly, noxious, ruinous **8** annoying **10** pernicious

pestle **4** mano **6** muller ***vessel:*** **6** mortar

pet **3** cat, dog, hug **4** dear, kiss, love, neck, pout, sulk **5** loved **6** caress, cosset, dandle, fondle, pamper, stroke **7** beloved, cherish, darling, indulge **8** favorite, treasure **9** cherished, endearing, sulkiness

petcock **3** tap **5** valve **6** faucet, spigot

Peter Grimes composer **7** Britten (Benjamin)

peter out **4** fade, wane **5** abate, cease **6** lessen, recede, run dry **7** dwindle **8** decrease, diminish, taper off **9** drain away

Peter Pan ***author:*** **6** Barrie (James) ***character:*** **5** Wendy **7** Michael **9** Tiger Lily **10** Tinker Bell ***dog:*** **4** Nana ***pirate:*** **4** Hook, Smee

Peter the Apostle ***brother:*** **6** Andrew ***father:*** **5** Jonah ***original name:*** **5** Simon

Peter the Great ***father:*** **6** Alexis ***wife:*** **7** Eudoxia **9** Catherine

petite **5** small **6** little **8** smallish **10** diminutive

petition **3** ask **4** plea **5** plead **6** appeal **7** beseech, entreat, implore, request, solicit **8** entreaty **10** supplicate **11** application **12** supplication

Petrarch's beloved **5** Laura

Petrified Forest author **8** Sherwood (Robert)

petrify **4** daze, numb, stun **5** chill, scare **6** benumb, deaden, harden **7** startle **8** confound, frighten, paralyze

Petruchio's wife **9** Katharina, Katharine

pettifogger **7** shyster **8** quibbler **9** nitpicker

petty **4** mean **5** minor, small **6** measly, narrow, paltry **7** trivial **8** niggling, picayune, piddling, trifling **9** frivolous, secondary **10** irrelevant, negligible **11** small-minded, subordinate, unimportant **13** insignificant

petty officer **6** noncom

petulant **5** huffy, moody, sulky, testy, whiny **6** touchy **7** grouchy, peevish **8** snappish **9** irascible, irritable, querulous **10** ill-humored

pew **3** row **4** seat **5** bench

peyote **6** cactus, mescal ***drug:*** **9** mescaline

Phaedra ***father:*** **5** Minos ***husband:*** **7** Theseus ***mother:*** **8** Pasiphaë ***sister:*** **7** Ariadne ***stepson:*** **10** Hippolytus

Phaëthon's father **6** Helios **7** Phoebus

phalanx **4** army, host, mass **5** horde **6** myriad, throng **6** troops

phantasm **5** dream, fancy, ghost **6** spirit, vision **7** fantasy, fiction, figment, specter, spectre **8** daydream, delusion, illusion **9** invention **10** apparition **11** fabrication **13** hallucination

phantom **5** dummy, ghost, shade, spook **6** goblin, shadow, spirit, vision **7** bugbear, chimera, eidolon, specter, spectre **8** illusory **9** imaginary **10** apparition, fictitious **12** will-o'-the-wisp

pharaoh **3** Tut **4** Seti **5** Menes, ruler **6** Ahmose, Ramses, tyrant **7** Harmhab **8** Ikhnaton, Thutmose **9** Amenhotep, Merneptah **11** Tutankhamen

pharisee **9** hypocrite

pharmacist **8** druggist **10** apothecary ***British:*** **7** chemist

pharos **6** beacon **10** lighthouse

Pharsalus, battle of ***vanquished:*** **6** Pompey ***victor:*** **6** Caesar (Julius)

phase **4** part, side, view **5** point, stage, state **6** adjust, aspect **7** conduct **8** carry out, position **9** condition, situation, viewpoint **10** appearance

PhD exam **5** orals

Phèdre author **6** Racine (Jean)

phenomenal **6** actual **7** unusual **8** material, physical, sensible, singular, tangible, uncommon **9** corporeal, fantastic, objective **10** remarkable **11** exceptional, outstanding, perceivable, perceptible, substantial **13** extraordinary

phenomenon **4** fact **5** event **6** marvel, object, rarity, wonder **7** miracle, reality **9** actuality, sensation **10** experience, uniqueness **11** peculiarity, singularity

Phi ___ Kappa **4** Beta

philander **8** womanize

philanthropic **6** giving, humane **8** generous **10** altruistic, benevolent, bighearted, charitable **11** magnanimous **12** eleemosynary, humanitarian

philanthropist ***American:*** **5** Gates (Bill) **6** Cooper (Peter), Girard (Stephen), Mellon (Andrew) **7** Cornell (Ezra), Eastman (George), Packard (David), Whitney (Gertrude Vanderbilt) **8** Carnegie (Andrew), Stanford (Leland) **9** Rosenwald (Julius) **10** Vanderbilt (Cornelius) **11** Rockefeller (J. D.) ***English:*** **11** Wilberforce (William) ***Swedish:*** **5** Nobel (Alfred)

Philemon's wife **6** Baucis

philharmonic **8** symphony **9** orchestra, symphonic

Philip of Macedonia ***father:*** **7** Amyntas ***son:*** **9** Alexander
philippic **6** tirade **8** diatribe, harangue, jeremiad **12** condemnation
Philippics author **6** Cicero
Philippines ***capital:*** **6** Manila ***city:*** **4** Cebu **5** Davao **10** Quezon City ***discoverer:*** **8** Magellan (Ferdinand) ***island:*** **4** Cebu **5** Leyte, Luzon, Panay, Samar **6** Negros **7** Masbate, Mindoro, Palawan **8** Mindanao ***language:*** **7** Ilocano, Tagalog **8** Filipino, Pilipino ***leader:*** **6** Aquino (Corazon), Marcos (Ferdinand) ***liberator:*** **9** MacArthur (Douglas) ***patriot:*** **5** Rizal (José) ***monetary unit:*** **4** peso ***sea:*** **4** Sulu **5** Samar **7** Celebes, Sibuyan, Visayan **8** Mindanao **10** Philippine, South China ***volcano:*** **4** Taal **5** Mayon
Philippi victor **6** Antony (Marc, Mark) **8** Octavian
Philip the Tetrarch ***father:*** **5** Herod ***mother:*** **9** Cleopatra
philistine **4** boob **7** Babbitt **9** bourgeois, vulgarian **10** capitalist **11** materialist
Philistine ***champion:*** **7** Goliath ***city:*** **4** Gath, Gaza **5** Ekron **6** Ashdod **8** Ashkelon ***foe:*** **5** David **6** Samson ***god:*** **5** Dagon
Philoctetes ***father:*** **5** Poeas ***victim:*** **5** Paris
Philomela **11** nightingale ***father:*** **7** Pandion ***ravisher:*** **6** Tereus ***sister:*** **6** Procne
philosopher ***American:*** **5** Adler (Mortimer), Dewey (John), James (William), Quine (Willard), Rorty (Richard), Royce (Josiah) **6** Langer (Susanne), Peirce (C. S.) **7** Marcuse (Herbert), Mumford (Lewis), Strauss (Leo) **9** Santayana (George) ***Arab:*** **8** Averroës, Avicenna ***Austrian:*** **6** Popper (Karl) **12** Wittgenstein (Ludwig) ***Chinese:*** **5** Laoxi **6** Lao-tsu **7** Dai Zhen, Mencius, Tai Chen **9** Confucius ***Danish:*** **11** Kierkegaard (Soren) ***Dutch:*** **7** Erasmus (Desiderius), Spinoza (Baruch de) ***English:*** **4** Ayer (A. J.), Mill (John Stuart), More (Henry, Thomas), Watt (James) **5** Bacon (Francis), Burke (Edmund), Locke (John), Moore (G. E.), Occam (William of), Paine (Thomas) **6** Berlin (Isaiah), Hobbes (Thomas), Huxley (Thomas), Ockham (William), Popper (Karl) **7** Bentham (Jeremy), Russell (Bertrand), Spencer (Herbert), Whewell (William) **9** Whitehead (Alfred North) **12** Wittgenstein (Ludwig) ***Finnish:*** **11** Westermarck (Edward) ***French:*** **4** Weil (Simone) **5** Comte (Auguste), Taine (Hippolyte) **6** Pascal (Blaise), Sartre (Jean-Paul), Valéry (Paul) **7** Abelard (Peter), Bergson (Henri), Derrida (Jacques), Diderot (Denis), Fourier (Charles) **8** Foucault (Michel), Maritain (Jacques), Rousseau (Jean-Jacques), Voltaire **9** Descartes (René), Montaigne (Michel de) **10** Saint-Simon (Comte de) **11** Montesquieu (Baron de) **12** Merleau-Ponty (Maurice) ***German:*** **4** Kant (Immanuel), Marx (Karl) **5** Frege (Gottlob), Hegel (Georg Wilhelm Friedrich), Wolff (Christian von) **6** Carnap (Rudolf), Fichte (Immanuel, Johann), Herder (Johann von) **7** Husserl (Edmund), Jaspers (Karl), Leibniz (Gottfried) **8** Spengler (Oswald) **9** Heidegger (Martin), Nietzsche (Friedrich), Schelling (Friedrich von) **12** Schopenhauer (Arthur) **14** Albertus Magnus ***Greek:*** **4** Zeno **5** Plato, Timon **6** Thales **7** Gorgias, Proclus **8** Diogenes, Epicurus, Longinus, Socrates **9** Aristotle, Epictetus **10** Anaxagoras, Democritus, Empedocles, Heraclitus, Parmenides, Protagoras, Pythagoras, Xenocrates, Xenophanes **11** Anaximander **12** Theophrastus ***Irish:*** **8** Berkeley (George) ***Italian:*** **5** Croce (Benedetto) **6** Ficino (Marsilio) **11** Machiavelli (Niccolo) ***Jewish:*** **5** Buber (Martin), Philo **10** Maimonides (Moses) **12** Philo Judaeus ***Roman:*** **6** Seneca (Lucias Annaeus) **8** Boethius (Anicius), Plotinus **9** Lucretius ***Scottish:*** **4** Hume (David), Mill (James), Reid (Thomas) **7** Stewart (Dugald) ***Spanish:*** **6** Suárez (Francisco) **7** Unamuno (Miguel de) **13** Ortega y Gasset (José) ***Swedish:*** **10** Swedenborg (Emanuel)
philosopher's stone **3** key **6** elixir
philosophical **4** calm **7** stoical **8** composed, rational, resigned **9** unruffled **10** thoughtful
philosophy **6** system, theory, values **7** beliefs, inquiry **8** attitude, calmness **10** discipline ***component:*** **5** logic **6** ethics **10** aesthetics **11** metaphysics **12** epistemology
philter **4** drug **5** charm, tonic **6** potion **9** stimulant **10** love potion **11** aphrodisiac, restorative
Phineas ***beloved:*** **9** Andromeda ***tormentors:*** **7** Harpies ***wife:*** **9** Cleopatra
phlegm **5** humor, mucus **6** apathy **8** calmness, coolness, dullness **9** composure, sangfroid **10** equanimity **11** impassivity, nonchalance **12** indifference
phlegmatic **4** calm, cool, dull **5** aloof, stoic **6** stolid **8** detached **9** apathetic, impassive, lethargic **11** indifferent, unconcerned
Phlegyas ***daughter:*** **7** Coronis ***father:*** **4** Ares, Mars ***son:*** **5** Ixion

phobia see FEAR

Phobos **4** moon **9** satellite ***brother:*** **6** Deimos ***father:*** **4** Ares, Mars

Phocus ***father:*** **6** Aeacus **8** Ornytion ***half brother:*** **6** Peleus **7** Telamon ***mother:*** **8** Psamathe ***slayer:*** **6** Peleus **7** Telamon ***wife:*** **7** Antiope

Phoebe **5** Diana **7** Artemis ***daughter:*** **4** Leto ***father:*** **9** Leucippus ***mother:*** **4** Gaea

Phoebus see APOLLO

Phoenician ***city:*** **4** Acre, Tyre **5** Sidon ***colony:*** **8** Carthage ***god:*** **4** Baal **6** Eshmun ***goddess:*** **6** Baltis **7** Astarte

Phoenix ***pupil:*** **8** Achilles ***sister:*** **6** Europa ***team:*** **4** Suns **7** Coyotes **9** Cardinals **12** Diamondbacks

phony **4** fake, sham **5** bogus, cheat, faker, false, fraud **6** humbug, pseudo **8** impostor, specious, spurious **9** charlatan, dishonest, pretender **10** ficticious, suspicious **11** counterfeit **12** hypocritical

photograph **3** pic **4** film, snap **5** shoot **6** glossy **7** picture, tintype **8** snapshot ***three-dimensional:*** **8** hologram

photographer **8** photoist **9** cameraman **10** shutterbug ***famous:*** **3** Ray (Man) **4** Capa (Cornell, Robert), Haas (Ernst), Hine (Lewis), Penn (Irving), Riis (Jacob) **5** Adams (Ansel), Arbus (Diane), Atget (Eugène), Brady (Mathew), Evans (Frederick, Walker), Horst (Horst Peter), Karsh (Yousuf), Lange (Dorothea), Model (Lisette), Nadar, Parks (Gordon), Ritts (Herb), Smith (W. Eugene), Weber (Bruce), White (Clarence, Minor) **6** Abbott (Berenice), Avedon (Richard), Beaton (Cecil), Brandt (Bill), Coburn (Alvin), Curtis (Edward S.), Newton (Helmut), Porter (Eliot), Rowell (Galen), Siegel (Eliot), Strand (Paul), Talbot (William Henry Fox), Weegee, Wegman (William), Weston (Brett, Edward) **7** Brassaï, Cameron (Julia Margaret), Emerson (Peter), Halsman (Philippe), Jackson (William Henry), Kertész (André), Salomon (Erich), Siskind (Aaron), Snowdon (Earl of), Thomson (John), Watkins (Carleton) **8** Callahan (Harry), Cosindas (Marie), Daguerre (Louis-Jacques-Mandé), Kasebier (Gertrude), Scavullo (Francesco), Steichen (Edward), Steinert (Otto) **9** Caponigro (Paul), Feininger (Andreas), Leibovitz (Annie), Meyrowitz (Joel), Muybridge (Eadweard), O'Sullivan (Timothy), Rejlander (Oscar), Rothstein (Arthur), Stieglitz (Alfred), Winogrand (Garry) **10** Cunningham (Imogen), Heartfield (John), Moholy-Nagy (Laszlo) **11** Bourke-White (Margaret), Eisenstaedt (Alfred) **12** Mapplethorpe (Robert)

photographic **5** exact, vivid **7** graphic **8** accurate, detailed **9** pictorial **11** picturesque ***solution:*** **4** hypo **5** fixer, toner **7** reducer **9** developer

phrase **5** couch, frame, idiom **6** slogan **7** diction, express, styling, wording **8** locution, verbiage **9** catchword, formulate, verbalism, watchword **10** expression

Phrygian ***god:*** **4** Atys **5** Attis ***goddess:*** **6** Cybele ***king:*** **5** Midas **7** Gordius

phylactery **5** charm **6** amulet **7** periapt **8** talisman

physic **4** cure, heal **5** purge **6** remedy **8** medicine **9** cathartic, purgative **10** medication

physical **4** real **5** lusty, rough **6** actual, bodily, carnal, sexual **7** fleshly, natural, somatic **8** concrete, corporal, material, sensible, tangible **9** corporeal, objective **10** phenomenal **11** perceivable, perceptible, substantial

physician **3** doc **5** medic **6** doctor, medico **7** surgeon **8** sawbones ***American:*** **4** Rush (Benjamin), Salk (Jonas) **5** Minot (George), Spock (Benjamin), Still (Andrew) **6** Jarvik (Robert), Murphy (John), Weller (Thomas) **7** Huggins (Charles), Robbins (Frederick), Theiler (Max) **8** Richards (Dickinson) **9** Sternberg (George Miller) ***Arab:*** **8** Avicenna ***Canadian:*** **5** Osler (William) ***English:*** **4** Ross (Ronald) **6** Harvey (William), Jenner (Edward, William), Willis (Thomas) **8** Sydenham (Thomas) ***French:*** **5** Widal (Fernand) **7** Laveran (Charles) **10** Schweitzer (Albert) ***German:*** **7** Sylvius (Franciscus) ***Greek:*** **5** Galen **11** Hippocrates ***Italian:*** **7** Galvani (Luigi) ***South African:*** **7** Barnard (Christiaan) ***Swiss:*** **10** Paracelsus (see also NOBEL PRIZE WINNER *physiology or medicine;* SURGEON)

physicist ***American:*** **4** Rabi (I. I.), Ting (Samuel) **5** Fermi (Enrico), Gibbs (J. Willard), Kusch (Polykarp), Mayer (Maria-Goeppert), Pauli (Wolfgang), Pupin (Michael), Segré (Emilio), Smyth (Henry DeWolf), Stern (Otto) **6** Teller (Edward), Townes (Charles), Wigner (Eugene) **7** Alvarez (Luis), Feynman (Richard), Goddard (Robert), Purcell (Edward) **8** Einstein (Albert), Gell-Mann (Murray), McMillan (Edwin), Millikan (Clark, Robert), Mulliken (Robert), Shockley (William), Van Allen (James) **9** Michelson (Albert),

Schwinger (Julian) **11** Oppenheimer (J. Robert) ***Austrian:*** **4** Mach (Ernst) **7** Doppler (Christian) **11** Schrödinger (Erwin) ***British:*** **4** Snow (C. P.) **5** Dirac (P. A. M.), Jeans (James), Joule (James) **6** Dalton (John), Kelvin (Baron), Newton (Isaac), Powell (Cecil), Stokes (George) **7** Faraday (Michael), Hodgkin (Dorothy), Thomson (George, Joseph, William), Tyndall (John) **8** Rayleigh (Lord), Robinson (Robert), Thompson (Benjamin, Silvanus) **9** Wollaston (William) **10** Richardson (Owen), Rutherford (Ernest), Wheatstone (Charles) ***Chinese:*** **4** Yang (Chen Ning) ***Danish:*** **4** Bohr (Aage, Niels) ***Dutch:*** **6** Zeeman (Pieter) **7** Huygens (Christian), Lorentz (Hendrik), Zernike (Frits) **11** Van der Waals (Johannes) ***French:*** **4** Néel (Louis) **5** Arago (François) **6** Ampère (André-Marie), Perrin (Jean-Baptiste) **7** Coulomb (Charles-Augustin de), Kastler (Alfred), Réaumur (René-Antoine de) **8** Lippmann (Gabriel) ***German:*** **3** Ohm (Georg) **4** Laue (Max von), Wien (Wilhelm) **5** Hertz (Gustav, Heinrich), Stark (Johannes) **6** Jensen (Hans), Lenard (Philipp), Nernst (Walther), Planck (Max) **7** Meitner (Lise) **8** Roentgen (Wilhelm) **9** Helmholtz (Hermann von), Kirchhoff (Gustav), Mossbauer (Rudolf) **10** Fahrenheit (Daniel), Hofstadter (Robert) ***Indian:*** **5** Raman (Chandrasekhara) ***Irish:*** **6** Walton (Ernest) ***Italian:*** **5** Rossi (Bruno), Volta (Alessandro) **7** Galileo (Galilei), Galvani (Luigi) **10** Torricelli (Evangelista) ***Japanese:*** **6** Yukawa (Hideki) **8** Tomonaga (Shinichiro) ***Mexican:*** **8** Vallarta (Manuel) ***Russian:*** **4** Tamm (Igor) **6** Landau (Lev) **9** Prokhorov (Aleksandr) ***Scottish:*** **4** Tait (Peter) **6** Wilson (Charles) **7** Maxwell (James Clerk) ***Swedish:*** **7** Rydberg (Johannes) **8** Angstrom (Anders), Siegbahn (Kai, Karl) ***Swiss:*** **6** Zwicky (Fritz) **7** Piccard (Auguste) (see also NOBEL PRIZE WINNER *physics*)

physiognomy **3** mug **4** face **5** front **6** aspect, visage **7** profile **8** features **9** character **10** lineaments **11** countenance, temperament

physiologist ***English:*** **8** Starling (Ernest) ***German:*** **5** Weber (Ernst), Wundt (Wilhelm) **7** Schwann (Theodor) **9** Helmholtz (Hermann von) ***Italian:*** **11** Spallanzani (Lazzaro) (see also NOBEL PRIZE WINNER *physiology or medicine*)

physique **4** body, form **5** build, shape **6** figure, makeup **7** anatomy **9** structure **12** constitution

pianist ***American:*** **4** Nero (Peter), Wild (Earl) **5** Arrau (Claudio), Janis (Byron), Watts (André) **6** Duchin (Peter), Joplin (Scott), Serkin (Peter, Rudolf) **7** Cliburn (Van), Istomin (Eugene), Ohlsson (Garrick), Perahia (Murray), Winston (George) **8** Graffman (Gary), Horowitz (Vladimir), Pennario (Leonard) **9** Fleischer (Leon) **10** Johannesen (Grant), Rubinstein (Arthur) ***Argentinian:*** **8** Argerich (Martha) ***Austrian:*** **6** Czerny (Karl) **7** Brendel (Alfred) **8** Schnabel (Artur) ***Bulgarian:*** **11** Weissenberg (Alexis) ***Canadian:*** **5** Gould (Glenn) ***Cuban:*** **5** Bolet (Jorge) ***English:*** **4** Hess (Myra) **5** Ogdon (John) **6** Curzon (Clifford) ***French:*** **6** Cortot (Alfred) **7** Cziffra (Gyorgy) **9** Casadesus (Robert), Entremont (Philippe) **10** Saint-Saëns (Camille) ***German:*** **6** Kempff (Wilhelm) **8** Schumann (Clara) **9** Gieseking (Walter) ***Hungarian:*** **5** Liszt (Franz) **7** Cziffra (Gyorgy) ***Italian:*** **6** Busoni (Ferruccio) **7** Pollini (Maurizio) **8** Clementi (Muzio) ***Japanese:*** **6** Uchida (Mitsuko) ***Polish:*** **6** Chopin (Frédéric) **7** Hofmann (Josef) **10** Paderewski (Ignacy), Rubinstein (Arthur) ***Romanian:*** **4** Lupu (Radu) **7** Lipatti (Dinu) ***Russian:*** **6** Berman (Lazar), Gilels (Emil), Kissin (Evgeny) **7** Richter (Sviatoslav) **8** Horowitz (Vladimir), Pachmann (Vladimir von) **9** Ashkenazy (Vladimir) **10** Rubinstein (Anton) **12** Rachmaninoff (Sergey) ***Spanish:*** **6** Iturbi (José) **8** Granados (Enrique) **10** de Larrocha (Alicia) ***Swiss:*** **4** Anda (Geza)

piano **5** grand **6** softly, spinet **7** quietly, upright **9** baby grand ***builder:*** **5** Knabe (William), Stein (Johann), Zumpe (Johann) **7** Baldwin (Dwight) **8** Steinway (Henry) **9** Bechstein (Friedrich) **10** Chickering (Jonas), Silbermann (Johann) ***inventor:*** **10** Cristofori (Bartolomeo) ***pedal:*** **6** damper **9** sostenuto

piazza **5** patio, plaza, porch **6** square **7** balcony, gallery, portico, terrace, veranda **9** courtyard

picaroon **5** rogue, rover, thief **6** pirate **7** brigand, corsair **8** sea rover **9** buccaneer **10** freebooter

picayune **5** petty **6** measly, paltry, trifle **7** trivial **8** piddling **11** small-minded **13** insignificant

pick **3** rob, tap **4** best, carp, cull, open, pull, take, tool **5** elect, pluck, probe, prize **6** choice, choose, chosen, option, pierce, pilfer, remove, select, unlock

7 harvest, provoke 8 selected 9 exclusive, single out

picket 4 pale, post 5 fence, guard, stake, watch 6 sentry, tether 7 enclose, lookout, protest 8 palisade, sentinel, watchman 11 demonstrate

pickle 3 fix, jam 4 dill, spot 5 brine, treat 6 plight, scrape 7 dilemma, gherkin, trouble 8 marinate, preserve 10 difficulty 11 predicament

pick on 5 bully, harry, taunt, tease 6 hector, pester 9 criticize, single out

pick out 4 espy, name, spot 6 choose, descry, detect, select, take in 7 discern 8 identify, perceive 9 apprehend, ascertain, recognize 11 distinguish

pickpocket 3 dip 5 thief 6 dipper 8 cutpurse

pick up 3 buy, get 4 cull, gain, earn, land, lift, tidy 5 catch, glean, hoist, learn, raise, run in 6 arrest, detain, gather, notice, obtain, pull in, resume, revive 7 acquire, clean up, collect, restart 8 perceive 9 apprehend 10 appreciate, understand

pickup 5 truck 9 detention 10 hitchhiker 11 improvement 12 acceleration

picky 5 fussy 6 choosy 7 finicky 10 fastidious, particular, pernickety 11 persnickety

picnic 4 snap 5 cinch 6 breeze, outing 7 cookout 8 cakewalk 11 piece of cake

picture 4 limn, show 5 image, photo, pinup 7 drawing, tableau 8 describe, painting, portrait 9 depiction, portrayal 10 simulacrum 11 delineation, description 13 spitting image ***stand:*** 5 easel

picturesque 5 vivid 6 quaint, scenic 8 artistic, charming

piddling 4 puny 5 petty 6 meager, meagre, measly, paltry 7 trivial 8 picayune, trifling 11 Mickey Mouse, unimportant 13 insignificant

pie 4 flan, tart 5 pasty 6 pastry 7 cobbler, dessert 8 turnover

piebald 5 mixed 6 motley 7 mottled 10 multicolor

piece 4 part 5 patch, slice 6 member, parcel 7 firearm, portion, section, segment 8 division, fraction, fragment 9 allotment 10 allocation

pièce de résistance 8 main dish 9 showpiece 11 centerpiece, chef d'oeuvre, masterpiece

piecemeal 5 apart 6 slowly 7 gradual 8 bit by bit 9 by degrees, gradually 11 fragmentary

pied 6 motley 7 blotchy, brindle, dappled, mottled 8 brindled, speckled 9 multihued 10 variegated 11 varicolored 12 parti-colored

pier 4 anta, dock, quay, slip 5 berth, jetty, levee, wharf 6 column, pillar 8 pilaster ***architectural:*** 4 anta

pierce 3 cut 4 stab 5 probe, spear 6 impale, incise, skewer 8 puncture 9 penetrate, perforate 10 run through

piercing 4 high, keen 5 acute, sharp 6 piping, shrill 8 shooting, stabbing, strident 9 knifelike 12 earsplitting ***tool:*** 3 awl

piety 6 fealty 7 loyalty 8 devotion, fidelity, sanctity 9 reverence 10 allegiance, dedication, devoutness 12 faithfulness

piffle 4 bosh, bunk 5 hooey 6 drivel 7 baloney, rubbish, twaddle 8 malarkey, nonsense 10 balderdash

pig 3 hog 4 slob 5 shoat, swine 6 farrow, piglet, porker 7 casting, glutton ***breed:*** 5 Duroc 8 Tamworth 9 Berkshire, Hampshire, Yorkshire ***female:*** 3 sow 4 gilt ***feral:*** 9 razorback ***litter:*** 6 farrow ***male:*** 4 boar 6 barrow ***meat:*** 3 ham 4 pork 5 bacon 7 sausage 8 chitlins 12 chitterlings ***wild:*** 7 peccary, warthog 8 babirusa

pigeon 3 sap 4 dupe, fool, gull, mark 5 chump, decoy, patsy 6 culver, stooge, sucker 7 fall guy 8 rock dove ***genus:*** 7 Columba ***house:*** 4 cote, loft ***kind:*** 4 barb, rock 5 homer 6 homing, pouter, roller 7 carrier, crowned, fantail, tumbler ***relative:*** 4 dove ***young:*** 5 squab

pigeon hawk 6 merlin

pigeonhole 4 slot, sort 5 class, cubby, grade, group, niche 6 recess, shelve 7 catalog 8 category, classify, grouping 10 categorize 11 compartment

piggish 6 greedy 7 selfish, swinish 10 gluttonous

pigheaded 5 rigid 6 dogged, mulish 7 willful 8 contrary, perverse, stubborn 9 obstinate 10 inflexible, unyielding

piglet 5 shoat

pigment 3 dye 4 tint 5 color, paint, stain 8 colorant, dyestuff, tincture ***black:*** 9 lampblack ***blue:*** 4 cyan 5 azure, smalt 6 indigo 7 cyanine 8 cerulean 9 verdigris 11 ultramarine ***brown:*** 5 sepia ***umber:*** 6 bister, sienna ***combining form:*** 5 chrom 6 chromo ***dark:*** 7 melanin ***green:*** 7 celadon 8 viridian 10 biliverdin ***orange:*** 7 realgar 8 carotene ***red:*** 4 lake ***toxic:*** 8 gossypol ***yellow:*** 5 ocher, ochre 6 flavin, lutein 7 flavine, xanthin

pigpen 3 sty 4 dump, mess 5 hovel

pigskin 6 saddle 8 football

pike 4 dive, fish 5 spear 7 highway 8 pickerel

piker 5 miser 7 scrooge 8 tightwad 9 skinflint 10 cheapskate 12 penny-pincher

pilaster 4 pier 6 column, pillar
pilchard 7 herring, sardine
pile 3 fur, lot, nap 4 coat, fill, heap, hill, load, mass, much, pack, peck, pyre 5 amass, crowd, drive, stack 6 bundle, column, jumble 7 collect, fortune, reactor 8 quantity 9 great deal 10 assemblage, collection 11 aggregation 12 accumulation
pileup 4 mass 5 crash, smash 8 accident 9 collision 12 accumulation
pilfer 3 rob 4 lift, take 5 filch, pinch, steal, swipe 6 finger, snitch, thieve 7 purloin 11 appropriate
pilgarlic 4 butt 8 baldhead 13 laughingstock
Pilgrim 5 Alden (John) 6 Carver (John) 7 Puritan, Winslow (Edward) 8 Bradford (William), Brewster (William), Standish (Myles)
pilgrim 5 hadji, hajji 6 palmer 8 traveler, wanderer, wayfarer
pilgrimage 4 haj, trip 7 journey
Pilgrims' interpreter 7 Squanto
Pilgrim's Progress 8 allegory ***author:*** 6 Bunyan (John) ***hero:*** 9 Christian
pill 4 ball, bore, pain, pest 5 bolus 6 pellet 7 capsule, lozenge 8 medicine, nuisance 9 annoyance
pillage 4 lift, loot, sack 5 booty, prize, spoil, steal 6 maraud, ravage, thieve 7 despoil, plunder, purloin 8 spoliate 9 depredate, desecrate
pillar 4 pier, post, prop 5 pylon, shaft, stela, stele 6 column, stelae (plural) 7 obelisk, support, upright 8 backbone, mainstay, pedestal, pilaster
pillory 6 stocks
pillow 3 pad 4 rest 7 bolster, cushion, support
pilot 4 lead, show, tool 5 drive, flier, guide, steer 6 airman, direct, leader 7 aviator, conduct, guiding, tracing 8 aviatrix, helmsman, shepherd
pimple 3 dot, zit 4 acne, boil, spot, stud 6 papule 7 blemish, blister, pustule, speckle 8 sprinkle, swelling
pin 3 leg, peg 4 clip, hold, join 5 affix, blame, stake 6 attach, broach, brooch, cotter, emblem, fasten, secure, trifle 8 fastener, hold down, ornament, restrain
pinafore 5 apron, dress, frock
pinch 3 bit, nab, nip 4 dash, lift, pain, take 5 filch, press, prune, run in, skimp, steal, swipe, taper, theft, tweak 6 arrest, crisis, narrow, pilfer, snatch, stress 7 confine, deficit, larceny, squeeze, straits 8 compress, exigency, hardship, juncture, pressure, stealing, straiten 9 apprehend, constrict, emergency, privation, tight spot 10 substitute
pinchbeck 4 fake, sham 5 alloy, bogus, false, phony 6 pseudo 8 spurious 9 brummagem 11 counterfeit
pinch hitter 3 sub 6 backup, fill-in, relief 7 stand-in 9 alternate, surrogate 10 substitute 11 alternative, replacement
pinchpenny 4 mean 5 cheap, close, mingy, tight 6 stingy 7 chintzy, costive, miserly, scrimpy 9 niggardly, penurious 11 closefisted, tightfisted 12 parsimonious
Pindar ***home:*** 6 Thebes ***poem:*** 3 ode
pine 4 ache, long, mope, sigh, tree, wish, wood 5 brood, crave, dream, yearn 6 desire, grieve, hanker, hunger, lament, thirst 7 conifer 8 languish 9 evergreen
Pine Tree State 5 Maine
pinhead 4 dolt, dope, fool 5 dunce 6 dimwit, nitwit 7 dullard 8 dumbbell 9 birdbrain
pinion 3 cog 4 bind, gear, wing 5 quill, tie up, truss 6 fetter, tether 7 disable, feather, shackle 8 cogwheel, restrain 9 hamstring
pink 3 cut 4 best, peak, stab 5 blush 6 flower, height, pierce 7 excited, paragon 9 perforate
pinna 3 ear, fin 4 wing 7 feather, leaflet
pinnacle 3 top, tor 4 acme, apex, peak 5 crest, crown, serac, spire 6 apogee, climax, height, summit, zenith 7 steeple 8 capsheaf, meridian 11 culmination
pinniped 4 seal 6 walrus
Pinocchio author 7 Collodi (Carlo) 9 Lorenzini (Carlo)
pinochle ***card:*** 3 ace, ten 4 jack, king, nine 5 queen ***term:*** 4 meld 5 widow 7 auction ***two-handed:*** 7 goulash
pinpoint 3 aim, fix 4 spot, tiny 5 exact, place 6 locate 7 precise 8 identify, stand out 9 determine, highlight, recognize 11 distinguish
Pinter play 8 Betrayal 9 Caretaker (The) 10 Homecoming (The)
pinto 4 pied, pony 5 horse, paint 7 mottled, piebald 8 skewbald
pint-size 3 wee 5 dwarf, small 6 midget, pocket 9 miniature 10 diminutive
pioneer 5 first, prime 6 maiden 7 explore, founder, initial, primary, settler 8 colonist, earliest, explorer, original 9 innovator 10 avant-garde, pathfinder 11 trailblazer 12 frontiersman ***famous:*** 5 Boone (Daniel), Bowie (Jim), Clark (William), Lewis (Meriwether) 6 Carson (Kit), Colter (John) 7 Bridger (Jim), Chapman (John),

Frémont (John C.), Whitman (Marcus) **8** Crockett (Davy)

pious 4 holy **5** godly **6** devout, worthy **7** devoted, dutiful **8** reverent, virtuous **9** hypocrite, pietistic, prayerful, religious **10** devotional **12** hypocritical

pip 3 dot **4** blip, peep, seed, spot **5** speck **9** break open

pipe 3 keg, tun **4** butt, cask, duct, hose, tube **6** barrel, convey, funnel, siphon **7** channel, conduct, conduit **8** aqueduct, hogshead ***ceremonial:* 7** calumet ***part:* 4** bowl, stem

pipe down 4 hush **5** dry up, quiet **6** shut up **7** be quiet

pipe dream 4 wish **7** chimera, fantasy **8** illusion

pipeline 5 works **6** system **7** channel, conduit, process **8** activity, supplier **10** connection

pipsqueak 6 shaver, squirt **7** tadpole **8** half-pint, small fry

piquant 4 tart **5** sharp, spicy, tangy, zesty **6** biting, lively, savory, snappy **7** peppery, pungent **8** poignant, spirited **9** flavorful, sparkling **10** appetizing **11** provocative, stimulating

pique 3 irk, vex **4** huff, miff, move **5** anger, annoy, peeve, pride, rouse **6** arouse, excite, nettle, offend, put out **7** dudgeon, offense, provoke, quicken **8** irritate, motivate, vexation **9** aggravate, annoyance, challenge, stimulate **10** exasperate, irritation, resentment

piracy 5 theft **7** lifting, looting, pillage, plunder, robbery **8** stealing, thievery **10** plagiarism

piranha 6 caribe

pirate 5 rover **6** looter, raider, robber, sea dog **7** brigand, corsair, sea wolf **8** marauder, picaroon, pillager, sea rover **9** buccaneer, plunderer, privateer, sea robber **10** freebooter ***English:* 4** Read (Mary) **5** Bonny (Anne), Teach (Edward) **6** Morgan (Henry) **7** Dampier (William) **10** Blackbeard ***flag:* 10** Jolly Roger ***French:* 7** Laffite (Jean), Lafitte (Jean) ***Scottish:* 4** Kidd (William)

Pirates of Penzance, The *composer:* 8 Sullivan (Arthur) ***librettist:* 7** Gilbert (W. S.)

pirogue 5 canoe **6** dugout

pirouette 4 spin, turn **5** twirl, whirl

piscator 6 angler **9** fisherman

pismire 3 ant

pistol 3 gat, rod **4** Colt **5** Glock, Luger **6** Magnum, Mauser, roscoe **7** bulldog, handgun **8** revolver, small arm **9** derringer, pepperbox ***case:* 7** holster

pit 3 vie **4** dent, hell, hole, scar **5** arena, hades, match, shaft, stone **6** cavity, hollow, oppose **7** counter, play off **8** pockmark **11** indentation

Pit and the Pendulum author 3 Poe (Edgar Allan)

pitch 3 dip, set **4** buck, dive, drop, fall, hurl, line, play, plug, tilt, tone, toss **5** erect, fling, heave, lurch, put up, resin, slant, sling, slope, spiel, throw **6** encamp, go down, plunge **7** discard, incline, present, promote **8** distance **9** advertise, declivity **13** advertisement

pitch-dark 3 jet **4** ebon, inky **5** black, ebony, jetty

pitcher 4 ewer, olla, toby **5** cruse **6** beaker, flagon **7** creamer ***area:* 5** mound ***handle:* 3** ear **4** ansa (see also BASEBALLER)

pitch in 3 aid **4** help **5** begin, set to, start **6** fall to **8** commence, get going, start off **9** subscribe, volunteer **10** contribute

piteous 3 sad **4** poor **8** pathetic **9** affecting **10** lamentable **11** distressing

pitfall 4 risk, snag, trap **5** catch, peril, snare **6** danger, hazard **9** booby trap **10** difficulty **12** entanglement

pith 3 nub **4** core, kill, meat, pulp **5** focus, heart **6** center, import, kernel **7** essence, nucleus **9** substance **10** importance **12** significance

pith helmet 5 topee

pithy 5 brief, crisp, meaty, short, terse **6** cogent **7** compact, concise, pointed **8** succinct **12** epigrammatic **13** short and sweet

pitiable 4 poor **5** cheap, sorry **8** shameful **10** deplorable, lamentable **12** contemptible

pitiful 3 sad **4** mean, poor **5** cheap, sorry **6** meager, meagre, paltry, shabby **7** forlorn **8** beggarly, pathetic, wretched **9** miserable **10** despicable, inadequate **12** contemptible **13** heartbreaking

pitiless 4 cold, hard **5** cruel, harsh, stony **6** brutal **8** inhumane, uncaring **9** barbarous, unfeeling **10** unmerciful **11** coldhearted, hardhearted

pittance 4 wage **5** scrap, trace **6** trifle **7** modicum, peanuts **9** allowance

pity 3 rue **4** ache, ruth **5** mercy **6** regret, sorrow **7** empathy, feel for, sadness **8** distress, sympathy **10** compassion, condolence, sympathize **11** commiserate **13** commiseration

pivot 3 pin **4** turn **5** hinge, shaft, swing, wheel **6** center, swivel

pivotal 3 key **5** chief, vital **7** central, crucial **8** critical, decisive **9** essential, important

pixie 3 elf, fay, imp **5** antic, fairy, scamp **6** elvish, impish, rascal, sprite **7** brownie, coltish, playful, puckish **8** prankish **11** mischievous

pixilated **3** fey **7** bemused, erratic, flighty, muddled, touched **9** eccentric, whimsical **10** capricious

Pizarro, Francisco ***brother:*** **7** Gonzalo ***city founded:*** **4** Lima ***conquest:*** **4** Peru ***victims:*** **5** Incas **9** Atahualpa **10** Atahuallpa

pizzazz **3** pep, vim, zip **4** bang, brio, dash, snap, zest, zing **5** éclat, flair, flash, gusto, moxie, oomph, punch, verve **6** dazzle, energy, hoopla, sizzle, spirit **7** glamour, panache **8** vitality **10** excitement

placard **4** bill, post **6** notice, plaque, poster **7** affiche **8** handbill

placate **4** calm, ease **6** pacify, soothe **7** appease, assuage, comfort, mollify, satisfy, sweeten, win over **10** conciliate, propitiate

place **3** lay, put, set **4** area, lieu, loci (plural), post, rank, site, spot, zone **5** locus, point, stead, tract **6** region, status **7** situate, station **8** district, identify, locality, location, pinpoint, position, standing **9** establish, recognize ***combining form:*** **3** top **4** loco, topo, topy

placid **4** calm, easy, mild **5** quiet, still **6** gentle, serene **7** halcyon **8** composed, peaceful, tranquil, waveless, windless **9** unruffled **10** complacent, unagitated, untroubled **11** undisturbed **13** imperturbable

plagiarize **4** copy, crib **5** steal **6** pirate **11** appropriate

plague **3** vex **4** bane, evil, pest **5** annoy, beset, curse, harry, hound, smite, trial, worry **6** blight, bother, infest, harass, hassle, hector, pester **7** afflict, bedevil, disease, disturb, scourge, torment, trouble **8** calamity, distress, epidemic, invasion, irritant, irritate, nuisance, outbreak, pandemic **9** annoyance, beleaguer **10** affliction, black death, pestilence **11** infestation

plaid **6** tartan

plain **3** lea **4** bald, bare, open, pure **5** blunt, clear, field, frank, usual **6** candid, common, homely, modest, patent, severe, simple, tundra **7** expanse, evident, obvious, prairie, savanna **8** apparent, distinct, everyday, homespun, manifest, ordinary, straight **9** outspoken, unadorned **10** absolutely, forthright, unaffected **11** undecorated, unvarnished **13** uncomplicated

plainclothesman **4** dick **6** shamus, sleuth **7** gumshoe **8** hawkshaw **9** detective **12** investigator

___ **Plaines** **3** Des

plainness **6** candor, purity **7** clarity, honesty **8** lucidity **10** simplicity

plainsong **5** chant **12** cantus firmus

plainspoken **4** open **5** frank **6** candid, direct, honest **8** straight, truthful **10** forthright **11** undisguised, unvarnished

plaintive **3** sad **4** glum **6** woeful **7** doleful, piteous, pitiful **8** dolorous, downcast, mournful **9** sorrowful **10** dispirited, lamentable, lugubrious, melancholy

plait **4** fold **5** braid, pleat, weave **7** pigtail **10** intertwine, interweave

plan **3** aim, map, way **4** cast, goal, idea, mean, plot **5** chart, frame **6** design, devise, intend, intent, lay out, map out, method, scheme, set out **7** arrange, diagram, drawing, outline, pattern, program, project, propose, purpose, work out **8** contrive, engineer, organize, strategy, think out **9** blueprint, formulate, intention, procedure **11** arrangement, formulation

plane **3** fly, jet **4** even, flat, tool, tree **5** flush, level **6** smooth **8** aircraft, airliner

planet **4** Mars **5** Earth, Pluto, Venus **6** Saturn, Uranus **7** Jupiter, Mercury, Neptune ***path:*** **5** orbit ***satellite:*** **4** moon ***shadow:*** **5** umbra ***small:*** **8** asteroid

planetary **4** vast **6** global **7** erratic, immense **8** colossal, enormous **9** universal, wandering, worldwide **11** terrestrial

plangent **7** orotund, ringing, vibrant **8** resonant, sonorous **9** consonant, plaintive **10** expressive, resounding **11** reverberant

plank **4** item, wood **5** board, floor **6** lumber, timber **7** article, support

plant **3** fix, pot, set, sow **4** bury, grow, hide, mill, park, root, seed, tomb **5** cache, cover, imbed, inter, place, plunk, put in, stash, works **6** entomb, inhume, occult, screen **7** conceal, factory, install, lay away, put away, secrete **8** colonize, populate **9** cultivate ***angiosperm:*** **5** dicot **7** monocot ***aquatic:*** **4** reed **5** lotus, sedge **7** awlwort, cattail, fanwort, papyrus **8** duckweed, eelgrass, hornwort, pondweed **9** water lily **10** watercress **11** bladderwort **12** pickerelweed ***Australian:*** **6** mallee **7** banksia **8** blackboy **10** eucalyptus ***body:*** **4** stem **7** thallus ***bulbous:*** **4** lily **5** camas, onion, tulip **7** jonquil **8** hyacinth **9** narcissus ***carnivorous:*** **6** sundew **10** butterwort **12** pitcher plant, Venus flytrap ***cell layer:*** **7** phellem ***climbing:*** **3** ivy **4** vine **5** betel, liana, vetch **6** bryony, derris, smilax **7** creeper, jasmine **8** bignonia, fumitory, moonseed, scammony, wisteria **12** morning glory ***coloring agent:*** **8** carotene **11** chlorophyll, xanthophyll ***combining form:*** **4** phyt **5** phyto ***cone-bearing:*** **3** fir, yew **4** pine **5** cedar, cycad **6** ginkgo, spruce **7** conifer, cypress, redwood **10** arborvitae, gymnosperm ***desert:*** **4** aloe **5** agave **6** cactus, cholla **8** mesquite, ocotillo **9** paloverde **11** brittlebush ***disease:*** **3** rot **4** gall, mold, rust, scab, smut, wilt **5** ergot **6** blight, mildew, mosaic **7** blister **8** clubroot **9** black spot **10** black heart ***extinct:*** **8** calamite ***flowerless:*** **4** alga, fern, kelp, moss **5** algae (plural), fungi (plural) **6** fungus, lichen **7** seaweed **8** clubmoss **9** bryophyte, equisetum, horsetail, liverwort ***fluid:*** **3** gum, sap **4** milk **5** latex, resin ***gland:*** **7** nectary ***hallucinogenic:*** **4** hemp **5** poppy **6** mescal **8** cannabis **9** marijuana ***largest:*** **7** sequoia ***life:*** **5** flora ***marine:*** **4** kelp, nori **5** dulse, fucus **6** wakame **7** seaweed **8** gulfweed **10** sea lettuce ***marsh:*** **4** reed **5** carex, sedge **7** bogbean, bulrush, calamus, cattail **8** red maple, sphagnum **11** loosestrife ***medicinal:*** **4** aloe, sage **5** poppy, senna, tansy **6** catnip, fennel, garlic, hyssop, ipecac, nettle **7** aconite, boneset, burdock, camphor, comfrey, ginseng, hemlock, henbane, juniper, lobelia, mullein, mustard, parsley **8** camomile, capsicum, cinchona, feverfew, licorice, pilewort, plantain, wormwood **9** asafetida, chamomile, dandelion, echinacea, fenugreek, monkshood **10** asafoetida, goldenseal, peppermint ***microscopic:*** **4** mold **6** diatom **7** euglena **8** bacteria (plural) **9** bacterium ***oldest:*** **11** bristlecone ***onion-like:*** **4** leek **5** chive **7** shallot **8** scallion ***opening:*** **5** stoma **7** stomata (plural) ***parasitic:*** **6** dodder, fungus **7** pinesap **8** gerardia **9** broomrape, mistletoe, rafflesia, witchweed **10** beechdrops ***part:*** **3** bud, nut, sap **4** bark, bulb, cell, cone, corm, leaf, pome, root, seed, stem, wood **5** drupe, fruit, grain, spore, thorn, tuber, xylem **6** catkin, flower, nectar, phloem, raceme **7** rhizome **8** lenticel **9** cellulose, cotyledon **11** chlorophyll, chloroplast **13** inflorescence ***pest:*** **5** aphid, scale **6** chafer, thrips, weevil **7** cutworm **8** fruit fly, wireworm **9** gypsy moth **10** cankerworm, leafhopper, phylloxera **11** codling moth ***poisonous:*** **4** poke, upas **5** sumac **6** castor, croton, datura **7** amanita, cassava, cowbane, henbane, lobelia, tobacco **8** foxglove, larkspur, locoweed, mayapple, oleander, pokeweed **9** baneberry, monkshood **10** belladonna, jimsonweed, manchineel, nightshade ***saprophytic:*** **5** fungi (plural) **6** fungus **7** pinesap **9** pinedrops, snow plant **10** beechdrops, Indian pipe ***succulent:*** **4** aloe **5** agave **6** cactus **10** bitterroot ***thorny:*** **4** rose **5** briar **6** cactus, nettle, teasel **7** caltrop, thistle **9** cocklebur ***tissue:*** **5** xylem **6** phloem **7** cambium, medulla **8** meristem ***young:*** **5** scion, shoot **6** sprout **7** cutting **8** seedling

plantain **5** fruit **6** banana

plantation **5** manor **6** colony, estate, quinta **7** acreage, demesne **8** hacienda **10** encampment, habitation, settlement

plant louse **5** aphid

plaque **4** film **5** badge, patch **6** brooch, lesion, tablet **7** tribute **8** bacteria, memorial **13** commemoration

plaster **3** dab **4** coat **5** affix, cover, gesso **6** stucco **7** coating, conceal, overlay **8** dressing ***of paris:*** **5** gesso **6** gypsum

plastered **3** lit **4** high **5** drunk, lit up, oiled **6** bashed, blotto, bombed, juiced, potted, soaked, soused, stewed, stoned, tanked, wasted, zonked **7** crocked, drunken, pickled, pie-eyed, sloshed, smashed, sottish **10** inebriated, liquored up **11** intoxicated

plastic **4** soft **5** vinyl **6** pliant, supple **7** ductile, pliable **8** creative, flexible, moldable, workable **9** adaptable, formative, malleable, synthetic **10** artificial, credit card, sculptural

plat **3** lot, map **4** plan **5** chart, tract **6** parcel **7** quadrat

plate **4** base, coat, disc, dish, disk, gild, tile **5** layer, paten, scute, slice **6** enamel, fascia, lamina, plaque **7** anodize, lamella, overlay

plateau **4** mesa **5** table **6** upland **9** altiplano, tableland ***arid:*** **4** puna ***barren:*** **5** field **6** paramo ***dry:*** **5** karoo **6** karroo

platform **3** map **4** bank, base, dais, deck, plan **5** bimah, forum, ledge, riser, shelf, stage, stump **6** design, perron, podium, pulpit, scheme **7** balcony, pattern, rostrum **8** hustings, scaffold **9** banquette, manifesto **11** declaration ***temporary:*** **7** staging **8** scaffold ***wooden:*** **9** boardwalk

Plath, Sylvia ***novel:*** **7** Bell Jar (The) ***poem:*** **5** Ariel, Daddy

platitude **6** cliché, truism **7** bromide **8** banality, prosaism **10** shibboleth

Plato ***father:*** **7** Ariston ***literary form:*** **6** dialog **8** dialogue ***original name:*** **10** Aristocles ***school:*** **7** Academy ***work:*** **3** Ion **4** Meno **5** Crito, Lysis **6** Laches, Phaedo **7** Apology, Gorgias **8** Phaedrus, Republic (The) **9** Charmides, Symposium

platter **5** plate **6** record **8** trencher

platypus 8 duckbill
plaudits 5 kudos 6 cheers, praise 7 acclaim, ovation 8 applause, approval, encomium 9 accolades 11 acclamation
plausible 8 credible, specious 10 believable, convincing, creditable, persuasive, reasonable
play 3 act, fun 4 game, jest, joke, romp 5 drama, feint, serve, sport, treat, trick, wager 6 cavort, comedy, fiddle, frolic, gambit, gambol, leeway, margin 7 delight, disport, perform, twiddle 8 latitude, maneuver, pleasure 9 amusement, diversion, enjoyment, stratagem 10 manipulate, recreation ***kind:*** 5 farce 6 comedy 7 musical, tragedy 8 one-acter 9 melodrama, pantomime ***part:*** 3 act 5 scene 8 epilogue, prologue
playact 5 put on 7 perform, posture, pretend 9 personate 11 impersonate, make believe
playboy 4 rake, roué 8 hedonist 9 bon vivant
play down 8 minimize 9 deprecate, soft-pedal, underrate 11 de-emphasize
player 5 actor 6 mummer 7 actress, athlete, trouper 8 musician, thespian 9 contender, performer 10 competitor, contestant 11 participant
playful 5 antic, jolly, merry, pixie 6 elvish, frisky, impish, jocund, joking, jovial, lively 7 coltish, jocular, puckish, waggish 8 humorous, sportive 9 kittenish, sprightly 10 frolicsome
play off 3 pit, vie 5 match 6 oppose 7 counter 8 contrast
plaything 3 toy
play up 6 stress 7 feature 9 dramatize, emphasize, highlight, overstate, underline 10 accentuate, exaggerate, underscore
playwright 9 dramatist 10 dramaturge (see also DRAMATIST)
plaza 6 circus, common, square, zocalo 9 carrefour 11 marketplace
plea 4 suit 5 alibi 6 appeal, excuse, orison, prayer 7 apology, defense, pretext, request 8 entreaty, overture, petition 11 application, imploration 12 supplication ***defendant's:*** 4 nolo 6 guilty 8 innocent 9 not guilty
plead 3 beg 4 pray 5 argue 6 allege, answer, appeal 7 beseech, entreat, implore 8 advocate, maintain 9 importune 10 supplicate
pleasant 4 fair, fine, good, nice 5 clear, sunny, sweet 6 cheery, genial, pretty 7 amiable, clarion, likable, welcome 8 amicable, charming, cheerful, engaging, gracious, grateful, likeable, pleasing, sunshine, sunshiny 9 agreeable, appealing, cloudless, congenial, convivial, enjoyable, favorable, unclouded 10 delightful, gratifying
pleasantry 3 fun 4 jest, joke 6 banter, levity 8 badinage, repartee 9 wittiness 10 jocularity
please 4 like, suit, wish 5 agree, amuse, enjoy, serve 6 choose 7 content, delight, gladden, gratify, indulge, satisfy ***French:*** 12 s'il vous plait ***German:*** 5 bitte ***Spanish:*** 8 por favor
pleasing 4 good, nice 6 pretty 7 welcome 8 suitable 9 agreeable, congenial, favorable, palatable 10 attractive, delightful, gratifying 12 satisfactory
pleasure 3 fun, joy 4 will 5 bliss, fancy 6 desire, liking, relish 7 delight, gladden, gratify 8 felicity, gladness, hedonism 9 amusement, diversion, enjoyment, happiness, merriment 11 inclination
pleat 4 fold 5 crimp 6 crease
plebe 5 frosh 8 freshman
plebeian 3 low 4 base 5 crude, lowly 6 coarse, common, humble, menial 8 commoner, everyday, ordinary 10 lower-class
plectrum 4 pick
pledge 3 vow 4 bail, bind, bond, gage, hock, oath, pawn, seal, sign, word 5 drink, swear, toast, token 6 parole, plight, surety 7 chattel, earnest, promise, warrant 8 bailment, contract, covenant, guaranty, security, warranty 9 agreement, assurance, certainty, guarantee, undertake
pledget 3 pad 8 compress
Pleiades 4 Maia 6 Merope 7 Alcyone, Celaeno, Electra, Sterope, Taygeta 8 Asterope ***brightest star:*** 7 Alcyone
plenary 4 full 5 whole 6 entire 7 general 8 absolute, complete 9 inclusive 11 unqualified 12 unrestricted
plenitude 4 glut 6 excess 7 satiety, surfeit 8 fullness 9 abundance, profusion, repletion 11 copiousness, sufficiency, superfluity 12 completeness
plenteous 7 fertile 8 abundant, fruitful, prolific 9 abounding 10 productive
plentiful 4 full, rich 5 ample, flush 7 copious, profuse 8 abundant, affluent, generous 9 abounding, bounteous, unstinted 10 sufficient
plenty 3 lot 4 heap, pack, peck, pile 6 stacks, wealth 8 adequacy, fullness, mountain 9 abundance, affluence, great deal 10 cornucopia
pleonasm 8 verbiage 9 prolixity, tautology, verbosity, wordiness 10 redundancy 11 periphrasis, superfluity

plethora 4 glut 5 flood 6 excess 7 overrun, surfeit, surplus 8 fullness, overflow 9 abundance, profusion, repletion 11 superfluity 13 overabundance
plexus 4 rete 7 network
pliable 6 supple 7 plastic 9 adaptable 10 adjustable 11 complaisant, manipulable
pliant 5 lithe 6 limber, supple 7 ductile, plastic, springy 8 flexible, moldable, workable, yielding 9 adaptable, malleable, tractable 10 manageable
plica 4 fold 6 crease, groove
plight 3 fix, jam, vow 4 hole, spot, word 5 swear 6 engage, pickle, pledge, scrape 7 betroth, dilemma, promise 8 quandary 9 betrothal 10 difficulty, engagement 11 predicament
plod 4 slog, toil 5 grind, slave, tramp, tread, tromp 6 drudge, lumber, trudge 8 plug away
plot 3 map 4 area, land, mark, note, plan 5 cabal, chart, story, tract 6 design, devise, invent, lay out, locate, parcel, scheme 7 collude, compact, connive, diagram, outline 8 conspire, contrive, intrigue, scenario 9 collusion, conniving, machinate 10 complicity, connivance, conspiracy 11 machination
plover 5 pewit, stilt 6 peewit 7 lapwing 8 dotterel, killdeer ***relative:*** 9 sandpiper, turnstone
plow 3 dig 4 till, turn 5 break 6 furrow, harrow, trench 8 turn over 9 cultivate ***part:*** 4 beam, frog 5 share 7 coulter 8 landside 9 moldboard
ploy 4 ruse, scam, wile 5 feint, trick 6 device, frolic, gambit, tactic 7 gimmick 8 artifice, escapade, maneuver 9 stratagem 11 contrivance
pluck 3 rob, tug 4 grit, guts, pick, pull, yank 5 cheek, grasp, heart, moxie, nerve, spunk 6 daring, fleece, mettle, remove, snatch, spirit, tweeze 7 bravery, courage, pull out 8 gameness 10 resolution
plucky 4 bold, game 5 brave 6 feisty, spunky 7 doughty 8 fearless, spirited, unafraid 9 dauntless 10 courageous
plug 3 tap 4 bung, clog, core, cork, fill, hype, pack, push, stop, tout 5 block, blurb, boost, choke, close, cry up, shoot 6 device, remedy 7 congest, fitting, hydrant, promote, stopper 8 obstruct 9 advertise, publicity, publicize 10 connection
plug-ugly 4 thug 5 bully, rowdy, tough 7 hoodlum, ruffian 9 roughneck
plum 5 prize 6 purple, reward 7 guerdon, premium 8 dividend ***dried:*** 5 prune ***kind:*** 6 damson 7 bullace 9 greengage ***spiny:*** 10 blackthorn
plumage 8 feathers ***early:*** 4 down
plumb 5 delve, probe, sound 6 fathom, weight 7 exactly, examine, explore, install, measure 8 absolute, complete, thorough, vertical 10 absolutely, vertically 11 immediately 13 perpendicular
plume 4 tail 5 array, preen, pride, prize 6 column 7 feather 8 aigrette
plummet 4 dive, drop, fall 5 crash 6 plunge, tumble 8 collapse, nose-dive 11 precipitate
plump 3 fat 4 drop, fall, full 5 ample, buxom, favor, pudgy, round, stout, tubby 6 chubby, portly, rotund 7 rounded, support 8 abundant, directly, roly-poly 10 Rubenesque
plumply 7 frankly, plainly 8 candidly 12 forthrightly
plunder 3 rob 4 loot, sack, swag, take 5 booty, prize, seize, spoil, steal, strip 6 boodle, rapine, spoils 7 despoil, pillage, ransack, relieve, stick up 9 pillaging
plunge 3 bet, ram, run 4 dive, drop, fall, jump, rush, sink, stab, swim 5 drive, lunge, pitch, stick 6 charge, gamble, hasten, hurtle, thrust, topple, tumble 7 descend, immerse, plummet 8 nose-dive, submerge 9 penetrate
plus 3 and 4 more, perk 5 added, asset, bonus, boost, extra 6 excess 7 benefit 8 addition, increase, positive
plush 4 full, rich 6 deluxe, fabric, lavish, velvet 7 opulent 8 luscious, palatial 9 expensive, luxuriant, luxurious, sumptuous
Pluto 3 Dis 5 Hades ***brother:*** 4 Zeus 7 Jupiter, Neptune 8 Poseidon ***father:*** 6 Cronus, Saturn ***mother:*** 3 Ops 4 Rhea ***wife:*** 10 Persephone, Proserpina
plutocrat 5 mogul 6 fat cat, tycoon 7 magnate 9 financier, moneybags 10 capitalist
plutonian 8 infernal 10 underworld
Plutus ***father:*** 6 Iasion ***god of:*** 6 riches, wealth ***mother:*** 5 Ceres 7 Demeter
ply 3 use 4 bias, sail 5 apply, exert, layer, wield 6 employ, handle, strand, supply, travel, voyage 7 furnish, perform 8 maneuver, practice 11 inclination
pneuma 4 soul 5 anima 6 psyche, spirit
pneumatic 4 airy 5 ample, buxom, plump 6 aerial, zaftig 9 spiritual 10 curvaceous 11 atmospheric
poach 4 cook 5 steal 6 coddle, simmer 7 intrude 8 encroach, trespass 9 interlope 11 appropriate
Pocahontas ***father:*** 8 Powhatan ***husband:*** 5 Rolfe (John)

pock 3 pit 4 hole, spot 7 pustule
pocket 3 bag 4 lift, sack 5 filch, pinch, pouch, purse, steal, swipe 6 cavity 7 capsule, dead end, impasse 8 cul-de-sac 9 condensed 10 blind alley ***billiards:*** 4 pool
pocketbook 3 bag 4 poke 5 purse 6 clutch, income, wallet 7 handbag 8 billfold 9 clutch bag
pocket bread 4 pita
pocket money 6 change 9 petty cash 11 small change
pocket-size 4 tiny 5 small 9 miniature 10 diminutive
pod 3 bag, gam, sac 4 boll, case, hull, husk, skin 5 shell, shuck 6 cocoon 7 capsule, silique 8 seedcase ***plant:*** 3 pea 4 bean, okra 5 chili, gumbo 6 cassia, cowpea, legume, lentil, peanut, pepper 8 capsicum, mesquite, milkweed 9 lespedeza
pod-bearing tree 5 carob 6 locust 7 catalpa
podiatry 9 chiropody
podium 4 dais 6 pulpit 7 lectern, rostrum 8 platform
___ **podrida** 4 olla
Poe, Edgar Allan ***detective:*** 5 Dupin (C. Auguste) ***poem:*** 5 Bells (The), Raven (The) 6 Lenore 7 Israfel, To Helen, Ulalume 8 Eldorado, For Annie 10 Annabel Lee ***tale:*** 6 Ligeia, Shadow 7 Gold-Bug (The), Morella, Silence 8 Black Cat (The) 13 Tell-tale Heart (The) 15 Purloined Letter (The) 17 Cask of Amontillado (The), Pit and the Pendulum (The) 19 Masque of the Red Death (The) 21 Fall of the House of Usher (The)
poem 3 ode 4 epic, epos, idyl, rime, rune, song 5 ditty, elegy, epode, idyll, lyric, rhyme, verse 6 ballad, epopee, jingle, rondel, sonnet 7 eclogue, rondeau 8 limerick, madrigal ***closing:*** 5 envoi, envoy ***division:*** 4 foot, line 5 canto, epode, stich, verse 6 stanza 7 refrain 8 epilogue, prologue ***Japanese:*** 5 haiku, tanka ***of eight lines:*** 6 octave 7 triolet ***of four lines:*** 8 quatrain ***of fourteen lines:*** 6 sonnet ***of three lines:*** 7 triplet ***pastoral:*** 7 eclogue, georgic ***short:*** 5 ditty 7 epigram
poet 4 bard, muse, scop 5 skald 6 lyrist 7 elegist 8 idyllist, lyricist 9 balladist, sonneteer 10 Parnassian ***American:*** 3 Poe (Edgar Allan) 4 Dove (Rita), Hass (Robert), Nash (Ogden), Read (Thomas), Rich (Adrienne), Tabb (John Banister), Tate (Allen) 5 Auden (Wystan Hugh), Benét (Stephen Vincent), Crane (Hart), Field (Eugene), Frost (Robert), Guest (Edgar), Moore (Marianne), Plath (Sylvia), Pound (Ezra), Riley (James Whitcomb), Wylie (Elinor) 6 Barlow (Joel), Bishop (Elizabeth), Brooks (Gwendolyn), Bryant (William Cullen), Ciardi (John), Dickey (James), Dunbar (Paul Laurence), Hughes (Langston), Kilmer (Joyce), Lanier (Sidney), Lowell (Amy, James Russell, Robert), McKuen (Rod), Millay (Edna St. Vincent), Pinsky (Robert), Ransom (John Crowe), Seeger (Alan), Strand (Mark), Taylor (Edward), Warren (Robert Penn), Wilbur (Richard) 7 Angelou (Maya), Ashbery (John), Emerson (Ralph Waldo), Freneau (Philip), Halleck (Fitz-Greene), Jeffers (Robinson), Lindsay (Vachel), Markham (Edwin), Merrill (James), Nemerov (Howard), Roethke (Theodore), Shapiro (Karl), Stevens (Wallace), Whitman (Walt) 8 Berryman (John), Cummings (E. E.), Ginsberg (Allen), MacLeish (Archibald), Robinson (Edwin Arlington), Sandburg (Carl), Teasdale (Sara), Wheatley (Phillis), Whittier (John Greenleaf), Williams (C. K., William Carlos) 9 Dickinson (Emily), Santayana (George) 10 Bradstreet (Anne), Longfellow (Henry Wadsworth) 12 Wigglesworth (Michael) ***Anglo-Saxon:*** 7 Caedmon, Cynwulf 8 Cynewulf, Kynewulf ***Arab:*** 5 Jarir 6 Hariri 8 al-Hariri ***Australian:*** 8 Paterson (Andrew Barton) ***Belgian:*** 11 Maeterlinck (Maurice) ***Canadian:*** 5 Pratt (Edwin John) 6 Hébert (Anne) 7 Roberts (Charles G. D.), Service (Robert) 8 Drummond (William Henry) 9 Fréchette (Louis-Honoré) ***Chilean:*** 6 Neruda (Pablo) 7 Mistral (Gabriela) ***Chinese:*** 4 Li Po, Tu Fu 7 Wang Wei ***Danish:*** 4 Rode (Helge) 5 Ewald (Johannes) ***English:*** 3 Gay (John) 4 Gray (Thomas), Owen (Wilfred), Pope (Alexander), Rowe (Nicholas), Tate (Nahum), Wyat (Thomas) 5 Blake (William), Byron (Lord), Carew (Thomas), Clare (John), Donne (John), Eliot (Thomas Stearns), Gower (John), Hardy (Thomas), Keats (John), Noyes (Alfred), Wilde (Oscar), Wyatt (Thomas), Young (Edward) 6 Arnold (Matthew), Austin (Alfred), Belloc (Hilaire), Brooke (Rupert), Butler (Samuel), Clough (Arthur Hugh), Cowper (William), Dryden (John), Graves (Robert), Larkin (Philip), Milton (John), Savage (Richard), Sidney (Philip), Surrey (Earl of), Symons (Arthur), Waller (Edmund), Warton

(Thomas), Watson (William), Wotton (Henry) **7** Bridges (Robert), Campion (Thomas), Chaucer (Geoffrey), Gilbert (W. S.), Herbert (George), Herrick (Robert), Hopkins (Gerard Manley), Housman (A. E.), Kipling (Rudyard), Layamon, Marvell (Andrew), Patmore (Coventry), Quarles (Francis), Shelley (Percy Bysshe), Skelton (John), Southey (Robert), Spender (Stephen), Spenser (Edmund) **8** Betjeman (John), Browning (Elizabeth Barrett, Robert), de la Mare (Walter), Langland (William), Lovelace (Richard), Meredith (George), Rossetti (Christina, Dante Gabriel), Suckling (John), Tennyson (Alfred Lord), Thompson (Francis) **9** Coleridge (Samuel Taylor), Masefield (John), Swinburne (Algernon Charles) **10** Chatterton (Thomas), FitzGerald (Edward), Wordsworth (William) **11** Shakespeare (William) ***Finnish:*** **8** Runeberg (Johan Ludvig) ***French:*** **5** Marot (Clément) **6** Musset (Alfred de), Valéry (Paul), Villon (François) **7** Bourget (Paul), Chénier (André de, Marie-Joseph), Gautier (Théophile), Rimbaud (Arthur), Ronsard (Pierre de) **8** Malherbe (François de), Mallarmé (Stéphane), Verlaine (Paul) **9** Lamartine (Alphonse de) **10** Baudelaire (Charles) **11** Apollinaire (Guillaume) ***German:*** **5** Heine (Heinrich), Rilke (Rainer Maria), Sachs (Hans), Storm (Theodor) **6** Brecht (Bertolt), Goethe (Johann Wolfgang von), Uhland (Ludwig) **7** Walther (von der Vogelweide), Wolfram (von Eschenbach) **8** Schiller (Friedrich von) **9** Klopstock (Friedrich Gottlieb) ***Greek:*** **5** Arion, Homer **6** Elytis (Odysseus), Erinna, Hesiod, Pindar, Ritsos (Yannis), Sappho **7** Agathon, Alcaeus, Orpheus, Seferis (George), Thespis **8** Anacreon **9** Simonides **10** Apollonius, Theocritus ***Hindu:*** **5** Naidu (Sarojini) **6** Tagore (Rabindranath) **8** Kalidasa, Tulsidas ***Hungarian:*** **6** Petofi (Sandor), Zrinyi (Miklos) ***Irish:*** **5** Moore (Thomas), Wolfe (Charles), Yeats (William Butler) **6** Heaney (Seamus) **7** Dunsany (Lord) **8** Drummond (William Henry), MacNeice (Louis) ***Italian:*** **4** Rosa (Salvator), Vida (Marco) **5** Dante (Alighieri), Tasso (Torquato) **7** Ariosto (Ludovico), Manzoni (Alessandro), Montale (Eugenio) **8** Carducci (Giosuè), Leopardi (Giacomo), Petrarch **9** Boccaccio (Giovanni), D'Annunzio (Gabriele), Marinetti (Filippo Tommaso), Quasimodo (Salvatore), Ungaretti (Giuseppe) ***Japanese:*** **5** Basho **6** Matsuo ***medieval:*** **8** minstrel, trouvère **10** troubadour ***Mexican:*** **3** Paz (Octavio) ***nonsense:*** **4** Lear (Edward) ***Norwegian:*** **8** Bjornson (Bjornstjerne), Welhaven (Johan) **9** Wergeland (Henrik) ***Persian:*** **4** Sadi **5** Attar, Hafez, Hafiz **11** Omar Khayyám ***Roman:*** **4** Ovid **6** Horace, Vergil, Virgil **7** Juvenal, Martial, Statius **8** Catullus, Tibullus **9** Lucretius ***Russian:*** **4** Blok (Aleksandr) **7** Brodsky (Joseph), Pushkin (Aleksandr), Yesenin (Sergey) **9** Akhmatova (Anna), Kheraskov (Mikhail), Pasternak (Boris), Tsvetaeva (Marina) **10** Mandelstam (Osip), Mayakovsky (Vladimir) **11** Yevtushenko (Yevgeny) ***Saint Lucian:*** **7** Walcott (Derek) ***Scottish:*** **4** Hogg (James), Muir (Edwin) **5** Burns (Robert), Scott (Alexander, Walter) **6** Dunbar (William), Ramsay (Allan) **7** Thomson (James) **10** MacDiarmid (Hugh) ***Spanish:*** **5** Lorca (Federico García) **7** Jiménez (Juan Ramón) **8** Figueroa (Francisco) **10** Aleixandre (Vicente) **11** García Lorca (Federico) ***Swedish:*** **5** Sachs (Nelly) **6** Tegner (Esaias) **8** Snoilsky (Carl Johan) **9** Karlfeldt (Erik Axel) ***Swiss:*** **5** Amiel (Henri Frédéric) **9** Spitteler (Carl) ***Welsh:*** **6** Thomas (Dylan) **7** Aneurin, Watkins (Vernon)

poetic **5** lyric **6** dreamy **8** romantic **9** aesthetic, beautiful

poet laureate ***British:*** **3** Pye (Henry) **4** Rowe (Nicholas), Tate (Nahum) **6** Austin (Alfred), Cibber (Colley), Dryden (John), Hughes (Ted), Jonson (Ben), Motion (Andrew) **7** Bridges (Robert), Southey (Robert) **8** Betjeman (John), Davenant (William), Day-Lewis (Cecil), Shadwell (Thomas), Tennyson (Alfred) **9** Masefield (John), Whitehead (William) **10** Wordsworth (William) ***American:*** **4** Dove (Rita), Hass (Robert) **5** Glück (Louise) **6** Kooser (Ted), Kunitz (Stanley), Merwin (W. S.), Pinsky (Robert), Strand (Mark), Warren (Robert Penn), Wilbur (Richard) **7** Brodsky (Joseph), Collins (Billy), Nemerov (Howard), Van Duyn (Mona)

Pogo creator **5** Kelly (Walt)

poi **4** taro

poignancy **6** pathos **7** emotion, sadness **9** sentiment

poignant **3** sad **4** keen **5** acute, sharp **6** biting, moving **7** painful, piquant, pointed, pungent **8** incisive, piercing, stirring, touching **9** affecting, emotional **11** penetrating, stimulating

point **3** aim, bit, dot, end, jag, nib, tip **4** apex, barb, crux, goal, item, mark, show, site, spot, step, tine, turn, unit **5** brink, motif, place, stage, theme, topic, trace, verge **6** credit, detail, direct, intent, moment, motive, object, period, reason **7** cogency, decimal, element, essence, feature, instant, meaning, purpose, sharpen, subject **8** headland, juncture, locality, location, particle, position **9** direction, emphasize, punctuate **10** promontory **12** significance

Point Counter Point author **6** Huxley (Aldous)

pointed **5** acute, sharp **6** barbed, marked, signal **7** salient **8** incisive, striking **9** arresting, pertinent, prominent **11** conspicuous, penetrating

pointer **3** dog, tip **4** clue, hint **5** arrow, guide **6** gundog **9** indicator **10** suggestion

pointillist **6** Seurat (Georges), Signac (Paul) **8** Pissarro (Camille)

pointless **4** idle, vain **5** inane, silly **6** futile **7** useless **8** bootless **9** fruitless, senseless, worthless **10** immaterial, irrelevant, unavailing, unfruitful **11** meaningless **12** unprofitable

point of view **5** angle, slant **7** outlook **8** position, prospect **11** perspective

poise **4** ease, hang, tact **5** brace, grace, hover, skill **6** aplomb, steady **7** address, balance, bearing, dignity, support, suspend **8** calmness, carriage, elegance, serenity **9** assurance, composure, diplomacy **10** confidence, equanimity **11** delicatesse, equilibrium, savoir faire, tactfulness

poised **4** calm **6** at ease, serene, steady **7** assured, equable **8** composed, tranquil **9** collected, confident **13** self-possessed

poison **4** bane, upas **5** toxin, venom **6** toxoid **7** arsenic, botulin, cyanide, envenom **8** toxicant **9** botulinum, contagion **10** strychnine **13** contamination ***arrow:*** **4** inée, upas **6** curare **7** ouabain ***combining form:*** **3** tox **4** toxi, toxo **6** toxico

poisoning ***food:*** **8** botulism ***lead:*** **8** plumbism

poisonous **5** toxic **7** baneful, miasmal, nocuous, noxious **8** mephitic, venomous, virulent **9** pestilent **10** pernicious

poke **3** dig, hit, jab, jut, lag, pry **4** cuff, nose, prod, push, sock, stab, stir, urge **5** bulge, dally, delay, elbow, nudge, punch, snoop, tarry **6** dawdle, meddle, pierce, putter, thrust **7** intrude, project, rummage **8** stick out **9** interfere, interject, interpose

poker ***bet total:*** **3** pot ***form:*** **4** stud ***hand:*** **4** pair **5** flush **8** straight **9** full house **10** royal flush **13** straight flush ***stake:*** **4** ante ***term:*** **3** see **4** call, draw, open **5** raise ***token:*** **4** chip

poker-faced **5** blank, staid **7** deadpan, neutral **9** impassive **11** inscrutable, noncommital **12** inexpressive

pokey **3** can, jug, pen **4** brig, coop, jail, stir **5** clink **6** cooler, prison **7** slammer **9** calaboose

poky **4** slow **5** dingy, seedy **6** dreary, shabby **7** cramped, laggard, run-down **8** dilatory, plodding, sluggish

Poland ***capital:*** **6** Warsaw ***city:*** **4** Lódz **6** Gdansk, Kraków, Poznan **7** Wroclaw **8** Katowice, Szczecin ***leader:*** **6** Walesa (Lech) ***monetary unit:*** **5** zloty ***mountain range:*** **10** Carpathian ***national hero:*** **10** Kosciuszko (Thaddeus) ***neighbor:*** **6** Russia **7** Belarus, Germany, Ukraine **8** Slovakia **9** Lithuania **13** Czech Republic ***river:*** **4** Oder **7** Vistula ***sea:*** **6** Baltic

polar **6** arctic **7** pivotal **8** opposite **9** diametric

pole **4** punt, spar **5** shaft, staff, stick, stilt ***Indian:*** **5** totem ***Scottish:*** **5** caber

polecat **5** fitch, skunk **6** ferret **7** fitchet

polemic **6** attack, debate, screed, tirade **7** defense, dispute **8** argument, diatribe, harangue, jeremiad **9** assertion, philippic **10** contention, refutation **11** controversy, disputation **12** denunciation, remonstrance

polemical **7** scrappy **10** pugnacious **11** contentious, opinionated **12** disputatious **13** argumentative, controversial

polestar **3** hub **5** focus, guide **10** focal point

police **3** cop, law, man **4** fuzz, heat **6** copper, govern, lawman, patrol **7** control, monitor, trooper **8** bluecoat, flatfoot, gendarme, regulate **9** patrolman **12** peace officer

police officer **3** cop **4** fuzz, heat **5** bobby **6** copper, peeler **7** John Law, sheriff, trooper **8** bluecoat, Dogberry, flatfoot, gendarme **9** constable, patrolman ***Italian:*** **11** carabiniere ***Parisian:*** **4** flic **8** gendarme

policy **4** plan **6** course, method, number **7** lottery, program **8** contract, practice **9** procedure **10** management

polio vaccine developer **4** Salk (Jonas) **5** Sabin (Albert)

polish **3** rub, wax **4** buff **5** glaze, glint, gloss, sheen, shine **6** luster, refine, smooth, soften **7** burnish, culture, enhance, improve, perfect, touch up **8** brighten **10** refinement

Polish ***dumpling:*** **7** pierogi ***leader:*** **6** Walesa (Lech) ***patriot:*** **9** Kosciusko (Thaddeus) ***pope:*** **8** John Paul ***sausage:*** **8** kielbasa ***soldier:*** **7** Pulaski (Casimir)
polish off **5** eat up **6** devour **7** consume, put away **8** dispatch **9** dispose of
polite **5** civil **7** courtly, genteel, refined **8** cultured, mannerly, polished, well-bred **9** attentive, courteous **10** thoughtful **11** considerate **12** well-mannered
politeness **7** manners **8** civility, courtesy **10** refinement
politic **4** wise **5** suave **6** adroit, shrewd, smooth **7** prudent, tactful **8** tactical **9** advisable, expedient, judicious, sagacious **10** diplomatic
political ***meeting:*** **6** caucus ***party:*** **3** GOP **10** Democratic, Republican ***system:*** **7** fascism **9** communism, democracy, socialism
poll **4** cast, clip, crop, head, nape **5** count, shear, tally, votes **6** record, sample, survey **7** canvass, pollard **8** question **9** interview **10** canvassing
pollack **4** fish **6** saithe **8** bluefish ***family:*** **3** cod
pollard **3** top **4** crop, tree **7** cut back
pollen-producing organ **6** stamen
pollex **5** thumb
___ polloi **3** hoi
pollster **5** Zogby (John) **6** Gallup (George), Harris (Lou)
pollute **4** foul, soil **5** dirty, spoil, stain, sully, taint **6** befoul, damage, debase, defile **7** corrupt, profane **10** adulterate **11** contaminate
pollution **4** smog **5** abuse **8** impurity **10** defilement
Pollux **10** Polydeuces ***brother:*** **6** Castor ***father:*** **4** Zeus ***mother:*** **4** Leda ***sister:*** **5** Helen **12** Clytemnestra
Pollyanna **8** optimist ***author:*** **6** Porter (Eleanor)
Pollyannaish **6** blithe, cheery, upbeat **8** cheerful, positive **10** optimistic **11** rose-colored
pollywog **7** tadpole
Polonius ***daughter:*** **7** Ophelia ***slayer:*** **6** Hamlet ***son:*** **7** Laertes
poltergeist **5** ghost **6** spirit
poltroon **6** coward, craven, yellow **7** chicken, dastard, gutless **8** cowardly **9** dastardly **11** lily-livered
Polydorus ***father:*** **5** Priam **6** Cadmus ***mother:*** **6** Hecuba **8** Harmonia ***slayer:*** **8** Achilles **10** Polymestor **11** Polymnestor
polygon ***eight-sided:*** **7** octagon ***five-sided:*** **8** pentagon ***four-sided:*** **8** tetragon ***nine-sided:*** **7** nonagon ***seven-sided:*** **8** heptagon ***six-sided:*** **7** hexagon ***ten-sided:*** **7** decagon ***three-sided:*** **8** triangle ***twelve-sided:*** **9** dodecagon
Polyhymnia **4** Muse ***invention:*** **4** lyre
Polynesian **5** Maori **6** Samoan, Tongan **8** Hawaiian, Tahitian **9** Marquesan
Polynices ***brother:*** **8** Eteocles ***father:*** **7** Oedipus ***mother:*** **7** Jocasta ***wife:*** **5** Argia **6** Argeia
polyp **5** tumor, zooid **6** growth **7** hydroid ***freshwater:*** **5** hydra
Polyphemus **7** Cyclops ***beloved:*** **7** Galatea ***father:*** **8** Poseidon ***victim:*** **4** Acis
pome **4** pear **5** apple, fruit
pommel **4** knob **6** handle
pomp **4** show **5** array **6** parade, ritual **7** display, fanfare, panoply **8** ceremony, grandeur, splendor **9** pageantry, vainglory **11** ostentation
pompano **4** fish **8** carangid **10** butterfish
Pompeii's volcano **8** Vesuvius
pompous **4** vain **5** proud, showy **6** lordly, ornate, stuffy **7** stuck-up **8** arrogant, boastful, inflated **9** bombastic, conceited, important, overblown **10** egocentric, flamboyant, pontifical **11** magisterial, pretentious **12** ostentatious, vainglorious
pond **4** mere, pool, tarn **5** stank **6** lagoon
ponder **4** mull, muse **5** study, think, weigh **6** reason **7** examine, perpend, reflect **8** appraise, cogitate, consider, evaluate, meditate, mull over, ruminate **9** reflect on, speculate **10** deliberate, think about **11** contemplate
ponderous **4** dull **5** heavy **6** clumsy, dreary, stodgy, wooden **7** labored, massive, weighty **8** cumbrous, lifeless, plodding, unwieldy **9** lumbering **10** burdensome, cumbersome, oppressive
poniard **6** dagger
Ponte Vecchio ***city:*** **8** Florence ***river:*** **4** Arno
Pontiac **5** chief ***tribe:*** **6** Ottawa
pontiff **4** pope
pontifical **7** pompous **8** dogmatic **9** episcopal **11** magisterial
pony **4** crib, trot **5** horse **6** bronco, cayuse **7** mustang ***breed:*** **6** Exmoor **8** Shetland
pony up **3** pay **6** lay out, pay out **7** dish out, dole out, fork out **8** hand over, shell out, turn over **10** compensate, remunerate
pooch **3** dog, pup **4** tyke **5** hound, puppy **6** bowwow, canine
Pooh ***creator:*** **5** Milne (A. A.) ***illustrator:*** **7** Shepard (Ernest)
pooh-bah **3** VIP **4** czar, king, star, tsar, tzar **5** baron, heavy, mogul **6** big gun, bigwig, honcho, kahuna, prince, wor-

thy **7** big name, big shot, kingpin, magnate, notable **8** big wheel, eminence, luminary **9** big cheese, personage, superstar **11** heavyweight

pooh-pooh 5 scorn **6** deride **7** disdain, dismiss, sneer at **8** minimize, play down

pool 3 pot **4** mere, pond, tarn **5** chain, group, kitty, merge, trust **6** cartel, lagoon, laguna, puddle **7** combine, jackpot **9** syndicate ***player:*** **7** Mosconi (Willie) **13** Minnesota Fats

poop 4 dirt, info, tire **7** fatigue

poor 4 base, mean **5** broke, needy, scant, skimp, spare **6** humble, meager, meagre, paltry, scanty, skimpy, sparse **8** bankrupt, beggarly, indigent, strapped **9** destitute, insolvent, penniless, penurious **10** down-and-out, pauperized, stone-broke **11** impecunious, necessitous

poorly 3 ill, low **4** sick **5** badly **6** ailing, sickly, unwell **10** indisposed **11** imperfectly

pop 3 dad, dot, gun, hit, try **4** dada, dart, ding, shot, slap, slog, sock, soda **5** catch, crack, daddy, drink, fling, shoot, whack, whirl **6** attack, bug out, effort, father, strike **7** assault, attempt, explode **8** backfire

pop artist 5 Blake (Peter), Johns (Jasper) **6** Warhol (Andy) **7** Hockney (David), Indiana (Robert) **9** Oldenburg (Claes), Wesselman (Tom) **10** Rosenquist (James) **12** Lichtenstein (Roy)

pope 3 Leo **4** John, Mark, Paul, Pius **5** Caius, Conon, Donus, Felix, Gaius, Lando, Linus, Peter, Soter, Urban **6** Adrian, Agatho, Fabian, Julius, Lucius, Martin, Sixtus, Victor **7** Anterus, Clement, Damasus, Gregory, Hadrian, Hyginus, Marinus, Paschal, Pontian, Romanus, Sergius, Stephen, Zosimus **8** Agapetus, Anicetus, Benedict, Boniface, Calixtus, Eugenius, Eusebius, Formosis, Gelasius, Hilarius, Honorius, Innocent, John Paul, Liberius, Nicholas, Pelagius, Siricius, Theodore, Vigilius, Vitalian **9** Adeodatus, Alexander, Anacletus, Callistus, Celestine, Cornelius, Densdedit, Dionysius, Eutychian, Evaristus, Hormisdas, Marcellus, Miltiades, Severinus, Silverius, Silvester, Sisinnius, Sylvester, Symmachus, Valentine, Zacharias **10** Anastasius, Melchiades, Sabinianus, Simplicius, Zephyrinus **11** Christopher, Constantine, Eleutherius, Eutychianus, Marcellinus, Telesphorus

Pope poem 7 Dunciad (The) **10** Essay on Man (An) **13** Rape of the Lock (The)

Popeye ***accessory:*** **4** pipe ***baby:*** **7** Swee'-Pea **8** Sweet Pea ***energizer:*** **7** spinach ***friend:*** **5** Wimpy **8** Olive Oyl ***occupation:*** **6** sailor ***rival:*** **5** Bluto

pop in 4 call **5** visit **6** drop by, look up, stop by **8** come over

popinjay 3 fop **4** toff **5** dandy, swell **7** peacock **8** macaroni

poplar 5 abele, alamo, aspen **6** balsam **9** tulip tree **10** cottonwood **12** balm of Gilead

Poppaea's husband 4 Nero

poppycock 3 rot **4** bosh, bunk, guff **5** bilge, hokum **6** bunkum **7** baloney **8** malarkey, nonsense **10** balderdash

populace 5 plebs **6** masses, people, public **9** citizenry, commonage, commoners, plebeians **10** commonalty **11** commonality, rank and file, third estate

popular 5 cheap, noted **6** common, famous **7** admired, current, favored, general, leading **8** accepted, approved, favorite, ordinary **9** preferred, prevalent, prominent, well-known, well-liked **10** democratic, prevailing, widespread **11** inexpensive

populate 6 occupy, people, settle **7** inhabit

populous 6 packed **7** crowded, teeming **8** numerous **9** congested **13** multitudinous

porcelain ***Chinese:*** **9** Lowestoft ***English:*** **3** Bow **5** Derby, Spode **6** Minton **7** Aynsley, Belleek, Bristol, Chelsea **8** Caughley, Wedgwood ***French:*** **6** Sèvres **7** Limoges ***German:*** **7** Dresden, Meissen ***ingredient:*** **6** kaolin ***Italian:*** **6** Doccia ***Japanese:*** **5** Imari

porch 4 deck **5** lanai **6** piazza **7** gallery, veranda **8** verandah

porcupine 8 hedgehog

pore 6 outlet **7** opening, orifice, reflect **8** meditate **10** interstice

pore over 4 read, scan **5** study **6** peruse **10** scrutinize

porgy 4 fish, scup **6** sparid **8** menhaden

Porgy and Bess ***composer:*** **8** Gershwin (George) ***librettist:*** **7** Heyward (DuBose) **8** Gershwin (Ira)

Po River city 5 Milan, Padua, Turin **6** Milano, Padova, Torino, Verona **7** Brescia

pork 3 ham, pig **5** bacon, swine **8** sowbelly ***cut:*** **3** ham **4** jowl, loin, side **7** fatback **8** forefoot, hind foot, spare rib **9** picnic ham **10** Boston butt

pork-barreling 9 patronage

pornographic 7 obscene

porous 5 leaky **6** spongy **8** pervious **9** permeable **10** penetrable

porpoise 5 whale **7** dolphin

porridge 4 mush **5** gruel, kasha **6** burgoo, cereal, congee, pablum, sowens **7** oatmeal, pabulum **8** flummery, loblolly **9** stirabout

port **4** hole, jack, left, wine **5** cover, haven **6** harbor, refuge **7** bearing, opening, retreat, shelter **8** larboard, left side **9** anchorage, harborage, roadstead, sanctuary **11** comportment ***opposite:*** **9** starboard

portable **5** handy **6** mobile, wieldy

portal **4** door, gate **5** entry **7** doorway, gateway **8** approach, entrance, entryway

portcullis **4** gate **7** grating, lattice

portend **4** bode **5** augur **6** signal **7** betoken, predict, presage, promise, signify **8** forebode, forecast, foretell, indicate, prophesy **9** adumbrate, foretoken **10** foreshadow, vaticinate

portent **4** omen, sign **6** augury, boding **7** presage, prodigy **9** foretoken, sensation **10** foreboding, indication **11** premonition

portentous **5** grave **6** solemn **7** ominous, pompous, serious, weighty **8** inflated **9** marvelous, momentous, ponderous **10** prodigious

porter **5** hamal, stout **6** bearer, redcap, skycap **7** bellboy, bellhop, carrier **9** transport **10** doorkeeper

Portia **6** lawyer ***husband:*** **6** Brutus **8** Bassanio ***maid:*** **7** Nerissa

portico **4** stoa **9** colonnade

portion **3** cut, lot **4** bite, part **5** dower, moira, piece, quota, share, slice **6** moiety, parcel **7** measure, quantum, segment **8** division ***largest:*** **10** lion's share ***unused:*** **8** leftover

portly **3** fat **5** bulky, heavy, large, stout **6** fleshy **7** rotound, stately, weighty **8** imposing **9** corpulent **10** overweight

portmanteau **8** carryall, suitcase

portrait **4** bust **5** image **6** figure, statue **7** picture **8** painting **9** depiction

portray **4** draw, limn, play **5** enact, paint **6** depict, render **7** picture **8** describe **9** delineate, interpret, represent

portrayal **5** image **7** account, picture **8** likeness, painting **9** depiction **11** delineation, description, performance **12** illustration

Portugal ***capital:*** **6** Lisbon ***city:*** **5** Porto **6** Oporto **7** Amadora ***former name:*** **9** Lusitania ***island group:*** **6** Azores **7** Madeira ***leader:*** **7** Salazar (Antonio de) ***monetary unit:*** **4** euro ***monetary unit, former:*** **6** escudo ***neighbor:*** **5** Spain ***peninsula:*** **7** Iberian ***river:*** **5** Tagus

pose **3** act, air, ask, set, sit **4** airs, fake, role, sham **5** feign, front, offer, place, stand, state, strut **6** affect, assume, pass as, stance **7** pass for, pass off, present, pretend, show off, suggest **8** attitude, pretense, set forth **9** mannerism **10** pretension **11** affectation

Poseidon **7** Neptune ***brother:*** **4** Zeus **5** Hades, Pluto **7** Jupiter ***consort:*** **4** Tyro **6** Medusa **7** Demeter ***father:*** **6** Cronus ***mother:*** **4** Rhea ***offspring:*** **7** Pegasus ***son:*** **5** Orion **6** Neleus, Pelias, Triton **7** Antaeus **10** Polyphemus ***weapon:*** **7** trident ***wife:*** **10** Amphitrite

poser **6** puzzle, riddle **7** problem **9** conundrum **11** brainteaser

poseur **4** fake **5** bluff, decoy, fraud, phony, quack **7** bluffer **8** deceiver, imposter **9** charlatan, hypocrite, pretender **10** mountebank **11** masquerader **12** impersonator

posh **4** chic, rich, tony **5** fancy, grand, smart, swank **7** elegant, stylish **9** exclusive, expensive, luxurious **11** fashionable, highfalutin, pretentious

posit **3** fix **5** offer **6** affirm, assert, assume **7** premise, present, presume, propose, suggest **9** postulate

position **3** job **4** rank, site, spot **5** locus, place, point, situs, stand, state **6** belief, locate, stance **7** emplace, footing, stature **8** attitude, capacity, location, prestige, standing **10** standpoint

positive **4** firm, real, sure **5** clear, sound **6** actual, useful **7** assured, certain, decided, factual, genuine, helpful, reality **8** absolute, complete, constant, definite, forceful, outright **9** confident, doubtless, downright, effective, favorable, realistic **10** beneficial, inarguable, optimistic, prescribed, undeniable **11** categorical, irrefutable, unequivocal, unmitigated, unqualified **12** indisputable, unmistakable **13** incontestable

possess **3** own **4** have, hold, keep **5** carry **6** retain **7** acquire, control

possessed **3** mad **6** crazed, hooked **8** frenzied **9** bewitched

possession **7** control **8** property **9** occupancy, ownership **10** occupation

possessive **7** jealous **8** watchful **10** protective **11** proprietary

possibility **4** odds **6** chance **8** instance **9** potential **10** likelihood **11** contingency, feasibility

possible **6** doable, likely, viable **7** earthly **8** feasible **9** expedient, potential **10** imaginable, realizable **11** practicable

possibly **5** maybe **7** perhaps **8** by chance **9** perchance **11** conceivably

post **3** set **4** camp, mail, pole, ride, spot, task **5** affix, hurry, newel, place, put up, score, stage, stake **6** advise, column, fill in, inform, notify, office, pillar

7 apprise, express, placard, publish, station 8 announce, denounce, position 9 advertise 10 assignment

poster 4 bill, sign 6 notice 7 affiche, placard 9 broadside, signboard 12 announcement 13 advertisement

posterior 4 back, hind, rear, rump, seat, tail 5 after, fanny, later 6 behind, caudal, dorsal, hinder 7 ensuing, rear end, tail end 8 backside, buttocks, derriere, hindmost, rearward 9 following 10 subsequent

posterity 6 future 7 progeny 8 children 9 offspring 11 descendants

posthaste 4 fast 6 at once, pronto 7 fleetly, quickly, rapidly, swiftly 8 promptly, speedily 11 immediately

Postimpressionist painter 6 Seurat (Georges) 7 Cezanne (Paul), Gauguin (Paul), Van Gogh (Vincent) 8 Pissarro (Camille), Rousseau (Henri)

postmortem 7 autopsy 8 necropsy

postpone 5 defer, delay, table 6 hold up, put off, shelve 7 hold off, lay over, suspend 8 hold over, prorogue

postulate 5 axiom, claim 6 assert, assume, demand, thesis 7 premise, suppose 10 assumption, hypothesis, presuppose 11 hypothesize, presumption, supposition

posture 4 mode, pose 5 state 6 affect, assume, manner, stance, status 7 bearing, outlook 8 attitude, carriage, position 9 condition, situation 12 attitudinize

posy 5 bloom 6 flower 7 blossom, bouquet, corsage, nosegay 9 sentiment

pot 3 bet, pan, wad 4 ante, hemp, olla 5 grass, kitty, stake, wager 6 boodle, bundle, pipkin 8 cannabis 9 marijuana

potable 5 clean, drink, fresh 6 liquid, liquor 8 beverage 9 drinkable

potassium ore 7 sylvite

potato 3 yam 4 spud 5 tater *bud:* 3 eye

pot-au-___ 3 feu

potbelly 3 gut 5 stove 6 paunch 9 bay window, spare tire

potency 3 pep 5 force, might, power, vigor 6 energy, muscle 8 strength 9 influence, puissance 10 capability 13 effectiveness

potent 4 rich 6 mighty, robust, strong, virile 7 dynamic 8 forceful, forcible, powerful 9 effective 10 persuasive 11 influential

potential 6 latent, likely 7 ability, promise 8 capacity, possible 9 plausible, promising 10 imaginable 11 conceivable, possibility

pother 3 ado 4 flap, fret, fuss, stir, to-do 5 furor, whirl, worry 6 bustle, flurry, furore, hassle, hubbub, tumult, uproar 7 fluster, turmoil 9 agitation, annoyance, commotion, confusion

potion 6 liquid 7 mixture, philter, philtre 8 medicine 10 concoction

Potiphar's slave 6 Joseph

Potiphera *daughter:* 7 Asenath *son-in-law:* 6 Joseph

Potok novel 6 Chosen (The) 16 My Name Is Asher Lev

potpourri 4 olio 5 blend 6 medley 7 grab bag, mélange, variety 8 mishmash, pastiche 10 assortment, collection, hodgepodge, miscellany, salmagundi

potshot 3 cut, dig 4 gibe, jibe 5 crack, shoot, swipe 6 attack, insult 9 criticism

potter see PUTTER

Potter character 5 Mopsy, Mr. Tod 6 Flopsy, Jemima (Puddleduck) 10 Cotton-tail, Hunca Munca 11 Peter Rabbit 12 Jeremy Fisher

potter's field 8 cemetery, God's acre 9 graveyard

pottery 4 raku 5 delft 7 redware 8 ceramics, clayware, slipware 10 lusterware, terra-cotta, yellowware 11 earthenware

pouch 3 bag, sac 4 sack 5 bulge, bursa, burse 6 pocket 7 saccule 8 sacculus

pouf 5 quilt 7 ottoman 9 comforter

poultry 4 fowl *type:* 4 duck, swan 5 goose, quail 6 grouse, pigeon, turkey 7 chicken, ostrich, peacock 8 pheasant 9 partridge

pounce 5 seize, swoop, talon 6 attack, powder 7 assault, stencil

pound 4 bang, bash, beat, slam, slug, sock 5 drive, money, stamp, throb, thump, tramp 6 batter, buffet, hammer, pummel, strike, thrash, wallop 7 belabor, impress, pulsate 9 enclosure

Pound work 6 Cantos (The)

poupée 4 doll

pour 4 flow, gush, rain, rill, rush, teem 5 flood, issue, skink, spate, surge, swarm 6 decant, deluge, drench, sluice, spring, stream 7 cascade, torrent 8 inundate, overflow

pourboire 3 tip 7 cumshaw 8 gratuity

pout 3 pet 4 fish, moue, sulk 5 grump 8 protrude 10 expression, protrusion

poverty 4 need, want 6 dearth, penury 7 beggary, paucity 8 hardship, poorness, scarcity, shortage 9 indigence, neediness, pauperism, privation 10 mendicancy, scarceness 11 destitution 13 pennilessness

POW camp 6 stalag

powder 4 bray, dust, talc 5 crush 6 talcum 8 sprinkle 9 comminute, pulverize, triturate 10 besprinkle

power 3 vis 4 sway 5 force, might, sinew,

steam, vigor, vires (plural) **6** energy, muscle **7** command, ability, control, potency, voltage **8** dominion, dynamism, imperium, strength **9** authority, influence, privilege, puissance, strong arm **10** ascendancy, domination **11** prerogative, sovereignty, superiority **12** jurisdiction, potentiality ***combining form:*** **5** dynam **6** dynamo ***unit:*** **4** watt

powerful **5** great **6** mighty, potent, strong **7** dynamic **8** dominant, puissant, vigorous **9** energetic, strenuous **10** convincing, impressive, invincible, persuasive **11** efficacious, influential, prestigious **13** authoritative

powerless **4** weak **5** inert **6** feeble, unable **7** passive **8** impotent **9** incapable **11** incompetent, ineffective

powwow **4** chat, talk **6** confab, confer, huddle, parley **7** discuss, meeting **8** ceremony **9** gathering **10** discussion **11** confabulate, get-together

practicable **5** utile **6** doable, likely, usable, useful **8** feasible, possible **9** operative **10** functional

practical **5** handy, utile **6** active, useful, versed **7** applied, skilled, trained, virtual **8** sensible **9** pragmatic, realistic **10** functional **11** down-to-earth, experienced **12** businesslike

practically **5** about **6** all but, almost, near to, nearly **7** close to **8** in effect **9** in essence, just about

practice **3** use, way **4** form, mode, wont **5** drill, habit, usage **6** custom, manner, method, repeat, system, tryout, warm up **7** perform, process **8** drilling, engage in, exercise, habitude, rehearse **9** procedure, rehearsal **10** convention

pragmatic **7** factual, logical **8** rational **9** practical, realistic **11** down-to-earth

prairie **4** veld **5** plain, veldt **7** plateau **9** grassland

prairie chicken **6** grouse

prairie wolf **6** coyote

praise **4** hail, hymn, laud, puff **5** bravo, cry up, exalt, extol, honor, kudos **6** belaud, kudize **7** acclaim, adulate, applaud, commend, enhance, flatter, glorify, hosanna, magnify, ovation, plaudit, puffery, sublime **8** accolade, applause, approval, citation, encomium, eulogize, flattery **9** celebrate, laudation, panegyric, recommend **10** aggrandize, compliment, panegyrize **11** acclamation **12** commendation

praiseworthy **8** laudable **9** admirable, deserving, estimable **11** commendable, meritorious

prance **4** step **5** mince, strut **6** sashay, spring **8** cakewalk

prank **3** gag **4** deck, dido, lark, whim **5** adorn, antic, caper, fancy, spiff, sport, trick **6** doll up, frolic, gambol, levity, shavie, vagary, whimsy **7** caprice, deck out, doll out, dress up, garnish, rollick, spiff up **8** beautify, decorate, escapade, ornament, spruce up **9** embellish, frivolity, horseplay, smarten up **10** shenanigan, tomfoolery **11** monkeyshine

prankster **3** wag **5** cutup, joker

prate **3** gab, jaw, yak **4** blab, chat, go on **5** run on **6** babble, gabble, jabber **7** blabber, blather, chatter **9** yakety-yak

prater **6** gossip, magpie **10** chatterbox **12** blabbermouth

pratfall **6** mishap, tumble **7** blunder, stumble **11** humiliation

prawn **6** shrimp **11** langoustine ***French:*** **8** crevette

praxis **5** habit **6** action, custom, manner **7** conduct **8** exercise, habitude, practice

Praxiteles statue **5** Satyr **6** Hermes **9** Aphrodite

pray **3** ask, beg **5** plead **6** appeal **7** beseech, entreat, implore, request **8** petition **10** supplicate

prayer **4** plea, suit **6** appeal, litany, orison **7** angelus, begging, worship **8** blessing, devotion, entreaty, petition, pleading, rogation **9** adoration **11** application, imploration, imprecation **12** supplication ***beads:*** **6** rosary ***ending:*** **4** amen ***for the dead:*** **7** requiem ***Jewish:*** **7** kaddish, kiddush ***period:*** **6** novena **7** triduum ***shawl:*** **7** tallith

prayer book **6** missal, siddur **8** breviary

prayerful **4** holy **5** godly, pious **6** devout **7** earnest, sincere

preach **4** urge **6** exhort **7** address, deliver, lecture **8** admonish, advocate, moralize **9** sermonize **10** evangelize

preacher **5** padre **6** cleric, divine, parson, pastor **8** chaplain, clerical, minister, reverend **9** churchman, clergyman **10** evangelist, sermonizer **12** ecclesiastic

preaching friar **9** Dominican

preachy **4** smug **7** donnish **8** didactic, sermonic, unctuous **9** homiletic, hortative, pedagogic, pietistic **10** moralizing **11** exhortative, sermonizing **13** sanctimonious, self-righteous

preamble **5** intro, proem **8** exordium, foreword, overture, prologue **12** introduction

precarious **4** iffy **5** dicey, risky, shaky **6** chancy, touchy, tricky, unsafe **7** dubious **8** delicate, doubtful, insecure, ticklish, unstable **9** dangerous, hazardous, sensitive, uncertain **10** unreliable

precaution 4 care 8 prudence 9 foresight, insurance, provision, safeguard 11 forethought
precede 4 lead, rank 5 usher 6 herald 7 forerun, outrank, surpass 8 announce, antedate, go before 9 introduce
precedence 5 order 8 priority 9 seniority
precedent 4 past, rule 5 model, prior 6 former 7 earlier, example 8 anterior 9 foregoing 10 convention
preceding 4 past 5 prior 6 before, former 7 ahead of, prior to 8 anterior, hitherto 9 erstwhile 10 heretofore 11 in advance of *prefix:* 4 ante
precept 3 law 4 rule 5 axiom, edict, order, tenet 6 behest, decree 7 bidding, command 8 doctrine 9 principle 10 injunction, regulation 11 fundamental
preceptive 8 didactic
preceptor 4 head 5 tutor 7 teacher 9 principal 10 headmaster
precinct 4 area 6 domain, region, sector, sphere 7 quarter, section 8 district, division, township 9 bailiwick, enclosure
precious 3 pet 4 dear, nice, rare, rich, very 5 fussy, great, loved, showy 6 adored, choice, costly, la-di-da, prized 7 beloved, darling 8 affected, esteemed, favorite, valuable 9 cherished, exquisite, extremely, priceless 10 invaluable
precipice 5 brink, cliff 8 overhang
precipitancy 4 rush 5 haste, hurry 9 hastiness 10 abruptness, suddenness 11 hurriedness
precipitate 4 fall, hurl 5 hasty, sheer, steep, throw 6 abrupt, madcap, result, sudden, upshot 7 bring on, deposit, falling, flowing, grounds, hurried, outcome, product 8 condense, headlong, sediment, separate 9 breakneck, impatient, impetuous, impulsive 10 unexpected, unforeseen 11 consequence
precipitation 4 hail, mist, rain, snow 5 sleet 7 deposit 8 sediment
precipitous 4 rash 5 hasty, sheer, steep 6 abrupt, sudden 7 hurried, rushing 8 headlong, heedless, plunging 9 breakneck 13 perpendicular
précis 6 digest, survey 7 summary 8 abstract, overview, syllabus 10 abridgment, compendium 11 abridgement 12 condensation
precise 4 nice 5 exact, fixed, right 6 narrow, strict 7 correct, limited 8 accurate, clear-cut, definite, rigorous, specific 9 clocklike, stringent 10 particular
precisely 4 just 5 right 7 exactly 8 strictly
precision 4 care 5 rigor 8 accuracy 9 exactness 10 exactitude, refinement 11 correctness
preclude 5 avert, deter 7 forfend, obviate, prevent, rule out 8 prohibit, stave off 9 forestall
precocious 5 smart 6 brainy, bright, mature 7 forward 8 advanced
precondition 4 must, need 7 proviso 9 essential, necessity, provision, requisite 10 sine qua non 11 requirement, stipulation
precursor 6 herald 8 ancestor, forebear 9 harbinger, indicator, prototype 10 antecedent, forerunner
predator 6 hunter, preyer, raptor 7 stalker 8 devourer 9 destroyer 10 bird of prey
predatory 6 greedy 9 pillaging, rapacious 10 plundering 12 exploitative
predecessor 8 ancestor, forebear 9 precursor, prototype 10 antecedent, forerunner
predicament 3 fix, jam 4 bind, hole, spot 5 pinch, state 6 corner, muddle, pickle, plight, puzzle, scrape, strait 7 dilemma, impasse, trouble 8 hardship, nuisance, quagmire 9 condition, situation 10 difficulty
predicate 4 aver, avow, base, rest 5 found, imply 6 affirm, assert, avouch 7 declare, profess 9 establish
predict 5 augur, guess, infer 6 expect 7 forbode, foresee, portend, surmise 8 announce, conclude, forebode, forecast, foretell, indicate, prophesy, soothsay 10 conjecture, vaticinate 13 prognosticate
prediction 6 augury 8 forecast, prophecy 9 prognosis 10 expectancy 11 expectation
predilection 4 bent, bias 5 fancy, taste 6 liking 7 leaning 8 fondness, penchant, tendency 9 inclining 10 partiality, proclivity, propensity 11 inclination
predispose 4 bend, bias, tend, sway 5 prime 6 affect 7 incline 9 influence
predisposed 5 prone, ready 6 biased 7 partial, willing 8 inclined 11 susceptible
predisposition 4 bent, bias 7 leaning 8 penchant, tendency 9 inclining 10 partiality, proclivity, propensity 11 inclination
predominant 4 main 5 chief, major 6 master, ruling 7 capital, general, leading, primary 8 reigning, superior 9 number one, paramount, principal, sovereign 10 prevailing 11 outstanding
predominate 4 rule 5 reign 6 govern, master 7 command, control, prevail 8 outweigh

preeminence 6 renown 7 primacy 8 dominion, prestige 9 supremacy 10 ascendancy, domination, excellence, importance 11 distinction, superiority

preeminent 4 main 5 chief 7 capital, stellar, supreme 8 dominant, foremost, peerless, towering, ultimate 9 matchless, number-one, paramount, principal, unrivaled 10 surpassing, unrivalled 11 outstanding, unmatchable 12 incomparable, transcendent *prefix:* 4 arch

preempt 4 bump, take 5 annex, seize, usurp 6 assume 7 acquire, replace 8 arrogate 9 forestall 10 confiscate, substitute 11 appropriate, expropriate

preen 5 gloat, groom, pride, primp, swell 6 smooth

preface 4 lead, open 5 begin, proem, usher 6 herald 8 exordium, foreword, overture, preamble, prologue 9 introduce 11 preliminary 12 introduction

prefatory 7 opening 8 proemial 12 introductory

prefect 7 head boy, monitor 8 head girl 10 magistrate

prefer 5 elect, favor 6 choose, opt for, select 7 advance, elevate, promote, upgrade

preferable 5 finer 6 better 8 superior, worthier

preference 4 pick 6 choice, option 8 election, priority 9 advantage, elevation, promotion, selection, upgrading 10 favoritism, partiality

prefigure 4 hint 7 foresee 8 indicate 9 adumbrate 10 foreshadow

pregnancy 9 gestation, gravidity

pregnant 4 full, rich 5 heavy 6 gravid, parous 7 teeming, weighty 8 eloquent, enceinte, profound 9 expectant, expecting, gestating, inventive, momentous, with child 10 expressive, meaningful, parturient 11 significant

prehensile 8 grasping

prejudice 3 mar 4 bias, harm, hurt, sway 5 color, favor 6 damage, injure, injury, racism, sexism 7 bigotry, leaning 8 aversion 9 antipathy, hostility, influence 10 partiality 11 intolerance 12 onesidedness

prejudicial 6 biased 7 bigoted 8 damaging 9 injurious 11 deleterious, detrimental

prelate 5 abbot 6 bishop 7 primate 8 cardinal, diocesan 9 patriarch 10 archbishop 12 ecclesiastic

preliminary 4 heat 5 basic, match, trial 7 initial, opening 8 proemial 9 beginning 10 qualifying 11 fundamental 12 introductory

prelude 5 intro, proem 8 exordium, foreword, overture, prologue 12 introduction, prolegomenon

premature 5 early 8 untimely 10 beforehand

premeditated 5 set up 7 planned, studied, willful 8 designed, intended 9 conscious 10 calculated, considered, deliberate, thought-out 11 intentional

premier 4 head, main 5 chief, first 7 leading, primary 8 earliest, foremost, original 9 principal 13 prime minister

premiere 5 debut 7 opening 8 earliest, original 9 beginning 10 first night

premise 4 base 5 posit 6 assume, thesis 8 building, property, set forth 9 postulate 10 assumption 11 postulation, proposition, supposition

premium 5 bonus, extra, prize 6 reward 8 dividend, superior 9 excellent 10 recompense 11 exceptional

premonition 4 omen 9 misgiving, suspicion 10 foreboding 11 forewarning 12 apprehension, presentiment

preoccupied 4 deep, lost, rapt 6 absent, intent 7 engaged, faraway, worried 8 absorbed, immersed 9 concerned, engrossed, wrapped up 10 abstracted, distracted 11 inattentive 12 absent-minded

prep 5 basic, coach, drill, equip, groom, prime, ready, train, trial 8 get ready 11 preliminary 12 introductory

preparation 4 base, plan 5 study 7 fitness, measure 8 compound, medicine, training 9 alertness, foresight, readiness 10 background, concoction

preparatory 5 basic 11 preliminary, rudimentary 12 introductory

prepare 3 fit, fix 4 gird 5 draft, prime, ready, train 6 draw up, make up, outfit 7 fortify, furnish 9 formulate

prepared 3 set 4 up on 5 fixed, ready 6 primed 7 treated 9 processed

preponderance 4 bulk 8 dominion, majority, main part 9 ascendant, dominance, supremacy 10 ascendancy, domination 11 superiority

preponderant 7 supreme 8 dominant, superior 9 paramount 10 prevailing

preponderate 4 rule 5 reign 6 exceed 7 command, dictate, outrank, prevail 8 dominate, outweigh

prepossess 4 bias, sway 5 favor 6 absorb, engage, occupy 7 engross, immerse, involve 9 influence

prepossessing 7 likable 9 appealing 10 attractive

preposterous 4 wild 5 crazy, wacky 6 absurd, insane 7 asinine, foolish, idiotic 9 fantastic, laughable, senseless

10 irrational, ridiculous 11 harebrained 12 unreasonable

prerequisite 4 must, need 5 vital 8 required 9 condition, essential, mandatory, necessary, necessity 10 imperative, sine qua non 11 requirement 13 indispensable

prerogative 5 power, right 8 appanage, immunity 9 authority, exemption, privilege 10 birthright, perquisite

presage 4 bode, omen, warn 5 augur, sense 6 augury, boding, herald, intuit 7 portend, portent, predict, promise, warning 8 announce, forebode, forecast, foretell, forewarn, indicate, prophesy, soothsay 9 foretoken, harbinger, intuition, misgiving 10 foreboding, foreshadow, prediction, prognostic, vaticinate

presbyter 5 elder 6 priest

prescience 9 foresight 12 anticipation, clairvoyance 13 foreknowledge

prescribe 3 fix, set 4 rule 5 guide, order 6 assign, choose, decide, decree, define, direct, impose, ordain, select 7 dictate, lay down, pick out, require, specify 9 designate, determine, stipulate

prescript 3 law 4 rule 5 edict, order 6 decree 10 regulation

prescription 4 drug, rule 5 claim, right, title 6 custom, remedy 8 medicine 9 direction 10 medication

presence 3 air 4 look, mien 5 poise 6 aspect, spirit 7 address, bearing 8 carriage, demeanor 9 composure

present 3 act, aim, now 4 boon, gift, give, here, pose, show 5 award, bring, favor, offer, point, stage, tense, today 6 at hand, bestow, confer, convey, direct, donate, extend, in view, modern, submit, tender 7 hand out, largess, perform, proffer 8 existing, nominate 9 introduce 12 contemporary

presentable 3 fit 6 decent, proper 8 becoming 9 befitting 10 acceptable 11 appropriate 12 satisfactory

present-day 6 living, recent 7 current, ongoing, popular, topical 8 contempo, existent, existing, pressing, up-to-date 9 prevalent, surviving 10 prevailing 12 contemporary

presently 3 now 4 anon, soon 5 today 6 in time, one day 7 by and by 9 forthwith, these days 10 before long

preservation 4 care 6 saving, shield 7 defense, keeping 8 pickling 10 husbanding, protection 11 conservancy, maintenance, safekeeping

preserve 3 can, jam 4 save 5 jelly, put up 6 keep up, pickle 7 protect, shelter, sustain 8 keep safe, maintain 9 confiture

preside 3 run 4 head, lead 5 chair 6 direct, handle, manage 7 conduct, control, operate, oversee 8 moderate 9 officiate

president *United States:* 4 Bush (George, George W.), Ford (Gerald R.), Polk (James K.), Taft (William H.) 5 Adams (John, John Quincy), Grant (Ulysses S.), Hayes (Rutherford B.), Nixon (Richard M.), Tyler (John) 6 Arthur (Chester A.), Carter (Jimmy), Hoover (Herbert), Monroe (James), Pierce (Franklin), Reagan (Ronald), Taylor (Zachary), Truman (Harry S.), Wilson (Woodrow) 7 Clinton (Bill), Harding (Warren), Jackson (Andrew), Johnson (Andrew, Lyndon), Kennedy (John F.), Lincoln (Abraham), Madison (James) 8 Buchanan (James), Coolidge (Calvin), Fillmore (Millard), Garfield (James), Harrison (Benjamin, William Henry), McKinley (William), Van Buren (Martin) 9 Cleveland (Grover), Jefferson (Thomas), Roosevelt (Franklin D., Theodore) 10 Eisenhower (Dwight D.), Washington (George)

presidio 4 fort 7 bastion, citadel 8 fastness, fortress, garrison 10 stronghold 13 fortification

press 3 hug, jam, ram 4 cram, iron, mass, pack, pile, push, rush, urge 5 clasp, crowd, crush, drive, force, horde, hurry, media, shove 6 demand, hustle, insist, jostle, propel, squash, stress, throng, thrust 7 beseech, entreat, imprint, printer, squeeze 9 constrain, influence, multitude

pressing 5 acute, vital 6 urgent 7 crucial, earnest, exigent, serious 8 critical 9 immediate, important, insistent 10 compelling, imperative

pressure 4 push, rush 5 drive, impel 6 burden, strain, stress 7 tension 10 constraint *combining form:* 5 piezo *instrument:* 9 barometer *unit:* 3 bar 6 pascal

prestige 4 fame, rank, sway 5 power 6 cachet, credit, esteem, regard, renown, repute, status, weight 7 dignity, stature 8 eminence, position, standing 9 authority, influence 10 importance, prominence 11 consequence, distinction

prestigious 5 famed, great 6 famous 7 eminent, honored, notable 8 esteemed, renowned 9 prominent, respected 10 celebrated 11 influential 13 distinguished

presto 4 fast 7 hastily, quickly, rapidly 8 suddenly 9 posthaste 11 immediately

presumably 6 likely, surely 8 probably 9 doubtless

presume 4 dare 5 guess, imply, infer, think, trust 6 expect, gather, impose, reason 7 believe, intrude, suppose, surmise, venture 8 infringe 9 postulate 10 conjecture

presumption 4 gall 5 brass, cheek, nerve 6 belief, daring, ground, reason, thesis 7 conceit 8 audacity, chutzpah, evidence 9 brashness, inference, postulate 10 confidence, effrontery

presumptuous 4 bold, smug 5 brash, fresh, pushy 6 cheeky, uppity 7 forward 8 arrogant 9 audacious, confident 11 overweening, self-assured

presuppose 5 posit 6 assume, expect 7 imagine, require, surmise 9 postulate

pretend 3 act 4 fake, pose, sham 5 bluff, claim, false, feign, guess, put on 6 affect, assume, delude, invent 7 deceive, imitate, mislead, playact, profess, purport, suppose, surmise 8 simulate 9 imaginary 11 counterfeit, make-believe

pretender 4 fake, sham 5 actor, faker, fraud, phony 6 humbug 8 claimant, impostor 9 hypocrite

pretense 3 act, air 4 face, fake, mask, pose, sham 5 claim, cloak, cover, front, guise 6 deceit, facade, humbug 7 charade, fiction 8 disguise 9 deception, false show, imposture 10 masquerade, simulation 11 affectation, make-believe, ostentation

pretension 5 claim, right 6 vanity 8 ambition 10 allegation, aspiration 11 affectation

pretentious 5 lofty, put-on, showy 6 chichi, la-di-da, too-too 7 pompous, stilted 8 affected, inflated, puffed up, snobbish, specious 9 bombastic, conceited, grandiose, overblown 10 euphuistic, rhetorical 11 highfalutin 12 high-sounding, magniloquent, vainglorious

preternatural 7 psychic, unusual 8 abnormal, atypical 9 anomalous, unearthly, untypical 10 mysterious 12 inexplicable, supernatural 13 extraordinary

pretext 4 mask, ploy 5 alibi, cloak, cover, front, guise 6 device, excuse 7 apology 10 subterfuge

pretty 3 apt, pat 4 cute, fair, nice, some 5 bonny, quite 6 adroit, artful, clever, comely, fairly, kind of, lovely, mainly, rather, seemly, sort of 7 cunning, darling 8 graceful, handsome, pleasant, pleasing, skillful, somewhat 9 appealing, beautiful 10 attractive, moderately, more or less 11 good-looking 12 considerable

prevail 4 beat, rule 5 reign 6 master 7 conquer, impress, persist, triumph 8 convince, dominate, domineer, overcome, override, persuade 9 influence

prevalent 4 rife 6 ruling 7 favored, popular, regnant 8 accepted, dominant, superior 9 ascendant, customary, paramount, sovereign 10 accustomed, widespread

prevaricate 3 fib, lie 5 avoid, evade 6 palter 7 confuse, deceive, distort, falsify, quibble 12 misrepresent

prevarication 3 fib, lie 4 tale 5 lying, story 6 canard, deceit 7 falsity 9 deception, falsehood

prevent 3 bar, dam 4 balk, foil, ward 5 avert, avoid, block, check, debar, deter 6 arrest, baffle, forbid, hinder, impede, thwart 7 forfend, head off, inhibit, obviate 8 obstruct, prohibit, stave off 9 forestall, frustrate, interdict 10 anticipate

previous 4 fore, past 5 early, prior 6 before, former 7 earlier, onetime 8 anterior 9 erstwhile, foregoing, in advance 10 antecedent, beforehand

previously 4 once 5 afore, ahead 6 before 7 already, earlier 8 formerly 9 erstwhile 10 heretofore

prewar 10 antebellum

prey 4 feed, game, mark 5 chase 6 quarry, target, victim 8 casualty, distress

Priam ***daughter:*** 6 Creusa 8 Polyxena 9 Cassandra ***father:*** 8 Laomedon ***grandfather:*** 4 Ilus ***kingdom:*** 4 Troy ***slayer:*** 7 Pyrrhus 11 Neoptolemus ***son:*** 5 Paris 6 Hector, Lycaon 7 Helenus, Troilus 9 Deiphobus, Polydorus ***wife:*** 6 Arisbe, Hecuba

Priapus ***father:*** 7 Bacchus 8 Dionysus ***mother:*** 5 Venus 9 Aphrodite

price 3 fee, fix, tab 4 cost, fare, rate, toll 6 amount, assess, charge, figure, outlay, reward, tariff 7 expense, payment 8 appraise

priceless 4 rare, rich 5 droll, funny, witty 6 absurd, costly, prized, valued 7 amusing 8 precious, valuable 9 cherished, treasured 10 invaluable

pricey 4 dear 5 steep 6 costly 9 expensive

prick 3 jab 4 goad, mark, prod, spur, urge 5 egg on, point, sting, thorn 6 affect, excite, exhort, pierce, prompt 7 pinhole 8 puncture 9 perforate

prickly 5 burry, sharp, spiny 6 briary, thorny, tingly, touchy, trying 7 brambly, waspish 8 annoying, nettling, snappish, stinging 9 difficult, fractious, irritable, vexatious **10** bothersome, irritating, nettlesome **11** troublesome

pride **3** ego, top **4** best, brag, pack, pick **5** boast, cream, elite, exult, group, preen, prime, prize, vaunt **6** choice, egoism, vanity **7** conceit, delight, elation, dignity, disdain, egotism **8** smugness, treasure **9** arrogance, cockiness, vainglory **10** self-esteem, self-regard **11** self-respect **12** congratulate

Pride and Prejudice author **6** Austen (Jane)

prideful **6** elated **7** haughty **8** exultant **10** disdainful

prier **5** snoop **7** meddler **8** busybody, quidnunc **9** buttinsky

priest **6** cleric, divine, rector **8** chaplain **9** clergyman, presbyter ***ancient Roman:*** **6** flamen **8** pontifex ***Buddhist:*** **4** lama ***Celtic:*** **5** druid ***French:*** **4** abbé, curé ***Muslim:*** **4** imam ***tribal:*** **6** shaman

priestly **8** clerical, hieratic **10** sacerdotal

prig **5** prude, thief **6** pedant **8** bluenose **9** Mrs. Grundy **10** goody-goody

priggish **5** fussy **6** stuffy **7** genteel, pompous, prudish **8** affected, pedantic **11** puritanical, straitlaced

prim **4** neat, nice, snug, tidy, trig **5** stiff **6** formal, proper, strict, stuffy, wooden **7** correct, genteel, orderly, precise, prudish **8** decorous, priggish **11** straitlaced

prima donna **4** diva, snob, star **7** artiste **9** chanteuse **10** narcissist **11** leading lady

prima facie **4** true **5** valid **8** apparent **11** self-evident

primal **5** basic **6** age-old **7** ancient, premier **8** cardinal, original **9** atavistic, paramount, primitive **10** preeminent **11** prehistoric

primary **4** main **5** basal, basic, chief, first **6** direct **7** initial, pioneer, radical **8** cardinal, earliest, original **9** elemental, essential, firsthand, immediate, number-one, paramount, principal **10** aboriginal, underlying **11** fundamental, rudimentary **12** foundational, introductory ***combining form:*** **4** prot **5** proto ***prefix:*** **4** arch **5** archi

primate **3** ape, man **5** human, lemur, loris **6** aye-aye, bonobo, monkey **7** gorilla **10** anthropoid, chimpanzee, human being **11** Homo sapiens ***nocturnal:*** **5** loris **7** tarsier ***small:*** **6** galago

prime **3** top **4** best, dawn, fill, load, morn, peak, pick, rate **5** coach, cream, elite, first, paint, sunup, tonic, youth **6** choice, excite, height, spring, symbol **7** capital, highest, initial, morning, prepare, provoke, quicken **8** earliest, motivate, original, superior **9** excellent, first-rate, principal, stimulate **10** first-class

primer **4** book **5** guide **6** manual, reader **8** hornbook

primeval **7** ancient **8** earliest, original **10** aboriginal

primitive **3** raw **4** rude **5** basic, crude, early **6** savage **7** archaic, Spartan **8** barbaric, original, primeval **9** atavistic, barbarian, barbarous, elemental, essential, unevolved **10** elementary, primordial, underlying **11** fundamental, preliterate, uncivilized, undeveloped **12** uncultivated ***combining form:*** **5** palae, paleo **6** archae, archeo, palaeo **7** archaeo ***prefix:*** **4** arch **5** arche, archi

primogenitor **8** ancestor, forebear **9** precursor **10** forefather

primordial **5** basic, early, first **7** ancient **8** earliest, original

primp **4** fuss **5** adorn, dress, fix up, preen **7** dress up

prince ***Anglo-Saxon:*** **8** atheling ***Arab:*** **4** amir, emir ***Austrian:*** **8** archduke ***Ethiopian:*** **3** ras ***Indian:*** **4** raja **5** rajah ***of demons:*** **9** Beelzebub ***of Monaco:*** **7** Rainier ***of the church:*** **8** cardinal ***of Wales:*** **7** Charles

Prince and the Pauper author **5** Twain (Mark) **7** Clemens (Samuel)

Prince ___ Coast, Antarctica **4** Olav

Prince Edward Island ***capital:*** **13** Charlottetown ***provincial flower:*** **12** lady's slipper

Prince Igor composer **7** Borodin (Aleksandr)

princely **5** grand, noble, royal **8** generous, imposing, majestic **9** dignified **11** magnificent

princess **7** infanta ***mythical:*** **3** Ino ***of Monaco:*** **5** Grace

Prince Valiant ***artist:*** **6** Foster (Hal) ***son:*** **3** Arn ***wife:*** **5** Aleta

principal **4** arch, dean, head, main, star **5** chief, first, major, prime **6** assets **7** capital, leading, premier, primary, stellar **8** cardinal, champion, dominant, foremost **9** paramount **10** headmaster, preeminent **11** outstanding, predominant ***combining form:*** **4** prot **5** proto ***prefix:*** **4** arch **5** archi

principium **3** law **5** axiom, basis **7** element, theorem **10** foundation **11** fundamental

principle **3** law **4** code, form, rule **5** axiom, basis, canon, ethic, tenet **6** ground, origin, source **7** conduct, faculty, precept **8** doctrine, polestar, rudiment **10** assumption, convention, foundation **11** fundamental

principled 5 moral, noble 6 honest 7 ethical, upright 8 virtuous 9 righteous 10 moralistic

print 4 type 5 issue, litho, stamp, write 7 engrave, impress, publish, typeset 10 impression ***style:*** 4 bold 5 roman 6 italic 7 cursive 8 boldface

printer ***English:*** 6 Caxton (William) ***German:*** 9 Gutenberg (Johann, Johannes) ***Italian:*** 6 Bodoni (Giambattista) 8 Manutius (Aldus)

printing 7 edition, reissue 10 impression ***measure:*** 4 pica 5 agate ***process:*** 4 roto 7 gravure

priority 4 lead 5 order 8 ordering 9 supremacy 10 importance, precedence, preference

prison 3 can, pen 4 brig, coop, jail, keep 5 clink 6 cooler, lockup 7 dungeon, slammer 8 bastille, big house, stockade 9 calaboose 11 reformatory 12 penitentiary ***California:*** 8 Alcatraz 10 San Quentin ***New York:*** 6 Attica 8 Sing Sing 12 Rikers Island ***Northern Ireland:*** 4 Maze ***resident:*** 6 inmate 7 convict 8 jailbird

prisoner 7 captive, convict, hostage 8 criminal, detainee, jailbird

prissy 5 picky 7 finicky, precise, prudish 8 exacting 10 fastidious, particular 11 straitlaced

pristine 4 pure 5 clean, fresh 8 earliest, original 9 unspoiled

privacy 6 secret 7 retreat, secrecy 9 seclusion 11 concealment

private 5 inner 6 secret 7 soldier 8 eyes-only, hush-hush, intimate, personal 9 concealed 10 closed-door, restricted, unofficial 11 independent, sequestered 12 confidential

privateer 4 ship 7 gunship 9 mercenary

private eye 3 spy 4 G-man, tail 6 sleuth, shamus 7 gumshoe 9 detective 12 investigator

privately 7 sub rosa 8 covertly, in camera, in secret, secretly

privation 4 lack, loss, need, want 6 dearth, penury 7 absence, poverty 8 distress 9 indigence, neediness, suffering

privilege 4 boon 5 favor, grant, right 7 license 8 appanage 9 allowance, exemption 10 birthright, concession, perquisite 11 entitlement, opportunity, prerogative ***pope-granted:*** 6 indult

privy 3 can, loo 4 head, john 5 jakes 6 secret, toilet 7 latrine 8 bathroom, informed, lavatory, outhouse, personal 9 concealed, withdrawn 11 water closet

prize 3 pry, top 4 best, loot, pick, plum, rate, swag 5 award, booty, cream, elite, force, lever, spoil, value 6 choice, esteem, reward, spoils, trophy 7 capture, cherish, jackpot, plunder, premium 8 treasure 10 appreciate 11 outstanding

prizefighting 6 boxing 8 pugilism

pro 3 for 6 expert, master 8 skillful 9 authority, in favor of 11 affirmative

probable 6 likely 7 seeming 8 apparent, credible, expected, feasible, rational, reliable 10 reasonable

probe 4 poke, quiz, test 5 query, study 6 search 7 dig into, examine, explore, feel out, inquest, inquire, inquiry 8 check out, look into, research, sound out 9 delve into, penetrate 11 exploration, investigate, reconnoiter 13 investigation

probity 5 honor 6 virtue 7 honesty 8 fairness, goodness 9 integrity, rectitude 11 uprightness

problem 4 mess 5 hitch, issue, poser 6 enigma, puzzle, riddle 7 dilemma, example, mystery, puzzler, trouble 8 hardship, headache, question 10 difficulty

problematic 4 iffy, moot, open 7 dubious 8 arguable, doubtful 9 debatable, uncertain, unsettled 10 precarious 12 questionable

proboscis 4 beak, nose 5 snoot, snout, trunk

procedure 4 plan, step 6 course, custom, method, policy, system 7 formula, measure, routine 8 protocol 9 operation 11 instruction

proceed 4 flow, move, rise, stem, wend 5 arise, get on, issue, segue 6 emerge, push on, spring, travel 7 advance, carry on, emanate, journey 8 continue, get along 9 originate 10 derive from

proceedings 8 goings-on ***recorded:*** 4 acta 6 annals 7 minutes

proceeds 4 gain, take 5 yield 6 profit, result, return 8 earnings

process 3 way 4 mode, wise 5 modus, treat 6 handle, manner, method, refine, system 7 fashion, prepare, recycle, routine 8 workings 9 evolution, operation, outgrowth, procedure, technique 11 development

procession 5 march, order, train 6 parade, series, string 7 caravan, cortege 8 sequence 9 cavalcade, marchpast, motorcade 11 consecution

proclaim 5 extol 6 assert, insist 7 declare, exhibit, glorify, publish 8 announce, evidence, manifest 9 advertise, broadcast, make known 10 annunciate, bruit about

proclivity 4 bent 6 liking 7 leaning 8 penchant 9 proneness 11 inclination
Procne *father:* 7 Pandion *husband:* 6 Tereus *sister:* 9 Philomela *son:* 4 Itys
procrastinate 5 dally, delay 6 dawdle
procreate 5 beget, breed 7 produce 8 conceive, generate, multiply 9 reproduce
Procris' husband 8 Cephalus
Procrustean ___ 3 bed
proctor 7 monitor, oversee 9 supervise 10 supervisor
procure 3 buy, get 4 gain 6 obtain, pick up 7 achieve, acquire 8 purchase 10 bring about
prod 3 dig, jab, jog 4 goad, poke, push, spur, stir, urge 5 elbow, nudge, point, prick, rouse 6 excite, exhort, incite, thrust 8 motivate 9 stimulate 10 incitement
prodigal 4 lush 6 lavish 7 opulent, profuse, riotous, spender, wastrel 8 reckless, wasteful 9 exuberant, luxuriant 10 profligate, squanderer 11 extravagant, spendthrift
prodigious 4 huge, vast 6 mighty, unreal 7 amazing, immense, mammoth, massive, strange, unusual 8 colossal, enormous, gigantic 9 fantastic, marvelous, wonderful 10 astounding, impressive, monumental, phenomenal, remarkable, staggering, stupendous, surprising 11 astonishing 13 extraordinary
produce 4 bear, form, grow, make, show, sire 5 beget, breed, build, cause, erect, frame, hatch, mount, put on, raise, spawn, stage, yield 6 create, effect, father, output, parent, secure, work up 7 deliver, fashion, turn out 8 engender, generate, multiply 9 construct, fabricate, originate, procreate, propagate 10 bring about 11 manufacture, put together
product 5 fruit, issue, yield 6 effect, legacy, output, result, upshot 7 harvest, outcome, turnout 8 artifact, creation, multiple, offshoot 9 handiwork, outgrowth 11 consequence, manufacture
production 5 fruit, yield 6 output 7 staging, turnout 8 artifact, assembly, creation 9 execution, handiwork, rendering 11 achievement, manufacture, realization
productive 4 rich 6 fecund, useful 7 fertile 8 abundant, fruitful, prolific 9 rewarding 10 beneficial
proem 7 preface, prelude 8 exordium, foreword, overture, prologue 11 preliminary
profane 3 lay 4 damn, foul 5 abuse, dirty, pagan 6 coarse, debase, defile, filthy, impure, unholy, vulgar 7 impious, obscene, secular 8 indecent, temporal, unsacred 9 desecrate 10 irreverent, unhallowed 11 blasphemous, irreligious 12 sacrilegious, unsanctified
profanity 4 oath 5 abuse, curse 7 cursing, cussing 8 swearing 9 blasphemy, sacrilege 10 execration 11 imprecation, irreverence
profess 4 aver, avow 5 claim, teach 6 affirm, allege, assert, avouch 7 declare, pretend, protest, purport 8 maintain, practice
profession 3 art, job, vow 5 craft, trade 6 avowal, career, métier 7 calling 8 business, vocation 9 assertion, specialty, statement, testimony 10 handicraft, occupation 11 affirmation
professional 4 paid 6 expert, master 7 learned, skilled 9 authority 10 proficient, specialist 11 experienced 12 businesslike
professor 3 don 6 expert 7 teacher 8 academic, educator
proffer 4 give, pose 6 extend, submit, tender 7 hold out, present, suggest 10 invitation, suggestion
proficiency 5 savvy, skill 7 ability, advance 8 progress 9 adeptness, expertise, knowledge 10 competence
proficient 4 able 5 adept 6 expert 7 capable, skilled 8 advanced, masterly, skillful 9 authority, competent, effective, masterful, qualified 11 crackerjack, experienced 12 accomplished
profile 5 chart 6 sketch, survey 7 contour, diagram, outline 8 exposure, portrait, side view 9 biography 10 silhouette 11 description
profit 3 net 4 gain, take 5 serve, yield 6 excess, income, payoff, return 7 benefit, receipt 8 earnings, proceeds 10 percentage 12 compensation
profitable 6 paying, useful 7 gainful 8 fruitful 9 lucrative, rewarding 10 beneficial, well-paying, worthwhile 11 moneymaking 12 advantageous, remunerative
profligate 4 wild 6 waster 7 immoral, spender, wastrel 8 prodigal, reckless, wasteful 9 abandoned, dissolute, indulgent, reprobate 10 dissipated, immoderate, licentious, squanderer 11 extravagant, promiscuous, spendthrift 13 self-indulgent
profound 4 deep, wise 5 heavy, total, utter 7 abysmal, intense 8 absolute, abstruse, complete, esoteric, thorough 9 intensive 10 deep-seated, insightful
profundity 5 depth 6 wisdom 7 insight 8 deepness 12 abstruseness

profuse 4 lush 6 lavish 7 copious, fulsome, liberal, opulent 8 abundant, generous, prodigal 9 abounding, bounteous, bountiful, excessive, exuberant, luxuriant, plentiful 10 munificent 11 extravagant

profusion 4 glut, riot 5 flood, spate, surge 6 bounty, deluge, excess, wealth 7 nimiety, satiety, surfeit, surplus, torrent 8 overflow, overload, plethora 9 abundance, plenitude 10 lavishness, luxuriance, oversupply, plentitude, redundancy 11 copiousness, prodigality, sufficiency, superfluity 12 extravagance 13 overabundance

progenitor 4 sire 6 author, father, mother 8 ancestor, forebear 9 initiator, precursor 10 antecessor, forefather, forerunner, originator 11 predecessor

progeny 4 line 5 issue 6 litter, result, scions 7 outcome, product 8 children 9 offspring, posterity 11 descendants

prognosis 8 estimate, forecast, prophecy 9 prevision 10 estimation, prediction 11 expectation 12 anticipation

prognostic 4 omen, sign 6 augury 7 portent, presage 10 foreboding, indication

prognosticate 6 divine 7 foresee, predict, presage 8 forecast, foretell, prophesy

program 4 bill, book, plan, show 5 plans, slate 6 agenda, course, docket, lineup, policy 7 listing 8 calendar, playbill, schedule, syllabus 9 broadcast, procedure, timetable 10 bill of fare, curriculum

progress 4 fare, gain, grow 5 get on, march 6 course, growth 7 advance, headway, passage, proceed 8 anabasis, get along, momentum 9 evolution, flowering, unfolding 11 advancement, development, improvement ***planned:*** 7 telesis

progressing 5 afoot 7 en route 8 under way

progression 5 chain 6 course, growth, series 7 advance 8 sequence 9 evolution, unfolding 11 development

progressive 6 modern 7 growing, liberal, radical 8 advanced, tolerant 9 advancing 10 developing, increasing

prohibit 3 ban, bar 4 stop 5 block, debar 6 enjoin, forbid, outlaw 7 prevent 8 preclude 9 interdict

prohibited 5 taboo 6 banned, barred 7 illegal, illicit 8 verboten 9 forbidden

prohibition 3 ban, bar 5 taboo 7 embargo 8 sanction 9 interdict 10 constraint, forbidding, injunction 12 disallowance, interdiction, proscription

prohibitive 5 steep 6 costly 7 sky-high 9 excessive 10 exorbitant, forbidding 11 restrictive

project 3 jut 4 cast, feat, plan 5 bulge 6 affair, design, devise, extend, intend, scheme, vision 7 arrange, concern, emprise, exploit, feature, imagine, propose, purpose, venture 8 business, conceive, envisage, envision, game plan, overhang, protrude, stand out, stick out, strategy 9 blueprint, visualize 10 enterprise 11 proposition, undertaking

projection 3 jut 4 bump, knob, view 5 bulge 7 display 8 estimate, forecast, overhang, scheming, swelling 9 extension 10 jutting out, perception 11 expectation

proletariat 6 masses 7 workers 8 laborers 9 commoners, hoi polloi 12 working class

prolific 4 rich 6 fecund, gifted, lavish 7 fertile 8 abundant, creative, fruitful 9 abounding, bountiful, inventive 10 generating, generative 11 reproducing 12 reproductive

prolix 4 long 5 windy, wordy 7 diffuse, lengthy, tedious, verbose 8 drawn out, rambling, tiresome 9 redundant, wearisome 10 long-winded

prologue 7 opening, preface, prelude 8 exordium, foreword, overture, preamble 9 beginning 12 introduction

prolong 6 extend 7 drag out, draw out, spin out, stretch 8 continue, elongate, lengthen

prolonged 7 lasting, lengthy 8 drawn-out 9 lingering 10 continuing, persistent, persisting

prom 4 ball, fete, gala 5 dance 6 formal

promenade 4 deck, walk 6 parade, stroll 9 boardwalk

Prometheus ***brother:*** 5 Atlas 9 Menoetius 10 Epimetheus ***creation:*** 3 man 7 mankind ***father:*** 7 Iapetus ***gift:*** 4 fire ***mother:*** 7 Clymene ***rescuer:*** 8 Heracles, Hercules ***tormentor:*** 5 eagle

prominence 4 crag, fame, rise, spur 5 bulge 6 height, renown, status 8 eminence, headland, prestige, salience, standing 9 celebrity, elevation 10 importance, projection 11 distinction

prominent 5 famed, great, noted 6 famous, marked, signal 7 eminent, jutting, leading, notable, popular, salient 8 renowned, striking 9 arresting, notorious, well-known 10 celebrated, noticeable, pronounced, remarkable 11 conspicuous, eye-catching, illustrious, outstanding 13 distinguished ***person:*** 3 VIP 4 BMOC, lion 5 mogul, nabob 6 bigwig, honcho 7 big shot, grandee **8** luminary, mandarin, somebody **9** dignitary **13** high-muck-a-muck

promiscuous **5** mixed **6** casual, random, varied **7** immoral **8** careless **9** haphazard, hit-or-miss, irregular **10** licentious **11** unselective **12** unrestrained

promise **3** vow **4** bode, bond, oath **5** agree, augur, swear, vouch **6** assure, engage, ensure, expect, insure, parole, pledge, plight **7** betroth, compact, consent, declare, outlook, portend, presage, suggest **8** contract, covenant, indicate **9** assurance, betrothal, potential, undertake **11** declaration, expectation

promised land **4** Zion **6** Canaan, heaven **8** paradise **11** kingdom come

promising **6** likely **7** hopeful **9** favorable **10** auspicious **11** encouraging

promissory note **3** IOU

promontory **4** beak, bill, cape, head, ness **5** bulge, point **8** foreland, headland

promote **3** aid **4** help, plug, puff, push, sell, tout **5** boost, favor, raise **6** foster, launch, prefer **7** advance, build up, elevate, endorse, forward, further, nurture, present, support **8** advocate, champion **9** advertise, encourage, publicize, recommend

promotion **6** step up **7** advance, buildup, puffery **9** elevation, publicity, upgrading **10** preference, preferment **11** advancement, advertising, improvement **13** advertisement

prompt **3** apt, cue, jog **4** fast, goad, help, hint, move, spur, urge **5** alert, quick, rapid, ready **6** assist, incite, induce, on time, remind, speedy, stir up, timely **7** suggest **8** convince, persuade, punctual, reminder **10** responsive

promulgate **5** issue **6** decree **7** declare, publish **8** announce, proclaim **9** advertise, broadcast **10** annunciate **11** disseminate

prone **3** apt **4** flat, open **5** given, level **6** liable, likely, supine **7** subject, tending, willing **8** disposed, facedown, inclined **9** lying down, reclining, recumbent **10** horizontal **11** predisposed, susceptible

prong **4** barb, fang, fork, spur, stab, tine **5** point, thorn **6** pierce

pronghorn **8** antelope

___ pro nobis **3** ora

pronoun ***archaic:*** **3** thy **4** thou **5** thine ***demonstrative:*** **4** that, this **5** these, those ***indefinite:*** **3** all, any, few, one **4** both, each, none, some **5** no one, other **6** anyone, either, nobody **7** another, anybody, neither, nothing, someone **8** anything, somebody **9** everybody, something **10** everything ***personal:*** **3** her, him, she, you **4** them, they ***possessive:*** **3** her, his, its, our **4** hers, mine, ours, your **5** their, yours **6** theirs ***reflexive:*** **6** itself, myself **7** herself, himself, oneself, ourself **8** yourself **9** ourselves **10** themselves, yourselves ***relative:*** **3** who **4** that, what, whom **5** which, whose, whoso **6** whomso **7** whoever **8** whatever, whomever **9** whichever, whosoever **10** whatsoever, whomsoever **11** whichsoever

pronounce **3** say **5** judge, sound, speak, utter **6** affirm, assert, decree, recite **7** declare **9** enunciate **10** articulate

pronounced **5** clear **6** marked, strong **7** assured, decided, evident, obvious **8** clear-cut, definite, distinct **12** unmistakable

pronouncement **5** edict **6** decree **9** manifesto, statement **11** declaration, publication **12** notification

pronto **3** now, PDQ **4** ASAP, fast, stat **6** at once **7** quickly **8** directly **9** forthwith, posthaste, right away **11** immediately

pronunciation ***distinctive:*** **4** burr, lilt **5** drawl, twang **6** accent, brogue ***study:*** **8** orthoepy **9** phonetics

proof **4** test **5** facts, goods **6** galley **8** argument, evidence **9** testament, testimony **10** impression **11** attestation **12** confirmation

proofreaders' mark **4** dele, stet **5** caret

prop **4** stay **5** brace, shore **6** buoy up, hold up **7** bolster, shore up, support, sustain **8** buttress **10** strengthen **12** underpinning

propaganda **4** hype **8** agitprop, lobbying

propagandize **4** tout **5** boost, extol **7** advance, promote, trumpet **9** brainwash, catechize, inculcate **10** promulgate **11** proselytize **12** indoctrinate

propagate **5** beget, breed, raise, strew **6** extend, spread **7** diffuse, publish, radiate **8** disperse, generate, increase, multiply, transmit **9** circulate, cultivate, publicize, reproduce **10** distribute **11** disseminate

propel **4** goad, move, push, spur, urge **5** drive, egg on, power, shoot, shove **6** exhort, launch, thrust **7** actuate **8** activate

propellant **3** gas **4** fuel, spur **7** impetus, impulse **8** catalyst, stimulus **9** explosive, incentive, stimulant **10** motivation

propensity **7** leaning **8** penchant **10** preference **11** inclination

proper **3** apt, due, fit **4** good, just, meet, nice, prim, true **5** exact, happy, right **6** au fait, decent, prissy, seemly, useful **7** correct, desired, fitting, genteel, precise **8** accurate, becoming, decorous, peculiar, priggish, rightful, rigorous, suitable **9** befitting **10** applicable, convenient, felicitous, individual **11** appropriate, comme il faut, distinctive ***combining form:*** **4** orth **5** ortho

property **4** land, mark **5** acres, trait, worth **6** assets, estate, realty, riches, virtue, wealth **7** acreage, chattel, effects, feature, fortune, quality **8** chattels, dominion, hallmark, holdings, premises **9** attribute, ownership, resources, substance **10** belongings, possession, real estate ***conveyor:*** **7** alienor ***recipient:*** **7** alienee ***seller:*** **7** Realtor ***transfer:*** **8** alienate

prophecy **6** vision **8** forecast **10** divination, prediction **11** foretelling

prophesy **5** augur **6** divine, preach **7** foresee, portend, predict, presage **8** forecast, foretell, instruct, soothsay **9** adumbrate, prefigure **10** vaticinate **13** prognosticate

prophet **4** seer **5** augur, sibyl **6** auspex, oracle **7** diviner, seeress **8** foreseer, haruspex **9** predictor **10** forecaster, foreteller, prophesier, soothsayer **11** Nostradamus **13** fortune-teller ***Arthurian:*** **6** Merlin ***Major:*** **6** Daniel, Isaiah **7** Ezekiel **8** Jeremiah ***Minor:*** **4** Amos, Joel **5** Hosea, Jonah, Micah, Nahum **6** Haggai **7** Malachi, Obadiah **8** Habakkuk **9** Zechariah, Zephaniah

Prophet author **6** Gibran (Khalil)

prophetess **5** sibyl **7** Deborah **9** Cassandra

prophetic **5** vatic **6** orphic **7** Delphic **8** Delphian, oracular **9** presaging, prescient, sibylline, vaticinal **10** predictive, revelatory **11** apocalyptic, foretelling

propinquity **7** kinship **8** nearness **9** closeness, proximity **10** contiguity

propitiate **5** adapt, atone **6** adjust, pacify, soothe **7** appease, assuage, gratify, mollify, placate, satisfy **9** intercede, reconcile **10** conciliate

propitious **4** good, rosy **5** lucky **6** benign, bright **7** benefic, helpful **8** favoring **9** favorable, fortunate, opportune, promising **10** auspicious, beneficent, beneficial, benevolent **12** advantageous

proponent **6** backer **8** advocate, champion, defender **9** expounder, supporter **10** enthusiast

proportion **4** rate, size **5** allot, ratio, quota, share **6** adjust, divide **7** balance, conform, harmony **8** symmetry **9** dimension **10** percentage **12** relationship

proportional **5** scale **7** in scale **8** relative **9** equalized **10** contingent, equivalent, reciprocal **11** correlative, symmetrical **12** commensurate **13** commensurable, corresponding

proposal **3** bid **4** idea, plan **6** motion, scheme **7** outline, proffer, project **8** scenario **10** invitation, suggestion **11** proposition ***final:*** **9** ultimatum

propose **3** aim, ask, put **4** name, plan, pose **5** offer **6** design, intend, submit, tender **7** advance, move for, present, request, solicit, suggest **8** nominate, put forth, set forth, theorize **9** recommend **10** put forward

proposition **4** plan **5** offer **6** scheme, thesis **7** premise, suggest, theorem **10** invitation, suggestion

propound **3** put **4** pose **5** offer **7** present, suggest **8** put forth

proprietor **5** owner **8** landlord **9** possessor

propriety **7** aptness, decency, decorum, manners **8** behavior, civility, good form **9** etiquette, rightness **10** seemliness **11** correctness, fittingness, suitability **12** decorousness

propulsion **4** fuel, push **5** drive, force, power **6** energy, thrust

prorate **5** allot, divvy, quota, share, split **6** assess, divide, parcel, ration **7** divvy up, portion **9** apportion, partition **10** distribute

prorogue **3** end **4** rise, stay **5** defer, delay **6** hold up, put off, recess, shelve **7** adjourn, hold off, suspend **8** dissolve, hold over, postpone **9** terminate

prosaic **4** dull, flat **5** banal, prose, prosy, trite, vapid **6** boring, common **7** factual, literal, mundane, tedious **8** everyday, lifeless, ordinary, workaday **9** colorless **10** lackluster, uneventful **11** commonplace **13** unimaginative

proscenium **5** frame, stage **9** forestage **10** foreground

proscribe **3** ban **4** damn **6** enjoin, forbid, outlaw **7** condemn **8** prohibit, sentence **9** interdict

proscription **3** ban **5** taboo **11** prohibition **12** condemnation, interdiction

prosecute **3** sue **4** wage **5** press **6** charge, indict, pursue **7** carry on, perform **8** continue **9** bring suit, persevere

proselyte **7** convert, recruit **8** neophyte

proselytize **5** draft **6** enlist, enroll, sign up **7** convert, recruit, win over **8** convince **9** brainwash, catechize **11** prevail upon **12** indoctrinate

___ prosequi **5** nolle

prospect **4** mine, view **5** scene, vista **6** chance, survey, vision **7** dig into, explore, lookout, outlook **8** customer, exposure **9** candidate **10** expectancy

11 expectation, possibility 12 anticipation

prospective 6 coming, future, likely 7 awaited, ensuing, nearing, pending, planned, would-be 8 destined, eventual, expected, hoped-for, intended, proposed, soon-to-be 9 impending, looked-for, potential, scheduled 10 consequent, succeeding 11 anticipated, approaching, predestined, forthcoming

prospectus 4 list, plan 6 design, layout, précis 7 epitome, outline, program, summary 8 bulletin, synopsis 9 catalogue, timetable 10 projection 11 description 12 announcement

prosper 5 score, yield 6 arrive, do well, thrive 7 make out, produce, succeed, turn out 8 flourish, grow rich

prosperity 4 ease 6 riches, wealth 7 success 8 thriving 9 abundance, advantage, affluence, well-being

Prospero ***daughter:*** 7 Miranda ***servant:*** 5 Ariel ***slave:*** 7 Caliban

prosperous 4 rich, well 5 happy, lucky 6 robust, strong 7 booming, halcyon, opulent, wealthy, well-off 8 affluent, thriving, well-to-do 9 desirable, favorable, fortunate, promising, well-fixed 10 auspicious, successful, well-heeled 11 comfortable, flourishing

prostitute 4 bawd, doxy, drab, moll 5 abuse, B-girl, madam, quean, whore 6 callet, debase, floozy, harlot, hooker, misuse, wanton 7 chippie, cocotte, corrupt, cyprian, floozie, hustler, Paphian 8 call girl, meretrix, strumpet 9 courtesan, party girl 11 fille de joie, nightwalker 12 camp follower, streetwalker ***reformed:*** 8 magdalen 9 magdalene

prostitution 8 harlotry, whoredom 13 streetwalking ***house of:*** 4 crib, stew 6 bagnio 7 brothel, lupanar 8 bordello, cathouse 10 bawdy house 13 sporting house

prostrate 4 fell, flat 5 abase, level, prone 6 humble, lay low, submit, supine 7 exhaust, wear out 8 helpless, overcome 9 decumbent, exhausted, overpower, overwhelm, powerless, recumbent 10 procumbent, submissive

protagonist 4 hero, lead, star 5 actor 6 leader 7 heroine, sponsor 8 advocate, champion 9 principal

protean 6 mobile, varied 7 diverse, mutable 8 variable 9 adaptable, versatile 10 changeable

protect 4 save 5 cover, guard 6 defend, screen, secure, shield 7 shelter 8 preserve, restrict 9 safeguard

protection 4 care 5 aegis, armor, bribe, graft, guard 6 safety, shield 7 bulwark, defense, shelter, support 8 armament, coverage, immunity, security 9 extortion, insurance, safeguard 11 supervision

protector 5 armor, guard 6 patron, regent, shield 8 guardian 9 caretaker

protégé 4 ward 5 pupil 7 student, trainee 8 disciple

protein 4 zein 5 actin, opsin 6 avidin, enzyme, fibrin, globin 7 albumin, elastin, fibroin, histone, keratin, legumin, sericin 8 creatine, globulin, glutelin, prolamin, protamin, proteose, vitellin ***complex:*** 6 mucoid ***derivative:*** 7 peptone ***poisonous:*** 5 abrin, ricin

pro tem 6 acting 7 interim 9 ad interim, temporary

protest 4 aver, avow, beef 6 affirm, assert, avouch, except, object, oppose, picket, resist 7 declare, profess 8 maintain 9 challenge, complaint, objection 10 disapprove 11 demonstrate, disapproval 13 demonstration

Protestant 5 Amish 6 Mormon, Quaker, Shaker 7 Baptist, Lollard, Pilgrim, Puritan 8 Anglican, Lutheran, Moravian 9 Adventist, Mennonite, Methodist, Unitarian 11 Pentecostal 12 Episcopalian, Presbyterian ***Bohemian:*** 7 Hussite ***French:*** 8 Huguenot

protocol 4 code, form, rule 6 custom, ritual 7 compact, conduct, decorum, manners 8 courtesy 9 concordat, etiquette, politesse, propriety 11 conventions, formalities

prototype 4 norm 5 model 6 design 7 example, pattern 8 original, paradigm, standard

prototypical 5 ideal, model 7 classic 9 classical, exemplary 10 archetypal

protozoan 4 cell 5 ameba 6 amoeba 7 ciliate, stentor 10 flagellate, paramecium

protract 6 drag on, extend 7 drag out, draw out, prolong, stretch 8 continue

protrude 3 jut 4 poke, pout 5 bulge 6 jut out 7 project 8 overhang, stand out, stick out

protrusion 3 jut, nub 4 bump 5 bulge 8 swelling 10 projection

protuberant 5 bulgy 7 bulging 9 prominent 11 conspicuous

proud 4 vain 5 huffy, lofty, noble 6 lordly, stuffy, superb 7 haughty, pleased, pompous, stuck-up, stately 8 arrogant, exultant, glorious, scornful, snobbish, spirited, splendid, superior, vigorous 9 conceited, delighted, imperious 10 disdainful, high-handed 11 magnificent, pretentious, resplendent 12 ostentatious, supercilious

Proulx novel 9 Postcards 12 Shipping News (The)
prove 3 try 4 show, test 5 argue, check 6 attest, pan out, verify 7 bear out, certify, confirm, examine, explain, turn out 8 document, indicate, validate 9 determine, establish 11 corroborate, demonstrate 12 substantiate
provenance 4 root, well 6 origin, source 7 history 9 inception 10 derivation
provender 4 feed, food 8 victuals 10 provisions
proverb 3 saw 5 adage, axiom, maxim 6 byword, saying 7 epigram 8 aphorism
provide 4 give, hand 5 endow, equip, serve, state 6 afford, outfit, supply 7 deliver, furnish, prepare, specify, support 8 dispense, hand over, maintain 9 stipulate
provided 5 given 6 if only 8 equipped, supplied
providence 4 care 6 thrift 7 caution, economy 8 prudence 9 foresight, frugality 11 forethought, thriftiness
provident 5 canny, chary 6 frugal, saving 7 careful, prudent, sparing, thrifty 8 prepared 10 economical, unwasteful 11 foresighted
providential 5 happy, lucky 9 benignant, fortunate 10 auspicious, fortuitous
province 4 area, duty, role, work 5 field, shire 6 canton, county, domain, office, region, sphere 7 demesne, pursuit, terrain 8 district, dominion, function 9 bailiwick, champaign, territory 10 department 12 jurisdiction
provincial 5 local, rural 6 narrow, rustic, simple 7 country, insular, limited 8 pastoral 9 parochial, sectarian, small-town 11 countrified
provision 5 stock, store 6 supply 9 condition 11 preparation, requirement, reservation, stipulation
provisional 5 stamp 6 acting, pro tem 9 temporary 10 contingent 11 conditional
provisions 4 feed, food, grub 5 stock 6 viands 7 aliment, edibles, nurture, vittles 8 supplies, victuals 9 provender 10 sustenance 11 comestibles ***dealer:*** 8 chandler
proviso 6 clause 7 article 9 condition 11 stipulation
provocation 5 cause, wrong 7 offense 8 stimulus, vexation 9 annoyance, incentive 10 incitement 11 instigation
provocative 5 heady 8 alluring, annoying, arousing, exciting 9 offensive 10 intriguing 11 challenging, stimulating
provoke 3 bug, irk, vex 4 abet, rile, stir, wake 5 anger, annoy, cause, evoke, pique, rouse, upset, waken 6 arouse, awaken, bother, excite, foment, harass, incite, induce, kindle, nettle, stir up, whip up 7 incense, inflame, inspire, outrage, quicken 8 generate, irritate, motivate, occasion 9 challenge, galvanize, instigate, stimulate
provost 4 head 6 keeper 7 marshal 8 director 10 magistrate 13 administrator
prow 3 bow 4 stem 5 front 10 projection
prowess 5 skill, valor 7 bravery, command, courage, heroism, mastery 9 expertise, gallantry 10 excellence
prowl 4 hunt, roam 5 skulk, slink, sneak, steal 6 search, wander
proximate 4 near, next 5 close 6 nearby 8 adjacent, imminent 9 following, immediate, preceding 10 near-at-hand 11 forthcoming
proximity 8 nearness, vicinity 9 adjacency, closeness, immediacy 10 contiguity 11 propinquity
proxy 5 agent 6 deputy 7 stand-in 8 attorney 9 surrogate 10 substitute
pro ___ 3 tem 4 bono, rata 5 forma 7 tempore
prude 4 prig 7 old maid, Puritan 8 bluenose 9 Mrs. Grundy
prudence 4 care 5 skill 6 acumen, reason, thrift, wisdom 7 caution, economy 8 sagacity 9 foresight, frugality 10 astuteness, discretion, expediency, precaution, providence, shrewdness 11 calculation, forethought, thriftiness
prudent 4 sage, sane, wary, wise 5 canny, chary 6 frugal 7 careful, politic 8 cautious, discreet, sensible 9 expedient, judicious 11 circumspect
prudish 4 prim 5 stern 6 narrow, prissy, proper, severe, strict, stuffy 7 austere, genteel 8 affected, decorous, priggish 11 puritanical, straitlaced
prune 3 cut, lop 4 clip, crop, pare, plum, thin, trim 5 shear 6 cut off, reduce, remove 7 cut away, cut back, shorten 8 pare down, truncate
prurience 4 lust 6 desire, libido 7 lechery, passion 8 cupidity 9 carnality, eroticism 11 lustfulness 13 concupiscence
prurient 4 lewd 5 bawdy 6 erotic 7 goatish, lustful, satyric, sensual 9 lickerish 10 lascivious, libidinous, passionate 12 concupiscent
pruritic 5 itchy
Prussian ***aristocrat:*** 6 Junker 12 Hohenzollern ***prime minister:*** 8 Bismarck (Otto von) ***ruler:*** 7 Wilhelm 9 Frederick (the Great)

pry 4 nose, open, poke 5 jimmy, lever, snoop 6 meddle 7 inquire 9 interfere
prying 4 nosy 6 snoopy 7 curious 8 meddling, snooping 9 intrusive, obtrusive, officious 10 meddlesome 11 impertinent, inquisitive
psalm 3 ode 4 hymn, poem, song 5 paean ***book:*** 7 psalter ***selection:*** 6 Hallel ***word:*** 5 selah
psalmist 4 poet 5 Asaph, David 6 cantor
pseudo 4 fake, mock, sham 5 bogus, false, phony 7 pretend 8 spurious 9 imitation 10 artificial 11 counterfeit
pseudonym 5 alias 7 pen name 9 false name, stage name 10 nom de plume 11 nom de guerre
psyche 4 mind, soul 5 anima 6 animus, pneuma, spirit ***part:*** 3 ego 8 superego
Psyche's beloved 4 Eros 5 Cupid
psychiatrist 6 shrink 8 alienist 11 neurologist ***American:*** 3 May (Rollo) 5 Reich (Wilhelm) 6 Kramer (Peter), Rogers (Carl) 7 Erikson (Erik) 8 Sullivan (Harry Stack) 9 Menninger (Karl) 10 Bettelheim (Bruno) ***Austrian:*** 5 Adler (Alfred), Freud (Anna, Sigmund), Reich (Wilhelm) ***British:*** 5 Laing (R. D.) ***French:*** 5 Lacan (Jacques) ***German:*** 5 Fromm (Erich) 6 Horney (Karen) ***Swiss:*** 4 Jung (Carl) 9 Rorschach (Hermann)
psychic 4 seer 6 medium, mental, occult 8 cerebral 9 mentalist, prophetic, spiritual 10 mind reader, telepathic 11 clairvoyant, telekinetic 12 intellectual, supersensory ***American:*** 5 Cayce (Edgar), Dixon (Jeane) 10 Montgomery (Ruth) ***power:*** 3 ESP
psycho 3 nut 5 crazy, sicko, wacko 6 madman, maniac, mental, schizo, weirdo 7 berserk, haywire, lunatic, nutcase 8 crackpot, demented, deranged, head case 9 fruitcake, screwball, sociopath
psychoanalyst 4 Jung (Carl Gustav), Rank (Otto) 5 Adler (Alfred), Freud (Sigmund), Fromm (Erich), Klein (Melanie), Kohut (Heinz), Lacan (Jacques) 6 Horney (Karen) 7 Erikson (Erik) 8 Ferenczi (Sandor)
psychologist 6 shrink 9 therapist ***American:*** 5 James (William) 6 Terman (Lewis), Watson (John), Yerkes (Robert) 7 Skinner (B. F.) 9 Thorndike (Edward L.) ***English:*** 4 Ward (James) 8 Spearman (Charles), Tichener (Edward) ***German:*** 5 Wundt (Wilhelm) 6 Müller (Georg), Stumpf (Carl) 10 Wertheimer (Max)
psychotic 3 mad 5 crazy 6 insane 8 demented, deranged, schizoid 13 schizophrenic
ptarmigan 6 grouse
ptomaine 6 poison
pub 3 bar, inn 4 dive 5 joint 6 tavern 7 barroom, gin mill, taproom 8 grogshop 9 roadhouse 11 rathskeller
puberty 11 adolescence
public 4 open 5 civic, civil, state 6 common, mutual, people, shared, social 7 general, popular, society 8 communal, national, populace 9 community, municipal, universal 10 accessible, government
publican 7 barkeep 8 landlord, licensee, taverner 9 bartender, collector, innkeeper 12 tax collector
publication 4 book 7 article, journal 8 magazine, pamphlet 9 broadside, newspaper 10 periodical ***list:*** 12 bibliography
public house 3 bar, inn 6 hostel, saloon, tavern 7 auberge, hospice 8 hostelry
publicity 3 ink 4 hype, plug 5 blurb, press, promo 6 hoopla, notice 7 billing, write-up 8 ballyhoo 9 attention, promotion 11 advertising 12 announcement 13 advertisement
publicize 4 bill, hype, plug, puff, push, tout 5 boost 7 promote, trumpet 8 announce 9 advertise, broadcast 10 press-agent, promulgate
publish 3 air 5 issue, print 6 get out, inform, put out, report 7 release 8 announce, bring out, proclaim 9 advertise, broadcast, make known 10 distribute, promulgate 11 disseminate
Puccini, Giacomo ***opera:*** 5 Tosca 7 Le Villi 8 La Bohème, Turandot 12 Manon Lescaut 15 Madame Butterfly
puck 3 elf, imp 4 disk 5 fairy 6 spirit, sprite 9 hobgoblin, prankster
pucker 4 fold 5 purse 6 cockle, crease 7 wrinkle 8 compress, contract 9 constrict
puckish 5 antic, elfin, larky, pixie 6 elvish, impish 7 playful 8 prankish 9 whimsical 11 mischievous
Puck's master 6 Oberon
pudding 4 duff 6 burgoo 7 custard, tapioca ***baked:*** 5 kugel 10 brown Betty
pudgy 3 fat 5 plump, round, stout, tubby 6 chubby, chunky, flabby, rotund 8 plumpish, roly-poly
pueblo 4 town 7 village 8 dwelling ***ceremonial room:*** 4 kiva
puerile 5 inane, silly 6 jejune 7 foolish 8 childish, immature, juvenile
Puerto Rico ***capital:*** 7 San Juan ***city:*** 5 Ponce 7 Bayamon 8 Mayagüez ***discov-***

erer: 8 Columbus (Christopher) *language:* 7 Spanish *location:* 10 West Indies

puff 3 pad 4 blow, brag, crow, drag, emit, huff, pant, plug, pouf, push, tout, waft 5 blurb, boast, boost, elate, expel, quilt, swell, vaunt, whiff 6 exhale, pastry, praise 7 flatter, inflate 8 swelling 9 advertise, comforter, publicize 10 exaggerate

puffer 8 blowfish 9 globefish, swellfish

puffery 4 hype, plug 9 promotion, publicity 11 advertising 12 exaggeration, press-agentry

puffin 4 bird 7 seabird 9 sea parrot 10 shearwater *cousin:* 3 auk

puffy 7 swollen 8 inflated

pug 3 bun, dog 4 nose 5 boxer, track 9 footprint

pugilism 6 boxing 13 prizefighting

pugilist 5 boxer 7 fighter 12 prizefighter

pugnacious 7 defiant, scrappy 8 brawling, fighting, militant 9 bellicose, combative, truculent 10 aggressive, rebellious 11 belligerent, contentious, quarrelsome 13 argumentative

pugnacity 9 hostility 10 aggression, truculence, truculency 12 belligerence 13 combativeness

puisne 6 junior 8 inferior

puissance 5 force, might, power 6 energy 7 potency 8 strength

puissant 6 mighty, potent, strong 8 forceful, powerful

pukka 4 real, tops 7 genuine 8 bona fide 9 authentic 10 first-class

pule 3 cry 4 mewl 5 whine 7 whimper

Pulitzer Prize fiction winner *1918:* 5 Poole (Ernest) *1919:* 10 Tarkington (Booth) *1921:* 7 Wharton (Edith) *1922:* 10 Tarkington (Booth) *1923:* 6 Cather (Willa) *1924:* 6 Wilson (Margaret) *1925:* 6 Ferber (Edna) *1926:* 5 Lewis (Sinclair) *1927:* 9 Bromfield (Louis) *1928:* 6 Wilder (Thornton) *1929:* 8 Peterkin (Julia) *1930:* 7 La Farge (Oliver) *1931:* 6 Barnes (Margaret) *1932:* 4 Buck (Pearl) *1933:* 9 Stribling (T. S.) *1934:* 6 Miller (Caroline) *1935:* 7 Johnson (Josephine) *1936:* 5 Davis (Harold) *1937:* 8 Mitchell (Margaret) *1938:* 8 Marquand (John) *1939:* 8 Rawlings (Marjorie Kinnan) *1940:* 9 Steinbeck (John) *1942:* 7 Glasgow (Ellen) *1943:* 8 Sinclair (Upton) *1944:* 6 Flavin (Martin) *1945:* 6 Hersey (John) *1947:* 6 Warren (Robert Penn) *1948:* 8 Michener (James) *1949:* 7 Cozzens (James Gould) *1950:* 7 Guthrie (A. B.) *1951:* 7 Richter (Conrad) *1952:* 4 Wouk (Herman) *1953:* 9 Hemingway (Ernest) *1955:* 8 Faulkner (William) *1956:* 6 Kantor (MacKinlay) *1958:* 4 Agee (James) *1959:* 6 Taylor (Robert Lewis) *1960:* 5 Drury (Allen) *1961:* 3 Lee (Harper) *1962:* 7 O'Connor (Edwin) *1963:* 8 Faulkner (William) *1965:* 4 Grau (Shirley Ann) *1966:* 6 Porter (Katherine Anne) *1967:* 7 Malamud (Bernard) *1968:* 6 Styron (William) *1969:* 7 Momaday (N. Scott) *1970:* 8 Stafford (Jean) *1972:* 7 Stegner (Wallace) *1973:* 5 Welty (Eudora) *1975:* 6 Shaara (Michael) *1976:* 6 Bellow (Saul) *1978:* 9 McPherson (James Alan) *1979:* 7 Cheever (John) *1980:* 6 Mailer (Norman) *1981:* 5 Toole (John Kennedy) *1982:* 6 Updike (John) *1983:* 6 Walker (Alice) *1984:* 7 Kennedy (William) *1985:* 5 Lurie (Alison) *1986:* 8 McMurtry (Larry) *1987:* 6 Taylor (Peter) *1988:* 8 Morrison (Toni) *1989:* 5 Tyler (Anne) *1990:* 8 Hijuelos (Oscar) *1991:* 6 Updike (John) *1992:* 6 Smiley (Jane) *1993:* 6 Butler (Robert Olen) *1994:* 6 Proulx (E. Annie) *1995:* 7 Shields (Carol) *1996:* 4 Ford (Richard) *1997:* 10 Millhauser (Steven) *1998:* 4 Roth (Philip) *1999:* 10 Cunningham (Michael) *2000:* 6 Lahiri (Jhumpa) *2001:* 6 Chabon (Michael) *2002:* 5 Russo (Richard) *2003:* 9 Eugenides (Jeffrey) *2004:* 5 Jones (Edward P.)

pull 3 oar, row, tow, tug 4 drag, draw, haul, lure, root, yank 5 clout, draft, drive, force, pluck, put on 6 appeal, assume, entice 7 attract, draw out, extract, stretch 9 advantage, influence 10 attraction

pull back 6 rein in 7 retreat 8 withdraw

pull down 4 draw, earn, raze, ruin 5 lower, wreck 6 reduce 7 depress, destroy 8 demolish, overcome 9 dismantle

pullet 3 hen 5 chick 7 chicken

pulley 5 wheel 6 sheave *watch's:* 5 fusee

pull in 3 nab 4 stop 5 check, pinch 6 arrest, arrive, collar, detain, pick up 7 inhibit 8 hold back, restrain 9 apprehend

pulling 6 towage 7 draught, haulage 8 traction *cable:* 7 towline

Pullman 3 car 7 sleeper 8 suitcase 11 railroad car

pull off 6 attain, manage 7 achieve, succeed 8 carry out 10 accomplish

pull out 4 exit, quit 5 leave 6 depart 7 abandon, retreat, take off 8 shove off, withdraw

pull through 5 rally 7 get over, recover, ride out, survive, weather 9 get better

pullulate 4 teem 5 breed, crawl, swarm

6 abound, sprout 7 produce 9 germinate
pull up 4 halt, stop 5 check 6 rebuke 8 draw even 9 reprimand
pulp 4 mash, pith 5 crush 6 bruise, squash 7 tabloid 8 soft part
pulpit 4 ambo, dais 6 podium 7 lectern, rostrum 8 ministry, platform
pulpy 4 soft 5 cheap, juicy, lurid, mushy 6 spongy 11 sensational
pulsate 4 beat, pump 5 pound, throb 7 vibrate 9 oscillate, palpitate
pulse 4 beat 5 throb 6 rhythm
pulverize 4 beat, ruin 5 crush, grind, smash, wreck 6 crunch, powder 7 atomize, destroy 8 demolish 9 micronize 10 annihilate
puma 3 cat 6 cougar 7 panther 12 mountain lion
pumice 5 glass, stone 8 polisher
pummel 3 hit 4 beat, drub 5 pound, punch 6 batter, buffet, hammer, thrash, wallop 7 belabor
pump 4 draw, shoe, quiz 5 exert, grill, heart, raise 6 device, elicit 7 operate 8 energize, question
pumpernickel 3 rye 5 bread
pumpkin 4 pepo 6 orange, squash 12 jack-o'-lantern *family:* 5 gourd
pump up 4 fill 6 excite, expand 7 enthuse, inflate 8 energize, increase, motivate 9 stimulate
pun 4 joke 11 paronomasia, play on words 13 double meaning
punch 3 box, cut, die, dig, hit, jab, jog, pep 4 bang, blow, cuff, poke, prod, push, snap, sock 5 clout, drive, notch, smack, vigor 6 buffet, emboss, energy, impact, pummel, strike, thrust 8 uppercut, vitality 9 emphasize, perforate
punch bowl 8 monteith
punch-drunk 5 dazed, dizzy, woozy 6 addled, groggy 8 unsteady 9 befuddled, slaphappy 10 staggering 11 disoriented
puncheon 3 log 4 cask, slab, tool 6 timber
puncher 5 boxer 6 cowboy
Punch's wife 4 Judy
punchy 5 dazed, dizzy, vivid 6 addled, lively 7 dynamic, vibrant 8 forceful, spirited, vigorous 9 befuddled, energetic, slaphappy 11 light-headed
punctilious 5 exact, fussy 7 careful, precise 9 attentive, observant 10 meticulous, particular, scrupulous 11 painstaking
punctual 5 ready 6 on time, prompt, timely
punctuate 4 mark 5 point 6 accent, divide, stress 8 separate 9 emphasize, interrupt 10 accentuate
punctuation mark 4 dash 5 brace, colon, comma, slant, slash 6 hyphen, parens, period 7 bracket, solidus, virgule 8 diagonal, ellipsis 9 backslash, guillemet, semicolon 10 apostrophe 11 parenthesis
puncture 3 jab 4 bore, flat, hole, stab 5 burst, drill, prick, punch 6 blow up, debunk, riddle 7 deflate, explode 8 disprove 9 discredit, perforate 11 perforation
pundit 4 guru, sage 5 maven, swami 6 critic, expert 7 teacher, wise man 9 authority
pungency 4 bite 5 sting 8 piquancy 9 intensity, sharpness
pungent 5 acrid, acute, harsh, sharp, spicy, tangy, zesty 6 barbed, biting 7 caustic, cutting, intense, mordant, painful, peppery, piquant, pointed 8 exciting, incisive, poignant, stinging 9 trenchant 10 irritating 11 provocative, stimulating
punish 4 fine, hurt 5 mulct, spank 6 amerce, avenge 7 chasten, correct, put down, reprove, revenge, scourge, torture 8 chastise, penalize 9 castigate, criticize 10 discipline
punishment 3 rod 4 fine 5 lumps, mulct 7 penalty, reproof 10 amercement, chastening, correction, discipline 11 castigation, comeuppance, just deserts 12 chastisement
punitive 5 penal 11 castigating, vindicative 12 correctional, disciplinary
punk 4 hood, thug 5 rowdy, tough 6 novice, rookie, tinder 7 hoodlum, ruffian, toughie 8 beginner, gangster, inferior 9 roughneck 10 delinquent
punkah 3 fan
punt 4 boat, boot, kick, play 6 gamble, propel
Punta del ___ 4 Este
puny 4 weak 5 dinky, petty, small 6 feeble, little, measly, paltry, slight 7 trivial 8 inferior, niggling, picayune, piddling, trifling
pupa 9 chrysalid, chrysalis
pupil 5 cadet, tutee 7 learner, scholar, student 8 disciple 9 schoolboy 10 apprentice, schoolgirl *French:* 5 élève
puppet 4 doll, dupe, pawn, tool 6 figure, stooge 10 figurehead, marionette
puppy 3 dog 5 whelp
Purcell opera 13 Dido and Aeneas
purchase 3 buy 4 hold 6 obtain, pay for 7 acquire, procure 9 advantage 11 acquisition
pure 5 clean, fresh, plain, sheer, total,

utter **6** chaste, decent **7** a priori, genuine, perfect, unmixed **8** absolute, abstract, innocent, spotless, virtuous **9** authentic, continent, exemplary, inviolate, stainless, unalloyed, undiluted, untainted **10** immaculate **11** theoretical, unblemished, unmitigated, unqualified **13** unadulterated

purebred **8** pedigree **9** full-blood, pedigreed **10** registered **11** full-blooded

puree **4** soup **5** paste

purely **4** just **5** quite **6** merely, simply, wholly **7** exactly, totally, utterly **8** entirely **10** altogether, completely **11** exclusively

purfle **4** trim **6** border **8** decorate, ornament

purgation **9** catharsis, cleansing **10** lustration

purgative **5** jalap **7** lustral **9** cathartic

purge **3** rid **4** oust **5** clear, expel **6** purify, remove **7** cleanse, wipe out **8** get rid of, lustrate **9** eliminate, liquidate

purification **8** ablution **9** catharsis, cleansing, expiation, purgation **10** absolution, lustration **11** expurgation **12** regeneration ***sacrament:*** **7** baptism

purify **5** clean, purge **6** filter, refine **7** clarify, cleanse

Purim **11** Feast of Lots ***queen:*** **6** Esther

puritan **4** prig **5** prude **8** bluenose **9** Mrs. Grundy

puritanical **4** prim **5** rigid **6** severe, strict **7** ascetic, austere, prudish **8** priggish **9** bluenosed **11** straitlaced

purity **8** chastity **9** innocence

purl **4** eddy, edge, knit **5** swirl, whirl **6** border, murmur, stitch **9** embroider

purlieu **5** haunt **7** hangout

purlieus **6** bounds, limits **7** suburbs **8** boundary, confines, environs **9** outskirts, precincts **12** neighborhood

purloin **3** nip **4** lift, take **5** filch, pinch, steal, swipe **6** pilfer, remove, rip off, snitch **11** appropriate

purloiner **5** crook, thief **8** larcener **9** larcenist

purple **4** plum, robe **5** cloth, grape, lilac, mauve, regal **6** florid, maroon, orchid, ornate, turgid, violet **7** flowery, pigment, pompous **8** imperial, lavender **9** bombastic, high-flown, overblown **10** rhetorical

Purple Heart **5** award, medal **10** decoration

purport **4** gist, mean **5** claim, drift, sense, tenor **6** allege, intend, thrust **7** meaning, message, profess, purpose **8** maintain **9** substance **11** connotation, implication **12** significance, significancy

purported **7** alleged, reputed, seeming **8** apparent, so-called, supposed **9** professed **10** ostensible

purpose **3** aim, end, use **4** goal, plan **5** point **6** action, design, intent, object **7** meaning, mission, resolve, subject **8** ambition, function, proposal **9** direction, intention, objective **10** aspiration, resolution **13** determination

purposeful **6** driven, intent **7** earnest, planned, studied, willful **8** resolute **9** conscious, dedicated **10** calculated, considered, deliberate, determined **11** intentional **12** premeditated

purposeless **6** random **9** desultory, haphazard, hit-or-miss, irregular, unplanned

purposely **9** expressly **10** explicitly **12** deliberately **13** intentionally

purr **3** hum **6** murmur

purse **3** bag, sum **4** knit **5** money, pouch, prize **6** pucker, wallet **7** handbag **8** reticule **9** clutch bag **10** pocketbook, prize money ***Scottish:*** **7** sporran

pursue **3** woo **4** hunt, seek **5** chase, haunt, hound, stalk, track, trail **6** badger, follow **7** afflict, go after, proceed **8** continue, engage in **9** persecute, persevere

pursuit **3** job **4** hunt, work **5** chase, quest, trade **6** search **8** activity, business, vocation **9** avocation, following **10** employment, occupation, profession

purvey **6** obtain, peddle, supply **7** furnish, provide **9** provision

purview **3** ken **5** ambit, limit, orbit, range, reach, scope, sweep **6** extent **8** boundary

push **3** pep **4** goad, plug, prod, sell, spur, urge **5** boost, drive, elbow, exert, force, impel, press, punch, shove, vigor **6** attack, effort, energy, expand, peddle, propel, throng, thrust **7** advance, assault, impetus, promote **8** ambition, pressure, vitality **9** incentive, influence, offensive **10** enterprise, get-up-and-go, initiative

Pushkin, Alexander ***novel:*** **12** Eugene Onegin ***play:*** **10** Stone Guest (The) **12** Boris Godunov ***story:*** **13** Queen of Spades (The)

push off **4** exit **5** leave, start **6** depart, set out

push on **6** travel **7** advance, journey, proceed **8** continue, progress

pushover **4** snap **5** chump, cinch, softy **6** breeze, picnic, stooge, sucker **9** soft touch

pushy **4** bold **5** brash, nervy **7** forward **8** forceful **9** assertive, obnoxious **10** aggressive **12** presumptuous

pusillanimous **5** timid **6** coward, craven

7 chicken, gutless 8 cowardly, poltroon, timorous 9 spineless 11 lily-livered
puss 3 cat, mug 4 face 6 kisser, kitten
pussycat 5 sissy, softy 6 softie 8 pushover, weakling 9 soft touch 10 namby-pamby 13 bleeding heart
pussyfoot 5 creep, dodge, evade, glide, skulk, slink, sneak, steal 6 tiptoe 10 equivocate
pustule 4 boil 6 pimple 7 abscess, blister 8 furuncle 9 carbuncle
put 3 lay, set 4 park 5 place 8 position
putative 7 assumed, reputed 8 accepted, believed, presumed, supposed 11 conjectural 12 hypothetical
put away 3 eat 4 stow 5 eat up, swill 6 commit, devour, lock up 7 confine, consume 9 polish off 11 incarcerate
put by 4 save 5 lay in, store 7 lay away 8 lay aside, salt away
put down 5 crush, quash, quell 6 demean, demote, depose, squash, subdue 7 squelch 8 belittle, suppress 9 criticize, disparage, downgrade, humiliate
put forth 5 issue 6 assert 7 present, propose
put off 5 defer, delay 7 suspend 8 hold over, postpone
put on 3 act, don, kid 4 fake 5 apply, bluff, feign, mount, stage 6 affect, assume 7 mislead, perform, pretend, produce
put-on 3 act 4 fake, sham, show 5 faked, phony, spoof 6 parody 7 assumed, feigned 8 affected, disguise 9 pretended 10 artificial, false front
put out 3 vex 4 gall 5 annoy, douse, issue, upset 6 bother, quench 7 disturb, produce, publish, trouble 8 irritate 9 aggravate, displease, embarrass 10 disconcert, exasperate, extinguish 13 inconvenience
putrefy 3 rot 5 decay, spoil, taint 6 molder 7 corrupt 9 break down, decompose
putrid 4 foul 5 fetid 6 rancid, rotten 7 corrupt, decayed, noisome, spoiled
putsch 4 coup 6 revolt 8 takeover, uprising 9 coup d'état, overthrow, rebellion 10 usurpation
putter 4 club, idle 6 fiddle, golfer, tinker 8 golf club
putting area 5 green
putto 6 cherub 8 amoretto
put together 4 form, join, make 5 build, unite 7 combine, connect, fashion, produce 8 assemble 9 construct, fabricate
putty 3 mud 4 clay 6 cement
put up 4 bunk 5 board, build, erect, house, lodge, raise 6 billet, harbor 7 quarter 8 domicile 9 construct
put up with 4 bear 5 stand 6 endure 8 tolerate
Puzo novel 6 Omerta 7 Last Don (The) 8 Fools Die, Sicilian (The) 9 Godfather (The)
puzzle 3 why 4 foil 5 poser, rebus 6 baffle, enigma, fuddle, muddle, riddle 7 anagram, confuse, mystery, mystify, nonplus, perplex, problem, tangram 8 acrostic, befuddle, bewilder, confound 9 conundrum, crossword, dumbfound, frustrate 10 disconcert 11 brainteaser
puzzle out 5 solve 6 answer, decode 7 clarify, clear up, explain, unravel 8 decipher, unriddle
puzzling 6 knotty 7 cryptic 8 baffling 9 confusing, difficult, enigmatic 10 mystifying, perplexing 11 bewildering, paradoxical 12 inexplicable
Pygmalion ***beloved:*** 7 Galatea ***father:*** 5 Belus ***playwright:*** 4 Shaw (George Bernard) ***sister:*** 4 Dido ***victim:*** 8 Sichaeus
pygmy 4 tiny 5 dwarf 6 bantam, little, midget 8 dwarfish 10 diminutive, homunculus 11 lilliputian
Pylades ***companion:*** 7 Orestes ***father:*** 9 Strophius ***wife:*** 7 Electra
pylon 4 post 5 tower 6 marker 7 gateway
Pym's creator 3 Poe (Edgar Allan)
Pynchon novel 15 Gravity's Rainbow
pyramid builder 5 Khufu 6 Cheops
Pyramus' beloved 6 Thisbe
pyre 4 heap, pile
pyretic 3 hot 7 burning, febrile, fevered 8 feverish
pyromaniac 5 torch 8 arsonist 10 incendiary
pyrosis 9 heartburn
pyrotechnics 7 display 9 fireworks, spectacle
Pyrrha's husband 9 Deucalion
Pyrrhonist 7 doubter, skeptic 10 unbeliever
Pyrrhus ***kingdom:*** 6 Epirus ***victory:*** 7 Asculum
Pythias' friend 5 Damon
python 3 boa 5 snake ***slayer:*** 6 Apollo
pyx 3 box 4 case 6 vessel 9 container 10 receptacle

Q

Qatar *capital:* **4** Doha *gulf:* **7** Persian *language:* **6** Arabic *monetary unit:* **5** riyal *neighbor:* **11** Saudi Arabia *peninsula:* **7** Arabian

QED word **4** erat, quod **13** demonstrandum

q.t., on the **8** covertly, secretly **13** under the table

quack **3** cry **4** honk, sham **6** con man, humbug **7** shammer **9** charlatan **10** mountebank **12** saltimbanque

quackery **4** hoax, scam **5** fraud, hokum **6** deceit **8** flimflam, pretense **9** deception, duplicity, imposture **11** dissembling

quad see QUADRANGLE

quadrangle **4** yard **5** close, court, patio **6** square **7** polygon **9** courtyard, curtilage, enclosure

quadrant **3** arc **6** fourth **9** one-fourth **10** instrument

quadratic **4** boxy **6** square **7** boxlike **10** foursquare

quadriga **7** chariot

quadrille **5** dance, ombre **8** card game

quadrivium subject **5** music **8** geometry **9** astronomy **10** arithmetic

quaestor **6** bursar **8** official **9** paymaster, treasurer

quaff **3** sip **4** swig, toss **5** drink, sup up **6** guzzle, imbibe, sup off **7** carouse, swallow

quagga **3** ass

quaggy **4** soft **5** boggy, mushy, pulpy **6** flabby, marshy, spongy **7** flaccid, squashy, squishy **8** squooshy, yielding

quagmire **3** bog, fen, fix, jam **4** mire **5** marsh, pinch, swamp **6** morass, pickle, plight, scrape, slough **7** dilemma **8** quandary **9** imbroglio, marshland, swampland **11** predicament

quahog **4** clam **7** mollusc, mollusk **9** shellfish **11** cherrystone

quail **5** cower, wince **6** blanch, blench, cringe, flinch, recoil, shrink **7** shudder, squinch, tremble **8** bobwhite *flock of:* **4** bevy

quaint **3** odd **5** funny, queer **7** antique, archaic, curious, oddball, strange, unusual **8** peculiar, singular **9** different, eccentric, whimsical **10** antiquated, unfamiliar **12** old-fashioned

quake **5** shake, waver **6** dither, quaver, quiver, shiver, tremor **7** shudder, temblor, tremble, twitter, vibrate **8** trembler

Quaker **6** Friend *city:* **12** Philadelphia *colonizer:* **4** Penn (William) *founder:* **3** Fox (George) *poet:* **6** Barton (Bernard) **8** Whittier (John Greenleaf) *State:* **12** Pennsylvania

qualification **6** caveat **7** ability, fitness **8** adequacy, aptitude, capacity, criterion, standard **9** condition **10** capability, competence **11** requirement, restriction, stipulation

qualified **3** fit **4** able **6** au fait, proper, proved, proven, tested **7** capable, limited, partial, skilled, trained **8** eligible, modified, reserved **9** competent **10** restricted **11** conditional **12** accomplished

qualify **3** fit **5** limit **6** lessen, modify, reduce, soften, temper **7** certify, entitle, license, mollify, prepare **8** describe, mitigate, moderate **9** authorize **12** characterize

quality **4** rank **5** class, elite, grade, merit, prime, savor, state, trait, value, worth **6** factor, flower, gentry, status, virtue **7** caliber, element, feature, stature **8** position, property, standing **9** attribute, blue blood, character, gentility, parameter **10** excellence, patriciate, perfection

qualm **4** fear **5** demur, doubt **6** nausea, unease **7** illness, scruple **8** mistrust **9** faintness, misgiving, objection **10** conscience, foreboding, reluctance, uneasiness **11** compunction, nervousness, uncertainty **12** apprehension, remonstrance **13** unwillingness

qualmish **3** ill **4** sick **6** queasy, uneasy, unwell **8** hesitant, nauseous **9** nauseated, reluctant, squeamish, uncertain **10** scrupulous **12** apprehensive

quandary **3** fix, jam **4** bind, hole, spot **5** pinch **6** pickle, plight, scrape **7** dilemma **8** quagmire **10** difficulty **11** predicament

quantity **4** body, bulk, dose **5** total **6** amount, degree, volume **9** abundance, aggregate, magnitude *fixed:*

8 constant ***small:*** **3** bit **7** modicum, smidgen

Quantrill's ___ **7** Raiders

quantum **5** quota, share, total **6** amount, budget, ration **7** measure, portion **9** aggregate, allotment, allowance, increment **13** apportionment ***of gravity:*** **8** graviton ***of radiant energy:*** **6** photon ***of vibrational energy:*** **6** phonon ***theory originator:*** **6** Planck (Max)

quarantine **6** detain **7** confine, isolate **8** restrain **9** isolation, restraint **10** detainment **11** confinement

quarrel **3** row **4** beef, bolt, dust, feud, fray, fuss, miff, spar, spat, tiff **5** argue, arrow, brawl, broil, clash, fight, melee, run-in, scrap, set-to **6** affray, battle, bicker, differ, dustup, fracas, ruckus, squall, strife **7** brabble, discord, dispute, dissent, fall out, rhubarb, ruction, scuffle, wrangle **8** argument, catfight, conflict, disagree, skirmish, squabble **9** altercate, bickering, brannigan, disaccord, lock horns, imbroglio, scrimmage **10** contention, difference, dissension, donnybrook, falling-out, free-for-all **11** altercation, battle royal, embroilment **12** disagreement

quarrelsome **6** brawly **7** adverse, counter, hostile, scrappy, warlike **8** brawling, choleric, inimical, militant **9** bellicose, combative, irascible, irritable, rancorous, truculent **10** pugnacious **11** bad-tempered, belligerent, contentious **12** cantankerous, disputatious **13** argumentative

quarry **3** dig, pit **4** game, mine, pane, prey **5** chase, delve **6** source, victim **8** excavate **10** excavation

quarter **4** area, bunk, part **5** board, house, lodge, mercy, put up **6** barrio, billet, canton, fourth, ghetto, harbor, sector **7** barrack, section, shelter **8** clemency, district, division, locality, precinct, quadrant ***circle:*** **8** quadrant ***note:*** **8** crotchet ***pint:*** **4** gill ***ship's:*** **6** fo'c'sle **10** forecastle

quarterback **4** boss, head, lead **6** director, leader, player **7** athlete, oversee **8** director, overseer **9** supervise **10** footballer, supervisor

quartet **4** four **5** group **6** tetrad **8** ensemble, foursome **10** quadruplet, quaternion **11** composition

quart, metric **5** liter, litre

quartz **4** onyx, sard **5** agate **6** jasper **7** citrine, mineral **8** amethyst, sardonyx **9** cairngorm, carnelian **10** chalcedony

quash **4** undo, void **5** annul, crush, quell **6** defeat, negate, quench, stifle, subdue **7** abolish, nullify, put down, repress, smother, squelch **8** abrogate, dissolve, suppress **10** extinguish, invalidate

quasi **6** almost **7** nominal, seeming, virtual **8** apparent

Quasimodo **9** hunchback ***creator:*** **4** Hugo (Victor) ***occupation:*** **10** bell ringer ***residence:*** **9** Notre Dame

quaver **4** note **5** quake, shake, trill, waver **6** dither, shiver, tremor **7** shudder, tremble, twitter **10** eighth note

quay **4** dock, pier, slip **5** berth, jetty, levee, wharf **6** marina **7** moorage

quean **4** bawd, slut, tart **5** tramp, wench, whore **6** harlot, hooker **7** chippie, hustler **8** strumpet **9** courtesan **10** prostitute **12** streetwalker

queasy **3** ill **4** sick **6** qualmy, uneasy, unwell **7** dubious **8** delicate, doubtful, hesitant, nauseous, qualmish, troubled **9** hazardous, nauseated, reluctant, squeamish

Quebec province ***capital:*** **6** Quebec ***city:*** **5** Laval **8** Montreal **9** Longueuil ***island:*** **9** Anticosti ***mountain:*** **9** Tremblant **10** D'Iberville ***peninsula:*** **5** Gaspé ***provincial flower:*** **10** fleur-de-lys **11** madonna lily ***river:*** **10** St. Lawrence

Queeg's ship **5** Caine

queen ***Austria-Hungary:*** **12** Maria Theresa ***Belgian:*** **6** Astrid ***Danish:*** **8** Margaret, Margrete ***Egyptian:*** **9** Cleopatra **10** Hatshepsut ***English:*** **4** Anne, Mary **8** Victoria **9** Elizabeth ***French and English:*** **7** Eleanor ***Netherlands:*** **7** Beatrix, Juliana **10** Wilhelmina ***of heaven:*** **4** Mary, moon **7** Astarte ***of Isles:*** **6** Albion ***of Ithaca:*** **8** Penelope ***of Navarre:*** **8** Margaret ***of Scots:*** **4** Mary ***of Sheba:*** **6** Balkis ***of the Adriatic:*** **6** Venice ***of the Antilles:*** **4** Cuba ***of the East:*** **7** Zenobia ***of the fairies:*** **3** Mab **7** Titania ***of the gods:*** **4** Hera, Juno, Sati ***of the Nile:*** **9** Cleopatra ***of the North:*** **9** Edinburgh ***of the underworld:*** **3** Hel **4** Hela **10** Persephone, Proserpina ***Spanish:*** **8** Isabella ***Swedish:*** **9** Christina

Queen Anne's lace **6** carrot **10** wild carrot

Queen of Spades ***author:*** **7** Pushkin (Alexander) ***composer:*** **11** Tchaikovsky (Peter Ilyich)

Queensland ***capital:*** **8** Brisbane ***explorer:*** **4** Cook (Captain James)

queer **3** odd **4** ruin **5** bogus, droll, funny, spoil, weird **6** qualmy, queasy, unwell **7** bizarre, curious, dubious, oddball, strange, touched, unusual **8** doubtful, obsessed, peculiar, qualmish, singular **9** eccentric, squeamish, worthless **10** outlandish, suspicious **11** counterfeit **12** questionable

quell 4 calm, stop 5 check, crush, quash, quiet 6 pacify, quench, squash, subdue 7 conquer, put down, squelch 8 overcome, suppress, vanquish 9 overwhelm, subjugate 10 extinguish
Quemoy's neighbor 4 Amoy 5 Matsu
quench 4 sate 5 allay, douse, quash, quell, slake 6 lessen, put out, reduce 7 appease, assuage, gratify, lighten, put down, relieve, satiate, satisfy 8 mitigate, suppress 9 alleviate, eliminate 10 extinguish
quenelle 8 dumpling, meatball 9 forcemeat
quern 4 mill
querulous 5 whiny 7 fretful, peevish, pettish, whining 8 petulant 9 lamenting 10 whimpering 11 complaining
query 3 ask 4 quiz 5 doubt, grill 7 dubiety, inquire, inquiry 8 question 9 catechize 11 interrogate 13 interrogation
quest 4 hunt 5 probe 6 pursue, search 7 delving, inquire, inquiry, probing, pursuit, seeking 8 research 9 pursuance 11 inquisition 13 investigation
question 3 ask, pry 4 poll, pump, quiz 5 doubt, grill, issue, probe, query 6 chance, matter 7 debrief, dispute, examine, inquire, inquiry, problem, suspect 8 distrust, mistrust 9 catechize, challenge, objection 10 difficulty, puzzle over 11 interrogate, possibility 13 interrogation, interrogatory
questionable 4 iffy, moot 5 shady, vague 6 unsure 7 dubious, obscure, suspect 8 arguable, doubtful, unproven 9 debatable, equivocal, refutable, uncertain 10 disputable, fly-by-night, improbable, unreliable 11 problematic 12 undependable
questioning 5 probe, query 6 show-me 7 delving, dubious, inquiry, probing 8 doubtful, grilling 9 inquiring, quizzical, skeptical, uncertain 11 incredulous, inquisitive, unbelieving 12 disbelieving 13 interrogation, interrogatory, investigative
quetzal 4 bird, coin 6 trogon
queue 3 row 4 file, line, rank, wait 5 braid 6 column 8 sequence
quibble 4 carp 5 argue, cavil 6 argufy, bicker, niggle, object 7 dispute, evasion, nitpick, wrangle 8 squabble 9 criticism, criticize, objection 10 split hairs
quick 4 core, deft, fast, keen, pith, root 5 acute, agile, brisk, fleet, hasty, rapid, sharp, smart, swift 6 abrupt, clever, nimble, prompt, speedy, sudden 7 hurried 9 breakneck, impetuous 10 harefooted 11 expeditious 12 lickety-split
combining form: 5 tachy
quick bread 6 muffin 7 biscuit
quicken 4 goad, grow, move, spur, stir, wake 5 hurry, liven, pique, rouse, speed 6 arouse, awaken, excite, hasten, incite, induce, kindle, revive, step up, vivify 7 actuate, animate, enliven, provoke, shake up, sharpen, speed up 8 activate, energize, motivate, vitalize 9 galvanize, stimulate 10 accelerate, exhilarate, invigorate
quickly 5 apace 6 at once, pronto 9 forthwith, posthaste 12 straightaway
quickness 5 haste, speed 8 alacrity, celerity, dispatch, legerity, rapidity, velocity 9 fleetness, rapidness, swiftness 10 promptness
quicksand 3 bog 4 mire 6 morass
quicksilver 7 mercury 9 mercurial 10 inconstant
quick-tempered 5 cross, fiery, ratty, testy 6 cranky, touchy 7 peppery 8 choleric, petulant 9 irascible, irritable, splenetic 10 passionate
quick-witted 3 apt 4 keen 5 acute, agile, alert, canny, ready, sharp, smart 6 astute, brainy, bright, clever, prompt 9 brilliant 10 perceptive 11 intelligent, penetrating
quid 3 cut, wad 4 chew, coin 5 money, pound 9 sovereign
quiddity 3 nub 4 gist, meat, pith 6 trifle 7 essence, quibble 8 crotchet 12 eccentricity, quintessence
quidnunc see RUMORMONGER
quiescent 4 calm 5 quiet, still 6 benign, hushed, latent, placid, serene, stilly 7 abeyant, dormant, halcyon, lurking 8 inactive, tranquil 10 untroubled
quiet 4 calm, hush, idle, lull, mute, stop 5 abate, allay, inert, muted, shush, still, whist 6 asleep, becalm, gentle, hushed, lessen, placid, serene, settle, silent, sleepy, soothe, subdue 7 compose, halcyon, pacific, passive, restful, silence, subdued 8 decrease, inactive, peaceful, reserved, secluded, taciturn, tranquil 9 cessation, easygoing, noiseless, soundless, stillness, unruffled 10 restrained, untroubled 11 tranquility, tranquilize, unobtrusive 12 tranquillity
quietus 3 end 5 death, sleep 6 damper, demise, finish 7 decease, passing, silence 8 curtains 10 inactivity, settlement 11 termination
quill 3 pen 5 float, shaft, spine, spool 6 bobbin 7 feather, spindle
quilt 4 pouf, puff 5 duvet 8 coverlet 9 comforter, eiderdown 11 counterpane
design: 8 trapunto
quintessence 4 gist, meat, pith, soul

5 ideal, model, stuff **6** marrow **7** epitome **8** exemplar, last word, quiddity, ultimate **9** substance **10** apotheosis **12** essentiality

quintessential **5** ideal, model **7** classic, typical **8** ultimate **9** classical, exemplary **10** archetypal, consummate, prototypal **12** prototypical

quintuple **8** fivefold

quip **3** dig, gag, kid **4** gibe, gird, jape, jeer, jest, jibe, joke **5** crack, fleer, sally, scoff, sneer, tease **6** banter, oddity, retort **7** quibble **8** drollery, repartee **9** wisecrack, witticism **12** equivocation

quipster **3** wag, wit **4** card **5** clown, comic, droll, joker **6** jester **8** comedian, funnyman, humorist, jokester **11** wisecracker

quirk **3** tic **4** bend, kink, quip, whim **5** crook, curve, twist **6** groove, oddity, vagary **7** caprice **8** accident, crotchet **9** mannerism **11** peculiarity **12** idiosyncrasy

quirky **3** odd **7** erratic, offbeat **8** peculiar **9** eccentric, irregular, whimsical **10** capricious **13** idiosyncratic

quirt **4** lash, whip

quisling **5** Judas, rebel **7** traitor **8** apostate, betrayer, defector, turncoat **10** copperhead **11** backstabber **12** collaborator

quit **3** end, pay **4** drop, free, halt, stop **5** cease, chuck, leave **6** depart, desert, desist, give up, resign, retire, settle **7** abandon, drop out, forsake, release, relieve, satisfy **8** knock off, leave off, released, renounce, withdraw **9** discharge, liquidate, surrender, terminate **10** relinquish **11** discontinue

quite **3** all **4** just, very, well **5** fully, in all **6** in toto, purely, rather, wholly **7** exactly, totally, utterly **8** entirely **9** perfectly **10** absolutely, altogether, completely, positively, thoroughly **12** considerably

quittance **6** amends **7** redress **8** reprisal, requital **9** atonement, discharge, expiation, repayment **10** recompense, reparation **11** restitution **12** compensation

quitter **4** funk **6** coward, craven **7** chicken, dastard **8** poltroon, recreant **9** defeatist **11** yellowbelly

quiver **4** beat, case **5** pulse, quake, shake, throb, waver **6** arrows, dither, jitter, quaver, shiver, tremor **7** pulsate, shudder, tremble, twitter, vibrate **9** palpitate, vibration

Quixote see DON QUIXOTE

quixotic **7** foolish **8** fanciful, illusory, romantic **9** fantastic, imaginary, visionary **10** capricious, chimerical, idealistic **11** impractical **13** unpredictable

quiz **3** ask **4** exam, test **5** grill, query **7** examine, inquire **8** question **9** catechize **11** interrogate **12** cross-examine

quizzical **3** odd **5** queer **6** quaint, showme **7** curious, dubious, mocking, probing, puzzled, teasing **8** doubtful, doubting, sardonic **9** inquiring, skeptical **11** incredulous, inquisitive, questioning, unbelieving **12** disbelieving

quodlibet **5** issue, point **6** debate, medley **7** mélange **8** fantasia, question **11** disputation

quoin **5** angle, block, wedge **6** corner **8** keystone, voussoir

quoit **4** game, ring **6** circle

quoits peg **3** hob

quondam **4** late, once, past **6** bygone, former, whilom **7** defunct, onetime **8** sometime **9** erstwhile **10** occasional

quorum **4** body **5** group **7** council **8** majority

quota **3** cut, lot **4** bite, meed, part **5** share, slice, whack **6** amount, parcel, ration **7** measure, portion, quantum **9** allotment, allowance **10** allocation, percentage, proportion

quotation **3** bid **5** offer, price **7** excerpt, extract, passage **8** citation

quotation mark, French **9** guillemet

quote **3** bid **4** cite, list **5** offer, price, refer **6** adduce, borrow, repeat **7** excerpt, extract, passage **8** citation

quotidian **5** daily, plain, usual **6** common **7** average, diurnal, prosaic, regular, routine, vanilla **8** day-to-day, everyday, ordinary, workaday **9** circadian **11** commonplace **12** unremarkable

quotient **5** ratio, share **7** caliber, portion **9** allotment, magnitude **10** percentage, proportion

Quo Vadis ***author:*** **11** Sienkiewicz (Henryk) ***character:*** **4** Nero **5** Lygia, Peter **8** Vinicius **9** Petronius

R

Ra ***son:*** **6** Khonsu ***wife:*** **3** Mut
Raamah ***father:*** **4** Cush ***son:*** **5** Dedan, Sheba
Rabbi Ben Ezra author 8 Browning (Robert)
rabbit 4 cony, hare **5** bunny, coney ***female:*** **3** doe ***fictional:*** **5** Fiver, Hazel, Mopsy, Peter **6** Flopsy, Harvey **7** Thumper **8** Crusader, Ricochet **9** Bugs Bunny **10** Cotton-tail **11** Easter Bunny ***food:*** **5** salad **6** carrot **7** lettuce ***neutered:*** **5** lapin ***tail:*** **4** scut
rabble 3 mob **4** mass, rout **5** crush, horde **6** masses **8** canaille, populace, riffraff, unwashed **9** hoi polloi **10** lower class **11** proletariat, rank and file
rabble-rouser 7 inciter **8** agitator, fomenter **9** demagogue **10** incendiary **12** troublemaker
Rabelais character 7 Panurge **9** Gargantua **10** Pantagruel
rabid 3 mad **4** wild **5** crazy, ultra **6** crazed, insane **7** extreme, fanatic, frantic, furious, radical, zealous **8** demented, deranged, frenetic, frenzied, obsessed, ultraist **9** delirious, extremist **10** corybantic **11** hydrophobic
rabies 11 hydrophobia
raccoon 8 ringtail ***dog:*** **6** tanuki ***relative:*** **5** civet, coati, panda **8** civet cat, kinkajou **10** cacomistle, coatimundi
race 4 bolt, dart, dash, gill, lash, meet, rush, tear, type **5** brook, chase, creek, fling, hurry, match, rally, relay, shoot, speed, spurt **6** charge, course, gallop, runnel, scurry, sprint, stream **7** channel, contest, rivalry, rivulet, scamper **8** marathon **9** grand prix **11** competition, watercourse
racecourse 4 oval, turf **5** track
racehorse 5 Alsab, Kelso **6** Forego **7** Assault, Man O' War **8** Affirmed, Citation **9** Riva Ridge, War Emblem **10** War Admiral **11** Forward Pass, Seattle Slew, Secretariat, Smarty Jones **12** Native Dancer
Rachel ***father:*** **5** Laban ***husband:*** **5** Jacob ***servant:*** **6** Bilhah ***sister:*** **4** Leah ***son:*** **6** Joseph **8** Benjamin
rachis 4 back **5** chine, spine **8** backbone **12** spinal column
rachitic 5 shaky **6** wobbly **7** rackety, rickety, tenuous **9** tremulous **10** ramshackle, rattletrap
___ Rachmaninoff 6 Sergei, Sergey
racing enthusiast 8 railbird
racism 7 bigotry, jim crow **9** apartheid, prejudice **11** segregation
racist 4 nazi **5** bigot **7** bigoted **10** intolerant, prejudiced **11** supremacist
rack 3 bed **4** buck, bunk, pace, pain, sack, scud **5** frame, wring **6** harass, harrow, martyr, strain, wrench **7** afflict, agonize, antlers, crucify, ratchet, sawbuck, stretch, torment, torture **8** distress, sawhorse **9** framework, persecute **10** excruciate
racket 3 con, din **4** game **5** babel, fraud, hoo-ha, noise **6** clamor, hubbub, rattle, scheme, tumult, uproar **7** pursuit, swindle **8** ballyhoo, brouhaha, foofaraw **10** hullabaloo **11** pandemonium
racketeer 7 mafioso, mobster **8** extorter, gangster **9** godfather
rack up 3 win **4** gain **5** reach, score **6** attain **7** achieve, realize **10** accomplish
raconteur 11 storyteller
racy 4 blue, gamy **5** bawdy, broad, juicy, salty, spicy, vampy, zesty **6** purple, risqué, smutty, snappy, vulgar, wicked **7** piquant, pungent **8** indecent, off-color, vigorous **10** suggestive
Radames' beloved 4 Aïda
radar image 3 pip **4** blip, spot **5** trace
Raddai ***brother:*** **5** David ***father:*** **5** Jesse
radiance 3 ray **4** glow **5** glory, shine **6** luster **7** aureola, aureole **8** splendor **10** brightness, brilliance
radiant 4 glad **5** beamy, shiny **6** bright, cheery, lucent **7** beaming, fulgent, glowing, lambent **8** cheerful, luminous, lustrous **9** brilliant, effulgent **10** effulgence **12** incandescent
radiate 4 beam, glow **5** gleam, shine, strew **6** spread **7** diverge **8** illumine **10** illuminate
radiation unit 3 rad, rem, rep **7** langley, sievert **8** roentgen
radiator 6 cooler, heater **9** convector **11** transmitter **13** heat exchanger
radical 4 acyl, root **5** basal, basic, rebel, ultra **7** extreme, fanatic, primary **8** agitator, cardinal, inherent, militant, ultra-

ist 9 anarchist, essential, extremist, intrinsic 10 subversive, underlying 11 fundamental 12 foundational, iconoclastic 13 revolutionary ***mathematical:*** 4 surd

radicle 4 root 5 radix 9 hypocotyl

radio 8 wireless ***frequency range:*** 8 wave band

radioactive 3 hot 7 nuclear

radius 5 ambit, orbit, range, reach, sweep 6 extent 7 compass, purview 9 extension

radix 4 base, root 6 source

raffish 6 coarse, jaunty, rakish, sporty, vulgar 9 dissolute 12 devil-may-care

raffle 7 drawing, lottery

raft 3 lot, ton 4 heap, mess, pile, scad, slew 5 balsa, float 6 bundle

rafter 4 balk, beam, viga

rag 3 jaw, kid, rib 4 bait, jive, josh, rail, razz, rock 5 baste, cloth, scold, tease 6 berate, harass, hector, needle, pester 7 tabloid, torment 9 newspaper

ragamuffin 3 bum 4 hobo, waif 5 gamin, tramp 6 beggar, gamine, orphan, urchin 7 wastrel 8 vagabond 9 scarecrow 11 guttersnipe

rage 3 cry, fad, ire, mad, wax 4 chic, fume, fury, mode, rant 5 anger, craze, fancy, furor, mania, storm, style, vogue, wrath 6 blow up, frenzy, furore, seethe 7 fashion, madness, passion 8 boil over, hysteria, violence 10 dernier cri 11 indignation

ragged 4 rent, torn 5 seedy 6 frayed, jagged, shabby, uneven 7 unkempt, worn-out 8 frazzled, straggly, tattered 10 threadbare

raging 4 wild 6 stormy 7 furious, extreme, intense, violent 8 blustery 9 ferocious, turbulent 10 blustering 11 tempestuous

ragout 4 stew 5 salmi 6 burgoo, jumble, medley 7 farrago, goulash, mélange, mixture 8 mishmash 9 potpourri 10 hodgepodge, salmagundi 11 gallimaufry

rags 4 duds, garb 5 dress 6 attire, shreds 7 apparel, clothes, raiment, threads 8 clothing 10 attirement 11 habiliments

ragtag see RABBLE

ragwort 7 senecio 9 cineraria, groundsel 10 butterweed

raid 4 bust, loot, sack 5 foray, harry 6 attack, forage, harass, inroad, invade, maraud, ravage, sortie 7 assault, despoil, overrun, plunder 8 invasion, spoliate 9 incursion, onslaught

raider 6 pirate 10 freebooter

rail 3 bar, jaw 5 fence, scold, track 6 berate, revile 7 barrier, inveigh, upbraid 8 banister 10 tongue-lash, vituperate

rail bird 4 sora 5 crake 7 clapper 8 marsh hen, water hen

railing 8 banister 10 balustrade ***part:*** 8 baluster

raillery 5 scorn 6 banter 7 mockery, teasing 8 badinage, derision, ridicule, taunting 10 lampoonery, persiflage

railroad ***branch:*** 6 siding ***car:*** 5 coach, diner, stock 6 hopper 7 caboose, gondola, Pullman ***engine:*** 10 locomotive ***locomotive:*** 9 iron horse ***station:*** 5 depot ***underground:*** 4 tube 5 metro 6 subway ***worker:*** 6 porter 7 fireman 8 brakeman, engineer 9 conductor 11 gandy dancer

raiment 4 duds, garb, gear, togs 5 array, dress 6 attire 7 apparel, clothes, threads, vesture 8 clothing, garments, glad rags, vestiary 9 caparison 10 attirement 11 habiliments

rain 6 deluge, mizzle, shower 7 drizzle 8 downpour, sprinkle 10 cloudburst 13 precipitation

rainbow 3 arc 4 iris 5 array, gamut 7 fantasy 8 illusion, spectrum 9 pipe dream ***bridge:*** 7 Bifrost ***chaser:*** 9 visionary ***goddess:*** 4 Iris

rainbow fish 5 guppy, trout 6 wrasse

raincoat 3 mac 4 mack 6 poncho, trench 7 oilskin, slicker 10 mackintosh

rain leader 9 downspout

rain tree 9 monkeypod

raise 4 ante, grow, hike, jack, jump, lift, pump, rear 5 boost, breed, erect, exalt, hoist, put up 6 foment, incite, jack up, muster 7 augment, bring up, collect, elevate, enhance, inflate, produce 8 heighten, increase 9 construct, cultivate, increment, propagate

raisin 5 grape 7 currant, sultana 10 dried grape

Raisin in the Sun author 9 Hansberry (Lorraine)

raison d' ___ 4 état, être

raja 4 king 5 chief, ruler 6 prince 9 dignitary

rake 3 rip 4 comb, roué 5 angle, blood, pitch, rifle, scamp, scour, slope 6 forage, glance, lecher, rascal, scrape, search, strafe 7 incline, playboy, ransack, rummage, scratch 8 enfilade, lothario 9 debauchee, libertine 10 profligate

rakehell 4 fast, wild 5 blood 6 rascal, sporty 7 playboy, raffish 8 lothario, rascally 9 debauchee, dissolute, lecherous, libertine 10 licentious, profligate

rake-off 3 cut 4 bite, take 5 chunk, share 7 portion 9 baksheesh, lagniappe 10 commission, percentage

rake's look 4 leer, ogle
Rake's Progress artist 7 Hogarth (William)
rakish see RAKEHELL
rally 4 race, stir, wake 5 harry, renew, rouse, waken 6 arouse, awaken, bestir, kindle, muster, perk up, pick up, repair, volley 7 convene, enliven, marshal, rebound, recover 8 assemble, clambake, comeback, mobilize, recovery 9 challenge, re-collect 10 invigorate, reorganize
rallying cry 5 motto 6 byword, slogan 9 watchword 10 shibboleth 11 catchphrase
ram 5 Aries, crash, crowd, drive, pound, sheep, stuff 6 batter, plunge, strike, thrust 7 warship
Rama's wife 4 Sita
ramble 3 gad 4 roam, rove 5 drift, range, stray, troll 6 stroll, wander 7 blather, digress, diverge, maunder, meander, saunter, traipse 8 divagate, straggle 9 gallivant
rambler 4 rose 5 gypsy, hiker, nomad, rover 6 roamer, walker 7 drifter, vagrant 8 stroller, vagabond, wanderer 9 itinerant 10 ranch house
rambunctious 5 rowdy 6 unruly 7 raucous, willful 10 boisterous, headstrong 11 intractable 12 recalcitrant, ungovernable
ramification 5 shoot 6 branch, offset 8 offshoot 9 outgrowth, offspring 11 consequence
ramify 6 branch, divide, extend 7 develop, radiate 9 branch out, propagate 11 proliferate
Ramona author 7 Jackson (Helen Hunt)
ramose 8 branched
ramp 5 apron 7 incline
rampage 4 rage, riot, tear 5 binge, fling, spree, storm
rampageous 4 wild 6 unruly 7 riotous
rampant 4 rank, rife, wild 7 rearing, regnant 9 prevalent, unbridled 10 widespread 12 uncontrolled, unrestrained
rampart 4 wall 5 ridge 7 bulwark, parapet 9 barricade 10 breastwork
ramshackle 6 flimsy 7 rickety, run-down 8 decrepit 10 tumbledown 11 dilapidated
ram's mate 3 ewe
ranch 5 finca 8 estancia, hacienda ***worker:*** 6 cowboy, gaucho 7 cowgirl, cowhand, cowpoke 10 cowpuncher
rancher 6 cowboy 7 breeder 9 cattleman
rancid 4 high, rank, sour 5 fetid 6 putrid, skunky, smelly 7 noisome, spoiled 8 stinking 9 offensive 10 malodorous
rancor 4 gall 6 animus, enmity, hatred 7 ill will 9 animosity, antipathy, hostility 10 antagonism, bitterness
rancorous 6 bitter 7 hateful, hostile 8 spiteful, venomous 9 malicious, malignant, vitriolic 10 malevolent 11 acrimonious 12 antagonistic
Rand, Ayn ***novel:*** 6 Anthem 12 Fountainhead (The) 13 Atlas Shrugged
random 6 casual 7 aimless 8 slapdash 9 arbitrary, desultory, haphazard, hit-or-miss, unplanned 10 accidental, contingent, hit-and-miss, incidental 11 purposeless
randy 4 lewd 5 bawdy, lusty 7 lustful, satyric 9 lecherous, libertine, lickerish, salacious 10 lascivious, libidinous, licentious
range 3 row, run 4 area, band, roam, rove, shot, site, sort, span, vary 5 align, ambit, carry, drift, field, gamut, orbit, order, reach, realm, ridge, scale, scope, space, stove, stray, sweep, width 6 assort, domain, extent, length, limits, ramble, sierra, sphere, spread, wander 7 compass, earshot, expanse, eyeshot, habitat, meander, purview, stretch 8 confines, distance, latitude, locality, panorama, province, stovetop, traverse, vicinity 9 amplitude, extension, gallivant, magnitude, territory 12 distribution
range finder 9 telemeter
ranger 3 spy 5 scout 6 lawman, patrol, warden 8 overseer 9 caretaker, protector
rangy 4 lean 5 lanky 6 gangly 7 spindly 8 gangling
rani's mate 4 raja 5 rajah
rank 3 row 4 file, foul, lush, rate, sort, tier 5 class, fetid, funky, grade, gross, humid, order, place, queue 6 assort, cachet, coarse, filthy, lavish, putrid, rancid, rating, smelly, status 7 arrange, dignity, echelon, footing, noisome, perfect, profuse, rampant, reeking, station, stature 8 absolute, classify, evaluate, flagrant, outright, position, standing, stinking 9 downright, egregious, loathsome, luxuriant, overgrown, repulsive 10 consummate, malodorous 11 conspicuous, outstanding, unmitigated
rank and file 5 plebs 6 people, plebes 8 populace 9 commonage, commoners, plebeians 10 commonalty 11 enlisted men
rankle 3 irk, vex 4 rile 5 annoy 6 bother, fester, nettle, seethe 8 embitter, irritate 9 aggravate 10 exasperate
ransack 3 rob 4 comb, grub, loot, rake 5 rifle, scour 6 forage, ravage 7 plunder, rummage

Ran's husband 5 Aegir
ransom 3 buy 4 free 6 redeem, regain, rescue 7 deliver, recover 8 liberate 13 consideration
rant 3 jaw, rag 4 huff, rage, rail, rate, rave 5 mouth, scold 7 bluster, bombast, declaim, fustian 8 bloviate, harangue, perorate 10 vituperate 11 rodomontade
ranula 4 cyst
rap 3 hit, tap 4 blow, chat, swat, talk, wipe 5 blame, chide, knock, swipe 6 charge, patter, rebuke 7 censure, condemn, reproof 8 causerie, denounce, reproach, sentence 9 criticize, criticism, reprehend, reprimand, reprobate 10 discussion 12 conversation
rapacious 6 greedy 8 covetous, grasping, ravening, ravenous 9 predatory, raptorial, voracious 10 gluttonous, predaceous
rapacity 5 greed 7 avarice, avidity 8 cupidity, voracity 10 greediness 12 covetousness, ravenousness
rape 4 ruin 5 colza, force, spoil 6 canola, defile, ravage, ravish 7 assault, debauch, despoil, outrage, plunder, violate 9 violation 10 ravishment, spoliation
Rape of the Lock, The *author:* 4 Pope (Alexander) *heroine:* 7 Belinda
Raphael *birthplace:* 6 Urbino *subject:* 7 Madonna *teacher:* 8 Perugino
rapid 4 fast 5 brisk, chute, fleet, hasty, quick, swift 6 speedy 7 hurried 9 breakneck 11 expeditious
rapidity 5 haste, hurry, speed 8 celerity, velocity
rapids 5 chute 8 cataract 10 white water
rapine 4 loot, swag 5 booty, prize, spoil 6 boodle, spoils 7 pillage, plunder 10 spoliation
Rappaccini's Daughter 8 Beatrice *author:* 9 Hawthorne (Nathaniel)
rapport 5 unity 6 accord 7 concord, harmony 8 affinity 9 communion 13 communication
rapscallion see RASCAL
rap session 6 confab, parley 7 palaver 8 colloquy 10 discussion
rapt 6 intent 7 engaged 8 absorbed, immersed 9 engrossed 11 carried away, preoccupied, transported
raptor 3 owl 4 hawk 5 eagle 6 condor, falcon, merlin, osprey 7 kestrel, vulture 9 gyrfalcon 10 bird of prey 11 deinonychus
rapture 5 swoon 6 heaven 7 delight, ecstasy, nirvana 9 transport 10 exaltation 13 seventh heaven
rara ___ 4 avis
rare 3 few, red 4 pink, thin 6 choice, dainty, exotic, scarce, seldom, select 7 elegant, unusual 8 delicate, singular, sporadic, superior, uncommon, unwonted 9 exquisite, recherché, underdone 10 infrequent, occasional 11 distinctive, exceptional 13 extraordinary
rarefied 4 fine, thin 7 tenuous 8 esoteric 10 attenuated
rarefy 4 thin 6 refine 9 attenuate
rarely 6 little, seldom 9 extremely, unusually 12 infrequently
raring 4 avid, keen 5 eager 6 gung-ho 12 enthusiastic
rarity 5 curio 6 oddity 7 curiosa 8 scarcity 9 curiosity 10 aberration 11 collectible
rascal 3 imp 4 rake 5 devil, knave, rogue, scamp 7 lowlife, villain, wastrel 8 scalawag 9 miscreant, reprobate, scoundrel, skeezicks 10 blackguard 11 rapscallion *Irish:* 8 spalpeen
rash 5 hasty, heady 6 abrupt, daring, madcap, plague, sudden, unwary, unwise 7 foolish 8 careless, epidemic, eruption, headlong, heedless, outbreak, reckless 9 audacious, daredevil, foolhardy, hotheaded, impetuous, imprudent, impulsive 10 ill-advised, incautious, indiscreet, unthinking 11 injudicious, precipitate, temerarious, thoughtless
rasp 4 file, fret 5 annoy, chafe, grate 6 abrade, scrape 7 scratch 8 irritate
raspberry 7 catcall 8 blackcap 10 Bronx cheer
raspy 3 dry 5 harsh, rough 6 hoarse 7 grating, jarring, raucous 8 scrabbly, scratchy
rat 4 fink, heel, scab 5 louse 6 defect, desert, inform, rodent, snitch, squeak, squeal, tattle 7 stoolie 8 apostate, defector, informer, recreant, renegade, squealer, turncoat 9 bandicoot, repudiate, turnabout 11 stool pigeon 12 tergiversate *female:* 3 doe
rate 3 fee, set, tab 4 cost, earn, rank 5 assay, class, grade, merit, price, scale, set at, value 6 amount, assess, charge, degree, esteem, regard, survey, tariff 7 apprize, deserve, valuate 8 appraise, classify, consider, estimate, evaluate, price tag 9 valuation 10 proportion
rather 4 a bit 5 quite 6 fairly, in lieu, kind of, pretty, sort of 7 instead 8 somewhat 9 tolerably 10 moderately, more or less, preferably 11 alternately 12 considerably 13 alternatively
rathskeller 3 bar, inn, pub 4 dive 6 saloon, tavern 7 barroom, taproom 8 alehouse, basement

ratify 4 seal 5 enact 7 approve, certify, confirm, endorse, license 8 accredit, sanction, validate
rating 4 mark, rank 5 class, grade 6 number 8 estimate, standing
ratio 5 scale 7 percent 8 fraction, quotient 10 percentage, proportion
ratiocination 8 judgment, sequitur 9 inference, reasoning 10 conclusion
ration 4 dole, food, meal, mete 5 allot, divvy, quota, share 6 divide, parcel 7 measure, mete out, prorate 8 allocate 9 allotment, allowance 10 provisions 13 apportionment
rational 4 calm, cool, sane 5 lucid, sober, sound 6 stable 7 logical, prudent 8 sensible, thinking 9 judicious 10 consequent, reasonable 11 circumspect, intelligent, level-headed 12 intellectual
rationale 5 basis, logic 6 reason 7 grounds 9 reasoning 11 explanation 13 justification
rationalize 7 explain, justify 10 account for 11 externalize
ratite 3 emu, moa 4 kiwi, rhea 7 ostrich
rattail 3 cod 9 grenadier
rattan 4 cane, palm 6 switch 7 malacca
Rattigan play 10 Winslow Boy (The) 14 Separate Tables
rattle 3 gab, jaw, yak 4 chat, faze 5 abash, addle, clack, noise, rouse, run on, upset 6 babble, gabble, jangle, racket 7 chatter, clatter, confuse, disturb, flummox, perplex 8 bewilder, confound, distract 9 discomfit, embarrass 10 noisemaker
rattlebrained 5 dizzy, giddy, silly 7 flighty 8 skittish 9 frivolous
rattling 4 very 5 brisk, quick 6 damned, lively, mighty 8 whacking, whopping 9 energetic, extremely 11 exceedingly
ratty 4 mean 5 dowdy, dumpy, tacky 6 cheesy, scurvy, shabby 7 unkempt 8 slovenly 10 despicable 11 treacherous 12 contemptible
raucous 4 loud 5 harsh, noisy, rough, rowdy 6 hoarse, unruly 7 grating, jarring, squawky 8 rowdyish, strident 9 termagant, turbulent 10 boisterous, disorderly, stridulent, stridulous, tumultuous 11 cacophonous 12 rambunctious
raunchy 4 foul 5 dirty, nasty 6 coarse, filthy, sloppy, smutty, vulgar 7 obscene 8 indecent 9 salacious
ravage 4 loot, raze, ruin, sack 5 foray, harry, spoil, strip, waste, wreck 6 forage, invade, ravish 7 despoil, overrun, pillage, plunder, ransack, scourge 8 desolate, spoliate 9 depredate, desecrate, devastate
rave 4 gush, rant 5 storm 6 babble, jabber 7 enthuse 10 rhapsodize
ravel 3 run 4 fray 5 snarl 6 muddle, tangle 7 perplex, untwine 8 entangle 9 extricate 10 complicate 11 disentangle
ravelings 4 lint 7 threads
Ravel work 6 Boléro 7 La Valse 14 Daphnis et Chloé 17 Rapsodie espagnole
raven 3 jet 4 ebon, inky, prey 5 black, ebony, jetty, sable 7 despoil, plunder 9 pitch-dark 10 pitch-black ***relative:*** 3 jay 4 crow 6 magpie 7 blue jay
Raven, The ***author:*** 3 Poe (Edgar Allan) ***lost love:*** 6 Lenore ***refrain:*** 9 Nevermore
ravenous 6 greedy, hungry 7 starved 8 edacious, famished, starving 9 rapacious, voracious 10 gluttonous
ravine 3 cut, gap 4 gulf, pass 5 abyss, chasm, cleft, clove, flume, gorge, gulch, gully, notch 6 arroyo, canyon, clough, coulee, defile, gutter, nullah 7 crevice, fissure 8 barranca, crevasse ***Mt. Washington's:*** 9 Tuckerman
raving 3 mad 5 manic, rabid, upset 6 crazed 7 frantic, lunatic, unglued 8 demented, deranged, frenetic, frenzied, maniacal, obsessed, unhinged, worked up 9 ravishing 10 distraught, flipped out, hysterical, irrational 11 overwrought
ravish 4 rape 5 force, spoil 6 defile 7 assault, despoil, outrage, pillage, plunder, violate 8 deflower, entrance, overcome 9 enrapture, transport
raw 4 cold, nude, rude 5 bleak, chill, crass, crude, fresh, green, naked, rough, young 6 callow, coarse, impure, native, unclad, unripe, vulgar 7 uncouth 8 immature, uncooked, unformed 9 au naturel, inelegant, irritated, run-of-mine, unbridled, unclothed, undressed, unrefined 10 unfinished, unpolished 13 inexperienced
rawboned 4 bony, lank, lean 5 gaunt, gawky, lanky, spare 6 skinny 7 angular, scraggy, scrawny
ray 4 beam 5 gleam, manta, shaft, skate, trace 6 radius, streak, stream 7 radiate, sawfish, sunbeam, torpedo 8 moonbeam 9 devilfish, thornback 10 guitarfish
raze 4 ruin 5 level 7 destroy 8 demolish, pull down, tear down
razor 6 shaver
razz 3 rag, rib 4 bait, josh, mock, twit 5 scout, taunt 6 badger, banter, deride, heckle, hector 8 ridicule (see also RASPBERRY)
RBI 11 run batted in 12 runs batted in
re 4 as to 5 as for 7 apropos 9 apropos

of, as regards, regarding **10** as respects, concerning, relating to, respecting **12** with regard to **13** with respect to

reach **4** beat, gain, pass, span, tack **5** carry, get at, get to, grasp, level, range, scope, sweep, touch **6** arrive, attain, extend, extent, rack up, thrust **7** achieve, horizon, project, stretch **9** encompass, influence **10** accomplish, get through

___ **reaction** **4** dark **5** alarm, chain, light **7** nuclear **8** chemical

reactivate **5** renew **6** revive **8** rekindle, revivify **9** resurrect **10** revitalize **11** resuscitate

read **4** scan, skim **6** peruse **8** pore over *inability to:* **8** dyslexia

readable **7** legible

reader **6** lector, primer **7** proofer, scanner **8** bookworm **9** anthology

readily **4** well **6** easily, freely **7** lightly **9** willingly **12** effortlessly

readiness **4** ease **5** skill **7** aptness **8** alacrity, dispatch, facility **9** dexterity, quickness **10** promptness **11** inclination, promptitude **12** preparedness

reading **6** lesson **7** lection, version, vulgate **9** rendition **10** recitation

ready **3** set **4** prep, ripe **5** equip **6** active, gear up, make up, primed, prompt **7** prepare **8** prepared **9** available, inclined

real **4** true, very **5** pukka, sound, valid **6** actual, honest **7** certain, genuine, sincere **8** bona fide, concrete, existent, tangible **9** authentic, undoubted, veridical **10** sure-enough, undeniable **11** substantive **12** indisputable

realism **6** verism **7** verismo **10** naturalism, pragmatism **11** objectivism, objectivity

realistic **4** sane **5** sober, sound **7** genuine, natural **8** lifelike, rational, sensible, veristic **9** practical, pragmatic **10** bottom-line, hard-boiled, hardheaded, reasonable, unromantic **11** down-to-earth **12** matter-of-fact **13** unsentimental

reality **4** fact, true **5** being, sooth, truth **9** actuality, existence, substance **13** flesh and blood

realize **4** gain **5** grasp, reach, score **6** attain, rack up **7** achieve, feature, imagine, reflect **8** conceive, envisage, envision **9** actualize, recognize **10** accomplish, comprehend

really **4** very **5** truly **6** indeed, verily **7** awfully, clearly **8** actually, honestly **9** assuredly, certainly, decidedly, genuinely **10** definitely, positively **11** exceedingly, indubitably, undoubtedly **12** unmistakably

realm **5** orbit, range, scope, sweep **6** domain, empire, estate, extent, radius, sphere **7** compass, demesne, kingdom, purview **8** dominion

ream **4** load, scad **5** widen **7** enlarge **11** countersink

reanimation **7** rebirth, revival **10** renascence, resurgence **11** reawakening, renaissance **12** risorgimento

reap **3** cut **4** earn, gain **5** glean, shear **6** garner, gather, obtain, sickle, thresh **7** harvest

rear **3** aft **4** back, butt, hind, lift, ramp, rump, seat, tail **5** after, breed, build, erect, fanny, hoist, nurse, put up, raise, set up **6** behind, bottom, fledge, foster, uphold **7** bring up, caboose, elevate, nurture **8** backside, buttocks, hindmost **9** construct, posterior

rear end **3** bum, bun, can **4** duff, moon, rump, seat, tail, tush **5** booty, fanny **6** behind, bottom, heinie **7** caboose, keister, tail end **8** backside, buttocks, derriere **9** posterior

rearmost **3** end **4** last **5** final **8** terminal, ultimate

rearrange see READJUST

rearward **3** aft **4** back **6** behind **8** backward **9** posterior **10** retrograde

Rea Silvia *father:* **7** Numitor *son:* **5** Remus **7** Romulus

reason **3** why, wit **4** mind, nous **5** basis, cause, infer, proof, think **6** excuse, ground, motive, sanity, senses **7** account, reflect **8** argument, cogitate, conceive, persuade **9** inference, intellect, rationale, soundness, speculate, wherefore **10** antecedent, deliberate **11** determinant, explanation **12** intelligence **13** consideration, justification, ratiocination, understanding

reasonable **4** fair, just **5** cheap, level, sound **6** modest **7** logical, low-cost, tenable **8** credible, feasible, moderate, rational, sensible **9** equitable, plausible **10** acceptable, affordable, restrained **11** inexpensive, intelligent

reasoning **4** case **5** logic **8** argument **9** deduction

reasonless **7** invalid **8** baseless **9** illogical, senseless, unfounded **10** fallacious, groundless, irrational **11** meaningless, purposeless

reawaken **5** renew **6** revive **7** refresh **8** revivify **9** reanimate **10** regenerate **12** reinvigorate

rebate **6** lessen, refund, return **8** decrease, diminish, give back **9** deduction, reduction

Rebecca *beloved:* **7** Ivanhoe *father:* **5** Isaac

Rebekah ***brother:*** **5** Laban ***father:*** **7** Bethuel ***husband:*** **5** Isaac ***nurse:*** **7** Deborah ***son:*** **4** Esau **5** Jacob

rebel **6** anarch, mutiny, resist, revolt **7** disobey **8** frondeur, mutineer **9** insurgent **10** malcontent **13** revolutionary, revolutionist

rebellion **6** émeute, mutiny, revolt, rising **8** defiance, intifada, sedition, uprising **10** insurgence, insurgency, resistance, revolution **12** insurrection

rebellious **6** unruly **8** mutinous, stubborn **9** insurgent **10** refractory **11** disaffected, disobedient **12** contumacious, unmanageable **13** insubordinate

rebirth **7** revival **9** awakening **10** conversion, renascence, resurgence **11** reanimation, reawakening, renaissance **12** resurrection, risorgimento

rebound **5** rally **6** bounce, reecho, recoil, repeat **7** recover **8** comeback, recovery, ricochet, snap back **10** convalesce

rebozo **5** scarf, shawl

rebuff **4** slap, snub **5** repel **6** reject **7** fend off, repulse, ward off **8** turn away

rebuild **6** repair, revamp **7** remodel, restore **8** overhaul, renovate, retrofit **9** modernize, refurbish **11** recondition, reconstruct **12** rehabilitate

rebuke **3** rap **4** snub **5** chide, scold, scorn **6** bawl out, berate, earful, lesson, rebuff **7** lecture, reproof, reprove **8** admonish, call down, reproach, scolding **9** reprimand, talking-to **10** tongue-lash **11** comeuppance, objurgation **12** admonishment, dressing-down **13** tongue-lashing

rebut **5** repel **6** refute, reject **7** confute, fend off, repulse, ward off **8** confound, disprove, stave off **10** controvert, disconfirm

rebuttal **5** reply **6** answer, retort **7** defense, riposte **8** argument, comeback, response **9** rejoinder **10** refutation **11** repudiation

recalcitrant **6** unruly **7** froward, willful **8** contrary, perverse, stubborn, untoward **9** fractious, obstinate, resistant **10** headstrong **11** intractable **12** ungovernable, unmanageable

recall **4** stir **5** evoke, renew, rouse, waken **6** arouse, awaken, cancel, memory, remind, repeal, revive, revoke **7** bethink, rescind, restore, retract, reverse **8** callback, remember, resemble, take back, withdraw **9** anamnesis, recollect, reinstate, reminisce, represent, reproduce **10** revocation **11** bring to mind, countermand, remembrance **12** recollection, reminiscence

recant **5** unsay **6** abjure, revoke **7** retract **8** forswear, renounce, take back, withdraw **9** backtrack, repudiate

recap **5** sum up **6** précis, résumé **7** reprise, retread, summary **8** overview **9** summarize **10** retrograde

recapitulate **5** sum up **6** resume **9** summarize **10** retrograde

recapitulation **5** sum-up **6** précis, résumé **7** epitome, reprise, summary **9** summing-up

recede **3** ebb **4** back **5** abate, taper **6** lessen, reduce, retire **7** dwindle, regress, retract, retreat **8** decrease, diminish, fall back, withdraw **10** retrograde, retrogress

receipts **4** gate, take **5** sales **6** income **7** revenue, takings **8** earnings, proceeds

receive **4** host **5** admit, catch, greet **6** accept, endure, suffer, take in **7** acquire, sustain, welcome **10** experience

received **5** plain, sound **6** common **7** popular **8** accepted, familiar, ordinary, orthodox **12** acknowledged, conventional

receiver **4** dish **5** donee, fence, pager **6** aerial **7** antenna, catcher, scanner **9** recipient, treasurer

recent **3** new **4** late **5** fresh, novel **6** latest, modern **8** neoteric

receptacle **6** hamper, holder, hopper, trough, vessel **9** container **10** repository

receptive **4** open **7** passive **8** amenable **9** sensitive **10** accessible, hospitable, open-minded, responsive **11** persuadable, persuasible, suggestible, susceptible

recess **4** cove, nook **5** break, cleft, niche **6** alcove, grotto, hiatus **7** adjourn **8** prorogue **9** prorogate, terminate **11** indentation

Recessional author **7** Kipling (Rudyard)

recessive **3** shy **8** retiring **9** reclusive, withdrawn **10** unsociable

recherché **4** rare **5** novel **6** choice, dainty, exotic, select **7** elegant, unusual **8** affected, delicate, original, superior, uncommon **9** exquisite **11** pretentious

recipe **7** formula **9** procedure **12** prescription

reciprocal **4** mate, twin **5** match **6** double, fellow, mutual **8** requited **9** companion, duplicate **10** coordinate **11** interactive ***prefix:*** **5** inter

reciprocate **5** repay **6** retort, return **7** requite **8** exchange **9** retaliate **10** compensate, recompense **11** interchange

recital **5** story **6** soiree **7** concert, reading **9** discourse, narration **10** recounting **11** enumeration, performance

recite 4 tell 5 chant, count, state 6 detail, number, relate, repeat, report, set out 7 declaim, narrate, recount, reel off 8 describe, rehearse 9 pronounce

reckless 4 rash, wild 5 brash, hasty 6 daring, madcap 8 carefree, heedless 9 audacious, daredevil, foolhardy, hot-headed 10 ill-advised, incautious 11 harebrained, temerarious, thoughtless 12 devil-may-care 13 irresponsible

reckon 3 sum 5 count, gauge, guess, judge, tally, total 6 cipher, figure, number, regard 7 account, compute, suppose, surmise 8 consider, estimate 9 calculate, enumerate 10 conjecture 11 approximate

reckoning 3 tab 4 bill 5 tally, score 7 account, invoice 9 statement 10 arithmetic, estimation 11 calculation, computation

reclaim 4 save, tame 6 redeem, reform, rescue 7 deliver, recover, restore 9 restitute 11 recondition, reconstruct 12 rehabilitate

recline 3 lie 4 rest, tilt 5 couch, slant, slope 6 lounge, repose 7 lie down 10 stretch out

reclining 4 flat 5 prone 6 supine 9 decumbent, prostrate, recumbent

recluse 5 loner 6 hermit, shut-in 7 eremite 8 cenobite, solitary 9 anchorite *female:* 7 ancress 9 anchoress

reclusive 8 eremitic, hermetic, reserved, solitary 9 withdrawn 10 antisocial, eremitical, unsociable 12 misanthropic

recognition 6 credit, esteem, notice 9 attention, awareness, gratitude 10 cognizance, perception 11 realization 12 appreciation

recognize 4 note, spot 5 admit 6 notice 7 observe, realize 8 diagnose, identify 9 apprehend 10 appreciate 11 acknowledge, determinate, distinguish

recoil 4 balk, kick 5 cower, dodge, quail, start, wince 6 blench, cringe, flinch, shrink 7 rebound, retract, squinch 8 reaction

recollect 5 evoke 6 recall, remind, revive 7 bethink 8 remember 9 reminisce

recollection 6 memory, recall 9 anamnesis, flashback 11 remembrance 12 reminiscence

recommence 5 renew 6 pick up, reopen, resume, take up 7 restart 8 continue

recommend 4 tout 6 advise, praise, prefer 7 acclaim, commend, counsel, endorse, entrust, propose, suggest 8 advocate

recommendation 4 plug 5 pitch 6 advice 7 counsel 11 endorsement, testimonial

recompense 3 pay 4 wage 5 repay 6 amends, reward 7 guerdon, premium, redress, requite 8 gratuity, requital 9 indemnify, indemnity, quittance, reimburse, repayment 10 compensate, remunerate, reparation 11 reciprocate, restitution, retribution 12 compensation, remuneration 13 consideration, gratification

reconcile 4 suit, tune 5 adapt 6 accept, accord, adjust, attune, make up, resign, settle, square, submit, tailor 7 conform, get over, resolve 9 harmonize, integrate 10 conciliate, coordinate 11 accommodate

recondite 4 deep 6 hidden, mystic, occult, orphic, secret 7 cryptic, erudite, learned, obscure 8 abstruse, academic, esoteric, hermetic, profound 9 concealed, difficult, enigmatic, scholarly

recondition 3 fix 4 mend 6 doctor, repair, revamp 7 rebuild, restore 8 make over, overhaul, retrofit 9 restitute 10 rejuvenate 12 rehabilitate

reconnoiter 5 scout 6 survey

reconsider 6 review, revise 7 rethink, reweigh 8 reassess 9 reexamine 10 reevaluate 13 think better of

reconstruct 6 recast, re-form, remake, revamp 7 rebuild, reclaim, remodel, restore 8 make over, overhaul, readjust, renovate 9 refashion, restitute 10 reassemble, reorganize

record 4 disc, disk 5 album 6 annals, enroll 7 archive, journal, platter 8 archives, document, register 9 chronicle 10 transcript *of a meeting:* 7 minutes *of proceedings:* 4 acta *ship's:* 3 log 7 logbook

recorder 5 flute 9 registrar *flight:* 8 black box

record player 5 phono 8 Victrola 9 turntable 10 gramophone, phonograph

recount 4 tell 5 state 6 recite, relate, report, retail 7 narrate 8 describe, rehearse 9 enumerate

recoup 6 regain 7 get back, reclaim, recover 8 retrieve 9 repossess

recourse 6 backup, refuge, resort 7 standby, stopgap, support 8 resource 9 expedient, makeshift

recover 4 heal, mend 5 evict, rally, renew 6 recoup, redeem, regain, revive 7 get back, get over, improve, rebound, recycle, reclaim, restore 8 retrieve, snap back 9 come round, reacquire, recapture, re-collect, repossess, restitute 10 bounce back, convalesce, recuperate

recreant 3 rat 5 false 6 coward, craven,

untrue 7 chicken, dastard, unloyal 8 apostate, cowardly, defector, deserter, disloyal, poltroon, renegade, turncoat 9 dastardly, faithless, turnabout 10 perfidious, traitorous, unfaithful 13 pusillanimous

recreate 4 play 5 evoke, renew 7 freshen, refresh, restore 11 reconstruct

recreation 4 play 5 hobby, sport 7 leisure, pastime 8 activity 9 avocation, diversion 10 relaxation 13 entertainment

recrudesce 5 recur 6 return, revert, revive 7 reoccur 8 break out

recruit 4 boot, hire 5 raise 6 engage, enlist, enroll, muster, novice, rookie 7 draftee 8 beginner, enlistee, freshman, headhunt, neophyte, newcomer 9 conscript, fledgling, reinforce, replenish 10 apprentice, tenderfoot

rectifier 4 tube 5 diode 8 detector, ignitron

rectify 3 fix 4 mend 5 amend, emend 6 adjust, remedy, repair 7 correct

rectitude 6 virtue 7 honesty, probity 8 morality 9 rightness 11 uprightness 13 righteousness

rector 6 parson, pastor, priest 9 clergyman 10 headmaster

rectory 5 manse 8 benefice 9 parsonage

recumbent 4 flat 5 prone 6 supine 7 leaning, resting 8 reposing 9 lying down, prostrate, reclining

recuperate 4 heal, mend 5 rally 6 regain, revive 7 rebound, recover 8 snap back 10 convalesce

recur 5 cycle, haunt 6 repeat, resort, return 7 iterate, revolve 8 turn back

recurring 7 chronic 8 periodic 10 continuous, isochronal, periodical, persistent 11 isochronous 12 intermittent

red 4 puce, ruby 5 coral, gules, rouge, ruddy 6 cerise, claret, florid, maroon 7 carmine, crimson, flushed, glowing, magenta, oxblood, scarlet, vermeil 8 burgundy, sanguine 9 vermilion *combining form:* 4 rhod 5 rhodo

Red 6 Bolshy, commie 7 Bolshie, comrade 9 Bolshevik, Communist

redact 4 edit 6 censor, revise

Red and the Black author 8 Stendhal

red ape 9 orangutan

red arsenic 7 realgar

red-backed sandpiper 6 dunlin

Red Badge of Courage *author:* 5 Crane (Stephen) *hero:* 7 Fleming (Henry)

red-bellied snipe 9 dowitcher

redbird 7 tanager 8 cardinal 13 summer tanager

red blood cell 11 erythrocyte

red-blooded 5 juicy, lusty, manly 6 hearty, robust, virile 8 vigorous 9 energetic

redbreast 4 knot 5 robin 7 sunfish

red-breasted snipe 9 dowitcher

Redburn author 8 Melville (Herman)

red carp 8 goldfish

red cobalt 9 erythrite

red copper ore 7 cuprite

Red Cross *founder:* 6 Barton (Clara) *Knight:* 6 George

redden 5 blush, color, flush, rouge 6 mantle, ruddle 11 incarnadine

red dog 5 blitz

redecorate 4 redo 5 fix up 9 refurbish

redeem 4 free, save 5 atone, loose, renew 6 offset, pay off, ransom, reform, rescue 7 expiate, reclaim, recover, restore 9 exonerate

redeemer 5 Jesus 6 Christ, savior 7 messiah, saviour

redemption 6 ransom 7 release 9 atonement, expiation, salvation 11 deliverance

red-eye 5 hooch 6 flight, rotgut 7 whiskey 8 rock bass 9 moonshine

red-faced 5 ruddy 6 florid, shamed 7 abashed, flushed, glowing 8 blushing, rubicund, sanguine, sheepish 9 mortified 11 embarrassed

redfish 4 bass, drum 5 perch 6 salmon 10 ocean perch 11 channel bass

red hickory 6 pignut

red-hot 5 fiery 6 ardent, fervid 7 blazing, boiling, burning, fervent, flaming, glowing 8 brand-new, scalding, sizzling 9 scorching 10 blistering, passionate, sweltering 11 impassioned

red Indian paint 9 bloodroot 11 sanguinaria

red ink 7 arrears, deficit 8 shortage

red inkberry 8 pokeweed

red ironbark 8 eucalypt 10 eucalyptus

red iron ore 5 ocher, ochre 8 hematite

red lauan 8 mahogany

red-legged crow 6 chough

red-legged sandpiper 9 turnstone

red-letter 7 notable 8 historic 9 important, memorable 10 noteworthy, observable, remarkable 11 significant

red-light district 5 stews 10 tenderloin

red mite 7 chigger

redneck 4 clod, hick, rube 5 Bubba, yahoo, yokel 6 rustic 7 bumpkin, hayseed 9 hillbilly 10 clodhopper, good old boy, good ole boy

redo 5 renew 6 repeat, revamp 7 remodel, restyle 8 make over, overhaul, refinish, renovate 9 refurbish 10 redecorate

red ocher 8 hematite

redolence 4 balm, odor 5 aroma, attar, scent, spice 7 bouquet, incense, perfume 9 fragrance
redolent 5 balmy, spicy, sweet 7 odorous, scented 8 aromatic, fragrant, perfumed 9 ambrosial, evocative 10 suggestive 11 reminiscent
redouble 4 dupe 7 dualize, enhance, magnify 8 heighten 9 duplicate, intensify, reinforce 10 strengthen
redoubt 4 fort 7 bastion, citadel 8 fastness, fortress 10 stronghold
redoubtable 5 famed, great 6 famous, mighty 7 awesome, eminent 8 imposing, puissant, renowned 9 prominent 10 celebrated, formidable, impressive 11 illustrious 12 intimidating, overwhelming 13 distinguished
redound 6 accrue, recoil 7 conduce, reflect 10 contribute
red pigment 5 ocher, ochre 6 ruddle
Red Planet 4 Mars
redpoll 5 finch 6 linnet
redraft 6 revamp, revise, rework 7 restyle, rewrite 8 make over, overhaul, rescript, revision, work over 9 recension
redress 4 heal 6 amends, avenge, negate, offset, relief, remedy 7 correct 8 reprisal, requital 9 cancel out, indemnity, quittance, vindicate 10 compensate, counteract, correction, neutralize, recompense, reparation 11 restitution, retribution 12 compensation
red roe 5 coral 6 caviar
redroot 7 alkanet, pigweed 9 bloodroot 12 New Jersey tea
red sable 8 kolinsky
red silver ore 9 proustite
red squirrel 9 chickaree
reduce 3 cut 4 cull, diet, melt, pare 5 abate, force, lower, shade, shave, slash, smelt 6 humble, lessen, recede, weaken 7 abridge, curtail, cut back, cut down, dwindle, liquefy, squeeze 8 boil down, compress, contract, decrease, diminish, discount, mark down, minimize, simplify, taper off 10 depreciate, slenderize 11 consolidate
reductio ad ___ 8 absurdum
reduction 6 digest, précis, rebate 7 cutback, cutdown, epitome, summary 8 abstract, discount, markdown, synopsis 9 abatement 10 shortening 11 curtailment 12 condensation
redundancy 6 excess 7 nimiety, surfeit 8 pleonasm 9 abundance, profusion, prolixity, tautology 10 repetition 11 periphrasis, reiteration, superfluity 13 supernumerary
redundant 5 extra, spare, windy, wordy 6 prolix 7 surplus, verbose 9 duplicate, excessive, iterative 11 duplicative, reiterative, repetitious, superfluous, tautologous 13 supernumerary
redux 7 revived 8 restored
redwing 6 thrush 9 blackbird
redwood 7 amboyna, sequoia 8 mahogany
reed 4 pipe 5 arrow, grass
reedy 4 thin 6 skinny, stalky, twiggy 7 spindly
reef 3 bar, cay, key 4 lode, vein 5 atoll, ledge 6 reduce, skerry 7 sandbar
reek 4 funk 5 fetor, smell, stink 6 stench 9 effluvium
reeking 4 rank 5 fetid, funky, fusty 6 putrid, rancid, smelly, stinky 7 noisome, stenchy 10 malodorous
reel 4 spin, sway, turn 5 lurch, spool, weave, whirl 6 bobbin, careen, teeter, totter, waggle, wobble 7 stagger, stumble 8 fall back
reestablish 5 renew 6 revive 7 restore 9 reinstate 10 reinscribe 11 reintroduce
reevaluate 6 review 7 rethink, reweigh 8 reassess 9 reexamine 10 reconsider
reeve 4 ruff 6 thread 9 sandpiper 10 magistrate
reexamine see REEVALUATE
refashion 5 alter 6 change, modify, recast, remake, revamp 7 remodel 8 make over, overhaul 9 transmute
refection 4 feed, meal 6 repast 11 nourishment, refreshment
refectory 10 dining hall
refer 6 advert, allude, assign, relate, submit 7 ascribe 9 attribute
referee 3 ump 5 judge 6 umpire 7 adjudge, arbiter, mediate 8 mediator 9 arbitrate, officiate 10 adjudicate, arbitrator
reference 5 atlas 6 credit, source 7 almanac, meaning, mention 8 allusion, citation, innuendo, relation, resource 9 directory 10 dictionary 11 testimonial 12 encyclopedia
reference book 5 atlas, bible, guide 6 manual 7 almanac 8 handbook 9 guidebook 10 dictionary 11 enchiridion 12 encyclopedia
reference guide 5 index 12 bibliography
referendum 4 poll, vote 10 plebiscite
refine 5 smelt, prune 6 polish, purify, smooth 7 elevate, improve, perfect, process 8 civilize 9 cultivate
refined 4 pure 6 subtle, urbane 7 elegant, genteel, raffiné 8 cultured, elevated, ladylike, raffinée, well-bred 9 civilized 10 cultivated, fastidious 13 sophisticated
refinement 5 couth, grace, taste 6 finish,

polish 7 culture, finesse, suavity 8 breeding, civility, courtesy, elegance, subtlety, urbanity 9 politesse 10 politeness 11 cultivation 12 civilization, distillation, purification 13 clarification

reflect 4 echo, pore, show 5 weigh 6 bounce, mirror, ponder, reason, return 7 redound 8 chew over, cogitate, consider, ruminate 9 cerebrate 10 deliberate, retrospect 11 contemplate, demonstrate

reflection 4 slur 5 image 6 musing 7 replica, thought 8 reproach 9 aspersion 10 cogitation, meditation, rumination, simulacrum 11 cerebration 12 deliberation, reproduction 13 animadversion, consideration, contemplation

reflective 7 pensive 9 reflexive 10 cogitative, indicative, meditative, ruminative, thoughtful 12 deliberative 13 contemplative

reflux 3 ebb 4 GERD 8 backflow

reform 5 amend, emend 6 redeem, revise 7 correct, improve, reclaim, shape up 8 make over 10 correction, houseclean, regenerate

Reformation leader 4 Knox (John) 6 Calvin (John), Luther (Martin) 7 Zwingli (Huldrych)

reformatory 3 pen 6 prison 7 borstal 8 big house, remedial 10 corrective 12 penitentiary

refractory 6 mulish, unruly 7 froward, restive 8 contrary, perverse, stubborn 9 obstinate 10 bullheaded, headstrong, rebellious, unyielding 11 intractable, stiff-necked 12 unmanageable

refrain 4 keep, stop 6 burden, chorus, shrink 7 abstain, forbear 8 hold back

refresh 5 renew 6 revive 7 animate, enliven, quicken, restore 8 irrigate, recreate, renovate 9 replenish, stimulate 10 rejuvenate

refresher 5 drink, tonic 6 bracer 8 reminder 9 stimulant 11 restorative

refreshing 5 brisk, tonic 7 bracing 8 reviving 9 analeptic, animating 10 delightful, energizing 11 restorative, stimulating 12 invigorating, rejuvenating

refrigerant 3 ice 5 freon 7 coolant, cryogen 12 fluorocarbon 13 sulfur dioxide

refrigerator 6 cooler, fridge, icebox, walk-in 9 condenser 10 Frigidaire

refuge 4 lair, port 5 cover, haven 6 asylum, covert, harbor, resort 7 hideout, protect, retreat, shelter 8 hideaway, recourse, resource 9 expedient, harborage, sanctuary, safe house

refugee 5 exile 6 émigré 7 evacuee 8 emigrant, fugitive 10 boat person, expatriate

refulgent 6 bright 7 glowing, radiant 8 luminous 9 brilliant

refund 5 repay 6 rebate 8 give back 9 reimburse, repayment, restitute 11 restitution

refurbish 4 redo 5 fix up, renew 6 revamp 7 restore 8 make over, overhaul, renovate 10 redecorate, rejuvenate 11 recondition

refusal 4 veto 6 denial 7 regrets 8 negative, negation 9 disavowal 10 abnegation 11 declination, repudiation

refuse 3 jib, nix 4 deny, junk, scum 5 dreck, dross, offal, spurn, swill, trash, waste 6 debris, litter, reject, scraps, spilth 7 decline, garbage, residue, rubbish 8 disallow, leavings, remnants, turn down, withhold 9 reprobate, repudiate, sweepings 10 disapprove

refutation 8 disproof, elenchus, rebuttal

refute 4 deny 5 rebut 7 confute 8 confound, disprove 10 controvert, disconfirm

regain 6 recoup 7 get back, recover 8 reoccupy, retrieve 9 recapture, repossess ***possession:*** 7 replevy 8 replevin

regal 5 grand 6 august, kingly, purple 7 queenly, stately, sublime 8 glorious, imperial, imposing, kinglike, majestic, princely, splendid 9 monarchal, sovereign 10 monarchial 11 magnificent, monarchical, resplendent

regale 4 feed 5 amuse, feast 6 dinner, divert, spread 7 banquet 9 entertain

regalia 5 array 6 finery 8 frippery, insignia 9 caparison, full dress, trappings 10 decoration 11 habiliments

Regan ***father:*** 4 Lear ***husband:*** 8 Cornwall ***sister:*** 7 Goneril 8 Cordelia

regard 4 deem, heed, mark, note, rate, view 5 assay, favor, honor, judge, value 6 admire, assess, esteem, homage, liking, notice, reckon, repute 7 account, concern, respect 8 approval, consider, devotion, estimate, fondness 9 attention 10 admiration, cognizance, estimation, observance, solicitude 11 approbation, contemplate, observation 12 appreciation, satisfaction 13 consideration

regardful 7 heedful 8 watchful 9 advertent, attentive, observant 10 perceptive, respectful

regarding 4 as to, in re 5 about, anent, as for 7 apropos 8 touching 9 apropos of 10 as respects, concerning, relative to, respecting 11 in respect to 13 with respect to

regatta 4 race

regenerate 5 renew 6 reform, revive 7 rebirth, restore 8 recreate 9 reproduce
regent 5 ruler 6 warden 8 governor 9 protector
regicide's victim 4 king
regime 4 rule, term 5 reign 6 empire, tenure 7 dynasty 10 government, leadership
regimen 4 diet, plan, rule 6 course 10 government
region 4 area, belt, part, zone 5 field, tract 6 domain, locale, sector, sphere 7 demesne, terrain 8 locality, province, vicinity 9 bailiwick, territory 12 neighborhood
regional 5 local 9 localized, sectional 10 provincial 11 territorial
register 4 file, list, note, roll, till 5 enter, range, tally 6 annals, docket, enroll, ledger, record, roster 7 catalog, check in, express 8 indicate 9 catalogue
regnant 4 rife 6 ruling 7 current, popular 8 dominant, reigning 9 paramount, prevalent, sovereign 10 prevailing, widespread
regress 6 revert 9 backslide 10 retrograde
regret 3 rue, woe 4 care 5 grief, mourn 6 bemoan, bewail, excuse, grieve, lament, repent, sorrow 7 anguish, apology, deplore, remorse 9 heartache, penitence 10 contrition, heartbreak 11 compunction
regretful 5 sorry 6 rueful 8 contrite, mournful, penitent 9 repentant, sorrowful 10 apologetic, remorseful 11 penitential
regrettable 3 sad 6 too bad, woeful 8 grievous 10 lamentable 11 distressing, unfortunate 13 heartbreaking
regular 3 due, set 4 even 5 fixed, usual 6 common, normal, steady 7 average, equable, general, natural, orderly, typical, uniform 8 complete, constant, everyday, methodic, ordinary, standard 9 clocklike, customary, prevalent 10 methodical, systematic 11 commonplace 12 run-of-the-mill
regulate 5 order, scale 6 adjust, direct, govern, police, square, temper 7 arrange, control 8 organize 9 methodize, systemize 11 systematize
regulation 3 law 4 rule 5 canon, edict, order 6 decree 7 precept, statute 9 ordinance, prescript 11 restriction 12 codification
regulator 8 governor
rehabilitate 4 cure, heal 7 reclaim, recover, restore 8 renovate 9 reeducate, restitute 11 recondition
rehash 5 reuse 6 repeat, review, rework 7 restate, version 8 chew over, rehearse, talk over 9 rendering, rendition, rewording 11 restatement 12 recapitulate
rehearse 5 drill, train 6 repeat 7 run over 8 exercise, practice 10 run through
Rehoboam *father:* 7 Solomon *kingdom:* 5 Judah 6 Israel *mother:* 6 Naamah
reign 4 rule, sway 6 govern 7 prevail 8 dominate, dominion 11 predominate, sovereignty
reimburse 3 pay 5 repay 6 recoup, refund 7 requite 9 indemnify 10 compensate, remunerate
rein 4 curb, stem 5 check 6 bridle 7 compose, control, repress 8 hold back, restrain, suppress
reinforce 4 prop 5 brace 7 augment, bolster, enlarge, fortify, recruit, sustain 8 buttress, increase, redouble 10 invigorate, strengthen
reinstate 6 recall 7 restore 11 reestablish, reintroduce 12 rehabilitate
reintroduce 6 recall, revive 7 restore 9 reinstate 11 reestablish
reinvestment 4 DRIP 8 plowback
reiterate 5 renew, resay 6 repeat, resume, retell 7 reprise
reject 3 nix 4 jilt, junk, shed 5 debar, scorn, scrap, spurn 6 abjure, pariah, pass up, rebuff, refuse 7 cashier, castoff, decline, discard, dismiss, exclude, outcast, repulse, shut out 8 castaway, jettison, throw out, turn away, turn down 9 eliminate, repudiate, shoot down, throw away 10 disapprove
rejoice 5 cheer, exult, glory 7 delight, gladden 8 jubilate
rejoinder 5 reply 6 answer, retort 8 comeback, rebuttal, repartee, response
rejuvenate 5 green, renew 7 refresh 8 renovate 9 modernize 10 revitalize
rekindle 5 renew 6 revive 7 restart 8 reawaken, reignite, revivify 10 reactivate, revitalize
relate 4 link, tell 5 apply, refer 6 assign, detail, recite, report 7 connect, express, pertain, recount 8 describe, disclose, interact, rehearse 9 appertain, chronicle
related 4 akin 5 alike, enate 6 agnate, allied 7 cognate, connate, germane, kindred 8 incident 9 analogous, connected, identical, pertinent 10 associated, connatural, homologous 11 consanguine
relation 3 kin 6 agnate 7 hinship, kinsman 8 affinity 9 kinswoman, reference 11 propinquity

relationship 3 tie 4 bond, link 5 ratio, tie-in, union 6 affair 7 analogy, contact, liaison 8 affinity, alliance 10 connection 11 affiliation, association 13 confederation, consanguinity
relative 3 mom, sib, sis, son 4 aunt, mama, papa 5 blood, madre, mamma, momma, niece, pappy, pater, poppa, uncle 6 agnate, cousin, father, mother, nephew, parent, sister 7 apropos, brother, cognate, germane, kinsman, sibling 8 ancestor, daughter, grandson, relation, relevant 9 ascendant, dependent, kinswoman, pertinent 10 applicable, collateral, descendant, grandchild 11 comparative, conditional, grandfather, grandmother, grandparent 13 granddaughter
relatives 3 kin 4 kith 5 folks 7 kindred, kinfolk 8 kinfolks 9 relations
relax 4 bask, ease, loll, rest 5 chill, let go, loose, remit 6 loosen, lounge, modify, unkink, unwind 7 slacken 8 chill out, kick back, loosen up, unbuckle, wind down 9 untighten 10 decompress
relaxation 3 fun 4 ease, rest 5 hobby 6 repose 7 leisure, pastime 9 amusement, diversion, enjoyment 10 recreation
relaxed 5 loose, slack 6 casual, dégagé, mellow 8 informal 9 easygoing 11 low-pressure
release 4 emit, free, vent 5 issue, loose, untie, yield 6 acquit, loosen, pardon, ransom, unbind, uncage 7 give off, give out, manumit, set free, unchain, unleash 8 liberate, unfetter 9 acquittal, discharge, exculpate, exonerate, surrender 10 emancipate 11 manumission 12 emancipation ***conditional:*** 6 parole
relegate 5 exile, expel 6 assign, banish, charge, commit, demote, resign 7 commend, confide, consign, entrust 8 delegate, hand over, transfer, turn over
relent 3 ebb 4 cave, ease, wane 5 abate, let up, yield 6 give in, submit 7 die away, die down, ease off, slacken, subside 8 moderate 9 acquiesce 10 capitulate
relentless 5 cruel, rigid, stern 6 dogged 7 adamant, nonstop 8 constant, obdurate, rigorous, unabated 9 ferocious, incessant, stringent 10 implacable, inexorable, inflexible, unyielding 11 remorseless, unfaltering
relevant 3 apt, fit 5 ad rem 6 cogent 7 apropos, germane 8 apposite, material, relative 9 pertinent 10 admissible, applicable 11 applicative, appropriate 12 proportional
reliable 4 safe, sure 5 solid, sound, tried, valid 6 proven, secure, trusty 7 bedrock, certain 8 constant, verified 9 foolproof, validated 10 dependable 11 trustworthy 12 tried-and-true
reliance 4 hope 5 faith, stock, trust 10 dependence
relic 5 token 6 corpse 7 antique, memento, remains, remnant, vestige 8 artifact, fragment, keepsake, memorial, reminder, souvenir 11 remembrance
relict 5 widow 8 survivor
relief 3 aid 4 ease, fret, hand, help, lift 5 break, cameo 6 assist, raised, remedy, succor 7 comfort, redress, respite, support, welfare 8 breather, fretwork, repoussé 9 abatement, diversion 10 assistance, mitigation 11 alleviation, deliverance ***pitcher:*** 6 closer 7 fireman, stopper
relieve 3 rid 4 calm, ease, free, help, quit, vent 5 allay, relax, spell 6 assist, exempt, lessen, loosen, reduce, remedy, soften, solace, soothe, succor, supply 7 absolve, assuage, comfort, deprive, lighten, mollify,
religion 4 cult, sect 5 cause, creed, dogma, faith 6 belief, church 8 devotion, doctrine
religious 3 nun 4 holy, monk 5 friar, godly, pious 6 devout, priest, sacred, votary 7 staunch, upright 8 cenobite, faithful, monastic, priestly, reverent 9 pietistic, prayerful, spiritual, steadfast 10 scriptural, scrupulous, worshipful
relinquish 4 cede, quit, shed 5 forgo, leave, waive, yield 6 desert, give up, resign 7 abandon, discard, lay down, release 8 abdicate, hand over, renounce 9 quitclaim, sacrifice, surrender
relish 4 like, tang, zest 5 enjoy, fancy, flair, gusto, savor, taste 6 flavor, liking, palate 7 delight 8 fondness, penchant, pleasure, sapidity 9 appetizer, condiment, enjoyment 10 appreciate 11 delectation, hors d'oeuvre
relucent 6 bright 7 glaring, radiant, shining 10 reflecting
reluctant 3 shy 4 wary 5 chary, loath 6 afraid, averse 8 cautious, grudging, hesitant 9 unwilling 10 indisposed 11 disinclined ***prophet:*** 5 Jonah
rely 3 bet 4 bank, plan 5 count 6 depend, gamble, reckon
rely on 5 trust 6 expect 10 anticipate
remain 4 bide, last, live, stay, wait 5 abide, tarry 6 endure, linger, loiter 7 persist, survive 8 continue 10 hang around 11 stick around
remainder 4 rest 5 dregs, trace 6 excess 7 balance, residue, remnant, surplus,

vestige **8** leavings, leftover, residual, residuum

remains **4** body **5** ashes, bones, ruins **6** corpse, debris, relics **7** balance, cadaver, carcass, flotsam **8** leavings, remnants **9** reliquiae

remand **8** send back

remark **4** gibe, note **5** aside, crack **7** comment, mention **9** utterance, wisecrack, witticism **10** annotation **11** observation **12** obiter dictum

remarkable **4** rare **5** great **6** signal, unique **7** salient, strange, unusual **8** singular, striking, uncommon **9** arresting, bodacious, momentous, prominent **10** impressive, noteworthy, noticeable **11** conspicuous, exceptional, outstanding, significant **13** extraordinary

___ **Remarque** **5** Erich (Maria)

remedial **8** curative, salutary, sanative **9** medicinal **10** corrective **11** restorative, therapeutic **12** recuperative

remedy **3** fix **4** cure, drug, heal **5** salve, solve **6** elixir, relief, repair **7** correct, cure-all, nostrum, panacea, rectify, redress, relieve **8** antidote, medicine, specific **9** alleviate, treatment **10** corrective, medicament, medication

remember **5** educe, evoke **6** recall, record, relive, retain, reward **7** bethink **9** flash back, recollect, reminisce **10** bear in mind **11** commemorate, memorialize

remembrance **4** gift **5** favor, relic, token **6** memory, recall, trophy **7** memento, present, thought **8** keepsake, memorial, reminder, souvenir **9** anamnesis, flashback **12** recollection, reminiscence

remind **6** advise, prompt **7** bethink **8** admonish

reminder **4** hint, memo **5** relic, token **6** prompt, trophy **7** memento **8** keepsake, memorial, monument, souvenir **9** refresher **10** admonition, memorandum **11** remembrance

reminisce see REMEMBER

reminiscence **6** memory, recall **8** anecdote **9** anamnesis, flashback **11** remembrance **12** recollection

remise **4** cede, deed **5** alien, grant **6** assign, convey **8** make over, transfer **9** quitclaim

remiss **3** lax **4** lazy **5** slack **8** careless, derelict, heedless, indolent, slothful **9** negligent **10** delinquent, neglectful, slatternly **11** inattentive

remit **4** send, ship, stay, stop **5** abate, defer, delay, relax **6** desist, hold up, pardon, put off, remand, shelve **7** condone, consign, forgive, forward, hold off **8** dispatch, moderate, postpone

remnant **3** end **4** heel, husk, part, rest, rump **5** relic, trace, wrack **6** fag end, relict **7** balance, oddment, residue **8** leavings, leftover, residuum **9** remainder

remodel **4** redo **6** recast, revamp **8** make over, overhaul, redesign **9** refashion **11** reconstruct

remonstrance **5** demur **7** protest **8** demurral, demurrer **9** challenge, objection

remonstrate **5** argue, demur, plead **6** combat, object, oppose, reason **7** protest **9** challenge

remora **4** clog, drag **6** sucker **9** hindrance **10** impediment **11** encumbrance, shark sucker

remorse **3** rue **4** ruth **5** guilt, smart **6** regret, sorrow **9** penitence **10** contrition, repentance **11** compunction **12** self-reproach

remorseful see REGRETFUL

remote **3** far, off **4** slim **5** aloof **6** far-off, slight **7** distant, faraway, obscure, outside, slender **8** detached, far-flung, frontier, isolated, lonesome, off-lying, outlying, secluded **9** backwoods, withdrawn **10** negligible **11** godforsaken, out-of-the-way ***combining form:*** **3** tel **4** tele

remotest **6** utmost **7** extreme, outmost **8** farthest **9** outermost, uttermost **11** furthermost

remove **4** doff, skim **5** purge **6** unseat **7** extract, take off, take out **8** dislodge, evacuate, take away, withdraw **9** clear away, eliminate ***from office:*** **6** depose ***hair:*** **8** depilate ***surgically:*** **6** resect

removed **5** aloof, apart **6** far-off, remote **7** devious, distant, faraway, obscure **8** detached, far-flung, isolated, outlying, separate **10** distracted **11** unconnected

remunerate **3** pay **5** repay **7** requite **9** indemnify, reimburse **10** compensate, recompense

remunerative **6** paying **7** gainful, payable **9** lucrative **10** productive, profitable **11** moneymaking

Remus ***brother:*** **7** Romulus ***father:*** **4** Mars ***mother:*** **9** Rea Silvia **10** Rhea Silvia ***slayer:*** **7** Romulus

renaissance see REBIRTH

renal **7** nephric **9** nephritic

rend **3** rip **4** rive, tear **5** split **6** cleave, divide

render **3** pay **4** cede, limn **5** yield **6** depict, give up, impart, return, submit **7** deliver, execute, pay back, picture, portray, provide, restore **8** carry out, describe, hand over, turn over

9 delineate, interpret, represent, translate, transpose 10 administer, relinquish 12 administrate

rendering 4 copy 7 version 9 depiction 10 paraphrase 11 description, performance, restatement, translation 12 reproduction

rendezvous 4 date 5 haunt, tryst 6 gather, muster 7 collect, hangout, meeting 8 assemble 10 congregate, engagement 11 appointment, assignation, get-together

rendition 7 reading, version 10 adaptation 11 performance, translation

renegade 3 rat 5 rebel 6 outlaw 7 heretic 8 apostate, defector, deserter, maverick, recreant, turncoat 9 turnabout 10 schismatic

renege 4 deny 5 welsh 6 cry off, recall, recant, revoke 7 back off, back out, retract 8 renounce, withdraw 9 backpedal

renew 6 redeem, reform, revamp, revive 7 freshen, refresh, remodel 8 make over, overhaul, recharge, recreate, rekindle, renovate, revivify 9 refurbish, resurrect 10 reactivate, recommence, regenerate, rejuvenate, revitalize

rennet 8 abomasum

renounce 4 deny, quit 5 demit 6 abjure, defect, desert, give up, recant, renege, resign 7 abandon, decline, forsake, put away, retract 8 abdicate, abnegate, disclaim, forswear, swear off 9 repudiate, sacrifice 10 apostatize

renovate 4 redo 5 renew 6 remake, repair, revamp, revive 7 furbish, refresh, restore 8 overhaul, revivify 9 modernize, refurbish, resurrect 10 rejuvenate, revitalize 12 rehabilitate

renown 4 fame 5 éclat, glory, kudos 6 repute 7 acclaim 8 eminence, prestige 9 celebrity, notoriety 10 prominence, reputation 11 distinction

renowned 5 famed, great, noted 6 fabled, famous 7 eminent, notable 8 extolled 9 acclaimed, legendary, notorious, prominent, well-known 10 celebrated 11 illustrious, outstanding 13 distinguished

rent 3 let, rip 4 hire, rift, tear, torn 5 lease, split 6 breach, sublet 7 charter, fissure, rupture 8 fracture

rental 4 hire 7 tenancy

renter 6 lessee, tenant 11 leaseholder

renunciation 6 denial 7 refusal 8 apostasy, eschewal, forgoing 9 disavowal, sacrifice, surrender 10 abdication, abnegation, disclaimer, self-denial 11 abandonment, forswearing, repudiation, resignation

reorder 5 shift 7 permute 9 rearrange, reshuffle

reorganization 7 shake-up 8 turnover

repair 3 fix 4 mend 5 patch 6 cobble, doctor 7 fitness, service 8 overhaul 9 condition 11 recondition

reparations 6 amends 7 redress 9 indemnity, quittance 10 recompense, settlement 11 restitution 12 satisfaction

repartee 4 quip 6 banter, retort 7 riposte 8 backchat, badinage, comeback 9 cross talk, rejoinder 10 persiflage

repast 3 eat 4 feed, meal 5 feast 9 refection

repay 6 offset, return, reward 7 requite 9 indemnify, reimburse 10 compensate, recompense, remunerate 11 get even with

repeal 4 lift, void 5 annul 6 recall, revoke 7 abandon, abolish, nullify, rescind, reverse 8 abrogate, renounce

repeat 4 copy, echo 5 recap, recur, rerun, resay 6 go over, parrot, reecho, recite, rehash, relate, retell 7 imitate, iterate, reprise, restate 9 duplicate, reiterate, replicate 11 reduplicate 12 recapitulate

repeater 7 firearm 10 recidivist

repeating 7 iterant 9 perennial, recurrent 11 reiterative, repetitious

repel 5 rebut 6 rebuff, reject, revolt, sicken 7 disgust, fend off, hold off, repulse, ward off 8 nauseate, stave off

repellent 4 foul, vile 5 nasty 7 noisome 8 aversive 9 abhorrent, loathsome, obnoxious, offensive, repulsive, revolting 10 forbidding, disgusting, off-putting 11 rebarbative

repent 3 rue 6 regret

repentance 3 rue 4 ruth 6 sorrow 7 remorse 10 contrition 11 compunction

repentant see REGRETFUL

repetition 4 copy, echo 5 rerun 7 recital, reprise 11 duplication

rephrase 6 recast, reword 7 restate

repine 4 beef, fuss, kick, long, moan, wail 5 gripe, yearn 6 grouse, hanker, murmur 7 grumble 8 complain

replace 7 put back, restore 8 exchange, supplant 9 supersede 10 substitute

replacement 3 sub 6 fill-in, makeup 7 stand-in 9 alternate, surrogate, temporary 10 substitute 11 locum tenens, pinch hitter, succedaneum

replenish 4 fill 5 renew, stock 6 refill 7 refresh, restore

replete 4 full, rife 5 awash, lousy 7 brimful, crammed, stuffed 8 brimming 9 chock-full 11 overflowing

replica 4 copy, dupe, fake 5 clone, ditto 6 carbon 9 duplicate, facsimile, imitation **10** carbon copy, simulacrum **12** reproduction

replicate **4** copy **5** clone **6** repeat **9** reproduce

reply **4** echo **6** answer, rejoin, retort **7** respond **8** comeback, repartee, response **9** rejoinder

report **4** bang, boom, news, tell **5** crack, relay, rumor, study **6** record, relate, return, review, show up **7** account, article, check in, hearsay, narrate, recount, rundown **8** advisory, bulletin, describe, dispatch **9** broadcast, chronicle, narrative, statement **11** compte rendu

reporter **7** newsman **8** pressman **9** newshound, newswoman **10** journalist ***inexperienced:*** **3** cub

repose **3** lie **4** calm, rest **5** peace, poise, quiet, sleep **7** lie down, recline **8** quietude **9** composure, stillness **10** inactivity, quiescence, relaxation **11** restfulness, tranquility **12** tranquillity

repository **3** ark **5** depot, store **7** archive, arsenal **8** magazine, treasury **10** storehouse

repossess see REGAIN

reprehend **3** rap **4** rate, skin **5** blame, chide, fault, knock, scold **6** berate, rebuke **7** censure, condemn, upbraid **8** admonish, denounce **9** criticize **10** denunciate

reprehensible **4** base, evil **6** guilty, sinful, unholy, wicked **8** blamable, criminal, culpable **10** censurable **11** blameworthy, disgraceful

represent **3** act **6** denote, depict, embody, mirror, recall, relate, render, sketch, typify **7** display, exhibit, express, hold out, imitate, make out, narrate, outline, picture, portray, present, protest, realize, signify, suggest **8** describe, stand for **9** delineate, epitomize, exemplify, interpret, personify, symbolize **10** constitute, illustrate, substitute **11** emblematize, impersonate

representation **5** draft, image **6** effigy, symbol **7** picture **8** likeness **9** portrayal, statement **10** caricature, delegation

representative **5** agent, envoy, model, proxy **6** deputy, sample **7** burgess, example, typical **8** delegate, emissary, sampling, specimen **9** exemplary, spokesman **10** ambassador, legislator, prototypal, substitute **11** congressman **12** illustrative, prototypical **13** congresswoman

repress **4** curb **5** check, sit on **6** bridle, muffle, stifle, subdue **7** smother, squelch, swallow **8** keep down, restrain, suppress

repression **4** curb **7** amnesia, control **8** stifling **9** clampdown, crackdown, restraint **10** constraint

reprieve **4** stay **5** grace **7** respite, suspend

reprimand **3** rap **4** rate, ream, task **5** chide, scold **6** rebuke **7** bawl out, censure, chew out, reproof, reprove **8** admonish, call down, reproach, scolding **9** reprimand, talking-to **10** admonition **12** admonishment, dressing-down **13** tongue-lashing

reprisal **7** redress, revenge **8** revanche **9** vengeance **11** counterblow, retaliation, retribution

reprise **5** recap **6** repeat **9** reiterate **10** recurrence, repetition

reproach **3** rap **4** rail **5** blame, chide, scold **6** berate, rebuke **7** bawl out, censure, chew out, remorse, reprove, upbraid **8** admonish, call down **9** reprimand **10** admonition, opprobrium **12** admonishment

reprobate **3** rap **4** skin **5** blame, scamp, spurn **6** refuse, reject, sinner **7** censure, condemn, lowlife, villain **8** denounce, scalawag **9** miscreant, scoundrel **10** blackguard, degenerate

reproduce **4** bear, copy **5** beget, breed, spore **7** imitate **8** multiply **9** duplicate, procreate, propagate, replicate **10** regenerate **11** reduplicate

reproduction see REPLICA

reproductive cell **3** egg **4** ovum **5** sperm, spore **6** gamete **12** spermatozoid, spermatozoon

reproof **3** rap **6** rebuke **7** censure, lecture **8** scolding **9** criticism, reprimand **10** admonition **11** castigation **12** admonishment, reprehension **13** remonstration

reprove **5** chide, scold **6** rebuke **7** censure, chasten **8** admonish, call down, lambaste, reproach **9** criticize, dress down, reprimand

reptile **5** snake **6** caiman, cayman, gavial, iguana, lizard, turtle **7** tuatara **8** tortoise **9** alligator, crocodile, sphenodon ***combining form:*** **6** herpet **7** herpeto ***extinct:*** **8** dinosaur

republic **5** state **6** nation **9** democracy

Republican Party **3** GOP ***mascot:*** **8** elephant

Republic author **5** Plato

repudiate **4** deny **5** spurn **6** abjure, disown, recant, refuse, reject **7** decline, disavow, dismiss **8** disclaim, renounce **9** disaffirm **10** apostatize, disapprove

repugnance **6** horror **7** disgust **8** aversion, loathing **9** repulsion, revulsion **10** abhorrence, antagonism, odiousness **11** abomination, detestation

repugnant 4 foul, vile 5 nasty, yucky 6 creepy, horrid, skanky 7 noisome 8 aversive, gruesome 9 abhorrent, loathsome, obnoxious, offensive, repulsive, revolting 10 disgusting
repulse 5 rebut, repel, spurn 6 rebuff, reject, revolt, sicken 7 disgust, fend off, hold off, ward off 8 nauseate, stave off
repulsion see REPUGNANCE
repulsive see REPUGNANT
reputable 7 eminent, upright 8 esteemed 9 estimable, honorable 10 creditable, legitimate, recognized, sanctioned 11 respectable, trustworthy 13 well-thought-of
reputation 4 fame, name, note 5 éclat, honor 6 esteem, renown, report 8 position, prestige, standing 9 celebrity, character, notoriety
reputed 6 honest 7 alleged 8 putative, supposed 9 estimable, purported 10 creditable, ostensible 11 respectable 12 hypothetical
request 3 ask, dun, sue 4 pray, seek 5 plead, press 6 appeal, demand, invite 7 entreat, solicit 8 entreaty, petition 10 invitation
Requiem for a Nun author 8 Faulkner (William)
require 3 ask, beg 4 lack, need, want 5 claim, crave 6 demand, desire 7 call for, dictate, mandate, solicit 11 necessitate
required 3 due 5 vital 7 crucial 9 essential, mandatory, necessary, requisite 10 compulsory, obligatory 11 fundamental
requirement 4 must, need, want 5 claim 6 charge, demand 9 condition, essential, necessity, requisite 10 imperative, sine qua non 11 stipulation
requisite 3 due 4 must 5 vital 7 crucial, needful 8 cardinal 9 condition, essential, necessity 10 imperative, sine qua non 11 fundamental 12 precondition 13 indispensable
requisition 4 call 5 claim, exact 6 demand 7 solicit 11 application
requite 3 pay 5 repay 6 return 7 revenge, satisfy 9 indemnify, reimburse 10 compensate, recompense, remunerate 11 reciprocate
reredos 6 screen 9 partition
rescind 4 lift 5 annul 6 cancel, recall, repeal, revoke 7 retract, reverse 8 roll back, take back
rescue 4 free, save 6 ransom, redeem 7 bailout, deliver, reclaim, recover, release, salvage 8 liberate, preserve 9 extricate 11 deliverance
rescuer 6 savior 7 saviour
research 5 probe, study 7 inquest, inquiry 8 look into 9 delve into 10 experiment 11 examination, inquisition, investigate 13 investigation
resect 6 cut out, excise 8 amputate 9 extirpate
resemblance 7 analogy 8 likeness 9 alikeness 10 comparison, similarity, similitude 11 parallelism
resemble 5 favor 6 recall 8 look like, simulate 9 take after 11 approximate
resembling 4 like 6 akin to
resentful 4 sore 6 bitter, piqued, sullen 7 envious
resentment 5 pique 6 animus, grudge, malice, rancor 7 dudgeon, offense, umbrage 9 animosity 11 indignation
reservation 5 doubt 7 booking, proviso 8 homeland, preserve 9 condition, misgiving, sanctuary 10 limitation
reserve 4 book, fund, hold, keep 5 hoard, put by, stash, stock, store, tract 6 retain, supply 7 nest egg, savings, standby 8 contract, distance, fallback, hold back, postpone, set aside, squirrel, withhold 9 inventory, restraint, reticence, stockpile 10 constraint, discretion, diffidence 13 qualification
reserved 4 cool 5 aloof, stiff 6 demure, formal, remote 7 distant 8 reticent, retiring, taciturn 9 diffident, reclusive, secretive, withdrawn 10 unsociable 11 tight-lipped 12 closemouthed 13 self-contained
reservoir 5 hoard, stock, store 6 supply 7 nest egg 9 inventory, stockpile
reside 3 lie 4 live, stay 5 dwell, exist 6 inhere 7 consist
residence 4 home, stay 5 abode, house 7 address 8 domicile, dwelling 9 occupancy 10 habitation
resident 5 liver 6 inmate, lodger, native, tenant 7 citizen, denizen, dweller, present 8 inherent, occupant 10 inhabitant 11 householder
residential area 9 community 12 neighborhood
residual 7 balance, payment, remnant 8 leavings, leftover 9 remainder
residue 3 ash 4 heel, lees, rest, silt, slag 5 ashes, dregs, grout 6 debris, excess, scraps 7 balance, grounds, remains, remnant, surplus 8 leavings, remnants, residuum 9 leftovers, remainder, scourings
resign 4 cede, quit 5 demit, leave, yield 6 give up, retire, submit 7 abandon, consign 8 abdicate, hand over, relegate,

renounce, step down **9** reconcile, surrender **10** relinquish

resignation **8** meekness **9** demission, surrender **10** abdication, compliance, submission **12** acquiescence, renunciation

resigned **9** compliant **10** submissive **11** acquiescent, complaisant

resile **6** recede, recoil, spring **7** rebound, retract, retreat **8** draw back, snap back

resilient **6** bouncy, supple, whippy **7** buoyant, elastic, springy **8** flexible, stretchy **9** adaptable

resin **4** balm **5** copal, damar, roset **6** dammar **7** acrylic, copaiba ***aromatic:*** **6** balsam, mastic **8** sandarac ***fragrant:*** **5** elemi **6** storax, styrax **7** ladanum **8** labdanum ***gum:*** **5** myrrh **7** benzoin ***medicinal:*** **6** guaiac **8** guaiacum ***of an insect:*** **3** lac ***synthetic:*** **8** phenolic ***used by bees:*** **8** propolis

resist **4** buck, defy, kick **5** rebel **6** baffle, combat, oppose, revolt **7** contest, counter, gainsay **8** traverse **10** contradict, contravene

resistance **7** dissent **8** defiance, variance **10** dissension, dissidence, opposition **11** contrariety, obstruction

resistance unit **3** ohm

resistor **8** rheostat, varistor **10** thermistor

resolute **3** set **4** bent, bold, fast, firm, true **6** intent, steady, sturdy **7** decided, staunch **8** constant, decisive, faithful, intrepid, stubborn **9** obstinate, steadfast, tenacious, undaunted **10** determined, persistent **12** pertinacious, single-minded

resolution **4** guts **5** heart, nerve, pluck, spunk **6** mettle, spirit **7** courage, outcome **8** decision, firmness, tenacity **10** conclusion **12** perseverance **13** determination, steadfastness

resolve **5** clear, crack **6** decide, settle **7** clear up, iron out, unravel, work out **8** boldness, conclude, decipher, firmness **9** breakdown, determine, intention, reconcile **10** unscramble **13** determination, steadfastness

resonant **4** deep, full, rich **6** silver **7** booming, echoing, orotund, vibrant **8** powerful, sonorous **11** reverberant

resonate **4** echo, peal, ring **7** resound, vibrate **11** reverberate

resort **3** spa **5** haven, hotel, lodge, shift **6** harbor, refuge **7** retreat, riviera, stopgap **8** recourse **9** expedient, makeshift **10** substitute

resound **4** boom, echo, peal, ring **11** reverberate

resounding **7** booming, echoing, orotund, vibrant **8** emphatic, sonorous **10** clangorous, resonating, thunderous **11** unequivocal

resource **3** aid **5** asset, means, shift **6** supply **7** standby

resourceful **5** adept **6** adroit, artful, clever, shrewd **7** capable, cunning **8** creative, skillful **9** ingenious, inventive **10** innovative **11** imaginative **12** enterprising

resources **5** funds, means, purse **6** assets, riches, wealth **7** capital, fortune, reserve **8** bankroll, finances, property, reserves **9** substance **11** wherewithal

respect **3** awe **5** favor, honor, props **6** admire, detail, devoir, esteem, homage, regard, revere **7** account, concern **8** venerate **9** deference **10** admiration, estimation, particular, veneration

respectable **4** fair **5** ample **6** decent, proper, worthy **8** adequate **9** admirable, estimable, honorable **10** sufficient **11** appropriate, presentable **12** satisfactory **13** well-thought-of

respectful **5** civil **6** polite **8** obeisant, reverent **9** courteous **11** deferential, reverential

respecting **3** per **4** as to, in re **5** about **7** apropos **9** as regards, regarding **10** as concerns, concerning, relating to **11** considering

respire **7** breathe

respite **4** lull, rest **5** break, delay, pause, spell, truce **6** hiatus, recess, relief **8** breather, reprieve, surcease **12** intermission

resplendent **5** regal **7** glowing, shining **8** glorious, gorgeous **9** brilliant, refulgent **11** magnificent

respond **5** react, reply **6** answer, rejoin, retort **8** come back

response **5** reply **6** answer, retort, return **7** riposte **8** antiphon, comeback, reaction **9** rejoinder

responsibility **4** buck, duty, onus **5** blame, brief, fault **6** burden, charge, devoir **10** obligation **11** reliability

responsible **6** liable **8** amenable, reliable **10** answerable, chargeable, dependable **11** accountable, trustworthy

responsive **4** open **8** sentient **9** sensitive **11** susceptible, sympathetic

rest **3** sit **4** calm, ease, loaf, loll, lull, stay **5** let up, pause, peace, quiet, relax, spell **6** depend, excess, lounge, repose **7** balance, leisure, lie down, recline, remains, remnant, surplus **8** breather, interlude, leavings, vacation **9** predicate, remainder

restate 4 echo 6 reword 8 rephrase 9 translate 10 paraphrase 12 recapitulate
restatement 10 paraphrase 11 translation
restaurant 4 café 5 diner 6 eatery 7 beanery 9 brasserie, cafeteria 10 coffee shop 11 coffeehouse, greasy spoon ***price:*** 8 à la carte, prix fixe 10 table d'hôte ***worker:*** 4 chef, cook 6 busboy, server, waiter 7 maître d', waitron 8 waitress 10 dishwasher, headwaiter, waitperson 12 maître d'hôtel
___ **Restaurant** 6 Alice's
restful 4 calm 5 quiet 6 placid 8 peaceful, tranquil
restitute 6 refund, return 7 reclaim, recover, restore 8 give back 11 recondition, reconstruct 12 rehabilitate
restitution 6 amends, refund, return 7 redress 8 reprisal 9 indemnity, quittance 10 recompense, reparation 11 restoration 12 remuneration, satisfaction
restive 4 edgy 5 balky, nervy, tense 6 ornery, uneasy 7 fidgety, froward, uptight, wayward 8 contrary, perverse, skittish
restiveness 7 anxiety, ferment, turmoil 8 disquiet 9 balkiness 10 inquietude, perversity 11 contrariety, disquietude, waywardness 12 contrariness
restless 5 antsy, itchy, jumpy 6 fitful, uneasy 7 anxious, fidgety, fretful, jittery, nervous, unquiet 8 agitated, troubled 9 disturbed, perturbed, unsettled 12 discontented, dissatisfied
restorative 4 balm 5 tonic 7 healing 8 curative, remedial, sanative 12 recuperative
restore 4 cure, heal, mend 5 amend, remit, renew, right 6 recall, recoup, reform, remedy, render, repair, return, revive 7 get back, improve, reclaim, recover, rectify, refresh, replace 8 give back, recreate, renovate, revivify 9 refurbish, reinstate, replenish, restitute 10 regenerate, rejuvenate 11 recondition, reestablish 12 rehabilitate
restrain 3 bit, gag 4 curb, rein 5 check, leash 6 arrest, bridle, halter, hamper, hinder, hold in, impede, muzzle, temper 7 collect, control, harness, inhibit, repress 8 hold back, hold down, moderate, suppress ***trade:*** 7 embargo
restrained 4 cool 6 low-key 5 canny, quiet 6 modest 7 subdued 8 discreet, reserved, reticent, retiring, tasteful 9 contained, inhibited, temperate 10 controlled, reasonable
restraint 6 bridle 7 durance, embargo, reserve 8 estoppel, pullback 9 hindrance 10 deterrence, inhibition, limitation, moderation 11 confinement, forbearance 12 straitjacket
restrict 3 bar, tie 4 bind, curb 5 hem in, limit 6 hamper, hobble, impede, narrow, shrink 7 confine, curtail, delimit, inhibit, trammel 8 hold back, prelimit 10 delimitate 12 circumscribe ***a will:*** 6 entail
restriction 4 curb 5 check, limit, stint 7 control 9 restraint 10 constraint, limitation, regulation 11 confinement, prohibition 12 proscription 13 qualification
restyle 4 redo 6 revamp, revise, rework 8 make over
result 3 end 4 flow, stem 5 close, ensue, fruit, issue 6 effect, emerge, finish, follow, payoff, sequel, upshot 7 outcome, product 8 sequence, solution 9 aftermath, come about, eventuate 10 conclusion, denouement, production 11 aftereffect, consequence, eventuality ***incidental:*** 7 spinoff
resume 4 go on 5 renew 6 pick up, reopen 7 carry on, proceed, restart 8 continue 10 recommence
résumé 4 vita 5 sum-up 7 summary 9 summation, summing-up
resurgence 5 rally 7 rebirth, revival 8 comeback, recovery 10 renascence 11 renaissance 12 risorgimento
resurrect 5 raise, renew 6 come to, revive 8 retrieve, revivify 10 reactivate
resurrection 7 rebirth, revival 10 renascence 11 renaissance 12 risorgimento
resuscitate see RESURRECT
retail 4 sell, tell, vend 6 market 7 narrate 11 merchandise
retailer 6 dealer, seller, trader, vendor 8 merchant 9 tradesman 10 shopkeeper 11 storekeeper 12 merchandiser
retain 3 own 4 hire, hold, keep 6 detain 7 reserve 8 hold over, preserve, remember, withhold
retainer 3 fee 6 lackey, menial, minion, yeoman 7 deposit, servant 8 employee, follower 9 bite plate, dependent, pensioner
retaliate 7 get back, get even
retaliation see REPRISAL
retaliatory 8 punitive, vengeful 10 vindictive
retard 4 clog, mire, slow 5 delay, stunt 6 detain, fetter, hamper, hang up, hinder, impede, slow up 7 set back, slacken 8 decrease, hold back, restrain 10 decelerate
retarded 3 dim 4 dull, dumb, slow 6 opaque, simple, stupid 8 backward 9 dim-witted 10 half-witted, slow-witted 11 exceptional

retch 3 gag 4 barf, hurl, puke, spew 5 heave, vomit 6 spit up 7 bring up, throw up, upchuck 8 disgorge
retention 6 memory 7 storage
reticent see RESERVED
reticulate 4 vein 5 veiny 6 meshed, netted 7 netlike 10 crisscross
retinue 4 band, tail 5 suite, train 6 livery 7 company, cortege 9 entourage, following
retire 4 exit, quit 5 leave, yield 6 bow out, depart, recede, resign, turn in 7 dismiss, pension 8 step down, withdraw 9 discharge, strike out, terminate 10 relinquish
retired person 7 emerita 8 emeritus 9 pensioner
retiree 9 pensioner 10 golden-ager 13 senior citizen
retirement allowance 3 SEP 7 pension
retiring 3 shy 5 mousy, timid 6 demure, modest 7 bashful 8 reserved 9 diffident, withdrawn 11 unassertive
retool 7 reequip 10 reengineer
retort 5 reply, sally 6 answer, rejoin 7 counter, respond, riposte 8 comeback, repartee, response 9 rejoinder, retaliate, wisecrack
retouch 5 alter, emend, renew 6 repair 7 correct, enhance, improve, restore
retract 4 deny 5 unsay 6 abjure, recall, recant, recede, renege, resile, revoke 7 disavow, rescind, retreat, swallow 8 forswear, renounce, take back, withdraw
retreat 3 den, ebb 4 flee, quit 5 cover, haven, leave 6 ashram, asylum, bow out, covert, decamp, depart, escape, recede, recoil, refuge, shrink, vacate 7 abandon, back off, back out, pull out, shelter 8 back down, draw back, evacuate, fall back, hideaway, withdraw 9 backtrack, climb down, sanctuary 10 give ground, withdrawal
retrench 3 cut 4 pare 5 slash 6 excise, lessen, reduce 7 abridge, curtail 9 economize
retribution 6 return, reward 7 deserts, revenge 8 avenging, reprisal, requital, revanche 9 vengeance 10 punishment, recompense 11 counterblow, retaliation ***goddess of:*** 3 Ate 4 Fury 7 Nemesis
retrieve 5 fetch 6 recall, recoup, redeem, rescue 7 get back, recover, restore, salvage 9 resurrect
retro 7 antique, revival, vintage 9 nostalgic 12 old-fashioned
retrograde 4 back 7 inverse, reverse 8 backward, inverted, rearward
retrogress see REVERT
retrospect 9 hindsight 12 recollection 13 reexamination
retrospective 6 review 8 backward 10 exhibition, reflective, ruminative
return 5 recur, repay, reply, yield 6 answer, rebate, regain, rejoin, render, repeat, retort, revert 7 bring in, get back, rebound, recover, reprise, requite, respond, reverse, riposte 8 comeback, dividend, earnings, give back, proceeds, reappear, response 9 rejoinder, repayment, reversion 10 recompense, recurrence 11 reciprocate, restitution
Return of the Native ***author:*** 5 Hardy (Thomas) ***character:*** 4 Clym 8 Eustacia
Reuben ***brother:*** 6 Joseph ***father:*** 5 Jacob ***mother:*** 4 Leah ***son:*** 5 Carmi 6 Hanoch, Hezron, Phallu
Réunion ***capital:*** 7 St.-Denis ***city:*** 6 St.-Paul 7 St.-Louis 8 St.-Pierre ***department of:*** 6 France ***ethnic group:*** 6 Creole ***former name:*** 7 Bourbon 9 Bonaparte ***island group:*** 9 Mascarene
revamp 4 redo 5 renew 6 remake, repair, revise, rework 7 remodel, restyle, rewrite 8 make over, overhaul, redesign, renovate 9 refurbish 11 recondition
reveal 4 bare, blab, jamb, leak, open, show, tell 5 admit, let on, peach, spill 6 betray, evince, expose, impart, unmask, unveil 7 confess, declare, display, divulge, exhibit, publish, uncover, undress 8 announce, decipher, disclose, discover, give away, unclothe 9 broadcast 11 acknowledge, communicate 12 bring to light
revel 4 bask, orgy, riot 5 binge, feast, party, spree 6 boogie, frolic, gaiety, hoopla, wallow 7 carouse, delight, indulge, jollity, roister, rollick, wassail, whoopla 8 carnival, carousal, festival 9 bacchanal, celebrate, festivity, luxuriate, merriment, whoop-de-do 11 bacchanalia, celebration, merrymaking
revelation 6 kicker 8 epiphany, giveaway, prophecy, surprise 9 discovery 10 apocalypse, disclosure 13 manifestation
reveler 7 orgiast 8 bacchant, carouser 9 bacchante, wassailer 10 merrymaker
revelry 4 orgy, riot 6 gaiety 7 carouse, jollity, wassail, whoopee, whoopla 8 carousal, partying 9 festivity, high jinks, merriment, whoop-de-do 10 whoop-de-doo 11 merrymaking
revenant 5 ghost, haunt, shade, spook 6 shadow, spirit, wraith, zombie 7 phantom, specter, spectre 8 phantasm, prodigal, visitant 10 apparition
revenge 5 right 6 defend 7 get back, get even, redress, requite 8 reprisal,

requital, revanche **9** retaliate, vindicate **11** retaliation, retribution

revenue **4** rent **5** gains, issue, yield **6** income, profit, return **7** comings **8** earnings, interest, proceeds, receipts, taxation

reverberant **6** hollow **7** booming, echoing **8** resonant **10** resounding

reverberate **4** echo, ring **6** reecho **7** resound

revere **4** laud **5** adore, exalt, extol, honor, prize, value **6** admire, esteem, regard **7** cherish, magnify, respect, worship **8** treasure, venerate **10** appreciate

revered **9** venerable

reverence **3** awe **5** adore, dread, honor, piety **6** esteem, fealty, homage **7** loyalty, respect, worship **8** devotion, venerate **9** deference, obeisance, solemnity **10** veneration ***gesture of:*** **3** bow **6** kowtow **8** kneeling **12** genuflection

reverend **4** abbé, holy **5** clerk, vicar **6** clergy, cleric, deacon, divine, parson, rector **8** chaplain, clerical, minister, preacher **9** churchman, clergyman **11** clergywoman **12** ecclesiastic

reverent **5** godly **6** devout **7** dutiful **9** prayerful **10** God-fearing, respectful, worshipful

reverie **4** muse **5** dream **6** trance, vision **7** fantasy **8** daydream **10** absorption, brown study, meditation **11** abstraction **13** woolgathering

reversal **4** turn **5** U-turn **6** double, switch **7** setback, undoing **8** backfire, flip-flop **9** about-face, inversion, turnabout, volte-face **10** switcheroo **12** solarization **13** change of heart

reverse **4** lift **6** change, contra, defeat, invert, recall, repeal, revoke **7** capsize, counter, rescind, setback **8** antipode, backward, contrary, disaster, exchange, opposite, overrule, overturn **9** about-face, backwards, diametric, overthrow, transpose, turnabout, volte-face **10** antithesis, misfortune

reversion **4** turn **5** lapse **6** return **7** atavism, escheat **9** about-face, throwback, turnabout, volte-face **10** regression, succession

revert **4** turn **6** return **7** decline, devolve, escheat, inverse, regress **8** turn back **9** backslide **10** degenerate, retrograde, retrogress

revetment **6** bunker, riprap **9** barricade, earthwork **10** embankment

review **4** scan **5** audit, recap, study **6** assess, go over, parade, report, revise, survey **7** analyze, journal, rethink **8** analysis, critique, magazine, revision, scrutiny, talk over **9** criticism, reexamine, refresher **10** evaluation, inspection, periodical, reconsider, reevaluate **11** examination **13** reexamination, retrospective

revile **4** rail, rate **5** abuse, scold **6** attack, berate, defame, malign, vilify **7** asperse, bawl out, chew out, upbraid **8** belittle, disgrace, execrate **9** blaspheme **10** tongue-lash, vituperate

revise **4** edit **5** alter, amend, emend, proof, renew **6** change, polish, redraw, reform, retool, revamp, rework **7** correct, improve, redraft, restore, restyle, rewrite **8** overhaul, redesign, work over **9** red-pencil **10** blue-pencil

revision **6** change, revamp, update **7** redraft **8** facelift, overhaul, updating **10** alteration, correction, emendation **11** overhauling **12** modification

revitalize see REVIVE

revival **7** rebirth, renewal **8** comeback **10** renascence, resurgence **11** reanimation, renaissance, restoration **12** regeneration, rejuvenation, resurrection, risorgimento **13** recrudescence, resuscitation

revive **4** wake **5** rally, renew, rouse **6** arouse, awaken, come to, recall **7** bring to, enliven, freshen, quicken, refresh, restore **8** reawaken, rekindle, renovate, retrieve **9** reanimate, resurrect **10** reactivate, recuperate, regenerate, rejuvenate **11** bring around, reintroduce, resuscitate **12** reinvigorate

revoke **4** lift, void **5** annul, erase **6** abjure, cancel, recall, recant, renege, repeal **7** abolish, nullify, rescind, retract, reverse **8** abrogate, call back **10** invalidate **11** countermand

revolt **4** riot **5** rebel, repel, shock **6** mutiny, resist, sicken **7** disgust, repulse **8** nauseate, outbreak, uprising **9** jacquerie, rebellion **10** insurgence, insurgency **12** insurrection

revolter **5** rebel **6** anarch **8** frondeur, mutineer **9** anarchist, insurgent **10** malcontent

revolting **4** foul, ugly, vile **5** nasty **6** horrid **7** hideous, noisome, obscene **8** shocking **9** atrocious, loathsome, repellent, repugnant, repulsive **10** disgusting, nauseating

revolution **4** gyre, reel, riot, roll, spin, turn **5** cycle, orbit, twirl, wheel, whirl **6** mutiny **7** circuit **8** gyration, rotation, uprising **9** pirouette, rebellion **10** barrel roll, changeover, somersault **12** insurrection

revolutionary **5** rebel, ultra **7** extreme, radical **8** mutineer, rotating, ultraist **9** extremist, insurgent ***American:*** **4** Reed

(John) **5** Shays (Daniel) ***French:*** **5** Marat (Jean-Paul) **6** Danton (Georges) **8** Mirabeau (Comte de) **9** Saint-Just (Louis) **11** Robespierre (Maximilien) ***Irish:*** **4** Tone (Wolfe) **6** Pearse (Padraig, Patrick) **7** Collins (Michael), Parnell (Charles Stewart) **8** Casement (Roger), de Valera (Eamon), Griffith (Arthur), O'Connell (Daniel) ***Mexican:*** **5** Villa (Pancho) **6** Zapata (Emiliano) **7** Hidalgo (Padre Miguel) ***Russian:*** **5** Kirov (Sergey), Lenin (Vladimir Ilyich) **7** Trotsky (Leon) **8** Kerensky (Aleksandr) **9** Kropotkin (Pyotr)

revolutionize 9 transform **11** transfigure

revolve 4 spin, turn **5** twirl, wheel, whirl **6** circle, gyrate, rotate

revolver 3 gun, rod **4** Colt **5** Glock, Luger, Ruger **6** Magnum, pistol, six-gun **7** firearm, handgun, shooter, sidearm **10** six-shooter

revue 4 show **9** burlesque **10** production, vaudeville **13** entertainment

revulsion 4 hate **6** hatred, horror **7** disgust **8** aversion, loathing **10** abhorrence, repugnance **11** abomination, detestation

reward 5 bonus, booty, crown, medal, price, prize **6** bounty, carrot, payoff, trophy **7** guerdon, jackpot, premium **8** dividend **10** compensate, honorarium, recompense, remunerate **12** compensation, remuneration

rewarding 7 gainful **8** edifying, fruitful, valuable **9** lucrative **10** beneficial, fulfilling, gratifying, productive, profitable, satisfying, worthwhile **12** advantageous, remunerative

reword see RESTATE

rework 6 revamp, revise **7** restyle, rewrite

Reynard 3 fox

rhadamanthine 3 due **4** just **5** right **6** strict **7** condign, fitting, merited **8** deserved, rigorous, rightful, suitable **9** requisite, stringent **11** appropriate

Rhadamanthus 5 judge ***brother:*** **5** Minos ***father:*** **4** Zeus **7** Jupiter ***mother:*** **6** Europa

rhapsodic 5 lyric **8** ecstatic, effusive **9** emotional, exuberant

rhapsodize 4 gush, rave **5** drool **6** effuse **7** enthuse

Rhea 3 Ops ***daughter:*** **4** Hera, Juno **5** Ceres, Vesta **6** Hestia **7** Demeter ***father:*** **6** Uranus ***husband:*** **6** Cronus, Saturn ***mother:*** **4** Gaea ***son:*** **4** Zeus **5** Hades, Pluto **7** Jupiter, Neptune **8** Poseidon

Rheingold, Das ***character:*** **4** Loki **5** Freya, Wotan **6** Fafner, Fafnir, Fasolt **8** Alberich ***composer:*** **6** Wagner (Richard)

rheostat 8 resistor

rhesus 6 monkey **7** macaque

rhetoric 4 rant **6** speech **7** bombast, fustian, oratory **8** rhapsody **9** elocution, eloquence, verbosity **11** rodomontade, speechcraft ***term:*** **6** aporia, simile **7** litotes **8** metaphor **10** apostrophe, digression **12** alliteration, onomatopoeia

rhetorical 4 glib **5** gassy, grand, tumid, windy **6** florid, fluent, ornate, purple, turgid **7** aureate, flowery, orotund, pompous, stilted **8** eloquent, forensic, inflated, overdone, sonorous **9** bombastic, grandiose, high-flown, overblown, tumescent **10** euphuistic, flamboyant, oratorical **11** declamatory, highfalutin, overwrought, pretentious **12** high-sounding, magniloquent **13** grandiloquent

rhetorician 6 orator, writer **7** speaker ***Roman:*** **10** Quintilian

Rhine River ***city:*** **4** Bonn, Köln **5** Basel, Mainz **7** Coblenz, Cologne, Koblenz **8** Duisburg, Mannheim **9** Rotterdam, Weisbaden **10** Düsseldorf ***nymph:*** **7** Lorelei ***tributary:*** **3** Aar, Ill, Lek **4** Aare, Lahn, Main, Ruhr, Waal

rhizome 4 root **5** tuber

Rhode Island ***bay:*** **12** Narragansett ***capital:*** **10** Providence ***city:*** **7** Newport, Warwick **9** Pawtucket ***college, university:*** **4** RISD **5** Brown ***island:*** **5** Block ***nickname:*** **5** Ocean (State) **11** Little Rhody ***river:*** **8** Pawtuxet ***state bird:*** **14** Rhode Island red ***state flower:*** **6** violet ***state tree:*** **8** red maple

Rhodesia 8 Zimbabwe

rhombus 7 diamond, lozenge **13** parallelogram

rhonchus 5 snore

Rhône River ***city:*** **4** Lyon **5** Arles, Lyons **6** Geneva **7** Avignon ***lake:*** **6** Geneva ***mountain range:*** **4** Jura ***tributary:*** **5** Isère, Saône

rhubarb 3 row **4** flap **5** run-in **6** ruckus, tangle **7** dispute, quarrel, wrangle **8** argument, pieplant **11** altercation, controversy

rhyme 4 poem, song **5** agree, ditty, verse **6** accord, jingle, poetry **7** conform **8** dovetail **9** harmonize **10** coordinate, correspond

rhymer 4 bard, poet **5** odist **7** metrist **9** poetaster, rhymester, sonneteer, versifier

rhythm 4 beat, flow, lilt, time **5** meter, pulse, swing **6** accent, groove **7** cadence, measure, pattern **8** sequence

rhythmic 7 pulsing, regular 8 measured, metrical
rialto 6 market 8 district, exchange 11 marketplace
riant 3 gay 5 jolly, merry 6 blithe, bright, jocund, jovial 7 buoyant, gleeful 8 cheerful, mirthful 10 blithesome
riata 4 rope 5 lasso 6 lariat
rib 3 fun, kid, rag 4 band, bone, dike, fool, jape, jest, joke, josh, purl, razz, stay, wale 5 chaff, costa, ridge, tease 6 banter, costae (plural), lierne, needle
ribald 3 raw 4 blue, racy, rude 5 bawdy, crude, dirty 6 coarse, earthy, filthy, purple, risqué, smutty, vulgar 7 obscene, profane, raunchy 8 indecent, off-color 9 offensive, reprobate 10 suggestive
ribbon 3 bow 4 band, tape 5 braid, shred, strip 6 cordon, fillet, stripe, tatter 7 bandeau
rice 7 arborio, risotto ***dish:*** 5 pilaf 6 congee 7 risotto 9 jambalaya ***drink:*** 4 sake, saki 5 mirin 6 arrack ***field:*** 5 paddy ***husk:*** 5 lemma
rich 4 dear, lush, oily, posh 5 ample, fatty, flush, grand, heavy, plush, swank, vivid 6 costly, creamy, deluxe, fecund, gilded, lavish, loaded, monied, ornate, potent, rococo 7 baroque, copious, elegant, fertile, filling, moneyed, opulent, orotund, profuse, wealthy, well-off 8 abundant, affluent, eloquent, fruitful, palatial, well-to-do 9 abounding, bountiful, elaborate, luxuriant, luxurious, plentiful, sumptuous, well-fixed 10 productive, prosperous, well-heeled 11 extravagant ***person:*** 5 Midas, mogul, nabob 6 fat cat 7 Croesus, magnate 9 moneybags, plutocrat
Richardson work 6 Pamela 8 Clarissa
Richelieu's successor 7 Mazarin
riches 4 gold, pelf 5 booty, lucre, worth 6 mammon, wealth 7 fortune 8 opulence, property, treasure 9 resources ***demon of:*** 6 Mammon
rick 4 cock, heap, pile 5 shock, stack
rickety 4 weak 5 shaky 6 wobbly 7 unsound 8 decrepit, insecure, rachitic, unstable, unsteady 10 ramshackle, rattletrap
ricochet 4 ping, skim, skip 5 carom 6 bounce, glance 7 rebound 9 boomerang
rid 6 divest 7 relieve 8 unburden 11 disencumber
riddle 5 rebus 6 enigma, puzzle 7 mystery, perplex, problem 9 conundrum, perforate 10 closed book, puzzlement 11 brainteaser
ride 4 spin, tour, trip 5 drive, jaunt, mount 7 journey 8 carousel 9 excursion
ride out 6 endure 7 outlast, survive, weather 9 withstand
rider 6 clause, cowboy, jockey 7 codicil 8 addendum, addition, appendix, horseman, reinsman 9 amendment 10 equestrian, horsewoman, supplement
ridge 3 rib, top 4 bank, brow, fold, keel, reef, roll, ruck, seam, wave 5 arête, arris, chine, crest, knurl, plica, spine 6 crease, divide, furrow, rimple, saddle, summit 7 annulet, breaker, crinkle, hogback, wrinkle 8 shoulder 9 razorback 11 corrugation ***gravelly:*** 5 esker ***on the skin:*** 4 welt ***sharp:*** 7 hogback
ridicule 3 pan 4 gibe, haze, jape, jeer, mock, razz, ride, twit 5 chaff, flout, mimic, roast, scoff, scout, sneer, squib, taunt 6 deride, satire 7 lampoon, mockery, pillory, sarcasm 8 derision, raillery, satirize, travesty 9 burlesque 10 caricature ***god of:*** 5 Momus ***object of:*** 4 butt 13 laughingstock
ridiculous 5 comic, daffy, dotty, goofy, silly, wacky 6 absurd, insane 7 bizarre, comical, foolish, risible 8 derisory, farcical 9 cockamamy, fantastic, grotesque, laughable, ludicrous, monstrous 10 cockamamie, outrageous 11 for the birds, harebrained 12 preposterous, unbelievable
riding ***academy:*** 6 manège ***costume:*** 5 habit ***pants:*** 8 jodhpurs ***whip:*** 4 crop 5 quirt
Rienzi composer 6 Wagner (Richard)
rife 4 full 5 flush 6 common 7 replete, teeming 8 abundant, swarming 9 abounding, plentiful, prevalent 10 widespread 11 overflowing
riff 4 flip, leaf, scan, skim 5 thumb 6 browse 8 ostinato
riffle 4 flip, leaf, fret, scan, skim, wave 5 shoal, sluice, thumb 6 browse 7 shallow, shuffle 10 interstice
riffraff 3 mob 5 trash, waste 6 debris, kelter, litter, masses, rabble, refuse 7 garbage, rubbish 8 canaille, unwashed 11 proletariat
rifle 3 arm, gun, rob 4 loot, sack 5 steal 6 burgle, groove, weapon 7 carbine, despoil, firearm, pillage, plunder, ransack, rummage 9 chassepot ***accessory:*** 6 ramrod ***kind:*** 6 Garand, Mauser 7 Enfield 8 Browning 9 Remington 10 Winchester 11 Springfield
rift 3 gap 4 rent 5 break, chasm, chink, cleft, crack, fault, space, split 6 breach, cleave, divide, hiatus, schism 7 fissure, opening, rupture 8 crevasse, division,

fracture, interval **9** fault line **10** separation **12** estrangement

rig **3** arm, fit, fix **4** fake, gear **5** dress, equip, getup, trick **6** adjust, clothe, doctor, outfit, tackle **7** apparel, arrange, costume, derrick, furnish, turn out **8** accouter, accoutre, clothing, equipage **9** apparatus, construct, equipment **10** manipulate

rigging **3** net **4** duds, gear, togs **5** dress, lines, ropes **6** attire, chains, tackle, things **7** apparel, clothes, raiment **8** clothing **9** apparatus, equipment

right **3** apt, due, fit **4** fair, just, sane, true, well **5** amend, amply, claim, droit, emend, exact, sound, title **6** at once, common, decent, dexter, direct, equity, honest, lawful, proper, square, strict **7** condign, correct, exactly, fitting, freedom, genuine, healthy, liberty, license, merited, old-line, rectify, redress **8** accurate, becoming, bona fide, decorous, easement, faithful, interest, orthodox, smack-dab, straight, suffrage, suitable **9** authentic, befitting, equitable, forthwith, honorable, privilege, requisite, veracious, veritable **10** altogether, applicable, felicitous, perquisite, scrupulous **11** appropriate, correctness, prerogative ***combining form:*** **4** orth, rect **5** dextr, ortho, recti **6** dextro ***feudal:*** **4** soke ***legal:*** **5** droit **8** usufruct ***royal:*** **7** regalia (plural)

right away **3** now **6** at once, pronto **8** directly, promptly **9** forthwith, instanter, instantly **11** immediately, straight off, straightway **12** then and there

righteous **4** good, holy, just, pure **5** godly, moral, noble, pious **6** devout, worthy **7** ethical, genuine, sinless, upright **8** innocent, virtuous **9** blameless, guiltless **10** inculpable, principled

righteousness **6** equity, virtue **7** justice, probity **8** holiness, morality **9** rectitude

rightful **3** apt, due, fit **4** fair, just, true **5** legal **6** honest, lawful, proper **7** condign, fitting **8** deserved, suitable **9** befitting, equitable, impartial **10** applicable, legitimate **11** appropriate

right-handed **6** dexter **7** dextral **9** clockwise

right-hand page **5** recto

rightist **4** tory **11** reactionary **12** conservative

right-minded **5** moral, noble **6** decent, honest **7** ethical **8** virtuous **10** upstanding

Rights of Man author **5** Paine (Thomas)

rigid **3** set **4** firm, hard, taut **5** fixed, stiff, tense **6** severe, strict **7** austere, precise, hard-set **8** cast-iron, ironclad, obdurate, rigorous **9** draconian, immovable, inelastic, rockbound, stringent, unbending **10** adamantine, brassbound, inflexible, relentless, unyielding **11** unbudgeable **13** rhadamanthine

rigidity **6** turgor **7** buckram **8** hardness **9** stiffness ***muscular:*** **8** myotonia

rigmarole **6** bunkum, drivel, ramble **8** nonsense **9** gibberish, procedure **10** balderdash, mumbo jumbo

Rigoletto ***composer:*** **5** Verdi (Giuseppe) ***daughter:*** **5** Gilda

rigor **7** cruelty **8** asperity, hardness, hardship, severity **9** austerity, exactness, harshness, roughness, sharpness, sternness **10** affliction, difficulty, exactitude, strictness **11** tribulation **13** inflexibility

rigorous **5** exact, harsh, rigid, rough, stern, stiff **6** bitter, brutal, proper, rugged, severe, strict **7** ascetic, drastic, onerous, precise **8** accurate, exacting **9** draconian, ironbound, stringent **10** burdensome, inflexible, ironhanded, oppressive **13** rhadamanthine

rile **3** bug, rub, vex **4** roil **5** anger, annoy, grate, muddy, peeve, pique, upset **6** muddle, nettle, put out, rankle **7** agitate, disturb, fluster, inflame, perturb, provoke **8** disorder, disquiet, irritate **9** aggravate **10** discompose, exasperate

rill **3** run **4** burn, purl **5** bourn, brook, creek **6** runnel, stream, valley **7** freshet, rivulet **8** brooklet **9** streamlet **11** watercourse

rim **3** hem, lip **4** bank, boss, brim, edge, ring **5** bezel, bezil, bound, brink, skirt, verge **6** border, flange, fringe, margin, shield **7** annulus, horizon, outline **8** boundary, surround **9** perimeter, periphery ***of a basket:*** **4** hoop ***of a cask:*** **5** chime ***of an insect's wing:*** **6** termen ***of a spoked wheel:*** **5** felly **6** felloe

rime **3** ice **4** hoar **5** crust, frost **7** coating, encrust **9** hoarfrost, Jack Frost **12** incrustation

Rinaldo ***beloved:*** **8** Angelica ***cousin:*** **7** Orlando ***father:*** **5** Aymon ***horse:*** **6** Bayard ***mother:*** **3** Aya ***sister:*** **10** Bradamante ***uncle:*** **11** Charlemagne

rind **4** bark, husk, peel, skin **5** crust **9** crackling

ring **3** eye, hem, rim **4** band, bloc, bong, echo, gird, gyre, hoop, loop, peal, toll **5** arena, bezel, cabal, chime, clang, cycle, group, knell, knoll, round, sound **6** circle, clique, collar, girdle, staple **7** annulus, clangor, combine, compass, resound, vibrate **8** bracelet, cincture, encircle, surround **9** coalition, encompass **11** combination, reverberate ***around sun or moon:*** **6** corona *curtain:* 3 eye *for a compass:* 6 gimbal *harness:* 3 dee 6 button, terret *heraldic:* 7 annulet *in a hinge:* 7 gudgeon *of chain:* 4 link *of color:* 8 stocking *of leaves or flowers:* 6 wreath 7 garland *of light:* 4 halo 5 glory 6 corona, nimbus 7 aureole 8 halation *of rope or metal:* 4 hank 6 becket 7 garland, grommet, thimble *of two hoops:* 6 gimmal *relating to:* 7 annular *used as a valve or diaphragm:* 5 wafer *wedding:* 4 band

Ring and the Book author 8 Browning (Robert)

ringed 8 annulate, bordered 9 encircled 10 surrounded

ringer 4 fake, spit 5 clone, image 6 double 7 clapper, picture 8 impostor, portrait 10 simulacrum 13 spitting image

ringing 7 orotund, vibrant 8 decisive, emphatic, plangent, resonant, sonorous 10 clangorous, resounding 11 reverberant, unequivocal

ringleader 4 boss 5 chief 6 honcho 7 kingpin 9 godfather 10 head honcho, instigator, mastermind

ringlet 4 curl, lock 5 crimp, tress 7 circlet, earlock, tendril

Ring of the Nibelung composer 6 Wagner (Richard)

rinse 4 dunk, lave, wash 5 bathe, douse, swill 6 shower, sluice 7 cleanse *the mouth:* 6 gargle

riot 5 brawl, melee, revel, spree 6 bedlam, émeute, jumble, revolt, tumult, uproar 7 carouse, debauch, rampage, revelry, roister, wassail 8 carousal, disorder, uprising 9 commotion 10 debauchery, donnybrook, revolution 11 disturbance

riotous 4 lush, wild 6 stormy, unruly, wanton 7 bacchic, profuse 8 abundant 9 abounding, clamorous, exuberant, luxuriant, plentiful, turbulent 10 boisterous 11 saturnalian, tempestuous 12 unrestrained

rip 4 gash, hole, rend, rent, rive, spit, tear 5 shred, slash, split 6 attack, cleave 7 current, sputter 8 lacerate, undertow 9 criticize, disparage 12 undercurrent *into:* 5 go for 6 assail, attack 8 lambaste *off:* 3 con, rob 4 copy 5 cheat, steal, theft 7 defraud, imitate, swindle 9 imitation

ripe 4 aged, full, late 5 adult, grown, ready, ruddy, plump 6 mature, mellow, smelly, timely 7 grown-up 8 prepared, suitable 9 developed, full-blown, full-grown, offensive, opportune 10 seasonable 11 appropriate, full-fledged

ripen 3 age 4 cure, grow 6 better, grow up, mature, mellow, season 7 develop, enhance, improve, perfect 8 heighten, maturate

riposte 5 parry, reply 6 retort, return, thrust 8 back talk, comeback, repartee 13 counterattack

ripping 4 fine 5 grand, nifty, super, swell 6 divine, peachy 7 capital 8 glorious, splendid, terrific 9 admirable, delicious, excellent, fantastic, marvelous, wonderful 10 delightful, delectable, remarkable 11 scrumptious, sensational

ripple 3 lap 4 curl, fret, riff, wave 6 cockle, dimple, lipper, popple, ruffle, spread, wimple 7 crinkle, wavelet, wrinkle 8 undulate

rip-roaring 5 noisy 6 lively 8 exciting 9 hilarious 10 boisterous, rollicking, uproarious

ripsnorter 5 dandy 6 hummer 8 jim-dandy 9 humdinger 11 crackerjack

riptide 7 current 8 undertow 12 undercurrent

Rip Van Winkle *author:* 6 Irving (Washington) *dog:* 4 Wolf

rise 3 wax 4 flow, grow, lift, rear, soar, stem, well 5 awake, begin, climb, get up, issue, mount, rouse, stand, surge, swell, tower 6 ascend, ascent, awaken, emerge, expand, growth, spring, thrive, uprear 7 advance, augment, develop, emanate, enhance, enlarge, stand up, succeed, surface, upsurge 8 eminence, heighten, increase 9 ascension, increment, intensify, originate, terminate *above:* 8 surmount *again:* 7 resurge 9 resurrect *against:* 5 rebel 6 mutiny, revolt *and fall:* 4 tide 5 heave 6 welter *and shine:* 5 get up *gradually:* 4 loom

Rise and Fall of the Third Reich author 6 Shirer (William)

Rise of Silas Lapham author 7 Howells (William Dean)

riser 4 step 8 platform

risible 4 rich 5 comic, droll, funny, jokey 6 absurd 7 comical 8 farcical 9 laughable, ludicrous 10 ridiculous

risk 4 ante, dare, defy 5 peril, stake, throw, wager 6 chance, danger, gamble, hazard, menace, stakes 7 imperil, jeopard, venture 8 endanger, exposure, jeopardy 9 adventure, encounter, liability 10 jeopardize

risky 4 bold 5 dicey, hairy 6 chancy, daring, touchy, tricky 7 parlous, unsound 8 delicate, perilous, ticklish 9 dangerous, hazardous, unhealthy 10 jeopardous, precarious 11 adventurous, speculative, treacherous

risqué 4 blue, lewd, racy, sexy 5 broad, crude, dirty, salty, spicy, vampy 6 coarse, daring, earthy, purple, ribald, vulgar **7** naughty, obscene, raunchy **8** indecent, off-color, scabrous **9** salacious **10** indecorous, indelicate, suggestive

rite **6** office **7** liturgy, mystery, service **8** ceremony **9** formality, ordinance, sacrament, solemnity **10** ceremonial, initiation, observance **11** celebration, sacramental ***funeral:*** **6** exequy **7** obsequy **8** exequies **9** obsequies ***Jewish:*** **4** bris ***of initiation or purification:*** **7** baptism ***of knighthood:*** **8** accolade (see also SACRAMENT)

ritual see RITE

ritzy **4** posh **5** fancy, swank **6** chichi, classy, modish, snazzy, swanky **7** elegant, high-hat, stylish **9** au courant, exclusive, expensive, luxurious **11** fashionable **12** ostentatious

rival **3** tie, try, vie **4** even, peer, side **5** equal, match **6** strive **7** attempt, compete, contend, contest, emulate **8** approach, opponent **9** adversary, competing, contender, measure up **10** antagonist, competitor, contending, contestant **11** comparative, competition

rivalry **6** strife **7** contest, warfare **8** conflict, jealousy, tug-of-war **9** emulation **10** contention, opposition **11** competition

rive **3** rip **4** rend, tear **5** break, burst, crack, sever, smash, split **6** cleave, divide, shiver, sunder **7** fissure, shatter **8** fracture, fragment, lacerate, separate, splinter

river ***Africa:*** **4** Bomu, Juba **5** Chari, Congo, Shari, Tsavo, Zaire **6** Atbara, Mbomou, Songwe, Ubangi **7** Aruwimi, Limpopo, Zambesi, Zambezi **9** Astaboras, Crocodile ***Alabama:*** **5** Coosa **6** Mobile **7** Conecuh, Perdido **9** Tombigbee **10** Tallapoosa ***Alaska:*** **5** Kobuk **6** Copper, Noatak, Tanana **7** Koyukuk, Susitna **9** Kuskokwim ***Albania:*** **4** Drin **5** Drini ***Argentina:*** **5** Negro **6** Paraná **7** Matanza ***arm:*** **6** branch **9** tributary ***Asia:*** **3** Ili **4** Amur, Oxus **5** Indus **6** Jayhun, Sutlej **7** Oedanes **8** Amu Darya **9** Dyardanes **11** Brahmaputra ***Australia:*** **4** Daly **5** Roper, Yarra **6** Barwon, Culgoa, Dawson, DeGrey, Murray **7** Darling, Fitzroy, Lachlan **8** Victoria **10** Yarra Yarra ***Austria:*** **4** Enns ***bank:*** **5** levee ***Belgium:*** **5** Rupel, Senne, Weser **6** Dender, Dindar, Ourthe **8** Visurgis ***Bolivia:*** **4** Beni **5** Abuná **6** Mamoré ***Borneo:*** **5** Kajan ***bottom:*** **3** bed ***Brazil:*** **3** Ica **4** Pará, Paru **5** Negro, Xingu **6** Paraná **7** Madeira, Tapajos, Tapajoz ***British Columbia:*** **6** Skeena **10** Bella Coola ***California:*** **3** Eel, Pit **4** Kern, Yuba **6** Merced **7** Feather, Salinas, Trinity **8** Tuolumne ***Cambodia:*** **8** Tonle Sap ***Canada:*** **3** Bow **4** Back **5** Moose, Peace, Slave **6** Beaver, Fraser, Nelson **8** Gatineau, Saguenay **9** Athabasca, Great Fish, Mackenzie, Richelieu **11** Assiniboine ***Carolinas:*** **7** Catawba ***central United States:*** **3** Fox **5** Grand **6** Neosho, Platte, Wabash **8** Keya Paha, Missouri, Niobrara **9** Tennessee, Verdigris **10** Republican, Saint Croix **11** Mississippi ***channel:*** **6** alveus ***Chile:*** **3** Loa **5** Itata, Maule **6** Bío-Bío **8** Valdivia ***China:*** **3** Bei, Hun, Wei **4** Dong **5** Baihe, Chang, Huang, Tarim **6** Yellow **7** Kashgar, Yangtze ***China-North Korea:*** **4** Yalu ***Colombia:*** **4** Tomo **6** Atrato **9** Magdalena ***Colorado:*** **5** Yampa **8** Gunnison ***Connecticut:*** **6** Thames **7** Niantic, Shepaug **9** Naugatuck **10** Farmington, Housatonic, Quinnipiac **11** Willimantic ***crossing:*** **4** ford ***current:*** **4** eddy **6** rapids ***Czech Republic:*** **4** Iser **6** Jizera, Moldau, Vltava ***dam:*** **4** weir ***Denmark:*** **4** Stor ***dried bed:*** **4** wadi ***East Asia:*** **4** Yalu **5** Amnok **7** Oryokko ***Ecuador:*** **4** Napo **10** Esmeraldas ***England:*** **3** Esk, Exe, Nen, Ure **4** Aire, Avon, Eden, Nene, Ouse, Tees, Tyne, Wear, Yare **5** Swale, Trent **6** Mersey, Ribble, Thames ***Ethiopia:*** **3** Omo **4** Baro, Dawa ***Europe:*** **4** Eger, Elbe, Labe, Oder, Ohre **5** Albis, Saale **6** Danube, Ticino ***Florida:*** **6** Indian **9** Kissimmee **10** Saint Johns **12** Apalachicola ***France:*** **3** Ain, Lot, Var **4** Aire, Aude, Cher, Eure, Gers, Loir, Oise, Orne, Saar, Tarn, Yser **5** Adour, Aisne, Drôme, Indre, Isère, Loire, Marne, Rhône, Saare, Sâone, Seine, Somme, Yonne **6** Allier, Ariège, Scarpe, Vienne **7** Durance, Garonne, La Riège **8** Charente, Dordogne ***Georgia:*** **6** Etowah, Oconee **8** Altamaha, Ocmulgee **13** Chattahoochee ***Germany:*** **3** Ems, Rur **4** Eder, Eger, Elbe, Isar, Main, Rems, Ruhr **5** Hunte, Lippe, Rhine, Spree, Werra, Weser **6** Neckar ***Germany-Poland:*** **4** Oder ***Ghana:*** **5** Volta ***god:*** **7** Alpheus, Inachus **8** Achelous ***Greece:*** **3** Iri **4** Arta **5** Lerna, Lerne **7** Alpheus, Eurotas **8** Achelous **9** Arakhthos ***Honduras:*** **4** Ulúa **5** Aguán **6** Patuca ***Iberian:*** **5** Douro, Duero ***Idaho:*** **5** Lemhi ***Illinois:*** **8** Mackinaw ***India:*** **4** Sind **5** Sindh, Tapti **6** Chenab, Ganges, Jhelum, Kaveri, Kistna **7** Cauvery, Krishna **8** Acesines, Godavari ***inlet:*** **5** bayou **6** slough ***Iran:*** **3** Kor **4** Mand, Mund **5** Karun **8** Safid Rud, Sefid Rud ***Ireland:*** **3** Lee **4** Deel, Erne, Suir **5** Boyne, Clare, Foyle **6** Barrow, Liffey **7** Shannon ***Italy:*** **4** Adda,

Arno, Liri, Nera **5** Adige, Arnus, Etsch, Liris, Oglio, Padus, Piave, Tiber **6** Ollius, Rapido, Tevere, Trebia **7** Athesis, Rubicon, Secchia, Tiberis, Trebbia **8** Rubicone, Volturno ***Kansas:*** **6** Pawnee ***Kazakhstan-Russia:*** **4** Ural **5** Tobol **6** Irtysh ***Kenya:*** **4** Athi, Tana ***Kubla Khan's:*** **4** Alph ***land:*** **4** holm **5** flats **7** bottoms ***Latvia:*** **5** Gauja ***Latvia-Lithuania:*** **7** Lielupe ***Lebanon:*** **6** Litani ***Little Rock's:*** **8** Arkansas ***living on the bank of:*** **8** riparian ***longest:*** **4** Nile ***Louisiana:*** **11** Atchafalaya ***Maine:*** **8** Kennebec **9** Aroostook, Penobscot ***Malaysia:*** **9** Trengganu ***Maryland:*** **8** Monocacy, Patapsco, Patuxent **9** Nanticoke ***Massachusetts:*** **7** Charles, Taunton **9** Westfield **10** Housatonic ***Mexico:*** **6** Pánuco, Sonora **7** Tabasco **8** Grijalva ***Michigan:*** **4** Cass **5** Huron **7** Saginaw **8** Manistee, Muskegon **9** Cheboygan, Kalamazoo **10** Michigamme, Shiawassee ***Mississippi:*** **5** Pearl, Yazoo **10** Pascagoula ***Moldova-Ukraine:*** **8** Dneister ***Missouri:*** **5** Osage ***mouth:*** **5** delta ***Myanmar (Burma):*** **4** Pegu **8** Chindwin, Irrawady ***Nebraska:*** **4** Loup **6** Nemaha, Platte **7** Elkhorn ***Netherlands:*** **4** Waal **5** Issel, Yssel **6** IJssel **7** Vahalis ***New England:*** **4** Saco **6** Nashua **9** Merrimack **10** Blackstone **11** Connecticut **12** Androscoggin ***New Jersey:*** **6** Rahway **7** Passaic, Raritan **8** Tuckahoe ***New York:*** **5** Tioga **6** Hudson, Mohawk, Oneida, Oswego, Seneca **7** Chemung, Niagara **8** Chenango ***New Zealand:*** **7** Waikato ***Nicaragua:*** **4** Coco **7** Segovia ***Nigeria:*** **5** Benin ***North Carolina:*** **3** Haw, Tar **5** Neuse **6** Chowan **8** Alamance ***northeast United States:*** **4** Ohio **6** Hoosic **7** Genesee, Hocking **8** Delaware, Mahoning **9** Allegheny **11** Monongahela, Susquehanna ***Northern Ireland:*** **4** Bann **6** Mourne ***North Korea:*** **5** Daido **7** Taedong ***northwest United States:*** **5** Snake **7** Klamath **8** Columbia **11** Pend Oreille ***Norway:*** **4** Tana, Teno ***nymph:*** **5** naiad ***of fire:*** **10** Phlegethon ***of forgetfulness:*** **5** Lethe ***of ice:*** **7** glacier ***of woe:*** **7** Acheron ***Ohio:*** **5** Miami **8** Cuyahoga, Sandusky **9** Muskingum **10** Tuscarawas ***Oklahoma:*** **8** Cimarron ***Oregon:*** **5** Rogue **6** Owyhee **7** Malheur **8** McKenzie **9** Clackamas, Deschutes **10** Willamette ***Panama:*** **5** Tuira **7** Chagres ***Papua New Guinea:*** **3** Fly **5** Sepik ***Paraguay:*** **3** Apa **9** Pilcomayo ***Pennsylvania:*** **6** Lehigh **10** Schuylkill ***Peru:*** **5** Rímac, Santa **7** Marañón **8** Apurímac, Huallaga, Urubamba ***Philippines:*** **4** Abra, Agno **5** Pasig **7** Cagayan **8** Cotabato, Mindanao, Pampanga ***Poland:*** **3** San **7** Vistula ***Portugal:*** **4** Sado **7** Mondego ***relating to:*** **7** fluvial ***Rhode Island:*** **7** Seekonk **8** Sakonnet **10** Providence ***Romania:*** **5** Arges ***Russia:*** **3** Don, Oka, Ufa, Usa **4** Kama, Kara, Lena, Msta, Neva, Sura, Svir **5** Onega, Terek, Volga **6** Anadyr, Angara, Belaya, Kolima, Kolyma, Ussuri, Vyatka **7** Dnieper, Pechora, Yenisey **8** Barguzin, Kostroma, Voronezh, Vychegda ***Russia-Ukraine:*** **6** Donets ***sacred:*** **6** Ganges ***Scotland:*** **3** Dee, Don, Esk, Tay **4** Doon, Nith, Spey, Tyne **5** Afton, Annan, Clyde, Forth, Tweed **6** Teviot **7** Deveron **8** Findhorn ***Shanghai's:*** **7** Huangpu, Hwang Pu ***Sicily:*** **5** Salso **6** Simeto ***siren:*** **7** Lorelei ***Slovakia:*** **3** Vag, Vah **4** Gran, Hron, Waag **5** Garam, Nitra **6** Neutra, Nyitra ***South Africa:*** **4** Vaal **6** Orange ***South America:*** **3** Apa **6** Amazon **8** Amazonas, Orellana **9** Pilcomayo ***South Carolina:*** **6** Saluda, Santee **7** Wateree **8** Congaree ***South Dakota:*** **3** Bad ***Southeast Asia:*** **6** Dza-chu, Mekong **7** Salween **8** Lan-ts'ang ***southeast United States:*** **6** Pee Dee **7** Noxubee, Washita **8** Escambia, Ouachita, Suwannee **10** Okanoxubee ***southern United States:*** **6** Sabine ***South Korea:*** **3** Kum ***southwest United States:*** **4** Gila, Zuni **5** Pecos **8** Colorado ***Spain:*** **4** Ebro **6** Aragon **12** Guadalquivir ***Sweden:*** **4** Göta **5** Kalix ***Switzerland:*** **3** Aar **4** Aare **5** Reuss ***Syria:*** **6** Khabur **7** Orontes ***Tasmania:*** **4** Huon ***Tbilisi's:*** **4** Kura ***Texas:*** **5** Llano **6** Brazos, Nueces **7** San Saba, Trinity **9** Guadalupe ***Texas-Mexico:*** **8** Rio Bravo **9** Rio Grande ***tidal:*** **7** estuary ***Tokyo's:*** **6** Sumida ***Turkey:*** **4** Aras **5** Araks **6** Seihun, Seyhan ***Ukrainian:*** **3** Bug **4** Alma ***underworld:*** **4** Styx **5** Lethe **7** Acheron, Cocytus **10** Phlegethon ***Uruguay:*** **5** Negro ***Utah:*** **5** Provo, Uinta, Weber **6** Jordan, Sevier ***valley:*** **6** strath ***Venezuela:*** **5** Apure, Caura **6** Caroní **7** Orinoco ***Vermont:*** **3** Mad **5** Onion, White **8** Winooski ***Virginia:*** **3** Dan **5** James **7** Rapidan **9** Nansemond **10** Appomattox, Shenandoah **12** Chickahominy, Rappahannock ***wailing:*** **7** Cocytus ***Wales:*** **4** Dyfi **5** Clwyd, Dovey, Teifi ***Washington:*** **6** Skagit, Yakima **9** Klickitat, Snohomish, Wenatchee ***West Africa:*** **5** Niger **6** Gambia **7** Senegal ***western United States:*** **7** Laramie **8** Columbia, Flathead **11** Yellowstone ***West Virginia:*** **7** Kanawha ***Wisconsin:*** **8** Kickapoo **9** Menominee ***Wyoming:*** **8** Shoshone **10** Gros Ventre **11** Medicine Bow

___ **Rivera** 5 Diego
river duck 4 teal 6 wigeon 7 dabbler, mallard, widgeon 8 shoveler 9 greenwing
river horse 5 hippo 12 hippopotamus
riverine 8 riparian
river island 3 ait
rivet 3 fix, pin 4 bolt, brad, stud 5 affix 6 absorb, attach, clinch, fasten 7 engross 8 fastener
Riviera city 4 Nice 6 Cannes, Monaco 7 Antibes, San Remo 8 St. Tropez 10 Monte Carlo
rivulet 3 run 4 beck, burn, gill, race, rill 5 bourn, brook, creek 6 runlet, runnel, stream 9 streamlet
Rizpah ***father:*** 4 Aiah ***lover:*** 4 Saul ***son:*** 6 Armoni 12 Mephibosheth
roach 3 hog 6 shiner 7 sunfish
road 3 way 4 fare, lane, line, path 5 drive, going, route, track 6 artery, avenue, career, causey, course, street 7 highway, journey, passage 8 causeway, chaussée, crossway, highroad, pavement, speedway, turnpike 9 boulevard 12 thoroughfare ***along a cliff:*** 8 corniche ***around a city:*** 6 bypass 7 beltway ***bend:*** 7 hairpin ***edge:*** 4 berm 8 shoulder ***French:*** 6 chemin ***Irish:*** 6 boreen ***machine:*** 5 paver 6 grader 9 bulldozer ***Roman:*** 3 via 4 iter ***side:*** 6 branch 8 shunpike ***Spanish:*** 6 camino ***surface:*** 3 tar 6 gravel 7 macadam 8 pavement
roadblock 7 barrier 8 blockade 9 barricade 11 obstruction
road book 3 map 5 atlas 9 gazetteer, itinerary
roadhouse 3 bar, inn 4 dive 5 hotel, lodge 6 tavern 9 nightclub
roadrunner 6 cuckoo 13 chaparral cock
road rut 6 kettle 7 pothole 9 chuckhole
roam 3 bat, bum, gad, run 4 rove, walk 5 drift, prowl, range, stray 6 ramble, stroll, travel, wander 7 meander, traipse 8 straggle, vagabond 9 gallivant
roamer 3 bum 5 gipsy, gypsy, nomad, rover 6 ranger, walker 7 drifter, prowler, rambler, vagrant 8 marauder, stroller, traveler, vagabond, wanderer 11 nightwalker
roar 3 din 4 bawl, bell, boom, bray, howl, yell 5 shout 6 bellow, clamor, outcry 7 bluster 10 vociferate ***bullring:*** 3 olé
roast 4 bake, mock, rack, sear 5 broil, grill, joint, parch 6 scathe, scorch 7 banquet, blister, mockery, swelter 8 barbecue, ridicule 9 criticize
rob 3 cop, mug 4 lift, loot, nick, raid, roll, sack 5 boost, filch, heist, pinch, pluck, reave, steal 6 burgle, fleece, hijack, hold up, pilfer, rip off, snitch, thieve 7 defraud, deprive, despoil, pillage, plunder, purloin, ransack, stick up, swindle 8 knock off 9 knock over 10 burglarize
robber 4 yegg 5 crook, thief 6 bandit, looter, mugger, pirate, reiver 7 brigand, burglar, footpad, rustler 8 hijacker, swindler 9 holdup man 10 cat burglar, highwayman, sandbagger, stickup man 12 housebreaker ***grave:*** 5 ghoul
robbery 5 heist, theft 6 holdup, piracy 7 larceny, mugging, stickup 8 banditry
robe 3 aba 4 cape, gown, wrap 5 cloak, habit 6 caftan, mantle 7 garment, manteau 8 covering, dalmatic, vestment ***baptismal:*** 7 chrisom ***bishop's:*** 7 chimere ***of Roman emperors:*** 6 purple ***Turkish:*** 6 dolman
Robinson Crusoe ***author:*** 5 Defoe (Daniel) ***character:*** 6 Friday
robot 5 golem 7 android 8 automata (plural) 9 automaton
Rob Roy author 5 Scott (Walter)
robust 4 hale, rude 5 hardy, husky, lusty, rough, sound, stout 6 hearty, potent, rugged, sinewy, strong, sturdy 7 healthy 8 athletic, muscular, vigorous 9 strapping 10 boisterous, red-blooded, full-bodied, prosperous
robustious 4 rude 5 lusty, rough, rowdy, wooly 6 rugged 7 boorish, ill-bred, loutish 8 churlish, clownish 9 unrefined 10 boisterous, unpolished
rock 4 crag, reel, roll, sway, toss 5 geode, pitch, quake, shake, swing 6 totter 7 boulder, breccia 8 astonish, convulse, undulate 9 oscillate ***basaltic:*** 5 wacke ***cavity:*** 3 vug ***combining form:*** 4 lite, lith, lyte, petr 5 clast, petri, petro ***decomposed:*** 6 gossan ***fissile:*** 5 shale ***formation:*** 5 nappe 6 pluton 7 rimrock, terrane 8 isocline, syncline ***fragment:*** 8 xenolith ***igneous:*** 4 lava 6 basalt, gabbro, pumice 7 diabase, diorite, granite 8 eruptive, felstone, obsidian, porphyry, traprock 10 travertine ***layer:*** 10 mantlerock ***mass:*** 5 scree 9 batholith ***metamorphic:*** 5 slate 6 gneiss, marble, schist 9 quartzite, soapstone ***molten:*** 4 lava ***sedimentary:*** 4 clay, coal 5 chalk, chert, coral, flint, shale 8 mudstone 9 limestone, sandstone, siltstone ***volcanic:*** 4 tuff 6 basalt
rock bass 7 sunfish
rock-bottom 4 root 6 lowest 8 cheapest 9 lowermost 11 fundamental
rocket 3 fly, zip 4 soar, whiz, zoom 5 mount 6 ascend, bullet 7 missile, shoot up 8 firework, starship 10 projectile ***landing:*** 7 reentry 10 splashdown

launcher: **7** bazooka ***launching:*** **7** liftoff **8** blastoff ***scientist:*** **5** Braun (Wernher von) **7** Goddard (Robert)

rockfish **4** cony, hind **5** coney **7** grouper, jewfish, sea bass **8** bocaccio **10** scorpaenid **11** striped bass

Rockies resort **4** Vail **5** Aspen **8** Snowmass **9** Telluride

___ **Rockne** **5** Knute

rock rabbit **4** cony, pika **5** coney, hyrax **6** dassie

rock-ribbed **5** rigid **8** dogmatic, obdurate **9** unbending **10** inflexible, unyielding

rockweed **5** algae, fucus **7** seaweed **12** bladder wrack

rocky hill **3** tor **5** kopje

rococo **4** busy **5** showy **6** florid, frilly, ornate **7** baroque, elegant, opulent **9** elaborate, intricate **10** decorative, flamboyant **11** overwrought

rod **3** bar **4** cane, pole, wand **5** baton, dowel, spoke, staff, stave, stick **6** pistol **7** scepter **8** revolver **10** correction, discipline, punishment **11** castigation **12** chastisement ***bundle of:*** **6** fasces

rodent **3** rat **4** cavy, cony, mole, paca, pika, vole **5** cavie, coney, coypu, mouse, shrew **6** agouti, beaver, gerbil, gopher, jerboa, marmot, murine, nutria, rabbit **7** hamster, lemming, leveret, muskrat **8** capybara, chipmunk, dormouse, squirrel, tuco tuco, viscacha, vizcacha, water rat **9** guinea pig, porcupine **10** chinchilla, field mouse, prairie dog **11** kangaroo rat, meadow mouse, pocket mouse **12** pocket gopher ***aquatic:*** **5** coypu **6** beaver, nutria **7** muskrat **8** musquash ***burrowing:*** **6** gerbil, gopher **7** hamster **8** viscacha, vizcacha ***family:*** **5** murid **6** murine **7** sciurid ***genus:*** **3** Mus **5** Lepus

rodeo **7** contest, roundup **9** enclosure **10** exhibition **11** competition ***animal:*** **5** horse, steer **10** Brahma bull ***event:*** **10** calf roping **11** bulldogging **12** bronco riding ***performer:*** **5** clown **6** cowboy

___ **Rodin** **7** Auguste

rodomontade **4** blow, brag, rant **5** boast, swash, vaunt **7** bluster, swagger **9** gasconade **11** braggadocio

Rodomonte ***beloved:*** **8** Doralice ***slayer:*** **8** Ruggiero

Rodrigo Díaz de Bivar **5** El Cid

rod-shaped **7** virgate **8** bacillar **9** bacillary

roe **4** deer, eggs **6** beluga, caviar, osetra **7** sevruga

Roentgen's discovery **4** X-ray

rogation **6** litany, prayer **8** entreaty, petition **10** beseeching **12** supplication

___ **Rogers** **3** Roy **4** Carl, Fred, Will **6** Ginger, Robert

rogue **5** cheat, gypsy, knave, scamp **6** rascal **7** lowlife, sharper, villain **8** picaroon, scalawag, swindler **9** defrauder, miscreant, reprobate, scoundrel, skeezicks, trickster **10** blackguard, mountebank **11** rapscallion ***relating to:*** **10** picaresque

roguery **5** fraud **7** devilry, knavery, waggery **8** deviltry, mischief, trickery **9** devilment, diablerie **11** waggishness **12** sportiveness

roguish **3** sly **4** arch **6** impish, wicked **7** knavish **8** devilish, espiègle, scampish **10** picaresque **11** mischievous

roil **3** mud, vex **4** foul, rile, romp **5** annoy, dirty, grate, muddy, peeve, upset **6** befoul, muddle, nettle, stir up **7** agitate, disturb **8** disorder, irritate **9** aggravate **10** exasperate

roily **5** muddy, riley **6** turbid **9** turbulent

roister **4** riot **5** revel **6** frolic **7** carouse, reveler, wassail **9** wassailer

Roland **7** Orlando ***beloved:*** **4** Aude ***betrayer:*** **4** Gano **7** Ganelon ***friend:*** **6** Oliver **7** Olivier ***horn:*** **7** Olivant ***sword:*** **8** Durandal, Durendal ***uncle:*** **11** Charlemagne

role **3** bit **4** duty, lead, part, pose **5** cameo, cloak, guise, niche **6** aspect, office **7** quality **8** capacity, function, position **9** character **13** impersonation

roll **3** bun, rob **4** bolt, coil, flow, furl, gyre, list, pour, rock, toss, turn, wind, wrap **5** heave, pitch, surge **6** bundle, roster, rotate, stream, swathe, wallow, wrap up **7** biscuit, brioche, envelop, revolve, swaddle, trundle **8** involute, register, schedule, turn over

roll about **6** wallow, welter

roll back **5** lower **6** reduce, repeal **7** curtail, rescind

roller **3** rod **4** bowl, drum, wave **6** canary, caster, platen **7** breaker, carrier, tumbler **8** cylinder

Roller-Derby round **3** jam

rollick **4** lark, play, romp **5** caper, frisk, party, revel, sport **6** cavort, frolic, gambol **7** disport, skylark **8** escapade **9** merriment

rollicking **4** wild **5** antic, merry **6** frisky, lively **8** sportive **10** boisterous, frolicsome **12** high-spirited

rolling stock **4** cars **7** coaches, engines **8** cabooses, Pullmans, sleepers, trailers **11** locomotives

rolling stone **5** rover **6** roamer **7** drifter, rambler, vagrant **8** wanderer, vagabond

roly-poly see ROTUND

Roman **5** Latin **7** Italian ***amphitheater:*** **9** Colosseum ***assembly:*** **5** forum **6** senate **7** comitia ***building:*** **5** Forum **6** Circus **8** basilica, Pantheon ***clan:*** **4** gens

comedy writer: **7** Plautus (Titus), Terence ***conspirator:*** **6** Brutus (Marcus Junius) **7** Cassius (Gaius) **8** Catiline ***date:*** **4** Ides **7** calends, kalends ***emperor:*** **4** Nero, Otho **5** Galba (Servius Sulpicius), Nerva (Marcus Cocceius), Titus, Verus (Lucius Aurelius) **6** Julian, Trajan **7** Hadrian, Maximus (Magnus Clemens, Marcus Clodius, Petronius), Severus (Lucius Septimius) **8** Augustus, Caligula, Claudius, Commodus (Lucius Aelius), Domitian, Tiberius, Valerian **9** Caracalla, Vespasian **10** Diocletian, Theodosius **11** Constantine, Valentinian ***entrance hall:*** **5** atria (plural) **6** atrium ***epic:*** **6** Aeneid ***epigrammatist:*** **7** Martial ***family:*** **7** Gracchi ***Fates:*** **4** Nona **5** Morta **6** Decuma, Parcae ***founder:*** **5** Remus **7** Romulus ***fountain:*** **5** Trevi **6** Triton ***garment:*** **4** toga **5** tunic ***general:*** **5** Sulla (Lucius Cornelius), Titus **6** Antony (Marc), Marius (Gaius), Scipio (Publius Cornelius) **8** Agricola (Gnaeus Julius) ***god:*** **4** deus ***blind:*** **6** Plutus ***chief:*** **4** Jove **7** Jupiter ***messenger:*** **7** Mercury ***of agriculture:*** **6** Saturn ***of animals:*** **6** Faunus ***of death:*** **4** Mors ***of dreams:*** **8** Morpheus ***of fire:*** **6** Vulcan ***of gates and doors:*** **5** Janus ***of healing:*** **9** Asclepius **11** Aesculapius ***of heaven:*** **6** Uranus ***of households:*** **5** Lares **7** Penates ***of love:*** **4** Amor **5** Cupid ***of medicine:*** **9** Asclepius **11** Aesculapius ***of mirth:*** **5** Comus ***of regeneration:*** **7** Priapus ***of sleep:*** **6** Somnus ***of the sea:*** **6** Pontus **7** Neptune, Proteus ***of the sun:*** **3** Sol **6** Apollo ***of the underworld:*** **3** Dis **5** Orcus, Pluto **8** Dispater ***of the wind:*** **5** Eurus, Notus **6** Aeolus, Aquilo, Auster, Boreas **8** Favonius, Zephyrus ***of war:*** **4** Mars **8** Quirinus ***of wealth:*** **6** Plutus ***of wine:*** **7** Bacchus ***of woods:*** **6** Faunus ***two-faced:*** **5** Janus ***goddess:*** **3** dea ***of agriculture:*** **5** Ceres ***of beauty:*** **5** Venus ***of dawn:*** **6** Aurora ***of flowers:*** **5** Flora ***of handicrafts:*** **7** Minerva ***of harvests:*** **3** Ops ***of health:*** **7** Minerva ***of hope:*** **4** Spes ***of hunting:*** **5** Diana ***of justice:*** **7** Astraea ***of love:*** **5** Venus ***of marriage:*** **4** Juno ***of night:*** **3** Nox ***of peace:*** **3** Pax ***of springs:*** **7** Juturna ***of strife:*** **9** Discordia ***of the earth:*** **6** Tellus ***of the hearth:*** **5** Vesta ***of the moon:*** **4** Luna ***of the sea:*** **10** Amphitrite ***of the underworld:*** **10** Proserpina ***of victory:*** **6** Vacuna ***of war:*** **7** Bellona ***of wisdom:*** **7** Minerva ***of womanhood:*** **4** Juno ***greeting:*** **3** ave ***hero:*** **6** Caesar (Julius) **11** Cincinnatus (Lucius Quinctius) ***hill:*** **7** Caelian, Viminal **8** Aventine, Palatine, Quirinal **9** Esquiline **10** Capitoline ***historian:*** **4** Livy **5** Nepos **7** Sallust, Tacitus **9** Suetonius ***king:*** **7** Romulus, Servius, Tullius **12** Ancus Martius **13** Numa Pompilius ***marketplace:*** **5** agora ***military formation:*** **3** ala **6** alares (plural) **7** phalanx ***miltary unit:*** **6** cohort, legion **7** maniple ***officer:*** **9** centurion ***official:*** **5** augur, edile **6** aedile, censor, consul, lictor **7** praetor, prefect, tribune **8** quaestor ***people:*** **5** Laeti, plebs **6** populi (plural) **7** populus, Sabines **9** plebeians ***philosopher:*** **4** Cato **6** Seneca **8** Apuleius **9** Epictetus, Lucretius ***physician:*** **9** Asclepius **11** Aesculapius ***port:*** **5** Ostia ***procurator:*** **6** Pilate (Pontius) ***racecourse:*** **6** circus ***road:*** **4** iter ***slave:*** **9** Spartacus ***statesman:*** **4** Cato **5** Pliny **6** Caesar, Cicero, Pompey, Seneca **7** Agrippa **8** Augustus, Gracchus, Maecenas **9** Flaminius ***symbol of authority:*** **6** fasces

roman à ___ **4** clef

romance **3** woo **4** gest, love **5** amour, court, fling, geste, novel **6** affair **7** fantasy, fiction **8** stardust **10** love affair **12** bodice ripper

Romance language **6** French **7** Catalan, Italian, Spanish **8** Romanian, Rumanian **9** Sardinian **10** Portuguese

Romania ***capital:*** **9** Bucharest ***city:*** **4** Iasi **6** Brasov, Galati **7** Craiova **9** Constanta, Timisoara ***monetary unit:*** **3** leu ***mountain range:*** **10** Carpathian ***neighbor:*** **6** Serbia **7** Hungary, Moldova, Ukraine **8** Bulgaria ***part of:*** **7** Balkans ***peninsula:*** **6** Balkan ***river:*** **5** Tisza **6** Danube ***sea:*** **5** Black

romantic **5** gauzy, ideal, idyll, mushy **6** ardent, dreamy, exotic, gothic, poetic, unreal **7** amorous, maudlin, mawkish **8** fanciful, quixotic **9** fantastic, imaginary, visionary **10** idealistic, lovey-dovey **11** sentimental

Romany **5** Gipsy, Gypsy

Romeo **7** amorist, Don Juan, gallant **8** Casanova, lothario, paramour ***beloved:*** **6** Juliet ***enemy:*** **6** Tybalt ***father:*** **8** Montague ***friend:*** **8** Mercutio

Rommel, Erwin **9** Desert Fox

romp **4** lark, play **5** caper, frisk, sport **6** cavort, frolic, gambol, hoyden **7** rollick, runaway, skylark **8** escapade

Romulus ***brother:*** **5** Remus ***father:*** **4** Mars ***mother:*** **9** Rea Silvia **10** Rhea Silvia ***victim:*** **5** Remus

rondure **3** arc, orb **4** arch, ball, ring **5** curve, globe, round **6** circle, sphere **9** curvature

rood **5** cross **8** crucifix

roof **3** hip, top **4** apex, peak **5** cover, crest, crown **6** summit **7** ceiling **8** covering, housetop ***material:*** **3** tar, tin **4** tile **5** slate, straw, terne **6** copper, thatch **7** shingle ***of a cavern:*** **4** dome ***of the mouth:*** **6** palate ***part:*** **3** hip **4** eave ***structure:*** **9** penthouse ***type:*** **5** gable **7** gam-

brel, mansard **9** butterfly ***vaulted:*** **4** dome
roofer **5** tiler
rook **4** bilk, colt, crow, scam, tyro **5** cheat, mulct, raven, stick **6** castle, fleece, novice **7** amateur, defraud, recruit, swindle, trainee **8** beginner, flimflam, freshman, neophyte, newcomer **10** apprentice, tenderfoot
rookery **5** roost **6** colony
rookie **4** colt, tyro **6** novice **7** amateur, recruit, trainee **8** beginner, freshman, neophyte, newcomer **10** apprentice, tenderfoot
room **3** den **4** cell, hall, play, rein **5** divan, house, lodge, put up, salon, scope, space **6** alcove, billet, leeway, margin, reside, studio **7** chamber, cubicle, expanse, gallery, lodging **9** clearance ***ancient Roman:*** **5** atria (plural) **6** atrium ***eating:*** **4** nook **6** alcove **7** commons, kitchen **8** mess hall **9** refectory ***food storage:*** **6** larder, pantry ***for paintings:*** **7** gallery ***in a monastery:*** **4** cell **9** refectory **11** calefactory ***in a prison:*** **4** cell ***on a ship:*** **5** cabin **6** galley ***round:*** **7** rotunda
roomer **5** guest **6** lodger, renter, tenant **7** boarder
roomy **4** wide **5** ample, broad, large **8** spacious **9** capacious **10** commodious
Roosevelt, Franklin D. ***birthplace:*** **8** Hyde Park ***dog:*** **4** Fala ***message:*** **12** fireside chat ***mother:*** **4** Sara ***predecessor:*** **6** Hoover (Herbert) ***program:*** **7** New Deal ***successor:*** **6** Truman (Harry) ***wife:*** **7** Eleanor
roost **3** sit **4** land, nest, rest **5** perch **6** alight, settle **7** rookery **8** dovecote
rooster **4** cock **5** capon **8** cockerel, gamecock **10** cockalorum **11** chanticleer
root **3** dig, fix **4** base, bulb, core, grub, pith, stem, well **5** basis, cheer, embed, grout, lodge, plant, radix, tuber **6** bottom, etymon, ground, marrow, origin, settle, source **7** applaud, bedrock, essence, footing, radical **8** radicate **9** beginning, establish, inception **10** foundation ***aromatic:*** **7** ginseng ***edible:*** **3** oca, yam **4** beet **6** carrot, daikon, ginger, jicama, potato, radish, turnip **7** burdock, parsnip, salsify **8** celeriac, kohlrabi, rutabaga, tuckahoe **11** horseradish ***fragrant:*** **5** orris **7** vetiver ***main:*** **7** taproot ***medicinal:*** **5** jalap **7** ginseng ***relating to:*** **7** radical ***starch:*** **4** arum ***tropical:*** **4** taro ***word:*** **6** etymon
rootlet **7** radicle, rhizoid
root out **4** grub **9** eradicate, extirpate **10** deracinate
Roots author **5** Haley (Alex)
rope **3** guy, tie **4** bind, cord, line, stay **5** belay, bight, brace, cable, chord, lasso, riata, sheet **6** binder, fasten, halter, hawser, lariat, marlin, shroud, strand, string, tether **7** halyard, lashing, marline, painter, towline **8** buntline, lifeline ***loop:*** **7** cringle ***mooring:*** **6** hawser ***ship's:*** **6** marlin, parral, parrel **7** lanyard, marline, ratline
ropedancer **11** funambulist
rope off **6** cordon
ropes **10** ins and outs, procedures, techniques
ropy **4** wiry **6** sinewy **7** stringy, viscous **8** muscular
roque **7** croquet
rorqual **5** whale **7** finback **8** fin whale **11** baleen whale
Rosalind's beloved **7** Orlando
rosary **5** beads **7** chaplet **8** beadroll, devotion **11** prayer beads
rose **4** glow, pink **5** blush, color, flush, rouge **6** mantle, pinken, redden **7** crimson **10** erysipelas ***Chinese:*** **8** Cherokee ***cotton:*** **7** cudweed ***feature:*** **5** thorn ***kind:*** **4** moss **5** Peace, Vogue **6** Circus, damask **7** Fashion, Granada, Iceberg, New Dawn, Pascali, Tiffany **8** Rubaiyat **9** Floradora, Montezuma, polyantha, Tropicana **10** Floribunda **11** grandiflora, Mount Shasta **12** Crimson Glory
roseate **3** red **4** pink **5** sunny **6** bright, upbeat **7** beamish **8** cheerful, sanguine **10** optimistic
rose-colored see ROSEATE
Rosenkavalier composer **7** Strauss (Richard)
rose of ___ **6** Sharon
rose oil **5** attar
Rose Tattoo author **8** Williams (Tennessee)
rosette **7** cockade **8** ornament
Rosinante's master **7** Quixote (Don)
Rosmersholm author **5** Ibsen (Henrik)
___ Rossetti **5** Dante (Gabriel) **9** Christina ***work:*** **8** Sing-Song **11** Annus Domini, House of Life (The), Seek and Find, Sister Helen **12** Beata Beatrix, Goblin Market
Rossini opera **6** Otello **8** Tancredi **11** Cenerentola (La), William Tell **14** Siege of Corinth (The) **15** Barber of Seville (The)
Rostand hero **6** Cyrano (de Bergerac)
roster **4** list, roll, rota **5** slate **6** muster, scroll **8** register, roll call, schedule **9** honor roll **10** muster roll **11** waiting list
rostrum **4** dais **5** bimah **6** pulpit **7** lectern, tribune **8** platform
rosy see ROSEATE
rot **4** bosh, bull, mold **5** decay, hooey, spoil, taint, trash **6** fester, molder **7** cor-

rupt, crapola, crumble, garbage, hogwash, putrefy, rubbish **8** gangrene, nonsense **9** break down, decompose, poppycock **10** balderdash, degenerate **11** deteriorate, putrescence **12** disintegrate, putrefaction **13** decomposition

rotary 6 circle **8** gyratory, spinning, whirling **10** roundabout **11** vertiginous **13** traffic circle

rotate 4 gyre, roll, spin, turn **5** pivot, twirl, wheel, whirl **6** gyrate, swivel **7** revolve, trundle **9** alternate, pirouette *a log:* **4** birl

rotation 4 gyre, loop, turn **5** cycle, orbit, pivot, round, wheel, whirl **7** circuit, turning **8** gyration **10** revolution, succession

rote 5 crowd, grind **6** custom, groove, memory **7** routine **8** practice **9** automatic, treadmill **10** mechanical, repetition **12** memorization

Roth novel 11 Call It Sleep **15** Goodbye Columbus **16** American Pastoral **17** Portnoy's Complaint

rotten 4 foul **5** fetid, lousy **6** crummy, putrid **7** corrupt, decayed, spoiled, tainted **9** nefarious, offensive, putrified **10** decomposed, degenerate, putrescent

rotter 3 cad, cur **4** lout **5** creep, louse **7** bounder **9** scoundrel **10** blackguard

rotund 3 fat **5** obese, plump, podgy, pudgy, round, stout, thick, tubby **6** chubby, chunky, portly, stocky **7** rounded **8** heavyset, roly-poly, thickset **9** corpulent **10** potbellied

roué 4 lech, rake, wolf **6** lecher **7** Don Juan, seducer, swinger **8** Casanova, lothario, sybarite **9** bon vivant, debauchee, libertine, womanizer **10** sensualist, voluptuary **11** philanderer

rouge 3 red **4** glow, pink, rose **5** blush, color, flush **6** mantle, pinken, redden **7** crimson

rough 3 raw **4** rude, wild **5** brute, bumpy, crass, crude, hairy, harsh, raspy, rowdy, yahoo **6** choppy, coarse, craggy, crusty, hoarse, jagged, rugged, stormy, uneven **7** cragged, grating, jarring, rasping, raucous, ruffian, scraggy, uncivil, uncouth **8** bullyboy, churlish, impolite, scabrous, unformed **9** difficult, imperfect, strenuous, turbulent, unrefined **10** boisterous, tumultuous, unfinished, unpolished **11** approximate, tempestuous

rough-and-ready 5 crude **6** make-do **7** stopgap **8** slapdash **9** expedient, impromptu, makeshift **10** improvised **11** provisional **13** quick-and-dirty

rough-hewn 4 rude **5** crude, plain **10** unfinished, unpolished **12** uncultivated

roughly 5 about **9** virtually **10** more or less **13** approximately

roughneck see RUFFIAN

rough out 5 block, chalk, draft **6** sketch **7** outline **9** adumbrate **11** skeletonize

rough up 4 beat, maul **6** batter, pummel **8** maltreat **9** brutalize, manhandle **10** slap around

round 4 gyre, tour, turn **5** bowed, cycle, globe, wheel **6** circle, curved, rotund **7** annular, circuit **8** circular, globular, roly-poly, rotation **9** orbicular, spherical **10** conglobate

roundabout 6 circle, detour, rotary **7** circuit, compass, curving, devious, oblique, winding **8** circular, indirect **10** circuitous, meandering **13** traffic circle

rounded 5 bowed, plump **6** arched, convex, curved, zaftig **7** concave **9** developed **10** curvaceous, Rubenesque **13** well-developed

rounder 4 rake, roué, waif **6** no-good, waster **7** wastrel **8** vagabond **9** libertine **10** profligate

roundly 4 well **5** fully, quite **6** widely, wholly **7** bluntly, sharply, smartly, utterly **8** candidly, entirely **9** brusquely **10** altogether, completely, rigorously, scathingly, thoroughly, vigorously

round off 3 cap, top **5** crown **6** climax, finish **8** conclude **9** culminate

round-robin 6 appeal, letter, series **7** protest **8** petition, sequence **9** statement **10** tournament

round trip 4 tour **7** circuit **9** excursion

round up 4 herd **5** drive, group **6** gather **7** cluster, collect **8** assemble

rouse 3 jog **4** call, goad, rock, stir, wake, whet **5** alarm, awake, pique, rally, roust, waken **6** awaken, bestir, excite, foment, incite, kindle, muster, rattle, recall, revive, vivify, work up **7** agitate, animate, commove, disturb, enliven, provoke, quicken **8** motivate **9** aggravate, challenge, galvanize, instigate, stimulate

rousing 5 brisk, peppy **6** lively **8** animated, exciting, spirited, stirring **9** inspiring **11** stimulating **12** exhilarating, intoxicating

Rousseau work 5 Émile

roustabout 4 hand **6** worker **7** laborer, workman **8** deckhand **10** workingman **12** longshoreman, troublemaker

route 3 way **4** path, road, send, ship **5** guide, pilot, steer, track, trail **6** avenue, bypass, course, detour, direct, divert, escort, flyway, seaway, skyway **7** channel, circuit, conduct, consign, forward, highway, journey, passage, portage, sea-lane **8** corridor, dispatch, transmit, traverse **9** direction, itinerary

routine **3** act, bit, rut **4** dull, pace, rote **5** chore, drill, grind, habit, ho-hum, plain, round, trial, usual **6** course, groove, improv, shtick, wonted **7** chronic, formula, program, regular, utility **8** accepted, everyday, habitual, ordinary, standard, workaday **9** customary, procedure, quotidian, treadmill **10** accustomed, donkeywork, mechanical, monologue **11** commonplace, cut-and-dried, housekeeping, perfunctory **12** unremarkable

rove **3** gad **4** roam **5** drift, range, stray **6** ramble, wander **7** meander, traipse **8** straggle, vagabond **9** gallivant

rover **5** stray **6** pirate, roamer, viking **7** corsair, drifter, floater, rambler, vagrant **8** picaroon, runabout, traveler, wanderer **9** buccaneer, meanderer **10** freebooter **12** rolling stone

roving **6** errant, mobile **7** movable, nomadic, vagrant **8** straying, vagabond **9** itinerant, migratory, wayfaring **11** peripatetic

row **3** oar, way **4** bank, crew, file, fray, fuss, line, muss, rank, spat, tier, tiff **5** align, brawl, broil, chain, fight, melee, order, queue, range, run-in, scrap, scull, strip, swath **6** bicker, clamor, column, dustup, fracas, kickup, paddle, propel, ruckus, series, string, stroke **7** brabble, dispute, quarrel, rhubarb, wrangle **8** argument, diagonal, sequence, squabble **9** commotion **10** falling-out, single file, succession **11** altercation, disturbance, progression

rowdy **4** punk, rude **5** bully, crude, rough, yahoo **6** unruly **7** hoodlum, rackety, raffish, raucous, ruffian **8** bullyboy, hooligan **9** roughneck **10** boisterous, disorderly, robustious **11** rumbustious **12** rambunctious

Rowena ***father:*** **7** Hengist ***guardian:*** **6** Cedric ***husband:*** **7** Ivanhoe **9** Vortigern

Rowling character **11** Harry Potter

Roxana ***husband:*** **9** Alexander ***rival:*** **7** Statira

royal **5** grand, noble, regal **6** kingly, lordly **7** stately **8** glorious, imperial, imposing, majestic, princely, splendid **9** grandiose, monarchal, sovereign **10** monarchial **11** magnificent, monarchical

rub **4** buff **5** chafe, grate, shine **6** abrade, polish, smooth, stroke **7** burnish, massage

Rubaiyat author **4** Omar (Khayyám)

rubber **4** buna **5** crepe **6** eraser **10** caoutchouc ***basis:*** **5** latex ***hard:*** **7** ebonite ***synthetic:*** **8** neoprene ***tree:*** **4** Para

Rubber City **5** Akron

rubberneck **3** eye **4** gape, gawk, gaze **5** snoop, stare **6** goggle **8** sightsee

rubber-stamp **7** approve, certify, endorse **9** authorize

rubbish **3** rot **4** bosh, crap, crud, junk, muck, slop **5** bilge, dreck, hooey, offal, trash, truck, waste **6** debris, litter, refuse, raffle, rubble, spilth **7** crapola, garbage, hogwash **8** nonsense, riffraff, tommyrot **9** poppycock, sweepings **11** foolishness

rubbishy **5** cheap, tatty **6** paltry, shoddy, sleazy, trashy **9** worthless

rubble **5** ruins, scree **6** debris, litter **8** detritus, wreckage

rube **4** boor, hick, naïf **5** churl, cluck, swain, yahoo, yokel **6** rustic **7** bumpkin, hayseed, redneck **9** greenhorn, hillbilly **10** clodhopper **12** apple-knocker, backwoodsman

rubicund **3** red **5** flush, ruddy **6** florid **7** glowing, reddish **8** sanguine **11** full-blooded, incarnadine

___ **Rubik** **4** Erno

rub out **3** ice, off, zap **4** do in, kill, slay **5** erase, smoke, waste, whack **6** finish, murder **7** bump off, destroy, put away **8** dispatch, knock off **9** liquidate, terminate **10** extinguish, obliterate **11** assassinate

rubric **4** name, rule **5** canon, class, gloss, style, title **6** custom **7** concept, heading **8** category, headline **9** tradition **11** appellation, designation **13** interpolation

ruck **3** mob **4** fold, heap, mass, pile **5** crimp, crowd, group, purse, ridge **6** cockle, crease, furrow, gather, jumble, pucker, rumple **7** crinkle, crumple, scrunch, wrinkle **10** generality **11** corrugation

rucksack **4** pack **6** kit bag **7** musette **8** backpack

ruckus **3** row **4** fuss, to-do **5** brawl, melee, scrap **6** fracas, furore, hassle, pother, rumpus, shindy, uproar **7** dispute, quarrel, rhubarb, shindig, wrangle **8** squabble **9** commotion **10** falling-out **11** altercation, controversy, disturbance

ruddle see REDDEN

ruddy **3** red **4** ripe, rosy **5** flush **6** blowsy, florid **7** flushed, glowing **8** rubicund, sanguine **11** full-blooded, incarnadine

rude **3** raw **4** curt **5** crass, gross, gruff, harsh, rough, rowdy, surly **6** abrupt, callow, clumsy, coarse, crusty, robust, rugged, rustic, sturdy, unhewn, vulgar **7** boorish, brusque, ill-bred, loutish, lowbred, uncivil, uncouth **8** arrogant, churlish, clownish, impolite, tactless **9** barbarian, barbarous, elemental, inelegant, primitive, rough-hewn, unrefined **10** ungracious, unmannered, unmannerly, unpolished **11** ill-mannered, impertinent, uncivilized **12** discourteous, uncultivated **13** disrespectful

rudimentary **5** basal, basic **6** simple **7** initial, primary **8** simplest **9** beginning, elemental, vestigial **10** elementary **11** fundamental, undeveloped **12** introductory

rudiments **6** basics **10** essentials **12** fundamentals

rue **3** woe **4** pity, ruth **5** dolor, grief, mourn, prick **6** grieve, lament, regret, repent, sorrow **7** anguish, deplore, remorse **8** sympathy **9** heartache, penitence **10** affliction, compassion, contrition, heartbreak, repentance **11** compunction

rueful **5** sorry **6** woeful **8** contrite, penitent **9** regretful, sorrowful **10** remorseful

ruff **5** frill, perch, trump **6** collar, fringe **9** sandpiper **11** pumpkinseed ***female:*** **5** reeve

ruffian **4** goon, hood, punk, thug **5** beast, brute, bully, rowdy, tough, yahoo **6** Apache, hector **7** gorilla, hoodlum **8** bullyboy, hooligan **9** muscleman, roughneck, swaggerer

ruffle **3** bug, irk, rub, vex **4** fret, gall, wear **5** annoy, brawl, chafe, frill, graze, jabot, pleat, ruche **6** abrade, bother, nettle, ripple **7** agitate, bristle, disturb, flounce, provoke, trouble, wrinkle **8** drumbeat, furbelow, irritate, skirmish **9** commotion

rug **3** mat **6** carpet, runner **7** laprobe ***kind:*** **3** rag, rya **6** hooked **7** braided, dhurrie, flokati, Persian **8** Aubusson, bearskin, Oriental **10** Savonnerie

rugby ***formation:*** **5** scrum **9** scrummage ***goal:*** **7** dropped, penalty ***period:*** **4** half ***player:*** **6** center, hooker, winger **8** standoff **9** scrum half ***scoring:*** **3** try **4** goal **10** conversion ***team:*** **7** fifteen ***term:*** **4** heel **5** match **7** convert, dribble, hand off, knock on **9** fair catch ***time-out:*** **8** stoppage ***version:*** **5** union **6** league

rugged **5** burly, hardy, harsh, heavy, husky, rough, tough **6** brawny, coarse, craggy, jagged, robust, severe, stable, stormy, strong, sturdy, uneven **7** arduous, austere, scraggy **8** leathery, muscular, rigorous, scabrous, stalwart, vigorous **9** difficult, inclement, strenuous, unrefined, weathered **10** formidable, unpolished **11** tempestuous

Ruggiero ***guardian:*** **7** Atlante ***sister:*** **7** Marfisa ***slayer:*** **11** Tisaphernes ***wife:*** **10** Bradamante

rug rat **3** tot **4** tyke **6** moppet **7** toddler

Ruhr industrial city **5** Essen

ruin **4** bane, bust, dash, do in, doom, fall, loss, rape, raze, sack, undo **5** decay, havoc, smash, spoil, trash, use up, waste, wrack, wreck **6** beggar, finish, pauper, perish, ravage **7** corrupt, deplete, despoil, destroy, exhaust, failure, nemesis, pillage, shatter, undoing, wipe out **8** bankrupt, collapse, decimate, demolish, downfall, spoliate **9** depredate, devastate, disrepair, overthrow, pauperize, shipwreck **10** desolation, impoverish **11** destruction, devastation, dissolution **12** degeneration **13** deterioration

ruination **4** bane, loss, rack **5** havoc **7** undoing **8** calamity, disaster, downfall **10** decimation **11** destruction, devastation

ruinous **5** fatal **7** baneful **10** calamitous, disastrous, pernicious **11** destructive **12** catastrophic

rule **3** law **4** lead, sway **5** axiom, bylaw, canon, edict, habit, judge, maxim, moral, order, reign **6** assize, custom, decree, deduce, dictum, direct, govern, regime, truism **7** brocard, command, control, precept, prevail, regency, regimen, resolve, statute **8** decretum, doctrine, dominate, domineer, dominion **9** authority, determine, etiquette, ordinance, principle, procedure **10** regulation ***absolute:*** **7** autarky **8** autarchy ***by a god:*** **8** theonomy

Rule Britannia composer **4** Arne (Thomas)

rule out **3** bar **5** block, debar **6** forbid, refuse, reject **7** exclude, forfend, head off, obviate, prevent **8** preclude, prohibit, stave off **9** eliminate

ruler **4** king, lord **5** queen **6** archon, dynast, ferule, gerent, prince, regent, satrap, sultan **7** emperor, monarch, viceroy **8** governor, hierarch, oligarch, pentarch, princess, theocrat **9** dominator, imperator, matriarch, patriarch, potentate, sovereign **12** straightedge ***absolute:*** **6** despot, tyrant **8** autocrat, dictator, overlord ***Arab:*** **4** amir, emir **5** sheik **6** sharif, sheikh, sultan ***Asian:*** **4** khan ***Byzantine Empire:*** **6** exarch ***Egyptian:*** **7** pharaoh ***family:*** **7** dynasty ***Iranian:*** **4** shah ***one of four:*** **8** tetrarch ***one of seven:*** **8** heptarch ***one of three:***

7 triarch 8 triumvir ***Persian:*** 6 satrap ***Russian:*** 4 czar, tsar, tzar ***Turkish:*** 3 bey, dey

ruling 3 law 4 call 5 chief, edict, order, ukase 6 decree 7 current, finding, popular, regnant, verdict 8 decision, judgment 9 directive, judgement, prevalent, statement 10 prevailing, widespread 11 predominant 12 adjudication

Rumania see ROMANIA

rumble 4 buzz, roar, roll 5 brawl, drone, fight, growl, rumor 6 murmur, report 7 hearsay, quarrel, resound, thunder 8 feedback 9 complaint 11 altercation, disturbance, reverberate, scuttlebutt

ruminant 3 cow, yak 4 deer, goat, tahr 5 bison, camel, okapi, serow, sheep, takin 6 alpaca, cattle, musk ox, vicuña 7 buffalo, chamois, chewing, giraffe, guanaco 8 antelope ***stomach:*** 5 rumen 6 omasum 8 abomasum 9 reticulum

ruminate 4 chew, mull, muse 5 champ, chomp, weigh 6 ponder 7 reflect 8 cogitate, consider, meditate 9 masticate 10 deliberate 11 contemplate

ruminative 7 pensive 8 thinking 9 pondering 10 cogitative, meditative, reflective, thoughtful 11 speculative 13 contemplative, introspective

rummage 4 comb, fish, grub, hash, hunt, poke, rake, rout, seek 5 delve, scour 6 ferret, forage, jumble, litter, search 7 clutter, ransack 8 mishmash 9 potpourri 10 hodgepodge, hotchpotch, miscellany

rummy 3 gin, odd, sot 4 lush, soak, wino 5 drunk, souse, toper 6 boozer 7 bizarre, canasta, curious, guzzler, strange, swiller, tippler, tosspot 8 drunkard, peculiar 9 eccentric, inebriate 10 boozehound

rumor 4 blab, buzz, talk 5 bruit, story 6 canard, gossip, murmur, mutter, report, rumble, tattle 7 hearsay, tidings, whisper 9 grapevine 11 scuttlebutt, susurration

rumormonger 6 gossip 8 gossiper, informer, quidnunc, telltale 9 whisperer 10 talebearer, tattletale

rump 3 can 4 beam, butt, duff, hind, rear, tush 5 fanny 6 behind, bottom, breech, heinie 7 keister, rear end 8 backside, buttocks, derriere, haunches 9 posterior

rumple 4 fold, muss, ruck 5 crimp, screw, touse 6 pucker, tousle 7 crimple, crinkle, scrunch, wrinkle 8 dishevel, disorder

rumpus see RUCKUS

run 3 fly, hie, jog 4 bolt, dart, dash, flee, flow, race, rush, scud, tear 5 chase, haste, hurry, scoot, skirr, speed 6 career, gallop, hasten, scurry, sprint, streak, stream 7 scamper, scuttle, smuggle 9 skedaddle

run across 4 meet 8 bump into, discover 9 encounter, stumble on

runagate 4 hobo 5 tramp 6 outlaw 7 drifter, floater, lamster, vagrant, wastrel 8 bohemian, fugitive, rapparee, vagabond, wanderer 11 guttersnipe

run along 5 leave, scram 6 beat it, begone, cut out, depart 7 get lost, skiddoo, take off, vamoose 8 shove off 9 skedaddle 10 make tracks

runaround 4 duck, slip 5 dodge 7 elusion, evasion

run away 4 bolt, flee, skip 5 elope, leave, scram, skirr, split, steal 6 depart, desert, escape 7 abscond, make off 8 clear out, light out, stampede 9 skedaddle 10 make tracks

runaway 4 wild 5 loose 6 outlaw 7 escapee, lamster 8 deserter, fugitive 10 delinquent 12 uncontrolled

run down 3 hit, ram, tag 5 catch, knock, trace 6 pursue 7 decline 8 belittle, derogate, diminish 9 apprehend, disparage 10 depreciate 11 catch up with

run-down 5 dingy, seedy, tacky, tired 6 beat-up, bushed, shabby 7 rickety, ruinous, worn-out 8 decrepit, tattered, untended 9 burned-out, exhausted, neglected 10 bedraggled, down-at-heel, ramshackle, uncared-for 11 dilapidated

rundown 4 dope, poop 5 recap, scoop 6 report, review, skinny, update 7 outline, summary 8 briefing, synopsis

runes 4 ogam 5 ogham 7 futhark

rung 3 bar 4 step 5 grade, notch, round, spoke, staff, stage, stair, tread 6 degree, rundle 10 crosspiece

run-in 3 row 4 tiff 5 brush, fight, set-to 6 hassle, scrape, tangle 7 dispute, quarrel, rhubarb, wrangle 8 skirmish, squabble 9 encounter 10 falling-out 11 altercation

run into 3 hit, ram 4 meet 9 encounter, stumble on 11 collide with

runner 3 rug 5 miler, racer 6 carpet, stolon 7 carrier, courier 8 smuggler, sprinter 9 go-between, messenger 10 marathoner 11 ballcarrier

running 6 active, fluent 7 cursive, dynamic, flowing, working 9 operative 10 continuous 11 functioning

run-of-the-mill 4 dull, so-so 5 usual 6 common, normal 7 average, humdrum, regular, typical 8 everyday, familiar, mediocre, middling, moderate, ordinary 9 prevalent 10 monotonous **11** commonplace, indifferent **12** intermediate **13** unexceptional

run on 3 gab, yak **4** blab **5** clack **6** babble, cackle, gabble, jabber, rattle **7** chatter, prattle **8** continue

run out of 5 use up **6** finish **7** exhaust

run over 5 spill **6** exceed, repeat **7** examine **8** overfill, overflow, rehearse

runt 5 dwarf, pygmy **6** midget, peanut, peewee, shrimp, squirt **7** manikin **8** Tom Thumb **10** homunculus **11** hop-o'-my-thumb, lilliputian

run through 3 jab **4** blow, gore, read, scan, stab **5** spend, use up, waste **6** expend, finish, impale, pierce **7** consume, examine, exhaust **8** rehearse, squander, transfix

runty 3 wee **4** puny **6** peewee **7** stunted **8** dwarfish **10** diminutive, undersized

run up 5 build, erect, mount **6** expand **7** augment, enlarge **8** increase, multiply **9** construct **10** accumulate

runway 4 duct, path **5** strip, track, trail **6** sluice, tarmac **7** channel, conduit **8** airstrip, platform

rupture 4 rend, rent, rift, rive **5** break, burst, cleft, sever, split **6** breach, cleave, hernia, schism, sunder **7** blowout, break up, disrupt, divorce, fissure, parting, split-up **8** division, fracture, separate **9** partition **10** separation **11** dissolution **12** estrangement

R.U.R. ***author:*** **5** Capek (Karel) ***character:*** **5** robot

rural 6 rustic **7** bucolic, country, idyllic **8** agrarian, arcadian, down-home, pastoral **10** campestral **11** countrified

ruse 3 con, jig **4** hoax, ploy, wile **5** dodge, feint, fraud, stall, trick **6** deceit, gambit **7** gimmick, swindle **8** artifice, maneuver, trickery **9** deception, stratagem **10** subterfuge **13** double-dealing

rush 3 fly, rip, run **4** boil, bolt, dart, dash, flit, flow, hurl, lash, race, roar, scud, tear, tide, whiz **5** blitz, break, carry, chase, court, daily, flash, haste, hurry, lunge, onset, sally, scoot, shoot, spate, speed, storm, surge **6** attack, barrel, beat it, bustle, career, charge, course, hasten, hurtle, hustle, irrupt, plunge, streak, stream, thrill, whoosh **7** assault, cattail, current, rampage, torrent **8** stampede **9** whirlwind, wire grass **13** precipitation

Rushdie novel 5 Shame **13** Satanic Verses (The) **17** Midnight's Children

rushing 5 hasty **6** abrupt, sudden **7** hurried **8** headlong **9** impetuous **11** precipitate, precipitous

rusk 7 biscuit **8** biscotto

Russia ***capital:*** **6** Moscow ***city:*** **3** Ufa **4** Omsk, Perm' **5** Kazan', Kursk **6** Grozny, Samara **7** Groznyy, Izhevsk, Ivanovo **8** Murmansk **9** Leningrad, Volgograd **10** Stalingrad **11** Chelyabinsk, Novosibirsk, Vladivostok **12** St. Petersburg **13** Yekaterinburg ***emperor:*** **5** Boris (Godunov), Peter (the Great) **7** Godunov (Boris), Michael (Romanov), Romanov (Michael) **8** Nicholas ***empress:*** **4** Anna (Ivanovna) **9** Catherine (the Great), Elizabeth (Petrovna) ***ethnic group:*** **7** Cossack ***island:*** **8** Sakhalin ***island group:*** **5** Kuril **6** Kurile ***lake:*** **5** Il'men', Onega **6** Baikal, Ladoga ***leader:*** **5** Lenin (Vladimir), Putin (Vladimir) **6** Stalin (Joseph) **7** Trotsky (Leon) **8** Brezhnev (Leonid) **10** Khrushchev (Nikita) ***monetary unit:*** **5** ruble ***mountain, range:*** **4** Ural **5** Altai, Altay, Sayan **6** Elbrus, Kolyma, Koryak **8** Caucasus, Stanovoy ***neighbor:*** **5** China **6** Latvia, Norway **7** Belarus, Estonia, Finland, Georgia, Ukraine **8** Mongolia **9** Kazakstan **10** Azerbaijan, Kazakhstan, North Korea ***peninsula:*** **4** Kola **5** Gydan, Kanin, Yamal **6** Taymyr **7** Chukchi **9** Kamchatka ***region:*** **7** Siberia **9** Circassia **11** Golden Horde ***revolution:*** **9** Bolshevik ***river:*** **3** Don **4** Amur, Lena, Ural **5** Desna, Dvina, Vitim, Volga **6** Belaya, Kolyma, Vilyui, Vilyuy **7** Pechora, Yenisey **9** Indigirka ***sea:*** **4** Azov, Kara **5** Black, White **6** Laptev, Okhotsk **7** Barents, Caspian, Chukchi ***strait:*** **6** Bering

Russian ***aristocrat:*** **5** boyar ***family:*** **7** Romanov **9** Stroganov ***grandmother:*** **8** babushka ***monk:*** **8** Rasputin ***peasant:*** **5** kulak, mujik **6** moujik, muzhik ***ruler:*** (see CZAR) ***saint:*** **15** Alexander Nevsky ***urn:*** **7** samovar ***vehicle:*** **6** troika ***villa:*** **5** dacha

rustic 4 hick, rube, rude **5** churl, clown, plain, rough, rural, swain, yokel **6** farmer **7** bucolic, bumpkin, country, granger, hayseed, peasant, plowboy, plowman, red-neck, uncouth **8** agrarian, pastoral **9** chawbacon, hillbilly **10** campestral, clodhopper, countryman, husbandman **11** countrified **12** apple-knocker, backwoodsman

rustle 5 haste, hurry, speed, steal, swish **6** forage, swoosh **7** crackle, crinkle **8** susurrus

rustler 5 thief **6** duffer, robber **7** forager **8** marauder

Rustum's son 6 Sohrab

rusty 4 slow **6** bygone, creaky **7** outworn **8** outdated, outmoded **10** antiquated, discolored **12** old-fashioned

rut 5 gouge, grind, track 6 furrow, groove 7 channel, routine 9 treadmill
rutabaga 5 swede 6 turnip
ruth 3 rue, woe 4 pity 5 grief, mercy 6 regret, sorrow 7 anguish, remorse, sadness 8 distress, sympathy 9 attrition, penitence 10 compassion, contrition, repentance 11 compunction 13 commiseration
Ruth ***husband:*** 4 Boaz 6 Mahlon ***mother-in-law:*** 5 Naomi ***son:*** 4 Obed
ruthful 6 woeful 7 doleful 8 dolorous, wretched 9 miserable, sorrowful
ruthless 4 hard 5 cruel, harsh 6 brutal, savage 7 inhuman 8 pitiless 9 barbarous, cutthroat, dog-eat-dog, ferocious, heartless, merciless, unsparing 10 implacable, ironfisted
ruttish 4 lewd 5 lusty, randy 6 wanton 7 goatish, lustful, satyric 9 lecherous, lickerish, salacious 10 lascivious, libidinous 12 concupiscent
Rwanda ***city:*** 6 Kigali ***ethnic group:*** 4 Hutu 5 Tutsi ***language:*** 6 French, Rwanda ***monetary unit:*** 5 franc ***neighbor:*** 5 Congo 6 Uganda 7 Burundi 8 Tanzania

S

___ Saarinen 4 Eero 5 Eliel
Sabatini novel 11 Scaramouche 12 Captain Blood
sabbatical 4 rest 5 leave 7 time off 8 vacation
saber 5 sword 7 cutlass 8 scimitar
sabertooth 3 cat 5 tiger
sable 3 fur 4 dark, inky 5 black, ebony, raven 6 gloomy, somber, sombre, weasel 8 mourning
sabot 4 clog, shoe 10 wooden shoe
sabotage 5 wreck 6 damage, hamper, hinder 7 cripple, disable, subvert, torpedo 8 obstruct, wreckage, wrecking 9 frustrate, undermine, vandalize 10 subversion 11 undermining
Sabra ***father:*** 7 Ptolemy ***rescuer:*** 8 St. George ***son:*** 3 Guy 5 David 9 Alexander
sac 4 caul, cyst 5 pouch 7 vesicle
saccharine 5 mushy, sweet 6 sugary, syrupy 7 candied, cloying, honeyed, maudlin, mawkish, sugared 9 oversweet, schmaltzy 11 sentimental, sugar-coated 12 ingratiating
sacerdotal 8 hieratic, pastoral, priestly 10 priestlike 11 ministerial
sachem 4 boss 5 chief 6 leader
sachet 3 bag 6 powder 7 perfume 9 potpourri
sack 3 bag, bed, can 4 bunk, drop, fire, loot, raid, wine 5 expel, pouch, strip, waste 6 pocket, ravage 7 boot out, cashier, despoil, dismiss, hammock, kick out, pillage, plunder 8 desolate, spoliate 9 container, depredate, desecrate, devastate, white wine
sackbut 8 trombone
sacque 6 jacket
sacrament 4 rite 6 ritual 7 baptism, penance 8 ceremony, marriage 9 Communion, Eucharist, matrimony 10 holy orders 12 confirmation
sacrarium 6 chapel, shrine 7 oratory, piscina 8 sacristy 9 sanctuary
sacred 4 holy 5 godly 6 divine, immune 7 angelic, blessed, saintly 8 hallowed, numinous 9 inviolate, spiritual 10 inviolable, sacrosanct, sanctified 11 consecrated, sacramental ***combining form:*** 4 hagi, hier, sacr 5 hagio, hiero, sacro ***monkey:*** 6 baboon, rhesus 7 hanuman ***place:*** 7 sanctum ***weed:*** 7 vervain
sacrifice 4 bunt, cede, lose, loss 5 forgo, yield 6 devote, donate, eschew, give up, martyr, victim 7 forfeit, offer up 8 dedicate, hecatomb, immolate, oblation, offering 12 renunciation
sacrilege 6 heresy 7 impiety, offense 9 blasphemy, violation 11 desecration, irreverence, profanation
sacrilegious 7 impious, profane, ungodly 10 irreverent 11 blasphemous
sacristan 6 sexton
sacristy 6 vestry
sacrosanct 9 inviolate 10 inviolable
sad 4 blue, down 5 sorry 6 dismal, drea-

ry, gloomy, morose, triste, woeful **7** doleful, joyless, piteous, pitiful, unhappy **8** dejected, desolate, dolorous, downbeat, downcast, grieving, mournful, pathetic, pitiable **9** depressed, sorrowful, woebegone **10** depressing, dispirited, lamentable, melancholy **11** melancholic **12** heavyhearted

sadden 7 depress, oppress, trouble **8** aggrieve, dispirit **9** weigh down **10** discourage

saddle 3 tax **4** lade, load, task **5** weigh **6** burden, charge, hamper, impede, impose, weight **7** aparejo, inflict **8** encumber, restrict ***adjunct:*** **7** stirrup ***part:*** **6** cantle, pommel ***strap:*** **5** cinch, girth **6** latigo **7** harness

sadness 3 woe **4** funk **5** blues, dolor, dumps, gloom, grief, mopes **6** misery, sorrow **7** dismals, megrims **8** doldrums, glumness, mourning **9** dejection, dysphoria, heartache **10** blue devils, depression, desolation, melancholy **11** despondency, melancholia, unhappiness

safari 4 hunt, trek, trip **7** caravan, journey **10** expedition

safe 4 snug, wary **5** chary **6** secure, unhurt **7** careful, guarded **8** cautious, defended, shielded, unharmed **9** innocuous, protected, sheltered, uninjured, unscathed **10** inviolable, sheltering **11** impregnable **12** invulnerable, unassailable

safecracker 4 yegg **8** picklock **9** cracksman

safeguard 4 ward **6** convoy, defend, escort, shield, surety **7** bulwark, defense, protect **8** armament, preserve **10** precaution, protection

safety 6 asylum, refuge **7** defense, shelter **8** immunity, security **9** assurance, sanctuary **10** protection **13** inviolability

sag 3 dip **4** bend, drop, flag, flap, flop, hang, sink, slip, wilt **5** droop, slide, slump **6** dangle, hollow, slouch **7** decline, drop off, falloff, sinkage, sinking **8** downturn, settling, sinkhole **9** concavity, downswing **10** depression

saga 4 edda, epic, myth, tale **5** story **6** legend **9** chronicle, narrative **12** Heimskringla

sagacious 4 keen, wise **5** acute, smart **6** astute, clever, shrewd **7** knowing, prudent, sapient **8** critical **9** far-seeing, judicious **10** discerning, insightful, perceptive **11** intelligent **13** perspicacious

sagacity 5 grasp **6** acuity, acumen, wisdom **7** insight **8** judgment, keenness, prudence, sapience **10** perception, shrewdness **11** discernment, penetration, percipience, perspicuity **12** perspicacity **13** comprehension, judiciousness, understanding

sagamore 5 chief **6** sachem

Sagan work 6 Cosmos **16** Bonjour tristesse

sage 4 guru, mint, wise **6** expert, master, nestor, pundit, savant, shrewd **7** gnostic, knowing, learned, prudent, sapient, scholar, wise man **8** polymath, profound, sensible **9** judicious **10** discerning, insightful, perceptive **11** penetrating, philosophic ***Hindu:*** **6** pandit **7** mahatma

Sage ***of Chelsea:*** **7** Carlyle (Thomas) ***of Concord:*** **7** Emerson (Ralph Waldo) ***of Emporia:*** **5** White (William Allen) ***of Ferney:*** **8** Voltaire ***of Monticello:*** **9** Jefferson (Thomas) ***of Pylos:*** **6** Nestor

Sagebrush State 6 Nevada

Sagittarius 6 archer **7** centaur **13** constellation

sago 4 palm **6** starch

saguaro 6 cactus

sahib 3 sir **6** master **9** gentleman

sail 3 fly **4** dart, flit, scud, skim, wing **5** fleet, float, shoot, skirr, sweep **6** cruise, mizzen **7** spencer **9** spinnaker ***triangular:*** **3** jib **5** genoa

sailboat 4 bark, yawl **5** ketch, skiff, sloop, yacht **6** dinghy **8** schooner, skipjack

sailing vessel 4 bark, brig **5** xebec **6** barque **7** frigate, galleon **8** schooner **10** barkentine, brigantine **11** barquentine

sailor 3 gob, tar **4** jack, mate, salt, swab **6** hearty, sea dog, seaman **7** jack-tar, mariner, matelot, old salt, swabbie **8** flatfoot, seafarer, shipmate, water dog **9** shellback, tarpaulin, yachtsman **10** bluejacket ***British:*** **5** limey ***fictional:*** **6** Sinbad ***patron saint:*** **4** Elmo ***song:*** **6** chanty **7** chantey **9** barcarole

saint 7 paragon ***biography:*** **11** hagiography ***list:*** **9** hagiology (see also PATRON SAINT)

Saint, The 12 Simon Templar ***creator:*** **9** Charteris (Leslie)

Saint Anthony's cross 3 tau

Saint Elmo's Fire 9 corposant

Saint Helena ***capital:*** **9** Jamestown ***colony of:*** **7** Britain ***island:*** **9** Ascension

Saint Joan author 4 Shaw (George Bernard)

Saint John's bread 5 carob

Saint Kitts and Nevis ***capital:*** **10** Basseterre ***island group:*** **7** Leeward ***language:*** **7** English ***location:*** **10** West Indies ***monetary unit:*** **6** dollar

Saint Lucia ***capital:*** **8** Castries ***island***

group: 8 Windward *language:* 6 French 7 English *location:* 10 West Indies *monetary unit:* 6 dollar *volcano:* 8 Quilabou

saintly 4 holy, pure 5 godly, pious 6 devout, worthy 7 angelic, blessed, upright 8 beatific, seraphic, virtuous 9 righteous

Saint Paul's architect 4 Wren (Christopher)

Saint Peter's Basilica *architect:* 7 Bernini (Gian Lorenzo) 12 Michelangelo (Buonarotti) *sculpture:* 5 Pietà

Saint-Pierre and Miquelon *capital:* 8 St.-Pierre *department of:* 6 France

Saint Vincent and the Grenadines *capital:* 9 Kingstown *island group:* 8 Windward *language:* 6 French 7 English *location:* 10 West Indies *monetary unit:* 6 dollar *volcano:* 9 Soufrière

Saint Vitus' dance 6 chorea

sake 3 end 4 good 5 drink 7 benefit, purpose, welfare

Saki 5 Munro (H. H.)

salaam 3 bow 6 kowtow 8 greeting 9 obeisance

salacious 4 fast, lewd 5 bawdy 6 erotic, ribald, risqué 7 lustful, satyric 8 indecent, prurient 9 lecherous, libertine 10 lascivious, libidinous, licentious

salad *item:* 3 egg 4 bean, cuke, herb 5 cress, olive, onion 6 carrot, celery, cheese, endive, pepper, potato, radish, tomato 7 anchovy, cabbage, crouton, lettuce, parsley, spinach 8 chickpea, coleslaw, cucumber, garbanzo, mushroom, scallion 10 watercress *type:* 5 chef's 6 Caesar

salamander 3 eft 4 newt 7 urodele 8 mud puppy, water dog 10 hellbender *Mexican:* 7 axolotl

salary 3 pay 4 take, wage 6 income 7 stipend 8 earnings 9 emolument 10 recompense 12 compensation, remuneration

sale 6 bazaar, demand 7 auction 8 closeout, disposal, transfer 9 clearance 11 transaction

salient 6 marked, signal 7 obvious, weighty 8 striking 9 arresting, important, obtrusive, pertinent, prominent 10 impressive, noticeable, projecting, pronounced, remarkable 11 conspicuous, outstanding, significant

saline 5 briny, salty 8 brackish

Salinger, J. D. *character:* 4 Esmé 6 Holden (Caulfield) *novel:* 14 Franny and Zooey 15 Catcher in the Rye

saliva 4 spit 6 slaver, sputum 7 spittle

salivate 5 drool 6 drivel, slaver 7 slobber

___ Salk 5 Jonas

sallow 3 wan 4 pale, waxy 5 pasty 6 pallid, sickly, willow, yellow 7 bilious 9 jaundiced

sally 3 gag 4 gust, jape, jest, joke, quip 5 blast, burst, crack, jaunt 6 depart, junket, outing, set out, sortie, volley 7 barrage, flare-up 8 drollery, eruption, outbreak, outburst, paroxysm 9 discharge, excursion, explosion, wisecrack, witticism

salmagundi see HODGEPODGE

salmon 4 parr, pink 5 smolt 6 grilse 7 sockeye 9 brandling *cured:* 7 gravlax 8 gravlaks *male:* 6 kipper *smoked:* 3 lox

Salome *composer:* 7 Strauss (Richard) *father:* 5 Herod *husband:* 6 Philip 7 Zebedee 11 Aristobulus *mother:* 8 Herodias *son:* 4 John 5 James *victim:* 4 John (the Baptist)

salon 4 hall, shop 5 suite 6 parlor 7 gallery 9 apartment, reception 10 exhibition

saloon 3 bar, pub 6 tavern 7 barroom, cantina, gin mill, taproom 9 beer joint 12 watering hole

salt 3 tar 4 jack, keep, NaCl 5 brine 6 sailor, saline, seaman 7 jack-tar, mariner 8 salinize 9 sailorman

salt away 4 bank, save 5 hoard, lay by, lay up, put by, stash, store 7 deposit 8 lay aside, squirrel

saltpeter 5 niter, nitre

salty 4 blue, racy 5 briny, crude, spicy, tangy 6 earthy, purple, risqué, saline 7 caustic, mordant, pungent 8 brackish, off-color, scathing 9 trenchant

salubrious 5 tonic 7 bracing, healthy 8 hygienic, salutary 9 healthful, wholesome 10 beneficial 11 restorative 12 invigorating

Salus see HYGEIA

salutary 5 tonic 6 benign 7 bracing, healing 8 curative, remedial, sanative 9 analeptic, healthful, vulnerary, wholesome 10 beneficial, salubrious 11 restorative, therapeutic 12 advantageous, health-giving

salutation 4 hail 5 hello, howdy 7 welcome 8 greeting *Arab:* 6 salaam *French:* 5 salut *Hawaiian:* 5 aloha *Italian:* 4 ciao *Latin:* 3 ave *Spanish:* 4 hola

salute 4 hail 5 greet, honor 6 praise 7 address, commend 8 greeting 12 congratulate

salvage 4 save 6 ransom, recoup, redeem, regain, rescue 7 deliver, reclaim, recover 8 retrieve

salvation 6 saving 7 keeping 10 redemption 11 deliverance 12 conservation, preservation

Salvation Army founder 5 Booth (General William)

salve 4 balm 5 cream, quiet 6 cerate, chrism, lotion, remedy 7 assuage, unction, unguent 8 ointment 9 emollient
salver 4 tray
salvo 4 hail 5 burst, spray, storm 6 attack, shower, volley 7 barrage, proviso 9 broadside, cannonade, discharge, fusillade 11 bombardment
Samaritan 6 helper 10 benefactor
same 4 idem, like, very 5 equal, exact 7 coequal, similar 8 constant 9 duplicate, identical, unvarying 10 consistent, equivalent, invariable, unchanging
Samoa *capital:* 4 Apia *island:* 5 Upolu 6 Savai'i *language:* 6 Samoan 7 English *monetary unit:* 4 tala
samovar 3 urn
samp 6 cereal, hominy
sampan 4 boat 5 skiff
sample 3 try 4 case, part, test, unit 5 piece, taste 7 element, example, excerpt, portion, segment 8 fragment, instance, specimen 10 indication 11 case history, constituent 12 illustration
Samson *betrayer:* 7 Delilah *birthplace:* 5 Zorah *deathplace:* 4 Gaza *father:* 6 Manoah *tribe:* 3 Dan
Samson Agonistes author 6 Milton (John)
Samuel *father:* 7 Elkanah *grandson:* 5 Heman *mother:* 6 Hannah
samurai code 7 Bushido
San Antonio *team:* 5 Spurs *landmark:* 5 Alamo
sanatorium 3 spa 8 hospital, rest home
sanctify 5 bless 6 hallow, ordain, purify 8 dedicate 10 consecrate
sanctimonious 5 pious 7 canting, preachy 8 unctuous 9 pharisaic 11 pharisaical 12 hypocritical, Pecksniffian 13 self-righteous
sanction 4 fiat, okay 5 bless, leave 6 assent, decree, permit, ratify 7 approve, backing, boycott, certify, consent, embargo, endorse, license, penalty, support 8 accredit, approval 9 allowance, authorize 10 commission, permission, sufferance 11 approbation, endorsement 12 confirmation, ratification 13 authorization, encouragement
sanctity 8 holiness 9 godliness 11 saintliness, uprightness 13 inviolability, righteousness
sanctuary 5 haven, oasis 6 asylum, covert, harbor, refuge, shrine, temple 7 reserve, retreat, shelter 8 preserve 9 holy place
sanctum 4 lair 6 shrine 7 retreat, shelter 9 holy place, sanctuary
sand 3 tan 4 buff, ecru, fawn, grit 5 beach, beige, camel, grind, khaki, scour, shore 6 gravel, polish, smooth 7 burnish 8 granules
sandal 4 clog, zori 5 sabot, thong 6 patten 8 flip-flop, huarache 10 espadrille
sandbag 6 ambush, waylay
sandbar 4 reef, spit 7 tombolo
Sand County Almanac author 7 Leopold (Aldo)
sandpiper 4 knot, ruff 5 reeve 6 dunlin 9 shorebird
sandstone deposit 6 flysch
sandwich 3 BLT, sub 4 club, gyro, roti 5 butty, Cuban 6 Denver, hoagie, Reuben 7 grinder, Western 9 submarine 10 muffuletta *shop:* 4 deli
sandy 4 fair 5 blond 6 blonde, grainy, gritty
sane 3 fit 4 good, hale, sage, well, wise 5 lucid, right, sober, sound 6 cogent, normal 7 healthy, logical, prudent, sapient 8 all there, balanced, oriented, rational, sensible 9 judicious, wholesome 10 reasonable 11 levelheaded 12 compos mentis
San Francisco *hill:* 3 Nob 7 Russian *tower:* 4 Coit
sangfroid 4 calm 5 poise 6 aplomb, phlegm 9 composure 10 equanimity 11 self-control
sanguinary 4 gory 6 bloody 9 homicidal, murdering, murderous 12 bloodstained, bloodthirsty
sanguine 4 gory 5 flush, ruddy 6 bloody, florid, secure, upbeat 7 assured, buoyant, flushed, glowing, hopeful 8 blood-red, cheerful, rubicund 9 confident, homicidal, murdering, murderous 10 optimistic 11 self-assured 12 bloodstained, bloodthirsty, Pollyannaish 13 self-confident
sanitary 5 clean 7 sterile 8 hygienic 9 healthful 10 antiseptic, salubrious
sanitize 5 clean, purge 6 bleach, censor, purify 7 cleanse, launder 8 black out 9 disinfect, expurgate, sterilize 10 bowdlerize
sanity 6 health, reason 7 balance 8 lucidity, prudence 9 normality, soundness, stability
San Marino *capital:* 9 San Marino *monetary unit:* 4 euro *monetary unit, former:* 4 lira *neighbor:* 5 Italy
sans 7 lacking, missing, wanting, without
Sanskrit *dialect:* 4 Pali *epic:* 8 Ramayana *Scripture:* 4 Veda
Santa Lucia composer 5 Denza (Luigi)
São Tomé and Príncipe *capital:* 7 São Tomé *language:* 10 Portuguese *location:*

12 Gulf of Guinea ***monetary unit:*** 5 dobra

sap 4 dupe, fool, gull, mark 5 chump, drain 6 pigeon, sucker, weaken 7 cripple, deplete, disable, exhaust, fall guy 8 enervate, enfeeble 9 attenuate, schlemiel, undermine 10 debilitate

sapid 5 tasty 6 savory 9 delicious, flavorful, palatable, toothsome 10 appetizing 11 scrumptious

sapience see SAGACITY

sapient see SAGACIOUS

sapling 4 tree 5 child, youth 9 youngster

Sapphira's husband 7 Ananias

Sappho ***forte:*** 6 poetry ***island:*** 6 Lesbos

sappy 5 ditzy, flaky, mushy, silly, soupy 6 drippy, slushy, sticky, syrupy 7 cloying, foolish, maudlin, mawkish 8 bathetic 11 sentimental

Saracen hero 9 Rodomonte

Sarah ***husband:*** 7 Abraham ***maid:*** 5 Hagar ***son:*** 5 Isaac

sarcasm 3 wit 4 gibe 5 irony, scorn 6 satire 7 mockery 8 acerbity, mordancy, ridicule, sneering 10 causticity

sarcastic 4 acid, tart 5 acerb, sharp 6 biting, ironic 7 acerbic, caustic, cutting, cynical, jeering, mocking, mordant, satiric 8 sardonic, scathing, scornful, stinging 9 corrosive

sarcophagus 4 tomb 6 coffin

sardine 4 sild 7 anchovy, herring 8 pilchard

Sardinia's capital 8 Cagliari

sardonic 3 wry 6 ironic 7 caustic, cynical, jeering, mocking, satiric 8 derisive, scornful, sneering 9 corrosive, sarcastic 10 disdainful 12 contemptuous

sarong 5 skirt 7 garment

Sarpedon ***brother:*** 5 Minos 12 Rhadamanthus ***father:*** 4 Zeus 7 Jupiter ***mother:*** 6 Europa 8 Laodamia

Sartor ___ 8 Resartus

Sartre work 4 Wall (The) 5 Flies (The) 6 Nausea, No Exit 8 Huis Clos 10 Saint Genet

sash 4 belt 6 girdle 8 ceinture, cincture 9 waistband 10 cummerbund

sashay 5 mince, strut 6 prance 7 flounce, saunter, swagger

Saskatchewan ***capital:*** 6 Regina ***city:*** 8 Moose Jaw 9 Saskatoon 12 Prince Albert ***mountain range:*** 12 Cypress Hills ***provincial flower:*** 7 red lily 11 prairie lily ***river:*** 9 Churchill 11 Assiniboine

sass 3 lip 4 guff 5 brass, cheek, mouth, sauce 8 back talk 9 impudence, insolence 12 impertinence

sassy 4 bold, flip, pert, wise 5 fresh, lippy, nervy, smart 6 brazen, cheeky 7 forward 8 flippant, impudent, insolent, malapert 9 audacious, unabashed 11 smart-alecky

Satan 5 demon, devil, fiend 6 diablo 7 Lucifer, Old Nick, serpent, villain 9 archfiend, Beelzebub 10 Old Scratch

satanic 4 evil 6 wicked 7 demonic, hellish 8 demoniac, devilish, diabolic, fiendish, infernal

satanism 9 diabolism

satchel 3 bag 4 case, tote 5 pouch 6 valise 7 handbag 9 briefcase

sate 4 cloy, fill, glut, jade, pall 5 gorge, stuff 6 stodge 7 appease, overeat, placate, surfeit 8 overfill 9 overstuff 10 conciliate

sated 4 full 6 filled, gorged 7 glutted, overfed, replete, stuffed 8 appeased, chockful 9 chock-full, surfeited

satellite 4 moon 5 toady 6 cohort, minion 7 Sputnik 8 adherent, disciple, follower, henchman, partisan 9 attendant, supporter, sycophant, tributary ***of Jupiter:*** 6 Europa 8 Callisto, Ganymede ***of Mars:*** 6 Deimos, Phobos ***of Neptune:*** 6 Nereid, Triton ***of Saturn:*** 4 Rhea 5 Dione, Janus, Mimas, Titan 6 Phoebe, Tethys 7 Iapetus 8 Hyperion 9 Enceladus ***of Uranus:*** 5 Ariel 6 Oberon 7 Miranda, Titania, Umbriel

satiate see SATE

satire 3 wit 5 irony, spoof, squib 6 parody 7 lampoon, mockery, takeoff 8 raillery, ridicule, spoofery, travesty 9 burlesque 10 caricature, lampoonery, pasquinade, persiflage

satiric 6 ironic 7 mocking 8 farcical, ironical

satirist ***English:*** 5 Swift (Jonathan) 7 Marston (John) ***French:*** 8 Rabelais (François), Voltaire ***Greek:*** 8 Menippus ***Italian:*** 7 Aretino (Pietro) ***Roman:*** 6 Horace 7 Juvenal, Martial, Persius 9 Petronius

satirize 4 mock 5 spoof 6 parody, send up 7 lampoon 8 ridicule 10 caricature

satisfaction 6 amends 7 redress 8 pleasure, serenity 9 atonement 10 reparation 11 contentment, fulfillment, restitution, vindication 12 propitiation 13 gratification

satisfactory 4 fair, good, okay 5 sound 6 decent 8 adequate, all right, passable 9 competent, tolerable 10 acceptable, sufficient 13 unexceptional

satisfy 3 pay 4 fill, meet, sate, suit 5 clear, humor, pay up, serve 6 answer, assure, dispel, pacify, please, settle, square 7 appease, content, fulfill, gladden, gratify, indulge, placate, satiate, suffice, win over 8 convince, persuade

9 conform to, discharge, indemnify 10 comply with

satori 12 illumination 13 enlightenment

satrap 5 ruler 6 cohort 7 viceroy 8 governor, henchman, sidekick 11 subordinate

saturate 3 sop, wet 4 fill, soak 5 bathe, douse, imbue, souse, steep 6 charge, drench, infuse 7 pervade, suffuse 8 permeate, waterlog 9 transfuse

Saturn *moon:* 4 Rhea 5 Dione, Janus, Mimas, Titan 6 Phoebe, Tethys 7 Iapetus 8 Hyperion 9 Enceladussee also CRONUS

saturnalia 4 orgy 5 party, revel 6 excess 7 debauch 9 bacchanal 11 bacchanalia, dissipation

saturnine 4 dour, glum, grim 5 sulky, surly 6 gloomy, moping, morose, somber, sombre, sullen 7 crabbed 8 funereal, sardonic

satyr 4 goat, rake, wolf 6 lecher 9 butterfly

satyric 4 lewd 5 randy 6 wanton 7 goatish, lustful 8 prurient 9 lecherous, libertine, lickerish, salacious 10 lascivious, libidinous, licentious, lubricious 11 promiscuous 12 concupiscent

sauce 4 guff, sass 5 mouth 6 relish 7 topping 8 back talk 9 condiment, impudence *kind:* 3 soy 4 hard, mole 5 chili, curry, gravy, melba, pesto, salsa 6 Mornay, panada, tamari, tartar 7 chutney, marengo, Newburg, piquant, soubise, tartare, velouté 8 béchamel, duxelles, marinara, matelote, noisette, normande 9 béarnaise, lyonnaise, rémoulade 10 bordelaise, Provençale 11 hollandaise, vinaigrette

saucy see SASSY

Saudi Arabia *capital:* 6 Riyadh *city:* 5 Jedda, Jidda, Mecca 6 Jeddah, Jiddah, Medina *desert:* 7 Arabian 10 Rub Al-Khali 12 Empty Quarter *gulf:* 7 Persian *monetary unit:* 5 riyal *neighbor:* 3 UAE 4 Iraq, Oman 5 Qatar, Yemen 6 Jordan *peninsula:* 7 Arabian *sea:* 3 Red

Saul *concubine:* 6 Rizpah *cousin:* 5 Abner *daughter:* 5 Merab 6 Michal *father:* 4 Kish *son:* 8 Jonathan *successor:* 5 David *uncle:* 3 Ner *wife:* 7 Ahinoam

saunter 4 mope, roam, rove 5 amble, drift, mosey 6 loiter, ramble, sashay, stroll, wander 7 meander, traipse

sausage 5 wurst 6 banger, kishke, salami, Vienna, wiener 7 baloney, bologna, boloney, chorizo, saveloy 8 cervelat, kielbasa 9 andouille, bratwurst, frankfurt, pepperoni, Thuringer 10 knackwurst, knockwurst, liverwurst, mortadella 11 frankfurter

sauté 3 fry 4 sear 5 brown, grill 6 sizzle 7 frizzle

savage 4 grim, wild 5 brute, cruel, feral 6 bloody, brutal, fierce, Gothic, rugged 7 bestial, brutish, inhuman, untamed, vicious, wolfish 8 barbaric, inhumane, primeval, ravenous, unbroken 9 barbarian, barbarous, ferocious, heartless, murderous, primitive, rapacious, truculent, voracious 10 implacable, relentless 11 uncivilized 12 bloodthirsty, uncontrolled, uncultivated, unsocialized

savagery 7 cruelty 8 atrocity 9 barbarity, brutality, depravity 10 bestiality, inhumanity 11 abomination, monstrosity, viciousness 12 ruthlessness

savanna 5 plain 9 grassland

savant 4 sage 7 scholar, thinker, wise man

save 3 bar, but, yet 4 bank, keep, only, stow 5 amass, avoid, cache, guard, hoard, lay by, lay in, lay up, put by, set by, skimp, spare, store 6 defend, except, gather, keep up, manage, ransom, redeem, rescue, scrimp, shield, unless 7 barring, besides, collect, deliver, deposit, however, husband, lay away, protect, reclaim, reserve, salvage, set free, store up 8 conserve, lay aside, liberate, maintain, preserve, salt away, set aside, squirrel 9 aside from, economize, excluding, safeguard, stash away, stockpile 10 accumulate

savior 7 messiah, paladin, rescuer 8 defender 9 deliverer, liberator, preserver, protector, salvation 11 white knight

savoir faire 4 tact 5 grace, poise 6 aplomb 7 address, dignity, finesse, manners 8 urbanity 10 confidence, refinement 13 self-assurance

savor 4 odor, tang 5 enjoy, scent, smack, smell, spice, taste, tinge 6 flavor, relish, season 8 sapidity

savory 5 sapid, spicy, tangy, tasty 7 piquant 9 flavorful, palatable, toothsome 10 appetizing

savvy 4 deft 5 adept, craft, handy, knack, skill 6 clever, talent 7 ability, know-how, skilled 8 deftness 9 adeptness, expertise, handiness, ingenuity 10 capability, cleverness, competence

saw 3 cut, hew 5 adage, axiom, maxim 6 byword, cliché, saying 7 precept, proverb 8 aphorism, apothegm

___ saw 3 bow, jig, pit, rip 4 band, buck, buzz, fret, hack, whip 5 chain, crown, saber 6 coping, scroll 7 compass, keyhole 8 circular, crosscut

sawbones 3 doc 6 doctor 7 surgeon 9 physician
sawbuck 6 tenner 7 trestle
sawhorse see SAWBUCK
saw-toothed 7 serrate, serried 8 serrated 11 denticulate
Saxon ***assembly:*** 4 moot 5 gemot 6 gemote ***nobleman:*** 8 atheling ***serf:*** 4 esne ***warrior:*** 5 thane
say 4 talk, tell 5 mouth, speak, state, utter, voice 6 affirm, assert, assume, recite, remark 7 comment, declare, express 8 announce, proclaim 9 enunciate, pronounce 10 articulate
Sayers character 6 Wimsey (Lord Peter)
saying 3 mot, saw 5 adage, axiom, maxim 6 byword, dictum, truism 7 precept, proverb 8 apothegm
scab 5 crust 6 eschar 13 strikebreaker
scabbard 6 sheath
scabrous 4 lewd 5 harsh, rough, salty, scaly 6 craggy, grubby, jagged, knobby, knotty, rugged, scabby, scurfy, sordid, uneven 7 bristly, prickly, scraggy, squalid 8 indecent 10 scandalous
scads 4 gobs, lots, wads 5 loads, piles, reams 6 oodles 8 slathers 10 quantities
scaffold 5 stage, truss 7 staging 8 platform 9 framework
Scala, La ***city:*** 5 Milan ***production:*** 5 opera
scalawag see SCAMP
scald 4 boil, burn 6 scorch
scale 4 peel, rate, skin 5 climb, flake, gamut, gauge, mount, ratio, scute, strip 6 ascend, degree, extent, ladder, lamina, scutum, squama 7 measure, ranking 8 escalade, flake off, spall off 9 exfoliate, hierarchy 10 desquamate, proportion 11 decorticate ***auxiliary:*** 7 vernier ***earthquake:*** 7 Richter ***temperature:*** 6 Kelvin 7 Celsius 10 centigrade, Fahrenheit ***wind:*** 8 Beaufort
scallion 4 leek 5 onion 7 shallot 10 green onion
scalp 4 flay, skin 5 cheat 6 resell, trophy
scam 3 con, gyp 4 bilk, dupe, fool, hoax 5 cheat, fraud, stick, trick 6 delude, diddle, take in 7 beguile, deceive, defraud, swindle 8 flimflam, hoodwink 11 double-cross
scamp 3 imp 4 brat, rake, tyke 5 devil, joker, knave, rogue 6 rascal, urchin 7 hellion 8 scalawag, slyboots 9 prankster, skeezicks 11 rapscallion
scamper 3 run 4 dash, skip 5 scoot 6 scurry 7 scuttle
scan 3 eye 4 skim, view 5 audit, check 6 browse, review, survey 7 examine, eyeball, inspect 8 glance at 10 run through, scrutinize
scandal 5 rumor 6 gossip, infamy 7 calumny, obloquy, offense, slander 8 disgrace, dishonor, reproach 9 aspersion, discredit, disrepute 10 backbiting, defamation, detraction, opprobrium
scandalize 5 libel, shock, smear 6 defame, malign 7 asperse, slander 9 denigrate 10 calumniate
scandalmonger 6 gossip 8 busybody, gossiper, quidnunc, telltale 9 backbiter, muckraker 10 talebearer
scandalous 7 heinous 8 infamous, libelous, shameful, shocking 9 notorious, offensive 10 defamatory, outrageous, scurrilous 11 disgraceful
Scandinavian see NORSE
Scandinavian country 6 Norway, Sweden 7 Denmark, Finland, Iceland
scant 5 short, skimp, spare, stint, tight 6 meager, meagre, paltry, scarce, scrimp, skimpy, slight, sparse 7 scrimpy, wanting 8 exiguous 10 inadequate 12 insufficient
scantiness 4 lack 6 dearth 7 deficit, paucity 8 scarcity, shortage, sparsity 10 deficiency, inadequacy, scarceness, sparseness 13 insufficiency
scanty see SCANT
scapegoat 6 target, victim 7 fall guy 9 sacrifice 11 whipping boy
scapegrace 5 knave, rogue, scamp 6 bad egg, rascal 7 ruffian, varmint, villain 8 hooligan, recreant, scalawag 9 miscreant, reprobate, scoundrel 10 blackguard, black sheep, delinquent 11 rapscallion
Scapin 5 rogue, valet 6 rascal ***author:*** 7 Molière ***employer:*** 7 Léandre
scar 3 mar 4 flaw 5 score 6 deface, defect, keloid 7 blemish, scratch 8 cicatrix, pockmark 9 cicatrize, disfigure ***on a seed:*** 5 hilum
scarab 6 beetle
scaramouch see SCAMP
scarce 3 few 4 rare 5 scant 6 barely, hardly, scanty, sparse 7 limited, wanting 8 sporadic, uncommon 9 deficient 10 inadequate, infrequent, occasional 12 insufficient
scarcity see SCANTINESS
scare 5 alarm, panic, spook 6 fright 7 horrify, petrify, shake up, startle, terrify 8 frighten, paralyze 9 terrorize
scaredy-cat 4 wimp, wuss 5 mouse, sissy 6 coward 7 chicken, dastard 8 alarmist, poltroon 11 milquetoast, yellowbelly
scare up 4 find, snag 5 rally 6 corral, gather, locate, obtain, secure 7 acquire, collect, procure, unearth 8 smoke out 9 ferret out, track down
scarf 4 gulp, wolf 5 ascot, fichu, plaid,

shawl, stole **6** cravat, devour, gobble, inhale **8** babushka, liripipe, mantilla, puggaree **10** lambrequin ***Mexican:*** **6** rebozo

Scarlet Letter, The ***author:*** **9** Hawthorne (Nathaniel) ***character:*** **5** Pearl **6** Hester (Prynne) **10** Dimmesdale (Arthur) **13** Chillingworth (Roger)

Scarlet Pimpernel author **5** Orczy (Baroness Emmuska)

Scarlett's home **4** Tara

scary **6** creepy, spooky **8** chilling **9** frightful

scathe **4** burn, flay, flog, harm, lash, sear **5** roast, slash **6** assail, berate, scorch, thrash **7** blister, scarify, scourge, upbraid **8** lambaste **9** castigate, excoriate

scathing **6** biting, brutal **7** caustic, mordant **8** stinging **9** trenchant

scatter **3** sow **4** cast, part, shed **5** strew **6** divide, spread **7** bestrew, break up, diffuse, disband, diverge **8** disperse, sprinkle **9** broadcast, dissipate **10** besprinkle, distribute **11** disseminate

scatterbrained **5** dizzy, giddy, silly **7** flighty, foolish **8** heedless **9** frivolous

scattering **8** diaspora **10** dispersion

scavenger **5** hyena **6** jackal **7** vulture

scenario **4** plot **6** script **7** outline **8** libretto, synopsis **10** screenplay

scene **3** row, set **4** fuss, site, spot, view **5** arena, field, place, sight, vista **6** locale, milieu, sphere **7** episode, outlook, setting, tableau, tantrum **8** backdrop, locality, location, stage set **9** commotion, landscape, situation **10** background **11** environment **12** stage setting

scenery **3** set **5** decor, props **7** setting **8** stage set **10** properties **11** furnishings **12** stage setting

scent **4** nose, odor **5** aroma, smell, sniff, snuff, whiff **7** bouquet, essence, incense, odorize, perfume **9** aromatize, fragrance, redolence

scepter **4** mace **5** baton, staff **11** sovereignty

schedule **4** list, roll **5** chart, slate, table **6** agenda, docket, record, roster **7** catalog, program, reserve **8** calendar, register, roll call **9** catalogue, timetable

scheme **4** plan, plot, ploy, ruse **5** cabal, order **6** design, device, devise **7** collude, connive, diagram, program, project **8** cogitate, conspire, contrive, game plan, intrigue, proposal, strategy **9** blueprint, expedient, machinate **10** conspiracy **11** arrangement, contrivance, machination

schism **4** rent, rift **5** break, chasm, cleft, split **6** breach, heresy **7** discord, dissent, fissure, rupture **8** cleavage, division, fracture **10** disharmony, dissidence, divergence, falling-out, heterodoxy, separation **11** unorthodoxy **12** estrangement

schlemiel **4** fool **5** chump, klutz **7** bungler

schlep **3** lug, tow **4** drag, haul, hump, plod, pull, slog, tote **5** carry, truck **6** trudge **7** shamble, shuffle **8** straggle

schlock **4** junk, mean **5** cheap, dreck, gaudy, junky, tacky, tatty **6** cheesy, common, kitsch, shoddy, sleazy, tawdry, trashy **8** inferior, low-grade **11** second-class, substandard

schmaltzy **5** mushy, soppy **6** drippy **7** maudlin, mawkish **11** sentimental

schmo **4** dolt, dope, dork, fool, goof, jerk, mutt, simp, twit, yo-yo **5** brute, chump, idiot, moron, ninny, noddy, scamp **6** dimwit, donkey, dumdum, nitwit, noodle, nudnik, rascal **7** dullard, halfwit, jackass, schmuck, schnook **8** bonehead, clodpoll, imbecile, lunkhead, meathead, numskull **9** birdbrain, blockhead, ignoramus, lamebrain, numbskull, thickhead **10** dunderhead, hammerhead, nincompoop **11** chowderhead, chucklehead, knucklehead

schmooze **3** gab, yak **4** chat **6** chat up **8** converse

schnoz **4** beak, nose **6** honker

scholar **4** sage, wonk **5** pupil **6** savant **7** bookman, egghead, student, wise man **8** bookworm, polymath **12** intellectual ***Hindu:*** **6** pandit, pundit ***Muslim:*** **5** ulama, ulema

scholarly **7** bookish, erudite, learned **8** academic, educated, studious **10** scholastic **12** intellectual

scholarship **5** award, grant **7** stipend **8** learning **9** education, erudition, knowledge **11** learnedness

scholastic **7** bookish, erudite, learned **8** academic, lettered, literary, pedantic **9** scholarly ***life:*** **8** academia

school **3** gam, pad **5** shoal, teach, train, tutor **7** academy, borstal, college, educate **8** instruct **9** alma mater, institute **10** discipline, university ***French:*** **5** école, lycée ***grounds:*** **6** campus ***Jewish:*** **5** heder **7** yeshiva ***judo:*** **4** dojo ***organization:*** **3** PTA, PTO ***religious:*** **8** seminary ***term:*** **7** quarter **8** semester **9** trimester

schoolbook **4** text **6** primer, reader **7** speller

School for Scandal author **8** Sheridan (Richard Brinsley)

schooner 4 ship 5 stoup 6 goblet, seidel 7 tumbler 8 sailboat
Schubert forte 4 lied, song
science *of agriculture:* 8 agronomy *of animals:* 7 zoology *of armorial bearings:* 8 heraldry *of criminal punishment:* 8 penology *of environment:* 7 ecology *of fermentation:* 8 zymology *of health:* 7 hygiene 9 hygienics *of heredity:* 8 genetics *of human behavior:* 10 psychology *of measuring time:* 8 horology 11 chronometry *of motion:* 8 kinetics *of mountains:* 7 orology *of plants:* 6 botany *of projectiles:* 10 ballistics *of the earth:* 7 geology
scientific classification 8 taxonomy
sci-fi writer 3 Lem (Stanislaw) 4 Card (Orson Scott), Dick (Philip K.), Pohl (Frederik) 5 Disch (Thomas M.), Lewis (C. S.), Niven (Larry), Verne (Jules), Wells (H. G.) 6 Aldiss (Brian), Asimov (Isaac), Bester (Alfred), Bishop (Michael), Butler (Octavia), Clarke (Arthur C.), Delany (Samuel), Farmer (Philip José), Gibson (William), Le Guin (Ursula), Leiber (Fritz), Miller (Walter) 7 Ballard (J. G.), Clement (Hal), Ellison (Harlan), Herbert (Frank), Hubbard (L. Ron), Van Vogt (A. E.), Zelazny (Roger) 8 Anderson (Poul), Bradbury (Ray), Heinlein (Robert A.), Sterling (Bruce), Sturgeon (Theodore), Vonnegut (Kurt) 9 Gernsback (Hugo), Kornbluth (C. M.) 10 Silverberg (Robert)
scimitar 5 saber, sabre, sword 7 cutlass
scintilla 3 bit, jot 4 iota, whit 5 grain, spark, speck, trace 8 particle
scintillate 5 flash, gleam, glint, spark 6 glance 7 glimmer, glisten, glitter, shimmer, sparkle, twinkle 9 coruscate
scion 4 heir 5 child, graft, issue 7 progeny 8 offshoot 9 inheritor, offspring, successor 10 descendant
scoff at 4 mock, twit 5 fleer, scorn 6 deride 7 contemn, disdain 8 belittle, pooh-pooh, ridicule
scold 3 rag 4 chew, lash, rail, rant 5 baste, blame, chide, grill, harpy, hound, shrew, vixen 6 berate, grouch, grouse, harass, murmur, mutter, rebuke, revile, virago 7 bawl out, blister, censure, chasten, chew out, grumble, lecture, reprove, tell off, upbraid 8 admonish, execrate, fishwife, lambaste, reproach, Xantippe 9 criticize, dress down, excoriate, objurgate, reprehend, reprimand, termagant, Xanthippe 10 tongue-lash, vituperate
scoop 3 dig, dip 4 bail, beat, lift 5 gouge, ladle, spade 6 dig out, pick up, shovel 8 excavate 9 exclusive
scoot 3 fly, run, zip 4 dash, flee, race, rush, skip 5 hurry, scram, skirr, slide 6 hustle, scurry, sprint 7 scamper 9 skedaddle
scope 4 area, room 5 ambit, gamut, orbit, range, reach, sweep 6 extent, leeway, margin, radius 7 breadth, compass, purview 8 capacity, fullness, latitude 9 amplitude, extension
Scopes trial lawyer 5 Bryan (William Jennings) 6 Darrow (Clarence)
scorch 4 bake, burn, char, flay, sear 5 broil, roast, singe 6 scathe 7 blacken, blister, scarify, scourge, swelter 8 lambaste 9 castigate, excoriate
score 3 cut, tab, win 4 bill, gain, goal, line, mark, nick, slit 5 cleft, count, notch, reach, tally, total 6 attain, furrow, groove, grudge, rack up, record, thrive, twenty 7 account, achieve, invoice, prosper, scratch, succeed 8 flourish 9 reckoning 10 accomplish
scorn 4 gibe, jeer, mock 5 abhor, flout, scoff, spurn, taunt 6 deride 7 contemn, despise, despite, disdain, jeering, mockery 8 contempt, derision, ridicule, scoffing, taunting 9 contumely
Scorpius star 7 Antares
Scotch cocktail 6 Rob Roy 9 Rusty Nail
scoter 7 sea coot, sea duck
Scotland *capital:* 9 Edinburgh *city:* 6 Dundee 7 Glasgow 8 Aberdeen 9 Inverness 11 Dunfermline *firth:* 5 Clyde, Forth, Moray 6 Solway *former capital:* 5 Perth *island, island group:* 4 Iona, Jura, Mull, Skye, Uist 5 Arran, Islay 7 Orkneys 9 Shetlands 8 Hebrides *lake:* 8 Loch Ness 10 Loch Lomond *mountain, range:* 8 Ben Nevis 9 Grampians *patron saint:* 6 Andrew *river:* 3 Dee, Esk
Scott, Sir Walter *novel:* 5 Abbot (The) 6 Rob Roy 7 Ivanhoe 8 Talisman (The), Waverley 9 Woodstock 10 Kenilworth 11 Redgauntlet 12 Old Mortality 14 Quentin Durward *poem:* 7 Marmion 13 Lady of the Lake (The)
___ **Scott case** 4 Dred
Scottish *cap:* 3 tam 9 glengarry 11 tam-o'-shanter *child:* 5 bairn *dance:* 4 reel 5 fling 10 strathspey *guide:* 6 gillie *hero:* 5 Bruce (Robert) 7 Wallace (William) *hill:* 4 brae *lake:* 4 loch *landowner:* 5 laird *outlaw:* 6 Rob Roy *patron saint:* 6 Andrew *plaid:* 6 tartan *pudding:* 6 haggis *skirt:* 4 kilt *spirit:* 6 kelpie 7 banshee *sword:* 8 claymore *trousers:* 5 trews
scoundrel see SCAMP
scour 4 comb, rake 5 erode, purge,

range, scrub **6** forage, search **7** corrode, eat away, ransack, rummage **8** wear away **9** ferret out

scourge 4 bane, flay, flog, hide, lash, whip, whop **5** curse, flail, slash, whale **6** plague, ravage, scathe, stripe, thrash **7** afflict, blister, despoil, pillage, scarify **8** chastise, lambaste **9** castigate, depredate, desecrate, devastate, excoriate **10** affliction, flagellate, pestilence

Scourge of God 6 Attila

scout 3 spy **6** ranger, survey **7** explore, lookout **8** searcher, watchman **11** investigate, reconnoiter

scouting group 3 BSA, GSA

scow 3 hoy **5** barge **6** garvey **7** lighter

scowl 5 frown, glare, lower **6** glower

scrabble 5 grope **6** scrawl **7** clamber **8** flounder

scraggly 6 ragged, shaggy, uneven **7** unkempt **9** irregular

scraggy 4 bony, lank, lean **5** gaunt, harsh, lanky, rocky, rough **6** jagged, rugged, skinny, uneven **7** angular, scrawny, spindly, unlevel **8** gangling, rawboned, scabrous

scram 5 scoot, split **6** beat it, get out **7** buzz off, get lost, skiddoo, take off, vamoose **8** clear out **9** skedaddle

scramble 4 hash **6** jumble, jungle, muddle, scurry, tumble **7** clamber, clutter, rummage, scuttle, shuffle **8** mishmash, scrabble, straggle **9** confusion

scrambled 7 chaotic, jumbled, mixed-up **8** confused **9** corrupted **10** disordered, disorderly

scrap 3 bit, jot, row **4** chip, dump, fray, junk, spat, tiff, whit **5** brawl, chuck, crumb, fight, melee, piece, set-to, shred, speck **6** bicker, fracas, reject, sliver, tittle **7** brabble, cutting, discard, fall out, quarrel, scuffle, smidgen, wrangle **8** fragment, jettison, leftover, particle, squabble, throw out **9** throw away

scrape 3 fix, jam, rub **4** mess, rasp, spot **5** chafe, fight, grate, graze, pinch, scour, scuff, shave, skimp, spare, stint **6** abrade, pickle, plight, scrimp **7** dilemma, scratch, trouble **8** abrasion, struggle **11** predicament

scrappy 6 feisty **8** brawling **9** combative, truculent **10** pugnacious **11** belligerent, contentious, quarrelsome

scratch 4 claw, rake, rasp **5** grate, score, scrup **6** scotch, scrape, scrawl **7** call off **8** scrabble, scribble

scratchy 5 rough **6** gritty **7** itching, prickly, rasping **8** abrasive, granular, tingling **10** irritating

scrawl 6 doodle **7** scratch **8** scrabble, scribble

scrawny 4 bony, lank, lean **5** gaunt, lanky **6** skinny **7** scraggy **8** rawboned

scream 3 cry **4** yell, yowl **5** shout **6** screak, shriek, shrill, squeal **7** screech

screech 6 screak, scream, shriek, shrill, squeal

screed 5 level, spiel **6** letter, tirade **8** diatribe, harangue, jeremiad **9** discourse, philippic **11** disputation **12** disquisition

screen 4 cull, sift, veil **5** blind, sieve **6** facade, filter, movies, shroud, winnow **7** conceal, obscure, pick out **9** partition **10** camouflage ***Japanese:* 5** shoji

screw 9 propeller

screwball 3 nut, wag **4** kook, zany **5** clown, crazy, cutup, flake, flaky, freak, gonzo, joker, kooky, loony, nutty, silly, wacko, wacky **6** madcap, weirdo **7** buffoon, dingbat, farceur **8** crackpot, jokester **9** ding-a-ling, eccentric, fruitcake, whimsical

Screwtape Letters author 5 Lewis (C. S.)

screwy 3 mad **4** daft, nuts **5** batty, crazy, goofy, loony, nutty, wacky **6** absurd, insane **7** bizarre, cracked, lunatic **9** eccentric **10** unbalanced

scribble 5 write **6** scrawl **7** scratch **8** squiggle

scribe 5 clerk, write **6** author, writer **7** copyist **9** scrivener, secretary

scrimmage 4 fray **5** brawl, broil, clash, fight, melee, scrap, set-to **6** battle, fracas, ruckus, rumpus **7** scuffle **8** skirmish **10** donnybrook, free-for-all

scrimp 4 save **5** stint **6** save up, scrape **8** conserve **9** economize

script 4 hand, text **5** write **8** longhand, scenario **10** penmanship, screenplay **11** calligraphy, chirography, handwriting, orchestrate

scrivener 6 notary, scribe, writer **7** copyist

scrooge 5 miser **7** niggard **8** tightwad **9** skinflint **10** cheapskate **12** moneygrubber

scrounge 3 beg, bum, tap **4** grub, hunt, loot **5** cadge, filch, mooch, pinch, steal, swipe, touch **6** forage, hustle, pilfer, snitch, sponge, thieve **7** finagle, solicit, wheedle **8** freeload **9** panhandle

scroungy 5 dirty, seedy **6** grubby, grungy, scurvy, scuzzy, shabby, sleazy, sordid **7** scruffy, squalid, unkempt **8** slovenly **10** slatternly

scrub 3 rub **4** buff, drop, wash **5** abort, brush, scour **6** cancel, mallee, maquis, polish **7** abandon, call off, cleanse, scratch **9** chaparral, eliminate

scrubby 4 drab, mean **5** dingy, dowdy,

runty **6** paltry, ragged, shabby, shoddy **7** rundown, runtish, stunted **8** inferior **9** neglected **10** bedraggled, broken-down

scruff **4** nape, neck

scruffy **5** mangy, seedy, tacky **6** frowsy, frowzy, shabby, shaggy **7** run-down, scrubby, unkempt **8** slovenly, tattered **10** down-at-heel, threadbare

scrumptious **5** tasty, yummy **8** heavenly, luscious **9** ambrosial, delicious, succulent, toothsome **10** delectable, delightful **13** mouthwatering

scruple **3** bit, jot **4** balk, iota **5** demur, doubt, grain, qualm, scrap, shred, worry **7** concern, modicum **8** particle, question **9** hesitancy **11** compunction

scrupulous **5** exact, fussy **6** honest, minute, strict **7** careful, heedful, upright **8** critical, punctual, rigorous **9** honorable **10** fair-minded, fastidious, meticulous, principled, upstanding **11** painstaking, punctilious **12** conscionable **13** conscientious

scrutinize **4** comb, scan **5** audit, probe, study **6** peruse **7** analyze, canvass, dig into, dissect, examine, eyeball, inspect **8** look over, pore over **9** check over **11** contemplate, investigate

scrutiny **4** scan **5** audit **6** review, survey **7** perusal **8** analysis **10** inspection **11** examination **12** surveillance

scuba diver **7** frogman **8** aquanaut

scud **3** fly **4** race, rain, rush, sail, skim **5** brume, froth, scoot, speed, spray, spume **6** clouds, scurry, shower

scuff **6** scrape **7** scratch, shamble, shuffle

scuffle **3** row **4** fray **5** brawl, broil, fight, scrap, set-to **6** affray, fracas, hubbub, tussle **7** bobbery, grapple, shamble, shuffle, wrestle **10** roughhouse

scull **3** oar, row **4** boat **5** shell **6** propel

sculpt **3** hew **5** carve, shape **6** chisel

sculptor ***American:*** **3** Lin (Maya) **4** Gabo (Naum), Taft (Lorado) **5** Andre (Carl), Koons (Jeff), Pratt (Bela), Segal (George), Serra (Richard), Smith (David), Story (William) **6** Aitkin (Robert), Calder (Alexander), French (Daniel Chester), Powers (Hiram), Zorach (William) **7** Borglum (Gutzon), Cornell (Joseph), Noguchi (Isamu) **8** Lachaise (Gaston), Lipchitz (Jacques), Nadelman (Elie), Nevelson (Louise) **9** Bourgeois (Louise), Mestrovic (Ivan), Oldenburg (Claes), Remington (Frederic) **12** Saint-Gaudens (Augustus) ***Czech:*** **6** Stursa (Jan) ***Danish:*** **11** Thorvaldsen (Bertel), Thorwaldsen (Bertel) ***Dutch:*** **6** Sluter (Claus) ***English:*** **5** Moore (Henry), Watts (George) **7** Epstein (Jacob), Flaxman (John) **8** Hepworth (Barbara) ***French:*** **3** Arp (Hans, Jean) **4** Bloc (André) **5** Rodin (Auguste) **6** Dubois (Paul), Houdon (Jean-Antoine) **7** Maillol (Aristide), Pevsner (Antoine) **9** Bartholdi (Frédéric-Auguste), Roubillac (Louis-François) ***Greek:*** **5** Myron **7** Phidias **8** Pheidias **10** Polyclitus, Praxiteles **11** Polycleitus ***Italian:*** **5** Leoni (Leone), Salvi (Niccolò, Nicola) **6** Canova (Antonio), Pisano (Andrea, Nino), Robbia (Andrea, Giovanni, Girolamo, Luca della) **7** Bernini (Gian Lorenzo), Cellini (Benvenuto), da Vinci (Leonardo), Orcagna, Quercia (Jacopo della) **8** Ghiberti (Lorenzo), Leonardo (da Vinci), Vittoria (Alessandro) **9** Donatello, Sansovino (Jacopo) **10** Verrocchio (Andrea del) **12** Michelangelo (Buonarroti) ***Rhodian:*** **9** Polydorus ***Romanian:*** **8** Brancusi (Constantin) ***Russian:*** **7** Zadkine (Ossip) ***Swedish:*** **6** Milles (Carl) **9** Oldenburg (Claes) ***Swiss:*** **10** Giacometti (Alberto)

scum **5** algae, dregs, dross **6** refuse, vermin **8** riffraff

scummy **3** low **4** base, mean, vile **5** dirty, mucky, slimy **6** grubby, odious, sleazy, sordid **7** squalid **10** despicable **12** contemptible

scurrilous **4** foul **5** dirty, gross, nasty **6** coarse, filthy, vulgar **7** abusive, obscene, profane **8** indecent **9** insulting, offensive **10** outrageous **11** opprobrious **12** contumelious, vituperative

scurry **3** run **4** dart, dash **5** scoot, shoot **6** bustle **7** scamper, scuffle, scuttle

scurvy see SCUMMY

scut **4** tail

scuttlebutt **4** buzz, talk **5** rumor **6** gossip, report **7** chatter, hearsay **9** grapevine

Scylla **4** rock ***counterpart:*** **9** Charybdis ***father:*** **5** Nisus ***lover:*** **5** Minos

scythe handle **5** snath **6** snathe

sea **4** blue, deep, main **5** brine, drink, ocean ***Antarctica:*** **4** Ross **5** Davis **7** Weddell **8** Amundsen ***Arctic:*** **4** Kara **7** Chukchi **8** Beaufort, Karskoye **9** Chuckchee, Norwegian **11** Chukotskoye **12** East Siberian ***Asia-Europe:*** **5** Black ***Asia Minor:*** **7** Icarian ***Atlantic:*** **5** North **7** Weddell **9** Caribbean ***Australia-Indonesia:*** **7** Arafura ***Balkan Peninsula-Italy:*** **8** Adriatic ***Bay of Bengal:*** **7** Andaman ***China-Korea:*** **5** Huang, Hwang **6** Yellow ***combining form:*** **3** mer **4** mari **5** pelag **6** pelago **7** thalass **8** thalasso ***Corsica-Italy:*** **10** Tyrrhenian ***Denmark-Norway:*** **9** Skagerrak ***Denmark-Sweden:*** **8** Kattegat ***England-Ireland:***

5 Irish ***Fiji:*** 4 Koro ***France-Italy:*** 8 Ligurian ***Greece:*** 5 Crete ***Greece-Italy:*** 6 Ionian ***Greece-Turkey:*** 6 Aegean 8 Thracian ***Honshu:*** 6 Sagami ***Indian Ocean:*** 5 Timor 7 Arabian ***Indonesia:*** 4 Bali 6 Flores ***inland:*** 3 Red 4 Aral 7 Caspian ***Japan:*** 3 Suo 6 Inland ***Malay Archipelago:*** 5 Banda ***Mexico:*** 6 Cortés ***Netherlands:*** 6 Wadden ***North Atlantic:*** 8 Sargasso ***Northern Europe:*** 6 Baltic, Ostsee 8 Suevicum ***North Pacific:*** 6 Bering ***off Scotland:*** 8 Hebrides ***off Sweden:*** 5 Aland ***Pacific:*** 4 Java 5 China, Coral 6 Maluku 7 Celebes, Eastern, Molucca, Solomon 9 East China 10 South China ***Philippine:*** 4 Sulu ***Russia:*** 5 White 7 Okhotsk ***Russia-Ukraine:*** 4 Azov ***South Pacific:*** 4 Ross 6 Tasman 8 Amundsen ***Turkey:*** 7 Marmara 9 Propontis ***West Pacific:*** 5 Ceram, Japan 8 Bismarck 10 Philippine

sea anemone 5 polyp

seabird see BIRD *aquatic*

seacoast 5 beach, coast, shore 6 strand 8 littoral 9 shoreline

sea cucumber 7 trepang 11 holothurian

sea dog see SAILOR

sea duck 5 eider, scaup 6 scoter 9 merganser

sea eagle 4 erne 6 osprey 8 fish hawk

seafarer 3 tar 4 salt 6 sailor 7 jack-tar, mariner

seafood dish 4 clam, crab 5 clams, squid 6 mussel, oyster, shrimp 7 lobster, mussels, oysters, scallop 8 calamari, scallops

seagoing 8 maritime, nautical

seal 5 sigil, stamp 6 cachet, signet 7 sticker ***female:*** 3 cow ***herd:*** 3 pod 5 patch ***young:*** 3 pup

sealant 4 lute 5 caulk, grout 6 luting, mastic 8 caulking

sea lily 7 crinoid

seam 4 bond 5 joint, union 8 coupling, juncture 10 connection

seaman see SAILOR

sea monster 3 Orc 6 kraken 9 leviathan

seamount 5 guyot

seamy 5 dirty, rough, seedy 6 sordid 7 squalid 12 disreputable

séance 7 meeting, session, sitting ***holder:*** 6 medium

seaport ***Alaska:*** 6 Juneau 9 Anchorage ***Albania:*** 5 Vlorë 6 Durres, Valona ***Algeria:*** 4 Bône, Oran 6 Annaba ***Angola:*** 6 Lobito, Luanda 7 Cabinda 8 Benguela ***Argentina:*** 11 Buenos Aires, Mar del Plata ***Australia:*** 4 Eden 5 Bowen, Perth 6 Darwin, Hobart, Sydney 8 Brisbane 9 Melbourne 10 Wollongong ***Azores:*** 5 Horta ***Balearic:*** 5 Ibiza ***Belgium:*** 6 Ostend 7 Antwerp ***Benin:*** 7 Cotonou 9 Porto-Novo ***Black Sea:*** 5 Varna 6 Burgas, Odessa 9 Constanta ***Brazil:*** 3 Rio 4 Pará 5 Bahia, Belém, Natal 6 Recife, Santos 7 Vitoria 8 Salvador 9 Fortaleza 10 Pernambuco 11 Pôrto Alegre, São Salvador 12 Rio de Janeiro ***Bulgaria:*** 5 Varna 6 Burgas ***Cameroon:*** 6 Douala ***Canaries:*** 8 Arrecife 9 Las Palmas ***Chile:*** 5 Arica 8 Coquimbo 10 Valparaíso ***China:*** 4 Amoy 6 Dalian, Fuzhou, Lüshun, Xiamen 7 Foochow, Hsia-men, Qingdao, Tianjin 8 Shanghai, Tientsin, Tsingtao 9 Guangzhou, Zhenjiang 10 Chen-chiang, Port Arthur ***Colombia:*** 6 Lorica 9 Cartagena 12 Barranquilla ***Corsica:*** 5 Calvi 7 Ajaccio ***Costa Rica:*** 5 Limón 10 Puntarenas ***Crimean:*** 5 Kerch, Yalta 10 Sebastopol, Sevastopol ***Croatia:*** 5 Rieka, Split 6 Rijeka 9 Dubrovnik ***Cuba:*** 6 Havana 8 Matanzas, Santiago ***Cyprus:*** 9 Famagusta ***Denmark:*** 5 Arhus 6 Aarhus, Alborg 7 Aalborg 8 Elsinore 10 Copenhagen ***Ecuador:*** 9 Guayaquil ***Egypt:*** 4 Said 10 Alexandria ***England:*** 4 Hull 5 Dover 9 Liverpool 10 Portsmouth 11 Southampton ***Equatorial Guinea:*** 4 Bata ***Eritrea:*** 4 Aseb ***Estonia:*** 5 Pärnu 7 Tallinn ***Finland:*** 3 Abo 4 Kemi, Oulu, Pori, Vasa 5 Hango, Kotka, Rauma, Turku, Vaasa 6 Vyborg ***Florida:*** 5 Miami, Tampa 9 Pensacola 12 Apalachicola, Jacksonville ***France:*** 4 Nice 5 Brest, Havre 6 Calais, Cannes, Toulon 7 Dunkirk, Le Havre 8 Bordeaux, Boulogne 9 Cherbourg, Dunkerque, Marseille 10 Marseilles ***French Polynesia:*** 7 Papeete ***Georgia:*** 8 Savannah 9 Brunswick ***Georgia, Republic of:*** 4 Pot'i ***Germany:*** 4 Kiel 5 Emden 6 Bremen, Lübeck, Wismar 7 Hamburg, Rostock 8 Cuxhaven 11 Bremerhaven ***Ghana:*** 4 Tema 5 Accra ***Greece:*** 5 Pylos, Syros, Volos 7 Piraeus ***Guatemala:*** 7 San José 10 Livingston ***Haiti:*** 5 Cayes 10 Cap Haitien ***Honduras:*** 7 La Ceiba 8 Trujillo ***India:*** 3 Goa 4 Puri 5 Marud 6 Bombay, Madras, Mumbai, Old Goa 7 Calicut, Chennai 8 Calcutta 9 Jagannath 10 Trivandrum ***Iran:*** 4 Jask 7 Bushehr ***Iraq:*** 5 Basra ***Ireland:*** 4 Cork 5 Sligo 6 Dingle, Dublin, Galway, Tralee 8 Drogheda, Limerick 9 Waterford 10 Balbriggan ***Israel:*** 4 Acre, Akko, Elat, Yafo 5 Accho, Eilat, Haifa, Jaffa, Joppa 6 Ashdod 8 Ashqelon ***Italy:*** 4 Bari 5 Anzio, Gaeta, Genoa 6 Naples, Pesaro, Rimini, Venice 7 Leghorn, Livorno, Marsala, Messina, Rapallo, Salerno, Taranto, Trieste 8 Brindisi, Sorrento, Syracuse ***Ivory Coast:*** 5 Tabou

7 Abidjan ***Jamaica:*** 8 Kingston 10 Montego Bay ***Japan:*** 4 Kobe 5 Kochi, Osaka, Rumoi, Ujina, Uraga 6 Sasebo 7 Fukuoka 8 Nagasaki, Yokohama 9 Hiroshima ***Java:*** 5 Tegal, Tuban 7 Cilacap, Jakarta 8 Semarang, Surabaya ***Jordan:*** 5 Aqaba, Elath 6 Aelana ***Latvia:*** 4 Riga ***Lebanon:*** 4 Tyre 5 Saida, Sidon 6 Beirut 7 Tripoli ***Libya:*** 6 Tobruk 7 Tripoli 8 Benghazi ***Lithuania:*** 5 Memel 8 Klaipeda ***Madagascar:*** 8 Tamatave ***Maine:*** 7 Belfast 8 Portland ***Malaysia:*** 4 Miri, Weld 5 Pekan 6 Melaka, Pinang 7 Malacca 10 George Town ***Massachusetts:*** 6 Boston 9 Fall River 10 New Bedford ***Mauritius:*** 9 Port Louis ***Mediterranean:*** 4 Gaza, Oran 5 Genoa, Haifa, Jaffa 6 Beirut, Naples, Venice 7 Algiers, Bizerte, Catania, Palermo, Piraeus, Tripoli 8 Benghazi, Port Said 9 Barcelona, Marseille 10 Alexandria, Marseilles ***Mexico:*** 7 Tampico 8 Acapulco, Mazatlán, Veracruz ***Minorca:*** 5 Mahón ***Moluccas:*** 5 Ambon ***Montenegro:*** 5 Kotor ***Morocco:*** 4 Safi, Salé 5 Ceuta 6 Agadir 7 Tangier, Tétouan 10 Casablanca ***Mozambique:*** 5 Beira, Pemba 6 Amelia, Maputo, Xai Xai 11 Porto Amelia ***New Hampshire:*** 10 Portsmouth ***New Zealand:*** 8 Auckland 10 Wellington ***Nicaragua:*** 5 Brito ***Nigeria:*** 5 Lagos 8 Harcourt ***Niger mouth:*** 5 Bonny ***North Korea:*** 4 Yuki 5 Nampo, Unggi 6 Wonsan ***Norway:*** 4 Bodo, Moss 5 Vadso 6 Bergen, Tromso 9 Stavanger, Trondheim 11 Fredrikstad ***Oman:*** 6 Masqat, Muscat ***Pakistan:*** 5 Pasni 6 Gwadar 7 Karachi ***Papua New Guinea:*** 3 Lea ***Peru:*** 3 Ilo 4 Eten 5 Paita, Pisco 6 Callao ***Philippines:*** 4 Cebu 5 Davao, Laoag 6 Aparri, Cavite, Iloilo, Manila 7 Legaspi 8 Tacloban 9 Zamboanga ***Poland:*** 6 Danzig, Gdansk, Gdynia 7 Stettin 8 Szczecin ***Portugal:*** 4 Faro 5 Porto 6 Oporto 7 Funchal ***Puerto Rico:*** 5 Ponce 7 Arecibo, San Juan 8 Mayagüez ***Russia:*** 6 Vyborg 8 Murmansk 11 Kaliningrad, Vladivostok ***Ryukyu:*** 4 Naha, Nawa ***Sakhalin Island:*** 8 Korsakov ***Saudi Arabia:*** 5 Jedda, Jidda, Yanbu, Yenbo 6 Jeddah, Jiddah ***Scotland:*** 3 Ayr 5 Leith, Leven 6 Dundee 7 Glasgow 8 Aberdeen ***Sicily:*** 7 Catania, Marsala, Messina, Palermo 8 Syracuse ***Slovenia:*** 5 Kopar, Koper, Piran ***Somalia:*** 7 Berbera 9 Mogadishu ***South Africa:*** 5 Natal 6 Durban 8 Cape Town ***South Carolina:*** 8 Savannah 10 Charleston ***South Korea:*** 5 Masan, Mokpo, Pusan 6 Inchon 7 Incheon, Masampo ***Spain:*** 5 Cádiz, Gijón 6 Abdera, Málaga 8 Alicante 9 Algeciras, Barcelona, Cartagena, Las Palmas ***Sri Lanka:*** 7 Colombo 10 Batticaloa ***Sumatra:*** 5 Medan 6 Padang 9 Banda Aceh ***Sweden:*** 4 Umea 5 Gavle, Lulea, Malmö, Pitea, Ystad 8 Göteborg 9 Stockholm 10 Gothenburg 11 Helsingborg ***Tanzania:*** 5 Lindi, Tanga 8 Zanzibar 11 Dar es Salaam ***Thailand:*** 4 Trat 8 Bang Phra ***Tunisia:*** 4 Sfax 5 Gabès 6 Sousse 7 Bizerta, Bizerte ***Turkey:*** 4 Rize 5 Izmir, Sinop 6 Samsun, Smyrna 7 Antalya 8 Istanbul ***Ukraine:*** 5 Kerch, Yalta 6 Odessa 7 Kherson ***Vanuatu:*** 4 Vila 8 Port-Vila ***Vietnam:*** 3 Hue 6 Da Nang 7 Tourane 8 Haiphong, Nha Trang ***Virginia:*** 7 Norfolk 10 Portsmouth ***Yemen:*** 4 Aden 5 Mocha

seaport capital 4 Aden, Apia, Dili, Lomé, Suva 5 Accra, Adana, Dakar, Lagos 6 Banjul, Belize, Bissau, Dublin, Havana, Kuwait, Lisbon, Maputo, Masqat, Muscat, Roseau 7 Algiers, Batavia, Colombo, Jakarta, Moresby, San Juan 8 Castries, Djakarta, Freetown, Hamilton, Helsinki, Honolulu, Kingston, Monrovia, Valletta 9 Mogadishu, Nuku'alofa, Porto-Novo, Reykjavík, Singapore 10 Bridgetown, Daressalem, Libreville, Mogadiscio, Paramaribo 11 Dar es Salaam, Port of Spain 12 Port-au-Prince

sear 3 dry 5 parch, singe 6 burn up, scorch, sizzle 7 shrivel 9 cauterize, dehydrate, desiccate

search 4 beat, comb, grub, hunt, scan, seek 5 chase, check, delve, frisk, grope, quest, rifle, scour 6 ferret, forage 7 fossick, hunting, manhunt, pursuit, ransack, rummage, run down 8 finecomb, scavenge, scout out 9 cast about, ferret out 10 scrutinize

searing 3 hot 5 harsh 6 severe 7 blazing, burning, intense 8 scathing 9 agonizing, scorching 10 blistering 12 excruciating

sea robber 5 rover 6 pirate 7 corsair 8 picaroon 9 buccaneer 10 freebooter

seasickness 6 nausea 8 mal de mer

season 3 fit 4 fall, term, time 5 spice, train, treat 6 autumn, harden, pepper, period, school, spring, summer, winter 7 prepare, toughen 8 marinade, marinate 9 acclimate 10 case-harden, discipline 11 acclimatize

seasonable 3 apt 6 timely 7 welcome 9 favorable, opportune, pertinent, well-timed 10 auspicious, convenient, propitious 11 appropriate

seasoned 6 inured, mature, tested, versed 7 adapted, matured, veteran 8 flavored, hardened 9 flavorful, practiced **10** acclimated, habituated **11** experienced **12** acclimatized, accomplished

seasoning **3** bay **4** dill, herb, mace, sage, salt **5** anise, basil, chili, clove, cumin, spice, thyme **6** cloves, fennel, garlic, ginger, nutmeg, pepper, savory **7** cayenne, chervil, mustard, oregano, paprika, parsley, saffron **8** allspice, cardamom, cinnamon, rosemary, tarragon, turmeric **9** condiment, coriander

seat **3** hub **4** base, beam, duff, rear, rest, rump **5** basis, chair, place, usher **6** behind, bottom, center, settee **7** fulcrum **8** backside, buttocks, derriere **9** fundament, posterior **10** foundation ***church:*** **3** pew ***on a camel or elephant:*** **6** howdah ***upholstered:*** **9** banquette

sea urchin **7** echinus **8** echinoid

seaweed **4** kelp, nori, ulva **5** dulse, fucus, kombu **6** fucoid, wakame **8** sargasso **9** carrageen, Irish moss **12** bladder wrack

Sea Wolf, The ***author:*** **6** London (Jack) ***captain:*** **10** Wolf Larsen ***ship:*** **5** Ghost

Sebastian ***brother:*** **6** Alonso ***sister:*** **5** Viola

secco **3** dry **8** painting, staccato

secede **4** quit **5** leave **8** separate, withdraw

seclude **4** hide **6** closet, immure, retire, screen **7** confine, enclose, isolate, shut off **8** cloister, separate, withdraw **9** sequester

secluded **6** hidden, remote **7** private, recluse, shut off **8** hermetic, isolated, screened, solitary **9** concealed, reclusive, withdrawn **10** cloistered, tucked away **11** out-of-the-way, quarantined, sequestered

seclusion **7** privacy **8** solitude **9** isolation **10** separation, withdrawal

second **4** wink **5** flash, jiffy, trice **6** moment **7** endorse, instant, support **9** twinkling

secondary **3** sub **6** lesser **7** derived **8** borrowed, inferior **9** resultant, tributary **10** collateral, derivative, subsequent **11** subordinate, subservient

second-class **6** common **8** déclassé, inferior, low-grade, mediocre

secondhand **4** used, worn **7** derived **8** borrowed **10** derivative

second-string **3** sub **6** backup **9** alternate **10** substitute

secrecy **7** silence, stealth **10** covertness, subterfuge **11** concealment, furtiveness

secret **5** sneak **6** arcane, closet, covert, hidden, occult **7** cryptic, furtive, obscure, sub-rosa **8** abstruse, backdoor, discreet, hermetic, hush-hush, stealthy **9** concealed, recondite **10** classified, restricted, undercover **11** clandestine, out-of-the-way, underhanded **12** confidential, hugger-mugger **13** surreptitious, under-the-table ***combining form:*** **5** crypt, krypt **6** crypto, krypto

secret agent **3** spy **8** emissary

secretary **4** aide, desk **5** clerk **6** scribe **9** assistant **10** amanuensis, escritoire ***king's:*** **10** chancellor

secrete **4** bury, emit, hide **5** cache, exude, plant, stash **6** screen **7** conceal, deposit, emanate

secretive **7** furtive **8** reticent, taciturn **10** backstairs, buttoned-up **11** tight-lipped **12** close-mouthed **13** unforthcoming

secretly **7** sub rosa **9** furtively **10** stealthily

secret society **3** KKK **4** tong **5** cabal, Mafia, Triad **6** Mau Mau, Yakuza **7** camorra **9** camarilla, Carbonari **10** Cosa Nostra, Freemasons, Ku Klux Klan

sect **4** cult **5** creed, party **7** faction **8** division, religion **12** denomination

sectarian **5** local **8** splinter **9** dissident, heretical, heterodox, parochial **10** provincial, schismatic, unorthodox **13** nonconformist

sectary **5** rebel **7** heretic **8** adherent, disciple, follower, partisan **9** dissenter, dissident **10** schismatic, separatist **13** nonconformist, revolutionary

section **3** cut **4** area, belt, part, zone **5** chunk, piece, slice, tract **6** member, moiety, parcel, region, sector, sphere **7** portion, quarter, segment **8** district, division, locality, precinct **11** subdivision

sector **4** area, zone **7** quarter, section **8** district, precinct **11** subdivision

secular **3** lay **7** earthly, profane, worldly **8** temporal, unsacred **11** nonclerical, terrestrial **12** nonreligious

secure **3** fix **4** bind, fast, firm, gain, land, lock, moor, nail, safe **5** catch, cinch, clamp, cover, fixed, guard, solid, sound, tried **6** anchor, assure, cement, clinch, defend, effect, ensure, fasten, insure, obtain, shield, stable **7** acquire, assured, capture, procure, protect, tie down **8** reliable, sanguine **9** confident, safeguard **10** batten down, bring about **11** established, impregnable

security **4** bail, bond, pawn **5** guard, token **6** pledge, safety, shield, surety **7** defense, earnest, warrant **8** guaranty, immunity, warranty **9** assurance, guarantee, safeguard, soundness, stability

10 collateral, protection, steadiness 13 certification

sedate 4 calm 5 grave, sober, staid 6 placid, proper, seemly, serene, steady 7 earnest, serious 8 composed, decorous, tranquil 9 collected, dignified, unruffled 10 sobersided 13 dispassionate, imperturbable

sedative 4 balm 6 downer, Valium 7 calmant, Librium, Miltown, Seconal 8 barbital, hyoscine, Nembutal 9 calmative 10 depressant 11 barbiturate 12 sleeping pill, tranquilizer

sedentary 4 lazy 6 seated 7 settled, sitting 8 inactive 10 stationary

sediment 4 lees, silt 5 dregs, dross 7 bottoms, deposit, grounds, heeltap, residue 8 residuum 9 settlings 11 precipitate ***layer:*** 5 varve

sedition 4 coup 6 mutiny, putsch, revolt, strike 7 protest, treason 8 intrigue, uprising 9 coup d'état, rebellion 10 revolution 12 insurrection

seditious 8 disloyal, factious, mutinous 9 dissident, insurgent 10 rebellious, traitorous 11 treacherous

seduce 4 bait, coax, lure 5 decoy, tempt 6 allure, betray, delude, entice, entrap, lead on, ravish 7 corrupt, debauch, deceive 8 entrance, inveigle

seducer 4 roué, vamp 7 Don Juan, playboy 8 lothario 9 libertine

seduction 4 lure 8 conquest 9 siren song 10 allurement, attraction, ravishment, temptation

seductive 5 siren 8 alluring, magnetic, tempting 9 beguiling 10 attractive, bewitching, enchanting 11 captivating

seductress 5 siren 7 Lorelei 9 temptress 11 femme fatale

sedulous 8 diligent, tireless 9 assiduous, laborious 10 persistent 11 industrious, persevering, unremitting

see 4 call, date, espy, gape, gaze, look, mark, peer, scan, view 5 grasp, sight, visit, watch 6 behold, come by, descry, divine, drop by, drop in, go with, look in, notice, stop by, stop in, take in 7 discern, examine, find out, glimpse, imagine, make out, observe, realize 8 conceive, consider, envisage, envision, perceive 9 apprehend, ascertain, determine, recognize, visualize 10 comprehend, scrutinize, understand

seed 3 sow 4 core, germ 5 brood, grain, issue, ovule, plant, spark, spawn 6 embryo, kernel, notion 7 concept, nucleus, progeny 8 children 9 offspring 11 descendants ***aromatic:*** 6 fennel ***coating:*** 5 testa 6 testae (plural) ***covering:*** 4 aril ***of a bean:*** 7 haricot ***of a vine:*** 6 peanut ***poisonous:*** 10 castor bean ***vessel:*** 3 pod 5 fruit, pyxis 7 silicle, silique

seedcase 3 pod

seedy 5 dingy, faded, mangy, ratty, tired 6 droopy, frowsy, frowzy, shabby, used up, wilted 7 run-down, scruffy, squalid, unkempt, wilting 8 decaying, decrepit, drooping, flagging, inferior, slovenly, tattered 9 neglected, overgrown 10 bedraggled, down-at-heel, threadbare 12 disreputable

seek 3 try 4 fish, hunt, root 5 assay, delve, essay, offer, quest, sniff 6 pursue, strive 7 attempt, inquire, look for, request 8 endeavor, smell out 9 search for, search out, undertake

seem 3 act 4 look 5 imply 6 appear, behave 7 suggest 8 resemble

seemly 3 fit 6 decent, proper, suited 7 apropos, correct, fitting 8 becoming, decorous, suitable 9 befitting, congenial, congruous 10 compatible, conforming 11 appropriate, comme il faut

seep 4 drip, leak, ooze, weep 5 bleed, exude, leech, sweat 6 filter, strain 7 diffuse, dribble, trickle 8 transude 9 percolate

seer 5 augur, sibyl 6 oracle 7 diviner, prophet 8 foreseer, haruspex 9 predictor 10 forecaster, foreteller, soothsayer 11 clairvoyant, Nostradamus

seesaw 3 yaw 4 rock, veer 5 lurch, pitch, swing 6 teeter 7 bascule 8 flip-flop 9 alternate, fluctuate, oscillate 11 teeterboard

seethe 3 sop 4 boil, burn, foam, fret, fume, rage, soak, stew 5 churn, erupt, froth, souse, steam, steep 6 bubble, drench, simmer, sizzle 7 bristle, ferment, parboil, smolder 8 saturate, smoulder, waterlog

see-through 5 clear 6 limpid 8 pellucid 11 translucent, transparent

segment 3 cut 4 part 5 piece 6 divide, member, moiety 7 portion, section 8 division, separate 10 categorize

sego 4 lily

segregate 6 enisle, select 7 isolate 8 separate 9 sequester 10 disconnect

segregation 9 apartheid, isolation 10 jim crowism, separatism 13 ghettoization

segue 7 proceed 8 continue 10 transition 11 progression

seidel 5 stoup 8 schooner

seine 3 net 5 trawl

Seine tributary 4 Oise 5 Marne, Yonne

seismologist 7 Richter (Charles)

seize 3 bag, nab 4 grab, take 5 annex, catch, clasp, grasp, usurp 6 abduct, arrest, clinch, clutch, kidnap, occupy, secure, snatch 7 capture, grapple, impound **8** arrogate, carry off **9** apprehend, sequester **10** commandeer, confiscate **11** appropriate, expropriate

seizure **3** fit **4** turn **5** spasm, spell, throe **6** access, attack, taking **7** capture **8** paroxysm, takeover **9** breakdown **10** annexation, convulsion, usurpation **12** confiscation

seldom **6** hardly, rarely **8** scarcely **10** hardly ever **12** infrequently, occasionally, sporadically

select **4** best, cull, fine, pick, rare **5** cream, elite, prime **6** choice, choose, chosen, culled, opt for, picked **7** favored, pick out **8** screened, superior **9** exclusive, exquisite, preferred, recherché, single out

selection **6** choice **7** culling, excerpt, picking **8** choosing **10** assortment, preference

selective **5** fussy, picky **6** choosy **7** choosey, finicky **8** specific **10** discerning, particular, scrupulous **11** persnickety

Selene **4** Luna **6** Hecate **7** Artemis ***beloved:*** **8** Endymion ***brother:*** **6** Helios ***father:*** **8** Hyperion ***mother:*** **4** Thea

self **3** ego ***combining form:*** **3** aut **4** auto

self-absorbed **4** smug **8** egoistic **9** conceited, egotistic **10** complacent, egocentric **11** egotistical, introverted **12** narcissistic **13** inner-directed

self-acting **9** automatic

self-assertive **4** bold **5** brash, pushy **6** cheeky **7** forward **8** cocksure, militant **9** audacious, obtrusive, officious **10** aggressive **11** impertinent, overweening **12** presumptuous

self-assurance **5** poise **6** aplomb **8** coolness **9** composure, sangfroid **10** confidence, equanimity **13** collectedness

self-assured **4** smug **6** poised **8** sanguine **9** confident

self-centered **9** conceited, egotistic **10** egocentric **11** egotistical **12** narcissistic

self-composed **4** calm **6** poised, serene **7** assured **9** collected, confident, possessed **10** controlled

self-confidence **5** poise **6** aplomb **9** assurance

self-confident **5** cocky **6** jaunty, poised **7** assured **8** sanguine

self-conscious **4** prim **5** stiff **6** formal, uneasy **7** awkward, stilted, studied **8** affected, mannered **9** contrived, ill at ease **10** artificial

self-contained **6** closed, formal **7** built-in **8** composed, enclosed, reserved, reticent **9** exclusive **10** restrained **11** independent

self-control **7** balance, dignity, reserve **9** restraint, stability, willpower **10** abstinence, constraint, discipline, temperance **11** forbearance

self-defense art **4** judo **6** aikido, karate, kung fu **7** jujitsu **9** tai kwan do

self-destruction **7** suicide **8** felo-de-se, hara-kiri

self-discipline **4** will **8** stoicism **9** willpower **10** abstinence

self-educated **12** autodidactic

self-effacing **3** shy **5** timid **6** modest **7** bashful **8** retiring, sheepish **9** diffident, unassured **11** unassertive

self-esteem **5** pride **6** vanity **7** conceit, dignity, egotism **10** narcissism **11** amour propre

self-evident **5** clear, plain **6** patent **7** obvious **8** manifest, palpable **10** prima facie, undeniable **12** demonstrable, unmistakable

self-explanatory **5** clear, plain **7** evident, obvious **8** manifest **11** perspicuous, transparent

self-governing **7** popular **9** sovereign **10** autonomous, democratic

self-importance **3** ego **5** pride **6** egoism, hubris **7** conceit, egotism **9** arrogance, pomposity, vainglory

self-important **4** smug, vain **6** lordly **7** bloated, haughty, pompous **8** arrogant **9** conceited, egotistic **10** pontifical **11** magisterial, pretentious

self-indulgent **9** libertine, sybaritic **10** hedonistic

self-interest **6** egoism

selfish **6** stingy **8** egoistic **9** egotistic **10** egocentric, ungenerous **11** egomaniacal **12** self-centered **13** self-indulgent

selfless **8** generous **10** altruistic, benevolent, charitable

self-love **6** egoism, vanity **7** conceit, egotism **8** vainness **9** vainglory **10** narcissism **11** amour propre **13** conceitedness

self-possessed **4** calm **6** poised, serene **7** equable **8** composed, sanguine **9** collected, unruffled **11** unflappable **13** imperturbable

self-proclaimed **8** so-called **9** soi-disant **10** self-styled

Self-Reliance author **7** Emerson (Ralph Waldo)

self-respect **5** pride **7** dignity **11** amour propre

self-restraint **8** chastity, sobriety **9** willpower **10** abnegation, abstention, abstinence, continence, discipline **11** forbearance

self-righteous **5** pious **7** canting, preachy **8** unctuous **9** pharisaic **10** complacent,

goody-goody **11** pharisaical **12** hypocritical, pecksniffian **13** sanctimonious
self-sacrificing **8** generous, selfless **9** unselfish
self-satisfied **4** smug **8** priggish **10** complacent
self-seeking **6** greedy **7** selfish **8** egoistic **9** egotistic **10** egocentric **11** egotistical
self-serving see SELF-SEEKING
self-starter **7** hustler **8** go-getter
self-styled **7** nominal, would-be **8** so-called **9** soi-disant
self-taught **12** autodidactic
sell **4** hawk, vend **5** trade **6** barter, deal in, hustle, market, peddle, retail, unload **7** auction **8** exchange
sell out **4** dump, move **6** betray, turn in, unload **7** deceive **8** inform on **11** double-cross
selvage, selvedge **3** hem **4** edge **6** border
semblance **3** air **4** face, look, mask, pose, show, veil **5** front, guise, image **6** aspect, facade, simile, veneer **7** analogy, feeling, modicum **8** affinity, disguise, likeness, pretense **10** apparition, appearance, comparison, false front, masquerade, similarity, similitude, simulacrum **11** countenance
Semele ***father:*** **6** Cadmus ***mother:*** **8** Harmonia ***sister:*** **3** Ino **5** Agave **7** Autonoë ***son:*** **7** Bacchus **8** Dionysus
semi **3** rig **4** demi, half, hemi **5** truck **6** partly
seminar **5** forum **8** colloquy **10** colloquium, conference, roundtable
Seminole chief **7** Osceola
Semiramis ***husband:*** **5** Ninus ***kingdom:*** **7** Babylon
Semite **3** Jew **4** Arab **6** Hebrew **7** Moabite **8** Akkadian, Assyrian **9** Canaanite **10** Babylonian, Phoenician
Senapo ***daughter:*** **8** Clorinda ***kingdom:*** **8** Ethiopia
senate **7** chamber, council **8** assembly **11** legislature
senator **5** solon **8** lawmaker **10** legislator
send **4** mail, post, ship **5** relay, remit, route **6** commit, export, launch **7** address, advance, airmail, consign, forward, traject **8** dispatch, transmit ***back:*** **6** remand
Sendak book **17** In the Night Kitchen **21** Where the Wild Things Are
send in **6** submit
send-up **5** roast, spoof **6** parody, satire **7** lampoon, takeoff **9** burlesque **10** caricature, pasquinade
Senegal ***capital:*** **5** Dakar ***enclave:*** **6** Gambia ***ethnic group:*** **5** Wolof **6** Fulani **7** Malinke ***language:*** **6** French ***monetary unit:*** **5** franc ***neighbor:*** **4** Mali **6** Guinea **10** Mauritania **12** Guinea-Bissau ***river:*** **6** Gambia **7** Senegal
senescence **6** old age **8** caducity **11** elderliness, senectitude
senior **5** doyen, elder, older, prior **7** ancient, doyenne, oldster **8** higher-up, old-timer, superior **10** golden-ager
Sennacherib ***domain:*** **7** Assyria ***father:*** **6** Sargon ***kingdom:*** **7** Assyria ***slayer, son:*** **8** Sharezer **11** Adrammelech
sensation **4** bomb **6** marvel, tingle, wonder **7** feeling, miracle, prodigy, stunner **8** response **9** bombshell **10** impression, perception, phenomenon **13** consciousness
sensational **3** hot **5** boffo, juicy, lurid **6** purple, vulgar **7** tabloid **8** dramatic, exciting, fabulous, glorious, slambang, smashing, stunning **9** hunky-dory, marvelous, thrilling **10** astounding, impressive, incredible, remarkable, scandalous **11** astonishing, extravagant, outstanding, spectacular **12** electrifying
sense **3** wit **4** feel **5** sight, smell, taste, touch **6** divine, intuit, pick up **7** believe, discern, feeling, hearing, meaning, message, realize **8** consider, judgment, perceive, prudence **9** awareness, foresight, intuition **10** anticipate, cognizance, discretion, perception **12** intelligence, significance **13** comprehension, consciousness, understanding ***sixth:*** **3** ESP
Sense and Sensibility author **6** Austen (Jane)
senseless **4** cold, numb **5** silly **6** absurd, numbed, simple, stupid **7** fatuous, foolish, idiotic, moronic, trivial, witless **8** benumbed, comatose, deadened, mindless **9** brainless, pointless **10** irrational **11** meaningless, purposeless, unconscious
senselessness **5** folly **7** inanity **8** insanity **9** absurdity, stupidity **12** illogicality
sense organ **3** ear, eye **4** nose, skin **6** tongue **8** receptor
sensibility **5** taste **7** emotion, feeling, insight **8** judgment, keenness **9** affection, awareness, sensation **11** discernment, penetration **12** appreciation
sensible **4** sage, sane, wise **5** solid, sound **6** astute, shrewd **7** logical, prudent, sapient **8** rational **9** judicious, objective, sagacious **10** reasonable
sensitive **4** keen, sore **5** aware, prone **6** liable, tender, touchy, tricky **7** feeling, nervous **8** delicate, sensible, sentient, ticklish **9** emotional **10** high-strung, perceptive, precarious, responsive **11** susceptible **13** understanding
sensitive plant **6** mimosa ***family:*** **3** pea

sensual 4 lush 6 animal, carnal, earthy 7 fleshly, mundane, worldly 8 temporal 9 epicurean, luxurious, sybaritic 10 hedonistic, voluptuous 11 irreligious, unspiritual

sensuality 4 lust 6 desire, luxury 7 lechery, license 8 hedonism, lewdness, pleasure 9 carnality, depravity, eroticism, prurience 10 debauchery, degeneracy, immorality, indulgence, perversion, profligacy, sybaritism 11 dissipation 12 incontinence 13 dissoluteness, gratification, salaciousness

sensuous 4 lush 6 carnal 7 fleshly 8 luscious 9 epicurean, luxurious, sybaritic 10 hedonistic, voluptuous 13 self-indulgent

sentence 3 rap 4 damn, doom 5 blame, judge 6 dictum, ordain, punish 7 adjudge, condemn, convict, verdict 8 decision, denounce, judgment, penalize 10 adjudicate, punishment

sententious 5 crisp, pithy, terse 7 concise, piquant, pointed 8 eloquent, pregnant, succinct 10 aphoristic, expressive, meaningful, moralistic, moralizing

sentient 5 alert, aware, savvy 7 knowing 8 sensible 9 attentive, cognizant, conscious, receptive, sensitive 10 conversant, discerning, perceptive, percipient, responsive 12 appreciative

sentiment 4 view 6 belief 7 emotion, feeling, leaning, opinion, passion, posture 8 penchant, position, tendency 9 affection, inclining, sensation 10 conception, conviction, partiality, persuasion, propensity 11 disposition, inclination, sensibility

sentimental 4 soft 5 corny, gooey, gushy, mushy, sappy, soupy, sweet 6 dreamy, drippy, slushy, sticky, sugary, syrupy, tender 7 cloying, gushing, insipid, maudlin, mawkish 8 bathetic, effusive, romantic 9 misty-eyed, nostalgic, schmaltzy 10 idealistic, lovey-dovey, moonstruck, namby-pamby, saccharine, soft-boiled 11 tear-jerking 12 affectionate

sentimentality 4 mush 8 schmaltz

sentinel see SENTRY

sentry 5 guard, watch 6 picket 7 lookout 8 sentinel, watchman

separate 4 comb, only, part, sift, sole, sort 5 apart, sever, split 6 cut off, detach, divide, single, sunder, unique, winnow 7 asunder, disjoin, diverse, divided, divorce, isolate, several, split up, unravel, various 8 alienate, detached, discrete, disjoint, disperse, distinct, insulate, isolated, solitary, splinter, uncouple 9 different, divergent, extricate, segregate, sequester 11 compartment, distinctive, distinguish, independent, unconnected 12 disconnected, discriminate 13 differentiate

separation 3 gap 4 rift 5 break, split 6 schism 7 breakup, divorce, parting, rupture, split-up 8 disunion, disunity, division 9 apartheid, dichotomy, partition 11 disjunction, dissolution, segregation 12 dissociation, estrangement 13 disconnection, sequestration

separatism 9 apartheid 11 segregation

separatist 10 schismatic 12 secessionist

sepia 3 ink 5 brown, umber 6 sienna

sepulchral 4 grim 5 bleak, grave 6 dismal, gloomy, solemn, somber 7 doleful, macabre 8 funereal, ghoulish, mortuary 9 tenebrous

sepulchre 4 tomb 5 grave, vault 9 mausoleum

sequel 3 end 5 close 6 effect, ending, finish, result, upshot 7 closing, outcome 8 epilogue 9 aftermath 10 succession 11 aftereffect, consequence, development, eventuality, progression, termination 12 continuation

sequence 3 row, run, set 4 flow 5 chain, order, train 6 course, series, string 8 disposal, ordering 9 placement 10 procession, succession 11 arrangement, disposition, progression 12 distribution

sequential 6 serial 9 succedent 10 continuous, succeeding, successive 11 consecutive 12 successional 13 chronological

sequester 4 hide, take 5 annex, seize 6 attach, cut off, enisle 7 impound, isolate, preempt, seclude, secrete 8 accroach, arrogate, cloister, close off, insulate, separate, set apart, withdraw 9 segregate 10 commandeer, confiscate, dispossess 11 appropriate, expropriate

sequoia 7 big tree, redwood 12 coast redwood

seraglio 5 harem

serape 5 shawl

seraph 5 angel 8 guardian 9 messenger

seraphic 4 pure 7 angelic, sublime 8 beatific, cherubic, ethereal

Serbia and Montenegro ***capital:*** 8 Belgrade ***city:*** 3 Bar 5 Kotar, Tivat 7 Novi Sad, Pancevo 9 Podgorica 11 Pristinauzi ***monetary unit:*** 4 euro 5 dinar ***neighbor:*** 6 Bosnia, Kosovo 7 Albania, Croatia, Hungary, Romania 8 Bulgaria 9 Macedonia ***part of:*** 7 Balkans ***peninsula:*** 6 Balkan ***province:*** 9 Vojvodina ***province, former:*** 6 Kosovo ***river:*** 4 Sava 6 Danube ***sea:*** 8 Adriatic

sere 3 dry 5 dried 7 parched, thirsty 8 withered 9 shriveled, unwatered
serenade 7 lullaby 8 shivaree 9 charivari
serene 4 calm 5 quiet, still 6 limpid, placid, poised, sedate 7 halcyon 8 composed, tranquil 9 unruffled 10 untroubled
serenity 4 calm 5 peace 8 calmness, quietude 9 composure, placidity, stillness 10 equanimity 11 contentment, tranquility 12 peacefulness, tranquillity
serf 4 esne, peon 5 churl, helot, slave 6 thrall 7 bondman, villein ***freeborn:*** 7 colonus
serial 10 sequential, successive 11 consecutive, installment
series 3 row, run, set 4 list, tier 5 chain, range, scale, train 6 catena, column, parade, sequel, string 8 sequence 9 cavalcade, gradation 10 procession, succession 11 progression 12 continuation
serious 4 grim, hard 5 grave, heavy, major, sober, staid, stern, tough 6 intent, sedate, severe, solemn, somber, sombre, steady 7 austere, earnest, intense, pensive, sincere, unfunny, weighty 8 funereal, menacing, resolute, sobering 9 difficult, humorless, important, laborious, strenuous, unamusing 10 determined, formidable, meditative, no-nonsense, poker-faced, purposeful, reflective, sobersided, thoughtful, unhumorous 11 significant, threatening 12 businesslike 13 contemplative
sermon 6 homily, speech, tirade 7 address, lecture, oration 8 harangue 9 preaching 10 preachment 11 exhortation
sermonize 5 orate 6 dilate, exhort, preach 7 dissert, lecture 8 moralize 9 discourse, expatiate, preachify 10 dissertate, evangelize 11 pontificate
serpent 5 fiend, Satan, snake ***fabled:*** 8 basilisk ***mythical:*** 10 cockatrice ***sound:*** 4 hiss
serpentine 4 rock, wily 5 snaky 7 cunning, devious, mineral, sinuous, winding 8 flexuous, tempting, tortuous 9 snakelike 10 circuitous, convoluted, meandering
serrated 7 notched, toothed 8 saw-edged, sawtooth 10 saw-toothed 11 denticulate
servant 4 maid, peon 5 slave, valet 6 butler, flunky, helper, lackey, menial 7 famulus, footman 8 domestic, handmaid, hireling, houseboy 9 attendant 11 chamberlain, chambermaid ***India:*** 4 syce ***kitchen:*** 8 scullion ***Wodehouse:*** 6 Jeeves
serve 3 act, fit, use 4 help, make, play, suit, work 5 nurse, spend, treat 6 foster, handle, wait on 7 advance, benefit, care for, present, promote, provide, satisfy, suffice, work for 8 deal with, function 9 encourage, officiate 10 minister to
service 3 use 4 duty, help, rite 5 favor 6 employ, repair, ritual 7 account, benefit, fitness, liturgy 8 ceremony, courtesy, disposal, maintain 10 active duty, assistance, ceremonial, observance, usefulness 11 maintenance 12 dispensation
serviceable 5 handy, utile 6 decent, usable, useful 7 durable, helpful 8 adequate, suitable 9 efficient, practical 10 acceptable, beneficial, convenient, dependable, functional 11 utilitarian 12 satisfactory
servile 6 abject, craven, humble, menial 7 fawning, slavish 8 obedient, obeisant 9 groveling 10 obsequious, submissive 11 subservient
servility 7 bondage, helotry, peonage, serfdom, slavery 9 thralldom 11 enslavement
serving 6 dollop 7 helping, portion
servitude 5 labor 6 corvée, thrall 7 bondage, helotry, peonage, serfdom, slavery 9 captivity, indenture, thralldom, villenage 10 subjection 11 enslavement 12 enthrallment
sesame 3 til ***grass:*** 4 gama
sessile 5 fixed 6 rooted 7 settled 8 attached 11 established
session 6 assize, séance 7 meeting, sitting
set 3 aim, dry, fix, gel, lay, lot, put 4 firm, jell 5 array, batch, bunch, fixed, group, place, put on, ready, rigid, scene 6 belong, harden, impose, placed, rooted, secure, stated 7 arrange, certain, cluster, congeal, decided, deposit, dictate, jellify, lay down, located, prepare, scenery, situate, specify, station 8 prepared, resolute, resolved, situated, solidify, specific 9 confirmed, designate, establish, prescribe, specified, stipulate, tenacious 10 assortment, determined, gelatinize, inflexible, positioned, prescribed, stipulated 11 established, mise-en-scène ***a gem:*** 6 collet ***right:*** 7 redress
set aside 4 void 5 annul 7 discard, dismiss, reserve 8 overrule
set back 4 mire 5 delay 6 detain, hang up, hinder, retard, slow up
setback 5 check, hitch 6 defeat, rebuff 7 reverse 8 obstacle, reversal 9 hindrance 10 impediment, regression

set down 4 land 5 light, perch, roost 6 alight, record 9 establish, touch down
set fire to 4 burn 6 ignite 7 emblaze, inflame 8 enkindle, touch off
set forth 4 cite 5 state 6 adduce, affirm, allege, avouch, depart, embark, launch, submit 7 advance, declare, express, present, proffer, propose, take off 8 proclaim, spell out 9 introduce 10 account for
set free 5 loose 6 redeem, rescue, unbind 7 deliver, manumit, unchain, unloose 8 liberate, unloosen 9 unshackle 10 emancipate
Seth ***brother:*** 4 Abel, Cain ***father:*** 4 Adam ***mother:*** 3 Eve ***son:*** 4 Enos
set out 5 start 6 embark, intend 7 take off 9 undertake
Set's victim 6 Osiris
settee 4 seat, sofa 5 bench, divan 6 lounge
setting 5 scene 7 context, scenery 8 ambience 10 background 11 mise-en-scène ***for a stone:*** 4 ouch
settle 3 fix, lay, pay, put 4 calm 5 allay, judge, light, pay up, perch, place, quiet, roost, still 6 alight, clinch, decide, soothe, square, verify, wind up 7 arrange, compose, confirm, dispose, install, mediate, resolve, satisfy, work out 8 colonize, conclude, ensconce, nail down 9 determine, discharge, establish, negotiate, reconcile, touch down
settlement 4 deal 6 colony, hamlet 7 outpost, quietus, village 8 decision 9 agreement 10 conclusion, encampment, habitation, resolution 11 arrangement 13 determination ***Israeli:*** 6 moshav
settler 7 pioneer 8 colonist, squatter 9 colonizer
set-to 3 row 4 fray, spat 5 brawl, broil, brush, fight, run-in, scrap 6 affray, blowup, fracas, tussle 7 dispute, quarrel, rhubarb, scuffle 8 argument, skirmish 9 encounter 10 falling-out 11 altercation
set up 4 open 5 erect, found, raise, start 6 create, launch 7 arrange, install 8 assemble, generate, initiate, organize 9 construct, establish, institute, originate
setup 4 plan 5 array, trick 6 layout, scheme, shoo-in 7 pattern, project, setting 8 assembly, carriage, position, slam dunk 9 alignment, apparatus, structure, sure thing 11 arrangement, preparation 12 constitution
seven ***combining form:*** 4 hept, sept 5 hepta, septi ***group of:*** 6 heptad 8 hebdomad
seventeenth century 8 seicento
sever 3 cut, lop 4 part, rend 5 slice, split 6 cleave, cut off, detach, divide, sunder 7 break up, divorce 8 amputate, disjoint, separate
several 4 a few, many, some 6 divers, plural, sundry, varied 7 certain, diverse, various 8 assorted, discrete, distinct, manifold, numerous, separate, specific 9 different 10 respective
severe 4 dour, grim, hard 5 acute, grave, harsh, heavy, rigid, sober, stern, tough 6 bitter, brutal, rugged, strict 7 arduous, ascetic, austere, extreme, intense, onerous, serious, weighty 8 exacting, pitiless, rigorous 9 demanding, difficult, laborious, strenuous, stringent, unbending 10 forbidding, implacable, inflexible, iron-willed, oppressive, unyielding 11 disciplined, heavy-handed
severity 5 rigor 7 gravity, urgency 8 exigency, grimness, obduracy, rigidity 9 austerity, harshness, intensity, plainness, privation, restraint, spareness, starkness, sternness 10 strictness, stringency 11 seriousness
sew 4 darn, mend, seam 5 baste 6 needle, stitch, suture
sewer 4 duct 5 ditch, drain 6 tailor 7 cesspit, conduit 8 cesspool, stitcher
sewing ***aid:*** 7 thimble ***case:*** 4 etui ***kit:*** 9 housewife
sewing-machine inventor 4 Howe (Elias)
sexless 6 neuter 7 epicene 8 neutered
sex manual 9 Kama-sutra
sexton 6 deacon 9 custodian, sacristan
sexual 4 blue, lewd, racy 6 carnal, erotic, ribald, risqué, smutty 7 obscene 8 venereal 9 salacious 12 pornographic
sexual desire 4 eros, lust 6 libido
sexy 4 blue, racy 5 bawdy, spicy 6 erotic, purple, ribald, risqué, steamy, sultry 7 naughty 8 alluring, off-color, sensuous 9 appealing, salacious, seductive 10 attractive, suggestive
Seychelles ***capital:*** 8 Victoria ***island:*** 4 Mahé 7 La Digue, Praslin ***language:*** 6 Creole, French ***monetary unit:*** 5 rupee
Sganarelle ***brother:*** 6 Ariste ***daughter:*** 7 Lucinde ***ward:*** 7 Leonore 8 Isabelle ***wife:*** 7 Martine
shabby 5 dingy, dowdy, faded, mangy, ratty, seedy, sorry, tacky, tired 6 frayed, scurvy, shoddy, sleazy, sordid 7 outworn, rickety, run-down, scrubby, scruffy, squalid, worn-out 8 beggarly, decaying, decrepit, dog-eared, tattered 9 miserable, moth-eaten, neglected, worm-eaten 10 bedraggled, down-at-heel, ramshackle, threadbare 11 dilapi-

dated **12** deteriorated, disreputable **13** deteriorating, unrespectable

shack **3** cot, hut **4** camp, shed **5** cabin, hovel, lodge **6** shanty **7** cottage

shackle **4** gyve **5** bilbo, chain, leash, strap **6** fetter, hobble, hog-tie, impede, pinion, secure **7** enchain, leg-iron, manacle, trammel **8** handcuff **9** entrammel

shad **7** clupeid, herring

shade **3** hue **4** cast, tint, tone, veil **5** ghost, tinge, trace, umbra **6** awning, darken, nuance, screen **7** dimness, eclipse, phantom, shelter, specter, spectre, umbrage **8** darkness, penumbra, phantasm, tincture **9** gradation, intensity, obscurity **10** apparition **11** distinction

shadow **3** dim, dog, tag **4** haze, hint, tail **5** cloud, shade, tinge, touch, trace, trail, umbra **6** screen, spirit, wraith **7** eidolon, obscure, phantom, specter, umbrage, vestige **8** overcast, penumbra, phantasm, revenant, tincture **9** inumbrate, overcloud, suspicion **10** apparition, intimation, suggestion **11** adumbration

shadowy **3** dim **4** dark **5** dusky, faint, murky, vague **6** gloomy, shaded **7** ghostly, obscure **9** tenebrous **10** indistinct

shady **4** dark **5** bosky, dusky, fishy **6** purple, shabby, shoddy **7** clouded, dubious, suspect **8** doubtful, screened **9** equivocal, sheltered, uncertain **10** suggestive, suspicious, umbrageous, unreliable **12** disreputable

Shaffer play **5** Equus **7** Amadeus

shaft **3** jab, ray, rod **4** axle, barb, beam, dart, pole, stem **5** arrow, lance, shoot, spear, stalk, thill **6** thrust **7** chimney, spindle **8** short end

shag **3** nap, rug **4** pile **5** chase, fetch **7** thicket, tobacco **9** cormorant

shaggy **5** bushy **7** unkempt **8** uncombed

shake **3** jar, jog, rid **4** deal, jerk, jolt, lose, rock, roil, sway **5** avoid, churn, daunt, elude, jiffy, quail, quake, shock, upset, waver, worry **6** escape, frappe, jiggle, joggle, outwit, quaver, quiver, rattle, ruffle, shimmy, shiver, stir up, tremor **7** agitate, chatter, disturb, perturb, shingle, shudder, temblor, tremble, unnerve, vibrate **8** brandish, convulse, throw off, unsettle **9** oscillate, palpitate **10** earthquake

shake down **5** frisk, gouge, screw, wrest, wring **6** coerce, extort, fleece, search **7** squeeze **9** blackmail

shakedown **3** bed **4** test **5** dance, trial **6** pallet, search, tryout **7** pursuit, testing **8** exaction **9** blackmail, extortion **10** inspection

Shakers leader **3** Lee (Ann) **9** Mother Ann

Shakespearean actor **4** Kean (Edmund) **5** Booth (Edwin), Dench (Judi), Evans (Maurice), Terry (Ellen) **6** Irving (Henry) **7** Branagh (Kenneth), Burbage (Richard), Garrick (David), Gielgud (John), Olivier (Laurence), Siddons (Sarah) **8** Ashcroft (Peggy), Macready (William), Redgrave (Michael), Scofield (Paul) **9** Barrymore (Ethel, John, Lionel, Maurice) **10** Richardson (Ralph)

Shakespeare, William ***mother:*** **9** Mary Arden ***play:*** **6** Hamlet, Henry V **7** Henry IV, Henry VI, Macbeth, Othello, Tempest (The) **8** King John, King Lear, Pericles **9** Cymbeline, Henry VIII, Richard II **10** Coriolanus, Richard III **11** As You Like It, Winter's Tale (The) **12** Julius Caesar, Twelfth Night **13** Timon of Athens **14** Comedy of Errors (The), Romeo and Juliet **16** Love's Labour's Lost, Merchant of Venice (The), Taming of the Shrew (The) **17** Measure for Measure **18** Antony and Cleopatra **19** Much Ado About Nothing **20** All's Well That Ends Well, Midsummer Night's Dream (A) ***theater:*** **5** Globe ***wife:*** **12** Anne Hathaway

shaky **4** weak **6** infirm, unsure, wobbly **7** aquiver, dubious, jittery, quaking, rackety, rickety, suspect, trembly, unsound **8** doubtful, insecure, rachitic, unstable, unsteady, wavering **9** quivering, tottering, trembling, tremulous, uncertain, unsettled **10** indecisive, precarious, rattletrap, unreliable **11** problematic, vacillating

shale **4** rock **5** slate

shallot **4** herb **5** onion **10** green onion

shallow **4** idle, vain **5** petty, shoal **7** cursory, sketchy, trivial **8** trifling **9** depthless, frivolous **11** perfunctory, superficial

shallows **6** lagoon, shoals

Shallum ***father:*** **5** Shaul, Zadok **6** Jabesh, Josiah, Sismai, Tikvah **8** Colhozeh, Naphtali **9** Hallohesh ***mother:*** **6** Bilhah ***nephew:*** **8** Jeremiah ***slayer:*** **7** Menahem ***son:*** **6** Mibsam **7** Hilkiah **8** Maaseiah ***victim:*** **9** Zechariah

shalom **5** peace

sham **3** act, ape **4** fake, hoax, mock **5** bluff, bogus, bunco, cheat, dummy, false, farce, feign, fraud, phony, put on, spoof **6** deceit, ersatz, facade, fakery, forged, invent, pseudo **7** assumed, feigned, forgery, imitate, mislead, mockery, pretend **8** affected, flimflam, simulate, spurious, travesty **9** brummagem, burlesque, deception, hypocrisy, imitation, imposture, pinchbeck, simulated **10** artificial, caricature, false front, fictitious, fraudulent, sanctimony, substitute **11** counterfeit, make-believe **12** pecksniffery ***combining form:*** **5** pseud **6** pseudo

shaman **6** healer, priest, wizard **7** diviner **8** conjurer, conjuror, magician, sorcerer **9** enchanter, priestess **10** high priest, soothsayer **11** faith healer, necromancer, thaumaturge, witch doctor

Shamash **6** sun-god ***father:*** **3** Sin ***sister:*** **6** Ishtar ***wife:*** **3** Aya

shamble see SHUFFLE

shambles **4** mess **5** chaos **6** jumble, muddle **8** disarray, disorder, wreckage **9** confusion

shame **4** pity **5** abash, guilt, odium **6** infamy, stigma **7** chagrin, mortify, obloquy, remorse, scandal **8** disgrace, dishonor, ignominy **9** disrepute, embarrass, humiliate, ill repute **10** opprobrium **11** humiliation **12** self-reproach **13** embarrassment, mortification

shamefaced **7** abashed **8** blushing, sheepish **9** mortified **10** humiliated **11** crestfallen, embarrassed

shameless **6** arrant, brazen, wanton **7** blatant, immoral **8** depraved, flagrant, immodest, impudent **9** abandoned, bald-faced, barefaced, dissolute, unabashed **10** outrageous, profligate, unblushing **11** brazen-faced, disgraceful **12** presumptuous

Shammah ***brother:*** **5** David ***father:*** **4** Agee **5** Jesse, Reuel ***grandfather:*** **4** Esau **7** Ishmael ***son:*** **7** Jonadab **8** Jonathan

Shammua ***father:*** **5** David, Galal **6** Bilgah, Zaccur ***mother:*** **9** Bathsheba ***son:*** **4** Abda

shamus **3** cop **4** dick, tail **6** copper, shadow, sleuth **7** gumshoe **8** flatfoot, sherlock **9** constable, detective, operative, policeman **10** private eye **12** investigator **13** police officer

shanghai **6** abduct, hijack, kidnap

Shangri-la **5** Tibet **6** utopia **7** arcadia **8** paradise **9** Cockaigne, fairyland **10** wonderland

shank **3** leg **4** shin, stem **5** stalk, tibia

shanty **3** cot, hut **4** camp, shed **5** cabin, hovel, lodge, shack **7** cottage

shape **3** fit **4** case, cast, form, mold, plan, trim **5** forge, frame, state, whack **6** aspect, devise, fettle, figure, kilter, repair, sculpt, tailor, work up **7** contour, fitness, outline, pattern, profile **8** assemble **9** condition, construct, fabricate, semblance **10** appearance, silhouette **12** conformation **13** configuration ***combining form:*** **5** morph **6** morpho

shapeable **6** pliant, supple **7** ductile, plastic, pliable **8** flexible **9** tractable

shapeless **8** inchoate, unformed **9** amorphous

shapely **4** trim **5** buxom **9** Junoesque **10** curvaceous, statuesque, well-turned **11** clean-limbed

shard **4** chip **5** chunk, scale, scrap, shell **6** sliver **7** elytron **8** carapace, fragment

share **3** cut, lot **4** part **5** chunk, claim, quota, slice, stake **6** divide, parcel, ration **7** dole out, give out, helping, partake, portion, prorate, quantum **8** dispense, fraction, interest, quotient **9** allotment, allowance, apportion **10** experience, percentage, proportion **11** participate

shared **5** joint **6** common, mutual, public **8** communal, conjoint, conjunct **9** concerted **10** collective **11** cooperative

Sharezer ***father, victim:*** **11** Sennacherib

shark **5** cheat **8** swindler ***kind:*** **4** mako, sand, tope **5** nurse, tiger **7** basking, dogfish, leopard **8** mackerel, man-eater, thresher **9** porbeagle **10** great white, hammerhead ***skin:*** **8** shagreen

sharp **3** sly **4** acid, keen, tony, trig **5** acrid, acute, alert, canny, crisp, honed, quick, slick, smart, swank **6** biting, bitter, brainy, bright, clever, jagged, nimble, peaked, shrewd, shrill, snappy **7** caustic, dashing, intense, pointed, prickly, stylish, whetted **8** clean-cut, clear-cut, incisive, piercing, shooting, stabbing, stinging **9** agonizing, brilliant, ingenious, knifelike, vitriolic **10** astringent, perceptive **11** intelligent, penetrating, quick-witted, resourceful **12** excruciating, nimble-witted

sharpen **4** edge, file, hone, whet **5** grind, strop

sharper **6** con man **7** diddler **8** chiseler, swindler **9** defrauder, trickster **10** mountebank **12** double-dealer

sharp-eyed **4** keen **5** alert **8** vigilant, watchful **9** attentive, observant **10** discerning, perceptive

sharpie see SHARPER

sharpness **4** edge **6** acumen **9** precision

sharpshooter **8** marksman

sharp-sighted **8** hawk-eyed, lynx-eyed **9** eagle-eyed

sharp-witted **4** keen **5** acute, canny, quick, smart **6** astute, clever, shrewd **11** intelligent

shatter **4** dash **5** break, burst, crush, smash **6** shiver **8** demolish, fragment, splinter **9** pulverize **10** annihilate **11** fragmentize **12** disintegrate

shatterable **7** brittle, fragile **9** breakable, frangible

shave **3** cut **4** clip, crop, pare, peel, skim, trim **5** lower, prune, shear, skive **6** barber, cut off, deduct, reduce, scrape, sliver **7** cut back, whittle **8** mark down

shaveling **3** boy, kid, lad, tad **6** laddie, squirt **9** stripling, youngster

shaver **3** boy, kid, lad, tad **5** child, razor **6** barber, laddie, squirt **9** stripling, youngster

shawl **4** wrap **5** fichu, manta **6** chador, serape **7** tallith **8** mantilla

shawm's descendant **4** oboe

Shawnee chief **8** Tecumseh, Tecumtha **9** Cornstalk

Shaw play **6** Geneva **7** Candida **9** Pygmalion, Saint Joan **11** Misalliance **12** Major Barbara **13** Arms and the Man

shay **6** chaise **8** carriage

shear **3** cut, mow **4** clip, crop, pare, snip, trim **5** prune, shave, skive **6** barber

shears **8** scissors

shearwater **4** bird **6** petrel **7** skimmer

sheath **4** case, skin **5** cover **7** holster **8** scabbard

sheathe **4** case, clad, face, side, skin, wrap **5** cover, panel **6** encase, jacket

Sheba ***father:*** **6** Bichri ***queen:*** **6** Balkis

shebang **4** mess **6** affair **7** schmear **8** business, caboodle **9** ball of wax, enchilada

shed **3** hut **4** cast, doff, drop, emit, molt **5** exude, hovel, hutch, scrap, shack, stall **6** divest, lean-to, reject, slough **7** cast off, diffuse, discard, radiate, take off **8** jettison, throw out **9** throw away

sheen **5** glaze, gleam, glint, gloss, shine **6** finish, luster, lustre, polish **7** burnish, glitter, shimmer **8** radiance **9** shininess **10** brightness

sheeny see SHINY

sheep **5** ovine ***breed:*** **5** Tunis **6** Dorper, Dorset, Merino, Navajo, No-Tail, Oxford, Panama, Romney **7** Cheviot, Colbred, Karakul, Lincoln, Ryeland, Suffolk **8** Columbia, Cotswold, Polwarth **9** Hampshire, Leicester, Montadale, Southdown **10** Corriedale, Debouillet **11** Rambouillet ***coat:*** **4** wool **6** fleece ***disease:*** **3** gid ***female:*** **3** ewe ***male:*** **3** ram **6** wether ***meat:*** **6** mutton ***relating to:*** **5** ovine ***Scottish:*** **9** blackface ***sound:*** **5** bleat ***tender:*** **8** shepherd ***wild:*** **5** urial **6** aoudad, argali, bharal **7** bighorn, mouflon ***young:*** **4** lamb

sheepish **4** meek **5** timid **7** abashed, ashamed, bashful **8** timorous **9** diffident **10** shamefaced **11** embarrassed

sheepskin **4** roan **6** mouton **7** diploma **9** parchment ***prepare:*** **3** taw

sheer **4** pure, skew, thin, turn, veer **5** filmy, gauzy, steep, utter **6** abrupt, arrant, flimsy, simple, swerve **7** chiffon, deflect, deviate, perfect, unmixed **8** absolute, complete, gossamer, outright **9** out-and-out, unalloyed, undiluted **10** diaphanous, see-through **11** precipitate, precipitous, transparent, unmitigated

sheet **3** ply **4** film, leaf, page, sail, slab **5** cover, linen, paper **6** lamina, veneer **8** membrane **9** newspaper

sheet ___ **3** ice **4** film **5** glass, metal, music **6** anchor

shelf **3** hob **4** bank, edge, reef, sill **5** ledge, shoal **6** mantel **7** counter **8** sandbank

shell **3** pod **4** boat, bomb, case, hull, husk, rake, skin **5** blitz, conch, shuck **6** pepper **7** bombard, capsule, grenade, mollusc, mollusk **8** carapace **9** cannonade, cartridge ***defective:*** **3** dud ***explosive:*** **4** bomb ***layer:*** **5** nacre ***ornamental:*** **6** cowrie ***study:*** **10** conchology

shellac **4** beat, drub, flay, lick, rout, trim, whap, whip, whop, whup **5** resin, smear, whomp **6** defeat, thrash **7** clobber, smother, trounce **8** lambaste, vanquish

Shelley, Percy Bysshe ***poem:*** **5** Cloud (The) **7** Adonais, Alastor **8** Queen Mab **10** Ozymandias, To a Skylark **16** Ode to the West Wind

shellfish **4** clam, crab **5** conch, cowry, prawn, snail, whelk **6** cockle, limpet, mussel, oyster, quahog, triton **7** abalone, crawdad, geoduck, lobster, mollusc, mollusk, scallop **8** barnacle, crayfish, escargot **10** crustacean, periwinkle

shell out **3** pay **4** give **5** spend **8** fork over, hand over

shell-shaped **6** spiral **9** cochleate

shelter **3** den, hut, lee **4** cote, fold, hide, port, roof, shed, tent **5** arbor, bower, cloak, cover, haven, house, shack, tower **6** asylum, burrow, covert, defend, harbor, refuge, shield **7** chamber, defense, foxhole, hideout, hospice, housing, lodging, pergola, pillbox, protect, retreat **8** hideaway, hidy-hole, security **9** dwellings, hermitage, hidey-hole, sanctuary **10** retirement ***for aircraft:*** **6** hangar ***for cows:*** **4** barn, byre ***toward:*** **4** alee

shelve **4** dish, drop, stay, tilt **5** defer,

delay, slope, stock, waive **6** freeze, give up, hold up, put off **7** hold off, suspend **8** hold over, mothball, postpone, prorogue, set aside

Shem ***brother:*** **3** Ham **7** Japheth ***father:*** **4** Noah

Shema's father **4** Joel **6** Hebron

Shemida's father **6** Gilead

shenanigan **4** dido, lark **5** antic, caper, prank, stunt, trick **6** frolic **8** escapade, mischief **10** tomfoolery **11** monkeyshine

Sheol see HADES

shepherd **4** lead, show, tend **5** guide, pilot, route, steer, watch **6** direct, escort, leader **7** conduct **8** guardian ***dog:*** **6** collie **12** border collie ***stick:*** **5** crook, staff

Sheridan play **6** Critic (The), Rivals (The) **7** Pizarro **16** School for Scandal (The)

sheriff **5** reeve **6** lawman **7** marshal, officer ***aide:*** **6** deputy

sherlock **4** dick, tail **5** snoop **6** shadow, shamus, sleuth **7** gumshoe **8** hawkshaw **9** detective **10** private eye **12** investigator

Sherlock Holmes ***creator:*** **5** Doyle (Arthur Conan) ***sidekick:*** **6** Watson (Dr.)

sherry **4** fino, wine **7** oloroso **10** manzanilla **11** amontillado

Sherwood play **10** Road to Rome (The) **13** Idiot's Delight **14** Waterloo Bridge **15** Petrified Forest (The)

shibboleth **3** saw, tag **5** axiom, maxim **6** byword, cliché, phrase, saying, slogan, truism **7** bromide **8** banality, chestnut, password, prosaism **9** catchword, platitude, watchword **11** catchphrase, commonplace

shield **4** fend, roof, ward **5** aegis, armor, cover, guard, haven, house **6** buffer, defend, harbor, screen, secure **7** buckler, bulwark, defense, protect, shelter **8** defilade **9** safeguard **10** escutcheon ***band:*** **4** fess ***bullfighter's:*** **9** burladero ***light:*** **5** targe ***part:*** **4** boss, umbo **7** bordure ***Roman:*** **7** testudo

shield-like **7** peltate

shift **3** yaw **4** bend, bout, move, stir, tack, time, tour, turn, vary, veer **5** alter, budge, get by, spell, stint, trick **6** change, make do, manage, remove, resort, swerve **7** deviate, replace, shuffle, stopgap **8** get along, relocate, resource, transfer **9** deviation, expedient, fluctuate **10** alteration, changeover, conversion, transition **11** fluctuation

shiftless **4** idle, lazy **5** inept **8** feckless, indolent, slothful **11** inefficient

shifty **3** sly **4** foxy, wily **5** cagey, lying, shady, slick **6** crafty, sneaky, tricky **7** cunning, devious, elusive, evasive, furtive **8** guileful, slippery, sneaking **9** conniving, deceitful, deceptive, dishonest, insidious, underhand **10** inconstant, untruthful **11** duplicitous, underhanded **12** equivocating

shill **5** blind, decoy, pitch **6** capper **8** promoter **10** accomplice, sales pitch

shillelagh **3** bat **4** club, cosh, mace **5** baton, billy, stick **6** cudgel **8** bludgeon **9** bastinado, billy club, blackjack, truncheon **10** nightstick

shilling **3** bob

shilly-shally **5** fudge, hedge, stall, waver **6** dawdle, dither, waffle **7** whiffle **8** hesitate **9** temporize, vacillate **11** prevaricate **12** tergiversate

Shimea ***brother:*** **5** David ***father:*** **5** David, Jesse ***son:*** **7** Jonadab **8** Jonathan

shimmer **5** flash, gleam, glint, sheen **6** luster, lustre **7** glimmer, glisten, glitter, spangle, sparkle, twinkle **9** coruscate **11** coruscation, scintillate **13** scintillation

shimmy **5** dance, shake **6** quiver, shiver, tremor **7** chemise, shudder, tremble, vibrate **9** vibration

shin **3** run **4** dash **5** scoot, tibia **6** scurry, sprint **7** scamper

shindig **4** ball, bash, fête, gala **5** binge, dance, party, revel **6** affair, frolic **7** blowout **8** wingding

shine **3** ray, rub **4** beam, buff, burn, glow **5** blaze, flare, flash, glare, glaze, gleam, glint, gloss, sheen **6** luster, lustre, polish **7** burnish, glimmer, glisten, glitter, radiate, shimmer, sparkle, twinkle **9** luminesce **10** incandesce

shiner **4** fish **8** black eye, cyprinid

shingle **5** beach, coast, shore **7** haircut, overlap, overlay **8** detritus **9** signboard

shiny **6** bright, glossy **7** fulgent, radiant **8** dazzling, gleaming, lustrous, polished **9** burnished, effulgent **10** glistening

ship **4** boat, send **5** remit, route **6** export **7** consign, forward, freight **8** dispatch, transfer, transmit ***ancient:*** **6** galley **7** galleon, trireme ***attendant:*** **7** steward ***beam:*** **7** keelson ***berth:*** **4** dock, slip ***boat:*** **6** dinghy ***body:*** **4** hull ***cabin:*** **9** stateroom ***commercial:*** **5** liner, oiler **6** argosy, tanker, trader **9** freighter ***crew member:*** **4** hand, mate **6** sailor ***deck:*** **4** boat, main, poop **5** orlop **6** bridge **10** forecastle ***fishing:*** **6** lugger **7** trawler ***fleet:*** **6** armada ***floor:*** **4** deck ***front:*** **3** bow **4** prow, stem **8** cutwater ***hoister:*** **4** boom **5** davit **7** capstan ***kitchen:*** **6** galley ***left side:*** **4** port **8** larboard ***military:*** **6** cutter,

PT boat **7** carrier, cruiser **9** destroyer, submarine ***officer:*** **4** mate **5** bosun **6** purser **7** captain, steward **9** boatswain ***part:*** **3** bow **4** beam, deck, helm, hold, hull, keel, mast, stem **5** bilge, hatch, stern **6** bridge, rudder **7** scupper ***partition:*** **7** bulwark **8** bulkhead ***personnel:*** **4** crew ***platform:*** **9** crow's nest, gangboard, gangplank ***post:*** **4** mast **7** bollard ***prison:*** **4** brig ***projection:*** **7** sponson ***rear:*** **5** stern ***record:*** **3** log ***right side:*** **9** starboard ***room:*** **4** brig **5** cabin **6** galley ***rope:*** **4** line **5** sheet **7** halyard ***sailing:*** **3** hoy **4** brig, dhow, prau, proa, yawl **5** ketch, sloop, xebec, yacht **6** lugger **7** caravel, galleon **8** schooner ***steerer:*** **4** helm **6** tiller ***storage area:*** **4** hold ***to the rear of:*** **3** aft **5** abaft **6** astern ***valve:*** **7** seacock ***window:*** **4** port **8** porthole

shipment **5** cargo **6** lading **7** freight, payload **8** delivery **11** consignment

Ship of Fools author **6** Porter (Katherine Anne)

Shipping News author **6** Proulx (Annie)

ships, group of **4** navy **5** fleet, flota **6** armada **8** flotilla

shipshape **4** neat, snug, tidy, trig, trim **7** orderly **11** spic-and-span, uncluttered **12** spick-and-span

shipworm **6** teredo

shire **5** horse **6** county **8** district **10** draft horse

shirk **4** duck, lurk, shun **5** avoid, creep, dodge, elude, evade, skulk, slink, sneak, steal **8** sidestep

shirker see SLACKER

shirt **4** polo, sark **5** dress, kurta, sport **6** blouse, jersey **9** guayabera

shirty **3** mad **5** angry, cross, irate **6** heated, ireful **7** annoyed **8** choleric, incensed, offended **9** indignant, irritated

shiv **5** blade, knife, shank **6** dagger **8** stiletto

Shiva ***consort:*** **3** Uma **4** Devi, Kali **5** Durga, Gauri **6** Ambika, Chandi **7** Parvati **9** Haimavati ***son:*** **6** Ganesa, Skanda **7** Ganesha **10** Karttikeya

shiver **5** burst, quake, shake, smash **6** quaver, quiver, tremor **7** shatter, shudder, tremble, twitter **8** fragment, splinter, splitter

shoal **3** bar **4** bank, hook, reef, spit **6** school **7** barrier, sandbar, shallow, tombolo **8** sandbank, sand reef

shoat **3** hog, pig **5** swine **6** piglet, porker

Shobab ***father:*** **5** Caleb, David ***mother:*** **6** Azubah **9** Bathsheba

shock **3** jar **4** blow, bump, daze, jolt, pile, rick, stun **5** amaze, clash, crash, mound, quake, shake, sheaf **6** appall, dismay, impact, insult, offend, trauma, tremor **7** astound, disgust, horrify, outrage, stagger, startle, stupefy, temblor **8** astonish, surprise **9** collision, electrify **10** concussion, earthquake, percussion, scandalize, traumatize **11** flabbergast **12** stupefaction

shock absorber **6** spring **7** dashpot, snubber

shocker **4** blow **7** stunner **8** surprise, thriller **9** bombshell, eye-opener, sensation **11** showstopper

shocking **5** awful, lurid **6** horrid **7** glaring, heinous **8** dreadful, horrible, horrific, shameful, terrible **9** appalling, atrocious, frightful, monstrous, revolting **10** outrageous, scandalous **11** disgraceful, distressing, unspeakable

shoddy **4** base, mean, poor **5** cheap, dingy, gaudy, junky, seedy, tacky, tatty **6** cheesy, common, paltry, shabby, sleazy, tawdry, trashy **7** run-down, scruffy **8** inferior, rubbishy, shameful **9** makeshift **10** broken-down, down-at-heel **11** dilapidated, disgraceful, ignominious, pretentious **12** dishonorable, disreputable **13** discreditable

shoe **4** boot, clog, geta, mule, pump **5** sabot, wedge **6** brogan, brogue, buskin, gaiter, galosh, gillie, loafer, oxford, patten, sandal **7** chopine, ghillie, slipper, sneaker **8** balmoral, moccasin, platform, plimsoll **10** clodhopper, espadrille ***armored:*** **8** solleret ***athlete's:*** **7** sneaker ***form:*** **4** last, tree ***kind:*** **8** elevator, open-toed **10** high-heeled ***part:*** **3** tip, toe **4** arch, heel, lace, lift, sole, vamp **5** shank, upper **6** box toe, collar, foxing, insole, lining, throat, tongue **7** counter, outsole **8** backstay ***protective:*** **6** galosh, rubber ***shiner:*** **6** polish **9** bootblack ***wooden:*** **5** sabot **7** chopine

shoelace tip **5** aglet

shoeless **6** unshod **8** barefoot **9** discalced

shoemaker **7** cobbler ***patron saint:*** **7** Crispin ***Scottish:*** **6** souter

Shogun author **7** Clavell (James)

Sholem Aleichem character **5** Tevye

shoo **4** scat **5** drive, leave, scare, scram, split **6** beat it, begone, bug off, skidoo **7** buzz off, get lost, skiddoo, vamoose **8** clear out **9** skedaddle, take a hike **10** hit the road

shoo-in **6** winner **7** sure bet **8** slam dunk **9** sure thing

shoot **3** bud, fly, gun, ray **4** beam, bolt, dart, dash, fire, lash, race, rush, sail, scud, skim, spew, tear **5** blast, chase, fling, photo, shaft, skirr, snipe, spurt

6 branch 7 project 9 discharge 10 photograph
shoot down 3 pan, rap 4 bash, kill, slam 5 blast, decry, knock, scorn, trash 6 assail, deride, dump on, reject, squash 7 deflate, squelch, torpedo 8 bad-mouth, belittle, derogate, discount, disprove, puncture, ridicule 9 discredit
shooting 4 keen 5 acute, sharp 7 gunplay 8 piercing, stabbing
shooting star 6 meteor 8 fireball
shoot up 4 soar 6 inject, rocket 7 burgeon 8 mushroom 9 skyrocket
shop 4 hunt 5 store 6 browse, market, outlet, search 8 boutique, emporium, showroom
shoplift 3 bag, cop 4 lift, palm 5 filch, pinch, steal, swipe 6 pilfer, rip off, snitch
shop owner 8 merchant, retailer 9 tradesman 10 proprietor
shopworn 5 banal, faded, stale, tired, trite 6 cliché, soiled 7 clichéd 8 overused 9 hackneyed 10 threadbare
shore 4 bank, prop, stay 5 beach, brace, brink, coast 6 bear up, strand, uphold 7 bolster, shingle, support, sustain 8 buttress, littoral, seacoast 9 coastland, coastline, riverbank, riverside, waterside 10 embankment, waterfront
shorebird see at BIRD
short 3 shy 4 curt 5 blunt, brief, crisp, scant, skimp, spare, squat, stint, terse 6 abrupt, meager, meagre, scanty, scarce, skimpy, stubby 7 brusque, compact, concise, lacking, laconic, stunted, wanting 8 abridged, succinct 9 deficient 10 inadequate 11 abbreviated 12 insufficient
shortage 4 lack 5 pinch 6 dearth, ullage 7 deficit, paucity 8 scarcity 10 deficiency, inadequacy, scantiness
shortcoming 3 bug, sin 4 flaw, lack 5 fault, lapse 6 defect 7 demerit, failing 8 weakness 9 weak point 10 deficiency 12 imperfection
shortcut 6 bypass, cutoff
shorten 3 bob, cut 4 clip, dock 5 elide, slash 6 lessen, reduce, shrink 7 abridge, curtail, cut back, cut down, excerpt 8 boil down, compress, condense, contract, decrease, diminish, minimize, truncate 10 abbreviate
shorthand 11 stenography ***method:*** 5 Gregg 6 Pitman
shorthanded 7 wanting 11 undermanned 12 understaffed
short-lived 5 brief 7 passing 8 fleeting 9 ephemeral, fugacious, momentary, temporary 10 evanescent, transitory
shortly 4 anon, soon 6 pronto 7 briefly, by and by, in brief, quickly, tersely 8 directly 9 concisely, presently 10 succinctly 11 laconically
shortness 7 brevity 9 concision
shortsighted 6 myopic 8 heedless, reckless 10 astigmatic
short-spoken 4 curt 5 bluff, blunt, brief, gruff, terse 6 abrupt, crusty, snippy 7 brusque 8 snippety
short-tempered 5 testy 6 touchy 7 prickly 8 snappish 9 irascible, irritable
Shoshone chief 8 Washakie 9 Pocatello
shot 3 nip, pop, try 4 dose, dram, drop, jolt, stab 5 blast, break, carom, crack, fling, guess, ounce, photo, range, reach, snort, swipe, whack, whirl 6 chance, effort, stroke 7 attempt, snifter 8 marksman, occasion 9 discharge 11 opportunity
shoulder 4 bear, edge, push, side 5 elbow, press, shove 6 assume, hustle, jostle, take on 8 bulldoze ***bone:*** 7 scapula 8 clavicle ***covering:*** 6 tippet 8 scapular ***muscle:*** 7 deltoid ***relating to:*** 7 humeral 8 scapular
shoulder blade 7 scapula
shout 3 cry 4 bark, bawl, bray, call, roar, yell 5 blare, whoop 6 bellow, clamor, holler, scream 7 exclaim 10 vociferate
shove 3 dig, jab, jam 4 cram, prod, push 5 crowd, drive, elbow, press 6 jostle, propel, thrust 8 bulldoze, shoulder
shovel 3 dig 4 grub 5 delve, scoop, spade 6 dig out, dredge, trowel 8 excavate
shoveler 4 duck 9 broadbill
shove off 3 git 4 blow, exit 5 leave, scoot, scram, split 6 beat it, cut out, decamp, depart, move on 7 move out, pull out, vamoose 8 clear out, run along
show 4 fair, film, lead, pomp, sham 5 array, flick, front, guide, mount, movie, offer, prove, revue, sport, stage 6 appear, arrive, direct, effect, evince, expose, flaunt, lay out, parade, reveal, set out, submit, unveil 7 conduct, display, divulge, exhibit, explain, fanfare, panoply, picture, present, produce, project, trot out 8 brandish, disclose, evidence, illusion, indicate, instruct, manifest, proclaim 9 determine, establish, pageantry, represent, semblance, spectacle 10 appearance, exhibition, exposition, illustrate, production 11 demonstrate, materialize, performance 13 demonstration, manifestation
Show Boat ***author:*** 6 Ferber (Edna) ***composer:*** 4 Kern (Jerome) ***lyricist:*** 11 Hammerstein (Oscar)
showcase 6 flaunt, parade 7 cabinet, exhibit, feature, vitrine

shower 4 hail, rain, wash 5 bathe, burst, party, salvo, spray, storm 6 deluge, lavish, volley 7 barrage, cascade, shatter, spatter 8 cataract, downpour, fountain, rainfall 9 broadside, cannonade, fusillade 10 cloudburst 11 bombardment
showman 8 producer, promoter 10 impresario ***famous:*** 4 Cody (William F.) 6 Barnum (Phineas T.)
Show Me State 8 Missouri
show off 4 brag 5 boast, flash, model, vaunt 6 expose, flaunt, hotdog, parade 7 display, exhibit, swagger, trot out 8 brandish 10 grandstand
show-off 3 ham 6 hotdog 7 boaster, hotshot, peacock 8 blowhard, braggart 9 swaggerer 13 exhibitionist
showpiece 3 gem 5 jewel, prize 10 magnum opus, masterwork 11 chef d'oeuvre, masterpiece
show up 4 come 6 appear, arrive, debunk, expose, reveal, unmask 8 discover 9 discredit, embarrass 10 invalidate 11 materialize
showy 4 loud 5 gaudy, jazzy 6 flashy, garish, ornate, sporty, tawdry 7 opulent, splashy 8 gorgeous, overdone, striking 9 luxurious, sumptuous 10 flamboyant 11 overwrought, pretentious, resplendent, sensational 12 meretricious, orchidaceous, ostentatious
shred 3 bit, dag, jot, rag 4 iota, whit 5 crumb, grain, grate, ounce, scrap, shave, speck, trace 6 sliver, tatter 7 modicum, smidgen, snippet 8 demolish, fragment, particle 9 scintilla
shrew 3 nag 4 mole 5 harpy, scold, vixen, witch 6 dragon, gorgon, ogress, rodent, virago 7 hellcat 8 battle-ax, fishwife, harridan, she-devil, spitfire, Xantippe 9 battle-axe, termagant, Xanthippe
shrewd 3 sly 4 foxy, keen, wily, wise 5 acute, cagey, canny, savvy, sharp, slick, smart 6 artful, astute, clever, crafty, smooth 7 knowing, prudent 8 sensible 9 ingenious, judicious, sagacious 10 discerning 11 intelligent, penetrating, quick-witted 13 perspicacious
shrewish 5 cross, testy 6 cranky, snappy 7 peevish, peppery 8 choleric, petulant 9 crotchety, fractious, irascible, splenetic 10 ill-natured 11 contentious, intractable, quarrelsome 12 disputatious 13 quick-tempered, short-tempered
shriek 3 cry 4 yell 6 screak, scream, shrill, squawk, squeal 7 screech
shrill 4 keen 5 acute, sharp 6 piping 8 piercing, strident 9 deafening 12 ear-splitting
shrimp 4 runt 5 prawn 6 peanut, scampi 10 crustacean
shrine 5 altar 6 temple 7 sanctum 9 reliquary, sacrarium, sanctuary ***Buddhist:*** 5 stupa 7 chorten
shrink 3 shy 4 wane 5 cower, quail, slink, start, wince 6 blench, boggle, cringe, flinch, huddle, recede, recoil, wither 7 analyst, dwindle, refrain 8 compress, condense, contract, draw back, withdraw 9 constrict, shrivel up, therapist, waste away 12 psychiatrist, psychologist
shrinking 3 shy 5 mousy, timid 7 bashful 8 retiring, skittish 9 withdrawn
shrive 5 purge 6 pardon, purify 7 absolve, confess, expiate 8 lustrate
shrivel 4 wilt 5 dry up, parch, wizen 6 shrink, wither 7 dwindle, wrinkle 9 dehydrate, desiccate
Shropshire Lad author 7 Housman (A. E.)
shroud 4 hide, rope, veil, wrap 5 cloak, cover, shade 6 enfold, enwrap, screen 7 conceal, enclose, envelop, obscure 8 cerement, obstruct 9 cerecloth 12 winding-sheet
shrouded 5 privy 6 covert, hidden, secret 7 obscure 10 mysterious
shrub 4 bush 5 elder, erica, hazel 6 muskit, privet 7 arboret, dyeweed, guayule 8 barberry, bluewood, box-thorn, inkberry, ironweed, rosebush 9 bearberry 10 bladdernut ***Asian:*** 4 bago 6 kerria 8 caragana, japonica ***desert:*** 7 ephedra ***dwarf:*** 6 bonsai ***East Indian:*** 3 aal 4 sunn ***European:*** 4 cade 8 woodbine ***evergreen:*** 3 box, kat, yew 4 ilex, khat, titi 5 furze, heath, holly, pyxie, savin, taxus 6 kalmia, laurel, myrtle, nandin, protea, sabine, savine 7 boxwood, heather, jasmine, juniper, rosebay 8 lambkill, oleander, rosemary, tamarisk ***flowering:*** 5 ribes, tiara, wahoo 6 daphne, laurel, myrtle, spirea 7 chamise, chamiso, mahonia, maybush, rhodora, spiraea, weigela 8 magnolia, mezereon, nineback, oleander, oleaster, shadblow, shadbush, snowball, snowbush, tornillo, viburnum, wisteria ***genus:*** 4 Inga, Itea 7 Solanum 8 Euonymus ***hardwood:*** 6 cornel ***Mexican:*** 8 ocotillo ***ornamental:*** 6 privet 7 syringa 9 bluebeard ***pasture:*** 8 cowberry ***prickly:*** 5 briar, chico, furze, gorse 7 bramble 8 hawthorn, mesquite 9 buckthorn ***thicket:*** 6 maquis 7 macchia 9 chaparral ***tropical:*** 4 kava 5 henna 7 lantana 8 buddleia 10 frangipani ***West Indian:*** 4 anil 7 acerola
shrug off 8 belittle, downplay, minimize

shtick 3 act, bag, bit 5 spiel 6 number 7 routine 9 specialty 11 performance
Shuah *father:* 7 Abraham *mother:* 7 Keturah
shuck 3 pod 4 case, cast, hull, husk, junk, peel, shed, skin 5 ditch, scrap, shell, strip 6 reject, remove, slough 7 discard, peel off, take off 8 jettison 11 decorticate
shudder 5 quake, shake 6 quaver, quiver, shimmy, shiver, tremor 7 frisson, tremble, twitter, vibrate
shuffle 3 mix 4 hash 5 dodge, evade, hedge, scuff, shift 6 jumble, mess up, muddle, weasel 7 clutter, reorder, rummage, shamble 8 disarray, disorder, intermix, mishmash 9 rearrange 10 disarrange, equivocate 11 disorganize
shun 3 cut 4 duck, snub 5 avoid, dodge, elude, evade, scorn 6 escape, eschew, refuse, reject 7 decline, disdain
shunt 4 turn 5 avert, shift 6 change, divert, switch 7 deflect, shuttle 8 transfer 9 sidetrack
shush 4 hush 5 quiet, still 6 muffle, muzzle, shut up, stifle 7 repress, silence, squelch 8 suppress
shut 3 bar 4 lock, seal, slam 5 close 6 fasten 9 close down 10 batten down
Shute novel 10 On the Beach
shut in 3 hem, mew, pen 4 cage, coop, wall 5 fence 6 coop up, immure 7 confine, enclose 8 imprison
shut-in 7 invalid 8 confined 9 withdrawn 12 convalescent
shut out 3 bar 6 screen 7 exclude 9 ostracize
shutter 5 blind 6 screen
shuttle 5 ferry, shunt 6 bobbin 7 commute, spindle 9 alternate
shuttlecock 4 bird 5 bandy
shut up 3 gag, mew, pen 4 cage, hush, jail, mute 5 burke, choke, quiet, shush, still 6 muzzle, stifle 7 confine, enclose, impound, silence, squelch 8 choke off, imprison, pipe down, suppress 9 quiet down 11 incarcerate
shy 3 coy 4 balk, duck, meek, shun, wary 5 avoid, chary, elude, evade, mousy, quail, scant, short, timid 6 averse, blench, demure, modest, recoil, scanty, scarce, shrink 7 bashful, fearful, lacking, wanting 8 hesitant, reserved, reticent, retiring, sheepish, timorous 9 diffident 11 introverted, unassertive 12 apprehensive, insufficient, self-effacing 13 self-conscious
Shylock 6 usurer 9 loan shark *daughter:* 7 Jessica
shyster 11 pettifogger
Siam see THAILAND
sib 3 bro, kin, sis 4 akin 6 sister 7 brother, kindred, kinsman, related 8 relation, relative 9 relatives
Sibelius composition 9 Finlandia 11 Valse Triste
Siberian *dog:* 5 husky 7 Samoyed *native:* 5 Tatar, Yakut 6 Tartar, Tungus 7 Chukchi 9 Mongolian *plain:* 6 steppe *tent:* 4 yurt
sibilate 4 buzz, fizz, hiss, whiz 6 fizzle, sizzle 7 whisper
sibling 3 bro, sis 6 sister 7 brother
sibyl 4 seer 6 oracle 7 prophet 10 prophetess, soothsayer 13 fortuneteller
sic 3 set 4 thus 5 chase 6 attack
Sicilian *secret organization:* 5 Mafia *volcano:* 4 Etna
Sicily *capital:* 7 Palermo *city:* 7 Catania, Messina 8 Siracusa, Syracuse, Taormina *volcano:* 4 Etna
sick 3 ill 5 fed up, tired, weary 6 ailing, laid up, morbid, peaked, rotten, unwell, wobbly 7 fevered, invalid 8 confined, diseased 9 bedridden, defective, disgusted, unhealthy 10 indisposed 11 debilitated
sicken 5 upset 7 afflict, disgust, fall ill 8 nauseate
sickle 5 blade, mower 6 scythe 8 crescent
sickle-shaped 7 falcate
sickly 3 ill, low, wan 4 puny, weak 5 frail 6 ailing, anemic, feeble, infirm, morbid, peaked, poorly, unwell 8 delicate, diseased 9 unhealthy 10 indisposed 11 unhealthful, unwholesome 12 insalubrious
sickness 3 bug 6 malady 7 ailment, disease, illness 8 disorder, syndrome 9 complaint, condition, infirmity 10 affliction 13 indisposition
sic transit gloria ___ 5 mundi
side 4 clad, team 5 angle, facet, flank 6 aspect 9 direction 10 standpoint *combining form:* 5 later 6 lateri, latero *exposed:* 8 windward *sheltered:* 3 lee
sideboard 5 table 6 buffet 8 credence, credenza *for wine:* 8 cellaret 10 cellarette
sideburns 9 burnsides 10 sideboards 11 dundrearies, muttonchops
sidekick 3 pal 4 chun 5 buddy, crony 7 partner 9 assistant, companion 10 accomplice
sideline 5 eject, hobby 6 injure 7 disable, pastime, take out 9 avocation, diversion 10 recreation 11 distraction 12 incapacitate
sidereal 6 astral, starry 7 stellar
side road 5 byway 8 bystreet, shunpike

sideshow 9 diversion 11 distraction
sidestep 4 duck 5 avoid, burke, dodge, evade, hedge, skirt 6 bypass, swerve, weasel 10 circumvent, equivocate 12 tergiversate
sideswipe 5 brush, carom, graze, shave 6 glance, scrape
sidetrack 5 shunt 6 divert, switch 7 deflect
sidewhiskers see SIDEBURNS
side with 4 back 5 favor 6 second, uphold 7 endorse, support 8 backstop, champion
sidle 4 edge, slip
siege 4 bout 5 spell 6 attack 7 assault, seizure 8 blockade 9 onslaught
Siegfried ***composer:*** 6 Wagner (Richard) ***lover:*** 8 Brunhild ***mother:*** 9 Sieglinde ***slayer:*** 5 Hagen ***sword:*** 7 Balmung ***vulnerable spot:*** 4 back 8 shoulder ***wife:*** 9 Kriemhild
Sienkiewicz novel 8 Quo Vadis
sierra 3 saw 4 fish 5 range 8 mackerel 13 mountain range
Sierra Leone ***capital:*** 8 Freetown ***ethnic group:*** 5 Mende, Temne ***language:*** 4 Krio 7 English ***monetary unit:*** 5 leone ***neighbor:*** 6 Guinea 7 Liberia
Sierra Nevada lake 5 Tahoe
Sierra ___ 5 Ancha, Leone, Madre 6 Blanca, Nevada
siesta 3 nap 4 doze 5 sleep 6 catnap, snooze 10 forty winks
sieve 4 sift 6 filter, screen, winnow 8 colander, filtrate, strainer
Sif's husband 4 Thor
sift 3 pan 4 comb, cull, sort 5 glean, sieve 6 filter, screen, strain, winnow 8 filtrate, separate
sigh 3 sob 4 gasp, long, moan, pine 5 groan, sough, whine, yearn 6 exhale, grieve, hanker, murmur 7 breathe, respire, suspire
sight 3 aim, eye, spy 4 espy, view 5 scene, vista 6 notice, vision 7 make out, outlook ***relating to:*** 5 optic 6 ocular, visual 7 optical
sightseer 7 tourist 10 rubberneck 12 rubbernecker
sign 3 cue, ink 4 flag, hint, mark, omen 5 index, proof, token, trace 6 motion, signal, symbol 7 endorse, gesture, indicia, initial, symptom, vestige, warning 8 evidence, exponent, reminder 9 autograph, indicator 10 expression, indication, suggestion ***directional:*** 5 arrow ***of the zodiac:*** (see ZODIAC SIGN)
signal 3 cue, nod 4 flag 5 alarm, alert 6 beckon, wigwag 7 gesture 8 high sign 9 indicator ***distress:*** 3 SOS 6 Mayday
signature 4 name 9 autograph 11 John Hancock ***flourish:*** 6 paraph
signet 4 ring, seal 5 stamp 6 device 8 hallmark, intaglio
significance 4 pith 5 merit, point, sense 6 credit, import, moment, weight 7 gravity, meaning 9 authority, magnitude 10 importance 11 consequence, weightiness
significant 5 sound, valid 7 notable, telling, weighty 8 material, powerful 9 important, momentous 10 compelling, convincing, meaningful, noteworthy 11 substantial 12 considerable 13 consequential
signification 4 gist 5 point, sense 6 import 7 essence, meaning, message, purport 9 substance 10 intendment 11 implication 12 notification 13 understanding
signify 4 mean, show 5 count, imply, spell, weigh 6 convey, denote, intend, matter 7 add up to, bespeak, connote, express, purport, suggest 8 indicate
sign on 4 book, hire, join 5 draft 6 engage, enlist, enroll, induct, join up, retain, secure 7 recruit 9 conscript
sign over 4 cede, deed 5 alien, grant 6 assign, convey, remise 7 consign 8 alienate, transfer
sign up 4 join 5 enter 6 enlist, enroll, muster
Sigurd ***horse:*** 5 Grani ***slayer:*** 5 Hogni ***victim:*** 6 Fafner, Fafnir ***wife:*** 6 Gudrun
Sigyn's husband 4 Loki
Sikhism ***deity:*** 4 Akal ***founder:*** 5 Nanak 9 Guru Nanak ***leader:*** 5 Arjan 9 Guru Arjan 11 Gobind Singh ***scripture:*** 9 Adi Granth ***shrine:*** 12 Golden Temple
silage 6 fodder
silence 3 gag 4 calm, hush, lull, mute 5 quash, quell, quiet, shush, still 6 dampen, deaden, muffle, muzzle, shut up, squash, stifle 7 secrecy, squelch 8 choke off, muteness, quietude, suppress 9 quietness, reticence, stillness
silent 3 mum 4 dumb, mute 5 muted, quiet, still, tacit, whist 6 hushed, stilly 8 reticent, taciturn, unspoken, wordless 9 noiseless, soundless, voiceless 10 speechless 11 close-lipped, tight-lipped 12 closemouthed, tight-mouthed
silhouette 6 shadow 7 contour, outline, profile 9 lineament, lineation 10 figuration 11 delineation
Silicon Valley city 8 Palo Alto
silk 5 fiber 7 foulard 8 sarcenet, sarsenet ***fabric:*** 4 gros 5 caffa, ninon, Pekin, satin, surah, tulle 6 mantua, pongee, samite, sendal, tussah 7 taffeta ***factory:***

8 filature ***hat:*** 6 topper ***maker:*** 4 worm ***raw:*** 6 greige ***source:*** 6 cocoon ***waste:*** 4 noil 5 floss ***wild:*** 6 tussah

sill 5 bench, ledge, shelf 9 threshold

silliness 5 folly 6 idiocy 7 inanity 9 absurdity, stupidity

silly 4 daft 5 balmy, crazy, daffy, dippy, dizzy, funny, giddy, inane, loony, sappy, wacky 6 absurd, simple 7 asinine, fatuous, flighty, foolish, idiotic, vacuous, witless 9 brainless, frivolous, ludicrous, nitwitted, senseless 10 irrational, ridiculous, weak-minded 11 empty-headed, harebrained, light-headed 12 preposterous, simpleminded 13 rattlebrained

silt 5 dregs 7 deposit, residue 8 alluvium, sediment

silver 4 coin 5 money, shiny 6 argent, dulcet 7 bullion, element 8 flatware, lustrous, sterling 9 argentine, tableware ***relating to:*** 9 argentine

silverfish 6 insect, tarpon

silversmith 6 Revere (Paul) 11 metalworker

silver-tongued 4 glib 6 fluent 7 voluble 8 eloquent

silvery 6 argent 7 shining 9 argentine, brilliant 10 glittering, shimmering

Silvia's beloved 9 Valentine

___ Simbel 3 Abu

Simenon character 7 Maigret (Inspector)

Simeon ***father:*** 5 Jacob ***mother:*** 4 Leah ***son:*** 4 Ohad 6 Nemuel

simian 3 ape 5 chimp, lemur, loris 6 baboon, bonobo, galago, monkey 7 apelike, gorilla, primate, tarsier 9 orangutan 10 anthropoid, chimpanzee, monkeylike

similar 4 akin, like 5 alike 6 agnate 7 uniform 8 parallel, suchlike 9 analogous, consonant 10 comparable, reciprocal 11 correlative 13 complementary, corresponding

similarity 6 parity 7 analogy, harmony, kinship 8 affinity, likeness, parallel, sameness 9 alikeness, closeness, congruity, semblance 10 conformity, congruence 11 coincidence, correlation, homogeneity, parallelism, resemblance

similarly 8 likewise

simile 7 analogy 8 affinity, likeness, metaphor 9 alikeness, semblance 10 comparison 11 correlation, resemblance ***word:*** 4 like

similitude 4 copy 5 image 6 double 7 analogy, kinship, replica 8 affinity, likeness, metaphor, relation, sameness 9 alikeness, congruity, semblance 10 comparison, similarity 11 correlation, counterpart, equivalence, resemblance

simmer 4 boil, fret, fume, stew, stir 5 churn 6 bubble, seethe 7 ferment, smolder

simmer down 5 relax

Simon ***brother:*** 5 Jesus 6 Andrew ***father:*** 5 Jonah ***new name:*** 5 Peter ***son:*** 5 Judas, Rufus 9 Alexander

Simon ___ 5 Magus 6 Legree 8 of Cyrene 9 the Zealot

Simon Maccabaeus ***father:*** 10 Mattathias ***nickname:*** 6 Thassi ***slayer:*** 7 Ptolemy

Simon play 9 Odd Couple (The) 10 Chapter Two, Plaza Suite 11 Biloxi Blues 12 Sunshine Boys (The) 13 Lost in Yonkers 16 Come Blow Your Horn 17 Barefoot in the Park 20 Brighton Beach Memoirs 21 Last of the Red Hot Lovers 22 Prisoner of Second Avenue (The)

simp 4 dope 5 dunce, idiot, moron 6 dimwit, nitwit 7 pinhead 8 bonehead, imbecile, lunkhead, numskull 9 blockhead, lamebrain, numbskull 10 nincompoop

simple 4 easy, mere, pure 5 basic, lucid, naive, plain, sheer 6 modest 7 artless, natural, unmixed 8 absolute, trusting 9 childlike, credulous, ingenuous, unadorned 10 effortless, elementary, unaffected 11 fundamental, undecorated, unelaborate 13 unpretentious ***combining form:*** 4 hapl 5 haplo

simpleminded 4 dull, slow 5 naive 6 stupid 7 foolish, idiotic, moronic 8 gullible, retarded 9 dim-witted, imbecilic 10 half-witted, slow-witted

simpleton 4 dolt, dope, fool 5 dummy, dunce, idiot, moron 6 cretin, dimwit, nitwit 7 dullard, half-wit, pinhead 8 bonehead, dumbbell, imbecile, lunkhead 9 blockhead, ignoramus, lamebrain 10 nincompoop

simplify 4 ease 7 clarify, clear up 8 boil down 10 facilitate, streamline, unscramble 11 disentangle 13 straighten out

simply 4 just, only 6 merely

simulacrum 4 copy 5 clone, ditto, guise, image, trace 6 double, ersatz, mirror, ringer 7 picture, replica 8 likeness, portrait 9 facsimile, imitation, semblance 10 appearance 12 reproduction 13 impersonation, spitting image

simulate 3 ape 4 fake, sham 5 feign, mimic 6 embody, mirror, parody, parrot 7 imitate 8 resemble 9 incarnate 11 counterfeit

simulated 4 fake, mock, sham 5 bogus, dummy, false, phony 6 ersatz 8 spurious **9** imitation, insincere, pretended **10** artificial, fictitious, substitute **11** counterfeit

simultaneous **6** coeval **10** coexistent, coexisting, coincident, coinciding, concurrent, synchronic **11** synchronous **12** contemporary

simultaneously **6** at once **7** jointly **8** together **9** meanwhile

sin **3** err **4** debt, evil, tort, vice **5** crime, fault, guilt, lapse, stray, wrong **6** offend **7** demerit, misdeed, offense **8** hamartia, iniquity, trespass **10** deficiency, peccadillo, transgress, wickedness, wrongdoing **11** shortcoming **12** imperfection ***deadly:*** **4** envy, lust **5** anger, greed, pride, sloth **8** gluttony **12** covetousness

Sin **7** moon-god ***daughter:*** **6** Ishtar ***son:*** **7** Shamash ***wife:*** **6** Ningal

since **3** ago **5** after **6** behind **7** because, whereas **8** as long as **9** following **10** inasmuch as **11** considering ***Scottish:*** **4** syne

sincere **4** real, true **5** frank, plain **6** actual, candid, devout, honest **7** artless, earnest, genuine, serious **8** bona fide, truthful **9** authentic, heartfelt, ingenuous, unfeigned **10** aboveboard, forthright **12** wholehearted **13** unpretentious

sincerity **6** candor **7** honesty **8** goodwill, openness **9** frankness, good faith **11** artlessness, earnestness

sine qua non **4** must **9** condition, essential, necessity, requisite **11** requirement **12** precondition, prerequisite

sinew **6** tendon

sinewy **4** ropy, wiry **5** tough **6** brawny **7** fibrous, stringy **8** muscular

sinful **3** bad **4** base, evil, vile **5** wrong **6** guilty, unholy, wicked **7** immoral, peccant, vicious **8** blamable, culpable, damnable, depraved, shameful **9** reprobate **10** iniquitous **11** blameworthy, disgraceful **13** reprehensible

sing **3** rat **4** fink, hymn **5** carol, chant, chirp, croon, troll, yodel **6** inform, intone, snitch, squeal, warble **7** confess, descant, lullaby **8** serenade, vocalize **10** cantillate

Singapore ***capital:*** **9** Singapore ***language:*** **5** Malay, Tamil **8** Mandarin ***monetary unit:*** **6** dollar

singe **4** burn, char, sear **6** scorch

singer **4** alto, bass **5** mezzo, tenor **6** canary **7** crooner, soloist, soprano **8** baritone, choirboy, songbird, songster, vocalist **9** balladeer, chorister, contralto **10** troubadour ***cabaret:*** **11** chansonnier ***female:*** **9** chanteuse ***opera:*** **4** diva **10** cantatrice ***religious:*** **6** cantor

singing ***exercise:*** **7** solfège ***group:*** **3** duo **4** trio **5** choir **6** chorus **7** chorale, quartet, quintet ***voice:*** **4** alto, bass **5** mezzo, tenor **7** soprano **8** baritone **9** contralto **12** mezzo-soprano

single **3** hit, odd, one **4** free, lone, only, sole **5** unwed **6** maiden, unique **7** base hit, unitary **8** distinct, isolated, separate, solitary, specific **9** exclusive, unmarried **10** individual, particular, unattached ***combining form:*** **3** mon **4** hapl, mono **5** haplo ***prefix:*** **3** uni

single-minded **5** rigid **6** dogged, driven, intent **7** adamant, devoted, diehard **8** hell-bent, obdurate, resolute, resolved, stubborn **9** dedicated, steadfast, unbending **10** brassbound, determined, inexorable, inflexible, purposeful, relentless, unyielding

single out **4** cull, mark, pick **5** elect, favor **6** choose, opt for, select **9** designate **11** distinguish

singular **3** odd **4** lone, only, rare, sole, solo **5** weird **6** unique **7** bizarre, oddball, strange, unusual **8** peculiar, solitary, uncommon **9** exclusive **10** individual, outlandish, particular, unexampled **11** exceptional **13** extraordinary

singularity **5** quirk, unity **6** oddity **7** anomaly, oneness **8** identity **9** exception **11** peculiarity, personality **12** idiosyncrasy **13** individuality, particularity

singularize **4** mark **11** distinguish, individuate **12** characterize **13** differentiate, individualize

sinister **4** dark, dire, evil, left **6** creepy, malign **7** baleful, fateful, malefic, ominous **8** lowering, menacing **9** ill-omened, malicious **10** foreboding, maleficent, portentous **11** apocalyptic, threatening **12** inauspicious, unpropitious

sink **3** dip, pit, sag **4** bore, bury, dive, drop, fall, sump, wane **5** basin, drill, droop, lower, sewer, slope, slump, stoop, swamp **6** hollow, invest, plunge, settle, thrust, worsen **7** capsize, cesspit, decline, depress, descend, founder, go under, immerse, let down, scuttle, subside, torpedo **8** cesspool, hellhole, submerge, submerse **9** concavity, disappear **10** depression

sinker **3** bob **5** plumb **6** weight **8** doughnut, fastball, plumb bob

sinkhole **3** dip, sag **4** bowl **5** basin **6** hollow **8** cesspool **9** concavity **10** depression

sinless **4** pure **6** chaste **8** innocent **9** righteous **10** impeccable

sinner **5** rogue, scamp **6** bad egg, outlaw, rascal, wretch **7** lowlife, villain **8** criminal, evildoer, offender **9** libertine, miscreant, reprobate, scoundrel, wrongdoer **10** black sheep, delinquent, profligate, malefactor **11** rapscallion

Sinn ___ 4 Fein
sinuous 4 wavy 5 lithe, snaky 7 winding 8 flexuous, tortuous 10 convoluted, meandering, serpentine 11 anfractuous, snake-shaped
sinus 6 cavity, hollow, recess
Sioux 6 Dakota *chief:* 8 Red Cloud 10 Crazy Horse 11 Sitting Bull *people:* 3 Ofo 4 Crow 6 Biloxi, Tutelo 7 Catawba, Hidatsa 9 Winnebago
sip 5 drink, savor, taste 6 imbibe
siphon 3 tap 4 draw, pipe, pump 5 draft, drain 6 convoy, divert, funnel 7 channel, conduct, draw off 8 transmit
sir 4 lord 5 title 6 knight, mister 9 gentleman
sire 4 lord 5 beget, breed, hatch, spawn 6 father, parent 7 founder 8 engender 9 patriarch, procreate, propagate 10 forefather
siren 4 vamp 5 alarm 7 Lorelei 9 temptress 10 seductress 11 femme fatale *film:* 4 Bara (Theda)
Siren 5 Ligea 8 Leucosia 10 Parthenope *German:* 7 Lorelei
sirenian 6 dugong, sea cow 7 manatee
siren song 4 lure 5 decoy, snare 6 come-on 10 allurement, enticement, temptation
Sirius 7 Dog Star
sister 3 nun 7 sibling *French:* 5 soeur *Latin:* 5 soror *Spanish:* 7 hermana
Sister Carrie author 7 Dreiser (Theodore)
sisterly 7 sororal
Sisyphus *brother:* 7 Athamas 9 Salmoneus *father:* 6 Aeolus *mother:* 7 Enarete *son:* 7 Glaucus
sit 4 pose 5 perch, roost
Sita *abductor:* 6 Ravana *husband, rescuer:* 4 Rama
sitarist 7 Shankar (Ravi)
site 3 dig 4 home, spot 5 haunt, locus, place, point, scene, venue 6 locale 7 station 8 locality, location, position
sit-in 7 protest
sitting 6 séance 7 session *prolonged:* 8 sederunt
Sitting Bull's tribe 5 Sioux
sitting duck 4 butt, mark 6 target
situate 3 put, set 5 place 6 locate 7 install 8 position
situation 3 job 4 post, rank 5 point, state 6 plight, status 7 footing, setting, station 8 location, position, standing 9 condition 13 circumstances
situs 5 place, venue 6 locale
Siva see SHIVA
six *combining form:* 3 hex, sex 4 hexa, sexi 5 sexti *group of:* 6 sestet, sextet 9 sextuplet *relating to:* 6 senary
sixfold 8 sextuple
six-shooter 3 gun 6 pistol 8 revolver
sixth sense 3 ESP 7 insight 9 intuition, telepathy 12 clairvoyance
sizable 3 big 5 ample, hefty, large, major, roomy 8 spacious 9 capacious, extensive 10 commodious, large-scale 11 substantial 12 considerable
size 4 area, bulk, mass 5 range, scope, width 6 extent, height, length, spread, volume 7 bigness, breadth, caliber, expanse, measure, stature 9 amplitude, dimension, extension, greatness, largeness, magnitude 10 dimensions, proportion 11 measurement, proportions
size up 3 peg 4 rate, read 5 assay, gauge, judge, value 6 assess, review, survey 7 adjudge, dope out 8 appraise, estimate, evaluate 9 figure out
sizzle 3 fry 4 buzz, fizz, hiss, whiz 5 grill 6 hoopla, seethe 7 pizzazz 8 sibilate 10 excitement
sizzling 3 hot 6 red-hot, torrid 7 burning 8 scalding, white-hot 9 scorching
skald 4 bard, poet
Skanda 6 war-god *brother:* 6 Ganesa 7 Ganesha *father:* 4 Siva 5 Shiva
skate 3 nag, ray 4 skid, skim 5 glide, skirr, slide 8 glissade 11 Rollerblade *blade:* 6 runner *kind:* 6 figure, hockey
skating site 3 ice 4 rink
skedaddle 3 run 4 bolt, flee, skip 5 scoot, scram, split 6 beat it, begone, bug off, cut out, decamp, get out 7 make off, run away, scamper, skiddoo, take off, vamoose 8 clear out 10 make tracks
skein 4 coil 5 flock, snarl, twist 6 tangle 12 entanglement
skeletal 4 bony 5 gaunt 6 wasted 7 angular, scraggy, starved 8 rawboned 9 emaciated 10 cadaverous
skeleton 5 bones, draft, frame 6 sketch 7 diagram, outline 9 bare bones, framework *marine:* 5 coral, shell
skeptic 5 cynic 7 doubter, scoffer 8 agnostic 10 Pyrrhonist, questioner, unbeliever 11 disbeliever
skeptical 4 wary 5 leery 6 show-me 7 cynical, dubious 8 doubtful, doubting 9 quizzical 10 dissenting, suspicious 11 mistrustful, questioning, unbelieving 12 disbelieving, freethinking
skepticism 5 doubt 7 dubiety 8 distrust, mistrust, wariness 9 dubiosity, misgiving, suspicion 11 incertitude, uncertainty
skerry 4 isle, reef 6 island
sketch 4 draw, plot 5 draft, rough, trace 6 depict, design, doodle, lay out, map out, précis 7 develop, diagram, outline, portray 8 block out, chalk out, rough

out **9** blueprint, delineate **12** characterize

sketchy **4** iffy **5** crude, rough, vague **6** skimpy, slight **7** cursory, shallow **8** skeletal **10** incomplete **11** preliminary, superficial **12** questionable

skew **4** bias, veer **5** angle, fudge, slant, slide **6** swerve **7** distort

skewer **3** rod **4** spit **5** lance, spear, spike **6** impale, pierce **8** puncture, ridicule, transfix **9** brochette, criticize

ski **5** glide, slide ***lift:*** **4** J-bar, T-bar **5** chair **7** gondola

skid **5** glide, skate, slide **6** pallet, runner **7** spinout **8** sideslip

skiddoo **4** scat **5** leave, scram, split **6** beat it, begone, bug off, decamp, depart, vacate **7** buzz off, take off, vamoose **8** clear out, shove off **9** skedaddle, take a hike **10** hit the road, make tracks

skid row **6** bowery

skier ***American:*** **3** Moe (Tommy) **4** Kidd (Billy) **5** Mahre (Phil, Steve) **6** Miller (Bode) **7** Johnson (Bill) ***Austrian:*** **5** Maier (Hermann) **6** Proell (Annemarie), Sailer (Toni) **7** Klammer (Franz), Schranz (Karl) **10** Girardelli (Marc) **11** Moser-Proell (Annemarie) ***French:*** **5** Killy (Jean-Claude) ***Italian:*** **5** Tomba (Alberto) **6** Thoeni (Gustavo) ***Luxembourg:*** **10** Girardelli (Marc) ***Swedish:*** **8** Stenmark (Ingemar) ***Swiss:*** **10** Zurbriggen (Pirmin)

skiff **4** boat **7** rowboat

skiing ***area:*** **3** run **5** slope ***cross-country:*** **7** touring ***event:*** **6** schuss, slalom **8** downhill **11** giant slalom ***horse-drawn:*** **9** skijoring ***kind:*** **6** Alpine, Nordic ***position:*** **7** vorlage ***technique:*** **6** wedeln **8** snowplow, traverse ***turn:*** **7** christy **8** christie

skill **3** art **5** craft, knack **7** ability, address, command, cunning, finesse, know-how, mastery, prowess, sleight **8** deftness, facility **9** dexterity, expertise, ingenuity, readiness, technique **10** adroitness, competence **11** proficiency

skilled **3** apt **4** able **5** adept **6** expert **7** capable, trained **8** masterly, talented **9** competent, masterful, practiced **10** proficient **12** accomplished

skillet **3** pan **6** spider **9** frying pan

skillful **4** deft **5** adept, crack, handy **6** adroit, clever, daedal, expert **7** skilled **8** masterly **9** competent, dexterous, masterful, practiced, workmanly **10** proficient **11** crackerjack, workmanlike **12** accomplished

skim **4** sail, scan, scud, skip **5** brush, carom, glide, graze, skirr **6** browse **8** embezzle, ricochet

skimp **4** save **5** pinch, scant, spare, stint **6** meager, scanty, scrape, sparse **7** slender **8** begrudge, conserve, retrench, withhold **9** economize

skimpy **5** scant, spare **6** meager, meagre, paltry, scanty, scarce, sparse **7** limited, wanting **8** exiguous **9** deficient **10** inadequate **12** insufficient

skim through **4** scan **6** browse

skin **3** fur, gyp, pod, rap **4** clad, clip, husk, hide, pare, peel, pelt, rind, soak **5** blame, cheat, cover, scale, shell, stiff, strip **6** fleece, sheath, slough **7** censure, condemn, sheathe **8** denounce **9** epidermis, sheathing **10** integument, overcharge **11** decorticate ***animal:*** **4** coat, hide, pelt **6** hackle, peltry ***combining form:*** **3** cut **4** cuti, derm **5** derma, dermo, dermy **6** dermat, dermia, dermis **7** cutaneo, dermata (plural), dermato, epiderm **8** epidermo ***depression:*** **6** dimple ***disease:*** **4** acne **5** hives, mange **6** eczema **10** dermatitis ***dry:*** **5** scurf ***fold:*** **5** plica ***layer:*** **5** derma **6** corium, dermis **7** cuticle **9** epidermis ***opening:*** **4** pore ***protuberance:*** **3** tag, wen **4** mole, wart **6** pimple ***rabbit:*** **5** coney ***relating to:*** **6** dermal **9** cuticular, epidermal ***spot:*** **7** freckle

skin-deep **7** shallow, trivial **11** superficial

skinflint **5** miser **7** niggard, scrooge **8** tightwad **10** cheapskate, pinchpenny

skin game **3** con **4** scam **5** bunco, bunko, cheat, fraud, sting, trick **6** hustle, racket **7** swindle **8** flimflam

skink **6** lizard

skinny **4** bony, dope, info, lank, lean, thin **5** gaunt, lanky, scoop, spare, weedy **6** twiggy **7** angular, lowdown, scraggy, scrawny **8** rawboned, skeletal **9** emaciated

Skin of Our Teeth author **6** Wilder (Thornton)

skip **3** hop, run **4** flee, jump, leap, omit, trip **5** bound, caper, carom, frisk, leave, scoot, skirr **6** cavort, gambol, pass up, spring **7** misfire, scamper, skitter **8** leave out, overlook, pass over, ricochet **9** skedaddle

skipjack **4** boat, fish, tuna **8** bluefish, ladyfish, sailboat

skipper **5** pilot **6** leader **7** captain **9** butterfly, commander

skirmish **3** row **4** fray **5** broil, brush, clash, melee, run-in, scrap, set-to **6** affray, battle, fracas **7** assault, dispute **8** conflict, struggle **9** encounter, scrimmage

skirr **3** run **4** bolt, flee, sail, scud, skim,

skip **5** float, scoot, shoot **7** make off, scamper **9** skedaddle

skirt 3 hem, rim **4** brim, duck, edge **5** avoid, bound, brink, burke, dodge, elude, evade, hedge, verge **6** border, bypass, define, detour, escape, fringe, ignore, margin **8** sidestep, surround **9** perimeter, periphery **10** circumvent ***ballet:*** **4** tutu ***feature:*** **3** hem **4** slit ***long:*** **4** maxi ***Scottish:*** **4** kilt ***short:*** **4** mini ***style:*** **5** A-line **6** sheath

skit 6 shtick, sketch **9** burlesque

skitter 3 hop **4** flit, skip, trip **6** scurry, spring **7** scamper

skittery see SKITTISH

skittish 3 coy, shy **4** edgy, wary **5** chary, dizzy, jumpy, leery **6** fickle **7** bashful, fidgety, flighty, nervous, rabbity, restive **8** unstable, volatile **9** excitable, frivolous, impulsive, mercurial, whimsical **10** capricious, unreliable

skive 4 pare **5** carve, shave, slice

skivvies 9 underwear

skoal 5 toast **6** health

skua 4 bird **6** jaeger **7** seabird

skulduggery 5 fraud **8** foul play, trickery **9** chicanery, duplicity **10** hanky-panky

skulk 4 lurk, slip **5** creep, prowl, shirk, slink, sneak, steal

skull 4 head, mind **5** brain **7** cranium **8** brainpan **9** braincase ***back of:*** **7** occiput ***bone:*** **5** vomer **6** zygoma **7** ethmoid, frontal **8** parietal, sphenoid, temporal ***jawless:*** **9** calvarium ***joint:*** **6** suture ***part:*** **3** jaw **5** inion

skullcap 6 beanie, pileus **7** calotte **8** yarmulke **9** calvarium, zucchetto

skunk 4 beat, drub, lick, scum, whip, whup **6** thrash, wallop **7** clobber, polecat, shellac, stinker, trounce **8** civet cat, lambaste **9** overwhelm, slaughter ***genus:*** **8** Mephitis

sky 5 azure **6** heaven, welkin **7** heavens **8** empyrean **9** firmament

sky-blue 5 azure **8** cerulean

skylarking 5 revel **7** revelry, whoopee **9** high jinks, horseplay, rowdiness, whoop-de-do **10** roughhouse **12** roughhousing

skylight 6 window

skyline 7 horizon, outline

sky pilot 5 padre **6** cleric, parson, pastor **8** chaplain, minister, preacher **9** churchman, clergyman

skyrocket 4 rise, soar **7** shoot up **8** catapult

sky sighting 3 UFO

slab 5 block, chunk, slice, strip **8** pavement

slack 3 lax **4** lazy, slow, soft **5** inert, loose, relax **6** remiss **7** ease off, laggard, passive, relaxed **8** careless, derelict, dilatory, inactive, indolent, slothful, sluggish, stagnant **9** leisurely, lethargic, negligent **10** neglectful

slacken 3 ebb, lax **4** ease, slow, wane **5** abate, let up, loose, relax **6** detain, ease up, lessen, loosen, relent, retard, slow up **7** die down, dwindle, ease off, subside **8** diminish, moderate, slow down **9** untighten **10** decelerate

slacker 3 bum **4** slug **5** idler, sloth **6** loafer **7** goof-off, shirker, wastrel **8** deadbeat, layabout, slugabed, sluggard **9** goldbrick, lazybones **10** delinquent **11** couch potato

slag 4 lava **5** dross **6** cinder, debris, scoria

slake 5 allay **6** deaden, quench **7** crumble, hydrate, relieve, satisfy **9** alleviate

slam 3 bat, hit, jab, pan, rap **4** bang, bash, beat, belt, blow, boom, dash, drub, flay, slug, slur, swat, wham **5** blast, crack, crash, fling, knock, pound, slash, smack, smash, swipe, whack **6** batter, cudgel, hammer, scathe, strike, thwack, wallop **7** clobber, potshot **8** lambaste **9** castigate

slam-dance 4 mosh

slam dunk 5 cinch, setup **6** shoo-in **7** safe bet **9** certainty, sure thing

slammer 3 can, jug, pen **4** brig, coop, jail, stir **5** clink, pokey **6** cooler, lockup, prison **9** calaboose **12** penitentiary

slander 4 slur, tale **5** libel, slime, smear, sully **6** defame, malign, smirch, vilify **7** calumny, scandal, tarnish, traduce **8** besmirch **9** denigrate **10** backbiting, calumniate, defamation, detraction, scandalize **11** mud-slinging **12** backstabbing

slang 4 cant, jive **5** argot, lingo **6** jargon, patois, patter **7** dialect **10** vernacular

slant 3 tip **4** bank, bias, cant, heel, lean, list, skew, tilt, veer, warp **5** angle, aside, bevel, grade, slope, splay **7** distort, incline, leaning, outlook **8** gradient **9** prejudice, viewpoint **10** standpoint **11** inclination **12** predilection ***combining form:*** **4** clin **5** clino

slap 3 hit, pop **4** bash, blow, cuff, shot, slam, swat **5** clout, smack, spank, whack **6** buffet, insult, rebuff, strike **7** affront, putdown **8** brickbat, lambaste, penalize **9** castigate

slapdash 5 hasty, messy **6** random, sloppy **7** cursory **8** careless, slipshod **9** half-baked, haphazard, hit-or-miss, makeshift

slap down 5 quell **6** kibosh **7** squelch **8** prohibit, suppress

slaphappy 5 dazed, dizzy, woozy **6** punchy **10** punch-drunk

slash 3 cut 4 clip, gash, hack, pare, slit 5 lower, shave, slice 6 reduce, scathe, scorch 7 abridge, blister, curtail, cut back, cut down, scarify, scourge, shorten 8 lacerate, lambaste, mark down 9 castigate, excoriate 10 abbreviate

slat 4 lath 5 board, stave, strip 6 louver, louvre 7 airfoil

slate 4 gray, list, rock, tile 6 lineup, record, tablet, ticket 7 shingle 8 schedule 9 designate

slather 5 smear 6 spread 8 squander

slattern 4 bawd, moll, slut, tart 5 hussy, tramp, wench 6 floozy, harlot 7 chippie, jezebel, trollop 8 strumpet 10 prostitute 11 painted lady 12 scarlet woman, streetwalker

slaughter 4 kill, slay 6 murder 7 butcher, carnage, killing, wipe out 8 butchery, decimate, demolish, hecatomb, massacre 9 bloodbath, bloodshed, liquidate 10 annihilate, butchering 11 destruction, exterminate, liquidation 12 annihilation

slaughterhouse 8 abattoir

Slav 4 Pole, Serb, Sorb, Wend 5 Croat, Czech 6 Bulgar, Slovak 7 Russian, Serbian, Slovene 8 Bohemian, Croatian, Moravian 9 Bulgarian, Ruthenian, Ukrainian

slave 4 grub, help, peon, plod, serf, slog, toil 5 grind, helot, swink 6 drudge, menial, thrall, toiler, vassal 7 bondman, chattel, servant ***feudal:*** 4 serf ***harem:*** 9 odalisque ***liberated:*** 8 freedman ***Muslim:*** 6 Mamluk 8 Mameluke ***Spartan:*** 5 helot

slave driver 6 tyrant 7 foreman 8 martinet, overseer 10 taskmaster 11 Simon Legree

slaver 4 spit 5 drool, froth 6 drivel, saliva 7 dribble, slobber, spittle 8 salivate

slavery 6 thrall 7 bondage, helotry, peonage, serfdom 9 indenture, servitude, thralldom 11 subjugation

Slavic apostle 5 Cyril 9 Methodius

slavish 6 abject, menial 7 servile 8 obeisant, wretched 9 groveling, imitative, laborious 10 obsequious, unoriginal 11 subservient

slay 4 do in, kill 6 murder 7 bump off, butcher, execute, put away 8 dispatch, knock off 9 liquidate, slaughter 11 assassinate

slayer 7 butcher 11 executioner

sleazy 3 low 5 cheap, dingy, seedy, tacky, tatty 6 cheesy, flimsy, shabby, shoddy, trashy 7 run-down, squalid 8 gimcrack 10 down-at-heel 11 dilapidated 12 disreputable

sled 4 luge, pung 6 sleigh 7 coaster, travois 8 toboggan ***Russian:*** 6 troika

sled dog 5 husky 8 malamute

sledge 4 maul 6 hammer, sleigh ***Eskimo:*** 7 komatik

sleek 4 oily 6 glassy, glossy, smooth 7 elegant, stylish 8 lustrous, polished 10 glistening

sleep 3 nap 4 doze, rest 6 catnap, repose, siesta, snooze 7 shut-eye, slumber 11 slumberland ***bringer:*** 7 sandman ***combining form:*** 4 hypn, narc 5 hypno, narco, somni ***god:*** 6 Hypnos, Somnus

sleeper 4 beam, mole 7 Pullman 8 long shot 11 double agent, stringpiece

sleeping 7 dormant 8 comatose ***disease:*** 10 narcolepsy

sleepless 7 wakeful 8 vigilant 9 insomniac

sleeplessness 8 insomnia

sleepwalker 12 somnambulist

sleepy 4 dozy 6 drowsy 7 nodding 9 somnolent 10 slumberous

sleigh 4 pung 6 sledge

sleight 4 ploy, ruse, wile 5 skill, trick 7 gimmick, prowess 8 artifice, deftness, maneuver 9 dexterity, stratagem 10 adroitness

sleight of hand 11 legerdemain

slender 4 lean, slim, thin, trim 5 lithe, reedy, spare 6 skinny, slight, svelte, twiggy 7 spindly, willowy

sleuth 4 dick, Drew (Nancy) 5 Brown (Encyclopedia, Father), Kojak, Morse, Queen (Ellery), Saint (The), snoop, Spade (Sam), Tracy (Dick), Wolfe (Nero) 6 Hammer (Mike), Holmes (Sherlock), Marple (Miss), Poirot (Hercule), shamus, Wimsey (Peter) 7 Cadfael (Brother), Columbo, Fansler (Kate), gumshoe, Maigret, Marlowe (Philip) 8 hawkshaw, Millhone (Kinsey), Rockford (Jim), sherlock 9 Dalgliesh (Adam), detective, Scarpetta (Kay) 10 private eye 12 investigator

slew 3 lot, mob, ton 4 army, heap, host, load, mess, pile, raft, skid, turn, veer 5 batch, bunch, crowd, flock, pivot, twist 6 myriad, passel, swerve, throng 9 abundance, multitude

slice 3 cut 4 gash, slit 5 allot, carve, divvy, quota, sever, share, slash, split, wedge 6 cleave, divide, incise, sample 7 dissect, portion, segment 8 allocate 9 allotment, allowance

slick 4 film, glib, oily, slip, wily 5 sharp, sleek, soapy 6 crafty, glossy, greasy, shrewd, smarmy, smooth, tricky 7 cunning 8 slippery, slithery, unctuous 10 lubricious, oleaginous

slicker 4 dude 5 dandy, shark 6 con man

7 cheater, diddler, grifter, oilskin, sharper **8** raincoat, swindler **9** trickster **11** flimflammer

slide 3 dip, sag **4** flow, ramp, skid, slip **5** chute, coast, chute, drift, glide, skate, slump, spill **6** scooch, stream **7** decline, slither **8** downturn **9** downswing, downtrend **12** transparency

slight 4 omit, skip, slim, snub, thin **5** frail, reedy, scorn, small **6** flimsy, ignore, meager, meagre, modest, offend, paltry, remote, skinny **7** contemn, neglect, outside, put-down, slender, tenuous, trivial **8** brush-off, delicate, discount, overlook, smallish, trifling **9** disregard, pint-sized **10** disrespect, negligible

slim 4 thin **5** lithe, reedy, small, spare **6** meager, meagre, minute, narrow, paltry, remote, skinny, slight, svelte, twiggy **7** lissome, outside, slender, tenuous **9** lithesome **10** negligible

slim down 4 diet, fast **6** reduce **10** slenderize

slime 3 goo, mud **4** glop, gunk, muck, ooze, scum **5** filth **6** sleaze, sludge **7** slander

slimy 4 oozy **6** mucous **7** viscous

sling 3 lob **4** cast, fire, hang, hurl, sock, toss **5** chuck, heave, march, pitch, throw **6** dangle, launch **7** suspend **8** catapult

slink 4 lurk **5** creep, prowl, skulk, slide, sneak, steal **7** gumshoe

slinky 4 sexy **5** lithe, sleek **6** svelte **7** furtive, lissome, sinuous, slender, willowy **8** graceful, sensuous, stealthy

slip 3 sag **4** dock, drop, fall, flow, flub, goof, lurk, shed, sink, skid **5** berth, boner, creep, error, fluff, gaffe, glide, lapse, slide, slink, slump, sneak, steal **6** escape **7** blooper, blunder, decline, drop off, fall off, faux pas, mistake, slither **8** downturn, throw off **9** downswing, downtrend

slipper 4 mule, shoe **5** scuff **6** bootee, bootie, sandal **8** flip-flop, pantofle

slippery 3 icy **4** eely, oily **5** slick **6** greasy, shifty, smooth **7** devious, evasive **8** illusive, slithery **10** lubricious

slipshod 6 blowsy, blowzy, frowsy, frowzy, shabby, shoddy, sloppy, untidy **7** rumpled, scrubby, scruffy, unkempt **8** careless, ill-kempt, slapdash, slovenly, tattered **9** haphazard, negligent **10** bedraggled, disheveled, down-at-heel

slipup 4 goof **5** boner, error, fluff, lapse **6** bungle, glitch, miscue, mishap **7** blooper, blunder, faux pas, misstep, mistake, setback, stumble **8** accident **9** mischance, oversight **10** misfortune **11** misjudgment

slit 3 cut, gap **4** gash, rent **5** chink, crack, slash, slice **6** cranny, incise **7** crevice, fissure, opening

slither 4 slip **5** creep, glide, sidle, slide, slink, snake, sneak, steal **7** wriggle **8** undulate

slithery see SLIPPERY

sliver 5 scrap, shard, shave, shred, slice **6** paring **7** shaving, snippet **8** splinter

slob 3 oaf **4** boor, clod, goon, lout **6** galoot, sloven

slobber 4 gush **5** drool, froth **6** drivel, effuse, slaver **7** dribble, enthuse **8** salivate

sloe 4 plum **10** blackthorn

slog 4 grub, moil, plod, plug, toil **5** chore, grind, labor, slave, sweat **6** drudge, schlep, trudge **7** schlepp

slogan 5 motto **6** byword **9** catchword, watchword **10** shibboleth **11** catchphrase

sloop 4 boat **8** sailboat

slop 3 mud, pap **4** gush, muck **5** douse, dreck, dregs, offal, slosh, slush, spill, swill **6** guzzle, pablum, refuse, splash, sludge **7** garbage, pabulum, rubbish **8** splatter

slope 3 tip **4** bend, cant, heel, lean, list, rise, skew, swag, sway, tilt **5** grade, pitch, scarp, slant **6** ascent, glacis **7** descent, incline, leaning, recline **8** gradient **9** acclivity, declivity, obliquity **11** inclination ***combining form:*** **5** cline **6** clinal

sloppy 5 dowdy, gushy, messy **6** slushy, untidy **7** gushing, unkempt **8** careless, effusive, ill-kempt, slapdash, slipshod, slovenly **10** bedraggled, disheveled **11** dishevelled

slosh 4 gush, slop, wash **5** churn, swash **6** gurgle, splash **8** flounder, splatter

slot 4 vent **5** niche, notch **6** groove, keyway **7** keyhole, opening, passage **8** aperture **10** pigeonhole

sloth 4 laze **5** idler **6** acedia, apathy, idling, lazing, loafer, slouch, torpor **7** goof-off, languor, loafing, slacker **8** idleness, laziness, lethargy **9** heaviness, indolence, lassitude, lazybones, torpidity **11** couch potato **12** listlessness, sluggishness **13** shiftlessness

slothful 4 idle, lazy **8** fainéant, indolent **9** shiftless

slouch 3 bum, oaf, sag **4** laze, loaf, loll, lout, mope, slug **5** droop, idler, sloth, slump, stoop **6** loafer, loiter, lounge **7** saunter, shamble, shuffle **8** fainéant, slugabed, sluggard **9** do-nothing, lazybones

slough 3 bog, fen 4 cast, mire, molt, quag, shed, sump 5 inlet, marsh, scrap, swamp 6 morass, reject 7 discard 8 jettison, quagmire, throw out 9 backwater, marshland, swampland, throw away

Slovakia ***capital:*** 10 Bratislava ***city:*** 6 Kosice ***monetary unit:*** 6 koruna ***mountain range:*** 10 Carpathian ***neighbor:*** 6 Poland 7 Austria, Hungary, Ukraine 13 Czech Republic ***river:*** 3 Váh 4 Hron 6 Danube, Morava

Slovenia ***capital:*** 9 Ljubljana ***city:*** 7 Maribor ***monetary unit:*** 5 tolar ***neighbor:*** 5 Italy 7 Austria, Croatia, Hungary ***part of:*** 7 Balkans ***peninsula:*** 6 Balkan

slovenly 5 dingy, messy, mussy, seedy, slack 6 frowsy, frowzy, grubby, grungy, scuzzy, shabby, skanky, sleazy, sloppy, untidy 7 squalid, unkempt 8 careless, slapdash, slipshod 10 bedraggled, slatternly

slow 4 late, poky 5 brake, check, lento, tardy 6 adagio, hinder, impede, leaden, retard, torpid 7 halting, lagging, slacken 8 dilatory, dragging, plodding, sluggish, stagnant 9 leisurely, snaillike, unhurried 10 decelerate, snail-paced, straggling

slowpoke 5 snail 6 lagger 7 dawdler, laggard 8 lingerer, loiterer 9 straggler

sludge 3 mud 4 crud, gunk, mire, muck, ooze, slop 5 slime 6 sewage 8 sediment

slug 3 bum, hit, nip, tot 4 bash, belt, dram, drop, jolt, shot, slam, swat 5 blast, clout, idler, larva, pound, punch, smack, smash, snail, snort, thump 6 buffet, loafer, slouch, thwack, wallop 7 clobber, goof-off, slacker 8 fainéant, toothful 9 do-nothing, lazybones 11 couch potato ***genus:*** 5 Limax

slugfest 4 bout 5 brawl, set-to 6 rumble 8 dogfight 10 donnybrook, prizefight

sluggard 3 bum 5 idler 6 loafer, slouch 7 dawdler, goof-off, laggard, shirker, slacker 8 deadbeat, fainéant, slowpoke, slugabed 9 do-nothing, goldbrick, lazybones

slugger 5 boxer 6 batter, hitter 7 palooka

sluggish 4 lazy, logy, slow 5 inert, slack 6 draggy, leaden, stupid, torpid 7 lumpish 8 dragging, indolent, listless, slothful 9 apathetic, lethargic

sluice 4 duct, flow, gush, pour, race, wash 5 flush, surge 6 trough 7 channel 8 spillway 9 floodgate

slum 6 ghetto 7 skid row

slumber 3 nap 4 doze 5 sleep 6 catnap, drowse, snooze, stupor, torpor 8 dormancy, hebetude, lethargy 9 lassitude, torpidity

slumberous see SLEEPY

slumgullion 4 stew 6 burgoo, ragout 7 goulash

slump 3 dip, sag 4 drop, fall, flag, funk, loll, sink, slip 5 droop, hunch, slide 6 slouch, trough 7 decline, drop off, falloff 8 collapse, downturn 9 downslide, downswing, downtrend, recession 10 depression, stagnation

slur 4 blot, blur, lisp, onus, slam, spot 5 brand, knock, libel, odium, smear, stain 6 befoul, defame, insult, malign, stigma, vilify 7 blacken, calumny, obloquy, obscure, slander, spatter, traduce 8 black eye, brickbat, innuendo, tear down 9 aspersion, bespatter, denigrate, discredit, disparage 10 accusation, calumniate

slurp 3 lap 4 gulp, suck 5 lap up, swill 6 guzzle

slush 3 mud 4 mire, muck, slop 6 drivel 8 schmaltz

sly 4 foxy, wily 5 cagey, saucy, shady, slick 6 artful, clever, crafty, shifty, shrewd, smooth, sneaky, subtle, tricky 7 cunning, devious, furtive, roguish, vulpine 8 guileful, scheming, slippery, stealthy 9 designing, insidious, underhand 11 mischievous, underhanded

slyboots see SCAMP

slyness 4 wile 5 guile 7 cunning 8 caginess, foxiness, wiliness 9 canniness 10 craftiness

smack 3 bat, bop, box 4 bang, bash, belt, biff, blow, buss, chop, clip, cuff, dash, hint, kiss, peck, reek, slam, slap, sock, tang, whop 5 clout, crack, plumb, punch, right, savor, smell, spank, stink, taste, tinge, trace, whack 6 buffet, heroin, relish, smooch, square, strike, thwack 7 clobber, soupçon

smack-dab 4 bang, just 5 plumb, right 7 exactly 8 squarely 9 perfectly, precisely

small 3 wee 4 mean, mini, puny, tiny 5 bitty, dinky, dwarf, micro, minor, petty, runty, short, teeny 6 bantam, little, meager, meagre, minute, monkey, narrow, paltry, petite, slight, teensy 7 cramped, stunted, trivial 8 picayune, piddling, pint-size, trifling 9 miniature, minuscule, pint-sized 10 diminutive, negligible, undersized 11 ineffectual, unimportant ***combining form:*** 4 micr, mini 5 micro

small fry 4 kids, tots 8 children 10 youngsters

small-minded 4 mean 5 petty 6 narrow 7 bigoted 9 hidebound, illiberal, parochial **10** brassbound, intolerant, provincial

smallpox **7** variola

small talk **4** chat **6** banter **7** chatter, palaver, prattle **8** badinage, chitchat, raillery, repartee **10** persiflage

small-time **5** minor, petty **6** paltry, two-bit **7** trivial **8** picayune, piddling, trifling **10** bush-league, negligible, shoestring **11** minor-league, unimportant **13** insignificant

smalt **4** blue

smarmy **4** glib, oily **5** slick **6** sleazy **7** buttery, fawning, fulsome **8** unctuous **10** obsequious, oleaginous **12** ingratiating

smart **3** apt **4** ache, chic, keen **5** acute, alert, canny, fresh, natty, quick, sassy, saucy, sharp, slick, sting, swank, throb **6** brainy, bright, cheeky, clever, dapper, shrewd, spruce, suffer **7** dashing, stylish **8** impudent **11** fashionable, intelligent, quick-witted, ready-witted, sharp-witted

smart aleck **7** show-off, wise guy **8** wiseacre **9** know-it-all **11** wisecracker, wisenheimer

smart-alecky **4** wise **5** fresh, sassy, saucy **6** cheeky **8** impudent, insolent **9** bold-faced **11** impertinent

smart set **5** elect, elite **6** bon ton, gentry **7** in crowd, quality, society, who's who **9** beau monde, haut monde **10** blue bloods, upper crust **11** aristocracy, Four Hundred, high society

smarty-pants **7** wise guy **9** know-it-all, swellhead **11** wisenheimer

smash **3** hit, jar **4** bang, bash, belt, blow, boom, clap, jolt, raze, ruin, slam, slug, sock, wham, whop **5** blast, burst, clash, crack, crash, crush, pound, shock, whack, wreck **6** batter, impact, pileup, shiver, wallop **7** clobber, crack-up, debacle, destroy, shatter, smashup, success **8** collapse, decimate, demolish, fragment, knockout, overhand, splinter, tear down **9** breakdown, collision, pulverize, sensation, succès fou **10** annihilate **12** disintegrate

smashup **5** crash, wreck **6** fiasco, pileup **7** crack-up, debacle **8** accident, collapse, disaster **9** breakdown, collision

smattering **3** few **7** handful **10** sprinkling

smear **3** dab, tar **4** beat, coat, daub, drub, lick, slur, soil, whip **5** cover, libel, stain, sully, taint **6** befoul, defame, defile, malign, smirch, smudge, spread, thrash, vilify **7** asperse, blacken, calumny, plaster, shellac, slander, tarnish, traduce **8** besmirch **9** bespatter, denigrate **10** calumniate

smell **4** funk, nose, odor, reek **5** aroma, scent, sense, smack, sniff, snuff, stink, trace, whiff **6** detect, stench **7** bouquet, perfume **9** fragrance, redolence

smell, sense of **9** olfaction

smelly **4** rank **5** fetid, funky, reeky **6** foetid, putrid, rancid, stinky **7** noisome, reeking, stenchy **8** mephitic, stinking **10** malodorous

smelt **4** flux, fuse, slag **6** reduce, refine, tomcod **8** sparling **9** sand lance, whitebait

smidgen see PARTICLE

smile **4** beam, grin **5** smirk **6** simper

smirch see SMUDGE

smirk **4** grin, leer **5** fleer, sneer **6** simper **7** grimace

smite **3** hit **4** belt, kill, sock **5** clout, whack **6** assail, attack, strike **7** afflict, assault, clobber, torment

smithereens **4** bits **6** pieces **9** fragments, particles

smitten **5** taken **6** hooked **8** besotted, enamored **9** enamoured, enchanted, entranced **10** captivated, enraptured, infatuated **11** intoxicated

smock **5** apron, dress, frock **8** pinafore

smoke **4** cure, fume **5** fumes, vapor **8** fastball, fumigate **9** cigarette

smoky **4** fumy, gray, hazy **5** murky, sooty **6** turbid **7** reeking **10** caliginous, smoldering

smolder **4** glow **5** churn **6** bubble, seethe, simmer **7** ferment **9** fulminate

smooch **4** buss, kiss, neck, peck **5** smack **8** osculate

smooth **4** easy, even, flat **5** fluid, flush, level, plane, sleek, slick, suave **6** facile, fluent, glassy, glossy, polish, urbane **7** cursive, flatten, flowing, running **8** glabrous, hairless, soothing, unbroken **10** effortless, unwrinkled

smooth-spoken **4** glib **6** fluent **8** eloquent **10** articulate **13** silver-tongued

smorgasbord **4** hash, olio **6** buffet, jumble, medley **7** farrago, mélange **8** mishmash, mixed bag, pastiche **9** potpourri **10** hodgepodge, miscellany, salmagundi **11** gallimaufry

smother **5** choke, douse, quell **6** hush up, muffle, quench, stifle **7** blanket, repress, squelch **8** inundate, restrain, suppress **9** overwhelm, suffocate **10** asphyxiate

smudge **3** dab **4** blot, blur, daub, foul, soil **5** dirty, smear, stain, sully, taint **6** bedaub, blotch, defile, smirch **7** begrime, besmear, blacken, blemish, splotch, tarnish **8** besmirch

smug **8** priggish **9** conceited **10** complacent **13** self-satisfied

smuggle 3 run 7 bootleg
smut 4 porn 5 filth 9 obscenity 11 pornography
smutty 4 blue, foul, lewd, racy 5 bawdy, dirty, nasty, sooty 6 coarse, filthy, risqué, vulgar 7 obscene, raunchy 8 indecent, off-color, prurient 9 salacious 12 pornographic, scatological
Smyrna 5 Izmir
snack 3 tea 4 bite, nosh, tapa 6 morsel, nibble 11 refreshment
snaffle 3 bit, cop 4 lift 5 filch, pinch, swipe 6 pilfer, pocket 7 purloin
snafu 5 botch, error, mix-up, snarl 6 bungle, foul up, mess up, muddle 7 chaotic, screwup 9 confusion
snag 3 nab 4 curb, grab, hook, nail, tear 5 catch, hitch 6 glitch, holdup, hurdle, obtain, secure 7 capture 8 drawback, obstacle 9 apprehend 10 impediment 11 obstruction
snail 5 whelk 6 limpet 7 mollusc, mollusk 8 escargot, ramshorn, slowpoke 9 gastropod 10 periwinkle
snake 3 boa 4 fink 5 crawl, creep, racer, slide 6 python, writhe 7 hognose, serpent, slither 8 anaconda, ophidian, undulate ***poisonous:*** 3 asp 5 adder, cobra, coral, krait, mamba, viper 6 elapid, taipan 7 rattler 8 pit viper 10 bushmaster, copperhead, fer-de-lance 11 cottonmouth 13 water moccasin
snakebird 6 darter 7 anhinga
snake-eater 8 mongoose 13 secretary bird
snakelike 7 sinuous 8 ophidian 10 serpentine
snakeroot 7 bugbane 10 wild ginger 11 blazing star
snakeweed 7 bistort 13 poison hemlock
snaky 7 sinuous, winding 8 flexuous, tortuous 10 convoluted, meandering, serpentine 11 anfractuous
snap 4 bang, bark 5 break, cinch, crack 6 breeze, picnic 7 crackle 8 duck soup, kid stuff, pushover 10 child's play
snap back 6 revive 7 rebound, recover 10 convalesce, recuperate
snappy 4 edgy, fast, tart 5 brisk, hasty, huffy, natty, quick, rapid, sharp, smart, swank, swift, testy 6 lively, prompt, speedy, touchy 7 dashing, stylish, waspish 8 animated, petulant, vigorous 9 breakneck, fractious, irritable, vivacious
snare 3 bag 4 bait, hook, lure, trap 5 catch, decoy, tempt 6 come-on, enmesh, entice, entrap, seduce, tangle 7 capture, catch up, chicane, embroil, ensnare, ensnarl, involve, pitfail, trammel 8 entangle, inveigle 9 chicanery, deception 10 enticement, temptation
snarl 3 jam, web 4 bark, knot, maze, mesh 5 chaos, growl, ravel, skein 6 jungle, morass, muddle, tangle 7 perplex 8 disarray, disorder, entangle, mishmash 9 confusion, labyrinth 10 complexity, complicate 12 complication, entanglement
snatch 3 bit, nab 4 grab, jerk, take, yank 5 catch, pluck, seize, swipe 6 abduct, clutch, kidnap, wrench 8 fragment
snazzy 4 chic 5 fancy, gaudy, jazzy, nobby, ritzy, sassy, sharp, smart, showy, swank 6 chichi, classy, flashy, garish, glitzy, jaunty, spiffy, swanky 7 elegant
sneak 3 cur, pad 4 lurk, slip, worm 5 crawl, creep, glide, mooch, prowl, shirk, skulk, skunk, slide, slink, steal 6 covert, secret, tiptoe, weasel 7 furtive, gumshoe, slither, smuggle 8 hush-hush, slyboots, stealthy 9 pussyfoot, scoundrel 10 undercover 11 clandestine
sneaky 4 foxy 6 shifty, tricky 7 devious, furtive 8 guileful, indirect, slippery, stealthy 9 underhand 11 duplicitous, underhanded
sneer 4 gibe, jeer 5 fleer, scoff, smirk 7 grimace, snigger
snicker 5 laugh 6 giggle, titter 7 chortle, chuckle
snide 4 mean 5 nasty 8 spiteful 9 malicious 11 insinuating
sniff 4 jeer, nose 5 scent, scoff, smell, snoop 6 inhale
sniffy 4 smug 5 aloof, lofty 6 lordly, snooty, uppity 7 haughty, pompous, stuck-up 8 scornful, superior 10 disdainful, hoity-toity 12 contemptuous, supercilious
snifter 3 nip, sip, tot 4 dram, drop, jolt, shot, slug 5 glass, snort 6 finger, goblet
snip 3 bit, cut 4 clip, crop, trim 5 notch, scrap 8 fragment
snipe 4 carp 9 sandpiper
sniper 6 gunman, killer 7 shooter 8 marksman, rifleman 12 sharpshooter
snippety see SNIPPY
snippy 4 curt 5 bluff, blunt, brief, gruff, short, terse 6 abrupt, crusty 7 brusque 8 snappish
snit 3 fit 4 flap, fume, huff, stew 5 panic, pique, sweat, tizzy 6 dither, frenzy, lather, pother, swivet 10 conniption
snitch 3 cop, nip, rat 4 beak, fink, hook, lift, palm, sing, tell 5 filch, peach, pinch, spill, steal, swipe 6 inform, pilfer, pocket, squeal, tattle 7 purloin, rat fink, tattler, tipster 8 betrayer, informer, squealer 11 stool pigeon

snivel 3 sob 4 weep 5 cower, whine 6 cringe, whinge 7 blubber, snuffle, whimper
snob 5 snoot 6 poseur 7 parvenu
snobbish 6 snooty, uppity 7 haughty, high-hat, stuck-up 10 hoity-toity 11 patronizing, pretentious 12 supercilious 13 condescending
snook 5 cobia 6 robalo 12 sergeant fish
snooker 3 con 4 dupe, fool, hoax, pool 5 trick 6 delude 7 beguile, deceive, defraud 8 flimflam, hoodwink 9 bamboozle 11 hornswoggle
snoop 3 pry, spy 4 nose, peek, peep, peer, poke 5 prier, pryer 6 ferret, meddle, sleuth 7 gumshoe, intrude, meddler 8 busybody, quidnunc 9 detective, inspector, interfere 10 rubberneck
snooper 3 spy 9 detective, inspector 12 investigator
snoopy 4 nosy 6 prying 7 curious 8 meddling 9 intrusive 10 meddlesome 11 inquisitive
snoot see SNOUT
snooty see SNOBBISH
snooze 3 kip, nap 4 doze 5 sleep 6 catnap, drowse, nod off, siesta 7 drop off, slumber 10 forty winks
snore 8 rhonchus
snort 3 nip, tot 4 dram, drop, jolt, shot, slug 5 scoff, snarl 6 exhale, inhale 7 snifter
snout 4 beak, nose 6 muzzle 9 proboscis
snow ***glacial:*** 4 firn, névé ***melted:*** 5 slush ***pellet:*** 7 graupel ***ridge:*** 8 sastruga
snow apple 8 mushroom
snowball 5 mount, run up 6 expand 7 augment, burgeon, explode, inflate 8 increase, multiply, mushroom, viburnum 10 accumulate 11 proliferate
snowbird 5 finch, junco 6 thrush 7 bunting 9 fieldfare, ivory gull
Snow-Bound author 8 Whittier (John Greenleaf)
snow finch 9 brambling
snow grouse 9 ptarmigan
snow leopard 5 ounce
Snow Leopard author 11 Matthiessen (Peter)
snowstorm 8 blizzard
snub 3 cut 4 shun 5 blunt, scorn, spite, spurn 6 rebuff, rebuke, slight, stubby 7 put down 9 ostracize, repudiate 12 cold-shoulder
snuff 3 ice, off 4 kill, nose 5 pinch, scent, smell 6 murder, rappee 7 execute 10 extinguish 11 exterminate
snug 4 cozy, neat, taut, tidy, trim 5 comfy, cushy, tight 6 burrow, cuddle, nestle, nuzzle, secure 7 orderly 9 sheltered, shipshape 11 comfortable
snuggle 5 spoon 6 burrow, cuddle, curl up, huddle, nestle, nuzzle
so 3 sae 4 ergo, then, thus 5 hence 6 indeed 9 similarly, therefore 11 accordingly 12 consequently
soak 3 sot, wet 4 bilk, clip, lush, skin, swig, wino 5 douse, drink, gouge, imbue, souse, steep 6 boozer, drench, fleece, infuse, seethe 7 drinker, guzzler, immerse 8 drunkard, permeate, saturate, submerge 9 alcoholic, penetrate 10 boozehound, impregnate, overcharge ***flax:*** 3 ret
soap 4 suds 6 stroke 7 flatter, wheedle 8 blandish, butter up, inveigle 9 sweet-talk ***hard:*** 7 castile ***ingredient:*** 3 lye
soapbox 4 dais 6 podium 7 rostrum 8 hustings, platform, scaffold
soap plant 5 amole
soapstone 8 steatite
soapwort 7 cowherd 11 bouncing bet
soar 3 fly 4 lift, rise 5 arise, climb, glide, hover, mount, shoot 6 ascend, rocket 7 shoot up 8 increase 9 skyrocket
sob 3 cry 4 bawl, blub, wail, weep 7 blubber, whimper
sober 4 calm, cool 5 grave, staid 6 low-key, proper, sedate, serene, solemn 7 austere, earnest, serious, subdued 8 composed, decorous, low-keyed, moderate, rational, reserved 9 abstinent, collected, practical, pragmatic, realistic, temperate 10 abstaining, abstemious, controlled, forbearing, hardheaded, no-nonsense, reasonable, restrained 11 disciplined, down-to-earth 12 matter-of-fact 13 imperturbable, self-possessed, unimpassioned
sobriety 7 gravity 10 abstinence, continence, sedateness, temperance 11 seriousness
sobriquet 3 tag 5 alias 6 byname 7 epithet, moniker 8 cognomen, nickname 10 hypocorism
so-called 6 formal 7 alleged, nominal, titular 8 supposed 9 pretended, professed, purported 10 ostensible, self-styled
soccer ***cup:*** 5 World ***official:*** 7 referee 8 linesman ***player:*** 6 booter, goalie, kicker, winger 7 forward, link man, striker, sweeper 8 defender, fullback, halfback 10 goalkeeper ***star:*** 4 Hamm (Mia), Pelé 5 Akers (Michelle) 7 Beckham (David), Ronaldo 8 Maradona (Diego) 11 Beckenbauer (Franz) ***term:*** 3 net 4 boot, chip, kick, trap 6 corner, header, tackle, volley 7 dribble, kickoff, throw-in 8 back-heel, free kick, goal kick, goal line 9 touchline 10 center spot, corner flag, corner kick

11 dropped ball, halfway line, penalty kick, penalty spot

sociable **5** close **6** genial **7** affable, amiable, cordial **8** familiar, gracious **9** clubbable, congenial, convivial **10** gregarious, hospitable **11** good-natured

social **5** civic, civil **8** communal **9** clubbable, convivial **10** collective, gregarious, hospitable **11** extroverted **13** companionable ***class:*** **5** caste

Social Contract author **8** Rousseau (Jean-Jacques)

socialist ***American:*** **4** Debs (Eugene) **6** Ripley (George), Thomas (Norman) ***British:*** **4** Owen (Robert, Robert Dale), Webb (Beatrice, Sidney) **6** Morris (William) ***French:*** **7** Fourier (Charles), Viviani (René) **10** Saint-Simon (Henri de) ***German:*** **4** Marx (Karl) **6** Engels (Friedrich) **9** Luxemburg (Rosa) **10** Liebknecht (Wilhelm)

socialize **3** mix **5** party **6** hobnob, mingle **7** consort **9** associate **10** fraternize

social worker **4** Riis (Jacob), Wald (Lillian D.) **6** Addams (Jane) **7** Alinsky (Saul), Lathrop (Julia C.)

society **4** club **5** elite, guild **6** gentry, league, people, public **7** company, quality, who's who **8** populace, sodality **9** beau monde, community, haut monde **10** fellowship, fraternity, upper class, upper crust **11** aristocracy, association, brotherhood **13** companionship

sociologist ***American:*** **4** Bell (Daniel), Ward (Lester Frank) **5** Balch (Emily Green), Whyte (William H.) **6** Du Bois (W. E. B.), Glazer (Nathan), Sumner (William Graham) **7** Johnson (Charles Spurgeon), Riesman (David) ***English:*** **7** Spencer (Herbert) ***French:*** **8** Durkheim (Emile) ***German:*** **5** Weber (Max) ***Italian:*** **6** Pareto (Vilfredo) ***Swedish:*** **6** Myrdal (Alva, Gunnar)

sock **3** bop, box, hit **4** bash, belt, blow, chop, cuff, ding, slap, slog **5** clout, punch, smack, smash, whack **6** argyle, buffet, strike, thwack **8** stocking

sock away **4** bank, save, stow **5** cache, hoard, lay by, put by, stash **8** lay aside

socks **4** hose **7** hosiery

Socrates ***birthplace:*** **6** Athens ***poison:*** **7** hemlock ***pupil:*** **5** Plato ***wife:*** **8** Xantippe **9** Xanthippe

Socratic **8** maieutic

sod **4** land, peat, turf **5** earth, grass **6** ground

soda **3** pop **4** cola **5** tonic **7** seltzer

sodality **4** club **5** guild, lodge, order, union **6** league **7** society **9** community **10** fellowship, fraternity **11** association, brotherhood

sodden **3** wet **5** soggy, soppy **6** soaked, soused **7** soaking, sopping **8** drenched, dripping **9** saturated **11** waterlogged, wringing-wet

Sodom and ___ **8** Gomorrah

sofa **5** couch, divan **7** ottoman **9** banquette, davenport

so far **3** yet **5** as yet, still **6** to date **7** till now **8** hitherto, until now **10** heretofore

Sofia native **6** Bulgar **9** Bulgarian

soft **4** cozy, easy, mild, snug **5** balmy, comfy, cushy, downy, faint, mushy, silky **6** doughy, flabby, gentle, low-key, pliant, satiny, silken, simple, smooth, spongy, tender **7** cottony, lenient, pillowy, pliable, squashy, squishy, subdued, velvety **8** cushiony, workable, yielding **9** malleable **11** comfortable

softcover **9** paperback

soften **4** ease, tame **5** abate, allay, blunt, relax **6** dampen, lessen, mellow, soothe, subdue, temper, weaken **7** assuage, lighten, mollify **8** diminish, enfeeble, mitigate, moderate, palliate, tone down, turn down **9** alleviate

soft hail **7** graupel

softhearted **4** kind, warm **6** humane, kindly, tender **7** lenient **10** responsive **11** sympathetic **13** compassionate

soft palate **5** velum

soft-pedal **4** mute **6** dampen, hush up, muffle, subdue **8** minimize, play down, suppress, tone down **9** underplay **11** de-emphasize

soft-soap **3** con **4** coax **6** cajole, soothe, wangle **7** blarney, flatter, wheedle **8** blandish, butter up, inveigle **9** sweet-talk

soggy **3** wet **6** doughy, soaked, sodden **7** soaking, sopping **8** drenched, dripping **9** saturated **10** bedraggled **11** waterlogged

Sohrab and Rustum author **6** Arnold (Matthew)

soi-disant **7** alleged **8** putative, so-called, supposed **9** pretended, professed, purported **10** ostensible, self-styled

soil **3** mud, tar **4** daub, dirt, foul, land, loam, mess, muck, murk **5** dirty, earth, grime, muddy, smear, stain, sully, taint **6** defile, ground, smirch, smudge **7** blacken, country, pollute, tarnish **8** besmirch, discolor, homeland **10** fatherland, motherland, terra firma **11** contaminate ***aggregate:*** **3** ped ***clay:*** **5** gault ***dark:*** **9** chernozem ***deposit:*** **5** loess **7** eluvium ***infertile:*** **6** podzol ***layer:*** **4** gley, sola (plural) **5** solum ***rich:*** **6** hotbed ***tropical:*** **7** latosol

soiree **4** fete, gala **5** party **6** affair, social

7 shindig 8 function 9 festivity, reception 11 celebration 13 entertainment
sojourn 4 bide, stay, stop 5 abide, lodge, tarry, visit 6 linger 7 layover 8 stopover
Sol 3 sun 7 daystar, phoebus ***horse:*** 4 Eous 5 Ethon 9 Erythreos (see also HELIOS)
solace 5 allay, amuse, cheer 6 buck up 7 comfort, console, hearten 8 inspirit 10 condolence
solar disk 4 Aten, Aton
solarium 7 sunroom
solder 4 fuse, weld 5 braze
soldier 5 grunt, sepoy 7 dogface, draftee, fighter, private, recruit, trooper, veteran, warrior 8 bluecoat, doughboy, fusilier, rifleman 9 free lance, guerrilla, man-at-arms, mercenary 10 carabineer, carabinier, serviceman 11 condottiere, infantryman ***ancient Greece:*** 7 hoplite ***British:*** 5 Tommy 7 redcoat ***cavalry:*** 6 hussar 8 chasseur ***Confederate:*** 3 reb ***French:*** 5 poilu 6 Zouave ***German:*** 5 jerry ***irregular:*** 8 guerilla 9 guerrilla ***Prussian:*** 5 uhlan ***Turkish:*** 9 janissary
sole 3 one 4 lone, only 5 alone 6 bottom, single, unique 8 flatfish, singular 9 exclusive
solecism 4 goof, slip 5 boner, error, gaffe, lapse 6 misuse 7 blooper, blunder, faux pas, mistake 9 barbarism, indecorum, vulgarism 11 impropriety
solemn 5 grand, grave, sober, staid, stern 6 august, formal, ritual, sedate, somber, sombre 7 earnest, plenary, serious, stately, weighty 8 funereal, imposing, majestic 9 dignified 10 ceremonial, impressive, no-nonsense, sobersided 11 ceremonious, magnificent
solemnize 4 keep 5 bless, honor 6 hallow 7 dignify, observe 8 venerate 9 celebrate, ritualize 10 consecrate 11 commemorate
solicit 3 ask, beg 4 lure, tout, urge 5 apply 6 demand, drum up, entice 7 beseech, bespeak, canvass, entreat, implore, request 8 petition 9 importune 11 proposition, requisition
solicitor 6 jurist, lawyer, suitor 7 pleader 8 advocate, attorney 9 counselor
solicitous 4 avid, keen 5 eager, fussy 6 ardent, tender 7 anxious, careful, devoted, fearful, finicky, worried 8 rigorous 9 assiduous, attentive, concerned, impatient 10 fastidious, meticulous, scrupulous 11 considerate, punctilious, sympathetic 12 apprehensive 13 conscientious
solicitude 4 care, heed 5 qualm, worry 6 unease 7 anxiety, concern, scruple 9 attention, vigilance 10 uneasiness 11 compunction 12 watchfulness 13 consideration
solid 4 firm, hard 5 dense, sound, valid 6 cogent, secure, stable, sturdy, united 7 compact 8 reliable, unbroken 9 steadfast, unanimous, undivided 10 convincing 11 substantial
solidarity 5 union, unity 6 esprit 7 concord, oneness 8 cohesion 9 integrity 10 singleness 12 cohesiveness, togetherness 13 esprit de corps
solidify 3 dry, fix, gel, set 4 cake, jell 6 freeze, harden, secure 7 compact, congeal 8 compress, contract, indurate 11 consolidate
solitary 4 lone, lorn, only, solo 5 alone 6 hermit, lonely, single, unique 7 recluse 8 derelict, deserted, desolate, eremitic, forsaken, isolated, lonesome, separate, singular 9 abandoned, reclusive, withdrawn 10 antisocial, particular, unsociable 11 standoffish 12 misanthropic 13 unaccompanied
solitude 7 privacy 8 loneness 9 aloneness, isolation, seclusion 10 detachment, loneliness, quarantine, retirement, withdrawal 11 confinement 12 separateness
solo 4 lone 5 alone 6 single 7 unaided 8 solitary 13 independently, unaccompanied
Solomon ***brother:*** 8 Adonijah ***daughter:*** 7 Taphath 8 Basemath ***father:*** 5 David ***kingdom:*** 6 Israel ***mother:*** 9 Bathsheba ***son, successor:*** 8 Rehoboam ***victim:*** 4 Joab 8 Adonijah
Solomon Islands ***capital:*** 7 Honiara ***ethnic group:*** 10 Melanesian ***island:*** 7 Florida, Malaita, Rennell 8 Choiseul 11 Guadalcanal, Santa Isabel 12 San Cristóbal ***language:*** 5 Pijin 7 English ***monetary unit:*** 6 dollar
solon 8 lawgiver 10 legislator
so long 4 by-by, ciao, ta-ta 5 adieu, adios 6 bye-bye 7 cheerio, goodbye, toodles 8 farewell, Godspeed, toodle-oo
solution 6 answer, result ***salt:*** 6 saline
solve 3 fix 5 break, crack 6 decode, reveal, settle 7 clarify, clear up, dope out, explain, unravel, work out 8 construe, decipher, unriddle, untangle 9 elucidate, figure out, interpret, puzzle out 11 disentangle
Somalia ***capital:*** 9 Mogadishu ***gulf:*** 4 Aden ***language:*** 6 Arabic, Somali ***location:*** 12 Horn of Africa ***monetary unit:*** 8 shilling ***neighbor:*** 5 Kenya 8 Djibouti, Ethiopia
somatic 6 bodily, carnal 7 fleshly 8 corporal, parietal, physical 9 corporeal
somber 3 dim 4 dark, drab, dull, grim

5 bleak, dusky, grave, heavy, murky, staid 6 dismal, dreary, gloomy, sedate, solemn 7 doleful, joyless, obscure, serious, weighty 8 funereal, mournful 9 tenebrous 10 caliginous, depressing, depressive, lugubrious, melancholy, sepulchral, sobersided, tenebrific 11 dispiriting

somewhat 5 quite 6 fairly, kind of, rather, sort of 7 a little 8 slightly 9 partially, tolerably 10 moderately

sommelier's offering 4 wine

somniferous see SLEEPY

somnolent see SLEEPY

Somnus ***brother:*** 4 Mors ***god of:*** 5 sleep ***mother:*** 3 Nox

son ***French:*** 4 fils ***Italian:*** 6 figlio ***Spanish:*** 4 hijo

song 3 air, lay 4 aria, glee, hymn, lied, tune 5 carol, chant, ditty, lyric, paean 6 ballad, melody, number 7 chanson 8 madrigal ***biblical:*** 8 canticle ***boat:*** 9 barcarole 10 barcarolle ***French:*** 7 chanson ***German:*** 4 lied 6 lieder (plural) ***lamentation:*** 5 dirge 8 threnode, threnody ***medieval:*** 8 sirvente 9 sirventes ***morning:*** 6 aubade ***of joy:*** 5 paean ***operatic:*** 4 aria 8 cavatina 9 cabaletta ***Portuguese:*** 4 fado ***sacred:*** 5 psalm ***sailor's:*** 6 chanty, shanty 7 chantey ***short:*** 8 canzonet ***wedding:*** 8 hymeneal

song and dance 5 pitch, spiel

songbird see at BIRD

Song of Myself author 7 Whitman (Walt)

Song of Solomon 9 Canticles

songwriter 8 composer, lyricist

Sonja ___ 5 Henie

Sonnambula composer 7 Bellini (Vincenzo)

sonnet ***developer:*** 8 Petrarch ***part:*** 5 octet 6 octave, sestet

sonorous 7 ringing, vibrant 8 resonant 10 oratorical, resounding, rhetorical 11 declamatory 12 magniloquent 13 grandiloquent

Sontag novel 9 In America 12 Volcano Lover (The)

soon 4 anon 6 any day, pronto 7 betimes, quickly, rapidly, shortly 8 directly, promptly, speedily 9 forthwith, presently, right away 10 before long

Sooner State 8 Oklahoma

soothe 4 balm, calm, ease, hush, lull 5 allay, quiet, salve, still 6 becalm, pacify, settle, solace, subdue 7 appease, assuage, comfort, compose, console, massage, mollify, placate, relieve 8 calm down, reassure 9 alleviate 10 conciliate, propitiate 11 tranquilize

soothsay 5 augur 8 prophesy 9 adumbrate 10 vaticinate 13 prognosticate

soothsayer 4 seer 5 sibyl 6 oracle 7 diviner, prophet 8 foreseer 9 predictor 10 forecaster, foreteller ***ancient Roman:*** 5 augur 6 auspex 8 haruspex ***blind:*** 8 Tiresias (see also PROPHET)

sop 3 wet 4 gift, soak 5 bribe, douse, goody, souse, steep 6 deluge, drench, reward, seethe 7 douceur 8 gratuity, saturate, waterlog 9 incentive, lagniappe, sweetener 10 enticement

sophism see SOPHISTRY

sophistic 5 false, phony 7 invalid, seeming, unsound 8 delusive, illusory, spurious 9 beguiling, casuistic, deceptive, plausible 10 fallacious, fraudulent, misleading, ostensible

sophisticated 5 blasé, jaded, suave 6 smooth, svelte, urbane 7 complex, knowing, refined, worldly 8 cultured, involved, schooled, seasoned 9 Byzantine, elaborate, intricate, practiced 10 world-weary 11 complicated, experienced, worldly-wise 12 cosmopolitan

sophistry 9 casuistry 12 equivocation 13 dissimulation, prevarication

Sophocles play 4 Ajax 7 Electra 8 Antigone 10 Oedipus Rex

Sophonisba ***brother:*** 8 Hannibal ***father:*** 9 Hasdrubal ***husband:*** 6 Syphax

soporific 4 dozy 6 drowsy, opiate, sleepy 7 anodyne, calming, numbing 8 hypnotic, narcotic, sedative 9 calmative, deadening, somnolent 10 anesthetic, slumberous 11 somniferous 12 somnifacient 13 tranquilizing

soprano ***American:*** 4 Pons (Lily) 5 Costa (Mary), Gluck (Alma), Moffo (Anna), Moore (Grace), Price (Leontyne), Sills (Beverly) 6 Arroyo (Martina), Battle (Kathleen), Callas (Maria), Curtin (Phyllis), Donath (Helen), Farrar (Geraldine), Garden (Mary), Munsel (Patrice), Norman (Jessye), Peters (Roberta), Piazza (Marguerite), Resnik (Regina) 7 Farrell (Eileen), Fleming (Renée), Kirsten (Dorothy), Stevens (Risë), Traubel (Helen) 8 Ponselle (Rosa) ***Australian:*** 5 Melba (Nellie) 10 Sutherland (Joan) ***Austrian:*** 4 Popp (Lucia) 7 Rysanek (Leonie) 8 Sembrich (Marcella) ***Canadian:*** 7 Stratas (Teresa) ***French:*** 7 Crespin (Régine) ***German:*** 6 Leider (Frida) 7 Lehmann (Lilli, Lotte) 11 Schwarzkopf (Elisabeth) ***Italian:*** 5 Freni (Mirella), Grisi (Giuditta, Giulia), Patti (Adelina) 6 Scotto (Renata) 7 Bartoli (Cecilia), Tebaldi (Renata) 10 Tetrazzini (Luisa) 11 Ricciarelli (Katia) ***Korean:*** 6 Sumi Jo ***Mexican:***

8 Cruz-Romo (Gilda) ***New Zealand:*** 8 Te Kanawa (Kiri) ***Norwegian:*** 8 Flagstad (Kirsten) ***Romanian:*** 8 Cotrubas (Ileana) ***Spanish:*** 7 Caballé (Montserrat) 8 Berganza (Teresa) 12 de los Angeles (Victoria) ***Swedish:*** 4 Lind (Jenny) 7 Nilsson (Birgit) (see also MEZZO-SOPRANO)

sorcerer 4 mage 5 magus 6 wizard 7 warlock 8 conjurer, conjuror, magician 9 enchanter 11 necromancer, thaumaturge 13 thaumaturgist

sorceress 3 hag, hex 5 Circe, witch

sorcery 5 magic 8 diablery, wizardry 9 conjuring 10 necromancy, witchcraft 11 bewitchment, enchantment, thaumaturgy ***West Indian:*** 5 obeah

sordid 3 low 4 base, foul, mean, vile 5 dirty, nasty, seamy, shady, venal 6 blowsy, blowzy, filthy, frowsy, frowzy, grubby, scurvy, shabby, sleazy 7 ignoble, low-down, squalid, unclean 8 degraded, shameful, wretched 9 loathsome, mercenary 10 despicable, scandalous, slatternly 11 disgraceful 12 contemptible, disreputable 13 reprehensible

sore 3 raw 4 boil 5 angry, irked, ulcer, upset, vexed 6 aching, bitter, canker, peeved, tender 7 abscess, chancre, hurting, painful 8 inflamed, smarting 9 chilblain, irritated, rancorous, resentful, sensitive 10 affliction

sorehead 4 crab 5 grump 6 griper, grouch 7 grouser 8 grumbler, sourpuss 10 bellyacher, complainer, crosspatch, malcontent

sorrel 4 dock 8 chestnut, sourwood

sorrow 3 rue, sob, woe 4 moan, ruth 5 dolor, grief, mourn 6 grieve, lament, misery, regret 7 anguish, remorse, sadness 8 distress, grieving, mourning 9 dejection, heartache, suffering 10 affliction, heartbreak, melancholy 11 lamentation, unhappiness 12 mournfulness

sorrowful 3 sad 6 rueful, triste, woeful 7 doleful, forlorn, piteous, ruthful, unhappy 8 dolorous, downcast, grieving, mournful, tristful, wretched 9 afflicted, miserable, plaintive, woebegone 10 lamentable, lugubrious, melancholy 11 heartbroken 12 disconsolate

sorry 3 bad, sad 4 mean, poor 5 cheap 6 cheesy, paltry, scummy, scurvy, shabby, shoddy 7 scruffy, unhappy 8 beggarly, contrite, mournful, penitent, pitiable, saddened, trifling, wretched 9 miserable, regretful, repentant 10 apologetic, despicable, inadequate, melancholy, remorseful 11 disgraceful, penitential 12 contemptible, heavy-hearted

sort 3 ilk, lot, set 4 comb, cull, kind, pick, sift, type 5 class, order 6 choose, screen, select, stripe, winnow 7 arrange, catalog, species, variety 8 classify, separate 9 catalogue, character 10 categorize, pigeonhole

sortie 4 dash, raid 5 foray, sally 7 assault, mission 9 excursion 10 expedition

sortilege 6 augury 7 sorcery 8 divining, witchery 10 divination, necromancy, witchcraft 11 thaumaturgy

so-so 4 fair, okay 6 decent, enough, fairly, medium, rather 7 average, fairish 8 adequate, mediocre, middling, moderate, passable, passably 9 tolerably 10 moderately 11 indifferent 12 run-of-the-mill

sot 4 lush, wino 5 drunk, souse 6 bibber, boozer 7 guzzler, tippler, tosspot 8 drunkard 9 alcoholic, inebriate 10 boozehound

sotto voce 3 low 5 aside 6 softly 7 faintly, mutedly, quietly 9 privately

souchong 3 tea

sough 4 sigh 7 suspire, whisper

soul 4 pith 5 anima, being, heart, stuff 6 animus, breast, marrow, pneuma, psyche, spirit 7 essence 9 élan vital, substance 10 conscience, vital force 12 quintessence ***combining form:*** 5 psych 6 psycho

soulful 6 moving, tender 7 emotive, fervent 8 poignant, stirring, touching 9 affecting, emotional 11 impassioned, sentimental

soul singer 4 Gaye (Marvin) 5 Bland (Bobby), Brown (James), Cooke (Sam), Flack (Roberta), Green (Al), Hayes (Isaac) 6 Butler (Jerry), Knight (Gladys), Sledge (Percy) 7 Charles (Ray), Pickett (Wilson), Redding (Otis) 8 Franklin (Aretha), Mayfield (Curtis)

sound 3 fit 4 firm, hale, safe, sane 5 audio, legit, noise, plumb, probe, right, sober, solid, valid, whole 6 cogent, fathom, intact, secure, stable, sturdy, unhurt 7 correct, earshot, healthy, logical, prudent 8 rational, reliable, sensible, unharmed 9 judicious, resonance, undamaged, vibration, wholesome 10 convincing, reasonable 11 well-founded 12 satisfactory, well-grounded 13 reverberation ***combining form:*** 3 son 4 phon, soni, sono 5 audio, audit, phone, phony 6 audito, phonia ***high-pitched:*** 4 ping, ting ***pleasant:*** 7 euphony ***quality:*** 6 timbre ***repeating:*** 7 rat-a-tat 8 rataplan 10 rat-a-tat-tat ***science:*** 6 sonics 7 phonics 9 acoustics

Sound ***Alaska:*** **5** Cross ***Antarctica:*** **7** McMurdo ***Australia:*** **4** King **5** Broad ***Bahamas:*** **5** Exuma ***Canada:*** **4** Howe **6** Nansen ***Connecticut-New York:*** **10** Long Island ***English Channel:*** **8** Plymouth ***Georgia:*** **8** Altamaha ***Greenland:*** **5** Smith ***Gulf of Mexico:*** **8** Suwannee **11** Mississippi ***Massachusetts:*** **8** Vineyard **9** Nantucket ***New England:*** **11** Block Island ***North Carolina:*** **4** Core **5** Bogue **7** Pamlico, Roanoke **9** Albemarle, Currituck ***Northwest Territories:*** **4** Peel **8** Melville **9** Lancaster **12** Prince Albert ***Norwegian Sea:*** **8** Scoresby ***Ontario:*** **4** Owen ***Scotland:*** **3** Hoy **4** Jura, Mull **5** Inner ***Spitsbergen:*** **4** Bell ***Washington:*** **5** Puget

Sound and the Fury, The ***author:*** **8** Faulkner (William) ***character:*** **5** Benjy (Compson), Caddy (Compson), Jason (Compson) **6** Dilsey **7** Quentin (Compson)

soundness **6** health, sanity **7** balance **8** lucidity, prudence, security, solidity, strength **9** integrity, stability **11** reliability **12** practicality

sound off **7** speak up **8** speak out

soup ***beet:*** **6** borsch **7** borscht ***bowl:*** **6** tureen ***clear:*** **5** broth **8** bouillon, consommé, julienne ***cold:*** **8** gazpacho **11** vichyssoise ***curry:*** **12** mulligatawny ***okra:*** **5** gumbo ***seafood:*** **7** chowder ***thick:*** **5** gumbo, puree **6** bisque, burgoo ***vegetable:*** **10** minestrone

soupçon see PARTICLE

soupy **5** foggy, gooey, gushy, murky, mushy **6** drippy, slushy, smoggy **7** cloying, maudlin, mawkish **8** cornball **9** schmaltzy **10** saccharine **11** sentimental, tear-jerking

sour **4** acid, dour, tart **5** acerb, acrid, tangy, testy **6** acidic, bitter, crabby, cranky, curdle, grumpy, morose, rancid, rotten, sullen, turned **7** acerbic, grouchy, peevish, prickly, spoiled, unhappy **8** embitter, vinegary **9** acidulous, fermented **12** disagreeable

source **4** font, root, well **5** basis, cause, fount, model, onset, start **6** mother, origin, spring **7** dawning, genesis **8** begetter, fountain, wellhead **9** beginning, inception, informant, precursor, prototype, reference, rootstock **10** antecedent, authorship, birthplace, derivation, originator, progenitor, provenance, wellspring **11** origination, provenience **12** fountainhead

sourness **7** acidity **8** acerbity, asperity

sourpuss **4** crab **5** crank, grump **6** griper, grouch **7** grouser, killjoy **8** grumbler, sorehead **10** bellyacher, complainer, crosspatch, curmudgeon **11** misanthrope

souse **3** dip, sop, sot **4** lush, soak, wino **5** binge, drown, steep **6** boozer, drench, pickle, plunge, seethe **7** immerse **8** drunkard, inundate, marinate, preserve, saturate, submerge, submerse **9** alcoholic, immersion, inebriate **10** boozehound, intoxicate **11** dipsomaniac

soused **3** lit **4** high **5** drunk, lit up, oiled **6** bashed, blotto, bombed, juiced, potted, soaked, soused, stewed, stoned, tanked, wasted, zonked **7** crocked, drunken, pickled, pie-eyed, sloshed, smashed, sottish **8** polluted **9** plastered **10** inebriated, liquored up **11** intoxicated

south ***combining form:*** **5** austr **6** austro ***French:*** **3** sud ***Spanish:*** **3** sur

South Africa ***capital:*** **8** Cape Town, Pretoria **12** Bloemfontein ***city:*** **6** Durban **12** Johannesburg ***desert:*** **8** Kalahari ***enclave:*** **7** Lesotho ***grassland:*** **4** veld **5** veldt ***language:*** **5** Bantu **7** English **9** Afrikaans ***monetary unit:*** **4** rand ***mountain range:*** **11** Drakensberg ***neighbor:*** **7** Namibia **8** Botswana **9** Swaziland, Zimbabwe **10** Mozambique ***plateau:*** **5** Karoo **6** Karroo ***river:*** **6** Molopo, Orange ***settlers:*** **5** Boers

South America ***country:*** **4** Peru **5** Chile **6** Brazil, Guyana **7** Bolivia, Ecuador, Uruguay **8** Colombia, Paraguay, Suriname **9** Argentina, Venezuela ***ethnic group:*** **6** Aymara, Creole, Indian **7** mestizo, mulatto, Quechua, Spanish **10** Amerindian, Portuguese ***language:*** **6** Aymara **7** Guaraní, Quechua, Spanish **10** Portuguese

South Carolina ***capital:*** **8** Columbia ***city:*** **10** Charleston, Greenville ***college, university:*** **7** Citadel, Clemson ***fort:*** **6** Sumter ***island, island group:*** **3** Sea **6** Edisto, Parris **10** Hilton Head ***nickname:*** **8** Palmetto (State) ***river:*** **6** Edisto, Pee Dee, Santee **7** Tugaloo **8** Savannah ***state bird:*** **12** Carolina wren ***state flower:*** **13** yellow jasmine ***state tree:*** **8** palmetto

South Dakota ***capital:*** **6** Pierre ***city:*** **9** Rapid City **10** Sioux Falls ***mountain:*** **6** Harney (Peak) **8** Rushmore **10** Black Hills ***nickname:*** **6** Coyote (State) **10** Mt. Rushmore (State) ***park:*** **8** Badlands, Wind Cave ***river:*** **8** Missouri **11** Belle Forche ***state bird:*** **18** ring-necked pheasant ***state flower:*** **12** pasqueflower ***state tree:*** **6** spruce

southerly **7** austral

South-West Africa **7** Namibia

south wind see at WIND

souvenir 5 relic, token 6 trophy 7 memento 8 keepsake, memorial, reminder 11 remembrance

sovereign 4 coin, czar, free, king, tsar 5 queen, regal, royal, ruler 6 kingly, ruling 7 emperor, empress, highest, monarch, regnant, supreme 8 absolute, autarkic, autocrat, dominant, imperial, kinglike, majestic 9 ascendant, autarchic, monarchal, number one, paramount, potentate 10 autonomous, monarchial 11 independent, monarchical, predominant 12 self-governed

soviet 7 council 9 committee

sow 4 seed, toss 5 drill, fling, plant, strew 7 bestrew, scatter 9 broadcast 11 disseminate

spa 5 baths, hydro, wells 6 hot tub, resort, spring, waters 7 springs 13 watering place ***Czech:*** 6 Bilina 8 Karlsbad ***English:*** 4 Bath 6 Buxton 9 Harrogate ***French:*** 3 Dax 5 Evian ***German:*** 3 Ems 5 Baden 6 Bad Ems 9 Kissingen

space 3 gap 4 area, room 5 blank, scope 6 cavity, extent, spread, volume 7 breadth, expanse, stretch 8 capacity, distance, interval, universe 9 amplitude, expansion

spaced-out 4 high 5 doped 6 stoned, zonked 7 drugged 8 hopped-up, turned on

spacious 3 big 4 vast, wide 5 ample, large, roomy 7 immense 8 enormous, extended 9 boundless, capacious, cavernous, expansive, extensive 10 commodious, voluminous

spade 3 dig 4 grub 5 dig up, scoop 6 dig out, shovel 8 excavate

Spade, Sam 4 dick 6 shamus, sleuth 7 gumshoe 9 detective 10 private eye ***creator:*** 7 Hammett (Dashiell) ***novel:*** 13 Maltese Falcon (The)

Spain ***ancient name:*** 8 Hispania ***capital:*** 6 Madrid ***city:*** 6 Málaga 7 Seville 8 Valencia, Zaragoza 9 Barcelona, Saragossa ***island group:*** 6 Canary 8 Balearic ***king:*** 10 Juan Carlos ***leader:*** 6 Franco (Francisco) ***monetary unit:*** 4 euro ***monetary unit, former:*** 4 real 6 peseta ***mountain:*** 8 Mulhacén 11 Pico de Aneto ***mountain range:*** 8 Pyrenees ***neighbor:*** 6 France 8 Portugal ***peninsula:*** 7 Iberian ***region:*** 8 Valencia 9 Catalonia ***river:*** 4 Ebro 12 Guadalquivir ***sea:*** 13 Mediterranean ***strait:*** 9 Gibraltar

spall 4 chip 5 flake 7 shaving 8 fragment 9 exfoliate

spam 8 junk mail

span 4 arch, term, time 5 cross, reach 6 extent, length, period, spread 7 compass, measure, stretch 8 duration, interval, lifetime, straddle, traverse

spangle 4 trim 5 flash, gleam 6 sequin 7 glitter, shimmer, sparkle, twinkle 9 coruscate 11 scintillate

Spaniard 9 Castilian

Spanish ***boss:*** 7 cacique ***chaperone:*** 6 duenna ***combining form:*** 7 hispano ***dictator:*** 8 caudillo ***folksong:*** 6 tonada ***fortress:*** 7 alcazar ***garrison:*** 8 presidio ***hors d'oeuvre:*** 4 tapa ***inn:*** 6 posada ***mayor:*** 7 alcalde ***national hero:*** 3 Cid (El) 5 El Cid ***nobleman:*** 7 grandee ***operetta:*** 8 zarzuela ***penal settlement:*** 8 presidio ***plain:*** 5 llano, pampa ***plantation:*** 8 hacienda ***princess:*** 7 infanta ***ranch:*** 5 finca 8 estancia ***saint:*** 7 Dominic 8 Ignatius ***scarf:*** 8 mantilla ***shawl:*** 6 serape ***title:*** 3 don 4 doña 5 señor 6 señora 8 señorita ***wine:*** 4 sack 6 sherry

Spanish fly 9 cantharis

spank 4 cane, flog, lash, slap 5 smack 6 larrup, paddle, punish, thrash 7 scourge 8 chastise

spar 3 box, vie 4 pole 5 joust, stall 7 dispute, wrangle 8 longeron ***ship's:*** 4 boom, gaff, mast, yard 7 yardarm 8 bowsprit

spare 4 lank, lean, pity, save, slim 5 avoid, extra, gaunt, lanky 6 backup, excess, excuse, exempt, let off, meager, meagre, pardon, scanty, scrape, scrimp, skimpy, skinny, slight, unused 7 absolve, relieve, reserve, scrawny, scrimpy, surplus 8 leftover 10 additional 11 superfluous

sparing 4 bare, wary 5 canny, chary, tight 6 frugal, meager, meagre, saving, stingy 7 prudent, thrifty 9 provident 10 economical, restrained, unwasteful 11 tightfisted 12 parsimonious

spark 3 woo 5 court, ember, glint 6 foment, incite, kindle, set off 7 provoke, trigger 8 activate, touch off 9 instigate, scintilla

sparkle 4 zing 5 flash, gleam, glint, verve 7 glimmer, glisten, glitter, shimmer, twinkle 8 vivacity 9 animation, coruscate 10 effervesce, liveliness 11 coruscation, scintillate 13 scintillation

sparkling 6 bubbly, lively 8 animated, bubbling 9 brilliant 12 effervescent

Spark novel 11 Memento Mori 21 Prime of Miss Jean Brodie (The)

sparse 4 rare, thin 5 scant 6 meager, meagre, scanty, scarce, skimpy 7 limited, scrimpy 8 exiguous, sporadic, uncommon 9 dispersed, scattered 10 inadequate, infrequent, occasional 12 insufficient

Sparta 10 Lacedaemon ***country:*** 7 Laconia ***king:*** 8 Leonidas ***opponent:*** 6 Athens
Spartacus ***author:*** 4 Fast (Howard) ***slayer:*** 7 Crassus
spasm 3 fit, tic 4 pang 5 burst, crick, throe 6 twitch 8 paroxysm 10 convulsion ***muscular:*** 6 clonus
spasmodic 5 jerky 6 fitful, spotty 7 erratic 8 sporadic 9 desultory, excitable 10 convulsive 12 intermittent
spat 3 row 4 flap, miff, tiff 5 fight, scene, scrap 6 bicker, gaiter, hassle, oyster 7 brabble, dispute, fall out, quarrel, rhubarb, wrangle 8 argument, outburst, squabble 10 falling-out 11 altercation
spate 4 flow, flux, gush, pour, rain, rush, tide 5 flood, river, spurt, surge 6 deluge, series, shower, stream 7 current, freshet, torrent 8 cataract, outburst, overflow 10 inundation, outpouring
spatter 4 slop, slur, spit 5 douse, fleck, plash, slosh, smear, spray, spurt, swash 6 befoul, defame, malign, splash, splosh, vilify 7 asperse, blacken, handful, slander, speckle, splurge, stipple, traduce 8 besmirch, sprinkle 9 denigrate, disparage
spawn 4 eggs, sire 5 beget, breed, brood, hatch, issue 6 create, father, parent 7 produce, product, progeny, provoke 8 engender, generate 9 offspring, originate, procreate, propagate, reproduce, stimulate
speak 3 gab, jaw, say, yak 4 blab, chat, chin, talk 5 blurt, drawl, mouth, orate, spiel, spout, utter, voice 6 assert, convey, intone, mumble, murmur, mutter, parley 7 address, declaim, declare, lecture, phonate, whisper 8 converse, dilate on, perorate, vocalize 9 discourse, enunciate, expatiate, hold forth, verbalize ***confusedly:*** 7 stammer, stutter 8 splutter ***for:*** 7 testify
speaker 5 voice 9 spokesman 10 mouthpiece 12 spokesperson
spear 3 gig 4 pike, spit 5 gouge, lance, spike 6 impale, pierce, skewer 7 harpoon, leister, trident 8 puncture, transfix 9 penetrate
special 4 rare 6 unique 7 express, notable, unusual 8 peculiar, uncommon 10 designated, individual, noteworthy, particular 11 distinctive, exceptional, outstanding
species 4 kind, sort, type 5 breed, class, order
specific 3 set 5 exact 6 strict, unique 7 express, limited, precise, special 8 clean-cut, clear-cut, definite, distinct, especial, explicit 10 individual, particular 11 categorical, unambiguous
specify 3 fix, set 4 cite, list, name 6 detail 7 itemize, mention, pin down, tick off 8 instance, spell out 9 determine, enumerate, establish, inventory, stipulate 13 particularize
specimen 4 case, sort, type 6 sample 7 example, neotype, variety 8 exemplar, holotype, instance, sampling 12 illustration
specious 5 empty, false 6 hollow 8 spurious 9 casuistic, plausible, sophistic 10 misleading, ostensible 11 sophistical
speciousness 7 sophism 9 casuistry, sophistry
speck 3 bit, dot, jot 4 atom, iota, mite, mote, spot, tick, whit 5 crumb, fleck, grain, point, shred, trace 7 freckle, smidgen 8 molecule, particle, pinpoint
speckle 3 dot 4 spot 5 flake, fleck 6 dapple, pepper 7 stipple 8 sprinkle
spectacle 4 pomp, show 5 drama, sight 6 parade 7 display, pageant, panoply, tableau 10 exhibition, exposition 12 extravaganza
spectacular 5 stagy 7 amazing, pageant 8 dazzling, dramatic, striking, wondrous 9 marvelous, thrilling, wonderful 10 astounding, eye-popping, histrionic, miraculous, phenomenal, prodigious, staggering, stupefying, stupendous, theatrical 11 astonishing, sensational 12 extravaganza
spectator 5 gazer 6 viewer 7 watcher, witness 8 beholder, observer, onlooker 9 bystander 10 eyewitness
Spectator author 6 Steele (Richard) 7 Addison (Joseph)
specter 5 ghost, shade 6 shadow, spirit, wraith 7 eidolon, phantom 8 phantasm, revenant, visitant 10 apparition
spectral 6 spooky 7 ghastly, ghostly, phantom 9 ghostlike, unearthly 10 shadowlike 11 disembodied, phantomlike
spectrum 5 ambit, gamut, range, scale, sweep 7 compass 8 diapason 9 continuum
speculate 4 muse 5 study, think, weigh 6 ponder, reason, review, wonder 7 reflect 8 cogitate, consider, meditate, ruminate, theorize 9 cerebrate 10 conjecture, deliberate 11 contemplate
speculation 5 guess, hunch 6 gamble, review, theory 7 surmise 9 brainwork 10 conjecture
speculative 7 curious, pensive 8 academic 10 thoughtful 11 conjectural, theoretical 12 hypothetical
speech 4 talk 5 idiom, spiel, voice

6 debate, homily, parley, sermon, tirade, tongue **7** address, dialect, diction, lecture, oration, palaver **8** dialogue, diatribe, harangue, language, parlance, rhetoric **9** discourse, monologue, utterance **10** allocution, expression, vernacular **11** declamation **12** articulation, disquisition, vocalization **13** verbalization ***defect:*** **4** lisp **7** stutter

speechcraft **7** oratory **8** rhetoric **9** elocution

speechless **3** mum **4** dumb, mute **6** silent **7** aphonic **10** dumbstruck, tongue-tied

speed **3** fly, run, zip **4** clip, gait, pace, race, rush, tear, whiz **5** chase, haste, hurry, tempo **6** barrel, burn up, career, hasten, hustle, whoosh **7** quicken **8** alacrity, celerity, dispatch, expedite, highball, legerity, momentum, rapidity, velocity **9** fleetness, quickness, swiftness **10** accelerate, cannonball, facilitate, promptness

speedway **5** track **8** turnpike **9** racetrack **10** racecourse

speedy **4** fast **5** brisk, fleet, hasty, quick, rapid, swift **6** nimble, prompt **8** headlong **9** breakneck **11** expeditious

spell **3** hex **4** bout, jinx, mojo, time, tour, turn **5** charm, hitch, shift, stint, throe, while **6** attack, period, streak, voodoo **7** relieve, stretch **11** conjuration, incantation

spellbind **3** hex **4** grip, vamp **5** charm **7** bewitch, catch up, enchant **8** enthrall, entrance **9** enrapture, fascinate, hypnotize, mesmerize

spelling **11** orthography ***bad:*** **10** cacography

spell out **7** clarify, explain, expound **8** construe, set forth **9** elucidate, explicate, interpret

spend **3** pay **4** blow, drop, pass **5** use up, waste **6** lavish, lay out, outlay **7** consume, exhaust, fork out, hand out, splurge **8** disburse, shell out, squander **9** dissipate, go through, throw away, while away **10** contribute, run through

spender **7** wastrel **8** prodigal **10** high roller, profligate, squanderer **11** scattergood

spendthrift see SPENDER

spent **4** shot **5** all in **6** effete, pooped, used-up, wasted **7** drained, worn-out **8** burnt out, consumed, depleted, washed-up **9** exhausted, washed-out

spew **4** gush, ooze **5** belch, eject, eruct, erupt, expel, exude, flood, heave, shoot, spray, vomit **6** irrupt, spit up, squirt **7** throw up, upchuck **8** disgorge

sphagnum **4** moss

sphere **3** orb **4** area, ball, star, turf, zone **5** arena, field, globe, range, realm, round, scope **6** circle, domain, planet **7** demesne, rondure, terrain **8** dominion, province **9** bailiwick, territory **12** jurisdiction

spherical **5** round **6** global **7** globose **8** globular **9** orbicular

Sphinx ***builder:*** **6** Khafre ***father:*** **6** Typhon ***mother:*** **7** Echidna ***query:*** **6** riddle ***site:*** **4** Giza **6** Thebes

spice **3** pep, zip **4** kick, mace, tang, zest **5** anise, aroma, clove, cumin, poppy, savor, scent, smack, smell, taste **6** cloves, fennel, ginger, nutmeg, pepper, relish, sesame **7** bouquet, caraway, perfume **8** cardamom, cinnamon, piquancy **9** fragrance, redolence, seasoning

Spice Islands **8** Moluccas

spick-and-span **3** new **4** mint, neat, snug, tidy, trig, trim **5** clean, fresh **6** spruce **7** orderly **8** brand-new, spotless **9** shipshape **10** immaculate **11** well-groomed

spicy **3** hot **4** racy **5** bawdy, fiery, salty, tangy, zesty **6** lively, purple, ribald, risqué, savory, snappy, wicked **7** gingery, peppery, piquant, pungent, scented, zestful **8** aromatic, fragrant, off-color, perfumed, redolent, seasoned, spirited **9** flavorful, salacious **10** scandalous, suggestive **11** titillating

spider **6** frypan **7** skillet **8** arachnid **9** frying pan **10** black widow

spiel **4** jive, line **5** pitch **6** patter **12** song and dance

spieler **4** tout **6** barker, hawker, talker **8** huckster

spigot **3** tap **4** cock, gate **5** valve **6** faucet **7** hydrant, petcock, shutoff **8** stopcock

spike **3** pin **4** heel, nail **5** lance, piton, spear **6** antler, impale, needle, skewer **7** spindle **8** increase, mackerel, puncture, transfix

spile **4** bung **5** spout

spill **4** blab, drip, drop, fall, flow, slop, tell **5** spray **6** betray, inform, reveal, splash, squeal, tattle **7** divulge, dribble, run over, spatter **8** disclose, overflow

Spillane detective **10** Mike Hammer

spilth **5** dregs, dross, swill, trash, waste **6** debris, refuse, scraps **7** garbage, rubbish **8** leavings

spin **4** gyre, reel, ride, swim, turn **5** dizzy, swirl, twirl, wheel, whirl **6** gyrate, rotate **7** revolve **8** rotation **9** pirouette, whirligig **10** revolution ***a log:*** **4** birl ***out:*** **4** draw **6** extend **7** prolong, stretch **8** elongate, lengthen, protract **10** prolongate

spinal column **5** chine **6** rachis ***curvature:*** **8** lordosis ***part:*** **8** vertebra (see also SPINE)

spindle **3** pin, rod **5** newel, shaft, spike **6** impale, rachis

spindly **5** frail, lanky, rangy, shaky, weedy **6** flimsy, gangly, skinny, twiggy, wobbly **7** fragile, rickety, tottery **8** gangling, skeletal, unsteady **9** emaciated **10** jerry-built

spine **4** back **6** rachis **7** spicule **8** backbone **9** vertebrae

spineless **5** timid **8** cowardly, timorous **9** weak-kneed **10** weak-willed **12** invertebrate

spin-off **8** offshoot **9** by-product, outgrowth **10** derivative, descendant

___ **Spinoza** **6** Baruch

spinster **7** old maid **10** maiden lady

spiny **6** barbed, thorny **7** prickly **8** echinate **10** nettlesome

spiral **4** coil, curl, wind **5** helix, twine, twist **6** volute **7** helical, helices (plural) **8** gyroidal, volution **9** cochleate, corkscrew ***combining form:*** **3** gyr **4** gyro **5** helic **6** helico

spire **4** coil **5** twist, whorl **7** steeple **8** pinnacle

spirit **3** pep, vim, zip **4** brio, dash, élan, gimp, grit, guts, life, mood, snap, soul, zeal, zest, zing **5** anima, ardor, drive, force, heart, moxie, oomph, pluck, shade, spunk, tenor, verve, vigor **6** animus, daimon, energy, esprit, fervor, ginger, mettle, morale, pneuma, psyche, starch, temper, wraith **7** passion, phantom, specter, spectre **8** phantasm, revenant, vitality **9** animation, élan vital, substance **10** apparition, enthusiasm, get-up-and-go, liveliness ***away:*** **6** abduct, kidnap, snatch ***evil:*** **5** afrit, demon **6** afreet **7** erlking, shaitan ***female:*** **5** nymph **7** banshee ***Hopi:*** **7** kachina ***Persian:*** **4** peri

spirited **4** bold, game, keen **5** eager, fiery, peppy **6** ardent, gritty, lively, plucky, spunky **7** chipper, fervent, gingery, peppery, valiant, zealous **8** animated, cheerful, intrepid, resolute **9** audacious, dauntless, energetic, sprightly, vivacious **10** courageous, mettlesome, passionate **12** enthusiastic

spirits **5** booze, drink **6** liquor, tipple **9** aqua vitae, firewater ***low:*** **5** blues, dumps, ennui **8** doldrums **10** blue devils, depression, melancholy

spiritual **6** sacred **7** saintly **8** churchly, mystical, numinous, platonic **9** religious **10** high-minded, immaterial, unphysical **11** disembodied, incorporeal, nonmaterial, nonphysical **12** metaphysical, supernatural, transcendent

spiritualist **6** medium, mystic **7** psychic

spit **5** spear **6** impale, saliva, skewer, slaver, sputum **7** spatter, sputter **8** splutter **9** brochette **11** expectorate

spite **5** venom **6** grudge, malice, rancor, spleen **7** ill will, revenge **9** pettiness, vengeance **11** malevolence **13** maliciousness

spiteful **4** mean **5** catty, nasty, snide **6** malign, wicked **7** vicious, waspish **8** venomous **9** malicious, malignant, rancorous **10** malevolent, vindictive

spitfire **4** fury **5** harpy, shrew, vixen **6** dragon, virago **7** hellcat, tigress **8** fishwife, harridan **9** termagant

spitting image **4** twin **5** clone **6** double, ringer **9** duplicate **10** carbon copy, dead ringer, simulacrum

spittoon **8** cuspidor

splash **3** sop, wet **4** slop, soak **5** douse, slosh, spray, swash **6** drench **7** spatter **8** sprinkle

splashy **5** gaudy, jazzy, showy **6** flashy, garish, glitzy, tawdry **7** blatant, dashing **8** colorful, dazzling, striking **10** flamboyant, theatrical **11** sensational **12** meretricious, ostentatious

splatter **4** slop **5** douse, plash, slosh, spray, swash **6** splash **8** sprinkle

splay **4** cant, tilt **5** angle, bevel, gawky, slant, slope **6** clumsy, extend, spread **7** awkward, incline **8** ungainly **9** expansion **11** inclination

spleen see SPITE

splendid **4** fine **5** grand, showy **6** superb **7** shining **8** glorious, gorgeous **9** brilliant, excellent, marvelous, wonderful **10** first-class, impressive **11** illustrious, magnificent, outstanding **12** transcendent

splendor **4** pomp **5** glory **6** dazzle **7** panoply **8** grandeur, richness **9** pageantry, spectacle **10** brilliance, brilliancy **12** magnificence

splenetic **5** cross, surly **6** fuming **8** incensed, spiteful **9** malicious **10** ill-natured, malevolent **11** ill-tempered

splice **3** tie **4** join, mate, mesh **5** braid, graft, plait, unite

splint **5** brace, strip **7** support **10** immobilize

splinter **4** rive **5** burst, smash **6** shiver, sliver **7** faction, shatter **8** fragment **12** disintegrate

split **3** rip **4** part, rend, rent, rift, rima, rime, rive, tear **5** break, carve, chasm, chink, cleft, crack, sever, slice **6** breach, cleave, cloven, divide, schism, sunder **7** break up, disjoin, dissect, diverge, divorce, divvy up, fission, fissure, rupture **8** cleavage, dissever, fracture, separate **11** dichotomize ***combining form:*** **5** schiz **6** schizo **7** schisto

splotch **4** blob, blot, spot **5** fleck, stain **6** smudge

splurge **4** orgy **5** binge, fling, spree **7** blowout, rampage **10** indulgence **12** extravagance

splutter **4** spit **6** babble, jabber **7** stammer

spoil **3** mar, rob, rot **4** baby, harm, prey, ruin, sack **5** decay, humor, taint, waste, wreck **6** coddle, cosset, curdle, damage, defile, impair, molder, pamper, ravish **7** blemish, cater to, destroy, indulge, pillage, putrefy, tarnish, vitiate **8** demolish **9** break down, decompose **11** mollycoddle

spoiled **4** rank, sour **6** putrid, rancid, rotten, ruined **7** coddled, decayed **8** impaired, indulged, pampered **9** indulgent

spoils **4** haul, loot, swag **5** booty **7** pillage, plunder

spoilsport **7** killjoy

spoken **4** oral, said, told **6** verbal, voiced **7** uttered **8** phonetic, viva voce **9** delivered, unwritten **11** articulated

sponge **4** grub **5** cadge, leech, mooch **7** moocher **8** freeload, parasite, scrounge **10** freeloader ***material:*** **8** mesoglea ***opening:*** **6** oscula (plural) **7** osculum, ostiole

sponger **5** leech **7** moocher **8** parasite **10** freeloader

spongy **4** soft **5** mushy, pulpy **6** porous, quaggy **7** squashy, squishy **9** absorbent

sponsor **4** back, fund **5** angel, stake **6** backer, patron, surety **7** endorse, finance **8** advocate, bankroll, champion, Maecenas, mainstay, promoter, vouch for **9** grubstake, guarantee, guarantor, patronize, subsidize, supporter **10** benefactor, underwrite **11** underwriter

sponsorship **5** aegis **7** backing, support **8** advocacy, auspices **9** patronage

spontaneous **5** ad-lib **7** natural, offhand **8** ad-libbed, unforced **9** automatic, extempore, impromptu, impulsive, unstudied **10** improvised, off-the-cuff, unprompted **11** instinctive, unmeditated **13** unconstrained

spontoon **4** pike **5** lance, spear

spoof **4** sham **5** farce, put-on **6** parody, satire, send-up **7** lampoon, takeoff **8** travesty

spook **3** spy **5** agent, alarm, ghost, haunt, scare **7** specter, spectre, startle, terrify **8** frighten

spooky **5** eerie, weird **6** creepy **7** ghostly, ominous, uncanny **9** unearthly

spool **4** wind **6** bobbin

spoon **3** pet, woo **4** neck **5** court, ladle, scoop **6** cuddle

spoonbill **4** ibis **8** shoveler **9** ruddy duck **10** paddlefish

Spoon River poet **7** Masters (Edgar Lee)

spoony **5** mushy, silly **6** simple, slushy, syrupy **7** fatuous, foolish, mawkish, smitten, witless **9** schmaltzy **10** saccharine **11** sentimental

spoor **5** scent, trace, track, tract, trail **7** vestige **8** footstep **9** droppings, footprint

sporadic **4** rare **6** catchy, fitful, random, scarce, sparse, spotty **7** erratic **8** episodic, isolated, uncommon **9** desultory, irregular, scattered, spasmodic **10** infrequent, occasional

sport **3** fun **4** game, jest, joke, mock, play **6** frolic, racing, trifle **7** mockery, show off **9** diversion, high jinks, horseplay **10** recreation ***indoor:*** **6** boxing, hockey, squash **7** bowling **8** handball **9** wrestling **10** acrobatics, basketball, gymnastics **11** racquetball, table tennis ***Olympic:*** **4** judo **6** boxing, diving, hockey, rowing **7** archery, cycling, fencing, shot put **8** canoeing, football, high jump, long jump, marathon, shooting, swimming, yachting **9** decathlon, pole vault, water polo, wrestling **10** basketball, gymnastics, pentathlon, triple jump, volleyball **11** discus throw, hammer throw **12** javelin throw, steeplechase **13** weightlifting ***water:*** **6** diving, rowing **7** sailing, surfing **8** canoeing, swimming, yachting ***winter:*** **4** luge **6** hockey, skiing **7** curling, lugeing, skating **8** biathlon, sledding **10** ski jumping **11** bobsledding, tobogganing

sporting house **6** bagnio **7** brothel **8** bordello

sportive **5** antic **6** frisky, impish **7** playful, roguish, waggish **10** frolicsome **11** mischievous

sportiveness **7** devilry, roguery, waggery **8** deviltry, mischief **9** devilment, rascality

sporty **4** fast **5** peppy **6** breezy, casual, jaunty, lively **7** dashing, relaxed **8** debonair, informal **10** insouciant **11** streamlined

spot **3** fix, jam, nip, see **4** espy, post, site **5** fleck, hit on, locus, place, point, speck **6** blotch, detect, pickle, plight, scrape **7** dilemma, smidgen, spatter, speckle **8** diagnose, flyspeck, identify, location, pinpoint, position **9** recognize, situation **11** predicament

spotless 4 pure 5 clean 6 chaste 8 hygienic, sanitary, unsoiled 9 undefiled, unstained, unsullied 10 immaculate 11 unblemished

spotlight 5 focus 6 notice 7 feature, point up 8 interest, point out 9 attention, emphasize, public eye, publicity 10 illuminate 12 illumination

spotted 4 seen 6 motley 7 brindle, dappled, piebald 8 brindled, speckled, stippled

spouse 4 mate, wife 5 bride, groom, hubby 7 consort, husband

spout 3 jet 4 gush 5 chute, eject, spray, spurt 6 nozzle, squirt

sprain 4 pull, tear, turn 5 twist 6 wrench 7 stretch

sprawl 4 flop, loll 5 drape, slump 6 extend, lounge, slouch, spread 7 stretch 11 spread-eagle

spray 3 fog 4 hose, mist 6 shower, spritz 7 aerosol, atomize, diffuse, spatter 8 atomizer, droplets, fumigate, nebulize 9 spindrift

spread 3 jam, lay, set, sow 4 deal, oleo, open, pâté, push 5 apply, feast, jelly, space, splay, strew, sweep 6 butter, expand, extend, fan out, pass on, retail 7 banquet, breadth, diffuse, expanse, overrun, pervade, radiate, scatter, slather, stretch, suffuse 8 bedcover, coverlet, dispense, disperse, mushroom, permeate 9 amplitude, broadcast, circulate, diffusion, dissipate, expansion, extension, profusion, propagate, radiation 10 dispersion, distribute, outstretch 11 counterpane, disseminate 12 transmission 13 proliferation

spree 3 jag 4 bash, bust, lark, orgy, riot, tear 5 binge, drunk, fling, revel 6 bender, frolic 7 blowout, carouse, rampage, splurge 8 carousal, wingding 10 indulgence 11 bacchanalia

sprig 4 brad, heir, twig 5 scion, shoot 7 pintail 9 ruddy duck

sprightly 3 gay 4 keen, spry, yare 5 agile, alert, antic, brisk, peppy, perky, zesty, zingy, zippy 6 active, breezy, chirpy, frisky, jaunty, lively, nimble 7 animate, chipper, coltish, piquant, playful, pungent 8 animated, cheerful, spirited, sportive 9 energetic, vivacious 10 frolicsome, rollicking 13 scintillating

spring 3 hop 4 flow, jump, leap, lope, rise, root, skip, stem, trip, well 5 arise, begin, bound, cause, fount, issue, start 6 appear, bounce, emerge, hurdle, reason, source, uncoil, vernal 7 come out, emanate, proceed, rebound, startle 8 commence, fountain, stimulus, wellhead 9 originate 10 incitement, resilience 12 fountainhead ***back:*** 6 resile

springe 4 trap 5 noose, snare 7 pitfall 9 booby trap

springlike 6 vernal

springy 6 supple 7 elastic 8 flexible, stretchy 9 recoiling, resilient

sprinkle 3 dot 4 rain, spot 5 shake, speck, spray, strew 6 pepper, powder, spritz 7 asperse, drizzle, freckle, scatter, speckle, stipple 9 bespeckle

sprint 3 run 4 dart, dash, race, shin, tear 5 scoot 6 gallop, hurtle, scurry 7 scamper

sprite 3 elf, fay, nix 4 puck 5 dryad, fairy, naiad, nixie, nymph, pixie, sylph 6 kelpie 7 brownie 9 hamadryad

spritz 3 jet 5 spray, spurt 6 shower, squirt

sprout 3 bud 4 grow 5 scion, shoot 6 ratoon, sucker 7 burgeon 8 offshoot 9 germinate

spruce 4 trim 5 natty, sassy, spiff 6 dapper, spiffy 11 well-groomed

spry 4 yare 5 agile, brisk, sound, zesty, zippy 6 active, lively, nimble, robust 7 healthy 8 animated, spirited, vigorous 9 energetic, vivacious

spud 6 potato

___ **Spumante** 4 Asti

spume 4 fizz, foam, head, scum, suds 5 froth, spray, yeast 6 lather

spunk 4 grit, guts 5 heart, moxie, nerve, pluck 6 mettle, spirit, tinder 7 cojones, courage 8 backbone, gumption 9 fortitude, toughness 10 liveliness, resolution

spunky 4 bold 5 brave, fiery 6 daring 7 doughty, gingery, peppery 8 fearless, spirited 9 dauntless 10 courageous, mettlesome 12 high-spirited

spur 4 goad, prod, stir, urge 5 egg on, impel, prick, rally, rouse, spine 6 arouse, branch, exhort, motive, prompt, propel 7 impetus, impulse 8 buttress, catalyst, excitant, stimulus 9 actuation, incentive, instigate, stimulant, stimulate 10 incitement, inducement, motivation, projection ***part:*** 5 rowel

spurious 4 fake, mock, sham 5 bogus, dummy, false, phony, put-on 6 ersatz, pseudo 7 assumed, feigned, pretend 8 affected 9 brummagem, imitation, pinchbeck, pretended, simulated 10 apocryphal, artificial, substitute 11 counterfeit, make-believe 12 illegitimate ***combining form:*** 5 pseud 6 pseudo

spurn 4 snub 5 flout, scoff, scorn, scout, sneer 6 rebuff, refuse, reject 7 contemn, decline, despise, disdain, dismiss, repulse 8 turn down 9 disregard, reprobate, repudiate **10** disapprove **12** cold-shoulder

spurt 3 jet **4** gush, jump **5** burst, expel, spout, surge **6** shower, spritz, squirt **7** upsurge **8** eruption, increase **9** discharge

sputter 4 fizz, fume, rage, rant, rave, spew, spit **6** gibber, jabber **7** bluster, stammer

spy 5 agent, scout, snoop, spook **6** beagle, sleuth **7** gumshoe **8** informer, saboteur **9** detective **12** investigator **13** undercover man ***name:*** **4** Ames (Aldrich), Boyd (Belle), Hari (Mata) **5** André (John), Blunt (Anthony), Fuchs (Klaus) **6** Philby (Kim), Smiley (George) **7** Burgess (Guy), Hanssen (Robert), Maclean (Donald), Pollard (Jonathan)

spyglass 9 telescope

spying 9 espionage

Spyri's heroine 5 Heidi

squab 5 couch **6** pigeon **7** cushion

squabble see SPAT

squalid 3 low **4** base, foul, mean, vile **5** dingy, dirty, nasty, seedy **6** filthy, frowsy, frowzy, grubby, scurvy, shabby, shoddy, sleazy, sordid **7** ignoble, low-down, run-down, scrubby, unclean, unkempt **8** slovenly, wretched **10** despicable, disheveled **11** dilapidated **12** disreputable

squall 3 caw, row, yap, yip **4** bark, bawl, beef, feud, fuss, gust, howl, roar, tiff, wail, yawp, yell, yelp, yowl **5** brawl, fight, hoo-ha, shout **6** bellow, clamor, flurry, fracas, hubbub, ruckus, rumpus, scream, shriek, squeal, yammer **7** dispute, flare-up, quarrel, rhubarb, screech **8** brouhaha, squabble **9** bickering, caterwaul, commotion **10** falling-out, hullabaloo **11** altercation

squalor 5 filth **6** misery **7** neglect, poverty **8** baseness, iniquity **9** depravity, dirtiness **10** sordidness **11** degradation **12** wretchedness

squander 4 blow **5** spend, waste **7** consume, exhaust, fritter, scatter **9** dissipate, throw away **10** trifle away **11** fritter away

squanderer see SPENDER

square 3 fit, fix **4** bang, boxy, even, fair, jibe, just, tied **5** adapt, agree, align, clear, equal, exact, fit in, match, pay up, plaza, right, sharp, spang, tally **6** accord, adjust, settle **7** balance, conform, exactly, satisfy, settled **8** check out, coincide, dovetail, orthodox, quadrate, smack-dab, straight, unbiased **9** discharge, equitable, harmonize, impartial, liquidate, objective, precisely, quadratic, reconcile, rectangle **10** accurately, correspond

squash 3 jam **4** cram, mash, pepo, pulp **5** crush, gourd, press, quell **7** flatten, put down, squeeze, squelch **8** suppress ***variety:*** **5** acorn **6** cushaw, Sibley, turban **7** Hubbard, scallop **8** pattypan, zucchini **9** butternut, crookneck **10** Marblehead

squat 3 low **5** dumpy, hunch, stoop, stout, thick **6** chunky, crouch, hunker, stocky, stubby **8** heavyset, thickset **10** hunker down **11** thick-bodied

squawfish 4 chub **8** cyprinid **10** pikeminnow

squawk 3 caw, yap, yip **4** beef, crab, fuss, yawp **5** bleat, gripe **6** yammer **7** protest, screech **8** complain **9** belly-ache, complaint

squeak 3 rat **4** blab, fink, peep, pipe, sing **5** cheep, creak **6** escape, inform, snitch, tattle **10** tattletale

squeal 3 rat, yip **4** blab, howl, sing, yell, yelp, yowl **5** bleat, creak, grate, gripe, peach **6** inform, screak, scream, shriek, shrill, snitch, squawk, tattle **7** protest, screech **8** complain **10** tattletale

squealer 3 rat **4** fink **6** canary, snitch, weasel **7** ratfink, stoolie, tattler, tipster **8** betrayer, informer **10** talebearer, tattletale **11** stool pigeon

squeamish 5 fussy, upset **6** queasy **7** finical, finicky **8** nauseous **9** nauseated **10** fastidious, particular, pernickety **11** persnickety

squeeze 3 hug, jam **4** bind, cram, grip, milk, pack, push **5** clasp, crowd, crush, exact, gouge, juice, pinch, press, screw, wring **6** clutch, coerce, compel, crunch, eke out, enfold, extort, jostle, squash, squish **7** dilemma, embrace, extract **8** compress, contract, pressure, quandary **9** shake down **11** compression, predicament

squelch 5 quell, shush, sit on **6** muffle, muzzle, squash, squish, stifle, subdue **7** repress, silence, smother **8** strangle, suppress **10** extinguish

squib 4 fire **6** filler **7** lampoon **8** shoot off **9** detonator **11** firecracker

squid 7 mollusc, mollusk **8** calamari, calamary **10** cephalopod ***kin:*** **7** octopus **10** cuttlefish

squiggle 4 worm **6** doodle, scrawl, squirm, writhe **7** scratch **8** curlicue, scrabble, scribble

squinch 5 quail, start, wince **6** blench, crouch, recoil, shrink

squint 4 peek, peep, peer **10** hagioscope, strabismus

squire 6 attend, escort, lawyer **7** consort,

gallant **8** cavalier, chaperon **9** accompany, landowner

squirm **4** worm **6** fidget, wiggle, writhe **7** wriggle

squirrel **4** stow **5** cache, hoard, stash **7** secrete ***red:*** **9** chickaree

squirt **3** jet, kid, pup, tot **4** brat, tyke **5** sprat, spray, spurt, twerp **6** shaver, shrimp, splurt, spritz **7** spatter

squish **3** jam **4** cram, mash, mush, pack, push **5** crush, press, quash, smash **7** flatten, scrunch, squeeze, squelch, trample

squishy **4** soft **6** flabby, quaggy, slushy, spongy

Sri Lanka ***bay:*** **6** Bengal ***capital:*** **7** Colombo ***city:*** **8** Moratuwa ***ethnic group:*** **9** Sinhalese ***former name:*** **6** Ceylon ***language:*** **5** Tamil **9** Sinhalese ***monetary unit:*** **5** rupee ***shoals:*** **11** Adam's Bridge ***strait:*** **4** Palk

SRO **7** sellout

SS chief **7** Himmler (Heinrich)

S-shaped **7** sigmoid

stab **3** dig, pop, try **4** pang, poke, shot **5** crack, drive, fling, prick, spear, stick, whack, whirl **6** effort, pierce, thrust, twinge **7** attempt **8** puncture **9** penetrate

Stabat ___ **5** Mater

stabile **6** steady **9** sculpture **10** stationary

stabilize **3** fix, set **4** prop **5** brace, poise **6** cement, firm up, fixate, prop up, secure, settle, steady **7** balance, ballast, support, sustain **8** solidify **9** reinforce

stable **3** set **4** barn, fast, firm, mews, safe, sure **5** fixed, solid, sound **6** secure, steady, sturdy **7** abiding, durable, lasting, staunch **8** balanced, constant, enduring, resolute **9** immutable, permanent, steadfast, unvarying **10** perdurable, stationary, unchanging, unshakable

stack **4** cock, heap, hill, load, mass, pile, pipe **5** mound, sheaf **7** chimney, pyramid

stack up **3** add **5** equal, total **6** equate, gather **7** compare, measure

stadium **4** bowl, rink, ring **5** arena **6** garden **8** coliseum **10** hippodrome **12** amphitheater

staff **3** rod **4** club, prop, rung, team, wand **5** baton, billy **6** cudgel **7** faculty, support **9** personnel ***bishop's:*** **7** crosier, crozier ***medical:*** **8** caduceus

stage **3** lot **4** play, rung, show, step **5** grade, level, mount, notch, phase, put on **6** degree, period, status **7** execute, perform, present, produce ***direction:*** **4** exit **5** enter **6** exeunt ***scenery:*** **3** set **8** backdrop ***show:*** **4** play **5** drama, revue **7** musical **9** burlesque **10** vaudeville ***signal:*** **3** cue ***whisper:*** **5** aside

stage set **5** decor, scene **7** scenery **8** backdrop **11** mise-en-scène

stagger **4** daze, reel, stun, sway **5** amaze, floor, lurch, pitch, stump, waver, weave **6** boggle, careen, dither, falter, teeter, topple, totter, wobble, zigzag **7** astound, nonplus, perplex, shatter, stumble, stupefy **8** astonish, bowl over **9** dumbfound, overwhelm, vacillate **11** flabbergast

stagnant **5** musty, stale **6** static **8** immobile, unmoving **10** motionless, stationary

stagnate **4** idle **5** stall **6** fester **8** languish, stultify, vegetate

stagy **10** artificial, histrionic, theatrical **11** pretentious **12** melodramatic

staid **5** grave, sober **6** formal, sedate, solemn, somber, sombre, stuffy **7** earnest, serious, starchy **8** composed, decorous, priggish **9** dignified

stain **3** dye, tar **4** blot, daub, onus, slur, soil, spot **5** brand, color, odium, shame, smear, sully, taint, tinge **6** blotch, defile, embrue, imbrue, smirch, smudge, stigma **7** blemish, pigment, tarnish **8** besmirch, colorant, discolor, dishonor, dyestuff, tincture

staircase ***handrail:*** **8** banister ***outdoor:*** **6** perron ***post:*** **5** newel **8** baluster

stake **3** bet, lay, pot, set **4** ante, back, game, pale, play, post, risk **5** claim, put on, share, wager **6** gamble, paling, picket, pledge, tether **7** finance **8** bankroll, interest **10** capitalize, investment

stalag **7** POW camp **10** prison camp

stale **5** banal, dusty, faded, fusty, moldy, musty, passé, tired, trite **7** clichéd, tedious, worn-out **8** overused, shopworn, timeworn **9** hackneyed, tasteless **11** commonplace, stereotyped

stalemate **3** tie **4** draw **7** impasse **8** deadlock, gridlock, standoff

stalk **4** hunt, prey **5** chase, track **6** ambush, follow, pursue, stride **8** flush out ***flower:*** **8** peduncle ***leaf:*** **7** petiole ***short:*** **5** stipe

stall **3** bay, pew **4** halt **5** booth, brake, check, delay, hedge, kiosk, stand **6** arrest, put off **7** conk out, counter, hold off **8** obstruct **9** stonewall **10** filibuster **11** compartment, prevaricate

stalwart **4** bold **5** brave, gutsy, husky, stout, tough **6** brawny, robust, sinewy, strong, sturdy **7** valiant **8** fearless, intrepid, unafraid, valorous, vigorous **9** dauntless, tenacious, undaunted **10** courageous

stamen part **6** anther **8** filament

stamina 8 tenacity 9 endurance, fortitude, tolerance 11 persistence 12 staying power
stammer 6 gibber, jabber 7 sputter, stutter 8 hesitate, splutter
stamp 3 ilk, lot 4 etch, kind, mark, mint, mold, seal, sort, type 5 clomp, clump, pound, print, tromp 6 hammer, stripe 7 impress, imprint, trample 8 hallmark, inscribe 9 character 10 impression 12 characterize
stampede 4 bolt, dash, rout, rush, tear 5 crush, panic, rodeo 6 charge
stamps 7 postage
stance 4 pose 7 bearing, posture 8 attitude, carriage, position 10 deportment
stanch 4 stem, stop 5 check 6 stop up 8 hold back
stanchion 4 post, prop 5 brace 7 support
stand 4 bear 5 abide, booth, brook, kiosk, stall, treat 6 endure, handle, suffer 7 counter, stomach, swallow, weather 8 attitude, platform, position, tolerate ***artist's:*** 5 easel ***three-legged:*** 6 tripod, trivet ***ornamental:*** 7 étagere
standard 3 law, par 4 flag, jack, mean, norm, rule 5 color, gauge, ideal, model, stock, usual 6 banner, belief, common, ensign, median, normal, pennon 7 average, classic, example, general, measure, pattern, pennant, regular, typical, uniform 8 accepted, everyday, exemplar, familiar, ordinary, orthodox, paradigm 9 archetype, benchmark, criterion, customary, principle, yardstick 10 definitive, prevailing, recognized, regulation, touchstone 11 established, fundamental
standardize 6 adjust 7 conform 8 regulate 9 reconcile
stand for 4 bear, mean 5 allow 6 denote, permit 7 signify 8 indicate, tolerate 9 put up with, represent, symbolize
stand-in 3 sub 5 proxy 6 backup, second 9 alternate, surrogate 10 substitute, understudy 11 pinch hitter, replacement 12 impersonator
standing 4 rank, term 5 erect, fixed, place 6 cachet, credit, repute, status 7 dignity, footing, station, stature, upright 8 capacity, duration, eminence, position, prestige, stagnant 9 character, permanent, situation 10 estimation, reputation 11 consequence, established
standoff see STALEMATE
standoffish 5 aloof 6 chilly 7 distant, haughty 8 detached, reserved 9 reclusive, withdrawn 10 unfriendly, unsociable 12 misanthropic
stand out 3 jut 4 bulk, loom 5 bulge 7 project 8 protrude
standpatter 4 fogy, tory 7 diehard 8 mossback 11 bitter-ender 12 conservative
standpoint 4 side 5 angle, slant 7 outlook 9 direction 11 perspective
standstill 4 halt, stop 5 check, pause 7 impasse 8 deadlock, dead stop 9 cessation, stalemate
Stanford site 8 Palo Alto
Stanley Kowalski's wife 6 Stella
Stanleys' car 7 steamer
Stan's partner 5 Ollie
stanza 7 strophe ***combining form:*** 5 stich ***of eight lines:*** 6 octave ***of four lines:*** 6 ballad 8 quatrain ***of six lines:*** 6 sestet ***of three lines:*** 6 tercet 7 triplet ***Persian:*** 8 rubaiyat
star 4 icon, idol, lead, main, nova 5 actor, chief, major 6 étoile 7 actress, capital 8 asterisk, dominant, luminary 9 celebrity, headliner, principal 10 preeminent 11 outstanding ***bright:*** 4 Vega 5 Deneb, Rigel, Spica 6 Altair, Pollux, Sirius 7 Antares, Canopus, Capella, Procyon 8 Arcturus 9 Aldebaran, Archernar, Fomalhaut 10 Beta Crucis, Betelgeuse 11 Alpha Crucis 12 Beta Centauri 13 Alpha Centauri ***combining form:*** 4 astr 5 aster, astro 6 astero, sidero ***five-pointed:*** 8 pentacle 9 pentagram ***giant:*** 10 Betelgeuse ***six-pointed:*** 8 hexagram
starch 3 pep 4 push, snap 5 drive, moxie, punch, spunk, vigor 7 stiffen 8 gumption, vitality 9 formality ***combining form:*** 4 amyl 5 amylo
starchy 4 prim 5 aloof, stiff 6 doughy, formal, wooden 7 stilted
star-crossed 6 doomed 7 hapless, unlucky 8 ill-fated, luckless 10 ill-starred 11 unfortunate 12 misfortunate
Stardust composer 10 Carmichael (Hoagy)
stare 3 eye 4 gape, gawk, gaze, ogle, peer 6 goggle 10 rubberneck
stark 3 raw 4 bare, nude, pure 5 bleak, blunt, clear, harsh, naked, quite, rigid, sheer, utter 6 barren, strict, unclad, vacant, wholly 8 absolute, complete, desolate, stripped 9 au naturel, out-and-out 10 absolutely
starry 6 astral 7 stellar 8 sidereal
starry-eyed 6 dreamy, unreal 7 utopian 8 ecstatic 9 rapturous, visionary 11 impractical, unrealistic 13 impracticable
Star-Spangled Banner writer 3 Key (Francis Scott)
start 4 bolt, dawn, draw 5 arise, begin, crank, found, issue, onset, quail, react, set up, wince 6 blench, create, embark, flinch, launch, outset, recoil, shrink,

spring, take up **7** actuate, genesis, infancy, kickoff, opening, trigger **8** activate, commence, embark on, initiate, organize, reaction **9** beginning, establish, institute, originate **10** inaugurate **12** commencement

startle 4 jolt, jump **5** alarm, scare, shock, spook **8** astonish, frighten, surprise

starved 6 hungry **8** famished, ravenous, underfed

stash 4 bury, hide **5** cache, hoard, plant, store **7** conceal, lay away, nest egg, secrete **8** lay aside, sock away, squirrel **9** stockpile

stasis 7 balance, inertia **9** equipoise **10** immobility, stagnation **11** equilibrium

state 3 air, put, say **4** aver, mode, rank, tell, vent **5** utter **6** affirm, assert, recite, relate, report **7** declare, dignity, explain, expound, express, posture, recount **8** attitude, capacity, describe, position, set forth, standing **9** condition, enunciate, situation, ventilate ***subdivison:* 6** county

state *easternmost:* 5 Maine ***largest:* 6** Alaska ***smallest:* 11** Rhode Island ***southernmost:* 6** Hawaii

state abbreviation *Alabama:* 3 Ala. ***Alaska:* 4** Alas. ***Arizona:* 4** Ariz. ***Arkansas:* 3** Ark. ***California:* 3** Cal. **5** Calif. ***Colorado:* 3** Col. **4** Colo. ***Connecticut:* 4** Conn. ***Delaware:* 3** Del. ***Florida:* 3** Fla. ***Idaho:* 3** Ida. ***Illinois:* 3** Ill. ***Indiana:* 3** Ind. ***Kansas:* 3** Kan. **4** Kans. ***Kentucky:* 3** Ken. ***Massachusetts:* 4** Mass. ***Michigan:* 4** Mich. ***Minnesota:* 4** Minn. ***Mississippi:* 4** Miss. ***Montana:* 4** Mont. ***Nebraska:* 3** Neb. **4** Nebr. ***Nevada:* 3** Nev. ***New Mexico:* 4** N. Mex. ***North Carolina:* 4** N. Car. ***North Dakota:* 4** N. Dak. ***Oklahoma:* 4** Okla. ***Oregon:* 3** Ore. **4** Oreg. ***Pennsylvania:* 4** Penn. **5** Penna. ***South Carolina:* 4** S. Car. ***South Dakota:* 4** S. Dak. ***Tennessee:* 4** Tenn. ***Texas:* 3** Tex. ***Vermont:* 4** Verm. ***Virginia:* 4** Virg. ***Washington:* 4** Wash. ***West Virginia:* 3** W. Va. ***Wisconsin:* 3** Wis. **4** Wisc. ***Wyoming:* 3** Wyo.

stately 5 grand, lofty, noble, regal, royal **6** august, formal, kingly, lordly, solemn **7** courtly, elegant, gallant, haughty **8** gracious, imperial, imposing, majestic, palatial, princely **9** dignified **10** ceremonial, impressive, monumental **11** ceremonious, magnificent

statement 3 tab **4** bill **5** score **6** avowal, charge, dictum, remark, report **7** account, comment, invoice, recital **8** averment **9** affidavit, assertion, manifesto, narrative, reckoning, testimony, utterance **10** deposition, expression **11** description ***introductory:* 7** preface **8** foreword, prologue

stateroom 5 cabin

statesman 10 politician ***American:* 3** Hay (John Milton) **4** Clay (Henry), Hull (Cordell), Otis (James), Root (Elihu) **5** Adams (Samuel), Henry (Patrick), Lodge (Henry Cabot), Vance (Cyrus) **6** Bunche (Ralph), Bunker (Ellsworth), Dulles (John Foster), Kennan (George F), Morris (Gouverneur), Powell (Colin), Sumner (Charles) **7** Acheson (Dean), Hancock (John), Kellogg (Frank B.), Lansing (Robert), Sherman (John, Roger), Stimson (Henry L.), Webster (Daniel) **8** Franklin (Benjamin), Hamilton (Alexander), Harriman (Averell), Pinckney (Charles, Thomas), Randolph (Edmund Jennings, John, Payton), Rutledge (John), Trumbull (Jonathan, Joseph) **9** Kissinger (Henry), Stevenson (Adlai) **10** Stettinius (Edward Reilly) ***Australian:* 9** Wentworth (William Charles) ***Austrian:* 6** Renner (Karl) **7** Kaunitz (Wenzel von) **8** Dollfuss (Engelbert), Stevenson (Adlai) **10** Metternich (Klemens von) **13** Schwarzenberg (Felix zu) ***Canadian:* 4** King (W. L. Mackenzie) **7** Laurier (Wilfrid) **8** Thompson (John Sparrow) **9** Macdonald (John Alexander, John Sandfield), Mackenzie (Alexander, William Lyon) ***Chinese:* 3** Yen (Hsishan) **4** Deng (Xiaoping), Kung (Hsiang-hsi), Teng (Hsiao-p'ing), Wang (Anshih, Chingwei), Yuan (Shih-kai) **9** Sun Yat-Sen ***Dutch:* 6** de Witt (Johan de) **7** Grotius (Hugo), Stikker (Dirk) ***East German:* 8** Ulbricht (Walter) ***English:* 3** Fox (Charles, Henry) **4** Eden (Anthony, George, William), More (Thomas), Peel (Arthur, Robert, William), Pitt (William), Vane (Henry) **5** Cecil (Robert, William), North (Francis, Frederick, Roger) **6** Morley (John), Sidney (Algernon, Henry, Philip, Robert), Temple (Henry, William), Wolsey (Thomas) **7** Halifax (Earl of), Reading (Marquis of), Russell (John, William), Stanley (Edward George, Edward Henry), Stewart (Robert), Warwick (Earl of) **8** Cromwell (Oliver, Thomas), Disraeli (Benjamin), Robinson (George Frederick Samuel), Villiers (George) **9** Cavendish (Spencer, William), Churchill (Randolph, Winston), Gladstone (William), Salisbury (Earl, Marquis of), Strafford (Earl of), Wellesley (Arthur, Richard Colley) **10** Palmerston (Lord), Rockingham

(Marquis of), Sunderland (Earl of), Walsingham (Francis), Wellington (Duke of) **11** Chamberlain (Austen, Joseph, Neville), Shaftesbury (Earl of) **12** Chesterfield (Earl of) ***Finnish:*** **9** Stahlberg (Kaarlo Juho) ***French:*** **5** Sully (Duc de) **6** Guizot (François-Pierre-Guillaume), Thiers (Louis-Adolphe), Turgot (Anne-Robert-Jacques) **7** Herriot (Edouard), Mazarin (Jules), Schuman (Robert), Viviani (René) **8** Hanotaux (Gabriel) **9** Lafayette (Marquis de), Millerand (Alexandre), Richelieu (Duc de) **10** Clemenceau (Georges) **11** Tocqueville (Alexis de) ***German:*** **5** Wirth (Joseph) **10** Stresemann (Gustav) ***German-Danish:*** **9** Struensee (Johann Friedrich) ***Greek:*** **6** Zaimis (Alexandros) **8** Pericles **9** Aristides **11** Cleisthenes, Demosthenes **12** Themistocles ***Israeli:*** **4** Eban (Abba) **5** Begin (Menachem), Dayan (Moshe) ***Italian:*** **6** Cavour (Conte di), Crispi (Francesco) **7** Orlando (Vittorio Emanuele) **11** Machiavelli (Niccolo) ***Japanese:*** **5** genro, Kanoe **6** Kanoye ***Norwegian:*** **6** Nansen (Fridtjof) ***Polish:*** **7** Zaleski (August) **9** Pilsudski (Jozef) **10** Paderewski (Ignacy) ***Prussian:*** **5** Stein (Karl) ***Roman:*** **4** Cato (Marcus Porcius) **6** Cicero (Marcus Tullius), Pompey, Seneca (Lucius Annaeus) **7** Agrippa (Marcus Vipsanius) **8** Gracchus (Gaius, Tiberius), Maecenas (Gaius) **9** Symmachus (Quintus Aurelius) ***Russian:*** **5** Witte (Sergey) **7** Molotov (Vyacheslav) **8** Potemkin (Grigory) **9** Vyshinsky (Andrey) ***Scottish:*** **4** Knox (John) ***South American:*** **7** Bolívar (Simón) **9** San Martín (José de) ***Swiss:*** **4** Ador (Gustave) **5** Welti (Emil)

static **5** fixed, inert **6** stable, steady **7** stabile, stalled, stopped **8** constant, immobile, inactive, stagnant, unmoving **9** immovable, unvarying **10** changeless, unchanging

station **4** post, rank, site, spot **5** depot, locus, place, point **6** assign **7** footing **8** capacity, standing **9** character **10** white noise

stationary **5** fixed **6** static **8** immobile, stagnant, unmoving **9** immovable **10** motionless, stock-still

statue ***base:*** **6** plinth **8** pedestal ***gigantic:*** **8** Colossus ***Greek:*** **5** atlas **7** telamon **8** caryatid ***religious:*** **5** Pietà ***small:*** **8** figurine

stature see STATUS

status **4** rank **5** merit, place, worth **6** cachet, rating, renown **7** caliber, dignity, footing, posture, quality **8** capacity, eminence, position, prestige, standing **9** character, condition, situation **10** prominence **11** consequence, distinction

statute **3** act, law **4** bill **5** canon, edict **9** enactment, ordinance

staunch **4** fast, firm, sure, true **5** liege, loyal, solid, sound **6** secure, stable, strong, trusty **8** constant, faithful, reliable, resolute, stalwart **9** steadfast **10** dependable **11** substantial, trustworthy

stave off **4** foil **5** avert, block, deter, dodge, elude, parry, rebut, repel **6** rebuff, thwart **7** forfend, obviate, prevent, repulse **8** preclude **9** forestall **10** circumvent

stay **3** guy, lag **4** bide, halt, prop, rest, stop, wait **5** abide, brace, check, defer, delay, dwell, lodge, tarry, visit **6** linger, put off, remain **7** sojourn, support, suspend **8** hold over, postpone, stop over **9** interrupt **10** suspension **11** stick around

steadfast **4** firm, sure, true **5** fixed, liege, loyal **7** abiding, adamant, patient, staunch **8** constant, enduring, faithful, immobile, reliable, resolute, stubborn **9** immovable, unbending, unmovable **10** dependable, unwavering, unyielding **11** unfaltering, unflinching **12** never-failing, single-minded, wholehearted **13** unquestioning

steady **3** set **4** even, fast, firm, sure **5** fixed, liege, loyal, sober **6** stable, static **7** abiding, ballast, certain, durable, equable, nonstop, regular, stabile, staunch, uniform **8** constant, enduring, faithful, habitual, reliable, resolute, unbroken, unshaken **9** ceaseless, incessant, stabilize, unvarying **10** changeless, consistent, continuous, dependable, persistent, sweetheart, unchanging, unswerving, unwavering **11** unfaltering **12** unchangeable, wholehearted

steak **4** club, cube, loin **5** chuck, flank, round, T-bone **6** rib eye **7** brisket, sirloin **9** Delmonico, hamburger, Salisbury **10** tenderloin **11** filet mignon, London broil, porterhouse **13** chateaubriand

steal **3** bag, cop, nab, nip, rob **4** grab, hook, kite, lift, loot, lurk, slip, take **5** creep, filch, glide, heist, pinch, poach, prowl, seize, shirk, sidle, skulk, slide, slink, sneak, swipe **6** burgle, fleece, hijack, pilfer, pocket, snatch, snitch, thieve, tiptoe **7** bargain, pillage, plunder, purloin **8** embezzle, shanghai, shoplift **9** pussyfoot **10** burglarize, pla-

giarize **11** appropriate ***a vehicle:*** **6** hijack **8** highjack
stealing 5 theft **6** piracy **7** larceny, robbery **8** burglary
stealthy 3 sly **4** wily **6** covert, crafty, feline, secret, shifty, silent, slinky, sneaky **7** catlike, cunning, furtive, sub-rosa **8** hush-hush, skulking, slinking, sneaking **9** noiseless **10** undercover **11** clandestine **13** surreptitious
steam bath 5 sauna
steamboat structure 5 texas
steamer 4 boat, clam, ship
steam organ 8 calliope
steed 5 horse, mount **7** charger
steel 4 gird **5** brace, nerve, rally **6** buck up, harden **7** fortify, hearten, stiffen **8** embolden, inspirit **9** reinforce **10** strengthen
steep 3 sop **4** high, soak **5** bathe, dizzy, imbue, sheer **6** abrupt, drench, infuse **7** arduous, extreme, immerse, suffuse **8** elevated, marinate, saturate **9** excessive **10** exorbitant, immoderate, impregnate, inordinate **11** precipitate, precipitous
steeple 5 spire, tower **6** flèche
steer 4 helm, lead **5** guide, pilot, point, route **6** direct, escort, tip-off **7** channel, conduct, skipper **8** shepherd ***a ship:*** **4** conn, helm, luff
Stegner novel 13 Angle of Repose, Spectator Bird (The) **20** Big Rock Candy Mountain (The)
stein 3 mug **5** stoup **6** goblet **7** tankard
Steinbeck novel 5 Pearl (The) **10** Cannery Row, East of Eden **12** Of Mice and Men, Tortilla Flat **13** Grapes of Wrath (The)
Stein's companion 6 Toklas (Alice B.)
Steinway product 5 piano
stellar 6 astral, starry **7** leading, shining **8** sidereal, standout, starlike **10** preeminent **11** outstanding, predominant, superlative
stem 4 flow, head, rise, stop **5** arise, check, issue **6** arrest, derive, spring, stanch **7** control, develop, emanate, proceed **8** peduncle **9** originate ***plant:*** **5** haulm ***underground:*** **5** tuber **7** rhizome
stench 4 funk, reek **5** smell, stink
stentorian 4 loud **7** blaring, booming, orotund, raucous, roaring **8** sonorous, strident **9** clamorous, deafening **10** thundering **12** earsplitting
step 4 hoof, pace, rung, walk **5** grade, level, notch, stage, stair, track, tread **6** degree **7** measure, traipse **8** footfall **9** gradation ***dance:*** **3** pas
step-by-step 7 gradual **9** piecemeal
steppe 5 plain **6** tundra
Steppenwolf author 5 Hesse (Hermann)
stereotype 4 mold **7** pattern **10** categorize, pigeonhole **11** standardize
stereotypical 4 hack **5** banal, stale, trite **7** clichéd **8** shopworn, timeworn **9** hackneyed **11** commonplace
sterile 4 arid, bare, vain **6** barren, fallow **7** aseptic, worn-out **8** desolate, hygienic, impotent, lifeless, sanitary **9** fruitless, infertile **10** antiseptic, unfruitful, uninspired **11** disinfected **12** unproductive
sterilize 3 fix **4** geld, spay **5** alter **6** neuter, purify **7** cleanse **8** sanitize **9** disinfect **10** emasculate
sterilized 7 aseptic
sterling 4 pure, true **5** noble **6** worthy **8** virtuous **9** estimable, exemplary, honorable
stern 4 grim **5** harsh, rigid, sober, stony **6** gloomy, severe, strict **7** ascetic, austere **8** obdurate **10** forbidding, implacable, inexorable, inflexible **11** unrelenting
sternward 3 aft
Sterope *father:* **5** Atlas ***mother:*** **7** Pleione ***sisters:*** **8** Pleiades
Stevenson novel 9 Kidnapped
stew 4 boil, brew, flap, fret, fume, fuss, hash, olio, olla, snit **5** daube, salmi, sweat, tizzy, worry **6** burgoo, dither, jumble, lather, medley, pother, ragout, seethe, simmer, swivet, tumult **7** brothel, goulash, mélange, mixture, parboil, swelter, turmoil **8** bordello, mishmash, mulligan, pot-au-feu **9** Brunswick, cassoulet, commotion, confusion, pasticcio, potpourri **10** hodgepodge, hotchpotch, miscellany, turbulence **11** olla podrida, ratatouille, slumgullion **13** bouillabaisse
steward 6 manage **7** manager **8** overseer **10** supervisor
stewed 3 lit **4** high **5** drunk, lit up, oiled **6** bashed, blotto, bombed, cooked, juiced, potted, soaked, soused, stewed, stoned, tanked, wasted, zonked **7** crocked, drunken, pickled, pie-eyed, sloshed, smashed, sottish **8** simmered **9** plastered **10** inebriated, liquored up **11** intoxicated
Stheno see GORGON
stick 3 put, rod **4** glue, pole, stab **5** affix, baton, cling **6** adhere, attach, cleave, cohere, fasten **7** scruple **10** overcharge
stick around 4 bide, stay, wait **5** abide, dally, tarry **6** linger, remain
sticker 3 pin **4** barb, seal, shiv, spur **5** point, prong, shank, spike, spine, stamp **6** dagger **8** stiletto

stick-in-the-mud 4 fogy 6 fossil 8 mossback 10 fuddy-duddy
stick out 3 jut 5 bulge 6 beetle 7 project 8 overhang, protrude
stick up 3 mug, rob 6 waylay 7 project 8 protrude
sticky 5 gluey, gooey, gummy, humid, muggy, mushy, soggy, tacky 6 clammy, knotty, slushy, sultry, thorny, viscid 7 awkward, cloying, maudlin, mawkish, viscous 8 adhesive, bathetic, clinging, romantic 9 difficult 11 problematic, sentimental, tear-jerking
stiff 3 guy, lit, set 4 body, firm, hard, lush 5 cheat, drunk, harsh, oiled, proud, rigid, stark, steep, stick, tense, tight, tipsy 6 buzzed, corpse, frozen, jelled, juiced, person, plowed, potent, potted, severe, soused, stewed, wooden 7 cadaver, carcass, sloshed, starchy, stilted 8 hardened, reserved, stubborn 9 cardboard, excessive, inelastic, obstinate, petrified, plastered, unbending 10 exorbitant, inebriated, inflexible, mechanical, unyielding 11 intoxicated, intractable
stiffen 5 tense 6 harden 7 thicken 8 rigidify, solidify 9 stabilize 10 immobilize
stifle 3 gag 4 hush, mute 5 burke, choke, deter 6 dampen, deaden, hush up, muffle, muzzle 7 repress, silence, smother, squelch 8 stultify, suppress 9 suffocate 10 asphyxiate, discourage
stigma 4 blot, onus, spot 5 brand, odium, shame, stain, taint 6 smudge, smutch 8 black eye, disgrace, dishonor, petechia, tainting
stigmatize 5 brand, label, stamp
still 3 yet 4 calm, even, hush, lull 5 allay, inert, quiet, shush, whist 6 becalm, hushed, placid, serene, settle, silent, though, withal 7 halcyon, however, silence 8 after all, likewise, peaceful, stagnant, tranquil 9 noiseless, quietness, soundless 10 motionless, stationary 11 furthermore, nonetheless, tranquility 12 nevertheless
stilt 4 bird, pile, pole 8 longlegs 9 shorebird
stilted 4 prim 5 stiff 6 formal, wooden 7 pompous, starchy 8 affected 9 cardboard
stilt-like bird 6 avocet
stimulant 4 goad, spur 5 tonic 7 impetus, impulse 8 caffeine, catalyst, excitant 9 analeptic, energizer, incentive 10 incitement, motivation
stimulate 4 fire, goad, move, prod, spur, urge, whet 5 impel, pique, rouse, set up, spark 6 arouse, excite, fire up, foment, incite, prompt, vivify, work up 7 agitate, enliven, inspire, provoke, quicken, trigger 8 activate, energize, motivate, vitalize 9 galvanize 10 exhilarate
stimulus 4 goad, kick, push, spur 5 boost, cause 6 charge, motive 7 impetus, impulse 8 catalyst 9 incentive 10 incitement, inducement, motivation 11 instigation, provocation 13 encouragement
sting 3 con 4 trap 5 cheat, prick, smart, snare 6 hustle, tingle 7 con game 8 skin game
stinging 8 aculeate
stingy 4 mean 5 close, tight 6 frugal, narrow, paltry, skimpy 7 chintzy, costive, miserly, niggard, scrimpy, sparing, thrifty 8 grudging 9 niggardly, pennywise, penurious 10 economical, ironfisted, pinchpenny, ungenerous 11 tightfisted 12 cheeseparing, parsimonious 13 penny-pinching
stink 4 flap, funk, fuss, reek 5 smell 6 stench
stinker 3 dog, dud 4 bomb, bust, flop 5 lemon, skunk 6 petrel
stinking see SMELLY
stinky see SMELLY
stint 3 job 4 bout, task, time, tour, turn 5 chore, cramp, pinch, scant, share, shift, skimp, spare, spell 6 amount, scrape, scrimp 8 quantity, restrict 9 allotment, stricture 10 assignment, limitation 11 restriction
stipend 3 fee, pay 4 hire, wage 5 award 6 salary 7 payment 9 allowance, emolument 13 consideration
stipple 3 dot 5 fleck, speck 6 pepper 7 freckle, speckle 8 sprinkle
stipulate 5 state 6 detail 7 specify 8 contract, spell out 13 particularize
stipulation 5 limit, terms 7 proviso, strings 9 condition, provision 11 requirement
stir 3 ado, din, mix 4 beat, fuss, rout, to-do, wake, whet 5 awake, blend, budge, churn, evoke, impel, raise, rally, rouse, roust, set on, spark, waken, whirl 6 arouse, awaken, bustle, excite, flurry, foment, hubbub, incite, kindle, pother, seethe, simmer, tumult, whip up 7 actuate, agitate, disturb, ferment, inspire, provoke, quicken 8 activate, activity, energize 9 agitation, commotion, galvanize, stimulate 11 disturbance
stirrup 6 stapes 8 footrest
stithy 5 anvil
stoat 6 ermine, weasel
stock 4 butt, fund, hope, race 5 brace, carry, faith, goods, hoard, store, trunk,

trust **6** family, supply **7** furnish, lineage **8** pedigree, reliance **9** inventory, selection **10** confidence, dependence **11** merchandise

stockade **4** jail **5** fence **6** paling, prison **8** palisade **9** enclosure, guardroom

stock exchange **6** bourse

stockings **4** hose **5** socks **7** hosiery

stockpile **4** bank, heap, mass **5** amass, cache, hoard, lay up, store **6** garner, supply **7** backlog, collect, nest egg, reserve, store up **9** inventory, reservoir **10** accumulate, repository

stocky **3** fat **5** beefy, burly, dumpy, husky, plump, pudgy, squat, stout, thick **6** chunky, stubby, stumpy **8** heavyset, thickset **9** corpulent

stodge **4** fill, sate **5** gorge, stuff **7** overeat, surfeit

stodgy **5** fusty **6** stuffy **9** hidebound, out-of-date **12** old-fashioned

stogie **4** shoe **5** cigar **6** brogan

stoic **6** stolid **7** Spartan **9** apathetic, impassive **10** phlegmatic **11** indifferent, unconcerned

stoicism **9** stolidity **11** impassivity ***founder:*** **4** Zeno

stoke **3** fan **4** feed, fuel, poke, stir, tend **6** supply

Stoker novel **7** Dracula

stolid **3** dry **4** dull, flat **5** stoic **6** wooden **8** rocklike **9** apathetic, impassive, unruffled **10** phlegmatic **11** unemotional

stomach **3** gut **4** bear, craw **5** abide, belly, brook, stand, taste, tummy **6** digest, endure, paunch, venter **7** abdomen, swallow **8** appetite, tolerate ***combining form:*** **5** gastr **6** gastro, ventri, ventro ***enzyme:*** **6** pepsin, rennin ***muscle:*** **7** pylorus ***ruminant:*** **6** omasum **8** abomasum **9** reticulum ***Scottish:*** **4** kyte

stomachache **5** colic, gripe **12** collywobbles

stomp **5** clomp, clump, pound, tramp, tromp **7** trample

stone **3** gem **4** rock **5** lapis **6** pebble **7** boulder ***base:*** **6** plinth ***block of:*** **8** monolith ***chip:*** **5** spall ***combining form:*** **4** lite, lith, lyte ***cosmic:*** **6** meteor **9** chondrite, meteorite ***for grinding grains:*** **6** metate ***fruit:*** **5** drupe ***memorial:*** **7** obelisk ***monument:*** **8** megalith ***of a fruit:*** **3** pit

___ Stone **7** Blarney, Rosetta

Stone novel **11** Lust for Life **18** Agony and the Ecstasy (The)

stonecrop **5** sedum

stoned **3** lit **4** high **5** boozy, doped, drunk, fried, oiled, tight, tipsy **6** buzzed, canned, juiced, loaded, plowed, potted, soused, stewed, tanked, wasted, zonked **7** crocked, drugged, muddled, pickled, pie-eyed, sloshed, smashed **8** hopped-up, turned on, wiped out **9** pixilated, plastered, spaced-out, strung out **10** inebriated, tripped out **11** intoxicated

stooge **3** act, sap **4** dupe, foil, gull, mark, pawn, tool **5** chump, dummy, patsy, proxy **6** puppet, sucker, victim **7** fall guy **8** sidekick **9** represent **11** stool pigeon, straight man **12** second banana

Stooge **3** Moe (Howard) **5** Curly (Howard), Larry (Fine)

stool pigeon **3** rat **4** fink, nark **5** decoy **6** canary, snitch **7** ratfink, tipster **8** informer

stoop **3** dip **4** bend, duck, sink **5** deign, hunch, porch, slump **6** resort, slouch **7** descend, portico, veranda **8** stairway **10** condescend

stop **3** bar, can, dam, end **4** clog, fill, halt, plug, quit, stay, stem **5** block, brake, cease, check, close, stall, tarry **6** arrest, cut off, desist, draw up, ending, kibosh, stanch **7** disrupt, occlude, prevent, shut off, sojourn, suspend, turn off **8** knock off, leave off, obstruct **9** cessation, interrupt, terminate **10** conclusion, standstill **11** discontinue, refrain from, termination ***up:*** **4** cork, plug **7** occlude

stopgap **5** shift **6** resort **8** recourse, resource **9** expedient, makeshift **10** expediency, substitute

stopover **4** stay **5** visit **7** sojourn

stoppage **4** halt **6** cutoff, strike **7** walkout **8** shutdown **10** standstill **11** obstruction

stopper **4** bung, cork, fill, plug **5** close

store **3** bin **4** fund, mart, pack, shop, tank **5** amass, cache, depot, hoard, lay up, stash **6** ensile, garner, market, outlet, shoppe, supply **7** arsenal, backlog, bootery, deposit, reserve **8** boutique, cumulate, emporium, mothball, showroom, squirrel **9** abundance, chandlery, inventory, reservoir, stockpile, warehouse **10** accumulate, depository, five-and-ten, repository **11** five-and-dime **12** accumulation

storehouse **5** depot **7** arsenal, granary **8** magazine **9** stockpile **10** depository, repository

storekeeper **8** merchant, retailer **9** tradesman

storeroom **6** larder, pantry **7** buttery

storm **3** row **4** fury, gale, hail, rage, rant, rave, roar, rush, to-do **5** beset, blast, blitz, burst, furor, onset, salvo **6** assail, attack, charge, clamor, fall on, flurry, furore, hubbub, outcry, pother, racket, rumpus, shower, squall, strike, tumult, volley **7** assault, barrage, bluster, cyclone, monsoon, ruction, tempest, thunder, tornado, turmoil, twister, typhoon **8** blizzard, downpour, drumfire, fall upon, outbreak, outburst, paroxysm, upheaval **9** broadside, cannonade, commotion, discharge, fusillade, hurricane, nor'easter, onslaught **10** blitzkrieg, cloudburst, hurly-burly **11** bombardment, northeaster, northwester

storm trooper 10 brownshirt

stormy 4 foul **5** rainy, rough **6** raging **7** furious **8** blustery **9** turbulent **10** tumultuous **11** tempestuous, threatening

story 3 fib, lie **4** epic, saga, tale, yarn **5** conte, fable **6** canard, legend, report **7** account, fiction, märchen, parable, version **8** allegory, anecdote, folktale, megillah, tall tale **9** chronicle, fairy tale, narration, narrative **11** description, fabrication

storyteller 4 liar **6** fibber **8** fabulist **9** raconteur

stoup 4 font **5** basin **6** flagon, goblet **7** chalice, tankard

stout 3 ale, fat **4** brew **5** beefy, bulky, burly, heavy, husky, obese, plump, thick **6** fleshy, portly, strong, sturdy **9** corpulent **10** overweight

Stout detective 5 Wolfe (Nero)

stouthearted 4 bold, game **5** brave, gutsy **7** doughty, valiant **8** fearless, intrepid, resolute, stalwart, stubborn, unafraid **9** audacious, dauntless, undaunted **10** courageous

stove 4 kiln, oven **5** range **8** Franklin, potbelly

stow 4 load, pack **5** stash, store **7** deposit

stower 9 stevedore

Stowe work 4 Dred

strabismus 6 squint

straddle 4 span **6** sprawl **8** bestride **11** spread-eagle

strafe 4 rake **6** attack **8** enfilade **10** machine-gun

straggle 3 lag **4** poke, roam, rove **5** drift, range, stray **6** dawdle, loiter, ramble, wander **7** maunder, meander **8** trail off **9** string out

straight 4 even, fair, neat, pure, true **5** erect, plain, plumb, right **6** at once, candid, direct, honest, linear, square **7** unmixed, upright **8** orthodox **9** bourgeois, forthwith, undiluted **10** aboveboard, button-down, forthright **12** conventional **13** unadulterated ***combining form:*** **4** orth, rect **5** ortho, recti

straightaway 3 now **6** at once **7** stretch **8** directly, first off, promptly **9** forthwith, instanter **11** immediately

straighten 4 even, tidy **5** align **6** neaten, unbend, uncurl **7** rectify

straightforward 5 frank, lucid **6** candid, direct, honest **7** genuine, precise, sincere **8** clear-cut **9** outspoken **10** forthright **11** undeviating

strain 3 air, tax, try **4** hint, kind, pull, sort, toil, tune, vein **5** exert, stock, sweat, tinge, touch, trace, twist **6** filter, melody, screen, streak, stress, strive, wrench **7** lineage, overtax, tension, trouble **8** ancestry, exertion, overwork, pedigree, pressure, struggle **9** overexert

strait 4 bind, pass **5** pinch **6** crisis, plight **7** channel, dilemma, narrows, squeeze **8** exigency, hardship, juncture **9** crossroad, emergency **10** difficulty **11** contingency ***Adriatic Sea-Ionian Sea:*** **7** Otranto ***Alaska:*** **3** Icy ***Alaska-Russia:*** **6** Bering ***Albania-Greece:*** **5** Corfu ***Asia-Europe:*** **11** Dardanelles ***Atlantic-Baffin Island:*** **5** Davis ***Atlantic-Mediterranean:*** **9** Gibraltar ***Atlantic-Nantucket Sound:*** **8** Muskeget ***Atlantic-North Sea:*** **7** English ***Atlantic-Pacific:*** **5** Drake **8** Magellan ***Atlantic-Saint Lawrence:*** **5** Cabot ***Baffin Island-Quebec:*** **6** Hudson ***Bering Sea-Sea of Okhotsk:*** **5** Kuril **6** Kurile ***Bismarck Sea-Solomon Sea:*** **6** Vitiaz ***Canada:*** **3** Rae **5** Dease ***East China Sea:*** **5** Korea **8** Tsushima ***East China-South China:*** **6** Taiwan **7** Formosa ***England-France:*** **5** Dover ***Flores Sea-Indian Ocean:*** **4** Sape ***Flores Sea-Savu Sea:*** **4** Alor ***Indian Ocean-Java Sea:*** **5** Sunda ***India-Sri Lanka:*** **4** Palk ***Indonesia:*** **4** Alas, Alor, Bali **5** Tioro **6** Lombok **7** Dampier **8** Macassar, Makassar, Surabaya ***Inner Hebrides:*** **5** Tiree ***Iran-Oman:*** **6** Hormuz ***Italy:*** **7** Messina ***Japan:*** **4** Yura **5** Bungo, Kitan **7** Hayasui ***Japan-Sakhalin Island:*** **4** Soya ***Lake Huron:*** **10** Mississagi ***Lake Huron-Lake Michigan:*** **8** Mackinac ***Malay Archipelago:*** **5** Wetar ***Malaysia-Singapore:*** **6** Johore ***Malay-Sumatra:*** **7** Malacca ***New Jersey-Staten Island:*** **7** van Kull ***New South Wales-Tasmania:*** **4** Bass ***New Zealand:*** **4** Cook ***Northwest Territories:*** **6** Barrow **8** Franklin, Victoria **13** Prince of Wales ***Nova Scotia:*** **5** Canso ***Pacific-San Francisco Bay:*** **10** Golden Gate ***Pacific-South China Sea:*** **5** Luzon ***Philippines:*** **5** Bohol, Tanon **6** Iloilo **7** Basilan ***Russia:*** **4** Kara ***Suvu Sea-Timor Sea:*** **4** Roti ***Sea of Azov-Black Sea:*** **5** Kerch **7** Enikale ***Sea of Japan:*** **5** Tatar ***Solomon***

Islands: 12 Bougainville *South China Sea:* 7 Mindoro 9 Singapore *Turkey:* 8 Bosporus 9 Bosphorus, Karadeniz *Vancouver-Washington:* 10 Juan de Fuca *Wales:* 5 Menai *Washington Sound:* 4 Haro

straitened 7 lacking, pinched, wanting 8 deprived, strapped 9 deficient, destitute 10 distressed, inadequate 12 impoverished

straitlaced 4 prim 5 staid, stiff 6 formal, narrow, prissy, strict, stuffy 7 genteel, prudish, starchy, stilted 8 priggish 9 hidebound, Victorian 11 puritanical

strand 4 bank 5 beach, coast, fiber, leave, shore, wreck 6 desert, maroon, thread 7 abandon, shingle 8 cast away, littoral, seacoast, seashore 9 shipwreck 10 run aground, waterfront

strange 3 odd 5 alien, crazy, fishy, funny, kinky, kooky, nutty, outré, queer, weird 6 exotic, far-out, freaky 7 bizarre, curious, oddball, offbeat, uncanny, unknown, unusual 8 aberrant, abnormal, atypical, peculiar, singular, wondrous 9 eccentric, fantastic, grotesque 10 mysterious, off-the-wall, outlandish, surprising, unfamiliar 11 exceptional 12 unaccustomed

Strange Interlude author 6 O'Neill (Eugene)

stranger 5 alien, guest 7 visitor 8 newcomer, outsider, wanderer 9 auslander, foreigner, immigrant, transient

strangle 5 burke, choke, shush 6 muffle, quelch, stifle 7 garotte, garrote 8 suppress, throttle 10 asphyxiate

strap 4 band, beat, belt, bind 5 leash 6 attach, punish, secure, suffer 7 binding, leather 8 distress 9 constrict

strapping 5 beefy, burly, hardy, husky 6 brawny, robust, rugged, sturdy 8 muscular, vigorous 10 able-bodied

stratagem 4 play, plot, ploy, ruse, wile 5 feint, trick 6 device, gambit, scheme, tactic 8 artifice, intrigue, maneuver 10 conspiracy, subterfuge 11 machination

strategy 4 plan 6 design, method, scheme 7 project, tactics 8 game plan 9 blueprint

stratum 3 bed 4 rank 5 class, grade, layer, level

Strauss, Richard *opera:* 6 Salome 7 Elektra 13 Rosenkavalier (Der) 15 Ariadne auf Naxos 16 Frau ohne Schatten (Der) *tone poem:* 7 Don Juan 10 Don Quixote 11 Heldenleben (Ein) 20 Thus Spake Zarathustra 23 Death and Transfiguration

straw 3 hay 5 blond 6 flaxen, golden, thatch *braided:* 6 sennit *mat:* 6 tatami *plaited:* 7 leghorn

stray 3 err, gad 4 lost, roam, rove, waif 5 drift, range 6 depart, errant, ramble, random, wander 7 deviate, digress, diverge, erratic, meander, runaway, traipse, vagrant 8 divagate, homeless, sporadic 9 gallivant

streak 4 hint, vein 5 fleck, tinge, trace 6 dapple, marble, mottle, strain, stripe 7 striate 8 tincture 9 suspicion, variegate 10 intimation, suggestion

streaked 5 upset 7 brindle, marbled, striped 8 brindled, grizzled 9 disturbed

stream 3 run 4 beck, burn, flow, flux, gill, gush, pour, race, rill, rush, sike, tide 5 bourn, brook, creek, spate, surge 6 bourne, branch, rindle, runnel, sluice 7 current, freshet, rivulet, torrent 8 affluent

streamer 4 flag, jack 6 banner, burgee, ensign, pennon 7 pennant 8 banderol, bannerol, standard 9 banderole

streamline 7 contour 8 organize, simplify 9 modernize

street 3 way 4 drag, road, wynd 5 alley, drive 6 artery, avenue 7 roadway 9 boulevard 12 thoroughfare *border:* 4 curb 7 curbing *material:* 6 cobble 7 asphalt, macadam 11 cobblestone

streetcar 4 tram 7 trolley

Streetcar Named Desire, A *author:* 8 Williams (Tennessee) *character:* 6 Stella (Kowalski) 7 Blanche (DuBois), Stanley (Kowalski)

Street Scene author 4 Rice (Elmer)

strength 5 brawn, force, might, power, sinew, vigor 6 energy, muscle 7 potency 8 firmness, security 9 fortitude, intensity, soundness, stability, toughness 10 steadiness, sturdiness

strengthen 4 gird 5 brace, steel 6 anneal, harden, prop up 7 bolster, enhance, fortify, support, toughen 8 buttress, embolden, energize 9 intensify, reinforce, undergird 10 invigorate, rejuvenate

strenuous 4 hard 5 tough 6 taxing, uphill 7 arduous, operose 9 demanding, difficult, effortful, Herculean, laborious 12 backbreaking

Strephon 8 shepherd *beloved:* 5 Chloe 6 Urania

stress 6 accent, burden, import, play up, strain, weight 7 anxiety, feature, tension, trouble, urgency 8 emphasis, pressure 9 emphasize, italicize, underline 10 accentuate, underscore 12 accentuation *in poetry:* 5 ictus

stretch 4 area, draw, time 5 range, reach, scope, space, spell, sweep, tract, while

6 extend, extent, length, limber, region, spread 7 breadth, compass, draw out, expanse, magnify, prolong, purview, spin out, tighten 8 distance, elongate, lengthen, protract 9 embellish, embroider, expansion, overstate 10 exaggerate ***on a frame:*** 6 tenter ***out:*** 6 sprawl 7 lie down, recline

stretchable 7 ductile, elastic, tensile

stretched 4 taut

stretcher 4 yarn 6 gurney, litter 8 tall tale

strew 3 sow 4 dust 5 cover 6 pepper, spread 7 scatter 8 disperse, sprinkle 9 broadcast, circulate, propagate 10 distribute 11 disseminate

stricken 3 hit, ill 4 hurt, sick 7 injured, wounded 9 afflicted 11 overwhelmed

strict 4 firm 5 exact, harsh, rigid, stern, tough 6 narrow, severe 7 precise 8 exacting, faithful, rigorous 9 draconian, stringent, unsparing 10 inflexible, ironhanded, meticulous, scrupulous 11 punctilious

stricture 5 cramp, stint 7 censure, reproof 8 reproach 9 aspersion, criticism, reprimand 10 constraint, limitation 11 restriction 13 animadversion

stride 4 gait, pace, step 5 march, stalk 7 advance 8 straddle

strident 4 loud 5 harsh 6 shrill 7 grating, jarring, rasping, raucous, squawky 8 piercing 9 clamorous, insistent, obtrusive 10 boisterous, discordant, stentorian, vociferous 11 loudmouthed 12 earsplitting, obstreperous

strife 4 fray 5 broil, fight 6 battle, combat 7 discord, dispute, dissent, quarrel, rivalry, warfare, wrangle 8 argument, conflict, disunity, friction, struggle, tug-of-war 10 contention, difference, dissension, dissidence 11 altercation, competition, controversy

strike 3 hit, pop, rap 4 bash, beat, find, poke, slam, slap, slug, sock, swat, whap, whop 5 clout, knock, punch, smack, smite, swipe, thump, whack 6 affect, assail, attack, cudgel, delete, hammer, pummel, thrash 7 assault, impress, inflict, inspire 8 discover, stoppage

striking 5 showy, vivid 6 cogent, marked, signal 7 salient, telling 8 forceful 9 arresting, prominent 10 compelling, noticeable, remarkable 11 conspicuous, outstanding

Strindberg play 6 Easter, Father (The) 8 Comrades 9 Creditors (The), Dream Play (A), Miss Julie 10 Master Olaf 11 Ghost Sonata (The) 12 Dance of Death (The), Gustavus Vasa

string 3 row 4 file, line, rank, tier 5 chain, order, queue, train, twine 6 sequel, series 7 echelon 8 recourse, resource, sequence 10 succession ***up:*** 4 hang 5 noose, scrag 6 gibbet

stringent see STRICT

stringy 4 lean, ropy, wiry 6 sinewy 7 fibrous 8 muscular

strip 4 band, bare, doff, flay, husk, peel, sack, skin 5 scale 6 billet, denude, divest, expose, fillet, ravage, ribbon 7 bandeau, deprive, disrobe, pillage, uncover, undress 8 unclothe ***leather:*** 5 thong ***of wood:*** 4 lath, slat ***skin:*** 6 flense

stripe 3 ilk 4 band, kind, lash, sort, type 5 order 6 strake, streak 7 banding, chevron, lineate, striate, variety

stripling 3 boy, lad 5 youth 9 youngster 10 adolescent

stripper 6 peeler, teaser 9 ecdysiast

stripteaser see STRIPPER

strive 3 try, vie 4 seek 5 labor 6 strain 7 attempt, contend 8 endeavor, struggle 9 undertake

stroke 3 fit, hit, pet, rub 4 blow, hone, whet 5 swing 6 attack, caress, fondle, soothe 7 flatter 8 apoplexy, ischemia 9 heartbeat

stroll 4 rove, turn, walk 5 amble, drift, mosey, paseo 6 cruise, linger, ramble, wander 7 saunter, traipse 9 promenade

stroller 4 pram 6 go-cart 8 carriage 12 baby carriage, perambulator

strong 4 fast, firm, hard 5 burly, hardy, lusty, solid, sound, stout, tough 6 brawny, hearty, heroic, mighty, potent, robust, rugged, secure, sinewy, stable, sturdy 7 durable, intense, staunch 8 forceful, muscular, powerful, stalwart, vigorous 9 resilient, strapping, tenacious 10 able-bodied, full-bodied, spirituous 12 concentrated

strong-arm 5 bully 6 bounce, hector, lean on 7 assault, dragoon 8 browbeat, bulldoze, bullyrag 9 terrorize 10 intimidate

strongbox 4 safe 5 chest 6 coffer 13 treasure chest

stronghold 4 fort 7 bastion, bulwark, citadel, redoubt 8 fastness, fortress

strong point 5 forte 6 métier

strong suit see STRONG POINT

strophe 5 verse 6 stanza

structure 4 form 5 frame 6 format, makeup, system 7 anatomy, complex, edifice, network 8 building, erection, skeleton 9 framework 10 morphology 11 arrangement, composition

struggle 3 try, vie 4 agon 5 trial 6 battle, effort, hassle, strain, strife, strive, tussle 7 attempt, compete, contest, grapple, scuffle 8 endeavor, exertion, flounder, skirmish, striving **9** undertake **11** undertaking

strumpet **4** bawd, jade, slut, tart **5** hussy, tramp, trull, wench **6** floozy, harlot, hooker, wanton **7** jezebel, trollop **8** slattern

strut **6** flaunt, parade, prance, sashay **7** flounce, peacock, show off, swagger

stub **3** end **4** butt, tail **5** stump **6** put out, strike **7** remnant **10** extinguish

stubborn **5** balky, rigid **6** cussed, dogged, mulish, ornery **7** adamant, lasting, willful **8** obdurate, perverse **9** obstinate, pigheaded, steadfast, unbending **10** bullheaded, determined, headstrong, inexorable, inflexible, persistent, rebellious, refractory, relentless, unyielding **11** intractable **12** cantankerous, contumacious, pertinacious, single-minded

stubby **5** dumpy, short, squat, stout **6** stocky, stumpy **8** heavyset, thickset

stuck **5** clung, glued **6** jammed, wedged **7** adhered, baffled, blocked, saddled, stabbed, stopped, stumped **8** attached, held fast **11** overcharged

stuck-up **4** vain **6** sniffy, snippy, snooty **7** haughty **8** snobbish **9** conceited **12** narcissistic, supercilious

stud **3** guy **4** dude, hunk, male, nail, post **5** cleat **6** button, pillar **7** earring, speckle, upright **8** sprinkle, stallion

student **5** pupil **6** novice **7** protégé, scholar **8** disciple **10** apprentice ***college:*** **9** undergrad **13** undergraduate ***female:*** **4** coed ***first-year:*** **5** frosh **8** freshman ***fourth-year:*** **6** senior ***French:*** **5** élève **8** étudiant ***military:*** **5** cadet, middy **10** midshipman ***second-year:*** **9** sophomore ***third-year:*** **6** junior ***wandering:*** **7** goliard

studio **4** shop **7** atelier **8** workroom, workshop

studious **7** bookish, learned **9** scholarly

Studs Lonigan creator **7** Farrell (James T.)

study **3** con, den, vet **4** cram, muse **6** ponder, survey **7** analyze, examine, inspect, reverie **8** consider **9** attention, think over **10** excogitate, scrutinize **11** application

stuff **3** jam, ram **4** cram, fill, glut, junk, pack, sate, tamp **5** crowd, gorge, shove **6** matter, things **7** essence, jam-pack, squeeze, surfeit **8** material, overfill **9** substance **11** possessions

stuffy **4** dull, prim **5** close, fuggy, heavy, humid, stale, thick **6** narrow, stodgy **7** airless, bloated, genteel, humdrum, pompous, prudish, stilted **8** priggish, stagnant, stifling **9** hidebound, Victorian **10** oppressive, pontifical **11** puritanical, suffocating **12** narrow-minded **13** self-important, self-righteous

stultify **4** dull **6** deaden, impair, stifle, weaken **7** inhibit, nullify, repress, smother, trammel **8** restrain, stagnate, suppress **9** suffocate **10** discourage, invalidate

stumble **3** err **4** reel, slip, trip **5** error, fluff, gaffe, lapse, lurch **6** falter, muddle, slipup, totter **7** blunder, faux pas, mistake, stagger, stammer **8** flounder

stump **3** end **4** beat, butt, dare, defy, plod, stub **5** barge, clomp, clump, stick **6** baffle, outwit, puzzle, stymie, trudge **7** buffalo, flummox, galumph, mystify, nonplus, perplex **8** bewilder, campaign, confound, hustings, politick **9** barnstorm, challenge **11** electioneer

stun **4** daze **5** amaze, floor, shock **6** dazzle **7** astound, nonplus, stagger, stupefy **8** astonish, bewilder, bowl over, knock out, paralyze **9** dumbfound **11** flabbergast

stunning **6** superb **7** amazing, awesome **8** gorgeous, striking **9** excellent, wonderful **10** astounding, impressive, remarkable, staggering, surprising **11** astonishing

stunt **4** curb, feat **5** antic, caper, check, dwarf, prank, trick **6** hinder, impair, retard **8** escapade, hold back, suppress

stupefy **4** daze, dull, faze, stun **5** addle, amaze **6** muddle, rattle **7** astound, nonplus, petrify, stagger **8** astonish, bewilder, paralyze **9** disorient, dumbfound **11** flabbergast

stupendous **7** amazing, awesome, massive, titanic **8** colossal, enormous, gigantic, stunning, towering, wondrous **9** fantastic, marvelous, monstrous, wonderful **10** astounding, miraculous, monumental, phenomenal, prodigious, staggering, tremendous **11** astonishing, spectacular **12** breathtaking, mind-boggling, overwhelming

stupid **3** dim **4** dull, dumb, slow **5** dense, dopey, inane, silly, thick **6** oafish, obtuse, simple, torpid **7** asinine, doltish, fatuous, foolish, idiotic, moronic, witless **8** backward, ignorant, mindless, retarded **9** brainless, fatheaded, imbecilic, laughable, ludicrous, pinheaded, senseless **10** half-witted, slow-witted **11** blockheaded, thickheaded, thick-witted **13** chuckleheaded

stupor **6** torpor **7** languor **8** dullness, hebetude, lethargy, narcosis **9** lassitude, torpidity **10** anesthesia, somnolence **13** insensibility ***combining form:*** **4** narc **5** narco

sturdy **5** hardy, solid, sound, stout,

tough **6** robust, rugged, secure, strong **7** durable, healthy, staunch **8** stalwart, vigorous **9** strapping

sturgeon 6 beluga ***roe:* 6** caviar

Sturm und Drang 5 angst **6** unease, unrest **7** anxiety, ferment, turmoil **8** disquiet **9** agitation **10** inquietude, turbulence **11** disquietude, restiveness **12** restlessness

St. Vitus' ___ **5** dance

sty 3 pen **4** coop, cyst **6** pigpen **7** piggery

stygian 4 dark **6** gloomy **7** hellish, sunless **8** infernal, plutonic **9** Cimmerian, plutonian

style 3 fad, way **4** élan, mode, rage, vein **5** craze, decor, flair, trend, vogue **6** manner **7** fashion, panache **10** dernier cri **11** savoir-faire ***hair:* 4** coif **8** coiffure

stylish 3 mod **4** chic, posh, tony, trig **5** doggy, natty, ritzy, sassy, sharp, showy, sleek, slick, smart, swank, swell **6** chichi, dapper, dressy, modern, modish, snappy, snazzy, spiffy, trendy, with-it **7** à la mode, dashing, doggish **8** spiffing, up-to-date **10** newfangled **11** fashionable

stymie 4 stop **5** block **6** hamper, hinder, impede, thwart **7** flummox, prevent **8** confound, obstruct **9** frustrate, hamstring

Stymphalides' slayer 8 Heracles, Hercules

Styron novel 13 Sophie's Choice **22** Confessions of Nat Turner (The)

Styx ***father:* 7** Oceanus ***ferryman:* 6** Charon ***location:* 5** Hades ***mother:* 6** Tethys

Styx's counterpart 5 Lethe **7** Acheron, Cocytus **10** Phlegethon

suave 4 oily **5** slick **6** smooth, urbane **7** cordial, courtly, gallant, politic, refined, tactful, worldly **8** debonair, gracious, polished, unctuous, well-bred **9** courteous **10** cultivated, diplomatic **12** ingratiating **13** sophisticated

sub 5 below, proxy, under **6** backup, fill-in **7** stand-by, stand-in **8** pinch-hit **9** alternate, secondary, surrogate **10** understudy **11** locum tenens, pinch hitter, replacement

subaltern 8 inferior **9** secondary, underling

subdue 4 curb, tame **5** crush, quash, quell **6** defeat, master, quench **7** conquer, control, put down, repress, squelch **8** beat down, overcome, suppress, tone down, vanquish **9** overpower, overthrow, subjugate

subdued 4 soft, tame **5** muted, quiet, sober **6** low-key, mellow, subtle **7** neutral, serious **8** low-keyed, softened, tasteful, tempered **9** moderated, toned down **10** controlled, restrained, submissive **11** unobtrusive

subjacent 3 low **5** lower, under **6** lesser, nether **8** inferior

subject 3 apt **4** core, open **5** motif, point, prone, theme, topic **6** expose, liable, likely, matter, motive, vassal **7** citizen, exposed, lay open, problem **8** argument, inferior, material, question **9** dependent, leitmotif, secondary, sensitive, subjugate, substance, tributary **11** subordinate, subservient, susceptible

subjective 6 biased **10** prejudiced

subjugate see SUBDUE

sublime 4 holy **5** ideal, lofty, noble, proud **6** august, divine, sacred, superb **7** blessed, exalted **8** elevated, glorious, heavenly, majestic, splendid **9** celestial, spiritual **11** magnificent, resplendent **12** transcendent

submarine 4 hero **5** po'boy, U-boat **6** hoagie **7** grinder ***detector:* 5** sonar

submerge 3 dip **4** duck, dunk, sink **5** drown, flood, swamp **6** deluge, engulf, plunge **7** founder, go under, immerse **8** inundate, overflow

submerse see SUBMERGE

submissive 4 meek, tame **6** abject, docile, pliant **7** servile, slavish, subdued **8** amenable, obedient, obeisant, yielding **9** compliant, tractable **10** obsequious **11** acquiescent, deferential, subservient, unresisting **12** nonresisting

submit 3 bow **4** cave, fold, obey **5** defer, offer, yield **6** accede, comply, give in, hand in, relent, send in, tender **7** concede, deliver, go under, present, proffer, provide, subject, succumb, suggest **9** acquiesce, surrender **10** capitulate **11** buckle under **12** knuckle under

subordinate 5 minor, scrub, under **6** junior **7** adjunct, subject **8** inferior **9** accessory, ancillary, auxiliary, dependent, secondary, subaltern, tributary, underling **10** collateral, submissive, subsidiary **11** subservient

sub rosa 6 covert, secret **7** furtive, private **8** covertly, in camera, secretly, stealthy **9** by stealth, furtively, privately, secretive, underhand **10** stealthily **11** clandestine, underhanded **13** clandestinely, surreptitious

subscribe 3 ink **4** sign **5** agree **6** accede, adhere, assent, attest, pledge **7** approve, consent, endorse, support **8** sanction **9** acquiesce

subsequent 4 next **5** after, later **6** serial **7** ensuing **9** following, resultant, resulting **10** sequential, succeeding, successive **11** consecutive ***prefix:* 4** post

subsequently 4 next, then 5 after, later 9 afterward 10 afterwards, thereafter

subservient 6 abject, docile 7 fawning, ignoble, servile, slavish 8 adjuvant, obeisant 9 accessory, ancillary, auxiliary, compliant, truckling 10 collateral, obsequious, submissive 11 acquiescent, deferential, subordinate, sycophantic

subside 3 ebb 4 ease, fall, lull, sink, wane 5 abate, let up, taper 6 ease up, recede, settle 7 decline, descend, die away, die down, dwindle, ease off, slacken 8 decrease, diminish, moderate

subsidiary 5 minor 6 backup, branch 7 subject 8 adjuvant 9 accessory, ancillary, auxiliary, secondary, tributary 10 collateral 11 subordinate 12 supplemental 13 supplementary

subsidize 4 back, fund 5 endow, stake 7 finance, promote, sponsor, support 8 bankroll 9 grubstake 10 underwrite

subsidy 4 gift 5 grant 6 reward 10 subvention 13 appropriation

subsistence 4 keep, salt 5 bread, means 6 income, living 7 support 9 resources 10 livelihood, sustenance 11 maintenance, wherewithal 12 alimentation

substance 3 nub 4 bulk, core, crux, gist, mass, meat, pith, soul 5 being, drift, focus, heart, point, sense, stuff, tenor 6 amount, burden, entity, import, kernel, marrow, matter, nubbin, object, thrust, upshot, wealth 7 essence, meaning, nucleus, purport 8 material, property, sum total 9 resources 12 essentiality, quintessence

substantial 3 big 4 full 5 ample, hefty, large, solid 6 strong, sturdy 7 massive, sizable, weighty 8 abundant, concrete, material, physical, sensible, tangible 9 corporeal, important, objective 10 meaningful, phenomenal 11 significant 12 considerable

substantiate 5 prove 6 embody, evince, verify 7 bear out, confirm, justify 8 evidence, manifest, validate 9 establish, incarnate, objectify, vindicate 11 corroborate, demonstrate 12 authenticate

substantive 4 firm, noun, real 5 solid 8 definite 9 essential

substitute 4 mock, sham, swap 5 dummy, locum, proxy, trade 6 acting, backup, deputy, double, ersatz, fill-in, refuge, resort, second, switch 7 replace, reserve, standby, stand-in, stopgap 8 exchange, recourse, resource, spurious 9 alternate, expedient, imitation, makeshift, simulated, surrogate, temporary 10 artificial, expediency, understudy 11 alternative, locum tenens, pinch hitter, replacement, succedaneum

substratum 4 base 5 basis 6 bottom, ground 7 bedrock, footing 10 foundation, groundwork 12 underpinning

substructure 4 base, seat 5 basis 6 bottom 7 footing 10 foundation, groundwork 12 underpinning

subsume 6 embody, take in 7 contain, embrace, include, involve 8 comprise 9 encompass 10 comprehend

subterfuge 4 ploy, ruse, sham 5 cheat, feint, fraud 6 deceit, dupery 7 chicane 8 trickery 9 chicanery, deception 10 dishonesty

subterranean 11 underground

subtle 4 fine 5 faint 6 artful, astute 7 cunning, refined 8 delicate, finespun, guileful, skillful 9 insidious 10 indistinct 13 inconspicuous

subtract 6 deduct, remove 7 take off 8 discount, knock off, take away, withdraw, withhold

subtraction 6 rebate 8 discount 9 abatement, deduction 10 diminution, withdrawal *term:* 7 minuend 9 remainder 10 subtrahend

suburb 8 edge city

suburbs 7 fringes 8 environs, purlieus 9 outskirts

subversion 8 sabotage 11 undermining 12 undercutting

subvert 5 upset 6 debase 7 corrupt, deprave, vitiate 8 overturn, sabotage 9 overthrow, undermine

subway *British:* 4 tube 11 underground *French:* 5 métro

succeed 3 win 4 boom 5 click, ensue, score 6 arrive, follow, go over, make it, pan out, thrive, win out 7 catch on, come off, make out, prevail, prosper, replace, triumph 8 displace, flourish, get ahead, make good, supplant 9 supervene

succes ___ 3 fou 7 d'estime

success 3 hit 5 smash 7 arrival, fortune, killing, triumph, victory 8 fruition 10 attainment, prosperity 11 achievement, fulfillment

successful 5 smash 7 booming 8 fruitful, thriving 9 effective, lucrative 10 prosperous, triumphant, victorious 11 flourishing

succession 3 row 5 chain, cycle, march, order, round, suite, train 6 course, sequel, series, string 8 sequence 11 progression

successive 4 next 7 ensuing 9 following 10 subsequent

successor 4 heir 8 claimant, follower 9 inheritor 11 beneficiary

succinct 4 curt 5 blunt, brief, pithy, short, terse 7 brusque, compact, concise, laconic, summary 11 compendious
succor 3 aid 4 help, lift 6 assist, relief 7 comfort, relieve, support 10 assistance, sustenance
succulent 5 juicy 8 luscious
succumb 3 bow, die 4 cave, fold, wilt 5 defer, yield 6 accede, buckle, cave in, expire, give in, perish, relent, resign, submit 7 give out, go under, knuckle 8 collapse 9 break down, surrender 10 capitulate 11 buckle under 12 knuckle under
sucker 3 con, gyp, sap 4 bilk, dupe, fool, gull, mark, rook 5 cheat, chump, patsy, shoot 6 diddle, pigeon 7 defraud, fall guy, swindle 8 hoodwink, pushover 9 bamboozle
suckle 5 nurse 7 nourish, nurture 10 breast-feed
Sudan ***capital:*** 8 Khartoum ***desert:*** 6 Libyan ***language:*** 6 Arabic ***monetary unit:*** 5 dinar ***neighbor:*** 4 Chad 5 Congo, Egypt, Kenya, Libya 6 Uganda 7 Eritrea 8 Ethiopia ***river:*** 4 Nile ***sea:*** 3 Red
sudden 4 rash 5 hasty, swift 6 abrupt, prompt 7 hurried 8 headlong 9 impetuous, impromptu, impulsive 10 unexpected, unforeseen 11 precipitant, precipitate, precipitous
suddenly 5 aback 7 hastily, shortly, unaware 8 abruptly, promptly, unawares 10 by surprise 12 unexpectedly
suds 4 beer, fizz, foam, head, soap 5 froth, spume 6 lather
sue 8 litigate
suer 8 litigant
suet 3 fat 4 lard 6 tallow
Suez Canal ***builder:*** 7 Lesseps (Ferdinand de) ***city:*** 8 Ismailia, Port Said
suffer 4 ache, bear, lump 5 abide, admit, allow, brook, leave, stand, yield 6 accept, endure, permit, submit 7 agonize, anguish, stomach, sustain, swallow, undergo 8 tolerate 10 experience 11 countenance
sufferer 6 victim
suffering 4 ache 5 agony, dolor 6 misery, ordeal 7 anguish, passion, torment, torture 8 distress 10 affliction, misfortune
suffice 5 avail, serve
sufficient 3 due 5 ample 6 common, decent, enough, plenty 8 adequate, all right 9 competent, tolerable 10 acceptable 11 comfortable 12 commensurate, satisfactory 13 commensurable, proportionate ***poetic:*** 4 enow
suffocate 5 burke, choke 6 stifle 7 smother 8 snuff out, strangle 10 asphyxiate
suffrage 4 vote 5 voice 6 ballot 9 franchise
suffragist 4 Catt (Carrie Chapman), Howe (Julia Ward), Mott (Lucretia), Paul (Alice) 5 Stone (Lucy) 7 Anthony (Susan B.), Bloomer (Amelia), Stanton (Elizabeth Cady) 8 Woodhull (Victoria Claflin) 9 Pankhurst (Emmeline)
suffuse 4 fill 5 flush, imbue, steep 7 pervade 8 permeate, saturate 10 impregnate
sugar 6 aldose, fucose, xylose 7 glucose, lactose, maltose, mannose, pentose, sorbose, sucrose, sweeten 8 fructose, furanose, levulose 10 saccharose ***combining form:*** 4 gluc, glyc, sucr 5 gluco, glyco, sucro 7 sacchar 8 sacchari, saccharo ***from palm sap:*** 7 jaggery ***Mexican:*** 7 panocha, penuche ***source:*** 4 beet, cane, corn 5 maple
sugarcane refuse 7 bagasse
sugarcoat 5 candy 6 veneer 7 sweeten, varnish 8 palliate 9 extenuate, gloss over, gloze over, whitewash
sugary 6 syrupy 7 cloying, honeyed, mawkish 10 saccharine 11 sentimental
suggest 4 hint 5 evoke, imply 6 submit 7 connote, propose, signify 8 indicate, intimate 9 adumbrate, insinuate
suggestion 3 cue 4 clue, hint 5 shade, smack, tinge, trace 6 advice 7 inkling 8 allusion, innuendo, overtone, proposal, reminder 9 suspicion, undertone 10 indication, intimation 11 implication, insinuation
suggestive 4 racy 5 salty, spicy 6 ribald, risqué 8 off-color 9 evocative 10 indicative 11 reminiscent
suicidal pilot 8 kamikaze
suicide 8 felo-de-se, hara-kiri 10 self-murder 13 self-slaughter ***Japanese:*** 7 seppuku
suit 3 fit 4 case, jibe, plea 5 adapt, agree, befit, cause, check, serve, tally 6 accord, action, adjust, appeal, become, go with, please, prayer, square, tailor 7 conform, enhance, flatter, lawsuit, request, satisfy 8 entreaty, petition 9 agree with, reconcile 10 go together 11 accommodate, application, imploration, imprecation 12 solicitation, supplication ***type:*** 4 zoot 6 monkey, vested 9 paternity 10 pin-striped 11 class-action
suitable 3 apt, due, fit 4 just, meet 5 right 6 proper, seemly, useful 7 condign, fitting 8 apposite, becoming, deserved, eligible 9 pertinent, qualified,

requisite **10** acceptable, felicitous **11** appropriate

suitcase **3** bag **4** grip **6** valise **7** carry-on, holdall **8** carryall

suite **3** lot, row, set **4** flat **5** array, group, rooms, staff, train **6** sequel, series, string **7** lodging, retinue **8** chambers, sequence **9** apartment, entourage, following

suitor **4** beau **5** lover, spark, swain, wooer **7** admirer, gallant, sparker **8** cavalier, paramour **9** boyfriend **10** petitioner

sulfur **9** brimstone

sulk **4** mope, pout **5** brood, gloom

sulky **4** cart, dour, glum **5** moody **6** gloomy, morose, sullen **7** crabbed **9** saturnine

sullen **4** dour, glum, mean, sour **5** moody, pouty, surly **6** crabby, dismal, gloomy, grumpy, morose, somber, sombre **7** crabbed, pouting **8** lowering, scowling **9** glowering, saturnine **10** ill-humored **11** pessimistic

Sullivan's partner **7** Gilbert (William Schwenk)

sully **3** tar **4** soil **5** dirty, shame, smear, stain, taint **6** defame, defile, malign, vilify **7** asperse, blacken, pollute, slander, tarnish, traduce **8** besmirch, disgrace, dishonor **9** denigrate

Sultan of Swat **8** Babe Ruth

sultry **3** hot **4** sexy **5** close, humid, muggy **6** steamy, sticky, stuffy, torrid **7** airless **8** stifling **9** seductive **10** passionate, sweltering, voluptuous

sum **3** add, all, tot **4** mass, tote **5** gross, total, whole **6** amount, digest, entity, figure, resumé **7** epitome **8** entirety, integral, nutshell, totality **9** aggregate, epitomize

Sumatra ***country:*** **9** Indonesia ***highest peak:*** **7** Kerinci **8** Kerintji ***largest city:*** **5** Medan ***shrew:*** **4** tana

Sumerian ***city:*** **4** Umma ***dragon:*** **3** Kur ***god:*** **3** Abu, Kur, Utu **4** Enki **5** Enlil, Lahar, Nanna, Nintu **6** Dumuzi, Nergal, Ninazu **7** Enkimdu ***goddess:*** **6** Ningal, Ninlil

summarize **5** recap **6** digest **7** abridge, outline **8** boil down, condense **9** epitomize, synopsize **11** encapsulate **12** recapitulate

summary **5** recap **6** aperçu, digest, précis, résumé, review, wrap-up **7** compend, epitome, outline, roundup, rundown **8** abstract, overview, scenario, synopsis **9** inventory **10** abridgment, compendium, conspectus **12** condensation

summer ***French:*** **3** été

summerhouse **6** alcove, gazebo, pagoda **9** belvedere

summery **7** estival

summit **3** top **4** acme, apex, peak, roof **5** crest, crown **6** apogee, climax, height, vertex, zenith **8** capstone, meridian, pinnacle **11** culmination

summon **3** bid **4** call, cite **5** evoke, order **6** beckon, call in, invite, muster **7** arraign, command, conjure, convene, convoke, send for **8** assemble, subpoena

sump **4** sink **8** cesspool

sumptuous **4** lush, rich **5** grand **6** costly, deluxe, lavish, superb **7** opulent **8** gorgeous, luscious, palatial, splendid **9** grandiose, luxurious **11** extravagant, resplendent **12** awe-inspiring

sun **3** orb, Sol **4** bask, star **7** daystar, phoebus **8** daylight, luminary, radiance **9** radiation ***combining form:*** **4** heli **5** helio ***disk:*** **4** Aten ***god:*** **3** Lug, Sol, Tem, Utu **4** Amen, Atmu, Atum, Inti, Lleu, Llew, Lugh, Utug **5** Horus, Sunna, Surya **6** Apollo, Babbar, Helios, Marduk **7** Khepera, Ninurta, Phoebus, Shamash **8** Hyperion, Merodach

Sun Also Rises, The ***author:*** **9** Hemingway (Ernest) ***character:*** **6** Ashley (Brett), Barnes (Jake)

sunder **3** cut **4** rend, rive **5** break, sever, slice, split **6** cleave, divide **8** dissever, disunite, separate

sundial part **6** gnomon

sundown **4** dusk **7** evening **8** eventide, gloaming, twilight

sundries **7** notions **8** oddments **9** etceteras **11** odds and ends

sundry **4** many, some **6** varied **7** diverse, several, various **8** assorted, manifold, numerous **9** different, disparate **12** multifarious **13** miscellaneous, multitudinous

sunfish **4** opah **7** pompano **8** bluegill **11** pumpkinseed

Sunflower State **6** Kansas

sun-god see at SUN

Sun King **8** Louis XIV

sunny **4** fair, fine, warm **5** clear, happy **6** blithe, bright, cheery, chirpy, golden **7** beaming, clarion, radiant **8** cheerful, pleasant, rainless **9** brilliant, cloudless, unclouded **10** optimistic

sunrise **4** dawn, morn **6** aurora **7** dawning, morning **8** cockcrow, daybreak, daylight ***goddess:*** **3** Eos **6** Aurora

sunroom **8** solarium

sunset **3** eve **4** dusk **7** evening **8** gloaming, twilight

Sunset State **6** Oregon

Sunshine State **7** Florida

sunup see SUNRISE
sup 3 eat 4 dine 5 feast
super 4 very 5 great 8 powerful, splendid, terrific 9 excellent, extremely, fantastic, first-rate, wonderful 11 outstanding
superannuated 4 aged 5 hoary, passé 6 bygone 7 ancient, archaic, elderly, outworn 8 obsolete, outdated, outmoded 9 out-of-date 10 antiquated 11 obsolescent 12 old-fashioned
superb 4 rich 5 grand, lofty, noble, prime, super 7 elegant, exalted, optimal, optimum, opulent, stately, sublime, supreme 8 glorious, gorgeous, imposing, majestic, peerless, splendid, standout 9 excellent, marvelous, matchless, wonderful 11 magnificent, outstanding, resplendent, sensational, splendorous, superlative 13 splendiferous
supercilious 5 lofty 6 lordly, sniffy, snippy 7 haughty, stuck-up 8 cavalier, snobbish, superior 10 disdainful 11 patronizing 13 condescending, high-and-mighty
superficial 5 hasty 6 casual, slight 7 cursory, shallow, sketchy, trivial 8 external, skin-deep 9 depthless 11 perfunctory
superfluity 4 glut 5 frill 6 excess 7 nimiety, overrun, surfeit, surplus 8 overflow, overkill, overload, overmuch, overplus, plethora 10 oversupply, redundancy, surplusage 11 prodigality 12 extravagance 13 overabundance
superfluous 5 extra, spare 6 de trop, excess 7 surplus 8 needless 9 excessive, redundant 10 gratuitous 11 uncalled-for, unnecessary
superintend 4 boss 6 direct, manage 7 control, oversee 10 administer
superintendence 4 care 6 charge 7 conduct, running 8 handling 9 authority, direction, oversight 10 management
superior 4 rare 5 above, lofty, major, prime, proud, upper 6 better, choice, higher, lordly, select, senior, sniffy, snippy, snooty 7 capital, greater, haughty, premium, stuck-up 8 arrogant, brass hat, cavalier, dominant, higher-up, insolent 9 excellent, first-rate, marvelous 10 disdainful, first-class, noteworthy, preeminent, preferable, remarkable 11 exceptional, overbearing, patronizing, predominant 13 condescending, high-and-mighty
superiority 9 advantage, dominance, seniority, supremacy, upper hand 10 ascendancy
superjacent 4 over 6 higher 7 greater 9 overlying
superlative 4 best 8 peerless, standout 10 consummate 11 magnificent, outstanding
Superman 9 Clark Kent ***cartoonist:*** 7 Shuster (Joe) ***girlfriend:*** 8 Lois Lane
supernatural 5 magic 6 divine, mystic 7 magical, psychic, uncanny 8 heavenly 9 celestial, unearthly 10 miraculous, paranormal, phenomenal 12 metaphysical, transcendent 13 extraordinary
supernatural being 3 elf, fay, god, hob, imp, nix 4 jinn, ogre, peri, puck 5 afrit, angel, bogle, deity, demon, fairy, gnome, jinni, lamia, naiad, nixie, nymph, pixie, satyr, sylph, Titan, troll 6 afreet, goblin, kelpie, seraph, spirit, sprite 7 banshee, brownie, bugbear, goddess, incubus, silenus, vampire 8 bogeyman, demiurge, succubus 9 hobgoblin 10 leprechaun
supernumerary 5 extra, spare 6 de trop, excess, walk-on 7 reserve, surplus 8 leftover 9 redundant
supersede 5 usurp 7 replace, succeed 8 displace, supplant
supervene 5 ensue, occur 6 befall, follow, result 7 succeed 9 eventuate, transpire
supervise 3 run 4 boss 5 steer 6 direct, govern, manage 7 conduct, control, monitor, oversee, proctor, referee 8 chaperon, overlook 10 administer
supervision 4 care 6 charge 7 control, running 8 auspices, handling 9 direction, oversight 10 intendance, management 11 stewardship
supervisor 7 foreman, manager 8 director, overseer 13 administrator
supine 5 inert, prone, slack 7 passive 8 inactive, indolent 9 prostrate, recumbent 10 horizontal 12 outstretched
supper club 6 nitery 7 cabaret 9 night spot
supplant 4 oust 5 usurp 6 cut out, unseat 7 replace, succeed 8 crowd out, displace, force out 9 overthrow, supersede
supple 5 agile, lithe, withy 6 limber, nimble, pliant, whippy 7 ductile, elastic, lissome, plastic, pliable, springy, willowy 8 flexible, graceful, moldable 9 adaptable, malleable, resilient
supplement 3 add, pad 5 rider 6 append, beef up, enrich, extend, sequel 7 adjunct, augment, codicil, enhance, fill out, fortify 8 addendum, addition, appendix, buttress, increase 9 accessory, reinforce 10 postscript, strengthen
suppliant 5 asker 6 beggar, suitor 9 solicitor 10 petitioner
supplicant see SUPPLIANT
supplicate 3 ask, beg, sue 4 pray 5 crave,

plead 6 appeal, invoke 7 beseech, entreat, implore, solicit 8 petition 9 importune

supplication 4 plea, suit 6 appeal, orison, prayer 8 entreaty, petition 11 application

supplies 6 stores 8 matériel 9 equipment, materials 10 provisions

supply 3 man 4 fund, hand, help 5 cache, equip, hoard, stock, store 6 afford, outfit, purvey 7 deliver, fulfill, furnish, provide, reserve, satisfy, surplus 8 dispense, hand over, transfer, turn over 9 inventory, provision, reservoir, stockpile 10 contribute 12 accumulation

support 3 aid 4 back, base, bear, hand, help, lift, prop, root, side, stay 5 abide, adopt, boost, brace, bread, brook, carry, favor, shore, strut, truss 6 anchor, assist, bear up, buoy up, column, crutch, defend, endure, girder, pillar, second, suffer, uphold, verify 7 alimony, applaud, approve, backing, bolster, comfort, confirm, embrace, endorse, espouse, fortify, fulcrum, nourish, nurture, pull for, shore up, stiffen, sustain 8 abutment, advocate, backstop, buttress, champion, mainstay, maintain, sanction, side with, underpin 9 encourage, reinforce, underprop 10 assistance, foundation, livelihood, provide for, strengthen, sustenance 11 corroborate, maintenance, subsistence 12 underpinning

supporter 4 ally 6 patron 7 booster, sectary 8 adherent, advocate, champion, disciple, exponent, follower, henchman, partisan 9 proponent

suppose 4 deem 5 allow, guess, infer, opine, posit, think 6 assume, expect, gather, reckon 7 believe, imagine, presume, pretend, surmise, suspect 8 consider 9 postulate, speculate 10 conjecture 11 hypothesize

supposed 7 alleged, seeming 8 apparent, putative 10 ostensible

supposition 5 guess, hunch, posit 6 notion, theory, thesis 7 premise, surmise 9 postulate 10 assumption, conjecture, hypothesis 11 postulation, presumption, speculation

suppositious 6 unreal 7 dubious, fictive, reputed 8 doubtful, fanciful, illusory, putative, spurious 9 fantastic, fictional, imaginary, pretended, simulated 10 chimerical, fictitious, fraudulent 11 conjectural 12 hypothetical, illegitimate, questionable

suppress 4 curb, stop 5 burke, check, choke, crush, drown, quash, quell, shush, spike, stunt 6 arrest, censor, cut off, hush up, muffle, muzzle, quench, retard, squash, stifle, subdue 7 abolish, collect, conceal, control, prevent, put down, silence, smother, squelch, swallow 8 prohibit, restrain, snuff out, withhold 9 overthrow 10 extinguish

suppurate 6 fester

supra 5 above

supremacy 7 control, mastery 8 dominion 9 authority, dominance 10 ascendancy, domination, mastership, prepotency 11 preeminence, sovereignty 12 predominance 13 preponderance

supreme 4 best 5 chief, final, prime 6 superb, utmost 7 highest, leading, maximum, perfect 8 absolute, cardinal, crowning, foremost, greatest, peerless, towering, ultimate 9 matchless, paramount, principal, sovereign, unequaled, unmatched, unrivaled 10 preeminent, surpassing 11 culminating, predominant, superlative, unmatchable, unsurpassed 12 incomparable, transcendent, unparalleled 13 unsurpassable

Supreme Being 3 God 5 Allah 7 creator, Jehovah 8 Almighty

surcease 3 end 4 halt, quit, rest, stay, stop 6 desist 7 refrain, respite, suspend 8 knock off, leave off, postpone, stoppage 9 cessation, remission 10 suspension 11 discontinue 12 postponement

sure 3 set 4 fast, firm, safe 5 fixed 6 indeed, secure, stable, steady, strong 7 certain, staunch 8 absolute, definite, enduring, positive, reliable, unerring 9 confident, convinced, steadfast 10 convincing, dependable, inevitable, infallible, undeniable, unshakable, unwavering 11 indubitable, trustworthy, unequivocal, unfaltering 12 indisputable 13 incontestable, unquestioning

surefire 7 assured, certain 8 reliable 10 dependable, guaranteed

sure thing 6 shoo-in, winner 9 certainty

surety 4 bail, bond 5 angel 6 backer, patron, pledge 7 sponsor 8 guaranty, security, warranty 9 certainty, certitude, guarantee, guarantor 10 confidence, conviction

surface 3 top 4 face, pave, rise, skin 5 cover 6 appear, come up, facade, facing, finish, patina, show up, veneer 7 outside 8 covering, exterior 11 superficial

surfeit 4 cloy, fill, glut, jade, pall, sate 5 gorge, stuff 6 excess 7 replete, satiate, surplus 8 overfill, overflow, overkill, overmuch, overplus, plethora 10 surplusage 11 overindulge, superfluity 13 overabundance

surge 4 flow, gush, pour, rise, roll, rush, tide, wave 5 flood, swell 6 billow, deluge, sluice, stream 7 torrent

surgeon 8 sawbones *American:* 4 Mayo (Charles, William), Reed (Walter) 6 Thorek (Max) 7 Cushing (Harvey), DeBakey (Michael) 8 McDowell (Ephraim) *British:* 6 Hunter (John) *English:* 5 Paget (James) 6 Lister (Joseph) *French:* 4 Paré (Ambroise) 5 Broca (Paul) *South African:* 7 Barnard (Christiaan) *Swiss:* 6 Kocher (Emil Theodor)

surgery 9 operation *instrument:* 5 clamp, curet, lance, laser, probe 6 gorget, lancet, splint, stylet, trocar 7 forceps, scalpel

surgical removal 8 ablation *combining form:* 6 ectomy

Suriname *capital:* 10 Paramaribo *former name:* 11 Dutch Guiana *language:* 5 Dutch, Hindi 6 Sranan *monetary unit:* 7 guilder *mountain range:* 10 Tumac-Humac *neighbor:* 6 Brazil, Guyana 12 French Guiana *river:* 6 Maroni 8 Suriname 10 Courantyne

surly 4 dour, glum 5 cross, gruff, sulky 6 crusty, grumpy, morose, sullen 7 bearish, crabbed, grouchy 8 churlish, menacing, snappish 9 irritable, saturnine 10 ungracious 11 ill-mannered, threatening 12 discourteous

surmise see SUPPOSE

surmount 3 cap, top 4 best, down, leap, lick 5 clear, climb, crest, crown, excel, outdo, vault 6 better, hurdle, master 7 conquer, surpass 8 outstrip, overcome, vanquish 9 negotiate, transcend

surpass 3 cap, top 4 beat, best 5 excel, outdo, trump 6 better, exceed, outrun 7 eclipse, outpace 8 go beyond, outclass, outshine, outstrip, outweigh, overstep 9 transcend 10 overshadow 11 outdistance

surplice 5 cotta, ephod 8 vestment

surplus 5 extra, spare 6 excess 7 overage, overrun, reserve, surfeit 8 leftover, overflow, overkill, overmuch, plethora 9 overstock, remainder 10 oversupply 11 superfluity, superfluous 13 overabundance, supernumerary

surprise 4 faze, stun 5 amaze, floor 6 ambush, dismay, rattle, waylay, wonder 7 astound, capture, nonplus, stagger, startle, stupefy 8 astonish, bewilder, bowl over 9 amazement, dumbfound, overpower, take aback 11 flabbergast 12 astonishment, stupefaction

surreal 5 weird 7 bizarre 9 dreamlike, fantastic 10 outlandish 12 unbelievable

surrender 4 cave, cede, fold 5 waive, yield 6 cave in, give in, give up, resign, submit 7 abandon, concede, succumb 8 cry uncle, hand over 10 abdication, capitulate, relinquish, submission 12 capitulation, renunciation *sign:* 7 hands up 9 white flag

surreptitious see STEALTHY

surrogate 3 sub 5 proxy 6 acting, deputy, fill-in 7 stand-in, stopgap 9 alternate, makeshift 10 substitute 11 alternative, locum tenens, pinch hitter, replacement, succedaneum

surround 3 hem, rim 4 edge, gird, loop, ring 5 beset, bound, hem in, limit, round, skirt, verge 6 border, circle, fringe, girdle, margin 7 besiege, compass, confine, enclose, envelop, outline 8 encircle 9 encompass 12 circumscribe

surrounding 5 about 7 ambient 12 circumjacent *prefix:* 4 peri 6 circum

surroundings 6 milieu 7 ambient 8 ambience 11 environment, mise-en-scène

surveillance 3 eye, tab 4 tail 5 vigil, watch 7 lookout 8 scrutiny, stakeout 9 vigilance 11 supervision

survey 3 con, vet 4 case, scan, view 5 assay, audit 6 assess, précis, review, size up 7 canvass, examine, inspect, pandect, perusal, preview 8 analysis, appraise, estimate, evaluate, look over, overlook, overview, scrutiny, syllabus 9 check over 10 inspection, scrutinize 11 reconnoiter, superintend

survive 4 keep, last 6 endure 7 carry on, hold out, outlast, outlive, outwear, persist, recover, ride out, weather 8 continue, live down 9 withstand 11 come through, live through, pull through

Surya 6 sun-god *son:* 4 Manu, Yama 5 Karna 6 Asvins 7 Sugriva *temple site:* 7 Konarak

susceptible 4 open 5 naive, prone 6 liable 7 exposed, pliable, subject 8 disposed, inclined, sensible 9 malleable, receptive, sensitive 10 responsive, vulnerable 11 impressible, persuadable, predisposed 12 nonresistant

suspect 5 doubt, fishy, guess 6 assume, unsure 7 believe, dubious, imagine, suppose, surmise 8 distrust, doubtful, mistrust 9 doubtable, uncertain 10 disbelieve 11 problematic 12 questionable

suspend 3 bar 4 bate, halt, hang, stay, stop 5 debar, defer, delay, hover, sling 6 dangle, depend, hold up, put off, shelve 7 adjourn, hold off 8 intermit, postpone, prorogue 9 eliminate 11 discontinue

suspended 6 frozen 7 hanging, pendant, pendent, stopped 8 dangling, swinging 9 pendulous

suspenders 6 braces 8 galluses
suspense 7 anxiety, mystery, tension 10 expectancy 11 expectation, uncertainty 12 apprehension
suspension 4 halt, stay, stop 5 delay, letup, pause 6 cutoff, freeze 7 latency, respite, time-out 8 abeyance, dormancy, stoppage 9 remission 10 moratorium, quiescence 11 cold storage, withholding 12 intermission, interruption, postponement
suspicion 4 hint 5 doubt, dread, guess, hunch, qualm, shade, smell, tinge, touch, trace, whiff 7 concern, dubiety, surmise 8 distrust, mistrust, wariness 9 chariness, misgiving 10 foreboding, intimation, skepticism, suggestion 11 incertitude, premonition, supposition, uncertainty
suspicious 4 wary 5 chary, fishy, leery 7 dubious, jealous, suspect 8 doubtful, watchful 9 doubtable, skeptical 11 distrustful, mistrustful, problematic 12 apprehensive, questionable
suspire 4 sigh 5 sough
sustain 4 bear, feed, prop, save 5 brace, carry, stand 6 bear up, buoy up, endure, foster, hold up, keep up, succor, suffer, uphold 7 bolster, confirm, nourish, nurture, prolong, relieve, shore up, support, undergo 8 buttress, preserve, tolerate 9 withstand 10 experience, strengthen
sustenance 3 pap 4 food, keep, meat 5 bread, means 6 living, viands 7 aliment, alimony, pabulum, support 8 victuals 9 nutriment, provender 10 livelihood, provisions 11 maintenance, nourishment, subsistence, wherewithal 12 alimentation
susurration 4 purr 6 mumble, murmur, mutter, rustle 7 whisper 9 undertone
suture 3 sew 4 seam 6 stitch
suzerain 5 ruler 8 overlord 9 sovereign
svelte 4 slim 5 lithe, sleek, suave 6 smooth, urbane 7 elegant, slender 8 graceful
swab 3 mop 5 clean 6 sponge
swaddle 4 roll, wrap 5 drape 6 enfold, enwrap, swathe, wrap up 7 blanket, envelop 8 enshroud, enswathe
swag 3 yaw 4 loot, tilt 5 booty, droop, lurch, money, pitch, prize 6 boodle, seesaw, spoils 7 cluster, festoon, garland, pillage, plunder, profits 10 contraband
swagger 4 brag 5 boast, bully, strut, swank, swash, swell 7 bluster, bravado, peacock, saunter 9 arrogance, cockiness, gasconade 11 braggadocio, swashbuckle
swagman 4 hobo 5 rover, tramp 7 drifter, vagrant 8 vagabond, wanderer
swain 4 beau 5 lover, spark, wooer 6 rustic, suitor 7 admirer, peasant, sparker 8 shepherd 9 boyfriend
swallow 3 buy, sip 4 bear, belt, bolt, down, gulp, swig, take, toss, wolf 5 abide, brook, drink, quaff, slurp, stand, swill 6 absorb, accept, digest, endure, guzzle, imbibe, ingest, inhale 7 believe, consume, fall for, repress, retract, stomach 8 chugalug, take back, tolerate 11 ingurgitate
swamp 3 bog, fen 4 holm, mire, moss, muck, quag 5 drown, flood, glade, marsh, whelm 6 deluge, engulf, morass, muskeg, slough 7 bottoms 8 inundate, overcome, overflow, quagmire, submerge 9 everglade, marshland, overwhelm ***Everglades:*** 10 Big Cypress ***Georgia:*** 10 Okefenokee ***North Carolina-Virginia:*** 6 Dismal
Swamp Fox 6 Marion (Francis)
swan ***female:*** 3 pen ***male:*** 3 cob 4 cobb ***young:*** 6 cygnet
Swanhild ***father:*** 6 Sigurd ***mother:*** 6 Gudrun
swank 4 posh, tony, trig 5 boast, fancy, ritzy, sharp, showy, smart, swell, swish 6 chichi, classy, dapper, deluxe, lavish, plushy, snappy, trendy 7 elegant, peacock, show off, splashy, stylish, swagger 8 peacocky 9 glamorous, luxurious 10 flamboyant, peacockish 12 orchidaceous, ostentatious
swap 5 trade, truck 6 barter, change, switch 7 bargain, traffic 8 exchange 10 substitute
swarm 3 jam, mob 4 army, bevy, herd, host, mass, pack, push, shin, teem 5 crawl, crowd, crush, drove, flock, group, horde, mount, press 6 abound, gather, myriad, throng 7 climb up, cluster, overrun 9 multitude, pullulate 10 congregate
swarthy 4 dark 5 dusky, sooty 6 brunet 8 bistered 11 dark-skinned
swash 3 lap 4 brag, dash, gush, rush, slop 5 boast, churn, douse, froth, plash, slosh 6 bubble, burble, gurgle, seethe, splash 7 bluster, channel, saunter, spatter, splurge, swagger 8 splatter
swat 3 bat, box, hit, rap 4 bash, belt, blow, cuff, lick, slap, slog, slug, sock 5 blast, clout, homer, knock, smack, smash, smite, swipe, whack 6 buffet, larrup, strike, wallop 7 clobber, home run
swath 4 belt, path 5 strip, sweep 6 stroke
swathe see SWADDLE

sway 4 bend, bias, rock, rule 5 lurch, might, power, range, reach, reign, scope, sweep, swing, waver, weave 6 affect, direct, govern, induce, totter, wobble 7 command, control, dispose, impress, incline, mastery, stagger, win over 8 dominate, dominion, overrule, persuade, undulate 9 authority, dominance, fluctuate, influence, oscillate, prevail on, vacillate 10 domination, predispose 11 fluctuation

Swaziland *capital:* 7 Lobamba, Mbabane *city:* 7 Manzini *language:* 5 Swazi 7 English *monetary unit:* 9 lilangeni *neighbor:* 10 Mozambique 11 South Africa *river:* 5 Usutu 6 Komati 8 Umbeluzi

swear 3 vow 4 avow, bind, cuss, damn, oath, rail, rant 5 abuse, curse, vouch 6 adjure, affirm, assert, attest, depone, depose, pledge, plight 7 declare, promise, testify, warrant 8 covenant, maintain 9 blaspheme, imprecate 10 asseverate, vituperate

swearword 4 cuss, oath 5 curse 9 expletive, obscenity 10 scurrility

sweat 4 emit, glow, moil, ooze, seep, toil, weep 5 exude, grind, labor 6 strain, swivet 7 excrete 8 perspire, transude 12 perspiration

sweater 8 cardigan, pullover, slipover 10 turtleneck

sweaty 6 clammy, sticky 7 glowing 10 perspiring

Sweden *Arctic region:* 7 Lapland *capital:* 9 Stockholm *city:* 5 Malmö 8 Göteborg *gulf:* 7 Bothnia 8 Kattegat *island:* 5 Öland 7 Gotland *lake:* 6 Vänern 7 Mälaren, Vättern 9 Hjälmaren *monetary unit:* 5 krona *mountain range:* 5 Kölen *neighbor:* 6 Norway 7 Finland *part of:* 11 Scandinavia *river:* 3 Dal *sea:* 6 Baltic

Swedish Nightingale 4 Lind (Jenny)

sweep 3 arc, fly, mop, win 4 flit, sail, scud, skim, wing 5 ambit, broom, brush, clean, clear, curve, drive, orbit, range, reach, scope, surge, whisk 6 extent, radius, search 7 compass, purview, victory 9 extension

sweeping 5 broad 6 all-out 7 blanket, general, overall, radical 8 thorough, whole-hog 9 extensive, inclusive, out-and-out, universal, wholesale 12 all-embracing 13 comprehensive, thoroughgoing

sweepings 4 dust 5 trash, waste 6 debris, litter, refuse 7 garbage, residue, rubbish 8 detritus

sweet 5 candy, honey 6 bonbon, dulcet, lovely, sugary, syrupy 7 angelic, cloying, dessert, melodic, scented, sugared, winning, winsome 8 aromatic, fragrant, heavenly, luscious, perfumed 9 ambrosial, delicious 10 delectable, saccharine *combining form:* 4 glyc 5 glyco

Sweet ___ 7 Adeline, Charity 8 Caroline

sweeten 5 candy, honey, sugar 6 soften 7 appease, assuage, enhance, mollify, placate 9 sugarcoat, sugar over 10 conciliate, propitiate

sweet potato 3 yam

sweet-talk 4 coax 5 charm 6 banter, cajole, wangle 7 blarney, flatter, wheedle 8 blandish, butter up, inveigle, soft-soap

swell 4 fine, grow, keen, neat, pout, puff 5 bloat, bulge, dandy, nifty, pouch, super, surge, swank 6 abound, billow, blow up, dilate, expand, groovy 7 amplify, augment, balloon, distend, inflate, peacock, swagger, upsurge 8 increase, terrific 9 crescendo, marvelous, wonderful *British:* 3 nob 4 toff

swelled head 5 pride 6 egoism, vanity 7 conceit, egotism 8 smugness 9 arrogance, vainglory 10 narcissism 11 amour propre, self-conceit 13 conceitedness

swelling 3 sty 4 boil, bubo, bump, corn, gall, node 5 bulge, edema, tumid, tumor 6 bunion, growth, nodule 7 gibbous 8 tubercle 9 carbuncle, chilblain, expansion, tumescent 10 tumescence 11 excrescence 12 inflammation, protuberance

sweltering 3 hot 5 fiery 6 baking, sultry, torrid 7 burning, searing 8 broiling, roasting, sizzling, tropical 9 scorching

swerve 4 skew, turn, veer 5 sheer, shift, stray, waver 6 depart, wander 7 deflect, deviate, digress, diverge

swift 4 fast 5 fleet, hasty, quick, rapid, ready 6 prompt, snappy, speedy, sudden 8 full-tilt, headlong 9 breakneck

___ Swift 3 Tom 8 Jonathan *character:* 8 Gulliver

swiftness 4 gait, pace 5 haste, hurry, speed 6 hustle 8 celerity, dispatch, legerity, rapidity, velocity 9 quickness, rapidness 10 expedition, speediness

swig 4 belt, down, drag, gulp, pull, slug 5 booze, draft, drain, drink, quaff, swill 6 guzzle, imbibe, tipple 7 swallow, swizzle

swill 4 bolt, gulp, slop, swig, tope, wolf 5 booze, draft, drink, gorge, scarf, scoff, slops, trash, waste 6 debris, gobble, guzzle, ingest, inhale, refuse, spilth, tank up, tipple 7 consume, garbage, hogwash, put away, rubbish, swizzle 8 chow down 9 polish off

swim 3 dip 4 reel, spin, turn 5 bathe, crawl, float, swoon, whirl 9 dizziness, dog-paddle
swimmingly 6 easily 8 smoothly 10 splendidly
swimming stroke 5 crawl 7 dolphin, trudgen 9 butterfly, dog paddle
swindle 3 con, gyp 4 bilk, clip, dupe, fake, hoax, rook, scam, sell, sham, skin, soak 5 bunco, bunko, cheat, cozen, fraud, gouge, phony, rogue, shaft, skunk, sting 6 chouse, diddle, fleece, humbug, hustle, take in 7 defraud 8 flimflam, hoodwink 9 bamboozle, imposture, victimize 11 hornswoggle
swindler 5 cheat, crook, ganef, gonif, shark 6 con man, goniff 7 sharper, shyster 8 deceiver 9 charlatan, defrauder 10 mountebank
swine see HOG
swing 4 sway, veer 5 flail, lurch, pivot, twirl, waver, weave, whirl, wield 6 dangle, divert, rhythm, rotate, seesaw, stroke, swerve, switch 7 revolve, suspend 8 brandish 9 alternate, fluctuate, oscillate, vacillate
swinish 5 feral 6 animal, coarse 7 beastly, bestial, porcine
swipe 3 cop, hit, nab, rap 4 blow, clip, conk, grab, hook, lick, lift, nick, sock, swat, wipe 5 clout, filch, heist, knock, pinch, smack, steal 6 pilfer, snatch, snitch, strike, wallop
swirl 4 eddy, purl, roil 5 curve, twist, whirl, whorl 6 swoosh, vortex 9 whirlpool 11 convolution
swish 4 buzz, chic, fizz, hiss, posh, tony, whiz 5 ritzy, smart, swank, whisk 6 classy, dressy, sizzle, trendy, whoosh 7 elegant, stylish 8 sibilate 9 exclusive
Swiss Family Robinson author 4 Wyss (Johann David)
switch 3 rod, wag 4 beat, flay, flog, lash, swap, veer, wand, whip 5 shift, shunt, trade, whisk 6 change, strike, waggle 7 scourge 8 exchange, flip-flop, reversal 9 about-face, sidetrack 10 substitute 12 substitution
Switzerland ***capital:*** 4 Bern ***city:*** 5 Basel 6 Geneva, Zürich 8 Lausanne ***lake:*** 6 Geneva, Wallen 7 Lucerne 9 Constance, Neuchâtel, Thunersee, Zürichsee ***language:*** 6 French, German 7 Italian ***monetary unit:*** 5 franc ***mountain, range:*** 4 Alps, Jura 9 Monte Rosa ***neighbor:*** 5 Italy 6 France 7 Austria, Germany 13 Liechtenstein ***resort:*** 5 Davos, Vevey 7 Zermatt 8 Montreux, St. Moritz 10 Interlaken ***river:*** 4 Aare 5 Rhine, Rhône ***state:*** 6 canton
swivel 4 spin, turn 5 pivot, swing, twirl, whirl 6 rotate 7 revolve 9 pirouette
swivet see SNIT
swizzle see SWIG
swollen 5 puffy, tumid 6 turgid 7 bloated, bulbous, bulging, pompous 8 enlarged, inflated, varicose 9 bombastic, distended, tumescent 10 rhetorical 12 magniloquent 13 grandiloquent
swoon 4 coma, daze, fade 5 droop, faint 6 torpor 7 pass out, rapture, syncope 8 black out
swoosh 4 eddy, gush, purl, rush 5 swirl, whirl, whorl
sword 4 épée, foil 5 saber, sabre 6 barong, bilboa, rapier, Toledo 7 cutlass 8 claymore, falchion, scimitar, yataghan
sword of ___ 8 Damocles
sword-shaped 8 ensiform
sworn 6 avowed 7 devoted 8 affirmed 9 committed, confirmed 10 deep-rooted, deep-seated, entrenched, inveterate
sybarite 7 epicure 8 hedonist 9 libertine 10 sensualist, voluptuary
sybaritic 6 carnal 7 sensual 8 sensuous 9 epicurean, libertine, luxurious 10 hedonistic, voluptuous 13 self-indulgent
sycophancy 7 fawning 8 flattery, toadying 9 truckling 11 bootlicking
sycophant 5 leech, toady 6 flunky, lackey, minion, yes-man 8 groveler, hanger-on, parasite, truckler 9 easy rider, flatterer, toadeater 10 bootlicker, self-seeker 11 lickspittle 13 apple-polisher
sycophantic 7 fawning, servile, slavish 8 toadying, unctuous 9 groveling, kowtowing, parasitic, truckling 10 obsequious 11 bootlicking
Sycorax's son 7 Caliban
syllable ***deletion:*** 7 apocope ***last:*** 6 ultima ***lengthening of:*** 7 ectasis ***next to last:*** 6 penult ***shortening:*** 7 elision, systole ***stressed:*** 5 arsis
syllabus 6 aperçu, digest, précis, sketch, survey 7 epitome, outline, pandect, summary 8 abstract, headnote, synopsis 10 compendium
sylph 5 fairy, nymph 6 sprite
sylvan 5 bosky, woody 6 rustic, wooded ***deity:*** 3 Pan 4 Faun 5 dryad, satyr 6 Faunus 7 Silenus 8 Arethusa, Silvanus, Sylvanus
symbol 4 logo, mark, sign 5 badge, motif, stamp, token 6 design, device, emblem, mascot 9 attribute 10 indication ***chemical:*** see individual element ***musical:*** 4 clef, flat, hold, note, rest, turn 5 shake, sharp, trill 7 fermata,

mordent, natural **8** arpeggio **9** crescendo **10** diminuendo **11** decrescendo

symbolic 5 token **10** emblematic **11** allegorical

symbolist poet 7 Rimbaud (Arthur) **8** Mallarmé (Stéphane), Verlaine (Paul)

symbolize 4 mean **6** embody, mirror, typify **7** signify **8** stand for **9** epitomize, exemplify, personify, represent **10** illustrate **11** emblematize

symmetrical 5 equal **7** regular **8** balanced **12** commensurate, proportional **13** commensurable

symmetry 5 order **6** parity **7** balance, harmony **8** equality, evenness **9** agreement, congruity **10** conformity, proportion, regularity **11** arrangement

sympathetic 4 kind, warm **6** benign, caring, humane, kindly, tender **8** amenable, friendly **9** agreeable, approving, benignant, congenial, congruous, consonant, favorable, receptive **10** compatible, consistent, responsive **11** considerate, kindhearted, softhearted, warmhearted **12** well-disposed **13** compassionate, understanding

sympathize 4 pity **7** condole **11** commiserate **13** compassionate

sympathy 4 pity, ruth **5** heart **6** accord, solace, warmth **7** comfort, harmony, rapport **8** affinity, kindness **9** agreement **10** benignancy, compassion, condolence, kindliness, tenderness **11** consolation, sensitivity **13** commiseration

symphonic 10 orchestral

symphony 9 orchestra **12** philharmonic

symposium 5 forum **7** meeting, seminar **9** gathering **10** conference, discussion

symptom 4 mark, sign **5** index, token **8** evidence **10** indication

symptoms 7 indicia **8** syndrome

synagogue 6 temple

sync 4 jibe **5** agree, match **7** harmony **8** coincide **9** harmonize **10** concurrent **12** simultaneous

synchronize 5 agree **6** concur **8** coincide

synchronous 6 coeval **10** coetaneous, coexistent, coexisting, coincident, concurrent **11** concomitant **12** contemporary, simultaneous **13** geostationary

syncope 4 coma **5** faint, swoon **8** blackout

syndicate 3 mob **4** pool **5** chain, group, mafia, trust, union **6** cartel, league **7** combine **11** association, partnership **12** conglomerate, organization **13** confederation

syndrome 3 ill **6** malady **7** ailment, disease **8** disorder, sickness **9** complaint, condition, infirmity

synergic 5 joint **6** shared **8** coacting, coactive, conjoint **9** collusive, concerted **11** cooperating, cooperative, coordinated

synod 4 body, diet **7** council, meeting **8** assembly, conclave, congress **10** conference, convention **11** convocation

synopsis 5 brief, recap **6** aperçu, digest, précis, review **7** capsule, epitome, outline, rundown, summary **8** abstract, breviary, syllabus **10** abridgment, compendium, conspectus **12** condensation

synopsize 5 recap, sum up **6** digest **7** outline, summate **8** abstract, boil down, compress, condense **9** epitomize, inventory, summarize **11** encapsulate

synthesis 5 blend, union **6** fusion, merger **7** amalgam **8** blending, compound **9** composite **11** combination **12** amalgamation **13** incorporation

synthesize 4 fuse, meld **5** blend, merge, unify **7** combine **8** compound **9** harmonize, integrate **10** amalgamate **11** incorporate

synthetic 6 ersatz **7** man-made **9** unnatural **10** artificial, fabricated **11** counterfeit

Syria ***capital:*** **8** Damascus ***city:*** **4** Homs **6** Aleppo ***desert:*** **6** Syrian ***language:*** **6** Arabic, French ***monetary unit:*** **5** pound ***mountain range:*** **7** Lebanon ***neighbor:*** **4** Iraq **6** Israel, Jordan, Turkey **7** Lebanon ***plain:*** **11** Mesopotamia ***river:*** **9** Euphrates ***sea:*** **13** Mediterranean

syringe 6 needle

Syrinx 5 nymph ***pursuer:*** **3** Pan

syrinx 7 panpipe **8** panpipes

syrup 6 orgeat **9** grenadine

syrupy 5 gooey, mushy, sappy, sweet **6** drippy, dulcet, slushy, sticky, sugary **7** cloying, maudlin, mawkish **9** schmaltzy **10** saccharine **11** sentimental

system 3 way **4** mode, plan **5** modus, order, setup **6** entity, manner, method, scheme **7** complex, network, pattern, process, regimen, routine **8** strategy **9** procedure, structure, technique **10** regularity **11** arrangement, disposition, orderliness

systematic 7 logical, ordered, orderly, regular **8** arranged **9** organized **10** analytical, methodical **12** businesslike

systematize 5 array, order **6** codify **7** arrange, catalog, dispose, marshal **8** classify, organize, regiment **9** catalogue, methodize

system of weights 4 troy **11** avoirdupois **12** apothecaries

T

tab 4 bill, cost, flap, list, loop, rate 5 check, count, price, score 6 charge, record 7 account, invoice 8 eagle eye, price tag, scrutiny 9 appendage, designate, extension, reckoning, statement 12 surveillance

tabard 4 cape, coat 5 tunic 10 coat of arms

tabby 3 cat 6 feline, cement 8 brindled

tabernacle 4 tent 5 hovel 6 church, temple

tabes 7 atrophy, wasting 12 degeneration

Tabitha's Greek name 6 Dorcas

table 4 fare, list 5 bench, board, chart, defer, stand 6 buffet, put off, record, shelve, teapoy 7 counter 8 mahogany, postpone 9 sideboard ***ornament:*** 7 epergne 11 centerpiece ***writing:*** 4 desk 9 secretary 10 escritoire

table d'___ 4 hôte

tableland 4 mesa 5 butte 6 upland 7 plateau ***Alabama-West Virginia:*** 10 Cumberland ***Arizona:*** 5 Kanab 6 Kaibob ***England:*** 8 Dartmoor ***India:*** 5 Malwa (see also PLATEAU)

tablet 3 bar, pad 4 cake, disk, pill, slab 5 panel, slate 6 pellet, plaque, troche 7 lozenge, notepad 8 steno pad

Table Talk author 6 Selden (John)

tableware 4 cups 5 bowls, china, forks 6 dishes, knives, plates, silver, spoons 7 glasses, saucers 8 settings, utensils 9 stainless

tabloid 3 rag 5 lurid, pulpy 6 digest 7 summary 9 condensed, newspaper 11 sensational 12 scandal sheet

taboo 3 ban 4 no-no 6 banned, enjoin, forbid 7 inhibit, obscene 9 forbidden, ineffable, interdict, off-limits, restraint 10 inhibition 11 restriction, unspeakable 12 interdiction

tabor 4 drum

tabulate 4 list 5 count, order 6 codify, figure, record 7 arrange 9 enumerate 11 systematize

tabulation 4 list 5 chart, tally 6 record 7 account

tabula ___ 4 rasa

tacit 6 silent, unsaid 7 assumed, implied 8 implicit, inferred, unspoken 9 intimated, suggested 10 subtextual, undeclared, underlying, understood 11 acquiescent, unexpressed 12 inarticulate

taciturn 4 dumb 6 silent 7 laconic 8 reserved, reticent, wordless 9 secretive 11 tight-lipped 12 closemouthed

Tacitus work 7 Annales 8 Dialogus, Germania 9 Historiae

tack 3 pin, yaw 4 beat, brad, gear, join, nail, stay, turn 5 baste, reach, shift 6 attach, double, stitch, swerve, turn up, zigzag 7 tangent 8 put about 9 come about, deviation 10 alteration, deflection, digression, sea biscuit 11 ship biscuit 12 pilot biscuit

tackle 3 cat, rig 4 gear, sack 6 outfit, take on, take up 7 halyard, lineman, rigging 8 set about 9 apparatus, equipment, machinery, undertake 10 footballer, linebacker, plunge into 13 paraphernalia

tacky 5 cheap, crude, dingy, dowdy, gaudy, messy, seedy, ratty, tatty 6 blowsy, frowsy, frumpy, kitsch, shabby, sleazy, sloppy, sticky, frumpy, tawdry, untidy, vulgar 7 run-down, unkempt 8 adhesive, frumpish, slovenly 9 inelegant, tasteless, unstylish 10 broken-down, down-at-heel, threadbare

tact 5 poise, touch 6 acumen 7 address, finesse, suavity 8 civility, courtesy, delicacy, urbanity 9 diplomacy, politesse 10 adroitness, politeness, smoothness 11 savoir faire, sensitivity

tactful 5 civil, suave 6 adroit, urbane 7 politic 8 delicate, discreet, polished 9 courteous, sensitive 10 diplomatic, perceptive, thoughtful 11 considerate

tactical 7 politic, prudent 9 advisable, expedient, strategic

tactics 4 plan 6 method, scheme 8 maneuver, playbook, strategy 9 stratagem

tactile 8 palpable, tangible 9 touchable

taction 4 feel 5 touch 7 contact 9 palpation

tactless 4 rude 5 blunt, crude, inept 6 candid, clumsy, gauche 7 awkward 8 impolite 9 impolitic, maladroit 10 indiscreet 11 insensitive

tad 3 bit, boy, lad, son 4 lick, mite, snap,

spot, whit **5** child, crumb, sonny, speck **6** laddie, nipper, shaver **7** smidgen **8** fraction

tadpole **8** polliwog, pollywog

taffy **5** candy **8** flattery

tag **3** bit, dog, end **4** cost, flag, game, logo, mark, name, tail **5** aglet, brand, label, price, trail **6** append, charge, follow, select, shadow, slogan, tassel, tatter, ticket **7** license, run down **8** graffito, identify, insignia

Tahiti ***city:*** **7** Papeete ***painter:*** **7** Gauguin (Paul)

tail **3** dog, end, tag **4** butt, rear **5** hound, stalk **6** follow, pursue, shadow **7** hind end, rear end **8** backside, buttocks **9** posterior ***bone:*** **6** coccyx ***relating to:*** **6** caudal ***short:*** **4** scut

tailed **7** caudate

tailor **3** fit, sew **4** suit **5** alter **8** clothier, seamster **11** haberdasher

tailor-made **6** fitted, suited **7** bespoke, fitting **8** suitable **10** well-suited **11** appropriate

taint **3** rot **4** blot, blur, foul, harm, hurt, smut, soil, spot, turn, vice **5** brand, cloud, color, decay, dirty, fault, smear, spoil, stain, sully, touch **6** befoul, darken, defile, poison, smudge, smutch **7** blacken, blemish, corrupt, pollute, putrefy, tarnish **8** besmirch, discolor **9** discredit **10** adulterate, stigmatize **11** contaminate

taipan **5** snake **8** merchant **11** businessman

Taiwan **7** Formosa ***capital:*** **6** Taipei ***channel:*** **5** Bashi ***city:*** **6** T'ai-nan **8** Pan-ch'iao, T'ai-chung **9** Kao-hsiung ***language:*** **8** Mandarin ***leader:*** **13** Chiang Kai-shek ***monetary unit:*** **6** dollar ***mountain:*** **6** Yü Shan

Tajikistan ***capital:*** **8** Dushanbe ***monetary unit:*** **5** ruble ***mountain, range:*** **6** Pamirs **9** Communism (Peak), Trans Alai **10** Revolution (Peak) ***neighbor:*** **5** China **10** Kyrgyzstan, Uzbekistan **11** Afghanistan ***river:*** **8** Amu Dar'ya, Syr Dar'ya

Taj Mahal **9** mausoleum ***builder:*** **9** Shah Jahan ***site:*** **4** Agra

take **3** get, nab **4** grab **5** annex, catch, seize **6** gather, obtain, secure **7** capture, receive **8** proceeds, receipts ***account of:*** **6** notice ***advantage of:*** **5** abuse **7** exploit ***after:*** **6** follow **8** resemble ***apart:*** **7** analyze, dissect **9** dismantle ***care:*** **6** beware ***care of:*** **3** fix **4** tend **5** nurse **6** attend ***exception:*** **6** object ***five:*** **4** rest ***from:*** **7** deprive, detract **8** subtract ***it easy:*** **5** relax ***on the:*** **7** corrupt ***part:*** **4** join **5** share **11** participate ***place:*** **5** occur **6** happen ***to task:*** **5** scold **7** reprove ***turns:*** **9** alternate ***unawares:*** **8** surprise

take away **4** grab **5** wrest **6** arrest, commit, deduct, detach, detain, remove **7** deprive, detract **8** diminish, discount, minimize, subtract, withdraw

take back **5** unsay **6** abjure, recall, recant, return **7** replace, restore, retract, swallow **8** forswear, withdraw **9** repossess

take down **4** note **5** lower, write **6** humble, record, reduce **7** deflate **8** dismount **9** dismantle **11** disassemble

take in **3** con **4** dupe, fool, furl, jail **5** admit, bluff, board, house, trick **6** absorb, accept, arrest, attend, betray, delude, embody **7** beguile, compass, contain, deceive, embrace, include, involve, mislead, observe, receive, shelter, snooker, subsume **8** flimflam, hoodwink, perceive **9** apprehend, bamboozle, encompass, four-flush **10** assimilate, comprehend, understand **11** double-cross

take off **4** doff, exit, quit **5** leave, scram **6** begone, deduct, depart, remove, set out **7** pull out, skiddoo, vamoose **8** clear out, discount, hightail, light out, subtract, withdraw **9** skedaddle

takeoff **5** spoof **6** launch, parody, satire, send-up **7** lampoon **8** travesty **9** burlesque **10** caricature ***area:*** **3** pad **6** runway

take on **3** don **4** face, hire, meet **5** adopt, annex, fight **6** accept, append, assume, attack, battle, employ, engage, strike, tackle **7** contest, embrace, espouse, venture **8** endeavor, set about **9** encounter, undertake

take out **4** date, kill, omit **5** loose **6** deduct, remove **7** destroy, release, unleash **8** discount, knock off, separate, subtract, withdraw, withhold **9** eliminate **10** annihilate

take over **5** seize, spell, usurp **6** assume **7** capture, relieve

take up **3** use **4** fill, open **5** adopt, begin, enter, raise, renew, set to, start **6** absorb, accept, assume, gather, occupy, resume, shrink, tackle **7** embrace, espouse, kick off, restart, shorten, tighten **8** commence, continue, initiate **10** recommence

talc **6** powder **8** steatite **9** soapstone

tale **3** fib, lie **4** myth, saga, yarn **5** fable, rumor, story **6** canard, legend **7** fiction **8** anecdote **9** narration, narrative

talebearer **3** rat **4** fink **6** canary, gossip, snitch **7** rat fink, tattler **8** busybody, gossiper, informer, quidnunc, squealer, telltale **9** informant **10** newsmonger, tattletale **11** rumormonger, stool pigeon **12** blabbermouth **13** scandalmonger

talent **4** bent, gift, head, nose **5** craft, dowry, flair, forte, knack, skill **6** genius **7** ability, aptness, faculty **9** endowment, expertise

talented **4** able **6** clever, expert, gifted **8** skillful

Tale of Two Cities, A ***author:*** **7** Dickens (Charles) ***character:*** **5** Lucie (Manette) **6** Carton (Sidney), Darnay (Charles) **7** Defarge (Madame), Manette (Alexander)

Tales of a Traveller author **6** Irving (Washington)

Tales of a Wayside Inn author **10** Longfellow (Henry Wadsworth)

Tales of Hoffman composer **9** Offenbach (Jacques)

talisman **4** juju, luck **5** charm **6** amulet, fetish, mascot, scarab **7** periapt **10** phylactery

Talisman author **5** Scott (Walter)

talk **3** gab, rap, yak **4** blab, buzz, chat, chin, yarn **5** prate, rumor, run on, speak, utter, voice **6** babble, gabble, gossip, parley, patter, report, speech **7** address, chatter, declaim, hearsay, lecture, prattle **8** colloquy, converse, dialogue, harangue **9** discourse, utterance **10** discussion **12** conversation ***about:*** **7** discuss ***back:*** **4** sass ***foolish:*** **4** bunk **6** babble **7** chatter, palaver ***indistinctly:*** **6** mumble, mutter ***over:*** **7** discuss ***slowly:*** **5** drawl ***small:*** **8** chitchat ***wildly:*** **4** rant, rave

talkative **4** glib **5** gabby, vocal **6** chatty, fluent **7** gossipy, voluble **9** garrulous **10** loquacious **13** communicative

talk over **6** debate **7** discuss, hash out **8** consider **9** thrash out **10** deliberate

talky **5** gabby, windy, wordy **6** chatty, prolix **7** verbose, voluble

tall **4** high, long **5** lanky, large, lofty, rangy **6** absurd **7** pompous **8** towering **9** high-flown **10** far-fetched **11** skyscraping **12** altitudinous

tallow **3** fat **4** lard, suet **6** grease

tally **3** tab **4** jibe, list, tale **5** agree, count, match, score, total **6** accord, census, number, reckon, square **7** account, balance, catalog, compute, conform, itemize **8** check off, register, tabulate **9** agreement, catalogue, enumerate, harmonize, inventory, reckoning **10** complement, correspond

talon **4** claw, hand **5** stock **6** finger

talus **5** ankle, scree, slope **9** anklebone **10** astragalus

tam **3** cap

Tamar ***brother:*** **7** Absalom ***father:*** **5** David **7** Absalom ***father-in-law:*** **5** Judah ***half brother:*** **5** Amnon ***seducer:*** **5** Amnon ***son:*** **5** Perez, Zerah

tamarisk **9** salt cedar

tambour **3** cup **4** drum **9** embroider **10** embroidery

Tamburlaine the Great author **7** Marlowe (Christopher)

tame **4** bust, dull, meek, mild **5** break, train, vapid **6** bridle, docile, gentle, humble, soften, subdue **7** harness, insipid, reclaim, subdued **8** domestic, familiar, obedient **9** tractable **10** housebreak, submissive **11** domesticate, housebroken **12** domesticated

Taming of the Shrew, The ***character:*** **6** Bianca **8** Baptista **9** Katharina, Petruchio

Tammany boss **5** Tweed (William)

Tammuz's lover **6** Ishtar

tam-o'-shanter **3** cap

tamp **3** ram **4** pack **5** pound, press, stuff

tampion **4** plug **5** cover

tan **3** sun, taw **4** beat, ecru, flog, whip **5** beige, brown, tawny, toast **6** bronze, darken, thrash **7** biscuit

Tan novel **11** Joy Luck Club (The) **15** Kitchen God's Wife (The) **19** Bonesetter's Daughter (The)

tanager **7** redbird

Tancred, Tancredi ***beloved:*** **8** Clorinda ***father:*** **3** Odo ***mother:*** **4** Emma ***victim:*** **8** Clorinda

tandem **4** pair **7** bicycle, concert **8** carriage

tang **3** nip **4** bite, fang, odor, ring, zest **5** aroma, clang, prong, sapor, savor, shank, smack, taste, trace **6** flavor, relish **8** piquancy, pungency, sapidity **9** spiciness

tangible **4** real **7** tactile **8** concrete, material, palpable, physical, sensible **9** corporeal, touchable **10** detectable, observable, phenomenal **11** appreciable, discernible, perceptible, substantial

tangle **3** mat, web **4** foul, knot, maze, mesh, shag **5** clash, ravel, skein, snare, snarl **6** entrap, foul up, hamper, jumble, jungle, morass, muddle, pileup, raffle **7** dispute, embroil, ensnare, ensnarl, involve, perplex, seaweed, thicket **8** obstruct **9** embarrass, implicate **10** complicate **11** altercation, predicament **12** bewilderment, complication

Tanglewood Tales author **9** Hawthorne (Nathaniel)

tango **5** dance **8** circuity **11** indirection **13** deceitfulness

tangy **5** sharp **6** lively **7** piquant, pungent, zestful **9** flavorful

tank 3 vat 5 basin 7 cistern 8 aquarium 9 reservoir *American:* 6 Abrams 7 Bradley, Sherman *German:* 6 panzer *part:* 6 turret

tankard 3 mug 5 stoup 6 flagon 9 blackjack

tanked 3 lit 4 high, lost 5 drunk, lit up, oiled 6 bashed, blotto, bombed, failed, gave up, juiced, potted, soaked, soused, stewed, stoned, tanked, wasted, zonked 7 crocked, drunken, pickled, pie-eyed, sloshed, smashed, sottish 9 collapsed, plastered 10 inebriated, liquored up 11 intoxicated

tanker 4 ship 5 oiler

Tannhäuser composer 6 Wagner (Richard)

tantalize 3 rag 4 bait, lure 5 tease, tempt 6 entice, needle 7 torment 9 frustrate

Tantalus *daughter:* 5 Niobe *father:* 4 Zeus *son:* 6 Pelops

tantamount 4 same 5 alike, equal 8 parallel, selfsame 9 duplicate, identical 10 equivalent 12 commensurate

tantara 5 blare 7 fanfare

tantivy 3 run 6 gallop

tantrum 3 fit 6 blowup 8 outburst, paroxysm 9 hysterics 10 conniption

Tanzania *capital:* 6 Dodoma 11 Dar es Salaam *city:* 6 Arusha *former name:* 10 Tanganyika *island:* 5 Mafia, Pemba 8 Zanzibar *lake:* 5 Rukwa 6 Malawi 8 Victoria 10 Tanganyika *language:* 7 English, Swahili *monetary unit:* 8 shilling *mountain:* 11 Kilimanjaro *neighbor:* 5 Congo, Kenya 6 Malawi, Rwanda, Uganda, Zambia 7 Burundi 10 Mozambique *plain:* 9 Serengeti *river:* 6 Kagera, Rufiji, Ruvuma 7 Pangani *volcano:* 6 Lengai

Taoism founder 5 Laozi 6 Lao Tzu

tap 3 hit, pat 4 cock, draw, flap, name, plug, tick 5 chuck, draft, drain, nudge, touch, valve 6 faucet, select, siphon, spigot, strike 7 appoint, draw off, hydrant, percuss, petcock 8 drumbeat, half sole, nominate, stopcock 9 designate

tape 4 band, belt, bind 5 strip 6 fillet, ribbon 7 bandage *kind:* 5 inkle 6 ferret 7 masking 8 adhesive *machine:* 4 deck 8 recorder

taper 4 wane, wick 5 abate, close, draft, pinch, spire 6 candle, lessen, narrow, reduce 7 dwindle, glimmer 8 decrease, diminish

tapering 5 conic, spiry 6 spired, terete 7 conical 8 ensiform, fusiform, napiform, subulate 9 acuminate, attenuate 10 lanceolate

tapestry 5 arras, kilim 6 dossal 7 curtain, Gobelin, hanging *pattern:* 7 cartoon

Taphath's father 7 Solomon

tapioca 4 yuca 5 yucca 6 manioc 7 cassava, farinha, pudding

taproom 3 bar, pub 4 café 6 bodega, saloon, tavern 7 cantina 8 dramshop 9 roadhouse

tapster 6 barman 7 barkeep, barmaid, skinker 9 barkeeper, bartender 10 mixologist

tar 3 gob 4 jack, salt, soil, swab 5 pitch, smear, stain, sully, taint 6 defile, hearty, sailor, seaman 7 asphalt, besmear, mariner, shipman 8 besmirch, creosote, deckhand, flatfoot 9 shellback

taradiddle 3 fib, lie 5 hooey, story, trash 6 bunkum, canard 7 baloney, falsity 8 claptrap, nonsense 9 falsehood 10 balderdash 13 prevarication

tarantella 5 dance

tarantula 6 spider 10 wolf spider

Taras Bulba author 5 Gogol (Nikolai)

tarboosh 3 fez, hat

tardy 4 dull, late, lazy, slow 7 belated, delayed, laggard, overdue 8 dilatory, sluggish 10 behindhand, delinquent, unpunctual

tare 4 seed 5 vetch, weigh 6 weight 11 undesirable 13 counterweight

target 3 aim 4 butt, goal, mark, prey 5 aim at 6 object, quarry, victim 9 objective 11 sitting duck *center:* 8 bull's-eye *shooter's:* 10 clay pigeon

Tar Heel State 13 North Carolina

tariff 3 tax 4 cost, duty, levy, rate 5 price 6 charge, impost 7 tribute 10 assessment

Tarkington character 6 Penrod

tarn 4 lake, pool

tarnish 3 dim, mar 4 dull, foul, harm, hurt, soil 5 dirty, muddy, smear, spoil, stain, sully, taint 6 damage, darken, defile, injure, smirch, smudge, smutch 7 begrime, besmear, blemish, vitiate 8 besmirch, discolor

taro 5 aroid 6 yautia 7 dasheen, malanga *product:* 3 poi

tarpaulin 3 gob 4 jack, salt, swab 5 cover, sheet 6 hearty, sailor, seaman 7 mariner, shipman 9 shellback

tarpon 8 ladyfish 10 silverfish

tarry 3 lag 4 bide, drag, stay, wait 5 abide, dally, delay, visit 6 dawdle, linger, loiter, pitchy, remain 7 sojourn

tarsus 5 ankle

tart 3 pie 4 acid, bawd, moll, slut, sour 5 acerb, quean, sharp, tramp, trull, whore 6 biting, harlot, pastry 7 acerbic, cutting, piquant, pungent, tootsie 8 chess pie, strumpet 10 prostitute

tartar 5 argol 6 plaque 8 calculus
Tartar 6 Mongol, Turkic 7 Turkish 9 Mongolian
Tartuffe author 7 Molière
Tarzan *chimpanzee:* 7 Cheetah *creator:* 9 Burroughs (Edgar Rice) *mate:* 4 Jane
task 3 job 4 duty, lade, load, post, slog, toil, work 5 chare, chore, labor, stint 6 assign, burden, charge, detail, devoir 7 mission, project 8 business, encumber, function 9 challenge, dress down, reprimand 10 assignment, commission 11 undertaking 12 dressing-down
Tasmanian 4 wolf 5 devil *capital:* 6 Hobart *pine:* 4 Huon
tassel 3 tag 4 tuft 5 adorn 6 fringe 7 pendant, tzitzit 8 ornament 13 inflorescence
Tasso, Torquato *patron:* 4 Este (Alfonso II d') *work:* 6 Aminta 7 Rinaldo 18 Jerusalem Delivered
taste 3 eat, sip, try 4 tang, zest 5 savor, smack 6 flavor, liking, palate, relish 7 stomach 8 appetite, elegance, fondness, sapidity, soft spot, weakness 10 experience, partiality, refinement 11 inclination *kind:* 4 salt, sour 5 sweet 6 bitter *organ:* 3 bud
tasteful 4 fine 7 elegant, genteel, refined, stylish 8 artistic, becoming 9 aesthetic
tasteless 4 dull, flat 5 bland, crass, gaudy, showy, stale, tacky, vapid 6 vulgar 7 insipid 8 off-color, unsavory 9 inelegant, savorless, unrefined 10 flavorless
tasty 5 sapid, yummy 6 dainty, delish, savory 8 luscious 9 delicious, flavorful, palatable, succulent, toothsome 10 appetizing, delectable, flavorsome
tattered 4 torn 5 dingy, seedy 6 frayed, ragged, ripped, shabby 7 raggedy, rundown, worn-out 10 bedraggled, threadbare 11 dilapidated
tattle 3 wag, yak 4 blab, buzz, dish, talk 5 clack, prate, rumor 6 gossip, inform, report, snitch, squeal 7 chatter, hearsay, prattle 8 chitchat 9 grapevine 11 scuttlebutt
tattletale see TALEBEARER
tatty 5 cheap, dingy, dowdy, dumpy, seedy, tacky 6 beat-up, cheesy, paltry, scuzzy, shabby, shoddy, sleazy, trashy 7 run-down, scrubby 8 rubbishy 10 threadbare 11 dilapidated
taunt 3 jab 4 gibe, jeer, mock, quip, razz, skit, twit 5 scout, tease 6 deride, insult 7 affront, provoke 8 reproach, ridicule 9 challenge
taurine 6 bovine 8 bull-like
Taurus 4 bull *star:* 9 Aldebaran
taut 4 firm, snug, trim 5 rigid, tense, tight 6 corded 10 high-strung
tautology 8 iterance, pleonasm 9 iteration 10 redundancy, repetition
tavern 3 bar, inn, pub 4 café, dive 6 bistro, bodega, saloon 7 barroom, cantina, gin mill, taproom 8 alehouse, pothouse, wineshop 9 roadhouse 11 public house, rathskeller 12 watering hole 13 watering place
taverner 7 barkeep 8 boniface, publican 9 barkeeper, bartender, innkeeper 12 saloonkeeper
taw 3 tan 6 marble 7 partner
tawdry 4 loud 5 cheap, gaudy, tacky 6 brazen, flashy, garish, tinsel 7 chintzy, glaring, ignoble 9 brummagem, dime-store 12 meretricious
tawny 3 tan 4 buff 5 beige, brown, sandy 6 copper, tanned
tax 4 duty, lade, levy, load, onus, scot, toll 5 drain, tithe 6 assess, burden, cumber, impost, saddle, strain, tariff, weight 7 tribute 8 encumber 10 imposition *agency:* 3 IRS *feudal:* 7 scutage, tallage *kind:* 4 geld 5 sales, tithe 6 excise, income 8 property 9 surcharge *on salt:* 7 gabelle *rate:* 10 assessment
taxi 3 cab, car 4 hack 5 cyclo
taxing 5 tough 6 trying 7 exigent, onerous, wearing 8 exacting, grievous, grueling 9 demanding, difficult 10 burdensome, oppressive
Taygeta *father:* 5 Atlas *mother:* 7 Pleione *sisters:* 8 Pleiades
tazza 3 cup 4 vase
Tchaikovsky, Pyotr Ilyich *ballet:* 8 Swan Lake 10 Nutcracker (The) 14 Sleeping Beauty *opera:* 12 Eugene Onegin 13 Queen of Spades (The)
tea 5 party 6 repast 8 beverage 9 reception *black:* 5 bohea, pekoe 8 souchong *cake:* 6 cookie *genus:* 4 Thea *kind:* 4 herb, Java 5 Assam, black, bohea, green, hyson, pekoe 6 Ceylon, congou, oolong 7 cambric 8 Earl Grey, souchong 9 sassafras 10 Darjeeling
teach 5 coach, edify, guide, train, tutor 6 impart, school 7 educate, instill, profess 8 instruct 9 enlighten, inculcate 12 indoctrinate
teacher 4 guru, prof 5 coach, guide, tutor 6 docent, master, mentor, pedant 7 maestro, trainer 8 educator 9 pedagogue, preceptor, professor 10 instructor 12 schoolmaster *Hindu:* 5 swami *Jewish:* 5 rabbi, rebbe *Muslim:* 6 mullah *organization:* 3 NEA *religious:* 9 catechist 10 mystagogue
Tea for Two composer 7 Youmans (Vincent)
team 4 band, club, crew, gang, join, pair, side, yoke 5 group, squad, troop,

wagon **6** stable, troupe **8** carriage ***baseball:*** **4** nine ***basketball:*** **4** five **7** quintet ***football:*** **6** eleven ***kind:*** **6** jayvee **7** varsity

teamster **6** driver **7** trucker

tear **3** cry, cut, fly, rip, run **4** bolt, claw, dash, drop, flaw, gash, hole, lash, pull, race, rend, rift, rive, rush, slit, snag, weep **5** chase, hurry, shoot, shred, slash, speed, split, spree **6** career, charge, course, sunder, tatter, wrench **7** droplet, fissure, rupture **8** lacerate **10** laceration

tear down **4** raze, ruin, slur **5** knock, smash, smear, wreck **6** defame, malign, vilify **7** asperse, traduce, destroy, shatter, slander **8** demolish **9** denigrate, disparage, take apart **10** annihilate, calumniate **11** disassemble

tearful **3** sad **5** misty, moist, weepy **6** crying, watery, woeful **7** bawling, sobbing, weeping **8** mournful, pathetic **9** lamenting, sniveling, sorrowful **10** blubbering, lachrymose

tear-jerking **5** mushy **6** drippy, sticky **7** maudlin, mawkish **8** touching **9** schmaltzy **11** sentimental

teary-eyed **5** blear, moist

tease **3** bug, kid, rag, rip **4** bait, coax, comb, gibe, jive, josh, ride, tear, twit **5** annoy, chaff, chivy, harry, shred, taunt, worry **6** cajole, harass, needle, pester, pick on, plague **7** bedevil, torment **8** ridicule **9** tantalize

teaser **5** promo **7** preview

teched **3** mad **4** daft **5** batty, crazy **6** insane **7** cracked, lunatic **8** demented

technicality **6** detail **8** loophole

technique **4** mode **5** modus **6** method, system **8** approach **9** procedure **13** modus operandi

ted **5** strew **6** spread **7** scatter

tedious **3** dry **4** dull **5** ho-hum, stale **6** boring, dreary **7** irksome, operose **8** drudging, tiresome **9** dryasdust, wearisome **10** monotonous **11** mind-numbing **13** uninteresting

tedium **4** yawn **5** ennui **7** boredom **8** doldrums, dullness, monotony, sameness

teem **4** flow, pour **5** crawl, empty, swarm **6** abound, bustle **7** produce **9** pullulate

teeming **4** lush, rife **5** alive **6** aswarm **7** replete **8** abundant, swarming, thronged **9** abounding **11** overflowing

teen **5** youth **10** adolescent

tee off **4** open **5** begin, drive, enter, start **8** commence, initiate

teeter **4** rock, sway **5** waver **6** falter, seesaw, wobble **9** vacillate

telamon **5** atlas ***counterpart:*** **8** caryatid

Telamon ***brother:*** **6** Peleus ***father:*** **6** Aeacus ***half-brother:*** **6** Phocus ***son:*** **4** Ajax **6** Teucer

Telegonus ***father:*** **7** Ulysses **8** Odysseus ***mother:*** **5** Circe

telegraph **4** wire **5** cable **6** signal ***code:*** **5** Morse

Telemachus ***father:*** **7** Ulysses **8** Odysseus ***mother:*** **8** Penelope

telephone **4** buzz, call, dial, ring **5** phone **6** ring up ***inventor:*** **4** Bell (Alexander Graham)

Telephus ***father:*** **8** Heracles, Hercules ***mother:*** **4** Auge

telescope **5** glass **6** finder **7** compact **8** compress, condense, contract, spyglass **9** reflector, refractor

television **4** tube **5** video **8** boob tube, idiot box ***antenna:*** **10** rabbit ears ***award:*** **4** Emmy ***British:*** **5** telly ***children's:*** **6** kidvid ***frequency:*** **3** UHF, VHF ***interference:*** **4** snow ***network:*** **3** ABC, BBC, CBS, Fox, NBC, NET, PBS ***pioneer:*** **5** Baird (John Logie) **8** De Forest (Lee), Zworykin (Vladimir) ***program:*** **4** news **5** rerun **6** series, sitcom **7** western **8** game show, talk show **9** broadcast, docudrama, soap opera **11** infomercial **12** infotainment ***tube:*** **9** kinescope

tell **3** say **4** blab, clue, warn **5** break, count, crack, mound, order, spill, state, utter **6** advise, betray, fill in, inform, notify, relate, report, retail, reveal **7** confess, declare, divulge, narrate, recount, reel off **8** describe, disclose, give away **9** come clean

teller **5** clerk **6** banker **7** cashier, counter **8** informer, narrator **12** communicator

telling **5** solid, sound, valid **6** cogent **7** weighty **8** powerful **9** effective **10** convincing, expressive

tell off **4** flay, rate, ream **5** chide, scold **6** berate, rebuke **7** bawl out, chew out, reprove, upbraid **8** admonish, call down **9** dress down, excoriate, reprimand **10** take to task, tongue-lash, vituperate

tell on **6** inform, snitch, tattle

telltale **3** cue **4** clue, fink, lead, sign **5** proof **6** canary, gossip, signal, snitch, tip-off **7** rat fink, tattler **8** evidence, gossiper, informer, quidnunc, signpost, squealer **9** indicator **10** indication, newsmonger **12** blabbermouth, gossipmonger **13** scandalmonger

telluric **6** earthy **7** earthly, mundane, terrene, worldly **9** sublunary **11** terrestrial

temblor **5** quake, shake, shock **6** tremor **8** upheaval **10** aftershock, earthquake

temerarious **4** rash **6** daring **8** heedless, reckless **9** audacious, daredevil, foolhardy, venturous **11** adventurous, venturesome **13** adventuresome

temerity **4** gall **5** cheek, nerve **6** daring **8** audacity, chutzpah, rashness **9** assurance, brashness, hardihood, hardiness **10** effrontery **12** recklessness **13** foolhardiness

temper **4** heat, mean, mind, mood, tone, vein **5** admix, alloy, anger, blood, grain, humor, trend **6** anneal, attune, dander, dilute, govern, hackle, makeup, medium, season, soften, spirit, strain **7** courage, mollify, passion, quality, toughen **8** hardness, moderate, modulate, restrain **9** character, composure, condition **10** resilience, resiliency **11** disposition, personality

temperament **4** mood **5** humor **6** manner, makeup, mettle, nature **9** character **10** complexion **11** disposition, personality

temperamental **5** moody **6** ornery, touchy **7** erratic **8** contrary, ticklish, unstable, variable, volatile **9** mercurial **10** capricious, changeable, high-strung, inconstant **13** unpredictable

temperance **8** sobriety **9** austerity, restraint **10** abstinence, continence, moderation, self-denial **11** self-control ***advocate of:*** **6** Nation (Carry) **7** Willard (Frances)

temperate **4** calm, even, mild, soft **5** balmy, sober **6** modest, steady **7** clement **8** discreet, moderate **9** abstinent, continent **10** abstemious, controlled, reasonable, restrained **11** abstentious

temperature **4** heat, mood **5** fever **6** degree, warmth **7** hotness **8** coldness **9** intensity

tempered **7** diluted, treated **8** adjusted, hardened, softened **9** mitigated, moderated, qualified **12** strengthened

tempest **3** din **4** blow, gale, rage, wind **5** furor, hurly, storm **6** hubbub, squall, tumult, uproar **8** brouhaha, foofaraw **9** commotion, hurricane **10** hullabaloo, hurly-burly

Tempest, The ***character:*** **5** Ariel **6** Alonso **7** Caliban, Miranda **8** Prospero **9** Ferdinand

tempestuous **4** wild **5** roily, rough **6** raging, stormy **7** furious, moiling, violent **8** blustery **9** turbulent **10** tumultuous

temple **4** fane **6** church **9** synagogue **10** tabernacle ***ancient:*** **8** pantheon ***Aztec:*** **8** teocalli ***Buddhist:*** **3** wat ***Eastern:*** **6** pagoda ***Greek:*** **9** Parthenon ***sanctuary:*** **5** cella **6** adytum **10** penetralia

tempo **4** pace, rate, time **5** speed **6** rhythm ***fast:*** **6** presto, vivace **7** allegro ***moderate:*** **7** andante ***slow:*** **5** grave, lento **6** adagio

temporal **3** lay **5** civil **6** carnal **7** earthly, mundane, profane, secular, worldly **13** chronological, synchronistic

temporary **6** acting **7** Band-Aid, interim **8** fleeting **9** ad interim, makeshift, transient **10** short-lived, substitute, transitory **11** provisional

temporize **5** delay, stall, yield **6** palter **7** draw out **8** gain time **10** equivocate **11** prevaricate

tempt **3** woo **4** bait, lure, risk, sway **5** court, decoy **6** allure, entice, entrap, invite, lead on, seduce **7** provoke **8** inveigle **9** tantalize

temptation **4** bait, lure, trap **5** decoy, siren, snare **6** allure, come-on **9** seduction **10** attraction, enticement

tempting **8** alluring **9** appealing, delicious, seductive **10** attractive, come-hither

temptress **4** vamp **5** siren **7** Lorelei **10** seductress **11** femme fatale

ten ***cents:*** **4** dime ***combining form:*** **3** dec, dek **4** deca, deka **5** decem ***dollars:*** **7** sawbuck ***mills:*** **4** cent ***thousand:*** **6** myriad ***years:*** **6** decade

tenable **5** sound **8** rational **10** defendable, defensible, reasonable **12** maintainable

tenacious **3** set **4** fast, firm, true **5** fixed, stout **6** dogged, secure, sturdy **8** adhesive, clinging, resolute, stalwart, stubborn **9** obstinate, steadfast **10** persistent **11** persevering

tenacity **4** grit, guts **5** moxie, pluck, spunk **6** mettle, spirit **7** courage **8** firmness **10** resolution **11** persistence **13** determination

tenant **6** holder, lessee, lodger, renter **7** boarder, dweller **8** occupant ***feudal:*** **6** vassal

tenantable **7** livable **9** habitable **11** inhabitable

Ten Commandments **9** Decalogue

tend **4** lean, mind, till, work **5** guard, labor, nurse, serve, watch **6** foster **7** babysit, care for, conduce, incline, nurture, oversee **8** minister **9** cultivate, look after, watch over

tendency **4** bent, bias **5** drift, tenor, trend **7** current, leaning **8** penchant **10** partiality, proclivity, propensity **11** disposition, inclination **12** predilection

tendentious **6** biased **7** colored, partial **8** one-sided, partisan **10** prejudiced

tender **3** bid **4** fond, mild, soft, sore, warm **5** green, money, mushy, offer, young **6** callow, extend, gentle, humane, loving, submit, touchy **7** fragile, hold out, lenient, painful, present, proffer, propose **8** delicate, immature, proposal **9** sensitive, succulent **10** benevolent, solicitous **11** considerate, warmhearted **12** affectionate **13** compassionate

tenderfoot 4 colt, punk, tyro **6** novice, rookie **7** amateur **8** beginner, freshman, neophyte, newcomer **9** cheechako, fledgling, greenhorn, novitiate **10** apprentice

tenderhearted 6 kindly **11** sympathetic **13** compassionate

Tender Is the Night author 10 Fitzgerald (F Scott)

tendon 4 band, cord **5** nerve, sinew **6** leader **9** hamstring

tendril 4 curl, vine **6** cirrus, spiral **7** ringlet

tenebrific 4 dark, glum, gray, grim **5** black, bleak, sable **6** dismal, dreary, gloomy, somber, sombre **8** desolate, funereal **10** depressing, oppressive **11** dispiriting

tenebrous 3 dim **4** dark, deep, dusk, hazy **5** dusky, foggy, muddy, murky, vague **6** cloudy, gloomy **7** cryptic, obscure, shadowy, unclear **9** ambiguous, lightless **10** caliginous

tenement 4 flat **6** rental, walk-up, warren **7** lodging, rookery **8** building **9** apartment, residence

tenet 3 ism **5** canon, creed, dogma **6** belief **7** paradox **8** doctrine **9** principle **10** empiricism

tenfold 7 decuple

Tennessee ***capital:*** **9** Nashville ***city:*** **7** Memphis **9** Knoxville **11** Chattanooga ***college, university:*** **10** Vanderbilt ***mountain, range:*** **7** Lookout **10** Great Smoky **13** Clingmans Dome ***nickname:*** **9** Volunteer (State) ***public works:*** **3** TVA **9** Norris Dam ***river:*** **9** Tennessee **11** Mississippi ***state bird:*** **11** mockingbird ***state flower:*** **4** iris ***state tree:*** **11** tulip poplar

tennis ***award:*** **8** Davis Cup ***item:*** **3** net **4** ball **6** racket **7** racquet ***kind:*** **5** table **7** doubles, singles **8** platform ***score:*** **4** love **5** deuce ***serve:*** **3** ace ***shoe:*** **7** sneaker ***stroke:*** **3** cut, lob **4** chop, drop **5** serve, slice **6** volley **8** backhand, forehand ***term:*** **3** let, set **5** court, fault **7** service **9** advantage, backcourt

tennis champ 4 Ashe (Arthur), Borg (Bjorn), Cash (Pat), Graf (Steffi), King (Billie Jean), Noah (Yannick), Wade (Virginia) **5** Budge (Don), Chang (Michael), Court (Margaret Smith), Evert (Chris), Gómez (Andres), Laver (Rod), Lendl (Ivan), Perry (Fred), Seles (Monica), Stich (Michael), Vilas (Guillermo), Wills (Helen) **6** Agassi (André), Austin (Tracy), Becker (Boris), Casals (Rosie), Edberg (Stephan), Fraser (Neale), Gibson (Althea), Hewitt (Lleyton), Hingis (Martina), Kramer (Jack), Muster (Thomas), Pierce (Mary), Stolle (Fred), Tilden (Bill) **7** Connors (Jimmy), Courier (Jim), Emerson (Roy), Federer (Roger), Lacoste (Rene), McEnroe (John), Nastase (Ilie), Novótna (Jana), Sampras (Pete) **8** Connolly (Maureen), González (Pancho), Martínez (Conchita), Newcombe (John), Rosewall (Ken), Sabatini (Gabriela), Wilander (Mats), Williams (Serena, Venus) **9** Davenport (Lindsay) **10** Mandlikova (Hana) **11** Navratilova (Martina) **14** Sánchez Vicario (Arantxa)

Tennyson poem 4 Maud **7** Ulysses **8** Princess (The), Tiresias **10** Enoch Arden, In Memoriam **12** Locksley Hall **23** Charge of the Light Brigade (The)

tenor 4 mood, tone **5** drift, voice **6** singer **7** meaning, purport **8** tendency **9** substance ***American:*** **5** Lanza (Mario) **6** Hadley (Jerry), Peerce (Jan), Tucker (Richard) **8** Melchior (Lauritz) **9** McCormack (John), McCracken (James) ***Canadian:*** **7** Vickers (Jon) ***Czech:*** **6** Slezak (Leo) ***German:*** **10** Wunderlich (Fritz) ***Italian:*** **5** Gigli (Beniamino) **6** Alagna (Roberto), Caruso (Enrico) **7** Bocelli (Andrea), Corelli (Franco) **8** Bergonzi (Carlo) **9** del Monaco (Mario), di Stefano (Giuseppe), Pavarotti (Luciano) ***Spanish:*** **5** Kraus (Alfredo) **7** Domingo (Plácido) **8** Carreras (José) ***Swedish:*** **5** Gedda (Nicolai) **8** Björling (Jussi) **9** Bjoerling (Jussi)

tenpins 7 bowling

tense 4 edgy, taut **5** nervy, rigid, tight, wired **6** uneasy **7** anxious, jittery, nervous, restive, uptight **8** strained, stressed **10** high-strung ***grammatical:*** **4** past **6** future **7** perfect, present **8** preterit **9** preterite **10** pluperfect **11** progressive

tension 5 state, steam **6** nerves, strain, stress, unease **7** anxiety, balance **8** edginess, pressure, tautness **9** agitation, hostility, stiffness **10** discomfort, opposition, uneasiness **11** nervousness, uptightness

tent 4 camp **6** canopy, encamp, laager **7** bivouac, shelter ***kind:*** **3** pup **4** yurt **5** Baker, tepee **6** wigwam **7** marquee **8** pavilion, umbrella ***maker:*** **4** Omar ***material:*** **6** canvas ***part:*** **3** fly, guy, peg **4** pole

tentacle 3 arm 6 barbel, feeler
tentative 4 test 5 chary, loath, probe, trial 6 averse 7 halting 8 hesitant, insecure 9 diffident, makeshift, reluctant, uncertain, undecided, unsettled 10 irresolute 11 conditional, disinclined, problematic, provisional
tenth 5 tithe *combining form:* 4 deci
tenuous 4 slim, thin, weak 5 reedy, shaky 6 feeble, flimsy, slight, stalky 7 fragile, sketchy, slender 8 gossamer 10 precarious 11 implausible 13 insubstantial, unsubstantial
tenure 4 term 6 estate 10 incumbency *feudal:* 7 burgage
tepid 4 mild, warm 7 warmish 8 lukewarm 9 apathetic 11 halfhearted, indifferent
tequila source 5 agave
Terentia's husband 6 Cicero
Tereus *son:* 4 Itys *wife:* 6 Procne
tergiversate 3 haw, hem, rat 5 dodge, evade, hedge 6 defect, desert, waffle, weasel 7 abandon, shuffle 8 renounce, sidestep 9 pussyfoot, repudiate 10 apostatize, equivocate
term 3 dub, end 4 call, name, span, tour, word 5 label, spell, stint, title 6 detail, period, tenure 7 quarter, session 8 duration, semester 9 designate 10 conclusion, denominate, expression, limitation, particular 11 appellation, designation
termagant 5 harpy, scold, shrew, vixen 6 ogress, virago 8 fishwife, harridan 9 Xanthippe
terminable 6 finite
terminal 3 end, lag 4 last 5 depot, fatal, final 6 finial, latest, latter, lethal 7 closing, extreme, station 8 eventual, hindmost, junction, ultimate 9 extremity 10 concluding *negative:* 7 cathode *positive:* 5 anode
terminate 3 end 4 boot, drop, fire, halt, kill, quit, sack, stop 5 abort, cease, close, issue, leave 6 cut off, finish, wind up 7 abolish, dead-end, dismiss 8 complete, conclude, dissolve 9 determine, discharge 10 extinguish 11 assassinate, discontinue
terminology 4 cant 5 argot, idiom, lingo 6 jargon, patois 7 lexicon 8 language, shoptalk 10 vernacular, vocabulary 12 nomenclature
termite 5 alate 8 white ant
ternary 5 third 6 triple 9 threefold
Terpsichore see MUSE
terrace 4 bank, deck, mesa, park, roof, step 5 bench, porch, shelf 6 street 7 balcony, sundeck 8 platform 9 promenade
terra-cotta 4 clay 7 pottery
terra firma 4 dirt, land, soil 5 earth 6 ground
terrain 4 area, land, turf 5 field 6 domain, ground, milieu, sphere 8 province 9 bailiwick, territory 10 topography 11 environment
terrapin 6 turtle
terrestrial 4 land 6 earthy, ground 7 earthly, mundane, worldly 8 everyday, ordinary, telluric, workaday 9 earthlike, planetary, sublunary 10 earthbound
terrible 4 dire 5 awful, dread 6 fierce, grisly, horrid, severe 7 dreaded, fearful, furious, ghastly, hideous, intense, macabre, vicious, violent 8 dreadful, gruesome, horrible, horrific, shocking, vehement 9 abhorrent, appalling, atrocious, desperate, frightful, harrowing, laborious, loathsome, monstrous, strenuous 10 disastrous, formidable, horrendous, horrifying
terrier 3 dog *kind:* 3 fox 4 blue, bull, Skye 5 cairn, Irish, Welsh 6 Boston 8 Airedale, Lakeland 9 Yorkshire
terrific 5 super, swell 6 superb 7 amazing, awesome 8 dreadful, dynamite, glorious 9 appalling, frightful, marvelous, upsetting, wonderful 10 formidable 11 magnificent, sensational 13 extraordinary
terrify 5 alarm, scare 7 scarify, startle 8 affright, frighten 10 intimidate
terrifying 4 grim 5 scary 6 grisly, horrid 7 ghastly, hideous, macabre 8 alarming, dreadful, fearsome, gruesome, horrible, terrible 9 frightful 10 formidable, horrifying
territory 4 area, belt, land, turf, zone 5 field, route, state, tract 6 domain, region, sphere 7 country, demesne, terrain 8 conquest, district, dominion, province 9 bailiwick 10 borderland 12 jurisdiction
terror 4 brat, fear 5 alarm, dread, panic, worry 6 dismay, fright, horror 7 scourge 9 nightmare 11 fearfulness, trepidation
terrorize 3 cow 5 alarm, bully, scare 6 coerce, fright, menace 7 scarify 8 browbeat, bulldoze, frighten, threaten 9 strong-arm 10 intimidate
terry 4 loop 5 cloth 6 fabric 12 Turkish towel
terse 4 curt 5 brief, crisp, pithy, short 6 abrupt 7 brusque, compact, concise, elegant, laconic, summary 8 polished, succinct 11 compendious, sententious, telegraphic 12 monosyllabic
tertiary 5 third
terza ___ 4 rima

tessera 3 die 4 tile 6 tablet, ticket
test 3 try 4 exam, quiz 5 assay, check, essay, final, proof, prove, shell, taste, touch, trial, try on 6 sample, tryout, verify 7 confirm, examine, midterm 8 evaluate, gut check, sounding, trial run 9 benchmark, criterion 10 evaluation, experiment, touchstone 11 demonstrate, examination 12 experimental
testa 6 cupule 7 coating 8 envelope, seed coat, tegument 10 integument
testament 4 will 5 credo, creed, proof 7 tribute, witness 8 evidence 9 scripture 11 attestation 12 confirmation
tester 4 coin 6 canopy, prover 7 analyst, assayer 8 examiner 12 investigator
testifier 7 witness 8 deponent
testify 5 prove, swear 6 affirm, attest, depone, depose, evince 7 certify, witness 11 certificate
testimonial 5 proof 6 salute 7 tribute, witness 8 evidence, memorial, monument 9 affidavit, character, reference 11 attestation 12 appreciation, commendation, confirmation 13 commemoration
testimony 5 proof 6 avowal 7 witness 8 evidence 9 affidavit, authority 10 deposition, profession 11 affirmation, attestation, declaration 12 confirmation 13 corroboration, documentation
testy 4 edgy 5 cross, fussy, hasty 6 cranky, ornery, tetchy, touchy 7 fretful, grouchy, peevish 8 choleric 9 crotchety, irascible, irritable 10 ill-humored, out of sorts 12 cantankerous 13 quick-tempered
tetanus 7 lockjaw, trismus
tetchy see TESTY
tête-à-tête 4 chat, talk 5 à deux 7 private, vis-à-vis 8 causerie 10 face-to-face 12 conversation
tether 3 tie 4 bind, rope 5 cable, chain, stake 6 fasten, fetter, lariat, picket 8 restrain 9 restraint
Tethys ***daughters:*** 9 Oceanides ***father:*** 6 Uranus ***husband:*** 7 Oceanus ***mother:*** 4 Gaea 5 Terra
tetrad 4 four 7 quartet 8 foursome 10 quaternion
Teutonic 6 German 8 Germanic ***language:*** 5 Dutch 6 Danish, German, Gothic 7 English, Flemish, Frisian, Swedish 9 Afrikaans, Norwegian
Texas ***capital:*** 6 Austin ***city:*** 4 Waco 6 Dallas, El Paso 7 Houston 8 Amarillo 9 Arlington, Fort Worth 10 San Antonio ***college, university:*** 3 SMU 4 Rice 5 Lamar 6 Baylor 9 Texas Tech 15 Sam Houston State ***island:*** 5 Padre ***mountain:*** 9 Guadalupe (Peak) ***nickname:*** 8 Lone Star (State) ***park:*** 7 Big Bend ***river:*** 3 Red 5 Pecos 6 Brazos 8 Colorado 9 Rio Grande ***state bird:*** 11 mockingbird ***state flower:*** 10 bluebonnet ***state tree:*** 5 pecan
text 6 script
textbook 6 primer
textile 5 cloth 6 fabric ***dealer:*** 6 mercer ***machine:*** 8 calender ***shop:*** 7 mercery ***treat:*** 9 mercerize
texture 3 web 4 feel, hand, wale, woof 5 weave 6 fabric
Thackeray novel 9 Pendennis 10 Vanity Fair 11 Barry Lyndon, Henry Esmond
Thailand ***capital:*** 7 Bangkok ***city:*** 9 Chiang Mai ***former name:*** 4 Siam ***island:*** 6 Phuket ***monetary unit:*** 4 baht ***neighbor:*** 4 Laos 5 Burma 7 Myanmar 8 Cambodia, Malaysia ***river:*** 10 Chao Phraya ***sea:*** 7 Andaman
Thaïs 7 hetaera, hetaira 9 courtesan ***author:*** 6 France (Anatole) ***composer:*** 8 Massenet (Jules) ***husband:*** 7 Ptolemy ***lover:*** 9 Alexander (the Great)
thalassic 6 marine 7 oceanic 8 maritime
Thalia see GRACES; MUSE
Thanatopsis author 6 Bryant (William Cullen)
Thanatos 5 death ***brother:*** 6 Hypnos ***mother:*** 3 Nyx
thankful 4 glad 8 grateful 12 appreciative
thanks 5 grace 8 blessing 9 gratitude 11 benediction 12 appreciation, gratefulness
Thanksgiving 5 feast 7 holiday ***first celebrant:*** 6 Indian 7 Pilgrim ***food:*** 6 turkey
thatch 3 mop 4 hair, roof 5 cover
that is ***Latin:*** 5 id est
Thaumas ***daughter:*** 4 Iris 5 Aello, Harpy 7 Celaeno, Ocypete ***daughters:*** 7 Harpies ***father:*** 6 Pontus ***mother:*** 4 Gaea ***wife:*** 7 Electra
thaumaturgic 5 magic 6 Magian, mystic, witchy 7 magical 8 wizardly 9 marvelous 10 miraculous 11 necromantic 12 supernatural
thaumaturgy 5 magic 7 sorcery 8 cabbalah, kabbalah, witchery, wizardry 10 necromancy
thaw 4 melt 5 deice, relax 6 unbend 7 defrost, liquefy 8 dissolve, unfreeze 10 condescend, deliquesce
the 7 article ***French:*** 3 les ***German:*** 3 das, der, die ***Spanish:*** 3 las, los
Thea ***daughter:*** 6 Selene ***father:*** 6 Uranus ***husband:*** 8 Hyperion ***mother:*** 4 Gaea
theater 4 nabe 5 drama, stage 6 boards 9 playhouse 10 footlights ***award:*** 4 Tony ***district:*** 6 rialto ***entrance:*** 5 foyer, lobby ***Greek:*** 5 odeum ***movie:*** 6 cinema 8 cine-

plex, megaplex **9** multiplex ***outdoor:*** **7** drive-in ***part:*** **3** box, pit **4** loge **5** apron, stage, wings **7** balcony, parquet **8** parterre **9** greenroom, mezzanine, orchestra **10** proscenium

theatrical **5** stagy **6** staged **8** dramatic, thespian **10** artificial, flamboyant, histrionic **11** dramaturgic **12** melodramatic ***agent:*** **6** Morris (William) ***device:*** **4** prop ***group:*** **6** troupe

Theban Eagle **6** Pindar

Thebes ***founder:*** **6** Cadmus ***king:*** **5** Laius **7** Oedipus ***queen:*** **7** Jocasta

theft **5** heist, pinch **6** holdup, piracy **7** break-in, larceny, robbery **8** burglary, stealing, thievery **9** pilferage ***combining form:*** **5** klept **6** klepto

theme **4** stem, text, tune **5** essay, lemma, motif, paper, point, topic, topos **6** burden, matter, melody, mythos, thesis **7** article, conceit, message, subject **8** argument **11** composition **12** dissertation

Themis ***father:*** **6** Uranus ***goddess of:*** **3** law **7** justice ***husband:*** **4** Zeus **7** Jupiter ***mother:*** **4** Gaea

then **4** also, anon, ergo, next, thus, when **5** again, hence, later **7** besides, further **8** moreover **9** therefore, thereupon **10** in addition **11** accordingly, furthermore **12** additionally, consequently

thence **4** away **7** thereof **9** from there, therefrom

Theogony poet **6** Hesiod

theologian ***American:*** **6** Merton (Thomas) **7** Edwards (Jonathan), Niebuhr (Reinhold), Tillich (Paul), Walther (Carl) ***Dutch:*** **6** Jansen (Cornelis) ***English:*** **4** Bede (Venerable) **5** Pusey (Edward), Watts (Isaac) **6** Alcuin, Wesley (John) **7** Langton (Stephen) **8** Pelagius, Wycliffe (John) ***French:*** **6** Calvin (John) **7** Abelard (Peter), William (of Auvergne, of Auxerre) **8** Maritain (Jacques), Sabatier (Auguste), Teilhard (de Chardin, Pierre) ***German:*** **6** Rahner (Karl) **7** Eckhart (Meister) **8** Albertus (Magnus) **9** Niemöller (Martin) **10** Bonhoeffer (Dietrich) ***Greek:*** **9** Zygomalas (Theodore) ***Italian:*** **6** Thomas (Aquinas) **7** Aquinas (Thomas), Socinus (Fausto, Laelius) ***Scottish:*** **10** Duns Scotus (John) ***Spanish:*** **6** Suárez (Francisco) **7** Vitoria (Francisco de) **8** Servetus (Michael) ***Swedish:*** **9** Soderblom (Nathan) ***Swiss:*** **4** Küng (Hans) **5** Barth (Karl), Vinet (Alexandre-Rodolphe)

theological ***school:*** **8** seminary ***virtue:*** **4** hope **5** faith **7** charity

___ Theologica **5** Summa

theorbo **4** lute

theorem **3** law **4** rule **5** axiom **7** formula, inverse, stencil **8** converse **9** principle **10** principium **11** fundamental, proposition

theoretical **4** pure **5** ideal **8** abstract, academic, notional, unproved **11** conjectural, speculative **12** hypothetical **13** problematical, suppositional

theorize **5** guess **6** submit **7** suggest **9** formulate, postulate, speculate **10** conjecture **11** hypothesize

theory **7** perhaps, premise, surmise **8** supposal **10** conjecture, hypothesis **11** speculation, supposition ***astronomical:*** **7** big bang ***suffix:*** **3** ism

therapeutic **5** tonic **7** healing, helpful **8** curative, remedial, salutary, sanative **9** healthful, medicinal, vulnerary, wholesome **10** beneficial, corrective **11** restorative **12** health-giving

therapy **9** treatment

therefore **4** ergo, then, thus **5** hence **6** thence **11** accordingly **12** consequently

therefrom **4** away **6** thence

thereupon **4** ergo, then, thus **6** at once, at that, thence **8** directly **9** right away, therefore, wherefore **11** accordingly, straightway **12** consequently

thermal unit **3** Btu **6** degree **7** calorie

thermometer **5** gauge **9** indicator ***kind:*** **7** Celsius, Réaumur **10** centigrade, Fahrenheit

thermos **5** dewar **10** Dewar flask

Theroux work **9** Saint Jack **13** Mosquito Coast (The) **14** Half Moon Street **18** Great Railway Bazaar (The)

Thersites' slayer **8** Achilles

thesaurus editor **5** Roget (Peter Mark)

Theseus ***beloved:*** **7** Ariadne ***father:*** **6** Aegeus ***mother:*** **6** Aethra ***slayer:*** **9** Lycomedes ***son:*** **10** Hippolytus ***victim:*** **6** Sciron **8** Minotaur **10** Procrustes ***wife:*** **7** Phaedra

thesis **5** essay, point, theme **6** belief **7** premise **8** downbeat, position, tractate, treatise **9** discourse, monograph, postulate, synthesis **10** contention, exposition **11** postulation, proposition, supposition **12** disquisition, dissertation

thespian **5** actor **6** mummer, player **7** actress, trouper **8** dramatic **9** performer **10** histrionic, theatrical **11** dramaturgic **12** impersonator, melodramatic

Thespis' forte **5** drama **7** tragedy

Thessalian hero **5** Jason **8** Achilles

___ the Terrible **4** Ivan

Thetis **6** Nereid ***father:*** **6** Nereus ***husband:*** **6** Peleus ***mother:*** **5** Doris ***son:*** **8** Achilles

theurgist 5 witch 7 warlock 8 magician, sorcerer 12 wonder-worker
thew 4 beef 5 brawn, might, power, sinew, vigor 6 muscle 8 strength, vitality
thick 3 fat 4 wide 5 broad, bulky, burly, close, dense, dumpy, husky, squat, stout 6 chummy, chunky, packed, stocky 7 compact, crammed, crowded, viscous 8 familiar, heavyset, intimate 11 inspissated
thicken 3 set 4 blur, clot, jell 6 curdle 7 broaden, compact, congeal 8 condense 9 coagulate 10 inspissate 11 concentrate, consolidate
thicket 4 bosk, bush, shaw, wood 5 clump, copse, grove, hedge 6 bosket, covert, mallee, tangle 7 boscage, bosquet, coppice, spinney 8 hedgerow, quickset 9 brushwood, canebrake, chaparral
thickness 3 ply 4 loft 5 depth, gauge, layer, sheet 7 density 8 dullness 9 stupidity, viscosity
thickset 5 bulky, burly, husky, pudgy, stout 6 chunky, portly, stocky, sturdy 7 compact 9 corpulent
thief 3 dip 4 prig 5 ganef 6 bandit, lifter, looter, pirate, rascal, robber 7 booster, burglar, filcher, stealer 8 hijacker, larcener, pilferer, water rat 9 larcenist, purloiner 10 cat burglar, highwayman, pickpocket, shoplifter 12 housebreaker
thieve 3 rob 4 hook, lift, pick, roll 5 filch, pinch, pluck, steal, swipe 6 hijack, hold up, pilfer, rip off, snitch 7 purloin 8 knock off 9 knock over
thievery see THEFT
thievish 9 larcenous 13 light-fingered
thigh 3 ham 5 flank 6 gammon ***bone:*** 5 femur ***relating to:*** 6 crural 7 femoral
thimble 3 cup 5 cover
thin 4 fine, lank, lean, slim 5 gaunt, lanky, reedy, scant, sharp, spare 6 dilute, flimsy, meager, meagre, rarefy, scanty, skimpy, skinny, slight, sparse, stalky, treble, twiggy, watery 7 diluted, scraggy, scrawny, slender, spindly, squinny, subtile, tenuous 8 rarefied, skeletal 9 attenuate, extenuate 10 attenuated 11 watered-down 13 unsubstantial
thing 4 item 5 being, event 6 entity, matter, object 7 article, concern, element 8 business, incident, material, occasion 9 existence, happening 10 occurrence, phenomenon ***in law:*** 3 res
thingamajig 5 gizmo 6 dingus, doodad, gadget, jigger, widget 7 whatsit 9 doohickey
things 4 gear 5 goods, stock, stuff 7 baggage, clothes, effects, luggage 8 chattels, clothing, matériel, movables, property, supplies 10 belongings, provisions 11 impedimenta, merchandise 13 accoutrements, paraphernalia
think 4 mull, muse 5 brood, study, weigh 6 ideate, ponder, reason 7 believe, imagine, reflect, suppose, surmise 8 cogitate, consider, meditate, ruminate 9 cerebrate, speculate 10 conjecture, deliberate, excogitate 11 contemplate
Thinker sculptor 5 Rodin (Auguste)
third 8 tertiary ***combining form:*** 3 tri ***power:*** 4 cube
third degree 7 torture 8 grilling 11 inquisition, questioning 13 interrogation
third estate 5 plebs 6 people, plebes 8 populace 9 commonage, commoners, plebeians 10 commonalty 11 rank and file
Third Man author 6 Greene (Graham)
Third of May painter 4 Goya (Francisco)
thirst 3 yen 4 itch, long, lust, pine 5 crave, yearn 6 desire, hanker, hunger 7 craving, dryness, longing 8 appetite
thirsty 3 dry 4 arid, avid 5 eager 6 ardent 7 anxious, bone-dry, parched 8 droughty 9 absorbent, waterless
this and that 8 oddments, sundries 9 etceteras 11 miscellanea, odds and ends
Thisbe's lover 7 Pyramus
This Side of Paradise author 10 Fitzgerald (F. Scott)
thistle 4 weed 7 caltrop ***Russian:*** 10 tumbleweed
thistlebird 9 goldfinch
thither 3 yon 5 there 6 yonder
thole 3 peg, pin 6 endure
Thomas à ___ 6 Becket, Kempis
Thomas's Greek name 7 Didymus
Thomas opera 6 Mignon
Thompson 4 Emma 5 Sadie 6 Hunter 7 Dorothy, Francis, J. Walter 8 Benjamin
thong 4 band, lace, lash, rein, zori 5 lasso, strap, strip, whang 6 sandal 7 latchet 8 flip-flop
Thor 5 Donar ***father:*** 4 Odin 5 Wotan ***god of:*** 7 thunder ***hammer:*** 8 Mjollnir ***mother:*** 5 Jordh, Jorth
thorax 5 chest, trunk 6 pereon
Thoreau, Henry David ***friend:*** 7 Emerson (Ralph Waldo) ***town:*** 7 Concord ***work:*** 6 Walden
thorn 4 barb 5 briar, spike, spine 7 prickle, spinule 9 annoyance 10 irritation
thorny 5 sharp, spiny 6 briary, touchy, tricky 7 awkward, prickly, spinous 8 ticklish 9 difficult, vexatious 10 nettlesome 11 troublesome

thorough 4 full 6 minute 7 careful, in-depth 8 complete, detailed, diligent, whole-hog 9 downright 10 blow-by-blow, exhaustive, meticulous 11 painstaking 13 conscientious

thoroughbred 8 pedigree, purebred 9 pedigreed, pureblood 10 bloodstock 11 full-blooded

thoroughfare 3 way 4 road 5 track 6 artery, avenue, street 7 highway, parkway 8 corridor 9 boulevard

thoroughgoing 5 utter 6 all-out 7 extreme 8 absolute, complete, outright, whole-hog 9 out-and-out 10 consummate, exhaustive 11 straight-out, unmitigated 13 dyed-in-the-wool

thou 3 you 5 grand *French:* 5 mille

though 3 yet 5 still, while 6 albeit 7 however, whereas 8 after all 11 nonetheless 12 nevertheless

thought 4 idea 6 notion, reason 7 concept, opinion 8 ideation 9 brainwork 10 cogitation, conception, meditation, reflection, rumination 11 cerebration, speculation 12 deliberation, intellection 13 contemplation

thoughtful 6 polite 7 careful, gallant, heedful, mindful, pensive, serious, studied 8 gracious, studious, thinking 9 attentive, courteous, pondering, regardful 10 cogitative, meditative, reflective, ruminative, solicitous 11 considerate 12 deliberative, intellectual 13 contemplative

thoughtless 4 rash, rude 5 brash, hasty 6 madcap 7 selfish 8 careless, feckless, heedless, impolite, reckless, uncaring 9 insensate 10 incautious, ungracious 12 discourteous 13 inconsiderate

thousand *combining form:* 4 kilo *dollars:* 5 grand *years:* 10 millennium

thousandth 10 millesimal *combining form:* 5 milli

thrall 4 peon, serf, yoke 5 helot, slave 7 bondage, bondman, helotry, peonage, serfdom, slavery, villein 9 servitude, villenage 10 absorption 11 enslavement

thrash 3 tan 4 beat, belt, drub, flog, hide, lash, lick, maul, pelt, trim, whip 5 baste, flail, pound, smear, swing, thump, whale, whang 6 batter, buffet, larrup, pummel, stripe, wallop 7 scourge, shellac, trounce 8 flounder, lambaste, work over 10 flagellate

thrash out 4 moot 5 argue 6 debate 7 discuss 10 deliberate, kick around

thread 4 line, vein, yard 5 fiber, trail, weave 6 strand, stream, string 8 filament *ball of:* 4 clew *dental:* 5 floss *holder:* 6 bobbin *kind:* 4 silk, yarn 5 floss, lisle 6 cotton 8 surgical *loose:* 8 raveling 9 ravelling *surgical:* 6 catgut, suture

threadbare 4 hack, worn 5 dingy, faded, seedy, stale, tacky, tatty, tired, trite 6 beat-up, cheesy, cliché, frayed, ragged, shabby, shoddy 7 clichéd, run-down, tedious, worn-out 8 shopworn, slipshod, tattered, timeworn, well-worn 9 destitute, hackneyed 10 down-at-heel 11 commonplace, dilapidated, down-at-heels, stereotyped 13 down-at-the-heel

threadlike 11 filamentous

threads 4 duds 7 clothes 8 clothing, garments

threat 6 danger, duress, menace 7 assault, warning 8 big stick, coercion 11 thunderbolt

threaten 3 cow 4 warn 5 augur 6 coerce, menace 7 caution, portend, presage 8 endanger, forebode, forewarn, overhang 10 intimidate

three 4 trey 5 crowd *combining form:* 3 ter, tri

threefold 5 trine 6 thrice, treble, trinal, triple 7 triplex

Three Musicians artist 7 Picasso (Pablo)

Three Musketeers 5 Athos 6 Aramis 7 Porthos *author:* 5 Dumas (Alexandre) *friend:* 9 D'Artagnan

Threepenny Opera, The *author:* 6 Brecht (Bertolt) *music:* 5 Weill (Kurt)

threescore 5 sixty

Three Sisters, The 4 Olga 5 Irina, Masha *author:* 7 Chekhov (Anton)

threesome 4 trio 5 triad, trine 6 triple, triune, troika 7 trinity 8 triangle 11 triumvirate

three-wheeler 5 cycle, trike 7 pedicab 8 tricycle 10 velocipede

threnody 5 dirge, elegy 6 lament

thresh 3 lam, tan 4 beat, belt, drub, flog, hide, lash, lick, pelt, trim, wave, whip 5 baste, forge, flail, pound, slate, smear, swing, thump, whale, whang 6 batter, buffet, larrup, pummel, strike, stripe, wallop, winnow 7 scourge, shellac, trounce 8 lambaste, work over 10 flagellate

threshold 3 eve 4 door, edge, gate, sill 5 brink, limen, verge 6 outset 8 boundary

thrift 6 saving 7 economy, sea pink 8 prudence 9 frugality, parsimony

thrifty 5 canny 6 frugal, saving 7 sparing 9 provident 10 economical 12 parsimonious

thrill 3 wow 4 bang, boot, kick, rush, send 5 blast, throb 6 charge, excite, shiver, tingle, wallop 7 frisson, tremble, vibrate 9 electrify 10 excitement 11 titillation

thriller 6 gothic 7 chiller, mystery, shocker 8 whodunit 9 dime novel 10 hair-raiser 13 penny dreadful
thrive 4 boom, grow 7 advance, burgeon, develop, prosper, succeed 8 flourish, get ahead
throat 3 maw 4 tube 5 gorge 6 groove, gullet 7 channel, weasand *inflammation:* 5 croup 6 angina, quinsy 10 laryngitis *relating to:* 8 guttural *warmer:* 5 scarf
throaty 5 gruff, husky, thick 6 hoarse 8 gravelly, guttural
throb 4 ache, beat, drum 5 pound, pulse 6 thrill 7 pulsate, vibrate 9 palpitate
throe 3 fit 4 pain, pang 5 agony, spasm 6 attack 7 seizure 9 suffering 10 convulsion 11 contraction
thrombus 4 clot 8 blockage, coagulum
throne 4 seat 5 chair, crown, power, reign 8 cathedra, dominion 11 sovereignty
throng 3 jam, mob 4 host, pack, push, rout 5 bunch, crowd, crush, drove, flock, group, horde, press, scrum, shoal, swarm 6 resort 9 multitude 10 assemblage
throttle 3 gun 5 choke 6 throat 7 garrote, trachea 8 strangle, suppress 11 accelerator, strangulate
through 3 per, via 4 done, past 5 due to, ended 6 direct 7 by way of, done for, nonstop, owing to 8 by dint of, complete, finished, washed-up 9 because of, by means of, completed, concluded 10 by virtue of, terminated, throughout *prefix:* 3 dia, per
throughout 3 mid 4 amid 5 midst 6 during 7 all over, overall 10 everywhere, far and near, far and wide, high and low
Through the Looking Glass *author:* 7 Carroll (Lewis) *character:* 5 Alice
throve 9 burgeoned, prospered 10 flourished
throw 3 lob, peg, put 4 cast, fire, hurl, toss 5 chuck, fling, heave, pitch, sling 6 launch, propel 7 buck off, project *in the towel:* 4 quit 6 give up
throw away 4 blow, cast, junk, shed 5 scrap, waste 7 discard, fritter 8 jettison, squander
throwback 7 atavism 9 reversion
throw down the gauntlet 4 defy 8 confront 9 challenge
throw off 4 lose, shed 5 addle, shake 7 confuse, fluster 8 befuddle, bewilder, distract *the track:* 6 derail 7 confuse, mislead
throw out 4 emit, junk, shed 5 chuck, eject, evict, scrap 6 reject 7 discard 8 jettison
throw up 4 barf, cast, hurl, lose, puke, quit, spew, toss 5 heave, retch, vomit 7 upchuck 8 disgorge 11 regurgitate
thrush 5 mavis, ouzel, robin, veery 6 mistle 8 bluebird 9 blackbird, fieldfare, mistletoe 11 nightingale
thrust 3 dig, jab, ram 4 barb, butt, core, cram, dash, dive, duck, gist, hurl, kick, pith, poke, prod, push, stab, tilt 5 barge, crowd, cut in, drive, force, lunge, press, punch, sense, shoot, shove, spear, stick, stuff 6 burden, extend, insert, pierce, plunge, propel, upshot 7 assault, obtrude, project, purport, riposte 8 pressure 9 substance
thud 3 jar 4 bump, jolt, plop 5 clunk, throb, thump 6 impact 10 concussion
thug 3 mug 4 goon, hood, punk 5 bully, rough, rowdy, tough 6 Apache, Capone, gunman, hit man 7 hoodlum, mobster, ruffian 8 enforcer, gangster, hooligan, plug-ugly 9 cutthroat, roughneck
thumb 4 leaf, turn 5 digit, hitch, ovolo 6 pollex, riffle 8 pollices (plural) 9 hitchhike
thumbs-up 3 AOK, nod 4 okay 7 go-ahead 10 green light
thumb through 4 scan 6 browse, riffle 7 dip into
thump 3 bop, hit 4 bash, beat, belt, blow, drub, jolt, pelt, whip 5 knock, paste, pound, punch, shock, smack, sound, whack 6 batter, buffet, impact, pummel, strike, thrash, thwack, wallop 7 clobber, endorse, promote, shellac, trounce 8 advocate
thunder 4 bang, boom, clap, peal, roar 6 rumble 7 resound 8 rumbling 9 fulminate
thunderbolt 9 lightning
thunder lizard 11 apatosaurus 12 brontosaurus
thunderstruck 5 agape 6 amazed 7 shocked, stunned 8 dismayed 9 astounded, staggered 10 astonished, bewildered, confounded 11 dumbfounded 13 flabbergasted
Thurber character 5 Mitty (Walter)
thus 3 sic 4 ergo, then 5 hence 9 therefore 11 accordingly 12 consequently *French:* 5 ainsi
Thus Spake Zarathustra author 9 Nietzsche (Friedrich)
thwack 3 bop 4 belt, biff, blow, pelt, sock, whop 5 crack, pound, smack, thump, whack
thwart 4 balk, beat, dash, foil 5 bench 6 baffle, hinder, oppose, scotch, stymie 9 checkmate, frustrate 10 circumvent, contravene, disappoint

Thyestes ***brother:*** **6** Atreus ***daughter:*** **7** Pelopia ***father:*** **6** Pelops ***mother:*** **10** Hippodamia ***son:*** **9** Aegisthus
Tiamat ***husband:*** **4** Apsu ***slayer:*** **6** Marduk
tiara **5** crown **6** diadem **8** headband
Tibetan ***animal:*** **3** yak **5** takin ***capital:*** **5** Lhasa ***coin:*** **5** tanga ***monk:*** **4** lama ***people:*** **6** Bhotia, Sherpa
tibia **8** shinbone
tic **5** quirk, spasm **6** twitch **9** twitching
tick **5** check **8** arachnid, parasite **9** checkmark **11** bloodsucker
ticker **4** bomb **5** clock, heart, watch
ticket **3** key, tag **4** comp, pass, vote **5** slate **6** ballot **7** receipt **8** passport, password **10** open sesame ***seller:*** **7** scalper
tickle **4** stir **5** amuse, tease, touch **6** arouse, excite, please, tingle **7** delight, gratify, provoke **9** stimulate, titillate
tickled **5** happy **6** amused **7** pleased **9** delighted
ticklish **6** tender, thorny, touchy, tricky **8** delicate, unstable **9** sensitive **10** precarious **13** oversensitive
tick off **3** ire, irk **5** anger **6** rankle **7** incense, provoke **9** aggravate
tidal flood **4** bore
tidbit **4** bite **5** goody, treat **6** dainty, morsel, nugget
tide **4** flow, flux, rush **5** drift, flood, spate, surge **6** stream **7** current, holiday ***type:*** **3** ebb, low **4** high, neap **5** flood **6** spring
tidings **4** news, word **6** advice **7** message **11** information **12** intelligence
tidy **4** fair, neat, smug, snug, trim **5** kempt **6** pick up **7** clean up, orderly, precise **9** shipshape **10** acceptable, methodical **11** respectable, spic-and-span, substantial, uncluttered, well-groomed **12** satisfactory, spick-and-span
tie **3** rod **4** band, bind, bond, cord, draw, gird, join, knit, knot, lash, link, moor, rope, yoke **5** equal, leash, match, truss **6** attach, cravat, fasten, fetter, hamper, oxford, ribbon, secure **7** connect, harness, shackle **8** dead heat, deadlock, fastener, ligament, ligature, restrain, shoelace, standoff, vinculum **9** constrain, stalemate **10** attachment, four-in-hand
tied **5** bound **6** joined, united **8** attached, fastened **9** connected
tier **3** row **4** bank, deck, file, line, rank **5** class, grade, group, story **6** league **7** echelon **8** category, grouping
tie-up **3** jam **4** snag **5** crimp, delay, hitch **6** glitch **7** problem **8** gridlock, slowdown, stoppage **10** connection, traffic jam **11** association
tiff **3** row **4** fuss, spat **5** run-in, scrap **6** bicker **7** brabble, dispute, quarrel, wrangle **8** argument, squabble **10** falling-out **11** altercation **12** disagreement
tiffany **5** gauze **11** cheesecloth
tiger **3** cat **6** feline **9** carnivore ***young:*** **3** cub
tight **4** fast, firm, snug, taut, trim **5** cheap, close, drunk, fixed, tipsy **6** firmly, secure, stingy **7** compact, crowded, drunken, miserly **8** intimate **9** tenacious **10** inebriated **11** closefisted, intoxicated **12** cheeseparing, parsimonious **13** penny-pinching
tighten **4** bind **5** choke, close, cramp, pinch, screw **6** clench, fasten, narrow, secure, shrink **8** compress, restrict **9** clamp down, constrict
tightfisted see STINGY
tight-lipped **6** silent **8** reserved, reticent, taciturn **12** closemouthed
tightwad **5** miser, piker **7** niggard, scrooge **9** skinflint **10** cheapskate **12** penny-pincher
tile **5** plate, slate **6** domino **7** tessera **8** linoleum
till **3** hoe, sow **4** disk, plow, tend, turn, up to, work **6** before, harrow **7** prior to **9** cultivate **11** in advance of **12** cash register
tillable **6** arable **10** cultivable **12** cultivatable
tillage **4** farm, land **5** tilth **7** culture **11** cultivation
tiller **4** helm **5** stalk **6** farmer, sprout **7** planter, steerer **9** sodbuster **10** cultivator
tilt **3** tip **4** bank, bent, bias, cant, cock, heel, lean, list, toss **5** grade, joust, level, lurch, pitch, slant, slope, speed **6** attack, charge, thrust **7** dispute, incline, leaning, recline **8** gradient **11** inclination
timbal **4** drum **10** kettledrum
timber **3** log **4** balk, beam, stud, tree, wood **5** board, joist, plank, trees, woods **6** forest, girder, lumber, rafter **8** woodland ***uncut:*** **8** stumpage ***wolf:*** **4** lobo
timbre **4** tone **6** temper **7** quality **9** resonance, tone color
timbrel **4** drum **10** tambourine
time **3** age, era **4** bout, date, hour, pace, span, term **5** clock, epoch, shift, space, spell, stint, tempo, while **6** moment, period, season **7** instant, stretch **8** duration, occasion **11** opportunity ***combining form:*** **5** chron **6** chrono ***gone by:***

4 past 9 yesterday *long:* 3 age, eon, era 4 aeon *of day:* 4 dawn, dusk, noon 5 night 6 sunset 7 evening, morning, sunrise 8 daybreak, twilight 9 afternoon *olden:* 4 yore 10 yesteryear *period:* 3 age, day, eon, era 4 aeon, hour, week, year 5 epoch, month 6 decade, minute, moment, second 7 century, instant 9 fortnight 10 millennium *present:* 3 now *relating to:* 8 temporal *short:* 5 jiffy 6 moment, second 7 instant *to come:* 6 future 8 tomorrow *waste:* 4 loaf 5 dally 6 loiter

time and again 3 oft 5 often 6 hourly 8 commonly, ofttimes 10 constantly, frequently, oftentimes, repeatedly 11 continually, over and over 12 periodically

Time founder 4 Luce (Henry R.) 6 Hadden (Briton)

timeless 7 ageless, eternal, unaging 8 unageing 9 atemporal, perpetual 11 everlasting

timely 5 early 6 prompt, proper 8 punctual, suitable 9 opportune 10 seasonable 11 appropriate

Time Machine author 5 Wells (H. G.)

Time of Your Life author 7 Saroyan (William)

time-out 4 rest 5 break, pause 6 hiatus, recess 7 respite 8 breather 9 interlude 12 interruption

timepiece 5 clock, watch 7 sundial 8 horologe 9 clepsydra, stopwatch 10 water clock 11 chronograph, chronometer

timetable 6 agenda, docket 7 program 8 calendar, schedule

timeworn 3 old 4 aged, hack 5 hoary, stale, trite 6 age-old 7 ancient 8 dog-eared, Noachian 9 hackneyed 10 threadbare

time zone 7 Central, Eastern, Pacific 8 Mountain

timid 3 shy 4 wary 5 chary, mousy 6 afraid, yellow 7 bashful, chicken, fearful, halting, nervous, panicky 8 cowardly, retiring, timorous 9 diffident, tentative, trepidant, uncertain 11 unassertive 12 apprehensive, faint-hearted

timidity 4 fear 7 modesty, shyness 8 meekness 9 hesitancy, reticence 10 diffidence, hesitation

Timon's servant 7 Flavius

timorous 4 wary 5 timid 6 afraid 7 fearful 8 retiring 9 shrinking, tremulous 12 apprehensive

Timothy's associate 4 Paul

tin 3 box, can 5 metal 7 element 9 container *mining region:* 8 stannary *relating to:* 7 stannic 8 stannous *sheet:* 6 latten

tincture 3 dye 4 cast, hint, tint 5 color, shade, smack, stain, tinge, touch, trace 6 iodine, streak 8 colorant, dyestuff, laudanum 9 paregoric 10 intimation, suggestion

tinder 4 punk 5 spunk 8 kindling

tine 5 point, prong, spike 6 branch

tinge 3 dye, hue 4 cast, hint, tint, tone 5 color, imbue, shade, stain, tinct, touch 8 tincture 10 intimation

tingle 5 sting 6 thrill 7 prickle 9 sensation

tinker 3 fix 4 mend, mess, muck, play 5 gypsy 6 adjust, diddle, fiddle, mender, potter, putter, repair 7 bungler, twiddle 9 repairman

tinkle 4 ring, ting 5 chink, clink, plink 6 jingle

tinny 4 thin 5 cheap, harsh 8 metallic

Tin Pan Alley acronym 3 BMI 5 ASCAP

tinsel 5 gaudy 6 flashy, garish, tawdry 7 chintzy, glaring, trinket 8 ornament, specious 9 clinquant 11 superficial 12 meretricious

tint 3 dye, hue 4 cast, tone, wash 5 color, shade, tinge, touch 8 tincture 10 coloration 12 pigmentation

tiny 3 wee 5 bitsy, bitty, elfin, pygmy, teeny, weeny 6 minute, peewee, pocket, teensy, weensy 8 pint-size 9 itsy-bitsy, itty-bitty, miniature, minuscule 10 diminutive, pocket-size, teeny-weeny 11 lilliputian, microscopic 12 teensy-weensy 13 infinitesimal

tip 3 cap, cue, top 4 apex, cant, clue, cusp, heel, hint, lean, list, peak, perk, tilt 5 point, slant, slope, steer, upset 6 advice, topple 7 cumshaw, incline 8 gratuity, overturn, turn over 9 baksheesh, lagniappe, pourboire 11 information

tip-off 4 clue, hint, sign 6 advice 7 pointer, warning 8 giveaway, jump ball 10 indication

Tippecanoe and ___ too 5 Tyler

tippet 4 cape 5 scarf 8 liripipe

tipple 3 bib, sip 4 swig, tope 5 booze, drink 6 guzzle, imbibe 7 swizzle 8 liquor up

tippler 3 sot 4 lush, soak 5 drunk, toper 6 bibber, boozer 7 tosspot 8 drunkard 9 inebriate

tipstaff 7 bailiff

tipster 4 fink 6 canary, snitch 7 adviser, rat fink, stoolie, tattler 8 informer, squealer 11 stool pigeon

tipsy 3 lit 4 high 5 askew, drunk, lit up, oiled, tight 7 drunken, fuddled 8 unsteady 10 inebriated 11 intoxicated

tiptoe 5 creep, steal 9 pussyfoot

tirade 4 rant 6 screed 8 diatribe, harangue, jeremiad 9 philippic

12 denunciation, vituperation 13 tongue-lashing

tire 3 sap 4 bore, fail, flag, jade, pall, poop, wear 5 drain, droop, ennui, weary, wheel 6 tucker, weaken 7 exhaust, fatigue, wear out 8 enervate, wear down ***airless:*** 4 flat 7 blowout ***kind:*** 4 bias, snow 6 radial 7 retread 9 whitewall

tired 4 worn 5 spent, weary 6 done in 7 drained, run-down, worn out 8 fatigued, flagging 9 enervated, exhausted

tiredness 7 fatigue 8 collapse 9 lassitude 10 exhaustion 11 prostration

tireless 10 unflagging 13 indefatigable, inexhaustible

Tiresias 4 seer 10 soothsayer

tiresome 4 dull 5 stale 6 boring 7 irksome, lumpish, operose, tedious

Tirol ***capital:*** 9 Innsbruck ***country:*** 7 Austria ***mountains:*** 4 Alps

Tisiphone see ERINYES

tissue 3 web 4 film, mesh 5 fiber, gauze, paper 6 fabric ***anatomical:*** 4 tela 5 fiber 6 diploe 8 ganglion 10 epithelium ***connective:*** 6 stroma, tendon 9 cartilage ***kind:*** 3 fat 5 nerve 6 muscle 7 nervous 8 muscular 10 connective ***layer:*** 6 dermis 7 stratum ***plant:*** 4 bast, wood 5 xylem 6 phloem

titan 5 giant 8 colossus

Titan ***father:*** 6 Uranus ***female:*** 4 Rhea 6 Tethys, Themis ***male:*** 6 Cronus 7 Iapetus, Oceanus ***mother:*** 4 Gaea

Titan author 7 Dreiser (Theodore)

Titania's husband 6 Oberon

titanic 4 huge, vast 5 great 6 mighty 7 immense, mammoth, massive 8 colossal, enormous, gigantic 9 cyclopean, Herculean, monstrous 10 gargantuan, tremendous

tithe 3 tax 4 levy 5 tenth 12 contribution

Tithonus ***beloved by:*** 3 Eos ***father:*** 8 Laomedon

Titian painting 5 Danaë 8 Ecce Homo 10 Assumption (The), Holy Family (The) 12 Rape of Europa (The) 13 Maltese Knight, Medea and Venus, Venus and Cupid 14 Worship of Venus (The) 17 Bacchus and Ariadne

titillate 6 arouse, excite, stir up, thrill, tickle 9 stimulate

title 3 dub, due 4 call, deed, dibs, name, term 5 claim, merit, nomen 7 baptize, caption, heading 8 christen, cognomen, pretense 9 designate 10 denominate, pretension 11 appellation, appellative, designation 12 championship, compellation, denomination ***Dutch:*** 7 mynheer ***ecclesiastic:*** 8 reverend ***feminine:*** 3 Mrs. 4 dame, lady, ma'am, miss 5 madam 6 madame, milady, missus 8 mistress ***French:*** 6 madame 8 monsieur 12 mademoiselle ***German:*** 4 Frau, Herr 8 Fräulein ***holder:*** 5 noble 8 champion ***Indian:*** 3 sri 5 sahib ***Islamic:*** 5 hajji 6 sayyid 9 ayatollah ***Italian:*** 5 donna 6 signor 7 signora 9 signorina ***monk's:*** 3 fra 7 brother ***of nobility:*** 3 sir 4 duke, earl, king, lady, lord, sire 5 baron, count, queen 6 prince 7 baronet, duchess, marquis 8 Archduke, baroness, countess, marchesa, marchese, marquise, princess, viscount 11 marchioness, viscountess ***Oriental:*** 4 khan ***Persian:*** 5 mirza ***Portuguese:*** 3 dom 4 dona 6 senhor 7 senhora 9 senhorita ***Spanish:*** 3 don 4 doña ***Turkish:*** 3 bey

titmouse 4 bird 6 tomtit 7 bushtit 9 chickadee

Tito 4 Broz (Josip)

titter 5 laugh 6 giggle 7 chortle, chuckle, snicker, snigger

tittle 3 bit, jot 4 atom, iota, mite 5 minim, speck 7 smidgen 8 particle 9 diacritic

titular 5 legal 6 titled 7 nominal 8 so-called 11 designative

Tityus ***father:*** 4 Zeus ***slayer:*** 6 Apollo

Tiu see TYR

tizzy 4 flap, fume, snit, stew 5 sweat 6 dither, swivet, uproar

T-man 5 agent 8 revenuer

to ***be sure:*** 6 indeed 7 granted 9 certainly ***Scottish:*** 3 tae ***wit:*** 3 viz 6 namely, that is 8 scilicet

toad 6 anuran, peeper 8 truckler 9 amphibian, brownnose, sycophant 10 batrachian, bootlicker 11 lickspittle ***genus:*** 4 Bufo

toady 4 fawn 5 cower, leech 6 cringe, flunky, grovel, kowtow, lackey, sponge 7 truckle 8 bootlick, parasite, truckler 9 brownnose, sycophant 10 bootlicker 11 apple-polish, lickspittle

toast 5 bread, drink, skoal 6 cheers, health, l'chaim, pledge, prosit, salute 7 wassail 8 mazel tov ***kind:*** 5 melba 6 French 8 zwieback

toastmaster 5 emcee

To a Waterfowl author 6 Bryant (William Cullen)

tobacco 4 leaf, weed ***cask:*** 8 hogshead ***chewing:*** 4 chaw, quid ***ingredient:*** 3 tar 8 nicotine ***juice:*** 6 ambeer ***kind:*** 4 shag 5 snuff 6 burley 7 caporal, perique, Turkish 9 broadleaf, mundungus ***pipe:*** 4 heel 6 dottle ***rolled:*** 5 cigar 9 cigarette ***Turkish:*** 7 latakia

Tobacco Road author 8 Caldwell (Erskine)

to be *Latin:* **4** esse
Tobias *father:* **5** Tobit *son:* **8** Hyrcanus
toby 3 jug, mug **7** pitcher
tocsin 3 SOS **5** alarm, alert **6** signal
today 3 now **9** currently, presently
toddler 3 tot **4** tyke
to-do 4 fuss, rout, stir **5** hoo-ha, rouse, stink, whirl **6** bother, bustle, clamor, furore, hubbub, hurrah, pother, ruckus, rumpus, uproar **7** turmoil **8** foofaraw **9** agitation, commotion **10** hurly-burly **11** disturbance
toe 5 digit *big:* **6** hallux *combining form:* **6** dactyl
toehold 7 footing
toff 3 fop **4** beau **5** blade, dandy, swell **7** coxcomb, peacock **8** macaroni, popinjay **9** exquisite **12** clotheshorse
toga 4 gown, robe, wrap
together 6 at once, joined, united **7** jointly **8** mutually **10** conjointly **11** concertedly **12** coincidently, collectively, concurrently *prefix:* **3** col, com, con, cor, sym, syn
togetherness 5 union **7** cahoots **8** alliance **10** connection, solidarity **11** affiliation, association, combination, conjunction, partnership
toggle 3 pin **6** fasten, switch **9** alternate **10** crosspiece
Togo *capital:* **4** Lomé *language:* **3** Ewe **6** French *monetary unit:* **5** franc *neighbor:* **5** Benin, Ghana **11** Burkina Faso
togs 3 rig **4** duds, suit **5** dress **6** attire, outfit **7** apparel, clothes, raiment, rigging **8** clothing, ensemble, garments
To His Coy Mistress author 7 Marvell (Andrew)
toil 3 fag, net, tug **4** grub, plod, plug, slog, trap, work **5** grind, labor, slave, snare, sweat **6** drudge **7** slavery, travail **8** drudgery
toiler 4 peon **5** slave **6** drudge, slavey **9** workhorse
toilet 3 loo **4** head, john **5** bidet, potty, privy **6** johnny **7** latrine **8** bathroom, lavatory **11** water closet
toilsome 4 hard **5** heavy **6** uphill **7** arduous, labored **9** difficult, effortful, laborious, strenuous
Tokay 4 wine
token 4 buck, chip, gift, mark, note, sign **5** badge, check, favor, index, piece, plume, prize, relic, scrip **6** copper, emblem, pledge, symbol, ticket, trophy **7** earnest, gesture, memento, symptom, warrant **8** evidence, keepsake, memorial, reminder, security, souvenir **9** indicator **10** expression, indication **11** perfunctory, remembrance
To Kill a Mockingbird author 3 Lee (Harper)
Tokyo *formerly:* **3** Edo *island:* **6** Honshu
tolerable 4 fair **6** common, decent **7** livable **8** adequate, all right, bearable, passable **9** endurable **10** acceptable, sufferable **11** respectable **12** satisfactory
tolerably 4 so-so **5** quite **6** fairly, pretty, rather **8** passably **9** averagely **10** moderately
tolerance 6 leeway **8** patience **9** allowance, endurance, deviation, fortitude, variation **10** indulgence, resistance, sufferance **11** forbearance, habituation
tolerant 4 easy **5** broad **7** lenient, liberal **8** placable **9** easygoing, eurytopic, forgiving, indulgent, tractable **10** open-minded, permissive **11** broad-minded, progressive, sympathetic **13** understanding
tolerate 4 bear, bide, hack **5** abide, allow, brook, stand **6** accept, endure, pardon, permit, suffer **7** condone, stomach, swallow **8** bear with, live with **9** put up with **11** countenance
Tolkien creature 3 Ent, Orc **5** Ainur **6** Balrog, Hobbit, Nazgul, Shelob **9** Oliphaunt
toll 3 fee, tax **4** bell, bong, cost, levy, peal, ring **5** chime, knell, price, sound **6** charge, summon, tariff **7** expense **8** casualty **10** assessment
tollbooth 11 customhouse
Tolstoy novel 8 Cossacks (The) **11** War and Peace **12** Anna Karenina **16** Death of Ivan Ilich (The)
tomato 9 love apple
tomb 5 crypt, grave **6** burial **9** mausoleum, sepulcher, sepulchre, sepulture *ancient Egyptian:* **7** mastaba *empty:* **8** cenotaph
tomboy 6 gamine, hoyden
tombstone 4 slab **8** memorial, monument **11** grave marker *inscription:* **3** RIP **8** hic jacet
tome 4 book **6** volume
___ **Tomé and Príncipe 3** Sao
tomfool 3 ass **4** dolt, fool, jerk **5** crazy, idiot, loony, ninny, silly, wacky **6** absurd, donkey, stupid **7** doltish, foolish, jackass **8** clodpoll, dummkopf, imbecile **9** blockhead, fantastic, horse's ass, thickhead **10** dunderhead, nincompoop **11** chowderhead, chucklehead, harebrained **12** preposterous
tomfoolery 4 dido, lark **5** antic, caper, prank, shine, trick **6** frolic **8** escapade, fandango **9** high jinks **10** shenanigan **11** monkeyshine
Tom Jones author 8 Fielding (Henry)

tommyrot 4 bull 5 hooey, trash 7 baloney, hogwash, rubbish 8 claptrap, nonsense 10 balderdash 13 horsefeathers

Tom o'Bedlam 3 nut 4 loon 5 loony 6 madman, maniac 7 lunatic 9 bedlamite

tomorrow 6 future, mañana

Tom Sawyer ***author:*** 5 Twain (Mark) 7 Clemens (Samuel) ***character:*** 5 Becky (Thatcher) 8 Huck Finn, Injun Joe 9 Aunt Polly 10 Muff Potter

Tom Thumb 4 runt 5 dwarf, pygmy 6 midget, peanut, peewee 7 manikin 8 half-pint 10 homunculus 11 lilliputian

ton 3 lot 4 chic 5 bunch, style, trend, vogue 6 bundle 7 fashion

tone 3 hue 4 cast, mode, mood, note, tint, vein 5 color, pitch, shade, style, tinge 6 accent, manner, spirit, strain, temper, timbre 7 fashion 10 inflection

toned down 4 mute, soft 5 sober 6 low-key, mellow 7 subdued 8 laid-back, low-keyed, softened

Tonga ***capital:*** 9 Nuku'alofa ***ethnic group:*** 10 Polynesian ***explorer:*** 4 Cook (Capt. James) 6 Tasman (Abel) ***island group:*** 5 Vava'u 6 Haapai 9 Tongatapu ***language:*** 6 Tongan 7 English ***monetary unit:*** 6 pa'anga

tongue 4 lick, pole, tang 6 glossa, lingua, speech 7 clapper, dialect, languet 8 language 10 vernacular ***combining form:*** 4 glot 5 gloss, lingu 6 glossa, glosso, lingua, lingui, linguo 7 glossia

tongue-lash 4 lash, rail 5 chide, scold 6 berate, rebuke, revile 7 bawl out, chew out, tell off, reprove, upbraid 8 admonish, call down, reproach 9 castigate, reprimand 10 vituperate

tongue-lashing 6 rebuke, tirade 7 censure, reproof 8 scolding 9 reprimand, talking-to 11 castigation 12 dressing-down

tongue-tied 3 mum, shy 4 mute 6 silent 7 bashful 9 diffident 10 speechless 12 inarticulate

tonic 3 pop 4 cola, soda 5 brisk 7 bracing, soda pop 8 curative, salutary 10 refreshing 11 restorative, stimulating 12 exhilarating, invigorating ***extract:*** 4 cola 9 berberine

tons 4 gobs, lots 5 heaps, loads, piles, scads

tony 4 chic, posh 5 smart, swank, swish 6 classy, modish, uptown 7 à la mode, elegant, stylish 9 exclusive 11 fashionable

too 4 also, ever, over, very 5 along 6 as well, overly, unduly, withal 7 awfully, besides, further, greatly 8 likewise, moreover, overmuch 9 extremely, immensely 10 in addition, remarkably, strikingly 11 exceedingly, excessively, furthermore 12 additionally, exorbitantly, immoderately, inordinately 13 exceptionally

tool 4 pawn 5 means 6 puppet, rimmer, stooge 7 cat's-paw, hayfork, machine, rounder, utensil 8 picklock 9 appliance, implement, mechanism 10 instrument ***axlike:*** 4 adze ***boring:*** 5 auger, drill ***carving:*** 6 veiner ***cleaving:*** 4 froe ***cobbler's:*** 3 awl ***cutting:*** 3 axe, saw 4 adze 5 knife 6 shears 8 billhook ***digging:*** 4 pick 5 spade 6 shovel 7 mattock ***engraving:*** 5 burin ***farm:*** 6 seeder ***filing:*** 4 rasp 7 riffler ***garden:*** 3 hoe 4 rake 5 spade 6 trowel, weeder ***grasping:*** 6 pincer 7 tweezer 8 tweezers ***mining:*** 6 trepan ***prehistoric:*** 6 eolith ***pruning:*** 6 shears 8 secateur ***rubbing:*** 9 burnisher ***scooping:*** 6 router ***toothed:*** 3 saw 7 rippler ***woodworking:*** 3 saw 5 bevel, plane 6 chisel, hammer

toot 3 bat, jag 4 bout, bust, tear 5 binge, blast, drunk, snort, sound, souse, spree 6 bender 7 carouse

tooth 5 molar 7 incisor 8 bicuspid, premolar ***combining form:*** 4 dent 5 denti, dento ***cuspid:*** 6 canine 8 dogtooth, eyetooth ***cutting:*** 10 carnassial ***decay:*** 6 caries ***doctor:*** 7 dentist ***pointed:*** 4 fang 6 canine, cuspid ***small:*** 8 denticle

toothless 7 useless 8 edentate 10 edentulous 11 ineffective, ineffectual

toothsome 5 sapid, tasty 6 delish, savory 8 luscious, pleasant, pleasing, tasteful 9 agreeable, delicious, palatable, succulent 10 appetizing, attractive

too-too 6 la-di-da 7 extreme 8 affected, overdone, overmuch, precious 9 excessive 10 hoity-toity, inordinate 11 exaggerated, overrefined, pretentious

tootsie 3 pet 4 dear 5 honey 7 beloved, darling, sweetie 10 sweetheart

top 3 cap, tip 4 acme, apex, best, cusp, head, peak, pick, roof 5 cream, crest, crown, elite, point, prime, prize 6 apical, choice, climax, height, summit, utmost, vertex 7 capital, highest, maximal, maximum, surface 8 five-star, loftiest, pinnacle, superior 9 first-rate, uppermost 10 first-class 11 culmination

tope 3 nip 4 soak 5 booze, drink, shark, stupa 6 guzzle, imbibe, tipple 7 swizzle 8 liquor up

toper 3 sot 4 lush, soak, wino 5 drunk, rummy, souse 6 bibber, boozer 7 tippler, tosspot 8 drunkard 9 inebriate

Tophet 4 hell 5 hades, Sheol 6 blazes 7 Gehenna, inferno 9 perdition 10 underworld

topic 4 talk, text 5 issue, motif, point, score, theme 6 burden, matter, motive, thread 7 content, subject 8 argument 11 proposition
topical 5 local 7 current, nominal 8 regional 9 temporary 11 superficial
topmost 7 highest, leading, supreme 8 crowning, ultimate 9 paramount, principal 10 consummate, preeminent 11 culminating
top-notch 5 prime 6 choice 7 capital 8 five-star, superior 9 excellent, first-rate 10 first-class 11 first-string
top off 3 cap 5 crown 6 climax, finish, refill 8 complete, conclude, resupply 9 culminate
topography 7 surface, terrain 8 features
topple 3 tip 4 drop, fall 5 crash, lurch, pitch, slump, upset 6 defeat, falter, plunge, totter, tumble 8 collapse, keel over, overturn 9 overthrow
tops 4 best 5 primo 6 at most 7 highest 8 peerless, superior 9 at the most, first-rate, matchless 11 outstanding
topsy-turvy 7 chaotic, jumbled, mixed-up 8 cockeyed, confused, inverted 10 disjointed, disordered, upside down
toque 3 cap, hat
tor 4 crag, hill, peak 5 butte, cliff, mound, talus
Torah 10 Pentateuch
torch 4 fire 5 flame, light 6 ignite 7 firebug 8 arsonist, flambeau, guidance 10 flashlight, incendiary
toreador 6 torero 7 matador 11 bullfighter
torero 7 matador 11 bullfighter
torment 3 rag, try, vex 4 bait, bane, hell, hurt, pain, pang, rack 5 abuse, agony, curse, grill, harry, tease, worry, wring 6 harass, harrow, heckle, misery, molest, needle, plague 7 afflict, agonize, anguish, crucify, distort, hagride, torture, travail, trouble 8 distress 9 persecute, tantalize 10 affliction, excruciate
torn 4 rent 5 split 6 ragged, ripped, unsure 7 mangled 8 tattered, wrenched 9 lacerated, uncertain, undecided
tornado 6 funnel 7 cyclone, twister 9 windstorm, whirlwind
toro 4 bull
torpedo 3 gun, ray 4 mine, thug 5 blast, bravo, smash, wreck 6 gunman, gunsel, hit man, killer, weapon 7 destroy, nullify, scuttle 8 assassin, firework 9 explosive, shoot down 10 hatchet man, projectile, triggerman 11 electric ray
torpid 4 dull, lazy, numb 5 dopey, inert 6 sodden, stupid 7 dormant 8 comatose, inactive, sluggish 9 apathetic, lethargic 12 hebetudinous
torpor 4 coma, daze 5 swoon 6 apathy, stupor 7 languor 8 dopiness, dullness, hebetude, lethargy 9 lassitude, passivity, stolidity 10 stagnation 12 listlessness
torque 5 twist
torrent 4 rush 5 flood, spate 6 deluge, stream 7 cascade, Niagara 8 cataract, flooding 9 cataclysm 10 inundation, outpouring
torrid 3 hot 5 fiery 6 ardent, fervid, heated, red-hot, sultry 7 boiling, burning, flaming, parched 8 broiling, white-hot 9 scorching 10 hot-blooded, passionate, sweltering 11 impassioned
tort 5 crime, wrong 7 offense 10 wrongdoing
tortilla dish 4 taco 6 flauta 7 burrito, chalupa, tostada 9 enchilada 10 quesadilla 11 chimichanga
Tortilla Flat author 9 Steinbeck (John)
tortoise 6 turtle 8 terrapin 9 chelonian ***beak:*** 3 neb ***shell:*** 8 carapace
tortuous 5 snaky 6 cranky, tricky 7 crooked, devious, sinuous, winding 8 flexuous, indirect, involute, involved 9 meandrous 10 circuitous, convoluted, meandering, serpentine 11 anfractuous, vermiculate 12 labyrinthine
torture 4 pain, rack, warp 5 agony, wring 6 harrow, martyr 7 afflict, agonize, anguish, crucify, torment 9 martyrdom 10 excruciate 11 third degree
tortured 4 bent 6 racked, warped 7 twisted 8 deformed 9 distorted
tory 5 right 7 old-line 8 loyalist, old guard, orthodox, rightist, royalist 12 conservative
Tosca ***character:*** 5 Mario (Cavaradossi) 7 Scarpia (Baron) ***composer:*** 7 Puccini (Giacomo)
___ **Toscanini** 6 Arturo
tosh 3 rot 4 bosh, bunk 5 bilge, hooey 6 bunkum, drivel, humbug 7 baloney, eyewash, hogwash, twaddle 8 malarkey, nonsense, tommyrot, trumpery
toss 4 cast, flap, flip, hurl, rock, roll 5 chuck, drink, fling, heave, match, pitch, quaff, sling, surge, throw, vomit 6 imbibe, tumble, welter, writhe 7 discard 9 knock back, throw away
tosspot see TIPPLER
tot 3 add, kid, nip, sum 4 dram, shot, slug, tyke 5 child, snort 6 figure, infant, nipper, shaver, squirt 7 snifter, toddler
total 3 add, all, sum 4 foot, full 5 add up, equal, gross, run to, smash, sum to, utter, whole, wreck, yield 6 all-out, amount, budget, entire, figure, number 7 crack up, destroy, full-out, overall, perfect, plenary, quantum 8 absolute, complete, demolish, entirety, outright,

positive, quantity **9** aggregate, full-blown, full-scale, inclusive, out-and-out, unlimited **10** consummate, unreserved **11** unmitigated **13** comprehensive, thoroughgoing

totalitarian **8** absolute, despotic **10** autocratic **11** dictatorial **13** authoritarian

totality **3** all, sum **4** lump **5** whole **7** oneness **8** entirety **9** aggregate, wholeness **12** completeness

totalize **3** add, sum **5** sum up **6** figure **7** summate

tote **3** lug **4** cart, haul, load, pack **5** carry, ferry, sum up **6** burden, convey, figure **7** summate **9** transport **10** pari-mutuel

totem **6** emblem, symbol

To the Lighthouse author **5** Woolf (Virginia)

totter **4** reel, sway **5** lurch, shake, waver **6** falter, toddle, topple, wobble **7** stagger

touch **4** abut, feel, meet, move, stir **5** brush, graze **6** adjoin, border, caress, finger, stroke **7** contact, palpate **9** palpation, tactility

touchable **7** tactile **8** palpable, tangible

touch down **4** land **5** light, perch, roost **6** alight, settle

touched **3** odd, off **5** batty, crazy, moved **7** stirred **8** affected **9** emotional

touching **4** as to, in re **5** about, anent, as for **6** moving, tender **7** against, apropos, emotive, meeting, piteous, pitiful, tangent **8** abutting, adjacent, pathetic, pitiable, poignant, stirring **9** adjoining, affecting, apropos of, as regards, bordering, immediate, impinging, regarding **10** as respects, back-to-back, concerning, contiguous, respecting, tangential **11** coterminous **12** conterminous

touch off **5** erupt, spark, start **6** ignite, incite, kindle **7** explode, inflame, provoke, trigger **8** initiate **9** instigate **11** precipitate

touchstone **4** test **5** check, gauge, proof, trial **7** measure **8** standard **9** barometer, benchmark, criterion, yardstick

touch up **3** fix **5** patch **6** rework **7** improve, perfect

touchy **5** dicey, huffy, risky, testy **6** tender, tricky **7** peppery **8** delicate, ticklish **9** explosive, hazardous, irascible, irritable, sensitive **10** precarious **11** inflammable, quarrelsome, thin-skinned **13** oversensitive, temperamental, unpredictable

tough **3** bad, mug **4** goon, hard, hood, lout, punk, stud, thug **5** bully, hardy, harsh **6** rugged, severe, sturdy, unruly **7** arduous, hoodlum, onerous, ruffian **8** bullyboy, exacting, hooligan, obdurate **9** arbitrary, demanding, difficult, effortful, hard-nosed, hidebound, immutable, laborious, resistant, roughneck, strenuous **10** hard-bitten, hard-boiled, hardheaded, inflexible, refractory, unyielding **11** intractable, unbreakable **12** pertinacious

toughen **5** inure **6** anneal, harden, season, temper **9** acclimate, habituate **10** strengthen **11** acclimatize

toughie **4** goon, hood, lout, punk, thug **5** poser, rowdy **7** hoodlum, ruffian, stumper **8** bullyboy, hooligan, plug-ugly **9** roughneck

toupee **3** rug, wig **6** peruke, wiglet **7** periwig **8** postiche **9** hairpiece

tour **4** bout, trip, turn **5** jaunt, round, shift, spell, stint **6** junket, period, travel, troupe **7** circuit, journey **8** progress **9** barnstorm, excursion **10** expedition, rubberneck

tour de force **4** deed, feat **7** classic, display, exploit **10** magnum opus, masterwork **11** achievement, chef d'oeuvre, masterpiece

tour guide **8** cicerone

tourist **7** tripper, visitor **8** traveler **9** sightseer, traveller **10** day-tripper, rubberneck, vacationer **12** excursionist, globe-trotter

tournament **4** open, tilt **5** pro-am **6** jousts, series **7** contest, tourney **8** carousel **10** round-robin **11** competition **12** championship

tourney **4** meet **5** event, games, match **7** compete, contest **8** concours **11** competition

tousle **4** mess, muss **6** rumple **8** dishevel, disorder

tout **3** spy, tip **4** brag, laud, plug **5** watch **6** blow up, peddle, praise, talk up **7** acclaim, crack up, promote, solicit **8** ballyhoo, persuade, proclaim **9** publicize

tovarich **7** comrade

tow **3** lug, tug **4** drag, draw, haul, pull, rope, yarn **5** chain, trail **6** hawser ***truck:*** **7** wrecker

towel word **3** his **4** hers

tower **4** loom **5** spire **6** turret **8** overlook ***on a mosque:*** **7** minaret

towering **4** high, tall **5** grand, great, lofty **6** aerial, mighty **7** extreme, soaring, stately **8** imposing, majestic **9** excessive, grandiose **10** exorbitant, immoderate, inordinate, monumental, prodigious **11** extravagant, magnificent, skyscraping **12** altitudinous, overwhelming

towhee **5** finch **7** chewink

to wit 3 viz 6 namely 8 scilicet 9 c'est-à-dire, videlicet
town 4 burg 6 hamlet, podunk 7 borough, village *medieval:* 5 bourg
town and ___ 4 gown 7 country
townsman 7 burgher, citizen
town square 5 plaza *Italian:* 6 piazza
toxic 6 poison 7 harmful 8 venomous, virulent 9 poisonous 10 infectious
toxin 5 venom 6 poison
toy 4 fool, play 5 antic, curio, dally, flirt, knack, mouse, tease 6 bauble, caress, coquet, diddle, fiddle, gewgaw, trifle 7 bibelot, novelty, pastime, trinket, whatnot 8 gimcrack 9 plaything 10 diminutive, knickknack
trace 3 jot, ray, run, tug 4 blip, echo, hint, iota, mark, path, scan, wisp 5 relic, shade, tinge, trail, tread 6 derive, detect, nuance, shadow, strain, streak 7 outline, remains, remnant, run down, soupçon, symptom, vestige 8 discover, tincture, traverse 9 delineate, footprint, remainder, scintilla, suspicion 10 intimation, suggestion
trachea 6 larynx, throat, vessel 7 weasand 8 throttle, windpipe
track 3 way 4 drag, path, road, sign, step, tail 5 chase, cover, print, spoor, trace, trail, tread 6 artery, follow, pursue, shadow, travel 7 footway, imprint, monitor, pathway, vestige 8 footpath, footstep 9 footprint
track-and-field event 4 dash 5 relay 6 discus 7 javelin, hurdles, shot put 8 footrace, high jump, long jump 9 broad jump, decathlon, pole vault 10 heptathlon, triple jump 11 discus throw 12 steeplechase
tract 3 lot 4 area, belt, farm, land, plat, plot, zone 5 block, claim 6 parcel, region 7 leaflet, portion, terrain 8 pamphlet, preserve 9 territory
tractable 4 tame 6 docile, gentle, pliant 7 ductile, plastic, pliable 8 amenable, biddable, flexible, obedient, workable 9 adaptable, breakable, malleable 10 manageable
tractate 5 summa 6 memoir, thesis 7 pandect 8 hornbook, monument, treatise 9 discourse, monograph 10 commentary 12 disquisition, dissertation, introduction
traction 4 drag, pull 5 force 7 drawing, tension 8 friction
tractor maker 5 Deere (John)
trade 4 deal, sell, swap 5 craft, truck 6 barter, change, custom, market, métier, peddle, switch 7 bargain, calling, pursuit, traffic 8 business, commerce, exchange, industry, vocation 10 employment, occupation, profession, substitute 11 merchandise, transaction *illicit:* 11 black market
trademark 3 tag 4 logo 5 brand, label, stamp 6 patent, symbol 8 colophon, logotype 9 brand name
trader 4 ship 6 broker, dealer, vendor 8 merchant
trade route 7 sea-lane
tradition 4 lore, myth 5 habit 6 belief, custom, legacy, legend, mythos, rubric 7 folkway 8 folklore, heredity, heritage, practice 9 mythology 10 convention 12 old wives' tale
traditional 4 oral 5 usual 6 common, spoken, verbal 7 classic, old-line, popular 8 habitual, orthodox 9 classical, customary, old-school, unwritten 10 button-down 11 established 12 acknowledged, buttoned-down, conservative, conventional
traditionalist 6 purist 12 conservative
traditionalistic 4 tory 7 die-hard, old-line 8 orthodox, standpat 12 conservative
traduce 4 slur 5 libel, smear, wrong 6 betray, breach, defame, malign, vilify 7 asperse, slander, violate 8 disgrace, tear down 9 denigrate 10 calumniate
Trafalgar commander 6 Nelson (Horatio)
traffic 4 deal 5 cargo, fence, trade, truck 6 barter, custom 7 bootleg, freight 8 commerce, dealings, exchange, movement 9 patronage, transport 11 black-market *circle:* 6 rotary 10 roundabout *cone:* 5 pylon *jam:* 5 tie-up 6 holdup 8 gridlock 10 bottleneck
trafficker 6 dealer, trader
tragedy 3 woe 6 mishap, plague 8 calamity, disaster 9 cataclysm, mischance 10 misfortune 11 catastrophe 12 misadventure
trail 3 dog, lag, tag 4 drag, flag, path, plod, poke 5 chase, dally, delay, tarry, trace, track 6 dawdle, follow, linger, pursue, shadow 7 draggle, gumshoe, pathway, traipse 8 footpath, footwalk 10 bridle path *emigrant:* 6 Oregon *Florida:* 7 Tamiami *Georgia-Maine:* 11 Appalachian *Indian:* 5 Great
trailer 5 truck 7 preview 9 motor home, transport 10 mobile home
trailer truck 4 semi
train 3 row 4 file, tame 5 coach, drill, teach, track 6 column, convoy, course, school, sequel, series, thread 7 caravan, cortege, educate, prepare, retinue 8 exercise, instruct, sequence 9 cultivate, entourage, following, habituate 10 succession 11 progression

trainee 6 novice 7 learner, new hire 8 beginner 10 apprentice
training 7 tuition 8 teaching, tutelage 9 education, schooling 11 instruction
horses: 6 manège
traipse 3 gad 4 hoof, pace, roam, rove, step, walk 5 amble, range, trail, tramp, tread 6 ramble, stroll, wander 7 maunder, meander 8 ambulate 9 gallivant
trait 4 mark 5 point, quirk, trace 6 oddity 7 feature, quality 8 hallmark, property, specific 9 attribute
traitor 5 Judas 8 apostate, betrayer, defector, deserter, quisling, renegade, turncoat 9 turnabout
traitorous 5 Punic 8 apostate, disloyal, mutinous, recreant, renegade 9 faithless 10 perfidious, rebellious, unfaithful 11 treacherous
traject 4 beam, pass, pipe, send 5 carry 6 convey, render 7 conduct, forward, impress 8 hand down, transfer, transmit 9 broadcast, transfuse
tram 3 car 7 trolley 9 streetcar
trammel 3 tie 4 bind, curb 5 check, gauge, leash 6 fetter, hamper, hobble 7 compass, confine, ensnare, manacle, pothook, shackle 8 entangle, handcuff 9 restraint
tramontane 8 outsider 9 foreigner, outlander 11 transalpine
tramp 3 bum 4 hike, hobo, jade, plod, slog, thud 5 bimbo, caird, clump, gypsy, march, stamp, stiff, stomp, tread 6 ramble, stroll, travel, trudge, wander 7 chippie, clochard, drifter, floater, saunter, stroller, traipse, vagrant 8 derelict, footslog, homeless, vagabond 10 prostitute
trample 4 mash 5 crush, pound, stamp, stomp, tread, tromp
trance 4 daze, muse 5 swoon 7 ecstasy, rapture, reverie 8 hypnosis 9 catalepsy, enrapture 10 absorption, brown study 11 abstraction
tranquil 4 calm, easy 5 quiet, still 6 dreamy, placid, poised, serene 7 restful 8 composed, peaceful 10 untroubled 13 self-possessed
tranquilize 4 calm, hush, lull 5 quiet, relax, still 6 becalm, pacify, sedate, settle, soothe, subdue 7 compose, mollify
tranquilizer 6 downer 8 diazepam, pacifier, sedative 10 depressant 11 barbiturate
tranquillity 4 calm 5 peace, quiet 8 calmness, serenity 9 composure, placidity
transaction 4 deal 5 trade 7 bargain, dealing 8 contract, covenant 9 agreement
transcend 3 top 4 beat, best 5 excel, outdo 6 better, exceed 7 surpass 8 outshine, outstrip, overcome, surmount
transcendent 5 ideal 7 perfect, sublime, supreme 8 abstract, immanent 10 consummate, surpassing
Transcendentalist 6 Alcott (Bronson), Fuller (Margaret) 7 Emerson (Ralph Waldo), Thoreau (Henry David)
transcribe 4 copy 5 write 6 record 8 transfer 9 translate, write down 13 transliterate
transfer 4 cede, deed, hand, pass, ship 5 carry, grant, shift 6 assign, convey, remove, supply 7 consign, convert, deliver, devolve, dispose 8 alienate, hand over, make over, relocate, turn over 9 carry over 10 assignment, conveyance 11 disposition
transfix 4 spit 5 lance, spear, spike, stick 6 impale, skewer 7 spindle 8 entrance 9 fascinate, hypnotize, mesmerize
transform 5 alter, morph 6 change, mutate 7 commute, convert 12 metamorphose
transformation 8 reaction 10 changeover, conversion 13 metamorphosis
transfuse 5 endue, imbue 7 pervade, suffuse, traject 8 permeate, saturate 9 penetrate, percolate 10 impregnate
transgress 3 err, sin 6 breach, exceed, offend 7 violate 8 infringe, overpass, overstep, trespass 10 contravene
transgression 3 sin 5 crime, error, wrong 6 breach 7 misdeed, offense 9 violation 12 infringement
transient 4 hobo 5 brief, tramp 7 drifter, migrant, passing 8 fleeting, flitting, fugitive, volatile 9 ephemeral, fugacious, momentary, temporary 10 evanescent, fly-by-night, short-lived 11 impermanent
transit 7 passage 8 traverse 10 conveyance
transition 4 leap 5 segue, shift 6 change 7 passage 10 conversion 13 metamorphosis
transitory see TRANSIENT
translate 6 render 7 convert 9 interpret, reproduce 10 paraphrase
translation 9 rendition 10 conversion, paraphrase
transmarine 7 oversea 8 overseas
transmission 7 gearbox 8 handover 9 broadcast, infection
transmit 3 air 4 beam, hand, pass, pipe, send 6 convey, hand on, impart, pass on, render, signal 7 channel, conduct, consign, diffuse, forward, traject 8 bequeath, dispatch, hand down 9 broadcast
transmogrify see TRANSFORM

transmute see TRANSFORM
transoceanic message 4 wire 5 cable 9 cablegram
transparent 5 clear, filmy, gauzy, sheer 6 limpid 7 crystal 8 clear-cut, gossamer, pellucid 10 diaphanous, see-through 11 crystalline
transpire 3 hap 4 leak 5 exude, occur, sweat 6 chance, emerge, happen 7 develop 9 come about, take place 11 come to light
transplant 8 relocate, resettle
transport 3 bus, fly, lag, lug, wow, zap, zip 4 haul, hump, lift, pack, pass, send, ship, taxi, tote 5 carry, ferry, motor, truck 6 convey, excite, ravish, remove, thrill 7 delight, ecstasy, freight, rapture, sealift, trundle, vehicle 8 carriage, displace, railroad, rhapsody 9 carry away, chauffeur, troopship 10 conveyance, helicopter
transportation 6 moving 7 freight, hauling, removal, vehicle 8 carriage, carrying 10 conveyance 12 displacement
transpose 6 invert 7 convert, permute, reorder, reverse 9 rearrange 11 interchange
transude 4 ooze, reek, seep, weep 5 bleed, sweat 7 diffuse, give off 8 permeate 9 transfuse
transverse 5 cross 6 across, thwart 8 crossbar, crossing 9 crossbeam, crosswise 10 crosspiece
trap 3 bag, net 4 bait, snag 5 catch, decoy, set up, snare 6 ambush, enmesh, tangle 7 ensnare, pitfall 8 birdlime, deadfall, entangle, quagmire 9 ambuscade
trappings 4 gear 5 dress 6 finery 8 equipage, ornament 9 adornment, caparison, equipment 10 decoration 11 habiliments 13 accouterments, accoutrements, embellishment, paraphernalia
Trappist 4 monk ***writer:*** 6 Merton (Thomas)
trash 3 rag, rot 4 bosh, junk, ruin, scum, slop 5 bilge, blast, dreck, dregs, hokum, offal, spoil, tripe, waste, wreck 6 bunkum, debris, insult, litter, refuse, rubble 7 clutter, destroy, garbage, hogwash, put down, rubbish 8 claptrap, malarkey, nonsense 9 disparage, throw away, vandalize 10 balderdash 11 guttersnipe, proletariat
trash can 7 dustbin
trashy 5 bawdy, cheap, tatty 6 cruddy, shoddy, sleazy, smutty, vulgar 8 rubbishy 9 third-rate
trauma 4 blow, pain 5 shock, upset, wound 6 crisis, injury, stress 8 collapse 9 suffering
travail 4 grub, moil, task, toil, work 5 grind, labor, pains 6 drudge, effort 7 slavery, torment 8 drudgery, struggle
travel 4 fare, pass, roam, tour, trek, trip, wend 5 jaunt, tramp 6 junket, push on, voyage 7 explore, journey, passage, proceed, traffic, transit 8 movement, traverse 9 gallivant 10 hit the road
traveler 5 gypsy 7 drummer, tourist 8 salesman, vagabond 9 itinerant, sightseer 10 journeyman 11 peripatetic
traveling library 10 bookmobile
traverse 4 ride, walk 5 cover, cross, march, route, trace, track 6 course, thwart, travel, voyage 7 transit 8 crossing, navigate, pass over 10 crisscross 11 perambulate, peregrinate
travesty 3 ape 4 mock, sham 5 farce, mimic, spoof 6 parody 7 imitate, lampoon, mimicry, mockery, take off 8 ridicule 9 burlesque 10 caricature, distortion ***satanic:*** 9 Black Mass
Traviata, La ***character:*** 7 Alfredo (Germont), Germont 8 Violetta (Valéry) ***composer:*** 5 Verdi (Giuseppe)
trawl 3 net 4 fish 7 setline
tray 6 salver, server 7 platter 8 teaboard ***revolving:*** 9 lazy Susan
treacherous 5 false, Punic, risky 6 chancy, tricky 7 unsound 8 disloyal, perilous, recreant 9 dangerous, deceptive, faithless, hazardous, insidious 10 perfidious, traitorous, unfaithful, unreliable
treachery 7 perfidy, treason 8 bad faith, betrayal 10 disloyalty, infidelity 11 double-cross 13 dastardliness, double-dealing, faithlessness
treacle 4 mush 5 slush, syrup 8 molasses, schmaltz 11 golden syrup
tread 4 hoof, pace, plod, step, walk 5 dance, march, stamp, stomp, trace, track, tramp, tromp, troop 6 follow, stride 7 footing, traipse, trample 8 footstep
treadle 5 lever, pedal
treadmill 3 rut 4 rote 5 chore, grind 6 groove 7 routine 8 drudgery, turnspit
treason 7 perfidy 8 betrayal, sedition 9 treachery 10 disloyalty, misprision
treasure 4 haul, save 5 adore, cache, hoard, pearl, prize, trove, value 6 esteem, revere, riches, wealth 7 apprize, cherish, idolize, worship 8 conserve, preserve, venerate 9 reverence 10 appreciate
Treasure Island ***author:*** 9 Stevenson (Robert Louis) ***character:*** 7 Ben Gunn

8 Long John (Silver) ***narrator:*** 10 Jim Hawkins

treasurer 6 bursar, purser 7 curator 8 receiver 11 chamberlain

Treasure State 7 Montana

treasure trove 4 find, mine 7 bonanza, pay dirt 8 El Dorado, Golconda, gold mine

treasury 4 fisc, mine 5 cache, chest, hoard 6 argosy, coffer, museum 7 bonanza, gallery, omnibus 8 archives, El Dorado, Golconda, gold mine, war chest 9 anthology, exchequer 10 depositary, depository, repository, storehouse

treat 5 goody, nurse 6 bonbon, dainty, doctor, goodie, handle, manage, morsel, tidbit 7 care for 8 deal with, delicacy, medicate 10 minister to ***animals:*** 3 vet ***leather:*** 3 tan, taw 7 tanning

treatise 6 thesis 8 tractate 9 discourse, monograph 10 exposition 12 disquisition, dissertation

treatment 4 care 7 therapy

treaty 4 pact 6 accord 7 charter, compact, concord 8 alliance, contract, covenant 9 agreement, concordat 10 convention

treble 4 high 6 shrill, triple 7 descant, soprano 9 threefold 11 high-pitched

tree ***African:*** 4 akee, cola, shea 5 limba, sassy 6 baobab 7 avodire, bubinga 8 sasswood 9 berberine ***Asian:*** 4 dhak, upas 6 banyan, kamala ***Australian:*** 7 blue gum 8 lacewood, quandong 9 casuarina ***branch:*** 5 bough ***Brazilian:*** 3 apa, ule 7 arariba, seringa, wallaba ***Chinese:*** 4 tung 5 yulan 6 ginkgo, lychee 7 kumquat ***citrus:*** 4 lime 5 lemon 6 orange 8 bergamot ***combining form:*** 3 dry 4 dryo 5 arbor, dendr 6 arbori, dendra (plural), dendro ***coniferous:*** 3 fir, yew 4 pine 5 alder, cedar, larch 6 spruce 7 cypress, hemlock, juniper, redwood, sequoia ***dwarf:*** 8 arbuscle 10 chinquapin ***East Indian:*** 4 neem, poon, teak, toon 6 banyan, deodar 7 deodara ***elm:*** 4 wych ***Eurasian:*** 5 abele, rowan 6 medlar ***European:*** 5 osier 8 bourtree ***European oak:*** 7 murmast ***evergreen:*** 3 fir, yew 4 atle, pine, titi 5 athel, carob, cedar, piñon, taxus 6 arbute, loquat, mallee, sapota 7 arbutus, camphor, conifer, inkwood, juniper, lentisk, madrona, madrone, redwood, sequoia 8 loblolly, longleaf, tamarisk 9 balsam fir 12 balm of Gilead ***evergreen oak:*** 6 encina ***fig:*** 5 pipal ***flowering:*** 5 sumac 6 acacia 7 dogwood 8 sourwood ***hardwood:*** 3 oak 5 beech, birch, ebony, maple 6 cherry, cornel, walnut 7 hickory 8 chestnut, mahogany ***Japanese:*** 4 kaki 7 zelkova ***linden:*** 8 basswood ***mulberry:*** 8 sycamine ***North African:*** 5 babul ***nut-bearing:*** 4 cola, kola 5 hazel, pecan, piñon 6 almond, cashew 7 buckeye, filbert, hickory 9 pistachio ***oak:*** 5 roble 8 bluejack ***ornamental:*** 3 box 5 holly 6 ginkgo, mimosa, myrtle, redbud 8 laburnum, magnolia 9 poinciana 12 rhododendron ***palm:*** 4 coco, nipa 5 ratan 6 pinang, raffia, rattan 7 coquito 8 carnauba ***Peruvian:*** 8 cinchona ***Philippine:*** 4 dita, pili 6 bataan 10 calamondin ***resinous:*** 10 candlewood ***rubber:*** 3 ule ***shade:*** 3 elm, oak 5 maple 6 linden 8 sycamore 10 chinaberry ***softwood:*** 5 alamo 6 tupelo 8 black gum, corkwood (see also CONIFEROUS) ***South American:*** 3 apa 4 ombu 7 wallaba 9 Brazil nut ***swamp:*** 11 bald cypress ***tropical:*** 4 akee, ohia, palm, sago, teak 5 areca, assai, balsa, cacao, ceiba, lehua, mamey 6 acajou, balata, baobab, citrus 7 genipap, logwood, majagua, palmyra, quassia, soursop 8 allspice, barbasco, mahogany, mangrove, milkwood, palmetto, rosewood, soapbark, sweetsop, tamarind 9 candlenut, jacaranda 10 breadfruit, manchineel 11 candleberry, coconut palm ***trunk:*** 4 bole ***willow:*** 5 osier, sauch, saugh 6 poplar ***young:*** 7 sapling

trefoil 4 leaf 6 clover ***part:*** 3 arc

trek 4 hike, trip 6 travel, trudge 7 journey 9 migration 10 expedition

trellis 5 arbor 6 screen 7 lattice, pergola 8 espalier 11 latticework

tremble 5 quake, shake 6 dither, quaver, quiver, shiver 7 shudder, twitter, vibrate

tremblor see TEMBLOR

tremendous 4 huge, vast 6 mighty, raging 7 awesome, immense, massive, titanic 8 colossal, enormous, fearsome, gigantic, terrific, towering 9 fantastic, monstrous 10 formidable, gargantuan, incredible, monumental, prodigious, stupendous 13 extraordinary

tremolo 7 vibrato

tremor 5 quake, shock 6 quaver, quiver, shiver 7 shudder, temblor 10 earthquake ***muscular:*** 8 dystaxia

tremulous 5 shaky, timid 6 afraid 7 aquiver, fearful, quaking, shivery 8 timorous 9 quivering, shivering

trench 4 sink 5 ditch, fosse, gully, verge 6 border, furrow, trough ***Caribbean:*** 6 Cayman

trenchant 4 keen 5 crisp, sharp 6 biting 7 caustic, cutting, mordant, probing, satiric 8 clear-cut, distinct, incisive, sardonic, scathing 9 sarcastic 11 penetrating

trencher 4 tray 7 platter

trencherman 7 glutton

trend 3 fad, run 4 flow, mode 5 curve, drift, shift, style, swing, tenor, vogue 6 course, temper 7 current, fashion, incline 8 approach, movement, tendency 9 direction

trendy 3 hep, hip, hot 4 cool, tony 5 faddy 6 groovy, modish, with-it 7 à la mode, faddish, stylish 8 downtown, nouvelle, up-to-date 11 fashionable, ultramodern

trepang 10 bêche-de-mer

trepidation 4 fear 5 alarm, dread 6 dismay 7 anxiety 12 apprehension 13 consternation

trespass 3 err, sin 4 debt 5 lapse, poach 6 breach, invade, offend 7 impinge, intrude 8 encroach, entrench, infringe 9 interlope, violation 10 infraction, transgress 12 encroachment, infringement 13 transgression

tress 4 curl, lock 5 braid, plait

trestle 4 buck 6 bridge 7 sawbuck 8 sawhorse

trey 5 three

triad 4 trio 5 chord 6 triple, troika 7 harmony, trinity 9 threesome 11 triumvirate

trial 3 woe 4 care, test 5 agony, cross, essay, grief, rigor, worry 6 dry run, hassle, misery, ordeal, sorrow, tryput 7 anguish, attempt, contest, trouble 8 crucible, distress, endeavor, gauntlet, hardship, struggle, vexation 9 adversity, rehearsal, suffering 10 affliction, coup d'essai, difficulty, experiment, misfortune, proceeding, temptation 11 preliminary, tribulation 12 experimental

trial balloon 6 feeler, tryout

trial run 4 test 5 essay 7 break-in 10 experiment

triangle type 5 acute, right 6 obtuse 7 scalene 9 isosceles 11 equilateral

tribal unit 6 moiety 7 phratry

tribe 4 clan, folk, race 5 house, stock 6 family 7 kindred, lineage

tribulation 3 woe 5 cross, trial 6 burden, ordeal 9 adversity 10 affliction, oppression, visitation 11 persecution

tribunal 3 bar 4 dais 5 bench, court 8 platform 10 consistory 12 court of honor

tributary 5 bayou, creek 6 branch, feeder, stream 7 subject 8 affluent, influent 9 backwater, confluent, dependent, satellite 12 contributory

tribute 5 paean 6 eulogy 8 citation, encomium 9 panegyric 10 salutation 11 recognition, testimonial 12 appreciation

trice 4 lash, wink 5 blink, flash, jiffy, shake 6 moment, second, secure 7 instant 8 eyeblink 9 twinkling 11 split second

trick 3 jig 4 dido, dupe, fool, gull, hoax, lark, play, ploy, ruse, sham 5 antic, caper, dodge, feint, fraud, prank, stunt 6 gambit, outwit, scheme 7 chicane, finagle, gimmick, sleight 8 escapade, flimflam, hoodwink 9 bamboozle, deception, stratagem, victimize 10 red herring, shenanigan, tomfoolery 11 hornswoggle, monkeyshine 13 practical joke

trickery 4 scam, wile 5 cheat, fraud 6 deceit 7 chicane, dodgery 8 jugglery 9 chicanery, deception 10 subterfuge 11 double cross 13 double-dealing, jiggery-pokery, sharp practice

trickle 4 drip, seep 5 creep, trill 7 dribble

trickster 5 cheat, shark 7 cheater, diddler, grifter, sharper 8 conjurer, deceiver, magician, swindler 9 defrauder 11 flimflammer, illusionist 12 double-dealer

tricksy 5 rough 6 trying 7 arduous 8 prankish

tricky 3 sly 4 foxy, wily 5 dodgy 6 catchy, clever, crafty, shifty, sticky, thorny, touchy, trying 7 cunning, knavish 8 delusive, guileful, slippery, ticklish, tortuous, unstable 9 deceptive, difficult, dishonest, ingenious, intricate 10 misleading, nettlesome, precarious, unreliable 11 complicated, treacherous, troublesome 12 undependable

trident 5 spear

tried 6 proved, proven, secure, tested, trusty 7 staunch 8 approved, faithful, reliable, true-blue 9 certified, steadfast 10 dependable 11 trustworthy

tried and true 6 proven, secure, tested, trusty 8 reliable 10 dependable 11 trustworthy

trifle 3 bob, fig, pin, toy 4 doit, fool, mess, play 5 curio, dally, flirt, sport, waste 6 bauble, coquet, diddle, doodle, fiddle, fidget, footle, frivol, gewgaw, monkey, niggle 7 bibelot, conceit, fribble, fritter, novelty, trinket, twiddle, whatnot 8 folderol, gimcrack, kickshaw, nonsense, squander 9 bagatelle, cream puff, dalliance 10 knickknack, triviality 11 small change

trifling 4 tiny 5 petty 6 measly, paltry 7 trivial 8 niggling, picayune, piddling 9 frivolous, worthless 10 negligible 11 unimportant 13 insignificant

trifolium 6 clover 8 shamrock

trig 4 chic, neat, prim, snug, tidy, trim 5 sharp, smart, swank, trick 6 classy, modish, snappy 7 chipper, dashing, orderly, precise, stylish 9 shipshape
trigger 4 fire 5 cause, spark, start 6 ignite, kindle, set off 7 actuate, release 8 activate, initiate, touch off
triggerman 3 gun 5 bravo 6 gunsel, killer 7 torpedo 8 assassin 9 cutthroat, pistolero
trigonometric function see at FUNCTION
trill 4 burr, drop, roll 5 chirr, shake, twirl 6 quaver, warble 7 dribble, revolve, trickle, twitter, vibrato
trillion *combining form:* 4 tera, treg 5 trega
trillionth *combining form:* 4 pico
trim 3 cut, fit 4 clip, crop, deck, neat, pare, snug, tidy, trig 5 adorn, order, prune, shape, shave, shear, skive 6 barber, dapper, fettle, kilter, repair, spruce 7 chipper, dress up, garnish, orderly, shapely 8 clean-cut, decorate, manicure 9 shipshape 11 spic-and-span, streamlined, well-groomed 12 spick-and-span *a tree:* 5 prune 7 pollard
Trinidad and Tobago *capital:* 11 Port of Spain *language:* 7 English *monetary unit:* 6 dollar *sea:* 9 Caribbean
trinity see TRIAD
trinket 3 toy 5 curio, jewel 6 bauble, doodad, gewgaw, trifle 7 bibelot, novelty, whatnot 8 gimcrack, kickshaw 9 bagatelle, plaything, tchotchke 10 knickknack
trinkets 10 bijouterie
trio of goddesses 5 Fates 6 Furies, Graces
trip 3 hop, run 4 fall, ride, skip, slip, step, tour, trek 5 boner, caper, dance, error, lapse 6 bungle, junket, outing, sashay, travel, tumble, voyage 7 blooper, blunder, journey, mistake, misstep, stumble 9 excursion 10 expedition
tripe 4 guts 5 bilge, trash 6 waffle, viscus 7 innards, viscera (plural) 8 entrails, stuffing 9 internals
triple 4 trio 5 triad, trine 6 treble, triune, troika 7 triform, trilogy, trinity 8 trifecta 9 threefold, threesome 11 three-bagger, triumvirate
Triple Crown winner *1919:* 9 Sir Barton *1930:* 10 Gallant Fox *1935:* 5 Omaha *1937:* 10 War Admiral *1941:* 9 Whirlaway *1943:* 10 Count Fleet *1946:* 7 Assault *1948:* 8 Citation *1973:* 11 Secretariat *1977:* 11 Seattle Slew *1978:* 8 Affirmed
tripped out 4 high 5 doped 6 stoned, zonked 7 drugged 8 hopped-up, turned on, wiped out 9 spaced-out 10 freaked-out
Tristan's beloved 6 Iseult, Isolde
Tristan und Isolde composer 6 Wagner (Richard)
triste 3 sad 5 sorry 7 doleful, pensive, wistful 8 mournful 9 depressed, sorrowful 10 melancholy 11 melancholic
Tristram Shandy author 6 Sterne (Laurence)
trite 3 pat, set 4 dull, flat, hack 5 banal, corny, musty, slick, stale, stock, tired, vapid 6 cliché, common, jejune, old-hat 7 prosaic, worn-out 8 bathetic, bromidic, flyblown, ordinary, shopworn, timeworn, well-worn 9 hackneyed 10 threadbare 11 commonplace, stereotyped 13 platitudinous, stereotypical
triton 5 conch 7 mollusc, mollusk 9 shellfish
Triton 6 merman *attribute:* 5 conch *father:* 7 Neptune 8 Poseidon *mother:* 10 Amphitrite
triturate 4 bray 5 crush, grind 6 powder 9 comminute, pulverize
triumph 3 joy, win 4 crow, palm 5 exult, glory, vaunt 6 master 7 conquer, prevail, succeed, success, victory 8 conquest, overcome, surmount 10 exultation, jubilation
triumphant 8 exultant, exulting, jubilant 10 conquering, victorious
triumvirate see TRIAD
Triumvirate, First *member:* 6 Caesar (Julius), Pompey (the Great) 7 Crassus (Marcus Licinius)
Triumvirate, Second *member:* 6 Antony (Marc) 7 Lepidus (Marcus Aemilius) 8 Octavius (Gaius)
trivet 4 rack 5 stand 6 tripod
trivia 8 factoids, minutiae 9 small beer 11 small change 13 small potatoes
trivial 5 light, minor, petty, small 6 casual, measly, paltry, piddly, slight 8 picayune, piddling, piffling, trifling 9 small-beer 10 negligible 11 Mickey Mouse, unimportant 13 insignificant
troche 6 tablet 7 lozenge 8 pastille 9 cough drop
troglodyte 6 hermit 7 caveman, recluse 11 cave dweller
Troilus *beloved:* 8 Cressida, Criseyde *father:* 5 Priam *mother:* 6 Hecuba *slayer:* 8 Achilles
Trojan *horse builder:* 5 Epeus *king:* 5 Priam *priest:* 7 Laocoon *soothsayer:* 7 Helenus 9 Cassandra *warrior:* 5 Paris 6 Aeneas, Agenor, Hector 9 Euphorbus
Trojan Horse builder 5 Epeus 6 Epeius
troll 4 fish, lure, sing, spin 5 angle, dwarf, prowl 6 goblin, search
trolley 3 car 4 cart, tram 8 carriage 9 streetcar
Trollope novel 10 Claverings (The)

11 Ayala's Angel, Phineas Finn 12 Phineas Redux 12 Way We Live Now (The) 15 Eustace Diamonds (The) 16 Barchester Towers

trombone 7 sackbut

tromp 4 beat, drub, hike, pelt, slog, walk 5 pound, stamp, stomp, stump, tramp, tread 6 batter, buffet, pummel, thrash, trudge 7 belabor, trample 8 lambaste

troop 4 army, band, crew, host, pace, step, walk 5 corps, crowd, flock, tread 6 legion, outfit 7 brigade, company, soldier, traipse 8 assembly 9 associate, battalion, gathering, multitude 10 collection

trooper 3 cop 5 actor, horse 7 soldier 9 policeman 10 cavalryman

trope 6 cliché, simile 8 metaphor, metonymy 10 synecdoche

Trophonius ***brother:*** 8 Agamedes ***temple site:*** 6 Delphi

trophy 3 cup 5 award, prize, relic, scalp, token 6 spoils 7 memento 8 hardware, keepsake, memorial, reminder, souvenir 9 loving cup 11 remembrance

tropical 3 hot 4 lush, warm 5 balmy, humid 6 jungly, steamy, sultry, torrid 10 equatorial

tropical storm see TYPHOON

Tropic of Cancer author 6 Miller (Henry)

Tros' son 4 Ilus 8 Ganymede

trot 3 jog 4 gait, lope, pony, rack 5 amble, hurry 7 setline 11 translation

troth 6 commit, engage, pledge 7 loyalty 8 affiance, contract, espousal, fidelity 10 engagement 12 faithfulness

trot out 4 show 6 expose, parade 7 display, disport, exhibit, show off

Trotsky, Leon ***associate:*** 5 Lenin (Vladimir) ***rival:*** 6 Stalin (Joseph)

troubadour 4 bard, poet 6 singer 8 jongleur, minstrel, musician 9 balladist 10 folksinger

trouble 3 ado, ail, ill, irk, try, vex, woe 4 care, fret, fuss, pain 5 annoy, beset, Dutch, grief, harry, haunt, pains, trial, upset, worry 6 bother, doo-doo, effort, harass, impose, kiaugh, misery, pester, plague, put out, ruffle, strain, stress, unrest 7 afflict, agitate, ailment, bedevil, concern, disturb, oppress, perturb, torment 8 aggrieve, disquiet, distress, exertion, hardship, hot water, irritate, vexation 9 beleaguer, importune, suffering 10 difficulty, disconcert 11 disturbance, predicament

troubled 6 uneasy 7 anxious, worried 9 concerned, disturbed 10 distressed

troublemaker 7 hellion 8 agitator 9 firebrand 10 instigator 11 provocateur 12 rabble-rouser

troublesome 5 pesky 6 thorny, tricky, trying, vexing 7 carking, onerous, prickly 8 annoying 9 difficult, upsetting, vexatious 10 bothersome, burdensome, cumbersome, disturbing 11 disquieting, importunate, pestiferous

troublous 5 pesky 6 rugged, stormy 7 onerous 9 turbulent, vexatious 10 tumultuous 11 tempestuous

trough 3 hod 4 bowl, tank 5 basin, drain 6 vessel 7 channel

trounce 4 beat, drub, lick, rout, whip, whup 5 whomp 6 defeat, larrup, punish, thrash, thresh, wallop 7 clobber, shellac 9 overwhelm

troupe 4 band 5 corps, party 6 outfit 7 company

trouper 4 mime 5 actor, mimic 6 mummer, player 7 actress, artiste 8 thespian 9 performer 11 entertainer

trousers 5 pants 6 slacks 7 drawers 8 breeches, britches ***tartan:*** 5 trews

trout ***kind:*** 3 sea 4 char, lake 5 brook, brown, river 7 rainbow 8 speckled 9 steelhead

Trovatore, Il ***character:*** 7 Azucena, Leonora, Manrico 11 Count di Luna ***composer:*** 5 Verdi (Giuseppe)

trove 4 find, haul 5 hoard, store 8 treasure 10 collection 11 aggregation 12 accumulation

Troy 5 Ilium ***epic of:*** 5 Iliad ***excavator:*** 10 Schliemann (Heinrich) ***founder:*** 4 Ilus ***modern site:*** 9 Hissarlik (see also TROJAN)

truant 4 idle 5 shirk 7 shirker, slacker 8 shirking 10 delinquent

truce 4 lull 5 letup, pause, peace 6 accord 7 respite 9 armistice, cease-fire

truck 3 van 4 semi, swap 5 lorry, trade 6 barter, handle, peddle, retail 7 bargain, traffic 8 commerce, dealings, exchange ***military:*** 6 camion

Truckee River city 4 Reno

truckle 4 fawn 5 cower, defer, toady 6 cringe, grovel, kowtow 8 bootlick 11 apple-polish

truckler 5 leech, toady 6 lackey, sponge 7 spaniel 8 parasite 9 sycophant 10 bootlicker 11 lickspittle 13 apple-polisher

truculent 4 fell, grim 5 cruel, harsh, rough, sharp 6 brutal, deadly, fierce, savage, severe 7 abusive, warlike 9 barbarous, bellicose, combative, ferocious 10 pernicious, pugnacious 11 belligerent, contentious, destructive, opprobrious, quarrelsome

trudge 4 plod, slog, trek 5 march, tramp, tromp 8 footslog

true 4 real, very 5 valid 6 actual, honest, trusty 7 factual, genuine, staunch, upright 8 accurate, bona fide, constant, faithful, resolute, rightful 9 authentic, honorable, steadfast, undoubted, veracious, veritable 10 dependable, legitimate, undeniable 11 indubitable, trustworthy 12 indisputable 13 authoritative

true-blue 5 loyal 6 proven, steady 7 genuine 8 bona fide, constant, faithful 9 steadfast 10 unswerving

truism 3 saw 4 rule 5 adage, axiom, gnome, maxim, moral 6 cliché, dictum, gospel, saying, verity 8 aphorism, apothegm 9 platitude 10 shibboleth 11 commonplace

Truk Island 3 Tol 4 Moen, Udot, Uman 5 Fefan 6 Dublon

truly 4 well 6 easily, indeed, really, surely, verily 7 de facto 8 actually 9 doubtless, genuinely, sincerely, veritably 10 absolutely, definitely, positively, truthfully, undeniably 11 confidently, doubtlessly, undoubtedly

Truman, Harry S ***birthplace:*** 5 Lamar (Missouri) ***predecessor:*** 3 FDR ***successor:*** 3 DDE

trump 3 cap, top 4 beat, best, pass, ruff 5 excel, outdo 6 better 7 manille, surpass 8 clincher, jew's harp, outstrip, override, spadille ***up:*** 6 invent 7 concoct 9 fabricate 11 manufacture

trumpery 4 bosh, junk, muck, slop, tosh 5 bilge, cheap, dreck, hokum, trash 6 bunkum, cheesy, common, humbug, paltry, piffle, shoddy, trashy 7 baloney, twaddle 8 claptrap, flimflam, malarkey, nonsense, rubbishy, tommyrot 10 double-talk

trumpet 4 horn, tout 6 herald 8 ballyhoo ***call:*** 6 sennet ***ram's horn:*** 6 shofar

trumpeter 4 Hirt (Al), swan 5 André (Maurice), Baker (Chet), Brown (Clifford), Davis (Miles), James (Harry) 6 Alpert (Herb), Bolden (Buddy), Farmer (Art), Voisin (Roger) 7 Schwarz (Gerard) 8 advocate, Eldridge (Roy), eulogist, Marsalis (Wynton), Masekela (Hugh) 9 Armstrong (Louis), encomiast, Gillespie (Dizzy), spokesman 10 mouthpiece, panegyrist, Severinsen (Doc)

truncate 3 lop, top 4 crop, trim 5 prune, shear 6 cut off 7 abridge, shorten 10 abbreviate

truncheon 3 bat 4 club 5 baton, billy 6 cudgel, warder 8 bludgeon 9 billy club 10 nightstick, shillelagh

trundle 3 bed, tub 4 cart, haul, roll, spin 5 churn, wheel 6 rotate 7 revolve 9 transport

trunk 3 box 4 body, case, stem 5 chest, torso 7 channel, circuit, luggage ***elephant:*** 9 proboscis ***tree:*** 4 bole 5 stump

truss 3 tie 4 band, bind 5 brace 7 bandage, bracket, support 9 framework, supporter 10 strengthen

trust 4 hope, pool, rely 5 faith, stock 6 assume, bank on, belief, cartel, charge, commit, credit, rely on 7 build on, combine, confide, consign, count on, custody, keeping, presume 8 bank upon, credence, depend on, reckon on, reliance, rely upon 9 assurance, certainty, certitude, syndicate 10 confidence, conviction, dependence, depend upon 11 safekeeping 12 conglomerate

trustee 8 guardian 9 custodian, protector 10 supervisor

trustworthy 4 sure, true 5 tried, valid 6 honest, proven, secure 8 accurate, credible, faithful, reliable 9 authentic, realistic, veracious 10 dependable 11 responsible 12 tried and true 13 authoritative

trusty 4 true 5 tried 6 proven, secure, stable, steady 7 certain, convict 8 faithful, reliable 9 truepenny 10 dependable 11 responsible 12 tried and true

truth 5 axiom, maxim, sooth 6 candor, gospel, verity 7 lowdown, reality, veritas 8 veracity 9 rightness 11 genuineness 12 authenticity ***goddess:*** 4 Maat ***serum:*** 11 scopolamine

truthful 5 frank 6 candid, honest 7 factual, sincere 8 accurate 9 realistic, veracious, veridical

truthfulness 6 candor, verity 7 honesty 8 veracity

try 3 aim, tax, vex 4 seek, shot, stab, test 5 annoy, assay, essay, judge, offer, prove, study, whack, whirl, worry 6 aspire, harass, harrow, strain, stress, strive 7 afflict, adjudge, attempt, trouble 8 endeavor, struggle 9 undertake 10 adjudicate, experiment

trying 6 taxing, thorny, tricky, vexing 7 arduous, onerous 8 annoying, exacting, grueling 9 demanding, difficult, strenuous, vexatious 10 irritating 11 aggravating, troublesome

try out 8 audition

tryst 4 date 7 meeting 10 engagement, rendezvous 11 appointment, assignation

tsunami 9 tidal wave

tub 3 vat 4 boat 9 container ***hot:*** 3 spa 7 Jacuzzi

tuba 7 helicon 9 bombardon, euphonium 10 sousaphone

Tubalcain ***father:*** 6 Lamech ***mother:*** 6 Zillah

tubby 3 fat 5 plump, podgy, porky, pudgy 6 chubby, chunky, rotund 8 roly-poly
tube 4 duct, hose, pipe 5 buret 6 siphon, subway, tunnel, vessel 7 burette, conduit, cuvette, pipette, syringe 8 pipeline *anatomical:* 3 vas 4 duct, vasa (plural) 7 salpinx 9 salpinges (plural)
tuber 3 set 4 bulb, corm, root, stem 6 potato 7 rhizome 10 prominence
tuberculosis 8 phthisis, scrofula 11 consumption 12 Pott's disease
tucker out 4 do in, poop, tire 5 drain, weary 7 exhaust
tuft 5 clump, mound 7 cluster *of feathers:* 7 panache *ornamental:* 6 pom-pom *vascular:* 6 glomus
tufted 7 crested
tug 3 tow 4 drag, draw, haul, moil, pull, toil 5 labor 6 strain, strive
tug-of-war 5 match 6 strife 7 contest, grapple, rivalry 8 conflict, struggle 10 contention 11 competition
tuition 3 fee 6 charge 8 teaching, training, tutelage 9 education, schooling 11 instruction
tumble 4 drop, fall, trip 5 upset 6 plunge, topple 8 collapse, keel over 9 bring down, overthrow 10 somersault
tumbledown 8 decrepit 10 ramshackle 11 dilapidated
tumbler 5 glass 6 roller 7 acrobat, gymnast 11 cartwheeler
tumbrel 4 cart 5 wagon 7 tipcart
tumescent 6 turgid 7 aureate, bloated, bulging, flowery, swollen 8 inflated, swelling 9 bombastic, dropsical, overblown 10 euphuistic, rhetorical 12 magniloquent 13 grandiloquent
tummy 3 gut 5 belly 6 paunch 7 abdomen, stomach 8 potbelly 9 bay window 11 breadbasket
tumult 3 din 4 flap, riot, to-do 5 babel, broil, hoo-ha, hurly, noise, whirl 6 clamor, dither, hubbub, lather, outcry, pother, racket, strife, uproar 7 ferment, tempest, turmoil 8 disorder, foofaraw, outburst, paroxysm, upheaval 9 agitation, commotion, confusion, kerfuffle, maelstrom 10 convulsion, hullabaloo, hurly-burly, turbulence 11 disturbance, pandemonium
tumultuous 5 rowdy 6 stormy, unruly 7 raucous, riotous 9 clamorous, turbulent 10 boisterous, disorderly 11 rumbustious, tempestuous 12 rambunctious
tumulus 5 grave, knoll, mound 6 barrow 7 hillock
tun 3 keg, vat 4 butt, cask, pipe 6 barrel 8 hogshead, puncheon
tuna 3 ahi 4 pear 6 bigeye, bonito 7 bluefin 8 albacore, skipjack 9 scombroid, yellowfin
tune 3 air 4 dial, lilt, song 5 theme 6 accord, adjust, amount, attune, extent, jingle, melody, strain, temper 7 descant 8 modulate, regulate 9 harmonize 10 coordinate, intonation *out:* 6 ignore
tuneful 5 sweet 6 dulcet 7 melodic 9 melodious 10 euphonious
tungsten 7 wolfram 9 scheelite 10 wolframite
tunic 5 jupon 6 kirtle *Greek:* 6 chiton
tunicate 4 salp 8 ascidian, chordate 9 sea squirt 11 urochordate
Tunisia *capital:* 5 Tunis *city:* 4 Sfax 6 Ariana *island:* 5 Jerba *language:* 6 Arabic *monetary unit:* 5 dinar *neighbor:* 5 Libya 7 Algeria *ruins:* 8 Carthage *sea:* 13 Mediterranean
tunnel 4 tube 6 burrow 7 conduit 8 crawlway *Alps:* 7 Simplon *France:* 4 Rove *Hudson river:* 7 Holland, Lincoln *Nevada:* 5 Sutro *railroad:* 6 Hoosac 7 Cascade
Turandot *character:* 3 Liu 5 Calaf *author:* 5 Gozzi (Carlo) *composer:* 6 Busoni (Ferruccio) 7 Puccini (Giacomo)
turban 7 bandana, pugaree 8 bandanna 9 headdress
turbid 4 dark 5 dense, mucky, muddy, murky, riley, roily, smoky, thick 6 cloudy, opaque, roiled 7 clouded, obscure
turbot 8 flatfish
turbulence 3 din 4 flap, stew 5 babel, fight, hoo-ha 6 dither, fracas, lather, pother, tumult, uproar 7 turmoil 8 foofaraw 9 agitation, commotion, confusion 11 pandemonium
turbulent 4 wild 5 bumpy, roily, rough, rowdy 6 raging, stormy, unruly 7 furious, moiling, raucous, riotous, roaring 8 agitated, blustery, brawling, mutinous, rowdyish, swirling 9 clamorous 10 boisterous, disorderly, tumultuous 11 rumbustious, tempestuous 12 rambunctious
tureen 3 pot 4 bowl 5 crock 6 vessel 9 casserole
turf 3 sod 4 area, peat 5 grass, sward, track 6 domain, region 7 terrain 9 racetrack, territory 11 horse racing 12 neighborhood
turgid see TUMESCENT
Turkey *capital:* 6 Ankara *city:* 5 Adana, Bursa, Izmir, Konya 8 Istanbul 9 Gaziantep *enclave:* 8 Naxçivan *lake:* 3 Van *leader:* 7 Atatürk (Kemal) *monetary unit:* 4 lira *mountain, range:* 6 Ararat,

Taurus ***neighbor:*** **4** Iran, Iraq **5** Syria **6** Greece **7** Armenia, Georgia **8** Bulgaria ***part of:*** **7** Balkans ***peninsula:*** **6** Balkan **9** Asia Minor ***river:*** **6** Tigris **8** Menderes **9** Euphrates **10** Kizil Irmak ***sea:*** **6** Aegean **7** Marmara **13** Mediterranean

turkey ***buzzard:*** **7** vulture ***disease:*** **9** blackhead ***female:*** **3** hen ***head growth:*** **5** snood **7** dewbill ***male:*** **3** tom **7** gobbler ***throat pouch:*** **6** wattle ***young:*** **5** poult

Turkey in the ___ **5** Straw

Turkish ***cavalryman:*** **5** spahi ***empire:*** **7** Ottoman ***governor:*** **4** vali ***inn:*** **4** kahn **6** imaret ***measure:*** **3** ohe ***music:*** **9** janissary ***soldier:*** **5** nizam **9** janissary ***sultan:*** **5** Ahmed, Selim **7** Bajazet, Bayezid, Ilderim ***sword:*** **8** yataghan ***title:*** **3** aga, bey **4** agha **5** pasha **6** vizier **7** effendi

Turkmenistan ***capital:*** **8** Ashgabat **9** Ashkhabad ***city:*** **9** Chardzhou, Dashhowuz ***desert:*** **7** Kara-Kum ***monetary unit:*** **5** manat ***neighbor:*** **4** Iran **10** Kazakhstan, Uzbekistan **11** Afghanistan ***river:*** **6** Murgab **7** Murghab **8** Amu Dar'ya ***sea:*** **7** Caspian

Turks and Caicos Islands ***capital:*** **9** Grand Turk ***location:*** **10** West Indies ***passage:*** **6** Caicos **8** Mouchoir ***territory of:*** **7** Britain

turmeric **3** dye **4** herb **5** spice **6** ginger **8** dyestuff

turmoil **4** coil, flap, moil, riot, stew, stir, to-do **5** chaos, whirl **6** clamor, dither, hassle, hubbub, lather, pother, strife, tumult, unease, unrest, uproar, welter **7** anxiety, ferment **8** disorder, disquiet, distress, upheaval **9** agitation, commotion, confusion **10** disruption, hurly-burly, inquietude, storminess, turbulence, uneasiness **11** anxiousness, disquietude, hurry-scurry, pandemonium, restiveness **12** restlessness **13** helter-skelter, Sturm und Drang

turn **3** yaw, zag, zig **4** bend, bias, bout, cast, grow, gyre, reel, spin, tack, tour, veer, whip, wind **5** angle, curve, pivot, refer, shunt, spell, stint, swirl, train, twirl, whirl **6** detour, divert, gyrate, mutate, revert, rotate, switch, swivel **7** circuit, convert, deflect, deviate, digress, diverge, reverse, revolve **8** gyration, rotation **9** about-face, deviation, pirouette, volte-face **10** deflection, revolution, tergiverse **11** changeabout **12** tergiversate ***to stone:*** **8** lapidify

turnabout **3** rat **6** coward **7** reverse **8** apostate, defector, recreant, renegade, reversal **9** about-face, reversion, volte-face **11** retaliation **12** merry-go-round **13** tergiversator

turn aside **4** shun, sway, veer **5** avert, repel, shunt, stave **6** divert, refuse, reject, swerve **7** deflect, deviate, digress, dismiss, diverge, fend off, reflect, ward off **8** alienate, estrange, separate **9** sidetrack

turncoat **3** rat, spy **5** Judas **7** traitor **8** apostate, betrayer, defector, deserter, quisling, recreant, renegade **9** traitress, turnabout **13** tergiversator

turn down **4** jilt, veto **5** spurn **6** rebuff, refuse, reject **7** decline, dismiss **9** repudiate **10** disapprove

turned on **4** high **5** doped **6** stoned, zonked **7** aroused, drugged, excited **8** hopped-up, tripping **9** activated, spaced-out, zonked-out **10** passionate **12** enthusiastic

turn in **5** crash, rat on **6** betray, inform, rat out, retire **7** deliver, produce, sack out **8** hand over **10** hit the sack, relinquish

turning point **4** cusp **5** pivot **6** climax, crisis **8** landmark **11** climacteric

turnip **5** swede **8** rutabaga ***Scottish:*** **4** neep

turnip-shaped **8** napiform

turnkey **6** jailer

turn left **3** haw

Turn of the Screw, The ***author:*** **5** James (Henry) ***character:*** **5** Flora, Miles **10** Peter Quint ***composer:*** **7** Britten (Benjamin)

turn on **5** start **6** excite, ignite **7** start up **8** activate, motivate **9** stimulate, titillate

turn over **4** plow, roll **5** upend, upset **6** assign, commit, give up, rotate **7** capsize, consign, deliver, entrust, furnish, provide, revolve **8** delegate, transfer **9** overthrow, surrender **10** relinquish

turnpike **7** highway

turn right **3** gee

turn up **4** find **6** appear, arrive, reveal **7** uncover, unearth **8** discover **9** encounter **11** materialize

Turnus ***beloved:*** **7** Lavinia ***slayer:*** **6** Aeneas

Turow work **4** One L **13** Burden of Proof **14** Pleading Guilty **16** Personal Injuries, Presumed Innocent

turpentine **7** galipot, solvent, thinner ***ingredient:*** **6** pinene ***tree:*** **4** pine **9** terebinth

turret **5** tower **6** cupola, louver, louvre **7** mirador **8** bartizan **9** belvedere

turtle **8** terrapin, tortoise **9** chelonian ***edible part:*** **7** calipee **8** calipash ***sea:*** **6** ridley **8** hawkbill ***shell:*** **8** carapace ***shell part:*** **8** plastron

Tuscany ***city:*** **4** Pisa **8** Florence ***river:*** **4** Arno ***tower:*** **4** Pisa ***wine:*** **7** chianti

tusk **4** fang **5** ivory, tooth

tusker **6** dugong, walrus **7** mammoth,

muntjac, narwhal, warthog **8** elephant, musk deer **11** barking deer

tussle **4** spar **5** scrap, scrum **6** hassle, scrape **7** scuffle, wrangle, wrestle **8** argument, skirmish, struggle **9** scrimmage **11** controversy

tussock **4** tuft **5** clump, mound **7** cluster

tutelage see TUITION

tutor **3** don **5** coach, teach **6** docent, mentor **7** teacher **9** pedagogue, preceptor **10** instructor

Tut's tomb discoverer **6** Carter (Howard)

tutti **3** all

Tuvalu ***capital:*** **9** Fongafale ***ethnic group:*** **10** Polynesian ***former name:*** **6** Ellice (Islands) ***monetary unit:*** **6** dollar

twaddle **3** jaw, yak **4** bosh, bull, bunk, chat, guff, muck, talk, tosh **5** clack, drool, hooey, prate, run on **6** babble, bunkum, burble, drivel, gabble, hot air, humbug, jabber, tattle **7** baloney, blabber, blarney, blather, chatter, hogwash, prattle, rubbish **8** claptrap, malarkey, nonsense, tommyrot, trumpery **9** poppycock **10** applesauce, balderdash **12** blatherskite **13** horsefeathers

tweak **4** jerk, mock, pull, zing **5** annoy, pinch, pluck **6** adjust, bother, twitch **8** fine-tune **9** poke fun at

tweet **4** call, note **5** cheep, chirp **7** chirrup, twitter

Twelfth Night character **5** Viola **6** Olivia, Orsino (Duke) **7** Antonio, Cesario **8** Malvolio **9** Sebastian, Toby Belch

twelve ***combining form:*** **5** dodec **6** dodeca

twenty ***combining form:*** **4** icos **5** icosa, icosi

twerp **4** brat, drip, fool, jerk, nerd, twit **6** squirt

twice **3** bis **7** twofold ***combining form:*** **3** bis ***prefix:*** **3** dis

twice a day **3** b.i.d. **8** bis in die **11** semidiurnal

twice a year **8** biannual **10** semiannual, semiyearly

Twice-Told Tales author **9** Hawthorne (Nathaniel)

twig **5** shoot, sprig **6** branch ***bundle of:*** **5** fagot **6** faggot

twiggy **4** slim, thin **5** reedy **6** slight, stalky **7** slender **9** sticklike

twilight **3** eve **4** dusk **5** gloam, gloom **6** sunset **7** decline **8** gloaming **9** nightfall **10** crepuscule

Twilight of the Gods **8** Ragnarok ***composer:*** **6** Wagner (Richard)

twill **5** chino, cloth, serge, toile, tweed, weave **6** fabric **7** cheviot **8** dungaree **9** bombazine, gabardine **11** herringbone

twin **4** dual, like, mate **5** clone, match **6** bifold, binary, double, fellow, paired **7** matched, similar, twofold **8** matching **9** companion, duplicate, identical **10** coordinate, reciprocal

Twin Cities **6** St. Paul **11** Minneapolis

twine **4** coil, cord, curl, wind, wrap **5** twist, weave **6** spiral, string **7** embrace, meander, wreathe **8** entangle **9** interlace **10** interweave

twinge **4** ache, pain, pang **5** pluck, shoot, throe, tweak **6** stitch

twinkle **3** bat **4** flit, wink **5** blink, flash, flirt, gleam, glint, light, shake, shine, trice **6** moment, second, winkle **7** flicker, flutter, glimmer, glisten, glitter, instant, shimmer, sparkle **9** coruscate, nictitate **11** coruscation, scintillate, split second

twin stars **6** Castor, Pollux

twirl **4** coil, gyre, spin **5** pitch, trill, whirl, whorl **6** gyrate **7** revolve **9** pirouette

twist **3** wry **4** coil, curl, turn, warp, wind **5** belie, gnarl, pivot, twine, twirl, wring **6** garble, spiral, sprain, squirm, torque, wrench, writhe **7** contort, distort, entwine, falsify, pervert, wriggle **8** misstate **9** corkscrew **12** misrepresent

twisted **3** wry **4** awry, sick **5** askew, kinky **6** swirly, warped **9** perverted

twister **6** funnel **7** tornado **9** dust devil, whirlwind **10** waterspout

twit **4** dolt, fool, gibe, jeer, jive, josh, mock, quiz, razz **5** chide, rally, scout, taunt, tease, twerp **6** deride **8** bonehead, numskull, ridicule **9** blockhead, numbskull **10** nincompoop

twitch **3** tic **4** jerk, pang, pull, yank **5** pluck, spasm, throe, tweak **6** quiver **10** quack grass **11** contraction

twitter **4** chat, peep **5** cheep, chirp, quake, tweet **6** cackle, giggle, jargon, quiver, shiver, titter, tremor, warble **7** chatter, chirrup, chitter, flicker, flitter, flutter, tremble **9** vibration

twittery **6** giggly **8** chattery **9** flustered, tremulous

two **3** duo **4** duet, pair **5** twain **6** couple ***combining form:*** **3** bis, duo, dyo ***divide into:*** **4** fork **6** bisect **9** bifurcate ***prefix:*** **3** twi

two-faced **9** deceitful, dishonest, insincere **11** duplicitous **12** hypocritical **13** double-dealing ***god:*** **5** Janus

twofold **4** dual, twin **5** binal, duple **6** binary, double, duplex, dyadic, paired **9** dualistic

Two Gentlemen of Verona ***author:*** **11** Shakespeare (William) ***character:*** **5** Julia **6** Silvia, Thurio **7** Proteus **9** Valentine

twosome 3 duo 4 dyad, pair 5 brace 6 couple 7 doublet
two-time 4 dupe 6 betray, delude, humbug, take in 7 beguile, cheat on, deceive, mislead 9 bamboozle 11 double-cross
two-wheeler 4 bike 5 cycle 7 bicycle, scooter 10 motorcycle
Two Years Before the Mast author 4 Dana (Richard Henry)
Tybalt *cousin:* 6 Juliet *family:* 7 Capulet *slayer:* 5 Romeo *victim:* 8 Mercutio
Tyche *goddess of:* 7 fortune
tycoon 5 mogul, nabob 7 magnate
tyke 3 dog, kid 5 child, hound, puppy 6 canine, moppet, nipper, shaver 7 mongrel
Tyler novel 16 Breathing Lessons 17 Accidental Tourist (The) 29 Dinner at the Homesick Restaurant
tympanum 7 eardrum 9 middle ear
Tyndareus *kingdom:* 6 Sparta *wife:* 4 Leda
type 3 cut, ilk, lot, way 4 cast, form, kind, mold, sort 5 breed, class, genre, order, print, serif, stamp 6 kidney, nature, stripe 7 feather, species, variety 8 category 9 character 10 persuasion 11 description *bar:* 4 slug *measure:* 4 pica 5 point *set:* 7 compose *setter:* 10 compositor *size:* 4 pica 5 agate, pearl *stroke:* 5 serif *style:* 4 bold 5 roman 6 Gothic, italic 7 Fraktur 8 boldface 9 lightface, sans serif *tray:* 6 galley
Typee *author:* 8 Melville (Herman) *character:* 4 Toby
typewriter *part:* 3 key 6 platen, spacer *type size:* 4 pica 5 elite
Typhon 3 Set 7 monster 8 Typhoeus *offspring:* 6 Sphinx 7 Chimera 8 Cerberus, Chimaera *wife:* 7 Echidna
typhoon 7 cyclone 9 hurricane 13 tropical storm
typical 5 ideal, model, usual 6 common, normal 7 classic, general, natural, regular 8 symbolic
typify 6 embody, mirror 9 epitomize, exemplify, personify, represent, symbolize 10 illustrate 11 emblematize 12 characterize
typo 5 error 7 erratum 8 misprint 11 corrigendum
typographer 7 printer 10 compositor
Tyr 3 Tiu *brother:* 4 Thor *father:* 4 Odin *god of:* 3 war *mother:* 5 Jordh, Jorth
tyrannical 8 absolute, despotic 9 arbitrary 10 absolutist, autocratic, oppressive 11 dictatorial 12 totalitarian
tyrannize 7 oppress 8 dominate, domineer, overbear 9 terrorize
tyrannous 5 harsh 6 brutal, severe 8 absolute, despotic 9 arbitrary, fascistic 10 autocratic 11 dictatorial 12 totalitarian
tyranny 7 cruelty, fascism 9 autocracy, despotism, monocracy 10 absolutism, domination, oppression 12 dictatorship
tyrant 4 czar, duce, tsar, tzar 5 ruler 6 despot, führer 7 fuehrer, pharaoh, usurper 8 autocrat, dictator 9 oppressor, strongman 10 absolutist 12 totalitarian
Tyrian ___ 6 purple
tyro 4 punk 6 novice, rookie 7 amateur, dabbler, student 8 beginner, freshman, neophyte, newcomer 9 novitiate 10 apprentice, dilettante, tenderfoot 11 abecedarian
Tyrol see TIROL
tzar see CZAR
tzigane 3 Rom 5 gypsy 6 Romany

U

übermensch 8 superman
ubiquitous 7 allover 9 pervasive, universal 10 everywhere, wall-to-wall, widespread 11 omnipresent
U-boat 3 sub 7 pigboat 9 submarine
Uganda *capital:* 7 Kampala *falls:* 5 Ripon *lake:* 5 Kyoga 6 Albert, Edward, George 8 Victoria *language:* 7 English, Swahili *leader:* 4 Amin (Idi) *monetary unit:* 8 shilling *mountain:* 5 Elgon *mountain range:* 9 Ruwenzori *neighbor:* 5 Congo, Kenya, Sudan 6 Rwanda 8 Tanzania *river:* 4 Nile
ugly 4 vile 7 hideous 8 deformed 9 loath-

some, misshapen, offensive, repugnant, repulsive, unsightly **10** disfigured **12** unattractive

Ugly Duckling author **8** Andersen (Hans Christian)

ukase **4** fiat **5** edict, order **6** decree, dictum, ruling **7** command, dictate, mandate **9** directive **10** injunction **12** proclamation **13** pronouncement

Ukraine ***capital:*** **4** Kiev ***city:*** **4** Lviv, Lvov **5** Yalta **6** Odessa **7** Kharkiv **9** Chernobyl ***ethnic group:*** **7** Cossack ***monetary unit:*** **6** hryvny ***mountain range:*** **10** Carpathian ***neighbor:*** **6** Poland, Russia **7** Belarus, Hungary, Moldova **8** Slovakia ***peninsula:*** **5** Kerch **6** Crimea **7** Crimean ***river:*** **3** Bug **5** Tisza **6** Donets **7** Dnieper **8** Dniester ***sea:*** **4** Azov **5** Black

Ulalume author **3** Poe (Edgar Allan)

ulcer **4** sore **6** fester **7** corrupt ***kind:*** **6** peptic **8** duodenal ***mouth:*** **10** canker sore

ulna **7** forearm

Ulster hero **6** Fergus **7** Deirdre **9** Conchobar, Cuchulain, Cuchullin **10** Cú Chulainn

ulterior **5** privy **6** covert, future, hidden, latent **7** further, obscure, remoter **9** ambiguous, concealed **10** subsequent, succeeding **11** undisclosed

ultimate **3** end **4** acme, last, peak **5** basic, final **6** summit, utmost, zenith **7** closing, epitome, extreme, maximum, primary, supreme, topmost **8** absolute, deciding, decisive, eventual, farthest, furthest, greatest, original, terminal **9** elemental, paramount **10** apotheosis, concluding, conclusive, consummate, preeminent **11** categorical, fundamental, furthermost, indivisible **12** incomparable, quintessence

ultimatum **5** order **6** demand, threat **7** mandate **9** challenge **12** notification

ultra **5** kinky, outré, rabid **6** beyond, far-out, too-too **7** extreme, fanatic, radical **9** excessive, extremist, fanatical **10** outlandish **11** extravagant

ultraconservative **11** reactionary

ultraist **5** rabid **6** zealot **7** extreme, fanatic, radical **9** extremist

ultramarine **7** oversea, sea-blue **8** overseas **11** lapis lazuli

ululate **3** bay **4** howl, wail, yowl

Ulysses ***author:*** **5** Joyce (James) ***character:*** **5** Bloom (Leopold), Molly (Bloom) **6** Blazes (Boylan) **7** Dedalus (Stephen) (see also ODYSSEUS)

umber **5** brown, sepia, shade **6** darken, shadow

umbilicus **3** hub **4** core **5** heart, hilum, navel **6** center

umbra **5** shade **6** shadow

umbrage **4** hint, huff **5** anger, pique, shade **6** shadow **7** chagrin, dudgeon, foliage, leafage, offense **9** annoyance, suspicion **10** irritation, resentment **11** displeasure, indignation **12** exasperation

umbrageous **5** shady **6** shaded, touchy **7** shadowy **8** shadowed **9** defensive, sensitive

umbrella **5** cover, guard, shade **6** brolly, pileus, screen **7** parasol, protect, shelter **8** sunshade **10** protection **11** bumbershoot

umph see OOMPH

umpire **3** ref **5** judge **6** decide, settle **7** arbiter, referee **9** arbitrate **10** arbitrator ***call:*** **3** out **4** balk, ball, safe **6** strike

unabashed **5** blunt, brash, frank, naked, overt **6** arrant, brassy, brazen, candid **7** blatant, forward **8** outright **9** audacious, barefaced, shameless, undaunted **10** unblushing **11** undisguised, unmitigated **12** unapologetic

unabbreviated see UNABRIDGED

unable **5** inept, unfit **8** helpless, impotent **9** incapable, maladroit, powerless, unskilled **10** unequipped **11** incompetent, unqualified **13** incapacitated

unabridged **5** uncut, whole **6** entire, intact **8** complete **10** full-length **11** uncondensed **13** unabbreviated

unacceptable **8** unwanted **9** unwelcome **10** unsuitable **11** intolerable, undesirable **12** inadmissible **13** exceptionable, inappropriate, insupportable, objectionable

unaccompanied **4** lone, sole, solo, stag **5** alone, apart **6** single **8** detached, solitary **9** a cappella **10** unattended, unescorted

unaccountable **6** arcane, mystic **7** strange **8** baffling, puzzling **9** enigmatic **10** mysterious, mystifying, unknowable, unreliable **12** impenetrable, inexplicable, undependable, unfathomable **13** irresponsible, unexplainable

unaccustomed **3** new **5** alien, novel **6** unused **7** strange, unusual **8** singular, uncommon, unwonted **10** unexpected, unfamiliar

unadorned **4** bald, bare **5** naked, plain, spare, stark **6** rustic, severe, simple **7** artless, austere, natural, spartan **11** undecorated **13** unembellished, unembroidered, unpretentious

unadulterated **4** neat, pure **5** sheer, utter **7** genuine, unmixed **8** absolute, straight **9** unalloyed, undiluted **11** unmitigated, unqualified

unaffected **5** naive **6** candid, simple

7 artless, callous, genuine, natural, sincere, unmoved 9 guileless, impassive, ingenuous, unaltered, unchanged, unstudied, untouched 10 hard-boiled, impervious 13 unpretentious

unalloyed 4 pure 5 sheer, total 7 genuine, unmixed 8 absolute, straight 9 authentic, out-and-out, undiluted 11 unmitigated, unqualified 13 thoroughgoing, unadulterated

unalterable 5 fixed 7 binding, bounden, certain, decided 8 constant, required 9 immutable, mandatory, necessary 10 compulsory, invariable 12 unchangeable 13 predetermined

unambiguous 5 clear, lucid, plain 6 patent 7 evident, express, obvious, precise 8 apparent, clean-cut, clear-cut, decisive, definite, distinct, explicit, manifest, specific, univocal 10 definitive, forthright 11 categorical, translucent, transparent, unequivocal 12 transpicuous

unanimous 6 united 8 communal, univocal 9 unopposed 10 collective 11 uncontested 13 consentaneous

unanimously 5 as one 6 wholly 7 en masse 10 altogether

unanticipated 9 unplanned 10 surprising, unexpected, unforeseen 12 out of the blue

unappeasable 4 grim 7 adamant 8 obdurate, resolute 9 insatiate, unbending 10 implacable, insatiable, relentless, unyielding 11 unrelenting 12 unquenchable

unappetizing 4 icky 5 gross, yucky 7 insipid 8 unsavory 9 repugnant 11 unappealing, unpalatable 12 unattractive

unapproachable 5 aloof 6 remote, offish 7 distant 8 reserved 10 unfriendly, unsociable 11 standoffish, unreachable 12 inaccessible, unattainable

unasked 7 willing 8 unbidden, unsought, unwanted 9 uninvited, unwelcome, voluntary 10 gratuitous, unprompted 11 spontaneous, uncalled-for, unrequested, voluntarily

unassailable 6 secure 8 airtight 10 invincible, inviolable, undeniable 11 impregnable, irrefutable 12 indisputable, invulnerable 13 incontestable, unconquerable

unassertive 3 shy 4 meek 5 mousy, timid 6 modest, mousey 7 bashful 8 backward, reticent, retiring, sheepish, timorous 9 diffident, shrinking 10 submissive 12 self-effacing

unassuming 3 shy 6 humble, modest, simple 8 ordinary, retiring 9 diffident 11 unassertive 12 self-effacing 13 unpretentious

unattached 4 free 5 loose 6 single 8 separate 9 unmarried 10 unassigned 11 uncommitted, unconnected 12 disconnected, freestanding, unassociated

unattainable 7 elusive 10 impossible 12 inaccessible

unattractive 4 drab, dull, ugly 5 dowdy, plain 6 homely 8 frumpish 10 unalluring, unsuitable 11 unappealing, undesirable 12 unflattering

unauthentic 4 fake, mock, sham 5 bogus, dummy, faked, false, phony 6 ersatz, forged, pseudo 7 feigned 8 affected, spurious 9 contrived, imitation, pretended, simulated 10 apocryphal, artificial 11 counterfeit, make-believe 12 illegitimate

unavailable 4 busy 6 absent, tied up 7 missing 8 occupied

unavailing 4 idle, vain 5 empty 6 barren, futile 7 useless 8 abortive, bootless 9 fruitless, pointless 11 ineffective, ineffectual 12 unproductive

unavoidable 5 fated 7 certain 8 destined 9 impending, necessary 10 compulsory, inevitable, obligatory 11 ineluctable, inescapable

unavoidably 8 perforce 10 helplessly, inevitably, willy-nilly 11 inescapably, necessarily, whether or no

unaware, unawares 5 aback 7 unready 8 abruptly, heedless, ignorant, off guard, suddenly 9 oblivious, unknowing, unmindful, unwitting 10 by surprise, unfamiliar, uninformed, unprepared 12 unacquainted, unexpectedly

unbalance 11 destabilize

unbalanced 3 mad 4 daft 5 batty, nutty 6 crazed, insane, uneven, wobbly 7 unequal, unsound 8 demented, deranged, lopsided, unhinged, unstable 9 psychotic 10 disordered, moonstruck

unbearable 11 intolerable, unendurable 12 excruciating, insufferable

unbeautiful 4 ugly 5 plain 6 homely 8 uncomely, unlovely 9 unsightly 10 ill-favored, unbecoming, uninviting 12 unattractive

unbecoming 8 improper, unlovely, unseemly, untimely, untoward, unworthy 9 inelegant, tasteless, unfitting 10 indecorous, indelicate, malapropos, unsuitable 11 disgraceful 12 unattractive 13 inappropriate

unbelievable 7 amazing, awesome 8 fabulous 9 fantastic 10 astounding, improbable, incredible, phenomenal, staggering, stupendous 11 astonishing, implausible, spectacular 12 unconvincing, unimaginable **13** extraordinary, inconceivable

unbeliever **5** pagan **6** giaour **7** atheist, doubter, gentile, heathen, heretic, infidel, scoffer, skeptic **8** agnostic **10** Pyrrhonist **11** freethinker

unbelieving **5** leery **6** show-me **8** agnostic, apostate, doubting **9** quizzical, skeptical **10** dissenting, suspicious **11** incredulous, mistrustful, questioning

unbending **5** rigid, stern, stiff **8** hardline, obdurate, resolute **9** inelastic **10** brassbound, inexorable, inflexible, unyielding

unbiased **4** fair, just **5** equal **7** neutral **8** detached, tolerant **9** equitable, impartial, objective, unbigoted **10** even-handed, open-minded **11** broad-minded, uncommitted **12** unprejudiced **13** disinterested, dispassionate

unbidden **7** unasked, willing **8** unsought, unwanted **9** impromptu, uninvited, unwelcome, voluntary **10** gratuitous, unprompted **11** spontaneous, unrequested

unbind **4** free, undo **5** loose, untie **6** detach, loosen **7** manumit, release, unchain, unloose **8** dissolve, liberate, unfasten, unloosen **9** discharge, disengage, unshackle **10** emancipate

unblemished **4** pure **7** perfect **8** flawless, spotless, unmarred, virtuous **9** exemplary, faultless, stainless, undefiled, unspotted, unsullied **10** immaculate **11** untarnished

unbosom **4** bare, open, tell **6** betray, expose, reveal, unveil **7** divulge, express, uncover **8** disclose

unbound **4** free **5** freed, loose **6** loosed **10** unattached, unconfined, unfastened

unbounded **4** open **6** untold **7** endless **8** infinite, unending **9** excessive, limitless, unchecked, unlimited **10** immoderate, indefinite, inordinate **11** extravagant, measureless **12** immeasurable, incalculable, uncontrolled, unrestrained

unbreakable **7** durable, lasting **10** unyielding **11** everlasting

unbridled **4** free **5** loose **6** madcap **8** reckless, uncurbed **9** dissolute, unchecked **10** immoderate, licentious, unconfined, unfettered, ungoverned **11** spontaneous, uninhibited, unrepressed **12** uncontrolled, unrestrained, unrestricted **13** unconstrained

unbroken **5** solid, sound, whole **6** entire, intact, single **8** complete, constant, enduring **9** ceaseless, steadfast, unceasing, undamaged, undivided, unsubdued, unvarying **10** continuous, unimpaired **13** uninterrupted

unburden **3** rid **4** dump, ease, lose **5** shake **6** reveal, unload **7** cast off, confess, confide, off-load, relieve **8** shake off, throw off **9** discharge **10** relinquish **11** disencumber

uncalled-for **8** baseless, needless **9** officious, unfounded **10** gratuitous, groundless **11** unessential, unjustified, unnecessary, unwarranted **13** unjustifiable

uncanny **5** eerie, weird **6** creepy, spooky **7** ghostly, strange **9** unearthly, unnatural **10** mysterious, mystifying, superhuman **11** supernormal, supranormal **12** supernatural

uncared-for **5** dingy **6** beat-up, shabby **7** rickety, run-down, worn-out **8** decrepit, derelict, deserted, desolate, forsaken, tattered, untended **9** neglected **10** broken-down, down-at-heel, ramshackle, tumble-down **11** dilapidated

uncaring **4** cold **7** callous **9** heartless, negligent, oblivious, unfeeling, unheeding **11** coldhearted, hard-hearted, indifferent, insensitive, thoughtless, unconcerned **13** inconsiderate, unsympathetic

unceasing **7** abiding, endless, eternal, nonstop, undying **8** constant, enduring, unbroken, unending **9** continual, perennial, perpetual **10** continuous **11** amaranthine, everlasting, unremitting **12** imperishable, interminable **13** uninterrupted

unceremonious **4** curt, rude **5** bluff, blunt, frank, hasty, sharp, short, terse **6** abrupt, breezy, casual, sudden **7** brusque, hurried, offhand **8** familiar, informal **10** ungracious **11** precipitate, precipitous

uncertain **4** hazy, iffy, moot **5** vague **6** chancy, fitful, unsure, wobbly **7** dubious, erratic, halting, unclear **8** arguable, doubtful, insecure, slippery, unstable, unsteady, variable **9** ambiguous, debatable, undecided, unsettled **10** ambivalent, disputable, inconstant, indefinite, precarious **11** problematic, speculative **12** questionable, undependable **13** indeterminate, problematical, unforeseeable, unpredictable, untrustworthy

uncertainty **5** doubt **7** dubiety **8** distrust, mistrust **9** ambiguity, suspicion **10** indecision, perplexity, puzzlement, skepticism, uneasiness **11** ambivalence **12** doubtfulness, irresolution

unchain **4** free **5** loose **6** loosen, unbind **7** manumit, release **8** liberate, unfasten, unfetter 9 discharge, unshackle 10 emancipate 11 disenthrall

unchangeable 3 set 4 firm 5 fixed 7 settled 8 constant 9 immutable, permanent 10 continuing, inflexible, invariable 11 established, inalterable

unchanging 5 fixed 6 stable, static, steady 7 abiding, equable, eternal, settled, stabile, uniform 8 constant, enduring 9 immutable, steadfast, unvarying 10 consistent, continuing, invariable

unchaste 4 easy, lewd 5 bawdy, loose 6 impure, vulgar, wanton 7 immoral, lustful, obscene, scarlet, unclean 8 depraved, prurient 9 debauched, dissolute, lecherous, salacious 10 adulterous, lascivious, libidinous, licentious, profligate 11 promiscuous

unchecked 5 loose 7 rampant 9 spreading, unbounded, unbridled 10 widespread 11 uninhibited 12 unrestrained, unrestricted

uncivil 4 rude 5 crass, crude 6 coarse, savage, vulgar 7 boorish, ill-bred, uncouth 8 barbaric, impolite 9 barbarous 10 indecorous, uncultured, ungracious 11 ill-mannered, uncourteous 12 discourteous 13 disrespectful

uncivilized 4 rude, wild 5 crude 6 brutal, coarse, Gothic, savage 7 boorish, Hunnish, ill-bred, loutish, lowbred, uncouth 8 barbaric, churlish 9 barbarian, barbarous, primitive, unrefined 10 mannerless, uncultured, unmannerly, unpolished 12 uncultivated 13 unenlightened

unclad see UNCLOTHED

uncle *cry:* 6 give up 9 surrender *Scottish:* 3 eme *Spanish:* 3 tío *U.S. symbol:* 3 Sam

unclean 4 foul 5 dingy, dirty, grimy 6 filthy, grubby, grungy, impure, soiled, sordid 7 corrupt, defiled, immoral, obscene, squalid, stained, sullied, tainted 8 befouled, indecent, polluted, unchaste 9 tarnished 10 besmirched, desecrated 12 contaminated

unclear 3 dim 4 hazy 5 murky, vague 6 bleary, blurry, cloudy, opaque, unsure 7 clouded, cryptic, dubious, obscure, shadowy 8 doubtful, nebulous, overcast, puzzling 9 ambiguous, enigmatic, tenebrous, unsettled 10 ill-defined, indistinct, indefinite, inexplicit 13 indeterminate

Uncle Remus creator 6 Harris (Joel Chandler)

Uncle Tom's Cabin *author:* 5 Stowe (Harriet Beecher) *character:* 5 Eliza, Topsy 6 Legree (Simon) 9 Little Eva

Uncle Vanya author 7 Chekhov (Anton)

unclothe 5 strip 6 denude, divest, expose, unveil 7 display, disrobe, uncloak, uncover, undress

unclothed 4 bare, nude 5 naked 6 peeled, unclad 7 denuded, exposed 8 in the raw, stripped 9 au naturel, buck-naked, undressed 10 stark naked

unclouded 4 fair 5 clear, lucid, sunny 6 bright 7 halcyon 8 rainless, sunshiny

uncluttered 4 neat, tidy, trig, trim 7 orderly 9 organized, shipshape 11 spic-and-span, well-ordered 12 spick-and-span

uncombed 5 messy, mussy 6 matted, mussed 7 ruffled, snarled, tangled, tousled, unkempt 10 disheveled

uncommon 3 odd 4 rare 5 novel 6 choice, scarce, unique 7 special, unusual 8 esoteric, especial, singular, sporadic, unwonted 10 infrequent, noteworthy, remarkable 11 distinctive, exceptional 12 unaccustomed 13 extraordinary

uncommunicative 3 mum 4 dumb 5 aloof 6 offish, silent 7 distant, guarded, private 8 reserved, reticent, taciturn 9 reclusive, secretive, withdrawn 10 antisocial, poker-faced, speechless, tongue-tied, unsociable 11 inscrutable, standoffish, tight-lipped 12 close-mouthed, tight-mouthed, unresponsive 13 unforthcoming

uncompassionate 4 cold, hard 5 stony 7 callous 8 obdurate, pitiless, uncaring 9 heartless, unfeeling 10 hard-boiled 11 coldhearted, hardhearted, insensitive 12 stonyhearted 13 unsympathetic

uncomplicated 4 easy 5 basic, clear, plain 6 simple 8 clear-cut 10 effortless, elementary, manageable, uninvolved

uncomplimentary 7 adverse 8 critical 9 degrading 10 belittling, derogatory, pejorative 11 deprecatory, disparaging, unfavorable 12 depreciative, depreciatory, unflattering

uncompromising 4 firm 5 rigid 8 hard-line, obdurate, resolute, stubborn 9 hard-nosed, immovable, insistent, unbending 10 brassbound, determined, inexorable, inflexible, unshakable, unyielding 12 intransigent, single-minded

unconcealed 4 bald, bare, open 5 frank, naked, overt, plain 6 candid 7 blatant, evident, exposed, express, obvious, visible 8 apparent, explicit, manifest, palpable 10 forthright 11 openhearted, transparent, undisguised, unvarnished

unconcern 6 apathy 7 neglect 9 aloofness, disregard 10 alienation, detachment, dispassion 11 disinterest, inattention, insouciance, nonchalance **12** carelessness, heedlessness, indifference **13** preoccupation

unconcerned **4** cool **6** remote **7** unmoved **8** careless, detached, heedless **9** alienated, apathetic, oblivious, unmindful, unruffled **10** insouciant, neglectful, untroubled **11** inattentive, indifferent, unperturbed **12** uninterested **13** disinterested, dispassionate

unconditional **5** sheer, total, utter **8** absolute, definite, explicit, outright **9** downright, out-and-out **10** unreserved **11** unequivocal, unqualified **12** unrestricted **13** thoroughgoing

unconfined **4** free, vast **5** loose **7** at large **9** at liberty, boundless, limitless, unlimited **12** unrestrained, unrestricted

uncongenial **6** at odds **8** unfitted **9** repellent, repugnant, unlikable **10** discordant, unsociable, unsuitable **11** conflicting, displeasing **12** antipathetic, disagreeable, incompatible, unattractive **13** unsympathetic

unconnected **5** alone, apart **8** discrete, detached, disjoint, disjunct, distinct, inchoate, rambling, separate **9** unrelated **10** unattached **11** independent **12** unassociated **13** discontinuous, noncontinuous

unconquerable **10** invincible, inviolable, unbeatable **11** bulletproof, impregnable, indomitable, insuperable **12** invulnerable, unassailable

unconscionable **5** undue **6** unfair, unholy, unjust, wanton, wicked **7** immoral, ungodly **8** barbaric, criminal **9** barbarous, unethical **10** exorbitant, inordinate, outrageous **11** inexcusable, uncivilized **12** unprincipled, unscrupulous

unconscious **3** out **6** asleep, chance **7** out cold, stunned, unaware **8** comatose **9** insensate, passed out, unplanned, unwitting **10** blacked out, insensible, knocked out **11** inadvertent, instinctual, involuntary **12** uncalculated **13** unintentional

unconsciousness **4** coma **5** faint **6** stupor, torpor, trance **7** syncope **13** obliviousness

unconsidered **4** rash **5** brash, hasty **6** casual **7** offhand **8** careless, reckless, slapdash **9** desultory, haphazard, hit-or-miss, hotheaded, impetuous, unplanned **10** ill-advised, incautious, unthinking **11** thoughtless

unconstrained **4** free, open **6** blithe, dégagé, wanton **7** buoyant, gushing, relaxed **8** animated, carefree, effusive, informal, outgoing **9** easygoing, expansive, liberated **10** expressive, nonchalant, unreserved

uncontrollable **4** wild **6** unruly **7** wayward, willful **9** fractious **10** headstrong, refractory, self-willed **11** intractable **12** overwhelming, recalcitrant, ungovernable, unmanageable **13** irrepressible, undisciplined

uncontrolled **4** free, wild **5** loose **6** wanton **9** automatic, excessive, unbounded, unlimited, unmanaged **10** autonomous, immoderate, licentious, ungoverned **11** independent, instinctual, involuntary, unconscious, uninhibited, unregulated **12** disorganized, unrestrained **13** self-governing

unconventional **3** odd **4** beat **5** kinky, kooky, outré **6** casual, far-out, freaky, quirky, unique, way-out, weirdo **7** bizarre, deviant, oddball, offbeat, unusual, wayward **8** aberrant, abnormal, atypical, bohemian, freakish, original, peculiar **9** anomalous, eccentric, irregular **10** avant-garde, unexpected, unorthodox **11** uncustomary **13** idiosyncratic

unconvinced **5** leery **6** unsure **7** dubious **8** doubtful **9** skeptical, undecided **10** suspicious

unconvincing **4** lame **6** feeble, flimsy, forced **7** dubious, suspect **8** doubtful, strained **10** farfetched, improbable, incredible **11** implausible, unrealistic **12** unbelievable **13** unsubstantial

uncooked **3** raw

uncouple **4** part **6** detach, divide **7** disjoin, divorce, unhitch **8** separate, unfasten **9** disengage **10** disconnect, dissociate **12** disaffiliate

uncouth **3** odd, raw **4** rude **5** crass, crude, gross, rough **6** clumsy, coarse, rugged, vulgar **7** awkward, bizarre, boorish, ill-bred, loutish, strange, uncivil **8** barbaric, clownish, impolite, ungainly **9** eccentric, graceless, inelegant, unrefined **10** outlandish, uncultured, unpolished **11** ill-mannered, uncivilized **12** discourteous, uncultivated ***person:*** **3** oaf **4** boor, dolt, lout **5** clown **7** bumpkin **9** barbarian

uncover **4** bare **5** strip **6** betray, detect, divest, expose, remove, reveal, unmask, unveil **7** display, divulge, unearth **8** disclose

uncritical **5** naive **9** credulous **11** perfunctory

unction **3** oil **4** balm **5** cream, salve **6** balsam, cerate, chrism **7** suavity, unguent **8** liniment, ointment **9** emollient **11** embrocation

unctuous **4** oily **5** fatty, slick, soapy,

suave 6 greasy, smarmy 7 cloying, fawning, fulsome 8 slippery 9 wheedling 10 flattering, oleaginous, saccharine 11 sycophantic

uncultivated 4 wild 5 crass, crude, gross 6 coarse, desert, fallow, savage, vulgar 7 boorish, lowbrow, uncouth 8 barbaric, unplowed, untilled 9 barbarian, barbarous, inelegant, unrefined 10 unpolished 11 uncivilized

uncultured 3 raw 4 rude 5 crass, crude, gross, rough 6 coarse, vulgar 7 artless, boorish, ill-bred, loutish, lowbred, lowbrow, natural, uncouth 8 barbaric, churlish, cloddish 9 barbarian, barbarous, benighted, inelegant, unrefined 10 unpolished 11 uncivilized 13 unenlightened

uncustomary 4 rare 7 special, strange, unusual 8 aberrant, abnormal, atypical, singular, uncommon 9 anomalous 10 surprising, unfamiliar, unorthodox 11 exceptional 13 extraordinary

uncut 5 whole 6 entire, intact 8 complete 9 undiluted 10 full-length, unabridged 11 uncondensed 13 unabbreviated

undamaged 5 sound, whole 6 intact, unhurt 8 unbroken, unmarred 9 uninjured, unscathed 10 unimpaired 11 unblemished

undaunted 4 bold 5 brave 6 daring, heroic 7 doughty, Spartan, valiant 8 fearless, intrepid, resolute, unafraid, valorous 9 audacious 10 courageous 11 lionhearted, unconquered, unflinching 12 stouthearted

___ **und Drang** 5 Sturm

undeceive 8 disabuse 11 disillusion

undecided 4 iffy, moot, open 6 unsure 7 dubious, pending 8 doubtful, wavering 9 equivocal, tentative, uncertain, unsettled 10 ambivalent, indefinite, unresolved 12 undetermined

undeclared 5 tacit 6 unsaid 7 assumed, implied 8 accepted, implicit, inferred, presumed, unspoken, unstated 10 understood

undecorated 4 bare 5 plain, stark 6 homely, severe, simple 8 no-frills 9 unadorned 12 unornamented 13 unembellished, unembroidered

undefiled 4 pure 6 chaste, intact, vestal, virgin 8 innocent, spotless, virginal, virtuous 9 stainless, unstained, unsullied, untainted 10 immaculate 11 unblemished, untarnished

undefined 3 dim 4 hazy 5 faint, vague 6 bleary 7 obscure, shadowy, unclear 8 inchoate, nebulous, unformed 9 amorphous, shapeless 10 indistinct 12 undetermined

undemonstrative 4 calm, cold, cool 5 aloof, chill 7 aseptic, distant, laconic 8 reserved, retiring 9 contained, inhibited, shrinking, withdrawn 10 restrained, unsociable 11 emotionless, passionless, standoffish, unemotional 12 matter-of-fact, unresponsive 13 self-contained

undeniable 6 patent 7 certain, evident, genuine, obvious 8 manifest 9 veridical 10 inarguable 11 indubitable, irrefutable, unequivocal 12 indisputable 13 incontestable

undependable 6 fickle, tricky, unsafe 7 erratic 10 capricious, fly-by-night, inconstant, unreliable 12 inconsistent, questionable 13 irresponsible, unpredictable, untrustworthy

under 3 low, sub 4 down, less 5 below, lower, short 6 lesser 7 beneath, covered, subject 8 downward, inferior 9 dependent, receiving, secondary, subjacent 11 subordinate ***prefix:*** 3 hyp, sub 4 hypo

undercarriage 5 frame 9 framework 11 landing gear

undercover 6 covert, hidden, secret 7 furtive, stealth, sub-rosa 8 hush-hush, stealthy 11 clandestine 12 confidential 13 surreptitious ***person:*** 3 spy 4 mole 5 agent, spook 6 sleuth 9 detective, operative 10 counterspy 11 double agent, secret agent 12 counteragent

undercroft 5 crypt, vault 7 chamber 8 catacomb

undercut 7 subvert 8 sabotage

underdeveloped 4 poor 7 dwarfed, stunted 8 backward, immature 9 unevolved 10 third-world

underdog 5 loser 6 victim 7 also-ran, fall guy 9 dark horse

underdone 3 raw, red 4 rare

underestimate 6 slight 7 dismiss 8 belittle, discount, disprize, minimize 9 deprecate, disparage, sell short 10 depreciate

undergarment 3 bra 4 BVDs, slip 5 teddy 6 bikini, bodice, briefs, corset, girdle, shorts, undies 7 chemise, drawers, panties, stammel, step-ins 8 lingerie, pretties, Skivvies, woollies 9 brassiere, jockstrap, long johns, petticoat, underwear 10 foundation

undergo 4 bear, face 5 abide, brave, brook 6 endure, suffer 7 sustain, weather 8 submit to, tolerate 9 withstand 10 experience

undergraduate 4 coed 5 frosh 6 junior, senior 8 freshman 9 collegian, sophomore

underground 4 tube 5 metro, train

6 buried, hidden, nether, secret, subway **7** illegal, off-beat, railway **8** hypogeal, hypogean **10** undercover **11** alternative, clandestine **12** subterranean **13** surreptitious

underhanded 3 sly **4** wily **5** shady **6** covert, crafty, secret, shifty, sneaky, tricky **7** cunning, devious, elusive, evasive, furtive, sub-rosa **8** guileful, sneaking, stealthy **9** deceitful, deceptive **10** circuitous **11** clandestine, duplicitous **13** surreptitious

underlie 4 bear **6** prop up **7** subtend, support **8** buttress

underline 4 mark **6** play up, stress **9** emphasize, italicize **10** accentuate, underscore

underling 4 aide, peon, serf **5** gofer, scrub, slave **6** flunky, gopher, lackey, menial, minion **7** fall guy **8** inferior **9** assistant, attendant, subaltern **11** subordinate

underlying 4 root **5** basal, basic **7** primary **8** implicit **9** elemental, essential **11** fundamental

Under Milk Wood author 6 Thomas (Dylan)

undermine 3 sap **4** foil **5** blunt, erode **6** impair, thwart, weaken **7** cripple, disable, subvert **8** sabotage **9** attenuate, frustrate **10** debilitate, demoralize

undermost 6 bottom, lowest **9** lowermost **10** bottommost, nethermost, rock-bottom

underneath 4 sole **5** below, lower **6** bottom **7** covered

underpin 4 back, base, prop, root **5** brace **6** uphold **7** bolster, justify, shore up, support **8** buttress, validate **10** strengthen **11** corroborate

underpinning 4 base, prop, root, stay **5** basis, brace **7** bedrock, footing, seating, support **8** buttress **10** foundation, groundwork **12** substructure

underprivileged 4 poor **5** needy **7** hapless, unlucky **8** deprived **11** handicapped, unfortunate **13** disadvantaged

underrate 7 devalue **8** discount, mark down, minimize, write off **9** devaluate, write down **10** depreciate

underscore 6 accent, play up, stress **9** emphasize, italicize **10** accentuate

underside 4 sole **6** bottom **7** reverse

undersized 3 toy **4** baby, mini, puny **5** dinky, dwarf, pygmy, runty, short, small **6** bantam, little, pocket, slight **7** scrubby, stunted **9** miniature **10** diminutive **11** Lilliputian

understand 3 con, ken, see **4** know **5** grasp, guess, infer, savvy, sense, think **6** accept, assume, deduce, expect, fathom, figure, follow, gather, reason, reckon, take in, take it **7** believe, discern, imagine, presume, realize, suppose, surmise, suspect **8** conceive, conclude, consider, perceive **9** apprehend, interpret **10** appreciate, comprehend, conjecture

understandable 5 clear, lucid, plain **8** clear-cut, coherent, knowable **9** excusable, graspable, plausible **10** articulate, believable, defensible, fathomable, reasonable **11** justifiable, perceivable, unambiguous **12** intelligible **13** apprehensible

understanding 3 ken, wit **4** deal, pact **5** grasp, sense **6** accord, humane, kindly **7** compact, empathy, entente, insight, mastery **8** sympathy **9** agreement, awareness, knowledge, tolerance **10** acceptance, impression, perception **11** considerate, discernment, explanation, sympathetic **12** apprehension, relationship **13** comprehension

understatement 7 litotes

understood 5 tacit **7** assumed, implied **8** accepted, implicit, inferred, unspoken

understudy 6 double, backup, fill-in **7** standby, stand-in **9** surrogate **10** substitute **11** replacement

undertake 3 try **4** dare **5** assay, begin, essay, start **6** accept, assume, pledge, strive, tackle, take on, take up **7** attempt, certify, execute, perform, promise, warrant **8** commence, contract, covenant, endeavor, set about, set forth, shoulder **9** guarantee

undertaker 8 embalmer **9** mortician

undertaking 3 job **4** task **6** affair, charge, effort **7** calling, emprise, exploit, mission, project, pursuit, venture **8** endeavor **9** adventure, guarantee, operation **10** enterprise **11** proposition, transaction

under-the-table 6 covert, hidden, secret, sneaky **7** furtive, sub-rosa **8** hush-hush, stealthy **9** concealed, underhand **10** undercover **11** clandestine **13** surreptitious

undertone 3 hue, hum **4** cast, hint, tint **5** shade **6** mumble, murmur, mutter **7** inkling **10** suggestion **11** association, connotation, implication

undertow 4 eddy **7** current, riptide, sea puss

undervalue see UNDERRATE

underwater 9 submarine **10** subaquatic, subaqueous ***breathing apparatus:*** **5** scuba ***captain:*** **4** Nemo ***chamber:*** **7** caisson ***device:*** **8** paravane ***missile:*** **7** torpedo ***sound detector:*** **5** sonar

underwear see UNDERGARMENT
underwood **5** brush, copse, hedge, scrub **7** boscage, coppice, thicket **9** shrubbery
underworld **4** hell **5** hades, Sheol **6** Erebus, Tophet **7** Gehenna, inferno **8** gangland **9** antipodes **11** Pandemonium ***boatman:*** **6** Charon ***deity:*** **3** Dis **4** Bran **5** Pluto **6** Osiris ***goddess:*** **6** Hecate **10** Persephone ***organization:*** **5** Mafia ***relating to:*** **8** chthonic ***watchdog:*** **8** Cerberus
underwrite **4** back, fund, sign **5** endow, stake **6** assure, insure, pay for, secure **7** agree to, endorse, finance, sponsor, support **8** bankroll **9** grubstake, guarantee **11** subscribe to
undesigning **5** frank **6** candid, honest **7** artless, earnest, genuine, sincere **9** guileless, ingenuous, unfeigned **10** aboveboard, forthright
undesirable **8** annoying, unwanted **9** offensive, unwelcome **10** ill-favored, unpleasant, unsuitable **11** displeasing, inadvisable, troublesome **12** disagreeable, unacceptable, unattractive **13** inappropriate, objectionable
undesired **8** needless, unsought, unwanted **9** uninvited, unwelcome **10** gratuitous **11** uncalled-for, unnecessary **12** nonessential
undetermined **5** vague **7** dubious, obscure, pending, unclear **8** doubtful **9** ambiguous, equivocal, uncertain, undecided, undefined, unsettled **10** ill-defined, indefinite, indistinct **12** inconclusive
undeveloped **5** crude, green, rough **6** latent **8** backward, immature, inchoate **9** embryonic, incipient, primitive, unevolved **10** unfinished
undiluted **4** neat, pure **5** sheer, utter **7** genuine, unmixed **8** absolute, straight **9** authentic, unalloyed **11** unmitigated, unqualified **13** unadulterated
undiplomatic **4** rash, rude **5** brash, cocky **6** brazen, cheeky **8** impudent, tactless **9** audacious, hotheaded, impolitic, impulsive, maladroit, untactful **10** ill-advised, indiscreet **11** impertinent, injudicious, insensitive, thoughtless **12** presumptuous
undisciplined **4** wild **6** unruly, wanton **7** froward, restive, wayward, willful **8** contrary, untoward **9** fractious **10** disorderly, rebellious, refractory **11** intractable **12** contumacious, noncompliant, obstreperous, recalcitrant, ungovernable, unmanageable
undisclosed **6** hidden, sealed, secret **7** unknown, unnamed **8** ulterior, withheld **9** anonymous **10** unreported, unrevealed **11** clandestine, unmentioned, unspecified **12** confidential, undesignated, unidentified
undisguised **4** bald, open, pure **5** frank, naked, overt, sheer, stark **6** candid, patent **7** obvious **8** apparent, explicit, manifest, palpable **9** barefaced **11** openhearted, unconcealed, unvarnished
undistinguished **5** cheap, stock **6** common **7** humdrum, obscure, routine **8** déclassé, everyday, inferior, low-grade, mediocre, middling, ordinary, workaday **10** second-rate **11** commonplace, nondescript, second-class **12** run-of-the-mill **13** insignificant
undivided **3** one **4** full **5** fixed, total, whole **6** entire, intact, united **8** complete, unbroken **9** unanimous **10** continuous, unswerving **11** indivisible **12** concentrated, undistracted
undo **4** free, open, ruin **5** annul, loose, untie, upset, wrack, wreck **6** cancel, defeat, loosen, negate, stymie, unbind, unsnap **7** abolish, destroy, nullify, release, reverse, vitiate, wipe out **8** abrogate, unfasten, unloosen **9** disengage **10** invalidate **11** disentangle, outmaneuver
undoing **4** bane, doom, ruin, slip **5** shame **7** misstep **8** downfall, reversal **9** destroyer, overthrow, ruination **10** misfortune **11** destruction, humiliation
undoubted **4** real, sure, true **7** certain, genuine **8** definite, positive **9** authentic **10** undisputed
undoubtedly **5** truly **6** indeed, really, surely **7** clearly **8** of course **9** assuredly, certainly **10** definitely, positively, presumably, undeniably **11** indubitably
undress see UNCLOTHE
undressed **4** nude, rude **5** naked **6** unclad **7** exposed **8** in the raw, stripped **9** au naturel, unclothed
undue **5** inapt **7** extreme **8** ill-timed, improper, needless, untimely **9** excessive, unfitting **10** immoderate, indecorous, inordinate, unsuitable **11** extravagant, uncalled-for, unnecessary, unwarranted **12** unreasonable **13** inappropriate, unjustifiable
undulant fever **11** brucellosis
undulate **4** roll, swag, sway, wave **5** heave, snake, swell, swing **6** billow, ripple **7** slither **9** fluctuate, oscillate
unduly **3** too **6** overly **9** extremely, immensely **11** excessively **12** immoderately, inordinately, unreasonably **13** unnecessarily
undying **7** abiding, ageless, endless, eternal **8** enduring, immortal, unending

9 continual, deathless, perennial, perpetual, unceasing 10 continuing 11 amaranthine, everlasting 12 imperishable, unquenchable

unearth 4 find, show 5 dig up, learn 6 exhume, expose, reveal 7 exhibit, find out, root out, uncover 8 come upon, disclose, discover, dredge up, excavate 9 ascertain, determine 10 come across

unearthly 5 eerie, weird 6 absurd, insane, spooky 7 awesome, ghostly, uncanny, ungodly 8 abnormal, ethereal, heavenly, numinous, spectral 9 appalling, fantastic 10 miraculous, mysterious, outlandish, superhuman, suprahuman 12 preposterous, supermundane, supernatural 13 preternatural

unease 4 care, fear 5 angst, worry 6 strain, stress, unrest 7 anxiety, concern, tension 8 disquiet, distress 9 abashment, confusion, misgiving 10 discomfort, discontent, solicitude 11 disquietude, fretfulness, nervousness, uncertainty, uptightness 12 apprehension, discomfiture, discomposure 13 embarrassment

uneasy 4 edgy 5 jumpy, tense 6 afraid 7 anxious, awkward, fearful, fidgety, fretful, nervous, restive, unquiet, uptight, worried 8 agitated, doubtful, insecure, restless, unstable 9 ambiguous, concerned, difficult, disturbed, perturbed, uncertain, unsettled 10 disquieted, precarious, solicitous 11 embarrassed 12 apprehensive 13 uncomfortable

uneducated 5 crude, rough 8 ignorant, untaught 9 benighted, untutored 10 illiterate, unlettered, unschooled 12 uncultivated, uninstructed

unembellished 4 bald, bare 5 blunt, plain, spare, stark 6 severe 7 austere 9 essential, unadorned 11 undecorated, unelaborate, ungarnished, unvarnished 12 unornamented 13 unembroidered, unpretentious

unemotional 4 cold, cool 5 chill, stoic, stony 6 frigid, sedate, serene 7 deadpan, equable, glacial, stoical 8 composed, obdurate, reserved, reticent 9 apathetic, impassive 10 hard-boiled, phlegmatic 11 insensitive, passionless, unexcitable 12 intellectual, thick-skinned, unresponsive 13 dispassionate

unemployed 4 idle 5 fired 6 otiose, unused 7 jobless, laid off, loafing 8 inactive, leisured, workless 10 unoccupied

unending 7 eternal, undying 8 constant, immortal, infinite, timeless 9 boundless, ceaseless, continual, incessant, limitless, perennial, perpetual, unceasing 10 continuous 11 amaranthine, everlasting, unremitting 12 interminable 13 uninterrupted

unenlightened 5 naive 6 unread 7 heathen, unaware 8 backward, ignorant, nescient 9 benighted, unknowing 10 uneducated, uninformed 11 uninitiated 12 uncultivated

unenthusiastic 4 cool 5 tepid 8 grudging, listless, lukewarm 9 apathetic, unexcited 10 lackluster, lacklustre, spiritless 11 halfhearted, indifferent, perfunctory 12 uninterested

unequal 3 odd 6 uneven, unfair 7 diverse 8 inferior, lopsided, one-sided 9 different, disparate, divergent, irregular 10 asymmetric, dissimilar, inadequate, mismatched, off-balance 12 insufficient

unequaled 6 unique 7 supreme 8 foremost, nonesuch, peerless 9 matchless, paramount, unmatched, unrivaled 10 preeminent, surpassing 12 incomparable, transcendent, unparalleled 13 unprecedented

unequivocal 5 clear 6 direct, patent 7 certain, evident 8 apparent, definite, distinct, explicit, manifest, palpable 10 undeniable 11 categorical, indubitable, unambiguous 12 indisputable, undisputable

unerring 5 exact 6 dead-on 7 certain, correct, perfect, precise 8 accurate, reliable 9 faultless, unfailing 10 dependable, infallible 11 trustworthy

unessential 8 marginal, needless, unneeded 9 redundant 10 expendable, gratuitous, irrelevant, peripheral, unrequired 11 dispensable, superfluous, uncalled-for, unimportant, unnecessary 13 insignificant, insubstantial

unethical 5 venal, wrong 7 corrupt, crooked, immoral 9 dishonest, reprobate 12 disreputable, unprincipled, unscrupulous

uneven 3 odd 4 wavy 5 bumpy, erose, harsh, jaggy, rough 6 craggy, jagged, patchy, ragged, random, rugged, spotty 7 scraggy, unequal, varying 8 lopsided, scabrous, scraggly, variable 9 haphazard, hit-or-miss, irregular 10 asymmetric, imbalanced, unbalanced

unevenness 4 bump, wave 7 anomaly 8 asperity, imparity 9 disparity, imbalance, roughness, variation 10 inequality 12 irregularity, lopsidedness 13 disproportion

uneventful 5 usual 6 placid 7 humdrum, prosaic, routine 8 ordinary 10 unexciting 11 commonplace 12 unremarkable

unexampled 4 lone, only, sole, solo 5 alone 6 unique 8 singular, solitary 9 matchless, unequaled, unmatched, unrivaled 10 consummate, inimitable, sui generis, unequalled, unrivalled 12 incomparable, unparalleled 13 unprecedented

unexcited 4 calm 5 blasé, stoic 6 placid, sedate, serene 7 relaxed, stoical 8 composed, tranquil 9 apathetic, collected, unruffled 10 nonchalant 11 indifferent 12 uninterested 13 dispassionate

unexciting 4 arid, dull, tame 5 banal, bland, ho-hum 6 boring, stodgy 7 humdrum, insipid, prosaic, tedious 8 lifeless, tiresome 10 monotonous 11 commonplace 13 uninteresting

unexpected 10 surprising, unforeseen 11 unpredicted 13 unanticipated

unexpectedly 5 aback, short 6 sudden 7 unaware 8 abruptly, suddenly, unawares 9 forthwith 11 unwittingly 12 accidentally 13 inadvertently

unexpended 5 saved 7 reserve, surplus 8 left over, reserved 9 remaining

unexpired 5 valid 9 operative

unexpressed 5 tacit 6 silent, unsaid 7 assumed, implied 8 implicit, presumed, unspoken, wordless 9 unuttered 10 undeclared, understood

unfailing 4 fast, sure 7 certain, devoted 8 constant, faithful, reliable, resolute, surefire, unerring 9 steadfast, unvarying 10 consistent, dependable, infallible, invariable, persistent, unchanging, unflagging, unwavering 11 everlasting, persevering, unrelenting 12 tried-and-true 13 inexhaustible

unfair 4 foul 5 wrong 6 biased, shabby, uneven, unjust 7 unequal 8 wrongful 9 arbitrary, dishonest, unethical 10 prejudiced 11 inequitable, underhanded, unrighteous

unfaithful 5 false 6 untrue 8 cheating, disloyal, recreant, turncoat 9 faithless, two-timing 10 adulterous, inaccurate, perfidious, traitorous 11 treacherous 13 untrustworthy

unfaltering 3 set 4 firm 6 steady 7 abiding 8 constant, enduring, resolute, tireless 9 steadfast, unfailing 10 continuous, unflagging, unwavering 11 persevering 12 never-failing, wholehearted

unfamiliar 3 new 5 alien, novel 6 exotic 7 foreign, strange, unaware, unknown 8 peculiar 11 incognizant, out-of-the-way 12 unaccustomed, unacquainted

unfashionable 5 dated, dowdy, passé, stale 6 bygone, démodé, old-hat, shabby 7 outworn 8 outdated, outmoded 9 out-of-date, unstylish 10 antiquated, oldfangled

unfasten 4 free, open, undo 5 loose, unbar, unfix, unpin, untie 6 detach, loosen, unbind, unbolt, unlace, unlock, unsnap 7 release, unclasp, unhitch, unlatch, unleash, unloose, unstrap 8 unbuckle, unfetter, unloosen, untether 9 disengage

unfathomable 7 abysmal, obscure 8 profound 9 boundless, enigmatic, unplumbed 10 bottomless, fathomless, unknowable 11 inscrutable 12 immeasurable, impenetrable

unfavorable 3 bad, ill 4 poor 6 averse, unfair, unkind 7 adverse, hostile, opposed 8 contrary, damaging, inimical, negative 9 disliking, troubling 11 detrimental, displeasing 12 antagonistic, disapproving, inauspicious *prefix:* 3 dys

unfavorably 4 awry 5 amiss, badly 6 astray, poorly 7 wrongly 10 negatively, unsuitably 13 unfortunately

unfeasible 8 quixotic 9 visionary 10 chimerical, impossible, unworkable 11 impractical, speculative, theoretical, unrealistic 12 unattainable, unrealizable 13 impracticable

unfeeling 4 cold, hard, numb 5 cruel, harsh, stern, stony 6 brutal, leaden, marble, numbed, severe, stolid, unkind 7 callous 8 benumbed, deadened, hardened, obdurate, pitiless, ruthless, uncaring 9 apathetic, heartless, indurated, insensate, senseless 10 hard-boiled, insensible, insentient 11 cold-blooded, coldhearted, hardhearted, insensitive, unemotional 12 anesthetized 13 unsympathetic

unfeigned 4 real, true 6 actual, hearty, honest 7 artless, earnest, genuine, natural, sincere 8 innocent 9 guileless, heartfelt, ingenuous 11 undesigning 12 wholehearted

unfinished 3 raw 5 crude, rough 7 sketchy 9 imperfect, roughhewn, undressed 10 incomplete, unpolished

Unfinished Symphony composer 8 Schubert (Franz)

unfit 4 sick, weak 5 inapt, inept 6 faulty 7 deprive, disable, unsound, useless 8 disabled, improper, unsuited 9 ill-suited, incapable, maladroit 10 disqualify, ill-adapted, inadequate, ineligible, unsuitable 11 incompetent, unqualified 12 disqualified, incompatible 13 inappropriate, incapacitated

unfitting 5 inapt 8 improper, unseemly 9 imprudent 10 ill-advised, inapposite, malapropos, unbecoming, unsuitable **11** inadvisable **13** inappropriate

unfix **4** part, undo **5** loose, sever **6** cut off, detach, loosen, sunder, unbind **7** unloose **8** uncouple, unfasten, unloosen **9** disengage **10** disconnect, dissociate

unflagging **6** steady **7** staunch **8** constant, tireless, untiring **9** unceasing, unfailing, unwearied **11** persevering, unfaltering, unrelenting, unremitting **13** indefatigable, inexhaustible

unflappable **4** calm **6** poised, serene **7** assured, equable **8** composed, laid-back **9** collected, unruffled **10** deliberate, nonchalant **11** self-assured **13** imperturbable, self-possessed

unfledged **5** green, young **6** callow, jejune, unripe **7** puerile **8** immature, juvenile **10** unseasoned **11** undeveloped, unfeathered **13** inexperienced

unflinching **4** firm, grim **6** dogged **7** doughty, staunch, valiant **8** intrepid, resolute **9** dauntless, steadfast **10** relentless, unwavering, unyielding **11** unfaltering, unrelenting **12** stouthearted

unfold **4** open **6** deduce, evolve, expand, expose, extend, flower, mature, reveal, unwrap **7** blossom, burgeon, clear up, develop, display, dope out, exhibit, explain, resolve **8** decipher, disclose, evidence, manifest **9** elaborate, explicate, figure out, puzzle out, transpire **10** effloresce, outstretch **11** come to light

unforced **4** easy **7** natural, willing, witting **8** elective, optional **9** available, easygoing, voluntary **10** deliberate, volitional **11** intentional **12** unprescribed **13** discretionary, noncompulsory

unforeseeable **9** uncertain, unplanned **10** accidental

unforeseen **6** chance **8** surprise **10** accidental, surprising, unexpected **11** unlooked-for, unpredicted **13** unanticipated

unforgivable **9** untenable **10** censurable, inexpiable, outrageous **11** blameworthy, inexcusable, intolerable **12** indefensible, unacceptable, unpardonable **13** insupportable, reprehensible, unjustifiable

unformed **4** rude **5** crude, rough, vague **6** callow **8** immature, inchoate, nebulous, unshaped **9** amorphous, roughhewn, shapeless **10** indefinite, unfinished, unpolished **11** undeveloped, unfashioned **12** unstructured **13** indeterminate

unfortunate **3** bad, sad **4** dire, poor **6** woeful, wretch **7** adverse, awkward, hapless, unhappy, unlucky **8** grievous, ill-fated, luckless, untoward, wretched **9** desperate, graceless, ill-chosen, miserable **10** afflictive, calamitous, deplorable, disastrous, ill-starred, lamentable, unsuitable **11** distressing, regrettable, star-crossed, unfavorable **12** disagreeable, inauspicious, infelicitous, unsuccessful **13** heartbreaking

unfounded **4** idle, vain **5** false **8** baseless, spurious, unproven **9** deceptive, dishonest, untenable **10** fabricated, fallacious, gratuitous, groundless, mendacious, misleading, untruthful **11** uncalled-for, unsupported, unwarranted

unfriendly **4** cold, cool **5** alien, aloof, chill, gruff, surly **6** chilly, frosty, remote **7** distant, grouchy, hostile, opposed, warlike **8** inimical, unsocial **10** antisocial, censorious, inimicable, unsociable **11** ill-disposed, uncongenial **12** antagonistic, disagreeable, inhospitable, misanthropic, unneighborly **13** unsympathetic

unfruitful **4** arid, idle **5** empty, waste **6** barren, desert, effete, fallow, futile, wasted **7** parched, sterile, useless **8** abortive, bootless, depleted, impotent **9** infertile, pointless **10** unavailing **11** ineffective, ineffectual **12** impoverished, unproductive, unprofitable

unfurl **4** open **6** expose, reveal, spread, unfold, unroll, unwind **7** develop, display, exhibit, uncover **8** disclose **9** elaborate, spread out

unfurnished **4** bare **5** empty **6** vacant

unfussy **5** loose **6** breezy, casual, common, dégagé, folksy, mellow **7** cursory, relaxed **8** familiar, informal, laid-back **9** easygoing **10** unreserved **11** low-pressure, pococurante, unconcerned **12** unparticular **13** unceremonious, uncomplicated

ungainly **5** gawky, lanky, splay **6** clumsy, klutzy, oafish **7** awkward, boorish, hulking, loutish, lumpish, uncouth **8** bungling, clownish, lubberly, unwieldy **9** lumbering, maladroit **10** blundering

ungarnished **5** plain **6** modest, simple **9** unadorned **11** undecorated, unelaborate **12** unornamented **13** unembellished, unembroidered

ungenerous **4** mean **5** petty, tight **6** paltry, shabby, skimpy, stingy **7** chintzy, miserly **8** grudging, picayune, ungiving **9** illiberal, niggardly, penurious **11** closefisted, tightfisted **12** parsimonious **13** penny-pinching

ungodly see UNHOLY
ungovernable **4** wild **6** unruly **7** froward, lawless, willful **8** mutinous, untoward **9** fractious, turbulent, unbridled **10** disorderly, headstrong, rebellious, refractory, tumultuous **11** intractable **12** recalcitrant, uncontrolled, unmanageable **13** irrepressible, undisciplined
ungraceful **5** crude, gawky, inept, stiff **6** clumsy, gauche, klutzy, oafish, wooden **7** artless, awkward, halting, labored, stilted **8** bumbling, bungling, ungainly, untoward **9** all thumbs, inelegant, lumbering, maladroit **10** blundering
ungracious **4** rude **5** gruff **6** crusty **7** brusque, uncivil **8** churlish, impolite **9** offensive **10** unmannerly **11** disobliging, ill-mannered, impertinent, thoughtless, uncalled-for **12** disagreeable, discourteous **13** disrespectful, inconsiderate, unceremonious
ungraspable **6** opaque **7** obscure **8** baffling **9** enigmatic **10** unknowable **12** impenetrable, inexplicable, unfathomable
ungrateful **9** thankless
unguarded **5** frank, hasty **6** candid, direct, unwary **7** offhand **8** careless, heedless, reckless **9** impolitic, imprudent, impulsive **10** incautious, indiscreet, unthinking **11** defenseless, thoughtless, unprotected
unguent **4** balm **5** cream, salve **6** balsam, cerate, chrism, lotion **8** ointment **9** emollient, lubricant **11** embrocation
ungulate **3** hog, pig **4** deer **5** horse, tapir **6** hoofed **8** elephant **10** rhinoceros
unhallowed **4** evil **6** impure, unholy, wicked **7** immoral, impious, profane, ungodly **8** infernal **9** nefarious **10** desecrated, iniquitous, irreverent **13** unconsecrated
unhampered **4** free, open **5** frank, loose **6** direct **8** uncurbed **9** unbridled, unchecked, unimpeded, unlimited **10** unhindered **11** uninhibited, untrammeled **12** unrestrained, unrestricted, unobstructed **13** unconstrained
unhand **5** let go **7** release
unhandy **5** bulky, inept **6** clumsy, gauche, klutzy **7** awkward, halting, hulking **8** bumbling, bungling, cumbrous, unwieldy **9** all thumbs, hamhanded, maladroit, ponderous **10** cumbersome, unskillful **12** inconvenient
unhappiness **3** woe **5** blues, dolor, dumps, gloom, grief, worry **6** misery, mishap, sorrow **7** anxiety, sadness **8** distress **9** dejection **10** depression, desolation, discontent, heartbreak, melancholy **11** despondency, dolefulness **12** mournfulness, wretchedness **13** cheerlessness
unhappy **3** sad **4** down, grim **5** sorry **6** dismal, dreary, gloomy **7** joyless **8** dejected, downcast, mournful, saddened, troubled, wretched **9** cheerless, depressed, sorrowful, woebegone **10** despondent, dispirited, melancholy **11** melancholic, unfortunate **12** disconsolate, heavyhearted
unharmed **4** safe **5** sound **6** intact, secure, unhurt **8** unbroken, unmarred **9** protected, undamaged, undefiled, uninjured, unscathed **10** unimpaired **11** unblemished
unhealthiness **7** ailment, disease, illness, malaise **8** debility, sickness **9** infirmity **10** affliction, sickliness **11** decrepitude **13** indisposition
unhealthy **3** ill **4** sick **6** ailing, infirm, sickly, unwell **7** baneful, noisome, noxious, unsound **8** diseased **9** injurious **11** deleterious, unwholesome **12** insalubrious
unheard-of **3** new **6** unique **7** obscure, unknown, unnoted **8** nameless **10** phenomenal, unrenowned **12** uncelebrated **13** extraordinary, unprecedented
unhesitating **7** assured, earnest **8** decisive, positive, resolute **9** confident, immediate, unchecked **10** determined, forthright, purposeful **11** unflinching **12** wholehearted
unhinge **5** addle, craze **6** madden, ruffle **7** derange **9** unbalance
unhinged **3** mad **4** daft, loco, nuts **5** balmy, crazy, loony, wacky **6** insane **7** lunatic, unglued **8** demented, deranged **9** disturbed **10** unbalanced
unholy **4** base, evil, vile **6** impure, sinful, wicked **7** heinous, immoral, impious, profane, ungodly **8** dreadful, fiendish, god-awful, shocking **9** atheistic, barbarous **10** iniquitous, irreverent, outrageous, scandalous, unhallowed **11** irreligious, unbelieving **12** sacrilegious, unsanctified **13** reprehensible
unhorse **5** pitch, throw **6** topple, tumble, unseat **7** buck off **8** dislodge, dismount, overturn, unsaddle **9** overthrow
unhurried **4** easy, slow **7** laggard, relaxed **8** dilatory, laid-back **9** easygoing, leisurely **10** deliberate **11** low-pressure
unhurt **4** safe **5** sound, whole **6** entire, intact **7** perfect **8** unbroken, unharmed, unmarred **9** undamaged, uninjured, unscathed, untouched **10** unimpaired **11** unblemished
unification **5** union **6** fusion, hookup, merger **7** amalgam, joining, linkage, melding, merging **8** alliance, coupling

9 coalition **10** connection, federation **11** affiliation, coalescence, combination **12** amalgamation **13** confederation, consolidation

uniform **4** even, like, suit **5** alike, dress, equal, level **6** attire, outfit, stable, steady **7** ordered, orderly, regular, similar, stabile **8** constant, unvaried **9** consonant, unvarying **10** comparable, consistent, invariable, unchanging **11** homogeneous **13** unfluctuating ***combining form:*** **3** iso ***type:*** **5** blues, habit, khaki **6** livery, whites

uniformity **6** parity **7** oneness **8** equality, evenness, identity, monotony, sameness **9** agreement, congruity, constancy **11** consistency **13** invariability

uniformly **6** always, evenly **7** equally **8** smoothly **10** comparably **11** analogously, identically **12** equivalently

unify **3** tie, wed **4** bind, bond, fuse, knit, link, mesh **5** blend, marry, merge, unite **6** cement, couple **7** combine, conjoin **8** coalesce, compound, federate **9** integrate **10** amalgamate, centralize, synthesize **11** concatenate, consolidate

unimaginable **10** incredible, unknowable **11** unthinkable **12** mind-boggling, unbelievable **13** extraordinary, inconceivable, indescribable

unimaginative **4** dull, flat **5** banal, bland, trite, vapid **6** common **7** literal, prosaic, routine, vanilla **8** bromidic **10** derivative, pedestrian, uncreative, uninspired **11** commonplace

unimpaired **4** safe **5** sound **6** intact, unhurt **7** perfect **8** unbroken, unharmed, unmarred **9** undamaged, uninjured, unscathed **11** unblemished

unimpassioned **4** calm, cool **5** sober, stoic **6** placid, remote, stolid **7** deadpan **8** detached, lukewarm, reserved, tranquil **9** impassive, temperate **10** phlegmatic, spiritless **11** cold-blooded, emotionless **12** matter-of-fact

unimpeachable **5** valid **7** correct **8** flawless, reliable, virtuous **9** blameless, exemplary, faultless, unspotted, unsullied **10** conclusive, impeccable, undisputed **11** unblemished, untarnished **13** authoritative

unimportant **5** minor, petty **6** casual, minute, paltry **7** trivial **8** piddling **9** small-beer, worthless **10** expendable, immaterial, irrelevant, negligible **11** dispensable, meaningless, superfluous **13** insignificant

uninformed **7** unaware **8** ignorant, nescient **9** oblivious, unknowing, unwitting **10** unfamiliar **11** incognizant, superficial **12** unacquainted, undiscerning

uninhabited **5** empty, waste **6** barren, vacant **7** vacated **8** deserted, desolate, forsaken **9** abandoned, evacuated **10** unoccupied

uninhibited **3** lax **4** free **5** loose **8** uncurbed **9** expansive, fancy-free, liberated, unbridled **10** boisterous, ungoverned, unhampered, unreserved **11** spontaneous, unrepressed, untrammeled **12** unrestrained, unsuppressed **13** unconstrained

uninjured **4** safe **5** sound, whole **6** intact, unhurt **8** unharmed, unmarred **9** undamaged, undefiled, unscathed, untouched **10** unimpaired **11** unblemished

uninspired **4** blah, drab, dull **5** banal, stock, trite, vapid **6** boring, leaden, old-hat, stodgy **7** humdrum, insipid, plastic, sterile, vanilla **8** bromidic, lifeless, ordinary **9** colorless **10** lackluster, lacklustre, pedestrian, uncreative, unoriginal **11** commonplace **13** unimaginative

unintelligent **4** dumb **5** dense **6** obtuse, stupid **7** asinine, brutish, doltish, fatuous, foolish, moronic, vacuous, witless **8** mindless **9** brainless, ludicrous **10** half-witted, ill-advised, irrational, ridiculous, weak-minded **11** hare-brained, lamebrained **12** feeble-minded

unintentional **6** chance, random **9** haphazard, unplanned, unwitting **10** accidental, fortuitous, incidental, unexpected, unforeseen, unthinking **11** inadvertent, unconscious, unlooked-for **12** adventitious, coincidental **13** unanticipated

uninterested **5** aloof, blasé, bored, jaded **9** apathetic, incurious, unexcited **10** uninvolved **11** indifferent, unconcerned

uninteresting **3** dry **4** arid, blah, drab, dull, flat **5** banal, dusty, ho-hum, stale **6** boring, jejune **7** humdrum, insipid, prosaic, tedious **8** bromidic, plodding, tiresome **9** colorless, dryasdust, wearisome **10** monotonous, pedestrian, uneventful, unexciting **11** uninspiring

uninterrupted **6** direct **7** endless, nonstop **8** constant, unbroken, unending **9** ceaseless, continual, incessant, perpetual, sustained, unceasing **10** continuous **11** undisturbed, unremitting **12** interminable

uninvited **7** unasked **8** unbidden, unsought **9** intruding **10** gratuitous **11** uncalled-for, unrequested, unsolicited **12** presumptuous

union **4** bloc, bond, club **5** alloy, group, guild, joint **6** fusion, league, merger

7 amalgam, joining, melding, merging, society 8 alliance, congress, coupling, junction, juncture, marriage, sodality 9 coalition 10 connection, federation, fellowship 11 association, brotherhood, coalescence, combination, confederacy, cooperative, unification 13 confederation, consolidation ***labor:*** 3 AFL, CIO, UAW, UMW 5 ILGWU

unique 3 odd, one 4 lone, only, sole, solo 5 alone, novel 6 single 8 peculiar, peerless, singular, solitary, uncommon, unwonted 9 anomalous, exclusive, matchless, unequaled, unmatched, unrivaled 10 inimitable, particular, sui generis, unequalled, unexampled, unrivalled 11 distinctive, exceptional 12 incomparable, unparalleled, unrepeatable 13 extraordinary, idiosyncratic, unprecedented

uniqueness 8 identity 10 singleness 11 peculiarity, singularity 13 individuality

___-Unis 5 Etats

unit 3 arm, one 4 area, item, part, wing 5 digit, group, monad, piece, whole 6 entity 7 element, measure 8 molecule 9 component 10 individual 11 constituent ***administrative:*** 6 agency, bureau, sector 8 district ***boy scout:*** 5 troop ***educational:*** 6 course ***military:*** (see at MILITARY) ***of acceleration:*** 3 gal ***of action:*** 7 episode ***of advertising space:*** 4 line 6 column ***of an element:*** 4 atom 8 molecule ***of angular measure:*** 6 radian ***of area:*** 3 are 4 acre 6 morgen 7 hectare 9 square rod 10 square mile, square yard ***of astronomical distance:*** 6 parsec 9 light-year ***of brightness:*** 7 lambert ***of capacity:*** 3 cup, tun 4 cord, dram, gill, peck, pint 5 liter, litre, minim, ounce, quart 6 barrel, bushel, firkin, gallon ***of computer information:*** 3 bit, gig, meg 4 byte 8 gigabyte, megabyte ***of conductance:*** 3 mho 7 siemens ***of distance:*** 4 mile, yard 5 meter 6 league 7 furlong ***of electricity:*** 3 amp 4 volt, watt 6 ampere 7 coulomb ***of energy:*** 3 erg 5 joule 7 quantum 8 watt-hour ***of explosive force:*** 7 megaton ***of fineness:*** 5 carat, karat ***of force:*** 4 dyne 6 newton 7 poundal ***of frequency:*** 5 hertz 7 fresnel ***of grain:*** 5 sheaf ***of heat:*** 3 BTU 5 therm 7 calorie ***of illumination:*** 3 lux 5 lumen ***of inductance:*** 5 henry ***of length:*** 3 mil, rod 4 foot, hand, inch, mile, rood, yard 5 chain, fermi, meter 6 fathom, micron 7 furlong 9 kilometer ***historic:*** 5 cubit ***of loudness:*** 4 sone 7 decibel ***of lumber:*** 9 board foot ***of magnetic flux:*** 5 gamma, gauss, tesla, weber 7 maxwell ***of magnetic intensity:*** 7 oersted ***of magnetomotive force:*** 7 gilbert ***of pressure:*** 3 bar 4 torr 6 pascal 10 atmosphere ***of radiation:*** 3 rad 8 roentgen ***of radioactivity:*** 5 curie ***of resistance:*** 3 ohm ***of solar radiation:*** 7 langley ***of sound absorption:*** 5 sabin ***of speech:*** 4 word 6 toneme 7 phoneme 8 morpheme, syllable ***of speed:*** 3 CPS, MPH, RPM 4 knot ***of temperature:*** 6 degree, kelvin ***of time:*** 3 day 4 beat, bell, hour, week, year 5 month 6 minute, season, second 8 svedberg ***of viscosity:*** 5 poise ***of volume:*** 9 cubic foot, cubic yard 10 cubic meter ***of weight:*** 3 cwt, ton 4 dram, gram, tael 5 carat, grain, ounce, pound, tonne 6 drachm 7 gigaton, kiloton, quintal, scruple 8 kilogram, millieme 9 metric ton, microgram, milligram ***historic:*** 3 tod 5 gerah, libra ***Indian:*** 4 tola ***Russian:*** 4 pood ***of work:*** 3 erg 5 ergon, joule ***social:*** 4 clan 5 tribe 6 family 7 chapter

unite 3 mix, tie, wed 4 ally, band, bind, bond, fuse, join, knit, link, meld, pool, weld 5 blend, graft, marry, merge, unify 6 cement, couple, gather, league, mingle, splice 7 combine, conjoin, connect 8 assemble, coadjute, coalesce, compound, federate 9 affiliate, aggregate, commingle 10 amalgamate, federalize 11 confederate, incorporate

united 3 one, wed 5 joint 6 allied, linked, merged, wedded 7 made one 8 agreeing, combined, in accord 10 harmonious

United Arab Emirates ***capital:*** 8 Abu Dhabi ***city:*** 5 Dubai 6 Dubayy ***coast:*** 6 Pirate 7 Trucial ***emirate:*** 5 Dubai 6 Dubayy 8 Abu Dhabi ***former name:*** 13 Trucial States ***gulf:*** 4 Oman 7 Persian ***monetary unit:*** 6 dirham ***neighbor:*** 4 Oman 11 Saudi Arabia ***peninsula:*** 7 Arabian ***strait:*** 6 Hormuz

United Kingdom ***capital:*** 6 London ***city:*** 3 Ely 4 Bath 5 Derby, Dover, Leeds 6 Exeter, Oxford 7 Bristol, Cardiff, Glasgow, Paisley 8 Bradford, Brighton, Coventry, Plymouth 9 Cambridge, Edinburgh, Leicester, Liverpool, Newcastle, Sheffield 10 Birmingham, Manchester, Nottingham 11 Bournemouth ***colony:*** 8 Falkland (Islands) ***component:*** 5 Wales 7 England 8 Scotland 12 Great Britain ***conqueror:*** 6 Caesar (Julius) 7 William (the Conqueror) ***island:*** 3 Man 4 Jura, Skye 5 Islay, Lewis, Wight 6 Jersey 8 Anguilla, Guernsey, Mainland ***island group:*** 6 Orkney 7 Channel 8 Hebrides, Shetland ***language:*** 5 Welsh 6 Gaelic 7 English

leader: **8** Cromwell (Oliver) **9** Churchill (Winston) ***monarch:*** **4** Anne, Mary **5** Henry, James **6** Alfred (the Great), Edward, George **7** Charles, Richard, William **8** Victoria **9** Elizabeth ***monetary unit:*** **5** pence, penny, pound ***monetary unit, former:*** **3** bob **5** crown, groat **6** florin, guinea **7** ha'penny **8** farthing, shilling, sixpence **9** halfpenny **10** threepence ***mountain, range:*** **7** Scafell (Peak), Snowdon **8** Ben Nevis, Cumbrian, Grampian **12** Cheviot Hills ***peninsula:*** **7** Kintyre ***prehistoric site:*** **7** Avebury **9** Skara Brae **10** Stonehenge ***river:*** **3** Dee, Exe, Wye **4** Aire, Avon, Ouse **5** Clyde **6** Mersey, Severn, Thames ***sea:*** **5** Irish, North **6** Celtic ***territory:*** **8** Anguilla

United Nations ***secretary-general:*** **3** Lie (Trygve) **5** Annan (Kofi), Thant (U) **8** Waldheim (Kurt) **12** Boutros-Ghali (Boutros), Hammarskjöld (Dag) **14** Pérez de Cuéllar (Javier)

United States ***desert:*** **6** Mojave **7** Sonoran **8** Colorado ***highest point:*** **6** Denali (Mt.) **8** McKinley (Mt.) ***island:*** **6** Hawaii, Kodiak, Unimak **7** Nunivak **9** Admiralty, Chichagof **10** St. Lawrence **13** Prince of Wales ***island group:*** **3** Fox **6** Hawaii **8** Aleutian, Pribilof, Thousand ***lowest point:*** **11** Death Valley ***mountain range:*** **5** Coast, Green, Ozark, Rocky, White **7** Cascade, Olympic **9** Blue Ridge, Catskills **10** Adirondack, Great Smoky **11** Appalachian **12** Sierra Nevada ***national park:*** **4** Zion **6** Denali **7** Glacier, Olympic, Redwood, Sequoia **8** Badlands, Carlsbad, Wind Cave, Yosemite **9** Mesa Verde, Mt. Rainier **10** Everglades, Grand Teton, Hot Springs, Isle Royale, Shenandoah **11** Dry Tortugas, Grand Canyon, Kenai Fjords, Mammoth Cave, Yellowstone ***possession:*** **10** Puerto Rico ***state:*** **4** Iowa, Ohio, Utah **5** Idaho, Maine, Texas **6** Alaska, Hawaii, Kansas, Nevada, Oregon **7** Alabama, Arizona, Florida, Georgia, Indiana, Montana, New York, Vermont, Wyoming **8** Arkansas, Colorado, Delaware, Illinois, Kentucky, Maryland, Michigan, Missouri, Nebraska, Oklahoma, Virginia **9** Louisiana, Minnesota, New Jersey, New Mexico, Tennessee, Wisconsin **10** California, Washington **11** Connecticut, Mississippi, North Dakota, Rhode Island, South Dakota **12** New Hampshire, Pennsylvania, West Virginia **13** Massachusetts, North Carolina, South Carolina ***territory:*** **4** Guam **13** American Samoa, Virgin Islands

unity **5** union **6** accord **7** concord, harmony, oneness **8** identity, soleness **9** agreement, consensus **10** continuity, singleness, solidarity

universal **3** all **5** broad, total, whole **6** common, cosmic, entire, global **7** general, generic **8** catholic **9** extensive, planetary, unlimited, worldwide **10** ecumenical, ubiquitous **11** omnipresent **12** all-embracing, all-inclusive, cosmopolitan **13** comprehensive ***combining form:*** **4** omni

universe **3** all **5** whole, world **6** cosmos, system **8** creation **9** macrocosm

unjust **5** wrong **6** biased, shabby, unfair **7** partial, unequal **8** one-sided, improper, wrongful **9** inequable **10** prejudiced, undeserved **11** inequitable, unrighteous

unjustifiable **5** undue **7** invalid **8** baseless **9** unfounded, untenable **10** groundless **11** inexcusable, unsupported, unwarranted **12** indefensible

unkempt **5** messy **6** frowsy, frowzy, shaggy, sloppy, untidy **7** ruffled, rumpled, scruffy, tousled **8** scraggly, slipshod, slovenly, uncombed **10** bedraggled, disarrayed, disheveled, disordered, unpolished **11** disarranged

unkind **4** mean, vile **5** cruel, harsh, rough, stern **6** severe **7** callous **8** uncaring **9** inclement, malicious **10** ungenerous, ungracious **11** insensitive, thoughtless, unfavorable **12** uncharitable **13** unsympathetic

unknowable **6** arcane, hidden, mystic, occult, secret **7** cryptic **8** mystical, numinous **9** enigmatic, recondite **10** mysterious **11** inscrutable, ungraspable **12** impenetrable, unfathomable

unknowing **6** unwary **7** unaware **8** heedless, ignorant **9** oblivious, unmindful, unwitting **10** insensible, unfamiliar, uninformed **11** incognizant **12** unsuspecting

unknown **6** hidden, nobody, secret **7** obscure, strange **8** nameless **9** anonymous, incognito

unlawful **6** banned **7** bootleg, corrupt, crooked, illegal, illicit, immoral **8** criminal, outlawed, wrongful **9** forbidden, felonious, nefarious **10** contraband, flagitious, indictable, iniquitous, prohibited, proscribed, unlicensed **11** black-market **12** illegitimate, unauthorized

unlearned **5** naive **6** unread **7** unaware **8** ignorant, nescient, untaught **10** illiterate, uneducated, unlettered, unschooled **11** instinctive **13** unenlightened

unleash **4** free, vent **5** let go, loose,

untie, visit, wreak **6** unbind **7** inflict, release **8** carry out, liberate **10** bring about

unless **3** but **4** save **6** except, saving **7** barring, but that, without **9** excepting, excluding

unlettered see UNEDUCATED

unlikable **9** obnoxious, offensive, repellent **10** unpleasant **11** displeasing, distasteful **12** disagreeable

unlike **5** mixed **7** diverse, unequal, various **8** assorted **9** different, disparate, divergent **10** dissimilar **11** distinctive, diversified **13** heterogeneous

unlikely **5** faint, unfit **6** remote, slight **7** distant, dubious **8** doubtful **10** far-fetched, improbable, unsuitable **11** implausible, unpromising **12** questionable

unlimited **4** full, vast **5** total **6** untold **7** endless, immense **8** absolute, infinite, wide-open **9** boundless, countless, unbounded, universal **10** unconfined, unfettered **11** unqualified, untrammeled **12** immeasurable, interminable, unrestrained, unrestricted **13** comprehensive, unconditional, unconstrained

unlit **4** dark, inky **6** gloomy **9** lightless

unload **4** drop, dump, junk **5** chuck, ditch, empty **6** debark, remove **7** confess, confide, deep-six, deliver, discard, divulge, lighten, relieve **8** disclose, disgorge, jettison **9** disburden, discharge, disembark, eighty-six, stevedore **11** disencumber

unloose **4** free, undo **5** let go, relax, untie **6** detach, unbind **7** break up, manumit, release, set free, slacken **8** liberate, uncouple, unfasten **9** disengage, extricate, untighten **10** disconnect

unlucky **6** jinxed **7** hapless, ominous **8** ill-fated, untoward **9** ill-boding **10** ill-starred **11** detrimental, inopportune, regrettable, star-crossed, unfavorable, unfortunate **12** inauspicious, unpropitious

unmanageable **4** wild **5** balky, bulky **6** unruly **7** awkward **8** contrary, cumbrous, perverse, stubborn, unwieldy **9** fractious, obstinate **10** cumbersome, disorderly, headstrong, inflexible, rebellious, refractory **11** intractable **12** obstreperous, recalcitrant, ungovernable **13** uncooperative, undisciplined

unmannered **4** rude **5** crude, rough **6** coarse, gauche **7** boorish, ill-bred, loutish **8** impolite **10** indecorous, ungracious **12** discourteous **13** disrespectful

unmarred **5** sound, whole **6** intact, unhurt **7** perfect **8** pristine, unflawed, unharmed **9** undamaged, undefiled, unscathed, unstained **10** unimpaired **11** unblemished, untarnished

unmask **6** debunk, detect, expose, reveal, show up, unveil **7** deflate, uncover **8** disclose, discover, disprove **9** demystify

unmatched **3** odd **4** only **5** alone **6** unique **8** peerless, singular **9** unequaled, unrivaled **10** inimitable, unequalled, unrivalled **11** exceptional **12** incomparable, unparalleled

unmerciful **5** cruel, harsh **6** brutal **7** callous, extreme **8** inhumane, pitiless, ruthless, uncaring, vengeful **9** heartless, unfeeling, unsparing **10** relentless

unmindful **7** unaware **8** careless, heedless **9** forgetful, negligent, oblivious, unheeding, unwitting **10** abstracted, distracted, neglectful **11** inattentive

unmistakable **5** clear, frank, plain **6** patent **7** certain, decided, evident, express, obvious **8** apparent, definite, distinct, explicit, manifest, palpable **11** unambiguous, unequivocal

unmitigated **4** pure, rank **5** gross, sheer, utter **6** arrant **7** perfect, unmixed **8** absolute, clearcut, complete, outright **9** downright, out-and-out, unalloyed, undiluted **10** consummate, unmodified, unrelieved **11** straight-out, unqualified **12** unalleviated **13** thoroughgoing, unadulterated

unmixed **4** mere, neat, pure **5** plain, sheer, utter **6** simple **7** perfect, sincere **8** absolute, straight **9** unalloyed, unblended, undiluted, undivided **11** unmitigated, unqualified **13** unadulterated

unmoved **4** calm, cool, firm **5** aloof, stony **6** stolid **7** adamant, callous, stoical **8** obdurate **9** impassive, untouched **10** insensible, untroubled **11** unconcerned, unemotional, unimpressed **12** unresponsive

unnamed **5** incog **6** secret **7** obscure, unknown **9** anonymous, incognito **11** unspecified **12** unidentified

unnatural **7** uncanny **8** aberrant, abnormal **9** anomalous, contrived, irregular, synthetic **10** artificial, fabricated, factitious

unnecessary **6** excess **7** surplus **8** needless, optional, prodigal **9** redundant **10** expendable, extraneous, gratuitous, unrequired **11** dispensable, inessential, superfluous, uncalled-for, unessential **12** nonessential

unnerve **5** daunt, shake, throw, upset **6** dismay, rattle **7** agitate, fluster, perturb, unhinge 8 bewilder, confound 9 undermine 10 demoralize, disconcert, discourage, dishearten, intimidate

unobstructed 4 open 5 clear 8 passable 9 unblocked, unimpeded 10 unhampered, unhindered 12 unrestricted

unobtrusive 5 quiet 6 modest 7 subdued 8 reserved, retiring, tasteful 10 restrained 13 inconspicuous

unoccupied 4 free, idle 5 empty 6 vacant 7 jobless, vacated 8 deserted 9 abandoned, available 10 employable, unemployed 11 uninhabited

unofficial 7 pirated, private, wildcat 8 informal 9 irregular 10 unapproved, unorthodox 12 unauthorized, unsanctioned

unorganized 7 aimless, chaotic, muddled 8 confused, inchoate, nebulous, rambling, unformed 9 amorphous, arbitrary, haphazard, shapeless, unplanned 10 disjointed, disordered, incoherent, incohesive 11 spontaneous

unoriginal 5 banal, stock 6 copied, old-hat 7 clichéd, humdrum, prosaic, sterile 8 borrowed, ordinary 9 hackneyed, imitative 10 derivative, uninspired 11 commonplace, plagiarized, uninventive 12 conventional 13 unimaginative

unornamented 4 bare 5 plain, spare, stark 6 chaste, modest, severe, simple 7 austere 9 unadorned 11 unelaborate, ungarnished 13 unembellished, unembroidered

unorthodox 3 odd 5 kinky, novel, weird 6 far-out 7 strange, unusual 8 abnormal 9 different, dissident, eccentric, heretical, irregular, sectarian 10 schismatic, unexpected 13 nonconformist

unorthodoxy 6 heresy, schism 7 dissent 8 variance 9 disbelief, ingenuity, recusancy 10 contention, dissidence, innovation 13 nonconformism, nonconformity

unpaid 3 due 5 owing 6 mature 7 donated, overdue, payable, pro-bono 8 freewill, honorary, wageless 9 unsettled, voluntary, volunteer 10 delinquent, gratuitous, receivable, unsalaried 11 contributed, outstanding 13 uncompensated, unremunerated

unpalatable 8 unsavory 10 flavorless 11 distasteful 12 unappetizing

unparalleled 6 unique 8 peerless, singular 9 matchless, unequaled, unmatched, unrivaled 10 inimitable, unequalled, unrivalled 11 exceptional 12 incomparable

unplanned 5 fluky 6 chance, random 7 aimless 9 desultory, haphazard, hit-or-miss 10 accidental, unexpected, unforeseen, unintended 11 inadvertent 12 adventitious, coincidental, unconsidered 13 unintentional

unpleasant 4 sour 5 seamy 7 painful 8 annoying 9 offensive, troubling 10 disturbing, irritating 11 displeasing, distasteful, distressing 12 disagreeable 13 objectionable

unpolished 4 rude 5 crude, gruff, rough 6 crusty, unhewn, vulgar 7 brusque, uncivil, uncouth 8 homespun, unworked 9 inelegant, roughhewn, unrefined 10 amateurish, uncultured, unfinished, ungracious 11 ill-mannered, uncivilized 12 discourteous

unpredictable 4 iffy 5 dicey, fluky 6 chancy, fickle, random, touchy 7 erratic, mutable 8 unstable, variable, volatile 9 arbitrary, mercurial, uncertain, whimsical 10 capricious, changeable 13 unforeseeable

unprejudiced 4 fair, just 5 equal 8 balanced, unbiased 9 equitable, impartial, objective, unbigoted, uncolored 10 even-handed, fair-minded, open-minded 11 nonpartisan 12 uninfluenced 13 disinterested, dispassionate

unpressed 7 rumpled, wrinkly 8 crinkled, puckered, wrinkled

unpretentious 5 frank, plain 6 candid, honest, modest, simple 7 genuine 8 ordinary 9 unadorned 10 forthright, unaffected, unassuming 11 plain-spoken

unprincipled 5 venal 7 corrupt, crooked, immoral 9 deceitful, dishonest, dissolute, mercenary, reprobate, unethical 10 inconstant, iniquitous, profligate, unfaithful 11 underhanded 12 unscrupulous

unproductive 4 vain 6 barren, futile 7 sterile, useless 8 bootless, depleted, feckless, impotent 9 fruitless, infertile 10 unavailing 11 ineffectual 12 hard-scrabble

unprofitable 4 idle, vain 6 barren, futile 7 useless 8 bootless 9 fruitless 10 unavailing 11 ineffective 12 unproductive, unsuccessful

unprogressive 8 orthodox 9 illiberal 11 traditional 12 conservative

unpropitious 4 grim 5 bleak 7 ominous, unlucky 9 ill-boding, ill-omened 10 foreboding 11 inopportune, threatening, unfavorable 12 discouraging 13 disheartening

unprosperous 4 poor 5 needy 8 strapped 9 penurious 11 impecunious

unprotected 6 unsafe 7 exposed 8 helpless, insecure 9 unguarded 10 endangered, undefended, unshielded, vulnerable **11** defenseless, susceptible, unsheltered

unproved **7** untried **8** untested **10** postulated **11** conjectural, preliminary, provisional, speculative, theoretical **12** experimental, hypothetical

unpunctual **4** late **5** tardy **6** remiss **7** belated, delayed, overdue **10** behindhand, delinquent

unqualified **4** firm, rank **5** sheer, total, unfit, utter **7** express **8** absolute, explicit, unfitted **9** incapable, out-and-out, steadfast, unalloyed, undiluted, unskilled **10** ineligible, unequipped, unreserved, unsuitable **11** ill-equipped, incompetent, unmitigated **12** wholehearted **13** unadulterated, unconditional

unquenchable **6** crying **7** buoyant, exigent **8** pressing, yearning **9** demanding, insatiate, insistent **10** insatiable **12** effervescent, unrestrained **13** irrepressible, unconstrained

unquestionable **4** real, sure, true **7** certain, genuine **8** absolute, bona fide **9** authentic, undoubted **10** sure-enough, undeniable **11** established, indubitable, self-evident, well-founded **12** indisputable, well-grounded **13** authoritative, incontestable, unimpeachable

unquestioning **4** firm, sure **5** fixed **6** steady **7** abiding **8** enduring, gullible, resolute, trusting, unshaken **9** accepting, believing, credulous, steadfast **10** uncritical, undoubting, unshakable, unwavering **11** unfaltering, unqualified **12** never-failing, unhesitating, unsuspecting, unsuspicious, wholehearted

unravel **5** break, solve **6** answer, decode, unknit, unwind **7** clear up, dope out, explain, resolve, unsnarl **8** decipher, dissolve, untangle **9** elucidate, extricate, figure out, interpret, puzzle out, translate **11** disentangle

unreadable **7** deadpan **9** illegible **10** poker-faced **11** inscrutable **12** hieroglyphic **13** cacographical

unreal **4** fake **5** false **6** fabled **7** fictive **8** chimeric, fanciful, illusory, mythical **9** fantastic, fictional, imaginary, imitation **10** artificial, chimerical, fictitious, improbable, incredible **11** nonexistent **12** unbelievable ***combining form:*** **5** pseud **6** pseudo

unrealistic **7** blue-sky, idyllic, utopian **8** fanciful, quixotic, romantic **9** distorted, idealized, overblown **10** far-fetched, ivory-tower, overstated, starry-eyed, unworkable **11** exaggerated, extravagant, impractical, sensational

unreasonable **5** undue **6** absurd **7** invalid **9** arbitrary, excessive, illogical, senseless, sophistic **10** exorbitant, fallacious, headstrong, immoderate, inordinate, irrational, peremptory, ridiculous **11** extravagant, incongruous, nonsensical, uncalled-for, unwarranted **12** preposterous **13** unjustifiable

unreasoned **7** invalid, unsound **9** deceptive, illogical, sophistic, unfounded **10** fallacious, ill-founded, irrational, misleading, ungrounded **11** nonrational

unrefined **3** raw **4** rude **5** crass, crude, rough, tacky **6** coarse, earthy, impure, vulgar **7** natural, uncouth **9** graceless, inelegant, maladroit, roughhewn **10** uncultured, unpolished **11** ill-mannered, uncivilized, unprocessed **12** uncultivated

unreflective **6** casual **7** offhand **8** careless, feckless, heedless, mindless **9** imprudent, impulsive, oblivious, unheeding **10** indiscreet, nonchalant, unthinking **11** inadvertent, perfunctory, thoughtless **13** ill-considered

unrehearsed **7** offhand **8** informal **9** extempore, impromptu, unstudied **10** improvised, off-the-cuff, unprepared **11** extemporary, spontaneous **12** extemporized

unrelated **8** discrete, separate **9** different, disparate **10** dissimilar, extraneous, irrelevant **11** independent

unrelenting **3** set **4** grim **5** stern **7** adamant, endless **8** constant, resolute, ruthless, tireless **9** ceaseless, continual, hard-nosed, incessant, tenacious, unbending, unsparing **10** continuous, determined, implacable, inexorable, inflexible, persistent, unflagging, unshakable, unwavering, unyielding **12** unappeasable

unreliable **6** fickle, shifty, tricky, unsafe **7** dubious **8** fallible, slippery, two-faced **9** deceitful, deceptive, faithless, trustless, unassured, uncertain **10** capricious, fly-by-night, inaccurate, inconstant, perfidious, unfaithful **11** vacillating **12** falsehearted, questionable, unconvincing, undependable **13** irresponsible, unpredictable, untrustworthy

unremarkable **4** so-so **5** plain, usual **6** common, decent, normal **7** average, mundane, prosaic, routine, vanilla **8** adequate, everyday, familiar, habitual, mediocre, ordinary, workaday **9** customary, quotidian, tolerable **11** commonplace, nondescript **12** run-of-the-mill **13** unexceptional

unremitting **7** abiding, chronic, endless,

lasting, nonstop **8** constant, enduring, unending **9** ceaseless, continual, incessant, perennial, perpetual, sustained, unceasing **10** continuous, persistent, persisting, relentless **12** interminable **13** uninterrupted

unrepentant 10 impenitent **11** remorseless **12** unregenerate

unrepresentative 7 deviant, unusual **8** aberrant, abnormal, atypical **9** anomalous, divergent, eccentric, irregular, untypical **11** exceptional, heteroclite **13** nonconforming

unreserved 4 open **5** frank, plain **6** candid **7** sincere **8** effusive, explicit, informal, outgoing, outright **9** expansive, talkative **10** definitive **11** forthcoming, openhearted, unconcealed, undisguised, unqualified, unvarnished **13** demonstrative, unconstrained

unresolved 4 moot **7** pending **8** hesitant, wavering **9** faltering, tentative, uncertain, undecided, unsettled **10** ambivalent, hesitating, indecisive, irresolute, unanswered **11** vacillating

unrespectable 3 low **5** shady **6** shabby, shoddy **8** shameful, unworthy **10** inglorious **11** disgraceful, ignominious **12** dishonorable, disreputable **13** discreditable

unresponsive 4 cold **5** aloof, stoic **6** frigid, remote, stolid **7** distant, passive **8** detached, reserved **9** inhibited, withdrawn **10** forbidding, insentient **11** insensitive, passionless, unemotional **12** uninterested **13** insusceptible, unsusceptible

unrest 6 strife, tumult **7** anarchy, anxiety, ferment, tension, turmoil **8** disorder, disquiet, distress, edginess, upheaval **9** agitation, commotion, confusion **10** inquietude, turbulence, uneasiness **11** disquietude, disturbance, instability **12** perturbation **13** Sturm und Drang

unrestrained 5 bluff, blunt, frank **6** candid, wanton **7** rampant **8** outgoing, uncurbed **9** audacious, excessive, expansive, indulgent, unbridled **10** forthright, immoderate, implacable, inordinate, ungoverned, unhampered **11** extravagant, impassioned, intemperate, overwrought, plainspoken, spontaneous, uninhibited, untrammeled **12** uncontrolled **13** demonstrative, irrepressible, overindulgent

unrestricted 4 free, full, open **9** boundless, extensive, unlimited **10** accessible, unconfined, unfettered, unhampered **11** far-reaching, unqualified, wide-ranging **12** unobstructed **13** unconditional

unripe 3 raw **5** green, young **6** callow, jejune **7** untried **8** emergent, immature, juvenile, unformed, youthful **9** unfledged, untrained **10** unprepared, unseasoned **11** undeveloped **13** inexperienced

unrivaled 4 only, sole **5** alone **6** unique **7** leading, stellar, supreme **8** champion, foremost, greatest, peerless **9** matchless, paramount, principal, unequaled, unmatched **10** inimitable, preeminent, unequalled **11** outstanding, predominant, unsurpassed **12** incomparable, transcendent, unparalleled

unroll 6 expose, extend, reveal, unfurl, unwind **7** exhibit, open out **8** disclose **9** spread out

unromantic 5 sober **8** sensible **9** practical, pragmatic, realistic **10** hard-boiled, hardheaded **11** down-to-earth, levelheaded, utilitarian **12** businesslike, matter-of-fact **13** unsentimental

unruffled 4 calm, cool **6** poised, placid, serene, smooth **7** equable, unmoved **8** composed, tranquil **9** collected, unexcited **10** nonchalant, untroubled **11** unconcerned, undisturbed, unflappable **13** imperturbable, self-possessed

unruly 4 wild **5** rowdy **7** froward, naughty, raucous, wayward, willful **8** contrary, perverse, untoward **9** fractious, obstinate, turbulent **10** boisterous, disorderly, headstrong, ill-behaved, rebellious, refractory, tumultuous **11** disobedient, indomitable, intractable **12** contumacious, incorrigible, obstreperous, rambunctious, recalcitrant, ungovernable, unmanageable **13** undisciplined

unsafe 5 risky, shaky **6** chancy **7** erratic, harmful, parlous, rickety, tottery, unsound **8** insecure, perilous, slippery, unstable **9** dangerous, hazardous, uncertain **10** precarious, ramshackle, unreliable, vulnerable **11** threatening, treacherous **12** undependable

unsaid 5 known, tacit **6** silent **7** assumed, implied **8** accepted, implicit, indirect, inferred, presumed, unspoken, unstated, wordless **9** customary, unuttered **10** insinuated, undeclared, understood **11** traditional, unexpressed

unsatisfactory 3 bum **4** lame **5** amiss **8** mediocre **9** defective, deficient **10** inadequate **11** displeasing, substandard **12** unacceptable **13** disappointing,

unsavory 4 rank **5** gross, shady **6** rancid **7** insipid **9** repugnant, repulsive, sickening, tasteless **10** disgusting, flavorless **11** distasteful, ill-flavored, unpalatable **12** disagreeable, unappetizing

unsay 4 lift, void 6 abjure, cancel, disown, recall, recant, revoke 7 nullify, rescind, retract, reverse, suspend 8 abnegate, abrogate, disclaim, forswear, renounce, take back, withdraw 11 countermand

unscathed 4 safe 5 sound, whole 6 intact, unhurt 8 unharmed 9 uninjured, unscarred, untouched 11 unscratched

unscented 8 odor-free, odorless

unschooled 5 naive 7 artless, natural, vacuous 8 ignorant, untaught 9 ingenuous, unstudied, untrained, untutored 10 illiterate, unaffected, uneducated, unlettered 11 empty-headed 12 unartificial, uninstructed

unscramble 5 solve, untie 6 unwind 7 clarify, resolve, restore, sort out, unravel, untwine 8 untangle 9 extricate 11 disentangle 12 disembarrass

unscrupulous 5 shady, venal 7 corrupt, crooked, knavish 8 scheming, wrongful 9 deceitful, dishonest, mercenary, shameless, underhand, unethical 11 underhanded 12 dishonorable, exploitative, unprincipled

unseasonable 8 ill-timed, untimely 12 inconvenient

unseasoned 3 raw 4 flat 5 bland, fresh, green, young 6 callow 7 untried 8 immature 9 credulous, tasteless, unfledged, untrained 10 flavorless 11 unpracticed 13 inexperienced

unseat 3 axe, can 4 boot, buck, fire, oust, sack 5 eject, pitch, purge, throw 6 depose, recall, remove 7 buck off, dismiss, unhorse 8 dethrone, dislodge, displace 9 ostracize

unseemliness 5 gaffe 7 blunder, faux pas 8 solecism 9 barbarism, gaucherie, immodesty, impudence, indecency, vulgarity 10 coarseness, imprudence, incivility, indelicacy 11 impropriety 12 indiscretion

unseemly 8 improper, untoward 9 inelegant, unrefined 10 indecorous, indelicate, malapropos, unbecoming, unsuitable 11 unbefitting 13 inappropriate

unseen 6 hidden 9 concealed, invisible, unnoticed 10 overlooked, unobserved 11 unsuspected

unsentimental see UNROMANTIC

unserviceable 7 useless 10 inoperable, unfeasible, unworkable 11 impractical, unrealistic 13 impracticable, nonfunctional

unsettle 3 vex 4 faze 5 spook, upset 6 bother, flurry, jumble, rattle, ruffle 7 agitate, disturb, fluster, perturb, trouble, unhinge, unnerve 8 bewilder, confound, disarray, disorder, disquiet 9 discomfit 10 disarrange, discompose, disconcert 11 disorganize

unsettled 3 due 4 open 5 fluid, owing, shaky 6 mobile, queasy, shaken, uneasy, unpaid 7 anxious, dubious, mutable, overdue, payable, pending, restive 8 agitated, bothered, doubtful, frontier, restless, troubled, unstable, unsteady, variable 9 disturbed, uncertain, undecided 10 changeable, indecisive, unbalanced, unresolved 11 outstanding, problematic 12 undetermined

unsex 3 fix 4 geld, spay 5 alter 6 change, neuter 8 castrate 9 sterilize 10 emasculate

unshackle 4 free 5 loose 6 loosen, unbind 7 manumit, release, unchain 8 liberate, unfetter 10 emancipate

unshakable 4 firm, sure 5 fixed 6 stable, steady 7 abiding, adamant, settled, staunch 8 resolute 9 steadfast, tenacious, unbending 10 determined, persistent, unwavering, unyielding 11 unfaltering, unrelenting 12 never-failing 13 unquestioning

unshaped 5 vague 7 nascent 8 formless, inchoate, unformed 9 amorphous, embryonic 11 preliminary, undeveloped 13 indeterminate

unshared 4 sole 6 single, unique 7 private 8 singular 9 exclusive, undivided 10 individual 11 distinctive

unshod 8 barefoot, shoeless 9 discalced 10 barefooted

unsightly 4 ugly 5 gross 6 grisly 7 hideous 9 repulsive 10 ill-favored 12 unattractive

unskillful 5 inept 6 clumsy, gauche 7 awkward, unhandy 8 bumbling, bungling, inexpert 9 ham-handed, incapable, maladroit, stumbling, untrained 11 unpracticed 13 unworkmanlike

unsnarl see UNTANGLE

unsociable 3 shy 4 cold, cool 5 aloof, timid 6 offish, remote, shut-in 7 distant 8 reserved, secluded, solitary 9 diffident, reclusive, unbending, withdrawn 10 unfriendly 11 introverted, standoffish 12 inaccessible, unneighborly

unsoiled 5 clean 8 spotless 9 unspotted, unstained, unsullied, untainted 10 immaculate 11 unblemished, untarnished

unsophisticated 5 corny, green, naive 6 callow, folksy, rustic, simple 7 artless, natural, sincere, uncouth 8 gullible, innocent 9 childlike, ingenuous, unrefined, unworldly

unsorted 5 mixed 6 divers, motley, sundry, varied 7 diverse, jumbled, mingled **8** ungraded **9** disparate, scrambled, unmatched, unrefined **10** variegated **11** diversified **12** multifarious **13** heterogeneous, miscellaneous

unsought **7** unasked, willing **8** unbidden, unwanted **9** undesired, uninvited, unwelcome, voluntary **10** gratuitous, unprompted **11** spontaneous, unrequested, unsolicited

unsound **3** mad **4** weak **5** false, frail, shaky, wrong **6** faulty, flawed, flimsy, infirm, insane, sickly, untrue, weakly **7** cracked, damaged, fragile, invalid **8** decrepit, demented, deranged, specious **9** defective, erroneous, imperfect, incorrect, unhealthy **13** insubstantial

unsparing **5** ample, harsh, stern, tough **6** lavish, severe, strict **7** copious, liberal, onerous, profuse **8** abundant, exacting, generous, prolific, rigorous, ruthless **9** bounteous, bountiful, demanding, plenteous **10** freehanded, munificent, openhanded, unmerciful **11** magnanimous

unspeakable **4** dire, evil **5** awful **6** grisly **7** beastly, ghastly, hateful, heinous, hideous **8** dreadful, ghoulish, gruesome, horrific, shocking **9** appalling, atrocious, execrable, frightful, loathsome, monstrous, obnoxious, repugnant, repulsive, revolting **10** abominable, detestable, disgusting, horrendous, outrageous, scandalous **11** unutterable **13** inexpressible

unspoiled **5** ideal **6** intact, virgin **7** halcyon, idyllic, perfect, untamed **8** arcadian, pastoral, pristine, virginal **9** idealized, undamaged, undefiled, untouched **10** unimpaired **11** unblemished, uncorrupted

unspoken **4** mute **5** tacit **6** hinted, silent, unsaid **7** assumed, implied **8** implicit, inferred, presumed, unstated, wordless **9** intimated, suggested, unuttered **10** undeclared, understood **11** unexpressed

unstable **5** fluid, shaky **6** fickle, shifty, tricky, wobbly **7** dubious, protean, rickety, suspect **8** insecure, rootless, slippery, ticklish, unsteady, variable, volatile, wavering **9** ambiguous, changeful, fluctuant, irregular, mercurial, teetering, uncertain, unsettled **10** capricious, inconstant, precarious **11** vacillating **13** temperamental, unpredictable

unstated **5** tacit **6** latent, unsaid **7** assumed, implied **8** implicit **10** understood

unsteady **5** rocky, shaky, tippy **6** uneven, wobbly **7** erratic, mutable, rickety, varying **8** shifting, unstable, variable **9** changeful, irregular, tottering **10** changeable, inconstant ***British:*** **5** wonky

unstudied **5** naive **6** casual, improv, simple **7** artless, natural, offhand **8** careless, informal, unforced, unversed **9** extempore, guileless, impromptu, ingenuous, makeshift, unlabored, unlearned, unplanned, untutored **10** improvised, nonchalant, unaffected, unpolished, unschooled **11** extemporary, spontaneous, uncontrived, unrehearsed **13** improvisatory

unstylish **4** drab, dull **5** dated, dowdy, fusty, passé, ratty, tacky **6** démodé, frumpy, old-hat, shabby, stodgy **7** vintage **8** outdated, outmoded **9** inelegant, moth-eaten, out-of-date **10** antiquated, oldfangled **12** old-fashioned **13** unfashionable

unsubstantial **4** thin **5** frail, shaky **6** feeble, flimsy, infirm **7** fragile, shadowy, tenuous, unsound **8** ethereal, illusory **9** dreamlike, imaginary, spiritual, unearthly **10** immaterial, impalpable, intangible **11** implausible, incorporeal, nonmaterial, nonphysical **12** metaphysical

unsuitable **5** inapt, undue, unfit **7** awkward, jarring **8** ill-timed, improper, unfitted, unseemly, untimely **9** ill-suited **10** ill-adapted, inadequate, inapposite, malapropos, mismatched, unbecoming **11** inadvisable, inopportune, unbefitting, unqualified **12** incompatible, infelicitous, unacceptable, unseasonable **13** inappropriate

unsullied **4** pure **5** clean **6** chaste **8** flawless, spotless, unsoiled **9** blameless, exemplary, guiltless, stainless, taintless, undefiled **10** immaculate **11** unblemished, untarnished

unsure **5** dicey, shaky **6** wobbly **7** dubious, unclear **8** doubtful, insecure, unstable, wavering **9** fluctuant, skeptical, uncertain, undecided **10** ambivalent, indecisive, irresolute, unreliable **11** unconvinced, vacillating **12** questionable, undependable **13** indeterminate, untrustworthy

unsurpassable **7** supreme **8** ultimate **9** matchless **10** consummate, preeminent **12** transcendent

unsusceptible **6** immune, inured **8** hardened **9** impassive, resistant **10** impervious **11** insensitive **12** invulnerable, unresponsive

unsuspecting **5** naive **6** unwary **8** gullible, trustful, trusting **9** confiding, credulous, imprudent **10** incautious

unswerving see UNFALTERING
unsympathetic 4 cold, cool 5 chill, stony 6 averse 7 callous, haughty, unmoved 8 detached, lukewarm 9 apathetic, unfeeling, unpitying 10 disdainful, hard-boiled 11 coldhearted, hardhearted, indifferent, insensitive, unconcerned, uncongenial 12 contemptuous, stonyhearted, unresponsive 13 disinterested
untactful 4 flip, rash, rude 5 brash, nervy 6 brazen 8 flippant, insolent 9 audacious, impolitic, imprudent, maladroit 10 indiscreet 11 impertinent, thoughtless 12 presumptuous, undiplomatic
untamed 4 wild 5 brute, feral 6 carnal, fierce, savage 7 bestial, brutish 8 barbaric 9 primitive 11 uncivilized
untangle 5 solve 7 clear up, explain, resolve, unravel, unsnarl, untwine, untwist 9 elucidate, extricate, interpret 10 disembroil, disentwine, straighten, unscramble 11 disencumber 12 disembarrass
untaught 5 naive 7 natural 8 ignorant, nescient 9 intuitive, untrained, untutored 10 uneducated, unlettered, unschooled 11 empty-headed, instinctive, instinctual, spontaneous 12 uncultivated, uninstructed
untempered 6 wanton 7 extreme 9 excessive 10 gratuitous, immoderate, inordinate 11 extravagant 12 unrestrained
untenable 5 wrong 6 faulty, flimsy 10 inadequate 12 indefensible
untended 5 seedy 7 rickety, run-down 8 decrepit, derelict, deserted, forsaken, tattered 9 neglected 10 ramshackle, tumbledown, uncared-for 11 dilapidated
Unter den ___ 6 Linden
untested 6 intact, unused 7 untried 8 unproved, unproven 11 unpracticed
unthinkable 10 impossible, incredible, outlandish 12 preposterous, unimaginable 13 extraordinary, inconceivable, unprecedented
unthinking 8 careless, feckless, habitual, heedless, knee-jerk, uncaring 9 automatic, reflexive, unheeding, unmindful 10 distracted, unintended 11 inattentive, inadvertent, instinctive, instinctual, involuntary, perfunctory, spontaneous, thoughtless 12 unreflective
unthrifty 6 lavish, wanton 7 ruinous 8 prodigal, wasteful 9 imprudent 10 profligate 11 extravagant, improvident 12 uneconomical
untidy 5 messy 6 sloppy 7 chaotic, jumbled, unkempt 8 confused, littered, slapdash, slipshod, slovenly 9 cluttered 10 disheveled, disordered, disorderly, topsy-turvy 11 disarranged, dishevelled 12 disorganized, unsystematic
untie 5 let go 6 loosen, unbind, unknot, unlace, unlash 7 release, resolve, set free 8 unstring 9 extricate 11 disencumber, disentangle 12 disembarrass
until 4 up to 6 before 7 prior to 11 in advance of
untimely 5 early, undue 9 premature 10 malapropos 11 ill-seasoned, inopportune 12 unseasonable 13 inappropriate
untiring 7 devoted, patient 8 diligent, enduring 9 assiduous, ceaseless, dedicated, energetic, unceasing 10 determined, persistent, unflagging, unwavering, unwearying 11 persevering, unfaltering 13 indefatigable, inexhaustible
untold 4 huge, vast 7 immense 8 enormous, gigantic 9 countless 10 prodigious 11 innumerable, uncountable 12 incalculable 13 indescribable
untouchable 5 leper 6 pariah 7 outcast 8 outcaste
untouched 4 pure 5 sound, whole 6 intact, virgin 7 unmoved 8 flawless, pristine, unharmed, unmarred, untapped, virginal 9 undamaged, unspoiled 10 unaffected 11 unblemished, unconcerned, unimpressed
untoward 6 unruly 7 adverse, awkward, froward, ungodly, unhappy, unlucky 8 ill-fated, improper, indecent, luckless, unseemly 9 fractious, unfitting, vexatious 10 ill-starred, indecorous, indelicate, refractory, unbecoming 11 detrimental, intractable, star-crossed, troublesome, unfortunate 12 inconvenient, recalcitrant, ungovernable, unmanageable, unpropitious
untrained see UNSKILLED
untrammeled 8 uncurbed 9 unimpeded 10 unconfined, unfettered, ungoverned, unhampered 11 uninhibited 12 unobstructed, unrestrained, unrestricted
untried 3 raw 5 fresh, green 6 callow, rookie 8 unproved, untested 10 innovative, pioneering, unseasoned 11 unpracticed 13 inexperienced, unprecedented
untroubled 4 calm 5 still 6 blithe, placid, serene 7 halcyon 8 carefree, composed, peaceful, tranquil 9 easygoing, unruffled 10 insouciant, nonchalant 11 unconcerned, unperturbed 12 lighthearted
untrue 4 fake 5 false, wrong 7 inexact 8 disloyal, specious 9 erroneous, faithless, imprecise, incorrect 10 fictitious,

inaccurate, unfaithful *combining form:* **5** pseud **6** pseudo

untrustworthy **5** shady **6** shifty, unsafe, unsure **7** devious, dubious **8** disloyal, slippery, two-faced **9** deceptive, negligent, two-timing **10** fly-by-night, unreliable **11** duplicitous **12** questionable, undependable **13** double-dealing, irresponsible

untruth **3** fib, lie **4** sham **5** error **6** canard, deceit **7** blarney, fallacy, falsity, fiction, hogwash **9** deception, duplicity, falsehood, falseness, hypocrisy, mendacity **11** fabrication, insincerity **12** misstatement **13** prevarication

untruthful **4** sham **5** bogus, false, lying, phony **7** knavish **8** specious **9** deceitful, dishonest, erroneous, incorrect **10** fictitious, inaccurate, mendacious

untutored see UNSCHOOLED

unusable **7** outworn, useless **8** obsolete **9** worthless **10** inoperable, unavailing, unworkable **11** impractical, unrealistic **12** inapplicable **13** nonfunctional

unused **3** new **4** idle **5** fresh **6** excess **7** dormant, surplus **8** leftover, residual **9** untouched

unusual **3** odd **4** rare **6** quaint, unique **7** bizarre, curious, special, strange **8** aberrant, abnormal, peculiar, singular, uncommon, atypical, unwonted **9** anomalous, different, eccentric, irregular **11** exceptional **13** extraordinary

unusually **4** very **5** extra **6** rarely, seldom **8** markedly **9** curiously, extremely, strangely **10** abnormally, especially, peculiarly, remarkably, strikingly, uncommonly **11** exceedingly **12** infrequently, particularly

unutterable **5** taboo **7** awesome **9** ineffable **11** unspeakable **13** indescribable, inexpressible

unvaried **4** like, same **5** alike **7** uniform **9** identical **10** consistent, unchanging **11** undeviating

unvarnished see UNDISGUISED

unvarying see UNCHANGING

unveil see UNCOVER

unversed **3** raw **5** fresh, green **6** callow **7** untried **8** inexpert **9** unfledged **10** unfamiliar, unseasoned **11** uninitiated, unpracticed **12** unaccustomed **13** inexperienced

unwanted see UNWELCOME

unwarranted **5** undue **8** baseless **9** misguided, unfounded **10** gratuitous, groundless, immoderate, unprovoked **11** extravagant, inexcusable, injudicious, uncalled-for, unjustified **12** indefensible, unreasonable **13** insupportable, unjustifiable, unsupportable

unwary **5** brash, hasty **8** careless, gullible, heedless, reckless **9** credulous, impetuous, imprudent, unguarded **10** ill-advised, incautious, indiscreet **11** thoughtless **12** unsuspecting

unwavering see UNFALTERING

unwelcome **7** unasked **8** unsought, unwanted **9** undesired, uninvited **11** undesirable **12** unacceptable **13** objectionable

unwell **3** ill **4** sick **5** frail, shaky **6** ailing, feeble, infirm, offish, peaked, queasy, sickly, wobbly **8** diseased, stricken **9** afflicted, enfeebled, unhealthy **10** indisposed **11** debilitated

unwholesome **4** foul **5** toxic **6** sickly **7** adverse, baneful, corrupt, harmful, immoral, noisome, noxious, obscene, ruinous, unsound **8** diseased **9** injurious, loathsome, offensive, unhealthy **10** disgusting, pernicious, subversive **11** deleterious, detrimental, unhealthful **12** insalubrious

unwieldy **5** bulky **7** awkward, massive **8** cumbrous **9** ponderous **10** burdensome, cumbersome **12** unmanageable

unwilling **5** loath **6** averse **8** grudging, hesitant **9** obstinate, reluctant **10** indisposed **11** disinclined

unwind **4** rest, undo **5** let go, relax **6** loosen, unbend, uncoil, unfold, unreel, unroll **7** ease off, slacken, unravel **8** calm down, kick back, loosen up

unwise **4** rash **5** silly **6** stupid **7** asinine, fatuous, foolish, idiotic, witless **8** reckless **9** brainless, foolhardy, ill-judged, imbecilic, impolitic, imprudent, ludicrous, misguided, senseless **10** ill-advised, indiscreet, ridiculous **11** impractical, injudicious, thoughtless, undesirable, unfortunate **13** unintelligent

unwitting **6** chance **7** unaware **8** ignorant, innocent **9** haphazard, oblivious, unknowing, unmindful, unplanned **10** unfamiliar, uninformed, unintended **11** inadvertent **12** unacquainted

unwonted **4** rare **6** signal, unique **7** notable, unusual **8** singular, uncommon **10** remarkable, unexpected **11** exceptional **12** unaccustomed **13** extraordinary

unworkable **7** useless **8** quixotic **9** half-baked **10** impossible, infeasible, inoperable, unfeasible **11** impractical, unrealistic **12** inapplicable **13** impracticable, nonfunctional

unworldly **5** naive **6** astral, dreamy, simple **7** artless, natural **8** ethereal, innocent, trusting **9** celestial, ingenuous, spiritual, unearthly, visionary **11** impractical **13** inexperienced

unworthy **6** no-good **7** ignoble **8** shameful, unseemly **9** no-account, unmerited, worthless **10** unbecoming **11** disgraceful, inexcusable, undeserving

unwrap see UNCOVER

unwritten **4** oral **5** blank, tacit **6** latent, spoken, verbal **7** assumed **8** accepted, implicit **10** understood **11** traditional, word-of-mouth **12** conventional

unyielding **4** firm, grim, hard **5** fixed, rigid, stern, stiff, tough **6** dogged, mulish **7** adamant **8** hard-core, obdurate, stubborn **9** hard-nosed, insistent, obstinate, pigheaded, steadfast, unbending **10** determined, headstrong, implacable, inexorable, inflexible, persistent, relentless **11** intractable, unrelenting **12** pertinacious, single-minded, unappeasable

up **4** hike, jump, lift, rise **5** above, ahead, arise, boost, built, mount, raise, risen **6** ascend, arisen, lifted, versed **7** abreast, promote **8** familiar, increase, informed, positive **9** au courant, northward **10** acquainted, conversant ***prefix:*** **3** ana, sur

up-and-coming **7** go-ahead, hot-shot **8** aspiring **9** promising **11** presumptive, prospective **12** enterprising

upbeat **4** rosy **6** cheery **7** buoyant, hopeful **8** cheerful, positive, sanguine **9** confidant, expectant, promising **10** heartening, optimistic **12** Pollyannaish

upbraid **4** lash, rate **5** chide, scold **6** berate, rail at, rebuke, revile, scorch **7** bawl out, censure, chasten, chew out, reprove, scourge, tell off **8** admonish, chastise, reproach **9** castigate, criticize, dress down, reprimand **10** tongue-lash, vituperate

upbringing **7** nurture, rearing **8** training **9** schooling

upchuck **4** barf, hurl, puke, spew **5** heave, retch, vomit **6** spit up **7** bring up, throw up **8** disgorge **11** regurgitate

upcoming **7** looming, nearing, pending **8** expected, foreseen, imminent **9** advancing, impending, onrushing **11** anticipated, approaching, forthcoming, prospective

up-country **4** bush **6** inland, sticks, upland **7** outback **8** backland, frontier, interior, outlying, woodland **9** backwater, backwoods, boondocks **10** hinterland, timberland

update **5** amend, brief, renew **6** inform, revamp, revise, revive **7** apprise, enhance, improve, refresh, restore, rundown, upgrade **8** renovate **9** modernize, refurbish **10** rejuvenate

upend **4** beat, best, drub, flip, lick, skin, trim, whip **5** cream, crush, upset **6** invert, subdue, thrash, topple, unseat, wallop **7** capsize, clobber, conquer, overrun, shellac, trounce **8** dethrone, lambaste, overcome, overturn, vanquish **9** overpower, overwhelm, subjugate

upgrade **4** hike, rise **5** boost, raise **6** prefer **7** advance, elevate, enhance, improve, promote **8** increase **9** promotion **10** betterment **11** advancement, improvement **12** breakthrough

upheaval **6** clamor, outcry, tumult, upturn **7** ferment, turmoil **8** churning, disaster, disorder **9** cataclysm, commotion **10** alteration, convulsion, disruption **11** catastrophe

uphill **4** hard **6** rising, rugged, taxing **7** arduous, labored, operose, tedious **8** climbing, grueling, toilsome **9** ascending, difficult, effortful, gruelling, laborious, punishing, strenuous, wearisome

uphold **3** aid **4** back, help, lift, prop **5** brace, carry, hoist, raise **6** assist, back up, bear up, buoy up, defend, second **7** bolster, elevate, justify, shore up, support, sustain **8** advocate, backstop, buttress, champion, maintain, side with **9** vindicate

upkeep **4** cost **7** expense **8** overhead **11** expenditure, maintenance

upland **4** mesa **5** table **7** plateau

uplift **4** buoy **5** cheer, hoist, raise **6** take up **7** animate, elevate, enliven, gladden, hearten **8** brighten, embolden, inspirit **9** encourage **10** exhilarate, strengthen

upon **4** atop ***prefix:*** **3** epi

upper class **4** rank **5** elite **6** gentry **7** peerage, quality, society, who's who **8** affluent, nobility, noblesse, well-to-do **9** blue blood, gentility, haut monde **10** patricians, patriciate **11** aristocracy **13** carriage trade, Establishment

upper hand **4** edge, sway **5** leg up **7** control, mastery **8** leverage **9** advantage, dominance **10** ascendancy **11** superiority **12** predominance

uppermost **3** top **6** apical **7** highest **8** loftiest

uppity **4** smug **5** aloof, brash **6** lordly, sniffy, snippy, snooty, snotty **7** forward, haughty, pompous **8** arrogant, cavalier **9** conceited, egotistic, imperious, know-it-all, presuming **10** disdainful, high-handed **11** overweening, pretentious **12** contemptuous, presumptuous, supercilious **13** self-asserting, self-assertive, self-important

upright 4 fair, good, just, pure, true 5 erect, moral, noble, piano 6 honest, raised 7 correct, ethical 8 elevated, goalpost, standing, vertical, virtuous 9 equitable, exemplary, honorable, impartial 10 principled, scrupulous 13 conscientious, perpendicular
uprightness 5 honor 6 repute, virtue 7 honesty, probity 8 morality, nobility 9 character, integrity, rectitude 13 righteousness
uprising 4 riot 6 mutiny, revolt 8 upheaval 9 rebellion 10 insurgence, revolution 12 insurrection
uproar 3 din, row 4 coil, fuss, to-do, riot 5 babel, brawl, broil, chaos, furor, hooha, melee, whirl 6 bedlam, clamor, fracas, furore, hassle, hubbub, mayhem, pother, racket, ruckus, rumpus, shindy, tumult 7 shindig, turmoil 8 brouhaha, disorder, foofaraw 9 commotion, confusion 10 hullabaloo, hurly-burly, turbulence 11 pandemonium
uproarious 5 noisy, rowdy 7 comical, rackety, raucous, riotous 8 brawling, clattery, mirthful, strident 9 clamorous, hilarious 10 clangorous, hysterical, resounding, rollicking, tumultuous 12 obstreperous 13 sidesplitting
uproot 4 grub, move, weed 8 displace, overturn, supplant 9 eradicate, extirpate, overthrow, supersede 10 annihilate, transplant 11 exterminate
upset 3 ail, ill 5 worry 6 bother, defeat, dismay, invert, jumble, muddle, topple, tumble 7 afflict, agitate, capsize, disturb, fluster, invalid, jittery, jumbled, muddled, perturb, rattled, reverse, tip over, toppled, trouble, unnerve, worried 8 agitated, bewilder, bothered, confound, confused, disarray, dismayed, disorder, distress, overturn, troubled, turn over, unnerved 9 afflicted, confusion, disturbed, flustered, knock over, overthrow, perturbed 10 bewildered, confounded, disconcert, disordered, distracted, distressed, indisposed, invalidate, overthrown, overturned, tipped over 11 overwrought 12 apprehensive, disconcerted
upshot 5 issue 6 burden, climax, effect, ending, finish, result 7 outcome, purport 9 substance 10 conclusion, denouement 11 consequence, culmination, termination 12 significance
upside-down 7 chaotic, haywire, jumbled 8 backward, confused, inverted, pell-mell, reversed 10 disordered, overturned, topsy-turvy 13 helter-skelter
upstanding see UPRIGHT
upstart 5 comer 7 parvenu 8 outsider 9 arriviste, pretender 12 nouveau riche 13 social climber
upsurge 4 gain, jump, rise, wave 5 boost, spurt 6 growth 7 advance 8 increase
uptight 4 edgy 5 riled, tense 6 uneasy 7 anxious, nervous, restive, worried
up to 4 till 5 until 6 before 11 in advance of
up-to-date 6 modern, modish, timely, trendy 7 abreast, à la mode, current, stylish 8 advanced, brand-new, contempo 9 au courant 10 avant-garde 11 cutting-edge, fashionable 12 contemporary 13 state-of-the-art
upturn 4 jump, rise 6 growth 8 increase 11 improvement
Urania see MUSE
Uranus 6 planet ***mother, wife:*** 4 Gaea ***offspring:*** 6 Titans 8 Cyclopes ***overthrower, son:*** 6 Cronus
urban 9 municipal 12 metropolitan
urbane 5 suave 6 poised, smooth 7 elegant, genteel, politic, refined 8 cultured, debonair, gracious, polished 9 civilized, distingué 10 cultivated, diplomatic 12 cosmopolitan 13 sophisticated
urbanize 6 citify
urchin 3 imp 4 brat 5 child, gamin, scamp 10 ragamuffin
Urdur see NORN
urge 3 egg, sic, yen 4 coax, goad, itch, lust, prod, push, spur, wish 5 drive, egg on, impel, press, prick, set on, tar on 6 adjure, cajole, compel, demand, desire, exhort, incite, induce, needle, prompt, propel 7 beseech, conjure, craving, entreat, implore, impulse, inspire, longing, passion, promote, propose, provoke, solicit, wheedle 8 advocate, appetite, blandish, pressure, yearning 9 encourage, instigate, stimulate 12 high-pressure
urgency 6 duress, stress 8 exigence, exigency, pressure 9 necessity 10 compulsion, insistence
urgent 5 vital 6 crying 7 burning, clamant, crucial, driving, exigent, instant, present 8 critical, pressing 9 clamorous, demanding, immediate, impelling, insistent, momentous 10 compelling, imperative 11 importunate
Uriel 9 archangel
Uris novel 3 Haj (The) 5 QB VII 6 Exodus 7 Trinity 9 Battle Cry, Mitla Pass 10 Angry Hills (The), Redemption
urn 4 vase 6 vessel 7 samovar ***Greek:*** 7 amphora
Ursa Major 9 Great Bear 11 Great Dipper
Ursa Minor 10 Little Bear 12 Little Dip-

per ***star:*** **7** Polaris **8** polestar **9** North Star

Uruguay ***capital:*** **10** Montevideo ***language:*** **7** Spanish ***monetary unit:*** **4** peso ***neighbor:*** **6** Brazil **9** Argentina ***river:*** **7** La Plata **8** Río Negro

usable **6** liquid **7** running, working **9** adaptable, available, operative **10** accessible, applicable, employable, expendable, functional, marketable, negotiable **11** exploitable, operational, serviceable

usage **3** way **4** form, mode, wont **5** habit, sense **6** action, amount, custom, manner, method, praxis **7** process **8** habitude, practice **9** formality, procedure **10** convention

use **3** ply **4** wont, work **5** apply, avail, habit, serve, treat, value, wield, worth **6** custom, demand, employ, handle, liking, manage, manner **7** benefit, exploit, operate, purpose, service, utility, utilize **8** deal with, exercise, exertion, function, impose on, occasion, practice, regulate **9** advantage, habituate, objective, relevance **10** employment, manipulate **11** application

used **8** pre-owned, shopworn **10** secondhand

used up **5** all in, spent **6** bleary, effete, sapped, wasted **7** drained, emptied, fargone, worn-out **8** consumed, depleted **9** exhausted, washed-out

useful **3** fit **4** meet **5** handy, utile **7** helpful **8** fruitful, suitable, valuable **9** favorable, practical **10** beneficial, convenient, functional, productive, profitable, propitious, worthwhile **11** appropriate, practicable, serviceable, utilitarian **12** advantageous

usefulness **5** value, worth **7** fitness, service, utility **8** function **9** advantage, relevance, substance **10** expedience, expediency **12** practicality **13** applicability

useless **4** idle, vain **5** inept **6** futile **7** inutile **8** bootless, hopeless, unusable **9** fruitless, pointless, worthless **10** unavailing, unworkable **11** impractical, ineffective, ineffectual, inoperative **12** unproductive, unprofitable **13** impracticable, nonfunctional

user **5** buyer **6** addict **8** consumer, customer, utilizer

use up **5** drain, spend **6** devour, expend **7** consume, deplete, exhaust **8** draw down **10** run through

usher **4** lead, seat **5** guide **6** escort **7** conduct, precede **9** conductor **10** doorkeeper

usher in **5** begin, greet, start **6** launch **7** kick off, trumpet, welcome **8** announce, commence, initiate, proclaim **9** institute, introduce, originate **10** inaugurate

usual **5** stock, typic **6** common, kosher, normal, wonted **7** average, regular, routine, typical, vanilla **8** accepted, everyday, expected, familiar, habitual, ordinary, orthodox, standard, workaday **9** customary, prevalent, quotidian **10** accustomed, prevailing **11** commonplace, established **12** conventional, unremarkable

usually **6** mainly, mostly **7** as a rule **8** commonly, normally **9** generally, routinely **10** habitually, ordinarily **11** customarily

usurer **7** Shylock **9** loan shark **11** moneylender

usurp **5** wrest **6** assume **7** preempt **8** arrogate, displace, supplant **10** commandeer **11** appropriate

Utah ***capital:*** **12** Salt Lake City ***city:*** **4** Orem **5** Ogden, Provo ***college, university:*** **12** Brigham Young ***lake:*** **6** Powell **9** Great Salt ***motto:*** **8** Industry ***mountain:*** **5** Kings (Peak) ***nickname:*** **7** Beehive (State) ***park:*** **4** Zion **5** Bryce **6** Arches **11** Canyonlands ***river:*** **5** Green **6** Sevier ***state bird:*** **14** California gull ***state flower:*** **8** sego lily ***state tree:*** **10** blue spruce

utensil **3** pan, pot **4** fork, tool **5** knife, spoon **6** device, vessel **8** saucepan, teaspoon **9** implement **10** instrument

uterus **4** womb

Uther Pendragon ***son:*** **6** Arthur ***wife:*** **6** Ygerne **7** Igraine

utile **5** handy **6** useful **7** working **9** available, operative, practical **10** accessible, convenient, dependable, functional **11** practicable, serviceable

utilitarian **6** useful **9** practical, pragmatic **10** functional ***philosopher:*** **4** Mill (John Stuart) **7** Bentham (Jeremy)

utility **3** use **7** benefit, fitness, service **8** function **9** advantage, relevance **10** efficiency, usefulness **12** practicality **13** applicability

utilize **3** use **5** apply, spend **6** bestow, deploy, employ, handle, occupy **7** exploit **8** exercise **11** appropriate

utmost **3** top **4** acme, apex, best, peak **6** height, zenith **7** extreme, highest, maximal, maximum, supreme **8** farthest, furthest, greatest, pinnacle, remotest, ultimate **9** damnedest, extremity

utopia **4** Eden, Zion **5** bliss **6** heaven **7** Elysium **8** paradise **9** Cockaigne, dreamland, Shangri-la **10** dreamworld **12** promised land **13** Elysian fields

Utopia author **4** More (Thomas)

utopian 5 ideal, lofty 6 edenic 7 dreamer 8 arcadian, fanciful, idealist, quixotic 9 grandiose, ideologue, visionary 10 chimerical, idealistic, impossible, millennial, unfeasible 11 impractical 12 otherworldly 13 castle-builder, impracticable

utter 3 say 4 damn, dang, darn, rank, talk, tell 5 sheer, speak, stark, state, total, voice 6 arrant, dashed, deuced, reveal 7 blasted, blessed, declare, deliver, divulge, flat-out 8 absolute, bring out, complete, crashing, disclose, infernal, outright, positive, throw out 9 downright, out-and-out, pronounce, verbalize 10 confounded, consummate 11 come out with, straight-out, unmitigated, unqualified 13 thoroughgoing

utterance 4 rant, vent, word 5 voice 6 speech 7 oration 8 delivery, speaking 9 assertion, discourse, statement 10 expression, revelation 11 declaration 12 announcement, articulation 13 pronouncement, verbalization

utterly 4 just 5 plumb, quite 6 in toto 7 totally 8 entirely 9 perfectly 10 absolutely, altogether, completely, thoroughly

uttermost 4 last 5 final 7 extreme, outmost 8 farthest, furthest, remotest

Utu see SHAMASH

Uzbekistan ***capital:*** 8 Tashkent ***city:*** 7 Bokhara, Bukhara 9 Samarkand, Samarqand ***desert:*** 8 Kyzyl Kum ***enclave:*** 10 Karakalpak ***monetary unit:*** 3 sum ***neighbor:*** 9 Kazakstan 10 Kazakhstan, Kyrgyzstan, Tajikistan 11 Afghanistan 12 Turkmenistan ***river:*** 8 Amu Dar'ya, Syr Dar'ya 9 Zeravshan ***sea:*** 4 Aral

V

vacancy 4 void 6 vacuum 7 opening 8 idleness 9 blankness, emptiness

vacant 4 bare, free, idle, open, void 5 blank, clear, empty, inane, stark 6 unused 7 deadpan, vacuous 8 deserted, unfilled 9 abandoned, impassive 10 tenantless, unoccupied 11 empty-headed 12 inexpressive

vacate 4 quit, void 5 annul, clear, empty, leave 6 bow out, give up, repeal, revoke 7 abandon, rescind, retract, reverse 8 abrogate, check out, dissolve, evacuate 9 discharge 10 relinquish

vacation 4 rest, trip 5 break, leave 6 recess 7 holiday, leisure, respite, time off 8 furlough, interval 10 sabbatical 12 intermission

vacationer 7 tourist, tripper 9 weekender 10 rubberneck 12 holidaymaker

vaccination 4 shot 7 booster 9 injection 11 inoculation

vaccine 4 shot 5 serum 9 antiserum 11 preparation ***inventor:*** 6 Jenner (Edward)

vacillate 4 sway, yo-yo 5 waver 6 dither, falter, teeter, waggle 7 swither, whiffle 8 hesitate 9 alternate, fluctuate, oscillate 10 equivocate 12 shilly-shally

vacillating 4 weak 6 fickle, unsure, wobbly 8 hesitant, shifting, unstable, unsteady 9 fluctuant, tentative, uncertain, undecided, unsettled 10 changeable, inconstant, indecisive, irresolute 12 shilly-shally

vacillation 5 doubt 8 to-and-fro, wavering 9 hesitancy 10 fickleness, indecision 12 irresolution, shilly-shally

vacuity 4 hole, void 6 cavity, hollow, vacuum 7 inanity 9 black hole, blankness, ditsiness, ditziness, emptiness, stupidity 10 hollowness 11 nothingness

vacuous 4 idle, void 5 blank, empty, inane, silly 6 stupid, vacant 7 foolish, shallow 11 birdbrained, empty-headed, superficial

vacuum 4 void 5 space 7 suction 9 emptiness 11 nothingness ***bottle:*** 5 dewar 7 thermos

vacuum tube 5 diode 6 triode 7 tetrode ***casing:*** 4 bulb

vade mecum 5 guide 6 manual 8 Baedeker, handbook 9 guidebook 11 enchiridion

___ Vadis 3 Quo
vagabond 3 bum 4 hobo 5 gypsy, idler, rogue, rover, tramp 6 picaro, roamer 7 drifter, migrant, nomadic, vagrant, wastrel 8 bohemian, clochard, picaroon, runabout, runagate, traveler, wanderer 9 itinerant, transient, wandering 11 peripatetic
vagarious 6 fickle 7 erratic, flighty, mutable, wayward 8 unstable, volatile 9 impulsive, mercurial, whimsical 10 capricious, inconstant 13 unpredictable
vagary 3 bee 4 whim 5 crank, fancy, freak, humor, quirk 6 megrim, whimsy 7 caprice, fantasy 8 crotchet
vagrancy 6 roving 7 roaming 8 drifting, nomadism, rambling 9 wandering 10 itinerancy
vagrant see VAGABOND
vague 3 dim 4 hazy 5 blear, faint, foggy, fuzzy, gauzy, misty, muddy, woozy 6 bleary, blurry, cloudy, dreamy, slight, vacant 7 inexact, obscure, shadowy, unclear 8 confused, nebulous, vaporous 9 ambiguous, dreamlike, enigmatic, imprecise, uncertain 10 diaphanous, indefinite, indistinct 13 indeterminate, unsubstantial
vain 4 idle 5 empty, proud 6 futile, hollow, otiose 7 foppish, haughty, stuck-up, trivial, useless 8 abortive, arrogant, boastful, bootless, nugatory 9 conceited, fruitless, valueless, worthless 10 egocentric, profitless, sophomoric, unavailing 11 egotistical, ineffective, ineffectual 12 narcissistic, unproductive, unprofitable, unsuccessful 13 self-important
vainglorious 8 arrogant, boastful, bragging, puffed-up, vaunting 9 conceited, egotistic 10 swaggering 11 egotistical 12 supercilious
vainglory 4 pomp 5 pride 6 egoism, vanity 7 conceit, egotism 9 arrogance 10 pretension 11 haughtiness 12 boastfulness
valance 5 drape 6 pelmet 7 curtain, drapery 10 lambrequin
vale 4 dale, dell, glen 5 combe 6 dingle, hollow, valley
valediction 5 adieu 7 good-bye 8 farewell 11 leave-taking
valedictory see VALEDICTION
valentine 4 card, dear, love 7 beloved, darling, tribute 10 sweetheart
valet 7 servant 9 attendant 10 manservant
valiant 4 bold 5 brave 6 heroic, plucky 7 doughty, gallant, valiant 8 fearless, intrepid 10 chivalrous, courageous 11 lionhearted 12 greathearted, stouthearted
valid 4 just, true 5 legal, solid, sound 6 cogent, lawful, potent, proven 7 binding, in force, logical, telling 8 attested, bona fide, credible, forceful 9 effective, effectual, operative 10 acceptable, compelling, convincing, legitimate, persuasive 11 justifiable, trustworthy 12 well-grounded
validate 5 prove 6 affirm, ratify, verify 7 approve, bear out, certify, confirm, endorse, justify, probate 8 legalize, sanction 10 legitimate, legitimize 11 corroborate, rubber-stamp 12 authenticate, substantiate
validity 5 force, proof 7 cogency, potency 8 efficacy 9 soundness 10 lawfulness 13 effectiveness
valise 3 bag 4 grip 6 kit bag, suiter 7 handbag, Pullman 8 gripsack, suitcase 9 gladstone, two-suiter 10 weekend bag 11 portmanteau 12 overnight bag, traveling bag 13 traveling case
Valjean's pursuer 6 Javert
Valkyrie 6 maiden 8 Brynhild
valley 4 dale, dell, glen, vale, wadi 5 basin, combe, gulch, gully, swale 6 canyon, dingle, hollow, ravine 10 depression ***Africa-Asia:*** 4 Rift 9 Great Rift ***Alps:*** 11 Grindelwald ***ancient Greece:*** 5 Nemea ***Asia:*** 7 Fergana ***California:*** 4 Napa 5 Death, Squaw 7 Central 8 Imperial, Yosemite 11 San Fernando ***Dead Sea area:*** 6 Arabah ***Dominican Republic:*** 5 Cibao ***Egypt:*** 6 Kharga ***England:*** 5 Doone ***Germany:*** 4 Ruhr ***Greece:*** 5 Tembi, Tempe ***India:*** 4 Kulu 7 Kashmir (Vale of) ***Ireland:*** 5 Avoca, Ovoca ***Israel:*** 4 Elah ***Lebanon:*** 4 Biqa 5 Bekaa ***moon:*** 4 rill 5 rille ***New York:*** 12 Sleepy Hollow ***Pennsylvania:*** 7 Nittany ***Scotland:*** 7 Glen Roy ***Switzerland:*** 5 Hasli 8 Engadine 11 Grindelwald ***Virginia:*** 10 Shenandoah ***Washington:*** 11 Grand Coulee
Valmiki's epic 8 Ramayana
valor 4 guts 6 mettle, spirit, virtue 7 bravery, courage, heroism, prowess, stomach 8 chivalry, valiance, valiancy 9 fortitude, gallantry 10 resolution
valorous see VALIANT
valse 5 waltz
valuable 4 dear 6 costly, prized, useful, worthy 8 precious 9 expensive, important, rewarding, treasured 10 satisfying, worthwhile
valuate 4 rate 5 assay, price 6 assess, survey 7 adjudge 8 appraise, estimate
valuation 4 cost, rate 5 price, worth 6 rating 7 opinion 8 estimate, judgment

9 appraisal 10 assessment, estimation 12 appreciation

value 4 cost, rate 5 assay, gauge, judge, price, prize, scale, worth 6 assess, assign, charge, esteem, figure, reckon, regard, return, survey 7 account, apprize, care for, cherish, compute, quality, respect, utility 8 appraise, estimate, evaluate, quantity, treasure 9 appraisal, principle 10 appreciate, assessment, equivalent, importance 11 market price 12 denomination

valve 3 tap 4 cock, flap, gate 6 device, faucet, poppet, spigot 7 hydrant, petcock, shutoff 8 stopcock 9 regulator *cardiac:* 6 mitral 8 bicuspid

vamoose 3 git 4 scat 5 leave, scram, split 6 beat it, begone, cut out, decamp, depart, get out 7 run away, skiddoo, take off 8 clear out 9 skedaddle

vamp 3 fix 4 fake, lure, mend, wile 5 ad-lib, flirt, intro, patch, siren, tempt 6 cook up, entice, groove, lead-in, make up, repair, seduce 7 beguile, charmer, rebuild 8 inveigle 9 fabricate, formulate, improvise, refurbish, temptress 10 gold digger, seductress 11 enchantress, extemporize, femme fatale

vampire 3 bat 5 lamia 6 undead 7 Dracula 9 Nosferatu 11 bloodsucker

van 3 car 4 head, lead, wing 5 front, truck, wagon 7 minibus 11 cutting edge, leading edge

vandal 3 Hun 5 yahoo 6 looter 8 pillager 9 despoiler, destroyer, plunderer, spoliator

vandalize 5 smash, trash, wreck 6 damage, deface, ravage, tear up 7 destroy 8 demolish, sabotage

Vandal king 8 Gaiseric, Genseric

Vandyke 5 beard 6 border, collar, edging, goatee

vane 3 web 7 feather, wind tee 8 vexillum 10 bellwether 11 weathercock

vanguard 4 lead 5 front 9 forefront 11 cutting edge, leading edge

vanilla 4 tame 5 beige, cream, plain 7 extract 8 ordinary 9 innocuous 10 white-bread 12 conventional 13 garden-variety

vanish 3 die, fly 4 fade, flee, melt 5 clear 8 dissolve, evanesce 9 disappear, dissipate, evaporate 13 dematerialize

vanity 3 ego 5 pride 6 egoism 7 conceit, egotism 8 self-love, smugness 9 vainglory 10 narcissism, pretension 13 dressing table

Vanity Fair author 9 Thackeray (William Makepeace)

vanquish 4 beat, best, drub, lick, rout 5 cream, crush, quell 6 defeat, humble, subdue, thrash 7 clobber, conquer, destroy, smother, trounce 8 surmount 9 overpower, overthrow, subjugate 10 annihilate

vantage 4 edge, odds 8 handicap 9 head start, upper hand *point:* 3 POV 5 perch 7 lookout, outlook 8 position 10 watchtower

Vanuatu *capital:* 8 Port-Vila *ethnic group:* 10 Melanesian *explorer:* 4 Cook (Capt. James) *former name:* 11 New Hebrides *island:* 3 Epi 5 Efate, Maéwo, Tanna 6 Ambrim 8 Aneityum, Malekula 9 Erromango, Pentecost 13 Espíritu Santo *language:* 6 French *monetary unit:* 4 vatu

vapid 4 dull, flat, weak 5 banal, bland, ditsy, ditzy, inane, silly 6 jejune 7 fatuous, insipid, sapless, vacuous 9 brainless, colorless, innocuous 10 namby-pamby, wishy-washy 13 uninteresting

vapor 3 fog, gas 4 brag, haze, mist, smog 5 brume, cloud, smoke, steam 6 breath, miasma, nimbus 7 bluster 8 phantasm *condensed:* 3 dew *frozen:* 4 hoar, rime 5 frost 9 hoarfrost

vaporize 5 steam 6 ablate 8 disperse, dissolve, evanesce 9 dissipate, evaporate

vaporous 4 airy, hazy 5 foggy, misty, vague, wispy 6 cloudy, unreal 7 gaseous 8 ethereal, illusory, volatile 10 evanescent 13 unsubstantial

vaquero 5 waddy 6 cowboy, gaucho, herder, waddie 7 cowpoke 8 buckaroo, herdsman, wrangler 10 cowpuncher

varia 6 medley 7 mélange, mixture, omnibus 8 treasury 9 anthology 10 compendium, miscellany 11 compilation

variable 5 fluid 6 fickle, fitful, mobile, symbol 7 mutable, protean 8 unstable, unsteady, volatile 9 irregular, mercurial, uncertain, unsettled, versatile 10 capricious, changeable, inconstant 13 temperamental

variance 3 war 4 odds 6 change, strife 7 discord, dispute, dissent 8 conflict, disunity, division 9 variation 10 contention, difference, dissension, dissidence 11 fluctuation 12 disagreement

variation 4 riff 5 shade, shift 6 change, nuance 7 partita 8 mutation 9 disparity 10 alteration, difference, divergence 11 fluctuation, declination, discrepancy, oscillation 12 modification 13 dissimilarity

varicolored see VARIEGATED

varicose 7 bulging, dilated, swollen

varied 5 mixed 6 motley, sundry 7 diverse, various 8 assorted 9 different, disparate, divergent **10** dissimilar **12** multifarious **13** heterogeneous, kaleidoscopic, miscellaneous

variegated **4** pied **5** mixed, pinto **6** calico, motley **7** checked, dappled, diverse, mottled, piebald, spotted **8** skewbald, stippled, streaked **9** checkered, multihued **10** multicolor, parti-color, polychrome **12** multicolored, parti-colored **13** kaleidoscopic, polychromatic

variety **3** ilk **4** kind, mode, sort, type **5** array, breed **6** flavor, medley, nature, stripe **8** mixed bag **9** diversity, variation **10** assortment, collection, miscellany, subspecies **12** multiformity, multiplicity

various **4** some **5** mixed **6** divers, sundry, unlike **7** diverse, several, unalike **8** assorted, separate **9** different, disparate, divergent, unsimilar **10** dissimilar **12** multifarious **13** heterogeneous, miscellaneous

varlet **3** cur **4** page **5** knave, rogue, skunk **6** menial, rascal, wretch **8** coistrel **9** attendant, miscreant, scoundrel **10** blackguard

varmint **4** pest **5** knave, rogue, scamp, skunk, sneak **6** rascal **7** critter **9** scoundrel

varnish **4** coat **5** adorn, cover, glaze, gloss, japan **6** veneer **7** coating, conceal, cover up, shellac **8** covering **9** embellish, gloss over, sugarcoat, whitewash ***component:*** **5** resin

vary **5** alter, range **6** change, depart, differ, modify, mutate **7** deviate, digress, diverge **8** modulate **9** diversify

vase **3** urn **5** tazza **6** crater, krater, vessel **7** amphora

Vashni's father **6** Samuel

Vashti's husband **6** Xerxes **9** Ahasuerus

vassal **4** leud, serf **5** helot, liege, slave **6** tenant **7** bondman, homager, peasant, servant, subject **8** bondsman, liege man **9** dependent, underling **11** subordinate **12** feudal tenant ***high-ranking:*** **7** vavasor **8** vavasour

vast **4** huge, mega **5** giant, great, jumbo **6** untold **7** immense, mammoth, oceanic, titanic **8** colossal, enormous, gigantic, spacious, whopping **9** boundless, expansive, humongous **10** gargantuan, tremendous, widespread **12** astronomical

vastness **5** sweep **8** enormity, hugeness **9** immensity, magnitude **13** expansiveness

vat **3** tub, tun **4** beck, butt, cask, kier, tank **5** keeve, kieve **6** barrel, liquor, vessel **7** cistern **8** cauldron ***cheese:*** **7** chessel

vatic **6** mantic **7** fatidic **8** oracular **9** fatidical, prophetic, sibylline **10** predictive **11** apocalyptic

Vatican City **10** papal state ***army:*** **11** Swiss Guards ***chapel:*** **7** Sistine ***church:*** **11** Saint Peter's ***ruler:*** **4** Pope ***site:*** **4** Rome

vaticinal see VATIC

vaticinate **5** augur **6** divine **7** portend, predict, presage **8** forebode, forecast, foretell, prophesy, soothsay **9** adumbrate **13** prognosticate

vaudeville **5** revue **9** burlesque, music hall **11** variety show **12** song and dance

vaudevillian **11** entertainer

vault **3** pit, sky **4** arch, cave, dome, jump, leap, room, safe, tomb **5** bound, crypt **6** cavern, cellar, cupola, hurdle, spring, welkin **7** archway, dungeon **8** catacomb, overleap **9** firmament **10** undercroft

vaulting **4** arch, dome **7** emulous **8** aspiring **9** ambitious **12** enthusiastic **13** opportunistic

vaunt **4** blow, brag, crow, puff, rant **5** boast, strut **6** flaunt, parade **7** bluster, display, exhibit, show off **8** brandish **9** gasconade **11** rodomontade

veal **4** calf ***cutlet:*** **9** schnitzel ***roasted:*** **10** fricandeau ***shank:*** **8** osso buco

vector **5** agent **7** carrier **9** direction **10** pollinator

Vedic religion ***country:*** **5** India ***god:*** **4** Agni, deva, Soma **5** Indra **6** Varuna ***language:*** **8** Sanskrit ***priest:*** **7** Brahman ***treatise:*** **9** Upanishad ***writing:*** **7** Rig Veda, Samhita

veer **3** yaw **4** cast, chop, slew, sway, turn **5** fetch, sheer, shift, trend **6** depart, swerve **7** deflect, deviate, digress, diverge

vegetable **3** pea, soy, yam **4** bean, beet, corn, kale, leek, okra, soya, taro, wort **5** chard, chive, cress, green, onion, plant **6** carrot, celery, cowpea, endive, garlic, legume, lentil, peanut, pepper, potato, radish, sorrel, squash, tomato, turnip **7** cabbage, chayote, dullard, lettuce, mustard, parsley, parsnip, pumpkin, rhubarb, salsify, shallot, soybean, spinach **8** broccoli, collards, cucumber, eggplant, kohlrabi, lima bean, rutabaga, scallion, snap bean **9** artichoke, asparagus, muskmelon **10** watermelon **11** cauliflower, horseradish, sweet potato ***bog:*** **6** muskeg ***dish:*** **5** salad ***mold:*** **5** humus ***seller:*** **6** grocer **7** grocery **12** costermonger ***sponge:*** **5** luffa **6** loofah ***spread:*** **4** oleo **9** margarine

vegetarian **9** herbivore **11** herbivorous

vegetate **4** idle, laze, loaf, loll **5** chill, slack **6** loiter, lounge **7** goof off, hang out **8** languish, lollygag, slack off, stagnate **9** goldbrick, hibernate

vegetation **5** flora **6** growth, plants **7** verdure **8** greenery **9** plant life ***floating:*** **4** sudd **8** pleuston

vehement **3** hot **4** wild **5** fiery, rabid **6** ardent, bitter, fervid, fierce, heated **7** excited, fervent, vicious, violent, zealous **8** forceful, powerful **9** perfervid **10** passionate **11** impassioned **12** antagonistic

vehicle **3** ATV, bus, cab, car, SUV, van **4** auto, bike, taxi, tool **5** agent, buggy, means, organ, plane, sedan, train, truck, wagon **6** agency, binder, medium, vector **7** bicycle, carrier, channel, machine, solvent, travois **8** airplane, ministry **9** ambulance, implement, motor home, transport **10** automobile, conveyance, instrument, motorcycle ***baby's:*** **4** pram **8** carriage, stroller **9** baby buggy ***child's:*** **5** trike **7** scooter **8** tricycle ***farm:*** **4** wain **7** tractor ***horse-drawn:*** **4** cart, dray **5** buggy, lorry, sulky, wagon **6** hansom, landau, troika **7** calèche, phaeton **8** carriage **9** buckboard ***military:*** **4** jeep, tank **6** Humvee ***one-wheeled:*** **8** unicycle ***passenger:*** **3** bus, cab, car **4** auto, taxi **7** ricksha **8** cable car, rickshaw ***public:*** **3** bus **4** tram **5** train **6** subway **7** omnibus, trolley ***Roman:*** **7** chariot ***winter:*** **4** sled **6** sleigh **8** snowplow **10** snowmobile

veil **4** caul, hide, mask, wrap **5** cloak, cloth, cloud, cover, velum **6** mantle, screen, shield, shroud **7** conceal, cover up, curtain, obscure, secrete **8** covering, disguise, enshroud **10** camouflage, false front ***Muslim:*** **7** yashmak ***netting:*** **6** maline **7** malines

vein **3** bed, way **4** line, lode, mind, mode, mood, seam, tone, tube **5** style, tenor **6** manner, nature, spirit, strain, streak, vessel **7** channel, fashion, pattern, quality, stratum **8** aptitude **11** blood vessel ***combining form:*** **3** ven **4** veni, veno ***deposit:*** **3** ore ***fluid:*** **5** blood ***heart:*** **8** vena cava ***leaf:*** **3** rib ***leg:*** **7** saphena **9** saphenous ***neck:*** **7** jugular ***small:*** **6** venule ***varicose:*** **5** varix

velar **8** guttural

veld **7** prairie **9** grassland

velleity **4** bent, wish **5** fancy **6** desire, liking **7** leaning **10** propensity **11** inclination

velocipede **4** bike **5** cycle, trike **6** tandem **7** bicycle, pedicab **8** tricycle

velocity **4** pace **5** haste, speed, tempo **7** headway **8** celerity, rapidity **9** quickness, swiftness **12** acceleration

velum **4** caul, veil **8** membrane **10** soft palate

velvet **4** gain, mild, rich, soft **5** cloth **6** fabric, profit, smooth **8** winnings **10** antler skin

velvety **4** mild, soft **5** plush **6** smooth

venal **4** paid **6** sordid **7** corrupt **8** bribable **9** mercenary, unethical **11** corruptible, purchasable **12** unprincipled, unscrupulous

vend **4** hawk, sell, toot **6** market, monger, peddle, retail **8** huckster **9** advertise, broadcast

vendee **5** buyer **6** client **8** customer **9** purchaser

vendetta **4** feud **7** rivalry **9** blood feud

vendible **7** salable **8** sellable **10** marketable **12** merchantable

vendor **6** dealer, duffer, hawker, seller **7** packman, peddler **8** huckster, merchant, retailer, salesman

vendue **4** sale **7** auction **10** public sale

veneer **3** ply **4** burl, coat, face, mask, show, veil **5** cover, front, gloss, layer, plate **6** facade, facing **7** conceal, overlay **8** disguise

venerable **3** old **4** aged **5** hoary **6** sacred **7** ancient, antique, elderly, honored, revered, stately **8** esteemed **9** admirable, dignified, estimable, honorable, respected

venerate **5** adore, honor, prize **6** admire, esteem, revere **7** cherish, idolize, respect, worship **8** treasure **9** reverence

veneration **3** awe **5** honor **6** esteem, homage **7** respect, worship **9** adoration, reverence **10** admiration **11** hero worship

venery **3** sex **4** game, prey **5** chase **7** hunting

venesection **10** phlebotomy

Venetian ***boat:*** **7** gondola ***boatman:*** **9** gondolier ***product:*** **5** glass **9** glassware ***ruler:*** **4** doge ***school:*** **6** Titian **7** Bellini, Tiepolo **8** Veronese **9** Giorgione **10** Tintoretto ***street:*** **5** canal ***suburb:*** **6** Murano

Venezuela ***capital:*** **7** Caracas ***city:*** **8** Valencia **9** Maracaibo **12** Barquisimeto ***island:*** **9** Margarita ***lake:*** **8** Valencia **9** Maracaibo ***language:*** **7** Spanish ***monetary unit:*** **7** bolívar ***mountain, range:*** **5** Andes **6** Parima (Serra, Sierra) **7** Bolívar (Pico) **9** Pacaraima **11** Pico Bolívar, Serra Parima **12** Sierra Parima ***neighbor:*** **6** Brazil, Guyana **8** Colombia ***peninsula:*** **9** Paraguaná ***river:*** **7** Orinoco ***sea:*** **9** Caribbean ***waterfall:*** **10** Angel Falls

Venezuelan ***herdsman:*** **7** llanero ***liberator:*** **7** Bolívar (Simón) ***people:*** **5** Carib **6** Timote

vengeance 6 payoff 7 payback, redress, revenge 8 reprisal, revanche 9 repayment 10 punishment 11 retaliation, retribution
vengeful 8 punitive 10 vindictive 11 retaliatory
venial 5 minor 7 trivial 8 harmless, trifling 9 allowable, excusable, tolerable 10 condonable, forgivable, pardonable, remissible, remittable 13 insignificant
Venice of the East 7 Bangkok, Udaipur
Venice of the North 6 Bruges, Brugge 9 Amsterdam, Stockholm 12 St. Petersburg
Veni, Creator ___ 8 Spiritus
venison 4 deer
veni, vidi, ___ 4 vici
venom 4 bane, hate 5 spite 6 malice, poison, rancor 7 ill will, vitriol 8 embitter 9 contagion, malignity, virulence 11 malevolence
venomous 5 toxic 6 deadly, malign, poison 7 baneful, malefic, noxious 8 spiteful, viperish, viperous, virulent 9 malicious, malignant, poisonous 10 malevolent, pernicious 12 vituperative
vent 3 air 4 emit, flue, hole, pipe, pour, slit 5 burst, expel, issue, loose, utter, voice 6 broach, nozzle, outlet 7 chimney, exhaust, express, give off, opening, orifice, release, take out, unleash, volcano 8 breather, fumarole, spiracle 9 discharge 11 black smoker
venter 3 gut 5 belly 6 paunch 7 abdomen, stomach
ventilate 3 air 5 state, utter 6 aerate, expose 7 discuss, express 9 advertise, broadcast, circulate, verbalize 11 investigate
ventral area 7 abdomen, stomach
ventricle 6 cavity 7 chamber
ventriloquist 9 performer 11 entertainer *companion:* 5 dummy *famous:* 6 Bergen (Edgar)
venture 3 bet, try 4 dare, face, feat, gest, risk 5 brave, peril, stake, wager 6 chance, expose, gamble, hazard 7 attempt, daresay, emprise, exploit 8 endanger, jeopardy, long shot, make bold 9 challenge, crapshoot, speculate 10 enterprise 11 speculation, undertaking
venturesome 4 bold, rash 5 brave 6 daring 8 reckless 9 audacious, daredevil, foolhardy 11 adventurous, temerarious
venue 4 site 5 arena, forum, place, scene 6 locale, outlet 7 setting 8 locality
Venus 6 planet, Vesper 7 daystar, Lucifer 8 Hesperus (see also APHRODITE)
Venus de ___ 4 Milo
___ vera 4 aloe
veracious 4 just, true 5 exact, frank, right, valid 6 candid, honest 7 correct, factual, sincere 8 accurate, truthful
veracity 4 fact 5 truth 6 candor 7 honesty 8 accuracy, trueness 9 actuality, exactness 11 correctness 12 truthfulness
veranda 5 lanai, porch, stoop 6 piazza 7 gallery, portico
verb *auxiliary:* 3 are, can, did, had, has, may, was 4 have, must, were, will, word 5 could, might, shall, would 6 should *form:* 6 active, gerund 7 passive 10 infinitive, participle *kind:* 10 transitive 12 intransitive *linking:* 6 copula *mood:* 8 optative 10 imperative, indicative 11 subjunctive *tense:* 4 past 6 aorist, future 7 perfect, present 9 predicate 10 pluperfect
verbal 4 oral 5 wordy 6 gerund, spoken 7 literal 9 unwritten 10 infinitive, participle, rhetorical 11 word-for-word
verbalism 4 term 6 phrase 7 wording 8 phrasing 9 prolixity, windiness, wordiness 11 phraseology
verbalization 4 talk 6 speech 8 speaking 9 discourse, utterance 12 articulation, vocalization
verbalize 3 air, say 4 talk 5 speak, state, utter, voice, write 6 broach 7 express 8 bloviate, vocalize 9 ventilate
verbatim 5 exact 6 direct 7 exactly, literal, precise 8 directly 9 literally, literatim, precisely 10 accurately 11 word-for-word
verbiage 4 talk 6 phrase 7 diction, wording 8 parlance, phrasing, pleonasm 9 wordiness 10 redundancy 11 phraseology
verbose 5 gassy, windy, wordy 6 prolix 7 diffuse 9 garrulous, redundant, talkative 10 loquacious, pleonastic 11 tautologous
verbosity 9 prolixity, windiness, wordiness 10 redundancy
verboten 5 taboo 6 banned 7 illegal 8 outlawed 9 forbidden 10 prohibited
verdant 4 lush 5 green, leafy, naive 6 grassy, unripe
verdict 6 assize, ruling 7 finding, opinion 8 decision, judgment 9 judgement
Verdi opera 4 Aïda 6 Ernani, Oberto, Otello 7 Nabucco 8 Don Carlo, Falstaff, Lombardi (I), Traviata (La) 9 Don Carlos, Rigoletto, Trovatore (Il) 15 Simon Boccanegra
verdure 7 foliage 8 greenery 9 greenness 10 vegetation
verge 3 hem, lip, rim 4 abut, cusp, edge, sink 5 bound, brink, skirt, staff, touch

6 adjoin, border, fringe, margin 7 selvage 8 approach, shoulder 9 threshold 10 borderline

veridical see VERACIOUS

verifiable 4 true 6 proven 7 certain 8 provable 9 undoubted

verification 5 proof 10 validation 11 attestation 12 confirmation 13 corroboration

verify 4 aver, test 5 check, prove, vouch 6 attest, settle 7 bear out, confirm 8 document, validate 9 establish, fact-check 11 corroborate, demonstrate 12 authenticate, substantiate

verily 5 truly 6 indeed 7 in truth 9 assuredly, certainly 11 confidently, undoubtedly

veritable 4 real, true 6 actual 7 factual, genuine 8 bona fide 9 authentic, undoubted 10 sure-enough 11 indubitable

verity 5 truth 6 gospel, truism 7 honesty, reality 9 actuality 12 truthfulness

vermiform 8 wormlike

vermilion 3 red

vermin 4 lice, mice, pest, rats, scum 5 fleas, pests, trash 7 bedbugs, varmint

Vermont ***capital:*** 10 Montpelier ***city:*** 7 Rutland 10 Burlington ***college, university:*** 7 Norwich 8 Marlboro 10 Bennington, Middlebury ***mountain, range:*** 5 Green 9 Mansfield ***nickname:*** 13 Green Mountain (State) ***river:*** 11 Connecticut ***state bird:*** 12 hermit thrush ***state flower:*** 9 red clover ***state tree:*** 10 sugar maple

vernacular 4 cant 5 argot, idiom, lingo, slang 6 common, jargon, patois, patter, speech, tongue, vulgar 7 dialect, vulgate 8 language 9 dialectal 10 colloquial 12 mother tongue

vernal 5 fresh, green 6 spring 8 youthful 10 springlike

Verne, Jules ***character:*** 4 Fogg (Phileas), Nemo 12 Passepartout ***submarine:*** 8 Nautilus ***work:*** 16 Mysterious Island (The) 21 From the Earth to the Moon 26 Around the World in Eighty Days

versant see CONVERSANT

versatile 5 handy 6 adroit, facile 7 protean 8 variable 9 all-around, competent, many-sided 10 changeable 11 well-rounded 12 ambidextrous

verse 3 lay, ode 4 epic, poem, rune 5 lyric, poesy, rhyme 6 ballad, jingle, poetry, sonnet, stanza 7 passage 8 acquaint 11 composition, familiarize ***analysis:*** 8 scansion ***four-line:*** 8 quatrain ***free:*** 5 blank 8 unrhymed ***six-line:*** 6 sestet ***three-line:*** 6 tercet ***two-line:*** 7 couplet ***writer:*** 4 poet

versed 5 adept 6 au fait 7 abreast, skilled, veteran 8 familiar, informed, seasoned 9 au courant, competent, practiced 10 acquainted 11 experienced 13 knowledgeable

versifier 4 bard, poet 6 rhymer 9 poetaster, rhymester, sonneteer

version 4 copy 5 draft, model 6 flavor, remake 7 account, edition, reading, variant 8 revision 9 iteration, narrative, redaction, rendition, rewording 10 adaptation, paraphrase 11 arrangement, description, incarnation, restatement, translation

versus 4 anti 6 contra 7 against, vis-à-vis 11 over against

vertebra 7 segment ***kind:*** 6 dorsal, lumbar, sacral 8 cervical, thoracic 9 coccygeal

vertebrae 4 back 5 spine 6 coccyx, rachis, sacrum 8 backbone, tailbone 12 spinal column

vertebrate 6 animal ***characteristic:*** 5 spine 7 cranium 12 spinal column ***kind:*** 4 bird, fish, frog 6 mammal 7 reptile 9 amphibian

vertex 3 cap, top 4 acme, apex, peak 5 crest, crown 6 apogee, summit, tip-top, zenith

vertical 5 erect, plumb, sheer, steep 7 upright 8 straight 10 lengthwise, straight-up 13 perpendicular

vertiginous 5 dizzy, giddy, woozy 6 fickle, rotary 11 light-headed

vertigo 6 megrim 9 dizziness, giddiness

verve 3 pep, vim, zip 4 brio, dash, élan, fire, life, zest, zing 5 flair, gusto, moxie, oomph, style, vigor 6 bounce, energy, spirit, spring 7 panache 8 vitality, vivacity 10 enthusiasm, liveliness 13 sprightliness

very 3 too 4 bare, mere, most, much, pure, real, same, true 5 exact, ideal, model, plain, quite, sheer, super, truly, utter 6 actual, ever so, highly, hugely, mighty, really, simple 7 awfully, genuine, greatly, notably, perfect, precise, special 8 absolute, actually, bona fide, selfsame, terribly 9 authentic, extremely, genuinely, identical, undoubted 10 absolutely, particular 11 exceedingly ***French:*** 4 très ***German:*** 4 sehr ***Italian:*** 5 molto ***Scottish:*** 3 gey ***Spanish:*** 3 muy

vesicle 3 sac 4 cell, cyst 5 bulla 6 cavity 7 blister, vacuole

vespers 8 evensong

___ **Vespucci** 7 Amerigo

vessel 3 can, cup, jar, pan, pot, tub, urn 4 boat, bowl, cask, drum, duct, ewer, pail, ship, tank, tube, vase, vein 5 canal, craft, cruse 6 artery, barrel, bottle, bucket, firkin, flagon, kettle, krater, pottle **7** cresset, pitcher **8** crucible **9** container **10** receptacle, watercraft ***combining form:*** **3** vas **4** angi, vaso **5** angio ***drinking:*** **3** cup, mug **4** toby **5** flask, glass, gourd, stein, stoup **6** goblet, seidel **7** tankard, tumbler ***Indian:*** **4** lota **5** lotah ***Scottish:*** **6** quaich, quaigh

vest **6** weskit **9** waistcoat

Vesta see HESTIA

vestal **4** pure **6** chaste, virgin **8** celibate, virginal, virtuous

vestibule **5** entry, foyer, lobby **6** cavity **7** hallway, narthex, passage **8** anteroom, entrance, entryway **10** antechapel **11** antechamber

vestige **4** echo **5** dregs (plural), relic, scrap, stump, trace, track **6** shadow **7** memento, remains, remnant **8** leftover **9** remainder **10** hide or hair **11** hide nor hair

vestment **3** alb **4** cope, garb, gown, robe **5** amice, cotta, dress, habit, stole, tunic **6** attire, rochet **7** apparel, cassock, garment, maniple, pallium, tunicle **8** chasuble, cincture, clothing, covering, dalmatic, parament, surplice ***ancient Hebrew:*** **5** ephod **11** breastplate

vestry **6** closet **8** sacristy **9** sacrarium

vesture **4** robe **6** clothe **7** apparel, garment **8** clothing **10** habiliment

Vesuvius **7** volcano

vet **5** check **6** go over, review **7** analyze, examine, inspect **8** appraise, check out, evaluate, look over **10** old soldier

vetch **4** herb, tare **6** legume ***type:*** **4** milk (vetch) **5** crown (vetch), hairy (vetch)

veteran **4** ex-GI **5** adept **6** expert, master **7** old hand, skilled **8** old-timer, warhorse **9** practiced, shellback **10** past master **11** experienced

veto **3** nix **4** kill **6** defeat, forbid, refuse, reject **7** decline **8** disallow, negative, prohibit **9** blackball **10** disapprove **11** prohibition **12** interdiction

vex **3** bug, irk **4** fret, gall, itch, roil **5** annoy, chafe, gripe, harry, rowel, tease, worry **6** badger, baffle, bother, harass, harrow, nettle, pester, plague, puzzle, rankle, ruffle **7** chagrin, torment, trouble **8** bullyrag, distress, irritate

vexation **4** fret, sore **5** chafe, trial **6** bother **7** problem, torment **8** distress, headache **9** annoyance, troubling **10** affliction, harassment, irritation **11** aggravation, bedevilment, provocation

vexatious **5** pesky **7** prickly **8** annoying, tiresome **9** troublous **10** bothersome, irritating **11** distressing, troublesome **12** exasperating

vexed **6** sticky, touchy **7** debated, weighty **8** ticklish **9** difficult, discussed, troubling

vexing **5** tough **7** irksome **8** annoying **9** difficult, harassing, upsetting **10** bothersome, irritating **11** distressing, troublesome

via **3** per **4** over, with **5** along **7** by way of, through **9** by means of

viable **6** doable **7** capable **8** feasible, possible, workable **11** practicable, sustainable

vial **6** ampule **7** ampoule

viands **4** eats, fare, feed, food, grub **7** aliment, edibles, vittles **8** victuals **9** provender **10** provisions **11** comestibles

vibrant **5** alive, vital, vivid **6** bright, lively, punchy **7** ringing **8** resonant **9** consonant, pulsating **10** resounding **11** oscillating **12** effervescent

vibrate **3** jar **4** ring **5** quake, shake, swing, throb, waver **6** quiver, shimmy, thrill, tremor **7** flutter, pulsate **8** undulate **9** fluctuate, oscillate, vacillate

vibration **4** aura **5** quake, shake, trill **6** motion, quaver, quiver, shimmy, spirit, tremor **7** flutter, shaking **8** fremitus, wavering **9** emanation, trembling **11** fluctuation, oscillation, vacillation

vicar **6** pastor, priest **8** minister, reverend **9** clergyman

Vicar of Wakefield, The ***author:*** **9** Goldsmith (Oliver) ***character:*** **8** Primrose

vice **3** sin **4** evil, flaw **5** crime, fault **6** defect **7** devilry, failing, frailty, offense, scandal **8** iniquity **9** deformity, depravity, indecency **10** corruption, debauchery, immorality, perversion, wickedness **11** shortcoming

vice-president **4** veep **6** deputy **7** officer **9** executive ***American:*** **4** Burr (Aaron), Bush (George), Ford (Gerald), Gore (Albert), King (William) **5** Adams (John), Agnew (Spiro), Dawes (Charles), Gerry (Elbridge), Nixon (Richard), Tyler (John) **6** Arthur (Chester), Cheney (Richard), Colfax (Schuyler), Curtis (Charles), Dallas (George), Garner (John Nance), Hamlin (Hannibal), Hobart (Garret), Morton (Levi), Quayle (Dan), Truman (Harry), Wilson (Woodrow) **7** Barkley (Alben), Calhoun (John Caldwell), Clinton (George), Johnson (Andrew, Lyndon Baines, Richard Mentor), Mondale (Walter), Sherman (James Schoolcraft), Wallace (Henry), Wheeler (William) **8** Coolidge (Calvin), Fillmore (Millard), Humphrey (Hubert Horatio), Marshall (Thomas), Tompkins (Daniel),

Van Buren (Martin) **9** Fairbanks (Charles), Hendricks (Thomas), Jefferson (Thomas), Roosevelt (Theodore), Stevenson (Adlai) **11** Rockefeller (Nelson) **12** Breckinridge (John)

viceroy **5** nabob **6** exarch, satrap **7** khedive **8** alderman, governor **9** butterfly **11** stadtholder

vice versa **10** conversely **12** contrariwise

vicinity **4** area **5** range **6** extent, locale, region, shadow **7** suburbs **8** ballpark, district, environs, locality, nearness, precinct **9** closeness, magnitude, proximity **12** neighborhood

vicious **4** evil, mean, vile **5** cruel **6** fierce, malign, savage, sinful, wicked **7** brutish, corrupt, hateful, immoral, noxious, violent **8** depraved, horrible, perverse, spiteful **9** barbarous, ferocious, malicious, malignant, monstrous, nefarious, reprobate **10** degenerate, flagitious, iniquitous, malevolent, villainous, vindictive

vicissitude **5** rigor, trial **6** chance, change **7** weather **8** hardship, mutation, reversal **9** adversity, mischance **10** affliction, difficulty, misfortune, mutability **11** permutation, progression, tribulation

victim **4** butt, dupe, gull, mark, prey **5** chump, patsy **6** pigeon, martyr, quarry, sucker **7** fall guy **8** casualty, fatality, offering, underdog **9** sacrifice

victimize **4** dupe, fool, gull, hoax **5** cheat, cozen, trick **7** deceive, swindle **8** flimflam, hoodwink **9** bamboozle, sacrifice **11** hornswoggle

victor **5** champ **6** top dog, winner **7** subduer **8** champion **9** conqueror **10** vanquisher

Victorian **4** prim **6** prissy, stuffy **7** prudish **8** priggish **11** puritanical, straitlaced **12** old-fashioned

Victoria, Queen ***family:*** **7** Hanover ***father:*** **6** Edward ***husband:*** **6** Albert ***prime minister:*** **8** Disraeli (Benjamin) **9** Gladstone (William), Melbourne (Lord) ***son:*** **6** Edward

victory **3** win **5** sweep **6** defeat **7** mastery, success, triumph **8** conquest, walkaway, walkover **10** overcoming **11** superiority ***costly:*** **7** Pyrrhic ***easy:*** **8** cakewalk, walkaway ***monument:*** **4** arch **13** Arc de Triomphe ***reward:*** **6** spoils ***sign:*** **3** vee ***symbol:*** **4** flag **6** laurel, wreath

Victory author **6** Conrad (Joseph)

victuals **4** chow, eats, feed, food, grub, prog **6** viands **7** edibles, vittles **9** provender **10** provisions **11** comestibles

___ Vidal **4** Gore

videlicet **3** viz **5** to wit **6** namely, that is **8** scilicet **11** that is to say

vie **3** pit **5** match **6** oppose, strive **7** compete, contend, contest, counter **8** struggle

Viennese ***city hall:*** **7** Rathaus ***family:*** **8** Habsburg, Hapsburg ***palace:*** **7** Hofburg ***park:*** **6** Prater ***river:*** **6** Danube

Vietnam ***capital:*** **5** Hanoi ***city:*** **3** Hue **6** Da Nang, Saigon **8** Haiphong **13** Ho Chi Minh City ***delta:*** **6** Mekong ***gulf:*** **6** Tonkin **8** Thailand ***monetary unit:*** **4** dong ***mountain:*** **8** Fan-si-pan ***neighbor:*** **4** Laos **5** China **8** Cambodia **9** Kampuchea ***river:*** **3** Red **6** Mekong ***sea:*** **10** South China

Vietnamese New Year **3** Tet

view **3** eye, see **4** espy, look, plan, scan **5** scene, sight, vista, watch **6** behold, belief, look at, notice, notion, regard, review, survey **7** close-up, examine, inspect, lookout, observe, opinion, outlook, picture, scenery, vantage **8** judgment, panorama, perceive, prospect, scrutiny, snapshot **10** conviction, inspection, scrutinize **11** contemplate, examination

viewer **7** witness **8** looker-on, onlooker **9** bystander, spectator **10** eyewitness

viewing instrument **5** glass, scope **6** binocs **7** glasses **9** telescope **10** binoculars, microscope **12** field glasses ***combining form:*** **5** scope

viewpoint **3** eye **5** angle, slant, stand **6** stance **7** outlook **8** attitude, position **9** direction **11** perspective

vigil **4** wake **5** watch **7** lookout, prayers **9** devotions **10** deathwatch **11** wakefulness **12** surveillance, watch and ward

vigilance **5** watch **9** alertness **12** surveillance, watchfulness

vigilant **4** keen, wary **5** alert, awake, aware, chary, sharp **7** careful, jealous, on guard **8** cautious, open-eyed, watchful **9** attentive, sharp-eyed, wide-awake

vignette **5** scene **6** sketch **7** glimpse, picture **8** ornament

vigor **3** pep, vim, zip **4** brio, push, snap, tuck **5** ardor, drive, force, gusto, moxie, oomph **6** energy, mettle, muscle, spirit, starch **7** potency **8** dynamism, strength, tonicity, virility, vitality **9** hardihood, lustiness, puissance **10** get-up-and-go, robustness, sturdiness

vigorous **5** brisk, hardy, lusty, stout, tough, vital **6** active, hearty, lively, potent, robust, strong, sturdy, virile **7** dashing, driving, dynamic, healthy **8** athletic, forceful, muscular, powerful, spirited, youthful **9** energetic, strenuous **10** mettlesome, red-blooded

Viking see NORSE

vile **4** base, evil, foul, mean, ugly **5** gross, nasty, slimy **6** filthy, horrid, sordid, vulgar, wicked **7** low-down, noisome, obscene, squalid **8** depraved, wretched **9** abhorrent, loathsome, obnoxious, offensive, perverted, repugnant, repulsive, revolting **10** despicable, disgusting **12** contemptible

vilify **5** abuse, libel, smear **6** assail, attack, berate, defame, malign **7** asperse, run down, slander, spatter, traduce **8** denounce, tear down **9** denigrate, disparage **10** calumniate

villa **5** dacha, manor **6** estate, quinta **7** château, mansion **9** residence

village **4** burg, town **5** bourg, thorp **6** hamlet **7** townlet ***African:*** **4** dorp **5** kraal ***Indian:*** **6** pueblo ***Japanese:*** **4** mura ***Jewish:*** **6** shtetl ***Malay:*** **7** kampong ***Russian:*** **3** mir

Village Blacksmith author **10** Longfellow (Henry Wadsworth)

villain **4** boor, heel **5** demon, devil, heavy, knave, rogue **6** rascal, sinner **7** lowlife **8** antihero, criminal, evildoer, offender, scalawag **9** character, miscreant, reprobate, scoundrel **10** blackguard, malefactor ***classic:*** **4** Iago **5** Judas (Iscariot) **6** Brutus (Marcus Junius) **8** Quisling (Vidkun)

villainous **4** evil **6** rotten, wicked **7** corrupt, debased, heinous, vicious **8** depraved, wretched **9** atrocious, felonious, miscreant, nefarious **10** detestable, diabolical, flagitious, iniquitous, perfidious, traitorous **11** treacherous

villainy **4** vice **5** crime **8** evilness **9** depravity, treachery, turpitude **10** corruption, wickedness

villein **7** peasant **8** villager

villenage **4** yoke **6** tenure, thrall **7** bondage, serfdom **9** servitude, thralldom

vim **3** zip **4** brio, dash, élan, gimp, zing **5** gusto, oomph, verve, vigor **6** bounce, energy, esprit, spirit **7** vinegar **9** animation **10** enthusiasm, razzmatazz

___ vincit omnia **4** Amor

vinculum **3** tie **4** bond, knot, link, yoke **5** nexus **8** ligament, ligature

vindicable **7** tenable **9** excusable **10** condonable, defendable, defensible, pardonable **11** justifiable, warrantable

vindicate **4** free **5** clear, guard, prove, right **6** acquit, avenge, defend, excuse, refute, shield, uphold, verify **7** absolve, bear out, confirm, deliver, justify, redress, revenge, support, warrant **8** maintain **9** exculpate, exonerate, safeguard **11** corroborate **12** substantiate

vindictive **5** catty, nasty **6** malign **7** hateful, hurtful, vicious **8** punitive, spiteful, vengeful, venomous **9** malicious, malignant, poisonous

vine **3** hop, ivy, pea **5** grape, kudzu, liana, liane, maile, plant **6** maypop **7** chayote, climber, creeper **8** catbrier, clematis **11** bittersweet ***Asian:*** **6** pikake

vinegar **3** vim **6** liquid **8** ill humor, sourness **9** condiment **12** preservative ***relating to:*** **10** acetic acid ***steep in:*** **6** pickle

vinegarish **4** sour **6** bitter, cranky, ornery **7** bearish, waspish **8** snappish **9** crotchety, irascible **12** cantankerous, cross-grained, disagreeable

Vinegar Joe **8** Stilwell (Joseph)

vineyard ***French:*** **3** cru **7** château, domaine

Vinland discoverer **4** Leif (Ericsson, Eriksson) **12** Leif Ericsson, Leif Eriksson

vintage **3** age, old **4** crop, wine **5** yield **7** antique, classic, harvest **8** outdated **9** classical **10** antiquated **12** old-fashioned

Viola ***brother:*** **9** Sebastian ***husband:*** **6** Orsino ***play:*** **12** Twelfth Night

viola da ___ **5** gamba

violate **4** rape **5** break, wrong **6** breach, defile, offend, ravish **7** disturb, outrage, profane, traduce **8** fracture, infringe, trespass **9** desecrate, disregard **10** contravene, transgress

violation **4** foul, rape **5** break, crime, wrong **6** breach, injury **7** offense, outrage, perjury, scandal **8** trespass **9** blasphemy, injustice, sacrilege **10** illegality, infraction, ravishment **11** desecration, disturbance, misdemeanor, profanation **12** encroachment, infringement, interruption **13** contravention, transgression

violence **4** fury, riot **5** clash **6** frenzy, mayhem **7** assault, outrage, rampage **8** foul play, savagery **9** onslaught **10** distortion, roughhouse

violent **5** cruel, harsh, rabid **6** fierce, raging, savage, stormy **7** berserk, furious, intense, vicious **8** slam-bang, vehement **9** explosive, ferocious **10** hellacious **11** acrimonious, destructive

violet **5** mauve **6** purple **8** amethyst, lavender **10** heliotrope

violin **6** fiddle **10** instrument ***kind:*** **5** Amati, Strad **8** Guarneri **10** Guarnerius, Stradivari **12** Stradivarius ***part:*** **3** bow, nut, peg **4** neck **6** bridge, scroll, string **8** chin rest **9** tailpiece **10** soundboard **11** fingerboard ***precursor:*** **5** rebec **6** rebeck

violinist ***American:*** **4** Hahn (Hilary) **5** Elman (Mischa), Fodor (Eugene), Ricci (Ruggiero), Stern (Isaac) **6** Midori, Powell (Maud) **7** Heifetz (Jascha), Menuhin (Yehudi), Szigeti (Joseph) **8** Kreisler (Fritz), Milstein (Nathan) **9** Zimbalist (Efrem) ***Belgian:*** **5** Ysayë (Eugene) **8** Grumiaux (Arthur) ***Czech:*** **3** Suk (Josef) ***English:*** **7** Menuhin (Yehudi) ***French:*** **12** Francescatti (Zino) ***German:*** **6** Mutter (Anne-Sophie) ***Hungarian:*** **7** Joachim (Joseph) ***Israeli:*** **7** Perlman (Itzhak) **8** Zukerman (Pinchas) ***Italian:*** **6** Viotti (Giovanne Battista) **7** Corelli (Arcangelo), Vivaldi (Antonio) **8** Paganini (Niccolo) **9** Geminiani (Francesco) ***Romanian:*** **6** Enescu (George) ***Russian:*** **8** Oistrakh (David)

violin maker **4** Salò (Gasparo da) **5** Amati (Andrea, Antonio, Girolamo, Nicolo) **7** Maggini (Giovanni Paolo), Stainer (Jacob) **8** Guarneri (Andrea, del Gesù, Giuseppe, Pietro) **10** Guarnerius (Andrea, Giuseppe, Pietro), Stradivari (Antonio, Francesco, Omobono) **12** Stradivarius (Antonio, Francesco, Omobono)

VIP **4** BMOC, lion **5** mogul, nabob **6** big gun, biggie, bigwig, fat cat, honcho **7** big shot, notable, someone **8** big wheel, luminary, mandarin, somebody **9** big cheese, dignitary **10** panjandrum **13** high-muck-a-muck

viper **3** asp **5** adder, snake **7** serpent **10** bushmaster, copperhead, fer-de-lance **11** rattlesnake **13** water moccasin

virago **5** harpy, scold, shrew, vixen **6** amazon, dragon, gorgon, ogress **8** battle-ax, fishwife, harridan, Xantippe **9** battle-axe, termagant, Xanthippe

Virgil **4** poet **5** guide **6** orator **8** cicerone ***epic:*** **6** Aeneid ***poems:*** **8** Eclogues, Georgics

virgin **3** new **4** pure **5** first, fresh, unwed **6** chaste, intact, maiden, modest, unused, vestal **7** initial **8** celibate, innocent, primeval, pristine, spotless **9** abstinent, undefiled, unmarried, unspoiled, unsullied, untouched **10** immaculate

virginal **4** pure **5** fresh **6** chaste, intact, maiden, spinet **8** pristine, virtuous **9** undefiled, unspoiled, unsullied, untouched

Virgin Goddess **5** Diana **6** Hestia **7** Artemis

Virginia ***capital:*** **8** Richmond ***city:*** **7** Norfolk, Roanoke **10** Alexandria **11** Newport News **13** Virginia Beach ***college, university:*** **3** VMI **7** Hampton **10** Sweet Briar **11** George Mason, Old Dominion **12** James Madison **13** Randolph-Macon **14** William and Mary ***historical site:*** **10** Monticello **11** Mount Vernon **12** Williamsburg ***mountain, range:*** **6** Rogers **9** Blue Ridge ***nickname:*** **11** Old Dominion ***river:*** **5** James **7** Potomac **10** Shenandoah ***state bird:*** **8** cardinal ***state flower:*** **7** dogwood (American) ***state tree:*** **7** dogwood (American)

Virginian, The ***author:*** **6** Wister (Owen) ***character:*** **7** Trampas

Virgin Island **5** Peter **6** Norman, St. John **7** Anegada, St. Croix, Tortola **8** St. Thomas

Virgin Islands (U.S.) ***capital:*** **15** Charlotte Amalie ***island:*** **6** St. John **7** St. Croix **8** St. Thomas ***location:*** **10** West Indies ***territory of:*** **12** United States

Virgin Islands, British ***capital:*** **8** Road Town ***island:*** **5** Peter **6** Norman **7** Anegada, Tortola **11** Jost Van Dyke, Virgin Gorda ***location:*** **10** West Indies

virginity **6** purity **8** celibacy, chastity **10** chasteness, maidenhead, maidenhood

Virgin Queen **9** Elizabeth

Virgo star **5** Spica

virgule **5** comma, slant, slash **7** solidus **8** diagonal

viridity **5** green **7** naïveté **9** freshness, greenness, innocence

virile **4** male **5** macho, manly **6** manful, potent, robust **7** manlike **8** forceful, vigorous **9** energetic, masculine

virtual **5** moral, tacit **7** de facto **8** implicit **9** essential, practical **10** electronic **11** fundamental

virtuality **4** core, pith, soul **5** being, juice, stuff **6** effect, marrow, nature **7** essence, makings **8** quiddity **9** substance **10** capability **12** essentiality, quintessence, potentiality

virtually **4** nigh **6** all but, almost, fairly, nearly, next to **7** morally **8** as good as, in effect, well-nigh **9** basically, in essence, literally **10** implicitly **11** effectively, essentially, practically **13** approximately, fundamentally, substantially

virtue **5** merit, power, right, trait, valor, value, vigor, worth **7** courage, feature, potency, probity, quality **8** chastity, goodness, morality, strength **9** attribute, character, puissance, rectitude, rightness **10** excellence, excellency, perfection **11** uprightness ***cardinal:*** **4** hope, love **5** faith **7** charity, justice **8** prudence **9** fortitude **10** temperance

virtuosic 5 showy 6 expert, flashy 7 hotshot, skilled 9 brilliant, masterful 10 consummate, prodigious 12 razzle-dazzle
virtuoso 4 whiz 6 expert, master, savant, wizard, wonder 7 artiste, hotshot, maestro, prodigy 10 past master, wunderkind
virtuous 4 good, pure 5 moral, noble, pious, right 6 chaste, decent, modest, proper 7 ethical, sinless 8 innocent, spotless 9 blameless, faultless, guiltless, righteous, unsullied, untainted 10 inculpable, moralistic 11 respectable, right-minded, untarnished
virulent 5 harsh, toxic 6 biting, bitter, malign, poison 7 cutting, hateful, hostile 8 scathing, spiteful, venomous 9 malicious, malignant, pestilent, poisonous, rancorous, vitriolic 10 pathogenic
virus 3 bug 8 pathogen 9 contagion, infection
vis 5 force, might, power
visage 3 mug, pan 4 cast, face, look, mien, phiz, puss 6 aspect, kisser 8 features 9 semblance 10 expression 11 countenance
vis-à-vis 4 date 6 escort, facing, toward 7 against 8 fronting, opposite, together 9 tête-à-tête 10 face-to-face 11 counterpart
visceral 3 gut 4 deep 5 inner 8 internal, intimate 9 intuitive 10 intestinal 11 instinctive, instinctual
viscid see VISCOUS
viscount 4 lord, peer 8 nobleman
viscous 4 limy, ropy 5 gluey, gooey, gummy, limey, slimy, thick 9 glutinous, semifluid 10 gelatinous 12 mucilaginous
vise 5 clamp, screw 7 squeeze
Vishnu 4 Hari ***avatar:*** 4 Rama 5 Kurma 6 Buddha, Matsya, Vamena, Varaha 7 Krishna 9 Narasinha ***consort:*** 3 Sri 4 Shri 7 Lakshmi ***home:*** 4 Meru
visible 6 patent 7 obvious 8 apparent, viewable 9 available, well-known 10 detectable 11 conspicuous, discernible, perceivable, perceptible 12 recognizable
Visigoth ***conquest:*** 4 Rome ***king:*** 6 Alaric
vision 3 eye 5 dream, fancy, image, sense, sight 6 beauty, seeing 7 concept, fantasy, feature, picture, specter 8 daydream, eyesight, phantasm, presence, prophecy 9 foresight, nightmare 10 apparition, perception, phenomenon, revelation 13 manifestation ***combining form:*** 4 opto 5 opsis ***deceptive:*** 6 mirage ***relating to:*** 5 optic 6 visual 7 optical
visionary 4 seer 5 ideal, lofty, noble 6 unreal 7 blue-sky, dreamer, utopian 8 fanciful, idealist, illusory, quixotic, romantic 9 ambitious, ideologue, imaginary 10 abstracted, daydreamer, idealistic, starry-eyed 11 impractical
visionless 5 blind
Vision of Sir Launfal author 6 Lowell (James Russell)
visit 3 gam, see 4 call, chat, stay, talk, tour 5 pop in, run in 6 call on, come by, drop by, drop in, look in, look up, stay at, stop by, stop in 7 force on, sojourn 8 come over, converse, stay with, stopover 10 social call
visitation 3 woe 4 wake 5 cross, trial 6 misery, ordeal, plague 8 calamity 9 martyrdom 10 affliction 11 tribulation
visitor 5 alien, guest 6 caller, drop-in 7 company, invitee 8 stranger, visitant 9 transient 10 houseguest
visor 4 bill, mask 6 domino 8 eyeshade, disguise, face mask, sunshade
vista 4 view 5 scene, sight 7 lookout, outlook 8 panorama, prospect 9 landscape 11 perspective
visual 5 optic 6 ocular 7 graphic, optical, seeable 8 viewable 9 pictorial 11 discernible, perceivable, perceptible
visualize 3 see 4 view 5 fancy, image 6 call up 7 feature, imagine, picture 8 conceive, envisage, envision 9 conjure up
vital 4 dire 5 alive 6 lively, living, mortal, urgent 7 animate, crucial, pivotal 8 animated, cardinal, critical, decisive, integral, pressing, required, vigorous 9 essential, important, necessary, requisite 10 imperative, red-blooded 11 fundamental, life-or-death 12 invigorating 13 indispensable
vitality see VIGOR
vitalize 5 liven 6 arouse, excite, infuse, perk up, spirit, vivify 7 animate, enliven, quicken 8 energize 9 encourage, galvanize, stimulate 10 invigorate
vitals see VISCERA
vitamin 6 biotin, niacin 7 choline, folacin, retinal, retinol 8 thiamine 9 carnitine, cobalamin, folic acid 10 calciferol, pyridoxine, riboflavin, tocopherol 12 ascorbic acid
Vita Nuova author 5 Dante (Alighieri)
vitelline 5 yolky 6 yellow
vitiate 3 mar 4 harm, soil, undo 5 annul, spoil, sully, taint 6 damage, debase, defile, impair, negate 7 blemish, corrupt, debauch, deprave, nullify, pervert, tarnish 8 abrogate 9 undermine 10 bastardize, demoralize, invalidate
vitreous 6 glassy

vitriol 4 bile 5 spite, venom 6 malice, rancor 7 sulfate 8 acrimony 9 virulence 12 sulfuric acid
vitriolic 4 acid 5 acrid 7 acerbic, caustic, cutting, mordant 8 scathing, stinging, virulent 9 rancorous, truculent
vituperate 3 rag 4 lash, rail, rant, rate 5 abuse, baste, curse, scold, score 6 berate, malign, revile, scorch 7 asperse, bawl out, chew out, condemn, cuss out, upbraid 8 lambaste 9 castigate 10 tongue-lash
vituperation 5 abuse 6 rebuke 7 censure, obloquy, reproof 8 scolding 9 contumely, invective 10 scurrility 11 fulmination, mudslinging 12 billingsgate 13 tongue-lashing
vituperative 7 abusive, railing, scurril 8 scathing, scolding, scurrile, venomous, viperish 9 invective 10 censorious, scurrilous 11 opprobrious 12 contumelious
vivace 5 brisk 6 lively 8 animated, spirited
vivacious 3 gay 4 airy, pert 5 perky, spicy, sunny, zesty 6 bouncy, breezy, bubbly, jaunty, lively, sparky 7 buoyant, chipper 8 animated, pixieish, spirited 9 ebullient, sprightly 12 effervescent, high-spirited
vivacity see VERVE
Vivaldi epithet 9 red priest (the)
___ vivant 3 bon
vivarium 9 terrarium
viva voce 4 oral 6 orally, spoken 11 word-of-mouth
vivid 5 alive, sharp 6 bright, garish, lively, punchy, visual 7 graphic, intense, vibrant 8 animated, colorful, eloquent, lifelike 9 chromatic, pictorial 10 expressive 11 picturesque
vivify 5 liven, renew 6 excite, infuse, kindle, revive 7 animate, enliven, quicken, refresh, restore 9 stimulate
vixen 3 fox, nag 5 harpy, scold, shrew 6 ogress, virago 8 fishwife, harridan, Xantippe 9 termagant, Xanthippe
viz 5 to wit 6 namely, that is 8 scilicet 9 videlicet 12 in other words
vizard 4 face, mask 5 guise, visor 6 domino 8 disguise
vocabulary 4 cant 5 argot, lingo, slang, words 6 jargon, patois 7 lexicon 8 glossary 9 word-hoard 10 vernacular 11 terminology
vocal 4 oral 5 blunt, frank 6 phonic, spoken, voiced 7 uttered 8 eloquent 9 outspoken 10 articulate, expressive, free-spoken
vocalic 5 vowel
vocalist 4 diva 6 belter, canary, singer 7 crooner, warbler, yodeler 8 minstrel, songbird 9 balladeer, chanteuse, chorister 10 cantatrice, prima donna
vocalization 4 song 5 voice 6 speech 7 diction 8 speaking 9 utterance 11 enunciation 12 articulation 13 pronunciation
vocalize 3 air, hem 4 sing, talk 5 chant, croon, speak, state, utter, voice 6 warble 7 express 9 enunciate, pronounce
vocal organ 6 larynx 8 voice box ***bird:*** 6 syrinx
vocation 3 art, job 4 call, work 5 craft, trade 6 career, métier 7 calling, mission, pursuit 8 business, lifework 10 employment, handicraft, occupation, profession
vociferate 3 bay, cry 4 bark, bray, call, roar, yawp, yell 5 shout 6 bellow, clamor, holler 7 thunder
vociferous 4 loud 5 noisy 6 shrill 7 blatant, clamant, raucous 8 strident 9 clamorous 11 openmouthed 12 obstreperous
vogue 3 cry, fad, ton 4 chic, mode, pose, rage 5 craze, favor, furor, style, trend 6 furore 7 fashion 10 dernier cri, popularity 11 stylishness
voice 3 put, say 4 part, talk, tell, vent 5 say-so, sound, speak, state, utter 6 assert, choice, medium, singer, speech 7 declare, express, opinion, present 8 vocalize 9 condition, enunciate, formulate, pronounce, statement, utterance, verbalize 10 articulate, expression, instrument ***female:*** 4 alto 5 mezzo 7 soprano 9 contralto ***high:*** 5 tenor 7 soprano 8 falsetto ***in grammar:*** 6 active 7 passive ***Latin:*** 3 vox ***male:*** 4 bass 5 tenor 8 baritone ***quality:*** 5 pitch 6 timbre ***quiet:*** 7 whisper ***relating to:*** 5 vocal 8 phonetic ***without:*** 4 dumb, mute
voice box 6 larynx
voiced 4 oral 5 vocal 6 sonant, spoken 7 uttered 8 phonated 9 expressed
voiceless 3 mum 4 dumb, mute, surd 6 silent 8 breathed 12 inarticulate
void 3 gap, nix 4 emit, hole, idle, lack, null, undo 5 abyss, annul, blank, clear, empty, inane, quash 6 bereft, cancel, cavity, hollow, negate, remove, vacant, vacate, vacuum 7 absence, give off, negated, nullify, rescind, reverse, vacuity, vacuous 8 abrogate, deserted, evacuate 9 black hole, discharge, eliminate, emptiness 10 extinguish 11 nothingness
volant 4 fast, spry, yare 5 agile, fleet, quick, zippy 6 flying, lively, nimble 9 dexterous, sprightly
volar 6 palmar

volatile 5 flaky 6 fickle, flying, lively 7 erratic, essence, flighty 8 fleeting, fugitive, skittery, skittish, unstable, variable, volcanic 9 ephemeral, explosive, fugacious, mercurial, momentary, transient 10 capricious, changeable, evanescent, inconstant, short-lived, transitory 11 impermanent 13 temperamental

volatility 10 fickleness 11 flightiness, inconstancy, instability 13 changeability

volcanic 7 violent 8 volatile 9 explosive ***explosion:*** 8 eruption ***glass:*** 8 obsidian ***matter:*** 3 ash 4 lava, tufa, tuff 5 magma 6 scoria ***mound:*** 4 cone ***passage:*** 6 throat 7 conduit ***vent:*** 8 fumarole 9 solfatara

volcano 4 hill, vent 8 mountain ***Alaska:*** 6 Katmai (Mount) 8 Wrangell (Mount) 9 Aniakchak (Crater) ***Andes:*** 5 Omate 12 Huaina Putina ***Antarctica:*** 6 Erebus (Mount) ***Azores:*** 4 Alto (Pico) ***California:*** 6 Lassen (Peak) ***Canaries:*** 5 Teide (Pico de), Teyde (Pico de) 8 Tenerife (Pico de) ***Colombia:*** 5 Huila (Nevado del), Pasto 6 Purace 7 Galeras ***Costa Rica:*** 4 Poás 5 Barba, Irazú ***Ecuador:*** 6 Sangay 8 Antisana, Cotopaxi ***extinct:*** 4 Popa (Mount) 5 Iriga, Kenya (Mount) 8 Mauna Kea 9 Haleakala (Crater) ***Guatemala:*** 4 Agua 5 Fuego 7 Atitlán ***Hawaii:*** 7 Kilauea 8 Mauna Loa ***Honshu:*** 4 Nasu 5 Asama, Azuma 6 Bandai 8 Nasudake 9 Asamayama ***Iceland:*** 5 Askja, Hecla, Hekla ***Indonesia:*** 3 Awu (Gunung) 5 Agung (Gunung) 7 Tambora (Gunung) ***island:*** 5 Thera, Thira 8 Krakatau, Krakatoa, Santorin 9 Santorini ***Italy:*** 8 Vesuvius 9 Stromboli ***Iwo Jima:*** 9 Suribachi (Mount) ***Japan:*** 3 Aso 5 Unzen 6 Asosan ***Java:*** 4 Gede (Gunung) 5 Bromo, Gedeh (Gunung), Kelud (Gunung), Salak (Gunung) ***Madeira:*** 5 Ruivo (Pico) ***Martinique:*** 5 Pelée (Mount) ***Mexico:*** 6 Colima 7 Orizaba 9 Paricutín 12 Popocatepetl ***New Zealand:*** 7 Ruapehu (Mount) 9 Ngauruhoe, Tongariro ***Peru:*** 5 Misti (El) ***Philippines:*** 3 Apo (Mount) 4 Taal 5 Mayon (Mount) 8 Pinatubo (Mount) ***Sicily:*** 4 Etna ***Solomons:*** 5 Balbi ***South America:*** 5 Lanín, Maipo, Maipu ***Sumatra:*** 5 Dempo (Gunung) 7 Kerinci 8 Kerintji ***type:*** 6 shield 10 cinder cone ***Washington:*** 11 Saint Helens (Mount) ***West Indies:*** 9 Soufrière

___ volente 3 Deo

volition 4 will 6 choice, desire, intent, option 8 decision, election 9 selection 10 preference

volley 4 hail, shot 5 burst, round, salvo, storm 6 return, shower 7 barrage 8 drumfire 9 broadside, cannonade, discharge, fusillade

volplane 5 glide

Volpone 3 Fox (The) ***author:*** 6 Jonson (Ben) ***servant:*** 5 Mosca

Volsung ***grandson:*** 6 Sigurd 9 Siegfried ***great-grandfather:*** 4 Odin ***son:*** 7 Sigmund

voltage 5 power 6 energy 9 intensity

Voltaire ***drama:*** 5 Zaïre 6 Alzire, Brutus, Mèrope, Oedipe 7 Mahomet 8 Tancrède ***novel:*** 5 Zadig 7 Candide ***real name:*** 6 Arouet (François Marie)

volte-face 5 U-turn 8 flip-flop, reversal, turnover 9 about-face, inversion, turnabout 10 switcheroo 13 change of heart

voluble 4 glib 5 gabby, talky, windy 6 chatty, fluent, mouthy, prolix 7 verbose 8 effusive, vocative 9 garrulous, talkative 10 long-winded, loquacious

volume 4 body, book, bulk, mass, size, tome 5 album, flood, folio, space 6 amount, scroll 7 content 8 capacity, loudness, quantity 9 aggregate 12 displacement

voluminous 4 full 5 bulky 6 legion, prolix 7 copious 8 numerous, prolific 9 capacious 10 convoluted 13 multitudinous

Volumnia's son 10 Coriolanus

voluntary 4 free 7 willful, willing, witting 8 elective, freewill, optional 10 autonomous, deliberate, volitional 11 independent, intentional, spontaneous 13 discretionary

volunteer 5 offer 6 enlist, join up, sign up 7 present, propose, suggest ***hospital:*** 12 candy striper

Volunteer State 9 Tennessee

voluptuous 4 sexy 5 ample, buxom 6 wanton 7 languid, sensual 8 luscious, sensuous 9 bodacious, luxurious 10 curvaceous

volute 5 helix, shell 6 scroll, spiral 7 mollusc, mollusk 8 curlicue

vomit 3 gag 4 barf, cast, gush, hurl, lose, puke, spew, toss 5 expel, retch 6 spit up 7 bring up, throw up, upchuck 8 disgorge 11 regurgitate

vomiting 6 emesis

Vonnegut work 9 Galapagos, Timequake 10 Cat's Cradle, Hocus Pocus 11 Player Piano 13 Sirens of Titan (The) 18 Slaughterhouse Five 20 Breakfast of Champions 22 Happy Birthday Wanda June

voodoo 3 hex 4 jinx, juju, mojo 5 charm, magic, spell 6 amulet, whammy 7 bewitch, enchant, sorcery 8 ensorcel, wizardry 9 ensorcell 10 hocus-pocus, mumbo jumbo, necromancy, witchcraft **11** abracadabra, implausible, unrealistic

voracious **4** avid **5** eager **6** ardent, greedy, hungry **7** piggish, starved **8** edacious, famished, ravenous, starving **9** rapacious **10** gluttonous, insatiable, omnivorous, quenchless

vortex **4** eddy, gyre **5** swirl **7** tornado **9** hurricane, maelstrom, whirlpool, whirlwind **11** tourbillion

votary **3** bug, fan, nut **4** buff **5** lover **6** addict, zealot **7** admirer, apostle, devotee, groupie, habitué **8** adherent, advocate, believer, disciple, follower **9** worshiper **10** aficionado, enthusiast, worshipper

vote **3** opt **4** poll **5** elect, judge, offer **6** ballot, choice, choose, decide, ratify, select, ticket **7** adjudge, declare, endorse, express, opinion, propose, suggest, verdict **8** election, suffrage **9** franchise **10** expression ***affirmative:*** **3** aye, nod, yea, yes **6** placet ***kind:*** **5** proxy, straw, voice **6** secret **7** write-in **8** absentee **10** plebiscite, referendum ***negative:*** **3** nay ***right to:*** **8** suffrage **9** franchise

votive **8** grateful **10** devotional

vouch **5** prove **6** affirm, assert, assure, attest, uphold, verify **7** certify, confirm, support, witness **8** accredit **9** guarantee **11** corroborate **12** substantiate

voucher **3** IOU **4** chit **5** proof **6** coupon, surety **7** receipt **9** affidavit, indenture **10** credential **11** certificate **13** authorization

vouchsafe **4** give **5** award, favor, grant **6** accord, bestow, confer, oblige **7** concede, furnish

vow **4** aver, oath, word **5** swear, troth **6** assert, attest, pledge, plight **7** confirm, declare, promise, warrant **8** covenant **9** assertion, guarantee **10** obligation **11** declaration

vowel **6** letter, symbol **11** speech sound ***kind:*** **4** high, long **5** glide, schwa, short **9** diphthong **11** monophthong ***omission:*** **7** aphesis **11** contraction ***variation:*** **6** ablaut, umlaut

voyage **4** sail, trek, trip **5** jaunt **6** cruise, junket, outing, travel **7** journey, odyssey, set sail **8** traverse **9** excursion **10** expedition, pilgrimage

voyeur **6** peeper **10** peeping Tom

Vronski's lover **12** Anna Karenina

Vulcan see HEPHAESTUS

vulgar **3** low, raw **4** base, lewd, rude, vile **5** crass, crude, gaudy, gross, rough, tacky **6** coarse, earthy, flashy, garish, ribald, sordid, tawdry **7** kitschy, lowbred, lowbrow, obscene, profane, uncouth **8** churlish, improper, indecent, off-color, unseemly **9** barbarous, graceless, low-minded, offensive, tasteless, unrefined **10** indecorous, indelicate, scurrilous, unpolished, vernacular **11** pretentious

vulgate **10** vernacular

Vulgate translator **6** Jerome

vulnerability **8** exposure, soft spot, weakness **10** underbelly **12** Achilles' heel

vulnerable **4** open, weak **6** liable **7** exposed **10** assailable **11** susceptible

vulnerary **4** balm **5** salve, tonic **7** healing, unguent **8** curative, ointment, remedial, salutary, sanative **9** medicinal, wholesome **10** salubrious **11** restorative, therapeutic **12** healthgiving

vulpine **3** sly **4** foxy, wily **5** slick **6** artful, astute, crafty, shrewd, tricky **7** cunning, foxlike **8** guileful

vulture **4** bird **6** condor **11** lammergeier, lammergeyer ***food:*** **7** carrion ***relative:*** **4** hawk **5** eagle **6** falcon **7** buzzard

vulturine **8** ravenous **9** predatory, rapacious, raptorial **10** predaceous, predacious, scavenging

W

wacky 3 fey, mad 4 daft, nuts 5 batty, daffy, crazy, flaky, kooky, loony, loopy, silly 6 absurd, fruity, insane, screwy 7 bonkers, cracked, foolish, idiotic, lunatic, offbeat 8 crackers, demented 9 eccentric 10 irrational 11 harebrained 12 preposterous

wad 3 gob 4 lump, mint, pile, plug, quid, roll, swab 5 chunk, stuff 6 boodle, bundle, packet, pellet 7 fortune 8 bankroll

waddle 6 toddle

waddy 4 club, cosh 6 cowboy, cudgel 7 rustler 8 bludgeon

wade 4 ford, plod 5 labor 6 drudge, trudge *into:* 5 set to 6 attack, plunge, tackle 9 undertake

wadi 3 bed 4 wash 5 gully 6 arroyo, coulee, course, ravine 9 streambed 10 depression 11 watercourse

wafer 4 chip, disk, host 5 matzo, slice 6 matzoh 7 cracker

waffle 4 yo-yo 5 tripe, waver 6 dither, drivel, seesaw 7 blather 8 flip-flop 9 fluctuate, vacillate 10 equivocate

waft 4 flag, gust, puff, wave 5 drift, float, hover 7 pennant

wag 3 bob, nod, wit 4 card, lash, wave 5 clown, cutup, joker, shake, swing, whisk 6 kidder, switch, twitch, waddle 8 brandish, comedian, funnyman, jokester

wage 3 fee, pay 6 income, reward, salary 7 carry on, payment, stipend 8 earnings, pittance, receipts 9 emolument 10 recompense 12 compensation, remuneration

wager 3 bet, lay, pot 4 ante, game, risk 5 stake 6 chance, gamble, hazard 7 venture

waggery 3 gag 4 jest, joke 5 prank, sport 7 devilry, kidding, roguery 8 deviltry, drollery, mischief 10 impishness, pleasantry 11 roguishness 12 sportiveness 13 practical joke

waggish 4 arch, pert 5 antic, comic, droll, saucy, witty 6 impish, jocose 7 comical, jocular, playful, puckish, roguish 8 humorous, prankish, sportive 9 facetious 10 frolicsome 11 mischievous

waggle 3 bob 4 reel, sway

Wagner, Richard *birthplace:* 7 Leipzig *father-in-law:* 5 Liszt (Franz) *festival site:* 8 Bayreuth *opera:* 4 Ring 6 Rienzi 8 Parsifal 9 Lohengrin, Rheingold (Das), Siegfried 10 Die Walküre, Tannhäuser 12 Das Rheingold 13 Meistersinger (Die) 14 Flying Dutchman (The) 15 Götterdämmerung 16 Tristan und Isolde 17 Ring of the Nibelung (The) *recurring theme:* 9 leitmotif, leitmotiv *wife:* 5 Minna 6 Cosima

wagon 3 van 4 cart, dray, tram, trek, wain 7 caravan, coaster, hayrack

wahoo 3 ono 8 mackerel 9 winged elm 11 burning bush

waif 5 gamin, stray 6 gamine, orphan, urchin 8 wanderer 9 foundling 10 ragamuffin 11 guttersnipe

wail 3 bay, cry 4 bawl, blub, fuss, howl, keen, weep, yowl 5 mourn, whine 6 bemoan, lament, plaint, repine 7 blubber, ululate 8 complain 9 complaint 11 lamentation

wain 5 wagon 9 Big Dipper

waistband 3 obi 4 belt, sash 6 girdle 8 ceinture, cincture 10 cummerbund

waistcoat 4 vest 6 jerkin, weskit

wait 4 bide, idle, stay 5 abide, dally, delay, serve, tarry, watch 6 expect, hold on, linger, remain 8 hang fire, mark time, sit tight 10 anticipate 11 stick around

waiter 4 tray 6 garçon, salver, server 7 servant 9 attendant

Waiting for ___ 5 Godot, Lefty

wait on 4 tend 5 serve 6 attend, tend to 7 care for, cater to 9 look after

waive 4 cede, stay 5 allow, defer, delay, forgo, table, yield 6 give up, hold up, put off, shelve 7 abandon, concede, dismiss, hold off, suspend 8 hand over, hold over, postpone 9 surrender 10 relinquish

wake 4 path, stir, wash 5 alert, arise, get up, rally, rouse, track, vigil, watch 6 arouse, bestir, excite, kindle, stir up 7 roll out 8 backwash 9 aftermath, stimulate

wakeful 5 alert 8 restless, vigilant 9 insomniac, sleepless

waken see WAKE

Walden author 7 Thoreau (Henry David)

wale 3 rib 4 bend, welt 5 brace, ridge 6 strake
walk 3 pad 4 gait, hike, hoof, pace, path, plod, roam, slog, step, trip 5 alley, amble, clump, mince, paseo, stave, strut, stump, trail, tramp, tread, troop 6 prance, ramble, sashay, stride, stroll, toddle, trudge, waddle, wander 7 saunter, shamble, shuffle, stumble, swagger, traipse 8 ambulate, traverse 9 promenade 11 base on balls, perambulate, peregrinate
walkaway 4 romp, rout
walking shorts 8 Bermudas
walking stick 4 cane 5 staff 6 crutch, insect 7 phasmid, whangee
walk out 5 leave 6 strike
walk out on 5 leave 6 desert 7 abandon, forsake
Walküre composer 6 Wagner (Richard)
walkway 4 path 7 passage 9 promenade
wall 3 bar, hem 4 side, stop 5 block, close, fence, hedge 6 immure 7 barrier, close in, enclose 8 blockade, surround 9 barricade, enclosure, roadblock, structure ***bearing:*** 7 support ***hanging:*** 8 tapestry ***painting:*** 5 mural ***protective:*** 7 parapet, rampart ***top of:*** 6 coping
wallaby 8 kangaroo
wallet 5 funds 6 folder 8 billfold 9 accessory, resources 10 pocketbook
Wallis and Futuna Islands ***capital:*** 7 Mata-Utu ***island:*** 4 Uvéa ***territory of:*** 6 France
wallop 3 bop, hit 4 bang, bash, beat, belt, blow, boil, bust, clip, drub, lick, pelt, slam, slug, sock, whip, whop, whup 5 baste, paste, pound, punch, smack, whack 6 buffet, pummel, thrash, thwack 7 shellac, trounce 8 lambaste
walloping 4 huge 5 giant 7 immense, mammoth, monster 8 colossal, enormous, gigantic, smashing 10 gargantuan, impressive, incredible, prodigious
wallow 4 bask, roll 5 enjoy, revel 6 billow, welter 7 delight, indulge 9 luxuriate
___ **Walpole** 4 Hugh 6 Horace
___ **Walton** 3 Sam 5 Izaak
waltz 5 dance, valse
Waltz King 7 Strauss (Johann)
Wampanoag chief 9 Massasoit, Metacomet 10 King Philip
wampum 5 beads, money 6 shells
wan 3 dim 4 ashy, gray, pale, waxy, weak, worn 5 ashen, faint, livid, lurid, pasty, waxen 6 anemic, doughy, feeble, infirm, pallid, peaked, sallow, sickly 7 ghastly, languid 8 blanched 9 bloodless, colorless, washed-out 10 cadaverous, white-faced
wand 3 rod 4 pole, tube 5 baton, staff
wander 3 bat, bum, gad 4 mill, roam, rove, swan 5 amble, dally, drift, float, gypsy, mooch, prowl, range, stray, tramp 6 ramble, stroll 7 deviate, digress, diverge, maunder, meander, saunter, traipse 8 divagate, straggle, vagabond 9 expatiate, gallivant 10 kick around
wanderer 4 waif 5 gypsy, nomad, rover, stray 7 pilgrim, vagrant 8 runabout, vagabond
wandering 7 erratic, migrant, nomadic, vagrant 8 vagabond 9 itinerant, migratory, walkabout, wayfaring 10 roundabout 11 peripatetic
wane 3 dim, ebb 4 fail, fall 5 abate, let up 6 lessen, recede, reduce, relent, shrink, weaken 7 decline, dwindle, slacken, subside 8 decrease, diminish, moderate, slack off, taper off
wangle 6 scheme 7 finagle, wheedle 8 inveigle, scrounge 10 manipulate
wannabe 5 clone 7 also-ran, copycat, hopeful, wishful 8 apparent, aspiring, desiring, desirous 9 ambitious, look-alike, potential
want 4 lack, like, need, void, wish 5 covet, crave, fault 6 dearth, desire, penury 7 absence, poverty, require 8 exigency 9 indigence, necessity, neediness, privation 10 deficiency, desiderate, inadequacy, scantiness 11 destitution, requirement 13 insufficiency
wanting 4 away, less, sans 5 minus, scant, short 6 absent, scanty, scarce 7 lacking, missing, without 9 deficient 10 inadequate, incomplete 12 insufficient
wanton 4 doxy, jade, lewd, minx, rank, slut 5 bawdy, cruel, hussy, loose, tramp, trull, wench 6 coquet, floozy, harlot, lavish, trifle, unruly 7 baggage, cyprian, immoral, jezebel, lustful, obscene, Paphian, sensual, trollop, wayward 8 inhumane, pitiless, ruthless, slattern, spiteful, sportive, strumpet 9 dissolute, luxuriant, malicious, merciless 10 gratuitous, lascivious, malevolent, outrageous, prostitute 11 extravagant, mischievous, uncalled-for
wapiti 3 elk 7 red deer
war 4 feud, odds 5 fight 6 battle, combat, strife 7 contest 8 conflict, struggle, variance 9 hostility 10 antagonism 11 competition ***German:*** 5 Krieg 10 blitzkrieg ***god:*** 3 Tiu, Tyr 4 Ares, Mars, Odin 5 Woden, Wotan ***goddess:*** 4 Enyo 5 Anath 6 Inanna, Ishtar 7 Bel-

lona *Latin:* 6 bellum *Muslim:* 5 jehad, jihad *relating to:* 7 martial
War and Peace *author:* 7 Tolstoy (Leo) *composer:* 9 Prokofiev (Sergey)
warble 4 sing 5 carol, chirp, trill, tweet 6 gadfly, maggot, quaver 7 descant, melisma, twitter
warbler 4 bird 6 singer 7 kinglet 8 songster 9 blackpoll 11 gnatcatcher *European:* 10 chiffchaff
war cry 5 motto 6 slogan *Greek:* 5 alala *Japanese:* 6 banzai
ward 4 care 5 aegis, stave 6 barrio, charge 7 custody, defense, keeping 8 district, division, precinct, security 9 bishopric 10 protection 11 safekeeping 12 guardianship
warden 6 jailer, keeper, regent 7 provost 8 governor, guardian, official 9 castellan, constable, custodian, protector 10 commandant, supervisor
ward off 5 avert, parry, rebut, repel 6 divert 7 deflect 8 turn away 9 forestall
wardrobe 5 trunk 6 closet 7 apparel, armoire, clothes 8 clothing 9 garderobe 12 clothespress
warehouse 4 stow 5 depot, lodge, stock, store 7 confine, deposit, shelter, storage, stowage 8 building 9 stockroom, storeroom 10 depository, repository 11 accommodate *oriental:* 6 godown
wares 4 line 5 goods, stock 9 vendibles 11 commodities, marketables, merchandise
warfare 6 battle, combat, strife 8 conflict, struggle 10 operations 11 hostilities *type:* 4 germ 6 trench 10 biological
warhorse 4 hack 7 charger, courser, veteran 8 chestnut, standard
warlike 7 hawkish, martial 8 militant, military 9 bellicose, combative, truculent 10 aggressive, pugnacious 11 belligerent
warlock 3 wiz 4 mage 5 magus 6 wizard 8 conjurer, conjuror, magician, satanist, sorcerer 9 diabolist, enchanter 11 necromancer
warm 4 bask, heat, kind 5 angry, fresh 6 ardent, genial, heated, heat up, loving, reheat, secure, tender 7 affable, cordial, excited, fervent, sincere 8 friendly, gracious, spirited 9 heartfelt 10 passionate, responsive 11 kindhearted, sympathetic 12 affectionate, enthusiastic, wholehearted 13 compassionate *air:* 7 thermal
warmed-over 5 banal, stale, tired, trite 6 old-hat 7 clichéd 8 shopworn, timeworn 9 hackneyed
warmhearted 4 kind 6 benign, kindly, loving, tender 7 cordial 8 generous 9 benignant, unselfish 10 benevolent 11 magnanimous, sympathetic 12 affectionate 13 compassionate
warmth 4 glow, heat 7 comfort 8 fondness 9 affection 10 cordiality
warn 3 tip 4 clew, clue 5 alert 6 advise, inform, notify, tip off 7 apprise, caution, counsel 8 admonish
warning 3 tip 4 hint 5 alarm, alert 6 caveat, notice, signal, tip-off 7 caution, counsel, summons 8 monition, monitory 10 admonition, cautionary 12 admonishment *legal:* 6 caveat
War of the Worlds author 5 Wells (H. G.)
warp 4 base, bend, cast, kink, rope, wind 5 color, curve, twist 6 buckle, debase, deform, wrench 7 confuse, contort, corrupt, deflect, distort, pervert, torture, vitiate 10 bastardize 12 misrepresent
warrant 4 pawn, writ 5 proof, prove, token 6 affirm, assert, assure, attest, avouch, ensure, ground, insure, pledge, secure 7 certify, contend, declare, justify, precept 8 guaranty, maintain, mittimus, sanction, security 9 assurance, authority, authorize, guarantee 10 foundation 11 certificate 12 confirmation 13 justification
warranty 4 bail, bond 6 surety 8 covenant, security 9 guarantee
warren 4 maze 7 network, rabbits 8 tenement
warrior 4 hero 7 battler, fighter, soldier 8 champion 9 combatant 10 serviceman *female:* 6 Amazon *Japanese:* 7 samurai
Warsaw *castle:* 5 Zamek *river:* 7 Vistula
wart 4 flaw 6 defect, growth 7 blemish, verruca 11 excrescence
wary 5 alert, cagey, canny, chary, leery 7 careful, dubious, guarded, mindful 8 cautious, skittish, vigilant, watchful 10 suspicious 11 circumspect, distrustful
wash 3 lap, pan, tub 4 hose, lave, suds, wadi 5 bathe, clean, creek, douse, drift, float, flush, marsh, scrub, slosh, swill 6 drench, shower, sluice, splash 7 cleanse, coating, launder, laundry, shampoo, suffuse 8 backwash
washed-out 4 beat 5 all in, faded, spent, tired, weary 6 bushed, effete, sapped, used-up, wasted 7 drained 8 depleted 9 exhausted
washed-up 4 beat, done 5 kaput, spent 6 done in 7 also-ran, defunct, done for, through 8 finished
washing 4 bath 6 lavage 7 laundry 8 ablution, lavation *ceremonial:* 6 lavabo
Washington *capital:* 7 Olympia *city:*

6 Tacoma **7** Seattle, Spokane **9** Vancouver **10** Walla Walla ***college, university:*** **7** Gonzaga, Whitman **9** Evergreen ***dam:*** **11** Grand Coulee ***mountain, range:*** **7** Cascade, Olympic, Rainier **8** St. Helens ***nickname:*** **9** Evergreen (State) ***river:*** **6** Yakima **8** Columbia ***state bird:*** **9** goldfinch ***state flower:*** **12** rhododendron ***state tree:*** **7** hemlock

Washington, D.C., designer **7** L'Enfant (Pierre-Charles)

Washington, George ***home:*** **11** Mount Vernon ***wife:*** **6** Martha

Washington Square author **5** James (Henry)

wasp **5** mason **6** digger, hornet, vespid **9** ichneumon, mud dauber **12** yellow jacket

waspish **5** testy **6** snappy, snarky, snippy, touchy **7** peevish, vespine **8** petulant, snappish, vinegary **9** crotchety, fractious, irritable, querulous **10** vinegarish **12** cantankerous, cross-grained

wassail **5** binge, carol, drink, revel, spree, toast **6** bender **7** carouse, revelry, roister **8** carousal, drinking

Wasserstein play **15** Heidi Chronicles (The) **17** Sisters Rosenzweig (The)

waste **4** arid, fail, kill, loss, ruin, sack, wild **5** empty, offal, scrap, trash **6** barren, damage, debris, desert, devour, litter, ravage, refuse, sewage, shrink, weaken **7** badland, consume, despoil, destroy, fritter, garbage, pillage, plunder, rubbish **8** decrease, desolate, emaciate, enfeeble, misspend, prodigal, spoilage, squander, wear away, wildland **9** devastate, dissipate, excrement, sweepings, throw away **10** desolation, wilderness **11** prodigality **12** extravagance, extravagancy ***maker:*** **5** haste ***time:*** **5** dally **6** dawdle, footle, piddle, trifle

waste away **4** fade, fail **6** molder, shrink **7** atrophy, decline, dwindle, shrivel **10** degenerate

wasted **3** lit **4** high **5** drunk, gaunt **6** peaked, sickly, stoned **7** elapsed, ravaged **8** skeletal **9** emaciated **10** cadaverous, skeletonic **11** intoxicated

wasteful **6** lavish **8** prodigal **9** throwaway **10** profligate, thriftless, uneconomic **11** extravagant, improvident, inefficient, spendthrift

wastefulness **6** excess **10** lavishness **11** prodigality **12** extravagance, immoderation

wasteland **4** wild **5** heath **6** barren **10** desolation, wilderness

Waste Land author **5** Eliot (T. S.)

wastrel **3** rip **4** rake, roué **7** rounder, spender **8** prodigal **9** fritterer, libertine **10** dissipater, high roller, ne'er-do-well, profligate, squanderer **11** scattergood, spendthrift

watch **3** eye, see, spy **4** bide, look, tend, tout, wait, wake, ward **5** guard, shift, vigil **6** attend, follow, look at, notice, sentry **7** care for, lookout, monitor, observe, surveil **8** bulletin, eagle eye, scrutiny, sentinel, watchman **9** attention, timepiece, vigilance **10** duty period, observance **11** chronometer, observation **12** surveillance ***chain:*** **3** fob ***maker:*** **10** horologist

watchdog **5** guard **6** keeper **8** Cerberus, guardian **9** custodian, protector

watcher **6** viewer **7** guarder, lookout **8** beholder, follower, guardian, observer, onlooker **9** spectator

watchful **4** wary **5** alert, chary **7** on guard, wakeful **8** cautious, vigilant **9** attentive, observant, sleepless, wide-awake **10** unsleeping ***Scottish:*** **5** tenty **6** tentie

watchman **5** guard, scout **6** patrol, picket, sentry, warder **7** lookout **8** sentinel

watch out **6** beware **8** take care

watchtower **6** turret **7** lookout **8** barbican, bartizan **10** lighthouse

watchword **3** cry **5** motto **6** mantra, parole, signal, slogan **8** password **9** principle **10** shibboleth **11** catchphrase, countersign

water **4** soak, thin, tide **5** drink, fluid, spray **6** dilute, liquid, supply **7** moisten **8** irrigate, moisture, snowmelt, sprinkle **10** excellence **13** amniotic fluid ***body:*** **3** bay, sea **4** gulf, lake, pool **5** ocean **6** lagoon, strait **9** reservoir ***combining form:*** **4** aqui, aquo, hydr **5** hydro ***French:*** **3** eau ***goddess:*** **4** Nina **7** Anahita, Anaitis ***Latin:*** **4** aqua ***Spanish:*** **4** agua

water buffalo **4** arna **5** bovid **7** carabao ***female:*** **5** arnee

water clock **9** clepsydra

water closet **3** loo **4** head, john **5** privy **6** toilet **7** latrine **8** bathroom, lavatory

watercourse **4** dike, duct **5** bayou, canal, ditch **6** arroyo **7** channel, conduit **8** aqueduct, headrace, tailrace **9** streambed

water cow **6** dugong **7** manatee

watered-down **5** washy **6** dilute **7** diluted

waterfall **5** chute, sault, shoot **7** cascade **8** cataract ***Brazil:*** **6** Iguaçú (Falls), Iguazú (Falls) ***California:*** **8** Yosemite (Falls) ***Canada:*** **5** Grand (Falls) **8** Takkakaw **9** Churchill (Falls) ***Canada-U.S.:*** **7** Niagara (Falls) ***Congo:*** **6** Boyoma (Falls) **7** Stanley (Falls) ***former Nile:*** **4** Owen (Falls) **5** Ripon (Falls) ***Ken-***

tucky: **10** Cumberland (Falls) ***New Zealand:*** **10** Sutherland (Falls) ***Niagara:*** **8** American, Canadian **9** Horseshoe ***Norway:*** **6** Rjukan (Falls) ***Oregon:*** **9** Multnomah (Falls) ***South Africa:*** **6** Tugela (Falls) ***Snake River:*** **4** Twin (Falls) **8** Shoshone (Falls) ***Venezuela:*** **5** Angel (Falls) ***Washington:*** **10** Snoqualmie (Falls) ***world's highest:*** **5** Angel (Falls) ***Wyoming:*** **11** Yellowstone (Falls) ***Zambezi River:*** **8** Victoria

water finder **6** dowser **11** divining rod

waterfront **8** seacoast **9** lakeshore, riverside

water hole **5** oasis

watering hole **3** bar, pub **4** café **5** oasis **6** lounge, nitery, resort, saloon, tavern **7** barroom, cabaret **9** nightclub, nightspot, roadhouse **10** supper club

waterless **3** dry **4** arid, sere **7** bone-dry **8** droughty **9** anhydrous **10** dehydrated

waterlog **8** saturate

waterloo **4** ruin **6** defeat **7** failure **8** disaster, downfall

water nymph **4** lily **5** naiad **6** mayfly, Nereid **7** Oceanid **9** dragonfly ***female:*** **3** nix **5** nixie

water oscillation **6** seiche

water pipe **4** bong **5** spout **6** hookah **8** narghile, nargileh **12** hubble-bubble

water plant **7** aquatic, seaweed **8** duckweed, wild rice **9** arrowhead, tape grass **10** hydrophyte, manna grass **11** bladderwort

water rat **6** nutria

watershed **6** crisis, divide **12** turning point

water spirit **3** nix **5** nixie, nymph **6** sprite, undine

water tank **7** cistern

watery **4** pale, thin, weak **5** banal, bland, vapid, washy **6** dilute, serous **7** diluted, insipid

wattle **4** gill, grid, jowl **5** frame **8** caruncle **9** framework, interlace **10** interweave

wattle and___ **4** daub

wave **3** wag **4** flag, flap **5** heave, ridge, surge, sweep, swell **6** comber, influx, marcel, motion, period, ripple, signal, waggle **7** breaker, dismiss, flutter, gesture, upsurge **8** activity, brandish, flourish, undulate **9** disregard ***large:*** **7** tsunami

waver **4** reel, sway **5** swing, weave **6** dither, falter, quaver, quiver, teeter, totter, wobble **7** flicker, stagger, whiffle **8** hesitate, undulate **9** oscillate, vacillate **12** shilly-shally

wavering **4** weak **5** shake, shaky **6** unsure, wobbly **7** halting **8** doubtful, insecure, to-and-fro, unstable **9** equivocal, faltering, fluctuant, hesitancy, undecided, vibration, whiffling **10** hesitating, hesitation, indecision, irresolute **11** fluctuating, vacillating, vacillation **12** irresolution, shilly-shally

Waverly author **5** Scott (Walter)

wavy **7** rolling **8** rippling, swelling **9** fluctuant **10** undulating **11** fluctuating

wavy pattern **5** moiré **8** squiggle **10** undulation **11** crenulation

wax **4** come, grow, rise **5** boost, build, mount **6** become, expand, record **7** augment, enlarge **8** heighten, increase, multiply, paraffin, simonize **9** secretion, substance

waxen **3** wan **4** ashy, pale **5** ashen, livid **6** pallid, smooth **7** pliable **8** blanched, moldable **9** colorless

way **3** ilk **4** door, kind, mode, much, path, road, sort, type, very **5** entry, habit, means, order, route, state, style, usage **6** access, artery, action, avenue, course, custom, degree, manner, method, street **7** ability, fashion, feature, ingress, opening, outcome, respect **8** distance, entrance, practice **9** boulevard, condition, direction, procedure, technique **11** opportunity, possibility **12** thoroughfare

wayfarer **5** gypsy, hiker, nomad, tramp **8** traveler **9** itinerant, journeyer

wayfaring **6** roving **7** nomadic, vagrant **8** vagabond **9** itinerant, traveling, wandering **10** travelling **11** peripatetic **13** perambulatory

waylay **5** brace **6** ambush, attack **8** surprise **9** bushwhack, still-hunt

Way of All Flesh author **6** Butler (Samuel)

Way of the World author **8** Congreve (William)

wayward **5** balky **6** fickle, unruly **7** froward, restive, vagrant **8** contrary, perverse, untoward **9** whimsical **10** capricious, headstrong **11** intractable, wrongheaded **12** ungovernable **13** unpredictable

we ***French:*** **4** nous ***German:*** **3** wir ***Italian:*** **3** noi ***Spanish:*** **8** nosotros

weak **3** dim, wan **4** puny, soft, thin **5** faint, frail, shaky, timid **6** dilute, feeble, flimsy, infirm, sickly, unsure, watery, wobbly **7** brittle, diluted, fragile, rickety, spindly, tenuous, unsound **8** decrepit, delicate, helpless, impotent, inferior, insecure, timorous, unstable, wavering **9** deficient, enfeebled, inaudible, powerless, spineless, uncertain **10** improbable, inadequate, unreliable, unstressed **11** debilitated, implausible, ineffective, ineffectual, vacillating, watered-down **12** unconvincing, undependable **13** insubstantial, unsubstantial

weaken **3** lag, sap **4** fail, flag, thin, wane **5** abate **6** damage, dilute, impair, lessen, reduce, soften **7** corrode, decline, disable, dwindle, subvert, unbrace **8** enervate, enfeeble, moderate **9** attenuate, grind down, honeycomb, undermine **10** debilitate, demoralize, invalidate

weak-kneed **5** timid **6** wobbly **7** gutless **8** cowardly, wavering **9** faltering, uncertain, whiffling **10** irresolute **11** lily-livered, vacillating **12** fainthearted, shilly-shally **13** pusillanimous

weakling **4** wimp, wuss **5** mouse, sissy **7** doormat, milksop, sad sack **8** pushover **9** jellyfish **10** namby-pamby **11** milquetoast, mollycoddle **12** invertebrate

weakness **4** flaw, hole, vice **5** crack, fault, taste **6** defect, desire, liking, relish **7** failing, frailty **8** appetite, debility, fondness, soft spot **9** infirmity **10** feebleness **11** decrepitude, shortcoming **12** Achilles' heel

weal **4** welt **5** ridge **7** welfare **9** well-being

weald **5** woods **6** forest **8** woodland **10** timberland, wilderness

wealth **5** goods, worth **6** assets, estate, plenty, riches **7** capital, fortune **8** holdings, opulence, property **9** abundance, affluence, profusion, resources **11** possessions

Wealth of Nations author **5** Smith (Adam)

wealthy **4** rich **5** flush **6** loaded **7** moneyed, opulent, well-off **8** affluent, well-to-do **9** well-fixed **10** prosperous, well-heeled **12** silk-stocking

wean **4** free, part **5** alien **6** detach **8** accustom, estrange, separate

weapon **3** bow, gun **4** bill, bolo, bomb, club, dart, dirk, mace, nuke, pike **5** A-bomb, arrow, H-bomb, knife, lance, prick, rifle, saber, sabre, sling, spear, steel, sword **6** dagger, Magnum, musket, pistol, poleax, rapier, rocket **7** bazooka, broadax, car bomb, carbine, firearm, gisarme, halberd, javelin, machete, missile, shotgun, sidearm, stun gun, torpedo, war club **8** battle-ax, bludgeon, broadaxe, catapult, crossbow, death ray, nerve gas, nunchaku, partisan, partizan, petronel, revolver, spontoon, tomahawk **9** battle-axe, blackjack, boomerang, derringer, slingshot **10** atomic bomb, machine gun, projectile **11** blunderbuss, depth charge, nuclear bomb **12** quarterstaff **13** brass knuckles

weapons **4** arms **7** arsenal, battery **8** ordnance **9** armaments, artillery, munitions **13** armamentarium

wear **3** rub **4** fray, tire **5** chafe, dress, erode, grind **6** abrade, attire, endure, impair **7** corrode, exhibit, fatigue, fashion **8** abrasion, clothing ***and tear:*** **12** depreciation ***thin:*** **4** fray **5** chafe **6** tatter **7** hackney

wear down **5** drain, erode, grind **6** abrade, weaken **7** corrode, degrade, exhaust, fatigue

weariness **5** ennui **7** boredom, fatigue, languor **8** lethargy **9** lassitude **10** enervation, exhaustion **12** taedium vitae

wearing **6** taxing, tiring, trying **9** difficult, fatiguing

wearisome see TIRESOME

wear out **3** fag **4** bust, do in, fray, poop, tire **5** drain **6** efface, tucker **7** consume, deplete, exhaust, frazzle **8** overstay

weary **4** beat, jade, limp, tire, worn **5** drain, jaded, spent, tired **6** bushed, done in, pooped, tucker, wasted **7** drained, fatigue, worn-out **8** dog-tired, fatigued, tiresome **9** apathetic

weasand **6** gullet, throat **7** trachea **8** windpipe **9** esophagus

weasel **5** dodge, evade, hedge, slink, sneak, stoat **6** ermine, escape, ferret, mammal **7** sneaker **8** sidestep **9** pussyfoot **10** equivocate ***Scottish:*** **8** whittret

weather **4** rain **5** storm **6** bear up, endure, expose **7** climate, ride out, undergo **9** withstand ***forecasting:*** **11** meteorology

weathercock **4** vane

weathered **8** hardened, seasoned, tempered

weave **4** cane, lawn, leno, spin, sway **5** braid, cloth, lurch, twine, waver **6** careen, fabric, pleach, raddle, wobble, zigzag **7** pattern, stagger, textile, texture **8** contrive **9** interlace **10** criss-cross, intertwine

web **3** net **4** mesh, vane **5** snare, snarl **6** enmesh, fabric, tangle **7** ensnare, netting, network **8** entangle **10** enmeshment **12** entanglement

Weber opera **6** Oberon **9** Euryanthe **10** Freischütz (Der)

___ Webster **4** Noah **6** Daniel

wed **4** join, link, mate, yoke **5** hitch, marry, merge, unite **6** splice **7** combine, conjoin, connect, espouse **10** tie the knot

wedded **7** marital, nuptial **8** conjugal, hymeneal **9** connubial **11** matrimonial

wedding 6 bridal 7 spousal 8 espousal, marriage, nuptials
wedding anniversary *fifteenth:* 7 crystal *fifth:* 6 wooden *fiftieth:* 6 golden *first:* 5 paper *seventy-fifth:* 7 diamond *tenth:* 3 tin *twentieth:* 5 china *twenty-fifth:* 6 silver
wedge 4 shim 5 chock, stuff 8 golf club, golf shot, keystone 10 force apart
wedge-shaped 7 cuneate 8 cottered, sphenoid 9 cuneiform
wedlock 4 knot, yoke 8 espousal, marriage 9 matrimony 11 conjugality 12 connubiality
wee 4 tiny 5 bitsy, bitty, early, small, teeny 6 little, minute, teensy 9 itty-bitty, miniature 10 diminutive, teeny-weeny 11 Lilliputian, little bitty 12 teensy-weensy
weed 4 dock, tare 5 chess, clear, plant 6 cockle, darnel, dodder, nettle, remove 7 burdock, burseed, ragweed, ruderal 8 amaranth, charlock, purslane 9 chickweed, cocklebur, dandelion, knotgrass, marijuana, poison ivy, poison oak, stickseed 10 cheatgrass, lady's thumb, sow thistle *European:* 6 spurry 7 spurrey *killer:* 8 paraquat 9 herbicide *Western:* 4 loco
weedy 4 lean, thin 5 lanky 6 skinny 7 scrawny, stringy, willowy 8 untended 9 overgrown
week 6 period 8 hebdomad *two weeks:* 9 fortnight
weep 3 cry, sob 4 drip, moan, ooze, tear, wail 5 bleed, exude, sweat 6 lament 7 blubber, dribble, trickle 8 transude
weepy 5 misty, moist, teary 7 tearful 10 lachrymose
weevil 7 billbug 8 curculio
weft 3 web 4 pick, woof, yarn 6 fabric, thread
weigh 3 way 4 heft, rate, tare 5 count, judge, scale, study 6 burden, ponder 7 balance, measure, oppress, perpend 8 appraise, bear down, consider, evaluate, militate 11 contemplate
weigh down 4 load 5 press 6 burden, sadden 7 depress, oppress 8 encumber 10 discourage, overburden
weight 3 tax 4 heft, lade, load, mass, onus, task 5 class, force, power 6 amount, assign, burden, charge, credit, import, moment, saddle 7 oppress, potency, quality 8 encumber, poundage, pressure, prestige, quantity 9 authority, influence, magnitude 10 corpulence, importance 11 consequence 12 significance *allowance:* 4 tare *apothecary:* 4 dram 5 grain, pound 7 scruple *Asian:* 6 cattie *gem:* 5 carat *measure of:* 3 ton 4 dram, gram 5 grain, ounce, pound 7 long ton, scruple 8 kilogram, short ton 9 metric ton *system:* 3 net 4 troy 6 metric 10 apothecary 11 avoirdupois
weightiness 4 pith 6 import, moment 7 dignity, gravity 9 heaviness, magnitude, solemnity 10 importance 11 consequence, massiveness 12 significance 13 momentousness
weight lift 4 pull 5 clean, press, shrug 6 snatch 12 clean and jerk
weighty 3 fat 5 grave, gross, heavy, hefty, obese, sober, staid 6 fleshy, portly, sedate, severe, solemn, somber 7 massive, serious, telling 8 cumbrous, grievous, powerful 9 corpulent, effective, important, momentous, ponderous 10 burdensome, convincing, cumbersome 11 significant, substantial 12 considerable 13 consequential
weir 3 dam 5 stank
weird 3 odd 5 eerie, queer 6 creepy, freaky, spooky 7 bizarre, curious, oddball, strange, uncanny 8 freakish, peculiar, singular, sinister 9 eccentric, fantastic, unearthly 10 mysterious 11 inscrutable 12 supernatural 13 preternatural
weirdo 4 geek, kook 5 freak 7 nutcase, oddball 8 crackpot 9 eccentric, screwball
welcome 4 hail 5 cheer, greet, hello, howdy 6 accept, invite, salute 7 embrace, invited, receive 8 greeting, pleasant, pleasing 9 agreeable, favorable, reception 10 gratifying, hospitable 11 hospitality, pleasurable
weld 4 bond, fuse, join 5 braze, joint, merge, unite 6 solder
welfare 3 aid 4 dole, help, weal 5 pogey 6 health, relief, succor 7 benefit, fortune, success, support 8 interest 9 advantage, happiness, well-being 10 assistance, commonweal, prosperity
welkin 3 sky 5 ether, vault 6 heaven 7 heavens 8 empyrean 9 firmament
well 3 far, fit, pit 4 easy, emit, hale, hole, pool, rise, sane 5 amply, clear, cured, fully, quite, shaft, sound, truly 6 easily, freely, healed, indeed, justly, kindly, likely, nicely, origin, rather, really, source, spring, wholly 7 clearly, healthy, perhaps, readily, rightly 8 entirely, expertly, pleasing, possibly, probably, properly, sensibly, smoothly, suitably 9 advisable, correctly, desirable, elegantly, favorably, fittingly, fortunate, perfectly, wholesome 10 acceptably, adequately, affluently, becomingly, completely, pleasantly,

pleasingly, prosperous, reasonably, thoroughly **11** attentively, comfortable, compartment, fortunately, substantial **12** considerably, prosperously, satisfactory, successfully **13** appropriately, significantly

well-being **4** weal **6** health **7** welfare **8** thriving **9** happiness **10** prosperity

well-bred **6** urbane **7** genteel, refined **8** cultured, highborn, polished **9** civilized, patrician **10** cultivated **11** blue-blooded, gentlemanly

well-built **4** buff **5** hunky, solid **8** muscular **9** strapping

well-developed **5** curvy **7** fulsome, rounded, shapely **8** advanced **9** Junoesque **10** curvaceous

well-disposed **7** amiable **8** friendly **9** favorable, receptive **11** sympathetic **13** understanding

Welles movie **5** Trial (The) **7** Macbeth, Othello **8** Jane Eyre, Stranger (The), Third Man (The) **11** Citizen Kane, Touch of Evil **15** Journey into Fear **16** Chimes at Midnight, Lady from Shanghai (The) **20** Magnificent Ambersons (The)

well-favored **4** fair **6** comely, lovely, pretty **8** gorgeous, handsome **9** beauteous, beautiful **10** attractive **11** good-looking

well-fixed see WELL-TO-DO

well-founded **5** sound, valid **6** cogent **8** rational **9** justified **10** convincing

well-groomed **4** neat, snug, tidy, trig, trim **5** natty, smart **6** dapper, snappy, spiffy, spruce, sprucy **7** orderly **8** clean-cut **9** shipshape

well-heeled see WELL-TO-DO

Wellington **4** duke **7** general **8** Iron Duke ***horse:*** **10** Copenhagen ***original name:*** **9** Wellesley (Arthur) ***victory:*** **7** Vitoria **8** Talavera, Waterloo **9** Salamanca

well-known **5** noted **6** famous **7** big-name, eminent, popular **8** renowned **9** notorious, prominent **10** celebrated **11** illustrious

well-liked **7** beloved, favored, popular **8** favorite **9** cherished, preferred

well-mannered **5** civil, suave **6** poised, polite, proper, urbane **7** genteel, tactful **9** courteous **10** diplomatic

well-nigh **6** all but, almost, fairly, nearly, next to **8** as good as **9** just about, virtually **11** essentially, practically

well-off see WELL-TO-DO

well-paying **7** gainful **9** lucrative, rewarding **10** profitable, worthwhile **11** moneymaking **12** advantageous, remunerative

wellspring **4** font, root **5** fount **6** origin, source **7** genesis **8** fountain **10** provenance **11** provenience **12** fountainhead

well-thought-of **6** valued, worthy **7** admired, reputed **9** estimable, reputable **10** creditable **11** respectable

well-timed **6** timely **7** apropos, fitting, timeous **9** favorable, opportune **10** auspicious, felicitous, fortuitous, propitious, seasonable

well-to-do **4** rich **5** flush **6** loaded **7** moneyed, upscale, wealthy **8** affluent **10** prosperous **11** comfortable

well-turned **4** trim **5** plump **7** rounded, shapely **10** curvaceous, felicitous, Rubenesque, statuesque **11** clean-limbed

well-worn **5** banal, musty, stale, stock, tired, trite **6** frayed, old-hat, shabby **7** clichéd **8** bromidic, cobwebby, dog-eared, overused **9** hackneyed **10** threadbare **11** commonplace, stereotyped

Welsh see CYMRIC

welsh **5** dodge **6** renege, resile **7** back out, default

welt **4** blow, edge, seam, wale, weal **5** ridge, wheal, whelk **6** insert

welter **4** coil, moil, toss **5** chaos, churn, steep, surge **6** flurry, hassle, hubbub, jumble, lather, ruckus, seethe, thrash, wallow, writhe **7** ferment, turmoil **8** disorder **9** confusion

___ **Welty** **6** Eudora

wen **4** bleb, cyst **5** blain **6** growth **7** vesicle **11** excrescence

wench **3** gal **4** girl, jade, lass, maid, minx, miss, puss, slut, tart **5** hussy, nymph, tramp, trull, whore, woman **6** damsel, gamine, harlot, hoyden, lassie, maiden, wanton **7** jezebel, servant, trollop **8** slattern, strumpet

wend **3** hie **4** fare, pass **6** direct, push on, repair, travel **7** journey, proceed

werewolf **9** loup-garou **11** lycanthrope

Werther's beloved **5** Lotte **9** Charlotte

Wesleyan **9** Methodist

West **8** Occident

western **5** oater **9** Hesperian **10** horse opera, occidental ***hemisphere:*** **8** Americas, New World

Western novelist **4** Grey (Zane), Ross (Dana Fuller) **5** Brand (Max), Faust (Frederick), Short (Luke) **6** Judson (E. Z. C.), L'Amour (Louis), Patten (Lewis), Wister (Owen) **7** Guthrie (A. B.), Leonard (Elmore) **8** Buntline (Ned), McMurtry (Larry)

West Indies ***country:*** **4** Cuba **5** Haiti **7** Bahamas, Grenada, Jamaica **8** Barbados, Dominica **10** Guadeloupe, Martinique, Puerto Rico, Saint Lucia **17** Dominican Republic ***island group:***

6 Virgin (Islands) 7 Bahamas, Leeward (Islands) 8 Antilles (Greater, Lesser), Windward (Islands)

West Point ***father of:*** 6 Thayer (Sylvanus) ***freshman:*** 5 plebe ***student:*** 5 cadet

West Side Story ***composer:*** 9 Bernstein (Leonard) ***heroine:*** 5 Maria ***lyricist:*** 8 Sondheim (Stephen)

West Virginia ***capital:*** 10 Charleston ***city:*** 8 Wheeling 10 Huntington ***mountain:*** 10 Spruce Knob ***nickname:*** 8 Mountain (State) ***river:*** 4 Ohio ***state bird:*** 8 cardinal ***state flower:*** 12 rhododendron ***state tree:*** 10 sugar maple

west wind see at WIND

wet 3 sop 4 damp, dank, rain, soak, wash, weak 5 douse, drown, drunk, humid, moist, rainy, soggy, soppy, souse, water 6 dampen, drench, soaked, sodden, soused, sweaty, watery 7 moisten, raining, soaking, sopping 8 drenched, dripping, humidify, irrigate, moisture, saturate, slippery 9 saturated, spineless ***combining form:*** 4 hygr 5 hygro

wet blanket 6 grinch 7 killjoy 8 sourpuss 9 pessimist 10 spoilsport 11 party pooper

wether 4 goat 5 sheep

wetland 3 bog, fen 4 mire, quag 5 marsh, swamp 6 morass, muskeg, slough

whack 3 bat, hit, pop, try 4 bash, belt, biff, blow, chop, cuff, kill, pelt, shot, sock, stab, wham, whap, whop 5 crack, punch, smack, smash 6 attack, defeat, murder, strike, wallop 7 bump off 8 knock off, lambaste ***up:*** 4 part 5 divvy, split 6 divide 7 portion 9 apportion

whale 3 hit 4 beat, flog, hide, lash, whip 5 giant 6 defeat, strike, stripe, thrash 7 mammoth 8 cetacean, behemoth 9 leviathan 10 flagellate ***arctic:*** 7 bowhead ***group:*** 3 pod ***killer:*** 4 orca ***kind:*** 3 sei 4 blue 5 right, sperm 6 baleen, beluga, killer 7 narwhal, rorqual 8 cachalot ***tale:*** 8 Moby Dick ***toothed:*** 5 pilot (whale) 9 blackfish ***young:*** 4 calf

whalebone 9 scrimshaw

wham 3 hit 4 bang, beat, blow, boom, clap, slam 5 blast, burst, crack, crash, smash, whack 6 impact, propel, strike 7 explode

whammy 3 hex, zap 4 jinx, juju 5 curse, spell 6 hoodoo, voodoo 7 evil eye

wharf 4 dock, pier, quay 5 jetty, levee

Wharton novel 10 Buccaneers (The), Ethan Frome 12 House of Mirth (The) 14 Age of Innocence (The) 18 Custom of the Country (The)

whatnot 7 étagère

wheal 4 lump, welt 5 ridge, whelk

wheat 4 crop 5 emmer, flour, grain, grass, spelt 6 cereal 7 einkorn ***beard:*** 3 awn ***beat:*** 6 thresh ***chaff:*** 4 bran ***crushed:*** 6 bulgur ***disease:*** 4 rust, smut ***type:*** 4 club 5 durum

wheedle 3 con 4 coax 5 cozen 6 cajole, entice, seduce 7 blarney, flatter 8 blandish, inveigle, scrounge, soft-soap 9 sweet-talk

wheel 3 VIP 4 auto, gyre, move, reel, spin, turn 5 cycle, drive, motor, pilot, pivot, round, whirl 6 bigwig, circle, gyrate, league, rotate, totter, travel 7 big shot, circuit, revolve 8 rotation 9 about-face, volte-face ***part:*** 3 hub, rim 4 tire 5 felly, spoke ***spoke:*** 6 radius ***toothed:*** 3 cog 4 gear

wheeze 3 saw, yuk 4 gasp, hiss, joke, puff, rasp 5 adage, cough 6 saying 7 proverb, whistle 8 chestnut, rhonchus

whelk 4 wale, weal, welt 5 wheal

whelm 4 bury, sink 5 cover, drown, flood, swamp 6 deluge, engulf 8 bear down, inundate, overbear, overcome, submerge 9 devastate

whelp 3 cub, kid, pup 4 bear 5 child, puppy 9 youngster

whereas 5 since, while 6 seeing, though 7 howbeit 8 although 11 considering

wherefore 3 why 4 thus 5 proof 6 ground, reason, whence 8 argument 11 explanation

wherewithal 5 funds, means, money 9 resources

wherry 4 boat 5 barge, scull 7 lighter, rowboat

whet 4 edge, goad, hone 5 drink, rally, rouse, waken 6 arouse, awaken, excite, kindle 7 sharpen, starter 8 aperitif 9 appetizer, challenge, stimulate 10 incitement 11 hors d'oeuvre

whiff 3 fan 4 blow, gust, hint, puff, waft 5 expel, smoke, tinge, trace 6 breath, exhale, inhale 7 soupçon, whisper 9 strikeout 10 indication, inhalation

whiffet 6 nobody, squirt 9 nonentity

whiffle 4 blow, gust, puff 5 waver 6 dither, falter 9 fluctuate, vacillate 12 shilly-shally

while 4 pass, time, when 5 spell 6 albeit, moment, though 7 howbeit, stretch, whereas 8 although, as long as, so long as

whilom 6 bygone, former 7 onetime, quondam 8 formerly, previous, sometime 9 erstwhile

whim 3 bee 4 idea, kink 5 dream, fancy, freak, humor 6 maggot, megrim, notion, vagary 7 caprice, capstan, conceit, thought 8 crotchet

whimper 3 cry 4 fret, mewl, pule, wail 5 bleat, whine 6 snivel
whimsical 4 iffy, zany 5 droll, fancy, flaky 6 chancy, fickle, fitful, quirky, random 7 erratic, flighty, mutable, puckish, wayward 8 fanciful, freakish, volatile 9 eccentric, impulsive, pixilated, screwball, uncertain, vagarious 10 capricious 13 unpredictable
whimsy 3 bee 4 play 5 dream, fancy, freak, humor 6 levity, maggot, megrim, notion, vagary 7 caprice, conceit, fantasy 9 capriccio, frivolity
whim-wham 4 dido 5 curio, fancy, frill 6 bauble, gewgaw, ruffle, trifle 7 bibelot, flounce, trinket 8 furbelow, gimcrack, kickshaw 9 objet d'art 10 knickknack
whine 3 cry 4 cant, fret, fuss, kick, moan, pule, wail 5 bleat, gripe 6 grouse, repine, snivel, whinge, yammer 7 grumble, snuffle, whimper 8 complain 9 bellyache
whinny 5 neigh 6 nicker 7 whicker
whiny 5 fussy 7 fretful, grouchy, peevish 8 petulant 9 irritable, querulous
whip 3 cut, hem, set 4 beat, cane, crop, dash, flog, hide, jerk, lash, lick, pull, rout, wind, wrap 5 abuse, mop up, quirt, spank, sting, whale, whisk 6 defeat, lather, snatch, strike, stroke, subdue, switch, thrash, urge on 7 agitate, dessert, provoke, rawhide, shellac, trounce, utensil 8 coachman, lambaste, overcome, vanquish 9 instigate, overwhelm 10 flagellate 13 cat-o'-nine-tails ***braided:*** 10 blacksnake
whippersnapper see WHIFFET
whipping boy 4 goat 5 patsy 7 fall guy 9 scapegoat
whippy 6 supple 7 elastic, springy 8 flexible 9 resilient
whir 3 fly, hum 4 burr, buzz, whiz 5 chirr, churr, drone, whizz 7 revolve, vibrate 9 bombinate
whirl 3 ado, gig, pop, try 4 eddy, flit, fuss, gyre, moil, reel, shot, spin, stab, stir, swim, turn, veer 5 hurry, pivot, swirl, whack, wheel 6 bustle, circle, gyrate, hassle, hubbub, pother, rotate 7 circuit, dervish, turmoil 8 ballyhoo, gyration, rotation 9 commotion, pirouette 10 revolution
whirligig 4 gyre, spin 6 beetle, gyrate 8 carousel 9 pirouette 12 merry-go-round
whirlpool 3 ado 4 eddy, fuss 6 bustle, flurry, furore, tumult, vortex 7 turmoil 8 vortices (plural) 9 commotion, maelstrom
whirlwind 4 rush, stir, to-do 5 hasty, spout, swift 6 bustle 7 cyclone, tornado, twister, typhoon 8 headlong 9 commotion, dust devil, dust storm, hurricane 10 waterspout 11 tourbillion
whish 4 fizz, hiss 6 fizzle 8 sibilate
whisk 3 mix, nip, wag, zip 4 beat, flit, whip 5 broom, brush, fluff, hurry, speed 6 switch
whisker 4 hair 7 bristle 8 filament, vibrissa 9 outrigger 11 hairbreadth
whiskered 5 hairy 6 pilose 7 bearded, bristly, hirsute 8 stubbled, unshaven
whiskers 5 beard 6 goatee 7 stubble, weepers 8 bristles 9 burnsides, peach fuzz, sideburns 11 muttonchops
whiskey 3 rye 6 liquor, Scotch 7 alcohol, bourbon ***with beer chaser:*** 11 boilermaker
whisper 4 buzz, hint, hiss, whiz 5 rumor, shade, tinge, touch, trace, whiff 6 breath, gossip, murmur, mutter 8 sibilate, susurrus 9 suspicion, undertone 11 susurration
whist 4 game, hush 5 quiet, still 6 silent 9 noiseless, soundless
whistle 4 pipe, toot 5 flute, whiff 6 signal, tootle, wheeze
whistle-stop 5 stump 8 campaign, politick 9 barnstorm 11 electioneer
whit 3 bit, fig, jot, rap 4 atom, damn, hoot, iota, mite 5 crumb, scrap, shred, speck, whoop 7 dribble, modicum, smidgen 8 molecule, particle
white 4 pure 5 livid, milky, snowy 6 albino, blanch, bleach, pallid 7 silvery 9 colorless ***combining form:*** 4 leuc, leuk 5 leuco, leuko ***egg's:*** 5 glair 6 glaire 7 albumen
White novel 12 Stuart Little 13 Charlotte's Web
white cliffs of___ 5 Dover
White Fang author 6 London (James)
White House ***designer:*** 5 Hoban (James) ***first occupant:*** 5 Adams (Abigail, John)
white lightning 5 hooch 7 bootleg, whiskey 9 moonshine 10 bathtub gin 11 mountain dew
whiten 4 fade, pale 5 frost 6 blanch, bleach, blench 8 etiolate 10 decolorize
white plague 8 phthisis 11 consumption 12 tuberculosis
whitewash 6 parget 7 cover up 9 gloss over, gloze over, sugarcoat
whither 5 where 7 whereto 9 whereunto
whiting 3 cod 4 hake 10 silver hake
Whitsunday 9 Pentecost
Whittier poem 9 Snow-Bound 10 Maud Muller 11 Barefoot Boy 16 Barbara Frietchie
whittle 4 chip, form, fret, pare, trim

5 carve, shape, shave, skive 6 reduce, sculpt 8 diminish

whiz 3 fly, hum, zip 4 buzz, flit, hiss, zoom 5 hurry, speed, swish, whirl 6 expert, fizzle, genius, phenom, rotate, whoosh 8 virtuoso 10 wunderkind

whoa 3 hey 4 slow, stop 6 hold up

whole 3 all, fit, sum 4 full, hale, sane 5 sound, total, uncut, unity 6 entire, entity, healed, intact, system, unhurt 7 healthy, perfect, plenary 8 complete, entirely, entirety, flawless, restored, totality, unbroken, unmarred 9 recovered, undamaged, undivided, uninjured, untouched 10 unimpaired, unmodified 11 unblemished 12 concentrated, undistracted ***combining form:*** 3 hol, pan 4 holo

wholehearted 6 ardent 7 devoted, earnest, fervent, sincere 8 bona fide 9 committed, heartfelt, steadfast, unfeigned 10 passionate, unwavering 11 impassioned 12 enthusiastic 13 unquestioning

whole-hog 6 all-out, gung-ho 8 complete, thorough 9 full-scale 11 straightout 13 thoroughgoing

wholeness 7 oneness 8 entirety, totality 9 integrity, soundness 10 intactness, perfection

whole note 9 semibreve

whole number 5 digit 6 cipher 7 integer, numeral

wholesome 3 fit 4 good, hale, safe, sane, well 5 right, sound 6 benign 7 healthy 8 hygienic, salutary 9 favorable, healthful 10 beneficial, salubrious

wholly 3 all 4 only 6 in toto, singly, solely, purely 7 totally 8 entirely 10 altogether, completely 11 exclusively

whomp 3 hit 4 beat, drub, slap, whip, whup 5 crash, thump 6 crunch, strike, thrash, wallop 7 clobber, shellac, trounce 8 lambaste

whomp up 4 stir 5 rouse, spark 6 arouse, excite, foment

whoopee 3 fun 5 revel, yahoo 6 gaiety, hoopla, yippee 7 jollity, revelry, wassail, whoopla 8 hilarity 9 festivity, high jinks, merriment 10 hurly-burly 11 merrymaking

whoopla see HOOPLA

whop 3 bat, bop 4 bash, beat, biff, blow, drub, lick, sock 5 baste, pound, smack, thump, whack 6 batter, buffet, defeat, hammer, pummel, strike, thrash, thwack, wallop 7 trounce 8 lambaste

whopping 4 huge, vast 6 mighty 7 amazing, immense, massive 8 colossal, enormous, gigantic, whacking 9 bodacious, humongous, monstrous 10 gargantuan, incredible, prodigious 13 extraordinary

whorl 4 coil, eddy, turn 5 swirl 6 spiral

why 5 cause 6 enigma, motive, puzzle, reason, riddle 7 mystery, problem, what for 9 conundrum, rationale, therefore, wherefore 10 puzzlement 11 explanation

wicked 4 evil, mean, very, vile 5 awful, black, wrong 6 fierce, malign, sinful, unholy 7 corrupt, hateful, heinous, immoral, naughty, ungodly, vicious 8 depraved, devilish, fiendish 9 atrocious, barbarous, dangerous, extremely, hazardous, injurious, malicious, malignant, nefarious 10 iniquitous, malevolent, outrageous 11 treacherous

wickedness 3 sin 4 evil, vice 7 devilry 8 enormity, iniquity, satanism 9 depravity 10 corruption, immorality 12 devilishness, fiendishness

wicker 4 twig 5 osier, withe 6 branch

wicket 4 arch, door, gate, hoop 6 window ***sticky:*** 3 fix, jam 4 knot 7 toughie 9 conundrum, tight spot

wide 4 vast 5 broad, fully 8 extended, spacious, straying, sweeping 9 deviating, expansive, extensive, inclusive 10 completely 13 comprehensive

widen 4 ream 6 dilate, expand, extend, open up, spread 7 broaden, distend, enlarge

widespread 4 rife, vast 6 common 7 current, general, popular, rampant, regnant 8 far-flung 9 extensive, pervasive, prevalent 10 far-ranging, ubiquitous

widget 5 gizmo 6 device, dingus, doodad, gadget, hickey, jigger 7 gimmick, whatsit 9 doohickey, thingummy 11 contraption, thingamabob, thingamajig, thingumajig

width 4 gape, kerf, span 5 depth, range 6 spread 7 breadth 9 extension

wield 3 use 5 exert 6 handle 7 control 8 exercise 10 manipulate ***the gavel:*** 7 preside

wiener 3 dog 5 frank 6 hot dog 7 sausage 11 frankfurter 13 Vienna sausage

wife 3 Mrs. 4 mate 5 bride, woman 6 female, matron, missis, missus, spouse 7 consort, partner 8 helpmate, helpmeet ***Latin:*** 4 uxor ***of a rajah:*** 4 rani 5 ranee

wifely 7 uxorial

wig 3 jaw, rap, rug 4 flip, rail, rate 5 chide, freak, scold 6 berate, peruke, rebuke, revile, toupee 7 bawl out, chew out, reproof, upbraid 8 postiche, reproach 9 hairpiece, reprimand 10 tongue-lash

wiggle 4 jerk 5 shake, twist 6 fidget, squirm, writhe ***Scottish:*** 5 hotch
wight 3 man 5 human 6 animal, mortal, person 7 critter 8 creature 10 human being, individual
wild 3 mad 4 fast 5 crazy 6 barren, raging, savage, stormy, unruly 7 erratic, frantic, furious, natural, untamed, vicious 8 barbaric, blustery, desolate, frenetic, frenzied, reckless 9 barbarian, barbarous, delirious, fantastic, turbulent, wasteland 10 incautious, outlandish 11 extravagant, intractable, sensational, tempestuous, uncivilized, uninhabited 12 preposterous, uncontrolled, uncultivated, ungovernable, unmanageable 13 irresponsible, undisciplined
wild ass 5 kiang 6 onager
Wild Duck author 5 Ibsen (Henrik)
wildebeest 3 gnu
wilderness 4 bush 5 heath, waste 6 barren, desert 9 backlands, wasteland 10 hinterland 11 backcountry
Wilder play 7 Our Town 10 Matchmaker (The) 14 Skin of Our Teeth (The)
wild-eyed 6 raving 7 blue-sky, radical 9 visionary
wile 4 ploy, ruse, vamp 5 charm, feint, guile, trick 6 allure, deceit, entice, gambit 7 attract, beguile, bewitch, chicane, cunning, enchant, gimmick 8 artifice, inveigle, maneuver, trickery 9 captivate, chicanery, fascinate, magnetize, stratagem 10 subterfuge
wiliness 5 guile 7 cunning
will 4 like, wish 5 cause, elect, leave, order 6 choice, choose, decree, desire, direct, intend, intent, liking, option, ordain, please 7 bequest, consent, control, passion, purpose 8 appetite, bequeath, pleasure, volition 9 intention, testament 10 discipline 11 disposition, inclination, self-control 13 determination, self-restraint ***addition:*** 7 codicil ***maker:*** 8 testator 9 testatrix ***without:*** 9 intestate
willful 5 heady 6 dogged, mulish, unruly 8 perverse, stubborn 9 obstinate, pigheaded, voluntary 10 deliberate, hardheaded, headstrong, purposeful, self-willed 11 intentional, intractable, wrongheaded 12 contumacious, pertinacious, ungovernable
Williams play 10 Camino Real, Rose Tattoo (The) 14 Glass Menagerie (The), Summer and Smoke 16 Cat on a Hot Tin Roof, Night of the Iguana (The), Sweet Bird of Youth 18 Suddenly Last Summer 20 Streetcar Named Desire (A)
William Tell composer 7 Rossini (Gioacchino)
willies 6 creeps, shakes 7 jimjams, jitters, shivers 9 whim-whams 10 goose bumps 13 heebie-jeebies
willing 3 apt 4 fain, game, glad, open 5 prone, ready 6 minded 7 forward, witting 8 amenable, disposed, inclined, obliging, unforced 9 agreeable, compliant, favorable, receptive, voluntary 10 deliberate, volitional 11 intentional, predisposed
williwaw 4 gust, wind 5 blast 8 outburst, paroxysm 9 commotion
will-o'-the-wisp 7 fantasy, figment, phantom 8 daydream, delusion 11 ignis fatuus
willow 5 osier, salix 6 sallow 10 cricket bat ***flower cluster:*** 6 catkin ***kind:*** 5 crack, pussy, white 6 basket 7 weeping
willowy 4 tall 5 lithe 6 pliant, supple, svelte 7 lissome, pliable, slender 8 graceful
Wilson play 6 Fences 11 Piano Lesson (The) 12 Talley's Folly 13 Hot l Baltimore (The) 20 Ma Rainey's Black Bottom
wilt 3 sag 4 swag 5 droop, dry up, wizen 6 wither 7 shrivel 8 languish
wily 3 sly 4 foxy 5 cagey, canny, slick 6 artful, astute, clever, crafty, shrewd, tricky 7 cunning, devious, vulpine 8 guileful, scheming 10 serpentine
wimble 4 bore 5 auger, borer, brace, drill 6 gimlet
Wimbledon's game 6 tennis
wimp 4 nerd, wuss 5 sissy 7 doormat, nebbish 9 jellyfish 11 milquetoast
wimple 4 bend, veil, wrap 5 cover, curve 6 ripple ***wearer:*** 3 nun
wimp out 6 beg off, cave in, give in 8 back down
wimpy 4 lame, puny, weak 5 dinky, inept, timid 6 craven, feeble 7 gutless 8 cowardly, feckless, impotent, pathetic 9 spineless 10 namby-pamby, wishy-washy 11 ineffective, ineffectual
win 3 get 4 beat, earn, gain 5 reach, score 6 attain, defeat, obtain, secure 7 achieve, acquire, conquer, procure, produce, realize, succeed, success, triumph, victory 8 conquest, persuade 9 influence 10 accomplish ***over:*** 6 disarm, induce 8 convince, persuade, talk into 9 prevail on
wince 5 cower, quail, start 6 blanch, blench, cringe, flinch, recoil, shrink 7 squinch
wind 3 air, dry, fan, gas 4 bend, blow, clue, coil, curl, gale, gird, gust, haul, hint, reel, rest, talk, turn, warp, wrap

5 cover, crank, curve, force, hoist, raise, sound, spool, twine, twist **6** breath, breeze, circle, enlace, girdle, notion, zephyr **7** enclose, entwine, envelop, inkling, involve, monsoon, nothing, tighten **8** easterly, encircle, entangle, surround, tendency, westerly **9** direction, idle words, influence, insinuate **10** indication, intimation, suggestion ***cold:*** **4** bora **7** mistral, pampero **8** williwaw ***combining form:*** **4** anem **5** anemo, venti, vento ***gentle:*** **6** breeze, zephyr ***god:*** **6** Boreas **8** Zephyrus ***hot:*** **6** simoom **7** sirocco ***instrument:*** **3** sax **4** horn, oboe, tuba, vane **5** flute **7** bassoon, trumpet **8** trombone **9** saxophone **10** anemometer **11** weather vane ***into:*** **8** aweather ***measure of speed:*** **4** knot ***Mediterranean:*** **7** sirocco **8** levanter, libeccio ***scale:*** **8** Beaufort ***stormy:*** **4** gale **7** cyclone, tornado, twister **9** hurricane **11** northeaster ***warm:*** **4** föhn **5** foehn **7** chinook

windbag **6** gabber **7** blabber **8** bigmouth, blowhard, braggart

windfall **4** boon, gain **5** break **7** jackpot **8** fortuity

winding **4** curl, kink **5** snaky **6** spiral **7** coiling, curving, devious, sinuous **8** flexuous, indirect, tortuous, twisting **9** meandrous **10** circuitous, convoluted, meandering, roundabout, serpentine **11** anfractuous **12** labyrinthine

windmill **4** spin **5** wheel **7** machine ***fighter:*** **10** Don Quixote

window **3** bay, eye **4** pane **5** oriel **6** dormer **7** opening **8** aperture, casement, jalousie ***cover:*** **5** blind **7** curtain, shutter ***French:*** **7** fenêtre ***over a door:*** **7** transom **8** fanlight ***part:*** **4** pane, sash, sill **5** frame ***projecting:*** **3** bay **5** oriel ***roof's:*** **6** dormer **7** lucarne **8** skylight ***Scottish:*** **7** winnock ***ship's:*** **4** port **8** porthole

windpipe **7** trachea ***combining form:*** **6** trache **7** tracheo

windrow **4** bank, heap, hill, mass, pile **5** mound, ridge, stack

wind up **3** end **4** halt **5** close **6** finish, settle **8** complete, conclude **9** terminate

windup **3** end **5** close **6** ending, finale, finish **9** backswing **10** completion, conclusion **11** termination

windy **4** airy **5** blowy, gassy, gusty, inane, tumid, wordy **6** breezy, prolix, stormy, turgid **7** diffuse, orotund, pompous, verbose **8** blustery, inflated **9** bombastic, overblown **11** tempestuous **13** grandiloquent

wine **4** vino **5** drink, juice **8** beverage ***aromatized:*** **8** vermouth **9** hippocras ***beverage:*** **5** negus, punch **6** bishop, cooler **7** sangria **8** sangaree, spritzer **9** hippocras ***bottle:*** **6** fiasco, magnum **8** decanter, jeroboam **10** methuselah ***cabinet:*** **8** cellaret ***cask:*** **3** tun, vat **4** butt, pipe ***cellar:*** **6** bodega ***combining form:*** **3** eno, oen **4** oeno ***discoverer:*** **4** Noah ***distillate:*** **6** brandy, cognac ***dry:*** **3** sec **4** brut ***flavor:*** **4** mull ***fortified:*** **4** port **6** Malaga, sherry **7** Madeira, marsala, oloroso **8** muscatel ***fragrance:*** **4** nose **7** bouquet ***lover:*** **9** oenophile **11** oenophilist ***maker:*** **7** vintner **8** vigneron **10** winegrower **13** viticulturist ***merchant:*** **7** vintner ***red:*** **4** port **5** Gamay, Macon, Medoc, Rioja **6** Barolo, Beaune, claret, Shiraz **7** Chianti **8** Bordeaux, Burgundy, cabernet **9** Lambrusco, Pinot Noir, St. Emilion, zinfandel **10** Beaujolais, Sangiovese **11** Petite Sirah **12** Valpolicella ***relating to:*** **6** vinous ***residue:*** **4** marc ***rice:*** **4** sake ***richness:*** **4** body ***sediment:*** **4** lees **5** dregs ***shop:*** **6** bistro, bodega, tavern ***sparkling:*** **8** cold duck, sparkler, Spumante **9** champagne, Lambrusco ***specialist:*** **9** enologist **10** oenologist ***spiced:*** **6** mulled (wine) **9** hippocras ***steward:*** **9** sommelier ***study of:*** **7** enology **8** oenology ***sweet:*** **4** port **5** Tokay **6** canary, Malaga, muscat **7** Catawba, Madeira, malmsey, marsala, oloroso, Vouvray **8** Malvasia, muscatel, sauterne **9** Sauternes **11** scuppernong ***sweeten:*** **4** mull ***vessel:*** **7** chalice ***white:*** **4** hock **5** Rhine, Soave **7** Catawba, Chablis, Moselle, Orvieto, Vouvray **8** Bordeaux, Riesling, Semillon, vermouth **9** champagne, Hermitage, Meursault **10** chardonnay, Montrachet **11** Chenin Blanc, scuppernong **13** liebfraumilch **14** sauvignon blanc ***year:*** **7** vintage

wing **3** ala, arm, ell, fly **4** sail, unit, vane **5** annex, flank, fleet, pinna, wound **6** flight **7** airfoil, faction, flanker, section **9** appendage, expansion, extension, improvise ***combining form:*** **3** ali **4** pter **5** ptero ***relating to:*** **4** alar **5** alary

wingding **4** bash, fete, gala **5** binge, party **7** blowout, shindig **9** festivity

winged **5** alate, fleet, rapid, swift **7** soaring **8** elevated ***deity:*** **4** Amor, Eros, Nike **5** Cupid **6** Hermes **7** Mercury ***horse:*** **7** Pegasus ***monster:*** **5** harpy

wingless **8** apterous

winglike **4** alar **5** alary ***part:*** **3** ala **4** alae (plural)

wink **3** bat, nap **5** flash, jiffy, shake, trice **6** moment, second, signal **7** connive, flicker, instant, twinkle **9** nictitate, twinkling **11** split second

winner 3 ace 4 lulu 5 doozy 6 doozie, top dog, victor 7 success 8 champion 9 conqueror 11 titleholder
Winnie-the-Pooh *author:* 5 Milne (A. A.) *character:* 3 Roo 5 Kanga 6 Piglet, Tigger
winning 8 charming, engaging, pleasing 9 agreeable 10 delightful, successful, triumphant, victorious 11 captivating 13 prepossessing
winnow 3 fan 4 blow, cull, pare, sift, sort 6 delete, filter, narrow, reduce, remove, screen, select 8 separate
winsome 5 sweet 6 dulcet, lovely 8 charming, cheerful, engaging, pleasing 9 easygoing 12 lighthearted
winter 6 season 9 hibernate *French:* 5 hiver *Spanish:* 8 invierno
Winter's Tale, A *author:* 11 Shakespeare (William) *character:* 7 Camillo, Leontes, Paulina, Perdita 8 Florizel, Hermione 9 Antigonus, Autolycus, Polixenes
wintry 3 icy 4 cold 5 bleak, hoary, nippy, snowy 6 frigid, frosty 8 chilling, freezing, hibernal 12 bone-chilling
wipe 3 dry, rub 4 swab 5 towel, whisk 6 napkin, smudge, sponge 8 squeegee
wipe out 4 rout 5 crash, erase, smear, sweep 7 blot out, destroy, expunge 8 decimate 9 eradicate, extirpate 10 annihilate, obliterate
wipeout 4 fall, rout 5 crash 8 drubbing 11 destruction 12 annihilation
wire 3 rod 4 cord, line, send 5 cable, metal 6 thread 7 message 8 meshwork, telegram 9 cablegram, telegraph 10 finish line *measure:* 3 mil 5 gauge
wiry 4 lean, ropy 6 sinewy, supple 7 fibrous, stringy
Wisconsin *capital:* 7 Madison *city:* 6 Racine 7 Kenosha 8 Green Bay 9 Milwaukee *college, university:* 5 Ripon 6 Beloit 9 Marquette *lake:* 7 Mendota *motto:* 7 Forward *nickname:* 6 Badger (State) *peninsula:* 4 Door *river:* 7 St. Croix 9 Menominee, Wisconsin 11 Mississippi *state bird:* 5 robin *state flower:* 6 violet *state tree:* 10 sugar maple
wisdom 5 sense 7 insight, science 8 judgment, learning, sagacity, sageness, sapience 9 good sense, knowledge 10 horse sense 11 common sense, information
wise 3 hep, hip 4 bold, keen, sage, sane, tell, warn, wily 5 alert, aware, brash, cagey, canny, cocky, fresh, learn, nervy, quick, sassy, sharp, smart 6 artful, astute, bright, cheeky, clever, crafty, fill in, inform, notify, shrewd, sophic, tricky 7 cunning, gnostic, knowing, politic, prudent, sapient 8 discreet, flippant, impudent, insolent, sensible, tactical 9 advisable, bold-faced, expedient, judicious, sagacious, scholarly 10 discerning, insightful, perceptive, reflective, thoughtful 11 foresighted, impertinent, intelligent, quick-witted, sharp-witted, smart-alecky 13 contemplative, knowledgeable, perspicacious *old man:* 6 Nestor *person:* 4 sage 6 savant 7 scholar
wiseacre see WISE GUY
wisecrack 3 dig, gag 4 gibe, jape, jest, joke, quip 5 sally 9 witticism
wise guy 6 smarty 7 mobster 8 gangster, smart-ass 9 know-it-all, swellhead 10 smart aleck 11 smarty-pants, wisenheimer
wise man 4 guru, sage 5 magus 6 savant
Wise Men see MAGI
wish 3 bid 4 care, goal, like, long, lust, want 5 covet, crave, fancy, foist, order, yearn 6 desire, impose 7 request 10 desiderate
wishbone 7 furcula
wishful 5 eager 7 anxious, hopeful, longing 8 desirous
wishy-washy 4 lame, weak 5 banal, bland, vapid, wimpy 6 jejune, watery 7 insipid, languid 10 namby-pamby 11 ineffective, ineffectual 13 characterless
wisp 3 bit 5 shred, strip, trace 6 sliver, snatch, streak 7 smidgen, snippet 8 fragment 9 scintilla
wispy 4 slim 5 frail 6 flimsy, slight 7 slender, tenuous 8 fleeting, nebulous 10 evanescent
Wister novel 9 Virginian (The)
wistful 3 sad 6 dreamy, triste 7 longing, pensive 8 yearning 9 nostalgic 10 melancholy
wit 3 wag 5 brain, comic, droll, humor, irony, joker 6 banter, esprit, jester, reason, satire, wisdom 7 farceur, punster 8 banterer, comedian, funnyman, judgment, humorist, jokester, quipster, repartee 9 alertness, ingenuity, intellect 10 cleverness, persiflage
witch 3 hag, hex 5 dowse, spell 6 voodoo, Wiccan 7 charmer 8 magician, sorcerer 9 sorceress 11 enchantress *companion:* 3 cat *group:* 5 coven *male:* 6 wizard 7 warlock *meeting:* 6 sabbat *town:* 5 Endor *vehicle:* 5 broom
witchcraft 5 magic, wicca 6 hoodoo, voodoo 7 devilry, hexerei, sorcery 8 wizardry 9 diablerie, sortilege, voodooism 10 black magic, hocus-pocus, mumbo jumbo, necromancy 11 abracadabra, thaumaturgy
witch hazel 5 shrub 6 lotion

witchy 6 Wiccan 7 magical 8 wizardly 9 sorcerous 11 necromantic 12 thaumaturgic

with 3 for, per, pro, via 4 over, upon 5 about 6 having 7 against, by way of, through 8 as well as 9 by means of, in favor of 10 by virtue of ***French:*** 4 avec ***German:*** 3 mit ***Italian, Spanish:*** 3 con ***Latin:*** 3 cum

withal 3 too, yet 4 also 5 still 6 as well, though 7 besides, howbeit, however 8 after all, moreover 11 furthermore, nonetheless 12 additionally, nevertheless

withdraw 4 exit, quit 5 demit, leave, unsay 6 depart, bow out, call in, cash in, desert, detach, recall, recant, recede, recoil, retire, secede, shrink 7 back out, drop out, pull out, retract, retreat, scratch, take off, take out 8 back down, evacuate, fall back, pull away, push back, separate, take back, turn away 9 disengage, stand down 10 disconnect, give ground

withdrawal 4 exit 6 exodus 7 exiting, pullout, removal, retreat 9 departure 10 alienation, detachment, retirement, retraction, revocation

withdrawn 4 cool 5 aloof 6 casual, remote 7 distant, removed 8 detached, isolated, reserved, retiring, solitary 9 incurious, unaffable, uncurious 10 unsociable 11 indifferent, introverted, standoffish, unconcerned, unexpansive 12 uninterested, unresponsive

wither 3 age, dry 4 fade, sear, wilt 5 dry up, parch, quail, wizen 6 scorch 7 mummify, shrivel

withered 4 sere 7 sapless 8 shrunken, wrinkled 9 shriveled

withhold 4 deny 5 check 6 deduct, detain, refuse, retain 7 abstain, deprive, forbear, inhibit, refrain, reserve 8 restrain, subtract 9 constrain

within 4 into 5 among 6 inside 7 indoors, inwards 8 enclosed, interior, inwardly 10 inner place ***prefix:*** 5 infra, intra, intro

with-it 6 modern, modish, trendy 7 à la mode, current, faddish, stylish 8 up-to-date 11 fashionable 12 contemporary

without 4 open, past, sans 5 minus 6 absent 7 lacking, open air, outside, wanting 8 outdoors 10 externally, out-of-doors ***Latin:*** 4 sine

with respect to 4 as to, in re 5 as for 7 apropos 8 touching 9 as regards, regarding 10 concerning

withstand 4 bear, buck, defy 5 fight, repel 6 endure, oppose, resist, suffer 7 hold off, survive, sustain 8 tolerate, traverse

withy 4 twig 5 osier 6 branch, willow 8 flexible 9 resilient

witless 3 mad 4 daft, nuts 5 crazy, daffy, dotty, nutty, silly 6 insane, simple, stupid 7 asinine, cracked, foolish, idiotic 8 demented, deranged, mindless 9 bedlamite, brainless, senseless 10 weak-minded, unbalanced

witlessness 5 folly 6 idiocy, lunacy 7 inanity 8 insanity 9 absurdity, stupidity

witness 3 see 4 note, sign, view 5 proof, vouch 6 attest, depone, depose, notice, viewer 7 bear out, confirm, betoken, certify, testify, watcher 8 attester, beholder, deponent, evidence, looker-on, observer, onlooker 9 bystander, spectator, testament, testifier, testimony 11 affirmation, attestation, corroborate, testimonial 12 confirmation

witticism 3 dig, gag, mot 4 gibe, jape, jest, jibe, joke, quip 5 crack, sally 6 bon mot 8 one-liner, repartee 9 throwaway, wisecrack

witting 5 aware 7 knowing, willful 8 sensible, sentient 9 cognizant, conscious, voluntary 10 deliberate 11 intentional

witty 5 funny 6 clever, jocose 7 amusing, jocular 8 humorous 9 facetious 13 scintillating

wiz 3 ace 5 adept, fiend 6 artist, expert, phenom 7 artiste 8 virtuoso

wizard 3 ace 4 mage 5 adept, druid, fiend, magus 6 expert, phenom 7 warlock 8 conjurer, magician, sorcerer, virtuoso 9 enchanter 10 past master 11 necromancer, thaumaturge 13 thaumaturgist

wizardly 5 magic 6 mystic, witchy 7 magical 9 sorcerous 10 mysterious 11 necromantic 12 thaumaturgic

Wizard of Menlo Park 6 Edison (Thomas Alva)

Wizard of Oz ***author:*** 4 Baum (L. Frank) ***character:*** 7 Dorothy 9 Scarecrow 10 Tin Woodman 12 Cowardly Lion ***dog:*** 4 Toto

wizardry 5 magic 6 voodoo 7 sorcery 8 witchery 9 diablerie, sortilege 10 black magic, necromancy, witchcraft 11 bewitchment, conjuration, enchantment

wizen 3 dry 4 sere, wilt 5 dry up 6 shrink, wither 7 dried-up, shrivel, wrinkle

wizened 4 aged, sere 5 dried 6 shrunk 7 pinched 8 shrunken, withered, wrinkled

wobble 4 reel, rock, sway 5 quake, shake, waver, weave 6 dither, falter, quaver, teeter, totter 7 stagger, stumble, tremble 8 nutation 9 vacillate

wobbly 4 weak 5 rocky, shaky 6 unsure 7 rackety, rickety 8 insecure, rachitic, unstable, unsteady, wavering 9 faltering, teetering, tottering 10 nutational 11 vacillating

Wodehouse, P. G. *castle:* 9 Blandings *character:* 6 Bertie (Wooster), Gussie (Fink-Nottle), Jeeves, Psmith 7 Wooster (Bertie) 8 Emsworth (Lord), Mulliner (Mr.) 10 Threepwood (Clarence, Freddie) 12 Lord Emsworth *club:* 6 Drones

Woden see ODIN

woe 3 rue 4 bale, bane, care 5 grief 6 misery, regret, sorrow 7 anguish, sadness, trouble 8 calamity 9 heartache 10 affliction, heartbreak 11 lamentation, unhappiness 12 wretchedness

woebegone 3 low, sad 4 blue, down, worn 6 shabby 7 doleful, forlorn, ruthful 8 dejected, dolorous, downcast, wretched 9 depressed, miserable, sorrowful 10 despondent, melancholy 11 crestfallen, downhearted, low-spirited 12 disconsolate

woeful 3 sad 5 heavy, sorry 6 dismal, rueful, tragic, triste 7 ruthful 8 dejected, dolorous, downcast, grievous, mournful, stricken, tortured, wretched 9 afflicted, aggrieved, depressed, heartsick, miserable, plaintive, sorrowful 10 deplorable, lamentable, lugubrious, melancholy 11 distressing, downhearted, low-spirited 12 disconsolate 13 heartbreaking

wolf 4 bolt, lobo, rake, roué 5 canid 6 canine, coyote, devour, gobble, masher 7 Don Juan, poverty 8 Casanova, lothario 10 starvation *genus:* 5 Canis *group:* 4 pack *young:* 5 whelp

Wolfe novel 17 Look Homeward Angel, Of Time and the River 18 You Can't Go Home Again 20 Bonfire of the Vanities (The)

wolfish 4 wild 5 cruel, feral 6 fierce, lupine, savage 7 bestial, brutish, vicious 9 ferocious

wolverine *European:* 7 glutton *genus:* 4 Gulo

Wolverine State 8 Michigan

woman 4 dame, lady 5 madam 6 female, matron 8 mistress 10 girlfriend *attractive:* 5 belle 6 beauty, eyeful, looker 7 stunner 8 knockout *combining form:* 4 gyny 5 gynec 6 gynaec, gyneco, gynous 7 gynaeco *courageous:* 7 heroine *dignified:* 6 matron 7 dowager 10 grande dame *dowdy:* 5 frump *English:* 6 milady *first, biblical:* 3 Eve *first, mythological:* 7 Pandora *French:* 5 femme *German:* 4 Frau 8 Fräulein *Hawaiian:* 6 wahine *Indian:* 5 squaw *Italian:* 5 donna 7 signora *old:* 3 hag 4 dame 6 beldam, carlin, gammer, granny *pregnant:* 7 gravida *resembling:* 8 gynecoid *royal:* 5 queen 8 princess *sailor:* 4 Wave *servant:* 4 maid *soldier:* 3 Wac *Spanish:* 4 doña 6 señora *strong:* 6 amazon, virago *unmarried:* 4 miss 6 maiden 8 spinster *young:* 4 girl, lass 6 lassie, maiden

womanize 4 wolf 9 gallivant, philander 10 fool around, mess around

womanizer 4 stud, wolf 6 masher 7 Don Juan, gallant, playboy 8 Casanova, lothario 9 ladies' man 10 lady-killer 11 philanderer

womb 6 uterus *combining form:* 6 hyster 7 hystero

women *hatred of:* 8 misogyny *organization of:* 3 DAR, NOW 8 sorority

Women in Love author 8 Lawrence (D. H.)

wonder 3 awe 4 muse 5 doubt 6 marvel 7 dubiety, miracle, portent, prodigy 8 mistrust, question 9 amazement, speculate, suspicion 10 admiration, skepticism 11 incertitude, uncertainty 12 astonishment

wonderful 4 keen 5 grand, great, nifty, super, swell 6 divine, groovy, peachy, spiffy 7 amazing, strange, too much, topping 8 dynamite, fabulous, glorious, spiffing, terrific 9 admirable, excellent, marvelous, wunderbar 10 astounding, delightful, miraculous, out-of-sight, stupendous 11 astonishing, outstanding

wondrous 6 mystic 7 amazing, awesome, strange 9 marvelous 10 astounding, formidable, miraculous, portentous, prodigious, remarkable, stupendous, surprising 11 astonishing, spectacular 13 extraordinary

wonky 4 awry 5 geeky, nerdy, shaky 7 bookish 8 unsteady

wont 3 apt 4 used 5 habit, usage 6 custom, manner 8 accustom, habitude, inclined, practice 10 accustomed, consuetude

wonted 5 usual 7 routine 8 habitual, ordinary 9 customary 10 accustomed

woo 3 sue 5 court 6 pursue 7 address, entreat, solicit

wood 5 weald 6 forest, lumber, timber 8 golf club 10 timberland *combining form:* 3 xyl 4 lign, xylo 5 ligni, ligno *decayed:* 4 punk *eater:* 7 termite *for burning:* 5 fagot 6 tinder 8 kindling *golf:* 6 driver *hard:* 3 elm, oak 4 ebon, rata, teak 5 beech, birch, ebony, maple 6 cherry, walnut 8 chestnut, mahogany, sycamore *imperfection:* 4 knot 5 gnarl *light:* 5 balsa *made of:* 5 treen *pattern in:*

5 grain 6 figure ***product:*** 3 tar 5 paper 10 turpentine ***soft:*** 4 pine

wood alcohol 6 methyl 8 carbinol, methanol

woodchuck 6 marmot 9 groundhog

wood coal 7 lignite

wooded 5 bosky, treed 6 sylvan 8 forested, timbered

wooden 5 rigid, stiff 6 clumsy 7 awkward, stilted 8 ligneous 10 inflexible

woodland 5 copse, taiga, weald 6 forest, pinery 7 coppice 10 rain forest

wood nymph 5 dryad

woodpecker 4 bird 7 flicker, wryneck 9 sapsucker ***genus:*** 5 Picus ***kind:*** 5 downy, green, hairy 8 imperial, pileated 9 redheaded 11 ivory-billed

woodsman 6 logger 8 forester 10 bushranger 11 bushwhacker

wood sorrel 3 oca 6 oxalis 8 shamrock 9 carambola

woodsy 6 rustic, sylvan

woodwind 4 oboe, reed 5 flute, shawm 7 bassoon, piccolo 8 clarinet 9 saxophone 10 instrument 11 English horn 13 contrabassoon

woodworker 9 carpenter 12 cabinetmaker

woody 8 ligneous 12 station wagon

wooer 4 beau 5 lover, spark, swain 6 suitor 7 admirer, gallant, sparker

woof 4 bark, crow, weft, yarn 5 boast, weave 6 fabric, thread 7 texture

wool 3 fur 4 coat, hair 6 fabric, fleece ***cut:*** 5 shear ***fabric:*** 4 felt 5 baize, crepe, serge, tweed 6 covert, kersey, mohair, poplin, shoddy, velour 7 flannel, worsted 8 cashmere, chenille 9 gabardine 10 broadcloth ***fat:*** 7 lanolin ***kind:*** 4 hogg 6 angora, hogget, virgin ***low-quality:*** 5 mungo 6 shoddy ***musk-ox:*** 6 qiviut ***process:*** 7 carding ***source:*** 4 goat, lamb 5 camel, llama, sheep 6 alpaca

woolly 5 fuzzy, hairy, nappy 6 fleecy, shaggy 7 blurred, hirsute 9 roughness 10 indistinct

woozy 4 hazy, sick, weak 5 dazed, dizzy, faint, fuzzy, muzzy, vague 6 addled, blurry, groggy, punchy 8 confused, nauseous 9 nauseated, slaphappy 11 light-headed

word 3 vow 4 buzz, news, oath, term 5 logos, order, rumor 6 advice, gospel, gossip, phrase, pledge, plight, remark, report, saying, signal 7 command, message, promise 8 locution 9 assurance, directive, discourse, guarantee, statement, utterance 10 commitment, expression 11 declaration, information 12 announcement, conversation, intelligence ***connective:*** 11 conjunction ***group:*** 6 clause, phrase 8 sentence ***misused:*** 8 malaprop 11 malapropism ***naming:*** 4 noun ***new:*** 7 coinage 9 neologism ***of action:*** 4 verb ***of honor:*** 4 oath 7 promise ***origin:*** 9 etymology ***part:*** 8 syllable ***root:*** 6 etymon ***scrambled:*** 7 anagram ***shortened:*** 11 contraction 12 abbreviation ***square:*** 10 palindrome ***with opposite meaning:*** 7 antonym ***with same meaning:*** 7 synonym ***with same pronunciation:*** 7 homonym 9 homophone ***with same spelling:*** 7 homonym 9 homograph

wordbook 5 vocab 7 lexicon 8 glossary 9 thesaurus 10 dictionary, vocabulary

word-for-word 7 literal 8 ad verbum, verbally, verbatim

wordiness 8 verbiage 9 logorrhea, prolixity, verbosity 10 bloviation

word-of-mouth 4 oral 6 spoken, verbal 8 viva voce 9 unwritten

wordy 5 windy 6 prolix, verbal 7 diffuse, verbose 9 dictional, garrulous, iterative, redundant, vocabular 10 long-winded, logorrheic, loquacious, rhetorical

work 3 act, fix, job, run, tug, use 4 duty, line, make, opus, take, task, tend, till, toil 5 chore, craft, drive, forge, grind, guide, labor, shape, solve, sweat, trade 6 create, effect, effort, energy, excite, métier, result, strain, strive 7 arrange, calling, control, exploit, fashion, operate, perform, product, provoke, pursuit, resolve, succeed, travail 8 activity, business, contrive, drudgery, exertion, function, operate, slogging, striving, vocation 9 cultivate, embroider, execution 10 assignment, employment, handicraft, occupation, profession ***together:*** 9 cooperate 11 collaborate ***unit:*** 3 erg 5 joule

workaday 5 plain, usual 7 mundane, prosaic, routine 8 ordinary 9 quotidian 11 commonplace 12 run-of-the-mill

worker 4 doer, hand, serf 5 prole 6 toiler, wallah 7 artisan, laborer 8 employee, mechanic, operator 9 craftsman, operative 10 roustabout, wage earner 11 proletarian ***fellow:*** 7 comrade, partner 9 colleague ***group:*** 4 crew, gang 5 shift, staff, union ***hard:*** 5 slave 6 beaver, drudge ***insect:*** 3 ant, bee 4 wasp 7 termite ***itinerant:*** 6 boomer 7 migrant ***slow:*** 7 plodder ***unskilled:*** 4 peon 7 jackleg, laborer

working 4 busy, live 6 active, useful, viable 7 dynamic, engaged, running 8 employed, occupied 9 operative 11 functioning ***not:*** 5 kaput 6 broken

workman see WORKER

work out 3 fix 5 solve, train 6 devise, set-

tle 7 arrange, develop, resolve 8 exercise
workout 4 test 5 drill 8 exercise, practice 10 daily dozen
work over 4 beat, redo 5 scrag, study 6 beat up, mess up, redraw, rehash, revamp, revise 7 examine, redraft, restyle, rewrite, rough up 9 manhandle
workroom 3 lab 4 shop 6 studio 7 atelier 10 laboratory
works 4 mill 5 plant 7 factory 8 workshop 11 manufactory
Works and Days author 6 Hesiod
world 5 class, earth, globe, realm 6 career, cosmos, nature, planet, public, sphere, system 7 kingdom, society 8 creation, division, everyone, renowned, universe 9 human race, macrocosm, microcosm 13 distinguished ***combining form:*** 4 cosm 5 cosmo
worldly 5 blasé 6 carnal, earthy, urbane 7 earthly, fleshly, mundane, profane, secular, sensual, terrene 8 material, telluric, temporal 9 sublunary 11 terrestrial 12 cosmopolitan 13 sophisticated
worldly-wise 12 cosmopolitan 13 sophisticated
World War I ***battle:*** 5 Aisne, Marne, Somme, Ypres 6 Isonzo, Verdun 7 Jutland 9 Caporetto 10 Tannenberg 11 Dardanelles ***battle line:*** 9 Siegfried ***general:*** 4 Foch (Ferdinand), Haig (Douglas) 7 Allenby (Edmund) 8 Pershing (John) 10 Hindenburg (Paul von), Ludendorff (Erich) ***hero:*** 4 York (Alvin) 8 Red Baron (The) 10 Richthofen (Manfred von) 12 Rickenbacker (Eddie) ***treaty:*** 10 Versailles
World War II ***admiral:*** 6 Halsey (William "Bull"), Nimitz (Chester) ***alliance:*** 4 Axis 6 Allies ***battle:*** 4 St.-Lô 5 Anzio, Bulge 6 Bataan, Midway, Tarawa, Warsaw 7 Britain, Iwo Jima, Okinawa, Saint-Lô 8 Coral Sea, Normandy 9 El Alamein, Leyte Gulf 10 Stalingrad 11 Guadalcanal ***general:*** 6 Patton (George), Rommel (Erwin), Zhukov (Georgy) 7 Bradley (Omar) 9 MacArthur (Douglas) 10 Eisenhower (Dwight David), Montgomery (Bernard) ***hero:*** 6 Murphy (Audie) ***journalist:*** 4 Pyle (Ernie) ***vehicle:*** 4 jeep ***weapon:*** 5 A-bomb 6 rocket 8 buzz bomb
worldwide 6 cosmic, global 8 catholic 9 planetary, universal 10 ecumenical 12 cosmopolitan
worm 3 cad, cur 4 grub, lout 5 borer, creep, fluke, leech, louse, screw, treat 6 edge in, maggot, no-good, squirm, thread, wiggle, wretch, writhe 7 extract, lowlife, serpent, triclad, wriggle 8 helminth, nematode, squiggle 9 insinuate, planarium, trematode 10 infiltrate ***marine:*** 6 nereid 7 annelid, tubifex ***parasitic:*** 5 fluke, leech 7 ascarid, ascaris, cestode, filaria 8 helminth, trichina 9 strongyle
worn 3 old, wan 4 aged, beat 5 drawn, jaded, tatty, tired, weary 6 eroded, frayed, ragged, shabby 7 haggard 8 fatigued 9 woebegone 10 threadbare
worn-out 4 beat 5 all in, spent, tired, weary 6 bleary, bushed, ragged, used-up 7 drained, run-down 8 decrepit, depleted, fatigued, overused 9 exhausted, worm-eaten 10 broken-down, threadbare, tumbledown 11 debilitated, dilapidated
worried 6 afraid, on edge 7 anxious, nervous 8 bothered, distrait, troubled 9 concerned, tormented 10 distracted, distraught, distressed 12 apprehensive
worry 3 nag, try, vex 4 care, fret, fuss, gnaw, goad, pain, stew, test 5 annoy, beset, shake, tease, trial, upset 6 assail, attack, bother, harass, needle, pester, plague, pull at, unease 7 afflict, anguish, anxiety, concern, disturb, oppress, torment, trouble 8 aggrieve, distress, irritate 9 agitation, annoyance, misgiving 10 irritation, uneasiness
worrywart 7 fusspot 9 Cassandra, doomsayer, pessimist 10 fussbudget
worse 8 inferior
worsen 4 sink 7 decline 10 degenerate 11 deteriorate
worship 4 love 5 adore, honor 6 admire, dote on, homage, revere 7 idolize, lionize, liturgy, respect 8 devotion, idolatry, venerate 9 adoration, affection, reverence 10 admiration, veneration 11 idolization ***object of:*** 3 god 4 icon, idol ***place of:*** 5 altar 6 church, mosque, shrine, temple 9 cathedral, synagogue
worshipper 3 fan 6 votary 7 admirer, devotee 8 adherent, believer, disciple 10 enthusiast
worsted 4 yarn 5 stuff 6 caddis, fabric 7 cheviot, etamine, flannel, lasting 8 shalloon 9 bombazine, sharkskin 10 broadcloth
worth 4 rate 5 merit, price, value 6 regard, riches, wealth 7 caliber, calibre, fortune, quality, stature 9 resources, substance, valuation 10 excellence
worthless 4 vain 6 futile, no-good 7 inutile 8 nugatory 9 no-account
worthwhile 6 paying 7 gainful 9 estimable, honorable, lucrative

10 profitable, well-paying 11 meritorious, moneymaking 12 advantageous, remunerative

worthy 4 good 5 noble 8 laudable, standout 9 admirable, deserving, desirable, estimable, honorable 10 acceptable, creditable 11 commendable, meritorious

Wotan see ODIN

Wouk novel 4 Hope (The) 5 Glory (The) 10 Winds of War (The) 11 Caine Mutiny (The) 19 Marjorie Morningstar

would-be 7 hopeful, wishful 8 apparent, aspiring, desiring, desirous 9 ambitious, potential

wound 3 cut 4 blow, harm, hurt, pain, rift 6 damage, injure, injury, insult, lesion, trauma 8 lacerate 10 laceration ***discharge:*** 3 pus ***sign:*** 4 scab, scar 5 blood 7 blister

wow 3 hit 4 boff, grab 5 amaze, boffo, smash 6 dazzle 7 astound, impress, success 8 bedazzle

Wozzeck composer 4 Berg (Alban)

wrack 4 kelp, raze, ruin 5 smash, total 7 destroy, flotsam, remnant, seaweed 8 decimate, demolish, shambles, wreckage 11 destruction

wraith 5 ghost, shade, spook 6 double, shadow, spirit 7 phantom, specter, spectre 8 phantasm 10 apparition

wrangle 3 row 4 spar, spat, tiff 5 argue, brawl, fight, scrap 6 bicker, fracas, haggle, hassle 7 brabble, dispute, fall out, finagle, quarrel, quibble 8 squabble 11 altercation

wrangler 6 cowboy 8 buckaroo 9 ranch hand

wrap 3 fur 4 bind, cape, coat, roll 5 cloak, drape, shawl, stole 6 bundle, clothe, enfold, invest, jacket, mantle, muffle, parcel, shroud, swathe 7 bandage, blanket, conceal, dress up, embrace, enclose, engross, envelop, involve, package, swaddle 8 bundle up, enshroud, surround

wrapped up 4 deep 6 intent 7 engaged 8 absorbed, consumed, immersed 9 engrossed 11 preoccupied

wrapper 5 cover 6 jacket 10 dust jacket 12 dressing gown

wrap up 6 muffle 8 close out, complete, conclude 9 summarize

wrap-up 4 coda 5 close 6 capper, closer, finale, report 7 closing 8 epilogue 9 summation 10 denouement

wrath 3 ire 4 fury, rage 5 anger 6 choler 8 ferocity 9 vengeance 10 punishment 11 retribution 12 chastisement

wrathful 3 mad 5 angry, irate 6 heated, raging 7 enraged, furious 8 choleric, incensed, inflamed 10 infuriated

wreak 5 cause, exact, visit 6 effect, impose 7 inflict 10 bring about

wreath 3 bay, lei 5 crown 6 anadem, laurel 7 chaplet, circlet, coronal, coronet, garland, laurels

wreathe 4 coil, curl, wind 5 twine, twist 6 spiral 7 entwine 9 corkscrew 10 interweave

wreck 4 do in, heap, hulk, raze, ruin 5 beach, crack, crash, cream, smash, total 6 beater, damage, jalopy, junker, pileup, ravage, strand 7 clunker, crackup, destroy, scuttle, smashup, torpedo 8 decimate, demolish 9 vandalize 11 destruction

wreckage 5 wrack 6 debris 7 flotsam 8 detritus, shambles 11 destruction

wrecker 8 salvager, tow truck

wrench 4 jerk, pull, rack, tool, turn, warp, yank 5 force, twist, wrest, wring 6 change, injure, injury, snatch, socket, sprain, strain 7 disable, distort, pervert, squeeze 8 distress, twisting ***kind:*** 6 monkey 7 ratchet

wrest 4 rend, rive 5 exact, twist, wring 6 elicit, extort, snatch, wrench 7 extract, squeeze

wrestle 6 combat, strain, strive, tussle 7 contend, grapple, scuffle 8 struggle

wrestling ***hold:*** 4 lock 6 nelson 8 headlock, scissors ***kind:*** 4 sumo ***term:*** 3 pin 4 fall 5 throw 8 takedown

wretch 3 cur, dog 4 scum, toad, worm 5 devil, knave, louse, rogue, skunk, snake 6 rascal, rotter 7 caitiff, hangdog, lowlife, outcast, rat fink, stinker, villain 8 scalawag, stinkard 9 scoundrel 10 blackguard, sleazeball 11 rapscallion

wretched 3 low, sad 4 base, foul, mean, vile 6 abject, dismal, horrid, scurvy, sordid, woeful 7 abysmal, doleful, forlorn, ignoble, ruthful, servile, squalid, unhappy 8 dejected, dolorous, hopeless, inferior 9 afflicted, execrable, miserable, sorrowful 10 despairing, despicable, deplorable, despondent, melancholy, villainous

wretchedness 3 woe 6 misery 7 anguish 8 distress

wriggle 4 worm 5 slink 6 squirm, writhe

wring 3 wry 5 choke, exact, screw, twist, wrest 6 extort, squirm, wrench, writhe 7 afflict, draw out, extract, squeeze, torment ***the neck:*** 5 scrag

wringing-wet 5 soppy 6 soaked, sodden, soused 7 soaking, sopping 8 drenched, dripping 9 saturated

wrinkle 4 fold, ruck, ruga, seam 5 crimp, crisp, plica, ridge, wizen 6 cockle, crease, fillip, furrow, pucker, rumple **7** crumple, novelty, scrunch, shrivel **8** contract **9** corrugate, crow's-foot, worry line **10** innovation **11** corrugation **12** imperfection, irregularity

wrinkled 5 lined **6** rugose, rumply **7** creased **8** puckered, rugulose

Wrinkle in Time author 6 L'Engle (Madeleine)

wrist 5 joint **6** carpus ***bone:* 6** carpal, hamate **8** pisiform

writ 5 brief, order **6** assize, capias, decree, elegit, extent **7** mandate, process, summons, warrant **8** detainer, document, mandamus, mittimus, praecipe, replevin, subpoena **9** execution **10** attachment, certiorari, court order, injunction **11** fieri facias, scire facias, supersedeas **12** habeas corpus, venire facias **13** sequestration

write 3 ink, jot, pen **4** note **5** chalk, draft, print, score, spell **6** answer, author, byline, draw up, indite, ordain, pencil, record, scrawl, scribe **7** compose, dissert, engross, fire off, put down, scratch, set down **8** inscribe, scribble, spell out **9** autograph, transpose **10** correspond, underwrite

write down 4 note **6** record, reduce **10** transcribe

write off 6 cancel **7** dismiss, expense **8** amortize, discount **9** eliminate **10** depreciate

write-off 4 debt, loss **7** expense **8** donation **9** allowance, deduction, reduction

writer 4 poet **6** author, penman, scribe **8** composer, novelist **9** scribbler, wordsmith ***bad:* 4** hack

write-up 5 blurb, story **7** account, article

writhe 4 curl, worm **5** twist **6** squirm, suffer, wallow, welter, wiggle, wrench **7** agonize, contort, distort, wriggle **8** convolve, squiggle **10** intertwine

writing 4 book, hand, note **5** essay, paper, print, prose, style, words **6** letter, notice, record, script **7** epistle **8** document, longhand **9** signature **10** authorship, literature, manuscript, penmanship **11** calligraphy, composition, inscription, publication ***character:* 6** letter **9** cuneiform **10** hieroglyph ***combining form:* 4** gram **6** grapho, graphy ***for the blind:* 7** braille ***instrument:* 3** pen **5** chalk, quill **6** pencil, stylus ***kind:* 5** prose, verse **6** poetry ***sacred:* 5** Bible, Koran **6** Talmud, Tantra **9** scripture ***secret:* 4** code ***surface:* 5** board, paper, slate **6** scroll **9** parchment

wrong 3 bad, ill, off, sin **4** awry, evil, harm, hurt, tort **5** abuse, amiss, badly, crime, false, inapt, unfit **6** afield, astray, injure, injury, malign, offend, sinful, unfair, unjust, untrue **7** defraud, immoral, oppress, outrage, violate **8** aggrieve, ill-treat, improper, inequity, iniquity, maltreat, mistaken, mistreat, opposite **9** discredit, erroneous, grievance, incorrect, injustice, misguided, persecute, unethical, unfitting, violation **10** inaccurate, iniquitous, mistakenly, unfairness, unjustness, unsuitable, wickedness **11** erroneously, incorrectly, unfavorably **12** inaccurately, infelicitous **13** inappropriate

wrongdoer 5 felon **6** sinner **8** criminal, offender **9** miscreant, reprobate **10** accomplice, delinquent, malefactor **12** transgressor

wrongdoing 3 sin **4** evil **5** crime **7** misdeed, offense **8** iniquity **10** misconduct **11** malefaction, malfeasance, misbehavior

wrongful 6 unjust, unfair **7** illegal, illicit, lawless **8** criminal, improper, unlawful **12** illegitimate

wrongheaded 6 mulish **7** froward **8** contrary, perverse **9** obstinate

wrought 4 made **6** formed, shaped, worked **7** created **8** finished, hammered **9** decorated, fashioned, processed **10** ornamented **11** embellished **12** manufactured ***up:* 7** excited, stirred

wry 4 bent **5** askew, twist, wrest **6** ironic, wrench **7** crooked, twisted **8** humorous, sardonic **11** wrongheaded

wryneck 10 woodpecker **11** torticollis

wurst 7 sausage

Wuthering Heights *author:* 6 Brontë (Emily) ***character:* 5** Cathy **9** Catherine **10** Heathcliff ***family:* 6** Linton **8** Earnshaw

Wycliffite 7 Lollard

Wyoming *capital:* 8 Cheyenne ***city:* 6** Casper **7** Laramie ***mountain, range:* 5** Rocky **7** Gannett (Peak) **9** Wind River **10** Grand Teton ***nickname:* 8** Equality (State) ***river:* 5** Green, Snake **6** Powder **7** Bighorn **11** Yellowstone ***state bird:* 10** meadowlark ***state flower:* 16** Indian paintbrush ***state tree:* 10** cottonwood

X

x 3 chi, ten 4 kiss 5 annul, cross, erase, error, times, wrong 6 cancel, delete, efface 7 mistake, unknown 8 abscissa 9 signature

Xanthippe 3 nag 5 scold, shrew 6 nagger 9 termagant ***husband:*** 8 Socrates

Xenophon work 8 Anabasis 9 Cyropedia, Hellenica

xerophyte 6 cactus

Xerxes ***crossing site:*** 10 Hellespont ***defeat:*** 7 Plataea, Salamis ***father:*** 6 Darius ***kingdom:*** 6 Persia ***mother:*** 6 Atossa ***victory:*** 11 Thermopylae

Xmas 4 Noel, yule 8 Nativity, yuletide

X-ray ***discoverer:*** 8 Roentgen (Wilhelm) ***science:*** 9 radiology

xylophone relative 7 marimba

Y

yacht 4 race, sail 6 cruise 7 cruiser 8 sailboat 12 cabin cruiser

yahoo 3 hun, yay 4 boor, clod, dolt, hood, lout, punk, thug 5 brute, chuff, churl, clown, rough, rowdy, tough 6 hoorah, hooray, hurrah, savage, terror, vandal, yippie 7 buffoon, bumpkin, hoodlum, ruffian, toughie 8 bullyboy, hooligan 9 roughneck 10 clodhopper

Yahweh 3 God 6 Adonai, Elohim 7 Jehovah

yak 3 gab, jaw 4 blab, chat 5 clack, prate 6 babble, gabble, jabber, natter, yammer 7 blabber, blather, chatter, palaver, prattle 11 confabulate

Yalta participant 6 Stalin (Joseph) 9 Churchill (Winston), Roosevelt (Franklin Delano)

yam 7 boniato 11 sweet potato

yammer 3 cry 4 bawl, crab, fuss, moan, wail, yawp, yell 5 bleat, gripe, whine 6 babble, bellow, clamor, gabble, grouch, grouse, jabber, natter, snivel, squawk 7 blather, prattle, whimper 8 complain 9 bellyache, caterwaul

yank 3 tug 4 grab, jerk, pull, tear 5 hoick 6 snatch, wrench 7 extract

yap 3 gab 4 bark, hick 5 mouth, prate 6 babble, bowwow, gabble, jabber, natter, rustic, yammer 7 blather, bumpkin, chatter, hayseed, prattle 9 hillbilly 10 clodhopper

yard 3 pen 4 herd, quad, spar, unit 5 court, garth, glass 6 length 7 grounds, measure 9 curtilage, enclosure 10 playground, quadrangle ***five and one-half:*** 3 rod ***part of:*** 4 foot ***two hundred and twenty:*** 7 furlong

yardstick 4 norm, test 5 basis, gauge, model 7 measure, pattern 8 paradigm, standard 9 barometer, benchmark, criterion, guideline 10 touchstone

yare 4 deft, spry 5 agile, brisk, handy, lithe, quick, ready, zippy 6 lively, nimble, volant 7 lissome 9 sprightly

yarn 4 tale, talk 5 fiber, story 6 caddis, cotton, crewel, strand, thread 7 account, caddice 8 anecdote, tall tale 9 adventure, narration, narrative ***ball of:*** 4 clew ***coil:*** 5 skein 6 skeane ***cotton:*** 10 candlewick ***for fastening a sail:*** 6 roband ***woolen:*** 6 crewel 7 worsted 8 shetland

yaw 4 rock, swag, veer 5 lurch 6 swerve 7 deviate 9 alternate, deviation 10 deflection

yawn 3 gap 4 bore, gape 5 ennui 6 cavity,

tedium 7 boredom, bromide 10 dullsville
yawning 4 deep 5 agape 6 gaping 7 abyssal 9 cavernous
yawp 3 bay, cry, nag 4 bark, bawl, beef, crab, fuss, gape, wail 5 bleat, gripe 6 clamor, outcry, squall, squawk, yammer 8 complain 9 bellyache
yaws 9 frambesia
yclept 5 named 6 called
yea 3 aye, too 4 also, amen, even, more, okay 5 truly 6 agreed, assent, as well, indeed, really, verily 7 besides, granted 8 likewise, moreover, positive 9 certainly 10 definitely 11 affirmation, affirmative 12 additionally
yeanling 3 kid 4 lamb
year 4 time 5 cycle 6 period ***academic division:*** 4 term 7 quarter, session 8 semester 9 trimester ***French:*** 5 année ***kind:*** 4 leap 5 solar 6 fiscal 8 academic, calendar, sidereal ***Latin:*** 5 annus ***Scottish:*** 7 towmond ***Spanish:*** 3 año
yearbook 5 annal 6 annual 7 almanac
yearling 4 colt, foal 5 filly
Yearling, The ***author:*** 8 Rawlings (Marjorie Kinnan) ***character:*** 4 Jody ***fawn:*** 4 Flag
yearly 6 annual 8 annually
yearn 4 ache, burn, itch, long, lust, pant, pine, sigh, wish 5 dream, spoil 6 hanker, hunger, thirst
yearning 4 wish 5 ardor, drive, eager 6 desire, thirst 7 craving, wistful 8 appetite 10 aspiration
years 3 age, era ***five:*** 7 lustrum 12 quinquennial, quinquennium ***four:*** 11 quadrennial, quadrennium ***one hundred:*** 7 century 9 centenary 10 centennial ***one thousand:*** 10 millennium ***ten:*** 6 decade 9 decennial, decennium ***three:*** 9 triennial, triennium ***two:*** 8 biennial, biennium
yeast 4 barm, foam, suds 5 froth, spume 6 lather, leaven 7 ferment
yeasty 5 dizzy, giddy, light 6 frothy 7 flighty 8 immature, restless, seething 9 exuberant, frivolous, unsettled 11 light-headed
Yeats, William Butler ***beloved:*** 9 Maud Gonne ***birthplace:*** 6 Dublin ***play:*** 7 Deirdre 9 Herne's Egg (The) 16 Countess Cathleen (The) ***poetry:*** 5 Tower (The) 10 Easter 1916 12 Second Coming (The) 16 Wild Swans at Coole (The) 18 Sailing to Byzantium ***theater:*** 5 Abbey
yegg 5 thief 6 robber 7 burglar 8 picklock 11 safecracker
yell 3 cry 4 call, howl, roar, wail 5 cheer, hallo, hollo, shout, whoop 6 bellow, clamor, holler, outcry, scream, shriek, squall 10 vociferate
yellow 3 age 4 buff, mean, weak, yolk 5 amber, blond, color, lemon, straw, tawny, topaz 6 coward, craven, flaxen, golden, sallow 7 gutless, ignoble, mustard, saffron 8 cowardly, discolor 9 dastardly, jaundiced, spunkless 11 sensational 12 dishonorable 13 pusillanimous ***brownish:*** 3 dun 5 amber, ocher ***dye:*** 7 annatto ***greenish:*** 5 olive 6 acacia 10 chartreuse
yellowhammer 5 finch 7 bunting, flicker
yelp 3 cry, yap 4 bark 6 outcry, squeal
Yemen ***capital:*** 4 Sana 5 Sanaa ***city:*** 4 Aden 5 Ta'izz ***desert:*** 10 Rub' al-Khali ***gulf:*** 4 Aden ***island:*** 7 Socotra ***island group:*** 7 Kamaran ***language:*** 6 Arabic ***monetary unit:*** 4 rial ***neighbor:*** 4 Oman 11 Saudi Arabia ***peninsula:*** 7 Arabian ***sea:*** 3 Red 7 Arabian
yen 4 ache, itch, long, lust, pine, sigh, urge 5 taste, yearn 6 desire, hanker, hunger, thirst 7 craving, longing, passion 8 appetite, yearning 9 hankering
yeoman 5 clerk 6 farmer 7 freeman 8 retainer 9 attendant, beefeater, landowner 10 freeholder 11 homesteader
yeomanly 5 loyal 6 sturdy 8 faithful
yes 3 aye, yea, yeh, yep, yup 4 okay, yeah 5 agree 6 agreed, assent, gladly 7 consent, exactly 8 all right 9 assuredly, certainly, willingly 11 affirmation, affirmative, undoubtedly ***French:*** 3 oui
yeshiva 6 school 8 seminary
yes-man 5 toady 6 minion, stooge 7 spaniel 8 groveler, truckler 9 flatterer, sycophant 10 bootlicker 13 apple-polisher
yesterday 4 past, yore 8 recently 10 recent time ***French:*** 4 hier ***Spanish:*** 4 ayer
yesteryear 4 past, yore 7 history 8 foretime, lang syne
yet 3 but, too 4 also, even, more, only, save 5 so far, still 6 as well, though, withal 7 besides, earlier, finally, howbeit, however, someday, thus far 8 after all, hitherto, moreover, sometime 10 eventually, ultimately 11 furthermore, nonetheless, still and all 12 additionally, nevertheless
Yevtushenko poem 7 Babi Yar, Baby Yar
Ygerne see IGRAINE
yield 3 bow, net, pay 4 bear, bend, cave, cede, crop, fold 5 defer, grant, waive 6 accede, bounty, buckle, comply, impart, output, profit, relent, render, resign, return, reward, submit, supply, tender 7 abandon, bring in, concede,

consent, deliver, furnish, harvest, produce, product, proffer, provide, revenue, succumb **8** abdicate, collapse, generate, hand over **9** acquiesce, surrender **10** bring forth, capitulate, production, relinquish

yielding **4** soft **6** pliant, supple **7** bearing, passive, pliable **8** flexible **9** adaptable, tractable **10** manageable, productive, submissive **11** acquiescent, unresistant

yin and ___ **4** yang

yip **3** cry **4** bark, yelp

yippee **6** hoorah, hooray, hurrah, hurray

yoga posture **5** asana

yoke **3** bar, tie, wed **4** bond, join, link, pair, span, team **5** clamp, frame, hitch, marry, unite **6** attach, couple, inspan **7** bondage, connect, control, harness, peonage, serfdom, slavery **8** marriage **9** servitude **10** crosspiece, oppression ***combining form:*** **3** zyg **4** zygo ***part:*** **5** oxbow

yokel **3** oaf **4** boor, clod, hick, rube **5** churl, swain **6** rustic **7** bucolic, bumpkin, hayseed **9** chawbacon, hillbilly **10** clodhopper, countryman

yolk **4** food **6** yellow **10** ovum center

yon see YONDER

yonder **5** there **7** farther, further, thither **8** outlying

yore **3** old **7** history **8** foretime, lang syne **9** antiquity, yesterday **10** yesteryear

you **3** one **4** thee, thou ***French:*** **4** vous ***German:*** **3** Sie ***Spanish:*** **5** usted **7** ustedes

young **3** fry, new **4** baby, tyro **5** brood, fresh, green **6** babies, callow, infant, junior, litter, tender, unripe **7** untried **8** childish, immature, juvenile, unformed, youthful **9** unfledged **10** unfinished, unseasoned **11** unpracticed **13** inexperienced ***animal:*** **3** cub, fry, kid, kit, pup **4** calf, colt, fawn, foal, joey **5** puppy **6** kitten, heifer, piglet ***bird:*** **5** chick **7** gosling ***hare:*** **7** leveret ***sheep, goat:*** **4** lamb **8** yeanling

younger **6** junior

youngster **3** boy, cub, kid, lad, tad, tot **4** girl, lass, tike **5** chick, child **6** moppet, shaver **8** juvenile **9** fledgling

youth **5** prime **6** period, spring **8** juvenile, preadult, teenager **9** stripling **10** adolescent, springtide, springtime **12** inexperience ***ancient Greek:*** **6** ephebe **7** ephebus ***goddess of:*** **4** Hebe ***mythological:*** **6** Adonis, Apollo, Icarus **8** Ganymede ***time of:*** **9** salad days

youthful **5** fresh, green, young **6** boyish, callow, maiden, unripe **7** puerile **8** immature, juvenile, virginal **9** beardless, unfledged

yowl **3** bay, cry **4** bawl, howl, wail **6** scream, squall, squeal **7** ululate **9** caterwaul

yucca **7** cassava **9** bear grass

Yukon ***bay:*** **9** Mackenzie ***capital:*** **10** Whitehorse ***city:*** **6** Dawson ***mountain:*** **5** Logan ***river:*** **5** Yukon **8** Klondike

yule **4** Noel, Xmas **8** Nativity **9** Christmas **13** Christmastide

Z

Zambia ***capital:*** **6** Lusaka ***city:*** **5** Kitwe, Ndola **11** Livingstone ***lake:*** **5** Mweru **9** Bangweulu **10** Tanganyika ***language:*** **7** English ***monetary unit:*** **6** kwacha ***mountain range:*** **8** Muchinga ***neighbor:*** **5** Congo **6** Angola, Malawi **7** Namibia **8** Tanzania, Zimbabwe **10** Mozambique ***river:*** **5** Kafue **7** Luangwa, Zambezi ***waterfall:*** **13** Victoria Falls

zany **3** nut, wag **4** card, fool, kook **5** antic, campy, clown, comic, crazy, cutup, dotty, goofy, idiot, joker, kooky, loony, nutty, wacky **6** jester, madcap **7** buffoon, farceur, half-wit **8** clowning, clownish, comedian, funnyman, jokester **9** harlequin, prankster, screwball, simpleton, trickster **11** merry-andrew

zap **3** hit **4** blow, kill, nuke **5** blast, snuff **6** attack **7** destroy, wipe out **8** dissolve **9** eliminate, irradiate, liquidate **10** annihilate

Zauberflöte composer **6** Mozart (Wolfgang Amadeus)

zeal **4** brio, fire, zest **5** ardor, drive,

mania **6** desire, energy, esprit, fervor, spirit **7** avidity, passion, urgency **8** devotion, dynamism, keenness **9** eagerness, intensity, vehemence **10** enthusiasm, fanaticism, fierceness

zealot 3 bug, fan, nut **4** buff **5** fiend, freak **6** maniac, votary **7** devotee, fanatic, sectary **8** partisan **10** aficionado, enthusiast **12** true believer

zealous 4 avid, keen **5** afire, eager, fiery, fired, nutty, rabid **6** ardent, fervid, gung-ho **7** devoted, fanatic, fervent **8** frenetic, obsessed, wild-eyed **9** dedicated, fanatical, possessed **10** passionate **11** impassioned **12** enthusiastic

zebra 6 equine **7** referee **9** crosswalk ***extinct:*** **6** quagga ***type:*** **6** Grevy's **8** mountain **9** Burchell's

zebu 4 oxen

Zebulun 9 lost tribe ***brother:*** **4** Levi **5** Judah **6** Simeon ***father:*** **5** Jacob ***mother:*** **4** Leah

zecchino 6 sequin

Zechariah 7 prophet

Zedekiah 9 Mattaniah ***father:*** **6** Josiah

zenana 5 harem, serai **8** seraglio

zenith 3 top **4** acme, apex, peak **6** apogee, height, summit, vertex **8** capstone, pinnacle **11** culmination **12** highest point ***opposite:*** **5** nadir

Zenobia ***husband:*** **9** Odenathus ***kingdom:*** **7** Palmyra

Zeno follower 5 Stoic

Zephaniah 7 prophet **9** Sophonias

zephyr 6 breeze **8** west wind

Zephyrus ***father:*** **8** Astraeus ***mother:*** **3** Eos **6** Aurora

zeppelin 5 blimp **7** airship **9** dirigible

zero 3 aim, nil, zip **4** love, nada, none, null, void **5** aught, nadir, zilch **6** cipher, naught, nobody **7** nothing, nullity **8** goose egg **9** nonentity

zest 4 élan, peel, tang, zeal **5** ardor, gusto, taste **6** fervor, flavor, relish **7** delight, ecstasy, elation, passion, sparkle **8** appetite, dynamism, piquancy, pleasure **9** eagerness, enjoyment **10** enthusiasm **11** delectation **12** exhilaration, satisfaction

zesty 4 racy, tart **5** sharp, spicy, tangy **6** biting, lively, savory, snappy **7** peppery, piquant, pungent **8** exciting, poignant, seasoned, spirited **9** flavorful

Zetes ***brother:*** **6** Calais ***father:*** **6** Boreas ***mother:*** **8** Orithyia ***slayer:*** **8** Heracles, Hercules

Zethus ***brother:*** **7** Amphion ***father:*** **4** Zeus **7** Jupiter ***mother:*** **7** Antiope

Zeus 7 Jupiter ***brother:*** **5** Hades **8** Poseidon ***daughter:*** **3** Ate **4** Hebe **5** Helen **6** Athena **7** Artemis **9** Aphrodite **10** Persephone, Proserpina ***father:*** **6** Cronus ***home:*** **7** Olympus (Mt.) ***lover:*** **4** Leda, Leto, Maia **5** Danae, Dione, Metis **6** Aegina, Europa, Latona, Semele, Themis **7** Alcmene, Antiope, Demeter **8** Callisto, Eurynome ***mother:*** **4** Rhea ***nurse:*** **9** Almathaea ***oracle:*** **6** Dodona ***shield:*** **5** aegis ***sister:*** **4** Hera, Juno ***son:*** **4** Ares **5** Arcas, Argus, Minos **6** Aeacus, Apollo, Hermes, Zethus **7** Amphion, Perseus **8** Dionysus, Heracles, Hercules, Sarpedon, Tantalus ***tree:*** **3** oak ***wife:*** **4** Hera, Juno ***weapon:*** **11** thunderbolt

zigzag 4 tack, turn **5** angle, crank, weave **6** jagged **7** chevron **8** flexuous, indirect, serrated

zilch 3 nil, zip **4** zero **5** aught, squat **6** cipher, naught, nobody **7** nothing, nullity **8** goose egg **9** nonentity **11** diddly-squat

Zimbabwe ***capital:*** **6** Harare ***city:*** **5** Gweru **6** Kwekwe, Mutare **8** Bulawayo, Maxvingo **11** Chitungwiza ***ethnic group:*** **5** Shona **7** Ndebele ***former name:*** **8** Rhodesia ***lake:*** **6** Kariba ***language:*** **5** Bantu **7** English ***monetary unit:*** **6** dollar ***neighbor:*** **6** Zambia **8** Botswana **10** Mozambique **11** South Africa ***river:*** **4** Sabi **7** Limpopo, Zambezi ***waterfall:*** **13** Victoria Falls

zinc 7 element ***ingot:*** **7** spelter ***ore:*** **6** blende **10** sphalerite

zing 3 pan, pep, rap, vim, zap, zip **4** brio, dash, élan, slam, snap, zeal **5** ardor, flair, oomph, verve, vigor **6** energy, esprit, fervor, spirit **7** panache, passion, sparkle **8** dynamism, vitality **9** animation, eagerness **10** ebullience, enthusiasm

Zion 5 bliss **6** heaven, Israel **7** Elysium **8** eternity, paradise **12** New Jerusalem, promised land

Zionist ***American:*** **5** Szold (Henrietta) ***English:*** **7** Sokolow (Nahum) **8** Zangwill (Israel) ***German:*** **6** Nordau (Max Simon) ***Hungarian:*** **5** Herzl (Theodor) ***Israeli:*** **5** Buber (Martin) **8** Weizmann (Chaim)

zip 3 fly, nil, nix, pep, run, vim **4** brio, dash, hiss, rush, nada, snap, tear, whiz, zero, zest, zing, zoom **5** drive, gusto, hurry, oomph, speed, squat, whisk, zilch **6** bustle, energy, hasten, hustle **7** nothing **8** vitality **10** excitement, liveliness **11** diddly-squat

zippy 4 keen, spry, yare **5** agile, alert, brisk, peppy, quick, ready **6** lively, nimble, snappy, speedy **7** dynamic **8** spirited **9** sprightly

zircon 6 jargon **7** jargoon, mineral ***variety:*** **7** jacinth **8** hyacinth

zit 6 pimple

zither 10 instrument ***Chinese:*** 3 kin 4 ch'in ***Japanese:*** 4 koto ***relative:*** 8 autoharp, dulcimer

zodiac sign 3 Leo (the Lion) 5 Aries (the Ram), Libra (the Balance), Virgo (the Virgin) 6 Cancer (the Crab), Gemini (the Twins), Pisces (the Fishes), Taurus (the Bull) 7 Scorpio (the Scorpion) 8 Aquarius (the Water Bearer) 9 Capricorn (the Goat) 11 Sagittarius (the Archer)

Zola, Emile ***work:*** 4 Nana 7 J'accuse 8 Drunkard (The), Germinal 9 La Débâcle 10 L'Assommoir 13 Thérèse Raquin

zombie 5 robot 8 cocktail 9 automaton

zone 4 area, band, belt 5 layer, tract 6 region, sector 7 portion, quarter, section, segment, stretch 8 district, division, encircle, surround 9 partition, territory

zonked 4 high 5 dazed, doped, drunk, tight 6 ripped, stoned 7 drugged, drunken, smashed 8 hopped-up, tripping, turned on, wiped out 9 spaced-out, strung out, stupefied 10 inebriated, tripped out 11 intoxicated

zoologist ***American:*** 5 Clark (Eugenie), Hyatt (Alpheus) 6 Carson (Rachel), Fossey (Dian), Osborn (Henry Fairfield), Yerkes (Robert) 7 Agassiz (Alexander), Ditmars (Raymond), Merriam (Clinton) 8 Hornaday (William) ***Austrian:*** 6 Frisch (Karl von) ***British:*** 6 Darwin (Charles), Huxley (Julian, Thomas) 7 Goodall (Jane), Medawar (Peter) 9 Lankester (Edwin) ***Dutch:*** 10 Swammerdam (Jan) ***French:*** 6 Buffon (G.-L. Leclerc), Cuvier (Georges) ***German:*** 7 Haeckel (Ernst) ***Norwegian:*** 6 Nansen (Fridtjof) ***South African:*** 5 Broom (Robert) ***Swedish:*** 8 Linnaeus (Carolus)

zoom 3 hum, zip 4 buzz, dash, whiz, zero 5 focus, speed, whizz 6 streak 7 shoot up 9 skyrocket

zoophyte 5 coral 6 sponge 8 bryozoan 9 gorgonian 10 sea anemone

Zoroastrian ***demon:*** 4 deva ***god:*** 10 Ahura Mazda ***sacred writings:*** 6 Avesta

zounds 3 gad 4 egad 8 gadzooks 11 odd's bodkins

zucchetto 7 calotte 8 skullcap

zwieback 5 toast 7 biscuit

zygomatic bone 5 malar 9 cheekbone

zygote 4 cell 6 oocyst